党的建设理论与实践研究

上册

山东大学世界政党研究中心
组 编

人民日报出版社
北 京

图书在版编目（CIP）数据

党的建设理论与实践研究. 1 / 山东大学世界政党研究中心组编. —北京：人民日报出版社，2024.12
ISBN 978-7-5115-7625-5

Ⅰ. D26

中国国家版本馆CIP数据核字第2024B6B443号

书　　名：党的建设理论与实践研究（上册）
DANG DE JIANSHE LILUN YU SHIJIAN YANJIU
编　　者：山东大学世界政党研究中心

责任编辑：梁雪云　王奕帆
封面设计：中尚图

出版发行：人民日报出版社
社　　址：北京金台西路2号
邮政编码：100733
发行热线：（010）65369527　65369846　65369509　65369512
邮购热线：（010）65363531
编辑热线：（010）65369526
网　　址：www.peopledailypress.com
经　　销：新华书店
印　　刷：三河市中晟雅豪印务有限公司
法律顾问：北京科宇律师事务所　010-83632312

开　　本：889mm ×1194mm　1/16
字　　数：1551千字
印　　张：81.25
版次印次：2024年12月第1版　2024年12月第1次印刷

书　　号：ISBN 978-7-5115-7625-5
定　　价：189.00元（上下册）

出版说明

自2003年以来，山东大学政党研究基地始终立足中国实践、面向全球视野，深耕“党的建设理论与实践研究”“世界政党理论与实践研究”两大领域，产出了一系列研究成果，该文集收录的是其中的部分成果。

二十余年间，全球政治格局经历了巨大而深刻的变革。中国和世界将如何走向未来？这是中国之问、世界之问，也是人民之问、时代之问。“四个之问”的核心问题是“政党之问”。回答“政党之问”的关键在于以更长远的历史眼光、更宽广的世界视野、更深入的比较研究，不断深化世界政党政治、社会主义国家政党政治、中国社会主义政党政治的规律性认识，以政党政治理论自觉，赢得政党政治实践主动，推动政党政治文明不断走向新的历史高度。基于这样的前提性认识，山东大学政党研究基地秉持“究政党政治之原理，发政党学术之先声”的价值追求，由“中共党史”“党的建设”的研究，拓展到“中国共产党党务管理”研究；由社会主义国家马克思主义执政党研究，推进到世界政党政治整体性研究；由中国社会主义政党政治专题性研究，发展到世界政党治国理政比较研究；由马克思主义政党理论学科体系、学术体系、话语体系研究，深入到中国自主政党政治知识体系、世界政党政治基本原理研究，提出若干标识性的学术概念和学术范畴，形成一种新的政党政治解释框架，为构建中国自主的政党政治知识体系打下了较为坚实的学术基础。

需要说明的是，由于成果的时间跨度较长，某些早期观点在今日看来可能存在一定的认知局限，这恰恰是学术研究的重要注脚，不仅展现了理论发展的动态过程，更为当今提供了反思学术演进规律、推动理论创新的参照坐标。

通过文集的出版，我们既希望系统提炼中国特色政党政治研究的学术范式，也期待以历史审视的视角把握政党政治研究在中国式现代化进程中的新使命、新方向。未来，山东大学政党研究基地将持续深化政党政治理论与实践研究，持续探索政党政治研究的新领域、新方法，为构建自主知识体系、推动政党研究领域学术创新、服务国家治理现代化贡献更多“山大智慧”，为构建中国社会主义政党政治学科体系、学术体系、话语体系做出新的贡献。

编　者

2024年12月

目　录

政党法治：一种新型的政党文明形态

王韶兴　张　垚

摘　要： 政党法治属于政党文明范畴，是政党文明发展到一定历史阶段的当然要求和必然结果，同时也是政党政治的一种表现形式。政党法治是一个综合性概念，它包含民主与法制、权利与义务等丰富的制度意蕴，融会法律至上、权力制约、依法执政等诸多价值目标，涵盖政党内部活动和外部活动等全部政党生活，贯穿政党自身事务管理和领导—执政的整个政党行为的全过程。政党主张与国家意志相一致、政党法律与国家法律相协调是政党法治实行的前提条件；阶级性和工具性相统一是政党法治特性的基本内容；实体价值和形式价值相统一是政党法治价值的基本形式。政党法治既是一种新型的政党文明形态，也是这种文明形态的实现机制。

关键词： 政党；政党文明；政党政治；政党法治；政党民主

政党法治是与政党人治相对立的政党治理的理论、原则、理念和方法。它既是政党文明发展的必由之路，也是衡量政党开化状态的重要标尺；既是政党治理的时代强音，也是增强政党执政能力的内在要求。正确认识和准确把握政党法治的科学内涵与基本特征，是认识政党法治建设重要性的前提，是增强政党法治建设有效性的基础。

一、政党法治的科学内涵

政党法治属于政党文明范畴，是政党文明发展到一定历史阶段的当然要求和必然结果，是政党政治的一种表现形式。政党法治是一个综合性概念，它包含民主与法制、权利与义务等丰富的制度意蕴，融会法律至上、权力制衡、依法执政等诸多价值目标，涵盖政党内部活动和外部活动等全部政党生活，贯穿政党自身事务管理和领导—执政的整个政党行为的全过程。一般而论，政党法治是指以政党章程和国家宪法作为政党活动的总规范，依靠政党法律[1]和国家法律对政党权[2]实行全面规制的政党管理模式，核心内容是政党权的依法确立、依法行使和依法制约。具体而言，政党法治可以从政党治理的主体、客体、目的、原则、依据、形态及其与法治国家的关系等几个方面加以理解。

从政党治理主体的角度看，涉及政党本体依法治理和国家他体依法治理两个基本方面。政党本体依法治理是指政党依法取得政党权、发展政党权和行使政党权，将全部政党活动自觉纳入法治轨道的行为过程，核心是政党组织及其成员依法自我管理。国家他体依法治理是指国家最高权力机关以法律形式赋予政党生存权、发展权及其领导—执政权并依法对政党权进行管理，核心是国家代表人民群众对政党依法而治，从国家的角度保证政党政治合法而行。

从政党治理客体的角度看，涉及政党内部各项事务的依法治理和政党领导—执政活动的依法治理两个基本方面。就工人阶级政党来说，政党内部的各项事务，主要包括党务总体工作、组织工作、宣传工作、纪律检查工作、统一战线工作、群众思想工作、文秘档案工作、军队党务工作，以及党的国际事务和对外联络工作等；政党领导—执政活动，主要涉及政党为国家经济、政治、文化、国防、外交，以及社会生活各个方面确立政治原则、政治方向和对其他重大问题作出决策等一系列工作，其基本内容和途径“主要是政治、思想和组织的领导”[3]。

从政党治理目的的角度看，其直接目的是依靠法律权威，通过法制途径，将全部政党活动导入依法而行的运作轨道。由于“政党是现代政治文明的创新产物和现代民

[1] 为了方便研究，我们在这里引入“政党法律”概念。

[2] 政党权由政党权利和政党权力两个方面的基本内容构成。政党权利包括政党自身权利和政党领导—执政权利两个方面。政党自身权利指的是政党的生存权利与发展权利，它是阶级权利的集中体现和让渡形态。政党领导—执政权利是政党自身权利的升华和扩展，是包括本阶级成员在内的社会公众权利的集中体现和让渡形态。政党自身权利是政党领导—执政权利的政治前提，政党领导—执政权利是政党自身权利的政治结果。没有政党自身权利，政党领导—执政权利则无从谈起；政党自身权利的异变，必然导致政党领导—执政权利的削弱或付诸东流。政党权力是指在国家政治和社会生活中政党所具有的特定的政治影响力，是政党根据自身的政治目的所形成的影响国家和社会的一种政治技能和政治能力。政党权力包括政党内部权力和政党外部权力两个方面。政党内部权力所反映的是阶级内部和政党内部的政治关系及其运作。其中，政党内部关系是其最基本的内容，包括党员个人与政党组织、党员群众与党员干部、下级组织与上级组织，以及党员个人之间、党员干部之间、党的组织之间的关系等。政党外部权力所反映的是政党的外部政治关系，主要指执政党与国家、执政党与其他政党以及执政党与社会的政治关系及其运作。其中，执政党与国家的关系是其最基本的内容，包括执政党与国家权力机关、行政机关和司法机关的政治关系及其运作等。

[3] 《中国共产党章程》，人民出版社2002年版，第8页。

主政治的重要载体，民主性是政党最主要的特性”[1]，所以，政党法治的根本出发点和目的是实现政党民主[2]的制度化、法律化。政党民主是政党法制的灵魂、核心和依归，政党法制是政党民主的载体、保障和依托，政党法制与政党民主内在地统一于政党法治实践之中。

从政党治理原则的角度看，涉及有法可依、有法必依、执法必严和违法必究等基本要求。政党法治既是个理论问题，也是个实践问题，其要义在于建设、在于落实。就是说，从政党的立法、守法到执法的所有方面和环节，都必须体现法律权威的至高无上性，把有法可依、有法必依、执法必严和违法必究的原则体现在政党生活的各个领域，贯穿于政党活动的整个过程，使之成为政党的行为准则和治理的实现机制。

从政党治理依据的角度看，涉及政党法律和国家法律两个基本方面。我们这里所说的政党法律，是政党制定的有关自身生活准则和行为规范的统称。包括政党章程、政党代表大会的报告、政党的单向性法规及政党的纪律等。其中，政党章程是党内大法，具有决定性和指导性，可以称之为党的“宪法”。政党法律是政党权的文本表现，本质上是政党及其阶级意志的凝练，而不是党的领导机关，更不是政党领袖个人意志的反映。国家法律包括国家制定的宪法、政党法[3]及其他拥有立法权的国家机关依照立法程序制定和颁布的规范性文件。由于政党是政治国家的一部分，政党政治是国家政治的一种表现形式，政党权力是国家权力的一种实践形态，所以，政党“必须在宪法和法律的范围内活动”[4]。政党法律和国家法律有密切联系，但又是有着明显区别的两个范畴。在适用范围上，政党法律只适用于政党，国家法律则适用于包括政党在内的所有社会团体和公众。不能硬性要求社会公众都遵从政党法律，也不能把对政党成员的要求降低到只遵从国家法律的水平。在价值功能上，政党法律所要维护和实现的是政党主权[5]。国家法律所要维护和实现的是包括政党主权在内的人民主权，政党法律和国家法律“合力”作用的结果是维护和实现政党主权和人民主权相统一的政党领导—执

---

[1] 高放：《党内民主是党的生命——马恩是怎样按照民主制原则创建共产党的》，《学习时报》2004年7月19日。

[2] 政党民主从基本范围的角度看包括党内民主和党际民主两个方面，从基本环节的角度看包括民主选举、民主决策、民主管理、民主监督诸项内容。

[3] 政党法是指由国家最高权力机关制定的对政党的组织设立、活动原则、权利义务等项内容予以明确规定的法律文件。以国家的名义进行专门的政党立法始于20世纪60年代。目前，世界上已有德国、俄罗斯、土耳其、以色列、韩国、塔吉克斯坦、蒙古国、乌兹别克斯坦、阿尔巴尼亚、匈牙利、泰国、巴基斯坦、印度尼西亚、伊朗等几十个国家颁布了专门的政党法。

[4] 《中国共产党章程》，人民出版社2002年版，第9页。

[5] 政党主权随政党的产生而产生。它是指一个政党拥有的、独立自主地处理自身事务的最高权力。政党主权来源于具体的政党成员，但它并不存在于具体的政党成员的身上。政党主权属于全体政党成员，它是全体政党成员意志的体现。

政权。在内容特点上，政党法律在讲政党权利时突出强调政党责任在先或政党义务本位，而国家法律在讲公民义务时突出强调公民权利在先或公民权利本位。在实施要求上，政党法律和国家法律都具有强制性的约束力，但政党法律的显著特征是纪律处分，国家法律的显著特征是法律制裁。

从政党治理形态的角度看，涉及政党制度和政党文化两个层面。政党法治的基本依据是政党法律和国家法律，而最根本的是政党章程和国家宪法。政党章程和国家宪法是由一系列制度组成的，包括政党和国家的根本政治制度、组织制度、组织体系，以及权力分配制度及其保障体系等。这些制度规定，既是政党和国家政治资源配置的总方案，也是其政治生活的总范式。制度层面的党章和宪法，是一套看得见的有形的结构体系，它是政党法治的基础和依托。在这个意义上，政党法治是一种有形的制度形态。但是，作为一种政治哲学、一种政党理念，党章和宪法的价值不仅仅在于其有形的制度规定，还在于蕴含其中的精神或文化。如果把上述各项制度规定比作党章、宪法的骨骼，那么蕴含其中的观念意识则是党章、宪法的血液和灵魂。在这个意义上，政党章程和国家宪法又是一种政治文化，它所反映的是一种思想、理念和逻辑，这就是政党民主思想、科学管理理念、政党法治逻辑。所以，政党法治又是一种无形的文化形态。也正是这种无形的精神、文化的力量，将党章、宪法的具体条文“活化”为政党政治哲学，“外化”为政党生活方式。

从政党治理与国家治理的相互关系看，政党法治具有双重意义。一方面，由于政党不是存在于国家之外或国家之上，所以政党活动必须限定在国家宪法和法律范围之内，而不能超越于宪法和法律之上，因此，国家的法治精神和法治原则同样适用于政党。它不仅适用于政党外部关系的调整，也适用于政党内部关系的整合。这样，在致力于建设法治国家的目标之下，政党必须加强自身的法治建设，在先进的政党文化的引导下，通过完备的制度体系和有效的运作机制，实现政党内部生活的法治化。这是法治国家建设的起码要求和应有之义。另一方面，法治国家建设的有效性和真实性有赖于政党法治建设的有效性和真实性，政党生活特别是执政党生活法治化的发展方向和发展质量，对国家生活的法治化建设既有重要的引导、示范作用，也是判断国家法治建设水平的重要指标。在实践过程中，国家法治建设靠政党法治建设的引导和推动，而国家政治生活法治化的健康发展，又为政党生活的法治化提供了重要的政治环境和实践基础。

政党法治既有“价值”的内涵，也有“过程”的功能，还有“手段”的意义。说它是一种价值，指的是政党发展所追求的理想状态；说它是一种过程，是指在政党政治时代，政党法治水平始终是相对的，总是处于一个不断扩展和跃升的动态过程之中；说它是一种手段，指的是经由政党法治建设提升政党管理的科学化水平，达到增强政党能力之目的。但是，无论从哪个角度理解，都涉及一个首要的和基本的问题，即政党法治的坐标，也就是从什么样的角度，以什么作为参照来解释政党法治含义的问题。我们在这里对政党法治的研究是从政党治理的角度、以“政党人治”作为它的对立概念和参照而展开的，其中的关键在于如何认识和把握政党权力与政党法律之间的关系问题[1]。我们认为，政党法治与政党人治同属于政党治理的形式或模式，二者的本质区别主要在于党依法治还是党由权管。所谓政党人治，是指以政党领袖（被人格化的政党权力）作为政党活动的支撑点，把政党治理乃至政党的前途命运寄托于政党领袖特别是最高领袖的贤能上。其显著特征是政党运作的逻辑起始于政党权力又归结于政党权力，被人格化的政党权力既是政党活动的操纵者，也是政党活动的评判者，政党活动基本上是按照党权—党法—党权的逻辑顺序展开的。应当说明的是，政党人治并不排斥政党法律和国家法律，在某种意义上，它还要借助于政党法律和国家法律的权威，依赖于政党法律和国家法律的力量，要害是“法上有权”，“权大于法”，即政党法律、国家法律从属于党权，党权凌驾于政党法律和国家法律之上。表现在政党生活中，政党法律、国家法律的基本功能在于服务和服从于政党权力，基本价值在于通过政党法律和国家法律形成对政党权力的肯定和张扬，目的在于保障和实现“权力意志”。政党人治的必然结果，是使整个政党活动处于“权治”的状态之中，导致政党法律由本来意义上的政党意志，异化成长官意志。在特殊历史条件下还会使整个党治呈现出“个人高度集权为主导的无政府状态”[2]。这时，政党法律越多，政党也就变得越“无法”和“不法”，领袖权威也由此异变成少数人的专制。

与政党人治相对立的政党法治，则是以政党法律制度作为政党活动的支撑点，把政党治理乃至政党前途命运寄托于政党法律制度的健全和权威性上。其显著特征是政党运作的逻辑起始于政党法律，又归结于政党法律。政党法律既是政党活动的主导者，也是政党活动的评判者，政党活动在整体上是按照党法—党权—党法的逻辑顺序展开的。政党法治的价值意义在于通过政党法律的形成和至上权威的确立，构成对政党权力的制约，目的在于保障和实现政党意志。在政党生活中，政党法律是政党意志的体现，是富有理性的政党智慧，从而把政党权寓于政党法律之中，由政党法律来承载，由政党法律来实现，由政党法律来评判，整个政党处于依法而立、守法而行的法治状态之中，这也就是我们现在所讲的“依法治党”和“依法执政”的要义。应当看到，政党法治并不排除政党权力，相反，它还非常借重政党权力。这是因为，政党法律的形成，要由政党权力来运作；政党法律的权威，要由政党权力来维护。如果没有政党

[1] 从一般意义上讲，这里不仅涉及政党法律而且涉及国家法律。为了叙述方便，我们在这里只探讨政党权力与政党法律的关系。

[2] 迟福林、田夫：《中华人民共和国政治体制史》，中共中央党校出版社1998年版，第260页。

权力，政党法律既无法形成，也无法实施。与政党人治相比，所不同的只是政党权力既不直指政党组织和成员，也不直指政党法律，而是一种在政党法律背后起作用的潜在的支配力量。相比较而言，在政党人治情况下，政党法律是政党权力的工具；而在政党法治情况下，政党权力是政党法律的工具。政党法治和政党人治的实质区别在于，当政党法律与政党权力发生矛盾冲突时，前者是政党法律的权威高于政党权力，后者是政党权力凌驾于政党法律之上。

二、政党法治的基本特征

第一，政党主张与国家意志相一致、政党法律与国家法律相协调是政党法治的前提条件。政党活动由国家政权及其法律之外进入国家政权和国家法律之内是政党法治的基本前提。满足这一前提有两种基本方式：一种是政党认同现存国家意志，在现存国家制度和法律制度的大框架下立党执政，此即“国家位先，政党位后”的政党法治类型。另一种是政党否定现存国家意志，通过推翻旧政权、建立新政权，废除旧法律、建立新法律，而求得政党主张和国家意志相一致、政党法律与国家法律相协调，此即“政党位先，国家位后”的政党法治类型。实行议会民主制的资本主义国家的政党政治多属于前一种情况，而在20世纪发展起来的社会主义国家的政党政治多属于后一种情况。政党主张与国家意志相一致，政党法律与国家法律相协调，集中表现在下述诸方面：政党和国家的基本价值取向和根本发展目标相一致，政党的阶级、社会基础与国家的阶级、社会基础相一致，政党治理理念和国家治理理念相一致，政党法制建设进程与国家法制建设进程相一致。

应当指出的是，政党地位、政党任务和政党环境的不同，必然对政党法治提出不同的要求。但政党法治并不随政党地位、政党任务和政党环境的变化而自动实现，它是一个自觉认识和努力建设的过程。对于现实社会主义国家的工人阶级政党来说更是如此。这是因为，在现实社会主义国家，政党法治要求执政党既要通过国家机构领导人民立法，将党的意志转化为国家意志，还要带头自觉守法；既要使自身的执政权限和执政行为有可靠的法律根据，还要将自身的执政权限和执政行为置于法律约束之下。因而，政党法治会遇到来自主观和客观、历史和现实，以及经济、政治、文化等方面的阻力。也就是说，政党治理模式由“人治”向“法治”转变，是深刻的政治观念变革和政党治理革命，它要求工人阶级执政党要以新的政治觉醒求得理论上的成熟和政治上的坚定，以无私无畏的进取精神和求真务实的工作态度，实现观念转变，健全法律制度，推进政党法治化进程。

第二，阶级性和工具性相统一是政党法治性质的基本内容。在政党政治时代，“群众是划分为阶级的”，“阶级是由政党来领导的”[1]，政党是组织起来的“一种政治的社会”。政党组织基础的阶级属性和政党品质的政治特性，从根本上决定了实践上的政党法治必然带有“阶级”印记，具有“政治”意义：在理念上，它是以特定政党的基本价值为根本指导的；在实践上，它是以特定法律制度为根据的；在目的上，它是服务和服从于由政党性质决定和要求的政党职能[2]的；在评价标准上，它是以政党在特定的社会历史条件下是否最大限度地发挥其应有的作用为根本依据的。显然，这些都与政党的阶级性和政治性密切相连。一句话，不同政党的阶级基础和政治原则决定着政党法治具有不同的性质。

同时，政党法治具有工具性的价值意义。政党法治作为政党管理的一种方式或政党治理的一种模式，又是一个可供所有政党加以选择的政党治理理念和政党运作机制。从这个角度讲，我们对政党法治的理解，又可以在政党治理的层面上，消解其单纯的阶级性、政治性的价值评判和价值取向，而在一定程度上赋予其具有相对普遍价值的内涵。也就是说，政党法治化的治理模式不管出哪类或哪个政党率先创造，蕴含其中的价值追求和理念，并不为该类或该个政党所专有，而是可以成为所有文明政党治理的共同理念和价值追求。工人阶级政党实行的政党法治与资产阶级政党主张的政党法治在阶级性、政治性上有着根本的区别，这是毋庸置疑的，但这并不表明法治化的政党治理模式只能是某个政党的专利。问题的关键在于这种治理模式与什么样性质的政党相结合。与资产阶级政党相结合，就为资产阶级服务；与工人阶级政党相结合，就为工人阶级和广大的劳动人民服务。政党法治模式首先由资产阶级政党创造，其“阶级性”和“政治性”是显而易见的，但它作为政党治理的一种理念，作为政党文明发

[1] 《列宁选集》(第4卷)，人民出版杜1995年版，第151页。

[2] 在我们所看到的国内有关政党问题研究的论著中，在论述政党“做什么”的问题时，学者们习惯用“政党功能”“政党作用”“政党影响”的概念表述，而很少使用政党职能的概念。即使有使用“政党职能”概念的也是将其作为政党功能或政党作用的同义语混合使用。在多数人的潜意识中，政党职能就是政党功能，政党功能也是政党职能。我们认为，在政党科学中，政党职能是一个与政党功能有明显区别的科学概念，有其独立的研究对象和活动领域。在本质特征上，政党职能所揭示的是政党应当具有的政治品质和政治技能，强调的是政党“应然”，即政党“应有”“应做”；在概念功能上，政党职能是从理论原理方面回答政党是什么、做什么的必然性、必要性的基本内容及其本质特征等问题；在实践形态上，政党职能所反映的是政党在承担政治义务或政治责任时应当拥有的政治权利是政党义务与政党权利的有机统一。政党职能是一个内容丰富的科学体系。民主是政党职能的“内核”，“为民主而战”是政党职能的根本指向和价值依归，组织动员、价值导向、桥梁中介、人才保障、利益协调和发展稳定是政党职能的基本表现。政党职能本质上属于政党权利与政党权力相统一的政党法权，是以政党义务优先为基本特征的政党文化现象，其合法性根源于政党政治的合阶级性、合人民性及合法治性。政党职能既是政党价值的内容展开，政党活动的权限范围也是政党事实的评价依据。

展的一种实践形式，其中必然包含着某些共同的东西，具有政党社会所普遍具有的一般属性。在这个意义上，政党法治是民主政治发展的一种具体形态和组织运作方式，本质上属于民主形式和民主运作机制层面的范畴，而不具有政党基本制度的规定性，即不属于“党体”规定，而属于“党治”形式。既然政党法治作为现代政党文明的一种进步状态和较为普遍的政党治理形式，而对进步文明的模仿和共享是所有文明生长和发展的共同现象，所以，在政党治理中，包括工人阶级政党在内的任何进步政党都可以且应当学习和借鉴世界政党治理过程中所形成的一切有益成果，以此深化政党治理的理论认识，提升政党治理的科学化水平，增强政党执政的实践能力，扩展政党文明的影响范围。

第三，内容价值和形式价值相统一是政党法治价值的基本形式。政党法治的价值基础源于政党民主，价值目标在于政党民主。政党民主的文本体现是政党法权，而政党法权是由政党权利和政党权力两个方面的实体内容和与此相关的程序内容构成的。政党法治的内容价值和形式价值是政党法治中的两个不同的概念，各有不同的内容取向和实践要求。政党法治的实体价值是按政党民主—政党法权—政党职能—政党功能[1]—阶级群众（社会公众）的逻辑关系予以确立和展开的。这就从根本上决定并要求政党法治的真实意义在于指向政党法律的价值根源和价值取向。在法律面前坚持人人平等，不承认任何特权，既是政党法治的科学内涵，也是其真实价值所在。政党法治的形式价值意义在于以下几个方面：其一，政党法治的形式价值由具体的政党组织结构、制度体制及其运作机制等基本要素构成。其二，政党法治的形式价值是政党法治内容价值的物质载体、实践形式和保障机制。其三，政党法治形式价值为政党法治的形成和发展完善提供原则导向和路径。其四，政党法治形式原则在政党法治实践中以普适、明确和可操作的形式呈现于公众面前。可见，政党法治的形式价值在于追求政党法律的形式上的完整性、科学性及其实践上的可操作性。

应当强调，政党法治的实体价值和形式价值是互为前提、互为条件、互动发展的，它们共同致力于政党法治的总目标，统一于政党法治的具体实践之中。政党法治的内容价值是其形式价值的精神实质和目标导向。不然，政党法治形式价值则将失去其真实的意义，仅仅是一种动听的“话语”、好看的“外壳”而已。政党法治形式价值作为

[1] 政党功能属于政党管理方面的科学范畴。它所反映的是政党品质与技能的实现方式及其政治作用或政治影响，侧重于政党本质的实现机制及其结果状态的描述，说明的是政党“实然”即“政党运营”或“政党已做”。由于政党性质、政党文化、政党制度、政党环境以及政党履行其职能的方法、途径的不同，政党对国家和社会生活影响的效率和效益也不一样。政党功能对政党职能可能是充分地表现，也可能是部分地表现；可能是正面地表现，也可能将其异化而走向它的反面。

其内容价值的载体或中介而存在。如果没有科学可行的政党法治的形式价值，则无从将政党法治的内容价值与政党法治的具体实践对接起来，再好的政党治理的价值追求也只能陷于虚幻的清谈；如果没有程序上的严肃性，制度上的权威性就无从谈起。

第四，政党法治既是一种新型的政党文明形式，同时还是这种新型政党文明形式的实现机制。从主观方面看，政党文明包括政党意识文明、组织文明、制度文明和行为文明等内容，而贯穿其中的是政党灵魂或政党精神。现代政党政治，政党灵魂或政党精神的实质是政党法治理念，即政党法治是现代政党文明的核心价值和基本形态。这是因为，与政党人治相比较，政党法治是一种以政党民主和社会民主为基础，最大限度地保护政党权利、最有效地规制政党权力，以实现政党生活的民主化、制度化和法律化为基本价值追求的政党治理方式，因而是一种成熟的、科学的政党治理方式。与政党人治相比较，政党法治不仅具有实证的意义，而且包含着高一层次的价值追求，蕴含着一种新的政党治理理念，昭示着一种政党文明进步的状态或新的政党文明形态。可以这样讲，一个政党的法治水平从总体上反映着政党文明的发展程度，它既集中反映着政党权产生的合法化程度，也反映着政党内部关系调整及其外部关系运作的合法化程度，因而从整体上反映着政党文明的发展方向和发展质量。

同时，政党法治作为政治文明的实现形式，既体现为政党理念的科学而先进，政党行为的民主而理性，更重要的还体现为通过政党法治建设将先进的政党治理理念转化成具体的政党制度、体制和机制，和现实的政党秩序。我们知道，一种新的政党文明从理念的确立到制度选择，再由制度、体制的安排转化为具体的政党秩序，是一个复杂的政党进步过程。政党法治既是这一政党进步过程的价值导向与核心内容，也是这一政党进步过程的推进器和火车头。这是因为，政党文明的演进是以政党民主为内容支撑、动力机制和价值追求的，是以政党民主的充分、全面、协调和可持续发展为基本特征的，而政党民主发展内在地要求法治，没有政党法治，难以建设真正意义上的政党民主。政党民主建设的历史经验也表明，离开政党法治，不仅政党民主建设难以取得预期成果，还会使已有的民主成果遭到破坏甚至丧失殆尽。政党法治既是提升政党文明的基本前提，又是发展政党文明的基本载体，也是体现政党文明的基本形式。也就是说，政党法治作为政党文明的一项实质性要素，其价值不仅在于表明政党法律应当遵循的实质价值原则和形式价值原则，还在于揭示政党法律应当遵循的价值原则由“理论形态”转化为“客观存在”的必要条件和转换机制。

三、结语

第一，从本质上讲，政党法治与政党人治是作为不同的政党文化或政党文明形态而存在和发挥作用的。由于政党法治是作为一种与政党人治根本对立的新的政党结构形式、新的政党运作机制，来维护政党法律的本来面目、实现政党法律的应有价值的，所以，与政党法治相匹配的组织方式是民主型的、公仆式的政治团体，而与政党人治相匹配的组织方式则是专制型的、“主人式”的官僚集团。

第二，在政党法治中，政党权力仍然作为一种支配力量而存在，但它必须受政党法律的制约，服务和服从于政党法律。与政党人治相比，政党法治将政党权力和政党法律置于一种新的政治格局和运作机制之中。政党法律作为政党权力的载体和实现形式，在得到政党权力有效支持的同时，作为一种非人格化的力量，对政党权力具有“硬性”监督制约作用，由此体现出政党法律的最高权威和普遍权威，其根本意义在于将政党运作过程中的个人干预限定在最小的范围之内，使有关政党运作的“制度和法律不因领导人的改变而改变，不因领导人的看法和注意力的改变而改变”[1]，从而最大可能地保障政党生活的稳定性和可预期性。可见，正确认识和准确把握政党法治的本质，关键不在于有没有政党法律的形式，而在于有没有政党法律的精神，在于是否从实体法和程序法二者之有机统一上体现出政党法律至高无上的原则。树立这种精神，认同这种原则，是确立政党法治的政治哲学基础，从而是真正实现政党生活法治化的前提条件。

第三，从一般意义上讲，政党法治和政党人治并不具有政党性质规定层面上的分野，不同性质的政党既可以实行政党法治，也可以实行政党人治，即使是同一性质的政党也可以对政党治理模式作出不同的选择。政党治理模式的不同，既与具体民族国家的社会经济结构、历史文化传统以及特殊的国际环境相联系，也与政党主要是政党领袖的思想认识和政治选择相联系[2]。从历史发展的角度看，政党人治和政党法治并不是截然分开的两个发展阶段。在现实政党生活中，政党人治和政党法治也并不是纯而又纯的两种政党治理模式，往往是政党人治中包含着政党法治的积极因素，政党法治中包含着政党人治的合理成分，所不同的只是以哪一种政党治理模式为主而已。在现代政党政治中，绝对的政党法治或绝对的政党人治是不存在的。

第四，政党法治是对政党权的肯定与实现的过程。这一过程的顺利实现与科学发展取决于如下几点认识：其一，政党作为历史发展中的一种政治需求，天然地具有生存权、发展权与对国家、社会发展的政治影响权。其二，一般情况下，政党作为一种现

[1] 《邓小平文选》(第2卷)，人民出版社1983年版，第146页。

[2] 中国共产党在很长时期内实行“政党人治”就与毛泽东等党的主要领导人的“人治观”和“工具论”的法律观密不可分。毛泽东在1958年8月召开的协作区主任会议上就说过“不能靠法律治多数人”的话。刘少奇则认为“法律只能作为办事的参考”。在毛泽东等人看来，共产党不靠法而靠党的会议，靠党的政策来治理。

实政治实体，其权利的获取与权力的运作应当经由政党法律和国家法律的形式来实现。其三，无论是政党权利还是政党权力，统统是由阶级主权和人民主权派生而来，具有工具性质，而其适用范围也是有限的。其四，政党绩效评价的主体不只是政党成员，还包括阶级群众和社会公众；评价的依据不只是政党法律，还包括国家法律；评价的指标不仅要有“质”上的判断，还要有“量”上的估算[1]。

总而言之，政党法治的目的在于对政党权利予以保护，对政党权力进行约束，旨在按规律治理政党。这里讲的规律，包括政党内部关系的确立及其运作规律和政党外部关系的确立及其运作规律两个基本方面。从政党权内部运作的角度看，其核心内容是正确认识和准确把握党员群众与党员干部、党的下级组织与党的上级组织相互关系的本质特征及其实现形式，主要涉及政党意识、政党组织、政党制度、政党监督等内容；从政党权外部运作的角度看，核心内容是正确认识和准确把握党与国家、党与法关系的本质特征及其实现形式，主要涉及“执政理念、执政基础、执政方略、执政体制、执政方式、执政资源和执政环境”[2]以及执政任务、执政保障等方面。由于政党法治既包含人们对政党活动规律做制度层面安排的丰富内容，也包含人们对政党活动规律做文化层面凝练的深刻意蕴，所以，弄清楚政党法治的科学内涵、本质特征和实践要求，有利于对政党活动规律进行正确认识和准确把握。对于当代中国共产党来说，探讨政党法治问题，旨在“不断深化对共产党执政的规律、对社会主义建设的规律、对人类社会发展的规律的认识”[3]，以此将党的执政能力提高到一个新的科学化水平。这就是我们今天讨论政党法治问题的实质和价值之所在。

原载于《文史哲》2005年第1期

[1] 在此不妨提出一个“政党经济学”的概念。所谓政党经济学，就是从经济学的角度运用经济学的方法研究政党资源问题的学问。

[2] 《胡锦涛在邓小平同志诞辰100周年纪念大会上的讲话》，《光明日报》2004年8月23日。

[3] 江泽民：《论党的建设》，中央文献出版社2001年版，第511页。

政党职能问题探讨

王韶兴

摘　要：（1）在政党科学中，政党职能是一个与政党功能有明显区别的科学概念，有其独立的研究对象和活动领域。在本质特征上，政党职能所揭示的是政党应当具有的政治品质和政治技能，强调的是政党“应然”，即政党“应有”“应做”的问题；在概念功能上，政党职能是从理论原理方面回答政党做什么的必然性、必要性的基本内容及其本质特征等问题；在实践形态上，政党职能所反映的是政党在承担政治义务或政治责任时应当拥有的政治权利，是政党义务与政党权利的有机统一。（2）政党职能是一个内容丰富的科学体系。民主是政党职能的“内核”与“原点”；高度发展的政党民主和社会民主是政党职能的根本指向和价值依归；组织动员、价值导向、桥梁中介、人才保障、利益协调和发展稳定是政党职能的基本表现。（3）政党职能本质上属于政党权利与政党权力相统一的政党法权，是以政党义务优先为基本特征的政党文化现象；其合法性根源于政党政治的合阶级性、合人民性及其合法治性。（4）政党职能既是一种文明形态也是一个文明过程，本质上具有开放性；政党职能既是政党价值的内容展开，又是政党活动的权限范围，也是政党功能的评价依据。（5）正确认识政党职能，是准确把握政党能力的入门，是科学而有效地增强政党执政能力的必由之路。

关键词：政党；政党职能；政党法权

在政党学说中，政党职能是一个与政党功能有明显区别的科学范畴，有其独立的研究对象和活动领域[1]。根据政党本质决定政党职能、政党职能规范政党能力内容、政

[1] 在我们所看到的国内有关政党问题研究的论著中，在论述政党“做什么”的问题时，学者们习惯用“政党功能”“政党作用”“政党影响”的概念表述，而很少使用政党职能的概念。即便有使用“政党职能”概念的，也是将其作为政党功能或政党作用的同义语混合使用。在多数人的潜意识中，政党职能就是政党功能，政党功能也是政党职能。参见《中国大百科全书·政治学》，中国大百科全书出版社1992年版，第471页；王惠岩主编：《政治学原理》，高等教育出版社1999年版，第184—187页；王邦佐主编：《新政治学概要》，复旦大学出版社1998年版，第187—188页；赵宝煦主编：《政治学概论》，北京大学出版社1982年版，第170—173页；王浦劬主编：《政治学基础》，北京大学出版社1995年版，第271—273页；杨光斌主编：《政治学原理》，中国人民大学出版社1998年版，第202—208页；施雪华主编：《政治科学原理》，中山大学出版社2001年版，第326—327页。

党执政能力则根源于政党能力的逻辑思考，我们认为，正确认识和准确把握政党职能的科学内涵与实践要求，既是提高政党建设质量水平的需要，也是提高政党管理科学化水平的需要；既是正确认识党政关系的需要，也是增强政党执政合法性的需要。一句话，只有从理论上搞清楚政党应当做什么的问题，才有可能在实践中真正做到科学而有效地增强政党执政能力。

一、政党职能是一个有独立研究对象的科学范畴

从语义的角度看，“职能”与“功能”都具有事物的作用、影响的含义。但从本质上说，二者是有重大区别的。职能所说明的是人、事物或机构应有的作用。它主要突出的是事物或机构所应有的品质与技能，并由此将不同事物区别开来，因而它具有事物本质、规律层面上的价值意义，所侧重的是对事物本质特征的揭示。而功能要说明的则是事物或方法在一定的条件下发挥出来的作用，专指事物和方法事实上所发挥的或实现的功效或作用，它具有事物运作经营（管理方法、手段）和结果状态层面上的价值意义，所侧重的是对事物表征及结果的描述。据此，政党职能与政党功能在科学内涵、概念层次和内容要求等方面都有很大的差异，是语义不同、要求各异的两个概念。

对政党职能的科学内涵及其本质特征的认识和把握，关键是要搞清楚政党职能与政党功能的关系，即二者之间的联系与区别。

从本质内涵的角度看，政党职能是指政党应当具有的政治品质和政治技能，所强调的是政党“应然”，即政党“应有”“应做”的问题，是对政党本质内容的揭示；政党功能则是指政党品质与技能的实现方式及其政治作用或政治影响，是对政党本质的实现机制及其结果状态的描述，它所说明的是政党“实然”，即“政党运营”或“政党已做”的结果。从概念层次的角度看，政党职能由政党本质所规定和要求，是政党本质的体现，因而它是政党功能的上位概念；而政党功能则是政党职能的外化，是行动中的政党职能，因而它是政党职能的下位概念。政党职能属于政党原理方面的科学范畴，政党功能则属于政党管理方面的科学范畴。从概念作用的角度看，政党职能回答的是关于政党做什么的必然性、必要性的基本内容及其本质特征等问题；而政党功能所要回答的则是政党履行政治职能的途径、方式、方法及其结果与状态，以及与此密切相关的政党环境等问题。从状态结果的角度看，政党本身所具有的职能，自然是其本质所规定，是客观所必需，因而是必须表现出来、要努力实现的；而政党在政治过程中所表现出来的政党现象及其作用或影响，却不一定都是政党本质所规定、客观所必需的东西，其质如何、量之大小，既受主观因素（政党素质）的制约，也受客观条

件（政党环境）诸方面的影响。由于政党性质、政党文化、政党制度、政党环境以及政党履行其职能的方法、途径的发育程度和科学化水平的不同，政党对国家和社会生活影响的效率、效果和效益也不一样。政党功能对政党职能可能是充分地表现，也可能是部分地表现；可能是正面地表现，也可能将其异化，而走向它的反面。也就是说，本质规定、历史赋予或时代要求政党应当有什么样的品质与技能，与政党在事实上发挥了什么样的作用、起到了怎样的影响并不是一回事。总而言之，政党职能与政党功能不能同日而语，不可等量齐观。

二、政党职能是一个内容丰富的科学体系

关于政党是什么及其做什么的问题，马克思主义经典作家和中外政治学家都有自己的回答。对此，无论是马克思主义经典作家从政治学的角度加以论述，还是西方学者从社会学的角度予以说明，都涉及政党与民主的关系这样一个最基本的问题。这反映了一个深刻的社会历史现象，即任何进步的政党天然地同民主相联系，政党既是民主政治的产物，也是民主政治的工具，“民主性是政党最主要的特性”[1]。政党“是什么”从根本上规定和要求政党“做什么”，即政党本质规定政党职能。既然政党是因民主的发展而产生，为民主的发展而存在，其最终也将因民主的发展而消亡，所以，民主是政党精神之所在，价值之所依，目标之所求。“一个政党的生命力就在于民主”[2]。事实证明，在现代国家，政党不仅“是治理国家不可缺少的工具”[3]，而且“民主原则运用得越彻底，政党就越重要”[4]。可见，“为民主而战”是政党的总品质和总职责，是政党职能的总性质和总要求；民主是政党职能的“内核”与“原点”。政党职能的这一总性质和总要求，表现在政党领导及其水平、政党执政及其能力两个基本方面并可分解为以下六个方面的具体内容。

（一）组织动员职能。即指政党所应具有的最大限度地发现、集合、调动社会各方面力量为实现以本阶级为基础的经济、政治和文化发展目标服务的政治品质和政治技能。政党本身是组织的产物，是组织起来的“一种政治的社会”。组织政党的第一要义在于对阶级力量的组织动员，而对阶级力量组织动员的进一步提升和扩展则是对整个社会力量的组织动员。因此，组织动员包括本阶级在内的社会政治力量实现政党价值

[1] 高放：《党内民主是党的生命——马恩是怎样按照民主制原则创建共产党的》，《学习时报》2004年7月19日。

[2] 荣敬本、高新军：《政党比较研究资料》，中央编译出版社2002年版，第7页。

[3] 希尔斯曼：《美国是如何治理的》，商务印书馆1995年版，第327页。

[4] 乔·萨尔托利：《民主新论》，东方出版社1993年版，第155页。

目标，既是政党的本性，也是政党的天职，因而是历史赋予政党首要的和基本的职能。政党是否具有最大限度地“把党内党外、国内国外的一切积极的因素，直接的、间接的积极因素，全部调动起来”[1]的政治品质与政治技能，关系到政党的阶级基础与社会基础，关系到政党职能的组织依托与社会底蕴，因而影响到政党的前途命运。

政党组织动员职能涉及五个方面的基本内容：一是组织动员主体；二是组织动员对象；三是组织动员内容；四是组织动员方式；五是组织动员目的。其中，阶级的力量能够有效地动员起来，社会的力量能够最大限度地整合起来关键在党，在于政党组织性质的先进、思想理论的科学、价值目标的宏远、路线纲领的正确及其领导执政的高效；以本阶级为基本依托的包括其他阶级阶层在内的广大人民群众则是政党组织动员的对象；对社会各方面力量实现最大限度的凝聚，对社会各层次的利益实现最大限度的整合，对国家机关活动和社会生活实现最大限度的协调，是政党组织动员的基本内容；在执政条件下，努力将党的主张经由法定程序上升为国家意志，通过法律的权威和法制的力量，将党的政治意图转变为人民群众的具体实践，是政党组织动员的基本方式；促进民族国家经济、政治、文化的全面、健康、协调发展，以此为人类文明的演进做出更大的贡献是政党组织动员的目标指向和价值体现。

（二）价值导向职能。即指政党所应当具有的为国家政治和社会生活提供价值导向的政治品质与技能。在政党政治时代，国家政治和社会生活的健康发展与以下三个因素密切相关：一是政党主要是执政党价值体系的确立及其社会认同程度；二是执政党特别是执政党领导集团的素质水平；三是政党、国家、社会的组织形式、相互关系及其科学化水平。其中，政党价值体系的确立及其社会认同的程度是首要的和基本的。

在现代社会，政党价值体系是国家政治和社会发展的思想主导、精神力量和目标指向。因此，政党价值导向的方向及其能量的大小，直接影响到民族国家的前途命运。政党的价值导向职能在其执政前后的具体内容和实践形式是不同的。当某一政党处于争取政权阶段时，它会特别突出价值导向的“阶级性”。这无论对于不同性质的政党还是对于通过不同形式取得政权的政党都是一样的。因为这为保证政党的斗争性质和发展方向所必需。而当某一政党上升到执政地位，政党价值导向的“阶级性”就会面临一些新情况和新要求，即要努力拓宽政党价值实现的社会基础，努力增强政党价值内容的包容性。一是因为，政党权和政党执政权的合法性基础是不同的，如果某一政党在执政条件下仅仅强调自身所代表的阶级的利益，而忽视其他阶级、阶层和群体的利益，必然陷于价值导向的“阶级私利”的泥潭。二是因为，增加生产力的总量，是政党执政权得以维系的基本条件，而广义上的生产力包括“物质生产力，精神生产力，

[1] 《毛泽东著作选读》（下册），人民出版社1986年版，第744页。

及人的生产力（人自身生产的能力）三种类型”[1]。如此，生产力总量的全面增加和质量的全面提升，其涉及范围和所需力量显然不是单靠某个阶级，而是需要社会总动员。三是因为，在经济社会急剧变革的历史条件下，执政党在坚持其阶级性的同时，自然面临着如何把因社会组织的不断分化而出现的新的社会阶层和群体纳入政治体系的问题，即在尊重价值追求多样性的前提下努力实现基本价值观的一致性的问题。政党的价值导向在很大意义上取决于理论上的功夫，思想理论素质是政党素质的灵魂，“理论上成熟是政治上成熟的基础”[2]。经验表明,“理论只要彻底，就能说服人”[3]，群众就会因此产生巨大的历史主动性和历史创造性，从而使政党价值体系的就位具有了现实操作性。经验还表明,“理论只要说服人，就能掌握群众”[4]，所以,“掌握思想领导是掌握一切领导的第一位”[5]。这种思想领导的成功取决于三个基本条件：一是围绕政党价值体系的思想理论建设必须具有占据人类文明制高点的品质；二是要有把这种思想的力量转化为现实力量的理论上的科学化和传导上的成功；三是取决于政党成员对政党追求的坚定信仰和对党的事业的耿耿忠心。

（三）桥梁中介职能。即指政党所应具有的把社会公众和国家政权有机联系起来的政治品质与政治技能。政党政治就其政治类型而言属于民主政治，是对君主政治（专制政治）的否定；而从民主的角度来看，政党政治则属于间接民主、代议制民主。在民主政治进程中，间接民主、代议制民主是必经的历史阶段。在现代民主社会，主权在民的原则把人民的利益与要求置于政治的核心地位，国家过程的原始动力来自社会各阶层与广大人民群众。这样，在民主政治机制中，就需要有一个能够将社会能量加以转换并传输到政治中枢去的中介机制，使公众的民主价值追求经由政党转换为民主体制和民主机制，表现为具体的民主内容和民主过程。这就是政党政治产生的根据和存在的理由。政党政治这种民主形态从根本上决定了政党作为民众和政权的中介，应当具有关注民生、体察民意并进行利益整合和表达的政治品质与政治技能。由此，政党“既是社会自主参与国家生活的内在要求，同时也是以民主的方式运作国家制度的内在要求”[6]。政党的这种职能在其执政前表现为形成充分反映民意的政治纲领，并通过广泛宣传，赢得民众支持，以此实现政党目标的第一步——成为执政党；而在其执政后，则表现为根据民意提出符合民族国家经济社会发展的路线、方针和政策，并通过

[1] 陈筠泉、殷登祥：《科技革命与当代社会》，人民出版社2001年版，第11页。

[2] 江泽民：《学习邓小平理论——纪念邓小平同志逝世一周年》，《人民日报》1998年2月18日。

[3] 《马克思恩格斯选集》（第1卷），人民出版社1995年版，第9页。

[4] 《马克思恩格斯选集》（第1卷），人民出版社1995年版，第9页。

[5] 《毛泽东文集》（第2卷），人民出版社1993年版，第435页。

[6] 林尚立：《领导与执政：党、国家与社会关系转型的政治学分析》，《毛泽东邓小平理论研究》2001年第6期。

法律程序上升为国家意志予以贯彻执行。政党在国家政治和社会生活中的这种特殊地位和作用，决定了它“兼具一般社会组织和国家权力机关的某些特征：一方面它总是社会中一部分人的利益代表；另一方面它又在社会政治过程中履行着国家机关和一般利益集团无法履行或无法完全履行的某些管理职能”[1]。经验证明，政党若不能从政治、经济、文化等各个方面全面反映最广大人民群众的根本利益，并通过国家政权去保护它，经由国家法律去体现它，经由自身的先进性去发展它，就等于丧失了其存在的社会价值，因此也就动摇了存在、发展与发挥作用的社会基础。

（四）人才保障职能。即指政党所应当具有的通过人才供给和组织体系的力量，保障国家政权运转方向与本党价值取向相一致的政治品质和政治技能。按照民主程序委托一批政治精英治理国家，是现代民主社会的普遍做法。由于政党的本质及其特殊的政治地位，其理所当然应当具有这种选拔、培养政治精英的政治品质和政治技能，以此从人才资源的角度保证国家行为同政党价值取向相一致，同绝大多数人民群众的根本利益相统一，同人类文明的发展相协调。政党的这一职能表现在两个基本方面：一方面是发现、培养国家政治和社会生活所需要的各类人才；另一方面是组织、参与和影响各级各类的政治推荐和选举，争取使本党推举的候选人当选国家政权机关的公职人员。经验表明，执政党是否具有为国家和社会培养并输送“精英”的品质与技能，能否做到通过人才的供给和组织体系的力量最大限度地保证国家政权的运转方向与本党的价值取向相一致，既关系到国家政治和社会生活发展方向和质量，也关系到政党自身的发展前途和历史命运。

（五）利益协调职能。即指政党所应当具有的将社会构成的各方面、国家系统的各个部分的具体利益诉求从根本上统一到国家基本价值取向的政治品质和政治技能。生产的社会化带来的利益主体的多元化，必然引起社会矛盾的多样性及复杂化。而社会化大生产，又使社会矛盾发展速度快、影响范围广及其综合性和复杂性的特点日益明显。也就是说，社会发展现代化程度越高，社会矛盾越具有公众性，因而也就越需要政党的协调。目的在于通过政党目标的动员力、政党理论的感染力、政党行为的带动力以及政党事实的说服力，将方向不同、利益各异的社会力量引导到执政党设定的社会发展的基本轨道上来，进而将其改造成、提升为执政党基本价值的追随者和实践者。执政党的协调职能表现在两个方面：一是对社会各阶级、各阶层、各利益群体以及各民族、各地区的利益要求和发展愿望进行提炼、综合，使局部利益与整体利益、当前利益与长远利益、具体利益与根本利益有机结合。基本任务是，将社会上业已存在和不断分化出来的不同阶级、阶层和利益群体的本能的力量提升到社会责任的力量，将

[1] 林勋健：《西方政党是如何执政的》，中共中央党校出版社2001年版，第1—2页。

自发的力量特别是反制度的力量调整为自觉而有益的建设性力量，使社会分散的利益、不同的民意转化成政治共识和国家主张。二是对各社会力量之间、国家政权机关与社会力量之间，以及国家政权机关之间的具体利益进行协调和整合，在统一的政治目标下，实现国家机关政治行为的一致性和高效性。这正如中国共产党所要求的“党必须保证国家的立法、司法、行政机关，经济、文化组织和人民团体积极主动地、独立负责地、协调一致地工作”[1]。从政党执政的一般规律来看，执政党总是要想方设法协调各社会阶级、阶层、集团的利益，总是要尽可能地减少社会矛盾，以便形成和谐稳定的政治局面。构建和谐社会的能力，是政党执政能力的一个重要方面。执政党若不能在充分实现自身的政治核心作用的同时，更好地发挥国家机关以及人民团体的职能作用，充分调动人民群众管理国家、社会的积极性、主动性和创造性，以此实现国家的人民性，那就是执政不力，当然也就执不好政。

（六）发展稳定职能。即指政党所应具有的维持政治秩序、促进社会稳定发展的政治品质与政治技能。现代社会的基本特征是发展和稳定。没有稳定的发展是无序的发展，其严重后果必然是社会混乱；而没有发展的稳定是社会僵硬，其严重后果必然是民主精神的窒息、经济生活的衰退和文化生活的凋零。所以，发展与稳定既是政党职能建设的基础、实现的前提，也是政党职能追求的目的和价值所在。

这里讲的发展，不是单纯的经济发展，它包含经济增长、政治昌明、文化繁荣、社会公平、人民民主以及人与自然协调等项内容，是一个全面、协调与可持续发展的大概念。经验表明，讲发展，必须以经济建设为中心，因为任何一个政党执政的合法性都是与一定的物质基础密切相连的。物质文明既是政党执政资源的重要部分，也是政党执政能力的一个基本标识。经验还表明，讲发展，必须讲经济、政治和文化的相互协调，追求社会的全面进步和人的全面发展。因为只有经济、政治、文化协调发展，人的发展与经济文化的发展相互结合、相互促进，才能建成真正意义上的现代化国家。中国共产党提出的全面建设小康社会，“使经济更加发展、民主更加健全、科教更加进步、文化更加繁荣、社会更加和谐、人民生活更加殷实”[2]，就是一个社会全面进步和人的全面发展相结合的发展目标。而按照“统筹城乡发展、统筹区域发展、统筹经济社会发展、统筹人与自然和谐发展、统筹国内发展和对外开放”的要求推进各项事业的改革和发展[3]，则是中国共产党为实现这一目标而确立的发展理论和发展途径。

同时，政党作为民主政治的产物和民主政治的工具，历史赋予其另一重要职能就

[1] 《中国共产党章程》，人民出版社2002年版，第9页。

[2] 江泽民：《全面建设小康社会，开创中国特色社会主义事业新局面——在中国共产党第十六次全国代表大会上的报告》，人民出版社2002年版，第19页。

[3] 《中国共产党第十六届中央委员会第三次全体会议公报》，2003年10月14日。

是在发展的前提下维护社会稳定。在这个意义上，政党既是社会表达各种要求、愿望的工具，也是公众释放其对社会现实的不满甚至愤怒的有效渠道，因而是社会运作的稳定器和缓冲阀。政党的社会稳定职能表现在两个方面：其一，组织和领导各社会力量参与政治过程，经由政党的“政治加工”使社会公众的政治参与制度化、秩序化，以避免过分的政治激情和无序的政治参与引发政治躁动而导致社会动荡，尤其应以高度的政治敏锐性洞察政治运行中的各种反制度性因素，并以高超的驾驭能力及时予以消除。其二，具有高水平的预测能力和决策能力，即通过提出正确的路线、方针和政策并“经过法定程序，使党的主张成为国家意志”[1]，为政治、经济和社会的稳定发展提供必要的法治条件。执政党若不能实现发展的稳定和稳定的发展，就等于恶化了执政的现实基础和外部环境。

以上内容既是政党为承担政治责任而必须具有的政治品质和政治技能，也是其政治活动的基本领域和能够行使的权限的基本范围。应当指出的是，由于国家制度、政党制度及其具体民族国家的历史传统和政治文化的不同，政党职能的具体内容和表现形式会有所不同，但其共同点是明确的，即政党在国家政治体系和政治过程中所充当的角色是其他任何政治实体所无法代替、无法比拟的。可以这样说，政党是人民群众利益整合和利益表达的“政治工厂”，是社会公众与国家机关联系的“政治桥梁”，是培养并向国家机关输送精英的“政治基地”，是经济社会健康发展的“政治灵魂”，是实现社会稳定的“政治保证”。这些，既是政党的本质要求，也是政党职能核心之所在。

还应当指出的是，政党职能的确立、发展及其实现总是与民主发展息息相关。可以这样说，民主知识是政党职能发展的基础，民主思想是政党职能发展的核心，民主精神是政党职能发展的支柱，民主方法是政党职能发展的工具，民主发展是政党职能发展的目的。民主作为政党职能发展的根本动力及其本质表现，集中体现为政党职能的科学性与政治性的高度一致。它可以分解为三条基本标准，也即判断政党职能性质优劣和水平高低的三条基本标准：一是看它的历史合理性，即指政党职能是否符合人类历史发展规律的基本要求。二是看它的正确高效性，即指政党职能能否有效地促进民族国家的经济社会发展并把这种发展同人类文明的演进统一起来。三是看人民的满意度，即指判断某种政党职能的优劣，关键要看它能否得到大多数人民群众内心认可和自觉实践。

[1] 江泽民：《全面建设小康社会，开创中国特色社会主义事业新局面——在中国共产党第十六次全国代表大会上的报告》，人民出版社2002年版，第34页。

三、政党职能本质上是政党权利与政党权力之有机统一的政党权

政党职能本质上是政党权。政党权包括政党权利和政党权力两个方面。政党权利是指政党站在既定立场上，为履行政党义务或承担政党责任，对其应享有的政治、经济、文化利益的诉求和获得。从权利特性的角度看，它包括“天然权利”和“法定权利”两种类型；从权利结构的角度看，包括政党自身权利和政党领导·执政权利两个方面；从权利与义务的关系看，政党权利具有“义务”先决的特性，即只有在尽政党义务、承担政党责任时才能获得相应的政党权利。政党天然权利是指树立政党法定权利之上、贯穿政党法定权利之中的有关政党生存权利与发展权利的道德价值体系。这种道德价值的“天然性”根源于政党政治的合历史性、合人民性，即合历史发展的规律性，因而它是一种政党“天赋之权”“特有之权”。政党法定权利即指政党权利的法律文本表现，是人们根据需要通过法定程序对政党天然权利的认可并用法律条文予以确立的法律规范。政党天然权利是政党法定权利的价值基础和价值指向，政党法定权利是政党天然权利的法律规范和法律保障；政党天然权利反映政党权利的性质，政党法定权利则表明政党权利的边界。政党自身权利指的是政党的生存权利与发展权利，它是阶级权利的集中体现和让渡形态。政党领导·执政权利是政党自身权利的升华和扩展，是包括本阶级成员在内的社会公众权利的集中体现和让渡形态。政党权利由法律所规定但不由法律本身所创造，它最终根源于已有的政党事实。

政党权力是指政党在国家政治和社会生活中所具有的特定的政治影响力，是政党根据自身的政治目的所形成的影响国家和社会的一种政治技能或政治能力。政党权力包括政党内部权力和政党外部权力两个方面。政党内部权力所反映的是政党内部的政治关系及其运作，包括政党成员与政党组织、党员群众与党员干部、下级组织与上级组织，以及党员个人之间、党员干部之间、党的组织之间的政治关系及其运作等项内容。政党外部权力[1]所反映的是政党的外部政治关系及其运作，主要指执政党与国家、

[1] 具体说来，政党外部权力包括政党领导和政党执政两个方面。政党领导是指政党在实现自身价值目标过程中对本阶级群众和社会公众加以组织、引导和带动的政治行为。政党的这种政治行为被阶级群众和社会公众接受认可，政党便取得了经济社会发展的领导权。政党领导权是一种政治影响力，但这种政治影响力不是法律规定的结果，而是人民选择的结果。政党领导职能的实现既可以在国家体制之外，也可以在国家体制之内。政党执政是指政党通过一定方式进入国家体制并在国家权力体系中居于主导地位，借助于国家权力实现政党意志的政治行为，其本质上是一种国家权力的运作模式，是具有特定含义和属性要求的民主政治现象。政党的这种政治行为是包括本阶级在内的社会公众自觉选择并经法定程序认可的结果。政党执政权与政党领导权不同的是，它不仅是一种政治影响力，还是一种政治干预力，在根本上它是人民选择的结果，但同时还需要国家法律的认可。政党执政不是一般的政治行为，而是一种政党主张与国家意志相一致，政党法律与国家法律相协调的政党法治过程。

执政党与其他政党以及执政党与社会的政治关系及其运作。其中，执政党与国家的关系是其最基本的内容，包括执政党与国家权力机关、行政机关和司法机关的政治关系及其运作等。政党权力的主要特点有三：一是组织性。在政党法治条件下，政党权力是由一定的政治制度及其相应的法律来确定的，由此实现政党权力的稳定性。二是强制性。政党权力总是以某种政治和组织上的措施予以保证的，由此实现政党权力的有效性。三是制约性。政党权力是国家权力体系的重要组成部分，它的运行既受政党自身及其相关因素的监督，也受国家及其相关因素的制约。还有一点就是政党权力的运行最终要形成一种比较稳定的政治关系模式，如党内关系模式、政党关系模式、党政关系模式等。

在政党权力体系中，政党组织是政党权力的物质载体和主体性因素，它从根本上决定着政党权力的运行方向和运行质量；政党价值是政党权力的目的，它从根本上决定政党权力运行的内在动力，使政党主体的支配意识不断转化为支配意志和支配行为而作用于国家政治和社会生活，进而转化为具体的政党利益或政党价值。由于政党职能的活动范围是政治领域，其性质定位是政治影响，因而其实现机制则有赖于政党的政治权威。可以这样说，政党的政治权威既是政党权力形成的基础，也是政党权力的真实价值；既是政党权力的载体，也是政党权力的精髓。经验表明，缺乏政党权威支撑的政党权力，是缺乏阶级·社会认同的政党权力，因而是靠不住的也是危险的政党权力。这样的政党权力“支撑”的时间越长，其弊端也就越明显，危害性就越大，因而包括阶级及其政党本身在内乃至整个社会所承担的风险和为之付出的代价就会越大。因此，在执政条件下，政党权力对于国家政治和社会生活的作用本质上应当表现为非强制性支配，其基本实现方式在于团结凝聚、示范引导、激励感召。就是说，政党权力的实现靠的是政党权威[1]，而“权威是建立在威望和尊敬之上的权力”，是一种“道德影响力”[2]。这种影响力根源于社会公众对政党的内心崇尚和普遍认同、自觉授权和自愿服从，而不是权力性的胁迫或强制，更不是暴力性的威胁或打压。正如毛泽东所强调：“不能靠历史吃饭，不能靠威势吃饭，要以理服人，不能以力服人。”[3]苏共长期以来强迫人们“毫不怀疑地遵从”[4]，甚至将国家暴力引入党内，其教训极为深刻。

政党权力既是政党权利的表现形式，也是包括阶级权利和公众权利在内的政党权

[1] 政党权威是指在政党政治生活中靠公认的力量和影响而形成的一种政治支配力量，是以政党法权为后盾，依据政党道德和政党人格的感召力而产生的具有高度稳定性和可靠性的政治影响力。政党权威是政党权力的内核和精髓，是政党权力最有效的表现方式。

[2] 乔·萨尔托利：《民主新论》，东方出版社1993年版，第192页。

[3] 中共中央文献研究室：《毛泽东传（1949—1976）（上）》，中央文献出版社2003年版，第656页。

[4] 劳伦斯·迈耶等：《比较政治学》，罗飞等译，华夏出版社2001年版，第16页。

利的实现条件和手段。从根本上讲，政党权力是服务于和服从于政党权利的。由于政党是因间接民主、代议制民主的需要而产生的，是介于阶级・公众与国家之间的一种特殊的政治力量，所以，政党权力（包括政党内部权力和政党外部权力）实际上是一种政治领导权，是介于人民主权和国家政权之间的一种特殊的权力形态。还由于国家权力是一种公共权力，是社会一切权力形态的总表现、总根源，所以，国家权力是一切政党活动的基本指向，是政党权力的总资源。因而，指向国家权力、获得国家权力、运作国家权力既是政党职能实现的基本要求，也是政党职能的内容表现。相对于政党权利来说，政党权力是过程，是手段，是服务于和服从于政党权利的；相对于阶级权利来说，政党权利是部分，是过程，是手段，阶级权利是整体，是目的，政党权利是服务于和服从于阶级权利的；而相对于公众权利来说，阶级权利是部分，是过程，是手段，公众权利是整体，是目的，阶级权利是服务于和服从于社会公众权利的。总的来说，相对于人民主权来说，政党法权是部分，是过程，是手段，人民主权是整体，是目的。在整个国家政治体系中，人民主权是至高无上的，是原本的，具有终极目的和最高价值意义。相比之下，政党法权则是派生的，是特定历史条件下一种工具性法权，它所表明的仅仅是“一个阶级实现其特殊的客观利益的能力”[1]。经验表明，政党在掌握政权的条件下，如何使政党始终是人民控制政府的工具，而不演变成国家和政府权力本身，更不将人民群众当成政党执政的工具，确实是一个重大的历史性考验。这对于工人阶级执政党来说，尤为严峻。因为，包括中国共产党在内的社会主义国家的工人阶级政党，是在推翻旧政权的过程中建立发展起来的，这与资本主义国家的政党一般是在民主政体条件下形成、在性质上属于“体制内政党”的情况有着很大的不同。这种政党在先、“国家”在后的特殊情况，很容易使执政党长期“占有”国家权力，代行国家职能，因而使政党由民众参与政治的工具变成国家机器的组织部分，甚至使政党组织成为党内少数人的工具，执政党组织及其领导者也因此由本来意义上的社会公仆变成了社会的主人。这种执政党组织脱离人民群众、执政党的领导机关脱离党的基层组织、执政党的领导干部脱离党员群众现象的长期存在并恶性发展，必然招致党亡政息的灭顶之灾。苏共亡党就是由开初在党内形成官僚主义者、中经特权阶层和食利阶层化、最终演变为党自身的掘墓人[2]的逻辑发展的必然结果。

[1] 尼克斯・波朗查斯:《政治权力与社会阶级》，中国社会科学出版社1993年版，第108—109页。

[2] 美国研究俄罗斯问题的学者弗兰克・奇福德曾说：“苏联共产党是唯一一个在他们自己的葬礼上致富的党。”

四、政党职能的合法性根源于政党政治的合历史性、合人民性与合法治性

政党政治是民主政治发展的一个不可逾越的历史阶段，是民主政治既有发展但又发展不充分的一种民主形态，因而是当今世界也是人类社会今后相当长的一个历史发展时期内广泛存在并将深入拓展的一种民主实践形式。我们知道，在古典民主理论中，民主被定义为人民的直接统治。随着资本主义经济与近代国家的发展，人民的直接统治代之以人民的同意和信任，直接民主形式也由此发展成间接民主——代议制民主。政党便由此而生。由此，人们通过组织政党或支持某个政党表达自己的政治意愿成为一种普遍的政治规则，政党也因此成为一种新的民主载体和有效的民主工具。在这个意义上，是政党支持了民主，帮助了民主，促进了民主，甚至可以说，是“政党创造了民主制度，而除去政党，现代民主制是不可想象的”[1]。并且，这种民主形式使政党可以“通过各种途径和方式影响政府、组织政府和领导政府。政党的活动和影响已渗透到各个国家政府过程的各个环节和各个方面”[2]。“政党这种‘形’在制度外、‘体’在制度中的独特的政治角色定位”[3]，决定了政党成为一种新的“权力载体”。人类社会发展的这种由政党来驾驭的历史必然性和现实必要性，从根本上赋予了政党以生存权利、发展权利及其对国家政治和社会生活的影响权力，从而使政党职能具有了深厚的历史基础。此即政党政治的合历史性。

政党政治的合历史性根源于其合阶级性与合人民性。在政党政治时代，“群众是划分为阶级的”，“阶级是由政党来领导的”[4]；而“各阶级政治斗争的最严整、最完全和最明显的表现就是各政党的斗争”[5]。这种情况，从根本上决定了阶级的划分是政党形成的社会基础，而阶级矛盾及其斗争是政党发展和发挥作用的政治基础。因此，为本阶级的利益而战，是政党得以维系和发展首要的和基本的合法性基础。从本质上讲，不论何种性质的政党，都是体现和维护一定阶级利益的政党；无论采取什么样的政党政治形式，建立什么样的政党政治运行机制，其根本宗旨都是为了实现和维护本阶级的政治统治。政党天生具有阶级性，阶级本能地对政党有归属感，这是政党政治的精神实质和普遍现象，因而也是政党文明的一般规律。但是，这一规律在政党执政前后的具

---

[1] 爱尔麦·沙茨赖德：《政党政府》，纽约莱茵哈特出版社1942年版，第1页。

[2] 郭定平：《政党与政府》，浙江人民出版社1998年版，第1页。

[3] 林尚立：《政党政治与现代化——日本的历史与现实》，上海人民出版社1998年版，前言语。

[4] 《列宁选集》（第4卷），人民出版社1995年版，第151页。

[5] 《列宁全集》（第10卷》，人民出版社1958年版，第58页。

体内容和实践要求是不同的。对于工人阶级政党来说，在其执政前，理所当然地要突出其政党政治的阶级性，因为这是“使无产阶级上升为统治阶级，争得民主”[1]所必需的。而在工人阶级掌握了国家政权后，工人阶级政党理所当然地要在坚持其阶级性质的前提下突出政党政治的“人民性”，因为这既为“尽可能快地增加生产力的总量”[2]所必需，也是实现其执政权的合法性所必需。阶级群众对政党的历史性选择使政党成为阶级利益的代表，社会公众对政党的历史性选择使政党由一般意义上的政治组织上升为执政党，这是政党政治的自然法则，也就是我们所讲的政党政治的合阶级性与合人民性。

政党政治的合历史性及其合阶级性与合人民性，从根本上规定了这种政治形态本质上具有工具性，即政党作为历史发展的产物，它既是阶级利益实现的工具，也是民众意志实现的工具。应当指出的是，政党的性质不同，其工具性的“质”与“量”也不一样。工人阶级政党作为高一级的政党形态，它的本质规定及其所担负的历史使命，决定了它不只是工人阶级打破旧世界的工具，而且是建设新世界的工具；不只是维护和发展工人阶级一个阶级利益的工具，而且是为最大多数人谋幸福的工具；不只是引领民族国家经济社会发展的工具，而且是推动人类文明演进的工具。这既是工人阶级政党特质之所在、境界之所在，也是其价值之所在。政党政治的合历史性及其合阶级性、合人民性，内在地要求将政党职能通过法律制度确定下来，使政党依法代表阶级利益、执政党依法表达公众意志，同时也使阶级群众和社会公众依法行使民主权利，依法监督政党。此即政党政治的法治性。这里的法治性不仅仅指在宪法、法律中明文规定政党的政治地位，还应包括通过一整套的制度性的程序来确立和规范政党上台执政和在位执政的政治责任及其相应的政治权利与政治权力，从而使政党的生存权、发展权和领导・执政权的合法性具有坚实的法制基础和可靠的法律保障，使政党职能履行的逻辑起始于政党法律，由政党法律制度主导着政党整个活动过程，政党活动按照党法—党权—党法的逻辑顺序展开，将政党活动纳入法治轨道。政党政治的合法性可以分为实体合法性和程序合法性两个方面。所谓实体合法性，是指在政党基本性质的确定上，在党章、党纲的规定上是否体现了本党所代表的阶级、阶层的利益，而对于执政党来说，是否体现了包括本阶级在内的最大多数人的根本利益。所谓的程序性上的合法性，是指政党是否通过必要的法律过程和法律形式，体现人民群众对执政党的认可，即社会公众对政党执政权的授予。由于政党执政权力是公共权力的一种集中和让渡形式，所以对政党执政合法性评价的主体是包括政党成员在内的广大人民群众。

[1] 《马克思恩格斯选集》(第1卷)，人民出版社1995年版，第293页。

[2] 《马克思恩格斯选集》(第1卷)，人民出版社1995年版，第293页。

从这个意义上讲，政党的“执政地位”不是自封的，而是人民群众的内心认可和依法授予。那么，人民群众的“认可”和“授予”的根据又是什么呢？当然可以根据政党的纲领。因为政党的纲领“毕竟总是一面公开树立起来的旗帜，而外界就是根据它来判断这个党”，但是，“一个政党的正式纲领没有它的实际行动那样重要”[1]。人民群众对执政党的选择、认可和执政权的授予，最终所依据的是政党职能的发展状态和实践结果，即政党是否在事实上真正地站在阶级群众的立场上、具有代表最大多数人民群众利益[2]的政治品质和政治技能。经验表明，政党之所以被认为好与不好，“乃因其所已做的，而非因其所未做的或不能做的”[3]。政党出现时之所以遭到政治家和理论家的不同评价，其“更多的不是基于对政党本质的考察，而是基于对政党当时所作所为的评价”[4]。因此，相对于政党职能的实践结果来说，关于政党职能程序上的合法性是浅层次上的、形式上的，而实践结果的合法性才是深层次上的、本质上的。换句话说，“程序性”仅是条件，是手段，“实体性”才是结果和目的。在推进政党法治的历史过程中，“程序”当然是重要的，没有程序上的合法性，执政党好的主观努力也不会被认可，甚至好的执政结果也会被打折扣。程序可以增强目的性，但“程序”终究不是目的，也代替不了目的。现在有的同志热衷于所谓的“程序性”，认为这样就解决了中国共产党执政的合法性的问题。实质上并非如此。对于当代中国共产党来说，问题的关键不在于所谓的“程序性”，而在于通过优化党的职能增强党的执政能力，进而通过“立党为公、执政为民”，“实现好、维护好、发展好最广大人民的根本利益”[5]的执政结果，源源不断地从最广大的人民群众中汲取权威资源，从根本上强化党执政的合法性基础。

五、政党职能既是一种文明形态，也是一个文明过程

我们说政党职能是一种文明形态，是指政党职能的基本内容构成和基本性质规定具有相对稳定性，其中的那些带有基本规律性的东西是稳定的和相通的，因而是任何政党所必须遵循的。说它是一个文明过程，是指政党职能的理论体系及其具体内容具有开放性和动态性。也就是说，政党职能不是一个僵化的抽象的概念和体系，它总是贯穿于、体现在政党的具体运作之中，总是与政党所处的历史方位及其所担负的历史

[1] 《马克思恩格斯选集》（第3卷），人民出版社1995年版，第325—326页。

[2] 这里的利益是当前利益与长远利益、具体利益与根本利益、局部利益与整体利益的统一，是民族国家利益与人类利益的一致。

[3] 弗雷德·I.格林斯坦、尼尔逊·W.波斯比：《非政府的政治学》，台湾幼狮文化事业公司1984年版，第362页。转引自王长江：《政党的危机》，改革出版社1996年版，第9页。

[4] 王长江：《现代政党执政规律研究》，上海人民出版社2002年版，第37页。

[5] 《胡锦涛在“三个代表”重要思想理论研讨会上的讲话》，《人民日报》2003年7月2日。

任务密切关联、互动共进的，因而它是一个内容不断拓展、品质不断跃升、结构不断优化的历史过程。其表现在两个方面：一是指政党职能内容形式的与时俱进性；二是指政党职能发展过程的吸收借鉴性。

政党职能内容形式的与时俱进性，是说政党职能的先进性和科学性既有赖于政党存在与发展的基本条件，又有赖于政党的主动创造与自觉建设。一方面，政党职能与政党产生、发展的经济、政治与文化的发展水平密切相连。这正如马克思所讲的“权利决不能超出社会的经济结构以及由经济结构制约的社会的文化发展”[1]的道理一样。在这个意义上，有什么样的政治、经济、文化资源及其发展水平，就会有什么样的政党职能及其发展水平。在一个充满愚昧无知的阶级群众的状况下难以建成高度文明的政党组织；在一个充满文盲的国度中，执政党的质量也高不到哪里去；阶级群众和社会公众没有基本的政党法律意识和法律知识，政党职能的法治要求则无从谈起。另一方面，增强政党职能的先进性和科学性的一项基础性工作就是教育政党成员、教育阶级群众和社会公众。通过教育增长他们的知识和智慧，从而为政党质量的提高提供良好的阶级基础和社会环境。而这种“主动创造”与“自觉建设”，则是一个根据政党任务、政党环境和政党自身的发展变化不断形成政党职能的新认识、探索政党职能新的生长点、开辟政党职能发展的新境界的过程，这也可以叫作政党进化或政党文明演进的过程。

政党职能发展过程的学习借鉴性，是说任何一个政党品质与技能的健康发展，既离不开对自身已有文明成果的继承和坚持，又离不开根据新的实践和新的发展的不断创新，也离不开对其他政党文明成果的吸收和借鉴。事实上，任何一种政党职能都是在继承与坚持、丰富与发展、吸收与借鉴的关联互动中，不断形成新认识、达到新水平、开拓新境界的。从某种意义上说，看一种政党职能是否发展成熟，在很大程度上要看它能否将别国政党文明同本国、本党的具体情况有机结合起来，以及由此形成的自我维持、自我调节、自我修复和自我发展完善的能力。可以这样说，优秀政党的高明之处，就在于它所具有的对政党文明的创新能力和学习能力，在于它对政党政治发展规律的深刻认识并自觉遵循的能力。这一点，对于那些在生产力发展水平比较落后、文化水平不高、民主资源相对贫乏的国度里建立起来的工人阶级政党职能的确立和发展来说尤为重要。

应当强调的是，由于政党职能是指政党的政治品质与政治技能，而这种品质与技能是应政党地位、政党任务及政党环境的要求而养成的。所以，政党地位、政党任务与政党环境变了，政党的政治品质与政治技能必须有相应的提高或转变。这对于当代

[1] 《马克思恩格斯选集》（第3卷），人民出版社1995年版，第305页。

中国共产党来说，在它“已经从一个领导人民为夺取全国政权而奋斗的党，成为一个领导人民掌握着全国政权并长期执政的党；已经从一个在受到外部封锁的状态下领导国家建设的党，成为在全面改革开放条件下领导国家建设的党”[1]的情况下，政党职能的具体内容和实现形式应有相应的转变和提高，以此在新的历史层面和新的价值意义上求得政党职能的新发展，在动态开放的过程中，实现政党职能先进性的时代性。现实中，我们常说政府职能转变，重视政府职能转变，而很少考虑甚至没有涉及政党职能转变的问题。实际上，在政府职能因市场经济取向从过去的无所不为的万能政府转变成规划制定、经济调节、市场监管、社会管理和公共服务的有所不为的有限政府的大背景下，客观上要求执政党在可以利用行政资源的范围及其力度和方式上都应作出相应的调整，此即政党职能转变的问题。应当认识到，政府职能转变的背后是政党职能转变，如果没有政党职能的转变，政府职能难以实现真正的转变。政党职能的转变，一是指政党政治品质与政治技能影响领域的界定；二是指政党政治品质与政治技能内容结构的调整；三是指政党政治品质与政治技能质量水平的提高；四是指政党政治品质与政治技能实现方式的变革；五是指政党政治品质与政治技能法治建设的加强；六是指政党政治品质和政治技能评价体系的完善。

原载于《山东社会科学》2005年第3期

[1] 江泽民：《论党的建设》，中央文献出版社2001年版，第508页。

对党的能力的几点认识

张　垚

摘　要： 党的能力属于政党文明范畴，是党在改造主观世界和客观世界过程中所形成的政治品质和政治技能。党的能力包括党的自身建设能力、党的自我管理能力和党的领导·执政能力三个基本方面。民主能力是党的能力的本质特征，而阶级性与社会性之有机统一、主观性与依托性之有机统一、变化性与塑造性之有机统一、承继性与累积性之有机统一则是党的能力的具体特征。党的能力的评价体系可以从宏观维度和微观要素两方面予以设计。明确党的职能、搞好党的自身建设、遵循客观规律以及加强党的行为的科学管理是增强党的能力的基本途径。

关键词： 党的能力；本质特征；评价体系；建设途径

一、党的能力的科学内涵

党的能力属于政党文明范畴，它既是政党文明发展水平的集中体现，也是政党文明的实践结果。根据我们党的历史经验，党的能力不仅涉及党的性质、党的职能、党的目标以及党的组织结构、党的活动方式、党的制度安排等党自身诸多因素，也涉及具体国家政治、经济、文化以及党的阶级基础、社会基础等各个方面，还涉及国际政治经济及国际关系等诸多因素。从其内容结构和实现过程角度讲，党的能力不仅包括党的自身建设能力、党的自我监督约束能力，而且包括党的领导和执政能力。从其作用影响角度讲，党的能力不仅关系到我们党自身的兴衰，还关系到中华民族的前途命运。可见，党的能力是一个涉及面很广、内容十分丰富的科学概念。从狭义上讲，它是指党在形成、发展和发挥作用的过程中自身所具有的政治品质和政治技能。从广义上讲，是指党在领导中国新民主主义革命、社会主义建设和改革开放现代化建设事业中所形成的政治品质和政治技能。总而言之，党的能力不是一个固定的目标和僵硬的指标，而是党自身本领的积累及其文明成果的叠加。

二、党的能力的基本特征

在当今时代，政党不仅是治理国家不可缺少的工具，而且民主原则运用得越彻底，政党就越重要。由于政党是民主政治发展到一定历史阶段的产物，它“因民主的发展而产生，为民主的发展而存在，最终又将因民主的发展而消亡”[1]，所以，民主能力，是政党能力的根本性质和总特征，是衡量政党能力发展水平的总标尺，是贯穿政党能力发挥过程始终的线索。由于民主具有全面规范性、价值追求性和最终评定性，具有“高”能力的政党会在建设党内民主、政党民主和社会民主以及处理相互关系的过程中，学习民主知识，培育民主意识，树立民主精神，应用民主方法，最终达到促进民主发展的目的。对于包括中国共产党在内的一切进步政党来说，只要它存在，就打上了民主的深深烙印。根据工人阶级政党能力的历史发展及其现实表现，党的能力的基本特征主要表现在以下几个方面：

1.阶级性与社会性之有机统一

在政党政治时代，“群众是划分为阶级的”，“阶级是由政党来领导的”[2]，而“各阶级政治斗争的最严整、最完全和最明显的表现就是各政党的斗争”[3]，所以，政党具有鲜明的阶级性。共产党天然地具有工人阶级的阶级性，中国共产党则天然地具有中国工人阶级的阶级性。阶级性是党与生俱来的与党共生共灭的根本属性。政党在发挥利益表达职能时，首先体现的是本阶级人员的利益要求。中国共产党是最大多数人民群众根本利益的代表者，但它一定是站在中国工人阶级的基本立场上予以代表和反映的。对于执政党而言，由于地位、任务和环境的变化，其所面临的任务不仅仅是本阶级特征的凸显，还要处理好与其他阶级、阶层和群体的关系。“理论上，每一个没有被妥当纳入政治体系中去的社会阶级都具有潜在的革命性”[4]，“执政党的一个重要任务，既不是在执政过程中强调自己的阶级属性，也不是为了执政而放弃这种阶级属性，而是如何在保持阶级属性不变的情况下又体现出自己是执掌公共权力的力量”[5]。执政党处理好本党的阶级性与公共权力社会性之间的关系，对我们党来说更为重要。只有中国广大人民群众从我们党这里找到政治利益、物质利益和文化利益的归属感，党才能形成对广大人民群众及其他社会组织的号召力和凝聚力。经验证明，坚持阶级性，扩大代表性，在维护本阶级利益基础上，以中国最广大人民群众的利益为党的全部活动的出

[1] 王韶兴：《工人阶级政党文明探讨》，《社会科学》2004年第1期。

[2] 《列宁选集》（第4卷），人民出版社1995年版，第151页。

[3] 《列宁全集》（第10卷），人民出版社1958年版，第58页。

[4] 塞缪尔·P.亨廷顿：《变化社会中的政治秩序》，三联书店1989年版，第252页。

[5] 王长江：《现代政党执政规律研究》，人民出版社2002年版，第69页。

发点和归宿，是对我们党的能力的一个考验，也是对党的能力发展水平和发展质量的检验。

2.主观性与依托性之有机统一

主体的能力都具有主观性的特点，是能力主体自身所拥有的。政党能力也是如此。由于它本身的主观性，使它无法直观量化，只能依托相应的外化载体。发挥党的能力需要相应的媒介，而评价党的能力也要用“政绩”说话，党的能力的高低、强弱要通过任务、职能实现的质量来评判。党的能力的依托性规定了党的能力的评定标准是党的“政绩”。党的先进性体现在党的作用和功效上，而作用和功效正是党的能力的载体依托，加强了党的能力，也就相应地增强了党执政的合法性基础。其中，政党良好的政绩最为有效，而其直接的突破口便是“经济水平”的发展。西方政党在党派竞争时，搞好国家经济建设，提高民众的生活水平是他们最为强调的基础性目标。党的十六大报告指出，“我们党在中国这样一个经济文化落后的发展中大国领导人民进行现代化建设，能不能解决好发展问题，直接关系人心向背，事业兴衰”[1]。

3.变化性与塑造性之有机统一

“在政党政治的现实当中，任何一个政党在参与政治，影响甚至控制社会和政府的过程中，其能力都有一个随着时间的延长而递减的过程，这可以称之为政治惰性。”[2]苏联共产党、印度国大党、墨西哥革命制度党的执政地位的丧失，便是政党出现“政治惰性”的最好说明。政党能力的变化性还体现在能力的发挥程度上，有多少能力和发挥出多少并不是一回事，政党能力的发挥需要相应的条件。这对于中国共产党来说也是如此。党的能力的可塑造特性，首先体现为自我塑造，这便是党的自身建设问题。如果党能够在出现“政治惰性”时及时调整自身，审时度势，不断增强党的先进性，就可以预防其能力的衰减而立于不败之地。其次体现为国家、社会提出的要求。国家、社会公众需要一个什么样的党，也就是客观上向党提出了什么样的要求，便成为党进行自我塑造的目标和要求。这就是我党所说的要根据国际国内形势发展所提出来的新要求，加强和改进党的建设的问题。

4.承继性与累积性之有机统一

任何政党能力都是一定历史条件下的社会、政治、文化内容的党性表现，不同的历史阶段会沉淀出不同的政党能力精华，它可以是经验的归纳，也可以是教训的总结。我们党对于历史的总结、现实的认识、未来的把握能力总是在不断继承党以往的经验和成果的基础上不断发展的。党的能力的累积性同政党文明的累积性有共同的地方，

[1] 《中国共产党第十六次全国代表大会文件汇编》，人民出版社2002年版，第49页。

[2] 赵晓呼：《政党论》，天津人民出版社2002年版，第343页。

一方面，可以通过自身的创新能力，通过政党自身的塑造，使不同时段、不同环境下政治经验的积累达到新的历史高度；另一方面，人类文明成果是不分国界的，补充、丰富和吸收世界各国政党的先进实践、理论成果就能达到一种修正的累积。经验表明，党的能力的累积性并不仅仅是从低到高的进步，也可能是由高到低的退步。党必须顺应时势，剔除陋习，确保党的能力处于上升趋势。

三、政党能力的评价体系

由于党的能力具有依托性特征，所以考察及评价党的能力必须从其实际行为及其互动关系中得以说明。对此，可以从宏观维度和微观要素两方面着眼。

1.宏观维度

总标准是共同的，即政党现代化的标准。所谓政党现代化，是指政党创造和吸纳当代人类文明成果的能力及其结果状态。所谓创造，主要是看对人类文明成果的贡献率。所谓吸纳，主要是看对人类文明成果的学习力。总体来讲，衡量党的能力强与弱、好与坏的标准主要有三条：一是看它的历史合理性，即指党的能力是否符合人类历史发展规律的基本要求。二是看它的正确高效性，即指党的能力能否有效地促进民族国家经济社会发展，并把这种发展同人类文明的演进统一起来。三是看人民的满意度，即指判断某种党的能力的优劣，关键要看它能否得到绝大多数人民群众内心认可和自觉实践。

2.微观要素

首先，政党能力的评价主体是政党能力的作用对象，而不是政党本身。这表明，群众的满意度、支持度、信服度是党能长期存在、发展和发挥作用的保障和基础。这对于我们党来说更为重要，是党执政的“合法性”基础。经验表明，当一个政党的价值观念不为大多数人所接受，实践结果也不为其所认可的时候，它的能力便受到了质疑和否定。其次，党的能力的评价依据，不仅仅是党自身的章程、法规、条例，同时还包括国家的宪法和法律。最后，党的能力的评价指标，不仅要有“质”上的判断，还要有“量”上的评估。从经济学的角度看，党的执政也存在一个“成本投入和效益产出”的过程，有一个执政占用与执政消耗同执政效率、效果、效益的比较关系，这实质上是一个“政党经济学”[1]问题。如果党的执政成本超过了执政“收益”，就是执政成本过高，执政资源积累就会减少，就会引起社会公众对党的执政能力的怀疑，并因此潜伏和酝酿党的执政危机。

---

[1] 王韶兴：《政党法治：一种新型的政党文明形态》，《文史哲》2005年第1期。

根据对党的能力的含义、内容、特征、评价体系的分析，关于党的能力建设的方法途径，可以形成如下几点认识：第一，明确党的职能是增强政党能力的前提。第二，搞好党的自身建设是增强党的能力的基础。第三，遵循客观规律是增强党的能力的关键。第四，加强党的自我约束是增强党的能力的保障。第五，建设学习型政党是增强党的能力的途径。

原载于《理论学刊》2005年第2期

执政资源建设的组织学逻辑

——资源依赖理论的视角

张　垚

摘　要： 资源依赖理论在流派纷呈的组织理论中以探讨组织和环境关系问题而著称，强调组织为了生存就必须通过资源交换去选择、参与、设定环境，进而摆脱环境的“外在限制”。政党组织，尤其是执政党，作为一种典型的组织类别，自然也需要和周遭环境发生互动。所以，在资源依赖理论的视角下分析执政党从环境中获取资源的发生机制和方式，可以得到一些对执政党如何适应环境的深刻变化以及执政资源建设问题的有益启示。

关键词： 资源依赖理论；执政党；执政资源

组织与环境的关系问题一直是组织理论的核心议题之一。20世纪60年代以后，将组织问题与环境问题联系起来的观点被称为开放系统模式，其中率先系统地、综合地研究组织环境管理问题的是资源依赖（resource dependence）学派。他们认为，如果不了解组织运作的环境，根本无法了解其结构和行为，强调外部环境对组织的限制程度以及组织对外部环境的依赖强度。本文在介绍资源依赖理论主要内容的基础上，从该理论视角出发分析执政党与环境关系的发生机制和发生方式，明确政党嬗变以及执政资源研究必然性的理论诉求，进而对执政党如何适应环境的深刻变化以及执政资源建设问题得出一些具有启发意义的结论。

一、资源依赖理论的主要思想和观点

资源依赖理论学派的菲佛和萨兰基克（Salancik）在1978年合著了《组织的外部控制：对组织资源依赖的分析》一书。该书是资源依赖理论的主要代表著作。两人通过观察组织的外部环境来理解组织的行动，形成两大主题：一是组织和外部环境相互依赖的描述；二是组织如何不再是为需要而去适应环境的行动者，而是让环境来适应自身的建议。其具体内容主要包括以下几个方面。

1.理论假设

菲佛和萨兰基克认为组织的最重要任务就是生存，但是没有任何组织是自给自足的。任何组织都不可能完全拥有满足其需要的全部资源，也不可能仅仅依靠组织的自生或内部资源来完成生存和发展的全部活动。所以，组织生存的关键就是“获得并保住资源的能力”，而大量稀缺和珍贵的资源恰恰都存在于组织的外部环境之中，甚至具体到环境中的其他组织。因此，组织为了生存就必须与它依赖的环境中的因素互动，同环境进行资源的交换。正是这种获取资源的需求产生了外部环境对组织的限制，或者可以表述为组织对外部环境的依赖。当然，除了被动顺从外在环境以及其他组织的“限制”外，组织也可以通过行为和政策对环境做出反应，改变环境并最终驾驭环境，进而改善依赖的强度。

2.核心概念

资源依赖理论将资源交换看作联系组织和环境关系的核心纽带，是“输入输出”的现实载体，在这一过程中产生了两个核心概念：一是外在限制，主要关注组织的被动性。为了生存的需要，组织不得不从外部环境中汲取资源，如人员、资金、社会合法性、信息、技术、物资等，正是这些资源构成了环境对组织控制的必然要件，组织必然要对掌握这些资源的外在环境以及其他组织做出回应。二是外在依赖，主要关注组织的主动性。虽然组织的结构和功能由于“限制”而很大程度地“依赖”外部环境，但这种依赖的程度可以通过组织的积极行为得到调整。组织可以采取各种战略来改变自己、选择环境并且适应环境，维持组织的自治度。

资源依赖理论最大的贡献就是将环境的“限制”性转化为“帮助”性，在某种意义上揭示了组织的自身选择能力，即并非只能被动地等待，而可以通过对依赖关系的了解去选择、参与、设定环境，在组织的策略和行为上体现出组织的独立性和自主性。

二、执政党与环境关系的分析

政党和外部环境之间的关系并非单项的、被动的适应，而是一种复杂的互动过程。在政党组织的目标、功能以及活动方式受环境所迫而不断修正的表面过程背后，恰恰是潜在的对环境的塑造或者渗入过程的发生。二者之间这种交互变量的关系形成了双方的依赖互动。政党的发展依赖于从环境中获取各种资源，但同时，民主本质的触及和人类文明特别是政治文明的提高也不能忽视政党组织的巨大贡献。由此可见，资源依赖理论为观察、分析执政党和环境关系问题提供了有益的视角。

1.执政党执政的资源需求

一个政党只有具备必需的资源才能体现自己的存在价值，拥有雄厚的资源是政党执政不可缺少的条件。执政党在巩固执政地位、完成执政使命的过程中需要的资源是以系统状态存在的，表现出较强的整体性。第一，一个政党的组织、历史以及意识形态的资源是该政党最为直接的执政资源，这属于组织内部的资源。第二，执政地位的获得使政党掌控了政治资源的核心——权力资源，进而以制度资源为载体对政府进行领导以及管理国家事务和经济社会事务，并且为巩固执政地位累积合法性资源。第三，经济资源、社会资源以及思想文化资源是针对市民社会而言，是执政党通过控制政府、利用公共权力依法可以支配、影响、吸收的各种要素之和。由此可见，后两类资源虽然从属性上看并不是政党组织先天具有的，但它们的稀缺和重要性关系到组织的生存和发展，执政党必然要不断地调整对资源的开发利用方式、利用程度与利用水平。

2.分析框架

（1）外在限制。从整体上看，执政党和环境之间的依赖程度可以从以下三个角度进行分析：

第一，资源对组织生存的重要性。在执政资源系统中，各种资源的重要性以及珍贵程度是不同的，而且在不同时期和不同阶段，“关键性资源”的内容会发生改变。越是有助于解决组织问题的资源，组织对它的依赖性就越大，其对组织的限制程度也会加深，也更容易为资源所有者带来权力。以经济资源为例，它毫无疑问已经成为各国执政党最为关注的资源。所以，政党竞选纲领和治国方略中都凸显对经济资源的重视程度。

第二，资源的可替代性。越是可以被替代的资源，其对组织的外部限制就越低；反之，限制程度越高，导致依赖强度越大。由于执政党资源系统的各个组成部分不是孤立的，而是紧密联系、相互影响的，所以，执政党在一定条件下广泛开展资源互补与替代活动可以化解由于组织所需要的资源被垄断而缺乏获得资源的其他途径的尴尬局面。合法性资源既是执政党的手段性资源，也是目标性资源，其本身的稀缺特点和重要程度决定了在执政资源系统中的关键性地位。执政党为了从外部环境中获取此资源，除了积极的执政行为外，也相应地寻找替代的路径。“把绩效当作合法性的主要来源”就是利用经济资源的大幅增长并及时转化为政治资源，同时进一步得到意识形态资源的积累。此外，权力资源的不可替代性是执政资源系统的天然属性，政党组织的任何改革和嬗变都必然以权力资源为终极目标指向。

第三，资源的使用程度和利用绩效。资源的价值属性是相当重要的。对于组织而言，只有资源对其产生了实际的绩效，或者资源所有者具有了充分运用该项资源的能力之后才能产生外部限制和依赖关系，才能给资源控制者带来权力。越是使用效率高、价值大的资源，组织对它的依赖程度就越高；反之，依赖的程度就越低。以苏共的基层党组织资源为例：在苏联解体前夕，“苏共基层党组织的数量已达到426000多个，比

1917年布尔什维克党的组织增加了2500多倍，比1941年增加了2倍多；车间党组织达到401000多个，比1941年增加了近17倍”[1]。这些辉煌的增长数字一方面证明了苏共确实从外部环境中吸收了大量的组织资源，另一方面也讽刺性地反映出苏共基层组织的瘫痪和半瘫痪状态。由此可见，资源的富饶程度只是决定问题的一个方面，组织能否充分地使用资源以及使用后的效果如何才是真正的意义所在。

（2）外部依赖。“资源依赖理论的一个鲜明特点是通过分析组织怎样以合并、联合、游说或治理等方式改变环境，说明组织不再是为需要去适应环境，而是让环境来适应自身。”[2]具体方法包括垂直一体化、水平吸收和多元化扩展，等等。

第一，适应或者回避外部需求。面对外部环境对组织的限制，组织可以回避或者迎接，尽管方向迥异，但改善对环境依赖的目的是相同的。举例来说，因特网的普及对政党产生了全面而深刻的影响。它的出现改变了信息的分配方式，壮大了媒体的力量，进而剥夺了执政党对政治加以解释的垄断权，加大了执政党用主导意识形态去整合社会文化思想的难度。为了摆脱这一外部环境的限制，各国执政党变被动为主动，积极利用新的通信技术为组织服务。英国工党通过互联网扩大参与民主的途径，它所设立的“全国政策论坛”使党内外人士都有机会向党中央提出政策和建议，而且能够保证得到电子邮件的回复。一方面使参与者得到了被认同感，另一方面也形成了一种互动的交流和沟通。

第二，通过对环境进行控制来改变组织的依赖关系。凡是对组织造成较大限制的环境变化，组织就要采取具体方法对其进行改变，如“组织会通过垂直整合来消除与其他组织的共生式依赖；通过水平扩展吸收竞争者以消除竞争中的不确定性；或者通过多样化的策略扩展到多个领域，以避免依赖单个领域内的主导性组织等”[3]。基于以上认识，资源依赖理论提出，组织的整合、扩展、吸收等具体行为都是组织对资源依赖现状的重塑结果，并且带有很强的主动性和积极性。将环境纳入组织内部是减弱依赖程度的重要原则。乔万尼·萨尔托里在分析政党的组织网络时指出，一个政党的组织网络远不仅指政党本身，还包含该党实际上所能占据的“空间”。也就意味着只有以党的中央为轴心不断地扩大辐射和覆盖的面积，将党组织之外的社会资源广泛地圈入系统内部，才能真正实现组织的网络状态。这两种扩张技巧称为“政党扩张”和“政党

[1] 谭继军：《苏联解体前夕苏共基层党组织组织资源的丧失》，《俄罗斯研究》2003年第3期。

[2] 邓锁：《开放组织的权力与合法性——对资源依赖与新制度主义组织理论的比较》，《华中科技大学学报（社会科学版）》2004年第4期。

[3] 邓锁：《开放组织的权力与合法性——对资源依赖与新制度主义组织理论的比较》，《华中科技大学学报（社会科学版）》2004年第4期。

增值”[1]。这一要求也可以用扩大党的阶级基础和群众基础来表达。中国共产党积极把私营企业主吸收到党组织中间来，体现着执政党对社会资源进行吸收溶解，进而改善着对外部环境的依赖关系的执政智慧。在美国，单一问题政党（single issue parties）层出不穷却注定不能长久，这是因为两大党对其提出的议题给予足够的关注并且逐渐消化和慢慢吸收。

第三，通过建立组织间的集体行动来和环境进行沟通和商议。资源依赖理论认为，组织并非总是通过兼并和所有权来实现对依赖的控制，还可以通过建立组织间行动的集体构架来形成协商一致的环境，突出组织和环境中其他组织的合作关系。著名的政党研究者彼得·梅尔认为，对执政党而言，它与国家间的合作关系越密切，或者严格地说它向国家渗透的密度越大，就和市民社会越疏远。其具体表现为西方国家选民对政党的认同和归属感明显降低。在公众的日常生活中，政党问题——加入政党、参加政党活动和长久地支持某一政党越来越无足轻重。与此相反，在政府和议会中活动的政党角色以及专门从事党务活动的政党角色却更加活跃。执政党与国家关系的密切以及将其纳入集体行动结构的首选对象是政党政治的应有之义，因为任何政党的存在价值和奋斗目标都是为了获得执政地位。在拥有了权力资源之后，便可以利用公共权力来推行政党的主张，实现政党的意志，维护其所代表的民众的利益，所以，执政党必然以各种方式嵌入国家政治层面。但是，随着社会结构不断发生变化，阶级构成状况也在不断改变。新的阶层以及非政府组织的出现就要求执政党的集体行动结构应具有较强的弹性和自由度，必须充分重视社会资源的开发和利用工作。越来越多的非政府组织可以提供诸如公共服务、专业知识、公共支持、信息传递等重要的并且是可以增进政府合法性以及促进社会稳定的资源，而这些资源也会对执政党和政府形成一定的限制。因此，能否妥善处理与非政府组织之间的关系是评价执政党执政能力的指标之一。

第四，创造环境。当合并或者建立集体行动还不能对依赖实施有效管理时，组织就要通过政治机制，力图为自己创造一个较好实现利益的环境。在这里，资源依赖理论所说的组织环境并不是一个客观描述的对象，而是一种“议定环境”，是通过组织及其管理者的选择、理解、参与和设定而产生出来的。与其说组织受到经济、社会、政治和法律环境的制约，不如说在事实上，法律、社会规范、价值观和政治成果恰恰是组织为了实现生存、增长和增进利益所采取行动的结果。这种“塑造”的环境观使组织具有了主动性。此外，该理论认为环境的创造更多的是得益于组织诉诸更大的政治系统。因为“政治环境对组织来说，是一种组织将自己融进社会系统并从中不断获取

[1] 乔万尼·萨尔托里：《政党的类型、组织和功能》，《马克思主义与现实》2006年第3期。

支持和合法性的方式。政治环境是政治组织将组织的生存制度化，确保所需资源使用权的场所”[1]。在这个意义上，资源依赖理论指出，组织管理环境的一个重要部分就是对社会合法性的管理。虽然合法性最后是由组织外部给予的，但是组织也可以采取步骤将自己的行为与合法性相适应。这一点正是在研究执政党和环境关系过程中资源依赖理论所给予的重要启示。在执政资源系统中，合法性资源对执政党的重要性不言而喻。当执政党的合法性资源富饶时，它的执政过程就会变得容易和节省成本。被大众认同将会减少外部环境对行为的限制，而执政党在政治系统利用权力资源所进行的执政行为最终也是为了获得更多的大众认同，即合法性资源。可见，合法性是执政党在创造环境过程中必须遵守的原则和宗旨。

三、资源依赖理论与中国共产党执政资源的研究

通过上述对资源依赖理论的阐述以及在该理论视角下对执政党和环境关系进行的分析，可以得出一些对中国共产党的执政资源建设有价值的结论与启示。

1.研究中国共产党执政资源问题的重要性

在资源依赖理论视角下，执政党和环境之间并不是绝对的决定与被决定的关系，他们之间的复杂交互性既可以使环境成为一个独立的外生变量，也可以使其变成执政党可以改变的内生变量；与此相对应，执政党不但可以成为影响其所在的政治环境和社会环境的自变量，而且可以扮演着被外部环境影响着的因变量的角色。在对输出的资源产品进行总结之后，就可以勾勒出执政党对环境的输入过程的大体轮廓：一方面，体现了中国共产党对环境的领悟、筛选和设计，进而得出执政党在资源建设方面的规律性认识；另一方面，由于对环境的认识有所不同，会影响环境的实际作用。中国共产党根据执政资源变化的线索，可以及时调整诸如资源目标、资源利用方式、组织功能、政党的策略选择等具体的执政行为。

2.外在限制——中国共产党执政资源的变化

资源依赖理论的主题和外部观点的潜在前提是，组织的活动和成果由组织所在的环境来控制，而任何环境和资源都非固定值而存在。中国共产党的执政资源也不例外，也会出现流失和变异的现象。总的来说，执政资源的分布由垄断型向分散型转变。它具体包括：政治权力资源由“垂直”结构向“扁平”结构过渡；组织资源出现弱化现象，如党的基层组织萎缩、组织的功能发挥力度下降等；历史文化资源不同程度地消解；意识形态资源的主导能力和权威性大打折扣；思想文化资源的多元化扩展又伴随

[1] 菲佛、萨兰基克：《组织的外部控制：对组织资源依赖的分析》，东方出版社2006年版，第209页。

着道德失范的阴影；自治组织和多元利益主体的出现也使社会资源与以往大不相同，甚至部分短缺；等等。对于资源系统中每一个体资源内容的研究至关重要。党的执政资源关系着党的生存，限制着党的发展，指引和规定着党的具体执政行为的调整方向和变迁程度。

3.外部依赖——中国共产党对环境限制的改变

组织之所以能够生存下去，是因为所包含的活动足够维持组织自身的运转。与其说组织是一个具体的社会实体，不如说组织是通过足够的支撑条件来继续生存的过程。持续生存的具体行为包括：组织怎样才能了解它所处的环境，如何关注环境，怎样筛选和处理并赋予环境特定的意义，等等。在充分了解环境以及资源变化情况之后，组织的行为，即改变外部依赖的积极表现就成为核心问题。在中国社会结构性变迁所引发的强大需求的背景下，中国共产党在资源利用方面至少要关注三大问题：首先要改变资源利用方式，变以政治权力占本位的资源利用体系为社会占本位的资源利用体系。要"由对物质资源的直接支配转向间接的分配，由依靠意识形态和强制性为主提取资源转向合法性提取为主"[1]；要从"全控式"的一元化传统架构向"主导式"的制约型现代架构转变。其次要修正党对各种资源功能的定位。不同的资源内容对党的执政过程具有不同的功能，不同的功能在不同的时期体现出来的侧重面也有所不同。究竟如何定位是要由环境所提供的限制条件所决定的。既然资源内容发生了改变，党就必然要调整功能的定位。以党的基层党组织为例，"只有强化其服务功能，才能获得真正的凝聚力和战斗力，这与多年来形成的过于依赖权力运作来体现党的领导作用有重大不同"[2]。最后，资源开发重心的转移。随着现代化发展战略的成熟和成功实施，党对资源开发和利用的重心也必然发生转移，比如合法性资源、体制资源、规范资源，等等。就如同对于当今中国社会而言，现在更为需要的是效率之外的公平一样，党的执政资源开发的重心应由控制物质资源为主转向开发非物质资源为主。

原载于《学习与探索》2008年第2期

[1]　王邦佐：《中国政党制度的社会生态分析》，上海人民出版社2000年版，第198页。

[2]　高新民：《论党的基层组织的功能转换》，《理论学刊》2003年第4期。

政党权利与政党权力、政党义务之关系辨析

王韶兴

摘　要：政党权利、政党权力及政党义务属于政党科学中的元问题。政党权利是政党权力的根本来源及合法性依据，它与政党权力的关系，既是决定与被决定、目的与手段的关系，还是以政党利益为纽带的辩证统一的关系。政党权利的正当性取决于政党对其义务的承诺和履行，它与政党义务是对立统一的关系；政党义务是从相反的方面对政党权利的认定，它的价值意义不仅在于揭示政党义务与政党权利的内在联系，还在于其蕴含着对政党权利的价值判断和实践要求。政党权利与政党义务的表现形态和价值倾向不同，但都以政党利益为基础。

关键词：政党权利；政党权力；政党义务；关系辨析

政党权利与政党权力、政党义务属于政党科学中的元问题。对其科学内涵及相互关系加以正确认识和准确把握，是保障政党权利的关键，是用好政党权力的前提，对于推进民主政治建设的意义很大。本文就政党权利与政党权力及政党义务两个方面的关系问题谈点认识。

一、政党权利与政党权力

政党权利是政党民主的核心内容和价值指向，是指政党站在既定立场上，基于自身生存、发展和发挥作用的需要，对相应资源的支配和享有。与政党权利对应的概念是政党权力。它是指政党为维护自身生存和实现自我价值而具有的政治统御力和政治干预力，或者说是政党根据自身生存、发展和发挥作用的需要而养成的一种政治影响力。由于政党权利本质上是政党利益，所以政党权力可以看作实现政党利益的条件与手段，是与实现政党合法利益相匹配的一种政治影响力。政党权利与政党权力的关系，是以政党利益为纽带的辩证统一的关系。

1.政党权力根源于政党权利，是政党权利在一定条件下的集中和转化。在内容结构上，政党权力具有内生性政党权力和外生性政党权力两种基本情况。内生性政党权

力即政党内部管理之权，或曰政党的自治性权力，它是由政党成员经过党内选举的形式平等地将享有决定和处理党内事务的权利委托给党的领导机关和领导干部而产生的；外生性政党权力即政党执政之权，或曰政党的功能性权力，是由包括政党成员在内的人民群众将平等享有的管理国家和社会事务的权利经民主程序让渡给政党而形成的。无论是政党对内的管理之权还是对外的执政之权，本质上都是政党权利主体对“应有之权”的委托，其“作为一种政治权力，与其他公共权力一样，首先属于一种契约权”[1]。政党权力的这种契约性质，从根本上决定了政党权力必须回归本源，将自身存在的全部意义定位于政党“维权”的工具，所表明的仅仅是“一个阶级实现其特殊的客观利益的能力”[2]。因它不能与政党权利争“利”，更不能将自身当成目的，而将政党权利当成自身的手段。政党权力的合法性，在于它是政党权利的有限让渡和相对于政党权利的工具理性地位的不可变更性。

2.政党权利与政党权力作为政党科学中的两个基本概念，其本质特征和实现形式是不同的。其一，从宪政的意义上讲，政党权力是政党成员或社会公众授予某政党主体的一种控制力量，其特点是外在的，它既可以被授予和认可，也可以被收回和否定；政党权利则是政党主体受法律保护的一种自主性选择，其特点是内在的，它既可以行使，也可以放弃。其二，尽管政党权力与政党权利都基于相应的政党政治资源[3]才能实现，但前者是在“掌握”前提下的“运用”，后者则是在“享有”基础上的“支配”。由于“掌握”政党政治资源和“享有”政党政治资源在物权属性和实践要求上的重大差异，所以，在政党政治生活中，政党权利表现为自下而上、由里及表的影响力量，而政党权力则表现为自上而下、由表及里的控制力量。二者之间的这些基本区别是不可混淆的，否则，就会为政党权力的滥用创造条件。其三，在政党政治过程中，政党权利的实践形态是政党利益，政党权力的表现形式是干预力量；政党权利的价值在于履行政党义务，政党权力的功能在于保障政党权利；政党权利通过政党利益表现出“静”的内容，政党权力则通过政治力量呈现出“动”的特点，二者在政党利益正当性的前提下，从不同的角度、在不同的层面上体现各自的职能，实现着不同的自身价值。

3.在政党政治资源总量既定的前提下，政党权利不适当地扩张，会导致政党权利与政党权力之间关系的不和谐，造成二者发展的不一致。尽管政党权利与政党权力二者的内容不同，表现形式各异，但其客体都是政党政治资源。政党政治资源既是政党权

[1] 李建华等：《政党与善治——执政党伦理问题研究》，人民出版社2006年版，第51页。

[2] 尼克斯·波朗查斯：《政治权力与社会阶级》，中国社会科学出版社1993年版，第108—109页。

[3] 政党政治资源是指能够为政党实现政治目标提供有效支持的各种物质和非物质要素的总和。换言之，政党政治过程中政党可以利用的各种要素，即政党政治资源。政党政治资源的主体是政党组织，获取执政合法性是政党对政党政治资源开发利用的终极目的。

利“享有”和“支配”的对象，也是政党权力“掌握”和“运用”的对象。政党政治资源所具有的这种“一身二任”的地位和作用，决定了新的意义层面上的政党权利或政党权力的形成，归根结底取决于政党政治资源的增值。在政党政治资源总量既定的情况下，如不恰当地强化其中的某一方面，往往是对另一方面的弱化，其结果只能是政党政治资源在政党权力和政党权利之间的转移，而不是政党政治资源总量上的增加。这意味着，在政党政治资源一定的条件下，政党权利的扩张只能以相应地压缩政党权力对政党政治资源所占的比重为代价，而不恰当地压缩政党权力对政党政治资源所占的比重，政党权利也会因缺乏应有的约束和保障而变得行使无序。这不仅不会使政党权利得到应有的发展，反而会使其遭受损害。应当看到，政党权利是随着政党政治资源的形成而产生，随着政党政治资源的增长而发展的。在政党权利与政党权力比例结构不变的情况下，政党政治资源总量的多少决定着政党权利的多寡，或者说，政党权利总量与政党政治资源总量之间客观上存在着一种对应关系。这表明，政党权利的扩大具有客观性，主观上的选择只能建立在这种客观性的许可之上，而“不能超出社会的经济结构以及由经济结构所制约的社会文化的发展”[1]。

4.从本质要求上讲，被让渡的政党权利是政党权力配置和运作的根据与边界。在政党政治实际生活中，政党权利与政党权力，都有一个被滥用的问题。政党权力配置和运作的正当性基于政党权利的让渡，合法的政党权力是政党权利的有限让渡，未经让渡的政党权利是政党权力的止限。但由于政党政治资源的稀缺性和政党主体对稀缺资源追逐欲望的无限性，所以现实中政党权力的膨胀与政党权利的扩张同样不可避免。政党权力恶性膨胀，必然引起政党权利的萎缩；而政党权利的不当扩张，则必然导致政党权力的失效。政党权利萎缩的后果会使政党权力失去应有的制约，政党权力无效的后果会使政党权利失去应有的保障。因此，不仅需要以政党权利监督政党权力，以使之不被滥用；也需要以政党权力约束政党权利，以使之正当行使。经验表明，以政党权力否定政党权利，政党生活必将走向集权和专制；而以政党权利否定政党权力，政党生活必将陷于无政府的混乱状态。在社会主义类型政党政治中，常出现的问题是政党权力恶性发展，政党权利极端萎缩。对其危害，人们记忆犹新，因而对此警觉性较高。经验表明，政党权力的恶性膨胀会招致政党危机，而政党权利的不当扩张，也会引发政党灾难。经验还表明，人们在反对政党集权或破除政党权力本位时，极易用与政党权力相对应的政党权利予以回应，其结果往往是以一种倾向反对另一种倾向，从一个极端走向另一个极端。列宁曾说过的“无政府主义往往是对工人运动中机会主

[1] 《马克思恩格斯选集》（第3卷），人民出版社1995年版，第305页。

义罪过的一种惩罚”[1]的道理，在这里也是适用的。此即政党权利膨胀是对政党权力过分集中的一种惩罚；反之，政党权力的集中过分也是对政党权利扩展超过政党权力可接受程度的一种惩罚。政党权利不适当扩展与政党权力不恰当集中的互相惩罚，既有理论上的逻辑发展，更有实践中的深刻教训。苏共曾先后在这两方面提供了极端案例，我们党在这两方面也都吃过大的苦头。

二、政党权利与政党义务

政党权利与政党义务是政党科学中的一组对应概念和分析范畴。基于在道德领域中义务的概念和“应当”的要求是一致的认识，可以认为政党义务就是政党应当的作为。在此意义上讲，政党义务既是政党成员及其组织为追求政党利益而设定的约束性行为，也是政党自身及国家、社会评价政党成员和政党组织权利行使或利益追求正当与否的根本标准。依据不同的标准，可以将政党义务分为道德义务和法律义务两种基本类型。政党道德义务高于政党法律义务，是对政党的高标准要求，具有倡导性和宏观性；政党法律义务源于政党道德义务，是对政党的基本要求，是政党活动的底线，具有强制性和不可选择性。

正确认识与准确把握政党权利与政党义务的关系，对于正确行使政党权利是至关重要的。

1.政党权利“质”的规定性取决于“正当”，实现中具有或然性；政党义务“量”的规定性取决于“应当”，实现中具有必然性。政党权利的本质是政党利益，正当的政党利益构成正当的政党权利；政党权利的正当性决定着政党行为的正义性，政党利益的正当性取决于政党对其义务的承诺和履行。这表明，政党利益正当与否，根据于政党义务的本质属性——“应当性”。这里讲的政党义务的应当性，不仅具有“正确”和“可以”的意蕴，还具有“必须”和“一定”的要求。就是说，政党义务的价值意义不仅在于揭示政党义务与政党权利的内在联系，还在于其内含着对政党权利的价值判断和实践要求。同时，由于政党权利主体对其权利的具体内容具有选择性，所以政党权利规范所意图保护的政党利益的实现在事实上具有或然性。而政党义务规范所意图保护的政党利益的实现则具有“必须”和“一定”的实践要求，因而具有必然性，而不具有选择性。比如，被选举权是政党成员享有的政治权利，属于政党应有权利，但在某些条件下政党成员可以将其放弃。再比如，政党执政是政党政治时代赋予政党组织的政治权利，但对于某些政党来讲，在具体的政治环境中，也可以将其“让渡”或

[1] 《列宁选集》(第4卷)，人民出版社1995年版，第143页。

“委托”给自己“信得过”的政党，即“政党间的代议制民主”及其政党权利让渡。[1]尽管如此，政党义务并不因某些政党权利的“放弃”、“让渡”或“委托”而可以不履行。这是因为，无论政党成员还是政党组织，在许可的条件下对可享有的权利自愿放弃，这也是一种政党权利，因而是应当得到尊重和保护的；但政党义务是与应当享有的政党权利相匹配，而不与事实上享有的政党权利相对应的。这意味着，政党义务的基本内容与实践要求，不仅不因某些政党权利的不行使而改变，相反，还会对政党义务的履行提出新的更高的要求。在当代中国，中国共产党以外的其他各政党自觉接受中国共产党的领导，维护中国共产党的执政地位，这实质上是将自身可以享有的执政权利让渡于自己信得过的政党的表现，其最终结果是各民主党派在中国共产党执政所构建的公共领域中以新的形式和内涵重新获得自己让渡出的应当享有的执政权利。但从物权属性的角度看，这种政党权利让渡具有委托—代理的性质。这一基本性质表明：权利让渡不是“权利给予”，因而属“代理”之权利不能据为己有。

2.与政党义务有直接关系的利益生成义务、职责性的政党权利，而与政党义务有间接关系的利益则生成生存、发展性的政党权利。前面论到，政党权利是指政党站在既定的立场上，基于生存、发展和发挥作用的前提，对其相应利益的诉求和享有。这里的“相应利益”揭示的是，无论对于政党成员个体来讲还是对于政党组织整体而言，只有那些与政党义务有关的利益才可以成为政党权利的内容，才构成正当的政党权利。由此，我们又可以将政党权利分为义务、职责性政党权利和生存、发展性政党权利两种类型。从政党职能的角度看，义务、职责性政党权利是目的，生存、发展性政党权利是手段。后者是服务于和服从于前者的。对此加以明确的意义有四点：一是义务、职责性政党权利与生存、发展性政党权利的职能定位不可颠倒，否则，政党生活就会偏离政党义务的根本目标与实践要求而单纯地为自身生存而诉求“权利”，为自身发展而谋取“利益”，为自身地位而确立“政治关系”。这样，政党必然因事实上的立党为私而走向绝路。二是义务、职责性政党权利的界定根据于政党义务或政党职责，而生存、发展性政党权利的界定则根据于义务、职责性政党权利。这不仅表明二者的职能定位不可颠倒，还进一步表明它们之间的比例关系直接反映着政党政治成本的高低。三是评价政党权利量的大小及其合法性的根本标准是政党责任或政党义务而不是政党

[1] 如果说政党政治是国家内代议制民主的一种实践形式的话，那么，中国共产党领导的多党合作制度，则是政党间的代议制民主的一种实践形式。而与这种政党间的“代议制民主”密切联系的重要概念就是“政党权利让渡”的问题。在当代中国，中国共产党以外的其他各政党自觉接受中国共产党的领导，维护中国共产党的执政地位，这实质上是将自身可以享有的执政权利让渡于自己信得过的中国共产党。从物权属性的角度看，这种让渡具有委托—代理的性质。这一基本性质表明：让渡不是“给予”，“代理”不能据为己有，而是各民主党派在中国共产党执政所构建的公共领域中以新的形式和内涵重新获得自己让渡的应当享有的执政权利。

自身的生存与发展；由于政党的责任或义务是有限的，所以与之相匹配的政党权利就不是无限的。四是政党义务规则的制定是政党权利行使的边界，而对政党义务规则的信守，则是对政党权利最根本的也是最有效的保护。

3.就政党组织整体而言，与政党体系内权利与义务之关系不同的是政党义务或政党责任是目的，政党权利是手段。从国家与社会的角度讲，政党权利说到底是为发挥政党作用而设定的，是因政党履行义务或承担责任而配给政党利益的；从政党自身的角度看，则是因履行了政党义务或承担了政党责任而享有国家赋予的政党权利或配给的政党利益。无论从哪个角度讲，其首要的和基本的前提都是“政党义务”和“政党责任”。这表明，在政党政治生活中，政党权利或政党利益仅具有手段性，而不具有目的性。政党权利与政党义务的行动逻辑是：履行政党义务—体现政党价值—享有政党权利。需要指出的是，政党权利从来不是也不应该是政党自己赋予的，而是国家或社会赋予的，说到底是由时代赋予的。这是由于在政党政治时代，国家的治理、社会的发展需要政党，正像在一定的历史条件下社会需要国家的道理一样。[1]正是基于这种需求，政党组织成为国家政治结构的组成部分，政党执政权力成为国家治权的实践形式，而与此相关的政党制度，也成为国家政治制度的重要组成部分。与其他社会组织相比，政党作为社会团体的特殊形式，不仅具有“治己”的职能，还被赋予了“治他”的权利。国家与社会赋予政党以生存、发展与发挥作用的权利，实际上是国家体系内政治资源配置或政治管理的一种方式。这种资源配置给哪个或哪几个政党，取决于政党利益和国家利益在多大程度上的一致性。从根本上来讲，取决于政党利益与人民群众利益在多大程度上的一致性。政党政治的历史经验一再表明，政党只要能够最大限度地顺应民意，按政党政治规律要求履行“政党义务”，即使没有政党权利最终也能够得到；反之，有了政党权利也会丧失。其失掉的不仅仅是政党的领导、执政权，还会失掉政党自身的生存权与发展权。

4.政党义务的最高价值和精神实质在于实现政党利益、国家利益和社会利益的内在统一。从政党政治的根本意义上讲，政党权利与政党义务的设定都不是目的。其真实意义在于通过有关政党权利与政党义务的制度安排，从“可以享有”和“必须履行”

[1] 政党政治的出现，使社会权力结构发生了重大而深刻的变化。它使人类社会在经历了第一次权力分化即国家权力从社会权力分离出来之后的第二次权力分化，即政党权力从国家权力中分离出来。就政党而言，其结果是，政党虽不是国家组织，但其活动总是与国家权力密切相连；虽然是国家机关，但其作用总是与国家政治息息相关；虽不在国家之上，但却成为国家权力的领导力量。政党权力在从国家权力分离出来并作为一种政治领导力量的同时，也在客观上将自身置于国家权力实质上的人民权力的监督之下。

两个方面保证国家利益和社会利益的有效实现。与政党义务制度设定[1]相适应的政党利益的实现有四个显著特点：其一，由于无论是政党成员的个体义务规定还是政党组织的整体义务要求都是政党利益的义务表现，所以，政党义务的制度安排，使政党利益有了明确的目标指向和内容要求；其二，由于政党义务所蕴含的政党利益不仅包括政党成员利益，还包括政党、国家与社会的整体利益，所以，政党义务的利益指向不是简单的对应性的政党权利及其政党利益，而是因被赋予了国家与社会层面上的利益内涵而具有整体性、全局性和战略性的意义；其三，由于政党组织对政党成员个人、国家社会对政党组织的义务规定与义务要求是明确的，所以，政党义务的履行，意味着其所对应的政党利益、国家利益和社会利益得以实现；其四，由于政党是民主政治的工具而存在于国家政治和社会生活之中的，所以，政党权利与政党义务的配置，以及有关政党权力的制度安排，都应取决于国家政治和社会生活对政党的实际需要，体现出对正当性政党整体利益的维护及其与国家利益、社会利益的高度统一。

5.政党权利是实现政党义务的条件，这只是理论认识上的应然状态或是政党政治的理想状态，事实上不仅不完全是这样，甚至相反。经验表明，在包括工人阶级政党在内的政党政治过程中，政党义务逐步淡化而政党权利日益突出，甚至以政党权利为目的的现象经常发生。而政党义务的淡化和政党权利的突出，往往伴随着政党权力的无限张扬。其结果是政党政治生活中的崇拜权力、追逐权力、迷恋权力，甚至寄生于权力，进而转化为利用权力谋取自身的特殊利益的现象普遍存在并恶性发展。这种情况，越是在执政时间长的政党那里，越容易发生，表现得越明显。因此，正确认识与处理好政党义务与政党权利的关系，在国家政治和社会生活中实现由政党权力本位向政党义务本位的转变，是在新的社会历史条件下执政党加强自身文明建设的一项具有战略意义的基础性工作。

原载于《理论探讨》2009年第1期

[1] 政党义务的制度设定包括政党组织对政党成员的义务规定及国家、社会对政党组织的义务要求两方面的内容。

党内关系的科学内涵与基本特征

——基于政党文明的分析视角

靳呈伟

摘　要：党内关系是指政党组织内部各主体在治理政党内务的过程中，围绕各自相应的权利和义务，形成的相互关系及互动的行为模式。党内关系的内涵可以从其内容结构、本质属性、运行方式、运行规范、制约因素与地位作用等几个方面来理解；其基本特征则可以从目的性与自觉性的统一、社会组织性与政治性的统一、复杂性与交错性的统一及稳定性与变动性的统一等几个角度来分析。作为与政党相伴的政党现象，党内关系标示政党文明的发展水平，反映政党的基本价值取向，蕴含政党的底气与实力，预示政党的前途；是政党得以建立、发展必不可少的条件，是一切政党活动的基础。研究其内涵与特征有利于正确认识与科学解读党内关系。

关键词：政党文明；党内关系；党内和谐

党内关系文明作为政党文明的重要组成部分，具有基础性、综合性的特征。同时，它又是在与政党文明的其他要素的相互作用中不断发展完善的。一方面，党内关系的架构及其运行机制的合理性、科学性和有效性程度，直接影响着整个政党文明的发展方向和建设质量，即政党文明其他方面的内容，诸如政党权利的保障、政党权力的规范、政党的法治化程度以及党政关系和党社关系的科学确立与有效运行，都与党内关系的文明水平密切相连。另一方面，党内关系的建设与发展总是在一定政党文明系统中进行，与其他政党文明要素的发展质量紧密关联，即政党文明其他要素文明水平的进一步发展，会对党内关系的发展完善提出新的更高的要求，同时也为党内关系的这种发展完善注入新的动力。这意味着，政党文明的发展过程，实质上是一个政党内部与政党外部各种政治关系的相互依存、相互促进、共同发展的过程。这种情况，在执政党的政党文明建设过程当中表现得更为明显、更加直接。在中国共产党以改革创新精神全面推进党的建设新的伟大工程的今天，构建和谐的党内关系是中国共产党政党文明建设的重要内容，实现党内关系的合理化、科学化是中国共产党政党文明发展水平的党内体现。把党内关系和谐建设放在工人阶级政党文明建设的总体布局中，从战略高度加以精心谋划，从理论上加以深入阐释，在实践中加以有效推进，对于加强中国共产党的先进性和执政能力建设有很重要的意义。

一、党内关系的科学内涵

一般来讲，党内关系是指政党组织内部各主体在治理政党内务的过程中，围绕各自相应的权利和义务，所形成的相互关系及互动的行为模式。具体而言，党内关系可以从以下几个方面来加以理解：

第一，从内容结构与表现形态的角度看，有着多元主体的党内关系是一个由多层次的结构和丰富多样的内容构成的复杂关系体系。党内关系的主体有政党成员个体、政党的各级组织与职能部门，这些主体相互之间存在错综复杂的关系形式，如政党领袖与党员群众、政党领袖与政党组织、上级组织与下级组织之间的关系等。由于各主体的层次、功能、定位及所从事活动的领域、性质和内容不同，政党内部各主体之间的关系有着丰富多样的内容，如在党内政治生活中形成的权利与义务、选举与被选举、授权与被授权、权威与服从、领导与被领导、监督与被监督的关系等。不同的党内关系形式往往会交织在一起，一种党内关系可能会交错于其他的关系形式之中，正是各种党内关系之间的互动推动了政党的发展与演变。

第二，从本质属性的角度看，党内关系本质上是利益关系。任何政党都是具有明确利益诉求的，因此，政党政治本质上是利益政治，政党政治关系本质上是利益关系。在政党政治的复杂利益体系中，存在多种利益关系——既有政党自身的利益，也有国家利益，还有政党所代表的阶级、阶层的利益，更有广大人民群众的利益。其中，政党自身的利益主要包括政党成员个人、政党组织之间的利益构成及其相互关系。政党自身的利益是政党得以存续、发展并实现价值的必要条件，在政党治理其生存、发展之事即政党内务的过程中，党内各主体在彼此互动中形成的各种党内关系实质上是利益关系的体现。

第三，从运行方式的角度看，党内民主是政党党内关系的基本运行方式。政党是民主政治的产物，是现代民主政治运作的主体。党内民主是民主的基本原则和精神在政党组织和政党党内生活中的具体体现，是政党存在和发展的内在要求。发展党内民主，首先要处理好党内的各种关系，没有健康正常的党内关系，就没有真正的党内民主；党内民主则是党内关系正常化的前提和基础，党内民主没有保障，党内关系也就不会正常，只有充分发展党内民主，才能真正理顺党内关系，如确立正确的领袖与政党、领袖与党员群众的关系，形成协调的党员个体与组织、上下级组织、职能部门之间的关系等。总之，党内民主是党内关系运行的基本方式和评价标准，党内民主发展的过程可以看作党内关系秩序化、整体化和现代化的过程。

第四，从运行规范的角度看，党内关系的运行有着相对明确的规范与模式。为保障党组织的正常运转，整合全党的力量以更好地实现党的目标，政党内部各主体之间的相互关系及其行为方式应该是有序的，需要有相应的规范与模式。党内关系的运行规范主要有法规性、制度性规范与软规范两大类别。由各种反映党内关系并对之加以规定、规范的党内法规和制度构成的规范体系即为党内法制。一方面，党内法制是党内各种关系的综合反映与体现，是党内关系的规范性、制度性表现形式；另一方面，党的章程以及各种条例等党内法规和制度不仅对党内关系的具体内容和形式作了详细规定，还对党内关系相互之间应该如何处理作了明确说明。党内关系的软规范主要指党内文化。党内文化是政党及其成员在社会历史和政治生活中形成的精神积累，它对整个党的全部行为都起着重要的指导作用，是协调党内关系进而实现党内关系和谐、维系党内团结、凝聚政党力量的精神纽带。未形成自己特有文化的政党是没有"灵魂"的、不成熟的、没有凝聚力和亲和力的。

第五，从运行态势或理想状态的角度看，党内关系的运行是政党不断化解党内矛盾以追寻党内关系协调有序的过程。由于诸如社会矛盾、社会历史条件等外部因素和诸如党内成员的党性修养、政治觉悟、理论水平、认识能力、个人经历、文化素养等内部因素的影响，政党内部存在矛盾是不可避免的，也是正常的。党内矛盾是政党内部客观存在的既对立又统一的关系，是广大党员及党的各级组织在党内生活中的思想认识、利益协调、制度整合、权力分配、组织行为等方面存在的思想认识分歧、人际关系紧张、利益冲突等不一致、不协调的问题与现象。党内矛盾能否得到合理解决，影响到党内关系及党内生活的状态。党内关系的理想状态是实现党内各主体既保持各自特点又相互合作、协调一致，这需要政党通过各种途径与手段不断调整党内关系、化解党内矛盾来实现。

第六，从制约因素的角度看，社会环境和党的自身建设状况是影响党内关系的两个基本要素。民主国家历史文化传统、政党所处的社会生态环境不同，政党的成长经历与价值取向不同，其内部关系的模式也不同。西方主流政党普遍主张思想信仰上的开放性、包容性，强调党内生活的多元化和党内主体的相对独立性，其组织结构一般具有核心领导层的集权与普通党员纪律松弛并存的特点，因而政党内部关系表征为"松散型"；而工人阶级政党一般都突出强调党在思想上的高度统一，组织上的高度严密和行动上的高度一致，并以"铁的纪律"加以保障，因而政党内部关系表征为"紧密型"。

第七，从地位与作用的角度看，"党内关系，作为党的活动的深层和内在的动因——党的生活中的各种复杂现象，积极的或消极的、正常的或反常的，都能从这里找到最终的解释和说明”[1]。作为与政党相伴相随的政党现象，党内关系标示政党文明的发展水平，反映政党的基本价值取向，蕴含政党的底气与实力，预示政党的前途；是政党得以建立、发展必不可少的条件，是一切政党活动的基础。政党只有确立和协调好党内关系，才能生成并不断发展壮大，不断调整和处理好党内关系是政党加强自身建设的重要任务。

二、党内关系的基本特征

党内关系虽然是社会关系的一种，但它是一种特殊的社会关系，具有自身的特性。党内关系的特性主要表现在：

第一，（建立的）目的性与（调整的）自觉性的统一。党内关系以共同利益为基础、以共同政治信仰为纽带、以实现政党价值为目标，其形成、建立出于共同的利益、信仰与目标，具有强烈的目的性；同时，为实现共同的利益、信仰与目标，党内关系要不断调整以满足需要，具有调整的自觉性。政党也可以被看作根本利益相一致的人们自觉自愿地组成的为追求和实现及维护其共同的利益从而实现自身利益而进行各种政治活动的组织。在共同的政治信仰和价值目标下，政党内部各主体之间的根本利益是一致的或利害关系是相同的。一致的根本利益、相同的利害关系要求在争取、实现和维护利益的过程当中政党各主体行动要一致，相互关系要协调。这为党内各主体确立了行为指向，为党内各主体之间相互关系的协调奠定了基础。对某个政党来讲，维护政党之阶级基础的利益是其价值之所在；对于执政党来讲，在维护好其阶级利益的前提下，通过国家职能实现好、维护好社会公众的根本利益是其价值之所在。一般来说，政党的价值目标需要政党成员的共同协作来实现，政党成员的协作通过不断调整党内关系来实现，党内关系的调整是目的性与自觉性的有机统一。

第二，规范性与非规范性的统一。作为一种社会组织，政党内部各主体之间的相互关系应该是规范、有序的，其行为方式应该是有一定的模式的。党内法规性、制度性的规范与软规范确保了党内关系有相对确定的活动规范和行为模式。因此，党内关系是规范的，具有强烈的组织性。出于共同的群体利益、特定的外部环境等原因，在政党组织内部会出现一些“亚团体”或者“小圈子”，圈子里的相互交往带有非常浓的“个性”色彩，不是那么正式与规范。为实现、保持党内关系的协调与行动的一致，政党要注意处理好组织与组织内“亚团体”的关系，协调好规范性与非规范性党内关系

[1] 常光民：《党内关系》，中国展望出版社1989年版，第1页。

形式之间的关系。

第三，社会组织性与政治性的统一。政党是围绕取得、参与或保持国家政权而进行活动的政治组织，政党的这一性质决定了党员之间、党组织之间及党员与党组织之间的关系不仅仅是组织关系，在组织关系基础上还有政治关系——受政治意识与政治规范支配和制约的具有鲜明政治色彩的关系。

第四，复杂性与交错性的统一。党内关系是政党组织内部各个构成部分以及各个层次之间多层次、多方面的关系体系。多元的主体、多层次的结构、丰富的内容，决定了党内关系的复杂性，有单向关系、双向关系、多边关系等。这些复杂的关系往往交织在一起，具有交错性。党内关系的交错性不仅表现为党内关系各形式之间的相互交错，还表现为党内关系交错于其他政党政治关系及社会关系中。在此情况下协调党内关系，要注意明确各主体的地位与职能，避免越位、错位、缺位与职责不清的现象。

第五，稳定性与变动性的统一。作为一种有相对明确活动规范与行为模式的组织关系，党内关系一旦形成，就具有相对的稳定性；但政党在治理其内务与外务的过程中，受主客观因素的影响，党内关系又常常处于变动之中。既保持党内关系的相对稳定，又根据变化的环境与任务适时调整党内关系，是政党不断发展、壮大必须面对的课题。

三、结语

研究党内关系的意义在于维护党的团结、实现党内和谐、凝聚党的力量。而要维护党的团结、实现党内和谐，下列几点非常重要：

第一，处理党内关系的规则必须建立在维护共同的理想、目标与信仰的基础之上。理想、目标、信仰是政党价值文化的主要内容，是政党的“魂灵”，是政党的行为准则和活动指南，是协调党内关系、维系党内团结的纽带。政党的理想与奋斗目标是其公开树立起来的一面旗帜。一方面，外界根据它来了解党、认识党，进而决定对党的态度，决定是否要成为其中一员；另一方面，它是号召、凝聚全党的基点，是处理党内关系、协调全党行动的价值指向，处理党内关系的规则必须建立在维护理想的基础之上。

第二，切实保障党内各主体的权利，实现权利主体之间利益的平衡。作为社会关系的一种，党内关系的背后，说到底还是利益问题。政党为履行政党义务而对相应政治利益、经济利益、文化利益及社会利益的诉求、获得和维护即为政党权利，政党权利的本意在于肯定政党主体利益。政党权利是政党及政党政治诸问题中首要的和基本的问题，是政党政治的核心内容，政党政治运作的过程也即政党权利实现和维护的过程，其中发生的各种政党政治关系实际上是围绕政党权利展开的。政党权利体现于政党内部生活和外部活动的各个方面，党内各主体关系的协调是政党权利的主要表现形式。政党内部党员之间关系的协调所对应的是政党成员个体权利，不同层次和领域的党组织之间关系的协调对应的是政党组织权利，而党员与党组织之间关系的协调则相对复杂。

社会成员之所以加入政党组织，其前提是基于可以享有与其他社会成员相比不同的权利，或者说入党可以拥有与其他社会成员相比不同的利益。因此，当政党权利的享有或行使者是政党成员个体时，党内生活的基本理念是政党权利先决；在党内生活中，要以政党权利为本位，切实实现和保障广大党员的各项权利。工人阶级政党的性质、宗旨、使命决定了党员之间的关系是平等的关系，而每个党员享有同样的权利是党员之间平等关系的核心内容与基本表现。只有党员享有同等的权利，党员之间才有可能实现真正平等的关系。

政党应民主政治发展的历史需求而产生，政党为履行推进民主政治发展的职责而存在。作为政党组织整体意义上的政党权利，源于其对于国家、社会的职责与义务。在政党权利的享有或行使者是政党组织整体的情况下，政党生活的基本理念是政党义务先决，政党组织的权利是其履行职责、发挥作用的手段。政党为实现自我价值、发挥作用而养成的政治技能或政治能力即为政党权力。政党权力根源于政党权利，是政党权利在一定条件下的集中和转化。在政党内部，政党权力是由政党成员经过党内选举的形式将享有决定和处理党内事务的权利委托给党的领导机关和领导干部而产生的。从这个意义上讲，政党各层次、各领域组织之间的关系实际上就是作为政党履行其职责手段的政党组织权利转化而成的政党内生性权力的划分问题。在此情况下，遵循选举的原则、公开的原则、监督的原则及“下级服从上级”的原则等。

在政党日常生活中，对政党内务的管理并不是每时每事都由所有党员参与，这一点仅从操作角度讲就有很大难度。在此情况下，政党成员会经过一定形式将享有的决定和处理党内事务的权利委托给党的组织，成为政党组织的权利。而政党组织决定和处理党内事务的权利通常通过党的领袖、干部作为党组织的代表行使决定和处理党内事务的权力来实现和开展，中间又有一个权利和权力的转换问题。党员个体性权利与党组织整体性权利、权利与权力的关系及其转换在党内生活中主要体现为党员个体与党组织关系的协调。在政党权利内容体系中，党员个体权利或个体性政党权利是党组织权利或整体性政党权利的基础，没有个体性政党权利的保障，整体性政党权利则无从谈起；整体性政党权利是个体性政党权利的保障和归宿，没有整体性政党权利的实现，个体性政党权利也就失去了其生存条件和存在价值。党员个体权利与党组织权利的关系要求：一方面，党员在享有各项权利的同时，也要履行对政党的义务，遵循

“权利与义务相统一”“个人服从组织”的原则；另一方面，党组织要切实保障党员享有的权利，遵循“以党员为本”“民主平等”的原则[1]。

协调党内关系实质上就是协调政党各权利主体之间的利益关系。正确协调处理党内关系不仅要切实实现和保障党员个体性权利，确保每个党员享有同样的权利；而且，在党员个体性权利与党组织整体性权利、政党权利与政党内生性权力的转化过程中，要明确其各自边界，谨防权利、权力被滥用，也就是要实现政党权利主体之间利益的平衡。

第三，依靠政党法治，实现依法治党。政党法治是一种以政党民主为基础，以政党章程和国家宪法为政党活动准则的总规范，以政党法律和国家法律对政党权力实行规制的政党管理模式或政党治理方式。其核心内容在于准确把握党员群众与党员干部、党的下级组织与党的上级组织相互关系的本质特征及其实现形式，即政党权利与政党权力问题。因此，政党法治的目的或基本价值追求在于最大限度地保护政党权利、最有效地规制政党权力，以实现政党生活的民主化、制度化和法律化。其状况集中反映着政党权利的保障程度与政党权力的规范程度，集中反映着政党内部关系调整的合法化程度。从政党治理形态的角度看，政党法治涉及政党制度和政党文化两个层面[2]。在当今时代，遵循政党法治的模式协调、平衡各政党权利主体之间的利益关系，要以政党制度的完善、政党道德的重塑和政党现代精神的凝练为突破口与着力点，力求达到党内和谐的状态。

原载于《探索》2010年第4期

[1] 王韶兴：《政党权利基本理论问题探讨——基于民主政治建设的分析视角》，《山东社会科学》2009年第3期。

[2] 王韶兴：《政党法治：一种新型的政党文明形态》，《文史哲》2005年第1期。

论政党外交应遵循的基本原则

李　宏

摘　要：政党外交是指主权国家合法政党的对外交往活动。它既是国家总体外交的重要组成部分，也是政党政治的有机组成部分。这种特性要求政党外交既要遵循国家外交的基本准则，又要体现自身的规律和特点。政党外交应遵循四大原则，即尊重并遵守当代国家外交的基本原则、国家利益至上的原则、超越意识形态合作的原则和互利共赢的原则。

关键词：政党政治；政党外交；基本原则

政党外交是指主权国家合法政党的对外交往活动。政党外交不同于党际关系，也有别于政府外交，有其特定主体、交往对象、目标、方式、内容，并以此形成了自己特有的行为规范。本文试图从政党外交自身规律性中探究政党交往所应遵循的一些基本原则。

一、尊重并遵守当代国家外交的基本原则

政党外交主客体的身份属性以及政党外交作为国家总体外交组成部分的地位，决定了政党外交必须在现有国家外交准则的框架下进行，必须尊重并遵循国家外交的一般规律和基本原则。在当代，得到各主权国家和国际社会普遍认可的基本准则是由联合国宪章所确认的，主要包括以下内容：

1.主权平等原则。主权平等原则是当今国际社会公认的指导国家关系首要和主导的行为准则，是国际法最重要的原则。当代主权平等意即“各国法律地位平等；每一国均享有充分主权固有权利；每一国均有义务尊重其他国家之人格；国家之领土完整及政治独立不得侵犯；每一国均有权利自由选择并发展其政治、社会、经济及文化制度；每一国均有责任充分并一秉诚意履行其国际义务，并与其他国家和平相处”[1]。

如果将主权平等原则延伸至政党交往领域，其内涵一是指各国政党不论大小、执

[1]　周洪钧、丁成耀、司平平编：《国际公法与惯例》，法律出版社1998年版，第40—41页。

政与否、意识形态相同或相异，均应享有完全平等的地位。完全平等意指不同国家政党之间不存在高于或凌驾、控制与反控制的问题，没有“老子党”、“老大哥”或者“领导者”之类的现象，不推行大党主义。二是相互尊重，即彼此尊重对方自由选择并发展其政治、社会、经济及文化制度的权利，尊重各党根据本国国情制定内外政策的权利。在政党交往领域奉行独立自主、完全平等的原则是主权平等原则的延伸和基本要求。

2.不干涉内政原则。第二次世界大战以前，各国依据自身实力以大欺小、以强凌弱曾是一种普遍的现象，干涉一度成为国际社会的一个基本特征。第二次世界大战之后，随着联合国的建立以及非殖民化运动的发展，国际社会对干涉问题达成了一些基本共识。《联合国宪章》第一章第二条第七款规定：“联合国无权干涉本质上属于会员国内部管辖之事务，而会员国也无必要将本质上属于本国内部管辖之事务提交联合国。”该原则不仅规范了国际组织与民族国家之间的关系，也规范了国际组织成员国即民族国家之间的关系。如果将联合国所确立的不干涉内政原则扩展至政党外交领域，其含义在于政党的国际组织以及各国政党之间应当互不干涉内部事务，不应介入别国国内政党之间的事务，更不应利用党际交往干涉别国内政，输出自己的意识形态、价值观念、社会制度和发展模式。

3.和平解决国际争端，互不使用武力原则。《联合国宪章》第一章第二条第三款和第四款规定了会员国应和平解决国际争端，互不使用武力或以武力相威胁。使用武力或以武力相威胁曾经是民族国家为维护或扩大本国利益的一种被广泛认可并频繁加以使用的手段。第一次世界大战后，鉴于强权政治和滥用武力所带来的巨大灾难，各国于1928年签订了《非战公约》，即不以武力作为实现国家利益的手段。自此，使用武力或以武力相威胁在国际法意义上已成为非法手段。第二次世界大战后，《联合国宪章》对和平解决国际争端原则加以重申和发展，从而使该原则得到国际社会的广泛认可。

政党本身并不是完全意义上的国际法主体，但在一党制或一党独大制国家，政党与国家之间有着密切的关联。在第二次世界大战后所形成的以苏联为核心的社会主义阵营中，苏联长期以“老子党”和“老大哥”自居，多次以武力或武力威胁干涉东欧各国和其他国家的事务，如“匈牙利事件”“布拉格之春”等，最终不仅导致政党之间关系的紧张或破裂，也导致了同南斯拉夫、阿尔巴尼亚、罗马尼亚、中国等国家关系的破裂。苏联的这种行为违背了国际社会公认的基本准则，是违反政党外交基本原则的典型案例。

4.承担国际义务原则。除了主权平等原则和不干涉内政原则以外，《联合国宪章》还规定，其成员国应负有维持国际和平及安全的义务，负有保护人民免遭种族灭绝、战争罪、族裔清洗和危害人类罪的责任。政党不是完全意义上的国际法主体，只有通过选举获得民众多数授权具备执政资格的政党才具有国际法的主体资格，但不论是执政党还是在野党都应当认识到，在全球化时代，国家间互动的增多以及由此生成的一些基本共识，使民族国家组成的国际体系不断演化成为遵守这些国际共识的国际社会，这些共识对不干涉内政原则提出了挑战和限制。因此，如何在尊重国家主权、追求传统意义上的自我利益和承担国际义务、遵循由国际社会共识所定义的国际共同利益之间寻找平衡点，是当代各国执政党面临的一大挑战。

二、国家利益至上的原则

国家利益是国际政治的实质，一般而言，它是指一个国家内有利于绝大多数居民共同生存与发展的诸因素的综合，包括安全、经济、政治和文化等内容。政党外交必须遵守国家利益至上原则是由国家在当前所处的国际环境、国家的生存规律、国家与政党之间的关系以及政党外交的地位四个方面的因素所决定的。

一是由国际环境所决定的。现代意义上的国际关系是以民族国家为基本单位构建的。这种构建最初发生在欧洲，后来扩展到全球。尽管20世纪90年代以来出现了民族国家权力向上或向下转移的现象，并因此导致国家权力内涵的巨大变化，但不可否认的事实是，民族国家以其强大的惯性仍然是当前国际社会中最基本和最主要的构成单位，是最重要且最有效的行为体。在移民、生态、能源、金融等全球性问题不断增多的情况下，甚至还出现了要求加强国家权力、保护本国公民权益的再国家化倾向。如果不顾现实国际环境，放弃对国家利益的坚守，片面追求超越国家利益之上的政党利益、国际利益甚至全人类共同利益，就必然会重蹈戈尔巴乔夫的覆辙，导致国家的分崩离析，损害绝大多数公民的利益。政党存在的国际环境要求至少在目前以及可以预见的未来，政党外交必须以国家利益为最高行为准则，必须为国家利益服务。

二是由国家的生存规律所决定的。三个多世纪之前，《威斯特伐利亚条约》从理论上确立了近现代意义上的国际准则，即国家主权平等原则。但在现实中，国家却因实力不同而存在大小、强弱之分，并由此形成了国际体系的基本结构。国家的生存发展不仅受到国际结构或格局的制约，而且受到由此形成的生存规律制约。国家只有遵守具有无政府特征的国际社会对国家生存的基本要求才能够生存发展，否则就会解体甚至灭亡。

三是由国家与政党之间的关系所决定的。在国家与政党的关系中，政党始终处于从属地位。这一判断主要包含三层含义：从历史的纵向关系来看，国家的产生先于政党。没有近现代意义上的民族国家，就不可能出现为民族国家民主政治运作而产生的政党。民族国家是政党产生的母体，是政党展开政治活动的基础、前提和平台。从横向关系来看，国家的涵盖范围要大于传统政党的涵盖范围。民族国家的基本要素是领土、人口、独立性和政府，即国家主权，它是大多数国民意志与利益的体现。而政党则是民主政治发展到一定历史阶段且又发展不充分的产物，是“寻求占据国家内部决定性的权威地位而参与选举竞争的持久性组织”[1]，具有特定的社会基础，目的在于获得国内的最高统治权。他们是部分人的集合体，反映的是部分人的利益诉求。因此，政党外交不能够仅以满足部分人的利益为出发点。鉴于政党的合法性取决于民众的支持，一个政党从应然的角度来说要尽可能地扩大自己的社会基础，并制定出符合多数人利益的政策，从而最大限度地维护国家利益。所以，当政党意志与国家意志、政党利益与国家利益发生矛盾或抵触时，政党利益必须首先服从国家利益，否则政党就会失去基本的立足点与合法性。从政党功能的角度来看，政党在现代国家中发挥着连接政府与公众、利益聚合、整合政治体系、政治社会化、选民动员和组织政府等功能[2]，是国家政治的核心、主体和动力，是为国家服务的。

四是由政党外交的地位所决定的。政党外交是国家总体外交或者是多元外交的一个组成部分，服务和服从于国家外交、不包办或代替国家外交是政党外交中的应有之义，当然它更不能凌驾于国家外交之上。

国家利益至上是政党外交的基本原则，但在回顾历史特别是国际共产主义运动史时可以发现，要在现实政治生活中坚守这一原则并不是一件可以轻易把握的事情，它受到一个政党对自身所处的时代特征、对国内工作重心以及对何谓国家利益认知的影响。因此，要在政党外交中坚持国家利益至上原则还必须做到以下几点：

1.要正确研判国际形势，把握时代特征。任何政党在与其他国家的政党交往时，都必须对自己所处的国际环境、时代主题和发展趋势有一个客观的判断，这是政党从事外交行为的前提和基础，是政党制定外交方针政策的基本依据。在当前各国关系日益紧密、互动日益增强的大环境、大背景下，任何一个国家都不可能闭关自守、在世界潮流外独立发展。只有充分认识国际环境的客观事实，把握时代特征和潮流，遵循时代潮流的客观逻辑和基本要求，政党外交才会有更广阔的发展空间和前景，才会赢得更多的机遇，才能够更好地为国家利益服务。

2.要准确认识本国的发展方位和主要任务。政党外交是一个政党对内政策的延续，它与国家内政有着紧密的关联并呈现出相互作用、相互影响的建构性关系。一个国家的政党特别是执政党的外交战略选择与其国内经济社会发展往往呈现一种互动关系。经济社会发展的客观要求决定和影响着该国政党的外交战略选择；相反，政党外交战

[1] 罗德·黑格等：《比较政府与政治导论》，中国人民大学出版社2010年版，第268页。

[2] 迈克尔·罗斯金等：《政治科学》，华夏出版社2001年版，第216—218页。

略选择得正确与否又会促进和制约该国的经济社会发展进程。要使政党外交为国家利益服务，一要深入客观地研究本国的实际，认清基本国情和本国在当前所处的发展阶段及其主要特征，明确本国在现阶段的中心任务；二要明确自己的发展方向，明确自己要干什么，要达到什么目标。只有这样，政党才能根据这个目标有针对性地开展政党外交以服务于国家利益。

3.要妥善处理国家利益与政党利益和国际利益之间的关系，坚持国家利益至上的同时兼顾政党利益和国际利益是政党外交的基本要求。

强调国家利益的优先性和至上性并不意味着国家利益的唯一性或排他性。这里包含着三个层次的含义。首先，国家利益是一个综合宽泛的概念，可以根据重要程度分为四个层次：根本利益、极端重要利益、重要利益和次要利益。[1]政党在从事对外交往活动时，在明确并维护本国根本利益或核心利益的前提下，可以对非根本性利益进行协商并作出适当妥协，以兼顾他国利益或地区、国际利益，这不仅是维护本国根本利益的基本要求，也是外交特性的必然要求。其次，国家利益具有变化发展的特性，在不同时期，国家利益的内涵与重点会有较大的变化。在全球化时期，国际社会中行为体的多元化及相互依赖的加深、全球问题的凸显、全人类共同体意识的强化，价值分配机制的转换等，催生出以往的国家利益概念所不能涵盖的国际利益。随着国内问题与国际问题的交织互动关系更加密切和深化，地区利益、国际利益与国家利益会出现重叠交叉甚至转换的现象，这也要求政党外交在服从和服务于本国利益的前提下，兼顾地区和国际利益。最后，国际社会的新特征要求政党外交必须尊重和顺应时代特点及其趋势，在不损害本国根本利益的前提下，兼顾其他利益。霍布斯式的一切人反对一切人的那种野蛮的无政府状态、国家各自为政弱肉强食的“丛林法则”因战后国际合作的发展、国际组织及国际制度的建立运行得到一定程度的遏制，在某些地区、某些领域呈现出有政府、有规则或无政府有治理、有秩序、有制度、有规则的态势已是一个不争的事实，国际关系总体无序而部分有序的特征要求政党外交必须顺应这一趋势，在服从和服务于国家利益的同时，兼顾地区及国际利益，必须在与其他国家的互动中尊重已有的国际秩序、遵守相关的国际游戏规则，以体现出守秩序、负责任的政党风范。但在此过程中也不能忽视政党特别是执政党的主观能动作用。

此外，政党在从事对外交往、坚持国家利益至上原则的同时还必须反对两种倾向，一种是国家利益和谐的乌托邦倾向，另一种是国家利益不可调和的极端现实主义倾向。国家利益和谐论来源于自由主义。自由主义认为，任何促进全人类共同利益的做法必

[1] 根据1996年美国国家利益委员会《美国国家利益》报告。转引自周敏凯：《国际政治学新论》，复旦大学出版社2004年版，第48页。

将增进作为个体的国家利益。显然，这一命题不仅逻辑上自相矛盾，在现实中也是不成立的。它忽略了不同国家在核心利益上的差异，掩盖了各个国家在争夺稀缺资源方面的对立性和排他性，如维持现状国家与希望改变现状国家之间在根本利益上的分歧，并有意无意地给目前主导这个世界的某些大国的自我利益披上了普世利益的外衣。历史事实已经证明，无论是两次世界大战之间以美国为代表的资本主义国家所鼓吹的利益和谐论[1]，还是第二次世界大战后出现的由社会主义国家所组成的“大家庭”所谓的利益和谐都是站不住脚的，它实质上是将英美利益或苏联利益等同于国际利益的产物。同样，不顾其他国家利益，试图将本国利益最大化的极端现实主义行为也是行不通的。国家固然是现代国际关系中主要和有效的行为体，国际社会缺乏类似国内社会那样一个权力结构并因此呈现出无政府状态也是一个不争的事实，但这并不意味着国家可以随心所欲，为所欲为。在当代世界，国家已成为国际社会的一分子，受到国际社会结构、自身实力、国际法基本准则、《联合国宪章》和日臻完善的相关制度的制约，国家已经成为社会的国家，而国家之间的游戏规则也从丛林法则进化到了共存甚至是合作法则。在这样的环境中，政党外交不能只从本国的利益和目标出发，而不顾及国际社会绝大多数成员的利益、意志，不考虑其决策和行为是否符合国际法的基本准则。正确的做法应该是政党从国家自身的战略利益出发，在着眼于长远战略利益的同时，也要承认差异，尊重对方的利益。

三、超越意识形态合作的原则

首先，政党是意识形态色彩最强烈的政治组织，因为任何一个政党都拥有一套认识世界的基本框架和改造世界的总体规划。就一般意义而言，意识形态是难以超越的，因为任何人都无法摆脱自己的历史背景、生存环境、文化修养、利益、偏好等方面的影响，因此也就无法超越由此形成的认知体系。意识形态对政党的影响也是无处不在，政党的理论、路线、纲领以及在政治、经济、社会、文化、军事、外交等国家政治生活各个方面的方针、政策、目标都是在一定意识形态指导下确立的。即便是政党在对外交往中所要奉行的国家利益至上原则也受到意识形态的制约，因为绝对客观的国家利益是不存在的，所谓的国家利益是决策者以意识形态为思想框架和观察工具所认知到的国家利益。在很多情况下，意识形态是同国家利益相辅相成、融为一体的。意识形态在政治生活中的基础性、框架性、支配性及工具性决定了政党外交不可能在政治真空中进行。情况正如尼克松所言，在国际关系中，“无论是出于善良愿望的主张，还

[1] 以美国总统伍德罗·威尔逊“14点计划”为代表。

是气候的暂时变化，都不会抹去意识形态的对立”[1]。

这里所谓的“超越意识形态”不是指超越一般意义上的意识形态，而是特指政党在对外交往过程中要避免将其政策基点与行为准则完全建立在同政治现实脱节的意识形态绝对论的基础之上，即要超越和反对那种不以具体政治情况为依据，而根据既有的观念、本本和抽象道义准则决定对外政策的教条主义做法。因为这种做法不是从政治的实然出发而是从其应然出发，具有主观臆想的乌托邦色彩。具体而言，超越意识形态合作原则包含这样几层含义[2]：一是承认并尊重意识形态多样性及其差异，这是“超越”原则的前提。不同的民族在不同的地理环境和历史条件下发展了不同的社会文化和价值观念，在他们认识和处理社会问题时，必然会形成不同的思维习惯并得出不同的结论。这是一个客观事实。要承认这一事实并尊重各国政党根据本国具体情况对意识形态的自主选择。二是要淡化意识形态对抗，这是“超越”原则在实践中的具体运用。所谓淡化就是在相互尊重的前提下，不搞意识形态争论，不扩大既有的差异，不强加于人，不搞对立，把政党交往的注意力放在彼此所具有的共同点上，求同存异，通过交往减少或搁置差异，增加各国在思想、利益方面的交集。当然，淡化不等于放弃，更不等于被对方同化。政党在交往中始终存在着意识形态的渗透，对此要有清醒的认识。“淡化”的要义在于政党在坚守自身立场原则的基础上，保持不同国家政党之间在互动过程中方式方法上的灵活性，并以相互尊重和不干涉对方党和国家内部事务为限度。三是“超越”的落脚点在于增进政党之间的了解，最终达到求同存异、促进共同发展、互利共赢的目的。在通常情况下，政党对外交往往往是从那些具有与自己相同或近似的意识形态的其他国家的政党开始的，因为它们在政治理念、政治制度以及政策主张等方面具有相似性，容易取得理解和信任，容易达成共识并建立起良好的关系。但是，第二次世界大战后所形成的社会主义阵营和资本主义阵营则把“意识形态至上”原则发展到了极致，并以此为基准形成了两大阵营的全面对抗。在这种大的背景之下，西方出现了不与东方国家建立任何外交关系的“哈尔斯坦主义”[3]，一些新建立的社会主义国家如中国、越南等国的共产党则特别注重和加强与社会主义阵营各国政党的关系，并在此基础上建立和巩固国家关系。不过历史事实已经证明，意识形态相同或相近的政党之间的交往并不等于自然消除了各国在国家核心利益方面的矛盾和冲突，而意识形态相左或根本不同的国家也未必不能在国家利益的考量下进行合作。情况恰如摩根索所说：所有当代成功的政治家都把国家利益作为他们政策的最高标准，

[1] 尼克松：《尼克松1973年对外政策报告》，上海人民出版社1973年版，第11页。

[2] 周余云：《论政党外交》，《世界经济与政治》2001年第7期。

[3] 1949年联邦德国诞生后确立了强硬的“东方政策”即“哈尔斯坦主义”：一是拒不承认两个德国；二是不与同东德建交的任何国家（苏联例外）建立外交关系。

在国际事务中没有一个伟大的道德家达到过他们的目标。

其次，超越意识形态是当代政党政治和国际政治发展的大势使然。冷战结束以后，全球化迅猛发展。在后冷战时代，许多国家的政党出于选举的需要，竭力调整、淡化甚至抛弃所持有的意识形态，出现了超越“左”“右”、超越意识形态或者是意识形态中间化的倾向。在这种情况下，左翼的社会党、右翼的保守党等主流政党竞相调整政策立场，吸纳对方政策中的合理成分，“导致实用主义倾向加重，理论主张及纲领模糊，政策不断趋同”[1]。其结果是促进了各种意识形态之间的相互交流、相互影响。在政党跨国交往领域也是如此，无论是西方国家还是东方国家都突破了只同意识形态相近或相似的政党建立外交关系的框框，其主要表现就是一国政党在与他国意识形态相同的政党进行交往的同时，还与那些在政治光谱中处于不同位置的其他各种类型的政党进行交往，这已成为一种普遍的国际现象。

最后，“超越意识形态”并不意味着在政党外交领域已不存在意识形态之争。即使在全球化时代，意识形态的分界、对立乃至斗争仍然存在，只不过以新的形态、新的方式表现出来。冷战后，国际政治理论界对“观念”“文化”更加重视，甚至据此划分“民主国家”、“邪恶国家”或“无赖国家”。纵观冷战后的国际政治领域，政党间的意识形态争斗依然存在，西方政治势力通过所谓的“民主革命”、各种形式的“颜色革命”对发展中国家和前社会主义国家进行政治渗透和制度演变。所以，虽然中国共产党在主观上已放弃了以意识形态划分亲疏的观念，确立了依据本国战略利益与世界各国改善和发展关系的指导方针，但并不意味着所有国家中的所有政党都会这样做，由意识形态、观念差异而导致的矛盾、对立和冲突会随着国家利益特别是大国利益的需求或明或暗地表现出来，对此要有清醒的认识。

四、互利共赢的原则

民族国家产生以来，由于国家之间缺乏信任，所以在相当长历史时期内，国与国之间交往和互动奉行的是零和博弈原则，反映在国际政治领域就是频频出现与邻交恶、以邻为壑的现象。第二次世界大战以后，随着国家间交往互动的增多、国际分工的发展和人类所面临的跨国界问题的增多，互利共赢原则正在逐步取代零和博弈原则，成为全球化时代处理国与国关系的重要准则。在这一大背景下，政党外交也必须以互利共赢为其基本原则。毛泽东曾指出：“无论是人与人之间、政党与政党之间、国家与国家之间的合作，都必须是互利的，而不能使任何一方受到损害，如果任何一方受到损

[1] 高鹏怀：《比较政党与政党政治》，知识产权出版社2008年版，第80页。

害，合作就不能维持下去。”[1]互利共赢的要义在于政党要不断扩大交往各方利益的汇合点，在实现本国发展的同时兼顾其他国家的正当关切。互利是政党间平等合作的基础，共赢既是时代的要求和必然趋势，也是政党外交的动力所在。

原载于《山东社会科学》2010年第1期

[1] 《毛泽东外交文选》，中共文献出版社、世界知识出版社1994年版，第167页。

浅议中国共产党政党外交研究的几个理论问题

时新华

摘　要： 随着外交形式的丰富，政党外交的作用日渐突出。国际政治形势、经济全球化政党自身发展的逻辑、中国共产党对不同时期自己不同身份的认同、中国共产党的国际视野与宽广胸怀，都是影响中国共产党政党外交的重要变量。

关键词： 中国共产党；政党外交；国际政治；外交形式

随着现代社会的发展，外交形式越来越丰富，政府外交、民间外交、议会外交、政党外交的作用日益凸显，外交活动呈现立体化发展趋势。各国外交正在形成全方位、多形式、立体交叉的多边外交新格局。[1]特别是政党外交在这种全方位外交体系中的作用尤为引人注目，有关政党外交的研究也成为当下的热点。什么是政党外交、为什么要研究政党外交、如何研究政党外交、如何把握中国共产党政党外交的变量与线索等，是研究政党外交应该首先解决的问题。本文试图对此进行初步探讨。

一、政党外交的概念辨析

笔者至今尚未查阅到西方学界专门论及政党外交的文献。国内政党外交的概念最早见于20世纪90年代末期。[2]国内学界对政党外交的概念大体有以下几种表述：王福春认为，政党外交也称党际联络工作或党的外事工作，是我国总体外交的重要组成部分，是国家整个对外工作的基本方面。[3]黄金祺认为，政党外交泛指政党为促进国家间关系

[1]　范炳良：《国家外交形式的发展趋势》，《当代世界》2005年第3期。

[2]　据王创峰考证，政党外交这一概念由学者俞正梁于1996年9月出版的《当代国际关系学导论》一书中在划分外交类型时首次使用。此后，2001年，周余云在《论政党外交》一文中具体分析了政党外交的历史重要条件、地位和作用及指导原则和制约因素，在学术界引起了一定影响（《世界经济与政治》2001年第7期）。参见王创峰：《新时期中国共产党政党外交理论与实践》，中共中央党校博士论文，2006年5月。

[3]　王福春：《外事管理学概论》，北京大学出版社2003年版，第206页。

所进行的对外交往，在中国，由中国共产党中央进行的这种对外交往是中国总体外交的重要组成部分。[1]钱其琛在其《世界外交大辞典》中，进一步沿用这一概念。[2]许月梅更多是从国际共产主义运动角度去把握政党外交，认为其特指社会主义国家的执政党在为特定的目的而斗争的过程中与世界上其他国家的各种类型的政党进行的交往、合作和斗争的政治行为，[3]是作为执政党的政治集团在对外交往，特别是与其他政党进行交往过程中所表现出来的政策取向、价值判断和实践。[4]周余云的定义则较为宏观，认为政党外交是指主权国家合法政党之间开展的国际交流与合作。[5]王芸、赵黎明在此基础上将政党外交概念扩展至政党国际组织，认为其主要指主权国家合法政党之间开展的国际交流、对话与合作以及政党间国际组织的运作。[6]王创峰的定义较全面，他认为政党外交是一种广义上的外交行为，指一国政党在国家总体外交战略的指导下，为维护国家利益和促进国家关系与其他主要国家合法政党、国际组织进行的联系和交往。政党外交的主体一般是一国的执政党有时候是主要在野党和其他合法小党为了特定的目的也可能在国家法律允许的范围内参与政党外交。它从属于政府外交，是国家总体外交的重要组成部分。[7]

以上观点大体可以分为两种思路，一种是从狭义上理解，把政党外交限于社会主义国家之间政党的交往；另一种是从广义上理解，将政党外交的主体扩展至世界上所有合法政党。这些观点为我们进行深入研究奠定了基础。我们认为，所谓政党外交，就是主权国家合法政党为维护政党自身利益、促进国际关系、维护国家利益，在国际交流中所秉持的价值理念、政策主张及其实践活动。本文中，政党外交特指以中国共产党为主体而进行的政党国际交往。

二、政党外交研究何以必要

当今世界，政党政治已经逐渐成为国家政治的内核，政党数量也在不断增加，目前200多个国家和地区中，除20多个国家无政党外，其他国家都实行不同形式的政党制

[1] 黄金祺：《怎样当好外交外事人员：涉外人员素质修养》，世界知识出版社2004年版，第42页。

[2] 钱其琛在《世界外交大辞典》中，认为政党外交（Party Diplomacy）是对一国政党旨在促进国家关系进行的对外交往的一种提法。中国共产党的这种对外交往被认为是中国总体外交的重要组成部分。参见钱其琛：《世界外交大辞典》，世界知识出版社2005年版，第2415页。

[3] 许月梅：《建国后中共政党外交理论研究》，武汉大学博士论文，2002年。

[4] 许月梅：《新时期中国共产党政党外交评析》，《襄樊学院学报》2002年第3期。

[5] 周余云：《论政党外交》，《世界经济与政治》2001年第7期。

[6] 王芸、赵黎明：《政党外交研究的几个前提性问题》，《中国青年政治学院学报》2008年第1期。

[7] 王创峰：《新时期中国共产党政党外交理论与实践》，中共中央党校博士论文，2006年。

度。据不完全统计，目前世界上共有各类政党5000多个。各国政党首先主要立足于国内舞台，但任何一个有抱负的政党绝不会把自己的眼光限制在一国范围内，都会有视野广阔、容量宏大的对外战略考量。同时，政党的对外交往对维护国家利益，推动国家关系建立与改善起着独特作用。二战后，国际关系行为主体从主权国家一个层面扩展到主权国家、政府间的国际组织、非政府组织等多个层面。政党（包括政党间的国际组织）作为国际关系中的新型行为主体，一方面可以表达不同社会阶层的意愿和要求，牵制国家和国际组织的决策；另一方面可以创造和提供非政府性的对话和信息渠道，使得国家间的交流和沟通具有更大的灵活性和多样性，解决国家和政府组织不便于、不愿意、不应该介入的双边事务和国际问题。因此，党际关系已成为现代国际关系的主线之一，并在一定程度上牵动着国际关系。[1]政党特别是执政党在国内及国际上的作用日益加强，政党的对外交往不断增多。

伴随经济全球化而来的环境污染、恐怖主义、水资源短缺、能源危机、毒品泛滥、跨国犯罪、人口爆炸、贫困和难民等全球性问题的出现，使全球治理理念应运而生，而这单靠民族国家的力量是难以实现的。它需要各国政党，尤其是执政党在世界范围内加以协商探讨，于是，发展政党外交，便成为全球治理的重要内容。此外，世界各类型政党都出现了意识形态中间化趋势，为各国党派及政党组织开展交流与对话奠定了基础。政党外交，正在逐步引起世界各国的关注。

另外，从国内看，对作为拥有七千多万名党员和领导着13亿多人口的社会主义国家执政党的中国共产党而言，在新世纪相当长时间内所面临的一项艰巨任务，就是如何顺应时代发展要求和国内外形势变化，进一步提高党的领导水平和执政水平，提高拒腐防变和抵御风险的能力。这就要求中国共产党不仅要立足于国内，而且要具有国际眼光。要充分利用对外交往这一了解世界、认识世界、走向世界的渠道和窗口，重视研究人类社会发展规律、社会主义建设规律和共产党执政规律，注意从一些外国政党兴衰成败的经验教训中汲取政治营养。随着时代的发展，政党外交的必要性日益显现。

三、中国共产党政党外交研究的思路

21世纪以来，国内学界对政党外交研究不断升温。纵观这些研究成果，在政党理论一般方面对政党外交内涵、作用、功能等进行了程度不同的探讨。在政党理论特殊方面，则对中国共产党政党外交的历史进程进行了梳理，并在宏观上初步构建了中国

[1] 周余云：《“另一条平行的外交渠道”——政党外交引人瞩目》，《人民日报》2002年5月10日。

新时期政党外交的基本理论框架，为学界进一步研究奠定了基础。而政党外交微观方面的研究则有待加强。

笔者以为，由于中国共产党在中国革命中的独特作用，使政党外交对于中国来讲具有更为重要的作用。首先，近代中国革命的成功、新中国的建立，都是在中国共产党的领导下取得的。对革命胜利、建立新中国的特殊贡献，加之这种建党在先、新中国成立在后的格局，形成了共产党与中国政府特殊的党政关系，国家的一切事务都必须置于中国共产党的领导之下，包括外交战略、策略在内的国家大政方针的制定，都离不开作为执政党的共产党的领导与支持。政党外交的战略、策略与国家的战略、策略有高度的一致性，政党外交与国家总体外交的关系更为密切。

其次，中国共产党的对外交往与中华民族走向并融入世界的过程实现了某种契合。西方列强凭借其坚船利炮轰开了近代中国封闭的国门，这是中国革命的逻辑起点，也是中华民族被迫融入整个世界，由落伍重新走向富强、崛起的开端。对中国革命具有划时代意义的中国共产党成立，其背景就是中华民族面临亡国灭种的深重危机。此后，在中国共产党的领导下，革命成功、新中国成立、中国打开国门主动融入世界。在这一历史过程中，中国共产党的对外交往，从目标到战略，都与中华民族走向世界的目标、战略是一致的。这决定了政党外交在整个国家、民族发展过程中的特殊重要作用。

最后，中国共产党真正意义上的政党外交开始于新中国成立后，但是，政党对外交往从建党时就已经开始。革命时期、建设初期、全面改革开放时期的中国共产党的政党外交战略存在明显的差异。对这些差异进行理论上的说明，可以通过过去认识现在，预测未来，对于总结历史经验，指导中国共产党政党外交实践更有目的性、针对性、前瞻性。理论来自实践，理论的作用又不仅仅限于能够指导实践、解释实践，更重要的在于能够在一定程度上预测未来。

鉴于以上考虑，提出如下意见：继续加强政党外交理论一般研究，着重加强中国共产党政党外交研究，特别是从微观上对政党外交理论进行进一步建构，从对中国共产党政党外交历史过程研究中把握其过去、现在与未来；从多种影响变量中找到政党外交战略的主要影响变量，从变量互动中发现贯穿始终的线索，进而对中国共产党在各个时期政党外交的战略及其调整与各种影响变量的互动关系有一个清楚把握；从对经验教训的反思中、对变量的考察中预测政党外交未来发展趋势。

政党外交是外交学与政党政治学的交叉学科。外交学与政治学的基本研究方法对政党外交具有重要指导意义，主要有以下几个基本理论与方法：

1.历史研究法。马克思主义认为，逻辑的东西与历史发展的现实是统一的，事物从哪个历史时期开始，考察事物的逻辑就应该从哪里开始。“历史从哪里开始，思想进程也应在哪里开始。”[1]历史是过去的现在，现在由历史合乎逻辑地发展而来。80多年来，中国共产党对外交往经历了革命时期、建设初期、全面改革开放时期。每个时期政党对外交往的目的不同，面临的国际国内环境不同，政党外交的策略也有很大差异。要确切弄清这些差异背后的原因，就必须用历史研究的方法，通过对每个时期不同政治生态的再现，在比较中发现哪些变量是根本的，哪些是非根本的。

2.系统分析方法。戴维·伊斯顿认为，一个政治系统之所以能维持自身的稳定，并通过不断复制而延续自身的存在，其主要原因就在于政治系统与环境之间的相互反馈过程，能构成一种有抗干扰能力的“超稳定循环”的环状结构。这种方法着重于对政治现象、行为等系统要素作出整体性、宏观性分析以得到整体性的判断。我们在政党外交研究中，要有整体眼光、宏观视角，把中国共产党的政党外交作为一个系统，进行整体性研究。同时，该系统又是一个更大系统（国家总体外交、政党政治、政治生活）的子系统，要不断与其他子系统保持信息与能量的适时交换，在保持与其他子系统动态平衡中维护自身存在，这些不断进行的能量输入与输出，形成了外界变量与本系统的影响与反馈。因此，我们必须把政党外交视为一个开放、动态的体系，并建立一种开放动态的分析框架，以考察各个变量与政党外交系统之间的互动，在动态中把握政党外交在各个时期所显示的不同图景。

3.结构—功能主义分析方法。结构—功能主义认为，任何政治系统的结构不同，决定了其功能的不同。政党外交作为一个系统，与政府外交、议会外交、民间外交、文化外交等相比有其特殊的结构，因而功能必定与其存在较大差异。在政党外交研究中，我们要从政党外交的主体、客体、内涵，与其他类型外交的关系、差异等基本理论研究入手，厘清其特殊结构与功能，以明确政党外交在国家整体外交中的特殊作用。另外，通过完善政党在整个国家政治生活中的作用，从而完善政党外交本身的结构，以达到优化其功能的目的。

4.建构主义的身份理论。该理论由美国政治学教授亚历山大·温特提出。建构主义理论的核心是身份理论，核心论题是社会共有观念建构了国际体系的结构，并使这种结构具有动力；国家的身份和利益是由国家之间的社会共有观念建构而成的，并非天然固有的国家身份决定国家利益，国家利益决定国家行为。我们认为，这一理论对研究政党外交很有启发意义。因为政党是全方位外交的行为主体之一，本身在国内不同时期、在国际上与不同意识形态国家的交往中身份会有所不同，进而会影响到别国政党对其的态度，在长期的党际间交往互动中就会建构彼此相适应的身份认同，由此影响到政党之间的关系，及政党外交战略、策略的选择。

---

[1] 《马克思恩格斯选集》（第2卷），人民出版社1995年版，第43页。

四、影响中国共产党政党外交的变量

影响中国共产党政党外交的变量主要有以下几方面。

一是国际政治形势。政党外交作为国家整个外交的一部分，明显要受到国际形势的影响。从中共政党外交的历程中可以明显看到国际形势，特别是冷战由开始到激烈到缓和的影子。冷战后世界局势不断缓和，世界多极化趋势明显，中国全方位、多渠道、宽领域、深层次的政党外交格局最终形成。

二是经济全球化。经济全球化要求各国进一步提高开放水平，随全球化而来的全球问题不断涌现，全球治理理念应运而生。这需要各国政党尤其是执政党在世界范围内加以协商探讨，所有这些都有力推动了政党国际交往的发展，为中国共产党进行外交战略调整、外交广泛深入开展创造了外部环境。

三是政党自身发展的逻辑。没有一定数量的政党存在，政党外交便无从谈起。从政党自身发展的逻辑上看，政党都有一个由国内走向世界的过程，各国政党首先主要立足于国内舞台，但任何一个有抱负的政党决不会把自己的眼光限制在一国范围内，都会有视野广阔、容量宏大的对外战略考量。冷战后，政党数量的剧增、政党国际组织的广泛建立及政党政治的普及和发展，为中国及世界政党外交提供了广阔的国际空间。

四是中国共产党对不同时期自己不同身份的认同。共产党在革命时期政党对外交往中，倾向于与苏共党及受其领导的共产国际交往，新中国成立后，中国共产党成为在中国大陆全面执掌政权的执政党，中国共产党人从执政全局出发，提出在国际上“团结一切可以团结的力量”。由于国际环境的影响，我党在很长时期内没有实现自身身份的准确定位，长期用革命斗争哲学、革命思维看待世界、分析问题，以致政党外交一度出现挫折。直到1978年，中国共产党才真正认识到自己是领导全国进行经济建设的党，才及时对包括政党外交在内的外交战略、策略进行了全方位的调整。

五是中国共产党的国际视野与宽广胸怀。中国共产党自建党以来就以整个世界作为分析问题的大背景，把握时代特征是选择、制定政党及国家外交策略的理论前提，并善于总结经验教训，及时调整外交策略，做到与时俱进、顺应时代潮流。新中国成立时期外交思路初步转换与1978年之后政党外交战略大调整，就是这种国际视野的表现。

中国共产党政党外交，就是在多种变量互动过程中发展的。其中，政党自身发展逻辑和经济全球化分别从内外两个方面规定了政党由封闭走向开放的必然。政党身份认同是一个包含意识形态方面在内的复杂变量，决定政党在国际上参与或者倾向于某个阵营或者集团，也决定着政党对一个阶段内国家根本任务的判断，判断不同则会造成政党外交的战略有所不同。国际政治形势是一个重要的变量，有时会左右政党外交的大方向。但是，具有国际视野的政党，则会通过自身的积极努力去消解国际不利的形势，主动去争取或创造有利的国际环境，这有时会成为政党外交战略调整的主要变量。

五、理解中共政党外交的几条线索

政党外交作为一个系统，它又是一个更大系统（国家总体外交、政党政治、政治生活、国际政治生活）的子系统，各系统间在长期的能量输入、输出过程中，外界变量对本系统的影响与获得反馈之间保持了一种动态的平衡，由此构成了从建党至今政党外交战略、策略调整改变，政党外交活动得以顺利展开的稳定架构。我们发现，在这一架构中有几条明显的线索，贯穿于政党外交历史过程的始终，对中国共产党的政党外交起到了明显的影响作用。

第一，近代中国由被迫打开国门到主动融入整个世界的曲折过程，与近代以来中华民族的历史使命。近代中国被列强轰开国门后，便开始了被动地、痛苦地融入整个世界的过程，直到改革开放才逐步开始主动融入全球化的大潮中，其间历经曲折。在这一历史过程中，寻求民族独立、富强则是近代国人孜孜以求的目标，也是中华民族的伟大历史使命。二者长期以来形成了一种互动关系，这是理解中国共产党政党外交的第一条线索。灾难深重的中华民族在大浪淘沙之后选择了中国共产党作为完成近代国家、民族使命的决定性力量。表现在政党外交方面，寻求民族独立、国家富强则是中国共产党决定策略的出发点与归宿，也就是说，中国共产党的政党外交的目标是维护民族利益，维护国家利益。对中国融入世界从被动性到主动性认识的发展，则直接影响到共产党观察、体认外部国际环境的角度与方法。中国共产党从被动应对到主动迎接世界挑战，观察世界的角度从局部走向整体，政党外交也走过了从限于小范围、窄领域逐步扩展到与世界上多数政党、较广领域的交往的过程。

第二，国际格局的曲折演变过程。国际格局是中国共产党政党外交更大的外部环境，其发展变化无疑会在很大程度上左右共产党对时局的判断及外交，乃至政党外交策略的选定。因此，这是一条从宏观上审视政党外交的重要线索。近代以来，整个世界时代主题经由战争与革命到和平与发展的变换，世界格局也因此处于不断变动之中。在共产党领导之下的中国革命与建设的恢宏历史过程也是在这种格局变动中得以展开。近代中国革命发端于列强对中国的侵略，西方列强在东亚地区关系的变动，是中国共产党对外政策的缘起和发展的主要国际背景。世界各国对中国革命及中国共产党的态度，直接影响到其对外交往的最初理论与实践。这既是中国共产党对外部世界认识的结果，也是对中国革命运动所处国际环境变化的反映。20世纪40年代，世界局势经历了二战中不同社会制度国家间的短暂的平衡，在新中国成立前后，以两种不同社会制度之间对立为核心的冷战开始。此时，意识形态的分歧上升成为外交及政党外交的首要决定因素。20世纪70年代末，世界局势由冷战趋向缓和，和平与发展逐渐取代战争与革命的主题，世界各国都把发展作为本国的首要国策，之后，随着苏东剧变而引发的社会主义阵营解体，使该趋势更为明显。这构成了中国政党外交策略大调整的国际动因。

第三，中国共产党由夺取政权到执政，由革命思维到执政思维的转换。这是由政党身份变化而呈现的一条线索。中共从成立至今，历经从领导人民进行长期革命夺取政权的政党，到建立政权长期执政党的转变。战争年代形成的革命思维在新中国成立后一个较长时期内仍然存在，直接影响到新中国成立后各项建设实践。对政党外交而言，主要表现在对外交往的对象确立上，往往以是否符合社会主义革命的目的为取舍标准。回顾历史不难发现，这种趋势与我党对阶级斗争扩大化的认识，明显呈现出一种正相关关系。加之国际环境的影响，在极“左”思想泛滥的年代以“支左反修”为口号，政党外交也深深打上了革命思维的烙印。由1978年改革开放开始，中国共产党放弃了以阶级斗争为纲的口号，确立以经济建设为中心的根本方针，标志着革命思维彻底向建设思维转换。围绕经济建设的大局，政党外交策略随之进行了全面调整，开创了政党外交的全新局面。通过对这条线索的把握可以明白，执政党的思维对于政党外交策略的选择具有极为重要的意义。

第四，中国共产党对共产主义革命中心的认识及对国际主义理解不断变化的过程。透过这条线索我们可以看到，中国共产党政党外交在国际共产主义运动大背景下的发展过程。社会主义思潮、运动发端于西欧大陆，随后向东欧及世界各地扩展。20世纪初期，俄国于十月革命取得成功后建立了第一个社会主义国家，共产主义运动的中心随之由英、法、德等西欧国家转向俄国。20世纪五六十年代中苏大论战后，中国共产党认为苏联共产党已经转向所谓的修正主义，社会主义阵营里中国已经是最大的社会主义国家。以中国共产党的八届十中全会为标志，我党开始认为社会主义运动的中心已经转到中国。[1]直到1978年以后，我党才真正认为社会主义运动没有也不会有所谓的中心。中国共产党对国际主义的理解也经历了不断发展的过程。共产主义运动是国际性的事业，因此，马克思主义认为，共产党人要发扬国际主义精神，也就是“全世界无产者，联合起来”。苏联在建立社会主义国家之后，国际主义至上地位逐渐让位于民

[1] 郭树勇：《从国际主义到新国际主义——马克思主义国际关系思想发展研究》，时事出版社2006年版，第39页。

族主义或是国家主义，在20世纪初期很长一段时期内，保卫苏联是国际共产主义运动的首要目标。此时，中国共产党正处于从幼年向成熟过渡的时期，对国际主义的理解不能不受到其影响。新中国成立后，中国的国际关系思想经历了两个阶段，第一阶段的路线就是以毛泽东为代表的高举无产阶级国际主义、建立以中国为革命中心的反帝甚至反修世界统一战线、将世界革命进行到底的路线。第二阶段就是以邓小平为代表的高举爱国主义、实行改革开放、与西方资本主义和平共处、建立以和平共处为基础的公正合理的国际政治经济新秩序的路线。[1]显然，这是中国不同阶段的国际主义路线。随着世界共产主义运动中心的转换、对国际主义的不同理解，中国共产党政党外交不断改变自身的策略也就成为必然。

原载于《天府新论》2010年第3期

[1] 郭树勇：《从国际主义到新国际主义——马克思主义国际关系思想发展研究》，时事出版社2006年版，第196页。

政党变革、政党体制变革、政党政治变革含义辨析

禹海霞

摘　要：政党变革、政党体制变革、政党政治变革是政党政治理论中的三个基本范畴。政党变革反映的是政党自身各构成要素的发展变化，政党体制变革体现的是政党在政治体系中的地位以及政党之间的关系模式和运行机制的变化。由政党自身和政党体制变革所引起的有关政党政治的制度体制及其运行机制的变化则为政党政治变革。政党变革是政党体制变革的核心驱动，是政党政治变革的关键内容；政党体制变革是政党变革的党际表现，是政党政治变革的组织基础。政党变革和政党体制变革交互作用、互为因果，既是政党政治发展的原因，也是政党政治变化的表现。

关键词：政党变革；政党体制变革；政党政治变革

“政党变革”概念最早由美国政治学家古德诺在20世纪初提出并开始使用[1]。迄今为止，学者对政党变革问题的研究已经持续了近一个世纪。由于政党首先产生于西方国家，有关政党的学术资源也首先积累于西方国家，我国学者在政党理论研究中借鉴西方学者的研究成果是自然的事情。但是，由于语境的差异，当同一概念被转换为另一种语言后，可能导致概念理解上的偏差。对“政党变革”这一概念的理解即如此。在西方政党政治理论中，政党变革（Party Change）一般是指个体政党的自我调整或者政党对自身的改造。而在汉语语境中，政党变革[2]被赋予较为广泛的内涵，学者们在研究政党问题时经常将政党变革、政党体制变革与政党政治变革等相关概念变通使用。其实，政党变革、政党体制变革以及政党政治变革是分属于政党政治理论体系中的不同层面的概念或范畴，分别承载着不同的意蕴，发挥着不同的功能。根据世界政党政治

[1] 古德诺针对当时美国党魁利用政党机器左右政党选举、政党权力过大而又不负责任的现象，提出了政党改革的任务，目的在于使“政党和政党领袖们能够在管理我们的政府中负起责任来”。此后，随着政党变革在世界范围内大规模的展开，“政党变革”问题备受学者的重视。

[2] 除政党变革外，学者们还使用政党革新、政党变迁、政党嬗变、政党改革以及政党转型等词汇来表述政党自身的变化、调整和革新，本文忽略这些词汇本身的细微差别，遵从中西方相关研究中大多数人的用法，统一用“政党变革”来表述。

新的实践和新的发展，正确认识和准确把握政党变革、政党体制变革以及政党政治变革的科学内涵和实践要求，对于丰富和发展政党政治理论、实现政党政治的科学发展，很有意义。

一、政党变革

与经济社会发展现代化并行，政党变革实践及其理论研究首先开始于西方。美国著名的政党问题研究专家哈莫尔和琼达认为，政党变革（在最广义上）指的是政党如何组织，汲取何种人力和物力资源，代表谁以及做什么等的变化、改动或修正；变革应该是在政党直接控制范围内由政党团体或者代表政党的合法个人发起。而狭义上的政党变革主要是指政党规则、结构、政策、战略和策略的变化[1]。近些年来，我国学者很重视政党变革问题的研究，关于政党变革的含义有较为深刻的见解。张小劲教授认为政党嬗变是一个相当宽泛的称谓，可以用来指政党组织方面所发生的任何变化[2]；陶文昭教授认为，政党的变革突出表现在政党体制、政党组织和执政方略的变革[3]；聂运麟教授在论述马克思主义政党的变革问题时，强调它主要体现在阶级基础的巩固、群众基础的扩大、政党体制的民主化等方面[4]。王长江教授在其专著《政党现代化论》一书中集中论述了政党变革的相关理论。他认为，不管是发展中国家还是发达国家的政党，都面临适应客观环境而对自身进行调整、变革的问题，而且，任何政党的自身变革应该是有方向性、目标性的，与经济社会的现代化相适应，政党也需要实现现代化。王长江教授强调，“无论是提‘政党现代化’，还是提‘政党改革’，或是提‘党的自身变革’，实际上指的都是政党根据时代要求对自身观念、纲领、组织形式、活动方式等方面进行全面的调整，因此都可以用‘政党现代化’来概括”[5]。而所谓政党现代化，“就是政党适应客观环境及其变化的需要，适应社会发展进程，使自身结构、功能、机制和活动方式不断制度化、规范化、科学化的过程”。王长江教授曾将政党变革分为“渐变型改革”、“突变型改革”以及“兼合型改革”[6]。

在《韦伯斯特同义词词典》（1951）中，“变革”是指“一种事物在形式、本质或组成部分上的任何变化、改变或者修正”。我们认为，关于政党变革的含义，可以从广

---

[1] Harmel & Janda, “An Integrated Theory of Party Goal and Party Change”, *Journal of Theoretical Politics*, No.6, 1994, p.275.

[2] 张小劲：《关于政党组织嬗变问题的研究：综述与评价》，《欧洲》2002年第4期。

[3] 陶文昭：《当代世界政党变革的潮流》，《中国人民大学学报》2005年第6期。

[4] 聂运麟：《论当代马克思主义政党的革新》，《马克思主义研究》2003年第3期。

[5] 王长江：《政党现代化论》，江苏人民出版社2004年版，第27、29页。

[6] 王长江：《政党改革的历史考察》，《马克思主义与现实》2006年第3期。

义和狭义两个不同的层面理解。从广义上来讲，政党自身各构成要素或在形式上或在内容上的任何变化都可以称之为政党变革。也就是说，不论是政党基于自身的发展需要而进行的主动变革，还是在外部力量的冲击下而进行的被动变革；也不论是政党基于核心价值目标不变而发生的持续性自我调整，还是政党基于新的价值追求而发生的带有根本性的变化，都属于政党变革的范畴。而狭义上的政党变革，主要是指政党为了实现上台执政或为增强执政的科学性、合法性和持续性，由政党领袖主动发起的，对政党意识形态、组织形式、纲领路线、社会基础、制度规范和活动方式等政党核心要素进行的有计划、有步骤的创新性变革。政党的这种创新性变革，是政党的自我发展与自我完善。

纵观世界政党政治的历史，我们可以发现，政党的发展史，也是一部政党的变革史。事实所打造的历史场景是，政党变革潮流浩浩荡荡，顺之者昌，逆之者亡。没有哪一个政党的发展壮大不是经自我革新而实现的，也没有哪一个缺乏自我革新能力的政党能够逃脱最终走向衰亡的历史命运。历史所形成的基本结论是，任何一个政党，无论其性质如何，也无论其经历如何，只有通过自身变革，才能化解政党政治危机，只有实现政党现代化，才能实现政党政治的健康发展；政党变革是政党充满生机和活力的力量源泉，是政党政治发展的核心驱动力；政党在政治现代化进程中产生，必然随着政治现代化的推进而不断改革和完善。总之，政党为适应外部环境的变化而不断调整自身，因政党自身变革引起政党政治的发展变化，是政党政治的一条基本规律。

二、政党体制变革

在英语中，System既可以指制度，也可以指体制，所以有的学者将Party System译为“政党制”，囊括了政党制度和政党体制这两层意思。因此，Party System Change既可以指政党制度变革，又可以指政党体制变革。在汉语中，这两者的含义不完全一致，但在此我们借鉴英语中的用法，不做区分。西方学者对政党体制变革的研究较多。沃林奈茨（Wolinetz）、麦尔和史密斯（Mair and Smith）等都有著作论及。综合来看，国外学者所理解的政党体制变革可以归纳为两类观点：一种观点认为，政党体制变革主要是指“一种体制内各政党的支持情况的变动和发展趋势”[1]，即政党体制没有发生根本性的改变，只是体制内各政党的力量对比发生了变化，主要表现为选民支持率的变化，如德国、瑞典绿党对德国、瑞典政党格局带来的变化等。另一种观点认为，政党体制

[1] 罗伯特·哈莫尔、肯尼斯·琼达：《一种政党理论：政党目标和政党变革的整合》。转引自荣敬本：《政党比较研究资料》，中央编译出版社2002年版，第221页。

变革是不同政党体制范式之间的演化和转型，即政党体制发生了根本性的转型，由一种政党体制转化为另一种体制，如联邦德国20世纪70年代末由被称为冰冻格局的“两大一小”政党体制变为90年代后的“两大三小”的政党体制，就属于政党体制或政党结构的根本性转变。20世纪80年代以来，东亚各国政党体制范式的转变囊括了上述两种政党体制变革类型，很好地诠释了政党体制变革的两种趋向：其一，韩国、菲律宾、印度尼西亚和泰国等国家的政党体制范式由依靠军队建立的一党专制转变为多党制，或“多党并存、一党独大制”，政党体制逐步向多党制和民主化迈进；其二，政党体制没有发生根本的变化，但是在体制内部发生了一些重要的变化，如新加坡和马来西亚的反对党力量在20世纪八九十年代得到迅速发展，在原有的政党体制框架内增强了力量，拓展了利益表达的空间，促使执政党的政策进行了调整和改革，对政党体制带来了重大的影响，甚至可能使未来发生根本性的政党体制变革成为一种可能。对政党体制变革的这两种范式的概括都属于政党体制变革的范畴，也就是说，政党体制主要包括这两种类型的变革。

一般认为，政党体制是指为国家法律所规定或在实际政治生活中形成的政党在政治体系中的地位以及政党之间的关系模式和运行机制。根据一个国家中政党的数量及其力量对比关系，世界上的政党体制可以分为一党制、一党主导制、两党制、多党制、两大政党主导制五种基本情况。[1]据此，所谓的政党体制变革，一是指在一国政治体制框架内，政党的结构形式在一党制、两党制和多党制之间的转型；二是指在同一政党体制内因政党之间力量对比关系的改变而引起的政党地位的变化及其活动方式的调整。政治体制的健康发展在很大程度上依赖于政党体制，政党体制的变革或转型成功与否，对于国家的政治发展和稳定具有决定性影响。

三、政党政治变革

近些年来，国内学者在研究政党政治问题时对政党政治变革概念多有涉及。如陈妍认为，“随着时代和社会尤其是经济全球化和世界多极化的发展，各国的政党格局发生了新的变化，一批大党、老党、执政党相继衰落或失去政权，引发了世界政党政治变革的新潮流”[2]；那述宇指出，“伴随着社会经济结构、社会政治结构的变化，伴随着民主政治和现代法治的发展，政党政治的内容和形式，必然也会不断地‘更新换

[1] *Michael Roskinetal Political Science*：*An Introduction*，Engle wood Cliffs，New Jersey：Prentice Hall，1991，pp.227–229.

[2] 陈妍：《西方发达国家执政党的自身变革及启示》，《求实》2004年第6期。

代’”[1]；张洪萍、杨健强调，“由于科技革命和经济全球化浪潮的推动，政党政治变革已成为一种全球性的现象”[2]，并认为，政党政治变革主要表现在政党纲领、目标调整、政党组织改革以及政党意识形态中间化等方面；段志超、张鹤立则认为，“执政党的领导方式和执政方式实现现代性转型在当代世界的政党政治变革中已经成为一个共识”[3]；周淑真教授则主要从政党制度模式变革、政党的社会政治基础和功能作用等方面的改变来揭示当代世界政党政治变革和发展的潮流[4]；等等。

由上可见，学者们在使用政党政治变革概念时涉及的内容与政党变革和政党体制变革相比要广泛得多。但总的来看，目前，学者们还没有对政党政治变革的内涵作出明确的界定。也就是说，学者们在对有关政党政治变革问题的研究中，更多地将政党政治变革做一般化的、字面意思的理解，将“政党变革”、“政党体制变革”以及“政党政治变革”等概念打通使用。

对政党政治变革概念的理解，关键在于对政党政治含义的把握。我们认为，政党政治的构成有两个基本条件：一是政党成为不可或缺的政治实体；二是政党成为国家政治生活的主导力量。总的来看，政党政治是一个综合性很强的概念，包括主体与客体、组织与职能、制度与机制等众多内容，涉及政党、国家及社会各个领域，涵盖政党内部活动和外部活动的全部政党生活，体现于政党自身事务管理和领导、执政、参政的整个政党行为的全过程。从纵向上看，政党政治的内容结构可以分为三个基本层次：一级层次或称之为核心层次——政党政治的根本性质规定；二级层次——政党政治的基本制度规定；三级层次——政党政治的具体制度（体制）层次或曰运行机制层次。从横向上看，政党政治可以分解为五个方面的内容：政党自身的政治、政党与政党的政治、政党与国家的政治、政党与社会的政治以及政党与国际社会的政治。基于这样的认识，我们将政党政治变革的含义表述为，由政党自身变革所引起的有关政党政治的根本制度、基本制度及其具体制度和运行机制带有根本性的变化或在原有基础上的调整、完善与发展。政党政治变革包括政党自身变革、党际关系变革、党政关系变革、政党与社会关系变革以及国际性党际关系的变革等内容。比如，从政党政治变革的不同层次上来看，苏东剧变实质上是由原来的社会主义性质的政党政治转变为资本主义政党政治，这属于核心层次的政党政治的变革，即政党政治根本性质的变化；在当代中国，人民代表大会制度、中国共产党领导的多党合作和政治协商制度、民族

[1] 那述宇：《论党的领导方式与执政方式选择的成就因素》，《政治与法律》2004年第4期。

[2] 张洪萍、杨健：《略论中国共产党的政治容纳性》，《山西师大学报》2005年第2期。

[3] 段志超、张鹤立：《网络化背景下党员生活方式的现代性转型》，《探索》2006年第4期。

[4] 周淑真：《当代世界主要政党的变革与发展研究》。转引自史志钦：《全球化与世界政党变革》，中央党校出版社2007年版，第19—33页。

区域自治制度以及基层群众自治制度的发展完善，属于政党政治二级层次的变革；在西方国家，一些政党为适应经济社会发展现代化的需要而对党的组织形式、活动方式以及党际关系、党政关系、党与社会关系等方面所作出的调整，则属于政党政治的具体制度和运行机制层次上的变革。

四、政党变革、政党体制变革、政党政治变革的关系

政党本身是一个政治系统，这个系统各组成要素及其关系的嬗变、调整便是政党变革。同时，政党作为民主政治最重要的运行主体，又是政党政治这个复杂系统中的一个子系统。政党自身的变革无一不是在政党政治这个大系统中进行的，既受政党政治系统和政党体制的影响，又作用于政党政治系统和政党体制。可见，政党变革与政党体制变革形成一个相互影响的作用机制，政党变革与政党政治变革之间存在着一种双向互动的关系。

政党变革、政党体制变革、政党政治变革是政党政治理论中的三个基本范畴。搞清楚它们之间的关系，有利于从规律层面认识和把握政党政治问题。

（一）政党变革、政党体制变革、政党政治变革三者是有区别的。首先，政党政治变革是政党变革和政党体制变革的上位概念。政党政治所包含的内容具有系统性和多层次性，涉及多对变量关系，包括政党自身政治、政党与其他政党、政党与政权、政党与社会以及国际政党组织之间的关系体系及其运行机制等，而政党变革仅仅限于政党自身的变革，政党体制变革则属于政党与其他政党之间关系的调整及其运行机制的变化，即政治学意义上的政党制度变革。其次，政党变革和政党体制变革是具有不同侧重点的同位概念，前者主要讨论的是政党自身的变化，主要涉及纵向上的政党组织体系和横向上的政党组织要素两个方面的内容，后者则论述的是政党在政治体制中的地位以及政党与其他政党之间横向关系的变革；前者更强调变革的主体性、自觉性和目的性，后者则更多地表现为多方主体之间利益博弈的力量对比及其演化过程。

（二）政党变革是政党政治变革的关键内容和核心驱动力。政党自身的变革是政党政治变革的核心内容，是政党与政权、政党与社会、政党与其他政党、国际政党组织关系变革的前提和基础。在一个由政党掌握国家政权并在政治生活、国家事务和政体运作中处于中心地位的政治环境中，政党自身的变革牵一发而动全身，会直接影响到政党地位的变化以及党政关系、政党关系、党社关系等的变革和调整，影响到政党政治变革的成本和效益。可以说，政党政治变革的实质就是政党变革，政党政治变革主要的驱动力来自政党变革，政党政治变革的成败也直接取决于政党自身变革的成败。政党只有不断加强自身变革，实现自身的现代化，才能引导、推动政党政治的变革和

良性发展。

（三）政党体制变革是政党政治变革的重要内容。一个国家的政党体制与该国的历史文化传统、基本政治制度以及主要政党之间力量对比紧密联系，属于政党政治中较为稳定的成分。政党体制一旦发生变化，必然会带来政党政治的重大变化。政党体制的制度化和现代化水平是在现代化过程中充分发挥政党作用、推动民主化进程的重要途径。当一个国家的政党体制无力面对多元化的政治力量的挑战时，其最终的结果就是政党结构模式的转换。当然，政党体制模式的转换是多方力量博弈的结果，需要经过一个较长时间去完成，在一定的时间内会造成政治秩序的紊乱、经济发展的迟滞甚至社会的不稳定，但从长远的角度看，政党体制变革可以为政党政治的健康发展提供必要的制度条件。

（四）政党变革与政党体制变革相互作用、相互影响，政党变革与政党体制变革引起政党政治变革。一方面，政党组织发起的具有可控制性、可主导性和可操作性的自身变革，会引起政党体制的改变；另一方面，政党体制的变革也必然带来政党自身的变革。也就是在这个意义上，王长江提出："广义地讲，所谓政党现代化，既包括作为个体的单个政党自身的现代化，也包括政党体制的现代化。"[1]政党变革和政党体制变革交互作用、互为因果，既是政党政治发展的原因，也是政党政治变化的表现。

原载于《山东社会科学》2012年第1期

[1] 王长江：《政党现代化论》，江苏人民出版社2004年版，第157页。

党性与个性关系的四种类型分析

许忠明　姜洪雷

摘　要：党性与个性是一个政党不可或缺的两种品性。党性决定着一个政党的性质和发展方向，而个性则是提升政党品质、推动政党建设不断走向深入的基本动力。二者之间的互补与抗衡是一个政党不断发展的秘诀，正是这种互补与抗衡产生了支撑政党的独立性和坚韧品格。在历时性和共时性维度内，按照党性和个性的强弱程度把政党划分为四种类型，有利于我们去观察和分析一个政党的性质，更好地提高党建科学化水平。

关键词：党性；个性；关系；类型

个性与党性是党的建设中两个非常重要的因子，党的建设有没有活力，能不能健康发展，关键是看我们党能不能正确处理党性与个性的关系，关键是看党员能否正确处理党性与个性的关系。

一、党性与个性关系的若干认识

中国共产党人十分重视党性修养。刘少奇同志曾经指出：共产党员的党性是无产者阶级性最高而集中的表现。毛泽东同志把党性与马克思主义紧密联系在一起；邓小平同志把党性与纪律性联系在一起；江泽民同志把党性与先进性贯穿在一起；胡锦涛同志在继承前人优秀成果的基础上把党性与阶级性、民族性、规律性、先进性融合在一起，在新的时代创新和发展了党性理论和实践。在我们看来，党性是建立在阶级性基础之上的一种心理倾向和行为习惯。任何政党都有自己的党性，都需要党员对自己的忠诚和服从，但是马克思主义政党的党性还必须有一个科学性要求，舍此，它就无法成为工人阶级的先锋队和一个民族的先锋队。个性在心理学上，指个人稳定的心理特征，如性格、兴趣、爱好等的总和，是在一个人的生理素质的基础上，在一定社会历史条件下，通过社会实践活动形成和发展的。如何认识党员的个性问题，是关系到党能否健康发展的一个关键点。胡锦涛同志在庆祝清华大学建校100周年大会上特别强调个性的作用，他指出："希望同学们把全面发展和个性发展紧密结合起来。全面发展和个性发展相辅相成。同学们要坚持德才兼备、全面发展的基本要求，在发展个人兴趣专长和开发优势潜能的过程中，在正确处理个人、集体、社会关系的基础上保持个性、彰显本色，实现思想成长、学业进步、身心健康有机结合，在德智体美相互促进、有机融合中实现全面发展，努力成为可堪大用、能负重任的栋梁之材。"这说明，我们党对个性的重要性已经有了更加深入和全面的认识。

从哲学意义上讲，党性与个性是一个必然性与偶然性的问题。恩格斯说：在所有的社会里，"都是那种以偶然性为其补充和表现形式的必然性占统治地位"[1]。人的个性作用属于偶然性之列，而党性则属于必然性之列。这种必然性绝非赤裸的、无所依附的，它总要通过人的个性等偶然性才能得以存在和发展。党性的必然性正是通过无数个人的个性等偶然性才为自己开辟出前进的具体道路来，因而才使人类社会历史在其实现必然性的过程中，呈现出各种偶然性和不同的、丰富的个性色彩。马克思充分肯定了人的个性这种偶然性在社会历史中的作用。他说："如果'偶然性'不起任何作用的话，那末世界历史就会带有非常神秘的性质。这些偶然性本身自然纳入总的发展过程中，并且为其他偶然性所补偿。但是，发展的加速或延缓在很大程度上是取决于这些'偶然性'的，其中也包括一开始就站在运动最前面的那些人物的性格这样一种'偶然情况'。"[2]这说明，坚持党性，就必须充分发展党员的个性。

毛泽东同志很早就关注党性与个性的关系问题。他认为，党性与个性是普遍性与特殊性的关系问题。1945年，他在党的七大口头政治报告中就对这个问题进行了专门的阐述。"不能设想每个人不能发展，而社会有发展，同样不能设想我们党有党性，而每个党员没有个性，都是木头，一百二十万党员就是一百二十万块木头。"[3]党性与个性，从哲学的意义上看，"这是普遍性与差别性的问题，集体与个人关系的问题"[4]。"在党性与个性问题上，整风中有党性，也有个性；生产工作中有党性，也有个性；军事工作中有党性，也有个性；政府工作中有党性，也有个性；任何一项凡是我们要做的工作和事情中都有党性，也有个性。"[5]也就是说，党性与个性普遍存在于党员所从事的各项工作中。共产党员在实际工作中，首先必须按照党性的要求办事，同时发挥自己的"创造性的个性"，才能最大限度地满足党性要求，才能实现党员个性与党性的完美统一，党员自身的个性也才能在共产党这个伟大的集体里得到健全的发展。

---

[1] 《马克思恩格斯选集》（第4卷），人民出版社1972年版，第506页。

[2] 《马克思恩格斯选集》（第4卷），人民出版社1972年版，第393页。

[3] 《毛泽东文集》（第3卷），人民出版社1996年版，第415—416页。

[4] 《毛泽东文集》（第3卷），人民出版社1996年版，第415页。

[5] 《毛泽东文集》（第3卷），人民出版社1996年版，第417页。

事实上，在战争年代，由于我们党处在严酷的自然条件和政治条件之下，为了同自然抗争，同反动阶级抗争，需要有一个统一领导和发挥集体的力量，所以党往往强调党性，强调集体，而对党员的个性认识还有一定的局限性。但是，我们经过30多年的改革开放，阶级斗争早已不是社会的主要矛盾，我们党已经实现了巨大的历史转变，已经从一个领导人民进行革命的党变成一个领导人民搞建设的党，从一个外部受到封锁而率领人民搞计划经济的党转变成一个开放条件下搞市场经济的党，党员的组织成分也发生了很大的变化，呈现出强烈的个体特征。这时候，对于个性与党性的关系问题确实需要一个大的发展了。

中国共产党的成立是中华民族和中国人民的一个伟大创造，它自创建之日起，就为中华民族的发展注入了新的力量。党性则是中国共产党人在90年的党建历史进程中创造的又一个重要概念和重要事物。处理好党性与个性的关系，对我们来说不是一件十分容易的事情，因为党性与个性是团体与个人的关系。由于中国长期的农业社会背景，我们的社会结构是一种“差序格局”。人与人之间存在着远近亲疏的区别，任何一个大的组织集体都可能因为一个小的集体组织而受到破坏。费孝通曾经形象地指出：“为自己可以牺牲家，为家可以牺牲族……这是一个事实上的公式。在这种公式里，你如果说他私么？他是不能承认的，因为当他牺牲族时，他可以为了家，家在他看来是公的。当他牺牲国家为他小团体谋利益，争权利时，他也是为公，为了小团体的公。在差序格局里，公和私是相对而言的，站在任何一圈里，向内看也可以说是公的。”[1]因此，共产党人的党性始终处在各种宗法关系的包围和侵蚀之中，甚至是严重的威胁之下。很多人看不明白，中国共产党人为什么一再反对封建主义，甚至反对到了比较极端的程度，其实其深层原因正在这里。从毛泽东同志早年反对个人主义、反对自由主义、反对宗派主义的一系列战斗檄文中，我们大略可以窥见其隐。

我们特别强调党性，一方面是为了凝聚共识，形成合力；另一方面是基于一种党情、民情和国情的特殊性而作出的一种主动选择。中国是个东方社会，它和欧美国家不一样，中国的文化传统思维是权威主导型的文化思维，党的建设不可能脱离这种国情。中国的文化传统和政治传统都在一直强调国家的养民与教民的作用，并以此作为公民行为的准则，个人权利通常被看作由国家创设的权利。这种习惯和传统反映到党性和个性的关系中来，就很容易出现党性强、个性弱的局面。长此以往，很可能导致千篇一律、千人一面、万马齐喑的境地。

基于这样一种历史和现实，我们就迫切需要重新审视党性和个性的关系，利用党性去培养和发展个性，利用个性去深化和提高党性，把党性和个性当作两个轮子一起

[1] 费孝通：《乡土中国》，人民出版社2008年版，第33页。

来推进党的建设。党性不是凭空产生的，任何党性都是由个性创造和发展的，党性的生命力源于个性的良好发展。党性要强化，个性要发展，只有这两个极点都得到延伸、扩大和提高，党的建设才能有更广阔的发展空间。我们必须反对两个错误的倾向：一是以牺牲个性为代价，换取党性的强化，实际上这不是真正的党性；二是以发展个性为借口，弱化和牺牲党性，实际上这也不是真正地发展个性，而是对个性的滥用和误导。

二、党性与个性关系处理的四种类型

深入理解党性与个性之间的关系，积极推动党性与个性的良性发展，我们还需要从历时性维度和共时性维度对政党发展的经验和教训进行总结。在我们看来，党性与个性可以有四种组合关系，即党性、个性都比较弱的第一种状态，党性比较弱、个性比较强的第二种状态，党性比较强、个性比较弱的第三种状态，党性、个性都比较强的第四种状态。用这个模型去分析政党发展的历史，预测政党发展的未来，对提高党建科学化水平有较好的启发意义。

第一种组合是指个性较弱、党性较弱的政党。这种政党主要存在于发展中国家，这些国家有长期的封建背景或者殖民地历史，没有经历过资本主义启蒙运动和民主革命的洗礼，人的个性尚没有完全觉醒，理性程度不高，依附性较强。这种政党一般只是一种过渡，很难有什么大的作为。日本明治维新时代的政党、中华民国初年的政党都属于这种状况。那时候的政党是在内忧外患的压迫下由政治精英引进的，由于没有有力的个性作为支撑，党性也往往扭曲变形，发展成各种派性，政党之间的分化组合剧烈而复杂，呈现出一种极不稳定的形态，这种政党是难以实现历史使命的。民国初年，政党如雨后春笋，“集会结社，犹如疯狂”。跨党现象，比比皆是，有的人甚至一个人加入十几个政党甚至更多。这些人把政党当作谋取自身利益的工具而随意使用或者抛弃，在这种背景下的政党是难以承担历史责任的。孙中山先生在总结民初政党政治失败的原因时曾经指出，国民党“党员虽众，声势虽大，而内部分子意见分歧，步骤凌乱，既无团结自治之精神，复无奉令承教之美德，致党魁则等于傀儡，党员则有类散沙。迨夫外侮之来，立见摧败，患难之际，疏如路人”[1]。这就把国民党个性和党性都很弱的本质揭露出来了，这是国民党失败的内在原因。

第二种组合是指个性较强、党性较弱的政党。这种政党主要是指经过资产阶级启蒙运动和民主革命，人的个性得到比较充分的发展和完善，在此基础上，人们通过政

[1] 《孙中山全集》（第3集），中华书局1981年版，第92页。

党组织来实现个人利益、表达个人意志的一种方式。英国、美国等西方国家的政党带有这种比较典型的特征。1831年，法国贵族托克维尔在游历美国时曾经揭示说："政党是自由政府的固有灾祸，它们在任何时候都没有同样的性质和同样的本性。""大党在激荡社会，小党在骚扰社会；前者使社会分裂，后者使社会败坏；前者有时因打乱社会秩序而挽救了社会，后者总是使社会紊乱而对社会毫无补益。"[1]这种对政党的不信任作为一种政治传统一直在美国存在，直到今天，西方国家的政党还主要是一种选举党，它仅仅提供了一条被选举人上升的政治通道，而普通党员平时的政治活动很少，政党的活动主要由党魁来主导，这就大大制约了美国政党的凝聚力和吸引力。美国人富于频繁的集会和结社传统，对政党的产生和存在固然有着有利的一面，但是在政党的发展壮大方面则更多地表现出制约的一面。20世纪以来，由于科学技术的迅速发展，各种媒体、民意测验、广播、电视、网络都在为人们提供着不使用政党就能达到的手段，科学技术已经成为政党的一个"富有竞争性的挑战"。因此，1984年，科奈里乌斯·科特和他的同事就曾尖锐地指出："在至少20年里，政治学者和政治新闻工作者一直都在引导着美国政党的一场死亡观察。"[2]

第三种组合是指个性弱、党性强的政党。这种政党主要存在于封建国家在向现代化迈进的过程中组织起来领导革命的政党中。这种政党往往利用领袖的个人魅力、鲜明的政治宣传和正确的政策策略来争取人民群众的支持，但是它的问题是，由于个性不发达，它很容易蜕变成一个"宗法共同体"，造成集体表象对个性的束缚和压抑，带来神秘主义的非理性或者浪漫主义的非理性。[3]神秘主义的非理性坚持"一切好的归功于卡利斯玛领袖，一切坏的归功于魔鬼的化身"这一收敛思维模式，因而形成了"权威崇拜"的心理机制。浪漫主义的非理性则是一种发散式的思维方式，"任何东西可以产生任何东西"，它的典型表现是"人有多大胆，地有多大产"，这是导致群众性的为所欲为和歇斯底里的极好温床。在这种情况下，政党很容易从一个极端走向另一个极端，出现个人崇拜，"大清洗""大跃进"，跑步进入共产主义、"文化大革命"等大规模的政治、经济和文化灾难。这已经被苏联、东欧，包括中国等国家的政党发展历史所证明。

第四种组合是个性强、党性强的政党。这是一种比较理想的政党模型，只有经过理性启蒙、民主发展，人们享有充分自由的条件下才有可能实现。在这种模型中，个性与党性都受到很大的鼓励，两种因素互相促进，形成了一个良性的循环，党性为个

[1] 托克维尔：《论美国的民主（上）》，董果良译，商务印书馆2009年版，第195—197页。

[2] 史蒂芬·E. 弗兰泽奇：《技术年代的政党》，商务印书馆2010年版，第28页。

[3] 秦晖、金雁：《田园诗与狂想曲——关中模式与前近代社会的再认识》，语文出版社2010年版，第309页。

性发展提供条件，个性发展则进一步提升党性的品质。这种境界是一个政党的最高境界，也是我们党努力追求的目标。一般而言，党性与个性在增强的过程中，难免有着复杂的甚至是激烈的冲突，从世界政党发展的历史经验看，党性与个性往往交替出现此消彼长、此起彼伏的发展状态。因此，在前无古人经验借鉴的情况下，在新的时代背景下，如何实现个性和党性的双向增长，是对中国共产党人的一个重大考验。

中国共产党自建立之日起，就在总结历史经验的基础上创建了一个党性极强的政党，经历过新文化运动和民主启蒙的中国，尤其是早期的共产党人也具备了旧中国人所不曾有的个性发展，在这么一种党性与个性良性互动下，中国共产党作为中国社会的新生力量崛起于中国政治舞台。又由于特殊的国际背景和国内情况，特殊和巨大的困难成为凝聚党员、加强党性的强大动力，中国共产党人终于获得了胜利，取得了大陆的政权。反观国民党则不然，早期国民党的组织相当涣散，党内有党、派内有派是它的一个重要特点，国民党只注重党势壮大，忽视党性修养，导致数量极大，质量极劣。何遂曾经记载这种事实：国民党入党“简直是拿本子乱填，谁要进党都可以登记，大批因势趋利的投机分子都混了进去”[1]。以致后来发展到孙中山所说的：“反对革命之人，均变为赞成革命之人。此辈之数目，多于革命党何啻数十倍。”[2]后经孙中山改造过的中国国民党虽然一度有所改善，但国民党内部的纷争一直不断。在抗日战争后期，国民党的豫湘桂大溃败，尤其是抗日战争胜利后，国民党大发国难财，迅速蜕化为一个党性极弱、派性极强、个性扭曲的组织，这成为国民党溃败的主观原因。

苏共党性与个性的失衡同样对苏联解体负有重要责任。20世纪初期，20余万具有较强党性和个性的党员，勇于献身布尔什维克，领导革命成功。200万具有较强党性和个性的苏共党员，是伟大卫国战争中的中流砥柱。但经历赫鲁晓夫的“全民党”以及勃列日涅夫的“扩大先锋队组织”，至20世纪80年代末，苏共党员人数已达空前的2000余万，几乎达总人口的9%！然而，党员人数的增加不仅没有带来党性的增强，相反，党性的弱化以雪崩速度蔓延，苏共中央对自己“执政党”的掌控变得有名无实，中上层党员干部异化为一心为私的特权阶层；基层党员散漫，甚至不知党为何物。以至于在侵吞国有资产、推动苏联解体的过程中，“执政”的苏共党员成了真正的先锋队。而最后埋葬苏共的，竟然是以叶利钦为首的苏共精英。这是苏共党性蜕化，私欲膨胀，个性歪曲的典型例证。这也充分说明，党性与个性的发展不是一劳永逸的，它是一个不断发展变化的过程。

不仅中国、苏联共产党的建设历程和事业成败都与党性和个性息息相关，而且相

---

[1] 何遂：《辛亥革命亲历记实，辛亥革命回忆录（第1集）》，文史资料出版社1961年版，第488页。

[2] 《孙中山全集》（第9卷），中华书局1986年版，第100页。

似的情况也曾经出现在古典社会。曾几何时，罗马人以其勇敢、果断、智慧的个性赢得了文明世界的领导权，洗刷了城邦的弱点和不幸，构建了新的国家，建立了地跨欧亚大陆的世界文明中心。罗马时代的思想家西塞罗曾经满怀热忱地指出："在一切社会关系中没有比用国家把我们每个人联系起来的那种社会关系更亲密的了。父母是亲爱的，儿女、亲戚和朋友也是亲爱的，但是祖国则包容了我们所有的爱。"[1]罗马的强盛不仅来源于其鲜明的个性，也来源于其对国家的热爱和奉献，正是这种类似于党性与个性的有机组合推动了罗马登上世界文明的舞台。而后来，罗马市民在国家大包大揽地提供"面包与马戏"的情况下，由积极的国家公民变成了毫无个性、不求进取、唯权力是从的宗法群体，从而把城市对文明的领导权拱手让给了乡村。

三、党性与个性关系处理的历史透视

在社会主义革命和建设过程中，在党性与个性的处理上，我们党既积累了丰富的经验，又有沉痛的教训。这主要表现在党的领导人对民主集中制的阐释和重视上，这里的"集中"主要是指党性，而"民主"则是对个性的承认和保护。毛泽东同志在《关于正确处理人民内部矛盾的问题》中指出："我们主张有领导的自由，主张集中指导下的民主，这在任何意义上都不是说，人民内部的思想问题，是非的辨别问题，可以用强制的方法去解决。企图用行政命令的方法，用强制的方法解决思想问题，是非问题，不但没有效力，而且是有害的。"[2]这实际上是对一些人以党性为借口压制个性的一种批评。遗憾的是，这一正确的思路并没有被一以贯之地执行下来，随后出现的"反右派"、"大跃进"、庐山会议等事件严重破坏了民主集中制这一规则，党内的个性和理性受到了严重的压抑，党性以一种扭曲的、狂热的运动形式表达出来，这实际上是我们在那个时期遭受严重挫折的主观原因。

1962年，毛泽东同志在扩大的中央工作会议上总结说："同志们，你们回去，一定要把民主集中制健全起来。县委的同志，要引导公社党委把民主集中制健全起来。""让人讲话，天不会塌下来，自己也不会垮台。不让人讲话呢？那就难免有一天要垮台。"[3]这就把个性的重要性极其尖锐地摆在了全党面前，没有了个性，党性也就丧失了存在的基础。"文化大革命"爆发后，党性与个性均受到了严重的破坏，"踢开党委闹革命"等极端行为把党性彻底抛弃，而领袖崇拜则把个性淹没在一片红色的海洋中，全中国人都用一个大脑思考，受一个大脑指挥。在党性和个性受到摧残后，派性

[1] 西塞罗：《西塞罗三论：老年·友谊·责任》，徐奕春译，商务印书馆1998年版，第116页。

[2] 《毛泽东文集》（第7卷），人民出版社1999年版，第209页。

[3] 《毛泽东文集》（第8卷），人民出版社1999年版，第310—311页。

登台上场，在全国上演了一出空前的大灾难。这个教训我们应该永远记取。

粉碎“四人帮”后，我们党与派性进行了坚决的斗争，维护了党性原则，取得了重大的成就，保证了改革开放的顺利进行。在改革开放过程中，党内个性开始觉醒并得到了前所未有的大发展，这为改革开放提供了强大的动力。邓小平同志提出尊重知识，尊重人才，允许一部分人先富起来，实质上都是对个性的充分肯定和保护。值得注意的是，这一时期的党性与个性之间的发展也并不是一帆风顺的，它们之间始终存在着一种张力。80年代后期，在个性得到大发展的历史背景下，党性却没有得到同步提升，这是造成1989年那场政治风波的重要原因。邓小平同志对此是有清醒认识的。1989年6月，他在同中央领导同志的讲话中指出：“常委会的同志要聚精会神地抓党的建设，这个党该抓了，不抓不行了。”[1]随后，江泽民同志抓住这个时代赋予的历史任务，紧紧围绕着“建设什么样的党，怎样建设党”这一重大命题开始探索，提出了“三个代表”重要思想，把党性建设推进到一个新的历史高度，保证了改革开放的顺利进行。

回顾这一历史进程，我们可以看到，在个性与党性的处理上，江泽民同志是有新思路的。他没有沿袭过去的老路，用一个方面去压倒另一个方面，而是正确分析形势，在充分鼓励个性发展的基础上，积极发展和推进党性，用个性为党性开辟道路，用党性去巩固个性的积极成果。这是我们党走向成熟的一个重要标志。薄一波同志在总结党的建设这一任务时指出：“历史的教训告诉我们：为了坚持民主集中制，除了从思想上、理论上彻底弄清阶级、政党、领袖的关系，民主与集中的关系，崇拜真理与崇拜个人等关系外，必须从我国的国情出发，积极而又稳妥地进行政治体制改革，建立确实有效的监督机制，并且使之制度化、法律化，以保证领导集体中每一成员有充分表达自己意见的自由，保证每个党员、每个公民有揭发、批判党政干部不正之风和违法乱纪行为的权利。”[2]这说明，薄一波同志已经敏锐地认识到，党性修养和党建科学化不能离开每一个党员、每一个公民的个性去进行，党员的个性、权利必须得到保护和发展。

前车之辙，后车之鉴。中国共产党现在已经是一个拥有八千万名党员的、史无前例的巨型政党，如何在个性不断发展的新形势下加强党性建设已经成为摆在全党面前的艰巨历史任务。胡锦涛同志在建党90周年的讲话中指出：“全党必须清醒地看到，在世情、国情、党情发生深刻变化的新形势下，提高党的领导水平和执政水平、提高拒腐防变和抵御风险能力，加强党的执政能力建设和先进性建设，面临许多前所未有的

[1] 《邓小平文选》(第3卷)，人民出版社1993年版，第314页。

[2] 《若干重大决策与事件的回顾（下）》，中共党史出版社2008年版，第910页。

新情况新问题新挑战，执政考验、改革开放考验、市场经济考验、外部环境考验是长期的、复杂的、严峻的。精神懈怠的危险，能力不足的危险，脱离群众的危险，消极腐败的危险，更加尖锐地摆在全党面前，落实党要管党、从严治党的任务比以往任何时候都更为繁重、更为紧迫。”这是因为，革命战争年代，入党是以命相搏。加入共产党及其领导的革命，动机无非是相辅相成的两类：一是追求理想，信仰共产主义是救国之道，为此不惜牺牲生命。二是一无所有，饥寒交迫，饱受欺凌，只有革命才能砸烂身上的锁链，从而赢得整个世界。这两种情况下的入党者不仅容易培养很强的党性，而且往往具有鲜明的个性。党性与个性的密切配合形成了巨大的合力，直接导致了中国革命的迅速胜利。但今天的一部分入党在党者，受利益驱动的时候多，为理想献身的时候少。于是，为了各自的利益，精神百倍，奋力向前；对于党的事业，则是懈怠懒散，得过且过。这是私欲膨胀、个性歪曲、党性削弱的一种外在表现，很容易导致脱离群众、消极腐败现象。

中国共产党正在进行着一个人类历史上从未有过的、如何处理党性与个性关系的伟大实验。一方面，市场经济为我们打开了国门，文化启蒙正在廓清我们心底的黑暗，一个理性觉醒的时代已经无法抵挡地到来了，个性发展已经成为我们的共同呼唤；另一方面，中国仍然处于社会主义初级阶段，正如伦敦政治经济学院国际关系教授，国际事务、外交与战略中心联席主任Michael Cox最近指出的那样：“中国，正如其他新兴经济体，是在一个经济条件极低的状况下进行发展的。依据西方的标准来衡量，13亿中的大多数仍相当贫穷。此外，它增长的大部分领域依然依赖西方市场的开放及其资金的再投入。”“依我之见，一个历史上最大的共产党领导的国家，其软实力不可能具有长期的、国际的影响。”“尤其对于中国而言，任何试图平衡美国势力的举动，或是挑战这个已经保证了35年国内稳定和经济发展的现有国际秩序，都将酿成灾难性的后果。”[1]他还进一步预言说，如果中国意图挑战美国，“世界各国将毫不留情”，“最不留情的就是美国”。可见，中国在和平崛起的历史进程中，我们面临的困难并不比任何时候少，中华民族在实现民族复兴的过程中创造的巨大的组织力量——中国共产党，已经成为我们同西方国家竞争与合作的有力武器和强大组织资源，任何试图削弱和破坏这一组织的尝试都可能是灾难性的。对此，我们不应掉以轻心。随着时代变化不断提高党建科学化水平，不断加强党性修养，是我们必须承担的历史责任。

历史的经验和教训反复告诉我们：党性与个性是提高党建科学化水平的两个基点，是推动党建科学化水平的“鸟之两翼”“车之两轮”。任何一方的失衡都会给党的建设带来灾难性后果。党性如果以压制个性而得到加强，而个性以弱化自身而求得生存，

[1] Michael Cox：《西方的没落未免言之过早》，《21世纪国际评论》2011年第1期。

那么党的建设就容易走火入魔，其结果是党性和个性的“双输”。如果个性以牺牲党性而得到发展，党性以迁就个性而求得生存，那么这个党就失去了活力，逐渐变成一副空壳，因而在危机面前束手无策。如果党性、个性都随着形势的发展而与时俱进，面对个性的快速发展，党性坚持“有所为，有所不为”的指导原则，对于“管不了，管不好”的事情坚决退出，不断改革自身活动方式和方法，给个性的独立发展留出充足的自由空间，同时在更高、更强的层次上谋求自身发展，那么，党性与个性就容易出现良性互动。只有这样，党性与个性才会形成和谐相生的生态体系，达到党性与个性均衡、对称、互动与合作的理想状态，从而更好地推动改革开放的顺利进行。

原载于《理论探讨》2012年第2期

政党纯洁：本质、作用、实现

张士海

摘　要：政党纯洁问题是目前学术界研究中的前沿领域和重大课题。政党纯洁的本质是实现政党外在状态与内在属性的动态契合；政党纯洁对于永葆政党政治本色、推动社会发展具有重要意义；实现政党纯洁是一项系统工程，需要多方面协同进行。研究政党纯洁的本质、作用与实现基本理论问题，对于目前新形势下进一步加强中国共产党纯洁性建设，具有重要的现实意义。

关键词：政党纯洁；本质；作用；实现；中国共产党

保持政党纯洁，对于政党的生存发展至关重要，与政党的前途命运息息相关。它不仅关系到政党能否保持自身的性质和生机活力，实现政党的价值目标，而且关系到政党能否赢得民众，保持优势，掌控政权，引领社会[1]。2012年1月9日，在中国共产党第十七届中央纪律检查委员会第七次全体会议上，胡锦涛发表了“切实做好保持党的纯洁性的各项工作，深入推进党风廉政建设和反腐败斗争”的重要讲话，对新形势下加强中国共产党纯洁性建设的重要性、紧迫性等有关问题进行了重点阐述。以此为契机，理论界掀起了研究政党纯洁问题的一个新高潮。从目前理论界关于政党纯洁问题的研究现状来看，研究成果大多侧重于中国共产党纯洁性的内涵、当前保持中国共产党纯洁性的重要意义和实现路径等方面；而从政党纯洁一般的视角出发，探讨政党纯洁的本质、作用与实现基本理论问题的成果还不多见。[2]因此，系统研究政党纯洁的本质、作用与实现基本理论问题，深入挖掘保持政党纯洁的深层理论，科学构建保持政党纯洁的分析框架，对于目前进一步加强中国共产党纯洁性建设、推进中国特色社会主义事业发展所具有的重大现实意义，也就彰显出来了。基于此，本文从“是什么、为什么、怎样做”的思维向度出发，试就政党纯洁的本质、作用与实现基本理论问题作以初步探讨，以期为目前中国共产党纯洁性建设提供科学的理论支持和路径引导。

[1]　王韶兴：《政党政治论》，山东人民出版社2011年版，第235页。

[2]　王世谊：《保持党的纯洁性问题研究述评》，《中国延安干部学院学报》2012年第6期。

一、政党纯洁的本质

所谓政党纯洁的本质，是指政党纯洁本身所固有的属性、面貌和发展的根本性质。这是政党纯洁理论首要的基本问题。

考量政党纯洁与否的内在核心要素是“政党宗旨”。任何政党都是代表一定阶级或阶层利益的政治组织，都有一个政党宗旨问题。所谓政党宗旨是指一个政党存在的根本目的和意图，是制定政党纲领的出发点和归宿，是政党组织和党员言论和行动遵循的基本准则。作为资产阶级利益的代言人，资产阶级政党无论政党名称或执政方式有什么变化，都改变不了其维护私有制和资产阶级利益的政党宗旨。“作为团体政治的现代政党政治，正是资产阶级保守主义哲学的一个理想的载体：现代资产阶级政党都是以赞同现在的资本主义制度为前提的。”[1]当然，资产阶级政党为了证明其行动目标和方法的合理性，减少其他团体的抵触和敌对，都要尽量争取社会的认同和支持，它不会宣称本党行为的自我效用，而是强调政党行为具有的普遍效用能够带来整个社会乃至人类共同的福利提高[2]。对于资产阶级政党“超阶级”的虚伪性，我们要保持清醒的认识。资产阶级政党是把人民群众当作实现个人和小团体私利的工具，而无产阶级政党则是“自觉地认定自己是人民群众在特定的历史时期为完成特定的历史任务的一种工具”[3]。在《共产党宣言》中，马克思、恩格斯庄严地宣布：“共产党人不是同其他工人政党相对立的特殊政党。他们没有任何同整个无产阶级的利益不同的利益。”[4]“无产阶级的运动是绝大多数人的、为绝大多数人谋利益的独立的运动。”[5]马克思最早将掌握世界第一个无产阶级政权组织——巴黎公社权力的人称为“公仆”。恩格斯也曾指出，无产阶级夺取政权之后必须采取坚决措施，“防止国家和国家机关由社会公仆变为社会主人”[6]。列宁指出，“在人民群众中，我们毕竟是沧海一粟，只有我们正确地表达人民的想法，我们才能管理。否则共产党就不能率领无产阶级，而无产阶级就不能率领群众，整个机器就要散架”[7]。因此，一切从人民的利益出发、全心全意为人民服务，这是无产阶级政党的根本宗旨，也是考量无产阶级政党纯洁与否的内在核心要素。在实践中，“全心全意为人民服务”的根本宗旨是一般原则，其具体内涵是一个历史范畴，要适应

[1] 施雪华：《政党政治》，三联书店1993年版，第15页。

[2] 杨光斌：《政治学导论》，中国人民大学出版社2000年版，第79页。

[3] 《邓小平文选》（第1卷），人民出版社1994年版，第218页。

[4] 《马克思恩格斯选集》（第1卷），人民出版社1995年版，第285页。

[5] 《马克思恩格斯选集》（第1卷），人民出版社1995年版，第283页。

[6] 《马克思恩格斯选集》（第3卷），人民出版社1995年版，第12页。

[7] 《列宁选集》（第4卷），人民出版社1995年版，第695页。

时代的要求而发展，要随着时代的变化而发展。但是“万变不离其宗”，无论在什么情况下，无产阶级政党都要坚持着、围绕着、体现着“全心全意为人民服务”的政党宗旨，这是无产阶级政党区别于其他政党的一个重要标志。因此，在探讨政党纯洁的本质问题时，必须充分考量“政党宗旨”这一关乎“政党纯洁”的内在核心要素。

考量政党纯洁与否的外在核心要素是“政党纲领”。如果说，“政党宗旨”是衡量政党纯洁与否的内在核心要素的话，那么“政党纲领”则是衡量政党纯洁与否的外在核心要素。所谓政党纲领，是表明政党的指导思想、政治主张和奋斗目标的基本文献。政党制定党纲，旨在统一全党思想和行动，鼓舞党员斗志，争取群众，支持建立社会基础。政党宗旨不同，政党纲领也就不同。一般来说，资产阶级政党的党纲注重眼前的施政方针，缺少系统的理论说明和长远的奋斗目标。资产阶级政党或者站在全人类的立场上，或者站在民族国家的立场上，或者站在阶级的立场上来确立自己的纲领，几乎没有政党会宣称它纯粹是为了自己组织成员的利益而存在的[1]。但是，无论资产阶级政党的纲领多么动听、多么完善，它都是服务于资产阶级政党的宗旨，都是为资产阶级利益服务的。世界上第一个无产阶级政党组织——共产主义者同盟建立后，发表了党纲——《共产党宣言》，其明确提出了共产党人的最近任务、最终目标和斗争策略，成为后来各国无产阶级政党制定党纲的基本依据。马克思、恩格斯指出：“一个新的党必须有一个明确的积极的纲领……只要这种纲领还没有制定出来或者处于萌芽状态……它将是一个潜在的党而不是一个实在的党。”[2]“一般说来，一个政党的正式纲领没有它的实际行动那样重要。但是，一个新的纲领毕竟总是一面公开树立起来的旗帜，而外界就根据它来判断这个党。”[3]列宁指出：“一个政党如果没有纲领就不可能成为政治上比较完整的、能够在事态发生任何转折时始终坚持自己路线的有机体。”[4]因此说，制定、贯彻和执行符合政党宗旨的政党纲领，是一个政党成熟的重要标志。作为无产阶级政党，其最终目标是消灭阶级剥削、消灭私有制，实现共产主义。这是无产阶级政党的最高纲领，也是考量无产阶级政党纯洁与否的外在核心要素。在实践中，为实现最高纲领，无产阶级政党需要制定、贯彻和执行各个历史时期的行动纲领。“行动纲领如果不同人们的实际需要相结合，即使它在理论上是基本正确的，那也毫无用处。”[5]无产阶级政党是最低纲领和最高纲领的统一论者。无产阶级政党在各个历史时期的行动纲领，都是为最高纲领——实现共产主义服务的，这是无产阶级政党区别于其他政

[1] 赵理富：《政党的魂灵：中国共产党政党文化研究》，武汉大学出版社2008年版，第51页。

[2] 《马克思恩格斯选集》（第4卷），人民出版社1995年版，第389页。

[3] 《马克思恩格斯选集》（第3卷），人民出版社1995年版，第325页。

[4] 《列宁全集》（第20卷），人民出版社1989年版，第357页。

[5] 《马克思恩格斯全集》（第38卷），人民出版社1972年版，第74页。

党的又一个重要标志。因此，在探讨政党纯洁的本质问题时，必须充分考量“政党纲领”这一关乎“政党纯洁”的外在核心要素。

总之，“政党宗旨”是考量政党纯洁与否的内在核心要素，“政党纲领”是考量政党纯洁与否的外在核心要素。政党纯洁的本质就是政党在不同的发展阶段所呈现出来的外在状态（政党纲领）与内在本质（政党宗旨）的动态契合。

二、政党纯洁的作用

所谓政党纯洁的作用，是指政党纯洁所发挥的效用，这种效用既指向政党本身，也在更大的范围内指向社会发展。

保持政党纯洁对于永葆政党政治本色、提高政党战斗力具有重要意义。政党是一定阶级或阶层的骨干分子，基于共同意志，为了共同利益，采取共同行动，围绕着夺取政权和执掌政权而建立起来的政治组织。为了实现政治目标，政党必须统一思想和行动，全体党员必须尽可能“步调一致”，而做到这一点的前提条件是保持政党纯洁。“一个政党合法性危机的起点是党员对本党的纲领和章程所确立的世界观和价值观发生动摇和转移，这是对执政党合法性提出的最严峻的挑战。”[1]尽管资产阶级政党强调保持纯洁对于增强政党战斗力的重要意义，但由于资产阶级政党是建立在生产资料私有制基础之上，当资产阶级利益冲突超过了政党所能承受的限度，资产阶级政党纯洁必然会遭受严重损害。高度重视纯洁性建设，这是无产阶级政党的一个优良传统。在马克思、恩格斯指导下创立的共产主义者同盟，其章程就对保持党的纯洁性作出严格规定要求，“每一个支部对它所能接受的会员的品质纯洁负责”[2]。“小资产者和农民的大批涌入……这对运动也是危险的……既然他们是带着小资产阶级和农民的思想和愿望来的，那就不能忘记，无产阶级如果向这些思想和愿望作出让步，它就会丧失自己的历史的领导使命。”[3]列宁强调，无产阶级政党能否成功执政以及社会主义事业能否取得最终胜利，首要的“是靠无产阶级先锋队的觉悟和它对革命的忠诚，是靠它的坚韧不拔、自我牺牲和英雄气概”[4]。“我们的任务是要维护我们党的坚定性、彻底性和纯洁性。我们应当努力把党员的称号和作用提高，提高，再提高。”[5]因此，为了永葆党的政治本色、党的生机活力，体现政党先进性，无产阶级政党的一项重要使命就是要努力加强自身

[1] 王邦佐：《中国政党制度的社会生态分析》，上海人民出版社2005年版，第276页。

[2] 《马克思恩格斯选集》（第2卷），人民出版社1995年版，第612页。

[3] 《马克思恩格斯选集》（第4卷），人民出版社1995年版，第639页。

[4] 《列宁选集》（第4卷），人民出版社1995年版，第136页。

[5] 《列宁全集》（第7卷），人民出版社1986年版，第272页。

纯洁性建设。只有保持政党纯洁，才能增强政党创造力、凝聚力和战斗力，才能体现政党先进性。如果政党丧失了纯洁性，先进性就不可能存在。在实践中，保持政党纯洁，要靠广大党员的主体自觉；永葆政党政治本色，要靠广大党员的自觉活动；提高政党创造力、凝聚力和战斗力，要靠广大党员的团结奋斗。广大党员特别是党员干部在现实工作和生活中所表现出来的党性纯洁与否，直接关系政党纯洁和政党形象。因此，为了永葆政党政治本色，增强政党创造力、凝聚力和战斗力，无产阶级政党需要有意识地用政党宗旨和政党纲领去教育本党党员，以保证在政治生活基本方面尽量形成全体党员统一的思想和行动。

保持政党纯洁对于增强政党合法性、推动社会发展具有重要意义。保持政党纯洁，不仅有利于永葆政党政治本色、提高政党战斗力，而且对于增强政党合法性、推动社会发展具有重要意义。一个政党如果想要按照自己的面貌来改造和建设世界，就必须保持政党纯洁，以便获取民众广泛的精神认同。尽管资产阶级政党强调保持纯洁对于增强政党合法性的重要意义，但由于其自身阶级局限性，决定了资产阶级政党宗旨和纲领只能为资产阶级利益服务，这就必然会遭遇代表广大人民群众利益的无产阶级政党的反对。无产阶级政党的历史使命是推翻资产阶级政权，建立无产阶级专政，实现共产主义。为了完成肩负的历史使命，无产阶级政党必须加强纯洁性建设。恩格斯指出，“要使无产阶级在决定关头强大到足以取得胜利，无产阶级必须（马克思和我从1847年以来就坚持这种立场）组成一个不同于其他所有政党并与它们对立的特殊的政党，一个自觉的阶级政党”[1]，并不断加强党的纯洁性建设。列宁强调，“马克思主义教育工人的党也就是教育无产阶级的先锋队，使它能够……成为所有被剥削劳动者在不要资产阶级并反对资产阶级而建设自己社会生活的事业中的导师、领导者和领袖”[2]。无产阶级政党是无产阶级专政体系中的领导力量，“国家政权的一切政治经济工作都由工人阶级觉悟的先锋队共产党领导”[3]。因此，为了增强政党合法性、推动社会发展，无产阶级政党的一项重要使命就是要加强纯洁性建设。在实践中，增强政党合法性、推动社会发展，依赖政党自身的纯洁性建设。加强政党纯洁性建设实现了政党纲领与政党宗旨的动态契合，政党就会产生强大的创造力、凝聚力和战斗力，这对于获取全体党员对政党心理上的认同意识，进而赢得民众对政党心理上的认同和接受，具有重要意义。20世纪80年代末90年代初，东欧剧变、苏联解体、一批无产阶级政党丧失政权，出现亡党亡国的历史悲剧，很重要的一个原因，就在于不重视保持政党纯洁，导致腐败盛行、脱离群众，最终丧失执政合法性，被人民群众抛弃。因此，作为无产阶级政

[1] 《马克思恩格斯选集》（第4卷），人民出版社1995年版，第685页。

[2] 《列宁选集》（第4卷），人民出版社1995年版，第131页。

[3] 《列宁选集》（第4卷），人民出版社1995年版，第624页。

党，只有加强政党纯洁性建设，实现好、维护好、发展好最广大人民的根本利益，才能提高政党在人民群众中的威信，才能赢得人民群众的认同和接受，才能从根本上增强政党执政的合法性基础，才能实现党和国家兴旺发达、长治久安。

总之，政党纯洁对于增强政党战斗力和推动社会发展具有重要意义。因此说，一个政党要想赢得人民群众广泛的认同和接受，获取和维护执政地位，就必须从战略高度重视政党纯洁性建设。

三、政党纯洁的实现

所谓政党纯洁的实现，是指政党借助一定的机制使政党纲领与政党宗旨的动态契合得到充分的显现。保持政党纯洁是一项系统工程，需要多方面协同进行。思想建设、组织建设、作风建设、反腐倡廉建设和制度建设是保持政党纯洁的基本维度。

保持政党纯洁，加强思想建设是根本。保持党在思想上的纯洁性是保证党的正确政治方向的思想基础。思想是导向，是灵魂。如果政党党员和干部思想不纯洁，理想信念不可能坚定，是非认识必然模糊，政治立场很容易动摇。保持无产阶级政党思想纯洁，最重要的是树立起对马克思主义、共产主义的信仰。列宁强调："只有革命，马克思主义的理论才能成为工人阶级运动的旗帜，所以俄国社会民主党应该设法继续发展并且实现这个理论，同时要保卫它，使它不致像许多'时髦理论'（俄国革命的社会民主党的成就已经使马克思主义变成了'时髦理论'了）那样常常被曲解和庸俗化。"[1]"党内总的任务不是在数量上扩充党的队伍，而是改善它的质量，提高全体党员的觉悟，加强他们的共产主义觉悟教育，发挥他们的积极性、主动性和创造性，并在这一基础上达到全党队伍的绝对统一。"[2]

保持政党纯洁，加强组织建设是核心。保持党在组织上的纯洁性，是保持全党步调一致和增强党的凝聚力、战斗力的组织保证。党的各级组织要严格管理党员队伍和党的干部队伍，严把入口、加强教育、强化监督、畅通出口。保持无产阶级政党组织纯洁，最重要的是保持广大党员和干部的自身纯洁。要把承认党的纲领和章程、自觉为党的路线和纲领而奋斗、经过长期考验、符合党员条件的先进分子吸收到党内来。列宁强调："宁可十个办实事的人不自称为党员（真正办实事的人是不追求头衔的），也不让一个说空话的人有权利和机会当党员。这样一条原则在我看来是毋庸置辩

[1] 《列宁选集》（第1卷），人民出版社1995年版，第271页。

[2] 《苏联共产党代表大会、代表会议和中央全会决议汇编》（第2分册），人民出版社1964年版，第54页。

的。”[1]“徒有其名的党员，就是白给我们也不要。世界上只有我们这样的执政党，即革命工人阶级的党，才不追求党员数量的增加，而注意党员质量的提高和清洗‘混进党里来的人’。”[2]

保持政党纯洁，加强作风建设是关键。保持党在作风上的纯洁性，是保持党同人民群众血肉联系和不断从人民群众实践中吸取经验、智慧和力量的固本之道。保持无产阶级政党作风纯洁，最重要的是密切联系群众、始终与人民群众同呼吸共命运，始终代表人民群众的意志和利益，始终依靠人民群众来推动历史前进。在任何时候任何情况下，都必须坚持群众路线，坚持全心全意为人民服务的宗旨，把实现人民群众的利益作为一切工作的出发点和归宿。这是保证党永不变色的根本所在。列宁强调：“我们需要的是新型的党，另一种性质的党。我们需要的是能够经常同群众保持真正的联系的党，善于领导这些群众的党。”[3]“对于一个作为工人阶级的先锋队，来领导一个大国在暂时没有得到较先进国家的直接援助的情况下向社会主义过渡的共产党来说，最严重最可怕的危险之一，就是脱离群众。”[4]

保持政党纯洁，加强制度建设是保障。保持党在制度上的纯洁性，是保持全党思想纯洁、组织纯洁、作风纯洁的有力保证。保持无产阶级政党制度纯洁，最重要的是切实制定和执行各项规章制度。完善保持政党纯洁的领导体制和工作机制，认真落实党风廉政建设责任制，形成保持政党纯洁的合力。列宁强调：“我们已经不止一次从原则上明确地谈了我们对工人政党的纪律的意义和纪律的概念的看法……只有这样的纪律才是先进阶级民主主义政党所应有的纪律……觉悟工人始终不应当忘记，对原则的严重违反必定会使一切组织关系遭到破坏。”[5]“为了在党内和整个苏维埃工作中执行严格的纪律，并取缔一切派别活动以求得最大程度的统一，代表大会授权中央委员会，在遇到违反纪律、恢复或进行派别活动的情况时，可以采取党内一切处分办法，直到开除出党；而对中央委员，则可把他降为候补中央委员，甚至采取极端措施，把他开除出党。”[6]

保持政党纯洁，开展反腐倡廉建设是路径。党的纯洁性同一切腐败现象是水火不容的。开展反腐倡廉是保持政党纯洁、保证党永不变色的重要路径。坚决反对和防止腐败，这是无产阶级政党一项重大的政治任务。不坚决惩治腐败，党同人民群众的血

[1] 《列宁全集》(第7卷)，人民出版社1986年版，第272页。
[2] 《列宁选集》(第4卷)，人民出版社1995年版，第51页。
[3] 《列宁全集》(第39卷)，人民出版社1986年版，第225页。
[4] 《列宁选集》(第4卷)，人民出版社1995年版，第626页。
[5] 《列宁全集》(第14卷)，人民出版社1988年版，第121页。
[6] 《列宁选集》(第4卷)，人民出版社1995年版，第472页。

肉联系就会受到严重损害，党的执政地位就有丧失的危险，党就有可能走向自我毁灭。列宁强调："在任何一个有农民的资本主义国家（这样的资本主义国家占大多数），大多数农民是受政府压迫而渴望推翻这个政府、渴望有一个'廉价'政府的。能够实现这一要求的只有无产阶级，而无产阶级实现了这一要求，也就是向国家的社会主义改造迈进了一步。"[1]列宁把贪污腐败现象比作党和国家机构中的"脓包"，"只要有贪污这种现象，只要有贪污的可能，就谈不到政治，甚至连搞政治的门径也没有"[2]。

总之，政党纯洁的实现是一个系统工程，需要政党通过思想建设、组织建设、作风建设、制度建设和反腐倡廉建设来多视角探讨保持政党纯洁性的长效机制。

四、加强中国共产党纯洁性建设

"十月革命一声炮响，给我们送来了马克思列宁主义。"[3]在领导中国革命和建设的伟大实践中，中国共产党人高度重视政党纯洁性建设。"我们要不要胜利，要不要在全国胜利？如果要的话，就要有一个……纯洁的党。"[4]"我们的党员现在有一部分不合格……合不合乎党员的资格，合不合乎党员的条件，这个问题不只是提到新党员面前，也提到一部分老党员面前了。"[5]"要把反腐败斗争同纯洁党的组织结合起来，在党内决不允许腐败分子有藏身之地。"[6]"全党都要从党和人民事业发展的高度，从应对新形势下党面临的风险和挑战出发，充分认识保持党的纯洁性的极端重要性和紧迫性，不断增强党的意识、政治意识、危机意识、责任意识，切实做好党的纯洁性各项工作。"[7]可以说，正是由于以毛泽东、邓小平、江泽民、胡锦涛为代表的中国共产党人高度重视从思想建设、组织建设、作风建设、反腐倡廉建设和制度建设等方面加强中国共产党纯洁性建设，强调"坚持集中统一、思想一致、行动一致，保持党的纯洁性"[8]，这对于建设全心全意为人民服务的政党、保持中国共产党纯洁性、推动中国革命和建设事业进程，发挥了重要作用。

目前，中国正处在改革开放和社会主义现代化建设的新时期。随着世情、国情、

[1] 《列宁选集》（第3卷），人民出版社1995年版，第149页。

[2] 《列宁全集》（第33卷），人民出版社1985年版，第59页。

[3] 《毛泽东选集》（第4卷），人民出版社1991年版，第1471页。

[4] 《毛泽东文集》（第3卷），人民出版社1996年版，第261页。

[5] 《邓小平文选》（第2卷），人民出版社1994年版，第268页。

[6] 《江泽民文选》（第2卷），人民出版社2006年版，第46页。

[7] 《胡锦涛在十七届中央纪委七次全会上发表重要讲话强调　切实做好保持党的纯洁性各项工作　深入推进党风廉政建设和反腐败斗争》，《人民日报》2012年1月10日。

[8] 《毛泽东文集》（第3卷），人民出版社1996年版，第260页。

党情的新变化，中国共产党“面临的执政考验、改革开放考验、市场经济考验、外部环境考验是长期的、复杂的、严峻的，精神懈怠危险、能力不足危险、脱离群众危险、消极腐败危险更加尖锐地摆在全党面前”[1]。如何继续保持中国共产党的纯洁性，这是目前新形势下中国共产党需要面对和解决的重大现实课题。胡锦涛指出：“少数党员干部理想信念动摇、宗旨意识淡薄，形式主义、官僚主义问题突出，奢侈浪费现象严重；一些领域消极腐败现象易发多发，反腐败斗争形势依然严峻。”[2]“反对腐败、建设廉洁政治是党一贯坚持的鲜明政治立场，是人民关注的重大政治问题。这个问题解决不好，就会对党造成致命伤害甚至亡党亡国。”[3]因此，加强中国共产党纯洁性建设、建设全心全意为人民服务政党、继续推进中国特色社会主义事业发展，这是目前新形势下中国共产党面临的一项重要战略使命。

中国共产党高度重视政党纯洁性建设，在通过思想建设、组织建设、作风建设、反腐倡廉建设和制度建设推进全心全意为人民服务政党建设进程中，还需要广大党员干部增强道德自觉、充分发挥先锋模范作用，这是目前加强中国共产党纯洁性建设的时代要求。党员干部是政党的精英，是体现政党宗旨和贯彻政党纲领的决定性因素，更是政党纯洁的“窗口”。对于政党纯洁而言，党员干部的纯洁具有重要示范作用。因此说“保持党的纯洁性，关键在党的各级领导干部”[4]。对于在马克思列宁主义影响下取得社会主义胜利的中国共产党来说，苏共党员干部腐败盛行而丧失先锋模范作用、导致亡党亡国的教训值得警惕和深思。党员干部腐败在苏联不仅造成了国家物质上的损失，“道德上的损失就更为惨重：社会分化加剧；经常遇到磨难的大多数人对那些不仅享受福利照顾而且享有种种特权、任意攫取不义之财而又逍遥法外的‘上流人物’的憎恨之情与日俱增，埋下了社会冲突的地雷，党、政府、整个领导层的威信下降”[5]。其教训是深刻的。在领导中国特色社会主义建设的伟大实践中，中国共产党大多数党员干部以身作则、率先垂范，充分发挥了先锋模范作用；同时也必须看到，理想信念不坚定、作风不正、原则性不强、为政不廉等在一些党员干部中不同程度地存在着，这势必影响党在人民群众中的威信，削弱党的凝聚力和战斗力。对此胡锦涛强调：“各级

[1] 胡锦涛：《坚定不移沿着中国特色社会主义道路前进　为全面建成小康社会而奋斗》，人民出版社2012年版，第49页。

[2] 胡锦涛：《坚定不移沿着中国特色社会主义道路前进　为全面建成小康社会而奋斗》，人民出版社2012年版，第5页。

[3] 胡锦涛：《坚定不移沿着中国特色社会主义道路前进　为全面建成小康社会而奋斗》，人民出版社2012年版，第54页。

[4] 《胡锦涛在十七届中央纪委七次全会上发表重要讲话强调　切实做好保持党的纯洁性各项工作　深入推进党风廉政建设和反腐败斗争》，《人民日报》2012年1月10日。

[5] 格·阿·阿尔巴托夫：《苏联政治内幕：知情者的见证》，新华出版社1998年版，第178页。

干部都要自重、自省、自警、自励，讲党性、重品行、做表率，做到立身不忘做人之本、为政不移公仆之心、用权不谋一己之私，永葆共产党人政治本色”[1]。只有广大党员干部增强道德，自觉以身作则、率先垂范，才能保持中国共产党的纯洁性，体现中国共产党的先进性；才能提高党在群众中的威信，赢得人民的广泛认同；才能增强中国共产党执政合法性，实现党和国家兴旺发达、长治久安。因此，广大党员干部增强道德自觉、充分发挥先锋模范作用，这是在苏联解体、东欧剧变、世界社会主义运动处于低潮形势下，进一步加强中国共产党纯洁性建设的时代要求，也是我们研究政党纯洁的本质、作用与实现问题得出的最基本结论。

原载于《理论探讨》2013年第2期

[1] 胡锦涛:《在庆祝中国共产党成立90周年大会上的讲话》，人民出版社2011年版，第16页。

群众路线与政党职能

杨 帆 臧秀玲

摘 要： 群众路线是“党的根本的政治路线”和“根本的组织路线”，也是党联系群众的行动准则。对政党职能的正确认识，是建立和谐党群关系的前提。由于不同历史时期的环境并不相同，中国共产党的职能也就因时而异，大致经历了三个不同时期。完善群众路线、和谐党群关系需要政党进行多方面努力，既要利用好政党已有的各种组织资源和执政经验，又要改革不能适应社会需要的某些过时的制度，以合适的途径促进党与社会之间的良性互动。

关键词： 政党职能；群众路线；党群关系

群众路线被视为“党的根本的政治路线”和“根本的组织路线”[1]，是中国共产党联系群众的行动准则，也是决定党与群众关系的核心原则。马克思曾经说过：“哲学家们只是用不同的方式解释世界，而问题在于改变世界。”[2]改造世界的实践性需要主体正确地认识自己所处的时代和所担负的历史使命，这在政党身上就表现为政党对其自身职能的认识。政党职能体现了政党作为主体认识世界、改造世界的能动性。换句话说，政党职能是政党界定自身任务、进行一切政党活动的参照点，从而也决定了政党如何与社会阶级和群众之间互动。因此，政党职能的变迁是影响群众路线实施的最为基本、最深层次的因素。

一、群众路线与政党职能的关系

（一）群众路线的辩证法与政党职能

中国共产党历来强调要坚持群众路线。毛泽东曾经对群众路线有过系统的阐释：

[1] 《刘少奇选集》（上卷），人民出版社1981年版，第354页。

[2] 《马克思恩格斯选集》（第1卷），人民出版社1995年版，第61页。

“在我党的一切实际工作中，凡属正确的领导，必须是从群众中来，到群众中去。这就是说，将群众的意见（分散的无系统的意见）集中起来（经过研究，化为集中的系统的意见），又到群众中去作宣传解释，化为群众的意见，使群众坚持下去，见之于行动，并在群众行动中考验这些意见是否正确。然后再从群众中集中起来，再到群众中坚持下去。如此无限循环，一次比一次地更正确、更生动、更丰富。这就是马克思主义的认识论。”[1]对于群众路线的认识，首先需要明白，中国共产党构成的坚强的领导核心是群众路线的理论前提，群众路线是在以党作为先锋队与群众的二元区分中确立的。之所以有这样的理论假设，是因为群众很可能只能看到眼前的短期利益，而忽略长远的真正利益；只关心个人利益，而忽视甚至损害集体的利益。这样一个理论前提，在实践中就引导出一个怎样处理作为先锋队的政党与群众之间的关系问题。事实证明，在实践的过程中，党群关系确实存在着一系列的张力，处理好党群关系的辩证法成为一项高明的领导艺术。长远的、真正的群众利益诉求可能淹没在形形色色的利益要求之中，领导干部的某些决策也不一定是科学的。所以，毛泽东才会强调“从群众中来，到群众中去”的方式的无限循环，希望借助多次的党与群众的交流与互动实现最终和谐的党群关系。但是，政党决策的本质说到底是权力的运用，某些武断的做法也可能会中断群众路线的实践过程，影响党群关系。

政党是民主的工具，政党的生存需要三个基本的要素，其中之一就是群众，没有群众就没有政党，群众要成为真正的政党的力量，就需要被组织起来[2]。政党离不开群众，但是，政党活动绝不是群众诉求的传声筒，也不是社会冲突和社会斗争的机械反应。相反，政党有着巨大的能动性去辨识社会冲突和社会发展的方向，并以各种措施和政策促进或者阻碍这些发展。这就是政党对自身“应当具有的政治品质和政治技能”的认识，对自身政治“本质的揭示”，也是对历史赋予的任务和时代提出的要求的认识[3]。对政党职能的正确认识，是政党制定政策、进行组织建设和意识形态宣传等各项工作的立足点。政党从对自身使命的认识出发，在与国家、社会的互动之中，或者创设各项制度，或者改革现有的制度，推进社会的发展。这些制度又将在下一个历史时期，成为政党自身的组织基础和所处的社会条件的一部分。政党职能发生转换之后，怎样利用现有的政党资源，沿用哪些前一时期的经验和组织结构，改革哪些不适用的部分，就是政党需要作出的重要决策。

因此，政党作为群众路线的主导方，能否认识什么是真正的群众利益直接关系到党的群众路线能否得到良好的实施。真实的群众利益和政党职能一样，从来都不是抽

[1] 《毛泽东选集》(第3卷)，人民出版社1991年版，第899页。

[2] 安东尼奥·葛兰西：《狱中札记》，曹雷雨等译，中国社会科学出版社2000年版，第116页。

[3] 王韶兴：《政党职能问题探讨》，《山东社会科学》2005年第3期。

象的，而是建立在特殊的历史环境之中的。综合看待政党职能和群众路线，我们可以发现，政党对自身职能的认识是坚持群众路线的前提，这种职能所蕴含的政党的历史使命和目标是政党听取群众意见、动员群众的理论基点。政党职能在最基本的层面上，结构性地确定了政党与群众互动中的基本情形。

（二）群众路线的实践性与政党职能

政党职能要求政党“应当做什么”，是政党认识社会、改造社会主观能动性的表现。但是，这绝不是说，政党通过理论学习或者思想辩论的方式就能够明确什么是自己需要实现的具体职能。对政党职能的认识和群众路线一样，都是植根于政党的社会实践之中的。纵观中国共产党的历史，我们能够看到二者其实是高度统一在一起的，党在实践中认识自身的职能，在实践中认清群众的利益，也在实践中把握政党职能和贯彻群众路线。

第一，政党职能的内容是实践的产物。政党职能不是，或者准确地说，不仅仅是政党美好的社会目标图景，而是政党关于实现这些美好理想具体施行的纲领和原则。中国共产党在成立之初已经有了动员群众进行革命斗争的热切渴望，也明确宣布要实现共产主义。但是，在党的一大上，中国共产党只是提出了最高纲领，虽然共产主义的蓝图美好诱人、振奋人心，但在对外宣传和开展工作中难免有曲高和寡的嫌疑。在党的二十大上，中国共产党根据革命斗争的需要，指出：“中国革命性质是民主主义革命；革命的动力是无产阶级、农民和其他小资产阶级，民族资产阶级也是革命的力量之一；革命的对象是帝国主义和封建军阀；革命的前途是向社会主义革命转变。”这实际上指出了中国革命的最低纲领。这一纲领的提出既补充了最高纲领，也在当时的社会条件下，为党如何处理与群众和其他阶级的关系提供了理论指导，为之后联合孙中山的国民党发起大革命奠定了基础。所以，政党职能和群众的真实利益是一样的，都是在党的革命、建设实践中不断学习和确认的，绝不是一种空想的乌托邦。

第二，政党职能的执行也是实践性的。政党职能的实施是政党主动改造社会的过程，但是，这一过程是建立在一定的历史环境之中的。这种历史环境既包括政党自身所具有的各种资源，如意识形态、组织结构、党员构成等，也包括当时国内国外的政治经济环境。政党的决策要取得良好的效果，都是既要以它们为基础，又不能脱离它们的制约。在改造社会的过程中，中国共产党也在改造着自己，在理论上、组织上不断创新，使自己成为中国革命的中流砥柱，而这一切又成为下一次党的社会实践的基础与制约。世界都在惊叹着中国改革开放的成就，对这种渐进式的改革过程充满了好奇与敬意。可能有人会说，其实中国的改革之中真正被设计的东西很少，有的只是种种适应性的举措。但是，这正说明了中国改革开放的成果是不断实践的产物，党在确定一个大致的经济建设的目标之后，在原有的基础之上，既改造社会又改造自身，不断与社会互动，与人民群众进行交流。当然，改革也会有冲突，甚至是比较激烈的社会冲突，但这恰恰是中国共产党进行持续改革的动力，也是社会发展的能量来源。

二、政党职能转变的三个时期

中国共产党的政党职能大致经历了三个时期，即由革命动员与国家制度草创时期到经济建设与国家发展时期再到社会转型与社会整合时期。显然，政党职能的变迁并不是一个简单的替代过程，社会整合也不是一个与经济建设相对立的过程。所以，政党在特殊历史时期所面临的任务不同，其政党职能的侧重点也自然不同。

（一）革命动员与国家制度草创时期

1921年，中国共产党成立。它的建立和发展是与中国当时的历史环境紧密相关的。清朝灭亡之后，传统的帝国体系崩溃，中国陷入一片混乱之中，有学者称之为陷入“总体性危机”的状态。到底什么力量能够支撑中国社会，是先进的中国人一直在积极探索的问题。孙中山在探寻革命道路的过程中，认为“国家必有政党，一切政治始能发达”[1]，因而决心走上“以党建国”“党治国家”的道路。但是，国民党未能完成孙中山的遗愿，反而成为中国革命的阻碍力量。中国共产党继承了孙中山的遗志，成为中国革命的中流砥柱。

面对内忧外患的局面，争取民族独立和国家统一是当时需要完成的最为重要的任务。革命动员成为中国共产党需要履行的最为突出的职能。一方面，中国共产党建立严密的党组织和铁的纪律，使党保持着旺盛的战斗能力；另一方面，中国共产党又在各个社会阶级阶层中建立外围组织。

中国共产党的外围组织首先在工农阶级中展开。中国共产党一诞生，就在党的一大通过的中国共产党第一个决议中，明确了将在中国工人阶级中成立自己的工会作为党的基本任务。从此，党领导工人组织工会、举行罢工，与工人建立紧密的联系。大革命失败之后，尽管农村成为党的工作重心，但是，党仍然在城市中与国民党争夺工会的领导权，保证党对工人阶级的领导和动员。中国共产党很早就认识到了发动农民的重要性。在第一次国内革命战争期间，为了有效动员农民，发展革命力量，据不完全统计，在1927年6月，全国有各级农民协会近2万个，会员900多万人[2]。历经抗日战争、解放战争，农民一直是中国共产党重点动员的对象，在革命过程中发挥了重要的

[1] 《孙中山全集》（第3卷），中华书局1984年版，第43页。

[2] 程同顺：《农民组织与政治发展：再论中国农民的组织化》，天津人民出版社2006年版，第100页。

作用。

除了在工农中间建立了党的外围组织之外，青年、妇女都是中国共产党积极团结的对象。有些青年、妇女组织在党成立之前就已经存在，党经过改造和发展这些组织，将他们团结在党的周围；同时，也积极通过党自身的行动建立和发展新的青年、妇女组织。在动员革命力量的过程中，逐渐形成了一个以中国共产党为核心、以各种社会组织团体为外围的结构体系。这一结构体系的发展直接影响到了新中国成立后国家和社会的组织形式。

这种“核心—外围”结构模式的发展，是中国共产党能够积聚力量、完成革命任务的重要保障。面对中华帝国体制崩溃之后的“总体性危机”，中国共产党以总体性的改造予以回应。“中国革命的历史逻辑、中国共产党取得政权的行动逻辑以及中国共产党重组中国社会的组织逻辑，实际上是相互统一的，因而也是相互决定和相互作用的。”[1]新中国成立后，“核心—外围”组织模式扩张到了整个社会。由于党已经成为执政力量，成为一个固定的核心，因此，从某种意义上说，基于国家强制力的政治权力和葛兰西所谓的“霸权”已经难以区分开来，命令取代了说服，“核心—外围”组织模式也就日益绝对化，最终导致各种外围组织不仅数量上急剧萎缩，而且自身也日益政党化、官僚化。在“核心—外围”模式下，社会高度同构化，人们能在基层的生产单位看到与党领导国家基本相似的党的领导和组织体系，也能在一个拥有较大规模的单位看到许多政治组织和机构。静态的“核心—外围”结构的发展，使得社会慢慢地消解于国家之中，社会自主力量逐渐消失。

（二）经济建设与国家发展时期

新中国成立后，党对经济建设这一目标有了比较清醒的认识。党的八大已经明确指出，国内的主要矛盾不再是工人阶级和资产阶级之间的矛盾，而是人民对于建立先进的工业国的要求同落后的农业国的现实之间的矛盾，是人民对于经济文化迅速发展的需要同当前经济文化不能满足人民需要的状况之间的矛盾。但是，经济建设的展开，是建立在“核心—外围”结构的全社会覆盖之上的。这种动员式的“核心—外围”结构，在经济恢复和社会主义革命时期，使国家能够集中有限的资源进行计划分配并完成预定的经济任务，但生产效率难以显著提高。而随着党对阶级斗争的过分强调，政治斗争逐渐压过了经济发展的要求，“核心—外围”结构被更多地用来进行群众运动的动员，经济建设的发展被迫中断。

“文化大革命”结束后，中国共产党开始重新考虑加快经济建设的问题。在1978

[1] 林尚立：《中国共产党与国家建设》，天津人民出版社2009年版，第204页。

年召开的党的十一届三中全会上，党中央果断地停止使用“以阶级斗争为纲”的口号，作出了把工作重点转移到社会主义现代化建设上来的战略决策。对高度集中的计划经济的弊端的认识，使得党中央决心进行经济体制改革。这就是后来被称为“建立中国特色社会主义市场经济”的改革。它从一开始就是一种“摸着石头过河”的尝试，各种经济实践都是基于各地区在新中国成立前30年积累的经济资源禀赋与“政府—社会”的经济发展互动中产生的。一方面，党和政府的地方干部受到各种因素的影响，开始追求经济发展的绩效，其中最有影响力的就是包含分税制和干部考核制度的激励机制[1]；另一方面，逐渐取得了一定经营自主权的社会，在国家政治法律环境中，逐步发展对产权的要求，以便降低在经济投资中的风险，保护其利益。在这一背景下，可以相对清晰地理解党群关系的一些问题。由于在新中国成立之初建立的“核心—外围”结构仍然在起作用，因此，党和政府动员资源的能力仍然很强大，地方官员为了经济绩效，为了吸引投资，加强本地经济的竞争力，可以筹措各种资源满足资本的要求。但是，对社会经济发展的放权，同时也产生了脱离原有国家体制之外的群体，他们更加依赖于市场，也对属于自己的利益更加敏感。即使是在经济发展这一根本目标一致的情形下，对于谁应该承担发展的成本，发展的利益如何分配也会成为争端的一个重要部分。缺乏产权法律制度的社会经济主体为了降低风险总是寻找地方政府和官员的庇护，腐败现象的出现和恶化，正好与这种改革方式的展开具有同步性。

（三）社会转型与社会整合时期

历经30多年的改革开放，中国的国家社会关系已经有了巨大的变化。一是社会阶级阶层结构的变动。不仅从前的“两个阶级、一个阶层”内部已经经历了巨大的分化，新的社会阶层也不断涌现。以前由于在计划经济的分配体制下，阶级阶层的经济地位相对平等，社会中的主要区别在于政治身份。而随着市场经济的发展，政治因素的作用越来越弱化，经济差别的重要性却越来越明显，经济利益的冲突开始成为各阶级阶层主要的冲突焦点。二是各种非政府组织广泛出现。伴随着独立经济体的发展，庞大的“大群体”逐步瓦解，中国人民经历了一个“个体化”的过程，在国家逐渐失去对个体的直接管制能力的情形下，社会群体的数量大量增长，各种非政府组织广泛出现。这些组织开始逐渐侵蚀静态的“核心—外围”的组织模式，代之以一种更具独立性的组织模式，使得政党同它们的关系变得更为间接和疏远。三是利益关系发生深刻变化。改革开放之前，利益主体相对单一，社会的同构性也不容易产生对立式的阶级阶层冲突。在市场经济中，各种利益主体开始涌现，市场经济也并不总是带来合作性的收益，

[1] 白美珊：《乡村中国的全力与财富：制度变迁的政治经济学》，郎友兴等译，浙江人民出版社2009年版，第53页。

它同时也制造广泛的利益冲突。而且由于掌握的资源不同，不同群体很容易结成相关的利益群体联盟，而这些利益群体的组合又具有很大的不确定性和多样性，使得整个社会的利益空前复杂，也使得党和群众的关系具备了广泛性和复杂性的特点[1]。

因此，在这一时期，虽然经济发展的任务仍然存在，但是，由于社会发展进入一个转型时期，利益分化加剧，社会矛盾凸显，政党的职能必然要转向政治善治和社会整合。从“三个代表”重要思想中对人民群众最根本利益的强调到“科学发展观”中对化解各种矛盾、统筹发展的重视，从经济“又快又好发展”到“又好又快发展”的不同表述，从“效率优先，兼顾公平”到“初次分配和再分配都要处理好公平和效率的关系”的依次变化，以及对和谐社会理论的全方面阐释，这些都是党针对当前社会转型开始调整其政党职能的表现。

三、完善群众路线、和谐党群关系的途径

进入21世纪之后，中国社会的深刻变化已经开始对中国共产党承担的职能提出更高的要求，也对党整合社会的任务提出了各种挑战。完善群众路线、和谐党群关系需要政党进行多方面的努力，既要利用好政党已经具有的各种组织资源和执政经验，又要开始改革不能适应社会需要的某些过时的制度，以合适的途径促进党与社会之间的良性互动。

（一）对政党职能要有更深刻的认识

当前，贯彻群众路线、调整党群关系不仅要服务于党的领导和社会主义事业的发展，而且要从社会着眼，更多地服务于社会。这就要求曾经的“核心—外围”组织结构要进行相应的调整，对社会组织的整合不能再度回到国家替代社会、抑制社会发展的道路上。政党在同社会组织的互动中，不是要将社会组织政党化，而是要将社会组织社会化，使这些社会组织能够真正具有服务社会、协调社会的能力，而不是作为政党控制社会的分支。社会化的社会组织能够有效地促进社会和谐，提高整个社会的自治能力，而且这一过程并不损害党作为社会主义事业领导核心的作用。虽然对独立自主的社会组织不能够以行政命令的方式进行直接控制，但是，这样反而能够在整合社会的过程中真正提高党的吸引力，通过参与社会、服务社会来增加社会组织对党的认同，提高社会的向心力。

[1] 姚桓：《转向和挑战：社会变革背景下的党群关系》，《学术前沿》2012年第7期。

（二）发展人民民主制度，拓宽人民政治参与的渠道

群众路线强调要“从群众中来，到群众中去”，但是，由于历来缺乏一个制度性的安排，因此，表现在“到群众中去”比较多，对“从群众中来”则重视不够，更多地表现为一种领导的民主作风。因此，要更加深入地执行群众路线，就应该积极地推进人民民主制度。

（三）正确把握公共利益，注重利益分配的公平公正

准确把握公共利益是一件十分困难的事情。从理论上说，公共利益可以使所有人的收益最大化，但是，这种“帕累托最优”状态在现实中很难实现，而且简单的民主投票也不一定能够确立真正的公共利益所在。一方面，个人对利益的理解五花八门；另一方面，民主表决也可能反映不了民众的偏好[1]。但是，只要我们承认民主辩论中存在着真理的因子，就应该鼓励不同利益诉求之间的相互质询，从而使政党能够更加综合地看待不同群体的要求，制定政策的时候也就更加接近于真实的公共利益。利益分配问题一直是社会关注的焦点，公平公正问题的重要性也日益突出。在发展过程中，由于掌握的社会、经济、政治资源有着很大的差别，弱势群体往往得不到充分的话语权，在嘈杂的社会利益诉求背景下，他们往往被迫成为沉默的旁观者。因此，党需要重点关注他们的利益，在发展的过程中做到收益的公平公正分配。

（四）对党的作风问题、腐败问题继续常抓不懈

在现实生活中，群众路线的执行情况不理想、影响党群关系的因素有很多种，其中，官僚主义、作风问题和腐败问题都是很重要的原因。虽然这些问题并不具有最基本的规定性特征，但是这些现象却给予人民群众最为直观的感受。一切官僚主义行为和工作作风问题，都是对群众利益的漠视。治理腐败问题的重要性不言而喻，腐败是人民群众最为痛恨的现象。对腐败的治理，离不开对权力的监督和制衡。只有将权力关进制度的笼子里，不给其寻租的空间，才能从根本上遏制腐败。而作风问题、腐败问题的解决必然是一个长期的过程，会一直贯穿于党群关系的互动之中，因此，对党的作风问题、腐败问题必须继续常抓不懈。

原载于《中央社会主义学院学报》2014年第1期

[1] 以阿罗不可能定理为例，在特定社会偏好结构下最终的投票结果往往不能反映民众的真实想法。

第一国际的共产主义活动与社会主义政党政治逻辑

王韶兴

摘　要：在19世纪时代背景下，第一国际以马克思主义为指导，以早期“社会主义国际联合组织”为载体，以夺取政权为工人阶级的伟大使命，积极展开对资产阶级统治的斗争，有力地回应了无产阶级理论自觉与组织化斗争的时代诉求，并对20世纪以来国际共产主义运动的生动展开和民族化发展产生了深远的历史影响。在社会主义政党政治视域下，第一国际继共产主义者同盟开启了社会主义政党政治序幕之后，以新的组织形态、理论观点和政治实践的互动发展，改变了资本主义政党政治一统天下的政治局面，为其后的第二国际、共产国际以及被压迫民族国家内社会主义政党政治的兴起与发展，留下了丰厚的思想创造与实践创新的历史遗产。尽管第一国际社会主义政党政治实践具有明显的“地域性”以及发展阶段上的“初级性”和实践中的“尝试性”，但无论在组织载体、价值指向、活动内容，还是在思想指导、实践模式以及策略原则等方面，都对社会主义政党政治的深入发展具有奠基意义和开创价值。

关键词：第一国际；共产主义活动；马克思主义；社会主义；政党政治

作为人类新型政治文明形态中的重要政治过程和实践形式，社会主义政党政治根源于资本主义旧文明必然让位于社会主义新文明的历史逻辑，发端于19世纪中期欧洲资本主义危机背景下社会发展转型和欧洲工人政治运动国际化的历史进程，起步于“工人革命的第一步就是使无产阶级上升为统治阶级，争得民主”[1]，发展于实现物质财富极大丰富、人民精神境界极大提高、每个人自由而全面发展的价值追求。如果以1847年“共产主义者同盟”建立为组织准备，以1848年《共产党宣言》发表为理论准备，以1864年第一国际建立及其活动为较完整意义上的实践展开的话，社会主义政党政治迄今为止已有近170年的发展历史。其间，历经了以第一国际为组织载体在欧洲的整体性推进，第二国际尤其第三国际时期世界范围内无产阶级政党的加速拓展，二战

[1] 《马克思恩格斯文集》（第2卷），人民出版社2009年版，第52页。

后亚非拉地区国家制度变迁的社会主义历史性跨越，20世纪90年代遭遇惊心动魄的苏东剧变，以及中国特色社会主义政党政治实践有力推进社会主义民主政治发展的政治过程，呈现出了鲜明的时代与国别发展特征。

19世纪时代背景下的第一国际，以马克思主义为指导，以早期“社会主义国际联合组织”[1]为载体，围绕反对国际资产阶级统治的斗争需要，建构无产阶级政党的组织体系和运行机制，开展党内外事务治理，并以其积极成果不断推动反对资产阶级统治斗争的发展。这一政治实践历程，有效地回应了无产阶级理论自觉与组织化斗争的时代诉求，蕴含着社会主义政党政治发展源头的尝试性意义，对于准确把握社会主义政党政治特别是社会主义国家政党政治发展，发挥着独特的历史基因性作用。基于国际共产主义运动的宏阔历史逻辑与时代价值，根据世界社会主义政党政治尤其是中国特色社会主义政党政治的新发展，深入探讨第一国际与社会主义政党政治实践的源流关系，有助于辩证考察社会主义政党政治理论与实践相互促进、历史与现实内在关联、普遍性与特殊性相互依存，以及当代与未来逻辑贯通等问题，为增强中国学术话语的时代解释力，以中国的实践智慧破除西方的制度偏见，坚持和发展中国特色社会主义制度体系，提供必要的智力支持和学理基础。

一、政党政治的学术理路与社会主义政党政治认知

在人类政治发展进程中，政党既是当代波澜壮阔的政治现象，也是现代政治生活的主要组织者。经过300多年的发展历程，政党由初时“难以拿到出生证”，被认为是不可接受的事物[2]，到目前已拓展为160多个国家6200多个不同类型的政党[3]，深刻地“决定着相关国家的政治生态情势和内政外交走向”[4]，是现代社会制度变迁和政治设施中最具政治能量的组织形式。作为“当代政治文明的重要组成部分”[5]，政党政治以鲜明的制度性质和特有的政治运行方式，跃升为包括社会主义国家在内世界各国民主政治发展的首要论域。在学术与政治的视界交汇中，政党政治研究成为解剖现代社会运行的政治枢纽。

[1] 谭荣邦：《世界社会主义运动中国际联合问题研究》，人民出版社2009年版，第6页。

[2] 王韶兴：《政党政治论》，山东人民出版社2011年版，第1页。

[3] 中共中央对外联络部研究室编：《当今世界政党政治研究报告（2013年）》，中央编译出版社2014年版，第1页。

[4] 于洪君：《当代世界政党文献（2012）》，党建读物出版社2013年版，第2页。

[5] 李慎明：《为建设社会主义政治文明加强政党政治问题研究——在“政党政治：模式、理论与实践”国际研讨会上的讲话》，《政治学研究》2003年增刊。

（一）西方学者的政党认知与马克思主义政党观

政党起源于西方。随着政党发展及其价值凸显，西方学者对政党的认识经历了一个不断拓展和深化的过程，形成了诸多见解。英国政治学家埃德蒙·柏克（Edmund Burke）指出："政党是人们为通过共同努力以提高民族福利，并根据某种他们共同认可的原则而结成的组织。"[1]美国政治学家谢茨施耐德（Elmer Eric Schattschneider）认为，政党是"动员多数参与政治的特殊政治组织形式"。[2]意大利政治学家萨托利（Giovanni Sartori）强调："政党是社会和政府之间的核心中介组织。"[3]《不列颠百科全书》则把政党归结为"由一群人组成的团体，他们通过选举或革命取得政权并行使政权"。[4]法国政治学家让·布隆代尔（Jean Blondel）和意大利政治学家毛里齐奥·科塔（Maurizio Cotta）认为，政党有两个特点：一是政党是具有共同的利益、价值观、理想和纲领的个人组成的群体，也是具有不同抱负的个人组成的群体；二是政党在不同的领域和背景下开展活动，并且要适应这些领域和背景，[5]等等。西方学者尽管从不同角度或在不同层面努力对政党作出定义，却始终未能就"什么是政党"达成一致看法，[6]但都涉及组织形式、党纲和党的支持者三个最基本的元素，而利益团体则不具有这三个因素。[7]

与资产阶级政党理论根本不同，马克思主义政党理论是在批判资本主义、建设社会主义和无产阶级政党自身建设的实践中创立和发展起来的。马克思主义认为，政党是阶级、阶层、集团利益的集中代表。无产阶级政党是无产阶级自身发展壮大的结果，是资本主义时代及其政党政治的产物。"共产党人不是同其他工人政党相对立的特殊政党。他们没有任何同整个无产阶级的利益不同的利益。"[8]"在实践方面，共产党人是各国工人政党中最坚决的、始终起推动作用的部分；在理论方面，他们胜过其余无产阶

[1] Edmund Burke, "Thoughts on the Cause of the Present Discontents（1770）" in Louis I. Bredvold and Ralph G.Ross, eds., *The Philosophy of Edmund Burke*, Ann Arbor: University of Michigan Press, 1960, p.134.另见埃德蒙·柏克：《自由与传统——柏克政治论文选》，蒋庆等译，商务印书馆2001年版，第148页。

[2] E.E.Schattschneider, *Party Government*, New York: Farrar and Rinehart, 1942, p.208.

[3] G.萨托利：《政党与政党体制》，王明进译，商务印书馆2006年版，第2页。

[4] 美国不列颠百科全书公司编著：《不列颠百科全书（国际中文版）》（第13卷），中国大百科全书出版社《不列颠百科全书》国际中文版编辑部编译，中国大百科全书出版社1999年版，第381页。

[5] Jean Blondel, Maurizio Cotta, *The Nature of Party Government: A Comparative European Perspective*, New York: Palgrave, 2000, pp.58–59.

[6] Richard.S.Katz, WilliamJ.Crotty, *Hand book of Party Politics*, London: Sage Publications Ltd., 2006, p.6.

[7] Mauro Calise, The odoreJ.Lowi, "Hyperpolitics: Hypertext, Concepts, and Theory—making", *International Political Science Review*, Vol.21, No.3, 2000, pp.283–310.

[8] 《马克思恩格斯文集》（第2卷），人民出版社2009年版，第44页。

级群众的地方在于他们了解无产阶级运动的条件、进程和一般结果。"[1]共产党的最近目的是"使无产阶级形成为阶级，推翻资产阶级的统治，由无产阶级夺取政权"[2]，最终目的是实现共产主义。"在以阶级划分为基础的社会中，敌对阶级之间的斗争在一定的发展阶段上势必变成政治斗争。各阶级政治斗争的最严整、最完全和最明显的表现就是各政党的斗争。"[3]基于这些思想认识，综合国内学者有关政党的定义，我们认为，政党是社会经济和阶级斗争发展到资产阶级时代的产物，是代表一定阶级、阶层的利益和意志，具有鲜明的理论基础、政治纲领和行动策略，为参与或掌握国家政权而斗争的政治组织。

需要指出，政党的本质属性源于其内在规定性和外在规定性两个方面。内在规定性反映政党所具有的独立意识形态、价值指向、组织体系、运作规范及实践活动，其意义在于标识政党特有的政治性质；外在规定性是指政党的形成、存在并发挥作用特定的政治历史范畴、社会经济基础和社会阶级基础，其价值在于养成政党性质的发展水平。政党的发育成熟是要件生成和质量提升的漫长历史过程。资产阶级政党是这样，无产阶级政党也是如此。这表明，考察政党的基本性质，要着眼于内在规定性，而把握政党质量的成长水平则有赖于外在规定性。同时，既不能用基于几百年来政党实践形成的整体政党认知，苛求处于萌芽时期的政党；也不能用高度抽象化的政党标准，机械地对应处在特定政治生态和时代诉求中的具象化政党。

（二）政党政治并非资产阶级"政治专利"，也不是政党制度的同义语

与政党发展及其价值实现相伴随，西方学者较早地进行了政党政治问题研究。1770年，柏克撰写的《政党（的）政治》小册子，首次论述了政党存在的必要性及政党政治的合理性。约从1837年开始，英国《观察家报》开辟了"政党政治"栏目，专门报道政党活动及议会选举。19世纪末，美国学者开始关注本国的政党政治，集中体现在研究选举前各个政党的行动、选民对政党的反应以及媒体的影响[4]等问题。随着政党在西方国家政治和社会生活中的作用日益凸显，以至于"政党成为至高无上的"[5]基本事实，促使政党政治的探讨进一步深化。1957年，美国政治学家维内尔（Myron Weiner）在《印度政党政治——多党制的发展》一书中，集中论述了政党自身发展、

[1] 《马克思恩格斯文集》（第2卷），人民出版社2009年版，第44页。

[2] 《马克思恩格斯文集》（第2卷），人民出版社2009年版，第44页。

[3] 《列宁选集》（第1卷），人民出版社2012年版，第676页。

[4] American Statesman，"Party Politics in the United States"，*Contemporary Review*，Vol.38，Jul.1880，p.761.

[5] David Held，*Models of Democracy*，Cambridge and Malden：Polity Press，2006，p.134.

政党领袖、政党观念，以及“政权从一个政党到另一个政党的和平转移及其对民主发展的基础性作用”。[1]20世纪60年代初，由英国杰出的学术召集人、英国宪法起草者艾弗尔·詹宁斯（Ivor Jennings）主编的《政党政治》（三卷本），对政党政治的研究对象、研究范围及其学科特性作了系统论述，同时强调政党意识形态可以不断调整，但政治统治是政党政治永恒不变的特征。1995年，美国创办的《政党政治》（*Party Politics*）季刊（现为双月刊）认为，政党政治的任务是研究政党及政治组织，包括政党的历史发展、结构、政策纲领、意识形态、选举及竞选策略，以及政党在不同国家和国际政治制度中的作用[2]等问题。1999年，英国的《共产主义研究和转型政治杂志》（*Journal of Communist Studies and Transition Politics*）出版了一期“政党政治”特刊，就俄罗斯和东欧国家政党问题进行专题研究，主要包括政党和政党制度的地区层面、政党纲领、反体制政党、议会政党，以及不同的政党结构对政治的影响等。[3]2006年，美国政治学家卡茨（Richard S.Katz）和克罗蒂（William J.Crotty）主编的《政党政治手册》（*The Handbook of Party Politics*）出版，涉及政党的定义、功能、组织以及政党与社会、政党与国家和政党未来诸多内容，是西方学者研究政党政治的新成果。

通观西方政党政治研究的学术史，我们可以发现，在不同历史发展阶段，西方学者基于不同民族国家的政党政治实践，对政党政治问题关注的重点和层次是不一样的。然而，政党政治是关于政党自身的政治——政党的历史发展、本质特征、纲领政策、组织体系以及价值功能，关于政党间的政治——政党体制的形成及其变化，关于政党与国家、政党与公民社会之间的互动关系，关于政党政治在民主发展中的作用，以及政党政治的产生与发展不以人的主观好恶为转移等问题，构成了西方政党政治理论框架的共识。

新中国成立以前，中国学者也开展了关于政党政治问题的探讨，[4]与西方学者的共识在于政党政治是政党竞争和参与的政治，差异之处是不把政党政治的基本内容——政党自身事务治理纳入政党政治范畴，具有代表性的观点是1947年中华书局出版

[1] Myron Weiner，*Party Politics in India: The Development of a Multi—party System*，Princeton：Princeton University Press，1957，p.287.

[2] 参见Party Politics的英文网页介绍，http：//www.partypolitics.org/about.htm。

[3] Peter Mair，“Party Politics in Post Communist Russia/Elections and Votersin Post—communist Russia”，*Europe Asia Studies,Formerly Soviet Studies*，Vol.5l，No.7，Nov.1999，pp.1297-1298.

[4] 新中国成立前出版的政党研究著作有：周光龙的《政党论》（内务部编译处1919年版）、印维廉的《中国政党史》（中央图书局1927年版）和《世界政党史》（中央图书局1929年版）、张启明的《各国政党史纲要》（广益书局1929年版）、刘文岛的《政党政治论》（上海商务印书馆1933年版）、杨公达的《政党概论》（神州国光社1933年版）、杨幼炯的《中国政党史》（商务印书馆1937年版）、许正中的《政党之理论与运用》（大东书局1947年版）等。

的《辞海》关于政党政治的定义，即“政党对立与政权交代之政治形式，谓之政党政治”。[1]新中国成立后到改革开放前，中国大陆学者对政党政治问题的认识，基本上沿用了前人的既有说法，且“观念、思路、研究方法都深受苏联模式和‘左’的思想的影响”，[2]尤其是在政治学被当作资产阶级伪科学加以否定的背景下，政党政治这一人类政治文明发展所共有的政治现象，也被当成资本主义国家的专利、资产阶级政党特有的政治工具。[3]应该说，这样认识政党政治，具有一定的历史合理性或必然性。毕竟政党政治发端于西方资本主义国家，政党政治的学术资源也首先积累于西方学术研究的理论群之中。即使马克思主义创始人的政党思想，也是基于西方国家的社会背景和政治实践，在理论与实践扬弃过程中创造性地形成、发展起来的。近百年来，在中国流行的有关政党政治术语基本上是从西方移植过来的。这样，中国语境中对政党政治概念的认识，首先要借助于西方政党政治研究的学术资源，对政党政治问题的理解，也主要是建立在西方政党政治实践认知的基础上，再加上这一政治实践形式在最先承载的资本主义制度属性与后继的社会主义价值追求对“武器的批判”之间的根本区别，就很容易基于特定时代特征的学术与政治互动中，形成政党政治是资本主义国家特有的政治现象这一认知结果。

其实，政党政治是人类社会发展必经的一个政治过程，必有的一种政治实践类型。其核心标志就是政党的产生并成为政治行为的主体。经济制度的性质差异，根本决定了政治行为主体的不同生存方式与制度化需求的历史形态，同时政治行为主体阶级属性的内在差异，必然形成制度属性迥然不同、价值指向不可调和的政党政治形态。然而，政党政治不仅具有鲜明的“社会阶级属性”，形成与国家制度属性相一致，旨在维护既有民主政治成果的职能，而且具有明确的“公共事务属性”，形成与“组织国家—

[1] 舒新城等:《辞海（合订本）》，中华书局1947年版，第601页。

[2] 王长江:《政党论》，人民出版社2009年版，第14页。

[3] 有学者认为:“政党政治是资本主义国家代表不同阶级、不同集团利益的政党之间的斗争，既表现为代表各个不同阶级的政党之间的根本政治斗争，也表现为统治阶级内部各个政党在竞选活动、议会和政府内部政策争论和权力争夺方面的党派斗争。”另有学者强调，“政党政治是资本主义国家通过议会或总统竞选，由几个资产阶级政党交替执政或联合执政的一种统治方式”。总之，认为政党政治是“资本主义国家通过议会或总统的定期选举，由取得多数议员席位或当选总统的政党或政党联盟组织政府的一种政治制度”，是“西方国家由政党之间的斗争和相互关系、各项活动所构成的社会政治现象。社会政治生活的重要领域之一，社会阶级斗争、经济关系的集中反映”，是“资本主义国家议会或总统选举中由获胜政党或各政党联合执政的党治国的政治制度”，是“资本主义国家的若干资产阶级政党通过议会和总统竞选而交替执政或联合执政的一种统治形式”等，是当时比较普遍的学术见解。（参见王韶兴主编:《政党政治论》，山东人民出版社2011年版，第6页。）

社会政治生活”的现实需求相适应，旨在保证既定政治过程有效运转的功能。[1]正是由于“社会阶级属性”与“公共事务属性”的互构与联结，决定了政党政治在现代民主政治进程中必然承担着不可替代的政治主导性作用，无论从实践层面还是从理论层面，都将极大地推进人类政治文明的实践进程，并在人类实现彻底解放的历史使命中，廓清了社会主义政党政治生成与发展的时代前提。

这里需要指出的是，中国大陆学者理解政党政治的另一种情况，就是存在“政党政治”与“政党制度”互指现象，把分属于不同层次、具有不同内涵的两个概念当作同义语使用。[2]事实上，政党政治与政党制度是政治学中的不同概念，在科学内涵、外延范围、核心内容、功能实现等方面都有重大差异，各有各的价值功能和活动领域、本质特征和实践要求。从本质属性看，政党政治是人类历史发展进程中，由政党主导的政治类型，承载的是一种民主政治形态；政党制度则是一个国家关于政党地位、政党结构及政党活动规范的总称，反映的是政党政治模式及运行机制。从价值功能看，政党政治是政党制度的上位概念，侧重于对政党政治的基本特征的揭示，回答的是政党政治诸原理的历史必然性、必要性、基本内容及其本质等问题，所要解决的是政党政治“是什么”“为什么”的问题；政党制度则是政党政治的下位概念，侧重于对政党政治的主体构成及其运行机制即政党政治实现机制的揭示，回答的是政党政治诸原理的实现途径和方式、方法等问题，所要解决的是政党政治“怎么做”的问题。从发生时序看，先有政党的产生和政党政治运行，后有政党制度的形成和确立，政党政治依托于鲜明的经济制度属性，决定着政党制度的性质和内容。

在政党政治的理论认识和实践把握中，如果以政党政治指代政党制度，就会遮蔽或忽视政党制度的“工具理性”，难以有效地反映出政党制度是服务于特定性质的政党政治的制度化设施特征，以及应因“时”“空”差异而不同的实践要求；如果以政党制度指代政党政治，就会遮蔽或忽视政党政治的“价值理性”，不但客观上约束了既有民

---

[1] 政党职能与政党功能是语义不同、要求各异的两个概念，在科学内涵、概念层次和内容要求等方面都具有很大差异。（参见王韶兴主编：《政党政治论》，山东人民出版社2011年版，第130—131页。）

[2] 有学者认为，“政党制度又称政党政治，是指一个国家通过政党行使国家权力或干预政治的一种政治制度”。有学者指出，“当代各国的政治，除极少数特殊情况外，几乎没有不通过政党来进行的，但进行的方式则各有不同。这种不同的方式，通常称为政党制度或政党政治”。还有学者认为，“所谓政党制度（或称政党政治），指的是一个国家通过政党进行政治活动的方式或状态”。另有学者表述，“资本主义国家政党制度又称为政党政治，它是资本主义国家中的政党进行社会政治活动的合法规则、程序和方式”。还有学者指出，“政党制度，或称政党政治，是指一个国家政党之间相互关系的状况，以及关于政党的社会政治地位、政治活动的原则和执掌政权或参与政权的方式、方法、程序和成效等的政治模式或法律规定”，等等。（参见王韶兴主编：《政党政治论》，山东人民出版社2011年版，第6—7页。）

主实践成果的特定政治属性和价值追求的自主表达，也不利于在国际层面更为广泛的政治文明对话中增强自主话语的有效解释力。

（三）当代中国语境中的政党政治再认识与社会主义政党政治认知

20世纪90年代以来，世界政党政治尤其是社会主义国家政党政治面临的实践与理论境遇，推动了政党政治的学术研究由政党个案、国别政党的论域转向世界层面的政党比较，由政党政治形态的个别研究转向对政党政治发展规律的探讨，由政党政治的专题性研究转向政党政治学科的整体性思考。因此，中国学术界关于政党政治研究框架的认识出现了新的进展，政党政治定义的“广义说”[1]应运而生。其核心观点认为，政党政治就是政党在整个政治运行过程中发挥重大影响、起着支配作用的那种政治。这一方面纠正了以往对政党政治只作“社会阶级属性”意义上的理解，另一方面把分属于两个不同层次、具有不同科学内涵与实践要求的“政党政治”和“政党制度”概念，通过“社会主义民主政治”的总命题有机地整合在一起，弥补了二者作为同义语“重叠”定义政党政治的不足。这无疑是社会主义政党政治实践深度发展的时代背景下，政党政治理论认识上的重大突破。

然而，考察世界政党政治的丰富实践和历史经验，基于增强政党政治概念的包容性和解释力，是当下政党政治理论反思和现实观察的迫切要求，[2]在秉持“政党影响政

---

[1] 有学者认为，“政党政治通常指一个国家通过政党行使国家政权的形式。广义包括各国政党为实现其纲领和主张而开展的一切政治活动和斗争”。有学者指出，“所谓政党政治，是指由政党掌权并在社会政治生活、国家事务和政体运作中处于中心地位的政治”。还有学者阐述：“政党政治是指一个国家中政党的法律认可；政党与政权、政党与政党、政党与其他社会组织的关系机制；政党对国家和社会生活的影响及其存在的活动方式。”另有学者认为，政党政治是“指由占统治地位的阶级的政党执掌国家政权的政治制度。最早是指资本主义国家通过议会或总统选举，由获胜的政党执政或联合组织政府的政治制度。社会主义国家建立以后，也实行政党政治”。还有学者指出，政党政治“通常指资产阶级国家由几个资产阶级政党轮流执政或联合执政的一种政治制度”。“社会主义国家也实行政党政治，但在性质、形式等方面与资产阶级的政党政治有着本质区别”。有学者强调：“政党政治应该是对这样一种政治现象的描述，即在一定的经济基础上，人们围绕特定利益组成政党，通过政党对社会公共权力施加影响，以获得或维护特定权利。换句话说，政党政治表现为：政党在整个政治体制的运作中起至关重要的作用，人们的政治活动主要通过政党来实现”，等等。（参见王韶兴主编：《政党政治论》，山东人民出版社2011年版，第8—9页。）

[2] 我们认为，关于政党政治基本理论的认识，不但依赖于政党政治实践的发展，而且受制于人们的认识和思维发展水平。政党政治实践丰富了，人们对政党政治的认识能力提高了，关于什么是政党政治的认识就需要与时俱进的表达手段。对什么是政党政治的表达，既是人们对政党政治认识水平的具体表现，又是人们进一步深化政党政治问题认识的工具和路径依赖。关于什么是政党政治的认识，总是伴随着政党政治实践发展的步伐，并深深地嵌入了时代的烙印，由此构成政党政治发展史与政党政治认识史的统一。

治”的基本规定下，认识政党政治还应当考虑以下问题。第一，政党政治的起始性、前提性和基础性内容是政党自身事务及其治理。[1]第二，政党政治的理论原点和实践起点是政党的生存权、发展权与发挥作用权，是政党权利诉求引起政党政治。第三，政党是民主政治发展的产物和中介，政党政治是民主政治的形态和机制；党内民主、党际民主、国家民主和社会民主是政党政治的本质要求和价值指向。第四，政党政治从内容到形式有一个从低级到高级的发展完善过程；从历史逻辑和价值目标看，社会主义政党政治是高于资本主义政党政治的政治形态，具有人类政治文明发展的历史必然性和时代性表达的支持要素。

鉴于此，我们认为，政党政治是人类社会的政治活动和文明程度发展到一定历史阶段的产物，是以政党为行为主体，围绕国家政权问题而形成的相关事务及其治理。政党政治的核心内容是政党权利，政党政治过程即政党权利的实现过程；政党权利的表现形式是“政党之政”，实现机制是“政党之治”。所谓政党政治就是由“政党之政”和“政党之治”引起的政党实践及其相应政治关系的总称。就基本内容来看，政党政治包括政党自身事务治理——“党内政治”，政党与政党之间的事务治理——“党际政治”，政党与国家间的事务治理——“党政政治”，政党与社会间的事务治理——“党社政治”，以及民族国家政党之间的事务治理——“政党交往”或“政党外交”。就基本性质来看，政党政治可以分为资本主义政党政治和社会主义政党政治两大类别。其中，社会主义政党政治存在以科学社会主义理论为指导的共产党主导的政党政治和以民主社会主义（或社会民主主义）为价值取向的社会民主党主导的政党政治两种类型。同时，社会主义政党政治的发展过程，则分为以取得国家政权为核心内容的政党政治和以建设和巩固国家政权为核心内容的政党政治两个发展阶段，并相应形成了资本主义国家内部的社会主义政党政治和社会主义国家政党政治两种不同实践形态。

总体而言，社会主义政党政治是无产阶级政党为实现工人阶级彻底解放而开展的内外政治活动的总和，是无产阶级政党以取得和巩固国家政权为首要目标的政党政治。作为一种新兴的政党政治类型，它与资本主义政党政治的根本区别在于：因政治行为主体性质不同，决定了理论基础、目标追求的不同；因产生、发展与发挥作用的历史条件、现实基础不同，决定了政党政治实践形态的不同。

正是基于上述理论逻辑，第一国际时期社会主义政党政治在19世纪中期的历史性出场，是当时欧洲经济、政治、文化诸要素发展的历史合力的结果，是无产阶级寻求解决资本主义政治经济矛盾的必然实践选择。第一国际的共产主义活动，以鲜明的价

[1] 西方学者关于政党政治理论框架的认识，是从政党的起源与发展、政党的定义与特征以及政党的结构和功能开始的，甚至认为政党政治研究就是关于政党自身问题的研究。这是符合政党政治发生学的基本理路的。

值指向以及新的组织形态、理论观点和政治实践的互动发展，彻底改变了资本主义政党政治一统天下的政治局面，有力地推进了无产阶级深刻影响各国国家制度变迁的社会主义历史进程，并为其后的第二国际、共产国际以及被压迫民族国家社会主义政党政治的兴起与发展，留下了丰厚的思想创造与实践创新的历史遗产。

二、第一国际的政党属性与社会主义政党政治探索性实践

马克思主义是社会主义政党政治的政治灵魂和行动指南，既指导社会主义政党政治的实践进程，又随着社会主义政党政治实践不断展开而丰富发展。作为马克思主义与国际工人运动相结合的重要成果，第一国际的诞生既根源于资本主义经济的加速发展以及资本主义生产的社会化与国际化拓展，又依赖于马克思主义理论指导下工人运动高涨所促成的国际团结愿望的增强；其组织形态既呈现了社会主义政党政治的组织类型，又发挥了“共产主义者同盟1852年解散之后、第二国际1889年成立之前两者之间承前启后、继往开来的桥梁和引擎”[1]作用；其实践成果既践行了社会主义政党政治的价值指向，推动了马克思主义理论的丰富发展并逐步在工人运动中占据主导地位，也在事实上展现了“全世界无产阶级在反对其压迫者的斗争中联合起来了”[2]的革命运动形态，因而具有奠基意义和开创性价值。

（一）第一国际具有无产阶级政党属性并以“国际联合”和“跨国发展”的实践形态登上政治舞台，为社会主义政党政治开展提供了新的组织载体和活动空间

政党政治行为主体阶级属性的不同以及价值追求的不同，决定着不同的政党政治类型。关于第一国际的性质，目前存在是“工会组织”还是“政党组织”的认识分野。有学者认为，第一国际“是欧美各国工人和工人团体的大联合，是马克思恩格斯为建立无产阶级政党而斗争的一个重要阶段，是各国共产党的历史先驱，还不是无产阶级政党本身，也说不上是各国无产阶级政党的联盟”[3]。另有学者认为，第一国际“既是一个强大的工会组织，又是一个国际性的政治社团”[4]，是“国际性的工人阶级政党”[5]，

[1] 高放：《第一个政党性的国际工人组织——第一国际光芒四射》，《中国延安干部学院学报》2014年第1期。

[2] 《马克思恩格斯全集》（第25卷），人民出版社2001年版，第175页。

[3] 张文焕：《第一国际史研究中的几个问题（续）》，《国际共运史研究资料》1983年第1期。

[4] 马塞尔·范·戴尔·林登：《第一国际的衰落为何是不可避免的？》，吕殿祥译，《国外社会科学信息》1990年第1期。

[5] 童建挺：《新中国成立以来的第一国际研究》，《当代世界与社会主义》2011年第1期。

是“各国无产阶级群众的真正战斗的国际联盟”[1]，是“政党性的国际工人组织”[2]。我们认为，认定第一国际的政党属性，应从其生成条件、指导思想、政治纲领、组织章程、价值指向以及组织的实际领导权等方面进行全面考察。

第一，欧洲资本主义的迅速发展及其社会矛盾的加剧，促使工人阶级反对有产阶级联合权力的斗争进入一个新阶段，为建立与一切旧政党对立的独立政党奠定了阶级基础。历史地分析，1847年，共产主义者同盟的成立，无疑为社会主义政党政治提供了组织载体，开启了社会主义政党政治的序幕。然而，共产主义者同盟带来的革命曙光，却因1848年欧洲革命失败后欧洲大陆“工人阶级所有的党组织和党的机关报刊都被暴力的铁腕所摧毁……短促的解放梦已随着工业狂热发展、道德败坏和政治反动的时代的到来而破灭”[3]。随着资本主义的加速发展，19世纪60年代欧洲社会的“财富增加”与“贫困加剧”巨大矛盾日益凸显。由于“实力和财富这种令人陶醉的增长完全限于有产阶级”，而工人群众则是健康被损害，生存质量显著下降，“下降的程度至少同那些站在他们头上的阶级沿着社会阶梯上升的程度一样”。[4]“这些经济事实形成了产生现代阶级对立的基础；这些阶级对立，在它们因大工业而得到充分发展的国家里，因而特别是在英国，又是政党形成的基础，党派斗争的基础，因而也是全部政治史的基础。”[5]资产者与无产者之间的贫富对立和阶级矛盾的加深，促使工人运动重新走向高涨，并且普遍提出了政治诉求。1859年7月，伦敦建筑工人的大罢工打破了1848年革命后欧洲工人运动长期沉寂的局面，并且争得了10小时工作日法案的通过和合作运动；1859年6月，德国柏林的失业者以及其他地方的矿工、冶金工人、制糖工人、纺织工人、建筑工人等相继罢工，且越来越具有政治性；1862—1864年，法国工人发动了多次罢工，相继建立了青铜工人工会和装订工人工会等地方性和全国性行业工会，迫使波拿巴第二帝国政府于1864年5月4日废除了禁止工人结社的《列·霞白利法》(*Loi Le Chapelier*)。工人运动的重新高涨，标志着资本主义新危机的开始。这种危机，既有资本主义国体上的合法性危机，也有其政体上的政治参与危机和社会层面上的利益整合危机。而这三种危机往往会直接导致政党的产生。[6]

---

[1] И.А.巴赫、Л.И.戈尔曼、В.Э.库尼娜编：《第一国际》(第1卷)(1864—1870年)，杭州大学外语系俄语翻译组译，三联书店1980年版，第53页。

[2] 高放：《第一个政党性的国际工人组织——第一国际光芒四射》，《中国延安干部学院学报》2014年第1期。

[3] 《马克思恩格斯文集》(第3卷)，人民出版社2009年版，第10—11页。

[4] 《马克思恩格斯文集》(第3卷)，人民出版社2009年版，第10页。

[5] 《马克思恩格斯文集》(第4卷)，人民出版社2009年版，第232页。

[6] Joseph La Palombara, Myron Weiner，eds.，*Political Parties and Political Development*，Princeton：Princeton University Press，1966，pp.13–14.

第二，资本主义生产的社会化与国际化，造成工人阶级困苦的普遍性及其价值诉求的一致性，促使工人阶级以国际联合的形式组成无产阶级政党并登上政治舞台成为历史必然。由于资本主义生产的日益社会化与国际化，资本剥削和压迫的国际性也逐渐增强。面对共同的制度化生存困境和共同的敌人，无产阶级必须在国际范围内联合起来，“以各国工人的兄弟联盟来对抗各国资产者的兄弟联盟”[1]，并且要组织“成为一个独立的政党，它有自己的目的和自己的政治”[2]。1854年，英国宪章派领袖琼斯发起建立了欢迎巴尔贝斯委员会。1855年2月，该委员会以“国际委员会”的名义公开活动，吸引了英、法、德、意、西、波等许多国际人士参加。1858年，“国际委员会”扩大为“国际协会”，在德、法、美等国设立支部，并多次举行国际性活动，为建立具有社会主义性质的新型政党组织奠定了坚实的组织准备。1863年7月，英国工人为抗议沙皇俄国镇压波兰起义，声援波兰人民的正义斗争，在伦敦举行群众大会。1864年9月28日，英、法、德、意、波等国的工人代表在伦敦圣马丁教堂集会，再次讨论声援波兰起义和各国工人联合斗争问题。大会决定成立国际工人组织，并选出临时委员会，马克思作为德国通讯书记当选临时委员会委员，负责制定组织的纲领和章程。10月11日，临时委员会举行第一次会议，宣告“国际工人协会”（1892年，恩格斯称为第一国际）成立。

第三，第一国际的纲领和章程以及活动准则，以“新的科学的世界观作为理论的基础”[3]，以夺取政权作为“工人阶级的伟大使命”[4]，以工人阶级的解放为目标。“有了现代无产阶级的阶级基础，还不能形成无产阶级政党。要形成无产阶级政党还必须具备理论方面的基础”[5]，这就是要有一个新的科学的世界观为指导，即将马克思主义的辩证唯物主义和历史唯物主义作为理论基础。第一国际成立之初，内部流派众多，马志尼主义者、工联主义者和蒲鲁东主义者都力图按照自己的派别思想影响国际活动。面对这种复杂状况，“马克思对当时无产阶级和工人运动所处的水平并不抱任何幻想……建立无产阶级的国际性、群众性政党……首先意味着把各个国家工人运动的各种支流纳入国际的共同航道”[6]。他“清楚地懂得正在发生什么和应该建立什么”[7]。马克思起草修订的《国际工人协会成立宣言》和《国际工人协会共同章程》，明确提出“夺取政权已

[1] 《马克思恩格斯文集》（第1卷），人民出版社2009年版，第697页。

[2] 《马克思恩格斯文集》（第3卷），人民出版社2009年版，第225页。

[3] 《马克思恩格斯文集》（第2卷），人民出版社2009年版，第599页。

[4] 《马克思恩格斯文集》（第3卷），人民出版社2009年版，第13页。

[5] 王沪宁：《政治的逻辑——马克思主义政治学原理》，上海人民出版社2004年版，第257页。

[6] 弗·阿多拉茨基：《第一国际巴塞尔代表大会（文件资料）》，张文焕译，中国人民大学出版社1983年版，第2页。

[7] 《马克思恩格斯全集》（第22卷），人民出版社1965年版，第398页。

成为工人阶级的伟大使命"[1]；认为"工人们似乎已经了解到这一点……并且同时都在努力从政治上改组工人政党"[2]；强调工人阶级只有把自身"组织成为与有产阶级建立的一切旧政党对立的独立政党，才能作为一个阶级来行动"[3]；"工人的一个成功因素就是他们的人数；但是只有当工人通过组织而联合起来并获得知识的指导时，人数才能起举足轻重的作用"[4]；强调各国工人不能孤军独战，必须有国际联合和互相支援，呼吁"全世界无产者，联合起来！"[5]。

不难看出，第一国际的成立"并不是某一个宗派或某一种理论的温室中的产物"[6]，而"是无产阶级运动自然发展的结果"[7]，是国际工人运动和马克思主义相结合的产物，其目的是要"把欧美整个战斗的工人阶级联合成一支大军"[8]，成为"追求工人阶级的保护、发展和彻底解放的各国工人团体进行联络和合作的中心"[9]。基于"支持各国的任何一种有助于达到我们的最终目标——工人阶级的经济解放——的政治运动"[10]的功能定位和把夺取政权作为"工人阶级的伟大使命"[11]，"利用这个政权来达到社会目的"[12]的价值追求，更基于第一国际的实践内容和政治成果的基本事实，可以判定第一国际的组织属性是无产阶级政党性的国际组织。它的成立[13]，为社会主义政党政治在国际工人运动层面的历史性展开，提供了新的组织载体，并以理论上的深化发展和实践上的探索，推动了无产阶级政党在欧美国家的建立，谱写了社会主义政党政治新的历史篇章。

（二）第一国际的组织原则体现了社会主义政党政治组织架构和组织运行的内在要求

"组织是大众进行政治斗争必不可少的条件"，"政党的命运取决于政党组织"。[14]基

[1] 《马克思恩格斯文集》（第3卷），人民出版社2009年版，第13页。

[2] 《马克思恩格斯文集》（第3卷），人民出版社2009年版，第13页。

[3] 林德山：《国际共产主义运动历史文献》（第7卷），中央编译出版社2011年版，第451页。

[4] 《马克思恩格斯文集》（第3卷），人民出版社2009年版，第13—14页。

[5] 《马克思恩格斯文集》（第3卷），人民出版社2012年版，第11页。

[6] 《马克思恩格斯全集》（第21卷），人民出版社2003年版，第466页。

[7] 《马克思恩格斯全集》（第21卷），人民出版社2003年版，第466页。

[8] 《马克思恩格斯文集》（第2卷），人民出版社2009年版，第20页。

[9] 彭萍萍：《国际共产主义运动历史文献》（第5卷），中央编译出版社2011年版，第459页。

[10] 林德山：《国际共产主义运动历史文献》（第7卷），中央编译出版社2011年版，第34页。

[11] 《马克思恩格斯文集》（第3卷），人民出版社2009年版，第13、611页。

[12] 《马克思恩格斯文集》（第3卷），人民出版社2009年版，第13、611页。

[13] 罗伯特·米歇尔斯：《寡头统治铁律——现代民主制度中的政党社会学》，任军锋等译，天津人民出版社2003年版，第19页。

[14] M.Ostrogorski，*Democracy and the Organization of Political Parties*，Vol.I，London：Macmillan，1902，p.461.

于政党组织架构要素的不同及其地位与作用的不同，党内关系模式也不一样。由于无产阶级政党在组织形式上存在着由不同国家的工人组织和公民个人、不同民族国家的独立政党组成的国际性政党，以及具体民族国家内建立的独立政党等若干情况，社会主义政党政治的党内关系必然相应地包括政党间的关系、政党成员（个人）与政党组织间的关系，以及政党领袖与政党成员、政党成员之间和政党组织之间的关系诸多内容。"政党创造了民主"[1]，"民主性是政党最主要的特性"[2]。就无产阶级政党的"政治属性"和"价值指向"来讲，无产阶级政党的党内关系本质上是民主与平等关系。而无产阶级政党是作为政治组织而存在并以夺取政权为政治目标的，所以，"集中"和"统一"就成为无产阶级政党的"组织属性"和"价值实现"的重要原则。在这个意义上，第一国际的组织架构和运行规则便具有了社会主义政党政治形式的历史开创性和奠基性。

第一，第一国际的章程贯穿着"民主集中制"的原则精神。虽然第一国际章程没有明确使用"民主集中制"概念，但实际上贯穿着"民主集中制"的原则精神，这种民主集中制既非苏联党实行的民主集中制，也不同于中国共产党的民主集中制，而是一种"大权集中，小权分散"[3]式的民主集中制。首先，章程规定了国际内部各行为主体的平等原则，在国际内部"没有无义务的权利，也没有无权利的义务"[4]。国际的各级领导机关的成员都采取民主选举的方式产生，每个会员都有被选举权。其次，章程明确了第一国际的运行规则，规定每年召开由协会各支部选派代表组成的全协会代表大会，由代表大会选出的总委员会执行大会的决议，并监督每个国家的分部和支部严格遵守国际的基本原则；各国的中央委员会称为联合委员会，下设区部、支部或小组；任何层级组织都必须遵守协会的纲领、章程和代表大会的决议；国际各支部享有根据当地条件充分行动的自由，但是它们的地方章程和条例"不得与共同章程和条例有任何抵触"[5]；总委员会实行集体领导，各级领导机构不设"荣誉职位"，"任何人都不能成为名誉会员"[6]等。这样，"国际的结构从一开始就明显地把民主同集中因素结合起来"[7]，

[1] E.E.Schattschneider，*Party Government*，p.1.

[2] 高放：《党内民主是党的生命——马恩是怎样按照民主制原则创建共产党的？》，《学习时报》2004年7月19日。

[3] 李靖宇：《第一国际在组织方面的经验值得借鉴》，《东北师大学报（哲学社会科学版）》1986年第1期。

[4] 《马克思恩格斯文集》（第3卷），人民出版社2009年版，第227页。

[5] 彭萍萍：《国际共产主义运动历史文献》（第5卷），中央编译出版社2011年版，第462页。

[6] 《马克思恩格斯全集》（第31卷），人民出版社1972年版，第42页。

[7] B.A.斯米尔诺娃：《第一国际纲领文件的制定过程》，《马克思主义和国际工人运动史论丛》，莫斯科1963年版，第327—328页。转引自 B．Э．库尼娜：《马克思恩格斯在第一国际时期对无产阶级政党组织原则的制定（1864—1873）》，张文焕译，《国际共运史研究资料》1985年第3期。

从“根本上克服了密谋时代某些自命不凡的‘大人物’操纵工人群众组织的现象”[1]。这就在组织架构上保障第一国际与当时其他工人联合组织区别开来。

第二，第一国际的组织生活及其与各国的区部和支部的关系，充分体现了民主集中制的原则要求。第一国际成立时，为“不致把英国工联，法国、比利时、意大利和西班牙的蒲鲁东派以及德国的拉萨尔派拒之于门外”[2]，马克思起草纲领和章程时采用了“实质上坚决，形式上温和”[3]的方式。但马克思深信：“随着无产阶级阶级觉悟的提高，这种‘形式上的温和’就不再必要，将有可能公开地宣布战斗的无产阶级的真正任务。”[4]第一国际的章程以及之后通过的一系列组织条例及其他文件，在规定每一个全国性的或地方性的联合会享有充分行动自由的同时，强调中央机关只是“在必要的范围内才给予全权，以便使这些机关能够顺利地为纲领的统一性和共同利益而斗争，并且使协会不致变成资产阶级或警察的阴谋诡计的玩物”[5]。

第三，第一国际领导机构实行集体决策，表决时坚持票决制。马克思认为，国际总委员会应当是一个集体讨论制定政策的领导机关，不能容忍一个人说了算的现象发生和存在。集中集体的智慧是形成各种文件的基础，在表决时坚持一人一票的权力，让大多数人的意志来起决定性的作用。当马克思的见解遭到反对时（即使是错误的反对），马克思也决不把个人的意志强加于人。为了避免个人专权，根据马克思的提议，第一国际于1867年废除了主席和副主席职务，“而代之以在总委员会的每周例会上选出的执行主席（Chairman）”[6]。这就在制度设计上排除了某一个领导者利用会议主席身份谋求实现个人意图的可能性，使得第一国际内部“任何独裁都将完结”[7]。

第四，第一国际内部处理与各种非无产阶级社会主义流派的关系，坚持少数服从多数原则。在第一国际内部，多数票通过的决议对所有的人都有约束力，使之能够依靠多数人的意愿排除各种机会主义的干扰，坚持正确的斗争方向。例如，1866年在召开日内瓦代表大会前后，围绕第一国际的性质和任务问题，马克思主义者同蒲鲁东主义者宣扬反对罢工、反对妇女解放、反对无产阶级革命、反对民族解放运动的谬论而开展的斗争；1867年洛桑代表大会、1868年布鲁塞尔代表大会至1869年巴塞尔代表大

---

[1] 李靖宇：《第一国际在组织方面的经验值得借鉴》，《东北师大学报（哲学社会科学版）》1986年第1期。

[2] 《马克思恩格斯文集》（第2卷），人民出版社2009年版，第20页。

[3] 《马克思恩格斯文集》（第10卷），人民出版社2009年版，第216页。

[4] В.Э.库尼娜：《马克思恩格斯在第一国际时期对无产阶级政党组织原则的制定（1864—1873）》，张文焕译，《国际共运史研究资料》1985年第3期。

[5] 张文成主编：《国际共产主义运动历史文献》（第8卷），中央编译出版社2011年版，第344页。

[6] 《马克思恩格斯文集》（第10卷），人民出版社2009年版，第294—295页。

[7] 《马克思恩格斯文集》（第10卷），人民出版社2009年版，第295页。

会期间，围绕废除私有制问题，马克思主义者同蒲鲁东主义者开展的斗争等，坚持少数服从多数的原则，一般都是先进行辩论，不作结论，然后对错误言行进行不指名的谴责，再通过相应的决议。这充分体现了马克思主义者在原则问题上不让步，在非原则问题上采取灵活策略的思想。正是在同各种非无产阶级社会主义流派又联合又斗争中，马克思主义在工人运动中逐步占据了领导地位。

第一国际坚持民主，是由无产阶级政党组织的性质和使命决定的；而实行集中，则不仅由“组织”的一般属性所规定，更是由第一国际的特殊属性所要求。因此，第一国际实行民主集中制原则，奠定了社会主义政党政治的组织制度基础，创设了无产阶级政党处理内部关系的基本规则。

（三）第一国际的理论探索与实践尝试，践行了社会主义政党政治的价值诉求

第一国际存在12年，相继召开了9次重大会议、393次总委员会会议，积极支持和领导各国工人争取阶级权益的斗争，支持被压迫民族的解放斗争和各国民主运动，并诞生了巴黎公社这一“精神产儿”[1]，在工人阶级解放运动和民族解放运动以及建立无产阶级政权的尝试中，使得社会主义政党政治在组织上不断扩展，理论上不断深化，实践上不断推进。

第一，大力开展争取工人阶级权益的政治斗争。为实现夺取政权这一社会主义政党政治的首要目标，第一国际总委员会经常派代表到各国了解情况、指导工作，同工人组织保持密切联系，积极支持各国工人争取自身权益的斗争，并为各国工人阶级制定了关于经济斗争、政治斗争以及对待所有制问题完整的纲领，包括工人阶级必须将经济斗争与政治斗争结合起来、工人阶级的社会解放同政治解放不可分割、工人阶级必须掌握政治斗争的一切形式等。这一时期，英国伦敦的成衣工人、编筐工人罢工，法国的纺织工人、煤矿工人、铜业工人罢工，瑞士建筑工人、织布工人罢工，以及英国工人争取普选权的斗争等，都得到了第一国际的有力支持。可以说，“马克思创立的国际实际上是国际性的工人阶级政党，这个政党的使命是组织无产阶级和把它对资本进行的‘游击战’提高到整个战线的革命战争，即为推翻资产阶级、确立无产阶级专政和消灭阶级的战争的水平”[2]。

第二，积极指导各国工人支持被压迫民族的解放运动，丰富和发展了马克思主义社会主义政党政治内容。第一国际本身就是欧洲工人声援波兰民族起义的产物。在马克思的指导下，国际总委员会在与蒲鲁东主义、工联主义和社会沙文主义的斗争中，在积极组织声援波兰人民起义和爱尔兰民族独立运动的斗争中，传播并发展了马克思

---

[1] 《马克思恩格斯文集》（第10卷），人民出版社2009年版，第398页。

[2] 弗·阿多拉茨基:《第一国际巴塞尔代表大会（文件资料）》，中国人民大学出版社1983年版，第1页。

主义关于民族解放运动的理论。马克思指出，“劳动的解放既不是一个地方的问题，也不是一个国家的问题，而是涉及存在现代社会的一切国家的社会问题，它的解决有赖于最先进的国家在实践上和理论上的合作”[1]，强调支持民族民主运动是“争取工人阶级解放的总斗争的一部分”[2]。在这一思想主导下，第一国际极力支持波兰民族解放运动，支持爱尔兰人民反对殖民主义的正义斗争，还在美国南北战争中大力支持北方共和党人反对南方奴隶主的战争，推动了美国的民主进程和工人运动的发展。

第三，反对欧洲列强的侵略战争，把消除战争、赢得和平作为工人阶级国际联合的历史任务。第一国际时期，欧洲战云密布，第一国际举行多次会议讨论反对战争问题，强调“消除军事统治乃是欧洲无产阶级共同解放的一个十分必要的先决条件”[3]。1867年9月，洛桑代表大会通过了《无产阶级对待战争的态度》决议案。1868年9月，布鲁塞尔大会把战争问题作为讨论的中心议题，号召国际各支部发挥最大积极性制止民族间的战争。1870年普法战争爆发前，国际巴黎支部发表了《告全世界各民族工人书》，呼吁“我们渴望和平、劳动和自由”[4]。普法战争爆发后，马克思代表国际总委员会先后起草了两篇宣言，对战争的根源和性质作了深刻分析，阐述了无产阶级在战争、和平与革命问题上的根本原则，是通过无产阶级革命，在全世界消灭剥削制度，来实现持久的和平，“不管当前这场可憎的战争进程如何，全世界工人阶级的联合终究会根绝一切战争”[5]。

第四，尝试建立无产阶级政权。巴黎公社革命是世界无产阶级革命进程中首次武装夺取政权的尝试，也是第一国际存在期间促成工人革命政府建立的创举。虽然巴黎公社不是在第一国际直接领导下产生的，但它持续72天的革命活动与第一国际水乳交融、密不可分。在巴黎公社革命时期，第一国际总委员会先后召开了14次会议，讨论、研究巴黎革命的局势，作出相应决定。巴黎起义的第三天，恩格斯在总委员会上介绍了有关起义的情况，宣传了巴黎起义的正义性。马克思亲自向国际所属支部写了几百封信，分析了巴黎革命的无产阶级性质和伟大意义，号召各国工人支援巴黎公社。在第一国际的号召下，各国无产阶级不顾本国统治者的阻挠和镇压，大力声援公社革命，表现了团结一致、共同对敌的国际主义精神。所以，恩格斯指出：“公社无疑是国际的精神产儿，尽管国际没有动一个手指去促使它诞生。”[6]第一国际的思想孕育了公社革

[1] 《马克思恩格斯文集》（第3卷），人民出版社2009年版，第226页。
[2] 《马克思恩格斯文集》（第3卷），人民出版社2009年版，第14页。
[3] 林德山：《国际共产主义运动历史文献》（第7卷），中央编译出版社2011年版，第333页。
[4] 《马克思恩格斯文集》（第3卷），人民出版社2009年版，第114页。
[5] 《马克思恩格斯文集》（第3卷），人民出版社2009年版，第117页。
[6] 《马克思恩格斯文集》（第10卷），人民出版社2009年版，第398页。

命，公社革命的实际行动实践了第一国际关于无产阶级夺取政权的原则，践行了社会主义政党政治的价值追求，成为“把人类从阶级社会中永远解放出来的伟大社会革命的曙光”[1]。

第五，丰富和发展了马克思主义国家学说。巴黎公社革命失败后，以马克思、恩格斯为代表的第一国际委员们，在总结革命经验教训的基础上，深化了对国家政权问题的认识，形成了一系列新思想：（1）无产阶级专政的首要条件是建立革命武装。（2）“工人阶级不能简单地掌握现成的国家机器，并运用它来达到自己的目的”[2]，公社的真正秘密就在于：“它实质上是工人阶级的政府，是生产者阶级同占有者阶级斗争的产物，是终于发现的可以使劳动在经济上获得解放的政治形式。”[3]（3）巴黎公社革命的新特点“在于人民组成了公社，从而把他们这次革命的真正领导权握在自己手中，同时找到了在革命胜利时把这一权力保持在人民自己手中的办法，即用他们自己的政府机器去代替统治阶级的国家机器、政府机器”[4]。巴黎公社虽然失败了，但“具有世界历史意义的新起点毕竟是已经取得了”[5]。由于巴黎公社的实践尝试，社会主义政党政治的认识达到了一个新境界。

马克思指出：“共产党人为工人阶级的最近的目的和利益而斗争，但是他们在当前的运动中同时代表运动的未来。”[6]鉴于巴黎公社失败后国际工人协会遭到欧洲各国资产阶级政府的围剿和压制，马克思毅然在1872年国际海牙代表大会上提出把总委员会迁到纽约的建议，1876年第一国际宣布解散。第一国际的解散，表明社会主义政党政治发展开始进入策略上的重大调整时期，但“绝不意味着‘国际主义的’既定目标在社会主义范围内消失了；社会主义者不是把1889年建立的国际看作‘第二个’组织，而是完全把它看作1864年开创的事业以一种新的组织形式表现出来的继续”[7]，社会主义政党政治将在第一国际开创的发展轨道上续写新的历史。

三、第一国际社会主义政党政治的实践经验与历史遗产

作为19世纪60年代欧洲经济、政治、文化和社会发展的时代产物，第一国际的社会主义政党政治创造性实践，尽管具有明显的“地域性”以及发展阶段上的“初级性”

[1] 张文成：《国际共产主义运动历史文献》（第8卷），中央编译出版社2011年版，第342页。
[2] 《马克思恩格斯文集》（第3卷），人民出版社2009年版，第151页。
[3] 《马克思恩格斯文集》（第3卷），人民出版社2009年版，第158页。
[4] 《马克思恩格斯文集》（第3卷），人民出版社2009年版，第207页。
[5] 《马克思恩格斯全集》（第33卷），人民出版社1973年版，第211页。
[6] 《马克思恩格斯文集》（第2卷），人民出版社2009年版，第65页。
[7] 若·奥普特：《从第一国际到第二国际》，《国际共运史研究资料》1986年第3期。

和实践中的“尝试性”，但是无论在组织载体、价值指向、活动内容上，还是在思想指导、实践模式以及策略原则等方面，对后继的社会主义政党政治深入发展，都具有奠基意义和开创价值。

第一，社会主义政党政治是生产力发展到一定历史阶段必然产生的政治现象，是人类社会政治活动适应生产力发展与历史进步永恒主题的必然选择。

迄今为止，与生产力发展水平相适应，人类社会经历了从“神本政治”到“权本政治”、“物本政治”再到“人本政治”的政治发展过程。生产力水平的提高，必然引起了新的政治形态保护、解放与发展生产力，二者相互适应、互为因果，推动人类社会不断由低级阶段走向高级形态。其中，生产力发展引起的政治转型不能不占首要地位。第一国际的社会主义政党政治实践，是在当时欧洲社会的经济、政治、思想以及组织等相关因素合力下生成的时代性政治成果。在本质上，它是无产阶级面临资本主义造成的深重生存危机，对人类社会的发展与进步是否只能通过以资本主义作为组织人类社会生活的唯一方式这个时代问题，在马克思主义指引下做出正确把握自己的历史命运，积极实现自身解放的革命化的制度回应。第一国际时期社会主义政党政治与资本主义统治毫不妥协的斗争，在政治上深刻表明，国际共产主义运动第一次在真实意义上颠覆了资本必然统治世界的逻辑，为实现人类的最终解放和社会的全面进步注入了新的动力因素。

第二，第一国际社会主义政党政治致力于无产阶级创造新的思想、组织和运动互动发展的社会政治形态，揭示了社会主义新文明取代资本主义旧文明的必然性及艰巨性。

从第一国际成立宣言对资本主义贫富悬殊“加深社会对比和加强社会对抗”的“邪恶”[1]的批判，到1867年马克思《资本论》第1卷对资本主义社会剥削秘密的系统阐述；从第一国际代表大会对“全部生产资料公有化”达成的理论共识，到1875年马克思《哥达纲领批判》对共产主义社会两个发展阶段的科学划分；从第一国际宣布工人阶级的解放是“涉及存在现代社会的一切国家的社会问题”[2]，到马克思提出巴黎公社“实质上是工人阶级的政府，是生产者阶级同占有者阶级斗争的产物，是终于发现的可以使劳动在经济上获得解放的政治形式”[3]等，无不标示着第一国际社会主义政党政治的实践活动都是超越资本主义文明形态，以实现“社会主义”为价值指向。无产阶级饱含深刻时代发展理据的革命运动，符合人类社会发展的总规律，因而具有强大的政治影响力和顽强的生命力。这不仅被巴黎公社实践再次体现的“革命死了！——革命

[1] 《马克思恩格斯文集》（第3卷），人民出版社2009年版，第10页。

[2] 《马克思恩格斯文集》（第3卷），人民出版社2009年版，第226页。

[3] 《马克思恩格斯文集》（第3卷），人民出版社2009年版，第158页。

万岁”[1]所证明；也被第一国际解散后的第二国际、共产国际应运而生，进一步推动社会主义政党政治的深化发展所证明；还被第二次世界大战后一系列民族解放运动中各国无产阶级政党纷纷取得国家政权——社会主义政党政治到处凯歌行进的事实所证明；更被社会主义政党政治在苏东剧变后仍坚持探索，尤其是全球化时代中国特色社会主义政党政治的奋力开拓所证明。然而，源于第一国际社会主义政党政治迄今的历史经验也表明，社会主义新文明的最终实现，是社会主义的思想革命、政治革命和社会革命的共同结果。其中，思想革命是前提，政治革命是关键，社会革命是根本。如果没有真正意义上的社会革命，思想革命的成果就会出现反复，政治革命的成果会被颠覆。作为联结思想革命与社会革命的关键环节，社会主义政党政治的成熟状况，决定着社会主义历史性进步的顺利与否。

第三，第一国际社会主义政党政治实践的“尝试性”和“初级性”，客观要求无产阶级政党提高社会主义政党政治规律的认识水平，增强政治实践的遵循能力。

一方面，第一国际在坚持“组织成为与有产阶级建立的一切旧政党对立的独立政党”[2]基础上，第一次提出“用工人阶级的真正的战斗组织来代替那些社会主义的或半社会主义的宗派”[3]；第一次将无产阶级革命和无产阶级专政推向巴黎公社革命这一历史新高度；第一次提出“没有无义务的权利，也没有无权利的义务”[4]的党内关系准则；第一次提出无产阶级革命可以采取“民主”合法的手段达到自己的目的；第一次主张将被压迫民族的民族解放斗争与世界无产阶级革命联系起来；等等。对此，苏联著名哲学家阿多拉茨基（В.В·Адоратский）指出：“第一国际的世界历史意义在于：工人阶级在它的帮助下完成了从宗派主义到群众性无产阶级政党的转变。正是在这个组织里，群众克服了空想主义和宗派主义的旧习惯，上了马克思的科学共产主义的第一课。”[5]这些马克思主义理论与实践的创造，无不标示着第一国际在社会主义政党政治历史发展中的价值意义和使命担当。另一方面，由于第一国际这诸多“第一次”，不可避免地存在客观条件的不充分所造成的社会主义政党政治的不成熟，也有主观条件制约所表现出的政党能力不足和政治活动受历史条件局限表现出的某些“幼稚性”。社会主义政党政治的这些初始特性，客观上昭示了第一国际实践中“使命担当”与“能力不足”之间的矛盾。经验表明，社会主义政党政治的发展状况及其实践成果，既与社会主义政党政治的体制机制有关，又与社会主义政党政治主体——无产阶级政党的能力建设密

[1] 《马克思恩格斯文集》（第2卷），人民出版社2009年版，第105页。

[2] 林德山：《国际共产主义运动历史文献》（第7卷），中央编译出版社2011年版，第451页。

[3] 《马克思恩格斯文集》（第10卷），人民出版社2009年版，第367页。

[4] 《马克思恩格斯文集》（第3卷），人民出版社2009年版，第227页。

[5] 阿多拉茨基：《阿多拉茨基选集》，石柱译，三联书店1964年版，第287—288页。

切相连。因此，在应然与实然的逻辑汇通中，有序促进社会主义政党政治的发育，有效提升社会主义政党政治体制机制的科学化水平，切实增强无产阶级政党深刻把握社会主义政党政治规律的能力，不断完善遵循客观规律的过硬本领，是社会主义政党政治走向成熟的现实要求。

第四，第一国际作为社会主义政党政治的组织载体，它的价值指向、社会基础、组织体制、活动内容及其活动方式，是由其组织自身的性质定位、历史使命及其产生、发展和发挥作用的“时”“空”条件决定的。

第一国际从1864年创立到1876年解散的12年间，虽然经历过“求同存异”、“求同立异”和“存同克异”的不同理论整合形式，但无产阶级政党的社会主义价值追求始终没变；第一国际虽然经历了从建立“各国工人团体进行联络和合作的中心”[1]，到在各民族国家建立无产阶级政党的组织模式变迁，但无产阶级政党的性质和宗旨始终没变；第一国际虽然经历了从站在“向资本进行革命进攻”的前沿，到“暂时让国际这一形式上的组织退到后台去”的政党策略变化，但无产阶级政党肩负的阶级解放和人类解放的历史使命始终没变。这有力地证明，第一国际时期的社会主义政党政治组织形式和实践形态，既内含着社会主义政党政治基本制度的意蕴，也包括其体制机制的价值。其中，基本制度承载的是社会主义政党政治的鲜明性质，而体制机制反映的是社会主义政党政治的内容结构及价值目标的实现理路。自社会主义政党政治出现在第一国际时期的历史舞台，时间尺度、空间范围的不同引起政治形态变化，是社会主义政党政治发展演变的内在逻辑。这一逻辑的基本表达是：（1）社会主义政党政治基本制度规定的这种政治类型的基本性质和价值取向是不能改变的，而社会主义政党政治的体制机制，则必须根据“时”“空”的不同而加以改变。（2）有关政党政治的新体制和新机制，不是在既有体制机制之外单独建立，要依托既有体制机制才能生长起来。（3）无产阶级政党驾驭这一逻辑的全部艺术，主要不在于批判既有体制机制的弊端，而是要善于利用既有体制机制，顺势而为形成新的体制机制，在新旧体制机制的“统一性”中把矛盾摩擦化解为最小。（4）社会主义政党政治体制机制的发展完善，要经历一个漫长而艰难的历史过程。经济文化较为落后国家的社会主义政党政治实践，有很多特殊性并因此生成不同的政党政治模式；不同的政党政治模式及其历史经验，既是社会主义政党政治的“时”“空”表达，也是其进一步发展的实践基础和制度资源。

第五，第一国际时期社会主义政党政治所呈现的组织体系和运行机制，蕴含着具体的社会历史规定性，承载着具有创始意义的政党政治模式。

不同的政党政治模式有着不同的政党政治逻辑，不同的政党政治逻辑导致不同的

[1] 《马克思恩格斯文集》（第3卷），人民出版社2009年版，第227页。

政党政治结果。从政党政治主体的结构看，第一国际时期的社会主义政党政治从最初的西欧一隅扩展到欧美各国，从以英、法、德三国工人组织为支撑的政党性组织扩展到在欧美18国建立国际支部，呈现着多样化、国际化的发展趋势。从党内关系来看，第一国际成立之初，以科学社会主义为指导的马克思主义者与当时形形色色的社会主义流派建立了团结合作关系，推动国际的纲领和章程采取了极其包容的态度，“使各国工人在求解放的大军中，不仅在感情上是，而且在行动上也是兄弟和同志”[1]；而对于搞阴谋诡计、搞分裂活动的反对派，则采取公开的斗争，坚决予以打击。从政党关系来看，第一国际既与各民族国家无产阶级政党有着密切关系，又独立自主地开展活动，“在各国工人中间进行了切实的社会主义宣传，为工人向资本实行革命进攻做好了思想上的准备；巴黎公社就是这样一个成就”[2]。同时，各民族国家政党也自主开展活动，“德国社会民主党人始终是以个人身份加入国际的”[3]，美国支部、美国联合会和北美联合会坚持从美国工人运动实际出发，大力发展工会组织，为建立工人政党做准备。

第一国际时期社会主义政党政治的组织体系和运行机制，一方面深刻揭示，历史基础、文化条件、社会环境以及政治力量的结构状况等政党政治生态的不同，政党政治的发生逻辑及其政治关系（如党内关系、政党关系及民族国家政党与国际政党组织之关系）的状况也会不同，因而“必然有不同的政党政治模式、不同的政党政治理论和实践”[4]。其中，政党制度的不同，是不同政党政治模式的关键因素，而“一个国家实行什么样的政党制度，由该国国情、国家性质和社会发展状况所决定”[5]。正是“政党制度的不同体现了人类文明发展的多样性”[6]。另一方面则表明，政党政治生态的发展变化是政党政治模式变革的客观条件，政党政治主体的利益诉求是政党政治模式变革的主观因素。客观条件和主观因素的相互影响，构成了社会主义政党政治模式的变革动力和演变走向。一种政党政治模式的优劣，不仅取决于政党政治模式本身，而且取决于这种政党政治模式在多大程度上满足了既定社会历史条件下民主政治发展的需求。政党政治模式的民族（区域）性、时代特性与政治发展现代性的深度融合，是政党政治发展的共性；社会主义政党政治发展经验与政党政治模式构建理念的动态对接，构成社会主义政党政治发展的内在机理。

第六，资本主义大生产的社会性以及由此引起阶级矛盾的共同性和普遍性，决定

[1] 《马克思恩格斯全集》（第21卷），人民出版社2003年版，第266页。

[2] 潘润涵：《巴黎公社时期的第一国际》，《历史教学》1964年第6期。

[3] 李忠杰：《德国社会民主工党参加第一国际了吗？》，《天津师大学报》1984年第1期。

[4] 李慎明：《为建设社会主义政治文明加强政党政治问题研究——在“政党政治：模式、理论与实践”国际研讨会上的讲话》，《政治学研究》2003年增刊。

[5] 中华人民共和国国务院新闻办公室：《中国的政党制度》，外文出版社2007年版，第1页。

[6] 中华人民共和国国务院新闻办公室：《中国的政党制度》，外文出版社2007年版，第1页。

了第一国际必然以“世界性”的活动形式呈现社会主义政党政治的实践类型。

“交往的任何扩大都会消灭地域性的共产主义。”[1]只要人类社会国际化发展的总趋势不改变，社会主义政党政治实践形态的“世界性”总特征就不会改变。整体考察世界社会主义政党政治的演进，可以将其分为以“统”（世界性）为主要形式的初级形态社会主义政党政治，如以第一国际、第二国际和共产国际为政治主体的政党政治；以“分”（民族性）为主要形式的中级形态的社会主义政党政治，如以具体民族国家共产党为政治主体的政党政治这样两种基本样态。在组织形态的历史变迁上，世界社会主义政党政治经历了第一国际时期的“集群趋同”、第二国际后期的“分化瓦解”、共产国际时期的“高度集中”和20世纪90年代苏联东欧社会主义国家执政党“改旗易帜”的历史进程。究其原因，全球化时代世界生产力的客观发展，蕴含在资本主义和社会主义两大制度体系之中，“形成了能同时决定两种生产关系的生产力的‘共同幅度区’”[2]，这深刻决定了社会主义与资本主义同处在全球化时代的历史交集时，既可以实现政党推动社会主义革命、建设与改革的成功，也存在苏东剧变这样重大历史性倒退，导致社会主义政党政治受挫的可能。

展望未来，面对任何一种社会的制度化运行，全球化都是具有发展风险的双刃剑，同样也不是资本主义长生不老的生命线。经济全球化和一体化的深入发展，不仅不会根本改变世界资本主义发展的历史趋势，而且在客观上改善着社会主义政党政治发展的国际环境，积累着社会主义政党政治演进的积极因素。社会主义政党政治指向的无产阶级解放事业，只能是国际性的事业。毛泽东指出：“必须全人类都解放……无产阶级才能最后解放自己。”[3]正是由于生产力发展的国际性、工人阶级作为推动先进生产力发展基本力量的国际性及其历史使命实现的国际性，内在地决定了社会主义政党政治以“国际性”的历史形态兴起，在马克思主义与时俱进指导下，经历若干“国际性”与“民族性”发展相结合的历史实践，进一步以全新意义的“国际性”发展态势，推进世界社会主义运动走向全面复兴。

原载于《中国社会科学》2015年第11期

[1] 《马克思恩格斯文集》（第1卷），人民出版社2009年版，第538页。

[2] 滕云起等：《唯物史观的本质及其与人本史观的对立》，华文出版社1997年版，第447页。

[3] 《毛泽东文集》（第6卷），人民出版社1999年版，第491页。

中西政党概念的演变与比较

方　雷　李　宸

摘　要：中西之间的政党概念既有共识又有歧见。以梳理政党概念在中西语境中的历史演进与变迁为纵向路径，考察政党概念的历史形态，进而辨析政党概念的实践逻辑；以比较政党概念在中西视域下的异同之处为横向路径，发现政党概念的本质面向，由此归纳政党概念的理论进路。中西所同之处在于政党概念一般均围绕利益、权力和民主等要素而构建，所异者无非也是利益、权力和民主等要素之间权重有所不同。政党概念的重释乃至重构必须仍从这些因素出发，并予以学理的考量。

关键词：政党概念；中西；演变；比较

《论语》曰："君子矜而不争，群而不党。"及至今日，世殊时异，政党存续于诸国政治之中却已百余年矣。"故曰天下者，党派之天下也；国家者，党派之国家也。"[1]环顾当代世界主流政治生态，除极少国家外，一国之权柄无不为政党所操执，一国之政治无不为政党所主导，以至于中西学者今谈及政治，言必称政党；而各国之间，又列党并立，迥然有异，互相竞逐，蔚为大观，是故对政党概念的学理把握亦因时因地而异，众说纷纭，莫衷一是。因此，理解现代国家政治必仰赖于对"政党"的理解，其内涵的历史流变又是因应不同时期各国政党政治变迁的学理归纳。以"政党"一词在中西语境下诞生与丰富的纵向递进为起点，从宏观上厘清政党概念的演变脉络，裨益于梳理政党概念的历史形态；以中西学者界定政党范畴的侧重之处的横向比较为延伸，从微观上观照政党概念的内涵殊异，有助于发现政党概念的本质面向。基于对中西政党概念的梳理与比较，又可从学理上更为深刻、全面地重释乃至重构政党概念。

一、中西语境下政党概念的演进与变迁

"party"一词源于西文，其词源为拉丁动词"partire"，释作"分开"。"然而，在17

[1]　梁启超：《政党说》，《清议报》1901年5月9日。

世纪之前这一词汇并没有以任何重要方式进入政治语汇。"[1]盖因"party"是彼时西方抽象的集合概念,"主要是'分析性的分割(analyticpartition)'"[2],其于政治实践之中的运用为具体的历史相似物"sect"所滞,故而仅在较为含混和宽泛的意义上可与"sect"互为替用。"sect"意即"分裂",词源为拉丁动词"secare"。"在17世纪'sect'这个词开始和宗教相联系,尤其是和新教中的分裂教派相联系。"[3]其时,"sect"词义引申作教派、派别,而在政治语言中所承载的分离、分隔之意渐为"party"专属。因此,"party"循此一路径引入政治语言中后果有二:

其一,"party"取"部分"之意,与"sect"类似,沦为"factio"的近义词。"factio"译作宗派、派系,来自拉丁动词"facere",是西语中相对古老的政治术语,概指基于私益从事破坏活动和有害行为的政治社团。"派系"作为具象的实体,内起于结合部分意志的专擅,外化为威胁整体秩序的行为,自古罗马以降每每谈及必伴之以厌恶和敌视,而"party"无非是宗派的同义反复,所异者不过为邪恶本质的深浅。"政党乃政治之邪恶,而宗派则为所有政党中最恶者。"[4]因此,政党在较长的历史时期内被视为构成整体的部分异化的产物,是致力于反对整体而非与整体相和谐的部分,其与派系之辨尚不明晰。

其二,"party"建基于"factio"之上,故此作"政党"之解的"party"正是从"factio"中分化而来的。前述派系乃部分意志的专擅,其意志又以派系之内私益的一致和情感的结合为物质基础与心理动力,而"政党"之说正是在派系的心理层面上的转向与超越,随后方在抽象意义上能够独立于派系,再后才可落脚于具象的、实体的政党一物。"党争就是一些公民,不论是全体公民中的多数或少数,团结在一起,被某种共同情感或利益所驱使,反对其他公民的权利,或者反对社会的永久的和集体利益。"[5]

政党与宗派在心理层面上更为明显的区隔见之于休谟的著述中。休谟将派系划分为因利益结合的派系、由情感结合的派系和依原则结合的派系三类,其中依原则主要是政治原则而结合的派系则为政党。"源自原则,特别是从一些抽象理论原则分歧产生的政党,只有现代才有。"[6]原则与情感之区别在于其所赖以维持的理性内核:理性使政党既自洽于自我在意义上的逻辑联系,诠释和彰显自我的行为,又兼容于彼此在原则

[1] G.萨托利:《政党与政党体制》,杨德山译,商务印书馆2006年版,第13页。

[2] G.萨托利:《政党与政党体制》,杨德山译,商务印书馆2006年版,第14页。

[3] G.萨托利:《政党与政党体制》,杨德山译,商务印书馆2006年版,第13页。

[4] St Bolingbroke, Viscount Herry John, *The Works of Lord Bolingbroke*, Montana: Kessinger Publishing Co, 2009, p.401.

[5] 亚历山大·汉密尔顿、约翰·杰伊、詹姆斯·麦迪逊:《联邦党人文集》,程逢如等译,商务印书馆1995年版,第45页。

[6] 大卫·休谟:《休谟政治论文选》,张若衡译,商务印书馆1993年版,第42页。

上的冲突与矛盾，避免陷入情感的盲目与狂暴。由此，“政党”一词的内核从情感向理性的心理置换，旋即意味着政党作为抽象之物从派系范畴中的分化。而抽象意义上的政党具象为实体意义上的政党的过程完成于伯克，其演进之潜在线索则是对政党物质基础的认知转化。

现代政治学意义上政党概念之辨的突破成于伯克之手。伯克认为，“政党是人们为通过共同努力以提高民族福利，并根据某种他们共同认可的原则而结成的组织”[1]，并宣称政党之首要目的是“谋求一切正当手段，使持此种政见者获取某种条件，从而使他们得以借助国家的一切权力和权威，将其共同方案付诸实施”[2]。其突破之处又呈现于两方面：

第一，政党的物质基础应在公益而非私益，进而将政党从抽象之物转为实体之物，以与派系之“恶”相殊异。伯克之论，首起于“团体”一词：“我的原则，实际也是顺理成章的原则，指引我们以团体的方式去行动。”[3]任一人唯求之于团体，从团体而行之，方才足以获致恒常与稳定，且其团体若对公共事务报以极大热忱，则为有德者的组织，间或参与到政府的权力运行之中，凭借公权谋取众人福利，可称之为“政党”；其团体若身居庙堂而蝇营狗苟，不啻为“小人”，即使假借“政党”之名仍不免于“派系”之嫌。政党之争与“卑劣地、偏私地去奋力捞取权势和利益之间的差别，不难分辨”[4]，而后者恰是对派系之争的直观写照。

第二，政党的现实价值应为民主之必要而非民主之恶果，进而沟通历史与现实之鸿沟，赋予政党以正当性。实质上，政党之所以为民主之必要，是其物质基础由私益至于公益的演化轨迹在公共政治领域的自然延伸。当时，伯克置身于英国国王与议会之间水火不容的激烈斗争的宏大政治背景中，其极为迫切的政治任务是在国王的横暴之下，促使“政治人物稳固地联合起来予以反击”“使宪法回到它本来的原则上去”[5]。举凡议会中德行之人皆须结成同盟，秉持人民公意的旗帜，以国家之权威抵御国王之强力，以国家之公益对抗国王之私益，使国家既免于分裂之患，又足以践行民主。政党的正当性正生于斯。故而伯克说：“在一个自由的国度里，必然有政党存在着。”[6]

与之相悖，虽然伯克将政党的概念建立在公益与民主的基础上，但毕竟不足以超越一时一地的局限而真正消弭政党利益所内含的派系特性，以至于伯克之前和之后的

[1] 埃德蒙·伯克：《自由与传统》，蒋庆等译，商务印书馆2001年版，第148页。

[2] 埃德蒙·伯克：《自由与传统》，蒋庆等译，商务印书馆2001年版，第149页。

[3] 埃德蒙·伯克：《自由与传统》，蒋庆等译，商务印书馆2001年版，第146页。

[4] 埃德蒙·伯克：《自由与传统》，蒋庆等译，商务印书馆2001年版，第154页。

[5] 埃德蒙·伯克：《自由与传统》，蒋庆等译，商务印书馆2001年版，第146页。

[6] 《孙中山全集》（第3卷），中华书局1984年版，第36页。

诸多学者仍将政党视作宪政实践中不得已的恶果。

总之，在西方语境中，“party”一词在抽象意义上与“派系”的分离及在实体意义上与“政党”的耦合主要以三重特定面向的转变为内在支撑，即心理上由情感的驱动到理性的彰显，物质上因私益的结合到公益的聚焦和价值上从民主之恶果到民主之必要。

“政”“党”二字中国古已有之，而现代意义上的中文“政党”一词则在19世纪70年代转译自日文，其在中国政治实践中的引介与应用可分为三阶段：

其一，将“政党”类比“朋党”，视其为祸国之魁首。中国历史上向有“朋党之患”，君主虽为王朝政治中心，权力却常旁落于宦官、强藩、外戚之手，譬如东汉党锢之祸，又如唐代牛李党争，是故后世多以党为禁。清末世人受此观念影响颇深，而对“政党”之说又无从认识，将形似而实非的二者等同就实属必然了。洋务之初，曾游历西洋的近代学人马建忠论及英国政党政治：“不知君主徒事签押，上下议院徒托空谈，而政柄操之首相与二三枢密大臣。遇有难事，则以议院为借口。”[1]

其二，将“政党”定为“议会党”，视“革命党”为“乱党”或“非政党”。戊戌变法之后，梁启超、严复等立宪派承继戊戌时期结党立社的传统，组建政治团体，但当时民众仍广受“政党”误读的影响，所以立宪派政治团体多以“会”“社”自名，假“会”“社”之名而行“政党”之实，以防被视作“朋党”。为开启民智，立宪派成员又借《时务报》《湘学报》《国闻报》等刊物，宣传西方现代政党思想，譬如“天下不能一日而无政，则天下不能一日而无党”[2]，又如“文明之国，但闻有无国之党，不闻有无党之国”[3]。然而，当时梁启超仅将“政党”偏狭地定义为“议会党”，进而直陈“革命党”的非法地位：“政党者欲把握国家权力，而遂行其志，故联合同人为一政党也。偶有民人，结作一党，而反抗君主之权，以强逼君主是革命党耳，非我所谓政党也。”[4]“革命党者，以扑灭现政府为目的者也。”[5]革命党刊物《民报》则反诘之：“政党者，摇唇鼓舌以政见闻于朝。”[6]可见，“政党”与“革命党”之分流为当时中国政治精英与知识精英普遍认同，二者之辨实质上是在救亡图存问题上革命与立宪的两种政治取向之间的相互攻讦。

其三，将“政党”内涵予以复杂化，其外延也日益泛化。自武昌起义和清廷颁布

[1] 马建忠：《适可斋纪言纪行》，文海出版社1968年版，第6页。

[2] 梁启超：《论非立大政党不足以救将亡之中国》，《清议报》1901年5月18日。

[3] 梁启超：《政党说》，《清议报》1901年5月9日。

[4] 梁启超：《政党说》，《清议报》1901年5月9日。

[5] 梁启超：《梁启超全集》（第6卷），北京出版社1999年版，第1666页。

[6] 撰郑：《哀政文社员》，《民报》1908年8月10日。

《宪法重大信条十九条》、开放“党禁”以来，民主共和之声日隆，“政党”风气继以舒展，国内原有政治团体纷纷改为政党，从事国内政治运动者亦大都归于党籍，“政党”之名遂滥觞于中国，而“政党”的概念则不复固定。时有“政党”之论者三：一是就来源而论，即政党是部分国民代表的自愿集合，“政党者，由国民之一部分组织而成，用投票以操持国务，而实行一党之政策者也”[1]；二是就形式而论，即政党是永续的正式政治团体，“政党者，以永久结社之性质，而以其一致之政见，为政治上之活动，以期其政见之得实行为目的者也”[2]；三是就本质而论，即政党是为公共利益而行的团体，“政党之要义，在为国家谋幸福，人民谋乐利”[3]。

“政党”一词在中国近代的演变脉络实为现代化潮流在中国传统政治领域自然延展的侧写，是日益崩溃的封建制度之残余与欣欣向荣的现代政治之萌芽在“政党”这一新兴事物上的彼此交互。世人对政党的态度由避之不及到趋之若鹜，以至于民国初年的政党纷起、党争不辍，反映出当时政党之辨仅流于一般形式而尚未真正在实质上达致共识，遂使“政党”之谓指或狭隘或宽泛、“政党”之义涵或简单或复杂，其深层矛盾则在于诸人所立足之价值点的对立，由此引起政党之价值论述上的冲突。

二、中西视域下政党概念的共识与歧见

19世纪以降至20世纪初，中西方学者关于政党概念既有因共识而存在覆盖与交叉的范畴，又有因歧见而存在特殊和独立的领域。

第一，物质要素与精神要素是构成政党的基本二要素。中西学者虽对构成政党的基本物质要素与精神要素的必要性深以为然但又据此各有阐发。在二者看来，党员与领袖的有机结合所形成的组织结构、目标体系的有序排列所组成的政治纲领和党法党规的系统罗列所构成的政党纪律是政党物质要素的基本单位，中西并无二致；所异者是在价值倾向上，中国政党立足“公义”精神，而西方政党则坚守“公益”精神。“公义”与“公益”虽皆表现为国家全体之利害，但二者内在取向确有不同：“公义”是一种道德取向，其里为关乎党员与领袖的道德自觉，“凡组织政党者，则为国民中之先觉，其党之善与否，以其对于国民之良心为断”[4]；其表为对于国家与人民的道德实现，

[1] 黄远庸：《政党浅说》。转引自上海经世文社辑：《民国经世文编（壹）》，北京图书馆出版社2006年版，第176页。

[2] 邵元冲：《政党泛论》，《国民月刊》1913年5月20日。

[3] 《孙中山全集》（第3卷），中华书局1984年版，第36页。

[4] 戴季陶：《戴季陶集》，华中师范大学出版社1990年版，第212页。

“为国家谋幸福，人民谋乐利”[1]。“这是当时的人们为了既避免西方政党政治之流弊，又吸取中国古代朋党政治之祸乱教训而得出的结论。但其中又带有传统‘家天下’群体观的陈迹”[2]。“公益”则是一种理性取向，出于西方理性精神在政治领域的发育与张扬，其里为对于党员与领袖的利益主体驱动，其表则为涉及政党与国家的利益主体关联。

第二，权力是政党的核心，执掌权力是政党活动的目标。但当时中西学者关于权力内涵及运行的见地略有不同。虽然伯克认为政党是使人们能以国家的全部权利与权威，执行其共同计划的适当手段；中国也有如梁启超之言：“一国之中，政党既不能占政治上之大势力，则政党之作用，必不能完全，不足以言政党也。”[3]但是西方学者所说的权力主要指立法权，立法权的权重又因欧美议会制的政权组织形式有所增益，而立法权的获致由此必然在合法的途径之中；中国学者观念中政党权力的范畴却历经诸变，异议丛生，既有立宪党人主张凭借投票形成议会优势，以“立法权”的权力制衡皇权，也有革命党人力图通过暴力推翻清廷统治，以掌握全部国家权力。

第三，利益是政党的本质，实现利益是政党活动的归宿。中西学者皆将政党的基本立场冠以国家利益之名，但其利益的谓指却迥异其旨。西方政党源起之时正值资产阶级政治意识日渐觉醒，其国家利益主要涵括反对君主专制与封建制度和建立现代民主议会制度两方面：“当议会的真正尊严通过与选民的正当结合得以恢复时，议会就会开始认识到，那些曾一度使它丢脸的非法权力都是伪饰之物，是奴役的标记，并考虑最终将其唾弃。”[4]而与中国语境下政党概念相适宜的国家利益之说则受制于当时的政治局势，国家利益必然因应资产阶级革命与民族解放运动的潮流，以政党为工具，热心毅力，建新政，强国家，“内维秩序之紊乱，外戢列强之野心”[5]。

第四，政党与民主息息相关。尽管中西学者都察觉其时政党之涌现与民主之暗流交相呼应，但前述西语中现代政党概念的明晰伴之以政党在价值层面上从民主之结果向民主之必要的转变，而在中国学者的观念构建中政党与民主的联系却呈现非线性相关：譬如时有毁党造党论者认为，政党虽好，却过于超前，不合民主之势，盖因“专制之毒，铲除未久，一般人知识幼稚，无平民政治之经验，政党实不应发生太早”[6]；又有立宪改良派将政党看作宣露民意、凝聚共识的工具，“政党所以发表民意大半之意向

[1] 《孙中山全集》(第3卷)，中华书局1984年版，第36页。

[2] 杨德山、掌艳：《中国早期政党涵义略论》，《北京行政学院学报》2000年第2期。

[3] 《梁启超全集》(第9卷)，北京出版社1999年版，第2635页。

[4] 埃德蒙·伯克：《自由与传统》，蒋庆等译，商务印书馆2001年版，第154页。

[5] 沙曾诒：《论中国今日急待解决之三大问题》，《东方杂志》1912年8月1日。

[6] 张玉法：《民国初年的政党》，岳麓书社2004年版，第17页。

者也，不有政党，民意何从而得知？”[1]可见，彼时学者关于中国政党与民主之联系的看法，见仁见智，观点驳杂，未尝一致。

诚然，中西语境下政党概念的出现与演进肇始于不同时期，其内涵与外延既有交叉又有区隔，理路与表征既有共识又有歧见，但二者都成为后世中西之间政党概念变迁的雏形。在西方，自伯克以降，欧美诸国几经革命，无产阶级运动兴起，政党形态与功能亦随之发生变化，因而在西方视域下政党概念千变万化，尤以马克思主义政党学说对中国影响最为深远；在中国，先有国家分裂，政党林立，气象万千，后有中国共产党建政立治，消弭党争，统一思想。所以，新中国成立后的“政党”之论基本以马克思主义为底色，借鉴列宁、斯大林关于政党的界定，结合中国革命和建设的实际，将政党视为阶级的组织和权力的中心：列宁认为，政党是阶级社会中阶级组织的最高形式，“各阶级政治斗争的最严整、最完全和最明显的表现就是各政党的斗争”[2]，“党是阶级的先进阶层，是阶级的先锋队”[3]；而斯大林断言，“党管理国家”“党是政权的核心”[4]。中国共产党则是“依照苏联共产党的榜样建立起来和发展起来的一个党”[5]。“共产党人的一切言论行动，必须以合乎最广大人民群众的最大利益，为最广大人民群众所拥护为最高标准。”[6]

20世纪70年代末，中国政治学者开始广泛涉猎、吸收西学，一时之间，西方不同时期、各个流派的观点、理论麇集毕至，不可胜数，国内政治学界在同一时期兼容西方在不同时期、由不同学者所发展建立的理论，以至于国内有关政党的定义虽有相合，犹有分歧，争讼不已。现当代西方有关政党概念的新突破表现于三方面，国内政治学界对政党概念的理解较新中国成立后所不同者也可归于此三方面，而同一方面之内中西间又略有差异。

（一）基于政党本质属性的阶级组织论

所谓阶级组织论，即将政党之本质建立在阶级分化和阶级利益之上，视政党为阶级在政治上利益的集中代表者，阶级性是政党的本质属性。此一论断当前属于国内政治学界主流观点，一般为学者所持有，尤以高放与王浦劬为代表。高放认为：“政党是代表一定阶级、阶层或集团的利益，旨在执掌或参与国家政权以实现其政纲的政治组

---

[1] 黄远庸：《政党浅说》。转引自上海经世文社辑：《民国经世文编（壹）》，北京图书馆出版社2006年版，第178页。

[2] 《列宁选集》（第1卷），人民出版社2012年版，第676页。

[3] 《列宁全集》（第24卷），人民出版社1990年版，第38页。

[4] 《斯大林选集》（上卷），人民出版社1979年版，第417页。

[5] 《毛泽东选集》（第4卷），人民出版社1991年版，第1357页。

[6] 《毛泽东选集》（第3卷），人民出版社1991年版，第1096页。

织。”[1]王浦劬认为政党在“本质上是特定阶级利益的集中代表者，是特定阶级政治力量中的领导力量，是由各阶级的政治中坚分子为夺取或巩固国家政治权力而组成的政治组织”[2]。阶级是以生产资料之占有为依据对社会所做的划分，将“阶级”一词引入政党学理建构之中自有其现实合理性，但在西方学者看来也有存疑之处：其一，阶级利益既有分歧又有统一。当今世界各阶级为民族与国界所隔，一国之内各阶级又共存于同一社会共同体中，各方既有阶级的特殊利益又有国家的普遍利益，二者殊难权衡。其二，阶级利益既有差异又有融合。现代社会成员利益取向日趋多元，同一取向下阶级之间又有所贯通，边界难以明辨。其三，政党既有代表又有自为。任何政党都由人所组成，而人必负载多重角色和利益，其行为由何者驱动实难确定。当前西方“阶级”一说势弱的缘由盖在于此，而西方学者多以“选举”为政党立论，选民而非阶级是政党掌握权力的基础。因此，西方政党研究集大成者萨托利认为：“政党首先且最主要的是表达的手段：它们是工具，是代理机构，通过表达人民的要求而代表他们。”[3]此一看法代表当今西方政党概念研究的一大主流。

（二）基于政党核心属性的权力目的说

持此论调者以政治权力为核心来分辨政党与其他政治组织，二者的区别在于政党以直接掌握和运行国家政治权力为目的，燕继荣等人为这一说法的代表，认为：“政党就是人们为了通过选举或其他手段赢得政府权力而组织的政治团体。”[4]这一定义突破之处在于：一是独辟蹊径，直接以政治权力为政党的核心属性；二是立意深远，将选举纳入政党获致权力的主要路径。而后者在当代中国政治语境下厘清了执政党权力与人民主权之间的实践逻辑与理论关联，意义不可谓不重大。燕继荣关于政党的概念颇具西方色彩，权力也是西方学者界定政党的基本视角之一，如熊彼特的经典政党定义就为：“一个政党是其成员打算一致行动以便在竞选斗争中取得政权的团体。”[5]罗斯金也认为，政党“是以通过赢得大选的方式来影响政府为目标的组织”[6]。鉴于此，在权力视域下，西方的政党概念同样包含两个要素：第一，政治权力的执掌是区别政党与其他政治组织的标识；第二，政党政治权力获得的关键在于赢得选举。“赢得选举”意即“赢得政府权力”，所以西方政党必当首先谋求政权之独占，次之谋求政权之联合，再

[1] 高放：《政治学与政治体制改革》，中国书籍出版社2002年版，第351页。

[2] 王浦劬：《政治学基础》，北京大学出版社2003年版，第265页。

[3] G.萨托利：《政党与政党体制》，杨德山译，商务印书馆2006年版，第5页。

[4] 燕继荣：《现代政治分析原理》，高等教育出版社2005年版，第210页。

[5] 约瑟夫・熊彼特：《资本主义、社会主义与民主》，吴良建译，商务印书馆2002年版，第413页。

[6] 迈克尔・罗斯金：《政治科学》，林震等译，华夏出版社2006年版，第227页。

次谋求优势反对地位以备战后续选举，其政治语境中只有“执政党”与“在野党”之分，而无“执政党”与“参政党”之辨。

（三）基于政党价值属性的中间媒介论

中间媒介论将政党的价值归于其在社会与政府之间所发挥的中介作用，即政党是在同一政治共同体内联结社会与政府的中间组织。国内学者王长江与杨光斌均持此说法。王长江是国内较早分析政党角色在民众与政府关系中定位的学者，视政党为“民众参与政治的工具”、“沟通民众与政府联系的桥梁”和“人民控制政府之手的延伸”[1]，因此在规范意义上政党的价值属性应涵括三重面向：其价值原则应为人民主权，即一切国家权力必属于人民；其价值取向应为民主政治，即国家权力运行当以民意为依归；价值实践应为民主执政，即执政党执政行为须充分体现民意。杨光斌的看法与王长江相仿：“政党具有的最重要也是最本质的特征在于，它是把政府形式上的结构与社会中的不同成分联系起来的‘纽带’。”[2]杨光斌认为，政党既立足于社会，将民众的利益需要输入政府决策过程之中；又立足于政府，对社会的组织与成员施之以控制。较之于前者，杨光斌的观点更靠近西方“中间媒介论”的主流。在西方学者的视域下，政党正是在将“市民社会”中诸如经济、文化和宗教等各种不同成分与政府结构相联系的过程中发挥作用的，其运行轨迹则和政治体制的正式部分与非正式部分的交界相重合。

三、政党概念的要素及其重释

观其大略，可见中西都有关于政党政治的实践历史与学理思辨，二者实践的交合之处在于举凡为政党者，莫不与利益、权力与民主等政治要素紧密相连，由此从学理上笼统以利益、权力或民主等要素来界定政党概念，亦无不可；但探其幽微，始知中西之间甚或中西内部各党之间，彼此的实践形态与学理分析又颇具差异，盖因在政治实践中各党对利益、权力与民主等政治要素乃至某一要素之内某一方面的偏重有所不同，进而形成关于利益、权力和民主等要素的特殊的理论诠释。可以说，利益、权力和民主等政治要素规定了政党的基本属性，但在基本属性范畴下三者却又各具意蕴，引致了政党的多重面向。

首先，利益为政党的本质属性。所谓利益，其内在必然性为需要的自我实现的天然倾向，外在规定性为社会的关系空间的相互作用，就是“基于一定生产基础上获得

[1] 王长江：《现代政党执政规律研究》，上海人民出版社2002年版，第30—44页。

[2] 杨光斌：《政治学导论》，中国人民大学出版社2011年版，第141页。

了社会内容和特性的需要”[1]。既有利益，人之所行必循利益而动，“人们为之奋斗的一切，都同他们的利益有关”[2]；人之所思亦必因利益而生，“‘思想’一旦离开‘利益’，就一定会使自己出丑”[3]。据此，利益是一切人和人的组织赖以存在和发展的根本动因，政党也不例外，利益是政党的本质属性。第一，实现政党的政治纲领是其最高利益所在，是政党的政治利益。政党若谋求长久存续于社会之中，须响应社会民众的利益诉求，以利益表达与利益综合为要务，将社会民众的利益诉求凝聚为政党的政治理想和政治纲领，继而践行政治理想，实现政治纲领。政党的政治利益赋予政党以社会存在的必要性和社会认同的合法性，政党的生死存亡全系于此。第二，实现政党的执政资格是其现实利益所在，是政党的组织利益。政党若力图实践其政治纲领，必仰赖于对政治权力的垄断与运用，以主导和影响政治过程为依归，将政党潜在的执政资格转化为现实的执政权利，进而落实为操于政党之手的政治权力。此既为政党贯彻其政治纲领的现实基础，是政党的现实利益之所在；又为政党区别于其余社会政治组织的利益范畴，是规定政党之所以呈特定组织形态的组织利益。

其次，权力为政党的核心属性。政党嵌入在社会的静态政治结构与动态政治过程之中，其利益的实现取决于政党对权力的垄断性占有与运用的效度。可以说，权力既为政党的现实利益与组织利益之所在，又为政党实现其利益的凭依。权力是政党实现其利益的逻辑中介，其需要唯有经过权力的轨道方能转变为政党利益，而利益又因对权力的占有和运用而转变为事实，权力自然就成为实现政党利益本质的内在规定性的核心。以静态与动态的视角观察“权力”之义：权力的静态体现其或然性，即主体排除抑制因素、贯彻自身意志的可能，“是把一个人的意志强加在其他人的行为之上的能力”[4]；权力的动态彰显其必然性，即实质上主体与客体之间支配和服从的关系，“应该将权力理解为众多的力的关系，这些关系存在于它们发生作用的那个领域”[5]。其中，构建权力的路径又有不同：或依恃暴力，以主体的恣肆与客体的被迫为方式，构建权力；或凭借权威，以主体的主导与客体的认同为方式，构建权力。因此，权力悬置于暴力和权威之间，又往往杂糅二者以为基础，而政党与权力的关系也与权力的构建路径休戚相关：第一，政党的权力实现机制有暴力的强制植入与权威的自然发育两个途径。后发国家的政党多以革命党、民族党的形态出现，属外源性政党，通过暴力革命的方式反抗与分解不合理的权力结构，建立新的国家政权与政治秩序，其演进序列先以掌

[1] 王浦劬：《政治学基础》，北京大学出版社2003年版，第53页。

[2] 《马克思恩格斯全集》（第1卷），人民出版社1995年版，第187页。

[3] 《马克思恩格斯文集》（第1卷），人民出版社2009年版，第286页。

[4] 马克斯·韦伯：《经济与社会》（上卷），林荣远译，商务印书馆1997年版，第323页。

[5] 福柯：《福柯集》，上海远东出版社1998年版，第345页。

握政权为目标，由革命党转变为执政党，后以政权合法化为中心，在保持国家执政党的基本定位下由国家党转变为社会党，中国共产党正因代表着中国最广大人民的利益而得以在国家革命和建设过程中实现其领导与执政地位；传统西方国家的政党多属内源性政党，是政治领域自然发育的结果，其权力与权威的获致共同完成于以政治选举权泛化为核心的同一政治参与过程之中，“随着参与的扩大，政党出来组织参与，随着政党的发展，它又促进了参与的扩大”[1]。第二，政党的权力运行机制有直接领导与间接领导两类。政党对政权的占有与运用集中体现在权力的决策环节，尤以国家的重大人事决策与政策决策为核心，继而形成执政党与涵括立法、行政、司法等政治结构的广义政府体系之间在决策与执行上的权力格局，可分两类：一种是在党政一体的权力格局下政党的直接领导，多以后发国家形成之初的权力运行模式为代表，即政党直接作出正式的政治决策，交付于政府体系予以执行；另一种是在党政分立的权力格局下政党的间接领导，多以欧美国家的权力运行模式为代表，即政党通过议会党团提出决策草案，经议会辩论、协商和确认后上升为国家意志，由行政部门和司法部门予以执行与保障。第三，政党的权力导向机制有封闭式与开放式两种。政党的权力运行以利益为导向，各政党间颇有殊异：若一党汲汲于政党利益和党员利益，势必罔顾民意，以封闭的决策方式主导权力及其所隐含的利益的流向；若一党面向多元化的利益结构，宜采取开放式的决策方式，尊重和允许多元利益主体在政党决策过程中发挥作用。准此，掌握政权虽为政党的核心属性，却又绝非一党独裁的凭依，反当以民主为权力的规范。

最后，民主为政党的价值属性。民主政治是现代政党政治出现的生态与基础，政党民主是国家形态的政治民主在非国家形态的政治组织中的自然派生，其派生机制为政治权力和政治选举权在社会领域的双重延伸，从而使政党主观上须对多元化的利益主体的诉求充分回应，客观上实现以民主方式组织和管理政府体系的价值功能。以政党的利益为坐标，政党民主有其特定层次及结构，同时，政党的权力机制也贯穿于其中：第一，在政党的政治利益和权力实现机制层面，政党民主体现为党社民主，这是政党民主的归宿。社会是政党的政治利益和政治权力的来源与流向，社会通过对政党权力合法性的支持与认同的变化，借以表达社会各利益主体的多元利益诉求，政党则据此调适政党政治纲领和社会利益诉求的关系，实现政党的政治利益，而民众自由组织政党的政治权利的保障与实践是党社民主的最高形式。第二，在政党的组织利益与权力运行机制层面，政党民主反映为党际民主与党政民主，二者是政党民主的主体。

[1] 格林斯坦、波尔斯比：《政治学手册精选（下）》，竺乾威等译，商务印书馆1995年版，第210页。

党际关系是政党之间政治力量对比关系的主体表现[1]，力强者成为执政党以主导政治权力，力弱者变成参政党或反对党以参与或影响政治权力，而党际民主则是对政党力量对比关系的规范性超越，是应然意义上政党的政治自由、组织独立和法律地位平等的规范性要求对纯粹政治力量实践的超越；党政关系以执政党与政府在权力决策与运行中的关系为核心，党政民主则是在政党与政府之间的职能和权力明确界分上，建立政党与政府关于政权的领导与执行的法理关系，二者各负其责，各行其权，各成其事。在政党的党员利益与权力决策机制层面，政党民主投射为党内民主，这是政党民主的基础。党内民主的前提是承认与允许政党成员有区别于政党和其他政党成员的特殊的合理利益诉求，由此又必然要求政党充分尊重党员在政党组织和党内生活中的主体地位与个体权利，并将之整合在政党的开放式政治决策过程之中，而以党员的自主意愿为政党决策的标准是党内民主的集中体现。

从学理上重构政党概念，应起于重释政党的基本属性；而重释政党的基本属性，又须兼顾每一属性的不同面向。属性规定政党实质的内在恒定的必然性，面向赋予政党形态的外在殊异的或然性。鉴于利益、权力与民主之于政党属性的重大意义，政党可被视为一种基于利益的本质规定性，以获取与主导政治权力为核心，通过政治权力将社会与国家联系起来，从而实现其利益的政治组织。同时，政党虽无法脱离利益、权力与民主等属性而维持，但却可偏行于某一或某些特定面向之间而具有不同的形态，因此，又不能将世上所有政党一概而论，宜当探究每一政党的特殊所在。可以断言，“概念界定的严谨或者重要性往往不在于它对特定问题的解决，而是在于它所尝试的东西能引出更多的问题，能够激发人们的思想，进而引起人们的观察与反思”[2]。

原载于《理论学刊》2015年第9期

[1] 王韶兴：《政党政治论》，山东人民出版社2011年版，第417页。

[2] 柴宝勇：《政党概念的再探讨》，《社会主义研究》2011年第1期。

社会主义国家政党政治百年探索

王韶兴

摘　要： 在人类政治文明演进的历史长河中，社会主义国家政党政治作为一种新型政治形态，经历了100年的发展历程。社会主义国家政党政治百年探索，涉及马克思主义执政党治党管党和治国理政两大领域，体现于党内关系、政党关系、党政关系、党社关系以及对外关系各方面，经历了苏俄首开先河，多国实践及其遭遇挫折，中国、越南等国在新的历史起点上创新发展三个历史时期。总结百年经验，社会主义国家政党政治基本制度的确立与制度优势的充分发挥，与马克思主义执政党进行富有成效的理论反思和价值认知，以超乎寻常的战略定力和策略水平坚持真理、修正错误，不断开辟理论认识和实践发展的新境界紧密相关。21世纪的社会主义国家政党政治，有力地发展和推进着社会主义国家的现代化进程，不断地塑造和完善着社会主义国家政党政治的实践力量，二者统一于社会主义制度文明可持续发展的宏阔历史进程中，必将对人类建设美好未来产生重大而深远的影响。

关键词： 马克思主义；社会主义国家政党政治；世界社会主义运动；中国特色社会主义；治国理政

迄今为止，社会主义国家政党政治经历了100年的发展历程。20世纪初期，列宁领导的俄国布尔什维克党以高度的政治自觉和非凡的革命胆略，取得十月革命胜利，开创了社会主义国家政党政治实践之先河。20世纪中叶，欧亚多国马克思主义政党顺应历史发展大势，建立新型国家政权，创造了社会主义国家政党政治系列发展的宏大局面，为人类政治文明发展与进步提供了崭新的实践素材。20世纪末期，苏东剧变导致社会主义国家政党政治遭遇挫折，进一步证明只有始终坚持马克思主义，社会主义国家政党政治才能在实践创造中不断健康发展。20世纪90年代以来，中国、越南等国共产党人始终坚持共产党执掌政权，"不忘初心、继续前进"[1]，并"成功从苏联模式过渡到本国模式"[2]，不断开辟社会主义国家政党政治发展新境界。回顾社会主义国家政党政

[1] 习近平：《在庆祝中国共产党成立95周年大会上的讲话》，人民出版社2016年版，第8页。

[2] MarioFerrero，"Political Exchange in Mass Party Regimes and the Transition from Socialism"，*Economic Systems*，Vol.25，No.4，2001，p.366.

治百年发展历程，不仅有助于在把握历史规律中正确认识社会主义国家政党政治的发展轨迹，而且有利于在理论创新中不断增强中国特色社会主义政党政治[1]实践创造的时代理据和价值自信。这决定了更好地实现马克思主义政党的执政使命与社会主义国家现代化发展的时代诉求，必将在制度比较优势中为世界政党政治的未来发展贡献卓越的“中国智慧”。

一、社会主义国家政党政治的基本认知与发生机理

社会主义国家政党政治作为一种全新的政治实践类型，其显著标志是马克思主义政党执掌国家政权、领导社会发展。马克思主义政党成为国家政治上层建筑的主导力量，不是少数天才人物的主观创造，而是社会主义生产力与生产关系矛盾运动的必然结果，是人类政治文明演进的基本规律使然。在世界社会主义500年历史进程中，“社会主义经历了从思潮、理论到运动、制度的发展”[2]，特别是19世纪中期后欧洲经济社会发展形成的否定资本逻辑支配性与超越其制度化统治的思想、组织和运动，孕育了社会主义国家政党政治的历史基因；20世纪初，世界历史条件和时代主题的重大变化，决定了社会主义国家政党政治的时代性出场。

（一）社会主义国家政党政治的基本含义与价值维度

在马克思主义政党政治科学中，政党政治、社会主义政党政治和社会主义国家政党政治，是既有内在联系又各不相同的基本范畴。在对象范围上，三者依次包含；在逻辑关系上，三者依次递进；在价值空间上，三者依次趋向具体。

1.政党政治的一般性认识

政党是阶级利益的集中代表，是“动员多数参与政治的特殊的政治组织形式”[3]，在制度构造形态上，“政党创造出民主政治，现代民主政体不容置疑地与政党制度互栖共生”[4]。政党政治的形成，缘于社会生产力发展推动民主政治的演进，是权力

[1] 自中国共产党成立之日起，中国特色社会主义政党政治已有96年的发展历史，经历了以政治革命为核心内容和以社会革命为主要任务两个大的发展阶段。近百年来，它以最深层次的价值追求、最独特的实践特征和最显著的文明贡献，深刻改变了中国的历史进程，并深度影响了世界格局的时代性发展。关于中国特色社会主义政党政治的科学内涵、发生机理、实践价值及其理论创新当有专文论述。

[2] 本书编写组编：《世界社会主义500年》，新华出版社2014年版，第1页。

[3] E.E.Schattschneider，*Party Government:American Government in Action*，New Brunswick：Transaction Publishers，2009，p.208.

[4] E.E.Schattschneider，*Party Government*，New York：Holt，Rinehart and Winston，1942，p.1.

现代组织化发展的内在要求和必然产物。作为民主政治的实践形态，它“是现代人对政治艺术的最大贡献”[1]。依据内容的结构性不同，政党政治可以从“宏观”“中观”“微观”三个层面认识和把握。

在“宏观”层面上，政党政治是指政党围绕自身发展和价值实现开展的内部生活和外部活动。它所表达的是民主政治主旨下工具理性与价值理性相统一的政治肌体，标识的是人类社会发展进程中的不同政治实践类型，揭示的是政党政治的“抽象”化形态。因民主的一定发展而产生，为民主的继续发展而存在，最终将因民主的高度发展而自行消亡，是政党政治的历史由来、政治使命与价值依归。

在“中观”层面上，政党政治是由性质不同的政党围绕自身生存发展和价值实现开展的内部生活和外部活动，是政党政治的“类型”化表达，标识的是政党政治的社会属性。依据意识形态、阶级基础和价值取向的差异，可分为资本主义政党政治和社会主义政党政治两种基本类型。从历史维度上看，社会主义政党政治又分为以取得国家政权为核心内容和以建设国家政权为核心内容两个发展阶段，并相应地形成了资本主义（及半殖民地半封建）国家内部的社会主义政党政治和社会主义国家的政党政治两种实践形态。从发展逻辑上看，以马克思主义为指导的社会主义政党政治是社会主义国家政党政治的逻辑前提和必要准备，社会主义国家政党政治是社会主义政党政治的价值跃升和逻辑结果。

在“微观”层面上，政党政治是具体民族国家内的政党围绕自身发展和价值实现开展的内部生活和外部活动。依据国家（制度）性质的不同，分为资本主义国家政党政治和社会主义国家政党政治两种基本情况。具体民族国家的政党政治，既内蕴政党政治的经济基础属性，又标识政党政治的社会历史属性，还反映政党政治存在的空间属性和发展进程的时代属性，是政党政治“时”“空”“态”的统一体。它作为政党政治的直观对象和实践形态，表明的是政党政治的“具象”化形态。

2.社会主义国家政党政治的基本含义

作为整体性概念，社会主义国家政党政治是马克思主义执政党围绕自身发展和价值实现而形成的内外事务及其治理的统称。作为社会主义政党政治的民族化、时代化表达和国家层面的制度化形态，社会主义国家政党政治与资本主义国家政党政治有本质区别。作为一种新型政治体制和运行机制，社会主义国家政党政治涵盖马克思主义执政党内部生活和外部活动两大领域，是治党管党和治国理政的有机统一。

从要素构成看，社会主义国家政党政治是由众多内容构成的政治发展系统。既包括政党自身的政治、政党与政党间的政治，还包括政党与国家间的政治、政党与社会

[1] 莱斯利·里普森：《政治学的重大问题——政治学导论》，刘晓等译，华夏出版社2001年版，第209页。

间的政治以及政党与国际社会（主要是执政党与其他国家的政党及政党国际组织）间的政治。由此形成的社会主义国家政党政治关系，既有政党内部的、不同政党之间的政治关系，还有政党与国家之间、政党与社会之间以及政党与国际社会之间的政治关系，构成了一个复杂的政治关系体系。其中，政党与国家及政党与社会的关系是最基本的政治关系，实质上是党权、政权、民权三者间的关系。

从主旨要义看，“以人民为中心”[1]是社会主义国家政党政治的根本性质和价值本源。一方面在社会主义国家政党政治的关系体系中，“党政关系”实质上是党权与政权的关系，相对于“民权”而言，具有“工具”属性，反映的是“工人阶级的政党不是把人民群众当作自己的工具，而是自觉地认定自己是人民群众在特定的历史时期为完成特定的历史任务的一种工具”[2]。另一方面以人民为中心的“党社关系”，实质上是政党权力与社会权利的关系，而社会权利具有本源性和目的性。这表明，社会主义国家政党政治不仅具有“政党是治理国家不可缺少的工具”[3]的一般属性，承担着最具人民正义性的工具理性功能，而且明确表达了时代发展与人民对美好生活向往的实践诉求，锻造了社会主义国家政党政治的独特优势，具有“两个先锋队”[4]的实践理性功能。在更深刻的意义上讲，以“社会”为目的、以“民主”为指向、以“党社关系”为基点，认识和把握社会主义国家政党政治的核心要素及其相互关系，既与社会主义国家政党政治的本质属性相吻合，又与其价值定位相一致，也与其科学发展的逻辑要求相适应。

3.社会主义国家政党政治的价值维度

从价值层次和功能定位的角度看，社会主义国家政党政治可以从“道路”“理论”“制度”“文化”“文明”等不同的价值维度认识和把握。

政党政治道路，是马克思主义执政党把政党政治的一般原理、社会主义政党政治的基本原则与本国实际相结合而开展的以实现“人的自由而全面发展”为最高价值依归的政治过程。它属于社会主义国家政党政治“起源学”范畴，内蕴马克思主义执政党的目标自信，本质上反映了执政党对治党管党规律、治国理政规律以及社会主义建设规律和人类社会发展规律的深刻认识和把握。政党政治理论，是马克思主义执政党在政党政治实践中逐步形成的关于社会主义国家政党政治的理论前提、理论基础、理论观点、理论结构以及理论获取的知识体系，属于政党政治“发生学”范畴。它的发育水平标志着社会主义国家政党政治发展的深刻程度。政党政治制度，是马克思主义

[1] 习近平：《胸怀大局把握大势着眼大事努力把宣传思想工作做得更好》，《人民日报》2013年8月21日。

[2] 《邓小平文选》（第1卷），人民出版社1994年版，第218页。

[3] 罗杰·希尔斯曼：《美国是如何治理的》，曹大鹏译，商务印书馆1986年版，第327页。

[4] 《江泽民文选》（第3卷），人民出版社2006年版，第574页。

执政党在政党政治实践过程中逐步确立的一整套相互衔接的规范体系。它既是社会主义国家政党政治发展成果的“刚性”表达，也是其进一步可持续发展的行动准则。政党政治文化，是马克思主义执政党在政党政治实践中形成的以政党意识形态为核心内容，由政党的组织心理、情感取向、学说理论、行为作风以及由此决定的区别于他党的精神风貌而构成的相对独立的观念体系，属于“政治文化的一部分”。[1]政党政治文明，是政党政治道路、理论、制度以及文化各项因素的高度融合与凝练，表达的是马克思主义执政党治党管党和治国理政所具有的整体水平及其达到的政治进步状态。它所承载的是与时俱进的政治发展目标和人类社会政治进步的价值取向，是政党政治过程中社会主义民主的有序化实现和民主成果的有效性累进。

基于上述关于社会主义国家政党政治的系统性分析，不难发现，“道路”是社会主义国家政党政治的逻辑起点，属于历史选择和政治经验问题，具有鲜明的客观性、探索性和实践性。“理论”则是政党政治道路认知的主观表达，既是社会主义国家政党政治实践的经验总结和规律把握，也是其道路正确、制度科学的首要前提，反映的是政党政治主体的认识自觉。“制度”是政党政治道路与理论的规范化、模式化体现，具有根本性、稳定性和长期性的特征。“文化”作为一种历史积淀，它是政党政治发展的真实写照；作为一种时代见证，它是政党政治能力的时代凝练；作为一种价值引领，它是政党政治面向未来的深厚滋养。“文化自信，是更基础、更广泛、更深厚的自信。”[2]“文明”是社会主义国家政党政治的历史积淀和成果综合，集中标识政党政治发展历史的阶段性特征和发展进步的整体性水平。“道路”“理论”“制度”“文化”“文明”作为社会主义国家政党政治价值系统的构成要素及其综合性表达，体现于马克思主义执政党的党内关系、政党关系、党政关系、党社关系以及对外关系各个方面，统一于治党管党和治国理政的协同发展总体进程。

（二）社会主义国家政党政治的发生机理

历史逻辑决定政党政治的理论逻辑，历史空间决定政党政治的实践空间。19世纪欧洲经济社会发展的总趋势、马克思恩格斯的政党思想和东方社会发展理论以及20世纪初资本主义政治经济发展“大棋局”，构成了社会主义国家政党政治产生的内在因素和外在条件的全要素系统，生成了社会主义国家政党政治“大逻辑”。

1.马克思恩格斯关于无产阶级政党的基本思想，为社会主义国家政党政治的确立提供了理论基础

19世纪40年代，政党政治发展在英国已达到较高水平，并成为阶级斗争的一种重

[1] 王沪宁：《从政党文化看执政党建设》，《解放日报》1989年5月24日。

[2] 习近平：《在庆祝中国共产党成立95周年大会上的讲话》，人民出版社2016年版，第13页。

要形式。马克思、恩格斯在批判资本主义制度、思考无产阶级解放道路时，形成了无产阶级政党的基本理论。虽然马克思、恩格斯当时没有使用“政党政治”概念，更没有专门论及社会主义国家政党政治问题，可他们在关于阶级对立的经济基础和党派斗争的政治基础的分析论证中，在对资产阶级政党及其操纵的政治过程展开批判的过程中，在关于如何打碎旧的国家机器、经由无产阶级专政向“无阶级社会的过渡”[1]以及如何实现人的自由而发展的设想中，已经提出了与资产阶级政党根本不同的无产阶级政党的政治纲领和行动策略。从历史与逻辑相统一的角度看，马克思、恩格斯关于共产党的系统论述，表达的就是社会主义国家政党政治应当具有的政治主体能力及其政治使命；关于由资本主义向共产主义转变的论述，反映的就是社会主义国家政党政治的主要内容；关于共产党的长远目标是最终达到向无阶级（无国家、无政党）社会过渡的论述，揭示的就是社会主义国家政党政治的终极价值。

2.肇始于19世纪中期欧洲的社会主义政党政治，为社会主义国家政党政治的确立提供了逻辑前提

科学社会主义理论的诞生，为社会主义政党政治实践奠定了理论前提；马克思主义政党的建立，为社会主义政党政治提供了主体力量；而以科学社会主义理论为指导、由无产阶级政党领导的工人运动，则为指向实现共产主义的社会主义政党政治活动提供了实践机制。1847年共产主义者同盟成立的目的是“推翻资产阶级，建立无产阶级统治，消灭旧的以阶级对立为基础的资产阶级社会和建立没有阶级、没有私有制的新社会”[2]。马克思、恩格斯为同盟起草的纲领——《共产党宣言》，全面阐述了无产阶级政党的性质、特点、奋斗目标、方法策略等理论原理，为社会主义政党政治的确立奠定了坚实的理论基础。1864年第一国际的成立，以工人阶级的彻底解放为目标，以“新的科学的世界观作为理论的基础”[3]，以夺取政权作为“工人阶级的伟大使命”[4]并孕育了巴黎公社这一“精神产儿”[5]。巴黎公社失败后，第一国际宣布解散，但这“绝不意味着‘国际主义的’既定目标在社会主义范围内消失了”[6]。1889年成立的第二国际，无论是其活动内容、活动方式还是组织建设、理论建设，都积累了丰富的实践经验。从共产主义者同盟成立到第一国际再到第二国际，既是科学社会主义理论创立并在宏大而深刻的革命实践中发展的重要历史时期，也是无产阶级政党与工人运动深度融合并

[1] 《马克思恩格斯文集》（第10卷），人民出版社2009年版，第106页。

[2] 《马克思恩格斯文集》（第4卷），人民出版社2009年版，第236页。

[3] 《马克思恩格斯文集》（第2卷），人民出版社2009年版，第599页。

[4] 《马克思恩格斯文集》（第3卷），人民出版社2009年版，第13页。

[5] 《马克思恩格斯文集》（第10卷），人民出版社2009年版，第398页。

[6] 若·奥普特：《从第一国际到第二国际》，《国际共运史研究资料》1986年第3期。

在复杂的内外斗争中磨炼的重大历史过程。其间，无论在组织形式、价值指向还是在组织规模以及活动内容上，具有社会主义性质的政党政治日渐成为世界政治总体过程的重要组成部分，在事实上深刻影响着人类文明的发展路向。

3.东方社会发展的特殊性以及资本主义经济政治发展的不平衡，为社会主义国家政党政治的确立提供了社会基础

按照历史发展的一般规律，社会主义国家政党政治是建立在高于资本主义国家政党政治的文明成果基础之上的。早在19世纪40年代，马克思主义创始人曾设想社会主义革命将首先在欧美发达国家“同时发生”。当时，基于东方国家亚细亚生产方式[1]的特殊性分析，马克思、恩格斯认为东方国家要前进，必须经过西方资本主义文明的冲击。至19世纪80年代，马克思恩格斯根据俄国农村公社的存在及其所处历史条件，提出了俄国有可能不经过资本主义制度的“卡夫丁峡谷”[2]，直接过渡到社会主义的设想。这启示人们：“在一定的历史时期，东西方在经济、政治和文化状况上有较大的差别，社会发展的途径也应该有所不同。”[3]历史发展到19世纪末20世纪初，介于东西方文明之间的俄国资本主义发展，不仅打上了封建专制军事帝国主义的烙印，而且处于资本主义政治经济发展不平衡链条的薄弱环节。世界经济的一体化发展以及第一次世界大战进一步加剧了帝国主义国家间政治经济发展的不平衡，导致“一国层面上的工人与雇主的社会对抗已经变成了世界层面上富国与穷国的国家对抗。结果，穷国的社会冲突放大了，穷国成了革命的策源地”[4]。从当时的国际国内局势出发，以列宁为代表的俄国布尔什维克党人提出了社会主义“将首先在一个或者几个国家内获得胜利”[5]的论断，并不失时机地领导俄国人民取得了十月革命伟大胜利，俄国布尔什维克党由革命党上升为执政党，开启了社会主义国家政党政治实践与发展的划时代篇章。

4.共产国际及各民族国家内马克思主义政党的建立，为一系列社会主义国家政党政治的确立提供了组织条件

苏俄社会主义国家政党政治大幕的历史性开启，极大鼓舞了世界各国工人阶级及其先进分子争取国家民主、民族独立的革命斗志。1919年共产国际的建立及其活动，有力促进了各国共产党的建立和相互交往。共产国际宣告它是“全世界劳动者的联盟”[6]。“世界革命论”是共产国际建立的理论基础，“民主集中制”是共产国际的组织原

---

[1] 《马克思恩格斯文集》（第2卷），人民出版社2009年版，第592页。

[2] 《马克思恩格斯文集》（第3卷），人民出版社2009年版，第580页。

[3] 俞良早：《马克思主义东方学》，人民出版社2011年版，第201页。

[4] 勃朗科·霍尔瓦特：《社会主义政治经济学：一种马克思主义的社会理论》，吴宇晖、马春文、陈长源译，吉林人民出版社2001年版，第478—479页。

[5] 《列宁选集》（第2卷），人民出版社2012年版，第722页。

[6] 戴隆斌：《苏联历史档案选编》（第15卷），社会科学文献出版社2002年版，第343页。

则，[1]“代表大会”是共产国际的最高权力机关，各国共产党是共产国际的支部。共产国际帮助各国建立共产党并培养大批领导骨干，加速了社会主义国家政党政治的组织要素与领导力量的成长过程。由于共产国际的“确立或作为一种幻景的实际构成，而这种幻景显然也是某种方式的客观现实”[2]，使它背负着既要领导各国共产党成就“世界革命”的理想，又要通过各国共产党保卫俄国革命成果的双重使命，这就决定了共产国际不可避免地具有国际主义和民族主义的两面性。如何认识和处理这种带有深刻时代烙印和俄国元素的历史遗产，成为后起社会主义国家的执政党必须长期面临的一个重大现实问题。

正是世界范围内生产力的发展及其与生产关系深刻的矛盾运动，推动了以工人阶级和其他劳苦大众为新的文明载体的现代化因素和现代化诉求的不断成长，在客观上决定并要求相应的政治发展类型及政治实践机制与之相适应。客观“需求”与主观“供给”的相互促进，促使人类社会政治文明发展深刻转型，即由资产阶级政党主导的资本主义国家政党政治一统天下，发展到无产阶级政党主导的社会主义国家政党政治的时代性出场，形成了多种政党政治竞争发展的政治局面；由国际性的无产阶级政党组织主导的政党政治，发展到民族国家的无产阶级政党确立政党政治，开创了社会主义政党政治在“国家实体”层面运行的全新实践。

二、社会主义国家政党政治的实践基点

社会主义国家政党政治的实践主体是马克思主义执政党，实践内容体现于党内关系、政党关系、党政关系、党社关系以及政党对外交往各个方面。社会主义国家政党政治百年探索，经历了三个历史时期：一是20世纪初至20世纪中期，苏俄首开先河，一国实践探索；二是20世纪中期至20世纪80年代末90年代初，社会主义国家政党政治在欧亚多国确立、发展及其遭遇挫折；三是20世纪90年代初以来，中国、越南等国砥砺前行，社会主义国家政党政治在新的历史起点上创新发展。整体来看，社会主义国家政党政治百年实践，既内蕴政党政治的一般价值，又表达其特有的政治属性，还因其产生、发展与发挥作用的历史传统、现实基础以及外部条件的不同，彰显出鲜明的多样性、民族性和时代性特征，成为人类政治文明光谱中集政党政治的“一般规律”、“特殊规律”和“具体规律”于一体的时代性政党群像，至今仍产生着不可替代的重要历史影响。

[1] 戴隆斌：《共产国际第二次代表大会文献》，中央编译出版社2012年版，第648页。

[2] 弗雷德里克·詹姆逊：《政治无意识——作为社会象征行为的叙事》，王逢振、陈永国译，中国社会科学出版社1999年版，第139页。

（一）苏俄首开先河：社会主义国家政党政治的一国探索

十月革命的胜利，标志社会主义国家政党政治在苏俄正式确立，具有社会主义性质的政党政治由理论、运动形态第一次转变为国家层面的制度化运作过程。这一政治创制，在“国家实体”层面生动实践了马克思主义政党政治理论，积累了社会主义国家政党政治初创时期正反两方面的经验，为特殊历史条件下社会主义政治文明发展留下了极为丰厚的历史遗产。

1.以“民主集中制”为基本原则的党内关系改善及其偏离

党内关系是政党内部不同主体要素按照一定规则围绕各自的权利和义务关系而形成的角色定位体系、组织运行方式和价值表达机制。列宁在领导建设新型政党的过程中，基于“对共产主义纲领和无产阶级专政原则的信仰”[1]以及党面临的实际情况，将萌芽于马克思、恩格斯时期党内关系的基本思想，凝练为“民主集中制”，并确定为构建和处理党内关系的基本原则。他指出：“党内民主集中制的原则是现在一致公认的原则”[2]；“党的一切组织是按民主集中制原则建立起来的”[3]；强调“党内的一切事务是由全体党员直接或者通过代表，在一律平等和毫无例外的条件下来处理”[4]；有必要“成立一个同中央委员会平行的监察委员会”[5]以加强党内监督等。1921年，俄共（布）第十次全国代表大会通过的《关于党的建设问题》决议，把党内民主作为处理党内关系的原则提到更高的位置。这是“苏联共产党存在将近一个世纪里关于党内生活准则，关于党内民主的最好的一个决议”[6]，保障了在社会主义国家政党政治起步阶段党内关系呈现出勃勃生机。美国学者罗伯特·文森特·丹尼尔斯认为，列宁时代是“伟大的党内民主时代”[7]。斯大林执政之初也强调“必须提高党员群众的积极性，实行党内民主”[8]。但是，苏共最终没能真正牢固建立起以民主集中制为核心支撑的党内关系制度体系和运行机制，导致以党内权贵为中心的人身依附关系形成，严重破坏了党内民主。

2.以“多党并存、联合执政”为政治架构的政党关系探索及其转变

政党关系是指具体国家内一个政党同其他政党之间的关系，本质上体现为政党与

---

[1] 吴辉等：《西方政党学说史》，时事出版社2015年版，第280页。

[2] 《列宁全集》（第12卷），人民出版社1987年版，第214页。

[3] 苏共中央马克思列宁主义研究院编：《苏联共产党代表大会、代表会议和中央全会决议汇编》（第1分册），中共中央马克思恩格斯列宁斯大林著作编译局译，人民出版社1964年版，第165页。

[4] 《列宁全集》（第14卷），人民出版社1988年版，第249页。

[5] 《列宁专题文集·论无产阶级政党》，人民出版社2009年版，第276页。

[6] 郑异凡：《集中制　民主集中制　工人民主制——列宁时期党内组织原则的演变》，《中共中央党校学报》2009年第5期。

[7] 罗伯特·文森特·丹尼尔斯：《革命的良心——苏联党内反对派》，高德平译，北京出版社1985年版，第183页。

[8] 《斯大林选集》（上册），人民出版社1979年版，第481页。

政权关系框架下的政党权利关系，指向的是政党政治资源在不同政党之间的配置。依据当时俄国存在多个政党的既定事实，列宁主张在苏维埃中实行多党和党派基础上的比例选举制，“成立苏维埃联合政府”[1]。他指出，苏维埃政权“高于各政党，它是根据革命的经验，根据千百万人的经验建立”[2]的。然而，随着1918年国内战争的爆发，左派社会革命党人退出了人民委员会，甚至一些左派社会革命党人和其他小资产阶级政党还不同程度地参加了反革命叛乱活动。这使布尔什维克党不得不宣布自己是苏维埃俄国“唯一合法的政党”[3]。1936年，斯大林在作苏联宪法草案说明时强调：“在苏联只有一个党，即共产党存在的基础。”[4]由此，一党独存的政党政治格局在苏联宪法层面得到确认。

3.以党对苏维埃实行“总的领导”为价值取向的党政关系构建及其嬗变

党政关系的表现形式是政党与国家立法机关、行政机关以及司法机关的关系，实质上是党权与政权的关系，所体现的是国家体制内不同权力主体的结构形式、作用方式及其对政党政治资源的支配机制。十月革命胜利后，列宁明确指出共产党的责任是“在劳动者的一切组织（工会、合作社、农业公社等）中起决定性的影响和掌握全部领导”[5]。而针对执政党成了无产阶级直接执政的行动队，苏维埃成了执政党的附属品的实际情况，列宁晚年要求“明确地划分党（及其中央）和苏维埃政权的职责”[6]，强调党对“所有国家机关的工作进行总的领导”[7]。斯大林执政之初，基本上继承了列宁确立的党政关系思想，强调党不能越过国家政权实现无产阶级专政，不能越过苏维埃管理国家。然而，斯大林执政不久，党政不分、以党代政的集权型党政关系渐呈定型化状态。

4.视人民群众为执政党“生命根基”和“政治起点”的党群关系及党与群众渐行渐远

社会主义国家政党政治视域下政党与社会的关系，可称作“党群”关系。它既是一个政党来源于社会，政党以社会为基础的关系，又是一个政党服务社会，社会有赖于政党实现自身利益的关系。列宁在社会主义国家政党政治建设中，始终强调“党是阶级的先锋队”[8]，认为“只有当它不脱离自己领导的群众并真正引导全体群众前进时，

---

[1] 《列宁全集》（第33卷），人民出版社1985年版，第31页。

[2] 《列宁全集》（第33卷），人民出版社1985年版，第305页。

[3] 苏共中央马克思列宁主义研究院编：《苏联共产党代表大会、代表会议和中央全会决议汇编》（第2分册），中共中央马克思恩格斯列宁斯大林著作编译局译，人民出版社1964年版，第173页。

[4] 《斯大林选集》（下册），人民出版社1979年版，第408页。

[5] 苏共中央马克思列宁主义研究院编：《苏联共产党代表大会、代表会议和中央全会决议汇编》（第1分册），中共中央马克思恩格斯列宁斯大林著作编译局译，人民出版社1964年版，第570页。

[6] 《列宁专题文集·论无产阶级政党》，人民出版社2009年版，第336页。

[7] 《列宁专题文集·论无产阶级政党》，人民出版社2009年版，第336页。

[8] 《列宁专题文集·论无产阶级政党》，人民出版社2009年版，第338页。

才能完成其先锋队的任务”[1]。他指出，哪里有千百万人，“哪里才是真正的政治的起点”[2]，强调对执政党来说，“最严重最可怕的危险之一，就是脱离群众”[3]。列宁还提出了一系列密切党群关系的具体措施并作出表率，以至于美国记者阿尔伯特·威廉斯把列宁的工作室称为世界上“最大的接待室”[4]。斯大林执政后，在密切党群关系上也提出过有益见解，甚至指出“当布尔什维克保持同广大人民群众的联系时，他们将是不可战胜的，——这可以认为是一个规律”[5]。遗憾的是，这些颇有见地的认识在实践中被束之高阁，苏共党群关系开始渐行渐远。

5.世界革命主旨下权力高度集中的党际关系

党际关系是国际范围内政党与政党之间联系、交往与合作关系的总称。为推动社会主义国家政党政治的国际化发展，列宁基于战争与革命时代主题的总判断，在1919年领导建立了共产国际，以指导和帮助各国建立无产阶级政党，开展无产阶级社会主义革命。但在共产国际自身的运行机制上，列宁逝世后的苏共居于“领导党”地位，实行“大家庭”的组织模式。这在事实上造成了共产国际是世界革命的“中心”，苏共是共产国际的“中心”，而各国共产党作为共产国际的支部必须接受“中心”的绝对领导。共产国际在指导各国革命中作出了巨大贡献的同时，也暴露出诸如“民族利己主义”“大党主义”等问题。

由上可见，苏俄社会主义国家政党政治，是在对世界资本主义政党政治的批判中萌生、在打破“旧世界”的武装斗争中形成、在“另起炉灶”——“以党建国”的全新实践中确立和发展的。这一方面表明，执政党对其内外事务的治理方式主要是人治还是法治，治理的本领是长于斗争还是善于建设，所呈现出来的政治状态是民主型还是专制式，都可以从其产生的原生动力及其成长的政治生态上得到某种解释；另一方面意味着，社会主义国家政党政治的组织体制和运行机制一旦形成，就会对国家的政治制度和社会生活模式产生深远影响。同时，它作为一种特定的政治文明现象和历史文化资源，无论时代主题是否变换，也无论政党任务是否变化，都将在相当长的时期内顽强地表现出其固有的特征。这是苏俄社会主义国家政党政治长时期内呈现出来的一种带有规律性的现象。

[1] 《列宁选集》（第4卷），人民出版社2012年版，第646页。

[2] 《列宁选集》（第3卷），人民出版社2012年版，第446页。

[3] 《列宁选集》（第4卷），人民出版社2012年版，第626页。

[4] 阿尔伯特·里斯·威廉斯：《论列宁和十月革命》，叶冬心译，上海三联书店1962年版，第83页。

[5] 《斯大林文集（1934—1952年）》，人民出版社1985年版，第172页。

（二）系列社会主义国家政党政治的建立、发展及其遭遇挫折

20世纪中期，欧亚多个国家的共产党（工人党）通过革命斗争由革命党上升为执政党，使社会主义国家政党政治由一国探索扩展到多国发展，一度形成凯歌行进的世界政治景观。20世纪80年代末90年代初，一批社会主义国家执政党先后丧失执政地位，社会主义国家政党政治遭遇严重挫折。

1.党内民主曲折发展的党内关系

斯大林执政时期，以高度集权为主要特征的政党政治体制形成，致使党内民主屡遭破坏，党内关系因趋于僵化、异化而变得毫无生机与活力。20世纪80年代末，在戈尔巴乔夫推行的所谓“公开性、民主化”改革冲击下，苏共党内生活迅即陷于极端无序状态。东欧国家执政党在消除苏共集权主义的影响时，曾形成了一些颇具特色的党内关系建设思想，却未能在实践中一以贯之地坚持，正常的党内关系终未扎实确立。特别是在戈尔巴乔夫倡导的政治多元化改革浪潮冲击下，东欧各国执政党先后发生组织蜕变，进而像多米诺骨牌一样改旗易帜，党亡政息。

中国共产党执政之初，就十分强调“党的团结是党的生命”[1]。针对党内关系面临的新情况，特别是党内生活出现“以集体领导的外表掩盖个人专断”[2]的问题，党清醒地认识到必须正确处理“民主”与“集中”的关系。如果“民主集中制执行得不好，党是可以变质的”[3]。以民主集中制原则规范党内生活的认识和要求，集中体现在党的八大和20世纪60年代初召开的“扩大的中央工作会议”有关文献及其实践之中。然而，不久党内关系的发展出现反复，党的权力过分集中于个人，党内个人专断和个人崇拜现象不断滋长，最终导致了“文化大革命”的发生。对此，在党的十一届三中全会召开之际，邓小平提出了“民主集中制的中心是民主”[4]的论断，党由此开展了以制度建设为实践载体的党内关系新探索。同期，其他社会主义国家执政党也注重党内关系建设。

2.形式多样、历经磨难的政党关系

苏俄政党制度经历了由多党合作制到一党制的演变。原东欧社会主义国家中，南斯拉夫、阿尔巴尼亚、罗马尼亚、匈牙利实行一党制，而波兰、捷克斯洛伐克、保加利亚和民主德国则实行马克思主义政党处于领导地位的“多党并存制”。20世纪80年代末90年代初，在苏联推行多党制浪潮冲击下，东欧国家昔日的“联盟党”或“参政党”迅即成了执政党的反对派，推波助澜，成为西方和平演变战略的重要力量，使社会主

[1] 《建国以来重要文献选编》（第5册），中央文献出版社1993年版，第128页。

[2] 《邓小平文选》（第1卷），人民出版社1994年版，第231页。

[3] 《邓小平文选》（第1卷），人民出版社1994年版，第303页。

[4] 中共中央文献研究室编：《邓小平年谱（1975—1997）》（上卷），中央文献出版社2004年版，第445页。

义执政党纷纷倒台。

在越南，1988年10月之前，除执政的共产党外另有民主党和社会党，1988年10月后越共成为唯一政党；在古巴，古共是唯一的政党；在蒙古国和老挝，革命后只有马克思主义政党一党执政。与之不同，新中国成立后的政党关系创造性地确立为中国共产党领导的多党合作制，并在中共八大决议中将“长期共存，互相监督”[1]正式确定为中国共产党同民主党派合作的基本方针。然而，“1957年后特别是‘文化大革命’（1966—1976年）期间，中国多党合作制度遭受严重挫折”[2]。党的十一届三中全会后，从根本上纠正了把民主党派当作资产阶级性质政党的错误，新型政党关系得以恢复和发展。党的十二大明确把“长期共存、互相监督、肝胆相照、荣辱与共”确定为新时期中国共产党同各民主党派合作的基本方针。

3.党政职能定位不断调整的党政关系

在社会主义国家政党政治实践中，党政不分、以党代政的现象一度普遍存在。随其弊端的暴露，各国都力图改革，一度形成了特色鲜明的党政关系理论与实践。但后来苏东国家在对党政关系的改革调整中放弃了党的领导权，这是根本性的政治错误。戈尔巴乔夫主导的苏联改革，将宪法第六条“苏联共产党是苏联社会的领导力量和指导力量”[3]，修改为“苏联共产党、其他政党以及工会、共青团、其他社会团体和群众运动通过自己选入人民代表苏维埃的代表并以其他形式参加制定苏维埃国家的政策，管理国家和社会事务”[4]，从法律上取消了苏共的领导地位。这可谓是苏联“共产党同它的将军们手挽手、肩并肩地走向灭亡”[5]。

新中国成立之初，毛泽东等中共领导人认为：“党一定要加强对政权的领导”[6]，党是“领导我们事业的核心力量”[7]；“党无论在什么情况下，不应把党的机关的职能和国家机关的职能混同起来”[8]；等等。可随后，党政关系就开始向以党代政、党政不分整体性演变。尽管党的八大试图对此进行调整，认为不能“混淆党的工作和国家机关工作所应有的界限”[9]，但是1957年的“反右斗争”以及1958年的“大跃进”，使党政关系的

[1] 《毛泽东文集》（第7卷），人民出版社1999年版，第34页。

[2] 中华人民共和国国务院新闻办公室：《中国的政党制度》，外文出版社2007年版，第5—6页。

[3] 《苏维埃社会主义共和国联盟宪法（根本法）》，辛华译，三联书店1978年版，第5页。

[4] 中国社会科学院苏联东欧研究所编译组编译：《苏联问题资料》，东方出版社1990年版，第493—494页。

[5] 威廉·奥多姆：《苏联军队是怎样崩溃的》，王振西等译，新华出版社2000年版，第1页。

[6] 彭真：《彭真文选（1941—1990年）》，人民出版社1991年版，第226页。

[7] 《毛泽东文集》（第6卷），人民出版社1999年版，第350页。

[8] 《董必武法学文集》编辑组编：《董必武法学文集》，法律出版社2001年版，第110页。

[9] 《邓小平文选》（第1卷），人民出版社1994年版，第236页。

有益探索被迫中断。“文化大革命”致使党政关系严重畸变。党的十一届三中全会后，高度集权的党政关系开始改变。党的十二大指出：“党不是向群众发号施令的权力组织，也不是行政组织和生产组织。”[1]党的十三大强调：“政治体制改革的关键首先是党政分开。”[2]但在实践中党政职能分开则是以“党政分设”来实施的，事实上又出现了党只管党、党政脱节的现象。

4.“水能载舟亦可覆舟”的党群关系

东欧社会主义国家执政党曾对党群关系提出许多有价值的理论见解。齐奥塞斯库曾强调：“发扬批评与自我批评的精神，对于加强党的工作十分重要，这是党内生活的民主、党与群众的联系的体现，是克服缺点和不断改进工作的决定性条件。”[3]霍查也提出：“先向群众学习，然后教育群众”[4]是执政党应当坚持的原则等。然而，在实践中这些正确认识不仅没有真正落实，甚至朝着相反的方向发展。在斯大林执政时期，苏联官僚主义盛行于党内，甚至出现了“特权阶层”或新“贵族”阶层。[5]戈尔巴乔夫的改革，不仅没有能够消除业已形成的特权阶层，反而因“党政军领导干部害怕失去特权”[6]，而加速了苏共腐败变质，彻底“背叛了人类绝大多数人的根本利益”[7]，丧失了生存的社会根基。

新中国成立到1957年“反右斗争”之前，党群关系在历史性的变革中形成了良好开端。1949年底，中国共产党就提出要“密切地联系群众，克服官僚主义”[8]，随即开展了以改善党群关系为核心内容的整风运动。1956年初，鉴于苏共的教训，毛泽东深刻指出：“我们需要建立一定的制度来保证群众路线和集体领导的贯彻实施，而避免脱离群众的个人突出和个人英雄主义。”[9]党的八大把反对官僚主义、密切党与人民群众的联系，提到了更为突出的地位。此后十年间，中国共产党就密切党群关系做了大量工作。然而，“文化大革命”的严重错误，致使党群关系处于极度失常状态。改革开放之初，

---

[1] 《中国共产党第十二次全国代表大会文件汇编》，人民出版社1982年版，第68页。

[2] 《十三大以来重要文献选编（上）》，人民出版社1991年版，第36页。

[3] 尼古拉·齐奥塞斯库：《中央委员会关于罗马尼亚共产党在第十一次代表大会和第十二次代表大会期间的工作和党的今后任务的报告》，人民出版社1980年版，第48页。

[4] 恩维尔·霍查：《在阿尔巴尼亚劳动党第五次代表大会上关于中央委员会工作的报告》，人民出版社1969年版，第78页。

[5] 罗曼·罗兰：《莫斯科日记》，夏伯铭译，上海人民出版社1995年版，第119页。

[6] 格·阿·阿尔巴托夫：《苏联政治内幕：知情者的见证》，徐葵等译，新华出版社1998年版，第115页。

[7] 尼·雷日科夫：《大动荡的十年》，王攀等译，中央编译出版社1998年版，第402页。

[8] 中央档案馆、中共中央文献研究室编：《中共中央文件选集（1949年10月—1966年5月）》（第1册），人民出版社2013年版，第72页。

[9] 《毛泽东文集》（第7卷），人民出版社1999年版，第19页。

邓小平强调："只有相信群众，依靠群众，充分走群众路线"[1]，才能解决四个现代化所面临的各种各样的问题。党的十二大党章第一次在党的根本大法中写入群众路线的基本内涵。1983年开始为期3年的整党活动，对于密切党与人民群众的联系起到了积极的推动作用。

5.复杂多变的党际关系

为应对战后国际局势日益冷战化，1947年9月苏共与南斯拉夫、波兰、罗马尼亚、保加利亚、匈牙利、捷克斯洛伐克、法国、意大利9个国家的共产党和工人党成立了"欧洲共产党和工人党情报局"，主要任务是交流经验、互通情报，必要时在协商的基础上协调各个党的活动。然而，苏共以"老子党"身份对各国党和国家事务指手画脚、粗暴干涉，致使党际矛盾日趋尖锐，严重影响了社会主义国家政党政治的健康发展。

新中国成立初期，"中国共产党通过发展与社会主义国家执政党和其他各国共产党的关系，为新中国赢得了世界进步力量的同情和支持"[2]。到20世纪50年代末，一度与世界上90多个共产党或工人党建立了联系并开展友好交往。60年代，中国共产党在批评苏共"老子党"错误行为的同时，犯了"左"倾主义的错误。"文化大革命"中，在"支左反修"方针指导下，党的对外工作"以我划线""全面出击"。20世纪70年代末80年代初，中国共产党着力纠正"文化大革命"时期党际交往中的"左"倾错误。党的十二大提出以"独立自主、完全平等、互相尊重、互不干涉内部事务"[3]为核心内容的党际关系"四项原则"，党的对外交往开始了历史性转变。到80年代末，中国共产党同世界上110多个国家的270多个政党和组织恢复和建立了多种形式的友好联系。

反观社会主义国家政党政治多国实践，可以发现一个普遍现象：各国执政党都曾对社会主义国家政党政治有过深刻的理论认识并取得卓有成效的实践成果。但从整个历史过程来看，囿于时代条件和复杂的国情因素约束，理论认识、政策主张与实际情况相矛盾的问题十分突出。可以得到一个基本认识：社会主义国家政党政治基本制度的确立，为政党政治的社会主义价值实现与具体实践的展开提供了前提条件。但是，能否最大限度地发挥社会主义国家政党政治的制度优势，仍取决于执政党能否针对实践中的矛盾和危难进行富有成效的理论反思，能否以超乎寻常的战略定力和艰苦卓绝的不懈努力，坚持真理，修正错误，不断开辟理论认识和实践发展的新境界。可以得出一个深刻结论：苏东剧变原因很多，但最根本的原因是执政党没能始终代表先进生产力的发展方向。可以形成一个基本判断：社会主义国家政党政治的历史性演进，必须与时俱进地适应风险社会的来临，摆脱世界生产力共同幅度区的"发展性扰动"，不

[1] 《邓小平文选》(第2卷)，人民出版社1994年版，第230页。

[2] 王家瑞：《中国共产党对外交往90年》，当代世界出版社2013年版，第26页。

[3] 《十二大以来重要文献选编（上）》，人民出版社1986年版，第66页。

断巩固和提高社会主义国家政党政治的生存条件与发展质量。这既是其在全球化环境中赢得比较优势的核心要义，也是其在打造“人类命运共同体”的目标引领下，踏上新的国际化发展征程并深度影响人类政治文明发展的时代诉求。

（三）社会主义国家政党政治在新的历史起点上创新发展

20世纪80年代末90年代初，一批社会主义国家执政党遭遇严重挫折，党亡政息。一时间，社会主义“失败论”甚嚣尘上。然而，中国、越南等现实社会主义国家执政党，认真总结历史经验和教训，从全球化迅猛发展的时代背景出发，立足于和平与发展是时代主题的判断，顺应人类文明发展大势，不忘初心，砥砺前行，不断开创社会主义国家政党政治发展的新局面。

1.把发展党内民主作为价值引导、以严肃党内生活为基本要求发展党内关系

中国共产党是一个善于总结经验的党，更是善于丰富发展正确认识的党。党的十三届四中全会后，江泽民提出民主集中制“是辩证唯物主义和历史唯物主义在党的组织建设和制度建设上的体现”[1]，指出“集体领导、民主集中、个别酝酿、会议决定”，体现了“民主集中制原则的基本精神和基本要求”[2]，强调“在改革开放和发展社会主义市场经济的条件下，民主集中制不仅不能削弱，而且必须完善和发展”[3]。党的十六大以科学发展观为指导，提出“从改革体制机制入手，建立健全充分反映党员和党组织意愿的党内民主制度”[4]。党的十八大以来，党内关系建设着力凸显应有的严肃性和政治性，把《关于新形势下党内政治生活的若干准则》和《中国共产党党内监督条例》作为严肃党内政治生活的基本遵循，进一步提升党内关系运行的系统性和机制化水平。同期，越南共产党以尊重和保障党员民主权利为核心，先后制定了包括党内民主选举与民主决策、党内质询与问责监督以及党内基层民主等一系列民主制度，以此推进党内关系健康发展。

2.以制度化运作为取向、以和谐发展为目标优化政党关系

21世纪以来，中国共产党将政党关系建设进一步纳入社会主义政治文明建设整体布局中，使新型政党关系呈现出鲜明的以制度化建设为取向、以和谐发展为追求的发展态势。这一时期中国新型政党关系的发展，进一步体现了“思想上同心同德、目标上同心同向、行动上同心同行，是中国共产党领导的多党合作和政治协商制度最鲜明

[1] 《江泽民文选》（第1卷），人民出版社2006年版，第97页。

[2] 《江泽民文选》（第2卷），人民出版社2006年版，第142页。

[3] 《江泽民文选》（第2卷），人民出版社2006年版，第44页。

[4] 《十六大以来重要文献选编（上）》，中央文献出版社2005年版，第39页。

的特质”[1]，这深刻表明“中国共产党领导的多党民主制是中国过去、现在以及未来可行的唯一的政党制度”[2]。习近平总书记指出，多党合作制度效能的进一步发挥，有赖于“民主党派加强思想、组织、制度特别是领导班子建设，提高政治把握能力、参政议政能力、组织领导能力、合作共事能力、解决自身问题能力”[3]。这一时期，越共也在不断“通过扩大代表性、差额选举、多元候选人选举及无党派人士参与选举等方式，弥补一党制带来的民主缺陷”[4]。

3.以改革执政方式为实践载体，把实现国家治理现代化作为目标改善党政关系

基于中国特色社会主义政党政治科学发展的现实需要，中国共产党着力于党政关系的调整、改革和创新。基本思路和主要特点是：以改革执政方式为力量牵引，以健全执政制度为实践载体，以实现党政关系法治化为价值指向，以提高国家治理体系和治理能力现代化水平为目的推进党政关系科学发展。党的十四大党章恢复了十二大党章关于“党的领导主要是政治、思想和组织的领导”[5]的规定。党的十五大提出了“依法治国，建设社会主义法治国家”基本方略。党的十六大要求“按照党总揽全局、协调各方的原则，规范党委与人大、政府、政协以及人民团体的关系”[6]。2004年9月通过的《中共中央关于加强党的执政能力建设的决定》强调：“必须坚持科学执政、民主执政、依法执政，不断完善党的领导方式和执政方式。”[7]党的十七大从发展社会主义民主政治的角度指出，要“保证党领导人民有效治理国家”[8]。党的十八大以来，在坚持“中国共产党的领导是中国特色社会主义最本质的特征”[9]这一总前提下，党政关系进入了优化发展的新阶段。

4.把人民群众放在心中最高位置，以“为民务实清廉”的生动实践巩固党群关系

脱离群众是马克思主义政党“执政后的最大危险”[10]。中国共产党通过深刻反思立党之本、执政之基和力量之源的政党政治本源问题，将党密切联系群众的价值定位和

---

[1] 《中共中央举行党外人士迎春座谈会》，《人民日报海外版》2011年1月31日。

[2] FrankN.Pieke，“The Production of Rulers：Communist Party Schools and the Transition to Neo—socialism in Contemporary China”，*Social Anthropology*，Vol.17，No.1，2009，p.25.

[3] 中央社会主义学院理论学习中心组编著：《画出最大的同心圆——习近平总书记在中央统战工作会议上重要讲话精神学习讲座》，中共中央党校出版社2015年版，第82页。

[4] James Elliott，“The Future of Socialism：Vietnam，the Way Ahead？”，*Third World Quarterly*，Vol.13，No.1，1992，p.136.

[5] 《十四大以来重要文献选编（上）》，人民出版社1996年版，第950页。

[6] 《十六大以来重要文献选编（上）》，人民出版社1996年版，第26页。

[7] 《十六大以来重要文献选编（中）》，中央文献出版社2006年版，第274页。

[8] 《十七大以来重要文献选编（上）》，中央文献出版社2009年版，第22页。

[9] 《十八大以来重要文献选编（中）》，中央文献出版社2016年版，第54页。

[10]《胡锦涛文选》（第3卷），人民出版社2016年版，第532页。

科学发展提到新的历史高度。自1990年中共中央颁布《加强党同人民群众联系的决定》后，中国共产党为密切党群关系做出了不懈的努力。党的十八大以来，开展了以“为民务实清廉”为主旨的党的群众路线教育实践活动，着力点是提高党的“自我净化、自我完善、自我革新、自我提高”[1]能力，目的在于通过“建立健全促进党员、干部坚持为民务实清廉的长效机制”[2]，“使保持党的先进性和纯洁性、巩固党的执政基础和执政地位具有广泛、深厚、可靠的群众基础”[3]。这一时期党群关系建设的主要特点是：把党的群众路线提高到“讲政治”的高度，把坚持群众路线和党的执政能力建设统一起来。在其他社会主义国家，越南共产党通过了《关于加强党与人民联系的决议》；古巴共产党强调“一切立足于群众，一切依靠群众，一切重大决定要广泛听取群众的意见，一切活动要有群众的配合”[4]。

5.以打造人类命运共同体为价值追求，以服务于中国共产党治国理政为根本目的推进政党外交

社会主义国家政党政治进入历史发展新阶段以来，中国共产党的政党外交基于为国家总体外交服务、为改革开放和社会主义现代化建设服务、为巩固和加强党的执政地位服务的价值指向，在政党外交的理念、原则、格局以及方式等方面的认识和实践上都实现了新发展。党的十三大提出了“按照独立自主、完全平等、互相尊重、互不干涉内部事务的原则，发展同外国共产党和其他政党的关系”[5]的主张。党的十四大进一步强调要“同各国政党建立和发展友好关系”[6]。党的十六大后，政党外交注重发挥优势、体现特色、突出重点、讲求实效，突出高层次交往，初步形成了一些适合双方特点、颇具实效的交往机制。党的十七大后，逐步确立了“全方位、多渠道、宽领域、深层次的政党外交新格局”[7]。习近平总书记在纪念党的对外工作90年暨中央对外联络部建部60年大会上的讲话中提出，政党外交要“努力成为促进我国对外关系发展的重要途径，成为展示党的良好国际形象的重要窗口，成为党员领导干部观察和研究世界的重要平台，成为借鉴国外经验、为中央决策服务的重要渠道”[8]。党的十八大以来，在打

[1] 《十八大以来重要文献选编（上）》，中央文献出版社2014年版，第315页。

[2] 《十八大以来重要文献选编（上）》，中央文献出版社2014年版，第318页。

[3] 《十八大以来重要文献选编（上）》，中央文献出版社2014年版，第310页。

[4] 中共中央党校党建教研部课题组：《古巴共产党密切党群关系的基本做法和经验》，《当代世界与社会主义》2006年第4期。

[5] 《十三大以来重要文献选编（上）》，人民出版社1991年版，第56页。

[6] 《十四大以来重要文献选编（上）》，人民出版社1996年版，第37页。

[7] 王家瑞：《具有当代中国特色的政党外交——纪念党的十一届三中全会召开30周年》，《求是》2008年第19期。

[8] 中共中央组织部党建研究所编：《党的建设大事记（十七大—十八大）》，党建读物出版社2013年版，第279页。

造“人类命运共同体”的价值引领下，中国特色政党外交不断开创新局面。

三、社会主义国家政党政治的理论自觉

理论自觉是政治成熟的标志，是正确实践的科学先导。社会主义国家政党政治百年实践经验表明，能否从规律层面认识和处理党内关系、政党关系、党政关系、党社关系以及对外关系，是马克思主义执政党一直面临的历史性课题。在这场难度持续强化的“考试”面前，一些社会主义国家的执政党因被“考”垮而退出历史舞台；另一些执政党正历经艰辛，殚精竭虑，上下求索。社会主义国家政党政治的跌宕起伏，尤其是中国特色社会主义政党政治的创新发展揭示了一条重要规律，这就是提升党内关系、政党关系、党政关系、党社关系以及对外关系运行的科学化水平，关键在于马克思主义执政党的理论自觉。政党意识及其价值意蕴、政党权利及其实现机制、政党权力及其监督制约、政党执政资源及其开发利用，以及政党政治制度及其发展完善，是社会主义国家政党政治理论自觉的基本内容和实现机制。

（一）强化政党意识，明晰政党职能，是社会主义国家政党政治理论自觉的逻辑起点

第一，政党意识作为一种观念形态，是人们依据政党生存、发展与发挥作用的政治实践进行理论构建所形成的知识体系。政党意识注释政党由来，维系政党存在，引领政党发展。坚持共产主义理想信念与脚踏实地积累文明成果的统一，坚持马克思主义的指导地位与发展马克思主义的时代内容、民族形式和实践载体的统一，不忘建党立政初心与实现社会主义国家政党政治面向现代化、面向世界和面向未来的统一，以及坚守政党政治的民族性与“打造人类命运共同体”、凝练全人类“共同价值”的统一，是社会主义国家执政党之政党意识的政治属性和价值追求。政党意识形态是系统化、自觉化的政党意识。加强马克思主义执政党的意识形态能力建设，是社会主义国家政党政治理论自觉的基本建设。

第二，执政党意识源于政党意识但又与之不同，其主旨要义在于执政党的一切活动都要基于“执掌政权”这个政治前提，围绕“为谁执政、靠谁执政、怎样执政”[1]开展政党活动。“主义”是政党的灵魂，思想是人的根本。马克思主义执政党在国家政治和社会生活中贯彻了自己的“主义”，就能掌握人的思想，也就拥有了执政党价值实现的核心资源和关键支撑。“领导”和“执政”是马克思主义执政党价值表达和功能实现

[1] 《十六大以来重要文献选编（中）》，中央文献出版社2006年版，第305页。

的基本形态。其中，领导是执政的基础和前提，执政是领导的实践和成果。越是长期执政，越要强化党的领导意识。实现由权力本位向能力本位的转变，是马克思主义执政党在政党意识上的新提升，是社会主义国家政党政治理论自觉的新起点。

第三，在社会主义国家政党政治的价值体系中，执政党职能是一个具有特定内涵和价值指向的元概念。它由执政党意识赋予，由执政党功能表达。在本质特征上，执政党职能标识的是党内关系、政党关系、党政关系、党社关系以及政党对外交往的内容边界及其“应然”状态。在基本价值上，民主是执政党职能的“内核”与“原点”，以党内民主带动党际民主、推进国家民主、实现社会民主，是执政党职能的精神实质和价值意蕴。应政党政治科学发展所要求，马克思主义执政党之政党职能的实践形态，必然呈现内容不断创新、结构不断优化、品质不断跃升的发展路向。马克思主义执政党之职能，既是社会主义国家政党政治的主导性因素，也是考察社会主义国家政党政治理论自觉的重要理据和核心标准。

（二）人的自由全面发展，既是社会主义国家政党政治的历史使命和终极价值，也是其理论自觉的核心价值与关键驱动

第一，马克思主义政党的阶级性和先进性，决定了实现人类的解放与人的自由全面发展是它的最高价值。马克思主义政党追求的理想社会，是以人“占有自己的全面的本质”[1]为理念，以“在保证社会劳动生产力极高度发展的同时又保证每个生产者个人最全面的发展”[2]为前提，以“个人向完全的个人的发展”[3]为路径，以人的自由全面发展为目标。这是人类文明全面进步的集中表现，是社会主义国家政党政治的价值依归。

第二，政党政治是民主政治的现代表达，社会主义国家政党政治是社会主义民主政治的实践轴心。民主是政党的本性，政党是民主的工具。“政党的生命力就在于民主。”[4]但社会主义国家政党政治的经验表明，集权也可能成为政党的取向，专制也可能成为政党的特征，民主也可能成为政党的工具。权力本质上具有的扩张性与垄断性，使得民主发展的原生动力主要不是来自权力主体的“自觉”而是“被迫”。在这个意义上讲，民主是在社会权利与政党权力的博弈中实现的。

第三，社会主义国家政党政治是阶级政治与社会政治的统一。政党天生具有阶级性，阶级本能地对政党有归属感，是政党政治的精神实质和普遍现象。在马克思主义

[1] 《马克思恩格斯文集》（第1卷），人民出版社2009年版，第189页。

[2] 《马克思恩格斯选集》（第3卷），人民出版社2012年版，第730页。

[3] 《马克思恩格斯选集》（第1卷），人民出版社2012年版，第210页。

[4] 荣敬本、高新军：《政党比较研究资料》，中央编译出版社2002年版，第7页。

政党执政之前，必须通过政治革命的方式突出其政党政治的阶级性，而在工人阶级上升为统治阶级后，马克思主义执政党则要在不断巩固政治革命的制度成果基础上，在始终坚持社会主义国家制度性质的前提下致力于以社会革命的方式突出政党政治的人民性，满足最广大人民群众日益增长的物质文化生活的利益需求。这种“政党性”、“阶级性”与“人民性”相统一的行动逻辑，体现的是马克思主义政党执政条件下阶级政治与人民政治的有机统一与协同推进。这既是社会主义国家政党政治的本质属性，也是社会主义国家政党政治百年探索的历史启示。

（三）履行政党义务的价值付出与享有政党权利价值回报的内在统一，是社会主义国家政党政治理论自觉的内在机理

第一，马克思主义执政党的政党权利，是指党站在工人阶级和广大人民群众的立场上，为落实执政党意识、履行执政党职能、担当执政党责任，而对相应的政党政治资源的诉求和获得。它反映的是政党基于生存、发展和发挥作用的需要，对不同政党政治资源的享有和支配及其在相关领域中的政治地位和政治作用问题。由社会主义国家政党政治的根本性质所决定，政党权利的价值意义在于它的工具性而非目的性。这既是马克思主义执政党权利享有的初衷，也是其合法存在的要义。

第二，政党权利既是政党民主的前提，又是政党民主的结果。政党自身发展权利关涉党内民主和党际民主，政党价值实现权利关涉国家民主和社会民主。政党权利与政党民主互为因果，没有政党权利的保障，真正意义上的政党民主难以生成；而没有高质量的政党民主，政党权利的实现就成为空谈。在社会主义国家政党政治条件下，基于执政党是国家政治的领导力量，又是民主政治的工具这一基本认识，政党权利的根本价值在于服务于国家、服务于社会。

第三，在社会主义国家政党政治语境下，政党义务既是政党成员及政党组织为享有政党权利而设定的约束性条件，也是政党自身及国家、社会评价政党成员和政党组织对政党权利享有之正当与否的重要标准。马克思在起草《国际工人协会共同章程》中指出：“没有无义务的权利，也没有无权利的义务。”[1]把维护阶级利益、实现人民利益、捍卫全人类利益视为政党生命的最高价值，既是马克思主义执政党道德义务的集中体现，也是其法律义务的履行底线。

第四，政党义务的价值不仅在于揭示政党权利的价值判断和实践要求，而且内蕴着政党义务与政党权利的本质联系及二者之间的价值排序。马克思主义执政党不能偏离政党义务的履行而单纯地为自身生存而诉求“权利”，为自身地位而确立“关系”。

[1] 《马克思恩格斯文集》（第3卷），人民出版社2012年版，第227页。

通观各国政党政治实践，政党义务逐步淡化而政党权利日渐突出，政党权利与政党义务之关系错位甚至颠倒的现象时有发生，而这种情况又是以政党权力的无限扩张为条件的。其结果必然是政党政治生活中崇拜权力、追逐权力、迷恋权力，进而转化为利用权力谋取特殊利益的现象严重存在。这是20世纪末一些社会主义国家执政党垮台的重要原因之一。

（四）规范政党权力，践行政党法治，是社会主义国家政党政治理论自觉的逻辑必然

第一，政党权力是政党自身生存和价值实现所必需的政治统御力和政治干预力，分为“内生性”和“外生性”两种基本情况。内生性政党权力即政党内部治理之权或曰治党管党之权，属于政党自治性权力，反映的是政党内部的政治关系及其运作。外生性政党权力即政党执政之权或曰治国理政之权，属于政党功能性权力，反映的是政党的外部政治关系及其运作。马克思主义执政党之政党权力，是社会主义国家政党政治的驱动力量，它来源于政党权利和人民权利。以政党义务为价值指向、以政党组织为权力载体、以政党制度为实践机制、以国家法律为基本规范，是马克思主义执政党的政党权力运行的基本要求。

第二，政党权力与政党权利具有矛盾的一面。以政党权力消解政党权利，政党生活必将走向过度集权甚至是专制；而以政党权利否定政党权力，政党生活必将陷于责任边界模糊、丧失政党能力的混乱状态。经验表明，政党权力的恶性膨胀必然招致政党危机，而政党权利的不当扩张也会酿成政党灾难；人们在反对政党过度集权或破除政党权力本位时，极易以政党权力相对应的政党权利的不当扩张予以回应，从一个极端走向另一个极端。在这两方面，苏共都先后提供了极端案例，其他社会主义国家的执政党也有过深刻教训。

第三，政党法治是政党权力科学运行的内在要求，也是现代政党文明的核心标识和实践形态，表达的是以政党制度和国家法律对政党权力实行全面规制的政党治理模式。在社会主义国家政党政治框架下，政党法治的核心要义是政党权力的依法保障、依法行使、依法制约和依法评价；显著特征是政党运行的逻辑起始于政党制度，中经政党权力又归结于政党制度。因此，马克思主义执政党的法治化建设，决定着社会主义国家政党政治发展的法治化水平。

（五）执政资源的合理开发和有效利用，深刻反映执政党文明的发展程度，集中标识社会主义国家政党政治理论自觉的发展水平

第一，马克思主义执政党处理党内关系、政党关系、党政关系、党社关系以及对

外关系的过程，实质上是对相应的政党执政资源的开发使用，进而产出能够支撑社会主义国家政党政治可持续发展的各种资源的政治过程。这一方面是执政党主体能量的充分释放，另一方面是执政党自身之外各种资源的充分开发、合理配置和有效使用，其价值意义在于通过各种资源的制度化培育和开发，增强政党执政资源的合法性、有效性以及可持续性。“一个政党要能在领导和执政地位上立于长久不败之地，就必须有强大的资源体系予以支撑。”[1]因此，社会主义国家政党政治的重大进步，是以马克思主义执政党对执政资源开发利用能力的不断增强为前提的。

第二，政党执政资源开发使用的科学性，有赖于执政党对执政资源开发使用规律的正确认识和把握。社会主义国家政党政治在一定程度上存在的现实问题之一，是执政党对国家权力资源过度开发和使用。实现以国家权力资源的开发利用为主，向以公众权利资源开发保护为主的转变，是提高马克思主义执政党开发利用执政资源科学化水平的重要取向，是实现社会主义国家政党政治理论自觉的基本路线。

第三，对执政资源开发使用规律的正确认识和准确把握，取决于马克思主义执政党的综合能力建设。其中，治党管党能力，关涉政党组织资源的开发使用；执掌政权能力，关涉国家权力资源的开发使用；领导社会能力，关涉社会权力资源的开发使用；政党交往能力，关涉有关国际资源的开发使用。坚守社会主义国家政党政治本质规定性的核心资源，根据新的实践和发展赋予已有执政资源以新的内涵以及发现和利用新的执政资源，是社会主义国家政党政治理论自觉的实践要义。

（六）政党政治制度是政党政治理论自觉的制度化表达，而政党政治理论自觉的程度，则直接影响政党政治制度的完善程度

第一，政党政治制度是一个国家关于政党地位、政党结构及政党活动规范的总称，反映的是政党在国家政治生活中的地位以及政党自身、政党与政党、政党与政权、政党与社会间的关系模式及其运行机制。政党政治制度是由主体、范围以及功能各异的规则要素构成的有机体系。它既内蕴着人们对政党政治规律的已知，又在新的起点上为人们探索政党政治的未知规律提供路径和保障。作为国家政治制度的基本内容，政党政治制度关系政党的政治地位和作用，深刻影响公共政策的价值选择和结果。

第二，政党政治制度既是政党自身价值的实现机制，也是不同政治主体之间利益矛盾的制度焦点。由此，政党政治制度变迁从总体上标志着政党政治的发展方式和价值取向。政党政治制度的形成和发展演变，既与政党的价值取向、力量对比及其相互关系有关，也与具体民族国家的经济基础、政治发展、文化传统、时代特点以及政党

[1] 林尚立：《领导与执政：党、国家与社会关系转型的政治学分析》，《毛泽东邓小平理论研究》2001年第6期。

外部环境变化有关，还与政党领导人的更替、政党战略目标的调整有关。合目的性与合规律性的统一、自然演进与理性构建的统一以及民族性与世界性的统一，是政党政治制度变革的基本特征。由政党变革到政党职能转变进而引起政党政治变革，是政党政治制度变革的逻辑进路。把维护共产党的领导地位和执政权威作为政治前提，以最大限度地造成既有集中又有民主，既有纪律又有自由，既有统一意志又有个人心情舒畅、生动活泼的政治景观为价值指向，是社会主义国家政党政治制度变革的基本要求。

第三，政党政治制度运行客观上存在一个“资源占用”、“资源消耗”与“资源产出”的关系问题。以较少的资源占用和消耗获得较多的资源产出，是考量政党政治制度科学化水平的关键所在。社会主义国家政党政治制度运行的科学化水平，一是与政党政治制度的合理性有关，涉及政党政治制度的形成、发展与国情的关系，以及政党政治制度的功能与政治发展目标的关系。二是与政党政治制度的合法性有关，涉及政党政治制度在国家与社会层面的法理基础与价值基础。三是与政党政治制度的现实性有关，涉及政党政治制度的自我维持、自我修复和自我发展完善的能力问题。四是与政党政治制度的实效性有关，涉及政党政治制度在多大程度上推动了党内关系、政党关系、党政关系、党社关系以及对外关系的科学发展。

余　论

作为高于资本主义国家政党政治的新型政治形态，社会主义国家政党政治应人类文明发展的现代化转型而出场，由马克思主义政党执掌国家政权而确立，因实现人的自由全面发展的价值追求而展开。它以生动的实践向世界宣示：人类文明发展规律赋予了被压迫者“打碎旧世界”这一神圣的政治权利，人类社会发展在资本主义逻辑框架之外依然有新的道路选择；这一世纪伟业的开启，创造了人类解放和人的自由全面发展的实践形态，深刻地影响着世界历史的发展进程和人类文明的前进方向。

世纪沧桑，社会主义国家政党政治从确立之日起，就遭遇各种歪曲与诘难：“一党制国家造成了权力独裁”，“多党制则使权力民主化”，甚至把法西斯主义国家和共产主义国家相提并论。当它遭遇挫折之时，“大失败”“不战而胜”“历史终结”论更是甚嚣尘上。历史和现实无不证明，尽管社会主义国家政党政治在“空间”分布上发生了重大变化，在历史光谱中也发生了深刻的振动态调整，但它却以更加健康的姿态在“时间”延展上爆发出更具能量的波长轨迹。正如马克思在《1861—1863年经济学手稿》中所说：“时间实际上是人的积极存在，它不仅是人的生命的尺度，而且是人的发展的空间。”[1]社

[1] 《马克思恩格斯全集》(第47卷)，人民出版社1979年版，第532页。

会主义国家政党政治发展的历史路标呈现出的基本图景是：它的生命现象不仅没有停止，反而在遭遇险恶中变得愈加顽强；它的生命基因不仅没有退化消失，反而在自主奋进中变得愈加健康；它的生命价值不仅没有颠覆终结，反而在深刻比较中愈加坚韧明晰。这都根源于社会主义国家政党政治所承载的价值体系，代表了人类政治文明发展的总方向，真正回应了劳苦大众对美好生活向往的总需求，是顺应历史发展大势的深刻社会政治现象。

这一社会政治现象所承载的价值意蕴和表达机制是：第一，社会主义国家政党政治是历史性与现实性的统一。它表明社会主义国家政党政治的现实性中有历史性，历史性中也蕴含现实性。历史性与现实性的统一，共同记录着社会主义国家政党政治的过去，也映照着它的未来。第二，社会主义国家政党政治是政治性与科学性的统一。它表明社会主义国家政党政治的政治性要由科学性滋养，科学性要由政治性表达。政治性是灵魂，科学性是生命，二者统一于马克思主义执政党治党管党和治国理政的历史实践之中。第三，社会主义国家政党政治是民族性与世界性的统一。它表明社会主义国家政党政治不仅要反映自身固有的特殊性，还要遵循政党政治发展的一般规律；不仅要以其政党政治的"特殊"丰富政党政治的"一般"，还要不断由政党政治"特殊"走向政党政治"一般"。第四，社会主义国家政党政治是稳定性与创新性的统一。这一方面表明，社会主义国家政党政治要素构成的基本性质与核心价值必须坚守，否则必然招致党亡政息的灭顶之灾；另一方面意味着，社会主义国家政党政治是一个不断探索新的生长点、不断开辟新境界的政治文明创造过程。

在纪念十月革命4周年时，列宁指出，十月革命"开辟了世界历史的新纪元"[1]，"这个伟大的日子离开我们愈远，俄国无产阶级革命的意义就愈明显，我们对自己工作的整个实际经验也就思考得愈深刻"[2]。回顾社会主义国家政党政治百年探索，应该说，它曾以磅礴之势深刻影响了人类历史发展进程，留下了极为丰富的历史遗产，当前它正以文明集成的发展姿态在世界政党政治格局中卓然奋起。21世纪的社会主义国家政党政治，有力地发展和推进着社会主义国家的现代化进程，同时不断地塑造和完善着社会主义国家政党政治的实践力量，二者统一于社会主义制度文明可持续发展的宏阔历史进程中。作为自主引领社会主义民主政治发展的轴心，社会主义国家政党政治的时代进步，必将对人类建设美好未来产生重大而深远的历史影响。

原载于《中国社会科学》2017年第7期

[1] 《列宁选集》（第4卷），人民出版社2012年版，第567页。

[2] 《列宁选集》（第4卷），人民出版社2012年版，第563页。

现代化进程中的中国社会主义政党政治

王韶兴

摘　要： 现代化催生政党政治，政党政治主导现代化。政党政治与现代化的共生与互动，是近代以来人类文明演进的大逻辑。中国现代化的客观性内蕴政党政治的历史必然性，其民族性与时代性则赋予中国政党政治成长的社会主义规定性及其不可逆转的发展趋势。百年以来，在中华民族伟大复兴的历史主题牵引下，中国社会主义政党政治在中国革命进程、中国特色社会主义建设和现代国家建构的宏阔实践中，以鲜明的“根本性的价值定位”、“前提性的理论引导”、“主导性的制度支撑”、“目的性的价值牵引”以及“关键性的政治保障”，将自身价值与中国现代化融为一体并发挥统领性的主导作用，以最深层次的价值追求、最独特的实践特征和最显著的文明贡献，深刻改变了中国历史的发展进程，赢得了中国社会奋力走向现代化的历史性巨变，进而深度影响了世界格局的时代性变迁。这既是社会主义政党政治与中国现代化互动的经验集成与理论创造的核心标识，也是把中国共产党建设成为世界强大政党，从而把中国建设成为现代化强国的关键支撑和价值引导。

关键词： 中国现代化；中国共产党；社会主义政党政治；治党治国

自第一次产业革命以来，世界上一系列国家先后以不同方式走上了现代化发展道路。相比西方发达国家的现代化发展形态，中国现代化属于后发“外源型”，它在反映世界现代化普遍规律的同时，更具有东方落后国家建设社会主义现代化的独特逻辑。在“普遍规律”的意义上，中国现代化发展鲜明揭示了社会现代成长与政党政治有机嵌入的历史逻辑统一、政党政治与“以人民为中心”的现代化理念相互促进的时代走向；在“独特逻辑”的意义上，中国现代化进程内蕴的以促进人的全面发展为根本目标，以中华民族伟大复兴为价值取向，以马克思主义政党为核心领导力量，以社会主义政党政治发展有力推进经济社会历史性进步为实践形态，深刻展现了中国现代化总体进程的本质特征。由此，中国现代化进程的“普遍规律”与“独特逻辑”相统一，集中体现了社会主义政党政治引导中国现代化发展，是近代以来中国经济社会发展的历史逻辑、理论逻辑和实践逻辑的必然结果，是中国社会面向未来宏阔的进步洪流中马克思主义政党立党宗旨和使命担当的价值表达和实践形态，对人类政治文明的实践创造与社会进步的总进程产生了深远影响。

一、现代化与社会主义政党政治的中国实践

现代化“是以现代工业、科学和技术革命为推动力，实现传统的农业社会向现代工业社会的大转变，使工业主义渗透到经济、政治、文化、思想各个领域并引起社会组织与社会行为深刻变革的过程”[1]。作为人类社会发展的历史性运动过程，现代化深刻体现了人类自我解放的本质力量和主体性特征，从而决定了现代化的发生与发展成为社会进步与文明成长的必然趋势。作为现代化这一历史性运动的有机产物和重要成果之一，政党政治及其实践是现代国家建设与发展的现实性要素构成，深刻影响着现代社会进步的质量和发展方向，进而决定了政党政治实践必然成为现代国家体系化构造与运行不可逾越的历史过程。然而，与前现代自然经济条件下官僚、宦官、宗藩、后妃、外戚等集团组成封建统治阶级内部权力斗争的政治派系[2]不同，政党政治与世界现代化展开的具体实际相适应，不仅经历了在民族国家生成、区域性实践、全球性扩展等若干历史阶段，而且形成了以不同制度性质为鲜明表达形态的诸种类型，核心差异在于是否以增进人民生存与发展质量为根本指向。以社会主义为价值取向的现代化进程，孕育了社会主义政党政治的发展过程与制度形态，并经历20世纪多个社会主义国家的历史性实践，更对21世纪世界现代化发展产生了重大现实影响。中国共产党把马克思主义政党理论与中国社会现代化实践相结合，创造性地形成内在契合于中国现代化的政党政治价值系统，在现代化宏大的历史主题与现代化实践的历史主体互动中，有力地形塑了中国现代化的时代进程。

（一）社会现代化发展路向与政党政治的兴起

现代化既体现生产力与生产关系的深刻变革过程，也表达政党作为现代政治主导力量的产生及政党政治确立与展开的实践过程。现代化与政党政治互为因果、交互作用，特别是政党政治发展与社会现代化实践的价值互动与动态对接，成为近代以来组织人类社会生活、推动各国文明发展的重要形态。

1. 政党政治：人类社会现代化创造的新型政治形态

在客观考察资本主义经济快速发展及其制度生产导致现代阶级对立后，恩格斯明确指出，资本主义现代化造就大工业充分发展的后果“在现代世界中是一个决定性的

[1] 罗荣渠：《现代化新论——世界与中国的现代化进程》，商务印书馆2009年版，第3页。

[2] 朱子彦、陈生民：《朋党政治研究》，华东师范大学出版社1992年版，第1页。

历史力量”，这一客观事实是“政党形成的基础，是党派斗争的基础，因而也是全部政治史的基础”[1]。毫无疑问，资产阶级政党的产生是现代化发展的必然政治表现。但是，资本主义现代化在创造前所未有的文明成果的同时，也使“资产阶级不仅锻造了置自身于死地的武器；它还产生了将要运用这种武器的人——现代的工人，即无产者”[2]。与资产阶级实行经济政治统治的“集体行动”一样，无产者的“阶级行动”同样需要通过自己的政党来实现组织化生存与斗争的现实诉求。正是由于无产阶级政党的自身发展与革命实践催生了社会主义政党政治活动，彻底改变了现代政治运行过程中资产阶级政党一统天下的政治力量格局，从此，在社会进化变迁不可抗拒的新陈代谢过程中，社会主义政党政治的蓬勃发展廓清了人类社会走向现代化的崭新路径，进而深刻地影响着世界现代化的发展方向与实践质量。

伴随现代化进程的加速推进，政党之于现代政治的价值功能亦日益凸显，不仅成为“治理国家不可缺少的工具”[3]，甚至成为“半国家机构”或“准国家机构”[4]。政党组织并形塑国家政权，以此深度影响经济社会发展，已经成为现代政治实践有力展开的通则。然而，缘于现代化的价值取向与制度性质的差异，政党政治又形成了社会属性迥然不同、价值指向不可调和的诸多类型。于是，政党政治所具有的“公共治理属性”与“社会阶级属性”的互构与联结，进一步从根本上决定了政党政治在社会现代化进程中承担着不可替代的政治主导作用。不仅如此，人类社会实现彻底解放和全面发展的历史进程，彻底廓清了不同性质政党政治生成与发展的时代前提和历史使命，这成为科学分析现代化与政党政治形态分殊的重要实践基点。以社会主义现代化为指向的政党政治，发端于19世纪中期欧洲资本主义危机背景下的现代化转型和欧洲工人运动的国际化推进。它的时代性出场，绝非少数天才人物的主观创造，而是资本主义旧文明必然让位于社会主义新文明的现代化演进规律使然。

与资本主义政党政治形成鲜明对照，社会主义政党政治是以马克思主义政党为领导核心，以科学社会主义为理论指导，以无产阶级上升为统治阶级为首要目标，以实现全人类的彻底解放和人的全面发展为最高价值的政党政治。在不同历史条件下，社会主义政党政治体现为以争取国家政权和以建设新型社会制度为不同目标指向的两个发展阶段。而社会主义国家政党政治则体现为社会主义政党政治在国家制度层面和社会运行层面的系统性运作，是马克思主义执政党围绕自身发展和价值实现所形成的内

[1] 《马克思恩格斯选集》(第4卷)，人民出版社2012年版，第202页。

[2] 《马克思恩格斯选集》(第1卷)，人民出版社2012年版，第406页。

[3] 罗杰·希尔斯曼:《美国是如何治理的》，曹大鹏译，商务印书馆1986年版，第327页。

[4] Richard S. Katz，Peter Mair，“Changing Models of Party Organization and Party Democracy: The Emergence of the Cartel Party”，*Party Politics*，Vol.1，No.1，1995，pp.17-21.

外事务及其治理的统称，它涵盖马克思主义执政党内部生活和外部活动两大领域，是管党治党和治国理政的有机统一，生动地表现为马克思主义执政党依托于无产阶级国家政权积极引导“社会革命”与不断实现“自我革命”的互动发展。

2. 现代政治发展与政党政治的成长

在现代化的价值体系中，现代政治是经济现代化的上层建筑反映，并对经济现代化过程发挥着能动性的保障作用。以民主、自由、平等要素支持的价值理念和民主机制，是现代政治发展与进步的内在要求。现代政治形态的产生虽然最先出现在西方，但是这并不狭隘地等同于西方版本的现代政治形态或制度运行模式必然拥有普遍性，恰恰相反，广义的现代政治是人类自我解放的历史必然性体现，即体现的是人类自我解放的普遍性，也就是说，西方现代政治形态“只是这种历史必然的第一种表现形式，但绝不是唯一的形式”[1]。在社会主义民主政治语境下，现代政治是马克思主义政党领导的、以支持和保证人民实现当家作主为核心价值的实践过程。人的彻底解放与全面发展是其价值指向，以此为前提不断增强合法性、民主性、法治性，进而实现民族性与世界性的内在统一，是社会主义现代政治发展的显著特征。

现代政治发展孕育、滋养了政党政治并有赖于政党政治的引导与规制。“在现代政治中，政党是主导性的政治力量”[2],“政党政治是现代政治的基本运作方式”[3]。政党政治之于现代政治所具有的历史路标、制度绩效和运行秩序等现实内涵，体现的是由历史场景与历史主题赋予的政党职能及价值实现的合法性、民主性及法治性所标注的文明尺度，反映的是政党自身、政党与政党、政党与国家、政党与社会及政党对外交往所形成的关系体系所具有的民主品质。在社会主义国家的制度过程语境下，执政党与国家、社会的关系是政党政治体系中最基本的政治关系。由于政党与国家、社会关系的核心元素是党权、政权与民权，所以，政党政治关系主要是党权、政权、民权三者间的构造关系。以民权保障为出发点和归宿的民主诉求，是社会主义政党政治生命的决定性因素。通过发展党内民主、带动党际民主、推进国家民主从而实现社会民主，是社会主义政党政治的成长机理和价值归宿。

（二）中国社会主义政党政治是近代以来中国现代化催生的政治成果

马克思的“一元多线历史发展观”[4]深刻表明，推动社会发展的根本力量是经济力的变革，“现代生产力的跳跃式增长不仅加速了现代社会的发展进程，同时也拓宽了发

[1] 林尚立：《西方民主政治为什么缺乏普适性》，《北京日报》2015年1月26日。

[2] 林尚立：《政党政治与现代化——日本的历史与现实》，上海人民出版社1998年版，第1页。

[3] 宋涛：《建立新型政党关系建设更加美好世界》，《当代世界》2018年第1期。

[4] 罗荣渠：《现代化新论——世界与中国的现代化进程》，商务印书馆2004年版，第61页。

展的形式”[1]。在不同历史条件下，相同性质与水平的生产力可与多种生产关系相结合，从而形成不同的现代化道路、不同的社会形态以及不同的理论与实践表达形态。伴随着西方列强的入侵，近代中国是被动卷入世界现代化浪潮的典型国家。半殖民地半封建的社会状况是中国现代化发生的内部根源，而近代中国现代化发展逻辑的历史性转换，则促成了社会主义政党政治的中国缘起。这鲜明地表现在：近代中国社会发展的深刻危机以及现代化转型，是社会主义政党政治在中国缘起的社会根源；辛亥革命的历史成就和西式政党政治在中国的失败，是社会主义政党政治在中国缘起的历史契机；世界社会主义政党政治的深化发展，是社会主义政党政治在中国缘起的逻辑前提；马克思主义在中国的传播，是社会主义政党政治在中国缘起的思想条件；中国共产党的诞生，是社会主义政党政治在中国缘起的决定性因素。总体来看，兴起于中国革命与民族解放进程中的社会主义政党政治发展，根源于近代以来中国现代化对其核心价值的现实需求，发展于其核心价值的实践表达与理论认识的动态对接，集成于新的政治形态——中国社会主义政党政治。

1．中国社会主义政党政治的体系化构造

在生成性描述的意义上，中国社会主义政党政治鲜明地体现为逻辑体系、价值体系、运行机制和绩效体系构成的理论建构系统和实践机制。

（1）逻辑体系涉及“历史逻辑”、“理论逻辑”和“实践逻辑”问题。“历史逻辑”揭示的是以夺取国家政权为价值指向、以确立先进社会制度为核心要义和以开创中国特色社会主义为战略意图的中国社会主义政党政治的历史性演进，以及对建设社会主义现代化强国的形塑机理。“理论逻辑”反映的是中国社会主义政党政治对马克思主义政党政治基本理论、社会主义国家政党政治基本原则的继承和发展，以及基于中国经验对世界政党政治理论发展贡献的理论提炼。“实践逻辑”反映的是由中国社会主义政党政治的理论基础、历史基础决定的实践基础，是由价值引领、主题主线、动力源泉、资源条件、战略安排和根本保障等要素组成的政治行动。中国社会主义政党政治的严整逻辑体系，鲜明地体现了“实践逻辑”建基于“理论逻辑”和“历史逻辑”之上的逻辑闭合关系，一方面强调以中国现代化的时代诉求为中国社会主义政党政治的实践行动提供价值标准，另一方面强调以中国社会主义政党政治的理论诉求为中国现代化推进提供实践指引。

（2）价值体系涉及“本质”、“形态”和“职能”问题。“本质”揭示的是政党政治各要素间的必然联系以及由此决定的基本矛盾形态和实践形态，包括中国社会主义政党政治形态生成的历史必然性、发展的现实必要性，以及中国共产党在不同历史条件

[1] 罗荣渠：《建立马克思主义的现代化理论的初步探索》，《中国社会科学》1988年第1期。

下对社会主义政党政治的内容结构、制度安排和实践机制等方面所具有的引导性和塑造性等。“形态”包括理论、实践和制度三方面内容。即理论形态是中国共产党在政党政治实践中逐步形成关于中国社会主义政党政治的理论前提、理论基础、理论观点、理论结构以及理论方法的认知体系；实践形态是中国共产党把政党政治的一般原理、社会主义政党政治的基本原则与本国实际相结合而开展以实现人的全面发展为价值依归的政治过程；制度形态是中国共产党在政党政治实践过程中逐步确立的一整套相互衔接的规范系统。“职能”揭示的是中国社会主义政党政治应当具有的政治品质和政治技能，它既是政党实践价值的内容展开，也是政党具体活动的权限范围，还是政党发展绩效的评价依据。

（3）运行机制涉及“制度建设”、“制度运行”和“制度保障”问题。“制度建设”包括党内关系制度、党际关系制度、党政关系制度、党社关系制度以及政党对外关系制度的确立与完善，涉及制度存量和制度增量两个方面。“制度运行”涉及依规管党治党、依法治国理政、依制领导社会；推行多党合作的政治协商机制、参政议政机制、民主监督机制、合作共事机制，政党对外交往的平等对话与合作机制。“制度保障”既涉及中国社会主义政党政治的合理性，又涉及政党政治目标的坚定性、政党政治发展道路的正确性、政党政治理论创新的科学性以及政党政治制度体系、运行机制开展的效能性。

（4）绩效体系涉及“运行成本”问题。中国社会主义政党政治除应具有民主、法治、廉洁等基本内涵外，还应具有“廉价”的特征。政党政治体系和政党政治能力是国家治理体系和治理能力的重要内容，决定了实施绩效管理是中国社会主义政党政治建设的一项具有长期性、持续性的战略议题。中国社会主义政党政治的绩效体系体现为三个基本维度：一是合理性，关注中国社会主义政党政治的发展规律；二是现实性，关注中国社会主义政党政治的自我护持、自我修复和自我完善的能力建设；三是效能性，关注中国社会主义政党政治的资源占用和资源产出的战略均衡。

2.中国社会主义政党政治的现代属性：学理认知与概念表达

在过程性描述的意义上，社会主义政党政治在中国实践的历史表明，它以强烈的现代政治属性塑造了中国的现代化进程，为世界现代化提供了丰富的中国经验。但是，从学理认知和概念表达的角度看，中国社会主义政党政治的学术化、学理化、学科化水平还较低，有丰富实践而缺相应理论范畴、概念表达的问题仍比较突出。同时，沿用本属于体制机制层面的“中国政党制度”概念，以表达中国政党政治具有广泛实践与丰富创新论域的重大问题，客观上制约了智力支持的有效回应和智库资政价值的深入开掘，也易造成国际话语交往中长期处于“有理说不出、说了传不开”[1]、传了没人听的尴尬境地。这种状况迫切要求以高度的学术自觉和使命担当，积极主动开展中国政党政治论域的创新议题设置、与时俱进提出具有鲜明时代特色的中国政党政治重大基础理论研究标识性概念，从而有效构建政党政治研究既体现中国特性又反映世界一般性的学科体系、学术体系和话语体系。

理论和实践逻辑都表明，政党政治与政党制度是政党政治科学中的不同概念。在本质属性上，前者是指由政党主导的现代政治类型，标识的是一种新型政治形态；后者则是关于这种新型政治形态中的政党地位、政党结构及政党活动规范的总称。在价值功能上，政党政治是政党制度的上位概念，回答的是政党政治产生、发展的历史必然性、现实必要性、基本内容及其本质等问题；政党制度则是政党政治的下位概念，回答的是政党政治的体制、机制问题。在发生时序上，先有政党的产生和政党政治运行，后有政党制度的形成和完善，政党政治决定着政党制度的性质和内容。以上分析表明，以政党制度完全指代政党政治，必然遮蔽或忽视政党政治的“价值功能”，不仅约束了对既有民主实践成果的特定政治属性和价值追求的自主表达，也不利于在国际层面广泛的政治文明对话中增强自主话语的有效解释力。可见，确立中国社会主义政党政治概念，是在理论创新与实践创造互动中切实强化社会主义政党政治中国实践的建构力与解释力以及提升国际传播力与影响力的必然要求。

从学理建构与学术传播绩效角度来看，不自主表达就意味着被表达，是理论与实践相结合过程中不容忽视的现实问题。确立中国社会主义政党政治概念，同样具有鲜明的前提性认知基础：第一，基于中国现代化新的实践经验对社会主义政党政治中国实践的价值内涵予以时代性揭示，旨在构建既符合中国现代国家发展实践的政治实际、充分体现学术自主和理论自觉，又能够融通中外政党政治话语体系和表达方式的核心概念和解释框架。第二，中国社会主义政党政治的概念化表达，植根于中国现代化语境下社会主义政党政治中国实践的“现实逻辑”，发轫于客观需求与主观供给之间的矛盾，即迫切需要从社会主义政党政治中国实践的“现实逻辑”中提炼出“中国问题”，进而在解答“中国问题”中形成“中国概念”，是确立中国社会主义政党政治概念的重要学术路径。第三，扎实定义中国社会主义政党政治概念，既要揭示政党政治的本质属性，也要体现政党政治概念的工具性价值；既要反映政党政治的核心内容，也要标注政党政治的内容边界和价值指向。

基于上述理论与实践分析，中国社会主义政党政治是中国共产党以建设社会主义现代化强国为目标，围绕自身发展和价值实现而形成的相关事务及其治理，是由政党

[1] 习近平：《在哲学社会科学工作座谈会上的讲话》，《人民日报》2016年5月19日。

自身政治、政党与政党、政党与国家、政党与社会间的政治和政党外交诸多内容构成的政治认知体系和实践机制。在这里，以马克思主义政党理论为指导，以领导和支持人民当家作主为指向，以回应人民对美好生活的向往为目的，是中国社会主义政党政治的本质属性和价值依归；坚持中国共产党对一切工作的领导，是中国社会主义政党政治的最大优势和根本特征；以高质量的党内民主、党际民主和国家民主发展人民民主，是中国社会主义政党政治的生命源泉。这是中国社会主义政党政治较之于西方国家政党政治在本质属性和运行机制上的根本区别和最大优势。

二、中国现代化的历史性推进与中国社会主义政党政治的实践基点

中国共产党是中国现代化建设的领导核心，中国社会主义政党政治的实践主导力量是中国共产党。百年来，中国共产党始终坚持以马克思主义这一最具人类理论贡献和广泛世界影响的现代思想体系为根本保障，以不忘初心为价值引领，以党内关系、政党关系、党政关系、党群关系及政党对外交往为实践载体，在国家制度历史性变迁和社会主义制度下社会发展机制重大转换的现代化进程中，积极回应夺取国家政权、确立先进社会制度、开创中国特色社会主义和建设社会主义现代化强国的价值诉求，创造性地开展了服务于中国现代化发展的政党政治实践。

（一）从革命斗争环境中党内关系的最初确立和全面建设，到执政条件下党内关系的自觉调适和创新实践，以党内关系科学化强化中国现代化的领导核心

在民主革命时期，国民党反动派的政治属性及其建立的国家政权与广大人民群众根本利益的矛盾对立性质，构成了中国共产党武装夺取政权、建立人民当家作主新型国家的政治逻辑。这一时期，中国共产党在坚持现代政党属性要求的前提下，积极开展服务于革命斗争需要的党内关系建设。中国共产党创建之初，就确立以选举的方式产生党的领导机关，决定党内事务“均取决于多数，少数绝对服从多数”[1]的党内民主原则。为促进党内关系健康发展，党进一步明确“党的组织原则是民主集中制”[2]；决定“设立党的中央监察委员会”[3]，以“加强党内纪律，尤其是政治纪律”[4]；主张以党章形式明确党员的权利和义务；强调党内生活中“实行在民主基础上的集中和在集中指导下

[1] 《建党以来重要文献选编》(第1册)，中央文献出版社2011年版，第167页。

[2] 中共中央党史研究室：《中国共产党历史》(第1卷上册)，中共党史出版社2011年版，第185页。

[3] 《建党以来重要文献选编》(第4册)，中央文献出版社2011年版，第274页。

[4] 中共中央党史研究室：《中国共产党历史》(第1卷上册)，中共党史出版社2011年版，第188页。

的民主”[1]；指出“中国共产党内部的团结，是团结全国人民争取抗日胜利和建设新中国的最基本的条件”[2]，并通过开展全党整风运动以树立马克思主义的作风；在党的各级组织中建立请示报告制度和健全党委制。

由局部执政到全国执政伊始，中国共产党就明确把反对“以集体领导的外表掩盖个人专断的实质的办法”[3]作为改善党内关系的切入点，认为“工人阶级政党的领袖，不是在群众之上，而是在群众之中，不是在党之上，而是在党之中”[4]；强调“只有靠集体的政治经验和集体的智慧，才能保证党和国家的正确领导，保证党的队伍的不可动摇的团结一致”[5]；提出“民主集中制执行得不好，党是可以变质的”重大判断[6]，进而要求按照党章的规定，建立党员与党的正确关系。但不久之后，党内意见分歧被看成路线斗争表现，党内关系与阶级关系相提并论。这种情况在“文化大革命”时期发展到极端程度，造成了严重影响。

进入改革开放和社会主义现代化建设新时期，党内关系建设集中在扩大党内民主、保障党员权利，强化党章权威、增强法制观念，增强党的团结、维护党的权威，确立平等观念、消除家长制作风，以及实行集体领导、反对个人专权等方面。党的十三届四中全会后，集体领导、民主集中、个别酝酿、会议决定的党内工作机制开始确立。党的十六大提出“党内民主是党的生命”[7]这一重要命题，要求以保障党员民主权利为基础，以完善党的代表大会制度和党的委员会制度为重点，从改革体制机制入手，建立健全充分反映党员和党组织意愿的党内民主制度。

党的十八大以来，党内关系发展的一个突出特点就是以严肃党内政治生活推进党内关系正常化。《关于新形势下党内政治生活的若干准则》《中国共产党党内监督条例》的颁布，为严肃党内政治生活提供了行动指南和制度保障；“增强党内政治生活的政治性、时代性、原则性、战斗性”[8]，为严肃党内政治生活明确了价值追求；强调党内民主是党内政治生活积极健康的重要基础，“要坚持和完善党内民主各项制度，提高党内民主质量”[9]，鼓励和支持党员在党内监督中发挥积极作用。这说明，伴随领导中国现代化实践的深入发展，新时代党内关系科学化水准达到了新的高度。

---

[1] 中共中央党史研究室：《中国共产党历史》（第1卷下册），中共党史出版社2011年版，第655页。

[2] 《毛泽东选集》（第2卷），人民出版社1991年版，第535页。

[3] 《邓小平文选》（第1卷），人民出版社1994年版，第231页。

[4] 《邓小平文选》（第1卷），人民出版社1994年版，第234—235页。

[5] 中共中央文献研究室编：《毛泽东著作专题摘编》（下卷），中央文献出版社2003年版，第2036页。

[6] 《邓小平文选》（第1卷），人民出版社1994年版，第303页。

[7] 《十六大以来重要文献选编（上）》，中央文献出版社2011年版，第39页。

[8] 《关于新形势下党内政治生活的若干准则》，人民出版社2016年版，第4页。

[9] 《关于新形势下党内政治生活的若干准则》，人民出版社2016年版，第26页。

（二）从以服务于“国家统一”“民族独立”斗争需要的政党关系实践，到以“领导”、“合作”和“协商”为特质的新型政党关系确立和发展，以政党关系科学化集聚中国现代化的主导力量

为实现民主革命纲领，中国共产党决定“组织民主的联合战线”[1]，共产党人以个人身份加入国民党的方式实现国共合作。中共瓦窑堡会议制定的建立抗日民族统一战线的策略方针，以及全面抗战时期提出“共产党员只有对党外人士实行民主合作的义务，而无排斥别人、垄断一切的权利”[2]等政治主张，为革命战争条件下的“党际关系”注入了新内涵。1948年5月，各民主党派相继发表声明积极响应中国共产党的“五一口号”，标志政党关系的性质和职能发生了根本性转变：“中国共产党以一个政党的资格参加人民政治协商会议”[3]和其他各民主党派在新民主主义共同纲领基础上忠诚合作，决定中国一切重要的问题，预示着中共与各民主党派的团结合作即将进入崭新时代。

社会主义改造完成后，中共按照“长期共存、互相监督”原则处理政党关系，要求“在一切有愿意和我们合作的民主党派和民主人士存在的地方，共产党员必须采取和他们一道商量问题和一道工作的态度”[4]。党的八大以决议形式把“长期共存、互相监督”确定为中国共产党同民主党派合作的基本方针，政党关系开始走向规范化。但“反右斗争”扩大化特别是“文化大革命”致使政党关系一度极端恶化。

改革开放后，基于各民主党派“都是在中国共产党领导下为社会主义服务的政治力量”[5]的事实判断，党的十二大把“长期共存、互相监督，肝胆相照、荣辱与共”确定为新时期中国共产党同各民主党派合作的基本方针。1989年，《中共中央关于坚持和完善中国共产党领导的多党合作和政治协商制度的意见》的颁布，标志中国新型政党关系进入程序化、规范化和制度化的发展阶段。1993年，八届人大一次会议把中国政党关系纳入宪法规制之中。2005年，《中共中央关于进一步加强中国共产党领导的多党合作和政治协商制度建设的意见》的颁布，为新型政党关系健康发展提供了政治基础和基本依据。“思想上同心同德、目标上同心同向、行动上同心同行”[6]是新型政党关系最鲜明的特质。

当前，中国特色社会主义进入新时代，中国共产党以政党协商的制度化建设为重点，以“形成最大公约数”“画出最大同心圆”作为政党关系发展的价值指向，以政党

---

[1] 《建党以来重要文献选编》（第1册），中央文献出版社2011年版，第139页。

[2] 《毛泽东选集》（第3卷），人民出版社1991年版，第809页。

[3] 中共中央党史研究室：《中国共产党历史》（第2卷上册），中共党史出版社2011年版，第7页。

[4] 《毛泽东选集》（第2卷），人民出版社1991年版，第526页。

[5] 《邓小平文选》（第2卷），人民出版社1994年版，第186页。

[6] 《胡锦涛文选》（第3卷），人民出版社2016年版，第636页。

制度的理论自觉提升新型政党关系的实践效能，以形成更广泛、更有效的民主为新型政党关系建设的目的，以政党自身建设质量推动政党关系现代化发展。在“凝心聚力”的价值引导下，崭新的政党制度模式、崭新的政党关系模式和崭新的执政方式，为中国现代化的深入推进提供了坚实的政党制度保障。

（三）从在否定旧政权行动逻辑中萌生新型党政关系，到以实现国家治理现代化为价值目标的党政关系构建，以党政关系科学化完善中国现代化的政治体制

在中华苏维埃政权创建之初，中国共产党就注重构建新型党政关系，明确提出“党的主张办法，除宣传外，执行的时候必须通过政府的组织”[1]，进而强调“党的领导地位和优势，是靠真理，靠政策的正确性，靠组织的有力量、党员的模范工作以及人民的拥护来实现的”[2]。为解决党政军民关系中存在的各自为政、政权中党员干部对于党的领导闹独立性等现象，中央决定实行“党的领导的一元化”[3]。解放战争时期，党在强调党中央集中领导的同时，指出“各级人民代表会议是组织群众、领导群众、动员群众联合各革命阶级，并使党与广大人民群众密切联系，实现党的领导的最好的组织形式”[4]。

中国社会主义政党政治发生、发展逻辑，对中国共产党执政后的党政关系建设提出了新的要求。我们党强调：“领导我们事业的核心力量是中国共产党”[5]，“国家没有党的领导，就不可能建成社会主义”[6]，“党一定要加强对政权的领导”[7]。同时，我们党进一步指出：“党的方针、政策要组织实施，必须通过政府，党组织保证贯彻。”[8]然而不久之后，党政关系就开始向以党代政的整体性演变。“文化大革命”中，“革命委员会”集党、政大权于一身，造成党政关系被严重扭曲。

党的十一届三中全会后，我们党认为“政治体制改革的关键首先是党政分开”[9]。鉴于实践中不同程度存在的党只管党、党政脱节，甚至出现削弱党的领导的严重问题，我们党明确指出：“政治体制改革的目的，是为了加强和改善党的领导，决不是削

[1] 中共中央文献研究室、中国井冈山干部学院：《毛泽东江西革命斗争时期著作选编》，中央文献出版社2010年版，第25页。

[2] 中共中央党史研究室：《中国共产党历史》（第1卷下册），中共党史出版社2011年版，第592页。

[3] 中央档案馆编：《中共中央文件选集》（第13册），中共中央党校出版社1991年版，第433页。

[4] 中央档案馆：《解放战争时期土地改革选辑》，中共中央党校出版社1981年版，第447页。

[5] 《毛泽东文集》（第6卷），人民出版社1999年版，第350页。

[6] 中央党史研究室张闻天选集传记组：《张闻天文集》（第4卷），中共党史出版社2012年版，第317页。

[7] 《彭真文选（1941—1990年）》，人民出版社1991年版，第226页。

[8] 中共中央统一战线工作部、中共中央文献研究室：《周恩来统一战线文选》，人民出版社1984年版，第174页。

[9] 《十三大以来重要文献选编（上）》，中央文献出版社2011年版，第31页。

弱和淡化党的领导……党的领导作用只提政治领导不够，还应该有思想领导和组织领导。”[1]党的十六大进一步提出：“要把坚持党的领导、人民当家作主和依法治国有机统一起来”[2]，“按照党总揽全局、协调各方的原则，规范党委与人大、政府、政协以及人民团体的关系”[3]。党的十七大则强调提高党科学执政、民主执政、依法执政水平，保证党领导人民有效治理国家。

党的十八大以来，以解决党的领导弱化为重点，以深化党和国家机构改革为推动，党政关系优化发展开启了新的探索。我们党强调“党政军民学，东西南北中，党是领导一切的”[4]，并要求通过“完善领导体制，改进领导方式，增强执政能力”[5]，提高党的领导制度化、规范化、程序化水平。

（四）从以开展民主革命为基点确立党群关系，到从执政党“最大政治”“最大危险”的战略高度考量党群关系，以党群关系科学化巩固中国现代化的社会基础

在民主革命时期，基于自身发展和开展革命的需要，党强调“一切运动都必须深入到广大的群众里面去”[6]，“经过群众路线”[7]；同时，明确党的群众工作“就是组织人民、领导人民、帮助人民发展生产，增加他们的物质福利”[8]；主张“共产党人的一切言论行动，必须以合乎最广大人民群众的最大利益，为最广大人民群众所拥护为最高标准”[9]，树立“群众是我们的老子”[10]等观点，始终要求“务必使同志们继续地保持谦虚、谨慎、不骄、不躁的作风，务必使同志们继续地保持艰苦奋斗的作风”[11]。

新中国成立后，党主张“建立一定的制度来保证群众路线和集体领导的贯彻实施，而避免脱离群众的个人突出和个人英雄主义”[12]。在实践中，党明确提出确认群众观念“就是确认党没有超乎人民群众之上的权力，就是确认党没有向人民群众实行恩赐、包

[1] 《十三大以来重要文献选编（中）》，中央文献出版社2011年版，第35页。

[2] 《十六大以来重要文献选编（上）》，中央文献出版社2011年版，第24页。

[3] 《十六大以来重要文献选编（上）》，中央文献出版社2011年版，第26页。

[4] 习近平：《决胜全面建成小康社会　夺取新时代中国特色社会主义伟大胜利——在中国共产党第十九次全国代表大会上的报告》，人民出版社2017年版，第20页。

[5] 《中国共产党章程》，人民出版社2017年版，第22页。

[6] 中央档案馆：《中共中央文件选集》（第1册），中共中央党校出版社1982年版，第58页。

[7] 《建党以来重要文献选编（1921—1949）》（第6册），第516、519页。

[8] 《毛泽东文集》（第2卷），人民出版社1991年版，第467页。

[9] 《毛泽东选集》（第3卷），人民出版社1991年版，第1096页。

[10] 《延安民主模式研究》课题组：《延安民主模式研究资料选编》，西北大学出版社2004年版，第3页。

[11] 《毛泽东选集》（第4卷），人民出版社1991年版，第1438—1439页。

[12] 《毛泽东文集》（第7卷），人民出版社1999年版，第19页。

办、强迫命令的权力，就是确认党没有在人民群众头上称王称霸的权力”[1]。党进一步指出：“共产党人区别于其他任何政党的又一个显著的标志，就是和最广大的人民群众取得最密切的联系。”[2]然而，随着党内“左”倾思想的发展特别是“文化大革命”的发生，导致党群关系陷于畸形状态。

改革开放以来，针对“有一些干部，不把自己看作是人民的公仆，而把自己看作是人民的主人”[3]的现象，党要求高级干部要带头“恢复和发扬党的艰苦朴素、密切联系群众的优良传统”[4]，并把人民“满意不满意”“拥护不拥护”“赞成不赞成”看作衡量党一切工作的最高标准。基于苏东剧变和中国社会主义政党政治面临的严峻现实，党明确强调：“实现、维护和发展人民群众的利益，始终是我们最大最重要的政治”[5]，必须“做到权为民所用、情为民所系、利为民所谋，使我们的工作获得最广泛最可靠最牢固的群众基础和力量源泉”[6]。

党的十八大以来，党从解决群众反映强烈的问题入手修复和巩固党群关系，强调“党的根基在人民、血脉在人民、力量在人民。失去了人民拥护和支持，党的事业和工作就无从谈起”[7]。因此，“必须紧紧围绕保持党同人民群众的血肉联系，增强群众观念和群众感情，不断厚植党执政的群众基础”[8]；通过“建立健全促进党员、干部坚持为民务实清廉的长效机制”[9]，恪守人民立场是党的根本政治立场，始终把人民放在心中最高位置。

（五）从第三国际高度集权体制下的政党对外关系，到以构建人类命运共同体为价值定位的政党外交全面推进，以政党对外关系科学化拓展中国现代化的国际空间

中国共产党是在第三国际帮助下成立的。党成立伊始就“完全承认第三国际所决议的加入条件二十一条”[10]，并作为第三国际的支部每月向第三国际报告工作。长征途中，遵义会议的召开表明我们党同苏联和第三国际的关系发生了重大变化。抗战期间，

[1] 《邓小平文选》（第1卷），人民出版社1994年版，第218页。

[2] 《毛泽东选集》（第3卷），人民出版社1991年版，第1094页。

[3] 《邓小平文选》（第2卷），人民出版社1994年版，第332页。

[4] 《邓小平文选》（第2卷），人民出版社1994年版，第217页。

[5] 中共中央文献研究室：《江泽民思想年编（1989—2008）》，中央文献出版社2010年版，第371页。

[6] 胡锦涛：《胡锦涛文选》（第3卷），人民出版社2016年版，第532页。

[7] 《十八大以来重要文献选编（上）》，中央文献出版社2014年版，第309页。

[8] 习近平：《决胜全面建成小康社会　夺取新时代中国特色社会主义伟大胜利——在中国共产党第十九次全国代表大会上的报告》，人民出版社2017年版，第66页。

[9] 《十八大以来重要文献选编（上）》，中央文献出版社2014年版，第318页。

[10] 中共中央文献研究室、中央档案馆：《中共中央文件选集》（第1册），第141页。

中共邀请西方人士到陕甘宁地区访问，通过国际社会客观了解中国共产党人的真实面貌及其主张，使“那个时代最富有吸引力的革命者”[1]交往形象在国际上得以树立。

新中国成立后，党在与苏联东欧各人民民主国家建立外交关系的同时，注重“建立和发展与这些国家执政党的关系也成为中国共产党对外工作的重要内容和任务”[2]。到20世纪50年代末，中国共产党与世界上90多个共产党或工人党建立了友好交往关系。“文化大革命”中，党的对外交往经历了严重挫折与艰难调整的过程。80年代初，我们党提出以“独立自主、完全平等、互相尊重、互不干涉内部事务”[3]为核心内容的党际关系“四项原则”。党的十三大明确“四项原则”同样适用于同外国其他政党的关系。党的十七大后，党全面恢复和发展与各国工人阶级政党、民族主义政党的关系，特别是全面发展了与意识形态完全不同的政党的关系。

2013年，习近平总书记首次提出构建人类命运共同体的倡议。2017年11月，中国共产党与来自120多个国家近300个政党和政治组织的领导人举行对话会，习近平总书记强调政党“是推动人类文明进步的重要力量”，并提出“建立求同存异、相互尊重、互学互鉴的新型政党关系”[4]的主张。2018年5月，中国共产党举办了由50个国家75个共产党及左翼政党的100余位领导人和代表参加的“21世纪马克思主义与世界社会主义未来”专题会议。以讲好中国故事为重点，通过多种形式展示中国共产党与时俱进、开放自信、心怀天下的现代大党形象，是新时代中国共产党对外交往的鲜明特色。

三、中国社会主义政党政治形塑中国现代化的价值贡献

中国社会主义政党政治与中国现代化相互形塑、同构共生的历史逻辑与实践逻辑，内在地决定了中国社会主义政党政治的成长史也是中国现代化的发展史。百年以来，中国社会主义政党政治通过“根本性的价值定位”、“前提性的理论引导”、“主导性的制度支撑”、“目的性的价值牵引”以及“关键性的政治保障”等政治认知体系和实践机制，将党自身与中国现代化融为一体并发挥了统领性的主导作用。

[1] 肯尼斯·休梅克：《美国人与中国共产党人》，郑志宁等译，吉林文史出版社1989年版，第66页。

[2] 王家瑞：《中国共产党对外交往90年》，当代世界出版社2013年版，第33—34页。

[3] 本书编写组：《十一届三中全会以来历次党代会、中央全会报告公报决议决定》（上卷），中国方正出版社2008年版，第178页。

[4] 习近平：《携手建设更加美好的世界——在中国共产党与世界政党高层对话会上的主旨讲话》，《人民日报》2017年12月2日。

（一）中国社会主义政党政治基于人的彻底解放和全面发展的价值追求而产生，为人的彻底解放和全面发展的价值实现而展开。人的彻底解放和全面发展的核心理念，为中国现代化提供科学的灵魂和道义的制高点

第一，人的彻底解放和全面发展是马克思主义的最高价值，追求人的彻底解放和全面发展是共产党人一以贯之的奋斗目标。马克思主义从诞生起，就把“人民”两个字镌刻在自己的旗帜上。马克思在《莱茵报》工作时期撰文批判普鲁士《林木盗窃法》来为人民辩护。在《共产党宣言》中，他公开表明“为最大多数人”是共产党人的根本立场和理论主张，强调在未来共产主义社会的联合体中，“每个人的自由发展是一切人的自由发展的条件”[1]，就是使“人以一种全面的方式，就是说，作为一个总体的人，占有自己的全面的本质”[2]，就是人的“自主活动”的发展，就是“个人向完全的个人的发展”[3]。未来的共产主义社会“并不是人的发展的目标”[4]，而是通达“人类能力的发展”或“人类全部力量的发展”的社会形式。

第二，人的彻底解放和全面发展是人类社会发展现代化的集中体现与核心标识；政党政治是人类社会发展现代化的时代载体与核心驱动。因一定意义上人的解放与发展而产生、为推进人的解放与发展而存在，最终将因人的彻底解放和全面发展而退出历史舞台，是社会主义政党政治由来、使命与归宿的总根据。20世纪初期，由中国生产力与生产关系的矛盾运动所孕育，因中华民族与中国人民的彻底解放所呼唤，中国社会主义政党政治郑重出场。它以最终实现全人类彻底解放的特有指向昭告自身的历史使命；以特有的政治目标与活动方式改变着既有的社会政治结构；以彻底消除束缚生产力发展障碍因素的特有价值为中国社会的全面进步提供了新的动力因素；以人的彻底解放和全面发展的特有追求预示中国社会发展的未来。

第三，中国社会主义政党政治经历的否定旧政权、建立新国家、开创中国特色社会主义新时期并推进到历史发展新时代的创造性实践深刻表明，生产力的发展是“社会进步的最高标准”[5]，人是生产力中最具决定性的力量和最活跃的因素；社会主义政党政治是人的彻底解放和全面发展的必由之路，随着人的彻底解放和全面发展的历史性推进，社会主义政党政治也将以新的内容和形式朝着高一级的发展阶段演进；社会主义政党政治既是社会主义现代化建设的重要内容，也是社会主义现代化建设的主导性因素。作为社会主义现代化的政治实践形态与上层建筑的关键内容，社会主义政党政

[1] 《马克思恩格斯选集》（第1卷），人民出版社2012年版，第422页。

[2] 《马克思恩格斯全集》（第3卷），人民出版社2002年版，第303页。

[3] 《马克思恩格斯选集》（第1卷），人民出版社2012年版，第210页。

[4] 《马克思恩格斯全集》（第3卷），人民出版社2002年版，第311页。

[5] 《列宁全集》（第16卷），人民出版社1988年版，第209页。

治源于最大多数人、为了最大多数人、依靠最大多数人的价值定位和道义制高点，集中标识了社会主义现代化的发展质量与发展方向。

（二）马克思主义是中国社会主义政党政治的理论指导。马克思主义与中国社会主义政党政治相结合而形成的中国社会主义政党政治理论，为中国现代化建设提供前提性的理论引导

第一，马克思主义政党理论是关于无产阶级政党产生、发展与发挥作用的理论体系。它既属于无产阶级政党认识世界的政治哲学范畴，也属于无产阶级政党改造世界的政治科学范畴。中国社会主义政党政治是以马克思主义政党理论为指导的政治创造。通过百年实践，它的科学性和真理性在中国得到了充分检验，它的人民性和实践性在中国得到了充分贯彻，它的开放性和时代性也在中国得到了充分彰显。源于中国社会主义政党政治实践创造的中国社会主义政党政治理论，是毛泽东思想和中国特色社会主义理论体系的核心内容，在中国共产党领导的中国现代化历史性活动中发挥关键作用。发挥中国社会主义政党政治理论对中国现代化建设的前提性引导作用，关键在于增强它同中国人民命运、同中国现代化命运的内在逻辑关系认知的自觉。

第二，中国社会主义政党政治理论与中国现代化实践经验是一个“互化”过程，即在理论指导与实事求是、思想解放与思想统一的循环往复中实现的。这一过程，实际上是由“历史逻辑”、“理论逻辑”与“实践逻辑”内在统一，“道路”“理论”“制度”“文化”融为一体，“本质统一性”与“形态多样性”辩证统一，“客观有需求”与“主观有能力”交互作用，“思想解放”与“思想统一”辩证发展，“理论创新”与“实践探索”动态对接，以及不忘本来、吸收外来、面向未来的有机结合等内容构成，生动体现了中国社会主义政党政治理论发展机制和中国现代化实践推进机制的内在一致性。这既有赖于对中国社会主义政党政治理论在人类文明发展价值体系中的地位和作用的深刻认识，也有赖于对中国社会主义政党政治理论在中国的成长条件及其发展规律的准确把握，还有赖于根据中国现代化新的实践深刻把握中国社会主义政党政治理论的价值与功能。

第三，21世纪的中国社会主义政党政治属于社会主义国家政党政治，但不是其他社会主义国家政党政治实践的再版；学习借鉴国外政党治国理政经验，但不是西方国家政党政治实践的翻版。在国内经济社会发生深刻变革、国际交往进入“新全球化”条件下建设现代化强国，中国共产党必然面临“实行什么样的政党政治，怎样实行政党政治”的实践课题。这需要中国共产党以更加深刻的理论自觉和政治自信，对党内关系、政党关系、党政关系、党群关系和政党对外交往进行理论创新和实践创造，形成既体现社会主义政党政治的中国发展规定性与时代进步规定性，又蕴含人类现代文明具有普遍价值特征及自主塑造未来发展大趋势的若干支撑要素。

（三）共产党领导的多党合作制是中国社会主义政党政治主体结构和运行机制的制度化体现。中国共产党与其他各政党关系的这一新的政治创造，为中国现代化提供主导性的制度支撑

第一，共产党领导的多党合作制是中国共产党、中国人民和各民主党派的政治创造，是从中国土壤中生长出来的新型政党制度。这一新型政党制度是由逻辑体系、价值体系、运行机制和绩效体系等内容构成的价值系统。逻辑体系涉及共产党领导的多党合作制的“历史逻辑”、“理论逻辑”和“实践逻辑”等项内容，反映的是共产党领导的多党合作制的理论支持、历史基础与现实条件的内在统一性。价值体系涉及共产党领导的多党合作制的“本质”、“形态”和“职能”等项内容，揭示的是共产党领导的多党合作制各要素间的必然联系，以及由此决定的基本矛盾和实践形态。运行机制涉及共产党领导的多党合作制各项具体制度的建设、运行和保障问题，体现的是共产党领导的多党合作制的制度体系与实践机制问题。绩效体系反映的是共产党领导的多党合作制运行中的“制度效能”问题，强调以较少的资源占用获得较多的资源产出，是政党制度科学化水平的重要体现。以共产党领导的多党合作制科学化支撑中国经济社会发展现代化是中国文明进步的大逻辑。

第二，“一个国家实行什么样的政党制度，由该国国情、国家性质和社会发展状况所决定”[1]。中国半殖民地半封建社会的经济与阶级结构、政治与社会意识的多样性和特殊性，是共产党领导的多党合作制产生的国情基础；天下为公、兼容并蓄、求同存异等中华优秀传统文化，是共产党领导的多党合作制产生的文化基础；马克思主义政党理论在中国的传播，是共产党领导的多党合作制产生的理论基础；中国共产党登上中国政治舞台以及各民主党派的产生发展，是新型政党制度产生的组织基础；社会主义政党政治在中国的确立及其所成就的世纪伟业，是共产党领导的多党合作制发展完善的政治基础和社会条件。如果说，在20世纪初，国人的基本认识是“非政党政治不可挽救中国”；到20世纪中叶，人民政权建立给出的基本回答是“非共产党领导的多党合作不可发展中国”。那么，在社会主义政党政治的中国实践经历了近100年、中国共产党领导社会主义现代化建设70年的今天，我们得出的历史结论就是：只有坚持共产党领导的多党合作制，才能够实现中华民族的伟大复兴。

第三，共产党领导的多党合作制以独特的“利益代表”、“价值定位”和“运行机制”，在政党制度发展史上成就了新的政治创造。社会主义现代化强国的战略目标，赋予这一新型制度形态“领导”“合作”“商量”三个价值内涵并统一于民族复兴、国家富强、人民幸福的实践之中。“领导”表达的是中国共产党在新型政党制度中的政治作

[1] 中华人民共和国国务院新闻办公室：《中国的政党制度》，外文出版社2007年版，第1页。

用，“合作”体现的是各个政党在新型政党制度中的政党关系，“商量”反映的是新型政党制度价值的实现方式，而这三个关键词共同发挥实践作用的实践场域就是中国现代化。中国共产党为了中国现代化而领导，其他各个政党为了中国现代化而合作。实现中国现代化不是口号，必须以“人民对美好生活的向往”为价值导向，所以，有事多商量、有事好商量、有事会商量就成为获得中国现代化“最大公约数”的达成机制。可见，中国现代化既是“领导”、“合作”和“商量”的共同追求，也是“领导”、“合作”和“商量”的灵魂和生命所在。

（四）由党权、政权、民权构成的党内关系以及政党与国家、政党与社会的关系是中国社会主义政党政治的基本关系。这一关系体系所揭示的民权“本源性”，为中国现代化提供目的性的价值牵引

第一，关于“政党是什么及其应当做什么的”问题，无论是马克思主义经典作家从政治学角度对政党本质加以论述，还是西方学者从社会学角度对政党功能予以说明，都涉及“政党与民主”这个重大命题。这反映了一个极为深刻的社会历史现象：任何进步的政党都天然地同民主相联系。“民主性是政党最主要的特性”[1]，“政党的生命力就在于民主”[2]。“为民主而战”是马克思主义政党的总品质和总职责，是马克思主义政党职能的总性质和总要求。中国共产党提出“有事好商量，众人的事情由众人商量，是人民民主的真谛”[3]，就是基于政党与民主的深刻认识和历史经验而得出的规律性结论。

第二，“政党创造了民主”[4]，但民主“需要通过负责任的政党来实现”[5]。人民民主专政的国体性质及人民当家作主是社会主义民主政治的本质特征，从根本上决定了在由党权、政权、民权构成的中国社会主义政党政治体系中，与党权、政权相比，民权则具有“本源”性。党权、政权由民权派生、是从属于和服务于民权的价值定位，构成了“共产党执政就是领导和支持人民当家作主”[6]的法理根据。把人民立场作为中国共产党的根本政治立场以及人民“是决定党和国家前途命运的根本力量”[7]价值观的确立，

---

[1] 高放：《党内民主是党的生命——马克思恩格斯是怎样按照民主制原则创建共产党的》，《学习时报》2004年7月19日。

[2] 荣敬本、高新军：《政党比较研究资料》，中央编译出版社2002年版，第7页。

[3] 习近平：《决胜全面建成小康社会　夺取新时代中国特色社会主义伟大胜利——在中国共产党第十九次全国代表大会上的报告》，人民出版社2017年版，第37—38页。

[4] 谢茨施耐德：《政党政府》，姚尚建、沈洁莹译，天津人民出版社2016年版，第44页。

[5] 谢茨施耐德：《政党政府》，姚尚建、沈洁莹译，天津人民出版社2016年版，第66—68页。

[6] 《江泽民文选》（第3卷），人民出版社2006年版，第553页。

[7] 习近平：《决胜全面建成小康社会　夺取新时代中国特色社会主义伟大胜利——在中国共产党第十九次全国代表大会上的报告》，人民出版社2017年版，第21页。

从根本上决定了保证人民当家作主的权利，是中国社会主义政党政治的根本性质。

第三，民主既是中国现代化的推动力量，也是中国现代化的价值指向。没有民主“就没有社会主义的现代化”[1]。中国共产党历来高度重视发展党内民主，强调“党内民主是党的生命，对人民民主具有重要的示范和带动作用”[2]。“以党内民主为带动”和“由社会民主所唤起”是民主发展的不同逻辑。这种由政党与社会互动而展开的民主政治建构，既取决于中国共产党的民主意志和行动逻辑，也取决于人民群众的权利自觉以及当家作主能力的成长。由确立民主理念、培育民主资源、健全民主体制、拓展民主渠道以及优化民主生态等内容构成的中国共产党民主意志和行动逻辑，对于体现中国社会主义政党政治的价值理性，回应以人民为中心的现代化发展要求，具有目的性的牵引作用。

（五）中国共产党是中国社会主义政党政治的主导力量，建设现代化强国是中国社会主义政党政治的价值指向。把中国共产党建成坚强的马克思主义执政党和世界上的强大政党，为中国现代化提供关键性的政治保障

第一，“政党的命运取决于政党组织”[3]。中国共产党是以中华民族的伟大复兴为指向，以实现人的全面发展为目标的使命型政党。强烈的历史主体意识、以天下为先的责任担当和一切为了大多数人的价值定位，决定了中国共产党在改造旧世界、建设新世界的历史过程中天然地具有全面领导的价值诉求，从而形成了“中国特色社会主义最本质的特征是中国共产党领导”[4]的历史性结论。中国社会主义政党政治的最大优势是中国共产党主体坚强，最大的危险是中国共产党主体弱化。中国共产党成为中国社会主义现代化的坚强领导核心和世界上的强大政党，是中国社会主义政党政治主体坚强的现代标识。在政党治理、国家治理、全球治理的治理体系中，中国共产党治理是其他两大治理实践的必要前提。

第二，社会主义政党政治主体价值的实然呈现与应然要求的统一，对马克思主义政党的管党治党提出了更高要求。共产党的先进性质不会一成不变、共产党的执政地位不是一劳永逸、共产党员的先锋作用也不会自然实现。不被自己争取来的权力打垮，防止政党权力变私有以捍卫其公共性，防止政党权力变权利以捍卫其工具性，防止政

[1] 《邓小平文选》（第2卷），人民出版社1994年版，第168页。

[2] 江泽民：《全面建设小康社会　开创中国特色社会主义事业新局面——在中国共产党第十六次全国代表大会上的报告》，人民出版社2002年版，第52页。

[3] Moisei Ostrogorski，*Democracy and the Organization of Political Parties*，Vol.1，London：Macmillan，1902，p.461.

[4] 习近平：《决胜全面建成小康社会　夺取新时代中国特色社会主义伟大胜利——在中国共产党第十九次全国代表大会上的报告》，人民出版社2017年版，第20页。

党权力变权术以捍卫其科学性，防止政党权力变专制以捍卫其民主性，是中国共产党长期执政必须通过的“大考”。这就要求中国共产党以自我革命的约束机制，破解“历史周期率”的政治困顿，回应“党组织越是强大，它所追求的民主真谛就愈加不可得”[1]的历史拷问。

第三，由“基础性”“关键性”“保障性”“目的性”“方法性”能力构成的能力体系，是中国共产党治党管党、治国理政本领的系统化表达。基础性能力包括管党治党能力、多党合作能力、领导社会能力以及政党外交能力。关键性能力即围绕长期执政而形成的确立执政理念、明确执政任务、夯实执政基础、确定执政方略、健全执政体制、选择执政方式、培育执政资源和优化执政环境等方面能力的综合。保障性能力是由树立法治信仰、确立法治思维、养成法治习惯、遵从法治规则构成的依规管党治党和依法治国理政的统一。目的性能力即经由党内民主、党际民主实现人民民主的理论与制度的融汇。方法性能力是政党学习本领、创造本领和自我革命本领的综合体现。通过系统化的能力建设使中国共产党成为坚强的马克思主义执政党，同时全球化进程中把中国共产党建设成为“世界上最强大的一个政党”[2]，必然为建设社会主义现代化强国提供关键性的政治保障。

结　语

现代化反映的是人类社会文明进步的整体态势，并具有不同的价值指向和发展过程的阶段性特征。社会主义现代化与资本主义现代化的本质区别在于，它以人的彻底解放和全面发展为根本目的，以人类文明秩序存续和文明成果叠加支持的“世界历史”演进为内在机理，以正确总结和凝聚人类共同价值的现代化实践进步为基本特征。现代化催生政党政治、政党政治主导现代化的价值通则，决定了社会主义政党政治不仅是社会主义现代化的重要内容，而且是社会主义现代化的核心驱动系统；社会主义政党政治的成长水平有赖于社会主义现代化的发展水平，社会主义现代化的发展方向与发展质量，更离不开社会主义政党政治的价值引领与政治保障。

社会主义政党政治作为社会主义民主政治的价值载体与实践形态，由社会主义现代化唤起并为之服务。社会主义现代化内在驱动社会主义政党政治经由“量”的扩张与“质”的跃升，不断从“必然王国”走向“自由王国”。社会主义政党政治的历史性推进，以生产力革命和交往革命引起的生产力普遍发展和世界交往的普遍发展为前提，

[1] Robert Michels, *Political Parties:A Sociological Study of the Oligarchical Tendencies of Modern Democracy*, Glencoe, Illinois: The Free Press, 1949, pp.136–139.

[2] 《十八大以来重要文献选编（下）》，中央文献出版社2018年版，第177页。

由建立在生产力与生产关系矛盾运动基础上的文明进步与“世界历史”互动规律所支配，由人的彻底解放和全面发展所表征的现代化精髓所定义。社会主义政党政治的内在规定性是人的社会本质及其价值彰显，外在规定性是人类政治文明多样并存及其优胜劣汰。

近代中国现代化发展的历史性转型，内蕴社会主义政党政治在中国发展的历史逻辑、理论逻辑和实践逻辑。百年以来，中国现代化走过了不同历史场景，经历了各种政治力量的此消彼长，为救亡与革命历史洪流中的多元政治主体竞相发展、如何把握住现代化发展“中国之命运”，提供了历史检验的实践空间。无疑，这在本质上更是历史与人民对中国社会现代化进程的政治引导机制的重大选择过程。赫拉克利特认为，命运就是必然性。把握命运的必然性才是自由的，才能按照客观规律展开历史性活动。中国共产党领导的社会主义政党政治与中国之命运相一致并能顺向发展的关键，就在于从历史规律意义上真实且自由地引导了中国现代化的历史进程。在领导革命胜利的实践中，这集中体现为形成了社会主义政党政治中国化的科学成果——中国社会主义政党政治。随着中国现代化的历史性推进，中国社会主义政党政治呈现出相应的价值指向和实践内容，从而构成了民族复兴、国家富强、人民幸福的内在发展逻辑。中国现代化所取得的历史性成就及其为人类文明发展所提供的中国经验，进一步彰显了中国社会主义政党政治的科学价值。中国社会主义政党政治已经成为世界社会主义政党政治发展的一面旗帜和走向振兴的中流砥柱，进而担负着推动“世界历史”更加有序发展的历史责任。这就要求将中国社会主义政党政治的未来发展置于全球史背景中加以考量，以凝练“共同价值”的价值定位和打造“人类命运共同体”的使命担当，回应民族复兴与“世界历史”发展的新需求。

不言而喻，民族复兴与“世界历史”的双重背景与双重使命，内在地决定了中国共产党是为中国人民谋幸福的政党，也是为人类进步事业而奋斗的政党。这客观上要求在把中国共产党建设成为中国社会主义现代化坚强领导核心的同时，也必然要在政治实践逻辑的意义上把中国共产党建设成为世界上最强大的一个政党。这里讲的“内在决定”从应然角度揭示了中国共产党先进性的价值指向，而“客观要求”则在实然层面体现了中国共产党先进性的成长水平。面向中国现代化的未来征程，“内在决定”与“客观要求”所蕴含的历史规定性，正在通过致力于人的彻底解放与全面发展的价值融通，统一于社会主义政党政治与中国现代化的实践创造之中。正是在这个意义上，具有中国特色的创造性贡献与现代化高质量发展的有机融合，不仅在人类历史发展的大尺度意义上将深刻影响中国与世界的现代化总进程，而且在人类现代政治文明进步视野中将因中国社会主义政党政治开拓了现代化发展新境界而彪炳史册！

原载于《中国社会科学》2019年第6期

现代化国家与强大政党建设逻辑

王韶兴

摘　要：在现代化国家建设中建设强大政党，本质上是政党意志表达和实现的政治价值创造过程。强大的政治创造力、思想引领力、组织运筹力、制度创设力以及自身建设力，是强大政党的内在属性。在中国特色社会主义发展逻辑中，把中国共产党建设成为世界上最强大的政党，是重大时代性命题。从历史反思、理论审视、实践形态等维度探讨现代化国家建设中强大政党建设的中国逻辑，旨在增强科学认知中国共产党强大政党建设的历史演进逻辑、理论阐释逻辑及价值表达逻辑的理论自觉。

关键词：中国共产党；强大政党；党的建设；社会主义现代化国家

现代化是个历史的、发展的概念，并没有固定的模式或唯一的道路。中国现代化的历史独创道路与中国共产党作为现代化领导力量的政党建设，构成了鲜明的中国特色，展示了现代国家建设与强大政党建设的中国逻辑。

一、现代化国家与强大政党建设的内在关联

实现中华民族伟大复兴，是近代以来中华民族最伟大的梦想，中国共产党人的初心和使命，就是为中国人民谋幸福，为中华民族谋复兴。历史证明，“伟大的事业必须有坚强的党来领导”[1],“中国的事情要办好首先中国共产党的事情要办好”[2]；全面建设社会主义现代化国家是中国特色社会主义进入新时代的重大任务，“我们党要搞好自身建设，真正成为世界上最强大的一个政党”[3]。党的生命力、创造力和领导力，是决定国家兴衰的关键。

[1] 《习近平谈治国理政》（第三卷），外文出版社2020年版，第54页。

[2] 习近平：《中国共产党领导是中国特色社会主义最本质的特征》，《求是》2020年第14期。

[3] 《十八大以来重要文献选编（下）》，中央文献出版社2018年版，第177页。

（一）“以人民为中心”是中国现代化与强大政党建设的价值统领

实现现代化是中国人民的根本利益所在，中国共产党是中国人民根本利益的忠实代表。“以人民为中心”作为中国式现代化与中国共产党的共同价值指向，为现代化国家与强大政党建设的实践联结注入更具主体性的灵魂。人民立场是中国共产党的根本政治立场，是马克思主义政党区别于其他政党的显著标志，只有“坚持发展为了人民、发展依靠人民、发展成果由人民共享，才会有正确的发展观、现代化观”[1]，人民对美好生活的向往，就是中国共产党的奋斗目标。因此，“党的根基在人民、血脉在人民、力量在人民”[2]。“以人民为中心”作为现代化国家与强大政党的价值统领，代表着新型文明发展范式的时代性确立。在实现中华民族伟大复兴历史进程中，“以人民为中心”的科学内涵经由强大政党建设的实践创造有机植入现代化国家发展机理之中，以塑造社会与国家的价值共同体和命运共同体的政治机制，最大限度地创造既来源于社会与国家，又高于社会与国家的“公共价值”，揭示了依靠人民推动历史前进的人间正道。它以建立保障人民权利、规范国家权力、实现政党价值的制度体系为实践载体，以“最终建立一个没有压迫、没有剥削、人人平等、人人自由的理想社会”[3]为根本目的。

实现现代化是近代以来世界各国发展的必由之路。社会历史条件、政治主导力量的不同，决定了现代化的价值取向与道路选择的不同。因此，世界上既不存在定于一尊的现代化模式，也不存在放之四海而皆准的现代化标准。中国共产党建立百年以来，团结带领中国人民所进行的一切奋斗，就是为了把我国建设成为现代化强国。“中国共产党是中国工人阶级的先锋队，同时是中国人民和中华民族的先锋队”[4]的本质属性和使命担当，决定着中国式现代化的根本性质、价值取向及其建设质量。中国式现代化是社会主义现代化，既有各国现代化的共同特征，更有基于国情的中国特色。人口规模巨大、全体人民共同富裕、物的全面丰富和人的全面发展、人与自然和谐共生以及坚持走和平发展道路，既是中国式现代化的重要特征，也是中国共产党强大政党建设的核心价值体现。

在强大政党建设与现代化国家建设的价值关系中，强大政党建设具有历史主动性，发挥关键性作用。它对现代化国家建设的组织效能与引领作用具体表现在：“政治创造”——为现代化国家建设提供目标指向、根本遵循、战略规划和策略选择；“思想引领”——为现代化国家建设提供理念先导、理论指导和文化滋养；“组织运筹”——为

[1] 习近平：《深入学习坚决贯彻党的十九届五中全会精神，确保全面建设社会主义现代化国家开好局》，《人民日报》2021年1月12日。

[2] 《十六大以来重要文献选编（下）》，中央文献出版社2011年版，第535页。

[3] 《十九大以来重要文献选编（上）》，中央文献出版社2019年版，第424页。

[4] 《中国共产党章程》，人民出版社2017年版，第1页。

现代化国家建设汇聚各方力量、构建组织体系、提供政策导向；“制度创设”——为现代化国家建设奠定制度基础、优化制度环境、提供体制保障；“自身建设”——为现代化国家建设提供政治保障、人才支撑和组织基础。

（二）现代化国家建设促进强大政党建设要素的高质量运行

“党内民主是党的生命，是党内政治生活积极健康的重要基础”[1]；人民民主是社会主义的生命，“没有民主就没有社会主义，就没有社会主义的现代化”[2]；“法治是国家治理体系和治理能力的重要依托”[3]；“用制度体系保证人民当家作主”[4]。这些科学的理论认识和实践要求，深刻表明以发展社会主义民主政治为价值指向、以推进社会主义法治国家建设为必由之路、以坚持和完善党的领导制度体系为重要保障，是社会主义现代化国家建设视域下强大政党建设的价值内涵与实现路径。

第一，发展民主以塑造强大政党的灵魂。政党既是民主政治的产物，也是民主政治有效运转和可持续发展的重要工具。在社会主义国家政党政治框架下，党内民主、国家民主和社会民主构成民主政治体系，民主选举、民主协商、民主决策、民主管理、民主监督是民主政治运行的基本内容。民主原则在党内普遍应用的过程，也是强大政党建设的核心要素在党内成长的过程；协商民主是民主价值在政党关系上的体现，对于强大政党建设具有促进作用；国家民主是人民当家作主的“国体”反映与“政体”体现，对于强大政党建设具有刚性支撑和制度保障作用；社会民主是民主价值在基层社会生活中的积极表达，对于强大政党建设具有基础性支持与认同作用。总的来讲，广泛而又充分的党内外民主，是社会主义现代化国家的重要特征，是衡量强大政党建设水平的重要标尺。中国共产党创立和已经走过的发展历程，“都是与如何争得人民当家作主的权利和怎样建设社会主义民主政治紧密联系在一起的”[5]。

需要指出，现代化国家建设视域下民主政治发展有赖于法治国家的支撑和法治政党的保障。只有通过法治将国家的民主属性、政党的民主价值转化成具体的民主体制和机制，才能实现实体性民主与程序性民主的内在统一。还应看到，民主政治发展既有赖于政党成员、人民群众权利意识的觉醒，也有赖于政党成员、人民群众民主权利的切实保障。只有这样，以党内民主带动人民民主，以人民民主促进党内民主的“双向”民主机制才能真正形成，目的在于“激发广大党员的积极性、主动性、创造性，

[1] 《十八大以来重要文献选编（下）》，中央文献出版社2018年版，第430页。
[2] 《十八大以来重要文献选编（中）》，中央文献出版社2016年版，第55页。
[3] 《十八大以来重要文献选编（中）》，中央文献出版社2016年版，第141页。
[4] 《十九大以来重要文献选编（上）》，中央文献出版社2019年版，第25页。
[5] 李铁映：《论民主》，中国人民大学出版社2007年版，第8页。

增强党的创造力、凝聚力、战斗力”[1]，进而“更好把人民的智慧和力量凝聚到党和人民事业中来”[2]。

第二，践行法治以养成强大政党的特质。“法治和人治问题是人类政治文明史上的一个基本问题，也是各国在实现现代化过程中必须面对和解决的一个重大问题。”[3]纵观世界政党发展史，“人治型”政党与“法治型”政党是作为不同的治党类型而存在的，主要区别在于对“权”与“法”关系的不同处理。“权在法上”是“人治型”政党的特征。与之不同，“法治型”政党在恪守“以人民为中心”根本理念的前提下，“坚持依法治国、依法执政、依法行政共同推进，坚持法治国家、法治政府、法治社会一体建设”[4]，把法治精神、法规秩序和绩效原则贯彻到政党内部生活和外部活动的各个方面和整个过程。目的在于通过维护法规的至高地位来保障政党权威，规范政党运行，实现人民权利。政党法治化推进的程度，意味着强大政党建设可能达到的科学化水平。

人类文明的历史性演进使法治成为现代化的重要表征，并不断将其置于事关政党、国家、社会前途与命运的崇高位置。“每一种法治形态背后都有一套政治理论，每一种法治模式当中都有一种政治逻辑，每一条法治道路底下都有一种政治立场”[5]的事实判断，深刻揭示了政治与法治的密不可分性。政治与法治互动的文明发展机制，内在地要求现代化国家建设视域下的强大政党建设，要把政党法规和国家法律作为政党自身生活和治国理政的支撑点，把政党的前途和命运建立在政党法规和国家法律的可靠性上。这表明，现代化国家建设中的强大政党建设，既要遵循政治发展规律，还要遵循法治实践规律，由此实现国家法治生活与政党政治活动的价值融通和实践融合，创造强大政党建设的新机制和新形态。毫无疑问，通过政党法治化实现党的领导、人民当家作主和依法治国的统一，依法治国与依规治党的统一，党的执政规律和社会主义法治建设规律的统一，是现代化国家建设中强大政党建设的内在要求。

第三，完善制度以形成强大政党的保障。现代化国家视域下的政党制度，是由政党制度原理、政党制度结构和政党制度运行构成的强大政党价值认知体系和实践推进机制。其中，“制度原理”既是强大政党建设成效的结晶又是其持续开展的基础，从旗帜和灵魂上反映强大政党建设的方向和质量；“制度结构”是强大政党建设的体制支持

[1] 《中国共产党党员权利保障条例》，法律出版社2021年版，第3页。

[2] 习近平：《坚持人民至上，不断造福人民，把以人民为中心的发展思想落实到各项决策部署和实际工作之中》，《人民日报》2020年5月23日。

[3] 中共中央文献研究室编：《习近平关于全面依法治国论述摘编》，中央文献出版社2015年版，第12页。

[4] 《十八大以来重要文献选编（中）》，中央文献出版社2016年版，第157页。

[5] 中共中央文献研究室编：《习近平关于全面依法治国论述摘编》，中央文献出版社2015年版，第34页。

和机制保障，从“结构—功能”的内在机理上反映强大政党建设的制度化、规范化水平；“制度运行”是强大政党建设的“具象”化呈现，从“效率”“效果”“效益”相统一的角度反映政党制度由“价值”层面、“规则”形态转换为强大政党“存在”的实践效能。马克思主义政党的制度体系是从政党政治基本原理、马克思主义政党理论与民主政治理论相统一的高度，对政党制度的确立、发展与发挥作用的理论根据、实践条件、政治生态和绩效呈现等要素，进行系统化思考和规范化表达所形成的“规则”性成果。

作为政党要素系统的强力整合机制，政党制度是强大政党建设何以可能的内生变量和主导性因素。政党制度化运行作为将“政党之制”经由“政党之治”转化为“政党之能”的实践机制，不仅要求对政党基本制度的坚持和巩固，还要求对政党具体制度的创造性完善。政党制度化运行的根本原因是强大政党建设的客观要求，直接动力来自政党政治资源配置的主观自觉。“客观需求”与“主观供给”的相互促进，彰显政党制度化运行的历史必然性与主观能动性的有机统一，体现现代化国家建设、强大政党建设与政党制度设计的相得益彰。民主集中制是马克思主义政党的根本组织原则和领导制度。中国共产党把贯彻执行民主集中制作为全党的共同政治责任，目的在于通过对党内法规制度的创新设置，将不同层次、不同类型、不同部门的党内法规制度科学地组合起来，使之形成紧密联系、相互协调、有序衔接的制度体系，从而把民主集中制内蕴的生命元素和科学基因，转化成现代化国家建设的政治优势、组织优势和制度优势，成为强大政党建设的制度支撑和机制保障。

（三）中国共产党百年强大政党建设实践的学理认知

百年以来，中国共产党已从一个小党成长为世界上最大的执政党。但是，相比革命奋斗与长期执政的丰富实践创造，百年强大政党建设在理论创新层面的学术化认知、学理化建构以及话语体系供给不足等现实问题则比较突出，远没有形成与时俱进的综合性学术阐释体系。在全面建设社会主义现代化国家新征程中，中国共产党要始终走在时代最前列、站在攻坚克难最前沿、站在最广大人民之中，在人类政治文明发展中彰显应有的政治品质和价值引领，不能没有一套独立成熟的政党建设学术话语体系。不言而喻，基于把中国共产党建设“成为世界上最强大的一个政党”的重大时代性命题，从历史反思、理论审视、实践形态等维度，深入探讨现代化国家建设中强大政党建设的中国逻辑，是理论界面临的重大学术任务。其目的在于经由中国共产党强大政党建设的历史演进逻辑、理论阐释逻辑及价值表达逻辑的认识自觉，以不断产生新坐标的内源性政党文明要素和富有时代气息的政党价值形态，增强中国共产党强大政党建设的实践自觉，进而对世界政党文明发展作出原创性理论与实践贡献。

中国共产党强大政党建设话语体系是马克思主义政党理论中国化的理论表达，是中国共产党强大政党建设的思想精华与理论创造的学术反映。基于现代化国家建设与强大政党建设命运一体的前提性认识，准确把握中国现代化国家建构的社会条件和历史过程，深化中国共产党自身发展逻辑、价值表达逻辑以及创造发展逻辑等问题的认识，是中国共产党强大政党建设话语体系建构的内在要义。从中国共产党强大政党建设的“现实逻辑”中提升出“中国问题”，进而在对“中国问题”解答中形成“中国概念”，以自主原创的理论思维确立有关中国共产党强大政党建设的系列范畴；从话语生成机理、话语表达形态、话语融通机制等不同维度，准确把握中国共产党强大政党建设话语体系的支持要素、价值定位与作用机理，是推进中国共产党政党建设话语体系建构的逻辑进路。

综合上述思考，面对现代化国家建设与中国共产党强大政党建设的历史实践，有效凝练出以政治创造为根本、以思想引领为先导、以组织运筹为基础、以制度创设为关键、以自身建设为保障的强大政党建设逻辑框架，是一项挑战性很强的探索性研究。这一方面强调，现代化国家建设的要素支撑和时代性需求，是强大政党建设的实践内容和考量标准；另一方面则表明，以新型政党的强大发展而有效表达一种新型政党文明的兴起，以崭新政党建设模式的形成而鲜明标注一种独立政党话语权的确立，是现代化国家建设中强大政党建设的中国逻辑必然指向的价值内涵。在中国共产党强大政党建设的价值体系中，世界现代化运动与政党政治的逻辑统一是“历史前提”，马克思主义基本原理及其中国化的理论成果是“理论指导”，现代化国家建设的历史必然性与中国共产党历史主动性的相互促进是“内在机理”，强大政党建设的知识表达体系和价值实现机制的逻辑建构是“整体性”呈现。中国共产党强大政党建设逻辑的本质属性、历史使命以及面向世界的角色定位，既鲜明标注着中国共产党建设发展的实践诉求，又深刻注释着现代化国家建设主导力量的理论根据，进而有效展示了建设成为世界上强大政党与中国宏阔发展相契合的时代规定性。

二、中国共产党强大政党建设的历史演进

现代化国家建设起点的不同，塑造不同时期强大政党建设的实践形态。近代中国现代化逻辑的根本性转换，呼唤中国共产党历史性出场并使之具有在特定历史条件下建设强大政党的实践内涵。特殊的历史境遇，决定按照完成新民主主义革命和社会主义革命、开创中国特色社会主义、建设社会主义现代化国家的“历史秩序”依次递进，是中国现代化国家的建设逻辑。在这一极具内生自主性的社会变革中，中国共产党领导人民在“现代化”这个关涉民族、国家、政党、社会的前途与命运的最大公约数强

力牵引下，实现了“从建党的开天辟地，到新中国成立的改天换地，到改革开放的翻天覆地，再到党的十八大以来党和国家事业取得历史性成就、发生历史性变革”[1]，既创造了与西方国家有根本区别的现代化国家与强大政党建设的发展逻辑，也为社会主义政党政治发展作出了原创性贡献。

（一）以创造现代化国家建设的政治前提为逻辑起点的强大政党建设

彻底推翻压在中国人民头上的帝国主义、封建主义、官僚资本主义三座大山，实现民族独立、人民解放、国家统一、社会稳定，是现代化国家建设的政治前提。基于这一重大而迫切的现实需求，中国共产党从诞生之日起就作为现代化建设的政治主体肩负起救亡图存和社会革命的双重历史任务，在回应“改造中国”的历史主题中，坚实地书写了强大政党建设的“第一部曲”。

“建党的开天辟地”，意味着中国共产党领导人民以特有的价值追求、政治战略和行动策略，深刻改变着近代以来中华民族发展的方向和进程，深刻改变着中国人民和中华民族的前途和命运。在政治上，党的一大把实现共产主义作为奋斗目标，二大制定了反帝反封建的民主革命纲领，指出进行国民革命是“行向共产主义的第一步”[2]。革命实践中，党强调“中国共产党是中国工人阶级唯一的指导者”[3]，农民是工人阶级的天然同盟者；在国际上要和世界无产阶级联合起来，在国内要“组织民主的联合战线”[4]。党开创了以农村包围城市、武装夺取政权的正确革命道路；把统一战线、武装斗争和党的建设作为取得新民主主义革命胜利的“三大法宝”；把群众路线作为党的根本的政治路线和组织路线；把“无产阶级领导的、人民大众的、反对帝国主义、反对封建主义和反对官僚资本主义的革命”[5]作为新民主主义革命的总路线和总政策。在思想理论上，以毛泽东为代表的中国共产党人以马克思列宁主义为根本指导，紧紧从中国的历史状况和现实状况出发，深刻研究中国革命的特点和规律，形成了马克思主义基本原理与中国革命实践相结合的第一次历史性飞跃的理论成果——毛泽东思想。在党的自身建设上，基于在农民和其他小资产阶级占人口大多数的国家建设马克思主义政党的中国实际，注重从思想上建党，通过“整风”形式对全党进行马克思列宁主义思想教育；强调党内生活必须实行民主集中制，“制定一种较详细的党内法规，以统一各级领

---

[1] 习近平：《加强政治建设提高政治能力坚守人民情怀，不断提高政治判断力政治领悟力政治执行力》，《人民日报》2020年12月26日。

[2] 中央档案馆编：《中共中央文件选集》（第1册），中共中央党校出版社1982年版，第390页。

[3] 中央档案馆编：《中共中央文件选集》（第1册），中共中央党校出版社1982年版，第284页。

[4] 《建党以来重要文献选编（1921—1949）》（第1册），中央文献出版社2011年版，第139页。

[5] 《毛泽东选集》（第4卷），人民出版社1991年版，第1287页。

导机关的行动”[1]；指出“三大作风”是中国共产党区别于其他任何政党的显著标志；要求全党同志在革命胜利后务必保持谦虚、谨慎、不骄、不躁和务必保持艰苦奋斗的作风。经过长时期革命斗争锻造，中国共产党作为中国革命最先进、最坚强的领导力量，从一个开始只有50余名党员的党，发展成到1949年9月拥有448万余名党员的全国范围内的马克思主义政党。

（二）以奠定现代化国家建设的制度基础为逻辑支撑的强大政党建设

“新中国成立的改天换地”作为新民主主义革命的逻辑必然，内在地规定了中国共产党强大政党建设与现代化国家建设既是“价值共同体”，也是“命运共同体”。中国共产党在领导人民完成了中华民族有史以来最为广泛而深刻的社会变革的同时，将强大政党建设推进到与现代化国家制度“奠基阶段”相适应的“第二部曲”。

在政治上，党根据新民主主义革命胜利所准备的向社会主义过渡的经济政治条件，采取社会主义工业化和社会主义改造并举的方针，独创性地解决了在中国这样一个占世界人口近1/4、经济文化落后的大国建立社会主义制度的重大问题；指出“三大改造”完成后国内的主要矛盾“是人民对于经济文化迅速发展的需要同当前经济文化不能满足人民需要的状况之间的矛盾”[2]。国家的主要任务是在新的生产关系下保护和发展生产力；强调党是领导一切的，“党的方针、政策要组织实施，必须通过政府，党组织保证贯彻”[3]；领导编制“一五”计划，提出现代化建设“分两步走”的战略构想。在制度创设上，在确认社会主义制度是中华人民共和国根本制度的基础上，确立了与国体相适应的人民代表大会制度，以及中国共产党领导的多党合作和政治协商制度、民族区域自治制度。在理论和方针、政策上，党指出必须严格区分和正确处理敌我矛盾和人民内部矛盾，在党与民主党派的关系上实行“长期共存、互相监督”，在科学文化工作中实行“百花齐放、百家争鸣”，在经济工作以及其他各项工作中实行“统筹兼顾、适当安排”，强调走出一条适合国情的中国工业化道路。在党的自身建设上，强调党的团结是党的生命，“中央和各级党委必须坚持集体领导的原则”[4]；认为“工人阶级政党的领袖，不是在群众之上，而是在群众之中，不是在党之上，而是在党之中”[5]；要求在“保护和扩大党员的民主权利”[6]基础上，按照党章规定建立党员与党的正确关系。

[1] 《毛泽东选集》（第2卷），人民出版社1991年版，第528页。
[2] 《建国以来重要文献选编》（第9册），中央文献出版社2011年版，第293页。
[3] 中共中央统一战线工作部、中共中央文献研究室编：《周恩来统一战线文选》，人民出版社1984年版，第175页。
[4] 《毛泽东文集》（第6卷），人民出版社1999年版，第391—392页。
[5] 《邓小平文选》（第1卷），人民出版社1994年版，第234—235页。
[6] 《邓小平文选》（第1卷），人民出版社1994年版，第248页。

（三）以开创现代化国家建设的新道路为逻辑转换的强大政党建设

党的十一届三中全会后，党在领导人民赢得“改革开放的翻天覆地”的同时，以办好中国的事情关键在党的实践自觉，以开创中国特色社会主义为价值指向，谱写了强大政党建设与现代化国家建设“模式创造”相适应的“第三部曲”。

在政治上，党果断结束“以阶级斗争为纲”，重新确立马克思主义的思想路线、政治路线、组织路线；作出“关于建国以来党的若干历史问题的决议”；提出党和国家领导制度改革的任务；指出建设中国特色的社会主义是党总结长期历史经验得出的基本结论；明确党在社会主义初级阶段的基本路线；制定了到21世纪中叶分三步走基本实现社会主义现代化的发展战略；提出以“一个国家、两种制度”实现祖国和平统一的创造性构想。在思想理论上，党深刻揭示了社会主义本质；强调精神文明是社会主义的重要特征；作出建设社会主义市场经济体制的重要决策；认为发展是党执政兴国的第一要务；指出和平与发展是当代世界的主题。邓小平理论、“三个代表”重要思想和科学发展观是这一时期马克思主义中国化的理论成果。在党的领导方式上，要求把坚持党的领导、人民当家作主和依法治国有机统一起来，“按照党总揽全局、协调各方的原则，规范党委与人大、政府、政协以及人民团体的关系”；把以人为本、执政为民作为检验党一切执政活动的最高标准。在党的自身建设上，要求按照革命化、年轻化、知识化、专业化的方针培养和选拔领导干部；指出“民主集中制的中心是民主”[1]；强调党必须在宪法和法律的范围内活动；作出“关于加强党的执政能力建设的决定”，要求切实“做到权为民所用，情为民所系，利为民所谋”。[2]

（四）以提升现代化国家建设的新境界为逻辑必然的强大政党建设

党的十八大以来，坚持和完善中国特色社会主义制度，全面推进了“党和国家事业取得历史性成就、发生历史性变革”，实现国家治理体系和治理能力现代化成为现代化国家建设的时代特征。中国共产党通过以全面从严治党为实践特征的“自我革命”将强大政党建设的价值内涵推向新的历史高度，谱写了与现代化国家建设“治理革命”相适应的“第四部曲”。

在政治上，党作出中国特色社会主义进入新时代、“社会主要矛盾已经转化为人民日益增长的美好生活需要和不平衡不充分的发展之间的矛盾”[3]的重大判断；指出“中

[1] 中共中央文献研究室编：《邓小平年谱（1975—1997）（上）》，中央文献出版社2004年版，第445页。

[2] 《十六大以来重要文献选编（上）》，中央文献出版社2011年版，第84页。

[3] 《十九大以来重要文献选编（上）》，中央文献出版社2019年版，第8页。

国特色社会主义最本质的特征是中国共产党领导”[1],“党是最高政治领导力量”[2]，要“把党的领导落实到国家治理各领域各方面各环节”[3]；要求建立“大统战”工作格局，发挥统一战线优势；强调坚持人民主体地位，“把党的群众路线贯彻到治国理政全部活动之中”[4]。在战略谋划上，统筹推进“五位一体”总体布局，协调推进“四个全面”战略布局，提出以创新、协调、绿色、开放、共享为主要内容的新发展理念；着力推进国家治理体系和治理能力现代化；明确“两个一百年”奋斗目标；以“一带一路”倡议开创人类命运共同体建设新局面。在思想理论上，系统回答了新时代坚持和发展什么样的中国特色社会主义、怎样坚持和发展中国特色社会主义这个重大时代课题，形成了习近平新时代中国特色社会主义思想，为发展马克思主义作出了一系列原创性贡献。在制度建设上，着力“构建系统完备、科学规范、运行有效的制度体系，使各方面制度更加成熟更加定型”[5]；作出“全面深化改革”“全面推进依法治国”“深化党和国家机构改革”“推进国家治理体系和治理能力现代化”等若干重大决定。在党的自身建设上，持续推进全面从严治党向纵深发展；提出以政治建设为统领，全面推进党的政治建设、思想建设、组织建设、作风建设、纪律建设，把制度建设贯穿其中，深入推进反腐败斗争的党建总体布局；强调党章是全党必须遵循的总规矩，认为加强党内法规制度建设是全面从严治党的长远之策、根本之策。

历史表明，中国现代化国家建设四个承前启后的重要历史节点，标注着中国共产党强大政党建设经历的四个重要发展阶段，也构成了强大政党建设的历史逻辑环环相扣、理论逻辑依次展开、实践逻辑循序渐进的“四部曲”。中国现代化国家建设的每一项标志性成就，在促进生产力发展、推动生产关系变革的同时，都对作为上层建筑的政党建设提出新的价值内涵和实践要求；而中国共产党强大政党建设的每一次重大历史性进步，都为现代化国家建设注入新动力、拓展新境界。现代化国家成长的历史性推进与强大政党建设实践探索的有机统一、相互促进，卓有成效地形成了中国共产党强大政党建设的整体性观照，谱写了实现中华民族伟大复兴的壮丽篇章。

总的来讲，百年以来中国共产党以马克思主义政党巨大的理论勇气与远见卓识、坚如磐石的革命意志和“以人民为中心”的使命担当，奋力开创特色鲜明的现代化国家建设与强大政党建设的中国道路，构建了颇具原创性的以政治创造、思想引领、组

[1] 《十九大以来重要文献选编（上）》，中央文献出版社2019年版，第14页。

[2] 《十九大以来重要文献选编（上）》，中央文献出版社2019年版，第14页。

[3] 《中共中央关于坚持和完善中国特色社会主义制度、推进国家治理体系和治理能力现代化若干重大问题的决定》，人民出版社2019年版，第6页。

[4] 《十九大以来重要文献选编（上）》，中央文献出版社2019年版，第15页。

[5] 《十八大以来重要文献选编（上）》，中央文献出版社2014年版，第14页。

织运筹、制度创设以及自身建设为战略基点的强大政党建设格局，形成了内容极为丰富的中国共产党强大政党建设的理论表达体系和实践推进机制。其中，党基于中国现代化建设特殊规律的深刻认识和社会主要矛盾变化的准确把握而确定的关于革命、建设、改革的基本路线和基本方略，是“政治创造”的主旨要义，在强大政党建设的内容体系中具有价值统领作用；基于建设中国式现代化的创造性实践而形成的原创性很强的马克思主义中国化的系列理论成果，是“思想引领”的首要前提，在强大政党建设的价值体系中具有精神旗帜作用；基于中国式现代化的奋斗目标及其在不同历史发展阶段的主要任务而汇聚的各种力量及其组织架构与政策供给，是“组织运筹”的核心要素，在强大政党建设的价值体系中具有基础性支撑作用；基于中国式现代化建设的内在要求及其科学化呈现而大力推进的治理体系和治理能力现代化，是“制度创设”的内在要求，在强大政党建设的价值体系中具有规范性保障作用；基于“把中国特色社会主义的事情办好，最根本的是要把中国共产党的事情办好”[1]的政治自觉而持续推进的“伟大工程”，是“自身建设”的生动实践，在强大政党建设的价值体系中具有前提性保证作用。这些独特的实践创造，既是中国共产党百年以来在现代化国家建设的丰富实践中对强大政党建设作出的原创性贡献，也是中国共产党在全面建设社会主义现代化国家新征程中持续推进强大政党建设的实践基础和基本遵循。

三、中国共产党强大政党建设的理论支点

在中国现代化国家建设与中国共产党强大政党建设内在耦合的历史实践中，由政党属性、政党使命、政党权威、政党文化以及党建格局等强大政党的支撑要素构成的价值体系，集中标识了中国共产党强大政党建设的理论样态。

（一）政党属性是强大政党建设的政治前提

政党属性作为政党存在的观念形态，在政党建设的要件生成和质量提升的实践过程中发挥统领性作用，具有鲜明的指向性。先进性和纯洁性是马克思主义政党的本质属性，是马克思主义政党区别于其他任何政党的显著标志。政党属性属于政党意识范畴，集中反映政党的精神旗帜和政治灵魂。马克思主义政党意识的根本性质与价值内涵，源自马克思主义政党的阶级基础与理论武装，表达于马克思主义政党的初心与使命，发展于以人的彻底解放与全面发展为最终目的的创造性实践。它以观念形态的固有属性，注释政党由来、表达政党价值、引导政党发展。

[1] 习近平：《推进党的建设新的伟大工程要一以贯之》，《求是》2019年第19期。

基于不同的社会背景、政治立场和观察角度，人们对政党本质属性的认识大不相同。英国学者埃德蒙·柏克（Edmund Burke）指出，政党是“人们为通过共同努力以提高民族福利，并根据某种他们共同认可的原则而结成的组织”[1]。美国学者谢茨施耐德（E.E.Schattschneider）认为，政党是“动员多数参与政治的特殊政治组织形式”[2]。意大利学者萨托利（Giovanni Sartori）强调，政党是“参与选举，并且能够通过选举、提名候选人占据公共职位的任何政治集团”[3]等。马克思主义经典作家则更加深刻地着眼于从政党的阶级实质揭示政党的本质属性，认为共产党“是各国工人政党中最坚决的、始终起推动作用的部分”[4]。列宁强调“党是阶级的先进觉悟阶层，是阶级的先锋队”[5]。习近平指出“马克思主义政党具有崇高政治理想、高尚政治追求、纯洁政治品质、严明政治纪律”[6]。执政党意识源于政党意识但又与之不同。马克思主义政党意识的现代化塑造是强大政党建设的内在要求，本质上是基于“依靠人民创造历史伟业”[7]并以“为谁执政、靠谁执政、怎样执政”[8]为核心开展的执政能力建设。“党是领导一切的”[9]，不仅明确宣示了历史赋予中国共产党的政党使命是价值理性与工具理性的内在统一，而且深刻反映了中国共产党强大政党建设的独特逻辑，进而集中表达了中国现代化国家建设的内在诉求。

现代化国家建设中强大政党的进步作用，源于政党基于政党政治规律自觉而形成的政党意识。衡量强大政党建设的科学化水平，首先要考察政党意识的科学含量与生机活力。坚持共产主义远大理想与创造中国特色社会主义文明成果的统一，坚持马克思主义的指导地位与创新马克思主义的时代内容、民族形式和实践载体的统一，坚持建设社会主义现代化国家与凝练全人类“共同价值”的统一，坚持把中国共产党建成坚强的马克思主义执政党与使之成为世界上强大政党的统一，是新时代中国共产党与中国特色社会主义宏阔发展必然结合而形成的政党意识，从而成为在新的历史起点上开辟强大政党建设新境界的价值驱动。

---

[1] Edmund Burke，“Thoughts on the Cause of the Present Discontents（1770）”，in Select Works of Edmund Burke：*Thoughts on the Present Discontent—The Two Speeches on America*，Vol.1，Indianapolis：Liberty Fund，1999，p.150.

[2] E. E. Schattschneider，*Party Government*，New York：Farrar and Rinehart，1942，p.208.

[3] G.萨托利：《政党与政党体制》，王明进译，商务印书馆2006年版，第96页。

[4] 《马克思恩格斯选集》(第1卷)，人民出版社2012年版，第413页。

[5] 《列宁全集》(第24卷)，人民出版社1990年版，第38页。

[6] 《十九大以来重要文献选编（上）》，中央文献出版社2019年版，第535页。

[7] 《十九大以来重要文献选编（上）》，中央文献出版社2019年版，第15页。

[8] 《十六大以来重要文献选编（中）》，中央文献出版社2011年版，第305页。

[9] 《十九大以来重要文献选编（上）》，中央文献出版社2019年版，第14页。

（二）政党使命是强大政党建设的价值牵引

政党使命是政党生命的核心要素。以政党本质为根据，以政党组织为载体，以建设社会主义现代化国家为价值指向，以实现人类彻底解放为根本目的，是马克思主义执政党的历史使命。在理论形态上，政党使命反映的是政党“应然”状态，回答的是政党“应当做什么”及其必然性、必要性、本质特征等问题，是强大政党建设的价值根据；在政治实践中，政党使命作为政党本质的具象化表达，是重大战略行动中的政党本质，是强大政党建设的价值牵引。

马克思主义政党的本质属性，从根本上决定了实现人的彻底解放和全面发展是政党精神之所在、价值之所依、目标之所求，是任何情况下都不容改变的政党使命；人民当家作主是政党使命的总性质和总要求，是强大政党的“内核”与“灵魂”，是从社会主义国家政党政治兴衰成败中得出的最深刻的启迪。中国共产党的使命是为中国人民谋幸福，为中华民族谋复兴，人民民主是唯一的价值目标。社会主义越发展，民主也越发展；没有民主，“就没有中华民族伟大复兴”[1]。“中国共产党执政就是领导和支持人民当家作主”[2]，体现的就是中国共产党基于现代化国家建设而对于自身使命的深刻认识。

“人民当家作主是社会主义民主政治的本质特征”[3]，人的彻底解放与全面发展是马克思主义政党的根本使命。这从根本上决定了马克思主义政党领导的以哲学革命为先导、以政治革命为关键、以社会革命为目的的革命运动，必然是迄今为止人类社会发展中最广泛、最深刻的社会变革。如此最具科学性、人民性、实践性的社会变革，更是由诸多承前启后的阶段性目标逐步达成的历史过程。把共产主义远大理想同我们党正在做的事情统一起来，同在“第二个一百年”全面建成社会主义现代化国家的宏伟目标统一起来，是中国共产党践行政党使命的必然要求，是把中国共产党建设成世界上最强大一个政党的实践载体与核心驱动。

（三）政党权威是强大政党建设的关键支撑

马克思主义政党视域下的政党权威，表征的是政党顺应人类社会发展规律、政党政治规律和执政规律，依靠政党自信心和社会公信力而形成的具有高度稳定性和可靠性的影响力，揭示的是权威主体与权威客体之间的意志表达与遵循的关系。认识世界水平、领袖人格魅力、廉洁自律能力以及治国理政成效，是政党权威的要素支撑。以

[1] 《十八大以来重要文献选编（中）》，中央文献出版社2016年版，第55页。

[2] 《十六大以来重要文献选编（上）》，中央文献出版社2011年版，第146页。

[3] 《十九大以来重要文献选编（上）》，中央文献出版社2019年版，第26页。

政党成员为政治基础生成的政党权威与以人民群众为社会基础生成的政党权威的内在统一与相互促进，是政党权威的生成、发展机制。

社会主义政党政治的历史必然性与时代价值，是政党权威的全部根据和最高表现。社会主义民主是人类历史上新型的民主形态。马克思主义政党应社会主义民主政治发展的需求而产生和发展，马克思主义政党权威的这种历史必然性和现实必要性，根源于社会主义政党政治合乎历史发展规律性。它作为马克思主义政党践行使命的主观诉求，以自我追求的方式外推于社会并借助于社会关系来实现。政党权威存在的根本理由，在于政党对人民利益的真正关切与有效回应，其约束性条件是政党责任的担当与政党使命的兑现。

经验表明，政党权威确立的关键在于政党真正地赢得政党成员和人民群众的衷心爱戴，并源源不断地从他们那里汲取合法性资源，实现政党权威的可持续发展，政党的组织特性决定了政党权威的确立，要靠“以理服人，不能以力服人”[1]。“在中国这样一个大国，没有共产党的领导，必然四分五裂，一事无成”[2]，但党对政权领导的优势，不是主要从权力中去取得，而是主要从“依靠于我党主张的正确，能为广大群众所接受、所拥护、所信赖的政治声望中去取得”[3]。这深刻表明，政党权威作为强大政党的内在规定性，本质上是政党成员对政党领袖、下级党组织对上级党组织、全党对党中央，以及人民群众对执政党的政治认同和自觉追随的政治关系。中国共产党强调维护党中央权威和集中统一领导，是党和国家前途命运所系，是全国各族人民根本利益所在，要求“全党尊崇党章，增强政治意识、大局意识、核心意识、看齐意识，坚决维护党中央权威和集中统一领导”[4]。这既深刻反映了党对政党权威价值认识的理论高度，又集中体现了以强化政党权威推进现代化国家建设的实践自觉。

（四）政党文化是强大政党建设的精神滋养

政党文化作为政党理论体系的重要内容，其价值在于黏合政党组织、弘扬政党精神、涵养政党品质、传承政党文明。由政党意识形态构成的观念文化，是政党文化的关键标识和生命源泉；由政党行为规范构成的行为文化，是政党文化的框架支撑和运行规范。在中国共产党强大政党建设的百年实践中，经由马克思主义政党理论中国化和中国政党政治经验马克思主义化的“双向互化”，创造性地实现了中华优秀传统文化、马克思主义革命文化、社会主义先进文化的价值融通和品质再造，进而形成了中

[1] 中共中央文献研究室编：《毛泽东传（1949—1976）（上）》，中央文献出版社2003年版，第656页。

[2] 《邓小平文选》（第2卷），人民出版社1994年版，第358页。

[3] 《邓小平文选》（第1卷），人民出版社1994年版，第9页。

[4] 《十九大以来重要文献选编（上）》，中央文献出版社2019年版，第5页。

国共产党的政党文化。它承载着中国共产党最深层的精神追求，凝结着中国共产党对未来美好生活的理想信念，是中国共产党强大政党建设的最基本、最深沉、最持久的力量。

政党文化在生成逻辑上，涉及“历史逻辑”“理论逻辑”“实践逻辑”三方面内容。其中，“历史逻辑”反映的是一定的历史前提、社会基础、政治主题以及思想条件、组织基础诸多因素合力酿成的强大政党成长类型，揭示的是强大政党产生、发展的历史必然性与必要性的问题。“理论逻辑”反映的是由理论前提、理论基础、理论观点以及理论结构等因素构成的强大政党价值体系，揭示的是强大政党建设的理论原理与策略原理问题。“实践逻辑”作为政党文化的感性基础和物质支撑，体现的是由实践内容、实践价值、实践机制和实践绩效构成的政党行动，揭示的是强大政党价值的实现机制问题。

在全面建设社会主义现代化国家新征程中，中国共产党充分发挥坚强领导核心作用，有赖于政党文化科学价值的提升。这既要“加强对中华优秀传统文化的挖掘和阐发，努力实现中华传统美德的创造性转化、创新性发展，把跨越时空、超越国度、富有永恒魅力、具有当代价值的文化精神弘扬起来”[1]，还要“坚持用马克思主义观察时代、解读时代、引领时代，用鲜活丰富的当代中国实践来推动马克思主义发展，用宽广视野吸收人类创造的一切优秀文明成果”[2]。由此，努力创造一种建立在自身实践经验之上既能自主解释自己又能让世界了解并深入理解自己的话语与知识体系，让世界从中国共产党的政党文化中鲜明感受到致力于文明传承、实践道路和可持续发展诉求的历史规定性，以及强大政党建设的理性力量和文化滋养的内在动力，就成为政党文化传播的逻辑必然。

（五）党建格局是强大政党建设的实践载体

基于“伟大的事业必须有坚强的党来领导”[3]的深刻认识，党的十九大对新时代党的建设伟大工程作出全面部署，形成了具有鲜明特征、反映时代要求、面向未来发展的党建新格局，将党对现代化国家建设与强大政党建设的规律性认识提升到新的历史高度。

现代化国家建设的历史伟业决定了强大政党建设是一项伟大工程。历史表明，现代化国家建设到什么程度，就要求强大政党建设达到什么样的水平；强大政党建设推进到什么样的历史高度，现代化国家建设就需要达到什么样的历史水平。这意味着，

[1] 《习近平谈治国理政》（第一卷），外文出版社2014年版，第106页。

[2] 《十九大以来重要文献选编（上）》，中央文献出版社2019年版，第434—435页。

[3] 《十九大以来重要文献选编（上）》，中央文献出版社2019年版，第48页。

现代化国家建设的整体性，内在地要求党的领导水平和执政能力的全面性，从而决定了强大政党建设必然是全面而系统的“伟大工程”。这样的理论认识和实践要求，既科学回答了建设什么样的强大政党问题，也解决了怎样建设强大政党的方法论问题。“推进伟大工程，要结合伟大斗争、伟大事业、伟大梦想的实践来进行，确保党在世界形势深刻变化的历史进程中始终走在时代前列，在应对国内外各种风险和考验的历史进程中始终成为全国人民的主心骨，在坚持和发展中国特色社会主义的历史进程中始终成为坚强领导核心”[1]，深刻表明了中国共产党关于现代化国家建设与强大政党建设相互促进的认识自觉。

党建格局作为强大政党建设的内容支撑和实践机制，它的发展水平直接关系到强大政党建设的质量与效益。强大政党建设工程担负什么样的历史使命，党建格局就应当提升到相应的认识境界和实践方略。百年以来，中国共产党基于强大政党建设的价值目标和实践要求，将党建格局由思想建设、组织建设、作风建设的“三位一体”格局，不断推进到“全面推进党的政治建设、思想建设、组织建设、作风建设、纪律建设，把制度建设贯穿其中，深入推进反腐败斗争”[2]的“六位一体”新格局，形成了政治立党、思想建党、组织强党、作风管党、纪律严党、制度治党的有机统一体。在强大政党建设工程中，它突出了政治建设的统领地位和纪律建设这个管党治党的治本之策，实现了党建格局的重大发展和新突破，深刻揭示了面向全面建设社会主义现代化国家的强大政党建设与党建格局的内在逻辑与价值遵循。

四、中国共产党强大政党建设的实践形态

现代化国家建设中的强大政党建设，是一个内容复杂的政治文明成长过程。在社会主义条件下，强大政党所具有的政治品质与价值属性，经由党的自我革命与社会革命的实践化合，生动体现为政党治理、全面领导、执掌政权、全球治理等实践形态，是由“逻辑起点”“实践基础”“关键支撑”“国际表达”等要素集成的政党意志有效兑现机制和现代化国家建设的实践机制。

（一）政党治理是强大政党建设的逻辑起点

“治国必先治党，治党务必从严。”[3]“要治理好我们这个大党、治理好我们这个大

[1] 《十九大以来重要文献选编（上）》，中央文献出版社2019年版，第12页。

[2] 《十九大以来重要文献选编（上）》，中央文献出版社2019年版，第43—44页。

[3] 《十八大以来重要文献选编（下）》，中央文献出版社2018年版，第355页。

国，保证党的团结和集中统一至关重要。”[1]在中国特色实践话语体系中，“政党治理”是根据国家治理现代化的理论构建和实践逻辑而形成的重要范畴，在学理维度中，它指的是基于现代化国家建设的价值指向，对执政党拥有、消耗与产出政党政治资源活动的民主品质培育、法治精神塑造和制度化运行的政治干预机制。政党治理体系是政党制度在政党治理中的具体化、实体化，政党治理能力是政党制度在贯彻落实中的主体化、应用化。政党治理体系和治理能力对于强大政党建设具有基础性、保障性意义，对于现代化国家建设具有动力性、考量性价值。

现代化国家建设视域下的政党治理，以强大政党建设的必然性、必要性、一般条件、本质特征及其自身发展一般规律为理论根据，以强大政党开展的政治创造、思想引领、组织运筹、制度创设以及自身建设活动为实践根据，以政党应有的政治权威以及作用发挥的合理性、合法性及其实践绩效最大化为行动目的。其价值在于通过对政党行为的“肯定”与“矫正”，保证政党恪守立党初心，践行时代使命，从而把政党的理论优势、组织优势和制度优势转化成强大政党建设的实践效能。

政党治理的根据在于政党“实然”之于政党“应然”的现实差距，动力在于通过强大政党建设破解历史周期率。实践中，政党“实然”既可能是政党“应然”正确而又充分的体现，也可能是部分甚至是相反的反映。苏共在很长时间、在很大程度上秉持着“自动先进论”和“地位天然论”，但历史事实证明并非如此。实践表明，政党先进性质不会自动生成，要靠自觉建设；政党先进作用不会自然实现，要靠主动发挥；政党执政地位不是一劳永逸，要靠精心维护。经验还表明，政党历史越久，其领导水平并不必然就越高；政党执政时间越长，其执政能力并不必然就越强。永不脱离维系政党生命的人民群众，是马克思主义政党执政后始终面临的治理“课题”、必经的“大考”。不被自己赢得的执政权力打垮，是政党治理的“底线思维”和起码要求，是强大政党建设必须面对的生死攸关问题。“党风廉政建设永远在路上，反腐败斗争永远在路上”[2]，充分体现了中国共产党管党治党的实践自觉。

（二）全面领导是强大政党建设的政治基础

中国最大的国情就是中国共产党的领导。“党是最高政治领导力量”这一重大政治论断，深刻揭示了党的领导是中国的最大制度优势，是中国现代化国家建设必须遵循的内在要求，成为中国共产党强大政党建设的独特优势和根本保障。

在社会主义国家政党政治视域下，政党领导是指政党在实现自身价值目标过程中，

[1] 《习近平谈治国理政》（第二卷），外文出版社2017年版，第188页。

[2] 习近平：《充分发挥全面从严治党引领保障作用，确保“十四五”时期目标任务落到实处》，《人民日报》2021年1月23日。

基于政党主张对自身所代表的社会公众加以组织、引导和带动的政治行为。这种政治行为被政党成员和社会公众接受认可，政党便在事实上取得了经济社会发展的领导权。政党回应社会公众利益发展期待的过程，实质上就是政党领导资格认定的过程。政党领导作为强大政党的内在规定性，它不是政党强加于社会公众的结果，也不是法律规定的结果，更不是权力性的胁迫或强制的结果，而是政党为实现自我价值而自我养成的政党品质和感召能力，被广大人民群众普遍认同、内心崇尚和自觉追随的结果。

在现代化国家建设过程中，马克思主义执政党既担负领导使命又履行执政职责，是集“领导”“执政”于一身的政党。应当看到，政党领导和政党执政是政党价值的不同实践形态。政党领导属于政治生活范畴，是党对各项工作、各方力量和国家治理的统揽，党的领导制度是居于统领地位的制度；政党执政属于法治活动领域，是执政党通过法定程序将党的主张上升为国家意志的法治过程，依法执政是党治国理政的基本方式。政党领导是政党执政的基础和前提，政党执政是政党领导的成果和实践，政党只有切实实现了领导，才会有真正意义上的执政。历史证明，善于领导的政党终究能实现长期执政，不善于领导的政党即使获得执政权终究也会丢掉。人民万岁，并不必然意味着某一政党的执政过程也万岁，关键在于是否始终拥有群众拥护这个关涉政党生死存亡的“法宝”。“主义”是政党的灵魂和旗帜，“思想”是人的根本与利益化表征。中国共产党切实贯彻“以人民为中心”，牢牢把握“人民对美好生活的向往，就是我们的奋斗目标”的“思想”夙愿，就必然在执政实践中拥有现代化国家建设的核心资源和强大政党建设的社会支持基础。

（三）长期执政是强大政党建设的关键支撑

“马克思主义政党夺取政权不容易，巩固政权更不容易。”[1]长期执政既是强大政党建设特有的重大实践载体，也是检验强大政党建设水准的重要价值坐标。中国共产党执政是历史的选择、人民的选择。始终把立党为公、执政为民贯穿到现代化国家建设之中，是中国共产党执政的最高原则；“保证国家的立法、司法、行政、监察机关，经济、文化组织和人民团体积极主动地、独立负责地、协调一致地工作”[2]，是中国共产党建设现代化国家的基本要求；科学执政、民主执政、依法执政，是中国共产党建设现代化国家的方式选择。

在马克思主义政党执政的价值系统中，党政关系作为现代化国家建设的重要内容，集中体现政党执政的科学化程度。“一切权力属于人民”的宪法原则，决定了党政关系虽然在形式上表现为政党与公共权力的关系，但在实质上是党与人民的关系在国家制

[1] 习近平：《推进党的建设新的伟大工程要一以贯之》，《求是》2019年第19期。

[2] 《中国共产党章程》，人民出版社2017年版，第23页。

度上的体现，反映的是人民群众赋予政党以公权之后产生的一系列法理性关系，涉及政党为谁执政、靠谁执政、怎样执政以及由此衍生的如何防止公共权力侵蚀执政党肌体等重大实践命题。“自觉地认定自己是人民群众在特定的历史时期为完成特定的历史任务的一种工具”[1]的价值定位，人民“是我们强党兴国的根本所在”[2]的至深见解，以及“始终为人民利益和幸福而努力工作”[3]的庄重承诺，无不体现着中国共产党秉持“以人民为中心”的政治自觉。

国家治权在党政之间的不同配置意味着不同的党政关系模式。评价某种党政关系模式的优劣，关键要看其在多大程度上体现了政党功能发挥与现代化国家建设的内在统一性，以及将其转化为现代化国家建设与强大政党建设效能的现实可能性。执政方式作为行动中的党政关系，是政党将执政由观念形态转换成具体实践的方法、手段，是现代化国家建设过程中党政关系的制度化表达和机制化体现。中国共产党鲜明提出要“坚持科学执政、民主执政、依法执政，不断完善党的领导方式和执政方式”[4]，明确主张“通过完善制度保证人民在国家治理中的主体地位”[5]，旨在秉持科学执政前提，恪守民主执政本质，遵循依法执政路径，从价值理性和工具理性高度统一的政治实践层面，集中反映了现代化国家建设的价值取向。

政党执政权力本质上从属于国家治权，是公共权力的一种实践形态。社会主义国家政党政治的历史经验表明，政党执政权力在为政党价值实现发挥重要支撑作用的过程中，如果缺乏严密的监督体系，就容易表现为独立于人民权利之外、凌驾于人民权利之上的异化物质力量。政党执政权力的这种变异性，起始于执政权力的繁衍，发展于执政权力的经营，归结于执政权力的腐败。中国共产党加快“构建一体推进不敢腐、不能腐、不想腐体制机制”[6]，强化对执政权力运行的监督和制约，是基于社会主义国家政党政治的历史经验而对中国共产党强大政党建设作出的坚定回应。

（四）促进全球治理体系变革是强大政党建设的国际价值

中国是个大国，中国共产党又是目前世界上最大的政党。这决定了强大政党建设的价值内涵既包括把中国的事情做好，也包括为世界的和平与发展作出贡献。推进全

[1] 《邓小平文选》（第1卷），人民出版社1994年版，第218页。

[2] 《习近平谈治国理政》（第三卷），外文出版社2020年版，第137页。

[3] 《十九大以来重要文献选编（上）》，中央文献出版社2019年版，第386页。

[4] 《十六大以来重要文献选编（中）》，中央文献出版社2011年版，第274页。

[5] 《中共中央关于坚持和完善中国特色社会主义制度、推进国家治理体系和治理能力现代化若干重大问题的决定》，人民出版社2019年版，第8页。

[6] 《中共中央关于坚持和完善中国特色社会主义制度、推进国家治理体系和治理能力现代化若干重大问题的决定》，人民出版社2019年版，第41页。

球治理体系和国际秩序适应性变革，是世界百年未有之大变局的迫切要求，同时是中国共产党强大政党建设的应有之义。以构建人类命运共同体促进全球治理体系和国际秩序变革的生动实践，既反映中国共产党对人类社会发展规律、世界历史发展方向的认识自觉，也表达中国共产党在解决当今全球性问题、全球治理体系改革和建设中的担当与贡献。

世界百年未有之大变局，无论是全球治理层面还是国家治理层面，无论是西方发达国家还是广大发展中国家，制度变革落后于经济、政治、社会、文化发展的情况十分明显。全球性制度危机作为世界金融危机、经济危机、生态环境危机和恐怖主义蔓延的集中表现，既超越了传统的治理界限，也超出了当前国际治理体系的框架。通过变革全球治理体系和国际秩序，构建平等合作共赢的新型国际关系，已成为世界各国共同面临的迫切任务。因此，在维护以《联合国宪章》宗旨和原则为核心的国际秩序和国际体系基础上，加速推进全球治理体系和国际秩序变革，既是适应世界百年未有之大变局的必然选择，也是中国共产党强大政党建设拓展国际实践的题中之义。

世界整体发展、关联发展和包容发展的时代潮流，以及共同治理、平等治理、关联治理和发展治理的时代要求，必然要求把构建人类命运共同体作为全球治理的价值追求。实现从国与国的命运共同体、区域内命运共同体，到人类命运共同体的历史性飞跃，体现了马克思主义政党对人类前途命运的重大关切和追求世界大同的崇高境界。中国共产党秉持共商共建共享的全球治理观，以世界上最大政党且“大就要有大的样子”的责任担当和实践自觉，在“建设持久和平、普遍安全、共同繁荣、开放包容、清洁美丽的世界”[1]实践过程中，自觉培育人类命运共同体的生命要素，不断优化现代化国家建设的外部条件，充分彰显了强大政党建设的国际价值。

结　语

在现代化国家建设的政治系统中，政党具有政治主体和价值客体的双重身份，鲜明体现了主观见之于客观、客观塑造主观的政党政治文明演进机制，深刻揭示了“价值创造”与“创造价值”的辩证统一。现代化国家建设与强大政党建设的中国逻辑，起始于中国共产党“政党意志”的自主诉求，发展于历史对政党的筛选及人民对中国共产党的选择，升华于中国共产党在资本逻辑依然主导全球化进程中创造出实现民族伟大复兴与打造人类命运共同体相统一的伟大实践。强大政党逻辑的上述内生自主性，从根本上决定了中国共产党能够超越西方政党工具化的集团政治设定，在解释中国与

[1]《十九大以来重要文献选编（上）》，中央文献出版社2019年版，第41页。

世界进而改造中国与世界的时代性宏阔实践中，既以建设现代化强国为实践形态表达中华民族伟大复兴的真实含义，又在尊重人类文明多样性维度中建构人类命运共同体，从而以不断更新的文明坐标提升强大政党建设与时俱进的生命品质。

回望“第一个一百年”，在世界现代化的时代主题与中国现代化国家建设历史主题双重逻辑驱动下，中国共产党领导人民实现了中华民族从站起来、富起来到强起来的历史性飞跃，谱写了强大政党建设的历史篇章，为世界政党文明光谱增添了独特的“中国元素”，呈现出今天世界大党的道路自信、理论自信、制度自信、文化自信。面向“第二个一百年”，中华民族伟大复兴的战略全局与世界百年未有之大变局相互激荡、交融交汇。在这一进程中，中国现代化国家建设将以新兴政治文明体发展对世界历史发展注入鲜活而强劲的“中国价值”，而人类社会的进步也将不断更新中国现代化国家建设的“国际内涵”。

原载于《中国社会科学》2021年第3期

论中国共产党的根本立场和核心价值

包心鉴

摘　要： 坚守人民至上，是中国共产党的根本立场；为实现中华民族伟大复兴不懈奋斗，是中国共产党的核心价值。这一根本立场和核心价值，既是百年党史的精辟凝练，具有厚重的历史生成逻辑；又是马克思主义的深刻指引，具有深邃的理论创新逻辑。全心全意为人民服务、尊重人民群众首创精神、始终坚持以人民为中心，是以毛泽东同志、邓小平同志、习近平同志为主要代表的历代中国共产党人根本立场和核心价值的生动体现，是坚持“人民是历史的主人，群众是真正的英雄”唯物史观的时代彰显。中国共产党的根本立场和核心价值，是党长期执政的最大底气，是应对各种风险挑战、克服任何艰难险阻、坚定不移走好新的赶考之路的最大底气。

关键词： 建党百年；中国共产党；根本立场；核心价值；最大底气

习近平总书记在庆祝中国共产党成立一百周年大会上的重要讲话（以下简称《讲话》），内涵丰富、思想深邃，立意高远、气势磅礴，是一篇闪烁着马克思主义真理光芒、彰显着中国共产党人初心使命的光辉文献，是当代中国共产党的政治宣言、党和国家各项工作的行动纲领。《讲话》立足“不忘初心、牢记使命”的政党本质，鲜明指出：“一百年来，中国共产党团结带领中国人民进行的一切奋斗、一切牺牲、一切创造，归结起来就是一个主题：实现中华民族伟大复兴”；《讲话》着眼“以史为鉴、开创未来”的时代要求，着重强调，在新时代新征程上，我们必须站稳人民立场，紧紧依靠人民创造历史，“团结带领中国人民不断为美好生活而奋斗”[1]。这两段精辟论述，深刻蕴含着中国共产党百年辉煌历史的根本要素：坚守人民至上，是中国共产党的根本立场；为实现中华民族伟大复兴不懈奋斗，是中国共产党的核心价值。根本立场决定核心价值，核心价值坚定根本立场，正是人民至上的根本立场和为中华民族伟大复兴不懈奋斗的核心价值，铸就了中国共产党的百年辉煌，开创了中国共产党更加壮丽的未来。

[1]　习近平：《在庆祝中国共产党成立100周年大会上的讲话》，人民出版社2021年版，第11—12页。

一、中国共产党百年辉煌历史的精辟凝练

历史是一部伟大的教科书，而“历史过程是受内在的一般规律支配的”[1]。因此，恩格斯指出：“现代唯物主义把历史看做人类的发展过程，而它的任务就在于发现这个过程的运动规律。”[2]中国共产党百年历史这部特有的伟大“教科书”，蕴藏着许多反映历史真谛的基本规律，彰显着运用马克思主义解释世界、改造世界的科学真理。人民至上的根本立场、为民族复兴不懈奋斗的核心价值，不啻是百年党史的最精辟凝练，是中国近代史选择了中国共产党、中国共产党没有辜负历史重托的最深邃逻辑，这也是百年来人们愈益深刻地认识中国共产党、中国共产党愈益成为整个中华民族领导核心的最根本依据。

政党政治史表明，作为特殊的政治团体，任何政党都有自己特定的根本立场，也奉行自己特有的核心价值。政党立场决定政党的行为，政党价值最终决定政党存在的合理性和合法性。而政党立场和政党价值，归根结底决定于这个党代表什么样的阶级和什么样的群体利益。因此，马克思和恩格斯在领导欧洲共产党建设过程中曾明确强调：“为了要达到自己的最终胜利，他们首先必须自己努力：他们应该认清自己的阶级利益，尽快采取自己独立政党的立场，一时一刻也不能因为听信民主派小资产者的花言巧语而动摇对无产阶级政党的独立组织的信念。”[3]一切剥削阶级政党，不管其名称如何、自我标榜如何，由于他们代表的是剥削阶级和少数利益集团的利益，其政党立场必然表现为站在少数特权阶层或权势团体的立场上，政党价值必然表现为为少数利益集团服务，成为剥削阶级征服、奴役广大劳动人民的政治工具。唯有无产阶级政党，代表着无产阶级和广大劳动人民的利益，除无产阶级和劳动人民的利益之外，“他们没有任何同整个无产阶级的利益不同的利益”，因而“在无产者不同的民族的斗争中共产党人强调和坚持整个无产阶级共同的不分民族的利益”[4]。在马克思列宁主义直接影响和指导下成立的中国共产党，既坚持了《共产党宣言》所指明的政党立场和建党宗旨，又在民族危难的特殊历史条件下和在为民族复兴不懈奋斗的特殊实践中淬炼了特有的政党立场和政党价值。

中国共产党诞生于民族危难之际。1840年鸦片战争，帝国主义坚船利炮轰开了腐朽没落的清王朝大门，从此中国逐步沦为半殖民地半封建社会，国家蒙辱、人民蒙难、

---

[1] 《马克思恩格斯文集》（第4卷），人民出版社2009年版，第302页。

[2] 《马克思恩格斯文集》（第9卷），人民出版社2009年版，第28页。

[3] 《马克思恩格斯文集》（第2卷），人民出版社2009年版，第199页。

[4] 《马克思恩格斯文集》（第2卷），人民出版社2009年版，第44页。

文明蒙尘，中华民族遭受了前所未有的劫难。拯救人民于水火、拯救民族于苦难，成为当时一批觉醒起来的知识分子和仁人志士的宏志夙愿，成为创建中国共产党的最直接动力。正在此时，十月革命一声炮响，给中国送来了马克思主义，马克思主义的科学真理激活了古老的中华文明，使满怀救亡图存的热血志士找到了前进的方向，促成了“南陈北李”相约建党，促成了中国共产党特有的建党宗旨和建党动机。也正是从那时起，实现中华民族伟大复兴，就成为中国共产党人最伟大的梦想和最核心的价值追求。正是从这个意义上说，“中国产生了共产党，这是开天辟地的大事变，深刻改变了近代以后中华民族发展的方向和进程，深刻改变了中国人民和中华民族的前途和命运，深刻改变了世界发展的趋势和格局”[1]。

党的百年历史雄辩说明，我们党来自人民，为人民而生，因人民而兴，党的根基和血脉在人民，人民的立场就是党的立场。实现民族独立、人民解放，谋求国家富强、人民幸福，是贯穿党百年历程的主题使命；牢牢站稳人民立场，始终为人民利益和民族复兴而奋斗，是我们党立党兴党强党的根本出发点和落脚点。从石库门到天安门，从兴业路到复兴路，从南湖红船到中华巨轮，从打江山到守江山，从带领人民站起来、富起来到迎来强起来，历史深刻昭示，人心向背关系党的生死存亡，党的立场关系民族前途命运。我们党只有始终站稳人民立场，牢记初心使命，坚持不懈为实现民族复兴而奋斗，才能赢得人民信任，得到人民拥护，也才能克服任何困难、战胜任何敌人，无坚而不摧、无往而不胜；反之，如果动摇了人民立场，违背了党的初心和使命，就没有党辉煌的历史，更没有党光明的未来，这可以说是一条“铁律”。习近平总书记在《讲话》中重申了这一“铁律”：“江山就是人民，人民就是江山，打江山、守江山，守的是人民的心。”他特别强调：“中国共产党始终代表最广大人民根本利益，与人民休戚与共、生死相依，没有自己特殊的利益，从来不代表任何利益集团、任何权势团体、任何特权阶层的利益。”[2]这三个“从不代表”，不啻是中国共产党面向全国人民和全世界的庄严宣告，是对党的根本立场和核心价值的最深刻诠释。这一精辟论断，既蕴含着深邃的历史逻辑和基本规律，又彰显着鲜明的真理力量和实践价值。

党的百年历史雄辩表明，能否坚定地站稳人民立场，自觉地团结、带领人民为实现民族独立、人民解放事业而奋斗，直接关系到党的事业和党的建设能否顺利推进，乃至关系到党的生死存亡。中国共产党是按照马克思列宁主义原则建立起来的无产阶级政党，党的一大通过的《中国共产党第一个纲领》明确提出党的纲领是“以无产阶级革命军队推翻资产阶级”，“采用无产阶级专政，以达到阶级斗争的目的——消灭阶

[1] 习近平：《在庆祝中国共产党成立100周年大会上的讲话》，人民出版社2021年版，第3页。

[2] 习近平：《在庆祝中国共产党成立100周年大会上的讲话》，人民出版社2021年版，第11—12页。

级”，“消灭私有制”；党的二大首次提出明确的“反帝反封建的民主革命纲领”，大会通过的第一个完备的党章——《中国共产党章程》对党员的条件和党的各级组织的要求作出了具体规定，明确体现了马克思列宁主义的建党原则[1]。然而，由于党的早期领导人对中国社会的状况和中国革命的性质缺乏深透的了解和正确的认识，尤其对占中国人口绝大多数的农民缺乏足够的重视，没有真正搞清楚“谁是我们的敌人、谁是我们的朋友”这个“革命的首要问题”[2]，因而先后发生了右倾机会主义错误和“左”倾盲动主义错误，使党的队伍和中国革命遭受了巨大损失。正如毛泽东早在建党初期就深刻指出的：“中国过去一切革命斗争成效甚少，其基本原因就是不能团结真正的朋友，以攻击真正的敌人。革命党是群众的向导，在革命中未有革命党领错了路而革命不失败的。我们的革命要有不领错路和一定成功的把握，不可不注意团结我们的真正的朋友，以攻击我们真正的敌人。”[3]毛泽东精辟提出和反复强调的这一“革命的首要问题”，实质上就是党的根本立场问题——是始终站在人民大众的立场上，紧紧依靠广大人民群众，还是站在少数人的立场上，不动摇甚至脱离广大人民群众；而能否坚定站在人民的立场上，直接关系到党的奋斗目标是否正确、党的队伍能否团结统一，直接关系到党能否具有坚强的战斗力和凝聚力，从而直接关系到中国革命的成败。

正是在深刻总结党领导中国革命的经验和教训中，毛泽东得出科学结论：“群众是真正的英雄。”[4]“人民，只有人民，才是创造世界历史的动力。”[5]毛泽东精辟指出：“真正的铜墙铁壁是什么？是群众，是千百万真心实意地拥护革命的群众。这是真正的铜墙铁壁，什么力量也打不破的，完全打不破的。”[6]毛泽东还特别强调，占全国人口百分之九十的工人农民，是革命的主体力量。我们党要领导人民取得革命的胜利，就要自觉地当好人民的“工具”[7]。毛泽东所深刻揭示的这些科学真理，是对党的根本立场的科学界定。正是在深刻总结党的经验教训的基础上，全党不断认识到紧紧依靠人民群众的极端重要性，不断站稳人民的立场，才能确保中国革命事业取得了伟大成功，确保党在领导人民实现民族独立、人民解放和国家富强、人民幸福的奋斗征程上作出了不可磨灭的历史性贡献。在党史学习教育动员大会上，习近平总书记抓住本质梳理历史，进一步揭示了人民的立场就是党的根本立场、人民的幸福就是党的核心价值的科学真

---

[1] 《中国共产党的九十年（新民主主义革命时期）》，中共党史出版社、党建读物出版社2016年版，第36—37页。

[2] 《毛泽东选集》（第1卷），人民出版社1991年版，第3页。

[3] 《毛泽东选集》（第1卷），人民出版社1991年版，第3页。

[4] 《毛泽东选集》（第3卷），人民出版社1991年版，第790页。

[5] 《毛泽东选集》（第3卷），人民出版社1991年版，第1031页。

[6] 《毛泽东选集》（第1卷），人民出版社1991年版，第139页。

[7] 《毛泽东文集》（第3卷），人民出版社1996年版，第373页。

理："我们党的百年历史，就是一部践行党的初心使命的历史，就是一部党与人民心连心、同呼吸、共命运的历史。大革命失败后，30多万牺牲的革命者中大部分是跟随我们党闹革命的人民群众；红军时期，人民群众就是党和军队的铜墙铁壁；抗日战争时期，我们党广泛发动群众，使日本侵略者陷入了人民战争的汪洋大海；淮海战役胜利是靠老百姓用小车推出来的，渡江战役胜利是靠老百姓用小船划出来的；社会主义革命和建设的成就是人民群众干出来的；改革开放的历史伟剧是亿万人民群众主演的。历史充分证明，江山就是人民，人民就是江山，人心向背关系党的生死存亡。赢得人民信任，得到人民支持，党就能够克服任何困难，就能够无往而不胜。反之，我们将一事无成，甚至走向衰败。"[1]

二、马克思主义唯物史观的时代彰显

中国共产党的根本立场和核心价值，不仅是百年党史的精辟凝练，具有厚重的历史生成逻辑；而且是马克思主义的深刻指引，具有深邃的理论创新逻辑。坚守人民至上、站稳人民立场，谋求人民幸福、实现民族复兴，这一根本立场和核心价值，是中国共产党坚持把马克思主义基本原理同中国具体实际和中华优秀传统文化相结合所形成的马克思主义中国化的世界观、政党观和价值观，创造性地彰显了马克思主义唯物史观的科学真理力量。

唯物史观是马克思的"伟大的发现"[2]，是批判旧世界、擘画新世界的根本理论基石，是"唯一科学的历史观"[3]。唯物史观使"社会主义变成了科学"[4]，给予无产阶级政党建设和科学社会主义运动以根本性的思想理论指导。

马克思主义唯物史观的最基本原理是"人民是历史的创造者"。马克思、恩格斯深刻指出:"历史不过是追求着自己目的的人的活动而已。"[5]"历史活动是群众的活动，随着历史活动的深入，必将是群众队伍的扩大。"[6]而不同国家、不同政党的历史，又具有各自的特殊性，因而人民创造历史这一普遍规律，在不同国家、不同政党又表现为不同的立场理念和价值选择。正如恩格斯指出："历史从哪里开始，思想进程也应当从哪里开始，而思想进程的进一步发展不过是历史过程在抽象的、理论上前后一贯的形

---

[1] 习近平:《在党史学习教育动员大会上的讲话》，人民出版社2021年版，第15页。

[2] 《马克思恩格斯文集》(第3卷)，人民出版社2009年版，第545页。

[3] 《列宁专题文集·论辩证唯物主义和历史唯物主义》，人民出版社2009年版，第163页。

[4] 《马克思恩格斯文集》(第3卷)，人民出版社2009年版，第546页。

[5] 《马克思恩格斯文集》(第1卷)，人民出版社2009年版，第295页。

[6] 《马克思恩格斯文集》(第1卷)，人民出版社2009年版，第287页。

式上的反映，这种反映是经过修正的，然而是按照现实的历史过程本身的规律修正的，这时，每一个要素可以在它完全成熟而具有典型性的发展点上加以考察。”[1]正是在运用马克思主义唯物史观指导中国社会变革、致力于人民解放和民族复兴的特殊历史进程中，形成了中国共产党人“人民是历史的主人、群众是真正的英雄”的基本观点，创立了“一切依靠群众、一切为了群众”的群众路线，铸就了一脉相承而又与时俱进的根本立场和核心价值。这是中国共产党的最鲜明特质，也是中国共产党区别于其他政党的最根本标志。

全心全意为人民服务，是以毛泽东同志为主要代表的中国共产党人在新民主主义革命进程中提出来的根本宗旨，是坚持“人民是历史的主人、群众是真正的英雄”的唯物史观的时代彰显，对中国共产党的发展壮大和中国革命的伟大胜利具有根本性思想指导意义。

在领导中国革命的艰辛实践中，在纠正党内“左”的或右的错误倾向斗争中，毛泽东十分重视中国革命的最基本依靠力量是无产阶级和劳苦大众，尤其是占人口绝大多数的农民。他反复强调，中国共产党是中国人民最大利益和整个中华民族利益的忠实代表，是为人民为民族谋利益的政党。除了人民的、民族的利益，共产党“决无私利可图”[2]。共产党的立场，就是人民的立场;“共产党的路线，就是人民的路线”[3]。怎样才能确保中国共产党的这一根本性质和根本立场？毛泽东明确指出，唯一的路径就是党要全心全意为人民服务。1944年9月8日，毛泽东亲自出席普通战士张思德的追悼会，发表了《为人民服务》的著名演讲，明确指出“我们的共产党人和共产党所领导的八路军、新四军，是革命的队伍。我们这个队伍完全是为着解放人民的，是彻底地为人民的利益工作的。张思德同志就是我们这个队伍中的一个同志”[4]。显然毛泽东的这一重要讲话，已经远远超出了对一个普通战士的悼念，而具有对全党全军的深刻教育意义。由此，“为人民服务”思想光耀整个党史，成为中国共产党人的根本宗旨，成为党在不同历史时期和不同条件下始终如一的根本立场和核心价值追求。毛泽东反复强调：“我们一切工作干部，不论职位高低，都是人民的勤务员，我们所做的一切，都是为人民服务。”[5]“紧紧地同中国人民站在一起，全心全意地为中国人民服务”，是中国共产党及其所领导的人民军队的“唯一的宗旨”[6]。“全心全意地为人民服务，一刻也不脱离群

[1] 《马克思恩格斯文集》(第2卷)，人民出版社2009年版，第603页。

[2] 《毛泽东选集》(第3卷)，人民出版社1991年版，第809页。

[3] 《毛泽东文集》(第2卷)，人民出版社1993年版，第409页。

[4] 《毛泽东选集》(第3卷)，人民出版社1991年版，第1004页。

[5] 《毛泽东文集》(第3卷)，人民出版社1996年版，第243页。

[6] 《毛泽东选集》(第3卷)，人民出版社1991年版，第1039页。

众；一切从人民的利益出发，而不是从个人或小集团的利益出发；向人民负责和向党的领导机关负责的一致性；这些就是我们的出发点。”[1]全心全意为人民服务，不啻是毛泽东关于党的建设思想的根本之点，是确保党的根本立场和发展方向的根本法宝。可以说，毛泽东在延安时期关于跳出“历史周期率”的深入思考，在党的七届二中全会上关于“两个务必”的深刻警示，在中国革命胜利前夕关于“进京赶考”的深谋远虑，无不与如何确保党的全心全意为人民服务的根本宗旨紧密相连。在取得全国执政地位之后，在社会主义革命和建设时期，毛泽东仍然念念不忘“全心全意为人民服务”，不断强调，“共产党就是要奋斗，就是要全心全意为人民服务，不要半心半意或者三分之二的心三分之二的意为人民服务”[2]；如果丢掉了全心全意为人民服务，“如果不帮助人民，就是背叛马克思主义”[3]。

正是由于以毛泽东同志为主要代表的中国共产党人坚定站稳人民立场，不断践行全心全意为人民服务的根本宗旨，紧紧依靠人民创造了新民主主义革命的伟大成就，建立了人民当家作主的新中国，实现了民族独立、人民解放，为实现中华民族伟大复兴创造了根本社会条件。同时，也创造了社会主义革命和建设的伟大成就，实现了中华民族有史以来最为广泛而深刻的社会变革，实现了一穷二白、人口众多的东方大国大步迈进社会主义社会的伟大飞跃，为实现中华民族伟大复兴奠定了根本政治前提和制度基础，使社会主义中国巍然屹立在世界东方！

尊重人民群众首创精神，是以邓小平同志为主要代表的中国共产党人在改革开放新时期提出来的根本方针，是坚持“人民是历史的主人、群众是真正的英雄”的唯物史观的时代彰显，对改革开放的顺利推进和中国特色社会主义的不断拓展具有基础性思想指导意义。

我国新时期的改革开放，最深层的动因是人民群众对改善自身生活条件的渴望，最强大的动力是人民群众对改革开放的认同和参与。作为改革开放总设计师，邓小平从改革开放一开始就鲜明地提出并反复强调这一点。党的十一届三中全会前夕，邓小平在中央工作会议上发表了《解放思想，实事求是，团结一致向前看》的重要讲话，为不久后召开的党的十一届三中全会奠定了主题基调。邓小平明确指出：“在实现四个现代化的进程中，必然会出现许多我们不熟悉的、预想不到的新情况和新问题。尤其是生产关系和上层建筑的改革，不会是一帆风顺的，它涉及面很广，涉及一大批人的切身利益，一定会出现各种各样的复杂情况和问题，一定会遇到重重障碍。”面对前进道路上的障碍和改革中可能出现的问题，“只要我们信任群众，走群众路线，把情况和

---

[1] 《毛泽东选集》（第3卷），人民出版社1991年版，第1095页。

[2] 《毛泽东文集》（第7卷），人民出版社1996年版，第285页。

[3] 中共中央文献研究室编：《毛泽东著作专题摘编》，中央文献出版社2003年版，第1884页。

问题向群众讲明白，任何问题都可以解决，任何障碍都可以排除”[1]。正是在这种坚定地相信人民群众的基点上，党的十一届三中全会开启了改革开放和社会主义现代化建设新时期，开创了建设有中国特色社会主义的新征程。

在领导改革开放过程中，邓小平反复强调，改革是一场革命，是中国的第二次革命，“很多旧问题需要继续解决，新问题更是层出不穷。党只有紧紧地依靠群众，密切地联系群众，随时听取群众的呼声，了解群众的情绪，代表群众的利益，才能形成强大的力量，顺利地完成自己的各项任务”[2]。改革实践有力表明，改革中的许多新生事物，许多新的生产方式和组织形式，往往来自人民群众的自发创造；人民群众的首创精神，是推进改革不断深入的强大动力。对此，邓小平给予了高度重视和充分评价。他明确指出：“农村搞家庭联产承包，这个发明权是农民的。农村改革中的好多东西，都是基层创造出来的，我们把它拿来加工提高作为全国的指导。”[3]农村改革“十年的经验证明，只要调动基层和农民的积极性，发展多种经验，发展新型的乡镇企业，这个问题就能解决”[4]。在审阅党的十四大报告送审稿时，邓小平寓意深长地说：“改革开放中许许多多的东西，都是由群众在实践中提出来的。报告中讲我的功绩，一定要放在集体领导范围内，绝不是一个人的脑筋就可以钻出什么新东西来，是群众的智慧，集体的智慧。我的功劳是把这些新事物概括起来，加以提倡。要写得合乎实际。”[5]邓小平这段话，不仅表现了他的高风亮节，而且反映了他对人民群众首创精神的高度尊重，邓小平堪称坚持和践行马克思主义唯物史观的时代楷模。继承和发展邓小平尊重人民群众首创精神的优良传统，江泽民“三个代表”重要思想进一步强调中国共产党要始终“代表先进生产力的发展要求、代表先进文化的前进方向、代表最广大人民的根本利益”；胡锦涛科学发展观进一步强调中国共产党必须“坚持以人为本”，做到“立党为公、执政为民”。中国共产党人的根本立场和核心价值在改革开放新时期一脉相承、发扬光大。

正是由于以邓小平同志为主要代表的中国共产党人坚定站稳人民立场，充分尊重人民群众首创精神，紧紧依靠人民创造了改革开放和社会主义现代化建设的伟大成就，实现了从高度集中的计划经济体制到充满活力的社会主义市场经济体制、从封闭半封闭到全方位开放的历史性转变，实现了从生产力相对落后的状况到经济总量跃居世界第二的历史性突破，实现了人民生活从温饱不足到总体小康继而奔向全面小康的历史

[1] 《邓小平文选》（第2卷），人民出版社1994年版，第153页。

[2] 《邓小平文选》（第2卷），人民出版社1994年版，第342页。

[3] 《邓小平文选》（第3卷），人民出版社1993年版，第382页。

[4] 《邓小平文选》（第3卷），人民出版社1993年版，第251页。

[5] 《邓小平建设有中国特色社会主义论述摘编（新编本）》，中央文献出版社1995年版，第30—31页。

性跨越，为实现中华民族伟大复兴提供了充满新的活力的体制保证和快速发展的物质条件，中国大踏步赶上了时代！

始终坚持以人民为中心，是以习近平同志为主要代表的中国共产党人在中国特色社会主义进入新时代提出来的根本思想，是坚持“人民是历史的主人、群众是真正的英雄”的唯物史观的时代彰显，对新时代中国特色社会主义胜利开拓前进具有全局性思想指导意义。

继承和发扬党的群众路线光荣传统，坚守和践行全心全意为人民服务的根本宗旨，是习近平“从政”生涯的鲜明特点。尤其是党的十八大以来，他在领导全党全国人民坚定不移把中国特色社会主义推进到新时代的伟大实践中，创造性地提出“坚持以人民为中心的发展思想”，进一步阐明了新时代中国共产党人的根本立场和核心价值。党的十八大一结束，在十八届中央政治局常委同中外记者见面时的讲话中，习近平郑重强调，我们党的责任“就是对人民的责任”；“人民对美好生活的向往，就是我们的奋斗目标”[1]。这一庄严承诺，不啻是中国共产党人面向新时代的政治宣言，成为十八大以来党领导中国特色社会主义不断开拓前进的根本遵循。在2015年党的十八届五中全会上，习近平明确提出了“坚持以人民为中心的发展思想”。这一重大思想“体现了我们党全心全意为人民服务的根本宗旨，体现了人民是推动发展的根本力量的唯物史观”[2]。坚持以人民为中心，既具有统领经济社会发展的核心价值意义，又具有统领民主政治建设的核心价值意义，同时还具有统领国家和社会治理现代化的核心价值意义，赋予中国共产党人根本立场和核心价值以新时代的内涵。在庆祝建党95周年大会上的重要讲话中，习近平明确提出了“不忘初心、牢记使命”的重要思想。不忘初心、牢记使命、继续前进，就是要“永远保持对人民的赤子之心。一切向前走，都不能忘记走过的路；走得再远、走到光辉的未来，也不能忘记走过的过去，不能忘记为什么出发”[3]。在党的十九大报告中，习近平开宗明义强调：“中国共产党人的初心和使命，就是为中国人民谋幸福，为中华民族谋复兴。这个初心和使命是激励中国共产党人不断前进的根本动力。全党同志一定要永远与人民同呼吸、共命运、心连心，永远把人民对美好生活的向往作为奋斗目标，以永不懈怠的精神状态和一往无前的奋斗姿态，继续朝着实现中华民族伟大复兴的宏伟目标奋勇前进。”[4] 2018年3月20日，在十三届全国人大第

[1] 《习近平谈治国理政》，外文出版社2014年版，第4页。

[2] 习近平：《在省部级主要领导干部学习贯彻党的十八届五中全会精神专题研讨班上的讲话》，人民出版社2016年版，第24页。

[3] 《习近平谈治国理政》（第二卷），外文出版社2017年版，第32—33页。

[4] 习近平：《决胜全面建成小康社会　夺取新时代中国特色社会主义伟大胜利——在中国共产党第十九次全国代表大会上的报告》，人民出版社2017年版，第1页。

一次会议上被再次选举为国家主席的习近平发表重要讲话，庄严指出："一切国家机关工作人员，无论身居多高的职位，都必须牢记我们的共和国是中华人民共和国，始终要把人民放在心中最高的位置，始终全心全意为人民服务，始终为人民利益和幸福而努力工作。"[1]面对新冠疫情这场"大考"，习近平多次强调，我们党作为马克思主义执政党，任何时候都要把人民的利益放在第一位，"人民至上、生命至上，保护人民生命安全和身体健康可以不惜一切代价！"[2]"人民至上、生命至上"，这是当代中国共产党人坚定人民立场和坚守为人民谋幸福核心价值的深刻体现，是马克思主义唯物史观中国化时代化的集中彰显。

正是由于以习近平同志为主要代表的中国共产党人始终坚守人民立场，坚定践行以人民为中心的发展思想和人民至上、生命至上的核心价值，才领导全国各族人民创造了新时代中国特色社会主义的伟大成就，夺取了脱贫攻坚和全面建成小康社会的伟大胜利，顺利实现了第一个百年奋斗目标，意气风发开启了实现第二个百年奋斗目标新征程，为实现中华民族伟大复兴提供了更为完善的制度保证、更为坚实的物质基础、更为主动的精神力量，实现中华民族伟大复兴进入了不可逆转的历史进程！

三、坚定走好第二个百年赶考之路的最大底气

以人民的立场作为根本立场、以实现中华民族伟大复兴作为核心价值的中国共产党，在隆重纪念辉煌百年、深刻总结历史经验的基础上，意气风发团结带领中国人民踏上了建设社会主义现代化强国、实现第二个百年奋斗目标的新征程。这是新的更加辉煌的奋斗之路，也是新的更加艰辛的赶考之路。在新的征程上，我们党既承负着更加伟大更加艰巨的任务，也面临着更加复杂更加严峻的考验。习近平总书记深刻指出："一代人有一代人的责任。中华民族伟大复兴曙光在前、前途光明。同时，我们必须清醒认识到，中华民族伟大复兴绝不是轻轻松松、敲锣打鼓就能实现的。我们面临着难得机遇，也面临着严峻挑战。在这个关键当口，容不得任何停留、迟疑、观望，必须不忘初心、牢记使命，一鼓作气、继续奋斗！"[3]党要永葆青春风华、创造千秋伟业，必须一如既往地站稳人民立场，全心全意依靠人民创造历史。中国共产党的根本立场和核心价值，是党长期执政的最大底气，是应对各种风险挑战、克服任何艰难险阻、坚定不移走好新的赶考之路的最大底气。

[1] 《习近平谈治国理政》(第三卷)，外文出版社2020年版，第139页。

[2] 习近平：《习近平关于防范风险挑战、应对突发事件论述摘编》，中央文献出版社2020年版，第166页。

[3] 习近平：《在党史学习教育动员大会上的讲话》，人民出版社2021年版，第7页。

在新征程上走好新的赶考之路，必须继续解决好如何执政、如何执好政、如何长期执政的重大课题。坚定人民至上的根本立场、坚守为实现中华民族伟大复兴不懈奋斗的核心价值，是我们党长期执政的最大底气。

如何巩固好党的执政地位，为人民执好政、长期执政，始终是我们党面临的重大课题。一代又一代中国共产党人为回答好这一重大课题，呕心沥血、不懈奋斗，甚至付出了鲜血与生命的代价。历史深刻表明，党执政的时间越长，肩负的责任就越重，面临的风险挑战也就越严峻，有可能产生变质、变色、变味的危险也就越大。当年，毛泽东关于如何跳出“历史周期率”的深刻思考和“进京赶考”的严肃警示，不啻是我们党在长期执政道路上常鸣的警钟。习近平关于坚守人民至上、站稳人民立场的重要思想，进一步回答了党如何执政、如何执好政、如何长期执政这一重大课题。《习近平谈治国理政》（第三卷）以“人民是我们党执政的最大底气”为题收录了习近平总书记2018年3月1日至2019年12月27日一系列重要讲话，集中表达了人民至上的根本立场在确保党长期执政中的决定性作用。习近平深刻指出，我们党来自人民、植根人民、服务人民，为人民而生、因人民而兴，必须始终与人民心心相印、与人民同甘共苦、与人民团结奋斗，党一旦脱离人民，就会失去生命力；人民是党执政的最大底气，也是党执政最深厚的根基。正是从这个意义上讲，民心是最大的政治；我们必须始终把人民立场作为根本立场，把为人民谋幸福作为根本使命，团结带领人民共同创造历史伟业，这是尊重历史规律的必然选择，是不忘初心、牢记使命的自觉担当；每一个共产党员都必须明白，党除人民利益之外没有自己的特殊利益，党的一切工作都是为了实现好、维护好、发展好最广大人民根本利益，我们永远是劳动人民的普通一员，必须保持同人民群众的血肉联系；不忘初心、牢记使命，说到底是为什么人、靠什么人的问题，与人民同呼吸、共命运、心连心，是党的初心，也是党的恒心，党员、干部初心变没变、使命记得牢不牢，要由人民来评价、由实践来检验；党执政的时间越长，我们肩负的责任越重，这方面不能有一劳永逸、可以歇歇脚的思想，唯有永远依靠人民、服务人民，坚定不移、坚忍不拔、坚持不懈，才能无愧于时代、不负人民[1]。这一系列精辟论述，言简意赅、思想深邃，深刻彰显了中国共产党根本立场和核心价值的伟大道义力量和科学真理力量。

在新征程上走好新的赶考之路，必须清醒应对好世界格局新变化带来的风险挑战，科学应变、主动求变。坚定人民至上的根本立场，坚守为实现中华民族伟大复兴不懈奋斗的核心价值，是我们党战胜一切风险挑战的最大底气。

我们正经历一个世界百年未有之大变局，不稳定性、不确定性因素愈益突出，世

[1] 《习近平谈治国理政》（第三卷），外文出版社2020年版，第135—138页。

界经济增长动力不足，贫富分化日益严重，地区热点问题此起彼伏，恐怖主义、网络安全、气候变化等非传统安全威胁持续蔓延。在新的世界大变局面前，人类又一次站在了十字路口，合作还是对抗、开放还是封闭、互利共赢还是零和博弈，成为关乎各国人民利益、关乎人类前途命运的重大问题。如何坚持公正合理、破解治理赤字，坚持互商互谅、破解信任赤字，坚持同舟共济、破解和平赤字，坚持互利共赢、破解发展赤字，是人类社会面临的共同性课题。世界格局的新变化，为我们建设社会主义现代化国家、实现中华民族伟大复兴带来了难得的机遇，也带来了前所未有的严峻挑战。尤其是以美国为代表的西方霸权主义思维和“逆全球化”“反全球化”行为，给当今世界带来了许多威胁甚至危害，这要求我们必须勇敢面对。

习近平总书记深刻指出：“我经常讲，领导干部要胸怀两个大局，一个是中华民族伟大复兴战略全局，一个是世界百年未有之大变局，这是我们谋划工作的基本出发点。”[1]把握“两个大局”，应对严峻挑战，关键在于我们党坚定站稳人民立场，紧紧依靠人民力量。只要有全国各族人民的坚定支持，我们就一定能在世界大变局中占据主动，准确识变、科学应变、主动求变，在危机中育新机、于变局中开新局，更加主动办好自己的事情，努力为构建人类命运共同体作出新的贡献。在当代中国，中国共产党与全国各族人民血肉相连、不可分割，这是我们可以“任凭风浪起，稳坐钓鱼船”，沉着应对一切风险挑战的最大底气。正如习近平总书记在庆祝建党一百周年大会上的重要讲话中庄严宣告：“任何想把中国共产党同中国人民分割开来、对立起来的企图，都是绝不会得逞的！9500多万中国共产党人不答应！14亿多中国人民也不答应！”[2]

在新征程上走好新的赶考之路，必须切实解决好新发展阶段面临的新问题和新矛盾，着力解决好发展不平衡不充分问题和人民群众急难愁盼问题，在推动人的全面发展、实现全体人民共同富裕上取得更为明显的实质性进展。坚定人民至上的根本立场，坚守为实现中华民族伟大复兴不懈奋斗的核心价值，是我们党领导好新阶段新发展的最大底气。

在全面建成小康社会、实现第一个百年奋斗目标之后，我们党领导人民乘势而上开启了全面建设社会主义现代化国家新征程，向着第二个百年奋斗目标进军，这标志着我国进入了一个新发展阶段。习近平总书记指出，新发展阶段，是实现建成社会主义现代化国家历史宏愿的重要发展阶段，是中国特色社会主义发展进程中的一个重要发展阶段；是我国社会主义初级阶段中一个更高层次的发展阶段，也是我国社会主义

[1] 《习近平谈治国理政》（第三卷），外文出版社2020年版，第77页。

[2] 习近平：《在庆祝中国共产党成立100周年大会上的讲话》，人民出版社2021年版，第12页。

初级阶段向更高阶段迈进的一个重要历史阶段[1]。进入新发展阶段，我们既面临一系列新的发展机遇，也面临一系列新的矛盾和问题。切实解决好前进道路上的新矛盾和新问题，关键在于在不断满足人民日益增长的美好生活需要的基础上充分激发参与社会主义现代化建设的积极性、主动性和创造性。把生产力标准与人民利益标准有机统一起来，把人民群众对社会主义的高度热情和创造精神建立在实际利益不断满足的基础之上，是我们党的光荣传统，也是领导社会主义建设的一个基本方针。新中国成立后，我们党坚持这一基本方针，创造了社会主义革命和建设的伟大成就，中国人民真正站了起来；改革开放新时期，我们党坚持这一基本方针，创造了社会主义现代化建设的伟大成就，中国人民由站起来走向了富起来；党的十八大以来，我们党坚持这一基本方针，创造了新时代中国特色社会主义的伟大成就，中国人民实现了由站起来、富起来到迎来强起来的伟大飞跃。而所有这些历史进程和伟大成就，都离不开一个基本点——始终站稳人民立场，不断为实现人民利益而奋斗。历史深刻启迪：中国共产党的根本立场和核心价值，是赢得全国人民衷心拥护和全力支持的最根本要素，是紧紧依靠人民克服一切艰难险阻的最大底气。在新阶段新征程上，只要更加坚定人民至上的根本立场，更加坚守为中华民族伟大复兴不懈奋斗的核心价值，中国共产党就一定能胜利实现第二个百年宏伟目标，创造更加辉煌的伟大成就！

原载于《学习与探索》2021年第9期

[1] 习近平：《习近平在省部级主要领导干部学习贯彻党的十九届五中全会精神专题研讨班开班式上的重要讲话》，《人民日报》2021年1月12日。

民主集中制：中国共产党的制度优势、重要法宝和政治责任

张　泰

摘　要： 民主集中制是马克思主义政党的根本组织原则和领导制度，是马克思主义政党区别于其他政党的鲜明标识。切实用好民主集中制重要法宝就是要诠释民主集中制的核心要义与价值内涵，增强其实践针对性与法治功能，并发挥领导干部的关键作用，深化民主集中制建设的理论认识与实践探索。贯彻执行民主集中制共同政治责任应以习近平新时代中国特色社会主义思想为根本指导，以提高党的全面领导水平作为价值跃升，准确把握民主与集中的辩证统一关系，完善民主集中制的制度体系，增强党的综合治理能力，构建贯彻落实民主集中制的认知体系和实践机制。

关键词： 民主集中制；共产党；制度；民主；集中

在新时代，以习近平同志为核心的党中央对民主集中制的理论认识和实践要求提升到了新高度，开拓了发展和运用民主集中制的新境界，为提高党的综合治理水平、提升党的整体治理效能提供了方向指引和根本遵循。

一、充分发挥制度优势，坚持民主集中制鲜明标志

（一）民主集中制是马克思主义政党的内在逻辑

马克思主义政党是以工人阶级为基础、通过“消灭财产、竞争和一切阶级差别”[1]以实现“人的自由而全面发展”价值追求的先锋队。就其“政治属性”和“价值指向”来讲，民主是马克思主义政党的本质属性，但这种民主属性是以政治组织为载体、是服务于建设新型国家并最终实现共产主义的政党使命的。所以，马克思主义政党的民主属性在政党政治过程中又表现为统一性。就其“政治责任”和“职能履行”来说，

[1] 《马克思恩格斯全集》（第42卷），人民出版社1979年版，第377页。

民主是马克思主义执政党的根本动力，经由“代表与反映”的集中转化才能由分散力量变为整体共识，实现民主意志对国家主张的影响与控制。所以，马克思主义政党的民主职能在政党政治过程中又表现为集中性。民主相对于集中具有价值上的逻辑优先性，而集中之于民主则具有实践中的具体保障性。由此，“民主集中制”在价值逻辑与实践保障的统一中成为马克思主义政党党内政治生活的基本原则。

（二）民主集中制是马克思主义政党的鲜明标志

列宁在领导创建新型政党之初，将马克思、恩格斯的上述思想凝练为“民主集中制”，并把其确定为构建和处理新型党内关系的基本原则。列宁指出，“在涣散状态和小组习气盛行”的时代，马克思主义政党应当以思想威信转化而来的政治权威为基础前提，“把最秘密的职能集中起来”[1]，党内权力属于“由于自己的活动和自己的革命彻底性而享有极大威信的小组”；“在恢复党的真正统一并在这个统一的基础上解散各个过了时的小组”[2]的时代，“党的一切组织是按民主集中制原则建立起来的”[3]，党内最高权力机关“必然是党的代表大会”，“党内的一切事务是由全体党员直接或者通过代表，在一律平等和毫无例外的条件下来处理的”。[4]列宁还主张坚决反对官僚主义，要求成立同中央委员会平行的监察委员会以加强党内监督。

（三）民主集中制是中国共产党的制度优势

中国共产党在马克思主义建党原则的指导下建立，“组织严密是党的光荣传统和独特优势”[5]。民主革命时期，中国共产党就规定以选举的方式产生党内权力机构，党内事务“均取决多数，少数绝对服从多数”[6]；明确“党的组织体制是中央集权制，组织原则是民主集中制”[7]；决定“选举中央及省监察委员会”[8]，以加强党内纪律；定义民主集中制“即是在民主基础上的集中和在集中领导下的民主”[9]，并确立了民主集中制的四项基本原则；强调“中国共产党内部的团结，是团结全国人民争取抗日胜利和建设新中

---

[1] 《列宁选集》（第1卷），人民出版社2012年版，第478页。

[2] 《列宁选集》（第1卷），人民出版社2012年版，第508页。

[3] 《苏联共产党代表大会、代表会议和中央全会决议汇编》（第1分册），中央编译局译，人民出版社1964年版，第165页。

[4] 《列宁全集》（第14卷），人民出版社2017年版，第249页。

[5] 《习近平关于严明党的纪律和规矩论述摘编》，中央文献出版社、中国方正出版社2016年版，第36页。

[6] 《建党以来重要文献选编（1921—1949）》（第1册），中央文献出版社2011年版，第167页。

[7] 《中国共产党历史》（第1卷上册），中共党史出版社2011年版，第185页。

[8] 《建党以来重要文献选编（1921—1949）》（第4册），中央文献出版社2011年版，第274页。

[9] 《中国共产党章程汇编（一大—十八大）》，中共中央党校出版社2013年版，第47页。

国的最基本的条件”[1]。

中国共产党执政不久，就指出“党委领导是集体领导，不是书记个人领导”[2]；认为“民主集中制执行得不好，党是可以变质的”[3]；要求“按照党章的规定，建立党员与党的正确关系”[4]。改革开放之初，党深刻认识到“民主集中制的中心是民主”[5]，继续努力发扬民主是全党“长时期的坚定不移的目标”[6]，明确提出“要制定一系列的法律、法令和条例，使民主制度化、法律化”[7]。党的十三届四中全会后，党着手建立“集体领导、民主集中、个别酝酿、会议决定”[8]的党内工作机制和“结构合理、配置科学、程序严密、互相制约”[9]的权力运行机制。党的十六大提出了“党内民主是党的生命”的重要命题，要求“建立健全充分反映党员和党组织意愿的党内民主制度”。[10]

二、切实用好重要法宝，深化民主集中制理论实践

（一）明确民主集中制的核心要义

习近平总书记强调：“坚持和加强党的全面领导，首先要维护党中央权威和集中统一领导。”[11]要求“每一个党的组织、每一名党员干部，无论处在哪个领域、哪个层级、哪个部门和单位，都要服从党中央集中统一领导”[12]，都要把维护中央权威、确保政令畅通摆在首要位置，不折不扣贯彻执行中央的路线方针政策和重大决策部署。习近平总书记认为，作为党对一切工作领导的根本制度保障，民主集中制“既可以最大限度激发全党创造活力，又可以统一全党思想和行动，有效防止和克服议而不决、决而不

---

[1] 《毛泽东选集》（第2卷），人民出版社1991年版，第535页。

[2] 《周恩来选集》（下卷），人民出版社1984年版，第366页。

[3] 《邓小平文选》（第1卷），人民出版社1994年版，第303页。

[4] 《邓小平文选》（第1卷），人民出版社1994年版，第325页。

[5] 《邓小平年谱（1975—1997）》（上卷），中央文献出版社2004年版，第445页。

[6] 《邓小平文选》（第2卷），人民出版社1994年版，第168页。

[7] 《邓小平文选》（第2卷），人民出版社1994年版，第359页。

[8] 《江泽民文选》（第2卷），人民出版社2006年版，第142页。

[9] 《江泽民文选》（第3卷），人民出版社2006年版，第190页。

[10]《十六大以来重要文献选编（上）》，中央文献出版社2011年版，第39页。

[11]《中共中央政治局召开民主生活会　以认真学习贯彻习近平新时代中国特色社会主义思想　坚定维护以习近平同志为核心的党中央权威和集中统一领导　全面贯彻落实党的十九大各项决策部署情况为主题进行对照检查》，《人民日报》2017年12月27日。

[12]《习近平关于“不忘初心、牢记使命”论述摘编》，党建读物出版社、中央文献出版社2019年版，第110—111页。

行的分散主义”[1]。因此，“维护党中央权威和集中统一领导，同坚持民主集中制是一致的”[2]。维护党中央权威实际是维护党员民主选举权利、认可党内民主决策结果的体现；集中统一领导则正是以集中立法权作为党员主体价值的实践形态，以集中决策权作为党员意志主张的表达形式，以集中执行权作为党员目标追求的实现路径。

（二）挖掘民主集中制的时代价值内涵

“中国共产党是为中国人民谋幸福的政党，也是为人类进步事业而奋斗的政党。”[3]这不仅深刻阐明了中国共产党价值功能的总定位，同时也对党这一价值功能的养成机制提出了新要求。习近平总书记指出：“民主集中制是我们党的根本组织原则和领导制度，是马克思主义政党区别于其他政党的重要标志。”[4]作为马克思主义认识论和群众路线在党的生活和组织建设中的运用，“它正确规范了党内政治生活、处理党内关系的基本准则，是反映、体现全党同志和全国人民利益与愿望，保证党的路线方针政策正确制定和执行的科学的合理的有效率的制度”[5]。民主集中制之所以科学，就在于它符合政党政治现代化发展的一般规律，以权力与责任的结合为配置党内机构职能、职责定位提供依据，能够在“实践—认识—实践”的循环往复中及时调整、适时纠偏。之所以合理，就在于它深刻把握党内关系，以义务与权利的统一为协调平衡党内各方诉求提供准则，可以在“民主—集中—民主”的政治流通中激发党员主体的积极性、主动性和创造性，得到党员群众的自觉认可。之所以有效率，就在于它能够有效促进政党发展并把这种发展同国家经济社会发展乃至人类文明的演进统一起来，以权利与权力的互动为整合党内资源、统一全党意志、贯彻执行中央决策构建机制，可以在“分散—统一—分散”的政治调配中统筹兼顾、协同创新。

（三）增强民主集中制的实践针对性

作为解决党内矛盾和问题的“金钥匙”、锤炼党员干部的“大熔炉”以及纯洁党风的“净化器”[6]，严肃党内生活成为一项重大而紧迫的政治任务。习近平总书记认为，“严肃党内生活，最根本的是认真执行党的民主集中制，着力解决发扬民主不够、正确集中不够、开展批评不够、严肃纪律不够等问题”。民主集中制是贯穿党内政治生活正常

[1] 《中共中央政治局召开民主生活会强调　树牢“四个意识”坚定“四个自信”坚决做到“两个维护”　勇于担当作为　以求真务实作风把党中央决策部署落到实处》，《人民日报》2018年12月27日。

[2] 《习近平新时代中国特色社会主义思想学习纲要》，学习出版社、人民出版社2019年版，第74页。

[3] 《十九大以来重要文献选编（上）》，中央文献出版社2019年版，第40—41页。

[4] 《习近平新时代中国特色社会主义思想学习纲要》，学习出版社、人民出版社2019年版，第74页。

[5] 《十七大以来重要文献选编（下）》，中央文献出版社2013年版，第1023页。

[6] 《十八大以来重要文献选编（下）》，中央文献出版社2018年版，第455页。

开展全过程的重要制度保障，为正确处理党内关系提供了基本规范。为此，“要健全和认真落实民主集中制的各项具体制度”，促使党内领导干部带头执行民主集中制，促使全党同志按照民主集中制办事。凡属重大问题、重大决策，必须切实坚持“四个服从”原则，严格遵循组织议事程序，经过民主讨论酝酿，以会议形式集体决定通过，杜绝个人独断专行。“要发扬党内民主，营造民主讨论的良好氛围，鼓励讲真话、讲实话、讲心里话，允许不同意见碰撞和争论，同时善于进行正确集中，防止议而不决、决而不行。”[1]要在全党形成切实用好民主集中制重要法宝的普遍思想自觉和行动自觉，引导广大党员积极主动地参与党内事务，在逐级担当、全员担当、协力担当中加强和规范党内政治生活。

（四）强化民主集中制的法治功能

党的十八大以来，基于政党法治化建设的价值取向，及时将民主集中制贯彻落实过程中好的、成熟的、经过实践检验的经验做法上升为制度、转化为党内法规，增强运用民主集中制管党治党的实际效能，是推进政党治理体系和治理能力现代化的内在要求。中共中央关于《深化党的建设制度改革实施方案》指出，党的组织制度改革，重点是坚持和完善民主集中制。要抓紧建立健全各项民主集中制的具体制度，构建完善党内民主选举、民主决策与民主监督的制度体系，切实推动民主集中制具体化、规范化、程序化。党的十八届六中全会强调“坚持集体领导制度，实行集体领导和个人分工负责相结合，是民主集中制的重要组成部分”；要求“按照集体领导、民主集中、个别酝酿、会议决定的原则”进一步完善民主决策、科学决策、依法决策机制。[2]同时，党还在民主集中制原则的指导下制定并健全了若干协调党内关系、规范党内生活的具体制度，形成了以民主集中制为价值导向的政党治理法治化景象。

（五）强调民主集中制运行过程中的“关键少数”

贯彻民主集中制关键在领导干部。习近平总书记指出：“对每个领导干部，都要加强民主集中制的教育培训，使他们熟悉民主集中制的规矩，懂得民主集中制的方法。”习近平总书记强调，要通过领导班子日常运转、决策执行情况及领导干部政治素质、行为表现等方面加强对民主集中制贯彻执行情况的综合考核，而不能简单地就结果进行评价。“对贯彻执行民主集中制不力、发生重大偏差和失误的班子和个人，要追究责

[1] 《十八大以来重要文献选编（上）》，中央文献出版社2014年版，第352页。

[2] 《十八大以来常用党内法规》，人民出版社2019年版，第182页。

任”[1]，有针对性地开展教育引导和采取组织措施。习近平总书记还特别指出，民主集中制的真正落实，要靠各级领导干部“把民主素养作为一种领导能力来培养，作为一门领导艺术来掌握”[2]。各级领导干部要摆正自身位置，树立平等意识，以诚待人、以理服人，杜绝盛气凌人、高高在上的特权情况出现；要“在广开言路中集中智慧，在民主讨论中形成共识”[3]。

三、扛起全党共同政治责任，实现民主集中制价值跃升

（一）以习近平新时代中国特色社会主义思想为根本指导

习近平总书记以马克思主义政治家、理论家的深刻洞察力、敏锐判断力和战略定力，系统回答了新时代坚持和发展什么样的中国特色社会主义、怎样坚持和发展中国特色社会主义，创立了习近平新时代中国特色社会主义思想，为新时代推动党和国家各项事业发展提供了强大思想武器和行动指南。将习近平新时代中国特色社会主义思想作为全党贯彻落实民主集中制的根本指导，一要深刻理解贯穿其中的马克思主义的世界观和方法论，把系统掌握马克思主义基本理论作为看家本领，全面把握马克思主义政党“为人民谋幸福”的政治立场和先进品格、“为民族谋复兴”的崇高理想和使命担当、“为世界谋大同”的天下情怀和责任意识。[4]二要把坚定党的理想信念作为全党贯彻落实民主集中制的首要任务，自觉做共产主义远大理想和中国特色社会主义共同理想的坚定信仰者和忠实实践者。三要全面把握习近平新时代中国特色社会主义思想的科学内涵和实践要求，把习近平新时代中国特色社会主义思想的核心要义作为全党贯彻落实民主集中制的价值指向和评价标准。

（二）以提高党的全面领导水平为价值指向

中国共产党是当代中国的最高政治领导力量，“党政军民学，东西南北中，党是领导一切的”[5]是历史形成的结论，有着深刻理论支持、经验证明和法理逻辑。在协同推进自我革命和坚持发展中国特色社会主义伟大社会革命的时代进程中，全面领导的历

[1] 《习近平关于严明党的纪律和规矩论述摘编》，中央文献出版社、中国方正出版社2016年版，第97页。

[2] 《中共中央政治局召开民主生活会强调　树牢“四个意识”坚定“四个自信”坚决做到“两个维护”勇于担当作为　以求真务实作风把党中央决策部署落到实处》，《人民日报》2018年12月27日。

[3] 《十七大以来重要文献选编（下）》，中央文献出版社2013年版，第1023页。

[4] 《习近平新时代中国特色社会主义思想学习纲要》，学习出版社、人民出版社2019年版，第10页。

[5] 《习近平新时代中国特色社会主义思想学习纲要》，学习出版社、人民出版社2019年版，第68页。

史责任以民主集中制这一组织原则和领导制度为根本保障。其中，维护中央权威是全面领导的前提。这既是马克思主义政党的一条重大原则，又是对党的历史经验的科学提炼。其孕育于党员权利保障的充分民主之中，形成于党内权力行使的正确集中之下，文本依据体现于党的政治纲领，价值内涵兑现于令行禁止的政治实践，为党的全面领导提供了有力的政治保证。思想一致是全面领导的关键。它经由民主、集中形成思想解放，经由再民主、再集中形成思想统一，在理论掌握群众和群众掌握理论的有机统一中将思想共识转化为物质力量，为党的全面领导提供广泛的社会支持。组织坚强是全面领导的支撑。它既要求“包括党的中央组织、地方组织、基层组织在内的严密组织体系”[1]上下贯通、执行有力，又强调“纪律严明是加强和规范党内政治生活的内在要求和重要保证”[2]，还注重充分发挥党员的先锋模范作用，从而不断凸显“世界上任何其他政党都不具有的强大优势”[3]。

（三）以准确把握和处理民主与集中的辩证关系为着力点

广泛而充分的党内民主是党的政治生命的基础，正确而有效的集中是党的政治生命的关键。把民主集中制作为全党共同的政治责任加以贯彻落实，一要大力发展党内民主，厚植民主集中制的政治基础。“民主是正确集中的前提和基础，离开民主讲集中，集中就成了个人专权专断。”[4]要教育引导广大党员增强党员意识、主体意识、民主意识，最大限度地激发全党的积极性、主动性和创造性，“使广大党员在党内生活中真正发挥主体作用”；领导干部则要“倾听真话、了解真实情况”，积极营造党内民主讨论的环境氛围。二要进行有效集中，提升民主集中制的政治质量。“集中是民主的必然要求和归宿，离开集中搞民主，就会导致极端民主化和无政府状态。”[5]党内民主本质上是有组织、有领导的民主，在民主基础上形成的具有公信力和约束力的集中是民主的归宿，是民主的凝练与升华，因而是更高层次的民主。正确和有效的集中就是要“把不同意见统一起来，把各种分散意见中的真知灼见提炼概括出来，把符合事物发展规律、符合广大人民群众根本利益的正确意见集中起来”[6]。其中，“四个服从”是集中的纪律要求体现，维护党的统一与中央权威是集中的核心价值表达，凝聚全党共识是集中的精神实质意蕴。三要正确认识与准确把握民主与集中的辩证关系。“民主集中制包

[1] 习近平:《贯彻落实新时代党的组织路线　不断把党建设得更加坚强有力》,《求是》2020年第15期。

[2] 《习近平关于全面从严治党论述摘编》，中央文献出版社2016年版，第116页。

[3] 《十九大以来重要文献选编（上）》，中央文献出版社2019年版，第560页。

[4] 《习近平新时代中国特色社会主义思想学习纲要》，学习出版社、人民出版社2019年版，第74页。

[5] 《习近平新时代中国特色社会主义思想学习纲要》，学习出版社、人民出版社2019年版，第74页。

[6] 《中共中央政治局召开民主生活会强调　树牢“四个意识”坚定“四个自信”坚决做到“两个维护”勇于担当作为　以求真务实作风把党中央决策部署落到实处》,《人民日报》2018年12月27日。

括民主和集中两个方面，两者互为条件、相辅相成、缺一不可。”[1]民主与集中是互为前提与目的、相互依存与保障、相互促进与转化的辩证发展关系，二者的价值耦合与功能互化构成民主集中制效能的生成机理与发挥机制。新时代全党以高度的政治责任落实民主集中制，就是把发挥党员主体作用、保障党员基本权益与坚决拥护习近平总书记在全党的核心地位紧密结合起来，把激发地方和基层党组织积极性、主动性、创造性与坚决拥护党中央权威紧密结合起来，努力形成“又有集中又有民主、又有纪律又有自由、又有统一意志又有个人心情舒畅生动活泼的政治局面”[2]。

（四）以完善民主集中制制度体系为实践载体

制度创新由理论创新和实践创新成果升华而来，制度体系的完善健全进而为理论创新和实践创新提供载体保障。由法律法规、章程等规则确定和维护的民主集中制更加具有强制性、规范性、系统性、根本性等特点，在国家治理和政党治理的框架内发挥着指引方向、规范行为、协调利益、提高效率、化解矛盾、维护稳定、防范风险等重要作用。党的十九届四中全会通过的决议明确指出，健全党的领导制度体系，提高党科学执政、民主执政、依法执政水平是将党的领导落实到国家治理各领域各方面各环节的根本保证，而“完善发展党内民主和实行正确集中的相关制度”[3]则是健全提高党的执政能力和领导水平制度的核心要求。因此，制度管党、依规治党是把贯彻执行民主集中制作为全党共同政治责任的必然选择，从而使党内生活以及民主与集中、自由与纪律、权力与监督、党员个人与党的组织、下级组织与上级组织等关系在坚实的制度合力规范下有效运行。在民主集中制建设的新实践与新要求下，全党从共同政治责任的高度贯彻执行民主集中制的关键就在于加强党内法规制度体系建设，使其在领导干部法治能力引领下践行“四个服从”，在具体制度支撑下开展党内政治生活。

（五）以增强党的综合治理能力为评价标准

习近平总书记要求：“真正把民主集中制的优势变成我们党的政治优势、组织优势、制度优势、工作优势。”[4]在国家治理体系和治理能力现代化目标牵引下，党的综合治理能力既是民主集中制“四大优势”鲜明特征转化为实践效能的综合成果，也是检验党的自身建设和治国理政相互促进与优化发展成效的总标准。在现代化国家治理体系中，

[1] 《习近平新时代中国特色社会主义思想学习纲要》，学习出版社、人民出版社2019年版，第74页。

[2] 《关于新形势下党内政治生活的若干准则》，人民出版社2016年版，第5页。

[3] 《中国共产党第十九届中央委员会第四次全体会议文件汇编》，人民出版社2019年版，第26页。

[4] 《中共中央政治局召开民主生活会强调　树牢“四个意识”坚定“四个自信”坚决做到“两个维护”勇于担当作为　以求真务实作风把党中央决策部署落到实处》，《人民日报》2018年12月27日。

党的综合治理能力是由多种能力构成的价值系统。其中，为发挥党在现代化进程中的驱动作用，提高党治党管党水平，党应着力提升党内民主能力、多党合作能力和领导社会能力等基础性能力。为发挥党在现代化进程中的引领作用，加强党的全面领导，党应围绕长期执政目标加强确立执政理念与方略、培育执政资源、优化执政环境等关键性能力，经由党内民主、党际民主实现与人民民主的理论融汇与制度贯通。为发挥党在现代化进程中的保障作用，党应注重树立法治信仰、培育法治思维、提高法治素养等保障性能力，为依规管党治党和依法治国理政提供载体支持。

原载于《山东社会科学》2021年第5期

中国共产党为什么能
——基于政党的类型学分析

臧秀玲

历经百年奋斗历程，中国共产党完成了建党建国、兴党兴国、强党强国的时代壮举。百年来的理论与实践表明，中国共产党是一个为中国人民谋幸福、为中华民族谋复兴的使命型政党，超越了西方政治学者对政党类型的分类，形成了自身的特质与优势。这是中国共产党为什么能的关键所在。

西方政党政治的类型学分析和现实困境

世界政党政治实践的长期性与多样性决定了政党分类标准的差异性和动态性。总体来说，当前西方学术界关于政党分类的方法主要有三种。第一种方法基于政党自身的组织结构特征对其进行分类，包括政党组织的形式、代表和整合功能、集中和结盟水平、区域渗透和扩散能力等。如美国政治学家理查德·卡茨和爱尔兰政治学家彼得·梅尔将政党组织形式分为精英型政党、群众型政党、全方位型政党和卡特尔型政党四种，德国政治社会学家西格蒙德·纽曼则根据政党的代表整合程度将政党划分为个体代表型政党、社会整合型政党和全部整合型政党。第二种方法是通过分析政党特征凝练出政党类型的“属概念”，即政党门类，并将政党类型归于这些门类当中，包括政党的内外部起源、族群支持情况等。如法国学者莫瑞斯·迪韦尔热将政党分为内生党和外生党，美国学者理查德·冈瑟和拉里·戴蒙德则根据族群支持情况将政党分为纯粹族群型政党和族群议会型政党。第三种方法则是根据政党具有的社会学特征进行分类，包括阶级、宗教、民族、意识形态等。如德国社会学家马克斯·韦伯通过世界观和宗教对政党进行分类的方法流传甚广。这三种政党分类方法或从政党结构出发，或向上归纳“属概念”特征，或向下总结社会学表现，围绕的中心是政党组织本身的结构与性质。

在政党政治嬗变与转型过程中，西方政党呈现出历史性和连续性特征。原始民主体系下仅有少数有产成年男性拥有选举权和被选举权，受此影响，19世纪中叶以前的政党政治运行实践局限于少数特权阶层，政党以精英为核心、结构松散，鲜见议会外政党，这一时期占主导的政党类型为精英型政党。19世纪末20世纪初，随着民众对政党权力垄断的排斥，一些具有明确组织结构特征和鲜明意识形态特点的议会外群众型政党应运而生。到20世纪中叶，在群众型政党完成政治整合之后，政党组织逐渐向专业化方向发展，为了缓和社会矛盾、吸引更多选民，这些政党的意识形态逐渐淡化，政党间的联合频率逐渐增多，全方位型政党由此产生。20世纪末，政党政治愈加成熟，西方主要政党为了占据公共职位，限制新兴政党的挑战和威胁，加强对国家权力和社会资源的垄断，卡特尔型政党出现。随着网络技术的发展和新闻传播的进步，掌握较多私人资源的社会企业家们利用市场策略和塑造领袖形象参与竞争性选举活动，对传统的政党政治格局产生严重冲击，并由此产生新型的商业公司型政党。

西方语境中，政党类型的划分和政党政治的演变在一定程度上反映了资本主义社会主要矛盾的阶段性特征，但始终难以解决西方政党政治的危机。一是治理危机。西方政党体制固化，利益集团地位难以撼动，社会问题无法得到有效解决。西方发达国家的政党已难以提出符合国家整体利益和长远发展的政策主张，失去了提供不同政策选择的政党政治功能，如英国和美国，但是在政治上这些国家还是不得不诉诸低效的两党制和利益集团的势力角逐来解决矛盾，难以提出并实施有效的政策措施。二是认同危机。西方政党将竞争性选举简化为民主范式，将人民的整体权力拆分为三权分立，违背了人民至上的信条，失去了民意基础。西方政党政治通过选票将维护人民利益的民主选举包装为政治秀场，真人秀演员、喜剧演员、节目主持人等都可以参与竞选甚至成为总统，普通民众对政党政治和选举政治的认同度普遍较低。三是信任危机。不断失败的政党转型和持续衰败的治理体制使得民众对传统政党力量失去信心，政党政治碎片化趋向显著。为了迎合选民意愿和短期利益，民粹主义和极端主义政党发展势头迅猛，他们利用媒体博取选民眼球、抢占话语权，形成了独具特色的西方选举的"政治狂欢"。

中国共产党对政党类型学的超越

在世界政党类型学的分类谱系中，相较于西方政党所呈现出的疲惫衰败迹象，中国共产党历经百年风雨依旧展现出强大的生机活力。作为一种新的政党类型，使命型政党不仅存在于中国语境下，而且遵循着政党政治转型与发展的一般规律，是对中国共产党的重新定位和性质解读，蕴含着"中国共产党为什么能"的答案。中国共产党坚守共产主义的理想信念，主导着中国政党政治的运行逻辑和发展方向，实现了对西方政党政治话语的超越，具体体现在以下三个方面。

第一，超越政党的数量概念，强调政党之间的团结。当前，在竞争型政党体系下，大多数西方国家采取两党制或多党制，并普遍认为采取一党制的国家是不稳定的、无法长久维系政权的“特例”或“异端”。同时，西方学术界提到“政党”一词时，也多是使用该词的复数形式。“政党”在西方话语体系中的这一表现，一方面是因为西方国家的政党在起源上就具有对立、分歧和斗争的传统。例如，英国的政党在初始阶段便分别围绕强化国会还是国王权力、自由主义还是保守主义而展开斗争，虽然彼时的纷争早已不复存在，但是这种两党对立之势却延续至今。另一方面，西方国家不相信政党能够自我约束，也不相信长期执政的单一政党能够根据现实变化调整施政方针，认为必须存在多个政党，以权力分化实现党际监督，以政党竞争激励政党变革。然而，这也为党争不断、“否决政治”、利益集团拉扯、政策短视等问题埋下了隐患。作为使命型政党，中国共产党不照搬西方政党竞争与轮替形式，采取一党领导、多党合作的新型政党制度，不拘泥于政党的数量，而是注重政党所代表的人民群体的范围。在历史使命的指引下，中国共产党与各民主党派、无党派人士共同为中华民族伟大复兴而奋勇向前。

第二，超越政党间利益对抗，强调政党协商合作。无论是以维护特权阶层利益为核心的精英型、卡特尔型政党，还是反映部分民众意愿的群众型政党，西方语境中的政党都是从利益角度出发，以“利益至上”的观念与其他政党展开“零和博弈”。这样的政党类型学也具有垄断与反垄断的发展特征，政党治理下的国家和社会内部具有不可避免的对抗性本质。中国共产党作为使命型政党展现出全然不同的特质。中国共产党不仅有科学严密的组织体系和集中统一的领导体系使各个政党之间形成合力，更有矢志不渝的使命意识体系统领各党派的参政追求。对于中国共产党和各民主党派来说，在政党利益之上还有为中国人民谋幸福、为中华民族谋复兴的使命担当，正是这样的政党使命造就了各党派的目标取向、价值方向和根本精神追求，并影响其他组织特征。

第三，超越了政党的从属性定位，充分发挥政党自身的能动性。在国家—政党—社会三者的关系中，西方语境下的政党是国家与社会之间的中介和桥梁。相比于国家和社会，政党是一种从属性很强的概念。精英型政党远离社会和民众，群众型政党则从议会外的社会群体中产生，而发展到卡特尔型政党时，政党与国家权力的关系愈加密切，但与社会和民众则渐行渐远。国家与社会之间的互动关系直接决定了政党或政党政治的生存现状，西方政党普遍存在从属于国家或社会中心主义传统而能动性不足的现象。中国共产党作为使命型政党具有强大的主体能动性，发挥着统领全局、协调各方的领导核心作用，推动国家—政党—社会三者的有机融合，形成实现中华民族伟大复兴的合力。中国共产党不将国家和社会看作对立或不相容的两个领域，也未将政党功能从属于国家与社会，而是在实践中自主选择、构建与调整治理方式与方向，实现国家治理与社会治理相统一、治理与民意相统一，充分展现作为使命型政党的主体性与生命力。

中国共产党使命型政党特质的主要优势

所谓政党使命，是指政党基于历史经验、政党及国家所处方位与环境，对其自身的奋斗目标、实现方式、价值方向与意识形态等的全面而系统性的认识。崇高的理想信念和使命担当是中国共产党人的优秀品质，是马克思主义政党先进性的本质特征，也是实现中华民族伟大复兴、完成现代化国家建构的内在要求。作为使命型政党，中国共产党具有独有的类型化特质，彰显出百年大党的独特优势，生动诠释了“中国共产党为什么能”的重大命题。

第一，秉持人民本位理念，强化政党的使命担当。民心是最大的政治，人民是党执政兴国的最大底气。习近平总书记明确指出，“人心向背关系党的生死存亡”。中国共产党的根基在人民、血脉在人民，始终坚守人民立场，把人民群众视为推动历史发展的前进动力，把人民放在党和国家工作的最高位置。中国共产党坚持人民至上的价值理念，坚守为人民服务的宗旨，以人民的利益为利益，没有任何特殊的利益，不代表任何特权阶层和利益集团的利益，绝不违背人民的意志。中国共产党高度重视人民主体地位和首创精神，与人民休戚与共、生死相依，不断造福人民，始终实现好、维护好、发展好最广大人民根本利益。

“利民之事，丝发必兴；厉民之事，毫末必去。”人民本位并非只是一个口号，不能止步于思想环节，而是要为人民群众切切实实谋幸福，这正是中国共产党与西方政党的根本区别。中国共产党的人民本位理念体现在社会主义民主政治的发展上，体现在人民当家作主权利的行使中。中国共产党在政治实践中贯彻落实全过程人民民主，畅通意见表达渠道，保障人民有效参与国家政治生活，生动彰显人民至上信念；坚持社会主义协商民主，在各党派、民族、团体、阶层中广求良策、广聚共识，发挥各方面积极性，有效克服利益倾轧的弊端，有效拓宽民主渠道。相比之下，西方政党持有的是“利益本位”“金钱本位”理念，政治格局僵化，难以做出利民决策，少数务实为民的政党也难以撼动特权阶级的利益，而当前迎合民意形成一定规模的政党又持有极端价值观念，难免陷入政党认同危机。

只有人民本位、以人民为中心的政党价值观才能获得人民衷心的认同。在新时代条件下，中国共产党将满足人民对美好生活的向往作为党的奋斗目标，坚持做到发展为了人民、发展依靠人民、发展成果由人民共享，把人民拥护不拥护、赞成不赞成、高兴不高兴、答应不答应作为衡量一切工作得失的根本标准，推动共同富裕取得实质性进展，以实际成效不断增强人民群众的获得感、幸福感、安全感。人民群众对中国共产党的信心倍增，由此对全面建成社会主义现代化强国、实现中华民族伟大复兴的信念愈坚。

第二，坚持守正与创新的统一，永葆马克思主义政党本色。在守正创新中坚持和发展马克思主义，是百年大党永葆青春的关键所在，是使命型政党的理论品格和思想基础。尤其是在意识形态领域，中国共产党始终运用马克思主义理论指导实践，时刻铭记马克思主义政党本质，为实现共产主义最高理想和人的自由全面发展而不懈奋斗。一方面，以“守正”思想坚持马克思主义在意识形态领域的主导地位。守正，守的是真理性与科学性之“正”，就是坚持马克思主义的根本指导思想。坚持马克思主义立场观点方法，运用马克思主义的世界观和方法论解决问题，持续深化对共产党执政规律、社会主义建设规律、人类社会发展规律的认识，毫不动摇地坚持和发展中国特色社会主义，坚定对中华优秀传统文化的信心。另一方面，以“创新”思想推进马克思主义中国化时代化。创新，创的是开放性与时代性之“新”，就是不僵化、不停滞、勇于改革。结合时代发展特征不断推进马克思主义理论创新，不断提高对中国特色社会主义的认识水平，推动中华优秀传统文化的创造性转化和创新性发展，开辟马克思主义理论发展新境界、探寻中国式现代化新道路、塑造人类文明新形态，与时俱进回答时代之问、实践之问、人民之问和世界之问。

守正不意味着教条主义、经验主义的滥觞，创新也不是任由非主流意识形态滋长。中国共产党反对形式主义地对待马克思主义的观点，始终坚持以开放的态度对待马克思主义真理对时代的适应性变化；中国共产党也注重辨别各类非主流意识形态的价值取向与性质，积极引导与调控不同意识形态，坚守主流意识形态阵地。西方国家有些政党为讨好选民不惜煽动纵容民粹主义，有些政党则完全沦为特定利益集团的选举工具，这些均导致近年来西方政治极化现象愈加明显。由于缺乏明确的理想信念和思想基础，西方政党政治精英大多目光短浅，不具备制定和执行长远规划的意愿和能力，民众对政党的信任度和认同度降低。由于价值观念和思维方式的固化，西方政党凝聚力与号召力持续降低，政党组织萎缩，政党功能弱化，民主神话最终破灭。守正创新是以真理的原则发展真理，体现了普遍性与特殊性、合规律性与合目的性的统一。坚持守正与创新的有机统一，就是要永葆马克思主义政党本色，确保党不变质、不变色、不变味。坚定政党使命不褪色，才能在中国特色社会主义道路上行稳致远。

第三，塑造严密高效的组织体系，加强党的集中统一领导。政党组织结构是政党效能发挥的基础，政党使命与政党组织是“神”与“形”的关系，使命型政党既要“凝神”，也要“汇形”，实现政党使命需要“以神化形”，需要充分发挥党深入人民群众基层的组织优势。中国共产党按照民主集中制的原则组织起来，构建涵盖中央、地方与基层的严密组织网络，实现了社会资源的有效整合与政治力量的有效动员。严密高效的组织结构使党的政治领导力、思想引领力、群众组织力和社会号召力不断增强，由此进一步确保了党的强大动员力、战斗力和生命力。党的领导是中国特色社会主义最本质的特征，是中国特色社会主义制度的最大优势。中国共产党之所以能够成为百年大党、铸就百年辉煌，关键就在于始终维护党中央的集中统一领导，确保全党的团结与统一，形成了攻无不克、战无不胜的磅礴力量。

加强组织建设、完善组织体系、保证党内法规公正严明是党长期执政的根本性、全局性、长远性工作，是应对外部挑战的坚固防线。完善党的组织体系，规范各级党组织的机构设置与职能，形成纵向到底、横向到边的严密组织架构；完善党的监督体系，强化对权力运行的制约和监督，构建一体推进不敢腐、不能腐、不想腐的体制机制；完善党内法规体系，坚持依规治党和依法执政，严格遵守党章及其他法律法规。相比之下，西方政党组织内外的精英化倾向日益加剧，基层党组织的虚化、弱化、空心化日趋严重。西方党员的政治身份只有在投票选举时才被唤醒，党员的政治参与度低、忠诚度明显淡化。西方政党的社会功能也不断弱化，缺乏必要的政治担当和责任意识，党内呈现出分裂不断、内斗不止的局面。苏东剧变的惨痛教训，要求我们党铸就严密的组织防线，锻造坚强有力的领导核心。提高党的执政能力和领导水平是战胜一切风险挑战、实现党的历史使命、延续党的非凡成就的必然要求。

第四，勇于自我革命，推动政党的适应性变革。我们党长盛不衰、稳步前行，外靠发展人民民主、接受人民监督实现新跨越，内靠全面从严治党、推进自我革命开创新格局。勇于自我革命，是中国共产党的鲜明品格，也是中国共产党经得住风浪、扛得住考验、永葆青春活力的强大支撑。实现历史使命，关键在于党以高度的历史自觉和强烈的主动精神持续推进自我革命，并以彻底的自我革命引领伟大的社会革命。马克思主义政党的先进性和纯洁性并不是天生的，而是在不断自我革命的实践中淬炼而成的。党在领导中国特色社会主义事业建设的实践中，需要时刻防范政治不纯、思想不纯、组织不纯、作风不纯等问题，及时清除自身组织体制的陋习和弊病，才能在困难和逆境中化被动为主动，有效应对“四大考验”“四种危险”。

“自我革命”遵循马克思主义的革命理念，实现了革命主体与革命客体之间的创造性转化，强调“刀刃向内”，着重解决中国共产党自身的问题，有效规避了西方政党政治中执政党与在野党相区分、相对立的话语陷阱。中国共产党肩负着伟大的历史使命，始终保持管党治党“永远在路上”的清醒和勇毅前行的定力，不断提高党的自我净化、自我完善、自我革新和自我提高能力。西方政党不仅缺乏内部变革的组织力量，而且缺乏主动变革的政治意识，主要通过外部政党的挑战和分权制衡的约束进行被动调适。

西方政党也曾出现少数卡里斯玛型领袖试图以自我否定、政治煽动的方式打破僵化的政治格局，但由于利益集团的牵绊和政治体制的固化，不仅难以达到理想效果，还可能带来更大的政治风险。中国共产党在自我革命中探索出自我成长的有效路径，形成了优于其他政党的独特优势，给党和人民的事业注入了源源不断的生机与活力。中国共产党坚持自我革命，有利于推动党性与人民性的有机统一，保持党同人民群众的血肉联系，巩固党的执政地位和执政基础，这是跳出历史周期率的“第二个答案”。

结 语

从政党的类型学意义上系统分析“中国共产党为什么能”这一重大命题，是对新时代建设什么样的长期执政的马克思主义政党、怎样建设长期执政的马克思主义政党这一重大时代课题的具体阐释。中国共产党作为使命型政党打破了西方语境下对一党执政的偏见，变政党间的对抗关系为合作关系，变政党相对于国家和社会的从属性地位为主体能动性的发挥，实现了对西方政党的全面超越。中国共产党不仅从理论上突破了西方的政党类型标准和政党话语体系，还在实践上带领中国人民走出国家蒙辱、人民蒙难、文明蒙尘的巨大劫难，使中华民族迎来了从站起来、富起来到强起来的伟大飞跃。中国共产党的使命型政党特质，拓展了世界政党类型学的分类谱系，并从政党角色、政党功能和政党能力等方面为广大发展中国家提供了中国方案。以迎接新的百年为出发点，中国共产党以伟大的历史主动精神和巨大的政治勇气，推动新时代党和国家事业取得历史性成就、发生历史性变革。在新的赶考路上，中国共产党将以更加坚定的历史自信和政治自觉，踔厉奋发、勇毅前行，不断赢得更加伟大的胜利和荣光。

原载于《当代世界》2022年第7期

深化前进道路上“五个必由之路”的规律性认识

郑敬斌

摘　要：“五个必由之路”是深刻总结中国共产党百年奋斗史得出的宝贵经验，也是党团结带领全国人民向第二个百年奋斗目标进军的行动遵循。当前，要进一步深化对“五个必由之路”的规律性认识：“五个必由之路”源于对“三大规律”的深刻把握，是一个逻辑清晰、相互关联的有机统一整体，引领着新时代党和国家事业取得重大成就，与中国式现代化道路有着不可分割的内在关系。

关键词：“五个必由之路”；新时代中国特色社会主义；“三大规律”

习近平总书记在党的二十大报告中指出：“全党必须牢记，坚持党的全面领导是坚持和发展中国特色社会主义的必由之路，中国特色社会主义是实现中华民族伟大复兴的必由之路，团结奋斗是中国人民创造历史伟业的必由之路，贯彻新发展理念是新时代我国发展壮大的必由之路，全面从严治党是党永葆生机活力、走好新的赶考之路的必由之路。”“五个必由之路”是党在长期奋斗实践中积淀的宝贵经验，它科学回答了中国特色社会主义事业的领导核心、道路方向、动力来源、引领理念和根本保证等问题。基于全党全国各族人民迈上全面建设社会主义现代化国家新征程、向第二个百年奋斗目标进军的时代方位，深化对“五个必由之路”的规律性认识，是我们应对新时代各种风险挑战的必然要求，也是党团结带领人民创造新的历史伟业的应有之义。

“五个必由之路”源于对“三大规律”的深刻把握

习近平总书记强调：“要应对好各种复杂局面，关键是要提高对规律的认识，善于运用规律来处理问题。规律，最重要的就是共产党执政规律、社会主义建设规律、人类社会发展规律。”中国共产党是尊重规律、把握规律、遵循规律的马克思主义执政党，善于在实践基础上不断发现规律、认识规律，并利用规律推动中国社会向前发展。“五个必由之路”就是中国共产党基于马克思主义的科学指导，积极探索和深刻把握共产党执政规律、社会主义建设规律、人类社会发展规律而形成的思想结晶。

“五个必由之路”蕴含党对共产党执政规律的深刻认识。中国共产党自成立以来，尤其是新中国成立以来，始终遵循共产党执政规律，不断强化执政意识、总结执政经验、提高执政能力，具有高度的执政自信和规律自觉。“五个必由之路”的论断展现出重要的价值功能，是对社会主义本质与共产党执政有机融合的整体性认知，意味着我们党对共产党执政规律的认识和把握达到了新的高度。其中，“坚持党的全面领导是坚持和发展中国特色社会主义的必由之路”具有三层含义：一是强调中国共产党的领导地位和领导作用，即坚持和加强党的全面领导对于推进中国特色社会主义各项事业，实现中华民族伟大复兴具有决定性作用，必须在新的历史条件下不断巩固党的执政地位；二是中国共产党定会“为建设一个伟大的社会主义国家而奋斗”，并在社会主义实践的深化发展中实现执政目标；三是巩固党的执政地位，实现党的执政目标，要把不断推进党的自我革命摆在重要位置，始终保持党的先进性和纯洁性。“办好中国的事情，关键在党”，“五个必由之路”言简意赅、内涵深刻，是对共产党执政规律的精辟阐释，也是我们党始终遵循共产党执政规律的重要体现。

“五个必由之路”蕴含党对社会主义建设规律的全面把握。社会主义建设规律是社会主义社会发展运行应遵循的规则，是对“什么是社会主义，怎样建设社会主义”这一根本性问题的认识与回应。探索和认识社会主义建设规律是一个长期过程，贯穿于中国共产党百年奋斗历程的各个阶段。中国共产党始终坚持把马克思主义基本原理同中国的具体实际相结合、同中华优秀传统文化相结合，坚持走自己的路，最终找到了适合中国国情的社会主义发展模式。特别是中国特色社会主义进入新时代，党和国家事业取得历史性成就、发生历史性变革，实现了对社会主义建设规律的新的揭示和总结升华。正是基于对社会主义建设规律的认识和把握不断深化、更加自如，中国共产党才能紧扣时代主题，作出“五个必由之路”的重大论断。这一论断展现了当代中国共产党人对社会主义建设规律的崭新认识：一方面，新时代坚持和发展中国特色社会主义必须走出一条属于自己的道路，树立起对中国特色社会主义道路的无比自信。“鞋子合不合脚，自己穿了才知道”，“找到一条正确的道路多么不容易，我们必须坚定不移走下去”。另一方面，新时代坚持和发展中国特色社会主义必须精准把握我国社会主要矛盾的深刻变化，坚持新发展理念，依靠团结奋斗创造美好未来，从而实现全面发展、全面进步，真正彰显科学社会主义的鲜活生命力。

“五个必由之路”蕴含党对人类社会发展规律的深度考量。马克思主义认为社会形态的依次演进具有历史必然性，它创造性地揭示了人类社会发展规律。人类社会发展规律是中国共产党始终坚定共产主义理想信念，在百年奋斗历程中带领中华民族实现从站起来、富起来到强起来的伟大飞跃，以及在新时代坚持和发展中国特色社会主义的根本理论依据。“五个必由之路”就是党对马克思主义关于人类社会发展规律的思想的继承和实践，彰显了对人类社会发展规律的认识提高到新的水平。一方面，“五个必由之路”来源于中国共产党把握历史发展规律和时代大势，不断开拓前进的百年实践经验，特别是对新时代中国特色社会主义伟大实践的总结和升华，有力回答了“过去我们为什么能够成功”的问题；另一方面，“五个必由之路”是面向第二个百年奋斗目标的系统性思考和整体性把握，它以历史观照现实和未来，为“未来我们怎样才能继续成功”指明了前行方向。因此，坚持“五个必由之路”，对于在新时代坚持和发展中国特色社会主义，以中国式现代化推进中华民族伟大复兴具有重要的理论和现实意义。

“五个必由之路”是逻辑清晰、相互关联的有机统一整体

必由之路即必须经过的道路，这一表述有应然与实然两层含义，应然是指事物发展的理性状态，是基于逻辑推导演化而成的道路；实然是指事物发展的现实状态，是基于物质世界演化而成的道路。“五个必由之路”的应然与实然，便是“五个必由之路”在理论和实践层面的展开，既立足历史，又指向未来；既是对已经形成的理论的整合，又是对未来进行的实践的指导。“五个必由之路”是逻辑清晰、相互关联的有机统一整体，旨在论述中国发展所必须遵循的规律与过程，其核心围绕着中国特色社会主义道路呈现开来。

中国特色社会主义道路是“五个必由之路”的逻辑起点。方向决定道路，道路决定命运。在从农耕文明发展至现代文明的过程当中，资本主义与社会主义构成了两种本质不同的发展方向，两种方向内部又包括许多各有差异的具体道路。近代中国尝试过各种形式的资本主义道路，但无一例外都遭遇了失败。俄国十月革命后，中国有志之士看到了在经济文化相对落后的国家发展社会主义的希望，便结合本国国情选择了社会主义的方向进行探索。在对社会主义的探索过程中，中国共产党人总结经验教训，走出了一条中国特色社会主义道路，经过多年奋斗，终于实现了中华民族从站起来、富起来到强起来的伟大飞跃，迎来了中华民族伟大复兴的光明前景。

中国特色社会主义制度的最大优势是中国共产党领导。为什么“坚持党的全面领导是坚持和发展中国特色社会主义的必由之路”？一方面，这缘于党对马克思主义理论的深刻把握，即对科学社会主义与人类社会发展规律的正确理解。党的先进性表现在理论上，就是党比一般群众更了解社会运动的条件及其进程。另一方面，缘于中国共产党是中国工人阶级的先锋队，是中国人民和中华民族的先锋队的性质。在中国共产党成立至今的百年历史中，党已经用中国发展的实践证明了其在社会主义事业当中至关重要的地位与作用。中国共产党找到了中国将往何处去的答案，确定了社会主义的

发展方向，开辟了中国特色社会主义道路，使中国的繁荣从可能变为现实；也正是在中国特色社会主义道路的行进中，党的领导地位牢固地树立起来。新时代，要走好中国特色社会主义道路，实现中华民族的伟大复兴，就必须继续坚持和加强党的全面领导，坚决维护党中央权威和集中统一领导，确保党发挥总揽全局、协调各方的领导核心作用。

团结奋斗是实现中国特色社会主义道路的精神状态。党除了工人阶级和最广大人民群众的利益，没有自己特殊的利益。人民群众是历史的创造者，是社会物质财富和精神财富的创造者，对社会发展起决定性作用。只有当人民群众充分理解中国共产党，同党站在一起，同呼吸、共命运时，才能依靠团结凝聚出强大的精神力量。“能团结奋斗的民族才有前途，能团结奋斗的政党才能立于不败之地。”团结的目的在于奋斗，在于将这一强大的精神力量转化为持之以恒的行动，促使人民群众在中国特色社会主义的道路上“知难而进、迎难而上，统筹发展和安全，全力战胜前进道路上各种困难和挑战，依靠顽强斗争打开事业发展新天地”。

新发展理念是坚持走中国特色社会主义道路的基本理念。坚持创新、协调、绿色、开放、共享的新发展理念，“是关系我国发展全局的一场深刻变革”。新发展理念的提出，既是对以往发展经验的深刻总结，也是对未来发展趋势的精准研判。新发展理念在人与环境的关系上，坚持“环境的改变和人的活动的一致”，秉承人与自然和谐相处的理念，走中国特色社会主义的绿色可持续发展之路；在人与人的关系上，坚持以“每个人的自由发展是一切人的自由发展的条件”为指引，让人民群众共享发展成果；在区域与区域的关系上，对内坚持协调发展，对外坚持开放发展，着力解决我国发展之路上的难题，推进中国特色社会主义道路不断向前。

坚持中国特色社会主义道路必须深入推进全面从严治党，确保党永远不变质、不变色、不变味。“勇于自我革命，从严管党治党，是我们党最鲜明的品格。”全面从严治党是面对新时代风险和挑战的现实要求。党的建设事关党的前途命运，事关中国特色社会主义道路的前途命运。全面从严治党是马克思主义执政党坚持辩证唯物主义的理论要求。马克思主义执政党反对一成不变、僵死的教条，它总是随着实践的发展不断地审视自己、自我革命，从而维护党的“坚定性、彻底性和纯洁性”。因此，“全面从严治党永远在路上，党的自我革命永远在路上，决不能有松劲歇脚、疲劳厌战的情绪”。

“坚持党的全面领导是坚持和发展中国特色社会主义的必由之路”指明了中国特色社会主义制度的最大优势，明确了谁来领导的问题；“中国特色社会主义是实现中华民族伟大复兴的必由之路”指明了中国特色社会主义道路的初心使命，明确了道路方向的问题；“团结奋斗是中国人民创造历史伟业的必由之路”指明了中国特色社会主义道路的精神样态，明确了凝聚力量的问题；“贯彻新发展理念是新时代我国发展壮大的必由之路”指明了中国特色社会主义道路的具体方略，明确了发展指引的问题；“全面从严治党是党永葆生机活力、走好新的赶考之路的必由之路”指明了党在带领人民群众走中国特色社会主义道路时的重要保障，明确了自我革命的问题。“五个必由之路”内涵相通、相辅相成，从不同维度、不同层面指引中国特色社会主义的发展。

“五个必由之路”引领新时代党和国家事业取得重大成就

“五个必由之路”是新时代中国共产党人从新历史方位和新时代背景出发，从五个相对独立又相互联系的理论维度对新时代“举什么旗”“走什么路”“跟谁走”“往哪儿走”“怎样走”等根本性问题进行回答，进而形成的具有鲜明整体性特征和内在逻辑统一的理论新形态。对于“五个必由之路”，既要从中国共产党波澜壮阔的百年历程中来认识，也要从新时代开创中国特色社会主义事业新局面的实践成效来理解。

一方面，“五个必由之路”贯穿着马克思主义的立场、观点和方法，其内在价值就是追求国家富强、民族振兴、人民幸福的中国梦，这一价值理念是新时代党和国家事业取得重大成就的题中应有之义。一是不断提升综合国力，实现国家富强，这是实现民族振兴和人民幸福的前提。进入新时代，以习近平同志为核心的党中央团结带领全国人民不懈奋斗，攻克了许多长期没有解决的难题，办成了许多事关长远的大事要事，推动党和国家事业取得举世瞩目的重大成就。二是推进国家各领域多层次全方位的发展，以中国式现代化全面推进中华民族伟大复兴，这是近代以来中国人民和中华民族最伟大的梦想。三是坚持以人民为中心，实现人民幸福。人民幸福是中国梦的最终归宿，要沿着“五个必由之路”推进中国特色社会主义伟大事业，彰显“以人民为中心”的价值理念，不断提升广大人民群众的获得感、幸福感、安全感。

另一方面，新时代党和国家事业重大成就的取得是“五个必由之路”真理性的检验标尺。实践是检验认识真理性的标准，新时代党和国家事业取得的重大成就体现了“五个必由之路”的战略性、科学性和创新性。一是战略性。中国共产党是“善于进行战略思维，善于从战略上看问题、想问题”的马克思主义执政党，始终在时代前沿观察思考问题，在把握战略全局中推进各项工作。“五个必由之路”就是我们党运用“放眼世界，放眼未来，也放眼当前，放眼一切方面”的战略眼光和战略思维所提出的在新的历史条件下坚持和发展中国特色社会主义的总体方略和顶层设计。二是科学性。“五个必由之路”的科学性表现在，它以习近平新时代中国特色社会主义的时代特征、主要矛盾和主要任务为理论依据，是遵循“三大规律”形成并根据实践发展而不断发展的科学理论体系。三是创新性。“五个必由之路”是新时代党的理论创新和实践创新的重要内容，赋予中国特色社会主义以新的时代意蕴，进一步丰富了习近平新时代中国特色社会主义思想，充分体现中国共产党人坚持实事求是和与时俱进的品格风范。

“五个必由之路”与中国式现代化道路有着不可分割的内在关系

现代化是人类从传统农业社会向现代工业社会转变所必须经过的历史性过程，是人类实践结果的特定样态，也是历史向世界历史的转变过程，它表现在生产力、生产关系、社会关系等方方面面的变革中。在这一过程中，资本主义的世界市场得以确立，并将世界上每一个国家与地区都卷入其中，迫使他们“采用资产阶级的生产方式”以维系自己的生存，从而建立起了一个庞大的、以资本主义国家为主导的“中心—边缘”世界格局，其他民族与地区则作为附属而存在。后发展国家如此便面临着一个巨大的、根本性的发展难题，即如何在这种世界格局中实现自身的现代化之路。

西方资本主义的现代化之路有自身产生发展的历史背景，中国式现代化道路的孕育也缘于自身的环境与实践。习近平总书记在党的二十大报告中指出：“在新中国成立特别是改革开放以来长期探索和实践基础上，经过十八大以来在理论和实践上的创新突破，我们党成功推进和拓展了中国式现代化。中国式现代化，是中国共产党领导的社会主义现代化，既有各国现代化的共同特征，更有基于自己国情的中国特色。”

中国式现代化道路与“五个必由之路”统一于中国特色社会主义的伟大实践当中。“五个必由之路”紧紧围绕着中国特色社会主义道路展开论述，在凝练经验的基础上指明如何更好地在中国特色社会主义道路上行进，以全面建成社会主义现代化强国、实现第二个百年奋斗目标，从而借由中国式现代化全面推进中华民族的伟大复兴。中国特色社会主义道路与中国式现代化道路是包含与被包含的关系，中国式现代化道路是中国特色社会主义道路中的一个阶段与过程，“五个必由之路”作为我们的行动指南，既是对中国特色社会主义道路的指引，也是对中国式现代化道路的指引。

坚持中国共产党领导是中国式现代化的本质要求，全面从严治党是保持党先进性的内在要求。中国式现代化道路是中国共产党在一定的社会历史条件下开辟，在充分掌握科学社会主义发展规律和人类社会发展规律的基础上，推进与拓展的社会实践。在这一过程中，中国共产党坚持把马克思主义基本原理同中国具体实际相结合、同中华优秀传统文化相结合，同时尽力规避西方资本主义现代化道路的各种弊端，开创了一条中国式的现代化道路。没有中国共产党的领导，中国式现代化道路就失去了开辟者与践行者，也就失去了存在的可能。为了继续在中国共产党领导的中国特色社会主义道路和中国式现代化道路上向前迈进，要确保党的性质不变、目标不变，始终保持党的先进性和纯洁性，从而更好地发挥中国共产党的领导作用，要坚持全面从严治党，不断提高党自我完善、自我净化、自我革新、自我提高的能力。

坚持中国特色社会主义是中国式现代化的本质要求。西方资本主义现代化导致了“中心—边缘”格局的产生，这是资本主义生产方式带来的必然结果。后发国家在追求现代化的过程中如若照搬西方资本主义现代化模式，便会丧失自身发展的独立性，最终沦为发达资本主义国家的附庸。中国式现代化道路坚持社会主义的发展方向，依据本国经济结构、历史传统、文化习俗等独特国情，走出了一条独立自主的现代化之路。这是一条中国特色社会主义道路，是一条后发国家在短时间内同步推进工业化、城镇化、信息化和农业现代化的道路，更是一条冲破资本主义“中心—边缘”格局，创造人类文明新形态的道路。

新发展理念和团结奋斗从两个层面凸显了中国式现代化道路的特质。西方资本主义现代化道路在发展过程中产生了诸多弊病。从人与自然的关系看，以自然为代价实现片面发展，带来一系列生态、环境问题；从人与人的关系看，物与物之间的联系取代了人与人的联系，物的异化与人的异化同步加剧；从人与社会的关系看，社会分工的进一步细化使人们远离了社会系统的具体运转，人们无法确证自己的价值，导致了意义的丧失。中国式现代化道路在人的现代化方面超越了资本主义现代化道路，合理协调了物的现代化与人的现代化，以新发展理念促进人与自然和谐共生、促进区域协调发展、同步推进物质文明与精神文明；以团结奋斗凝聚人心、凝聚价值，更好地促成以人为主题的现代化之路。

参考文献

[1] 习近平:《高举中国特色社会主义伟大旗帜　为全面建设社会主义现代化国家而团结奋斗——在中国共产党第二十次全国代表大会上的报告》，人民出版社 2022 年版。

[2] 习近平:《论中国共产党历史》，中央文献出版社 2021 年版。

[3]《团结奋斗书写新的美好未来——习近平总书记在春节团拜会上的讲话激励社会各界奋进新征程》，《人民日报》2022 年 2 月 1 日。

[4] 中共中央文献研究室编:《习近平关于全面建成小康社会论述摘编》，中央文献出版社 2016 年版。

原载于《人民论坛》2022年第21期

"现代化之问"的中国方案和全球文明倡议：政党的责任与担当

蒯正明

摘　要：当今世界正处于百年未有之大变局，和平与发展仍是时代主题，但是不稳定性、不确定性较为突出，人类现代化正处于十字路口，人类文明的发展面临各种挑战。面对"现代化之问"，各国政党亟须作出思考和回答。正基于此，习近平在中国共产党与世界政党高层对话会上的主旨讲话中明确提出"现代化之问"的中国方案，首次提出全球文明倡议，阐明了政党对于推进人类现代化和促进人类文明进步的责任担当。"现代化之问"的中国方案和全球文明倡议是基于中国式现代化建设的实践经验提出的，彰显了中国共产党宗旨理念和大党担当，"现代化之问"的中国方案为各国政党探索本国现代化道路提供全新选择，大大推动各国政党对现代化建设规律的认识。全球文明倡议从不同维度回答推动全球文明交流互鉴的具体要求，为推动人类文明进步注入强大正能量。

关键词：现代化；全球文明倡议；中国方案；人类文明；政党

人类社会的历史发展表明，人类现代化推进、文明的发展离不开先进思想的指引。当前，人类社会面临种种挑战和困境，人类社会现代化进程又一次来到历史的十字路口。与此同时，国际社会求稳定、谋发展以及对公平正义的呼声更加强烈。2023年3月15日，习近平在中国共产党与世界政党高层对话会上的主旨讲话中明确提出了"现代化之问"的中国方案和全球文明倡议。政党既是人类现代化和近代政治文明发展的产物，也是人类现代化的引领者和推动者，政党要锚定正确的前进方向，强化自身的责任意识，积极担负引领和推动现代化、促进全球文明交流互鉴的责任。对此，习近平也多次呼吁政党要担负起推动现代化的各种责任。那么，如何认识"现代化之问"的中国方案和全球文明倡议的具体内容及其内在联系？如何认识在现代化进程中政党担负责任的实践要求？思考和分析上述问题对于我们认识人类现代化建设规律、提升政党推动人类现代化和人类文明进步的主体自觉都具有重要的意义。

一、回答“现代化之问”：为推动人类现代化贡献中国方案

当前，世界正处于百年未有之大变局，国际形势和国际关系错综复杂，国际社会和全球治理面临一系列问题，突出表现为：一是价值观冲突。以美国为代表的西方资本主义国家动辄打着“民主”“自由”的旗号干涉他国内政，煽动意识形态隔阂与对立，企图按照美国的价值观和政治制度塑造其他国家和世界秩序，使“文明的冲突”因“民主”正成为现实。二是地缘政治冲突加剧。如当前持续发酵的俄乌冲突，俄乌冲突不仅会直接引发人道主义危机，而且引发全球能源和粮食供需失衡，导致国际大宗商品价格大幅上涨，世界经济发展面临一系列不确定因素。三是全球范围贫富差距日益拉大。根据托马斯·皮凯蒂发布的《2022年世界不平等报告》，“从1995年到2021年，全球最富有的1%人口获取了38%的增量财富，而底层50%只获取了2%”[1]。面对“人类社会现代化向何处去”的时代命题，各国政党亟须作出思考和回答。正基于此，2023年3月15日，习近平在中国共产党与世界政党高层对话会上的主旨讲话中明确提出政党引领和推动现代化的五点主张，这五点主张既是基于中国式现代化建设的经验总结，也是中国共产党人对“现代化之问”的系统回应。

第一，坚守人民至上理念，突出现代化方向的人民性。任何政党都有其鲜明的政治属性，中国共产党最根本的政治属性和最强大的政治基因就是人民性。党自成立之日就确立了自己的政党立场。一百年来，党在推进中国式现代化过程中始终坚持人民至上的理念，坚持现代化方向的人民性。毛泽东指出：“共产党就是要奋斗，就是要全心全意为人民服务。”[2]邓小平强调，社会主义现代化建设“必须把经济的发展使人民生活得到的改善反映出来。人民生活要有相当增长，人民才能满意”[3]。习近平强调：“现代化道路最终能否走得通、行得稳，关键要看是否坚持以人民为中心。”[4]在实践中，中国共产党始终注重将人民至上理念贯穿于党领导和推动现代化建设的全过程，始终注重尊重群众首创精神、虚心听取群众意见、关心群众生活。党的十八大以来，为了打赢脱贫攻坚战，中国共产党人坚持精准扶贫、精准脱贫，层层签订脱贫攻坚责任书，如期完成全面建成小康社会的目标，书写了人类反贫困史上的中国奇迹。既基于中国式现代化建设的实践经验，也基于坚持人类现代化的正确方向，习近平强调，各国在

[1] 李彦文：《2022年世界不平等报告：消除不平等是一种政策选择》，《社会科学报》2022年1月6日。

[2] 《毛泽东文集》（第7卷），人民出版社1999年版，第285页。

[3] 中共中央文献研究室：《邓小平年谱（1975—1997）（上）》，中央文献出版社2004年版，第657页。

[4] 习近平：《携手同行现代化之路——在中国共产党与世界政党高层对话会上的主旨讲话》，《人民日报》2023年3月16日。

推进现代化进程中，“政党要锚定人民对美好生活的向往”[1]。

第二，秉持独立自主原则，探索现代化道路的多样性。独立自主是中国共产党人将马克思主义基本原理同中国具体实际相结合得出的一个创造性结论。早在1930年5月，毛泽东在《反对本本主义》中就指出：“中国革命斗争的胜利要靠中国同志了解中国情况。”[2]新中国成立之后，中国共产党依据自身国情，独立自主探索出社会主义改造道路，通过“三大改造”，在中国建立了社会主义制度。社会主义制度建立之后，毛泽东明确提出以苏为鉴，对社会主义建设道路进行了初步思考和探索。改革开放以来，中国共产党坚持独立自主和对外开放相统一，始终依据社会主义初级阶段的基本国情推进改革和发展。中国式现代化建设的实践表明，各国都有自己的历史、文化传统和具体国情，一个国家的现代化道路必须建立在契合本国国情的基础之上，各国都应尊重他国探索现代化道路的自主权。

第三，树立守正创新意识，保持现代化进程的持续性。中国式现代化是一项伟大而艰巨的事业，需要将守正与创新结合起来。守正就是要保持战略定力，坚持科学社会主义的基本原则；创新就是依据在现代化建设中出现的新情况新问题，大胆解放思想，勇于破解难题。守正与创新相辅相成，体现了继承与发展、原则性与创造性的辩证统一。坚持守正与创新的辩证统一，以守正为创新凝心铸魂，以创新为守正注入活力，保证中国式现代化行稳致远。同样，各个国家都有本国的国情，在推进现代化进程中都会面临各种新情况新问题，正基于此，习近平指出：“政党要敢于担当、勇于作为，冲破思想观念束缚，破除体制机制弊端，探索优化方法路径，不断实现理论和实践上的创新突破。”[3]

第四，弘扬立己达人精神，增强现代化成果的普惠性。立己达人出自《论语·雍也》，原文为“己欲立而立人，己欲达而达人”，意思是自己想成功首先要让别人成功，自己想被人理解首先要理解别人。“立己达人”重在“立己”，贵于“达人”。中国共产党是马克思主义政党，党在带领本国人民探索现代化道路过程中，始终做全球发展的贡献者，坚持发展自己、兼济天下，不仅努力实现本国的发展，而且寻求世界各国共同繁荣，通过自身发展给世界创造更多机遇，也在推动全球共同发展中实现自身更大进步。在推进人类现代化进程中弘扬立己达人精神，要求推动各国合作发展、共同发展，努力让现代化成果更多更公平惠及各国人民。

---

[1] 习近平：《携手同行现代化之路——在中国共产党与世界政党高层对话会上的主旨讲话》，《人民日报》2023年3月16日。

[2] 《毛泽东选集》（第1卷），人民出版社1991年版，第115页。

[3] 习近平：《携手同行现代化之路——在中国共产党与世界政党高层对话会上的主旨讲话》，《人民日报》2023年3月16日。

第五，保持奋发有为姿态，确保现代化领导的坚定性。奋斗是一种积极进取的精神力量，是中国共产党人的精神底色。中国共产党在引领和推动中国式现代化过程中始终注重保持全党奋发有为的精神状态，攻克了一个又一个看似不可攻克的难关，不断为中国现代化建设事业注入强大精神力量。各个国家的现代化建设也不可能一帆风顺，政党要担负起现代化国家建设的责任就需要保持奋发有为的精神状态。为此，习近平呼吁“政党要把自身建设和国家现代化建设紧密结合起来，踔厉奋发，勇毅笃行，超越自我”[1]。

上述五个方面的内容是密切联系、相互支撑的有机整体，其中，坚守人民至上是价值理念；坚持独立自主是前提条件；坚持守正创新和保持奋发有为是重要动力和实践要求；弘扬立己达人精神，增强现代化成果的普惠性是目标追求。作为世界上党员数量最多、执政时间最长之一的政党，作为马克思主义使命型政党，中国共产党始终秉持为全人类作出更大贡献的精神追求和自觉实践。习近平提出的“现代化之问”的中国方案深刻体现了中国共产党人胸怀天下的情怀，彰显了中国共产党直面人类共同挑战的政治勇气，大大推动各国政党对现代化建设规律的认识。

二、提出全球文明倡议：为推动全球文明交流互鉴贡献中国智慧

人类现代化进程与文明的历程并驾齐驱。“人类追求不断发展进步的历史，实质上就是人类追求幸福生活、实现文明形态变革、建构先进文明价值体系、推动文明逻辑演进的历史”。[2]在人类历史上，西方国家曾是现代化的开拓者和引领者，创造了人类历史的奇迹，大大加快人类文明发展的步伐，但我们必须看到，资本主义文明本身建立在资本主义制度基础之上，是以资本为中心的文明形态。资本全球化既推动了资本主义文明的全球扩张，也推动了资本主义生产关系在全球的拓展和延伸，建立了资本主义主导的全球秩序和国际交往规则，然而，资本主义主导的全球秩序带有明显非正义性，不可避免地导致一系列国际冲突。“进入21世纪，以西方文明为底色的人类文明正面临危机”。[3]面对当今世界多重挑战、危机交织叠加以及冷战思维阴魂不散等一系列问题，为了进一步推动人类社会现代化进程，促进全球文明的交流互鉴，习近平明确提出以“四个共同倡导”为主要内容的全球文明倡议。

[1] 习近平：《携手同行现代化之路——在中国共产党与世界政党高层对话会上的主旨讲话》，《人民日报》2023年3月16日。

[2] 党锐锋、李斌：《构建人类命运共同体理念对于创造人类文明新形态的原创性贡献和方法论启示》，《宁夏社会科学》2022年第3期。

[3] 陈曙光：《世界大变局与人类文明的重建》，《哲学研究》2022年第3期。

第一，共同倡导尊重世界文明多样性。自从人类脱离茹毛饮血的时代，不同人类群体之间从未停止过发明、创新、实践经验和知识的交流。世界文明的多样性是客观存在的，是世界存在的本质特征。不同的文明使世界更加丰富多彩，各种文明都以自己的方式为人类文明进步作出积极贡献。尊重和承认世界文明的多样性，是实现各国和平相处的基本前提；反之，一味强求一律，文明发展必然缺失动力，文明自身的吸引力也会大大弱化。然而，长时期以来，以美国为代表的西方国家在对外交往中鼓吹“文明优越论”或“文明中心论”，企图以自己的所谓“优秀文明”取代其他国家的所谓“落后文明”，这也是导致当前世界“文明冲突”的重要原因。承认文明多样性并予以尊重，是世界文明交流互鉴的基础，要求各国秉持相互尊重的理念，摒弃“唯我独尊”错误心态，加深对自身文明和其他文明差异性的认知，弘扬平等、互鉴、对话、包容的文明观。

第二，共同倡导弘扬全人类共同价值。在全球化时代，各国之间联系日益紧密，客观存在共同利益，必然要求共同价值。共同价值与西方普世价值有着本质的区别。普世价值将西方自由、民主、人权看作放之四海而皆准的真理，利用自由、民主、人权等概念，布设价值观和意识形态“迷魂阵”，推销西方的所谓“民主国家体系”和“自由体制”，打着民主旗号大肆干涉别国内政，甚至策动政权更迭、扶持亲美政府，其结果是既阻断了这些国家正常的发展进程，也造成一系列国际冲突和动荡，严重阻碍了发展中国家迈向现代化的步伐。“普世价值”具有明确的政治目的，其实质是将某一文明（尤其是西方文明）中生长出来的价值外加于另一文明之上。共同价值形成的基础是全人类共同、普遍的生产生活实践，无论在具体内容上，还是在实现机制上，都与普世价值有着根本的区别。首先，就具体内容来说，共同价值的内容是“和平、发展、公平、正义、民主、自由”。这六大要素是依次递进的统一体，其中，和平、发展是人类社会生存发展的前提和基础；公平、正义是当前全球发展迫切需要解决的问题；民主、自由是现代政治文明的重要内容，是人类不懈追求的政治理想。共同价值将公平、正义、民主、自由建立在和平、发展的基础之上，更契合各国发展实际，是对各国人民普遍期待、共同愿景的高度凝练和客观反映。其次，就实践机制来说，共同价值主张在文明多样性的基础上寻找共同性，在多元文明交流互鉴、共生共存的过程中携手创造共同性，“不将自己的价值观和模式强加于人，不搞意识形态对抗”[1]。这与普世价值鼓吹的“西方中心主义”“文明优劣论”“制度对抗论”等有着本质的区别。总之，全人类共同价值直面人类普遍性问题，着眼于人类的共同利益，倡导弘扬全人

[1] 习近平：《携手同行现代化之路——在中国共产党与世界政党高层对话会上的主旨讲话》，《人民日报》2023年3月16日。

类共同价值有利于凝聚各国思想共识，摒弃意识形态偏见，为推动人类文明的交流互鉴提供价值指引。

第三，共同倡导重视文明传承和创新。在人类文明发展道路上，人类从未停止文明的传承与创新，这也是人类不断提升自己整体文明水平的内在要求。在我国，中国共产党在带领人民探索现代化道路过程中始终尊重文化发展规律，坚持辩证取舍，坚持古为今用、推陈出新，对中华优秀传统文化进行创造性转化、创新性发展。比如，我国长期奉行的“和平共处五项原则”就是基于中华优秀传统文化中“和而不同”“以和为贵”等思想提出的。再比如，习近平提出的人类命运共同体思想也是对中华优秀传统文化中的“协和万邦”“亲仁善邻”“天下一家”等思想的传承和发展。当前，世界上有超过200个国家和地区，超过2500个民族，如此多的文明都扎根于自己的生存土壤。新时代的文明交流互鉴要求各国顺应人类文明发展的内在要求，“充分挖掘各国历史文化的时代价值，推动各国优秀传统文化在现代化进程中实现创造性转化、创新性发展”[1]。

第四，共同倡导加强国际人文交流合作。文明因交流而互鉴，因互鉴而发展。国际人文交流既是世界和平与合作的压舱石，也是人类文明不断前进的必然要求。就国际关系来说，国际人文交流是增进各国人民友谊的“播种机”，通过推进不同文明之间的交流对话，有利于增进国与国之间理解与信任。应该看到，长期以来，以美国为代表的西方国家在对外交往中奉行你输我赢的零和博弈思维，用非此即彼的标准对待国际社会，其结果不仅严重损害国际间的交流合作，也加剧了国际政治的对抗性。对此，习近平强调，国际交往“要摒弃零和游戏、你输我赢的旧思维，树立双赢、共赢的新理念”[2]。在推动人类现代化进程中，对于不同文明，各国都应秉持海纳百川、有容乃大的精神，坚持求同存异、和而不同，“探讨构建全球文明对话合作网络，丰富交流内容，拓展合作渠道，促进各国人民相知相亲”[3]。

全球文明倡议是中国在提出全球发展倡议、全球安全倡议之后，向世界发出的又一重大呼吁。全球文明倡议的主旨在于推动全球文明的交流互鉴，其包括的“四个共同倡导”内容分别从不同维度回答推动全球文明交流互鉴的具体要求，其中，尊重世界文明多样性是前提和基础，共同价值是价值引领，文明传承和创新是内容要求，加强国际人文交流合作是实现途径。四个方面内容是一个有机联系的整体，分别回答了

[1] 习近平：《携手同行现代化之路——在中国共产党与世界政党高层对话会上的主旨讲话》，《人民日报》2023年3月16日。

[2] 习近平：《论坚持推动构建人类命运共同体》，中央文献出版社2018年版，第207页。

[3] 习近平：《携手同行现代化之路——在中国共产党与世界政党高层对话会上的主旨讲话》，《人民日报》2023年3月16日。

“为什么需要交流互鉴”“为什么能够交流互鉴”“交流互鉴什么内容”“如何实现交流互鉴”。

三、政党责任与担当：提升政党推动现代化与全球文明的主体自觉

在政党政治时代，政党既是现代国家政治制度的重要组成部分和权力运行的实际操作者，也是人类现代化和政治文明发展的产物，还是推动人类现代化和全球文明的关键力量。进一步说，在人类现代化进程中，现代政治文明建设乃至人类文明的发展必然要以政党为中枢、由政党来组织推动。“在政党政治时代，相对于具体的社会形态文明和整个人类文明来说，政党文明是这个‘文明链’或文明体系中的基础环节。”[1]政党文明直接制约甚至决定着现代政治文明建设、人类文明的发展走向、建设成效等，可以说有什么样的政党文明就有什么样的社会文明形态。

在中国，近代中国国情决定，中国现代化国家建设不仅要有政治革命，而且必须进行彻底的社会革命。中国革命要取得胜利必须有科学的理论指导、正确的方向引领、强有力政党的领导，要求建立崭新的、具有自我革命精神的政党带领人民完成国家独立、民族解放和实现中华民族伟大复兴的历史任务。“在强大政党建设与现代化国家建设的价值关系中，强大政党建设具有历史主动性，发挥关键性作用。”[2]中国共产党是按照马克思主义建党原则建立起来的政党，党坚持人民至上的价值理念，以民主集中制为自己的组织原则，党的初心使命就是为人民谋幸福、为民族谋复兴。党成立之后，始终自觉践行初心使命，以自我革命推动社会革命，带领人民艰苦奋斗，创造了“四个伟大成就”，实现了中国人民从站起来到富起来再到强起来的伟大转变。总的来说，党对中国式现代化的引领和推动主要体现在以下五个方面：一是政治创造。党在引领和推动中国现代化建设过程中，始终注重以清醒的历史自觉、坚定的历史自信、强烈的责任担当来科学地设定党在不同阶段的目标任务，制定现代化的战略规划、战略步骤等。二是制度创设和体系完善。在新民主主义革命时期，党在局部执政过程中就对适合中国国情的经济、政治、文化和社会制度进行了一定的探索。新中国成立之后，党带领人民在中国建立了社会主义制度，并在之后的社会主义建设实践中，为完善社会主义制度进行持续努力，形成了中国特色社会主义制度体系。三是组织支撑。严密的组织体系和重视组织建设是中国共产党发挥独特组织优势的关键。党自成立以来，始终注重建立健全党的组织体系，通过完善的组织体系有效整合社会力量，构筑实现

[1] 王韶兴：《政党文明与共产党执政规律》，《理论学刊》2002年第3期。

[2] 王韶兴：《现代化国家与强大政党建设逻辑》，《中国社会科学》2021年第3期。

党的领导、推进现代化建设坚强的战斗堡垒。四是精神动力支撑。精神是一个民族赖以长久生存的灵魂。党在百年奋斗中形成的伟大精神谱系不仅为立党兴党强党提供丰厚滋养，也塑造了中华民族伟大复兴的精神支柱，为中国革命、建设、改革和新时代现代化事业提供强大的精神动力。五是人才保障。中国共产党是工人阶级先进性政党，一百年来，党一方面通过自身组织将社会先进分子吸收到党内；另一方面，坚持党管人才原则，引导广大人才爱党报国，不断完善党管人才的领导体制和工作格局，为中国现代化事业推进提供人才支持，等等。

总之，中国共产党始终自觉担负起引领和推动中国现代化的责任和使命，政治创造、制度创设、要素支撑（包括组织支撑、精神动力支撑、人才支撑等）始终贯穿于党引领和推动中国现代化的全过程。“如果没有中国共产党坚定执着的现代化理想、不断完善的现代化规划、愈益合理的现代化方案、一以贯之的现代化努力，中国式现代化的探索既不可能展开，又不可能最终形成。”[1]一百年来，中国共产党不仅团结带领中国人民走出了中国式现代化道路，也创造了人类文明新形态，形成了人类现代文明发展的新样式。

对于不同类型的政党而言，其价值追求和其在国家政治生活中的地位、功能等都有着显著的差异，但都应该以合乎伦理的精神承担起自己引领和推动本国现代化国家建设的责任。“虽然不同的政党在阶级背景、理论方针、组织能力等方面各不相同，但是评价一个政党是否是真正意义上的责任政党，其标准是一致的，即取决于对谁负责、负什么责以及如何负责。”[2]政党责任包括政党对民众利益需求、国家发展、社会进步等方面的责任，尤其对于执政党而言，其执政地位决定其应将公共利益作为活动的价值导向，满足人民利益诉求，主动顺应世界历史发展的大潮流。应该看到，尽管资产阶级政党在推动人类文明发展中起到过非常重要的作用，但资产阶级政党的政治属性及其赖以生存的资本主义社会制度决定，它不可能担负起推动人类文明继续向前发展的责任。近年来，以美国为代表的资本主义国家中的政党政治运作就充分暴露出资产阶级政党的内在缺陷，主要表现为：一是金钱政治使得资产阶级政党越来越受资本所左右，民众虽有投票权，但无法对政治产生实际影响，政治的“富人游戏”本色日益显现；二是政治极化加剧。以美国为例，近年来两党内斗轮番升级，政党利益、集团利益被置于国家利益之上，相互攻击和指责愈演愈烈，无休止的党争严重耗费社会成本，使公共政策出台越发困难、降低决策效率。三是资产阶级政党将获得和维系自己的执政地位作为一切活动目标，不可避免地造成政策短视、政策频繁变更等问题。新时代

[1] 李海青：《马克思主义使命型政党与中国式现代化——基于新时代的分析视域》，《甘肃社会科学》2022年第4期。

[2] 张力伟：《责任型政党：新时代责任政治建设的核心支撑》，《云南社会科学》2021年第3期。

人类现代化和人类文明的发展呼唤责任政党，要求各国政党自觉担负起现代化建设职责，顺应人民期待，把握人类进步大势，尤其对于后发现代化国家来说，在推动国家的现代化过程中普遍面临社会快速变革、社会风险叠加等问题，进一步凸显了政党责任和担当对于现代化建设的重大意义，要求政党树立自觉的责任意识和使命意识。正因为如此，习近平多次强调政党责任问题。2021年7月6日，习近平在中国共产党与世界政党领导人峰会上的主旨讲话中明确阐述政党需要承担责任的内容，包括担负起引领方向的责任、凝聚共识的责任、促进发展的责任、加强合作的责任、完善治理的责任[1]。2023年3月15日，习近平在中国共产党与世界政党高层对话会上的主旨讲话中进一步强调了政党推动全球文明交流对话，促进国际合作的责任，强调要“以建立新型政党关系助力构建新型国际关系”[2]。

总之，在现代政治体系中，政党是国家现代化和社会文明的引领者和推动者。大时代需要大格局，大格局呼唤大胸怀。人类现代化正处于十字路口，政党应本着对人民、对人类前途命运高度负责的态度，主动承担起引领现代化发展方向、满足人民利益诉求、促进现代化国家建设、加强国际合作等方面责任，不断提升责任自觉、主体自觉，尤其要以宽广胸怀理解不同文明的价值，加强党际对话和互动，以政党外交的柔性功能拓展国家交往渠道，以自身行动促进全球文明的交流互鉴，携手应对全球性风险和挑战，积极推动完善全球治理。

四、总结与思考

现代化最早是由西方启动、发展的。长期以来，西方国家因其率先实现工业文明，因而在现代化的发展模式、经济制度等方面作出系统化的理论构建，塑造了西方模式是现代化唯一路径的话语体系。它们认为，人类在走向现代化的过程中只有先来后到、速度快慢，并无道路不同。美国更是利用其经济上取得的优势，以现代化路径的唯一性对其他国家进行思想渗透，诱导它们放弃自身的发展模式。在人类现代化的历史进程中，西方国家虽然作出了多方面的贡献，创造了许多灿烂的文明，但我们应该看到，由于西方现代化是在强大的资本逻辑驱动下发展起来的，这就决定资本主义文明必然存在一系列不可克服的矛盾。此外，资本主义国家对外扩张和意识形态输出也是造成当前世界冲突和动荡的重要原因。总之，资本主义的现代化道路不是唯一的现代化道

[1] 习近平：《携手同行现代化之路——在中国共产党与世界政党高层对话会上的主旨讲话》，《人民日报》2023年3月16日。

[2] 习近平：《携手同行现代化之路——在中国共产党与世界政党高层对话会上的主旨讲话》，《人民日报》2023年3月16日。

路，资本主义文明也绝不是人类文明发展的“普世”形态。

中国式现代化道路是中国共产党带领中国人民结合自身实际、依据独立自主的原则探索出来的，中国式现代化道路既传承中华优秀传统文化，又借鉴世界一切优秀文明成果。“中国式现代化道路打破了发展中国家对资本主义现代化道路的依赖，克服了资本主义现代化的固有弊端。”[1]习近平在中国共产党与世界政党高层对话会上提出的“现代化之问”的中国方案，既基于中国式现代化建设的实践经验，也是中国共产党人对推进人类现代化的新思考、新认识，指明了现代化建设应该坚持的价值理念（人民至上）、前提条件（独立自主）、重要动力和实践要求（守正创新、奋发有为），以及现代化建设目标追求（增强现代化成果的普惠性），反映中国共产党人对现代化建设规律认识的深化，对世界的责任担当和情怀，为后发现代化国家探索本国的现代化道路提供了全新的选择。

世界大变局呼唤人类文明的重建。中国式现代化及其展现的新文明形态是以中国共产党政党文明的发展为基础和底色，并以政党文明为引领和推动的。习近平提出全球文明倡议既着眼于解决当今世界面临的现实问题，又是以中国式现代化的文明意蕴为基础和支撑的。全球文明倡议有效克服了资本主义文明中零和博弈思维、文明优越论、西方文明中心论等傲慢与偏见，在价值引领和实践机制等方面都实现了对资本主义文明的超越。全球文明倡议中的“四个共同倡导”是逻辑清晰的有机整体，体现了中华民族“天下一家”“协和万邦”的文化传统，以及中国共产党为破解世界现实难题的深邃思考，为推动世界文明的交流互鉴、推动人类文明进步提供价值指引、贡献中国智慧。

在“人类现代化”“全球文明”“政党”等三者关系中，政党是核心和统领，政党的思想主张和行为实践贯穿于人类现代化建设和全球文明发展的全过程。中国式现代化就是在中国共产党的领导下开创的，党不仅带领人民开创了中国式现代化道路，也创造了人类文明新形态。当前，人类现代化正处于十字路口，政党需要克服资产阶级政党将党派私利凌驾于国家、民族利益之上的缺陷，自觉承担起推动本国现代化的责任，尤其对于后发现代化国家来说，在迈向现代化的进程中需要带领本国人民探索现代化发展的正确道路，积极处理国家在转型发展中遇到的各种问题，统筹协调各方力量，有效应对在现代化进程中的重大风险挑战，以政党合作推动国际合作，以政党文明促进人类文明发展。

原载于《理论探讨》2023年第3期

[1] 贺新元、姜越：《党的百年奋斗深刻影响了世界历史进程》，《新视野》2022年第4期。

深入把握“六个如何始终”的内涵要义

李超群　王韶兴

摘　要： 中国共产党解决“大党独有难题”是党的二十大报告提出的重大政治命题。深入把握“大党独有难题”的内涵要义，关键在于厘清和把握以“六个如何始终”为主要表现的难题指向。“六个如何始终”在内容上相互呼应、价值上各有侧重、实践应对上紧密衔接，分别从价值引领、集中统一、本领锻造、永葆精神、自我纠错、生态涵养六个维度来明确“大党独有难题”的主要内涵。新征程上有效应对“大党独有难题”，需在准确把握“六个如何始终”的内涵与指向的基础上，相应地提出学理认识与致思理路，从而逐步趋近并最终实现“建设长期执政的马克思主义政党”的执政目标。

关键词： 大党独有难题；大党治理；“六个如何始终”；长期执政

在政党政治高度发达的时代，政党作为维护政治秩序运行、形塑国家与社会治理、支撑现代化进程发展的核心力量，政党治理问题已成为政党政治研究的关键视域与核心议题。相较于相对意义上的小党治理而言，大党治理有其复杂性、特殊性和规律性。中国共产党作为世界上独一无二的最大的马克思主义执政党，加之在超大型后发国家和超大规模社会长期执政的政治现实，决定了“治国必先治党，治党务必从严”[1]成为中国特色大党与大国发展的必然政治逻辑。对此，党的二十大报告提出“时刻保持解决大党独有难题的清醒和坚定”的重大政治命题。在2023年1月召开的二十届中央纪委二次全会上，习近平以“六个如何始终”[2]进一步科学揭示和高度概括了大党独有难题的内涵指向，从而为这一政治命题的学理阐释提供了根本指引。所谓中国共产党的“大党独有难题”，其命题立意在于：“大党”在规模向度上之庞大、特质向度上之崇高

[1]　《十八大以来重要文献选编（下）》，中央文献出版社2018年版，第509页。

[2]　2023年1月9日，习近平在二十届中央纪委二次全会上指出：“如何始终不忘初心、牢记使命，如何始终统一思想、统一意志、统一行动，如何始终具备强大的执政能力和领导水平，如何始终保持干事创业精神状态，如何始终能够及时发现和解决自身存在的问题，如何始终保持风清气正的政治生态，都是我们这个大党必须解决的独有难题。解决这些难题，是实现新时代新征程党的使命任务必须迈过的一道坎，是全面从严治党适应新形势新要求必须啃下的硬骨头。”参见《一刻不停推进全面从严治党保障党的二十大决策部署贯彻落实》，《人民日报》2023年1月10日。

与实现长久稳固执政的政党理想之间并不是完全的正相关关系，而是在应然与实然之间存在一定张力。如何在长期执政实践中，以强有力的政党治理为实践支撑来有效破解以“六个如何始终”为主要指向的大党难题，从而不断认识、消解并超越这种政治张力，进而逐步趋近并最终实现“建设长期执政的马克思主义政党”的执政目标，并由此塑造出一种新型政党文明发展形态，为世界政党治理与发展提供可参考可借鉴可推广的规律性认识，这是科学理解和把握“大党独有难题”出场逻辑与理论内涵的关键所在。

鉴于此，必须对“大党独有难题”进行学理性阐释，厘清“六个如何始终”的科学内涵。“六个如何始终”作为基于总结百年大党治理经验、考量新时代全面从严治党的实践探索、正视现阶段政党治理的问题表现与肇因、展望新征程党的自我革命进步空间与努力方向所得出来的重大政治论断，在内容上相互呼应、价值上各有侧重、实践应对上紧密衔接，共同统一于探索和回答新时代“建设什么样的长期执政的马克思主义政党、怎样建设长期执政的马克思主义政党”[1]的重大时代课题之中。对其应秉持贯通历史与现实、现在与未来的研究逻辑与视野，既要立足于中国共产党作为马克思主义政党所具有的崇高政治品格和本质属性来认识大党独有难题的“独特性”，也要充分考量百余年时空向度下党探索解决大党独有难题所取得的理论与实践成就；既要充分着眼于新时代以来推进全面从严治党与党的自我革命的经验凝结，也要清醒认识到当前破解大党独有难题中所存在的顽瘴痼疾及其肇因根源，以及由此所决定的努力方向和目标，从而全面深刻地理解“大党独有难题”缘何而来、为何解决以及现实指向等基本问题，并形成一系列学理性认识。

一、如何始终不忘初心、牢记使命

长期执政是政党政治时代的一个根本性议题，政党实现长期执政不仅需要考量“‘工具理性’层面的执政策略，还需要考虑执政目的与价值取向等一系列‘价值理性’层面的关键问题”[2]，由此才能有效规避“为执政而执政”的西方政党政治局限性。对于马克思主义政党而言，“过去的一切运动都是少数人的，或者为少数人谋利益的运动。无产阶级的运动是绝大多数人的，为绝大多数人谋利益的独立的运动”[3]。这深刻阐明了马克思主义政党进行革命并建立无产阶级政权的价值旨归在于消灭阶级剥削和压迫以实现人的自由而全面发展。中国共产党作为依据马克思主义建立起来的使命型政党，

[1] 《中共中央关于党的百年奋斗重大成就和历史经验的决议》，人民出版社2021年版，第26页。

[2] 潘一坡：《中国共产党长期执政的价值基础及其制度体现》，《社会主义研究》2023年第2期。

[3] 《马克思恩格斯选集》（第1卷），人民出版社2012年版，第411页。

始终秉持致力于“为中国人民谋幸福、为中华民族谋复兴”[1]的崇高初心和使命，这是其区别于其他一切政党的鲜明特质和独特优势。对此，习近平深刻指出：“党的初心和使命是党的性质宗旨、理想信念、奋斗目标的集中体现，越是长期执政，越不能丢掉马克思主义政党的本色，越不能忘记党的初心使命。”[2]这意味着，党的初心和使命问题的实质是对“中国共产党是什么、要干什么”[3]这个立党兴党强党根本问题的深刻追问与现实告诫，永葆初心使命是贯穿于中国共产党长期执政始终的根本价值逻辑。

对此，纵观党的百余年奋斗历程可以发现，从民主革命时期古田会议创造性地提出“思想建党”的基本原则到延安整风运动中在全党开展大规模的党内集中教育，从新中国成立前夕毛泽东向全党提出“两个务必”的执政告诫到新中国成立初期“三反”“五反”以及党内整风运动的开展，从改革开放初期全党开展的整党整风活动到21世纪前后开展的“三讲”教育活动以及保持共产党员先进性教育活动，这些无疑深刻反映出中国共产党始终将全党永葆初心使命作为一项执政党建设的根本课题而常抓不懈，通过理论武装、党内集中教育、整风整党运动等各种方式强化全党的初心使命意识。党的十八大以来，以习近平同志为核心的党中央进一步明确党的初心使命的科学内涵和重大意义，推动守初心担使命由对全党的政治号召上升为制度规范的形态升华。“不忘初心、牢记使命”已然成为贯穿于新时代推进党内治理以及治国理政始终的重大政治要求和鲜明价值标识。鉴于此，将“如何始终不忘初心、牢记使命”作为大党独有难题之一且置于首位的政治考量在于，中国共产党作为拥有近1亿名党员和近500万个基层党组织且长期执政的超大规模体量政党，党的初心使命历久弥坚，但并不代表微观个体层面的每一个党员的初心使命都是与党的初心使命高度一致而先进纯洁的。二者之间存在一种召唤与承载、凝聚与汇聚的双向形塑关系。革命战争时期，残酷的革命环境和“你死我活”的生死考验所形成的“自然筛选机制”有助于党员队伍的初心使命进行衡量检验和革命性锻造。而进入和平建设年代，由于革命斗争所形成的“自然筛选”检验机制已不起作用，加之公权力的固有属性影响、市场经济发展对执政队伍的思想动机所引致的负面效应以及全媒体时代下的信息爆炸和敌对势力对我国意识形态领域的渗透侵扰，党员个体初心使命的养成与锻造面临着诸如“四种危险”“四大考验”“四个任重道远”等一系列前所未有的严峻风险和挑战。对此，习近平深刻指出：“马克思主义政党的先进性和纯洁性不是随着时间推移而自然保持下去的，共产党员的党性不是随着党龄增长和职务提升而自然提高的。初心不会自然保质保鲜，稍不

[1] 《十九大以来重要文献选编（中）》，中央文献出版社2021年版，第651页。

[2] 《习近平谈治国理政》（第三卷），外文出版社2020年版，第529页。

[3] 《中共中央关于党的百年奋斗重大成就和历史经验的决议》，人民出版社2021年版，第72页。

注意就可能蒙尘褪色，久不滋养就会干涸枯萎。”[1]可见，恪守党的初心使命是横跨党员政治生命始终的自我修养与身份认同。

作为建设长期执政的马克思主义政党的根本性议题和影响中国式现代化进程的关键性因素，“不忘初心、牢记使命”的出场与在场呈现出价值、历史、现实与未来的内在统一。新征程上推进中国式现代化所具有的前所未有的复杂性和艰巨性为全党守初心担使命注入了新的时代内涵，并提出了新的现实要求。对此，做到始终不忘初心、牢记使命，既要充分考量到如何在大党长期执政条件下敦促全党始终保持守初心担使命的理性自觉和政治清醒，也要着眼于将党的百余年历史进程中行之有效的典型做法和宝贵经验予以继承、发扬并赋予新的时代底色；既有赖于真刀真枪地解决政党自身存在的各种影响初心使命践行的现实问题和不正之风，也要时刻保持战略主动和斗争精神以不断达成党所承担的使命任务以有力夯实全党守初心担使命的政治自信。对此，有学者指出：“中国共产党人‘初心’的践行，并非在‘真空’中保持永恒，而是在一个复杂的现实场域中进行的，它往往受到各种不确定性因素的影响。”[2]确保全党始终不忘初心、牢记使命是一项兼具政治性、复杂性、过程性、长期性、斗争性、艰巨性的重大战略课题，需要全体党员永葆忧党之心、为党之责、强党之志以充分意识到中国共产党党员身份的内在规定性，需要有效推动政治立党、思想建党、组织强党、作风兴党、制度治党等自我革命的重要环节有机结合，需要作为“加强党的建设的永恒课题和全体党员、干部的终身课题”[3]而常抓不懈、持续发力，并在此过程中统筹和处理好党员个体层面的党性与人性、公心与私心之间的张力关系，从而推动党的初心使命共识、政治性身份以及实践性遵循，使其以一种内在的规范性力量转化为执政队伍的思想自觉和行动自觉。

二、如何始终统一思想、统一意志、统一行动

保证党的高度集中统一以全面领导国家与社会是马克思主义政党与生俱来的本质特征。马克思、恩格斯在领导共产主义者同盟时就充分认识到加强集中统一领导的重要性。他们指出：“革命活动只有在集中的条件下才能发挥全部力量。”[4]列宁在领导苏维埃政权创建过程中，更是深刻认识到无产阶级政党的集中统一是提升党的凝聚力和战斗力的根本前提，他指出：“保持党的统一和实现无产阶级先锋队的意志的统一是保

[1] 《习近平著作选读》（第二卷），人民出版社2023年版，第298页。

[2] 宋进、王朝庆：《论中国共产党“不忘初心”命题的出场语境》，《江海学刊》2019年第2期。

[3] 《习近平著作选读》（第二卷），人民出版社2023年版，第298页。

[4] 《马克思恩格斯选集》（第1卷），人民出版社2012年版，第562页。

证无产阶级专政胜利的基本条件。”[1]值得一提的是，在马克思主义经典作家看来，无产阶级政党在政治上的统一是建立在思想统一和行动统一的基础之上的。马克思、恩格斯明确指出：“为了保证革命的成功，必须有思想和行动的统一。”[2]列宁也曾指出：“我们不应该忘记，没有共同的思想基础，根本谈不上统一的问题。”[3]由此可见，无产阶级政党在思想统一、意志统一与行动统一基础上的高度集中统一是开展革命行动的政治基础所在。

对于中国共产党而言，始终保持高度集中统一是其区别于一般政党的显著政治优势和鲜明标识，也是中国共产党在百余年革命性锻造中愈大愈强的重要铁律。民主革命时期，中国共产党就将党的集中统一作为加强党的建设的重要战略目标。1935年1月，遵义会议从事实上确立了毛泽东在全党的领导核心地位。党的七大进一步明确了毛泽东思想的指导地位，推动全党达到思想上、政治上、组织上的高度集中统一。新中国成立后，1954年2月召开的党的七届四中全会通过的《关于增强党的团结的决议》中明确指出，“党是工人阶级先进分子的统一的集中的组织，党的团结的唯一中心是党的中央”[4]，并提出了一系列加强党的集中统一的重要举措。在此基础上，1956年9月，党的八大首次将“党的团结和统一，是党的生命，是党的力量的所在”[5]写入党章。这标志着党的集中统一问题首次以党内法规形式确立下来。改革开放后，1980年2月，党的十一届五中全会通过的《关于党内政治生活的若干准则》从坚持集体领导、强化党性、根绝派性等方面总结巩固党的集中统一领导的历史经验。党的集中统一在推进党和国家领导制度改革的进程中得到不断巩固和发展。党的十八大以来，以习近平同志为核心的党中央重申“党的团结统一是党的生命”[6]，并将其上升到新的政治高度加以突出强调。党的集中统一在新时代深刻领悟“两个确立”的决定性意义，在增强“四个意识”、坚定“四个自信”、做到“两个维护”中不断得到革命性锻造。基于此，将党的集中统一问题高度概括为“如何始终统一思想、统一意志、统一行动”并作为难题表现之一的政治考量在于，从政党组织规模与政党治理之间的张力而言，超大体量的组织规模是大党进行现代化建设的组织优势所在。但是，政党的组织体量与政党组织内部的一致性和稳定性之间并不呈完全的正相关关系。“政治体系的规模越庞大，由

[1] 《列宁全集》(第41卷)，人民出版社2017年版，第81页。

[2] 《马克思恩格斯全集》(第18卷)，人民出版社1964年版，第385页。

[3] 《列宁全集》(第5卷)，人民出版社2013年版，第248页。

[4] 《建国以来重要文献选编》(第5册)，中央文献出版社1993年版，第129页。

[5] 《建国以来重要文献选编》(第9册)，中央文献出版社1994年版，第319页。

[6] 《习近平谈治国理政》(第四卷)，外文出版社2022年版，第49页。

于具有更多的异质性，因而可能更容易产生冲突。”[1]“党员的快速增长可危及内部的团结（因为在老党员与新党员之间存在社会化的差异），并产生党内集体认同的危机。”[2]由此，组织稳定问题就成为大党发展过程中所必须面对的重大课题。考察世界上一些大党老党的执政兴衰，“它们无一不是在达到其政党规模的最高顶峰时却日渐陷入衰朽的低谷。这种现象反映出政党规模发展与其党力、党势增长之间的一种此消彼长、反向运动的关系”[3]。中国共产党作为拥有近1亿名党员、近500万个基层党组织的世界上最大的执政党，超大规模组织体量的政党队伍内部必然存在着价值差异、思想差异、个性差异、阶层差异以及利益关系复杂、矛盾错综交织等诸多异质性因素，如若放松警惕，就极易演变堕化出落实党的领导弱化虚化、“四个意识”不强、“七个有之”以及无视党的政治纪律和规矩等一系列有损党的集中统一的问题与风险。此外，从中国共产党所承担使命任务的客观要求而言，身处于“两个变局”相互交织、同向演进的时代大格局中，中国共产党所承担的使命任务之重大、所面临的环境形势之复杂对全党坚决维护党中央权威和集中统一领导提出了新的更高要求。对此，习近平指出：“党面临的形势越复杂、肩负的任务越艰巨，就越要加强纪律建设，越要维护党的团结统一，确保全党统一意志、统一行动、步调一致前进。”[4]这就要求党必须不断地统一全党的思想、意志和行动，从而将全党“锻造成一块攻无不克、战无不胜的坚硬钢铁”[5]。如何始终统一思想、统一意志、统一行动的命题实质是党的全面领导的政治逻辑内在决定了只有时刻保证全党的高度集中统一，才能将中国共产党所拥有的党员人数优势、规模优势和组织体系优势有效转化为推动中国式现代化建设与发展的实践优势和根本力量支撑。在这一命题之中，统一思想、统一意志、统一行动三者之间存在理论与实践层面的逻辑递进关系，是相互联系、不可分割的有机整体。其中，统一思想是确保全党集中统一的基础条件和根本前提。基于马克思主义作为中国共产党立党立国的根本指导思想的前提性认识，新时代统一全党思想的根本所在是用习近平新时代中国特色社会主义思想武装全党、统一认识，引领党员队伍深刻领会这一理论创新成果的核心要义、精神实质、科学内涵及实践要求，坚持好、运用好贯穿其中的立场观点方法，从而确保全党保持高度的思想自觉。统一意志是确保全党集中统一的关键环节和重要保障。统一全党意志是建立在全党思想高度统一、共识高度凝聚的基础之上，其实践指

[1] 罗伯特·A.达尔、爱德华·R.塔夫特：《规模与民主》，唐皇凤、刘晔译，上海人民出版社2022年版，第86页。

[2] 安格鲁·帕尼比昂科：《政党：组织与权力》，周建勇译，上海人民出版社2013年版，第50页。

[3] 姜崇辉：《大党治理》，时事出版社2008年版，第130页。

[4] 《十八大以来重要文献选编（上）》，中央文献出版社2014年版，第131页。

[5] 《扎实抓好主题教育　为奋进新征程凝心聚力》，《人民日报》2023年4月4日。

向和要求是坚决站稳党性立场和坚持人民立场，保证全党始终在政治立场、政治方向、政治原则和政治道路上同党中央保持高度一致，牢固树立“四个意识”，做到对党绝对忠诚，从而确保全党保持高度的政治自觉。统一行动是确保全党集中统一的目标指向和价值旨归。马克思曾指出：“一步实际运动比一打纲领更重要。”[1]全党的思想统一、意志统一只有最终体现在全体党员干事创业的实际行动之中，才能彰显出实际成效和实践价值。统一行动，必须以党的号召为号召，以党的目标为目标，以党的使命为使命，将全党的实际行动统一到党中央决策部署之中，统一到全面建设社会主义现代化国家的中心任务之中，切实用党的创新理论成果指导实践、推动工作，从而确保全党保持高度的行动自觉。

三、如何始终具备强大的执政能力和领导水平

政党作为“代表一定阶级或阶层的利益，为取得和巩固国家政权而活动的政治组织”[2]，无论政党性质如何、政党体量大小，都具有追求领导国家政权和实现长期执政的目标与愿望，这是政党与生俱来的本能使然。但是，政党实现稳固领导和长期执政并非一个主观建构的单向度过程，而是一个政党主观努力与现实客观发展相统一的双向塑造过程。“党的执政地位不是与生俱来的，也不是一劳永逸的。”[3]纵观世界上一些大党老党的执政兴衰史，因长期执政、承平日久而导致政党思维僵化保守、改革停滞不前，从而失去执政地位的惨痛教训不在少数。马克思主义政党作为“破坏一个旧世界、建设一个新世界”的先进政党力量，以阶级斗争和暴力革命推翻旧政权并不是最终目标，其目标在于建立无产阶级专政的国家并实现长期稳固执政。列宁在领导十月革命取得胜利后，就指出：“我们已经夺回了俄国——为了穷人，为了劳动者，从富人手里，从剥削者手里夺回了俄国。现在我们应当管理俄国。”[4]在他看来，马克思主义政党取得政权后，应迅速适应执政党的角色和执政方位的转变，不仅要做合格的革命者，还应不断提升执政能力以做好合格的建设者和管理者。对此，他号召全党加强学习以提升执政素质和业务本领，并指出：“我们一定要给自己提出这样的任务：第一是学习，第二是学习，第三还是学习。”[5]

对于中国共产党而言，由身兼领导党与执政党的双重制度性角色所决定，必须时

[1] 《马克思恩格斯选集》（第3卷），人民出版社2012年版，第355页。
[2] 王韶兴：《政党政治论》，山东人民出版社2011年版，第43页。
[3] 《改革开放三十年重要文献选编（下）》，中央文献出版社2008年版，第1436页。
[4] 《列宁全集》（第34卷），人民出版社2017年版，第155页。
[5] 《列宁全集》（第43卷），人民出版社2017年版，第384页。

刻注重提升自身的执政能力和领导水平以不断巩固党的领导与执政的政治基础。纵观党的百余年历史进程，从延安时期毛泽东的“我们队伍里边有一种恐慌，不是经济恐慌，也不是政治恐慌，而是本领恐慌”[1]的关于全党通过学习提升革命本领的号召，到社会主义建设时期邓小平的“我们全党还是小学生，我们的本领差得很”[2]的对于全党提升执政本领的强调；从党的十六大正式提出“加强党的执政能力建设，提高党的领导水平和执政水平”[3]的重大战略命题，到党的十六届四中全会提出“必须坚持科学执政、民主执政、依法执政，不断完善党的领导方式和执政方式”[4]的重大指导原则；从党的十九大报告提出“党的长期执政能力建设”[5]的重大命题并将其作为新时代党的建设总要求的主线以及提出增强党的八项执政本领的战略要求，到党的十九届六中全会提出“建设什么样的长期执政的马克思主义政党、怎样建设长期执政的马克思主义政党”[6]的重大时代课题等一系列政治论断与战略实践，这无疑都深刻反映出中国共产党充分注重自身执政能力和领导水平的有效促进与提升以及执政基础与领导地位的不断巩固与发展。基于此，将“如何始终具备强大的执政能力与领导水平”列为大党独有难题的内容指向之一的理论归因在于，中国共产党作为中国社会主义现代化事业的缔造者和建设者，在一个超大型人口规模、超长期历史积淀、超复杂地域差异的发展中大国基础之上建成社会主义现代化强国的政治现实和执政目标对党的全面领导和长期执政形成了强大的内生性需求。“在中国这样的后发现代化国家，矛盾具有共时性，即各种社会矛盾同时压缩在一个时空里，由此对治理构成巨大的压力。”[7]党的执政能力和领导水平的巩固与提升与中国社会主义现代化事业发展之间已然构成相互形塑、共同发展的价值共同体、命运共同体。进入新时代，“我们党治国理政面临的新的形势、新的环境和新的挑战，大量新的问题具有时代性，很多是改革开放以来我们党未曾遇到的新的问题，‘前所未有’的特点十分突出”[8]。一旦对这些具有不确定性的问题与挑战进行错误研判或放松警惕，就极有可能出现颠覆性、全局性的重大执政风险。而从当前现实来看，仍一定程度上存在应对突发事件与驾驭复杂局面的能力不足、改革创新的思维与行动僵化保守、政策举措和制度体制等方面存在路径依赖、创造性开展工作

[1] 《毛泽东文集》(第2卷)，人民出版社1993年版，第178页。

[2] 《邓小平文选》(第1卷)，人民出版社1994年版，第261页。

[3] 《十六大以来重要文献选编（上）》，中央文献出版社2005年版，第607页。

[4] 《十六大以来重要文献选编（中）》，中央文献出版社2006年版，第274页。

[5] 《十九大以来重要文献选编（上）》，中央文献出版社2019年版，第43页。

[6] 《中共中央关于党的百年奋斗重大成就和历史经验的决议》，人民出版社2021年版，第26页。

[7] 徐勇:《国家治理的中国底色与路径》，中国社会科学出版社2018年版，第157页。

[8] 王公龙:《新时代中国共产党对推进马克思主义中国化时代化的新贡献》，《思想理论教育》2022年第12期。

能力有欠缺等一系列问题与难点。因此，持续全面地加强党的执政能力和领导水平以实现重大现实需求与现实政治责任的有机统一、实现党的自我革命与社会革命的协同推进，是历史与时代的必然选择。

“推进中国式现代化是一个系统工程，需要统筹兼顾、系统谋划、整体推进。”[1]作为推动中国式现代化进程的核心性支撑和建设长期执政马克思主义政党的关键性环节，始终具备强大的执政能力和领导水平是新征程上推进中国式现代化事业高质量发展、正确处理并协调好这一进程中若干重大关系和利益矛盾的必然要求。但是，党的执政能力和领导水平并不会自然地随着执政年限的累积而得以增强和实现。提升党的执政能力和领导水平是一个以巩固党的领导地位和执政地位为逻辑起点，以治国理政为实践主轴，以有力实现全面建设社会主义现代化国家和推动中国式现代化发展为落脚点的战略性工程。从逻辑起点到实践主轴再到落脚点三个逻辑基点环环相扣，具有严密且闭环的内在逻辑。有学者指出，长期执政是“党强化自身，优化党群关系，规范党和国家关系，有效履行治党治国治军使命，促进党和国家事业全面发展的综合行动过程”[2]。其中，不仅需要从规律认知的层面来不断洞悉和把握共产党执政规律、社会主义建设规律以及人类社会发展规律，还需要从执政要素供给的层面来持续创新执政理念、夯实执政基础、调适执政方略、优化执政体制、改进执政方式、培育执政资源、改善执政环境、防范执政风险；不仅需要从政党能力提升的层面不断巩固党的政治领导力、思想引领力、群众组织力和社会号召力，还需要从党组织功能巩固层面来不断增强基层党组织的政治功能与组织功能；不仅需要从党员队伍能力素质夯实的层面来不断加强党员干部的政治判断力、政治领悟力和政治执行力，还需要从强化政党学习能力的层面来建设马克思主义学习型政党以保持永不懈怠、永不僵化、永不停滞的改革创新精神。由此，才能确保中国共产党始终勇于变革、勇于创新，永不僵化、永不停滞，永葆百年大党的旺盛生机活力。

四、如何始终保持干事创业的精神状态

政党在执政活动中所塑造和呈现出的积极正向的精神状态或曰执政气质是实现长期执政所不可或缺的动力支撑和力量之源。恩格斯指出：“一个知道自己的目的，也知道怎样达到这个目的的政党，一个真正想达到这个目的并且具有达到这个目的所必不可缺的顽强精神的政党，——这样的政党将是不可战胜的。”[3]世界上一些大党老党执

[1] 《正确理解和大力推进中国式现代化》，《人民日报》2023年2月8日。

[2] 林尚立：《中国共产党与国家建设》，天津人民出版社2017年版，第252页。

[3] 《马克思恩格斯全集》（第39卷），人民出版社1974年版，第139页。

政兴衰史表明，“党组织权力稳定后容易出现因循守旧的问题。政党的发展会出现群体性的惰性，对危险视而不见”[1]。大党在长期执政条件下，往往放松警惕而精神懈怠、贪图安逸而不思进取、消极涣散而暮气沉沉，从而滋生出形式主义、官僚主义、享乐主义等一系列涉及“政党惰性”问题的作风之弊、行为之垢。对于马克思主义政党而言，同样存在因政党规模扩大和长期执政而出现的组织惰性问题。“随着组织的日益扩展，工人阶级政党也随之变得裹足不前；不仅在行动上，而且在思想上均失去了革命的动力，变得行动迟缓。”[2]省思苏共的亡党亡国之路，“一提苏共模式，人们立刻就会把它同高度集权、个人专权、个人崇拜、党政不分、以党代政、干部制度的任命制和终身制等等名词术语联系起来”[3]。这无疑深刻反映出政党的精神状态具有相对独立性，其并不因政党所主观规定的宗旨和目标之崇高而愈加昂扬向上，也不因政党执政年限之增加而愈加奋发有为。

对于中国共产党的精神状态而言，习近平曾深刻指出：“我们党之所以历经百年而风华正茂、饱经磨难而生生不息，就是凭着那么一股革命加拼命的强大精神。”[4]纵观党的百余年历程，中国共产党始终秉持高度的政治敏锐性和历史主动精神以确保党的先进政党本质、崇高目标宗旨、远大理想抱负与党的干事创业精神状态的有机统一、相互促进。早在建党前夕所发布的《中国共产党宣言》中就曾指出，中国共产党是“最有阶级觉悟和革命精神的无产阶级中之一部分”[5]。新中国成立后，毛泽东指出：“我们要保持过去革命战争时期的那么一股劲，那么一股革命热情，那么一种拼命精神，把革命工作做到底。”[6]并相继开展“三反”“五反”运动以及整风整党运动来纠治党内存在的贪污腐化、官僚主义、命令主义等不正之风。改革开放初期，邓小平就曾对党内出现的不正之风和官僚主义现象进行批判并提出要发扬党的先进精神，他指出：“如果一个共产党员没有这些精神，就决不能算是一个合格的共产党员。”[7]为此，1989年7月发布的《中共中央、国务院关于近期做几件群众关心的事的决定》中就明确指出要从

[1] 郑寰：《组织学视域下大党独有难题的学理分析》，《治理研究》2023年第3期。

[2] 罗伯特·米歇尔斯：《寡头统治铁律：现代民主制度中的政党社会学》，任军锋译，天津人民出版社2003年版，第320页。

[3] 王长江、姜跃：《世界执政党兴衰史鉴》，中共中央党校出版社2005年版，第22页。

[4] 《习近平谈治国理政》（第四卷），外文出版社2022年版，第514页。

[5] 中国社会科学院现代史研究室、中国革命博物馆党史研究室：《“一大”前后——中国共产党第一次代表大会前后资料选编（一）》，人民出版社1985年版，第5页。

[6] 《毛泽东文集》（第7卷），人民出版社1999年版，第285页。

[7] 邓小平所列举的要发扬的五项精神包括：革命和拼命精神，严守纪律和自我牺牲精神，大公无私和先人后己精神，压倒一切敌人、压倒一切困难的精神，革命乐观主义、排除万难去争取胜利的精神。参见《邓小平文选》（第2卷），人民出版社1994年版，第368页。

取消“特供”、禁止请客送礼、查处贪腐受贿等七件事入手[1]，在全党大力推进党风廉政建设和反腐败斗争。党的十八大以来，以习近平同志为核心的党中央以纠治党内不正之风为突破口，坚持反腐败斗争一体化推进，全党的精神状态在新时代推进全面从严治党与党的自我革命的革命性锻造进程中得到不断淬炼并为之一新。基于此，将“如何始终保持干事创业精神状态”列为大党独有难题的内容指向之一的理论考量在于，中国共产党在建党已逾百年且执政长达70多年的现实条件下，执政队伍中“容易出现承平日久、精神懈怠的心态”[2]，从而滋生大党安于现状、消极怠政的执政惰性现象。针对党内在一定程度上存在的精神懈怠、担当不足、干劲不足等惰性现象，习近平深刻指出：“功成名就时做到居安思危、保持创业初期那种励精图治的精神状态不容易，执掌政权后做到节俭内敛、敬终如始不容易，承平时期严以治吏、防腐戒奢不容易，重大变革关头顺乎潮流、顺应民心不容易。”[3]这“四个不容易”可谓是对百年大党在踏上新的赶考之路上如何永葆干事创业精神状态以积极应对执政风险和挑战的深刻告诫。除此之外，在当前反腐高压之下，部分党员干部因逃责避责而产生一系列为官不为、廉而不勤、颓废懈怠的避责心理和消极行为，已“呈现出加剧化、弥散化趋向，成为一个具有一定普遍性、顽固性的突出问题”[4]，由此所引致的“不作为政治”现象和行为亦是影响全党保持干事创业精神状态的一个重要诱因。因此，如何始终秉持“革命者”“人民的公仆”的政党本色，永葆“创业不易，守业更难”的清醒和谨慎，从而将党在百年奋斗历程中所锻造的以“革命加拼命”为核心指向的精神遗产承继下来并有效转化为干事创业的动力支撑，并在此过程中处理好反腐高压的继续保持与“不作为政治”的纠偏和治理之间的张力关系，无疑是摆在全党面前一道具有重大现实意义的治理课题。

客观而言，相较于事业初创阶段和执政初期，执政队伍在执政地位不稳固、执政环境尚未发生深刻变化、内源性执政风险比较确定、外源性执政风险比较可控的环境形势下能够较为一致地保持进取之心与朝气蓬勃的精神风貌。如何始终保持干事创业的精神状态需要综合考量诸多重大现实问题。其中，在保持什么样的精神状态这一问

---

[1] 1989年7月28日发布的《中共中央、国务院关于近期做几件群众关心的事的决定》中所指出的七件事分别是：进一步清理整顿公司，坚决制止高干子女经商，取消对领导同志少量食品的“特供”、严格按规定配车，禁止进口小轿车，严格禁止请客送礼，严格控制领导干部出国，严肃认真地查处贪污、受贿、投机倒把等犯罪案件。参见《十三大以来重要文献选编（中）》，人民出版社1991年版，第555—557页。

[2] 《习近平谈治国理政》（第四卷），外文出版社2022年版，第515页。

[3] 《习近平谈治国理政》（第三卷），外文出版社2020年版，第71页。

[4] 邹庆国：《从不作为政治到责任政治：净化党内政治生态的一个分析维度》，《江汉论坛》2017年第2期。

题上，需要明确新征程上党所面临的新形势和推进中国式现代化事业的新任务对执政队伍保持干事创业的精神状态提出了新的更高要求。当前，中华民族伟大复兴战略全局正处于关键时期，世界百年未有之大变局正在加速演进，“两个大局”同向演进、相互交织、相互激荡。在这具有诸多不确定性的时代大势下推动全面建设社会主义现代化强国与中国式现代化建设事业行稳致远，无疑需要全党始终保持“革命理想高于天”的精神信念，以攻坚克难、锐意进取、敢于斗争、善于斗争的精神勇气以及笃行不怠、矢志不渝的精神士气，由此才能逐步趋近建设朝气蓬勃的马克思主义执政党的目标以充分掌握历史主动和把握时代大势。另外，在如何保持精神状态这一问题上，需要明确和厘清党的精神风貌与党员个体的工作状态之间的关系。二者之间存在彰显与营造、引领与支撑的一致性关系。这意味着，始终保持干事创业的精神状态，既需要在深刻把握“两个结合”的基础上推进中华优秀传统文化中有关精神品格的文化因子的创造性转化与创新性发展以及继承党的百余年奋斗进程中宝贵精神遗产，从而明确和标定新征程党的精神状态的内涵指向；也需要坚持内驱与外驱相结合的实践理路，协调全面从严治党与党内正向激励、党的团结统一与党内民主、抓“关键少数”与管“绝大多数”的关系。从而以全体党员队伍的一往无前的奋斗姿态和永不懈怠的工作状态形塑和支撑起中国共产党整体的精神风貌。

五、如何始终能够及时发现和解决自身存在的问题

坚持问题导向，敢于直面各种问题挑战并及时修正错误，是一个政党拥有强大领导力、战斗力和凝聚力的基本前提，也是衡量政党先进、强大的重要标准。列宁指出：“一个政党对自己的错误所抱的态度，是衡量这个党是否郑重，是否真正履行它对本阶级和劳动群众所负义务的一个最重要最可靠的尺度。公开承认错误，揭露犯错误的原因，分析产生错误的环境，仔细讨论改正错误的方法——这才是一个郑重的党的标志。”[1]始终正视自身不足并以刀刃向内的政治自觉推进党的自我革命，是马克思主义政党的先天性政党基因。对于中国共产党而言，毛泽东深刻指出：“共产党人必须随时准备坚持真理，因为任何真理都是符合于人民利益的；共产党人必须随时准备修正错误，因为任何错误都是不符合于人民利益的。”[2]承继并发展马克思主义勇于自我扬弃和自我批判的理论品格，时刻保持发现问题的敏锐、正视问题的勇气、刀刃向内的自觉以实现自我纠错和自我革新，是中国共产党独特政党基因和鲜明政党标识，也是党的自我

[1] 《列宁全集》(第39卷)，人民出版社2017年版，第37页。

[2] 《毛泽东选集》(第3卷)，人民出版社1991年版，第1095页。

革命政治品格中“自我”的真义所在，更是一种积极的、主动的政党自我革命行为。

考察党的百余年历程中的自我纠错，从党内右倾机会主义导致大革命失败到“八七会议”提出农村包围城市、武装夺取政权的革命正确道路，从党内“左”倾教条主义导致第五次反“围剿”失败到遵义会议确立以毛泽东为代表的正确政治路线，从社会主义建设中“左”的错误到党的十一届三中全会的拨乱反正，以及在此历程中所创造的实事求是的思想路线、整党整风教育活动、批评与自我批评的优良作风、民主生活会制度、团结—批评—团结的科学方法、党内巡视巡察制度和党先后制定的三个历史决议，这无疑都是中国共产党在百余年时空向度下自我纠错的生动写照。党的十八大以来，以习近平同志为核心的党中央秉持问题导向和问题意识，毫不避讳、毫不掩饰政党治理中客观问题的存在，坚持以自我革命精神深入推进全面从严治党，推动政党治理取得新成效新进展。对此，党的第三个历史决议中总结道：“党历经百年沧桑更加充满活力，其奥秘就在于始终坚持真理、修正错误。党的伟大不在于不犯错误，而在于从不讳疾忌医，积极开展批评和自我批评，敢于直面问题，勇于自我革命。”[1]强大的自我纠错能力是中国共产党在革命性锻造中愈大愈强的归因所在，也是其能够克服一些大党老党因对自身问题丧失警惕而陷入组织自我衰败隐患的重要支撑。在此基础上，将“如何始终能够及时发现和解决自身存在的问题”列为大党独有难题的内容指向之一的理论考量在于，新征程上，党面临的“四大考验”“四种危险”依然复杂艰巨，党内治理领域依然面临诸多的顽固性、多发性问题，全面从严治党的严峻性、复杂性、长期性、艰巨性仍然存在。中国共产党对自身问题以及执政风险与考验的预判是否准确、认知是否清醒、聚焦是否精准、应对是否有效，直接关系到强党和强国事业的兴衰成败。一旦思想上放松警惕，就有可能陷入“其兴也勃焉，其亡也忽焉”的周期循环和困顿境地，以至于无法有效回应“一党执政无法解决自身存在的问题”[2]的伪命题。对此，习近平深刻指出：“这么大一个党，处在执政地位、掌控执政资源，很容易在执政业绩光环的照耀下，出现忽略自身不足、忽视自身问题的现象，陷入‘革别人命容易，革自己命难’的境地。没有什么外力能够打倒我们，能够打倒我们的只有我们自己。”[3]由此，继承和发扬敢于直面问题、勇于自我纠错的优良政党基因，以敢于刀刃向内的自我革命精神审视、打造和锤炼自身肌体，防止“小问题变成大问题，

[1] 《中共中央关于党的百年奋斗重大成就和历史经验的决议》，人民出版社2021年版，第70页。

[2] 2017年2月，习近平在省部级主要领导干部学习贯彻党的十八届六中全会精神专题研讨班上的讲话中指出：“有些人迷恋西方多党轮替、三权鼎立那一套，认为一党执政无法解决自身存在的问题。实际上，纵观各国政党，真正像中国共产党这样能够始终如一正视自身问题，能够形成一整套自我约束的制度规范体系，能够严肃惩处党内一大批腐化变质分子的，可以说少之又少。”参见《十八大以来重要文献选编（下）》，中央文献出版社2018年版，第591—592页。

[3] 《十八大以来重要文献选编（下）》，中央文献出版社2018年版，第591页。

小管涌演变为大塌方”[1]，是中国共产党确保不变质、不变色、不变味的必然选择。

在党长期执政且作为中国式现代化事业发展的核心支撑力量的政治现实条件下，做到及时发现和解决自身存在的问题具体呈现出四重实践面向：一党执政条件下的自我监督、大党执政条件下的保持自我革命精神、长期执政条件下的以党的自我革命实现政党治理现代化、大国执政条件下以党的自身坚强有力支撑社会主义现代化建设事业。这意味着，及时发现和解决自身存在的问题，并非单纯指向党内监督抑或纪检监察工作，也并不仅仅局限于党内治理领域，而是一项执政党不断提升以自我警醒、自我否定、自我反思、自我超越为核心价值指向，涵盖路线纠偏、理念更新、政策矫正、决策矫治、制度完善、体制改进等方面的自我纠错能力，从而保持党的自我革命精神以不断提升党的建设质量以及推进中国式现代化事业发展的系统性工程。这四重实践面向内在决定了中国共产党必须将及时发现和解决自身存在的问题置于新时代党的建设新的伟大工程的重要战略环节，时刻保持正视问题的政治自觉、增强发现问题的政治敏锐以及提升解决问题的能力水平。此外，从现阶段政党治理的现实情况而言，当前全面从严治党进入纵深推进阶段，党内存在的诸多问题的性质和指向呈现出复杂性、交织性、深层次性、顽固性等特性，其中包括政治问题与经济问题交织型腐败、群众身边的“蝇贪”、新型腐败和隐形腐败以及一些倾向性和苗头性问题等。这无疑对新时代党的自我纠错提出了新的标准和要求。由此，必须明确新时代党的自我纠错的难度和范围已不同于以往，必须从态度、方法以及能力等方面不断提升自我纠错的内在驱动力、破除外在阻力、淬炼实践能力，并不断锻造敢于直面问题、善于发现问题、勇于解决问题的钉钉子精神和打持久战的韧劲，由此才能整治和破除政党治理中存在的一些顽瘴痼疾。

六、如何始终保持风清气正的政治生态

政党作为一种实体性存在，是“现代民族国家中最有效的政治实体”[2]，因此政党及政党体系运行并非处于政治真空之中，而是时刻“处于一个环境之中，本身受到这种环境的影响，又对这种环境产生反作用”[3]。政党所存在的“这种环境”，即指向政治生态。政治生态作为政党在政治运行过程中所营造的一种环境呈现和状态反映，具有较强的相对独立性、感染性、辐射性和引导性，是“党的政治生活、政治文化、政治制度等要素相互作用的动态系统，是党的建设过程中社会存在和社会意识有机融合的形

[1] 《十八大以来重要文献选编（下）》，中央文献出版社2018年版，第591页。

[2] 格雷厄姆·沃拉斯：《政治中的人性》，朱曾汶译，商务印书馆1994年版，第54页。

[3] 戴维·伊斯顿：《政治生活的系统分析》，王浦劬主译，人民出版社2012年版，第16页。

象表达，是新时代全面从严治党的重要抓手”[1]。习近平指出：“政治生态和自然生态一样，稍不注意，就很容易受到污染，一旦出现问题，再想恢复就要付出很大代价。”[2]可见，政治生态的良好局面形成并非一劳永逸，具有“破坏易，修复难”的基本特性。“净化党内政治生态，是党的建设中带有根本性、基础性的问题，关乎党的团结统一，关乎党的生死存亡。”[3]这意味着，营造风清气正的党内政治生态是推进全面从严治党和党的自我革命的目标旨归，又是确保政党治理实现长效化以不断提升治理效能的根本保障。

考察党内政治生态建设百余年历程可以发现，这一重大课题虽产生于新时代，但其建设历程却是与推进全面从严治党的历史进程相同步、与百余年时空向度下党的建设布局演进相契合。具体而言，党内政治生态建设历经民主革命时期以坚持正确思想路线、健全组织体系、探索建立廉洁政治为主要着力点，社会主义革命和建设时期以作风纠治、干部队伍建设以及整治党内贪污腐化为主要着力点，改革开放新时期以总结党内政治生活正反两方面经验以及推动管党治党走向体系化和规范化为着力点的实践历程。党的十八大以来，以习近平同志为核心的党中央将党内政治生态建设纳入全面从严治党的总体战略部署，以纠治“四风”为突破口的生态净化、以推进高压反腐为主要抓手的生态重构、以发扬党的优良传统和锤炼党性为关键环节的生态修复、以严肃党内政治生活为重要切入点的生态营造、以厚植党内政治文化为治本之策的生态涵养等共同推动风清气正的党内政治生态不断形成和发展。鉴于此，将“如何始终保持风清气正的政治生态”列为大党独有难题的主要表现之一并作为居于“托底”地位的政治课题的立意在于：其一，基于党内政治生态建设在推进党的建设新的伟大工程中所处的重要地位。习近平指出：“解决党内存在的种种难题，必须营造一个良好从政环境，也就是要有一个好的政治生态。”[4]可见，党内政治生态既是观察和评判党内治理成效的重要标准，又在一定程度上影响和制约着政党治理的实际成效。基于党内政治生态所涵盖党内治理要素的全面性，在“六个如何始终”之中，其余五大难题的治理成效与党内政治生态的实际状况密切相关，并最终会转化为党内政治生态的具体要素和内容，以某种具体的政治生态形式或现象而展现出来。这意味着，健康良好的政治生态必然有助于破解大党治理难题，并起到事半功倍的增强作用。其二，基于新时代党内政治生态建设取得伟大变革持续巩固和生态涵养的政治自觉。当前，党内政治生态建设中“一些影响党内政治生活、政治生态的消极因素尚未根除，一些深层次矛

[1] 叶红云、张伟：《以政德建设涵养政治生态》，《中国特色社会主义研究》2019年第2期。

[2] 《习近平关于全面从严治党论述摘编》，中央文献出版社2016年版，第33页。

[3] 《习近平关于全面从严治党论述摘编》，中央文献出版社2016年版，第37页。

[4] 《习近平关于党风廉政建设和反腐败斗争论述摘编》，中国方正出版社2015年版，第87页。

盾和问题尚未根本解决，一些老问题死灰复燃、反弹回潮的隐患依然存在”[1]。其中，党内腐败中“存量腐败”和“增量腐败”尚未彻底遏制住、党内不正之风尚未从源头上进行系统性治理、党内依然存在政治生态维护上的“搭便车”认知以及辩解生态污染与己无关的“甩锅”行为、支撑党内政治生态的良性发展的长效机制尚未真正确立等问题不同程度存在。党内政治生态建设实现“干部清正、政府清廉、政治清明”[2]的“三清”目标仍然任重道远。对待这些问题稍有不慎或放松警惕，党内政治生态就极易被重新污染和破坏。其三，基于党内政治生态在整体政治生态格局中的辐射性作用和主导性地位。党的全面领导的政治逻辑内在决定了党内政治生态对国家政治生态、社会政治生态以及网络空间政治生态等具有辐射和带动作用，相互之间存在一种“小气候”与“大气候”的共同体化的双向形塑关系。因此，基于“打铁必须自身硬”的行动逻辑，持续巩固和加强党内政治生态建设，有助于以执政党风清气正的内生态引领、辐射和推动国家政治生态、社会政治生态等外生态同时向好。

作为新时代全面从严治党的关键环节，党内政治生态建设是一个涉及政治风气改善、政治生活严肃、政治腐败清除、政治关系清朗、政治制度完善、政治行为规范、政治文化涵养等方面的具有长期性、全局性、系统性、持续性、动态性的革命性行动过程。依据党内政治生态运行的内在逻辑，新征程上净化党内政治生态需要科学把握好党的作风与党内政治生态、党内政治生活与党内政治生态、党内政治文化与党内政治生态三对关系。首先，整治党的作风是净化党内政治生态的基础性前提。党的作风与党内政治生态存在营造主体与作用机理层面的一致性，改进党的作风是党内政治生态建设的题中应有之义。这也决定了当前党内政治生态治理进入生态涵养与成效巩固的新阶段后，依然需要将反对“四风”、落实中央八项规定作为主要着力点而抓常、抓细、抓长。其次，严肃党内政治生活是净化党内政治生态的重要保证。“党内政治生活是党组织教育管理党员和党员进行党性锻炼的主要平台，从严治党必须从党内政治生活严起。”[3]严肃党内政治生活侧重于党组织日常活动的落实和规范，而净化党内政治生态则侧重于执政队伍整体层面的政治环境改善与优化。二者之间存在关键性载体与整体性呈现的逻辑关联。这决定了新征程上持续增强党内政治生活的政治性、时代性、原则性、战斗性依旧是系统性修复党内政治生态的关键举措。最后，培育党内政治文化是净化党内政治生态的长效保障。“政党文化实现生态平衡，通过润物无声、熏陶浸润的滋养，发挥潜移默化的影响力，营造结构稳定而充满生机的政治生态。”[4]党内政治

[1] 《习近平关于全面从严治党论述摘编》，中央文献出版社2016年版，第40页。

[2] 《十八大以来重要文献选编（上）》，中央文献出版社2014年版，第42页。

[3] 《习近平关于全面从严治党论述摘编》，中央文献出版社2016年版，第31页。

[4] 宫铭、董学文：《全面净化党内政治生态的路径思考》，《中国特色社会主义研究》2017年第6期。

文化以作用于执政队伍的政治心理、政治动机、思维取向等内在价值伦理而为党内政治生态建设提供思想力量和精神动力，是实现新旧党内政治生态质化转变的关键变量。由此，发展和倡导积极健康的党内政治文化以营造政治生态净化的强大正能量气场是涵养良好政治生态的必然选择。

原载于《中国特色社会主义研究》2023年第4期

论毛泽东建党思想的显著特点与当代价值

张 垚

摘 要：毛泽东建党思想是马克思主义党建理论与中国党建实际相结合的第一个标志性成果。从思想上保证党的纯洁性和先进性是毛泽东建党思想的显著特点。它的伟大之处在于成功地解决了在中国这样一个落后的农业大国里如何锻造出一个先进的工人阶级政党的一系列基本理论与实践问题。毛泽东建党思想中所蕴含的关于工人阶级政党建设的理论原理和策略原理值得我们认真总结，是我们在新世纪新阶段从事以增强党的执政能力为核心内容的党的建设的伟大工程必须坚持和发扬光大的。

关键词：毛泽东；建党思想；显著特点；当代价值

一、从思想上保证党的纯洁性和先进性是毛泽东建党思想的显著特点

无产阶级领导的以农民为主体的反帝反封建的新民主主义革命的历史主题和革命特点，一方面决定了党应该而且必须从农民及其他的小资产阶级队伍中大量吸收党员，这是扩大党的队伍所必需，也是开展党的工作所必需。另一方面也决定了随着大量的小资产阶级革命分子入党，各种非无产阶级思想也必然大量地带到党内来。这样如何防止和克服各种非无产阶级思想对党的肌体的侵蚀，保持和加强党的无产阶级先锋队性质就成了党的自身建设面临的一个首要的和基本的问题。

当时，如何对待农民和其他小资产阶级分子入党和党内存在的各种非无产阶级思想，党内有两种基本态度。一种态度是照抄马克思列宁主义建党学说的一些具体观点，简单地照搬别的国家工人阶级政党建设的具体做法。另一种态度的基本做法是将马克思列宁主义的建党学说与中国的实际相结合，探索一条符合中国国情的建党之路。主要理论观点是：

第一，“能否为党所提出的主张而坚决奋斗是吸收新党员的主要标准。社会成分是应该注意到的但不是主要的标准”，因为党是“一个共产主义的熔炉，把许多愿意为共产党主张而奋斗的新党员锻炼成为有最高阶级觉悟的布尔什维克战士”[1]。“党不惧怕非

[1] 中央档案馆：《中共中央文件选集（1934—1935）》，中共中央党校出版社1986年版，第622页。

无产阶级党员政治水平的不一致，党用共产主义教育去保证提高他们到先锋队地位。”[1]

第二，大量吸收农民和其他小资产阶级革命分子入党的必要性决定了对他们进行无产阶级意识教育的重要性。因此，党的领导机关要严重注意以小资产阶级思想为主的各种非无产阶级思想对党的侵蚀，保证无产阶级思想在党内的绝对领导地位，以此赢得党的先进性、纯洁性和战斗性。

第三，党内存在的各种非无产阶级思想的原因自然与党组织的基础的最大部分是由农民和其他小资产阶级出身的成分构成有关。但是党的领导机关对这些不正确的思想缺乏一致的坚决的斗争，缺乏对党员的正确路线的教育，也是使这些不正确思想存在和发展的重要原因。

第四，从思想上保证党的先进性说到底是要解决党员的世界观、人生观和价值观的问题。因此，从思想上保证工人阶级政党先进性的关键所在就是在党内坚持不懈地进行马克思主义理论教育；在党内开展积极的思想斗争，使党员特别是那些非无产阶级出身的党员自觉克服非无产阶级思想的影响，牢固树立马克思主义的世界观、人生观和价值观。

第五，由于党内矛盾的本质是无产阶级思想和非无产阶级思想之间的矛盾，即马克思主义思想和非马克思主义思想之间的矛盾，所以采取“整风”的形式集中解决突出问题则是加强党的思想建设的有效方法。

可见，在建设“一个全国范围的、广大群众性的、思想上政治上组织上完全巩固的、布尔什维克化的中国共产党”[2]的伟大工程中，毛泽东和党的其他领导人基于对中国共产党建设的特殊社会历史条件的科学分析和对党内矛盾性质的准确把握强调把党的思想建设放在党的建设的首位，从思想上保证党的纯洁性和先进性体现了马克思列宁主义建党学说的本质要求，符合中国共产党建设的实际情况，是有中国特色工人阶级政党建设思想的精华所在。

二、毛泽东建党思想并没有过时，具有重要的当代价值

毛泽东建党思想是以毛泽东同志为主要代表的中国共产党人坚持把马克思列宁主义的建党学说与中国共产党建设的实际相结合形成的第一个标志性成果。它成功地解决了在中国这样一个落后的农业大国里如何锻造出一个先进的无产阶级政党的一系列基本理论与实践问题。其中所蕴含的关于工人阶级政党建设的理论原理和策略原理值

[1] 中央档案馆：《中共中央文件选集（1934—1935）》，中共中央党校出版社1986年版，第623页。

[2] 《毛泽东选集》（第2卷），人民出版社1991年版，第652页。

得我们认真总结，是我们在新世纪新阶段从事党的建设的伟大工程必须坚持和发扬光大的。

第一，指导伟大的革命要有伟大的革命党。要“领导中国民主主义革命和中国社会主义革命这样两个伟大革命达到彻底的完成，除了中国共产党之外，是没有任何一个别的政党（不论是资产阶级的政党或小资产阶级的政党）能够担负的”[1]。同样，指导伟大的建设要有伟大的执政党。要建设好中国特色社会主义，实现中华民族的伟大复兴，除中国共产党之外，同样是没有任何别的政党能够担负的。中国共产党成为执政党是历史的选择、人民的选择。

第二，中国共产党要真正担负起领导中国革命走向胜利的历史重任，关键要把党自身建设搞好。而这个“好”的标准，就是“全国范围的、广大群众性的、思想上政治上组织上完全巩固的布尔什维克化的中国共产党”[2]。同样，中国共产党要真正担负起领导中国社会主义建设走向现代化的历史重任，关键也在于把党自身建设搞好。而这个“好”的标准，就是使党在世界形势深刻变化的历史进程中始终走在时代前列，在应对国内外各种风险和考验的历史进程中始终成为全国人民的主心骨，在建设中国特色社会主义的历史进程中始终成为坚强的领导核心。

第三，党的建设必须联系党的政治路线。党的发展和巩固的过程，就是正确制定和实施党的政治路线的过程，也是密切联系党的政治路线加强党的自身建设的过程。党的建设搞好了，党才能正确制定与有效执行正确的政治路线；党的建设也只有在正确的政治路线的指导下才能真正搞好。制定与执行党的正确的政治路线是党的建设的出发点和落脚点，也是党的建设的一条基本规律。

第四，把党的思想教育和思想领导放在党的建设的第一位。党员不仅要在组织上入党，更重要的要在思想上入党。具体的国情、革命和建设的任务决定了中国共产党必须大量吸收工人阶级以外的其他阶级和阶层中的优秀分子入党，但同时也决定了党必须对他们进行思想教育。实现党在思想上的先进性和纯洁性，是党的价值之所依，生命力之所在。

第五，把党建设成为组织上巩固的、有战斗力的整体。“处在伟大斗争面前的中国共产党，要求整个党的党领导机关，全党的党员和干部，高度地发挥其积极性”，而这种积极性的发挥“有赖于党内生活的民主化”[3]。党内民主是党的组织巩固的基础，是党有战斗力的根源。

第六，“理论和实践相结合的作风，和人民群众密切的联系在一起的作风以及自我

---

[1] 《毛泽东选集》（第2卷），人民出版社1991年版，第652页。

[2] 《毛泽东选集》（第2卷），人民出版社1991年版，第602页。

[3] 《毛泽东选集》（第2卷），人民出版社1991年版，第528—529页。

批评的作风”[1]是我们党的优良作风，也是共产党人区别于其他任何政党的显著标志。党风不正是“党性不纯的一种表现”[2]。“我们要完成打到敌人的任务必须完成这个整顿党内作风的任务。”[3]同样，我们党要完成社会主义现代化建设的任务也必须严肃认真地整顿党的作风。恢复和发扬党的优良传统和作风是摆在全党面前的一项严重的政治任务。

第七，党的团结是党的生命。要维护党的团结和统一必须正确认识和处理党内矛盾和斗争。其正确的观点和方法：一是党内矛盾和解决矛盾的思想斗争是党发展的一种动力；二是必须以马克思主义的立场、观点和方法对待党内斗争；三是必须坚持“惩前毖后、治病救人”的正确方针。

原载于《山东社会科学》2005年第10期

[1] 《毛泽东选集》(第3卷)，人民出版社1991年版，第1093—1094页。

[2] 《毛泽东选集》(第3卷)，人民出版社1991年版，第801页。

[3] 《毛泽东选集》(第3卷)，人民出版社1991年版，第812页。

毛泽东论中国共产党价值观建设

张士海

摘　要： 毛泽东关于中国共产党价值观建设的思想主要包括价值观建设是中国共产党的一项重要使命，全心全意为人民服务是中国共产党价值观建设的出发点和落脚点，中国共产党价值观建设是一项系统的工程，需要多个层面的协同进行。建设“服务型执政党”是当前新的历史条件下中国共产党价值观建设的一个时代要求，也是探讨毛泽东关于中国共产党价值观建设思想得出的最基本的结论。

关键词： 毛泽东；中国共产党；政党价值观；服务型执政党

一

政党价值观，是政党的理论基础、阶级性质、政治目标、历史使命以及时代特征的概括和集中体现，是政党对自身的性质、利益、使命和需要的一种认知，是对自己的历史合理性与现实合法性的一种回答。[1]“政党价值观对于政党生存、发展与作用发挥具有至关重要的意义，是政党的立党之本、生命之根、力量之源。”

政党价值观决定着政党行为，进而决定着政党政治的发展方向及其发展质量。一个政党合法性危机的起点是党员对本党的纲领和章程所确立的价值观发生动摇和转移，这是对政党合法性提出的最严峻的挑战。[2]高度重视价值观建设，这是无产阶级政党的一个优良传统。在马克思、恩格斯指导下创立的共产主义者同盟，其章程就对无产阶级政党价值取向作出了明确规定：“推翻资产阶级，建立无产阶级统治，消灭旧的以阶级对立为基础的资产阶级社会和建立没有阶级、没有私有制的新社会。”[3]在长期领导苏俄革命和建设的具体实践中，列宁强调：“应当时刻不忘我们的最终目的，随时进行宣传，保卫无产阶级的思想体系……不被歪曲，并使之继续发展”[4]，“没有思想上的统一，

[1]　袁贵仁、韩震：《新世纪中国共产党的价值观》，人民出版社2003年版，第4页。

[2]　王邦佐：《中国政党制度的社会生态分析》，上海人民出版社2005年版，第276页。

[3]　《马克思恩格斯选集》（第4卷），人民出版社1995年版，第200页。

[4]　《列宁全集》（第6卷），人民出版社1986年版，第251页。

组织上的统一是没有意义的"[1]。"因此，为了统一思想和行动，增强凝聚力，无产阶级政党的一项重要使命就是要加强政党价值观建设，以便真正赢得获取政权、成功执政的合法性基础，切实巩固政党的执政地位。"

高度重视和切实加强中国共产党价值观建设，这是毛泽东的一贯主张。价值观建设是中国共产党增强自身合法性基础、推进社会发展的中心环节，"在革命前，是革命的思想准备；在革命中，是革命总战线中的一条必要和重要的战线"。[2]在民主革命时期，毛泽东指出，共产党员不但要在组织上入党，首先更要在思想上入党。"有许多党员，在组织上入了党，思想上并没有完全入党，甚至完全没有入党。这种思想上没有入党的人，头脑里还装着许多剥削阶级的脏东西，根本不知道什么是无产阶级思想，什么是共产主义。"[3]在毛泽东看来，"这对于执行党的正确路线，妨碍极大"[4]。因此，他强调："我们的党，我们的队伍，虽然其中的大部分是纯洁的，但是为要领导革命运动更好地发展，更快地完成，就必须从思想上组织上认真地整顿一番。而为要从组织上整顿，首先需要在思想上整顿，需要展开一个无产阶级对非无产阶级的思想斗争。"[5]中国共产党加强自身价值观建设，有了立身之本，站得就高了，眼界就宽了，心胸就开阔了，就能更加自觉地为人民的事业而努力奋斗。在长期领导中国革命的具体实践中，毛泽东高度重视和切实加强中国共产党价值观建设，因而建立起了"一个全国范围的、广大群众性的、思想上政治上组织上完全巩固的布尔什维克化的中国共产党"。[6]这对于取得民主革命成功，发挥了极其重要的作用。中华人民共和国成立后，毛泽东从增强中国共产党执政合法性、巩固中国共产党执政地位的目的出发，进一步强调加强中国共产党价值观建设。毛泽东指出："毫无疑问，我们应当批评各种各样的错误思想。不加批评，看着错误思想到处泛滥，任凭它们去占领市场，当然不行。有错误就得批判，有毒草就得进行斗争。"[7]因此，他强调：必须"宣传辩证唯物主义和历史唯物主义思想，批判资产阶级唯心主义思想，并在这个思想战线上取得胜利。没有这个思想战线上的胜利……将受到严重阻碍"[8]。正是在毛泽东的领导下，中国共产党价值观建设在全国范围广泛、深入地展开，主要是通过两个方面工作进行的。一方面，开展了整党、整风的无产阶级价值观教育运动；另一方面，开展了对于封建主义价值观、资产阶级

---

[1] 《列宁全集》（第5卷），人民出版社1986年版，第247页。

[2] 《毛泽东选集》（第2卷），人民出版社1991年版，第708页。

[3] 《毛泽东选集》（第3卷），人民出版社1991年版，第875页。

[4] 《毛泽东选集》（第1卷），人民出版社1991年版，第85页。

[5] 《毛泽东选集》（第3卷），人民出版社1991年版，第875页。

[6] 《毛泽东选集》（第2卷），人民出版社1991年版，第602页。

[7] 《毛泽东文集》（第7卷），人民出版社1999年版，第232页。

[8] 《建国以来重要文献选编》（第6册），中央文献出版社1993年版，第63页。

价值观等非无产阶级价值观的清理、批判工作。可以说，通过这两个方面一系列的运动，极大地加强了中国共产党价值观建设，切实地抵制了非无产阶级价值观思想腐蚀，有效地密切了党同人民群众的关系。如同毛泽东在党的八大开幕词中所说："我们的党是一个政治上成熟的伟大的马克思列宁主义的政党。我们的党现在比过去任何时期都更加团结，更加巩固了。我们的党已经成了团结全国人民进行社会主义建设的核心力量。"[1]但是，令人遗憾的是，1957年反右斗争扩大以后，毛泽东关于中国共产党价值观建设的思想与实践在曲折发展中误入歧途，以至于出现了像"文化大革命"这样重大的挫折。

无论是在革命战争年代，还是在和平建设时期，毛泽东都高度重视中国共产党价值观建设。这对于加强中国共产党价值观建设，进而推进中国革命和建设事业的蓬勃发展，发挥了重要的作用。当前，我国正处于全面建成小康社会的关键时期，随着世情、国情、党情的新变化，价值观发展呈现多元、多样、多变发展态势。主流价值观与非主流价值观、无产阶级价值观与非无产阶级价值观共同构成了当今中国价值观发展的基本架构和主要格局。置身于这种多元价值观并存发展的时空背景下，中国共产党加强自身价值观建设就显得尤为重要。因此，只有切实加强中国共产党价值观建设，才能真正增强其吸引力、感染力，才会使广大人民群众能够最终"认同"和接受中国共产党价值观；才能真正增强其凝聚力、战斗力，才会切实巩固中国共产党的执政地位。因此，在新的历史条件下，中国共产党必须更自觉、更主动地高度重视和加强价值观建设。

二

作为政党政治的一个核心要素，政党价值观主要体现的是"为什么人的问题"，即谁是价值主体和评价主体、以谁的利益和要求作为价值标准和评价标准。从根本上看，政党政治本质上是利益政治，政党政治关系本质上是利益关系，政党政治过程实质上是不同利益主体争取、维护和发展利益的过程。[2]代表最广大人民群众的根本利益，这是无产阶级政党的价值取向。马克思、恩格斯指出："共产党人不是同其他工人政党相对立的特殊政党。他们没有任何同整个无产阶级的利益不同的利益"[3]，"无产阶级的运动是绝大多数人的、为绝大多数人谋利益的独立的运动"[4]。在长期领导苏俄革命和建设

[1] 《毛泽东文集》（第7卷），人民出版社1991年版，第114页。

[2] 王韶兴：《政党政治论》，山东人民出版社2011年版，第94页。

[3] 《马克思恩格斯选集》（第1卷），人民出版社1995年版，第285页。

[4] 《马克思恩格斯选集》（第1卷），人民出版社1995年版，第283页。

的具体实践中，列宁强调："在人民群众中，我们毕竟是沧海一粟，只有我们正确地表达人民的想法，我们才能管理。否则共产党就不能率领无产阶级，而无产阶级就不能率领群众，整个机器就要散架。"[1]因此，代表最广大人民群众的根本利益、全心全意为人民服务，这是无产阶级政党的价值取向，是无产阶级政党价值观建设的出发点和落脚点。

在领导中国共产党价值观建设的实践中，毛泽东始终把全心全意为人民服务作为其出发点和落脚点。"一切从人民的利益出发，而不是从个人或小集团的利益出发；向人民负责和向党的领导机关负责的一致性；这些就是我们的出发点。"[2]在民主革命时期，毛泽东指出："人民，只有人民，才是创造世界历史的动力"[3]，要把最广大人民群众的根本利益作为价值标准和价值取向。在长期领导中国革命的具体实践中，毛泽东始终把全心全意为人民服务看作中国共产党价值观建设的出发点和落脚点，并基于不同历史阶段的条件和任务，为中国共产党制定了不同的方针政策，始终代表最广大人民群众的根本利益，这对于取得新民主主义革命成功，发挥了极其重要的作用。在党的七届二中全会上，毛泽东从加强中国共产党价值观建设、保持全心全意为人民服务价值取向的战略高度出发，告诫全党同志要特别警惕骄傲自满、功臣自居、不求进步以及贪图享乐等情绪，提醒全党同志务必继续保持谦虚谨慎、不骄不躁和艰苦奋斗的优良作风。毛泽东指出："因为革命胜利了，有一部分同志，革命意志有些衰退，革命热情有些不足，全心全意为人民服务的精神少了……而闹地位、闹名誉、讲究吃、讲究穿、比薪水高低、争名夺利，这些东西多起来了。"[4]面对这种新情况、新问题，他强调："共产党就是要奋斗，就是要全心全意为人民服务，不要半心半意或者三分之二的心三分之二的意为人民服务"，"要保持过去革命战争时期的那么一股劲，那么一股革命热情，那么一种拼命精神，把革命工作做到底"。[5]

当前，我国正处于全面建成小康社会的关键时期。在如何体现全心全意为人民服务这一政党价值观建设的出发点和落脚点问题上，中国共产党面临新的考验和挑战。一些干部领导科学发展能力不强，一些基层党组织软弱涣散，少数党员干部理想信念动摇、宗旨意识淡薄、奢侈浪费现象严重；一些领域消极腐败现象易发多发，反腐败斗争形势依然严峻。对此，胡锦涛在庆祝中国共产党成立90周年大会讲话中明确指出："来自人民、植根人民、服务人民，是我们党永远立于不败之地的根本"，"以人为本、

[1] 《列宁选集》（第4卷），人民出版社1995年版，第695页。

[2] 《毛泽东选集》（第3卷），人民出版社1991年版，第1094页。

[3] 《毛泽东选集》（第3卷），人民出版社1991年版，第1031页。

[4] 《毛泽东文集》（第7卷），人民出版社1999年版，第284页。

[5] 《毛泽东文集》（第7卷），人民出版社1999年版，第285页。

执政为民是我们党的性质和全心全意为人民服务根本宗旨的集中体现，是指引、评价、检验我们党一切执政活动的最高标准”。[1]只有把全心全意为人民服务作为中国共产党价值观建设的出发点和落脚点，始终做到权为民所用，情为民所系，利为民所谋，实现好、维护好、发展好最广大人民群众的根本利益，才能广泛赢得人民群众的“认同”和接受，才能切实增强中国共产党执政合法性基础，从而真正带领和团结广大人民群众为建设中国特色社会主义而努力奋斗。

三

政党价值观建设是一项系统工程，需要多层面协同进行。在马克思、恩格斯看来，“共产党一分钟也不忽略教育工人尽可能明确地意识到资产阶级和无产阶级的敌对的对立”[2]。在领导苏俄革命和建设的实践中，列宁指出：“要用各种办法提高工人群众的阶级觉悟、明确他们的社会主义思想、坚定他们的革命决心并增强他们在各方面的组织性。”[3]政党价值观建设，必须重视广大党员的思想教育、加强以人为本的法制建设，从而发挥党员干部的带头作用，这是无产阶级政党价值观建设的基本维度。

政党价值观建设，必须重视广大党员的思想教育。这是无产阶级政党价值观建设的主要路径。在领导中国共产党价值观建设的历史进程中，毛泽东高度重视广大党员的思想教育。在民主革命时期，毛泽东强调：“掌握思想教育，是团结全党进行伟大政治斗争的中心环节。如果这个任务不解决，党的一切政治任务是不能完成的”[4]，要“教育党员使党员的思想和党内的生活都政治化”[5]。同时，毛泽东明确指出，思想政治教育必须重视自愿的原则，“学习运动的基础，是我们同志们自觉的热情”[6]。中华人民共和国成立后，在中国共产党价值观建设问题上，毛泽东一如既往地重视广大党员的思想教育。他指出：“不能强制人们放弃唯心主义，也不能强制人们相信马克思主义”，“凡属于思想性质的问题，凡属于人民内部的争论问题，只能用民主的方法去解决，只能用讨论的方法、批判的方法、说服教育的方法去解决，而不能用强制的、压服的方法去解决”。[7]

政党价值观建设，必须加强以人为本的法制建设。这是无产阶级政党价值观建设

[1] 胡锦涛：《在庆祝中国共产党成立90周年大会上的讲话》，人民出版社2011年版，第14页。

[2] 《马克思恩格斯选集》（第1卷），人民出版社1995年版，第306页。

[3] 《列宁全集》（第4卷），人民出版社1995年版，第22页。

[4] 《毛泽东选集》（第3卷），人民出版社1991年版，第1094页。

[5] 《毛泽东选集》（第1卷），人民出版社1991年版，第92页。

[6] 《毛泽东文集》（第2卷），人民出版社1993年版，第182页。

[7] 《毛泽东文集》（第7卷），人民出版社1999年版，第209页。

的根本保障。在领导中国共产党价值观建设的历史进程中，毛泽东高度重视以人为本的法制建设。在民主革命时期，毛泽东强调，中国共产党价值观建设不仅需要重视广大党员的思想教育，更需要以人为本的法律制度的保障。“厉行廉洁政治，严惩公务人员之贪污行为，禁止任何公务人员假公济私之行为，共产党员有犯法者从重治罪”[1]，“身为党员，铁的纪律就非执行不可”[2]。中华人民共和国成立后，在中国共产党价值观建设问题上，毛泽东一如既往地强调以人为本的法制建设。他指出：“我们的法律……是维护革命秩序，保护劳动人民利益，保护社会主义经济基础，保护生产力的。我们要求所有的人都遵守革命法制”[3]，“我们需要建立一定的制度来保证群众路线和集体领导的贯彻实施，而避免脱离群众的个人突出和个人英雄主义，减少我们工作中的脱离客观实际情况的主观主义和片面性”[4]。

政党价值观建设，必须发挥党员干部的带头作用。这是无产阶级政党价值观建设的重要环节。在领导中国共产党价值观建设的历史进程中，毛泽东高度重视发挥广大党员特别是党员干部的模范带头作用。在民主革命时期，毛泽东指出：“只有共产党员……高度地发挥其先锋的模范的作用，才能动员全民族 切生动力量，为克服困难、战胜敌人、建设新中国而奋斗。”[5]他指出：“我们党和国家的干部是普通劳动者，而不是骑在人民头上的老爷。干部……同劳动人民保持最广泛的、经常的、密切的联系。这是社会主义制度下一件带根本性的大事，它有助于克服官僚主义，防止修正主义和教条主义”[6]，“应将各地典型的好人好事加以调查分析和表扬，使全党都向这些好的典型看齐，发扬正气，压倒邪气”[7]。

无论是在革命战争年代，还是在和平建设时期，毛泽东一贯重视广大党员的思想教育、加强以人为本的法制建设、发挥党员干部的带头作用，这对于加强中国共产党价值观建设，进而推进中国革命和建设事业的蓬勃发展，发挥了重要作用。但是，令人遗憾的是，1957年反右斗争扩大化后，毛泽东关于中国共产党价值观建设的思想与实践出现了严重的偏差，以至于出现了像“文化大革命”这样重大的挫折。当前，我国正处于全面建成小康社会的关键时期。在新的历史条件下，中国共产党价值观建设正面临着国内外两方面的严峻考验。这种“考验”，既包括来自国外形形色色的思想文化乘机渗透、蔓延带来的资产阶级价值观的巨大冲击，也包括来自国内各种各样的社

[1] 《毛泽东文集》（第2卷），人民出版社1993年版，第335页。
[2] 《毛泽东文集》（第2卷），人民出版社1993年版，第416页。
[3] 《毛泽东文集》（第7卷），人民出版社1999年版，第197页。
[4] 《毛泽东文集》（第7卷），人民出版社1999年版，第19页。
[5] 《毛泽东选集》（第2卷），人民出版社1991年版，第523页。
[6] 《建国以来重要文献选编》（第19册），中央文献出版社1998年版，第68页。
[7] 《毛泽东文集》（第6卷），人民出版社1993年版，第255页。

会思潮多样化、社会价值取向多元化提出的严峻挑战。在当前新的历史条件下，中国共产党必须全面探讨包括重视广大党员的思想教育、加强以人为本的法制建设、发挥党员干部的带头作用等在内的政党价值观建设这一系统工程的实现机制。只有真正建立起中国共产党价值观建设的长效机制，才能切实加强中国共产党价值观建设，体现中国共产党先进性；才能切实提高党在人民群众中的威信，巩固中国共产党执政地位，进而继续推进中国特色社会主义建设事业破浪前行。

四

开展对毛泽东关于中国共产党价值观建设思想及其启示的分析与研究，一个根本的目标在于，全面总结并真正把握中国共产党价值观建设的基本经验，加强当前新的历史条件下中国共产党价值观建设，巩固中国共产党执政地位，进一步推进中国特色社会主义事业的蓬勃发展。当前，中国共产党通过重视广大党员的思想教育、加强以人为本的法制建设、发挥党员干部的带头作用来加强政党价值观建设的进程中，还需要进一步增强服务意识、努力建设“服务型执政党”。这是当前新的历史条件下加强中国共产党价值观建设的时代要求。

现代政党政治的一个根本特点是，一个党无论是要上台执政，还是想巩固执政地位，都必须以多数民众的支持、拥护为前提。一个政党能否获得民众支持和拥护，又取决于它服务民众的意愿和质量。这在客观上要求政党，尤其是执政党必须把自己建设成服务型政党。[1]在领导中国革命和建设的实践中，毛泽东虽然没有明确提出“服务型政党”这一概念，但他在不同场合曾多次强调中国共产党要增强服务意识，全心全意为人民服务。毛泽东指出：“我们这个队伍完全是为着解放人民的，是彻底地为人民的利益工作的。”[2]“一切群众的实际生活问题，都是我们应当注意的问题。假如我们对这些问题注意了、解决了，满足了群众的需要，我们就真正成了群众生活的组织者，群众就会真正围绕在我们的周围，热烈地拥护我们。”[3]正是由于毛泽东始终高度重视增强中国共产党服务意识、努力建设“服务型政党”，这就有力地推进了中国共产党价值观建设和中国革命、建设事业的蓬勃发展。

随着世情、国情、党情的新变化，中国共产党“面临的执政考验、改革开放考验、市场经济考验、外部环境考验是长期的、复杂的、严峻的，精神懈怠危险、能力不足

---

[1] 宋玉波：《“执政为民”须以建设服务型执政党为保证》，《浙江工商大学学报》2007年第2期。

[2] 《毛泽东选集》（第3卷），人民出版社1991年版，第1004页。

[3] 《毛泽东选集》（第1卷），人民出版社1991年版，第137页。

危险、脱离群众危险、消极腐败危险更加尖锐地摆在全党面前”[1]。中国共产党要增强服务意识、努力建设“服务型执政党”，对于进一步加强中国共产党价值观建设、增强中国共产党执政合法性的基础，显得尤为重要与紧迫。建设服务型政党，是党的先进性、纯洁性和根本宗旨的本质要求，是密切党群关系、实现政党价值的现实路径，是巩固党的执政地位的基础工程。[2]在领导中国特色社会主义建设事业的实践中，中国共产党大多数党员能够以身作则、率先垂范，全心全意为人民服务；同时也必须看到，少数党员干部理想信念动摇、宗旨意识淡薄，形式主义、官僚主义问题突出，这势必影响党在人民群众中的威信，破坏党的形象，削弱党执政的合法性基础。对此，中国共产党人强调：“加强思想道德和纪律教育，表彰勤政廉政典型，督促各级党员领导干部加强党性修养，常修为政之德、常思贪欲之害、常怀律己之心，自觉经受住改革开放和发展社会主义市场经济条件下长期执政的考验”[3]；“相信谁、依靠谁、为了谁，是否始终站在最广大人民的立场上……是判断马克思主义政党的试金石”[4]。在党的十八大报告中，胡锦涛明确提出建设“服务型执政党”，更是体现了中国共产党在新形势下对自身角色的准确定位，彰显了全心全意为人民服务这一中国共产党价值观建设的出发点和落脚点。中国共产党只有增强服务意识、努力建设“服务型执政党”，才能彰显中国共产党价值观，体现中国共产党先进性；才能提高党在群众中的威信，赢得人民的信赖和拥护；才能增强中国共产党执政合法性基础，实现党和国家兴旺发达、长治久安。

原载于《湘潭大学学报（哲学社会科学版）》2012年第4期

[1] 胡锦涛：《坚定不移沿着中国特色社会主义道路前进　为全面建成小康社会而奋斗》，人民出版社2012年版，第49页。

[2] 田芝健：《马克思主义服务型政府建设若干基本问题研究》，《学习论坛》2012年第9期。

[3] 《十六大以来重要文献选编（中）》，中央文献出版社2006年版，第295页。

[4] 《十六大以来重要文献选编（上）》，中央文献出版社2005年版，第369页。

列宁关于无产阶级政党纯洁性思想及其启示

张士海

摘　要：在领导苏俄革命和建设的伟大实践中，列宁形成了丰富的关于无产阶级政党纯洁性思想，主要包括：纯洁性建设是无产阶级政党的一项重要使命；全心全意为人民服务是无产阶级政党纯洁性建设的根本目标；无产阶级政党纯洁性建设是一项系统工程，需要多方面协同进行。研究列宁关于无产阶级政党纯洁性思想，对于加强中国共产党纯洁性建设有着重要的现实启示意义。充分发挥广大党员干部先锋模范作用，这既是目前进一步加强中国共产党纯洁性建设的时代要求，也是研究列宁关于无产阶级政党纯洁性思想得出的基本结论。

关键词：列宁；无产阶级政党；纯洁性；中国共产党

无产阶级政党能否成功执政以及社会主义事业能否最终取得完全的胜利，在一定意义上，取决于无产阶级政党能否保持纯洁性。正是在领导苏俄革命和建设的伟大实践中，列宁提出了一整套无产阶级政党纯洁性建设的战略思想，有力地推动了苏共纯洁性建设和苏俄革命、建设事业的发展。列宁关于无产阶级政党纯洁性建设的基本思想是什么？开展列宁关于无产阶级政党纯洁性思想研究，对于加强中国共产党纯洁性建设有何现实启示？基于此，本文从“为什么、是什么、怎样做”的思维向度出发，试就列宁关于无产阶级政党纯洁性思想作一初步探讨，以期为当前中国共产党纯洁性建设提供一定的理论服务。

一

无论对一个革命党还是一个执政党来说，加强政党纯洁性建设，至关重要。只有加强纯洁性建设，才能增强政党创造力、凝聚力和战斗力，才能真正体现政党先进性。高度重视政党纯洁性建设，这是无产阶级政党的一个优良传统。在马克思、恩格斯指导下创立的共产主义者同盟，其章程就对保持党的纯洁性作出了严格规定，要求“每一个支部对它所能接受的会员的品质纯洁负责”[1]。在马克思、恩格斯看来，如果其他阶级的分子参加无产阶级政党，“首先就要要求他们不要把资产阶级、小资产阶级等等的偏见的任何残余带进来，而要无条件地掌握无产阶级世界观”[2]。因此说，为了永葆党的政治本色，永葆党的生机活力，从而更好地肩负起自己的历史使命，无产阶级政党一项重要使命就是加强纯洁性建设。

在领导苏俄革命和建设的伟大实践中，列宁高度重视苏共纯洁性建设。在列宁看来，社会主义事业能否胜利，取决于无产阶级政党能否保持纯洁性，首要的“是靠无产阶级先锋队的觉悟和它对革命的忠诚，是靠它的坚韧不拔、自我牺牲和英雄气概”[3]。在革命战争年代，列宁指出，“宁可十个办实事的人不自称为党员（真正办实事的人是不追求头衔的！），也不让一个说空话的人有权利和机会当党员。这样一条原则在我看来是毋庸置辩的……我们的任务是要维护我们党的坚定性、彻底性和纯洁性。我们应当努力把党员的称号和作用提高提高再提高”[4]。“党是阶级的先进觉悟阶层，是阶级的先锋队。这个先锋队的力量比它的人数大10倍，100倍，甚至更多。”[5]可以说，正是由于列宁高度重视苏共纯洁性建设，因而建立起了一个广泛群众性的、思想上政治上组织上完全巩固的无产阶级政党，对于领导苏俄革命胜利，发挥了重要作用。十月革命胜利后，列宁从巩固党的领导地位的目的出发，更加重视苏共纯洁性建设问题。在列宁看来，无产阶级执政党的“可能失败”，并不仅仅在于其经济基础首先被动摇，还在于思想、组织、作风不纯而丧失执政的风险。因此，为了使无产阶级执政党更好地担负起历史赋予的重任，必须把加强政党纯洁性建设作为一项重要的战略任务。“徒有其名的党员，就是白给，我们也不要。世界上只有我们这样的执政党，即革命工人阶级的党，才不追求党员数量的增加，而注意党员质量的提高和清洗‘混进党里来的人’。”[6]在列宁的领导下，苏共纯洁性建设在全国范围内的开展，主要是通过两方面的工作进行的。一方面，开展了广泛的、深入持久的全党范围内的党性教育运动；另一方面，在党的领导下，有步骤、有秩序地开展了两次大规模的“清党”运动。这对于保持苏共纯洁性、推进苏俄建设事业发展，发挥了重要作用。遗憾的是，列宁逝世后，苏共领导人没能从战略高度重视党的纯洁性建设，使得苏共纯洁性建设在曲折探索中误入歧途，直至出现了亡党亡国的历史性悲剧。

---

[1] 《马克思恩格斯选集》（第2卷），人民出版社1995年版，第612页。

[2] 《马克思恩格斯选集》（第3卷），人民出版社1995年版，第685页。

[3] 《列宁选集》（第4卷），人民出版社1995年版，第136页。

[4] 《列宁全集》（第7卷），人民出版社1986年版，第272页。

[5] 《列宁全集》（第24卷），人民出版社1990年版，第38页。

[6] 《列宁选集》（第4卷），人民出版社1995年版，第51页。

在领导中国革命和建设的伟大实践中，中国共产党人高度重视党的纯洁性建设。“我们要不要胜利，要不要在全国胜利？如果要的话，就要有一个有纪律的、思想上纯洁的、组织上纯洁的党，合乎统一的标准的党。”[1]这对于保持中国共产党纯洁性、推动中国社会发展，发挥了重要作用。当前，随着世情、国情、党情的新变化，在保持政党纯洁性问题上，中国共产党正面临着严峻的现实挑战。从国际环境来看，主要在于苏东剧变后世界社会主义运动处于低潮和西方发达资本主义国家“和平演变”的消极影响；从国内环境来看，主要在于经济市场化、社会多样化、文化多元化和社会信息化等新的境遇带来的强烈冲击；从主观原因来看，主要在于理论学习、身体力行和监督制度有效性不足而造成的严重制约。在这种新的历史条件下，中国共产党加强纯洁性建设极其重要。“只有不断保持纯洁性，才能提高在群众中的威信，才能赢得人民信赖和拥护，才能不断巩固执政基础，才能实现党和国家兴旺发达、长治久安。”[2]因此，作为建设中国特色社会主义事业领导者，中国共产党理应而且必须更加高度重视纯洁性建设。

二

从本质意义上讲，无产阶级政党纯洁性，是指坚持党的性质、宗旨，为人民服务的“纯度”，即为人民服务“完全”“彻底”的程度。全心全意为人民服务，这是无产阶级政党有别于其他一切政党的内在本质属性。作为无产阶级政党，其纯洁性表现在，除工人阶级和最广大劳动人民群众的利益之外没有也不追求自己特殊的利益。[3]在《共产党宣言》中，马克思、恩格斯明确指出，“共产党人不是同其他工人政党相对立的特殊政党。他们没有任何同整个无产阶级的利益不同的利益”[4]。“无产阶级的运动是绝大多数人的、为绝大多数人谋利益的独立的运动。”[5]因此说，一切从人民的利益出发、全心全意为人民服务，这是无产阶级政党纯洁性建设的根本目标。

在领导苏俄革命和建设的伟大实践中，列宁把全心全意为人民服务看作苏共纯洁性建设的根本目标。在列宁看来，“在人民群众中，我们毕竟是沧海一粟，只有我们正确地表达人民的想法，我们才能管理。否则共产党就不能率领无产阶级，而无产阶级

[1] 《毛泽东文集》（第3卷），人民出版社1996年版，第261页。

[2] 《切实做好保持党的纯洁性各项工作　深入推进党风廉政建设和反腐败斗争》，《人民日报》2012年1月10日。

[3] 张荣臣：《马克思主义经典作家关于保持党的纯洁性思想及现实意义》，《中国井冈山干部学院学报》2012年第3期。

[4] 《马克思恩格斯选集》（第1卷），人民出版社1995年版，第285页。

[5] 《马克思恩格斯选集》（第1卷），人民出版社1995年版，第283页。

就不能率领群众，整个机器就要散架”[1]。在革命战争年代，列宁强调，“我们走自己的路，我们始终是先进阶级的政党，这个阶级决不会向群众提出任何一个暧昧不明的口号，它决不会直接或间接地卷入资产阶级的任何一件肮脏勾当，它在任何情况下，不管斗争的结局如何，都能捍卫革命的利益”[2]。“为了为群众服务和代表他们正确地意识到的利益，先进队伍即组织必须在群众中开展自己的全部活动，毫无例外地吸收他们中间的一切优秀力量，并且要随时随地仔细客观地检查：是否同群众保持着联系，联系是否密切。这样，也只有这样，先进队伍才能教育和启发群众，代表他们的利益，教他们组织起来，使群众的全部活动沿着自觉的阶级政策的道路前进。”[3]正是围绕建设全心全意为人民服务的政党，列宁通过理论学习、榜样示范等方式加强苏共纯洁性建设，有力地推动了苏俄革命事业的发展。十月革命胜利后，随着苏共所处地位和面临环境的变化，开始出现脱离群众的倾向。不关心群众疾苦、官僚主义严重，甚至以权谋私、腐化变质。针对这种现象，列宁强调，无产阶级政党纯洁性最根本的一点，就在于它能够密切联系群众、代表人民群众的利益，这是一切真正无产阶级政党的出发点和落脚点。“我们力量的主要源泉在于工人很自觉，很英勇，始终得到劳动农民的同情和支持。我们取得胜利的原因在于：我们党和苏维埃政权把当前一切困难和任务直接告诉劳动群众；我们能向群众说明为什么一个时期要用全力抓苏维埃工作的某一方面；我们能发挥群众的热情、积极性和英勇精神，把鼓起的革命干劲集中用于当前最重要的任务。”[4]这对于建设全心全意为人民服务的政党、保持苏共纯洁性、推进苏俄建设事业发展，发挥了重要作用。然而，列宁逝世后，苏共纯洁性建设在曲折探索中逐渐误入歧途，全心全意为人民服务这一苏共纯洁性建设根本目标受到损害，直至出现了亡党亡国的历史性悲剧。

在领导中国革命和建设的伟大实践中，中国共产党人始终强调一切从人民利益出发、全心全意为人民服务，这对于建设全心全意为人民服务的政党、保持中国共产党纯洁性、推动中国社会发展，发挥了重要作用。在庆祝中国共产党成立90周年大会的讲话中，胡锦涛指出，“来自人民、植根人民、服务人民，是我们党永远立于不败之地的根本”。“以人为本、执政为民是我们党的性质和全心全意为人民服务根本宗旨的集中体现，是指引、评价、检验我们党一切执政活动的最高标准。”[5]在党的十八大报告中，胡锦涛进一步指出，“为人民服务是党的根本宗旨，以人为本、执政为民是检验党

[1] 《列宁选集》（第4卷），人民出版社1995年版，第695页。

[2] 《列宁全集》（第13卷），人民出版社1987年版，第210页。

[3] 《列宁全集》（第24卷），人民出版社1990年版，第41页。

[4] 《列宁全集》（第37卷），人民出版社1986年版，第301页。

[5] 胡锦涛：《在庆祝中国共产党成立90周年大会上的讲话》，人民出版社2011年版，第14页。

的一切执政活动的最高标准。任何时候都要把人民利益放在第一位，始终与人民心连心、同呼吸、共命运，始终依靠人民推动历史前进”[1]。因此说，要“把实现好、维护好、发展好最广大人民根本利益作为检验纯洁性的试金石”[2]。只有这样，才能坚持党的宗旨、保持党的纯洁性、体现党的先进性，才能建立起一个全心全意为人民服务的无产阶级政党，从而真正带领和团结广大人民群众为建设中国特色社会主义而努力奋斗。

三

无产阶级政党要取得社会主义革命和建设的完全胜利，必须加强政党纯洁性建设，努力建设全心全意为人民服务的政党。当然，政党纯洁性建设是一项系统工程，需要多方面协同进行。为了保持政党纯洁性，体现政党先进性，必须积极开展思想建设、组织建设、作风建设、制度建设和反腐倡廉建设。这是无产阶级政党纯洁性建设的基本维度。

（一）保持党的纯洁性，加强思想建设是根本。保持党在思想上的纯洁性，是保证党的正确政治方向的思想基础。保持无产阶级政党思想纯洁，最重要的是树立起对马克思主义、共产主义的信仰。在领导苏俄革命和建设的伟大实践中，列宁认识到加强思想建设以保持党的纯洁性的重要性。在革命战争年代，列宁强调，“只有以先进理论为指南的党，才能实现先进战士的作用”[3]。“只有革命马克思主义的理论，才能成为工人阶级运动的旗帜，所以俄国社会民主党应该设法继续发展并且实现这个理论，同时要保卫它，使它不致像许多‘时髦理论’（俄国革命的社会民主党的成就已经使马克思主义变成了‘时髦’理论了）那样常常被曲解和庸俗化。”[4]十月革命胜利后，在保持党的纯洁性问题上，列宁一如既往地强调思想建设。“我们必须从大家公认的一条马克思主义原理出发，即纲领必须建立在科学的基础上。纲领应该向群众说明，共产主义革命是怎样发生的，为什么它是不可避免的，它的意义、实质和力量在哪里，它应当解决什么问题。”[5]“党内总的任务不是在数量上扩充党的队伍，而是改善它的质量，提高全体党员的觉悟，加强他们的共产主义觉悟教育，发挥他们的积极性、主动性和创造

[1] 胡锦涛：《坚定不移沿着中国特色社会主义道路前进　为全面建成小康社会而奋斗》，人民出版社2012年版，第50—51页。

[2] 《切实做好保持党的纯洁性各项工作　深入推进党风廉政建设和反腐败斗争》，《人民日报》2012年1月10日。

[3] 《列宁选集》（第1卷），人民出版社1995年版，第312页。

[4] 《列宁选集》（第1卷），人民出版社1995年版，第271页。

[5] 《列宁全集》（第36卷），人民出版社1985年版，第162页。

性，并在这一基础上达到全党队伍的绝对统一。”[1]

（二）保持党的纯洁性，加强组织建设是核心。保持党在组织上的纯洁性，是保持全党步调一致和增强党的凝聚力、战斗力的组织保证。保持无产阶级政党组织纯洁，最重要的是实现党的团结与统一。在领导苏俄革命和建设的伟大实践中，列宁认识到加强组织建设以保持党的纯洁性的重要性。在革命战争年代，列宁强调，“无论为了尽快地实现无产阶级的最终目的，还是为了在现存的社会基础上坚定不移地进行政治斗争和经济斗争，战斗的无产阶级最亲密无间的团结都是绝对必要的”[2]。“我们的党也同一切革命政党一样，只有革命者在进行共同工作的时候至少具有起码的相互帮助的愿望，才能存在和发展。”[3]十月革命胜利后，在保持党的纯洁性问题上，列宁一如既往地强调组织建设。“我们必须记住，内部的危险在某种意义上比邓尼金和尤登尼奇的危险还要大，因此我们不仅需要形式上的团结，而且需要非常坚固的团结。”[4]“特别需要保持党的队伍的统一和团结，保证党员相互之间的完全信任，保证在工作中真正齐心协力，真正体现无产阶级先锋队的意志的统一。”[5]

（三）保持党的纯洁性，加强作风建设是关键。保持党在作风上的纯洁性，是保持党同人民群众血肉联系和不断从人民群众实践中吸取经验、智慧和力量的固本之道。保持无产阶级政党作风纯洁，最重要的是密切联系群众、始终与人民群众同呼吸共命运。在领导苏俄革命和建设的伟大实践中，列宁认识到加强作风建设以保持党的纯洁性的重要性。在革命战争年代，列宁指出，“我国革命的教训就是：只有以一定的阶级为依靠的政党才是强有力的，才能在形势发生各种各样的转变的时期安然无恙。公开的政治斗争迫使政党更紧密地联系群众，因为没有这种联系，政党就没有什么用处”[6]。“我们需要的是新型的党，另一种性质的党。我们需要的是能够经常同群众保持真正的联系的党，善于领导这些群众的党。”[7]十月革命胜利后，在保持党的纯洁性问题上，列宁一如既往地强调作风建设。“对于一个作为工人阶级的先锋队来领导一个大国在暂时没有得到较先进国家的直接援助的情况下向社会主义过渡的共产党来说，最严重最可怕的危险之一，就是脱离群众。”[8]“先锋队只有当它不脱离自己领导的群众并真正引导

---

[1] 《苏联共产党代表大会、代表会议和中央全会决议汇编》（第2分册），人民出版社1964年版，第54页。

[2] 《列宁全集》（第7卷），人民出版社1986年版，第227页。

[3] 《列宁全集》（第20卷），人民出版社1989年版，第53页。

[4] 《列宁选集》（第4卷），人民出版社1995年版，第481页。

[5] 《列宁选集》（第4卷），人民出版社1995年版，第469页。

[6] 《列宁全集》（第17卷），人民出版社1988年版，第325页。

[7] 《列宁全集》（第39卷），人民出版社1986年版，第225页。

[8] 《列宁选集》（第4卷），人民出版社1995年版，第626页。

全体群众前进时，才能完成其先锋队的任务。”[1]

（四）保持党的纯洁性，加强制度建设是保障。保持党在制度上的纯洁性，是保持全党思想纯洁、组织纯洁、作风纯洁的有力保证。保持无产阶级政党制度纯洁，最重要的是切实制定和执行各项规章制度。在领导苏俄革命和建设的伟大实践中，列宁认识到加强制度建设以保持党的纯洁性的重要性。在革命战争年代，列宁指出：“我们已经不止一次从原则上明确地谈了我们对工人政党的纪律的意义和纪律的概念的看法……只有这样的纪律才是先进阶级民主主义政党所应有的纪律……觉悟工人始终不应当忘记，对原则的严重违反必定会使一切组织关系遭到破坏。”[2]十月革命胜利后，在保持党的纯洁性问题上，列宁一如既往地强调制度建设。“党应当通过苏维埃机关在苏维埃宪法的范围内来贯彻自己的决定。党努力领导苏维埃工作，但不是代替苏维埃。”[3]“为了在党内和整个苏维埃工作中执行严格的纪律，并取缔一切派别活动以求得最大程度的统一，代表大会授权中央委员会，在遇到违反纪律、恢复或进行派别活动的情况时，可以采取党内一切处分办法，直到开除出党；而对中央委员则可把他降为候补中央委员，甚至采取极端措施，把他开除出党。”[4]

（五）保持党的纯洁性，开展反腐倡廉建设是路径。党的纯洁性同一切腐败现象是水火不容的。开展反腐倡廉建设是保持党的纯洁性、保证党永不变色的重要路径。在领导苏俄革命和建设的伟大实践中，列宁认识到开展反腐倡廉建设以保持党的纯洁性的重要性。在革命战争年代，列宁指出：“在任何一个有农民的资本主义国家（这样的资本主义国家占大多数），大多数农民是受政府压迫而渴望推翻这个政府、渴望有一个‘廉价’政府的。能够实现这一要求的只有无产阶级，而无产阶级实现了这一要求，也就是向国家的社会主义改造迈进了一步。”[5]十月革命胜利后，在保持党的纯洁性问题上，列宁一如既往地强调反腐倡廉建设。列宁把贪污腐败现象比作党和国家机构中的“脓包”，他指出，“不管在那个机关里，每个人面前现在都有三大敌人”“（一）共产党员的狂妄自大，（二）文盲，（三）贪污受贿”[6]。在列宁看来，“只要有贪污这种现象，只要有贪污的可能，就谈不到政治，甚至连搞政治的门径也没有”[7]。在列宁的领导下，1922年全俄中央执行委员会颁布了《苏俄刑法典》，对以权谋私、贪污腐败的党员

[1] 《列宁选集》（第4卷），人民出版社1995年版，第646页。

[2] 《列宁全集》（第14卷），人民出版社1988年版，第121—122页。

[3] 《苏联共产党代表大会、代表会议和中央全会决议汇编》（第1分册），人民出版社1964年版，第571页。

[4] 《列宁选集》（第4卷），人民出版社1995年版，第472页。

[5] 《列宁选集》（第3卷），人民出版社1995年版，第149页。

[6] 《列宁选集》（第4卷），人民出版社1995年版，第590页。

[7] 《列宁全集》（第33卷），人民出版社1985年版，第59页。

干部、国家职员作了严格处罚的规定。在处罚党的干部问题上，列宁明确提出，“对共产党员的惩办应比对非党人员加倍严厉”[1]。

在领导中国革命和建设的伟大实践中，中国共产党人高度重视从思想建设、组织建设、作风建设、制度建设和反腐倡廉建设等方面加强中国共产党纯洁性建设，强调“坚持集中统一、思想一致、行动一致，保持党的纯洁性”[2]，这对于保持中国共产党纯洁性、推动中国社会发展，发挥了重要作用。目前，世界和中国正在发生广泛而深刻的变化和变革。加强中国共产党纯洁性建设，面临着许多前所未有的新情况、新问题、新挑战。“少数党员干部理想信念动摇、宗旨意识淡薄，形式主义、官僚主义问题突出，奢侈浪费现象严重；一些领域消极腐败现象易发多发，反腐败斗争形势依然严峻。”[3]因此，作为建设中国特色社会主义事业领导者，中国共产党必须站在时代的高度，进一步探讨包括思想建设、组织建设、作风建设、制度建设和反腐倡廉建设在内的保持中国共产党纯洁性这一系统工程的长效机制。只有这样，才能真正把中国共产党建设成为全心全意为人民服务的无产阶级政党，才能保持中国共产党纯洁性、体现中国共产党先进性、增强中国共产党凝聚力和战斗力，进而把中国特色社会主义事业不断推向前进。

四

开展列宁关于无产阶级政党纯洁性思想的研究，主要目的在于探寻并把握无产阶级政党纯洁性建设一般规律，进一步加强新的历史条件下中国共产党纯洁性建设，推进中国特色社会主义事业发展。笔者认为，中国共产党高度重视政党纯洁性建设，通过思想建设、组织建设、作风建设、制度建设和反腐倡廉建设推进全心全意为人民服务政党建设进程中，还需要充分发挥广大党员干部先锋模范作用。这是目前新的历史条件下加强中国共产党纯洁性建设的时代要求。

政党纯洁性建设，离不开政党的主体自觉。广大党员干部率先垂范、以身作则，对于保持无产阶级政党纯洁性，意义重大。在领导苏俄革命和建设的伟大实践中，列宁指出：“我们应当……改造党的全部工作……多用行动少用言语来进行宣传。要知道，现在用言语既不能说服工人，也不能说服农民，只有用榜样才能说服他们。”[4]为了防

[1] 《列宁选集》（第4卷），人民出版社1995年版，第633页。

[2] 《毛泽东文集》（第3卷），人民出版社1996年版，第260页。

[3] 胡锦涛：《坚定不移沿着中国特色社会主义道路前进　为全面建成小康社会而奋斗》，人民出版社2012年版，第5页。

[4] 《列宁全集》（第40卷），人民出版社1986年版，第37页。

止党员干部特殊化、保持党的纯洁性，列宁不仅严格要求广大党员干部艰苦奋斗、清正廉洁，而且自己更是率先垂范、以身作则。无论是在革命年代还是在建设时期，列宁和广大人民群众一样都是过着极其俭朴的生活。十月革命胜利后，列宁的薪金同当时技术工人相仿，每月500卢布。1918年3月，人民委员会总务处处长出于对领袖爱戴，把列宁工资由500卢布提到800卢布。对此，列宁严厉指出，这是“破坏人民委员会1917年11月23日的法令”，是“公然违法行为”，要给“以严重警告处分”。[1]可以说，正是由于列宁率先垂范、以身作则，高度重视发挥广大党员干部先锋模范作用，这对于保持苏共纯洁性、体现苏共先进性，推动苏俄革命和建设事业发展，发挥了重要作用。遗憾的是，列宁逝世后，苏共党员干部腐败盛行而丧失先锋模范作用，导致了亡党亡国悲剧的发生。党员干部腐败在苏联不仅造成国家物质上的损失，“道德上的损失就更为惨重：社会分化加剧；经常遇到磨难的大多数人对那些不仅享受福利照顾而且享有种种特权、任意攫取不义之财而又逍遥法外的‘上流人物’的憎恨之情与日俱增，埋下了社会冲突的地雷，党、政府、整个领导层的威信下降”[2]。其教训是深刻的。

目前，中国正处在改革开放和社会主义现代化建设新时期。随着世情、国情、党情的新变化，中国共产党“面临的执政考验、改革开放考验、市场经济考验、外部环境考验是长期的、复杂的、严峻的，精神懈怠危险、能力不足危险、脱离群众危险、消极腐败危险更加尖锐地摆在全党面前”[3]。充分发挥广大党员干部先锋模范作用，进一步加强中国共产党纯洁性建设，显得尤为重要与紧迫。“保持党的纯洁性，关键在党的各级领导干部。”[4]广大党员干部既是保持党的纯洁性的组织者和领导者，又是保持党的纯洁性的执行者和实践者。党员干部处在党的领导岗位上，这就决定了在保持党的纯洁性方面负有极为重要的责任。我们说，国外一些大党老党纷纷丧失执政地位，其中很重要的原因就是党员干部腐败，特别是出现顶层腐败或腐败顶层。对于在马克思列宁主义影响下取得革命成功并进行建设的中国共产党来说，党员干部腐败盛行而使苏共丧失纯洁性、导致亡党亡国的教训更是值得警惕和深思。在领导中国特色社会主义建设的伟大实践中，中国共产党的大多数党员干部能够率先垂范、以身作则，充分发挥了先锋模范作用；同时必须看到，信念不坚定、作风不正派、原则不强、为政不廉等在一些党员干部中也不同程度地存在着，这势必影响党在人民群众中的威信，削弱

[1] 《列宁全集》（第48卷），人民出版社1987年版，第155—156页。

[2] 格·阿·阿尔巴托夫：《苏联政治内幕：知情者的见证》，新华出版社1998年版，第178页。

[3] 胡锦涛：《坚定不移沿着中国特色社会主义道路前进　为全面建成小康社会而奋斗》，人民出版社2012年版，第49页。

[4] 《胡锦涛在十七届中央纪委七次全会上发表重要讲话　强调切实做好保持党的纯洁性各项工作　深入推进党风廉政建设和反腐败斗争》，《人民日报》2012年1月10日。

党的创造力、凝聚力和战斗力。对此，胡锦涛强调："各级干部都要自重、自省、自警、自励，讲党性、重品行、作表率，做到立身不忘做人之本、为政不移公仆之心、用权不谋一己之私，永葆共产党人政治本色。"[1]"各级领导干部特别是高级干部必须自觉遵守廉政准则，严格执行领导干部重大事项报告制度，既严于律己，又加强对亲属和身边工作人员的教育和约束，决不允许搞特权。"[2]只有广大党员干部率先垂范、以身作则，才能保持中国共产党的纯洁性，体现中国共产党的先进性；才能提高党在广大人民群众中的威信，赢得人民群众的认同和拥护；才能增强中国共产党执政合法性，实现党和国家兴旺发达、长治久安。因此，高度重视政党的主体自觉、充分发挥广大党员干部先锋模范作用，这既是目前进一步加强中国共产党纯洁性建设的时代要求，也是研究列宁关于无产阶级政党纯洁性思想得出的基本结论。

原载于《社会主义研究》2013年第2期

[1] 胡锦涛：《在庆祝中国共产党成立90周年大会上的讲话》，人民出版社2011年版，第16页。

[2] 胡锦涛：《坚定不移沿着中国特色社会主义道路前进　为全面建成小康社会而奋斗》，人民出版社2012年版，第54页。

列宁关于无产阶级政党文化领导权思想及其启示

张士海

摘　要：列宁关于无产阶级政党文化领导权的思想主要包括构建文化领导权是无产阶级政党的一项重要使命，推进马克思主义本国化、时代化、大众化是无产阶级政党文化领导权建设的主要目标，教育与自觉相结合是构建无产阶级政党文化领导权的基本路径。研究列宁关于无产阶级政党文化领导权思想，对于加强中国共产党文化领导权建设有着重要的借鉴意义。

关键词：列宁；无产阶级政党；文化领导权；中国共产党

在政党政治进程中，文化领导权对于政党赢得夺取政权和执政合法性具有重要意义。在领导苏联革命和建设的伟大实践中，列宁对构建无产阶级政党文化领导权进行了科学阐述、积极倡导和全面推行，使得苏联共产党赢得了夺取政权和执政的合法性，极大地推动了苏联革命和建设事业的蓬勃发展。研究列宁关于无产阶级政党文化领导权的基本思想，对于加强中国共产党文化领导权建设有着重要借鉴意义。

一

在政党政治发展历程中，无论是一个革命党还是一个执政党，文化领导权建设至关重要。正如马克思、恩格斯所指出的那样："统治阶级的思想在每一时代都是占统治地位的思想。这就是说，一个阶级是社会上占统治地位的物质力量，同时也是社会上占统治地位的精神力量。"[1]"无产阶级如果向这些思想和愿望（指小资产阶级和农民的思想和愿望——笔者注）作出让步，它就会丧失自己的历史的领导使命。"[2]因此，无产阶级政党的一项重要使命就是切实构建文化领导权，寻求广泛的精神"认同"，真正赢得夺取政权和执政的合法性基础。

[1]《马克思恩格斯选集》(第1卷)，人民出版社1995年版，第98页。

[2]《马克思恩格斯选集》(第4卷)，人民出版社1995年版，第640页。

在领导苏俄革命和建设的伟大实践中，列宁高度重视苏联共产党文化领导权建设。十月革命胜利后，苏联共产党的“任务是要战胜资本家的一切反抗，不仅是军事上和政治上的反抗，而且是最深刻、最强烈的思想上的反抗”。[1]在探索经济文化落后国家社会主义建设道路进程中，列宁强调，苏联共产党能否成功执政以及社会主义事业能否最终取得完全的胜利，在一定意义上，“问题‘只’在于无产阶级及其先锋队的文化力量”。[2]正是在列宁的领导下，苏联共产党文化领导权在全国范围内的建设，主要是通过两方面工作展开的。一方面，开展对于地主资产阶级复辟思潮特别是各种反马克思主义意识形态的批判、清除工作；另一方面，形成马克思主义学习、研究、宣传和教育热潮。遗憾的是，列宁之后的苏联共产党领导人没能真正从战略高度重视文化领导权建设，导致苏联共产党文化领导权经历了一个“坚持与强化—衰退与丧失”的演变历程。

“十月革命一声炮响，给我们送来了马克思列宁主义。”[3]在领导中国革命和建设的伟大实践中，中国共产党历来高度重视运用文化引领前进方向、凝聚奋斗力量，团结带领全国各族人民不断以思想文化新觉醒、理论创造新成果、文化建设新成就推动党和人民事业向前发展。“毛泽东同志指出：‘掌握思想领导是掌握一切领导的第一位’。邓小平同志强调：‘我们说改善党的领导，其中最主要的，就是加强思想政治工作’。这些思想极为重要……党的这个优良传统和重要经验，任何时候都不能丢。”[4]“各级党委要重视意识形态工作，加强对意识形态工作的领导，牢牢掌握意识形态各部门的领导权。”[5]这就极大地推动了中国共产党文化领导权建设和中国革命、建设事业的蓬勃发展。当前，中国文化发展呈现多元、多样、多变的发展态势。主流文化与非主流文化、精英文化与大众文化、官方文化与民间文化共同构成了当今中国文化发展的基本架构和主要格局。置身于这种多元文化并存发展的时空背景下，中国共产党加强文化领导权建设就显得尤为重要与紧迫。我们说，只有切实加强中国共产党文化领导权建设，才能真正增强其吸引力、感染力，才会使广大人民群众能够最终“认同”和接受中国共产党文化；才能真正增强其凝聚力、战斗力，才会切实巩固中国共产党的执政地位。因此，在新的历史条件下，中国共产党必须更自觉、更主动地从战略高度重视和加强文化领导权建设。

[1] 《列宁全集》（第39卷），人民出版社1990年版，第406页。

[2] 《列宁全集》（第43卷），人民出版社1987年版，第63页。

[3] 《毛泽东选集》（第4卷），人民出版社1991年版，第1471页。

[4] 《江泽民文选》（第3卷），人民出版社2006年版，第94页。

[5] 《江泽民文选》（第1卷），人民出版社2006年版，第160页。

二

政党文化是关于政党生活的政治心理倾向和政治价值取向的总和，主要包括政党认识、政党情感、政党思想、政党理想等。在政党文化建设中，意识形态（即政党价值取向）是核心内容，决定着政党文化的基本性质和发展方向。以马克思主义为指导，这是无产阶级政党文化建设有别于其他一切政党的一大特点和优点。恩格斯曾经自豪地说："我们党有个很大的优点，就是有一个新的科学的观点作为理论的基础。"[1]我们知道："理论一经掌握群众，也会变成物质力量。"[2]因此，推进马克思主义本国化、时代化、大众化，这是无产阶级政党文化领导权建设的主要目标。

在构建苏联共产党文化领导权的伟大实践中，列宁高度重视推进马克思主义本国化、时代化、大众化。列宁指出："我们决不把马克思的理论看作某种一成不变的和神圣不可侵犯的东西；恰恰相反，我们深信：它只是给一种科学奠定了基础，社会党人如果不愿落后于实际生活，就应当在各方面把这门科学推向前进。"[3]在推进马克思主义理论创新的同时，列宁强调："最高限度的马克思主义=最高限度的通俗化。"[4]在列宁看来，推动马克思主义大众化不仅仅是"整个社会主义革命的主要任务"，[5]当国家全面开展社会主义建设的时候，它将"发挥更加重大的作用"。[6]在1922年俄共（布）十一大上，列宁指出，就领导苏联进行社会主义建设而言，政治权力和主要经济力量都有了，问题的关键在于"做管理工作的那些共产党员缺少文化"。列宁援引历史上民族之间征服与被征服的例子郑重地告诫全党：共产党虽然已经成为军事上的胜利者，但作为执政党，如果不注意推动马克思主义大众化，就有可能成为旧文化的"被征服者"。[7]因此，在推进马克思主义理论创新的同时，列宁通过理论学习、教育运动、榜样示范等方式开展马克思主义大众化运动，这对于保障广大人民群众坚持无产阶级文化思想的领导，进而推动苏联革命和建设事业发展，发挥了极其重要的作用。遗憾的是，列宁之后的苏联共产党领导人没能真正理解和把握马克思列宁主义的精神实质，在推进马克思主义大众化进程中出现了教条化、片面化、虚无化的错误倾向。

在构建中国共产党文化领导权的伟大实践中，中国共产党历来高度重视推进马克思主义中国化、时代化、大众化。在中国共产党人看来："马克思列宁主义和中国革

[1] 《马克思恩格斯选集》（第2卷），人民出版社1995年版，第39页。

[2] 《马克思恩格斯选集》（第1卷），人民出版社1995年版，第9页。

[3] 《列宁全集》（第4卷），人民出版社1984年版，第161页。

[4] 《列宁全集》（第36卷），人民出版社1959年版，第467页。

[5] 《列宁全集》（第39卷），人民出版社1990年版，第401页。

[6] 《列宁全集》（第39卷），人民出版社1990年版，第407页。

[7] 《列宁选集》（第4卷），人民出版社1995年版，第679页。

命的关系，就是箭和靶的关系……马克思列宁主义之箭，必须用了去射中国革命之的。”[1]“真正的马克思列宁主义者必须根据现在的情况，认识、继承和发展马克思列宁主义。”[2]在强调推进马克思主义理论创新的同时，中国共产党也高度重视推进马克思主义大众化。“如果有了正确的理论，只是把它空谈一阵，束之高阁，并不实行，那末，这种理论再好也是没有意义的。”[3]“各级党委应当大大提倡学习马克思主义的认识论，使之群众化，为广大干部和人民群众所掌握，让哲学从哲学家的课堂上和书本里解放出来，变为群众手里的尖锐武器。”[4]这就极大地推动了中国共产党文化领导权建设和中国革命、建设事业的蓬勃发展。而“改革开放以来我们取得一切成绩和进步的根本原因，归结起来就是：开辟了中国特色社会主义道路，形成了中国特色社会主义理论体系……在当代中国，坚持中国特色社会主义理论体系，就是真正坚持马克思主义”[5]。因此，推进当代中国马克思主义大众化，必须用中国特色社会主义理论体系武装全党全国人民，只有这样，才能够真正建立起一个思想上、政治上完全巩固的无产阶级政党，才能够使广大人民群众真正统一思想、振奋精神、凝聚力量，为建设中国特色社会主义贡献力量。

三

无产阶级政党要想取得社会主义革命和建设事业的完全胜利，必须运用不断发展着的马克思主义武装和教育广大人民群众，赢得民众广泛的精神“认同”，构建与巩固文化领导权。马克思、恩格斯指出：“共产党一分钟也不忽略教育工人尽可能明确地意识到资产阶级和无产阶级的敌对的对立。”[6]在此，需要明确的是，构建文化领导权不只是领导者单方面、自上而下的“文化操纵”过程，而是一个需要在被领导者积极参与过程中不断获取他们“认同”和接受的过程。“获得他们的认同，关键的问题不是被领导者的消极的和间接的认同，而是单独个人积极的和直接的认同。”[7]因此，在构建文化领导权历史进程中，既要注重发挥教育者的主导作用，又要注重发挥教育对象的能动作用，将教育与自觉有机结合起来。

在领导苏联革命和建设的伟大实践中，列宁认为，教育与自觉相结合是构建苏联

[1] 《毛泽东选集》(第3卷)，人民出版社1991年版，第819—820页。

[2] 《邓小平文选》(第3卷)，人民出版社1993年版，第291页。

[3] 《毛泽东选集》(第1卷)，人民出版社1991年版，第292页。

[4] 《毛泽东文集》(第8卷)，人民出版社1999年版，第323页。

[5] 《十七大以来重要文献选编（上）》，中央文献出版社2009年版，第69页。

[6] 《马克思恩格斯选集》(第4卷)，人民出版社1995年版，第180页。

[7] 葛兰西：《狱中札记》，人民出版社1983年版，第232页。

共产党文化领导权的基本路径。在列宁看来："社会主义意识是一种从外面灌输到无产阶级的阶级斗争中去的东西，而不是一种从这个斗争中自发地产生出来的东西。"[1]"因为自发的工人运动就是工联主义的、也就是纯粹工会的运动，而工联主义正是意味着工人受资产阶级的思想奴役。"[2]因此，列宁强调，苏联共产党人"应当既以理论家的身份，又以宣传员的身份；既以鼓动员的身份，又以组织者的身份'到居民的一切阶级中去'"，[3]用马克思主义理论去宣传群众，教育群众，武装群众。"要善于利用每一件小事来向大家说明自己的社会主义信念，向大家解释无产阶级解放斗争的世界历史意义。"[4]在强调从外面向广大人民群众灌输马克思主义、加强理论教育的同时，列宁指出，不能"强迫"广大人民群众接受马克思主义，而只能"靠榜样的力量"，靠广大人民群众"对日常实际生活的认识"[5]。在列宁看来，"灌输"也就是将马克思主义"充实"到广大人民群众的头脑中去。当然，"灌输"包括由其他人进行马克思主义教育，也包括主体自觉学习马克思主义（即自我"灌输"、自我"充实"）。因此，列宁指出，我们一定要给自己提出这样的任务："第一，是学习；第二，是学习；第三，还是学习。"[6]遗憾的是，列宁之后的苏联共产党领导人为了达到舆论一律，运用"批判运动"的方式来统一思想，这给苏联人民心中留下了难以抚平的创伤，也为苏联共产党丧失执政地位埋下了悲剧的种子。

在领导中国革命和建设的伟大实践中，中国共产党人提出了注重教育与自觉相结合的整党整风、党校教育、建设学习型政党等构建中国共产党文化领导权的有效形式。"不能强制人们放弃唯心主义，也不能强制人们相信马克思主义。"[7]"要特别教育我们的下一代下两代，一定要树立共产主义的远大理想。"[8]"加强有说服力的思想政治工作。"[9]"要坚持教育与自我教育相结合。"[10]这都有力地推动了中国共产党文化领导权建设和中国革命、建设事业的蓬勃发展。当前，在推进当代中国马克思主义大众化、进一步巩固和发展中国共产党文化领导权的历史进程中，作为马克思主义大众化的主导，马克思主义理论工作者、教育工作者、党的各级干部要起到教育者、组织者和领

[1] 《列宁全集》（第6卷），人民出版社1986年版，第37页。
[2] 《列宁全集》（第6卷），人民出版社1986年版，第38页。
[3] 《列宁选集》（第1卷），人民出版社1995年版，第366页。
[4] 《列宁选集》（第1卷），人民出版社1995年版，第364页。
[5] 《列宁全集》（第33卷），人民出版社1985年版，第265页。
[6] 《列宁选集》（第4卷），人民出版社1995年版，第699页。
[7] 《毛泽东文集》（第7卷），人民出版社1999年版，第209页。
[8] 《邓小平文选》（第3卷），人民出版社1993年版，第111页。
[9] 《江泽民文选》（第3卷），人民出版社2006年版，第295页。
[10] 胡锦涛：《进一步加强和改进大学生思想政治教育工作》，《人民日报》2005年1月18日。

导者的作用，要尊重广大人民群众的主体地位，通过教育与自觉相结合路径，积极引导广大人民群众科学认识和对待当代中国马克思主义。只有这样，才能发挥马克思主义大众化主导与主体的积极性、主动性，才能够增强全党全国人民的凝聚力、战斗力，才能真正巩固与发展中国共产党文化领导权，进而把中国特色社会主义事业不断推向前进。

四

开展列宁关于无产阶级政党文化领导权思想及其启示的分析与研究，一个主要的任务在于，探寻并真正把握无产阶级政党文化领导权建设的一般规律，进一步加强新的历史条件下中国共产党文化领导权建设。当前，还需要引导广大人民群众切实增强中国特色社会主义理论自信，这是在新的历史条件下进一步加强中国共产党文化领导权建设的一个时代要求。

所谓理论自信，是指一个政党坚信自己所信仰的理论的科学性、正确性，坚定自己所信仰的理论的价值性、指导性，坚守自己所信仰的理论的民族性、人民性，坚持自己所信仰的理论的开放性、创新性。[1]作为一个由马克思主义科学理论孕育催生、用马克思主义科学理论武装发展的无产阶级政党，苏联共产党从诞生之日起就表现出了高度的理论自信。以列宁为代表的苏联共产党人坚持马克思主义指导地位，不断推进马克思主义本国化、时代化、大众化，赢得了民众广泛的精神“认同”，从而有力地推动了苏联革命和建设事业的蓬勃发展。遗憾的是，列宁之后的苏联共产党领导人没能科学地认识和对待马克思列宁主义，在西方国家“和平演变”影响下，戈尔巴乔夫完成了从“求教于列宁主义”到“完全抛弃马克思列宁主义”的公然逆转，缺乏理论自信、主动放弃苏联共产党文化领导权，这成为导致苏联解体的一个重要思想诱因。[2]

在领导中国革命和建设的伟大实践中，中国共产党人始终坚持解放思想、实事求是、与时俱进、求真务实；始终坚持勇于变革、勇于创新，永不僵化、永不停滞；既不为任何风险所惧，又不被任何干扰所惑；既不走封闭僵化老路，又不走改旗易帜邪路，表现出了高度的理论自信，成功地实现了马克思主义中国化的两次飞跃，创立了毛泽东思想和中国特色社会主义理论体系，从而推动中国革命和建设事业的蓬勃发展。当前，在马克思主义意识形态为核心的文化领导权建设问题上，中国共产党不仅面临着西方各种思想文化渗透蔓延带来“意识形态终结论”“普世社会价值论”的严重冲

[1] 张远新：《理论自觉、理论自信与理论创新、理论坚定》，《北京行政学院学报》2013年第1期。

[2] 张士海：《论戈尔巴乔夫的“列宁主义观”及其启示——兼谈苏共“文化领导权”丧失与苏联解体》，《政治学研究》2009年第1期。

击，同时也面临着国内社会思潮多样化、社会价值观取向多元化提出的现实挑战。置身于文化多元化发展的时空背景下，中国共产党要团结带领人民继续前进，就必须引导广大人民群众切实增强马克思主义理论自信。

胡锦涛在十八大报告中指出："中国特色社会主义理论体系，就是包括邓小平理论、'三个代表'重要思想、科学发展观在内的科学理论体系，是对马克思列宁主义、毛泽东思想的坚持和发展。"[1]中国特色社会主义理论体系系统回答了在中国这样一个十几亿人口的发展中大国"建设什么样的社会主义，怎样建设社会主义""建设什么样的党，怎样建设党""实现什么样的发展，怎样发展"一系列重大问题。在当代中国，坚持中国特色社会主义理论体系，就是真正坚持马克思主义；引导广大人民群众增强中国特色社会主义理论自信，就是引导广大人民群众真正增强马克思主义理论自信。只有引导广大人民群众切实增强中国特色社会主义理论自信，才能使中国特色社会主义理论体系真正为广大人民群众理解和接受，才能真正彰显马克思主义的伟大生命力、增强马克思主义意识形态吸引力和凝聚力，才能使广大人民群众在中国特色社会主义理论体系上达成最大限度的"同意"与"意见一致"、在更广泛、更自觉的实践层面上形成内在的坚持和发展中国特色社会主义的强大精神动力。因此，引导广大人民群众切实增强中国特色社会主义理论自信，这既是当前新的历史条件下进一步加强中国共产党文化领导权建设、继续推进中国特色社会主义事业向前发展的一个时代要求，也是研究列宁关于无产阶级政党文化领导权思想及其启示得出的基本结论。

原载于《科学社会主义》2014年第2期

[1] 胡锦涛：《坚定不移沿着中国特色社会主义道路前进　为全面建成小康社会而奋斗》，人民出版社2012年版，第12页。

十八大以来党建思想创新论纲

张士海

摘 要：党的十八大以来，以习近平同志为核心的党中央党建创新内容可以概括为“十个结合”，即坚持党的领导与加强党的建设相结合，清醒认识面临“考验”与科学分析存在“危险”相结合，从严治党与全面治党相结合，建设“学习型”政党与建设“服务型”政党、“创新型”政党相结合，思想建党与制度治党相结合，从严管理干部队伍与规范党内政治生活相结合，加强作风建设与夯实政党执政根基相结合，惩治腐败中打“老虎”与拍“苍蝇”相结合，严明党的政治纪律与增强党的法治能力相结合，加强党的建设与坚持“以人民为中心”相结合。十八大以来党建思想的创新发展，是马克思主义党建理论在当代中国发展的最新成果。

关键词：十八大以来；党建思想；创新

党的十八大以来，以习近平同志为核心的党中央全面加强党的建设，提出了新形势下党建新理念新思想新战略，实现了马克思主义党建理论在当代中国的创新发展。十八大以来党建思想的新发展，主要体现在以下“十个结合”方面。

一、坚持党的领导与加强党的建设相结合，创造性地增强了以党的建设巩固党的领导的新自觉

在政党政治时代，政党建设对于坚持政党领导意义重大，不仅关系着政党的生存发展，而且关系着政党能否永葆政治本色、实现政党使命。党的十八大以来，以习近平同志为核心的党中央基于对近代以来历史经验的总结、基于中国共产党成立以来中国社会巨大改变，提出“党的领导是中国特色社会主义最本质的特征”这一新论断，强调坚持党的领导对于社会主义建设事业意义重大，强调推进社会主义建设必须做到坚持党的领导与加强党的建设相结合。[1]作为社会主义事业的坚强领导核心，中国共

[1] 王建国、江家城：《试论十八大以来党的建设理论与实践创新》，《社会主义研究》2016年第1期。

产党是现代化建设的根本保证，是实现民族复兴的领导力量。能否坚持党的领导，直接关系国家的富强与否，直接关系民族的振兴与否，直接关系人民的幸福与否。坚持党的领导，必须回应时代要求不断加强党的建设。如果坚持党的领导主要解决的是党在社会发展中的地位和作用问题的话，那么加强党的建设所要解决的则主要是提高党的领导水平和执政能力、更好地实现党的领导的问题。因此在领导中国特色社会主义建设事业进程中，坚持党的领导和加强党的建设是辩证统一的。坚持党的领导，必须“不忘初心，继续前进”，必须适应时代发展需要不断加强党的建设，着力提高党的管党治党水平，着力增强党的抵御风险能力，从而赢得人民群众的衷心拥护，真正确保党在中国特色社会主义建设事业中的领导核心地位。对此，习近平明确指出：“党的建设关系重大、牵动全局”[1]，要“不断提高党的建设科学化水平”,“不断增强党的创造力、凝聚力、战斗力，为事业胜利提供根本保证”。[2]

二、清醒认识面临“考验”与科学分析存在“危险”相结合，创造性地作出了党的建设面临突出问题的新概括

加强党的建设，首先必须明确党的建设中存在的突出问题，这是探寻政党建设主要着力点和努力方向一个十分重要的前提条件。根据形势的变化不断加强党的建设，以保持党的生机活力和战斗力。这是中国共产党建设的突出特点和优良传统。党的十八大以来，世情国情党情发生深刻变化，党的建设面临一系列新课题新考验。“习近平同志向全党、全社会释放了一个明确的信号，就是对事关党的事业和党的建设全局的重大问题，绝不遮掩、绝不回避、绝不含糊。为此，他始终强调抓好党的建设要坚持问题导向，实事求是分析党内存在的突出问题，提出解决方案。”[3]以习近平同志为核心的党中央把党的建设中存在的突出问题明确概括为“四个考验”和“四个危险”。作为当前党的建设的时代课题，“四个考验”与“四个危险”相互作用、相互影响、相互制约，成为当前党的建设健康发展的“拦路虎”和主要制约因素。中国共产党能否清醒认识面临的“四个考验”、科学分析存在的“四个危险”，能否经受住“四个考验”、有效防范“四个危险”，直接关系到党的建设的实际成效，直接关系到党的执政地位巩固与否，直接关系到中国特色社会主义事业的兴衰成败。对此，习近平明确指出，“党面临的‘赶考’远未结束”，“所有的领导干部和全体党员要继续把人民对我们党的‘考试’、

[1] 习近平：《在庆祝中国共产党成立95周年大会上的讲话》，《人民日报》2016年7月2日。

[2] 《习近平系列重要讲话读本》，学习出版社、人民出版社2016年版，第103页。

[3] 邓纯东：《习近平同志关于党的建设重要论述的鲜明特点》，《红旗文稿》2016年第8期。

把我们党正在经受和将要经受各种考验的‘考试’考好，努力交出优异的答卷”。[1]

三、从严治党与全面治党相结合，创造性地提出了全面从严治党为主题为主线为主轴的党的建设新理念

管党治党是政党建设的应有之义、基本原则和根本方针，是永葆政党政治本色与实现政党奋斗目标的内在要求、条件支撑和根本保障，也是当前“我们党经受‘四大考验’、克服‘四种危险’，不断提高自我净化、自我完善、自我革新、自我提高能力的必然选择”。[2]要使管党治党真正从宽松软走向严紧硬，必须在从严治党方面下功夫，必须在全面治党方面做文章。党的十八大以来，在管党治党新的伟大实践中，以习近平同志为核心的党中央明确提出坚持从严治党与全面治党相结合。坚持从严治党与全面治党有机统一，这是新的历史条件下管党治党的时代要求和努力方向。在管党治党问题上，中国共产党正面临着严峻的现实挑战。部分党员干部在一定程度上存在着理想信念不坚定、纪律松弛、官僚主义、贪污腐败等不良现象。在这新形势下，中国共产党推进全面从严治党极其重要。必须在发挥从严治党与全面治党整体效能方面出真招、出实招。只有这样，才能够真正把中国共产党建设成为一个思想上政治上组织上完全巩固的马克思主义执政党，才能够保持政党纯洁性、体现政党先进性，才能够夯实政党执政的合法性根基。对此，习近平明确指出：“党要管党，才能管好党；从严治党，才能治好党”，“如果管党不力、治党不严，人民群众反映的强烈的党内突出问题得不到解决，那我们党迟早会失去执政资格，不可避免被历史淘汰”。[3]

四、建设“学习型”政党与建设“服务型”政党、“创新型”政党相结合，创造性地拓展了党的建设主要目标与价值指向的新内涵

政党建设目标就是政党建设所要达到的理想境界和文明状态，也就是要解决建设一个什么样的党的问题。党的十八大以来，以习近平同志为核心的党中央明确提出建设“学习型”政党与建设“服务型”政党、“创新型”政党相结合。这就为新形势下党的建设指明了前进方向、明确了努力目标。学习是政党开拓前进的基础，是克服政党本领不足、本领恐慌的必然要求，是提升政党服务能力和创新能力的一条主要进路。

---

[1] 《习近平系列重要讲话读本》，学习出版社、人民出版社2016年版，第103页。

[2] 田培炎：《管党治党的新要求——学习习近平同志关于党的建设的重要论述》，《求是》2013年第14期。

[3] 《习近平系列重要讲话读本》，学习出版社、人民出版社2016年版，第103页。

“学习是前提，学习好才能服务好，学习好才有可能进行创新。只有加强学习，才能增强工作的科学性、预见性、主动性，才能使领导和决策体现时代性、把握规律性、富于创造性。”[1]作为马克思主义政党，党的力量源自人民，党的根基来自人民，服务人民、建设“服务型”政党是中国共产党宗旨的本质体现和根本要求。创新是一个政党永葆生机的源泉，是增强学习意识、提升服务能力的内在要求；建设“创新型”政党，这是增强学习本领、提升服务水平的关键环节和重要保障。学习、服务、创新三者相互联系、相互支撑、相互促进，彰显了中国共产党永葆生机的开拓进取精神，体现了中国共产党建设的主要目标指向。对此，习近平明确指出：“中国共产党人依靠学习走到今天，也必然要依靠学习走向未来”[2]，“我们的党是全心全意为人民服务的政党”[3]，“勇于变革、勇于创新，永不僵化、永不停滞……努力向历史、向人民交出新的更加优异的答卷”[4]。

五、思想建党与制度治党相结合，创造性地拓展了德法并重、刚柔并济的党的建设新思路

加强党的建设，必须高度重视具体工作方式方法的灵活运用。作为开展工作的手段，方式方法是达到目的的途径。毛泽东曾经指出：“不解决桥或船的问题，过河就是一句空话。不解决方法问题，任务也只是瞎说一顿。”[5]党的十八大以来，以习近平同志为核心的党中央明确提出思想建党与制度治党相结合。这充分体现了当前中国共产党人对马克思主义执政党建设方式方法的新探索、新认识。一方面，思想建设是党的建设的固本工程和基础工作，决定着党的建设的性质和方向。坚定党员干部的理想信念，增强党员干部的党性，这是思想建党的重点。“十八大以来，党中央强调要抓好思想理论建设这个根本、党性教育这个核心、道德建设这个基础，解决好广大党员干部世界观、人生观、价值观这个‘总开关’问题，全党的马克思主义水平有了新的提高。”[6]另一方面，制度建设是党的建设的根本保障，制度治党是从严治党的根本之道。正是由于中国共产党高度重视制度治党，“维护制度的严肃性和权威性，提高制度的执行力，一把手带头发扬党内民主、严格按程序和规矩办事，日益成为全党的共识”。[7]思想建党

[1] 商志晓：《十八大以来党的建设总览》，《理论学刊》2014年第10期。

[2] 《习近平系列重要讲话读本》，学习出版社、人民出版社2016年版，第103页。

[3] 中共中央文献研究室：《论群众路线——重要论述摘编》，中央文献出版社、党建读物出版社2013年版，第119页。

[4] 习近平：《在庆祝中国共产党成立95周年大会上的讲话》，《人民日报》2016年7月2日。

[5] 《毛泽东选集》（第1卷），人民出版社1991年版，第139页。

[6] 虞云耀：《党要管党从严治党——十八大以来全面加强党的建设回顾》，《前线》2014年第7期。

[7] 虞云耀：《党要管党从严治党——十八大以来全面加强党的建设回顾》，《前线》2014年第7期。

与制度建党是辩证统一的。制度建设是思想教育的载体、支撑，思想理念是制度建设的本质、内核，两者相互联系、相互作用、相互配合，构成了党的建设良性运转的基本方式方法。对此，习近平明确指出："坚持思想建党和制度治党紧密结合。从严治党靠教育，也靠制度，二者一柔一刚，要同向发力、同时发力"，"思想教育要结合落实制度规定来进行……要使加强制度治党的过程成为加强思想建党的过程，也要使加强思想建党的过程成为加强制度治党的过程"。[1]

六、从严管理干部队伍与规范党内政治生活相结合，创造性地提高了以抓住"关键少数"来严肃党内政治生活的党的建设新水平

规范党内政治生活是中国共产党立党、兴党、强党的重要法宝和恒久之策，是全面从严治党的一贯要求和主要基础。党内政治生活是否规范、严肃，直接关系党的团结统一能否实现，直接关系党的凝聚力能否增强，直接关系党的纯洁性先进性能否保持。党的十八大以来，以习近平同志为核心的党中央明确提出了规范党内政治生活的战略任务，并把从严管理干部队伍作为规范党内政治生活的一个重要突破口和着力点。党员干部是政党的精英，是政党形象的"窗口"。由于各级领导干部在党的事业中的重要地位和关键作用，所以从严治党关键是从严管理干部，规范党内政治生活必须紧紧抓住领导干部这个"关键少数"和"牛鼻子"。[2]这就要求中国共产党必须在培养党员干部"关键少数"方面下功夫，在使用党员干部"关键少数"方面出实招，在管理党员干部"关键少数"方面求实效，真正培养造就一支信念坚定、为民服务、勤政务实、敢于担当、清正廉洁的干部队伍。对此，中国共产党人强调，"新形势下加强和规范党内政治生活……高级干部特别是中央领导层组成人员必须以身作则，模范遵守党章党规，严守党的政治纪律和政治规矩，坚持不忘初心、继续前进，坚持率先垂范、以上率下，为全党全社会作出示范"。[3]

七、加强作风建设与夯实政党执政根基相结合，创造性地作出了"作风建设永远在路上"的党的建设新判断

作为党的建设的重要组成部分，加强作风建设意义重大。作风建设不仅有利于提

---

[1] 习近平：《在党的群众路线教育实践活动总结大会上的讲话》，《人民日报》2014年10月9日。

[2] 回味：《学习习近平党建思想的创新点》，《中国浦东干部学院学报》2015年第1期。

[3] 《关于新形势下党内政治生活的若干准则　中国共产党党内监督条例》，人民出版社2016年版，第5页。

升政党形象，而且有利于增强政党执政根基。党的十八大以来，以习近平为核心的党中央高度重视党的作风建设，并把加强党的作风建设作为夯实政党执政根基的一个重要条件支撑和主要着力点。人民群众是关乎中国共产党执政根基的核心要素，是夯实中国共产党执政根基的力量源泉。在全面从严治党新的历史条件下，夯实政党执政根基的要义就在于，密切联系群众，获取人民群众广泛的认同与接受。密切联系群众，这既是中国共产党建设的突出特点和优良传统，也是当前中国共产党建设的时代要求和努力方向。这就要求中国共产党必须通过开展党的群众路线教育实践活动、“三严三实”专题教育、“学党章党规、学系列讲话，做合格党员”学习教育活动，真正聚焦作风建设，着力解决形式主义、官僚主义、享乐主义和奢靡之风问题，使广大党员干部真正做到立党为公、执政为民，从而真正密切党群之间的血肉联系。“良好的作风是延续和发展党同人民群众血肉联系的根本保障，直接影响着人心向背，关系着党的兴衰和事业成败，必须始终坚持作风建设永远在路上，永远没有休止符。”[1]在一定意义上说，夯实政党执政根基的关键环节在于加强党的作风建设，夯实政党执政根基的核心要求就在于加强党的作风建设制度化、常态化、长效化。对此，习近平明确指出，“执政党的党风关系党的形象，关系人心向背，关系党和国家生死存亡；加强和改进党的作风建设，核心问题是保持党同人民群众的血肉联系”。[2]

八、惩治腐败中打“老虎”与拍“苍蝇”相结合，创造性地提升了反腐败不留死角不留盲区的党的建设新高度

消极腐败是危害党的生命肌体的一个毒瘤。坚决惩治腐败，这是党一贯坚持的鲜明政治立场，是党的建设的一个重要内容和主要抓手，是保持中国共产党纯洁性、体现中国共产党先进性的应有之义。党的十八大以来，以习近平同志为核心的党中央明确提出，惩治腐败必须坚持打“老虎”与拍“苍蝇”相结合。这深刻表明了新的历史条件下中国共产党反腐倡廉的立场坚定不移，全面反腐的决心毫不动摇，系统反腐的勇气锐不可当。作为执政党，中国共产党面临的最大威胁就是腐败。对于党内领导干部，尤其是高级领导干部，无论什么人，只要触犯了党纪国法，都要受到严肃追究、严厉惩处。一方面，对于领导干部特别是高级领导干部中发生的一些贪污腐败、以权谋私的大案要案要坚决进行查处；另一方面，对于发生在人民群众身边、直接损害群众利益的腐败案件也要坚决进行查处。只有这样，反腐败才能真正做到不留死角、不

[1] 何祥林、吴长锦:《坚持“五位一体”，全面从严治党——学习习近平关于党的建设的重要论述》，《华中师范大学学报》2016年第1期。

[2] 《习近平谈治国理政》，外文出版社2014年版，第366页。

留盲区，才能真正实现政治生态上的山清水秀。“党的十八大以来惩治腐败的事实，特别是对前政治局常委周永康的查处充分表明，‘零容忍’绝不是一句空话。反腐败‘零容忍论’既体现了我们党惩治腐败的高度自觉，也体现了立党为公、执政为民的理念。”[1]正是中国共产党坚持全面反腐、系统反腐，坚持打“老虎”与拍“苍蝇”相结合，反腐倡廉工作取得重大进展。不能腐的体制机制得以初步建立，不敢腐的震慑作用得以充分显现，不想腐的社会氛围得以开始形成。惩治腐败中坚持打“老虎”与拍“苍蝇”相结合，这不仅是广大人民群众的共同期盼，更是中国共产党有力量的充分体现。当然，这也是一项长期、复杂、艰巨的战略任务。对此，习近平明确指出：“我们要以顽强的意志品质，坚持零容忍的态度不变，做到有案必查、有腐必惩，让腐败分子在党内没有任何藏身之地。”[2]

九、严明党的政治纪律与增强党的法治能力相结合，创造性地开阔了党纪与国法有机统一、相得益彰的党的建设新视野

作为全面依法治国的倡导者，中国共产党要在法治化建设方面身体力行、率先垂范。党的十八大以来，以习近平同志为核心的党中央明确提出了严明党的政治纪律、严守党内政治规矩的新要求，并把它作为全面依法治国新形势下提升中国共产党法治能力的一个关键环节。“党内法规既是管党治党的重要依据，也是建设社会主义法治国家的有力保障。加强党内法规建设，是全面推进依法治国的战略任务，是提升党的建设科学化水平的基本保证，是推进国家治理体系和治理能力现代化的重要内容。”[3]对于马克思主义政党来说，政治纪律是立党的条件，是兴党的根本，是强党的保障，是成为一个有生命力的政党的主要标识。党的政治纪律、政治规矩是广大党员必须遵守的行为准则。对于维护党的团结统一、保持党的纯洁性而言，严明党的政治纪律具有十分重要的价值意义。人不以规矩则废，党不以规矩则乱。如果党员干部不能严明党的政治纪律、不能严守政治规矩，势必损害党的形象、削弱党的力量、恶化政治生态、危害执政根基。党的各级组织和广大党员能否严明党的政治纪律、严守政治规矩，事关广大人民群众法治意识的增强，事关广大人民群众法治信仰的确立，事关全面依法治国战略的实现。对此，习近平明确指出：“要把纪律建设摆在更加突出的位置，坚持纪严于法、纪在法前，把纪律和规矩挺在前面”[4]，“把中国共产党各项事业和各项工作

[1] 陈志刚：《习近平党的建设思想六论》，《理论探索》2014年第6期。

[2] 习近平：《在庆祝中国共产党成立95周年大会上的讲话》，《人民日报》2016年7月2日。

[3] 李忠：《党内法规建设研究》，中国社会科学出版社2015年版，第1页。

[4] 《习近平系列重要讲话读本》，学习出版社、人民出版社2016年版，第103页。

纳入法制轨道，实行有法可依、有法必依、执法必严、违法必究，实现中国共产党活动制度化、法制化”[1]。

十、加强党的建设与坚持“以人民为中心”相结合，创造性地开辟了以人民标准评判实际成效的党的建设新境界

在评价党的建设质量与水平的标准系统中，人民标准是核心标准、根本标准、最高标准。衡量党的建设的实际成效，主要在于是否能够做到以人为本、执政为民。因此说，“马克思主义人民主体观，是习近平管党治党思想的最根本思想基础”[2]。对于党的建设而言，坚持人民标准是其价值指向、是其内在要求，体现了中国共产党全心全意为人民服务的根本宗旨。党的十八大以来，以习近平同志为核心的党中央明确提出了“以人民为中心”的新观点，并把它作为衡量党的建设质量与水平的一个主要标尺，深刻彰显了新形势下中国共产党人“把人民放在心中最高位置”的为民情怀。党的建设成效如何，最终要看群众拥护不拥护、赞成不赞成、高兴不高兴、答应不答应。针对党的建设中存在的突出问题，比如：有的党员干部宗旨意识不强，有的党员干部服务意识较差，有的党员干部服务能力不足等，中国共产党必须牢记“以人民为中心”的叮咛和嘱托，在加强自身建设问题上遵循体现时代性、把握规律性、富于创造性的根本要求，在理论上科学阐释，在战略上统筹规划，在实践中有效推进。当然，评价中国共产党建设的质量与水平，不仅仅要考量单个要素的成效，更要考量整体系统的性能，主要把握以下三个具体指标：是否增强了党的“以人民为中心”的意识，是否激活了党的“以人民为中心”的动力，是否提升了党的“以人民为中心”的能力。对此，习近平明确指出，“全党同志要把人民放在心中最高位置，坚持全心全意为人民服务的根本宗旨，实现好、维护好、发展好最广大人民根本利益，把人民拥护不拥护、赞成不赞成、高兴不高兴、答应不答应作为衡量一切工作得失的根本标准”。[3]

总之，党的十八大以来，以习近平同志为核心的党中央党建思想的创新发展，丰富了马克思主义执政党建设规律的科学认识，为当前新的历史条件下加强党的建设提供了方向引领和根本遵循。

原载于《科学社会主义》2016年第6期

---

[1] 《习近平谈治国理政》，外文出版社2014年版，第366页。

[2] 戴立兴：《习近平党建思想的特征分析》，《浙江学刊》2015年第3期。

[3] 习近平：《在庆祝中国共产党成立95周年大会上的讲话》，《人民日报》2016年7月2日。

习近平关于党的政治建设重要论述的三个维度

马明冲

摘 要：重视党的政治建设是中国共产党革命、建设和改革实践中形成的优良传统。党的十八大以来，以习近平同志为核心的党中央把党的政治建设摆在更加突出位置。党的十九大，习近平明确提出党的政治建设这一永恒命题，这是对中国共产党管党治党理论的重大创新，是新时代党的建设新的伟大工程的最新理论成果，推动了党的建设新格局的形成。因此，从理论、历史和实践三重维度解读习近平关于党的政治建设重要论述，有助于厘清党的建设各项内容间的内在逻辑，有助于深化对中国共产党自身建设规律的认识，有助于深化对中国共产党执政规律的认识。

关键词：政治建设；管党治党；三个维度

政治建设是强化政党政治功能的根本路径。党的政治建设是不断推进政党自身发展和实现政党政治现代化的主要动力。在党的十九大报告中，习近平明确强调，“把党的政治建设摆在首位”[1]，“党的政治建设是党的根本性建设，决定党的建设方向和效果”[2]。因此，党的政治建设是政党维持自身发展、维系执政良性运行的重要因素，是政党政治科学发展的内容支撑和评价标准，是提高政党政治竞争力和优化党内政治生态的关键，也是推进政党文明和实现政党现代性的保障。

一、历史维度：强化党的政治建设是历史昭示的宝贵经验和优良传统

面对国内外错综复杂的形势，在风险和考验面前，强化党的政治建设就是坚持以马克思主义为指导原则和指导方法，制定出正确的方针、政策、路线、纲领，以此教育和带领全体党员和干部，从而确保党在政治上的先进性。

[1] 习近平：《决胜全面建成小康社会　夺取新时代中国特色社会主义伟大胜利——在中国共产党第十九次全国代表大会上的报告》，人民出版社2017年版，第26页。

[2] 习近平：《决胜全面建成小康社会　夺取新时代中国特色社会主义伟大胜利——在中国共产党第十九次全国代表大会上的报告》，人民出版社2017年版，第62页。

在领导中国进行长期革命、建设实践中，以毛泽东同志为主要代表的中国共产党人对政党建设尤其是党的政治建设进行了循序渐进的思考和深入的理论探索。中国共产党自成立之始，就极为注重根据政党政治新的实践赋予党的政治建设以新的价值指向，通过制定政治纲领和政治路线以推进党的政治建设，表明了共产党的初心和使命，明确了中国共产党的奋斗目标，制定了第一部党章。1929年，古田会议上，首次提出党内生活政治化的命题，要求全党关注政治建设，从教育水平上提高党内的政治水平。党的政治建设的首要任务就是要制定并执行正确的政治路线，这直接关系到党的性质能否保持。1935年，遵义会议后确立了毛泽东在党中央的领导地位。新民主主义革命的政治纲领明确了在新民主主义革命时期的政治目标，以及这一时期应建立的政治关系，为党的建设明晰了方向和路径。可以说，这是毛泽东建党思想走向成熟的时期，也是党的政治建设搞得最好的时期之一。毛泽东在深刻论述党的领导核心理论的基础上，对党的领导内容进行了深入的探讨和精辟的阐述，第一次提出了党的建设同党的政治路线紧密结合起来的科学论断，同时，也提出了党的领导是政治建设、思想建设和组织建设的三个科学命题。这一时期，党的建设的理论和实践最为显著的特点就是党的建设与党的政治路线密切相连。中华人民共和国成立后，在社会主义建设的征程中，在党的建设问题上，毛泽东着重强调要重视政治工作，要求广大干部时刻保持清醒的政治头脑，并将政治工作看作一切经济工作的生命线。在长期的历史实践中，中国共产党通过有效的政治工作和科学的理论创新不断推进党的政治建设，着力提升党的政治建设的能力。

改革开放以后，中国共产党对党的政治建设的推进是一个不断加速和优化发展的过程。1978年，邓小平科学分析和全面总结了党的建设的经验，提出了新时期党的建设的总任务。党的十二大上，邓小平进一步明确了党的建设是为党的任务和党的基本路线服务的，党的各项工作和任务都要在保证党的政治任务中找准自己的位置，扮演好自己的角色，贡献出自己的价值。同时，也有利于防止把党的建设与党的政治任务割裂开来的错误倾向的产生。党的十二届二中全会上，邓小平对党的建设目标作了更为完整和准确的表述，即把党的建设同党的中心任务、政治路线、工人阶级先锋队的性质紧密联系在一起，并作以完备的阐释。1987年，党的十三大进一步明确提出，新时期党的一切工作，都必须保证党的基本路线的贯彻执行。这就正确地把握了党的建设与党的政治路线的关系，从而把党的任务与社会主义目标很好地结合起来。

20世纪末，在国内形势和国际秩序调整和演变的大环境下，江泽民指出，坚持党的政治领导关键在于“讲政治”。政治领导是根本，坚持党的政治领导，必须毫不动摇地坚持党的领导。他反复告诫全党，共产党人必须讲政治，在政治问题上，一定要头脑清醒。“讲政治”要坚持马克思主义的政治方向和立场，还要始终坚持中国特色社会主义的政治观念和纪律，以正确的政治鉴别力和敏锐性增强党的领导。进入新世纪，胡锦涛强调，讲政治、顾大局、守纪律。党的十七届四中全会首次提出了提高党的建设科学化水平的重大任务，进一步指出以科学理论指导党的建设，以科学制度保障党的建设，以科学方法推进党的建设。

党的十八大以来，以习近平同志为核心的党中央进一步厘清和理顺了党的建设各关键要素之间的关系，抓住执政能力建设这条主线，把政治建设摆在首位，把制度建设贯穿其中，以先进性和纯洁性为抓手巩固思想建设，明确新时代组织路线，建设高素质干部队伍，纠正“四风”永不止步以净化党内政治生态，把纪律挺在前面，深入推进反腐倡廉建设。党的十九大以来，新时代党的建设新布局突出了政治建设的统领地位和纪律建设这个管党治党的治本之策，实现了党的建设总体布局的重大发展。可以说，党的建设总体布局抓住了新时代推进党的执政能力建设这一主线，创造性地回答了“怎样坚持党的领导和如何从严、科学建设党”的问题。

二、理论维度：以政治建设为根本是构建党的建设新格局的理论要求

政治建设贯穿于党的建设的全过程。党的政治建设不仅有赖于制定科学正确的政治路线，而且要通过卓有成效的自身建设来保证正确路线的贯彻执行，保证党的政治建设的全面落实。坚持全面从严治党就是坚持党的建设各项内容的统筹推进。党的建设各项内容是有机统一、相辅相成的关系，相互作用、互为前提。在这一系统工程中，政治建设具有统领性、根本性、“灵魂性”的作用和地位。它不仅决定了党的建设的方向，同时它的建设过程和状况也决定了其他党的建设内容的效果，没有政治建设这个“标”，党的其他建设就容易“根基”松动，遭遇挫折。因此，作为党的建设的“灵魂”，必须充分发挥党的政治建设的统领作用，强化系统思维，把政治标准和政治要求贯穿于整个党的各项建设之中。此外，其他建设也内在地包含党的政治建设的实质内涵，强化党的政治建设，从一定程度上也是重申这些内容的重要性。因此，全面推进党的建设是“强化”和“加固”党的“根基”的重要措施。

坚定政治信仰是党的思想建设的首要前提。政治信仰是对终极政治价值的追求和信奉。坚定党的政治信仰，最重要的是坚定马克思主义理想信念。因此，党的思想建设的重要任务集中体现在：以马克思主义理论学习为主导，坚定党员干部的政治立场、掌握马克思主义科学的工作方法；以党性和理想教育为依托，使党员自觉地坚持党性原则，坚定共产主义的理想和信念；以路线政策教育为抓手，提高党员的政治水平。党的思想建设从根本而言就是以坚定政治信仰、坚守政治立场、凝聚党内共识为目标而在思想理论方面进行的一系列工作。二者在生成逻辑和具体内容上具有高度契合的

同质性。具体而言，党的思想建设之“向”需以党的政治建设为统领，党的政治建设之“基”需用党的思想建设来夯实。

强化选人用人政治标准是党的组织建设的内在要求。坚持把政治标准作为选人用人的第一标准是党的十八大以来以习近平同志为核心的党中央多次强调的内容。突出政治标准才能强化干部队伍建设。选什么人、怎么选人历来是组织建设中的重大问题。坚持德才兼备、以德为先、任人唯贤的政治标准为组织建设提供了组织手段。也就是说，政治功能是党的组织建设的基本功能，党的组织建设是党的政治目的在组织层面的延伸，是一种组织形态。党的组织建设尤其是新时代党的组织路线的全面贯彻为党的政治建设的深入发展提供了严密的组织体系。政治领导力与党的作风建设密切相关。党的作风建设主要是围绕反对不正之风、根除腐败之风展开。而政治领导力集中表现为政党的胜任力、执行力、影响力，这一能力的高低不仅关乎党的建设的状态和质量，还关乎作风建设的效果。不断增强党的政治领导力有助于消除损害党的先进性和纯洁性的因素，消除党内存在的作风不纯等突出问题。由此，党的政治领导力是保持和发扬党的优良作风的原动力，同时，党的作风建设保证了党的政治领导力的发挥和强化。

党的纪律建设以严明党的政治纪律和政治规矩为重要落脚点。“严明党的纪律，首要的就是严明政治纪律。政治纪律是各级党组织和全体党员在政治方向、政治立场、政治言论、政治行为方面必须遵守的规矩，是维护党的团结统一的根本保证”[1]，“政治纪律是最重要、最根本、最关键的纪律”[2]。政治纪律和政治规矩是党的政治建设的主要内容，是党的纪律建设的核心要素，前两个要素将后两者有机地结合起来。事实证明，党的政治建设的发展轨迹与政治纪律、规矩的发展轨迹路径统一又同向同行，政治纪律、规矩又牵引和保障着党的纪律建设的严肃、严格和严明。

注重政治制度建设是党的制度建设的价值追求。习近平强调，“在一个国家的各种制度中，政治制度处于关键环节”。[3]新时代社会主要矛盾的变化要求我们更加注重政治制度建设，完善政治制度以保障经济社会的可持续发展，人民生活水平的日益提高。党的制度建设围绕党的制度的制定、出台、完善等工作而展开。政治制度既是党的制度建设的内在要求，又是党的制度建设的价值追求，为贯彻落实新时代党的建设总要求提供可靠制度保障。同时，营造良好的政治生态成为党的政治建设常抓不放的基础性、经常性工作。政治生态是“党风+政风+社会风气”的综合体现，它在整个国家的政治系统中具有举足轻重的地位。优化和重构政治生态关键在于扭转风气，防止人心涣散和消除弊病。净化政治生态的目的是营造党员干部不敢腐、不能腐、不想腐的良

[1] 《十八大以来重要文献选编（上）》，中央文献出版社2014年版，第131—132页。

[2] 《十八大以来重要文献选编（上）》，中央文献出版社2014年版，第764页。

[3] 《习近平谈治国理政》（第二卷），外文出版社2017年版，第288页。

好氛围。由此可见，优化政治生态与反腐倡廉建设的根本价值诉求是一致的。形成风清气正的政治生态不仅是党的政治建设的内在要求，也是反腐倡廉建设的风向标，是党实现自我净化、自我革新的重要途径。

三、实践维度：突出政治建设是新时代党的建设的现实需求

党的建设是以党的价值追求为目标，以内外部压力为动力，以党内存在的问题为导向对自身进行优化和完善的重要举措。政治建设居于党的建设的第一位。党的建设必须紧紧围绕党的政治路线来展开。党的政治路线作为党的纲领的组成部分，为党在新的历史时期的建设指明了方向。在新的特定历史条件下，必须清醒地认识到较之党成立之初、中华人民共和国成立初期而言，我们党已经拥有9000多万名党员，是世界上最大的政党，政治上出现问题就会从根本上动摇党的思想基础。因此，加强党的政治建设是新时期党的建设内涵向纵深发展的内在要求，必须常抓不懈。

从党的建设的方向来看，坚持正确的政治方向是党领导人民进行革命、建设和改革的政治保证。毛泽东多次强调把坚定正确的政治方向放在革命的首位。1938年3月3日，毛泽东在对陕北公学毕业同学的临别赠言中指出："在陕公里可以学习到一个方向——政治方向"。[1]在抗大第四期第三大队开学典礼上，毛泽东又进一步要求同学首先"要学一个正确的政治方向"。[2]在社会主义建设和改革的关键时期，坚持共产主义远大理想和中国特色社会主义共同理想，坚持党的基本理论、基本路线、基本方略，也需要坚定的政治方向。其坚定性则要求一切共产党人和革命者必须"永久奋斗"，"要有'富贵不能淫，贫贱不能移，威武不能屈'的骨气来坚持这个方向"。[3]新的历史场域，党的政治建设事关党的生死存亡，政治方向成为党的建设的关键问题。

从党的建设的动力来看，党的政治建设关乎能否赢得民众，保持优势，掌握政权，引领社会，形成良好的政治生态，是党的建设的强大动力和关键所在。党员干部在坚定正确政治方向的基础上，应经常接受政治体检，增强政治免疫力，不断提高党员干部服务群众、奉献社会的能力和水平。换言之，就是要做到始终坚持中国共产党的领导，强化党的组织力，明确政治立场；就是要始终坚持历史唯物主义和辩证唯物主义，把崇高的社会理想和当前中国发展实际统一起来，把广大人民的当前利益和长远利益统一起来。所以说，党的政治建设是保持党生机和活力的重要途径，是我们党勇于革新求变，不断发展和完善自身的必然选择。

---

[1] 《毛泽东文集》(第2卷)，人民出版社1993年版，第108页。

[2] 《毛泽东文集》(第2卷)，人民出版社1993年版，第116页。

[3] 《毛泽东文集》(第2卷)，人民出版社1993年版，第191页。

从党的建设的目标来看，塑造具有吸引力和认同感的政党形象，需要加强党的政治建设。政治立场的坚定性、宗旨目标的崇高性、路线纲领的明确性，是加强党的政治建设的目标和根本任务，是提升党综合能力的重要方面。从党情来看，我们党的队伍不断壮大，党员结构发生了深刻变化。新时代党的政治建设虽总体趋势向好，但仍存在着一些突出问题。党内政治生活中出现的一些政治生态问题，严重破坏了党的形象，威胁了党的政治安全和执政基础。目前，一些党员、干部弄虚作假、热衷于官场术、关系学；一些党员、干部脱离群众甚至腐化堕落、违法乱纪；一些党员、干部消极怠工、贪图安稳，出现庸政、懒政、怠政问题，这些工作中出现的问题严重损害了政治生态。同自然生态一样，政治生态也具有易污染和难恢复的特征。一旦政治生态出现畸形发展，就需要付出重大代价对其修补和恢复。因此，强化党的政治建设有利于解决这些问题，进而实现党的建设的目标。

从党的建设的过程来看，把政治建设摆在党的建设的第一条，具有极强的现实针对性。以习近平同志为核心的党中央坚持问题导向，严肃党内政治生活、严明政治纪律和政治规范，突出党内政治文化建设。党的十八大以来，党内学习常态化、制度化的发展，进一步筑牢了党的政治建设之“根”，夯实了党员干部的信仰之“基”，补足了精神之“钙”，使选人用人状况和风气明显好转；党的十九大以来，全面从严治党向纵深发展，层层落实管党治党实践，使党内宽松软状况有所改善，推动党的建设发生了历史性变革。新时代，习近平突出强调党的政治建设的统领地位，切实将党的政治建设融入党的建设的各个方面，以党的政治建设引领和带动党的建设的新发展，为进一步稳固党的执政根基，发展中国特色社会主义事业确保了正确的方向和道路。

原载于《思想理论教育导刊》2019年第11期

马克思恩格斯无产阶级政党领导思想的科学内涵

檀培培

摘　要：马克思恩格斯无产阶级政党领导思想是关于无产阶级政党领导的知识体系，是新时代中国共产党全面领导思想的理论源头。它既属于认识世界的政治哲学范畴，也属于改造世界的政治科学范畴。马克思恩格斯无产阶级政党领导思想包括理论原理与策略原理两大部分。理论原理所体现的是无产阶级政党领导的客观方面，主要揭示无产阶级政党领导诸因素的“历史必然性与现实必要性、基本内容及其本质属性”，回答“是什么”和“为什么”的问题；策略原理所反映的是无产阶级政党领导的主观方面，主要揭示无产阶级政党领导的价值载体、实现途径以及条件保障，回答“怎么做”的问题。马克思恩格斯无产阶级政党领导思想是一个由“逻辑前提”“初心和归宿”“要素支撑”“价值保障和方法引导”等要素构成的政党领导认知体系和实践机制。

关键词：马克思恩格斯；无产阶级政党；领导思想；科学内涵

习近平在庆祝中国共产党成立95周年大会上强调：“中国特色社会主义最本质的特征是中国共产党领导，中国特色社会主义制度的最大优势是中国共产党领导。坚持和完善党的领导，是党和国家的根本所在、命脉所在，是全国各族人民的利益所在、幸福所在。”[1]研究马克思、恩格斯对无产阶级政党领导问题的有关论述，全面把握马克思恩格斯无产阶级政党领导思想的科学内涵，从中汲取科学力量和理论力量，是新时代坚持和加强中国共产党全面领导的应有之义，是确保党成为新时代坚强领导核心的必然要求，是党更有定力、更有自信、更有智慧地领导新时代中国特色社会主义建设的必然要求。

一、无产阶级政党领导思想的逻辑前提

关于无产阶级的历史地位和历史使命的理论认识和实践把握，构成了马克思恩格

[1]　习近平：《在庆祝中国共产党成立95周年大会上的讲话》，《人民日报》2016年7月2日。

斯无产阶级政党领导思想的逻辑前提。而无产阶级只有组织成独立政党才能作为一个阶级来行动，无产阶级政党领导是无产阶级意志的最高表现。

资本主义条件下生产力的发展及其与生产关系的矛盾运动，既造成了资本主义必然让位于社会主义的物质基础，也造就了实现这一深刻社会变革的政治力量，即“资产阶级不仅锻造了置自身于死地的武器；它还产生了将要运用这种武器的人——现代的工人，即无产者”。无产阶级的这种既是新的生产力的创造者同时也是新的生产关系催生者的天然身份和历史使命，决定了其在改造旧世界、建设新世界的历史过程中具有先天的革命性和先进性。这一具有天才意义的重大发现，来自马克思对工人运动的历史唯物主义观察与思考。19世纪40年代，马克思在《德法年鉴》发表的论文中第一次描述了无产阶级的历史使命，认为它是“推翻使人成为被侮辱、被奴役、被遗弃和被蔑视的东西的一切关系”的革命力量，进而得出“哲学把无产阶级当做自己的物质武器，同样，无产阶级也把哲学当做自己的精神武器”的历史唯物主义结论。马克思还形象地指出：“德国人的解放就是人的解放。这个解放的头脑是哲学，它的心脏是无产阶级。”[1]1848年《共产党宣言》的发表，标志着无产阶级历史使命学说的创立。

无产阶级的历史地位和历史使命，构成了无产阶级政党领导的逻辑前提和价值基础。马克思、恩格斯指出，随着资产阶级的发展，无产阶级也在同一程度上发展。资本主义的发展，无产阶级队伍的壮大，以及由此引起的阶级对立和阶级斗争的尖锐化，必然造成“在当前同资产阶级对立的一切阶级中，只有无产阶级是真正革命的阶级”。无产阶级的运动是绝大多数人的，为绝大多数人谋利益的独立的运动，而过去的一切运动都是少数人的，为少数人谋利益的运动。马克思强调，无产阶级“若不从其他一切社会领域解放出来从而解放其他一切社会领域就不能解放自己的领域”[2]。

而革命实践证明，无产阶级要实现这一历史使命，就必须有先进理论的指导和先进组织的领导并实行革命的大联合。否则，它不仅不可能取得对资产阶级斗争的最后胜利，哪怕是争取经济利益的一点点改善都是不可能的。历史与理论的基本逻辑是：无产者不仅组织成为阶级，而且组织成为政党，是无产阶级实现历史使命的必要条件。无产阶级要取得任何重大的胜利，都有赖于无产阶级政党的成熟程度。在共产主义者同盟成立之前，马克思就认为随着工人阶级人数的增加和力量的增强，必须建立一个独立的无产阶级政党组织。在马克思、恩格斯的帮助下，1847年“正义者同盟”改组为共产主义者同盟，标志着世界上第一个国际性的无产阶级政党诞生。马克思、恩格斯在随后发表的《共产党宣言》中指出：“无产者组织成为阶级，从而组织成为政党这

[1] 《马克思恩格斯选集》(第1卷)，人民出版社2012年版，第406、10、16页。

[2] 《马克思恩格斯选集》(第1卷)，人民出版社2012年版，第410—411、15页。

件事，不断地由于工人的自相竞争而受到破坏。但是，这种组织总是重新产生，并且一次比一次更强大、更坚固、更有力。”1848—1849年欧洲革命使马克思恩格斯无产阶级政党领导思想得到了检验。马克思、恩格斯在总结欧洲革命经验教训的基础上进一步指出：“应该谋求在正式的民主派旁边建立一个秘密的和公开的独立工人政党组织，并且应该使自己的每一个支部都成为工人协会的中心和核心。”[1]

基于这种理论认识和实践需要，1864年9月第一国际宣告成立。它并不是某一个宗派或某一种理论的温室中的产物，而是无产阶级运动自然发展的结果，是国际工人运动和马克思主义相结合的产物，其目的是要把欧美整个战斗的工人阶级联合成一支大军，成为追求工人阶级的保护、发展和彻底解放的各国工人团体进行联络和合作的中心。第一国际的新颖之点就在于它是工人们自己为自己建立的政治组织，从而为无产阶级政党领导国际工人运动的历史性展开，提供了新的组织载体。马克思在为第一国际起草的《国际工人协会共同章程》中明确指出：“无产阶级在反对有产阶级联合力量的斗争中，只有把自身组织成为与有产阶级建立的一切旧政党不同的、相对立的政党，才能作为一个阶级来行动。”[2]

二、无产阶级政党领导的初心和归宿

无产阶级政党领导的初心和归宿就是率领绝大多数人，为大多数人谋利益，最终实现人的自由和全面发展。依靠多数人、领导多数人、为了多数人是马克思恩格斯无产阶级政党领导思想的根本性质。

无产阶级政党的领导活动，是率领无产阶级及其广大同盟者，为了实现自己的统治和人的全面发展而进行的政治革命和社会革命过程。马克思、恩格斯指出：“以往的一切革命，结果都是某一阶级的统治被另一阶级的统治所排挤；但是，以往的一切统治阶级，对被统治的人民群众而言，都只是区区少数。这样，一个统治的少数被推翻了，另一个少数又取代它执掌政权并依照自己的利益改造国家制度。”[3]无产阶级革命则与之根本不同：一方面，“在当前同资产阶级对立的一切阶级中，只有无产阶级是真正革命的阶级。其余的阶级都随着大工业的发展而日趋没落和灭亡”。另一方面，无产阶级将随着工业的发展而日益壮大，成为人口中的绝大多数人。这样，共产党人不仅代表着整个无产阶级的利益，而且代表着一切被剥削、被压迫阶级的利益。因此，马克思主义政党领导的无产阶级运动与历史上一切运动及其领导者的本质区别在于，它是

[1] 《马克思恩格斯选集》(第1卷)，人民出版社2012年版，第409—410、558页。

[2] 《马克思恩格斯选集》(第3卷)，人民出版社2012年版，第173页。

[3] 《马克思恩格斯选集》(第4卷)，人民出版社2012年版，第382—383页。

“绝大多数人的，为绝大多数人谋利益的独立的运动”[1]。

无产阶级政党的阶级性和先进性，从根本上决定了实现无产阶级和其他劳苦大众的彻底解放是其最高价值追求。马克思主义从诞生的那一天起，就把“人民”两个字镌刻在自己的旗帜上。早在《莱茵报》时期，马克思就撰文批判普鲁士的《林木盗窃法》，以此为人民辩护。《共产党宣言》公开表明“为最大多数人”是共产党人的根本立场和理论主张，向全世界宣告共产党“没有任何同整个无产阶级的利益不同的利益。他们不提出任何特殊的原则”。共产党同其他无产阶级政党不同的地方是：在无产者不同的民族的斗争中，共产党人强调和坚持整个无产阶级共同的、不分民族的利益；在无产阶级和资产阶级的斗争所经历的各个发展阶段上，共产党人始终代表整个运动的利益。“共产党人为工人阶级的最近的目的和利益而斗争，但是他们在当前的运动中同时代表运动的未来。”马克思、恩格斯认为，在未来共产主义社会的联合体中，“每个人的自由发展是一切人的自由发展的条件”[2]。但共产主义并不是人类发展的目标，而是通达“人类能力的发展”或“人类全部力量的发展”的社会形式。而这一社会形式的实现，就是马克思恩格斯无产阶级政党领导思想的出发点和落脚点。

三、无产阶级政党领导的支撑要素

无产阶级政党是以实现共产主义以及每个人的自由全面发展为使命的先进政党。“强烈的历史主体意识、以天下为先的责任担当和一切为了大多数人的价值定位，决定了它在改造旧世界、建设新世界的历史过程中天然地具有全面领导的价值诉求。”[3]无产阶级政党的本质属性和历史使命决定了其领导的价值诉求，而政治领导、思想领导和组织领导是实现无产阶级政党领导的支撑要素。

1.政治领导是无产阶级政党领导的根本。无产阶级政党的政治纲领集中反映政党所代表的阶级或阶层的根本利益，体现着党的性质，承载着党的指导思想、政治主张和奋斗目标。马克思恩格斯无产阶级政党领导思想的一个很重要的特点和内容就是阐明了纲领在实现无产阶级政党领导中的根本性作用。恩格斯曾强调，“制定一个原则性纲领，这就是在全世界面前树立起可供人们用来衡量党的运动水平的里程碑”[4]，对内可以实现思想统一，对外可以号召和争取群众。《共产党宣言》就是无产阶级政党公开树立起来的一面旗帜，它标志着世界无产阶级政党纲领的产生，从而开启了无产阶级政党

[1] 《马克思恩格斯选集》（第1卷），人民出版社2012年版，第410—411页。

[2] 《马克思恩格斯选集》（第1卷），人民出版社2012年版，第413、434、422页。

[3] 王韶兴：《全面领导——马克思政党领导思想的核心要义》，《中国社会科学报》2018年4月27日。

[4] 《马克思恩格斯选集》（第3卷），人民出版社2012年版，第355页。

政治领导的历史进程。

同时，马克思、恩格斯明确提出了制定纲领的具体原则和要求，即必须遵循根据一定历史时期的物质生活条件来规定党的目标和实现目标的行动路线；党的行动纲领，如果不同人们的实际需要相结合，即使它在理论上是基本正确的，那也毫无用处；决不可以把党的最终目标变为空洞的口号，当作教条强加给每个党员；一定要把党的最终目标在本国具体化，把争取实现最终目标的斗争与实现当前条件所需要的政治行为和广大工人群众的实际要求密切地结合起来，实现最低纲领和最高纲领的统一。无产阶级政党的政治领导就是在制定党的政治纲领中明确，在执行党的政治纲领中兑现的。

2. 思想领导是无产阶级政党领导的关键。在无产阶级革命运动中，马克思、恩格斯非常重视理论武装、思想领导的作用，强调无产阶级政党的很大优点，就是有一个新的科学的世界观作为理论的基础。共产党人是由先进理论所武装的、比其余无产阶级群众更了解无产阶级运动的条件、进程和一般结果。那么，先进的理论从哪里来呢？马克思、恩格斯强调，先进的理论“不是以这个或那个世界改革家所发明或发现的思想、原则为根据的。这些原理不过是现存的阶级斗争、我们眼前的历史运动的真实关系的一般表述”。“全部社会生活在本质上是实践的。凡是把理论引向神秘主义的神秘东西，都能在人的实践中以及对这种实践的理解中得到合理的解决。”[1]因此，理论的方案需要通过实际经验的大量积累才臻于完善。针对当时工人运动中的一些人对马克思主义的教条主义理解和应用，恩格斯强调，“马克思的整个世界观不是教义，而是方法。它提供的不是现成的教条，而是进一步研究的出发点和供这种研究使用的方法”[2]。无产阶级政党对领导活动的清醒与坚定，取决于其由理论自觉而实现的思想自觉和政治自觉。

理论的目的在于认识世界和改造世界，而理论武装是达到这一目的的必由之路。正如马克思所说：“批判的武器当然不能代替武器的批判，物质力量只能用物质力量来摧毁；但是理论一经掌握群众，也会变成物质力量。理论只要说服人，就能掌握群众。”并且“无产阶级不把哲学变成现实，就不可能消灭自身”。[3]而理论要达到说服人，进而掌握群众的目的，就必须能够回答群众所关心的问题。而回答群众所关心的问题的过程，同时是理论发展的过程。理论来源于实践，并且必须经过实践的检验。这种由实践、认识、再实践、再认识构成的实践逻辑与理论逻辑相统一的历史活动，也就是理论掌握群众从而变成物质力量的政党思想领导过程。[4]

[1] 《马克思恩格斯选集》(第1卷)，人民出版社2012年版，第413—414、135—136页。

[2] 《马克思恩格斯选集》(第4卷)，人民出版社2012年版，第664页。

[3] 《马克思恩格斯选集》(第1卷)，人民出版社2012年版，第9—10、16页。

[4] 王韶兴：《全面领导——马克思政党领导思想的核心要义》，《中国社会科学报》2018年4月27日。

3.组织领导是无产阶级政党领导的保障。马克思、恩格斯认为，无产阶级政党领导的有效性有赖于民主而严密的政党组织体系。无产阶级只有组织成独立政党才能作为一个阶级来行动，然而成立的政党组织本身必须是完全民主的，它的各委员会由选举产生并随时可以罢免。马克思在《国际工人协会共同章程》中明确宣布："加入协会的一切团体和个人，承认真理、正义和道德是他们彼此间和对一切人的关系的基础"；"每一支部应对接受的会员的品行负责"[1]。另外，马克思、恩格斯认为，要保证革命的成功，必须有思想和行动的统一。《共产主义者同盟章程》从思想认识、组织原则、政治实践以及生活方式等各个方面对其盟员作出了明确的规定和要求。第一国际时期，马克思、恩格斯在批判巴枯宁的"支部自治""自由联合"等观点时指出，如果没有集中的领导，没有权威，党就只能陷入瓦解，而不可能成为坚强的统一组织，不可能有统一的行动，因而也就不可能使各种斗争获得成果。恩格斯在总结巴黎公社运动的经验教训时，指出其遭到灭亡就是因为缺乏集中和权威。可见，马克思、恩格斯虽然没有明确使用"民主集中制"的概念，但他们的相关论述体现了民主集中制的精神，实际上是一种"大权集中，小权分散"式的民主集中制。

马克思、恩格斯指出，团结是实现无产阶级政党组织领导的必要条件。1864年国际工人协会成立后，马克思强调："国际的一个基本原则——团结。如果我们能够在一切国家的一切工人中间牢牢地巩固这个富有生气的原则，我们就一定会达到我们所向往的伟大目标。"[2]实现党的团结的途径就是正确开展党内斗争。"一个大国的任何工人政党，只有在内部斗争中才能发展起来，这是符合一般辩证发展规律的。"[3]当然，马克思、恩格斯在强调党的团结的同时，也指出党的团结是有原则的。这种高于团结一致的东西，就是体现无产阶级根本利益的根本原则。而正确开展严肃认真的党内斗争是达到党的团结的重要手段。

马克思、恩格斯强调，无产阶级政党组织的坚强有力有赖于领导者的权威和优秀的共产党员。马克思指出："每一个社会时代都需要有自己的大人物，如果没有这样的人物，它就要把他们创造出来。"[4]历史发展的经验使"我们看到，一方面是一定的权威，不管它是怎样形成的，另一方面是一定的服从，这两者都是我们不得不接受的"[5]。无产阶级政党组织的坚强有力根源于共产党员是最坚定的共产主义者，也是最勇敢的士兵。马克思、恩格斯在总结1848年欧洲革命经验时就指出，同盟"成员在各地积极

[1] 《马克思恩格斯选集》(第3卷)，人民出版社2012年版，第172—174页。

[2] 《马克思恩格斯全集》(第18卷)，人民出版社2012年版，第180页。

[3] 《马克思恩格斯文集》(第10卷)，人民出版社2009年版，第483页。

[4] 《马克思恩格斯文集》(第2卷)，人民出版社2009年版，第137页。

[5] 《马克思恩格斯文集》(第3卷)，人民出版社2012年版，第276页。

参加了运动，不论在报刊上、街垒中还是在战场上，都站在唯一坚决革命的阶级即无产阶级的最前列"[1]。同时，恩格斯指出，在共产党内，"每个人都应该从普通一兵做起；要在党内担任负责的职务，仅仅有写作才能或理论知识，甚至二者全都具备，都是不够的，要担任领导职务还需要熟悉党的斗争条件，掌握这种斗争的方式，具备久经考验的耿耿忠心和坚强性格，最后还必须自愿地把自己列入战士的行列中"[2]。共产党员始终成为最坚定的共产主义者也是最勇敢的士兵，是党组织坚强有力的全部根据所在，也是实现党的领导的组织保障和力量源泉。

四、无产阶级政党领导的价值保障和方法引导

战略坚定和策略灵活是无产阶级政党领导的价值保障和方法引导。人的全面解放和全面发展是无产阶级政党领导的战略目标，策略灵活是无产阶级政党领导活动有效的重要保证。

人的全面解放和全面发展是无产阶级政党领导的战略目标，而掌握政治领导权、经济领导权和文化领导权则是无产阶级政党实现领导战略的要素支撑。第一，工人革命的第一步就是使无产阶级上升为统治阶级，争得民主，而这一政治成果是无产阶级政党率领广大群众，通过阶级斗争实现的。"（1）阶级的存在仅仅同生产发展的一定历史阶段相联系；（2）阶级斗争必然导致无产阶级专政；（3）这个专政不过是达到消灭一切阶级和进入无阶级社会的过渡。"[3]从中可以看出，无产阶级政党领导的战略目标的实现要经历夺取国家政权和建设新社会两个大的发展阶段，其中，无产阶级夺取政权是改造社会的手段。这两个历史阶段的历史逻辑与理论逻辑的统一性，在实践上将无产阶级政党对革命力量的领导权和对整个社会的领导权内在地关联起来，从而促成了无产阶级政党领导活动的前后衔接和逻辑融通。第二，剥夺资产阶级的全部资本，迅速发展生产力。由于只有"随着个人的全面发展，他们的生产力也增长起来，而集体财富的一切源泉都充分涌流之后"[4]，共产主义社会高级阶段才能到来。所以，无产阶级必须利用自己的政治统治，"一步一步地夺取资产阶级的全部资本，把一切生产工具集中在国家即组织成为统治阶级的无产阶级手里，并且尽可能快地增加生产力的总量"[5]，以此促进全人类的彻底解放和每个人全面自由的发展。第三，和传统观念实行彻底决

[1] 《马克思恩格斯选集》(第1卷)，人民出版社2012年版，第553页。
[2] 《马克思恩格斯选集》(第4卷)，人民出版社2012年版，第281页。
[3] 《马克思恩格斯选集》(第4卷)，人民出版社2012年版，第426页。
[4] 《马克思恩格斯选集》(第3卷)，人民出版社2012年版，第365页。
[5] 《马克思恩格斯选集》(第1卷)，人民出版社2012年版，第421页。

裂，大力发展教育科学文化事业。马克思认为，共产主义社会第一阶段即社会主义社会，是刚刚从资本主义社会中产生出来的。因此，它不但在经济方面，而且在道德和精神方面都还带着它脱胎出来的那个旧社会的痕迹。因此，它既要同传统的所有制关系实行最彻底的决裂，也要同传统的观念实行最彻底的决裂，通过文化领域的彻底革命，逐步确立起崭新的思想意识与道德观念。这样，人的全面解放和全面发展的必然要求在客观上赋予无产阶级政党以文化领导权。

恩格斯认为，任何政党的领导行动都“不取决于他的意志，而取决于不同阶级之间对立的发展程度，取决于历来决定阶级对立发展程度的物质生活条件、生产关系和交换关系的发展程度”[1]。因此，党的纲领要依据一定的客观物质条件来制定，依据环境的变化和党本身的发展来执行。无产阶级政党领导内容的全面性，决定了必须最大限度地调动一切积极因素，直至“在一定的条件下完全可以利用其他政党和党派来达到自己的目的，但是它不应当隶属任何其他政党”[2]。同时，无产阶级政党还要全面掌握并灵活运用经济、政治和理论等多种形式开展革命活动。根据实际情况运用灵活多样的策略，是无产阶级政党领导思想成熟的重要标识，也是其领导活动有效的重要保证。

综上所述，马克思恩格斯无产阶级政党领导思想的内涵是丰富的。它既属于认识世界的政治哲学范畴，也属于改造世界的政治科学范畴，是一个由“逻辑前提”“初心和归宿”“要素支撑”“价值保障和方法引导”等要素构成的政党领导认知体系和实践机制。这既是马克思恩格斯无产阶级政党领导思想的基本内涵和鲜明标识，也是无产阶级政党领导活动的基本遵循与价值实现的评价标准。

原载于《当代世界社会主义问题》2019年第2期

[1] 《马克思恩格斯文集》（第2卷），人民出版社2009年版，第304页。

[2] 《马克思恩格斯全集》（第7卷），人民出版社1959年版，第362页。

习近平关于党的建设理论和实践的重大原创性贡献

张士海　刘丹璇

摘　要：党的十八大以来，以习近平同志为核心的党中央对党的建设理论和实践作出了重大原创性贡献，主要包括：对马克思主义执政党建设主要目标作出了新概括，并在实践中创造性地开展了“不忘初心、牢记使命”主题教育；对马克思主义执政党建设价值意义作出了新阐释，明确提出“全面从严治党”这一战略，并在实践中创造性地协同推进自我革命与社会革命；对马克思主义执政党建设主要内涵作出了新拓展，明确提出“把党的政治建设放在首位”这一论断，并在实践中要求广大党员干部增强“四个意识”、坚定“四个自信”、做到“两个维护”；对马克思主义执政党建设基本路径作出了新探索，明确提出“坚持和完善党的领导制度体系”这一命题，并在实践中创造性地推进制度治党与思想建党紧密结合。

关键词：习近平；党的建设；原创性贡献

党的十八大以来，在治国理政的伟大实践中，以习近平同志为核心的党中央提出了一系列关于党的建设的新观点、新论断、新举措，实现了马克思主义政党建设理论和实践的创造性发展。基于此，本文从“是什么、为什么、怎么样、怎样做”的视角出发，试就习近平关于党的建设理论和实践重大原创性贡献作一初步探讨。

一、对马克思主义执政党建设主要目标作出了新概括，并在实践中创造性地开展了“不忘初心、牢记使命”主题教育

政党是代表一定阶级或阶层的利益，为取得和巩固国家政权而活动的政治组织。任何政党都有其奋斗目标和历史使命。在《共产党宣言》中，马克思、恩格斯曾经指出了共产党人的历史使命，“他们没有任何同整个无产阶级的利益不同的利益”[1]，“代替

[1] 《马克思恩格斯文集》（第2卷），人民出版社2009年版，第44页。

那存在着阶级和阶级对立的资产阶级旧社会的，将是这样一个联合体，在那里，每个人的自由发展是一切人的自由发展的条件”[1]。列宁曾经强调：“在人民群众中，我们毕竟是沧海一粟，只有我们正确地表达人民的想法，我们才能管理。”[2]在领导中国革命、建设和改革的伟大实践中，正是中国共产党人秉持了马克思主义经典作家关于共产党人的使命观，不忘初心、牢记使命，不断加强党的建设，从而有力地推动了党和国家事业的发展。

在新时代治国理政的伟大实践中，以习近平同志为核心的党中央对马克思主义执政党建设的初心和使命作出明确概括。“中国共产党人的初心和使命，就是为中国人民谋幸福，为中华民族谋复兴。”[3]在习近平看来，初心和使命是中国共产党的一个优良传统和克敌制胜的一个重要法宝。永葆党的初心和使命，这可以说是“使命型政党”建设的重要方面。靠建设“使命型政党”立党，靠建设“使命型政党”兴党，靠建设“使命型政党”取得政权，靠建设“使命型政党”巩固政权，这是贯穿中国共产党建设历史发展的一条主轴、一条主线；一部建党史与兴党史，建国史与强国史，在一定意义上说，就是一部中国共产党建设“使命型政党”的探索史、创新史。正是中国共产党人致力于“使命型政党”建设，极大地增强了党的创造力、凝聚力、战斗力，使得中国人民迎来了从“站起来”到“富起来”再到“强起来”的历史性飞跃。当前，中国特色社会主义进入新时代，习近平明确指出：“我们的责任，就是要团结带领全党全国各族人民，接过历史的接力棒，继续为实现中华民族伟大复兴而努力奋斗，使中华民族更加坚强有力地自立于世界民族之林。”[4]党的十八大以来，正是在以习近平同志为核心的党中央领导下，中国共产党在建设“使命型政党”方面取得了重大进展，党的使命意识进一步增强，服务能力进一步提升。当然，在建设“使命型政党”过程中，中国共产党也面临新情况、新问题、新挑战。比如，部分党员干部使命意识比较淡薄，部分党员干部服务能力相对不足，等等。对此，习近平明确指出：“在任何时候任何情况下，与人民同呼吸共命运的立场不能变，全心全意为人民服务的宗旨不能忘，群众是真正英雄的历史唯物主义观点不能丢，始终坚持立党为公、执政为民。”[5]这就深刻体现了以习近平同志为核心的党中央致力于建设“使命型政党”的坚强决心与坚定信心。

---

[1] 《马克思恩格斯文集》(第2卷)，人民出版社2009年版，第53页。

[2] 《列宁选集》(第4卷)，人民出版社1995年版，第695页。

[3] 习近平：《决胜全面建成小康社会　夺取新时代中国特色社会主义伟大胜利——在中国共产党第十九次全国代表大会上的讲话》，人民出版社2017年版，第1页。

[4] 中共中央文献研究室：《习近平关于实现中华民族伟大复兴的中国梦论述摘编》，中央文献出版社2013年版，第3页。

[5] 中共中央文献研究室：《习近平关于党的群众路线教育实践活动论述摘编》，人民出版社2014年版，第3页。

2019年6月开始，全党自上而下分两批开展“不忘初心、牢记使命”主题教育。这是一次全党范围内“使命型政党”建设的生动实践，促进了全党思想上的统一、政治上的团结、行动上的一致。2019年10月，党的十九届四中全会明确提出要将“不忘初心、牢记使命”作为一项制度来建设。这是马克思主义执政党历史使命的生动诠释，这是中国共产党“使命型政党”建设的重大制度创新，这是新时代中国共产党治国理政的大逻辑。

对马克思主义执政党建设主要目标作出新概括，并在实践中创造性地开展了“不忘初心、牢记使命”主题教育，这是十八大以来党的建设理论与实践重大创新的一个鲜明体现。建设“使命型政党”，这是马克思主义政党建设的价值目标，也是新时代中国共产党治国理政的必然要求。当然，建设“使命型政党”是一个不断创新的发展过程。根据中国共产党建设“使命型政党”面临的新情况，按照体现时代性、把握规律性、富于创造性的根本要求，在战略上精心谋划、理论上深刻阐释、实践中有效推进，这是新时代中国共产党建设“使命型政党”的努力方向。

二、对马克思主义执政党建设价值意义作出了新阐释，明确提出“全面从严治党”这一战略，并在实践中创造性地协同推进自我革命与社会革命

高度重视从严治党，这是马克思主义政党建设的突出特点和光荣传统。马克思主义政党第一个党章，即《共产主义者同盟章程》规定了志愿入盟者必须获得一致通过，才能被接收入某一支部；必须忠实履行自己的诺言并保守机密。[1]列宁强调，“徒有其名的党员，就是白给，我们也不要……注意提高党员质量和清洗混进党里来的人”[2]。在领导中国革命、建设和改革的伟大实践中，正是“以毛泽东、邓小平、江泽民同志为核心的党的三代中央领导集体和以胡锦涛同志为总书记的党中央都高度重视从严治党”[3]，从而有力地推动了党和国家事业的发展。

在新时代治国理政的伟大实践中，针对党的建设中存在的“四大考验”和“四种危险”，以习近平同志为核心的党中央明确提出了“全面从严治党”这一战略。在习近平总书记看来，全面从严治党，这既是中国共产党建设的一贯要求和根本方针，也是新时代进行新的伟大斗争的根本保证，更是新时代增强党的执政合法性根基的关键所在。围绕着“为什么要全面从严治党、怎样全面从严治党”这一逻辑主题，以习近平同志为核心的党中央系统阐述了全面从严治党的战略思想。关于全面从严治党的主要目标，中国共产党坚持执政为民、从严治党的目的就在于坚守全心全意为人民服务的根本宗

[1] 《马克思恩格斯全集》(第42卷)，人民出版社1979年版，第419页。

[2] 《列宁全集》(第37卷)，人民出版社1986年版，第215页。

[3] 习近平：《在党的群众路线教育实践活动总结大会上的讲话》，《人民日报》2014年10月9日。

旨。关于全面从严治党的主要抓手，党要管党，要从党内政治生活管起；从严治党，要从党内政治生活严起。关于全面从严治党的中枢驱动，对马克思主义的信仰，是共产党人经受住任何考验的精神支柱。关于全面从严治党的核心要求，要建设一支宏大的高素质干部队伍。关于全面从严治党的关键环节，中国共产党要有强大的人格力量，人格力量集中体现为我们党的优良作风。关于全面从严治党的基本路径，要坚持“老虎”“苍蝇”一起打。关于全面从严治党的内在要求，要健全权力运行制约与监督体系，保证权力始终用来为人民谋利益。关于全面从严治党的应有之义，要注重加强党内政治文化建设，倡导和弘扬实事求是、艰苦奋斗、清正廉洁、光明坦荡、忠诚老实、公道正派的价值观。关于全面从严治党的根本保障，制度建设尤为重要，要用制度治党、管权、治吏，要全方位扎紧制度笼子。习近平关于全面从严治党的论述，涵盖了政治、思想、组织、作风、纪律、制度和反腐败斗争等各个方面，是一个完整系统的理论体系。新时代中国共产党人正是以习近平关于全面从严治党战略思想为指引，推动全面从严治党向纵深发展。全面从严治党决不仅仅是对党的建设细枝末节的修修补补，而是新时代中国共产党的一场伟大自我革命。“党的十八大以来，我们以自我革命精神推进全面从严治党，清除了党内存在的严重隐患，成效是显著的。”[1]党内政治生态明显好转，党的创造力、凝聚力、战斗力显著增强，党群关系明显改善，党以自我革命不断实现自我超越。面对着百年未有之大变局，肩负着中华民族伟大复兴使命的中国共产党，必须以彻底的自我革命精神践行初心使命，“必须以党的自我革命来推动党领导人民进行的伟大社会革命”[2]，从而真正带领中国人民成功应对重大挑战、抵御重大风险、解决重大矛盾，不断从胜利走向新的更大胜利。

对马克思主义执政党建设价值意义作出了新阐释，明确提出“全面从严治党”这一战略，并在实践中创造性地协同推进自我革命与社会革命，这是十八大以来党的建设理论与实践重大创新的一个鲜明体现。扎实推进全面从严治党，这是推进党的建设新的伟大工程的战略选择，这是统筹推进自我革命与社会革命的必由之路。这就要求我们必须从整体性角度来审视与把握全面从严治党这一战略，真切把握全面从严治党的本质要义与核心要求，关键在于领会蕴于其中的革命勇气、底气和锐气，坚守促其向前的定力、魄力与毅力，唯有如此，才能始终彰显中国共产党全面从严治党独特的精神引力和实践价值，为协同推进自我革命与社会革命良性互动提供理论支持、注入精神动力，奏响民族复兴的时代凯歌。

---

[1] 中共中央党史和文献研究院、中央“不忘初心、牢记使命”主题教育领导小组办公室：《习近平关于“不忘初心、牢记使命”论述摘编》，党建读物出版社、中央文献出版社2019年版，第176页。

[2] 《习近平在学习贯彻党的十九大精神研讨班开班式上发表重要讲话强调：以时不我待只争朝夕的精神投入工作　开创新时代中国特色社会主义事业新局面》，《人民日报》2018年1月6日。

三、对马克思主义执政党建设主要内涵作出了新拓展，明确提出“把党的政治建设放在首位”这一论断，并在实践中要求广大党员干部增强“四个意识”、坚定“四个自信”、做到“两个维护”

旗帜鲜明讲政治，这是马克思主义政党培养自我革命勇气、增强自我净化本领的根本要求，是马克思主义政党补钙壮骨、强身健体的根本保证。恩格斯指出：“没有政治行动，工人总是在战斗后的第二天就会受到法夫尔和皮阿之流的愚弄。”[1]列宁强调：“一个阶级如果不从政治上正确地处理问题，就不能维持它的统治。”[2]在领导中国革命、建设和改革的伟大实践中，正是中国共产党人高度重视党的政治建设，明晰党的政治逻辑、夯实党的政治底气，提升了党的凝聚力、号召力、战斗力，有力地推动了党和国家事业的发展。在新时代治国理政的伟大实践中，以习近平同志为核心的党中央更加高度重视党的政治建设，明确提出“把党的政治建设摆在首位”[3]这一论断，这就凸显了政治建设在新时代党的建设中的价值意义和统领地位。政治建设决定党的建设方向和效果，不抓党的政治建设或背离党的政治建设指引的方向，党的其他建设就难以取得预期成效。第一，坚持党中央权威和集中统一领导，是党的政治建设的首要任务。从指明坚持和维护党中央权威是无产阶级政党在历史淬炼中形成的优秀政治基因，到指出维护党中央权威和坚持集中统一领导事关党和国家的前途命运和各族人民的根本利益，都体现着党对维护中央权威和加强自身全面领导的高度重视，展现着以习近平同志为核心的党中央正确把握执政规律、科学应对执政考验的宏大政治魄力。第二，完善落实民主集中制各项制度，既充分发扬民主又善于集中统一，这是党的政治建设的关键环节。党的十八大以来，习近平多次指出：“要健全和认真落实民主集中制的各项具体制度，促使全党同志按照民主集中制办事。”[4]无论是从保障党员民主权利做起，还是从党内政治生活严起；无论是以开好党内的民主生活会为落实民主集中制的有效载体，还是以认真贯彻请示报告制度为执行民主集中制的有效机制，都充分体现着以习近平同志为核心的党中央对民主集中制的高度重视，彰显着党严守政治原则、注重依规治党的坚定政治信念。第三，严格遵守政治纪律和政治规矩，营造风清气正的良好政治生态，这是党的政治建设的基础性工程。党的十八大以来，习近平强调：“政治纪律是各级党组织和全体党员在政治方向、政治立场、政治言论、政治行为方面必须

[1] 《马克思恩格斯文集》（第3卷），人民出版社2009年版，第224页。

[2] 中共中央马克思恩格斯列宁斯大林著作编译局：《列宁专题文集（论辩证唯物主义和历史唯物主义）》，人民出版社2009年版，第302页。

[3] 《中国共产党第十九次全国代表大会文件汇编》，人民出版社2017年版，第50页。

[4] 《习近平总书记系列重要讲话读本》，学习出版社、人民出版社2016年版，第111页。

遵守的规矩，是维护党的团结统一的根本保证。”[1]从习近平在十八届中央纪委二次全会上提出的“三个决不允许”，到在十八届四中全会二次会议上着重强调的“七个有之”，到在十八届中央纪委五次全会上指明的“五个必须”，再到十九大报告中严守政治纪律和政治规矩的新要求；从以“八项规定”为突破口集中整顿“四风”顽疾，到以“打虎拍蝇猎狐”为手段深入推进强力反腐；从提出“三严三实”作风建设的新要求，到实施扎紧制度牢笼的硬约束；等等，无不体现着党对政治纪律和政治规矩的高度重视，昭示着党在政治建设上的高标准和严要求，展现着党对营造风清气正的良好政治生态的孜孜追求。2019年1月31日，中共中央办公厅印发实施《中共中央关于加强党的政治建设的意见》，这是对十八大以来党的政治建设理论和实践的全面总结，是新时代加强党的政治建设的郑重宣言。党的十九届四中全会进一步强调全党要增强“四个意识”、坚定“四个自信”、做到“两个维护”，提出要“完善坚定维护党中央权威和集中统一领导的各项制度”“建立健全以党的政治建设为统领，全面推进党的各方面建设的体制机制”[2]，标志着党的政治建设进入一个更为自觉的科学发展水平。

对马克思主义执政党建设主要内涵作出了新拓展，明确提出“把党的政治建设放在首位”这一论断，并在实践中要求广大党员干部增强“四个意识”、坚定“四个自信”、做到“两个维护”，这是十八大以来党的建设理论与实践重大创新的一个鲜明体现。党的政治建设，体现的是中国共产党对党的政治建设基本规律的“认识程度”与“运用水平”。这种“认识程度”与“运用水平”，因应时代变化而不断发展、因应实践要求而不断提升。

四、对马克思主义执政党建设基本路径作出了新探索，明确提出“坚持和完善党的领导制度体系”这一命题，并在实践中创造性地推进制度治党与思想建党紧密结合

在党的建设问题上，制度问题更带有根本性、全局性、稳定性和长期性。马克思、恩格斯指出：“制定一个原则性纲领，这就是在全世界面前树立起可供人们用来衡量党的运动水平的界碑。”[3]列宁强调：“一个政党如果没有纲领，就不可能成为政治上比较完整的、能够在事态发生任何转折时始终坚持自己路线的有机体。”[4]在领导中国革命、

[1] 《十八大以来重要文献选编（上）》，中央文献出版社2014年版，第132页。

[2] 《中共中央关于坚持和完善中国特色社会主义制度推进国家治理体系和治理能力现代化若干重大问题的决定》，人民出版社2019年版，第9页。

[3] 《马克思恩格斯选集》（第3卷），人民出版社2012年版，第355页。

[4] 《列宁全集》（第20卷），人民出版社2017年版，第357页。

建设和改革的伟大实践中，正是中国共产党人高度重视党的制度建设，使党的建设有法可依、有规可循，为党的建设提供了基本遵循，从而有力地推动了党和国家事业的发展。

在新时代治国理政的伟大实践中，以习近平同志为核心的党中央更加高度重视党的制度建设。“要建立健全相关制度，用制度管权管事管人……全方位扎紧制度笼子，更多用制度治党、管权、治吏。”[1]针对部分党员干部制度治党意识不足、制度执行力不强的突出问题，习近平明确指出，重视制度建设是党的建设的光荣传统和独特优势，“我们现在要强调的是扎紧党规党纪的笼子，把党的纪律刻印在全体党员特别是党员领导干部的心上”[2]。在习近平看来，党要管党、从严治党，靠的就是制度，凭的就是制度。2014年10月，党的十八届四中全会把形成完善的党内法规体系纳入全面推进依法治国的总目标，以党纪严于国法的坚定态度彰显党加强制度建设的巨大决心，对增强党内法规制度的科学性、规范性和有效性提出了新的要求。党章权威日益增强，党内请示报告制度和党中央领导小组（委员会）工作机制趋于完善，党内法规制度不断优化。2019年10月，党的十九届四中全会首次提出了“坚持和完善党的领导制度体系，提高科学执政、民主执政、依法执政的水平”[3]，将党的领导制度作为国家根本领导制度，构建出一幅总揽全局、协调各方的制度蓝图，确保党的建设制度的整体化和系统化。这是新时代加强党的建设取得的重大成果，也是十八大以来党的制度建设的重要里程碑。我们说，加强党的建设，一方面要注重制度治党，以党章为根本遵循，本着于法周延、于事有效的原则，制定新的法规制度，完善已有的法规制度，废止不适应的法规制度，健全党内规则体系，扎紧党纪党规的笼子；另一方面，还要加强思想建党，要“坚持思想建党和制度治党紧密结合。从严治党靠教育，也靠制度，二者一柔一刚，要同向发力、同时发力”[4]。党的十八大以来，在持续推进党的制度建设的同时，习近平也格外重视党的思想建设问题。为了预防党员干部思想上的滑坡，解决党内突出存在的“四风”问题，有效应对“四种危险”和“四大考验”，党中央先后开展了党的群众路线教育实践活动、“三严三实”专题教育、“两学一做”学习教育、“不忘初心、牢记使命”主题教育等，以持续性、常态化的思想政治教育提高党员的思想政治素养和理论水平。我们说，“思想建党是内生的、柔性的自律，制度治党是外生的、硬性的他律，二者具有天然的统一性”[5]。坚持制度治党与思想建党相结合，就抓住了推进新时

[1] 中共中央文献研究室：《习近平关于全面从严治党论述摘编》，中央文献出版社2016年版，第110页。

[2] 中共中央文献研究室：《习近平关于全面从严治党论述摘编》，中央文献出版社2016年版，第112页。

[3] 《中共中央关于坚持和完善中国特色社会主义制度推进国家治理体系和治理能力现代化若干重大问题的决定》，人民出版社2019年版，第6页。

[4] 《十八大以来重要文献选编（中）》，中央文献出版社2016年版，第94页。

[5] 王永贵：《推进全面从严治党伟大工程的新方略——习近平关于思想建党和制度治党紧密结合的新思想》，《陕西师范大学学报（哲学社会科学版）》2017年第6期。

代党的建设伟大工程的牛鼻子，为新时代加强党的建设提供了新路径，确保党的建设沿着正确健康的轨道平稳推进。

对马克思主义执政党建设基本路径作出了新探索，明确提出“坚持和完善党的领导制度体系”这一命题，并在实践中创造性地推进制度治党与思想建党紧密结合，这是十八大以来党的建设理论与实践重大创新的一个鲜明体现。注重制度治党与思想建党相结合，是党的建设历史经验的深刻总结；凸显制度治党与思想建党相结合，是净化党内政治生态的迫切要求；深化制度治党与思想建党相结合，是积极稳妥推进新时代党的建设的重要任务。这就要求中国共产党着眼于制度治党与思想建党现实境遇的考量，着眼于制度治党与思想建党经验教训的总结，着眼于制度治党与思想建党理论资源的挖掘，着眼于制度治党与思想建党协同机制的构建，探索出一条以先进理论为指引、以健全制度为支撑、以科学方法来推进的制度治党与思想建党良性互动发展的新道路。

结　语

党的十八大以来，正是以习近平同志为核心的党中央，围绕着“新时代建设什么样的党、新时代怎样建设党”这一逻辑主题，以巨大的政治勇气和强烈的责任担当，提出一系列党的建设的新理念新思想新战略，构建了十八大以来中国共产党建设思想的科学体系，实现了马克思主义执政党建设理论与实践的重大创新发展。党的十八大以来，中国共产党建设思想植根于新时代党的建设的伟大实践，坚持理论指导和实践探索相统一，在指导党的建设实践、推动党的建设实践中展现出独特思想魅力和强大真理力量。当然，党的十八大以来，中国共产党建设思想是不断发展的开放的理论，在指导新时代党的建设伟大实践中，必将随着党的建设伟大实践的深入推进而持续发展、不断丰富、更加完善。评价新时代党的建设理论与实践的原创性贡献，不仅仅要分析单个要素的成效，更要考量整体系统的性能，关键要看以下几个主要指标：多大程度上增强了推进新时代党的建设伟大工程的意识，多大程度上激活了推进新时代党的建设伟大工程的动力，多大程度上提升了推进新时代党的建设伟大工程的能力，多大程度上提高了推进新时代党的建设伟大工程的成效。

原载于《科学社会主义》2020年第4期

政治领导力：列宁建党学说中的重要资源

许忠明

摘　要： 列宁在指导俄国革命的过程中，在政治认知、政治决策、觉悟群众、社会动员、组织能力等方面均有鲜明的观点和重要的贡献。列宁不仅把马克思主义视为关于政治认知的工具、政治决策的学说和觉悟群众的武器，创造性地发展了马克思主义；而且从政治领导入手，关注思想引领、社会影响和组织群众，在鼓动、宣传和组织中做了大量工作，实现了马克思主义从理论到实践的伟大飞跃。深入挖掘和总结这一历史经验，对于进一步推动政治领导力建设至关重要。

关键词： 政治领导力；思想引领力；群众组织力；社会号召力

政治领导力是中共十九大提出的一个重要政治概念。在政治领导力、思想引领力、群众组织力、社会号召力的“四力”之中，政治领导力居于首位。政治领导力包含着政治认知力和政治决策力，落实在思想引领力、群众组织力和社会号召力上。

一、政治认知力是政治领导力的前提

政治认知力是政治领导力的重要形式。政治立场、政治方向、政治原则、政治道路归属于党的政治建设，都是政治认知力的重要表现。这些基本政治概念要解决的是“我们是谁”“我们在哪里”“我们去哪里”的基本问题，在这些问题的背后都隐含着“那里是个什么地方”“为什么要去那里”的提问。而回答这些问题，就需要从政治认知上搞清社会性质和社会规律，才能更好地帮助我们解决“为什么去那里”和“怎样去那里”的问题。马克思和恩格斯在领导国际工人运动的时候，依靠揭示人类社会内部的矛盾和发展规律的办法，确立了基本的政治立场、政治方向、政治原则和政治道路。

理论是政治认知力的集中体现。列宁作为一个革命的马克思主义者，其政治领导力首先表现在对于俄国社会性质的政治认知上。19世纪末期，俄国马克思主义者与民粹派争论的焦点是俄国的社会性质问题。民粹主义作为已经堕落的“最平庸的小资产阶级激进主义的理论”，[1]看到了俄国农民破产和贫穷，否认俄国社会的资本主义性质，企图避开资本主义，避开无产阶级，直接进入共产主义，这与马克思主义认为必须通过资本主义来组织社会主义形成了尖锐矛盾。列宁从马克思主义自然历史过程出发，认为判断俄国社会的性质应该把社会关系归结为生产关系，再把生产关系归结为生产力水平，才能看清社会形态的真正性质。“生产资料的生产比消费资料的生产增长得快。”[2]按照这一原理，19世纪晚期的俄国已经迈入了资本主义社会的门槛。列宁天才地洞见“人民大众的贫穷并不构成资本主义发展的障碍，反而是资本主义发展的表现和条件”。[3]专业化、市场化和技术手段的提高与人民群众的贫穷相伴而来，而这种大规模的经营和劳动生产率的提高，将人民大众带进了阶级结构之中，人民大众的集中和觉悟，恰恰是社会主义革命的条件。

政治认知是政治决策的前提条件。没有完整、全面和系统的政治认知，就谈不上科学的政治决策，更谈不上正确的政治行为。随着正在走来的资本主义社会，俄国面临着民主主义和社会主义的双重任务。20世纪前，以劳动解放社为代表的马克思主义研究者与自发的工人运动是理论与实践尚未结合的两股力量。俄国一些有民粹主义倾向的人认为社会主义是未来的事业，而当前的民主革命才是俄国迫切的政治任务，因此工人阶级只需要加入民主革命的队伍就行了。列宁认识到，俄国社会的深刻变化提出了两者结合起来的历史要求，社会民主党必须成为自觉的革命党，必须在工人中进行鼓动工作，使工人认识到自己的共同利益和共同事业，从而唤醒工人的阶级意识，加强自身团结。工人阶级应该做民主革命的领导者，而不是追随者。应该把民主主义放到社会主义的历史序列中进行，民主主义只是前奏，而社会主义才是目的。“只有科学社会主义和阶级斗争的学说，才是革命理论，才能作为革命运动的旗帜。”[4]工人阶级政党应该宣称：“只有无产阶级，才能成为政治自由与民主制度的先进战士”。把工人阶级作为“先进战士”划分出来作为领导者，不会“削弱”民主运动和政治斗争，而是“加强”民主运动和政治斗争。[5]列宁从俄国生产力发展的物质基础中创造性地揭示了俄国社会发展的趋势，号准了俄国历史运动的脉搏，俄国革命只能是社会主义的，社会主义也只能通过俄国革命来实现，民主革命只能是社会主义革命的前奏。这一准确的政治认知为布尔什维克党制定纲领和策略提供了最为有力的根据。

1905年革命之后的俄国进入国家杜马实验的阶段。以普列汉诺夫为代表的机会主

[1] 《列宁全集》(第1卷)，人民出版社2017年版，第257页。

[2] 《列宁全集》(第1卷)，人民出版社2017年版，第67页。

[3] 《列宁全集》(第1卷)，人民出版社2017年版，第81页。

[4] 《列宁全集》(第2卷)，人民出版社2017年版，第434页。

[5] 《列宁全集》(第2卷)，人民出版社2017年版，第438页。

义者企图让渡无产阶级的领导权，承认资产阶级的领导权，建设一个各政党、各阶级联合起来的“全权杜马”。列宁从一个“忠诚的马克思主义者”的立场出发，说明俄国的这场革命并不是资本主义与社会主义之间的斗争，而是资本主义的“两种形式”和“两条道路”的斗争。以土地国有化的土地纲领解决农民的需求，确保无产阶级的领导权，以无产阶级领导的农民革命完成资产阶级革命的任务，才是无产阶级政党必须“全力争取”的“比较短、比较快的道路”。[1]在社会主义革命最为困难的时期，列宁仍然坚信“无产阶级的不可战胜是以俄国和全世界的经济发展来作保证的”。[2]“危机仍然是资本主义制度的不可避免的组成部分”，“危机与崩溃”仍然是资本主义的必然结局。[3]资本主义难以避免的危机与俄国事态的发展越来越成为社会主义这个种子茁壮成长的肥料和沃土。敌人的打击正造成工人阶级团结的保证和力量。几千个无产阶级的先进分子能够领导上百万的工人阶级进行一场声势浩大的民主革命，那么由几万个无产阶级先进分子领导的上千万人参加的革命一定能把敌人打垮。列宁把1905年的俄国革命视为无产阶级政党领导的“特定阶级的群众的第一次自觉的政治运动”，是“革命纪元的开始”。[4]革命虽然最终失败了，但人民最大的收获是“他们丢掉了幻想”，[5]工人阶级的壮大、坚定领导党的形成、革命条件的成熟，都无可避免地发展起来了。播下革命的种子，一定会有十倍、百倍、千倍、万倍的收获，这就是列宁的卓越政治认知。

二、政治决策力是政治领导力的核心

政治决策关乎政治方向、政治道路，其重要性自不必言。列宁善于从政策和策略上理解马克思主义理论。它不是抽象的理论，而是一套改造现实世界的方法。马克思毕生都十分注意无产阶级阶级斗争的策略问题。政治决策力体现着政治领导力水平。

对俄国进入资本社会的性质判断带来了无产阶级政党的政治任务，也就是政治决策。大机器工业在俄国的迅速发展造成了一个先进的工人阶级，俄国工人运动迅速发展成为世界各国工人阶级国际运动的一部分。联合逐渐成为工人运动必需的东西，自发的罢工斗争客观上具备了“政治的性质”和“公共的性质”，在社会主义还没有申请

[1] 《列宁全集》（第17卷），人民出版社2017年版，第24页。

[2] 《列宁全集》（第16卷），人民出版社2017年版，第116页。

[3] 《列宁全集》（第17卷），人民出版社2017年版，第15页。

[4] 《列宁全集》（第16卷），人民出版社2017年版，第111页。

[5] 《列宁全集》（第16卷），人民出版社2017年版，第115页。

“进入”的时候，工人运动开始主动自觉地要求社会主义“加入”进来。[1]这一政治认知为无产阶级政党的政治决策奠定了基础。无产阶级政党必须争取领导权，它的政治任务就是要帮助俄国工人阶级将分散的罢工上升为整体的阶级斗争，提高工人的阶级自觉，促使他们组织起来，最终把国家政权转移到工人阶级手中。国家政权是工人阶级斗争的“最终目的”和“获得彻底解放的条件”。[2]列宁从政治决策上指出了工人运动的政治方向和政治道路。

在政治策略上，列宁始终反对机会主义和社会沙文主义中的阶级合作思想，坚持社会主义革命，认为革命是唯一的出路，没有任何中间道路可走。第一次世界大战爆发后，列宁判断世界已经进入帝国主义和无产阶级革命的时代，危机引发战争，战争带来革命，帝国主义战争为社会主义革命提供了千载难逢的机会。变帝国主义战争为国内战争是列宁提出的重大政治决策。当时资产阶级把殖民地政策和帝国主义视为解决资本主义内部矛盾发展的一种方法，但列宁却把帝国主义和殖民地政策视为资本发展必然出现的无法“医好的病变”，[3]只有社会主义革命这种方法才能彻底解决资本社会的内部矛盾。帝国主义不仅是资本主义发展的最高阶段，也是无产阶级革命的前夜。社会主义革命必须综合利用民族解放斗争和争取民主的斗争，不为民主争取彻底的革命斗争，就不能战胜资产阶级。列宁的帝国主义论，揭示了落后国家可以提前进行社会主义革命的可能性。

俄国革命完全有可能成为世界革命的先导。俄国具备了革命的三个条件，即上层不能照样统治下去，下层不愿照旧生活下去，群众的革命积极性大大提高。1917年7月，列宁匿居拉兹里夫湖畔，撰写《国家与革命》的理论著作，为革命的政治决策提供重要的理论依据。列宁把无产阶级专政看作马克思主义的“主要之点”，如果把马克思主义仅仅看作关于阶级斗争的学说，那就是“阉割”“歪曲”“局限”马克思主义。“只有承认阶级斗争、同时也承认无产阶级专政的人，才是马克思主义者。”这是马克思主义者与一切非马克思主义、假马克思主义、反马克思主义斗争的焦点，是判断马克思主义者的“试金石”。[4]列宁判断“现在俄国革命的和平发展已经不可能了，历史这样提出了问题：或者是反革命完全胜利，或者是发动一次新的革命”。[5]“毫无疑问，任何革命的最主要的问题都是国家政权问题。”[6]革命的根本问题是政权问题，夺取政权，

[1] 《列宁全集》(第1卷)，人民出版社2017年版，第97页。
[2] 《列宁全集》(第1卷)，人民出版社2017年版，第81页。
[3] 《列宁全集》(第27卷)，人民出版社2017年版，第20页。
[4] 《列宁全集》(第31卷)，人民出版社2017年版，第32页。
[5] 《列宁全集》(第31卷)，人民出版社2017年版，第41页。
[6] 《列宁全集》(第32卷)，人民出版社2017年版，第158页。

一切政权归苏维埃，这一重大政治决策为布尔什维克和俄国人民指明了政治方向。

十月革命胜利后，面对德国提出苛刻的《布列斯特和约》的条件，列宁批评“革命空谈”和“装腔作势”的感情用事，主张立即同德国单独媾和。“为了同暴徒进行正义的斗争而向强盗购买武器则是完全合理的事情”，[1]否则就等着在三个月后的下台决定书上签字。签订和约意味着为未来的胜利争取时间，俄国社会主义革命是通往国际社会主义革命的可靠路径，绝不承认可以丧失俄国苏维埃政权来保住国际革命的“奇谈与怪论”。[2]只要保住了苏维埃政权，就是签订10个《布列斯特和约》也是值得的。只要有足够的能力，任何耻辱都会变成前进的巨大动力。在社会主义建设过程中，列宁把国家资本主义作为实现社会主义的工具和阶梯，提出我们不仅苦于资本主义的发达，更苦于资本主义的不发达，在俄国现有的经济形式中，国家资本主义是最接近社会主义的经济方式。利用无产阶级政权的力量去搞租让制、合作社，利用资本主义建设社会主义。这都是非常大胆的政治决策。由于战时共产主义政策的持续实施，俄国出现了“最大的政治危机”，[3]工人和农民中普遍出现了不满情绪，列宁领导的俄共决定退却，果断实行新经济政策。这一政策实施后，俄共迅速扭转了局势，走出了困局。

三、实现政治领导力要有思想引领力

政治与思想是两个密切联系的概念。现代行为学说明，理论—思想—行动是现代大规模人类活动的模式。“想象建构的秩序存在于人和人之间思想的连接。”[4]思想是政治发挥作用的逻辑中介。任何理论工作的目的还在于从思想上启蒙和武装群众。在无产阶级寻求解放的过程中，理论工作走在了实际工作的前面。“研究、宣传、组织”成为工人运动的三部曲，理论工作结束的地方就是宣传工作和组织工作开始的地方。从理论工作进入宣传工作，再进入组织工作，是一个完整的工作循环。经验表明：做好任何一项工作都必须先做“思想领导者”。[5]无产阶级的思想觉醒一定会把俄国带上社会主义的轨道。

无产阶级政党要做思想的启蒙者。把马克思主义的微光透进俄国社会的黑暗中，把社会民主主义思想输入工人的血脉，唤醒群众，是列宁最大的愿望。民粹主义反对资本的社会化大生产，反对社会主义革命，成为俄国社会民主主义道路上的严重阻碍。

[1] 《列宁全集》（第33卷），人民出版社2017年版，第378页。

[2] 《列宁全集》（第33卷），人民出版社2017年版，第420页。

[3] 《列宁全集》（第43卷），人民出版社2017年版，第281页。

[4] 尤瓦尔·赫拉利：《人类简史》，林俊宏译，中信出版集团2017年版，第111页。

[5] 《列宁全集》（第1卷），人民出版社2017年版，第262页。

列宁深知，走哪条道路还在于群众的选择，没有革命的马克思主义理论，就没有革命的马克思主义行动。理论的力量就在于启发群众的觉悟，争取群众的参与，因而利用刊物将马克思主义理论灌输到群众中去成为最为重要的任务。《火星报》刊文要求创办“全俄政治报”，以推动建立革命组织。这种全俄政治报要做集体的宣传员、鼓动员和组织者。政治报纸就像一架“巨大的鼓风机”，“这个鼓风机能够使阶级斗争和人民义愤的每一点星星之火，燃成熊熊大火”。[1]“全民政治鼓动工作”要居于“全部纲领、策略和组织工作的首位”。[2]革命首先和主要的是善于进行宣传和鼓动工作。无产阶级政党一分钟也不应该忘记马克思主义理论的学习、研究和宣传。

无产阶级政党要做思想的播种者。世纪之初的民主革命已经深翻俄国的土壤，无产阶级政党必须趁此播下社会主义革命的种子。理论的种子一旦在群众的心中萌发，思想的力量就会改变世界。只有广泛宣传革命，才能在群众中造成相适应的社会心理条件。这是无产阶级政党最为基本和必需的事情。列宁在撰写《帝国主义是资本主义的最高阶段》时在法文版和德文版序言中说明写作的目的在于“把受资产阶级愚弄的小业主和程度不同地处在小资产阶级生活条件下的千百万劳动者从资产阶级那里争取过来”。[3]科学社会主义必须从外部灌输给工人阶级，依靠着这种革命的马克思主义理论和国际社会民主党的经验，把革命运动与工人运动结合起来，才能激发阶级斗争，形成社会民主主义不可战胜的力量，并最终改变那种迫使穷人卖身给富人的社会制度。无产阶级在领导社会主义革命的每一分钟都应该对群众进行革命的思想教育。

提高群众觉悟是无产阶级先进政党的生命力源泉。列宁认为，俄国革命之所以迟滞不前，不是由于外界的原因，不是因为资产阶级使用暴力，而是“由于群众的轻信的不觉悟”。[4]这种“轻信的不觉悟”和“不觉悟的轻信”交织在一起，严重延缓了俄国革命的到来。无产阶级政党的任务不是命令群众，而是做特别细致的、坚持不懈的、耐心的说服工作。列宁反对社会革命党人的恐怖主义时指出：“要越过人民是不行的。只有幻想家和密谋分子才认为，少数人能把自己的意志强加给多数人。”[5]“一切真正的革命，其科学的和实际政治的主要标志之一，就是积极、自动和有效地参加政治生活，参加国家制度建设的‘普通人’非常迅速地、急剧地增加起来。”[6]

[1] 《列宁全集》(第6卷)，人民出版社2017年版，第162页。
[2] 《列宁全集》(第6卷)，人民出版社2017年版，第167页。
[3] 《列宁全集》(第27卷)，人民出版社2017年版，第329页。
[4] 《列宁全集》(第29卷)，人民出版社2017年版，第156页。
[5] 《列宁全集》(第30卷)，人民出版社2017年版，第48—49页。
[6] 《列宁全集》(第29卷)，人民出版社2017年版，第154页。

四、实现政治领导力要有群众组织力

列宁一贯重视群众的历史主动性。群众是“人民的大多数”，至少包含着工人和大多数农民。[1]政党不仅要唤醒、激起、推动还在沉睡的群众，而且要善于通过无产阶级和工会组织实现对群众的领导。领袖、政党、阶级、群众是一个完整的系统，一个不可分离的整体。“脱离群众是我们软弱无力和不能立即进行坚决斗争的主要根源。”[2]群众是“隐约地燃烧着的易燃物”，[3]无产阶级政党就应当是火把。对一个无产阶级政党来说，我们的希望不是改良，不是妥协，而是社会主义革命，立宪派、自由派、解放派、新火星派，各种各样的资产阶级政党都充满着机会主义的毒素。“我们的唯一希望是人民。”[4]坚定的人民立场是列宁政治领导力最可靠的来源。

20世纪初期，列宁总结了俄国社会的阶级成分，在民主革命过程中形成和发展了新的“人民革命观”。社会主义革命不能一步到位，人民革命和民主革命都是不能跨越的必经阶段。列宁把俄国社会中的沙皇、人民、官吏、警察、厂主、地主、农奴主、包工头、富农、中农、贫农、农奴、市民、庸人、富人、穷人、工人、农民、劳动人民、全体人民等放在一起进行分析，确定了革命的社会民主党人需要争取的群众力量，提出了社会民主党人争取政治自由的首要任务。[5]因为只有政治自由才能为工人运动的政治权利提供政治保障，才能沿着罢工的道路上升到阶级斗争的康庄大道上来。1905年的革命高潮来临之时，社会民主党是否参加临时革命政府成为当时政治决策需要面对的中心议题。列宁力排众议，要求为“全体人民”争取改善，为“劳动人民”争取政治自由，不满足于做一个“极端的反对派”，而是既“从上面”又“从下面”、既从“宫殿里”又从“大街上”参加临时政府，积极利用当前政权实现无产阶级和农民的革命民主专政，这一政治决策提供了从最低纲领通往最高纲领、从民主革命通往社会主义革命的正确道路。[6]“人民革命观”不是对阶级斗争学说的否定，而是在新的时代条件下对马克思主义的坚持和发展。

政治领导力来源于人民群众的支持和信任。“领导力不是单向的，是领导者与被领导者相互作用产生的合力，是党与人民群众呼应传递、双向激励的政治过程。”[7]列宁认

[1] 《列宁全集》（第31卷），人民出版社2017年版，第37页。
[2] 《列宁全集》（第7卷），人民出版社2013年版，第41页。
[3] 《列宁全集》（第9卷），人民出版社2017年版，第395页。
[4] 《列宁全集》（第11卷），人民出版社2017年版，第146页。
[5] 《列宁全集》（第7卷），人民出版社2013年版，第145—154页。
[6] 《列宁全集》（第10卷），人民出版社2017年版，第233页。
[7] 冯秋婷：《新时代中国共产党领导力专题研究》，《中国井冈山干部学院学报》2019年第3期。

为，“只有群众才能创造真正的政治”。[1]劳动群众是我们克服困难的根本依靠。革命的真正标志是参与国家政治制度建设的普通人非常迅速和急剧地增加起来。[2]无产阶级的统一是社会主义革命最伟大的武器。列宁深谙“上面”与“下面”的辩证法。如果说“上面”是党中央的权威，“下面”则是人民群众的信任。党中央的权威源于人民群众的信任。群众的情绪反应是“一切智慧之本”，是一切社会主义革命的基础所在。[3]

把群众组织起来是无产阶级政党战无不胜的法宝。“无产者作为孤立的个体等于零。他的全部力量，他的全部发展，他的一切希望和愿望，都来自组织。”[4]组织是用物质的统一来保证思想的统一从而把千百万劳动者团结起来的法宝。“世界上没有一种力量能够击溃千百万日益觉悟、日益联合和组织起来的工人。”[5]在党的中央组织和地方组织的关系上，列宁要求要尽可能地扩大和增加地方党组织的数量，每一个党组织、最基层的工人支部都要建立“两周报告制”，搞好同中央的关系。[6]列宁始终坚持认为，组织能够使力量增加10倍、100倍，甚至更多。[7]组织是社会主义革命无比深刻和久恒的特点，是社会主义革命取得胜利最深的泉源。[8]无产阶级政党能不能把自己组织起来，能不能把群众组织起来，是一个生死攸关的问题。

五、实现政治领导力要有社会号召力

按照现代行为学的常识，政治认知和政治决策如果不能被社会广泛接受，变成深远的社会影响力和强大的社会号召力，最终的群众组织力是谈不上的。实际上，列宁在社会影响力和社会号召力上的贡献是十分突出和十分卓越的。

20世纪前后，民主主义与社会主义成为俄国国内的两种政治主张和两股政治力量。谁先谁后，谁主谁次，是马克思主义者必须回答的问题。列宁坚持“革命马克思主义”，反对“合法马克思主义”。社会主义革命是一场“人民革命”，离开“全体人民”，离开“一切被剥削的劳动者”，我们就不可能有任何其他手段可以加速社会主义的到来。坚持阶级斗争、发展阶级斗争、扩大阶级斗争、加强阶级斗争，都需要整个社会的支持和全体人民的参与。借口阶级性而否定社会性是对马克思主义理论的贬低

[1] 《列宁全集》(第24卷)，人民出版社2017年版，第69页。
[2] 《列宁全集》(第29卷)，人民出版社2017年版，第154页。
[3] 《列宁全集》(第39卷)，人民出版社2017年版，第59页。
[4] 《列宁全集》(第8卷)，人民出版社2017年版，第323页。
[5] 《列宁全集》(第8卷)，人民出版社2017年版，第195页。
[6] 《列宁全集》(第10卷)，人民出版社2017年版，第189页。
[7] 《列宁全集》(第24卷)，人民出版社2017年版，第38页。
[8] 《列宁全集》(第36卷)，人民出版社2017年版，第69页。

和歪曲，只能使马克思主义变得“面目全非”。[1]人民革命是社会主义革命的一个阶梯。先是满足资产阶级，然后满足农民和小资产阶级，最后满足无产阶级，这是俄国革命的三个阶段。无产阶级政党在领导社会主义革命的过程中，必须区分不同的历史阶段，在政治形势上作出正确的判断，把一切靠近社会民主工党的团体都积极争取过来。如果在争取自由的事业中，忽视革命团体的分量，对他们撒手不管，“那就是十足的书呆子气”。我们应该“坚持不懈地、有分寸地、耐心地利用政治斗争和经济斗争的每一个行动对他们进行启发，使他们在共同斗争的基础上靠拢觉悟的无产阶级”。[2]对全体群众“施加影响”，让他们“在决定性时刻响应社会民主党的号召”，[3]这是列宁特别强调的革命策略。

在推翻沙皇封建专制的民主革命中，任何一种微小的力量都有可能成为改变历史方向的关键力量。列宁从1905年革命后就一直在关注“政治联盟”[4]问题。无产阶级政党必须把对联盟的思想领导放到第一位，否则对原则的严重违反一定会使这种社会号召力受到严重破坏。议会制度的国家杜马是一种有用的革命工具，可以宣传党的主张，扩大党的社会影响力。列宁把参加国家杜马选举看作揭露封建专制制度、黑帮和立宪民主党人的策略：“我们的首要职责，就是尽一切努力在彼得堡把所有能够同黑帮和立宪民主党作斗争的人都集合到自己周围，来实现人民革命的任务，来发挥千百万人民群众的主动性”，在抵制小资产阶级的反抗时，“除了这个办法之外我们再也没有其他办法”。[5]在后来夺取政权和巩固政权的过程中，列宁的政治联盟思想更加明确，“如果工作需要，即使是魔鬼的老祖母，也要同它打交道”。[6]在这个时期，列宁的统一战线思想逐渐成熟并发展起来，各种不同的社会力量都被考虑进来，统一战线作为社会号召力的重要载体出现并发展起来，社会号召力明显扩大。

巩固和扩大社会号召力的关键并不在于无原则地迁就各种机会主义派别，且恰恰在于依靠人民群众同他们作坚决的斗争。斗争是无产阶级的生命要素，也是无产阶级团结群众的秘诀。马克思主义政党只有通过阶级斗争才能“提高群众的阶级意识、加强群众的团结、用政治发展的经验教育群众”。[7]列宁认为机会主义的要害就在于无原则性，在于其动摇性和不彻底性。列宁领导的布尔什维克在社会民主党内曾经遭到无数的咒骂，“盗用名义”和“分裂主义”是最突出的罪名，但是布尔什维克却“团结了

[1] 《列宁全集》(第11卷)，人民出版社2017年版，第94—97页。
[2] 《列宁全集》(第10卷)，人民出版社2017年版，第275页。
[3] 《列宁全集》(第10卷)，人民出版社2017年版，第276页。
[4] 《列宁全集》(第14卷)，人民出版社2017年版，第109页。
[5] 《列宁全集》(第14卷)，人民出版社2017年版，第320页。
[6] 《列宁全集》(第15卷)，人民出版社2017年版，第329页。
[7] 《列宁全集》(第14卷)，人民出版社2017年版，第267页。

俄国五分之四的觉悟工人”，而其他的社会民主党派别则成为“一部崩溃和瓦解的历史”。[1]这一事实从正反两方面说明布尔什维克的社会号召力通过有原则的坚决斗争在不断增强。

扩大社会号召力，必须综合使用各种手段。在争取群众，扩大社会影响力和提高社会号召力上，列宁很早就看到鼓动工作的重要性。鼓动既是一种宣传，也是一种动员，与启蒙、觉悟、组织等紧密相连。在鼓动方法上，“鼓动员应该讲得使人能听懂，他应该从听众熟悉的事物出发。所有这一切都是不言而喻的，并且不只是适用于对农民的鼓动。对马车夫讲话应该不同于同水手讲话，对水手讲话应该不同于对排字工人讲话”。[2]鼓动是把经济斗争上升到政治斗争的重要途径，是实现社会号召力的必经之路。扩大社会号召力，必须把合法斗争和秘密斗争结合起来。“社会民主党在任何场合，在任何情况下，都不应当拒绝利用哪怕是最小的合法机会来组织群众和宣传社会主义，但是必须摒弃崇拜合法性的思想。”[3]反对秘密斗争，就是限制无产阶级的阶级斗争，就是对社会主义革命事业的背叛。

六、小结

列宁建党学说是中国共产党党建思想的主要来源。列宁虽然没有直接提出政治领导力的理论概念，但其建党学说中却蕴藏着丰富的政治领导力资源。从内容上看，政治认知力、政治决策力、思想引领力、群众组织力、社会号召力都是交织在一起且富有时代价值的富矿。从逻辑上看，政治领导力—思想引领力—群众组织力—社会号召力是一个完整的链条，它们与党的建设的伟大工程紧密相连，渗透于党的政治建设、思想建设、组织建设和作风建设的各个方面，体现着马克思主义政党的坚定性、自觉性、先进性和纯洁性。深入研究和思考这些内容，可以进一步凝练政治领导力的学术概念和理论寓意，从而为构筑党的全面领导的制度体系、加快推进国家治理体系和治理能力现代化提供助力。

原载于《学术界》2020年第11期

[1] 《列宁全集》（第26卷），人民出版社2017年版，第360—361页。
[2] 《列宁全集》（第4卷），人民出版社2013年版，第236页。
[3] 《列宁全集》（第26卷），人民出版社2017年版，第338页。

习近平新时代“赶考”观的三维探赜

刘　辉

摘　要：“赶考”是中国共产党永恒的执政课题。党的十八大以来，习近平总书记发表了一系列关于“赶考”的重要论述，形成了内容丰富、逻辑缜密的“赶考”观，实现了马克思主义政党建设理论在当代中国的创新发展。从生成逻辑看，习近平“赶考”观发源于马克思主义建党学说的内在规定，滋养于中华优秀传统文化中的政治基因，根植于党破解“赶考”命题的百年探索，依托于新时代践行初心使命的宏阔实践。从命题论域看，习近平“赶考”观包含了价值论、内容论、考生论、方法论、评判论为主要内容的理论逻辑架构，创造性回答了新时代“为何考、考什么、谁应考、如何考、谁来评”等根本问题。从价值意蕴看，习近平“赶考”观蕴含着政党、国家和世界三重维度的价值指向，对中国自身发展和人类文明进步具有重要的理论和实践意义。

关键词：习近平；“赶考”观；生成逻辑；命题论域；价值意蕴

“进京赶考”原意是指中国古代学子去京城参加科举考试。新中国成立前夕，毛泽东把即将执政全国政权比喻为“进京赶考”，并语重心长地说，“我们决不当李自成，我们都希望考个好成绩”[1]。自此，“赶考”一词实现了从传统文化语义向政党政治隐喻的创造性转化，成为中国共产党人迎接困难挑战、应对执政考验、实现历史使命的形象化阐释。党的十八大以来，习近平总书记在推进治国理政新实践中围绕“赶考”命题展开了一系列重要论述，进行了一系列重大部署。从2013年调研革命圣地西柏坡时提出“党面临的‘赶考’远未结束”[2]，到2016年庆祝建党95周年大会上强调，“今天，我们党团结带领人民所做的一切工作，就是这场考试的继续”[3]，到庆祝中国共产党成立100周年大会上正式宣告踏上“新的赶考之路”[4]，再到党的二十大科学谋划新的赶考之

[1] 《毛泽东年谱（1983—1949）》（下册），中央文献出版社2013年版，第470页。

[2] 中共中央文献研究室：《习近平关于实现中华民族伟大复兴的中国梦论述摘编》，中央文献出版社2013年版。

[3] 习近平：《在庆祝中国共产党成立95周年大会上的讲话》，《人民日报》2016年7月2日。

[4] 习近平：《在庆祝中国共产党成立100周年大会上的讲话》，《人民日报》2021年7月2日。

路，一系列重要论述阐释了新时代“赶考”的立场、方向和策略，吹响了新时代“赶考”征途的号角，形成了内容完备的“赶考”观新体系。因此，从学理层面诠释和解读习近平新时代“赶考”观的生成机理、逻辑架构和价值旨归，不仅是深化拓展中国共产党“赶考”理论认知的当然要求，也是走好第二个百年“赶考”之路、实现中华民族伟大复兴的应有之义。

一、由何而来：习近平新时代“赶考”观的生成逻辑

习近平新时代“赶考”观理论命题的系统生成并不是一蹴而就、凭空产生的，而是有其内在的逻辑机理，是理论逻辑、文化逻辑、历史逻辑和实践逻辑多重合力推动的必然结果。

（一）理论逻辑：源自马克思主义建党学说的内在规定

马克思主义揭示了人类社会发展演化的客观规律，是无产阶级政党强大的思想理论武器。尽管马克思主义经典作家的著作中并未提及“赶考”概念，但他们在领导无产阶级革命实践中对相关问题的原则性阐述和方法论诠释，为习近平新时代“赶考”观的逻辑生成贡献了思想伟力。一是无产阶级政党“赶考”的话语雏形。1921年，列宁在《关于粮食税的报告的总结发言》中把俄共（布）能否实现从战时共产主义政策向新经济政策顺利过渡比喻成“升级考试”，并自信地强调“我们是会考及格的”[1]。这既表达了列宁对布尔什维克化解执政风险的深切忧思，又在政治意涵上构成了中国共产党“赶考”命题的原初话语表达。二是无产阶级政党“赶考”的价值遵照。马克思主义所内蕴的“为绝大多数人谋利益”的阶级立场、“每个人全面自由发展”的理想愿景以及人民群众是“有实践力量的人”的价值定位，彰显了其科学真理性与价值合理性辩证统一的理论旨趣，揭示出无产阶级政党“赶考”为人民、“赶考”靠人民、“赶考”成就与人民共享的精髓实质。三是无产阶级政党“赶考”的任务要求。马克思、恩格斯对共产党执政后的任务做出了“最一般的暗示”[2]和学理推导式的论证，即政治上“建立民主的国家制度，从而直接或间接地建立无产阶级的政治统治”[3]；经济上消灭私有制，实行公有制和按劳分配，通过有计划地组织全部生产以“尽可能快地增加

[1] 《列宁全集》（第41卷），人民出版社1986年版。

[2] 《列宁选集》（第1卷），人民出版社2012年版。

[3] 《马克思恩格斯选集》（第1卷），人民出版社2012年版。

生产力的总量”[1]；文化上“同传统的观念实行最彻底的决裂”[2]，确立起崭新的共产主义思想文化。四是无产阶级政党“赶考”的破题路径。马克思主义本质上是一种“批判的”“革命的”理论，无产阶级革命与其他任何革命最为不同之处，就在于它“经常自我批判”[3]。这种经常性的自我批判实质上蕴含着以主客体统一为特征的自我革命的价值诉求，映射在无产阶级政党身上便体现其在自我检视、自我扬弃、自我超越中淬炼和塑造自己，进而永葆旺盛生命力和强大战斗力。归结而言，马克思主义经典作家的上述话语论述昭示着“赶考”是无产阶级政党践行初心使命的内在规定和本质要求，这些具有普遍指导意义的框架式的理论观点，成为新时代“赶考”观命题生成与延续的理论支撑。

（二）文化逻辑：滋养于中华优秀传统文化中的政治基因

中华优秀传统文化是中华民族独特的价值标识和道德规范，积淀着整个民族最深沉的精神追求，传承着整个民族最根本的血脉基因。习近平指出：“当代中国思想文化也是中国传统思想文化的传承和升华，要认识今天的中国……就要深入了解中国的文化血脉。”[4]如果说，马克思主义的内在规定性天然预设了习近平“赶考”观的理论逻辑起始点，那么，中华优秀传统文化所蕴含的民本价值、革新精神、忧患意识等特质禀赋则构成了习近平“赶考”观的文化逻辑支撑点。首先，以民为本的价值取向奠定“赶考”主基调。从《尚书》的“民为邦本、本固邦宁”到《孟子》的“民为贵，社稷次之，君为轻”，从贾谊《新书》的“闻之于政也，民无不为本也”到魏征的“民如水，君如舟，水可载舟，亦可覆舟”，充分表征着中华文化重民、亲民、爱民的思想观念和“得民心者得天下”的政治理念，这与中国共产党“赶考”为民的核心要旨有着天然的价值契合点，为新时代“赶考”命题的生发缘起提供价值支撑。其次，与时俱进的革新精神奠定“赶考”主旋律。古语有云：“苟日新，日日新，又日新”“当时而立法，因事而制礼”“终日乾乾，与时偕行”。革故鼎新、与时俱进作为中华民族永恒的精神气质，不仅是推动中华文明薪火传承和赓续绵延的内在动力，而且构筑成激励中国共产党走好新的赶考之路的精神驱动。最后，居安思危的忧患意识奠定“赶考”主阵地。纵览中国传统文化典籍，无论是“生于忧患，死于安乐”的哲学警醒，还是“安而不忘危，存而不忘亡，治而不忘乱”的忧思情怀，抑或是“备豫不虞，为国常

[1] 《马克思恩格斯选集》（第1卷），人民出版社2012年版。

[2] 《马克思恩格斯选集》（第1卷），人民出版社2012年版。

[3] 《马克思恩格斯选集》（第1卷），人民出版社2012年版。

[4] 习近平：《在纪念孔子诞辰2565周年国际学术研讨会暨国际儒学联合会第五届全员大会开幕会上的讲话》，《人民日报》2014年9月25日。

道”的底线思维，都充分彰显着中华民族居福安之境、虑危殆之险的生存智慧，时刻告诫共产党人愈是成绩辉煌，愈需常怀如履薄冰的谨慎和盛必虑衰的忧思。一言以蔽之，中华优秀传统文化思考和表达了关于政权生存与发展的根本问题，蕴含着中国传统政治体制所塑造的整体存续之天然基因，而这一基因的活力最终在与马克思主义理论互嵌交融的实践展开中被激发，成为新时代“赶考”观命题生成与延续的文化根脉。

（三）历史逻辑：植根于党破解“赶考”命题的百年探索

历史逻辑反映的是历史发展呈现出的规律性和必然性。回溯党的百年历史，可以发现，“我们党从来就是不断‘赶考’的”[1]。中国共产党自成立伊始就把“赶考”镌刻在自己的旗帜上，熔铸于自己的基因中。在硝烟弥漫的革命年代，以毛泽东同志为主要代表的中国共产党人在新民主主义革命的“救国大考”中把自身锻造成为“全国范围的、广大群众性的、思想上政治上组织上完全巩固的布尔什维克化的”[2]政党，成功考出了农村包围城市、武装夺取政权的革命新道路，考出了毛泽东思想，考出了人民当家作主的新中国。在全国革命即将胜利之际，毛泽东基于对“其兴也勃焉，其亡也忽焉”历史周期率窠臼的深刻警思，基于对党内因为胜利可能滋长骄傲自满、不思进取、贪图享乐、以功臣自居四种情绪和党外资产阶级糖衣炮弹隐性攻击的高度警惕，前瞻性思考党如何实现长久执政和为人民执好政的历史性课题，正式提出“进京赶考”的命题，要求全党以“两个务必”的“赶考”心态迎接人民的考试。在筚路蓝缕的建设时期，中国共产党牢记“赶考”使命，时刻“保持过去革命战争时期的那么一股劲，那么一股革命热情，那么一种拼命精神”[3]，自力更生、艰苦创业，在“兴国大考”中成功考出了社会主义基本制度，考出了比较完整的工业体系和国民经济体系，推动实现中华民族有史以来最为广泛而深刻的社会变革。在激情燃烧的改革岁月，以邓小平同志为主要代表的中国共产党人秉持“艰苦奋斗的创业精神”[4]和“决不能自满，决不能懈怠，决不能停滞”[5]的“赶考”精神，在社会主义现代化建设的“富国大考”中成功考出了中国特色社会主义道路，考出了中国特色社会主义理论体系，考出了世界第二大经济体，推动中国大踏步赶上了时代。可以说，一部中共党史实质上就是一部中国共产党接力“赶考”的奋斗史。“赶考”命题在发生、求解、延伸、再求解的实践场域拓展中被不断提出，而内蕴其中的“赶考”精神亦超越时空规制在历史的审视之下越发昭

[1] 郑必坚：《历史性“赶考”和中国共产党》，《人民日报》2016年7月1日。

[2] 《毛泽东选集》（第2卷），人民出版社1991年版。

[3] 《毛泽东选集》（第7卷），人民出版社1999年版。

[4] 《邓小平文选》（第2卷），人民出版社1994年版。

[5] 《胡锦涛文选》（第2卷），人民出版社2016年版。

显、历久弥新，成为新时代“赶考”观命题生成与延续的历史依据。

（四）实践逻辑：依托于新时代践行初心使命的宏阔实践

对中国共产党这一典型的马克思主义使命型政党而言，任何命题的提出都与其承担的历史使命相关联、相承接、相契合。习近平新时代“赶考”观命题，正是从党在新时代“强国大考”中践行“为中国人民谋幸福、为中华民族谋复兴”这一执政使命的实践要求出发，在把握目标导向又坚持问题意识的良性互动中孕育而生的。一方面，新时代“赶考”观生成于实现执政目标的实践诉求。党的十八大以来，中国共产党围绕着中华民族伟大复兴的历史使命与执政目标，以“坚持和发展中国特色社会主义”为主题主线，以“坚持人民至上、增加民生福祉”为价值指向，以“统筹推进‘四个伟大’”为总体框架，以“全面从严治党、深化自我革命”为核心驱动，以“‘四个全面’战略布局、‘五位一体’总体布局”为战略部署，以“构建人类命运共同体、推动全球治理体系变革”为国际依托，全方位、立体化、开拓性赓续新时代治国理政新实践。这是中国共产党历史性“赶考”的具体体现，也是习近平新时代“赶考”命题生成的多元实践场域，承载着整个理论体系建构的现实支撑。另一方面，新时代“赶考”观生成于破解现实问题的实践需要。“问题是时代的声音，回答并指导解决问题是理论的根本任务。”[1]新时代的中国正处于发展关键期、战略机遇期、改革攻坚期和矛盾凸显期，世界百年未有之大变局加速演进，国际格局出现重大变迁，国际环境日趋复杂多变，世界大发展大变革大调整使不确定性不稳定性因素明显增加；国内改革正向着更宽广的覆盖面和更深度的利益层推进，所牵涉矛盾问题的尖锐性、破除体制障碍的艰巨性、开展伟大斗争的复杂性亘古未有；党面临的“四大考验”和“四种危险”将长期存在，党面临的顽固性、多发性痼疾尚未彻底解决，一些管党治党的老问题随时可能反弹回潮、故态复发，实现“赶考”使命任重而道远。面对新时代定位更高的“赶考”目标和难度更大的“赶考”试题，以习近平同志为主要代表的中国共产党人秉承“赶考”精神的鞭策和激励，以目标为导向聚焦实践诉求、以破题为要旨瞄准实践问题，发出党面临的“赶考”远未结束的时代最强音，要求全党“以‘赶考’的清醒和坚定答好新时代的答卷”[2]。

[1] 习近平：《高举中国特色社会主义伟大旗帜　为全面建设社会主义现代化国家而团结奋斗——在中国共产党第二十次全国代表大会上的报告》，《人民日报》2022年10月26日。

[2] 习近平：《论中国共产党历史》，中央文献出版社2021年版。

二、以何而成：习近平新时代“赶考”观的命题论域

习近平新时代“赶考”观以缜密逻辑呈现出“价值论—内容论—考生论—方法论—评判论”的理论架构，创造性回答了新时代“为何考、考什么、谁应考、如何考、谁来评”等根本问题，赋予了“赶考”以新的政治寓意和理论内涵。

（一）“赶考”价值论：深刻回答“为何考”，确立“赶考”功能定位

明确为何“赶考”，标定“赶考”之于政党与民族未来的价值地位，是理解习近平新时代“赶考”观的逻辑前提。新时代党的“赶考”之路“既立足于现实‘考题’、又着眼未来使命，既立足于提高自身执政能力和巩固执政地位、又指向维护和实现最广大人民的根本利益”[1]，赋予了“赶考”以接续未来事业、巩固执政地位、肩负民族命运的价值承载。

一方面，“赶考”是跳出历史周期率怪圈、应对长期执政考验的制胜法宝。在现代政党政治视域下，历史周期率是指一个政党赢得政权后，因地位的改变、权力的侵蚀和利益的诱惑，往往会滋生骄傲自满、腐败堕落、脱离群众等问题，最终因执政能力的弱化而丧失执政资格，导致亡党亡国的现象。中国共产党是代表最广大人民根本利益的马克思主义政党，所领导的政权是人民当家作主的社会主义政权，党的长期执政是历史的选择、人民的选择和制度性安排，因而从理论上说不存在陷入历史周期率的必然性。但是，“应然”的理论设定并不等于“实然”的客观现实，“党的先进性和党的执政地位都不是一劳永逸、一成不变的”[2]。历史的丰功伟绩无法替代现实的执政绩效，通过合理性革命等形式获得的执政合法性资源在“周期率支配力”的历史惯性中仍存在着流失甚至枯竭的风险。习近平强调：“我们党是世界上最大的马克思主义执政党，要巩固长期执政地位、始终赢得人民衷心拥护，必须永葆‘赶考’的清醒和坚定。”[3]新时代党的“赶考”实践正是着眼于破解人心向背、政权兴衰这一重大执政课题，旨在以党的先进性、纯洁性和长期执政能力建设跳出历代王朝政权治乱兴衰的周期循环与宿命困局，也旨在避免像苏共这样曾经强大的马克思主义政党因自身蜕化变质而最终败亡的历史悲剧，从而维系和巩固党的长期执政地位。另一方面，“赶考”是

[1] 刘晓玲、刘晓川：《不忘“赶考”初心，推进新时代治国理政新实践》，《马克思主义研究》2018年第2期。

[2] 《习近平谈治国理政》（第一卷），外文出版社2018年版。

[3] 习近平：《高举中国特色社会主义伟大旗帜　奋力谱写全面建设社会主义现代化国家崭新篇章》，《人民日报》2022年7月28日。

实现“两个一百年”奋斗目标和中华民族伟大复兴中国梦的政治保障。2012年12月，习近平在参观《复兴之路》展览时提出，“实现中华民族伟大复兴，就是中华民族近代以来最伟大的梦想”[1]，将中华民族伟大复兴同中国梦、党的执政使命、“两个一百年”奋斗目标紧密联系起来，赋予了民族复兴伟业以“国家富强、民族振兴、人民幸福”的崭新时代内涵，使得新时代党的“赶考”主题更加鲜明、任务更加具体、价值更加明确。对于持续作答这场永无止境的考试，续写“进京赶考”的新答案，习近平时刻保持着清醒的政治自觉，庄严承诺“我们新一届中央领导集体接过了党、国家、人民交给我们的沉甸甸的接力棒，我们一定要接好这一棒”[2]。纵览新时代治国理政新实践，从党的十八大作出全面建成小康社会的战略部署、拉开了新时代脱贫攻坚的序幕，到党的十九大擘画现代化强国目标谱系，勾勒“两个一百年”历史交汇期下“两个阶段”的时间表和路线图，再到党的二十大科学谋划新百年新征程党和国家事业发展的中心任务和大政方针，中国共产党在新时代“赶考”的战略布局画卷，每个线条的勾勒与色彩涂抹都是党民同心致力于实现中华民族伟大复兴中国梦的实践展开，推动民族复兴伟业进入了不可逆转、不可阻挡的历史进程。

（二）“赶考”内容论：深刻回答“考什么”，阐明“赶考”核心要义

新时代“赶考”内容，源于新历史方位和新时代背景，是从新时代“赶考”实践中内生提炼而来的能够反映党的目标指向、历史使命和根本任务的时代考题。坚持和发展中国特色社会主义，建设社会主义现代化强国，建设长期执政的马克思主义政党，三者指向明确、彼此关联、逻辑自洽，共同诠释了新时代“赶考”试题的本真要义，构成了探索“赶考”规律的集中视域，全图景式展现了“赶考”的主题和主线、主流和本质。

考题之一是“坚持和发展什么样的中国特色社会主义，怎样坚持和发展中国特色社会主义”。在中国这样经济文化落后的东方大国建设社会主义，老祖宗的“本本”没有提供现成答案，其他社会主义国家亦难以提供成功样板。中国共产党坚持用马克思主义之“矢”射中国现实之“的”，开拓性探索出中国特色社会主义这一实现中华民族伟大复兴的正确道路。“坚持和发展中国特色社会主义是一篇大文章”[3]，是中国共产党历史性“赶考”的继续，它以深厚的理论逻辑、历史逻辑和实践逻辑为“过去为什么能够成功、未来怎样才能继续成功”提供了答案。习近平着眼于续写这篇大文章的华

[1] 《习近平谈治国理政》（第一卷），外文出版社2018年版。

[2] 中共中央文献研究室：《习近平关于实现中华民族伟大复兴的中国梦论述摘编》，中央文献出版社2013年版。

[3] 《习近平谈治国理政》（第一卷），外文出版社2018年版。

丽篇章，坚定“四个自信”，保持政治定力，既不走封闭僵化的老路，也不走改旗易帜的邪路，创造性提出坚持和发展中国特色社会主义的总目标、总任务、总体布局、战略布局、发展动力、战略步骤、政治保证等基本问题，深化了对社会主义建设规律的认识，回答了新时代“道路之问”。考题之二是“建设什么样的社会主义现代化强国，怎样建设社会主义现代化强国”。现代化是历史发展的大趋势，实现现代化寄托着中华民族的夙愿和期盼。中国共产党基于“后发外生型”现代化国家的内在逻辑，选择在社会主义道路上推进现代化，成功走出中国式现代化新道路，使中国真正实现了从“温饱不足”到“总体小康”再到“全面小康”的增量发展和质化跃迁，实现了由现代化的落伍者、边缘者到成功者、贡献者的历史性巨变。立足全面小康新起点，习近平作出当代中国由大向强发展大设计，擘画出分“两步走”实现全面建成社会主义现代化强国新蓝图。面对现代化发展更高位阶、更高形态的强国新考题，习近平强调必须“以中国式现代化全面推进中华民族伟大复兴”[1]，坚定不移走党的全面领导、全体人民共同富裕、“两个文明”协调发展、人与自然和谐共生、和平发展的现代化道路，深化了对人类发展规律的认识，回答了新时代“强国之问”。考题之三是“建设什么样的长期执政的马克思主义政党，怎样建设长期执政的马克思主义政党”。中国共产党是最高政治领导力量，党的领导之于中国特色社会主义事业和现代化强国建设是“一种难以估量的政治优势，其所具有的地位和角色，既是强大‘驱动力量’，也是强大‘制动力量’，更是强大‘能动力量’”[2]。如何把党自身锻造得更加坚强有力，确保党始终成为走在时代前列、人民衷心拥护、永葆生机活力的马克思主义执政党，是必须回答的理论和实践课题。习近平强调必须毫不动摇地坚持党的全面领导，矢志不渝地推进“四个伟大”，持之以恒地开展全面从严治党，坚持政治立党、思想建党、组织强党、制度治党、作风塑党、纪律严党、巡视砺党、反腐固党，探索出依靠党的自我革命跳出治乱兴衰历史周期率的成功路径，深化了对共产党执政规律的认识，回答了新时代“强党之问”。

（三）“赶考”考生论：深刻回答“谁应考”，廓清“赶考”答题考生

习近平指出：“所有领导干部和全体党员要继续把人民对我们党的‘考试’……考好，努力交出优异的答卷。”[3]这一论断实质上揭示和回答了新时代“赶考”的考生问

[1] 习近平：《高举中国特色社会主义伟大旗帜　为全面建设社会主义现代化国家而团结奋斗——在中国共产党第二十次全国代表大会上的报告》，《人民日报》2022年10月26日。

[2] 黄相怀：《中国共产党的领导与中国现代化进程的有效推进》，《当代世界与社会主义》2020年第2期。

[3] 中共中央文献研究室：《习近平关于实现中华民族伟大复兴的中国梦论述摘编》，中央文献出版社2013年版。

题。在这场整体性考试中，包括领袖、领导干部在内的全体共产党人都是“赶考”者，都是新时代的答卷人，都必须认真对待、思考和应答新时代党执政所面临的考题。

首先，党中央领导集体是“赶考”事业的核心主体。注重推举党内最有威信、最有影响、最有经验的政治领袖组成坚强有力的中央领导集体，进而凝聚全党力量、推进党的事业，是中国共产党自身建设的规律和经验。中央委员会、中央政治局、中央政治局常委会在党的组织体系中处于中枢地位和最高层级，既是党的领导决策核心，也是“赶考”的最高领导力量。对此，习近平强调中央领导集体“要清醒认识高级干部岗位对党和国家的特殊重要性”[1]，努力成为高水平的马克思主义政治家，既政治过硬又本领高强，既对党忠诚又严守纪律，在新时代“赶考”实践中发挥以上率下、引领示范的辐射效应。其次，领导干部是“赶考”事业的“关键少数”。作为政党的精英和骨干，领导干部不仅是彰显政党形象和政党质量的“窗口”，而且是政党履行政治职能、实现价值目标的中坚力量。习近平指出，完成新时代“赶考”使命，全面建设社会主义现代化国家，“必须有一支政治过硬、适应新时代要求、具备领导现代化建设能力的干部队伍”[2]。无论是从政治性与专业性辩证逻辑出发设定高素质专业化干部队伍的建设目标，还是为适应治理现代化探索系统治理、源头治理、依法治理的治吏举措，抑或是着眼于“赶考”事业后继有人培养造就数量足、质量高、结构优的年轻干部；无论是明确提出新时代好干部“五条标准”，还是逐层架构领导干部“八项本领”和“七种能力”，抑或是系统重塑干部管理“五大体系”，都体现着习近平对领导干部的高度重视，彰显着干部队伍之于“赶考”实践的独特性价值。最后，全体共产党员是“赶考”事业的主力军。“赶考”作为整个政党的组织行为，不是个别领袖或“关键少数”单独在做试卷，而是“全党整体参加考试，是共产党员个体行为的总和，交上的试卷给出的是整体成绩”[3]。党员是党的肌体的细胞和党的活动的主体，是最不知疲倦、无所畏惧和具有共产主义觉悟的先锋战士，“党的执政使命要靠千千万万党员卓有成效的工作来完成”[4]。为此，习近平号召全体共产党员坚定理想信念、牢记初心使命、锤炼过硬本领、埋头苦干实干，努力在新时代新征程上为党和人民赢得更加伟大的胜利和荣光。

---

[1] 中共中央文献研究室：《习近平关于全面从严治党论述摘编》，中央文献出版社2016年版。

[2] 习近平：《高举中国特色社会主义伟大旗帜　为全面建设社会主义现代化国家而团结奋斗——在中国共产党第二十次全国代表大会上的报告》，《人民日报》2022年10月26日。

[3] 齐卫平：《全面从严治党：续写“进京赶考”的新答案》，《江西社会科学》2015年第6期。

[4] 《十八大以来重要文献选编（上）》，中央文献出版社2014年版。

（四）“赶考”方法论：深刻回答“如何考”，概括“赶考”科学路径

毛泽东曾指出：“不解决桥或船的问题，过河就是一句空话。不解决方法问题，任务也只是瞎说一顿。”[1]走好新时代“赶考”之路，答好新时代“赶考”之题，关键在于找准“应考”之方、“解题”之道，形成科学的“赶考”方法论。习近平新时代“赶考”观既部署“过河”的任务，又指导解决“船或桥”的问题，为走好新的赶考之路提供了锐利思想武器和科学路径遵循。

首先，破解“赶考”命题，基础在于永葆赶考精神。从本质上说，赶考精神是以伟大建党精神为母体本源和血脉基因的精神形态，蕴含着共产党人百年“赶考”实践衍生淬炼而成的解放思想实事求是、执政为民清正廉洁、谦虚谨慎不骄不躁、居安思危防患未然的革命品质，是新时代破解“赶考”命题的持久动力和精神密码。习近平高度重视“赶考”精神的重要作用，强调全党“必须高度警省，永远保持赶考的清醒和谨慎”[2]，“务必不忘初心、牢记使命，务必谦虚谨慎、艰苦奋斗，务必敢于斗争、善于斗争”[3]，继续弘扬光荣传统，赓续红色血脉，传承优良作风，通过理想信念教育将其内化为共产党人精神上的“钙”并浸入心扉、融入骨髓、渗进血液，使全党在保持崇高的革命理想和旺盛的革命斗志中不断增强“赶考”能力。其次，破解“赶考”命题，根本在于勇于自我革命。强大的马克思主义政党不是与生俱来的，而是在自我革命中锤炼出来的。中国共产党关于“进京赶考”的新时代作答，其根本要义就是考生“自身必须始终过硬”。“怎样才算过硬，就是要敢于进行自我革命，敢于刀刃向内，敢于刮骨疗伤，敢于壮士断腕，防止祸起萧墙。”[4]自我革命作为党鲜明品格和政治禀赋的集中彰显，不仅是永葆先进性和纯洁性的制胜法宝，也是确保自身不变质、不变色、不变味的核心密钥，更是继毛泽东“民主新路”之后为跳出历史周期率给出的“第二个答案”，成为新时代防范执政风险、破解“赶考”命题的政治保证。开展自我革命，就要以刀刃向内的政治自觉冲破思想束缚、打破利益藩篱、革除体制之弊、清除腐败毒瘤、整治顽疴痼疾，实现党的革命性锻造与全方位重塑，确保以自我革命引领社会革命，以社会革命塑造自我革命，促成“两个伟大革命”良性互动、耦合协同的整体态势与系统合力。最后，破解“赶考”命题，关键在于坚定历史自信。历史自信是中国

[1] 《毛泽东选集》（第1卷），人民出版社1991年版。

[2] 习近平：《始终坚持一切为了人民一切依靠人民　以中国式现代化全面推进中华民族伟大复兴》，《人民日报》2022年10月24日。

[3] 习近平：《高举中国特色社会主义伟大旗帜　为全面建设社会主义现代化国家而团结奋斗——在中国共产党第二十次全国代表大会上的报告》，《人民日报》2022年10月26日。

[4] 中共中央党史和文献研究院、中央“不忘初心、牢记使命”主题教育领导小组办公室：《习近平关于“不忘初心、牢记使命”论述摘编》，党建读物出版社、中央文献出版社2019年版。

共产党以正确历史认知为基础、以伟大奋斗成就为支撑、以科学历史规律为凭依、以党的精神谱系为导引凝结而成的对党和国家历史的信心与认同。历史是过去、现实和未来的统一体。党的“赶考”事业犹如一场赓续奋斗的接力跑，历史在传棒交接中发展并奠定未来的基础。对历史的自信，既积累了历史智慧，为新时代“赶考”奠定了坚实的物质基础、丰富的实践经验和强大的精神力量；也获得了未来向度，增强了共产党人应对百年变局、世纪疫情以及各类风险挑战的志气、骨气和底气。正因如此，习近平强调：“我们要坚定历史自信、增强历史主动，在新的赶考之路上向历史和人民交出新的优异答卷。”[1]

（五）“赶考”评判论：深刻回答“谁来评”，明确“赶考”阅卷主体

“赶考”评价问题的核心，就是明确“赶考”谁是主考官、谁是阅卷人、“赶考”政绩由谁来评判。这是新时代“赶考”必须回答的带有根本性、全局性的问题，直接彰显和反映着“赶考”的价值指向和精神实质。习近平“赶考”观的评判导向坚持把人民视为“赶考”的主考官和阅卷人，把人民利益和人民满意度视为衡量“赶考”成绩优劣的根本标准，突出强调人民群众的评价主体地位。

坚持人民是“赶考”事业的主考官和阅卷人，是马克思主义唯物史观的逻辑必然。在马克思、恩格斯看来，人民是历史的创造者，是决定社会发展变革的根本力量。毛泽东也曾明确指出，“人民，只有人民，才是创造世界历史的动力”[2]，言简意赅地揭示出人民“历史创造主体”的真正地位和实践力量。既然人民是创造历史或推动历史的主体，那么，由人民来当主考官对历史事实进行评判则是逻辑的必然。习近平遵循唯物史观所指引的理论方向，在新时代“赶考”实践中反复强调人民是这场考试的“考官”，造福人民才是最大的政绩，“人民是我们党的工作的最高裁决者和最终评判者”[3]。这是马克思主义唯物史观在历史性“赶考”中最权威的阐述，生动而贴切地表明人民既是“赶考”的主考官，也是“赶考”成绩好不好、合格不合格最公正和最有发言权的阅卷人。共产党人每时每刻都在答题，人民群众每时每刻都在阅卷，中国特色社会主义发展效果如何，党的执政水平和执政业绩如何，全面深化改革的成效如何，领导干部的口碑及作风是否好转，党中央制定的政策是否符合民意，最终的评价尺度掌握在人民手中，必须而且只能由人民这个“阅卷人”来评判，必须“以最广大人民根本利益为最高标准……看人民是否真正得到了实惠，人民生活是否真正得到了改善，人

[1] 谢环驰：《心往一处想劲往一处使　推动中华民族伟大复兴号巨轮乘风破浪扬帆远航》，《人民日报》2022年10月18日。

[2] 《毛泽东选集》（第3卷），人民出版社1991年版。

[3] 《习近平谈治国理政》（第一卷），外文出版社2018年版。

民权益是否真正得到了保障”[1]。正是基于这样的理论认知和发展逻辑，新时代党的“赶考”事业始终坚持立党为公、执政为民的价值理念，筑牢“赶考”为人民、“赶考”靠人民、“赶考”成绩接受人民检验的价值立场，秉持与人民同心同德、休戚与共的政治价值观，不断提高人民群众的幸福感、安全感和获得感，更好地实现人民对美好生活的向往。简言之，习近平“赶考”评判论遵循着“最严格的监考官是人民—最权威的判卷者是人民—最根本的标准是人民利益和人民满意度”的递进逻辑路径，其最终目的是赢得人民的信任、拥护与倾心追随，这实质上是在不断增强“人心向背”这一最根本的政治基础。这种政治基础不仅为中国共产党永葆“赶考”资格和“考生”身份，书写让人民更加满意、经得起历史检验的优异答卷提供价值性导向，也为中国共产党获得真正实质意义上的执政合法性和正当性提供本源性支撑。

三、意旨何在：习近平新时代“赶考”观的价值意蕴

习近平新时代“赶考”观蕴含着深邃的政党意义、国家关切和世界情怀，对马克思主义执政党建设、社会主义现代化强国发展以及人类政治文明进步，都具有极其重要的理论指南价值和实践指引作用。

（一）政党之维：回答了“中国共产党是什么、要干什么”这个根本问题，确保党永远不变质、不变色、不变味

中国共产党因初心而生、因使命而兴。坚定如磐的初心使命、矢志不渝的价值追求，是党能够摆脱以往一切政治力量追求自身利益的局限、赢得人民信任拥护、发展成为世界第一大执政党的根本所在。对此，党的十九届六中全会强调，“全党要牢记中国共产党是什么、要干什么这个根本问题”[2]。“是什么”诠释党的性质宗旨和本质属性，“要干什么”昭示党的使命任务和奋斗目标，二者在百年宏阔的时空维度中共同揭橥出党从哪里来、是什么样、向何处去的深层逻辑，映照出党对自身初心使命与行动价值的深刻追寻。习近平新时代“赶考”观作为中国共产党锚定“赶考”目标、探寻强国之路、彰显使命价值的理论表达，其命题论域内蕴着回答和解决好“中国共产党是什么、要干什么”这个根本问题的科学答案。具象而言，第一，生动诠释出中国共产党为人民而生、因人民而兴，全心全意为人民服务的马克思主义政党属性。习近平作为历史唯物主义的坚定信仰者和实践者，基于百年奋斗所形成的党与人民休戚与共、生死相依命运共同体的深刻体认，把实现人民根本利益作为“赶考”的出发点和落脚点，

[1] 《习近平谈治国理政》（第一卷），外文出版社2018年版。

[2] 《中共中央关于党的百年奋斗重大成就和历史经验的决议》，《人民日报》2021年11月17日。

把人民群众视为“赶考”最有力的依靠力量、最严格的监考考官和最权威的阅卷老师，把人民满意度作为衡量“赶考”成绩优劣的最高标准，从根本上回应了党坚持“我是谁、为了谁、依靠谁”的本源性问题。第二，寄托蕴含着中国共产党致力于实现国家富强、民族振兴、人民幸福的历史使命。新时代以来，在中华民族伟大复兴价值主题的指引下，中国共产党将“赶考”初衷与强国使命融为一体并发挥统摄性的主导作用，在赓续奋进的求索之路上成功推动党和国家事业达成历史性成就，综合国力实现历史性提升，人民命运发生历史性改变，深刻展现了新时代共产党人实现国家繁荣富强、人民共同富裕的崇高价值追求。概而论之，习近平“赶考”观实质上是警示和鞭策共产党人不忘初心使命，以“赶考”的精神状态和忘我的奋斗姿态践履好新时代党的历史使命，从根本上防范和解决党因“内部变质、变色、变味，丧失马克思主义政党的政治本色，背离党的宗旨而失去最广大人民支持和拥护”[1]的政治风险，确保党始终成为全国人民最坚强、最可靠的主心骨。

（二）国家之维：是走好第二个百年奋斗目标新的赶考之路、全面建成社会主义现代化强国的科学理论指南

“赶考”作为中国共产党实现历史使命与执政目标的价值载体和实践形态，既是一项使命性的政治任务，更是一个永恒性的执政课题[2]。过去一百年，中国共产党以考生身份在“救国大考—兴国大考—富国大考—强国大考”的奋斗实践中向历史、向人民交出了一份优异的答卷。立足百年大党新起点，中国共产党再度出发，正式踏上“全面建成社会主义现代化强国、实现第二个百年奋斗目标，以中国式现代化全面推进中华民族伟大复兴”[3]新的赶考之路。较之“赶考”之初，党所面临的时代主题和使命任务都发生了历史性变化，“赶考”的场域站位更新、目标定位更高、试题难度更大、考官要求更严。在此背景下，能否明确宣示党在新的赶考之路上举什么旗、走什么路、以什么样的精神风貌和奋斗姿态、朝着什么样的目标继续前进，直接关乎新的赶考之路的实践成效，进而直接决定社会主义现代化强国的实现与否。习近平新时代“赶考”观作为对新百年、新使命、新考验的高度提炼和生动比拟，正是立足当下、着眼未来的社会主义现代化强国指导思想。第一，宣示了新“赶考”以驰而不息的自我革命推动政党现代化，不断提高党的政治判断力、政治领悟力和政治执行力，确保党在革命性锻造中始终成为能力过硬、本领高强的“赶考”领路人；第二，宣示了新“赶考”

---

[1] 习近平：《在党史学习教育动员大会上的讲话》，人民出版社2021年版。

[2] 蒙象飞：《论新的赶考之路与新时代中国共产党的历史使命》，《探索》2022年第3期。

[3] 习近平：《高举中国特色社会主义伟大旗帜　为全面建设社会主义现代化国家而团结奋斗——在中国共产党第二十次全国代表大会上的报告》，《人民日报》2022年10月26日。

以中国化时代化的马克思主义引领前进方向，坚持“两个相结合”，高举中国特色社会主义伟大旗帜，坚定不移走中国式现代化道路，确保党决不在根本性问题上犯颠覆性错误；第三，宣示了新“赶考”以伟大建党精神激发奋进动力，“自信自强、守正创新，踔厉奋发、勇毅前行”[1]，确保党时刻保持昂扬奋进的精神状态和勇往直前的奋斗姿态；第四，宣示了新“赶考”以紧扣民心政治夯实党的长期执政根基，坚持以人民为中心的政治立场，标定筑守人民之心、契合人民之愿的价值标尺，确保党始终赢得人民的信任、拥护与倾心追随；第五，宣示了新“赶考”以“两步走”战略部署锚定社会主义现代化强国目标，坚持一代接着一代干，“一张蓝图绘到底”，确保现代化建设始终如一地朝正确方向稳步前进。归结而言，习近平“赶考”观以严密而周详的逻辑内蕴回答了新“赶考”的领导核心、方向道路、精神动力、价值指向、路径遵循等问题，必将成为走好强国长征路、实现民族复兴的思想指引和理论指导。

（三）世界之维：为世界各国开展治国理政提供了榜样示范，为世界政党发展和人类文明进步贡献了中国智慧

“中国共产党是为中国人民谋幸福、为中华民族谋复兴的党，也是为人类谋进步、为世界谋大同的党。”习近平新时代“赶考”观所内蕴的政党和国家治理的成功经验与有效做法，是共性与个性的结合体，不仅具备中国特色，而且蕴含着治党治国的普遍性规律，为解决人类问题贡献了中国方案和中国智慧。第一，从坚定信念之维来看，为科学社会主义复兴注入生机活力。“赶考”理论在新时代所创造的人间奇迹向世界展示了“中国之治”的盛景，这与经济发展失衡、民主政治异化、伦理价值错位、社会骚乱不安、安全治理困局的“西方之乱”形成鲜明对比，不仅成为百年变局和世纪疫情相互叠加背景下打破西方“制度优越”神话、坚定中国特色社会主义道路自信的客观依据，更为引领科学社会主义走出阴霾、增强世界人民的社会主义必胜信念增添动力。第二，从丰富模式之维来看，为发展中国家治国理政提供典范样本。中国共产党在长期“赶考”实践中成功探索出一整套关于政党和国家治理的有效做法，包括运用科学理论指导实践、完善党和国家制度体系、坚持党中央集中统一领导、尊重人民群众主体地位、推动执政党的自我革命、走符合国情的发展道路、制定科学缜密的战略部署、保持永不懈怠的进取精神、培育可堪大任的时代新人等，对广大发展中国家的国家治理具有极高的参考借鉴价值。第三，从人类发展之维来看，为完善全球治理体系贡献中国方案。中国共产党立足世界格局演变大势，秉持勇立时代潮头、争当时代先锋的“赶考”精神，积极投身于全球性问题的解决，坚持以弘扬全人类共同价值为

[1] 习近平：《高举中国特色社会主义伟大旗帜　为全面建设社会主义现代化国家而团结奋斗——在中国共产党第二十次全国代表大会上的报告》，《人民日报》2022年10月26日。

价值取向，以践行共商共建共享治理观为理念指导，以构建人类命运共同体为目标引领，以推进国际关系民主化法治化为重要保障，以实现合作共赢、和平发展为根本方向，以推进全球治理机制创新为关键抓手，为世界人民贡献了一套富有建设性的全球治理新方案。概而言之，习近平“赶考”观作为以审视自身发展经验的视角而形成的理论结晶，为展现社会主义光明前景、提供治国理政示范样本、完善全球治理体系贡献着中国力量，映照和彰显出中国共产党致力于为世界先进文明、为人类谋幸福的历史自觉和价值情怀。

原载于《湖南农业大学学报（社会科学版）》2022年第6期

习近平关于党的政治建设重要论述的重大价值

陈华娟　蒯正明

摘　要：政治立党是马克思主义政党的鲜明特征，注重政治建设是中国共产党强党兴党的“政治密码”。习近平关于党的政治建设重要论述的重大价值主要体现为：一是从功能地位维度揭示了党的政治建设的重大意义；二是从要素构成维度深刻阐明了党的政治建设的内容结构体系；三是从实践要求维度为新时代党的政治建设提供了根本遵循和行动指南。习近平关于党的政治建设重要论述将马克思主义政党建设基本原理与新时代党的政治建设实际结合起来，实现了继承性与创新性、党性与人民性、理论性与实践性的有机统一，形成了系统完整的中国化马克思主义党的政治建设理论，丰富发展了党的政治建设话语体系。

关键词：习近平；党的政治建设；重要论述；重大价值

中国共产党是马克思主义政党，政治建设是中国共产党强党兴党的“政治密码”。党的十八大以来，以习近平同志为核心的党中央以强烈的历史主动精神推进新时代党的建设新的伟大工程，形成了以党的政治建设为统领的党建新布局，开辟了管党治党兴党强党的新境界，使党在革命性锻造中更加坚强。在这一过程中，习近平对党的政治建设进行了多方面的论述，形成了系统完整的党的政治建设理论。系统分析习近平关于党的政治建设重要论述的重大价值，对于我们深化认识党的政治建设意义、党的政治建设结构体系以及新征程上如何深化党的政治建设都具有重要意义。

一、功能地位维度：全面揭示党的政治建设的重大意义

政党是为实现一定的政治目标而组织起来、代表特定阶级或阶层利益的政治组织。政治属性是政党与生俱来的第一位属性，是政党的基本标识。马克思和恩格斯认为，无产阶级政党是工人阶级的先锋队，党有自己的政治理想、政治目标和政治使命，必须通过政治建设保持自己的先进性和纯洁性，提高自己的战斗力和凝聚力。针对某些人鼓吹工人阶级及其政党应放弃政治的言论，恩格斯明确指出：“放弃政治是不可能的。

工人的党作为政党存在着而且要进行政治活动。”[1]

中国共产党是按照马克思主义政党原则建立起来的政党。“讲政治”是中国共产党人一以贯之的要求。党自成立之日起就确立了自己的奋斗目标和政治使命。对此，党的一大党纲就明确规定：“党的根本政治目的是实行社会革命”[2]。之后，中国共产党人在推动中国革命实践中对党的政治建设认识逐步加深。1939年10月，毛泽东在《〈共产党人〉发刊词》中就明确提出要建设“思想上政治上组织上完全巩固的布尔什维克化的中国共产党”[3]。在这里，毛泽东明确提出要从政治上巩固党。新中国成立后，毛泽东一再提醒党员干部要保持清醒的政治头脑，明确指出：“政治工作是一切经济工作的生命线。”[4]改革开放之后，中国共产党人在推进改革开放实践中始终高度重视党的政治建设。邓小平明确指出：“到什么时候都得讲政治。”[5]1990年，党的十三届七中全会指出，要“加强党的政治、思想、理论和组织建设，使党始终成为社会主义事业的坚强领导核心”[6]。

党的十八大以来，中国特色社会主义进入新时代。世界处于大发展大变革大调整时期，中华民族伟大复兴也进入关键性历史时期。基于新时代党和国家所处的新的历史方位，党如何保持自己的政治属性、永葆政治本色，带领人民实现中华民族伟大复兴？如何保持党的先进性、纯洁性，以自我革命精神推动管党治党？正是基于此，党的十八大以来，以习近平同志为核心的党中央把“讲政治”提到一个新的历史高度。党的十九大第一次将党的政治建设纳入党的建设总布局，并将其提升到统领地位。在这一过程中，习近平对党的政治建设的重大意义进行了系统的论述，主要表现在以下几个方面。

第一，加强党的政治建设是中国共产党作为马克思主义政党的根本要求。中国共产党作为马克思主义政党，“讲政治是突出的特点和优势”[7]。但党在政治上的先进性并不是一劳永逸的，党在领导人民推动中华民族伟大复兴的进程中不可避免会遇到各种风险挑战，广大党员也不可避免会面临着各种利益的诱惑，以及形形色色思想观念的侵蚀。党要带领人民沿着正确的方向前行，始终保持马克思主义政党的鲜明本色，就必须加强政治建设。对此，2016年1月，习近平在第十八届中纪委第六次全体会议上的讲话中就强调：“政治问题，任何时候都是根本性的大问题。全面从严治党，必须注重

[1] 《马克思恩格斯全集》（第17卷），人民出版社1963年版，第446页。

[2] 《中国共产党历次党章汇编（1921—2017）》，中国方正出版社2019年版，第60页。

[3] 《毛泽东选集》（第2卷），人民出版社1991年版，第602页。

[4] 《毛泽东文集》（第6卷），人民出版社1999年版，第449页。

[5] 《邓小平文选》（第3卷），人民出版社1993年版，第166页。

[6] 《十三大以来重要文献选编（中）》，人民出版社1991年版，第1379页。

[7] 习近平：《论坚持党对一切工作的领导》，中央文献出版社2019年版，第81页。

政治上的要求。”[1]在党的十九大报告中，他更加明确地指出：“旗帜鲜明讲政治是我们党作为马克思主义政党的根本要求。”[2]

第二，加强党的政治建设是党的优良传统。习近平指出：“注重从政治上建设党是我们党不断发展壮大、从胜利走向胜利的重要保证。”[3]他还指出：“我们党领导人民进行革命、建设、改革的历史进程反复证明了一个道理：政治上的主动是最有利的主动，政治上的被动是最危险的被动。”[4]“共产党不讲政治还叫共产党吗？”[5]党的十九大报告将党的政治建设上升到党的建设布局统领地位，正是建立在对党的建设历史经验总结的基础之上，尤其是建立在党的十八大以来管党治党实践经验的基础之上。

第三，加强党的政治建设是由其独特的功能所决定的。习近平明确指出：“党的政治建设是党的根本性建设，决定党的建设方向和效果。”[6]就党的政治建设与思想、组织、作风和纪律建设的关系来说，“五大建设”之间是并列的关系，但就具体的功能来说，党的政治建设又具有独特性，它贯穿于党的建设各要素的全过程。就党员理想信念教育来说，它属于党的思想建设，但从坚定广大党员政治信仰来说，它又属于政治建设内容。就党的民主集中制来说，作为党的组织原则，它属于党的组织建设内容，但从规范党内政治生活角度来说，它又属于党的政治建设内容。就密切党群关系来说，它是党的作风建设的核心，但从坚定政治立场、夯实政治根基来说，它也属于党的政治建设的内容。比如，政治纪律是党的纪律体系中最根本的纪律，但它本身也属于党的政治建设的重要内容。由此可见，党的政治建设贯穿于党的建设的全过程。党的政治建设抓好了，政治方向、政治立场、政治原则、政治大局就抓住了，党的建设就立了根、铸了魂。

第四，加强党的政治建设是解决党内问题的治本之策。党的建设存在各种问题，如果不从政治层面认识问题、处理问题，就难以从根本上解决问题。对于党内腐败问题，“不能只讲腐败问题、不讲政治问题”[7]。“大量事实表明，党内存在的各种问题，从根本上讲，都与政治建设软弱乏力、政治生活不严肃不健康有关。”[8]新时代新征程上，要坚持和加强党的全面领导、深化全面从严治党，有效解决党的领导和党的建设面临的种种问题，必然要加大党的政治建设力度。

---

[1] 习近平：《论坚持党对一切工作的领导》，中央文献出版社2019年版，第124页。
[2] 《习近平谈治国理政》（第三卷），外文出版社2020年版，第48页。
[3] 《习近平谈治国理政》（第三卷），外文出版社2020年版，第92页。
[4] 《习近平谈治国理政》（第四卷），外文出版社2022年版，第44页。
[5] 习近平：《论坚持党对一切工作的领导》，中央文献出版社2019年版，第81页。
[6] 《习近平谈治国理政》（第三卷），外文出版社2020年版，第48页。
[7] 习近平：《论坚持党对一切工作的领导》，中央文献出版社2019年版，第81页。
[8] 《习近平谈治国理政》（第三卷），外文出版社2020年版，第504页。

总之，“旗帜鲜明讲政治，是共产党补钙壮骨、强身健体的根本保证”[1]。新时代加强党的政治建设既源于马克思主义政党内在要求和对党的建设经验的总结，更源于党的政治建设独特的功能地位。在党的建设布局中，党的政治建设具有本源性、根基性，居于统领地位。

二、要素构成维度：深刻阐明党的政治建设的内容结构体系

党的政治建设包括哪些要素？认识和把握党的政治建设要素构成对于深化理解党的政治建设内涵，思考党的政治建设的实践要求都具有重要的意义。党的十八大以来，在推进全面从严治党的实践中，习近平明确提出了“把准政治方向”“坚持和加强党的全面领导”“夯实政治根基”“提高政治能力”“营造良好政治生态”等要求，这些重要论述进一步丰富了党的政治建设内涵，拓展了党的政治建设要素。

第一，把准政治方向。组织是为达到一定目标而行动的人的集合体，任何组织要想成功，都需要凝聚共识，构筑“心往一处想”的思想基础。对于中国共产党来说，“心往一处想”的思想基础就是党的政治方向。对于党的政治方向的重要性，习近平明确指出：“政治方向是党生存发展第一位的问题。”[2]“党领导人民治国理政，最重要的就是坚持正确政治方向。”[3]对于新时代党的政治方向的内涵，习近平明确指出：“我们所要坚守的政治方向，就是共产主义远大理想和中国特色社会主义共同理想、‘两个一百年’奋斗目标，就是党的基本理论、基本路线、基本方略。”[4]在这里，习近平将党的基本路线也纳入党的政治方向之中。党的基本路线即党的政治路线，是党为实现一定历史阶段的政治目标而确立的基本路线，它集中体现了党的政治主张，是党的行动的基本准则。在我国，中国共产党不仅是执政党而且是领导党，党的基本路线不仅规定了党在一定历史时期的政治任务，同时规定了中国现代化国家的建设目标、发展道路、发展战略等。将党的基本路线纳入党的政治方向，使党的政治方向内涵发展到基本理论、基本路线、基本方略，进一步实现坚持政治方向与贯彻落实党的基本路线、基本方略的有机统一。

第二，坚持和加强党的全面领导。政党的力量在于组织，而组织的强弱在于组织成员思想和行动的协同性。对于中国共产党这样一个有着9600多万名党员、在14多亿人口大国执政的大党来说，必须坚持和加强党的全面领导。对此，习近平明确指出：

[1] 勾宇威、赵朝峰：《新时代加强党内政治文化建设的路径探析》，《新视野》2022年第2期。

[2] 《习近平谈治国理政》（第三卷），外文出版社2020年版，第93页。

[3] 《习近平谈治国理政》（第三卷），外文出版社2020年版，第43页。

[4] 《习近平谈治国理政》（第三卷），外文出版社2020年版，第93页。

"全面从严治党，核心是加强党的领导。""我们这么大一个党、一个国家，没有集中统一，没有党中央坚强领导，没有强有力的中央权威，是不行的、不可想象的。"[1]就中国特色社会主义建设事业和国家治理现代化而言，党的领导是根本保证。正是基于此，习近平把党的领导提高到中国特色社会主义最本质特征与中国特色社会主义制度的最大优势，把党的地位提高到最高政治领导力量来加以强调。不仅如此，习近平还明确指出："坚持党的政治领导，最重要的是坚持党中央权威和集中统一领导，这要作为党的政治建设的首要任务。"[2]

第三，夯实政治根基。为谁立命、为谁谋利是一个政党的立场性、根本性问题。中国共产党是马克思主义性质的政党，人民性是党最鲜明的底色，党的根基在人民、血脉在人民，人民是党的力量之源。党的十八大以来，习近平明确提出"以人民为中心""党的初心使命"等命题。对于党的政治建设来说，民心向背关乎存亡，是最大的政治。正因为如此，习近平强调："人民立场是中国共产党的根本政治立场"[3]，"加强党的政治建设，要紧扣民心这个最大的政治"[4]，"始终把人民立场作为根本政治立场"[5]。这意味着党的政治建设必须坚持人民至上的价值追求，坚持在想问题、定政策、办事情时着眼于最广大人民群众的根本利益，真正实现问政于民、问需于民、问计于民，使党的一切工作都以人民群众为出发点和落脚点。

第四，提高政治能力。党的政治能力是各级党组织能力和领导干部能力的有机统一。党的政治能力建设最终要落实到领导干部群体上，党组织的政治功能也最终要通过领导干部的政治能力来保障和体现。政治能力是领导干部必须具备的基础性、本源性能力，是对领导干部的刚性要求，是管总、管根本的能力。政治能力增强了，其他的能力就有了明确的导向和依托。对于领导干部政治能力的内涵，2020年12月，习近平在中共中央政治局召开的民主生活会上明确将其概括为"政治判断力、政治领悟力、政治执行力"[6]。政治判断力就是从政治上看待问题、分析问题，透过现象看本质的能力。政治领悟力就是从政治上领会、把握、悟透党中央精神，坚持用党中央精神分析形势、推动工作。政治执行力就是贯彻落实党中央决策部署，实现党的意图的能力。提高领导干部政治执行力需要树立结果导向，同时又要注重实际效果，解决实质问题，让人民群众认可满意。

[1] 习近平：《论坚持党对一切工作的领导》，中央文献出版社2019年版，第122、117页。

[2] 习近平：《论坚持党对一切工作的领导》，中央文献出版社2019年版，第254页。

[3] 《习近平谈治国理政》（第二卷），外文出版社2017年版，第40页。

[4] 《习近平谈治国理政》（第三卷），外文出版社2020年版，第95页。

[5] 《习近平谈治国理政》（第二卷），外文出版社2017年版，第52页。

[6] 《习近平谈治国理政》（第四卷），外文出版社2022年版，第43页。

第五，营造良好政治生态。党的十八大之后，针对党内政治生态存在的问题，习近平指出："这些年来，在一些地方和单位，'四风'问题越积越多，党内和社会上潜规则越来越盛行，政治生态和社会环境受到污染。"[1]党的十九大报告明确提出"全面净化党内政治生态"的要求。2018年6月，习近平在十九届中央政治局第六次集体学习时明确指出："营造良好政治生态是一项长期任务，必须作为党的政治建设的基础性、经常性工作。"[2]在此基础上，党的二十大进一步提出"持续净化党内政治生态"[3]的任务。营造良好政治生态是加强党的政治建设的基础性、经常性工作，包括以下内容：（1）严肃党内政治生活。党内政治生活是党的基本理论与原则指导下党内关系的集中表现。严肃党内政治生活可以使广大党员通过参加党内政治生活加强党性锻炼，同时也有利于按照民主集中制原则处理党内关系，推动全面从严治党的贯彻落实。对此，习近平明确指出："从严治党，首先要从党内政治生活严起。"[4]党的二十大报告强调要"增强党内政治生活的政治性、时代性、原则性、战斗性"[5]。（2）维护党的政治纪律。党的纪律规范体系中，政治纪律是打头、管总的，是党的最重要的纪律。"在所有党的纪律和规矩中，第一位的是政治纪律和政治规矩。"[6]维护政治纪律建设有利于从整体上带动党的纪律体系有效运行，推动领导干部树立自律意识、表率意识，破除好人主义、一团和气等党内不正之风。（3）发展积极健康的党内政治文化。政治文化是一定的社会个体或组织在一定的社会政治生活中所形成的共同的政治态度、理念、认知、情感、信念等，是政治生活的灵魂。习近平强调："党内政治文化'日用而不觉'，潜移默化影响着党内政治生态。"[7]发展积极健康的党内政治文化是马克思主义执政党的内在要求，也是营造良好政治生态的必然要求。（4）永葆清正廉洁的政治本色。中国共产党是马克思主义政党，一切权力必须用来为人民谋利益。没有清正廉洁无以谈先进性，没有清正廉洁无法保持纯洁性。正是基于此，习近平强调："加强党的政治建设，必须以永远在路上的坚定和执着，坚决把反腐败斗争进行到底。"[8]

总之，党的十八大以来，习近平结合新时代党的政治建设实践，将党的政治建设

[1]《十八大以来重要文献选编（中）》，中央文献出版社2016年版，第92页。

[2]《习近平谈治国理政》（第三卷），外文出版社2020年版，第96页。

[3] 习近平：《高举中国特色社会主义伟大旗帜　为全面建设社会主义现代化国家而团结奋斗——在中国共产党第二十次全国代表大会上的报告》，人民出版社2022年版，第65页。

[4]《习近平谈治国理政》（第二卷），外文出版社2017年版，第44页。

[5] 习近平：《高举中国特色社会主义伟大旗帜　为全面建设社会主义现代化国家而团结奋斗——在中国共产党第二十次全国代表大会上的报告》，人民出版社2022年版，第65页。

[6] 中共中央纪律检查委员会、中共中央文献研究室编：《习近平关于严明党的纪律和规矩论述摘编》，中央文献出版社、中国方正出版社2016年版，第28页。

[7]《习近平谈治国理政》（第三卷），外文出版社2020年版，第96页。

[8]《习近平谈治国理政》（第三卷），外文出版社2020年版，第97页。

内容拓展为由政治方向、政治领导、政治根基、政治能力和政治生态等核心要素构成的统一整体，上述核心要素依次为党的政治建设提供方向引领、根本保障、政治根基、行动能力和生态保障。还需说明的是，上述五大核心要素中，有的要素自身也包含相应的政治建设要素，如政治生态包含党内政治生活、党的政治纪律、党内政治文化、清正廉洁的政治本色等。党的政治建设体系就是由核心要素为主干，以一系列具体要素为支撑所构成的有机系统。

三、实践要求维度：明确新时代党的政治建设的根本遵循和行动指南

党的十八大以来，习近平关于党的政治建设的重要论述，不仅指明了党的政治建设的要素构成，而且提出一系列实践要求，为新时代党的政治建设提供了根本遵循和行动指南。

第一，坚持不懈强化理论武装，坚定政治信仰。政治上的坚定源于理论上的清醒，加强党的政治建设首先要夯实思想基础。“思想上有了‘四个意识’，行动上就有了基本遵循。”[1]为此，必须坚持思想建党、理论强党，通过加强党内思想教育，加快推进马克思主义学习型政党建设，坚定广大党员政治信仰。一是在学习内容上实现全面学与重点学相结合。强化理论武装首先要求广大党员全面掌握马克思主义基本原理，坚持系统学、全面学。但同时也要突出重点，要把学深悟透党的创新理论作为“首要议题”和“必修课”。2019年2月，习近平在为第五批全国干部学习培训教材所作的《序言》中就强调，要“加快推进马克思主义学习型政党、学习大国建设，坚持把学习贯彻新时代中国特色社会主义思想作为重中之重”[2]。在党的二十大报告中，习近平进一步强调“用党的创新理论武装全党是党的思想建设的根本任务”，“坚持用新时代中国特色社会主义思想统一思想、统一意志、统一行动”[3]。二是思想学习要做到理论与实际相结合。这是党的优良作风，党历来强调广大党员尤其是党员领导干部在工作中要做到理论与实际相结合，用所学的思想理论指导实践，创造性地开展工作，为党的理论创新提供动力支持。正因如此，习近平强调党员领导干部在理论学习过程中“要发扬理论联系实际的马克思主义学风，带着问题学，拜人民为师，做到干中学、学中干，学以致用、用以促学、学用相长”[4]。三是将理论学习与开展党的民主生活会、组织生活会等结合起

[1] 习近平：《论坚持党对一切工作的领导》，中央文献出版社2019年版，第221页。

[2] 《习近平谈治国理政》（第三卷），外文出版社2020年版，第87页。

[3] 习近平：《高举中国特色社会主义伟大旗帜　为全面建设社会主义现代化国家而团结奋斗——在中国共产党第二十次全国代表大会上的报告》，人民出版社2022年版，第65页。

[4] 《习近平谈治国理政》（第一卷），外文出版社2018年版，第406页。

来。这样既有利于提高学习效果，也有利于提高民主生活会、组织生活会质量。为此，习近平要求“把检查学习和遵守党章情况作为组织生活会、民主生活会的重要内容”[1]。当然，要提高组织生活会、民主生活会质量，还要认真开展批评和自我批评，克服党内政治生活平淡化、随意化、庸俗化等问题。“自我批评要见人见事见思想，相互批评要真点问题，达到红脸出汗、排毒治病的效果。”[2]

第二，建立健全党的政治建设制度，把制度建设贯穿于党的政治建设全过程。制度具有规范性和稳定性。建立完备的制度是一个政党成熟的重要标志。习近平高度重视党内法规制度建设，强调“加强党内法规制度建设是全面从严治党的长远之策、根本之策”[3]。习近平还对与党的政治建设相关的一系列制度建设提出具体要求，主要表现为：一是在党员思想教育制度方面，习近平明确提出要“推进学习教育制度化常态化”[4]，同时要求“全党必须建立不忘初心、牢记使命的制度”[5]。二是在党的领导制度方面，习近平明确要求“继续推进党的领导制度化、法治化，不断完善党的领导体制和工作机制”[6]。在党的二十大报告中，习近平也强调要“健全总揽全局、协调各方的党的领导制度体系”。三是在完善党内政治生活制度方面，习近平强调要“认真落实‘三会一课’、民主生活会、领导干部双重组织生活、民主评议党员、谈心谈话等制度”[7]。此外，习近平还就完善和落实民主集中制的各项制度、建立健全领导干部个人事项报告制度、推动反腐倡廉党内法规制度建设等提出一系列具体要求。在实践中，这一时期党的政治建设制度的推进步伐明显加快。比如，在综合性制度方面，2019年中共中央就发布了《关于加强党的政治建设的意见》，该文件系统规定了坚定政治信仰、坚持党的政治领导、提高政治能力、净化政治生态的实践要求，是新时代加强党的政治建设的行动纲领。再比如，在党员思想教育方面，这一时期发布了《中国共产党党员教育管理工作条例》（2019年）等。此外，党的十九大、二十大分别将“推进‘两学一做’学习教育常态化制度化”“党史学习教育常态化制度化”写入党章。通过努力，基本形成了涵盖党员思想教育、党的集中统一领导、党内政治生活、党的政治纪律、反腐倡

[1] 中共中央党史和文献研究院、中央“不忘初心、牢记使命”主题教育领导小组办公室编：《习近平关于“不忘初心、牢记使命”重要论述选编》，中央文献出版社、党建读物出版社2019年版，第62页。

[2] 《习近平谈治国理政》（第三卷），外文出版社2020年版，第528页。

[3] 中共中央党史和文献研究院编：《习近平关于全面从严治党论述摘编》，中央文献出版社2021年版，第450页。

[4] 《习近平谈治国理政》（第三卷），外文出版社2020年版，第547页。

[5] 中共中央党史和文献研究院编：《习近平关于全面从严治党论述摘编》，中央文献出版社2021年版，第216页。

[6] 习近平：《论坚持党对一切工作的领导》，中央文献出版社2019年版，第267页。

[7] 《习近平谈治国理政》（第二卷），外文出版社2017年版，第182页。

廉等领域的党的政治建设制度体系，大大推动党的政治建设制度化步伐。

第三，强化政治监督，增强“两个维护”的政治自觉。政治监督就是检查监督党的政治建设任务的落实情况。一是聚焦坚持中国特色社会主义制度不动摇。中国特色社会主义制度是实现中华民族伟大复兴的根本制度保障，强化政治监督就是要“坚定不移坚持和巩固支撑中国特色社会主义制度的根本制度、基本制度、重要制度”[1]。二是聚焦推动党中央重大决策部署落实见效。对此，习近平明确指出：“我们抓党的政治建设、强化政治监督，根本是要防范化解思想涣散……把党的理论和路线方针政策落到实处。”[2]三是聚焦督促落实全面从严治党责任。全面从严治党责任是政治责任，这就要求各级党委以高度的政治自觉落实好从严治党责任，通过强化政治监督，推动基层党组织和广大党员“把负责、守责、尽责体现在每个党组织、每个岗位上”[3]。四是聚焦保证权力在正确轨道上运行。领导干部是人民的公仆，必须始终用党和人民赋予的权力为人民服务。为此，政治监督的重要任务就是加强对权力的监督，保证权为民所用。纪检监察机关要切实肩负起政治监督的责任，促进政治监督常态长效。对此，习近平在党的二十大报告中明确提出要“推进政治监督具体化、精准化、常态化”[4]的要求，进一步为新征程上深化政治监督指明方向。

第四，突出抓好领导干部这个“关键少数”。党的政治建设是一项系统工程，要靠广大党员干部的真抓实干来落实。那么，如何抓好领导干部这个“关键少数”？总的来看，习近平相关重要论述主要包括：一是明确新时代好干部标准。2013年6月，习近平在全国组织工作会议上的讲话中明确提出“信念坚定、为民服务、勤政务实、敢于担当、清正廉洁”[5]的二十字标准。之后，习近平进一步提出“忠诚、干净、担当”的好干部标准，进一步突出了好干部的政治标准。二是树立选人用人正确导向。用人导向是旗帜、是标杆。对此，习近平强调：“对干部最大的激励是正确用人导向，用好一个人能激励一大片。”[6]树立正确的用人导向要突出政治标准，同时要“让敢担当、善作为的干部有舞台、受褒奖”[7]。三是要强化干部的实践锻炼。领导干部通过深入实际、深入基层、深入群众，有利于了解基层实际情况，也有利于积累实践经验、提高创新思

[1] 《习近平谈治国理政》(第三卷)，外文出版社2020年版，第547页。

[2] 中共中央党史和文献研究院编：《习近平关于全面从严治党论述摘编》，中央文献出版社2021年版，第153页。

[3] 《习近平谈治国理政》(第三卷)，外文出版社2020年版，第547页。

[4] 习近平：《高举中国特色社会主义伟大旗帜　为全面建设社会主义现代化国家而团结奋斗——在中国共产党第二十次全国代表大会上的报告》，人民出版社2022年版，第66页。

[5] 《习近平谈治国理政》(第一卷)，外文出版社2018年版，第412页。

[6] 《十九大以来重要文献选编（上）》，中央文献出版社2019年版，第566页。

[7] 《习近平谈治国理政》(第三卷)，外文出版社2020年版，第247页。

维能力、增强政治执行本领。对此，习近平多次强调加强干部实践锻炼重要性，强调“提高政治定力和政治能力，要靠学习，更要靠政治历练和实践锻炼”，“广大干部特别是年轻干部要经受严格的思想淬炼、政治历练、实践锻炼”[1]。四是加强干部斗争精神和斗争本领养成。斗争精神是共产党员与生俱来的红色基因。中国共产党靠斗争取得了过去的成就，更要靠斗争赢得未来。新时代国际环境日趋复杂，不稳定性不确定性明显增加。面对前进道路上的风险挑战和现代化国家建设的艰巨任务，广大领导干部必须摒除不作为、慢作为、假作为的不良风气，发扬斗争精神，增强斗争本领。在党的二十大报告中，习近平明确要求“加强干部斗争精神和斗争本领养成”[2]。这是增强领导干部政治能力的要求，也是党应对风险挑战、推动党的路线方针政策贯彻落实的需要。

四、总结与思考

新时代催生新思想，新思想引领新时代、指导新实践。党的十八大以来，习近平对党的政治建设进行了系统的论述，形成了系统完整的中国化的马克思主义党的政治建设理论。习近平关于党的政治建设重要论述内涵丰富、思想深邃、意义深远，总的来看，呈现出以下几个方面的特点：一是继承性与创新性相统一。习近平关于党的政治建设重要论述，一方面继承了马克思主义经典作家和中国共产党人关于保持无产阶级政党性质、宗旨，坚定党的政治立场，坚持党的领导等思想；另一方面结合新时代党所处历史方位和党自身建设面临的现实问题，深刻揭示出党的政治建设在党的建设中的统领性地位，明确了党的政治建设的要素构成，阐明了党的政治建设内涵，丰富和发展了马克思主义建党学说的管党治党理论和党的领导理论。二是党性和人民性相统一。党和人民根本利益的内在统一性决定了党性和人民性的一致性。党的政治建设的重要目标就是立足于党的性质宗旨，不断革除违背党的性质宗旨的错误思想认识和行为作风，维护党的政治本色，实现党的政治使命。对此，习近平明确提出“营造良好政治生态”“永葆政治本色”“紧扣民心这个最大的政治”等重要论断，深刻体现了中国共产党人坚持党性和人民性相统一的政治自觉，也蕴含着党的政治建设本身具有的“政治性与价值性相统一”的特点。三是理论与实践相统一。“捍卫党的政治属性与开展党的政治建设的同构与互动，是马克思主义强大政党自身发展和价值实现的内在

[1] 《习近平谈治国理政》（第三卷），外文出版社2020年版，第101、225页。

[2] 习近平：《高举中国特色社会主义伟大旗帜　为全面建设社会主义现代化国家而团结奋斗——在中国共产党第二十次全国代表大会上的报告》，人民出版社2022年版，第66页。

逻辑。”[1]习近平不仅注重从理论上阐明党的政治建设的重大意义、内涵等，也注重从新时代党的建设自身面临的问题和党的政治建设的实践要求出发，围绕如何加强新时代党的政治建设进行了系统论述，为新时代加强党的政治建设提供基本遵循，有效增强党的自我净化、自我完善、自我革新、自我提高能力，使党在革命性锻造中更加坚强有力。党的二十大报告在总结新时代党的建设取得的历史性成就中，明确指出“我们深入推进全面从严治党，坚持打铁必须自身硬……以党的政治建设统领党的建设各项工作”[2]。新时代党的建设取得的历史性成就进一步彰显习近平关于党的政治建设重要论述的科学性，也进一步彰显其实践性特征。

话语承载着人类的思想和精神，话语体系是思想的外在表达形式。对于党的建设来说，不同时期的党建话语体系反映了特定阶段中国共产党人对党的自身建设问题的原创性思考，是党的建设理论和知识体系的表达形式。党的十八大以来，习近平在对党的政治建设的重要论述中明确提出了“以人民为中心”“党的初心使命”“政治灵魂”“政治能力”“四个意识”“两个维护”等原创性概念，明确作出“紧扣民心这个最大的政治”“中国特色社会主义最本质的特征是中国共产党领导”“确保党永远不变质、不变色、不变味”“从严治党，首先要从党内政治生活严起”“反腐败是最彻底的自我革命”等重要论断，大大丰富发展了党的政治建设话语体系。此外，习近平还常常使用“统领”“根本性”“首位”“第一”“基础性”“最本质特征”“最大优势”等词语，突出了政治建设在马克思主义政党建设中的地位，进一步深化了对党的政治建设系统中各要素内在关系的认识。新时代党的政治建设话语体系的丰富发展有效推动了中国特色社会主义话语体系建设，是新时代中国特色社会主义话语体系建设的典范。

原载于《当代世界社会主义问题》2022年第4期

[1] 靳贺、王韶兴：《中国共产党政治建设的逻辑依据、价值构成与实现机理》，《当代世界社会主义问题》2021年第3期。

[2] 习近平：《高举中国特色社会主义伟大旗帜　为全面建设社会主义现代化国家而团结奋斗——在中国共产党第二十次全国代表大会上的报告》，人民出版社2022年版，第13页。

习近平关于推进全面从严治党重要论述的鲜明指向和核心要义

崔桂田

摘　要：习近平关于全面从严治党向纵深发展重要论述有鲜明指向和核心要义，破解大党独有难题、永葆党的马克思主义政党本色、实现党的使命任务是全面从严治党向纵深发展重要论述的现实逻辑和鲜明指向；提高全面从严治党的战略高度和政治站位、健全体系和协同优化、党的可持续发展、党的自我革命是引擎等思想是全面从严治党向纵深发展的核心要义。习近平全面从严治党向纵深发展重要论述立意高远，意义重大，是新时代全面从严治党的行动指南。

关键词：习近平；全面从严治党；纵深发展；重要意义

从党的十八大至今，全面从严治党十年磨一剑，取得了压倒性胜利并加以巩固。面对新时代新使命，习近平对新时代推动全面从严治党向纵深发展发表了一系列重要论述，提出许多新思想新理念，形成了以系统论为方法、以破解大党独有难题和全面建设社会主义现代化国家为导向、以政治建设为统领、以健全体系和党的可持续发展为重点、以党的自我革命为引擎的推动全面从严治党向纵深发展的战略谋划和进路，为新时代新征程全面从严治党提供了行动指南。

一、全面从严治党向纵深发展重要论述的鲜明指向

随着党踏入第二个百年和开启全面建设社会主义现代化国家新征程，全面从严治党也进入新的发展阶段。如何破解大党独有难题、出色完成党和国家奋斗目标、永葆党的马克思主义政党本色成为新时代新征程全面从严治党的重大课题，也是习近平关于推动全面从严治党向纵深发展重要论述的鲜明指向和现实逻辑。

（一）破解大党独有难题

破解大党独有难题事关大党的生死存亡。持续防范和化解党内风险、破解大党独

有难题是习近平关于推动全面从严治党纵深发展重要论述的聚焦点和问题导向。中国共产党作为世界最大的马克思主义执政党向来重视对大党独有难题的警醒和破解，更是新时代全面从严治党向纵深发展的聚焦点和必须迈过的一道坎。

党的十八大以来，全面从严治党取得重大进展，党内许多不良现象和突出问题得到克服和解决，党风廉政建设和反腐败斗争取得突出成效。但是，我们要清醒地看到，不仅党内存在的“七个有之”的政治问题、“四个不纯”的党性问题并没有得到根本解决，党所面临的“四大考验”“四个危险”仍将长期存在，而且随着改革开放的深化和全面从严治党的深入，破解大党独有难题的重要性和迫切性越来越凸显，成为新时代新征程必须迈过的一道坎。习近平在党的二十大报告中指出：“我们党作为世界上最大的马克思主义执政党，要始终赢得人民拥护、巩固长期执政地位，必须时刻保持解决大党独有难题的清醒和坚定。”[1]

“大党独有难题”这个概念虽然是习近平在党的二十大报告中第一次正式提出，但其思想脉络在党的十九大之后就已形成并越来越清晰。2018年1月，习近平指出：“我们党是世界上最大的政党，大就要有大的样子，同时大也有大的难处。把这么大的一个党管好很不容易，把这么大的一个党建设成为坚强的马克思主义执政党更不容易。”[2]2019年6月，习近平在主持中共十九届中央政治局第十五次集体学习时指出：“我们党作为百年大党，如何永葆先进性和纯洁性、永葆青春活力，如何永远得到人民拥护和支持，如何实现长期执政，是我们必须回答好、解决好的一个根本性问题。”[3]2021年，习近平在中共十九届六中全会第二次全体会议上的讲话指出，“我们党历史这么长、规模这么大、执政这么长久，如何跳出治乱兴衰的历史周期率？”“在建党百年之际，我们要居安思危，时刻警惕我们这个百年大党会不会变得老态龙钟、疾病缠身”[4]。

2023年1月，习近平在二十届中央纪委二次全会上的讲话中将大党独有难题概括为“六个如何”，即如何始终不忘初心、牢记使命，如何始终统一思想、统一意志、统一行动，如何始终具备强大的执政能力和领导水平，如何始终保持干事创业精神状态，如何始终能够及时发现和解决自身存在的问题，如何始终保持风清气正的政治生态。他强调：“解决这些难题，是实现新时代新征程党的历史使命必须迈过的一道坎，是全面从严治党适应新形势新要求必须啃下的硬骨头。”可见，习近平对“大党独有难题”

[1] 习近平：《高举中国特色社会主义伟大旗帜　为全面建设社会主义现代化国家而团结奋斗——在中国共产党第二十次全国代表大会上的报告》，人民出版社2022年版，第63页。

[2] 中共中央党史和文献研究院编：《习近平关于全面从严治党论述摘编》，中央文献出版社2021年版，第175页。

[3] 《习近平谈治国理政》（第三卷），外文出版社2020年版，第529页。

[4] 《习近平谈治国理政》（第三卷），外文出版社2022年版，第544页。

内涵的认识越来越深刻丰富，对破解大党独有难题的警醒和迫切性越来越强烈，对推动全面从严治党向纵深发展的指向越来越明确。

（二）永葆党的政治本色

永葆党的马克思主义政党本色是习近平关于推动全面从严治党纵深发展目标导向和落脚点。

第一，党的先进性和纯洁性是马克思主义政党的本色。先进性和纯洁性是马克思主义政党的本质要求，是党的性质宗旨的集中反映和主要体现，是与其他政党的根本区别，是我们党的政治优势。习近平指出，先进性和纯洁性是马克思主义政党的本质属性，“我们党要求全党同志不忘初心、牢记使命，就是要提醒全党同志，党的初心和使命是党的性质宗旨、理想信念、奋斗目标的集中体现，越是长期执政，越不能丢掉马克思主义政党的本色”[1]。第二，党的先进性和纯洁性建设是永恒课题。一是党内变质、变色、变味是最大风险。马克思主义政党从产生之日起，就面临着各种各样的考验和风险，其中最主要的风险就是党的先进性和纯洁性受到侵蚀侵害，党变质、变色、变味。习近平指出：“堡垒最容易从内部被攻破。从某种意义上说，自从党成立以来，我们党面临的最大风险是内部变质、变色、变味，丧失马克思主义政党的政治本色，背离党的宗旨而失去最广大人民支持和拥护。党的百年历史，也是我们党不断保持党的先进性和纯洁性，不断防范被瓦解、被腐化的危险的历史。”[2]因而党的十九大把党的先进性和纯洁性建设确定为新时代党的建设主题。二是党的先进性和纯洁性建设不是一劳永逸的，具有长期性、复杂性和多变性。党的先进性和纯洁性既不是天生带来、自发而成，也不是一蹴而就，是一项艰巨而长期的任务。习近平指出：“党的先进性和纯洁性都不是一劳永逸的、一成不变的，过去先进不等于现在先进，现在先进不等于永远先进；过去拥有不等于现在拥有，现在拥有不等于永远拥有。”[3]要清醒地看到，“各种弱化党的先进性、损害党的纯洁性的因素无时不有，各种违背初心和使命、动摇党的根基的危险无处不在”[4]。所以，要不断推动全面从严治党向纵深发展，加强党的先进性和纯洁性建设，永葆党的马克思主义政党本色和生机活力。

（三）实现新时代新征程党的使命任务

全面建设社会主义现代化国家、全面推进中华民族伟大复兴是中国共产党新时代

[1] 《习近平谈治国理政》（第三卷），外文出版社2022年版，第529页。

[2] 中共中央党史和文献研究院编：《习近平关于全面从严治党论述摘编》，中央文献出版社2021年版，第48页。

[3] 《习近平谈治国理政》（第一卷），外文出版社2014年版，第367页。

[4] 《十九大以来重要文献选编（中）》，中央文献出版社2021年版，第377页。

新征程的使命任务，是习近平新时代推动全面从严治党纵深发展重要论述的价值导向和实践逻辑。

第一，党的建设与党的使命任务息息相关。党的建设与党的使命任务辩证统一，党的使命任务引导党的建设，为党的建设提供价值导向和目标指向，党的建设助力党的使命任务，为党的使命任务的实现提供政治保证，二者相互作用、相辅相成。习近平指出："伟大斗争，伟大工程，伟大事业，伟大梦想，紧密联系、相互贯通、相互作用，其中起决定作用的是党的建设新的伟大工程。推进伟大工程，要结合伟大斗争、伟大事业、伟大梦想的实践来进行。"[1]

第二，实现新时代党的使命任务关键在党和全面从严治党。全面建设社会主义现代化国家、全面推进中华民族伟大复兴是前无古人的事业，是在新的历史方位上具有新的历史特点的伟大斗争，既面临着世界百年未有之大变局的冲击挑战，特别是美国对中国全方位围追堵截造成的严峻形势，又要应对改革开放推进中出现的没法回避的深层次矛盾和重大问题，诸如如何解决人民日益增长的美好生活需要和不平衡不充分的发展之间的矛盾，如何实现公平公正和人民的共同富裕，如何处理发展改革稳定关系和统筹发展与安全问题，如何科学利用资本和驾驭资本，如何进一步破解党风廉政建设和反腐败斗争中的顽固性、多发性难题，等等。所以，习近平指出，"全面建设社会主义现代化国家、全面推进中华民族伟大复兴，关键在党"，"必须持之以恒推进全面从严治党，深入推进新时代党的建设新的伟大工程，以党的自我革命引领社会革命"[2]。

二、全面从严治党向纵深发展重要论述的核心要义

习近平关于推动全面从严治党向纵深发展的重要论述，内涵非常丰富，思想博大精深，从政治站位、目标指向、战略重点和实践进路架构起新时代新征程推动全面从严治党向纵深发展的"四梁八柱"，形成一个完整的内容体系。

（一）要提高战略高度和政治站位

新时代全面从严治党要向纵深发展、有新的气象和作为，必须心怀"国之大者"，提高全面从严治党的战略高度和政治站位。

第一，提高全面从严治党的战略高度，始终保持永远在路上的战略定力。习近平

[1] 《习近平谈治国理政》（第三卷），外文出版社2020年版，第14页。

[2] 习近平：《高举中国特色社会主义伟大旗帜　为全面建设社会主义现代化国家而团结奋斗》，人民出版社2022年版，第63页。

指出，“战略问题是一个政党、一个国家的根本性问题”，“我们是一个大党，领导的是一个大国，进行的是伟大的事业，要善于进行战略思维，善于从战略上看问题、想问题”[1]。党的十八大以来，习近平对新时代全面从严治党高度重视，不仅把全面从严治党提到了事关党和国家生死存亡的高度，而且先后将全面从严治党纳入“四个全面”战略布局和“十四个坚持”方略，反复告诫全党，要站在事关党长期执政、国家长治久安、人民幸福安康的高度，把全面从严治党作为党的长期战略、永恒课题，始终坚持问题导向，保持战略定力，发扬彻底的自我革命精神，永远吹冲锋号，把严的基调、严的措施、严的氛围长期坚持下去，把党的伟大自我革命进行到底。实践证明，正是有了全面从严治党的战略高度，我们党才有力量在新时代的十年变革中解决了许多想解决而没有解决的难题，办成了许多过去想办而没有办成的大事。

第二，提高全面从严治党的政治站位，以党的政治建设统领全面从严治党。习近平指出，“只有站在政治高度看，对党中央的大政方针和决策部署才能领会更透彻，工作起来才能更有预见性和主动性”[2]，“要从政治上领会好、领会透党中央关于党风廉政建设和反腐败斗争的精神，牢牢把握党中央关于全面从严治党的重大方针、重大原则、重点任务的政治内涵，自觉同党中央保持高度一致”[3]。就是说，全面从严治党是党的重大政治战略，全党特别是党的领导干部要提高政治站位，既要对“国之大者”了然于胸，同党中央保持高度一致，要经常将自己的言行与党中央全面从严治党的重大方针和战略部署对表对标，及时校准偏差，又要增强全面从严治党永远在路上的政治自觉，决不能滋生已经严到位的松劲歇脚、疲劳厌战的情绪。提高全面从严治党政治站位重在旗帜鲜明讲政治，要把准政治方向、坚持党的政治领导、夯实政治根基、涵养政治生态、防范政治风险、永葆政治本色、提高政治能力，特别是要不断增强“四个意识”和“四个自信”，坚定“两个维护”和“两个确立”，确保党中央权威和集中统一领导，确保全党的团结统一，确保党的长期执政地位。总之，政治高度决定战略高度，而战略高度决定行动的力度和事业的效度。

（二）要健全体系和协同优化

习近平从2022年10月在党的二十大报告中首次提出“健全全面从严治党体系”命题，到2023年1月在二十届中央纪委二次全会上指出“构建全面从严治党体系是一项具有全局性、开创性的工作”，标志着新时代新征程全面从严治党发生了新的历史性突破，开启了由“改”到“立”、健全体系和协同优化的新阶段。

---

[1] 《习近平谈治国理政》（第三卷），外文出版社2022年版，第31页。

[2] 《习近平谈治国理政》（第三卷），外文出版社2022年版，第41页。

[3] 《习近平谈治国理政》（第三卷），外文出版社2022年版，第508页。

第一，健全体系要以系统观点为方法。党的十八大以来，习近平非常重视矛盾分析的根本方法，无论是治国理政还是党的建设都强化系统观点，注重把握整体性原则，从“四个全面”战略布局到“五位一体”总体布局，从统揽“四个伟大”到新的“五大发展理念”，从统筹世界百年未有之大变局和中华民族伟大复兴战略全局到统筹发展与安全，等等，无不彰显这一方法的科学运用及其效能。习近平指出：“党的十八大以来，党中央坚持系统谋划、统筹推进党和国家各项事业，根据新的实践需要，形成一系列新布局和新方略，带领全党全国各族人民取得了历史性成就。在这个过程中，系统观念是具有基础性的思想和工作方法。”新时代新征程“必须从系统观念出发加以谋划和解决，全面协调推动各领域工作和社会主义现代化建设”[1]。

第二，健全体系要以制度建设为支点。党的十八大以来，习近平守正创新，加大了制度建设的力度，提出要把权力关进制度的笼子，“加强党内法规制度建设是全面从严治党的长远之策、根本之策”[2]。进入新时代新征程，习近平对党内法规制度建设开始从有没有制度、怎样建设制度向建立什么样的制度、如何提高制度治理效能转换，重视制度的健全和完善、制度的衔接和协同。他指出，“建章立制，要坚持系统思维、辩证思维、底线思维，体现指导性、针对性、操作性。……该坚持的坚持、该完善的完善、该建立的建立、该落实的落实”，“坚持制度治党、依规治党，努力构建系统完备、科学规范、运行有效的制度体系，把全面从严治党提升到一个新的水平”[3]。这就把全面从严治党的制度建设提高到新的境界，为健全全面从严治党体系提供了制度保障和丰富的制度资源。

第三，健全体系要以协同优化为指向。健全体系的根本在于把握整体性原则，疏通理顺上下左右关键部分和环节的关系，通过整体优化和协同共进，达到一加一大于二的整体效能。习近平在二十届中央纪委二次全会上指出，全面从严治党体系是一个内涵丰富、功能完备、科学规范、运行高效的动态系统，要坚持内容上全涵盖、对象上全覆盖、责任上全链条、制度上全贯通。一是健全和完善党的领导制度体系。要从党中央重大决策部署落实机制、党中央决策议事协调机构、各级党委（党组）政治建设主体责任、创新和改进领导方式、净化党内政治生态等方面进行优化和完善，进一步增强党中央权威和集中统一领导，发挥党总揽全局、协同各方的作用。二是完善全面从严治党的内容体系。习近平在党的十九大报告中首次将党的政治建设和纪律建设

[1] 《十九大以来重要文献选编（中）》，中央文献出版社2021年版，第785页。

[2] 中共中央党史和文献研究院编：《习近平关于全面从严治党论述摘编》，中央文献出版社2021年版，第450页。

[3] 中共中央党史和文献研究院编：《习近平关于全面从严治党论述摘编》，中央文献出版社2021年版，第450页。

单独设章，使党的建设的内容和领域由过去五个方面扩大到七个方面，被称“党的建设5+2”，实现了党的建设和全面治党内容领域的全覆盖。2022年1月，习近平在中共十九届中央纪委六次全会上进一步指出：“必须坚持以党的政治建设为统领，坚守自我革命根本政治方向；必须坚持把思想建设作为党的基础性建设，淬炼自我革命锐利思想武器；必须坚决落实中央八项规定精神、以严明纪律整饬作风，丰富自我革命有效途径；必须坚持以雷霆之势反腐惩恶，打好自我革命攻坚战、持久战；必须坚持增强党组织政治功能和组织力凝聚力，锻造敢于善于斗争、勇于自我革命的干部队伍；必须坚持构建自我净化、自我完善、自我革新、自我提高的制度规范体系，为推进伟大自我革命提供制度保障。”[1]三是健全党的组织体系。习近平指出，“严密的组织体系是党的优势所在、力量所在”，要建立健全包括组织设置、组织生活、组织运行、组织管理、组织监督等在内的完整组织制度体系；抓住基层党建和干部建设两个关键，夯实基层这个党执政大厦的地基，发挥干部贯彻党的大政方针的决定性因素；加强从中央到基层党组织的衔接协同，从上到下消除贯彻落实中央决策部署的“拦路虎”“中梗阻”“断头路”；等等。四是健全党和国家监督体系。习近平指出，“必须健全党统一领导、全面覆盖、权威高效的监督体系，增强监督严肃性、协同性、有效性”[2]；要以党内监督为主导，把各类监督有机结合，协调并进，要突出对“关键少数”和“一把手”的监督，落实监督的主体责任，问责追责不走形式，提升监督体系整体效能。五是健全一体推进不敢腐、不能腐、不想腐的体制机制。习近平指出，“一体推进不敢腐、不能腐、不想腐，不仅是反腐败斗争的基本方针，也是新时代全面从严治党的重要方略”[3]；要坚持不敢腐、不能腐、不想腐一体推进，把惩治必严、权力制约、党性强化有机统一，同时发力、同向发力、综合发力。总之，健全全面从严治党体系和整体优化是习近平关于新时代推动全面从严治党纵深发展重要论述的核心内容和突出特点，是对执政党建设的一个原创性贡献。

（三）要注重质量和可持续发展

可持续发展是经济社会发展的一种理念和方略，核心要义是当下需要与未来发展相结合、发展诸要素协调共进形成良性循环。习近平在关于新时代全面从严治党重要论述中尽管没有使用“可持续发展”这个概念，但其许多重要论述却将可持续发展的理念表达得淋漓尽致。

第一，全面从严治党既要立足当前又要着眼长远。全面从严治党是与党的事业发

[1] 《习近平谈治国理政》（第三卷），外文出版社2022年版，第549—550页。

[2] 《十九大以来重要文献选编（中）》，中央文献出版社2021年版，第295页。

[3] 《十九大以来重要文献选编（中）》，中央文献出版社2021年版，第388页。

展息息相关的。党的事业是为人民谋幸福、为民族谋复兴、为世界谋大同，是由不同阶段构成的奋斗过程，从党的“两个百年”蓝图到“三步走”战略，再到全面建设社会主义现代化国家的“两个阶段”规划，都体现了党的事业是分阶段的，由此决定了党的事业发展到什么阶段，全面从严治党就要跟进到什么阶段。既要立足当前，着力解决当下党内存在的突出问题和人民群众的重大关切，又要着眼于长远，为党永葆马克思主义本色和生机活力、实现长远目标谋划布局。习近平指出：“既要立足当前、直面问题，在解决人民群众最不满意的问题上下功夫；又要着眼未来、登高望远，在加强统筹谋划、强化顶层设计上着力。”“既拿出当下‘改’的办法，又推进长久‘立’的机制，打出一整套正风肃纪、反腐惩恶的组合拳，推出一系列事关长远、影响深远的战略举措。”[1]就是说，对当务之急，要立说立行、紧抓快办，对长期任务，要坚持一张蓝图绘到底，久久为功。

第二，全面从严治党要讲究实效和质量。全面从严治党是为党实现使命任务“保驾护航”和提供力量支撑的，全面从严治党的质量和效果事关党和人民事业成败。所以，全面从严治党要讲究质量和效果，不能走过场、搞形式主义。习近平指出，党风廉政建设和反腐败斗争是一项长期的、复杂的、艰巨的任务，不可能毕其功于一役，不能走过场、一阵风，抓而不紧，抓而不实，抓而不常，等于白抓。“要发扬钉钉子精神，按照树立科学理念、积极改革创新、遵循客观规律、注重实际成效的思路，切实把从严治党的要求落到实处。要兴实招、办实事、求实效，克服形式主义不搞花架子。”[2]2022年3月，习近平在中央党校（国家行政学院）中青年干部培训班开班仪式上的讲话中进一步强调，一定要真抓实干，务实功、出实招、求实效，善做善成，坚决杜绝口号式、表态式、包装式的做法。

第三，全面从严治党要净化和涵养政治生态。政治生态影响全面从严治党的效果和可持续性。全面从严治党既是一个事关党、国家、人民事业的伟大革命，也是一个牵一发而动全身的系统工程。不仅需要全党高度团结统一，形成支持全面从严治党的共识和坚定决心，形成对党内部不正之风和腐败现象的高压态势和党内政治生态，而且需要得到全社会的支持和响应，从社会心理、舆论导向、体制机制等方面形成全面从严治党的良好社会氛围和政治生态。习近平指出：“政治生态好，人心就顺、正气就足；政治生态不好，就会人心涣散、弊病丛生。”[3]由于政治生态是由多因素构成和影响的，也是一个潜移默化和形成的过程，因而净化和涵养政治生态也要多措并举、协同

[1] 《十九大以来重要文献选编（上）》，中央文献出版社2019年版，第189页。

[2] 中共中央党史和文献研究院编：《习近平关于全面从严治党论述摘编》，中央文献出版社2021年版，第8页。

[3] 《习近平谈治国理政》（第二卷），外文出版社2017年版，第167页。

共进，打持久战，以政治建设为统领，以政治文化建设为主轴，以干部党性理想信念为重点，以党风、社风、家风综合治理为突破口，以制度建设为保障，长期坚持，久久为功。习近平指出："营造良好政治生态是一项长期任务，必须作为党的政治建设的基础性、经常性工作，浚其源、涵其林，养正气、固根本，锲而不舍、久久为功。"

（四）要以党的自我革命为引擎

全面从严治党十年磨一剑后的动力从何而来，如何既能巩固住十年取得的重大成果又能在新的历史方位上再造辉煌，这是新时代新征程全面从严治党面临的重大课题。对此，习近平在党的二十大指出，必须持之以恒推进全面从严治党，"以党的自我革命引领社会革命"。

第一，党的自我革命是党长盛不衰的关键。习近平指出，勇于自我革命，是我们党最鲜明的品格，既是我们党区别世界上其他政党的显著标志，也是我们党最大的优势和长盛不衰的重要原因所在，是我们党跳出治乱兴衰历史周期率的"第二答案"。根据习近平相关论述，党的自我革命之所以是我们党跳出治乱兴衰周期率的第二答案，根本原因就在于以"自我净化、自我完善、自我革新、自我提高"有机构成的自我革命，形成了发现问题、纠正偏差、推动创新、能力提升的良性循环，使党能够以刀刃向内的勇气，通过自我净化坚决清除一切侵蚀党的健康肌体的病毒、毒瘤，通过自我完善纠正偏差错误、强弱补短，通过自我革新与时俱进，破除一切不合时宜的思想观念和体制机制弊端，通过自我提高增加本领、增长才干、提高能力。"这'四个自我'，既有破又有立，既有施药动刀的治病之法又有固本培元的强身之举。"[1]

第二，党的自我革命是社会革命和全面从严治党的引擎。习近平认为，无论是新时代社会革命的艰巨性复杂性还是党自身存在的某些与新任务不适应性不匹配性，都需要通过党的自我革命的引领产生新的作为和变化，形成新的局面和气象。一方面，新时代的社会革命是处在改革深水区的伟大斗争，既覆盖广泛领域和层层面面又涉及深刻的利益调整和障碍瓶颈的破除，挑战的严峻性、矛盾的尖锐性、形势的复杂性、任务的艰巨性是前所未有的。另一方面，当前党的自身建设仍然存在着一些同向社会主义现代化强国进军的伟大社会革命不匹配、不适应的地方，特别是党风廉政和反腐败斗争上的一些问题具有反复性和顽固性，稍不注意就会反弹回潮、前功尽弃。所以，习近平指出："要以伟大自我革命引领伟大社会革命，以伟大社会革命促进伟大自我革命，确保党在新时代坚持和发展中国特色社会主义的历史进程中始终成为坚强领导核心。"[2]

---

[1] 《十九大以来重要文献选编（中）》，中央文献出版社2021年版，第122页。

[2] 《习近平谈治国理政》（第三卷），外文出版社2022年版，第544页。

第三，要不断提高党的自我革命能力。习近平指出："增强从严治党的系统性、预见性、创造性、实效性，使从严治党的一切努力都集中到增强党自我净化、自我完善、自我革新、自我提高能力上来。"[1]一是永葆党的自我革命精神，鼓足自我革命的劲头。既要坚决同自身存在的问题和错误作斗争，又要抵制和克服全面从严治党已经严到位、歇歇脚的思想和情绪。二是加强党的先进性和纯洁性建设，增强自我革命的底气。加强党性教育，使广大干部党员牢记，我们党大公无私，没有任何特殊的利益，立党为公、执政为民是我们党的性质和宗旨，为党的自我革命增强底气。三是不断完善党的自我革命制度规范体系，增强自我革命的硬度。坚持制度治党和依规治党，构建和完善党内法规制度体系；以党章为本、以民主集中制原则为核心，增强党内法规制度的权威性和执行力；形成坚持真理、修正错误，发现问题、纠正偏差的机制；完善权力监督制约机制，特别要发挥政治监督和政治巡视的功能作用，增强对"一把手"党领导干部的监督实效；等等。习近平指出："党的十八大以来，我们以前所未有的勇气和定力推进全面从严治党，极大增强党自我净化、自我完善、自我革新、自我提高能力，探索出一条长期执政条件下解决自身问题、跳出历史周期率的成功道路，构建起一套行之有效的权力监督制度和执纪执法体系。这条道路、这套制度必须长期坚持并不断巩固发展。"[2]

综上所述，习近平关于新时代推动全面从严治党向纵深发展的重要论述，立意高远，指向鲜明，意义重大。不仅丰富发展了马克思主义的党建学说和中国化时代化的党建理论，进一步深化了执政党建设规律的认识，提升了新时代党的建设新的伟大工程和全面从严治党的境界，而且为新时代新征程全面从严治党纵深发展指明了方向和进路，为全面建设社会主义现代化国家、全面推进中华民族伟大复兴将提供强有力的领导和政治保障。

原载于《理论视野》2023年第3期

[1] 中共中央党史和文献研究院编：《习近平关于全面从严治党论述摘编》，中央文献出版社2021年版，第9页。

[2] 中共中央党史和文献研究院编：《习近平关于全面从严治党论述摘编》，中央文献出版社2021年版，第422页。

马克思恩格斯无产阶级政党制度建设思想论析

马明冲

摘　要： 马克思恩格斯无产阶级政党制度建设思想作为中国共产党的制度建设的渊源性理论，为新时代加强党的制度建设建立了理论参照系。从逻辑层面来看，马克思恩格斯无产阶级政党制度建设思想贯穿着实践的最大逻辑，在践行使命的过程中达成政党制度建设的动态平衡；从科学内涵来看，马克思恩格斯无产阶级政党制度建设思想将制度贯通于党的建设的全过程、全领域，把握这一核心要素是形塑党的建设正确方向和科学样态的前提；从价值意义来看，马克思恩格斯无产阶级政党制度建设思想为党的制度建设提供根本的质的规定性，为无产阶级政党文明建设和党内民主建设注入理论因子。

关键词： 马克思；恩格斯；无产阶级政党；制度建设；逻辑基础；科学内涵

制度是一项关涉事物运行程序的现实规约，它要求社会成员在制度规定的边界范围内按规章或准则有序活动。无产阶级政党的制度建设，既是党的建设的一个重要方面，也是党的各项基础建设的关键环节。党的十八大以来，以习近平同志为核心的党中央高度重视党的制度建设，明确指出制度建设是具有根本性、全局性、稳定性和长期性的重大课题，进一步强调要把制度建设贯穿于党的各项建设之中，重视制度建设的内在规律性，更加凸显了制度建设的地位和作用。在长期的革命实践中，马克思、恩格斯形成了关于无产阶级政党制度建设的思想，厘清其逻辑基础、核心要素和价值意义，从中汲取理论的力量，是新时代中国共产党推进党的制度建设的必然要求，也是党的建设科学化的应有之义。

一、马克思恩格斯无产阶级政党制度建设思想的逻辑基础

政党在其发展过程中，必然会遵循自身发展的内在规律，在政党目标、性质宗旨、实现机制和组织运行中逐渐形成并完善其制度建设的理论和实践。无产阶级政党亦是如此。马克思恩格斯无产阶级政党制度建设思想的形成，正是无产阶级政党自身内在发展逻辑的必然结果。无产阶级政党自身的发展使命、无产阶级政党的政治性和科学

性，都必然要求其加强自身的制度建设。无产阶级政党的理论和实践双重价值引领着制度建设，无产阶级政党的制度建设是独立性和综合性的统一。这些构成了马克思恩格斯无产阶级政党制度建设思想的逻辑基础。

无产阶级政党自身的发展使命要求加强党的制度建设。在现代国家的政治运演过程中，政党是最重要、最有影响力的政治主体[1]，无产阶级政党是在其制度建设的实践中完成自身发展使命和要求的。马克思、恩格斯在《共产党宣言》中对无产阶级政党的历史使命进行了科学论证，不仅规定了共产党人的崇高理想信念，也阐明了共产党人对自身建设的严格要求。无产阶级政党历史使命的艰巨性和崇高性决定了其政党建设的严格性，从而决定了无产阶级政党对自身建设有着更高更明确的现实诉求。在马克思、恩格斯的政治逻辑中，无产阶级政党肩负着阶级解放的历史使命，旨在完成自身解放和全人类解放、实现共产主义的宏伟目标。只有坚持这一目标的明确指向性，无产阶级政党才能在遵循社会发展规律的前提下，实现无产阶级及广大人民的根本利益诉求。而实现这一诉求的根本途径，就是无产阶级政党通过严密的组织纪律和制度安排把初心使命层面的价值合理性转化为实践层面的现实合理性。这就要求无产阶级政党以党的制度建设为根本主线，把自身建设成为一个纪律严明、团结统一的强有力组织，完成自身肩负的重大使命。

无产阶级政党自身的政治性和科学性等属性要求加强党的制度建设。政党的突出特点就是具有鲜明的阶级性，政党的斗争是“各阶级政治斗争的最严整、最完全和最明显的表现”[2]。无产阶级政党的政治性突出地表现为，以马克思主义理论为指导，反映无产阶级的根本利益，以促进和加强无产阶级政党的自身建设，实现党的政治任务和最终目标为根本宗旨。就科学性而言，无产阶级政党制度建设必须遵循科学的制度设计，必须运用科学的、合乎政党党情的制度和规范，对各项制度进行有计划的“顶层设计”和监督。无产阶级政党制度建设内在地要求以政党制度建设的规律和方法为根本遵循，使党内制度科学化。与此同时，无产阶级政党制度建设的科学性在本质上是对其政治性的显性确证。无产阶级政党制度建设的政治性决定了它以科学的世界观为指导，能够坚持实事求是的认识路线，坚持辩证唯物主义和历史唯物主义的基本法则，能够吸收和运用现代政党建设的理论与方法，总结和借鉴党内制度建设的经验，达到政治性与科学性的统一。

无产阶级政党理论和应用的双重价值指引党的制度建设。无产阶级政党制度建设要坚持无产阶级政党理论的根本性指引作用，为政党制度建设提供理论层面的原则和

[1] 王沪宁：《比较政治分析》，上海人民出版社1987年版，第111页。

[2] 《列宁全集》（第12卷），人民出版社2017年版，第127页。

方法。与此同时，还要科学总结党的制度建设的历史经验，对其进行概括和提炼，从而上升到理论、制度、规范的层面。除此之外，制度建设是一个制定制度、执行制度，并在实践中检验和完善制度的过程体系。无产阶级政党制度建设的制度设计、规范制定等都要取之于实践，用之于实践，并系统、科学地总结党内制度建设的经验，进而以制度建设解决党内出现的新问题和新情况。马克思、恩格斯之所以能够创造出科学的理论，找到通向理想社会的现实道路，关键在于他们坚持在实践中创造理论，进而在现实斗争中找到无产阶级政党的任务、纲领和原则。在理论与实践辩证运动的态势中，无产阶级政党制度建设既具备理论性的基本特质，也展现出应用性、实践性的内在性质。它是一种在无产阶级政党内部以制度、理论为应用科学来解决实际管理问题的党内管理方式。无产阶级政党制度建设的理论性与实践性从来都不是孤立存在的，而是辩证统一、相互影响的。

无产阶级政党制度建设的独立性与综合性问题并不是相互抵牾的单层次结构，两者构成了相互融合、彼此联系的统一体。无产阶级政党制度建设所具有的独立性与特殊性，是政党制度建设本身的特殊属性，在党的制度建设的过程中需要这种特性发挥作用。随着现代政党的发展，在政党治理过程中出现了崭新的时代性问题，政党制度建设凸显了许多新特点，这就需要发挥政党制度建设的独立性与特殊性的作用，以精细化和科学化的层次安排解决现实性问题。从党的建设整体性来看，党的制度建设同党的思想建设、文化建设和组织建设等相互补充。随着现代政党理论与实践的延续发展，政党制度建设与思想建设、文化建设、组织建设等各领域建设产生的共生界面也随之扩大，彼此之间的交互性与共存性正在发生实质性变化。因此，政党制度建设同党的思想、作风等建设之间相互依存、相互渗透的格局日益加强。这就要求从整体性出发深度把握战略与策略、整体与个别、宏观与微观的现实关系。从这个意义上来说，无产阶级政党制度建设又具有综合性，是独立性与综合性的统一。

二、马克思恩格斯无产阶级政党制度建设思想的核心要素

制度建设是无产阶级政党建设的基本环节，无产阶级政党建设内在地要求加强党的制度建设。马克思、恩格斯在创建具有无产阶级性质的政党组织过程中，创造了无产阶级政党建设的基础理论，并在推进政党发展的实践进程中设计了一整套先进的、科学的无产阶级政党制度建设体系。列宁在领导俄国革命和推进社会主义建设的过程中进一步发展了马克思、恩格斯的政党制度建设理论，为进一步完善马克思恩格斯无产阶级政党制度建设理论提供了实践支撑。

（一）内核：无产阶级政党领导制度建设

领导制度是在领导活动中，制约领导人员和领导机关权限的基本原则和规定，它是保障领导权限正确行使和领导体系正常运转必不可少的因素。马克思、恩格斯关于无产阶级政党制度建设的首要思想即建立在唯物辩证法基础上的有效领导制度——集体领导制度。

马克思、恩格斯认为，无产阶级政党是组织工人阶级的“中心”，只有在无产阶级政党的领导下才能推进和完成革命事业。在无产阶级政党内部实行集体领导是防止个人专断的有力武器，是无产阶级取得革命胜利的关键所在。《共产主义者同盟章程》指出：“所有盟员都一律平等，他们都是兄弟，因而有义务在一切场合下互相帮助。”[1]此外，它还对支部、区部、中央委员会、代表大会等组织机构的设立和运行作出了明确规定。例如，党的中央委员会以三个月为基本时间界限，定期向各个总部报告近况。这充分体现了党的集体领导和各组织之间的密切关系，为后来各无产阶级政党设立组织机构提供了范本。第一国际时期，面对新的革命斗争形势，马克思、恩格斯强调在总委员会内部要遵循少数服从多数的基本原则，坚定实行集体领导，并将总委员会主席代之以轮值主席，“这就排斥或减少了某一领导者利用不变的会议主席身份来贯彻个人倾向的可能性”[2]。

列宁在领导俄国革命和社会主义建设的过程中，进一步发展了马克思恩格斯无产阶级政党领导制度思想。他认为，“党的任务则是对所有国家机关的工作进行总的领导”[3]。他还强调，坚持社会主义国家无产阶级政党的领导制度是决不能改变的原则，党的领导是最高层次的领导形式。为了实现这一目标，列宁在制度建设上进行了许多有益的探索。他将中央全会确定为党的最高代表会议，发挥了党的集体领导作用；适时提升中央委员会人员基数，防止了个人专断的发生，正确处理了党的集体领导与个人分工间的关系。

（二）骨架：无产阶级政党党内组织制度建设

开创了党的代表大会制度。党的代表大会制度是无产阶级政党制度建设的重要内容，是推进党的自我革命、自我进步的重要阵地。马克思、恩格斯在共产主义者同盟中就构建起了包括党的代表大会、中央委员会、总区部、区部和支部等在内的一整套组织体系。党的代表大会是同盟的最高权力机关和立法机关。另外，同盟还创立了党

[1] 《马克思恩格斯全集》（第42卷），人民出版社1979年版，第419页。

[2] 中共陕西省委党校党建教研室：《马克思主义政党学说史》，中共中央党校出版社1987年版，第80页。

[3] 《列宁全集》（第43卷），人民出版社2017年版，第68页。

的代表大会年会制，并规定“代表大会于每年8月举行。遇紧急情况中央委员会得召集非常代表大会”[1]。第一国际时期，《国际工人协会章程》规定，协会的最高权力机关是代表大会，并继续沿用共产主义同盟时期的年会制。第二国际时期，恩格斯进一步强调了代表大会的权威地位，“应当坚持每年召开一次党代表大会”“让全党哪怕一年有一次发表自己意见的机会，一般说来也是重要的”[2]。

设立党的委员会制度。马克思、恩格斯提出和基本确立了共产党的民主原则和民主制度，这也是对党的组织形式进行科学化、制度化设计所遵循的基本前提。马克思、恩格斯认为，由党的代表大会选举产生的党的委员会是无产阶级政党的基本组织形式和领导方式。委员会制度的有效实施充分调动了各成员的积极性，提高了政党的工作效率和政党成员的凝聚力，它也成为无产阶级政权采纳的组织形式。马克思指出：“公社是由巴黎各区通过普选选出的市政委员组成的。这些委员对选民负责，随时可以罢免。其中大多数自然都是工人或公认的工人阶级代表。公社是一个实干的而不是议会式的机构，它既是行政机关，同时也是立法机关。”[3]

加强党的干部制度建设。马克思、恩格斯指出，共产主义者同盟各级组织机构的领导干部通过民主选举产生，要防止任何形式的个人独裁。1871年，巴黎公社革命使马克思、恩格斯进一步认识到党的干部制度建设的极端重要性，在巴黎公社内部实行普选制，认为“选举者可以随时撤换被选举者”[4]是保障革命成果的关键。1885年，恩格斯在《关于共产主义者同盟的历史》中指出，实行党内选举可以有效堵塞“任何要求独裁的密谋狂的道路”[5]。列宁认为，所有党内的机关必须实行普遍的选举制，党内选举要增强制度的“刚性”，“党的所有负责人员、所有领导成员、所有机构都是选举产生的，必须向党员报告工作，并可以撤换”[6]。

（三）原则：无产阶级政党党内民主制度建设

马克思、恩格斯认为，无产阶级政党在本质上就是“完全民主”的党，在参与组建无产阶级政党特别是在总结无产阶级政党建设实践中要实行“民主制”，“民主已经成了无产阶级的原则，群众的原则”[7]。马克思、恩格斯提出，“工人革命的第一步就是

[1] 《马克思恩格斯全集》（第4卷），人民出版社1958年版，第575页。
[2] 《马克思恩格斯全集》（第38卷），人民出版社1972年版，第474页。
[3] 《马克思恩格斯选集》（第3卷），人民出版社2012年版，第98页。
[4] 《马克思恩格斯选集》（第3卷），人民出版社2012年版，第55页。
[5] 《马克思恩格斯选集》（第4卷），人民出版社2012年版，第207页。
[6] 《列宁全集》（第14卷），人民出版社2017年版，第249页。
[7] 《马克思恩格斯全集》（第2卷），人民出版社1957年版，第664页。

使无产阶级上升为统治阶级，争得民主”[1]。一方面，要正确认识党内的分歧与争论，有意见分歧和争论“比暮气沉沉要好得多”[2]。无产阶级政党只有真正实现了组织上的民主，才能形成一种自觉的、自上而下的、具有巨大凝聚力和战斗力的集中统一。另一方面，要坚持“所有盟员都一律平等”的原则，党的各级委员会由选举产生并随时可以被罢免，党员有选举权和被选举权，所有党员一律平等，党员必须行使权利和履行义务，“对有关原则问题的一切决议，均须举行记名投票”[3]，并按照少数服从多数的原则作出最终决定。

马克思、恩格斯认为，民主集中是贯彻民主原则的重要保证。民主集中的基本原则就是既要保证党内民主而又不能忽略集中，列宁后来在革命实践中将其发展总结为“民主集中制”。1847年，马克思、恩格斯在《共产主义者同盟章程》中规定：同盟的组织机构是支部、区部、总区部、中央委员会和代表大会，代表大会是全盟的立法机关，中央委员会是全盟的权力执行机关，所有盟员一律平等。[4]列宁则在推进俄国革命和社会主义建设的具体实践中明确提出了“民主集中制”概念，认为民主集中制是无产阶级政党制度建设的基本范畴。这是对马克思、恩格斯关于党内民主制度建设构想的实质性创新。列宁认为，“民主意味着平等”[5]“我们应该学会把这种民主精神同劳动时的铁的纪律结合起来，同劳动时无条件服从苏维埃领导者一个人的意志结合起来”[6]。

（四）保障：无产阶级政党党内监督制度建设

监督作为一项社会活动，其在本质上是对现实活动的控制与限制，监督的有效实施是保证个人或集体的活动能够符合客观实际和达到预期目标的重要前提。监督活动是伴随劳动协作而来的必然现象，正如马克思所言，“凡是直接生产过程具有社会结合过程的形态，而不是表现为独立生产者的孤立劳动的地方，都必然会产生监督和指挥的劳动”[7]。因此，监督制度建设一直是马克思、恩格斯党内制度建设思想的重要组成部分。马克思、恩格斯构建了一种上下互动的双向监督机制，成为党内监督制度思想形成的“前奏”。根据《共产主义者同盟章程》，一方面，马克思、恩格斯确立了自下而上的民主监督：同盟从基层到中央委员会各级领导机构，都必须经由选举产生并受到监督，如“区部委员会和中央委员会的委员任期为一年，连选得连任，选举者可以随

[1] 《马克思恩格斯选集》（第1卷），人民出版社2012年版，第421页。
[2] 《马克思恩格斯全集》（第39卷），人民出版社1974年版，第348页。
[3] 《马克思恩格斯全集》（第17卷），人民出版社1963年版，第479页。
[4] 《马克思恩格斯全集》（第4卷），人民出版社1958年版，第572—575页。
[5] 《列宁选集》（第3卷），人民出版社2012年版，第201页。
[6] 《列宁选集》（第3卷），人民出版社2012年版，第503页。
[7] 《马克思恩格斯选集》（第2卷），人民出版社2012年版，第559—560页。

时撤换之”[1]。另一方面，他们强调，要坚持自上而下的监督，如盟员要“服从同盟的一切决议”“区部或独立支部可以暂令个别盟员离盟，但必须立即上报上级机关备案”。[2]

列宁进一步将无产阶级政党党内监督制度体系化，并将“广泛的党内监督”应用于俄国革命和社会主义建设的实践。在列宁看来，党内监督体制的完善是无产阶级政党实现科学决策的重要保障，这就需要从根本上加强党内监督体制的建设，实行党内监督要接受党的“上层”和“下层”双重领导。鉴于此，在1920年的俄共（布）九大上，列宁便建议设立“同中央委员会平行的监察委员会”，并强调监察委员会成员应“由受党的培养最多、最有经验、最大公无私并最能严格执行党的监督的同志组成。党的代表大会选出的监察委员会应有权接受一切申诉和审理（经与中央委员会协商）一切申诉，必要时可以同中央委员会举行联席会议或把问题提交党代表大会”[3]。随后，俄共（布）十大通过的《关于监察委员会的决议》对监察委员会和监察委员的具体工作进行了详细规定，从而正式建立了党的监督制度。1922年3月，俄共（布）十一大通过制定《关于监察委员会的任务和目的》《监察委员会条例》等文件进一步完善了党内监督制度。俄共（布）十二大按照列宁的提议，将工农检察院和中央监察委员会合并为新的中央监察委员会，逐步建立起了独立行使监察职能的党内监察机制，并引入了群众的监督机制，充分保证了党的路线、方针、政策的有效执行。

三、马克思恩格斯无产阶级政党制度建设思想的价值意义

无产阶级政党制度建设的价值并不局限于单线性的原因，也不拘泥于单方面的成效，它是具备整体效应的价值存在形式。制度建设是管党治党的根本之策，它贯穿于党的建设全过程，因此，无产阶级政党制度建设的价值，既体现在党制定方针政策、进行科学决策的组织建设实践中，也体现在规范组织和成员的实践行为中。随着政党的发展，无产阶级政党制度体系逐渐形成并完善，党的制度建设为实现无产阶级政党文明提供了体制层面的价值导向。在新时代的场域中，贯彻党的建设总要求是管党、治党、强党的必然途径，也是发挥党的制度建设的根本原则，它为无产阶级政党制度建设确证了发展方向。

（一）无产阶级政党的制度建设规定了党的建设之“质”

党的制度建设是无产阶级政党自身建设的根本任务和永恒课题，坚持党的制度建

[1] 《马克思恩格斯全集》（第4卷），人民出版社1958年版，第574页。

[2] 《马克思恩格斯全集》（第4卷），人民出版社1958年版，第572、576页。

[3] 《列宁全集》（第39卷），人民出版社2017年版，第323页。

设的根本性地位是破解党的建设难题的可循方法。就无产阶级政党制度建设在党的建设中的重要性来说，它源于无产阶级政党对现实制度的客观本性的实质性挖掘，在党的建设中扮演着关键性角色，是党的建设过程中不可忽视的关键部分。制度本身作为在一定历史条件下产生的约束形式，为无产阶级政党制度建设提供了制约性的体系外壳。从制度的范畴和概念层面来看，“制”有节制、限制的意思，“度”有尺度、标准的意思。按其性质来说，制度是节制人们行为的尺度，是约束人们从事实践活动的边界。党的制度是指党在长期领导工作和党内生活中形成的党的组织和党的成员必须共同遵守的并以此为基本形式固定下来的党内法规、条例、规则等，其本身具有权威性、稳定性和刚性的约束特征。从构成形式来说，党的制度形式的划分遵循着特定的原则，一般来讲，它由实体性制度和程序性制度两部分构成。从制度的具体形式来看，制度主要分为组织制度、领导制度、工作制度、生活制度等基本形式。党的制度既在约束层面上规范着行为人的基本活动边界，也在发展层面上为行为人、组织、团体提供行为导向，是规范与导向有机统一的共同体。进一步说，制度既从本质上阐明了自身的规定是什么，也从行为上规定了怎么做的问题。坚持把党的制度建设放在突出地位，用制度所具有的约束、强制、保障等刚性特点去完善和健全党内运行机制，能够有效促进党的建设的科学化、制度化、规范化，保障党的建设的有序推进和党自身发展的平稳运行。

党的建设历来被作为一个体系来看待，主要包括思想建设、组织建设、作风建设、制度建设等。党的制度建设是起根本性作用的关键部分，它体现在党的指导思想、宗旨目标、价值取向、执政理念、纲领章程、思想路线、方针政策、规章制度、自身建设等各项建设之中。从党的建设布局的视野和高度来思考和把握党的制度建设时，党的制度建设实践就不单单是平面化、直线化的推进，而是与党的各项建设相互交织，形成互系共生的关联交互界面，在党的建设实践中构建起了一体化发展模式。需要注意的是，制度建设在党的建设过程中具有全局性、稳定性和长期性的特点，其在党的建设宏伟大厦中的定位、功能和作用更具有根本性。

首先，从党的制度建设的全局性角度来看，党的建设包含了政治建设、思想建设、作风建设、组织建设、制度建设等诸多领域，但彼此之间并不是以“孤立”的形式存在，从本质上来说，党的各项建设都不能脱离党的制度建设而单独存在，凝结各项建设并贯穿始终的是“制度”，制度建设为党的建设各部分提供了相应的对话机会，这是对党的制度建设全局性的生动展现。其次，从党的制度建设的稳定性角度来看，党的制度建设的稳定性涉及两个方面：一是党的制度在其出场语境中具有稳定性。党的制度是制定主体依据党内程序和运行秩序而确立的全党意志的制度形式，它的产生体现了制度自身逻辑框架的稳定性。二是党的制度在其在场语境中具有稳定性。党的制度在运行的过程中，它是维护党组织和党员队伍的稳定器，制度“缺位”就会导致党组织涣散甚至瓦解。再次，从党的制度建设的长期性角度来看，党的制度建设本身是历经革命、建设、改革的长期实践形成的实践经验的总结，它是伴随着党的建设而产生的过程性产物，会随着党的建设任务、建设形势的变化发生相应的改变。最后，从党的制度建设的根本性角度来看，党的制度建设的全局性、稳定性、长期性的特点都可归结为党的制度建设的根本性，这是因为党的制度具有适用对象的普遍性和表现形式的规范性特点，党的制度建设贯穿于各项建设之中，党的制度建设的质量直接决定了党的建设的现代化程度。因此，在推进党的建设过程中要重视党的制度建设，充分发挥其在促进党的科学决策、调动党员积极性和创造性等方面的突出作用。

（二）无产阶级政党制度建设是无产阶级政党文明之“形”

制度文明是人类文明的重要组成部分，它是人类文明发展到一定历史阶段的产物，是无产阶级政党文明的具体表现形式。政党文明的发展以制度文明的进步为始源性线索，两者在本质上具有同步性。对于政党来说，制度是全党的行动准则和行为规范，是全党的共同意志和利益的体现，它规定着全党的行为界限和发展方向，在全党范围内起着约束性作用。制度的发展标举着政党的进步状态，制度的建设程度体现着政党文明的开化程度，无产阶级政党制度建设的有序推进为无产阶级政党文明的发展提供了制度保障。对于执政党来说，制度、体制和机制的科学与否很大程度上决定着其执政能力的高低。而执政党的执政能力的提升又复归党的制度建设，推动党的制度建设延续性发展，从而确证政党的意向目标，这就表明了制度建设在党的建设中的决定性作用。与此同时，政党文明又可以从主体文明和客体文明两个方面来认识。政党主体文明是政党文明的内在根据和主导因素，是政党文明进一步发展的基础和前提。政党客体文明是政党文明的外在表现，是政党主体文明赖以存在和进一步发展的外部环境和客观条件。[1]在无产阶级政党制度建设有序推进的过程中，政党文明的主体方面和客体方面产生交互作用，两者形成互系性交互结构共同反映着政党文明的基本样态。

基于对制度文明和政党文明的理解，政党制度文明可以概括为包括工人阶级政党的制度选择、制度安排及其制度体系等方面内容在内的文明体系。[2]政党制度文明的文明体系是在遵循政党发展的客观规律的前提下，厘清杂乱无章的制度乱象而产生的现代政党文明形式。无产阶级政党的制度选择、制度安排及其制度体系首先体现的是无产阶级的主体意志，它代表着无产阶级的根本利益，这是对无产阶级政党性质的显性确证。无产阶级政党在解决党内制度性问题的过程中，推动了政党制度文明的发展，

[1] 王韶兴：《工人阶级政党文明问题探讨》，《社会科学》2004年第1期。

[2] 肖力、邢洪儒：《中国共产党精神建设研究》，光明日报出版社2011年版，第36页。

从而在根本上建构起了崭新的无产阶级政党制度文明新形态。在新形态的体系框架内，无产阶级政党又不断推进党的制度建设，创造性发展了无产阶级政党文明，为政党文明体系的形成提供了实践场域。作为政党文明的制度化形态，政党制度文明在整个政党文明中具有至关重要的意义，它决定着政党的发展方向和政党文明的实现程度。政党制度文明的不断演进推动了政党文明的整体性发展，以政党制度文明为原发质点，以政党制度建设为基本工具，在政党建设中形成了有机联系的政党文明体系。所谓体系，指的是事物由诸多要素（或内容）构成的整体，在事物内部有机结合形成发展态势，它强调的是事物的系统性、全局性；所谓布局，指的是事物的诸多要素（或内容）因内在关系而形成的格局。党的制度建设作为党的建设的理论体系之一，内嵌于党的建设的完整体系中，是党的建设体系不可或缺的重要因素，因其本身同思想建设、组织建设、作风建设、纪律建设等同处于一种平面化、直线化结构之中，由此形成的党的建设的布局就具备了平面化、队列化的特征。但崭新的无产阶级政党制度文明新形态的形成打破了旧有的平面化、直线化结构，因为党的制度建设贯穿于各项建设之中，形成了以制度建设为统摄的彼此关联、相互交叉体系，相互交融、彼此共生的交互形式就促使党的建设进入了宽领域、深层次的域境中，形成了系统性、全局性、协调性的运作方式。

（三）无产阶级政党制度建设是无产阶级政党党内民主之“体”

无产阶级政党制度建设是无产阶级政党党内民主的组织载体和制度保障，它既展现了党内民主的民主形式，又保证了党内民主的平稳运行。无产阶级政党制度建设的核心内容就是加强民主集中制建设，这是因为民主集中制自身具有根本性、领导性特质。习近平总书记指出：“民主集中制是我们党的根本组织原则和领导制度，是马克思主义政党区别于其他政党的重要标志。这项制度把充分发扬党内民主和正确实行集中有机结合起来，既可以最大限度激发全党创造活力，又可以统一全党思想和行动，有效防止和克服议而不决、决而不行的分散主义，是科学合理而又有效率的制度。”[1]保持制度的运行效率就要廓清民主基础上的集中和集中指导下的民主的有机统一关系，实现党内政治生活的制度化、程序化、规范化。实现制度建设与党内民主的有机结合和互动发展，从整体上反映着党的建设的基本内容及其发展水平。无产阶级政党制度建设尤其是党内单项制度、党内制度之间以及党内制度与党外制度之间相互衔接、协调，是衡量党内和谐、民主的重要标准。党的制度建设的有序推进为党内民主提供强有力的保护屏障，反之则会产生党内民主的运行逆动现象，最终导致党的建设逆动转向。

[1] 谢环驰：《树牢“四个意识” 坚定“四个自信” 坚决做到“两个维护” 勇于担当作为 以求真务实作风把党中央决策部署落到实处》,《人民日报》2018年12月27日。

党内民主从根本上说是一种党内的制度安排，“加强党的制度建设，增强党内制度的合理性、权威性和有效性是党内民主建设和发展的重要前提和基本保证”[1]。无产阶级政党制度建设承载着党内民主的基本形式，决定着党内民主的发展方向，党内民主的稳定存在首先要加强制度建设，遵循以党的制度建设为统领的制度形式。

恩格斯曾在《法兰西内战》导言中明确强调：“工人阶级为了不致失去刚刚争得的统治，一方面应当铲除全部旧的、一直被利用来反对工人阶级的压迫机器，另一方面还应当保证本身能够防范自己的代表和官吏，即宣布他们毫无例外地可以随时撤换。”[2]工人阶级保证自身权利的根本措施就是建立强有力的制度体系，这是稳定统治的制度保障。无产阶级政党的制度建设既在根本上确保了无产阶级的主体性地位，掌握在斗争中争得的国家主权，又在自身的建设中保证无产阶级的民主权利，最大限度地激活了政党和人民的创造活力。因此，完善的制度是无产阶级能够始终掌握党内民主地位的重要保证，也是党内民主的重要体现和可靠保证。无产阶级政党要不断提升自身的制度意识，这不仅体现在制度确立的层面上，还体现在制度执行的过程中。无产阶级政党应当不断强化“制度意识和制度执行力，健全制度执行监督机制，为制度的良性运行提供有利的环境，从而真正把制度落实落细”。在推进无产阶级政党建设的过程中，要始终抓住无产阶级政党制度建设这个中心环节，依靠完善可靠的制度将党内程序制定和民主生活的各项环节规定下来，使这些制度始终具有统一性、完整性和规范性。从无产阶级政党社会管理的角度来讲，党内民主制度的科学建立和有效落实，不仅能提高党组织的制度化水平，而且是党的组织整合、制度整合和价值整合的有力保证。无产阶级政党制度的在场有效性为无产阶级政党党内民主提供了稳定的发展环境，党内民主的不断递升对制度建设起到了推动作用，在无产阶级政党的社会管理过程中，要将制度建设与党内民主有机结合，这是实现党的建设有序推进的重要环节。

原载于《山东师范大学学报（社会科学版）》2023年第1期

[1] 林尚立：《党内民主——中国共产党的理论与实践》，上海社会科学院出版社2002年版，第146页。
[2] 《马克思恩格斯选集》（第3卷），人民出版社2012年版，第54页。

服务型政府视域中的政党治理

王韶兴

摘 要: 服务型政府建设中的政党治理，是政党文明进一步提升与不断扩展的过程。与“以人为本”、“权能有限”、“成本低廉”、“依法行政”及“违法必究”等服务型政府的基本特征相适应，中国共产党应努力实现由权力本位向能力本位的转变。这涉及党的思想观念的更新、职能的转变、能力的提升、法治的加强以及监督体系的完善诸多内容。其中，强化领导意识是基础，明晰职能是前提，提升能力是关键，依法治理是机制，监督制约是保障。由服务型政府建设引起的这场执政党“适应性变革”，涵盖党的内部生活和外部活动的各个方面，贯穿党的自身管理和领导、执政活动的整个过程，涉及国家政治和社会生活的各个领域，是一个深层次、全方位的政党文明再造过程。

关键词: 服务型政府；中国共产党；职能转变；政党治理

转变政府职能，建设服务型政府，是我国行政体制改革的目标要求，也是政治体制改革的重要内容。在我国基本政治制度的约束之下，政府角色的转变及其工作重点的转移，必然引起执政党的“适应性变革”；而政府公共服务能力的建设水平，则又直接反映着中国共产党的领导水平和执政能力。随着服务型政府建设的进一步展开，中国共产党确实面临着一个既要推动社会体制转型、增强政府能力又要有效地控制政府、切实领导社会的问题。这就要求执政党应以新的政治自觉，对有关自身建设与改革问题，从理论层面加以系统说明，从未来发展加以整体规划，从战略高度加以科学定位，从战术角度加以有效推进，以满足经济社会发展的新要求，适应领导、执政对象的新变化，更好地担负起中华民族伟大复兴的历史责任。由服务型政府建设引起的这场执政党“适应性变革”，对于构建有中国特色的和谐政治关系，增强中国共产党的领导水平和执政能力具有决定性的意义。

一、强化领导意识

社会主义民主政治的基本性质和服务型政府建设的价值目标，内在地要求执政党在对国家和社会影响过程中确立“以人为本”的基本理念，依靠领导权威履行政党职能。也就是说，在执政条件下强化领导意识，实现由权力本位向能力本位的转变，在建设服务型政府的过程中建设一个新型的领导党，是中国共产党在新的社会历史条件下政治上的新觉醒和自身发展的总目标。

1. 政党职能的本质属于领导。我们知道，从表现形式上看，执政党职能包括领导职能和执政职能两个方面。领导职能是指政党为实现自身价值，应当具有的对本阶级（阶层或部分）群众和社会公众加以组织、感化和带动的政治品质或政治技能。它是一种包括思想说明力、理论导向力、组织凝聚力、作风感召力、利益表达力和局势驾驭力六位一体的政治动员力。这种政治动员力的实现，既不是政党强加于人民群众的结果，也不是国家法律规定的结果，更不是国家强力威慑的结果，而是由政党为实现自我价值而自我养成，经广大人民群众普遍认同、内心崇尚和自觉追随的结果，因而它既可以在国家体制内展现，也可以在国家体制外发挥。而执政则是指政党通过一定方式进入国家体制内并在国家权力体系中居于主导地位的“治政”模式，是借助于国家权力，经由国家法律实现政党意志的政治行为。政党执政的基本特征是一种政治干预，是具有特定含义的民主政治现象，其职能的实现只能在国家体制内而不能在国家体制外。

政党执政与政党领导相比，无疑有不同的内容要求和实现形式。但是，由于“共产党执政就是领导和支持人民当家作主，最广泛地动员和组织人民群众依法管理国家和社会事务，管理经济和文化事业，维护和实现人民群众的根本利益”[1]。所以，从本质上讲，执政是政党通过国家政权机关对国家事务和社会生活实施的领导行为，是政党领导职能的一种具体的表现形式，而不是代替人民管理国家事务。比如，执政党控制官职资源，我们叫“党管干部”，是政党政治的通则，其本意是指执政党通过提出正确的干部标准和工作路线并经过一定的法律程序实现对国家干部工作的领导，而不是以执政党的组织行为取代国家的干部工作，更不是以执政党对国家干部的任命或变相任命取代人民群众对“社会公仆”的选择。还有我们今天所说的“党管人才”“党管舆论”等都有同样的意思。苏共长时期内在此方面犯的一个本末倒置的错误，就是明显地夸大执政党组织部门特别是干部工作的作用，以为只要控制住了干部就控制住了党员，进而就控制住了人民群众的教训值得吸取。“主义”是党的灵魂，思想是人的根本。执政党在国家政治和社会生活中贯彻了自己的“主义”，并由此掌握了人的思想，也就得到了治国理政的基本要领，也就拥有了领导、执政的核心资源。因此，“政党作

[1] 江泽民：《全面建设小康社会　开创中国特色社会主义事业新局面——在中国共产党第十六次全国代表大会上的报告》，人民出版社2002年版，第31—32页。

用”，本质上是政党“主义”的作用，而不是党管一切；政党执政，本质上是政党“主义”的主导，而不是政党成员非要做官不可；“总揽全局”，本质上是执政党对国家生活进行总体安排和宏观控制，而不是包揽全盘，包办一切；“协调各方”，本质上是在执政党的领导下充分发挥国家各职能部门的作用，而不是代替国家各职能机关履行职能。可见，政党执政只是政党领导的一种，而不是全部；它在客观上和形式上有利于政党领导职能实现，但不能因此取代政党领导职能，更不能因此就认为真正地实现了党的领导。

我们还应当看到，政党作为一个组织整体，其职能实现的基本途径及其本质特征与政党成员在国家政治与社会生活中担任公职、执行公务的行为方式是不同的，二者不可混淆。不然，就会歪曲政党与人民群众、与人民政权的关系。这是因为，政党是群众性的政治组织，其在组织特性上不具有强力，所以它不能向人民群众或由人民当家作主的国家政权发号施令，更不能对它们实行强制。邓小平早就指出，“党的指导机关只有命令政府中党团和党员的权力，只有于必要时用党的名义向政府提出建议的权力，绝对没有命令政府的权力”[1]。这就是说，某一政党的执政地位被国家法律认可，使这个政党的领导、执政职能得到了国家的强制性保障与政党职能的实现方式是不同的。执政党对国家政治和社会生活的作用，从根本上讲取决于政党理论的说明力以及政党组织的凝聚力和政党行为的带动力，而不取决于要求人民服从的国家权力。因此，不能将具有执政党成员身份的国家公务人员在行政工作中表现出来的行为特征，理解为执政党组织履行职能的基本特征，看成是执政党组织履行职能的主要方式。

上述表明，尽管在表现形式上可以把政党职能分为领导职能和执政职能两种类型，但二者不是并列平行的。从学科范畴及其地位、作用上看，政党领导属于上位概念，政党执政属于下位概念，政党执政从属于政党领导，是服务于和服从于政党领导的。而从整体和部分的角度看，政党领导是整体，是统领；政党执政是部分，是政党领导的一种具体的实践形态。而从逻辑关系上看，政党领导是政党执政的基础和前提；政党执政是政党领导的成果和实践，政党只有切实地实现了领导，才会在真正意义上执政。所以，政党职能的本质属于领导。

2. 政党价值的实现仰仗于领导。我们知道，政党属于政治组织，其活动范围立足于政治领域，性质定位在于政治职能，因而其价值功能集中体现为政治作用。而政治作用的发挥，从根本上讲要依赖于领导权威而不是单纯的执政权力。领导权威是政党借助于公信力而形成的一种政治支配力量，是依据政党人格的感召力、理论导向力和事实说明力而产生的具有高度稳定性和可靠性的政治影响力，其本质上是建立在令人

[1] 《邓小平文选》（第1卷），人民出版社1989年版，第13页。

信服、向往和尊敬之上的一种崇高的道德感化力。

这表明，政党价值的实现，根源于社会公众对政党的内心崇尚和普遍认同、自觉授权和自愿服从，基本方式在于团结凝聚、示范引导和激励感召，而不是权力性的胁迫或强制，更不是暴力性的威胁或打压。正如毛泽东所强调的，我们党“不能靠历史吃饭，不能靠威势吃饭，要以理服人，不能以力服人”[1]。苏共长时间内强迫人们“毫不怀疑地遵从”[2]，甚至将国家暴力引入党内的教训极为深刻。工人阶级政党发展的历史经验一方面表明，政党的领导权威既是政党执政权力形成的基础，也是政党执政权力的真实价值；既是政党执政权力的载体，也是政党执政权力的精髓；既是政党执政权力的内核所在，也是政党执政权力最有效、最安全因而是最可靠的表现方式。另一方面表明，缺乏政党领导权威支撑的政党执政权力，是缺乏阶级、社会认同或合法性基础的执政权力，因而是靠不住的也是危险的执政权力。这样的执政权力把持的时间越长，其弊端也就越明显，危害就越深，包括阶级群众及其政党本身在内乃至整个社会为此所承担的政治风险和为之付出的代价就会越大。这不仅会使政党招致灭顶之灾，还会给国家、民族的发展带来不幸。

3. 政党执政的根基在于领导。我们知道，政党执政的对象是国家政权，政党领导的对象既包括国家政权也包括社会。我们还知道，政党职能的本质是领导，而领导的真意在于服务；政党真正领导了社会，就在事实上掌握了群众，而掌握了群众，就抓住了执政的根本，就拥有了执政的资格。在这个意义上我们可以这样讲，执掌政权仅是手段，领导社会、服务群众才是目的；领导社会、服务群众是执掌政权的根基，执掌政权是领导社会、服务群众的表现。对于执政党来说，如果只强调掌握政权，而不善于掌握社会，荒于服务群众，久而久之就会失去执政的社会根基和力量的源泉。这样的执政必然是处处不顺，危机四伏。经验表明，善于领导的政党终究能执政，不善于领导的政党得到政权终究也会丢掉；人民万岁，某一政党执政未必万岁，关键在于其是否始终领导着社会，掌握着群众。经验还证明，某一政党执政时间越长，越容易淡化领导意识而不恰当地强化执政意识，就会逐渐地由原本的尽服务之责变为行管制之权，因而就会在实践中发生强化执政权力、迷恋执政权力甚至寄生于执政权力，进而转化为利用执政权力谋取自身特殊利益的现象。所以，越是执政党，越是执政时间长的党，越要努力破除“自动先进论”和“地位天然论”，努力把自身建设成领导意识强、领导水平高的执政党。

---

[1] 中共中央文献研究室：《毛泽东传（1949—1976）（上）》，中央文献出版社2003年版，第656页。

[2] 劳伦斯·迈耶等：《比较政治学》，罗飞等译，华夏出版社2001年版，第16页。

二、明晰政党职能

政府职能的根本转变及服务型政府的建设，内在地要求中国共产党要根据新的实践和新的发展，从规律层面正确认识和准确把握自身职能，即在新的社会历史条件下进一步思考政党具体地应当做什么和怎样做，即政党职能的转变及其实现的问题。

1. 政党职能是应政党任务及政党环境的要求而形成的，政党的任务、环境及其领导和执政对象的基本情况变了，政党的政治品质与政治技能必须有相应的提高或转变，由此在新的历史起点上赢得政党职能的新发展，在动态开放的过程中实现政党职能的与时俱进。现在的情况是，我们常常从社会转型即从构建政府与社会和谐关系的角度要求政府职能转变，而很少考虑与此有内在联系的政党职能转变的问题。事实表明，在政府职能发生根本性转变的条件下，客观上要求执政党在利用执政资源的范围及其力度和方式上都应做出相应的调整。可以这样说，在当代中国条件下，政府职能转变的背后是政党职能转变，而政党职能转变的背后是政党执政体制的改革。如果没有政党职能的转变和政党执政体制的改革，政府职能难以实现真正的转变；政党职能不转变或不明晰，其应有的作用发挥不了，发挥不好，政府职能就转变不了，也转变不好。在这种情况下，不仅真正意义上的服务型政府建立不起来，还会导致执政党与政府的价值目标发生背离。

2. 当代中国政党职能的转变，就是使中国共产党由过去的以党代政、党政不分向履行党责，职能明晰，党政关系科学化、规范化和法制化的方向转变。这实际上是一个经由党的执政体制的不断改革和发展完善，进一步提升其执政能力的过程。由现代政党的组织特性所决定，政党拥有的是政治职能，应发挥的是政治作用。这在中国共产党的领导和执政过程中则表现为六个方面的具体内容与实践要求。一是党所应当具有的为国家政治和社会生活提供正确价值导向的政治品质与技能。二是党所应当具有的最大限度地发现、集合、调动各方面社会力量为实现以本阶级为基础的经济、政治、文化和社会发展目标服务的政治品质和政治技能。三是党所应当具有的把社会公众和国家政权有机联系起来的政治品质与政治技能。四是党所应当具有的通过人才供给和组织体系的力量，保障国家政权运转方向与本党价值取向相一致的政治品质和政治技能。五是党所应当具有的将社会构成的各方面、国家系统的各个部分的具体利益诉求从根本上统一到国家基本价值取向的政治品质和政治技能。六是党所应当具有的维持政治秩序、促进社会稳定发展的政治品质与政治技能。这些基本内容，既是执政党为承担政治责任而必须具有的政治品质和政治技能，也是其活动的基本领域和能够行使权限的基本范围。

3. 政党职能为什么转变，哪些职能需要转变，哪些职能该转归政府，哪些职能该还归社会，其考量的标准不取决于执政党本身，而取决于政党、政府及社会不同组织之间的政治管理绩效和活动成本的比较。也就是说，政党职能不是为了转变而转变，应当是为了好才转变，而好与不好的根本标准，就是看是否有利于国家和社会发展目标的实现以及国家和社会管理的廉价和高效。

三、提升自身能力

服务型政府是廉洁、廉价、高效型政府。因而建设一个民主水平高、执政成本低、领导效果好的廉洁、廉价与高效的执政党是服务型政府建设的必然要求。廉洁、廉价、高效型执政党建设涉及党的思想观念、组织体制、制度安排、活动方式及管理方法等若干方面，但从根本上来讲，是建设服务型政府条件下执政党的综合能力提升的问题。

1. 执政党综合能力既是政党文明发展水平的集中体现，也是政党文明的实践结果。从其生成、发展与发挥作用的角度看，它不仅涉及政党性质、政党职能、政党使命以及组织结构、活动方式、制度安排和管理方式等政党自身诸多因素，涉及具体民族国家政治资源、经济资源、文化资源以及阶级基础、社会基础诸多内容，还涉及国际政治、经济及国际关系诸多方面；从其内容结构和实现过程的角度看，它不仅包括政党建设能力、政党管理能力，还包括政党领导水平和执政能力；从其作用影响的角度看，它不仅关系到政党自身的前途，关系到国家的命运，还关系到人类文明的发展。

2. 从基本内容角度看，服务型政府视域中执政党综合能力的提升主要包括三个方面。一是政党建设能力。这是指搞好政党自身建设的目标指向及其评价标准的问题。涉及政党的思想说明能力、理论导向能力、组织凝聚能力、作风感召能力、制度规范能力等内容。二是政党管理能力。对于执政党来说，其管理能力包括政党自我管理和人民群众对执政党的监督（实质上是人民群众通过国家或国家代表人民群众对执政党的一种管理）两个方面。我们认为，执政党在搞好党务管理的基础上，自觉并有效地将自身置于人民群众的监督之下，是执政党应有的政治品质和政治技能，也是对其领导水平和执政能力的检验和考验。三是政党领导水平和执政能力。主要涉及领导、执政的理念、任务、基础、方略、体制、方式、资源、环境等方面。其中很重要的一点，就是按照依法治国的根本要求，探索符合共产党领导的执政规律、符合社会主义民主政治发展规律的原则和方法，涉及科学、民主、依法、廉价和高效五个基本方面。在上述三个方面的基本内容中，政党建设是执政党综合能力提升的基础，政党管理是执政党综合能力提升的保障，政党领导、执政是执政党综合能力提升的归宿。

3. 执政党综合能力评价的标准，是政党现代化建设的能力及其结果，即政党创造和吸纳当代人类文明成果的能力及其结果。创造，主要是看政党对人类文明成果的贡献率；吸纳，主要是看政党对人类文明成果的学习力。具体来看，衡量执政党综合能力的强与弱、好与坏标准主要有三条：一是看它的历史合理性，即指政党行为是否符合人类历史发展规律的基本要求。二是看它的正确高效性，即指政党能否有效地促进民族国家经济社会发展并把这种发展同人类文明的演进统一起来。三是看人民的满意度，即指判断政党能力的高低优劣，关键要看它能否得到大多数人民群众内心认可和自觉追随。总起来讲，就是看这个党是不是一个真正的廉洁、廉价和高效之有机统一的政党。对执政党综合能力评价的主体是领导、执政对象，而不是政党本身；评价的依据不仅是政党文献，还包括国家法律；评价的标准不仅要有“质”上的判断，还要有“量”上的评估[1]。事实表明，执政党活动，客观上存在一个资源占用、资源消耗与“资源产出”的关系问题。也就是说，政党领导和执政必须考虑其履行领导和执政职责时而支付的各种费用，考虑其维持自身运转而发生的各项开支，以及政党组织及其工作人员因决策或日常行为不当而发生的信誉资源流失等问题，努力实现领导、执政的效率、效果和效益的有机统一。这既是执政党综合能力的集中体现，是其执政合法性的根本所在，也是其长期执政的根据之所在。

4. 执政党综合能力的性质定位、发展与发挥作用，总是与党内民主、党际民主、国家民主、社会民主甚至与国际民主息息相关。因此，建设高质量的党内民主、国家民主和社会民主，赢得高度的国际民主，是执政党综合能力提升的价值指向和目的要求。反过来，高度发展着的内部民主和外部民主，又为执政党综合能力提升提供根本动力、核心资源和优良环境。在这个意义上可以这样讲，民主知识是执政党综合能力提升的基础，民主思想是执政党综合能力提升的核心，民主精神是执政党综合能力提升的精髓，民主方法是执政党综合能力提升的工具，民主发展是执政党综合能力提升的目的。

四、实行政党法治

服务型政府是法治型政府，依法行政是服务型政府的行为准则。政府依法行政内在地要求执政党“依法执政”，而依法执政的前提是将政党自身置于法治环境之中，将执政党行为纳入法治轨道之上。没有政党法治，不会有真正意义上的国家法治；没有执政党的依法执政，也不会有真正意义上的政府依法行政。

1. 政党法治属于政党文明范畴，是政党文明发展到一定历史阶段的内在要求和必然结果，同时也是政党政治的一种表现形式。政党法治，既是提升政党文明水平的必

[1] 张垚：《对党的能力的几点认识》，《理论学刊》2005年第2期。

由之路，也是衡量政党开化状态的重要标尺；既是政党治理的时代强音，也是增强政党执政能力的当然要求。当下，中国共产党实行依法执政和依法治国，内在地要求政党法治。可以这样讲，加强政党法治建设既是增强执政合法性的需要，也是推进依法治国的需要；既是坚持依法执政的需要，也是建设服务型政府的需要。

2. 政党法治是指以政党章程和国家宪法作为政党活动的总规范，政党法律和国家法律对政党权实行全面规制的政党治理模式。它包含民主与法制、权利与义务等丰富的制度意蕴，融汇法律至上、权力制约、依法执政等诸多的价值取向，涉及政党法治的主体、客体、目标、原则、依据、形态及其与法治国家的关系等若干内容，涵盖政党内部和外部活动全部政党生活，贯穿于政党自身事务管理和领导、执政整个政党行为的全过程。

3. 政党法治是与政党人治相对应的政党治理的理论、原则和方法。政党主张与国家意志相一致、政党法律与国家法律相协调是政党法治实行的前提条件，阶级性和工具性相统一是政党法治特性的基本内容，实体价值和形式价值相统一是政党法治价值的基本形式。政党法治建设的具体内容及其实践形式，既与政党地位、政党任务和政党环境有关，也与民主资源、制度资源的历史积累和文化传统有关。从当代中国政党政治的实际出发，确立以下几个观点对于政党法治建设很重要：树立政党法律信仰，为政党法治提供文化环境；发展政党民主，为政党法治提供政治基础；科学配置政党权力，为政党法治提供体制条件；明确政党职能，为政党法治提供价值指向；健全政党法制，为政党法治提供本体依托；维护法律权威，为政党法治提供价值保障[1]。

五、调配政党权力

服务型政府意味着人民不仅有享受政府服务的权利，还有监督政府行政、要求其承担责任的权利。政党执政权作为国家治权或者作为公权的一种特殊形式，在根本上从属于人民主权，来源于人民的授予，受人民的监督。因此，与服务型相匹配的执政党应是自觉接受人民监督、执政权力受到约束的党。这既是服务型政府视域中政党治理的一项重要内容，也是搞好服务型政府建设的政治前提和政治保障。从当代中国政党组织结构和执政党内部权力结构的实际情况出发，关键的问题是执政党内部权力的合理配置以及对执政党监督流向科学引导的问题。

1. 从国家的角度讲，政党权力作为一种特殊的权力形态，既可以分，也可以合，从本质上讲，它所反映的是政党权力配置的方式问题。政治学认为，权力配置或权力

---

[1] 王韶兴：《政党法治：一种新型的政党文明形态》，《文史哲》2005年第1期。

分工的主要目的是防止权力集中在一个力量中心，使一些权力机构的设置同其他的权力机构有具体而明确的工作目标和活动界限，从而建立起政治权力运作的制约和平衡机制。这表明，政党权力配置的问题，不应成为一个研究禁区，也不应仅限于一般的宣言性的提法，而是一个应用操作性很强的实践问题。苏共由于缺乏权力分工和制衡机制，导致全部现实权力都集中在党内少数人的手里，结果出现了斯大林时期的个人崇拜、赫鲁晓夫时期的唯意志论以及勃列日涅夫时期盛行的公开腐败和堕落，这一教训值得吸取。

2. 政党权力配置的现状，与政党产生、发展与发挥作用的客观需求、历史环境与政治力量对比有关。它既是政党自身健康发展的必然要求，也是各种政治力量博弈的组织格局。政党权力的配置有两种基本形式：一是党内“分权”，即在一个政党内部，在坚持同一“党体”的前提下，根据政党科学运作的基本要求，将政党权力划分为几个不同的部分，赋予其不同的职能，由此形成既有内在联系又有不同分工并相互制约的政党权力体系和运作机制。二是党际分权，即在整个国家范围内，通过形成不同的政党主体将政党权配置成相对独立的几个部分，其存在形式既可表现为性质不同的几个政党，也可表现为基本性质相同但政策主张不同的几个政党。在这个意义上，具体民族国家中的一党制、两党制、多党制所表明的只是党权关系以及由此形成的政党关系存在形式的不同，属于政党组织结构、政党体制和机制层面的内容。

3. 在具体民族国家里形成的对政党权监督制约的具体形式不能照搬，但其中所蕴含的关于政党权监督制约的一般原理——“以权制权”则是必须遵循的。在这个问题上，政党的历史主动性就是从具体的国情、党情和民情出发，创造具体的政党权力监督制约的有效形式。这对于包括中国共产党在内的现实社会主义国家的工人阶级执政党来说是一个历史性的考验。从当代中国政党政治的实际出发，谋求政党权力间的有效监督制约的重点在于执政党自身权力及公共权力与政党执政权力的合理配置。通过执政党权力的纵向配置，改革完善政党内部领导体制和工作机制，建立健全政党内部的民主选举、民主决策、民主管理和民主监督的体制和机制，实现被领导者对领导者的有效监督；通过执政党权力的横向配置，实现相对不同政党权力主体间的监督制约，目的在于使政党的决策权、执行权和监督权相互平衡，使三者之间既统一协调，又具有一定的张力，建立起运转有效的党内权力制约机制。而通过国家权力的纵横配置，建立健全公共权力对政党执政权力的监督机制，保证“党必须在宪法和法律的范围内活动”[1]。

4. 执政党监督流向既包括自上而下和自下而上两个序列，也包括政党组织及个人

[1] 《十二大以来重要文献选编（上）》，人民出版社1986年版，第33页。

之间的相互监督。但其关键是自下而上即个人对组织、下级组织对上级组织、党员群众对党员干部、全党对中央的监督以及人民群众对执政党的监督。这是因为，诸如“组织”、“上级”、“中央”和执政党的组织实体及其相应的权力，均源于“个人”、“下级”、“全党”和人民群众。因此，个人监督组织、下级监督上级、全党监督中央、人民群众监督执政党这样一个极为重要的结论便是自然产生和必须维护的。只有这样，才能有效防止执政党的领导干部脱离党员群众，执政党的领导机关脱离党的基层组织，执政党组织脱离广大人民群众。从而也才能避免苏共由开始在党内出现官僚主义者，中经形成帮派体系、特权阶层进而发展成食利阶层，最后变成共产党和社会主义的掘墓人的亡党逻辑在我国重演。自下而上监督的实质是群众民主监督。对此，历史给我们留下的宝贵经验是发动群众、依靠群众，沉痛的教训是采取了不断搞群众运动的形式。我们现在应当防止的倾向是，把“不搞群众运动”与不发动群众、脱离群众甚至怕群众、压群众的做法等同起来。在新的历史条件下，探索既依靠群众，又不搞“群众运动”的新路，有两点应予以重视：一是要强化媒体的“人民喉舌”的监督职能，通过大众传媒和公共舆论表达人民的呼声，实现新闻舆论对执政党的监督。为此要努力创造条件，在有关新闻监督法律规范之下，建立一个健康发展、充满生机活力的新闻舆论监督新机制。二是可考虑借鉴别国的经验，积极创造条件，在国家制定《监督法》的基础上，建立“人民监督委员会”。经验表明，如果自上而下监督序列的强化和运转非常有效，而自下而上监督序列的弱化和运转常常失灵，这样的政党监督愈加强，离本来意义上的执政党监督就愈远。经验还表明，民主是腐败的天敌，是廉政的伴侣，许多复杂问题在民主面前都会变得简单和可操作。

原载于《理论探讨》2007年第2期

全球化信息化背景下中国共产党组织建设研究

葛 丽

摘 要：第三次科技革命之后，全球经济迅速发展，世界进入全球化、信息化时代，各国政党的组织结构和运作方式都面临着前所未有的机遇和挑战，为了迎接机遇、应对挑战，各政党都不断寻求政党组织的革新。为了适应全球化和信息化带来的新要求，中国共产党也在积极探索组织发展的新路径，在党的组织建设上采取了许多新举措。

关键词：全球化；信息化；中国共产党；组织建设

第三次科技革命之后，世界进入全球化、信息化时代，世界各国之间的联系越来越紧密。冷战结束之后，世界政治经济力量重新洗牌，各国政党的发展都面临着前所未有的机遇和挑战，为了迎接机遇，应对挑战，各国政党都在探索政党发展的新道路，中国共产党亦是如此。随着改革开放的深化和社会主义市场经济的发展，人民的思想观念、生活方式都发生了巨大变化，政治利益诉求也趋向多元，这些都对执政党的执政方式和领导方式提出了新的要求。要求我们党必须在激烈的社会变迁中寻求新的路径，对原有的组织模式加以改革，不断实现组织创新。

一、在坚持工人阶级政党的前提下突出党的人民基础

中国共产党自建立以来，一直强调自己是工人阶级的政党，具有鲜明的阶级性。但随着中国社会阶级和阶层的复杂化，我们需要对党的组织性质进行新的界定，因此，2002年党的十六大制定的新党章总纲明确提出："中国共产党是中国工人阶级的先锋队，同时是中国人民和中华民族的先锋队。"这种表述不仅坚持了党的工人阶级性质，巩固了党的工人阶级基础，还进一步扩大了党的群众基础，突出了中国共产党不仅是工人阶级的党，更是全国人民的党、是整个民族的党。这就要求我们党在今后的工作中不仅考虑工人阶级的利益，更要注重关注全体人民的利益，真正把群众放在心里，群众才能更加信任和支持我们党。

为了进一步突出中国共产党是真正为全体人民谋福利的党，2002年党的十六大还将“三个代表”重要思想写入党章，明确提出：“中国共产党是中国特色社会主义事业的领导核心，代表中国先进生产力的发展要求，代表中国先进文化的前进方向，代表中国最广大人民的根本利益。党的最高理想和最终目标是实现共产主义。”在强调党的先进性的基础上，表明我们党代表着广大人民群众的利益，是真正为人民服务的党，这就要求我们党要学会正确处理和协调社会不同利益群体之间的矛盾，注重满足不同阶层的政治利益诉求，更多地关注弱势群体，以提高人民的整体生活水平。也只有这样做，才有利于我们党团结和带领全国各族人民，共同建设中国特色社会主义。

二、在民主集中制的基本原则下推进党内民主化建设

民主集中制是我们党根本的组织制度，也是我们国家的根本组织制度，是民主基础上的集中和集中指导下的民主的紧密结合。但长期以来，民主基础上的集中有余，集中指导下的民主不足。近年来，为适应政党民主化和现代化的浪潮，我们在坚持民主和集中的辩证关系前提下，更加注重民主建设。党的十三大以来，我们党内就实行差额选举制度，而且所差的比例越来越大，以尽量避免选举流于形式；同时，基层直选的范围也进一步扩大。此外，还明确提出，党组织讨论决定问题，应实行表决制，以充分发挥普通党员的民主权利，为此进一步健全了决策前的论证制、决策中的票决制和决策后的责任制，同时建立决策项目的预告制度和重大事项公示制度，充分听取党员意见，保证党员有管理党的事务及发表相关意见的权利，从而能够充分发挥党员的积极性、主动性和创造性，真正实现决策的民主化和科学化。

在中国共产党长期的执政实践中，普通党员的参政议政权利没有得到很好的尊重，党的高层很难倾听到人民群众的心声。正如邓小平同志所说：“一个革命政党，就怕听不到人民的声音，最可怕的是鸦雀无声。现在党内外小道消息很多，真真假假，这是对长期缺乏政治民主的一种惩罚。”[1]为了更好地代表广大人民群众的利益，党的十三大作出了党务公开的决策，党的十六大提出了“党内民主是党的生命”的重要论述，党的十七大更是明确把推进党务公开作为党内民主建设的一项重要举措，党的工作不仅向党员公开，也向全社会公开，以便让普通党员和群众能够及时了解党的有关事项和党的最新方针政策。为了使人民群众能够直接参与决策，我们还实行了听证会制度，让党员和群众都能够直接了解和参与党的各项具体工作，这就打通了党和人民的沟通渠道，使党能够随时听到群众的意见和建议，使党能够真正成为人民群众利益的忠实代表。

[1] 《邓小平文选》(第2卷)，人民出版社1994年版，第144—145页。

三、在保持党的先进性基础上不断拓宽党的阶级基础

改革开放以来，我国产业结构和就业结构发生了重大变化，社会上出现了一批代表先进生产力的新兴劳动者，我们需要把这部分社会成员中的优秀分子吸收入党。党的十六大通过的新党章规定："年满18周岁的中国工人、农民、军人、知识分子和其他社会阶层的先进分子，承认党的纲领和章程，愿意参加党的一个组织并在其中积极工作，执行党的决议和按时交纳党费的，可以申请加入中国共产党。"党的十六大报告也对此作了进一步解释："在社会变革中出现的民营科技企业的创业人员和技术人员，受聘于外资企业的管理技术人员、个体户、私营企业主、中介组织的从业人员、自由职业人员等社会阶层，都是中国特色社会主义事业的建设者。"这就拓宽了党的组织基础，赢得了这些新兴阶层和群体的拥护和支持，更加有利于巩固党的执政地位，提高党的凝聚力、战斗力和影响力，更好地发挥中国共产党的社会整合功能。

四、在相关制度的不断完善中实现组织运作的规范化

组织运作的规范化需要相关制度的保证，中国共产党的组织建设十分注重组织制度的进一步完善。其中，党代会是党的最高权力机关，党代会制度是我党组织运作的重要制度之一。为了维护党代会的权威，我们要求党代会的常务委员会、党委会、纪委会定期向党代会汇报工作，接受党代会的监督和质询，其工作人员也不能互相兼职。通过人民代表大会制度和党的委员会制度的改革，切实发挥党代会作为党的最高权力机关的相关职能。为了保证党代会的连续性，从20世纪80年代末开始试点党代会常任制。

为了提高党应对世界变革的能力，必须提高党的执政能力和水平，为此，我们需要进一步强化党的监督，杜绝权力的异化和滥用。党的十七大明确规定：中央政治局向中央委员会全体会议报告工作，接受监督；党的地方各级委员会的常务委员会定期向委员会全体会议报告工作，接受监督。我们也提出尽快建立健全决策权、执行权、监督权既相互制约又相互协调的权力结构和运行机制，进一步加强对权力的监督制约，以提高党的执政能力和领导水平。

五、在进一步精简机构的同时注重提高组织的效率

政府机构改革是一项长期而又系统的艰巨工程，事实上，改革开放30年来，我党

已经在1982年、1988年、1993年、1998年、2003年进行了5次政府机构改革，对臃肿的政府机关进行一次次撤并，对庞大的政府工作人员也进行了一次次精减，成效也极为显著：其中，国务院的机构与1982年相比，已经由100个减少到69个，政府工作人员由51000人减少到16000人。2008年，我们又开始了第6次全国范围的以民生为本、完善政府公共服务功能的机构改革，并根据国务院发布的《关于机构设置的通知》，国务院的部门与部门之间或部门内部之间开始了资源整合，同时，地方大部制改革也在抓紧进行，全国一半以上的地方政府也都在进行机构改革，为节约行政开支而不断努力。

为提高党的执政效率，我党加快推进党政分开、政企分开、政事分开的进程，同时政府分权工作也加速进行，既赋予地方政府更多权力，使中央政府能从烦琐的具体行政事务中解脱出来，又把很多权力交由市场、社会组织行使，进一步发挥市场在资源配置中的基础性作用及公民和社会组织在社会管理中的作用。同时，提出建立服务型政府的目标，并将其作为政府改革的落脚点，即政府的主要职责是提供各种公共服务，以实现全社会和全体人民的公共利益。

六、在保持基本规模的前提下激发组织活力

我们党目前拥有八千万名党员，这些党员被组织在数百万个基层党支部中，这些支部是党的组织生活的细胞，在党的组织生活中发挥着重要作用。但长期以来，我们的基层组织缺乏活力，多数组织生活流于形式，党员的参与积极性普遍不高，尤其是广大的农村基层组织更是如此。如今，我们尝试将自上而下的宣讲变为自下而上的讨论，更多地以普通党员为主体开展活动，以提高党员参与党内组织生活的兴趣，激发组织生活的活力。为充分发挥基层党组织和党员的积极性，我们进一步加强基层党组织的权利，扩大直接民主的范围。充分利用网络平台，吸引更多的党员和群众参与党内重大问题的讨论。在按单位建立党的基层组织的基础上，尝试以社区为单位开展党的组织工作，将不同学历、不同经历、不同阶层的人们组织在一起，在任何方便的时间集中起来，互相了解和交流彼此对国家重大方针政策的不同认识和理解。相邻社区或街道的党员也可以在一起交流学习对国家相关方针政策的认识。

“无产阶级所以能够成为而且必然会成为不可战胜的力量，就是因为它是根据马克思主义原则形成的思想统一，是用组织的物质统一来巩固的，这个组织把千百万劳动者团结成工人阶级的大军。”[1]组织优势是我们党执政的最大优势，虽然我们党的组织建设还存在一些亟待解决的问题：组织监督需进一步加大力度，组织民主需进一步强化，

[1] 《列宁选集》（第1卷），人民出版社1995年版，第526页。

组织制度需进一步完善，但不可否认，我们党在不断努力，通过党的组织建设创新，充分发挥党的总揽全局、协调各方的作用，把我们党建设成为“权为民所用、情为民所系、利为民所谋”的党。

原载于《中国社会科学》2010年第2期

中共党内监督机制的历史考察及其启示

陈　进

摘　要：中国共产党虽几经磨难但不断发展壮大，党内监督发挥了重要作用。考察与反思党内监督的历史，分析党内监督机制建设的曲折历程，总结历史经验和教训，有利于为党内监督的进一步健全提供历史借鉴。

关键词：中国共产党；党内监督；启示

一、新中国成立前我党对党内监督机制的初步探索

中国共产党在建立初期就开始对党内监督问题进行了一系列尝试与探索，这一时期有关党内监督系统的建设还处于摸索阶段，主要确立了党内监督的任务。党的一大纲领明确规定："工人、农民、士兵和学生的地方组织中的党员人数多时，可以派他们到其他地区去工作，但是一定要受地方执行委员会的最严格的监督"，"地方委员会的财务、活动和政策应受中央执行委员会的监督"。[1]此外，党的二大、三大、四大通过的党章都规定，"下级机关须完全执行上级机关的命令。不执行时，上级机关得取消改组之"。[2]1926年8月14日，中共中央发出了《关于坚决清洗贪污腐化分子的通告》，要求各党组织"迅速审查所属同志，如有此类行为者，务须不容情地洗刷出党，不可留存党中，使党腐化，且败坏党在群众中的威信"。[3]这个通告是党内的第一个反腐败文件，根据这个文件，党内监督的范围，从仅仅对下级组织及党员遵守党规党法的监督，扩展到了对贪污腐化问题的监督，扩大了党内监督的范围。

1927年前后，党的自身建设逐渐步入正轨，党建系统逐步完善，党内监督的相关制度也逐步充实与完备起来，作为党内监督主体的专门监督机构得以初步确立。

大革命时期，陈独秀的个人独断专行给党造成了严重的损害。1927年6月1日，中

[1]《中国共产党党章汇编》，中国方正出版社2006年版，第45页。

[2]《中国共产党党章汇编》，中国方正出版社2006年版，第61页。

[3]《中共中央文件选集》（第二册），中共中央党校出版社1989年版，第282—283页。

央政治局会议讨论并通过了《中国共产党第三次修正章程决议案》(以下简称《修正章程》),决定设立中国共产党历史上首个党内专门监督机构——党的监察委员会。《修正章程》规定:"为巩固党的一致及权威起见,在全国代表大会及省代表大会选举中央及省监察委员会。"[1]这是党的历史上首次明确党内监督的目的。由于当时特殊的革命斗争需要,党为了保持自身的团结与统一,十分有必要加强党内监督,维护中央权威,但是这种初衷也对后来党内监督的建设产生了一些不利影响。

随着中国共产党区域执政地位的取得,党内开始出现官僚主义、营私舞弊、贪污浪费等腐败现象,这些都严重地损害了党和人民的事业。为应对腐败问题,党内监督系统的建设问题再次成为党建的一个重要任务。1933年9月,中共中央决定成立监察委员会,并规定各级监察委员会的职责除维护党的纪律,保证党的决议得以有效贯彻执行之外,还包括检查违反党的总路线的各种不正确的倾向及官僚主义腐化现象等,并与之作无情斗争。各级监察委员会对违背党章的行为可依据党内规定作出处分决定。[2]1945年6月11日,中共七大在党内监督系统建设方面作了进一步的修改。七大党章取消了六大党章里"审查委员会"一章,重新增添了"党的监察机关"一章。党章规定:党的中央委员会认为必要时,得成立党的中央监察委员会及各地方党的监察委员会。中央监察委员会由中央全体会议选举产生,各地方党的监察委员会由各该地方党委全体会议选举并由上级组织批准。党的各级监察委员会在各该级党的委员会指导下进行工作。[3]这样,党的七大将30年代党内监督的具体实践方式通过党章的形式确定下来,并进一步细化了职责,这就使党内监督有章可循。

总之,在整个民主革命时期,中共党内监督系统的建设一直处于模仿与探索阶段,其间不乏大胆的尝试与创新。然而,由于客观的革命形势,多数规定都最终流于形式,但党内监督的具体实践经验却为新中国成立后相关制度的建设提供了一个真实有效的参照标准。

二、新中国成立后前三十年党内监督机制的重建与曲折发展

新中国的成立,意味着中国共产党所处环境和所肩负的任务发生了根本变化,党内监督系统的建设也因而面临着全新的环境。新中国成立后前三十年党内监督系统大体经历了以下三个发展阶段:一是重建时期,二是加强与病变时期,三是实际缺失时期。

---

[1] 《中国共产党党章汇编》,中国方正出版社2006年版,第73页。

[2] 《中共中央文件选集》(第九册),中共中央党校出版社1991年版,第340页。

[3] 《中国共产党党章汇编》,中国方正出版社2006年版,第225页。

（一）党内监督的重建时期（1949—1956年）

新中国成立后，中共在总结过去经验的基础上，对党内监督系统进行了重建。1949年11月，中共中央作出了《关于成立中央及地方各级党的纪律检查委员会的决定》（以下简称《决定》），决定在各级党委建立纪律检查委员会。纪委的全面建立，为党内监督工作的顺利开展和有效运作打下了良好的组织基础。关于纪委的产生方式和领导体制，《决定》规定：中央纪委在中央政治局领导之下进行工作，地方各级纪委由各该级党委提出名单，经上两级党委批准后，在各该级党委会指导之下进行工作。上级纪委有权改变或取消下级纪委的决定。[1]这就意味着纪委将受到同级党委和上级纪委的双重领导。这样，党就延续了解放战争时期党内监督的实施方式，并将其进一步制度化。

（二）党内监督的加强与病变时期（1957—1966年）

这一时期，党的领导体制发生重大变化，开始向集权化演进。党内领导体制的集权化发展，直接影响了党内监督机制作用的发挥。由于受党内权力集中的影响，以自上而下纪律监督为主的党内监督在制度设计上得到加强。与此同时，党内监督出现了“惩办主义”和阶级斗争扩大化的倾向，政治运动走进党的监督领域并成为党内监督的一种实现形式。专门监督机构也逐渐沦为主要领导人强化个人权力、贯彻个人意志、维护个人权威的工具。这一时期，党内监督系统同党外监督系统的关系也开始变得不正常。党内监督系统逐步取代党外监督系统，进而成为整个国家的监督系统。党内监督机构的权力开始进入国家政治生活领域，党内监督机关开始取代行政监察机构，成为全国唯一的监督机关。这一时期的党内监督在监督方式上也发生病变，政治运动逐渐成为党内监督的一种实现形式，并在具体实践中引起了诸多弊端。政治运动所煽动起来的政治激情也将对个人的崇拜推到了新的高度。这样自上而下的纪律监督得到最为严格的执行，有限的民主监督则被完全破坏了。

（三）党内监督的实际缺失时期（1966—1976年）

“文化大革命”一开始，党内专门监督机构就被破坏。中央监察委员会作为“复辟资本主义的黑据点和御用工具”，于1966年底就陷入了停顿状态。1968年8月，中共八届中央监察委员会中60名委员和37名候补委员分别被诬陷为“叛徒”“特务”“反革命修正主义分子”。1969年1月，中央监察委员会被撤销，其机关干部被下放。至此，经过几十年努力建立起来的党内专门的监督机构不复存在。1969年4月和1973年8月，党的九大和十大党章都完全取消了党的监察机关的条款，正常意义上的党内监督完全处

---

[1] 《中国共产党组织史资料》（第九卷），中共党史出版社2000年版，第5页。

于缺失状态。

三、新的历史时期党内监督机制的日益健全与完善

党的十一届三中全会后，以邓小平同志为核心的党的第二代中央领导集体开始总结新中国成立以来党自身建设的正反两方面经验，着手逐步恢复和改革党的各项制度，党内监督系统也得以恢复和加强。这一时期有关党内监督问题的制度建设与实践可以分为两个历史阶段：一是党内监督机制的重建与加强时期，二是党内监督机制的发展与健全时期。

（一）党内监督机制的重建与加强时期（1977—1992年）

1977年8月，党的十一大通过的党章在“党的组织制度”一章中规定：“党的中央委员会，地方县和县以上、军队团和团以上各级党的委员会，都设立纪律检查委员会。各级纪律检查委员会由同级党的委员会选举产生，并在同级党委的领导下，负责检查党员和党员干部执行纪律的情况。”从而初步恢复了党内监督制度。党的十二大党章又作出了进一步的改革：党的中央纪律检查委员会由党的全国代表大会选举产生，并在党的中央委员会的领导下进行工作。党的地方各级纪委则在同级党委和上级纪委的双重领导下进行工作。党的十二大党章首先改变了中央纪委的产生方式，由原先的中央委员会产生改为由党的全国代表大会选举产生，这就提升了中央纪委的地位。其次是取消了双重领导体制下“以同级党委领导为主”的原则，扩大了上级纪委对下级纪委相对独立的领导权，并赋予各级纪委越级申诉的权限。这些改革增强了各级纪委的权威性与独立性，推动了新时期党内监督的进一步发展。党在重建党内监督制度的同时，也十分注重党内监督的制度化、规范化建设，从而保证了具体的监督工作有章可循、有法可依。

（二）党内监督机制的发展与健全时期（1992—2008年）

党的十四大以后，为适应市场经济发展的新形势，中国共产党按照“从严治党”的要求，先后颁布了一系列法规条例，健全党内监督制度。一是扩大纪委职权。党的十六大党章除规定纪委应维护党的章程和其他党内法规，检查党的路线、方针、政策和决议执行情况之外，还增添了“协助党委加强党风建设和组织协调反腐败工作”一项。《中国共产党党内监督条例（试行）》中，又将“组织协调反腐败工作”扩展为“组织协调党内监督工作，组织开展对党内监督工作的督促检查”。这就扩大了纪委的职权，使纪委真正成为负责党内监督工作的主要机构。二是建立健全巡视制度。2003年2月，胡锦涛同志在中纪委二次全体会议上提出：“要进一步改革和完善党内监督体制。中央纪委和中央组织部要设立专门的巡视机构，加强对巡视工作的领导。根据需

要，可设立常驻地方的巡视组，以加大巡视工作的力度。各省区市党委也要结合实际开展巡视工作”。[1]根据这一要求，2003年8月，中共中央正式批准设立中央纪委、中央组织部巡视工作办公室，并组建了五个中央巡视组。2003年12月颁布的《中国共产党党内监督条例（试行）》将巡视制度作为党内监督的一个重要制度确定下来，并作了更为具体的规定。巡视制度加强了对地方党委尤其是主要领导干部的监督，强化了中央对省级的监督，弥补了目前纪检领导体制的不足。三是对纪委派驻机构实行垂直管理。为了加强纪检机关派驻机构对派驻单位党组织的监督力度，2001年9月，党的十五届六中全会决定“纪律检查机关对派出机构实行统一管理”。2003年12月，中共中央颁布的《中国共产党党内监督条例（试行）》也明确规定“纪委对派驻纪检组实行统一管理”。这样，纪委逐渐实现了对派驻机构的统一管理，增强了派驻机构的独立性和权威性，强化了其监督职责，明确了监督重点，有利于其充分发挥职能和作用。

这一时期，党内民主取得长足发展，民主监督在党内监督的具体实践中所起的作用愈来愈大。这主要表现在以下两个方面：一是党员权利得到进一步的保障。2004年10月，中共中央颁布了《中国共产党党员权利保障条例》，规定党员在讨论党的政策和理论时，应自觉和中央保持一致，不得公开发表有违党的理论、路线和政策的观点和意见，但党员在党内生活中可以拥有保留不同意见和言论自由的权利，也就为党员的民主监督提供了制度依据和保障。二是尝试推行党务公开制度。党的十六届四中全会作出了“逐步推进党务公开”的重大决策，随后，2007年10月，党的十七大党章在“党的组织制度”一章中明确规定：“党的各级组织要按规定实行党务公开，使党员对党内事务有更多的了解和参与。”[2]这对于发展党内民主，保障党员权利，实现民主监督，都具有十分重要的意义。

总之，这一时期党内监督系统的各个要素得到不断充实，党内监督机制逐渐形成，党内监督系统开始实现良好运行并发挥出显著功效。但是，党内监督系统同党内决策系统、执行系统的关系问题仍没有解决好，党内监督系统的独立性仍然不足，党内监督的领导体制仍然不合理，这是今后必须注意解决的问题。

四、党内监督机制发展历程的启示

（一）必须强化党内监督意识，发展监督文化

党内监督的历史表明，在党内监督系统的建设上，我党多重视监督制度建设，而

[1] 《建立巡视制度加强党内监督——巡视工作实用手册》，中国方正出版社2003年版，第5页。
[2] 《中国共产党章程汇编（从一大—十七大）》，中共中央党校出版社2007年版，第358页。

轻监督意识的培养，从而导致具体制度的运行缺乏所需的文化支撑，最终难以取得实效。因此，我们应注重强化党内监督意识。具体而言，要做好以下几点工作：一要教育引导广大党员、干部正确认识党内监督的实质及其重要意义；二要教育引导广大党员、干部正确认识党内现状，增强实施党内监督的紧迫感；三要引导广大党员、干部正确认识自身的责任和使命；四要教育引导广大党员、干部树立正确的情感观，保持共产党人的浩然正气。此外，我们还要构建一种重视监督的政治文化。构建与党内监督系统相适应的政治文化是一个复杂的工程，为此，我们需要做好以下两个方面的工作。一方面，要在继承传统的监察政治文化中的精华的基础上超越传统的政治文化；另一方面，要大胆借鉴西方政治文明成果，注意吸收和借鉴西方政治文化中的分权制衡的思想观念和民主法治意识，逐步建立起党内监督系统的文化规范。

（二）必须理顺党内监督体制

党内监督系统建设上一直存在着监督体制不合理的现象，即党委与纪委关系纠缠不清。党委虽为纪委的监督对象，但往往领导着纪委，甚至将纪委划归为党委的一个工作部门，从而导致党内监督缺乏权威与效力。因此，我们必须注意理顺党内监督体制。而党内监督体制问题既涉及党内监督系统与党内决策系统和党内执行系统之间的关系问题，也涉及党内监督系统内部要素的互动关系问题。因此，对这一问题的处理需格外谨慎。首先要改革党内权力体制。党内监督体制弱势的根源在于党内权力过分集中的领导体制，正是由于党内权力分布过于集中，才导致了监督权弱化并处于从属地位。因此，要理顺党内监督体制，就必须首先解决党内权力过分集中的领导体制问题，实现党内权力均衡化。具体而言就是党内权力划分要科学，机构设置要合理，相互制约要严密，形成纵向、横向、内外及其重要环节都有保障权力正确运行的制约机制。笔者认为，目前实现党内权力均衡化的一个较为适宜的方式就是实现党建系统三大子系统的核心要素的职权相互分离，由党的代表大会及其常委会专门行使决策系统内的决策权，党委行使执行系统内的执行权，纪委则负责行使监督系统的监督权。其次要改革现行党内监督的领导体制。要使纪委拥有独立性，就要对党内权力进行合理划分，实现党的决策权、执行权和专门监督权的分立。具体地说，就是在县级以上党的代表大会之下设立三个党内的权力机构：党的代表大会常务委员会、党的执行委员会、党的纪律检查委员会。其中，党的代表大会及其常务委员会是党在代表大会开会期间和闭会期间的最高权力机构，主要行使决策权。常务委员会向代表大会负责，并受其监督。党的执行委员会由党的代表大会选举产生，并作为代表大会及其常务委员会的执行机关，专门行使执行权，向代表大会及其常务委员会负责。党的代表大会选举产生党的纪律检查委员会作为党内的专门监督机关，行使专门监督权。这种体制能够保证党内决策、执行、监督三个子系统各有自己明确的任务和职权，处于平衡状态，共同向党代会及其常务委员会负责。

（三）必须处理好党内监督与党外监督的关系

党内监督的历史表明，我们在党内监督系统的建设过程中往往忽略了党内监督与党外监督的区别与联系，甚至用党内监督取代党外监督，或是将党外监督的方式用于党内监督。注重党外监督是我们党的性质的必然要求。中国共产党作为执政党，处在掌握国家政策、决定国家命运、指导国家生活和社会生活的地位。我们党作为人民利益和意志的代表者，其领导权是人民赋予的。因此，我们党的工作与活动已不是单纯的党的内部事务，它直接关系着国家和人民的利益。中国共产党实行党内监督的根本目的和出发点都是为了维护国家和人民的利益。为达到这个目的，就必须克服党内监督的局限性。我们除了需要采取一系列的措施健全党内监督，还要自觉地接受人民群众、国家机关、民主党派、新闻舆论等的党外监督。因此，我们在党内监督系统的建设中，不能形成自我封闭的体系，而应将党内监督体系的完善置于国家监督系统的大环境中去思考，注意处理好党内监督系统与党外监督系统的互动关系，加强与党外监督系统的结合。在结合过程中，要坚持"目标一致，优势互补，形成合力"的原则，完善各种监督形式，疏通监督渠道，从而形成一个纵横交错，严格周密的党的监督网络体系，使党员特别是党的领导干部同时受到全方位多层次的监督。

原载于《山东社会科学》2011年第3期

党员意识现状与建设路径浅析

刘树燕

摘　要：党员意识是马克思主义政党建设基本问题之一，是党的先进性、纯洁性的思想保障。当前，党员意识有待进一步提升，以更好地保持党的先进性、纯洁性，巩固党的执政地位，保障社会主义前途命运。正确分析党员意识现状及成因，探索提升党员意识的路径，是达成上述目标的必由之路。

关键词：马克思主义政党；党员意识；先进性；纯洁性

党员意识对党组织和党员至关重要。党员意识的有无、强弱，不仅关系到党员能否发挥先锋模范作用，也关系到党的基层组织的凝聚力和战斗力，更关系到党的先进性、纯洁性和执政能力。当前，随着改革深入和社会转型，党的建设面临若干问题和风险，其中部分党员出现党员意识淡漠问题。如果任其发展，将害莫大焉。因此，必须加强党员意识建设，重塑每个党员强烈的党员意识，这既是加强党的建设的基础工程，也是加强党的建设的根本性问题。

一、党员意识内涵

关于党员意识的内涵及特点，学界解读颇多。有学者认为，党员意识就是“对共产党员行为规范的认知、情感、信念、态度等精神现象的总和”[1]。有学者指出，党员意识是“政党存在的基础，主要体现为党员基于政治理念而形成的组织观念、责任意识”[2]。有学者分析，党员意识，是指“政党成员能够时刻铭记党员身份并自觉按照党员标准严格要求自己的一种思想意识”[3]。

笔者以为，党员意识可分为两个层面：一是共产党员个体层面的个体党员意识，

[1]　林彦博：《试论增强党员意识》，《党建研究》2011年第5期。

[2]　刘彦昌：《在强化党员意识方面下功夫》，《中国党政干部论坛》2006年第3期。

[3]　祝信勤：《必须正视党员意识淡化问题》，《求实》2006年第9期。

二是共产党员队伍整体层面的整体党员意识。个体党员意识的内容构成，决定整体党员意识的内容构成，是整体党员意识的基础；整体党员意识的动态趋势，又影响个体党员意识走向，二者相辅相成。本文所探讨的党员意识，仅就中国共产党这一主体，立足整体党员意识层面，对其现状进行分析。由此，所谓党员意识，是共产党员基于党性身份而形成的理性认知、情感认可与价值追求的总和。内涵上，它包括两层含义：一是对党员身份的心理定位，包括对政治身份的心理认知、角色认可、权利义务认同等；二是理想信念基础上的党员政治责任感与历史使命感，以及蕴含其中的情感认同。前者是后者的基础，后者是前者的深化，二者缺一不可。其主要内容包括党员权利意识、责任意识、纪律意识、理论意识等。

与个人意识或社会意识不同，党员意识与党员身份密不可分，具有以下特征：一是党性特征。作为一种特殊角色意识，党员意识出发点在于党员身份，是基于党员这一特殊政治角色而产生的行为认知、情感认可和理性追求。二是动态性特征。纵向考察，党员意识处于动态过程中，它在党的建设和世界政党政治环境中变化发展，或逐步提高或淡化缺失。三是先进性特征。横向考察，党员意识较其他社会意识或个人意识而言，体现共产党人整体风貌，展露共产党人整体素质和风格。先进的党员意识使我党立于社会成员先行者队列、社会文化前进方向之首、生产力发展趋势之涛头。四是实践性特征。党员意识不能通过自身检验，必须依赖行动外化、实践证明。除上述特征外，党员意识还具备一般意识共性。党员意识在党性特征基础上，以实践形式动态展现，对党员个人和政党组织产生根本影响。

二、党员意识的主要内容及现状

在庆祝中国共产党成立90周年大会上，胡锦涛强调指出：新形势下，“精神懈怠的危险，能力不足的危险，脱离群众的危险，消极腐败的危险，更加尖锐地摆在全党面前”。“全党同志特别是党的各级领导干部都要不断提高思想政治水平，坚定理想信念，增强为党和人民事业不懈奋斗的自觉性和坚定性。”[1]这一论述包含对以党员角色为基石的党员意识现状的科学判断，也包含对重视党员意识建设的战略肯定。

（一）权利意识

权利意识是指在党组织系统内，党员对与自身主体地位相关的一切权利的认知、理解和态度，是党员主体实践在精神领域的反映。权利意识包含三个层次：一是党员

[1] 胡锦涛：《在庆祝中国共产党成立90周年大会上的讲话》，《人民日报》2011年7月2日。

对自身享有权利和价值的认知与理解；二是党员对有效行使与捍卫权利的方式和途径的意愿与掌握；三是党员自觉在宪法法律和党章规范内行使权利、避免损害其他党员和党组织正当权利的认识。当前，我国党员权利意识总体态势较好，但也存在问题，“权利意识有正在淡漠的倾向……有41.5%的党员‘了解一些或不太了解’自身的权利”[1]，需进一步端正党员对待权利的态度。这种倾向主要集中在三个方面：一是党员对自身权利的认知缺失。主要指党员对自身权利及其行使途径、价值认知上的缺失。二是党员对自身权利的被动漠视。由于技术或成本等因素，部分党员对自身权利了解不透，对实践主体权利的渠道不清晰，主张权利得不到及时回应，漠视权利成为一种被动选择。三是党员对自身权利的主动“歪曲”。权利意识具有“约束”内容。少数党员在主张权利时，忽视其他党员或党组织正当权利，造成对党员权利的“歪曲”，甚至使党员权利意识异化为权力意识的极度膨胀。

（二）责任意识

责任意识是一种品格、一种操守，是党员先锋模范作用的基础和展现。责任意识与权利意识一起，构成党员主体地位的两个方面。内涵上，责任意识是指党员在服务人民、维护党组织、推进社会发展所承担模范作用中，对自身地位和价值的认知与态度，它指向的主要对象是党章规定的党员义务。目前，大多数党员能够了解、履行自身责任，但责任意识“有正在虚化的倾向”，“有近一成的党员认为党内决定应该‘由领导说了算’或‘还不知道党内决定该由谁说了算’”[2]的状况不能忽视，对任何组织和党员干部的违纪行为“有近一成的党员‘不愿意检举揭发或不关心、无所谓’”[3]，说明责任意识需进一步加强。责任意识不强缘于：一是社会主义市场经济的冲击。市场机制下，经济形式和人们思维处于多变状态，党员的价值观、利益观、事业观等趋向多元化。二是对党的性质和社会主义前途的认识模糊。受苏共垮台和苏东剧变影响，加之对党的“三个先锋队”性质理解不透，部分党员对社会主义前途丧失信心。三是党员能力有限性的约束。我党党员队伍总体素质是高的，但也有部分党员在复杂局势中保持清醒、化解矛盾的能力不足，以致责任意识无法实践。

权利意识和责任意识是一对对应范畴。党员权利意识不够端正和责任意识不够强

[1] 中共塘沽区委组织部课题组：《党内民主建设中党员民主意识问题研究》，《中国党政干部论坛》2009年第8期。

[2] 中共塘沽区委组织部课题组：《党内民主建设中党员民主意识问题研究》，《中国党政干部论坛》2009年第8期。

[3] 中共塘沽区委组织部课题组：《党内民主建设中党员民主意识问题研究》，《中国党政干部论坛》2009年第8期。

虽各具成因，根本上却是一致的，都是对党员主体地位理解不透、实践不足的集中体现。

（三）纪律意识

《中国共产党章程》规定："党的纪律是党的各级组织和全体党员必须遵守的行为规则，是维护党的团结统一、完成党的任务的保证。"纪律意识是党员对认知、理解与实践党的纪律及其价值的态度与意志的总和，它包含三部分：一是党员在党章规定范围内行使权利履行义务的认知和意愿；二是党员按照党章要求模范遵守国家法律法规的意识和态度；三是党员对违背党纪国法将面临何种惩罚的认知和判断。当前，存在部分党员干部纪律意识薄弱问题，违法乱纪现象时有发生，仅2011年全国纪检监察机关初步核实违纪线索就达155008件[1]。纪律意识存在的问题，主要表现为实践中党员纪律意识有待强化，个别党员干部欲望膨胀而无视党纪国法现象的存在，损害党章和宪法法律的权威。

（四）理论意识

理论意识是党员对学习、实践、传播党的先进理论和科学文化知识及其价值的认知与态度。理论意识包含三个方面：一是党员对学习掌握党的先进理论与科学知识及其价值的认知，二是党员在实践党的理论与科学知识中的精神及状态，三是党员对传播党的理论与科学文化知识及其价值的认可。当前，我党大部分党员能够与时俱进，不断提高理论修养。但也有部分党员"理论学习不够深入系统、理论修养有待提高"[2]，"精神懈怠"，跟不上世情、国情、党情变化，理论意识落后于时代步伐，需进一步提升。出现这种情形的原因大致在于：一是主体认知不到位。由于当今意识形态斗争多以温和形式出现，个别党员尤其普通党员逐渐忽略马克思主义理论意识的重要地位。二是主动性不够强。理论意识的效果，是影响学习主动性的直接因素。三是实践渠道欠畅通。党的思想理论实践渠道相对简单，尚待进一步丰富拓宽。

权利意识有待端正、责任意识有待加强、纪律意识有待强化、理论意识有待提升，是新时期党员意识存在的四个主要问题。这些问题导致部分党员的角色意识不明确、群众意识不清晰、服务意识不强烈、宗旨意识不坚定等问题的出现。

---

[1] 《关于2011年纪检监察机关查办案件工作情况的通报》，http：//news.xinhuanet.com/politics/2012—01/06/c_122547605.htm。

[2] 赵峰：《不断加强理论修养是领导干部的永恒课题》，《领导科学》2005年第15期。

三、党员意识建设路径

先进的马克思主义党员意识是马克思主义政党建设的本质要求。因此，加强党员意识建设成为建设马克思主义学习型政党、提高党的执政能力的一项基础性工作。

（一）重塑党员意识建设的政治文化生态

党员意识状态是党员个体存在和政党整体存在的反映。增强党员意识，首先要为党员和政党存在创造良好党内外环境。

一要推进社会先进文化和政党文化双重建设。党员意识发展是在社会主义先进文化和政党文化交互中实现的，二者构成党员意识的精神动力。社会主义文化繁荣发展，能够提升党员人文素养和思想道德水平，实现党员价值追求高尚化。健全的政党文化，有助于提高党员的政党认同、组织认同，增强党员马克思主义信仰、社会主义信念、发展中国特色社会主义的信心及对共产党未来前途的信任。党要充分发挥社会主义先进文化和政党文化的塑造作用，打造一个具有牢固党员意识的文化型政党。

二要推进政治体制改革，加强社会民主法治建设。新中国社会主义探索的曲折与成功表明，政治体制改革和社会民主法治建设具有极端重要性。当前，只有推进政治体制改革，才能巩固经济改革成果，化解社会矛盾，给党员意识发展提供政治支持；而民主法治建设则会直接以社会主义国家及政党发展民主化方式，推进党员民主意识的提高和公民意识的强化，从而为增强党员意识提供法治支撑。

三要推进党内民主建设。党内民主是党员意识发展的重要推动力。党内民主有利于增强党员的权利意识和责任意识，强化“党员是党的主人”的意识和理念。党应推进党内民主与人民民主协调发展，为全党确立坚定马克思主义党员意识铺平道路。

（二）实现党员意识建设的重点性、整体性与科学性有机统一

党员意识建设是一项复杂工程，既要选择好突破口，又要整体性配套，做到党员意识建设的重点性、整体性和科学性的有机统一，实现重点推进、整体建设和科学发展的良好局面。

以理论意识为引领。只有以先进理论武装的党员，才会有较高觉悟和自觉行动。党员意识培养要通过马克思主义理论的创新及解决重大现实问题的“有用性”，增强党的理论的说服力和影响力，转化为党员认同和维护党的事业的自觉行动。

以权利意识为动力。改革党员管理制度和活动方式，使党员真正感受到自己是党的主人，党组织是自己的家园，调动党员对党的事务的关心、参与和监督的积极性、主动性和创造性，从而增强党员权利意识，引导党员树立正确的权利观。推进党员个

人、家庭、党组织、社会四者关系和谐发展。

以责任意识和纪律意识为重点。明确的责任意识和牢固的纪律意识，能够约束党员干部在党章、宪法和法律规定范围内活动，更能维护党的形象、提高党的执政合法性。通过党的历史、理论和传统教育，使党员了解群众、阶级、政党和领袖的关系，明白党员个人和党组织是一损俱损、一荣俱荣的共同体，明确党员肩负的使命和责任。

以执政意识和服务意识为落脚点。我们党是中国先进生产力、先进文化和人民利益的代表。建设党员意识，旨在推进党带领全国人民实现当家作主历史使命的伟大实践。要通过党的先进性教育和创先争优活动，加强党员质量建设，强化“立党为公，执政为民”理念，培育党员奉献和牺牲精神，以增强党员执政意识和服务意识。

（三）培育党员意识建设新的生长点

党员意识建设是一个过程，具有历史长期性和发展阶段性。新形势下，党员意识建设要培育新的生长点，结合党员成分多样化和价值追求多元化特征，寻找党员个体价值和党整体利益的新结合点，既为党员个体价值追求搭建新平台，又为党发挥社会政治引领作用创造新条件。

一要实现由过于关注党组织发展向党组织和党员个人发展并重与有机结合转变。“在新的历史阶段，中国共产党以努力促进人的全面发展为己任。”[1]追求个体价值，是“人的全面发展”内容之一，是党员实现社会价值的重要支撑。特别是在社会转型期，少数党员面临许多困难和问题，党组织要成为党员的“靠山”，在帮助党员克服困难和实现自身价值过程中，使之感受到党的力量和加入党组织的价值，从而自觉增强党员意识。

二要实现由过于关注远大理想向远大理想和现实目标相结合转变。从党组织角度看，政党应具有独立思考与独立行动能力，应承担对社会的批判、引导和塑造功能，党要有忧患意识和危机意识，要将现实执政合法性建设作为增强党员意识的新路径。从对党员个体要求看，既要党员有为共产主义献身的精神，又要结合现实条件允许其将“我为人人，人人为我”作为现实境界，在党组织和党员个体阶梯性目标的层层实现中增强党员意识。

（四）创新党员意识建设的内容和方法

在内容上和方法上，党员意识要把握与时俱进原则，增强实效。

更新党员意识建设内容。我国党员意识之所以能够总体保持较好态势，就在于党

[1] 陈建中：《论政党的使命》，中共中央党校出版社2009年版，第268页。

一直按照实事求是原则探索建设内容，实现党员思想素质与业务素质双提高。在知识经济浪潮中，党员意识建设要实现传统内容与现代教育相结合，不断创新指导思想理论体系，提高党的理论的吸引力和说服力，增强党员政治学习兴趣。

重视采用现代技术手段。“进入新世纪后，人们思想活动的独立性、选择性、多变性、差异性不断增强，社会思想日趋多元、多样、多变”[1]，党员意识建设要顺应潮流，探索“理论+科技”发展模式。应充分运用网络、影视、报刊等技术手段优势，提升党的理论的熏陶、感染、教育能力，提高现代科技文化知识传播力，实现理论与科技的深度融合与相互促进。

（五）借鉴国外政党党员意识建设的经验教训

党员意识建设是世界各政党均致力进行的重要活动，既有一般规律可循，也有特殊规律可遵。我党要借鉴包括发达国家在内的世界其他政党经验，推进党员意识建设科学化水平的提升。首先，要借鉴国外政党党员意识建设的成功经验。国外政党对党员采取的教育方式有“非专业化”“专业化”两种教育和培养方式，前者如美国的共和党和民主党，在“无党性”“非党性”和“超党性”外衣下依托社会机构和大学实现对党员的教育，提升政党凝聚力；后者如德国基督教社会联盟和新加坡人民行动党，依托专门教育机构对党员进行训练，宣传党的政治主张，提高党员党性修养。无论专业化还是非专业化教育培养方式，国外政党的成功做法和经验都显示一个共同特征：围绕政党目标，对党员进行持续教育以增强党性。其次，要吸取国外政党党员意识建设的重大教训。尤其要吸取国外出现失误甚至导致亡党的共产党的教训。最后，我们党在对世界政党的学习借鉴中必须把握一个基本原则：现实性和预见性相结合。党员意识建设要做到未雨绸缪，努力使党处于科学发展的前沿。

能否改善党员意识现状，以社会主义核心价值观占据主阵地，让全体党员干部把自我意识修炼作为一生的必修课，实现“稳住心神、管住行为、守住清白，做到一尘不染”[2]，是对新时期党自身建设的重大考验。党员意识建设要不断总结规律，建设一支权利行使充分、责任履行彻底、纪律意识强、理论水平高的共产党员队伍。唯其如此，党才能领导全国人民创造中华民族和中国特色社会主义的灿烂未来。

原载于《理论学刊》2012年第8期

[1] 王树荫：《中国共产党思想政治教育史》，中国人民大学出版社2010年版，第337页。

[2] 习近平：《扎实做好保持党的纯洁性各项工作》，《求是》2012年第6期。

关于学习型政党建设的几点认识

王韶兴

摘　要：在学习中认识规律，在遵循规律中求得发展，在科学发展中赢得地位，是学习型政党的本质属性和价值指向；以学习焕发党员活力、聚集组织力量、凝练价值目标、创新发展机制，是学习型政党的基本功能和目的要求。学习型政党建设，实质上是以持续的政党学习为基础，以不断发展政党能力为核心，以有效实现政党目标为旨归的政党能力再造和政党文明重塑的过程。中国共产党的发展历程，始终贯穿着靠学习立党、靠学习强党、靠学习取得政权、靠学习治国理政这样一条基线，中国共产党的兴党史和执政史，就是一部重视学习、善于学习的历史。中国共产党成功的秘密在于学习，而学习的真谛在于有“型”；“型”赋予中国共产党的学习以新的模式和要求，同时使中国共产党的学习获得了新的价值意义。全面总结中国共产党开展政党学习的历史经验，深入探讨学习型政党建设的基本规律和实现机制，是增强中国共产党建设学习型政党科学化水平的必由之路。

关键词：马克思主义；学习型政党；价值指向；基本经验；规律认识

靠什么治党管党，靠什么治国理政，是贯穿于社会主义政党政治始终的基本问题。回顾中国共产党走过的历程可以发现，学习既是中国共产党的立党、治党之道，也是中国共产党能够否定旧政权、建设新国家的“秘密”所在。重视学习、善于学习，是中国共产党的优良传统和政治优势，是中国共产党战胜各种艰难险阻，从胜利走向胜利的重要法宝。在中国特色社会主义处于发展的关键时期，在中国共产党管党治党、治国理政的任务比过去任何时候都更为繁重的情况下，深刻认识学习型政党建设的价值意义，全面总结中国共产党开展政党学习的历史经验，深入探讨学习型政党建设的基本规律和实现机制，是深化中国共产党自身建设和治国理政理论认识的应有之义，是提高中国共产党建设学习型政党科学化水平的当然要求。

一、价值意义

20世纪末以来，西方国家的一些社会组织为适应科学技术的日新月异、知识经济的迅猛发展以及愈演愈烈的内部压力和外部挑战，相继实现管理理念创新，兴起了一股以学习型组织建设为核心驱动的管理革命潮流。学习型组织的核心理念是组织成员既能把学习作为一种历史责任和生活习惯，又能把学习作为一种交往方式和创新实践，以此形成焕发个体活力、聚集团队力量、凝练共同愿景、创新发展机制相统一的发展机理和组织模式。这一新的组织发展理论对于现代政党建设的重要启示在于：政党作为国家政治的组织者和社会发展的引导者，政党自身的现代化水平，直接关系到国家政治和社会生活的发展质量；政党现代化的过程，实质上是以持续的政党学习为基础，以不断发展政党能力为核心，以有效实现政党目标为旨归的政党能力再造和政党文明重塑的过程。这一过程的价值意义在于通过不断强化政党成员的学习意识、提升政党成员的学习能力，将党员个人学习能力提高的过程转化为政党组织发展创新的过程，以此构建政党自我发展和自我完善的行为机制和活力机制。

按照科学理论武装、具有世界眼光、善于把握规律、富有创新精神的要求建设马克思主义学习型政党，是中国共产党在时代条件、历史方位都发生巨大变化的背景下提出的战略任务，是中国共产党继承重视学习的优良传统并借鉴学习型组织的先进理论，寻求政党生命力持续增强机制的一种有益探索。这一新的政党发展模式的价值指向是，坚持以科学理论武装为核心，以树立科学的学习理念为基础，以提高发展创新能力为目标，以完善制度体制机制为保障，推动党内学习不断走向科学化、制度化、规范化。目的在于使学习真正成为广大党员干部的一种基本的生活态度、一种高远的精神境界、一种自觉的价值追求；使学习成为实现党员个人全面发展、政党组织创新发展，推动经济社会科学发展的内在动力。

在世情、国情和党情都发生重大变化的新的社会历史条件下，中国共产党开展学习型政党建设有重要的价值意义。

第一，从理论上讲，中国共产党自身建设与治国理政的科学性和有效性，是建立在党对社会主义政党政治规律、共产党执政规律和党的自身建设规律的正确认识和准确把握的基础之上的，而党对这些规律的认识水平和遵循能力是在学习型政党建设中实现的。第二，从经验上看，靠学习立党、靠学习强党、靠学习取得政权、靠学习治国理政是贯穿始终的一条基线。一部中国共产党的建党史与兴党史、建国史与强国史，其实就是一部重视学习、创造性学习、创新性实践的历史。学习是中国共产党克敌制胜的一个法宝。第三，从现实情况说，进入新世纪以来，中国共产党在推进改革开放和社会主义现代化的历史进程中，既面临着复杂的环境，又面对着繁重的任务；既面临着前所未有的机遇，又面对着前所未有的挑战，所肩负任务的艰巨性、复杂性和繁重性世所罕见。世情、国情和党情的深刻变化，又一次将政党学习问题严肃地摆在了全党的面前。治国理政能否更好地按照执政规律来开展，党的建设能否更好地遵循党建规律来加强，党的各项事业能否更好地根据社会主义政党政治规律来推进，在很大意义上取决于党对政党学习基本经验的充分运用，取决于党对学习型政党建设规律的自觉遵循。总的来讲，建设学习型政党的重要性、紧迫性，既来自党面临的“执政考验、改革开放考验、市场经济考验、外部环境考验”[1]的长期性和复杂性，也来自防止和消除“精神懈怠危险、能力不足危险、脱离群众危险、消极腐败危险”[2]任务的严峻性和艰巨性。可见，建设马克思主义学习型政党，是推动马克思主义政党建设理论发展创新的需要；是按照科学规律谋划党的建设，进一步从战略上思考加强和改进党的建设的需要；是进一步增强党应对各种挑战和风险，提高党的领导水平和执政能力的需要。

二、实践探索

在无产阶级政党建设史上，尽管马克思、恩格斯没有提出学习型政党的概念，但在他们的理论中却包含着丰富的政党学习的思想。马克思、恩格斯认为，在理论方面，共产党人“胜过其余无产阶级群众的地方在于他们了解无产阶级运动的条件、进程和一般结果”[3]；无产阶级政党“很大的优点，就是有一个新的科学的观点作为理论的基础”[4]。他们指出，“理论一经掌握群众，也会变成物质力量”[5]；革命斗争和建设社会主义任务的复杂性和艰巨性，决定了无产阶级政党还要学习经济、科技等各方面知识，尽可能地增加生产力的总量。他们强调，理论教育必须从实践需要出发；不同的实际运动决定着不同的理论形式，应在实践中不断发展和完善自己的理论；“马克思的整个世界观不是教义，而是方法”[6]；等等。这些既是无产阶级政党理论建设的思想指导和经验总结，也是中国共产党建设学习型政党的价值导向和理论源泉。

在中国共产党的创立初期和土地革命战争时期，毛泽东从国情、党情的实际情况出发，提出了着重从思想上建党的原则，主张通过学习把来自农民和小资产阶级的进步分子改造成工人阶级的先进分子。抗战时期，毛泽东基于“理论教育的成败则是革命成败的第一个关键”[7]的深刻认识，基于党在当时所面临的[8]“不是经济恐慌，也不是

[1] 胡锦涛：《在庆祝中国共产党成立90周年大会上的讲话》，人民出版社2011年版，第10页。

[2] 胡锦涛：《在庆祝中国共产党成立90周年大会上的讲话》，人民出版社2011年版，第10页。

[3] 《马克思恩格斯选集》（第1卷），人民出版社1995年版，第285页。

[4] 《马克思恩格斯选集》（第2卷），人民出版社1995年版，第39—40页。

[5] 《马克思恩格斯选集》（第1卷），人民出版社1995年版，第9页。

[6] 《马克思恩格斯选集》（第4卷），人民出版社1995年版，第742—743页。

[7] 中央档案馆：《中共中央文件选集（1942—1944）》，中共中央党校出版社1986年版，第40页。

[8] 《毛泽东文集》（第2卷），人民出版社1993年版，第178页。

政治恐慌，而是本领恐慌”[1]的实际情况，在延安开展了大规模的学习运动。毛泽东主张把全党变成一个大学校，要求全党的同志，都要进这个“无期大学”[2]；要“来一个全党的学习竞赛”[3]“造成一个学习的高潮”[4]。新中国建立前后，毛泽东把我们党从农村进入城市称为“进京赶考”。为了考个好成绩，他号召全党“要能够学会我们原来不懂的东西”[5]，要学会做城市工作和经济工作。中国共产党关于政党学习的这些理论认识和实践探索，为在新的社会条件下把党建设成学习型政党打下了良好的基础。

改革开放初期，中国共产党根据新的形势和新的任务，倡导学习要紧密结合党和国家的中心工作开展，号召领导干部要争做学习的模范。邓小平认为，“实现四个现代化是一场深刻的伟大的革命。在这场伟大的革命中，我们是在不断地解决新的矛盾中前进的。因此，全党同志一定要善于学习，善于重新学习”[6]。党在这一时期的学习，不仅重视学习马列主义、毛泽东思想，还强调学习西方经济、管理方面的知识；不仅强调学习书本知识、学习自己的实践经验，还强调学习国外的先进经验。而在学习效果的评价上，则坚持实践是检验真理的唯一标准。

随着改革开放和社会主义现代化事业的深入发展，面对世情、国情、党情的深刻变化，以江泽民同志为核心的党中央领导集体要求全党要以“对党、对人民、对历史高度负责的态度来加强学习”[7]。江泽民认为，“我们党要领导全国人民实现中华民族的伟大复兴，必须始终坚持学习，并把学到的科学理论和先进知识用于中国实际，不断推动经济持续发展和社会全面进步”[8]。否则，党“就会落后于时代，就有失去执政资格、失去人民群众信任和拥护的危险”。他号召全党同志要“学习、学习、再学习”。[9]这一时期党开展的以学习为前提和基础的“三讲”教育，有效地推进了全党的学习教育向纵深发展；党所提出的科教兴国战略，营造了创新性学习的良好氛围；党所提出的构建终身学习教育体系，为创建学习型社会提供了坚实基础。党围绕“建设一个什么样的党、怎样建设党”而提出了“三个代表”重要思想，既是全党学习的重大理论成果，也是全党继续学习的指导思想和目的要求。

进入新世纪以来，以胡锦涛同志为总书记的新一届党中央领导集体更加重视学习。

[1] 《毛泽东文集》(第2卷)，人民出版社1993年版，第183页。
[2] 《毛泽东选集》(第2卷)，人民出版社1991年版，第533页。
[3] 《毛泽东文集》(第2卷)，人民出版社1993年版，第180页。
[4] 《毛泽东选集》(第4卷)，人民出版社1991年版，第1439页。
[5] 《邓小平文选》(第2卷)，人民出版社1994年版，第152—153页。
[6] 《江泽民文选》(第2卷)，人民出版社2006年版，第284页。
[7] 《江泽民文选》(第2卷)，人民出版社2006年版，第283页。
[8] 《江泽民文选》(第2卷)，人民出版社2006年版，第284页。
[9] 《江泽民文选》(第2卷)，人民出版社2006年版，第309页。

胡锦涛强调，为了适应党和国家事业发展的需要，为了更好地承担起党和人民所赋予的重任，我们必须进一步加强学习。如果“不学习、不坚持学习、不刻苦学习，势必会落伍，势必难以胜任我们肩负的重大职责”[1]，并明确提出“努力建设学习型政党”的新要求。实践中，建设学习型政党不仅成为党的建设的重要目标和方法途径，并且通过建立相关学习制度，保证学习型政党建设扎实有效地推进。在以学习为驱动的党的建设新的伟大工程中，全党上下紧紧围绕我国改革开放和社会主义现代化建设需要解决的重大问题进行学习，在学习中研究问题，在学习中形成决策，在学习中统一思想，使学习型政党建设迈出了更加坚实的步伐。

三、历史经验

上述可见，在长期的革命、建设和改革的实践中，每当进入一个重要的历史关头或要解决一个重大的实践问题，中国共产党首先强调学习。长期的学习实践，为中国共产党建设学习型政党提供了许多带有规律性的经验。

（一）科学理论武装是学习型政党建设的核心内容

思想理论建设是马克思主义政党的根本建设。奠定党的基本理论和政治路线的科学基础，用马克思主义中国化的成果统一全党思想认识和指导社会实践，是思想理论建设的基本功能。因马克思主义是工人阶级的世界观，是共产党的旗帜和思想理论基础，所以要始终把学习马克思主义理论放在学习型政党建设的中心位置；因马克思主义是发展的科学，所以学习马克思主义既要追根溯源，抓住它的源头来学，更要学习它的发展形态，特别是它在当代中国发展的最新成果。以我们正在做的事情为中心，用马克思主义中国化的最新理论成果武装全党、教育人民，是马克思主义学习型政党建设的第一要义。

（二）保持和发展党的先进性是学习型政党建设的永恒主题

先进性是党的生命所系、力量所在，事关党的执政地位的巩固和执政使命的完成。党的先进性，既来自科学理论的武装、共同信念的鼓舞，也来自专业知识的学习和实践经验的总结。而这一切都有赖于重视学习和善于学习。党只有重视学习，才能充满生机、富有活力；党只有善于学习，才能适应时代发展要求、始终站在时代前列。通过学习型政党建设保持和发展党的先进性，是中国共产党在时代条件、历史方位都发

[1] 《人民日报》2002年12月27日。

生巨大变化的背景下，为谋求党的长期执政和国家的长治久安而做出的重大而关键的抉择。

（三）推进马克思主义的中国化、时代化和大众化是学习型政党建设的首要任务

马克思主义来源于实践，其生命力有赖于实践、价值意义在于实践。与本国国情相结合、与时代同进步、与人民共命运，是马克思主义几经曲折而仍然保持强大的生命力、创造力、感召力的根本原因。推进马克思主义的中国化、时代化和大众化，就是把马克思主义基本原理和当代中国的实际相结合，形成具有中国特色、中国气派的新理论；与当今时代条件相结合，就是要善于运用人类创造的最新文明成果丰富马克思主义的内涵；与人民共命运，就是要践行为人民服务的根本宗旨，使马克思主义成为能够满足人民需要，又为群众乐于接受的理论，以此将马克思主义理论的精神力量转化为群众实践的物质力量。

（四）建设学习型党组织是学习型政党建设的基础工程

各级各类党组织是学习型政党的组织载体和实践主体，是学习型政党建设的组织者、推动者、实践者。学习型党组织是学习型政党的组织基础和组织保障。引导党员干部把学习既作为一种政治责任、一种精神追求，也作为一种生活方式和工作方式是学习型党组织建设的价值指向；丰富学习内容、改进学习方法、拓展学习阵地、健全学习制度是学习型党组织建设的基本途径；使学习作为组织建设的主要特征、组织活动的重要内容和提高战斗力的重要途径是学习型党组织建设的目的要求。

（五）良好的学风是学习型政党建设的重要保证

学风问题是个政治问题，攸关政党学习的价值取向和学习质量。只有树立优良的学风，才能使政党学习转化为政党组织的一个重要属性，体现为政党组织的一种优秀品质。反对经验主义、形式主义和实用主义，大力弘扬理论联系实际的马克思主义学风，是学习型政党建设的内在要求。这一要求在实践中体现为自觉坚持学习与思考相结合、学习与运用相结合、学习与创新相结合的原则。努力把学习理论同研究解决人民群众最关心、最直接、最现实的利益问题结合起来，同解决党的建设中面临的突出问题结合起来，同加强主观世界的改造结合起来，是学习型政党建设的价值体现。

（六）改革创新是学习型政党建设的根本动力

建设学习型政党的目的，在于通过学习提升思维创新、工作创新、管理创新和制

度创新的能力。而党的这种创新能力，是建立在学习制度创新的基础之上的。这就是要以改革的精神解决党在学习型政党建设中面临的新矛盾和新问题，通过党的学习理念的创新、实践创新和制度创新，形成一套能够体现全党学习、终身学习的学习机制，创造出一套符合信息时代发展要求，符合先进的教育、管理理论的学习制度和方法。通过制度的发展完善使政党学习有序开展，通过制度的改革创新使政党学习充满活力，是学习型政党建设的必由之路。

四、几点结论

学习型政党作为政党自我发展的一种新机制和新模式，其有客观规律需要我们去认识和把握。总结历史经验，可以形成如下关于学习型政党建设的规律性认识。

1.在学习中认识规律，在遵循规律中寻求发展，在科学发展中实现创新，是学习型政党的本质属性；具有先进的学习理念和可持续的学习能力，具有开放性、民主性和创新性的组织特性是学习型政党的基本特征；科学理论武装、具有世界眼光、善于把握规律、富有创新精神，通过理论创新、制度创新推动实践创新，是学习型政党的实践形态。

2.建设学习型政党，是一个全新的课题，没有现成的模式可供借鉴。既不能固守已有的理论和经验，也不能机械套用西方学习型组织的理念和做法。应当以党面临的实际问题为中心，通过对学习型政党建设的思想渊源和理论资源的深入挖掘，对马克思主义执政党关于政党学习的基本理论和基本实践的全面总结，以及对西方国家政党学习的基本做法与主要经验的系统分析，走出一条以科学理论为指导、以科学制度做保障、以科学方法来推进的政党学习的新路子。

3.马克思、恩格斯关于政党学习的理论观点，是学习型政党建设的思想渊源，是从规律层面全面认识和准确把握学习型政党建设的理论上的重要生长点；产生于西方国家的学习型组织理论及其实践，为学习型政党建设提供了重要的理论资源和经验借鉴；中国历史上关于学习的思想认知和成功经验，为学习型政党建设提供了丰厚的文化土壤和历史资源。

4.中国共产党关于政党学习的实践探索和基本经验，是从规律层面全面认识和把握学习型政党建设问题的最基本的事实，是形成学习型政党建设规律性认识的最重要、最直接的实践上的生长点；苏联东欧国家执政党有关政党学习的历史经验，对于学习型政党建设具有重要的警示价值；当代国外社会主义国家执政党关于政党学习的理论认识和重要举措，对于学习型政党建设有重要的启示意义。

5.学习型政党建设包括思想渊源、目标任务、内容要求、制度体制、方法途径以及评价机制和保障体系诸多内容，贯穿于党的自身建设和治国理政的整个过程。进一步揭示学习型政党建设与保持党的先进性和提高党的执政能力的内在联系；进一步认识学习型政党的科学内涵与本质属性、要素构成与内容支撑、基本功能与当代价值；进一步把握学习型政党建设的政治生态、价值取向、动力机制、路径选择以及评价标准，是提高学习型政党建设科学化水平的基本要求。

6.学习型政党建设的科学化，反映的是党在全面认识和准确把握社会主义政党政治规律、共产党执政规律和自身建设规律的基础上，对学习型政党建设规律的深刻认识与自觉运用的能力。提高学习型政党建设的科学化水平，一方面要在全面认识学习型政党建设规律上下功夫，另一方面要在自觉运用学习型政党建设规律上下功夫。“全面认识规律”和“自觉运用规律”两个方面能力的有机统一和互动发展，是学习型政党形成与发展的内在机制。

7.意识形态建设是学习型政党的根本建设。坚定地站在马克思主义的立场上、把马克思主义基本原理同中国具体实际相结合，融合中华民族的价值取向和思维方式，形成具有中国特色、中国气派的新理论，坚持学用结合、学以致用，为中国特色社会主义政党政治的发展提供学理支持和能力支撑，是学习型政党建设的目的要求。

8.完善的学习制度体系和学习机制，是学习型政党建设的必要条件。学习型政党建设的实际效果与党的学习制度建设水平正相关。建立健全学习的制度体系和机制，一方面要形成学术民主、研究民主、讨论民主的机制，营造宽松、民主、自由的学习氛围，从而达到组织内部意志的统一、认识的提高。另一方面要建立以学习动力机制、组织领导机制、创新机制和激励机制为基本内容的学习运行机制。同时，还要健全保障机制、监督机制以及考核评价机制等相关制度。通过形成有利于促进学习的政策导向、舆论导向、用人导向的体制机制，为学习型政党建设营造良好的制度环境。

9.创新学习方式，是学习型政党建设的重要途径。学习方式既是学习型政党建设科学化水平的重要标志，也是其实现科学发展的方法途径。紧密结合工作实际，主动契合时代特征，通过互动式、研究式、共享式、体验式以及反思式等学习形式，培育学习要素、强化学习意识、激活学习动力、营造学习环境、推进学习发展，是实现学习型政党建设科学发展的应有之义。

10.学习型政党建设既是一项系统工程，也是一个永无止境的发展过程。学习型政党建设涉及政党学习的逻辑体系、价值体系、运行体系诸多内容，涵盖政党内部生活和外部活动两大方面。同时，政党学习的具体价值指向和实践要求，是因政党任务与政党生态的不同而不同的。政党所处的历史方位变了，学习型政党建设的具体目标、内容和形式也应做出相应的调整。这必然伴随着党的规章制度、组织结构、行为准则以及活动方式的变化，引起党的领导制度和工作机制的变革。按照体现时代性、把握规律性、富于创造性、重在实效性的要求，从战略高度予以精心谋划，从理论上予以深入阐释，从制度上予以有力保障，从实践中予以有效推进，是实现学习型建设可持续发展的必然要求。

原载于《山东社会科学》2012年第1期

党员结构优化与质量建设的路径选择

崔桂田

摘　要：审视改革开放以来党员结构多元化发展可以看到，在党员结构优化和改善取得大的进步的同时仍存在着某些不平衡和“短板”，给党的建设和执政带来不可小视的挑战和风险。应对党员结构多元化发展带来的挑战和风险，要在全方位的审视谋划中探寻新路，提高党员结构优化和质量建设的效能与“软实力”，保证“共产党自己不出事”。

从2009年党的十七届四中全会提出“党的先进性和党的执政地位都不是一劳永逸、一成不变的”，到2011年7月胡锦涛在庆祝建党90周年大会上指出党存在着“精神懈怠的危险、能力不足的危险、脱离群众的危险、消极腐败的危险”，再到2012年7月胡锦涛在省部级主要领导干部专题研讨班开班式上强调“来自外部的风险前所未有，党的建设方面特别是党员、干部队伍出现了许多亟待解决的突出问题”，党的危机意识不断增强，防范党建风险和执政风险成为当前亟待解决的重大课题。

一、当前党员结构优化中存在的“短板”

审视改革开放以来党员结构多元化发展可以看到，在党员结构优化和改善取得大的进步的同时仍存在着某些不平衡和“短板”，影响着党的整体素质和形象，给党的建设和党的执政带来不可小视的挑战和风险。

党员发展增速过快和规模过大，加大了党员管理的难度，并给人以趋向“全民党化”之感。改革开放30多年，是党成立以来党员发展速度最快、数量最多的时期，从1978年时的3698万人发展为2011年底的8260.2万人，特别是1992—1999年期间，年均增长约227.5万人。从党员与全国人口的比例来看也有过大的倾向，党员占总人口的比例从1949年的0.83%增长到2009年的5.75%。党员规模的倍增，既影响党员整体质量，又带来管理难度的加大，也给人以党正在向“全民党”发展之感。

党员结构的年轻化和高学历化对强化党员的信念信仰和执政意识提出严峻挑战。

苏东剧变以来，党员结构多元化发展最显著的变化就是出现了“三多”，即青年党员多、学生党员多、高学历党员多。从青年党员发展的比重看，青年党员在全国党员总数占的比例由1990年的21.7%增至2010年的24.3%；在新发展党员中的比重1997年至2002年6月是75.2%，2010年达81.8%。从学生党员发展的比重看，2005年学生党员占新发展党员的29.72%，2008年达到38.01%，2010年为40.2%。从高学历党员发展的比重看，截至2011年底，党员队伍中具有大专以上学历的党员3191.3万名，占党员总数的38.6%，从最新当选的党的十八大代表的学历看，大专以上的为2122名，占93.5%。尽管青年党员和学生党员比例的提高给党增加了新鲜血液，使党充满活力，但由于这些“80后”“90后”的年轻和高学历党员具有自身的不成熟，对党的历史和传统缺乏了解和感受，更缺乏政治斗争的历练和经验，容易产生照搬西方民主的冲动，容易发生政治信念动摇和信仰危机，再加上由于部分青年党员对政权的重要性和丧失政权的危害性认识不清，特别是对执政的责任意识、忧患意识缺乏足够的认识，也存在弱化执政意识的危险。

党员阶层和职业的多元化及分化加大了思想认同和利益整合的难度，引起人们对党的纲领和性质的非议。一是自2001年党中央提出“允许非公企业的优秀分子加入中国共产党”后，非公有制经济组织和社会组织的党员发展出现了阶段性膨胀，“新阶层”党员由2002年的149万名增至2009年底的384.1万名，占全国党员总数的4.9%。高收入、生活富裕的党员和低收入、生活困难的党员并存，个体老板、私营业主党员和雇工党员并存，这种党员成分构成的多元化以及收入的巨大差距和利益矛盾，既加大了党思想认同的难度，容易形成基于利益差距基础上的不同“派别”，又会引起人们对党的纲领和性质的非议。二是工人党员和农牧渔民党员的比重不断下降，干部党员的比重稳步上升，并有进一步扩大的趋势，以2003—2009年为例，工人党员在全国党员中的比重从11.60%降至8.90%，农牧渔民党员从32.50%降至30.80%，而干部党员的比重则由29.30%增至31.20%。干部党员在党内拥有优势地位，从新近公布的党的十八大当选代表比例看，党员领导干部1578名，占69.5%，生产和工作第一线党员692名，占30.5%。由于某些干部党员的腐败或脱离群众，与普通党员的矛盾在加大，党防止“官僚主义化”“特殊利益集团化”的任务空前加重。

为追求党员结构多元化发展的各种“GDP”，使不少入党投机者和“滥竽充数”者混入党内，影响着党的质量和形象。各种“投机型党员”“功利型党员”“能人党员”“利益党员”“裙带党员”“家族党员”等混入党内，不仅造成党的质量“先天性不足”和下降，而且在社会和群众中造成了恶劣影响，诋毁了党的形象，降低了党的吸引力。

党员结构多元化发展中少数民族党员增速缓慢，将制约党的民族影响力的发挥。

改革开放以来，少数民族党员在党员结构中的比重有所提高，但与党在民族团结与和谐发展的任务相比，少数民族党员的发展比较缓慢，影响着党对民族力量的整合。少数民族党员2000年为401.1万名，所占比例为6.1%；2003年为432.2万名，占6.3%；2008年为494.4万名，占6.5%；2010年为533.8万名，占6.6%。从2000年到2010年的十年间比例只提高了0.5%。

二、如何提高党员结构优化和质量建设的效能

应对党员结构多元化发展带来的挑战和风险，要在全方位的审视谋划中探寻新路，提高党员结构优化和质量建设的效能与“软实力”，保证“共产党自己不出事”。

党员结构优化和质量建设要有危机意识和战略高度。一方面，各级党组织要对目前党员队伍的结构和质量状况有一个清醒的评估和认识，要承认党员结构多元化发展中存在的不平衡和“短板”，更要看到这种党员结构多元化发展给党建提出的新挑战和新课题，特别是正在显现的和潜在的风险，要有风险意识和危机意识，增强优化党员结构和质量建设的紧迫感，增强优化党员结构和质量建设的积极性和主动性。另一方面，要从加强党的先进性和能力建设，塑造具有强大吸引力和高度认同感的政党形象的战略高度来重视和进行党员结构的优化和质量建设。政党形象首先体现在政党的素质和能力上。从政党的素质来说，主要有政党的党员素质、领导素质、内在素质、外部素质以及政治和文化素质等。从政党的能力来说，主要有政党的建设能力、政党的管理能力和政党的执政能力等。重塑政党形象，加强党的先进性和能力建设，防范执政危机就成为党员结构优化和质量建设的战略目标。

党员结构优化和质量建设要有理论和制度上的突破。改革开放以来，党的理论创新不断，中国特色社会主义建设进入新的境界，但党建理论创新不够，解决新时期出现的党建难点、重点、热点的政治智慧不足，许多新问题、有争议的焦点问题至今仍没有解决。例如，党员标准的原则性、稳定性、时代性和特殊性的关系问题，党员结构多元化与“全民党”的关系问题，工人阶级性质的政党的工人党员比重急剧下降而干部党员比重加大趋向与防止党的“官僚化”和“特殊利益集团代表化”问题，党员保持先进性的动力问题和防止干部党员的贪污腐败问题，等等，这都是党员结构优化和质量建设面对的问题，需要通过加强党建理论的突破和创新，提高党建的理论境界和解决问题的政治智慧，为党员结构优化和质量建设提供具有前瞻性的理论依据和思路。同时，要加强党的制度建设和创新，为党员结构优化和质量建设提供制度保障。

党员结构优化和质量建设要转变实现方式和技术路线。一是要从重视数量规模和外延扩展转向重视内涵提高和培育新的生长点。改革开放30多年来，党的发展总体上

属于粗放式的外延发展，党发展的规模“硬实力”彰显了，质量素质“软实力”却没有质的提高，党的凝聚力和战斗力、党对民众的吸引力和社会影响力并没有随着党员数量增长和外延扩大得到飞跃式提高。未来，党员发展已经不是数量和规模的问题，也不是抢占什么“地盘”的问题，而是如何提高已有党员个体的素质和能力与党的整体功能和质量问题，要寻找促进党员结构优化和质量建设的新的生长点。二是要从重视优势群体党员发展转向重视社会弱势群体和薄弱环节的党员发展。在优化整合优势群体党员的基础上，重点防止工人和农牧渔民党员比重下滑的势头和改变少数民族党员发展不足的状况，同时还要考虑社会信仰多元化情势下的信教优秀人士的入党问题。通过加大弱势群体和薄弱环节党员发展和质量建设的力度，提升党的整体素质和功能。三是要从“干部是决定性的因素”的惯性思维真正转向“党员是党的主人”、确保党员主体地位的理念上来。过去，在各级党组织开展的党员教育管理活动中，普通党员往往是“被教育者”和“被管理者”，党的干部则是“教育者”和“管理者”，位高权重的干部更是“置身度外”。所以，要加强对领导干部党员的教育管理，做到在党员教育管理上没有“特区”和“特权”，依靠广大党员建党，依靠人民建党。

党员结构优化和质量建设要把握重点和整体配套。其一，党员结构优化和质量建设要突出重点，抓住要害。一是要找准党员结构优化和质量建设的重点对象，即干部党员、新阶层党员和青年学生党员三个群体。来自新阶层的某些党员带有党性的“先天不足”，这是目前社会最为关注和最有争议的群体，对他们来说真正要从思想上入党，不是一朝一夕就能完成的事情，加强这部分党员的党性教育、世界观和人生观及价值观教育、党员意识教育尤为迫切。青年和学生党员是党的未来，他们的状况如何将主导党的未来走向，但实事求是地讲，青年学生党员群体还在成长中，世界观、人生观、价值观还有某些不确定性，他们是党内最不成熟、缺乏政治经验和斗争历练的群体，所以，要加强对青年学生的党性教育、人生观和价值观教育、使命和责任意识教育，提升其素质和能力，使其尽快担当起历史赋予的使命和责任。二是要抓住党员结构优化和质量建设的关键环节。党员结构优化和质量建设既是一个系统工程，也有严格的工作流程，在做好全面工作的前提下，要对关键的环节重点把握。从目前党员结构和质量存在的问题来看，有两个环节需要加强，一个是党员的“入口关”，另一个是党员的教育管理环节，前者决定着党员的“质材”，后者决定着党员的“再加工”和党的质量提升。三是要抓住党员结构优化和质量建设的重点问题，并取得突破性进展。例如，发展党员的标准问题、党员的阶层分化和利益差别情况下的整合问题、防止腐败和党“官僚化”及“特殊利益集团化”问题、党内民主与政党法治问题、党员教育管理的内容和方法革新问题等。

其二，党员结构优化和质量建设要整体规划和配套。一是党员结构优化和质量建设自身内部诸措施的配套，如党员发展的速度、规模、外延、质量有机统一；党员个体的优化和质量提高与党员队伍的整体优化和质量提高相结合等。二是党员结构的优化和质量建设要与党的思想理论建设、组织建设、清正廉洁建设、制度建设、执政能力建设等整体性建设有机结合，配套进行。以党员结构优化和质量建设为主题，以党的自身整体性建设为依托和提升平台。三是党员结构优化和质量建设要与党治国理政的要务、社会风气和环境的净化重塑相结合。一方面，发展什么样的党员和提高哪些素质与能力既要与党的性质和先进性相符合，又要与党在现阶段治国理政的主要任务相适应，使党员结构的优化和质量建设经得住时代和人民的检验。另一方面，党不是生活在真空里，社会上发生的一切无时无刻不在影响着党员干部，党员干部的所作所为也不断影响着社会。所以，党员结构的优化和质量建设不能搞关门主义，要与社会风气和环境的净化和整肃相结合，与社会的监督、鞭策相互动。四是党员结构优化和质量建设要将眼前的任务、阶段性目标和未来发展有机结合，不能头痛医头脚痛医脚，为了结构优化而优化，搞一些形式主义的东西和“形象工程”。

党员结构优化和质量建设要增强政策执行力和组织支撑力。今后，党员结构优化和质量建设要加大政策措施的执行力度，强化基层党支部的组织“支点”作用。一是党员结构优化和质量建设是新时期一项非常复杂的党建工程，来不得半点马虎，每一项措施的推出要考虑周详，要考虑其实际操作性和应用性以及能否达到实际效果。例如，在党员的标准问题上，需认真慎重，既不能简单机械地照搬中央的党员标准，也不能随意更改标准，要将党员标准的共性和个性、原则性和灵活性、一贯性和时代性结合起来，使党员发展的标准既坚持党员标准的共性、原则性和一贯性，又能符合本地区、本行业和本单位的特殊情况，体现出个性、灵活性和可操作性。在党员教育管理问题上，无论是教育管理的对象，还是教育管理的内容和形式，都不能千篇一律大众化，要进行不同层次、不同类别和不同岗位的细分化，有针对性地进行教育管理。二是党员结构优化和质量建设的各项措施要落到实处。党员发展和教育管理的有关制度、政策、规定和要求中央制定了不少，各级党组织也相应制定了不少，但大都雷声大雨点小，实际效果并不理想，原因就是执行力差，形式主义严重。所以，党员结构优化和质量建设要稳扎稳打，讲究实效，不能“大呼隆”搞形式主义，更不能搞“应景式”的形象工程。三是重视和提高党支部的生活质量，为党员结构优化和质量建设提供组织“支点”。基层党支部是党的支点和基础，但目前的基层党支部多数管理松散，长期不活动，组织生活流于形式。一切决定都由上级做出，支部成为上级党组织的传话筒，党员在这里没有主人的感觉，也没有发挥作用的机会，久而久之党员就不愿意参加支部的活动，从心理上与党疏远了，也就谈不上发挥先锋模范带头作用了。可以说，上级党组织所看到的“成绩”，有许多是基层党务工作人员“运作出来的”，而不是广大基层党员积极参与干出来的。所以，要优化党员的结构和加强质量建设，必须高度重视基层党支部的这种状况，激活基层党支部的教育和管理功能，提高基层党支部的生活质量，提升党员结构优化和质量建设的组织支撑力。此外，党员结构优化和质量建设要有国际视野，要学习和借鉴国外政党的经验。

原载于《人民论坛》2012年第26期

社会稳定与中国共产党自身建设问题探讨

刘　飞

摘　要： 社会稳定体系是一个复杂系统，由经济、政治、社会、文化等子系统构成，全球化是其背景和外部环境；各子系统在运作中包含不同的逻辑，具有相对独立性；中国共产党领导和执政的逻辑主导着中国社会稳定体系各子系统的运作；不同历史时期社会稳定系统的不同结构是社会稳定状态的深层次原因。传统体制下的社会稳定机制和稳定模式不再适应新时期的需要。新时期，党要推动社会稳定与自身建设的良性互动，实现社会稳定体系的结构平衡，需要提高驾驭社会主义市场经济的能力、发展社会主义民主政治的能力，以党的基层组织建设推动公民社会的发展，以党的意识形态创新推动社会主义先进文化建设，提高党融入并驾驭全球化的能力。

关键词： 社会稳定；党的建设；结构平衡

改革开放以来，中国社会进入由市场经济体制的逐步确立和发展而引起的社会整体性变迁的历史进程中。转型期的社会充满生机，同时也引发了错综复杂的矛盾，社会稳定凸显为一大难题。任何一个国家和社会都需要一个主导的力量以维持其统一和基本稳定。在社会稳定体系中，中国共产党作为唯一的执政党，居于核心地位，起着关键作用，是维护社会稳定的根本组织力量。社会稳定是中国共产党领导与执政的前提和基础，是改革开放的必要条件，是党实现自身建设科学化的重要动力。只有构建社会稳定与党的建设的良性互动，才能实现和谐发展。

一、社会稳定与党的自身建设的结构功能分析

社会稳定体系是一个复杂系统，由经济、政治、社会、文化等子系统构成，全球化是其背景和外部环境；各子系统在运作中包含不同的逻辑，具有相对独立性，实践中又交织在一起，并在不同历史时期呈现不同的结构特征。总体上说，经济的稳定发展是整个社会稳定的物质基础；政治稳定起到保障作用；公民社会的成熟和社会结构的合理是实现稳定的重要社会条件；文化价值观的发展和稳定是现代社会发展的文化

和心理支撑。对于一个稳定的现代社会来说，应促成各子系统的耦合，实现平衡发展。在现实社会发展中，各子系统都存在诸多引发社会不稳定的因素，由各子系统的耦合而形成的平衡结构更是相对的、暂时的，甚至差距很大，这正是社会不稳定的深层次原因。

在社会稳定体系中，中国共产党作为唯一的执政党，是国家和社会的领导力量，居于核心地位，是社会稳定的主导者和组织协调者。“那些在实际上已经达到或者可以被认为达到政治高度稳定的处于现代化之中的国家，至少拥有一个强大的政党。”[1]认识中国社会稳定问题首先要理解中国共产党领导和执政的逻辑，即党的领导和执政与人民群众的根本利益是一致的。党的领导地位是历史形成的，其理想是实现社会主义和共产主义，所以执掌政权是一种历史责任和使命，是落实“三个代表”的需要，党拥有并使用好领导权责无旁贷。社会稳定从根本上说是为了人民利益，“中国要实现四个现代化，摆脱落后状态，必须有一个安定团结的政治局面，必须有领导有秩序地进行建设”;[2] “稳定压倒一切，人民民主专政不能丢”[3]。“中国的最高利益就是稳定。只要有利于中国稳定的就是好事。”[4]中国经济、政治、社会、文化的发展都要围绕这个最高利益进行。最高利益的维护需要中国共产党的领导与执政来保障。随之而来的问题是巩固党的领导需要加强党的自身建设，社会稳定就成为推动中国共产党追求自身建设科学化的重要动力。中国共产党“总揽全局，协调各方”，在维护社会稳定中推动中国特色社会主义建设，在中国特色社会主义建设中维护社会稳定，明确党的建设的方向。

经济发展是社会稳定的物质基础。经济基础决定上层建筑，“物质生活的生产方式制约着整个社会生活、政治生活和精神生活的过程”[5]。经济发展具有相对独立性，经济发展的周期性波动容易引发社会动荡；而且“经济发展本身就是一个造成不稳定的进程”[6]，经济发展的同时社会动员会提高人们的期望，期望预期不能满足而产生的挫折感不利于社会稳定；经济增长率与政治动乱之间的关系表现为“经济发展水平低，两者之间成正相关；经济发展水平中等，两者之间无明显关系；经济发展水平高，两者之间成负相关”[7]。中国属于发展中国家，党和政府在推动经济发展中维护社会稳定的任务变得更为重要。

政治发展是社会稳定的政治保障。现代政治发展的目标是推进民主化进程，实现

[1] 塞缪尔·P.亨廷顿:《变化社会中的政治秩序》，王冠华等译，上海人民出版社2008年版，第341页。

[2] 《邓小平文选》(第3卷)，人民出版社1993年版，第208页。

[3] 《邓小平文选》(第3卷)，人民出版社1993年版，第347页。

[4] 《邓小平文选》(第3卷)，人民出版社1993年版，第357页。

[5] 《马克思恩格斯选集》(第2卷)，人民出版社1995年版，第32页。

[6] 塞缪尔·P.亨廷顿:《变化社会中的政治秩序》，王冠华等译，上海人民出版社2008年版，第38页。

[7] 塞缪尔·P.亨廷顿:《变化社会中的政治秩序》，王冠华等译，上海人民出版社2008年版，第41页。

政治民主，具体表现为在现代政党的推动下建设现代化国家。“社会主义国家人民当家作主的国体性质，从根本上决定了党权、政权具有工具性，民权具有目的性”，“应当以民权保障为出发点，建立、发展和改革党政关系”[1]，这种社会本位的现代政治逻辑在转型期日渐彰显，它要求在经济发展的同时满足公民日益增长的权利诉求。权利诉求不能满足是引发社会矛盾的重要原因，“现代的社会冲突是一种应得权利和供给、政治和经济、公民权利和经济增长的对抗”[2]。政治发展就是要协调经济发展和公民权利诉求之间的矛盾，这个政治使命由现代政党来担当。政党是现代民主政治的产物，是联系国家和社会的桥梁，并因此成为整合社会利益诉求、维护社会稳定的最重要的组织力量。

公民社会的成熟、社会结构的合理是社会稳定的重要条件。随着市场经济的发展，一个相对独立的公民社会必然形成。公民社会是指国家和政府之外的所有民间组织和民间关系的总和，成熟的公民社会是维护社会稳定、实现社会自我管理的必要条件。伴随改革发展而来的是社会结构的调整。“所谓社会结构，是指一个国家或地区的占有一定资源、机会的社会成员的组成方式与关系格局。”[3]市场经济中资源配置主体、配置方式和机会获取方式都发生了显著变化，社会结构发生深刻变动。通过有效的社会整合引领公民社会，促进社会结构的健康发展，从而维系政治体系的稳定是政党的基本职能。

文化发展是维护社会稳定的深层次需求。现代价值系统为政治经济制度提供正当性，建立在制度化基础上的文化认同是更高层次的社会稳定状态，是社会稳定体系建设的目标追求。全球化进程中，各种文化交流、交融、交锋更加频繁，文化软实力在综合国力竞争中更加重要，维护文化安全的任务更加艰巨，文化发展在社会稳定系统中的作用日渐凸显。

社会稳定是建立在以中国共产党领导和执政为核心的经济、政治、社会、文化的整体性发展变迁的基础之上的。社会稳定系统中某一子系统的发展滞后于其他子系统，则会增加社会运行的成本和障碍，并成为诱发社会不稳定的薄弱环节。“一旦经济发展被启动，社会的经济、政治和文化都会发生相应的结构性变化，甚至人格结构、人的价值观和行为模式也会随之发生改变。社会的转型，实际上是原有社会结构的改变、解体或重组，这本身就是一个与社会稳定相悖的过程。”[4]所以，社会稳定是动态的、相

[1] 王韶兴：《政党政治论》，山东人民出版社2011年版，第471页。

[2] 拉尔夫·达仁道夫：《现代社会冲突》，林荣远译，中国社会科学出版社2000年版，第3页。

[3] 陆学艺：《当代中国社会结构》，社会科学文献出版社2010年版，第10页。

[4] 李笃武：《政治发展与社会稳定：转型时期中国社会稳定问题研究》，学林出版社2006年版，第83页。

对的，而不是静态的、绝对的。维护社会稳定必须树立与科学发展观相适应的科学稳定观，这种科学的稳定观是基于基本的经济、政治、社会、文化制度基础之上的一种结构性平衡，是社会各子系统基于功能性区别而需要相互认同、相互协作、相互约束所带来的社会稳定。中国是一个政党主导的国家，社会稳定机制要在政党政治提供的框架内运行。中国共产党在领导和执政过程中维护社会稳定，应社会稳定的需要推动自身建设的科学化，为经济、政治、社会、文化发展提供制度空间，不断完善政党、国家、社会之间的制度性运作规范，实现社会稳定与党的建设的良性互动。

二、社会稳定与党的自身建设的历史分析

（一）传统社会稳定模式与党的自身建设

新中国成立初期，面临严峻的政治军事威胁、困难的财政经济状况、极其落后的文教事业、大量的丑恶现象，中国共产党领导全国人民巩固新政权，维护社会稳定，推动社会发展，在致力于国民经济恢复和发展的同时，逐渐形成了集中统一的计划经济体制和中央高度集权的政治体制。随着1956年底社会主义改造的完成，形成了由工人阶级、农民阶级以及知识分子组成的“两阶级一阶层”结构，社会融于国家之中，国家不仅有了权力集中的社会基础，而且有了所有制的保障。文化建设方面，基于冷战的国际背景而展开的意识形态宣传，总体上是和计划经济体制和高度的中央集权相适应的。建立在文化认同基础上的经济、政治和社会的同构，形成社会稳定的基础，以强力控制经济和政治为特征的社会稳定模式由此形成。更重要的是，除了中国共产党及其直接掌控的组织以外，其他各种社会组织都消亡了，中国共产党及其掌控的组织就成为中国社会几乎是唯一的有组织的力量，也就成为维系国家统一和社会基本稳定的唯一力量。由于这一力量的存在，即使发生了“大跃进”那样的经济灾难和“文革”那样全局性的政治动荡，国家的统一和1949年以后形成的中国社会的基本结构并没有动摇。在这个组织体系中，以党组织为核心，聚合了多层面、多类型的组织，形成富有活力的“中心—外围”结构的党的组织网络。党的组织原则和纪律决定了党的组织网络的政令畅通及坚强有力，党政关系、政党关系、国家与社会的关系都要在中国共产党的权力组织网络中去考量。正是凭借这样的组织网络，中国共产党有效地将中国社会组织成一个有机整体，成为维护社会稳定的坚强柱石。

传统的社会稳定模式对于中国共产党最大限度地开发利用经济、政治、文化资源，应对复杂的国际国内局势、凝聚社会力量发挥了重要作用。但是其弊端也是极为明显的：用精神信仰代替物质追求，使政治参与失去动力；意识形态僵化；人格魅力型政

党权威使党的建设封闭、僵化，党内民主无法有效展开。进而党政不分，权力缺乏监督并酿成灾难。种种弊端削弱了党的领导，损害了党执政的合法性基础，注定了这种社会稳定模式的风险、执政成本的高昂和不可持续性。

中国共产党要融入新的全球化进程，必须改革开放，与世界文明接轨，传统体制下的社会稳定机制和稳定模式不再适应新时期的需要。

（二）改革开放以来社会稳定与党的自身建设

改革开放30多年来，中国社会状况发生了根本性变化，社会稳定与党的自身建设呈现出新的特点。

第一，中国共产党渐进、增量式改革有利于维护社会稳定。

中国共产党领导的改革开放是在保持原有的政治权力架构的前提下，通过党和国家中心任务的转移而开始的，要求充分利用原有体制的发展空间，释放经济、社会发展的活力。改革开放政策的推行遵循了由简单到复杂、由体制外到体制内、由经济到政治的顺序。“摸着石头过河”与“循序渐进”发展特征相辅相成。“稳定压倒一切”是中国政府一贯坚持强调的。所有变化和改革都在循序渐进中进行，避免了东欧剧变的不成功经验，维持了国内长久的便于搞经济建设的稳定局势。与“以经济建设为中心”的经济体制改革相适应，“中国的政治改革在很大程度上就是一种治理改革。政治改革的重点始终在改善政府治理”[1]，这种治理改革在实践中收到了较好的效果：建设服务政府、透明政府，不断推进政府决策的科学化、民主化。中国共产党的自身建设表现为以其执政能力的提高为重点和突破口，依托其政党性质的先进性以及历史上积累的丰厚的政治资源，审时度势，运用高超的政治智慧，带领中国社会主义航船驶入正确的航向。“驾驭政党变革的全部艺术不仅仅在于批判既有体制、既有机制的弊端，更在于善于利用既有体制，顺利地托出新的体制，善于把新旧体制之间的矛盾摩擦化解为最小，把二者的统一性利用到最大。”[2]围绕经济发展、政府治理，中国共产党不断调整政党职能，不断加强党的思想、政治、组织和作风建设，规范党政关系，重视制度建党，使党的建设适应改革开放的需要，使党成为保持社会稳定、推进改革开放的中流砥柱。

第二，中国共产党针对不同历史时期社会稳定的不同特点加强自身建设。

改革初期，全国人民深受“文革”之苦，人心思定。党和政府必须整顿“文革”造成的全国性混乱。中国共产党以意识形态为先导，率先解决思想路线问题。“不解放

[1] 俞可平：《中国未来30年》，中央编译出版社2011年版，第106页。

[2] 王韶兴：《政党政治论》，山东人民出版社2011年版，第545页。

思想，正确的政治路线就制定不出来，制定了也贯彻不下去。”[1]但是党的意识形态的稳定性、连续性对于国家和社会的稳定至关重要，是党首先要解决好的问题。中国共产党在坚持毛泽东思想的指导地位，保持意识形态的连续性的同时，基于对“文革”时期极左思潮和极左信仰所造成的灾难后果的反思与干预，及时纠正“以阶级斗争为纲”的错误路线，创造性地把全党的工作重点转移到社会主义现代化建设上来，其核心在于解放生产力，意味着中国共产党正确思想路线的确立。这极大地鼓舞了全国人民发展经济的热情，一直到20世纪80年代中期，经济发展，国家政治体制恢复常态，社会和谐安定。

80年代后期至90年代初，计划和市场并行的双轨制产生许多负面效应，反映在政治生活中表现为腐败问题比较严重，“从党和国家的领导制度、干部制度方面来说，主要的弊端就是官僚主义现象，权力过分集中的现象，家长制现象，干部领导职务终身制现象和形形色色的特权现象”[2]。这严重影响了干群关系和社会稳定。针对复杂的国内国际形势中国共产党更加重视政治体制改革问题，其突出表现是党的十三大阐明了社会主义初级阶段理论，并依据这个理论和路线加强党的建设：健全党的集体领导制度和民主集中制，改革和完善党内选举制度，切实保障党章规定的党员民主权利，畅通党内民主渠道和健全党内民主生活，强调必须经得起执政和改革开放两个考验的要求。这一时期，中国共产党核心领导层实现制度化更替。同时，改革的深化使普通民众的社会风险增大，社会抗拒事件明显增多；国际上苏联解体、东欧剧变使党面临严峻考验。“在经历过政治风波的考验后，党中央对处理党政关系、切实加强和改善党的领导形成了新的认识和工作思路，为继续推进政治体制改革指明了方向。”[3]中国共产党更加谨慎地处理改革开放和稳定的关系，更加注重社会稳定问题。

1992年初至21世纪初。1992年，邓小平的南方谈话明确了计划和市场都是经济手段，消除了市场经济“姓社还是姓资”说的思想混乱。随后召开的中国共产党第十四次全国代表大会明确我国经济体制改革的目标是建立社会主义市场经济体制，为社会主义经济、政治、社会、文化建设提供了更加强大的动力，开辟了广阔前景；1997年，党的十五大进一步调整和完善所有制结构，明确“公有制为主体，多种所有制经济共同发展，是我国社会主义初级阶段的一项基本制度”[4]。市场经济体制的逐步完善，对于中国社会稳定和党的自身建设具有深远意义。这一时期，核心领导层团结、凝聚力强，

[1] 《邓小平文选》（第2卷），人民出版社1994年版，第191页。

[2] 《邓小平文选》（第2卷），人民出版社1994年版，第327页。

[3] 中央党史研究室第三研究部：《新时期中国共产党的建设简史》，中共党史出版社2009年版，第93页。

[4] 《江泽民文选》（第2卷），人民出版社2006年版，第19页。

经济持续、高速增长，民众生活满意度高。与此同时，许多影响社会稳定的问题也在孕育，“片面地追求‘效率优先’，以为经济成果可以自动地减少经济不平等；片面地追求‘先富论’，导致一部分地区和人口优先受益、更多受益的同时，广大工人、农民和弱势人群的利益没有得到应有的发展与保障，甚至严重地损害了一部分人群的切身利益”[1]。收入分配不均、城乡差距和地区差距扩大，减贫速度趋缓，生态环境恶化，腐败猖獗等问题成为影响社会稳定的隐患。

与社会稳定的要求相适应，中国共产党不断加强自身建设，党的十四届四中全会提出了党的建设总目标，即把党建设成为用建设有中国特色社会主义理论武装起来、全心全意为人民服务、思想上政治上组织上完全巩固、能够经受住各种风险、始终走在时代前列的马克思主义政党。党的十五大提出“不断提高领导水平和执政水平，不断增强拒腐防变的能力”的历史性课题；在党员干部中开展“讲学习、讲政治、讲正气”的三讲教育。党的十六大确立了“三个代表”重要思想的指导地位，实现了党在指导思想上的与时俱进，为“党的建设总体布局”提供了明确思路。“依法治国”“政治文明建设”等观念的提出，不仅意味着意识形态的重大突破，而且为与之相适应的政治体制改革确立了方向，为党的自身建设提供了更大的空间。

2002年至今。2002年，我国人均国内生产总值突破1000美元，预计到2020年将达到3000美元。国际经验表明，在这个阶段，经济社会结构会发生深刻变化，经济社会发展也处于一个紧要关口。施政得当将推动经济社会协调发展，顺利实现现代化；反之，将出现贫富差距悬殊、失业人口增多、城乡和地区差距拉大、社会矛盾加剧、生态恶化等问题，乃至经济停滞、社会动荡。这个阶段既是“黄金发展期”也是“矛盾凸显期”。近年来，农民的“依法抗争”、工人的“以理维权”、群体行动和社会泄愤事件频发，社会稳定问题更加突出。

国际国内环境的新变化，经济社会发展面临的新情况新问题，要求中国共产党进一步回答“什么是发展、为什么发展、怎样发展”这一系列重大理论和实践问题。2003年，党的十六届三中全会明确提出要“坚持以人为本，树立全面、协调、可持续的发展观，促进经济社会和人的全面发展”[2]，对科学发展观作出了完整表述。2004年，党的十六届四中全会对加强党的执政能力建设作出了全面部署，构建社会主义和谐社会思想正式提出对于维护社会稳定具有深远意义。2007年，党的十七大提出要建设社会主义市场经济、社会主义民主政治、社会主义先进文化、社会主义和谐社会“四位一体”的总体布局，更加全面地理解改革、发展、稳定的关系；尤其是和谐社会理论

[1] 胡鞍钢、胡联合：《转型与稳定：中国如何长治久安》，人民出版社2005年版，第104页。

[2] 《十六大以来重要文献选编（上）》，中央文献出版社2005年版，第465页。

是当前维护社会稳定的指导思想；形成了以党的先进性和执政能力为主线的党的建设总体布局。这一历史时期，中国共产党对于社会稳定问题的理解更加深入，更加注重全局，更加注重从根源上解决稳定问题，“以人为本”“政治文明”“和谐社会”“科学发展”使中国共产党从治国理念上逐步从注重“有效性”转向更加注重“合法性”，这对于形成动态、和谐的社会稳定格局具有深远意义。

三、以党的自身建设推动社会稳定体系的结构平衡

“办好中国的事情，关键在党”[1]，处理好改革、发展、稳定的关系，关键也在党。中国共产党是社会稳定体系的核心，需要总揽全局、协调各方。改革过程中，经济、政治、社会、文化的变革不是同步进行的，这是由世情、国情、党情的需要以及改革本身的特点决定的，因此，改革的过程就是一个不断修复社会发展各子系统的结构性矛盾的过程，这对党的建设提出了很高的要求。党的建设与社会稳定的关系，本质上是基于实现社会稳定发展的现实要求，不断提高中国共产党综合能力建设的问题，体现了执政党的逐步成熟。笔者认为，改革开放至此，经济、政治、社会、文化发展出现结构性失衡，是造成社会不稳定的深层次原因。目前，需要在以下方面做出努力：

其一，提高党驾驭社会主义市场经济的能力。

随着改革的深入，改革与反对改革的交锋日益激烈，市场经济与政府资源配置之间的矛盾，使经济体制改革的深化步履维艰。“改革初期的阻力主要来自意识形态，而此时则主要来自既得利益”[2]；既得利益者利用权力进行的“寻租”“设租”活动以及由此对经济活动的干预是深化市场经济体制改革的重大阻力，资本与权力的结合是滋生腐败的根源。增强中国共产党防止和消除腐败的能力，坚决惩治和有效预防腐败，攸关执政党的生死存亡，是赢得社会稳定的民心工程。同时，资本与权力的结合也是造成社会贫富差距过大，社会阶层结构不合理以致影响社会稳定的重要原因。现阶段，社会主义市场经济的发展仍是深化改革的主轴和推动社会稳定体系结构平衡的重要动力。但是，市场经济的深化改革已经不再是单纯的经济问题，而是涉及经济与政治的深层次联系，需要政治体制改革的互动。社会主义市场经济体制的完善关系到能否实现经济发展、政治稳定、社会和谐、文化繁荣等一系列问题，也是中国共产党发展完善的基本动力源泉。

其二，提高党发展社会主义民主政治的能力。

---

[1] 胡锦涛：《在庆祝中国共产党成立90周年大会上的讲话》，《求是》2011年第13期。

[2] 吴敬琏、俞可平、罗伯特·福格尔：《中国未来30年》，中央编译出版社2011年版，第90页。

经济的迅速发展和对于政治参与的一定程度的抑制密切相关，这是中国改革开放保持社会稳定的一个重要特征，这一特征可以“称之为‘延时效应’，自下而上的政治诉求为权威体制强制地抑制了，这一抑制的结果并不意味着矛盾的解决，而是延缓了矛盾的表面化，而这种延缓却为政府赢得了时间”[1]，稳定是硬任务与发展是硬道理相伴随，在发展中逐步解决矛盾赢得稳定是中国共产党有效的执政策略。但是这种执政策略并非一劳永逸，随着市场体制的根本变革，民主政治建设的重要性日渐凸显，“十分清楚的是，未来30年中国改革发展的重点，将逐渐从经济领域转向社会政治领域”[2]。党对于科学发展观的强调，为政治体制创新开辟了广阔的空间。

依法治国是现阶段推进民主政治建设的重要抓手，也是中国共产党维护社会稳定的内在诉求。在现代国家建设过程中，法治对社会秩序的维护是深层次的，法治有利于现代国家的成长，它促进公民社会的发育，规范国家权力的行使和政治过程的运行，构建法理型权威基础，为政治建设提供了广阔的空间。法治还有利于维护执政党的合法性，将社会矛盾纳入法制轨道，避免了与社会矛盾的直接冲突；对于非竞争性政党体制下的中国共产党来说，实现政治法律化是巩固执政地位、提高执政能力、减少执政风险，维护社会稳定的重要的战略和策略。

其三，以党的基层组织建设推动公民社会的发展。

党的基层组织是党协调与社会关系的组织纽带，是党密切党群关系、构建和谐社会的组织基础。中国共产党维护社会稳定的各项工作、任务最终要落实到基层，工作成效也体现在基层。没有坚强的基层党组织，难有整个社会政治大局的稳定。随着市场经济的发展，基层党组织在资源配置中的作用日渐弱化乃至消失；虽然党在计划经济体制下形成的组织权力架构仍然是社会最强大的组织力量，但基层组织资源的弱化确是严峻的事实。加强中国共产党基层党组织领导能力建设，应立足于转型期制约基层组织建设的体制和机制安排，着眼于基层组织的科学定位、功能转换和自身民主建设，将增强其政治领导能力建设作为工作的出发点和着力点，使其在公民社会发展过程中充分发挥动员、组织和凝聚社会的作用，真正成为社会稳定体系的基本组织支撑。

其四，以党的意识形态创新推动社会主义先进文化建设。

社会主义文化建设在社会稳定体系中占有非常重要的地位，党的意识形态建设是其重要组成部分。在历次改革开放的突破口，中国共产党都会以意识形态建设为先导，以党的先进性引领改革开放发展方向。

社会主义先进文化建设必须坚持社会主义核心价值体系。社会主义核心价值体系

---

[1] 萧功秦：《中国的大转型：从发展政治学看中国变革》，新星出版社2008年版，第105页。

[2] 俞可平：《中国未来30年》，中央编译出版社2011年版，第107页。

是建立在社会主义市场经济体制、社会主义民主政治体制、社会主义和谐社会基础上的价值观念的升华，其核心在于马克思主义理想信念，其实质在于追求“人的自由、全面发展”。目前，与市场经济相匹配的社会主义民主、法治精神、权利意识还没有普遍确立，并成为阻碍社会主义市场经济、民主政治和公民社会进一步发展的重要问题。中国共产党应该与时俱进，以主流意识形态的创新引领社会主义先进文化前进方向，增强党员和公民权利意识，使党执政的合法性实现由政策认同、制度认同，到文化认同的转变，这是维护社会稳定的最坚实的思想文化基础。

其五，提高党融入并驾驭全球化的能力。

全球化意味着机遇，也意味着风险。全球化构成了社会稳定体系的大背景，也是影响社会稳定的重要内容。在全球化背景下，国家要承受全球发展带来的风险，国内的问题也可能放大为国际问题而使风险倍增。全球化的影响使经济、政治、社会、文化之间的联系更加密切。中国共产党依据治国理政的需要，加强自身建设的科学化，在科学发展观的指导下树立科学的社会稳定观，积极参与国际竞争，更好地吸收世界政治文明成果，在建设马克思主义学习型政党的过程中推动国内经济、政治、社会、文化改革的深化，形成更加合理的社会稳定结构，实现国家的长治久安。

原载于《理论与改革》2012年第1期

中国共产党政党法治建设探微

季冬晓

摘　要：中国共产党的政党法治建设最根本的依据是国家宪法和党章，其基本原则是借鉴内生型法治和外生型法治的优点，实现自然演化与理性建构相结合；其具体途径是培养有利于实现国家法治文明与政党法治文明的法律文化、确立党员的法权人格、实现政党权力运行的法治化、实现政党民主的法治化、加强法治文化资源的整合。

关键词：中国共产党；政党；法治；民主；建设

一、中国共产党政党法治建设的理论阐释

塑造政党的法治特征，利用各种法律形式规范政党活动并使之纳入法治化轨道是现代政党政治的内在要求。“政党法治属于政党管理范畴，是政党组织法治化的实现形式，就其涉及内容和活动领域来说，政党法治是一个综合性概念，含有民主与法治、权利与义务等丰富的制度意蕴；融汇法律至上、权力制约、依法治国、依法治党等诸多价值取向；涵盖政党内部生活和外部活动所有方面，贯穿政党治理国家和管理自身事务的全过程。”[1]政党法治既是现代法治的主要内容和现代政党建设的核心原则，又是提升政党政治文明的必由之路。

（一）中国共产党政党法治建设的科学内涵

“一般而论，政党法治是指以政党章程和国家法律作为政党活动的总规范，以政党法律和国家法律对政党权实行全面规制的政党管理模式”[2]，其核心是依靠国家和政党法律确立政党权力、行使政党权力与制约政党权力。具体到中国共产党而言，中国共产党的政党法治是以《中华人民共和国宪法》和《中国共产党章程》作为政党活动的总规范，以国家法律和党内法规制度对党治国理政与自身建设实行全面规制的政党治理

[1]　王韶兴：《政党政治论》，山东人民出版社2011年版，第275页。

[2]　王韶兴、张立：《政党法治：一种新型的政党文明形态》，《文史哲》2005年第1期。

模式。中国共产党政党法治建设的逻辑起点在于党的领导权始终处于法律的有效监控之下，关键是依法处理党治国理政与自身建设的关系，基本途径是通过完备的法律制度体系和有效的法治运作机制使党的内部治理和外部活动都体现法治原则，实现依法治国与依法治党的有机统一。

从党治国理政与自身建设的相互关系上看，中国共产党的政党法治建设具有双重意义。一方面，由于中国共产党不是存在于国家之外或国家之上，所以党的活动必须限定在国家宪法和法律范围之内，而不能超越宪法和法律，因此国家的法治精神和法治原则同样适用于党。这样，在致力于建设法治国家的目标之下，党必须加强自身的法治建设，在先进的政党文化的引导下，实现政党内部生活的法治化。另一方面，党内生活法治化的发展方向和发展质量，对国家政治生活的法治化建设具有重要的引导、推动作用，党有法可依、有法必依、执法必严和违法必究的法治理念是实现党依法治国的逻辑前提，实现其内部各项事务的依法治理是实现党依法治国的现实基础。在实践过程中，国家政治生活的法治化依靠党内生活法治化的引导和推动，而国家政治生活的法治化的健康发展又为党内生活的法治化建设提供了重要的保障。因此，加强中国共产党的政党法治建设既是建设社会主义法治国家的需要，也是党依法执政和依法治党的内在要求。

（二）中国共产党政党法治建设的基本原则

根据法治生成的基础和来源的不同，现代法治可以划分为两类，即内生型法治和外生型法治。内生型法治，从逻辑和历史发展上看，因社会内部条件成熟而自然催生法治，是本国传统法律文化在历史长河中自然孕育、演化而来，其对传统的继承、传续关系十分明显，在基本精神与价值观念上相互契合，几无差异，法治的生成是自然的历史进程和逐步成长的过程。内生型法治以经验理性主义为指导，侧重自身的经验积累，主要依赖社会自身力量的持续推动。相反，外生型法治的生成并不是社会内部自然演进的结果，而是在外力的主导下，在对传统不断反思的基础上或割舍传统或重构传统，其首要任务是清除自身传统中有碍法治生成的因素，其主要途径是通过借鉴移植、消化吸收他国法律制度，构建适合本国实际情况的法治。此外，在外生型法治国家中，由于本国的法律规范大多以内生型法治国家的法律规范为蓝本，其所体现的并非自身社会所生秩序的规范化过程，政府还必须开展声势浩大的“普法”运动，强化对法治精神的宣传，以便规范国民的行为。中国共产党的政党法治建设不是单纯的内部因素或外部因素起作用的结果，而是内因外因相互作用的产物，是在法治、治国理政、党的建设、中国国情、世界局势的时空交错等所带来的种种内在矛盾和冲突中展开的。国际环境复杂化、国内经济成分多样化、政治民主化、社会结构多元化、价值取向多元化、网络传媒社会化给党治国理政与自身建设的法治进程带来了重大的机遇和挑战。中国传统力量的惯性延缓了党对传统的反思，党在汲取传统精华的基础上不断清除自身传统中有碍法治生成的因素，它是在构建法治生存基础的同时开始筹划法治的形成，走的是一条演化与建构相融合的实践共生之路。因此，中国共产党政党法治建设的基本原则是借鉴两种法治生成模式的优点，实现自然演化与理性建构相结合。

二、中国共产党政党法治建设的路径设计

加强中国共产党政党法治建设，需要在先进的政党文化的引导下，实现党治国理政与自身建设的法治化，实现依法治国与依法治党的有机统一。

（一）培养有利于实现国家法治文明与政党法治文明的法律文化

法律文化是人类文化的重要组成部分，是社会上层建筑中有关法律思想、法学理论、法律规范、法律设施以及法律艺术等一系列法律实践及其成果的总和。法律文化独有的功能体现为：通过认识和学习法律文化所蕴含的价值，可以使人们产生强烈的主体意识。而这种意识又能够转化为人们自身的一种精神追求和心理需要，进而引导人们做出正确的价值判断，选择恰当的行为方式，同时还能持续地激发人们的热情和创造力，极大地促进法治文明的产生和发展。可以说，法律文化本质上就是通过价值驱动的方式推动法治的发展，而这种价值驱动无论是对法律的制定、法律的实施还是对法律的遵守都具有积极深远的影响。没有成熟的法律文化，就不可能有成熟的法治文明。因此，中国共产党政党法治建设的重点在于价值体系的建构，以此形成有利于实现政党法治文明的法律文化的主体结构，并催化国家法治文明与政党法治文明的共生共长。

首先要树立依法治国和依法治党的法治理念。用法律治理国家、按照党内法规及制度来规范党内秩序，是推进法治国家、提高党的建设科学化水平、保障人民自由公正生活的有效途径。法治理念是法治的灵魂和动力，要在全党和全国弘扬公平正义的法治精神和价值信念，建立健全体现人民意志的法律，将党的全部工作和一切活动都纳入社会主义法治运行的正常轨道。法律作为现代社会治党、治国的方法和手段，必须确立法律的至上权威。只有树立依法治国和依法治党的法治理念，明确将法律作为党治国理政和规范自身活动的根本准则，才能真正代表人民的利益，保证政党法治建设的科学发展。其次要推进国家法律制度和党内法规制度的创新，全面落实宪法和党章所确立的各项原则，切实保障党章赋予党员的各项权利，通过设计良好的法律制度来引导党员的价值选择，强化党员的法律意识，打造出现代法治社会的合格党员。这

是建立有利于实现国家法治文明与政党法治文明共生共长的法律文化的重要途径。当良好的法律制度对党员产生广泛而持久的影响时，这种制度本身就已经成为一种文化；反之，如果没有制度的牵引和支撑，法律文化建设也就会成为一句空话。

（二）培养党员的法权人格

所谓法权人格，是指每个人的人格和权利在法的意义上得到同等尊重和保护。“法权人格内含着丰富的自由精神，但这种自由精神不是抽象的，而是与现实的具体社会关系相连，更多地考虑个人的行为规范如何与社会群体所倡导的伦理规范相一致。”[1]法权人格是法治社会的一条重要价值准则，在一定意义上决定了一个国家的法治化程度。中国共产党在治国理政和加强自身建设中，以法权人格为依托，不仅有利于实现党在法治基础上对国家的控制力，而且有利于实现党的建设规范化和法律化。因此，在中国共产党政党法治的建设过程中，应注重培养党员的法权人格，实现法权人格的理性化并提升其自主性。首先，要加强对党员权利意识的培养。权利意识是党员法权人格的基础，培养权利意识有助于党员对法律产生敬仰和信任。要确立党员的“权利神圣”观念。即每一个党员都平等地享有法律赋予的、不容许任何人侵犯的神圣权利。另外，党员还享有党章规定的各种党员权利，党的任何一级组织直至中央都无权剥夺党员权利。要组织党员参加社会实践及党内组织活动等多形式的权利实践活动。这种实践的范围非常广泛，比如，在党政机关开展加强纪律和法制教育的宣传活动、到人大去参与立法和监督法律实施等活动，这对在全党形成普遍的权利意识、推行法治精神、了解法治实践都会有直接帮助。其次，要加强对党员法律素质的培养。法律素质是决定党员行为的重要因素，也是推进依法治国的关键。作为一名共产党员，应加强培养遵守国家的法律法规和政策、遵守党纪党规的素质。培养党员的法律素质需要遵循以下三个步骤：第一，党员要了解各种法律法规、政策及党规党纪的规定，这是培养党员法律素质的前提。第二，党员要将遵守法律培养成自身的内在需要。只有将这种素养变成党员的内在素质，才会实现党员的行为从“自发性”向“自觉性”的飞跃。第三，加强对党员行为的监督。党员的行为需要监督，尤其是对党员干部的职务行为，如果没有监督很容易演变成腐败，对党和国家都会造成巨大的损失。只有使党员的行为得到有效监督，才会降低他们违法犯罪的概率，提高他们的法律素质。

（三）实现政党权力运行的法治化

中国共产党的政党法治建设是以政党权力制约和政党权利保障为基础和核心的。

[1] 杨昌宇、陈福胜：《法权人格的确立与中国法治社会的生成》，《学术交流》2005年第11期。

中国共产党的政党法治建设，需要采取调试性策略，实现党的领导行为的法治化，实现国家权力与政党权力之间的相互制衡和协调发展。首先，要根据国家权力和政党权力的不同性质和实践要求，分清国家政权机构与政党组织的不同职能和实现方式，并通过法律和制度的形式确定下来，作为政党的行为准则。以往过于笼统的规定往往容易导致政党权力侵犯性地扩张，所以有必要另行立法规定具体的行使程序，将上述内容加以细化。另外，鉴于中国共产党党内组织活动对国家政治生活有极其重大的影响这一政治现实，宪法对中国共产党党内的组织活动原则及其程序也应作出明确的规定。这些内容的法定化，使得党必须遵守宪法和法律、在宪法和法律范围内活动的原则有了具体的可衡量内容，使其具有可操作性的尺度保障。其次，在法治社会中，民主政治本身就是一种程序政治。因此，建立国家权力和政党权力运行中严格、固定、科学、合理并可自行调控的程序机制是极其重要的，唯有如此才能减少或消除国家权力和政党权力行使过程中的绝对性、随意性。最后，在法治社会中，民主政治是一种责任政治，权力和责任是相辅相成的，权力行为责任的法治化体现了责、权统一的原则。国家权力和政党权力行为均应与其责任相连，从制度上和法律上明确规定权力行使者的相应的责任，使权力行使者对自己的权力行为负责。如果实施了违法、不当或失职的权力行为，可据此直接启动责任追究机制。这样责任才能从法律规定转化为现实状态。同时应建立对国家权力和政党权力进行监督的法律制度，争取设立能够对国家、政党进行监督，并能对政党违宪、违法行为做出相应处罚的监督机构。总之，只有将执政党的行为成功地纳入法治轨道，实现政党权力运行的法治化，才能为中国共产党的政党法治建设打下坚实的基础。

（四）实现政党民主的法治化

法治的合法性来自正义、民主、人权，人类之所以需要法治，在于法治能更好地保护每个人的权利和自由免遭他人的侵犯。没有民主的支持，法律就可能沦为少数人专制的工具，法治本身也难以实现。从这个意义上说，民主与法治都是手段，都是为了保障和促进个体的自由与自治。从政党文明的角度来看，民主与法治的关系基本上就是内容与形式的关系，二者共同构成了政党文明的统一体。政党法治是政党民主发展的应有之义和内在要求。政党法治的价值意义在于通过政党法律的形成和至上权威的确立构成对政党权力的制约，目的在于保障和实现政党意志，“可见，政党法治本质上肯定、发展政党民主，与政党民主相辅相成”[1]。政党民主的法治化，即政党民主的制度、结构、形式和程序的规范化是对政党民主的精心设计和构造，是政党党内民主

[1] 王韶兴：《政党政治论》，山东人民出版社2011年版，第278页。

的法治化和执政民主的法治化的有机联系和内在统一。中国共产党政党民主的法治化，主要体现在中国共产党政党民主法治意识的增强、政党民主法制制度的健全和政党民主法制行为的养成上，它不仅体现了民主和法治精神，而且为中国共产党的治国理政与自身建设提供了标准和程式，为加强中国共产党的政党法治建设提供了坚强保障。党内民主对人民民主具有示范和带动作用是我国民主和法治发展的历史逻辑的必然结果。通过在法治状态下实现党内民主与人民民主的良性互动来实现政党民主的法治化，既有利于党在发展民主和加强法治的进程中增强治国理政与自身建设的能力，又有利于规避在治国理政与自身建设的法治进程中的社会和政治风险，必将为中国共产党的政党法治建设提供强大动力。

（五）加强法治文化资源的整合

整合法治文化资源，弘扬现代法治精神，是加强政党法治建设的必然要求。加强法治文化资源的整合，既应该尊重和保持本土适应社会发展的法治文化，又要学习和借鉴西方发达国家的法治思想与法律体制，只有将国内外的优秀法治文化资源整合起来，由此而逐渐形成以法律价值为核心，多元文化共生共荣的法律文化体系，法治文明的成长才拥有持续不断的驱动力，才有利于实现依法治国与依法治党的有机统一。

首先，要发掘本土法治资源，保持本土法治文化的主体地位。中国法治文化传承千年，有着自己的民族特色，所以在整合法治文化资源时，应该考虑到中国的具体国情，坚持本土法治文化的主体地位。要坚持党的领导、人民当家作主、依法治国的有机统一。这三者的统一，是我国法治文化资源的基础，是社会主义民主政治最主要的特点和优点，也是加强政党法治建设的基本原则。其次，要理性借鉴国外法治文化思想和法律体制。在实践中，由于我国法治发展还并不成熟，正义法精神和法治原则并没有得到充分的尊重和维护，一些地方、部门及党员领导干部错误理解法治精神，将依法治国和依法治党当作控制社会、强化管理、稳定局势和制裁犯罪的手段；习惯用行政命令和长官意志，甚至出现以权压法的现象。而这些在法治发达的西方国家却比较少见，主要归功于西方健全成熟的法制和深入人心的正义法精神理念。比如，完善的立法、司法、执法和法律监督等制度性系统，主张自由、民主、平等、正义、人权等精神的价值理性和法治观念以及西方的法律方法论等，这些都是经过证明行之有效的法治文化资源。在加强中国共产党政党法治建设的过程中，可以根据中国的具体实际，将西方优秀的法治文化资源融入中国的现代法治中去，做到“西学为用”，推动党治国理政与自身建设的法治进程。

原载于《理论探讨》2013年第1期

论全面从严治党的继承性与创新性

吕　虹

摘　要：全面从严治党是新一届党中央面对新的形势和任务为加强党的建设做出的新努力，其主要内涵突出地表现在“全面”“从严”“治党”三个方面。中国共产党自成立伊始就坚持“管党治党”的方针，全面从严治党体现了新一届党中央在党建理论与实践上的继承性，主要表现在“反‘四风’”改善工作作风、“打虎拍蝇”强化反腐败、“从严治吏”促进组织建设、“精神补钙”加强思想建设、“遵章建制”促进制度建设。同时，面对近年来“世情”“国情”“党情”的新形势，全面从严治党也实现了不同以往的创新，具体可归结为理论观点创新、实践思路创新和行事风格创新三个方面。

关键词：全面从严治党；继承性；创新性；党建新常态

全面从严治党与全面建成小康社会、全面深化改革和全面推进依法治国共同构成“四个全面”。这是习近平治国理政思想的重要组成部分，也是党的十八大以来中国共产党加强自身建设和执政能力的重要举措。全面从严治党是新一届党中央面对新的形势和任务为加强党的建设做出的新努力，它体现了中国共产党对“党要管党、从严治党”思想的继承与创新，要求我们切实贯彻落实全面从严治党的相关部署。

一、党建新常态：全面从严治党的新解读

全面从严治党是习近平总书记2014年10月在党的群众路线教育实践活动总结大会上的讲话中所提出的战略部署，包括落实从严治党主体责任、坚持思想建党和制度治党紧密结合、严肃党内政治生活、坚持从严管理干部、持续深入改进作风、严明党的纪律、发挥人民监督作用、深入把握从严治党规律[1]。深刻理解全面从严治党的含义需要从不同角度加以审视，如横向的内涵解析和纵向的背景解读等。

从概念内涵的角度看，全面从严治党是党的建设思想的集中体现，可以分解为

[1]　习近平：《在党的群众路线教育实践活动总结大会上的讲话》，《人民日报》2014年10月9日。

“全面”“从严”“治党”三个方面的内容。

第一，“治党”体现党建目标。在全面从严治党中，“治党”是核心，体现党的建设的重要诉求。实际上，“治党”是“管党治党”或“党要管党、从严治党”的简称，指严格管理党员干部，加强和改进党的建设。一方面，“管党”是党的建设的一项基本要求和基本原则。邓小平指出：“党要管党，一管党员，二管干部。”[1]具体而言，“管党”指按照以党章为核心的党内规章制度管理好党的事务，加强对党员干部的选拔、培养、教育、管理和监督。另一方面，“治党”是在“管党”的基础上进一步明确目标，提高要求。习近平指出：“不管党、不抓党就有可能出问题甚至出大问题，结果不只是党的事业不能成功，还有亡党亡国的危险。”[2]一般来说，“治党”有广义与狭义之分。“广义上的治党，是指对党的治理和建设；狭义上的治党，是指比较具体的对党内多种问题特别是对干部队伍的整饬。”[3]由此可见，“管党”和“治党”是一致的，后者是对前者的“升级”与“提升”，其最终落脚点是加强和改善党的领导，使中国共产党能够始终成为中国特色社会主义事业坚强领导核心。

第二，“从严”凸显党建决心。在全面从严治党中，“从严”是关键，表明党建的必然态度。从根本上说，从严治党指严格按照党内规章制度管理党员干部，严格依规办事，严守党的纪律。如前所述，党员干部是“管党治党”的主要对象，自然也是全面从严治党的主要对象。在工作作风方面，从严治党要求党员干部始终保持同人民群众的血肉联系。人民群众是党的发展根基和力量之源，工作作风体现党员干部的形象，涉及党在人民群众中的影响力与号召力。因此，加强和改善党的领导必须密切党群关系，这要求党员干部严格遵循党章党纪行事。在防治腐败方面，从严治党要求党员领导干部规范行使权力。在许多情况下，不受约束的权力往往出现腐败，这要求“把权力关进制度的笼子”。在处理党内事务方面，从严治党要求党员干部严格遵守党的纪律特别是政治纪律。纪律严明是中国共产党的优良传统和独特优势，每个党员干部都必须自觉地根据党内规章制度规范自己的言行，维护党的权威。在组织人事方面，从严治党要求发展党员或选拔干部必须严格规章制度和程序办事，严格执行“坚持标准、保证质量、改善结构、慎重发展”方针，真正使最优秀者加入党组织或成为各级干部队伍的主体。

第三，“全面”强调党建领域。在全面从严治党中，“全面”是重点，表明党的建设的时空范围。对于党的建设而言，全面从严治党中的“全面”主要体现在三个维度上。一是覆盖领域全。从实施内容看，全面从严治党覆盖党的思想建设、组织建设、

[1] 《邓小平文选》(第1卷)，人民出版社1994年版，第328页。

[2] 习近平：《在党的群众路线教育实践活动总结大会上的讲话》，《人民日报》2014年10月9日。

[3] 许海清：《治党论》，辽宁人民出版社2004年版，第1页。

作风建设、制度建设和反腐倡廉建设各个领域。从空间分布看，全面从严治党的中央巡视组巡视了全国31个省区市和新疆生产建设兵团，以及重要政府机构、中央企业和重点大学。二是涉及主体多。从理论的角度看，全面从严治党涉及发起、落实和追责等各环节的责任主体。毫无疑问，倡导和发起全面从严治党的责任主体是以总书记为代表的中共中央，尤其是政治局常委会。就贯彻落实而言，各级各部门党委（党组）及相应的书记是责任主体。在追责方面，各级各部门党委（党组）书记是第一责任主体，其他成员对职责范围内的党风廉政建设负重要责任。此外，各级各部门纪委是党内监督检查的主要责任主体。三是持续时间长。党的建设永无止境，全面从严治党必须常抓不懈，这已成为中国共产党自身建设的新常态。正如习近平总书记所言："凡是影响党的创造力、凝聚力、战斗力的问题都要及时解决，凡是损害党的先进性和纯洁性的病症都要认真医治，凡是滋生在党的健康肌体上的毒瘤都要坚决祛除，通过持之以恒的努力，使党始终成为中国特色社会主义事业的坚强领导核心。"[1]

从提出背景的角度看，全面从严治党依然面临"四大考验、四种危险"的挑战，主要体现为"世情""国情""党情"三个方面的新情况。

首先，当前的"世情"给中国共产党的执政带来重大挑战。从全球层面看，复杂的世界局势对中国提出更高要求。一方面，尽管和平与发展仍是当今的时代主题，但是国际争端和矛盾一直存在，局部地区冲突不断，国际恐怖主义、宗教极端主义和分裂主义猖獗。另一方面，中国作为崛起的新兴大国，在国际上的地位和影响力不断提升，世界各国对中国的期待也随之增加，要求中国在国际舞台上发挥更大作用。在这种情况下，中国不仅要积极承担大国责任，加强国际合作应对各种全球性舞台，而且需要着重应对各种非传统安全的威胁，尤其是"三股势力"、环境变化和流行疫病的威胁。从区域层面看，美国"亚太再平衡"战略给中国带来巨大的战略压力。近年来，西方发达国家在全球金融危机的影响下普遍陷入经济低迷，而以中国为代表的新兴大国率先摆脱危机影响，并带动东亚国家经济复苏，东亚成为实力增长最快的地区，西方发达国家却在后危机时代苦苦挣扎。在此背景下，美国认定中国是其地区霸权的潜在挑战者，因此开始高调"重返亚洲"，实施所谓的"亚太再平衡"战略。复杂的世界形势必然对中国产生深远影响，也对中国共产党的执政环境产生重大影响。因此，必须坚持全面从严治党，使中国共产党不断提高应对外部环境考验的能力。

其次，当前的"国情"出现不同以往的各种新常态。在经济领域，随着环境压力的增大，中国不断调整优化经济结构，经济动力由要素驱动和投资驱动转向创新驱动，加之国际经济环境恶化，中国经济增长由高速变为中高速。在政治领域，中国共产党

[1] 习近平：《在纪念毛泽东同志诞辰120周年座谈会上的讲话》，《人民日报》2013年12月27日。

提出实现中华民族伟大复兴的中国梦的目标，即在建设中国特色社会主义的历史进程中、在改革开放的伟大变革中实现国家富强、民族振兴、人民幸福。为此，以习近平同志为核心的党中央先后提出全面建成小康社会、全面依法治国和全面深化改革开放等具体目标，并在此基础上进一步提出全面从严治党的要求，从而形成为实现中国梦的“四个全面”战略布局。在社会领域，中国当前的老龄化问题突出、“人口红利”锐减，社会公共安全形势复杂，需要大力推进社会治安综合治理、科学治理，促进国家治理现代化。作为一个发展中大国，中国面临其他国家没有的诸多问题。因此，执政的中国共产党创新发展思路，实施新的内外政策，对外推动建立亚太自贸区和“一带一路”倡议，对内推进国家治理现代化进程。面对国内各领域的新情况，中国共产党必须大力提高执政能力和执政水平，必须坚持全面从严治党。

最后，当前的“党情”使中国共产党面临更复杂更严峻的执政挑战。就党组织而言，规模庞大和结构复杂的党员结构为党的管理带来挑战。一方面，由于基层组织不断发展，党员数量随之不断增加，全国党员目前已经超过8700万名。另一方面，在经济和政治的综合作用下，中国阶层结构趋于多元和复杂，导致党员结构更加多元。就党员干部而言，存在的各种问题使党在人民群众中的形象和威望受到影响。党的宗旨要求各级领导干部全心全意地为人民服务，但社会环境复杂，一些党员干部党性不强，形式主义、官僚主义、享乐主义和奢靡之风等“四风”问题较为普遍，少数领导干部甚至出现严重的贪污腐败，这些问题迫切要求我们尽快推进全面从严治党。就执政能力而言，当前的执政目标对党的执政水平提出更高要求。中国共产党只有统筹国际国内以及党内的新情况新问题，及时做出积极应对，才能不断提高党的领导水平和执政水平，才能始终成为中国特色社会主义事业的坚强领导核心，才能团结和带领全国各族人民取得中国特色社会主义事业的伟大胜利和实现中华民族伟大复兴。因此，在新的历史条件下，中国共产党面临着各种复杂而严峻的考验，只有坚持全面从严治党，才能应对“四大考验”并战胜“四种危险”。

二、党建新进展：全面从严治党的继承性

“管党治党”是党的优良传统，中国共产党不断发展这一思想，全面从严治党是其最新发展阶段和表现形式。党的十八大以来，以习近平同志为核心的党中央结合当前面临的复杂形势，不断思考和总结“管党治党”的经验与方法，提出全面从严治党的要求并进行部署，体现了中国共产党加强自身建设的继承性。

第一，反“四风”推动作风建设。作风是党的性质和宗旨的外化，直接影响党与人民群众的关系，全面从严治党强调改善工作作风。习近平总书记指出：“我们的责任，

就是同全党同志一道，坚持党要管党、从严治党，切实解决自身存在的突出问题，切实改进工作作风，密切联系群众，使我们的党始终成为中国特色社会主义事业的坚强领导核心。”[1]2012年12月4日，政治局会议审议通过了关于改进工作作风、密切联系群众的“八项规定”。2013年4月19日，政治局会议决定开展群众路线教育实践活动，着力解决党员干部中普遍存在的“四风”问题。习近平总书记还提出：“各级领导干部都要树立和发扬好的作风，既严以修身、严以用权、严以律己，又谋事要实、创业要实、做人要实。”[2]2015年4月，党中央在县处级领导干部中启动“三严三实”专题教育。

中国共产党一贯重视作风建设，但各时期的侧重点有所不同。延安整风时期，毛泽东首次提出“党风”的概念，还把理论联系实际、密切联系群众和批评与自我批评确立为党的“三大作风”。新中国成立后，中国共产党发动了以反贪污、反浪费、反官僚主义为主要内容的群众运动。改革开放之后，党的作风建设主要强调思想作风建设，根本目标是解放思想和提高认识。党的十三届四中全会之后，江泽民把党的作风建设视为新形势下推进党建工作的一个重要环节，并提出“八个坚持、八个反对”的要求。党的十六大以后，胡锦涛着重强调加强领导干部的作风建设，提出要大力倡导八个方面的良好风气。[3]可见，党的十八大以来逐渐形成的全面从严治党中的反“四风”思想，与之前各时期党的作风建设思想一脉相承。

第二，“打虎拍蝇”推进反腐工作。腐败是社会公敌，与党的性质和宗旨水火不容，全面从严治党坚持对腐败“零容忍”。习近平总书记强调：“从严治党，惩治这一手决不能放松。要坚持‘老虎’、‘苍蝇’一起打，既坚决查处领导干部违纪违法案件，又切实解决发生在群众身边的不正之风和腐败问题。”[4]为了进一步打击腐败，执政的中国共产党不仅加大国内的反腐败力度，而且加快国际反腐败合作。2014年11月北京APEC领导人峰会期间，中国推动发表北京反腐败宣言，制定《APEC预防贿赂和反贿赂法律执行准则》，宣布APEC反腐败执法合作网络正式运行，并与美国、加拿大和新加坡等国达成追逃追赃合作意向。在随后的墨尔本G20峰会上，中国支持G20通过反腐行动计划，并加入《联合国反腐败公约》。对于那些出逃的贪腐分子，中国反腐“走出去”，开展代号为“猎狐2014”的境外缉捕专项行动。2015年3月，党中央决定启动“天网”行动，将境外反腐升级为“猎狐2015”专项行动。

---

[1] 习近平：《人民对美好生活的向往就是我们的奋斗目标》，《人民日报》2012年11月16日。

[2] 《习近平李克强张德江刘云山王岐山张高丽分别参加全国人大会议一些代表团审议》，《人民日报》2014年3月10日。

[3] 《十六大以来重要文献选编（下）》，中央文献出版社2007年版，第872—877页。

[4] 习近平：《更加科学有效地防治腐败　坚定不移把反腐倡廉建设引向深入》，《人民日报》2013年1月23日。

反腐倡廉是从严治党思想的重要方面，也是党的优良传统。新中国成立初期，毛泽东领导中国共产党开展“三反”“五反”运动，严厉惩治腐败。改革开放之后，邓小平强调：“对我们来说，要整好我们的党，实现我们的战略目标，不惩治腐败，特别是党内的高层的腐败现象，确实有失败的危险。”[1]他在南方谈话中指出：“在整个改革开放过程中都要反对腐败。”[2]党的十三届四中全会之后，江泽民指出：“腐败现象是侵入党和国家机关健康肌体的病毒。如果我们掉以轻心，任其泛滥，就会葬送我们的党，葬送我们的人民政权，葬送我们的社会主义现代化大业。”[3]党的十六大以来，胡锦涛指出：“必须充分认识反腐败斗争的长期性、复杂性、艰巨性，把反腐倡廉建设放在更加突出的位置。”[4]因此，习近平总书记强调坚决把党风廉政建设和反腐败斗争进行到底体现了全面从严治党的继承性。

第三，“从严治吏”强化组织建设。党员干部是党和社会主义事业的政治精英和骨干力量，关系到党的发展与国家建设的大局，全面从严治党强调干部队伍管理。习近平总书记指出：“党要管党，首先是管好干部；从严治党，关键是从严治吏。”[5]习近平强调：“好干部不会自然而然产生。成长为一个好干部，一靠自身努力，二靠组织培养。”[6]一方面，党员干部要不断改造主观世界、加强党性修养、加强品格陶冶，时刻用党章要求自己，老实做人，踏实干事，清白为官。另一方面，党员干部要认真学习马克思主义理论，丰富知识储备，完善知识结构。此外，党员干部要深入基层、深入实际、深入群众，在改革发展的主战场提高本领。

中国共产党始终高度重视组织建设，着力打造一支高素质干部队伍。革命初期，中国共产党制定了“三大纪律八项注意”，加强对党组织的管理。新中国成立后，中国共产党制定了党员标准的八项条件，建立了完整的党校教育体系，加强党的组织建设。在改革开放的新形势下，邓小平提出领导干部的“四化”方针，要求严格党员标准，加强基层党组织的建设。90年代以来，中国共产党大力强调基层组织建设和高素质领导干部队伍建设，加强了干部制度改革与干部培训工作的力度。党的十六大以来，中国共产党在组织建设方面强调人才强国战略，推进干部工作的科学化、民主化、制度化。党的十七大和党的十八大都强调深化干部人事制度改革，着力造就高素质干部队

[1] 《邓小平文选》(第3卷)，人民出版社1993年版，第313、379页。

[2] 《邓小平文选》(第3卷)，人民出版社1993年版，第313、379页。

[3] 《江泽民论有中国特色社会主义（专题摘编）》，中央文献出版社2002年版，第426页。

[4] 《中共中央关于加强和改进新形势下党的建设若干重大问题的决定》,《人民日报》2009年9月28日。

[5] 习近平：《建设一支宏大高素质干部队伍　确保党始终成为坚强领导核心》,《人民日报》2013年6月30日。

[6] 习近平：《建设一支宏大高素质干部队伍　确保党始终成为坚强领导核心》,《人民日报》2013年6月30日。

伍和人才队伍。因此，强调“从严治吏”是中国共产党重视干部队伍建设的继承与发展，突出新环境中组织建设的新任务。

第四，“精神补钙”加强思想建设。理想信念是人们对未来的向往与追求，对党员干部和党组织的发展至关重要，全面从严治党高度重视党员干部的理想信念问题。党的十八大以来，党中央强调要抓好思想建设和党性教育，解决好广大党员干部世界观、人生观、价值观这个“总开关”问题，因为它关乎思想源头，从根本上决定着党员干部的行为与作风。习近平同志指出：“理想信念就是共产党人精神上的‘钙’，没有理想信念，理想信念不坚定，精神上就会‘缺钙’，就会得‘软骨病’。”[1]在他看来，“坚定理想信念，坚守共产党人精神追求，始终是共产党人安身立命的根本。对马克思主义的信仰，对社会主义和共产主义的信念，是共产党人的政治灵魂，是共产党人经受住任何考验的精神支柱”。[2]他指出，“没有远大理想，不是合格的共产党员；离开现实工作而空谈远大理想，也不是合格的共产党员”。[3]

理想信念是一个民族的希望，也是一个政党凝聚人心的力量源泉，中国共产党向来重视思想建设。从思想上建党是毛泽东建党思想的重要原则，毛泽东始终强调着重解决党员从思想上入党的问题。改革开放以来，邓小平将思想建设视为党的各项建设的基础，强调不断提高运用马克思主义来解决新问题的能力。“六四”政治风波之后，中国共产党将党的思想建设放在更加重要的位置。党的十三届五中全会要求加强党的思想政治工作。党的十五大将邓小平理论写入党章，并作为党的各项工作的指导方针。党的十六大阐述了“三个代表”重要思想，将其写入党章，实现了党指导思想的又一次与时俱进。党的十七大将思想建设提升到战略高度，强调思想理论建设是党的根本建设。党的十八大强调坚定理想信念，坚守共产党人精神追求。中国共产党思想建设的历程表明，全面从严治党中强调理想信念是历次思想建设的延续。

第五，“遵章建制”促进制度建设。党内规章是规范党员行为的基本准则，对于扭转作风、防治腐败和加强干部队伍建设具有重要意义，全面从严治党高度重视遵守党内法规并加强党内制度建设。习近平指出：“党章是党的总章程，集中体现了党的性质和宗旨、党的理论和路线方针政策、党的重要主张，规定了党的重要制度和体制机制，是全党必须共同遵守的根本行为规范。没有规矩，不成方圆。党章就是党的根本大法，

---

[1] 习近平：《紧紧围绕坚持和发展中国特色社会主义　学习宣传贯彻党的十八大精神》，《人民日报》2012年11月19日。

[2] 习近平：《紧紧围绕坚持和发展中国特色社会主义　学习宣传贯彻党的十八大精神》，《人民日报》2012年11月19日。

[3] 习近平：《毫不动摇坚持和发展中国特色社会主义　在实践中不断有所发现有所创造有所前进》，《人民日报》2013年1月6日。

是全党必须遵循的总规矩。”[1]此外，党的十八大后，中国共产党还制定出台了一系列党内法规。例如：发布《中国共产党党内法规制定条例》和《中国共产党党内法规和规范性文件备案规定》，使中国共产党首次拥有党内“立法法”。出台《中央党内法规制定工作五年规划纲要（2013—2017年）》，为建党100周年时全面建成内容科学、程序严密、配套完备、运行有效的党内法规制度体系打下基础。下发《改进地方党政领导班子和领导干部政绩考核工作的通知》，进一步完善干部考评制度和考评体系。印发《党政机关厉行节约反对浪费条例》，配合群众路线实践教育活动的开展。印发《建立健全惩治和预防腐败体系2013—2017年工作规划》，进一步加强和完善反腐败制度。印发《党政领导干部选拔任用工作条例》（修订版），为选拔党和人民需要的好干部奠定制度基础。

党的制度建设是从严治党的重要保障，中国共产党始终重视党内制度建设。在革命时期和新中国成立初期，党和国家陆续制定和出台了许多相关法律和党内规章。真正开始重视党内制度建设的是邓小平，他指出：“我们过去发生的各种错误，固然与某些领导人的思想、作风有关，但是组织制度、工作制度方面的问题更重要。”[2]在他看来，“党章是最根本的党规党法。没有党规党法，国法就很难保障”[3]。党的十三届四中全会以来，中国共产党将党的制度建设划分为党的根本制度建设、具体制度建设和保障制度建设三个领域范围。对于作为根本制度的民主集中制，江泽民指出：解决贯彻民主集中制存在的问题，根本的是靠加强制度建设，这包括需要制定新规矩的要制定，制度不够完善的要完善；也包括已有的正确的规则要认真执行。[4]新世纪以来，中国共产党强调通过提高党的建设的科学化水平，不断推进党的建设制度化、规范化、程序化。胡锦涛指出，“推进党的制度建设，要坚持以党章为根本、以民主集中制为核心，坚持和完善党的领导制度，改革和完善党的领导方式和执政方式，发展党内民主，积极稳妥推进党务公开，保障党员主体地位和民主权利，完善党的代表大会制度和党内选举制度，完善党内民主决策机制”[5]。不难看出，全面从严治党中加强制度建设的思想和做法与之前是一致的。

三、党建新思路：全面从严治党的创新性

中国共产党在94年的发展历程中，积累了“管党治党”的丰富经验，但不同时期

---

[1] 习近平：《认真学习党章　严格遵守党章》，《人民日报》2012年11月20日。

[2] 《邓小平文选》（第2卷），人民出版社1994年版，第333页。

[3] 《邓小平文选》（第2卷），人民出版社1994年版，第147页。

[4] 《江泽民论有中国特色社会主义（专题摘编）》，中央文献出版社2002年版，第593—594页。

[5] 胡锦涛：《在庆祝中国共产党成立90周年大会上的讲话》，《人民日报》2011年7月2日。

的具体环境和任务要求中国共产党不断创新“管党治党”的方式和内容。面对近年来“世情”、“国情”和“党情”的新形势，中国共产党的全面从严治党也实现了不同以往的创新，可归结为理论观点创新、实践思路创新和行事风格创新三个方面。

第一，理论观点创新。理论是实践的先导，是行动的指南。全面从严治党是现阶段党建理论的新发展，具有理论观点方面的创新特色，主要体现在习近平总书记对相关思想观点的阐释。

治权论。权力是一种支配力量，领导干部的权力是人民群众赋予的，应正确使用。然而，一些领导干部出现“权力异化”现象，严重损害了党的威信。中国共产党一向重视对领导干部权力观的教育，习近平总书记创新从严治权的思路，强调以制度规范权力的行使。他指出：“要继续全面加强惩治和预防腐败体系建设，加强反腐倡廉教育和廉政文化建设，健全权力运行制约和监督体系，加强反腐败国家立法，加强反腐倡廉党内法规制度建设，深化腐败问题多发领域和环节的改革，确保国家机关按照法定权限和程序行使权力。要加强对权力运行的制约和监督，把权力关进制度的笼子，形成不敢腐的惩戒机制、不能腐的防范机制、不易腐的保障机制。”[1]可见，“制度治权”的内涵包括三个方面的制度建设，即惩治腐败的制度体系、监督权力运行的制度体系和规范权力行使的相关制度。

规矩论。规矩是行为准则和法度，中国共产党是各族人民利益的忠实代表，全体党员都要遵守党纪国法。中华民族历来讲品行、重规矩，党的历届领导人也多次使用“规矩”。习近平强调规矩的纪律性和政治性。他指出：“讲规矩是对党员、干部党性的重要考验，是对党员、干部对党忠诚度的重要检验。遵守政治纪律和政治规矩，必须维护党中央权威。”[2]习近平强调，“要加强纪律建设，把守纪律讲规矩摆在更加重要的位置。党章是全党必须遵循的总章程，也是总规矩。党的纪律是刚性约束，政治纪律更是全党在政治方向、政治立场、政治言论、政治行动方面必须遵守的刚性约束”[3]。由此可见，“政治规矩”突出了党的政治纪律，体现了新一届领导集体全面从严治党思想对党建理论的创新和发展。

担当论。担当体现的是一种使命感和责任感，党的性质和宗旨要求党员干部勇于担当。历史表明，中国共产党人不怕牺牲、甘于奉献的英勇行为体现了他们敢于担当

[1] 习近平：《更加科学有效地防治腐败　坚定不移把反腐倡廉建设引向深入》，《人民日报》2013年1月23日。

[2] 习近平：《更加科学有效地防治腐败　坚定不移把反腐倡廉建设引向深入》，《人民日报》2013年1月23日。

[3] 习近平：《更加科学有效地防治腐败　坚定不移把反腐倡廉建设引向深入》，《人民日报》2013年1月23日。

的政治本色和鲜明人格。党的十八大之后，习近平庄严指出：“全党同志的重托，全国各族人民的期望，是对我们做好工作的巨大鼓舞，也是我们肩上的重大责任。”[1]他把这个重大责任具体化为“三个责任”，即对民族的责任、对人民的责任、对党的责任。这体现了中国共产党人对历史责任的使命感，更体现出新一届中央领导集体担当精神，是全面从严治党思想对党建理论的新贡献。

第二，实践思路创新。实践是实现理想的桥梁，是推进变革的动力。全面从严治党的实施思路是以问题为导向，以从严治吏为核心，从党建领域突出存在的工作作风问题入手，重点打击腐败。

全面从严治党以改善工作作风为实践起点。工作作风直接影响工作态度和效率，决定党群干群关系，因而是全面从严治党的首选“战场”。习近平指出：“工作作风上的问题绝对不是小事，如果不坚决纠正不良风气，任其发展下去，就会像一座无形的墙把我们党和人民群众隔开，我们党就会失去根基、失去血脉、失去力量。”[2]他指出：“作风是否确实好转，要以人民满意为标准。要广泛听取群众意见和建议，自觉接受群众评议和社会监督。……要以踏石留印、抓铁有痕的劲头抓下去，善始善终、善做善成，防止虎头蛇尾，让全党全体人民来监督，让人民群众不断看到实实在在的成效和变化。”[3]

全面从严治党以大力惩治腐败为实践重点。腐败问题不仅有损党员干部的个人形象，更损害党的威信，所以是全面从严治党的主要“敌人”。习近平总书记指出：“坚定不移惩治腐败，是我们党有力量的表现，也是全党同志和广大群众的共同愿望。”[4]对于反腐倡廉工作，习近平强调“三个必须”。一是必须常抓不懈。反腐倡廉，“关键就在‘常’‘长’二字，一个是要经常抓，一个是要长期抓”[5]。二是必须反对特权思想、特权现象。反腐倡廉，“要采取得力措施，坚决反对和克服特权思想、特权现象”[6]。三是必须全党动手。反腐倡廉，“要坚持和完善反腐败领导体制和工作机制，发挥好纪检、监察、司法、审计等机关和部门的职能作用，共同推进党风廉政建设和反腐败斗争”。

[1] 习近平：《人民对美好生活的向往就是我们的奋斗目标》，《人民日报》2012年11月16日。

[2] 习近平：《更加科学有效地防治腐败　坚定不移把反腐倡廉建设引向深入》，《人民日报》2013年1月23日。

[3] 习近平：《更加科学有效地防治腐败　坚定不移把反腐倡廉建设引向深入》，《人民日报》2013年1月23日。

[4] 习近平：《更加科学有效地防治腐败　坚定不移把反腐倡廉建设引向深入》，《人民日报》2013年1月23日。

[5] 习近平：《更加科学有效地防治腐败　坚定不移把反腐倡廉建设引向深入》，《人民日报》2013年1月23日。

[6] 习近平：《更加科学有效地防治腐败　坚定不移把反腐倡廉建设引向深入》，《人民日报》2013年1月23日。

习近平总书记要求："我们要坚定决心，有腐必反、有贪必肃，不断铲除腐败现象滋生蔓延的土壤，以实际成效取信于民。"[1]

全面从严治党以从严治吏为实践核心。党员干部是党的事业的骨干，是党的基本方针路线的践行者，因此是全面从严治党的焦点。习近平强调："党员是党的肌体的细胞。党的先进性和纯洁性要靠千千万万党员的先进性和纯洁性来体现，党的执政使命要靠千千万万党员卓有成效的工作来完成，党要管党、从严治党必须落实到党员队伍的管理中去。"[2]为了保持党员干部的先进性，全面从严治党围绕从严治吏强调加强党的建设。在选拔任用方面，"要紧密结合干部工作实际，认真总结，深入研究，不断改进，努力形成系统完备、科学规范、有效管用、简便易行的制度机制"[3]。在思想建设方面，"党的干部必须坚定共产主义远大理想、真诚信仰马克思主义、矢志不渝为中国特色社会主义而奋斗，全心全意为人民服务"[4]。在制度建设方面，中国共产党强调"深化党的建设制度改革"[5]，"把权力关进制度的笼子"。

第三，行事风格创新。行事风格体现思维方式和行为特点，对工作作风具有重要影响。以习近平同志为核心的党中央在推进全面从严治党的过程中表现出鲜明的亲民爱民风格，主要体现为决心坚定不移、作风求真务实、语言生动贴切。

全面从严治党的决心不可撼动。在从严治党方面，新一届党中央表现出比以往更大的决心。对于腐败问题，习近平总书记指出："我们共产党人决不能搞封建社会那种'封妻荫子'、'一人得道，鸡犬升天'的腐败之道！"不仅如此，党的十八大以来打击腐败的行动从未停止，查处的腐败分子在数量和级别上达到前所未有的程度。他强调"以猛药去疴、重典治乱的决心，以刮骨疗毒、壮士断腕的勇气，坚决把党风廉政建设和反腐败斗争进行到底"[6]。这些论述表明中国共产党全面治党的坚定决心，表明新一届领导集体的高度历史责任感和政治定力。

全面从严治党的作风务实为民。在工作作风方面，新一届党中央更注重求真务实和勤政为民。习近平强调："我们这一代共产党人一定要承前启后、继往开来，把我们

---

[1] 习近平：《更加科学有效地防治腐败　坚定不移把反腐倡廉建设引向深入》，《人民日报》2013年1月23日。

[2] 习近平：《建设一支宏大高素质干部队伍　确保党始终成为坚强领导核心》，《人民日报》2013年6月30日。

[3] 习近平：《建设一支宏大高素质干部队伍　确保党始终成为坚强领导核心》，《人民日报》2013年6月30日。

[4] 习近平：《建设一支宏大高素质干部队伍　确保党始终成为坚强领导核心》，《人民日报》2013年6月30日。

[5] 《中共中央关于全面深化改革若干重大问题的决定》，人民出版社2013年版，第5页。

[6] 习近平：《强化反腐败体制机制创新和制度保障　深入推进党风廉政建设和反腐败斗争》，《人民日报》2014年1月15日。

的党建设好，团结全体中华儿女把我们国家建设好，把我们民族发展好，继续朝着中华民族伟大复兴的目标奋勇前进。”[1]在全面从严治党的思想指导下，党中央为更好地执行“八项规定”而强调反“四风”，为落实反“四风”而开展群众路线教育实践活动，为加强从严治吏而部署“三严三实”专题教育。同时，新一届中央领导集体坚持到基层考察，关心群众疾苦，指导扶贫工作。习近平指出：“要把人民群众的事当作自己的事，把人民群众的小事当作自己的大事，从让人民群众满意的事情做起，从人民群众不满意的问题改起，为人民群众安居乐业提供有力法律保障。”[2]这些表态与做法表明了中国共产党全面从严治党的务实态度，体现了新一届领导集体的执政使命感和公仆意识。

全面从严治党的表述形象贴切。在对相关思想的表达方面，新一届党中央的文风清新质朴。一方面，习近平总书记善于引经据典，体现了出众的人文素养。例如：在谈到理想信念对人的指引作用时，他引用《格言联璧》中“志之所趋，无远弗届，穷山距海，不能限也。志之所向，无坚不入，锐兵精甲，不能御也”；在强调领导干部自我纠错时，他援引朱熹的“知其不善，则速改以从善。最要在速改上着力”；在强调思想道德建设时，他引用《国语》中的“从善如登，从恶如崩”；在强调树立正确世界观、人生观和价值观时，他使用了孟子的“富贵不能淫，贫贱不能移，威武不能屈”等名句。另一方面，习近平总书记大量使用群众通俗易懂的语言。例如：“作风建设永远在路上”；“打铁还需自身硬”；“把权力关进制度的笼子”；“‘老虎’‘苍蝇’一起打”；“理想信念不坚定精神上就会‘缺钙’，就会得‘软骨病’”；“炼就‘金刚不坏之身’”；“照镜子、正衣冠、洗洗澡、治治病”；“红红脸、出出汗”。这些表述表明了中国共产党全面从严治党的清新文风，突出地体现了新一届中央领导集体的亲和力和感染力。

四、结束语

中国共产党自成立以来，一直坚持“管党治党”的方针，不断创新和发展其内涵与外延，积累了丰富经验。党的十八大以来，以习近平同志为核心的党中央继承从严治党的基本思路，根据新形势需要提出全面从严治党的要求，并在理论观点、实施路径和行事风格上有所创新。从国家发展的角度看，“四个全面”是推进社会主义现代化事业和实现中国梦的重要动力。从执政的角度看，全面从严治党是全面建成小康社会、

---

[1] 习近平：《承前启后　继往开来　继续朝着中华民族伟大复兴目标奋勇前进》，《人民日报》2012年11月30日。

[2] 习近平：《坚持严格执法公正司法　深化改革促进社会公平正义保障人民安居乐业》，《人民日报》2014年1月9日。

全面深化改革和全面推进依法治国的前提和保证。正如习近平所言："反对空谈、强调实干、注重落实，是我们党的一个优良传统。"[1]推进全面从严治党的关键也在于落实。作为党建新常态，全面从严治党要求我们深刻理解中央领导人的相关讲话精神，积极参加各项教育活动，把中央的部署要求落到实处。

原载于《理论学刊》2015年第7期

[1] 习近平：《关键在于落实》，《求是》2011年第6期。

论制度治党

包心鉴

摘　要： 制度问题带有根本性、全局性、决定性和长期性，坚持和强化制度治党，是全面从严治党的治本之策，是着力解决管党治党宽松软问题的根本措施。注重制度治党，是党的建设历史经验的深刻总结；凸显制度治党，是净化优化党内政治生态的迫切要求；深化制度治党，是积极稳妥推进政治体制改革的重要任务。

关键词： 全面从严治党；深化制度治党；优化政治生态；推进政治改革

坚持和强化制度治党，是党的十八大以来全面从严治党的突出特点，是以习近平同志为核心的党中央治国理政新理念新思想新战略的重要内容。从中央政治局关于改进工作作风、密切联系群众“八项规定”的出台并持之以恒贯彻执行，到党的领导制度、组织制度、工作制度、干部选拔使用制度、党的纪律检查制度以及国有企业收入分配制度等一系列基本制度的进一步改革与完善，从禁止公款送礼、公款吃请、公款消费等一系列党风廉政建设规章制度的严格执行，到《中国共产党廉洁自律准则》《中国共产党纪律处分条例》《中国共产党问责条例》的正式颁布，严格的制度几乎覆盖党的建设各个方面和党员干部的一切行为，制度治党、制度反腐的作用和效果正在愈益凸显。党的十八届六中全会正式通过《关于新形势下党内政治生活的若干准则》《中国共产党党内监督条例》，把党的制度建设和强化制度治党推向了一个新的理论与实践高度。四年多来的实践充分证明，制度问题的确是带有根本性、全局性、决定性和长期性的重大问题，坚持和强化制度治党，是全面从严治党的治本之策，是“着力解决管党治党失之于宽、失之于松、失之于软的问题”[1]的根本措施。

关于制度治党，党的十八大以来习近平同志从各个角度进行了深刻强调与阐发。2014年10月8日，在党的群众路线教育实践活动总结大会上的重要讲话中，习近平同志首次提出“制度治党”，精辟指出：要“坚持思想建党和制度治党紧密结合。从严治

[1]　习近平：《在第十八届中央纪律检查委员会第六次全体会议上的讲话》，《人民日报》2016年5月3日。

党靠教育，也靠制度，二者一柔一刚，要同向发力、同时发力”[1]。2015年1月13日，在十八届中央纪委五次全会上的讲话中，习近平同志明确强调：“在改进作风问题上，我们不能退，也退不得，必须保持常抓的韧劲、长抓的耐心，在坚持中见常态，向制度建设要长效。”[2]2015年3月5日，在参加十二届全国人大三次会议上海代表团审议时，习近平同志深刻指出：“从严治党，关键是要抓住领导干部这个‘关键少数’，从严管好各级领导干部。从严管理干部，要坚持思想建党和制度治党紧密结合，既从思想教育上严起来，又从制度上严起来。”[3]2015年6月28日，在中央政治局第24次集体学习时，习近平同志从反腐倡廉角度进一步强调：“法规建设带有根本性、全局性、稳定性、长效性。要贯彻全面深化改革、全面依法治国的要求，加大反腐倡廉法规制度建设力度，把中央要求、群众期盼、实际需要、新鲜经验结合起来，本着于法周延、于事有效的原则制定新的法规制度、完善已有的法规制度、废止不适应的法规制度，努力形成系统完备的反腐倡廉法规制度体系。”[4]2016年1月12日，在党的十八届中央纪委六次全会上的重要讲话中，习近平同志从净化优化党内政治生态的高度进一步指明了坚持和强化制度治党的迫切性和重要性，指出：“要抓住建章立制，立‘明规矩’、破‘潜规则’，围绕发生的腐败案例，查找漏洞，吸取教训，着重完善党内政治生活等各方面制度，压缩消极腐败现象生存空间和滋生土壤，通过体制机制改革和制度创新促进政治生态不断完善。”[5]这一系列重要论述，构成内涵丰富、思想深邃的关于制度治党的重要思想。这一重要思想，是对邓小平关于制度建党和制度改革思想的坚定传承和创新发展，是对马克思主义建党学说的进一步丰富和创造性贡献，为在新的历史条件下抓住根本问题和要害问题全面从严治党、确保党的先进性和纯洁性、使党始终走在时代前列，进一步指明了方向。

一、注重制度治党：党的建设历史经验的深刻总结

党的十八大以来，以习近平同志为核心的党中央把制度治党提到关系党的建设全局的高度，具有深刻的历史逻辑依据，是对党的建设历史经验的深刻总结。

在我国改革开放之初，邓小平就旗帜鲜明地提出了依靠制度管党治党的重要论断。在《党和国家领导制度的改革》这篇纲领性文献中，邓小平反复阐述一个重要思想，

[1] 《习近平关于协调推进“四个全面”战略布局论述摘编》，中央文献出版社2015年版，第140页。
[2] 《习近平关于协调推进“四个全面”战略布局论述摘编》，中央文献出版社2015年版，第146页。
[3] 《习近平关于协调推进“四个全面”战略布局论述摘编》，中央文献出版社2015年版，第149页。
[4] 《习近平关于协调推进“四个全面”战略布局论述摘编》，中央文献出版社2015年版，第150页。
[5] 习近平：《在第十八届中央纪律检查委员会第六次全体会议上的讲话》，《人民日报》2016年5月3日。

这就是，要把党和国家的政治生活建立在不断完善的制度基础之上。他精辟指出：“领导制度、组织制度问题更带有根本性、全局性、稳定性和长期性。”“制度好可以使坏人无法任意横行，制度不好可以使好人无法充分做好事，甚至会走向反面。”[1]这一重要论断，是对国际共产主义运动历史经验尤其是我们党领导革命和建设历史经验的精辟总结，是对马克思主义政党建设理论的创造性贡献。

在国际共产主义运动史上，曾经出现过斯大林破坏社会主义民主与法制的严重教训。在我国社会主义发展史上，曾经出现过“文化大革命”践踏社会主义民主与法制的严重挫折。产生这些问题的原因究竟是什么？是个人的素质还是制度的因素？邓小平鞭辟入里地指出，领袖个人的因素固然是个重要原因，但是根本原因在于制度的缺失和漏洞。他说：“斯大林严重破坏社会主义法制，毛泽东同志就说过，这样的事件在英、法、美这样的西方国家不可能发生。他虽然认识到这一点，但是由于没有在实际上解决领导制度问题以及其他一些原因，仍然导致了‘文化大革命’的十年浩劫”，“不是说个人没有责任，而是说领导制度、组织制度问题更带有根本性、全局性、稳定性和长期性。这种制度问题，关系到党和国家是否改变颜色，必须引起全党的高度重视”。[2]这一分析，切中要害，振聋发聩，深刻指明了社会主义民主政治建设所要解决的最关键问题，深刻揭示了马克思主义执政党必须遵循的最基本规律。

事实上，任何一个政党，当它取得执政地位之后，如何重视制度建党，以健全的制度确保党的执政功能和执政成效、防止个人专断和党的成员腐败，这个问题就被尖锐地提到关系党的执政地位乃至生死存亡的重要位置上来。作为社会主义大国的执政党，我们党队伍庞大、责任重大，制度问题在党执政过程中一直是关乎根本、影响全局的一个重大问题；是否具有健全的制度，是党内生活尤其是政治生活是否正常，整个国家能否沿着民主法治道路向前发展的一个关键因素；是否具有强烈的制度意识，是广大党员尤其是党的各级领导干部能否保持本色、为民执政、廉洁执政的一个关键问题。

早在延安时期，制度问题就曾被提到尚未取得全国执政地位的中国共产党人面前。民主人士黄炎培访问延安，与毛泽东促膝长谈，尖锐地提问：通过什么路径才能够防止“政怠宦成”“人亡政息”的历史教训，跳出“其兴也勃焉，其亡也忽焉”的“周期率”？针对这一问题，毛泽东明确回答：“我们已经找到了新路，我们能够跳出周期率。这条新路，就是民主。只有让人民来监督政府，政府才不敢松懈；只有人人起来负责，才不会人亡政息。”[3]这一解答，何等精辟！何等深邃！防止自身腐败，防止人亡政息，

[1] 《邓小平文选》(第2卷)，人民出版社1994年版，第333页。

[2] 《邓小平文选》(第2卷)，人民出版社1994年版，第333页。

[3] 黄炎培:《八十年来》，文史资料出版社1982年版，第148—149页。

归根到底要靠党内民主和人民民主。民主不仅仅是思想和作风，更重要的是体制和制度。人民监督执政党，人民监督政府，这是现代民主制度的核心内容。只有以健全的党内民主制度和国家民主制度确保人民以高度负责的精神监督党和政府，才能避免“其兴也勃焉，其亡也忽焉”的“周期率”，彻底防止“政怠宦成”“人亡政息”的历史悲剧重演。

当年毛泽东找到了制度建设这条新路，但是却未能带领全党一以贯之地走下去，更未能成功解决在党执政之后如何确保党和国家政治生活民主化、制度化这一重大课题。50年代后期直至“文化大革命”，我们党之所以屡遭曲折，国家之所以屡遭困境，一个根本原因就是对制度的淡漠、疏忽甚至否定。权力过分集中，党政不分、政企不分，个人凌驾于集体之上，党和国家的民主制度形同虚设，有的甚至破坏殆尽，这样一种历史教训，不是哪一个人的责任，而是制度意识普遍缺失、制度建设长期懈怠的结果。所以“文化大革命”结束之后，邓小平对党的历史经验的总结和党的思想、组织、作风建设的思考，正是紧紧抓住制度建设这个根本环节，明确提出“制度建党”这个重大命题，牢牢抓住制度改革这个关键节点。早在党的十一届三中全会前夕，邓小平就在中央工作会议上明确指出：“必须使民主制度化、法律化，使这种制度和法律不因领导人的改变而改变，不因领导人的看法和注意力的改变而改变。”[1]在《党和国家领导制度的改革》中，邓小平更为明确地提出加强制度建党要着重解决的要害问题。他精辟指出：必须高度重视制度问题，切实推进制度改革，“关键是要健全干部的选举、招考、任免、考核、弹劾、轮换制度”，废除领导干部职务终身制。同时“应该明确提出继续肃清思想政治方面的封建主义残余影响的任务，并在制度上做一系列切实的改革”。“不坚决改革现行制度中的弊端，过去出现过的一些严重问题今后就可能重新出现。只有对这些弊端进行有计划、有步骤而又坚决彻底的改革，人民才会信任我们的领导，才会信任党和社会主义，我们的事业才有无限的希望。”[2]邓小平把制度改革与建设提到能否赢得人民信任的高度，提到能否巩固党的执政地位的高度，提到能否发展社会主义的高度，紧紧抓住了社会主义民主政治建设中的最关键问题，为在长期执政条件下推进党内民主和社会民主、确保党的先进性和纯洁性，指明了根本方向。

历史经验深刻告诉我们，小治治事、中治治人、大治治制。“治理国家，制度是起根本性、全局性、长远性作用的。”[3]全面从严治党，必须更把制度建设提到根本性、全局性、长远性高度，高度重视制度的治党功能、充分彰显制度的治党效应。习近平同志深刻指出：“相比我国经济社会发展和人民群众的要求，相比当今世界日趋激烈的国

[1] 《邓小平文选》(第2卷)，人民出版社1994年版，第146页。

[2] 《邓小平文选》(第2卷)，人民出版社1994年版，第331—335页。

[3] 《习近平关于全面深化改革论述摘编》，中央文献出版社2014年版，第28页。

际竞争，相比实现国家长治久安"，相比推进国家治理体系和治理能力现代化的艰巨任务，"我们的制度还没有达到更加成熟更加定型的要求，有些方面甚至成为制约我们发展和稳定的重要因素。所以，我们必须适应国家现代化总进程，提高党科学执政、民主执政、依法执政水平，提高国家机构履职能力，提高人民群众依法管理国家事务、经济社会文化事务、自身事务的能力，实现党、国家、社会各项事务治理制度化、规范化、程序化，不断提高运用中国特色社会主义制度有效治理国家的能力"。[1]在我国现行政治架构和治理体系中，国家制度建设和党的制度建设相互胶着，制度治国和制度治党有机联系；而从一定意义上说，国家治理现代化能否有效推进，全面依法治国方略能否有效实施，很大程度上取决于能否注重和坚持制度治党，以健全的制度体系确保党的先进性和纯洁性，提高党的领导水平和执政能力，使广大党员和党员领导干部始终不忘初心、不懈奋斗、不断前进。这就是制度治党的历史逻辑和现实逻辑。

二、凸显制度治党：净化优化党内政治生态的迫切要求

制度治党的现实性、紧迫性和必要性，突出体现在净化优化党内政治生态面临的突出问题和艰巨任务上。

党的十八大以来，习近平同志在领导和指导全面从严治党中鲜明而尖锐地提出净化优化乃至重构党内政治生态的重大任务。2014年6月30日，在中央政治局第十六次集体学习时的重要讲话中，习近平总书记明确指出："加强党的建设，必须营造一个良好的从政环境，也就是要有一个好的政治生态。"他强调：这个问题，"现在看来，不能讲讲就过去了，而是要下大气力来抓，争取一个好的成效"。[2]2015年1月13日，在十八届中央纪委五次全会上的重要讲话中，习近平同志再次尖锐指出：当前"减少腐败存量、遏制腐败增量、重构政治生态的工作艰巨繁重"[3]。2015年两会期间，习近平同志在参加吉林、江西代表团审议时再次强调："做好各方面工作，必须有一个良好的政治生态。政治生态污浊，从政环境就恶劣；政治生态清明，从政环境就优良。政治生态和自然生态一样，稍不注意，就很容易受到污染，一旦出现问题，要想恢复就要付出很大代价。"[4] "自然生态要山清水秀，政治生态也要山清水秀。"[5]2016年1月12日，在十八

[1] 《习近平关于全面深化改革论述摘编》，中央文献出版社2014年版，第28—29页。

[2] 《习近平在中共中央政治局第十六次集体学习时强调：坚持从严治党落实管党治党责任，把作风建设要求融入党的制度建设》，《人民日报》2014年7月1日。

[3] 《习近平在十八届中央纪委五次全会上发表重要讲话》，《人民日报》2015年1月14日。

[4] 《习近平参加吉林代表团审议》，《人民日报》2015年3月10日。

[5] 《习近平参加江西代表团审议》，《人民日报》2015年3月7日。

届中央纪委六次全会上，习近平同志再次强调党内政治生态的极端重要性。他说：“政治生态好，人心就顺、正气就足；政治生态不好，就会人心涣散、弊病丛生。”[1]他着重强调，要“通过体制机制改革和制度创新促进政治生态不断改善”[2]。这一系列精辟论断，振聋发聩、令人警醒，不仅对如何进一步解决我们党面临的主要问题、促进党风政风进一步好转，具有极其深刻的现实指导作用，而且对如何构建现代政党建设体系、营造良好的党内党外政治生态、推进党的建设走向现代化，具有极其高远的理论创新价值。

政治生态是指一定政治系统内部各要素之间以及政治系统与其他社会系统之间相互作用、相互影响、相互制约所形成的生态联动，是一个地方或一个领域政治生活现状以及政治发展环境的集中反映，是党风、政风、社会风气的综合体现。政治生态大体区分为政治内生态和政治外生态。政治内生态是指政治系统内部各要素之间的生态联动，政治外生态则是指政治系统与其他社会系统之间的生态联动。我们党的执政地位和执政使命决定，党内政治生态是否健康、优化，不仅对所有党员、干部产生着巨大的影响和制约作用，而且对其他社会组织乃至整个国家政治系统产生着至关重要的示范和影响作用。

党的十八大以来全面从严治党的实践表明，净化优化党内政治生态，纪律、规矩和制度是三大最重要因素和最关键环节。纪律是净化优化党内政治生态的刚性约束，规矩是净化优化党内政治生态的基本规范，而制度则是净化优化党内政治生态的根本保障。纪律、规矩是制度的重要体现，强化制度治党，离不开严明纪律、严守规矩。制度问题更带有根本性、全局性、稳定性和长期性，现代制度具有行为导向、心理激励和权力制约等特有功能。完善的制度可以最大限度地调动积极因素、抑制消极因素，使好人更好地做好事，使坏人无法任意横行，使公共权力最大限度地释放出谋求人民利益、促进社会进步的正能量；而制度的缺失与漏洞，必然会严重助长不正之风蔓延，使好人无法充分做好事，甚至会变坏，使公共权力游离权力的本质和边界而导致恃权腐败行为。事实说明，只要我们坚持制度改革不动摇，强化制度建设不放松，严明政治纪律不含糊，严守政治规矩不留缝，把权力关进制度的笼子不懈怠，就一定能净化和优化党内政治生态，创造和保持良好的从政、执政环境，确保广大党员干部自觉履行以民为本、执政为民的政治责任。

净化优化党内政治生态是一项系统工程，关系全面从严治党的全局。习近平同志指出：“全面从严治党，核心是加强党的领导，基础在全面，关键在严，要害在治。”[3]

[1] 习近平：《在第十八届中央纪律检查委员会第六次全体会议上的讲话》，《人民日报》2016年5月3日。

[2] 习近平：《在第十八届中央纪律检查委员会第六次全体会议上的讲话》，《人民日报》2016年5月3日。

[3] 习近平：《在第十八届中央纪律检查委员会第六次全体会议上的讲话》，《人民日报》2016年5月3日。

准确把握坚持党的领导、加强党的建设、全面从严治党、推进党风廉政建设和反腐败斗争之间的关系，明确内涵、厘清责任，抓住重点、协调推进，是在新的历史条件下净化优化党内政治生态、实现党的建设现代化的总体战略布局。从这样一种总体布局出发，凸显制度治党净化优化党内政治生态，需要重点把握好一系列辩证关系：

——正确认识和把握党纪与法律的关系，既要遵从法律，又要严守党纪。加强制度治党不是孤立的，既离不开党的纪律的保障，又离不开国家法律的支撑。在全面从严治党中，制度、党纪、法律相互支持融为一体，形成规范党员思想行为、净化优化党内政治生态的强大合力。把纪律建设摆在更加突出的位置，坚持纪严于法、纪在法前，用纪律管住全体党员，让纪律成为全体党员不可逾越的底线，是近年来全面从严治党的一个突出特点，也是加强制度治党的一个重要突破口。法律与纪律的关系，对于共产党员尤其是党员领导干部来说，是普遍性与特殊性的关系。法律是治国之重器，是任何组织和个人都必须遵守的底线，党的组织和个人也不例外，模范遵守国家法律，是每一个共产党员必须自觉履行的义务。但是仅仅做到这一点还远远不够，除了这个义务之外，党组织和党员个人还有　个必须履行的义务，这就是严守党的纪律。因为我们党是肩负神圣使命的政治组织，是工人阶级和人民大众的先锋队，是由铁的纪律组织起来的先进集体。党的先锋队性质、历史使命和执政地位，决定党规党纪必然也必须严于国家法律，党组织和党员个人不仅要模范地遵从国家法律，而且要自觉地严守党的纪律。如果混淆了纪律和法律的界限，认为只要守法就可以了，把违纪当成“小节”，党员不违法就没人管、不追究，久而久之就必然会造成“要么是好同志，要么是阶下囚”的不正常现象。中央强调把党的纪律挺在法律前面，守纪严于遵法，就是针对长期以来纪法不分、重法轻纪的问题提出来的。许多事实表明，共产党员尤其党员领导干部，只有既牢固树立法律意识，又不断强化纪律观念，把遵从国家法律当成基本行为规范，把严守党的纪律当成基本行为尺度，才能“从心所欲而不逾矩”，模范履行党和人民赋予的历史责任。

——正确认识和把握“破”与“立”的关系，既要立明规矩，又要破潜规则。凸显制度治党，净化优化党内政治生态，必须坚持“破”“立”并举，“破”字当头、“立”在其中。所谓“破”，就是要坚定不移开展反腐倡廉斗争，彻底破除蔓延于党内政治生活各个方面的潜规则。长期以来，许多潜规则侵入党内，甚至大行其道，对党的肌体造成严重危害。在一些地方和部门，拉帮结派的山头主义、人身依附的宗派主义、我行我素的自由主义、不讲原则的好人主义、唯利是图的个人主义、游戏人生的享乐主义盛行，尤其是“一把手”搞家长制、独断专行，使党内政治生活变得低级庸俗、是非判断十分模糊，久而久之严重挫伤了广大干部群众的积极性，败坏了政治风气和社会风气，污染了党内党外政治生态，带坏了一批党员干部，乃至发生“连锁式”“塌方式”腐败。事实警示我们，潜规则不破，党风不可能好转；破除潜规则不可能一蹴而就、一劳永逸，而是一项长期的管党治党任务。所谓“立”，就是要坚定不移注重制度建设与完善，以制度严纪律、明规矩，发挥制度的作用，彰显制度的权威，通过完善制度的正能量，优化和固化“山清水秀”的政治生态，以正压邪，让“潜规则在党内以及社会上失去土壤、失去通道、失去市场”[1]。

——正确认识和把握自律与监督的关系，既要注重制度激励，又要强化制度监督。坚持制度治党，彰显制度在净化优化党内政治生态中的常态效应，既要注重党的领导制度、组织制度、干部选拔使用制度等制度体系的不断完善，充分释放制度在促进人们善言善行中的导向与激励作用，形成自觉要求自己和不断完善自己的良好习惯与氛围，又要突出强化党内监督制度的科学设计与严格执行。因为任何人的行为都离不开监督，共产党员尤其是执掌公共权力的党员领导干部尤其离不开监督。党要管党、从严治党，无论是“管”抑或“治”，都包含监督；党内监督制度是强化制度治党的关键环节，是净化优化党内政治生态的关键保障。在第十八届中央纪委六次全会上的重要讲话中，习近平同志特别强调：“对我们党来说，外部监督是必要的，但从根本上讲，还在于强化自身监督。我们要总结经验教训，创新管理制度，切实强化党内监督。”[2]

党的十八届六中全会在2003年党中央制定和颁布的《中国共产党党内监督条例（试行）》的基础上，正式审议通过《中国共产党党内监督条例》，表明我们党的监督制度建设进入一个新阶段，这是坚持和强化制度治党的重要制度成果。党内监督之所以必须进一步强化，从根本意义上说，是公共权力运行规律决定的。一切公共权力都离不开监督，执政党执掌的公共权力尤其离不开监督。失去监督的权力势必蜕变成腐败的权力，缺乏监督的执政党很难运用好人民赋予的权力来全心全意为人民谋利益。通过多年的建设尤其是十八大以来的不懈努力，我们党已经构建起包括依托党的各级纪律检查委员会和党内巡视制度在内的专门性监督制度和依托全体党员知情权、监督权共同参与监督的广泛性监督制度，这是党内监督制度的两个基本方面，两者相互支持、相辅相成，缺一不可、不可偏废。党内监督的任务是确保党章党规党纪在全党有效执行，维护党的团结统一，重点解决党的领导弱化、党的建设缺失、全面从严治党不力，党的观念淡漠、组织涣散、纪律松弛，管党治党宽松等软问题，保证党的组织充分履行职能、发挥核心作用，保证全体党员发挥先锋模范作用，保证党的领导干部忠诚干净担当。党内监督的重点无疑是各级领导机关和领导干部，特别是“一把手”履行党的职责、运用公共权力的情况。强化党内监督要同强化国家监察、群众监督结合起来。

[1] 习近平：《在第十八届中央纪律检查委员会第六次全体会议上的讲话》，《人民日报》2016年5月3日。
[2] 习近平：《在第十八届中央纪律检查委员会第六次全体会议上的讲话》，《人民日报》2016年5月3日。

习近平总书记深刻指出："强化党内监督是为了保证党立党为公、执政为民，强化国家监察是为了保证国家机器依法履职、秉公用权，强化群众监督是为了保证权力来自人民、服务人民。"[1]显然，在确保公共权力正确运行这一实质问题上，党内监督、国家监察、群众监督是完全一致的，三者在实际运行过程中相互联系、相互支持、融为一体。同时，党内监督还要同法律监督、民主监督、审计监督、司法监督、舆论监督等协调起来，共同形成监督合力，有效彰显监督体系在制约公共权力、净化优化政治生态中的重要作用。

——正确认识和把握制度与道德的关系，既要严格制度约束，又要注重固本培元。制度是一种规范性、强制性约束力量，无论对党的整体还是对党员个体来说，制度都具有强制性，是一种外在的约束力量。外因只有通过内因才能起作用。这就是要把严格的制度约束牢固建立在思想自觉和道德自省基础之上。这是全面从严治党、净化优化党内政治生态不可或缺的基础性环节。习近平同志指出："抓作风建设要返璞归真、固本培元，在加强党性修养的同时，弘扬中华优秀传统文化。"尤其强调"领导干部要把家风建设摆在重要位置，廉洁修身、廉洁齐家"。"要坚持高标准和守底线相结合，既要注重规范惩戒、严明纪律底线，又要引导人向善向上，坚守共产党人精神追求，筑牢拒腐防变思想道德防线。"[2]这些重要论述，体现了厚重的历史眼光和辩证的思维方法，是全面从严治党的重要引领。中华优秀传统文化中"修齐治平"的价值追求，马克思主义学说中共产主义的崇高理想，我们党在长期实践中形成的守规矩讲纪律的优良传统，都是全面从严治党的丰富政治资源，都是加强和彰显制度治党的重要前提和必要补充。只要站在顺应时代潮流和立足中国现实的层面上将这三者有机地统一起来、内在地融合在一起，就一定能汇聚起全面从严治党的巨大精神力量，释放出净化优化党内政治生态的巨大制度威力，确保我们党始终充满生机活力、永远立于不败之地。

三、深化制度治党：积极稳妥推进政治体制改革的重要任务

制度治党，基础是"制"，关键是"治"。无论是"制度"的健全完善，还是"治理"的坚强有力，都必须遵循一个基本的政治逻辑，这就是，在积极稳妥的政治体制改革中发展人民民主、推进党内民主。人民民主是社会主义的生命，党内民主是党的生命。没有人民民主，党的执政地位和核心领导力无从谈起；没有党内民主，党的制

[1] 习近平：《在第十八届中央纪律检查委员会第六次全体会议上的讲话》，《人民日报》2016年5月3日。

[2] 习近平：《在第十八届中央纪律检查委员会第六次全体会议上的讲话》，《人民日报》2016年5月3日。

度建设和制度效应无从依托，更谈不上制度治党。事实上，坚持和强化制度治党，本身就是一种政治体制改革，并且是一种切入要害、影响深远的政治体制改革。进一步深化制度治党，是积极稳妥推进政治体制改革的一项重要任务。党的十八大报告明确指出："政治体制改革是我国全面改革的重要组成部分。必须继续积极稳妥推进政治体制改革，发展更加广泛、更加充分、更加健全的人民民主。"[1]党的十八届三中全会决定进一步强调："紧紧围绕坚持党的领导、人民当家作主、依法治国有机统一深化政治体制改革，加快推进社会主义民主政治制度化、规范化、程序化，建设社会主义法治国家，发展更加广泛、更加充分、更加健全的人民民主。"[2]对于中国共产党人来说，坚持制度治党是一项长期的历史性的改革任务。在当前改革深化阶段和发展关键时期，尤其需要通过积极稳妥的政治体制改革，应对挑战、清除积弊，深化制度治党、全面从严治党，实现党自我净化、自我完善、自我革新、自我提高。肩负着领导全国人民加快推进社会主义现代化、实现中华民族伟大复兴中国梦历史重任的中国共产党人，对于政治体制改革，应当具有高度的政治自觉和政治自信。

从坚持和深化制度治党、解决和克服党内存在的突出问题、净化和优化党内政治生态来看，当前我国政治体制改革亟待从四个方面进一步向前推进：

第一，进一步改革党的领导体制，加强对"一把手"权力的制约与监督。

深化政治体制改革，核心内容是消除权力过分集中所产生的弊端，这既是以往政治体制改革的一条历史经验，又是在新的历史起点上进一步深化政治体制改革的一个现实指向。在党的十八大以来被查处的领导干部腐败案件中，担任或曾经担任"一把手"领导职务的占80%以上，这种现象足以说明对权力过分集中的领导体制进行深度改革的紧迫性和艰巨性。邓小平指出："权力过分集中于个人或少数人手里，多数办事的人无权决定，少数有权的人负担过重，必然造成官僚主义，必然要犯各种错误。"[3]习近平同志强调："各级领导班子一把手是'关键少数'中的'关键少数'。一把手违纪违法最易产生催化、连锁反应，甚至造成区域性、系统性、塌方式腐败。许多违纪违法的一把手之所以从'好干部'沦为'阶下囚'，有理想信念动摇、外部'围猎'的原因，更有日常管理监督不力的原因。"[4]"一把手"腐败案件高发频发，说到底就是"一把手"的权力太集中，权力高度集中在一个人手中，加之监督缺位、制约乏力，那当然再好的人也有可能放松自我约束，久而久之极有可能依恃权力走向腐败。

[1] 胡锦涛：《坚定不移沿着中国特色社会主义道路前进，为全面建设小康社会而奋斗》，人民出版社2012年版，第25页。

[2] 《中共中央关于全面深化改革若干重大问题的决定》，人民出版社2013年版，第4页。

[3] 《邓小平文选》（第2卷），人民出版社1994年版，第328页。

[4] 习近平：《在第十八届中央纪律检查委员会第六次全体会议上的讲话》，《人民日报》2016年5月3日。

正是针对权力过分集中的领导体制弊端，党的十八届三中全会决定将“强化权力运行制约和监督体系”作为全面深化政治体制改革的重点内容。明确强调：“坚持用制度管权管事管人，让人民监督权力，让权力在阳光下运行，是把权力关进制度笼子的根本之策”；明确要求：“必须构建决策科学、执行坚决、监督有力的权力运行体系；健全惩治和预防腐败体系，建设廉洁政治，努力实现干部清正、政府清廉、政治清明”。《决定》突出强调“加强和改进对主要领导干部行使权力的制约和监督”，包括严格规定和执行主要领导干部工作生活保障制度，从制度层面进一步消除主要领导干部有可能特权腐败的土壤和条件；推行权力清单制度、个人重大事项报告制度、选人用人专项检查和责任追究制度等；公开权力运行流程，让主要领导干部手中的权力在阳光下运行。党的十八届六中全会通过的《关于新形势下党内政治生活的若干准则》和《中国共产党党内监督条例》，对党员领导干部尤其是“一把手”的思想和行为作出进一步明确规定。这些制度规定和改革措施的深入贯彻执行，必将从权力制约和监督层面有效遏制主要领导干部尤其是“一把手”特权腐败现象。

第二，进一步发展党内民主，切实推进党务公开。

党内民主是党的生命。完善党内民主制度，实行党务公开，是防止党员领导干部滥用权力走向腐败的基础性制度环节，是强化制度治党的基础性制度建设。

《共产党宣言》明确指出：“无产阶级的运动是绝大多数人的、为绝大多数人谋利益的独立的运动。”[1]因此，无产阶级政党“没有任何同整个无产阶级的利益不同的利益”，“共产党人始终代表整个运动的利益”。[2]这样一种性质与宗旨，决定了工人阶级政党内部应该是民主的、透明的，对全体共产党员来说没有任何隐私可言，更不允许党内有任何特权存在。马克思、恩格斯在总结巴黎公社经验时反复强调：“公社的真正秘密就在于：它实质上是工人阶级的政府”[3]；“它把行政、司法和国民教育方面的一切职位交给由普选选出的人担任，而且规定选举者可以随时撤换被选举者”[4]。发展党内民主，实行党务公开，是无产阶级政党区别于其他阶级政党的一个最鲜明标志，是党能够不断发展壮大，领导与依靠人民取得革命、建设和改革胜利的最根本因素。所谓党务公开，主要包括：重大决策公开，一级党组织的重大决策，应在相应范围交广大党员以至全体党员充分讨论，在积极吸收各方面意见的基础上实行科学决策、民主决策、依法决策；选用干部公开，凡选拔和推荐党员领导干部，应在一定范围内向广大党员以至全体党员广泛征求意见，对于重要岗位的党员领导干部，应实行差额选举或民主

[1] 《马克思恩格斯选集》(第1卷)，人民出版社1995年版，第283页。

[2] 《马克思恩格斯选集》(第1卷)，人民出版社1995年版，第285页。

[3] 《马克思恩格斯选集》(第1卷)，人民出版社1995年版，第58页。

[4] 《马克思恩格斯选集》(第1卷)，人民出版社1995年版，第12页。

票决，从而防止在选人用人上的不正之风，从根本上杜绝买官卖官、跑官要官的腐败行为；执行程序公开，凡重大决策的执行，坚持走群众路线，充分调动广大党员积极性，依靠民主的力量确保决策执行效果，从而防止高高在上的官僚主义，杜绝盲目蛮干损害群众利益的行为；重大事项公开，党员领导干部尤其是主要领导干部，定期向所在组织的党员公开自己的财产收入、公费开支、亲属经商等涉及权力运用的相关事宜，接受党组织和广大党员监督，从而防止违法违纪违规事件发生，杜绝滥用职权、以权谋私行为。总之，坚持党务公开，不仅是推进党内民主的重要渠道，而且是防范党员领导干部特别是"一把手"滥用权力走向腐败的关键环节，是优化党内政治生态的题中应有之义。

第三，进一步完善党内监督制度，把权力关进制度的笼子。

加强党内监督，是工人阶级政党建设的一条重要原则，对于执政的共产党来说，加强党内监督不啻是党的生命。恩格斯强调："为了防止国家和国家机关由社会公仆变为社会主人"，必须将国家机关的"一切职位交给由普选选出的人担任"，并且要加强对所有国家公职人员的监督，"规定选举者可以随时撤换被选举者"。[1]马克思指出：人民有权监督国家和国家机关工作人员，"这是人民群众把国家政权重新收回"的重要体现，"是人民群众获得社会解放的政治形式"。[2]列宁对党内监督的性质与意义则作出了更加明确的阐述："党本身必须对它的负责人员执行党章的情况进行监督，而'监督'也不单单是口头上加以责备，而是要在行动上加以纠正。"[3]党的性质和宗旨决定，一切共产党员尤其是担负主要领导职务的共产党员，都必须高度重视党内监督，自觉接受党员和人民群众的批评监督意见，根据党和人民群众的愿望及时改正自己的错误。"一个政党对自己的错误所抱的态度，是衡量这个党是否郑重，是否真正履行它对本阶级和劳动群众所负义务的一个最重要最可靠的尺度。公开承认错误，揭露犯错误的原因，分析产生错误的环境，仔细讨论改正错误的方法——这才是一个郑重的党的一个标志，这才是履行自己的义务。"[4]在新的历史条件下，我们党坚持和发展马克思主义关于党内监督的思想，进一步揭示、界定了党内监督的实质。党的十八大报告明确指出：必须健全和完善权力监督体系，"加强党内监督、民主监督、法律监督、舆论监督，让人民监督权力，让权力在阳光下运行"。党的十八届三中全会决定进一步强调："坚持用制度管权管事管人，让人民监督权力，让权力在阳光下运行，是把权力关进制度笼子的根本之策。"党的十八届六中全会通过的《中国共产党党内监督条例》则对党内监督制

[1] 《马克思恩格斯选集》(第1卷)，人民出版社1995年版，第12—13页。

[2] 《马克思恩格斯选集》(第3卷)，人民出版社1995年版，第95页。

[3] 《列宁全集》(第9卷)，人民出版社1995年版，第37、292页。

[4] 《列宁全集》(第9卷)，人民出版社1995年版，第37、292页。

度作出进一步明确规定，强调“党内监督要尊崇党章，依规治党，坚持党内监督和人民群众监督相结合，确保党始终成为中国特色社会主义事业的坚强领导核心”。深入推进党内监督制度改革，进一步完善党内监督制度和监督体系，是积极稳妥推进我国政治体制改革的突出内容，对于进一步深化制度治党、净化优化党内政治生态，具有特殊的价值和意义。

第四，进一步深化干部人事制度改革，提高选人用人公信度。

一切领导干部手中的权力都是公共权力。公共权力是以全社会成员的共同利益为基础的。在国家产生之后，公共权力表现为国家权力。“国家的本质特征，是和人民大众分离的公共权力。”[1]从本质意义上说，这种公共权力来自社会、服务于社会，并接受社会的制约与监督。然而，如同恩格斯指出：“政治权力在对社会独立起来并且从公仆变为主人以后，可以朝两个方向起作用。或者按照合乎规律的经济发展的精神和方向去起作用，在这种情况下，它和经济发展之间没有任何冲突，经济发展加快速度。或者违反经济发展而起作用，在这种情况下，除去少数例外，它照例总是在经济发展的压力下陷于崩溃。”[2]政治权力背离经济社会发展方向而对人民大众利益起阻碍或侵犯作用，这就是少数国家工作人员把公共权力据为己有，依恃权力谋取私利，甚至贪赃枉法、贪污受贿、腐化堕落。防止和清除公共权力背离人民利益走向腐败，需要从各个方面努力，最关键的环节是要从源头上解决“权力授受”问题。只有坚持“权为民所授”，才能做到“权为民所用”，防止“权为私所属”“权为私所用”，有效遏制和清除权力腐败现象。“权为民所授”，实质上就是要把好领导干部选拔任用关，完善和强化干部选拔过程中的民主化机制，使一切领导干部和所有国家工作人员从制度规范与制约中时刻意识到：自己手中的权力是人民授予的，是社会对国家的委托，必须运用手中权力全心全意为人民谋利益，始终做人民大众利益的“守护人”而绝不能成为人民大众利益的“盗墓贼”。国家公共权力的本质和社会公共利益的需求，是进一步改革与完善我国干部选拔制度的最根本逻辑依据。

进一步深化干部选拔制度改革，从源头上防止权力腐败，需要进一步解决好是靠多数人意志选干部还是靠少数人意志选干部的问题。许多腐败案件，追根溯源，无不可以归结到选人用人制度上出了漏洞。习近平总书记指出：治国理政，关键在选什么人、用什么人，“用一贤人则群贤毕至，见贤思齐就蔚然成风。选什么人就是风向标，就有什么样的干部作风，乃至就有什么样的党风”[3]。选人用人如果缺乏公信，那么权力腐败则是必然结果；而选人用人上的弊端，关键在于缺乏民主化机制。建立健全民

[1] 《马克思恩格斯选集》（第3卷），人民出版社1995年版，第116页。

[2] 《马克思恩格斯选集》（第3卷），人民出版社1995年版，第526页。

[3] 《习近平谈治国理政》，外文出版社2014年版，第418页。

主选人用人制度，依托民主机制选拔各级领导干部和国家工作人员，是深化政治体制改革、深化制度治党的重要突破口。在选人用人问题上，“党管干部”是不可动摇的原则，但是必须切实防止将“党管干部”演变成少数人选拔任用干部的倾向。党是人民利益的忠实代表，除了最广大人民利益之外，党没有自己任何特殊的利益。党的性质和宗旨决定，党在选拔任用干部并向国家机关和企事业单位推荐领导干部过程中，必须坚定站在最广大人民利益立场上，尊重民意、顺应民心，真正将那些能够为人民大众办事、群众公认和满意的人才选拔到各级领导岗位上来。由于存在着权力过分集中的弊端，少数人意志的实现甚至一个人说了算有着深厚的社会基础和体制支撑，这就很容易在“党管干部”名义下将少数人甚至一个人的意志强加到大多数人头上，成为选拔任用干部的主要依据甚至唯一依据。近几年揭露的腐败大案要案，绝大多数是与干部选拔任用方面高度集权的弊端联系在一起的。把“党管干部”演变为干部选拔任用少数人说了算，必然助长任人唯亲的宗派主义和跑官要官的人身依附，必然会将一些干部引向权力腐败陷阱。现实深刻警示我们，必须切实加强干部选拔任用制度改革，增大民主机制在干部选拔任用过程中的分量，从制度和体制层面将“党选干部”“党管干部”和“民选干部”“民管干部”有机地统一起来，最大限度地从干部选拔这个“源头”堵塞权力腐败漏洞。只有这样，党内政治生态才能得到最大限度的净化优化，确保党始终成为人民利益的忠实代表，永远保持“干部清正、政府清廉、政治清明”。

原载于《观察与思考》2016年第12期

全面从严治党向基层延伸：缘起、维度和路径

马明冲

摘　要：全面从严治党向基层延伸是推进政党治理新常态的重要举措。新阶段，中国共产党管党治党的战略部署，是全面从严治党主体责任向基层延伸，是从严治党“尺子”向基层深入的系统体现。建设学习型、服务型、创新型基层党组织是全面从严治党向基层延伸的重要战略目标，为着建成成熟的“三型”基层党组织，在重视其堡垒作用的基础上，应着手厘清从严治党向基层延伸的五个维度，以机制和体系创新引领并推进全面从严治党向基层延伸。

关键词：全面从严治党；基层；延伸；“三型”基层党组织

“从严治党向基层延伸”就是指对基层党员从严要求、从严教育、从严监督和严明纪律。如此，“三型”基层党组织建设的战略目标才能够实现，党的公信力才能得以巩固，党的肌体才能保持健康。“党要管党、从严治党”，重点在于如何做到“全面”。“全面”即是将“从严”的范围扩大到各个基层党组织。

中国共产党领导人民进行革命、改革和建设的生动实践表明，党的战斗力的形成、党的组织的发展壮大、党的工作的顺利推进、党群关系的亲密融洽，都与党的基层组织息息相关。习近平多次强调基层党组织建设的基础效用，认为基层是党全面开展工作的组织原点，是解决各类棘手问题和矛盾的组织依托。全面从严治党向基层延伸是全面从严治党“落地”的切实举措，是“党要管党、从严治党”聚焦和解决基层存在问题的要求。

一、全面从严治党向基层延伸的缘起

党的十八大以来，以习近平为代表的中国共产党人积极探寻党的执政规律和治国理政规律，审时度势地作出了全面从严治党的重要战略选择。进而，习近平又提出全面从严治党向基层延伸，掀开了全面从严治党的新篇章。中国共产党管党治党不仅需

要在“全面”上做文章，需要在“从严”上下功夫[1]，更需要将从严治党的范围扩展到“基层”，在“向基层延伸”上想办法、抓实效。因此，系统理解习近平关于全面从严治党向基层延伸思想的深层意蕴，科学构建习近平关于从严治党向基层延伸的分析框架，对于全面提升中国共产党执政能力和执政水平具有重要的理论价值和实践意义。

基层组织是一个政党运行的社会触角，是政党政治功能发挥的基本载体。政党组织的“树状结构”体现着中枢组织和基层组织的关系，若是没有根基性基层组织的植入社会土壤，整个政党组织的有效运行是不可想象的，政党组织的宗旨、奋斗目标的实现也是极无可能的。因此，习近平强调，只有基层党组织坚强有力，党员发挥应有作用，党的根基才能牢固，党才能有战斗力。[2]同时，我们看到，政党在政治生态中起着重要作用，政党形象为政治生态养成增添着正能量。政党基层组织与普通百姓群众联系密切，是政党形象树立的直观性因素，为此强调基层组织关乎政党公信力、关乎政党凝聚力、关乎政党战斗力。中国共产党对于良好政治生态的维系，需要基层党组织和广大基层党员的共同努力。如此种种，充分显示了基层党组织的基石地位。故而，全面从严治党向基层延伸是对基层党组织基石作用的重视，是符合政党组织建设规律的明智之举，是维护党的形象和保持党的公信力之必要措施，是中国共产党“整党、管党”以提高治理能力和夯实执政基础的现实要求。

“政党的根基来源于人民，政党的力量来源于人民。”[3]立足党群关系，我们认为，和谐的党群关系关键在于厘清各自地位和角色，以期实现“舟与水”的相辅相成。党的基层组织是最前沿化面对群众、最深入化了解群众、最形象化服务群众的“舟与水”接触的“基本面”，是连接群众和社会最直接的载体，是群众了解党认识党的窗口和平台。党作为团体性组织存在，不是抽象的，而是具体的。基层党组织就是党的领导干部和党员发挥社会示范效应的依托，人民群众并不是同抽象的党生活在一起，而是同基层具体的党员干部和党员共在屋檐下。基层党员的一言一行、举止言谈、立身行事往往被群众视为生动的组织行为，往往被社会公众理解为党的形象表达。因此，全面从严治党必须向基层延伸，以推进党的基层组织扎根群众，解决关乎百姓切身利益的问题，密切党群关系，纠正“不正之风”以维系良好的政治生态。

基层党组织作为政党功能发挥的“末端触角”，面临着诸多难题和挑战的同时，自身建设亟待加强。在思想舆论引导上，基层组织几近“失声”，基层党员存在着社会主义理想信念的淡化现象，一定程度上导致了基层组织的信仰危机。在组织工作中，职

[1] 张士海、王国龙：《习近平“全面从严治党”思想研究》，《社会主义研究》2015年第6期。

[2] 习近平：《突出问题导向确保取得实际成效　把全面从严治党落实到每一个支部》，《光明日报》2016年4月7日。

[3] 王浦劬：《政治学基础》，北京大学出版社2005年版，第52页。

能不明、班子不强、梯队建设缺乏长期性考虑等问题突出。在处理群体性利益矛盾上，基层组织在经济服务、政治引导、社会调节等功能发挥上还不充分，一些基层党员甚至采取不正当或违法的手段以公权谋取私利，“小官巨贪”“小官巨腐”的问题仍然存在。这就在一定程度上侵蚀了党的基层组织的健康肌体，疏远了党群、干群关系，损害着整个党组织的综合形象，甚至是透支着党在人民群众中的公信力。基层党组织出现的种种迹象和问题警示着全党，全面从严治党向基层延伸迫在眉睫。

“三型”政党建设是新时期党中央和各基层党组织建设的重要战略目标，全面从严治党向基层延伸是为实现基层党组织建设目标而作出的战略部署。

党的十八大以来，学习型、服务型、创新型的马克思主义执政党建设成为新时期党建的战略选择。与此同时，基层党组织也进行着重要的建设调整，面临学习、服务、创新、能力和机制建设等提出的更高水平要求。建设“三型”基层党组织就意味着，突出将关注学习、服务、创新问题作为基层党组织建设和发展的基础性问题抓好、抓牢，三个层面的问题是基层党组织建设的支点和杠杆，是解决其他方面问题的抓手。我们也要看到，三个层面分别阐释基层组织建设的三重维度，学习为服务、创新奠定基础，服务是学习、创新的归宿，创新是更好地学习、服务的动力。学习是基层党员自我学识和自我修养提升、自我前进的重要路径，是基层党员干部提高领导能力和服务能力的关键所在。“学习型”基层党组织的建立意味着基层广大党员，要善于学习、善于将马克思主义理论知识应用到基层工作实践中。“服务型”基层党组织是强调党组织在基层发展中发挥经济、社会服务等功能，充分发挥党中央与人民群众之间的桥梁作用，进而巩固好党的执政基础。创新是基层党组织根据具体形势的发展，转变新思维、探寻新方法，勇于推进基层党组织工作方式创新。

全面从严治党向基层延伸涉及基层党建的诸多环节，是一项系统的工程，其主要强调对“基层”从严，体现了从严治党责任主体全覆盖的要求。全面从严治党向基层延伸开启基层党建新常态，对基层党员干部从严要求、从严监督可以有效提升基层党员的服务水平，促进基层党组织服务功能的发挥；从严教育可以有效提升基层党员的整体素质、理论素养，促进基层党组织的队伍建设科学化，扩大卓越共产党员的比重，推动学习型基层党组织的建设；从严管理可以不断强化基层党组织在管理党员过程中对新制度的探索，细化制度性基层党建的新路径设计，有利于创新型基层党组织目标的实现。

二、全面从严治党向基层延伸的“五个维度”

全面从严治党向基层延伸，从内容上来看就是将全面从严治党的五个维度分别延伸到基层，切实做到从严内容“无死角”，将全面从严治党的精神贯穿到基层党组织建设的各个领域和全过程之中。

1.从严加强基层党员的思想建设，守住意识形态阵地

从严治党向基层延伸首要解决的就是基层党员和干部的思想认识问题。经济全球化推动了文化在全球范围的交融和渗透，西方多种文化思潮相互交织，并通过多种渠道渗透到我国的文化领域中，造成部分基层党员价值观动摇、信仰缺失。

信仰对于人类精神世界来说至关重要。对于广大基层党员而言，马克思主义的科学信仰的树立更为关键。从严加强基层党员的思想建设，就是要号召广大基层党员坚守马克思主义观，保持党的思想纯洁性，自觉践行社会主义核心价值观；就是要鼓励基层党员坚定马克思主义理想信念，不断加强思想理论学习，全面提升素养。

2.从严加强党的基层组织建设，发挥基层党员的先进性作用

党的基层组织建设是全面从严治党向基层延伸的重要环节。党的基层组织建设是保持基层党组织先进性、增强基层党组织凝聚力的有效途径。从严加强党的基层组织建设关键在于“从严治吏”。

从严治党向基层延伸，必须将从严治党落实到对基层党员的教育和党员队伍的管理中去，为扎实抓好党的基层工作奠定基础。基层党员干部应不断以身作则、严于律己以彰显党员的先进性和模范带头作用。在选人、用人方面，严守各个环节，着力培养马克思主义理想信念坚定、为人民服务意识浓厚、德才兼备、敢于担当和廉洁自律的党的基层好干部，着力打造一支素质过硬、本领过强的基层干部队伍。

3.从严加强基层党员作风建设，凝聚民心、重塑形象

从严加强基层党员作风建设是凝聚党心、振奋民心的重要举措。习近平拥有丰富的地方和基层领导经验，对基层党风建设感悟至深。因此，他特别强调要发挥好党风建设对党的建设、对工作推动的积极作用。他指出，党员作风可以成为衡量党员的标准。看党员合格与否，可以通过其平时的工作、学习和生活作风等判断，那些合格的党员、干部通常都是将人民的利益诉求作为考虑问题的出发点，通常都是“吃苦在前、享受在后”，通常都是“勤奋工作、廉洁奉公”。

全面从严治党向基层延伸就是要用“踏石留印、抓铁有痕”的劲头抓基层党员的作风建设，利用每次党内教育活动和学习活动推进作风整改，进一步加强与人民群众的联系，实现基层党员作风建设的新提高。从严加强基层党员作风建设是全面从严治党向基层延伸的主要抓手，是凝聚民心、重塑形象的关键。在日常工作中，党的基层组织坚持“干在明处，落在实处”，就能够真正解决“四风”问题。

4.从严加强基层党组织的制度建设，将权力关进制度的牢笼里

制度建设是全面从严治党向基层延伸，坚持制度治党的根本性保障。对此，习近平明确指出：“制度一经形成，就要严格遵守，坚持制度面前人人平等、执行制度没有

例外，坚决维护制度的严肃性和权威性，坚决纠正有令不行、有禁不止的各种行为，使制度真正成为党员、干部联系和服务群众的硬约束”[1]，“要整顿不合格基层党组织，就需要坚持和落实行之有效的制度”[2]。从严加强基层党组织的制度建设，是进一步制定、完善基层党组织的相关制度、强化制度执行的过程。将权力关进制度的牢笼里，在基层制度设计中，应该注重组织运行基本原则的制定，形成组织相关职能发挥的基本规范，落实提高组织能力建设的基本意见，理清政党组织与其他组织的协调关系准则等。

5.从严加强基层党员纯洁性建设，将预防与惩治腐败有机结合

党风廉政建设和反腐败斗争，是党的建设的重大任务。从严加强基层党员纯洁性建设，内在地要求在基层党组织内开展反腐倡廉建设，以零容忍态度惩治基层腐败现象，坚决遏制基层腐败现象蔓延势头。基层党组织的反腐倡廉建设有着与其他层级政党组织不同的特点，要将这项工作落到实处，必须做到预防和惩治相结合，推动基层反腐倡廉建设向科学、理性、自觉和全新的方向发展。基层党组织要在科学把握反腐败斗争规律的基础上，进一步部署和把握新形势下基层反腐倡廉建设的实际情况，探究新形势下基层腐败问题产生的深层次原因，在基层党组织科学化建设的框架内严控和惩处腐败行为。

三、全面从严治党向基层延伸的制度性依托

全面从严治党向基层延伸，关键在“严”。对基层党员如何做到从“严”？就是要严格要求每一位基层党员，尤其是基层党员干部；严格教育，将经常性教育和学习延伸到基层广大党员中；严格监督，通过建立健全党内外监督体系，对基层党员中存在的不正之风、腐败问题深查到底；严明纪律、“以法律己”，推动基层法治体系建设，规范基层党员干部的权力行使。具体而言，通过推动基层党员学习教育长效机制、基层巡视制度和基层法治体系建设等机制和体系的“创新”，推动全面从严治党向基层延伸。

1.建立健全基层党员学习教育长效机制

对基层党员严格要求、严格教育，就是要针对基层党员中存在的思想问题、作风问题、腐败问题进行教育和管理，通过建立长效的学习教育机制，来提高广大基层党员的“学习”意识。在全体党员中开展“两学一做”学习教育，就是要推动党内教育从“关键少数”向广大党员拓展。[3]

---

[1] 《习近平谈治国理政》，外文出版社2014年版，第397页。

[2] 习近平：《突出问题导向确保取得实际成效　把全面从严治党落实到每一个支部》，《光明日报》2016年4月7日。

[3] 人民日报评论员：《推动全面从严治党向基层延伸的重大举措——论扎实开展“两学一做”学习教育》，《人民日报》2016年2月29日。

中国共产党作为执政党，其命运掌握在党员自己的手中。从严治党向基层延伸最重要的参与主体是基层党员本身，基层存在问题的着力解决也需要激活和培育党员主体意识来实现，因此，加强基层党员的学习与管理，在基层建立党员学习的长效机制，具体而言需要从两个维度、四个方面入手。

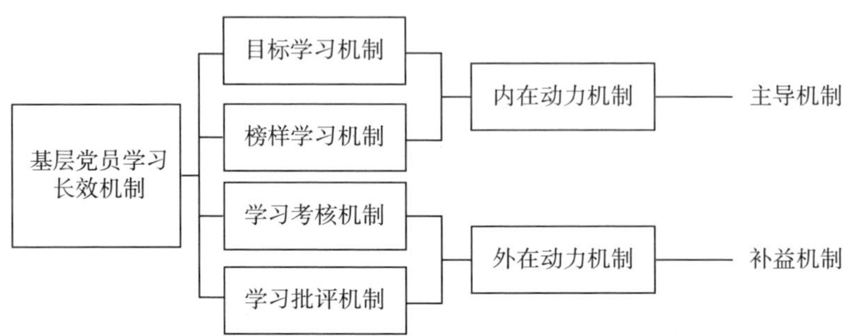

目标学习机制，是通过设定基层党组织成员的组织学习目标和个人学习目标，将二者有机地耦合起来的一种制度机制，用以引导党员由个人学习行为向组织学习目标的统一。这一机制的建构关键在于建立、健全党员学习目标管理制度，通过制度性规定调动党员对党的理论知识学习的积极性、主动性。健全党内学习目标管理制度，首先在于建立、健全常态化的党员干部学习教育制度，进行教育目标和政治目标的双重激励，使每位党员干部都能牢记党的奋斗历史，使教育目的与制度机制协调统一起来；其次，要做到将整体性目标分解、落实到党员干部个人中，建立党员个人的定量、定期学习管理责任制度。

榜样学习机制，就是选择在党员理论学习中对突出的集体和个人以适当的形式加以肯定和表扬，从物质利益和精神利益的双重性出发来激发党员努力学习的方法和创新基层党组织集体学习的形式。进行榜样学习激励，需要建立榜样发现与培养机制。主要内容包括两个方面：一是要善于发现、注重培育党员学习先进个人和基层党组织学习的典型。二是要充分利用各类宣传媒介，广泛宣传学习个人和集体的先进事迹，努力营造党员会学习、爱学习、能学会的浓厚氛围。

学习考核机制，就是制定党员学习目标责任制，对各级党政干部进行分类考核，明确多重考核体系，建立考核结果的反馈、公开与建议制度，将考核结果与奖惩、评优、职务晋升等结合起来。

学习批评机制，就是针对党员学习态度、学习方法等环节中出现的问题，要采取集中讨论的制度，将批评与自我批评的优良作风应用到广大党员的学习中去，将其制度化。

在这种长效机制建立中，要充分发挥基层党组织的推动力和监督力。基层党组织应定期向党员推送自我学习刊物、书籍等材料，建立并开设基层党员自我学习管理平台，党员可以根据实际情况学习网站内设的视频资料，以增强自身党性修养。

2. “以权力制权”“以权利制权”体制探索在基层

权力政治学指出，对权力进行监督和制约成为人类政治生活的不朽主题。历史和现实赋予了中国共产党以巨大的权力资源。然而，作为执政党来说，应该“以权力制权”，设置基层党组织的专门监督机关来约束权力，将纪律巡视制度延伸到基层；“以权利制权”，通过基层群众的监督和维权行动等，防范和制裁基层党组织和基层党员的滥用权力行为，使基层政治文化生态得到调整和改善。

“以权力制权”的巡视制度作为一种新型的党内监督模式，在从严治党向基层延伸中，应该将其有益的探索拓展并应用到基层。习近平指出：“巡视是党章赋予的重要职责，是加强党的建设的重要举措，是从严治党、维护党纪的重要手段，是加强党内监督的重要形式。”[1]也就是说，巡视没有被视为权宜之计，而是贯彻新时期从严治党的主动性制度设计。党的十八大以来，巡视制度在反腐肃贪方面发挥了极大的威慑作用，取得了有目共睹的成效。当下，中国共产党部署全面从严治党向基层延伸，还应该继续用好巡视制度，以实现监督全覆盖为制度设计追求，努力建立从上到下的纵向巡视制度。这就需要在巡视工作创新上多下功夫，“推动巡视内容、方式方法、制度建设等方面与时俱进，完善工作机制，增强巡视工作的针对性、实效性”。[2]横纵交错才能构成网络趋向完备，更好地监督基层权力运行。就巡视制度而言，自上而下的纵向巡视体系和针对一些领域的横向专项巡视构成了网状巡视结构。纵向巡视体系侧重以党的各级纪律检查委员会为基本组织依托，垂直深入基层党组织；横向巡视体系侧重以各部门纪律检查委员会或中央、省级纪律检查委员会派驻机构等为组织依托，全面涵盖到各业务单位基层党组织。如此，基层党组织的常规性巡视和专项性巡视相互配合，纵深严格的层级性巡视和宽广的全面覆盖性巡视相得益彰，“一竿子到底”的网状权力监督体系得以建立。

“以权利制权”从本质上说是强调公民权利，希冀群众发挥监督权力行使者的作用。洛克、卢梭、汉密尔顿等西方政治学家关于“以权利制权”有过系统而深刻的阐述，强调公民运用权利制约执政者是阻止公权力蜕化的可行方法。透析实际的权力运行过程，解构权利的属性，不难发现权利与权力之间动态的复杂联系，使得“以权利制权”的效用凸显。因此，我们认为，群众监督是权利制约权力的派出性制约，是基层权力监督体系的重要构成。全面从严治党向基层延伸，从权利的角度分析，是以普通党员权利为本位的复归过程，是以尊重群众权利为本源的重要进路。党的十八大以

[1] 《习近平关于党风廉政建设和反腐败斗争论述摘编》，中央文献出版社、中国方正出版社2015年版，第107页。

[2] 《习近平关于党风廉政建设和反腐败斗争论述摘编》，中央文献出版社、中国方正出版社2015年版，第108页。

来，积极探索构建基层权力运行群众监督的制度体系，将体制外监督引入体制内处理的轨道。我们还应该在建立群众举报受理机制、高效互动沟通机制、调查协同处理机制等可行性操作机制上多下功夫。尤其是，网络普及和发展为群众公共参与、舆论监督发挥作用提供了客观条件，日趋成为群众监督机制完善的新平台。

3.完善党内法规体系，规范基层党员干部权力行使

目前，学术界关于法治型政党建设的研究和讨论正如火如荼开展，我们认为，从严治党就内在地要求加强法治型党组织建设，法治型党组织建设要求全面从严治党向基层延伸，用完善的法治体系规范基层党员干部行为。按照党的十八届四中全会的要求，加强党内法规制度建设，完善党内法规制定体制机制，形成配套完备的党内法规制度体系，运用党内法规把党要管党、从严治党落到实处，促进党员、干部带头遵守国家法律法规。这无疑阐释了依法治国必须完善党内法规，落实从严治党的重要意义。政党法治是国家法治的基础，“政党依法执政的前提是将政党自身置于法治环境中，将执政党行为纳入法治轨道之上”[1]。完善党内法规体系，是树立党员法律信仰，发展党内民主，科学配置党员权力，明确党员职能的保障。

良法是善治的前提，法治型国家的有效运行要求不断提高党内法规的科学性，形成完备的法律规范体系，是完善党内法规的先导，是国家治理体系、治理能力现代化的应有之义。从严治党向基层延伸，要着眼于提高党内法规的系统性，加强理论研究，将党内法规的顶层设计和具体法规制度有机结合，将长远规划与五年以内法规建设衔接起来；加强程序化设定，以条例建设为重点，将党内法规的制定与修订协调统一起来，严明基层党组织的纪律，提高党内法规的科学化、规范化水平。

制定党内法规的关键在于规范党内行为，从严治党向基层延伸，要求严格党内法规在基层的实施体系，引导基层党员干部办事、用权、施政都要依照党内法规进行。基层党员干部带头执行党内法规、严肃基层党内问责、惩戒的执行力度是提高党内法规在基层实施效度的抓手，是培养基层党员干部法权人格的重心。党内法规在基层的有效落实，是培养基层党员法权人格，实现基层党组织建设规范化、法律化的保障。与此同时，加强对基层党员法律素质的培养，法权人格的塑造又是实现党员法律素养和法制行为由“自发性”向“自觉性”转变、全面从严治党向基层延伸的目的所在。

原载于《理论与改革》2016年第4期

---

[1] 王韶兴：《服务型政府视阈中的政党治理》，《理论探讨》2007年第2期。

全面从严治党：政治生态·政治生活·政治文化

包心鉴

党的十九大作出“中国特色社会主义进入了新时代”的重大战略判断和政治定位，对于在新的历史起点上决胜全面建成小康社会，开启全面建设社会主义现代化国家的新征程，具有极其重大的意义，尤其对站在时代潮头的中国共产党提出了更高要求、树立了更严标准。习近平总书记在党的十九大报告中明确强调：“中国特色社会主义进入新时代，我们党一定要有新气象新作为。”新气象、新作为，既来自加强党对各方面事业坚强有力的领导，又来自党以自我革命和自我净化精神全面从严治党。全面从严治党、坚定反腐倡廉，是党的十八大以来以习近平同志为核心的党中央推进党的建设新的伟大工程中的“核心工程”，是在新时代进行伟大斗争、建设伟大工程、推进伟大事业、实现伟大梦想的“关键工程”。党的十九大报告着眼新时代新要求，对全面从严治党、推进反腐倡廉作出了新的部署，树立了新的标杆。在参加党的十九大贵州省代表团讨论时，习近平进一步强调：“我们党要团结带领人民进行伟大斗争、推进伟大事业、实现伟大梦想，必须毫不动摇把党建设得更加坚强有力。全面从严治党永远在路上。在全面从严治党这个问题上，我们不能有差不多了，该松口气、歇歇脚的想法，不能有打好一仗就一劳永逸的想法，不能有初见成效就见好就收的想法。必须持之以恒、善作善成，把管党治党的螺丝拧得更紧，把全面从严治党的思路举措搞得更加科学、更加严密、更加有效，推动全面从严治党向纵深发展。”

党的十八大以来，全面从严治党、坚定反腐倡廉的实践成效和理论成果表明，要推动全面从严治党向纵深发展，切实形成和完善“不敢腐、不能腐、不想腐”的体制机制和政治氛围，必须着力净化优化党内政治生态、严格规范党内政治生活、注重建设党内政治文化。这三个方面，不啻是全面从严治党的三个最关键要素。习近平关于全面从严治党思想指明，党内政治生活、政治生态、政治文化，三者之间相互联系、相辅相成，共同构成中国特色反腐倡廉建设体系的基本内容。在庆祝建党95周年大会上的重要讲话中，习近平深刻指出：“严肃党内政治生活是全面从严治党的基础。党要管党，首先要从党内政治生活管起；从严治党，首先要从党内政治生活严起。我们要加强和规范党内政治生活，严肃党的政治纪律和政治规矩，增强党内政治生活的政治性、时代性、原则性、战斗性，全面净化党内政治生态。”在党的十八届六中全会上的重要讲话中，习近平精辟揭示：“党内政治生活、政治生态、政治文化是相辅相成的，政治文化是政治生活的灵魂，对政治生态具有潜移默化的影响。要注重加强党内政治文化建设，倡导和弘扬忠诚老实、光明坦荡、公道正派、实事求是、艰苦奋斗、清正廉洁等价值观，旗帜鲜明抵制和反对关系学、厚黑学、官场术、‘潜规则’等庸俗腐朽的政治文化，不断培厚良好政治生态的土壤。”这些重要论述，是我们深化对全面从严治党规律的认识，深入推进反腐倡廉、永葆党的先进性与纯洁性的思想指南和行动指导。

一、净化优化党内政治生态：全面从严治党、坚定反腐倡廉的核心任务

党的十八大以来，习近平在领导和指导全面从严治党中，突出地强调党内政治生态建设，对党内政治生态存在的严重问题和净化优化党内政治生态的紧迫性重要性进行了鞭辟入里的剖析和高瞻远瞩的论述。2013年1月22日，在十八届中纪委二次全会上，习近平明确指出：“改进工作作风，就是要净化政治生态，营造廉洁从政的良好环境。”2014年6月30日，在中央政治局第十六次集体学习时，习近平深刻指出：加强党的建设，“解决党内存在的种种问题，必须营造一个良好的从政环境，也就是要有一个好的政治生态”。他强调：这个问题，“现在看来，不能讲讲就过去了，而是要下大气力来抓，争取一个好的成效”。2015年1月13日，在十八届中纪委五次全会上，习近平再次尖锐指出：当前“减少腐败存量、遏制腐败增量、重构政治生态的工作艰巨繁重”。2015年两会期间，习近平在参加吉林、江西代表团审议时再次强调：“做好各方面工作，必须有一个良好的政治生态。政治生态污浊，从政环境就恶劣；政治生态清明，从政环境就优良。政治生态和自然生态一样，稍不注意，就很容易受到污染，一旦出现问题，要想恢复就要付出很大代价。”“自然生态要山清水秀，政治生态也要山清水秀。”2016年1月12日，在十八届中纪委六次全会上，习近平强调：“政治生态好，人心就顺、正气就足；政治生态不好，就会人心涣散、弊病丛生。”他着重强调，要“通过体制机制改革和制度创新促进政治生态不断改善”。2016年6月28日，在中央政治局第三十三次集体学习时，习近平尖锐指出：“我们一定要深刻认识到，严肃党内政治生活、净化党内政治生态，是党的建设中带有根本性、基础性的问题，关乎党的团结统一，关乎党的生死存亡。”“严肃党内政治生活、净化党内政治生态是伟大斗争、伟大工程的题中应有之义，是我们党坚持党的性质和宗旨的重要法宝，是我们党实现自我净化、自我完善、自我革新、自我提高的重要途径。抓住了这个点，我们党就能更好凝心聚魂、强身健体。”在2016年10月党的十八届六中全会上，习近平再次强调解决

党内政治生态问题的极端重要性："要解决党内存在的一些突出矛盾和问题，必须把党的思想政治建设摆在首位，营造风清气正的政治生态。"这一系列关于党内政治生态问题的精辟论断，在党的历史上前所未有，在马克思主义党的建设学说史上也不多见，振聋发聩、令人警醒，不仅对如何进一步解决党面临的主要问题，从严治党、反腐倡廉，具有极其深刻的现实指导作用，而且对如何建构现代政党建设体系、推进党的建设走向现代化，具有极其高远的理论创新价值。

政治生态是指一定政治系统内部各要素之间以及政治系统与其他社会系统之间相互作用、相互影响、相互制约所形成的生态联动，是一个地方或一个领域政治生活现状以及政治发展环境的集中反映，是党风、政风、社会风气的综合体现。政治生态大体区分为政治内生态和政治外生态。政治内生态是指政治系统内部各要素之间的生态联动，政治外生态则是指政治系统与其他社会系统之间的生态联动。党的执政地位和执政使命决定，党内政治生态是否健康优化，不仅对所有党员、干部产生着巨大的影响和制约作用，而且对其他社会组织乃至整个国家政治系统产生着至关重要的示范和影响作用。

在关于政治生态的重要论述中，习近平用"净化""优化""重构"等概念，表明解决党内政治生态问题不同层面的价值指向。

所谓"净化"，侧重于"破"，这就是要坚决破除党内政治生态被污染而产生的种种突出问题。长期以来，由于管党治党失之于"宽、松、软"，许多潜规则侵入党内，甚至大行其道，对党内政治生活造成严重危害，在党的肌体上留下了种种难以根治的"病灶"。在相当程度领域，拉帮结派的山头主义、人身依附的宗派主义、我行我素的自由主义、不讲原则的好人主义、唯利是图的个人主义、游戏人生的享乐主义盛行，尤其是一些地方和部门的"一把手"搞家长制、独断专行，使党内政治生活变得低级庸俗、是非判断十分模糊，久而久之严重挫伤了广大干部群众的积极性，败坏了政治风气和社会风气，污染了党内党外政治生态，带坏了一批党员干部，乃至发生"连锁式""塌方式"腐败。事实严重警示我们，党风廉政建设永远在路上，净化党内政治生态是一项长期的艰巨的任务。

所谓"优化"，侧重于"立"，这就是要严肃党内政治生活，严格加强党内监督，提升党内政治生态优质度。《关于新形势下党内政治生活的若干准则》明确强调："新形势下加强和规范党内政治生活，必须以党章为根本遵循，坚持党的政治路线、思想路线、组织路线、群众路线，着力增强党内政治生活的政治性、时代性、原则性、战斗性，着力增强党自我净化、自我完善、自我革新、自我提高能力，着力提高党的领导水平和执政水平、增强拒腐防变和抵御风险能力，着力维护党中央权威、保证党的团结统一、保持党的先进性和纯洁性，努力在全党形成又有集中又有民主、又有纪律又有自由、又有统一意志又有个人心情舒畅生动活泼的政治局面。”这一加强党内政治生活的总体要求，也是优化党内政治生态的根本标准。

所谓“重构”，则是针对党内高级干部中极少数人政治野心膨胀、权欲熏心，搞阳奉阴违、结党营私、团团伙伙、拉帮结派、谋取权位等政治阴谋活动所造成的严重危害而言。习近平在党的十八届六中全会上的重要讲话中尖锐指出：“周永康、薄熙来、郭伯雄、徐才厚、令计划等人严重违纪违法案件，不仅暴露出他们在经济上存在严重问题，而且暴露出他们在政治上也存在严重问题，教训十分深刻。”最严重的教训就是这些人利用手中掌握的公共权力，相互勾结、权权交换、权钱交易，在党内形成了不同程度的既得利益集团。这是寄生在党和国家权力体系上的集团性力量和某种程度的政治共同体，他们的行为所造成的腐败现象之严重、所产生的政治危害之巨大，在党的历史上是少有的。由于他们位高权重，因而对其所把持的领域的政治生态造成了摧毁性破坏，留下了复杂性后患，更加紧迫地提出重构政治生态的艰巨任务。

净化、优化、重构，既各有侧重，又相互联系。“净化”当中有“优化”，“优化”必须以“净化”为前提；而无论是“净化”还是“优化”，都承负着不同程度的“重构”任务。三个层次相互作用、有机统一表明，政治生态问题是关系党生死存亡的重大问题；营造风清气正的党内政治生态，是全面从严治党、坚定反腐倡廉的核心任务。

二、严格规范党内政治生活：全面从严治党、坚定反腐倡廉的关键环节

净化优化党内政治生态，对党内政治生活的规范和党内政治文化建设提出了新的更高的要求。党的十八届六中全会站在全面从严治党、净化优化党内政治生态的高度，针对新形势下党内政治生活出现的突出问题，制定了《关于新形势下党内政治生活的若干准则》。“准则”12条，既具有鲜明的现实针对性，又具有深远的政治规范性，而贯穿党内政治生活各个层面和全部过程的一个突出问题，就是严明党的政治纪律、严守党的政治规矩。这既是新形势下严肃党内政治生活的最要害问题，又是净化优化党内政治生态的最关键问题。

党的十八大以来，以习近平同志为核心的党中央突出强调“严守党的政治纪律和政治规矩”。党的十八大结束不久，习近平就在《严明政治纪律，自觉维护党的团结统一》中明确强调：“严明党的纪律，首要的就是严明政治纪律。”“政治纪律是最重要、最根本、最关键的纪律，遵守党的政治纪律是遵守党的全部纪律的重要基础。政治纪律是各级党组织和全体党员在政治方向、政治立场、政治言论、政治行为方面必须遵守的规矩，是维护党的团结统一的根本保证。”尖锐指出：“如果党的政治纪律成了摆设，就会形成‘破窗效应’，使党的章程、原则、制度、部署丧失严肃性和权威性，党就

会沦为各取所需、各行其是的‘私人俱乐部’。”在十八届中纪委五次全会上，习近平重点阐明了严肃党的政治纪律、严守党的政治规矩的根本方向。指出，党内政治规矩是党的各级组织和全体党员必须遵守的行为规范和规则。党内政治规矩包括丰富内容：“其一，党章是全党必须遵循的总章程，也是总规矩。其二，党的纪律是刚性约束，政治纪律更是全党在政治方向、政治立场、政治言论、政治行动方面必须遵守的刚性约束。其三，国家法律是党员、干部必须遵守的规矩，法律是党领导人民制定的，全党必须模范执行。其四，党在长期实践中形成的优良传统和工作惯例。”在党的十八届六中全会上的重要讲话中，习近平明确强调：“政治纪律和政治规矩是党最根本、最重要的纪律，遵守政治纪律和政治规矩是遵守党的全部纪律的基础。”

“欲知平直，则必准绳；欲知方圆，则必规矩。”“没有规矩，不成方圆。”严守政治规矩，既是中国优秀传统政治文化的深刻昭示，更是中国共产党历史经验的深刻启迪。党的历史进程表明，政治纪律和政治规矩，是党的性质和宗旨的重要体现，是维系党内团结、保持党的先进性的基本原则，也是党以健康的肌体和坚强的能力带领人民克敌制胜的重要法宝。党的十八大以来，习近平之所以突出强调党的政治纪律和政治规矩具有鲜明的现实针对性，这就是由于党内存在着的种种不守政治规矩的现象，严重破坏了党内正常关系、污染了党内政治生态：

——在政治立场方面。不守政治规矩的突出表现是，不能自觉地与党中央保持一致，在原则问题和大是大非面前立场摇摆，对涉及党的理论和路线方针政策等重大政治问题公开发表反对意见，甚至对中央方针政策和重大决策部署阳奉阴违、妄议非议、口无遮拦、毫无顾忌。

——在党内团结方面。不守政治规矩的主要表现是，搞“团团伙伙”，拉山头、结小圈子，热衷于宗派主义，以至形成一定规模的既得利益集团；借老乡会、同学会、战友会等场合，拉帮结派、称兄道弟，以至形成某种性质的政治共同体。

——在党内关系方面。不守政治规矩的主要表现是，缺乏党的意识、组织意识、程序意识，任人唯亲、任人唯派，搞人身依附；重大问题不请示、不报告，我行我素、为所欲为；“迈着锅台上炕”，“先斩后奏”，擅权干政，打招呼说私情，干预选人用人。

——在处事规则方面。不守政治规矩的主要表现是，不按党的规定规则办事，而是热衷于按“潜规则”做人行事。比如，在思想政治上，奉行“两个嘴巴说话，两张面孔做人”。在组织生活中，奉行“上级对下级，哄着护着；下级对上级，捧着抬着；同级对同级，包着让着”。在执行政策中，奉行“不求百姓拍手，只求领导点头”。在干部任用中，信奉“不跑不送，降级使用；只跑不送，原地不动；又跑又送，提拔重用”。在人际交往中，奉行“有关系走遍天下，没关系寸步难行”。

——在作风形象方面。不守政治规矩的突出表现是，“四风”盛行、贪腐蔓延。在形式主义方面，主要是知行不一、不求实效，文山会海、花拳绣腿，贪图虚名、弄虚作假；在官僚主义方面，主要是脱离实际、脱离群众，高高在上、漠视现实，唯我独尊、自我膨胀；在享乐主义方面，主要是精神懈怠、不思进取，追名逐利、贪图享受，讲究排场、玩风盛行；在奢靡之风方面，主要是铺张浪费、挥霍无度，大兴土木、节庆泛滥，生活奢华、骄奢淫逸，甚至以权谋私、腐化堕落。

党在政治规矩方面面临的严重问题和严峻形势，为十八大以来被陆续查处的一系列触目惊心的权力腐败案件所证明，尤其为周永康、薄熙来、郭伯雄、徐才厚、孙政才、令计划、苏荣等大案要案的反面教训所证明。这些反面典型表明，党的政治规矩是党员、干部的政治底线，一旦游离政治规矩，突破政治底线，就必然要走向错误乃至腐败；党的政治规矩是维系党内团结、保持党的先进性的政治生命线，一旦规矩松弛，失去应有的约束力，必然会危及党内团结，破坏党内政治生态，损害党的先进性乃至党的生命。

三、注重建设党内政治文化：全面从严治党、坚定反腐倡廉的重要保障

如果说严肃党内政治生活尤其是严守党的政治纪律和政治规矩是净化优化党内政治生态的最重要环节，那么加强党内政治文化建设、消除庸俗腐朽政治文化影响，则是净化优化党内政治生态的最重要基础。

文化是人类在改造客观世界和主观世界过程中的重要活动及其精神成果。文化的根本功能，一是“文以载道”，文化承载着真理并阐释着真理；二是“以文化人”，文化的根本功能在于教化人、培育人、发展人。政治是经济的集中体现，人类的政治活动及其形成的政治文化，是一种特殊的具有更高层次意义的文化形态。政治文化主要包括:（1）价值文化——政治理想、政治信仰、政治价值;（2）行为文化——政治行为、政治关系、政治生态；（3）制度文化——制度架构、体制支撑、运行机制；（4）精神文化——政治情感、政治心理、政治动机。中国共产党的党内政治文化，是党在近一个世纪的艰巨历程和伟大斗争中逐步形成的，是党的性质、宗旨、目标和凝聚力、影响力的集中体现。习近平精辟指出：“我们的党内政治文化，是以马克思主义为指导、以中华优秀传统文化为基础、以革命文化为源头、以社会主义先进文化为主体、充分体现中国共产党党性的文化。”显然，这样一种政治文化，是中国历史上最先进最优秀的政治文化，是规范党内政治生活的灵魂，是培育党内政治生态的土壤。

中华优秀传统文化，是党内政治文化形成和发展之“根”。在源远流长、博大精深的中华优秀传统文化中，蕴含着深入探讨人与人、人与社会、人与自然关系的深刻哲理，渗透着“修齐治平”的政治智慧，彰显着推进当代中国发展乃至解决当代人类面

临共同难题的重要启示，反映着中华民族独特而悠久的精神世界和坚定执着的价值追求。正是这种一脉相承而又与时俱进的精神文化，深深融入中国共产党人的精神世界，成为党内优良政治文化形成和发展的重要根脉。

在中国共产党领导人民进行长期艰苦卓绝斗争中形成的无产阶级革命文化，是党内政治文化形成和发展之“基”。无产阶级革命文化突出体现为以爱国主义为核心的民族精神和以共产主义为核心的价值追求的有机结合。这种扎根人民、志向高远的革命文化，是我们党始终不忘初心、不改初衷，屡遭曲折而不懈奋起、历尽苦难而走向辉煌的深层精神文化因素，构成党内政治文化的重要基础。

以马克思主义为指导的社会主义先进文化，是党内政治文化形成和发展之“魂”。把马克思主义基本原理与当代中国实际和时代特征紧密结合起来，走自己的道路，建设有中国特色的社会主义，是我们党在总结长期历史经验中得出的基本结论，也是我们党领导人民在长期奋斗中所形成的价值共识。习近平总书记在“7·26”重要讲话中进一步指出：“中国特色社会主义是改革开放以来党的全部理论和实践的主题。”这一“主题”，也是新时期党内政治文化的“灵魂”，对于我们牢固树立中国特色社会主义道路自信、理论自信、制度自信、文化自信，确保党始终充满生机活力、确保党和国家事业始终沿着正确方向胜利前进，具有根本性的引领和指导意义。

历史和现实反复警示我们，加强党内政治文化建设，必须着力消除庸俗腐朽的“负政治文化”影响，不断铲除滋生“负政治文化”的土壤。由于封建主义残余的深重影响和管党治党失之于“宽、松、软”等原因，这些年一些庸俗腐朽的“负政治文化”在党内泛滥，严重侵蚀党员、干部的思想作风和党的肌体，成为滋生滥用权力、结党营私等腐败现象的“温床”。主要表现在：（1）特权意识。高人一等、唯我特殊，一人得道、鸡犬升天。（2）官僚习气。高高在上、脱离群众，漠视人民、自我膨胀。（3）家长心态。好为人师、好大喜功，刚愎自用、独断专行。（4）圈子文化。拉帮结派、人身依附，任人唯亲、团团伙伙。（5）好人主义。事不关己、高高挂起，投桃报李、丧失原则。（6）厚黑心理。阿谀奉承、逢迎拍马，为达目的、不择手段。（7）两面手法。台上一套、台下一套，表里不一、欺上瞒下。（8）潜规则思维。跑官要官、买官卖官，官官相护、权权交易。如此种种庸俗腐朽的“负政治文化”，对党内意志薄弱者产生着深层的、潜在的影响，一旦外在约束有所松懈，“围猎”因素增多，就很容易在一些人内心萌动，疯长出野草来，从而滑向腐败的泥淖，严重破坏党内政治生活和政治生态。严重的事实表明，加强党内政治文化建设，严格规范党内政治生活，净化优化党内政治生态，必须坚持“破”与“立”并举：既要立明规矩，又要破潜规则；“破”字当头，“立”在其中。

原载于《理论与现代化》2017年第5期

参考文献

[1]《人民日报》2017 年 10 月 20 日。

[2] 习近平:《在庆祝中国共产党成立 95 周年大会上的讲话》, 人民出版社 2016 年版, 第 23 页。

[3]《习近平关于全面从严治党论述摘编》, 中央文献出版社 2016 年版, 第 74 页。

[4]《习近平关于全面从严治党论述摘编》, 中央文献出版社 2016 年版, 第 148 页。

[5]《人民日报》2014 年 7 月 1 日。

[6]《人民日报》2015 年 1 月 14 日。

[7]《人民日报》2015 年 3 月 10 日、2015 年 3 月 18 日。

[8] 习近平:《在第十八届中央纪律检查委员会第六次全体会议上的讲话》, 人民出版社 2016 年版, 第 14—15 页。

[9]《习近平关于全面从严治党论述摘编》, 中央文献出版社 2016 年版, 第 14—15 页。

[10]《中国共产党第十八届中央委员会第六次全体会议文件汇编》, 人民出版社 2016 年版, 第 97 页。

[11]《中国共产党第十八届中央委员会第六次全体会议文件汇编》, 人民出版社 2016 年版, 第 24—25 页。

[12]《中国共产党第十八届中央委员会第六次全体会议文件汇编》, 人民出版社 2016 年版, 第 97 页。

[13]《十八大以来重要文献选编(上)》, 中央文献出版社 2014 年版, 第 131—132、134 页。

[14]《十八大以来重要文献选编(中)》, 中央文献出版社 2016 年版, 第 347 页。

[15]《习近平关于全面从严治党论述摘编》, 中央文献出版社 2016 年版, 第 116 页。

[16] 习近平:《在党的十八届六中全会第二次全体会议上的讲话》,《人民日报》2016 年 10 月 27 日。

[17] 习近平:《2017 年 7 月 26 日在省部级主要领导干部“学习习近平总书记重要讲话精神, 迎接党的十九大”专题研讨班上的讲话》,《人民日报》2017 年 7 月 28 日。

中国共产党政党法治的内涵、价值与建设路径

韩　慧

摘　要：中国共产党政党法治不仅是保障政党民主良性发展和推动全面从严治党向纵深发展的有效方式，也是全面推进依法治国的必然要求。中国共产党政党法治作为衡量党自身现代化程度的重要标准，是一个涉及主体、客体、依据、核心要义、内在意旨和价值诉求等多方面内容的理论体系。在全面推进依法治国的背景下，科学配置和有效规制政党权力，提升党员干部的法治素养，健全党内法规，协调党内法规与国家法律之间的关系，积极塑造政党法治文化和发展政党民主，是建设中国共产党政党法治的必由路径。

关键词：中国共产党；政党法治；政党民主；建设路径

全面推进依法治国是中国共产党当前和今后一段时期内着力推进的重大战略任务，而法治建设作为一种独特而系统的社会实践，"只有执政党的行为法律化之后才会产生"[1]，需要中国共产党身体力行方可实现。概言之，中国共产党政党法治作为中国"政党法治建设的核心力量和关键场域"[2]，不仅是保障政党民主良性发展和推进全面从严治党向纵深发展的有效方式，也是全面推进依法治国的必然要求。

一、中国共产党政党法治的内涵

厘清中国共产党政党法治的内涵，是建设政党法治的前提。在国内学界，何力平较早使用了"政党法治"[3]概念，此后学界开始对"政党法治"的理论及实践进行深入探讨。借鉴已有研究成果，笔者认为：中国共产党政党法治是指为了更好地发挥党的民主品性和民主职能，依据党内法规和国家法律来保障政党权利和规制政党权力，进而把党的内部行为、执政行为和领导行为纳入法治化轨道。政党法治是衡量党的现代化程度的重要标准，也是保证党的领导、人民当家作主和依法治国有机统一的强大动力。

[1]　严存生：《法治的观念与体制》，商务印书馆2013年版，第427页。

[2]　秦前红、苏绍龙：《中国政党法治的逻辑建构与现实困境》，《人民论坛》2015年第7期。

[3]　何力平：《政党法律制度研究》，黑龙江人民出版社2003年版，第1页。

（一）党、国家与社会：中国共产党政党法治的多元主体

从主体维度看，中国共产党政党法治既包括党依法治理自身内部事务和外部事务，也包括国家依法保障政党权利和规范政党权力，还包括社会依法参与和监督党的所有具有社会意义的活动。因此，中国共产党政党法治的主体不仅包括党，还包括国家（主要指国家最高权力机关）和社会（主要指各民主党派、人民团体、社会组织、媒体和广大人民群众等），具有明显的多元化特征。中国共产党是中国特色社会主义事业的领导核心，是全面依法治国、建设法治中国的领导力量，在政党法治的多元主体中居于主导核心地位。整体来看，中国共产党政党法治建设绝不是一个执政党自我规划、自我主导、自我推进、自我评价的独立过程，而是一个执政党科学领导与自觉推进、国家依法保障与规范、社会依法监督与参与的立体化、系统性过程。

（二）党内行为、执政行为与领导行为：中国共产党政党法治的广泛客体

中国共产党既是执政党，又是领导党[1]。党的身份的多重性及其发挥作用范围的全面性，决定了政党法治对象的复杂性和系统性。党章明确规定“党必须在宪法和法律的范围内活动”，根据这一规定，不论是党的内部行为还是执政行为和领导行为，都应受“法”的规范。具体来说，作为普通政党，中国共产党在依靠党内法规治理党内事务时虽然拥有一定的自治权，但不能违背宪法和法律。因此，党的内部行为理应纳入法治框架而成为政党法治的对象；作为执政党，党的执政范围主要包括“政权工作（通过人大）与政府工作（包括行政、司法、军事工作）”[2]；作为领导党，其领导范围“是针对整个国家政治和社会生活而言”[3]，包括领导政府（大政府范畴）、各民主党派、各人民团体和社会组织、各企事业单位和广大人民群众等。中国共产党的多重身份使政党法治的对象和作用范围既涉及党内事务，也包括党外国家事务和社会事务，涉及政治、经济、文化、社会、生态、军事等所有领域。

（三）党内法规、国家法律：中国共产党政党法治的现实依据

中国共产党政党法治离不开“法”，“法”是政党法治的现实依据。立足国情党情，此处所说的“法”包括：第一，党内法规。“党内法规是党的中央组织以及中央纪律检查委员会、中央各部门和省、自治区、直辖市党委制定的规范党组织的工作、活动和党员行为的党内规章制度的总称”，主要包括党章、准则、条例、规则、规定、办法、

[1] 张文显：《法治中国建设的前沿问题》，《中共中央党校学报》2014年第5期。

[2] 郭道晖、刘永艳：《政党与宪制》，法律出版社2016年版，第99页。

[3] 王韶兴：《政党政治论》，山东人民出版社2011年版，第172页。

细则等。党内法规属于“社会组织规范，是非正式法或软法”[1]，“虽然不是法律，但具有法律的相应特征”[2]，不仅对依法治理党内事务具有超强的指导和约束效力，而且在当前中国转型的重要时期，尤其是在由过去单纯的国家统治向公众广泛参与公共治理和社会管理创新的特殊历史条件下，“党内法规体现了党务与政务统一”[3]。第二，国家法律。鉴于中国共产党身兼领导党和执政党的现实，中国共产党政党法治在国家层面的依据不仅应包括由国家权力机关制定的涉及政党活动的政党法律[4]，还应该包括由国家机关依照法定程序制定的其他涉及政治、经济、文化、社会、军事和生态等领域的所有规范性文件。从两者的关系来看，党内法规是中国共产党制定的旨在规范自身行为的内部规范，它“严”于国家法律；而国家法律是由国家机关制定的约束中国共产党所有行为的正式规范，它作为依靠国家强制力实施的规范，“高”于党内法规。从两者的构成来看，党内法规和国家法律均是理念与规则的有机统一，即在一系列规范政党行为的条文和规则背后，还蕴含着公平正义、自由平等、政党权利、程序正当、协调性等理念与原则。

（四）保障政党权利、规制政党权力：中国共产党政党法治的核心要义

政党权利是指“作为权利主体的政党对自身利益的自主追求和维护”[5]，而政党权力是指政党为追求和维护自身利益而形成的对政治资源的控制力与干涉力，二者辩证统一于政党政治的运行逻辑中。中国共产党政党法治以保障政党权利、规制政党权力为核心要义，是由党本身的组织特性所决定的。政党是“将国家机构与公民社会机构联系起来的机制”[6]，一方面，政党自由和政党权利是其“安身立命之本”，也是其游走于国家与社会间、参与国家事务和社会事务管理的基本依据。因此，中国共产党政党法治以保障政党自由和政党权利为逻辑起点和最终诉求。另一方面，政党作为存在并运行于国家和社会之间的公共领域，绝不是被动的，而是在国家与社会之间“游来游去”的独立的“两栖”政治动物，“是具有独立的权力意志的政治组织”[7]。因此，政党法治

[1] 罗豪才、宋功德：《软法亦法：公共治理呼唤软法之治》，法律出版社2009年版，第18页。

[2] 陈柳裕：《党内法规：内涵、外延及与法律之关系——学习贯彻党的十八届六中全会精神的思考》，《浙江学刊》2017年第1期。

[3] 姜明安：《习近平依法治党战略思想》，《人民论坛》2014年第1期。

[4] 从世界政党法治范畴看，政党法律主要包括国家宪法法律中涉及政党的相关条款和有关政党的专门法律（政党法），在中国主要包括国家宪法法律中涉及政党的相关条款和规定。

[5] 徐龙义：《试论政党权利的科学内涵》，《理论学刊》2005年第1期。

[6] 戴维·米勒、韦农·波格丹诺：《布莱克维尔政治学百科全书》，中国政法大学出版社2002年版，第512页。

[7] 刘红凛：《政党政治与政党规范》，上海人民出版社2010年版，第87页。

还必须规范政党尤其是执政党的权力意志和公权力行使，以防止其假公济私，保证其充分履行公共职能。

（五）法高于政党权力：中国共产党政党法治的内在意旨

政党法治意即法（包括党内法规与国家法律）对政党的统治，它要求确认法在党的内部行为、执政行为和领导行为中的权威性，将法作为配置政党政治资源和调整政党政治秩序的最基本方式。政党法治是与政党人治相对的一种治理方式，二者的根本区别在于，在政党政治资源配置和政党政治秩序调整中，是政党权力高于法还是法高于政党权力。事实上，在政党人治模式中，不但不排斥法，相反还会借助法的权威和力量来维护政党权力，法屈从于政党权力而成为政党领袖（被人格化的政党权力）实现个人意志的工具。而在政党法治模式中，不但不排斥政党权力，相反还要借助政党权力来实现法的权威和意旨，政党权力服从于法而成为政党实现自身意志和人民意志的工具。具体到中国共产党政党法治的逻辑中，法高于政党权力而具有至高无上的权威。需要说明的是，强调法的至上权威并不会削弱党的领导，因为党内法规和国家法律都是由中国共产党直接或在其领导下间接制定的，均体现了党的主张和意志，在根本上是与国家意志相一致的，服从党内法规和国家法律，实质上就是服从党的意志、维护党的权威。

（六）政党民主：中国共产党政党法治的应有之义

政党法制是进行政党治理的基本要件。政党法制一般分为专制的政党法制与民主的政党法制两种模式。中国共产党政党法治是一种民主的政党法制，即以政党民主为前提、将公正和权利等价值熔铸于内的法制模式，是一种最大限度地保障政党权利、最有效地规制政党权力的治理模式。从世界政党政治实践看，政党从最初“被认为是个祸害”[1]到被普遍接受甚至备受推崇，缘于其在推进民主政治发展中呈现出的强大生命力。当代议制民主成为现代民族国家实现民主梦想的普遍选择时，政党便通过它所代表或体现的“部分”之间的政治竞争和相互制约，助推着代议制民主的有效运转，成为现代民主政治的必要机构，民主品性也随即成为政党最主要的特性。中国共产党政党法治承继了政党的民主品性，并进一步规范了政党的民主职能，它以政党民主为价值前提，以保障政党民主的良性发展为价值依归，它因保障政党民主而缘起与发展，因蕴含政党民主而走向文明与现代。政党民主成为中国共产党政党法治的应有之义。

[1] 小阿瑟·施莱辛格：《美国民主党史》，上海人民出版社1977年版，第20页。

二、中国共产党政党法治的价值

政党是联结国家与社会的桥梁，政党法治作为一种新型的政治文明形态，不仅是政党自身良性发展和进步的内在要求，也是推动国家法治发展的重要力量。

（一）中国共产党政党法治是政党民主良性发展的有力保障

政党民主是中国共产党永葆青春活力的重要法宝，也是实现国家民主和社会民主的有效示范。关于“政党民主”的内涵与范畴，国内学界主要有三种观点：一是认为政党民主仅指政党内部的民主[1]；二是认为有两种政党民主，一种是政党与政党之间的民主关系，另一种是政党内部的民主[2]，在中国具体表现为“共产党的党内民主、执政党与参政党以及参政党之间的党际民主”[3]；三是把政党民主界定为政党民主化，它除了党内民主以外，还包括建立党和国家、社会之间的民主联系，吸引民众参与党的活动等[4]，主要包括“党内民主、执政民主、国内党际民主、对外党际民主等内容”[5]。笔者以中国共产党为中心辐射点，将政党民主界定为执政党的党内民主和执政党与参政党间的党际民主，其中，党内民主是党际民主的逻辑前提，党际民主是党内民主的意蕴延伸，是党内民主通向人民民主的纽带。对中国共产党来说，没有党内民主和党际民主，就不可能制定出好的路线、方针、政策，更不可能赢得人民群众的内心认可与自愿支持。

但理论和现实表明，不仅民主本身并不是完美无缺的，而且政党并不总是会自觉地发挥其“民主品性”。首先，民主具有内在的冲突性，不受限制的民主往往会给人类带来灾难。民主在伸民权、启民智的同时，也会因缺乏规制而演变成“它所象征的自由的黑色的污点”[6]。为了保证民主的良性发展，必须有法治，“没有法治的约束，民主是脆弱的，甚至会沦落为暴政的工具”[7]。其次，具备民主品性和民主职能的政党带有“专制”的面孔。阶级性是政党的本质属性，政党之“部分”与“整体”的内在张力，决定了其为赢得或巩固执政地位既有因“放眼于整体”而秉持立党为公的雄心，也有因“局限于部分”而陷入为私的动机，政党“根本不会消除自私和无耻的动机”[8]，它

---

[1] 祁刚利：《政党民主论》，中央编译出版社2011年版，第37页。

[2] 王玉海：《新时期民主论纲》，山东人民出版社1995年版，第169—170页。

[3] 甄小英：《政党制度新特色》，《人民日报》2005年1月4日。

[4] 王长江：《政党现代化论》，江苏人民出版社2004年版，第195页。

[5] 林怀艺：《论政党民主与政党民主建设》，《理论与改革》2008年第5期。

[6] 斯东：《苏格拉底的审判》，北京大学出版社2015年版，序言第16页。

[7] 佟德志：《法治民主》，北京大学出版社2016年版，第31页。

[8] 乔万尼·萨托利：《政党与政党体制》，商务印书馆2006年版，第52页。

“处处意味着寡头统治”[1]。中国共产党既是发展社会主义民主政治的领头羊和助推器，也包含着精英政治的因素，如果不以法律对其活动加以限制，则存在着走向专制的危险[2]。总之，不论是从民主自身秉性来看，还是从推进民主发展的政党特性来看，政党民主的良性发展离不开政党法治的保驾护航，没有中国共产党政党法治就难有真正的政党民主，继而国家民主和人民民主也就失去了示范和带动力量。

（二）中国共产党政党法治是推动全面从严治党向纵深发展的有效方式

全面从严治党是党的十八大以来高度强调的重大战略部署，是“四个全面”战略布局的重要组成部分，也是其他几个战略顺利推进的根本保证。中国共产党是由来自各个领域、各个阶层的先进分子组成的，但这些先进分子也是具有利益诉求的理性人，在巨大诱惑和缺乏硬性规制的情况下，很多党员尤其是领导干部也会腐化变质，不断突破底线，站到他们本该全心全意服务的人民的对立面。只有不断推动全面从严治党向纵深发展，不断提升自我净化、自我完善、自我革新、自我提高的能力，党才能始终保持先进性和纯洁性。全面从严治党不仅是对党在历史上形成的政治优势和优良传统的继承创新，也是对党在现实中面临的各种考验和危险的理性应对，更是对党在未来所肩负的实现“两个一百年”奋斗目标和实现中华民族伟大复兴的时代谋划。全面从严治党绝不是权宜之计，而是在不断向纵深发展的道路上。

全面从严治党，基础在“全面”，关键在“严”，要害在“治”。人类政治文明已充分证明，单纯的人管人、道德律人是根本靠不住的，也是不可持续的。以规制政党权力行使为核心的中国共产党政党法治，是推动全面从严治党向纵深发展的有效方式，是净化党内政治生态的根本路径。唯有依靠政党法治，以“法”的整体性、普遍性和稳定性来保证“全面”，以“法”的程序性、公平性和强制性来达成良善基础上的“严治”，方能在中国打造一支“纪律严明、作风优良、清廉务实”的执政党队伍，方能在党内形成政治清明、干部清廉、风气清正、团结和谐的政治生态，方能使党始终保持先进性和纯洁性。

（三）中国共产党政党法治是全面推进依法治国的必然要求

在党的十五大之前，党对法治的探索经历了从“革命法制”到“大民主法制”再到“社会主义法制”几个阶段，均从静态的“法律制度”意义上来理解法治，实践中也多以法律制度的恢复、建立和完善为重点。20世纪90年代以后，伴随市场经济对完

[1] 罗伯特·米歇尔斯：《寡头统治铁律——现代民主制度中的政党社会学》，天津人民出版社2003年版，中文版序言第1页。

[2] 严存生：《我国法治之路的政党维度》，《炎黄春秋》2014年第5期。

善法治的强烈要求，党的十五大明确提出将依法治国作为基本方略。1999年，九届人大二次会议以高票通过宪法修正案，将“依法治国，建设社会主义法治国家”写入宪法，“法治”原则被宪法正式确认。2001年1月，江泽民在全国宣传部长会议上明确将“法治”确立为政治文明的重要组成部分，并在党的十六大首次提出“依法执政”概念。胡锦涛继续深化党的“依法治国”和“依法执政”理念，在党的十六届四中全会提出“要坚持依法治国，领导立法，带头守法，保证执法”[1]。在执政党的高度强调和大力推动下，中国法治建设取得了很大成绩，2011年形成了中国特色社会主义法律体系，但客观来看，由于中国历史上长期缺乏法治的传统与基因，中国法治建设尚未达到预期目的。在此背景下，党的十八大明确指出“法治是治国理政的基本方式”，党的十八届四中全会更进一步，首次以全会的形式专门研究部署全面推进依法治国，明确规划了“全面推进依法治国，建设法治中国”的路线图，这不仅使“法治”成为新时期执政党着力攻关的重大课题之一，而且赋予了“法治”更新的理论意义和更高的政治使命。

全面依法治国要求政党法治，政党法治推动全面依法治国。一方面，“全面依法治国”这个命题“天然地突出了法律对于执政党的规范作用和引导作用”[2]，内在地要求中国共产党加强政党法治建设，不断提高法治意识和依法办事能力，坚持有法可依、有法必依、执法必严、违法必究，维护社会公平正义。另一方面，中国共产党政党法治作为“全面依法治国”战略在政党政治领域的意蕴承继和实践落实，是全面推进依法治国的推动器。如果中国共产党不能将自身事务、执政事业和领导过程纳入法治轨道，不善于运用宪法、法律和党内法规来限权治官和管党治国，则全面依法治国将难以推进。

三、中国共产党政党法治的建设路径

中国共产党政党法治不仅是理论问题，更是实践问题。尽管随着国家法治建设的不断推进，中国政党政治已经开始进入法制化轨道，但中国共产党政党法治建设依然任重道远。笔者认为，应从以下五个方面推进中国共产党政党法治建设。

（一）科学配置和有效规制政党权力：建设中国共产党政党法治的核心要务

政党政治时代，政党权力作为政治权力的重要构成，天然地具有扩张性和腐蚀性。为避免政党权力的异化与寻租，必须对政党权力进行科学配置和有效规制。首先，从

[1] 《中共中央关于加强党的执政能力建设的决定》，《求是》2004年第19期。

[2] 周叶中：《关于中国共产党党内法规建设的思考》，《法学论坛》2011年第4期。

组织设计上保障政党权力的合理配置和协调运转。“政党组织是政党权力的物质载体和主体性因素，它从根本上决定着政党权力的运行方向和运行质量”[1]，没有科学、合理的政党组织结构，政党权力的科学配置和有效运转就难以实现。为防止政党权力的越位、错位和虚位等问题，在组织结构的架设和组织规范的设计上，应该本着分权制衡和协调合作的原则，为每个承载和运转政党权力的部门设定合理的权力范围与职责分工，明确党的决策部门、执行部门和监督部门的组织位置和权力关系，明晰上级组织和下级组织的任务分工和资源分配，细化政党内党组织和政府内党组织的职权范围和职能关系，设置不同层级、不同领域与不同功能的组织部门之间的沟通协调机制，确保政党权力运转的有效性与协调性。

其次，从制度机制上强化对政党权力的有效规制。为防止党在自身建设和治国理政过程中背离和侵害广大党员和人民的意志和利益，必须将政党权力关进制度的笼子。实践证明，对政党权力的有效规制主要通过监督机制和问责机制保证。一方面，要明确政党权力清单，积极强化对政党权力的党内监督、人大监督、政府机关专门监督、政协民主监督、民主党派监督、司法监督、群众监督、舆论监督，形成立体化、全方位的监督制度，确保政党权力运行于阳光之下。另一方面，要明确和强化政党权力不当行使后的责任认定和承担，明晰党内问责和国家问责的逻辑程序，厘清道德责任、政治责任和法律责任，形成内外有序、健全有力的问责机制，倒逼政党权力的规范行使。

最后，从国家层面上处理好政党权力与国家权力的关系，实现党权与政权关系的科学化、法治化。中国政治发展中党权先于政权的演进逻辑和党靠革命获取政权的历史事实，使兼具领导党和执政党双重角色的中国共产党不仅具有国家机关的地位，掌握并行使着国家公权力，“而且其地位似乎超然于其他机关之上”[2]，但这不意味着中国共产党的政党权力可以代替国家权力，也不代表着党组织可以包办、代替国家政权机关的工作。针对目前仍然存在的“党政不分”“以党代政”问题，不能靠简简单单的党权与政权“分开”“分设”来解决，而应当秉持“宜分则分，宜合则合”[3]的原则，通过法治化的途径来细化与区分不同领域（立法、行政、司法等）内党权的领导与决策范围，厘清和明确党权与政权的行为边界，实现党权与政权在“制度、功能和政治过程上的协调与耦合”[4]，从而最终达成党政关系的科学化与规范化。

---

[1] 王韶兴：《政党政治论》，山东人民出版社2011年版，第145页。

[2] 王永春：《党治下的司法困境及改良》，http://article.chinalawinfo.com/ArticleFullText.aspx?ArticleId=94533。

[3] 朱光磊、周振超：《党政关系规范化研究》，《政治学研究》2004年第3期。

[4] 林尚立：《党政关系建设的制度安排》，《理论参考》2002年第8期。

（二）提升党员干部的法治素养：建设中国共产党政党法治的关键工程

党员干部的法治素养直接代表着中国共产党政党法治水平，决定着中国共产党政党法治的成败。提升党员干部的法治素养，是建设中国共产党政党法治的关键环节。首先，要加强法律知识的学习培训与内化。虽然党员干部“并不必须是法律专家，但是他们一定需要相应的法律知识和法律意识，否则他们的政治活动就会因为其对法律的陌生而遇到障碍，甚至给国家和社会带来破坏法治的灾难性恶果”[1]。实践中，可以充分利用党校、媒体平台、会议和论坛等，采用定期集中培训、新法及时辅导与灵活运用等方法加大对法律知识的普及，不断夯实党员干部的法律知识储备，拓展党员干部的法律认知，催生党员干部的法律自觉。

其次，加强法治意识和法治观念的启蒙与塑造。建设法治国家和法治政党，“首先要有法治意识，作为当代中国的政治领导核心的各级党组织和党员干部的法治意识尤其重要”[2]。但现实中，一些党员干部法治意识淡薄，法治信仰缺失，仅仅将“法”视作治理国家与社会、巩固执政地位的手段和工具，存在以言代法、以权压法、知法犯法、徇私枉法、贪污腐败等现象。可以借助党校集中培训、对法律议案的全员讨论、媒体宣传等方式启蒙和培育党员干部的“法律至上”“权利本位”“法律面前人人平等”等法治观念与精神。

最后，加强法治能力的锻炼与培育。法治能力是指特定主体在具备丰富的法律知识和坚定的法律信念基础上，“具有法治思维，运用法治方式，认识、处理和决策相关问题的能力”[3]。受传统和现实多种因素的影响，一些党员干部在实践中运用法治思维和法治方式认识、处理和解决矛盾的能力还未形成，在政党法治建设和落实中出现了能力恐慌。因此，除了要夯实法律知识、启蒙法治理念、加强实践锻炼外，还应该通过完善与创新党员干部的教育培训机制、权力运行制约和监督机制、行政问责机制和考核评价机制等规范化与常态化措施，激发和培育广大党员干部运用法治思维和法治方式深化改革、推动发展、化解矛盾、维护稳定的能力。

（三）健全党内法规和国家法律：中国共产党政党法治建设的硬性保障

没有一套行之有效、协调有序的规范体系，党的自身发展和治国理政很容易发生梗阻，中国共产党政党法治建设也将成为无源之水。因此，健全党内法规和国家法律，是建设中国共产党政党法治的硬性保障。首先，完善党内法规体系。党的十八大以来，

---

[1] 卓泽渊：《法政治学研究》，法律出版社2011年版，第98页。

[2] 俞可平：《依法治国与依法治党》，中央编译出版社2007年版，第5页。

[3] 卓泽渊：《全面推进依法治国与领导干部的法治能力》，《中国司法》2015年第6期。

中央集中制定和修订了80多部党内法规，完善了“1+4”为基本框架的党内法规体系，但从“法”的要求来看，“党内法规在时效规定中存在着明显不足”[1]；从系统性来看，党内法规缺位、不同类型和层级的法规间失调现象明显；从内容来看，党内法规的原则性、笼统性、抽象性较强，缺乏详细的程序规定和配套实施细则。实践中，党内法规作为党和党员意志的规范形式，其制定和适用过程应该向普通党员开放，向基层下移，从而提高其民主性和可操作性；应该细化党内法规的程序规定和实施细则，增强其程序性和时效性；应该在内容与精神上保证党内法规条文之间协调一致、融贯相通，实现彼此之间的相互支撑、相互配套，从而提高其执行力。

其次，在完善国家法律基础上强化政党法律的设计。政党法律是国家机关制定的专门针对和规范政党行为的法规，它对中国共产党政党法治建设的保障与影响较之广泛意义上的国家法律更具针对性。我国现有政党法律只对政党的政治地位、党际关系等作了原则性规定，而缺乏规制政党行为和政党活动的详尽性和程序性规范。以《宪法》为例，《宪法》序言、总纲第五条和修正案第四条、修正案第十二条、修正案第三十五条等，只对中国政党制度做了原则性和框架性的安排，但却对中国共产党作为执政党的政党权利与义务、执政组织形式和执政法律程序等内容缺乏明确规定。为此，完善包括《宪法》在内的政党法律成为迫切任务。完善政党法律虽不意味着非要制定一部目前还不具备主客观条件的《政党法》，但却亟须通过开门立法、审慎立法来完善现有宪法法律，补充、修改和完善有关政党的条款，规范政党的成立、管理、终止等程序，明确政党的地位和宗旨、机构设置、基本权利与义务，确立政党权力行使和政党活动的原则、范围与程序，建立一套内容科学、程序严密、配套完备、运行有效的政党法律体系。

最后，通过规范适用、解释、修订甚至是清理等方式，保证国家法律、党内法规之间的协调一致和融贯相通。我国仍未形成一套完善的、协调一致的政党规范体系，而且在政党规范落实中，存在着党内法规与国家法律、执政党的一些习惯做法与党内法规和国家法律不相协调的现象，这极大地影响了政党规范的功效。实践中，应注重党内法规同国家法律的衔接和协调，坚持国家法律优先原则，不仅要保障党内法规不能超越党内立法的权限和作用范围，也要保证其精神和条文不与国家法律相冲突，条件成熟时可以将其上升为国家法律，以实现各种法规体系之基本精神的一致、基本内容的协调和基本制度的衔接。

---

[1] 即在党章之下分为党的组织法规制度、党的领导法规制度、党的自身建设法规制度、党的监督保障法规制度四大板块。

（四）培育法治文化：中国共产党政党法治建设的软性保障

建设中国共产党政党法治，必须以整个社会尤其是党内学法、用法、崇法的法治文化作为软性保障。首先，法治文化建设的最基本任务是确立“法”在党员和公民心目中的权威，确立“法大于权”“法外再无权威”的思想认识，否则“不管法律规定得有多么完备，只要权力实际上凌驾于法律，人们就会信奉强权、不信法律”[1]。党的十八大以来，法治已被纳入社会主义核心价值观而成为人民熟知的词汇，但要使其真正内化于广大党员和公民的内心，并得到切实的落实，还应该通过公民教育和法治启蒙教育，宣传法治价值理念，培育广大党员和公民的法治精神，确立政党法治信仰，营造推动中国共产党政党法治建设的政治氛围。

其次，塑造党内法治文化，以党内法治文化带动社会法治文化的发展。中国共产党党内法治文化不仅是带动社会法治文化形成与发展的示范力量，也是对中国共产党政党法治建设发挥软性保障作用的关键。实践中，可以通过形式多样的党内法治教育、党内法规制度的健全与落实等诸多举措，来促进党内法治文化氛围的形成。

最后，立足中国国情，挖掘传统文化的优秀价值，借鉴人类法治文明成果，形成中国特色的法治理论与法治文化。中国法治和西方法治有着不同历史底蕴和现实追求，西方的法治理论不能完全照搬到中国，不能用来指导中国法治建设、审视和匡正中国法治实践。要培育中国特色的法治文化，应该立足国情社情党情，深入挖掘中国传统文化的精华成分，对西方的法治理论进行本土化改造和文化对接，形成一套体现中国历史和现实的中国特色社会主义法治理论，塑造一种既体现人类法治文明又承接传统文化精华的法治文化。

原载于《当代世界社会主义问题》2017年第4期

[1] 陈冀平：《谈谈法治中国建设——学习习近平同志关于法治的重要论述》，《求是》2014年第1期。

党员领导干部法治能力的内涵、现状与提升对策

韩　慧　臧秀玲

摘　要： 党员领导干部法治能力是一个由法治知识基础力、法治理念导引力、法治思维逻辑力和法治方式实践力有机构成的能力集合与体系。随着法治建设的不断推进，我国党员领导干部法治能力得到了很大提升，但是距离全面依法治国的战略要求和人民的美好期许还有一定差距。新时代，不断强化法治知识的认知积累、法治理念的领会导引、法治思维的逻辑促动、法治方式的实践落实以及民主思维与道德素养的协同配合，成为提升我国党员领导干部法治能力的有效路径。

关键词： 党员领导干部；法治能力；法治理念；法治思维；法治方式

党的十九大强调指出，“全面依法治国是国家治理的一场深刻革命，必须坚持厉行法治，推进科学立法、严格执法、公正司法、全民守法”[1]。中国共产党作为全面依法治国的规划者和领导者，必须坚持领导立法、保证执法、支持司法、带头守法，而这主要是通过党员领导干部的具体行动来体现的，作为“关键少数”，他们的法治素养与法治能力高低，对全面依法治国具有十分关键的意义。

一、党员领导干部法治能力的内涵

党员领导干部[2]法治能力是指党员领导干部依托法治知识和法治理念，遵循法治思维，运用法治方式进行决策和管理事务的本领和技能，它是中国共产党法治能力的集中体现，也是全面依法治国的关键引擎。

[1] 习近平：《决胜全面建成小康社会　夺取新时代中国特色社会主义伟大胜利》，人民出版社2017年版，第38页。

[2] 党员领导干部主要包括以下三部分：一是党政机关中担任各级领导职务和副调研员以上非领导职务的中共党员；二是大型国有和国有控股企业的中层以上领导人员，中型以下国有和国有控股企业领导班子，以及其他相当于县处级以上层次的中共党员；三是包括事业单位领导班子和其他六级（正处级）以上管理岗位的中共党员。

（一）法治知识：党员领导干部法治能力的基础力

法治知识作为法的文明成果，是指人类在法治实践基础上对法治的内涵与原则、法治的运行与发展、法律制度与法规条文等进行探索和文字概括的结果总和，它能够为党员领导干部法治能力的形成、提升与作用发挥提供文明依据与基础动力。具体来看，法治知识主要包括两大板块：应然意义上的法治理论与原理和实然状态中的法律制度与法规条文。两者辩证统一、意旨相向。一方面，应然意义上的法治理论与原理具有一定的抽象性与理想性，它是现实法律制度与法规条文形成与完善的理论指导与目标追求，而应然状态中的法律制度与法规条文则具有较强的具体性与现实性，它是法治理论与原理产生与发展的实践源泉与现实依据；另一方面，不论是应然意义上的法治理论与原理，还是实然状态中的法律制度与法规条文，都是一个不断变化的历史范畴，它们随着人类历史的演进而不断变化，又因各国历史传统与现实国情的不同而体现出明显的差异性。

统合这一理想性与现实性、世界性与民族性，着眼于全面依法治国的宏伟蓝图，党员领导干部应该掌握的法治知识可以具体化为以下四个方面：一是正确认知法治之“限制权力、保护权利”的本质内涵，自觉接受法治的基本价值原则。二是通晓党的建设和党的领导方面的党内法规知识，尤其是要熟悉和掌握所管辖和从事领域的党内法规条文。三是掌握基本通用型法律知识，通晓与自身工作相关领域内的法律法规的基本原则、主要内容和执行程序等。四是从宏观上完整地把握社会主义法治体系，准确地理解社会主义法治体系的内部构成及其相互关系。这四大板块的法治知识互联共存，成为催生党员领导干部法治能力的基础力量。

（二）法治理念：党员领导干部法治能力的导引力

法治理念是指人们立足和结合法治实践对法治目标、法治规律、法律原理的主观认识与主观反映，它在党员领导干部法治能力的形成、提升与作用发挥中起到无形的价值指引与关键的行为向导作用。法治理念是一个不断发展、更新与深化的范畴，从古希腊的“法治优于一人之治”和古罗马的“法为公正良善之术”，到中世纪的“法之内在精神为爱、正义和仁慈”，再到近代的“法治意即法律主治”，发展至今，可以说已形成了一套成熟、公认的现代性法治理念，如自由、平等、博爱、正义、民主、法律至上等。然而，法治理念作为法治实践的反映源和导引者，既具有世界性，也具有地域性，由西方思想家基于西方法治实践凝练而成的法治理念绝不能照搬到中国，绝不能直接转换为社会主义法治理念。

立足国情党情，借鉴人类法治文明成果，党员领导干部应领会与树立的法治理念主要包括：一是宪法法律至上的理念。纵观人类政治文明史，“权力是一把‘双刃剑’，在法治轨道上行使可以造福人民，在法律之外行使则必然祸害国家和人民”[1]。因此，党员领导干部必须树立宪法法律至上的理念，牢记与秉持“权在法下”“法无授权即非法”。二是人民主体的理念。以人民为主体、以人民为中心，是中国共产党人的初心与行为宗旨，也是法治的内在要求。因此，党员领导干部要树立人民主体理念，“坚持法治为了人民、依靠人民、造福人民、保护人民”[2]，并将人民的角色从“治理的客体”升华为“实践主体、权力主体、价值主体及其评判主体”[3]。三是公平正义的理念。公平正义是任何社会的首要价值，也是法治的核心价值。党员领导干部应树立公平正义的理念，在鼓励和保障效率的同时，更加突出关照社会弱势群体的利益。四是法律面前人人平等的理念。人人在法律面前的平等乃是指法律赋予每个人的人格平等、机会平等、权利平等。实践中，党员领导干部要摈弃“有权就高人一等”的错误观念，充分保障人们在正当表达意见、分享改革成果中的平等权利与机会。

（三）法治思维：党员领导干部法治能力的逻辑力

法治思维作为法治能力的核心构成，是指党员领导干部以合法性[4]为逻辑基准，按照法治原则和法律要求来行使权力和处理事务的思维方式。它以逻辑规则为基础，以法律与事实、事实与结果之间的逻辑关系推理为技术手段，能够为党员领导干部法治能力的形成、提升与作用发挥提供合理的逻辑依据和论证逻辑。法治思维最初主要表现为法律职业者们的专业思维，如今随着法治中国建设的全面推进，它呈现出主体范围不断推广与普及的趋势，不管你愿不愿意，它必将成为在建设中国法治大潮中每个中国人尤其是掌握与行使公共权力的党员领导干部的必备素质。

当下，法治思维作为一种兼具专业化和大众化的思维模式，主要包括以下内容：一是保护权利思维。它是法治思维逻辑的起点与核心，因为“在所有承认理性的政治道德的社会里，权利是使法律成为法律的东西”[5]。二是规制权力思维。它是法治思维的内在要求，是实现权力之追求权利最大公约数的价值依归，因为“自古以来的经验表明，所有拥有权力的人，都倾向于滥用权力，而且不用到极限绝不罢休”[6]。三是法律至上思维。它是法治思维的集中概括，是“法治思维中最为重要的”[7]。四是程序优先思

[1] 《习近平谈治国理政》（第二卷），外文出版社2017年版，第128—129页。

[2] 《习近平谈治国理政》（第二卷），外文出版社2017年版，第115页。

[3] 赵付科、孙道壮：《习近平党内法规制度建设思想论析》，《马克思主义与现实》2017年第6期。

[4] 此文中的“合法性”乃是合乎法律的简称。

[5] 德沃金：《认真对待权利》，信春鹰、吴玉章译，中国大百科全书出版社1998年版，序言第21页。

[6] 孟德斯鸠：《论法的精神》（上卷），许明龙译，商务印书馆2012年版，第185页。

[7] 卓泽渊：《提高领导干部的依法执政能力》，《中国司法》2016年第1期。

维。它是法治思维的生命形式，是实现权力规制与权利保护的天然屏障，实践中，“如果没有相应的程序来明确权利的实现方式和救济渠道，则法律上对于该权利的实体性规定就始终要面对沦为具文的危险”[1]。这四大思维既是法治能力的重要构成与逻辑支柱，也是全面依法治国、建设法治中国对党员领导干部的必然要求。

（四）法治方式：党员领导干部法治能力的实践力

党员领导干部法治能力绝不是一个仅存于头脑而与实践隔缘的“知识存储库”和“思想悬浮物”，相反，它是一个最终将法治知识、理念与思维落实于实践甚至是改造实践的范畴体系。而法治方式就是那个将法治知识、理念与思维落实于实践、改造实践并最终呈现出一定实践功效的导火引线。在党员领导干部法治能力的形成、提升与作用发挥中，如果说法治思维意味着依据法治的逻辑规则与逻辑推理去认识、分析与思考问题，体现为一种办事的指导力与逻辑力，法治方式则意味着依法办事的行为和依程序办事的效果，体现为一种实践力。

“任意理解的‘法治方式’极易成为权力率性行使的工具。”[2]法治方式的内涵界定，影响甚至决定法治方式运行的实践效度。当前，人们对法治方式并没有在同一个概念平台上进行理解，由于语义语境和站位立场的差异而形成了不同意义上的解释，主要呈现为法律意义上的法治方式和意识形态意义上的法治方式，而此处更多地从法律意义来界定法治方式：第一，它是由法治思维所延伸出的行为方式，与法治思维本质一致，以国家法律和党内法规作为进行决策和管理事务的基准，既有遵照法律文本和法规条文的形式性，又有在依法为本的基础上融贯吸收公平正义、共享共荣等价值的实质性。第二，它虽然以国家强制力作为后盾，但它抵制野蛮无理、粗暴压制，奉行以理服人的办事逻辑，拒绝运动式的治理，试图在平衡权力与权利、权利与义务的关系中达成可持续性的法治秩序，最终呈现为一种平和、理性与稳定的治理方式。第三，它不是一个高高挂起的宣传口号，而是一个运行于实践、落实为实效的动态过程，它体现在立法、执法、司法、守法各环节，落实于国家、社会各领域，具体体现为依法深化改革力、依法推动发展力、依法化解社会矛盾力、依法维护社会稳定力等多元实践力。这三大方面既是法治方式的内涵意旨，也是评判党员领导干部是否运用法治方式进行决策和管理事务的依据与标准。

[1] 孙笑侠：《法治思维》，上海人民出版社2016年版，第191页。

[2] 陈金钊、杨铜铜：《界定“法治方式”的依据》，《法学》2017年第5期。

二、我国党员领导干部法治能力的现状分析

改革开放以来，伴随执政党法治自觉的逐步增强和建设法治思路的日渐清晰，其成员尤其是党员领导干部的法治意识和法治能力也随之得到较大提升。但客观来看，党员领导干部的法治能力水平距离全面依法治国的战略要求和人民的美好期许还有一定差距。

（一）法治知识的感性认知度较高，但因学法动力不足而存有隐患

人类政治实践“已经有数据表明，不管是纵向比较还是横向比较，一个国家的法学专业人士从政越多，这个国家的法治越发达，国家就越和平安定”[1]。从第十九届中共中央政治局常委会委员的专业情况来看，获得过法学学位的有3人，占比43%，但是真正进行过法律专业学习的只有1人，而延伸至地方和基层，这一比例亦不高。当然，专业出身固然重要，但后天的专业学习则更为关键。访谈中了解到，通过相关系统教育与学习，大多数党员领导干部认同“法治乃是良法之治”，表示“自身储备的法律和党内法规知识能够适应当前工作需要”，不仅已认真学习和领会党章与《宪法》内容，对所管理领域的相关法律和党内法规亦是较为了解，且对社会主义法治体系的整体构成与作用功能具有较高的感性认知度。但也有不少领导干部表示，由于平时事务繁忙，没有足够的时间和精力去主动、经常地关注与系统学习党内法规和国家法律，甚至有的党员领导干部坦言，“法治工作过虚，用处不大，而业务工作才是最务实的”。可见，大多数党员领导干部对法治知识具有较正确的感性认知和较充足的储备存量，但也客观存在着没时间学甚至是不想学、不真学、学不深的隐患问题，这大大影响了党员领导干部法治知识基础力的形成与功效。

（二）法治理念日趋科学，但因历史基因欠缺而仍未扎脑入心

法治理念的科学性与现代性不仅关涉法治能力的内在品质，而且事关其实践运行和作用发挥的现实效果。在古代中国，虽有以法家为代表的思想家们创立的法治思想，但却从未萌生现代意义上的法治理念，因为它“在帝制中国的前现代的背景中，是不可能自发生成的”[2]。自近代晚清至改革开放前，中国在探索政治现代化的征途上，前有思想家们宣传与传播“宪法者，国民之公意也，绝非政府所能代定”[3]等西方理念，后

[1] 王艳杰：《论执政党意识形态建设中的法治思维》，《前沿》2014年第12期。

[2] 刘毅：《法治理念、法学教育与法律现代化》，《北京理工大学学报（社会科学版）》2013年第5期。

[3] 严存生：《法治的观念与体制》，商务印书馆2013年版，第186页。

有中国共产党人启蒙法治理念、开拓法治事业的实践之举，但要么因未关照中国的传统基因而夭折，要么在“砸烂公检法”的口号中消失殆尽。改革开放后，在走向世界、借鉴人类文明的战略指导下，中国的法治建设得以重启，法治理念也呼之欲出，从2007年提出社会主义法治理念——依法治国、执法为民、公平正义、服务大局和党的领导，到党的十九大高度强调“树立宪法法律至上、法律面前人人平等的法治理念”，中国特色社会主义法治理念越来越接近于法治的本真意旨，越来越趋向科学与现代。但访谈中我们也发现，党员领导干部虽然熟谙“社会主义法治理念”概念，但能正确、完整地说出其五大内容的却不多，虽然均在口头上认同“法律至上”“人民主体”“法律面前人人平等”“公平正义”等现代法治理念，但也表示实践中要真正践行与落实这些理念仍存在着一定的思想障碍与实践阻力。法治理念虽日趋科学，但仍未扎脑入心，致使法治理念导引力实效尚未彰显。

（三）合法性逻辑日渐养成，但因非法治思维犹存而尚需强化

法治思维以合法性为基准，以遇事首先想到法律和运用规则为习惯，它是新时代全面依法治国对党员领导干部的素质要求。访谈中发现，大多数党员领导干部认同“法律高于权力”，并表示倾向于运用“合法非法”思维来思考、处理问题，能够做到依程序决策与管理。但客观来看，善恶思维、利益思维和政治思维等非法治思维仍在实践中影响着不少党员领导干部的思考方式和办事逻辑，如有的党员领导干部规则意识淡薄，人治思想与长官意识浓厚，大搞以言代法、以权压法；有的党员领导干部将法律单纯视为党进行国家管理与社会治理的工具，把法治作为宣传的噱头或者政绩的门面装饰，甚至以法治为幌子私底下为己谋求私利，法律工具主义观明显；有的党员领导干部大行政治思维，在面对和思考法律事件时一切从“政治大局”出发，忽视和不顾法律事实与结果之间的逻辑关系；等等。“在我国依法治国的大背景下，法治思维还没有真正确立，法治思维还没有完全成为各级领导干部思考、决策、处理各种问题的基本思维方式”[1]，大大影响了法治思维逻辑力的养成与作用效果。

（四）法治方式日见运用成效，但因其“限权本性”而有待实化

法治方式是法治能力落实于现实的导引火线与结果表征，也是决定全面依法治国成败的实践要素。访谈中发现，绝大多数党员领导干部认同“法治是管党治党和治国理政的有效方式”，且表示在工作中更多地倾向于依据法律和党内法规来进行决策和管理公共事务。但法治的“限制权力”本性也使得不少掌握和行使权力的党员领导干部

[1] 孙昭：《思维·行为·氛围：领导干部法治能力现代化的生成路径》，《党政研究》2018年第1期。

在内心深处对法治方式的接受与落实度还不高，对法治方式的运用还很不娴熟，如有的党员领导干部仍然习惯于“政策思维，每当拍板、决策的时候，……第一反应往往是这方面的政策到底是什么”[1]，有时甚至罔顾政策，直接按照上级领导的指示办事，受固于人情与权势，大行人治之道；有的党员领导干部缺乏依程序办事的意识与思维，认为程序烦琐、束缚手脚，不愿意按照法定的程序与步骤开展工作，或者干脆凡事自己说了算，毫无程序意识可言；有的党员领导干部尤其是基层干部在处理社会矛盾和社会危机时，还是擅长运用行政命令，甚至无视民众的基本权益，直接运用野蛮无理、粗暴压制的方式，致使“运用法治思维和法治方式化解社会矛盾还处在理想的状态”[2]；等等。党员领导干部不能娴熟地运用法治方式进行决策和公务管理，不仅直接影响了法治方式实践力的形成与成效，而且破坏了全面依法治国、建设法治中国的良好氛围。

三、我国党员领导干部法治能力的提升对策

党员领导干部法治能力的提升不可能在顶层一声令下和民众美好期许下自然而然地呈现，它需要经由法治知识的认知积累、法治理念的领会导引、法治思维的逻辑促动、法治方式的实践落实和民主思维与道德素养的协同配合等多环节综合作用方能实现。

（一）夯实法治知识，增强党员领导干部的法治基础力

不学法就不懂法，不懂法就无法用法，不用法就无所谓法治能力。新时代，可以依托现代的教育内容、广阔的教育平台、多元化的教育方式和常态化的教育机制来对党员领导干部进行法治教育，进而不断拓展、夯实其法治知识，提升其法治基础力。

首先，设计现代性的教育内容体系。一是注意教育内容的民族性。在目前法治理论与法律体系均带有浓厚“西方烙印”的情况下，开发与形成体现中国传统与现实国情的法治话语、法治知识体系，具有相当重要的意义。二是注意教育内容的系统性。围绕着法治的基本原理、党内法规、国家法律和社会主义法治体系的基本内容与要求，设计出一套世界性与民族性、全面性与专业性有机统一的内容体系。三是注意教育内容的差异性。针对不同领域、不同层次的党员领导干部，教育内容应该有所不同，体现出独特性与针对性。四是注意教育内容的创新性。法治知识是一个不断发展变化的体系，因此，针对党员领导干部的教育内容也应该不断地更新、发展，以适应变化了的形势与实践。

[1] 周叶中：《以法治思维的培养为突破口推进党内政治文化建设》，《理论视野》2017年第5期。

[2] 陈金钊：《“法治思维和法治方式”的意蕴》，《法学论坛》2013年第5期。

其次，搭建广阔的教育平台。一是在充分利用中共中央党校、国家行政学院等国家级干部教育平台的基础上，注意发挥好各省、市和县等地方党校及其他培训平台的教育与培训功效。二是继续发挥报纸、期刊、电视等传统平台优势的同时，积极开发和借助具备即时性、全覆盖性优势的网络、微信、APP等现代媒体的功效，进而确保培训教育的实效性。

再次，开发多元化的教育方式。一是坚持常态与灵活相结合的教育方式。充分利用定期的集中学习、宪法宣传和新法普及等常态化方式的同时，又借助会议、论坛讲座、现实案例教育与讨论、案件审理的现场观摩等较灵活方式，向党员领导干部加大法治知识的普及，进而夯实其法治知识，拓宽其法治视野。二是在法治知识的培训与普及过程中，没有千篇一律的法规培训，也没有一劳永逸的法规学习，因此要采取一般培训与专法培训相结合、定期集中培训与新法及时培训相统一的培训方法。

最后，构建包括考核、转化、反馈与评估在内的程序化机制。一是建立健全法治知识教育后的考核机制，以了解与评价党员领导干部接受法治知识的程度与效果，并将其记录在案，作为后续干部考核与提拔晋升的依据。二是建立健全法治知识的内化与转化机制，形成良好的知识内化与转化的环境，确保所宣传与普及的法治知识真正内化于心、外化于行。三是建立健全法治教育的反馈与评估机制，总结经验教训，这不仅可以监控此次教育培训是否达到了预期目的，更重要的是它还有利于改进与优化以后的法治教育。

（二）启蒙法治理念，增强党员领导干部的法治导引力

新时代，想要法治理念在党员领导干部的内心和头脑中扎根生芽、落地开花，需要从外部宣传与启蒙和内部接受与消化两个层面加以保障。

第一，将法治理念融入执政党的主流意识形态。政党意识形态对党员领导干部的思想与言行起到潜移默化的规塑作用。因此，将能够产生认同最大公约数的法治理念和法治思想融入执政党的主流意识形态，不仅可以增强意识形态的现代性与吸引力，而且能够使法治理念在不知不觉中“润物细无声”地潜入党员领导干部的头脑认知与行为践履之中，从而达到启蒙法治理念的功效。

第二，将法治理念融入系统化的法治教育之中。法治教育既是夯实法治知识的必要选择，也是启蒙法治理念的有效手段。实践中，依托于系统化的法治教育，借助宣讲宣传、专家解读、专题研讨、典型示范、案例分析、实践体验等多元方式，通过日复一日、年复一年的不懈坚持，使体现人类文明与中国特色的法治知识扎根于脑，使具备科学性与现代性的法治理念深入党员领导干部的内心，进而体现于他们的言行之中。

第三，将法治理念教育与社会主义核心价值观的宣传有机结合起来。社会主义核心价值观与法治理念体系同属观念范畴，内容相融、价值相通、主旨相向，社会主义核心价值观内涵“法治”，而法治亦“包括公平、自由、民主等社会主义核心价值观”[1]。实践中，将法治理念教育与社会主义核心价值观的宣传有机结合起来，不仅能够促进法治理念和社会主义核心价值观的社会化，而且能够产生“1+1>2”的功效。现实中，那种将社会主义核心价值观的宣传与法治理念教育分裂开来的做法，“严重地影响了社会主义核心价值观和社会主义法治国家的健康发展”[2]。

第四，强化党员领导干部接受和内化法治理念的动机与自觉性。外因通过内因起作用。要想保证外部宣传与启蒙的实效，还必须强化党员领导干部自身对法治理念学习与接受的主动性和积极性。这就要求党员领导干部在现实中不能仅仅将现代性法治理念作为一种感性认知来接受，而应该主动“通过理性，把纷然杂陈的感官知觉集纳成一个统一体，从而认识理念”[3]，进而自觉把这些升华为规律的现代性“理念统一体”扎根于脑、内化于心，形成一种认同法律和尊重法律的情感态度和意志品质，铸造为一项成熟的法治能力。

（三）培育法治思维，增强党员领导干部的法治逻辑力

法治思维是法治能力运行的中枢系统。而要想有效发挥它的中枢作用，最关键的是淡化甚至抛弃那些影响和阻滞法治思维确立的非法治思维，所谓破旧才能立新，只有打破旧思维的桎梏，法治思维才能见得天日。

首先，破除人治思维在党员领导干部头脑中的惯性影响。人治思维下，权高于法，法服从权，法是权力的产物，“特殊的个人可以凌驾于法律之上，不受法律约束”[4]；法治思维下，法大于权，权服从法，权力来源于人民，并通过法的形式来授予与规范，任何人都必须服从和遵守法。截然相反的逻辑理路意味着两种思维是完全不相容的。因此，要培育法治思维，最关键的是要破除人治思维，消除人治思维在现代政治实践中的各种派生性、异变性的不良思维与意识，如专制思想、等级观念、长官意识、家长作风、清官情结、山头主义和宗派主义等，进而促成党员领导干部法治思维逻辑力的养成与提升。

---

[1] 王利明：《法治具有目的性》，北京大学出版社2017年版，序言第1页。

[2] 虞崇胜、刘远亮：《社会主义核心价值观与法治理念生成规律的一致性》，《云南行政学院学报》2017年第1期。

[3] 北京大学哲学系外国哲学史教研室：《西方哲学原著选读》（上卷），商务印书馆1981年版，第75页。

[4] 常桂祥：《法治政治论》，山东大学出版社2007年版，第39页。

其次，正视和消除法律工具主义思维的不良影响。法律工具主义意即“法律——包括法律规则、法律制度以及法律程序——都被人们和各种团体看作是一种达到某种目标的工具或手段”[1]。法律工具主义表面上似无不妥，但在实践中却很容易使人产生实用主义和机会主义的态度，认为法律是用来管制他人的工具，而自己则是掌控甚至是超脱于法律的主宰，它的存在与“传播有一种破坏法治的潜在力量”[2]。因此，党员领导干部要养成法治思维，就应该摒弃这种纯粹的法律工具主义思维，认识到法律的内在价值与意义，并在依法决策与治理的行动中“包含对公平、正义、自由、平等的追求”[3]。

最后，淡化盛行于党员领导干部头脑的政治思维，找到法治思维与政治思维的最佳结合点。法治思维强调“法的统治”，奉行“先有事实后有结论”的逻辑；政治思维强调一切“服务于政治的需要”[4]，遵循“先有结论后有事实”的理路。两者共同存在于党员领导干部的头脑和治国理政的实践中，必然会产生相互冲突与抵消的现象，即政治思维过重、过浓无疑会挤占和降低法治思维的功能空间和作用效度。在当前一切以“大局”为重的政治思维泛化、法治思维仍未成为时代强音的情况下，强调党员领导干部在对待公共事务尤其是法律事件时淡化政治思维、强化法治思维，寻找两者的最佳结合点，避免以政治思维取代法治思维是极为必要的。

（四）养成法治方式，增强党员领导干部的法治实践力

法治方式是衡量其法治能力水平高低的实践指标。而要提高党员领导干部法治能力的这一实践指标值，就要从法治方式的本质要求出发，改变唯政策是从和运动式治理的不良做法，建立健全考核机制、监督机制和问责机制，形成依法办事的良好习惯。

首先，坚持唯法是从，养成依法办事的习惯。法治方式是以法的运用为主的行为方式，这就要求党员领导干部遵从法的权威，坚持唯法是从、依法办事，克服实践中过多地依赖政策、唯政策是从的倾向与做法，实现从依政策办事向依法办事的转变。当然，强调依法办事，并不意味着完全排斥依政策办事。事实上，当某一领域的事务还没有法律和法规涉及和规制时，依政策来处理和解决是完全必要的。但是当法律法规已经作出明确规定，理应依据法律法规而非政策，而当政策与法律法规产生冲突时，还应当及时修改既定政策，以达成两者的一致融通。

---

[1] 布赖恩·Z.塔玛纳哈：《法律工具主义：对法治的危害》，陈虎、杨洁译，北京大学出版社2016年版，导论第9页。

[2] 布赖恩·Z.塔玛纳哈：《法律工具主义：对法治的危害》，陈虎、杨洁译，北京大学出版社2016年版，导论第2页。

[3] 陈金钊：《“法治方式”对中国的冲撞及其反思》，《东方法学》2014年第2期。

[4] 张卫平：《法治思维与政治思维》，《浙江社会科学》2013年第12期。

其次，养成严格遵照法定程序来办事的习惯。从本质上说，法治方式就是依照法定程序和规则逻辑来办事的一种治理方式，这就要求党员领导干部在决策和管理过程中严格遵从程序正义和程序规程，规避那种绕开程序而导致的随意性治理和运动式治理。当然，由于“程序本身具有形式主义的特性，因此严格依照法定程序办事有时会有沦为官僚主义、文牍主义的危险”[1]。这就需要党员领导干部在严格依照法定程序办事的同时还应该具备评判程序合理性的意识与能力，具有在法定裁量权范围内摒弃不合理程序，选择和确定“合理”程序的智慧与胆识。

最后，建立健全促动领导干部依法办事的保障机制。要想保证党员领导干部自觉运用法治方式，最重要的是要从外部强化他律和制度机制的作用，形成党员领导干部不愿意违法、不敢违法、不想违法的保障机制。一方面，按照党的十八届四中全会的战略要求，健全党员领导干部的绩效考核机制，“把能不能遵守法律、依法办事作为考察干部重要内容”[2]；另一方面，建立健全党员领导干部运用法治方式的监督机制和问责机制，倒逼党员领导干部在决策工作和管理事务时，坚持以法律和党内法规为准绳，绝不做触碰法治底线、逾越法律红线和党内法规高压线的事。

（五）强化民主思维与道德素养，增强党员领导干部的法治协同力

按照系统论的观点，党员领导干部法治能力的提升，不仅要靠法治知识、法治理念、法治思维和法治方式的内源性支撑，还需要与法治息息相关的民主思维与道德素养的协同推进和配合保障。

民主思维作为一种按照现代民主原则与价值来思考、解决现实政治问题的思维方式，是法治能力的价值内核和现代性标签，也是法治能力发挥作用的关键助力。首先，牢固树立正确的权力观和民主观，牢记所用之权来源于人民，始终坚持人民主体和党员主体的原则，让人民和党员作主，而不是为他们作主，更不是替他们作主。其次，按照党的十九大的新要求，党员领导干部应该进一步内化民主理念，增强民主意识，发扬民主作风，坚持民主原则，自觉接受人民和党员的监督。再次，消除特权思想，树立平等观念，坚持“公民在法律和制度面前人人平等，党员在党章和党纪面前人人平等”[3]。最后，辩证地理解民主与集中的统一关系，现实中，在充分发挥民主参与和讨论协商的基础上进行有效集中，走出“民主不足、集中有余”的理论窠臼和实践困境。

“道德是法律的基础，只有那些合乎道德、具有深厚道德基础的法律才能为更多人

[1] 孙笑侠：《法治思维》，上海人民出版社2016年版，第219—220页。

[2] 《中共中央关于全面推进依法治国若干重大问题的决定》，《人民日报》2014年10月29日。

[3] 《邓小平文选》（第2卷），人民出版社1994年版，第332页。

所自觉遵行"[1]，同样，只有那种经过道德滋养的法治能力才能成为推进全面依法治国、建设法治中国的有效引擎。首先，以先进性和纯洁性建设为抓手，教育引导党员领导干部坚定理想信念与政治立场，增强政治觉悟与宗旨意识，培育和提升其政治品德。其次，以党性教育为核心，引导党员领导干部牢固树立正确的世界观、价值观、权力观和事业观，培育和提升其思想品德。再次，以道德教育为基础，引导党员领导干部勤政为民、廉洁奉公、开拓进取、无私奉献、勇于担责的职业品德，倡导其养成家庭和睦、邻里和谐的家庭美德和公正仁爱、诚实守信的个人品德。最后，建立健全360度全方位考评制度，并把党员领导干部的道德考评结果作为干部选拔任用的重要依据，从而激励和催生其高尚的道德信仰、道德意志与道德气节。

原载于《东岳论丛》2018年第12期

[1] 张文显：《治国理政的法治理念和法治思维》，《中国社会科学》2017年第4期。

全面从严治党实践中的党内教育功能探讨

马明冲

摘　要：合目的性与合存在性、实事求是、矛盾分析法和群众路线构成了党内教育功能的方法论理路，以民为本、重视实践、坚持民主与思想教育相结合建构了方法论遵循原则，理论学习、典型教育、批评和自我批评则是具体科学方法。

关键词：全面从严治党；党内教育功能；方法论

党的十八大以来，群众路线教育实践活动、“三严三实”专题教育、“两学一做”学习教育皆是党内教育的重要内容和实践载体。这些系统性和规划性、引导性和专题式的党内教育活动，是党内教育制度化、机制化和常态化的具体呈现。

党内教育功能的方法论理路

在马克思主义系统的理论逻辑体系中，方法论尤为重要，这些根本方法以及一些基本方法不仅是马克思主义的重要理论支撑，而且是党内教育思想的重要方法论基础。

合目的性与合存在性的统一。在发展中国特色社会主义事业的伟大历史进程中，党内教育对于保持党的战斗性、先进性起着举足轻重的作用。在新的历史阶段，我们党同样面临着新的历史特点，党内教育亦成为全面从严治党、加强党风廉政建设和反腐败斗争的重要着力点。党内教育从“关键少数”向全体党员扩展，从上级机关向基层深化，从集中化向经常性、常态化的发展体现了合目的性与合存在性的方法。合目的性，主要指党内教育功能的发挥符合中国共产党的根本宗旨，符合中国共产党构建学习型政党的目的，符合新阶段全面从严治党，凝聚党心、民心的精神。合存在性则是在党内教育集中性的基础上，探索符合实践存在之“道”，结合党内教育发展趋势等总体情况和特征进行考虑，将党内教育发展为经常性教育的现实选择。

理论联系实际与实事求是的统一。党内教育是对党员进行思想政治教育的一种范式。习近平有关党内教育的系列论述本身就体现了解放思想、实事求是的深刻意义。

党内教育功能的发挥是准确把握党情的客观实际、科学掌握客观规律的全新态势。在具体推进的过程中，我们始终坚持实事求是实践观的方法精髓，坚持一切从党的实际出发，从党的发展规律出发，将我们对党的建设的认识提高到一个新的理论层面。实事求是，从客观最大的实际出发，“是中国共产党人认识世界、改造世界的根本要求，是我们党的基本思想方法、工作方法、领导方法”。党内教育功能的发挥注重实事求是，并强调用历史性眼光来审视遵循这一原则。

“发展论”与“重点论”的统一。辩证思维方式和辩证分析方法是全面分析和把握复杂事物变化及其发展的一种方法。具体运用到党内教育工作中，当前党建方面亟待解决的课题即保持党的先进性和纯洁性，要正确认识这个问题在党的过去、现在和将来三个阶段上的辩证关系。坚持辩证唯物主义，就是要抓住主要矛盾。党的建设中存在的一系列作风问题，归根到底都是党员的思想出了问题。习近平指出，加强党的建设，首要任务是加强思想政治建设，关键是教育管理好党员、干部。在实践中，抓主要矛盾的落脚点又各不相同。党的十八大以来，陆续开展的党的群众路线教育实践活动、“三严三实”专题教育和“两学一做”学习教育，使教育重心实现了从“一把手”到普通党员、从中央到基层、从党员干部到全体党员的下移，注重依托基层党支部、活跃基层，更加注重教育的广泛性、全面性和经常性。

人民性与历史性的统一。从人民的根本利益出发，是我们党的根本价值追求。密切联系群众是中国共产党取得一切胜利的人民性根据，是中国共产党先进性的重要标志，是中国共产党不断发展壮大的重要原因。现实告诉我们，始终代表人民群众的根本利益是中国共产党领导中国建设取得一个又一个辉煌成果的宝贵经验，是中国共产党永葆生机活力的力量源泉，是接续完成时代赋予我们的责无旁贷的历史使命的可靠支撑。党内一切脱离群众的工作作风和决策失误都将影响党同人民群众的血肉联系。历史和现实警示我们，党之于人民好比“鱼与水”的关系，党离开了人民就似大树失去了根植的土壤。党内教育新常态坚持以民为主，将党的群众路线“日常化”，通过教育活动实现广大党员和干部在精神上“补钙”，最终使密切联系群众成为党员日常教育和经常教育的核心内容。

党内教育功能发挥的方法论原则

在党内教育实践中，习近平阐释了一系列思想政治教育的方法论原则，为党内教育功能的发挥提供了科学的理论依据。

以人民为中心的原则。继党的十七大提出“以人为本”的理念之后，习近平提出“以人民为中心”，将人民主体地位赋予了新内涵，将“以人民为中心”作为党内教育所遵循的主要原则。在党的群众路线教育实践活动中，习近平多次要求在与人民的接触中做到有“真情”、存“真意”。坚持以人民为中心的原则，在于党内教育实践中增强党员干部权为民所用的意识。共产党人的权力是人民赋予的，因此各级党员干部在行使权力的过程中都应该时刻以人民为行事本位、为工作导向。坚持以人民为中心的原则，在于实现权为民所监的自觉性。在党内教育实践中，我们党一直坚持为民宗旨，畅通党员表达意见的渠道，细化群众详述诉求的机制，把党员教育实践活动置于群众的监督之下。坚持以人民为中心的原则，在于真正践行权为民造福的价值取向。在党内教育活动中，始终强调站在人民大众的立场上，把服务群众、造福百姓作为党员干部及全体党员最大的责任，“像爱自己的父母那样爱老百姓”。

“学以致用”的实践原则。党内教育以注重实践为原则，主要是从两个层面强调实践的重要作用：一是强调教育、学习与实践并重，党员正确的思想观念来自社会实践，学习的目的在于更好地实践；二是强调把实践作为检验党员思想认识正确与否的唯一尺度，充分肯定实践在党内思想教育中的重要作用。党内教育本身就是“实践”之学。教育和学习的目的全在于实践运用，党内教育亦是重在提高党员干部综合素养和业务能力。“空谈误国，实干兴邦”是党内教育重视实践原则的生动诠释。“两学一做”学习教育注重理论联系实际，“学”意指党员的理论学习，“做”意指实践。强调学习与实践相结合，是哲学实践观的体现，亦是中国哲学“知行合一”的逻辑展开。在党内教育中，系统性理论知识和实践都是学习的原点，“心知、行外”是学习的效用，要让学习的风气在党内形成，要让敢于实践蔚然成风。在实践中提升全体党员的思想意识觉悟，进而在实践中反复检验思想认识的正确与否。人的正确思想和观念来自社会实践，党员思想意识的提升同样需要在实践中汲取理性认识。在实践中了解群众，倾听百姓的心声，实践为党员的思想教育提供了科学的依据，党员要在实践中不断探索理论创新，使经验化的工作方法不断上升成为科学化的理论表达。

坚持民主与思想教育相结合的原则。党内教育过程中，要采取民主的方式，平等地对待每位党员，党内教育方法论应该遵循民主原则。坚持民主原则就是要在民主生活中共同学习、民主议事、凝心聚力，就是要在党内各项工作中尊重党员权利、调动党员积极性、形成健康自由活泼的氛围。在民主的基础上加强思想教育，将思想教育融入党内民主生活的各个环节和各个方面。思想教育以民主原则为指导，在党内教育实践中，注重思想教育的“三个加强”，即加强党员和干部的党性教育、道德教育和法纪教育。党内教育工作的三个方面加强，是实现广大党员“精神补钙”、道德素质提高和法治思维培养的重要举措。以反腐倡廉为戒尺，对党员加强法纪教育，从思想和行动上增强党员的党性修养，是“三严三实”等党内教育活动的重要目的。

党内教育功能发挥的具体科学方法

调查研究方法。调查研究是辩证唯物主义方法论的基本内容，调查研究和实事求是密切相连。习近平指出：“调查研究是谋事之基、成事之道。没有调查就没有发言权，更没有决策权。”调查研究是中国共产党长期坚持“实践出真知”的认识论方法；搞好调查研究，是搞好党内教育的重要实践路径。首先，调查研究是进一步制定和完善党内教育阶段性目标的前提和基础。在党内开展调查研究是摸清党员思想，掌握基本信息，决定党内教育方针的基础。针对党员展开有针对性的、周密而细致的调查研究是了解党员思想现状、科学总结经验的有效方法。其次，对党员进行全面的调查研究，是纠正思想错误的前提基础。不空谈、不脱离实际、不生搬硬套就需要深入党员群众进行调查，了解党内出现问题的根源，方能进一步加以解决。最后，调查研究是党内教育理论深入发展的重要桥梁。调查研究，就是在调查的基础上，在分析和研究中进行理性思维的加工，使之更加系统化、理论化。理论工作者要针对党内调查中显现的问题进行分析解读，并对实践加以学理性总结，以凝练反映时代特点的党内教育新理论。

理论学习方法。“两学一做”学习教育是在全体党员内加强理论学习这一实践方法的具体落实。党内教育目的的实现是一个循环往复、螺旋式上升的过程，应着力在“深度”和“广度”上做文章。对基本理论要“学懂”，对主要理论要“学精”，对创新性理论要“学好”，对扩展性理论要“学到”。在学习主体上，从着力抓好党员干部到向全体党员的渐进式扩展。知识经济时代，全体党员特别是党员干部要加强学习的紧迫感。党内教育功能的进一步发挥更加注重全体党员的经常性学习，希望党员通过理论学习，科学掌握社会动态，树立大局观念，培育创新、服务等先进意识。从学习的内容来看，党内教育注重学习马克思主义基本原理、中国化的马克思主义理论；学习历史尤其是中国近代史，注重将历史这本最好的教科书学好用好，将党和国家制度、政策等形成、确立和完善的历史脉络掌握好；学习中国优秀传统文化，用经典著作做导引，研习古今中外社会科学经典，汲取治国理政的可鉴养料，增强人文关怀素养，提高分析、解决时代问题的能力。

典型教育方法。典型教育是党员教育的一种传统做法，是被实践反复证明的行之有效的党内教育方法。在全党开展典型教育，是树立党员榜样精神，向先进学精神、学品质的一种方法。习近平曾多次提及典型教育在党内教育推进过程中的示范作用。他指出：“要大力弘扬和宣传先进典型，充分发挥其示范引导作用。”一方面，党员、干部要善于学习先进典型。另一方面，党员和干部要坚持以身作则，为群众树立党员榜样。习近平指出：“一名党员就是一面镜子、一面旗帜，党员始终保持先进性，群众愿意向党员看齐”“群众看党员，党员看干部”。党员领导干部和党员都应率先垂范、严格自律，切勿忽视党员道德榜样在群众中的影响力。

批评与自我批评方法。批评和自我批评是处理党内不同意见的有力武器，以维护党的团结统一；是清除党内不良风气的锐利武器，以增强党组织战斗力；是开展党内思想工作的有效武器，以保持党的纯洁性。习近平指出，党员、干部要坚持“团结—批评—团结”的公式，既深刻剖析和检查自己，又开展诚恳的相互批评，无论批评还是自我批评，都要实事求是。在党内形成批评和自我批评的良好氛围，关键在领导干部，领导干部尤其是“一把手”要带头批评和自我批评，善于“解剖自我”，做到“吾日三省吾身”来保持党的纯洁性，推进党内教育全面覆盖。

原载于《人民论坛·学术前沿》2017年第16期

参考文献

[1] 周利生、王水兴:《论信息化条件下党的意识形态工作》,《江西师范大学学报(哲学社会科学版)》2017 年第 2 期。

[2] 王乐:《传统忧患意识对当前道德教育实效性的启示》,《江西师范大学学报(哲学社会科学版)》2016 年第 4 期。

[3]《习近平谈治国理政》, 外文出版社 2014 年版。

[4]《习近平总书记系列重要讲话读本》, 学习出版社、人民出版社 2014 年版。

论增强党内政治生活的时代性

房世刚

摘 要： 增强党内政治生活的时代性，是以习近平同志为核心的党中央在协调推进“伟大斗争”“伟大工程”“伟大事业”的现代化进程中提出的重要命题。它是中国特色社会主义时代特色的集中体现，标志着我们党对新形势下加强规范党内政治生活的全新特点和客观规律的认识达到了新的历史高度，具有强烈的现实性、针对性和前瞻性。为了使党内政治生活始终充满活力，必须坚持马克思主义时代观，坚持继承与创新的融会贯通，及时发现和解决党内出现的新问题，在传承优良传统，更新时代观念，创新工作内容形式、手段方法、制度规定等方面综合发力，切实增强党内政治生活的吸引力与感染力。

关键词： 中国共产党；党内政治生活；全面从严治党；时代性

党内政治生活，[1]是中国共产党政党建设领域的重要范畴。马克思主义政党严密的组织体系和高度的组织纪律性，决定了中国共产党“有别于其他政党的本质特征”[2]——严肃党内政治生活。我们党之所以能够“保证党的创造力、凝聚力、战斗力，保证党的团结统一”，[3]是同严肃党内政治生活这一重要举措密不可分的。可以说，一部中国共产党的历史，就是我们党加强和规范严肃党内政治生活的历史。从古田会议决议首次提出“党内生活政治化”命题，到《关于党内政治生活的若干准则》初次在

[1] “党内政治生活”作为一个重大命题，其内涵与外延已经大大地扩展。从广义上来看，党内政治生活是指党内的全部政治活动，包括党内组织运行体系、党内思想文化、党内政治关系、党内法规制度、党内领导决策程序以及党的组织上级与下级、党组织内部、党组织与党员、党员与党员的相互关系等。从狭义上来看，党内政治生活关系是指以实事求是、理论联系实际、密切联系群众、批评和自我批评、民主集中制、严明党的纪律等为基本规范，以党的思想建设、政治建设、组织建设、作风建设、制度建设与廉政建设为主要内容，党组织对党员进行教育管理以及党员自我教育、党性锻炼的正常化、制度化、规范化的重要平台。（参见《何为“党内政治生活”？》，《共产党员月刊》2016年11月上。）本文所指的党内政治生活，是从广义上界定的党内政治生活。

[2] 习近平：《在党的群众路线教育实践活动总结大会上的讲话》，《人民日报》2014年10月9日。

[3] 《习近平关于党的群众路线教育实践活动论述摘编》，党建读物出版社、中央文献出版社2014年版，第48页。

党的文献使用“党内政治生活”概念，再到《关于新形势下党内政治生活的若干准则》（以下简称《准则》）的制定颁布，都书写了我们党在不同的历史方位严肃党内政治生活的时代篇章。本文以习近平总书记系列重要讲话精神为指导，结合《准则》的规定要求，从中国特色社会主义时代特色的宏观视角，对增强党内政治生活的时代性进行系统的探讨，以期为进一步把握全面从严治党的特点和规律，不断提升党的建设科学化水平提供借鉴和启示。

一、“增强党内政治生活的时代性”命题的提出与本质内涵

在庆祝中国共产党成立95周年大会上，习近平总书记在重申增强党内政治生活的政治性、原则性和战斗性的同时，明确提出了“增强党内政治生活的时代性”命题，从而完整提出了新形势下加强和规范党内政治生活的“四个属性”，党的十八届六中全会审议通过的《准则》将其置于新时期严肃党内政治生活的首要着力位置。在今年省部级主要领导干部专题研讨班上，习近平对增强党内政治生活的“四个属性”进行了专门的解释：“增强党内政治生活的政治性，就是党内政治生活要把握坚定正确的政治方向，引导党员、干部自觉维护党中央权威、维护党的团结和集中统一；增强党内政治生活的时代性，就是党内政治生活要紧跟时代步伐、聆听时代声音、回答时代课题，及时发现和解决党内出现的新问题，使党内政治生活始终充满活力；增强党内政治生活的原则性，就是党内政治生活要坚持党的思想原则、政治原则、组织原则、工作原则，按原则处理党内各种关系，按原则解决党内矛盾和问题；增强党内政治生活的战斗性，就是党内政治生活要旗帜鲜明坚持真理、修正错误，勇于开展批评和自我批评，使每个党组织都成为激浊扬清的战斗堡垒，使每个党员都成为扶正祛邪的战斗员。”[1]

通过认真学习领会习近平总书记关于严肃党内政治生活的讲话精神，我们可以发现，增强党内政治生活的“四个属性”是马克思主义政党本质的鲜明体现，它们既各具自身明确规定，又相辅相成，有机统一成一个完整的体系，需要加以整体理解把握和贯彻落实。其中，政治性居于灵魂地位，它体现着马克思主义政党的职能使命，决定着严肃党内政治生活的方向，统领着其他“三性”的开展；时代性是马克思主义政党先进性的内在要求，它体现着党的历史方位，是其他“三性”蓬勃开展的重要条件；原则性是马克思主义政党的基本准绳，它体现着党的价值立场，是其他“三性”有序开展的前提基础；战斗性是马克思主义政党的检验标准，它体现着党的实践追求，是

[1] 习近平：《在省部级主要领导干部学习贯彻十八届六中全会精神专题研讨班开班式上的讲话》，《人民日报》2017年2月14日。

其他“三性”稳定开展的现实保障。所以说，“‘四性’是加强和规范党内政治生活的原则要求和实践前提，只有把‘四性’立起来、强起来，党内政治生活才能有所依据、有所指向，全面从严治党才能严之有据、严之有规、严之有度”。[1]就增强党内政治生活的时代性而言，必须准确把握新形势下加强和规范党内政治生活的精神要旨，坚持马克思主义时代观，坚持继承与创新的融会贯通，在承传优良传统，更新时代观念，创新工作内容形式、手段方法、制度规定等方面综合发力。

二、坚持马克思主义时代观是增强党内政治生活时代性的逻辑前提

马克思主义与时俱进的理论品质，要求党的一切工作首先要体现时代性，做到“紧跟时代步伐、聆听时代声音、回答时代课题”。这个“时”，就是马克思主义对“时代”概念的理解，即“人类社会发展进程中，在一定社会生产方式基础上形成的社会结构、社会形态、社会发展趋势等的高度概括，主要包括时代的性质、主题和特征等方面的内容”。[2]因此，新形势下加强和规范党内政治生活，首要在于立足时代高度，科学判断时代性质，准确把握时代主题和时代特征，统筹国内国际两个大局，为增强党内政治生活的时代性奠定重要的逻辑前提。

1.科学判断时代性质。时代性，是时代的根本性质，是不同时代相互区别的内在的本质规定属性。马克思主义理解的时代性，“意味着历史前进和发展的方向、过程、阶段，也意味着不同的历史使命和历史任务”[3]。由此，马克思和恩格斯对他们所处时代性质的判断，是资本主义向社会主义过渡“大的历史时代”。[4]时至今日，这一判断仍然没有过时。需要指出的是，“尽管资本主义制度经过一定程度的调整出现了一些马克思和恩格斯没有预料到的新情况，虽然现时代呈现出许多新的特征，甚至会出现不平衡乃至种种曲折和倒退”，[5]但是社会主义取代资本主义的发展趋势并没有发生转变。当然，如邓小平同志指出的，这个时代是“一个很长的历史阶段，需要我们几代人、十几代人，甚至几十代人坚持不懈地努力奋斗”。[6]所以，我们要在科学认清当今时代性质的同时，对资本主义必然向社会主义过渡的长期性和艰巨性做好充分的思想准备。

2.准确把握时代主题。时代主题是一定历史阶段国际上关系全局的最主要问题，它

[1] 颜晓峰：《着力增强党内政治生活的政治性时代性原则性战斗性》，《党建》2016年第11期。

[2] 董军明：《时代性与马克思主义时代化》，《内蒙古社会科学》2016年第1期。

[3] 赵凯荣：《时代性与历史性的辩证统一——马克思主义时代化的基本问题》，《人民论坛》2011年第14期。

[4] 《列宁全集（第26卷）》，人民出版社1988年版，第143页。

[5] 董军明：《时代性与马克思主义时代化》，《内蒙古社会科学》2016年第1期。

[6] 《邓小平文选》（第3卷），人民出版社1993年版，第379—380页。

决定、制约着其他世界性问题的变化和发展。在资本主义向社会主义过渡“大的历史时代”，自20世纪中后期以来，随着东西两大阵营逐渐解体，第三世界国家及发展中国家对国际事务的影响日益增强，追求和平与发展成为世界各国人民的共同愿望，成为当前时代最主要的国际性问题。邓小平认为，和平与发展是“现在世界上真正大的问题，带全球性的战略问题。和平问题是东西问题，发展问题是南北问题。概括起来，就是东西南北四个字”。[1]“邓小平关于‘和平与发展’两大问题的论断，十三大以后被我们党概括为‘时代主题’。”[2]随后，尽管中国面对纷繁复杂、风云变幻的国内外严峻形势，以江泽民同志为核心的中国共产党人依然明确提出，“和平与发展仍是当今时代的主题。维护和平，促进发展，事关各国人民的福祉，是各国人民的共同愿望，也是不可阻挡的历史潮流”[3]。党的十六大以来，以胡锦涛同志为总书记的党中央在继续坚持和平与发展时代主题的同时，指出“求和平、谋发展、促合作已经成为不可阻挡的历史潮流”，[4]从而把我们党对时代主题的科学认识提升到新的历史高度。党的十八大依然强调和平与发展的时代主题，认为“世界多极化、经济全球化深入发展，文化多样化、社会信息化持续推进，全球合作向多层次全方位拓展，新兴市场国家和发展中国家整体实力增强，国际力量对比朝着有利于维护世界和平方向发展”。[5]中国共产党人对当今时代主题的科学判断与一贯坚持，正确回答了当前的时代课题，为我们党合理制定正确的路线、方针与政策提供了重要的时代依据。这正验证了马克思的重要观点，“一个问题只要已成为现实的问题，就能得到答案，因此，主要的困难不是答案，而是问题；最需要重视的，同样不是答案，而是问题”[6]。

3.全面认识时代特征，统筹国内国际两个大局。时代特征是时代性质与时代主题在世界经济、政治等方面的突出体现。“时代特征是一个理论问题，但必须透过一系列现实问题才能加以正确认识并作出合理解释。”[7]“当今世界，和平和发展仍然是时代主题，但也正处在大变革大调整之中，世界多极化不可逆转，经济全球化深入发展，科技革命加速推进，全球和区域合作方兴未艾，国与国相互依存日益紧密，国际形势总体稳定。同时，世界仍然很不安宁。霸权主义和强权政治依然存在，局部冲突和热点问题此起彼伏，全球经济失衡加剧，南北差距拉大，传统安全威胁和非传统安全威胁

---

[1] 《邓小平文选》（第3卷），人民出版社1993年版，第105页。

[2] 韩庆祥：《论中国特色社会主义理论体系的时代特色》，《光明日报》2012年2月1日。

[3] 《江泽民文选》（第3卷），人民出版社2006年版，第566页。

[4] 《十七大以来重要文献选编（上）》，中央文献出版社2009年版，第35页。

[5] 《十七大以来重要文献选编（上）》，中央文献出版社2009年版，第36页。

[6] 《马克思恩格斯全集》（第1卷），人民出版社1995年版，第203页。

[7] 俞邃：《从总体上把握时代特征》，《现代国际关系》2002年第7期。

相互交织，世界和平与发展面临诸多难题和挑战。”[1]面对当前国际格局的深度调整，我们必须清醒认识到，国与国之间“全方位综合国力竞争日趋激烈，我们面临的经济安全、政治安全、文化安全、军事安全、网络安全问题更加突出，维护和拓展国家战略利益的任务更加艰巨”。为了在国际上立于不败之地，我们需要“统筹国内国际两个大局，把国际问题和国内问题联系起来全面考察、整体考虑，形成既符合世界发展潮流又符合我国发展阶段性特征的发展战略”[2]。只有正确认识和全面把握国内外当前的时代特征，我们才能“科学制定和实施符合我国实际和人民愿望的目标和任务，我们党才能始终站在时代发展的前列和中国社会发展进步的潮头”。[3]因为“只有首先考虑到各个‘时代’的不同的基本特征（而不是个别国家的个别历史事件），我们才能够正确地制定自己的策略；只有了解了某一时代的基本特征，才能在这一基础上去考虑这个或那个国家的更具体的特点”。[4]

科学判断时代性质，准确把握时代主题，全面认识时代特征，是马克思主义永葆理论伟力，焕发实践生命力、创造力和感召力的基本前提。处于资本主义向社会主义过渡的大变革大调整的特定历史阶段，中国共产党人坚持用马克思主义的眼光观察世界，清醒认识并准确把握了当今的时代主题和具体特征，“直面当今世界和当代中国发展给党和国家提出的重大课题，紧紧围绕坚持和发展中国特色社会主义、实现中华民族伟大复兴这个治国理政的时代主题”，[5]科学解答了“什么是社会主义、怎样建设社会主义”“建设一个什么样的党、怎样建设党”“实现什么样的发展、怎样发展”等时代课题，不断领导人民书写中国特色社会主义现代化建设伟大事业的宏伟篇章。显然，作为马克思主义中国化最新理论成果——习近平治国理政思想的重要组成部分，严肃党内政治生活必须首先树立并坚持马克思主义时代观，这是增强党内政治生活时代性的逻辑起点和基本前提。

三、及时发现和解决党内新问题是增强党内政治生活时代性的逻辑展开

在紧跟时代步伐、聆听时代声音、回答时代课题的基础上，我们还需要根据中国共产党与国家特殊的紧密关系，正确认识和把握国情与国家发展的阶段性特征，及时

[1] 《十七大以来重要文献选编（上）》，中央文献出版社2009年版，第35—36页。

[2] 刘云山：《增强问题意识　坚持问题导向》，《学习时报》2014年5月19日。

[3] 胡锦涛：《在庆祝中国共产党成立85周年暨总结保持共产党员先进性教育活动大会上的讲话》，《人民日报》2006年7月1日。

[4] 《列宁全集》（第26卷），人民出版社1988年版，第143页。

[5] 甄占民：《新的历史条件下我们党治国理政的总方略》，《人民日报》2017年3月30日。

发现和解决党内出现的新问题，不断推进增强党内政治生活时代性的逻辑展开，进一步丰富发展中国特色社会主义理论体系的时代内涵。

1.正确认识国情和国家发展的阶段性特征。中国共产党在现代国家中兼具领导党和执政党的双重身份，党与国家是紧密而非松散的关系。从根本上说，“这是由于中国在某种意义上走的是一条‘政党造国家，国家造社会’的政党中心主义现代化道路”[1]。因此，当前国家的国情和阶段性特征必然会直接或是间接地影响到中国共产党的内部生活，给新形势下严肃党内生活带来新的机遇挑战和时代要求。尤其是，在我们比历史上任何时期都更接近、更有信心、更有能力实现中华民族伟大复兴目标的关键时刻，增强党内政治生活的时代性，更必须建立在认清国情的基础上，清醒地把握国家现阶段的新特点、新趋势。“根据辩证法，事物发展过程中，主要矛盾没有变，但是由于次要矛盾的变化，过程显示出阶段性来。”[2]当前，“尽管我们国家的基本国情、社会主要矛盾和世界最大发展中国家的国际地位都没有发生变化”[3]，但是，经过30多年的改革开放，我国取得了举世瞩目的成就，国家面貌发生了翻天覆地的变化。目前，我国已经处于全面建成小康社会的决胜阶段和改革开放的攻坚阶段，“一方面，我国发展长期向好的基本面没有变。经济潜力大、韧性强、回旋余地大，中国特色社会主义优越性不断显现，为经济社会持续发展提供了强劲支撑。另一方面，我国经济社会发展不平衡、不协调、不可持续问题依然突出，结构性矛盾突出，这些都是制约我国未来发展的重要因素”[4]。特别需要强调的是，我们必须深刻地认识到，之前未曾解决的深层次问题和随着改革开放的不断深入而产生的新问题交错相织，呈现出全面深化改革攻坚期、结构调整阵痛期、转型升级关键期、经济增速换挡期与社会矛盾凸显期“五期叠加”的复杂局面。而且，在“四个全面”战略布局中，“全面建成小康社会务必跨过‘中等收入陷阱’，全面深化改革面临‘帕累托改进’完成后的挑战，全面依法治国必须绕过西方所谓‘宪政’的歧途，全面从严治党需要防止‘塔西佗陷阱’”[5]。正如习近平总书记严正指出：“我们的事业越前进、越发展，新情况新问题就会越多，面临的风险和挑战就会越多，面对的不可预料的事情就会越多。”[6]可见，增强党内政治生活的时代性，是新的历史条件下协调推进“四个全面”的积极应对和现实要求，需要“全党同志从更好推进中国特色社会主义伟大事业、党的建设新的伟大工程的高度，正确认识党内政

---

[1] 房世刚：《国家治理现代化视域下党的执政能力提升的若干思考》，《观察与思考》2016年第3期。

[2] 姚桓：《习近平治国理政思想的时代特征和哲学意蕴》，《前线》2016年第3期。

[3] 《十七大以来重要文献选编（上）》，中央文献出版社2009年版，第12—13页。

[4] 张神根：《深刻认识全面从严治党的重大意义》，《光明日报》2017年3月24日。

[5] 刘晓玲：《全面从严治党是我们立下的军令状》，《光明日报》2016年3月23日。

[6] 《习近平谈治国理政》，外文出版社2014年版，第23页。

治生活与具有许多新的历史特点的伟大斗争的关系”，[1]科学分析这一切对党内政治生活产生的直接或间接的影响，从而为及时发现和解决党内出现的新问题奠定重要的认识基础。

2.及时发现党内生活中出现的问题。在正确分析和科学把握世情、国情的基础上，要准确把脉并化解党内出现的突出问题，为永葆党内政治生活充满活力确立正确的问题导向。从管党治党工作来看，党的十八大以来全面从严治党取得了辉煌的成绩，党内政治生活呈现出欣欣向荣的发展态势。与此同时，我们必须清醒地认识到，新时期党内政治生活中，“形式主义、官僚主义、享乐主义和奢靡之风问题突出；任人唯亲、跑官要官、买官卖官、拉票贿选现象屡禁不止；滥用权力、贪污受贿、腐化堕落、违法乱纪等现象滋生蔓延；一些党员、干部包括高级干部中，不同程度地存在着理想信念不坚定、对党不忠诚、纪律松弛、脱离群众、独断专行、弄虚作假、庸懒无为等严重问题；特别是高级干部中极少数人政治野心膨胀、权欲熏心，搞阳奉阴违、结党营私、团团伙伙、拉帮结派、谋取权位等政治阴谋活动”[2]。对此，党中央清醒地认识到，“有的是长期积累下来的，有的是新出现的；有的是体制机制不完善造成的，有的是制度执行不严造成的；有的是管理不到位，有的是党员、干部的党员意识和纪律观念不强；有的是通过针对性措施就可以解决的表层问题，有的是需要综合施策、经过长期努力才能从根本上扭转的深层次问题”[3]。

3.及时解决党内出现的新问题。紧扣党内政治生活中出现的突出问题，需要我们以马克思主义特别是习近平总书记系列重要讲话为指导，在遵循《准则》基本精神和规定要求的基础上，以改革创新精神，实现党内政治生活与时代脉搏精准相交，更好地发挥严肃党内政治生活在推进全面从严治党中的基础性作用。一是在内容上特别注重用当代中国马克思主义——习近平总书记系列重要讲话武装全党思想。要严格按照《准则》的规定要求，不断强化广大党员“系统掌握马克思主义基本原理，学会用马克思主义立场、观点、方法观察问题、分析问题、解决问题，特别是要聚焦现实问题，不断深化对共产党执政规律、社会主义建设规律、人类社会发展规律的认识”；进一步引导广大党员“适应时代进步和事业发展要求，广泛学习经济、政治、文化、社会、生态文明以及哲学、历史、法律、科技、国防、国际等各方面知识，提高战略思维、

[1] 李建国：《着力增强党内政治生活的政治性时代性原则性战斗性》，《人民日报》2016年11月10日。

[2] 习近平：《关于〈关于新形势下党内政治生活的若干准则〉和〈中国共产党党内监督条例〉的说明》，《人民日报》2016年11月3日。

[3] 霍小光、张晓松：《踏上全面从严治党新征程——〈关于新形势下党内政治生活的若干准则〉和〈中国共产党党内监督条例〉诞生记》，《光明日报》2016年11月4日。

创新思维、辩证思维、法治思维、底线思维能力，提高领导能力专业化水平”[1]。二是在形式上改变以往党内政治生活过于形式化、随意化、边缘化等不良风气，坚持贴近党员、贴近实际、贴近工作的“三贴近”原则，实行党的组织生活与党员群众现实需要及各项工作有机融合、紧密契合的形式，切实提升党内政治生活的针对性和实效性。三是在手段方式上，一方面强化互联网思维，“利用网站及微博、微信、新闻客户端等新兴媒介，积极探索电子党务、网上党校等新模式，助推党内政治生活焕发新的生机活力”；[2]另一方面，结合网络新媒体的技术优势与基层民俗及节日传统，“打造更加符合党员实际、更具规模效应、更为开放共享的党内政治生活的新平台，真正让多元多样的载体成为党内政治生活的润滑剂，真正做到资源共享、优势互补、共同受益”[3]。四是在制度机制上，认真落实“三会一课”、民主评议等党的组织生活各项制度，健全完善党内监督制度、党员民主权利保障制度，分别建立适应“四个全面”“厉行法治”等新形势的体制机制，“进一步实现从一般规范走向现实行动，把原则性要求具体化为各种解决党内政治生活问题的方式、方法，严肃认真地贯彻落实下去”[4]。

习近平提出并多次强调，党的领导是中国特色社会主义的最本质特征。推进增强党内政治生活时代性的逻辑开展，必须紧紧围绕习近平的这一重要论断，在协调推进“伟大斗争”“伟大工程”“伟大事业”的现代化进程中，正确认识和科学把握中国国情及具体阶段性特征，及时发现和解决党内生活中出现的新问题，这是增强党内政治生活时代性的核心内涵。

四、永葆党内政治生活充满活力是增强党内政治生活时代性的逻辑归宿

党内政治生活内在地需要，而且能够在马克思主义指导下不断地实现时代化，从而体现时代性、把握规律性、富于创造性。增强党内政治生活的时代性，还需要从世界政党政治的视野高度重视党内生活的历史性，坚持继承与创新的融会贯通，从而使党内政治生活始终充满活力。

1.马克思主义需要而且能够不断增强时代性。“理论的时代进步性与局限性如一枚硬币的两面，任何理论就其研究的问题及其解决问题的措施而言，其影响的历史时段都是具体的、历史的。”[5]作为时代条件的产物，马克思主义理论体系也是如此。一方

[1] 《关于新形势下党内政治生活的若干准则》，《光明日报》2016年11月3日。

[2] 张瑞清：《增强党内政治生活的时代性》，《解放军报》2016年11月11日。

[3] 姚志华：《落实“四性”要求提高党内政治生活质量》，《政工学刊》2017年第1期。

[4] 李建国：《着力增强党内政治生活的政治性时代性原则性战斗性》，《人民日报》2016年11月10日。

[5] 牛先锋：《论马克思主义的时代性与时代化》，《马克思主义与现实》2011年第5期。

面，马克思和恩格斯通过深刻把握时代特征，科学回应同时代的严峻挑战，正确解答了时代提出的革命与建设问题，展现出强大的理论伟力。另一方面，马克思主义诞生时的时代特征、时代主题以及由此提出的时代课题都具有时代的局限性，都必然会因时因地不断发生相应的变化。以《共产党宣言》为例，在其1872年德文版序言中，马克思和恩格斯指出："这个纲领现在有些地方已经过时了。很明显，对于社会主义文献所作的批判在今天看来是不完全的，因为这一批判只包括到1847年为止。"[1]因此，要想永葆理论的强大生命力，马克思主义迫切地需要增强时代性，不断适应新的时代形势，解答新的时代课题。与时俱进的理论品格，为马克思主义实现历史的超越，不断推进时代化提供了根本的保障。具体说来，马克思主义能够不断增强时代性，主要原因在于："一是马克思主义为人们进一步研究提供了科学的方法论，对指导新问题的解决有重要的价值；二是马克思主义具有对未来的预测性，并且在新的时代为既定的预测目标创造了更有利的实现条件，甚至部分预测得以验证，事物正向理论预测的趋势演进；三是马克思主义对现实问题依然有说服力、解释力，解决问题的方法和措施还有价值。"[2]

2.严肃党内政治生活必须在马克思主义指导下不断增强时代性。中国特色社会主义理论体系是马克思主义时代化和中国化的重大理论成果，是对时代课题的回应和对时代精神的升华。从整个历史视域来看，中国特色社会主义理论体系同样具有进步性和局限性的双重时代属性。作为中国特色社会主义理论体系的组成部分——增强党内政治生活的时代性命题，正是在此意义上提出来的。一方面，严肃党内政治生活是我党管党治党的重要基础，它科学反映着世情、国情和党情的基本特征，凸显着政党治理的现实需要，具有鲜明的时代导向。另一方面，党内政治生活总是发生在具体的、历史的时代当中，必然要受到所处时代环境的限制，是"在直接碰到的、既定的、从过去承继下来的条件下创造"。[3]因此，任何脱离时代条件的党内政治生活都是空谈。应该指出的是，虽说严肃党内政治生活是我们党长期坚持的优良传统，但这并不意味着中国共产党在党内生活中不存在任何问题，不懂得这一点就不是真正意义上的马克思主义者。而且，党内生活总是随着时代的变化而发生变化，时代的变迁必然导致党内政治生活面临不同的时代问题。党内政治生活中旧的问题解决了或是消失了，新的问题还会产生，还会出现。所以说，严肃党内政治生活永远在路上，增强党内政治生活的时代性不可能一劳永逸。概而言之，作为党建领域的重要范畴，作为中国特色社会主义理论体系的关键组成部分，严肃党内政治生活同样面临着与时俱进的问题。为了永

[1] 《马克思恩格斯文集》(第2卷)，人民出版社2009年版，第6页。

[2] 牛先锋：《论马克思主义的时代性与时代化》，《马克思主义与现实》2011年第5期。

[3] 《马克思恩格斯文集》(第2卷)，人民出版社2009年版，第470—471页。

葆党内政治生活充满活力，我们必须在马克思主义指导下，在加强和规范现代政党治理中，进一步增强党内政治生活的时代性。

3.永葆党内政治生活充满活力也必须高度重视党内政治生活的历史性。习近平指出："重视历史、研究历史、借鉴历史，可以给人类带来很多了解昨天、把握今天、开创明天的智慧。"[1]党内政治生活是党在历史时代中创造的产物，属于历史的范畴。从历史的相对意义而言，党内政治生活的时代性就是历史性。所以说，"时代性离不开历史性，体现着历史前进发展的方向、过程和特点"[2]。为了实现党内政治生活始终充满活力的价值目标，我们需要从世界政党政治的宽广视野，高度重视党内政治生活的历史性，正确处理历史性与现实性的辩证关系。一方面，我们党必须坚持马克思主义的历史分析方法，善于从世界政党政治的历史中，汲取加强和规范党内政治生活的经验智慧。纵观政党政治的历史，世界上曾出现过苏联共产党、墨西哥革命制度党、印度国大党、日本自民党等多年执政的大党，但他们并没有长期执政下去，个别政党甚至还走向了解体消亡。究其原因，主要在于他们没能正确解决好加强和规范党内政治生活的时代性问题。对中国共产党最具警示意义的当数苏联共产党。由于"未能很好地贯彻列宁关于党内生活的准则，未能探索形成适合苏共实际的党内政治生活理论、原则、制度和传统"，[3]所以尽管有着74年长期执政的辉煌，苏联共产党也难免"和平葬礼"的落寞退场。因此，我们党必须保持高度的历史警醒，自觉做到引以为鉴，通过深化对现代政党政治规律的认识，主动适应时代发展对管党治党的新要求，不断推进严肃党内政治生活的时代化，使党内政治生活永远充满活力。另一方面，对于我们党在不同历史阶段取得的经验，既不能奉为圭臬，也不能束之高阁，而是要在直面当前世情、国情、党情的基础上，实现历史性与现实性的融会贯通。譬如，中国共产党历史上形成的《关于党内政治生活的若干准则》，"其主要原则和规定今天依然适用"，但"由于这个准则针对的是当时的历史条件和主要矛盾"，所要回答的是当时当地的党内政治生活问题，这也决定了这个准则必然因被打上那个时代的烙印而存有历史的局限性。对于党的十八大以来以习近平同志为核心的党中央在严肃党内政治生活中形成的新鲜经验和成功举措，《准则》从党内法规制度的高度将其加以固化、具体化和系统化，既"坚持过去行之有效的制度和规定，又结合新的时代特点与时俱进"，[4]实现了对党的建设历

[1] 习近平：《致第二十二届国际历史科学大会的贺信》，《光明日报》2015年8月24日。

[2] 蒋来用：《认真落实增强党内政治生活时代性的新要求》，《中国纪检监察报》2016年12月21日。

[3] 何克祥、丁俊萍：《党内生活科学化视野下的苏共亡党原因探析》，《三峡大学学报（人文社会科学版）》2014年第1期。

[4] 习近平：《关于〈关于新形势下党内政治生活的若干准则〉和〈中国共产党党内监督条例〉的说明》，《人民日报》2016年11月3日。

史经验和最新成果的融会贯通。显而易见，《准则》的应时而生是我党根据时代的发展变化，增强党内政治生活的时代性的集中体现，是我们党正确处理党内政治生活历史经验的光辉典范。

综上，永葆党内政治生活充满活力，是增强党内政治生活时代性的逻辑归宿。为此，我们需要“注重把继承传统和改革创新结合起来，把总结自身经验和借鉴世界其他政党经验结合起来”，[1]进一步深化对加强和规范党内政治生活特点及规律的认识，不断增强党内政治生活的吸引力与感染力。

原载于《理论导刊》2017年第8期

[1] 习近平：《在党的群众路线教育实践活动总结大会上的讲话》，《人民日报》2014年10月9日。

新的伟大工程：在引领新时代中焕发新气象

包心鉴

摘　要：中国特色社会主义进入新时代，党要有新气象，更要有新作为，党的建设新的伟大工程要开创新局面、提升新水平。新时代对党的领导提出了更加艰巨的任务，必须坚持和加强党的全面领导，全面增强党的执政本领和化解社会矛盾、解决重大问题的能力；新时代对党的建设提出了更加严峻的考验，必须紧紧围绕制度建设和反腐倡廉全面从严治党，勇于自我革命，不断提高党的建设质量；新时代对党群关系提出了更高更严的要求，必须不忘初心、牢记使命，坚守以人民为主体，坚持以人民为中心，确保党始终同人民心连心、同呼吸、共命运。

关键词：新时代；新气象；党的领导；党的建设；党群关系

中国特色社会主义进入新时代，对站在时代潮头的中国共产党人提出了更高要求，为新时代党的建设新的伟大工程树立了更严标准。习近平总书记在党的十九大报告中强调："中国特色社会主义进入新时代，我们党一定要有新气象新作为。"[1]"我们党要始终成为时代先锋、民族脊梁，始终成为马克思主义执政党，自身必须始终过硬。"[2]党的十九大之后，习近平总书记在多处重要场合反复强调必须抓好新时代党的建设新的伟大工程。在十九届中共中央政治局常委同中外记者见面时的讲话中，习近平强调："新时代要有新气象，更要有新作为。""中国共产党是世界上最大的政党。大要有大的样子。""中国共产党能够带领人民进行伟大的社会革命，也能够进行伟大的自我革命。我们要永葆蓬勃朝气，永远做人民公仆、时代先锋、民族脊梁。"[3]在新进中央委员会委员、候补委员和省部级主要领导干部学习贯彻党的十九大精神研讨班上的重要讲话

[1]　习近平：《决胜全面建成小康社会　夺取新时代中国特色社会主义伟大胜利——在中国共产党第十九次全国代表大会上的报告》，人民出版社2017年版，第61页。

[2]　习近平：《决胜全面建成小康社会　夺取新时代中国特色社会主义伟大胜利——在中国共产党第十九次全国代表大会上的报告》，人民出版社2017年版，第16页。

[3]　习近平：《2017年10月25日在十九届中共中央政治局常委同中外记者见面时的讲话》，《人民日报》2017年10月26日。

（以下简称“1·5”重要讲话）中，习近平指出：“要把新时代坚持和发展中国特色社会主义这场伟大社会变革进行好，我们党必须勇于进行自我革命，把党建设得更加坚强有力。”[1]在十九届中央纪委二次全会上的重要讲话（以下简称“1·11”重要讲话）中，习近平强调：“在中国特色社会主义新时代，完成伟大事业必须靠党的领导，党一定要有新气象新作为。要全面贯彻党的十九大精神，重整行装再出发，以永远在路上的执着把全面从严治党引向深入，开创全面从严治党新局面。”[2]中国的事情，关键在党，关键在全面从严治党；新时代中国特色社会主义开拓前进，关键在党，关键在全面从严治党。深入研究新时代新征程对党的领导和党的建设提出的新要求，在适应新时代引领新时代中毫不动摇坚持和完善党的领导，毫不动摇推进党的建设新的伟大工程，把党建设得更加坚强有力、更加朝气蓬勃，使全党从组织到个人都自觉践履新作为、焕发新气象，是我们党在新时代的重大任务和庄严责任。

中国特色社会主义进入新时代，对党的领导提出了更加艰巨的任务。必须坚持和加强党的全面领导，全面增强党的执政本领和化解社会矛盾、解决重大问题的能力

中国特色社会主义进入新时代，一方面深刻表明，中华民族和中国人民迎来了从站起来、富起来到强起来的伟大飞跃，迎来了实现中华民族伟大复兴的光明前景；改革发展进入了决胜全面建成小康社会进而全面建成社会主义现代化强国的时代，全国各族人民进入了创造更加美好生活、逐步实现共同富裕的时代，社会主义中国日益走近世界舞台中央、不断为人类作出更大贡献的时代。另一方面也深刻表明，我国社会主要矛盾发生了重大变化，由人民日益增长的物质文化需求和落后的社会生产之间的矛盾转化为人民日益增长的美好生活需要和不平衡不充分的发展之间的矛盾；社会主要矛盾的新变化，是关系全局的历史性变化，对党和国家工作提出了许多新要求，尤其对党的领导提出了更加艰巨的任务，要求我们党必须着力提升战略思维能力，全面增强执政本领，勇敢解决现实问题，更好满足人民在经济、政治、文化、社会、生态尤其是在民主、法治、公平、正义、安全、环境等方面日益增长的需要，更好推动人的全面发展、社会全面进步。

深刻把握新时代的基本规律。这是坚持和加强党的全面领导、充分发挥各级党组织和广大共产党员引领新时代作用的重要前提。新时代的重大战略判断，具有特定的

[1] 习近平：《2018年1月5日在学习贯彻党的十九大精神研讨班上的重要讲话》，《人民日报》2018年1月6日。

[2] 习近平：《2018年1月11日在十九届中央纪委二次全会上的重要讲话》，《人民日报》2018年1月12日。

时空定位。新时代是一个发展过程，即是在党的十八大以来以习近平同志为核心的党中央领导全党全国各族人民奋力开创中国特色社会主义新局面的发展过程中逐步形成的；新时代是特指中国特色社会主义进入了新阶段，是在和平与发展的“大时代”主题下和社会主义初级阶段的“大阶段”中的新时代。习近平总书记在“1·5”重要讲话中指出：“党的十九大作出中国特色社会主义进入新时代这个重大政治论断，我们必须认识到，这个新时代是中国特色社会主义新时代，而不是别的什么新时代。”[1]这一论断指向鲜明、寓意深远。新时代的重大战略判断，具有深远的时代意义。中国特色社会主义进入新时代，不仅在中华人民共和国发展史上、在中华民族发展史上具有重大意义，而且在世界社会主义发展史上、在人类发展史上也具有重大意义。总之，中国特色社会主义进入新时代，是中国共产党直接领导的结果；进一步开创新时代中国特色社会主义新局面，关键在于坚持和加强党的全面领导，充分发挥党对一切工作的核心领导作用。

着力提升战略思维能力。这是坚持和加强党的全面领导、充分发挥各级党组织和广大共产党员引领新时代作用的根本要求。我们党领导各方、统领全局，万众关注、责任重大，这就要求各级党组织和党员领导干部必须坚持辩证唯物主义和历史唯物主义世界观和方法论，着力提高战略思维能力，不断增强领导工作的原则性、系统性、预见性、创造性，按照新时代的要求贯彻执行党和国家大政方针，完善发展战略和各项政策，以新的精神状态和工作气象把新时代中国特色社会主义不断推向前进。尤其是，既要抓住主要矛盾，密切适应社会主要矛盾的新变化对党的领导工作的新要求，着力解决好经济发展结构不平衡、地域发展不平衡、城乡发展不平衡、贫富发展不平衡等“不平衡的发展”的问题，着力解决好制度优势还未得到充分发挥、社会活力还未得到充分释放、国家治理和社会治理现代化功能还未得到充分整合、公平正义和社会安全还未得到充分保障等“不充分的发展”的问题，突出抓重点、补短板、强弱项，扎扎实实推进全面建成小康社会各个方面工作步伐，努力建成得到人民认可、经得起历史检验的全面小康社会，并乘胜开启全面建设社会主义现代化国家新征程。同时又要把握发展大局，清醒认识我国社会主要矛盾的新变化是在社会主义初级阶段这个大国情基础上的阶段性变化，没有改变我们党对我国所处社会主义历史阶段的科学判断，没有改变我国仍处于并将长期处于社会主义初级阶段的基本国情，没有改变我国是世界上最大发展中国家的国际地位，牢牢把握社会主义初级阶段这个基本国情，牢牢立足社会主义初级阶段这个最大实际，牢牢坚持党的基本路线这个党和国家的生命线、

[1] 习近平：《2018年1月5日在学习贯彻党的十九大精神研讨班上的重要讲话》，《人民日报》2018年1月6日。

人民的幸福线，一步一个脚印地将统筹推进“五位一体”总体布局、协调推进“四个全面”战略布局的工作推向前进。

全面增强执政本领。这是坚持和加强党的全面领导、充分发挥各级党组织和广大共产党员引领新时代作用的关键环节。习近平总书记在党的十九大报告中鲜明提出“全面增强执政本领”的重要任务，深刻指出：“领导13亿多人的社会主义大国，我们党既要政治过硬，也要本领高强。”[1]这一重要论断，对于处于新时代前沿的党的各级组织和党员领导干部具有深刻的现实针对性和特别的指导意义。中国特色社会主义进入新时代，新情况、新问题层出不穷，新矛盾、新挑战愈加凸显，对党的领导提出的新任务、新要求也愈益艰巨。担负着决胜全面建成小康社会、在更广范围和更高层次造福人民重任的党员领导干部，不仅要保持朝气蓬勃的精神状态，不忘初心、牢记使命，更加勤奋地工作，更加忠实地履职；而且要有扎实过硬的执政本领，为官一任，造福一方，不仅想干事、会干事，而且能干事、干成事。这就需要增强学习本领，勤于学习、精于思考、勇于实践，掌握马克思主义基本原理和科学方法，尤其用习近平新时代中国特色社会主义思想武装头脑、指导工作；增强政治领导本领，坚定政治定力，拓展政治视野，坚持战略思维，科学制定和坚决执行党的路线方针政策，把党总揽全局、协调各方落到实处；增强改革创新本领，保持锐意进取的精神状态和务实创新的工作作风，善于结合实际创造性地开展工作；增强科学发展本领，坚持和贯彻新发展理念，全面开创发展新局面；增强依法执政本领，树立法治思维，严格执法、科学执法；增强群众工作本领，创新群众工作体制和方式方法，聚民心、集民意、谋民利，依靠人民群众的智慧和力量做好工作；增强狠抓落实本领，说实话、谋实事、出实招、求实效，以钉钉子精神做好各项工作；增强驾驭风险本领，勇于战胜前进道路上的各种困难，牢牢把握工作主动权，胜利担负起新时代的艰巨领导任务。

勇敢解决现实问题。这是坚持和加强党的全面领导、充分发挥各级党组织和广大共产党员引领新时代作用的突出任务。问题是时代的口号、实践的呼声，是人民对美好生活需要的突出体现。对于各级党组织和党员领导干部来说，问题是做好工作的第一信号，是加强党的全面领导的重要切入点。在实际工作中，是迎着问题上，勇敢地化解矛盾、解决问题，还是绕着问题走，回避矛盾，消极应付，这是衡量党员领导干部是否具有坚强党性、是否具有政治定力和担当意识的重要标志。面对新时代提出的新任务，应对新发展出现的新问题，我们应当更加具有问题意识，坚持问题导向，在解决问题、化解矛盾中为人民谋幸福、为国家谋发展。在新时代新征程上，尤其要深

[1] 习近平：《决胜全面建成小康社会　夺取新时代中国特色社会主义伟大胜利——在中国共产党第十九次全国代表大会上的报告》，人民出版社2017年版，第68页。

入关注和解决“发展起来的问题”，在坚持全面发展中缩小社会差距、补齐民生短板、加大环境治理、化解重大风险；要深入关注和解决“制度定型的问题”，积极推进体制改革和制度创新，着力建构“系统完备、科学规范、运行有效”的制度体系；要深入关注和解决政党治理和国家治理面临的问题，着力提升治理体系和治理能力现代化，坚决防止和消除权力腐败，进一步理顺政府和市场的关系、国家和社会的关系、党和人民的关系，净化优化党内党外政治生态。

中国特色社会主义进入新时代，对党的建设提出了更加严峻的考验。必须紧紧围绕制度建设和反腐倡廉全面从严治党，勇于自我革命，不断提高党的建设质量

勇于自我革命，从严管党治党，是我们党最鲜明的品格，也是党适应新时代、引领新时代的最关键因素。全面从严治党永远在路上。全面从严治党，不仅是党长期执政的根本要求，也是实现中华民族伟大复兴的根本保证。党的十八大以来全面从严治党取得的重大成果和成功经验深刻表明，全面从严治党，是新的历史条件下党的建设新的伟大工程的“核心工程”，是确保我们党以新的精神状态和奋斗姿态把中国特色社会主义推向新时代的根本保证。中国特色社会主义进入新时代，我们党面临的挑战和考验更加严峻复杂，这就要求全面从严治党在任何时候任何情况下都不能有丝毫松懈。在“7·26”重要讲话中，习近平警示全党：“对党的十八大以来全面从严治党取得的成果，人民群众给予了很高评价，成绩值得充分肯定，经验值得深入总结。但是，我们决不能因此而沾沾自喜、盲目乐观。全面从严治党依然任重道远。全党要坚持问题导向，保持战略定力，推动全面从严治党向纵深发展，把全面从严治党的思路搞得更加科学、更加严密、更加有效，确保党始终同人民想在一起、干在一起，引领承载着中国人民伟大梦想的航船破浪前进，胜利驶向光辉的彼岸。”[1]在参加党的十九大贵州省代表团讨论时，习近平进一步强调：“我们党要团结带领人民进行伟大斗争、推进伟大事业、实现伟大梦想，必须毫不动摇把党建设得更加坚强有力。全面从严治党永远在路上。在全面从严治党这个问题上，我们不能有差不多了，该松口气、歇歇脚的想法，不能有打好一仗就一劳永逸的想法，不能有初见成效就见好就收的想法。必须持之以恒、善作善成，把管党治党的螺丝拧得更紧，把全面从严治党的思路举措搞得更加科

[1] 习近平：《2017年7月26日在省部级主要领导干部“学习习近平总书记重要讲话精神，迎接党的十九大”专题研讨班上的重要讲话》，《人民日报》2017年7月28日。

学、更加严密、更加有效，推动全面从严治党向纵深发展。"[1]在"1·5"重要讲话中，习近平突出强调："在新时代，我们党必须以党的自我革命来推动党领导人民进行的伟大社会革命，把党建设成为始终走在时代前列、人民衷心拥护、勇于自我革命、经得起各种风浪考验、朝气蓬勃的马克思主义执政党，这既是我们党领导人民进行伟大社会革命的客观要求，也是我们党作为马克思主义政党建设和发展的内在需要。"[2]这些一以贯之的重要论述，深刻体现了勇于自我革命和从严管党治党的高度政治自觉和政治担当，是在新时代推进党的建设新的伟大工程的思想指南和根本遵循。

中国特色社会主义进入新时代，全面从严治党更加具有紧迫性和艰巨性。我们党面临的执政环境是复杂的，影响党的先进性、弱化党的纯洁性的因素也是复杂的，党内存在的思想不纯、组织不纯、作风不纯等突出问题尚未得到根本解决。党的十九大报告深刻指出："要深刻认识党面临的执政考验、改革开放考验、市场经济考验、外部环境考验的长期性和复杂性，深刻认识党面临的精神懈怠危险、能力不足危险、脱离群众危险、消极腐败危险的尖锐性和严峻性，坚持问题导向，保持战略定力，推动全面从严治党向纵深发展。"[3]习近平总书记在"1·11"重要讲话中进一步强调："全面从严治党必须持之以恒、毫不动摇。受国际国内环境各种因素的影响，我们党面临的执政环境仍然是复杂的，影响党的先进性、弱化党的纯洁性的因素也是复杂的。党的队伍和自身状况发生重大而深刻的变化，迫切要求提高党的建设质量、增强党组织的政治功能和组织功能。我们要坚持问题导向，保持战略定力，以'越是艰险越向前'的英雄气概和'狭路相逢勇者胜'的斗争精神，坚定不移抓下去。"[4]应对严峻考验，消除内在危险，成功解决如何跳出"历史周期率"的问题，不啻是在新时代确保党的先进性和纯洁性，使党始终走在时代前列的关键之举。

深入推进反腐败斗争，从根本上防止和消除权力腐败，是全面从严治党的突出任务，是新时代党的建设新的伟大工程的核心内容。党的十八大以来，以习近平同志为核心的党中央以"打铁必须自身硬"的高度政治自觉，以"猛药去疴、重典治乱"的决心和"刮骨疗毒、壮士断腕"的勇气，零容忍、全覆盖、抓长效，推进反腐倡廉斗争不断深入，不仅取得了重大实践成效，有力改变了管党治党"失之于宽、失之于松、失之于软"的状况，不敢腐的目标初步实现、不能腐的制度日益完善、不想腐的堤坝

---

[1] 李涛：《习近平在参加党的十九大贵州省代表团讨论时强调　万众一心开拓进取把新时代中国特色社会主义推向前进》，《人民日报》2017年10月20日。

[2] 习近平：《2018年1月5日在学习贯彻党的十九大精神研讨班上的重要讲话》，《人民日报》2018年1月6日。

[3] 习近平：《决胜全面建成小康社会　夺取新时代中国特色社会主义伟大胜利——在中国共产党第十九次全国代表大会上的报告》，人民出版社2017年版，第61页。

[4] 习近平：《2018年1月11日在十九届中央纪委二次全会上的重要讲话》，《人民日报》2018年1月12日。

正在构筑，反腐败斗争压倒性态势已经形成，党内政治生活气象更新，政治生态不断净化；而且取得了重大理论成果和制度成果，成功构建起中国特色反腐倡廉建设体系。这一特殊的与时俱进的党的建设体系，是习近平新时代中国特色社会主义思想的重要内容，是对马克思主义建党学说的重大发展，是在新的历史条件下加强党的建设、永葆党的先进性和纯洁性的宝贵政治财富，是在新的历史起点上进行伟大斗争、建设伟大工程、推进伟大事业、实现伟大梦想的强大政治动力。

——基础在全面、关键在严、要害在治，是紧紧围绕反腐倡廉全面从严治党的根本方向。“全面”就是管全党、治全党，覆盖党的建设各个领域、各个方面、各个部门，重点抓住“关键少数”；“严”就是真管真严、敢管敢严、长管长严；“治”就是坚持标本兼治，拔“烂树”、治“病树”、正“歪树”，从根本上消除腐败。

——坚持思想建党、制度治党、纪律强党、质量兴党有机结合，是紧紧围绕反腐倡廉全面从严治党的根本路径。新形势下坚持思想建党，就是要紧紧抓住坚定理想信念、强化宗旨意识、践行群众路线、扭紧世界观人生观价值观权力观这个“总开关”四个关键环节，打好党的建设的根基；坚持制度治党，就是要坚持制度改革不动摇、强化制度约束不放松、把权力关进制度的笼子不懈怠，通过体制改革和制度创新切断利益输送链条，确保一切公权力不被滥用，充分发挥制度体系管党治党的长效作用；坚持纪律强党，就是要严明政治纪律不含糊、严守政治规矩不留缝，严格尊崇党章，严格遵守新形势下党内政治生活若干准则，使铁的纪律和规矩转化为党员、干部的日常习惯和自觉遵循，用纪律和规矩营造风清气正的良好政治生态；思想建党、制度治党、纪律强党，相互作用、相得益彰，最终落脚到质量兴党，不断提高党的建设质量，使所有党员都有党员的样子，使所有干部都做人民的表率，使全党永远朝气蓬勃、坚强有力。

——解决“四风”顽症，净化优化党内政治生态，是紧紧围绕反腐倡廉全面从严治党的核心任务。“四风”的要害是违背党的性质和宗旨、损害党群关系，是人民群众深恶痛绝、反映最强烈的问题；“四风”问题顽固反复，作风建设永远在路上。在新形势下，必须注重“四风”的新形式、新表现，持之以恒克服形式主义和官僚主义，久久为功祛除享乐主义和奢靡之风。解决“四风”顽症，直接目的和重大任务是净化优化党内政治生态，永远保持党员、干部来自人民、服务人民的本色，这是建设伟大工程的重中之重，是党勇于自我革命，自觉实现自我净化、自我完善、自我革新、自我提高的重要途径。

——严肃党内政治生活，加强党内政治文化建设，是紧紧围绕反腐倡廉全面从严治党的关键环节。严肃党内政治生活是全面从严治党的基础。党要管党，首先要从党内政治生活管起；从严治党，首先要从党内政治生活严起。而着力建设以马克思主义为指导、以中华优秀传统文化为基础、以革命文化为源头、以社会主义先进文化为主体、充分体现中国共产党人党性的党内政治文化，则是严肃党内政治生活的灵魂，是不断培育党内良好政治生态的土壤。

——完善权力监督体系，把权力关进制度的笼子，是紧紧围绕反腐倡廉全面从严治党的治本之策。失去监督的权力势必导致腐败，绝对的权力导致绝对的腐败。有权必有责、有责要担当，用权受监督、失责必追究。党内监督没有禁区、没有例外，信任不能代替监督。民主集中制是党内监督的核心，强化对权力的监督，必须建立在完善党内民主制度、确保党员民主权利基础之上。同时，必须加大党和国家监督体系的改革与完善，强化自上而下的组织监督，改进自下而上的民主监督，发挥同级相互监督的作用，加强对党员领导干部的日常管理监督；深化政治巡视，坚持发现问题、形成震慑力不动摇；深化国家监察体制改革，组建各级监察委员会，实现对所有行使公权力的公职人员监察全覆盖。

以上五个方面，既是十八大以来我们党坚定反腐倡廉全面从严治党的基本理论和基本经验，又是在中国特色社会主义进入新时代以来紧紧围绕深入反腐倡廉全面从严治党的基本方向和基本路径。人民群众最痛恨权力腐败现象，最期待将反腐败斗争坚决进行到底。权力腐败依然是我们党在新时代面临的最大威胁，防止权力腐败是确保党长期执政的关键环节。我们党只有以反腐败永远在路上的坚韧和执着，深化标本兼治，确保干部清正、政府清廉、政治清明，才能真正跳出“历史周期率”，赢得党和国家长治久安，换来海晏河清、朗朗乾坤。

中国特色社会主义进入新时代，对党群关系提出了更高更严的要求。必须不忘初心、牢记使命，坚守以人民为主体，坚持以人民为中心，确保党始终同人民心连心、同呼吸、共命运

中国共产党是中国工人阶级的先锋队，也是中国人民和中华民族的先锋队，党来自人民、服务于人民。密切联系群众，是我们党最大的政治优势；脱离人民群众，是我们党面临的最大危险。如何密切党群关系，确保党始终不脱离人民，始终同人民心连心、同呼吸、共命运，始终是党的建设致力解决的最核心问题。党的十八大以来，习近平反复强调：“核心问题是党要始终紧紧依靠人民，始终保持同人民群众的血肉联系，一刻也不脱离群众。”“一个政党，一个政权，其前途和命运最终决定于人心向背。我们必须下最大气力解决好消极腐败问题，确保党始终同人民心连心、同呼吸、共命运。”“我们党作为马克思主义执政党，不但要有强大的真理力量，而且要有强大的人格力量；真理力量集中体现为我们党的正确理论，人格力量集中体现为我们党的优良

作风。”[1]在党的十九大报告中，习近平开宗明义进一步强调：“不忘初心，方得始终。中国共产党人的初心和使命，就是为中国人民谋幸福，为中华民族谋复兴。这个初心和使命是激励中国共产党人不断前进的根本动力。全党同志一定要永远与人民同呼吸、共命运、心连心，永远把人民对美好生活的向往作为奋斗目标，以永不懈怠的精神状态和一往无前的奋斗姿态，继续朝着实现中华民族伟大复兴的宏伟目标奋勇前进。”[2]在“1·5”重要讲话中，习近平进一步揭示了新时代密切党群关系的极端重要性，严肃告诫党的中央委员和高中级干部：“不忘初心，牢记使命，就不要忘记我们是共产党人，我们是革命者，不要丧失了革命精神。昨天的成功并不代表着今后能够永远成功，过去的辉煌并不意味着未来可以永远辉煌。时代是出卷人，我们是答卷人，人民是阅卷人。”[3]这一系列掷地有声、寓意深长的话语，表达了在新时代新征程上密切党群关系、永不脱离人民必须严格遵守的铁律。

始终坚守以人民为主体。人民是国家和社会的主人，是党的力量的根本源泉，是党长期执政的根本依靠力量。人民当家作主是社会主义民主政治的本质特征，而坚持和加强党的全面领导是实现人民当家作主的根本保证；坚持党的领导、人民当家作主、依法治国有机统一，是社会主义政治发展的必然要求，是建设中国特色社会主义民主政治的本质体现。中国特色社会主义进入新时代，人民当家作主进入新境界，必须把坚持人民当家作主、坚守人民主体地位作为新时代密切党群关系的最基础环节，不断扩大人民有序政治参与，保证人民依法实行民主选举、民主协商、民主决策、民主管理、民主监督，使社会主义政治发展真正体现人民的意志、保障人民的权益、激发人民的创造活力，用制度体系保证人民当家作主。

始终坚持以人民为中心。习近平提出的“坚持以人民为中心”的发展思想，集中体现了我们党全心全意为人民服务的根本宗旨，体现了人民是推动发展的根本力量的唯物史观，对于解决新形势下党群关系面临的新问题，在新的历史起点上密切党同人民群众的血肉联系，确保党始终同人民想在一起、干在一起，具有多层面价值意义。

——科学发展观价值意义。为什么人的问题、靠什么人的问题，始终是根本立场问题、世界观问题。对于经济社会发展来说，这个问题是关系能否实现充满活力而又稳定发展的首要因素；对于道路选择来说，这个问题是决定道路选择的方向是否正确、能否具有强盛生命力的关键环节；而对于一个政党来说，这个问题是判断党是否先进、是否有坚实基础和充沛活力的根本标准。中国特色社会主义进入新时代，必须更加坚

[1] 《习近平关于全面从严治党论述摘编》，中央文献出版社2016年版，第178、157页。

[2] 习近平：《决胜全面建成小康社会　夺取新时代中国特色社会主义伟大胜利——在中国共产党第十九次全国代表大会上的报告》，人民出版社2017年版，第1页。

[3] 习近平：《在学习贯彻党的十九大精神研讨班上的重要讲话》，《人民日报》2018年1月6日。

定地把实现公平正义、增进人民福祉、促进共同富裕作为根本出发点，把尊重人民主体地位、弘扬人民主体力量、调动人民积极性主动性创造性作为根本动力，把人民对美好生活的向往、实现好维护好发展好最广大人民的根本利益作为奋斗目标，更好解决社会主要矛盾和人民关注的现实问题，确保实现创新、协调、绿色、开放、共享发展。

——民主政治观价值意义。“民主意味着在形式上承认公民一律平等，承认大家都有决定国家制度和管理国家的平等权利。”[1]坚持以人民为中心发展思想，深刻体现着和诠释着我们党在新时代所坚守的民主政治价值观：坚持以人民为宗旨，把实现公平正义、维护人民权益作为民主政治建设的根本出发点和落脚点；坚持以人民为主体，把激发人民主体意识、行使好民主权利作为民主政治建设的根本依靠力量；坚持以人民为目的，把扩大人民民主、确保人民民主权利的实现作为民主法治建设的根本目的。

总之，在新时代新征程上，“两民”的有机统一即坚守以人民为主体和坚持以人民为中心的有机统一，是密切党群关系的根本基础，是不忘初心、牢记使命的时代彰显。只要我们在实际工作中真正把“两民”有机统一起来，融化为坚持和发展新时代中国特色社会主义的伟大实践，我们党就一定会更加赢得人民的认同和拥戴，一定能带领人民谱写新时代中国特色社会主义更加壮丽的美好华章！

原载于《华东师范大学学报（哲学社会科学版）》2018年第2期

[1] 《列宁选集》（第3卷），人民出版社2012年版，第201页。

论中国共产党理论强党的四重维度

方 雷 陈善友

摘 要：中国共产党是用马克思主义理论武装起来的政党。马克思主义经典作家关于理论强党的思想，是把握理论强党的理论维度；中国共产党进行理论强党的历史实践，是理解理论强党的经验维度；加强党的长期执政能力建设、先进性和纯洁性建设，不断提高党的建设质量，是新时代坚持理论强党的现实维度；增强理论自信，用习近平新时代中国特色社会主义思想武装全党，在新的实践基础上不断推进理论创新，是新时代推进理论强党的路径维度。

关键词：中国共产党；理论强党；维度

习近平总书记在纪念马克思诞辰200周年大会上指出："回顾党的奋斗历程可以发现，中国共产党之所以能够历经艰难困苦而不断发展壮大，很重要的一个原因就是我们党始终重视思想建党、理论强党，使全党始终保持统一的思想、坚定的意志、协调的行动、强大的战斗力。"[1]在这里，习近平把理论强党视为中国共产党能够历经艰难困苦而不断发展壮大的一条重要历史经验，这是对新时代加强党的理论学习和理论建设的殷切要求。这一重要论述，总结历史经验，观照现实需要，具有极其重要的理论意义和现实意义。

一、理论维度：马克思主义经典作家关于理论强党的思想

中国共产党是以马克思主义为指导思想和理论基础的政党。马克思主义经典作家非常重视理论强党。马克思在《〈黑格尔法哲学批判〉导言》中指出："批判的武器当然不能代替武器的批判，物质力量只能用物质力量来摧毁，但是理论一经掌握群众，也会变成物质力量。"[2]在这里，马克思把理论视作德国实现解放的手段。恩格斯指出：

[1] 习近平：《纪念马克思诞辰200周年大会上的讲话》，《人民日报》2018年5月5日。

[2] 《马克思恩格斯文集》（第1卷），人民出版社2009年版，第11页。

“我们党有个很大的优点，就是有一个新的科学的世界观作为理论的基础。”[1]这一“新的科学的世界观”就是马克思主义。正是因为共产党“有一个新的科学的世界观作为理论的基础”，因此，“在实践方面，共产党人是各国工人政党中最坚决的、始终起推动作用的部分；在理论方面，他们胜过其余无产阶级群众的地方在于他们了解无产阶级运动的条件、进程和一般结果”[2]。列宁在领导俄国社会民主党开展革命斗争的实践中深刻地认识到革命理论对党的重要作用。他说：“现在我们只想指出一点，就是只有以先进理论为指南的党，才能实现先进战士的作用。”[3]列宁还要求党必须不断地从革命理论中汲取革命的信念。他指出：“没有革命的理论，就不会有坚强的社会党，因为革命理论能使一切社会党人团结起来，他们从革命理论中能取得一切信念，他们能运用革命理论来确定斗争方法和活动方式。”[4]以毛泽东为主要代表的中国共产党人自建党以来，就一直强调理论对党的极端重要性。1938年，毛泽东在扩大的六届六中全会上指出：“如果我们党有一百个至二百个系统地而不是零碎地、实际地而不是空洞地学会了马克思列宁主义的同志，就会大大地提高我们党的战斗力量。”[5]中华人民共和国成立后，毛泽东在1955年举行的中国共产党全国代表会议上指出，要建立强大的理论队伍，“没有这支队伍，对我们全党的事业，对我国的社会主义工业化、社会主义改造、现代化国防、原子能的研究，是不行的，是不能解决问题的”[6]。进入改革开放新时期后，要建设有中国特色的社会主义，时代和任务不同了，党面临提高自身理论水平和执政能力的迫切要求。邓小平希望“党中央能做出切实可行的决定，使全党的各级干部，首先是领导干部，在繁忙的工作中，仍然有一定的时间学习，熟悉马克思主义的基本理论，从而加强我们工作中的原则性、系统性、预见性和创造性”[7]。

党的十八大以来，习近平“坚持理论强党的优良传统，高度重视理论建设和理论指导，对理论强党的认知做出新概括，达到了新境界”[8]。2012年，习近平指出：“在前进道路上，我们一定要加强全党的理论武装……要通过理论武装，推动全党特别是各级领导干部坚定理想信念，增强为党和人民事业不懈奋斗的自觉性和坚定性，真正做到坚定不移、矢志不渝。”[9]2013年，习近平在中央党校建校80周年庆祝大会上强调：

---

[1] 《马克思恩格斯选集》(第2卷)，人民出版社2012年版，第10页。

[2] 《马克思恩格斯选集》(第1卷)，人民出版社2012年版，第413页。

[3] 《列宁专题文集：论无产阶级政党》，人民出版社2009年版，第71页。

[4] 《列宁专题文集：论无产阶级政党》，人民出版社2009年版，第339页。

[5] 《毛泽东选集》(第2卷)，人民出版社1991年版，第533页。

[6] 《毛泽东文集》(第6卷)，人民出版社1999年版，第395页。

[7] 《邓小平文选》(第3卷)，人民出版社1993年版，第146—147页。

[8] 石仲泉：《理论强党：中国共产党为什么能的重要法宝》，《文汇报》2017年10月13日。

[9] 习近平：《全面贯彻落实党的十八大精神要突出抓好六个方面工作》，《求是》2013年第1期。

“要认真学习马克思主义理论，这是我们做好一切工作的看家本领，也是领导干部必须普遍掌握的工作制胜的看家本领。”[1]从习近平总书记的论述中，我们可以看到，马克思主义理论具有使人使党坚定理想信念和增强工作本领的功能，而对于一个党来说，具有坚定的理想信念和强大的工作本领，是其强大的关键支撑。

二、经验维度：中国共产党理论强党的历史实践

中国共产党是以马克思列宁主义的基本原则为指导建立起来的政党，成立以来就特别重视理论建设，要求用马克思主义理论武装自己，但由于主客观条件的限制，在党到达陕北之前，党的“理论水平还是很低的”[2]，这是党内右倾和“左”倾错误交替出现的根本原因。1929年，毛泽东针对红军第四军中“惟党员理论常识太低，须赶急进行教育”的问题，致信中共中央，请求“将党内出版物（布报，《红旗》《列宁主义概论》《俄国革命运动史》等，我们一点都未得到）寄来外”，还“另请购书一批……”，并强调指出：“我们望得书报如饥如渴，务请勿以事小弃置。”[3]在抗日战争时期，一方面，党员队伍发展很快，但大批新党员的马克思主义理论知识严重不足；另一方面，抗战的新形势新要求又对党提出新挑战。因此，提高党的理论水平的任务摆在全党面前。毛泽东指出，党的马克思列宁主义理论修养还很不够，这与我们党在抗日民族解放战争中的历史地位是很不相称的，因此，他认为，“普遍地深入地研究马克思列宁主义的理论的任务，对于我们，是一个亟待解决并须着重地致力才能解决的大问题”[4]。他号召“一切有相当研究能力的共产党员，都要研究马克思、恩格斯、列宁、斯大林的理论，都要研究我们民族的历史，都要研究当前运动的情况和趋势；并经过他们去教育那些文化水准较低的党员”[5]。为了提高全党马克思主义理论水平，使党能够在艰巨复杂的抗日战争中发挥中流砥柱的作用，党抓紧了抗战转入相持阶段这个局势较少变化的时期进行全党范围的马克思列宁主义教育。1945年，中共七大把毛泽东思想写入党章，全党在毛泽东思想的旗帜下达到空前的团结统一，为抗日战争和解放战争的胜利奠定了坚实的思想理论基础。

中华人民共和国成立后，中国共产党继续坚持理论强党。面对执政以后的新形势、

---

[1] 《习近平谈治国理政》（第一卷），外文出版社2018年版，第404页。

[2] 中国延安精神研究会：《延安整风五十周年——纪念延安整风五十周年文集》，党建读物出版社1995年版，第165页。

[3] 《毛泽东书信选集》，中央文献出版社2003年版，第26—27页。

[4] 《毛泽东选集》（第2卷），人民出版社1991年版，第533页。

[5] 《毛泽东选集》（第2卷），人民出版社1991年版，第523—533页。

新任务和新挑战，中共中央于1951年下发了《中共中央关于加强理论教育的决定（草案）》（以下简称《决定》），指出：“现在国内战争已经基本上结束，党正面临着建设新中国的复杂任务，全党有系统地学习理论，比过去任何时候都有更好的条件，也更加迫切需要。”[1]《决定》要求全党按照党员理解能力的发展程度，将学习分为三级：第一级学习政治常识，第二级学习理论常识，第三级学习马恩列斯的理论著作和毛泽东的理论著作。《决定》还对学习时间、考试制度、理论教员、学习顾问以及地委书记以上党的高级干部的学习等问题做出明确的规定。1963年，毛泽东提出：“对我们的同志，应当进行辩证唯物论的认识论的教育，以便端正思想，善于调查研究，总结经验，克服困难，少犯错误。”[2]这是毛泽东同志鉴于“一些处在领导工作岗位的同志和许多从事一般工作的同志，并不懂得或者不甚懂得马克思主义的科学的革命的认识论”[3]的问题而提出的要求。

1979年，邓小平在党的理论工作务虚会上指出：“我们是一个马克思主义的大党，我们自己不重视马克思主义的研究，不按照实践的发展来推动马克思主义的前进，我们的工作还能够做得好吗？”[4]邓小平希望党的思想理论工作者对形势、任务、党的方针政策和自己的工作的认识提高一步，更紧密地团结在党中央的周围，并且通过他们的卓有成效的工作，把全国各族人民更紧密地团结在中国共产党的周围。1989年，江泽民明确指出：“党在理论上的提高，是党的领导的正确性、科学性的根本保证，鉴于世界和中国的许多新情况、新问题，鉴于我们党在中国社会主义建设中担负的重要责任和国际共产主义运动中所处的重要地位，有必要把学习和研究马克思主义基本理论，在马克思主义理论指导下研究和探讨当代重大政治、经济、社会理论作为一项紧迫的任务提到全党面前。”[5]1995年11月8日，江泽民在北京视察工作时指出：“根据当前干部队伍的状况和存在的问题，在对干部进行教育当中，要强调讲学习，讲政治，讲正气。”[6]1996年，党的十四届六中全会做出决定，对县处级以上领导干部进行一次以讲学习、讲政治、讲正气为主要内容的党性党风教育。在“三讲”中讲学习是前提和基础，而讲学习首要的是学习理论。党的十三届四中全会以来，以江泽民为主要代表的共产党人，在世情、国情和党情均发生变化的情况下，在深刻回答建设一个什么样的党、怎样建设党的问题上，形成“三个代表”重要思想。2004年，中共中央召开实施

[1] 《建国以来毛泽东文稿》（第2册），中央文献出版社1988年版，第183—184页。

[2] 《毛泽东文集》（第8卷），人民出版社1999年版，第320页。

[3] 《毛泽东文集》（第8卷），人民出版社1999年版，第323页。

[4] 《邓小平文选》（第2卷），人民出版社1994年版，第181页。

[5] 《十三大以来重要文献选编（中）》，人民出版社1991年版，第630页。

[6] 《江泽民文选》（第1卷），人民出版社2006年版，第483页。

马克思主义理论研究和建设工程工作会议，胡锦涛在会上强调：“当今世界政治、经济、文化、科技、军事等领域出现了一系列新变化、新矛盾、新问题，我国改革发展也面临着一系列新任务、新情况、新课题。我们党要带领全国各族人民抓住重要战略机遇期，全面建设小康社会，把改革开放和现代化建设继续推向前进，就必须进一步高扬马克思主义理论的伟大旗帜，用马克思主义中国化的最新成果邓小平理论和‘三个代表’重要思想武装全党、教育人民，用发展着的马克思主义指导新的实践，并在实践中不断丰富和发展马克思主义。”[1]

党的十八大以来，习近平总书记极其重视理论强党。他强调理论强党的重要性，认为“马克思主义就是我们党和人民事业不断发展的参天大树之根本，就是我们党和人民事业不断奋进的万里长河之泉源”[2]。习近平总书记指出理论强党的路径，要求全党尤其是各级领导干部要加强对马克思主义理论的学习和实践，并把开展“两学一做”学习教育作为理论强党的重要抓手。习近平注重推进理论创新，要求用马克思主义中国化的最新成果武装全党。

回顾中国共产党进行理论强党的历史，可以总结出以下经验：

第一，把理论强党作为党的事业不断取得胜利的重要法宝。在革命、建设和改革的不同时期，党始终一以贯之地重视理论强党。这说明党对理论强党的极端重要性始终保持着清醒的认识。革命、建设和改革的成功实践也充分证明了理论强党是党的事业不断取得胜利的重要法宝。理论强党同思想建党、制度治党一道构成我们党的建设伟大工程的总体框架，并成为党的建设的基本遵循。

第二，把用中国化的马克思主义武装全党作为理论强党的核心要求。刘少奇在党的七大所作的《关于修改党章的报告》中提出：“现在的重要任务，就是动员全党来学习毛泽东思想，宣传毛泽东思想，用毛泽东思想来武装我们的党员和革命的人民，使毛泽东思想变为实际的不可抗御的力量。”[3]习近平强调：“要坚持不懈用马克思主义中国化最新成果武装头脑、凝心聚魂。”[4]党的七大把毛泽东思想写入党章，十五大、十六大、十七大分别把邓小平理论、“三个代表”重要思想和科学发展观写入党章，党的十九大把习近平新时代中国特色社会主义思想写入党章。这反映了党用中国化的马克思主义武装全党的清醒和自觉，也是党的事业不断取得胜利的根本保证。

第三，把理论学习作为理论强党的基本途径。毛泽东同志多次号召全党同志进行

---

[1] 崔士鑫：《高扬马克思主义理论伟大旗帜　凝聚全党全国人民共同奋斗》，《人民日报》2004年4月29日。

[2] 《习近平谈治国理政》（第二卷），外文出版社2017年版，第66页。

[3] 《刘少奇选集（上）》，人民出版社1981年版，第337页。

[4] 《习近平谈治国理政》（第二卷），外文出版社2017年版，第67页。

对马克思主义理论的学习，并亲自带头研读马克思主义经典著作。1949年召开的中共七届二中全会规定干部学习马列主义必读的十二本著作。毛泽东指出："如果在今后三年之内，有三万人读完这十二本书，有三千人读通这十二本书，那就很好。"[1]1985年，邓小平在中国共产党全国代表会议上的讲话中要求"学习马克思主义理论"，并指出，"这不仅是专对新干部，对老干部也同样适用"[2]。党的十七届四中全会明确提出"建设马克思主义学习型政党，提高全党思想政治水平"这一重大而紧迫的战略任务。习近平总书记强调要加强理论学习："高度重视学习、善于进行学习，是我们党的优良传统和政治优势，是我们党保持和发展先进性、始终走在时代前列的重要保证，也是领导干部健康成长、提高素质、增强本领、不断进步的重要途径。"[3]

三、现实维度：中国共产党坚持理论强党的时代命题

理论强党是全面从严治党的内在要求和重要途径。中国特色社会主义已进入新时代，这是我国发展新的历史方位。决胜全面建成小康社会，全面建设社会主义现代化强国，实现中华民族伟大复兴的中国梦，不断为人类作出更大贡献，是中国共产党在新时代的历史使命。完成这样的历史使命，必须坚定不移全面从严治党，毫不动摇把党建设得更加坚强有力。党的十八大以来，党的各方面建设取得了卓越成效，为党和国家事业发展提供了坚强政治保证。同时，还要清醒认识到，党所面临的"四大考验"和"四种危险"问题依然是长期存在且严峻的。"四大考验"和"四种危险"问题归根结底是能力和信仰问题。能力过硬了，才能在面对"四大考验"时从容不迫；信仰坚定了，才能在抵御"四种危险"中提高免疫力。

（一）坚定信仰，必须用马克思主义理论武装头脑

习近平指出："一个政党的衰弱，往往从理想信念的丧失或缺失开始。我们党是否坚强有力，既要看全党在理想信念上是否坚定不移，更要看每一位党员在理想信念上是否坚定不移。"[4]当前，在一部分党员、干部中，信仰缺失是一个需要引起高度重视的问题。一些党员干部信仰迷茫、精神迷失，"不信马列信大师""不问苍生问鬼神"，利用手中权力谋私，丧失党的政治立场，有的甚至向往西方社会制度和价值观念，对社

[1] 《毛泽东文集》（第5卷），人民出版社1996年版，第261页。

[2] 《邓小平论党的建设》，人民出版社1990年版，第240页。

[3] 林振义：《当代中国的"劝学篇"——系统学习习近平总书记十八大前后关于加强学习的重要论述》，《光明日报》2015年3月18日。

[4] 《习近平谈治国理政》（第二卷），外文出版社2017年版，第34—35页。

会主义前途失去信心。理想信念的动摇必然会产生精神懈怠、脱离群众、消极腐败等一系列问题。就像习近平所指出的，“没有理想信念，理想信念不坚定，精神上就会得‘软骨病’，就会在风雨面前东摇西摆”[1]。崇高信仰、坚定信念不会自发产生。“坚定的理想信念，必须建立在对马克思主义的深刻理解上，建立在对历史规律的深刻把握上”[2]。老一辈革命家正是在对马克思主义理论的学习中接受了科学社会主义，学习越深，信念弥坚。毛泽东曾经说过：“有三本书特别深刻地铭记在我的心中，使我树立起对马克思主义的信仰。我接受马克思主义，认为它是对历史的正确解释以后，就一直没有动摇过。这三本书是：陈望道译的《共产党宣言》，这是用中文出版的第一本马克思主义的书；考茨基著的《阶级斗争》，以及柯卡普著的《社会主义史》。”[3]邓小平1992年在南方谈话中说：“我的入门老师是《共产党宣言》和《共产主义ABC》。”[4]“我从来就未受过其他思想的浸入，一直就是相当共产主义的。”[5]正是因为理论上清醒，信念才能坚定，所以，习近平强调：“要炼就‘金刚不坏之身’，必须用科学理论武装头脑，不断培植我们的精神家园。”[6]在市场经济的浪潮中，广大党员和领导干部只有通过深入学习马克思列宁主义、毛泽东思想、邓小平理论、“三个代表”重要思想、科学发展观和习近平新时代中国特色社会主义思想，才能洞悉人类社会发展规律，才能保持对远大理想和奋斗目标的清醒认知和执着追求，从而做到在各种诱惑下不迷失方向，在逆境时不消沉不动摇。

（二）提高能力，必须掌握马克思主义理论

作为一个13亿多人口社会主义大国的执政党，中国共产党既要信仰坚定，也要能力过硬。进入新时代，新事物、新问题、新矛盾层出不穷，新任务、新目标、新征程重任在肩，这些都对中国共产党的治国理政能力提出更高的要求。通过掌握马克思主义理论以提高能力，是中国共产党在革命、建设和改革进程中总结出来的宝贵经验。恩格斯说：“马克思的整个世界观不是教义，而是方法。它提供的不是现成的教条，而是进一步研究的出发点和供这种研究使用的方法。”[7]马克思主义哲学给人类尤其是无产阶级提供了伟大的认识工具。1957年1月，在省市自治区党委书记会议上的讲话中，毛泽东指出：“要照辩证法办事。这是邓小平同志讲的。我看，全党都要学习辩证法，

[1] 习近平：《在纪念陈云同志诞辰110周年座谈会上的讲话》，《人民日报》2016年6月13日。
[2] 《习近平谈治国理政》（第二卷），外文出版社2017年版，第35页。
[3] 埃德加·斯诺：《毛泽东自传》，汪衡译，中国青年出版社2009年版，第44页。
[4] 《邓小平文选》（第3卷），人民出版社1993年版，第382页。
[5] 毛毛：《我的父亲邓小平》（上卷），中央文献出版社1993年版，第112页。
[6] 《习近平总书记系列重要讲话读本》，学习出版社、人民出版社2014年版，第161页。
[7] 《马克思恩格斯文集》（第10卷），人民出版社2009年版，第691页。

提倡照辩证法办事。全党都要注意思想理论工作，建立马克思主义的理论队伍，加强马克思主义理论的研究和宣传。要运用马克思主义的对立统一学说，观察和处理社会主义社会阶级矛盾和阶级斗争的新问题，观察和处理国际斗争中的新问题。”[1]在用马克思主义理论武装头脑、提高能力上，以习近平同志为核心的党中央率先力行，十八届中央政治局2013年进行第十一次集体学习时安排了历史唯物主义基本原理和方法论，2015年第二十次集体学习时安排了辩证唯物主义基本原理和方法论。这些原理和方法论能教我们以正确的立场和科学的态度来认识纷繁复杂的客观事物，把握事物发展的规律。在新时代，中国共产党要不断接受马克思主义哲学智慧的滋养，自觉地坚持和运用辩证唯物主义世界观和方法论，在实际工作中把握社会基本矛盾分析法，掌握物质生产是社会生活的基础的观点，掌握人民群众是历史创造者的观点，掌握辩证唯物主义的基本范畴，增强辩证思维、战略思维、历史思维、创新思维、底线思维能力，把各项工作做得更好。

四、路径维度：新时代中国共产党推进理论强党的实践进路

恩格斯指出："一个民族要想攀登科学的高峰，终究是不能离开理论思维的。"[2]一个民族是如此，一个政党也是这样。中国共产党唯有用马克思主义武装自己，才能把全党全国各族人民凝聚起来、团结起来。在新时代，我们必须继续推进理论强党。结合新时代坚持和发展中国特色社会主义的实践要求、中国共产党自身实际，推进理论强党要遵循以下三个路径：一是厚植理论自信；二是强化理论武装；三是推进理论创新。厚植理论自信，这是理论强党的灵魂所在；强化理论武装，这是理论强党的关键所在；推进理论创新，这是理论强党的长远所在。三者相互依存、相互支撑，共同构成理论强党的基本范式。

（一）厚植理论自信：理论强党的灵魂所在

理论自信是对马克思主义的自信，就是坚信马克思主义能解决中国的问题，能引领中华民族走向伟大复兴。作为中国共产党指导思想的马克思主义既包括马克思列宁主义，也包括马克思主义中国化的理论成果，习近平新时代中国特色社会主义思想是中国特色社会主义理论体系的新发展，是新时代的马克思主义。毛泽东思想和中国特色社会主义理论体系是中国共产党在领导中国革命、建设和改革的伟大实践中逐步形成发展起来的。鸦片战争以来，为了挽救中华民族于水火之中，中国人民屡屡向西方

[1] 《毛泽东文集》（第7卷），人民出版社1999年版，第200—201页。
[2] 《马克思恩格斯选集》（第3卷），人民出版社2012年版，第875页。

学习救国救民真理，但无论是资产阶级立宪学说，还是资产阶级共和思想，都先后在中国失败了，直到十月革命以后，中国人开始用马克思列宁主义作为观察和改变中国命运的工具。中国共产党人把马克思列宁主义基本原理同中国革命和建设的具体实际结合起来，创立了毛泽东思想，先后取得了新民主主义革命、社会主义改造的伟大胜利，建立了中华人民共和国，确立了社会主义的基本制度，为当代中国一切发展进步奠定了根本的政治前提和制度基础。党的十一届三中全会后，中国共产党以马克思列宁主义、毛泽东思想为指导，深刻回答了建设什么样的社会主义、怎样建设社会主义，建设什么样的党、怎样建设党，实现什么样的发展、怎样发展等这些中国特色社会主义事业发展中亟待解决的基本问题，形成了中国特色社会主义理论体系，开辟了中国特色社会主义发展的崭新局面。党的十八大以来，在习近平新时代中国特色社会主义思想的指导下，中国又取得全方位的、开创性的成就，进行深层次的、根本性的变革。如今，“中华民族实现了从东亚病夫到站起来的伟大飞跃，实现了从站起来到富起来的伟大飞跃，迎来了从富起来到强起来的伟大飞跃”[1]。实践已经并将继续证明，马克思主义是唯一能引领中国共产党胜利前进的指导思想。这是中国共产党独特的政治优势和理论优势，是中国共产党自信的源泉和基础。这些道理和事实要向全党讲明白，努力使全体党员都成为马克思主义的笃信者、深学者、践行者。

（二）强化理论武装：理论强党的关键所在

把理论束之高阁，即使它再科学，也是没有任何意义的。理论的魅力和价值只有作用于人的头脑和实践中才能凸显出来。习近平同志强调：“在前进道路上，我们一定要加强全党的理论武装。”[2]全党尤其是各级领导干部要自觉用马克思主义科学理论武装头脑，并指导自己的实际工作。为此，要在全党范围内开展一次大规模的马克思主义理论学习活动，“把读马克思主义经典、悟马克思主义原理当作一种生活习惯、当作一种精神追求。用经典涵养正气、淬炼思想、升华境界、指导实践”[3]。习近平新时代中国特色社会主义思想是马克思主义中国化的最新理论成果，是推动党和国家事业发展的强大思想武器和行动指南。当前和今后，要继续深入学习、深刻领会、全面贯彻习近平新时代中国特色社会主义思想，真正达到学懂弄通做实，为此要把学习实践习近平新时代中国特色社会主义思想常态化、长效化、制度化，构建学习实践的保障体系、督查体系和考核体系。

---

[1] 习近平：《纪念马克思诞辰200周年大会上的讲话》，《人民日报》2018年5月5日。

[2] 习近平：《全面贯彻落实党的十八大精神要突出抓好六个方面工作》，《求是》2013年第1期。

[3] 习近平：《纪念马克思诞辰200周年大会上的讲话》，《人民日报》2018年5月5日。

（三）推进理论创新：理论强党的长远所在

时代是思想之母，实践是理论之源。理论的生命力在于不断创新。中国共产党之所以能永葆青春而不僵化，就在于它紧紧抓住马克思主义理论与时俱进的品格，不断推进理论创新。恩格斯说："每一个时代的理论思维，包括我们这个时代的理论思维，都是一种历史的产物，它在不同的时代具有完全不同的形式，同时具有完全不同的内容。"[1]在中国革命、建设和改革的长期实践中，中国共产党始终坚持与时俱进的理论品格，及时回应和解决重大时代命题，不断推进马克思主义中国化，形成中国特色社会主义理论体系。理论是灰色的，而实践之树常青。中国共产党要继续推进马克思主义中国化的进程。在新时代，推进实践基础上的理论创新，一方面必须牢牢坚持马克思主义指导地位，"不断深化对共产党执政规律、社会主义建设规律、人类社会发展规律的认识，不断开辟发展当代中国马克思主义、21世纪马克思主义新境界"[2]；另一方面，要着眼当前党和国家事业发展的实际，不断对实践中取得的新鲜经验进行理论总结和概括。为了推进理论创新，要加大党的理论工作队伍建设，造就一大批新时代的讲政治、有担当的马克思主义理论家。

恩格斯曾经预言："只要进一步发挥我们的唯物主义论点，并且把它应用于现时代，一个强大的、一切时代中最强大的革命远景就会立即展现在我们面前。"[3]中国共产党只要始终做到用科学的先进的马克思主义理论来武装自己，全面贯彻落实新时代党的建设总要求，一个"始终走在时代前列、人民衷心拥护、勇于自我革命、经得起各种风浪考验、朝气蓬勃的马克思主义执政党"[4]就一定会站立在中国人民面前。

原载于《理论探讨》2018年第5期

[1] 《马克思恩格斯选集》（第3卷），人民出版社2012年版，第873页。

[2] 习近平：《纪念马克思诞辰200周年大会上的讲话》，《人民日报》2018年5月5日。

[3] 《马克思恩格斯选集》（第2卷），人民出版社2012年版，第9页。

[4] 习近平：《决胜全面建成小康社会　夺取新时代中国特色社会主义伟大胜利——在中国共产党第十九次全国代表大会上的报告》，人民出版社2017年版，第62页。

新时代全面从严治党的价值认知与实践推进

陈海燕　王　晨

摘　要： 全面从严治党，是习近平新时代中国特色社会主义思想的标志性成果之一，是一个由“根本目的”“基本原则”“核心要义”“内容载体”“着力之点”等要素构成的价值认知系统和以“根本指导”“关键之举”“治本之策”“动力之源”“基础工程”“纵深发展”等为环节点的实践推进机制。马克思主义经典作家管党治党理论是全面从严治党的思想源泉；社会主义国家执政党管党治党经验教训的总结和反思是全面从严治党的经验支持；中国共产党管党治党的政治自觉是全面从严治党的现实基础。马克思主义政党管党治党的理论逻辑与实践逻辑的统一，构成了新时代中国共产党全面从严治党价值理性与工具理性的融通。

关键词： 中国共产党；全面从严治党；价值认知；实践推进

党的十八大以来，全面从严治党取得了历史性的突破和进展，无论是理论认知还是实践推进都取得了显著成效，开拓了马克思主义执政党管党治党理论与实践新境界。虽然全面从严治党仍然在路上，但其所展示的政治智慧和政治力量，已引起了国际社会的极大关注，为世界其他国家执政党自身治理提供了全新的视角和借鉴。

一、从严治党是马克思主义政党本质属性和价值实现的内在要求

马克思主义政党是无产阶级的先锋队，是“最坚定的共产主义者也是最勇敢的士兵”[1]，其阶级性和先进性及其为实现“人的自由而全面发展”的价值追求，决定了其自身建设的严格性和坚定性。对此，马克思主义创始人及其继承捍卫者在创建和领导无产阶级政党的历史进程中，在思想、组织、纪律等多方面提出了系列管党治党思想，奠定了无产阶级政党从严治党的理论基础。

[1] 《马克思恩格斯全集》（第10卷），人民出版社1998年版，第94页。

（一）马克思恩格斯关于无产阶级政党建设的理论认识注入了“从严”的生命基因

马克思、恩格斯时期，虽然无产阶级政党还没取得执政权，但他们关于管党治党的思想认识全面而深刻，为无产阶级政党建设注入了“从严”的生命基因，成为我们党全面从严治党的源头活水。

其一，在党的指导思想上，马克思、恩格斯严格以“新的科学的世界观作为理论的基础”[1]，并强调为保证党的指导思想地位不可撼动，必须对各种错误思潮给予坚决的直接的彻底的批判，决不能心慈手软。其二，在党的组织建设上，一方面，强调“组织本身是完全民主的，它的各委员会由选举产生并随时可以罢免”[2]；另一方面，要求党必须贯彻集中统一的原则，“必须绝对保持党的纪律”[3]。其三，在党内关系上，坚持党的团结，正确开展党内斗争。强调“革命应当是团结的”[4]，而党内的团结要通过思想斗争、理论斗争来维持和实现。但党内团结和党内斗争“决不拿原则做交易”[5]。其四，坚决维护党的权威。强调“获得胜利的政党如果不愿意失去自己努力争得的成果，就必须凭借它以武器对反动派造成的恐惧，来维持自己的统治”[6]。在马克思、恩格斯看来，维护党的权威，就是维护党的政治生命。其五，在党群关系上，严格党的领导成员的品行标准，要求党的“领袖们有责任越来越透彻地理解种种理论问题，越来越彻底地摆脱那些属于旧世界观的传统言辞的影响”[7]，同时“还需要熟悉党的斗争条件，掌握这种斗争的方式，具备久经考验的耿耿忠心和坚强性格，最后还必须自愿地把自己列入战士的行列中”[8]，自觉接受群众的监督与批评。所有这些思想，无疑奠定了马克思主义政党从严治党的理论基础。

（二）苏联共产党管党治党的经验教训为中国共产党全面从严治党提供了经验支持

19世纪末20世纪初，资本主义发展到了帝国主义阶段。列宁应时代发展和俄国革命的需要，在继承马克思、恩格斯关于管党治党思想的基础上，提出了系列治党新观点，为布尔什维克党取得革命政权并领导俄国建设社会主义提供了思想武器，积累了

[1] 《马克思恩格斯文集》（第2卷），人民出版社2009年版，第599页。
[2] 《马克思恩格斯文集》（第4卷），人民出版社2009年版，第236页。
[3] 《马克思恩格斯全集》（第29卷），人民出版社1972年版，第413页。
[4] 《马克思恩格斯全集》（第18卷），人民出版社1964年版，第180页。
[5] 《马克思恩格斯选集》（第3卷），人民出版社2012年版，第355页。
[6] 《马克思恩格斯选集》（第3卷），人民出版社2012年版，第277页。
[7] 《马克思恩格斯选集》（第3卷），人民出版社2012年版，第38页。
[8] 《马克思恩格斯选集》（第4卷），人民出版社2012年版，第397页。

无产阶级政党由革命党上升为执政党之初管党治党的丰富经验。

其一，思想建设从严。列宁指出："只有以先进理论为指南的党，才能实现先进战士的作用"[1]。强调"只有革命马克思主义的理论，才能成为工人阶级运动的旗帜"[2]。其二，严格党的组织纪律。列宁指出，党的一切组织是"按照民主集中制的原则建立起来的"[3]，"无产阶级实现无条件的集中和极严格的纪律，是战胜资产阶级的基本条件之一"[4]。其三，严防党内出现骄傲自大和特权腐化现象。列宁认为，如果政党有了骄傲自大的可能，这"往往就是失败和衰落的前奏"[5]。决不允许党员享有任何优先权，尤其反对党员利用职权搞特殊化。其四，加强民主监督，反对官僚主义。为了防止公职人员变成官僚，不但要实行选举制度和取消高薪，还要"使所有的人都来执行监督和监察的职能"[6]。其五，保持党同人民群众的密切联系。强调"先锋队只有当它不脱离自己领导的群众并真正引导全体群众前进时，才能完成其先锋队的任务"[7]。为了防止党脱离群众，列宁要求国家机关负责人定期向人民代表大会汇报工作；改组工农检查院，使"工农中的优秀分子同真正广大的群众联系起来"[8]。其六，勇于开展批评与自我批评。列宁强调敢于"公开承认错误，揭露犯错误的原因，分析产生错误的环境，仔细讨论改正错误的方法——这才是一个郑重的党的标志"[9]，把党能否开展批评与自我批评，看作党能不能生存和发展的重大政治问题。

很显然，列宁从严治党的思想是深刻而丰富的，可惜的是列宁去世后苏联共产党并没有在实践中一以贯之地执行这些思想，甚至走向了反面。从斯大林执政开始，苏联共产党就缺乏从政治的高度去认识和把握治党问题，使党内逐渐形成了一个"特殊的社会集团"[10]，享有"名目繁多的津贴；免费疗养和特别医疗服务；宽敞的住宅和豪华的别墅；特殊的配给和供应"[11]，等等。赫鲁晓夫执政后，虽然推行了领导干部任期制和轮换制改革，但却没有从根本上改变领导干部拥有的特权。到勃列日涅夫执政时期，这种干部特权进一步演变成了官僚特权阶层，以权谋私、权钱交易的腐败席卷基层到

[1] 《列宁选集》(第1卷)，人民出版社2012年版，第312页。

[2] 《列宁专题文集：论无产阶级政党》，人民出版社2009年版，第338页。

[3] 《列宁选集》(第4卷)，人民出版社2012年版，第254页。

[4] 《列宁选集》(第4卷)，人民出版社2012年版，第135页。

[5] 《列宁全集》(第38卷)，人民出版社1986年版，第354页。

[6] 《列宁选集》(第3卷)，人民出版社2012年版，第210页。

[7] 《列宁全集》(第43卷)，人民出版社1987年版，第23页。

[8] 《列宁选集》(第4卷)，人民出版社2012年版，第780页。

[9] 《列宁选集》(第4卷)，人民出版社2012年版，第167页。

[10] A.H.波汉诺夫等：《20世纪俄国史》，阿斯特出版社1996年版，第244—245页。

[11] 中国社会科学院俄罗斯东欧中亚研究所：《俄罗斯东欧中亚研究所卷》，经济管理出版社2007年版，第180页。

高层。戈尔巴乔夫执政时，苏联官僚特权问题已积重难返，并且他也不愿放弃这些特权，以致官僚特权阶层借助戈尔巴乔夫的改革，大肆侵吞公有财产，腐败蔓延，极大地恶化了社会风气，败坏了党群关系，背叛了党的宗旨，最终走上了党亡政息的不归路。苏共亡党的深刻教训，警示着中国共产党从严治党的政治自觉。

（三）中国共产党从严治党的政治自觉为新时代全面从严治党奠定了现实基础

早在中国革命和社会主义建设初期，以毛泽东为代表的老一辈共产党人，基于中国革命面临的国际国内环境就提出了一些从严治党的思想，包括：（1）严格党的组织和纪律。强调“党的纪律为铁的纪律，必如此才能养成少数极觉悟极有组织的分子”[1]，要求“必须对党员进行有关党的纪律的教育，既使一般党员能遵守纪律，又使一般党员能监督党的领袖人物也一起遵守纪律”[2]。（2）坚持党的集体领导，维护党内团结和行动一致。强调“只有靠集体的政治经验和集体的智慧，才能保证党和国家的正确领导，保证党的队伍的不可动摇的团结一致”。（3）倡导批评与自我批评。强调“不惧怕批评和自我批评，实行‘知无不言，言无不尽’，‘言者无罪，闻者足戒’，‘有则改之，无则加勉’”[3]是抵抗各种政治灰尘和政治微生物侵蚀我们的思想和党的肌体的唯一有效方法。（4）党员必须知法守法，违法严惩。“党必须注重法制思想教育，使党员同志知道国法和党纪同样是必须遵守的，不可违反的”[4]，“党员犯法，加等治罪。……党绝不包庇罪人，党决不容许在社会上有特权阶级”[5]。（5）注重党群关系，强调“人民群众是主人，党是勤务员”[6]，党员必须要牢记“全心全意地为人民服务，一刻也不脱离群众”[7]。

改革开放以来，特别是苏联东欧剧变后，党中央坚持从执政党面临“四大考验”和“四种危险”的政治高度着眼，创新管党治党的理论思维和价值引领，开创了全面从严治党新境界。突出特点是从1985年开始把“从严治党”载入党的文件并普及全党，党的十四大报告又将“从严治党”与“党要管党”并列提出，直到党的十八大报告进一步加以定型化。党的十八大以来，以习近平同志为核心的党中央立足治国理政的战略高度，提出了全面从严治党的系列新思想。（1）抓思想从严，强调“革命理想高于

[1] 蔡和森：《蔡和森文集（上）》，湖南人民出版社1978年版，第33页。

[2] 《毛泽东选集》（第2卷），人民出版社1991年版，第528页。

[3] 《毛泽东选集》（第3卷），人民出版社1991年版，第1096页。

[4] 董必武：《董必武选集》，人民出版社1985年版，第420页。

[5] 董必武：《董必武选集》，人民出版社1985年版，第59页。

[6] 张闻天：《张闻天文集》（第4卷），中共党史出版社1995年版，第474页。

[7] 《毛泽东选集》（第3卷），人民出版社1991年版，第1094页。

天”[1]，坚定理想信念，坚守共产党人精神追求，“始终不渝为中国特色社会主义共同理想而奋斗”[2]。（2）抓管党从严，增强“四个意识”，提高党的创造力、凝聚力、战斗力。（3）抓执纪从严，严守党的政治纪律和政治规矩，要求“全党必须在思想上政治上行动上同党中央保持高度一致”[3]，自觉维护中央权威。（4）抓反腐从严，“坚定不移惩治腐败，……坚持党纪国法面前没有例外”[4]。（5）抓治吏从严，“大力整治选人用人上的不正之风，……坚决纠正‘劣币驱逐良币’的逆淘汰现象”[5]。（6）抓作风从严，强调党风建设的核心是党群关系问题，“群众路线是党的生命线和根本工作路线”[6]，党必须始终把人民利益放在第一位，坚持以人民为中心。

二、新时代中国共产党全面从严治党是一个内容严整的价值系统

新时代中国特色社会主义政治建设的全面推进，内在地要求将中国共产党管党治党能力提高到新的发展高度。中国共产党全面从严治党的战略部署与价值重塑，是中国共产党治党管党科学发展的时代表达，是一个由“根本目的”“基本原则”“核心要义”“内容载体”“着力之点”等要素构成的价值认知系统。

（一）加强党对一切工作的领导是新时代全面从严治党的根本目的

中国共产党是以马克思主义理论武装起来的以实现人的全面发展为使命的政党。强烈的历史主体意识、以天下为先的责任担当和一切为了大多数人谋利益的价值定位，决定了党在改造旧世界、建设新世界的历史过程中天然地具有全面领导的价值诉求。中国共产党的初心践行和使命实现，是以党的全面领导为政治前提和价值保障的。其中，政治领导是中国共产党全面领导的根本，它在制定党的政治纲领中明确，在执行党的政治纲领中兑现。思想领导是中国共产党全面领导的关键，它是由实践、认识、再实践、再认识构成的实践逻辑与理论逻辑相统一的历史活动，是理论掌握群众从而变成物质力量的价值转化过程。组织领导是中国共产党全面领导的保障，它既有赖于民主而严密的政党组织体系，又有赖于严格的纪律和领导者权威，还有赖于广大党员既是共产主义的坚定信仰者同时又是为党的工作而英勇奋斗的战士。

---

[1] 习近平：《决胜全面建成小康社会　夺取新时代中国特色社会主义伟大胜利——在中国共产党第十九次全国代表大会上的报告》，人民出版社2017年版，第63页。

[2] 《习近平在党的群众路线教育实践活动总结大会上的讲话》，《人民日报》2014年10月9日。

[3] 《习近平谈治国理政》，外文出版社2014年版，第386页。

[4] 《习近平谈治国理政》，外文出版社2014年版，第387—388页。

[5] 《习近平谈治国理政》（第二卷），外文出版社2017年版，第182页。

[6] 《习近平谈治国理政》，外文出版社2014年版，第365页。

近百年来中国社会的发展史，是中国共产党领导作用发挥和领导地位确立及巩固的历史。在这一波澜壮阔的历史变革中，中国共产党领导中国人民相继经历了以取得国家政权为核心内容的新民主主义革命，实现了从封建专制政治向人民民主政治的伟大飞跃；经历了以建设和巩固新型社会制度为核心内容的社会主义革命和建设，完成了中华民族有史以来最为广泛而深刻的社会变革；经历了以改革开放为核心内容的中国特色社会主义开创和全面推进，取得了举世瞩目的成就，国际地位显著提高。历史和现实一再证明，只有中国共产党才能领导中国人民走向繁荣富强；中国特色社会主义最本质的特征是中国共产党的领导，走好新时代长征路关键在于党的领导。“党政军民学，东西南北中，党是领导一切的。”[1]加强党对一切工作的领导，既是中国特色社会主义制度的最大优势，也是全面从严治党的根本目的，更是实现社会主义现代化强国宏伟目标的根本保证。

（二）把政治建设放在首位是新时代全面从严治党的基本原则

旗帜鲜明地讲政治是马克思主义政党的根本要求，是中国共产党的优良传统和政治优势。毛泽东把政治工作提高到“生命线”的高度来认识；邓小平认为“到什么时候都得讲政治”；江泽民强调必须“讲政治”；习近平进一步指出：“党的政治建设是党的根本性建设，决定党的建设方向和效果。”[2]“政治方向是党生存发展第一位的问题，事关党的前途命运和事业兴衰成败”[3]，要以党的政治建设统领管党治党的各个方面，贯穿于全面从严治党的整个过程。

全面从严治党是由不同要素、实践要求及其价值指向构成的系统工程。政治性是中国共产党的根本属性，政治作用是中国共产党的核心功能，从根本上决定了政治标准在全面从严治党系统工程中居于核心地位，发挥统领作用，具有“纲”的价值。全面从严治党的其他方面都要围绕并服从于政治标准，并把政治标准作为检验其质量和效益的根本尺度。只有把党的政治标准放在首位，始终坚持从政治方向、政治原则、政治路线和政治规矩管党治党，才能从根本上保证全面从严治党始终坚持正确的政治方向。

---

[1] 习近平：《决胜全面建成小康社会　夺取新时代中国特色社会主义伟大胜利——在中国共产党第十九次全国代表大会上的报告》，人民出版社2017年版，第20页。

[2] 习近平：《决胜全面建成小康社会　夺取新时代中国特色社会主义伟大胜利——在中国共产党第十九次全国代表大会上的报告》，人民出版社2017年版，第62页。

[3] 《习近平在中央政治局第六次集体学习时的讲话》，《人民日报》2018年7月1日。

（三）增强党的长期执政能力是新时代全面从严治党的核心要义

十九大党章的修订在党的“执政能力”建设前面加了“长期”两个字。从“执政”到“长期执政”的政治宣示，表明我们党不仅能够执政，更要有能力长期执好政。这既充分体现了已经执政69年大党的历史自信，也充分表达了致力于“为中国人民谋福利的政党，也是为人类进步事业而奋斗的政党”[1]的政治清醒。

马克思主义政党长期执政形成的基本认识是，政党领导与政党执政是政党价值实现的不同形态，有不同的科学内涵和实践要求。政党领导是整体，是统领，政党执政是部分，是具体；政党领导是政党执政的基础和前提，政党执政是政党领导的成果和表现，只有切实地实现了领导，才会有真正意义上的执政。由于政党职能的本质是领导，而领导的真意在于服务；政党真正领导了社会，就在事实上掌握了群众；而掌握了群众，就抓住了执政的根本，就拥有了执政的资格。执政党如果只强调掌握政权，而不善于掌握社会，疏于服务群众，久而久之就会失去执政的社会根基和力量源泉。政党政治经验表明，政党执政时间越长，越容易淡化领导意识而不恰当地强化执政权力，也会由原本的尽服务之责变为行管制之权，因而就会在实践中依赖执政之权，甚至寄生于执政之权，进而转化为利用执政权力谋取自身的特殊利益。所以，执政时间越长，越要努力破除“自动先进论”和“地位天然论”。

中国共产党长期执政得出的重要结论是：党的执政地位不是一劳永逸，要自觉维护；党的革命性质不会自动生成，要靠建设；党员的先进作用不会自然实现，要靠治理。中国共产党要在新时代经受住“四大考验”，消除“四种危险”，有赖于全面从严治党的纵深发展，有赖于党以彻底的自我革命精神，彻底解决党在政治意识、思想作风等方面存在的问题，从而“不断增强党的政治领导力、思想引领力、群众组织力、社会号召力”[2]。

（四）创新党建格局是新时代全面从严治党的内容载体

党建格局体现的是党建工程的要素构成、功能定位与作用机理，反映的是管党治党的实践形态与价值指向。革命时期，以毛泽东为代表的中国共产党人，确立了从思想上、组织上和作风上加强党的自身建设的党建格局，始终把思想建设放在首位。这样的党建格局有效地回应了在农民和其他小资产阶级占人口大多数的社会历史条件下，如何克服党内各种非无产阶级思想，实现党的思想领导权的关键问题。

---

[1] 习近平：《决胜全面建成小康社会　夺取新时代中国特色社会主义伟大胜利——在中国共产党第十九次全国代表大会上的报告》，人民出版社2017年版，第57页。

[2] 习近平：《决胜全面建成小康社会　夺取新时代中国特色社会主义伟大胜利——在中国共产党第十九次全国代表大会上的报告》，人民出版社2017年版，第16页。

改革开放后，以邓小平为主要代表的中国共产党人，在总结党的建设正反两方面经验的基础上，把党的制度建设纳入党建格局之中，形成了思想建设、组织建设、作风建设和制度建设的党建格局，目的在于通过制度约束力保障党的领导的稳定性和有效性。党的十七大在以改革创新精神全面推进党的建设新的伟大工程的总要求下，将党建格局进一步表述为“思想建设、组织建设、作风建设、制度建设和反腐倡廉建设‘五位一体’的总体布局”[1]。这表明党在新的历史条件下管党治党认识的提高、内容的拓展和指向的聚焦。党的十九大针对一段时期以来出现的党的建设弱化、淡化、虚化、边缘化而造成的党的领导不全面、不严格、不得力的严重问题，提出了全面推进党的“政治建设、思想建设、组织建设、作风建设、纪律建设，把制度建设贯穿其中”[2]的党建新格局。旨在通过政治立党、思想建党、组织强党、作风管党、纪律严党、制度治党的有机结合提升党建质量和效益，确保全面从严治党落到实处。

（五）焕发全党的积极性、主动性和创造性是新时代全面从严治党的着力之点

党组织的坚强有力根源于广大党员干部贯彻党的主张的自觉性、主动性和创造性。党的十九大将调动全党积极性、主动性和创造性作为新时代全面从严治党的着力点，是激励中国共产党人不忘初心、不断前进的需要，是“确保党在世界形势深刻变化的历史进程中始终走在时代前列，在应对国内外各种风险和考验的历史进程中始终成为全国人民的主心骨，在坚持和发展中国特色社会主义的历史进程中始终成为坚强领导核心”[3]的决定性因素。

中国共产党的发展历程表明，中国共产党之所以能团结带领人民攻克千难万险，创造彪炳史册的人间奇迹，使中华民族迎来从站起来到富起来、强起来的伟大飞跃，根本原因在于一代又一代共产党人的初心不改、矢志不渝、接续努力，在于广大党员干部以高昂的积极性、主动性和创造性开展党的工作。党的十八大以来，党在社会革命与自我革命的互动中锻造得更加坚强，焕发出新的强大生机活力。全面从严治党的纵深发展带来的是党内政治生活的风清气正、党内政治生态的明显好转，极大地激发了全党进行伟大斗争，建设伟大工程，推进伟大事业，实现伟大梦想的积极性、主动性和创造性。在党中央的坚强领导下，“解决了许多长期想解决而没有解决的难题，办

[1] 林志彬：《中共十九大对党的建设理论的创新与发展》，《党史与文献研究》2018年第2期。

[2] 习近平：《决胜全面建成小康社会　夺取新时代中国特色社会主义伟大胜利——在中国共产党第十九次全国代表大会上的报告》，人民出版社2017年版，第62页。

[3] 习近平：《决胜全面建成小康社会　夺取新时代中国特色社会主义伟大胜利——在中国共产党第十九次全国代表大会上的报告》，人民出版社2017年版，第17页。

成了许多过去想办而没有办成的大事”[1]，从而赢得了前所未有的民族自信、国家自信和政党自信。在全面推进新时代中国特色社会主义建设的新征程中，面对各种风险和挑战，更需要调动起全党的积极性、主动性、创造性，促进全党把理想信念融入血脉之中，把党的伟大事业置于生命之中，时刻保持永不懈怠的精神状态和一往无前的奋斗姿态。

三、新时代中国共产党全面从严治党的实践推进

党的十九大报告强调“推动全面从严治党向纵深发展”[2]。这里讲的“纵”，体现的是全面从严治党不停脚、不歇步，永远在路上的长期性；这里讲的“深”，要求的是科学总结全面从严治党的实践经验，深化对管党治党规律的认识。“长期性”是“科学性”的实践载体，“科学性”是“长期性”的价值导向。“长期性”与“科学性”互为条件与价值融通，将新时代全面从严治党推向新的历史高度。

（一）习近平新时代中国特色社会主义思想是全面从严治党的根本指导

党的十九大报告指出，“经过长期努力，中国特色社会主义进入了新时代”[3]。习近平同志根据时代发展的新特点和新要求，以全新的视野科学总结了共产党执政规律、社会主义建设规律和人类社会发展规律，“从理论与实践的结合上系统回答了新时代坚持和发展什么样的中国特色社会主义、怎样坚持和发展中国特色社会主义”[4]这个重大时代课题，创立了习近平新时代中国特色社会主义思想，为新时代全面从严治党提供了强大思想武器和根本指导。

习近平新时代中国特色社会主义思想，是一个由“总目标、总任务、总体布局、战略布局和发展方向、发展方式、发展动力、战略步骤、外部条件、政治保证”[5]等内容构成的博大精深的理论体系。以习近平新时代中国特色社会主义思想为全面从严治

[1] 习近平：《决胜全面建成小康社会　夺取新时代中国特色社会主义伟大胜利——在中国共产党第十九次全国代表大会上的报告》，人民出版社2017年版，第8页。

[2] 习近平：《决胜全面建成小康社会　夺取新时代中国特色社会主义伟大胜利——在中国共产党第十九次全国代表大会上的报告》，人民出版社2017年版，第61页。

[3] 习近平：《决胜全面建成小康社会　夺取新时代中国特色社会主义伟大胜利——在中国共产党第十九次全国代表大会上的报告》，人民出版社2017年版，第10页。

[4] 习近平：《决胜全面建成小康社会　夺取新时代中国特色社会主义伟大胜利——在中国共产党第十九次全国代表大会上的报告》，人民出版社2017年版，第18页。

[5] 习近平：《决胜全面建成小康社会　夺取新时代中国特色社会主义伟大胜利——在中国共产党第十九次全国代表大会上的报告》，人民出版社2017年版，第18页。

党的根本指导，一要深刻领会贯穿其中的马克思主义的世界观和方法论、马克思主义政党的政治立场和先进品格、马克思主义政党的崇高理想和使命担当、马克思主义政党的天下情怀和责任意识的精神实质，并使之内化于心，外化于行。二要把坚定理想信念作为全面从严治党的首要任务，通过开展“不忘初心、牢记使命”主题教育，“引导全党牢记党的宗旨，挺起共产党员的精神脊梁，解决好世界观、人生观、价值观这个‘总开关’问题，自觉做共产主义远大理想和中国特色社会主义共同理想的坚定信仰者和忠实实践者”[1]，永葆共产党人的政治本色。三要弘扬马克思主义学风，认真学习、深刻领会习近平新时代中国特色社会主义思想的完整内容，学做结合，以习近平新时代中国特色社会主义思想的核心要义作为新时代全面从严治党的价值指向和实践遵循。

（二）贯彻新时代党的组织路线是全面从严治党的关键之举

党的组织路线是党开展组织工作的根本原则和根本方针。它由党的政治路线和思想路线决定，是实现党的政治路线和思想路线的组织保证。重视党的组织路线建设是党的事业发展的一条重要经验。从党的二大专门通过的“组织章程”[2]决议案，到党的六大明确“组织路线”[3]的概念；从毛泽东提出“政治路线确定之后，干部就是决定的因素”[4]的论断和陈云提出“德才并重，以德为主”[5]的干部标准，到新中国成立后我们党强调干部要“又红又专”[6]；从邓小平提出干部“四化”[7]方针，到中国特色社会主义全面推进新时期党对组织工作提出新的理论见解，都是党不断深化组织路线认识的集中表现。

党的十九大后，科学总结党的组织路线的实践经验指出，“党的力量来自组织。党的全面领导、党的全部工作要靠党的坚强组织体系去实现”[8]，明确新时代党的组织路线是：“全面贯彻习近平新时代中国特色社会主义思想，以组织体系建设为重点，着力培养忠诚干净担当的高素质干部，着力集聚爱国奉献的各方面优秀人才，坚持德才兼备、以德为先、任人唯贤，为坚持和加强党的全面领导、坚持和发展中国特色社会主义提

[1] 习近平：《决胜全面建成小康社会　夺取新时代中国特色社会主义伟大胜利——在中国共产党第十九次全国代表大会上的报告》，人民出版社2017年版，第63页。

[2] 中央档案馆：《中共中央文件选集》（第1册），中共中央党校出版社1982年版，第57页。

[3] 中央档案馆：《中共中央文件选集》（第4册），中共中央党校出版社1983年版，第272页。

[4] 《毛泽东选集》（第2卷），人民出版社1991年版，第526页。

[5] 《陈云文选》，人民出版社1984年版，第147页。

[6] 《毛泽东文集》（第7卷），人民出版社1999年版，第309页。

[7] 《邓小平文选》（第2卷），人民出版社1983年版，第326页。

[8] 习近平：《习近平在全国组织工作会上的讲话》，《人民日报》2018年7月5日。

供坚强组织保证。”[1]全面从严治党是党在新时代进行伟大斗争的根本保证，贯彻新时代党的组织路线是全面从严治党的关键之举。抓好这一关键，一要建立健全党的全面领导的组织体系、制度体系和工作机制；二要以提升组织力为重点，加强党的基层组织建设；三要做好干部培育、选拔、管理、使用工作，建立以德为先、任人唯贤、人事相宜的选拔任用体系，加快“建设一支忠实贯彻新时代中国特色社会主义思想、符合新时期好干部标准、忠诚干净担当、数量充足、充满活力的高素质专业化年轻干部队伍”[2]；四要深化人才体制改革，努力建设一支矢志爱国奉献、勇于创新创造的优秀人才队伍。

（三）加强党的纪律建设是全面从严治党的治本之策

中国共产党是靠革命理想和严格纪律组织起来的马克思主义政党。党的纪律为管党治党的各个方面提供规范，纪律严明是全党思想统一、步调一致的重要保障，加强纪律建设是全面从严治党的治本之策。

中国共产党自诞生之日起，就把“纪律”写在自己的旗帜上。以毛泽东、邓小平、江泽民、胡锦涛为主要代表的中国共产党人历来都十分重视纪律建设并积累了丰富的实践经验，有效地保证了党的工作的开展。党的十八大以来，习近平反复强调加强党的纪律建设，强调“组织严密、纪律严明是党的优良传统和政治优势，也是我们的力量所在”；认为“党要管党、从严治党，纪律建设是治本之策”；要求“把纪律建设摆在更加突出位置”，“把党的纪律和规矩挺在前面”，坚决“克服组织涣散、纪律松弛现象”；努力“以严明政治纪律和政治规矩，提高党内政治生活原则性和战斗性”。党的十九大报告首次将“纪律建设”与政治建设、思想建设、组织建设、作风建设并列纳入党的建设中，体现了我们党对管党治党规律的深刻认识和把握。

加强党的纪律建设，一是要把遵守政治纪律放在首位。要求党的各级组织自觉担负起执行和维护党的政治纪律的主体责任，加强对党员干部进行遵守政治纪律的教育，严格管理和严格监督，以不断提高全党的政治警觉性、政治鉴别力和政治纪律的遵守能力。二是要持之以恒正风肃纪。以纯正的党性锻造优良党风，要求通过严肃而有效的党性学习和党性实践，不断增强全体党员对马克思主义的信仰和中国特色社会主义的信心，不断提高对不正之风的免疫力和抵抗力。牢牢抓住保持党同人民群众密切联系这个根本，从群众反映最强烈的问题抓起，一以贯之地落实中央八项规定，通过抓常抓细使之成风成俗，变成全党同志的生活习惯和自觉追求。三是要有效运用监督执纪“四种形态”，营造党员干部不敢腐、不能腐、不想腐的政治氛围。为此，就要开展

[1] 《习近平在全国组织工作会上的讲话》，《人民日报》2018年7月5日。

[2] 《习近平在全国组织工作会上的讲话》，《人民日报》2018年7月5日。

经常性、针对性、主动性的纪律教育，使党员干部具有心存敬畏、心存戒惧的品质和坚守底线的能力；积极开展批评和自我批评，使党员干部习惯于在监督和约束中生活；坚持原则的坚定性，防微杜渐，充分发挥典型案例的警示作用，以反腐败永远在路上的坚韧和执着，推动全面从严治党的深化发展。

（四）勇于开展党的自我革命是全面从严治党的动力之源

勇于自我革命，是由中国共产党的性质决定的，是百年来党建设的宝贵经验，也是党领导人民实现伟大梦想、进行伟大斗争、建设伟大工程、推进伟大事业的动力之源。

勇于自我革命是中国共产党的最鲜明品格和突出优势。中国共产党是马克思主义革命党。中国共产党诞生以来的百年社会革命，使中华文明在现代化进程中焕发出新的蓬勃生机，使科学社会主义在21世纪焕发出新的蓬勃生机，使中华民族焕发出新的蓬勃生机。民族振兴、国家建设和党建工程能够取得如此重大的进步，根本原因在于它能够根据不同历史时期党担负的历史使命和自身建设形势的变化，以高度的理论自觉、政治自觉和行动自觉不断地对党自身进行着革命性锻造，以此始终保持马克思主义革命党的政治本色。

不忘初心、牢记使命是新时代中国共产党开展自我革命的核心价值。崇高的理想追求是共产党人的不变初心和力量源泉，建设社会主义现代化强国是中国共产党的历史使命和庄严承诺。而“要把新时代坚持和发展中国特色社会主义这场伟大社会革命进行好，我们党必须勇于进行自我革命”[1]。中国共产党自我革命是一项综合性很强的自我约束、自我净化、自我提高和自我完善工程。要增强这项工程的实效性，一要正确认识社会革命和自我革命的内在联系。社会革命是党自我革命的基础和动力，它的性质和水平，决定了党自我革命的内容和高度；自我革命是党领导人民进行伟大社会革命的内在要求，是党开展社会革命的根本保障。二要进行自我革命必须有利于增强政治意识、大局意识、核心意识和看齐意识，有利于把党的全面领导贯穿和体现在改革发展的各个方面和整个过程。三要坚持问题导向，着力解决思想不纯、组织不纯、作风不纯的突出问题，“敢于刮骨疗毒，清除一切侵蚀党的健康肌体的病毒”[2]。四要着力推进党的基层组织建设，使之真正成为贯彻落实党的路线方针政策和决策部署的坚强战斗堡垒。

---

[1] 习近平：《以时不我待只争朝夕的精神投入工作，开创新时代中国特色社会主义事业新局面》，《人民日报》2018年1月6日。

[2] 习近平：《决胜全面建成小康社会　夺取新时代中国特色社会主义伟大胜利——在中国共产党第十九次全国代表大会上的报告》，人民出版社2017年版，第16页。

（五）优化党内政治生态是全面从严治党的基础工程

党内政治生态是指政党自身的文化、行为、制度等要素在维系政党系统运行过程中所呈现出来的整体性状态。良好政治生态事关政通人和、安定有序。习近平指出："健康洁净的党内政治生态，是党的优良作风的生成土壤，是党的旺盛生机的动力源泉，是保持党的先进性纯洁性、提高党的创造力凝聚力战斗力的重要条件，是党团结带领全国各族人民完成历史使命的有力保障，是我们党区别于其他非马克思主义政党的鲜明标志。"[1]但一个时期党内却存在着正气不彰、邪气不祛现象，这既是政治生态污浊的表现，也是政治生态恶化的结果。全面从严治党与优化党内政治生态紧密联系，全党上下要不懈努力，共同营造风清气正的党内政治生态。

优化党内政治生态，一要着力加强党内政治文化建设。"政治文化是政治生活的灵魂，对政治生态具有潜移默化的影响。"[2]加强党内政治文化建设，就要求全党善于从中华优秀传统文化中汲取营养，传承革命文化的红色基因，建设具有时代特点和共产党人鲜明特色的党内政治文化；"倡导和弘扬忠诚老实、光明坦荡、公道正派、实事求是、艰苦奋斗、清正廉洁等价值观，旗帜鲜明抵制和反对关系学、厚黑学、官场术、'潜规则'等庸俗腐朽的政治文化"[3]；依靠文化自信支撑政治定力、端正政治思想、强化政治认同，永葆共产党人的政治底色，不断培厚良好政治生态的土壤。二要着力规范党的组织生活。通过建章立制，立"明规矩"、破"潜规则"，自觉抵制商品交换原则对党内生活的侵蚀，不断完善党的自我净化机制。三要着力抓好领导干部这个"关键少数"。营造良好的党内政治生态，各级领导干部特别是高级干部以身作则是关键。坚持正确用人导向，把好干部选出来、用起来，促进能者上、庸者下、劣者汰。以"用人环境的风清气正促进政治生态的山清水秀"[4]。四要通过体制机制改革和制度的不断创新，压缩消极腐败现象生存空间和滋生土壤，以促进党内政治生态优化。

（六）不断总结管党治党新经验以推进全面从严治党纵深发展

全面从严治党永远在路上。不断总结和善于总结管党治党经验，是中国共产党全面从严治党纵深发展的智慧支持。早在十八届中央纪委二次全会上，习近平总结苏共亡党的教训时就告诫全党："我们国家无论是在体制、制度上，还是在所走的道路和今天所面临的前所未有的境遇，都与前苏联有着相似或者相近乃至相同的地方。弄好了，

[1] 习近平：《严肃党内政治生活净化党内政治生态，为全面从严治党打下重要政治基础》，《人民日报》2016年6月30日。

[2] 《习近平谈治国理政》（第二卷），外文出版社2017年版，第181页。

[3] 《习近平谈治国理政》（第二卷），外文出版社2017年版，第181页。

[4] 《习近平谈治国理政》（第二卷），外文出版社2017年版，第182页。

能走出一片艳阳天；弄不好，苏共的昨天就是我们的明天！”[1]正是这种政治自觉和责任担当使以习近平同志为核心的党中央紧紧抓住从严治党不松懈，取得了全面从严治党的显著成效。在十九届中央纪委二次全会上，习近平站在新时代党和国家事业发展全局的高度，系统总结了党的十八大以来全面从严治党的重要经验，阐述了把全面从严治党引向深入的“六个统一”[2]思想，将我们党对马克思主义执政党建设规律的认识提升到了一个新高度。

坚持“六个统一”，一要坚持思想建党和制度治党相统一，把坚定理想信念作为根本任务，把制度建设贯穿到党的各项建设之中，实现思想建党与制度治党互为支撑、辩证统一。二要坚持使命引领和问题导向相统一，既要立足当前、直面问题，又要着眼未来，着眼于新时代中国共产党使命担当，统筹谋划。三要坚持抓“关键少数”和管“绝大多数”相统一。党的十八大以来，党中央牢牢抓住领导干部这个“关键少数”，落实中央八项规定从中央做起，反腐败斗争以“打虎”开局，形成了以上率下的强大效应，推动全面从严治党向基层延伸，做到对象全覆盖。四要坚持行使权力和担当责任相统一，紧紧咬住“责任”二字，抓住“问责”这个要害，实行失责必问、问责必严，体现有效落实推进全面从严治党政治责任的根本要求。五要坚持严格管理和关心信任相统一，坚持真管真严、敢管敢严、长管长严，把全面从严的精神和要求贯彻到干部管理全过程。同时，党坚持严管和厚爱结合、激励和约束并重，强调区别不同情况，充分保护和调动干部的积极性主动性创造性。六要坚持党内监督和群众监督相统一，坚持把党内监督作为全面从严治党的战略性基础工程，以党内监督带动其他监督，注重发挥群众监督、舆论监督作用，为人民群众建言献策和批评监督畅通渠道，紧紧依靠广大人民群众推进全面从严治党。

“六个统一”，是中国共产党管党治党历史经验的科学总结，是党的十八大以来全面从严治党的规律性认识，它既是新时代推进全面从严治党纵深发展的基本要求，也是继续深化全面从严治党规律性认识的基本遵循，必将激励全党以永远在路上的执着把全面从严治党引向深入，为世界各国执政党加强自身治理贡献中国智慧。

原载于《当代世界社会主义问题》2018年第3期

---

[1] 龚先庆：《苏共中央监察委员会的演变及启示论析》，《决策与信息》2018年第3期。

[2] 杨巨帅：《实践深入离不开科学理论指导——坚持发扬“六个统一”成功经验》，《中国纪检监察》2018年第2期。

改革开放以来中国共产党群众组织力建设的基本经验及其启示

任爱芬　魏　磊

摘　要： 改革开放以来，中国共产党在群众组织力建设方面积累了十分宝贵的经验，主要包括：深刻认识群众组织力的价值意义是党的群众组织力建设的逻辑前提；始终坚持以人民为中心是党的群众组织力建设的根本遵循；始终以党的先进形象感召引领群众是党的群众组织力建设的内在要求；尊重人民群众的主体地位，引导人民群众积极投身改革开放的实践是党的群众组织力建设的根本途径；让人民共享改革的成果是群众自觉自愿跟党走的内在驱动因素，是党的群众组织力建设的核心关键。科学认识与准确把握这些经验，对于新时代中国共产党进一步加强群众组织力建设，凝聚民族伟力，实现民族伟大复兴具有重要的现实启示意义。

关键词： 群众组织力；改革开放；中国共产党

在政党政治进程中，群众组织力是政党作为政治组织必备的能力，对于密切党群关系、增强政党合法性根基具有重要意义。中国共产党历来高度重视群众组织力建设，在领导革命、建设和改革的历史进程中，始终重视群众组织力建设，彰显了通过群众组织力建设凝聚民族伟力的优势。党的十八大以来，以习近平同志为核心的党中央把党的群众组织力建设摆在更加突出的位置，从理论到实践，从中央到地方，加大力度抓，推动党的群众组织力建设取得了重大成就，连接了党心民心、畅通了党意民意、凝聚了党力民力。党的十九大报告首次明确提出“群众组织力”这个概念，把其作为党的执政能力、领导能力和治国理政能力的体现，为新时代党的群众组织力建设指明了新的方向、提供了新的遵循。以此为契机，学术界掀起了研究群众组织力的新高潮。从目前学术界研究现状来看，在新时代党的群众组织力建设的必要性、重要性、意义、内涵、现实困境与制度创新、路径选择等方面取得了积极成果。但是，从系统论视角出发，对改革开放以来中国共产党群众组织力建设历史经验研究还比较缺乏。基于此，探讨改革开放以来中国共产党在群众组织力建设方面的经验，为新时代进一步加强群众组织力建设提供经验借鉴，对新时代不断提升党的执政能力和领导能力，保持党旺盛的生命力和强大的凝聚力、战斗力，化解风险、应对挑战、完成使命具有重大的现实启示意义。

一、深刻认识群众组织力的价值意义是党的群众组织力建设的逻辑前提

政党作为政治组织，其群众组织力强弱决定了政党和政党事业的兴衰成败。马克思主义早期创始人尽管没有明确提出“群众组织力”的概念，但是却深刻认识到了群众组织力的价值意义，把群众组织力作为马克思主义政党的本质要求提了出来。马克思、恩格斯认为，人民群众是历史的创造者，历史活动是群众的事业。无产阶级政党的性质、宗旨和工人阶级解放全人类才能解放自己的伟大任务要求无产阶级政党必须把工人群众组织起来。马克思在《国际工人协会成立宣言》中指出了这种必要性和可能性，认为合作劳动如果仍然限于个别工人的偶然努力的做法是无法解放群众的，但是人数多也只是一个条件，“只有当工人组织起来并为知识所指导时，人数才能起决定胜负的作用”[1]。马克思强调无产阶级政党只有把工人阶级组织起来团结起来才能避免失败。在列宁看来，“把千百万劳动群众组织起来，这是革命最有利的条件，这是革命取得胜利的最深的泉源”[2]。无产阶级革命无比深刻的、久恒的特点就是始终组织无产阶级群众，组织劳动人民，这始终是革命胜利的条件，也是以前革命从没有过的特点。列宁深刻指出：“不组织群众，无产阶级就一事无成。”[3]无产阶级政党能够把千百万劳动者团结成一支工人阶级的大军共同奋斗，体现了无产阶级政党群众组织力的重要价值意义。马克思主义经典作家深刻而透彻地阐述了群众组织力的价值意义，为无产阶级政党重视群众组织力建设提供了重要的理论支撑。

在改革开放40年的伟大实践中，中国共产党深刻认识到了群众组织力的价值意义，在实践中不断推进党的群众组织力建设，凝聚了民族伟力，使得改革开放取得了巨大成就，这是改革开放以来党的群众组织力建设的逻辑前提，也是党的群众组织力建设的基本经验。改革伊始，以邓小平为代表的共产党人尊重人民的首创精神，积极发动人民群众的力量，共同投身改革开放的伟大实践中，奠定了人民群众支持党、拥护党、听党话、跟党走，共同创造美好生活的思想基础和政治基础。邓小平指出：“我们这么大一个国家，怎样才能团结起来、组织起来呢？一靠理想，二靠纪律。组织起来就有力量。”[4]中国是一个有着自己特殊国情的大国，只有用共同的理想和坚定的信念组织团

[1] 《马克思恩格斯选集》（第3卷），人民出版社2012年版，第10页。

[2] 《列宁选集》（第3卷），人民出版社2012年版，第709页。

[3] 《列宁专题文集：论无产阶级政党》，人民出版社2009年版，第341页。

[4] 《邓小平文选》（第3卷），人民出版社1993年版，第111页。

结人民群众共同奋斗，才能避免一盘散沙，凝聚民族伟力，革命、建设和改革才能取得成功。江泽民强调，人民群众为党提供了取之不尽、用之不竭的力量源泉，人民群众是胜利之本，党要长期执政必须紧紧依靠人民。胡锦涛进一步强调，要坚持以人为本，人民群众的积极性、主动性和创造性才能充分调动起来。

党的十八大以来，新的历史方位意味着世情、国情、党情的深刻变化，各领域基层党组织面临的一个新考验就是如何把广大群众有效组织起来。习近平指出："组织能使力量倍增。"[1]把广大人民群众组织起来，汇集起全国各族人民的智慧和力量，形成不可战胜的磅礴力量，党才有了旺盛的生命力、强大的凝聚力和不竭的战斗力，中国梦的实现才有了最坚强的力量支撑。以习近平为代表的中国共产党人深刻认识到了群众组织力对于党和国家民族伟大事业的重要价值意义，将群众组织力建设放在更加重要的位置，在实践中更加重视群众组织力建设，开创了群众组织力建设新局面。

群众组织力是党坚不可摧的力量之源。党只要植根于人民群众之中，就能找到取之不尽、用之不竭的力量源泉。党只有深刻认识群众组织力的重要价值意义，为伟大斗争、伟大工程、伟大事业、伟大梦想集聚全部力量打下坚实的认识基础，才能在新时代新征程中更加重视群众组织力建设，不断增强党的群众组织力，凝聚民族伟力，战胜前进道路上的各种风险挑战、克服各种艰难险阻，实现"两个一百年"奋斗目标，进而实现民族伟大复兴。

二、始终坚持以人民为中心是党的群众组织力建设的根本遵循

政党政治是当今时代民主政治最为普遍的形式。为谁请命立命、为谁服务是政党追求的终极价值判断。人民群众是推动历史发展、社会变革的决定力量，这是唯物史观的基本观点。马克思、恩格斯明确指出，共产党不是为少数人谋利益，而是始终为绝大多数人谋利益的[2]，因此，共产党必须坚持以人民为中心的理念，站在人民的立场上，始终坚持为广大人民群众谋利益。列宁在苏俄革命和社会主义建设实践中强调，在人民群众中，党毕竟只是沧海一粟，党只有正确表达人民的想法，才能率领群众。无产阶级政党是群众性的党，必须始终同人民群众保持密切联系，脱离群众是执政党最严重可怕的危险之一。党要永远为群众谋利益，永不脱离群众。马克思主义经典作家关于无产阶级政党始终坚持以人民为中心的论述不仅为党的群众组织力建设提供了理论指导，而且指明了实践遵循。

[1] 《习近平谈治国理政》，外文出版社2014年版，第395页。

[2] 《马克思恩格斯选集》（第1卷），人民出版社2012年版，第411页。

改革开放以来，中国共产党始终坚持以人民为中心的理念和优良传统，始终把人民群众放在心中最高的位置，始终坚持为人民谋利益，赢得了人民群众的认同和支持，巩固了党长期执政的基础，这是党的群众组织力建设的根本遵循，也是党的群众组织力建设最基本的经验。邓小平强调，党组织如果“严重脱离群众而不能坚决改正，那就丧失了力量源泉，就一定要失败，就会被人民抛弃”[1]。这警告党要始终坚持以人民为中心，始终把群众路线和群众观点作为党的传家宝，党的各项工作都要以人民赞成不赞成、拥护不拥护、答应不答应、高兴不高兴、满意不满意为标准，所有的言行都要着眼于最广大人民群众的根本利益；邓小平还把是否有利于人民生活水平的提高作为判断改革成败得失的最终标准之一。江泽民进一步强调，共产党员的一个根本的立场问题、世界观问题和党性问题是如何对待群众的问题；立党为公，执政为民是党执政的本质要求。胡锦涛指出，是否始终站在最广大人民的立场上，是判断马克思主义政党的试金石。只有始终坚持政权的人民性质，才能把最广大人民的根本利益实现好、维护好、发展好。

党的十八大以来，全面建成小康、现代化强国建设和中华民族伟大复兴开始了新征程，需要从理论上和实践上回答国家、社会怎样发展，长期执政的党怎样建设的问题。中国共产党作为全面领导的党、长期执政的党要回答这一系列的时代之问、社会之问，必须坚定不移，始终站稳自己的立场，代表谁？依靠谁？为了谁？习近平坚定地指出，人民立场是党的根本政治立场，必须坚持以人民为中心的发展理念，把人民放在心中最高的位置，党的一切工作的根本出发点和落脚点就是让人民过上好日子，“要顺应人民群众对美好生活的向往，坚持以人民为中心的发展思想”[2]，带领人民创造幸福生活，这是党的初心使命所在，是党矢志不渝的奋斗目标。

人民群众是党的根基所在。党只有始终坚持以人民为中心，永不脱离群众，才能永远赢得群众，永远为民造福，才能永远赢得民心。始终坚持人民中心的根本遵循加强群众组织力建设，不断增强党的群众组织力，是党应对各种风险挑战、战胜困难的最强大的力量所在，是党改革开放以来取得波澜壮阔伟大成就的最基本的经验。不论前进的道路多么艰难曲折，党只要始终坚持人民中心，与人民群众始终肩并肩、同呼吸、共命运，必定安如泰山、稳如磐石，任凭风吹浪打，“我自岿然不动”。

[1] 《邓小平文选》(第2卷)，人民出版社1994年版，第368页。

[2] 习近平：《在庆祝中国共产党成立95周年大会上的讲话》，人民出版社2016年版，第18页。

三、始终以党的先进形象感召引领群众是党的群众组织力建设的内在要求

现代民主政治中，政党对公众的影响力在一定程度上取决于政党在公众心目中的形象。政党形象一般指政党在成员或追随者心中的印象。政党形象对任何一个政党来说，都具有十分重要的意义，它关系着人们对政党的看法，以及能否因此而产生对政党的信任和支持。无产阶级政党作为无产阶级的先进组织，要时刻走在群众的前面，始终保持先进形象以感召引领群众，不能做跟在群众背后的尾巴。马克思、恩格斯在《共产党宣言》中指出，共产党及其成员作为无产阶级队伍中的“先进分子”，其先进性在于，他们代表的是整个无产阶级的不分民族的利益，并且在各个斗争阶段始终代表整个运动的利益，具有彻底的斗争精神。他们在组织领导人民群众追求人类解放的伟大事业中态度最坚决，愿意起带头作用；作用最先进，能够起带头作用；行动最超前，可以起带头作用。在苏俄革命和建设实践中，列宁强调：“应当努力把党员的称号和作用提高，提高，再提高。”[1]党应该不断提高自己的觉悟性，以实现先进战士和先锋队的作用，党的领导也要通过共产党员的先锋模范作用实现。这为无产阶级政党以先进形象感召引领群众提供了理论基础和实践经验。

中国共产党在群众组织力建设中始终注重以先进形象感召、引领群众，因此增强了党的向心力，赢得了人民群众的信赖和支持，凝聚了民族伟力，这是改革开放以来中国共产党群众组织力建设的内在要求，也是党的群众组织力建设的基本经验。党向来注重以马克思主义政党的先进形象感召、引领群众。党“之所以能由小到大、由弱到强，成为执政党，同党在人民群众中的良好形象有着直接的关系”[2]。改革开放以来，党重新确立了解放思想、实事求是的思想路线，强调要端正党风。实事求是、群众路线等优良传统得以重新恢复，曾经在“文革”中被破坏的党的先进形象不断修复。邓小平在政治嘱咐中要求新的领导班子要以坚持改革开放和惩治腐败的新形象取信于民，以更好地为民执政和保持国家长治久安。邓小平还要求全体党员“通过各个岗位的模范行动影响和吸引群众”[3]。江泽民要求党要始终做到“三个代表”，始终保持先进性，始终走在时代的前列，并要求党员干部要践行“三个代表”重要思想，要做各行各业的先进模范。尤其是进入新世纪后，党中央突出以先进性和纯洁性为主线，推进全面从严治党，对党员干部进行先进性教育，坚持不懈抓党的作风建设以维护党的先进形

[1] 《列宁专题文集：论无产阶级政党》，人民出版社2009年版，第349页。

[2] 李君如：《中国共产党执政规律新认识》，浙江人民出版社2003年版，第227页。

[3] 《邓小平文选》（第2卷），人民出版社1994年版，第369页。

象，使党的形象始终体现马克思主义政党的先进性、纯洁性。改革开放中涌现出一大批勇于改革、开拓创新的共产党员，他们以自身的模范形象和精神人格彰显着党的先进形象，不断感染、感召群众紧跟党的步伐，支持、拥护党，紧紧团结在党的周围。

党的十八大以来，中国特色社会主义进入新时代，尽管以身作则、率先垂范对于绝大多数党员、干部而言都能够做到，然而一些影响党的先进形象的现象和问题在现实中依然存在。比如“四风”问题、“四个不纯”问题、“七个有之”问题，严重损害了党的先进形象。习近平一再强调，要抓“关键少数”。村看村、户看户，群众看党员、党员看干部，领导干部必须带头、亲自做表率，以上率下，形成“头雁效应”，在全党全国人民心中树立起光辉典范。同时，他还要求各级党员干部要身体力行、率先垂范；要从我做起、从小事做起，带头坚守正道、弘扬正气；要加大力气抓群众路线教育，抓“三严三实”专题教育，让党员、干部做清正廉洁的模范、干事创业的模范、修身律己的模范，以此凝聚党心民心，形成全面深化改革的强大正能量。

新时代、新阶段，改革进入攻坚期、深水区，要啃下硬骨头、涉过险滩必须始终以党的先进形象感召引领群众，才能最大限度凝聚全党全社会的智慧和力量，推动全面深化改革不断深入。“作风反映的是形象和素质，体现的是党性。”[1]在党的群众组织力建设中，党要以全面从严治党永远在路上，作风建设永远在路上的劲头坚决纠正严重损害党的先进形象的“四风”，坚决铲除对党的先进形象破坏性最大、杀伤力最强的腐败毒瘤。同时，要让鲜红的党旗始终飘扬在扶贫攻坚第一线、改革发展主战场、抗灾抢险最前沿、民生保障最基层。要通过党员干部的先锋模范形象，不断增强党的向心力、凝聚力。党员干部要自觉践行群众路线，发扬密切联系群众的优良传统，带着群众干，干给群众看，才能组织团结群众起来一起干。

四、尊重人民群众的主体地位，引导人民群众积极投身改革开放的实践是党的群众组织力建设的根本途径

政党来源于群众，又引领群众。历史的前进，社会的发展，需要历史创造者——人民群众的主体参与与积极实践；而人民群众的积极性、主动性、创造性则需要历史推动者——先进政党或政治组织的积极引导。唯物史观认为，人民群众是社会物质财富和精神财富的创造者，是推动历史的决定性力量。在马克思、恩格斯看来，“历史不过是追求着自己目的的人的活动而已”[2]。深刻阐明了人民群众在历史发展中的主体地

[1] 《习近平关于全面从严治党论述摘编》，中央文献出版社2016年版，第154页。

[2] 《马克思恩格斯文集》（第1卷），人民出版社2009年版，第295页。

位。列宁在社会主义建设实践过程中认为，改造旧的经济条件，实现伟大经济计划，除了依靠工农群众，别无出路。马克思主义政党的性质宗旨决定了党要尊重人民群众的主体地位，引导人民群众积极参与实践活动，不断推动历史和社会向前发展。这为无产阶级政党引导人民投身革命、建设和改革实践，加强党的群众组织力建设提供了理论支撑和经验借鉴。

改革开放以来，党始终尊重人民群众的主体地位，引导人民群众积极主动投身改革开放和社会主义现代化建设实践，依靠人民群众推动改革和社会发展，这是改革开放以来党的群众组织力建设的根本途径，也是党的群众组织力建设的一条基本经验。党是改革开放的领导力量，人民是改革开放的实践主体，党必须积极引导人民参与改革开放的实践，发挥人民的主体能动性作用。党中央正是尊重群众的愿望，尊重群众的首创精神，使改革从农村家庭联产承包责任制开始，拉开了整个中国改革的序幕。从农村改革到城市改革，从经济体制改革到其他各方面体制改革，从对内搞活到对外开放，党积极引导、支持、鼓励人民群众不断实践、实验，推进了改革开放波澜壮阔的历史进程。邓小平认为改革开放，干前人没有干过的事业，必须紧紧依靠广大人民来推进。邓小平提出的政治体制改革的目标之一就是调动基层和工人、农民、知识分子的积极性，把权力下放，“调动了基层和人民的积极性，四个现代化才真正有希望”[1]。江泽民认为，改革和建设要顺利推进不仅要得到人民群众的理解、支持和参与，而且要充分发挥人民群众的积极性和创造性。胡锦涛明确阐述了人民群众是科学发展的主体，必须尊重人民群众的首创精神，依靠人民群众的努力来落实发展任务，由人民群众评判发展的成效。

中国特色社会主义进入新时代，习近平明确指出：“人民是改革的主体，要坚持一切为了人民、一切依靠人民，发挥好广大人民群众的积极性、主动性、创造性，使广大人民群众成为推动改革开放的强大力量。”[2]改革开放伟大奇迹是人民创造的，改革开放的成就最终应归功于人民。中国梦归根到底是人民的梦，只有紧紧依靠人民，发挥人民的积极性和首创精神，让每一个人都有人生出彩的机会，让每一个人都能梦想成真，中国梦才有实现的最大动力。以习近平为代表的中国共产党人积极引导、鼓励和支持人民群众参与全面深化改革的实践，才组织起亿万人民群众积极投身于新时代改革开放和中国特色社会主义的伟大事业之中，才“解决了许多长期想解决而没有解决的难题，办成了许多过去想办而没有办成的大事，推动党和国家事业发生了历史性变

[1] 《邓小平文选》（第3卷），人民出版社1993年版，第180页。

[2] 习近平：《在庆祝海南建省办经济特区30周年大会上的讲话》，人民出版社2018年版，第5页。

革”[1]，中国特色社会主义达到了新的高度。

当今世界正在经历百年未有之大变局，改革进入到处是险滩和硬骨头的关键期，经济发展进入新常态的爬坡过坎艰难关口，党面临前所未有的风险和挑战，亟须通过群众组织力建设，形成强大的群众组织力，才能有效抵御各种风险和挑战。党只有尊重人民群众的主体地位，引导人民群众积极投身改革开放的实践，依靠人民群众的智慧和力量，激发出人民中蕴含的创造伟力，才能真正推动改革向纵深发展。

五、让人民共享改革的成果是群众自觉自愿跟党走的内在驱动因素，是党的群众组织力建设的核心关键

政党政治时代，政党赢得政权、巩固政权的最根本的因素就是要赢得人民群众广泛的认同、支持和拥护。而民众支持拥护政党，自觉自愿听政党话、跟政党走的内在驱动力最终取决于政党能不断满足民众自身的利益需求。唯物史观认为，追求利益是人类一切活动的根本动因和最终目的，是社会发展的最深层次的动力源。“人们奋斗所争取的一切，都同他们的利益有关”[2]，共产党人的最终价值追求是要满足人民的需求。在苏俄革命和建设中，列宁认为要给予人民群众物质上的照顾、政治上的权利和思想上的启发，才能激发人民群众的积极性。这为无产阶级政党把握革命和社会主义建设的最终目的以从根本上加强党的群众组织力建设提供了理论指导和思想武器。

改革开放以来，中国共产党尤其注重人民群众的利益诉求，在实践中不断落实满足人民群众的需求，让人民共享改革的成果，这是群众自觉自愿跟党走的内在驱动因素，是改革开放以来党的群众组织力建设的核心关键，也是党的群众组织力建设积累的一条最核心经验。中国共产党推动改革的目的意义和最终价值指向是改革和发展的成果能满足人民群众的切身利益需求。只有让改革红利更多更公平地惠及全体人民，让全体人民共享改革发展成果，才能使广大人民的切身利益同改革发展的命运、同党和国家民族的前途命运休戚相关，使改革得到人民的广泛认同、支持，坚定将改革进行到底的信心和决心，自觉自愿听党话、跟党走。以党的十一届三中全会为标志，邓小平深刻总结历史经验，正确认识我国国情，把党和国家的工作重心转移到经济建设上来，坚决实行改革开放，大力发展生产力，以解决人民的温饱问题。“不重视物质利益，对少数先进分子可以，对广大群众不行”[3]，贫穷不是社会主义，社会主义最终要实

---

[1] 习近平：《决胜全面建成小康社会　夺取新时代中国特色社会主义伟大胜利——在中国共产党第十九次全国代表大会上的报告》，人民出版社2017年版，第8页。

[2] 《马克思恩格斯全集》（第1卷），人民出版社1995年版，第187页。

[3] 《邓小平文选》（第2卷），人民出版社1994年版，第146页。

现人民的共同富裕。江泽民指出在整个改革开放和社会主义现代化建设的过程中，要努力使工人、农民、知识分子和其他群众共同享受到经济社会发展的成果。胡锦涛进一步指出“党的一切奋斗和工作都是为了造福人民”[1]。把最广大人民群众的根本利益作为一切改革的出发点和落脚点，让人民群众共享改革发展的成果是中国共产党的性质、纲领的根本要求和宗旨所在。

党的十八大以来，中国共产党把老百姓对美好生活的向往作为奋斗目标，从改善人民生活，增进人民福祉入手，着力于教育、工作、收入、社会保障、医疗卫生服务、居住条件、环境等惠及民生的改革，以给予人民群众看得见、感受得到的实实在在的获得感。让人们的获得感不只满足物质利益需求的层面，而且要有更丰富的精神文化生活，以满足精神利益层面的需求，让人民共享经济、政治、文化、社会、生态等各方面发展成果。党抓住人民最关心最直接最现实的利益问题，坚持在发展中保障和改善民生，全面推进“幼有所育、学有所教、劳有所得、病有所医、老有所养、住有所居、弱有所扶”[2]，不断改善人民生活、增进人民福祉；推进保障人民广泛多层次参与的协商民主，画出最广大人民群众共同意愿的最大同心圆，把人民民主落到实处；和谐社会、富强中国、健康中国、美丽中国正在进行中；改作风改到人民的心坎上，反腐倡廉、正风肃纪，维护人民的利益，全面从严治党永远在路上。

经过改革开放40年的发展，社会主义现代化建设取得了巨大成就。但是，现今我们也面临着改革发展过程中形成的新问题、新考验。“利益的铁藩篱”，“制度的天花板”，社会流动的“堰塞湖”，特权“金钟罩”“铁布衫”“隐身衣”等问题，在很大程度上引发了人们的不满情绪，影响了人民群众对党的信任和信心。面对这些问题，党亟须凝聚全社会的共识，形成共同的价值取向，找到全社会意愿和要求的最大公约数，真正使改革开放向纵深推进，这既是党面临的新问题，也是党的群众组织力建设的新考验。党必须打破“利益的铁藩篱”，撬开“制度的天花板”，掘通社会流动的“堰塞湖”，打碎特权“金钟罩”“铁布衫”“隐身衣”。让群众真正感受到党心连着民心，党意直通民意，让人民群众共享改革的成果，不断增强群众的获得感、幸福感、安全感，让人民群众自觉自愿听党话、跟党走。

结　论

改革开放40年的历史就是一部党通过群众组织力建设不断凝聚民族伟力的实践史。

---

[1] 《胡锦涛文选》（第2卷），人民出版社2016年版，第624页。

[2] 习近平：《决胜全面建成小康社会　夺取新时代中国特色社会主义伟大胜利——在中国共产党第十九次全国代表大会上的报告》，《人民日报》2017年10月28日。

正因如此，才使得改革开放40年来，从农村到城市，从沿海到内陆，从经济体制改革到全面深化改革，我国的改革开放和现代化建设取得了举世瞩目的伟大成就。新时代的历史方位意味着党和党领导的伟大事业开启了新征程，我们比历史上任何时候都更接近于实现中华民族伟大复兴的光明前景。同时，党和国家也面临着更大的风险、困难和挑战。如何在纷繁复杂的百年变局中保持定力，抓住机遇，迎接挑战，完成光荣而艰巨的历史使命，对党的群众组织力建设提出了更高的要求。党必须不断总结改革开放以来群众组织力建设的经验，坚持运用和发展这些经验，把人民群众动员组织团结起来，永葆旺盛的生命力和强大的战斗力，应对各种风险挑战。唯其如此，党才能凝聚起中华民族磅礴的力量，最终实现"两个一百年"奋斗目标和中华民族伟大复兴。

原载于《南京政治学院学报》2018年第5期

概念与经验统一：中国共产党制度建设的理性逻辑

马明冲　郭　超

摘　要： 马克思把哲学的目光从抽象的绝对真理拉回到社会中来，扬弃了黑格尔的历史唯心主义并建立了人类历史上第一个自觉面向未来的目标制度。实现这一制度的前提是无产阶级专政，基本条件是建立包括阶段性目标制度、运行动力制度和调节动力制度的完整体系，并以此为基础意图超越中西方传统政治制度设计。中西方分别围绕竞争执政和富国安民的目标性制度进行动力性制度设计，由此完成的制度体系均有其历史局限性，但同时也有闪烁着理性光芒的内核。中国共产党的制度超越，在于认知并利用制度概念体系，在于批判地继承和吸收中西方政治制度传统，并完成两者的理性统一。事实上，中国共产党探索设计自身制度的历史，就是认知制度概念体系，探索社会主义的阶段性目标制度，辩证发展选票与能力、民主与集中、中央与地方的关系，建构文以化之、纪法限之、监督制之的三重调节系统的历史。

关键词： 中国共产党；制度建设；目标制度；运行动力制度；调节动力制度

党的十八大以来，学术界对中国共产党制度建设的研究平流缓进，研究内容主要聚焦于四个层面：阐述制度建设的重要意义、解读习近平总书记关于党的制度建设的思想、制度建设的经验总结、提出制度建党的实践路径。概括地说，这些研究的目的聚焦在两个向度，一是说明党的制度建设的重要意义，二是总结历史经验，落脚于指导制度建设实践。理论上这一目的是完全正确的，经验似乎也在说明这一目的是完全正确的。但需注意，“事情并不穷尽于它的目的，而穷尽于它的实现，现实的整体也不仅是结果，而是结果连同其产生过程”[1]。换言之，我们谈目的不能把目的当作完全静止的最终结果，而是把目的看作其本身在发展过程中表现出的全体，并且只有在这一历史发展进程中，目的才能丰富并成就或者说实现其自身。所以，目的的关键不在于结果，而在于运动。这一运动不是个体或阶段目的的罗列，不是人所共识的现象堆砌，

[1]　黑格尔：《精神现象学》（上卷），贺麟、王玖兴译，上海人民出版社2013年版，第53页。

而在于展现历史目的的辩证发展过程。实现制度建设本身的这一运动，需要做两个必要的工作，一是以历史哲学视角考辨制度概念的流变，二是对党的制度建设经验进行必要吸收。

一、纯粹概念：制度的历史哲学考辨

“制度”在我国话语体系中词性多样，含义丰富，但不管词性如何变化，词义总超不出制定规则的衍生义。从一般意义来看，制度是人类制定的社会规则；从严格意义来看，制度当为引领社会生产力发展的掌握未来的主体制度。

1.制度在探索真理的历史中

时至今日，学术界依然没有改变对制度概念本身的用法。这些用法基于制度的动词本意逻辑，既是制定规则，必是人的主体活动，所以制度概念属于社会科学范畴。但如果制定规则的主体不是人而是“上帝”，那么制度就跳出人类社会范畴而进入自然领域。此时，制度是自在自为的存在物，是“上帝”创造世界的蓝图，是德国古典哲学的绝对真理，是自然规则本身。“所有的人都从对万象的惊异为开端，如傀儡自行，如冬至与夏至……人能明事物之故，而后不为事物所惑”[1]，追求不惑是人类探寻通往真理之路的动力。从形而上学、经验主义、批判哲学到直接知识，哲学家用他们独有的方式执着地考察了何为真理，如何才能把握真理，以此衍生出对何为最优的社会制度的探讨。先贤们对真理和制度的历史讨论被黑格尔以自我意识的否定运动环节为名纳入自己完备的哲学体系之中，进而完成了否定理性向肯定理性的转化，把握了绝对真理，实现了“历史的终结”。用福山的话来说，就是“人类达成了一个能满足其最深层、最基本的愿望的社会形式，为这种社会形式奠基的原则和制度达成圆满，不再有发展”[2]。

若将肯定理性作为相对真理，作为否定理性的一个运动环节，那么，黑格尔认识绝对真理的死胡同就可以被辟开。这一工作，是由马克思完成的，这一工作的完成是德国古典哲学的终结，因为马克思把哲学的目光从“任何单个人都无法达到的‘绝对真理’中扭转到了沿着实证科学和利用辩证思维概括可以达到的相对真理”[3]。进一步，马克思把人类社会的普遍意识看作由生产力决定的生产关系所决定的，使人类认识集体无意识建立的宏观社会制度和经济社会发展规律成为可能。至此，人类才将目光真

[1] 亚里士多德：《形而上学》，吴寿彭译，商务印书馆1959年版，第7页。

[2] 弗朗西斯·福山：《历史的终结与最后的人》，陈高华译，广西师范大学出版社2014年版，第10页。

[3] 《马克思恩格斯选集》(第4卷)，人民出版社2012年版，第226页。

正聚焦到人成就人自身的自为过程，发现劳动的秘密，成为意识到的对象性存在物[1]。

2.制度在世俗社会中

既然把视线转入社会科学之中，那么，首先要对现有制度概念的用法进行必要的归纳整理。有的学者用横向分块的方式分别探讨了社会、政治、经济学视野中制度概念的用法，为我们提供了“制度概念丛林”[2]。有的学者梳理了制度概念的多重含义和歧义，进一步加强了我们对制度概念的把握[3]。综其所述，制度概念大体有三重含义：一是指成文规定，如法律条文、规章典范等；二是在成文规定的基础上加入非成文行为规范，如习惯、习俗、道德行为等；三是指组织和机构。我们认为，除此之外，制度还指意识形态。这些关于制度的概念相对较为零散，需要构建一个理论框架对其进行统摄才能支撑本文的研究。

因此，我们尝试建构一个“目标—动力”框架。所谓目标，即目标性制度，包括整体性目标制度和阶段性目标制度。整体性目标制度即社会向往保持或达成的制度，包括五种被认知的基本社会形态。需要强调，制度前进的车轮浩浩荡荡，不可阻挡，以保持社会现状为整体性目标的制度是难以实现的。所以，整体性目标是否具有革命性，能否掌握未来，决定了其实现的可能性。阶段性目标制度即社会为实现整体性目标制度而建立的具有阶段性质的制度，其有效性取决于适应与之同期的社会条件。所谓动力，即围绕并推动目标性制度成就自身的动力性制度。动力性制度包括成文制度和非成文制度，两者利用法律、规章、道德和文化，共同为录用政治人才、运用权力和调节权力运行制定准则。目标性制度是动力性制度的最终价值归依，动力性制度是推动目标性制度实现的力量。一般地，在社会良性运行中，目标性制度和动力性制度的关系是正常的。在社会恶性运行中，目标性制度和动力性制度存在一定程度的脱节，目标性制度不再是动力性制度的价值归依，动力性制度不再是目标性制度的坚强保障，反而动力性制度会形成一股强大的力量，破坏基本的目标性制度。

3.制度之为主体制度

制度作为主体制度的实现有两个条件：一是人类真正把握社会发展规律，提出掌握未来的目标性制度；二是建立起适应目标性制度的完善的动力性制度体系。在马克思之前，哲学先贤对人类社会制度的应然状态进行了无数探讨，对人类社会发展贡献了极大的智慧，但他们对社会制度的思考仅仅停留在“制度”层面，而没有深入制度生长的土壤。换言之，他们的目标性制度仅是集体无意识或感性的期望，用集体无意

[1] 在马克思之前，把人作为对象性存在物而研究的焦点是人类纯粹思维，没有深入生产关系乃至生产力的决定作用中，这不是真正的对象性。

[2] 杨立华、杨爱华：《三种视野中的制度概念辨析》，《中国人民大学学报》2004年第2期。

[3] 陈氚：《制度概念的歧义与后果》，《湖南师范大学社会科学学报》2013年第2期。

识或感性的目标指导动力性的实践，动力性的实践就是盲目的，发挥预期效果的能力是有限的。以这样的目标性制度为核心的制度体系，当然是非理性的，也就不能称之为真正的主体制度。不可否认，在每一个大的历史变革时期，目标性制度是符合社会发展规律的。但是，这些目标性制度大多都是在生产力已经拓展并超越原有生产关系束缚后形成的，这样的制度是基于经验的选择，而不是指向未来的，也不能称其为主体制度。

纵观人类社会发展史，除社会主义制度外，没有任何一个社会形态有勇气、有能力掌握未来。马克思说："无论哪一个社会形态，在它们所能容纳的全部生产力发挥出来以前，是决不会灭亡的；而新的更高的生产关系，在它存在的物质条件在旧社会的胞胎里成熟以前，是决不会出现的。"[1]"两个决不会"是对以往历史发展规律的总结，但以往历史发展规律建立在人还没有成为真正意识到的对象性存在物的基础之上，如果人成为真正意识到的对象性存在物，那么是有可能超越这一基本规律的。根据"目标—动力"结构不难发现，社会主义制度是马克思主义者在充分认知人类社会发展规律的基础上提出的科学设想，"虽然社会主义制度不能跳过也不能用法令取消自然的发展阶段"，但它能够自觉面向未来而能充分发挥社会的主观能动性。因此，社会主义制度在超越"两个决不会"这一基本规律的道路上前进了一步，同时动力性制度体系跟随着这种目标性制度前进了半步。动力性制度体系本身具有内在的二重性，一方面动力性制度期望向这种目标性制度靠拢，另一方面生产力水平把动力性制度限制在界限之内。综上，真正的社会主义制度以能够掌握未来的目标性制度为统摄，整合动力性制度的内在矛盾以适应自身，提供了超越"两个决不会"的理论可能。

从实践层面来看，这一制度的实现过程充满着曲折与困难。一方面，实现这一制度要不断丰富目标性制度的理论内涵；另一方面，要在实践中调和动力性制度的内在矛盾，探索其具体形态。这种探索从马克思所建立的第一国际开始，经历了恩格斯建立的第二国际的发展，首次在布尔什维克的领导下于苏联生根发芽，真正在中国共产党的领导下于中国开花结果。

二、历史经验：政党制度体系与中西方政治思想中的制度设计

"现代意义的政党是人类进入近代资本主义社会以后才出现的新型社会政治组织。原始社会、奴隶社会、封建社会的任何政治组织都不属于现代意义上的政党。"[2]所以，

[1] 《马克思恩格斯选集》（第2卷），人民出版社2012年版，第3页。

[2] 王韶兴：《政党政治论》，人民出版社2011年版，第46页。

政党的产生和发展、政党间的竞争与协作，反映并组成了近代资本主义社会的政治生态，其根本特点就是政党政治，即“政党在整个政治运行过程中发挥重大影响、起着支配作用的那种政治”[1]。理论上来说，社会主义制度是从资本主义政治生态中成长并建立在资本主义生产关系之上的制度。所以，社会主义制度只有服从并超越政党政治生态才能成就其自身，无产阶级必须联合成为强力政党，通过暴力革命的方式首先取得政权，才能够发展自身。

1.理论架构：以“目标—动力”为统摄的政党制度体系

归结起来，政党产生的根本原因是迅速发展的生产力和封建生产关系的矛盾运动，表现是资本主义生产关系逐步代替封建生产关系。在这一过程中，社会阶级构成不断被调整，由此形成更加对立的利益集团，属于同一利益集团的成员联合起来，提出明确的符合团体利益的纲领，并为实现共同纲领进行社会活动（包括思想的传播和公民意识的觉醒），政党随之产生了。

政党制度体系是随着政党的生产过程而丰富并完善起来的，它“既承载着政党政治产生、发展和发挥作用的一般性质，也蕴涵着因经济、政治和文化基本制度的差异而使其所具有的特殊内容”[2]。我们认为，政党制度的内容结构分为基本制度和具体制度两个层次，“基本制度包括政党性质或政党阶级基础、政党指导思想或意识形态、政党奋斗目标和政党组织原则，具体制度包括组织制度、领导体制、工作制度和管理制度”[3]。以往的这种区分方式，对于本文的目的来说是不够的：一是不能直观展现基本制度和具体制度的关系，二是基本制度自身的关系不明晰，三是具体制度可能存在概念的交叉。例如：管理学视野中，管理包括决策、组织、领导、控制和创新。为优化政党制度体系，我们试用“目标—动力”框架统摄政党制度体系。我们认为，政党是由一定数量的阶级先进分子组成的利益或理想团体发展而成。他们首先提炼了与自身利益或理想同一的目标，进一步规定了指导思想和意识形态，形成核心制度体系，我们可称之为目标性制度体系。随着政党党员的增加，为协调全体向目标性制度努力，不断完善政党的组织、领导和工作制度，形成了第一层外围圈，我们可称之为运行动力制度。为确保运行动力制度完美运行，需要通过教育、纪律、监督等方式对“政治人”进行调节，使其始终保持良好的政治品德和清醒的头脑。这些方式形成了第二层外围圈，我们可称之为调节动力制度。这样就形成了一个中心目标制度、两层外围动力制度的政党制度结构体系。

对于中国共产党来说，三个层次的制度体系同样是必要的，关键的问题是根据什

[1] 王韶兴：《政党政治论》，人民出版社2011年版，第9页。

[2] 王韶兴：《政党政治论》，人民出版社2011年版，第195页。

[3] 王韶兴：《政党政治论》，人民出版社2011年版，第200—206页。

么标准、用什么技术手段来实现。呈现在中国共产党面前的经验，其一是西方政党政治理论，其二是中国传统政治思想。西方的政党政治理论有其合理性，但它是舶来品，不会契合中国人的思想。中国传统政治思想融入中国人的骨肉，但有其自身局限。可以预言，中国共产党的制度建设一定会沿袭马克思的目标性制度，吸收西方政党和中国传统的运行动力制度，创新中国传统的调节动力制度。

2.围绕竞争执政展开的西方政党制度设计

对于西方资本主义社会来说，目标性制度实质是维持或改良资本主义生产关系、巩固资产阶级统治。然而，这一目标性制度本身会随着生产资料的私人占有和生产的社会化之间矛盾的不断加深而逐步破裂，为了限制资本主义固有矛盾的发展，只有把处于社会底层的人民纳入自由和民主的范畴。这样，为限制一个矛盾又产生了新的矛盾，即自由民主大众化表象与资本统治实质的矛盾。可以说，所有的主流运行动力制度和调节动力制度设计，都是围绕自由民主大众化表象与资本统治实质的矛盾展开的。

在运行动力制度方面，主要讨论政治录用和政府权力结构。在政治录用方面，政治领袖产生的主流方式是政党或议会。美国总统产生的方式是通过政党推选候选人，再由公民选举；英国公民投票决定政党在议会中的席位，再由议会选举产生行政首脑。不论具体的方式如何，最高行政长官的产生总取决于公民的选票。通过这种方式选举出来的最高行政长官，被认为是合法的，相应地，这种选举方式本身被认为是民主的。为了获得这份民主，政党要积极开展社会活动，以赢得所谓民意。这就要求各政党内精英人物具有较高社会背景、经济背景或高等教育背景。正如阿尔蒙德所述“在精英人物权力等级的阶梯上，越是向上，受教育者和地位有利者控制统治地位的情况就愈显著”[1]。他们的社会地位，不是政权本身赋予的，或不是为人民服务所赋予的，而是通过其他社会行为赢得的。通过社会活动产生出来的领导集体，是否具有完全的政治品质，是否代表“民主”的利益是值得商榷的。在政府权力结构方面，保持立法权、行政权、司法权三种权力的相对独立并相互制约。这种权力结构的长处是延长决策的时限以照顾各方面利益，短处在于这种方式只能达到利益的相互妥协，从而缺乏统摄各方面长远利益的能力，其“本质上都反映了资产阶级内部利益集团之间又合作又斗争的关系”[2]。

在调节动力制度方面，主要讨论政治社会化。“政治社会化是政治文化形成、维持

[1] 加布里埃尔·A. 阿尔蒙德、小G. 宾尼姆·鲍威尔：《比较政治学——体系、过程和政策》，曹沛霖等译，上海译文出版社1987年版，第147、91页。

[2] 刘俊杰：《论权力制衡原则的适用与借鉴》,《社会主义研究》2005年第5期。

和改变的过程。”[1]政治社会化通过多种宣传手段，影响公民和精英人物的政治态度、政治价值观念和政治技能。一方面，政府的产生受公民政治态度的影响；另一方面，已经组成的政府通过引导，潜移默化改变公民的政治态度。公民的具体政策倾向和政治态度、精英人物的利益考量相互影响，共同规定并限制了立法、行政和司法机构的职权范围。这种文化控制是深刻的，至少在表面上决定了下届大选的结果和下届政府的形态。另外，西方社会的行政监督体系由三部分构成，分别是立法行政监督、司法行政监督和行政监察。行政监察是政府内部的监督机构，一般对行政首脑负责；立法和司法行政监督是运行动力制度的一部分，此处不再赘述。

3.围绕富国安民展开的中国古代政治制度设计

“试问哪里有无历史因袭的政治，无传统沿革的制度，而可以真个建立得起来的？”[2]这是钱穆总结中国历代政治得失后发出的理论感慨。制度总要扬弃本国历史传统才能真正获得其合法性，新政权的制度，总是在继承前政权制度的基础之上加以调整或改进。同样，中国共产党制度建设也需吸收本国的政治传统。因此，讨论中国政治传统是研究中国共产党制度建设的必要前提。

中国传统的政治思想中，目标性制度是保国兴邦、国泰民安，人民的生存在目标性制度设计中占领高位。早在周朝，周公旦总结了商朝灭亡的经验教训，把民情视作天命，天命靡常，唯德是举。随后，民本思想随着历史的展开不断得到深入的阐释，把君主的权力限制在民意的范围之内，甚至“民为贵，社稷次之，君为轻”出现在君主的认知中。同时，我们也要认识到，这些做法的目的实质是巩固封建统治，使社会形成一个稳固的平面圆。带有鲜明封建性质、特点的传统政治制度又反制和束缚了中国社会跨越式发展，使制度建设本身乃至社会运动形态呈现出闭合式循环特征。

运行动力制度在中国古代主要包含用人和用权。中国古代不重视西方范式意义上的民主，其用人的理想是识别、选拔和任用贤人，贤人就是德才兼备的人。在长期的政治实践过程中，逐渐形成了科举考试、领导意见和执政成绩共同决定官吏录用、迁升的用人制度体系。我们认为，没有选举不代表不民主，科举制度本身就是政权向整个社会开放、广泛吸收贤人从政的设计。秦汉以后，用权的基本趋势是由分权走向集中，由地方走向中央，以分割相权的方式实现皇权的集中，以中央官下放地方做领导的方式实现中央集权。这样，权力的集中与皇帝能力不足形成了封建社会第一个固有的矛盾，地方民治力量过弱与中央吏治力量过强形成了封建社会第二个固有的矛盾。二者的运动必定会造成分久必合、合久必分的历史事实。

---

[1] 加布里埃尔·A. 阿尔蒙德、小G· 宾尼姆 · 鲍威尔：《比较政治学——体系、过程和政策》，曹沛霖等译，上海译文出版社1987年版，第147、91页。

[2] 钱穆：《中国历代政治得失》，九州出版社2012年版，第166页。

调节动力制度包括礼、法、监督等相关制度设计。礼是当时社会的主流价值观念，包含道德、文化、习惯、传统、教育等。换言之，礼是非成文法，产生于生产活动，服务于社会生活条件，并调节社会生产力。中国古代的礼法特点是礼为基础，法为补充，两者共同规范官、吏、民的思想和行为。有规范就要有监督，中国古代对法的监督和对礼的监督是并行的，两者分别掌握物质力量和精神力量，利用国家机器和社会舆论共同限制社会成员的活动。时过境迁，历史的制度不再是现实的制度，现实的制度同样不可能是某个历史阶段的制度，而是制度本身的历史展开。随着制度的历史展开，具体制度形态不断发生变迁，但其中某些制度设计的思想却源远流长，这是中华民族的宝藏。

三、实践回归：中国共产党的制度建设[1]完成概念与经验辩证统一

近代中国的外部危机，促使内部的革命性因素酝酿发展，中国社会开始了一系列救亡图存的运动，从太平天国到辛亥革命，国内外社会条件将目标性制度推向科学社会主义。正是在这种条件下，中国共产党成立并领导全国人民抗击了帝国主义的侵略，建立了中华人民共和国。新中国成立后，中国共产党首要的工作是以自身革命的经验为统摄，扬弃中西方制度建设的经验，探索完善治国理政的宏观制度设计和完备制度体系。

1.目标运动：中国共产党探索合乎现实的阶段性目标制度的逻辑进路

目标性制度应当包括实现目标性制度的基本路径和需要坚持的基本原则，包含对未来社会的看法和向往。目标性制度不是简单的一个目标，而是一系列阶段性目标组成的全体，这一系列阶段性目标要符合科学的目标性制度的基本路径和基本原则，如果背离就是对目标性制度的异化。只有当阶段性目标制度层层递进，主动调整并适应整体性目标制度时，整个目标性制度才是活着的。整体性目标制度的实现，需要阶段性目标的推动。阶段性目标只有建立在国情和基本社会条件之上才是有效的，但把握并使阶段性目标完全适应于基本社会条件是困难的，阶段性目标总是围绕着真理左右波动，但每一次波动都能够提供一层经验，每一层经验的积累都会降低阶段性目标的波动率，并使其贴近理想的阶段性制度发展脉络。

中国共产党作为革命党体现了这样的一种趋势。在陈独秀的右倾机会主义、王明等的“左”倾主义思想为指导的阶段性目标制度为党带来惨重的历史教训之后，以毛

[1] 中国共产党的政党制度特指狭义的政党制度，即有关政党自身的意识形态、政治纲领、组织原则、组织体系以及活动规范等各项制度安排。

泽东为代表的中国共产党人才得以实现马克思主义基本原理同中国实际情况的统一，才制定了像农村包围城市、武装夺取政权这样的一系列无限接近理想的阶段性目标，成功引导中国革命走向胜利。新中国成立之后，以往获得的革命经验不足以完全支撑建设实践，理想阶段性目标制度和实际目标性制度的矛盾再次出现。但它本身是整体性制度的一个环节，它的使命是为后来的阶段性目标制度建设提供经验。

这一阶段的经验教训促使中国共产党领导集体认识到社会主义的形成过程并不排斥资本主义的经济手段，相反，用好资本主义的经济手段能够促使社会主义制度更快成熟。但社会主义市场经济的发展对中国社会主义制度来说是巨大的挑战，要妥善应对市场经济的挑战，就要强化社会主义力量。中国特色社会主义制度控制资本主义经济手段的手段就是中国共产党领导的无产阶级专政乃至人民民主专政。这一阶段性目标制度的确立，解放发展了中国的社会生产力，把中国共产党作为建设党的阶段目标性制度推向正轨。党的十八大以来形成了以全面从严治党的目标性制度为统摄，强化运行和调节动力制度建设的全方位的自我革命态势。全面从严治党是强化党的执政能力的战略部署，只有如此才能加强社会主义力量，更好地控制资本主义经济手段，把中国共产党打造成坚强的中国特色社会主义的领导核心。

2.运行超越：中国共产党的精英、民主与权威

运行动力制度调整和完善的过程，即中国共产党批判并超越中西方传统政治思想的过程。所以，我们试着讨论中国共产党现代的用人和用权制度设计，以此把握中国共产党运行动力制度设计的逻辑内涵。进行这一讨论之前，首先要明确一点，即中国共产党是执政党，其用人和用权的界限不是封闭的自循环，而是与政权有着充分的互动。

用人包括吸纳党员、任用和提拔干部。在吸纳党员方面，中国共产党对党员的要求较高，只吸收中国社会各阶层的先进分子；而西方政党吸收党员的名义门槛极低，甚至低到某个公民在大选中投该政党一票就自动成为其党员，但其实际门槛又相对较高，因为其目标党员是社会上层各领域的精英。先进分子和精英看似相同，实际上表达的意思天差地别。先进分子更倾向指有愿望发挥主观能动性为建设中国特色社会主义贡献力量的德才兼备的群体，而西方政党的精英仅仅指代精英，缺乏政治内涵。中国共产党吸收党员的标准注定了中国共产党组织的先进性和纯洁性是西方政党无法比拟的。在任用和提拔党员方面，中国共产党的制度继承并超越了中国传统用人制度，强调以政治标准为首要条件，坚持逐级晋升的方式，坚持动议分析、民主推荐、考察、讨论决定的干部晋升工作制度体系，并引入西方的民主范式，但又并不拘泥于西方的唯票主义，而是“根据工作需要和干部德才条件，将民主推荐与日常了解、综合分析

研判以及岗位匹配度等情况综合考虑，深入分析，比较择优”[1]。

用权包括中央权力结构和中央地方权力划分。中共中央的权力结构，既不是集权，又不是分权，而是一种民主基础上的集中和集中指导下的民主。西方传统的政治观点认为，集中和民主是对立的概念，集中非民主，民主非集中。但这仅仅是对集中和民主的概念作了外在的知性规定，没有把握集中和民主的内涵，绝对的集中和绝对的民主都不存在，因为集中本身就包含民主，民主本身也包含集中。在这种制度下，各个组织机构既能够发挥主观能动性，又被无产阶级力量牢牢把控，使权力围绕阶段性目标的展开而运行。中央与地方的关系，同中央权力结构类似。在重大政策方针的制定上，地方是参与民主讨论的重要环节，在重大政策方针的实施上，地方根据自身的情况，采取适宜的策略，服务中央阶段性目标制度。如此，一方面保证地方行政充分发挥能动性，积极探索贯彻重大政策方针在本地区的实施手段，提高地方行政效率，激发其政治活力；另一方面，保证地方在政治方向、政治路线、政治立场、政治主张上，同党中央保持高度一致，共同围绕整体性目标制度奋斗。

3.政治优势：中国共产党的三重调节系统

运行动力制度一经建立就会创造出各类政治角色，如果各类政治角色理性行使运行动力制度所赋予的职责和义务，就能推动阶段性目标制度合乎理想，最终实现整体性目标。有的学者对西方经济学的理性经济人假设加以改造后引入政治学领域，假设每个政治人都是理性人，“他们的动机表现为超越个人利益之利他主义，政治人唯一目标在于谋求、维护与实现公共利益”[2]。如果该假设成立，每一个政治角色扮演者都是理性政治人，那么，运行动力制度就可以完美地运行。事实上，大部分政治角色都不是理性政治人，而是感性政治人，既是感性政治人便会受客观经济社会环境的影响。虽然社会主义文化积淀日臻深厚，但仍不足以全面压倒资产阶级情调；监督力度不断加大，但仍不能完全消除腐败。对于共产党来说，这些因素会客观上异化政治角色，破坏运行动力制度的目标效果。

党的十八大以来，以习近平同志为核心的党中央充分意识到这一问题，决定从调节动力制度入手，改良感性人的思想、规范感性人的行为，以此促使感性政治人向理性政治人回归，实现动力制度良性运行，进而实现阶段性目标制度，为整体性目标制度积累推动力。调节动力制度大体可以分为三种形式：一是“礼”，二是法，三是监督。中国共产党的调节动力制度建设批判继承了传统的“礼治”文化的积极的成分，强力抑制其消极影响，进一步规范法和监督，形成了文以化之、纪法限之、监督制之

[1] 《党政领导干部选拔任用工作条例》，人民出版社2019年版，第15页。

[2] 汪波：《政治学基本人性假设的再探讨——论“政治理性人”的基本逻辑》，《浙江社会科学》2007年第6期。

的三重调节系统。党的十八大以来，随着全面从严治党向纵深发展，中国共产党在全党范围内开展了一系列教育实践活动，实现了党内教育的经常化和制度化，优化了党的政治文化，净化了党内政治生态，加强了党同人民群众的血肉联系；逐步建立了以“一加四”为基本框架的党内法规制度体系，以党章为根本依托，出台了一系列法规文件，推动党的组织法规、党的领导法规、党的自身建设法规、党的监督保障法规不断完善；推动党内监督制不断完善，形成了以纪委为主导，以巡视监督为基本方法的监督体制，打通了上级纪委对下级党组织、部门、企事业党组织的全面长效监督路径，优化了上级纪委对下级纪委的领导机制，基本解决了地方党组织“无人监督”的矛盾。文以化之、纪法限之、监督制之的三重调节系统是中国共产党理性吸收中西方政治实践经验的必然成果，它的发展和完善对优化党的风气、进一步统一全党意志、提高党的执政能力具有至关重要的作用。

原载于《湖南师范大学社会科学学报》2020年第6期

严格政党治理：中国共产党百年辉煌的关键要素

包心鉴

摘　要：勇于自我革命，严格政党治理，是不忘初心、牢记使命的中国共产党特有的政党品格，是党赢得百年辉煌的关键要素。百年党史深刻昭示，治国必先治党，治党务必从严。以马克思主义中国化为突破口，以端正党的思想路线和政治路线为重点内容的政党治理，赢得了党领导全民族抗战和中国革命全面胜利的伟大辉煌。以党和国家领导制度改革为切入点，以思想建党和制度治党相结合为突出标志的政党治理，赢得了党领导改革开放和中国特色社会主义的伟大辉煌。以不忘初心、牢记使命、人民至上、自我革命为出发点，以正风肃纪、反腐倡廉、把权力关进制度笼子为鲜明特色的政党治理，赢得了党领导中国特色社会主义进入新时代的伟大辉煌。胸怀千秋伟业，百年恰是风华。在领导全国人民建设社会主义现代化强国的新征程上，中国共产党通过严格的政党治理，必将赢得更久远的伟大辉煌。

关键词：政党治理；百年辉煌；端正路线；制度改革；反腐倡廉

政党治理，是政党政治时代一种特有的政治现象和政治行为。政党治理，既是国家治理的重要内容和有机组成部分，又对国家治理产生重要的影响和引领作用，是一种特殊的国家治理。党是阶级的组织，是特殊的政治实体。从一般意义上说，任何政党要实现自己的阶级使命，彰显自己的政治价值，都有一个不断加强自身治理，以适应国家和社会发展需要的过程。然而一切剥削阶级政党，由于其代表的是少数人的利益，具有天然的阶级局限性和私利性，因而不可能顺应社会发展需求和大多数社会成员的需要自觉地加强自身治理。而只有代表“绝大多数人的，为绝大多数人谋利益的独立的运动”，代表“整个无产阶级共同的不分民族的利益”，除了人民的利益之外，“没有任何同整个无产阶级的利益不同的利益”[1]的无产阶级政党，才具有自觉的政党治理需求和内在动力。中国共产党是中国工人阶级的先锋队，同时是中国人民和中华民族的先锋队，代表中国最广大人民的根本利益，是不忘初心、牢记使命的自觉政党。

[1]　《马克思恩格斯文集》，人民出版社2009年版，第44页。

在领导伟大社会革命中不断进行自我革命，在推进国家治理和社会治理中不断加强政党治理，通过严格的政党治理不断清除党内存在的政治不纯、思想不纯、组织不纯、作风不纯等突出问题，确保党经得起各种风浪考验，始终得到人民拥护，始终走在时代前列，这是中国共产党的鲜明特质，也是党百年辉煌历史的一条根本经验。百年党史深刻昭示，治国必先治党、治党务必从严。在新时代新征程上，我们党只有更加注重政党治理，以严格的政党治理推动国家治理、带动社会治理，才能始终保持不忘初心、牢记使命的政党本色，始终成为时代先锋、民族脊梁。

一、以马克思主义中国化为突破口，全面推进以端正思想路线和政治路线为重点内容的政党治理，确保党领导革命和建设事业取得伟大辉煌

中国共产党是在马克思主义直接影响和指导下成立的党。党的一大通过的《中国共产党的第一个纲领》明确提出党的纲领是“以无产阶级革命军队推翻资产阶级”，“采用无产阶级专政，以达到阶级斗争的目的——消灭阶级”，“消灭资本私有制”；党的二大第一次提出明确的“反帝反封建的民主革命纲领”，大会通过的第一个完备的党章——《中国共产党章程》，对党员条件、党的各级组织和党的纪律作出了具体规定，明确体现了民主集中制原则。[1]这表明，中国共产党是立志以马克思主义理论作为指导思想的政党，是按照马克思主义原则推进中国革命，实现社会主义和共产主义的政党。然而，如何按照马克思主义基本原理指导中国革命，如何运用马克思主义基本原则加强党的自身建设，这对于诞生不久的中国共产党来说，都还是十分严峻的课题。党的早期领导人包括陈独秀，也曾思考过马克思主义怎样才能符合中国实际，甚至明确提出不能照搬苏俄革命的做法和经验，但是由于对马克思主义了解不多、知之不深，尤其对中国社会的性质和实际情况缺乏深刻的认识，先后发生了几次右倾机会主义和“左”倾冒险主义错误，使党的队伍和中国革命事业遭受了巨大损失。

错误和挫折使党的领导人逐步认识到，必须高度重视党的队伍建设，严格加强党的自身治理。1929年12月召开的古田会议，是我们党的历史上第一次以“思想建党”统领党和军队建设的一次重要会议，不啻开中国共产党政党治理之先河。这次会议的直接背景是在如何建设工农红军问题上党内存在严重分歧，以及党和军队内部存在极端民主化、盲动主义、流寇主义和军阀作风等种种非无产阶级思想。针对党内存在的突出问题，毛泽东明确指出，党内斗争必须从加强党内政治教育、提高党内政治水平

[1] 《中国共产党九十年（新民主主义革命时期）》，中共党史出版社、党建读物出版社2016年版，第36—37、45页。

抓起。“不提高党内政治水平，不肃清党内各种偏向，便决然不能健全并扩大红军，更不能担负重大的斗争任务。因此，有计划地进行党内教育，纠正过去之无计划的听其自然的状态，是党的重要任务之一。”[1]毛泽东亲自起草的近三万字的古田会议决议案，贯穿一条主线，这就是：以思想建党统领政治建军。古田会议的突出贡献是明确规定了党所领导的武装力量的性质，明确指出“中国的红军是一个执行革命的政治任务的武装集团”，必须服从于党的政治领导、服务于人民革命斗争和革命根据地建设；而要实现党对军队的绝对领导，党自身必须坚强有力。正是由于通过开展各种形式和内容的政治教育和政党治理，不断清除党内和红军内部的各种错误倾向，有力促进了思想建党和政治建军，为建设一支自觉接受党的绝对领导、全心全意为实现党的纲领路线和政策而奋斗、与人民群众保持密切联系的人民军队打下了坚实的基础。同时，通过开展各种形式和内容的政治教育和政党治理，厘清了民主与集中的关系，实现党内生活政治化、科学化，为建立和完善党内民主集中制积累了丰富的经验。

应当指出，中国共产党建立初期，尤其是在大革命失败后，在白色恐怖、被“围剿”、被追杀的情况下，我们党还不可能集中精力全面地大规模地加强自身治理。严格意义上的政党治理，应该说是在延安时期。在跨越万水千山、历尽千难万险到达陕北后，党中央和中央红军有了一个相对稳定的环境，在领导全民族抗战和根据地建设的繁忙日子里，毛泽东集中精力思考和总结党成立以来的经验教训，尤其是第五次反“围剿”失败的惨痛教训和二万五千里长征的艰难经历，写出了《中国革命战争的战略问题》《关于十五年来党的路线和传统问题》《矛盾论》《实践论》等一系列重要著作。毛泽东深刻指出：“过去的革命战争证明，我们不但需要一个马克思主义的正确的政治路线，而且需要一个马克思主义的正确的军事路线。”而“历史告诉我们，正确的政治的和军事的路线，不是自然地平安地产生和发展起来的，而是从斗争中产生和发展起来的。一方面，它要同‘左’倾机会主义作斗争，另一方面，它又要同右倾机会主义作斗争。不同这些危害革命和革命战争的有害的倾向作斗争，并且彻底地克服它们，正确路线的建设和革命战争的胜利，是不可能的。”[2]毛泽东特别强调，要纠正或要避免“左”倾或右倾机会主义，“必须借助于对马克思列宁主义这种革命的科学之真正深刻的了解”[3]。

为什么在党早期历史上会屡屡发生右倾机会主义和“左”倾盲动主义错误？归根到底是由于不真正懂得马克思列宁主义的基本原理，不真正了解中国革命的实际情况。企图脱离马克思列宁主义的基本原则和根本指导，从而导致了右倾机会主义错误；照

[1] 《毛泽东文集》(第1卷)，人民出版社1993年版，第94页。
[2] 《毛泽东选集》(第1卷)，人民出版社1991年版，第186页。
[3] 《毛泽东文集》(第1卷)，人民出版社1993年版，第506页。

搬马克思列宁主义的“本本”，抽象地谈论、搬用书本上的理论原则或具体结论，从而导致了“左”倾盲动主义错误。这两种错误倾向，都给党造成了巨大损失，尤其是“左”倾盲动主义错误，险些葬送了中国红军和中国革命。正是在深入的历史经验总结和理论思考中，以毛泽东为代表的中国共产党人确立了党领导中国革命的正确道路，这就是，必须把马克思主义普遍真理同中国革命的具体实践相结合，不断推进马克思主义中国化。

马克思主义中国化，是中国共产党人在历经苦难曲折之后的伟大政治觉醒，是中国共产党真正成为马克思主义政党的鲜明标志。早在1930年5月，毛泽东就针对党内存在的比较严重的教条主义倾向，写出了《反对本本主义》。在这部不朽著作中，毛泽东明确指出：“马克思主义的‘本本’是要学习的，但是必须同我国的实际情况相结合。我们需要‘本本’，但是一定要纠正脱离实际情况的本本主义。”[1]第五次反“围剿”失败的惨痛教训和二万五千里长征的艰难险阻，使中国共产党人进一步认清将马克思主义基本原理同中国具体实际紧密结合起来，从而独立自主开辟中国革命道路的极端重要性，成为实现马克思主义中国化伟大政治觉醒的基本出发点。在一系列经验总结和深入思考的基础上，毛泽东1938年10月在党的六届六中全会上第一次明确提出了“马克思主义中国化”的科学命题。他精辟指出：“共产党员是国际主义的马克思主义者，但是马克思主义必须和我国的具体特点相结合并通过一定的民族形式才能实现。马克思列宁主义的伟大力量，就在于它是和各个国家具体的革命实践相联系的。对于中国共产党说来，就是要学会把马克思列宁主义的理论应用于中国的具体的环境。成为伟大中华民族的一部分而和这个民族血肉相连的共产党员，离开中国特点来谈马克思主义，只是抽象的空洞的马克思主义。因此，使马克思主义在中国具体化，使之在其每一表现中带着必须有的中国的特性，即说，按照中国的特点去应用它，成为全党亟待了解并亟须解决的问题。”毛泽东明确提出马克思主义中国化，具有鲜明的针对性，这就是，“洋八股必须废止，空洞抽象的调头必须少唱，教条主义必须休息，而代之以新鲜活泼的、为中国老百姓所喜闻乐见的中国作风和中国气派”[2]。党的六中全会之后，1939年至1940年初，毛泽东连续发表了《〈共产党人〉发刊词》《中国革命和中国共产党》《新民主主义论》等重要著作，进一步系统阐发了马克思主义中国化的重要思想。

马克思主义中国化，不仅“使中国革命的面目为之一新”[3]，而且给党的自身建设和政党治理带来了前所未有的崭新局面。正是在毛泽东“马克思主义中国化”重要思想的指引和推动下，1941年到1945年，我们党在延安开展了一场以“反对主观主义以整

[1] 《毛泽东选集》（第1卷），人民出版社1991年版，第186页。

[2] 《毛泽东选集》（第2卷），人民出版社1991年版，第534页。

[3] 《毛泽东选集》（第3卷），人民出版社1991年版，第796页。

顿学风，反对宗派主义以整顿党风，反对党八股以整顿文风”[1]为主要任务的整风运动。延安整风，堪称中国共产党在民主革命时期一次完整的、系统的、典型的政党治理。延安整风的直接指向，是党内严重存在的主观主义，这是党的历史上反复发生“左”、右倾机会主义错误的思想根源。主观主义的主要表现形式是教条主义和经验主义；主观主义的实质是理论脱离实际，颠倒了认识和实践的关系，违背了马克思主义认识论和方法论原则；主观主义必然带来组织上的宗派主义和作风上的形式主义。延安整风的根本目的，是切实解决许多党员“在组织上入了党，思想上并没有完全入党，甚至完全没有入党”的问题[2]，从而“建设一个全国范围的、广大群众性的、思想上政治上组织上完全巩固的”马克思主义政党，扎实推进党的建设“伟大的工程”[3]。延安整风的重大成效，就是进一步锻造了实事求是的党的思想路线、坚定正确的政治路线、民主集中制的组织路线和密切联系群众的群众路线，“保证了党在思想上政治上的一致，和党的组织成分的纯洁”[4]，从而使党内的政治建设、思想基础和作风面貌发生了根本性的转变，使我们党“立于不败之地”[5]。

以马克思主义中国化为突破口，以延安整风为主要手段，以端正党的思想路线和政治路线为重点内容的政党治理，实现了党在思想上政治上组织上的完全巩固，赢得了中国共产党领导全民族抗战和夺取中国革命全面胜利的伟大辉煌。在全党整风的基础上，1945年4月党的七大胜利召开。党的七大明确把毛泽东思想作为党的指导思想并写入党章，从而确保了党胜利前进的方向；党的七大明确把党在长期奋斗中形成的优良作风概括为“理论联系实际、密切联系群众和批评自我批评”三大作风，从而树立了党的良好形象；党的七大强调党的群众路线是党的根本政治路线和组织路线，必须坚决反对脱离群众的命令主义、官僚主义和军阀主义的错误倾向，从而使党的路线方针政策的顺利贯彻有了根本保证。在毛泽东思想和党的七大路线指引下，全党高度团结统一，中国革命节节胜利。在即将取得全国革命胜利的前夕，毛泽东明确提出了“进京赶考”的重大命题，向全党发出了“两个务必”的政治告诫，严格确立了党的政治纪律和政治规矩，确保了全党尤其是高中级干部在胜利面前保持清醒头脑，为党在全国执政后自觉加强自身治理，继续保持先进性和纯洁性本色打下了坚实的基础。

---

[1] 《毛泽东选集》(第3卷)，人民出版社1991年版，第812页。

[2] 《毛泽东选集》(第3卷)，人民出版社1991年版，第875页。

[3] 《毛泽东选集》(第2卷)，人民出版社1991年版，第602页。

[4] 《毛泽东文集》(第3卷)，人民出版社1993年版，第33页。

[5] 《毛泽东选集》(第3卷)，人民出版社1991年版，第943页。

二、以党和国家领导制度改革为切入点，全面推进以思想建党和制度治党相结合为突出标志的政党治理，确保党成为改革开放和中国特色社会主义的核心领导力量

1978年12月召开的党的十一届三中全会，开创了我国改革开放新时期，也开启了我们党加强自身建设、推进政党治理新征程。针对“文化大革命”对党的建设造成的深远危害，针对党内严重存在的官僚主义作风和权力腐败现象，针对改革开放初期刚刚打开国门给党的建设带来的复杂影响，“改革开放总设计师”邓小平一方面反复强调，改革开放和社会主义现代化建设必须坚持和加强中国共产党集中统一领导，“在中国这样的大国，要把几亿人口的思想和力量统一起来建设社会主义，没有一个由具有高度觉悟性、纪律性和自我牺牲精神的党员组成的能够真正代表和团结人民群众的党，没有这样一个党的统一领导，是不可能设想的，那就只会四分五裂，一事无成”[1]。另一方面明确指出，要加强党的领导，必须不断改善党的领导。邓小平反复告诫党的中央领导集体：“这个党该抓了，不抓不行了”，中央“常委会的同志要聚精会神地抓党的建设”[2]。中国的事情能不能办好，关键在党，关键在人，“中国要出问题，还是出在共产党内部。对这个问题要清醒”；“说到底，关键是我们共产党内部要搞好，不出事，就可以放心睡大觉”[3]。这些精辟论述，鞭辟入里，高瞻远瞩，为新时期的政党治理指出了明确方向。

新时期加强政党治理从何处切入？邓小平深入总结党的建设的历史经验，尤其是“文化大革命”的深刻教训，深入分析党和国家制度中存在的官僚主义等弊端，紧紧抓住思想建党和制度治党这两大基本环节，卓有成效地把新时期管党治党推向前进。

新时期最鲜明的特点是改革开放。社会主义社会是不断改革的社会，改革是社会主义制度自发完善的重要途径。邓小平开创性地把制度改革引入政党治理视野，紧紧抓住领导制度、组织制度、干部人事制度改革这一最关键环节来解决党内存在的突出问题，可谓是社会主义改革史上的一个伟大创造，也是中共党史乃至国际共运史上的一个伟大创举。1980年8月18日至23日，中共中央政治局召开扩大会议，讨论党和国家领导制度改革有关问题。邓小平代表党中央在会上作了《党和国家领导制度的改革》的重要讲话，旗帜鲜明地指出，党的“领导制度、组织制度问题更带有根本性、全局性、稳定性和长期性”。“如果不坚决改革现行制度中的弊端，过去出现过的一些严重

[1] 《邓小平文选》(第2卷)，人民出版社1994年版，第341页。

[2] 《邓小平文选》(第3卷)，人民出版社1993年版，第314页。

[3] 《邓小平文选》(第3卷)，人民出版社1993年版，第380页。

问题今后就有可能重新出现。只有对这些弊端进行有计划、有步骤而又坚决彻底的改革，人民才会信任我们的领导，才会信任党和社会主义，我们的事业才有无限的希望。”邓小平特别强调，制度问题“关系党和国家是否改变颜色，必须引起全党的高度重视”[1]。实践表明，邓小平“8·18”重要讲话，是改革开放之初正确总结“文化大革命”教训、深入解决党内存在突出问题的锐利思想武器，是在新的历史条件下推进政治体制改革、加强执政党治理的伟大纲领。

在邓小平关于制度治党思想指引下，改革开放之初，我们党从制度层面推进政党治理，着重解决了党的建设面临的两大突出问题。一是紧紧抓住制度问题总结历史经验和“文化大革命”教训，对毛泽东和毛泽东思想作出正确评价，有效防止和消除了企图否定党的领导、否定社会主义制度、否定毛泽东和毛泽东思想的错误思潮。邓小平明确指出：“我们过去发生的各种错误，固然与某些领导人的思想、作风有关，但是组织制度、工作制度方面的问题更重要。这些方面的制度好可以使坏人无法任意横行，制度不好可以使好人无法充分做好事，甚至会走向反面。即使像毛泽东同志这样伟大的人物，也受到一些不好制度的严重影响，以至对党对国家对他个人都造成了很大不幸。”[2]邓小平反复强调：“毛泽东思想这个旗帜丢不得。丢掉了这个旗帜，实际上就否定了我们党的光辉历史。”对毛泽东和毛泽东思想的正确评价，“这不只是个理论问题，尤其是个政治问题，是国际国内的很大的政治问题”[3]。正是在邓小平这一重要思想指导下，我们党通过反复讨论，在1981年6月党的十一届六中全会上一致通过了《关于建国以来党的若干历史问题的决议》，这标志着党在指导思想上拨乱反正的胜利完成，为进一步加强党的团结统一、发挥党在改革开放和社会主义现代化建设中的核心领导作用奠定了长远基础。

二是深入推进以清除官僚主义弊端为主要任务的党的领导制度改革，着力营造“又有集中又有民主，又有纪律又有自由，又有统一意志、又有个人心情舒畅、生动活泼的政治局面”[4]。由于封建主义残余的长期积淀，由于“文化大革命”的深重影响，在党和国家领导制度中存在着严重的官僚主义弊端。邓小平尖锐指出，“从党和国家的领导制度、干部制度方面来说，主要的弊端就是官僚主义现象”。这种官僚主义弊端，“妨碍甚至严重妨碍社会主义优越性的发挥。如不认真改革，就很难适应现代化建设的迫切需要，我们就要严重地脱离广大群众”[5]。现行官僚主义的根源是什么？邓小平精

[1] 《邓小平文选》（第2卷），人民出版社1994年版，第333页。
[2] 《邓小平文选》（第2卷），人民出版社1994年版，第298页。
[3] 《邓小平文选》（第2卷），人民出版社1994年版，第299页。
[4] 《邓小平文选》（第2卷），人民出版社1994年版，第145页。
[5] 《邓小平文选》（第2卷），人民出版社1994年版，第327页。

辟分析指出，主要是权力过分集中的领导体制。“我们的各级领导机关，都管了很多不该管、管不好、管不了的事，这些事只要有一定的规章，放在下面，放在企业、事业、社会单位，让他们真正按民主集中制自行处理，本来可以很好办，但是统统拿到党政领导机关、拿到中央部门来，就很难办。谁也没有这样的神通，能够办这么繁重而生疏的事情。这可以说是目前我们所特有的官僚主义的一个总病根。”[1]除此之外，官僚主义的另一个病根，就是缺少严格的制度监督和法治约束。“我们的党政机构以及各种企业、事业领导机构中，长期缺少严格的从上而下的行政法规和个人负责制，缺少对于每个机关乃至每个人的职责权限的严格明确的规定，以至事无大小，往往无章可循，绝大多数人往往不能独立负责地处理他所应当处理的问题，只好成天忙于请示报告，批转文件。有些本位主义严重的人，甚至遇到责任互相推诿，遇到权利互相争夺，扯不完的皮。还有，干部缺少正常的录用、奖惩、退休、退职、淘汰办法，反正工作好坏都是铁饭碗，能进不能出，能上不能下。这些情况，必然造成机构臃肿，层次多，副职多，闲职多，而机构臃肿又必然促成官僚主义的发展。”[2]邓小平的这些精辟分析，可谓一针见血，击中了党和国家领导制度中种种弊端的要害。因此，他明确指出，必须通过改革“从根本上改变这些制度”。“当然，官僚主义还有思想作风问题的一面，但是制度问题不解决，思想作风问题也解决不了。”[3]邓小平关于从制度层面反对和清除官僚主义弊端的重要思想，深刻揭示了执政党治理的一条基本规律，对于无产阶级执政党的政党治理，尤其具有长久性的指导意义。历史与现实表明，共产党执政时间越长，从制度层面反对和清除官僚主义弊端的任务越迫切、越艰巨。马克思、恩格斯总结巴黎公社经验时高瞻远瞩地指出，无产阶级执掌国家政权后，要时刻防止国家和国家机关形成官僚利益集团，由“社会公仆”变为“社会主人”。列宁深刻分析十月革命后苏维埃国家政权面临的严峻考验，耳提面命地告诫，如果说有什么东西能够毁掉苏维埃共和国的话，那就是执政党和国家机构中的官僚主义。毛泽东针对新中国成立后我们党面临的严峻考验，一针见血地强调，要警惕执政党内形成官僚主义者阶层。党的十八大以来，以习近平为代表的当代中国共产党人把反对特权思想、清除官僚主义提到更加突出的位置，作为全面从严治党和严格政党治理的突出任务。总之，从制度层面反对和清除官僚主义，是共产党执政后加强自身治理要解决的最主要问题，具有深刻的历史逻辑、理论逻辑和实践逻辑。

在高度重视制度治党、着重从领导制度改革的层面严格政党治理的同时，邓小平还特别重视发扬党的思想建党的优良传统，着重从思想作风层面严格政党治理，解决

[1] 《邓小平文选》(第2卷)，人民出版社1994年版，第328页。

[2] 《邓小平文选》(第2卷)，人民出版社1994年版，第328页。

[3] 《邓小平文选》(第2卷)，人民出版社1994年版，第328页。

党的建设面临的突出问题。一是重新恢复和坚持实事求是的思想路线。“实事求是是马克思主义的精髓。要提倡这个，不要提倡本本。”[1]“按照实际情况决定工作方针，这是一切共产党员所必须牢牢记住的最基本的思想方法、工作方法。”[2]二是切实加强思想政治教育。“我们说改善党的领导，其中最主要的，就是加强思想政治工作。”[3]要“通过思想教育，增强党性”，“使全党在思想上政治上和精神状态上有显著的进步，党员为人民服务而不谋私利的觉悟有显著的提高，党和群众的关系有显著的改善”[4]。三是认真学习马克思主义理论。全党尤其是领导干部要“熟悉马克思主义的基本理论，从而加强我们工作中的原则性、系统性、预见性和创造性”[5]。“学马列要精，要管用的”，“马克思主义是打不倒的。打不倒，并不是因为大本子多，而是因为马克思主义的真理颠扑不破”[6]。四是严格加强党的纪律。“国要有国法，党要有党规党法。党章是最根本的党规党法。”“对于违反党纪的，不管是什么人，都要执行纪律，做到功过分明，赏罚分明，伸张正气，打击邪气。”[7]五是端正党的作风，坚决惩治腐败。“在目前的历史转变时期，问题堆积如山，工作百端待举，加强党的领导，端正党的作风，具有决定的意义。”[8]“我们要反对腐败，搞廉洁政治。不是搞一大两天、一月两月，整个改革开放过程中都要反对腐败。”[9]“对干部和共产党员来说，廉政建设要作为大事来抓。”[10]

以党和国家领导制度改革为切入点，以思想建党和制度治党相结合为突出标志的政党治理，使党经受住了改革开放和外部环境的严峻考验，赢得了中国共产党领导改革开放和中国特色社会主义开拓前进的伟大辉煌。“三个代表”重要思想，针对世纪之交世界社会主义运动面临的复杂形势和我们党面临的新的严峻考验，进一步回答了要建设什么样的党、怎样建设党的重大课题，进一步推进了新的历史条件下的政党治理。科学发展观，针对经济社会发展过程中出现的不全面、不平衡的问题以及给我们党带来的新的复杂考验，进一步回答了党如何坚持以人为本、在领导经济社会全面协调可持续发展中如何保持先进性和纯洁性的重大课题，把新形势下的政党治理进一步推向前进。

---

[1] 《邓小平文选》(第3卷)，人民出版社1993年版，第382页。
[2] 《邓小平文选》(第3卷)，人民出版社1993年版，第114页。
[3] 《邓小平文选》(第3卷)，人民出版社1993年版，第365页。
[4] 《邓小平文选》(第3卷)，人民出版社1993年版，第38页。
[5] 《邓小平文选》(第3卷)，人民出版社1993年版，第147页。
[6] 《邓小平文选》(第3卷)，人民出版社1993年版，第382页。
[7] 《邓小平文选》(第2卷)，人民出版社1994年版，第147页。
[8] 《邓小平文选》(第2卷)，人民出版社1994年版，第178页。
[9] 《邓小平文选》(第3卷)，人民出版社1993年版，第327页。
[10]《邓小平文选》(第3卷)，人民出版社1993年版，第379页。

三、以不忘初心、牢记使命、人民至上、自我革命为出发点，全面推进以正风肃纪、反腐倡廉、把权力关进制度笼子为鲜明特色的政党治理，确保党始终与人民心连心，始终走在时代前列

党的十八大以来，在以习近平同志为核心的党中央坚强领导下，中国特色社会主义不断开创新局面，奋勇进入新时代。从严格意义上说，新时代中国特色社会主义，是以中国共产党人自觉的政党治理作为逻辑起点和实践起点的。正是由于以习近平总书记为代表的当代中国共产党人以“打铁必须自身硬”的高度政治自觉，以“猛药去疴、重典治乱”的坚定决心，以“抓铁有痕、踏石留印”的坚韧态度，以“刮骨疗毒、壮士断腕”的坚强勇气正风肃纪、反腐倡廉，以铁的纪律和规矩加强对权力的制度约束，把权力关进制度笼子，有效改变了管党治党“失之于宽、失之于松、失之于软”的状况，使我们党紧紧依靠人民开创了新时代，赢得了新时代，意气风发地走在新时代前列。

不忘初心、牢记使命，是中国共产党建设永恒的课题，是推进伟大自我革命、严格政党治理的根本动力。为中国人民谋幸福、为中华民族谋复兴，是中国共产党成立时就确立的初心和使命，是建党百年来一代又一代共产党人牢牢坚持人民的立场、矢志不渝为实现人民的利益而不懈奋斗的精神源泉。在百年辉煌历程中，中国共产党为什么能够团结奋进、前赴后继，紧紧依靠人民跨过一道又一道沟坎，取得了一个又一个胜利，为根本扭转中华民族命运作出了不可磨灭的历史性贡献？在实现中华民族伟大复兴的新历史征程上，中国共产党为什么能够把握规律、坚定自信，紧紧依靠人民成功进行了具有许多新的历史特点的伟大斗争，实现中国之治，促进中国发展，把中国特色社会主义伟大事业不断推向前进？从根本意义上说，就是因为我们党不忘初心、牢记使命，坚定站在人民的立场上，时刻为实现人民的利益而不懈奋斗。党的初心和使命，是党的性质、宗旨和先进性的鲜活体现，是激励中国共产党人不断前进的根本动力。从党的初心和使命出发认识伟大自我革命、推进伟大自我革命，是新时代党的建设的鲜明特点，也是严格政党治理的根本依据。正如习近平总书记在率领十九届中央政治局常委瞻仰中共一大会址时意味深长地强调：“只有不忘初心、牢记使命、永远奋斗，才能让中国共产党永远年轻。”“事业发展永无止境，共产党人的初心永远不能改变。唯有不忘初心，方可告慰历史、告慰先辈，方可赢得民心、赢得时代，方可善作善成、一往无前。”[1]

[1] 《习近平谈治国理政》（第三卷），外文出版社2020年版，第497、498页。

中国共产党勇于自我革命、严格政党治理的自觉性和坚定性，来自坚定的人民至上的政治立场。立场决定行动。作为特殊的政治实体，任何政党都有自己特定的政治立场。一个政党的政治立场，深刻反映着这个政党的性质、宗旨和目标。一切资产阶级政党，不管其名称如何、自我标榜如何，其政治立场只会是资产阶级的立场、维护少数人利益的立场。这样的政党，不可能具有自我革命的自觉性。只有无产阶级政党，才能自觉地从无产阶级和人民大众的利益出发不断检讨和校正自己的错误与失误，具有自我革命的内在逻辑，具有严格政党治理的内生动力。中国共产党是代表中国人民和中华民族整体利益的先进政党，坚定地站在人民至上的立场上，坚持真理、修正错误，忠于人民、自我革命，这是中国共产党特有的政党本色，也是党具有强大生命力的根本所在。党的十八大以来，习近平总书记对我们党的政治立场进行了深刻总结和深入阐发，从“人民对美好生活的向往就是我们的奋斗目标”到“把对人民的责任牢牢扛在肩上”，从“坚持以人民为中心”到“不忘初心、牢记使命”，从“始终把人民放在心中最高位置”到“人民至上、生命至上”，深刻指明，人民的立场就是党的立场，坚持人民至上是中国共产党长期执政的最大底气，是中国共产党伟大力量的根本所在。在党史学习教育动员大会上，习近平总书记再一次强调和阐发了“人民至上”的政治立场和科学真理：“我们党来自人民，党的根基和血脉在人民。为人民而生，因人民而兴，始终同人民在一起，为人民利益而奋斗，是我们党立党兴党强党的根本出发点和落脚点。”“历史充分证明，江山就是人民，人民就是江山，人心向背关系党的生死存亡。赢得人民信任，得到人民支持，党就能够克服任何困难，就能够无往而不胜。反之，我们将一事无成，甚至走向衰败。”[1]一切从人民的利益出发，时刻坚持人民至上，我们党就没有克服不了的困难，没有战胜不了的敌人，也就没有解决不了的自身问题，没有克服不了的自身错误。这就是中国共产党在领导伟大社会革命中勇于进行自我革命的强大动力和内在逻辑。

勇于自我革命，严格政党治理，这是中国共产党百年历史展示的一条基本经验，也是以史为鉴、开创未来又不断推进党的建设新的伟大工程的一个基本着力点。党的十八大以来，习近平总书记深刻总结党的建设的历史经验，深入分析新形势下党的建设面临的突出问题，把勇于自我革命提到新时代党的建设总体布局和伟大工程上来，反复强调坚持和发展中国特色社会主义是一场伟大的社会革命，要把这场伟大社会革命进行好，党必须勇于进行自我革命。在伟大社会革命中进行伟大自我革命，用伟大自我革命推进伟大社会革命，不啻是中国共产党人特有的政党品质和治党逻辑，也是时代对中国共产党人的特殊要求。中国特色社会主义进入新时代，把勇于自我革命、

[1] 习近平：《在党史学习教育动员大会上的讲话》，《求是》2021年第7期。

严格政党治理更加紧迫地提到全党面前。一方面，我们必须清醒认识到，进入新时代，我们党的任务更加光荣艰巨，在领导全国人民实现第一个百年奋斗目标之际，要乘势而上开启第二个百年奋斗目标新征程，统筹好中华民族伟大复兴战略全局和世界百年未有之大变局，党必须更加坚强有力，实现伟大梦想，必须建设好伟大工程。另一方面，我们还必须清醒看到，进入新时代，党内存在的政治不纯、思想不纯、组织不纯、作风不纯等突出问题尚未得到根本解决，党面临的“四大考验”和“四大危险”依然复杂严峻，党的自我革命任重而道远，党风廉政建设依然在路上，严格政党治理不可有丝毫懈怠。针对新的形势、新的任务和管党治党面临的突出问题，习近平总书记反复告诫全党尤其各级领导干部：“在新时代，我们党必须以党的自我革命来推动党领导人民进行的伟大社会革命，把党建设成为始终走在时代前列、人民衷心拥护、勇于自我革命、经得起各种风浪考验、朝气蓬勃的马克思主义政党，这既是我们党领导人民进行伟大社会革命的客观要求，也是我们党作为马克思主义政党建设和发展的内在需要。”[1]

领导伟大社会革命必须勇于进行自我革命，这也是新时代新征程对严格政党治理的新要求。中国共产党是中国工人阶级的先锋队，也是中国人民和中华民族的先锋队，要确保这一政党性质和政治本色，始终保持先进性和纯洁性，党必须时刻警惕，不断防范被瓦解、被腐化的危险。习近平总书记深刻指出：“堡垒最容易从内部被攻破。从某种意义上说，自从党成立以来，我们党面临的最大风险是内部变质、变色、变味，丧失马克思主义政党的政治本色，背离党的宗旨而失去最广大人民支持和拥护。”[2]党的百年历史表明，功成名就时做到居安思危、保持创业初期那种励精图治的精神状态不容易，执掌政权后做到节俭内敛、敬终如始不容易，承平时期严以治吏、防腐戒奢不容易，重大变革关头顺乎潮流、顺应民心不容易。我们党要始终成为时代先锋、民族脊梁，始终成为马克思主义政党，自身必须始终过硬。在党史学习教育动员大会上，习近平总书记再一次强调：“要教育引导全党通过总结历史经验教训，着眼于解决党的建设的现实问题，不断提高党的领导水平和执政水平、增强拒腐防变和抵御风险的能力，确保我们党在世界形势深刻变化的历史进程中始终走在时代前列，在应对国内外各种风险挑战的历史进程中始终成为全国人民的主心骨，在坚持和发展中国特色社会主义的历史进程中始终成为坚强领导核心。”[3]

以不忘初心、牢记使命、人民至上、自我革命为根本出发点，新时代中国共产党的政党治理，在着力解决“四风”顽症、严格党的规矩纪律、严肃党内政治生活、净

[1] 《习近平谈治国理政》(第三卷)，外文出版社2020年版，第71页。

[2] 习近平：《在党史学习教育动员大会上的讲话》，《求是》2021年第7期。

[3] 习近平：《在党史学习教育动员大会上的讲话》，《求是》2021年第7期。

化党内政治生态、完善权力监督体系等方面全面推进正风肃纪、反腐倡廉，取得了重大的理论成果、制度成果和管党治党成效，在百年党史上留下了浓墨重彩的辉煌篇章，为深入回答共产党如何执政、如何执好政的重大时代课题，为深入破解“其兴也勃焉，其亡也忽焉”的历史周期率，提供了成功的经验和深刻的启迪。习近平总书记关于全面从严治党的重要思想，在新时代层面上极大丰富和发展了马克思主义的建党学说和毛泽东、邓小平的管党治党理论，是新时代严格政党治理的思想指南和根本遵循。

——严格政党治理，基础在全面，关键在严、要害在治。“全面”就是管全党、治全党，覆盖党的建设各个领域、各个方面、各个部门，重点抓“关键少数”；“严”就是真管真严、敢管敢严、长管长严；“治”就是坚持标本兼治，拔“烂树”、治“病树”、正“歪树”，从根本上清除权力腐败。

——严格政党治理，核心任务是解决“四风”顽症，端正党的作风。“四风”（形式主义、官僚主义、享乐主义、奢靡之风）的要害是违背党的性质和宗旨、损害党群关系，是人民群众深恶痛绝、反映最强烈的问题；“四风”问题顽固反复，形式主义、官僚主义尤其难以彻底根除，作风建设永远在路上。在新的形势下，必须注重“四风”的新形式、新表现，持之以恒克服形式主义和官僚主义，久久为功祛除享乐主义奢靡之风。

——严格政党治理，关键环节是严守政治规矩、严格政治纪律。党的百年历程表明，政治纪律和政治规矩是维系党内团结、保持党的先进性和战斗力的最重要武器。2013年7月，习近平总书记到西柏坡考察，在当年中央政治局开会的屋子里意味深长地说：“这里是立规矩的地方。党的规矩、制度的建立和执行，有力推动了党的作风和纪律建设。”[1]党的政治规矩包括丰富内涵，核心是增强“四个意识”、做到“两个维护”，重塑党组织的纪律性和约束力，增强党的凝聚力和战斗力。

——严格政党治理，根本路径是严肃党内政治生活，净化党内政治生态。严肃党内政治生活是全面从严治党的基础。党要管党，首先要从党内政治生活管起；从严治党，首先要从党内政治生活严起。做好各方面工作，必须有一个良好的党内政治生态。政治生态污浊，从政环境就恶劣；政治生态清明，从政环境就优良。严肃党内政治生活，净化党内政治生态，是加强政党治理中带有根本性、基础性的工作，关乎党的团结统一，关乎党的生死存亡。

——严格政党治理，治本之策是完善权力监督体系，把权力关进制度的笼子。失去监督的权力必然导致腐败，绝对的权力导致绝对的腐败。有权必有责、有责要担当，用权受监督、失责必追究。党内监督没有禁区、没有例外，信任不能代替监督。必须

[1] 习近平：《论中国共产党历史》，中央文献出版社2021年版，第23页。

建立完善的党内监督制度，把权力关进制度的笼子，让权力在阳光下运行；必须完善国家监察体制，实现对所有行使公权力的公职人员监察全覆盖。

——严格政党治理，根本目的是实现思想建党、理论强党、制度治党、纪律塑党、质量兴党。坚持思想建党是中国共产党的光荣传统，新形势的思想建党，就是要紧紧抓住坚定理想信念、强化宗旨意识、践行群众路线、扭住世界观人生观价值观权力观这个“总开关”，打好党的建设的思想根基。思想建党的核心是理论强党。中国共产党的历史，就是一部在马克思主义中国化指引下不断推进理论创新、进行理论创造的历史。坚持不懈用党的创新理论最新成果武装头脑、指导实践、推动工作，是党具有强大生命力和坚强战斗力的根本所在。坚持制度治党，就是要坚持制度改革不动摇，强化制度约束不放松，把权力关进制度的笼子不懈怠，通过制度改革和制度创新切断利益输送的链条，确保一切公权力不被滥用，充分发挥制度体系管党治党的长效作用，注重把制度优势转化为治理效能。坚持纪律塑党，就是要严明政治纪律不含糊，严守政治规矩不留缝，严格尊崇党章，严格遵守党内法规，使铁的纪律和规矩转化为党员、干部的日常习惯和自觉遵循，用纪律和规矩塑造风清气正的良好政治生态。思想建党、理论强党、制度治党、纪律塑党，相互作用、相得益彰，最终落脚到质量兴党，不断提高党的建设质量，使所有党员都有党员的样子，使所有干部都成为人民的表率，使全党永远朝气蓬勃、坚强有力。

以不忘初心、牢记使命、人民至上、自我革命为出发点，全面推进以正风肃纪、反腐倡廉、把权力关进制度笼子为鲜明特色的政党治理，有力推进中国特色社会主义进入新时代，赢得了中国共产党在新时代的伟大辉煌。在以习近平同志为核心的党中央坚强领导下，我们党正领导全国各族人民在全面建成小康社会的基础上开启建设社会主义现代化强国的新征程。胸怀千秋伟业，百年恰是风华。不忘初心、牢记使命的中国共产党，通过勇于自我革命、严格政党治理，赢得了第一个百年的伟大辉煌，也必将在新的历史征途上继续开拓前进，赢得第二个百年的伟大辉煌。

原载于《政治学研究》2021年第3期

中国共产党党内思想教育探索的百年历程与启示

蒯正明

摘　要：纵观中国共产党建党百年历程，党内思想教育始终贯穿于党的建设全过程。中国共产党正是通过党内思想教育，坚定了广大党员的理想信念，构筑了自己不断发展壮大的思想根基。梳理中国共产党党内思想教育百年探索历史可以看到，推动党内思想教育必须注重发挥党校教育的主渠道作用，拓展教育阵地，同时需要完善党内思想教育制度、构建以党支部教育为支撑的党内思想教育机制、推动日常教育与集中教育相结合。

关键词：中国共产党；党内思想教育；党的建设

建党百年来，中国共产党对加强党内思想教育进行了多方面的探索，其间有过失误，发生过挫折，但总的来说，中国共产党正是通过党内思想教育坚定了广大党员的理想信念，夯实了党的建设伟大工程的思想根基。总结中国共产党党内思想教育探索的百年历程，分析其有益的启示，无论对于深化党的建设历史研究，还是对于推进新时代党的思想建设，都具有重要的理论和实践意义。

一、党内思想教育在新民主主义革命中渐趋完善

中国共产党自成立伊始就确立了马克思主义的指导思想和共产主义奋斗目标，并为推动党内思想教育进行了艰辛的探索。在这一过程中，中国共产党对党内思想教育认识逐步深化，为取得新民主主义革命胜利奠定了坚实的思想基础。

（一）建党初期党内思想教育的起步

建党初期，党的一大通过的《中国共产党的第一个决议》就要求成立工人学校，提高工人的思想觉悟。之后，中国共产党人在革命实践中对党内思想教育进行了初步探索。

第一，党支部教育职责的初步规定。党刚成立时期，党的基本单元为“组”。党的四大第一次提出“支部”概念。党的四大通过的《对于职工运动之议决案》明确指出：

“我们应当赶紧组织工厂及铁路等处的共产党支部”[1]。之后，1926年中共中央专门发布了第一个关于党支部建设的文件，即《支部的组织及其进行的计划》。文件对党支部宣传员的责任作了规定，要求支部宣传员“应该使支部的同志对于现在中国全国和地方实际政治问题有个明确的观点，对于主义有系统的知识，尤其是更重要的就是要能使普遍的同志能以理论的观点去分析现在各种问题”[2]。在此基础上，1927年党的五大通过的党章第一次对党支部作出专门规定，将“服从地方党部从事组织与宣传的工作”“尽可能讨论党的重要问题”列为党支部的重要任务，为党支部教育的开展提供了根本的制度保障。

第二，党校教育的初步实践。在中国共产党党校建设历史上，党的第一所党校是1924年秋成立的安源党校。1925年10月，中央执行委员会扩大会议通过的《宣传问题议决案》强调要开办两种形式党校：一是各地委之下的普通党校，招收工人学习1—2个月。二是区委之下的高级党校，招收政治理论水平较高的同志，学习时间不超过3个月。1926年2月，中共中央北京特别会议决定在北京、广州各办一所党校。同年9月，广东区委党校开学。不过总的来说，这一时期党校主要是在各个地方建立的，党没有建立统一的中央党校。

这一时期，中国共产党对党支部教育、党校教育进行了初步的探索。不过由于我们党刚成立不久，对思想建设重要性的认识还不深刻，党的建设过程中客观上存在重组织建设、轻思想建设的现象，党内思想教育还不能适应党的建设需要。正如毛泽东后来所指出的，这一时期“新党员非常之多，但是没有给予必要的马克思列宁主义的教育”[3]。

（二）土地革命时期党内思想教育的艰难探索

大革命失败之后，以毛泽东为代表的中国共产党人尤其注重从思想上武装党员，为加强党内思想教育进行了多方面的探索。

第一，党支部教育认识的深化。1928年10月，毛泽东在为中共湘赣边界第二次代表大会起草的决议案中，批评了党的建设中忽视支部建设的不良倾向，明确指出“党要注意党的基本组织——支部”[4]。之后，针对一段时期内党支部忽视思想教育的不良现象，1933年1月，中共苏区中央局发布的《关于巩固党的组织与领导的决议》进一步强调：“各级党部与政治部必须讨论中央、中央局的文件，对每一上级党所发出重要的政

[1] 《建党以来重要文献选编》（第2册），中央文献出版社2011年版，第233页。

[2] 《中国共产党宣传工作文献选编》（第1册），学习出版社1996年版，第730页。

[3] 《毛泽东选集》（第2卷），人民出版社1991年版，第610页。

[4] 《建党以来重要文献选编》（第5册），中央文献出版社2011年版，第634页。

治文件，除自己应详细讨论外，必须召集活动分子会或派人到支部中报告，充分地传达到支部中去，联系到实际工作的讨论和决定。启发党员发表意见，纠正各种不正确的思想观点与倾向。”[1]上述规定反映了中国共产党人进一步认识到党支部教育的重要性，对于加强党内思想教育无疑具有重要的意义。

第二，开展短期（在职）培训。短期（在职）培训是中国共产党因地制宜，对党员、干部在较短时期进行教育的形式。这一时期，以毛泽东为代表的中国共产党人在井冈山革命根据地建设中就通过举办军官教导队、党团训练班、政治训练班等形式加强对党员的思想教育。其他革命根据地也纷纷通过开展短期（在职）培训对党员加强思想教育。例如，1930年10月中共赣西南特委会议决定，“要有计划地培养工人干部；要尽量多办训练班，要多注意从实际工作中教育和训练干部”[2]。

第三，党校和其他各类教育学校的广泛建立。为了加强党内思想教育，1933年3月马克思共产主义学校在瑞金成立，由任弼时任校长。它实际上就是中共中央党校的前身。除此而外，这一时期各革命根据地也创办了各种党员教育培训学校，如赣西南红军学校（1930年）、鄂豫皖苏区列宁高级学校（1931年）、皖西北党员干部学校（1931年）、鄂北红色军政干部学校（1931年），等等。

这一时期，以毛泽东为代表的中国共产党人提出了从思想上建党的思想。在实践中，初步构建了党的支部教育、短期培训、党校教育为主要途径的党内思想教育的基本架构。不过，这一时期党还不成熟，还不能将马克思主义与中国实际有效结合起来，特别是理论上的教条主义、本本主义，使党的思想理论偏离科学轨道，党内思想教育必然会随之遭受挫折。

（三）遵义会议后党内思想教育的稳步推进

遵义会议之后，党的政治路线开始回归正确轨道，党内思想教育也迈入稳步推进阶段。这一时期，党内思想教育的探索主要体现为以下几方面。

第一，党支部教育稳步推进。这一时期，党支部教育形式进一步拓展，包括组织党员讨论党的政策，宣传党的思想，组织党员学习，等等。同时，党支部教育制度逐步建立。例如，1940年，中央宣传部专门发出《关于各抗日根据地内党支部教育的指示》。1942年，中央宣传部又发布了《关于国民党统治区域内党的支部教育的指示》，等等。在此基础上，党的七大党章明确规定党支部任务之一就是教育党员，组织党员的学习。上述规定为党支部教育奠定更完善的制度基础。

第二，干部在职教育、学习的广泛推进。为了推进干部在职学习，1939年3月，中

[1] 《建党以来重要文献选编》（第10册），中央文献出版社2011年版，第24—25页。

[2] 《建党以来重要文献选编》（第10册），中央文献出版社2011年版，第34页。

央干部教育部就发布了《延安在职干部教育暂行计划》。之后，中共中央发布一系列关于干部在职教育、学习的制度，如《关于在职干部教育的指示》（1940年）、《关于延安在职干部学习的决定》（1941年）、《关于在职干部教育的决定》（1942年），等等。

第三，党校教育和各类教育学校进一步发展。遵义会议后不久，1935年11月，中共中央开始恢复党校，名称改为中共中央党校。此外，这一期间，中国共产党在延安期间又举办了各种干部学校，包括抗日军政大学（1936年）、陕北公学（1938年）、八路军军政学院（1941年），等等。1947年3月，延安中央党校随党中央转移停办。1948年7月，中央决定创办高级党校，名为马列学院。1949年3月，马列学院迁往北京。

第四，通过延安整风加强党内思想教育。这一时期的延安整风运动是党内思想教育的一大创造。整风运动首先在延安开始，然后在各抗日根据地展开。整风的方法是学习中央规定的22个整风文件，做到理论联系实际，整顿学风、党风、文风。延安整风运动是对党内各种非无产阶级思想的一次大扫除，开创了党内集中教育活动的先河。

总之，遵义会议之后，党内思想教育迈入稳定发展的阶段，具体表现为：一是党支部教育和干部在职教育逐步实现制度化、规范化；二是党校教育和各类教育学校得到进一步发展；三是开展延安整风运动，开创了集中教育活动先河。上述举措进一步拓展了党内思想教育途径，有效统一了全党思想，增强了全党的凝聚力和战斗力。

二、执政条件下党内思想教育的良好开端及曲折发展

这一时期，党内思想教育的探索可以分为两个阶段，第一阶段是1949年至1956年，是执政条件下党内思想教育的初步探索阶段；第二阶段是1956年至1978年，是党内思想教育的曲折探索阶段。

（一）执政条件下党内思想教育的新实践

新中国成立之后，党的队伍规模迅速扩大，甚至有部分不符合条件的党员进入党内。同时，一些党员也出现了骄傲自满、脱离群众等不良现象。这些都要求加强党内思想教育。总的来说，新中国成立初期党内思想教育的探索主要表现为：

第一，在整风运动中加强党内思想教育。新中国成立不久，中共中央就发布了《关于全党全军进行大规模整风运动的指示》。文件要求在1950年夏秋冬三季完成整风运动。通过整风使广大党员、干部受到一次普遍的马克思主义理论教育，提高广大党员干部的理论水平，改进工作作风。

第二，在建立健全党的组织网络中促进支部教育。党通过广泛设置基层党组织，建立健全了党的组织网络。在这一过程中，中国共产党非常重视党支部的作用。1951

年1月，中共中央发布了《关于在全党建立对人民群众的宣传网的决定》，要求党支部建立宣传员制度。通过探索实践，“到1955年，在全国绝大多数企业和农村地区，党员教育已逐步走上正轨。各种党员教育制度初步确立，一个全国规模的支部教育网开始形成”[1]。

第三，构建全国范围的党校教育网。新中国成立之后，全国各地党校陆续建立，并逐步实现规范化。1955年8月1日，马列学院改名为中共中央直属高级党校，同时，这一时期中级党校和初级党校逐步健全，形成了较为完整的初、中、高的党校教育体系，构建了全国规模的党校教育网。

（二）党内思想教育在社会主义基本制度建立后的曲折探索

社会主义基本制度建立之后，党的思想建设依然面临不少问题。对此，1956年12月，安子文在各省、市、自治区党委组织部长会议上就指出：“目前干部思想中存在着的比较大量、普遍、突出的问题是：在某些干部中滋长着做官思想，特权思想，官僚主义作风，脱离群众的倾向。”[2]为此，他强调：“应该积极地、有计划地配备、培养和训练教学人员，认真办好各级党校、专业干部学校和文化学校。”[3]这一时期，党内思想教育的探索主要有：

第一，在实践教育和锻炼中强化思想教育。关于党员、干部的实践教育和锻炼，1949年10月，毛泽东在同绥远负责人的谈话中就指出：“干部要参加生产指挥和劳动。劳动可以改造思想，改造人。”[4]为了加强对干部实践教育，1957年5月，中共中央发出《关于各级领导人员参加体力劳动的指示》。当然，在实践中干部下放也出现了不少问题，有的地方对下放干部工作急于求成，没有把农村的形势和党的政策向下放干部讲清楚，就匆匆忙忙放下去。有的干部下放到农村以后，怕艰苦，怕困难，产生悲观情绪。针对现实面临的问题，1960年11月，中共中央发布了《关于做好下放干部工作的通知》，强调干部下放要做到每一个下放干部完全自觉自愿。思想不通，不愿意下去的，不要急于下放，应该做好思想工作。对下放干部，各主管党委要逐个进行严格审查，做到每个下放干部确实是政治好、身体好，能够贯彻执行党的政策的优秀干部。不够条件的，一律不要下放到农村。干部下放、参加劳动锻炼，对于增强领导干部群众观、对于改进干部作风无疑具有重要的意义。当然，也应该注意到，干部下放是与

[1] 王炎：《党内思想政治教育制度建设的历史进程与经验研究》，中央编译出版社2016年版，第133页。

[2] 《中国共产党组织史资料》（第9卷），中共党史出版社2000年版，第508页。

[3] 《中国共产党组织史资料》（第9卷），中共党史出版社2000年版，第514页。

[4] 《中国共产党组织史资料》（第9卷），中共党史出版社2000年版，第10页。

当时“左”的政治运动结合在一起的，需要我们加以辩证分析。

第二，在轮训干部中加强党内思想教育。为了加强党内思想教育，也为了提高干部队伍素质，1961年9月15日，中共中央作出了《关于轮训干部的决定》，明确指出轮训干部的必要性，“因为近几年来实际工作太忙，领导上没有普遍地系统地向干部进行教育，广大干部也没有时间坐下来，对自己的工作和思想作风进行冷静的考虑”[1]。为此，《关于轮训干部的决定》对干部轮训作了规定。“从1961年9月发出《关于轮训干部的决定》后到1962年10月一年内，全党参加轮训的共11.4万多人。”[2]

社会主义基本制度建立之后，中国共产党人结合党面临的思想问题，对党内思想教育进行了积极思考和探索。当然，也需要看到，这一时期随着“左”倾思想发展，党内思想教育也受到了诸多不良影响。如1963—1966年开展的城乡社会主义教育运动就对国内外形势作了错误的估计，导致阶级斗争的扩大化。“文化大革命”期间，受“左”倾主义思想影响，党内思想教育遭受了更大的挫折。

三、党内思想教育在改革开放新时期创新发展

总的看来，这一时期又可以分为两个阶段，第一阶段是1978年党的十一届三中全会至1989年党的十三届四中全会，这一阶段是党内思想教育在改革开放初期的恢复和发展阶段。第二阶段是1989年党的十三届四中全会至2012年党的十八大前，这一阶段可以概括为党内思想教育在深化改革开放中创新发展阶段。

（一）党内思想教育在改革开放初期的恢复和发展

改革开放之后，面对发展商品经济中出现党的思想建设方面的挑战和问题，以邓小平为代表的中国共产党人对改革开放条件下党内思想教育进行了多方面的探索。

第一，建立健全党内思想教育制度。1983年2月，中央专门发布了《关于加强党员教育工作的通知》，指出了党内思想不纯、组织不纯和作风不纯的具体表现，规定了加强党员思想教育内容、方式，同时规定了加强党员教育的领导体制。之后，1984年6月，中央宣传部发布了《关于干部马列主义理论教育正规化的规定》。1987年3月，中纪委又发布了《关于共产党员要模范地遵守职业道德的通知》，要求深入开展职业道德教育，向党员鲜明地提出应当提倡什么，反对什么，怎么做是对的，怎么做是错的，等等。

第二，建立“三会一课”制度，明确党支部的教育职责。党支部是教育管理党员最基本的单位。改革开放之后，中国共产党人在完善党支部设置的同时，建立了以党

---

[1] 《中国共产党组织史资料》（第9卷），中共党史出版社2000年版，第766页。

[2] 李小三：《中国共产党干部教育简史》，中共党史出版社2009年版，第249页。

支部为基础的“三会一课”制度。党的十二大党章规定：“设立委员会的基层组织的党员大会或代表大会，一般每年召开一次。总支部党员大会，一般每年召开两次。支部党员大会，一般每三个月召开一次。”[1]这就为“三会一课”制度的建立提供了法规制度依据。同时，一系列党内法规制度都对党支部“党课”作出规定。例如，1982年1月，中共中央发布的《关于加强农村思想政治工作的通知》规定：“每一个支部都要选聘兼职的党课教员。上级党委要提供党课教材，并且选派一些适当的同志到基层去讲党课。”[2]在建立“三会一课”制度的同时，党支部的教育职责得到更加明确的规定。1983年6月，中共中央转发的《国有企业政治思想工作纲要（试行）》中规定，“党支部是职工日常教育的组织者，首先要抓好党员教育”[3]。1987年5月，中共中央发布的《关于改进和加强高等学校思想政治工作的决定》也要求，“从党委到基层支部，都要从严治党，切实抓紧党内教育”[4]。

第三，开展整党。为了进一步统一全党思想，纠正党内存在的各种“左”的和右的错误倾向，1983年11月党的十二届二中全会一致通过了《中共中央关于整党的决定》，至1987年5月结束。通过整风，有效解决了党内存在的思想不纯、组织不纯和作风不纯等问题。此外，这次整党改变了改革开放前大规模群众运动的方式，开启了改革开放后集中教育的新阶段。

第四，恢复和发展党校教育。“文化大革命”结束之后，1977年3月，中共中央决定正式恢复中央党校。同年10月，中央正式发布《关于办好各级党校的决定》。1983年，中共中央下达了《关于实现党校教育正规化的决定》，对党校教育的规模、编制、学历和学位制度、教师队伍建设、各级党委对党校的领导责任等都作了规定，标志着党校教育开始迈向制度化、规范化轨道。

总的来说，改革开放初期，以邓小平为代表的中国共产党人恢复了党内思想教育中好的传统和做法，同时结合改革开放实践初步建立了一系列党内思想教育制度，初步完善了党内思想教育机制，党校教育也开始迈入制度化、规范化发展轨道。当然，应该看到，这一时期由于改革开放和发展社会主义市场经济的冲击，在思想领域出现了资产阶级自由化思潮，削弱了党的思想建设成效。

（二）党内思想教育在深化改革开放中创新发展

这一时期，中国共产党人在深化改革开放的过程中，进一步发展了党内思想教育

[1] 《中国共产党历次党章汇编（1921—2017）》，中国方正出版社2019年版，第344页。

[2] 《十二大以来重要文献选编（上）》，中央文献出版社1986年版，第237—238页。

[3] 《十二大以来重要文献选编（上）》，中央文献出版社1986年版，第327页。

[4] 《十二大以来重要文献选编（下）》，中央文献出版社1988年版，第338页。

制度，完善党内思想教育运行机制，拓展思想教育阵地、创新思想方法，具体来说主要包括：

第一，丰富完善党内思想教育制度。为了加强党内思想教育，1989年12月，中共中央发布了《关于建立健全省部级在职领导干部学习制度的通知》。之后，为了推进和规范党内思想教育，一系列党内思想教育制度文件相继发布，如中共中央印发的《干部教育培训工作条例（试行）》（2006年）、中共中央办公厅印发的《关于加强党员经常性教育的意见》（2006年）、中共中央办公厅印发的《关于推进学习型党组织建设的意见》（2009年），等等。

第二，进一步完善党内思想教育运行机制。这一时期，除了“三会一课”制度得到进一步完善之外，相关的探索还表现为：一是建立民主评议党员制度。1988年12月，中央组织部专门制定了《关于建立民主评议党员制度的意见》。建立民主评议党员制度对于建立不合格党员退出机制，强化党内思想教育都具有重要意义。二是开展常态化主题党日活动。关于党日活动，1999年2月，中共中央颁布的《中国共产党农村基层组织工作条例》就规定要严格党的组织生活。村党支部每月应当开展一次党员活动，包括学习党的文件、上党课、召开组织生活会等。实际上已经对党日活动作出规定。进入21世纪，随着党对党日活动认识的深化，又在原来“党日”的基础上，加上了“主题”二字，形成了我们今天的“主题党日”制度。主题党日活动逐步成为各党支部加强党性教育、增强党员对支部的认同感和归属感的重要途径。

第三，开展集中教育。这一时期，中国共产党在推进党内思想教育过程中相继开展了“三讲”教育、“三个代表”重要思想学习教育活动、保持共产党员先进性教育活动、学习实践科学发展观活动。通过集中教育进一步提升广大党员思想素质，促进了党的思想建设。

第四，拓展教育阵地。为了适应改革开放大规模干部教育培训需要，2005年，浦东、井冈山、延安三所干部学院正式开学。三所干部学院的建立，使党的中高级干部教育培训基地布局更趋合理，进一步强化了干部教育培训主渠道、主阵地作用。

第五，创新思想教育方法。这一时期，党在开展思想教育过程中不仅注重创新党的理论，推进马克思主义中国化、时代化和大众化，同时结合改革开放新时期人们思想独立性、差异性显著增强的特点，创新教育方式。如采用研讨式教学、现场式教学等。此外，各地党组织在推动党内思想教育过程中，还通过开展读书日、读书月活动等形式，提高思想教育成效。

总之，改革开放之后，中国共产党面临全新的外部环境。面对外部环境的变化，中国共产党人既强调解放思想，又注重加强党内思想教育，以解放思想破除僵化的思想观念，消除“左”倾主义的影响，以强化党内思想教育坚定广大党员理想信念。相比改革开放前党内思想教育，这一时期中国共产党人推动党内思想教育表现出以下几方面的特点：一是注重制度建设，以制度建设推进党内思想政治常态化、规范化；二是通过建立民主评议制度、党员主题活动日制度等，进一步完善党内思想教育机制；三是结合改革开放的需要进一步拓展党内思想教育阵地，同时采取更加多样化的教育方式，增强思想教育实效。

四、新时代党内思想教育的全面推进

全面从严治党必须着力实现思想从严。党的十八大以来，以习近平同志为核心的党中央在推进全面从严治党过程中，对加强党内思想教育进行了全面的探索。

第一，加快党内思想教育法规制度建设。党的十八大以来，中国共产党人在加快党内法规制度体系建设过程中，进一步强化了党内思想教育方面的“立法”，主要包括：中共中央印发的《干部教育培训工作条例》（2015年）、《中国共产党党员教育管理工作条例》（2019年），等等。

第二，强化党内日常性教育。主要表现为：一是将党员教育培训工作纳入基层党建工作考核之中，推动形成各尽其责、齐抓共管、层层落实的良好局面。二是规范党支部工作，完善党内日常教育机制。尤其是2019年中共中央专门印发《中国共产党支部工作条例（试行）》对支部生活中落实“三会一课”、主题党日、民主评议党员、开展谈心谈话等进行了具体的规定，进一步促进党内日常教育规范化、常态化。三是建立了党员集中轮训制度。通过分类分期分批开展党员轮训，拓宽了党员受教育渠道，进一步强化党内日常性教育。

第三，强化集中教育。党的十八大以来，中国共产党相继开展了党的群众路线教育实践活动、“三严三实”专题教育、“两学一做”学习教育和“不忘初心、牢记使命”主题教育。4次集中教育各有侧重、指向明确，既突出领导干部这一“关键少数”，又注重对全体党员进行普遍教育，通过集中教育有效解决了党员思想领域存在的突出问题，进一步坚定了广大党员的理想信念。

第四，强化阵地建设。一是规范党校教育工作。2019年，中共中央专门印发了《中国共产党党校（行政学院）工作条例》，为推进党校（行政学院）工作的制度化、规范化提供了更完善的制度保障。二是建立一大批干部教育学院。如大别山干部学院（2013年）、红旗渠干部学院（2013年）、焦裕禄干部学院（2013年）、百色干部学院（2016年）、浙江生态文明干部学院（2017年）、淮海干部学院（2018年）、沂蒙干部学院（2019年），等等。三是充分挖掘红色资源，新建和提升改造一大批“设备齐全、功能完善、管理先进、兼具特色”的党性教育基地。

第五，创新教学方法和载体。除了运用课堂教学、现场教学、体验式教学、视频教学、经验交流、教学演出等教学方法开展党内思想教育之外，尤其注重运用大数据、云计算、“互联网+”等新技术手段开展党内思想教育。此外，2015年12月始，全国首批76个党性教育基地网上展馆正式建立，进一步拓展了党员教育覆盖面。

总的来说，党的十八大以来，党内思想教育呈现以下几个方面特征：一是建立健全党内思想教育领导体制，形成一级抓一级，抓到支部，层层推动党内思想教育的贯彻落实。二是完善党内思想教育制度。三是进一步实现日常教育和集中教育相结合，集中教育节奏更加紧凑，针对性更强。四是注重拓展教育阵地，创新教育方式和载体，尤其注重运用现代信息手段，推动教育资源共享。在新冠疫情期间，通过微信、腾讯会议、钉钉等途径，有效实现“停课不停学”“学习不断档”。

五、总结与思考

重视党内思想教育是党的优良传统。中国共产党也正是通过党内思想教育，构筑了自己不断发展、壮大的思想根基。纵观中国共产党党内思想教育百年历程，我们可以得出多方面的有益启示。

第一，加强党内思想教育必须注重发挥党校“主渠道”作用，拓展教育阵地。党内思想教育是有计划、有系统地向广大党员、干部传授马克思主义理论知识，必须通过党校和其他各类学校加以开展。从1924年安源党校成立，到新中国成立后建立全国范围的党校教育体系，再到党的十八大后组建新的中共中央党校（国家行政学院），表明中国共产党人始终注重发挥党校教育“主渠道”作用。在注重党校教育的同时，中国共产党还注重创办各级各类学校，拓展教育阵地。如新民主主义时期建立的抗日军政大学、陕北公学、八路军军政学院，改革开放以来建立的浦东、井冈山、延安干部学院，以及各地区挖掘历史资源建立起来的一系列党员、干部教育基地。通过努力，构筑起以党校为中心的党内思想教育阵地体系，为党内思想教育的开展提供坚实的保障。

第二，加强党内思想教育必须不断丰富发展党内思想教育制度。法规制度具有强制性和约束力，党的建设中好的做法，需要以党内法规制度的途径加以坚持，党在建设中形成的新经验可以通过党内法规制度的形式加以推广。党内思想教育也不例外。当然，党内思想教育制度也有一个逐步完善的过程。建党初期，党内思想教育制度非常有限，且大都融入在党的宣传制度之中。遵义会议之后，党内思想教育制度逐步丰富，涉及党校教育、党支部运行、干部在职教育等方面的党内法规制度。改革开放之后，中国共产党加快了党内思想教育制度建设步伐，建立了“三会一课”、主题党日、民主评议党员等党内思想教育制度。党的十八大以来又发布了《干部教育培训工作条例》《中国共产党党员教育管理工作条例》等党内法规制度。党内思想教育探索的历史表明，党内思想教育制度越完善、越是有效贯彻落实，党内思想成效就越有保障，反之，党内思想教育就可能偏离正确轨道。

第三，加强党内思想教育需要注重完善以党支部教育为支撑的党内思想教育机制。在党内思想教育中，党支部是基本单元，也是重要抓手。对于党支部职责，1926年中央专门的《支部的组织及其进行的计划》就进行了规定。之后，党支部教育一直贯穿于党内思想教育之中。尤其是改革开放之后，通过抓党支部工作，有效推进“三会一课”、主题党日、民主评议党员等党内思想教育制度的贯彻落实。党的十八大之后，中共中央又专门印发了《中国共产党支部工作条例（试行）》。实践证明，党支部教育成效如何直接关系党内思想教育成效，必须始终抓支部教育，既完善以党支部为基础的党内思想教育机制，又鼓励党支部教育的积极创新，切实增强党支部教育的吸引力和感染力。

第四，加强党内思想教育需要注重推动日常教育与集中教育有效结合。党的集中教育开始于延安时期整风。之后，集中教育作为党自我教育和自我革命方式一直延续至今。不仅如此，中国共产党在长期集中教育实践中还注重将理论学习与查找问题、整改结合起来，实现思想教育与解决问题的有效统一。党内思想教育实践历史表明，集中教育与日常教育是高度互补的，开展集中教育有利于解决日常教育不易解决的突出的思想问题。集中教育成果又依赖日常教育去巩固，二者都是党内思想教育不可或缺的。

当然，纵观中国共产党党内思想教育百年探索历史，其有益的经验启示是多方面的，还包括坚持正确的思想路线；建立健全党内思想教育领导体制；关注党员的思想状况，贴近党员思想实际，提高思想教育成效；等等。“党内思想教育要在社会多元思想中求主导，在多样中成主体，在多选择中争主流，必须抓住党员这一主要且核心群体，主动关心党员的思想状况。”[1]新时代深化党内思想教育，需要我们坚持发展上述基本经验，进一步提高党内思想教育实效。

原载于《思想教育研究》2021年第2期

[1] 李洪丽：《党内思想教育创新研究》，《探索》2019年第1期。

中国共产党思想引领力建设的辩证思维

郑敬斌　任虹宇

摘　要：中国共产党思想引领力建设闪烁着鲜明的辩证思维光芒。从系统与要素的辩证统一关系看，中国共产党思想引领力是主体能力、内容活力、方式效力、载体合力和客体聚力五个要素协同作用的结果。聚焦五个要素各自的内部系统，中国共产党通过组织约束与思想武装的刚柔并济、政治形态与学术形态的同向同行、论战批判与团结对话的互促互进、显性宣教和隐性蕴化的相得益彰以及物质保障与精神满足的同频共振，用联系、发展、对立统一的观点不断锻造主体能力，淬炼内容活力，提升方式效力，激发载体合力和再造客体聚力。新的历史使命下，总结党正确处理这五对辩证统一关系的经验与智慧，对于党用马克思主义的立场、观点和方法观察时代、把握时代、引领时代具有重要意义。

关键词：中国共产党；思想引领力；辩证思维；建党百年

“辩证唯物主义是中国共产党人的世界观和方法论。”[1]一百年来，中国共产党“客观地而不是主观地、发展地而不是静止地、全面地而不是片面地、系统地而不是零散地、普遍联系地而不是孤立地”[2]用马克思主义中国化创新理论成果武装全党、教育人民，使全体社会成员紧密团结在党的周围，同党朝着共同目标奋斗，谱写了思想引领力赓续不断的荣光与辉煌。新的历史使命下，以辩证思维梳理与总结中国共产党思想引领力建设的智慧和经验，对于贯彻落实“全党必须坚持马克思列宁主义、毛泽东思想、邓小平理论、‘三个代表’重要思想、科学发展观，全面贯彻习近平新时代中国特色社会主义思想，用马克思主义的立场、观点、方法观察时代、把握时代、引领时代，不断深化对共产党执政规律、社会主义建设规律、人类社会发展规律的认识”[3]的决议要求具有重要意义。

以辩证思维来看，联系、发展、对立统一的观点充分体现在中国共产党锻造引领

[1]　习近平：《辩证唯物主义是中国共产党人的世界观和方法论》，《求是》2019年第1期。

[2]　中共中央宣传部：《习近平新时代中国特色社会主义思想学习纲要》，学习出版社2019年版，第245页。

[3]　中共中央：《关于党的百年奋斗重大成就和历史经验的决议》，人民出版社2021年版，第72—73页。

主体能力、淬炼引领内容活力、提升引领方式效力、激发引领载体合力、再造引领客体聚力的整体系统之中，也体现在上述每一个要素的发展演化环节。于整体系统而言，五维要素相互联系、相互依存。其中，思想是客观世界在人脑中的主观反映，既产生于人也作用于人。从这个意义上讲，主体能力是不同阶段思想引领力的起点，客体聚力则是与之相应的力的作用点；党的思想理论体系随着时代与实践的发展不断焕发出生命活力，为说服群众、掌握群众提供了坚实基础，内容活力可谓是思想引领力愈久弥坚的基石；党的思想引领力的建设任务如果缺少恰当的方法，就如同“渡河”没有“桥”或“船”，因此，方式效力是不可或缺的工具性力量；此外，特定的载体与平台是思想对现实产生影响的必备中介，载体合力是勾连内容活力与客体聚力的支撑性要素。于五维要素内部而言，锻造主体能力中组织约束与思想武装的刚柔并济、淬炼内容活力中政治形态与学术形态的同向同行、提升方式效力中论战批判与团结对话的互促互进、激发载体合力中显性宣教与隐性蕴化的相得益彰以及再造客体聚力中物质保障与精神满足的同频共振，无不闪烁着辩证统一光芒。

一、在组织约束与思想武装的辩证统一中锻造引领主体能力

政党文化、政党思想最核心的引领主体是其组织及成员。中国共产党的组织队伍是中国共产党思想、理论、路线、主张的坚定信仰者，也是党的思想进入群众脑海、深入群众心坎的忠实传播者。回顾党的思想引领力建设历程，党在锻造思想引领主体能力方面，坚持组织约束与思想武装的辩证统一：组织约束为刚，体系严密、分布广泛的党的组织是天然的思想传导网络，确保党的思想通过刚性组织纪律向全社会传达；思想武装为柔，常态化的党内学习和集中性的党内教育可柔性地影响党员队伍的理想信念和价值遵循。

（一）构建体系严密、分布广泛的组织体系

“党的力量来自组织。党的全面领导、党的全部工作要靠党的坚强组织体系去实现。”[1]长期革命建设改革的实践中，中国共产党形成中央、地方、基层三个层级的组织构架，党的纪律约束便通过这一层级严密的组织架构展开，确保个人服从组织，少数服从多数，下级服从上级，全党服从中央[2]。这是党的思想引领力的重要保证。其中，广泛分布的基层党组织更是发挥战斗堡垒作用。基层党组织是宣传、落实党的思想、路线、方针、政策等各项工作的基础。自“三湾改编”提出“支部建在连上”原则后，

[1] 习近平：《在全国组织工作会议上的讲话》，人民出版社2018年版，第11页。

[2] 《毛泽东选集》（第2卷），人民出版社1991年版，第528页。

党的基层组织建设开启了新篇章。中华人民共和国成立之初，《中共中央关于发展和巩固党的组织的指示》（1950年）、《关于整顿党的基层组织的决议》（1951年）等重要决议和指示都作了相关部署。改革开放后，农村、国有企业、普通高等学校、党和国家机关等多个基层组织工作条例陆续颁布。党的十八大以来，党中央根据形势任务变化，不断“创新基层党建工作，健全党的基层组织体系”[1]，对《中国共产党农村基层组织工作条例》（2019年）等多个相关条例进行了修订。如今，在体系严密、纪律严明、分布广泛的党组织的领导下，各级宣传思想部门、媒体机关组织乃至各条战线、各个部门和全体社会成员普遍联系、凝聚在一起，直接接受党的组织领导和思想引领。

（二）推动常态学习、集中教育的思想武装

建党百年来，中国共产党探索出常态化党内学习与集中性党内教育的思想武装途径，以不断淬炼党的队伍的先进性。就常态化党内学习而言，在延安时期便得到重视。毛泽东提出“将我们全党的学习方法和学习制度改造一下”[2]的任务后，延安及各地方均设立高级学习组，由中央学习组统一管理指导。党的十四大后，党委中心组学习形式在全党普遍确立，《中国共产党党委（党组）理论学习中心组学习规则》（2017年）的颁布直接推动党内学习的组织化、制度化。此外，党的十六大以来形成的中央政治局定期集体学习制度也在全党产生了强大的以上率下的示范作用。就集中性党内教育而言，这是党内理论武装的重头戏，也是常态化学习的延续和深化。习近平指出：“在全党开展集中性学习教育，是我们党推进自我革命的重要途径，也是一条重要经验。”[3]无论是延安整风还是新中国成立前后的整风整党，系统、集中的党内教育活动都淬炼了全党的理论性与战斗力。改革开放后，各届党中央根据党的建设新要求有组织、有计划地面向全党开展了诸如“三讲”“三严三实”“两学一做”“不忘初心、牢记使命”等主题教育活动，强化了党内思想武装成效，也在全社会产生了强大的引领效应。

（三）组织约束与思想武装刚柔并济，锤炼思想引领的主体力量

一方面，组织约束为刚。体系严密、分布广泛的党的组织为理论武装的先进性示范队伍提供刚性纪律约束。政党必须以组织的形式存在和发展。百年来，中国共产党统一思想、凝聚力量的一个重要保证在于严密的组织体系，而这一组织体系的重要保证又在于严格的组织纪律和组织规矩。中国共产党正风、肃纪、反腐等治党举措，保障了党的队伍始终保持健康的组织肌体，为思想统一提供了物质形态支撑。另一方面，

[1] 《中共中央关于全面深化改革若干重大问题的决定》，人民出版社2013年版，第58页。

[2] 《毛泽东选集》（第3卷），人民出版社1991年版，第795页。

[3] 习近平：《在党史学习教育动员大会上的讲话》，人民出版社2021年版，第10页。

思想武装为柔。“而为要从组织上整顿，首先需要在思想上整顿。”[1]对于广大党员干部而言，思想引领力是自觉自愿的向心力，仅依靠刚性约束并不能真正实现。中国共产党通过党内常态化学习与集中性教育的张弛结合，以细水长流、水滴石穿的方式激发党内成员自我净化、自我锤炼，引领党的组织朝着正确的社会主义方向前进。

中国共产党是“一个有纪律的，有马克思列宁主义的理论武装的，采取自我批评方法的，联系人民群众的党”[2]。组织约束与思想武装一刚一柔，如车之两轮、鸟之两翼，辩证统一地为党的思想引领工作锤炼了一支具有强大政治能力和示范能力的队伍，为思想引领力提供了源源不竭的主体力量。

二、在政治形态与学术形态的辩证统一中淬炼引领内容活力

党的思想理论体系有两大形态：政治形态和学术形态。习近平对学校思想政治理论课政治性和学理性相统一的教学要求表明了这一点。作为政治形态，党的思想具有鲜明阶级属性，代表无产阶级根本政治利益。中国共产党成为执政党后，政治形态直接表现为党和国家治国理政的根本指导思想。作为学术形态，中国共产党思想是研究共产党执政规律、社会主义建设规律以及人类社会发展规律的科学，有其特定的研究范式、研究方法及研究队伍。这两种形态辩证统一：政治形态在价值论上反映“为谁服务”，为学术形态提供政治保障；学术形态在本体论上反映“是什么”，为政治形态提供合理性辩护。

（一）推进政治形态在实践基础上的守正创新

“我们共产党人从来不隐瞒自己的政治主张。”[3]高举马克思主义理论旗帜的中国共产党，将马克思主义基本原理同中国革命、建设、改革的具体实际相结合，“产生了毛泽东思想、邓小平理论、‘三个代表’重要思想、科学发展观，产生了新时代中国特色社会主义思想，为党和人民事业发展提供了科学理论指导”[4]。中国共产党成立之际，马克思列宁主义并未对如何在一个落后的半殖民地半封建社会取得社会主义革命胜利作出直接回答。以毛泽东同志为主要代表的共产党人“把马克思主义应用到中国具体环境的具体斗争中”[5]，创造性形成毛泽东思想，成功指导革命斗争的胜利，开辟出中华

---

[1] 《毛泽东选集》（第3卷），人民出版社1991年版，第875页。

[2] 《毛泽东选集》（第4卷），人民出版社1991年版，第1480页。

[3] 《毛泽东选集》（第3卷），人民出版社1991年版，第1059页。

[4] 习近平：《在党史学习教育动员大会上的讲话》，人民出版社2021年版，第12页。

[5] 《中共中央文件选集（1936—1938）》（第11册），中共中央党校出版社1991年版，第658页。

人民共和国历史新纪元。新中国成立后，中国共产党成为执政党，毛泽东思想上升为国家和社会的根本指导思想，进一步成功指导社会主义建设事业。党的十一届三中全会后，世情、国情、党情的深刻变化催动党的指导思想与时俱进，邓小平理论、“三个代表”重要思想、科学发展观相继产生，指引党开创和发展了中国特色社会主义事业。进入新时代，习近平新时代中国特色社会主义思想于党的十九大被正式确立为党的指导思想，科学指导中华各族儿女奋力推进民族伟大复兴。回望百年，“‘解决中国问题，创造些新的东西’，是中国共产党人常念常新、恒念恒新的‘真经’”[1]，是中国共产党的指导思想、行动指南的创新“密码”。历史足以表明，党的理论体系每在政治形态上向前一步，社会主义事业便会前进一步，党的思想引领力也会高涨一步。

（二）深化学术形态在科学基础上的返本开新

所谓学术形态，即通过学术语言、学术方法和学术精神呈现的综合样态。百年党建历程中，党中央始终高度重视中国共产党思想学术形态的返本开新，不断深化推进中国化马克思主义的学术理论研究。

一是不断推进术语革命。“一门科学提出的每一种新见解，都包含着这门科学的术语的革命。”[2]中国共产党思想学术形态的与时俱进，一个重要体现就是不同时期内具有中国特色、中国风格、中国气派的术语和概念的诞生，如“新民主主义”“农村包围城市”“社会主义初级阶段”“中国特色社会主义”“经济新常态”“人类命运共同体”等。这些术语概念并非零散的词汇，而是具有内在严密逻辑的学术语言，是中国哲学社会科学大厦的基石。二是不断重申调查研究。中国共产党的众多原创性理论贡献都是深入调查研究的产物，如“农民革命斗争理论”“社会主义市场经济理论”，习近平关于精准扶贫的重要论述、关于新发展理念的重要论述等。也正是因为注重调查研究这一传家宝，中国共产党的思想理论方能始终与实践相结合，方能得到人民群众的衷心拥护。三是不断深化学科建设。学科是知识体系化分类的结果，也是学术经验化、程序化的重要单位。党在领导人民夺取政权期间就高度重视哲学社会科学研究，陆续创办安源党校、北京党校、马克思共产主义学校（中央党校前身）等。进入新世纪，中共中央于2004年启动马克思主义理论研究和建设工程，2015年推出马克思主义理论学科领航计划。在党中央的大力推动下，“马克思主义在中国发展的最新理论成果贯穿到哲学社会科学的学科建设、教材建设中”[3]，大批以党的思想为主要研究对象的学术成果推陈出新。

[1] 林建华：《百年中国共产党的时代命题、宏大叙事及其逻辑机理》，《新疆社会科学》2021年第3期。

[2] 《马克思恩格斯全集》（第23卷），人民出版社1972年版，第34页。

[3] 邢贲思：《科学发展观读本》，人民出版社2006年版，第261页。

（三）政治形态与学术形态同向同行，保障党的理论体系的内容创新

一方面，学术形态为政治形态做辩护。“理论只要说服人，就能掌握群众；而理论只要彻底，就能说服人。”[1]学术形态的返本开新，就是以理论本身的严密逻辑和科学的内部机理为遵循，用学术框架和学理逻辑不断彰显思想的力量和学术的魅力，进而为政治形态提供理论底色和学理支撑。归根到底，中国共产党思想的术语革命、方法坚持和学科建设，其全部出发点和立足点均是巩固马克思主义在意识形态领域的根本指导地位，教育引导全体党员干部和广大人民群众把准政治方向、站稳政治立场。另一方面，政治形态为学术形态提供保障。理论演绎脱离政治，其理论成果就会变形走样。马克思主义中国化理论成果的学术研究、中国哲学社会科学的快速发展，离不开党中央的高度重视和支持。尤其是党的十八大以来，哲学社会科学座谈会（2016年）、全国高校思想政治工作会议（2019年）等重要会议均突出马克思主义学理性研究的重要性。为贯彻落实党中央的相关会议精神，相关政策纷纷落地出台，在政策、资金等方面为广大马克思主义理论研究者提供支持，有力推动了中国共产党思想理论学术形态的发展。

三、在论战批判与团结对话的辩证统一中提升引领方式效力

中国共产党始终辩证统一“论战批判”与“团结对话”这两种思想引领手段：作为代表无产阶级利益的革命型政党，中国化马克思主义在意识形态领域的一元指导地位是在与众多纷繁复杂的错误思潮的论战中确立巩固的；作为代表绝大多数人利益的治理型政党，马克思主义中国化的飞跃性理论成果总是在多元中对话、在差异中交流，以最大限度地凝聚思想共识、扩大社会认同。

（一）以论战批判的方式巩固党的理论在思想领域的主导地位

恩格斯提到，“消极的批判成了积极的批判；论战转变成对马克思和我所主张的辩证方法和共产主义世界观的比较连贯的阐述”[2]，指明批判论战在宣传阐释马克思主义中的功能。马克思主义中国化的第一次理论飞跃成果是在与陈独秀右倾主义、瞿秋白“左”倾盲动主义、李立三“左”倾冒险主义、王明“左”倾教条主义等不同时期党内外错误思潮的论战和批判中诞生与发展的。中国特色社会主义理论体系的发展亦是如此。邓小平理论在坚决反对“两个凡是”的思想束缚中重新确立了解放思想、实事求

[1] 《马克思恩格斯文集》（第1卷），人民出版社2009年版，第11页。

[2] 《马克思恩格斯选集》（第3卷），人民出版社2012年版，第383页。

是的思想路线，“三个代表”重要思想在旗帜鲜明批判资产阶级自由化思潮中解答了“建设什么样的党、怎样建设党”的根本问题；科学发展观在“有力抵制各种错误和腐朽思想的影响”中提高了中国文化软实力。党的十八大以来，各类社会思潮“你方唱罢我登场”的形势在经济全球化、信息网络化的深入发展中更加突出，冲击威胁着马克思主义的根本指导地位。以习近平同志为核心的党中央反复强调，对错误思潮“一定要有鲜明的态度、坚定的立场，敢于站在风口浪尖上进行斗争”[1]，“要敢抓敢管，敢于亮剑”[2]。通过“有理有利有节开展舆论斗争”[3]，党在政治、学术、文艺等各个领域廓清了广大干部群众的模糊认识，巩固了马克思主义在意识形态领域的指导地位。

（二）以团结对话的方式引导多元意识在思想领域的发展转化

“凡属于思想性质的问题，凡属于人民内部的争论问题，只能用民主的方法去解决，只能用讨论的方法、批评的方法、说服教育的方法去解决，而不能用强制的、压制的方法去解决。”[4]面对思想意识领域存在的“红”“灰”“黑”三个地带，中国共产党采取了不同的态度和策略：除对黑色地带的各类反马克思主义积极开展论战批判外，对红色地带的马克思主义同质性社会思潮和灰色地带的非马克思主义思潮，中国共产党都主动进行交流对话和思想引导，以争取吸收借鉴其中的合理成分或将其转化入红色地带。这一点，在改革开放40多年中体现得尤为明显。改革开放后，不同社会主体的思想观念日益分化，思想舆论领域多元社会思潮丛生。其中，在红色地带，部分思潮是对现实利益关系的客观表达，是部分民众价值立场、道德观念的真实体现。中国共产党采取尊重差异、包容多样的态度，鼓励思想文化领域的“百花齐放、百家争鸣”，并且注重吸收和借鉴积极向上的思想养分用以滋养和发展自身理论体系。灰色地带的拜金主义、消费主义、享乐主义等思潮是经济社会发展和市场经济体制的产物，体现出部分民众的思想迷茫、困惑、分歧。习近平强调：“对灰色地带，要大规模开展工作，加快使其转化为红色地带，防止其向黑色地带蜕变。”[5]党的十八大以来，灰色思潮政治方向和价值取向的转化引导工作取得明显成效，主流思想舆论不断巩固壮大[6]。

---

[1] 《习近平总书记系列重要讲话读本》，人民出版社2016年版，第195页。

[2] 中共中央文献研究室：《习近平关于社会主义文化建设论述摘编》，中央文献出版社2017年版，第27页。

[3] 中共中央文献研究室：《习近平关于社会主义文化建设论述摘编》，中央文献出版社2017年版，第28页。

[4] 《毛泽东文集》（第7卷），人民出版社1999年版，第209页。

[5] 中共中央文献研究室：《习近平关于社会主义文化建设论述摘编》，中央文献出版社2017年版，第30页。

[6] 《习近平谈治国理政》（第三卷），外文出版社2020年版，第310页。

（三）论战批判与团结对话互促互进，维护思想领域的一元主导与多元并存

论战批判是团结对话基础上的论战批判。没有“多元”便没有所谓的“主导”，多元化是人类社会思想文化领域的正常状态。包容多元、团结对话，有利于促进思想解放、激发社会活力，也有利于提升主流思想的包容力，为现代化建设汇聚合力。而团结对话并非对各种思潮无底线、无原则的让步。倘若一个社会的社会意识和上层建筑杂乱无序，那么物质存在和经济基础也难以长期稳定发展。“在事关坚持还是否定四项基本原则的大是大非和政治原则问题上，我们必须增强主动性、掌握主动权、打好主动仗。”[1]

中国共产党历来反对论战批判与团结对话的二元对立。历代共产党人清晰地认识到，过度强调论战批判，党的思想容易禁锢僵化，渐而丧失内容活力和引领效力；过度强调团结对话，容易造成思想领域的蛮荒无序，进而威胁甚至瓦解马克思主义的一元主导地位。以党的全国代表大会报告为例，党的十六大报告指出，既“坚持马克思列宁主义、毛泽东思想和邓小平理论在意识形态领域的指导地位”，也“坚持为人民服务、为社会主义服务的方向和百花齐放、百家争鸣的方针，弘扬主旋律，提倡多样化”[2]；党的十七大报告强调，“既尊重差异、包容多样，又有力抵制各种错误和腐朽思想的影响”[3]；党的十九大报告再次要求，既“坚持百花齐放、百家争鸣”“以我为主、兼收并蓄”，也“旗帜鲜明反对和抵制各种错误观点”[4]。作为共产党人的优秀代表，习近平也多次在重要会议和讲话中强调，既要“坚持马克思主义指导地位”，又要“用宽广视野吸收人类创造的一切优秀文明成果”[5]，体现出共产党人对论战批判与团结对话辩证统一的鲜明自觉。

四、在显性宣教与隐性蕴化的辩证统一中激发引领载体合力

纵观人类思想传承史，载体的外在表现形态主要包括显性和隐性两大类[6]。其中，显性载体的功能发挥较为直接，往往以显性形式承载和传递思想内容，如宣传教育；隐性载体的功能发挥具有渗透性和间接性，通常是在潜移默化中影响人的认知与行为，

[1] 中共中央文献研究室：《习近平关于社会主义文化建设论述摘编》，中央文献出版社2017年版，第27页。

[2] 《十六大以来重要文献选编（上）》，中央文献出版社2005年版，第29页。

[3] 《十七大以来重要文献选编（上）》，中央文献出版社2009年版，第406页。

[4] 《习近平谈治国理政》（第三卷），外文出版社2020年版，第33页。

[5] 习近平：《论党的宣传思想工作》，中央文献出版社2020年版，第335页。

[6] 贺才乐：《思想政治教育载体及其研究价值》，《上海交通大学学报（社会科学版）》2002年第2期。

如语言文化。显性宣传教育与隐性引导蕴化的结合可以最大化汇聚载体合力，这既是思想传播的客观规律，也是中国共产党思想引领力绵延百年的经验总结。

（一）强调显性宣教，把正面宣传摆在全局重要位置

宣传教育是统一思想、凝聚力量的显性工具，是思想发挥引领导向功能的重要载体和路径。中国共产党从成立之初便注重对工人、农民等社会各阶级的宣传教育：《中国共产党第一个决议》就主张通过宣传和工人学校[1]传播党的纲领；中共三届一中全会制定的《教育宣传问题决议案》专门介绍了可侧重的宣传方针和教育方法[2]；党的四大制定的《对于农民运动之议决案》明确指出“独立地进行本党公开的宣传”[3]。新中国成立后，巩固党的执政地位和社会主义现代化建设的使命任务要求运用好戏剧、电影、美术等各种宣传工具，刘少奇强调“要把这些宣传工具都搞好，都加强，统统动员起来，运用起来”[4]。步入改革开放新时期，宣传思想工作更具有复杂性、艰巨性，陈云强调，共产主义和四项基本原则“这种宣传教育不能有丝毫减弱，还要大大加强”[5]。进入新时代，党中央把宣传思想工作摆在全局工作的重要位置，强调“牢牢坚持正面宣传为主”[6]，“让主旋律和正能量主导报刊版面、广播电台、电视荧屏，主导网络空间、移动平台等传播载体”[7]。在党的有力领导下，党的宣传思想战线和国家意识形态机器在全社会开展了广泛的习近平新时代中国特色社会主义思想的宣传教育工作，有力提振了亿万人民群众对以习近平同志为核心的党中央的拥护和支持，党的思想引领力在互联网空间的意识形态斗争主战场、在课堂教学的主渠道等关键阵地和关键平台明显提升。

（二）注重隐性蕴化，重视话语润物无声的效果

话语“是人类社会中最方便、最复杂、最通用、最重要的信息载体系统”[8]。我们选择的话语，承载着我们认可的价值观念，不仅参与建构我们的知识世界，还会影响我们介入实体世界的方式，具有心理暗示和行动干预的潜隐性力量。中国共产党历来重视话语承载思想理论、团结动员群众方面的隐性蕴化功能，围绕党和国家革命、建设、

---

[1] 《建党以来重要文献选编（1921—1949）》（第1册），中央文献出版社2011年版，第4—5页。

[2] 《建党以来重要文献选编（1921—1949）》（第1册），中央文献出版社2011年版，第352—356页。

[3] 《建党以来重要文献选编（1921—1949）》（第2册），中央文献出版社2011年版，第242页。

[4] 《刘少奇选集》（下卷），人民出版社1985年版，第85页。

[5] 《陈云文选》（第3卷），人民出版社1995年版，第352页。

[6] 中共中央文献研究室：《习近平关于社会主义文化建设论述摘编》，中央文献出版社2017年版，第44页。

[7] 习近平：《论党的宣传思想工作》，中央文献出版社2020年版，第186页。

[8] 杨华：《科学第一视野信息》，现代出版社2013年版，第32页。

改革、复兴的中心任务，不断推进为之服务的思想引领的话语跃迁。新民主主义革命时期，“阶级”“孰敌孰友”“打土豪分田地”等概念以话语的力量实现了阶级的身份区隔，强化了工农阶级的内部凝聚力；“为人民服务”“实事求是”“自力更生”等词汇高度凝练和概括了无产阶级革命型政党——中国共产党的形象，提升了党的组织力和号召力。新中国成立后，中国共产党又通过“人民”“民族”“集体”等话语的运用，强化了民众不畏困苦、团结一致，投身祖国建设的意识形态。当然，社会主义建设时期，“三年超英，五年赶美”等经济标语和“造反有理”等政治话语也无形中参与影响了党和国家事业的损失。党的十一届三中全会后，以改革与发展为主题、包括“聚精会神搞建设”“一心一意谋发展”“一个中心、两个基本点”“坚持党的基本路线一百年不动摇”“可持续发展”等在内的大量既一脉相承又具有阶段特色的中国特色社会主义话语，为中国共产党领导的改革开放和社会主义现代化事业汇聚了强大精神力量。进入新时代，“中华民族伟大复兴中国梦”“绿水青山就是金山银山”“强起来”“向第二个百年奋进”等极具感染力的民族复兴话语，同样为民族复兴伟业积蓄了更为主动的精神力量。

（三）显性宣教与隐性蕴化相得益彰，既惊涛拍岸，也润物无声

中国共产党思想引领力建设工作中的显性宣教与隐性蕴化既相互独立，又相互依存。一方面，二者相互独立。如前文所言，显性载体的功能发挥具有外显性和组织性，是直接、正面地向受众传导、灌输系统性的引领内容；与之相较而言，隐性载体的功能发挥便相对隐蔽灵活，偏向于不易察觉地将思想引领内容浸润与弥散在受众日常生活，讲究引领效果的潜移默化、润物无声。另一方面，二者相互依存。隐性蕴化承载的内容具有一定随意性，效果也具有不可控性；外显的显性宣教便旗帜鲜明地公开思想引领的承载内容和目标导向，正面、鲜明地巩固党的思想理论、政策主张在全社会的领导地位。显性宣教的灌输、说教性质可能会引起受众的排斥和反感情绪，隐性蕴化便以隐匿、润物无声的方式补充强化显性宣教的承载内容，二者在功能上具有明显的互补性。

中国共产党对显性宣教与隐性蕴化辩证统一的认识与实践并非一蹴而就，而是经历了“显性宣教为主”到“隐性蕴化凸显”再到“显性宣教与隐性蕴化整合”的过程。这是唯物辩证法发展观的鲜明体现，是时代和社会发展规律所决定的。革命、建设时期，受“扫除一切旧的野蛮制度”和“扫除一切旧的思想意识影响”的迫切任务的影响，党更注重显性宣教而相对忽视了这一过程中受众的主观感受和体验。随着和平与发展成为时代主题，也随着党对马克思主义教育观的认识深化，思想引领隐性载体的价值和功能得到重视。面对世界百年未有之大变局，中国经济社会发展面临更多风险

与挑战。为确保党的创新理论“飞入寻常百姓家”[1]，在社会生活各个领域彰显出强大凝聚共识、增进团结的力量，更需要最大限度激发显性宣传教育与隐性话语蕴化的载体合力。这也是习近平强调思想政治教育理论课“既要有惊涛拍岸的声势，也要有润物无声的效果”[2]的重要原因。

五、在利益保障与精神满足的辩证统一中再造引领客体聚力

现实社会中的人，既有较为原始的物质利益需求，也有信仰信念、目标追求、情感价值等更为高阶的精神需要。长久深层、能够“改变世界”的政党思想引领力，正是建立在满足受众成员的现实利益和精神需要基础上。

（一）始终将利益保障作为思想引领力的出发点

“‘思想’一旦离开‘利益’，就一定会使自己出丑。”[3]唯有实现好维护好发展好最广大人民群众的根本利益，才能实现思想对群众的吸引与感召。人民群众利益的满足始终是中国共产党思想引领力建设的出发点和落脚点。而满足人民群众的现实利益，既要“做大蛋糕”也要“切好蛋糕”。“一切空话都是无用的，必须给人民以看得见的物质福利”[4]，这是近代以来中国社会各种主义同台竞技中马克思主义赢得人民拥护的思想根源，也是毛泽东思想能够引领人民群众进行民主革命与社会主义建设的思想基础。党的十一届三中全会召开后，解放和发展生产力，“使人民的物质生活好一些，使人民的文化生活、精神面貌好一些”[5]是中国特色社会主义理论体系产生发展的内在动力，也是这一理论体系不断凝聚人、鼓舞人、动员人的重要原因。与此同时，“让改革发展成果更多更公平惠及全体人民”[6]也是中国共产党思想引领力工作的一大重心。这是因为，利益差距和利益冲突滋生的带有不满、抵抗情绪的各类思想主张会对党的思想引领力造成冲击和挑战。党的十八大以来，习近平新时代中国特色社会主义思想将人民立场作为根本价值取向，不断推进全面建成小康社会和全体人民共同富裕，切实保障广大人民群众在利益分配中的获得感、幸福感，进一步增强了党的思想引领力，也提升了党的政治领导力、群众组织力与社会号召力。

---

[1] 习近平：《论党的宣传思想工作》，中央文献出版社2020年版，第340页。

[2] 习近平：《论党的宣传思想工作》，中央文献出版社2020年版，第387页。

[3] 《马克思恩格斯文集》（第1卷），人民出版社2009年版，第286页。

[4] 《毛泽东文集》（第2卷），人民出版社1993年版，第467页。

[5] 《邓小平文选》（第2卷），人民出版社1994年版，第128页。

[6] 《习近平谈治国理政》（第三卷），外文出版社2020年版，第35页。

（二）坚持将精神满足作为思想引领力的着力点

唯物史观认为，因精神需要满足而产生的精神力量可以转变为改造客观世界的物质力量，一定程度上甚至超越物质力量而独立存在。这一点，在中国共产党的历史上有鲜明体现。革命理想高于天，党在成立之初便有无数革命英烈因共同的马克思主义信仰而团结在一起。百年来，中国共产党塑造的信仰、信念与信心，支撑了中国人民的精神世界，成为中国人民改造主观世界和客观世界的不竭精神力量。马克思主义的信仰镌刻在中国共产党的旗帜上，党的全部创新理论成果都是对马克思主义基本立场、观点和方法的坚持和发展；党领导的全部事业都以实现共产主义为最高理想和目标。除最高理想外，在社会主义初级阶段，中国共产党塑造的共同理想和中国特色社会主义的信念激励着全国各族人民坚定不移地谱写伟大事业；实现中华民族伟大复兴中国梦的信心支撑着人民群众推进社会主义现代化建设。为了信仰、信念和信心，改革开放之初邓小平同志提出“三步走”战略，党的十九大提出“新两步走”战略；广大党员干部和人民群众紧密地团结在党中央周围，按照党中央制定的“时间表”“路线图”向“第二个百年”进军。如习近平在庆祝改革开放40周年大会上指出的，“无论过去、现在还是将来，对马克思主义的信仰，对中国特色社会主义的信念，对实现中华民族伟大复兴中国梦的信心，都是指引和支撑中国人民站起来、富起来、强起来的强大精神力量”[1]。

（三）物质保障与精神满足同频共振，凝聚团结奋斗的共同思想基础

物质决定精神，精神对物质有能动的反作用。中国共产党的思想引领力建设，始终坚持辩证地处理这对关系，“推动实现物的不断丰富和人的全面发展的统一”[2]。“革命精神是非常宝贵的，没有革命精神就没有革命行动。但是，革命精神是在物质利益的基础上产生的，如果只讲牺牲精神，不讲物质利益，那就是唯心论。”[3]“从根本上说，没有扎扎实实的发展成果，没有人民生活的不断改善，空谈理想信念，空谈思想道德建设，最终意识形态工作也难以取得好成效。”[4]中国共产党的思想引领力不是“空中楼阁”，它始终建立在物质生产力的丰富和人民群众美好生活的保障基础上。物质得到保障的同时，精神世界的丰盈同样不可忽视。人具有价值尺度，“每个人自由而全面的发展”是共产主义社会的本质特征，也是社会主义社会的终极追求。倘若没有这一价值目标的预设，利益保障终将沦为少数人的特权。

---

[1] 习近平：《在庆祝改革开放40周年大会上的讲话》，人民出版社2018年版，第42—43页。

[2] 《习近平总书记系列重要讲话读本》，人民出版社2016年版，第282页。

[3] 《邓小平文选》（第2卷），人民出版社1994年版，第146页。

[4] 人民出版社编辑部：《学习习近平总书记8·19重要讲话》，人民出版社2013年版，第15页。

而人民群众精神世界的丰盈，很重要的一点，就是在精神上相信中国共产党能带领中国人民走向共产主义美好社会。“必须看到，实现共产主义是一个非常漫长的历史过程。”[1]为了实现共产主义这一终极目标，中国共产党在不同历史阶段分别设定了民族独立、确立社会主义制度、实现中国特色社会主义共同理想、中华民族伟大复兴中国梦等阶段性目标。随着阶段性目标一步步地变成现实，最高目标的感召力和吸引力也随之增强，成为党的思想引领力提升的“营养剂”。这是中国共产党通过信仰信念信心及其具体化阶段性目标实现思想引领、凝聚人心的重要经验。

如上所述，中国共产党“把显性教育与隐性教育、解决思想问题与解决实际问题、广泛覆盖与分类指导结合起来”[2]，用辩证统一的观点既统筹党的思想引领力中系统与要素的关系，也统筹五维要素各自内部系统及其子要素的关系。用历史映照现实、远观未来，“第二个百年”党和国家的奋斗目标与使命，需要全党全国人民辩证统一历史与现实、理论与实践、系统与要素，进一步彰显中国共产党的思想引领力。

原载于《北京理工大学学报（社会科学版）》2023年第1期

[1] 《十五大以来重要文献选编（下）》，中央文献出版社2003年版，第1924页。

[2] 《关于新时代加强和改进思想政治工作的意见》，《人民日报》2021年7月13日。

新时代中国共产党管党治党的实践探索与基本经验

马明冲　郭　超

摘　要： 面对新时代的执政考验，以习近平同志为核心的党中央以高度的政治勇气和政治魄力管党治党，推进全面从严治党。在自我净化、自我完善、自我革新、自我提高的伟大历史进程中，中国共产党管党治党的理论体系更加富有科学性，基调更加富有革命性，方式更加富有使命性，保障体系更加富有制度性。深入探索新时代管党治党的实践历程，可以总结出如下基本经验：强化党的领导和党中央权威，为管党治党注入根本领导力；发扬党内民主、发挥党员主体作用，为管党治党注入整合力；党内教育活动经常化，为管党治党注入思想力；坚持领导带头和抓“关键少数”，为管党治党注入榜样力；强化监督执法，为管党治党注入保障力。

关键词： 新时代；中国共产党；管党治党；鲜明特征；基本经验

党的十八大以来，我国经济、政治、文化、社会、党的建设等方面的问题摆在全党面前。这些问题如果得不到妥善解决，就必然会制约中国特色社会主义事业的健康发展。要解决这些问题，首先要求党自身坚强有力，要求党要管党、全面从严治党。因此，加强管党治党，解决党内存在的突出问题就成为解决中国其他问题的关键。

一、新时代中国共产党管党治党的实践历程

新时代，中国共产党管党治党的历史就是党中央推进党风廉政建设，严明党的纪律和规矩的历史；就是不断开展党内教育活动，坚定党员干部理想信念的历史；就是创新党内监督制度，加强党的执法执纪力度的历史。

（一）推进党风廉政建设，严明党的纪律和规矩

党的十八大对党内存在的突出问题进行了总结，明确了此后管党治党实践的主要工作。新时代，管党治党的首要任务是进一步坚定共产党人的理想信念，进一步深化

党风廉政建设，坚决取得反腐败斗争的伟大胜利。习近平强调，“理想信念就是共产党人精神上的‘钙’”[1],“反对腐败、建设廉洁政治，保持党的肌体健康，始终是我们党一贯坚持的鲜明政治立场”[2]。他认为，只有把握好党的建设的总要求，以更强的紧迫感和责任感推进管党治党，切实强化党的拒腐防变和抵御风险的特殊能力，才能妥善应对“四大考验”“四种危险”。2013年1月22日，习近平就“以党章为指导，严明党的政治纪律，维护党的团结统一”和“依纪依法严惩腐败，着力解决群众反映强烈的突出问题”进行论述并提出要求。2013年年底，《党政机关厉行节约反对浪费条例》和《建立健全惩治和预防腐败体系2013—2017年工作规划》相继出台。二者明确了反腐败工作的发展方向，规范了党内活动的标准，对党员干部的宣传教育、监督检查、责任追究等工作提出明确要求。

加强纪律建设是加强党风廉政建设的坚强保障，在推进党风廉政建设的同时，必须使党的纪律和规矩尤其是党的政治纪律和政治规矩更加严明起来。习近平强调，“党的纪律是多方面的，但政治纪律是最重要、最根本、最关键的纪律，遵守党的政治纪律是遵守党的全部纪律的重要基础”[3]。2015年1月13日，习近平进一步向十八届中央纪委全体成员讲述并强调党的规矩的根本内涵和重要地位，把党章、党纪、党的优良传统和工作惯例纳入党的规矩范畴，要求党员干部必须遵守政治纪律和政治规矩，必须维护党中央权威、维护党的团结、遵循组织程序、服从组织决定、管好亲属和身边工作人员[4]。当然，除了政治纪律，组织纪律也是党的重要纪律。习近平强调，严密的组织体系和强大的组织能力是党取得一个又一个胜利的重要保证。只有严明党的组织纪律，使组织纪律真正成为所有党员干部自觉遵守的行为规范，才能把党建设成紧密团结的整体。他强调，严明党的组织纪律必须坚定党员干部的政治立场，切实提高党员干部的党性修养；严格执行党的组织制度和组织纪律，尤其要重视请示报告制度；厘清组织意图和领导个人意图、党员干部和组织的关系，加强党的组织对党员干部的管理[5]。

（二）开展一系列党内教育活动，坚定党员干部的理想信念

2013年5月9日，中共中央对开展党的群众路线教育实践活动提出具体要求和实施意见。6月18日，习近平对在全党范围内开展的教育实践活动进行动员部署，并重点讲

[1] 《十八大以来重要文献选编（上）》，中央文献出版社2014年版，第80页。
[2] 《十八大以来重要文献选编（上）》，中央文献出版社2014年版，第81页。
[3] 《十八大以来重要文献选编（上）》，中央文献出版社2014年版，第131—132页。
[4] 《十八大以来重要文献选编（中）》，中央文献出版社2016年版，第350—351页。
[5] 《十八大以来重要文献选编（上）》，中央文献出版社2014年版，第771—776页。

了三个问题。一是充分认识开展党的群众路线教育实践活动的重大意义。教育实践活动有利于全党提高宗旨意识、保持先进性和纯洁性、解决“四风”问题，以优良作风把人民群众凝聚在一起。二是准确把握党的群众路线教育实践活动的指导思想和目标要求。通过“照镜子、正衣冠、洗洗澡、治治病”、批评与自我批评、领导带头、建立长效机制，集中解决“四风”问题。三是加强党对教育实践活动的领导[1]。随着党的群众路线教育实践活动的深入开展，全体党员干部的宗旨意识得到进一步加强。为了进一步加强党性修养，党中央决定在县处级以上领导干部中开展“三严三实”专题教育，旨在“教育引导各级领导干部……坚持实事求是，改进工作作风，着力解决‘不严不实’问题”[2]。党的政治建设处于新时代党的建设的统领地位。进一步加强党的政治建设，更好地推进管党治党，就要增强党员干部的“党章意识”和“看齐意识”。习近平强调，“‘两学一做’学习教育是加强党的思想政治建设的一项重大部署”[3]。在全党开展“两学一做”学习教育中，中央政治局以及各级党委的领导干部带头开展相关工作，为党的基层组织树立榜样。学习党章和习近平总书记系列重要讲话是坚定党员干部政治立场的关键，这种学习活动必须经常化。2017年3月20日，党中央决定把党员干部的日常学习活动固化下来，成为党内生活的重要组成部分。党的十八大以来，“宗旨教育”“作风教育”“政治教育”接连在全党开展，取得了突出的成效。为了进一步巩固这些教育活动成果，进一步坚定理想信念，党的十九大决定在全党开展“不忘初心、牢记使命”主题教育。2019年3月，习近平作出重大判断，认为“新中国成立七十周年，是进行‘不忘初心、牢记使命’教育的最好时间节点”[4]。从2019年6月开始，“不忘初心、牢记使命”主题教育先后两批在全党范围内轰轰烈烈地开展起来。党的十八大以来，这一系列经常性、常态化的党内教育活动，对进一步传承党的理想信念，进一步坚定党员干部的政治信仰和政治立场，进一步净化党的政治生态起到了重大作用。

（三）创新党内监督制度，强化党的执法执纪力度

2013年11月，党的十八届三中全会决定强化权力运行制约和监督体系，健全民主监督、法律监督、舆论监督机制，运用和规范互联网监督。此后，习近平多次强调完善监督制度的重要性。进一步规范巡视监督制度是党的十八大以来党内监督制度建设的重要举措。2015年8月，中共中央印发的《中国共产党巡视工作条例》规定，巡视组

[1] 《十八大以来重要文献选编（上）》，中央文献出版社2014年版，第307—319页。

[2] 《十八大以来重要文献选编（中）》，中央文献出版社2016年版，第468页。

[3] 《十八大以来重要文献选编（下）》，中央文献出版社2018年版，第177页。

[4] 中共中央党史和文献研究院、中央“不忘初心、牢记使命”主题教育领导小组办公室：《习近平关于“不忘初心、牢记使命”论述摘编》，中央文献出版社、党建读物出版社2019年版，第16页。

应监督巡视对象的党风廉政建设和监督工作的开展情况，着力发现违反政治纪律和政治规矩、廉洁纪律、组织纪律、群众纪律及其他问题[1]。党的十八届中央纪委六次全会在继续深化2015年任务的基础上，将“落实巡视工作条例，向全覆盖目标迈进”纳入2016年的主要任务。2017年7月，中共中央对《中国共产党巡视工作条例》进行修改，着重添加严肃党内政治生活、净化党内政治生态、加强党的政治建设的相关内容，进一步完善了巡视工作的组织实施和机构设置。修改后的《中国共产党巡视工作条例》，不断发挥巡视监督利剑作用，积极助推全面从严治党。2016年10月27日，《关于新形势下党内政治生活的若干准则》和《中国共产党党内监督条例》在中国共产党第十八届中央委员会第六次全体会议上通过。习近平强调，“全会通过的准则、条例内在统一、相辅相成，是推进全面从严治党的重要制度法规保障”[2]，并提出几点要求：一是坚定不移推进全面从严治党，二是全面加强和规范党内政治生活，三是全面落实党内监督责任，四是突出抓好领导干部特别是高级干部[3]。党的十九大决定，要加强对权力运行的制约和监督，既要让人民监督权力，又要在党内强化自上而下、自下而上、同级互相的监督，同时强化政治巡视巡察上下联动监督[4]。党的十九届四中全会进一步要求，“健全党和国家监督制度。完善党内监督体系，落实各级党组织监督责任，保障党员监督权利”[5]。党的十八大以来，党内监督的法规制度体系不断完善，为严肃党的监督执纪、强化管党治党效能注入了基本保障力量。

二、新时代中国共产党管党治党的鲜明特征

新时代，中国共产党在管党治党的实践历程中，构建了体系健全、逻辑线索明显的理论体系。以此为指导，中国共产党以更加坚定的决心全面推进管党治党。在这一进程中，党的纪律更加严明，党的理想信念更加坚定，党的法规制度体系更加健全。

（一）管党治党的理论体系更加富有科学性

党的十八大以来，面对日益复杂的国内外形势，以全面从严治党为核心的党的建设总体布局的地位更加重要。全党深刻认识到，只有坚持党要管党、全面从严治党，

[1] 《十八大以来重要文献选编（中）》，中央文献出版社2016年版，第634—635页。

[2] 《十八大以来重要文献选编（下）》，中央文献出版社2018年版，第455页。

[3] 《十八大以来重要文献选编（下）》，中央文献出版社2018年版，第452—466页。

[4] 习近平：《决胜全面建成小康社会　夺取新时代中国特色社会主义伟大胜利——在中国共产党第十九次全国代表大会上的报告》，人民出版社2017年版，第67页。

[5] 《中共中央关于坚持和完善中国特色社会主义制度　推进国家治理体系和治理能力现代化若干重大问题的决定》，人民出版社2019年版，第40页。

才能真正把党建设成为中国特色社会主义事业的坚强领导核心。以习近平同志为核心的党中央在管党治党实践中不断探索、总结经验，形成了以党的政治建设为统领，“全面推进政治建设、思想建设、组织建设、作风建设、纪律建设，把制度建设贯穿其中，深入推进反腐败斗争”[1]的体系健全、逻辑鲜明、富有科学性的新时代党的建设总体布局。全面从严治党是保持党自身肌体健康、保证政治方向不偏离、保证党的初心使命不变质、改善党的组织机制的重要手段。以党的政治建设为统领，就是把维护党中央权威、保证全党政治站位正确和政治方向一致、保证全党团结统一作为管党治党实践的总体目标，并以此为标准检验思想、组织、作风、纪律建设的成果。只有坚持全面从严治党，加强党的政治建设，强化党中央权威和集中统一领导，才能使全党形成强大的向心力，才能始终坚持中国特色社会主义道路。只有坚持全面从严治党，以党的政治建设为统领，加强党的思想建设，并充分发扬党内民主，才能使全党“不忘初心、牢记使命”，才能团结全体党员，为共产主义事业而奋斗。只有坚持全面从严治党，以党的政治建设为统领，加强党的组织建设，才能规范党的中央、地方和基层的关系，充分发挥民主集中制的良好作用。只有坚持全面从严治党，以党的政治建设为统领，加强党的作风建设，保持党同人民群众的血肉联系，才能强化无产阶级力量，巩固党的执政基础。只有坚持全面从严治党，以党的政治建设为统领，加强党的纪律建设，以柔性的纪律认同感和刚性的纪律条文，共同规范并约束党员干部的行为，才能保证全党心往一处想，劲往一处使。只有坚持全面从严治党，以党的政治建设为统领，把制度建设贯穿其中，深入推进反腐败斗争，我们党才能进一步增强战斗力，中华民族伟大复兴的中国梦才能更好、更快地实现。总体来说，党的十八大以来，党的建设的总体布局科学合理、理论丰富、逻辑清晰，这一鲜明特点是获取党内治理效能的基本前提。

（二）管党治党的基调更加富有革命性

习近平指出，“勇于自我革命，从严管党治党，是我们党最鲜明的品格”[2]，“全面从严治党永远在路上”[3]。革命意味着高度的政治勇气和魄力，敢于对自身存在的问题进行改革，敢于对内部的腐败分子，不论是“苍蝇”还是“老虎”都给予精准打击。自我革命是一个政党长久生存的必由之路，也是一个政党适应时代发展要求的重要抓手。

---

[1] 《十九大以来重要文献选编（上）》，中央文献出版社2019年版，第43—44页。

[2] 习近平：《决胜全面建成小康社会　夺取新时代中国特色社会主义伟大胜利——在中国共产党第十九次全国代表大会上的报告》，人民出版社2017年版，第26页。

[3] 习近平：《决胜全面建成小康社会　夺取新时代中国特色社会主义伟大胜利——在中国共产党第十九次全国代表大会上的报告》，人民出版社2017年版，第61页。

党的十八大以来，管党治党的基调更加富有革命性。这主要表现在以下几个方面。一是在全面从严治党的理论阐释方面。党要管党、全面从严治党本身就体现了自我革命的态度。全面从严治党就是要求全党统一思想、统一行动，自觉把“全面从严”贯彻到党内生活的方方面面，自觉把“全面从严”贯彻到各级党组织发挥各自职能的始终。二是在严明党的纪律方面。加强党的纪律建设是全面从严治党的治本之策，没有规矩不成方圆，只有把规矩立起来、严起来，才能为管党治党提供基本遵循。从历史看，伴随中国共产党成长的是越发严明的政治纪律和组织纪律。我们党只有以此为根基，才能更加团结、更加一致、更加有力量。从现实看，中国共产党“在一个幅员辽阔、人口众多的发展中大国执政，如果不严明党的纪律，党的凝聚力和战斗力就会大大削弱，党的领导能力和执政能力就会大大削弱”[1]。严明党的纪律，就是要严明党的政治纪律和组织纪律。全体党员干部必须严于律己，坚定正确的政治方向，坚决同党中央保持一致，同时要自觉发扬党内民主，敢于讲真话、讲心里话。三是在深入推进反腐败斗争方面。习近平指出，“腐败是社会毒瘤。如果任凭腐败问题愈演愈烈，最终必然亡党亡国”[2]。贪污腐败是老百姓深恶痛绝的现象，会严重损害行政效率，严重阻碍社会发展。深入推进反腐败斗争，是赢得人民支持、巩固执政基础的关键，是实现把治理实践转化为治理效能的关键。深入推进反腐败斗争，要“保持惩治腐败的高压态势，做到有案必查、有腐必惩。要严格依纪依法查处各类腐败案件，坚持‘老虎’、‘苍蝇’一起打”[3]。

（三）管党治党的方式更加富有使命性

“坚定理想信念，坚守共产党人精神追求，始终是共产党人安身立命的根本。”[4]这是习近平当选为总书记后不久对新进中央委员和候补委员强调的重点，也体现了党内存在理想信念缺失的现实问题。因此，坚定理想信念、坚守共产党人的初心和使命，就成为新时代管党治党实践的基本方式和突出特点。

坚守共产党人初心和使命的目的，首先，是为了给共产党人的精神“补钙”。在我国经济社会发展的过程中，“四风”问题不可避免地出现了。在形式主义方面，表现

[1] 中共中央纪律检查委员会、中共中央文献研究室：《习近平关于严明党的纪律和规矩论述摘编》，中央文献出版社2016年版，第3页。

[2] 中共中央纪律检查委员会、中共中央文献研究室：《习近平关于党风廉政建设和反腐败斗争论述摘编》，中央文献出版社2015年版，第5页。

[3] 中共中央纪律检查委员会、中共中央文献研究室：《习近平关于党风廉政建设和反腐败斗争论述摘编》，中央文献出版社2015年版，第96页。

[4] 中共中央党史和文献研究院、中央“不忘初心、牢记使命”主题教育领导小组办公室：《习近平关于“不忘初心、牢记使命”论述摘编》，中央文献出版社、党建读物出版社2019年版，第73页。

为搞表面工程，“不求解决问题，只求面上好看”。在官僚主义方面，表现为狂妄自大、脱离群众，以自我为中心，独断专行、贪图权力，搞小团体，拉“小山头”等。享乐主义和奢靡之风往往联系最为密切，它们表现在精神懈怠、不思进取，贪图物质生活享受，铺张浪费、挥霍无度，无视党的纪律和国家法律乃至以权谋私、腐化堕落等。出现这些问题的根本原因还是理想信念不够坚定。因此，加强理想信念教育，坚守共产党人的初心和使命，为共产党人的精神“补钙”是解决“四风”问题的关键。其次，是为了进一步明确共产党人理想信念坚定的标准。理想信念就其形式来说，存在于党员干部的头脑之中；就其内容来说，体现在党员干部的行动之中。也就是说，一名中国共产党党员是否具备远大的理想信念，要从他的实践行动去判断。习近平认为，衡量领导干部理想信念的标准是：能做到吃苦在前、享受在后，能做到勤奋工作、廉洁奉公，能做到为理想而奋不顾身去拼搏、去奋斗、去献出自己的全部精力乃至生命[1]。最后，是为了强化宗旨意识，全心全意为人民服务。坚定共产党人的理想信念，就要强化共产党人的宗旨意识，真正把群众路线、马克思主义群众观深深植根于思想中，落实到行动上，加强党同人民群众的血肉联系。

（四）管党治党的保障体系更加富有制度性

无规矩不成方圆。任何一个政党都需要相应的党内法律、规矩。完善的法规体系是一个政党接受规则之治，以优良的法律和规矩治理自身的基础，以此规范党员群体的言行，保障党员权利，从而实现党内团结、决策科学合理。党的十八大以来，中国共产党稳步推进党内法规制度建设，为管党治党提供基本的保障体系。

2013年11月5日，《中央党内法规制定工作五年规划纲要（2013—2017年）》的制定实施，对加强党内法规制度体系建设，推进党内法规制度建设更加有序、更加有逻辑地开展，提高管党治党的科学化、民主化、制度化水平具有重要而深远的意义。11月18日，中共中央、国务院印发了《党政机关厉行节约反对浪费条例》。2015年8月3日，中共中央印发的《中国共产党巡视工作条例》，规范了巡视工作的内容和巡视组的任务。10月18日，中共中央印发了《中国共产党廉洁自律准则》和《中国共产党纪律处分条例》。2016年7月8日，《中国共产党问责条例》的施行，规范和强化了党的问责工作，规范了问责范围和方式。10月27日，中国共产党第十八届中央委员会第六次全体会议通过了《关于新形势下党内政治生活的若干准则》和《中国共产党党内监督条例》。12月13日，中共中央提出加强党内法规制度建设的意见：治国必先治党，治党务必从严，从严必依法度。要始终坚持目标导向和问题导向的基本方式，做到“规范主

[1] 中共中央党史和文献研究院、中央“不忘初心、牢记使命”主题教育领导小组办公室：《习近平关于“不忘初心、牢记使命”论述摘编》，中央文献出版社、党建读物出版社2019年版，第74页。

体、规范行为、规范监督”三个原则相互统一协调，全力完善党内法规制度体系，以党章为统筹，切实健全党的组织法规制度、领导法规制度、自身建设法规制度和监督保障法规制度[1]。12月23日，中共中央印发的《县以上党和国家机关党员领导干部民主生活会若干规定》，使民主生活会进一步制度化、规范化。2017年3月1日，《中国共产党工作机关条例（试行）》开始实施，它对党的工作机关的设立、职责和运行进行了具体规定。综上所述，党的十八大以来，中共中央积极制定规划，推进党内法规制度体系建设发展，为管党治党提供了基本遵循。

三、新时代中国共产党管党治党的基本经验

新时代，在管党治党的实践历程中，中国共产党始终坚持以民主集中制为根本组织原则，以党内民主为基本运行方式，以党内制度为硬规范，以党内文化为软规范，进一步推动党的建设健康、和谐发展。

（一）强化党的领导和党中央权威，为管党治党提供领导力

中国共产党领导是中国特色社会主义最本质的特征。只有把党的领导贯彻到管党治党的方方面面，才能推动新时代党的建设高质量发展。只有坚决维护党中央权威和集中统一领导，才能有效安排管党治党的实践活动，才能协调各方力量，统一全党意志，推动管党治党深入发展。因此，加强党的政治建设，强化中央权威，保证党的集中统一领导，是管党治党的根本前提和基本保障。

树立一个坚强的、稳定的、有力的领导核心是维护党中央权威和集中统一领导的前提。邓小平认为，“任何一个领导集体都要有一个核心，没有核心的领导是靠不住的”[2]。正是有了坚强的领导核心，我们党才经受住了考验，才始终保持稳定的领导。面对新时代的种种挑战，中国共产党充分认识到了党中央权威的重要性，坚决维护习近平总书记党中央的核心、全党的核心地位，坚决维护党中央权威和集中统一领导，强化了党的号召力和领导力，从而为管党治党注入了领导力量。

（二）发扬党内民主、发挥党员的主体作用，为管党治党提供整合力

维护党中央权威和集中统一领导不是要破坏党内民主，因为党内民主是党中央权威和集中统一领导的基础和体现，二者是辩证统一的。一方面，只有充分发扬党内民主，才能为党中央集中统一领导提供丰富的实践经验和实践材料，确保党中央决策的

[1] 《十八大以来重要文献选编（下）》，中央文献出版社2018年版，第509—510页。

[2] 《邓小平文选》（第3卷），人民出版社1993年版，第310页。

科学性和合理性；另一方面，只有维护党中央权威和集中统一领导，才能把分散在全国各地的民主材料集中和统一起来，从而协调各方利益、把准政治方向。党内民主和党中央权威是不可分割的。

党内民主建设需要坚持平等原则、党员权利与义务相统一的原则、参与原则、监督原则等。发扬党内民主的前提是切实保护党员的民主权利，调动党员的积极性，履行党员义务。党员权利实质上调节的是党员个体与党的组织之间的关系。如果党章赋予党员的权利得不到充分保障，党员的主体意识就会逐渐丧失，党员和干部的关系就会演变为简单的领导与被领导的关系，民主集中制就会沦为权力的附庸。只有使党章赋予党员的权利得到保护，才能充分激发党员参与党内治理的积极性。发扬党内民主，发挥党员的主体作用，要建立保障党员参与决策的制度体系。党的十八大以来，中共中央修订了《中国共产党地方委员会工作条例》《中国共产党党组工作条例》等制度法规，进一步规范了党的决策程序，为党员参与党内决策提供了根本遵循，也为党内民主提供了重要的制度支撑。因此，只有推进党内民主建设，实现党内民主在新时代的跨越式发展，才能实现权威的“合法性”，才能汇集全党的信念，为管党治党提供整合力。

（三）党内教育活动的经常化，为管党治党提供思想力

理想信念和价值观念是指引一个人、一个政党前进的灯塔。完善的法规体系、严格的监督执法当然有助于规范党员干部的行为，但纪律、监督是外在的限制条件，总会存在漏洞。而只有指导“政治人”行动的理念和价值观念，才对党员干部具有内化的、深远的影响。因此，管党治党既要有完善的党内法规制度和严格的监督执法措施，还要有对广大党员更加有效的思想政治教育。

我们党加强党内教育活动的努力主要体现在以下几个方面。一是进一步加强党性教育。人民性是党的根本属性。加强党性教育，最关键的是引导党员树立人民情怀。开展党的群众路线教育实践活动，是教育党员充分发挥纽带作用，尊重人民、爱护人民，自觉坚持从群众中来到群众中去，全面加强党同人民群众血肉联系的重要抓手。二是进一步加强德性教育。党员干部要严以修身、严以用权、严以律已，要踏踏实实谋事、创业、做人。“三严三实”专题教育，是教育党员以共产党员的标准要求自己、克服“四风”的重要载体。三是进一步加强政治教育。开展“两学一做”学习教育，是提高党员的政治素养，使广大党员自觉同党中央保持一致的重要手段。四是进一步加强理想信念教育。开展“不忘初心、牢记使命”主题教育，是学习党的历史和马克思主义中国化理论成果，把党的理想信念转化为全体党员的理想信念，推进党员干部积极干事创业的关键。五是实现党内教育经常化。教育只有时时抓、常常抓，才能实

现教育目标的准确化。新时代，党内教育活动逐步实现经常化、常态化、制度化。这有利于把党打造成由全体党员的初心、使命汇聚而成的坚强政党。

（四）坚持领导带头和抓“关键少数”，为管党治党提供榜样力

在党的十八大以来的管党治党实践中，抓“关键少数”越来越受到全党的重视，领导带头作用越发凸显。习近平指出，“各级领导班子一把手是‘关键少数’中的‘关键少数’。一把手违纪违法最易产生催化、连锁反应，甚至造成区域性、系统性、塌方式腐败”[1]。因此，新时代，管党治党的关键在于抓住“关键少数”，进一步改进、提升领导干部的作风和形象，使党的各级领导干部成为人民群众和广大党员的榜样。

党的十八大以来，党中央积极行动，持续抓“关键少数”的示范带头作用。例如，规范中央政治局的决策程序和中央委员的行为标准，不断践行和发展民主集中制。抓“关键少数”最根本的就是要抓党的中央领导集体，要求中央政治局常委及其委员无论担任什么职务、拥有多大权力都要执行集体作出的决策，真正把中央政治局建设成为践行民主集中制的典范。抓“关键少数”的重点是完善集体领导制度，创新党的领导小组制度就成为必要的手段。新时代，党的各类中央领导小组的组长一般由总书记担任，其他常委被分配在不同的小组中，实行集体决策，这样就“改变了从前常委一人分管一块的局面，使得高层权力协调性大大提高，运作更为有效”[2]。抓“关键少数”，就是要加强对一把手的教育管理和监督检查。“越是领导干部，越是主要领导干部，越要自觉增强法规制度意识，以身作则，以上率下，尤其要善于依法规制度谋事、依法规制度管人、依法规制度用权，自觉维护法规制度的严肃性和权威性。”[3]党的十八大以来，我们党始终坚持领导带头和抓“关键少数”，强化了“关键少数”的领导核心作用，凸显了以上率下的效力，为管党治党提供了榜样力。

（五）强化监督执法，为管党治党提供保障力

强化监督执法是党内法规制度得以落实落地的保障。只有优化党内监督体系，推动纪检监察队伍建设，严格执法，才能为管党治党保驾护航。

强化监督执法，要明确党的法规体系。习近平强调，“党章就是党的根本大法，是全党必须遵循的总规矩”[4]，“要把纪律建设摆在更加突出的位置，坚持纪严于法、纪在

[1] 中共中央文献研究室：《习近平关于全面从严治党论述摘编》，中央文献出版社2016年版，第211页。

[2] 郑永年：《大趋势：中国下一步》，东方出版社2019年版，第14页。

[3] 中共中央文献研究室：《习近平关于全面从严治党论述摘编》，中央文献出版社2016年版，第211页。

[4] 中共中央纪律检查委员会、中共中央文献研究室：《习近平关于严明党的纪律和规矩论述摘编》，中央文献出版社2016年版，第3页。

法前，把纪律和规矩挺在前面”[1]，“高级干部特别是中央领导层组成人员必须以身作则，模范遵守党章党规，严守党的政治纪律和政治规矩”[2]。党的十八大以来，更加严明的纪律和规矩为强化监督执法奠定了基础。强化监督执法，要完善党内监督体系。在实践中，要注意发挥以下几个监督主体的作用。一是充分发挥各级纪委对同级党委的监督作用；二是善于运用巡视监督制度，发挥上级纪委对下级党委的全面监督作用；三是改进自下而上的民主监督，发挥党员主体的监督作用。强化监督执法，要推动纪检监察队伍建设。只有打造一支铁的纪检监察队伍，才能真正实现严格执法。“打铁还需自身硬”。纪检监察队伍建设的基本要求是对纪检监察干部严格要求、严格监督、严格管理，对违纪违法行为零容忍。王岐山指出，“狠抓纪检监察机关领导班子和干部队伍建设，从组织创新和制度建设上加强和完善内部监督机制，自觉接受党组织、人民群众和新闻舆论监督，用铁的纪律打造过硬队伍”[3]。强化监督执法，要善于运用监督执纪四种形态。对不同程度的违法乱纪行为采取不同的处理方式。本着“治病救人”的原则，合理利用批评与自我批评、党纪轻处分和组织处理、党纪重处分、做出重大职务调整和立案审查等处理方式。党的十八大以来，不断强化的监督执法体系为管党治党提供了保障力。

原载于《学习论坛》2021年第2期

[1] 《习近平总书记系列重要讲话读本》，学习出版社、人民出版社2016年版，第119页。

[2] 《关于新形势下党内政治生活的若干准则》，人民出版社2016年版，第5页。

[3] 《十八大以来重要文献选编（上）》，中央文献出版社2014年版，第738页。

党的建设理论与实践研究

下册

山东大学世界政党研究中心
组 编

人民日报出版社
北 京

图书在版编目（CIP）数据

党的建设理论与实践研究. 2 / 山东大学世界政党研究中心组编. —北京：人民日报出版社，2024.12
ISBN 978-7-5115-7625-5

Ⅰ. D26

中国国家版本馆CIP数据核字第20246ED930号

书　　名：党的建设理论与实践研究（下册）
DANG DE JIANSHE LILUN YU SHIJIAN YANJIU
编　　者：山东大学世界政党研究中心

责任编辑：梁雪云　王奕帆
封面设计：中尚图

出版发行：人民日报出版社
社　　址：北京金台西路2号
邮政编码：100733
发行热线：（010）65369527　65369846　65369509　65369512
邮购热线：（010）65363531
编辑热线：（010）65369526
网　　址：www.peopledailypress.com
经　　销：新华书店
印　　刷：三河市中晟雅豪印务有限公司
法律顾问：北京科宇律师事务所　010-83632312

开　　本：889mm × 1194mm　1/16
字　　数：1551千字
印　　张：81.25
版次印次：2024年12月第1版　2024年12月第1次印刷

书　　号：ISBN 978-7-5115-7625-5
定　　价：189.00元（上下册）

目　录

“把党的政治建设摆在首位”的深刻逻辑

王 磊

摘 要：党的十九大在党的历史上首次把党的政治建设纳入党的建设总体布局，并把党的政治建设摆在首位，有深远考虑，也有充分理论和实践依据。第一，从党的政治属性以及党的政治建设对整个党的建设所具有的决定性作用来看，党的政治建设是党的根本性建设，决定党的建设方向和效果；第二，要解决党内存在的一些突出矛盾和问题，必须把党的思想政治建设摆在首位；第三，为了使我们党在新时代展现新气象、实现新作为，必须从政治上把党建设得更加坚强有力；第四，我们党历来注重从政治上建设党，把党的政治建设摆在首位，是以习近平同志为核心的党中央弘扬光荣传统、赓续红色血脉的重要体现。

关键词：习近平；政治建设；根本性建设；旗帜鲜明讲政治

党的十九大在党的历史上首次把党的政治建设纳入党的建设总体布局，并强调要“以党的政治建设为统领”，“把党的政治建设摆在首位”[1]。这里的“为统领”“摆在首位”，是指党的政治建设在党的建设总体布局中，处于统领地位、居于首位。为何要把党的政治建设摆在首位？习近平指出，“党的十九大把党的政治建设摆在突出位置，强调党的政治建设是党的根本性建设，这是有深远考虑的，也是有充分理论和实践依据的”。深入理解把握“把党的政治建设摆在首位”的深刻逻辑，对于我们“增强推进党的政治建设的自觉性和坚定性”[2]，进而“以政治上的加强推动全面从严治党向纵深发展，引领带动党的建设质量全面提高”[3]，为奋进全面建设社会主义现代化国家新征程提供坚强政治保证和组织保证具有重要意义。

[1] 习近平：《决胜全面建成小康社会　夺取新时代中国特色社会主义伟大胜利——在中国共产党第十九次全国代表大会上的报告》，《人民日报》2017年10月28日。

[2] 《习近平谈治国理政》（第三卷），外文出版社2020年版，第91页。

[3] 《中共中央关于加强党的政治建设的意见》，人民出版社2019年版，第4页。

一、“党的政治建设是党的根本性建设，决定党的建设方向和效果”

党的十九大之所以把党的政治建设摆在党的建设总体布局的首位，一个十分重要的原因就是党的政治建设本身的极端重要性。习近平在党的十九大报告中指出：“党的政治建设是党的根本性建设，决定党的建设方向和效果。”[1]在之前的十八届中央纪委六次全会上，习近平就指出：“政治问题，任何时候都是根本性的大问题。全面从严治党，必须注重政治上的要求。”[2]“根本性建设”和“根本性的大问题”的定位，深刻揭示了把党的政治建设摆在首位的深层逻辑。把党的政治建设摆在首位，涉及的其实不仅是在党的多项建设中位置哪个前哪个后的表层问题，而且更是凸显了党的建设在根本上要抓什么的内层问题。这里的“根本性”，可以从党的政治属性以及党的政治建设对整个党的建设所具有的决定性作用两个方面来理解。

其一，政党本质上是一个政治组织，其与生俱来就具有政治属性。任何政党都有政治属性，都有自己的政治使命、政治目标、政治追求。中国共产党作为马克思主义政党，有着远大的政治理想、崇高的政治追求、坚定的政治立场、鲜明的政治原则、先进的政治品质以及严明的政治纪律。正是基于我们党的这种政治属性，习近平反复强调，“我们党作为马克思主义政党，讲政治是突出的特点和优势”，“共产党不讲政治还叫共产党吗？”[3]因此，必须永葆共产党人政治本色。反之，如果我们党的政治属性淡化了，尤其是“政治上的先进性丧失了，党的先进性和纯洁性就无从谈起”[4]，党就会迷失前进的方向。我们党作为有着9500多万名党员的大党，保持和发展马克思主义政党的政治属性，也绝非一件容易的事。为了使党始终坚持正确的政治方向，始终保持政治本色，始终沿着中国特色社会主义道路前进，必须狠抓党的政治建设。

其二，党的建设其他领域存在的问题归根结底都与政治存在关联，都能从政治上找到问题的根源和解决问题的切入点。比如：党的思想建设领域存在的问题大都与一些党员干部政治意识不强、政治信仰缺失有关；党的组织建设领域存在的问题不少都与选拔任用人才的政治标准不严有关；党的作风建设领域存在的问题往往与一些党员干部政治立场松动、违反政治纪律和政治规矩有关；等等。习近平深刻指出，党内存在的凡此种种的问题，“都同政治问题相关联，都是因为党的政治建设没有抓紧、没有

---

[1] 习近平：《决胜全面建成小康社会　夺取新时代中国特色社会主义伟大胜利——在中国共产党第十九次全国代表大会上的报告》，《人民日报》2017年10月28日。

[2] 《习近平关于全面从严治党论述摘编》，中央文献出版社2016年版，第87页。

[3] 《习近平关于严明党的纪律和规矩论述摘编》，中央文献出版社、中国方正出版社2016年版，第23页。

[4] 《习近平谈治国理政》（第三卷），外文出版社2020年版，第91页。

抓实”，如果“不从政治上认识问题、解决问题，就会陷入头痛医头、脚痛医脚的被动局面，就无法从根本上解决问题”，“不抓党的政治建设或背离党的政治建设指引的方向，党的其他建设就难以取得预期成效”[1]。由此可以看出，党的政治建设对于整个党的建设而言，是牵一发而动全身的“牛鼻子”，“只有从政治上解决问题才能抓住根本”[2]。不抓好党的政治建设，就容易招致掣肘整个党的建设的连锁效应。只有把党的政治建设摆在首位，“善于从一般事务中发现政治问题，善于从倾向性、苗头性问题中发现政治端倪，善于从错综复杂的矛盾关系中把握政治逻辑”，整个党的建设才能纲举目张、打开局面，不断提高党的建设质量，增强党的建设实效，真正推进党的建设进程。

二、“要解决党内存在的一些突出矛盾和问题，必须把党的思想政治建设摆在首位”

党的十八大以来，以习近平同志为核心的党中央把政治建设摆在突出位置，在坚定政治信仰、增强“四个意识”、维护党中央权威和集中统一领导、严明党的政治纪律和政治规矩、加强和规范新形势下党内政治生活、净化党内政治生态、正风肃纪、反腐惩恶等方面取得了明显成效。但“这并不意味着我们就可以高枕无忧了”[3]，“党内存在的政治问题还没有得到根本解决”[4]。今年2月，在党史学习教育动员大会上，习近平对党内存在的政治问题作了系统概括：“一些党员、干部政治意识不强、政治敏锐性不高，不善于从政治上观察和处理问题，对‘国之大者’不关心，对政治要求、政治规矩、政治纪律不上心，对各种问题的政治危害性不走心，对贯彻落实党中央的大政方针不用心，讲政治还没有从外部要求转化为内在主动。”[5]具体来说，其主要表现形式有以下三种：其一，政治信仰不坚定。有的党员干部理想信念之“钙”匮乏，挺不起政治上的脊梁，不信马列信鬼神，不问苍生问苍天，痴醉于腐朽落后的封建鬼神邪说，迷陷其中、不能自已、无法自拔。这类党员干部由于马克思主义理论功底疏浅，对实现共产主义远大理想的长期性、复杂性和艰巨性无法充分认识和有效估判，更有甚者，认为共产主义远大理想是无法实现、虚无缥缈的“海市蜃楼”，根本没有通达之途。

其二，“四个意识”不强。有的党员干部政治意识淡薄，政治方向迷失、政治原则模糊、政治立场动摇，为官做事不能绷紧政治这根弦，在开展具体工作的过程中也不

[1] 《习近平谈治国理政》（第三卷），外文出版社2020年版，第92页。
[2] 《习近平谈治国理政》（第三卷），外文出版社2020年版，第98页。
[3] 《习近平谈治国理政》（第三卷），外文出版社2020年版，第222页。
[4] 《习近平谈治国理政》（第三卷），外文出版社2020年版，第92页。
[5] 习近平：《在党史学习教育动员大会上的讲话》，《求是》2021年第7期。

能始终从政治的高度来看待问题、解决问题；有的党员干部大局意识淡薄，胸无“国之大者”，为一己私利不愿服从甚至千方百计做选择、搞变通、打折扣地软抵制党中央作出的战略部署和安排；有的党员干部核心意识淡薄，漠视“两个维护”，把拥护党的领导只停留在口头上，更有甚者，胆大妄为、妄议中央、妄图削弱党中央权威和集中统一领导；有的党员干部看齐意识淡薄，不经常、主动向党中央看齐，反而大搞各行其是、各自为政、我行我素、阳奉阴违的丑恶做派。

其三，触犯党的政治纪律、逾越党的政治规矩。2015年1月，在十八届中央纪委五次全会上，习近平指出，从近年来查处的高级干部严重违纪违法案件看，“破坏党的政治纪律和政治规矩问题非常严重，务必引起重视”[1]。有的党员干部放松政治警觉，沦为政治上的“糊涂人”，无视党的政治纪律红线和党的政治规矩禁区，视党的政治纪律和政治规矩为可有可无的儿戏；有的党员干部权欲熏心、政治野心膨胀，找人吹喇叭、抬轿子、美化形象、包装自己，为了达成目的，甚至不惜背着党中央搞分裂党的政治阴谋活动；还有的领导干部赋予自身“特异功能”，摇身变为“老子天下第一”的凌驾于组织之上的特权之人，在其主政的地方拉山头、搞帮派、结团伙、组圈子，俨然把本该为民谋利造福的一方热土变成了自己骄奢淫逸、为所欲为的“私人俱乐部”。

上述三个方面，绝不是党内存在的政治问题的所有表现，但通过这三个方面的问题，足以说明加强党的政治建设的重要性、严峻性、紧迫性。这些问题有着极为严重的危害，会破坏党的政治生活，使正常的党内政治生活失序，污损恶化党内政治生态；会使一些党员干部腐化变质，走入歧途，迷失正确的政治方向。这些政治问题“如果得不到及时有效控制也有可能演变为政治风险”[2]，最终危害党和人民的事业。

习近平对此有着清醒的认识，他指出，“我们党正处在一个关键的历史节点上，党的队伍发生的重大变化和党群干群关系出现的新情况新问题，迫切需要我们首先从政治上把全面从严治党抓紧抓好”[3]。在对《关于新形势下党内政治生活的若干准则》和《中国共产党党内监督条例》的说明中，习近平又进一步指出，“要解决党内存在的一些突出矛盾和问题，必须把党的思想政治建设摆在首位”[4]。要言之，为了从根本上解决党内存在的政治问题，更有效地祛除这些侵蚀党的肌体健康的顽疾，切实提高党的政治建设质量，从而有力推进党的建设进程，以习近平同志为核心的党中央坚持问题导

[1] 《习近平关于严明党的纪律和规矩论述摘编》，中央文献出版社、中国方正出版社2016年版，第28页。

[2] 《习近平谈治国理政》（第三卷），外文出版社2020年版，第96页。

[3] 《习近平谈治国理政》（第二卷），外文出版社2017年版，第180页。

[4] 习近平：《关于〈关于新形势下党内政治生活的若干准则〉和〈中国共产党党内监督条例〉的说明》，《人民日报》2016年11月3日。

向，作出了“把党的政治建设摆在首位”的重大战略部署。

三、“中国特色社会主义进入新时代，我们党一定要有新气象新作为”

习近平在党的十九大报告中指出：“中国特色社会主义进入新时代，我们党一定要有新气象新作为。”[1]进入新时代，我们不仅要全面建成小康社会、实现第一个百年奋斗目标，而且要踏上全面建设社会主义现代化国家新征程、向实现第二个百年奋斗目标进发，实现中华民族伟大复兴。这对作为中国特色社会主义事业领导核心的中国共产党，必然提出更高的标准和更严的要求。这里的新气象新作为，首先是把全面从严治党继续推向深入，把党建设得更加坚强有力。

一是新时代我们党一定要有新气象。“新气象”是一种较为概括的表达，在全面从严治党的语境下，主要指党的面貌、党的形象要新，党风要正。具体来说就是：党内以“四风”为代表的不正之风得到狠刹和纠治，党内政治生活更加严肃认真，党内政治生态更加健康洁净。但是，长期以来，由于“四风”问题的顽固性、反复性，“四风”屡禁不绝，这给党的建设带来了严峻挑战。如前所述，党内出现的各种问题都同政治问题相关联，寻根溯源都能从政治上找到原因。因此，要想真正解决党的建设过程中所出现和存在的诸多难题，就要从政治问题这一病根上着手施力。只有加强党的政治建设，祛除了政治上的顽疾，党的其他方面建设中存在的问题才会迎刃而解，党的建设质量也才会相应提高，我们党才能不断呈现新气象。

二是新时代我们党一定要有新作为。“新作为”也是一种较为概括的表达，但意思是明确的，主要指我们党要迈出新的步伐，做出新的成绩，呈现新的局面，实现新的目标，完成新的使命。具体来说就是，要切实担负起进行具有许多新的历史特点的伟大斗争，推进新时代中国特色社会主义伟大事业，实现中华民族伟大复兴梦想的神圣使命和艰巨重任。“办好中国的事情，关键在党。”[2]习近平指出，“要进行好具有许多新的历史特点的伟大斗争、有效应对各种风险和挑战，实现‘两个一百年’奋斗目标、实现中华民族伟大复兴的中国梦，必须把我们党建设好、建设强”[3]。要把党建设好、建设强，就必须首先从加强党的政治建设着手。中国共产党领导是中国特色社会主义最本质的特征，是中国特色社会主义制度的最大优势，党是最高政治领导力量。保证全党服从中央，坚持党中央权威和集中统一领导，是党的政治建设的首要任务。只有党

---

[1] 习近平：《决胜全面建成小康社会　夺取新时代中国特色社会主义伟大胜利——在中国共产党第十九次全国代表大会上的报告》，《人民日报》2017年10月28日。

[2] 《习近平谈治国理政》（第二卷），外文出版社2017年版，第43页。

[3] 《十八大以来重要文献选编（下）》，中央文献出版社2018年版，第452页。

中央有权威，才能把全党牢固凝聚起来，进而把全国各族人民紧密团结起来，形成万众一心、无坚不摧的磅礴力量。

今天，我们已经实现了第一个百年奋斗目标，在中华大地上全面建成了小康社会，历史性地解决了绝对贫困问题，正在意气风发向着全面建成社会主义现代化强国的第二个百年奋斗目标迈进。使命光荣、责任重大，党必须要有新气象新作为。而无论是党的自身建设要展现新气象，还是党要以新作为切实担负起神圣使命和艰巨重任，归根结底，都与党的政治建设须臾相关，存在紧密的内在联系。唯有广大党员干部“增强政治意识，善于从政治上看问题，善于把握政治大局，不断提高政治判断力、政治领悟力、政治执行力”[1]，“不断提高把握新发展阶段、贯彻新发展理念、构建新发展格局的政治能力”[2]，才能“把党建设得更加坚强有力”[3]，进而“把党和人民事业长长久久推进下去”[4]。正是从这个意义上说，“把党的政治建设摆在首位”，是新时代我们党一定要有新气象新作为的必然要求。

四、“我们党历来注重从政治上建设党”

“旗帜鲜明讲政治，既是马克思主义政党的鲜明特征，也是我们党一以贯之的政治优势。”[5]自成立起，“在革命、建设、改革各个时期，我们党都高度重视党的政治建设，形成了讲政治的优良传统”[6]。在新民主主义革命时期，中国共产党人就有讲政治的自觉和清醒，把党的政治建设摆在加强自身建设的重要位置。古田会议确立了思想建党、政治建军的原则，针对的是当时党内存在的部分党员干部“政治水平低”，“不认识军队中政治领导的作用”的单纯军事观点。为此，要“提高党内的政治水平”，“加紧官兵的政治训练”，“使党员的思想和党内的生活都政治化”。[7]1939年10月，毛泽东在《〈共产党人〉发刊词》中提出，要建设一个“全国范围的、广大群众性的、思想上政治上

[1] 《加强政治建设提高政治能力坚守人民情怀　不断提高政治判断力政治领悟力政治执行力》，《人民日报》2020年12月26日。

[2] 《深入学习坚决贯彻党的十九届五中全会精神　确保全面建设社会主义现代化国家开好局》，《人民日报》2021年1月12日。

[3] 习近平：《决胜全面建成小康社会　夺取新时代中国特色社会主义伟大胜利——在中国共产党第十九次全国代表大会上的报告》，《人民日报》2017年10月28日。

[4] 《加强政治建设提高政治能力坚守人民情怀　不断提高政治判断力政治领悟力政治执行力》，《人民日报》2020年12月26日。

[5] 《加强政治建设提高政治能力坚守人民情怀　不断提高政治判断力政治领悟力政治执行力》，《人民日报》2020年12月26日。

[6] 《中共中央关于加强党的政治建设的意见》，人民出版社2019年版，第2页。

[7] 《毛泽东选集》（第1卷），人民出版社1991年版，第87、92页。

组织上完全巩固的布尔什维克化的中国共产党”[1]。这里，毛泽东实际上对党的建设要实现的目标任务进行了明确，“政治上巩固”是其中一个重要构成要素。1945年，刘少奇在党的七大上提出，推进党的建设要“首先着重在思想上、政治上进行建设，同时也在组织上进行建设”[2]。

新中国成立后，从1953年起，我国开始实行发展国民经济的第一个五年计划，开始了大规模经济建设。毛泽东深刻指出，“政治工作是一切经济工作的生命线”[3]，“思想工作和政治工作，是完成经济工作和技术工作的保证，它们是为经济基础服务的”[4]。为了适应经济建设任务对进一步提高领导干部素质的要求，1954年12月，中共中央作出决定，有计划、有步骤地把全党各方面的高、中级干部调入各级党校进行轮训，以提高全党干部的理论水平、政策水平和工作能力。

改革开放和社会主义现代化建设新时期，中国共产党人继续重视党的政治建设。邓小平提出，“现代化建设是我们当前最大的政治”[5]，“要在中国实现四个现代化，必须在思想政治上坚持四项基本原则。这是实现四个现代化的根本前提”[6]，“什么时候都得讲政治”[7]，“改革，现代化科学技术，加上我们讲政治，威力就大多了”[8]。由这些论述可知，注重讲政治，坚持不懈加强党的政治建设，对新时期增强党的先进性，保证党领导现代化建设事业始终沿着正确政治方向不断前行，具有重要意义。江泽民指出，“在政治问题上，一定要头脑清醒”[9]，他向各级领导干部提出了“讲学习、讲政治、讲正气”的要求。胡锦涛强调，“要切实把思想政治建设放在领导班子各项建设首位，加强指导，积极推动，使各级领导班子都能坚持讲政治、顾大局、重团结、守纪律”[10]。

党的十八大以来，以习近平同志为核心的党中央一以贯之重视党的政治建设，反复强调要旗帜鲜明讲政治。面对党内存在的突出问题尤其是各类政治顽疾，以顽强意志和坚强决心维护党中央权威和集中统一领导，完善和落实民主集中制的各项制度，严肃党内政治生活，强化政治纪律和政治规矩，净化党内政治生态，弘扬忠诚老实、公道正派、实事求是、清正廉洁等价值观，涵养健康洁净的政治文化。习近平对党员

---

[1] 《毛泽东选集》（第2卷），人民出版社1991年版，第602页。

[2] 《刘少奇选集》（上册），人民出版社1981年版，第330页。

[3] 《毛泽东文集》（第6卷），人民出版社1999年版，第449页。

[4] 《毛泽东著作选读》（下册），人民出版社1986年版，第803页。

[5] 《邓小平文选》（第2卷），人民出版社1994年版，第163页。

[6] 《邓小平文选》（第2卷），人民出版社1994年版，第164页。

[7] 《邓小平文选》（第3卷），人民出版社1993年版，第166页。

[8] 《邓小平文选》（第3卷），人民出版社1993年版，第166页。

[9] 《江泽民文选》（第1卷），人民出版社2006年版，第457页。

[10] 《胡锦涛文选》（第2卷），人民出版社2016年版，第186页。

干部的政治能力提出了更高的要求，他反复强调，党员干部要“坚定不移向党中央看齐，不断提高政治判断力、政治领悟力、政治执行力，切实增强‘四个意识’、坚定‘四个自信’、做到‘两个维护’”[1]。党的十八大以来相继开展的党的群众路线教育实践活动，“三严三实”专题教育，“两学一做”学习教育，“不忘初心、牢记使命”主题教育，以及当前正在开展的党史学习教育，加强党的政治建设都是贯穿其中的重要内容。

百年党史充分证明，“注重从政治上建设党是我们党不断发展壮大、从胜利走向胜利的重要保证”[2]，“旗帜鲜明讲政治、保证党的团结和集中统一是党的生命，也是我们党能成为百年大党、创造世纪伟业的关键所在”[3]。从这个意义上说，“把党的政治建设摆在首位”，是以习近平同志为核心的党中央弘扬“我们党历来注重从政治上建设党”[4]的光荣传统、赓续红色血脉的重要体现。

综上，可以看出，“把党的政治建设摆在首位”论断和要求的作出，是有着四重深刻逻辑作为依托和根据的。需要强调的是，这四重逻辑之间存在着紧密的关系。一方面，它们虽各自有别，是立足不同视角对这一重要论断和要求作出的理论阐释；另一方面，它们之间也并非完全隔绝、相互孤立，而是相互联系、有机统一的。在全面建设社会主义现代化国家新征程上，必须继续以党的政治建设为统领，持之以恒推进党的建设新的伟大工程，“坚决清除一切损害党的先进性和纯洁性的因素，清除一切侵蚀党的健康肌体的病毒，确保党不变质、不变色、不变味”[5]，以党的伟大自我革命引领伟大社会革命，确保党在新时代坚持和发展中国特色社会主义的历史进程中始终成为坚强领导核心。

原载于《党的文献》2021年第5期

[1] 习近平：《在党史学习教育动员大会上的讲话》，《求是》2021年第7期。

[2] 《习近平谈治国理政》（第三卷），外文出版社2020年版，第92页。

[3] 习近平：《在党史学习教育动员大会上的讲话》，《求是》2021年第7期。

[4] 《习近平谈治国理政》（第三卷），外文出版社2020年版，第92页。

[5] 习近平：《在庆祝中国共产党成立100周年大会上的讲话》，人民出版社2021年版，第19—20页。

中国共产党百年政治信仰建设的基本经验及启示

刘　辉　张士海

摘　要：政治信仰是中国共产党的政治之魂、价值之本和精神之“钙”。加强政治信仰建设是中国共产党百年党建工作的重要议题，也是中国共产党立党、兴党、强党的关键之举和重要法宝。建党百年来，中国共产党在政治信仰建设实践中积累了许多宝贵经验，主要包括：必须在思想认识上明确政治信仰建设的价值意义，确保在推进政治信仰建设进程中以思想自觉引领行动自觉；必须站稳以人民为中心的政治立场，把实现好、维护好、发展好最广大人民群众的根本利益作为政治信仰建设的出发点和落脚点；必须推进马克思主义理论创新，以理论的彻底性增强马克思主义的生命力、感召力和说服力，确保政治信仰建立在科学理论基础之上；必须构建科学完善的政治信仰体系，确保政治信仰建设始终如一地朝着科学化、规范化和制度化的方向稳步前进；必须开展集中性学习教育活动，提高信仰教育的有效性，培育共产主义远大理想和中国特色社会主义共同理想的忠诚信奉者和坚定实践者；必须成功推动社会主义伟大实践，彰显社会主义制度优越性，赢得人民群众对共产主义信仰的实践认同。

关键词：建党 100 周年；中国共产党；政治信仰；基本经验；启示

“信仰信念任何时候都至关重要。”[1]百年来，我们党在宏阔的时空维度中以最清醒的政治自觉、最坚定的政治立场、最彻底的创新理论、最完善的信仰体系、最有效的信仰教育、最成功的革命实践凝聚起坚定而执着的信仰力量，谱写了世界政党史上最具意义性的信仰建设篇章。一部党的百年史，从一定意义上说，就是一部中国共产党巩固和发展政治信仰的实践探索史和光辉奋斗史。习近平指出：“回望过往的奋斗路，眺望前方的奋进路，我们必须把党的历史学习好、总结好，把党的成功经验传承好、发扬好。”[2]因此，基于为新时代推进政治信仰建设、提高党的建设科学化水平提供理论支撑和对策建议的目的，本文试就中国共产党政治信仰建设的百年历史经验作初步探讨。

[1]　习近平：《在党史学习教育动员大会上的讲话》，《求是》2021年第7期。

[2]　习近平：《在党史学习教育动员大会上的讲话》，《求是》2021年第7期。

一、必须在思想认识上明确政治信仰建设的价值意义，确保在推进政治信仰建设进程中以思想自觉引领行动自觉

政治信仰作为政党意识形态的核心要素，不仅彰显和反映着政党的价值取向，而且表征和凸显着政党的精神品质；不仅为增强政党执政的合法性和政党治理的科学性提供导向性支柱，而且为一个国家政治道路的选择和政治制度的认同提供价值性支撑。作为一种更为真实、更为理性、更为科学的政治信仰，共产主义以其特有的精神魅力和理论优势，成为无产阶级政党维护政治权威、充实政治底气、涵养政治生态以及社会主义政权得以存续的思想纽带。马克思指出，工人党要力求把信仰从纯粹虚幻的宗教妖术中脱离出来，转而信仰“现代科学社会主义，即德国的社会主义”[1]。列宁也强调，“赋予自发的工人运动以明确的社会主义理想，把这个运动同合乎现代科学水平的社会主义信念结合起来”[2]是布尔什维克成功执政以及社会主义事业取得完全胜利的前提所在。

明确政治信仰建设的价值意义，是中国共产党政治信仰建设的前提条件和基本经验。中国共产党自成立伊始就坚定地把共产主义确立为远大理想，“我们的将来纲领或最高纲领，是要将中国推进到社会主义社会和共产主义社会去的”[3]。在革命战争年代，毛泽东指出：“共产主义是无产阶级的整个思想体系……是自有人类历史以来，最完全最进步最革命最合理的。”[4]全党在马克思主义理论的宣传教育和革命实践中切身感受到共产主义科学世界观和方法论的指导作用，把共产主义理想内化为至死不渝的革命信念，为赢得革命胜利提供了思想武器和精神指引。中华人民共和国成立后，中国共产党从巩固党的领导和执政地位出发，运用政权的巨大力量在全国范围内开展广泛而深刻的思想政治教育，用“共产主义的情操、风格和集体英雄主义的气概”[5]培育和塑造人民，共产主义由此上升为整个国家和民族占统摄地位的思想信仰，成为全新政治秩序和政治文明的建构基础。改革开放以来，中国共产党更加注重凸显政治信仰在社会主义现代化建设中的凝聚、导向、激励等积极性意义，强调“我们多年奋斗就是为了共产主义，我们的信念理想就是要搞共产主义”[6]，“我们共产党人的根本政治信仰是社

[1] 《马克思恩格斯给美国人的信》，人民出版社1986年版，第350页。

[2] 《列宁全集》（第4卷），人民出版社2013年版，第167页。

[3] 《毛泽东选集》（第3卷），人民出版社1991年版，第1059页。

[4] 《毛泽东选集》（第2卷），人民出版社1991年版，第686页。

[5] 《毛泽东文集》（第7卷），人民出版社1999年版，第398页。

[6] 《邓小平文选》（第3卷），人民出版社1993年版，第137页。

会主义和共产主义……这是任何时候都丝毫不能动摇的"[1]。党的十八大以来，习近平强调，"对马克思主义的信仰，对社会主义和共产主义的信念，是共产党人的政治灵魂，是共产党人经受住任何考验的精神支柱"[2]。从阐释政治信仰的全新内涵，到明确"六个是否能"的信仰坚定性检验标准；从明确理想信念是"精神之钙"、"思想防线"和"总开关"的战略定位，到把坚定政治信仰视为党的政治建设的首要目标，鲜明昭示出中国共产党正确把握信仰建设规律、科学培育精神家园的政治智慧。

党的百年历史证明，"对马克思主义真理的坚持与追求和对远大理想、共同理想的坚守与践行贯穿党的建设和党的事业发展全过程"[3]。筑牢政治信仰，是中国共产党百年来赢得民众支持、掌控国家政权、引领社会治理的关键密钥和精神依托。由此，新时代加强政治信仰建设，必须做到：一是在思想认识上准确把握政治信仰建设的价值意蕴和战略地位，形成推进政治信仰建设的自觉意识，进而以这种思想上的自觉不断引领政治自觉和行动自觉的真正实现。二是把政治信仰建设作为一项确保党不变质、不变色、不变味的永久性工程，以与党的建设历史同步发展的战略视野和愚公移山的执着精神持续推进下去，让政治信仰为建设朝气蓬勃的马克思主义执政党注入持续生机，为实现民族复兴伟业凝聚磅礴力量。

二、必须站稳以人民为中心的政治立场，把实现好、维护好、发展好最广大人民群众的根本利益作为政治信仰建设的出发点和落脚点

"为什么人"的问题，是任何一个政党都不能回避的方向性、原则性问题，也是衡量和检验一个政党、一个政权性质的试金石。共产主义信仰所内蕴的"为绝大多数人谋利益"的阶级立场、"每个人自由全面发展"的理想愿景以及人民群众是"有实践力量的人"的价值定位，彰显了其科学真理性与价值合理性辩证统一的理论旨趣，进而决定了这一信仰能够超越一切剥削阶级的阶级偏私性而凝聚起最大的价值共识、赢得最大多数人的信奉。无产阶级政党只有将人民立场贯穿于政治信仰建设的全过程，紧扣为人民服务的价值主线，才能为政治信仰建设奠定坚实的政治根基。

站稳人民立场，是中国共产党政治信仰建设的精神实质和基本经验。回望百年图景，党的政治信仰建设不仅融合"为绝大多数人谋利益"这一马克思主义政党的价值逻辑，而且兼容"民本"这一中国传统文化所特有的历史逻辑，两种逻辑以全心全意为人民服务的政党宗旨容纳于中国共产党历史发展的内生性变迁之中，不仅为政治信

[1] 《江泽民文选》(第2卷)，人民出版社2006年版，第361页。

[2] 《习近平关于全面从严治党论述摘编》，中央文献出版社2016年版，第57页。

[3] 蔡志强、袁美秀:《伟大建党精神的内涵、形成机理与实践要求》,《思想理论教育》2021年第8期。

仰建设注入了更具主体性的灵魂，而且为党的百年历史演进设定了价值准绳。从毛泽东强调“共产党是为民族、为人民谋利益的政党，它本身决无私利可图”[1]到邓小平提出“群众是我们力量的源泉，群众路线和群众观点是我们的传家宝”[2]；从江泽民强调“我们党的最大政治优势是密切联系群众，党执政后的最大危险是脱离群众”[3]到胡锦涛开创“以人为本”的科学发展观和权为民所用、情为民所系、利为民所谋的执政理念，中国共产党自始至终把人民视为砥砺前行的坐标系和动力源。进入新时代，习近平强调“江山就是人民、人民就是江山，打江山、守江山，守的是人民的心”[4]。无论是以人民为中心的发展思想，还是人民至上、生命至上的价值理念，抑或是我将无我、不负人民的赤子情怀，均实现了人民立场在新时代场域中的价值升华和意义赋予，体现了政治信仰党性与人民性高度统一的理论特质。简言之，人民立场作为流淌于中国共产党人血脉中的红色基因和永不褪色的精神标识，宛若贯穿于共产主义信仰百年演变进程中的逻辑引线和政治红线，成为党赢得人民群众政治认同、衷心拥护与倾心追随的奥秘所在。

历史和实践证明，“政治信仰的阶级立场规定了政治信仰的本质内涵”[5]。政治信仰建设，一旦离开我们党最坚实可靠的阶级基础，就会丧失政治依托和价值指向，也必然丧失最客观公正的评价尺度。由此，新时代加强政治信仰建设，必须做到：一是以全心全意造福人民为根本方向，不断满足人民在经济发展、政治参与、文化享用、社会安定、生态文明等领域的利益需求，在提升人民幸福感、安全感和获得感中生成激励政治信仰建设的价值驱动。二是以建设马克思主义服务型政党为根本要求，全面提升政治信仰与政党先进性、纯洁性和长期执政能力建设之间的良性衔接与互动水平，塑造为民、务实、清廉的政党形象以赢得人民的政治认同。三是以健全为人民执政、靠人民执政各项制度为根本保障，坚持依规治党、制度治党，完善党员干部联系群众制度，健全联系广泛、服务群众的群团工作体系，切实从制度层面保障人民在国家治理中的主体地位。

[1] 《毛泽东选集》（第3卷），人民出版社1991年版，第809页。

[2] 《邓小平文选》（第2卷），人民出版社1994年版，第368页。

[3] 《江泽民文选》（第3卷），人民出版社2006年版，第572页。

[4] 习近平：《在庆祝中国共产党成立100周年大会上的讲话》，《人民日报》2021年7月2日。

[5] 李忠军、刘怡彤：《〈共产党宣言〉关于政治信仰的论述探析》，《思想理论教育导刊》2019年第12期。

三、必须推进马克思主义理论创新，以理论的彻底性增强马克思主义的生命力、感召力和说服力，确保政治信仰建立在科学理论基础之上

理论的生命力和感召力在于理论自身的彻底性和与时俱进的品质。马克思主义的共产主义远景之所以具有不可抗拒的信仰魅力，正是由于它揭示了社会发展演化的客观规律，指明了人类从必然王国向自由王国飞跃的科学路径，展示出科学真理性的光芒。当然，“马克思的整个世界观不是教义，而是方法。它提供的不是现成的教条，而是进一步研究的出发点和供这种研究使用的方法”[1]，“我们决不把马克思的理论看做某种一成不变的和神圣不可侵犯的东西……应当在各方面把这门科学推向前进”[2]。要继续确保马克思主义“抓住事物根本”的理论本色，彰显不可抗拒的信仰魅力，就必须推进实践基础上的理论创新。这是马克思主义实现彻底性的内在要求，是无产阶级政党推进政治信仰建设的根本所在。

推进马克思主义理论创新，是中国共产党政治信仰建设的核心要求和基本经验。在领导革命、建设、改革的伟大进程中，中国共产党注重以自我革命精神推动理论创新，不断提升马克思主义的生命力、感染力和说服力。在革命战争年代，以毛泽东为代表的中国共产党人强调，“使马克思主义在中国具体化，使之在其每一表现中带着必须有的中国的特性，即说，按照中国的特点去应用它，成为全党亟待了解并亟须解决的问题”[3]。中国共产党时刻保持着马克思主义中国化的理论自觉，坚持具体而非抽象的、发展而非停滞的、实事求是而非主观教条的马克思主义，创立了毛泽东思想这一带有中国作风和中国气派的彻底性理论，赋予了马克思主义以强大的生命力和解释力。改革开放以来，以邓小平为代表的中国共产党人高举解放思想、实事求是的旗帜，强调“真正的马克思列宁主义者必须根据现在的情况，认识、继承和发展马克思列宁主义”[4]。邓小平理论、“三个代表”重要思想、科学发展观都是马克思主义中国化的理论结晶和光辉典范，系统回答了改革开放和现代化建设中的重大实践问题，成功应对了社会主义因苏东剧变而魅力骤减的严峻形势，因而赢得了人民群众自觉地认同和信奉。进入新时代，习近平强调“理论的生命力在于不断创新，推动马克思主义不断发展是中国共产党人的神圣职责”[5]。在领导治国理政的实践中洞察时代大势、把握历史主动，

---

[1] 《马克思恩格斯选集》（第4卷），人民出版社2012年版，第664页。

[2] 《列宁选集》（第4卷），人民出版社2012年版，第274页。

[3] 《毛泽东选集》（第2卷），人民出版社1991年版，第534页。

[4] 《邓小平文选》（第3卷），人民出版社1993年版，第291页。

[5] 习近平：《在纪念马克思诞辰200周年大会上的讲话》，《人民日报》2018年5月5日。

进行理论探索，创立了习近平新时代中国特色社会主义思想，开辟了理论创新的崭新境界，拓展了理论武装的必备要素，筑牢了信仰建设的理论基石。可以说，正是中国共产党不断推进理论创新，马克思主义才以自身的理论彻底性、严密逻辑性和实践发展性而展示出持久旺盛的生命力、跨越时空的影响力和无可比拟的吸引力。

历史深刻昭示，“马克思主义的实践本性决定了它不是凝固不变的既存态，而是与时俱进的生成态，在中国要确保马克思主义对人民群众的魅力，就要……在实践中发展马克思主义”[1]。由此，新时代加强政治信仰建设，必须做到：一是坚持理论创新与实践创新的辩证统一，“以解决问题为理论创新的导向，瞄着问题去，追着问题走，把化解矛盾、破解难题作为推进理论创新和实践创新的着力点”[2]。二是坚持培元固本和守正创新相结合，在实现马克思主义辩证地返本与创造性开新的协同耦合中把握其精髓实质，坚决避免教条主义和修正主义的错误倾向。三是坚持文化根基与世界文明的互动融通，把发展马克思主义与弘扬中华优秀传统文化和吸纳人类文明成果有机统一于马克思主义中国化进程中，不断丰富和拓展理论创新的文化资源。

四、必须构建科学完善的政治信仰体系，确保政治信仰建设始终如一地朝着科学化、规范化和制度化的方向稳步前进

对政治信仰建设而言，构建科学有效的信仰体系，意义重大。共产主义作为一种文明形态，同时也是一种文明过程，本质上具有开放性。能否随着所处历史方位的变化构建起科学完善的信仰体系，直接关系到政治信仰建设的实践程度，进而直接影响政治信仰建设的实际成效。共产主义包含终极理想、社会价值和现实运动三重意蕴，三层结构逻辑严密、辩证统一，共同支撑起共产主义作为一个完整的理论体系和政治信仰体系，从本质和规律层面回答了无产阶级政党政治信仰的理想目标、价值取向和实践路径。

构建科学完善的政治信仰体系，是中国共产党政治信仰建设的关键环节和基本经验。回溯党的百年场景的变迁，可以发现，党的政治信仰体系建构呈现出宏观（奋斗目标）—中观（价值体系）—微观（实践机制）三维一体的逻辑结构。在革命战争年代，中国共产党把共产主义信仰现实化具体化，确定了“实现中国的新民主主义制度”进而“实现共产主义制度”的奋斗目标[3]。与此同时，阶级斗争的革命价值观和农村包围

[1] 黄明理：《马克思主义魅力与信仰研究》，人民出版社2016年版，第286页。

[2] 刘光明：《继续推进马克思主义中国化（深入学习贯彻习近平新时代中国特色社会主义思想）》，《人民日报》2021年7月7日。

[3] 《刘少奇选集》（上册），人民出版社1981年版，第322页。

城市、武装夺取政权革命新道路的确立，标志着一个从宏观到微观较为完整的政治信仰体系正式形成，奠定了党组织和发动群众并夺取革命胜利的信仰基础。社会主义建设时期，毛泽东始终把实现共产主义视为奋斗目标，力求通过共产主义思想教育、社会主义公有制、平均主义分配原则、反对特权阶层等措施建立起一套全新的社会制度。但是，有些措施违背了社会发展规律，导致党的信仰体系在微观实践机制层面脱离了现实。改革开放以来，中国共产党理性反思信仰危机的问题本质，把最高信仰与现实阶段的目标结合起来，强调“我们共产党人的最高理想是实现共产主义，在不同历史阶段又有代表那个阶段最广大人民利益的奋斗纲领”[1]。中国共产党通过以经济建设取代阶级斗争、大力发展生产力、保障人民民主权利、加强法制建设等政策举措纠正了空想主义的倾向，保证了人民的根本利益，党的政治信仰体系重新实现了宏观、中观和微观的协调与发展。党的十八大以来，以习近平同志为核心的党中央根据时代方位成功构建起以“为中国人民谋幸福、为中华民族谋复兴”[2]为奋斗目标，以社会主义核心价值观为价值体系，以党的路线、方针和政策为实践机制的政治信仰体系，推动着中国政治实践健康向前发展。归结而言，正是因为党构建了既指向共产主义最高理想又合乎革命、建设、改革实际的信仰体系，才真正筑牢了凝聚党心民心、维系社会秩序的共同思想基础。

历史和实践证明，党的政治信仰不仅是一个崇高的目标和理想，还是一个完整的体系和结构，“在宏观上，有正确的道路方向；在中观上，有与宏观一致的价值取向；在微观上，有符合人民群众利益的具体政策和举措”[3]。抓住了信仰体系建设，就等于找准了筑牢政治信仰的关节点和突破口。由此，新时代加强政治信仰建设，必须做到：一是丰富和完善政治信仰体系。全面把握政治信仰的内在逻辑，认真总结政治信仰建设的经验教训，科学认识政治信仰在不同时代面临的新主题，不断增强信仰目标的科学性、价值观念的凝聚性和具体政策的实用性，确保信仰体系在宏观、中观和微观三层结构的协调统一中得到巩固和发展。二是增强政治信仰体系的解释力、说服力和宣传力。加强对理想、信念、信仰本真内涵的开创性思考、适时性诠释与灵活性宣传，不断丰富政治信仰的时代内容、健全政治信仰的解释系统、更新政治信仰的话语体系、完善政治信仰的宣传策略、提升政治信仰的传播能力，深化和拓展人民群众对信仰问题的科学认知。

---

[1] 《邓小平文选》(第3卷)，人民出版社1993年版，第190页。

[2] 习近平：《决胜全面建成小康社会　夺取新时代中国特色社会主义伟大胜利——在中国共产党第十九次全国代表大会上的报告》,《人民日报》2017年10月28日。

[3] 关海庭：《当代中国的信仰体系与政治发展》，北京大学出版社2020年版，第153页。

五、必须开展集中性学习教育，提高信仰教育的有效性，培育共产主义远大理想和中国特色社会主义共同理想的忠诚信奉者和坚定实践者

“共产主义思想、理想信念是科学，不能在人们头脑里自发产生，只能通过强化共产主义教育得到。”[1]无产阶级政党自诞生以来就高度重视思想理论教育，形成了马克思主义理论教育的优良传统。马克思、恩格斯指出，“共产党一分钟也不忽略教育工人尽可能明确地意识到资产阶级和无产阶级的敌对的对立”[2]，唤醒工人阶级由自发到自为的阶级意识，从而自觉承担起资本主义掘墓人和未来社会建设者的历史使命。列宁在领导俄国新型政党建设实践中创立了科学的灌输理论，强调工人阶级单纯依靠自身力量只能形成低级的工联主义意识，无产阶级政党亟须“把社会主义思想和政治自觉性灌输到无产阶级群众中去”[3]。这为中国共产党开展集中性学习教育贡献了思想伟力、奠定了实践根基。

开展集中性学习教育，是中国共产党政治信仰建设的有效路径和基本经验。“掌握思想教育，是团结全党进行伟大政治斗争的中心环节。”[4]延安时期，毛泽东创造了运用整风运动在全党开展马克思主义教育的有效形式，系统清除了党内主观主义、教条主义和党八股的危害，使实事求是的思想路线深入人心。以延安整风为标志，中国共产党形成了以“整党整风”为中心任务、以“政治运动”为基本特征的党内教育模式，开创了加强理论武装、培育信仰信念的成功范例。改革开放以来，面对党执政地位的历史性转型和民主法治的现代性呼唤，中国共产党尝试走出一条不搞政治运动而靠加强改革和健全制度来推动自身建设的新路，强调“用透彻说理、从容讨论的办法，去解决群众性的思想教育问题”[5]，党内教育实现了由“政治运动模式”向“主题教育模式”的历史性转变。进入新时代，习近平强调“崇高信仰、坚定信念不会自发产生。要炼就‘金刚不坏之身’，必须用科学理论武装头脑”[6]。无论是开展以抓理论武装为主旨的“不忘初心、牢记使命”主题教育和“四史”学习教育，还是开展以推动先进性实践为旨归的群众路线教育实践活动和“三严三实”专题教育；无论是探索党内教育从“关键少数”向“绝大多数”拓展的基本途径，还是建立常态化制度化的学习教育模式，都是中国共产党有的放矢强化思想武装、增强理想信念的成功实践。可以说，

[1] 梅荣政：《坚定共产主义最高理想》,《思想理论教育导刊》2016年第4期。

[2] 《马克思恩格斯选集》(第1卷)，人民出版社2012年版，第434页。

[3] 《列宁选集》(第4卷)，人民出版社2012年版，第285页。

[4] 《毛泽东选集》(第3卷)，人民出版社1991年版，第1094页。

[5] 《邓小平文选》(第2卷)，人民出版社1994年版，第336页。

[6] 《习近平关于全面从严治党论述摘编》，中央文献出版社2016年版，第61页。

正是前后接续、相互衔接的党内集中教育，增强了全党的理论自觉和理论自信，真正把政治信仰建立在对马克思主义的科学理解和对历史规律的深刻把握之上。

政治信仰建设的百年实践告诉我们，开展党内集中教育是提高信仰教育有效性、扎牢扎深共产党人理想信念根系的重要举措。当然，坚定信仰信念是一个动态过程，既非一蹴而就，也非一劳永逸，需要常态化的制度机制。由此，新时代加强政治信仰建设，必须做到：一是建立不忘初心、牢记使命制度。把不忘初心、牢记使命作为永恒课题常抓不懈，形成长效机制，“以如磐初心锤炼坚强党性、以崇高使命锻造政治品格，使全党在初心使命的坚守与自我革命的砥砺之下”[1]自觉做共产主义理想的忠诚信奉者和坚定实践者。二是推动党史学习教育常态化制度化。把强化组织领导、树立正确党史观、创新学习方法、切实为群众办实事作为高质量完成“四史”学习任务的重中之重，以制度载体之力的彰显释放推动学习教育走向深入。三是探索经常性教育与集中性教育的协同机制。既运用集中性教育的成功经验指导经常性学习实践，又抓好经常性教育以巩固集中性教育成果，在实现两者紧密协同与动态平衡中提高信仰教育质量。

六、必须成功推动社会主义伟大实践，彰显社会主义制度优越性，赢得人民群众对共产主义信仰的实践认同

“思想和实践或运动是不可分的。”[2]科学的信仰不仅要在理论上说服人，更重要的是将其诉诸实践后能否达到预期的实践效果。作为无产阶级政党意识形态的精神内核，共产主义信仰最终的动力源因而也是对其最有力的诠释和印证是社会主义实践的巨大成功。马克思、恩格斯认为，共产主义不是单纯的理论批判，更不在于构建虚幻的精神慰藉，而是致力于改变世界的“消灭现存状况的现实的运动”[3]。列宁强调，无产阶级政党执政后要创造较资本主义更高的劳动生产率[4]、改革国家机关和进行文化革命[5]，以奠定信仰建设的物质文化根基。苏东剧变的悲惨教训警示我们，如若共产主义不能在现实中彰显其实践的功能，不能最大限度地满足人民的社会期望，就无法验证其超越其他意识形态的理论优势和信仰魅力，信仰危机就会不可避免地产生。

成功推动社会主义实践，是中国共产党政治信仰建设的实践验证和基本经验。回

[1] 张士海、刘辉：《实现宏伟目标必须坚持党的全面领导》，《思想理论教育导刊》2020年第12期。

[2] 《胡乔木文集》（第2卷），人民出版社2012年版，第566页。

[3] 《马克思恩格斯选集》（第1卷），人民出版社2012年版，第166页。

[4] 《列宁专题文集：论社会主义》，人民出版社2009年版，第96页。

[5] 《列宁专题文集：论社会主义》，人民出版社2009年版，第354—355页。

溯百年历史，可以发现，共产主义信仰“是以现实的共产主义运动为根基的信仰，它的命运更直接地取决于共产主义运动的状况”[1]：社会主义实践的成功会推动人们对它的信仰；反之，社会主义实践的挫折则使其受到冲击。在革命战争年代，共产主义赢得民众信仰的关键在于用共产主义的价值理念指导革命实践并成功解决中国现实问题，“在中国，事情非常明白，谁能领导人民推翻帝国主义和封建势力，谁就能取得人民的信仰”[2]。新民主主义革命的胜利和社会主义基本制度的确立，奠定了当代中国一切发展进步的根本政治前提和制度基础，共产主义信仰也因此内化为人民群众价值观的核心与灵魂。改革开放以来，邓小平准确把握共产主义信仰阶段性目标与终极性目标的辩证统一，强调共产主义运动是从量变到质变、从现实到理想的渐进过程，“巩固和发展社会主义制度，还需要一个很长的历史阶段”[3]。中国共产党领导的中国特色社会主义成功实践，在保持信仰初心与完成阶段性使命之间找到了一条正确道路，成为党的政治信仰正确性最直接最有说服力的实践验证。党的十八大以来，习近平强调“中国特色社会主义是党和人民历经千辛万苦、付出巨大代价取得的根本成就，是实现中华民族伟大复兴的正确道路”[4]。新时代中国特色社会主义实践为实现民族复兴伟业提供了“更为完善的制度保证、更为坚实的物质基础、更为主动的精神力量”[5]，使全党的政治信仰更加坚定、理想信念更加牢固、必胜信心更加高涨。可以说，正是中国共产党“在实现共产主义号召下，在变革现实的革命运动中，在达成一个接一个阶段性目标的历史过程中，不断创造着新的成就和辉煌”[6]，真正增强了人民对共产主义的实践认同。

理论与实践的良性互动与相互印证是巩固共产主义信仰的根本保障。历史证明，中国特色社会主义是通往共产主义的必由之路，是中国共产党坚守共产主义理想的当代使命。当然，中国特色社会主义不能盲目自满、故步自封，需要在实践发展中与时俱进、开拓创新，“必须坚持和完善中国特色社会主义制度，不断推进国家治理体系和治理能力现代化”[7]。由此，新时代加强党的政治信仰建设，必须做到：一是以坚持和完善中国特色社会主义制度为逻辑起点，以党的领导制度统领根本制度、基本制度和重要制度，以全面深化改革为主轴，着力固根基、扬优势、补短板、强弱项，在推动制度更加成熟、更加定型、更加管用等方面下更大功夫。二是以发挥制度优势、提升治

[1] 黄明理：《马克思主义魅力与信仰研究》，人民出版社2016年版，第280页。

[2] 《毛泽东选集》（第2卷），人民出版社1991年版，第674页。

[3] 《邓小平文选》（第3卷），人民出版社1993年版，第379页。

[4] 习近平：《在庆祝中国共产党成立100周年大会上的讲话》，《人民日报》2021年7月2日。

[5] 习近平：《在庆祝中国共产党成立100周年大会上的讲话》，《人民日报》2021年7月2日。

[6] 董振华：《伟大建党精神的科学内涵与时代价值》，《红旗文稿》2021年第14期。

[7] 习近平：《决胜全面建成小康社会　夺取新时代中国特色社会主义伟大胜利——在中国共产党第十九次全国代表大会上的报告》，《人民日报》2017年10月28日。

理效能为落脚点，加快构建权威高效的制度执行机制，强化制度意识、严格执行监督、厉行精准问责、维护制度权威，提升制度执行力，充分彰显社会主义制度的优越性。

七、结语

政治信仰是一个事关党的前途命运的根本性问题，也是贯穿于党的建设与党的事业发展全过程的永恒性问题。坚定的政治信仰是我们党作为百年大党的精神标识和政治优势，是我们党保持自身性质与生机活力、彰显政党政治优势、实现政党价值目标的精神支柱和力量源泉。百年来，中国共产党以明确价值意义为前提，以站稳人民立场为实质，以推进理论创新为核心，以构建信仰体系为关键，以开展信仰教育为路径，以推动革命实践为保障，不断筑牢信仰根基，从建党之时只有50多名党员的党组织逐渐发展成为“拥有9500多万名党员、领导着14亿多人口大国、具有重大全球影响力的世界第一大执政党”[1]。站在“两个一百年”的历史交汇路口，面对中华民族伟大复兴战略全局和世界百年未有之大变局融合交汇的全新局势，中国共产党必须一如既往地重视政治信仰建设，将其视为一项立体互动的系统性工程，从战略上加以精心部署、从理论上加以科学阐释、从实践中加以有效展开、从制度上加以有力保障，以促成百年大党强基固本、铸魂补钙的多维合力。唯有如此，才能永葆马克思主义政党的先进性和纯洁性，塑造起具有巨大吸引力和高度认同感的政党形象；才能真正把党锻造成为人民信得过、靠得住的坚强领导核心，为全面建设社会主义现代化强国提供关键性的政治保障。

原载于《思想教育研究》2021年第10期

[1] 习近平：《在庆祝中国共产党成立100周年大会上的讲话》，《人民日报》2021年7月2日。

中国共产党政治建设的百年历史考察

骆　乾

摘　要： 政治建设是党的根本性建设，决定着党的建设的方向和效果。从历史发展来看，重视政治建设是党的优良传统；从重要意义来看，加强政治建设是党在新时代面临的一项战略任务；从基本经验来看，党的政治建设主要包含明确政治建设的价值意义、发挥“关键少数”的示范作用、强化民主监督、优化党内政治文化、健全党内法规制度体系等基本内容；从现实启示来看，新时代加强党的政治建设需要深刻领会“两个确立”，增强广大党员干部的“四个意识”，坚决做到“两个维护”。

关键词： 中国共产党；政治建设；历史考察；基本经验；现实启示

习近平总书记在庆祝中国共产党成立100周年大会上指出：“以史为鉴，开创未来，必须不断推进党的建设新的伟大工程。”[1]《中共中央关于党的百年奋斗重大成就和历史经验的决议》进一步指出：“坚持党的领导首先要旗帜鲜明讲政治，保证全党服从中央。”[2]旗帜鲜明讲政治是马克思主义执政党的根本要求，政治建设是党的根本性建设，在党的建设新的伟大工程中占据首要地位，决定着党的建设的方向和效果。在中国共产党成立百年之际，对党的政治建设进行历史考察并总结其基本经验，对加强党的政治建设、推进新时代党的建设新的伟大工程具有重要意义。

一、中国共产党政治建设的百年历史

从中国共产党的百年历史发展来看，政治是统帅、是灵魂，政治建设贯穿党领导中国人民进行革命、建设和改革百年历史发展的全过程，在党的建设过程中具有根本性地位。

[1]　习近平：《在庆祝中国共产党成立100周年大会上的讲话》，《人民日报》2021年7月2日。

[2]　《中共中央关于党的百年奋斗重大成就和历史经验的决议》，《人民日报》2021年11月17日。

（一）新民主主义革命时期党的政治建设的初步发展

在新民主主义革命时期，党就坚持把政治建设作为自己的立身之本。中共一大正式确立了党的政治纲领，明确提出了通过阶级斗争推翻资产阶级政权、建立无产阶级专政进而实现共产主义的奋斗目标；中共二大制定了党的最低纲领和最高纲领。1929年12月，古田会议召开，强调要从教育上提高党内政治水平，克服党内长期存在的各种错误思想，与各种不良思想做坚决斗争。1937年5月，毛泽东同志在中国共产党苏区代表会议上提出，"共产党人决不抛弃其社会主义和共产主义的理想，他们将经过资产阶级民主革命的阶段而达到社会主义和共产主义的阶段。中国共产党有自己的政治经济纲领"[1]，将党的政治路线贯穿党的建设全过程，为我们党取得民主革命胜利提供了政治路线保证。1939年10月，毛泽东在《〈共产党人〉发刊词》中总结革命经验时又强调指出，要"建设一个全国范围的、广大群众性的、思想上政治上组织上完全巩固的布尔什维克化的中国共产党"[2]，为领导革命胜利提供了关键性的政治保障。

（二）社会主义革命和建设时期党的政治建设的曲折前进

新中国成立后，党的政治建设在推进执政党建设和新型国家建设进程中占据了更加重要的战略地位。面对一穷二白的落后局面，如何巩固党的团结统一、强化党的政治领导以带领人民进行社会主义建设，成为摆在全党面前重要且迫切的任务。1956年，毛泽东强调，一个强大社会主义国家的建设与成长，"必须有中央的强有力的统一领导"[3]。党的八大根据党的历史方位的转变，着重强调了执政党建设的问题，再次重申了密切联系党的政治路线进行党的建设这一党的政治建设的基本经验。1957年，毛泽东提出要造就形成一种"又有集中又有民主，又有纪律又有自由，又有统一意志、又有个人心情舒畅、生动活泼"[4]的政治局面，这既为党的政治建设指明了方向，也提供了遵循。可以说，正是因为高度重视党的政治建设，党的队伍才得以不断壮大，党所领导的事业才能不断取得新的胜利。遗憾的是，虽然党的八大的政治路线是正确的，但是没有得到贯彻实施，就被随后的"以阶级斗争为纲"的错误路线取代，党的政治建设经历了曲折的发展过程。

（三）改革开放和社会主义现代化建设新时期党的政治建设的恢复发展

改革开放以后，党在推动自身变革和领导社会主义建设进程中，自觉地把政治建

[1] 《毛泽东选集》（第1卷），人民出版社1991年版，第259页。

[2] 《毛泽东选集》（第2卷），人民出版社1991年版，第602页。

[3] 《毛泽东著作专题摘编（上）》，中央文献出版社2003年版，第998页。

[4] 《毛泽东著作专题摘编（上）》，中央文献出版社2003年版，第1050页。

设作为一项事关党的前途命运的根本任务加以重点部署、全面推进。1980年，中共中央制定《关于党内政治生活的若干准则》，对贯彻执行党的政治路线、维护党的团结统一发挥了至关重要的作用。随着改革开放和社会主义现代化建设的不断深入，党中央特别强调全党一定要讲政治、守纪律。针对党内存在的一些小派别和小圈子问题，邓小平同志旗帜鲜明地强调“党中央的权威必须加强”[1]，讲政治首要的任务就是全党同中央保持一致。世纪交替之际，江泽民同志对领导干部提出了“一定要讲政治”的要求。他强调，这里所说的政治，包括政治方向、政治立场、政治观点、政治纪律、政治鉴别力和政治敏锐性六个方面。[2]在把党的事业推向新世纪的征程中，胡锦涛同志强调全党同志一定要讲政治、守纪律、顾大局，要求领导干部“不断增强党性锻炼，提高政治素质”[3]，并以此为基础提升全党的政治能力，从而有力推动党的政治建设朝着更加健康、更加科学的方向发展。

（四）进入新时代以来党的政治建设的不断深化

党的十八大以来，为应对错综复杂的国内外形势，以习近平同志为核心的党中央在着重推进全面从严治党的具体政治实践中，创新性地提出了坚定政治信仰、维护政治权威、严守政治规矩、提升政治本领、严格政治纪律等思路举措，以更加广阔深远的视野把讲政治提升到前所未有的崭新历史高度。之后，党的十九大报告不仅明确提出了“党的政治建设”这一重要命题，而且对其科学内涵进行了深刻阐释，同时将增强“四个意识”、做到“两个维护”正式写入党章。2019年，《中共中央关于加强党的政治建设的意见》发布，为党的政治建设提供了基本遵循。这份纲领性文件不仅指明了新时代党的政治建设的前进方向，而且标志着我们党对马克思主义执政党建设规律的认识达到了新的科学化水平。习近平指出，全面从严治党的实践证明，“党内存在的很多问题都同政治问题相关联，都是因为党的政治建设没有抓紧、没有抓实”[4]。这就说明，党的政治建设如果不抓住、抓实、抓好，或者背离乃至歪曲党的政治建设所指引的根本政治方向，那么，党的其他各项建设不仅难以取得预期成效，而且会面临变质变色的政治风险。因此，必须从政治的高度认识和把握全面从严治党，政治问题必须要从政治上加以解决。可以说，正是因为新时代中国共产党人高度重视党的政治建设，真正实现了党的革命性锻造，我们党才能够始终保持蓬勃旺盛的生命力和强大恒久的战斗力。

---

[1] 《邓小平文选》（第3卷），人民出版社1993年版，第319页。

[2] 《江泽民文选》（第1卷），人民出版社2006年版，第457页。

[3] 《胡锦涛文选》（第1卷），人民出版社2016年版，第165页。

[4] 《习近平谈治国理政》（第三卷），外文出版社2020年版，第92页。

归结而言，一部党的百年史，从一定意义上说，就是一部不断加强党的政治建设的奋斗史，就是一部依靠政治建设把党锻造和建设成为坚强领导核心的实践史。历史充分证明，“我们党之所以能够始终保持团结和集中统一，始终保持进取精神和强大力量，历经磨难而不衰、千锤百炼更坚强，同我们党始终注重讲政治是密不可分的”[1]。正是由于中国共产党始终把政治建设放在最关键的位置，不仅在革命、建设和改革的各个时期形成了讲政治的优良传统，而且能够根据不同时期面临的不同问题来确定自身政治建设的具体任务，才使党的建设不断得到发展和完善，才使我们党不断克服各种困难和风险挑战，从一个胜利走向另一个胜利，从而有力地推动中国革命、建设和改革事业向前发展。

二、中国共产党政治建设的重要意义

中国特色社会主义进入新时代，这一历史方位的科学界定，召唤着时代发展的新使命。实现中华民族伟大复兴必然要求把党建设成为一个坚强的马克思主义执政党，这不仅是历史经验的深刻总结，更是新的时代使命的现实要求。党的政治建设是保持马克思主义执政党政治属性、提高党的建设质量的根本途径，是党强基固本、更好实现新时代先进引领作用的根本保证。

（一）加强党的政治建设是马克思主义政党的根本要求

旗帜鲜明并持之以恒地讲政治，是马克思主义政党区别于其他政党最根本和最具特色的标志。早在无产阶级政党建立之初，马克思、恩格斯就指出，一个独立的无产阶级政党必须“有自己的目的和自己的政治”[2]。列宁在领导苏俄新型革命政党建设实践中强调：“一个阶级如果不从政治上正确地处理问题，就不能维持它的统治。”[3]这都从根本上彰显着马克思主义政党自身的根本政治性质，凸显着讲政治对马克思主义政党的重要价值意义。作为党的一项根本性建设，政治建设不仅在党的建设前进方向这一重大问题上具有决定性作用，而且在党的建设整体效果的实现上占据重要位置。一方面，政治建设在党的建设整体布局中起着优化提升作用。以政治建设为统领，发挥提纲挈领作用，才能使党的思想、组织、作风、纪律、制度等建设纲举目张，更好地发挥党的建设新布局的整体效能，全面促进党的建设高质量发展。另一方面，政治建设在新时代党的建设方向问题上起着举旗定向的作用。着重加强党的政治建设，要求

[1] 《习近平新时代中国特色社会主义思想三十讲》，学习出版社2018年版，第311页。

[2] 《马克思恩格斯选集》（第3卷），人民出版社2012年版，第170页。

[3] 列宁：《再论工会、目前局势及托洛茨基和布哈林的错误》，人民出版社1976年版，第22页。

思想建设上强化理论引领、作风建设上站稳政治立场、组织建设上凸显政治功能、纪律建设上把准政治规矩，从而使各项基础性建设在政治建设统领下同向发力。归结而言，只有把党的政治建设摆在根本性的战略位置上，明晰并且把握党的政治逻辑，保持党的先进性和纯洁性，才能提升党的建设的整体效能，提升党的战斗力、凝聚力和领导力。

（二）加强党的政治建设是解决党内深层次问题的现实需要

问题是时代的号角，是实践的动力。新的时代，党的政治建设在取得显著成绩的同时，也存在不少突出的问题。这主要表现为：第一，政治信仰不够纯洁。习近平指出："全党要时刻清醒认识到……党内存在的思想不纯、组织不纯、作风不纯等突出问题尚未得到根本解决。"[1]部分党员干部政治信仰不够纯洁，是党的政治建设中面临的首要问题。第二，政治生态不够清明。习近平强调，"滋生腐败的土壤依然存在，反腐败形势依然严峻复杂"[2]，是营造良好政治生态所面临的突出问题。资本逻辑对党内生活的侵蚀，导致"权力寻租"现象滋生和不良风气盛行，由此造成的党内民主集中制原则的淡化和"四风"问题的凸显，使得一定范围内党的领导力弱化、党的公信力降低、党的宗旨意识丧失，党内政治生活出现随意化、形式化、平淡化、庸俗化现象，严重制约着党的先进性的发挥。第三，政治纪律不够严明。回顾党的十八大以来查处的各种违法违纪案件，"破坏党的政治纪律和政治规矩问题非常严重"[3]。一段时间以来，管党治党有所松懈，使得一定范围内党的纪律松弛现象不断出现，党的主体责任得不到及时有效的落实，无视党内政治规矩、政治纪律，搞两面派、做两面人的问题凸显出来。这些问题的出现，严重破坏着党的团结统一，侵蚀着党的执政根基，制约着党在新时代历史使命和责任担当的切实履行。

（三）加强党的政治建设是提高党的建设科学化水平的根本保证

正确科学的思路是解决时代问题的有效路径，是完成时代任务的必要前提，是提高党的建设科学化水平的方向指引。加强党的政治建设，构建科学完善的党建新布局，提高党的建设质量，才能使党在复杂多变的国际局势中始终成为坚强领导核心。首先，加强党的政治建设，有助于推进党的自我革命。推动全党科学认识"四种危险"的尖锐性、严峻性和"四大考验"的复杂性、长期性，保证党章的根本地位，强化党内政

[1] 习近平：《决胜全面建成小康社会　夺取新时代中国特色社会主义伟大胜利——在中国共产党第十九次全国代表大会上的报告》，《人民日报》2017年10月28日。

[2] 《习近平谈治国理政》（第一卷），外文出版社2017年版，第394页。

[3] 《十八大以来重要文献选编（中）》，中央文献出版社2016年版，第351页。

治生活的政治性、时代性、原则性和战斗性，培育优良的政治生态，不断增强党的“四自”能力。其次，加强党的政治建设，有助于提高党的建设质量。坚持在党内政治生活的大熔炉中持续锤炼党性，着力提高全党的政治本领和政治能力，以先进的党内政治文化和价值观引领思想，永葆共产党人的政治本色，以优良作风密切党群血肉联系，增强党的吸引力、凝聚力和认同感，从而更好地引领和推动党建高质量发展。最后，加强党的政治建设，有助于提高民主集中制的效能。防止党内民主的泛化和无序化，维护全党的团结，强化中央令行禁止的统一领导力，保证党的政治路线的坚定贯彻和有力执行，使党能有效应对重大挑战、抵御重大风险、克服重大阻力、解决重大矛盾，在全面深化改革的进程中打破利益固化的藩篱，不断推进全面深化改革在新时代向纵深发展。简而言之，不断加强党的政治建设，不仅有助于提高党的建设科学化水平，而且能更好地发挥中国特色社会主义伟大事业的政治领导作用，进而奋力实现中华民族伟大复兴的光荣梦想。

三、中国共产党政治建设的基本经验

党的政治建设在百年发展历程中积累了一些基本的经验，这些基本经验本身作为一个系统性工程，与党的建设的其他方面相互联系、相互贯通，因此需要从多维视角对其进行把握。

（一）明确政治建设的价值意义

党的政治建设的百年历史表明，思想是行动的先导，科学认识党的政治建设的价值意义，是正确推进党的政治建设的逻辑前提，也是建党百年来党的政治建设的一条基本经验。正因为党在自身的建设实践中特别将政治建设置于重要战略地位，并始终将政治建设作为党的建设的一项根本性工程大力推进，才形成了党内重视政治建设的优良传统。党的政治建设具有其本身特定的价值意义，其根本指向在于不断提升党的政治意识。从表面上看，党的政治建设在其实际展开过程中体现为一种以强制性力量为依托的实践行为；从实质上看，党的政治建设的最终意义指向更好地实现党的执政使命和执政价值。明确政治建设的价值意义，是加强党的政治建设的逻辑前提，因为只有在这一逻辑前提的基础上，才能正视党内存在的诸多问题，才能为更好地解决这些问题提供良好的机遇，才能为巩固党的政治建设提供理论上的支撑依据，为提升党的政治自觉提供有效的路径探索，为夯实党的执政根基提供正当合理的价值基石。

（二）发挥"关键少数"的示范作用

党的百年发展历史表明，党的政治建设是一项内涵丰富的系统工作，它不仅在内容上体现为政治信仰、政治领导、政治生态、政治能力等各个方面的建设，而且在层次上体现为政治建设与执政能力建设、政治建设与先进性纯洁性建设，以及政治建设与其他各方面建设之间的协调和衔接。只有突出其核心要求，才能事半功倍，扎实有序地推进这一工作。领导干部作为党的精英，身处关键位置，发挥关键作用，是党履行政治职能、实现价值目标的主导力量。党的十八大以来，以习近平同志为核心的党中央多次提出要抓住"关键少数"这个"牛鼻子"，充分发挥领导干部在党的政治建设中的核心作用，将其抓紧、抓好、抓出实效。这就意味着，要将党的政治建设贯穿于培养、使用、监督、管理领导干部的过程始终，并且力求在培养过程中下功夫，在使用过程中出真招，在管理过程中求实效，真正做到以上率下，发挥"关键少数"的模范带头作用。实践证明，抓好领导干部"关键少数"的先锋模范作用，就等于找到了党的政治建设的突破口和切入点，就等于找到了明确政治建设主体责任的核心抓手，党的政治建设才能真正抓实抓好。

（三）强化民主监督

党的百年实践表明，要加强党的政治建设，就不能忽视民主监督的重要作用。党的十八大以来，以习近平同志为核心的党中央多次强调，要切实强化民主监督，必须努力建成以规范和约束权力为重点的、科学有效的权力运行、制约和监督体系，提升监督合力和实效。在这一规范要求下，我们党实际上形成了涵盖监督目的、监督主体、监督方式的监督体系和监督合力。具体而言，其监督目的主要为跳出"历史周期率"怪圈的支配，彰显党的执政价值；其监督的主体主要为党内的党员主体、专责检查机构主体、党外的人民主体；其监督的方式主要为党内的党纪监督、巡视监督、派驻监督等，以及党外的社会监督、民主监督、舆论监督等。因此可以说，加强民主监督既是加强党的政治建设的应有之义，也是加强党的政治建设的关键环节。唯有将民主监督放在政治建设总体布局的合理位置上，才能有效弥补党的政治建设过程中单向度的不足，真正实现由上到下、由内到外的双向互动，抓细抓牢每一环，走实走好每一步，加快推进党的政治建设的总体进程。

（四）优化党内政治文化

历史与实践表明，培育和优化党内政治文化是党的政治建设的重要条件支撑。党的十九届六中全会强调，要"发展积极健康的党内政治文化，推动营造风清气正的良好政治生态”[1]。党内政治文化作为党的先进性、纯洁性得以保持的精神根基以及维系传承政党精神的重要力量，发挥着无可替代的作用。它不仅是党得以立身的精神支柱，更与党的凝聚力、创造力、生命力息息相关。它以自身特有的软性优势发挥着凝聚全党意志、充盈政治底气、保持政治韧性、增强领导能力的特殊功能。实际上，作为政治建设优势发挥的重要载体，党内政治文化以其更为基础、更为深层、更为持久的力量，为正确发挥马克思主义的有效指导作用，为更好发扬共产主义信仰的价值指向作用，为严肃党内组织纪律的规范约束，提供了强大的精神支撑。它不仅体现着党内共同坚守的政治信仰、共同追求的政治理想，更体现着党的政治灵魂，为永葆马克思主义政党的政治本色发挥着不可替代的作用。因此，只有不断优化党内政治文化，保持高度文化自觉，进而推动形成党的政治建设的政治自觉和行动自觉，才能不断夯实党的政治建设的生存根基。

（五）建立健全党内法规制度体系

党的百年历史表明，加强党的政治建设，需要建立健全党内法规，这是党的政治建设百年历程得出的一条重要经验。党内法规是提高党的政治建设水平的法治保障，也是治本之策。它不仅体现为根据社会发展的客观情况来制定党内法规，也体现为以科学的态度和方法正确把握党内法规所立事项的内涵意义，并使其随着时代的发展而不断推进，更体现为全党以高度自觉维护制度权威，提升制度执行力，进而把党内法规制度转化为治理效能。只有在这样的意义上建立健全党内法规，才能保持党内法规的科学性和先进性，才能真正树立党内的法治权威，从而将党的政治建设置于法治的框架内，为党的政治建设提供坚强的法治支撑和根本保障。党内法规是将现代法治理念融入党的政治建设的具体体现，只有建立健全党内法规制度体系，才能确保党的政治建设有章可循、有法可依，才能以制度载体之力的彰显释放提高党的政治建设实际成效，从而使党的建设更加科学化、制度化和规范化。

四、中国共产党政治建设的现实启示

《中共中央关于党的百年奋斗重大成就和历史经验的决议》强调：“要发挥党的领导政治优势，把党的领导落实到党和国家事业各领域各方面各环节。”[2]思路举措确定以后，领导干部就成为决定性因素。在建党一百周年之际，研究党的政治建设的基本问题，目的在于通过系统梳理党的百年发展历程，总结党的百年历史经验，明确党的

[1] 《中共中央关于党的百年奋斗重大成就和历史经验的决议》，《人民日报》2021年11月17日。

[2] 《中共中央关于党的百年奋斗重大成就和历史经验的决议》，《人民日报》2021年11月17日。

政治建设作为党的一项根本性战略任务的价值意义，探寻并真正把握党的政治建设的基本规律，为新时代提升党的建设科学化水平提供理论支撑和对策指导。目前，除了要通过明确党的政治建设的战略地位、发挥党员干部的带头作用、引导人民群众做好民主监督、营造良好党内政治文化氛围和切实有效加强制度保障来推进党的政治建设，还需要进一步增强党员干部的“四个意识”、做到“两个维护”，这是新时代加强党的政治建设的现实启示。

（一）增强政治意识，把握政治建设规律

当前，党的政治建设的主要任务是把握政治建设的规律，这就要求我们必须增强政治意识。政治意识强调的是把政治作为党的立身之本、立业之基，党百年来的光辉历程和基本经验也充分表明，紧紧围绕党的中心任务、联系党的政治路线来加强党的政治建设，有助于切实增强党的凝聚力、创造力、战斗力。这告诉我们，党的政治建设绝不是要空泛地讲政治、把政治当作抽象空洞的口号，而是要根据不同时期历史发展变化的特点，制定符合当前实际的正确政治路线，并且努力将这一基本路线转化为具体有效的政治方略和政策，进而将其付诸实践探索，以推动党的中心任务的完成。只有增强政治意识、科学运用正确方法、准确把握基本规律、紧紧围绕中心任务，才能为加强党的政治建设提供原则意义上的指导。

（二）增强大局意识，提高宏观驾驭能力

首先，党的政治建设离不开科学有效的决策机制，这就要求我们必须不断增强大局意识，提高党自身的宏观驾驭能力。大局决定着事物存在和发展的整体趋势，必须要优先作出考量。因此，只有增强大局意识，一切从大局出发，一切以大局为重，才能抓住主要矛盾，保证决策科学有效。其次，党的政治建设离不开党内整体的合力，而要拥有这一合力，就必须增强大局意识，提高党员干部的宏观驾驭能力。这就要求党员干部在思考和处理问题上，以党和国家的大局为出发点，自觉地认识大局、服从大局、维护大局。自觉地认识大局，指的是要自觉地认识到大局的重要性和优先性；自觉地服从大局，指的是要自觉地处理好整体与局部、长远与眼前、大我与小我之间的关系，在优先解决主要矛盾的同时，做到统筹兼顾，推动事业整体全面发展；自觉维护大局，指的是要切实把思想和行动统一到大局上来，克服和抵制一切危害大局、破坏大局的不良行为。只有这样，才能够保证党的政治建设的方向正确。

（三）增强核心意识，维护党的领导权威

“保证全党服从中央，坚持党中央权威和集中统一领导，是党的政治建设的首要任

务。”[1]因此，党的政治建设必然内含着增强核心意识的客观要求。从内容上看，核心意识强调的是要始终自觉地做到认同核心、服从核心、维护核心。离开了核心意识，就会损害党的团结，弱化党的凝聚力、创造力、战斗力。对核心意识的强调是民主集中制原则的最终体现，民主集中制作为维护党的领导权威的有效途径，是民主和集中的有机统一。没有民主，就没有集中，只有高度的民主，才会有高度的集中，高度的民主是高度的集中的基础，而没有集中的保障，民主就会陷入无序和泛化状态。我们党之所以能够保持强大的战斗力，克服各种困难走到今天，一个很重要的原因就是对民主集中制原则的运用和发挥。因此，只有增强核心意识，才能维护领袖权威，才能集中全党智慧和全党意志，真正实现党中央集中统一领导，进而形成全国上下一盘棋的伟大态势。

（四）增强看齐意识，落实管党治党责任

党的政治建设的最终目的，在于保证全党在政治上、思想上、行动上高度一致。看齐，不仅是党的政治优势和力量所在，更是加强党的政治建设的内在要求，因为它在党的建设中不仅体现为一个理论范畴，而且体现为一种需要切实履行的实践行动；它也不仅是一个基本的标准和要求，同时更是一个重要的政治纪律和政治原则。就其内容来看，增强看齐意识包含三个层面的意思：一是增强向党的基本理论和路线、方针、政策看齐的自觉意识，二是增强向党性修养的高标准看齐的自觉意识，三是增强向党担当尽责的先锋队看齐的自觉意识。其最根本的体现就是要按照“三严三实”的要求，充分发挥表率作用，用切实的行动来锻造党的政治品格、践行党的政治承诺。党的政治建设是否能见成效，最终要靠事实和实践来检验，而只有增强看齐意识，才能使党的政治建设真正有效，使管党治党的责任得到层层落实，使全党真正做到在政治上同向同行。

增强党员干部的“四个意识”，是坚持党的领导、打造坚强领导核心的时代路径，是加强党的政治建设、实现党的政治任务的时代要求。只有增强党员干部的政治意识，才能保证政治建设的正确向度；只有增强党员干部的大局意识，才能保证政治建设的耦合力度；只有增强党员干部的核心意识，才能保证政治建设的黏性强度；只有增强党员干部的看齐意识，才能保证政治建设的基准高度。总之，只有切实增强党员干部的“四个意识”，才能增强全党坚决做到“两个维护”的自觉，才能保证党的政治建设在新时代创造新局面。

---

[1] 习近平：《决胜全面建成小康社会　夺取新时代中国特色社会主义伟大胜利——在中国共产党第十九次全国代表大会上的报告》，《人民日报》2017年10月28日。

五、结语

习近平强调："讲政治，是我们党补钙壮骨、强身健体的根本保证，是我们党培养自我革命勇气、增强自我净化能力、提高排毒杀菌政治免疫力的根本途径。"[1]党的十九届六中全会通过的《中共中央关于党的百年奋斗重大成就和历史经验的决议》进一步指出："党确立习近平同志党中央的核心、全党的核心地位，确立习近平新时代中国特色社会主义思想的指导地位，反映了全党全军全国各族人民共同心愿，对新时代党和国家事业发展、对推进中华民族伟大复兴历史进程具有决定性意义。"[2]踏上新的征程，加强党的政治建设，就要用习近平新时代中国特色社会主义思想武装全党，要在增强党的思想武装中贯彻理论创新的时代要求，贯彻党的政治建设的根本要求。伟大的时代需要伟大的理论，历史每前行一步，理论创新就要推进一步，理论武装同时也就要跟进一步。用最新的思想理论武装全党，是新时期党的政治建设的根本举措，这体现着马克思主义执政党的根本政治信仰。习近平新时代中国特色社会主义思想是党的最高理想与现阶段理想有机结合的产物，是新时代保证党团结统一的思想基础，贯穿着党不忘初心的政治追求，体现着党牢记使命的时代担当。只有用这一新思想武装全党，才能使党的政治建设始终贯彻理论创新的要求，才能确保党的政治建设始终与时代发展同步，进而推动全党更加自觉地为实现新时代的新使命而不懈奋斗！

原载于《山东社会科学》2021年第12期

[1] 《习近平关于"不忘初心、牢记使命"论述摘编》，党建读物出版社、中央文献出版社2019年版，第107页。

[2] 《中共中央关于党的百年奋斗重大成就和历史经验的决议》，《人民日报》2021年11月17日。

中国共产党自我革命内在逻辑的四维考察

沈　浩

摘　要：勇于自我革命是中国共产党区别于其他政党的显著标志。中国共产党自我革命的内在逻辑，可以从理论、价值、历史、实践四个维度加以论析。坚持“科学性”的理论指导是中国共产党自我革命的行动指南，坚守“人民性”的目标指向是中国共产党自我革命的价值旨归，遵循“时代性”的主题演进是中国共产党自我革命的历史坐标，推进“全面性”的实践引领是中国共产党自我革命的核心要义。

关键词：中国共产党；自我革命；内在逻辑；四维考察

党的十九届六中全会在总结党的百年奋斗重大成就和历史经验中提出，坚持自我革命是党领导人民进行伟大奋斗积累的宝贵历史经验。[1]回望中国共产党百年历史征程，在中国共产党领导中国人民进行革命、建设和改革的每一阶段，党的自我革命都贯穿始终。“勇于自我革命是中国共产党区别于其他政党的显著标志。”[2]因此，从理论层面阐释党的自我革命的内在逻辑，就成为我们无法回避的重要问题。无论是执政地位的获取、执政能力的提升，还是自身肌体的清理，党的自我革命所体现出的科学性、人民性、时代性和全面性，都是我们党自我革命的直观展现，而这种精神特质恰恰是我们党赓续初心使命、永葆先进性纯洁性的最佳表达。

一、“科学性”的理论指导：中国共产党自我革命的行动指南

一种新的理论或命题的出场都是在实践的基础上对原有理论或命题的继承和超越。党的自我革命就是在以习近平同志为核心的党中央于新的历史条件下进行的，在丰富的党的建设实践的基础上，对马克思主义建党学说的重大理论创新。

以“批判的和革命的”辩证唯物主义为党的自我革命的理论立场。马克思指出：

[1]　《中共中央关于党的百年奋斗重大成就和历史经验的决议》，《人民日报》2021年11月17日。

[2]　习近平：《在庆祝中国共产党成立100周年大会上的讲话》，《人民日报》2021年7月2日。

“哲学把无产阶级当做自己的物质武器，同样，无产阶级也把哲学当做自己的精神武器”[1]，无产阶级政党的自我革命思想坚持了马克思主义哲学的批判性和革命性。马克思主义哲学的批判性和革命性体现在坚守辩证唯物主义立场，强调“辩证法不崇拜任何东西，按其本质来说，它是批判的和革命的”[2]。中国共产党以马克思主义为精神旗帜和行动指南，这就意味着中国共产党把唯物主义当作自己的“物质武器”去变革外部的客观世界，推动人类社会发展进步；同时，中国共产党把唯物辩证法当作自己的“精神武器”去改造自身的主观世界，实现自身的成长。唯物辩证法认为，发展的实质是新事物不断取代旧事物的量变与质变过程。既然任何事物都具有不断变化发展的属性，那么对其进行“无情”的批判就是唯物辩证法合乎理性的科学主张。“所谓无情，就是说，这种批判既不怕自己所作的结论，也不怕同现有各种势力发生冲突。”[3]正是这种“无情”塑造了辩证唯物主义彻底的批判精神，进而形成了马克思主义政党彻底的批判性和革命性。唯物辩证法的基本规律之一是否定之否定规律，马克思在扬弃了黑格尔理论的基础上确证了“辩证法在对现存事物的肯定的理解中包含对现存事物的否定的理解”[4]，强调事物的发展是由肯定到否定再到否定之否定的螺旋式周期性的上升过程，指明了事物自我扬弃、自我发展、自我完善的总趋势。马克思主义作为中国共产党的立党之魂，其辩证否定观是指导党的自我革命的科学理论。中国共产党对自身进行反思和批判，经过“肯定—否定—否定之否定”的发展序列，这正是党的自我革命的哲学意蕴。

以“在不断革命中改造自己”的马克思主义建党学说为党的自我革命的理论来源。马克思主义的批判性和革命性决定了无产阶级政党在本质上是具有自我革命精神的政党，同样，指向自身的自我革命作为无产阶级政党建设话语体系中的革命话语重塑是在秉持马克思主义建党学说基础上的重大理论创新。马克思主义经典作家虽没有直接的关于党的自我革命的论述，但在其建党学说中已经蕴含了党的自我革命思想的萌芽。马克思、恩格斯认为无产阶级政党必须在不断革命中改造自己，主张“只有在革命中才能抛掉自己身上的一切陈旧的肮脏东西”[5]。作为无产阶级先进分子组成的政党，无产阶级政党和其他一切阶级政党的显著区别在于它能够勇于自我革命，并在实践中确证了这一最鲜明的政治品格。列宁在领导俄国无产阶级革命运动中指出：“犯错误对一个先进阶级的战斗的党并不可怕，可怕的是坚持错误，虚伪地不好意思承认错误和纠正

[1] 《马克思恩格斯选集》（第1卷），人民出版社2012年版，第16页。

[2] 《马克思恩格斯选集》（第2卷），人民出版社2012年版，第94页。

[3] 《马克思恩格斯文集》（第10卷），人民出版社2009年版，第7页。

[4] 《马克思恩格斯全集》（第44卷），人民出版社2001年版，第22页。

[5] 《马克思恩格斯选集》（第1卷），人民出版社2012年版，第171页。

错误”[1]，并认为无产阶级政党只要不怕说出自己的错误且能学会彻底地克服错误就不会灭亡。正是马克思主义经典作家对无产阶级政党自我审视、自我剖析、自我批评等相关理论的阐述，为中国共产党的自我革命及其在不同历史时期的发展奠定了坚实的理论基础。

二、“人民性”的目标指向：中国共产党自我革命的价值旨归

“人民性是马克思主义最鲜明的品格”[2]，“勇于自我革命，是我们党最鲜明的品格”[3]。作为用马克思主义武装起来的政党，中国共产党在理论上延承了马克思主义人民性品格的同时，还在践履人民性的过程中形成了鲜明的自我革命品格，两种品格准确而鲜明地统一于以人民为中心的价值场域和政治立场之中，交相辉映、同促共进。

首先，面向人民，不断满足人民日益增长的美好生活需要是中国共产党自我革命的根本出发点。心系人民、为民谋福祉，是中国共产党人永恒不变的初心使命，贯穿于中国共产党的百年历史中。中国共产党人以自我革命推进伟大社会革命的第一个百年征程，从一定意义上讲，就是中国共产党践行初心使命的历史过程。就此而言，立足人民、站稳人民立场必须是我们党自我革命的根本出发点。这一要求有着清晰分明的内在逻辑，一方面，我们党没有自己的特殊利益。马克思主义政党的特有性质内在规定了其在践行为人民服务的过程中不得掺杂一点私心，否则它便不是一个真正意义上的马克思主义政党。《中国共产党章程》明确指出：“党除了工人阶级和最广大人民群众的利益，没有自己特殊的利益。”[4]不谋私利才能谋大利，也只有这样的党，才能真正有资格和勇气直面解决问题，才能真正在自我革命的前提下义无反顾地植根人民、服务人民。另一方面，我们党是人民群众所需要的“工具”。自成立以来，中国共产党就“自觉认定自己是人民群众在特定的历史时期为完成特定的历史任务的一种工具”[5]。我们党不断刀刃向内、刮骨疗毒的目的，也正是为了最大限度地发挥“工具”的作用。也只有始终站在人民立场审检自我，革除与人民利益相背离的作风习惯，将自身锻造成为为人民群众谋福祉的“工具”，我们党才能真正谋得扩大群众基础的可能，真正立于不败之地。

---

[1] 《列宁专题文集：论无产阶级政党》，人民出版社2009年版，第351页。

[2] 习近平：《在纪念马克思诞辰200周年大会上的讲话》，《人民日报》2018年5月5日。

[3] 《习近平关于“不忘初心、牢记使命”论述摘编》，党建读物出版社、中央文献出版社2019年版，第160页。

[4] 《中国共产党章程》，人民出版社2017年版，第10页。

[5] 《邓小平文选》（第1卷），人民出版社1994年版，第218页。

其次，扎根人民，深深植根于人民群众的丰富生动实践是中国共产党自我革命的动力源泉。习近平在庆祝中国共产党成立100周年大会上的讲话中鲜明指出："江山就是人民、人民就是江山，打江山、守江山，守的是人民的心。中国共产党根基在人民、血脉在人民、力量在人民。"[1]人民是中国共产党执政的最大底气，人民群众丰富生动的社会实践是推动社会变革的决定力量，推进党的自我革命必须紧紧扎根人民、依靠人民。回眸波澜壮阔的百年征程，我们党之所以能够久经磨难而风华正茂，就是因为中国共产党始终深植人民，把人民当作其发展壮大的"源"和"本"。进入新时代，以习近平同志为核心的党中央提出要坚持以人民为中心，从人民群众最关心、最直接的现实问题出发，统筹做好各项民生工作，实现了总体小康到全面小康的转变，并在此基础上率先垂范，为全面从严治党赢得了党心民心，谱写了中国特色社会主义新篇章，为新时代纵深推进党的自我革命注入了强大动力。展望第二个百年，唯有紧紧植根人民，最大限度激发人民群众的创造性，才能不断开创自我革命的新境界。

最后，取信于民，切实提升人民群众的认同度是中国共产党自我革命的根本标准。"人民是我们党的工作的最高裁决者和最终评判者。"[2]推进自我革命的根本目的是更好地发挥我们党为人民谋福祉的"工具"作用，成为顺应人民美好生活需要、满足人民美好生活向往的主要支撑。而人民群众对党的自我革命成效的满意度和认同度是判断自我革命是否取得实效的根本标准，只有当自我革命的成果真正惠及人民，我们党才能得到人民的真正拥护。这就意味着：一方面，党的自我革命要契合人民的根本利益。推进以人民利益为基点的自我革命，必须扎根人民，深入了解人民群众生产实践中遇到的问题，坚定自我革命意志，下最大力气解决有违人民群众意愿的问题，进而永远赢得人民群众的支持和拥护。另一方面，党的自我革命要契合人民群众需求目标的发展变化。人民群众的美好生活需要不会一成不变，它们是现实利益的客观动态表达，有着多样性、递增性等特点。因此，要不断从变化的实际出发，以人民群众最关心最直接最现实的问题为切入点，不断提升人民群众的获得感、幸福感和安全感。只有这样，我们党自我革命的纵深发展才会有标准可依、方向可循。

三、"时代性"的主题演进：中国共产党自我革命的历史坐标

在建党百年的整体视域下，不同历史阶段党自身的成熟度和担负的中心任务不同，决定了党的自我革命的历史坐标是兼具共时性和历时性的统一，体现了党的自我革命

[1] 习近平：《在庆祝中国共产党成立100周年大会上的讲话》，《人民日报》2021年7月2日。

[2] 习近平：《在纪念毛泽东同志诞辰120周年座谈会上的讲话》，《人民日报》2013年12月27日。

的时代禀赋。不同历史阶段因“共时性”呈现出党的自我革命的整体图景，又因“历时性”呈现出自我革命的时代特征，在理论—实践、理想—现实的互动演绎中，党的自我革命的时代性得以生动呈现。

作为新民主主义革命的领导者，中国共产党担负了“革命—救国”的历史使命并由此开展自我革命。1921年，中国共产党的成立，标志着中华民族的独立和解放有了兼具先进性和革命性的新型实体组织。马克思主义政党必须科学掌握“批判的武器”才能完成“武器的批判”，这是无产阶级革命运动的一体两面：思想是服务于革命的思想，革命是依赖于思想的革命。但由于建党初期理论准备不充分、共产国际脱离实际的指导等各种因素的叠加，民主革命时期中国共产党面临了严重的成长困境。在党的七大的政治报告中，毛泽东指出：“掌握思想教育，是团结全党进行伟大政治斗争的中心环节。”[1]党在新民主主义革命时期的自我革命主要表现在把思想建设放在首位，实现了由正确思想路线指导并具有创新性、灵活性、自主性的党，同时加强组织建设和作风建设，并形成了“理论联系实际、密切联系群众、批评与自我批评”的优良传统作风，进而赢得了民族独立和人民解放，为中华民族的伟大复兴创造了根本的社会条件。

作为新中国的建设者，中国共产党秉持“建设—兴国”的时代诉求，开启了夯实执政基础，主抓作风建设的自我革命。新中国成立后，在历史和人民的选择中，中国共产党实现了由局部执政到全国执政、由领导政治革命到社会革命的转变。这一转变在为中国共产党提升政治认同的同时，也带来了相应的风险与挑战。因此，如何锻造一个经得住考验的人民政党，就成为社会主义革命和建设时期党的自我革命的重要任务。为此，毛泽东指出：“整训干部已经成了极端迫切的任务，各阶层人民相当普遍地不满意我们许多干部的强迫命令主义的恶劣作风。”[2]在这一时期，中国共产党将整党整风运动与党员干部队伍建设融通于自我革命布局中，以坚定的自我革命精神进行自我完善，为巩固自身的执政地位、保持党的先进性和纯洁性提供了坚实保障。

作为改革开放的推动者，中国共产党面临着“改革—富国”的现实境遇，并以此开展了以解放思想和制度建设为主要内容的自我革命。改革开放初期，中国共产党深刻总结新中国成立以来正反两方面经验，以解放思想、实事求是的精神冲破了“两个凡是”的禁锢，唤起了改革开放这一新时期“我们党的一次伟大觉醒”[3]，同时也开始反思党的建设中的不足。对此，邓小平深刻指出，“我们过去发生的各种错误，固然与某些领导人的思想、作风有关，但是组织制度、工作制度方面的问题更重要”[4]。经过制度

[1] 《毛泽东选集》(第3卷)，人民出版社1991年版，第1094页。

[2] 《毛泽东文集》(第6卷)，人民出版社1999年版，第56页。

[3] 习近平：《在庆祝改革开放40周年大会上的讲话》，人民出版社2018年版，第56页。

[4] 《邓小平文选》(第2卷)，人民出版社1994年版，第333页。

反思、制度制定和制度改进等一系列制度建设实践，形成了较为完善的党内法规制度体系，提升了依靠制度管党治党的能力和水平。

作为民族复兴的引领者，中国共产党着眼于“复兴—强国”的使命担当，强化了以政治建设为统领，全面从严治党的自我革命。党的十八大以来，中国特色社会主义进入新时代。这一时期，我们党自我革命的使命达到了前所未有的高度，一方面要为实现中华民族伟大复兴的中国梦不断自我超越，另一方面要为实现伟大梦想锻造一个强大政党。习近平指出：“勇于自我革命，从严管党治党，是我们党最鲜明的品格。”[1]新时代党的自我革命在与全面从严治党的逻辑相结合中呈现出全新的时代内涵，主要体现为：以政治建设为统领，维护党中央权威和集中统一领导；坚持思想建党与制度治党同谋并举，党内政治生态显著好转；推进作风建设与纪律建设相结合，不断扎牢制度的笼子形成多方监督合力；持续高压反腐，反腐败取得了压倒性胜利；党内集中教育常态化，筑牢信仰之基、补足精神之钙。中国共产党凭借着一步步的革命性锻造，赋予了党自我革命新的话语表达，开创了我们党自我革命的新境界，为中华民族伟大复兴的历史进程提供了重要的政治保障。

四、“全面性”的实践引领：中国共产党自我革命的核心要义

“勇于自我革命是中国共产党区别于其他政党的显著标志”[2]，是中国共产党百年历史中独具特色、最具标识的政治话语，是中国革命、建设和改革百年探索与实践中锻造锤炼而成的精神共识。作为一种兼具全面性与引领性的革命精神，自我革命所彰显出的广度和深度，就纲举目张地覆盖于党的建设的各方面，并为进一步推进社会革命提供了坚实保障。

中国共产党百年风华正茂的一个重要原因，就是勇于将自我革命精神贯穿党的建设始终。也正是因为对“中国要出问题，还是出在共产党内部”[3]的清醒认识，我们党的自我革命精神才日用而不觉地覆盖于党的建设各方面。具体而言，一是把政治建设摆在首位，是我们党自我革命的战略举措。将政治建设贯通于我们党其他领域建设的全过程，引领全体党员把准政治方向，保持政治定力，是我们党开展自我革命的重要战略举措。二是加强思想建设，是我们党自我革命的中心环节。治党从严必须思想从严，思想从严必须理想信念坚定。党的自我革命不是空洞的口号宣讲，是深刻切中每一位党员的精神把手，只有将自我革命的精神永立心头，我们党的思想建设才能真正

[1] 《习近平谈治国理政》（第三卷），外文出版社2020年版，第20页。

[2] 习近平：《在庆祝中国共产党成立100周年大会上的讲话》，《人民日报》2021年7月2日。

[3] 《邓小平文选》（第3卷），人民出版社1993年版，第380页。

落到实处。三是加强组织建设，是我们党自我革命的重点领域。“党的力量来自组织。党的全面领导、党的全部工作要靠党的坚强组织体系去实现。”[1]党中央全面部署，各级党组织贯彻落实。用党的自我革命精神抓基层打基础，用党的自我革命精神源头培养、严格管理、任人唯贤地整合干部队伍，为更好地发挥党组织战斗堡垒作用，为提升党组织的生机与活力提供战略储备。四是加强作风建设与纪律建设，是我们党自我革命的目标指向。党的作风与纪律问题，直接关系人心向背，任何时候都不能掉以轻心。加强两者建设必须要抓住关键少数，以作风、纪律这个最直观的突破口严格约束广大党员干部，才能为保持党的先进性和纯洁性提供坚实的基础保障。

从既有的历史现实看，党的自我革命所兼具的全面性不只体现在党的建设各方面，还体现在对伟大社会革命的引领之中。以彻底的自我革命引领伟大社会革命，是我们党百年风华正茂的另一重要原因。中国共产党的百年基业，是在一次又一次彻底的自我革命中锻造出来的。也正是因为中国共产党通过自我革命一路勘误纠错、自我革新所淬炼造就出的先进性，在赋能我们党的同时，还使我们党的政治引领天然融入了中国社会发展的各个阶段，在此推动下，我们的伟大社会革命才得以不断从胜利走向新的胜利。就此而言，党的自我革命一方面内在规定和有效催发了社会革命的体例与张力。五四运动以后，迫于独立和解放的中华民族在近代中国经历了多种命运抉择，而中国共产党赢得人民信任的关键，就在于其是一个敢为自由、民主奋斗终生的、真正的革命党。新中国成立后，中国共产党依然初心不改，用彻底的自我革命精神实现了管党治党、从严治党到全面从严治党，将伟大社会革命深入推进。可以说，正是因为我们党不曾间断的自我革命，我们的伟大社会革命才能赢得足够坚实而广泛的群众基础，才能带领中国人民创造一个又一个的历史奇迹。另一方面，党的自我革命和伟大社会革命同频共振，互为基底，交融互构于共同的目标指向。目标一致，思想行动就会一致。在擘画中国共产党百年征程的历史中，党的自我革命与社会革命交织绘就了彪炳史册的中国奇迹。从“站起来”“富起来”到“强起来”的伟大征程中，正是因为我们党坚持真理、刀刃向内的自我革命精神所带动的党的自我净化和自我革新，才使得我们的伟大社会革命有了奋勇前行的力量和底气，才使得我们的社会主义事业得以有效推进。实践一再表明，两大革命不会独立发生，我们党的自我革命所达到的历史高度，决定着伟大社会革命的实践深度。历史也一再昭示，只有坚持彻底的自我革命才能真正引领伟大社会革命，这既是我们党一个世纪奋斗而来的历史史实，也是我们党为实现第二个百年奋斗目标应该遵循的科学规律。

探究中国共产党自我革命内在逻辑的重要意义，就在于能够在继往开来的过程中

[1] 习近平：《在全国组织工作会议上的讲话》，人民出版社2018年版，第11页。

汲取精神养分，做好基因传承，为第二个百年的奋楫笃行积淀经验。只有坚持“科学性”的理论指导，才能明确自我革命的原则和方法；只有坚守“人民性”的价值旨归，才能锚定自我革命的方向；只有凸显“时代性”的历史坐标，才能保障自我革命的行稳致远；只有把握“全面性”的实践向度，才能实现自我革命的纲举目张。总的来说，中国共产党自我革命的逻辑理路所体现出的精神特质，就是中国共产党百年奋进史中内蕴在中国共产党人血脉之中的初心与使命。因此，在建党百年的节点上，回眸审视我们党的自我革命，既意味着一种到达，也昭示着一种开启。

原载于《马克思主义理论学科研究》2022年第3期

新时代强化基层党组织政治功能探论

李　磊

摘　要：新时代强化中国共产党基层组织政治功能，是永葆马克思主义政党政治属性的内在要求，是推动全面从严治党向基层延伸的应然逻辑，是巩固党长期执政的群众基础的关键之举。当前，基层党组织内残存的文化糟粕、隐没的“头雁效应”、乏力的制度约束、缺失的政治责任影响了其政治功能的强化。为此，要培育优良的政治文化，为强化基层党组织政治功能提供丰富精神滋养；打造政治过硬的“领头雁”，为强化基层党组织政治功能提供坚强组织保证；加强政治规范的建设，为强化基层党组织政治功能提供有力制度支撑；夯实政治建设的责任，为强化基层党组织政治功能打通“最后一公里”。

关键词：基层党组织；政治功能；政治建设

中国共产党是“以党的组织体系为轴心展开活动的政党”[1]。按照民主集中制原则建立起来的规模庞大、结构严密和功能健全的组织体系是党成功领导和执政的重要基础。其中，党的基层组织作为党的组织体系的基本单元，是教育管理党员的“大学校”，是团结凝聚群众的“主心骨”，是落实党的路线方针政策和各项工作任务的战斗堡垒。基层党组织政治功能是党的政治属性在基层的实践形态，是党的基层组织为贯彻党的政治路线而具有的政治领导、组织动员、政策执行功能，是集“结构性”与“功能性”于一体、化“内治力”与“外聚力”于一身的本源性功能，在党的基层组织的多重功能中居于核心、引领和支配地位。党的十九大报告首次明确提出突出基层党组织政治功能的重要课题，这既是对基层党建规律的深化认知，也是对新时代基层党建工作的科学部署。本文立足时代要求和基层党组织政治功能在全面从严治党场域中的现实定位，从理论和实践相结合的角度探究新时代强化基层党组织政治功能的价值考量、现实困境和实践进路，以期为在新的历史方位下强化基层党组织政治功能提供有益参考。

[1]　林尚立：《中国共产党与国家建设》，天津人民出版社2017年版，第273页。

一、新时代强化基层党组织政治功能的价值考量

党的任何一项决策部署的出台，都受党的初心和使命的驱动，背后有明确的现实指向和深层的战略意蕴。立足新时代的起点，以习近平同志为核心的党中央作出强化基层党组织政治功能的战略部署，绝非偶然之举，而是时与势所造、理与路所成，内含着多重价值考量。

（一）永葆马克思主义政党政治属性的内在要求

马克思主义政党一贯具有鲜明的政治属性，它以消灭私有制和一切剥削制度为己任，以维护广大劳动人民的根本利益为宗旨，以实现共产主义为最终奋斗目标。恩格斯指出，工人阶级政治行动要有正确的政治指向，“从事的政治是工人的政治；工人的政党不应当成为某一个资产阶级政党的尾巴，而应当成为一个独立的政党，它有自己的目的和自己的政治”[1]。马克思主义政党从不避讳自己的阶级本质，敢于公开表达自己的政治诉求和政治主张。马克思主义政党的发展历程，就是一个“践行自己的政治纲领，实现自己的政治目标，最终达到一个没有阶级、没有政党的共产主义社会的政治实践过程”[2]。中国共产党作为马克思主义使命型政党，遵循马克思主义政党的运行机理与发展逻辑，必然要把凸显自身政治属性放在首要位置。需要注意的是，中国共产党的政治属性不是抽象的，而是具体的，要依靠党的执政理念、执政纲领以及党制定的战略、路线和方针政策来体现，要通过党的组织体系及其成员的政治活动来实现。“组织是政治集体能够发挥其内在功能的必不可少的结构依托。”[3]若没有特定的组织作依托，中国共产党人的政治基因就无法被激活，党的政治属性就会停留在抽象的本体认知论层面。基层党组织处在党的组织体系的底端，是党的功能作用发挥的“末端触角”，是党的决策部署贯彻落实的“最后一公里”。这决定了基层党组织在实现党的政治属性方面具有基础性地位和主渠道作用。理论上，党的政治属性与其基层组织的政治功能是两个不同层面的范畴，但二者又相依互存、密不可分。基层组织政治功能由党的政治属性衍生而来，党的政治属性寓于基层党组织政治功能之中。实际上，党的政治属性的彰显与基层党组织政治功能的强化是同一过程的不同侧面，它们本质一致、目标一体、成效相关，相辅相成、辩证统一。故而，从这一角度来分析，新时代强化基层党组织政治功能与马克思主义建党学说的基本原理相契合，是永葆马克思主义政

[1] 《马克思恩格斯选集》（第3卷），人民出版社2012年版，第170页。

[2] 吕惠东、丁俊萍：《以党的政治建设为统领的理论逻辑、历史逻辑和实践逻辑》，《中共中央党校学报》2018年第1期。

[3] 王韶兴：《政党政治论》，山东人民出版社2011年版，第68页。

党政治属性的内在要求。

（二）推动全面从严治党向基层延伸的应然逻辑

推进全面从严治党，重点在基层、关键在基层，因而要做好抓基层、打基础的工作。如果把“全面从严治党”比喻成一座大厦，那基层就是撑起这座大厦的底座与地基。“基础不牢，地动山摇。”中国特色的政党治理实践充分表明，抓住了基层就抓住了管党治党的“牛鼻子”，对全面从严治党起着强基固本的基础性作用。然而，全面从严治党在向基层延伸的过程中，受主体责任传导中的压力层层递减、内容逐渐失真等问题的影响，出现了“上热中温下冷，沙滩流水不到头”的现象。越到基层，管党治党的“宽松软”问题越普遍越突出，基层已成为全面从严治党的薄弱地带。越是这样，“越要健全党的组织、做好党的工作，确保全覆盖，固本强基，防止‘木桶效应’”[1]。解决基层治党不力问题、防止“木桶效应”产生，关键在于追本溯源，找到问题生成的根源。长期以来，基层党建效果之所以难以尽如人意，其中一个深层的诱因就是没有完全摆脱“就事论事、零敲碎打”的党建模式。简单来说，就是基层党员干部的思想出了问题简单抓思想教育、作风出了问题单纯抓作风建设，而没有从政治上看问题、找差距、补不足，在很大程度上弱化、忽视了基层党组织的政治建设。“不从政治上认识问题、解决问题……就无法从根本上解决问题。”[2]鉴于此，有效提升基层党建的效果、推动全面从严治党向基层延伸，绝不能降低政治上的要求，要切实抓好基层党组织的政治建设。强化基层党组织政治功能的内在蕴涵很丰富，其核心要义就是在基层党建问题上突出政治标准，坚持从政治上分析问题、解决问题，着力解决基层党组织及其成员政治意识不强、政治立场不稳、政治能力不足、政治行为不端等问题。只有政治功能突出了，基层党组织才会真正成为坚强的战斗堡垒。由此可见，新时代强化基层党组织政治功能适应了破解基层党建工作“瓶颈”问题的现实需要，是全面加强基层党组织建设的有力抓手，对基层党组织其他方面的建设具有牵一发而动全身、纲举目张的作用，是推动全面从严治党向基层延伸、向实处拓展的应然逻辑。

（三）巩固党长期执政的群众基础的关键之举

“现代政党运行规律可以从诸多维度和层面予以总结，但政党与民众的关系是其核心内容。与群众的关系如何……决定着执政党的执政基础和执政地位。”[3]中国共产党

[1] 《十八大以来重要文献选编（上）》，中央文献出版社2014年版，第352页。

[2] 习近平：《增强推进党的政治建设的自觉性和坚定性》，《思想政治工作研究》2019年第8期。

[3] 康民、刘务勇：《群众：主体与主人（一个社会、政治、历史命题的理论构建）》，甘肃教育出版社2013年版，第225页。

的根基在人民、血脉在人民、力量在人民，脱离群众就会走向空壳化与官僚化进而失去立足的根本。中国共产党的百年历史，就是一部党与人民心连心、同呼吸、共命运的历史。历史事实一再告诉我们，人心向背关系党的生死存亡，民心就是最大的政治。正因如此，《中共中央关于党的百年奋斗重大成就和历史经验的决议》把“坚持人民至上”作为党百年奋斗的一条重要历史经验，重申“江山就是人民、人民就是江山”的政治意蕴。[1]党的十八大以来，之所以突出强调党的政治建设，最为根本的考量就是避免和防范党脱离群众的最大危险，以党的新气象新作为更好地顺应民意、赢得民心。习近平在十九届中央政治局第六次集体学习时强调指出：“加强党的政治建设，要紧扣民心这个最大的政治。”[2]强化基层党组织政治功能是“以党的政治建设为统领”的基本方针在基层的贯彻落实，以获得党长期执政最广泛最牢固的群众基础为价值旨归，以督促基层党组织“担负起直接教育党员……组织群众……职责，发挥好战斗堡垒作用”[3]为着力点，内在地蕴含着基层党组织必须善做群众工作、团结凝聚群众的实践要求。党的十六大报告首次提出“切实做好基层党建工作，增强党的阶级基础和扩大党的群众基础”的历史性课题，并强调“要围绕中心……强化功能……不断提高党的基层组织的凝聚力和战斗力”[4]。基层党组织强化政治功能与基层党组织开展群众工作，在目标指向上具有一致性、在内容构成上具有契合性、在效果呈现上具有联动性。据此来讲，新时代强化基层党组织政治功能是党在新时代的背景下推出的一项赢民心、聚民力的战略工程，期冀通过基层党组织政治功能的强化来赢得人民信任、得到群众支持，从而夯实党长期执政的群众基础。

二、新时代强化基层党组织政治功能的现实困境

纵观中国共产党百年组织建设史，始终高度重视基层党组织政治功能的发挥是贯穿其中的优良传统和鲜明特征。在新时代的历史方位下，强化基层党组织政治功能既迎来了难得的机遇，又面临着诸多挑战。只有深入了解强化基层党组织政治功能的现实困境，才能对症下药、靶向治疗，以针对性的举措让“政治性”的鲜红血液更好地融入党的肌体的“神经末梢”之中。

[1] 《中共中央关于党的百年奋斗重大成就和历史经验的决议》，《人民日报》2021年11月17日。

[2] 习近平：《增强推进党的政治建设的自觉性和坚定性》，《思想政治工作研究》2019年第8期。

[3] 《中共中央关于加强党的政治建设的意见》，人民出版社2019年版，第12—13页。

[4] 《十六大以来重要文献选编（上）》，中央文献出版社2005年版，第40—41页。

（一）文化糟粕残存

党内政治文化是直接作用于党内政治生活的特殊组织文化，具有鲜明的阶级性、民族性和高度的开放性、引领性。它是政党成员精神旨趣的浓缩，是政党组织价值追求的展现。在革命、建设和改革的不同历史时期，中国共产党以马克思主义为指导，以中华优秀传统文化为源泉，创造了内涵丰富、特色鲜明、影响深远的党内政治文化。这种文化有着不同的内容结构和表现形式，“蕴藏于党的建设总体格局当中，体现在党的指导思想、奋斗目标……价值观念、态度习惯等各个方面”[1]，内嵌于党的肌体里，融化在中国共产党人的血脉中，既是涵育党内政治生态的“绿水青山”，又是激励中国共产党人不忘初心、砥砺前行的精神支柱。但我们必须清醒看到，在封建思想影响、西方腐朽文化腐蚀以及商品交换原则浸染下，政治文化的糟粕仍残存于党内，并渗透到作为党的“神经末梢”的基层党组织中来，成为危害其政治功能的“沉疴痼疾”。一是封建思想遗毒引发的“官本位”思想和特权意识。有的基层“一把手”“官气”十足，以掌权者傲慢自居，背离民主集中制的原则，搞“一言堂”，目无党的政治纪律和政治规矩，追求“说一不二”的领导做派，肆意施展权力，对群众冷暖安危漠不关心、麻木不仁。二是西方腐朽文化带来的极端个人主义和自由主义。个别基层党员干部在西方不良政治文化的蛊惑下，“认为共产主义理论好、资本主义现实好，向往西方国家的‘民主权利’和‘公民自由’”[2]，而未能永葆“革命理想高于天”的激昂斗志。三是商品交换原则产生的拜金主义和享乐主义。一些基层党员干部在物质利益和奢华生活方式的诱惑下，把商品交换原则运用到党内政治生活中来，唯利是图，贪图安逸，极力追求享乐舒适的生活方式，丢掉了艰苦朴素的政治本色和优良传统。

（二）“头雁效应”隐没

“群雁高飞头雁领，头雁振翅雁群疾。”只有头雁率先垂范，发挥良好示范和有力带动作用，才会形成“头雁效应”。在基层党组织中，基层党组织书记就是“领头雁”，其政治素质及能力直接影响甚至决定其所在的基层党组织政治功能的状况。近年来，基层党组织书记的政治素质和政治能力大幅提升，同其肩负的历史使命和时代重任总体上是适应的。但是，与新形势新任务新要求相比，“领头雁”的选、育、管环节仍存在不匹配、不协调、不契合之处，这隐没了基层党组织书记的政治“头雁效应”，弱化了基层党组织的政治功能。一是选拔基层党组织书记的政治标准不突出，未能选好“领头雁”。在基层党组织书记的选拔上，存在标准模糊不清甚至错误失范的问题，选

[1] 王卫兵：《党内政治文化的价值定位与建设路径》，《中州学刊》2017年第8期。

[2] 丁俊萍、李磊：《旗帜鲜明反对历史虚无主义》，《红旗文稿》2018年第8期。

拔标准中还夹杂着不少上级领导的主观偏好，讲政治的客观要求在很大程度上被淡化，没有把牢把好基层党组织书记选拔的政治关，致使一些政治不强的党员乃至连个别投机取巧的“两面人”、不敢斗争的“老好人”都被选拔到了基层党组织书记的岗位上来。二是对基层党组织书记的政治教育虚化，未能育好“领头雁”。有错误观点认为，政治理论学习太虚、抓不住，因而轻视政治教育的极端重要性，甚至主张用业务培训代替政治教育。在对基层党组织书记开展政治教育时重形式、轻内容，做表面文章多、下真实功夫少，口号喊得“震天响”、行动落实“轻飘飘”，看似“轰轰烈烈”、实则“雨过地皮湿”。三是对基层党组织书记的政治监管不到位，未能管好“领头雁”。长期以来，基层党组织书记因层级低而不被视为严格意义上的领导干部，没有被真正纳入“关键少数”的范围。正因为这样，对基层党组织书记监督不到位、管理失之于“宽松软”的问题还较为普遍。在基层党组织书记违反政治纪律和政治规矩时，制止不及时、查处不主动，或迫于上级组织的压力而采取“避重就轻、轻描淡写”的处理方式。

（三）制度约束乏力

党的政治规范是党组织在长期的政治活动中所创制并要求全体组织成员必须遵守的符合一定政治要求的行为准则。它由一系列规范党内政治生活、严明党的政治纪律和政治规矩、净化党内政治生态的规范性文件构成，以保持和发展党的先进性和纯洁性为根本指向。作为一种具有鲜明价值导向的原则要求和规范体系，党的政治规范是强化基层党组织政治功能的基本依据、有力保障。党的十八大以来，党的政治规范建设驶入了“快车道”，取得了丰硕成果，为新时代基层党组织政治功能的强化奠定了良好的制度基础。需要认清的是，党的政治规范建设不可能一蹴而就，必然要经历一个逐步发展和不断完善的过程。就现阶段的发展而言，党的政治规范构建及运行不力的问题仍客观存在，在一定程度上影响了基层党组织政治功能的强化。一是部分政治规范的内容模糊笼统。只是从原则上提一般性要求，而没有明确规定具体的实施程序及操作办法，致使其针对性、可操作性不强，相关政治要求易于在实践中落空或流于形式。二是一些政治规范落实不到位。在落实政治规范的过程中，“有令不行、有禁不止”现象依然存在，“上有政策、下有对策”问题数见不鲜，“合意就执行、不合意就不执行”行为屡禁不止。如此一来，政治规范就成了“没有牙齿的老虎”，起不到有效的规约与导向作用。三是个别政治规范与有关国家法律的契合度不高。存在交叉重复甚至相互“打架”的现象，彼此间的衔接性和协调性不足，没有形成强化基层党组织政治功能的强大合力。

（四）主体责任缺失

管党治党主体责任的明确状况及落实情况，是影响管党治党成效的关键变量。《中国共产党章程》提出："党的中央、地方和基层组织，都必须重视党的建设。"[1]《中国共产党纪律处分条例》明确规定："不履行全面从严治党主体责任……给党组织造成严重损害或者严重不良影响的，对直接责任者和领导责任者，给予警告或者严重警告处分。"[2]全面从严治党主体责任是一种"全面"的责任，具有主体全贯通、领域全覆盖的特点。它既涉及党的中央组织、地方组织、基层组织等管党治党各主体，又囊括政治立党、思想建党、制度治党等管党治党各领域。明确并压紧基层党组织推进党的政治建设的责任，既是落实全面从严治党主体责任的题中应有之义，又是强化基层党组织政治功能的必然要求。党的十八大以来，以党的政治建设为统领推进全面从严治党在中央层面率先展开后，层层传导压力，逐级压实责任。在此高压态势下，重政治、讲政治的良好风气向基层延伸、向纵深发展，基层党组织政治生态明显改观。尽管如此，基层党组织在履行抓党的政治建设责任方面还存在一些亟待解决的问题，"断头路"现象较为突出，这成为强化基层党组织政治功能的症结。一是责任意识不够强。有的基层党组织认为，党的政治纪律和政治规矩高高在上、遥不可及，把抓党的政治建设看成上级党组织特别是党中央的事，觉得在基层谈政治就是"唱高调"、抓政治就是"不务实"。二是责任内容不够明晰。在落实推进党的政治建设责任的过程中，对基层党组织的考核评价过于笼统，弹性比较大，内容定位模糊，难以实现量化。在此情形下，一些基层党组织利用这一监管漏洞，对党的政治建设采取"另类"衡量标准，把开展组织生活简单定位于"读文件、念报纸、听讲话"，把外出接受红色教育庸俗化为"游山玩水、休闲放松"。这样一来，党内组织生活就完全变了形、走了样，基层党组织抓党的政治建设的责任就被虚置和异化了。三是问责不够有力。这样的情况还普遍存在：因碍于情面或怕得罪人而放弃原则，对违反党的政治纪律和政治规矩的基层党员干部"睁只眼、闭只眼"，不敢问责、不愿问责，主动问责少、被动问责多；当不得已而为之时，往往"降格以求"，把问责仅仅局限于"问问而已"的层面，致使责任追究不到位，其结果无非就是将失责行为大事化小、小事化了，以致最后不了了之，从而无法充分体现问责的震慑性与警示作用。

---

[1] 《中国共产党章程》，人民出版社2017年版，第18页。

[2] 《中国共产党纪律处分条例》，人民出版社2018年版，第28页。

三、新时代强化基层党组织政治功能的实践进路

立足新的历史阶段，要以问题为导向，积极探索一条针对性更强、实效度更高的实践进路，以有力促进基层党组织政治功能的强化。为此，需要从以下几个方面着力。

（一）培育优良的政治文化，为强化基层党组织政治功能提供丰富精神滋养

一个政党的强大，离不开先进文化的浸润。已内生为党组织价值取向与精神旨趣的党的政治文化，是形塑党内政治生态的重要尺度，是规范党内政治生活更基本、更深沉、更持久的力量。强化基层党组织政治功能，要重视党内政治文化在其中具有的价值引领和行为感召力。为此，要以高度的文化自觉和文化自信推进党内政治文化建设，立破并举、激浊扬清，积极推动党内政治文化正气充盈、乾坤朗朗，从而以丰富的精神滋养助力基层党组织政治功能的强化。

其一，坚决抵制庸俗腐朽的政治文化的侵蚀。积极健康的政治文化的培育总是同庸俗腐朽的政治文化的破除相伴随的。如果任由庸俗腐朽的政治文化肆意传播、兴风作浪，党内政治生态就会被搞得乌烟瘴气，基层党组织政治功能就会出现弱化退化的问题，因此要坚决抵制庸俗腐朽政治文化的侵蚀。一是抓好理想信念教育，筑牢思想之基。厚植马克思主义信仰，树牢共产主义远大理想和中国特色社会主义共同理想，持续壮大主流思想舆论，生动展现基层党员干部风清气正、干事创业的精神风貌，“联系反腐倡廉斗争中惊心动魄的典型案例，深刻地分析腐朽落后政治文化造成的危害”[1]，不断挤压不良政治文化的生存空间，促使基层党员干部拧紧“三观总开关”、补足“精神之钙”、增强“政治免疫力”。二是加强政德教育，固稳道德之魂。深入开展以“明大德、守公德、严私德”为核心要求的政德教育，用高尚的政德培育和塑造正确的权力观、义利观。教育基层党员干部秉持“权力再小也不可歪用”的用权之道，对人民赋予的权力要心存敬畏、正确行使，始终坚持秉公用权、谨慎用权、廉洁用权。引导基层党员干部深植“以义为先、义利相兼”的义利观念，努力克服内心的“小我”，切莫混淆公与私的界限，不能以权谋私、假公济私、损公肥私。

其二，大力推动积极健康的政治文化建设。在革命、建设和改革的实践中，党内孕育而成了极为丰富的先进政治文化，这是强化基层党组织政治功能的宝藏。立足新的时代条件，要按照“守好‘传家宝’、稳住‘压舱石’、抓牢‘定盘星’”的思路着力培育积极健康的政治文化，使之有效转化为强化基层党组织政治功能的强大精神动力。

[1] 梅荣政：《党的政治文化建设的路径和紧迫任务》，《马克思主义研究》2019年第9期。

一是守好“传家宝”，用中华优秀传统文化启迪政治智慧。长期以来，中华民族形成了为政以德、忠恕之道、廉洁奉公等优秀政治文化传统，这些精神遗产是培育优良政治文化的宝贵资源。对此，要倍加珍惜、悉心呵护，对其中与党的政治追求和价值理念相融、相通、相契合的部分进行传承与吸纳。当然，传承与吸纳绝不是简单地照搬与复古，而是要基于文化自省、结合时代要求，对其进行创造性转化、创新性发展，赋予其合理精神内核、鲜明时代特色。二是稳住“压舱石”，用革命文化赓续政治基因。革命文化作为中国共产党领导人民为实现民主革命纲领而英勇斗争、艰苦奋斗的文化结晶，是中国共产党人崇高理想信念、真挚人民情怀、伟大实践品格的深刻诠释。它既记录了中国革命历史的苦难辉煌，又镌刻着中国共产党人的政治基因。要以革命文化中“革命理想高于天”的政治信仰、“部队打胜仗，人民是靠山”的政治立场、“为有牺牲多壮志，敢教日月换新天”的政治品格等夯实党内政治文化发展的根基，在党史学习教育和以文育人的实践中，不断强化革命文化的涵养功能，赓续中国共产党人的精神血脉，让以革命理想、忠诚担当、牺牲精神等为核心的革命文化之精髓世代相传、生生不息。三是抓牢“定盘星”，用社会主义先进文化擦亮政治本色。社会主义先进文化的“社会主义”属性和“先进”特质决定了党内政治文化建设应以社会主义先进文化为统领。要牢牢坚持马克思主义指导地位，把培育和践行社会主义核心价值观同提高党性修养相结合，高扬以爱国主义为核心的民族精神和以改革创新为核心的时代精神，让“为民务实、廉洁自律、艰苦奋斗”成为基层党员干部的鲜明标识、闪亮名片。

（二）打造政治过硬的“领头雁”，为强化基层党组织政治功能提供坚强组织保证

基层党组织书记作为“领头雁”，在基层党组织中处于特殊而重要的位置，其一言一行备受关注，一举一动是潜移默化的教育，对基层党组织政治生态的形塑具有重要的导向作用。强化基层党组织政治功能的关键之举就是抓书记这个“关键少数”，念好“选、育、管”三字经，将其打造成为政治过硬的“领头雁”，为基层党组织政治功能的强化提供坚强组织保证。

其一，严把基层党组织书记选拔政治关。选拔基层党组织书记要有正确标准、明确要求，切忌主观随意性。要去除基层党组织书记选任过程中的“神秘感”，让选人用人在阳光下运行。要坚持德才兼备、以德为先用人标准，把政治过硬作为选拔基层党组织书记的第一要求。一是严格按照组织程序，并结合各领域的实际情况，通过内部选、上边派、外边引的方式，把“政治坚定，忠实执行党的政策，有工作能力并为大

家所信任的党员”[1]选拔到基层党组织书记的岗位上来。二是对于不懂政治、不重政治、不讲政治的党员，无论其他方面多么优秀，必须“一票否决”，坚决挡在门外，杜绝“带病提拔”现象。同时，要对那些在基层党组织书记选任过程中严重失职渎职的党组织和行为人从严倒查、严肃追责惩处。三是注重基层党组织书记后备人才的培养，坚持政治上的高标准、严要求，采取“一对一”结对培养、“手把手”跟踪培养、“顶岗锻炼”等多种方式，着力培育一支忠诚干净担当的基层党组织书记后备人才队伍。

其二，加强对基层党组织书记的政治教育及培训。对基层党组织书记进行政治教育及培训是基层党组织建设的一项基础性、常规性工作。要突出党的基本理论、基本政策、基本知识以及党规党纪的教育，注重用党的最新理论成果武装基层党组织书记的头脑，把提高政治觉悟和政治能力贯穿政治教育及培训工作的全过程与各方面。要严格遵循思想政治工作客观规律，推动政治教育从“运动式”向“常态化”转型，把政治培训由“软指标”转变为“硬任务”。一是把学习贯彻习近平新时代中国特色社会主义思想作为基层党组织书记政治教育及培训的必修课、重点内容，与党史学习教育相结合，与党员党性修养相融合，与基层工作需要相契合，切实避免学习与工作“两张皮”现象，推动政治理论学习趋实、入深、走心，使之内化为基层党组织书记的思想自觉并在工作实践中落地见效。二是实现基层党组织书记政治教育常态化，政治教育是一个长期的、经常的过程，不可能一劳永逸，需在“常”字上做文章，要让政治教育更加贴近和关注基层党组织的工作实际，做到政治教育同其业务工作同步谋划、同步部署、同步推进。把显性教育与隐性教育结合起来，把政治教育融入基层党组织书记日常的思想淬炼、实践锻炼之中，确保基层党组织书记全链条、全方位、全时空地接受春风化雨式的政治教育。三是把基层党组织书记政治培训作为“硬任务”，建立健全政治培训工作机制，明确培训的程序、方法、内容，依托各级党校等实现一届任期内对基层党组织书记政治培训的全覆盖。把培训情况列为巡察内容，并纳入基层党组织书记在职（岗）培训记录及“成长档案”，以此作为考评基层党组织书记的重要依据。

其三，做实对基层党组织书记的政治监管。实践证明，权力不受制约必然会被滥用，而党员干部一旦失去有效的政治监管就很容易在政治上蜕化变质、栽大跟头。为此，要加强基层党组织书记政治监管体系建设，坚持内外并举，注重因势利导，这样才能形成一股强大的监管合力。一是从内部加压层面看，要按照无禁区、全覆盖的基本方针坚定不移深化巡察。巡察是政治巡察，要重点检查巡察对象“是否维护党章权威、贯彻从严治党方针、执行党的路线方针政策和决议”[2]，着力发现基层党组织书记

---

[1] 《陈云文选》（第1卷），人民出版社1995年版，第147页。

[2] 《习近平关于全面从严治党论述摘编》，中央文献出版社2016年版，第210页。

的政治偏差，充分彰显巡察利剑的震慑作用。要做好政治巡察的“下半篇文章”，切实防范出现“一巡了之”“巡后无下文”问题。要把巡察成果运用好，结合巡察发现的线索，对基层党组织书记的政治素质进行全面分析和科学研判。要建立健全基层党组织书记动态调整机制，对于政治不达标、不适宜继续担任基层党组织书记的应当及时作出岗位调整。二是从外部倒逼层面看，要拓宽监督渠道，充分发挥人民群众、新闻媒介等对基层党组织书记的政治监督。“只有人人起来负责，才不会人亡政息。”[1]要畅通信访举报渠道，保障人民群众的知情权、参与权、表达权、监督权，让基层群众来监督基层党组织书记是否为讲政治、敢担当的表率。新闻媒介要把握好“政治家办报、办刊、办台、办网”的时代要求，坚守媒体的党性原则和社会责任，在做好正面引导、壮大主流舆论的基础上，勇于揭露不讲政治、只讲人情的歪风邪气，以可感知、可触摸的典型案例深入剖析漠视政治的危害性，努力营造人人讲政治的强大社会舆论，以此鞭策和督促基层党组织书记提升政治觉悟和政治能力。

（三）加强政治规范的建设，为强化基层党组织政治功能提供有力制度支撑

制度具有根本性、全局性、长期性和稳定性。党的政治规范作为党组织政治实践的制度化产物，其作用发挥的状况与基层党组织政治建设的成效息息相关、密不可分。因此，强化基层党组织政治功能，必须把政治规范建设贯穿其中，发挥好其规范、制约和导向作用，从而为基层党组织政治功能的强化提供有力制度支撑。

其一，建立健全党的政治规范。建章立制之根本目的在于把规范组织及其成员的行为纳入制度化、规范化的轨道，使之有章可循、有规可依，进而为用制度管权、管事、管人奠定基础。基于此，要以系统论为指导，坚持问题导向、结果导向，按照系统完备、有效管用的总要求，科学把握政治规范的运行机理，处理好守正与创新的关系，靶向设计政治规范的内容要素，确保党内政治生活健康有序开展。一是要按照稳定性和适应性相统一的原则加快构建系统完备的政治规范体系。政治规范具有相对的稳定性，对党内政治生活有长远的指导意义，但政治规范不是一成不变的，要随着经济社会发展和党自身状况的变化而不断地完善。政治规范体系的构建有其内在的规律及原则要求，应当以党章为根本、以准则条例为主干、以规定办法细则为补充，覆盖党的政治建设的全过程和各方面。要基于党和人民事业发展的需要，以党章为根本依据统领政治规范体系的构建，通过“以立为本、破立并举”的方法，及时制定、修订相关的准则条例，将其作为政治规范体系的主干部分。要以问题为导向，有针对性地制定、修订相关的配套性法规，如补充规定、管理办法、实施细则等，着力解决政治

[1] 《毛泽东思想年谱（1921—1975）》，中央文献出版社2011年版，第439页。

规范内容不够明确、标准不够清晰、程序不够规范的问题。二是要确保制定的政治规范有效管用。按照“一把钥匙开一把锁”的思路，结合工作实际对不同领域、不同层级的党组织提出各有侧重点的具体政治要求。制定政治规范不仅要有“规定动作”，而且要有“自选动作”。总之，政治规范不在制定得多，关键在内容有效管用，使之既能体现党组织的鲜明政治属性，又能因时顺势解决不同党组织的实际问题。

其二，把党的政治规范有效落实到基层党组织工作的全过程和各方面。“制度是通过规范体系表现出来的，必须借助于有力执行才能发挥出制度规范效能。”[1]制度设计得再完美，如果得不到有力执行，最终只能形同虚设，犹如一纸空文。“制定制度很重要，更重要的是抓落实，九分力气要花在这上面。”[2]为此，要多措并举、综合施策，既要解决思想根子问题，又要解决体制障碍问题，使党的政治规范真正成为硬约束而不是橡皮筋。一是强化基层党员干部尊崇政治规范的意识。在基层党员干部中深入开展政治规范的宣传教育，通过全方位、全覆盖的宣传教育，使其认清“政治规范是最根本、最重要的规范”，在基层营造崇规、守规、执规的浓厚氛围，督促基层党员干部“把党的政治规范刻印在心上、落实在行动上，坚决维护制度权威”[3]。二是在基层党组织中构建政治规范学习的长效机制。根据上级党委统一安排部署和基层实际工作需要统筹安排学习专题，持续优化学习内容供给，坚持集中学和自主学相结合，把学习的“广泛覆盖”与“分类指导”统一起来，在管长远、求实效上下功夫，实现学习政治规范与推动工作、解决问题耦合发展。积极探索寓教于乐的学习形式，激发基层党员干部学习的内生动力，变“要我学”为“我要学”。政治规范的学习应该循序渐进、细致入微，要力戒“搞突击”学习，谨防学习中出现“过眼过耳不过心”问题，以强化实践养成、制度保障为施力方向，推动学习政治规范蔚然成风、成风化人。三是加强对基层党组织及其成员落实政治规范情况的督查。政治规范的执行效果要通过有效的督查来确认和保障。对拒不落实或在落实上搞变通、打折扣的组织及个人，要依规依纪予以严肃查处，坚决维护政治规范的严肃性和权威性，切实做到“用监督传递压力，用压力推动落实”[4]。

其三，实现党的政治规范与有关国家法律有效衔接、良性互动。要从战略的高度充分认识强化基层党组织政治功能绝不是基层党组织的“一家之事”，而是全党乃至全

[1] 宫玉涛：《新时代党的政治建设的制度保障》，《中国特色社会主义研究》2020年第5—6期。

[2] 《习近平关于党风廉政建设和反腐败斗争论述摘编》，中央文献出版社、中国方正出版社2015年版，第129页。

[3] 《中共中央关于加强党的政治建设的意见》，人民出版社2019年版，第26页。

[4] 《习近平关于严明党的纪律和规矩论述摘编》，中央文献出版社、中国方正出版社2016年版，第90页。

社会的“共同事业”。习近平明确指出：“必须坚持依法治国与制度治党、依规治党统筹推进、一体建设。”[1]为此，要正确处理党组织政治规范与有关国家法律之间的关系，既要厘清各自的适用边界，不作重复规定或逾越规定，又要把它们有机结合起来，使之相互补充、同向发力，充分发挥其集成联动、互促共进的优势。比如，强化基层党组织政治功能，可根据不同的要求实施不同的政治标准，既要有防止基层党员干部逾规失范的政治底线，又要有激励基层党员干部向往践行的政治高线。国家法律往往划出的是政治底线，而党内法规制度与之区别之处在于既要划出政治底线，又要提出政治高线。因此，要做到“守底线”和“树高线”的有机结合、高度统一。

（四）夯实政治建设的责任，为强化基层党组织政治功能打通“最后一公里”

大党治理绝非易事，有其复杂性和特殊性，要有创新性之举、针对性之措，实行大党治理责任制并按照权责匹配的原则明确各级党组织在管党治党中的主体责任就是一种积极的尝试。强化基层党组织政治功能这一战略部署的实施效果，在很大程度上要看基层党组织相关责任的落实情况。因此，必须夯实基层党组织抓党的政治建设的责任，形成明责、履责、查责、追责“四位一体”的完整工作链条，从而彻底打通强化基层党组织政治功能的“最后一公里”。

其一，增强基层党组织抓党的政治建设的责任意识。“意识是行动的先导。”没有抓党的政治建设的责任意识，基层党组织的政治功能就不可能强化。要切实推动基层党员干部思想认知上的与时俱进，使其牢固树立“抓好党建就是最大政绩”的观念，自觉把抓党的政治建设的责任放在心里、扛在肩上，形成抓党的政治建设的思想自觉与行动自觉。要通过经常性、针对性的政治教育唤醒责任意识、激发担当精神，让“讲政治、重政治、抓政治”的理念进入脑、驻于心、化为行，让“忠诚、干净、担当”的品格成为基层党员干部的人生底色。要结合全面从严治党的实际，不断优化基层党组织及其班子成员的政绩考核指标，进一步增加抓党的建设尤其是政治建设指标的权重，坚决摒弃“抓党的建设比较虚、抓经济发展才实”“党的政治建设高高在上、不接地气”的错误观念。要让广大基层党员干部充分认识党的政治建设不是浮在空中“高大上”的“幻影”，而是嵌入基层“接地气”的“实景”。唯其如此，基层党组织才能切实担负起抓党的政治建设的责任，才能主动把党的政治建设摆在基层党组织工作全局的首要位置来研究部署、推进落实。

其二，实行基层党组织抓党的政治建设的责任清单制。责任清单是权力清单的延伸，其背后运作的基本逻辑是权责一致。实行基层党组织抓党的政治建设的责任清单

[1] 习近平：《论坚持全面依法治国》，中央文献出版社2020年版，第169页。

制，就是以清单的形式明确基层党组织在抓党的政治建设方面的“职责边界”，厘清各责任主体的责任，使基层党组织承担的职责明晰化、固定化，这是压紧、夯实基层党组织抓党的政治建设责任的关键环节。为此，要做到：一是责任清单要通过分解责任主体来细化责任，把“基层党组织”这一责任主体分解为基层党委、基层党委书记、基层党委委员（不包含基层党委书记）三个主体，以此为基础，将基层党组织承担的抓党的政治建设的“责任”分别细化为集体责任、第一责任和分管责任，做到一体三责、协同运行。二是责任清单要具体列出细化后责任的项目内容，如基层党委书记承担的第一责任的项目内容包括在本地区本部门统筹谋划党的政治建设、通过以上率下和督促基层党委其他委员履职尽责来促进责任主体的作为意识和担当精神等，以防责任抽象化、模糊化。三是责任清单要建立正、负面台账，明确基层党组织在抓本地区本部门党的政治建设时必须做什么、不能做什么，使责任更加具体化、可视化。

其三，严肃问责抓党的政治建设的责任落实不力的基层党组织。没有问责，压力就难以传导下去，从而无法督促基层党组织切实担负起抓党的政治建设的责任。因此，要严格执纪，按照权责对等的原则，对落实党的政治建设责任不到位的基层党组织严肃问责。一是要彻底弄清问责情形。结合相关党规党纪，对什么情况下该问责、什么情况下可以不予问责或免予问责作出更加具体明确的规定，使之既能有充分的法理依据又能有较强的现实操作性。问责既不能“小题大作”，也不能“大事化小”，要坚持实事求是的原则，防止问责泛化、简单化，确保失责行为事实与问责力度相符合，实现精准问责、有效问责。二是要严格规范问责程序。问责程序是一个由闭路循环的流程构成的完整系统，必须环环相扣、有机衔接。问责对象要在年度考核和任期考核中向上一级党委书面报告落实推进党的政治建设责任的情况；问责主体要根据问责对象的书面报告，通过平时抽查和定期巡察的方式，对问责对象在抓党的政治建设方面是否作为以及作为的大小进行调查、核实和判定，判定结果将被刚性应用，作为对基层党组织领导班子成员选拔任用、实绩评价、激励约束的重要依据。三是要不断完善问责方式。《中国共产党问责条例》规定了对党组织及其领导干部问责的14种方式，要根据问责对象失责情形的危害程度及具体情况，灵活选用与之相匹配的问责方式。既可单独使用一种问责方式，又可打出多种问责方式的“组合拳”。无论采取何种问责方式，都不能简单以惩处为目的，要严肃规范、务实重效，坚决克服形同虚设的“软问责”，不搞时紧时松的“阵风式”问责，“必须确定被问责的责任人需要承担的后果，也就是失责行为必须承担的代价”[1]，真正达到“一次问责、警钟长鸣，问责一个、警醒一片”的效果。

原载于《理论导刊》2022年第6期

[1] 李斌雄、张银霞：《基层党组织落实全面从严治党责任及其问责机制探讨》，《探索》2016年第4期。

中国共产党意识形态建设的基本经验与启示

蒯正明

摘　要：建党百年来，中国共产党为推进意识形态建设进行了多方面探索，尤其是党的十八大以来，针对新时代意识形态领域的复杂形势，以习近平同志为核心的党中央加大意识形态建设力度，使意识形态领域形势发生全局性、根本性转变。党的意识形态建设历史表明，加强意识形态建设需要做到：坚持不懈抓好意识形态宣传教育，牢牢掌握意识形态工作领导权；坚持意识形态理论创新与话语创新，增强意识形态生命力和亲和力；坚决同各种错误思想倾向和社会思潮作斗争，扩大主流意识形态阵地；坚持意识形态与文化建设相互促进，提高意识形态感召力和渗透力；坚持意识形态引领与维护群众利益相结合，增强意识形态说服力。

关键词：中国共产党；意识形态建设；经验；启示

任何政党都建立在一定意识形态基础之上，意识形态犹如政党建设“母体”，是政党产生和发展必备的基础性要素。就中国共产党来说，没有马克思主义在中国的传播，就没有中国共产党的诞生。中国共产党成立百年来，为推进意识形态建设进行了艰辛的探索，在这一过程中，意识形态建设同时担负了方向引领、价值供给、力量凝聚、精神激励、行为规范等一系列功能。总结中国共产党意识形态建设的基本经验对于我们认识意识形态建设规律、深化新时代意识形态建设内在要求都具有重要的理论和现实意义。

一、坚持不懈抓好意识形态宣传教育，牢牢掌握意识形态工作领导权

任何政党，要使自身奉行的意识形态为社会大众所接受，首要任务就是通过抓好意识形态宣传教育，使社会大众了解意识形态内容本身。正因为如此，中国共产党成立之后就为抓好意识形态宣传教育付诸一系列努力，主要包括：一是创办各种学习班和学校。例如，毛泽东等共产党人创办的农民讲习所等；1925年2月，中央制定的《宣传部工作之进行计划》督促各地方设立党校推动对党员教育；1925年底，中共安源地

委党校正式创立。二是创办各种报刊宣传党的思想理论。例如，1921年8月，中国劳动组合书记部创办机关刊物《劳动周刊》；1922年9月，中共中央创办机关报《向导》；1923年，《新青年》改为季刊，成为中共中央理论性的机关刊物；等等。三是深入群众中宣传党的思想理论。例如，1921年夏，共产党员沈玄庐会同宣中华、杨之华等人在萧山县衙前村向农民宣传革命理论；1922年6月，彭湃回到家乡海丰县赤山约，向贫苦农民宣传革命思想；1921年秋冬到1922年9月初，毛泽东先后三次到安源调查，向工人宣传党的思想理论和组织罢工等。大革命失败之后，中国共产党在吸取经验教训基础上，深刻认识掌握革命领导权的重要性，并为争夺思想领导权进行了探索。一是推动党内思想教育。针对农村环境中，党内存在的非无产阶级思想，1928年11月，毛泽东在《井冈山的斗争》中明确指出："我们感觉无产阶级思想领导的问题，是一个非常重要的问题。"[1]之后，古田会议进一步分析了党内各种非无产阶级思想的表现及社会根源，提出克服解决的具体办法，标志着毛泽东思想建党原则的确立。二是加强党报党刊建设。1931年1月，中共中央政治局通过的《关于党报的决议》就规定《红旗日报》为中央机关报，《实话》为中央经济政治机关报，《布尔塞维克》为中央理论机关报，《党的建设》为中央关于组织问题机关报。这一期间，《红星》报于1931年12月创刊。邓小平曾担任该报主编。三是创新宣传方式。这一时期，党在农村革命根据地建设中，根据当时实际环境，对有效宣传方式进行了探索。1933年，毛泽东在《长冈乡调查》中就肯定了长冈乡宣传队的做法，即"乡一宣传中队，七人，一个队长。每村一宣传小队，大村（长冈、塘背）五人，小村（新溪、泗网）三人，有小队长"[2]。不过，总的来说，这一时期党还不成熟，尤其受"左"倾思想影响，党内出现教条主义错误，党的宣传思想工作也出现严重挫折。

遵义会议之后，随着党的政治路线的正确回归，党深化了对争取革命领导权的认识。在意识形态领导权上，1940年1月，毛泽东在《新民主主义革命论》中明确指出："由于现时中国革命不能离开中国无产阶级的领导，因而现时的中国新文化也不能离开中国无产阶级文化思想的领导。"[3]在实践中，中国共产党为推动意识形态宣传教育进行了一系列新探索。一是强化党内思想教育。这一时期为了加强党内思想教育，中国共产党相继发布了《关于各抗日根据地内党支部教育的指示》（中共中央宣传部，1940）、《关于办理党校的指示》（中共中央，1940）、《关于在职干部教育的指示》（中共中央，1940）等一系列党内法规制度，大大推动了党内思想教育制度化、规范化。不仅如此，中国共产党还创造了延安整风运动这一思想教育形式，开创了党内集中教育的先河。

[1] 《毛泽东选集》（第1卷），人民出版社1991年版，第77页。

[2] 《毛泽东文集》（第1卷），人民出版社1993年版，第371页。

[3] 《毛泽东选集》（第2卷），人民出版社1991年版，第709页。

二是扩大党的理论、政策主张的宣传。在抗日战争时期，党通过《新中华报》《解放日报》《共产党人》等报刊，宣传党的路线、方针和政策，进一步扩大了党的影响力，增强群众对党的认同。在解放战争时期，随着解放区的扩大，党对城市的宣传工作进行了探索。例如1949年5月，中央宣传部下发的《关于城市建设宣传方针的指示》要求“应当教育干部时常记住‘公私兼顾、劳资两利、城乡互助、内外交流’的所谓‘四面八方’政策”[1]。通过上述努力，进一步增强党的思想引领力和群众凝聚力。

新中国成立之后，为了建立和巩固党在全国范围的意识形态领导权，1951年5月，刘少奇在《党在宣传战线上的任务》中明确提出党的宣传任务，即“用马列主义的思想原则在全国范围内和全体规模上教育人民”[2]。这一时期的实践主要包括：一是强化执政条件下党内思想教育。新中国成立初期，为了从思想上巩固党，1951年3月，中共中央印发了《关于加强理论教育的决定（草案）》。为了推动党内思想教育，这一时期建立了以党校教育为中心的党员、干部教育培训体系。二是建立群众宣传网。为了广泛推进意识形态宣传，1951年1月，中共中央就发布了《关于在全党建立对人民群众的宣传网的决定》，要求发挥各单位党员、团员作用，建立在人民群众中的宣传网。“据1952年12月初所作的不完全统计，全国共有宣传员379万多人。”[3]三是建立全国统一的新闻出版机构。1949年8月，中共中央决定将华北局机关报《人民日报》正式改版为党中央机关报；同年12月，北京新华广播电台正式定名为中央人民广播电台。虽然通过一系列措施，统一了全国新闻出版机构，但后来，由于受“左”倾思想影响，意识形态宣传教育工作出现严重挫折。改革开放之后，如何在改革开放的环境中推进意识形态宣传教育？总的来说，这一时期主要举措包括：一是创新发展党内思想教育。改革开放之后，中国共产党人对市场经济条件下的党内思想教育进行积极探索。一方面，通过建立党日制度、党内组织生活制度等规范党内思想教育；另一方面，通过开展“三讲”教育、“三个代表”重要思想学习教育活动、学习实践科学发展观活动等带动党内思想教育走向深处，推动日常教育与集中教育相结合。二是创新思想宣传途径，拓展舆论阵地。改革开放之后，中国共产党人除了注重运用广播电视、报纸等传播党的思想理论，还注重结合信息化发展新要求，积极拓展网络舆论阵地，相继建立了共产党员网（2003年3月）、中国文明网（2004年5月）、求是网（2009年2月）等。进入新时代，为了加强意识形态建设，也为了在全面深化改革开放中凝聚思想共识，习近平总书记明确提出“牢牢掌握意识形态工作领导权”[4]的要求。在宣传思想工作方面，他

[1] 《中共中央文件选集》（第18册），中共中央党校出版社1992年版，第271页。

[2] 《建国以来重要文献汇编》（第2册），中央文献出版社1992年版，第292页。

[3] 《中国共产党宣传工作简史》（上册），人民出版社2022年版，第286页。

[4] 习近平：《论党的宣传思想工作》，中央文献出版社2022年版，第11页。

明确要求“宣传思想工作就是要巩固马克思主义在意识形态领域的指导地位，巩固全党全国人民团结奋斗的共同思想基础”[1]。这一时期的举措主要包括：一是进一步强化党内思想教育。党的十八大之后，党内思想教育制度化步伐进一步加快，相继发布了《关于推进“两学一做”学习教育常态化制度化的意见》（中共中央办公厅，2017）、《中国共产党党员教育管理工作条例》（中共中央，2019）、《关于推动党史学习教育常态化长效化的意见》（中共中央办公厅，2022）等。与此同时，通过开展党的群众路线教育实践活动、“三严三实”专题教育、“两学一做”学习教育等集中性学习教育将党内思想教育引向深入，进一步实现经常性教育与集中教育的有效结合。二是拓展意识形态理论宣传平台。党的十八大之后，党除了注重运用广播、电视、互联网平台宣传党的意识形态，还先后谋划推出新时代文明实践中心、县级融媒体中心和“学习强国”等学习新平台。新时代文明实践中心着眼于巩固农村思想文化阵地，通过新时代文明实践中心这一平台开展理论宣讲、互帮互助等志愿服务工作，推动党的创新理论“飞入寻常百姓家”。县级融媒体中心按照“一次采集、多种生成、多元传播、全方位覆盖”的模式，通过整合县域内报纸、电视、广播、网站、微博、微信公众号等媒体资源，建立内容丰富、载体多样、覆盖广泛的现代媒体传播体系，推动形成渠道丰富、覆盖广泛、传播有效的移动传播矩阵，提高传播效果。“学习强国”包括移动客户端、个人电脑端等终端。目前，“学习强国”成为立足全党、面向全社会的科学理论学习阵地、思想文化聚合平台、科学知识传播高地。“截至2021年6月底，平台用户数达到2.41亿，日均阅读量9亿人次左右。”[2]

二、坚持意识形态理论创新与话语创新，增强意识形态生命力和亲和力

马克思主义理论具有科学性、人民性、实践性和开放性特征，坚持马克思主义理论是中国共产党优势所在。中国革命、建设和改革事业之所以取得成功，其重要前提就是中国共产党人始终坚持马克思主义理论，但我们必须看到，任何科学理论要保持自身生命力，并为人民群众所接受，都必须将理论思维的触觉深植于自己所处的时空场域中，依据自身所处的时空场域，发展理论内容、创新话语表达方式。百年来，中国共产党始终注重将马克思主义基本原理与中国实践相结合，同时推进理论创新与话语创新。

党成立之初，在思考中国革命道路过程中，毛泽东就写了《中国社会各阶级的分

[1] 习近平：《论党的宣传思想工作》，中央文献出版社2022年版，第14页。

[2] 《中国共产党宣传工作简史》（下册），人民出版社2022年版，第759页。

析》《湖南农民运动的考察报告》等文章。大革命失败之后，毛泽东又写了《中国红色政权为什么能够存在？》《井冈山的斗争》等著作，分析了国际国内错综复杂的矛盾，揭示了中国社会政治经济发展不平衡性的客观现实，提出“工农武装割据”思想。遵义会议之后，以毛泽东为主要代表的中国共产党人在总结中国革命正反两方面经验教训基础上，创立了毛泽东思想，实现了马克思主义在中国第一次飞跃。不仅如此，这一时期以毛泽东为主要代表的中国共产党人还提出“枪杆子里面出政权”“党指挥枪”“星星之火，可以燎原”“没有调查，没有发言权”“实事求是”“一切反动派都是纸老虎”“为人民服务”等命题，形成了独特的马克思主义中国化传播话语，有效推进马克思主义理论在群众中传播。

新中国成立之后，党进一步将马克思主义与党执政的实际结合起来，尤其是在社会主义改造过程中，党结合中国具体国情，开创了适合中国国情的社会主义改造道路，成功解决了社会主义改造方针、政策和步骤等问题。之后，在社会主义建设道路探索中，毛泽东写了《论十大关系》《关于正确处理人民内部矛盾的问题》等文章，进一步推动了马克思主义中国化。在话语体系上，这一时期中国共产党人提出反贪污、反浪费、反官僚主义、“长期共存、互相监督”、“百花齐放、百家争鸣”等理论话语。

党的十一届三中全会之后，针对党的意识形态理论僵化、教条化等问题，以邓小平为主要代表的中国共产党人将“思想解放”置于意识形态理论建设首要位置，注重将意识形态建设与党推进改革开放实际需要结合起来，“使革命意识形态逐渐转化为对市场经济与对外开放具有论证功能的、与改革开放新时期相适应的意识形态的理论话语”[1]。1981年，党的十一届六中全会通过了《关于建国以来党的若干历史问题的决议》，作出对毛泽东思想的科学评价，实现了对意识形态理论的新阐释，消除了人们对改革的疑虑，凝聚改革共识，保持了意识形态的连贯性和统一性。之后，在中国特色社会主义建设伟大实践中，中国共产党人相继创立了邓小平理论、“三个代表”重要思想和科学发展观，形成了中国特色社会主义理论体系，实现了马克思主义在中国的第二次飞跃。在话语体系方面，在改革开放的伟大实践中，中国共产党人分别提出解放思想、实事求是、共同富裕、社会主义初级阶段、科学发展、和谐社会等一系列具有原创性话语。这些话语既体现中国特色社会主义特征和要求，又体现了中国特色、中国风格、中国气派，进一步推进马克思主义理论传播。

党的十八大以来，以习近平同志为核心的党中央统筹推进“四个全面”发展战略、“五位一体”总体布局，创立了习近平新时代中国特色社会主义思想，实现了马克思主义在中国新飞跃。与此同时，习近平总书记还提出了中国梦、以人民为中心、社会主

[1] 萧功秦：《中国的大转型：从发展政治学看中国变革》，新星出版社2008年版，第155页。

义核心价值观、新发展理念、供给侧结构性改革、全过程人民民主、社会治理、人类命运共同体等具有原创性话语，构建了具有鲜明时代特征，便于群众理解的意识形态话语体系，充分反映了中国发展理念、人民的呼声和对外交往主张。

总之，“守正创新是理论创新能够成功的密码”[1]。马克思主义是行动指南，但不是教条。百年来，中国共产党始终坚持马克思主义在我国意识形态中的主导地位不动摇[2]，始终坚持守正创新原则，将理论创新和话语创新贯穿于党的意识形态建设始终。在这一过程中，党始终做到：一是理论创新坚持“从群众中来”，即理论创新立足党领导人民从事革命、建设和改革的伟大实践中，注重将实践经验上升为理论；二是理论传播真正“到群众中去”，尤其是通过创新话语表述方式，打造符合大众的话语体系，有效推进意识形态传播。

三、坚决同各种错误思想倾向和社会思潮作斗争，扩大主流意识形态阵地

对于思想文化阵地，先进的思想文化、主流社会思潮不去占领，落后的腐朽的思想文化、非主流社会思潮就必然会去占领。马克思主义在发展过程中始终伴随着同各种理论交锋、同错误思想和社会思潮斗争，通过斗争帮助人们辨明是非，破除错误思想意识。

在大革命时期，针对陈独秀的右倾机会主义，毛泽东、瞿秋白、蔡和森等早期中国共产党人都进行了抵制和斗争。针对陈独秀否定党的领导权的错误思想主张，毛泽东在《中国社会各阶级的分析》中明确指出：“工业无产阶级是我们革命的领导力量。”[3]大革命失败之后，针对党内出现的“左”倾错误思想以及把共产国际决议和苏联经验神圣化的错误倾向，以毛泽东为主要代表的中国共产党人对之进行了坚决抵制。毛泽东因坚决反对教条主义，坚持走农村包围城市道路，而受到排挤和打击。

在抗日战争时期，国共两党结成抗日民族统一战线，共御外侮，但两党间的政治分歧和斗争并没有停止，反而随着抗日战争进入相持阶段，日益明显地凸显出来。国民党除了在军事上打压八路军、新四军以外，在政治上大肆鼓吹“一个主义”“一个政党”“一个领袖”，企图以三民主义消融和取代共产主义。针对国民党顽固派对马克思主义和中国共产党的攻击，毛泽东、周恩来等中国共产党人进行了坚决的斗争。1939

[1] 张志丹：《百年大党理论创新的成功密码》，《理论探讨》2022年第1期。

[2] 余卫国：《马克思意识形态批判的精神实质和价值意蕴》，《南通大学学报（社会科学版）》2021年第5期。

[3] 《毛泽东选集》（第1卷），人民出版社1991年版，第9页。

年6月，毛泽东在《反投降提纲》中明确指出："他们所谓只有三民主义与国民党为适合国情，乃是最不适合国情的假三民主义与假国民党，而共产主义与共产党乃是完全适合国情的。"[1]新中国成立之后，党在意识形态建设中将"立新"与"除旧""纠错"结合起来，即在宣传马克思主义理论的同时，注重改造旧社会意识形态，批判错误思想倾向，如这一时期开展对电影《武训传》的批判、对俞平伯红学思想的批判以及对胡适唯心主义思想的批判等。在此基础上，1955年3月，中共中央就专门发布了《关于宣传唯物主义思想批判资产阶级唯心主义思想的指示》。通过批判进一步扩大主流意识形态阵地，但由于在批判的过程中出现简单过火的行为，甚至采取群众运动的方式解决意识形态问题，导致"左"倾思想发展，这也是后来导致阶级斗争扩大化的重要原因。

改革开放之后，在我国发展社会主义市场经济中出现了各种社会思潮，如20世纪80年代就出现的人道主义社会思潮、资产阶级自由化社会思潮等。之后，包括新自由主义、民主社会主义、历史虚无主义、告别革命论、普世价值观等都得到发展。实际上，针对改革开放之初出现的错误思想和非马克思主义社会思潮，邓小平就强调："思想战线不能搞精神污染。"[2]针对改革开放之初出现的资产阶级自由化，他强调："反对资产阶级自由化，我讲得最多，而且我最坚持。"[3]江泽民则明确指出："对于思想阵地，无产阶级不去占领，资产阶级就必然要去占领。"[4]党的十六大之后，以胡锦涛为主要代表的中国共产党人明确提出社会主义核心价值体系。社会主义核心价值体系是社会主义中国的精神旗帜，以社会主义核心价值体系引领社会思潮，有利于凝聚社会共识，不断夯实达成社会思想共识的群众基础。

党的十八大以来，习近平总书记明确指出新时代社会思潮的样态是"主流的和非主流的同时并存，先进的和落后的相互交织，社会思潮纷纭激荡"[5]。习近平总书记强调，党的领导干部"对各种错误思想必须敢于亮剑，帮助人们明辨是非"[6]。为了有效引领社会思潮，以习近平同志为核心的党中央明确提出社会主义核心价值观，以社会主义核心价值观引领社会思潮。在实践中，党的十八大之后，社会主义核心价值观逐步融入法治国家建设和社会治理过程中，发布了《英雄烈士保护法》等法律法规，进一步推进了社会思潮的治理。

[1] 《毛泽东文集》（第2卷），人民出版社1993年版，第220页。
[2] 《邓小平文选》（第3卷），人民出版社1993年版，第39页。
[3] 《邓小平文选》（第3卷），人民出版社1993年版，第181页。
[4] 《江泽民思想年编（1989—2008）》，中央文献出版社2010年版，第4页。
[5] 习近平：《论党的宣传思想工作》，中央文献出版社2022年版，第159页。
[6] 习近平：《论党的宣传思想工作》，中央文献出版社2022年版，第23页。

马克思主义唯物辩证法告诉我们，正确的思想总是在同错误的思想不断斗争中发展的。建党百年来，党始终注重同各种错误思想倾向和社会思潮作斗争，通过斗争实现以下三个方面的功能：一是克服“左”和右的错误倾向，坚持正确思想路线；二是引领群众思想认知，争夺党对全社会的思想领导权；三是在多样化观念中寻求最大共识，提高理论的说服力和感召力，巩固和扩大主流意识形态阵地。

四、坚持意识形态与文化建设相互促进，提高意识形态感召力和渗透力

意识形态与文化建设水乳交融，密不可分。意识形态是文化建设的核心，决定着文化发展方向，制约着文化的生产方式；文化既是意识形态发展的土壤，也是意识形态创新发展的载体。意识形态建设与文化发展相互促进，既贯穿于党的意识形态建设百年全过程，也是中国共产党意识形态建设的重要样态。

中国共产党在产生、发展不断走向强大的过程中，始终注重推动马克思主义基本原理与中华优秀传统文化相结合。党除了重视通过报刊宣传党的理论和政策主张以外，还积极加强与进步知识分子联系，创办文化团体。20世纪30年代，党先后领导成立了中国左翼作家联盟以及中国左翼戏剧家、美术家联盟等。以鲁迅为旗手的左翼阵营，先后与资产阶级“新月派”等派别展开论战。这一时期出现了茅盾、巴金、老舍、曹禺等一批优秀作家，创作出了《子夜》《家》《骆驼祥子》《雷雨》等一大批现实主义的优秀作品。在抗日战争时期，延安既是全国抗战的中心，也是全国抗战文艺运动的中心。这一时期，党领导成立了中国文艺协会、陕甘宁边区音乐界救亡协会、陕甘宁边区美术工作者协会等各种文化团体，通过话剧、戏剧、文学、快板等多种形式，热情歌颂延安和其他抗日根据地的人民生活和对敌斗争，有效扩大党的意识形态影响。在实践探索基础上，1940年1月，毛泽东在《新民主主义论》中明确提出了新民主主义文化的概念，并对新民主主义文化的内涵进行了阐释和界定。新民主主义革命文化是中国共产党文化主张、理念的集中体现，既丰富发展了马克思主义理论，也推动了中国传统文化的创新性发展，有效促进了党的思想理论传播。

新中国成立之后，毛泽东明确指出：“我们将以一个具有高度文化的民族出现于世界。”[1]为了推动新中国文化建设，以毛泽东为主要代表的中国共产党人不仅大力推动新中国教育事业发展，而且明确提出文化发展“百花齐放、百家争鸣”的方针，有效调动了广大科学文化工作者的积极性和创造性，推动我国的文化艺术事业繁荣发展。不过，后来由于“左”倾思想发展，出现了阶级斗争扩大化，严重抑制了文化的生机与

[1] 《建国以来毛泽东文稿》（第1册），中央文献出版社1987年版，第7页。

活力。

改革开放之后，中国共产党人恢复发展了文化发展的“双百”方针。在邓小平强调“思想理论问题的研究和讨论，一定要坚决执行百花齐放、百家争鸣的方针”[1]之后，我国文化教育事业和文学艺术不断创新发展，文化体制改革不断深入，文艺创作更加积极活跃，有效促进马克思主义理论传播。

党的十八大以来，习近平总书记多次强调要坚持以人民为中心的创作导向，强调：“推动文艺繁荣发展，最根本的是要创作生产出无愧于我们这个伟大民族、伟大时代的优秀作品。”[2]广大文艺工作者走到生产实践中，深入改革发展第一线，深入社会生活最基层，涌现出一大批优秀文化作品。电影《百团大战》《血战湘江》《长津湖》生动塑造了革命先辈的光辉形象，弘扬了崇高理想和英雄气概；电视剧《觉醒年代》《山海情》《大决战》《跨过鸭绿江》受到年轻观众的追捧；等等。2015年12月，中共中央办公厅、国务院办公厅专门发布了《关于全国性文艺评奖制度改革的意见》，要求文艺评奖要坚持正确导向，体现社会主义核心价值观的要求，以压缩文艺作品数量提升质量，为新时代打造高质量文艺作品进一步提供制度保障。

总之，马克思主义作为先进性的意识形态要被人民广为接受，为人民所认同，不仅要实现理论创新和话语创新，更要借助文化的载体作用。文化以其生动的语言表达形式、情感影响方式，使意识形态内容更加生活化，也更容易为人们所接受。中国共产党意识形态建设百年就是协同推进意识形态建设与文化建设过程，既推动了中华优秀传统文化创造性转化、创新性发展，也有效提高了主流意识形态渗透力、感召力。

五、坚持意识形态引领与维护群众利益相结合，增强意识形态说服力

利益是人的思想和行为的现实驱动。在任何情况下，个人总是从自己出发去认识世界和改造世界。同样，任何理论、思想观念都不能脱离人的现实利益而存在。对此，马克思就明确指出：“‘思想’一旦离开‘利益’，就一定会使自己出丑。”[3]在马克思看来，思想要为群众所接受，就必须反映群众的需求、契合群众的利益。资本主义意识形态虚假性的重要原因就在于其表面宣称的“自由、民主、平等、人权”的口号与资本主义私有制存在不可调和的矛盾。马克思主义理论是为人民谋利益的学说，坚持人民至上是无产阶级政党的价值追求。百年来，党在意识形态建设过程中始终高举为人民谋利益旗帜，并将这一价值追求落实到中国革命、建设和改革的实践中。

---

[1] 《邓小平文选》（第2卷），人民出版社1994年版，第183页。

[2] 《十八大以来重要文献选编（中）》，中央文献出版社2016年版，第122页。

[3] 《马克思恩格斯全集》（第2卷），人民出版社1957年版，第103页。

在新民主主义革命时期，中国共产党以土地革命为主线，通过“打土豪、分田地”“豆选”等措施维护群众利益。党的领导人注意深入群众之中，与群众打成一片，建立与群众之间的血肉联系。例如：在井冈山艰难的岁月里，毛泽东与战士们一样喝野菜粥，同甘共苦；在延安期间，毛泽东和其他党的领导干部都带头开荒生产；等等。所有这些有效增进了党与群众之间的情感，使群众感受到中国共产党人是为他们谋利益的政党，有效促进群众对党的意识形态认同。

新中国成立后，党在占全国人口一半多的新解放区农村进行了土地改革。到1952年底，全国除了部分少数民族地区以外，土地改革都已完成。在我国延续了几千年的地主阶级的土地所有制被彻底消灭，中国农民真正成为土地的主人。此后，中国共产党人通过恢复发展生产、建立信访制度、开展“三反”“五反”运动等措施密切党与人民群众之间的关系。

改革开放之后，邓小平明确指出：“空讲社会主义不行，人民不相信。”[1]在实践中，党将意识形态建设、改革开放与提高人民生活水平结合起来。在这一过程中，党通过意识形态创新，破除了改革开放阻力，推动市场经济发展和人民生活水平的提高。与此同时，改革开放和生产力的快速发展反过来进一步形成对主流意识形态的“检验”效应，增强意识形态说服力。不仅如此，这一时期随着群众民主意识的提高和利益诉求增强，党的各级组织和领导干部为创新党的群众工作机制进行了创新性探索，不断建立健全群众利益表达机制、联系和服务群众机制等。

党的十八大以来，习近平总书记明确提出以人民为中心的发展思想。在实践中，党在推进供给侧结构性改革、大力发展生产力的同时，进一步加大社会建设力度，努力让人民共享改革发展成果。通过努力，党完成了第一个百年奋斗目标，在中国大地上全面建成了小康社会。此外，在应对新冠疫情过程中，党始终坚持人民至上、生命至上理念。党的各级领导干部和广大党员深入疫情一线，与人民群众同呼吸、共命运，积极为人民生活排除各种困难，进一步密切党与群众的血肉联系，增强群众对党的认同。

总之，意识形态不仅是思想和价值观念的表现，更重要的是对人民利益的表达和维护，否则就会使意识形态变为一种脱离利益主体的高高在上的精神说教，难以得到群众认同。百年来，中国共产党在推进意识形态建设过程中始终将意识形态理论宣扬的内容与满足人民各方面的利益结合起来。这一过程既是党与人民群众保持血肉联系的过程，也是马克思主义理论人民性在实践中不断彰显的过程。

---

[1] 《邓小平文选》(第2卷)，人民出版社1994年版，第314页。

六、启示与思考

中国共产党是具有鲜明政治属性的马克思主义政党。党不仅承担一般政党需要承担的利益表达和利益综合功能，而且需要承担引领中国国家发展方向，凝聚各方力量实现中华民族伟大复兴的使命。其中，意识形态建设是极为关键的一环。建党百年来，中国共产党为推进意识形态建设进行了多方面探索，尤其党的十八大以来，针对新时代意识形态领域的复杂形势，以习近平同志为核心的党中央加大意识形态建设力度，使意识形态领域形势发生全局性、根本性转变。不过，我们也需要看到，尽管当前意识形态领域形势发生全局性、根本性转变，但意识形态斗争形势依旧复杂。从国内看，一些错误思想观念和反马克思主义社会思潮对人们思想观念影响依然存在；从国际看，随着新冠疫情的全球扩散，西方一些政客对我国意识形态、发展模式和价值理念等方面的攻击有增无减。应对新时代意识形态领域复杂态势，需要我们运用好党的意识形态建设历史经验，深化新时代新征程上党的意识形态建设，具体来说，主要包括：

第一，始终注重强化意识形态的宣传教育。意识形态建设的基础性工作就是通过意识形态宣传教育影响人们思想观念，推动马克思主义深入人心、落地生根。当前，强化意识形态宣传教育尤其要做到：一是完善宣传思想工作领导体制。宣传思想工作事关全局，需要建立健全党委统一领导、党政齐抓共管、职能部门分工负责的工作体制。推动各级党委切实完善宣传思想阵地管理制度，将党对宣传思想工作的全面领导具体体现到各个岗位、各个领域。二是强化发展党内思想教育。中国共产党是先进性组织，意识形态宣传教育理应首先强化党内思想教育。从当前来看，强化党内思想教育除了要坚持完善党委（党组）理论学习中心组学习制度、“三会一课”、党组织生活制度、主题党日制度等以外，还尤其需要探索“政治理论+党性锻炼+实地学习”学习形式，积极运用微信等即时通信工具，将“支部建在网上、党员连在线上”，开辟了网上党员教育“红色阵地”，拓宽载体“延触角”，扩大党员教育“覆盖面”。三是创新意识形态宣传方式。意识形态宣传要坚持正面宣传为主方针。坚持正面宣传为主的方针就是要真实地反映积极、健康向上的社会生活的本质和主流，客观展示发展进步的全貌。当然，坚持正面宣传为主的方针，不是不触及问题，关键是要把握好度，力求做到有理、有利、有节，涉及批评报道，特别是涉及重大问题的批评报道，一定要把事实弄准确，做到实事求是。此外，在信息化条件下，还需要用好“互联网+”，打造国内一流的主流融媒体传播平台，积极构建以微信、微博、微视、微课、手机客户端等为载体的“微宣传”思想平台，提升意识形态宣传效果。

第二，持续推动坚持意识形态理论创新与话语创新。新时代推动坚持意识形态理论创新与话语创新除了要推动马克思主义中国化以外，其还需要做到：一是注重“用学术讲政治”，加快构建中国自主的知识体系。2022年4月26日，习近平总书记在中国人民大学考察时明确强调要“建构中国自主的知识体系”[1]。当前，世界正处于百年未有之大变局，中华民族也处于伟大复兴的关键时期，建构中国自主的知识体系既是时代发展要求，也是创新意识形态理论的迫切需要。新时代建构中国自主的知识体系要坚持以人民为中心的价值立场，聚焦新时代中国重大理论和实践问题，阐释好中国之路、中国之治和中国之理，深入回答中国之问、世界之问、人民之问、时代之问，推动理论创新与发展。二是注重意识形态表达方式的理论性与大众性相统一。任何理论要保持其生机和活力就必须与社会生活紧密联系起来。同样，要使意识形态话语为人民所接受就必须坚持以人民群众为主体，以是否得到群众认可为基本原则，尤其注重用群众熟悉的语言，讲群众关心的问题，用人民群众现实生活中的具体事例、熟知的话语内容来阐述理论，善用“小故事”阐述“大道理”，从而使马克思主义成为大众普遍可以理解、掌握的基本原理和工作方法。三是对内宣传话语与对外传播话语结合起来。对于关系人类发展、世界和平、国际稳定的重要议题，要注重用国际社会容易接受的话语表达中国观点，加大对外宣传“负责任大国”“人类命运共同体”等中国共产党人对外交往理念，努力做到“中国立场、国际表达”，让世界听懂中国声音，让世界知道“发展中的中国”“开放中的中国”“为人类文明作贡献的中国”。

第三，坚持敢于斗争，使意识形态领域发展态势向上向好。马克思主义发展史就是马克思主义同各种错误思想倾向和错误思潮斗争的历史。在新时代新征程上，在意识形态领域，各种社会思潮非常复杂，需要我们坚持尊重差异、包容多样，对人民群众的正当利益诉求，要用答疑解惑等方法进行引导；对学术理论问题，要坚持民主讨论、平等交流，但对于各种错误思想倾向和社会思潮要敢于交锋，发扬亮剑精神。一方面，要从理论上分析错误社会思潮的来龙去脉、主要主张和错误原因；另一方面，各级党员干部要提升理论修养，时刻保持对意识形态风险挑战的政治清醒和高度警觉，要善于同否定党的领导、否定社会主义制度的错误言论作斗争。

第四，注重发挥文化的载体作用。文化对人们价值观的影响往往是无形的，人们在自觉或不自觉地接受某种文化的过程中，实际上也在接受这种文化所蕴含的价值观。西方一些价值观念，如拜金主义、享乐主义等之所以在我国得到传播，与其背后的文化传播有着很大的关系。新时代加强意识形态建设尤其需要加大文化软实力建设力度。具体来说，需要做到：一是推动中华优秀传统文化的创造性转化、创新性发展，发掘

[1] 《习近平在中国人民大学考察时强调　坚持党的领导传承红色基因扎根中国大地　走出一条建设中国特色世界一流大学新路》，《人民日报》2022年4月26日。

中华优秀传统文化中“讲仁爱、重民本、守诚信、崇正义、尚和合、求大同”等思想资源的当代价值，为中华优秀传统文化注入新时代内涵，对其进行保持民族性、体现时代性的创新性转换。二是加强优秀文化作品的创作、生产和传播。优秀文化作品是意识形态重要传播载体。新时代发展优秀文化作品需要坚持以人民为中心的创作导向，把人民满意不满意作为检验艺术的最高标准。在具体的政策上，要加大对艺术精品创作生产的投入，用作品的深刻思想来武装人、引导人、塑造人、鼓舞人。三是推动文化产业发展。新时代推动文化产业发展不仅要完善与之相适应的金融支持政策和税收优惠政策，还需要充分发挥“科技为文化赋能”作用，搭建文化企业与科技企业对接平台，支持符合条件的互联网企业开展网络视听产品开发营销，发展网络影视平台，提升文化产品传播数字化、网络化水平。四是积极开展文化的实践活动。例如，通过开展文明家庭、文明单位、文明楼院、文明小区、文明社区等多种创建活动，引导广大市民提高文明素质，弘扬文明风尚；通过依托新时代文明实践中心，广泛开展宣传教育和志愿服务活动，打通宣传群众、教育群众、关心群众、服务群众的“最后一公里”。

第五，构建与新时代意识形态建设相适应的支撑保障体系。意识形态支撑保障体系是意识形态赖以生存发展的土壤和根基，其核心是把群众合理合法的利益诉求解决好，把党的意识形态主张和人民群众的现实利益需求结合起来。新时代尤其要着力做到：一是坚持以人民为中心的发展思想，完善收入分配制度。客观地看，目前，我国中等收入群体规模还不够大，低收入群体增收存在困难。完善收入分配制度除了要继续完善初次分配机制、在初次分配中兼顾效率与公平以外，尤其要完善二次分配和三次分配机制，通过深化税制改革、建立健全财政转移支付制度以及推动慈善事业发展等，让发展成果更多更公平惠及全体人民。二是加大社会建设力度。通过推动教育、医疗卫生和社会保障事业发展，尽最大努力满足人民对基本公共服务的实际需求。三是完善党的群众工作机制。新时代完善党的群众工作机制要坚持机制创设、制度完善的整体推进思路，建立健全群众利益表达和沟通机制、服务群众工作机制、群众利益矛盾调处机制等，以完善的工作机制构筑党与群众之间的血肉联系。

原载于《理论探讨》2022年第5期

新时代党的建设新的伟大工程与政党文明趋向

崔桂田

党的二十大把新时代全面从严治党和党的建设新的伟大工程聚焦在大党“要有大的样子”“解决大党独有难题”“跳出治乱兴衰周期率”等重大问题上，指出：“全面建设社会主义现代化国家、全面推进中华民族伟大复兴，关键在党。我们党作为世界上最大的马克思主义执政党，要始终赢得人民拥护、巩固长期执政地位，必须时刻保持解决大党独有难题的清醒和坚定”，“必须持之以恒推进全面从严治党，深入推进新时代党的建设新的伟大工程”[1]。由此呈现出新的特点和态势，推动中国共产党政党文明发展进入新的境界。

一、政党文明的中国话语和逻辑

政党文明是人类文明发展到一定阶段的产物，是世界政党和政党政治的进化状态及其成果，是世界政治文明的有机构成、人类文明进步的重要标识。政党文明是以政党价值和政党运作为中心的多要素构成的系统工程，是多方面协同联动的结果。从影响要素来说，主要涉及政党属性、政党职能、政党文化、政党目标、政党行为、政党制度以及影响政党生存发展的阶级基础、社会基础和物质基础等要素；从体现和影响范围来说，主要涉及党与民众、党与国家、党与社会等关系，包括政党治理、国家治理、区域治理、全球治理等；从标志性成果来说，主要体现在政党形象提升、民众认同增强、社会影响力和国际影响力提升、助力人类文明进步等方面。政党文明的程度和趋向取决于政党建设与政党运作的质效和方向。

中国共产党作为拥有五千年中华文明史底蕴、9600多万名党员的世界百年大党和最大的马克思主义执政党，自诞生之日起就走在世界文明大道上，对政党文明有着自己的话语和逻辑。从毛泽东提出的民主新路、党的建设是法宝，到邓小平强调没有民主就没有社会主义和现代化、关键是党内不出事，再到习近平提出没有民主就没有中

[1] 习近平：《高举中国特色社会主义伟大旗帜　为全面建设社会主义现代化国家而团结奋斗——在中国共产党第二十次全国代表大会上的报告》，人民出版社2022年版，第63—64页。

华民族伟大复兴、打铁必须自身硬和全面从严治党等，无不彰显中国共产党对政党文明的重视和追求。党的十八大以来，中国共产党深入推进政党文明发展，强调“政党在国家政治生活中发挥着重要作用，也是推动人类文明进步的重要力量”[1]。一方面，提出治国必先治党，治党务必从严。习近平指出，管党治党不仅关系党的前途命运，而且关系国家和民族的前途命运；不仅是党长期执政的根本要求，也是实现中华民族伟大复兴的根本保障。另一方面，提出文明互鉴，加强文明交流。习近平指出，中国共产党历来强调树立世界眼光，积极学习借鉴世界各国人民创造的文明成果，并结合中国实际加以运用，“面向未来，中国共产党愿同世界各国政党加强往来，分享治党治国经验，开展文明交流对话”[2]。在实践上，中国共产党把全面从严治党与治国理政有机统一，把物质文明、政治文明、精神文明、社会文明、生态文明建设与人类文明进步有机统一，把中华优秀传统文化“双创”与世界文明交流互鉴有机统一，无论是治党治国还是区域治理和全球治理都取得显著成效，为世界政党文明和人类文明作出了举世瞩目的重大贡献，形塑了一种新的政党文明样态。

二、新时代党建工程呈现出的政党文明态势

党的二十大从统一领导、理论强党、制度体系、干部素质、组织功能、正风肃纪、反腐败斗争等七个方面对新时代新征程全面从严治党和党的建设新的伟大工程进行了整体谋划和战略部署。最大的新意是把党的自我革命提到了前所未有的高度，强调党的自我革命是“跳出治乱兴衰历史周期率的第二答案”，要“以党的自我革命引领社会革命”，最大特点是突出体系建设和整体优化，在健全全面从严治党体系的基础上，持续深化政党文明发展，进一步彰显党的特色优势。

第一，进一步塑造政党的人民性和新型人民政治。党民关系是一切政党都重视和不能回避的重大问题，涉及政党权力获得和执政的合法性、权威性，关系政党的兴衰成败，而党民关系的近远亲疏取决于政党的本质属性和价值取向。纵观世界政党发展的历史，虽然许多政党特别是资产阶级政党都是以“人民”之名行事，但实际上只是代表少数人的利益，人民往往成为“装饰品”。中国共产党百年来，以人民群众是历史创造者的唯物史观为指导，坚持人民立场，密切党群关系，践行初心使命，在世界政党发展史上打造了一种全新的人民性政党和人民政治。从毛泽东提出为什么人的问题是一个根本性和原则性问题，要“全心全意为人民服务”，到江泽民提出“立党为公，

[1] 《十九大以来重要文献选编（上）》，中央文献出版社2019年版，第108页。

[2] 《十九大以来重要文献选编（上）》，中央文献出版社2019年版，第115页。

执政为民”，再到习近平强调全心全意为人民服务是我们党区别于其他一切政党的根本标志，都凸显了党的人民性特质。党的二十大继往开来，以“江山就是人民，人民就是江山”为定位，持续深化和塑造人民性政党和人民政治。一是坚持人民至上，守好民心。党的二十大报告指出：“中国共产党领导人民打江山、守江山，守的是人民的心。”[1]这就把新时代回应“人民之问”提到党建的新高度，把提升政党的人民认同和执政合法性放到突出位置，“人民阅卷”“人民评判”是其鲜明映象。二是确保人民主权，发展全过程人民民主。党的二十大不仅强调“国家一切权力属于人民”，而且首次对全过程人民民主的本质属性、功能作用作了全面阐释，认为“全过程人民民主是社会主义民主政治的本质属性，是最广泛、最真实、最管用的民主”，是“保证人民依法实行民主选举、民主协商、民主决策、民主管理、民主监督”[2]的新型民主政治。三是以人民为中心，为民造福。坚持人民主权和人民至上不是作秀的空话，最终要落实到实现好、维护好、发展好人民的根本利益，增强人民的获得感、幸福感和安全感，实现对美好生活的向往。党的二十大指出：“为民造福是立党为公、执政为民的本质要求。必须坚持在发展中保障和改善民生，鼓励共同奋斗创造美好生活，不断实现人民对美好生活的向往。”[3]与过往不同的是特别强调要提高人民生活品质和文明素养，在共同富裕的基础上促进人的全面发展。

第二，不断拓展使命型政党功能和助力人类文明新发展。从世界政党发展的历史和经验看，政党最大的功能是动员和组织民众，整合社会力量，完成政党目标。马克思主义政党作为使命型政党，以无产阶级和人类解放为使命，以实现“自由人联合体”的共产主义社会为理想。中国共产党是马克思主义使命型政党的典型代表，其初心使命就是为人民谋幸福、为民族谋复兴、为世界谋大同，经过百年奋斗，创建了一系列举世瞩目的丰功伟业，在人类文明史上牢牢打上中华文明和中国共产党政党文明的烙印。党的十八大以来，中国共产党把共产主义远大理想与中国特色社会主义共同理想有机结合，统筹世界百年未有之大变局与中华民族伟大复兴战略全局，统揽伟大斗争、伟大工程、伟大事业、伟大梦想，把政党治理、国家治理和全球治理有机统一，既使党的建设有明确的价值导向和目标指向，又使国家治理和全球治理有强大的政党支持和引领，协同并进、同向发力，使命型政党功能的拓展和发挥有声有色。一是实现中

[1] 习近平：《高举中国特色社会主义伟大旗帜　为全面建设社会主义现代化国家而团结奋斗——在中国共产党第二十次全国代表大会上的报告》，人民出版社2022年版，第46页。

[2] 习近平：《高举中国特色社会主义伟大旗帜　为全面建设社会主义现代化国家而团结奋斗——在中国共产党第二十次全国代表大会上的报告》，人民出版社2022年版，第37页。

[3] 习近平：《高举中国特色社会主义伟大旗帜　为全面建设社会主义现代化国家而团结奋斗——在中国共产党第二十次全国代表大会上的报告》，人民出版社2022年版，第46页。

华民族伟大复兴进入了不可逆转的历史进程，实现了从站起来、富起来到强起来的历史性飞跃，把一个一盘散沙、贫穷落后的中国带进世界强国之林，走近世界舞台的中央。二是实现了小康这个中华民族千年梦想，打赢了人类历史上规模最大的脱贫攻坚战，历史性地解决了绝对贫困问题，为全球减贫事业作出了重大贡献。三是推进和拓展了中国式现代化，我国经济实力实现历史性跃升，战略性新兴产业发展壮大，进入创新型国家行列。四是推动构建人类命运共同体，倡导人类共同价值，维护国际公平正义和世界和平，积极参与全球治理体系改革和建设，国际影响力、感召力、塑造力显著提升，为人类文明进步作出新的贡献。党的二十大在新的历史方位上，把回应中国之问、世界之问、人民之问、时代之问作为导向，以全面建成社会主义现代化强国、全面推进中华民族伟大复兴为主题，以立志于中华民族千秋伟业、致力于人类和平发展为使命，以“三个务必”为要求，系统谋划新时代治国理政和党的建设新的伟大工程，进一步建设马克思主义使命型政党，指出中国共产党是为中国人民谋幸福、为中华民族谋复兴的党，也是为人类谋进步、为世界谋大同的党，“从现在起，中国共产党的中心任务就是团结带领全国各族人民全面建设社会主义现代化强国、实现第二个百年奋斗目标，以中国式现代化全面推进中华民族伟大复兴”[1]。应该说，新时代马克思主义使命型政党建设主题鲜明、指向明确、立意高远、布局周详，具有人类文明的大视野大逻辑，充分彰显大党的格局情怀、使命担当，中国共产党“大要有大的样子”值得期待。

第三，全面推进党的制度建设和规则文明。一部人类文明史实际上是一部制度演进发展史，制度文明是人类文明的核心要素和主要标识。从世界政党政治和政党文明发展的历史和经验看，任何政党既要有自己的组织原则、制度规范，又要在国家的相关法律和制度安排内运作，民主化、制度化、规范化越来越成为世界政党政治和政党文明发展的潮流。中国共产党百年来形成了尊崇制度、遵守制度、捍卫制度的良好氛围，新时代以来更是注重党内制度法规建设的顶层设计，加速构建党内制度法规体系，全面推进民主化规范性政党建设。党的二十大在民主化规范性政党建设上有四个方面值得关注：一是将“第一答案”和“第二答案”有机结合，进一步增进制度文明和规则文明。党的二十大把自我革命看作跳出治乱兴衰历史周期率的“第二答案”，把人民民主或人民监督看作“第一答案”。“两个答案”说的提出，意义在于党的生命力源于人民民主和自我革命的双轮驱动，谈党的制度化和依规治党不能回避人民民主和人民监督，没有社会主义民主政治制度化、规范化、程序化就难以有党的建设的制度化、

[1] 习近平：《高举中国特色社会主义伟大旗帜　为全面建设社会主义现代化国家而团结奋斗——在中国共产党第二十次全国代表大会上的报告》，人民出版社2022年版，第21页。

规范化和程序化。党的十八大以来，制度治党和依规治党之所以成效显著，与全社会各领域基础性制度框架基本建立、中国特色社会主义制度更加成熟更加定型息息相关。二是全力塑造制度治党和依规治党的法治生态。党的二十大报告与十九大报告相比一个显著变化，就是将“坚持全面依法治国，推进法治中国建设”单独设章，强化“必须更好发挥法治固根本、稳预期、利长远的保障作用，在法治轨道上全面建设社会主义现代化国家”[1]，特别强调坚持依法治国首先要坚持依宪治国，坚持依法执政首先要坚持依宪执政。这就进一步将制度治党和依规治党放到了整个国家的法治轨道上，依法治国与依规治党有机结合，相得益彰。三是突出“党的自我革命制度规范体系”建设。党的二十大在制度治党和依规治党上不再泛泛而谈，直接将“完善党的自我革命制度规范体系”作为核心内容，无论是在完善党内法规制度体系还是完善党内监督体系，无论是政治监督还是政治巡视，都讲究具体化、精准化、常态化和效能化，都注重让权力在阳光下运行，能及时纠错纠偏，这标志着我们党对制度治党和依规治党内在规律认识的深化。四是落实党内民主制度。强调要在坚持党中央集中统一领导和民主集中制原则的前提下，发扬党内民主，保障党员权利，激发党员干部的积极性和发挥先锋模范作用。

第四，持续塑造纯洁清廉的政党形象。政党形象是政党建设和治理的核心内容，反映的是政党以作风和廉洁为表象的整体风貌和综合实力。政党形象不仅关系到政党引领力、影响力的发挥和提升，而且关系到政党的运作效能和前途命运。作为马克思主义政党的中国共产党，向来重视党的形象建设，把党风和反腐败始终作为党建的主线。新时代以来，中国共产党以先进性和纯洁性为导向，以自我革命为动力，以党风建设为突破口，以反腐败为重点，以提高党长期执政能力和建设朝气蓬勃的马克思主义执政党为落脚点，全力打造纯洁清廉的政党形象。一是加强党风建设。习近平曾指出：“党的作风就是党的形象，关系人心向背，关系党的生死存亡。”党的二十大强调，坚持党性党风党纪一起抓，要持之以恒正风肃纪，坚决纠正“四风”、刹住歪风、整治不正之风，推进作风建设常态化长效化。二是持续推进反腐斗争。反腐败是党的十八大以来全面从严治党的主要抓手，是建设纯洁清廉政党形象的着力点，“打虎”“拍蝇”“猎狐”有声有色，不敢腐、不能腐、不想腐的制度机制和风清气正的党内政治生态逐渐形成。党的二十大进一步指出，反腐败是彻底的自我革命，“必须永远吹冲锋号”，要以“得罪千百人、不负十四亿”的使命担当和勇气坚决推进反腐败斗争，确保党永远不变质、不变色、不变味。三是重塑干部形象。中国共产党向来重视干部队

[1] 习近平：《高举中国特色社会主义伟大旗帜　为全面建设社会主义现代化国家而团结奋斗——在中国共产党第二十次全国代表大会上的报告》，人民出版社2022年版，第40页。

伍建设，强调政治路线确定之后干部就是决定性因素。党的十八大以来更是提出要抓“关键少数”，从严治党、从严治吏。党的二十大提出要严把干部的政治关和廉洁关，注重增强干部推动高质量发展、服务群众、防范化解风险的本领，培养“平常时候看得出来、关键时刻站得出来、危急关头豁得出来”的干部，打造一支“政治过硬、适应新时代要求、具备领导现代化建设能力的干部队伍”[1]。

总之，党的二十大对新时代新征程全面从严治党和党的建设新的伟大工程的战略谋划具有里程碑意义，全面从严治党和党的建设新的伟大工程正在由“破”到“立”、从治标到治本的持续深入和转换中，标志着中国共产党对执政党建设规律的认识越来越深刻，对政党文明发展越来越具有政治自觉。我们相信，随着新时代全面从严治党和党的建设新的伟大工程的不断深入，中国共产党一定会以一种全新的政党文明样态展现在世人面前，并为人类文明发展作出新的贡献。

原载于《当代世界社会主义问题》2022年第4期

[1] 习近平：《高举中国特色社会主义伟大旗帜　为全面建设社会主义现代化国家而团结奋斗——在中国共产党第二十次全国代表大会上的报告》，人民出版社2022年版，第66—67页。

中国共产党自我革命的理论溯源、历史嬗变与逻辑理路

韩　萌　陈永强

摘　要：自我革命是中国共产党实现长期执政的源泉与动力，是百年大党伟岸形象塑造的关键因素。党在百年奋斗历程中持之以恒地磨砺自我革命的利刃，在革命、建设、改革和新时代的各个阶段始终重视自我净化、自我完善、自我革新、自我提高。中国共产党自我革命的逻辑理路从“为人民服务”到“人民至上”，从“目标导向”到“问题导向”，从“关键少数”到“绝大多数”，始终以自我革命的勇气及魄力对标和聚焦历史任务及时代课题，为从严管党治党、巩固执政根基、加强党的建设等提供了应对世界变局的中国方案。

关键词：中国共产党；自我革命；百年奋斗；执政

习近平总书记指出：“在进行社会革命的同时不断进行自我革命，是我们党区别于其他政党最显著的标志，也是我们党不断从胜利走向新的胜利的关键所在。”[1]2022年10月，他在二十大报告中再次强调：“党的自我革命永远在路上，决不能有松劲歇脚、疲劳厌战的情绪，必须持之以恒推进全面从严治党，深入推进新时代党的建设新的伟大工程，以党的自我革命引领社会革命。”[2]坚持自我革命作为中国共产党百年奋斗的十条历史经验之一，将党的鲜明品格和政治优势提升到了新的理论高度。新时代，深入研究百年来党的自我革命历程，既是对党百年风华正茂“基因序列”的“解密”，也是在新征程上正确应对国内外复杂形势和化解风险的必然要求。

一、中国共产党自我革命的理论溯源

自我革命是一代代中国共产党人经过艰辛探索而形成的精神品格，也是无产阶级政党的本质体现。自我革命这一概念既饱含对马克思主义经典作家有关“革命”论述

[1]　《深入学习十九届中央纪委三次全会精神》，人民出版社2019年版，第3页。

[2]　习近平：《高举中国特色社会主义伟大旗帜　为全面建设社会主义现代化国家而团结奋斗——在中国共产党第二十次全国代表大会上的报告》，《人民日报》2022年10月26日。

的凝练升华，又凝结着时代与人民的智慧结晶。深入了解中国共产党自我革命的百年探索，首要的是要明晰“自我革命”的概念并把握其深刻意蕴。

（一）自我革命的概念厘定

中国共产党“自我革命”的概念与普遍意义下的“革命”有着根本性质的区别。在《辞海》中，“革命”一词是指“人们在改造自然和改造社会中所进行的重大变革”；“人们改造社会的重大变革即社会革命。在政治学中，革命是指从旧体系、旧秩序向新体系、新秩序的快速、剧烈的变化。通常伴随着暴力的发生”[1]。自我革命从本质上而言则是抛弃了“暴力”的手段，是一场没有枪林弹雨的“自我战争”，是政治主体的特定政治行为的本质属性的总和。从主客体关系看，自我革命的主体和客体均为无产阶级政党本身，是主客体相互“革新”的过程。从手段方式看，自我革命采取的是“非暴力”手段，即以“不流血”的方式达到预期的目的。从目标指向看，自我革命是刀刃向内的净化与提升，既要“革故”又要“鼎新”，锻造真正意义上的“党的人”。由此看来，自我革命是指无产阶级政党为了加强自身建设，采用温和的手段对思想、组织、作风、纪律等方面进行洗革或重塑，以求达到自我净化、自我完善、自我革新、自我提高的目的，去除一切损害党的先进性、弱化党的纯洁性、影响党的执政能力的消极、落后、腐败因素，永葆党的生机与活力。

“自我革命”虽然是新时代党的建设创新理论中的一个标志性概念，但是早在19世纪40年代，马克思、恩格斯在《德意志意识形态》中就曾指出：“革命之所以必需，不仅是因为没有任何其他办法能够推翻统治阶级，而且还因为在推翻统治阶级的那个阶级，只有在革命中才能抛掉自己身上的一切陈旧的肮脏东西，才能胜任重建社会的工作。”[2]这是自我革命思想的萌芽，也表明只有在社会革命的过程中革除自身腐朽和过时的因素从而具备“一身干净”的党性修养，才能更好地推进伟大的社会革命。列宁在《伟大的创举》中也提出：“以健康的强有力的先进阶级作为依靠的执政党，要善于清洗自己的队伍。”[3]要求无产阶级政党在革命斗争中改造客观世界和自我塑造齐头并进，清除队伍中的不合格分子和不合格组织，以改造自我推进客观世界的改造。毛泽东同志领导中国共产党找到跳出历史周期率的“制胜法宝”和离开西柏坡“进京赶考”时发出“绝不当李自成”的铮铮誓言，也都带有自我革命的浓重意味。

新时代，中国共产党的自我革命在继承无产阶级政党的优良传统的基础上被赋予了新的内涵。2015年，习近平在中央全面深化改革领导小组第十二次会议上的重要讲

[1] 《辞海（第7版）》，上海辞书出版社2020年版，第1335页。

[2] 《马克思恩格斯选集》（第1卷），人民出版社2012年版，第171页。

[3] 《列宁选集》（第4卷），人民出版社2012年版，第22页。

话中首次提到“自我革命”，他说：“要自觉服从改革大局、服务改革大局，勇于自我革命，敢于直面问题，共同把全面深化改革这篇大文章做好。”此后，“自我革命”在重要场合被反复提及，是对党的性质、品格和优势的凝练概括，标志着党对自身建设规律性的把握达到了新高度，推进党在新的历史条件下不断进行自我修复，以自我革命的精神不断塑造和锤炼自己。2021年11月，党的十九届六中全会审议通过的《中共中央关于党的百年奋斗重大成就和历史经验的决议》，科学总结了中国共产党坚持自我革命的光荣传统，突出了以坚持自我革命引领伟大社会革命的战略思想，在新时代具有更深远的历史意义、理论意义和现实意义。2022年10月，习近平总书记在二十大报告中又先后5次提到了自我革命，并指出：“党找到了自我革命这一跳出治乱兴衰历史周期率的第二个答案，确保党永远不变质、不变色、不变味。”[1]深化了我们对建设什么样的马克思主义政党、怎样建设马克思主义政党的规律性认识。

（二）中国共产党自我革命的价值取向

中国共产党是进步思想催生、革命烈火淬炼、科学理论武装的马克思主义政党，始终以高度的政治自觉、思想自觉和行动自觉在党的建设伟大工程中进行革命性锻造，在纠风治弊、激浊扬清中探寻解决执政党自身建设问题的成功道路。这一成功探索蕴含的价值取向有力彰显了自我革命的思想厚度、实践深度和时代高度。

1.思想遵循：自我革命是对实事求是思想路线的继承发展

建党之初，我们党就把马克思主义作为指导思想，并创造性地将其与中国实际情况相结合，秉持实事求是的原则开展自我革命。从纠正陈独秀右倾机会主义错误、确定土地革命和武装反抗国民党反动派两大总方针，到平反“文化大革命”中的冤假错案，再到新时代对社会主要矛盾变化所作的准确判断，都是党在自我革命中坚持实事求是思想路线的生动体现。历史证明，实事求是的思想路线贯彻得好，我们的社会主义事业就会取得胜利；一旦背离实事求是的思想路线，社会主义事业就会遭受挫折。我们党能在一次次的失误和挫折中奋起，关键就在于我们党坚持实事求是的思想路线开展自我革命。

“马克思、恩格斯、列宁、斯大林教导我们说：应当从客观存在着的实际事物出发，从其中引出规律，作为我们行动的向导。”[2]当前，我们已经如期实现了第一个百年奋斗目标，肩负着全面建设社会主义现代化国家、以中国式现代化推进中华民族伟大复兴的神圣使命，更需要保持定力、锚定问题、精准调研、科学谋划、稳扎稳打，以

[1] 习近平：《高举中国特色社会主义伟大旗帜　为全面建设社会主义现代化国家而团结奋斗——在中国共产党第二十次全国代表大会上的报告》，《人民日报》2022年10月26日。

[2] 《毛泽东选集》（第3卷），人民出版社1991年版，第799页。

实事求是为根本思想遵循和价值原则，以党的自我革命带领人民进行伟大的社会革命，而绝不能犯战略性和颠覆性的错误。

2.党群关系：自我革命是密切联系群众优良作风的生动实践

群众路线是党的生命线和根本工作路线。《中国共产党章程》指出："我们党的最大政治优势是密切联系群众，党执政后的最大危险是脱离群众。"[1]历史唯物主义高度肯定了人民群众在历史发展中的作用，党的全部工作和实践必须与人民群众建立起高度的关联，念民之所忧、行民之所盼，把人民群众的呼声视为工作航向的"第一塔台"，把人民群众的实际需要作为制定政策的"第一考虑"，把人民群众的满意程度作为绩效考评的"第一标准"，时时刻刻与人民群众同呼吸、共命运，这样才能战胜千难万险，不断取得事业的成功和胜利。

党的自我革命的目的与人民群众的生活目标是一致的。习近平总书记指出："时代是出卷人，我们是答卷人，人民是阅卷人。"[2]人民立场是中国共产党自我革命的出发点与归宿，人心向背事关党的生死存亡，中国特色社会主义事业的航船乘风破浪、勇往直前，离不开人民群众的万众一心、共襄盛举。群众是最公正的"检查组"，党内存在的问题和矛盾都被群众看在眼里。中国共产党人祛除顽瘴痼疾、强体健身，与人民利益息息相通。只有把群众路线融入自我革命，发扬密切联系群众的优良作风，人民群众才能看得上、瞧得起、信得过，党的初心才能擦得更亮、使命担得更牢。

3.政党建设：自我革命是完成从严治党目标的关键环节

习近平总书记指出："我们党为什么能够在现代中国各种政治力量的反复较量中脱颖而出？为什么能够始终走在时代前列、成为中国人民和中华民族的主心骨？根本原因在于我们党始终保持了自我革命精神，保持了承认并改正错误的勇气。"[3]政党如同人的肌体一般，均可视作"生命有机体"，会时常遭受"病毒""细菌"的侵扰，因而影响肌体健康，这就需要时刻保持自我革命的精气神，时常拿起自我革命的手术刀，革除肌体中的病灶，维护肌体的健康。因此，自我革命是加强政党建设、从严管党治党的有效途径。

党的十八大以来，中国共产党牢记管党治党这一治国理政的"关键纽带"，把全面从严治党纳入战略布局，对人民立下了"军令状"。以坚定理想信念为基础，牢筑拒腐防变的基石；把政治建设作为党的建设的首要任务，不断强化政治纪律和政治规矩的约束作用；发挥党内外监督的合力，完善制度法规建设，重拳出击、惩贪治腐。党拿起自我革命这一强有力的武器，把"偏航"的思想观念"校正"过来，把受到污染的

[1] 《中国共产党章程》，人民出版社2017年版，第10页。

[2] 钱念孙：《时代是出卷人，我们是答卷人，人民是阅卷人》，《光明日报》2018年4月19日。

[3] 曲青山：《中国共产党百年辉煌》，人民出版社2021年版，第92页。

党风政风“矫正”过来。党以“三严三实”为标杆、以“守初心、担使命”为遵循，发扬斗争精神、练就过硬本领，锻造成为堪当世界政党典范的执政党。

4.执政根基：自我革命是对跨越“历史周期率”的有力回应

执政根基的问题是所有政党在理论阐释和实践发展中都无法回避和必须面对的话题。执政根基不是与生俱来、百世不易的，一个政党要想能够长期存在和长期执政，就必须不断巩固执政根基。新中国成立前，黄炎培在与毛泽东谈话时提出，历朝历代均未跳出“其兴也勃焉，其亡也忽焉”的“历史周期率”，希望中国共产党可以破解这一难题。毛泽东对此表示：我们已经找到破解这一难题的新路，这就是“人民监督政府”“人人起来负责”。这是毛泽东提出的破解历史难题、跳出“历史周期率”的第一个答案。

党的十八大以来，中国共产党在推进新时代中国特色社会主义伟大实践的过程中又找到了跳出“历史周期率”的第二个答案，这便是“自我革命”。习近平总书记曾多次主动提到历史周期率，指出：“马克思主义政党夺取政权不容易，巩固政权更不容易；只要马克思主义执政党不出问题，社会主义国家就出不了大问题，我们就能跳出‘其兴也勃焉，其亡也忽焉’的历史周期率。”[1]在党的二十大报告中，习近平总书记进一步强调：“经过不懈努力，党找到了自我革命这一跳出治乱兴衰历史周期率的第二个答案，自我净化、自我完善、自我革新、自我提高能力显著增强，管党治党宽松软状况得到根本扭转，风清气正的党内政治生态不断形成和发展，确保党永远不变质、不变色、不变味。”[2]历史上，我们党先后开展过5次党员登记，对党员资格进行重新审查确认，共有120多万人被清除出党的队伍。我们党不断完善党内法规，妥善处置不合格党员，严控弱化党的先进性和纯洁性的因素，时刻保持警钟长鸣。这一过程中，贯穿始终的便是自我革命。自我革命精神既是对“民心才是最大的政治”这一命题的深刻诠释，又是对跳出“历史周期率”、巩固党的长期执政根基的有力回应。

二、中国共产党自我革命的历史嬗变

勇于自我革命是中国共产党最鲜明的政治品格。经过伟大的社会革命和自我革命，中国共产党在百年艰苦卓绝的奋斗中形成了这一区别于任何其他政党、能够堪当历史和时代重任的精神特质。中国共产党为什么能够带领中国人民在帝国主义、封建主义

[1] 《习近平关于“不忘初心、牢记使命”论述摘编》，党建读物出版社、中央文献出版社2019年版，第303—304页。

[2] 习近平：《高举中国特色社会主义伟大旗帜　为全面建设社会主义现代化国家而团结奋斗——在中国共产党第二十次全国代表大会上的报告》，《人民日报》2022年10月26日。

和官僚资本主义的重围中“杀出一条血路”，当家作主站起来，进而昂首阔步，实现了从富起来到强起来的伟大飞跃？换言之，中国共产党强大的领导力和执政力从何而来？归根到底要从中国共产党百年奋斗的自我革命实践中找寻答案。

（一）新民主主义革命时期：强化纪律性和党内监督

马克思主义政党因革命而生。中国共产党自成立之时起就带有革命的基因。中共一大通过的党的第一个纲领对党的革命性作了阐述，规定“必须与那些与我们的纲领背道而驰的党派和集团断绝一切关系”[1]，同时还对党的纪律和监督作出规定。这是党的历史上首个明确提及党内监督的基础性文件，为党的自我革命内蓄了政治基因。次年召开的中共二大通过了第一个《中国共产党章程》，其中将“纪律”作为专门一章，要求“本党党员皆须绝对服从之”。在中共三大上，陈独秀运用批评的方式对党内存在的个人主义倾向和不团结的问题进行纠正，并以身示范作出自我批评，开启批评与自我批评的先河。中共四大对党的纪律规定进行了完善。1926年，中共中央发布《坚决清洗贪污腐化分子》的通告，这是党的历史上首个惩腐反贪的专门文件，强调对投机腐败、扰乱革命工作的不良分子进行不容情的清洗，以巩固营垒，树立在群众中的威望。[2]中共四大以后，革命形势的发展势如破竹，党组织也如雨后春笋般蓬勃发展，党员人数到中共五大召开前夕增长了57倍之多，强化对党员的教育、管理和监督于是成为一个极其重要的问题。因此，中共五大选举产生了党的历史上第一个党内监督专门机构——中央监察委员会，意在通过强化党内监督，及时发现和防范矛盾和问题的滋生蔓延。第一次大革命失败后，中共中央先后召开八七会议、遵义会议、瓦窑堡会议等重要会议，纠正党内存在的错误思想和错误倾向，着力解决党内的军事问题和组织问题。

党在成立初期，经历了国内革命战争、土地革命战争和红军长征的考验，党的工作重心也从城市转向农村。但由于长期处于游击状态，党员队伍扩大带来成分复杂的情况，自由散漫、自私自利的不良作风在党内蔓延。在土地革命向抗日战争转变的重要节点上，毛泽东发表《反对自由主义》，对党内的不良作风作了深刻的分析，指出“无论何时何地，坚持正确的原则，同一切不正确的思想和行为作不疲倦的斗争，用以巩固党的集体生活，巩固党和群众的联系”[3]。为进一步进行自我反思，剖析错误，开展积极的思想斗争，从纠正右倾错误思想的六届六中全会到“惩前毖后、治病救人”的

[1] 《“一大”前后——中国共产党第一次代表大会前后资料选编（一）》，人民出版社1985年版，第6—7页。

[2] 刘伟忠、宋海庆：《反腐败斗争十五讲》，中共党史出版社2016年版，第338页。

[3] 《毛泽东选集》（第2卷），人民出版社1991年版，第361页。

延安整风，再到提炼三大优良作风的中共七大，中国共产党在革命斗争的过程中开展了一次又一次的自我革命，逐渐形成了洗涤思想灰尘、修身净化灵魂的有力武器。

新中国成立前夕，党的七届二中全会在西柏坡召开，针对革命胜利后党内可能滋生的以功臣自居啃老本、安于现状不思进取的消极情绪，毛泽东提出了“两个务必”的著名论述，即“务必使同志们继续地保持谦虚、谨慎、不骄、不躁的作风，务必使同志们继续地保持艰苦奋斗的作风”[1]。毛泽东清醒地认识到，夺取全国胜利只是新的更大胜利的开端，革命的路途会更长、更艰辛。“两个务必”的提出也使全党更加谨慎地对待“糖衣炮弹”对共产党人和革命事业的裹挟冲击，以更加清醒的头脑走好执政新中国的“赶考”路。

新民主主义革命时期，中国共产党不断纠正党内错误倾向，坚定正确政治方向，在革命斗争中坚持马克思主义；不断强化党的纪律建设，加强对党员和党组织的监督管理，锻造“有组织、有纪律”的革命队伍；坚持批评和自我批评，增强自我教育和自我反思，正确进行党内斗争。历经新民主主义革命28年的实践历练，中国共产党通过不断的自我革命，使一个以农民和小资产阶级为主要成分的不成熟的党转变成为具有广泛代表性的执政党，党的自我革命精神也在革命和建设中锤炼成长。

（二）社会主义革命和建设时期：开展整党整风与自我净化

马克思主义政党因革命而成。经过28年的艰苦卓绝的浴血奋斗，中国共产党带领中国人民建立了新中国，完成了从一个时代向着另一个时代的跨越。无论是夺取政权时期还是执掌政权时期，中国共产党永远是革命党。[2]新中国成立后，复杂的国内外环境给中国共产党执政提出了更高的要求，党的自我革命也在新的历史背景下有了新的发展。党着重从思想上、组织上、作风上强化自我革命，开展整党整风与自我批评，高度警惕和纠正党员干部思想不纯、作风不纯等问题。

新中国的成立，国家总体上从战争状态转向建设状态，国内环境相对和平，党组织获得极大发展，新增党员约200万人。党内有数十万的经过战争考验和心怀人民群众的党员干部，但也存在部分新党员思想不够先进、作风不够严谨的问题。一些老干部沉浸于以往的革命斗争成就，自高其功无所顾忌，命令主义现象严重，贪腐违纪时有发生。从1950年开始，党中央在全党全军开展了整党整风运动，利用三年的时间对全党进行党员标准的教育，帮助大家提高觉悟和认识。全党进行了一次深刻的反对资产阶级思想腐蚀的教育，对党组织也进行了一次有效的清理，使所有党员明晰“怎样做一个共产党员”，对经过教育仍不符合条件的党员劝其退党，以提高全党的政治素质，

[1] 《毛泽东选集》（第4卷），人民出版社1991年版，第1438页。

[2] 王伟光：《勇于自我革命：中国共产党区别于其他政党的显著标志》，《求是》2022年第1期。

纯洁党员队伍。

截至1953年6月底，共计有23万多属于混迹于党内的蜕化堕落、腐化变质分子被清除出党，9万余人因达不到党员标准条件主动或被劝告退党。[1]经过调整和发展，党在组织成分和党员能力素养等方面有了明显的提升和改善，党员队伍的进一步自我净化得以实现。在社会主义改造基本完成、社会主义建设即将全面开启的重要转折点，1957年，中共中央发布《关于整风运动的指示》，决定在全党开展一次普遍且深入的反官僚主义、反宗派主义和反主观主义的整风运动。整风运动采取“惩前毖后、治病救人”的方针，重在克服党内渐趋增长的不良倾向，以更好地调动全党同志的积极性，投身到社会主义建设的时代洪流中。

为总结1958年以来社会主义建设的基本经验和教训，分析工作中的失误，同时对部分干部弄虚作假、脱离实际、搞瞎指挥的错误作风提出批评，党在1962年初召开了“七千人大会”。在这次大会上，毛泽东指出：“不论在老的还是新的党员里面，特别是在新党员里面，都有一些品质不纯和作风不纯的人。他们是个人主义者、官僚主义者、主观主义者，甚至是变了质的分子。”[2]毛泽东的讲话是非分明地剖析了党员队伍存在的问题，敢于直击矛盾和痛点，为“四清”“五反”运动的开展吹响了“前锋哨”。1963—1966年，“四清”“五反”运动如火如荼地进行，但是由于错误地将不同性质的问题都归结为阶级斗争在党内的表现，导致部分干部受到错误的打击，“左”的错误倾向愈演愈烈，成为“文化大革命”最终爆发的“引火线”。1977年8月，党的十一大宣布，“文化大革命”到此结束。邓小平多次提出，一定要恢复和发扬毛泽东同志为我们党树立的实事求是、群众路线、批评与自我批评，以及谦虚谨慎、戒骄戒躁、艰苦奋斗等优良传统和作风，全心全意为人民服务。[3]这对实现拨乱反正、使党和国家重新走上正确的轨道起到了积极的推动作用。

从1949年到1978年，中国共产党以党的建设为重要抓手，针对党内思想不纯、作风不正等问题开展整党整风运动，重在锻造清正廉洁、艰苦朴素的党员队伍；净化党的组织，清理不合格的党员，以时刻保持党组织的纯洁性和战斗力；同时，坚持党的群众路线，反对脱离群众的不良倾向，积极开展批评与自我批评，高度重视保持党和人民群众的血肉联系。中国共产党始终以自我革命的姿态引领社会主义事业的发展，团结带领全国人民以“千磨万击还坚劲”的韧劲和“不破楼兰终不还”的干劲取得了一系列的成就。

---

[1] 《中国共产党廉政建设百年纪事》，中国方正出版社2021年版，第111页。

[2] 《毛泽东文集》（第8卷），人民出版社1999年版，第306页。

[3] 《中国共产党历史大事记（1919.5—1987.12）》，人民出版社1989年版，第334页。

（三）改革开放和社会主义现代化建设时期：完善廉政建设与权力监督

马克思主义政党因革命而兴。没有党的自我革命就没有改革开放。改革开放始于农村的家庭联产承包责任制和城市工厂的自主经营权的扩大，但这仅仅是经济层面的表现形式，在其背后，更深刻的原因在于中国共产党以刀刃向内的勇气开展自我革命，摆脱僵化思想的束缚，作出改革开放的伟大决策，带领中国人民在新的历史时期进行新的伟大社会革命，开辟中国特色社会主义道路。

自我革命是党的建设的重要一环。中国共产党历来重视以自我革命推进党的建设伟大工程。1978年5月11日，《实践是检验真理的唯一标准》以“《光明日报》特约评论员”的名义刊发，文章指出：“不能拿现成的公式去限制、宰割、剪裁无限丰富的飞速发展的革命实践，应该勇于研究新的实践中提出的新问题。”[1]真理标准问题的大讨论由此拉开序幕。党的十一届三中全会“全面总结了党的历史经验教训”，批判了“两个凡是”的错误方针，断然抛弃“以阶级斗争为纲”这一不符合社会主义现代化建设规律的错误口号，确定了“解放思想、实事求是、团结一致向前看”的指导方针，决定实施改革开放的伟大战略决策，马克思主义的政治路线、思想路线和组织路线得以重新确立。鉴于“文化大革命”对党风党纪的破坏，党中央通过制定党内规章制度建设等意见，解决党内存在的作风不端正、个人主义严重、组织观念和纪律意识淡薄等问题，以达到纯洁组织、整顿队伍、自我革新、提高党员整体素质的目的，为新时期加强党的建设奠定良好基础。

随着改革开放的持续深入和经济发展迈上新台阶，经济领域的腐败和违法犯罪问题日渐凸显。邓小平在南方视察时强调，要在改革开放的过程中反对腐败，一手抓改革开放，一手抓廉政建设，两手抓两手都要硬，将廉政建设作为共产党员和干部教育的重要大事来抓。十四大党章首次将“从严治党”写入总纲，明确提出要与党内腐败现象作积极斗争的要求，彰显了以自我革命的姿态同玷污党的形象、腐蚀党的肌体、危害党的执政地位的现象坚决斗争的决心。江泽民在党的十五大报告中指出：“我们党是任何敌人都压不倒、摧不垮的。堡垒最容易从内部攻破，绝不能自己毁掉自己。”[2]历史证明，外部力量都很难将共产党打败，能够击败我们的对手只有自己。有没有防止祸起萧墙的意识，有没有强烈的自我革命精神，有没有敢于刀刃向内的勇气，成为事关党的事业兴衰成败的关键要素。

此后，党的十六大提出：“要加强对权力的制约和监督。建立结构合理、配置科学、

[1] 《中国共产党简史》，人民出版社、中共党史出版社2021年版，第220页。

[2] 《十五大报告辅导读本》，人民出版社1997年版，第50页。

程序严密、制约有效的权力运行机制，从决策和执行环节加强对权力的监督。”[1]以权力制约权力、以权利监督权力是党自我革命的内在要求，这样做，既能捆住胡作为、乱作为的“手脚”，又能放开有作为、干事业的“锁链”。党中央还制定、印发了系列党内法律法规，作为党内监督的重要遵循。《中国共产党党内监督条例（试行）》和《中国共产党纪律处分条例》的出台，对坚持党要管党、从严治党和发扬党内民主、强化党内监督具有重要意义，同时对违纪违法的情形及错误定性作了明确规定，为严肃党的纪律、纯洁党的组织提供了基本遵循。从2005年起，党中央决定在全党开展以实践“三个代表”重要思想为主要内容的保持共产党员先进性的教育活动。“一个政党过去先进不等于现在先进，现在先进不等于永远先进。”[2]保持共产党员先进性不是一朝一夕的事情，而应作为经常性教育的基本内容之一。通过教育活动，党员思想作风不端正、工作作风不扎实、脱离群众较为突出的问题得到逐步改善，服务群众的境界和情怀进一步提升，党群干群关系进一步优化，为推进党的自我革命和社会革命提供了强有力的组织基础和群众基础。2007年，胡锦涛提出“反腐倡廉建设”这一重要工作思路，将其纳入党的建设总体工作中，在原有“四个建设”的基础上形成相互协调、整体推进的强大态势。党的十七大再次强调了党同各种腐败现象“水火不相容”，要求全党要认清反腐败斗争不是一蹴而就、一劳永逸，而是一场长期、复杂和艰巨的“持久战”，要将反腐倡廉建设放在更加突出的位置，旗帜鲜明地反对腐败。凡此，无不彰显了我们党重视加强自身建设，敢于刀刃向内、革除积弊的坚定决心。

改革开放40多年来，中国共产党把自我革命融入社会主义现代化建设的全过程中，强基固本、夯实执政地位。通过开展集中性教育实践活动提升思想境界、提高政治站位，把转变作风、为民做事作为活动成效的重要标准；遏制新形势下的贪污腐败现象，扎实推进反腐倡廉建设，标本兼治、纠建并举，继续推进党的建设新的伟大工程；健全党内法律法规、强化党内监督，坚持党要管党、从严治党的方针，不断增强党长期执政能力建设、先进性和纯洁性建设，为新时代深化党的自我革命、推进党的建设总体布局的创新奠定基础。

（四）中国特色社会主义新时代：坚持严管和厚爱相结合

马克思主义政党因革命而强。党的十八大以来，以习近平同志为核心的党中央直面党内存在的突出问题，以“打虎”“拍蝇”“猎狐”等方式惩治腐败，打出了一套自我革命的组合拳，创造性地回答了在新时代“什么是自我革命、怎样进行自我革命”

[1] 李良栋：《十七大精神深度解读——政治建设篇》，人民出版社2008年版，第231页。

[2] 胡锦涛：《在庆祝中国共产党成立85周年暨总结保持共产党员先进性教育活动大会上的讲话》，人民出版社2006年版，第11页。

的重大课题。习近平总书记指出：“中国共产党的伟大不在于不犯错误，而在于从不讳疾忌医，敢于直面问题，勇于自我革命，具有极强的自我修复能力。”[1]新时代，推进党自我革命理论与实践的创新发展，坚持弘扬自我革命的优良传统和作风，敢于刮骨疗毒确保党的肌体健康，是时代赋予我们的重大使命。

从严管党治党是我们党的鲜明品格。中国特色社会主义新时代把全面从严治党提到了前所未有的高度，其成效之显著、影响之广泛令世界瞩目。2012年12月，新一届中央政治局审议通过了关于改进工作作风、密切联系群众的“八项规定”，对从文风会风到出访出行都作出了明确规定。一项项措施的出台体现了中央领导集体整治沉疴痼疾的坚定决心，有助于从源头上遏制腐败。“八项规定”是党的十八大以来制定的第一部重要党规，为加强坚持不懈抓好作风建设、提高执行能力提供了重要遵循。2013年，《中国共产党党内法规制定条例》的出台，使得党内法规的规划、起草、制定、评估等从此有了程序方面的法律依据，是党内首部正式的“立法法”。

党的十八大以来，习近平总书记对管党治党作出一系列重要论述。2014年，他在江苏考察时首次明确提出“全面从严治党”这一概念，把从严管理干部作为从严治党的核心问题，明确要求各级党组织肩负起管党治党的主体责任，严格标准、全面管理、夯实责任，形成风清气正的政治气候。为落实管党治党的主体责任，严明党的纪律，时任中央政治局常委、中纪委书记王岐山在福建调研时首次公开提出监督执纪的“四种形态”，指出必须打破要么贴上“好同志”标签、要么扣上“阶下囚”帽子的两极化状态，真正做到对于干部要严管和厚爱相结合。

新时代，党进行自我革命的重要途径之一就是开展党内集中性教育实践活动，提升转化学习教育成果。这也是加强党性锻炼和政治历练、不断提升政治境界思想境界道德境界的重要手段。党的十八大以来，党中央高度重视理论学习与教育实践，以党在新时代面临的新情况、新形势、新问题为线索，先后开展了5次党内集中教育活动，将弘扬党的优良传统与群众路线相结合、领导干部模范作用与全体党员上行下效相衔接、制度性硬约束与思想性软教育相融合，形成软硬兼施、情理相融、学干相长，制度化、常态化、长效性的学习教育机制，对坚定理想信念、维护党内团结、提振奋斗精神、强化责任担当发挥了不可替代的重要作用。

“先进的马克思主义政党不是天生的，而是在不断自我革命中淬炼而成的。”[2]中国特色社会主义进入新时代，中国共产党不断以自我革命的姿态开展党内学习教育的生动实践，挑起全面从严治党的责任与担当，以最坚决的态度将全面从严治党落到实处；

[1] 《习近平关于“不忘初心、牢记使命”论述摘编》，党建读物出版社、中央文献出版社2019年版，第160页。

[2] 《中共中央关于党的百年奋斗重大成就和历史经验的决议》，《人民日报》2021年11月17日。

强化理想信念教育，防范信仰危机，将集中性教育与经常性教育融合互动，筑牢思想防线不逾越；健全制度体系，持续正风肃纪，铲除滋生腐败的土壤，以创新的理论与实践把新时代党的伟大自我革命向纵深推进。

三、中国共产党自我革命的逻辑理路

勇于自我革命作为一条主线，贯穿在中国共产党的百年奋斗历程中。在不同的发展阶段，由于社会环境、社会矛盾和历史条件的不同，党的自我革命的实践会有所差异，但内在的本质、规律却一脉相承，这就是以人民为根本、以问题为导向、以关键少数为抓手，推动党的自我革命理论与实践在守正创新中发展。

（一）自我革命的动力源泉：从“为人民服务”到“人民至上”

人民群众是党自我革命的动力来源。古人云：“政之所兴在顺民心，政之所废在逆民心。”中国共产党成立以来，就一直秉持为人民谋幸福的初心，把“为了人民”和“依靠人民”作为党的应然使命。从毛泽东提出的“全心全意为人民服务”的“根本宗旨”到邓小平概括的“人民拥护不拥护，人民赞成不赞成，人民高兴不高兴，人民答应不答应”的“评判标准”，再到习近平发出的“人民群众对美好生活的向往就是我们的奋斗目标”的“庄严宣誓”，我们党的历代领导核心都将“为人民服务”作为自我革命的理论基点、价值支点和实践原点。从群众路线教育实践活动到“两学一做”，从“不忘初心、牢记使命”主题教育活动到党史学习教育“我为群众办实事”，“群众”一词贯穿始终。中国共产党与广大人民群众已凝结成为水乳交融的“利益共同体”和“命运共同体”。中国共产党勇于推进自我革命的动力源泉来自人民，它始终以伟大的自我革命推进社会革命，担大责、干大事，一步一个脚印把为民造福的事办好、办实。

人民群众是党自我革命的依靠力量。党的根基在人民，党的力量也在人民。任何事情，只要与人民群众的利益相一致并获得人民群众的赞成和支持，就具有了气壮山河的革新力量。全面从严治党是党的自我革命的重要实践，我们党敢于刀刃向内揭示自身面临的消极腐败的危险，以零容忍的态度“打虎”“拍蝇”“猎狐”，重拳出击群众反映强烈的突出问题并接受群众监督，织牢群众监督密网，启动全时段“照明灯”，在人民群众的支持和拥护下取得了反腐败斗争的压倒性胜利。党的自我革命覆盖领域之广、涉及利益之深、纠纷矛盾之复杂前所未有，党的每一项政策的制定悉数都是对“从群众中来、到群众中去”原则的贯彻。家庭联产承包责任制的确立推广是党概括人民群众的实践经验进行的理论与实践创新，中国共产党的“赶考”答卷均由广大人民来评判。党自我革命的力量和智慧来自人民，没有人民群众的广泛支持，党的自我革命就难以找准着力点。

以“民之所望”为“政之所向”，中国共产党敢于倾听群众的声音，回应群众“急忧愁盼”的问题，洞察社会痛点之所在，将“人民至上”的价值旨归耦合依靠人民的方法遵循，发挥党的领导和群众集体智慧的深度融合作用，精准聚焦自我革命的目标对象，担当和完成时代所赋予的使命任务。

（二）自我革命的靶向回应：从“目标导向”到“问题导向”

目标是中国共产党自我革命的前进方向。中国共产党一经诞生，就把为中国人民谋幸福、为中华民族谋复兴作为初心使命。从严治党是党自我革命的内在要求，正风肃纪是从严治党的关键一招。贪污腐化和作风不良不仅违反了党内法律法规，更是对人民群众根本利益的践踏。我们党持之以恒推进正风肃纪，是对初心使命的生动诠释。建党一百多年来，特别是改革开放和进入新时代以来，我们党坚持目标导向，以“孺子牛”的姿态服务人民，致力于解决好广大人民群众“急忧愁盼”的问题，千方百计使人民群众在教育、医疗、住房、就业、养老等领域的权益得到充分保障，不断地实现着党自身的革命性锻造与伟大社会革命的齐头并进。

问题是中国共产党自我革命的突破关口。习近平总书记强调：“我们党领导人民干革命、搞建设、抓改革，从来都是为了解决中国的现实问题。要以解决问题为工作导向，瞄着问题去，追着问题走，善于把化解矛盾、破解难题作为打开局面的突破口。”[1]任何政党都会犯错误，中国共产党也不例外，敢于直面问题、修正错误是我们党的显著特点。中国共产党的百年征程是一部不断防范和克服被腐化瓦解风险、持之以恒纠正错误、永葆党的先进性和纯洁性的反腐倡廉史。建党之初，我们党就清醒地认识到“投机腐败的坏分子”对革命队伍的危害性，《坚决清理贪污腐化分子》的发布开启了反腐败的探索之旅。新中国成立后相继开展整风运动、“三反”“五反”，建立国家行政监察体制和监察机关以遏制腐败的蔓延；党的十一届三中全会以来，党通过集中性教育和完善党内法律法规，成功探索出了保持党的先进性和纯洁性的历史经验。进入新时代以来，党中央从“八项规定”入手，采取雷霆行动，重拳打击贪腐分子，以良好的党风推动政风民风的改善，取得一系列丰硕成果。尽管反腐败斗争已经取得压倒性胜利并得到持续巩固，但是腐败问题的长期性、顽固性和反复性仍不容忽视。党的二十大报告明确指出：“腐败是危害党的生命力和战斗力的最大毒瘤，反腐败是最彻底的自我革命。只要存在腐败问题产生的土壤和条件，反腐败斗争就一刻不能停，必须

[1] 《习近平新时代中国特色社会主义思想学习纲要》，人民出版社2019年版，第249页。

永远吹冲锋号。”[1]正因如此，正风肃纪一直是党的自我革命的关键问题，始终如一、一以贯之。

坚持目标导向和问题导向相统一是中国共产党推进党的建设新的伟大工程的重要方法，是辩证唯物主义和历史唯物主义科学方法论的体现。中国共产党在自我革命的过程中始终坚持问题和目标相结合，带着问题去学习、去思考，奔着问题去谋划、去解决，不断在化解矛盾、改进不足中朝着既定的目标奋进笃行，推动着党在革命性锻造中变得更加坚强有力。

（三）自我革命的有效抓手：从“关键少数”到“绝大多数”

以“关键少数”示范带动“绝大多数”是党进行自我革命的必要抓手。习近平总书记反复强调，把我们的党建设好，必须紧紧抓住“关键少数”。“关键少数”示范引领作用发挥得如何，关系到党的兴衰存亡。纵观党的自我革命实践，严把党员领导干部的政治关、品行关、作风关是一项重要的政治任务。党始终高度重视党员领导干部带头作用的发挥，着力培育锻造高素质的干部队伍。改革开放前，党主要是通过开展整党整风运动进行自我革命，以高级领导干部为主体，严肃党的作风和纪律，提高党性修养，同不正确的思想和行为作坚决的斗争。改革开放以来，党重视用制度管党治党，完善党内法规，加强对党员尤其是领导干部的行为规范。十二大党章明确规定了实现党员干部革命化、年轻化、知识化、专业化的方针，对选拔任用领导干部、发挥“关键少数”的引领作用提出明确要求。其后的历次党代表大会都对加强党员干部队伍建设提出要求。党的十八大以来，习近平总书记多次强调要把党建设得坚强有力，就要抓住“关键少数”，发挥“领头羊”的引领作用。同时，将集中性教育由党员干部扩大到全体党员，用习近平新时代中国特色社会主义思想武装头脑、凝心聚魂，引导广大党员锤炼“金刚不坏之身”，造就具有铁一般的信仰、铁一般信念的党员队伍，确保党员队伍的先进性和纯洁性。

古人云：“教者，效也。上为之，下效之。”党员领导干部是党和国家事业的架海金梁，要把党的自我革命不断推向深入，就必须抓好领导干部这一“关键少数”，以“关键少数”的“头雁作用”激发“群雁活力”，由点及面，扩大为“绝大多数”规模，使每个党员都能发挥彻底的自我革命精神，练得“自我净化”的绝世武功，成为自身过硬的时代先锋。

原载于《理论学刊》2023年第1期

---

[1] 习近平：《高举中国特色社会主义伟大旗帜　为全面建设社会主义现代化国家而团结奋斗——在中国共产党第二十次全国代表大会上的报告》，《人民日报》2022年10月26日。

党的自我革命制度规范体系的生成机理、结构功能与完善进路

臧秀玲　金英存

摘　要：党的自我革命制度规范体系是推动党的自我革命程序化、规范化的制度保障。党的自我革命制度规范体系植根于马克思主义经典作家制度治党理论，演化于党的自我革命制度建设的百年发展进程，形成于党的长期执政能力建设的时代探索，是一个由党的自我净化制度规范、党的自我完善制度规范、党的自我革新制度规范、党的自我提高制度规范四个基础制度单元所构成的，连接四大纵向层级序列，涉及六个横向领域的制度集成体系。党的自我革命制度规范体系的功能效用可以从党的自身建设层面、政治层面与社会层面三个方面加以概括。新征程上，完善党的自我革命制度规范体系要着力在优化要素供给、深化要素衔接、健全革新机制、重视效能转化上下功夫。

关键词：党的建设；党的自我革命制度；制度规范体系

勇于自我革命是中国共产党区别于其他政党的显著标志。2022年10月，习近平总书记在党的二十大报告中提出了“完善党的自我革命制度规范体系”[1]的重要论断，进一步指明了新时代新征程上党的建设高质量发展的前进方向。党的自我革命制度规范体系的出场实现了以制度保障党的自我革命程序化运转，创造了党的自我革命的新样态，本质上是一次党的自我革命的迭代升级。当前，学界对于党的自我革命制度规范体系的研究还不尽完善，主要涉及自我革命制度规范体系建设的重大成就、基本经验、价值意义、实践要求、优化完善等方面。那么，作为一个创新性的概念，党的自我革命制度规范体系是如何生成的？它由哪些要素构成？它的内在结构如何？具有怎样的效能作用？如何通过内在要素的调整来推动制度体系的优化完善？这些显然都是当下学界亟待研究解决的重要议题。尤其是面对新征程上的新使命、新任务，我们党要进一步巩固自身长期执政地位，解决自身独有难题，健全全面从严治党体系，就必须推

[1]　习近平：《高举中国特色社会主义伟大旗帜　为全面建设社会主义现代化国家而团结奋斗——在中国共产党第二十次全国代表大会上的报告》，人民出版社2022年版，第65页。

动实现党的自我革命制度规范的体系化建构与完善。因此，本文在分析党的自我革命制度规范体系的生成机理，考察其内在要素与结构功能的基础上，系统探讨党的自我革命制度规范体系的完善进路，力求为新征程中党的自我革命制度规范体系的完善发展提供价值借鉴。

一、党的自我革命制度规范体系的生成机理

党的自我革命制度规范体系不是无源之水、无本之木，而是拥有完整的生成链条。党的自我革命制度规范体系的创设发展经历了一个动态的演进过程。从本质上看，植根于马克思主义经典作家的制度治党理论，演化于党的自我革命制度规范创设发展的百年进程，形成于党的长期执政能力建设的时代探索，是马克思主义经典作家政党建设理论、党的自我革命制度建设历史演进、党的长期执政能力建设现实需要共同作用的结果。

（一）理论根基：马克思主义经典作家制度治党理论

制度是承载特定价值理念和行为意旨的系统规范，“一个民族要走在时代前列，就一刻不能没有理论思维”[1]，党的自我革命制度规范体系植根于马克思主义经典作家的制度治党理论。在无产阶级政党创立之初，马克思、恩格斯就围绕如何始终保持党的先进性与纯洁性进行了周密的制度考量和原则设计，展现出丰富的制度治党思想与鲜明的自我革命精神品格。马克思、恩格斯在世界无产阶级政党的第一部章程——《共产主义者同盟章程》中就从一般规定、选举罢免制、反盟罪行等方面对无产阶级政党的自我净化、自我革新、权力监督约束作出了明文规定，“违反盟员条件的人应予开除”[2]，“支部和区部的主席和副主席每年改选一次，选举人可以随时罢免他们”[3]。1859年，面对欧洲工人运动无组织、无纪律的混乱局面，马克思指出：“我们现在必须绝对保持党的纪律，否则将一事无成。”[4]1871年，马克思、恩格斯修订颁发的《国际工人协会共同章程》对国际工人协会会员自身纯洁性作出了规定：“每一支部应对接受的会员的品行负责。”[5]总之，马克思、恩格斯高度重视规章制度对于无产阶级政党自身建设的重要性，在以制度规范无产阶级政党自身建设、约束无产阶级政党自身行为等方面进行了

[1] 《习近平谈治国理政》（第四卷），外文出版社2022年版，第29页。

[2] 《马克思恩格斯全集》（第10卷），人民出版社1998年版，第745页。

[3] 《马克思恩格斯全集》（第10卷），人民出版社1998年版，第745页。

[4] 《马克思恩格斯全集》（第29卷），人民出版社1972年版，第431页。

[5] 《马克思恩格斯选集》（第3卷），人民出版社2012年版，第174页。

不懈探索。

列宁继承了马克思、恩格斯的制度治党思想，并始终坚持以党的自我革命制度规范推动布尔什维克党的自身建设。1919年3月，俄共（布）第八次代表大会通过的党章把“严格遵守党的纪律”作为“全体党员和一切党组织的首要义务”。1920年，俄共（布）第九次代表大会决定设立中央监察委员会，并“认为有必要成立一个同中央委员会平行的监察委员会”[1]。1921年3月，俄共（布）第十次代表大会明确规定“监察委员会和党委员会平行地行使职权”[2]。另外，俄共（布）的第十次、第十一次代表大会分别通过了《关于监察委员会》《关于监察委员会的任务与目的》等规范性文件，文件明确规定了党内监察机构的目的、任务及其权力，进一步推动了党内监察机构的完善发展。此外，列宁还十分重视制度执行的重要性，面对党内越发严重的腐化堕落现象，在列宁的建议下，人民委员会通过了《关于惩办受贿的法令》，对于利用自身职权贪污受贿的公职人员法令规定“应判处不少于5年的徒刑”[3]。同时，列宁强调，“对共产党员的惩办应比对非党人员加倍严厉”[4]。列宁在继承马克思、恩格斯的制度治党思想的基础上坚持从俄共（布）的党内实际出发，在强调制度制定的同时仍不忘关照制度执行，对于推动俄共（布）自身的完善、净化、革新和提高产生了重要影响。列宁“对执政党自我革命的理论概括和实践探索，为马克思主义执政党建设的理论和实践书写了崭新的篇章，为当代中国共产党进行自我革命提供了宝贵的经验”[5]。

（二）历史基础：党的自我革命制度建设的演进历程

党的自我革命制度规范在党的百年发展历程中经历了从自发探索到自主推进、从重视制度要素建设到重视制度体系建构的演进历程，实现了自我革命制度规范从单个制度创设到制度碎片化发展再到制度体系化完善的跨越式发展。新民主主义革命时期，党的自我革命制度建设在借鉴俄共（布）建设经验的基础上，主要围绕怎样把党建设成为“全国范围的、广大群众性的、思想上政治上组织上完全巩固的布尔什维克化的中国共产党”[6]而展开。1921年，中国共产党第一次全国代表大会通过了《中国共产党纲领》。1922年，中共二大通过了中国共产党历史上第一个党章。1927年，党的第五次

[1] 《列宁全集》（第39卷），人民出版社2017年版，第323页。

[2] 《苏联共产党代表大会、代表会议和中央全会决议汇编》（第2分册），人民出版社1964年版，第71页。

[3] 《列宁全集》（第60卷），人民出版社2017年版，第227页。

[4] 《列宁全集》（第42卷），人民出版社2017年版，第437页。

[5] 戴晓慧：《论列宁关于执政党自我革命的思想及其当代启示》，《湖南师范大学社会科学学报》2023年第5期。

[6] 《毛泽东选集》（第2卷），人民出版社1991年版，第613页。

全国代表大会设立了中央监察委员会，这是中国共产党历史上首个监察机构。1931年，中共中央通过了《中央巡视条例》，这是党的历史上第一个巡视方面的党内法规。1943年，延安整风运动期间中共中央颁发了《关于审查干部的决定》，对审查干部的环节、方法等作出了明确规定。1945年，中国共产党第七次全国代表大会通过了新党章。这部党章是党在民主革命时期自主修订通过的第一部党章，对于党的自我革命制度规范的创设发展具有非凡意义，代表着党的自我革命制度规范建设逐步走向自主推进的发展阶段。

社会主义革命和建设时期，中国共产党坚持以自我革命制度建设保障社会主义建设。1949年，中共中央成立了以朱德为书记的中央纪律检查委员会。1955年，中共中央成立了中央监察委员会，代替各级党的纪律检查委员会，并通过《中央监察委员会工作细则》。这一时期，中共中央还出台了《农村基层党组织工作条例（试行草案）》《国营工业企业基层党组织工作条例（试行草案）》等制度规范。党的自我革命制度规范建设在摸索中不断前进。

改革开放和社会主义现代化建设新时期，在总结新中国成立以来党和国家事业发展历史经验的基础上，党对于制度建设的认识越发深刻。1980年，邓小平发表了题为《党和国家领导制度的改革》的重要讲话，将党和国家的制度建设提升到了前所未有的高度，并将强化党的自我革命制度建设作为这一时期的重要任务。从党的十二大到党的十六大，党先后6次修改党章，共“制定出台了2万多件党规和规范性文件”[1]。1980年，中共中央颁布的《关于党内政治生活的若干准则》明确提出“必须认真维护党规党法”[2]，党规党法这一概念首次在中央文件中出现。值得注意的是，1993年，党中央、国务院决定将中央纪律检查委员会与监察部合署办公，实行一套工作机构、两个机关名称。从整体上看，这一时期大批涉及党的组织建设、作风建设、反腐倡廉建设等领域的制度规范不断出台，自我革命制度规范的创立、运行逐步走向具体化与科学化。

在中国特色社会主义新时代，党的自我革命制度规范在推动全面从严治党、国家治理体系和治理能力建设等方面发挥了重要作用。这一时期，党的自我革命制度规范建设逐步走向重制度体系建构的发展阶段，自我革命制度规范体系的主要架构逐渐形成。2013年，中共中央发布《中央党内法规制定工作五年规划纲要（2013—2017年）》，该则纲要明确了党中央今后五年党内法规制定工作的指导思想、工作目标、基本要求、主要任务和落实要求。此后，中共中央还相继制定、修订了《关于新形势下党内政治生活的若干准则》（2016）、《中国共产党重大事项请示报告条例》（2019）、《党委（党组）

[1] 宋功德：《党规之治》，法律出版社2015年版，第358页。

[2] 《十一届三中全会以来党的历次全国代表大会中央全会重要文件选编（上）》，中央文献出版社1997年版，第104页。

落实全面从严治党主体责任规定》(2020)、《中国共产党组织处理规定(试行)》(2021)等一大批重要的自我革命制度规范。党的自我革命制度规范涉及的领域越发宽广，运行程序越发科学，配套衔接越发完备，体系架构越发清晰。

(三)现实需要：党的长期执政能力建设的时代探索

党的自我革命制度规范体系形成于党对自身长期执政能力建设的时代探索。在国家治理体系中，中国共产党发挥着总揽全局、协调各方的重要作用，中国共产党领导协调各治理主体共同合作，推动国家和社会各个部门之间互相协调、有效运转。中国共产党的执政能力与领导水平决定了国家部门运转的畅通程度，也决定了整个社会现代化的发展速度，“对于政党来说，尤其对一个领导着现代化的政党来说，客观上的确存在一个如何不断改革自身来适应整个社会现代化进程的问题”[1]。党的长期执政能力建设并不是一劳永逸的，而是一个长期过程。自我革命是无产阶级政党最为鲜明的政治品格与显著优势。党的十八大以来，影响党长期执政的外源性风险与内源性因素相互交织，党面临的问题挑战更趋多元。从世情来看，世界格局深层次调整，“四大赤字”有增无减，局部冲突和动荡频发，各类不同的社会思潮交织泛起；从国情来看，党的主要任务和历史使命的复杂性和艰巨性世所罕见，社会发展不平衡不充分问题依然突出；从党情来看，党内“四大考验”“四种危险”长期存在，党仍然面临着不少顽固性、多发性问题。面对复杂多变的执政环境，以习近平同志为核心的党中央始终坚持在党的长期执政能力建设的时代探索中以刀刃向内、刮骨疗毒、壮士断腕的自我革命精神不断提升自我革命的“深度”，同时不断制定颁布一系列规章制度，力求让党的长期执政能力建设在制度框架下有序运行，以制度规范保障自我革命的“效度”。在此背景下，党的自我革命不断迭代升级，逐步形成了一套科学有效的制度规范体系，实现了实效性与长期性的有机结合，开辟了党的自我革命的新境界，形成了党的自我革命的新样态，找到了提高自身长期执政能力的科学路径。

二、党的自我革命制度规范体系的结构功能

党的自我革命制度规范体系不是制度文本的零散拼接，也不是几个制度的机械组合，而是内含丰富的要素构成、具有严密逻辑的制度体系集成。其核心要义在于诸多制度规范之间的精巧衔接、有机耦合，进而从整体上形成结构化的程序安排，生成科学化的运行机制。

[1] 王长江：《政党论》，人民出版社2009年版，第284页。

（一）党的自我革命制度规范体系的要素考察

党的自我革命制度规范体系是由一个个单项制度规范构成的，考察党的自我革命制度规范体系的内在要素，可以从宏观与微观两个方面着手。宏观上，党的自我革命制度规范体系由自我革命正式制度与非正式制度组成。自我革命正式制度蕴含了自我革命的价值理念，明确规定了自我革命的工作方法、自我革命的工作程序等内容，是由党和国家权威机构制定通过，用来调整规范自我革命主体、约束自我革命行为、监督巡视自我革命工作的明文规范。而自我革命非正式制度则是对正式制度的有益补充，是党在百余年实践探索中形成的具有自我革命底色的优良传统。例如，党始终重视学习、始终坚持批评与自我批评、反对宗派主义、反对一切派别组织和小集团活动、坚持党和人民的利益高于一切、个人利益服从党和人民的利益都属于这一范畴。习近平指出："党内很多规矩是我们党在长期实践中形成的优良传统和工作惯例，经过实践检验，约定俗成、行之有效，反映了我们党对一些问题的深刻思考和科学总结，需要全党长期坚持并自觉遵循。"[1]总而言之，自我革命制度规范体系在宏观上由党的自我革命正式制度与非正式制度共同构成，是党员与党组织进行自我革命的制度化表达。

习近平指出："必须坚持构建自我净化、自我完善、自我革新、自我提高的制度规范体系，为推进伟大自我革命提供制度保障。"[2]由此观之，微观上，党的自我革命制度规范体系至少包括自我净化、自我完善、自我革新、自我提高四个制度单元。党的自我净化制度规范在自我革命制度规范体系中发挥底线保障作用，是净化清除影响侵蚀自身纯洁性与先进性因素的制度规范，主要包括权力监督制约制度规范、党内巡视派驻制度规范、腐败发现查处惩治制度规范等。党的自我完善制度规范是指消除自身弱点、完善自身短板的制度规范，主要包括批评与自我批评制度规范、纠错纠偏制度规范、执纪问责制度规范等。党的自我革新制度规范是指不断推动自身革故鼎新的制度规范，主要包括容错纠错制度规范、双向激励制度规范、党员干部改革创新制度规范、净化政治生态制度规范等。党的自我提高制度规范是自我革命制度规范体系中的高线要求，是推动党不断向更高发展阶段迈进的制度保障，主要包括党员干部培训教育制度规范、党员党性教育制度规范、理论学习制度规范、实践锻炼制度规范等。

（二）党的自我革命制度规范体系的内在结构

从内在结构的角度来把握制度体系，就是在深入分析制度体系内在要素构成的基础上，寻找各个要素之间的内在关联性。从整体来看，党的自我革命制度规范体系架

---

[1] 《习近平关于严明党的纪律和规矩论述摘编》，中央文献出版社、中国方正出版社2016年版，第7页。

[2] 《习近平谈治国理政》（第四卷），外文出版社2022年版，第550页。

构具有深刻的复杂性与特殊性，是一个纵横交错的结构，其中纵向连接着不同层级的制度规范，横向涉及党的建设各个领域。从纵向制度层级来看，党的自我革命制度规范体系形成了包括根本制度、核心制度、具体制度、一般制度在内的四大纵向层级序列。在第一个层级序列中，党章中有关自我革命的规范规定构成了党的自我革命制度规范体系中最高制度层级的根本制度，根本制度在党的自我革命制度规范体系中发挥着统筹定向的作用，在制度规范体系中处于最高层级，决定了党的自我革命制度规范体系中其他层级制度的价值理念、发展方向与表现形式。第二个层级序列是作为核心制度的民主集中制，核心制度是党的自我革命制度规范体系的组织原则与运行支柱，内在规定了党的根本组织原则，为党的自我革命制度规范体系中各类要素的生成、各类制度规范的运行和发展提供了有效保障。在核心制度之下，是作为党的自我革命制度规范体系基本内容填充的具体制度与一般制度。具体制度是指一些具有特殊功能的制度规范，教育制度、监督制度、考核制度、问责制度、惩戒制度、激励制度等都属于具体制度这一层级。一般制度的内容比较丰富，涉及党的自我革命的各个方面、不同领域，是对具体制度的具化与细化。

从横向涉及领域来看，党的自我革命制度规范体系主要涉及党的政治建设、思想建设、组织建设、作风建设、纪律建设、反腐败斗争六个领域。具体而言，党的自我革命制度规范体系在党的政治建设相关领域涉及加强党的领导、维护党中央权威、严肃党内政治生活、提高党员干部政治能力等方面。党的自我革命制度规范体系在党的思想建设相关领域主要涉及党员干部理论学习、党员党性教育、党员干部道德建设、推动党内学习教育常态化等方面。党的自我革命制度规范体系在党的组织建设相关领域主要涉及党员干部考核评价、党员干部选拔培养、党员干部全方位管理与经常性监督以及通过自我革命整顿软弱涣散的党组织，优化党的组织体系，强化各级党组织政治功能与组织功能等方面。党的自我革命制度规范体系在党的作风建设相关领域主要涉及密切党群关系、改进领导干部工作作风、推动党的作风建设常态化制度化等方面。党的自我革命制度规范体系在党的纪律建设相关领域主要涉及党纪教育、监督执纪“四种形态”运用、违纪行为查处、违纪行为问责等方面。党的自我革命制度规范体系在反腐败斗争相关领域主要涉及权力监督制约、党员干部廉洁自律、一体推进不敢腐不能腐不想腐体制机制，腐败发现、腐败查处、腐败惩治和以案促改促治等方面。需要强调的是，党的自我革命制度规范体系的四大层次与六大领域之间联系密切。四大层次可以说是党的自我革命制度规范体系的骨骼架构，六大领域则是党的自我革命制度规范体系的血肉填充，两者之间的纵横联结，推动党的自我革命制度规范体系永葆旺盛的生机活力，共同构筑起了党的自我革命制度规范体系的制度网络。

（三）党的自我革命制度规范体系的主要功能

体系架构决定功能效用，党的自我革命制度规范体系通过系统集成的制度体系推动党的自我革命不断走向程序化、常态化，推动实现了党的自我革命的跨越式发展。党的自我革命制度规范体系的主要功能可以从党的自身建设层面、政治层面与社会层面加以概括。

就党的自身建设层面而言，党的自我革命制度规范体系通过制度集成规定了自我革命的运转方式与运转程序，以实现自我革命时刻保持稳定、连续、有序的运作状态。一方面，党的自我革命制度规范体系具备凝聚制度合力的功能。自我革命制度规范体系中各制度要素都拥有着固定的结构定位与功能作用，不同制度要素之间精巧衔接、功能互补，这既保障了单个制度规范效能的发挥，同时实现了各项制度要素之间的同频共振，同向发力，进而凝聚产生出强大的制度合力。另一方面，党的自我革命制度规范体系具有涵养自我革命文化的功能。“任何一种制度的产生和形成，无论是自然发生的，还是有意设计的，都是特定文化轨迹或文化需求的反映。”[1]党的自我革命制度规范体系在自我革命精神的驱动下生成，其作用的发挥一刻也离不开自我革命精神支撑，同时自我革命制度规范体系的每一次运转与实施，都会进一步深化全党成员对于自我革命精神的理解与认同。正如马林诺斯基所说：“所有文化进化或传播过程都首先以制度变迁的形式发生。”[2]党的自我革命制度规范体系的出场，有助于进一步深化全党成员对于自我革命的精神认知，推动实现自我革命精神的形态跃迁。

就政治层面而言，政党自身治理与国家治理具有同构性，执政党只有不断提高自身执政能力与领导水平，优化自身对国家事务的介入能力与治理水平，才能在政治实践过程中更好地调和自身与国家政权之间的关系。因此，从这一角度而言，党的自我革命制度规范体系为党政关系调适提供了主体条件。一方面，党的自我革命制度规范体系具有优化党政环境的功能。自我革命制度规范体系以制度规制党员行为、制约党员干部权力、反对党内特权行为与特权思想、净化党员干部队伍，有助于促进决策过程的民主化、决策运行的规范化、决策执行的科学化，有效防止公共权力越轨而侵害人民利益，真正实现以程序化方式凝聚共识，以制度化方式确认共识，提升党政互动的科学化水平，保障党政同向同力，构建科学化的党政和谐环境。另一方面，党的自我革命制度规范体系具有维护政治秩序稳定的功能。政党与国家政权的关系并不是封闭的，而是一个动态系统。这就对作为政治秩序中心的政党提出了要求，党的自我革命制度规范体系通过制度集成推动中国共产党的自我调适走向程序化、规范化，在时

---

[1] 辛鸣：《制度论：关于制度哲学的理论建构》，人民出版社2005年版，第265页。

[2] 马林诺斯基：《科学的文化理论》，黄建波等译，中央民族大学出版社1999年版，第56页。

代发展与形势变化过程中始终保持自身纯洁，不断提高自身执政能力与领导水平，推动实现政党自身的理性化与民主化，进而满足政治秩序运行对政党的主导性需求，保障政治秩序的长期稳定。

就社会层面而言，党的自我革命与社会革命本就存在密切联系，习近平强调："要以伟大自我革命引领伟大社会革命，以伟大社会革命促进伟大自我革命。"[1]可以说，党的自我革命的程度决定了社会革命的深度。因此，党的自我革命制度规范体系作用于自我革命的同时必然作用于社会革命。一方面，党的自我革命制度规范体系对社会革命具有保障功能。党的自我革命制度规范体系实现了党在面对社会革命进程中的外部风险挑战时，能够及时通过制度化程序化的自我调适，革除自身弊病，抵御腐朽思想侵蚀，为社会革命提供坚实的组织保障与人才保障，确保党的社会整合功能指向与人民群众的根本利益始终保持一致。另一方面，党的自我革命制度规范体系对于社会革命具有引领功能。党的自我革命制度规范体系在运转实施过程中不断提高党领导人民推进社会革命的能力与本领，优化自身领导方式，从而实现在充分尊重组织与个人、政党与民众等社会主体差异的基础上，找出各方利益的"最大公约数"，实现各方关系的整合，推动社会革命不断向前。总之，党的自我革命制度规范体系在推动自我革命走向程序化的过程中也作用于社会革命，对于推动实现两个伟大革命之间的良性互动具有重要意义。

三、党的自我革命制度规范体系的完善进路

完善党的自我革命制度规范体系，既是新征程上党和国家事业发展的应然目标，也是推进党的建设高质量发展的实然要求。党的十八大以来，党的自我革命制度规范体系的四梁八柱已然逐渐显现，但同时应当注意到党的自我革命制度规范体系仍存在一些短板与弱项。新时代新征程，全党同志必须始终坚持党的自我革命永远在路上的坚定与执着，着力在优化要素供给、深化要素衔接、健全革新机制、重视效能转化上下功夫，推动党的自我革命不断走向制度化、规范化、常态化与长效化。

（一）优化党的自我革命制度规范体系的要素供给

良规是善治的基础，强化自我革命制度的要素供给，是完善党的自我革命制度规范体系的强基固本之策。当前，党的自我革命制度规范体系的基本架构虽然已经初步形成，但并非完备无缺，需要进一步在要素供给上下功夫，既要构筑完善党的自我革

[1] 《习近平谈治国理政》（第四卷），外文出版社2022年版，第544页。

命制度规范体系的“四梁八柱”，也要注重为党的自我革命制度规范体系“添砖加瓦”。其一，要突出全面性，增加党的自我革命制度规范体系的要素供给数量。要坚持在党章这一根本制度的统领之下，充分发挥民主集中制这一核心制度的重要作用，随着自我革命实践的发展不断充实完善自我革命制度规范体系的具体制度与一般制度。要制定出台涵盖党的自我革命主体、行为、工作监督的一系列配套制度规范，不断织密自我革命的制度之网，填补制度规范体系在制度模块上的空白以及在具体规范上的漏洞，实现对党的自我革命实践的全面覆盖。其二，要突出科学性，提高党的自我革命制度规范体系的要素供给质量。自我革命制度规范体系的制定出台要始终秉持“方向要正确、内容要科学、程序要规范”[1]的基本原则，坚持正确的政治方向，立足党和国家工作大局，严格遵守党中央的顶层设计和整体谋划，不断强化党的自我革命制度规范的要素供给；突出可操作性，尽量避免模糊用语，坚决杜绝内容不切实际、适用时限过时、规范要求过于理想等问题，坚持党的自我革命制度规范与当下环境相适应，使其符合制度规范发展的客观规律与管党治党的现实需求；严格制定程序，始终坚持科学立规、民主立规，严格遵循制度制定权限与审批流程，充分发扬民主、深入调研论证、认真仔细推敲、广泛听取意见，不断强化党的自我革命制度规范的明确性、具体性、程序性与可量化性，确保每项制度规范都立得住、行得通。

（二）深化党的自我革命制度规范体系的要素衔接

党的自我革命制度规范体系作为一个系统的制度集成，实现了不同领域、不同功能以及不同层级的自我革命制度规范的内在耦合，形成了相辅相成、协调一致、运行有序的党的自我革命制度链条。完善党的自我革命制度规范体系的核心要义在于“体系”二字，这就要求不仅要着力优化党的自我革命制度规范体系的要素供给，也要不断深化制度体系内部要素间的有效衔接，推动实现各要素间的协调统一、层次分明与内容自洽。其一，深化同一制度单元内部要素的有效衔接。坚持以健全完善“四个自我”制度单元功效发挥为目标，明确划分单个制度单元内在要素的职责与功能，充分考虑新老制度之间、不同制度之间的协调性，对现有制度单元内部要素进行科学清理，删除不协调、不衔接、不一致的制度要素，简化交叉重复、“冲突打架”的制度要素，避免出现制度内容相互抵触、制度功能交叉重叠等情形。同时，“要搞好配套衔接，做到彼此呼应，增强整体功能”[2]。实体性制度建设完成后，程序性制度、配套性制度建设要及时跟上，确保有效衔接、科学联动、系统集成，推动实现每个制度单元都能发挥

[1] 《关于加强党内法规制度建设的意见》，《人民日报》2017年6月26日。

[2] 《习近平关于严明党的纪律和规矩论述摘编》，中央文献出版社、中国方正出版社2016年版，第55页。

出最大功效。其二，深化不同制度单元间的有效衔接。深化党的自我革命制度规范体系的要素衔接，既要实现单个制度单元内部要素协调，也要注重整个制度体系的制度效能释放，避免出现不同制度单元之间各自为政、力量分散的情况。要推动不同制度单元之间的调适搭配，建构起各制度单元之间的耦合机制与协同机制，消除各个制度单元之间的衔接壁垒，引导各个制度单元科学分工、各展其长、优势互补，实现不同制度单元相互之间的科学协同、强效耦合，不断增强自我革命制度合力，提高党的自我革命制度规范体系的转化效能。

（三）健全党的自我革命制度规范体系的革新机制

当制度形成的原始环境发展改变，但是制度却没能实现随之变化，制度与外在环境在变化频率上就会产生脱节，这样就会导致制度的效用不断降低，甚至逐渐成为发展与变革的阻碍因素，这就是“反制度化”[1]。当前，我国正处于实现中华民族伟大复兴的重要战略机遇期。[2]随着时间的推移，党的自我革命制度规范体系作为一个庞大的制度集成，不可避免地会出现滞后性、僵化性等缺陷。因此，要完善党的自我革命制度规范体系，必然要构建自我革命制度规范体系的革新机制，推动自我革命制度规范体系不断由低级形态向高级形态进阶。其一，推动构建党的自我革命制度规范体系的评估机制。评估机制的构建与完善要着力在评估内容、评估标准、评估主体三个方面下功夫。在评估内容上，既要立足于制度规范建立前，也要着眼于制度规范运行中与制度规范实施后，推动评估内容的全面覆盖；在评估标准上，要推动构建党的自我革命制度量化分析指标体系，坚持定性分析和量化考核的有机结合，既要看到自我革命制度规范体系产生的实际效果，也要重视量化指标体系的考核分数；在评估主体上，要推动评估主体多元发展，坚持制度规范制定主体、内部评估主体与第三方评估主体相结合。其二，推动构建党的自我革命制度规范体系的优化机制。有些制度规范是在特定的时空场域下诞生的，当制度运转环境发生变化时，就会产生一些弊端或缺陷，进而成为制度运转的桎梏。因此，应当树立准确识变、科学应变、主动求变意识，针对在制度体系运转过程中不协调、评估过程中不合格的制度规范，坚持严肃审慎、科学民主的基本原则，不间断地对其进行集中式、专项式和即时式的清理优化，不断提高制度规范体系的科学性。其三，要推动构建党的自我革命制度规范体系的创新机制。与时俱进，既要革故也要立新，要推动构建党的自我革命制度规范体系的创新机制。

[1] 福山：《政治秩序的起源：从前人类时代到法国大革命》，毛俊杰译，广西师范大学出版社1999年版，第443页。

[2] 刘俊霞：《习近平关于党内政治文化建设重点论述的核心要义》，《江西财经大学学报》2022年第1期。

一方面，要构建由上至下的制度创新机制，不断强化顶层设计，充分发挥制度制定组织机构的主导作用，瞄准党的自我革命制度规范体系运行过程中的痛点与难点，积极地从人类政治文明的制度建构和实践探索中，汲取先进的经验做法，敢于创新实践。另一方面，要构建由下至上的创新机制，始终坚持边实践边总结边完善的基本原则，不断强化由下至上的反馈机制，鼓励基层组织大胆探索，强化经验推广，及时将自我革命制度运转过程中成熟的经验做法上升为制度规范，不断扩大制度规范的适用范围，直至成为能够产生普遍效用的制度规范。

（四）注重党的自我革命制度规范体系的效能转化

完善制度规范体系，从来都不能只局限于制度体系的内部，还要从制度效能转化的外部目标中寻找答案。中国共产党作为马克思主义执政党，肩负着推动社会主义国家治理现代化的重要使命，而政党自身治理的现代化则是党领导人民有效治理国家的根本基础。这在本质上决定了党的自我革命制度规范体系运转的双重效能目标，既需要通过党的自我革命制度规范体系的常态化运转来强化自身治理，也需要通过其效能发挥来提升自身执政能力与领导水平。具体而言，其一，完善党的自我革命制度规范体系要以治理自身现实问题为导向。要重点聚焦当下党的自我革命的具体实践困境，突出制定重点，加快紧要制度的制定，针对党所面临的“四大考验”“四种危险”，党内顽固性、多发性问题，要积极制定出台相关的自我革命制度规范，充分发挥规章制度的执行力度强、约束范围广的特点，通过制度体系的效能合力破解党所面临的自身治理难题。其二，完善党的自我革命制度规范体系要以提升党的长期执政能力为导向。要充分发挥党的自我革命制度规范体系的稳定性与长期性的特点，重点聚焦党的执政能力的长效化提升，有针对性地制定出台提升党的政治领导力、思想引领力、群众组织力与社会号召力的制度规范，不断革除自身弊病，以稳定长效的制度运转不断提升党的长期执政能力与领导水平。

四、结语

从党的十九届六中全会第二次全体会议到党的二十大报告，习近平对于构建完善党的自我革命制度规范体系作出了一系列重要部署，进一步丰富和发展了新时代党的自我革命战略思想，开创了党的自我革命的新样态。从共时性角度来看，党的自我革命制度规范体系不仅是政党自身治理的重要议题，同时关涉着国家治理与社会建设等多个方面，需要国家、社会、人民共同发力、同向发力。从历时性角度来看，党的自我革命制度规范在百余年间经历了一个长期的发展过程，在不同的历史时期表现为不同的制度形态，“是一个能够变化并且经常处于变化过程中的有机体”[1]，需要始终对其进行整体性思考与系统性谋划，久久为功、常抓不懈。本文深入挖掘了党的自我革命制度规范体系的生成机理，归纳梳理了党的自我革命制度规范体系的要素构成，多维审视了党的自我革命制度规范体系的内在结构与重要功能，并在此基础上提出了自我革命制度规范体系的完善进路。从中可以发现，完善党的自我革命制度规范体系不仅需要优化制度要素供给、深化制度要素衔接，还需要建立健全制度创新机制，注重制度效能转化。同时，党的自我革命在本质上是一个拾级而上的发展过程，具有多重面向，党的自我革命是一种精神自觉，是一种实际行动，也是一种制度规范。在新的时代征程上，全党要认识到党的自我革命制度规范体系建设的长期性与艰巨性，推动党的自我革命制度规范体系在实践中不断完善发展。

原载于《南昌大学学报（人文社会科学版）》2023年第5期

[1] 《马克思恩格斯选集》（第2卷），人民出版社2012年版，第84页。

新时代中国共产党国际话语能力建设的现实挑战与路径探析

何　森

摘　要： 中国共产党走向世界的过程，就是与世界对话的过程。面对“世界百年未有之大变局”，新时代中国共产党国际话语能力建设是党和国家适应时代发展、参与国际竞争的客观需求，对于讲好中国故事、塑造国际形象、提升国际话语权、参与全球治理具有积极意义。然而，全球话语格局长期“西强中弱”，新时代中国共产党国际话语能力建设仍面临自身“话语窘境”“传播困境”及西方“话语霸权”“话语陷阱”等问题与挑战。提升新时代中国共产党国际话语能力，需要政党话语主体、话语内容、话语媒介、话语受众等要素的相互配合和协同推进。

关键词： 中国共产党；国际话语能力；话语传播；全球治理

“传播力决定影响力，话语权决定主动权。”[1]在信息传播全球化时代，国家间竞争的主要形式是国际话语权竞争，也是各国的信息博弈和符号竞争。掌握国际话语权意味着在全球治理中掌握更多主动权、发言权和影响力。政党国际话语权的强弱与政党国际话语能力密切相关。中国共产党国际话语能力是指话语主体在国际场域建构、运用、传播政党话语的能力，包括“话语主体”“话语内容”“话语媒介”“话语传播”“话语受众”等要素。新时代，党和国家综合实力及国际地位得到显著提升，国际社会对于中国共产党的关注前所未有，世界渴望了解中国，中国需要被世界理解。然而，“站起来”、“富起来”乃至逐渐“强起来”的中国，还未建构起与当前经济实力、政治地位、国际影响力相匹配的国际话语能力。新时代中国共产党国际话语能力建设对于政党、国家、国际社会而言均具有重要意义，关系到中国的和平崛起和中华民族的伟大复兴。新时代以来，中国共产党国际话语能力建设在话语内容、话语平台、传播技术等方面有了显著提高，但仍面临“有理说不出”“说了传不开”“传开没人信”等问题与挑战。提升新时代中国共产党国际话语能力，形成与我国综合国力和国际地

[1] 《习近平新闻舆论思想要论》，新华出版社2017年版，第7页。

位相匹配的政党国际话语权，是当前具有战略意义的重要命题。

一、新时代中国共产党国际话语能力建设的时代价值

新时代中国共产党国际话语能力建设旨在增进国际社会对于中国共产党理论与实践的理解、认可和认同。从“理解”到“认可”再到“认同”是一个循序渐进的过程，而心理层面的接纳和认可是中国共产党争取价值观和体制道路认同的关键。[1]

第一，有助于塑造政党国际形象，向世界展示真实、立体、全面的中国。政党形象是政党表现出的客观现象与公众主观认知的综合结果。中国共产党历来重视国际话语能力建设，其目标随着时代发展而发生变化。新中国成立初期，政党国际话语能力建设的目的是在国际上“能发声”；改革开放时期，政党国际话语能力建设的目的是“能对话”“能互动”；新时代，政党国际话语能力建设的目的是“能贡献”“能主导”。新时代以来，中国共产党越发重视政党国际话语的建构与传播。2021年，党的十九届六中全会提出“加快国际传播能力建设，向世界讲好中国故事、中国共产党故事，传播好中国声音”[2]。2022年，党的二十大强调“讲好中国故事、传播好中国声音，展现可信、可爱、可敬的中国形象”[3]。面对西方的“话语霸权”和“话语陷阱”，中国共产党唯有主动向世界阐释中国道路、中国模式，传播中国声音、中国理论，贡献中国思想、中国智慧，方能促使国际社会更好地理解中国共产党的道路与制度，认可中国共产党的发展与成就。

第二，有助于提升政党国际话语权，为中国崛起创造良好的国际舆论环境。当今世界的大国博弈在一定程度上是国际话语权的博弈，国际话语权竞争是国家间权力关系的重要表现。国际话语权不是自然形成的，而是在国际竞争中主动争取的。政党国际话语权既与“硬实力”有关，更与政党话语能力有关。作为世界上最大的马克思主义执政党，中国共产党应不断提升国际话语能力，通过一定方式和途径，将政党话语本身承载的理念、价值和思想加以传播，在叙事层面呈现世界发展的多元逻辑，促使国际受众更好地理解中国参与全球治理的责任与担当，为中国和平崛起创造良好的国际舆论环境。

第三，有助于融入全球治理格局，推动构建人类命运共同体。构建人类命运共同体是世界各国人民前途所在，世界政党面临着如何在国家治理中更好履行责任、发挥

[1] 张志安、李辉：《平台社会语境下中国网络国际传播的战略和路径》，《青年探索》2021年第4期。

[2] 《中共中央关于党的百年奋斗重大成就和历史经验的决议》，《人民日报》2021年11月17日。

[3] 习近平：《高举中国特色社会主义伟大旗帜　为全面建设社会主义现代化国家而团结奋斗——在中国共产党第二十次全国代表大会上的报告》，《人民日报》2022年10月26日。

引领作用，如何应对复杂挑战、携手建设更加美好的世界的重大课题。习近平谈道：“世界那么大，问题那么多，国际社会期待听到中国声音、看到中国方案，中国不能缺席。”[1]作为全人类的先进文明成果，“中国方案”“中国智慧”为解决全球共性问题提供了思想资源和制度借鉴，其世界性意义正逐步被国际社会所认可。如何让“中国方案”“中国智慧”“走出去”，其关键在于提升新时代中国共产党国际话语能力。2021年举办的“中国共产党与世界政党领导人峰会”汇聚了160多个国家的500多个政党和政治组织等领导人，彰显中国共产党勇担大党大国“为人民谋幸福，为人类谋进步”[2]的历史责任。提升中国共产党国际话语能力，有助于中国共产党融入全球治理格局，为解决全球性问题贡献中国共产党的智慧、方案与力量。

二、新时代中国共产党国际话语能力建设的现实挑战

新时代，中国共产党通过构建话语体系、拓宽话语平台、改善传播技术等方式不断提升国际话语能力。然而，有话筒不意味着有话语权，有内容不意味着有传播力，有渠道不意味着有效力。[3]新时代中国共产党国际话语能力建设仍面临自身“话语窘境”“传播困境”以及西方“话语霸权”“话语陷阱”等问题与挑战，有时陷入“有理说不出”“说了传不开”“传开没人信”的被动局面。

（一）中国共产党国际话语供给能力不足

政党国际话语的生成不仅需要强大的政党实力、综合国力作为基础，也需要深厚的文化底蕴、理论创新作为话语资源。中国共产党提升国际话语能力、争取国际话语权的过程，实则是中国共产党话语表达在世界范围内更多地被听闻、理解和认同的过程。然而，新时代中国共产党国际话语的供给能力仍有待提升。

第一，缺少融通中外的话语体系。新时代以来，党和国家事业取得举世瞩目的伟大成就，我国迈上了全面建设社会主义现代化国家的新征程，中国共产党用“中国方案”解决了许多西方制度难以解决的现实问题，为全球事务和全球治理贡献具有中国特色的智慧和力量，但中国共产党尚未建立起相对系统、完整且被国际社会广泛认同的话语体系，党的成就与经验难以用合适的话语进行表达和传播。此外，中西方缺乏共同的概念框架去理解彼此。中国共产党的话语多以西方概念为媒介，缺乏严密完整

---

[1] 《国家主席习近平发表二〇一六年新年贺词》，《人民日报》2016年1月1日。

[2] 习近平：《加强政党合作　共谋人民幸福——在中国共产党与世界政党领导人峰会上的主旨讲话》，人民出版社2021年版，第3页。

[3] 任孟仙：《国际传播的路径逻辑：从能力到效力》，《对外传播》2017年第1期。

且富有解释力的话语来进行自我阐释；中国共产党的话语难以嵌入西方社会，西方的理论工具和话语体系也无法有效地解释中国共产党的理论与政策；西方学者普遍缺乏马克思主义基本视野，难免存在历史唯心主义、主观主义和意识形态偏见，用西方中心主义的观点去解读中国共产党话语，易导致错误的分析。

第二，政党话语生产力和影响力有限。西方话语中的“中国”，最大问题是“中国性”的缺席和“西方性”的附着。[1]中国道路在政治制度和意识形态上与西方迥异，西方国家长期以来对中国的政治制度存在刻板印象，意识形态分歧是西方对华政治偏见的根源。西方国家以其历史悠久的政党政治理论与实践长期垄断政党制度话语权，置于西方政党理论解释框架之中，认为非西方国家政党制度具有不确定性，并贬抑与其意识形态相背的中国共产党。在国际上，中国共产党缺乏主动设置议题并引导国际社会讨论的能力，而国际社会对于中国共产党的议题设置、解读角度、叙事结构，无不充斥着西方的立场、标准和思维方式。中国共产党由于政党理论研究体系供给不足，有时在世界共同性议题上处于“有理说不出”的“失语”状态，面对西方的妖魔化攻击，有时显得无力回击。

（二）中国共产党国际话语传播能力较弱

政党国际话语传播能力是一种跨国界、跨语言、跨文化的信息传播能力。受中西方政治制度、意识形态、历史文化、国际传媒实力、语言差异的影响，中国共产党国际话语传播能力较弱，存在“说了传不开”的问题，其原因既有别人不愿听的主观情况，也有别人听不懂的客观情况。

第一，“不愿听”主要因为国际话语缺乏吸引力，国际传播缺乏引导力、公信力、影响力。由于中外在历史文化、社会心理、思维方式等方面的差异，如果把握不准国外受众的特点和需求，固守旧的思维方式和传播模式，势必会削弱话语传播的效果，降低对于话语受众的吸引力和影响力。[2]中国共产党国际话语传播容易站在“我想让你知道什么”的立场上，难免具有主观性，这种思维惯性，使得我国的国际传媒更多关注主流政治文化，却忽视了受众人数众多，成分复杂，文化背景不同，思维方式、思维习惯、价值观相异等一系列现实问题。[3]同时，中国主流媒体在国际社会缺乏公信力和影响力，难以在国际社会引导公众视线，致使公众被西方主流媒体所左右，不利于

---

[1] 陈曙光：《中国话语：说什么？怎么说？》，湖北人民出版社2017年版，第236页。

[2] 蒋锐、华方正：《中国新型政党制度国际话语权构建：现状、问题与路径》，《理论学刊》2023年第1期。

[3] 徐稳：《全球化背景下当代中国文化传播的困境与出路》，《山东大学学报（哲学社会科学版）》2013年第4期。

维护政党国际形象。在应对突发事件时，由于缺少经验和资源渠道，也难免处于被动状态。

第二，“听不懂”更多是由于历史文化背景差异以及语言上的天然障碍，造成信息互通和话语传播的难度。一方面，中西方历史文化背景的差异造成话语认知的偏差。西方文化强调“个人主义”，推崇国强必霸，守成之国势必打压崛起之国；中国历来崇尚和平，主张“以和为贵”，坚持“和平崛起”，如今致力于构建“人类命运共同体”。西方对于中国崛起存在不同立场。面对中国共产党国际话语，不同受众用不同的文化规则进行信息解码，自然会带有强烈的主观色彩，造成中西方不同的价值观、行为准则和好恶标准。另一方面，中西方语言文字的差异造成话语表达和理解的差异。当今世界有200多个国家和地区，有2500多个民族和6000多种语言。汉语与世界其他语系存在着语音、词汇、语法等差别。由于中西方文化背景、语言、价值观的差异，以及不同语言之间翻译转换的误差，难免影响信息传播的效果。受资料、翻译、信息传播等因素的影响，西方对中国的认知难免存在偏差。由于文字本身的语法、语境不同，以及解码者的立场不同，也会影响话语传播的准确性。[1]因此，中国共产党对国际话语的翻译和转换便显得尤为重要。

（三）西方“话语霸权”和“话语陷阱”的制约

全球化时代，国际环境纷繁复杂，各种思想文化交织、交流、交锋频繁，受民粹主义、逆全球化、极端民族主义等思潮影响，国际环境不稳定因素增加，国际形势更加严峻复杂，国际话语权之争更趋激烈。

第一，西方长期存在“话语霸权”。“话语霸权”主要指话语主体通过自身优势，将本国话语强加给别国的过程。西方话语霸权突出表现在话语议题由西方设定、话语规则由西方制定、话语真伪由西方裁判。[2]由于全球话语格局长期呈现“西话主导，西强中弱”的特征，以欧美为主体的西方国家的话语在国际话语格局中占据主流地位，而非西方国家的话语则处于相对弱势的地位。中国共产党的国际形象在很大程度上是“他塑”而非“自塑”，西方人对于中国共产党的主观印象与真实形象存在较大出入。政党国际话语传播不仅是跨国界的信息传播活动，也是国际政治、国际舆论斗争的一部分。由于历史和现实原因，以美国为首的部分西方国家凭借几百年来形成的话语资源优势和媒体优势，长期垄断国际话语权，渲染“中国威胁论”，妄图从国际舆论上遏制中国崛起。

第二，西方蓄意制造“话语陷阱”。米歇尔·福柯提出“权力话语”理论，指出

---

[1] 杨雪冬：《别让“误译”影响国际话语权构建》，《环球时报》2018年10月30日。

[2] 陈曙光：《中国话语：说什么？怎么说？》，湖北人民出版社2017年版，第237页。

“话语”之所以成为“陷阱”，是因为话语不仅是语言现象，也是“权力”运用。冷战以后，西方国家利用其意识形态领域和国际传播领域的话语权优势，极力向社会主义国家宣传西方的价值观念、政治制度和生活方式，渗透和影响中国的意识形态。随着中国共产党执政能力的日趋成熟以及国际影响力的逐渐提升，西方的对华焦虑也有所增加。由于制度、文化的差异，意识形态的长期偏见，现实利益的分歧和对中国崛起的焦虑，西方主流媒体对于中国共产党的偏见难以在短期内消除。以美国为首的西方国家利用其话语优势、技术优势和传播优势，蓄意制造“话语陷阱”，发起“舆论战”，大肆攻击和诬蔑中国，妄图从国际舆论遏制中国崛起。针对中国特色社会主义的根本政治制度、历史与发展前景，西方制造“话语陷阱”贬抑中国共产党的领导和中国特色社会主义道路，曲解中国道路、中国制度和中国模式，甚至制造舆论瓦解民众对中国道路的信心。同时，西方国家对中国共产党提出的“新型大国关系”“不冲突、不对抗”“一带一路”等倡议充满误会和敌意，国际社会鲜有对“人类命运共同体”等理念的解释性报道。西方国家提出“修昔底德陷阱”等大国霸权逻辑，也影响了国际社会对于中国“和平崛起”的理解。西方国家对中国共产党的“误读”甚至“诋毁”，制约了中国共产党国际话语能力的提升。

三、新时代中国共产党国际话语能力建设的路径探析

新时代中国共产党国际话语能力建设不是一蹴而就的，既需要政党话语的生产输出，也需要国际社会的认同接纳，更需要明晰“谁来说，说什么，如何说，怎么说”，故应培育话语主体，优化话语内容，创新话语表达，重视话语传播。

（一）培育话语主体，主动建构话语自信的政党形象

“话语主体”主要解决“谁来说”的问题。在信息化、全球化的背景下，中国共产党的国际形象在很大程度上取决于国际社会对于党的认知判断和情感投射。倘若中国共产党的理念能够得到国内外民众的普遍尊重、理解和认同，便能获得持久的驱动力。

第一，增强政党文化自信，形成政党话语自信。政党话语是政党内在气质和理想追求的反映，是政党形象的内在支撑。政党话语自信既是对话语内容的自信，也是对话语传播的自信。政党话语自信是政党文化自信的具象表现，其本质是对中国道路、中国理论、中国制度的自信。中国话语有理由自信，这种自信主要源于“中国道路”的成功，来源于中国特色社会事业的合乎规律性、正义性和崇高性。[1]深入分析西

[1] 陈曙光：《政治话语的西方霸权：生成与解构》，《政治学研究》2020年第6期。

方对华“话语陷阱”的动机与实质，是规避和消除“话语陷阱”的前提。增强政党话语自信，旨在打破西方单一的叙事逻辑，掌握政党话语建构的主动权和政党国际形象的塑造权。中国共产党的话语主体应坚持马克思主义的指导，提升理论自觉，保持清醒立场，正确看待党在话语阐发、翻译、传播方面的不足，冷静看待国外媒体的“捧杀”、“误读”与“诋毁”。由于中西方意识形态领域的斗争越发严峻，党更应时刻保持头脑清醒，增强政治敏锐性和鉴别力，辩证看待国际社会的评价，既要避免陷入西方蓄意设置的“话语陷阱”，也要避免陷入别国的“捧杀”。中国共产党应勇于打破西方“话语霸权”，慧眼识破西方“话语陷阱”，善于应对西方话语暴力，厚植中国话语优势，有效占领道义和舆论的制高点，不断增强党的国际话语权。新时代，中国共产党应坚持思想引领，提升话语能力，增强话语自信，主动将政党话语内容解释清楚、传播到位，为世界提供观察国际问题、人类发展的中国视角。

第二，增强政党实力，主动塑造政党国际形象。西方话语占据国际话语舞台中心的原因并非西方话语更具真理性和价值性，而是基于其背后强大的硬实力。中国共产党国际话语的生成也与政党硬实力、理论成熟度、话语说服力相关。随着中国经济迅速发展和国际地位的提高，中国的国际政治角色也由“参与者”向“负责任大国”转变，中国共产党在国际话语格局中的角色也由“被动”“弱势”转变为“积极”“主动”。基于国际环境和现实国情，中国共产党亟须建立与“负责任大国”地位相匹配的国际话语能力，引导世界真实了解和理性认识中国共产党。中国共产党应积极承担国际责任，有意识、有技巧地对党和国家的情况作客观、真实的介绍，对于国际社会的质疑和诋毁，也要通过适当方式予以反驳和澄清。政党形象是指国内外民众对于政党的总体印象和评价，事实上也是本党自我话语描述与国际话语描述相互博弈的结果。政党形象受到意识形态、文化系统的影响，也受到信息传播能力和话语建构能力的影响。[1]中国共产党应主动传播政党声音，塑造政党形象，既坚持“发展中国家”的定位，也积极承担与自身实力相匹配的国际责任，逐步改变话语被定义、形象被塑造的状况，改善国际社会对于中国共产党形象的认识，为中国和平崛起创造良好的国际舆论环境。

（二）优化话语内容，提升政党话语的质量与效力

“话语内容”主要解决“说什么”的问题。“理论只要说服人，就能掌握群众；而理论只要彻底，就能说服人。”[2]新时代，中国共产党应重视话语生产，优化话语内容，提升话语质量，增强话语效力，达到“有话可言”“言之有理”“言之有力”的话语新面貌。

[1] 蒙象飞：《中国国家形象与文化符号传播》，五洲传播出版社2017年版，第88页。

[2] 《马克思恩格斯文集》（第1卷），人民出版社2009年版，第11页。

第一，提升政党话语的说服力。话语不能凭空产生，话语资源是话语建构的基础，话语建构的过程是综合运用多种话语资源的过程。建构新时代中国共产党话语应将历史与现实、理论与实践、中国与外域等元素充分利用和整合，为马克思主义中国化增添新的理论形态。“马克思有他那个时代的语言，我们也有我们时代的语言。一个时代有一个时代的语言，新时代总有新语言。”[1]新时代，中国共产党要善于从历史中汲取经验，不断结合新的实践基础，构建具有中国特色的国际话语。“每个国家的基础不同，历史不同，所处的环境不同，左邻右舍不同，还有其他许多不同。别人的经验可以参考，但是不能照搬。过去我们照搬别人的，吃了很大苦头。”[2]“中国模式”“中国故事”本身就是建立话语自信，打动国际受众的最好素材。政党国际话语建构不是单纯的语词和语句组合，而是遵循一定逻辑形成的有机整体。话语的内核是思想，新时代中国共产党话语建构需以批判为起点，以国情、世情、党情为依据，既立足本国国情，又置身于世界背景，既重视引用马克思主义话语来增强话语权威，也注重运用域外经验来增强话语的解释力与说服力，做到言之有物、言之有道、言之有理、言之有效、言之有信、言之有声、言之有力。[3]高质量的政党话语不仅蕴藏本党理论精髓、洞悉历史发展规律、紧跟时代发展潮流、汲取本国优秀文化，也必然反映世界人民共同的福祉愿望与利益呼声。中国共产党应扎实推进习近平新时代中国特色社会主义思想的对外传播，增进国际社会对于新时代中国共产党的理解，努力消除国际社会的误解与偏见；积极打造易于被国际社会理解和接受的政党话语，构建政党话语的叙事体系，努力打造融通中外的新概念、新范畴、新表述；注重思想和价值观念的凝练塑造，使中国共产党话语更具公信力、感召力和影响力；注意国际话语与国内话语的区别，促使政党话语转变为国际话语。

第二，提升话语议题设置能力。国际话语议题设置能力强弱是政党国际话语权强弱的重要表现。面对西方的“话语霸权”和“话语陷阱”，中国共产党不仅要解释、批驳外部对中国的误读和攻击，还应化被动为主动，主动了解其他国家、政党的话语，主动设置话语议题，打造易于为国际社会所理解和接受的话语。在解读中国实践、构建中国理论上，中国共产党最具发言权。一方面，中国共产党应优化话语内容，从中国特色社会主义成功经验中寻找话语自信，将有关成就主动设置为话语议题。譬如，中国共产党提出的“和平崛起”“新型大国关系”“中国梦”“四个全面”“五大理念”“人类命运共同体”等话语，引发了国际社会的认可与共鸣，为新时代中国共产党国际话语能力建设积累了经验。另一方面，全球化时代，各国的政治关联和经济往来

[1] 《邓小平文集：1949—1974年（中）》，人民出版社2014年版，第390页。

[2] 《邓小平文选》（第3卷），人民出版社1993年版，第265页。

[3] 韩庆祥：《中国话语体系的八个层次》，《社会科学战线》2015年第3期。

越发密切，全球性议题牵一发而动全身。中国共产党应着眼中国发展实际，围绕全球性重大议题，大胆进行理论探索，精心设置观点鲜明、指向性强、易于传播的议题，主动设置有关人权、民主、自由、平等方面的议题，提出中国共产党的理论，进而参与国际规则的制定，更好地融入全球治理格局。

（三）创新话语表达，注重政党话语的翻译和转换

“话语表达”主要解决“如何说”的问题。马克思主义大众化作为一个传播过程，本身就是一种影响和劝服的行为。中国共产党国际话语能力建设经历了从无到有、由弱转强、变被动为主动的过程，积累了丰富的经验教训。成熟的理论体系是中国共产党国际话语能力建构的必备条件，良好的话语表达方式和传播媒介也有助于目标的实现。

第一，坚持中国立场，讲好中国共产党的故事。政党国际话语表达旨在通过有效的话语表达方式推动中国话语与世界话语的对接。面对西方的“话语霸权”“话语陷阱”，中国共产党唯有主动传播真相、澄清事实，方可减轻误解、化解攻击。中国共产党的话语表达不应是灌输和说教，而要用对方能够接受的方式讲清道理、讲好故事。新时代以来，中国共产党积极打造具有鲜明中国特色、中国气派、中国风格的对外话语体系，加强对外阐释中国道路、传导中国价值、传播中国精神，着力构建人类命运共同体，旨在让世界大多数国家和人民理解、认同中国共产党治国理政的理念和全球治理理念。[1]新时代，中国共产党应立足本国国情，坚持中国立场，优化话语体系，丰富话语内容，积极融入国际社会，主动传播中国共产党的声音，讲好中国共产党的故事，讲好中国共产党治国理政的理念与成效，促使国际社会更好地理解中国的和平崛起，认可中国共产党的智慧和方案。

第二，创新表达方式，提升话语的吸引力和感染力。中国共产党应转变以往政治话语刻板、生硬的叙事风格，充分利用短视频、微动画、影像传播等新媒体手段推出有吸引力和感染力的内容，用真实的故事、鲜活的细节、贴切的语言讲述中国共产党的故事，将普通民众对于党和国家的情感用灵活的方式讲述和传播出去，把中国共产党的发展道路、发展成就、发展理念融入普通中国人的故事，使中国更好地被国际受众感知和认同。中国共产党应用世界听得懂的语言声音、看得懂的影像图画，用话语受众喜欢的方式进行传播，可通过举例子、引经典、用传统等方式，生动具体地表达中国共产党的理念、讲述中国共产党的故事，增进国际受众的理解与认同。中国共产党应主动向世界讲好“中国共产党治国理政的故事、中国人民奋斗圆梦的故事、中国

[1] 张志丹：《论提升我国意识形态国际话语权》，《理论学刊》2019年第3期。

坚持和平发展合作共赢的故事”[1]，“让全世界都能听到并听清中国声音”[2]，向世界展示真实、立体、全面的中国，努力消除国际社会对于中国共产党的误解与偏见，使国际受众客观认识中国共产党的道路、理论、制度、文化，尊重中西方的制度差异，尊重中国共产党的道路与主张，认可中国共产党取得的成就，进而促进国际合作和共赢。

第三，注重政党话语的翻译和转换。其一，重视翻译质量，拓宽话语“跨度”。政党话语翻译是提升政党话语能力的基础性工作，可以为中国经验、中国故事、中国方案的准确表达、生动展示和有效传播提供可靠的文本。提升政党话语翻译的质量，化解话语主体与话语受众之间的沟通障碍，是政党话语效能发挥的关键。中国共产党话语的外语化表达，既要重视使用英法德意等发达国家的语言来阐释中国共产党话语，也要重视运用亚非拉等发展中国家的语言来阐释中国共产党话语，增强国际受众对于中国共产党话语的理解力和接受力。[3]其二，政党话语翻译需考虑国际受众的实际情况。政党话语翻译是翻译思维和传播艺术的整合，是在特定的政治环境与历史背景下进行的，不可避免地与国家利益、意识形态、语言文化产生关联。中国共产党话语的翻译既要秉持政治意识、语言意识，又要结合话语受众的思维习惯；既要重视话语材料的选择，又要重视话语材料的翻译；既要反映中国特色，又要顺应国外话语体系。政党国际话语翻译在保证原语信息准确真实的前提下，应充分尊重话语受众地区的语言规则和表达习惯，重视语言符号的转换，有针对性地选择翻译材料、翻译策略、表达方式。此外，还应加强翻译队伍尤其是小语种翻译队伍建设，力求使用话语受众国家和地区的语言来阐释中国共产党话语，增进国际受众对于中国共产党话语的理解。

（四）重视话语传播，面向国际受众进行精准传播

“话语传播”主要解决“怎么说”的问题。话语以广泛传播而获得生命力，以有效传播而产生感染力。不注重话语感染力的传播是无效的，不注重有效传播的话语不会产生感染力。[4]传播的核心是认同，包括心理和情感的认同。认同的基础是信任，包括对媒体组织和媒体传播内容的信任。国际受众是否愿意听、听得懂，主要看中国共产党的国际话语能否与别国的话语体系、表达方式进行有效对接。新时代，中国共产党应积极利用媒介融合，统筹好国际国内、线上线下、党内党外多个场域，形成强大话语辐射场。

[1] 人民日报评论部：《中国为什么能——新中国70年巨变的内在逻辑》，人民出版社2019年版，第85页。

[2] 《习近平关于社会主义文化建设论述摘编》，中央文献出版社2017年版，第212页。

[3] 方爱东：《当代中国主流价值观话语权生成机制研究》，光明日报出版社2021年版，第177页。

[4] 齐卫平：《党的执政话语研究与中国特色哲学社会科学建构》，《光明日报》2022年6月29日。

第一，拓宽话语平台。话语平台是话语主体向话语受众传递话语内容及接受话语反馈的载体与渠道，常见的话语平台有公众媒介、国际会议、国际组织机构等。政党国际话语传播既要重视传统的正式话语平台，也要注意非正式的话语平台。中国共产党应创新国际传播方式，提升国际传播能力，构建对外话语体系，发挥好新媒体作用，增强国际话语的创造力、感召力、公信力，讲好中国故事，传播好中国声音。中国共产党可以通过举办具有重大影响力的国际性活动和会议，切实有效地表达中国立场，提出中国方案，探索全球治理体系现代化变革的道路，提升中国共产党国际话语影响力。新时代中国共产党国际话语能力建设既要重视传统话语平台，也要重视新兴话语平台；既要争取西方媒体的客观报道，更应充分提升本国媒体的国际传播能力。只寄希望于西方话语平台对中国共产党话语的客观解读以及对中国国际形象的正面塑造是存在难度的，中国共产党唯有积极主动建构和传播中国共产党话语，方能更好地塑造党和国家良好的国际形象，进而提升中国共产党国际话语权。

第二，融合话语媒介。随着社交媒体作为话语平台的影响力日趋提升，政党组织和个人均可以通过社交媒体传播政党话语、宣传政党形象，而社交媒体的互动性也使得政党话语更容易获得受众认同。政党话语传播成立的前提是话语主体与话语受众之间有一个共通的意义符号，即话语媒介。话语媒介包括广播、电视、报纸等传统媒体以及互联网等新媒体，传播方式包括口头形式、书面形式及网络电子形态。无论是文本形式的话语，还是实践形式的话语，都是作为传播媒介发挥作用的。基于媒介融合和全球传播，境内和境外的传统媒体、新媒体不断融合形成了全媒体生态。随着全媒体时代到来，多元话语竞争格局逐渐形成。利用全媒体进行国际传播既要注重形式吸引，也要注重内容优化。从当前的国际传播实践来看，新媒体丰富了国际传播的形式，提升了国际传播的吸引力。同时，技术革新为政党国际话语能力建设提供了契机，随着话语受众大规模向社交网站、移动客户端等数字平台迁徙，新媒体逐渐成为国际传播的最新角力场。不同于传统媒体“西强中弱”的传播格局，我国新媒体发展水平与发达国家差距不大。因此，中国共产党应积极适应全新的话语生态环境，借助现代传播技术，运用现代传播技巧，增进国际受众对中国共产党话语的理解。

第三，优化传播方式，注重话语互动。长期以来，中国共产党传播国际话语的方式偏严肃、正式、正面，国际传播的公信力较弱，国际受众在接受信息时难免出现误解甚至排斥心理。讲好中国共产党的故事，应讲真实、生动、鲜活，符合客观规律的故事，既讲优点也不避讳不足，既讲“大道理”也讲“小人物”，讲述有血有肉、真实立体的中国。政党国际话语传播不是“教化”“输出”，不能自言自语、自说自话，也不能咄咄逼人、生硬灌输，而应讲究国际传播方法，与国外媒体互学互鉴，汲取西方国家在话语表达和传播方面的经验，促使国际受众理解中国共产党的主张，消除对中国共产党的误解和偏见。政党国际话语传播要注重与传播对象的互动和沟通，及时把握受众的需求和反馈，根据受众需求进行话语传播的调整。中国共产党既要传播国内重点议题和内容，也要注重报道国际问题和国家热点，善于利用社交媒体进行互动，打造亲切而开放的沟通姿态。

第四，共情话语受众，进行精准化、分众化传播。国际传播不是国际宣传，不可忽视对于传播效果的评估，以此改进传播内容和传播方式。政党国际话语传播的效果主要由话语内容以及话语受众的反馈来评判。话语受众是政党话语的接受者，是话语反馈的发出者。只有当话语内容成功传达给话语受众并且形成话语反馈时，话语的“权力”属性才能得到体现。话语受众不是一成不变的，而是在不断变化和发展的。中国共产党国际话语能力建设，需针对不同区域、不同国家、不同群体的受众进行精准传播，需对政党话语进行全球化、区域化、分众化表达，增强政党国际话语传播的亲和力和实效性。一方面，要加强对于受众的研究，匹配受众需求，共情话语受众，了解国际受众的关切，既面向发达国家，也面向发展中国家，充分考虑国外民众的思维方式、心理特点，对中国共产党的话语进行深入阐释，讲国际受众感兴趣的故事。另一方面，运用国际化的表达方式，摒弃传统的单向灌输思维。在互联网时代，传统的外宣理念逐步被“内外一体”的全球传播理念所取代，故应重视国内传播的基础性作用，打通国内外传播渠道，发挥国内、国际两个舆论场的联动效应。同时，还应面向国际受众译介中国共产党话语，促使国际受众更加全面、真实地了解中国共产党为人民谋幸福、为民族谋复兴的理念与成就，以及为人类谋进步、为世界谋大同的胸襟与愿景。

原载于《东岳论丛》2023年第4期

新时代中国共产党“解决大党独有难题”的价值意蕴目标指向与实践路径

张舒婷　张士海

摘　要：“解决大党独有难题”是一个重大的理论和实践课题，事关党的前途命运、人民幸福安康、国家兴旺发达和民族复兴事业。就其价值而言，习近平总书记关于“解决大党独有难题”的重要论述开辟了马克思主义建党学说中国化时代化的新境界，是丰富发展马克思主义建党学说的原创性理论贡献；解决大党独有难题有助于持续推动新时代全面从严治党向纵深发展，更好完成党在新时代新征程的使命任务，不断实现人民对美好生活向往的奋斗目标。就其目标而言，解决大党独有难题能够培塑走在时代前列、勇于自我革命的先进政党，建设人民衷心拥护、始终立于不败之地的强大政党，锻造经得起各种风浪考验、朝气蓬勃的坚强政党，从而推动建设长期执政的马克思主义政党。新征程上，我们要解决大党独有难题，必须坚持和加强党中央集中统一领导，充分发挥人民群众的监督作用，完善党的自我革命制度规范体系，从而确保我们党始终成为时代先锋、民族脊梁。

关键词：解决大党独有难题；价值意蕴；目标指向；实践路径

“解决大党独有难题”是一个重大的理论和实践课题，事关党的前途命运、人民幸福安康、国家兴旺发达和民族复兴事业。习近平总书记在党的二十大报告中开创性地提出“解决大党独有难题”的新命题；在二十届中央纪委二次全会上明确指出：“如何始终不忘初心、牢记使命，如何始终统一思想、统一意志、统一行动，如何始终具备强大的执政能力和领导水平，如何始终保持干事创业精神状态，如何始终能够及时发现和解决自身存在的问题，如何始终保持风清气正的政治生态，都是我们这个大党必须解决的独有难题”[1]；在全国组织工作会议上对党的建设和组织工作作出重要指示：“深入推进新时代党的建设新的伟大工程，……以解决大党独有难题、健全全面从严治党

[1]《习近平在二十届中央纪委二次全会上发表重要讲话强调　一刻不停推进全面从严治党　保障党的二十大决策部署贯彻落实》,《人民日报》2023年1月10日。

体系为重大任务。”[1]这些重要论述紧密结合新时代党的建设伟大实践，深刻揭示了解决大党独有难题的价值意义、丰富内涵和战略举措。深入探讨新时代解决大党独有难题的价值意蕴、目标指向和实践路径，有利于从整体上深刻把握习近平总书记关于党的建设的重要思想，领悟解决大党独有难题的重要论述的精髓要义，持续推进新时代党的建设新的伟大工程，确保党始终成为中国特色社会主义事业的坚强领导核心。

一、缘何重要：新时代中国共产党解决大党独有难题的价值意蕴

“解决大党独有难题”，是新时代中国共产党对“大党”定位之普遍性和自身“独有”之特殊性相统一的深邃洞察和规律总结，充分彰显了我们党深入推进新时代党的建设新的伟大工程、以自我革命引领社会革命的高度自觉。新征程上，我们党把解决大党独有难题作为党的建设的重大政治任务，这对于进一步丰富发展马克思主义建党学说，推动新时代全面从严治党向纵深发展，完成党在新时代新征程的使命任务，实现人民对美好生活向往的奋斗目标，具有重大的时代价值。

（一）丰富发展马克思主义建党学说的原创性理论贡献

马克思主义建党学说是一个与时俱进的开放的理论，随着不同时期党的建设的客观要求不断变化而丰富和发展。正如恩格斯所言：“我们的理论不是教条，而是对包含着一连串互相衔接的阶段的发展过程的阐明。”[2]可以说，无产阶级政党的理论基础和指导思想是坚持和发展马克思主义的辩证统一，是具体的历史的，总是随着历史的进步不断发展，顺应时代的客观要求不断丰富。“解决大党独有难题”是习近平总书记关于党的建设的重要思想的新理念新思想新战略，是以党的建设实践为理论基石，“坚持用马克思主义之‘矢’去射新时代中国之‘的’”[3]的新诠释，开辟了马克思主义建党学说中国化时代化的新境界。

“解决大党独有难题”紧紧围绕高质量党建这一马克思主义建党学说的根本要求，内蕴着马克思主义建党学说的重要内核，凝结着新时代党的建设理论发展和实践经验的卓越智慧。一是“解决大党独有难题”科学回答了由于政党组织规模庞大引发的思想基础问题和组织管理问题。恩格斯指出，无产阶级专政建立后，不但要“防止国家

[1] 《习近平对党的建设和组织工作作出重要指示强调　深刻领会党中央关于党的建设的重要思想　不断提高组织工作质量》，《人民日报》2023年6月30日。

[2] 《马克思恩格斯选集》（第4卷），人民出版社2012年版，第586页。

[3] 习近平：《更好把握和运用党的百年奋斗历史经验》，《求是》2022年第13期。

和国家机关由社会公仆变为社会主人”[1]，还要维护无产阶级政党权威，因为“获得胜利的政党如果不愿意失去自己努力争得的成果，就必须凭借它以武器对反动派造成的恐惧，来维持自己的统治”[2]。这些关于无产阶级政党的性质宗旨、纲领策略、组织原则等内容的思考，构建起无产阶级政党建设理论的基本框架。在由科学理论向实践转化的历史进程中，列宁立足俄国现实国情，根据执政党所处的地位以及所肩负的艰巨任务，反复强调提高党员质量是执政党建设中“头等重要的任务”，这是永葆党的先进性纯洁性、提升党的战斗力的关键所在。然而，苏共在党员规模壮大时却走向了衰亡，一个重要原因就在于只注重发展吸收党员、扩大队伍规模，忽视了对党员的教育和管理，最终导致了苏共的思想理论僵化、理想信念动摇。这一沉痛的教训告诫我们，就一个大党来说，并非规模越大就越强，而是党员的质量远比党员的数量更为重要，如果不能及时正视和解决自身存在的隐患和问题，就容易陷入危险境地。党的十八大以来，面对“大也有大的难处”的问题挑战，习近平总书记结合大党建设的具体实际，创造性地提出“解决大党独有难题”这一重大时代命题，继承发展了马克思主义建党学说的重要原则。二是“解决大党独有难题”深刻阐明了领导核心的有效治理能力和高度使命担当。在马克思、恩格斯看来，具有强大影响力的政党权威，对于国家和民族的发展至关重要，在一定程度上，它能够影响和改变国家的未来。在列宁看来，无产阶级领袖是最有革命和建设经验、具有最广泛影响的领导核心，他们能“通过本阶级一切肯动脑筋的分子所进行的长期的、顽强的、各种各样的、多方面的工作，获得必要的知识、必要的经验、必要的（除了知识和经验之外）政治嗅觉，来迅速而正确地解决各种复杂的政治问题”[3]。作为党中央的核心、全党的核心，这一身份意味着承担的责任更大，肩负的担当更重。党的十八大以来，习近平总书记以“无我”的奋斗姿态，始终把为人民谋幸福、为民族谋复兴作为根本使命。作为大党建设的顶层设计者，习近平总书记深入总结全面从严治党经验，突出强调坚决维护党中央权威的重要性，创造性地提出“解决大党独有难题”的新命题，对马克思主义政党领导核心思想进行了创新和发展。三是“解决大党独有难题”深刻揭示了党的执政基础问题。马克思、恩格斯认为，现实的个人是历史的出发点，人类历史活动是群众的事业，因此“任何一次革命都不可能由一个政党来完成，只有人民才能完成革命”[4]。列宁也强调，人民群众在推动历史前进和社会变革中起着决定性作用，“只有我们正确地表达人民的想法，

[1] 《马克思恩格斯选集》（第3卷），人民出版社2012年版，第55页。

[2] 《马克思恩格斯选集》（第3卷），人民出版社2012年版，第277页。

[3] 《列宁选集》（第4卷），人民出版社2012年版，第178页。

[4] 《马克思恩格斯全集》（第45卷），人民出版社1985年版，第716页。

我们才能管理"[1]。中国共产党作为服务型政党，始终相信和依靠人民，一以贯之地为实现人民的利益而奋斗。党的十八大以来，以习近平同志为核心的党中央始终强调将人民利益置于党长期执政的首要位置，彰显了中国共产党人坚持人民至上的根本价值立场。可以说，"解决大党独有难题"新命题的提出，从根本上诠释了践行人民至上的价值追求，蕴含了必须依靠人民、发挥人民智慧和力量的内在要求，凝聚了全党长期执政的价值共识，从而丰富发展了马克思主义政党执政基础理论。

（二）推动新时代全面从严治党向纵深发展的迫切要求

一个政党能否始终保持旺盛生机和活力，关键看能否以严的要求、严的标准、严的方式练就自身。毛泽东曾指出："我们共产党是无产阶级的先锋队，同时又是最彻底的民族解放的先锋队。"[2]这一性质决定了我们党对政党治理有着严格的标准。前进的路上各种矛盾叠加、风险隐患集聚，巩固党的先锋队性质、保持党的先进性纯洁性尤为重要，关乎着党的生死存亡和前途命运，这也要求党要管党、全面从严治党。新时代全面从严治党不断向纵深推进，时刻保持解决大党独有难题的清醒和坚定是防止党自身松劲歇脚、疲劳厌战的必然要求。只有深刻认识、准确把握和坚决解决大党独有难题，主动向顽瘴痼疾开刀，自觉祛病疗伤、激浊扬清，才能使党在革命性锻造中焕发蓬勃生机活力，才能以永远在路上的执着和坚定，不断开创全面从严治党新局面。

"解决大党独有难题"是推动新时代全面从严治党向纵深发展的迫切要求。习近平总书记在党的二十大报告中指出，中国共产党已经团结带领中国人民踏上了实现第二个百年奋斗目标的新征程，"全面从严治党是党永葆生机活力、走好新的赶考之路的必由之路"[3]。当前，在新的赶考路上，推进全面从严治党面临重重困难。比如，党员队伍规模的不断扩大为党内治理带来极大的挑战和压力，尤其是存在的思想僵化和沟通阻滞等问题增加了党内治理的难度；部分党员干部存在特权思想，严重影响党内政治生态等。我们作为长期执政的大党，居于权力体系的核心地位，必须直面风险、正视难题，将全面从严治党向纵深推进。党的十八大以来，以习近平同志为核心的党中央善于把握规律，不断总结经验，把解决大党独有难题作为推动全面从严治党向纵深发展的重大战略举措。从长远看，解决大党独有难题关乎党的长期执政和国家长治久安，既是一个长期而艰巨的过程，又是把全面从严治党引向深入的迫切需要。一方面，解决大党独有难题强化了全面从严治党永远在路上的主体自觉。只有对解决大党独有难

---

[1] 《列宁选集》（第4卷），人民出版社2012年版，第695页。

[2] 《毛泽东文集》（第2卷），人民出版社1993年版，第42页。

[3] 习近平：《高举中国特色社会主义伟大旗帜　为全面建设社会主义现代化国家而团结奋斗——在中国共产党第二十次全国代表大会上的报告》，人民出版社2022年版，第70页。

题的紧迫性认识得越深刻，对党的自身建设形势和任务把握得越准确，党才能不断扎实推进全面从严治党。另一方面，解决大党独有难题为新形势下推动全面从严治党指明了行动方向。习近平总书记在二十届中央纪委二次全会上系统阐释了大党独有难题的内涵和要求，明确强调解决这些难题是全面从严治党适应新形势新要求必须啃下的硬骨头，这为新时代新征程推动全面从严治党提供了根本遵循。概而言之，解决这些难题不可能一蹴而就，更不可能一劳永逸。只有安不忘危、兴不忘忧，时刻保持政治上的清醒和坚定，既注重解决出现的新问题，又坚持解决党内存在的深层次问题，才能使党正确认识和把握自身建设方向，始终保持战略定力，才能使党在革命性锻造中变得更加坚强有力，持续推动全面从严治党向纵深发展。

（三）完成新时代新征程党的使命任务的政治保证

能否实现自身认定和时代赋予的使命是衡量一个政党存在意义的重要尺度。毛泽东曾指出，“我们的事业是正义的”[1]，占据着真理和道义的制高点，在于我们党“只为民族与人民求福利”[2]的领导目标从未动摇过。毋庸讳言，正是这种崇高的追求，赋予党绵绵不绝的强大领导力量，使党对自己的初心使命抱有清醒的自我认知，激励着党在团结带领人民接续奋斗的历史进程中无所畏惧、一往无前。历史与现实反复证明，只有坚持党对革命、建设和改革事业的领导，各项事业才能顺利进行。面对世界百年未有之大变局加速演进以及国内艰巨繁重的改革发展稳定任务，面对全面建成社会主义现代化强国、以中国式现代化全面推进中华民族伟大复兴的新使命新任务，只有深刻认识和系统解决我们这个百年大党的独有难题，才能使党永葆旺盛生命力和强大战斗力，更好发挥党的领导核心作用，为强国建设、民族复兴提供坚强保证。

“解决大党独有难题”是完成新时代新征程党的使命任务的政治保证。党的十八大以来，以习近平同志为核心的党中央充分认识到解决大党独有难题的紧迫性和重要性，持续以党的自我革命引领社会革命。推进中国式现代化，党的坚强领导至关重要。只有正确认识和系统解决大党独有难题，把党建设强、建设“硬”，才能推进中国式现代化。一方面，正确认识和系统解决大党独有难题，是党保持“自身硬”的内在要求。截至2022年12月31日，中国共产党共有9804.1万名党员、506.5万个基层组织[3]，党员数量之多、组织规模之大，给管党治党带来一定困难。与此同时，随着世情国情党情的深刻变化，党面临的“四大考验”和“四种危险”始终存在，党内存在的“七个有之”问题严重影响党的形象和威信，严重损害党群干群关系。只有解决好我们这个大党的

---

[1] 《毛泽东文集》（第6卷），人民出版社1999年版，第350页。

[2] 《毛泽东文集》（第3卷），人民出版社1996年版，第47页。

[3] 中共中央组织部：《中国共产党党内统计公报》，《党建研究》2023年第7期。

团结统一问题，解决好党的自我革命问题，党才能练就过硬的本领，肩负起实现民族复兴宏愿的历史重任。另一方面，只有党自身“始终过硬”才能更好担负新时代赋予的新使命，确保始终成为推进民族复兴伟业的坚强领导核心。在实现民族复兴的历史进程中，党带领人民不懈奋斗，取得了令人瞩目的历史性成就。现在，党的二十大明确了党在新时代新征程的使命任务，擘画了以中国式现代化全面推进中华民族伟大复兴的宏伟蓝图。只有党自身“始终过硬”，才能团结带领人民战胜前进路上的各种艰难险阻，不断推动中国式现代化行稳致远，从而实现民族复兴的伟大梦想。

（四）实现人民对美好生活向往奋斗目标的现实需要

人民能否享有美好生活，是衡量一个政党是否对人民负责的重要标准和基本向度。为绝大多数人谋利益是无产阶级政党的初心使命。作为马克思主义政党，中国共产党始终坚守实现共产主义事业的远大理想，其核心主旨就是为人民争取美好生活、为人类进步事业而奋斗。将实现人民对美好生活的向往作为奋斗目标，充分体现了党对人民负责的坚毅决心，决定了只有党才能带领人民创造和实现美好生活。在实现这一理想和目标的征程中，解决大党独有难题是凝聚党心民心的前提和关键。只有及时清除一切侵蚀党的肌体健康的病毒，确保党永远不变质、不变色、不变味，才能密切党同人民群众的血肉联系，不断获得人民群众的拥护，从而把人民对美好生活的向往转变为现实。

“解决大党独有难题”是实现人民对美好生活向往奋斗目标的现实需要。总体上看，人民的美好生活是一个“改变世界”的命题，必须诉诸“实践”这种社会性的方式，通过发挥人民群众的主体作用加以推进，依靠政党对美好生活实践的组织领导与整体引领。[1]中国共产党的最大政治优势是密切联系群众，执政后最大的危险是脱离群众，这是总结历史经验教训得出来的一个基本结论。腐败和“四风”问题是党脱离群众最突出的表现，是污染党风、政风、民风的重要根源，严重影响党的肌体健康和执政基础，严重损害国家和人民的利益。在推动美好生活实践的过程中，民心是最大的政治，为政清廉方能取信于民，秉公用权方能赢得人心。我们作为全心全意为人民服务、为人民利益而奋斗的政党，要始终保持同人民群众的血肉联系，就必须坚决解决大党独有难题，坚持不懈地把党风廉政建设和反腐败斗争深入进行下去。党的十八大以来，以习近平同志为核心的党中央高度重视解决大党独有难题，通过从严加强作风建设进一步密切党同人民群众的血肉联系，确保人民赋予的权力始终沿着实现人民对美好生活向往的方向廉洁高效运行。在全面建设社会主义现代化国家的新征程上，面

---

[1] 项久雨：《论美好生活的马克思主义逻辑》，《马克思主义研究》2020年第7期。

对人民对美好生活向往的人民之间、时代之间，党始终将解决大党独有难题作为加强党的建设所必须抓好的政治任务，同时这也是以优良党风促进走深走实党的群众路线、凝聚党心民心的必然要求。正如习近平总书记所言：“一个政党，一个政权，其前途命运取决于人心向背。人民群众反对什么、痛恨什么，我们就要坚决防范和纠正什么。”[1]唯有如此，我们党才能做到权为民所赋、权为民所用，真正实现人民当家作主；才能有力解决损害群众利益的突出问题，得到人民最坚定最衷心的拥护和支持；才能展现“以人民为中心”的政治品格和价值追求，带领人民创造和实现美好生活。

二、旨在何意：新时代中国共产党解决大党独有难题的目标指向

中国共产党是在马克思主义指导下建立起来的政党，就其性质维度而言，党的建设目标具有长期性，在于保持自身的纯洁性和先进性；就其生存发展而言，党的建设目标具有持久性，在于巩固长期执政地位；就其肩负的使命任务而言，党的建设目标具有稳定性，在于确保党始终成为民族复兴事业的坚强领导核心。党的十九大提出新时代党的建设总目标，即“把党建设成为始终走在时代前列、人民衷心拥护、勇于自我革命、经得起各种风浪考验、朝气蓬勃的马克思主义执政党”[2]。党的二十大以党的中心任务为导向，以全面从严治党为主题主线，深刻揭示解决大党独有难题的重要性和紧迫性。基于此，在新时代新征程上，我们要以“六个如何”为核心主旨，进一步贯彻落实建设长期执政的马克思主义政党的总目标。

（一）以牢固初心使命、净化政治生态为意旨，培塑走在时代前列、勇于自我革命的先进政党

唯物辩证法告诉我们，一个政党的先进性和纯洁性不是抽象空洞的，也不是一成不变的。解决好“如何始终不忘初心、牢记使命”“如何始终能够及时发现和解决自身存在的问题”“如何始终保持风清气正的政治生态”等难题，其本质在于保持党的先进性和纯洁性。走在时代前列和勇于自我革命是保持党的先进性和纯洁性的关键所在，能够使党始终与时俱进，永葆生机活力。由此，新时代中国共产党解决大党独有难题，目标在于以牢固初心使命、净化政治生态为意旨，培塑走在时代前列、勇于自我革命的先进政党，确保党永葆政治本色。

牢记初心使命、净化政治生态，激发着党走在时代前列的不竭动力，彰显着党勇于自我革命的锐气和魄力。初心使命源于马克思主义的本色与信仰，是政党长盛不衰、

[1] 《习近平著作选读》（第2卷），人民出版社2023年版，第50页。
[2] 《习近平著作选读》（第2卷），人民出版社2023年版，第101页。

永葆先进性和纯洁性的制胜之钥。列宁曾告诫共产党人，忘记过去就意味着背叛，忘记为什么出发就把握不了未来。如果不能始终牢记党是什么、要干什么这个根本问题，就会丧失共产党人的“根”和“魂”；如果不能及时发现、有力解决自身存在的问题，就会囿于“革别人命容易、革自己命难”的藩篱中；如果不能拒腐防变、营造风清气正的政治生态，就会弊病丛生，自身形象一落千丈。中国共产党自诞生以来，始终把为人民谋幸福、为民族谋复兴的初心使命镌刻于心，这也集中体现了党的性质宗旨、理想信念和奋斗目标。正是这牢固的初心使命意识，确保党始终坚持自我净化，及时清除顽瘴痼疾，纠正不正之风，守住清正廉洁的为政之本，从而永葆先进性和纯洁性。

党的十八大以来，以习近平同志为核心的党中央以牢记初心使命、净化政治生态为意旨，高度重视培塑一个走在时代前列、勇于自我革命的先进政党。“马克思主义政党的先进性和纯洁性不是随着时间推移而自然保持下去的……初心不会自然保质保鲜，稍不注意就可能蒙尘褪色，久不滋养就会干涸枯萎。”[1]在习近平总书记看来，作为百年大党，如何永远走在时代前列、勇于自我革命，是我们必须回答好和解决好的根本性问题。只有牢记初心使命、净化政治生态，才能抵抗各种政治灰尘侵蚀党的肌体，才能同一切弱化先进性、损害纯洁性的问题作斗争。“温室里长不出参天大树，懈怠者干不成宏图伟业。”[2]只有怀有进取的精神和昂扬的斗志，抵御住权力的腐蚀和利益的诱惑，才能在风雨锤炼中不断提升自我净化能力，永葆清正廉洁的政治本色。对此，习近平总书记强调，牢记初心使命，勇于直面问题和解决问题，积极祛病疗伤，净化政治生态，是永葆青春活力的关键所在。建设一个走在时代前列、勇于自我革命的政党，不仅反映了我们党对保持先进性和纯洁性的坚守，还是新时代解决大党独有难题的内在要求。党的十八大以来，党中央锚定这一目标，先后组织开展党的群众路线教育实践活动、“三严三实”专题教育、“两学一做”学习教育、“不忘初心、牢记使命”主题教育、党史学习教育、习近平新时代中国特色社会主义思想主题教育等六次党内集中学习教育，并出台中央八项规定和一系列全面从严治党的重大举措，将加强理论学习与锻炼党性修养结合起来，把净化党内政治生态作为新时代党的建设的“基础工程”，显著增强了自身的先进性和纯洁性。只有保持与时俱进的精神风貌，敢于直面问题，主动应对风险挑战，才能牢牢掌握党和国家事业发展的主动权。因此，对于政党自身建设而言，以牢固初心使命、净化政治生态为意旨，培塑走在时代前列、勇于自我革命的先进政党，是解决大党独有难题的目标所在。

---

[1] 《习近平著作选读》（第2卷），人民出版社2023年版，第298页。

[2] 《习近平著作选读》（第2卷），人民出版社2023年版，第303页。

（二）以提升执政能力和领导水平、激励干事创业为要旨，建设人民衷心拥护、始终立于不败之地的强大政党

马克思主义告诉我们，坚固的堡垒往往容易从内部被攻破。无产阶级政党作为一种目标性政治组织，在执掌国家政权后，由政党内部的权力异化所导致的最大危险便是脱离群众，由此会造成执政的根基动摇和政权丧失。只有解决好“如何始终具备强大的执政能力和领导水平”“如何始终保持干事创业精神状态”等难题，才能使我们党代表人民掌好权、用好权，从而为民谋利。人民拥护和支持是我们党执政的坚实根基和力量源泉，是党始终立于不败之地的制胜法宝。由此，新时代中国共产党解决大党独有难题，目标在于以提升执政能力和领导水平、激励干事创业为要旨，建设人民衷心拥护的强大政党，确保党永葆马克思主义政党本色。

对于马克思主义执政党而言，要不断获得人民的拥护和支持，必须全面提升执政能力和领导水平，不断为人民干事创业。一方面，党的执政能力和领导水平越强大，越能够获得人民群众的认同。随着社会的发展进步和社会主要矛盾的变化，人民对美好生活的向往更加强烈、需要日益广泛。这对党的执政能力和领导水平提出新要求。执政党必须善于把握规律、发扬创新精神，进一步密切党群关系，不断满足人民群众的经济、政治、文化等方面的利益诉求，充分调动人民群众的积极性、主动性、创造性，从而赢得人民群众最广泛的认同。另一方面，执政党干事创业的出发点和落脚点都是为人民服务。全心全意为人民服务的根本宗旨要求我们必须了解人民群众的愿望和要求，为广大人民群众谋福利，将自身的政治素养和关键能力全部应用于为人民群众服务的实践中，更好肩负起自身的责任和使命。历史证明，如果没有初心固根、信仰领航，就会失去人民的拥护和支持，像无根的浮萍般无依无靠；如果没有科学的执政理念、厚实的执政根基、过硬的执政本领，我们的事业就无法顺利进行；如果没有坚定的理想信念、百折不挠的奋斗精神，我们就干不出新的事业。

党的十八大以来，以习近平同志为核心的党中央以提升党的执政能力和领导水平、激励干事创业为要旨，高度重视建设一个人民衷心拥护、始终立于不败之地的强大政党。为谁执政、为谁用权、为谁谋利，始终是我们党的一个原则性、根本性问题。在习近平总书记看来，“人民拥护和支持是党执政最牢固的根基”[1]，只有不断提升执政能力和领导水平、始终保持干事创业的奋斗姿态，才能维护好、实现好人民群众的根本利益。当前，我国改革发展进入各种风险挑战集聚甚至集中显露的时期，遭遇更大的阻力和压力，面临更多的困难和矛盾，特别是“党面临的长期执政考验、改革开放考验、市场经济考验、外部环境考验具有长期性和复杂性，党面临的精神懈怠危险、能

[1] 《十八大以来重要文献选编（中）》，中央文献出版社2016年版，第101页。

力不足危险、脱离群众危险、消极腐败危险具有尖锐性和严峻性”[1]。对此，建设一个人民衷心拥护的强大政党，是厚植党的执政根基、巩固长期执政地位的时代要求，也是解决大党独有难题的目标指向。党的十八大以来，为了建设人民拥护的强大政党，党中央采取了一系列举措提升执政能力和领导水平、激励干事创业精气神。比如，坚持党内集中教育和经常性教育相结合，推进党内教育常态化制度化，以此筑牢党长期执政的思想根基；重视提高党员干部的政治素养和斗争能力，营造敢于担当、积极作为的干事创业氛围，着力建设堪当民族复兴重任的高素质干部队伍，以此夯实党长期执政的组织基础，使党在人民心中的地位不断跃升。只有坚持以人民为中心的执政理念，尊重人民群众的利益主体地位，才能巩固长期执政地位，更好完成执政使命。因此，对于政党执政而言，以提升执政能力和领导水平、激励干事创业为要旨，建设人民衷心拥护、始终立于不败之地的强大政党，是解决大党独有难题的目标所在。

（三）以保证党的团结和集中统一为归旨，锻造经得起各种风浪考验、朝气蓬勃的坚强政党

一个政党如果没有坚强的领导核心，就无法凝聚磅礴力量，政党愿景就难以实现。解决“如何始终统一思想、统一意志、统一行动”难题的关键在于锻造坚强有力的领导核心。能否经得起各种风浪考验、始终充满朝气，是检验领导核心是否坚强的试金石。由此，新时代中国共产党解决大党独有难题，目标在于以保证党的团结和集中统一为归旨，锻造经得起各种风浪考验、朝气蓬勃的坚强政党，确保党始终成为中国特色社会主义事业的坚强领导核心。

保证党的团结和集中统一是党的生命，是党攻坚克难的制胜法宝，也是党的先进性的重要体现。一方面，我们党在革命、建设、改革的各个历史时期始终重视团结和统一问题，通过坚持和完善民主集中制，最大限度地激发全党的积极性和创造性，使全党上下紧紧团结在一起，呈现既朝气蓬勃、斗志昂扬，又纪律严明、安定有序的良好状态。另一方面，历史充分昭示，只要全党步调一致、团结统一，就能具备强大战斗力，成功应对前进路上各种复杂严峻的风险考验和难以想象的惊涛骇浪；反之，党和国家事业就会遭遇挫折。对于百年大党而言，如果不能统一思想、凝聚共识，确保党的团结和集中统一，就会如同一盘散沙，难以汇聚起推动党和国家事业发展的强大合力。因此，须以保证党的团结和集中统一为归旨锻造党，使党能够在防范和化解各领域重大风险的历史进程中始终成为中国人民的主心骨，在推进民族复兴伟业的历史进程中始终成为坚强的领导核心。

[1] 《习近平著作选读》（第2卷），人民出版社2023年版，第247页。

党的十八大以来，以习近平同志为核心的党中央以保证党的团结和集中统一为归旨，高度重视锻造一个经得起各种风浪考验、朝气蓬勃的坚强政党。党的组织能否壮大、事业能否发展，取决于领导核心能否经得起各种风浪考验、是否始终富有活力。唯有坚强的领导核心掌舵领航，“才能任凭风浪起、稳坐钓鱼台”[1]；唯有保证党的团结和集中统一，才能始终战无不胜、攻无不克。正如习近平总书记指出：“历史反复证明，党的团结统一是党的生命，党中央坚强有力领导是我们战胜一切困难和风险的根本保证。”[2]只有在思想上、政治上、行动上同党中央保持高度一致，共同把党锻造成一块无坚不摧的“坚硬钢铁”，才能在披荆斩浪中奋楫前行、充满生机，从而使党的事业无往不胜。因此，锻造一个经得起各种风浪考验、朝气蓬勃的政党，是解决大党独有难题的目标定位。党的十八大以来，党中央作出的各项决策部署，都是以增进党的团结统一和维护党中央权威为出发点，旨在进一步增强党的战斗力、凝聚力和创造力。比如，在政治上，牢记“国之大者”，旗帜鲜明讲政治，使广大党员干部既政治过硬，又本领高强；在思想上，用理想信念和奋斗目标浇筑党的思想基础，用党的创新理论武装全党，确保全党思想统一、步调一致；在组织上，严格执行民主集中制，充分发扬民主，尊重党员主体地位，形成上下贯通、执行有力的组织体系。只有具备坚强有力的领导力量，才能战胜无数风险挑战，保障中国式现代化战略目标的实现。因此，以保证党的团结和集中统一为归旨，努力锻造经得起各种风浪考验、朝气蓬勃的坚强政党，是解决大党独有难题的目标所在。

三、何以实现：新时代中国共产党解决大党独有难题的实践路径

解决大党独有难题不仅具有时代价值性和目标导向性，更具有实践指向性。对此，必须从解决大党独有难题的逻辑前提、关键环节和根本保障入手，深入探索破解之道，确保我们党始终成为时代先锋、民族脊梁，不断奋力谱写全面建设社会主义现代化国家崭新篇章。

（一）坚持和加强党中央集中统一领导是解决大党独有难题的逻辑前提

习近平总书记在党的二十大报告中明确强调：“中国共产党是最高政治领导力量，坚持党中央集中统一领导是最高政治原则。”[3]应当充分认识到，解决大党独有难题根本

[1] 《十八大以来重要文献选编（上）》，中央文献出版社2014年版，第776页。

[2] 《习近平著作选读》（第2卷），人民出版社2023年版，第588—589页。

[3] 习近平：《高举中国特色社会主义伟大旗帜　为全面建设社会主义现代化国家而团结奋斗——在中国共产党第二十次全国代表大会上的报告》，人民出版社2022年版，第6页。

上是一个重大的实践命题，只有注重发挥主体的实践力量，才能找准其破解之道。我们党作为破解难题的实践主体，应当在实践中发挥党总揽全局、协调各方的领导核心作用，这是破解一切难题的关键。因此，坚持和加强党中央集中统一领导对于解决大党独有难题至关重要。新征程上，必须坚定践行“两个维护”，持续发挥政治建设统揽全局的作用，系统完善党的领导制度体系，使全党思想上更统一、政治上更团结、行动上更一致，这是解决大党独有难题的逻辑前提。

一是必须切实增强“两个维护”的政治自觉，牢牢把握解决大党独有难题的正确政治方向。只有以党中央决策部署为根本出发点和最终归依，确保党对一切工作的领导，才能使党的领导核心作用达到纲举目张的效果。这就要求全体党员和各级党员领导干部必须深刻领悟“两个确立”的决定性意义，并在实践中转化为“两个维护”的行动自觉，更加紧密地团结在以习近平同志为核心的党中央周围，把习近平新时代中国特色社会主义思想的真理力量转化为推动破解难题的实践力量，使全党在思想上、政治上、行动上同党中央保持高度一致。二是必须坚持以党的政治建设为统领，充分发挥党的领导政治优势。党的政治建设是根本性建设，保障了党在全面建设社会主义现代化国家的进程中不犯颠覆性错误，使党能够始终保持政治定力，把牢政治方向，经受各种政治考验，防范各种政治风险，切实提升党的政治领导力。必须通过以坚定政治信仰为目标把握政治方向，以严明政治纪律为要求增强凝聚力和战斗力，以密切党群关系为核心保持先进性和纯洁性，以高压反腐、巡视监督为保障营造良好政治生态，以正确的选人用人导向锻造忠诚干净担当、堪当民族复兴重任的高素质专业化干部队伍等方式，不断提升党的领导水平和执政能力。三是必须坚持以总揽全局、协调各方为原则，系统完善党的领导制度体系。“总揽全局、协调各方”是新时代坚持和加强党的全面领导的重要原则和科学方法，也是健全和完善党的领导制度体系的根本遵循。“总揽全局”是“协调各方”的目标方向，“协调各方”是“总揽全局”的重要手段，二者有机统一。[1]要不断提升党的领导制度体系的系统性、整体性，全面统领党内党外各项党的领导具体制度，以充分保障党的全面领导的贯彻落实。

（二）充分发挥人民群众的监督作用是解决大党独有难题的关键环节

习近平总书记多次强调历史周期率问题，在党的十九届六中全会上专门提到“窑洞对”：“毛泽东同志在延安的窑洞里给出了第一个答案，这就是‘只有让人民来监督政府，政府才不敢松懈’。”[2]民主监督是体现人民民主广泛性、真实性的关键所在，通

[1] 戴立兴：《关于“坚持和加强党的全面领导”重要论断的理论思考》，《马克思主义研究》2022年第8期。

[2] 《习近平著作选读》（第2卷），人民出版社2023年版，第559页。

过发挥人民群众的主体性和创造性，使人民参与权力监督全过程，实现以人民的监督制约政府的权力，让权力在阳光下运行，形成以人民监督为主导的民主监督运行机制。因此，充分发挥人民群众的监督作用，不仅能使我们党始终保持同人民群众的血肉联系，把人民立场、人民利益贯穿于解决难题实践的每一环节，不断增强人民群众对我们的信任和信心，还能凝聚人民群众参与正风肃纪反腐的重要力量，确保我们党在解决难题时始终保持先进性和纯洁性。新征程上，必须站稳人民立场，坚持党的一切工作以人民群众的根本利益为最高准绳，发挥人民群众的主体力量，把解决难题的成效交由人民评判检验，这是解决大党独有难题的关键环节。

一是站稳人民立场，坚持党的一切工作以人民群众的根本利益为最高准绳。党的性质宗旨，决定了我们党始终追求人民利益至上的价值取向。中国共产党自成立之日起就坚持马克思主义群众观，坚持在工作中践行群众路线，始终站稳人民这一根本政治立场。在抗日战争时期，毛泽东同志指出："只要我们为人民的利益坚持好的，为人民的利益改正错的，我们这个队伍就一定会兴旺起来。"[1]改革开放进程中，邓小平同志始终重视把人民群众的根本利益放在第一位，将人民"拥护不拥护，赞成不赞成，高兴不高兴，满意不满意"作为一切工作的根本出发点和落脚点。进入新时代，习近平总书记强调："只要心里始终装着人民，始终把人民利益放在最高位置，我们就一定能够作出正确决策，并依靠人民战胜一切艰难险阻。"[2]可以说，人民群众的拥护和支持是我们党执政的最大底气和坚实根基，也是我们党解决大党独有难题的力量源泉和价值归依。因此，只有站稳人民立场，不断满足最广大人民群众的切身利益，充分发挥人民群众蕴藏的管党治党的智慧和力量，才能以最彻底的自我革命精神和坚不可摧的强大底气破解难题。二是必须发挥人民群众的主体力量，把解决大党独有难题的成效交由人民评判检验。人民群众是历史的创造者和推动者，是我们党赖以生存和发展的强大力量。对此，习近平总书记强调，我们一切工作的成效"要由群众来评价、由实践来检验。我们不能关起门来搞自我革命，而要多听听人民群众意见，自觉接受人民群众监督"[3]。在这个意义上，人民是解决难题成效的评判主体，我们必须实行自下而上的人民监督，积极引导人民群众参与监督，通过发展全过程人民民主，集中反映最广大人民群众的意愿和要求，推进实现人民监督与自我革命的有机结合，从而凝聚起解决大党独有难题的强大合力。

---

[1] 《毛泽东选集》(第3卷)，人民出版社1991年版，第1004—1005页。

[2] 《习近平谈治国理政》(第四卷)，外文出版社2022年版，第393页。

[3] 《习近平在中央政治局第十五次集体学习时强调　全党必须始终不忘初心牢记使命　在新时代把党的自我革命推向深入》，《人民日报》2019年6月26日。

（三）完善党的自我革命制度规范体系是解决大党独有难题的根本保障

作为马克思主义政党，自我革命是我们党的本色基因和重要法宝。习近平总书记强调："党的自我革命永远在路上，解决大党独有难题是一个长期而艰巨的过程。"[1]解决大党独有难题，关键就在于通过自我革命对党内进行综合施治，持续推动党内治理改革，优化完善党内治理体系，着力提升党内治理能力。如何推动通过自我革命解决大党独有难题由应然走向实然，制度支撑事关根本和全局。因此，只有健全和完善党的自我革命制度规范体系，才能行之有效地推动难题的破解。新征程上，我们必须以制度化规范化体系化的战略思维推进党的自我革命，在自我净化、自我完善、自我革新、自我提高上下功夫，"形成坚持真理、修正错误，发现问题、纠正偏差的机制"[2]，健全党统一领导、全面覆盖、权威高效的监督体系，发挥政治巡视利剑作用，落实全面从严治党责任制度，这是解决大党独有难题的根本保障。

一是构建坚持真理、修正错误、发现问题、纠正偏差的机制。完善党的自我革命制度规范体系的路径指向在于自我净化，其主要任务是坚持制度治党、依规治党，以党章为根本，以民主集中制为核心，构建坚持真理、修正错误、发现问题、纠正偏差的机制。对此，要建立健全主题教育常态化机制，使党员干部不断把学习成果转化为提升党性修养的精神营养；建立健全批评与自我批评常态化机制，使党员干部及时发现和解决存在的各种矛盾和问题；健全干部考核评价机制，建立激励机制和容错纠错机制，使党员干部及时发现和纠正思想认识上的偏差、决策中的失误、工作中的缺点。二是健全党统一领导、全面覆盖、权威高效的监督体系。完善党的自我革命制度规范体系的路径指向在于自我完善，其核心要求是健全党统一领导、全面覆盖、权威高效的监督体系。对此，要以"党统一领导"为前提，以"全面覆盖"为目标，以"权威高效"为优势，不断强化党对监督工作全覆盖、全方位、全过程领导，使各项监督更规范更有效，让监督制度优势更好转化为治理效能。三是发挥政治巡视利剑作用。完善党的自我革命制度规范体系的路径指向在于自我革新，其关键环节是发挥政治巡视利剑作用。对此，要把巡视作为推进政治监督具体化、精准化、常态化的重要抓手，着重在拥护"两个确立"、做到"两个维护"上发力；推进巡视制度创新，在巡视工作中以事实为依据，具体问题具体分析，促进巡视工作灵活开展与精准落实。四是落实全面从严治党责任制度。完善党的自我革命制度规范体系的路径指向在于自我提高，

[1] 习近平：《在学习贯彻习近平新时代中国特色社会主义思想主题教育工作会议上的讲话》，人民出版社2023年版，第6页。

[2] 习近平：《高举中国特色社会主义伟大旗帜　为全面建设社会主义现代化国家而团结奋斗——在中国共产党第二十次全国代表大会上的报告》，人民出版社2022年版，第66页。

其重要保证是“完善和落实全面从严治党责任制度”[1]。对此，一方面，要持续抓好党风廉政建设和纵深推进反腐败斗争，在纠正党内“四风”上，治病树、拔烂根，净化社会风气，革除陈规陋习、顽瘴痼疾；在一体推进“三不腐”上，将不敢腐的震慑力、不能腐的约束力、不想腐的感召力结合起来，使三者同时发力、同向发力、综合发力，持续修复净化政治生态。另一方面，要紧紧抓住领导干部这个“关键少数”，“明确责任清单、培塑责任意识、完善责任监督、优化责任考核、强化精准问责”[2]，特别是针对履行主体责任不力、产生恶劣影响，以及在管党治党方面不作为、不担当、乱作为的领导干部，既追究主体责任、监督责任，又追究领导责任等。质言之，科学有效、系统完备的党的自我革命制度规范体系为解决大党独有难题提供了根本保障。

结 语

“解决大党独有难题”是一个关乎党的生死存亡、党和人民事业兴衰成败的重大问题。面对新时代新征程上错综复杂、相互交织的各种风险，中国共产党要完成自身所肩负的历史任务和时代使命，就必须时刻保持政治清醒和战略定力，把解决大党独有难题放在突出和重要的位置，抓住破解难题的关键点，掌握破解难题的规律，总结破解难题的经验，把主观认识同客观实际结合起来，使解题思路、解题规划、解题方案符合马克思主义执政党建设的基本规律。唯有如此，才能保证自身的先进性和纯洁性，成为走在时代前列的先进政党；才能使党在全面从严治党的革命性锻造中更加坚强有力，成为长期执政的马克思主义政党；才能凝聚起全党的智慧和力量，为现代化强国建设提供强党保障。

原载于《山东师范大学学报（社会科学版）》2023年第5期

[1] 《中共中央关于坚持和完善中国特色社会主义制度　推进国家治理体系和治理能力现代化若干重大问题的决定》，人民出版社2019年版，第9页。

[2] 仲伟通：《落实全面从严治党责任制度：意蕴、困境与出路》，《理论导刊》2021年第4期。

破解大党独有难题何以可能与以何可能

——基于政党治理的视角

侯月英

摘　要： 大党不等于强党，强党未必恒强。大党独有难题是一个结构性、系统性难题，现代治理理论蕴含的价值要素和规则体系为解决大党独有难题提供了一种新的理论思路和实践进路。破解政党治理视角下的大党独有难题，关键在于回答好“治理何以可能”和“治理以何可能”两个重要问题。作为世界上最大的马克思主义执政党，党要时刻保持解决大党独有难题的清醒和坚定，政治权威性、理论先进性、组织适应性、自我革命性等大党优势为应对大党独有难题提供了有力支撑。破解大党独有难题在于以党内民主团结治理主体、以制度治党规范治理行为、以政治参与激活治理动能、以信息技术赋能治理方式，建构民主化治理、法治化治理、协同化治理、智能化治理的有效机制。

关键词： 政党治理；大党独有难题；政党政治

经过百年奋斗，中国共产党从只有50多名党员的小党发展成为世界上最大的马克思主义执政党，从领导革命战争到领导社会主义现代化建设，从世界社会主义运动的跟随者到引领者，党充分展现出大党的精神面貌和政治品格。习近平总书记在党的二十大报告中指出：“我们党作为世界上最大的马克思主义执政党，要始终赢得人民拥护、巩固长期执政地位，必须时刻保持解决大党独有难题的清醒和坚定。”[1]大党不等于强党，强党未必恒强。破解“大党独有难题”政治命题的提出，既是长期执政条件下加强党的自身建设的必然要求，也是对社会主义政党执政规律的自觉认识。“大党独有难题”是内源性难题而非外部性难题，是结构性难题而非局部性难题，不仅要解决内部治党风险，保持党的先进性和纯洁性，还要解决治理现代化国家过程中遇到的外部考验和能力提升问题，这就要求运用治理的理念、思维和方式推进政党治理的科学化和现代化，探索适应客观环境变化和未来发展趋势的载体、平台、工具和手段。

[1] 习近平：《高举中国特色社会主义伟大旗帜　为全面建设社会主义现代化国家而团结奋斗——在中国共产党第二十次全国代表大会上的报告》，《人民日报》2022年10月26日。

一、长期执政条件下“大党独有难题”的多维面向

随着现代治理理念与政党理论的融合和运用，通过吸收治理理念中的高效、有序、协商、责任、法治等价值要素，政党治理活动开始跳出管治、命令的政治统治惯性思维，突出强调治理主体的多元化和协同性、治理程序的合法化和有序性、治理方法的可持续化和合作性。政党治理是一个持续的、发展的、综合的过程，而不是阶段的、停滞的、局部的。对政党治理理论认识的深化，来源于党领导社会革命的实践经验总结，动因是现实政党政治实践的需要，立基于政党自身发展规律和社会发展规律。中国共产党成为执政党是历史和人民的选择，是历史发展的必然规律。但在现代化建设的伟大进程中，党的执政地位不是一劳永逸的，不断提升党的执政能力、探索党的执政规律和社会主义建设规律是巩固党的执政地位的题中应有之义。作为长期执政的马克思主义使命型政党，大党独有难题的核心在于如何保持政党性质上的先进性和纯洁性、政党组织上的政治性和权威性、政党制度上的稳定性和回应性、政党发展上的可持续性及政党治理效果上的有效性。

政党长期执政，首先涉及政党和国家政权的关系问题。党政关系的关键问题在于如何在政治运作中合理配置党政职能、如何发挥党的领导作用。其一，政党性质是党政关系的结构性前提。十月革命胜利产生了世界上第一个由无产阶级政党执政的社会主义国家，开始出现与资本主义国家完全不同的党政关系。社会主义国家的宪法明确规定共产党是唯一合法的执政党，党和国家政权是领导和被领导的关系。从政党属性上看，中国共产党是典型的马克思主义使命型政党，融革命党、执政党、领导党的政党特质，为人民谋幸福的初心使命和责任担当，代表整合、利益整合功能于一体，其“整合性”特征内蕴贯穿其中，党的领导是处理党政关系的根本性原则。其二，特定历史发展阶段是党政关系的社会历史基础。“以苏为师”的革命历史传统、落后的生产力发展水平、计划经济体制的确立，是新中国成立初期党政一体的集权模式的历史和现实基础。改革开放后，与社会主义市场经济体制改革相适应，党的十三大强调“政治体制改革的关键首先是党政分开”[1]，开始了对党政职能分开的探索尝试。党的十八大以来，在“党是领导一切的”“党是最高的政治领导力量”的基础上，中国共产党探索形成了以党的全面领导为核心的现代国家制度和国家治理体系。在社会主义国家政党政治实践中，党政不分、以党代政和党政脱节的极端取向都会严重影响政治生活正常运行，尤其是政治和权力的结合极易滋生腐败。在处理党政关系方面，不能简单化为

[1] 《中国共产党第十三次全国代表大会文件汇编》，人民出版社1987年版，第43页。

党政分开或党政合一，而是要根据不同历史条件下政党政治发展要求和社会发展水平，不断改进和完善党的领导方式和执政方式，渐进推进政治体制改革。

其次，在党社关系方面，面临超大规模政党如何治理超大规模社会难题。政党既要实现适应社会发展变迁的政党发展，进行组织结构调适和政策策略的更新，同时还要展现其引领社会发展的能力，有效吸纳整合社会资源。作为高速发展中的超大型国家，我国正处于“现代化之中的社会，其政治共同体的建立，应当在‘横向’上能够将社会加以融合，在‘纵向’上能把社会和经济阶级加以同化”[1]。在中国政治场域下，这一“政治共同体”的核心是中国共产党。社会治理能力的持续性建构和提升是强大政党建设的内在要求。中国是一个典型的后发现代化赶超型国家，具有明显的时空压缩性。在现代化发展进程中，作为支撑性主体力量的执政党，一方面，要适应在工业化、城市化、市场化和信息化共同推动下的社会转型所引发的全方位改革——社会结构变迁、利益诉求多样化、城乡二元结构破除、新社会阶层和新兴群体日益活跃、社会成员流动性空前提高，特别是经济发展进入新常态后，经济增速放缓，利益驱动力减弱，利益整合机制的影响力式微，社会的可持续性、稳定性发展要求进入关注议程。另一方面，要应对各种新的风险挑战。现代化发展在取得阶段性成就的同时，由于社会客观环境的变化、社会主要矛盾的转变，不确定性社会风险交织叠加。“当前和今后一个时期是我国各类矛盾和风险易发期，各种可以预见和难以预见的风险因素明显增多。”[2]在这样的时代条件下，如何应对“黑天鹅”“灰犀牛”等不可控不确定性风险，使中国这样一个超大型社会既充满活力又和谐有序，实现长期执政，是摆在新时代中国共产党人面前的一道“必答题”。

再次，在党内关系治理方面，面临统一思想、统一意志、统一行动的团结统一难题。“组织规模的优势只具有相对意义”[3]，政党规模大并不等于政党本身执政能力和领导能力的强大，并不意味着政党的生命力和适应能力更强。反而，意味着更复杂的党员构成、更高的组织运行成本、更多的组织层级，党员管理和组织管理难度增大。从党的自身治理来看，党员的人数越多，党的组织规模越大，要从政治上思想上形成全党共识，维护党中央权威，实现集中统一领导就越难；大党的组织层级越多，科层体制下权力腐败的可能性就越大，自上而下的政策执行成本就越高，政党治理的难度就越大。因此，“如何始终统一思想、统一意志、统一行动”是大党独有难题的重要内容。在统一思想方面，身处大变局中的中国，政治稳定、经济快速发展中伴随着价值多元，

[1] 塞缪尔·P.亨廷顿：《变化社会中的政治秩序》，王冠华等译，上海人民出版社2015年版，第332页。

[2] 习近平：《关于〈中共中央关于制定国民经济和社会发展第十四个五年规划和二〇三五年远景目标的建议〉的说明》，《人民日报》2020年11月4日。

[3] 齐卫平：《政党治理视角下执政党组织规模问题的思考》，《江汉论坛》2014年第7期。

各种思想文化交融交锋，凸显了多元意识形态内部的碰撞和摩擦。在统一意志方面，党内仍存在地方主义、山头主义和宗派主义等不正之风，无视政治纪律和政治规矩，使党的组织内部涣散、纲纪不彰、法度松弛，严重影响党和人民群众的关系，从而削弱党的战斗力、凝聚力和执政根基，损害党的形象。在统一行动方面，还面临如何最大限度激活这支规模庞大、组织严密、与社会各方面联系密切的队伍，进一步增强组织动员力和政治执行力，始终保持干事创业精神状态，协同推进社会主义现代化事业，使全党形成一个上下贯通、有机衔接、协同高效的统一整体问题。

最后，在管党治党方面，存在建立管党治党长效机制难题。随着组织规模的扩大和组织模式的制度化发展，政党组织趋于稳定的同时，强大的"组织惯性"也使政党忽视了自身的发展变革。堡垒最容易从内部被攻破，大党更容易发生"大组织病"问题，出现在既有的成绩上因循守旧、组织运行成本增加、制度执行不力、治理效能低下等问题。党的十八大以来，党对自我革命的认识不断深化，坚持真理，修正错误，推进全面从严治党向纵深发展，坚决同政治不纯、思想不纯、组织不纯和作风不纯等突出问题作斗争。同时，深入开展反腐败斗争，坚决整治制度执行上的"稻草人"和政治生态上的"破窗效应"，使党在革命性锻造中更加坚强。但是，当前全面从严治党仍然面临诸多问题：在管党治党方面，领域覆盖有待进一步深化、触及利益格局调整矛盾依然尖锐、突破体制机制障碍的任务依然艰巨、"四大考验"和"四种危险"长期存在；在反腐败斗争方面，"反腐败斗争形势依然严峻复杂，遏制增量、清除存量的任务依然艰巨"[1]；在制度保障方面，政治监督常态化机制有待建立，党的自我革命制度规范体系仍需完善。

二、"治理何以可能"：以大党优势应对大党独有难题

政党特质决定了政党的执政方式、领导机制和运行逻辑。马克思主义使命型政党从本质和渊源、结构和运作上都不同于西方的"掮客型政党"，其内蕴的先进性特质是破解大党独有难题的根本所在。党的集中统一领导的政治优势，与时俱进、守正创新的理论优势，强大组织体系和群众组织能力的组织优势，保持干事创业精神状态的精神优势，是应对大党独有难题的优势所在。

（一）政治权威性：党的集中统一领导的政治优势

权威是一种支配性力量，是一种特殊的影响力，与建立在制度和法规之上的"威

[1] 《习近平在二十届中央纪委二次全会上发表重要讲话强调　一刻不停推进全面从严治党　保障党的二十大决策部署贯彻落实》，《人民日报》2023年1月10日。

权”有本质区别。权威是高度有效的影响力形式，“它不仅比赤裸裸的强制可靠和持久，而且还能使领袖以其他政治资源的最小开支进行管理”[1]。政党权威从根本上说是群众对政党组织的自觉政治认同。维护权威是马克思主义政党建设的重要内容，是中国共产党在长期的实践中形成的优良传统和独特优势。党中央有权威，才能把党内外牢固凝聚起来，把全国各族人民紧密团结起来，去赢得新的伟大斗争的胜利。党中央权威是具体的而非抽象的。中国共产党诞生于支离破碎、“一盘散沙”的民族危亡时期，“中国共产党创建了新生政权并重新整合了社会秩序，政党相对于国家和社会的先进性，使党对国家和社会具有天然权威”[2]。中国“政党中心主义”的特殊现代化发展道路，从以党建国的历史进路到以党强国的现实需要，为中国共产党的领导权威夯实了合法性基础。中国共产党的坚强领导是实现现代化的根本保障。中国共产党是天然的领导者、组织者和执行者，这是社会主义政党治理的逻辑起点。就大党独有难题而言，党的领导优势具体体现在：党组织拥有最高权威性，党组织的指示、决策、态度等能够获得党员和群众的广泛信任、认可；党组织拥有强有力的组织动员能力，通过其政治权威性能够对基层社会、群众进行广泛的组织动员；党组织拥有合法创制权，其政治主张能够经过法定程序转化为具体政策、制度和规范。坚持党的政治建设、维护党中央权威是克服大党团结统一难题的政治保障。

政治上团结是统一思想、统一意志、统一行动的基本前提。政治建设是党的根本建设，“旗帜鲜明讲政治、保证党的团结和集中统一是党的生命，也是我们党能成为百年大党、创造世纪伟业的关键所在”[3]。这就要求我们必须把保证全党服从中央，坚持党中央权威和集中统一领导作为党的政治建设的首要任务，严明党内政治纪律和政治规矩，站稳政治立场、严把政治方向，努力提高全体党员的政治判断力、政治领悟力、政治执行力。“两个确立”“两个维护”是新时代确保党中央权威和集中统一领导的制度性成果。党的十八大以来，党对坚决维护党中央权威的认识进一步深化，党的十八届六中全会通过的《关于新形势下党内政治生活的若干准则》对坚决维护党中央权威提出一系列要求，并明确了习近平同志为党中央的核心、全党的核心，正式提出“以习近平同志为核心的党中央”[4]。党的十九届四中全会将“完善坚定维护党中央权威和集中统一领导的各项制度”作为坚持和完善党的领导制度体系的重要内容加以强调，从制度上健全和维护党中央权威。发挥党的全面领导的政治优势破解大党独有难题，关

[1] 罗伯特·A.达尔、布鲁斯·斯泰恩布里克纳：《现代政治分析》，吴勇译，中国人民大学出版社2012年版，第80页。

[2] 刘燕妮、方雷：《党治理视域下执政党权力的内在张力与优化向度》，《学习与探索》2019年第2期。

[3] 《习近平谈治国理政》（第四卷），外文出版社2022年版，第515页。

[4] 《关于新形势下党内政治生活的若干准则》，《人民日报》2016年11月3日。

键在于将维护党中央权威的政治原则转化为坚持“两个确立”、实现“两个维护”的思想自觉和行动自觉。

（二）理论先进性：与时俱进、守正创新的理论优势

“马克思主义是我们立党立国的根本指导思想，是我们党的灵魂和旗帜。”[1]科学性、实践性、人民性、革命性是马克思主义理论的鲜明特质和理论品格。马克思主义从诞生起就不是书斋里的学问，它宣告“实践的唯物主义者即共产主义者”要“使现存世界革命化，实际地反对并改变现存的事物”[2]。百余年来，党坚持把马克思主义基本原理同中国具体实际相结合、同中华优秀传统文化相结合，不断推进马克思主义中国化时代化。

一方面，在科学理论的基础上进行理论创新和话语创新。“坚持理论创新”是党百年奋斗的重要历史经验，理论的生命力在于先进性、科学性基础上的创新力。先进性的理论不仅体现在揭示社会发展规律的真理性上，更体现在能够根据时代发展不断创新，是理论和实践、具体和历史的统一。同时，要在强化对马克思主义政党理论体系研究的基础上，自觉提炼具有中国特色的政党政治新概念、新论断、新表述。对“政党类型”“政党体制”“党政关系”等基础性理论和“新型政党制度”“全过程人民民主”“自我革命”等创新性政党话语作出解读。另一方面，用马克思主义中国化的最新理论成果武装全党。习近平新时代中国特色社会主义思想是马克思主义中国化的最新理论成果，是当代中国马克思主义、21世纪马克思主义，科学回答了中国之问、世界之问、人民之问、时代之问。“坚持学思用贯通、知信行统一，把新时代中国特色社会主义思想转化为坚定理想、锤炼党性和指导实践、推动工作的强大力量。”[3]用党的创新理论成果武装全党，就是将“彻底的理论”转化为“物质力量”的过程，将思想和行动统一到习近平总书记重要讲话精神和党中央决策部署上的过程。用党的最新理论成果滋养初心使命，以主题教育方式引导广大党员干部形成守初心、担使命的思想自觉和行动自觉。党的十八大以来，党中央相继组织开展了党的群众路线教育实践活动、“三严三实”专题教育、“两学一做”学习教育、“不忘初心、牢记使命”主题教育、党史学习教育、学习贯彻习近平新时代中国特色社会主义思想主题教育。开展党内集中教育是我们党加强自身建设、推进自我革命的一大法宝，每一次党内集中教育都是对初心使命和党的最新理论成果认识的又一次深化。与时俱进、守正创新的理论优势为

[1] 习近平：《在庆祝中国共产党成立100周年大会上的讲话》，《人民日报》2021年7月2日。

[2] 《马克思恩格斯文集》（第1卷），人民出版社2009年版，第527页。

[3] 习近平：《高举中国特色社会主义伟大旗帜　为全面建设社会主义现代化国家而团结奋斗——在中国共产党第二十次全国代表大会上的报告》，《人民日报》2022年10月26日。

克服大党独有难题提供了强大的理论支撑。

（三）组织适应性：强大组织体系和群众组织能力的组织优势

党的力量来自组织。中国共产党是用革命理想和铁的纪律组织起来的马克思主义政党，组织严密、纪律严明是党的优良传统，能够适应不同阶段的历史任务、完善组织体系和充分发动群众是党组织的突出优势。党支部和西方政党的分部不同，它依据生活和工作场所而非地理设置，这被迪韦尔热称为“技术上的完美”，与西方“松散型”政党组织不同，中国共产党具有严密组织体系以保障强大的行动力。从政党的组织特质及其运作规律来看，作为一种特殊的政治组织，其既要适应自身发展规律，又要适应外部社会环境变迁。组织适应性是政党生存能力和发展能力的体现，政党适应性是衡量一个政党执政能力和生命力的重要标志。“组织的适应性体现为对外界环境的积极认知和应对措施，适应性越强，组织的复杂性和生存能力就越强。”[1]党在适应和改变环境的过程中，既要实现适应社会发展变迁的政党发展，进行组织结构调适和政策策略的更新，同时还要展现其引领社会发展的能力，有效吸纳整合社会资源。

在政治发展过程中，中国共产党建构了一个以党的组织体系为轴心的国家政权运行机制。中国共产党作为现代国家建设的主导力量，纵向上建立了一套与国家行政区划相并行的三级组织系统，形成了包括党的中央组织、地方组织、基层组织在内的严密的组织体系，从而有效整合了中央和地方的力量；横向上党的基层组织分布于城市乡村、群团组织、新经济组织等各个地区和领域，从而有效组织、整合和治理中国这样一个超大规模的国家。同时，党对社会层面的政策供给、组织嵌入、体制性吸纳、意识形态凝聚，是实现治理现代化的重要支撑。中国共产党是按照民主集中制原则建立起来的，形成了由中央组织、地方组织、基层组织组成的严密组织体系，在这个体系中，党的基层组织是确保党的路线方针政策和决策部署落实的基础。党的基层组织直接与广大人民群众相联系，发挥着“战斗堡垒”作用。基层党组织承担着直接教育、管理、监督党员，组织、宣传、凝聚和服务群众的职责。党的基层组织深度嵌入国家和社会中，是党联系群众、服务群众的政治组织。政治性是党的基本属性，基层组织处于党与群众保持密切联系的第一线。从“人民本位”出发的基层党组织承担着联系群众、反映民意、利益表达、教育群众、组织群众、动员群众的任务。密切联系群众的组织优势为克服大党独有难题奠定了可靠的群众基础。

[1] 约翰·H.霍兰：《隐秩序：适应性造就复杂性》，周晓牧等译，上海科技教育出版社2019年版，第174页。

（四）自我革命性：保持干事创业精神状态的精神优势

人无精神则不立，国无精神则不强。自我革命精神是使命型政党的鲜明品格和独特优势，是区别于其他政党的显著标志，是我们党在革命时期推翻“三座大山”、在现代化建设初期冲破生产力发展束缚、在新时代实现中华民族伟大复兴的强大精神力量和内生动力。永葆革命精神难题关系到党能不能坚定革命斗志，能不能做到敢于斗争、善于斗争。敢于斗争、善于斗争是中国共产党取得一个又一个伟大历史性成就的精神力量，集中体现了中国共产党人的精神风范和意志品格。“我们党之所以历经百年而风华正茂、饱经磨难而生生不息，就是凭着那么一股革命加拼命的强大精神。”[1]以伟大自我革命引领伟大社会革命成为新时代中国特色社会主义伟大实践的一个鲜明特征。先进性是马克思主义政党的本质属性，而先进的马克思主义政党是在不断自我革命中淬炼而成的。党的自我纠错能力和自我修复能力，是政党生命力的体现，是党能够始终保持干事创业精神状态的内在支撑力量，是确保党能够始终具备长期执政的领导能力的显著优势。

历史是最好的教科书，认清风险，才能行稳致远。20世纪80年代末，大批社会主义国家改旗易帜，东欧各国共产党甚至出现系统性的“多米诺骨牌效应”，相继失去执政地位，世界社会主义运动在曲折中艰难发展；传统大党在现代化进程中受到全球化、市场化、民主化、信息化的多重冲击，出现政党纲领动摇、政党权威弱化、政党肌体腐化、政党组织涣散、政党执政能力逐步消解现象。苏联共产党失去执政地位的原因错综复杂，既有内部原因，也有外部原因。从政党自身来看，党内思想混乱问题、党内团结统一问题、政党组织功能弱化问题、领导干部贪污腐败问题等导致大党彻底失去人民的拥护。全面从严治党和勇于自我革命是新时代中国共产党的建设的鲜明主题，也是应对党内突出问题，克服大党独有难题的长久之策。习近平多次强调“全面从严治党永远在路上，党的自我革命永远在路上”的重要性。保持两个“永远在路上”的清醒，是新时代党对建设长期执政的无产阶级政党的规律性认识和马克思主义政党政治理论的创新成果。百余年来特别是党的十八大以来，党中央以前所未有的勇气和决心推进全面从严治党，找到了党的自我革命这一跳出治乱兴衰历史周期率的第二个答案，形成一整套自我净化、自我完善、自我革新、自我提高的制度规范体系。

[1] 习近平：《关于〈中共中央关于党的百年奋斗重大成就和历史经验的决议〉的说明》，《人民日报》2021年11月17日。

三、“治理以何可能”：大党独有难题的破解机制

破解大党独有难题要适应利益格局调整、社会结构变迁、思想观念多元、民主政治发展和信息技术变革，时刻保持解决大党独有难题的清醒和坚定，以党内民主团结治理主体、以制度治党规范治理行为、以政治参与激活治理动能、以信息技术赋能治理方式，建构民主化治理、法治化治理、协同化治理、智能化治理的系统性机制。

（一）民主化治理：以党内民主团结治理主体

党内民主是社会主义民主的重要组成部分，是巩固党的团结统一的重要保证。民主建设问题是关系社会主义前途命运的关键问题。民主化治理强调在处理党内事务过程中尊重党员的主体地位，将民主理念贯穿民主选举、民主决策、民主监督、党务管理的全过程。党内民主是构建政党权威的基础性要素。要处理好民主和集中的辩证关系，发扬党内民主，保障党员的民主权利。党内民主强调尊重党员主体地位，调动广大党员的积极性、主动性和创造性，集中则指向汇集集体智慧和力量，民主是集中的前提，集中是民主的必然要求，民主和集中相辅相成、不可分割。一方面，发扬党内民主，就要将民主的理念、民主的机制贯穿党的一切活动中；另一方面，要善于进行正确的集中，制定科学的决策程序，严格规范党内政治纪律和政治规矩，“防止议而不决、决而不行”。同时，建立健全党内监督机制，推进反腐败斗争向纵深发展。党内监督是民主化治理的重要组成部分，是防止权力滥用的有效手段。一是坚持一体推进不敢腐、不能腐、不想腐，“惩、治、防”三个环节同时发力、同向发力、综合发力。“不敢腐”在于以高压震慑、纪法规定严厉惩治腐败行为，规范权力运行；“不能腐”在于深化党性党风党纪教育，加强廉政文化建设，在党内形成良好的政治生态；“不想腐”在于提升党员干部的思想自觉和行动自觉，筑牢思想防线。二是加强党和国家监督体系一体化建设，统筹各类监督力量，以党内监督为主导，协同运用司法监督、纪律监督、监察监督、派驻监督、巡视监督等多种监督方式，形成监督合力。

（二）法治化治理：以制度治党规范治理行为

法治体现为规则之治。“法治化”就是坚持以法律和法规为准绳，界定权利义务、明确责任界限、规范社会行为、保障治理有序运行。“塑造政党的法治特征，使政党的内部治理和外部治理活动体现法治原则，是现代政党政治的内在要求。”[1]建设和管理

[1] 王韶兴：《政党政治论》，山东人民出版社2011年版，第275页。

好超大规模的无产阶级政党，制度更具有根本性、长期性、全局性、稳定性。制度是由系统性的规则体系构成的，制度治党是执政能力建设的重要内容，要在制度建设的基础上，依靠党章和党内法规规范党内政治生活，规范党员行为，通过制度化手段将政党治理的实践性部署落地落实。建构系统完备、科学规范、运行有效的政党制度体系能够为破解大党难题提供有效的制度保障和制度支撑。我们党已经“形成比较完善的党内法规体系”，党内法规制度体系建设取得突破性进展。目前已经形成以党章为根本、以准则条例为主干，并囊括规定、办法、规则、细则等内容，覆盖党的领导和党的建设各方面的党内法规制度体系，党内法规制度体系的系统性、整体性、协同性明显增强。

政党制度体系化建构的核心要义就在于以结构化的制度体系，充分发挥制度治党的长效化、程序化优势破解大党独有难题。一方面，适应全面从严治党向纵深发展的需要，完善党内法规制度体系。党内法规制度是各级党组织和全体党员行为和活动的基本规范，是中国特色社会主义法治体系的重要组成部分。党的十八大以来，针对党内法规制度中存在的系统性、整体性不足问题，党内法规建设滞后于形势任务发展变化需要的情况，中共中央先后发布了《中央党内法规制定工作五年规划纲要（2013—2017年）》和《中央党内法规制定工作第二个五年规划（2018—2022年）》，对党内法规制定工作进行统筹安排，党内法规制定数量和质量实现同步跃升。另一方面，一分部署，九分落实，必须增强党内法规权威性和执行力。增强党内法规权威性和执行力就是要在有规可依的基础上，强调有规必依、违规必究、执规必严，使全体党员自觉遵守党内法规。有规必依，就是让纪律和规矩成为带电的“高压线”，将党内法规制度内化于心、外化于行；违规必究，就是坚持法规制度面前人人平等，要充分利用监督检查与巡视巡察等多种途径，严格执法，绝不允许存在“法外之人”；执规必严，就是切实增强制度执行力度，坚决维护党内法规的严肃性和权威性。

（三）协同化治理：以政治参与激活治理动能

治理理论强调多元主体“通过合作、协商、伙伴关系、确立认同和共同的目标等方式实施对公共事务的管理”[1]。协同治理的本质问题是正确处理党和人民群众的认识论问题和如何落实人民当家作主的方法论问题。其核心内容就是坚持为人民执政、靠人民执政，团结一切可以团结的力量，调动一切积极因素，使党内外形成一个上下贯通、有机衔接、协同高效的统一整体，以广泛政治参与激活治理动能。协同化治理突出强调党各方面建设的有机衔接、联动集成，构建协同治理格局。现代化发展进程中经济

[1] 俞可平：《治理和善治：一种新的政治分析框架》，《南京社会科学》2001年第9期。

体制的转换和社会关系的重构，必然带来更深层次的政治结构的改革，特别是民主政治的发展与政治参与意识和政治参与能力的提高。不同的政治制度、经济体制和文化传统下的政治参与形式是不同的。西方资本主义国家公民的政治参与多体现于政党选举的投票、加入政治组织和民众上街游行等形式。其中，政党活动是公民政治参与的重要制度化形式。中国的政治参与是建立在强大政党领导下的民主政治发展基础上的，政党是现代民主运行的关键主体，能够为社会多元利益主体提供参与政治的有效机制。

政治参与是指公民通过合法渠道，间接地参与和影响公共政策的制定和执行。随着群众民主诉求和政治参与意识的增强，尤其要为群众提供更多合法的利益表达渠道。公民的政治参与是人民当家作主权利落实的具体体现，是党进行社会整合的保障机制，是协同化治理的落脚点。有效实现政治参与的核心在于将群众的“选择性参与”和“形式化参与”转化为“主动式参与”和“有效参与”，充分贯彻新时代党的群众路线，有效回应群众关切。一是通过党建带群建，发挥妇联、工会、共青团等群团组织先行进入非公和社会组织、与群众密切联系的优势，在群众的利益诉求和生活方式多元化的情况下，把握不同行业、不同企业的群体特征，提供精准化服务。在新型政党制度提供制度化的政治参与渠道的同时，完善座谈会、听证会等社会层面有序政治参与渠道的法律法规保证。二是通过党建促社建，支持并培育各类社会组织参与社区治理，使社会组织在参与治理中展现更大的活力。健全社区党组织领导下的社区居委会、业委会、物业公司和居民四方联动机制，完善联席会议、意见征询等相关制度。三是完善基层群众自治合作共治机制。在城乡社区、基层公共事务和公益事业中，引导多元治理主体围绕空间利用、环境维护、资金使用、物业管理等关乎群众切身利益、涉及公共利益的重大事项开展民主协商，增强群众议事协商和有序参与的积极性和参与意识。

（四）智能化治理：以信息技术赋能治理方式

“智能化”就是依托互联网、大数据、云计算、区块链、人工智能等前沿技术，构建智能化社会治理平台体系，实现部门协作和信息共享，实现更加精确、高效、便捷的治理，“智能化”是政党治理科学化发展的必然趋势。信息网络技术的发展拓宽了政党治理的空间，也丰富了破解大党独有难题的治理方式。现代信息技术具有交互、开放、共享的基本特征，交互性特征为党建工作和信息技术的融合提供了新机遇；开放性特征使信息的传递更加便捷、覆盖的内容更加广泛，丰富了政党治理交流平台；共享性特征使党建工作的先进案例和成功经验可以共享，推动了政党治理的可持续性。同时，网络参与的广泛性、自主性和直接性，为公民行使知情权、参与权、表达权和监督权，建构公民对公共权力的监督、约束机制开辟了新的重要渠道。随着新媒体的迅速发展，人们的生活与工作都与互联网息息相关，这在给党建发展提供技术手段的同时，也促进了党建工作理念的发展和工作方法的创新。

“智能化治理”既是一种大党治理的技术手段，更是一种思维方式的转变。“过不了互联网这一关，就过不了长期执政这一关。”[1]主动适应信息化飞速发展的新要求，推进党建“智能化”，树立“互联网+”的发展理念，为政党治理进行科技赋能，是破解大党难题、进行强党建设的重要内容。一要着力推动智能治理平台的纵深覆盖，推进党建工作与网络化管理平台的融合发展。使党建管理平台与大数据运用、人工智能发展有机结合，完善党在城市、地区、街道的信息管理服务体系，构建上下级、党组织、人民群众以及可享资源与资源需求的信息管理桥梁，积极开辟网上政务和服务通道，实现地区互动、数据共享和信息互联，提高政党治理效能。二要加大党员和领导干部对智能化治理重要性的认识，自觉树立信息化思维，培养运用信息技术解决党务工作的能力，优化工作流程。同时，强化群众利用智能化平台进行政治参与和政治监督的科普力度，使群众能够更加广泛运用多样化渠道表达自身诉求、反馈治理意见。

结　语

强大的适应能力和自我革命精神是党能够领导人民取得革命、建设、改革成就的关键原因。大党需要承担更大的责任和使命，尤其是长期执政条件下，党如何永葆先进性和纯洁性、始终得到人民拥护和支持，是必须回答好、解决好的一个关键问题。破解“大党独有难题”命题的提出，既是长期执政条件下加强党的自身建设的必然要求，也是对社会主义政党执政规律的自觉认识。对“大党独有难题”的研究要立足于世界政党政治的一般和中国特色社会主义政党特殊，将其置于不同的参照系中进行共时性和历时性的动态比较分析。应对“大党独有难题”关键在于始终牢记中国共产党为什么、是什么、要干什么这三个根本问题，对党的性质宗旨、初心使命、组织基础有清醒的认识，对长期执政条件下党的政治生态情况、社会结构变化、国际政治格局作出清醒的判断，掌握党和国家事业发展历史主动，科学谋划，积极作为。从社会主义政党政治的基本结构出发，党政关系科学、党社关系稳定、党际关系和谐、党内关系团结是社会主义政党治理的内在追求。应对大党独有难题，一方面，以马克思主义使命型政党所特有的政治优势、理论优势、组织优势和精神优势，回答“治理何以可能”的问题；另一方面，建构民主化、法治化、协同化、智能化的治理机制，回答“治理以何可能”的问题。

原载于《理论导刊》2023年第12期

[1] 《习近平谈治国理政》（第三卷），外文出版社2020年版，第317页。

中国共产党执政规律探讨

王韶兴

摘　要：中国共产党执政规律，包括总规律和具体规律两个层次。总规律是指在中国共产党执政的整个过程中始终起统领作用的规律。“三个代表”重要思想，集中体现了中国共产党对执政总规律的内容与要求的认识和探索。中国共产党执政的具体规律是总规律在自身建设和领导国家、社会活动中的展开和实现。它主要表现在执政理念、执政宗旨、执政任务、执政能力、执政途径、执政规范、执政保障等方面。

关键词：共产党；执政规律

中国共产党执政规律，包括中国共产党自身建设规律和领导、执政活动规律两个方面，是二者的辩证统一。它可以分为总规律和具体规律两个层次。总规律是指在中国共产党执政的整个过程中起统领作用的规律，它适用于执政的各个领域。“三个代表”的重要思想，涵盖了中国共产党自身建设和执政活动的根本内容，揭示了保持党的先进性、巩固党的执政地位的基本要求，构成了中国共产党的立党之本、执政之基和力量之源。它从新的理论高度回答了中国共产党如何才能掌好权、执好政的问题，因而它集中体现了中国共产党执政的总规律。执政的具体规律是其执政的总规律在自身建设和领导国家、社会活动中的展开和实现，是指党在其执政的某个领域所必须遵循的规律。

一、在执政理念方面，中国共产党必须坚持正确的思想理论导向，始终把握好马克思主义意识形态的本质特征及其实践要求

任何一个政党为实现其执政的合法性和有效性，都要正确对待各种思想观念，尤其是要正确对待和维护自身赖以产生、发展和发挥作用的思想意识形态。马克思主义意识形态是中国共产党执政的思想灵魂和理论指导。它的状况如何，直接关系到中国共产党执政的合法性和有效性，影响着中国共产党本身和社会主义事业的兴衰成败。

共产党执政的历史经验一再表明，对于马克思主义意识形态的僵化或扭曲，反映在党的执政理念上必然是教条主义和经验主义，反映在党的执政实践中必然犯脱离群众的官僚主义和形式主义。意识形态领域的混乱必然引起党的思想理论的混乱和组织队伍的涣散。苏共政治上的失败，就有着深刻的思想意识形态根源：一方面是思想理论上的长期僵化，导致党的职能缺失，功能衰退，党无力回应时代的挑战，逐渐失去了应有的生机活力，进而失去了民心；另一方面就是在纠正僵化思想时从极左跑到极右，从根本上否定了马克思主义意识形态的指导地位，导致共产党的执政失去了应有的理论支持和思想保障。

总结执政的中国共产党在意识形态工作方面的经验教训，可以形成如下带有规律性的认识：1.坚持马克思主义的意识形态，核心是坚持辩证唯物主义和历史唯物主义的科学精神和科学原理，坚持马克思主义与时俱进的理论品格。而把马克思主义意识形态教条化、凝固化或搞意识形态的非马克思主义化，最终都将导致共产党执政因偏离马克思主义的正确轨道而招致灭顶之灾。经验昭示：垄断真理、文化专制、自我封闭是马克思主义意识形态的大敌，尊重群众、比较鉴别、兼收并蓄是马克思主义意识形态不断获得生命力和战斗力的力量源泉。以行政命令式的粗暴管理去追求所谓的“舆论一致”和放任自流式的简单做法而形成的“千腔百调”，都将导致马克思主义意识形态丧失应有的功能。执政的中国共产党只有既自觉地向人民群众学习，向实践学习，随时总结和概括群众在实践中创造的新经验，又以开阔眼界，吸收借鉴人类文明发展的最新成果，以全人类的伟大创造丰富和发展马克思主义，才能不断丰富和发展共产党的执政理念。2.先进社会制度的建立要以相应的文化发展为基础。社会主义发展进程的“制度跨越”性，内在地要求有相应的先进文化与之相匹配。所以，中国共产党在执政后，在“补”生产的商品化、社会化和现代化课的同时，还必须大力加强全民族的思想道德建设，努力提高全民族的科学文化水平，实现文化发展的历史性飞跃，以此获得执政所必需的思想文化资源。3.马克思主义意识形态是共产党的思想灵魂，而共产党则是马克思主义意识形态的物质载体。马克思主义意识形态的捍卫、发展和创新，关键在于共产党有一条正确的思想路线和政治路线。马克思主义意识形态发展的质量，取决于共产党创新马克思主义的能力。能否科学地总结执政实践的历史经验与教训，决定着共产党执政能力能否不断提高。4.执政的中国共产党必须坚持正确的历史观。正确评价党的历史、领袖人物的历史、社会主义的历史和人类社会发展的历史，是执政党“做到既不割断历史又不迷失方向，既不落后于时代又不超越阶段，使我们的事业不断从胜利走向胜利”[1]的思想认识前提。中国共产党对自身历史的全盘否定，就等于

[1] 《江泽民在中国共产党第十六次全国代表大会上的报告》，人民出版社2002年版，第11—12页。

否定了自己执政的历史基础，中国共产党若不能正确评价人类社会发展的历史并把握其发展未来，就会迷失执政方向。5.政治工作是中国共产党执政须臾不可离开的法宝。“掌握思想领导是掌握一切领导的第一位。”[1]从根本上来说，中国共产党的执政权不是自封的，是人民群众自觉选择和维护的结果，而人民群众对中国共产党的选择和维护的“自觉性”，离不开思想政治工作的启发和引导。因此，“我们说改善党的领导，其中最主要的，就是加强思想政治工作，……否则党的领导既不可能改善，也不可能加强”[2]。从这个意义上讲，思想政治工作的科学化水平，体现着中国共产党执政的科学化水平。思想政治工作的实际效果，则从一个很重要的方面体现着中国共产党执政的实际效果。

总之，在党内外不同的世界观、价值观和人生观的矛盾将长期存在。在各种不良思潮涌现并会引起人们思想混乱的事实面前，执政的中国共产党能否以敏锐的政治嗅觉，坚定不移的党性原则和高超的政治艺术，敢于进行斗争，善于化解矛盾，最大限度地实现思想上的统一和队伍上的团结，确保马克思主义意识形态的指导地位，是中国共产党巩固执政地位和提高执政水平的基本途径。

二、在执政宗旨方面，中国共产党必须坚持执政为民，始终代表最广大人民群众的根本利益

执政为民，就是把人民群众赋予中国共产党的执政权力用来全心全意为人民服务，就是要求党的全部理论和全部实践，都要始终以最广大人民群众的支持和拥护为最高标准，党的路线、方针和政策，都要始终以体现最大多数人民群众的意志和利益为出发点和归宿。一句话，就是要为人民掌好权、执好政。

自20世纪80年代末以来，世界上发生了以苏共为代表的包括一些自称是代表工人阶级和人民群众执掌政权的共产党相继垮台的事件。其中的一个重要原因就是这些国家的共产党逐步脱离了广大人民群众，党的领导干部逐步脱离了广大党员群众，党的领导机关逐步脱离了党的基层组织。这三个方面的严重“脱离”，一步一步地将党引向了自我毁灭的境地。对此，俄罗斯学者谢尔盖·切尔尼科夫就认为，脱离人民导致了苏共和苏维埃国家的异化，“官僚逐渐离开过去的革命传统，渐渐断绝与劳动者的联系；特权改变了官僚的生活方式和习惯。至此已经可以确定广大管理人员异化了。这个过程延续了几十年，堕落的部分越来越延伸，最终使整个苏维埃政治体制基本上丧失了

[1] 《毛泽东文集》（第2卷），人民出版社1993年版，第435页。
[2] 《邓小平文选》（第2卷），人民出版社1994年版，第365页。

生命力”[1]。事实表明，共产党执政后，如果蜕化变质，也会被人民抛弃、推翻。我们过去一直认为，对于共产党来说，“不是什么被推翻的问题，而是努力工作，创设条件，使阶级、国家权力和政党很自然地归于消亡，使人类进到大同境域”[2]，事实证明要实现这个目标是有前提条件的。执政的共产党如果不切实解决好始终坚持立党为公、执政为民的问题，势必影响人心向背，导致丧失执政地位的危机。

总结历史经验，应进一步深化以下几个带有规律性的认识：1.关于政党执政的合法性问题。在资本主义国家，执政党的合法性是通过政党间的竞选和角逐，获得法定上的多数而实现的。中国共产党执政的合法性是通过领导广大人民群众顺应历史发展潮流，推翻旧制度，建立新制度而取得的。建立新政权后又是依靠广大人民群众的支持和拥护并由宪法规定而保持执政地位的。广大人民群众的支持拥护是中国共产党执政的合法性资源，但这并不意味着这种合法性资源是无条件、一成不变的。随着时间的推移、条件的变化，只有使这种合法性资源与时俱进，常在常新，不断发展，中国共产党才能保持执政地位。2.关于党群关系问题。人民群众是共产党的力量源泉和胜利之本，密切联系群众是共产党的优良传统和政治优势，全心全意为人民服务是共产党的根本宗旨。在新的社会历史条件下，共产党的执政地位在经受新的历史考验，因为一些党员领导干部搞以权谋私、权钱交易的可能性增大。例如，计划经济体制向市场经济体制的过渡过程中，给种种消极腐败现象以可乘之机，对外开放的同时，资产阶级的意识形态、价值观念和生活方式对党员干部的影响和腐蚀的可能性也会增大，等等。可见，中国共产党的最大政治优势是密切联系群众，而在其执政后最大的危险则是脱离群众，最容易犯的错误是以权谋私，最容易失去民心的行为是腐化堕落。要防止和消除党执政后的最大危险，就必须在党内深入进行马克思主义群众观点的再教育，使广大党员特别是党的领导干部牢固树立为最广大的人民群众谋利益是共产党的根本宗旨的观点。在执政实践中，切实把尊重社会发展规律与尊重人民群众历史主体地位高度统一起来，把实现党的最高理想与实现最广大的人民群众的根本利益高度统一起来，把完成党的各项工作与实现最大多数人民群众的当前利益高度统一起来，把发挥党的领导作用与人民当家作主、调动人民群众的历史主动性和创造性统一起来。3.关于执政为民的本质及其能力建设的问题。执政为民的实质是人民当家作主。它集中反映着共产党执政的本质和目的，决定并体现着共产党执政的合法性、正义性、优越性和强大的生命力。所以，“共产党执政，就是领导和支持人民掌握和行使管理国家的权力，实行民主选举、民主决策、民主管理和民主监督，保证人民依法享有广泛的权利和自由，

[1] 曲铮：《苏维埃政权是无产阶级专政吗》，《国外社会动态》2001年第5期。

[2] 《毛泽东选集》（第4卷），人民出版社1991年版，第1469页。

尊重和保障人权”[1]。增强执政为民的能力，对于广大党员特别是领导干部来说，一是要勤于读书学习，不断提高自身的政治理论水平和科学文化素质。二是要大胆实践探索，不断提高改革开放和现代化建设的实际能力和水平。三是要善于总结思考，不断增强从规律层面认识和解决问题的能力和水平。四是要深入实际、深入群众，真正做到把人民群众的期望和满意作为党的工作的第一追求，把不断满足人民群众的物质、政治和文化利益作为党的工作第一目标。

三、在执政任务方面，中国共产党必须坚持把发展作为执政兴国的第一要务，实现物质文明、政治文明和精神文明的全面进步

发展既是中国共产党执政的根本任务，也是中国共产党执政可持续发展的必要条件。这里的发展，就是要把保持党的先进性和发挥社会主义制度的优越性、把维护和巩固党的执政地位，落实到发展先进生产力、发展先进文化、维护和实现最广大人民群众的根本利益上来。由此推动社会全面进步，实现人的全面发展。

总结这个方面的历史经验，可以形成如下带有规律性的认识：一是讲发展，必须以经济建设为中心。“生产力是最活跃最革命的因素，是社会发展的最终决定力量。”[2]任何一个政党要取得执政资格、巩固执政地位，获得执政的物质基础，都必须代表特定的社会生产力的发展要求，正确解决在不同历史条件下发展生产力的具体任务和具体方法。中国共产党的性质、宗旨和使命，社会主义社会的本质、主要矛盾和根本任务，决定并要求执政的中国共产党必须始终坚持以经济建设为中心，高度重视解放和发展社会生产力，不断开拓促进先进生产力和先进文化发展的新途径。不以经济建设为中心，社会主义现代化就难以实现，中国共产党就有失去执政地位的危险。二是讲发展，必须讲经济、政治和文化的协调发展，讲社会的全面进步和人的全面发展。只有经济、政治、文化协调发展，人的发展与经济文化的发展相互结合、相互促进，才能建成社会主义现代化。中国共产党提出的全面建设小康社会，“使经济更加发展、民主更加健全、科教更加进步、文化更加繁荣、社会更加和谐、人民生活更加殷实”[3]，就是一个社会全面进步和人的全面发展相结合的发展目标。三是讲发展，必须坚持和深化改革。改革是强国之路，是中国共产党执政兴国的必由之路。所以，执政的中国共产党应当自觉地根据生产力发展的水平和推进现代化建设的历史要求，不断调整生产关系中那些不适应生产力发展的部分，不断调整上层建筑中那些不适应经济基础的部

[1] 江泽民：《论党的建设》，中央文献出版社2001年版，第317—318页。

[2] 江泽民：《论“三个代表”》，中央文献出版社2001年版，第153页。

[3] 《江泽民在中国共产党第十六次全国代表大会上的报告》，人民出版社2002年版，第19页。

分，对“一切束缚发展的思想观念都要坚决冲破，一切束缚发展的做法和规定都要坚决改变，一切影响发展的体制弊端都要坚决革除”[1]，不断推进经济体制、政治体制、文化体制和其他方面的改革。但改革是社会主义的自我发展和自我完善，而绝不是对社会主义发展方向的改变。四是讲发展，必须相信和依靠最广大的人民群众。一要把人民群众真正当作国家的主人，调动他们的积极性、创造性，让人民群众主动起来充当发展的主力军。二要善于概括群众的经验和创造，牢固确立人民群众创造力是发展经验的源泉和发展思路的思想方法和工作方法。三要坚持人民群众的利益高于一切，在发展中处理好各种利益关系，站在群众的立场上，维护和实现最广大人民群众的切身利益。五是讲发展，必须正确认识和解决好两组重要关系。一要正确处理物质文明、政治文明和精神文明的关系。物质文明是一切事业发展的基础，政治文明对物质文明和精神文明的发展起着保障的作用，精神文明则提供价值导向、思想武器和智力支持。二要正确处理改革、发展、稳定的关系。“要把改革的力度、发展的速度和社会可承受的程度统一起来，把不断改善人民生活作为处理改革发展稳定关系的重要结合点，在社会稳定中推进改革发展，通过改革发展促进社会稳定。”[2]这既是中国共产党在执政中必须坚持的原则，也是其驾驭执政艺术水平的重要体现。

四、在执政能力方面，中国共产党必须加强和改进自身建设，实现党的先进性的与时俱进

共产党执政素质和执政能力的提高是在加强和改进党的自身建设中实现的。它要靠党在自身建设中保持理论上的高度清醒、政治上的高度坚定和行动上的高度自觉来保证。这里有一个如何按照执政党建设的内在规律建设党的问题，即党的建设总是同党的历史任务，同党为实现这些任务而确立的理论和路线联系在一起的。对此，需要把握好如下几方面的规律性认识：

一是关于党的理论基础的先进性及其时代性。众所周知，政党的先进性取决于其理论基础的先进性。中国共产党是工人阶级的政党，必须以马克思主义作为思想理论基础。这个基础不能动摇，否则党就会因丢掉马克思主义而失去灵魂，丧失根本。但同时必须随时代的发展不断开拓马克思主义理论发展的新境界。执政的中国共产党要做到这一点，一要学好马克思主义，提高全党的马克思主义理论水平。二要大力加强马克思主义的指导地位，牢牢把握正确的思想导向。三要以科学的态度对待马克思主

[1] 《江泽民在中国共产党第十六次全国代表大会上的报告》，人民出版社2002年版，第14页。

[2] 《江泽民在中国共产党第十六次全国代表大会上的报告》，人民出版社2002年版，第9页。

义，不断发展马克思主义理论。二是关于党的阶级基础的先进性及其时代性。共产党的先进性要基于其阶级基础的先进性。共产党必须以工人阶级为阶级基础，这是维系党的先进性的“物质”条件。这一条件决不能动摇，否则共产党的本性就会因此而改变。但同时还要努力实现党的阶级基础的与时俱进。对此，首先要努力强化工人阶级的历史使命意识，以此增强工人阶级先进性的“内聚力”和“原动力”。其次要在工人阶级队伍中努力形成规模宏大的高素质的科技人员、信息网络管理人员和企业经营管理人员队伍，这是支撑党的阶级基础先进性的时代增长点。最后要努力探索市场经济条件下实现工人阶级先进性的新途径，把市场经济运行规律的具体要求与实现工人阶级的先进性有机统一起来，使工人阶级在市场经济的大潮中继承、发扬和不断创新自身的先进性。三是关于党的作风的先进性及其时代性。中国共产党的性质和宗旨，决定了它必须用马克思主义的理论教育广大党员，使他们牢固树立共产主义的理想信念，牢固树立马克思主义的世界观、人生观和价值观。坚持理论联系实际的原则和作风，反对脱离实际的教条主义和本本主义，坚持密切联系群众的优良传统和作风，反对脱离群众的官僚主义和形式主义。开展积极的思想斗争，反对好人主义、宗派主义，等等。这反映的是共产党作风建设的基本内容和一般要求。中国共产党在领导中国革命和建设的长期实践中，形成了理论和实践相结合、同人民群众密切联系、开展批评和自我批评的优良传统和作风。随着共产党所处的地位、肩负的任务、面临的外部环境以及党员队伍状况的不同，党的作风建设的任务和重点也必须适应形势发展的新要求。在新的历史条件下坚持解放思想、实事求是、与时俱进的思想路线，根据“中国共产党是中国工人阶级的先锋队，同时是中国人民和中华民族的先锋队”[1]的性质定位和“三个代表”要求，打造当代中国共产党人先进性的时代风貌。按照党在社会主义初级阶段的基本路线，加强和改进党的作风建设，根据全面建设小康社会的要求，树立脚踏实地、敢于实践的工作作风和朝气蓬勃、锐意创新的精神状态，按照“严格要求、严格教育、严格管理、严格监督，坚决克服党内存在的消极腐败现象”[2]的要求，切实做到领导机关、领导班子、领导干部在加强和改进党的作风建设中发挥表率作用。四是关于党的纲领的先进性及其时代性。党的纲领是党的一面旗帜。共产党在自己的这面旗帜上公开宣示：“党的最高理想和最终目标是实现共产主义。”[3]这是党的先进性的最高纲领体现。然而，党的最高纲领的实现，必须要经历不同的历史发展阶段和很长的历史发展过程。这一过程的健康发展是建立在党既面向未来，又立足于当前，审时度势，实事求是地制定具体历史发展阶段上的基本纲领及其与之相配套的方针政策的

[1] 《中国共产党章程》，人民出版社2002年版，第1页。

[2] 江泽民：《论“三个代表”》，中央文献出版社2001年版，第174页。

[3] 《中国共产党章程》，人民出版社2002年版，第1页。

基础之上的。这样的纲领以及相关的方针政策及其实践成果，是党实现最高纲领的必要准备，是通往最终目标的必经阶梯，是共产主义因素的渐次积累。实现党的纲领的时代性，一个很重要的问题就是要正确处理党的最高理想、最高纲领与党的现实目标、现实纲领的关系，作“最低纲领和最高纲领的统一论者”[1]。对于当代中国共产党来说，一方面要在实践社会主义初级阶段理论和纲领的过程中，牢牢树立共产主义的远大理想，寓远大理想于现实努力之中，坚持在当前的运动中同时代表运动的未来。另一方面，在牢固树立共产主义的远大目标的同时，不要忘记这一目标的实现要经过一代又一代人的长期的艰苦努力，是一个非常漫长的历史过程。只有立足现实，埋头苦干，把党的最高纲领的先进性化为当前中国特色社会主义的具体实践，才能完成好当代中国共产党人肩负的历史任务。五是关于检验党的实践标准的先进性及其时代性。共产党的本质特征是检验党的实践活动的根本标准。这种本质特征在政党实践中集中体现在政治设计、组织协调、思想引导和实践率领等方面，具体表现为推动民族国家的物质文明、政治文明和精神文明发展的速度及其质量水平。由于党在不同的历史条件下肩负的历史任务不同，体现党的先进性的具体内容和实现形式也不一样，因而检验党的实践活动的标准也必然具有时代的内涵和特点。对于中国共产党人来说，当前面临的最大的实际就是中国已经并将长期处于社会主义初级阶段。“三个代表”的重要思想就是基于这样的一个基本历史定位，又从时代变化、形势发展和世界进步潮流出发，而提炼出来的检验中国共产党的实践活动是否具有先进性及其时代特征的基本标准。

五、在执政途径方面，中国共产党必须改进领导方式和执政方式，走依法治国之路

共产党的先进性在领导方式和执政方式上的基本体现，就是“领导人民支持人民当家作主，最广泛的动员和组织人民群众依法管理国家和社会事务，管理经济和文化事业，维护和实现人民群众的根本利益”[2]。

党的领导方式和执政方式的选择，是由党所处的历史条件和党所肩负的历史任务决定的。从世界共产党的角度看，自苏共执政以来到我国改革开放前的一个相当长的时期内，共产党的执政方式大都具有党政不分、以党代政、过多地依赖行政职权进行直接领导的特征。这种领导方式和执政方式，在确立之初发挥了一定的积极作用。但随着世情、国情和党情的变化，那种在战争年代和计划经济体制条件下确立起来的领

---

[1] 江泽民：《论“三个代表”》，中央文献出版社2001年版，第177页。

[2] 《江泽民在中国共产党第十六次全国代表大会上的报告》，人民出版社2002年版，第31—32页。

导方式和执政方式的弊端日渐凸显。早在1980年8月邓小平就提出了“党和国家领导制度的改革”[1]任务。随着实践的深入发展，江泽民进一步指出，对共产党执政过程中存在的一些突出问题，“这些年来，我们花了很大的力气加以解决，收到了不少的成效。但是，有些问题相当顽固，已有的问题解决了，新的问题还在产生。这就需要我们深入思考了。从根本上来说，这涉及在改革开放和发展社会主义市场经济的新条件下党的执政方式和领导方式的问题”[2]。经过多年探索，中国共产党在改进领导方式和执政方式的思路上逐步清晰起来。由此，形成了如下带有规律性的认识：

1.中国共产党的领导方式和执政方式既是党的先进性的重要内容，也是实现党的先进性的中介和桥梁。党的正确的思想理论、良好的组织制度和优良传统作风，归根到底要通过科学的领导方式和执政方式来实现。执政的中国共产党有无先进的领导方式和执政方式，能否因时代和任务的不同在领导方式和执政方式上予以有效回应，直接反映着党的领导水平和执政水平，体现着党的领导是否有效，关系着党的执政地位乃至社会主义国家的长治久安。2.改进党的领导方式和执政方式，目的在于改进和纠正“那些不适应新形势新任务、不符合人民群众利益的领导方式和领导方法”[3]，就是要使执政的中国共产党在思想理论、治国方略、领导方式、组织方式等各个方面，把反映马克思主义政党本质要求与先进生产力的发展要求相结合，与社会主义民主政治建设的要求相吻合，与先进文化的前进方向相统一，与人民群众的根本利益相一致。就是要把执政与社会主义发展、与人类社会的进步统一起来。3.改进党的领导方式和执政方式的途径是，“按照总揽全局，协调各方的原则，进一步加强和改善党的领导体制，改进党的领导方式和执政方式，既保证党委的领导核心作用，又充分发挥人大、政府、政协以及人民团体和其他方面的职能作用”[4]。一方面，党通过提出大政方针，提出立法建议，推荐重要干部，进行思想宣传，发挥党组织和党员的作用。另一方面，党委要理顺和协调同人大、政府、政协、人民团体以及其他方面的关系，使之各司其职、各负其责、相互配合、化解矛盾，凝聚力量，围绕着中国特色社会主义建设的总目标，从不同的角度和层面发挥各自的作用。4.改进党的领导方式和执政方式要从规律层面认识和把握执政的中国共产党与国家之间的职能定位、制度耦合、功能互补、行为协调、目标统一的实现机制。这涉及三个方面：一是党内关系的科学界定及其有效运行。二是党政关系的科学界定及其有效运行。三是中国共产党与其他各民主党派关系的科学界定及其有效运行。在具体的执政实践中实现坚持党的领导、人民当家作主和依法治

[1] 《邓小平文选》(第2卷)，人民出版社1994年版，第320页。

[2] 江泽民:《论党的建设》，中央文献出版社2001年版，第546页。

[3] 江泽民:《论党的建设》，中央文献出版社2001年版，第485页。

[4] 江泽民:《论党的建设》，中央文献出版社2001年版，第515页。

国三者之间的有机结合和辩证统一。5.改进党的领导方式和执政方式，就是要把党的主张经过法律程序形成为国家意志，使党对国家政权机关的领导及其相应的程序和手续都符合法律的规定，从制度和法律上保证依法行政，贯彻落实党的基本路线和基本方针政策。党领导人民制定宪法和法律，又必须在宪法和法律范围内活动。

六、在执政规范方面，中国共产党必须建立和完善执政制度、执政体制和运行机制，实现执政活动的制度化、规范化和程序化

“领导制度、组织制度问题更带有根本性、全局性、稳定性和长期性”，“这些方面的制度好可以使坏人无法任意横行，制度不好可以使好人无法充分做好事，甚至会走向反面”[1]。因此，执政的中国共产党应在依法治国的总要求下，建立和完善一整套适应新形势和新任务的执政制度、执政体制和运行机制。

1.必须科学把握共产党执政制度的内涵及其特点。共产党执政要求有与之相适应的理论与原则、制度与机制。其中，执政制度是一个关键因素。它是将共产党的执政由理论、原则形态转化为实践形态，体现为执政效率、效果与效益的中介和桥梁。我们把那些反映共产党的执政地位、执政本质、执政职能、执政目标以及由此形成的执政党与国家、社会的基本关系等带有基础性、全局性和稳定性的基本内容与要求，通过宪法和党章的形式确立下来，便成为共产党执政的基本制度。共产党执政的具体制度（体制）、运行机制，是其基本制度在不同历史阶段上的具体实现形式，具有明显的应用操作性、层次有序性、规范可鉴性和适应新要求的变动性等。2.必须正确处理共产党执政的基本制度与具体制度的关系。从共产党执政整个系统的角度看，基本制度是整体和全面，具体制度（体制）是局部和部分；基本制度是本质规定，是核心内容，具体制度（体制）是结构形式，是实践形式。二者的基本关系是，共产党执政的基本制度从根本上规定着其具体制度（体制）、运行机制的质量和发展方向，而具体制度（体制）的不断改革和创新，又能使基本制度充满生机活力，促进基本制度功能充分发挥。经验表明，确立了共产党执政的基本制度，这只是为党发挥先进作用提供了前提条件。具有先进性质的执政党能否在执政中全面充分地体现自己的先进作用，在一定意义上并不取决于执政党的主观愿望，而取决于它的执政方略、执政体制和运行机制。中国共产党的执政作用正确而又充分的实现，内在地要求党必须根据不同的社会历史条件，不断地改革、发展、完善执政的具体制度（体制）、运行机制。3.必须充分认识中国共产党执政运行机制的建立与完善是一个长期的发展过程。在执政过程中，与确立执政

[1] 《邓小平文选》（第2卷），人民出版社1994年版，第333页。

的基本制度相比，执政的体制层次和运行机制层次内容的确立、发展乃至完善要经历一个很长的过程，它将与共产党执政共始终。

七、在执政保障方面，中国共产党必须健全监督领导体制和工作机制，实现对执政权力的有效监督和制约

执政的共产党有无健全的执政监督制约机制，关系到其执政效率、效果与效益的好坏及其大小，进而关系到共产党在执政的地位上能否永远立于不败之地。苏共的垮台就与其缺乏一个健全的执政监督制约机制有关。总结经验，按照“加强教育，发展民主，健全法制，强化监督，创新体制”[1]的要求，应从以下几个方面探讨共产党的执政监督规律，以此深化共产党执政规律的认识。

一是关于执政监督体制的设计和建设的问题。共产党执政监督的有效性在很大程度上取决于执政监督体制的科学性。这表现在两个方面，一方面是对客观上业已存在的执政监督力量的发现认可、培育训练、合理搭配组合，以此实现执政监督“机器”结构的合理和科学。另一方面是这架机器的有效运行问题，这取决于执政监督渠道通畅而无障碍物、法制健全而无主观随意性等，即实现执政监督的制度化、规范化和程序化。

二是关于执政监督力量素质的问题。首先是要增强执政监督意识，不要怕在群众面前亮丑，不要怕群众起来监督。其次是法制建设。中国共产党的执政权说到底是广大人民群众对自己所拥有的管理国家和社会权利的一种让渡。广大人民群众对“权利”让渡的本身，就意味着对共产党的执政权力拥有监督制约权。这种监督制约与被监督制约的关系，不应因双方的主观意愿如何而变得可有可无或可密可疏。“要防止滥用权力，就必须以权力约束权力。”[2]最后是提高党外执政监督力量自身的政治素质和监督质量水平，包括思想觉悟、组织建设、法制环境、规则方法等内容。

三是关于对领导干部特别是主要领导干部的执政监督问题。包括中国共产党在内的工人阶级政党执政监督的经验告诉我们，执政监督的重点在于对领导干部手中权力的监督制约，上梁不正下梁歪，是个规律；而下梁不正，或直接或间接地与“上梁”有关。自身正，不令则行。这是党搞好执政监督所必备的主观素质，是激活和取信于党内外执政监督力量的事实根据，也是党内外监督力量不断获取动力的源泉之一。就目前中国共产党的执政监督来看，“党内监督特别是对高中级干部的监督，仍然是一个

[1] 《江泽民在中国共产党第十六次全国代表大会上的报告》，人民出版社2002年版，第56页。

[2] 孟德斯鸠：《论法的精神》（上册），商务印书馆1982年版，第154页。

薄弱环节”[1]。这表明，在强调人格示范力量的同时，必须进一步探索对领导干部实施有效监督的途径和方法，特别是要加强主动监督，关口前移，事先防范。并通过制度建设确立下来。“努力做到领导干部的权力行使到哪里，领导活动延伸到哪里，党组织的监督就实行到哪里”[2]，确保人民赋予他们的执政权不被滥用。

四是关于如何对待西方国家执政监督的有效方式方法问题。一要敢于学。周恩来就说过：“资本主义国家的制度我们不能学，那是剥削阶级专政的制度，但是，西方议会的某些形式和方法还是可以学的，这能够使我们从不同方面来发现问题。”[3]二要善于学。批判地吸收、借鉴人类一切文明成果，有利于增强共产党的执政地位和执政能力。

原载于《政治学研究》2003年第1期

[1] 江泽民：《论党的建设》，中央文献出版社2001年版，第204页。

[2] 江泽民：《论党的建设》，中央文献出版社2001年版，第371页。

[3] 《周恩来选集》（下卷），人民出版社1984年版，第208页。

由“咸安政改”看乡镇党政关系的发展完善

张　垚

摘　要： 以突出“乡镇党政一把手一肩挑”交叉任职方式为特征的咸安区乡镇领导体制改革，对规范处于体制冲突和矛盾焦点的乡镇党政关系进行了有益的尝试，不能简单地把其定性为“以党代政，党政不分”这种带有特定历史痕迹和政治内涵的党政关系模式；在分析这一党政关系在会议召开时间、选举方式、如何监督等方面存在问题的基础上，要从制度设计上对乡镇党政关系的发展做出进一步的完善。

关键词： 咸安政改；乡镇党政关系；制度设计

从1999年被称为“咸安风暴”的政改探索到2003年湖北7个县（市、区）试点，再到2005年3月全省推开，湖北乡镇综合配套改革以其程度之深、范围之广、影响之大走在了全国的前列。咸安政改在实践上取得了哪些积极成果，以及还存在什么问题，将随着实践的深化得到进一步的检验。而在理论上，新的制度创新、改革逻辑以及体制设计为我们研究处于体制冲突和矛盾焦点的乡镇党政关系提供了新的思路。

一、“咸安政改”的三大重点和五大环节

“咸安政改”最突出的是乡镇的领导体制改革。结合现有的研究成果，此次政改的整个运行过程中有以下两个方面值得我们关注。[1]

三大重点：一是改革了乡镇管理体制，实行交叉任职。党委书记兼任乡镇长，党委副书记兼任常务副乡镇长，党委副书记兼任人大主席团主席、纪委书记，党委副书记兼任政协工委主任，党委委员兼任副乡镇长。这样就出现了党委、人大、政府、政协“四大家”交叉兼职的局面，四块牌子，一套人马，也就是所谓的“四合一”。二是改革领导班子成员推选办法，由干部自荐报名和党员、群众代表推荐相结合海选初步

[1]　中共湖北咸宁市咸安区党委组织部：《交叉任职两票推选竞争择优——我们是怎样推行乡镇领导体制改革的》，《领导科学》2003年第22期。

确定候选人，经过竞职演讲，在党代会上由党代表直选产生党委委员、副书记、书记，在人代会上由人大代表选举产生副乡镇长、乡镇长，即所谓的“两票一推”。三是大幅撤并党政机构，统一并为4个办公室。

五大环节：第一，区委作为整个乡镇领导班子改革工作的策划者和领导者，发挥着重大的作用。第二，现任的党政班子成员作为改革的实施者和具体部署者，兼任改革工作领导小组成员。第三，两会选举时间上，党代会召开在先，在党代会选举的基础上，召开人代会。第四，在选举方式上，党委书记在区委拟定的两名党委书记候选人由党代表差额推选，乡镇长由新当选的乡镇党委书记作为乡镇长候选人经人大代表等额选举。第五，关于竞职演讲。党委委员正式候选人需要竞职演讲，两名党委书记正式候选人需要竞职演讲。乡镇人大、政府班子成员的选举中没有竞职演讲的程序。

二、咸安“党政一把手兼任制”透析

透析一：“党政一把手兼任制”不等于“以党代政，党政不分”。

针对“咸安政改”突出的“乡镇党政一把手一肩挑”的交叉任职方式，存在着不同的评价。批评者主要的观点认为“在未实行全民直选条件下搞党政一肩挑，又回到了几十年前党的一元化时代，是民主法治的倒退”[1]。“尤其值得注意的是，咸安区和湖北省乡镇体制改革，事实上又重新走向乡镇党政合一高度集中的体制。”[2]而在“咸安政改”模式之后启动的以“党政合一、交叉任职”为核心的安徽宣城改革也由于“一肩挑”受到了质疑，“宣城改革是彻底的‘以党代政’”[3]。

究竟能不能把“党政一把手兼任制”和“以党代政，党政不分”之间画上等号，这是值得商榷的。笔者认为，“一肩挑”只是一种任职形式，它同党政领导机关“一体化”不是一回事。一个党获得了执政地位后，来源不同的党的权力和国家的权力都会相对集中，党的领导机构和国家政权机构人员交错，党的主要领袖掌握着最高行政权，出任国家元首、政府首脑、议会会长、内阁成员，是当代各国政治生活中的普遍现象。所以，“乡镇党政一把手一肩挑”不能简单地被定性为“以党代政，党政不分”这种带有特定历史痕迹和政治内涵的党政关系模式。

在西方政治生活中，普遍存在着的党和政府首脑合为一体的现象，极少会被指责为“以党代政，党政不分”，而在我国一旦出现了任职上的交叉，就被认定要陷入党政

[1] 欧阳中球：《党政合一的改革经不起推敲》，《中国改革》2005年第8期。

[2] 项继权：《从“咸安政改”到“湖北改制”：一种新型乡镇治理模式的探索》，《中国农村经济》2005年第11期。

[3] 张镇强：《质疑宣城政改方向》，《人大研究》2005年第1期。

不分的泥潭。这一方面由于历史上惨重的代价孕育了人们敏感的神经；另一方面，从理论上讲，无产阶级政党在国家政治生活中的角色定位和功能发挥是不同于西方执政党的。它本身是新国家和新政府的缔造者，执政仅仅是其政治目的的一部分，它的任务是要实现人民的根本利益，是要利用国家政权领导国内的各种力量为实现共产主义而奋斗，这种性质上的规定往往容易混淆执政和领导的界限，党的领导如果不通过执政地位和执政行为来实现，便容易导致党代替政府，直接实施政府行为，使政府系统的政府间关系转化为党的组织的上下级关系。党的十三届四中全会以来，中国共产党已经开始从执政方式的思维来思考党政关系，明确提出中国共产党是执政党，党的领导要通过执政来体现。在这种情况下，即使是党的领导机构和国家政权机构人员交错，甚至党的人员和政府官员重叠在一起，也是可以避免出现“一体化”“党政不分”的现象的。

透析二：“党政一把手兼任制”在操作层面存在的问题。

第一，两会召开时间上，党代会在先，人代会在后。这种时间上的先后一方面影响竞选者的心理：成为党的领导层是最关键的一步，是具有决定性的，所以更加重视党内选举，重视党内职务，因为这是他能够成为政府官员的前提和基础。这种现象在村一级已经出现，据调查，“有的村委会主任，兼任书记后把党内职务看成‘实职’，而把村委会职务看成‘虚职’‘兼职’，喜欢村民称呼党内‘官衔’”[1]。另一方面，也会导致人们在心理认同上出现强弱之分，人们更加认同兼职者的党内职务，而弱化了本应是来自其自身授权的国家权力行使者的身份。

第二，党委书记的差额选举和乡镇长的等额选举。选举是现代民主的基础，是公民最基本的政治权利。衡量一个国家民主程度的主要指标之一就是公民是否真正享有选举权以及享有选举权的范围。党的十六大指出，共产党的执政就是领导和支持人民掌握管理国家的权力，实行民主选举、民主决策、民主管理和民主监督，保障人民依法享有广泛的权利和自由，尊重和保障人权。乡镇长的等额选举在客观上限制了公民选举权的实现程度，并没有体现选举应有的竞争特点和选择的本质，使人民代表大会的授权认可变成了单纯的法律形式，这在一定程度上削弱了人民代表对自己选出的干部的认可，也使基层干部的群众基础和合法性认同受到影响。另外，党内的差额选举，不但要经过层层筛选，同时还要竞职演讲，还要回答党代表的现场提问，存在着相对激烈的竞争，相比于人代会等额选举的程序性，一定程度上会导致竞选者在重视的程度、精力分配上的偏重，以及对乡镇长选举重要性的相对忽视。

第三，现任的党政班子成员既是“裁判员”也是“运动员”。虽然在“咸安政改”

[1] 丁乐波：《“一肩挑”源自“一头热”》，《乡镇论坛》2005年第8期。

中领导者和部署者是上级党委，但是具体的实施者和操作者是现任的党政班子成员。同时，大部分的党政班子成员在本次竞选中又是以“种子选手”的身份参加的，这样就导致他们在初选的资格审查中会出现自己审查自己的现象。“裁判员”和“运动员”的双重身份，缺乏公正性。

第四，关于监督问题。虽然我们从理论上论证了“乡镇党政一把手一肩挑”存在的合理性，但是它的前提条件是法理逻辑的遵循和规范制度的遵守，否则就容易形成“一言堂”和“家长制”。这对领导者的个人素质和道德修养有了更高的要求，更重要的是将基层民主决策程序制定、集体领导的制度设计等任务变得刻不容缓。

三、完善乡镇党政关系应注意的几个问题

乡镇是中国政权最庞大和最基础的一个级层，它是上级党委、政府与广大民众的直接接触面，它在执行党的方针、政策和路线方面起到了不可或缺的作用，不仅涉及党的领导方式和执政方式在基层的具体体现问题，也反映基层民主的实现程度和建设方向。而党政关系的和谐发展，并不是说它们之间没有矛盾，而是用规范化的制度设计，用有效的方式和手段发现和化解矛盾，而这种防止和克服矛盾不断积累的过程正是改革的要求。因为改革的程序就是先在局部进行创新，然后归纳总结形成配套方案予以推广，最后以法律的形式固定下来。对此以下几个问题需要进一步思考。

其一，党政关系模式具有经验性和务实性特征。新中国成立以来，党政关系经历了“党政相对分离”“党政不分”“党政分开”“规范党政关系”四个发展阶段，而后一个模式总是在解决前一个模式引发的矛盾的基础上孕育而生。“党政关系的形成与变革主要是受制于党对于前一历史时期政治经验的总结和党对于当时的政治形势与任务需要的判断。作为一般政治价值的民主目标从来就不是中国共产党领导方式与执政方式选择与变革的主要原因。”[1]可以说经验性和务实性是我国党政关系模式发展的主要特征，究竟该采取何种方式并不具有绝对性，要根据经济发展和社会进步的客观需要才能确定下来。

就乡镇而言，党政关系凸显两个问题：一是“两张皮”现象下导致的决策与执行、管人与管事相脱节；二是党政职能重叠既有主管副书记又有主管副镇长，直接的后果就是人浮于事、办事推诿、效率低下。正是在这样的背景下，通过减人减事减支以缓解乡镇财政压力，同时增强党政领导班子整体功能的领导体制改革以极强的对策性特性出现，进而符合现实需要的以“党政一把手兼任制”为特征的党政关系模式也随之

---

[1] 陈红太：《从党政关系的历史变迁看中国政治体制变革的阶段特征》，《浙江学刊》2003年第6期。

产生。

其二，在现行法律框架内积极探索加强农村基层民主政治建设的有效载体和实现途径。1998年《中华人民共和国村民委员会组织法》正式颁布实施之后，农村中体制矛盾的焦点转移到了乡镇一级。“乡镇党政成了压力型传导路径的末梢：一个是来自村民自治的要求建立新型民主合作体制的压力，另一个是来自原有的自上而下的干部任命体制的压力型指标的压力。”[1]乡镇干部在对上负责与对下负责的冲突中处于十分被动的地位，而前进中的改革要找到出路需要考虑改变乡镇党政干部的产生方式。

乡镇的领导干部包括书记和乡镇长，这两类职务有不同的选拔方式。按照《中国共产党章程》《党政领导干部选拔任用工作条例》的规定，乡镇党委书记产生的具体做法如下：上一级党委（通常是县委或市委）向乡镇党代会推荐党委书记的候选人，然后由后者投票选举。党代会通常不会提出新的候选人。按照《中华人民共和国宪法》《中华人民共和国地方各级人民代表大会和地方各级人民政府组织法》《党政领导干部选拔任用工作条例》的规定，乡镇长是由乡镇人民代表大会选举产生，但候选人由上级党委推荐。在选举方式上也明确规定，既可以差额选举也可以在提名的候选人只有一人的情况下进行等额选举。通常上级党委推荐的候选人都是单一的。

如何在现行的法律框架内寻找改变乡镇党政干部产生方式的思路，是“咸安政改”的主要动因之一。在这之前，全国已经出现了多种改革尝试，四川遂宁步云的直选乡长由于法律上的障碍被停止、深圳大鹏镇“三轮两票制”、山西省临猗县卓里镇的“两票制”、四川省绵阳市由乡镇人大代表直接提名乡镇长、四川省遂宁市市中区以及南部县采用的“公推公选”乡镇长，这些都是在现有法律框架内结合地方特色进行的有益尝试，咸安的“两票一推”也同样如此。尽管每一种改革思路都存在不足和问题，但是改革的过程就是不断试错、不断纠错，逐渐产生重要的示范效应，再将整体设计和实践过程中的点滴探索进行有机衔接。

其三，正确处理党内民主和人民民主的关系。民主是政党精神之所在、价值之所依、目标之所求。中国共产党认为，党内民主是党的生命对人民民主具有重要的示范和带动作用。因而发展党内民主是政治体制改革和政治文明建设的重要内容，要以发展党内民主带动人民民主。党行使权力、发挥作用的目的是支持和保障人民拥有当家作主的权利。在这个目的下，党要通过发展体制内的民主，利用党在国家政治生活中的强大示范作用和影响力实现人民的民主。此次“咸安政改”为学者共同称赞之处就在于加强了党内民主建设，扩大了党内生活的透明度。这种阳光操作不仅包括党代表的直选、党委委员的推选，也涉及它把党内运行过程向更多的公众公开了，扩大了群

[1] 高新军：《处于体制冲突和矛盾焦点中的乡镇党政》，《马克思主义与现实》2004年第2期。

众的知情权和监督权，同时差额的选举更是扩大了党员的参与权和选择权。更值得注意的是党员、群众代表推荐候选人的方式使获选的候选人得到了双重的认同，既包括党员的肯定，也包括群众的认可。但是，反观乡镇长的选举却与党内民主的热火朝天相差甚远，本应是体现人民民主的最合法形式却蒙上了程序化的阴影。

其四，明确决策权主体与执行权主体的不同。从理论上讲，任何的政策过程都包括决策和执行两个阶段。在当代中国，政府过程的决策是指，“在经过以中国共产党为核心的意见综合体系而整合起来的人民群众的意愿、意见、要求等的基础上，所进行的国家立法、确定政府实施纲领、决定国家生活中的重大事项等政治、政府行为”[1]。其中，酝酿过程包括党在与其基本路线方针、政策相一致的基础上做出决策动议，再由政府部门牵头组织专家、官员进行论证，接着在尽可能的范围内对社会团体、公民进行决策咨询，最后政府部门审批可行性方案。而执行的阶段就是对决策的实施，在政府过程中主要是由国务院系统、国家司法系统和地方各级人民政府等具体组织完成的。在这个意义上，执行权属于政府，决策权则属于党领导下的综合系统，包括人大、政府、普通的公民。

部分学者认为，“党政一把手兼任制”为特征的党政关系模式虽然强调的是集中执行权，但是事实上，被集中的是决策权。这种判断其实并不具有绝对性。“一肩挑”确实有效地解决了“两张皮”和执行效率低下的问题，而重大事务的决策权并不单独属于党委书记，也不单独属于乡镇长，它属于以党为领导核心的综合系统，同时如果人民代表大会最后并没有从法律程序上对决策予以承认和批准，那么也意味着酝酿阶段的失败。会不会导致决策权的垄断，进而出现家长制、一言堂，发展为腐败的温床，主要在于有没有制度的规范。凡是有可能造成权力集中的地方，就要在制度设计上加以防范，浙江温岭的“协商民主”试验就是在重大决策之前召开以平等、交流与协商为基调的“民主恳谈会”，由政府官员、专家以及自由参加的公民（或公民代表）讨论和交流相关信息和意见，在听取各方意见基础上制定可行性方案。这种决策过程符合中国基本的政府决策过程，同时也是一种自下而上的监督。

综上所述，以“党政一把手兼任制”为特征的党政关系模式是符合乡镇政权的具体特点和现实情况的，它的对策性特征有效地解决了乡镇党政之间的矛盾。但是如何使该模式更加趋于完善，将是未来制度设计的着力点。

首先，选举顺序的先后性导致了人民对选举人身份认同的侧重不同，如何更大范围地获取政治合法性，不仅涉及着选举环节的技术性规范，还涉及着党内民主外化的实现程度，虽然这一过程意味着更多的不确定性和风险性，但这将是规则的设计者和

[1] 朱光磊：《当代中国政府过程》，天津人民出版社2002年版，第125页。

掌控者未来努力的大方向所在。其次，虽然《中华人民共和国地方各级人民代表大会和地方各级人民政府组织法》规定在选举方式上既可以差额选举，也可以等额选举，但是要真正体现人民的民主选举权利，必须引入竞争和选拔。而如何差额、差额的比值等问题都要在党的领导下进行精确而科学的设定。最后，在处理好决策权与执行权之间关系的基础上，自下而上的监督在这一模式中更为重要和迫切。决策过程的科学化和民主化一方面杜绝了“一言堂”的危险，同时也成为监督的有效载体。而在这一过程中，甚至整个政治运行过程中，人民代表大会的地位和作用必须不断加强。

民主不是免费的午餐，它需要条件和代价。在我们对旧体制进行批判的基础上，新体制的设计和假设需要更精心的准备、更大的决心和勇气、更为开放的制度环境以及稳定的财力支持。我们要用建设性的思维来推动党内民主、基层民主的发展，并探索适合中国国情党情民情的民主发展道路，这是时代赋予的历史使命。

原载于《科学社会主义》2007年第5期

政党执政资源建设规律探讨
——以1949—1976年中国共产党思想文化资源建设为例

张　垚

摘　要：政党执政资源是指能够为政党实现政治目标提供有效支持的各种物质和非物质要素的总和。其内容是相互联系、层次分明的统一整体系统，其有效和稀缺的特性对政党这一资源主体在资源的利用技巧以及能力方面提出了要求，而政党对各种执政资源的建设过程可以以一种“输入输出”模式来归纳和总结。本文通过对1949—1976年中国共产党思想文化资源建设活动的分析和梳理，从这一个案分析着眼，结合资源科学研究的相关理论，形成有关政党执政资源建设的五大规律性认识。

关键词：执政资源；思想文化资源；规律

讨论政党执政资源问题应该有两个基本判断：第一，政党执政资源不等同于政党的执政基础、执政要素以及执政经验，其研究的亮点和关键在于“资源”分析本身的无可替代性；第二，政党执政资源研究中，资源运行模式的研究是至关重要的，因为它在资源建设过程中具有秩序安排的作用。根据第一个判断可以把资源相关理论作为本研究的分析工具，从而建立关于政党执政资源研究若干理论单元。第二个判断则可以成为本研究的首要原则，即动态地分析资源的开发、使用以及产出过程。

一、政党执政资源的基本问题

“资源”概念的广泛应用是由其本身含义所决定的。由于凡是“对人类或非人类有用或有价值的所有部分的集合”[1]都属于“泛资源”，所以“资源”本身的天然属性就在于“被利用”，既是人类认识的客体，同时也是人类实践的客体，再加上主客体之间的“价值关系”，就决定只要对象具有“有用性”，能为主体提供支持和创造价值，就

[1]　宗寒：《资源经济》，人民出版社1994年版，第6页。

可以成为具体的资源。这样，资源的衍生概念就从自然界广泛地应用到其他学科研究中。当政党成为资源主体时，客体有用性和价值性就针对“执政”目标而言。由此可见，政党执政资源是指能够为政党实现政治目标提供有效支持的各种物质和非物质要素的总和。从时间上看，执政资源具有明确的分隔点，包括政党在执政地位获取前的准备阶段与获得执政地位之后的运行阶段。从政治目标来看，执政资源的开发利用不仅仅为了巩固政党自身的执政地位，同时也是政党担负起发展国家与社会使命的需要。

有效性和稀缺性是资源的本质属性，同时也是资源研究的根据所在。前者刺激人们的需求不断膨胀，不断消费资源，后者则迫使人们探求新资源、资源替代品以及资源高效利用途径，这就产生了资源对于主体的反向选择性。也就是说，资源主体掌握的资源在数量以及种类都极为丰富的时期，主体对资源的开发、利用具有较强的灵活选择性，而当这种优势递减到一定程度时，就反过来变成了资源对人的“筛选”，造成主体的窘境。可见“资源作为不同群体、不同利用方式的惟一受体，不同利用带来的效益与结果远不一样”[1]，这就对资源主体在利用资源的技巧以及能力方面提出了要求，如何达到主体和客体之间的良性互动，避免逾越反向选择的“度”是资源研究的目标指向。这个道理也同样适用于政党执政资源的建设，“资源具有选择性，它决定了在有效动员和配置各种社会资源时，需要充分发挥政党的聪明才智，即能动性”[2]。因为善于利用和优化执政资源是政党提高执政有效性的一个重要条件，关系到政党的执政基础是否坚实雄厚，政党的执政能力是否强大，政党的执政地位是否稳固，政党的执政使命能否顺利完成。

政党执政资源具有整体性和层次性的特征，其内容在组成要素、结构排列和时空分布上，都具有一定的差序格局，既体现在空间范围角度，也可以从时间尺度衡量。而这一层次分明、错落有致，体现着远近亲疏关系的整体是以政党这一资源主体作为中央圆点，按照各种资源对于主体作用的相对大小来画圈，对政党执政活动起着直接、基础性作用的资源位于最里圈范围，这个层次的涟漪圆是任何政党都具有的（见图1）。其次是政党在执政过程中由于执政地位的获得而拥有的各种资源，较远的是指政党生存与发展的社会生态环境中的各种资源。

[1] 封志明：《资源科学导论》，科学出版社2004年版，第13页。

[2] 吴建：《论执政党合法性的有效资源》，《科学社会主义》2006年第1期。

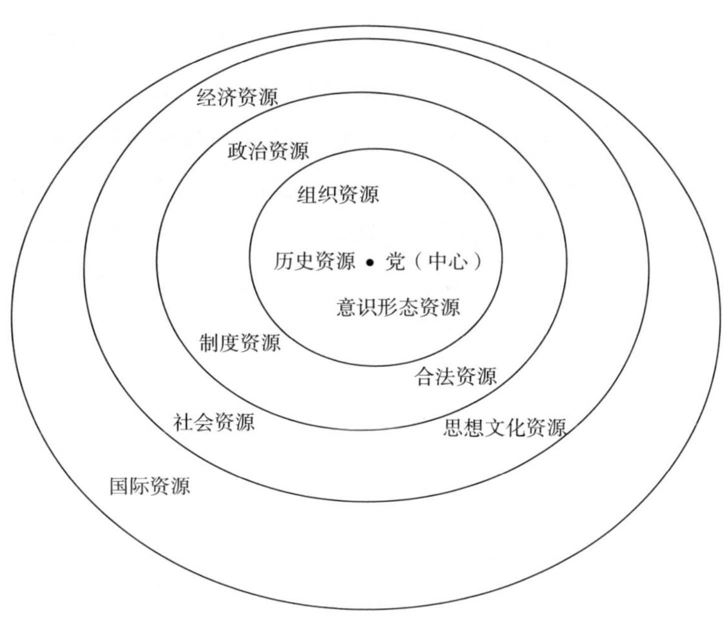

图1　政党执政资源具体内容抽象示意图

由于现代政治的三大要素是人民、政党和国家，政党充当着公民组织和国家政治组织的中介和桥梁，所以上图所示的三个层次结构是针对三个不同的国家政治组成而言。[1]一个政党的组织、历史以及意识形态资源是该政党最为直接的执政资源，即便不是执政党，也是其必需的组成部分，正是在具备了内圈资源之后，政党才获得了执政资格，进入第二个层次。执政地位的获得使政党掌控了政治资源的核心——权力资源，进而以制度资源为载体对政府进行领导以管理国家事务和经济社会事务，并且为巩固执政地位累积合法性资源。最外层的经济资源、社会资源以及思想文化资源是针对市民社会而言，是执政党通过控制政府利用公共权力依法可以支配、影响、吸收的各种要素之和，具体包括经济总量、经济政策、非政府组织、社会媒体、大众文化、公民文化等内容。此外，在全球化浪潮下，政党的发展注定不能仅仅局限在本国之内，也需要加强政党之间的交流和学习，所以资源内容的涟漪圆可以继续外扩。

任何资源主体对资源客体的利用、开发都是动态进行的，都存在着投入和产出关系，稀缺资源该如何使用和配置不是其自发规定的，是由资源主体的现实行为决定的。而资源主体的行为是“通过社会政治组织的调控而实现的，政治作为社会组织管理的一种艺术，其实质就是通过对所有社会资源的调控和分配而实现资源的合理配置与有效使用”[2]。一方面，作为资源主体的政党要建设各种资源，无论是整合、更新现

[1]　这种针对性并不排除存在着重叠的可能，只是一种有条件性的、相对的横断面的截取。

[2]　卞谦：《资源与权力——市场经济条件下权力的实质及其合理配置》，《广西公安管理干部学院学报》2002年第1期。

有资源，还是开发、拓展潜在资源，都需要“投入”行为，将政党的意志、理念以及目标作用于各具体的执政资源内容，使资源向有利于政党执政过程的方向发展，不仅数量上增长，质量上趋优，并以“资源替代品”弥补不可再生资源的消耗，之后，双向“输入”国家政治系统和社会民众系统；另一方面，“输入”的结果和目的是获得合法性资源，因为政党取得合法性的过程，就是通过对资源的积极动员、合理配置，使资源充分发挥有效性的过程，而所有资源建设的落脚点就是要达到民众对政权统治普遍的心理认同和自觉服从，包括对各种资源产品的满意程度和产生效果优劣的评定。而搭建于上述两方面之间的桥梁就是制度资源，它作为政党对资源建设主张、意图、思路的载体，在政党内部以其纲领、章程、纪律等形式作用于各种内圈资源，在政党之外则通过国家权力建立一套完善的体现各方利益和制约各方权力的行之有效的经济制度、政治制度以及思想文化制度来作用于外围的各种资源。戴维·伊斯顿在建立政治系统分析框架时指出，“科学知识是建立在事实基础上的理论知识，但单有事实还不足以解释事件的发生，而必须有某种秩序安排”[1]，所以，从动态角度上看，政党对各种执政资源的建设过程可以以一种“输入输出”模式，作为政党执政资源系统中的“秩序”来归纳和总结（见图2）。因为“政治学上的投入—产出分析一般只限定于定性运动而不是定量分析”[2]。由此可见，涵盖整个社会生活的政党执政资源系统“圆”，以类似于“涟漪”状，由内圈发力，进而向外扩散，处于中心点的政党在对自身资源建设以外的社会领域各种资源的建设都是一种建立在执政地位拥有之上，以制度为载体的“输入”行为，而“输出”的“资源产品”的评价标准就在于政党的各种合法性资源获取的丰厚程度。

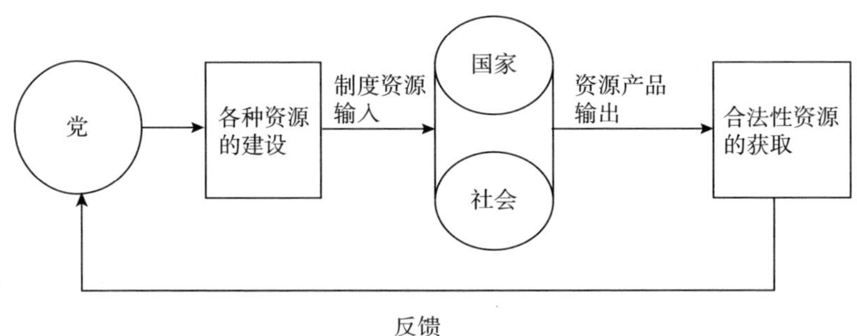

图2　政党执政的资源系统的动力反应模式

[1] 罗纳德·H.奇尔科特：《比较政治学理论——新范式的探索》，社会科学文献出版社2001年版，第168页。

[2] 罗纳德·H.奇尔科特：《比较政治学理论——新范式的探索》，社会科学文献出版社2001年版，第165页。

上述政党执政资源系统运行模式的建立，把制度资源以及合法性资源从资源系统中分离出来，但这种分离并不存在一条明确的界限，而是一种“蕴含式”的分离，既表明制度资源以载体、方式体现着政党资源建设的各种行为，贯穿于系统内任何一种具体资源之内，同时也充分体现其重要性；既说明合法性资源是整个执政资源系统中的核心资源，也表明合法性资源的获得是由政绩合法性、权力合法性、意识形态合法性等内容的“合力”所致。同时，通过这一模式可以看出，资源建设的优劣与否，不是由资源主体自己定夺的，而是根源于资源反向选择性——合法性资源通过“反馈”起着“资源预警”的作用。

二、个案分析——1949—1976年中国共产党的思想文化资源建设

在政党执政资源系统中，思想文化资源属于外圈资源，不同于政党的意识形态资源，更多地倾向于社会公民组织层面，主要包括思想道德、价值观念、民族精神、社会舆论、教育、文学艺术等要素，属于执政资源中的“精神软件”。一方面，选择中国共产党思想文化资源建设作为研究对象，是因为它在执政资源系统中的特殊位置，即和意识形态资源之间的紧密关系。意识形态作为政党实施领导和控制社会的重要工具之一，“为社会成员提供某种价值取向，为人们对政党的服从提供理论依据和伦理依据”[1]。因此，从这个意义上说，政党要用自己的意识形态去整合和影响社会思想文化，通过与国家权力的结合，利用国家宣传机器，以宣传、灌输的手段尽可能形成与之相适应的社会公众精神力量。研究中国共产党的思想文化资源的建设经验可以充分体现政党执政资源系统中内圈资源和外圈资源的关系，以及作用力的传递性。另一方面，选择1949—1976年这一时间段来研究，是因为它包含着中国社会变迁过程中的一个重要历史阶段，急剧的社会经济政治变迁使这一时期的思想文化领域呈现出非常复杂的局面，而把不同思想文化因素之间的矛盾、冲突和纠葛纳入统一体的过程更能体现中国共产党的资源建设能力。这一研究对象的多元化和丰富性更有利于从特殊中探讨出一般性的规律。

中国共产党思想文化资源的建设，是通过对意识形态资源的开发进而激发人民群众的建设热情，并营造出社会绝对服从国家的伦理氛围。中国共产党思想文化资源建设的“输入”行为主要可以从以下几个方面来考察：

1.意识形态资源的建设

在中国，现代化进程与社会主义建设的进程是同步进行的，所以党的主导意识形

[1] 王长江：《现代政党执政规律研究》，上海人民出版社2002年版，第296页。

态除了共产主义以外，还要将爱国主义和符合本国实际的社会主义有机统一起来。新中国成立后，党十分重视对马克思主义、毛泽东思想的宣传和教育，这种学习和宣传是在党内、党外两个范围内同时展开的。但是，从50年代后期开始，这股学习马列主义和毛泽东著作的热潮开始受到“左”的干扰，演变到“文化大革命”时期，毛泽东著作已经被塑造成为包治百病的灵丹妙药。

2.对知识分子思想改造的“输入”过程

考察1949—1976年党对知识分子思想改造的“输入”过程可以从两个方面着眼：其一，发动思想改造运动。主要包括1951年发端于北京大学的全国性的知识分子思想改造运动，1954年发动的对胡适派资产阶级唯心主义的广泛批判，1955年对胡风文艺思想的批判，1957年发动的一场以正确处理人民内部矛盾为主题的整风运动，“大跃进”以来，所谓的交心、拔“白旗”、批“白专”道路，破“资产阶级学术权威”等运动。大规模的、不间断的、全国范围的思想运动虽本着净化知识分子思想体系的宗旨展开，却在实践中偏离了这一宗旨，不仅不同程度伤害了知识分子的感情，还削弱了知识分子群体对党的信任感。其二，对知识分子的阶级属性的判断。党在对知识分子定性问题上是一个波浪式发展的过程。1956年，党将知识分子的大部分定性为“已经成为国家工作人员，已经为社会主义服务，已经是工人阶级的一部分”；在1957年又宣布，“正在逐步地接受社会主义改造的民族资产阶级和它的知识分子”被称为另一个剥削阶级；1962年3月宣布给广大知识分子“脱帽”“加冕”：知识分子的绝大多数已经是属于劳动人民的知识分子，而不是属于资产阶级的知识分子；然而，这些调整的积极效果还没有充分发挥出来，1964年之后，整个知识分子队伍的大多数再次被称为“资产阶级知识分子”；“文化大革命”时期，更是将整个思想文化界都作为“革命”的对象，整个社会形成了蔑视、轻视知识分子的氛围。

3.对社会主义学校教育事业的“输入”过程

社会变迁时期，党对思想文化资源的建设还体现在教育工作的改革方面。一方面，“有步骤地谨慎地进行旧有学校教育事业和旧有社会文化事业的改革工作”。[1]另一方面，伴随着经济工作的调整，党在教育政策方面也进行了调整。但是在“文化大革命”开始后，整个文化教育事业受到极大损失，高等学校停止招生，大中小学“停课闹革命”，学生被组成“红卫兵”，教学的基本秩序被颠覆，教师成了批斗的对象。

4.对社会主义文化事业的“输入”过程

新中国成立之后，党就将旧有社会文化事业的改革作为思想文化建设的基本方针

---

[1] 《毛泽东文集》（第6卷），人民出版社1999年版，第71页。

之一，并确保社会主义的文化真正做到贴近人民大众的新生活。例如，“二为方针”[1]的提出，“双百”方针[2]的确立，以及对待外国文化上“向外国学习”的口号的发出都表明了党对思想文化资源积极开发利用的意图。但是这种良好的局面并没有持续很长时间，到了1963年，文艺问题采取发动群众运动和政治斗争来解决的趋势愈演愈烈，社会主义的文化事业遭到了严重破坏。

三、结论——政党执政资源建设的规律探讨

通过对中国共产党在1949—1976年之间思想文化资源建设活动的分析和梳理，可以将资源建设本身的特性与政党主观行为施行的过程二者结合起来，从中归纳出政党执政资源建设活动中各相关要素之间的本质联系、相互作用及其发展趋势，从个案分析中形成几条带有规律性的认识。

1.政党在执政资源建设中的外部性理论

资源经济学中的外部性理论强调一种资源的开发利用对另一种资源或环境的影响。这两种结果之间的关联性如果是正比例变化，则存在的是正外部性（positive externalities）；反之，一种产出增加时，而另一种随之下跌，则为负外部性（negative externalities）。而且这种影响关系并不仅仅局限于两种资源活动之间，也可以存在于资源与环境之间，以及生产活动与消费活动之间，或者两种消费、两种生产活动之间。所以，任何的资源主体都期望自身的资源活动可以达到正外部性状态，避免负外部性导致的资源配置失当，这一原则也同样适用于政党执政资源建设活动。作为强意识形态类型的执政党，用主流意识形态资源的开发去整合、控制社会思想文化是其应有之义，但是中国共产党在1949—1976年间的意识形态资源建设活动却造成了思想文化资源建设活动产出了外部不经济性：它把大部分精力和才智都放在阶级斗争，“夺取文化领域的领导权”，使思想文化领域成为“文化大革命”的重灾区，不同程度上伤害了知识分子的感情，许多科学技术研究和人才的培养、成长受到耽误，进而偏离了经济建设这个中心，削弱了国家的竞争力和发展潜力。可见，政党意识形态资源的建设活动在这一时期使思想文化资源建设承受了利用过度、加速耗竭，乃至破坏资源再生能力的负外部性影响，就如同“一台在铁路上行进的蒸汽机车冒出的火星，引燃了路边农民成熟的麦田”[3]一样，这种不经济性的后果不但直接影响另一类资源活动，同时还会间接殃及资源系统内的其他资源建设活动。

---

[1] “为人民服务、为社会主义事业服务”和“为人民服务、为社会主义国家服务”。

[2] “艺术问题上的百花齐放，学术问题上的百家争鸣。”

[3] “艺术问题上的百花齐放，学术问题上的百家争鸣。”

结论之一：政党在执政资源开发利用过程中，任何两种同时并存的资源活动之间存在外部性规律，当一种资源产出增加时，另一种资源产出会随之正向增加或反向减少。政党在一种资源建设中的投入越科学、配置越合理，对另一种资源的输出越有利，越可以达到正外部性或外部经济性状态。

2.政党在执政资源建设中的资源产权制度理论

规则的设定对资源活动的“输出”起着重要作用，在资源经济学中，这一规则主要强调资源的产权制度，它对资源的配置有直接影响。作为完备的产权（property rights）总是以复数名词出现的，虽然是指对财产拥有的权利，但不是一种权利，而是一系列权利，如使用权、收益权、物权、债权、转让权、股权等，而所有权（ownership）只是初始的产权结构，就是强调财产所有者支配自己财产的权利。在政党执政资源系统中，由于资源主体居于执政地位，并可以利用公共权力体现政党意志，所以对执政资源具有产权，可以进行制度安排，以各种激励机制、规则设计将三大政治要素的活动与资源建设效率之间有机结合起来。同时，因为资源本身的共享性和有效性就决定了，当它处于政党执政资源系统内，它是针对政党这一资源主体的客体，但同时并不排斥成为其他系统内不同资源主体的客体的情况。所以，政党对执政资源的产权安排不能以损害国家、人民对资源的所有权为代价，不能逾越应有的“界限”。中国共产党在1949—1976年之间的思想文化资源建设活动就存在着越界行为：对毛泽东思想的宣传教育不但背离了其精神实质，这种时时、事事都贴上理论标签的做法严重损害了毛泽东思想在人民中的形象，也并不利于理论转化为全社会自觉的行动；思想文化领域的斗争演变为阶级斗争扩大化，用粗暴强制的方法代替了细致讲理的方法，运用政治运动方式解决思想文化领域出现的问题，等等。

结论之二：政党作为执政资源配置的主体，可以将执政资源的产权制度进一步分解为不同的产权制度安排，但民主政治的原则以及其他资源主体的所有权在资源运作过程中的具体化则构成了政党在执政资源开发利用活动中不能逾越的界限。政党越是守住这一边界，资源配置的效率越高，其合法性资源的获取也将越丰富。

3.政党在执政资源建设中的资源优化定律

相对于人类的需求而言，资源的有效性尤为重要，如何使用才能使资源的“贡献率”发挥到极致，体现着资源主体行为的“技术含量”。为了获取更加积极的成效，在生态资源研究中要遵循优化定律，其主要内容是指：对资源而言，“资源成分”有效性的增加，即对资源利用率的不断扩大，或可以利用的“营养物质”增加，不可能在资源生产力方面产生无限的增加——要么是条渐进线；要么达到某一最大值，以后便开始下降。例如，土地的生产量在最初是同劳动力的增加成正比例增长，但当产品产量增长的比例达到它所能达到的最大限度时，如果继续增加投资，就会导致土地肥力被耗尽的后果；再如，农田的收获量也并不总是同施肥量成正比例增长。可见，在资源建设活动中要有“度”的概念，资源主体在开发、利用过程中并不必然存在越“有力”就越“有利”的逻辑关系，如果超过了临界值时，反而会成为资源生产力的障碍。这一原理也同样适用于政党执政资源建设，中国共产党对思想文化资源的输入力度是“大而又大”，作为执政党这本无可厚非，但是客观的合法性资源的获得却并非按比例增长，甚至出现了倒退现象。通过图3可以看出，在1951年的全国性知识分子改造取得了积极的效果之后，虽然中国共产党继续以各种方式甚至以“文化大革命”的方式纯净人民的思想，但脱离了正确政治路线的资源建设在事实上的效果不尽如人意。

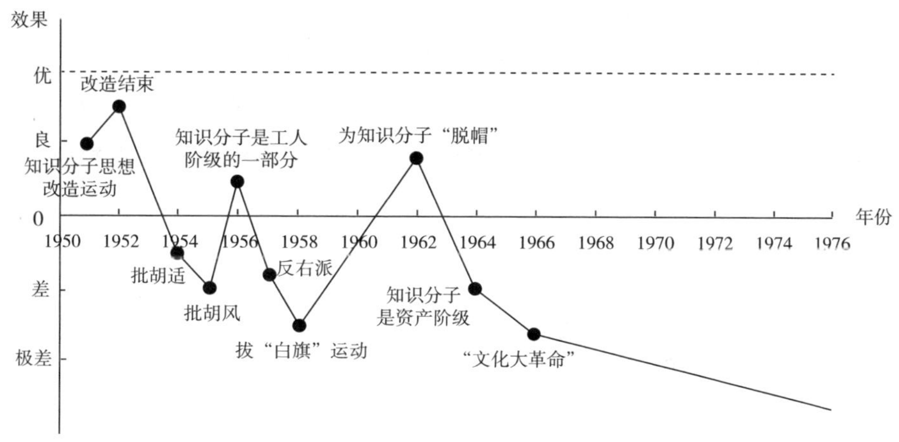

图3　中国共产党思想文化资源开发利用效果演示图

结论之三：政党执政资源开发利用中，“资源有效性”与“资源可利用性”之间存在着客观联系，政党通过有效的输入而使执政资源成分的可利用性增大，却不可能在资源有效性方面产生无限的增加——或者是无限趋优的一条渐近线，或者物极必反，呈下滑趋势。政党应遵守此优化定律，合理、有“度”地从事合法性资源的开发，获取更加积极的成效。

4.政党在执政资源建设中的物质循环规律

自然资源的利用关系是一个永久的物质转换，“在生物有机体中是经过新陈代谢活动，在人类社会中是经过工业化过程。这种物质转换是能量不断流动和消耗的结果”[1]。这种流动和消耗一方面体现为物质的循环，即任何物质都不会成为废物无限期地积累在环境中，而总是处于特定的和永久的循环中，不过它们的存在形式却在不断地发生变化。另一方面体现为能量的守恒，即能量既不会创生，也不会消灭，只能从一种形

[1]　胡代泽：《自然资源综合研究的一个重要领域——自然资源生态学》，载《自然资源研究文集》，中国科学技术出版社1991年版，第54—62页。

态变为另一种形态。可见，资源内容之间存在着一种近乎完美无缺和永久持续的再循环机制，体现在政党执政资源建设中，不同的资源产品输出之间也存在相互影响和联系的循环关系。无论是良性输出还是恶性输出，都不会“废弃”或者“消灭”，但是可以转化和循环，良性的会弥补恶性的伤害，恶性的也会影响其他的积极成果。纵观中国共产党在1949—1976年之间的思想文化资源建设，其中给国家和社会带来的灾难不仅仅是社会思想文化层面上的，中国共产党的政治资源、组织资源、经济资源等建设都受到不同程度的干扰，造成了恶性循环。再比如，典型地“把绩效当作合法性的主要来源”就是利用经济资源的大幅增长并及时转化为政治资源，同时进一步得到意识形态资源的积累，这种相互补充和转换则是良性循环。

结论之四：政党执政资源系统的各个组成部分不是孤立的，而是紧密联系、相互制约和相互转换的。在互补的过程中，资源产品可以从一种形态转变为另一种形态，以此弥补某一资源生产力低下的缺陷。政党可以充分利用每种资源的特性，在一定条件下广泛开展不同资源的互补与替代活动。

5.政党在执政资源建设中的林德曼定律

在生态系统中，关于能量转换著名的林德曼定律（Lindemann's Effect）所得出的结论是：在一个食物链中能量利用效率与食物链长度成反比。食物链越短，总的能量利用效率越大，这就解释了食物链的长度不可能无限的原因。这一法则也从资源视角成为政党执政资源建设中必须搞好内圈资源建设即政党要注重自身资源建设为先的重要依据。政党执政资源系统的层次性类似于资源能量的食物链，直接以及重要的能量提供资源是距离资源主体最近的，这种资源的“升级传递”是从里向外的过程。现实的例子就是有些国家或者地区虽然执政党把经济搞上去了，但是政党自身资源建设却很薄弱，腐败问题、意识形态的包容性问题、组织资源下降等问题，最终导致其执政地位的丢失，重要的原因之一就是忽视了主次顺序；此外，中国共产党的政治资源建设中强调的“用党内民主带动人民民主”也同样是这一原理的佐证。

结论之五：政党执政资源系统具有层次性，不同资源在利用频度、强度以及直接程度随距离的拉大而依次递减，却同时都为政党的执政过程提供着支撑，虽然支撑力度的大小与贡献额度并不同政党使用资源的直接性成正比，但是在具体的操作过程中，政党自身资源具有优先开发利用的应然性。

原载于《山东社会科学》2009年第3期

新中国成立以来中国共产党文化领导权建设史论

张士海

摘　要：新中国成立以来，中国共产党文化领导权建设的历史发展主要经历了两个阶段：以毛泽东为代表的中国共产党人的文化领导权建设阶段，以邓小平为主要代表的新时期中国共产党人的文化领导权建设阶段。研究新中国成立以来中国共产党文化领导权建设历程得出的启示是：建构文化领导权是中国共产党的一项重要使命，确立科学"马克思主义观"是中国共产党文化领导权建设的核心内容，教育和自觉相结合是实现中国共产党文化领导权的主要途径。苏联解体东欧剧变、世界社会主义运动处于低潮形势下，获取最广泛民众的精神认同，进一步捍卫和巩固中国共产党文化领导权，显得尤为重要和紧迫。

关键词：新中国成立以来；中国共产党；文化领导权；启示

新中国成立以来，中国共产党在以意识形态为核心的文化领导权建设问题上，经历了不同的发展阶段。如何认识中国共产党文化领导权建设在新中国的发展历程？研究中国共产党文化领导权建设在新中国的发展，对于我们正确认识中国共产党文化领导权建设有何启示？苏联解体东欧剧变、社会主义运动处于低潮形势下，如何进一步捍卫和巩固中国共产党文化领导权、推动中国特色社会主义事业发展？基于此，本文试就新中国成立以来中国共产党文化领导权建设的历史进程及其启示作一初步探讨。

一、新中国成立以来中国共产党文化领导权建设的历史考察

"十月革命一声炮响，给我们送来了马克思列宁主义。"[1]在马克思主义指导下建立起来的中国共产党，在新民主主义革命时期就非常重视文化领导权建设。作为中国新民主主义革命理论创立者和中国特色社会主义建设理论奠基人，毛泽东创造性地提出了马克思主义与中国实际相结合的根本原则，为中国共产党文化领导权建设指明了方向。1945年，中共七大将毛泽东思想确立为中国共产党的指导思想，这是新民主主义

[1] 《毛泽东选集》（第4卷），人民出版社1991年版，第1471页。

革命时期毛泽东文化领导权建设理论与实践成熟的主要标志。毛泽东文化领导权建设理论“作为团结人民、教育人民、打击敌人、消灭敌人的有力的武器，帮助人民同心同德地和敌人做斗争”[1]，对于新民主主义革命胜利发挥了重要作用。中华人民共和国成立后，在运用马克思主义指导中国继续前进的过程中，中国共产党文化领导权建设在不同时期的历史进程中具有不同的情况和特点。

1.以毛泽东为主要代表的中国共产党人的文化领导权建设阶段

新中国成立后，在毛泽东的领导下，中国共产党文化领导权在全国范围内的建设，主要是通过两方面的工作实现的：一方面，形成马克思主义学习、研究、宣传和教育热潮；另一方面，开展对于非马克思主义特别是反马克思主义意识形态的批判、清除工作。为了保障文化领导权建设工作的健康发展，毛泽东提出：“艺术问题上的百花齐放、学术问题上的百家争鸣，我看应该成为我们的方针。”[2]在毛泽东看来，“双百”方针“并不会削弱马克思主义在思想界的地位，相反正是会加强它的这种地位”[3]。可以说，正是在毛泽东“双百”方针指导下，中国共产党文化领导权建设才取得了重大进展。马克思主义占统治地位的社会主义意识形态确立并得到进一步巩固；马克思主义与中国特色社会主义建设“第二次结合”取得重大成果；全面持久的马克思主义宣传教育落到实处。但是，1957年“反右斗争”扩大化后，中国共产党文化领导权建设在曲折探索中误入歧途，直至出现了“文革”这样严重的挫折。“文革”的错误理论和错误实践，正是违背马克思主义科学精神所结出的恶果[4]。“文革”期间，“由于林彪、‘四人帮’的十年捣乱，思想战线上长期间充满了胡言乱语”[5]。马克思主义被随意肢解、意识形态严重僵化，唯心主义横行、形而上学猖獗，马克思主义占统治地位的中国共产党文化领导权建设出现重大挫折。

尽管在文化领导权建设中发生过对待马克思主义教条化、片面化、庸俗化错误倾向，出现了像“文革”这样严重的挫折，但是，以毛泽东为代表的中国共产党人的文化领导权建设理论与实践的积极影响是第一位的，这是不容置疑的。正如邓小平所指出的，“三中全会以后，我们就是恢复毛泽东同志的那些正确的东西嘛，就是准确地、完整地学习和运用毛泽东思想嘛。基本点还是那些。从许多方面来说，现在我们还是把毛泽东同志已经提出，但是没有做的事情做起来，把他反对错了的改正过来，把他没有做好的事情做好。今后相当长的时期，还是做这件事。当然，我们也有发展，而

[1] 《毛泽东选集》(第3卷)，人民出版社1991年版，第848页。

[2] 《毛泽东文集》(第7卷)，人民出版社1999年版，第54页。

[3] 《毛泽东文集》(第7卷)，人民出版社1999年版，第232页。

[4] 邢贲思：《什么是马克思主义，怎样对待马克思主义》，《求是》2009年第5期。

[5] 《邓小平文选》(第2卷)，人民出版社1994年版，第180页。

且还要继续发展”[1]。

2.以邓小平为主要代表的新时期中国共产党人的文化领导权建设阶段

1978年党的十一届三中全会以来，中国进入改革开放新时期。改革开放之所以取得巨大成功，根本原因在于开辟了中国特色社会主义道路，形成了中国特色社会主义理论体系。中国特色社会主义理论体系的形成，是以邓小平为主要代表的中国共产党人科学认识和对待马克思主义的必然结果，是新时期中国共产党文化领导权建设走向成熟的主要标志。

“我们要在建设高度物质文明的同时，提高全民族的科学文化水平，发展高尚的丰富多彩的文化生活，建设高度的社会主义精神文明。”[2]把社会主义精神文明与文化领导权建设相结合，通过精神文明建设达到文化领导权建设之目的，这是邓小平文化领导权建设的一个创造。正是在邓小平的领导下，中国共产党积极采取措施，努力加强文化领导权建设。一方面，中国共产党适应社会主义现代化建设发展需要，在马克思主义指导下，不断推进理论创新。“邓小平同志把马克思主义基本原理同中国实际和时代特征结合起来……以开辟社会主义建设新道路的巨大政治勇气和开拓马克思主义新境界的巨大理论勇气……创造性地提出了建设有中国特色社会主义理论。”[3]另一方面，中国共产党在反对各种错误倾向的过程中，努力加强马克思主义理论教育。开展了诸如真理标准大讨论、坚持四项基本原则教育、学习建设中国特色社会主义理论教育、反对资产阶级自由化教育等马克思主义理论教育运动，使广大人民群众不断地受到深刻的马克思主义理论教育。这对于巩固马克思主义在社会主义意识形态中的统治地位、捍卫中国共产党的文化领导权起到了极其重要的作用。

苏联解体东欧剧变、社会主义运动处于低潮形势下，“如何在新的历史条件下不断巩固马克思主义在意识形态领域的指导地位”[4]，这是以江泽民为代表的中国共产党第三代领导集体和以胡锦涛为总书记的新一届党中央需要进一步思考和解决的问题。针对西方敌对势力“西化”图谋，中国共产党明确指出：“我们在意识形态领域，必须切实巩固和加强马克思主义的思想阵地。”[5]“思想宣传阵地，社会主义思想不去占领，资本主义思想就必然会去占领”，因此，“各级党委要重视意识形态工作，加强对意识形态工作的领导，牢牢掌握意识形态各部门的领导权”[6]。在反对各种错误倾向、努力加强马

---

[1] 《邓小平文选》(第2卷)，人民出版社1994年版，第300页。

[2] 《邓小平文选》(第2卷)，人民出版社1994年版，第208页。

[3] 《十四大以来重要文献选编（上）》，人民出版社1996年版，第14页。

[4] 胡锦涛：《“三个代表”重要思想理论研讨会上的讲话》，《人民日报》2003年7月1日。

[5] 中共中央文献研究室：《毛泽东邓小平江泽民论世界观人生观价值观》，人民出版社1997年版，第502页。

[6] 《江泽民文选》(第1卷)，人民出版社1994年版，第160页。

克思主义理论教育的同时，中国共产党更加注重理论创新。围绕“建设一个什么样的党、怎样建设党”“实现什么样发展、怎样发展”，中国共产党人创造性地提出了“三个代表”重要思想和科学发展观。这都极大地丰富和发展了中国特色社会主义理论体系，是对中国共产党文化领导权建设理论的新贡献，掀开了中国共产党文化领导权建设的新篇章。

二、新中国成立以来中国共产党文化领导权建设的主要启示

梳理新中国成立以来中国共产党文化领导权建设的历史脉络，为我们提供了许多重要启示。准确而全面地把握这些启示，对于进一步加强中国共产党文化领导权建设有着十分重要而深远的意义。

启示之一：建构文化领导权是中国共产党的一项重要使命。

建构文化领导权，对一个政党来说，至关重要。“理论一经掌握群众，也会变成物质力量。”[1]事实上，政党的一个重要任务就是寻求人们对它的文化认同，若一个政党的文化支配了社会秩序，主导了人们的观念、取向和行为，它在社会生活中自然居于领导地位。在马克思主义发展史上，列宁高度重视文化领导权建设，把它看成“整个社会主义革命的主要任务”[2]，并认为，当国家全面开展社会主义建设的时候，它越来越要“发挥更加重大的作用”[3]。在1922年俄共（布）十一大上，列宁指出，就领导俄国进行社会主义建设而言，政治权力和主要经济力量都有了，问题的关键是“做管理工作的那些共产党员缺少文化”。列宁特别援引历史上民族之间征服与被征服的例子告诫全党：共产党虽然已经成为军事上的胜利者，但作为执政党，如果不注意加强自身文化改造和文化领导权建设，就有可能成为旧文化的“被征服者”[4]，就有可能导致执政失败。因此，马克思主义政党应通过建构文化领导权，寻求文化认同，来赢得夺取政权和执政的合法性，巩固执政的基础。

在领导中国社会主义革命和建设的实践中，中国共产党强调：“文化是反映政治斗争和经济斗争的，但它同时又能指导政治斗争和经济斗争。文化是不可少的，任何社会没有文化就建设不起来”[5]；“我们要在建设高度物质文明的同时……建设高度的社会

[1] 《马克思恩格斯选集》（第1卷），人民出版社1995年版，第9页。

[2] 《列宁全集》（第39卷），人民出版社1990年版，第401页。

[3] 《列宁全集》（第39卷），人民出版社1990年版，第407页。

[4] 《列宁选集》（第4卷），人民出版社1995年版，第679页。

[5] 《毛泽东文集》（第3卷），人民出版社1996年版，第108页。

主义精神文明”[1]；“我们党历来重视意识形态工作，这方面工作做得好不好，直接关系社会主义事业的成败”[2]。这都有力地推动了中国共产党文化领导权建设与中国社会主义革命和建设事业的发展。因此，真正认识到“建构文化领导权是中国共产党的一项重要使命”，对于我们进一步加强中国共产党文化领导权建设至关重要。随着经济成分的多元化和世界范围内文化交流的拓展，当前中国文化现状是多种文化并存。主流文化和非主流文化、先进文化和落后文化，共同构成了中国的文化环境和文化氛围。在这种文化背景下，中国共产党只有加强文化领导权建设，才能增强政党文化的吸引力，使人们面对多元文化选择，最终认同社会主义政党文化；才能引领社会文化发展方向，使中国文化免受外来文化干扰、控制和同化，保证国家的文化安全；才能在和谐视域中进一步推动马克思主义大众化进程，真正巩固中国共产党的执政根基。

启示之二：确立科学“马克思主义观”是中国共产党文化领导权建设的核心内容。

政党文化是关于政党生活的政治心理倾向和政治价值取向的总和，其基本内容是政党观念形态的一系列表现形式，包括政党认识、政党情感、政党动机、政党意向、政党信念、政党思想、政党理想等。在政党文化建设中，意识形态（即政党价值取向）是其核心内容，决定着政党文化的性质和方向。在马克思主义发展史上，列宁强调文化领导权建设首先是要将在意识形态和价值观层面对资本主义批判和“学习共产主义”作为内容与目标。“任何一个代表着未来的政党的第一个任务，都是说服多数人民相信其纲领和策略的正确。”[3]“我们以马克思主义纲领教育了无产阶级政党，同样应当以它来教育我国千百万劳动者。”[4]因此，马克思主义政党要通过引导广大人民群众正确地认识和对待马克思主义，即确立并坚持科学“马克思主义观”，真正建立起自己的文化领导权。

在中国社会主义革命和建设实践中，中国共产党强调：“列宁告诉人们不要硬搬马克思主义书本上的话，就是它的基本原理，也要当作行动的指南，而不是当作教条。”[5]“真正的马克思列宁主义者必须根据现在的情况，认识、继承和发展马克思列宁主义。”[6]“用发展的观点对待马克思主义，在坚持中发展、在发展中坚持，……是对待马克思主义唯一正确的态度。”[7]这都有力地推动了中国共产党文化领导权建设和中国社会主义革命和建设事业的发展。因此，真正认识到确立科学“马克思主义观”是中

[1] 《邓小平文选》（第2卷），人民出版社1994年版，第208页。

[2] 《江泽民文选》（第1卷），人民出版社1994年版，第160页。

[3] 《列宁全集》（第34卷），人民出版社1985年版，第154页。

[4] 《列宁全集》（第36卷），人民出版社1985年版，第164页。

[5] 中共中央文献研究室：《毛泽东外交文选》，中共中央文献出版社1994年版，第314页。

[6] 《邓小平文选》（第3卷），人民出版社1993年版，第291页。

[7] 《江泽民文选》（第3卷），人民出版社2006年版，第339页。

国共产党文化领导权建设的核心内容，对于我们进一步加强中国共产党文化领导权建设非常重要。确立科学“马克思主义观”至少包括以下几个方面的内容：第一，要清醒地认识马克思主义在人类社会发展史上的价值；第二，要深刻地领悟“人的全面而自由的发展”这一马克思主义的思想主旨；第三，要真正地掌握“具体问题具体分析”这一马克思主义的灵魂。在中共十七大报告中，胡锦涛指出：“开展中国特色社会主义理论体系宣传普及活动，推动当代中国马克思主义大众化。”[1]这是中国共产党加强文化领导权建设的一个重大举措。只有引导广大人民群众真正了解“什么是马克思主义”、科学回答“怎样对待马克思主义”，树立起科学“马克思主义观”，才能更好地认同和接受中国特色社会主义理论体系，更好地实现中国特色社会主义理论体系的大众化，更好地捍卫和巩固中国共产党文化领导权。

启示之三：教育和自觉相结合是实现中国共产党文化领导权的主要途径。

马克思主义政党要取得社会主义革命和建设的全面胜利，必须引导广大人民群众树立科学的“马克思主义观”、建立起自己的文化领导权。当然，文化领导权的真正建立，不是统治阶级单方面自上而下的“文化操纵”过程，不能通过急风暴雨式的群众阶级斗争方法在短时间内实现对文化的根本改变，而是一个在被领导者积极参与过程中不断获取他们的同意、认同的过程。“获得他们的认同，关键的问题不是被领导者的消极的和间接的认同，而是单独个人积极的和直接的认同。”[2]在马克思主义发展史上，列宁指出，“在文化问题上，急躁冒进是最有害的”[3]，因为“改造小农，改造他们的整个心理和习惯，是需要经过几代人的事情”，而与党内大大小小的“奥勃洛摩夫”们的斗争，也“必须长时间搓洗敲打，才会产生一些效果”[4]。列宁强调，“教育工作者和共产党这个斗争的先锋队的基本任务，就是帮助培养和教育劳动群众，使他们克服旧制度遗留下来的旧习惯、旧风气，那些在群众中根深蒂固的私有者的习惯和风气”[5]。因此，马克思主义政党要建立自己的文化领导权，不能仅仅依靠政治批判或政治运动，而是需要通过教育和自觉相结合的途径来完成艰苦细致的意识形态的改造任务。

在中国社会主义革命和建设实践中，中国共产党强调：“对马克思主义的信仰，是中国革命胜利的一种精神动力”[6]，“要特别教育我们的下一代下两代，一定要树立共产主义的远大理想。一定不能让我们的青少年作资本主义腐朽思想的俘虏，那绝对不

[1] 胡锦涛：《高举中国特色社会主义伟大旗帜　为夺取全面建设小康社会新胜利而奋斗——在中国共产党第十七次全国代表大会上的报告》，《人民日报》2007年10月25日。

[2] 葛兰西：《狱中札记》，人民出版社1983年版，第232页。

[3] 《列宁选集》（第4卷），人民出版社1995年版，第784页。

[4] 《列宁全集》（第43卷），人民出版社1987年版，第12页。

[5] 《列宁全集》（第39卷），人民出版社1990年版，第401页。

[6] 《邓小平文选》（第3卷），人民出版社1993年版，第63页。

行”[1]；要“加强有说服力的思想政治工作”，以“实现人们思想和精神生活的全面发展”[2]。这都有力地推动了中国共产党文化领导权建设和中国社会主义革命和建设事业的发展。因此，真正认识到“教育和自觉相结合是实现中国共产党文化领导权的主要途径”，对于我们进一步加强中国共产党文化领导权建设非常重要。作为马克思主义大众化的主导，马克思主义理论工作者、教育工作者、党的各级干部要“起到教育者、组织者和领导者的作用”[3]，要尊重广大人民群众的主体地位，通过教育和自觉相结合，引导广大人民群众学习与理解马克思主义、坚持与发展马克思主义，真正确立并坚持科学的“马克思主义观”。只有这样，才能够使广大人民群众更好地认同、接受中国特色社会主义理论体系；才能在中国特色社会主义理论体系上达成最大限度的“同意”与“意见一致”；才能够切实建立和加强社会主义政党的文化领导权，在更广泛、更自觉的实践层面形成内在的坚持和发展中国特色社会主义的强大精神动力。

三、文化领导权：社会主义运动的永恒话题

在全球化浪潮与新科技革命强劲推动下，当代西方资本主义国家经历了一个相对稳定的发展时期。在当前西方资本主义社会，采取像东方落后国家“运动战”形式进行社会主义革命的条件并不具备。同东方国家相比，西方资产阶级强大得多，它们不仅拥有“前沿阵地”——资产阶级的政权，而且拥有众多的、坚固的“堡垒和战壕”——思想、文化的优势，以及学校、教会、道德观念、习惯势力等。因此，“进攻”与“防御”的关系十分复杂。“在先进的国家中……市民社会已经成为一种十分复杂的结构。能够经受直接经济因素的灾难性‘袭击’（危机、萧条，等等）。市民社会的上层建筑就像现代战争中的战壕体系一样。在现代战争中往往有这种情况，猛烈的炮击似乎已经摧毁了敌人的全部防御体系，但实际上只是摧毁了外线工事，在发动总攻冲锋时，进攻部队会发现他们仍然面临着一道十分坚固的防线。在发生严重经济危机时期，政治上也会出现同样的情况。”[4]所以，西方无产阶级仅仅夺取政权是不够的，而且需要攻占市民社会的一切阵地。西方社会主义革命更艰巨，所需时间更长。作为“西方马克思主义”的主要创始人，同时又是“欧洲共产主义”的主要奠基人，葛兰西指出，在西方不能打“速战速决”的“运动战”，“阵地战”是最适合西方国家的革命发展战略。对于当前西方资本主义国家社会主义政党来说，要努力培养无产阶级“有机

[1] 《邓小平文选》（第3卷），人民出版社1993年版，第111页。

[2] 《江泽民文选》（第3卷），人民出版社2006年版，第295页。

[3] 《列宁全集》（第39卷），人民出版社1990年版，第402页。

[4] 昆廷·霍尔、葛兰西：《狱中札记》，劳伦斯—威沙特出版社1978年版，第235页。

的”知识分子，“要不断提高人民中越来越广泛的阶层的智力水平，换言之，要赋予群众中无定向分子以个性，这意味着要努力培养出一种新型的知识分子的精英，这种精英直接从群众中产生出来，而还同群众保持着接触。可以说，变成女服胸衣上的鲸骨制品”[1]。在充分发挥“有机的”知识分子在社会主义革命中指导、组织、教育和传播作用的基础上，促使民众获得批判的革命思想意识，进而在市民社会中夺取无产阶级文化领导权。

与此同时，西方发达资本主义国家利用其提早进入工业化和信息化社会的优势，对现实社会主义国家展开了全面的文化渗透。而现实社会主义国家除在经济上要追赶“先发”国家外，还面临着如何有效捍卫本国文化安全的严峻考验。

当前，世界社会主义运动暂时处于低潮。如何获取最广泛民众的精神认同，进一步捍卫和巩固马克思主义政党的文化领导权，显得尤为重要和紧迫。因此，文化领导权问题对于当代世界社会主义运动的长远发展也就具有不言而喻的重大战略意义。公民信仰是“重要的社会黏合剂，哪怕时局艰难，内讧纷起，它也能使政治团体保持自我集聚”[2]。目前，中国正处在社会主义现代化建设和改革的新时期。对于在列宁主义影响下取得社会主义胜利的中国，苏共丧失文化领导权导致亡党亡国的教训值得警惕和深思。在中国这样一个具有五千年文明的国度里，社会主义革命是不可能单纯通过政治斗争的形式取得全部胜利的。根据文化滞后性原理，一个社会的文化、观念的变化是不可能通过一次急风暴雨式的政治革命来完成的，而必须经历一个艰苦的意识形态的改造工作。1980年，邓小平在《党和国家领导制度的改革》一文中指出，“旧中国留给我们的，封建专制传统比较多，民主法制传统很少”[3]。这种状况必然造成执政党在文化建设上面临特殊的困境：一方面，党将代表人类文化最高成就的马克思主义意识形态作为行动指南；另一方面，党又面临着各种极端落后的文化因子的重重困扰。后者往往以意识不到或不能清醒地感觉到的方式，对共产党人的思想和行为产生影响[4]。在这种情况下，社会主义国家的巩固和发展，就特别要重视发挥人的主观能动性，发挥意识形态的能动作用，巩固马克思主义政党的文化领导权。正如江泽民指出的，“把生产力最终起决定作用的原理庸俗化，轻视、贬低甚至否认精神、社会意识、生产关系、上层建筑、政治的反作用，不是马克思主义的观点，在实践上是极为有害的。越是经济建设和日常事务繁忙的时候，越要学习马列主义、毛泽东思想，越要关心政治，关

[1] 葛兰西：《实践哲学》，重庆出版社1993年版，第22页。

[2] 罗伯特·E.道森：《政治系统与政治社会化》，《国外社会科学情况》1988年第3期。

[3] 《邓小平文选》（第3卷），人民出版社1993年版，第332页。

[4] 韦定广、肖从云：《从列宁到江泽民：关于执政党的文化建设思想》，《唯实》2003年第7期。

心人的思想和精神状态”[1]。因此，教育和引导广大人民群众确立并坚持科学“马克思主义观”、努力捍卫和巩固中国共产党文化领导权，就成为当前中国共产党推进中国特色社会主义事业发展的战略任务。

原载于《云南社会科学》2010年第1期

[1] 中共中央文献研究室：《毛泽东邓小平江泽民论世界观人生观价值观》，人民出版社1997年版，第460页。

社会主义国家党政关系运作方式的改革与发展

季冬晓

摘　要：由于社会主义各国的历史传统、阶级结构以及各种政治力量对比情况的差异，及其政党数目、相互关系和政党执政方式等方面的不同，党政关系会有不同的实践模式。中国的党政关系经历了革命战争年代的初步探索、新中国成立之初的党政相对分离、“文革”时的以党代政、党政不分、十一届三中全会后的党政关系逐步理顺的过程，党政关系逐步朝着法制化、科学化目标迈进。

关键词：社会主义国家；党政关系；法制化；科学化

党政关系属于政党政治的一个基本范畴，实质上是由党权、政权构成的政治权力关系，是在民众将公共权力交给政党后产生的一系列法理性关系，主要是政党如何驾驭公共权力以及如何防止公共权力滥用的问题，所体现的是国家体制内不同权力主体的结构形式、作用方式及其对政治资源的支配机制。

众所周知，在马克思、恩格斯时代，还没有进行过成功的社会主义革命和建立过社会主义国家，虽然他们对未来新社会应坚持党对国家政权的领导是十分肯定的，并总结了巴黎公社因缺乏真正无产阶级政党的领导而失败的教训，但那时的研究还只是探索社会主义党政关系和政党关系问题的起点和发端，还不是真正意义上的社会主义国家党政关系问题的研究。列宁在领导俄国革命的过程中，尽管对党政关系运作方式进行了努力探索，但由于客观条件的不成熟，以及工人阶级本身的组织经验、管理经验的贫乏，仍然沿用了革命战争时期的一套工作体制，少数革命领袖和政治家既是党的领导者、最高军事指挥机关的指挥者，又是经济生活的组织者。加上左派社会革命党和孟什维克相继背叛革命，布尔什维克党在没有任何其他政党与之合作的情况下，形成党政不分、以党代政的党政关系模式。后来，在斯大林时期，虽然党政分开的问题经常被提出，但实际上，高度集中的计划经济体制不仅使二者的合理分开成为不可能，而且逐步发展为高度集权的被称为“斯大林模式”的党政一体化的政治体制。此后，这种集权体制几乎推广到了所有社会主义国家。改革党政关系模式就成了现实社会主义国家改革进程中的重要一环。

一、苏联东欧国家党政关系运作方式改革的经验与教训

列宁在领导苏联社会主义建设的短暂时期已经切身感受到了党政不分、以党代政体制的弊端和危害，并从理论上探讨了党政分开的一般原则。1919年，列宁主持的俄共（布）八大在关于组织问题的决议中论述了“党和苏维埃之间的相互关系”，指出：“无论如何不应当把党组织的职能和国家机关即苏维埃的职能混淆起来。这种混淆会带来极危险的后果……党应当通过苏维埃机关在苏维埃宪法的范围内来贯彻自己的决定。党努力领导苏维埃的工作，但不是代替苏维埃。”很显然，列宁已经有了党政分开的思想，但由于受历史条件和认识水平的限制，关于党政分开的思想并不完整，仅限于发现了党政不分的危害性，提出了一些解决问题的基本想法，还未来得及做进一步的阐述。

列宁逝世后，斯大林在党政关系问题上，一度继承了列宁的思想，强调党政不是同一事物。但在实践上，斯大林却把本应属于国家机关的大量权力转移到党的机关手里，代替国家机关对各项工作发号施令，使苏联共产党成为超越一切的最高国家权力机关。斯大林本人往往不经政治局、中央委员会讨论，擅自决定党和国家的方针政策，并直接向人民委员会发布指示。到1941年，斯大林以党的总书记身份兼任人民委员会主席和国防委员会主席，个人独揽党政军三大权力，混淆党政职能，并最终在全国建立了高度集权的党领导体制，固化了党政不分、以党代政的模式。

斯大林去世后，从20世纪50年代中期开始，赫鲁晓夫进行体制改革，实行党政领导职务分开，领导干部实行定期更换制度，等等。但由于赫鲁晓夫没有抓住斯大林模式的根本要害是党政集权体制这一弊端，而是把个人崇拜和个人品质问题当作主要原因，绕过了党政不分、以党代政的症结，甚至还专门成立了农业党委和工业党委，农业党委直接抓集体农庄和国营农场，工业党委直接抓企业管理，党组织过多地干预经济和行政工作，加剧了党政不分的危害。1958年后，赫鲁晓夫也搞起了个人崇拜，最终导致改革夭折。1964年，勃列日涅夫上台，鉴于严重的党政不分、以党代政状况，重新开始研究党政职能分开问题，指出党的领导是政治领导，而不是行政领导。但随着苏联实力的强大以及对外的霸权扩张，勃列日涅夫也开始大搞个人集权和大树个人威望，独揽大权，致使苏联党政关系呈现了“党领导政、政服从于党”的特点。《苏联共产党章程》的规定可以充分说明这一点。《苏联共产党章程》规定，党创造了苏维埃，党“是社会政治组织的最高形式，是苏维埃社会的领导力量和指导力量”[1]。在苏

[1] 《苏联共产党章程》，求实出版社1982年版，第201页。

联军队中也设立党组织，保证在武装部队中贯彻党的政策。这样，苏联共产党实际上分成了两部分，一部分是党的自身独立的系统，另一部分是深入国家政权、军队、工会、共青团、工厂和合作社等生产单位、其他社会组织中的党组织，即在各级国家政权、军队和各种组织中建立党组。政权中的党组，必须服从政权外的相应层级的党组织，贯彻执行党的决议。很显然，这种党政关系模式严重阻碍了政党文明的发展和政治现代化进程。1985年，戈尔巴乔夫上台之初，在推行政治体制改革的过程中，重提了“一切政权归苏维埃”，强调在权力转向苏维埃时，加强党对苏维埃的领导，为此，戈尔巴乔夫建议由党组织领导人兼任苏维埃领导人。同时改革党的组织机构，撤销了与政府机关重叠的部门，规定不再按照生产部门原则建立苏共中央机关，精简党的机关和工作人员等。然而，当戈尔巴乔夫推行的改革面临党内外国内外重大压力的情况时，他却放弃了改革的社会主义方向和党的领导地位，修改宪法，实行社会团体的多元化和多党制，不加限制地允许成立各种非社会主义、反社会主义政党，政局失控，最终走上了党亡政息的绝路。

而前南斯拉夫，在社会主义发展史上也曾力倡改革，并一度建立了独具特色的党政关系模式，提出了党的职能“非国家化”的理论。南共联盟认为，苏联模式弊端的一个重要支柱是党行使了国家职能。实践证明，由于党直接掌管和行使国家权力，会使党陷入纷繁复杂的政务中。同时，非常容易把国家政权和镇压暴力职能运用到党内斗争中。而党的职能国家化会导致无产阶级丧失政权，因此，必须对党政关系进行改革，实行党的职能“非国家化”。“非国家化”理论包括两个方面：一方面是社会管理“非国家化”，把原来代表工人阶级行使的国家经济管理职能逐步交给工人自己管理，以实行社会主义自治；另一方面是党的职能“非国家化”，把党从国家政权机关中分离出来，彻底摒弃以党代政。在南斯拉夫的党政关系改革中，相继提出了实行党政领导职务分开、强调党的引导作用、取消党内职务专业化和终身制、实行干部轮换制、加强国家机关的地位和作用、在各级议会中建立代表团制等。应该说，南斯拉夫推行的党政关系改革，在当时都产生了一定的影响。但由于其改革指导理论的不科学、不成熟，以及把党的领导作用改为引导作用后，解散了各级行政组织和社会机构中的党组织，规定党的领导人不得在政府中兼职，强调党的职能是在社会主义意识形态的基础上负责制定总体的、长期的政策，对政府行为实行监督；而政府职能则主要是负责制定直接、具体的政治经济政策，并通过行政部门加以执行，导致所有这些措施在实际执行过程中，或无法落实，或开始执行后又恢复到从前。这样反反复复，“左”右摇摆，最终仍没有逃脱失败的厄运。

捷克斯洛伐克、匈牙利、阿尔巴尼亚、保加利亚等国也都相继实行过“党政分开”的政治体制改革，但最终都取消了共产党的法定领导地位。表面上看，这些国家的改革是从组织机构和职能上划清党组织和国家政权的区别，理顺党组织与国家权力机关之间的关系；实质上，却意味着放弃人民民主制度，放弃“共产党的领导”，确认共产党的政权不具备经过民众选举而具有的执政合法性，从而根本变革了人民民主国家既定的政治秩序。

综观苏联东欧国家党政关系改革的历程可见，社会主义国家党政关系问题始终是围绕党政不分和党政分开的焦点展开的。党政不分、以党代政的运作模式显然不符合现代政党政治发展的要求，因而需要改革；但改革必须要坚持共产党的领导，这是处理好党政关系的基本前提。

二、中国共产党对建立新型党政关系的有益探索及其发展趋势

中国的党政关系是在特殊的历史条件下形成的，是中国政治制度和基本国情的反映，其形成和发展有一定的历史必然性和合理性，也产生过积极效应，但是传统党政关系模式的局限性和弊端同样十分明显，其突出表现就是“党政职能不分”和“权力过分集中”。中国的党政关系经历了革命战争年代的初步探索，新中国成立之初的党政相对分离，“文革”时的以党代政、党政不分，十一届三中全会后的党政关系逐步理顺的过程，党政关系逐步朝着法制化、科学化的目标迈进。

（一）中国共产党对建立新型党政关系的有益探索

中国共产党成立之初，按照苏联模式建立起人民赖以当家作主的工农兵政权。从茶陵工农兵政权到中华苏维埃政府，再到敌后抗日民主政权，都是不同于反动政权的人民群众自己的政权，是在国家政治制度“体系之外”建立的，是不为国家政权体系相容的地方民主政权，因而被排除在旧的国家政权体系之外。这个政权由中国共产党直接掌握和控制，党政军“三合一”，政党与政权并没有十分具体明确的界限。这说明中国共产党与国家政权的关系从一开始就是连为一体的。之后，党领导中国人民开展了艰苦卓绝的武装斗争，建立了崭新的国家政权。在这种先有党、后有政的情况下，执政的中国共产党自然而然地取得了对政府的支配地位，政府的框架结构、职能划分、运行规则、人事安排处处都体现了党的意志，这就规定了新中国成立后的党政关系模式。新中国成立后到1957年反右斗争之前，党政关系模式基本上是“寓党于政”与“依政治国”相结合。也就是说，党对国家政权的领导是通过政权机关中的党员负责同志和党的组织来实现的，治国主体主要是中央与地方各级政府，治国形态明显体现为“依政治国”的特征，即党不直接管理国家事务，国家与社会事务的管理是在党的方针政策指导下，通过政府的施政行为来实现。党的领导权与国家权力事实上是统一的。

1957年之后，则出现了“以党代政”与“依党治国”的现象，党组织在很大程度上扮演了国家机构角色，行使了直接管理国家事务与社会事务的政府职能。直到1978年党的十一届三中全会后，以邓小平为核心的第二代党的领导集体才明确提出党的领导主要是“政治领导”，要按照“党政分开”的原则进行党政领导体制改革的要求。此后，中国共产党根据中国特色社会主义建设的实际情况，开始了建立新型党政关系的有益探索。中国共产党十二大强调了“党领导人民制定宪法和法律，党自觉遵守在宪法和法律范围内活动的原则”。中国共产党十三大在确认“党的领导是政治领导，即政治原则、政治方向、重大决策的领导和向国家机关推荐重要干部”的同时，明确提出：“党对国家事务实行政治领导的主要方式是：使党的主张经过法定程序变成国家意志，通过党组织的活动和党员的模范作用带动广大人民群众，实现党的路线、方针、政策。”中国共产党十五大又进一步提出了建设社会主义法治国家的伟大政治纲领和治国方略，明确指出：“我们在坚持四项基本原则的前提下，继续推进政治体制改革，进一步扩大社会主义民主，健全社会主义法制，依法治国，建设社会主义法治国家。”同时，还特别强调指出：依法治国，建设社会主义法治国家，要求“把坚持党的领导、发扬人民民主和严格依法办事统一起来”，重申“党领导人民制定宪法和法律，并在宪法和法律范围内活动”。中国共产党十六大则进一步把依法治国，建设法治国家，确定为以“三个代表”重要思想为指导的“全面建设小康社会”的具体纲领，并再次强调：“发展社会主义民主政治，最根本的是要把坚持党的领导、人民当家作主和依法治国有机统一起来。”明确“共产党执政就是领导和支持人民当家作主，最广泛地动员和组织人民群众依法管理国家和社会事务，管理经济和文化事业，维护和实现人民群众的根本利益。宪法和法律是党的主张和人民意志相统一的体现。必须严格依法办事，任何组织和个人都不允许有超越宪法和法律的特权”。这就是说，依法治国，建设法治国家，意味着法律在国家的政治经济生活中具有至高无上的地位，任何组织和个人，包括执政党在内，都不能凌驾于法律之上。同时，中国共产党的十六大在阐述党的领导方式和执政方式时，还进一步规范了党委与人大、政府、政协以及人民团体的关系。指出：“党的领导主要是政治、思想和组织领导，通过制定大政方针，提出立法建议，推荐重要干部，进行思想宣传，发挥党组织和党员的作用，坚持依法执政，实施党对国家和社会的领导”，要“按照党总揽全局、协调各方的原则，规范党委与人大、政府、政协以及人民团体的关系”。中国共产党十七大再次强调了“要坚持党总揽全局、协调各方的领导核心作用，提高党科学执政、民主执政、依法执政水平，保证党领导人民有效治理国家；坚持国家一切权力属于人民，从各个层次、各个领域扩大公民有序政治参与，最广泛地动员和组织人民依法管理国家事务和社会事务、管理经济和文化事业；坚持依法治国基本方略，树立社会主义法治理念，实现国家各项工作法治化，保障公民合法权益”[1]。党的十七届四中全会又重申了这一理念。这就意味着党的领导方式向法制化的根本转变，即党把自己的领导活动纳入国家法治的轨道，标志着中国共产党对党政关系的认识和处理达到了一个新的高度。

（二）中国党政关系的发展趋势

从“以党代政”、“依政治国”到“党政分开”、“以党统政”、“依法治国”，中国党政关系模式进行了有益探索。它的重大而深远的意义在于，不仅确立了中国政治体制改革和民主法制建设的宏伟目标，凸显了中国党政关系运作方式的特点，而且在社会主义党政关系史上第一次标示了“党政关系法制化、科学化”的必然趋势。这种新型党政关系是既能有效影响国家政权，又不能包办代替国家政权职能的党政关系；是既要制定和执行政策，又不能以政策代替法律的党政关系；是既要树立党的威信，又不能以党组织的名义来挤占其他组织政治空间的党政关系；是既要民主执政、科学执政，又要依法执政的党政关系。

首先，党政关系法制化、科学化是社会主义国家权力统一性的要求，是民主集中制原则的重要体现。民主集中制是我们党和国家的根本组织制度和领导制度，其重要思想内容之一是要求权力的集中统一性或决策一元性。党的领导科学化就解决了党的民主集中制与国家政权的民主集中制在法制基础上和法律形式上相统一的问题，从而防止了直接或间接地转向“多权”鼎立或“多中心”决策的可能性。从健全和完善民主集中制的角度说，在国家权力体系的主体内容方面，民主集中制的民主，归根到底应表现为立法及其过程的民主性；民主集中制的集中，则应表现为法律的统一性、法律的不可侵犯性及其严格执行。这样就使民主集中制与法制、与建设法治国家统一起来，实现了民主与集中在法律形式上的结合和国家权力在法律形式上的统一。因而，党的领导法制化、科学化，不仅在总的方向和趋势上，而且从根本内容上解决了健全和完善民主集中制的问题。

其次，党政关系法制化、科学化是人民民主的体现，它解决了党的领导与人民群众当家作主相统一的问题。在社会主义国家，党的领导的根本任务是保障人民群众实现当家作主，这是党和人民群众关系的实质所在。从地方来说，对本行政区内各方面工作的重大事项，党的主张必须同人民商量，听取人民的意见，因而应依照法定程序提交人民代表机关审议决定。人大作为人民代表机关，最能集中反映人民群众的意见、愿望和要求，提请人大讨论，就是同人民商量。从全国来说，宪法和法律是由党领导的人民代表机关制定的，宪法和法律的制定既体现了党的领导，也体现了人民群众当

[1] 胡锦涛：《高举中国特色社会主义伟大旗帜　为夺取全面建设小康社会新胜利而奋斗——在中国共产党第十七次全国代表大会上的报告》，人民出版社2007年版，第28—29页。

家作主；党通过领导人民制定宪法和法律来实现自己的领导，即把党的主张变为国家意志来实现自己的领导，同时党也就把自己的活动置于群众监督和法律监督之下，党的领导与人民群众当家作主就统一起来了。

最后，党政关系法制化、科学化是建设法治国家的要求，它解决了党的领导地位和作用与国家政权机关的法律地位和法定职能相统一的问题，解决了党的领导与依法办事、依法治国相统一的问题。党把自己的领导活动置于宪法和法律规定的范围之内，实际上也就是置于国家政权体系内，在政权体系内部发挥领导作用，而不是在外部发号施令，从而使党的领导地位和作用与国家政权机关的法律地位和法定职能统一起来。同时，党在领导制定宪法和法律的过程中，实现了领导；党把自己的活动限定在宪法和法律的范围内，坚持了依法办事，从而使党的领导与依法办事、依法治国、建设法治国家统一起来。

三、结论

从以上对社会主义国家党政关系历史时期发展变化的阶段以及特征的讨论可以得出如下结论：

1.社会主义国家党政关系起源于工人阶级政党与人民群众关系的确立，党政关系是政党与社会关系的延伸。社会主义国家人民当家作主的国体性质，从根本上决定了党权、政权具有工具性，民权具有目的性。在具体的社会历史条件下，或以党权为出发点、或以政权为出发点建构和改革党政关系，都有其合理性和必然性的一面，但从根本上来讲，都应当以民权保障为既定（出发点）建立、发展和改革党政关系。

2.由于各国的历史传统、阶级结构以及各种政治力量对比情况的差异，及其政党数目、相互关系和政党执政方式等方面的不同，党政关系会有不同的实践模式。具体的党政关系模式本身并无好坏优劣的分别，关键在于其在多大程度上符合了民族国家政党政治发展的实际情况，满足了具体民族国家政党政治发展的客观需求。

3.以人民民主为核心价值取向的党政关系的“合理性”和“科学性”及其有效性，是社会主义国家党政关系的内在属性。这里讲的合理性即指包括工人阶级政党成员在内的广大人民群众对党权与政权关系机制的认可；科学性则是指现行的党政关系机制既体现了政党政治的基本原理，符合了社会主义政党政治的一般规律，还凸显了具体国家的民族基本特性。社会主义国家党政关系的合理性与科学性的统一，在实践上呈现出党政关系运行的高效性，即通过党权与政权关系的科学认定和有效运行，使包括政党权利在内的人民权利得到最大限度的保障，使包括政党权力在内的国家权力得到最有效的制约，从而使人民民主得到又好又快的发展。

4.规范政党权力、优化权力结构是党政关系法制化、科学化的基础和保障。作为执政党，要崇尚法治、从严治党、依法治党，科学分解过于集中的政党权力，构建“以权力制约权力”的动态均衡机制。在执政党与国家政权关系上，要做到党政分离而不分家，权力相互制约而不掣肘，坚持党政分开法制化。

5.党政关系的改革需要创新性制度体系与严密性程序及时跟进，防止改革与超越现有制度承载力而产生不稳定因素。实现党政关系法制化、科学化，要按照民主的规则与程序，根据政党权力与国家政权的应然制衡和辩证关系设计一整套环环相扣、无缝链接、精细运作的制度链。

6.中国共产党处于领导党和执政党的双重地位，执政党的地位来源于领导党的地位。从中国党政关系的历史变革阶段及其体现的治国形态的变化表明，改革开放以来，中国的政治形态正在发生具有历史意义的转型。尤其是党对于法治与宪政体制的尊重，对于社会发展趋势与民意的顺从，使中国的政治体制在适应日益变革的国家与社会面前，在吸纳由于社会经济形态转型、社会结构转型带来的政府职能转变、社会整合问题、制度合法性危机等问题面前，表现出强大的组织动员能力、危机应对能力和自我纠偏能力，表明目前的党政关系，是基本适应中国经济政治社会发展的实际需要的。

7.社会主义国家党政关系因工人阶级政党“革命”目标的实现而确立，必将随工人阶级政党“建设”任务的全面展开和深入发展而完善。把党政关系放在现代民主政治建设的总框架中予以思考，在借鉴人类历史和当代世界法治文明的优秀成果的基础上加强党政关系法制化建设，是社会主义国家党政关系进一步走向合理化、科学化的必由之路。

原载于《社会科学家》2012年第4期

执政视域下的中国共产党法治生成机制研究

季冬晓

摘　要：执政视域下的中国共产党法治生成机理是融合内生型和外生型法治的优点，实现自然演化与理性建构相结合的共生；其发展逻辑是健全国家法律和党内法规制度，实现由浅层法治向深层法治的转变。构建执政视域下的中国共产党法治生成机制，需要树立依法治国和依法治党的法治理念，实现国家法治文明与政党法治文明的共生共长；推进党内法规制度和国家法律制度的创新，使党内法规制度与国家法律制度相协调；推进党的领导行为和政党权力运行的法治化，实现国家权力与政党权力的良性互动。

关键词：中国共产党；治国理政；自身建设；关系；法治

执政视域下中国共产党法治之路的逻辑起点在于党的领导权始终处于法律的有效监控之下，其基本途径是通过完备的法律制度体系和有效的法治运作机制使党的内部治理和外部活动都体现法治原则，从而有效地增强党与国家、社会的内在契合性。

一、执政视域下的中国共产党的法治生成机理与发展逻辑

塑造政党的法治特征，利用各种法律形式规范政党活动并使之纳入法治化轨道是现代政党政治的内在要求。执政的中国共产党法治生成要融合内生型和外生型法治的优点，实现由浅层法治向深层法治的转变，稳步推进执政党的法治进程。

（一）执政的中国共产党的法治生成机理

根据法治生成的基础和来源的不同，现代法治可以划分为两类，即内生型法治和外生型法治。内生型法治，从逻辑和历史发展上看，因社会内部条件成熟而自然催生法治，是本国传统法律文化在历史长河中自然孕育、演化而来，其对传统的继承、传续关系十分明显，在基本精神与价值观念上相互契合，几无差异，法治的生成是自然的历史进程和逐步成长的过程。内生型法治以经验理性主义为指导，侧重自身的经验积累，主要依赖社会自身力量的持续推动。外生型法治的生成并不是社会内部自然演

进的结果，而是在外力的主导下，在对传统不断反思的基础上或割舍传统或重构传统，其首要任务是清除自身传统中有碍法治生成的因素，其主要途径是通过借鉴移植、消化吸收他国法律制度，构建适合本国实际情况的法治。构建处于执政条件下中国共产党的法治生成机制的基本原则是借鉴两种法治生成模式的优点，实现自然演化与理性建构相结合的共生。具体说来，其法治生成机制的逻辑起点在于党的领导权始终处于法律的有效监控之下，最根本的依据是国家宪法和政党章程，关键是依法处理党治国理政与自身建设的关系，基本途径是通过完备的法律制度体系和有效的法治运作机制使党的内部治理和外部活动都体现法治原则，实现依法治国与依法治党的有机统一。

（二）执政的中国共产党的法治发展逻辑

从法理学角度来看，美国法理学家博登海默认为：法治作为社会秩序的表现形式之一，其构成要素多种多样，根据各要素在法治系统中的存在状态和功能关系的不同，可以将它们划分为两大类：形式层面的要素与价值层面的要素。形式层面的要素，是指法治所固有的制度规范与程序要求，强调法治的外观表现方式、实现的技术条件。这些要素不受价值、道德等不确定性成分所左右，是法治存在的基础要素，诸如法律对政府行为的授权与制约，法律面前人人平等原则，法制的统一性，法律的确定性与一般性，司法的中立性，等等。价值层面的要素，则是以法治的形式层面要素为基础，融入了政治道德成分之后的综合性要素，强调法治内涵中更高层次的道德评价和精神追求。基于上述这种对法治要素的区分，皮隆布姆把形式意义上的法治理论理解为浅层法治理论（the thin theory of rule of law），而把价值规范意义上的法治理解为深层法治理论（the thick theory of rule of law）。

通过以上理论我们可以判断出，法治的发展是一个长久的由低到高、由浅入深、由简到繁的过程。执政的中国共产党法治发展也遵循以上逻辑：党要健全国家法律和党内法规制度，实现党的政策向国家法律的转变，增强法律的适应性，完善法律运作机制，把法治建设重心从制度构建转向提高法治能力上来。起初，由于党内民主和人民民主制度的缺乏或不完善，可能使国家法律和党内法规制度的内容与程序尚有欠缺；之后，经由经验的积累，国家法律和党内法规制度从内容与程序上都日趋完备，在此基础上最终才能发展为深层的法治，此时的法治既具有形式上的完备性，又具有实体意义上的价值规范性。

二、执政的中国共产党法治生成机制的路径选择

执政视域下的中国共产党法治生成机制，主要包括实现治国理政与自身建设的法

治化，实现依法执政与依法治党的有机统一。

（一）树立依法治国和依法治党的法治理念，实现国家法治文明与政党法治文明的共生共长

法治理念是人们对法律的功能、作用和法律的实施所持有的内心信念和观念，是指导一国法律制度设计和立法、执法、守法实践的思想基础和主导价值追求。法治理念根植于一定社会的经济、政治、文化、社会之中，它是法治的灵魂和动力，体现了法治的精神实质和价值追求，所要解决的是为什么实行法治以及如何实现法治的问题。依法治国是社会主义法治理念的核心内容，依法治党是社会主义法治理念的基本要素。依法治国在本质上承认宪法和法律具有最高权威和最终效力，要求法律面前人人平等，尤其是党员干部，更应该带头模范地遵守宪法和法律。依法治国所体现的法律至上精神延伸至党组织和党员内部，则要求树立党内规章、制度对于党组织和党员的权威和效力，党章和党内法规面前党员人人平等，因此依法治党是依法治国的题中应有之义，是依法治国在党内的必然要求和逻辑延伸。中国共产党作为执政党，作为国家和社会的坚强领导核心，它本身是依法治国举足轻重的主体和客体。因此，构建执政视域下的中国共产党法治生成机制，需要树立依法治国和依法治党的法治理念，实现国家法治文明与政党法治文明的共生共长。只有树立依法治国和依法治党的法治理念，将党的全部工作和一切活动都纳入社会主义法治运行的正常轨道，明确将法律作为党治国理政和规范自身活动的根本准则，把党的权威纳入法律权威之中，以确保法律权威，才能在全党和全国弘扬法治的核心精神和价值信念，建立体现人民意志的法律，保证党治国理政和自身建设的科学发展。

（二）推进党内法规制度和国家法律制度的创新，使党内法规制度与国家法律制度相协调

使党内法规制度与国家法律制度更协调，是建立有利于实现执政视域下的中国共产党法治生成机制的重要途径。主要应从以下四个方面着手：

一要重视立法衔接问题。党内法规制度体系建设是依法治国和依法治党的核心内容，既要在形式上使党内法规“立法”项目的设计与国家法制建设的总体规划和具体安排相协调，又要在内容上使党内法规与国家相关法律规范相对接。《中华人民共和国立法法》把全国人大及其常委会制定法律的权限规定为“国家主权的事项”“各级人民代表大会、人民政府、人民法院和人民检察院的产生、组织和职权”等十个方面，其

他任何党政机关制定的法律规范性文件，都不得侵犯和超越这些权限。[1]而《中国共产党党内法规制定条例》对党内立法的主体和权限也作出了严格规定："中央党内法规按其内容一般由中央纪律检查委员会、中央各部门起草，综合性党内法规由中央办公厅协调中央纪律检查委员会、中央有关部门起草或者成立专门起草小组起草。中央纪律检查委员会、中央各部门和省、自治区、直辖市党委制定的党内法规，由其自行组织起草。"[2]规定有利于从根本上避免或减少无权制定、越权制定、重复制定等无序制定现象，确保党内法规制度体系的统一性和权威性。综合对理论和现实依据的考量，我们可以得出这样的结论：严格遵守党内立法权力行使的边界是党内立法的前提和基础。恪守党内立法的权限，必须对国家立法权予以充分的尊重和维护。党内立法应避免涉及必须由国家立法确立的制度，党内立法不能干涉只能由国家立法调整的事项，更不能规定必须由国家立法规范的行为。既需保证党内法规的稳定性、强制性和权威性，又需维护国家法律的权威性、严肃性、统一性。在当前党内立法的探索与实践过程中，特别要强调坚决维护全国人民代表大会及其常务委员会行使的专属立法权，不得跨越国家立法的权力边界。以下二个方面的立法党内立法不应跨越：一是对于涉及国家机关职责和权限的立法，党内立法无权干涉；二是对于关系到经济、民事和诉讼等的实体法律制度与程序法律制度，不得试图以党内法规的力量妨碍国家机构的正常运转，影响国家权力的行使；三是对于涉及党员人身权利和财产权利的法律法规，党内立法无权限制甚至剥夺党员作为公民依法享有的基本权利和自由。只有这样，才能切实维护国家立法权的独立性、完整性与权威性，保证国家机构的正常运转，保障党员基本的公民权利和自由，保证党内法规的合宪性、合法性。从实践情况看，由于一些党内法规与国家法律在立法上的不一致，执法中已经出现了不协调的问题。比如，领导干部的选拔、调动制度与各级人大的干部任命法律程序等衔接的问题，纪检监察机关办案中调取的证据问题及如何与司法机关密切配合的问题等，仍需从法规本身进一步加以完善。

二要重视边界规范问题。党内法规的权力边界如何界定，关系到党内法规发挥作用的范围与效果。党的领导与人民当家作主在依法治国与依法治党的轨道上并行不悖、协调互动，关键在于限定好和规范好党内法规的权力边界。比如，《中华人民共和国地方各级人民代表大会和地方各级人民政府组织法》明确规定：县级以上的地方各级人民代表大会行使"讨论、决定本行政区域内的政治、经济、教育、科学、文化、卫生、

[1] 中华人民共和国第九届全国人民代表大会：《中华人民共和国立法法》，法律出版社2000年版，第2章第8条。

[2] 中国共产党中央委员会：《中国共产党党内法规制定条例》，中国法制出版社2013年版，第3章第13条。

环境和资源保护、民政、民族等工作的重大事项”[1]。但是,《中国共产党地方委员会工作条例（试行）》规定：“党的地方各级委员会的领导主要是对本地区的重大问题作出决策”；“全委会在党代表大会闭会期间是同级党组织的领导机关，执行上级党组织的指示和同级党代表大会的决议，领导本地区的工作”。其职责之一是“对本地区经济建设、社会发展、党的自身建设及其他涉及全局性的重大问题作出决策”[2]。显然，国家法律和党内法规对“地方重大问题的决定权”的归属莫衷一是，而对于党委的决策权和人大的决定权如何协调，也缺乏明确的规定。党委的决策权与人大的决定权之间分界不明晰，致使党委和人大之间出现职权交叉和责任真空。同时，还应看到，党内法规与国家法律权力分界不明直接导致的另一个结果是：地方人大很难对同级党委的决策形成正面的有效的监督，甚至还会陷入地方人大被同级党委牵着鼻子走的尴尬局面。

三要加强党内执法和国家执法的联系与沟通。由于党员领导干部的身份是双重的：既是党员又是公民，使得党内法规和国家法律在某些方面必然要重复涉及同一对象。因而，在中国共产党的法治生成机制建设中，需要正确处理好党内执法与国家执法之间的关系，加强两者之间的联系和沟通。第一，要加强党的纪检机关和国家司法机关执纪执法联席会议制度建设。建立联席会议制度是为了进一步加强党的纪检机关和国家司法机关的协调配合，提高反腐倡廉建设的系统性，更好地维护党治国理政与自身建设的法治环境。自1993年纪检监察合署办公以来，各地的纪检监察机关与司法机关相继建立了执纪执法联席会议制度。在实际运作过程中，有的县（市、区）两个月召开一次会议，有的县（市、区）每季度召开一次会议，案件预防工作和需协调配合的重要事项均由联席会议讨论确定，通过联席会议来整合办案力量、开展案件预防工作、分析沟通案件线索、破解疑难案件。由于此项制度在实践中取得了良好的效果，要进一步分析查处案件工作的形势，坚持正视问题与审视形势相结合，各司其职与协调配合相结合，总结执法执纪机关查办、审理案件的情况，确定重大案件和典型案件的查处，依法依纪开展工作，努力形成执行党纪政纪处分决定的工作合力，全面清理检查违法人员的案件移送情况，全面落实各项纪律惩戒措施，维护好党政纪律和法律法规的严肃性，提高惩治党内腐败和社会腐败的办案质量和办案效率。

四要解决党内法规与国家法律出现矛盾的事后排除。党内法规不得与国家法律相冲突既是宪法的一项基本原则，也是党章的明确要求。这一原则既是作为制度文明的政党法治对党和国家关系的基本界定，也是构建中国共产党法治生成机制的基本原则。

---

[1] 中华人民共和国第十届全国人民代表大会常务委员：《中华人民共和国地方各级人民代表大会和地方各级人民政府组织法》，中国法制出版社2004年版，第2章第8条。

[2] 中国共产党中央委员会:《中国共产党地方委员会工作条例（试行）》，中国方正出版社1996年版，第1章第5条、第6条。

但在实践过程中，由于尚未建立起一套完善的党内法规与国家法律相协调的运作机制，致使党内法规与国家法律相冲突的事情时有发生，因此要建立解决党内法规与国家法律冲突的事后排除机制。第一，根据《中国共产党党内法规制定条例》和《中国共产党党内法规和规范性文件备案规定》的要求，进一步完善党内法规备案审查制度。作为公民、法人或其他组织通过行政救济途径解决行政争议的一种方法，行政复议是上级行政机关进行层级监督的一种较为规范的活动；而作为以司法程序来审查、裁决立法和行政机关是否违宪的基本制度，司法审查制度实质是司法权对立法权、行政权的监督制约制度。行政复议和司法审查均有助于重新审视国家法律法规，发现其中的漏洞与不足，对我国的法律制度建设具有系统反馈和查漏补缺的重要意义。相比之下，党内法规没有规范对象提出复议和进行司法审查的机制，因此其备案审查工作对于保证党内法规的合宪性举足轻重。完善党内法规备案审查制度，一是要由中央办公厅对报送备案的党内法规的合法性、合规性及合理性进行全面审查，重点审查其是否同宪法和法律相一致，是否同党章和党的路线、方针、政策相抵触，是否符合制定权限、程序和规范化要求。二是要建立健全党内法规的纠错机制。备案审查发现问题后的处理是备案审查的一个重要环节，备案监督机关要妥善利用手中的权力，对于经备案审查要求改正而制定机关不改正、不纠错的，要坚决予以撤销或废止，以维护备案审查制度的严肃性、权威性。第二，适时建立党内违章审查机构。2005年，全国人大常委会法制工作委员会专门设立了法规备案审查工作机构——全国人大常委会法规备案审查室，以进一步建立健全法规和司法解释备案审查制度，维护国家法制的严肃性。鉴于此，提议在“党内设立一个专门受理对涉嫌违反党章等法规行为进行审查的部门（比如具体可设置在纪委内），负责党内法规的备案及受理涉嫌违反党章等党内法规的行为审查”[1]。在制度设计上，以党内法规的形式对提起审查的主体、受理审查的主体进行明确的界定，对纠错程序予以详尽说明，严格审查党内颁布的各项法规的合宪性、合法性与规范性，旨在有效审查党内法规与国家法律的冲突、党内下位法规与上位法规的冲突以及同一层级党内法规之间的冲突等，以期保证党内法规与国家法律并行不悖、协调一致，从而维护党内法规与国家法律的统一。

（三）推进党的领导行为和政党权力运行的法治化，实现国家权力与政党权力的良性互动

中国共产党法治生成机制是以政党权力制约和政党权利保障为基础的，因此需要采取调试性策略，推进党的领导行为的法治化，实现国家权力与政党权力之间的相互

[1] 操申斌：《党内法规与国家法律协调路径探讨》,《探索》2010年第2期。

制衡和协调发展。根据现代民主政治理论，政党和国家的性质和职权是不同的。国家权力本质上是一种阶级统治的产物，是一种历史现象、历史范畴，其基础在于利益及利益冲突，标志着一定社会阶级实现其特殊的客观利益的能力，事实上是一种调节矛盾的有组织的现实力量，是对整个社会负责的公权力。“一般而论，政党权力是指政党为维护自身生存和实现自我价值而具有的政治统御力和政治干预力，或者说是政党根据自身生存、发展和发挥作用的需要而形成的一种政治技能或政治能力。”[1]在法治条件下，政党权力要经由国家权力来实现。作为国家治理的一种实践形式，政党权力本质上不在于对国家的控制，而在于提升管理国家的能力。执政党如果在国家与政党关系上处理不当，过度地行使国家权力，则会导致国家职能庞大，社会发育不足，就会对国家和社会的良性互动形成障碍，而且反过来也会损害政党职能和执政党的威望。

实现国家权力与政党权力的协调发展，首先要根据国家权力和政党权力的不同性质和实践要求，分清国家政权机构与政党组织的不同职能和实现方式，并通过法律和制度的形式确定下来，作为政党的行为准则。中国共产党作为治国理政的领导力量，应该以它的路线、方针、政策，从政治上来领导国家权力机关。其当选为国家权力机关官员的党员可以行使某些国家权力，但须依人大授权或法律的确认，必须在宪法和法律范围内活动。此类内容的法定化，使得党必须遵守宪法和法律、在宪法和法律范围内活动的原则有了具体的可衡量内容，是其具有可操作性的尺度保障。随着国家权力的发展变动，中国共产党的结构—功能也应随之进行转换与提升，使国家权力与政党权力实现协调与平衡，这不仅决定着党能否及时解决执政过程中的困难，而且决定着党能否长久地获得与国家权力良性发展相适应的执政方式和执政能力。从本质上说，中国共产党需要通过自身建设和革新在内部寻求组织及功能的新发展，在外部获得更多的执政资源，并发展与国家权力有效沟通的机制，实现自身良性建设、国家功能健全和社会全面发展。

其次，建立国家权力和政党权力运行中严格、稳定、科学、合理并可自行调控的程序机制。中国共产党要实现推进执政事业和加强自我建设的双重使命，会依实际情况的变化对权力进行调整和重新配置，一方面制约和规范自身权力，另一方面要保障国家权力的有效实施。实现国家权力和政党权力良性互动的运行程序是党治国理政与自身建设关系科学化的重要环节。这样的权力配置过程在形成某种特定政治关系后，必然要通过程序来运行。在法治社会中，民主政治本身就是一种程序政治。用法律来规范、控制国家权力和政党权力的运行程序，旨在使国家权力和政党权力的运行遵循法定的步骤和方式，以保证权力运行的合法性和高效性。运行程序的公开性、合理性

[1] 王韶兴：《政党权力的科学内涵与基本特征》，《学习与探索》2008年第2期。

是决定国家权力和政党权力相互制衡的重要因素，国家权力和政党权力协调互动的同时也是程序正式启动的时刻，只有公正合理的运行程序才能促进和保障国家权力和政党权力良性互动的真正实现，才能减少或消除国家权力和政党权力行使过程中的绝对性、随意性。

最后，在法治社会中，民主政治是一种责任政治，权力和责任是相辅相成的，权力行为责任的法治化体现了责、权相互统一的原则。国家权力和政党权力行为均应与其责任相连，从制度上和法律上明确规定权力行使者的相应责任，使权力行使者对自己的权力行为负责。如果实施了违法、不当或失职的权力行为，可据此直接启动责任追究机制。这样责任才能从法律规定转化为现实状态。同时应建立对国家权力和政党权力进行监督的法律制度，争取设立能对国家、政党进行监督，并能对政党违宪、违法行为作出相应处罚的监督机构。总之，只有将执政党的行为成功地纳入法治轨道，实现政党权力运行的法治化，才能为中国共产党的法治生成机制的构建打下坚实的基础。

原载于《中共中央党校学报》2015年第5期

网络民主与中国共产党民主执政问题研究述评

刘树燕

摘　要：网络民主与中国共产党民主执政之间的互动关系日益成为学界和政界关注的焦点。网络民主的迅速崛起，深刻改变着中国共产党民主执政的生态环境；中国共产党运用网络民主助推力，使民主执政逐渐呈现新气象。综合网络民主与中国共产党民主执政问题研究取得的重要成果，准确判断二者发展现状，对于深化二者关系有着重要意义。

关键词：网络民主；民主执政；述评

网络民主和民主执政是中国社会转型和民主进程中的新课题，如何将二者有机结合，推进政治体制改革和民主化进程，破解社会发展瓶颈和利益博弈难题，成为全社会高度关注的热点。目前，学界以网络民主与中共民主执政为题的研究成果较少，大多是中共民主执政或网络民主的单一专题研究。本文拟对网络民主与中共民主执政问题研究现状做一简要梳理。

一、国内关于网络民主与中共民主执政问题研究现状

（一）民主执政的研究成果和现状

代表性成果主要有王长江和姜跃《现代政党执政方式比较研究》、高新民等《中国共产党活动方式研究》、杨绍华《科学执政民主执政依法执政——中国共产党执政方式问题研究》、卢先福《执政也要高举民主的旗帜》、林亚兴《中国共产党与西方执政党执政方式比较及启示》、胡伟《民主执政：中国共产党执政方式的新取向》等著作和文章。成果的主要贡献集中如下：

1.关于民主执政基本概念。对民主执政概念的研究与党对执政方式的探索密切相关。2007年，中共中央组织部党建所课题组认为，党的十六届四中全会对民主执政内涵的完整、科学的阐释，揭示了我党民主执政的本质特征和动力源泉，明确了党坚持

民主执政的根本目的和实现途径。[1]追溯到2005年，姚桓分析了民主执政的两个基本含义：一是共产党是为人民服务的，执政政权的本质是为人民执政；二是党要靠人民执政，支持和保证人民当家作主，权力的运行必须符合民主政治的要求，通过民主的方式和途径进行。[2]胡伟对民主执政做了制度化、规范化、程序化角度的分析。[3]齐卫平做的学理性解读是：民主执政既是一个先进的时代理念，又是一种执政的方略。[4]在对民主执政概念分析的基础上，学界还对与民主执政概念密切相关的两对范畴进行了研究：一是民主执政和民主行政的关系，二是民主执政与党内民主的关系。前者有张劲松、金太军的《民主行政与民主执政》等，[5]后者有张书林的《党的民主化与民主执政》等。[6]这些论述为分析社会民主、网络民主、党内民主和民主执政的关系奠定了基础。学界对民主执政含义的解读，可以归纳出三个特点：一是在民主执政概念分析中注重"人民当家作主"的国家性质。二是在民主执政概念分析中融入"依法治国"的发展理念。三是在分析中展示了我党建设的改革创新精神。民主执政是我党在自身建设中冲出藩篱、解放自我、大胆革新、与时俱进的重大创新。

2.关于民主执政的意义。刘新宜认为，深入研究我们目前面临的世情和国情，民主执政显得更为迫切和重要。他提出民主执政的两大价值判断：（1）世界所有执政共产党的基本制度大多是模仿苏共模式建立的……"苏东"剧变已经从反面证明了这种模式的致命性，因此变革这种模式，实行民主执政就成了我们从"苏东"剧变中得到的最清醒的认识。（2）中国的改革开放30多年，经济、社会等方面的迅速发展，客观上已经提出了政治民主化的强烈需求，必须对这种民主诉求积极、主动、果断地予以回应，否则就会背离民主潮流，重酿1989年式的政治风波。[7]杨绍华立足于党长期执政的视角，对包括民主执政在内的"三执政"的重大意义进行了概括。[8]关于民主执政意义的分析，或侧重历史经验继承与深刻教训吸取，或侧重国家建设重大战略、党的发展构想，或侧重人民主权价值取向，都体现一个事实：在中国和中共当前发展阶段，实现民主执政具有重要理论与实践意义。

3.关于民主执政实现路径的思考。罗恢远提出，民主执政的核心是真正落实人民

[1] 中共中央组织部党建所课题组：《关于坚持民主执政若干问题的调研报告》，《马克思主义与现实》2007年第1期。

[2] 姚桓：《关于民主执政若干问题的思考》，《中国特色社会主义研究》2005年第3期。

[3] 胡伟：《民主执政：中国共产党执政方式的新取向》，《学术月刊》2005年第2期。

[4] 齐卫平：《民主执政的理论视角》，《探索与争鸣》2005年第2期。

[5] 张劲松、金太军：《民主行政与民主执政》，《毛泽东邓小平理论研究》2005年第7期。

[6] 张书林：《党的民主化与民主执政》，《中共福建省委党校学报》2006年第2期。

[7] 刘新宜：《民主执政：当前执政能力建设的重中之重》，《中国特色社会主义研究》2005年第1期。

[8] 杨绍华：《科学执政、民主执政、依法执政的由来与意义》，《山东社会科学》2008年第3期。

当家作主。[1]姚桓提出，实现民主执政的现实对策和出路是积极稳妥地推进之。[2]秦立海对民主执政实现路径的分析体现了党内民主和人民民主的紧密联系。[3]可以看出，民主执政实现路径的构想和设计，都是围绕我国社会发展、国家建设、党的任务展开的。在当前国际国内民主政治发展形势下，民主执政实现路径的分析研究必然最终落脚到“人民”主题上来。

（二）网络民主的研究成果和现状

代表成果主要有赵春丽《网络民主发展研究》、郭小安《网络民主的可能及限度》、龙森《当代中国网络民主发展问题初探》、侯斌《试析“网络民主”特征及其对民主政治发展的影响》、宋迎法《电子民主：网络时代的民主新形式》等著作和文章。

1.关于网络民主的基本概念。代表性观点主要有两类：一是直接借用国外学者对网络民主的界定。如龙森、韩磊直接借鉴美国学者斯劳卡对网络民主的定义，称之为“以网络为媒介的民主，民主中渗入网络的成分”[4]。二是结合我国实际对网络民主进行的界定。2005年，侯斌把网络民主的含义界定为：“‘电子人’以网络为载体和媒介形成网络社区，依托网络社区进行政治表达和政治参与的新兴民主形式。”[5]在实际生活和部分研究者著作中，网络民主、网络的民主、电子民主、网络政治、网络政治参与等概念的互换与混淆经常出现。

2011年有两部著作系统分析了网络民主问题。赵春丽认为，网络民主是“以发达的信息与通信技术尤其是以互联网络为运作和参与平台，各种民主主体利用互联网来影响民主进程、参与政府决策、改进民主运作、完善民主治理的一种新型参与式民主形式。它以直接民主为发展趋向，是一种利用电脑和网络信息技术促进民主互动的一切方法、手段和制度的总和”[6]。郭小安的界定是：“所谓网络民主，是政治主体借助网络技术，以政治互动为主要形式，以网络空间为载体，培育、强化和完善民主的过程。”[7]

2.关于网络民主的意义。对网络民主的意义，有两种截然相反的观点：一类是从实践的层面，从网络民主的局限性、束缚、缺陷角度分析，对网络民主的意义表示质疑，体现出对网络民主发展判断的悲观色彩。这一类在实践领域尤为明显。如严小庆对网

[1] 罗恢远：《论民主执政的客观依据及其基本要求》，《学术论坛》2005年第9期。

[2] 姚桓：《关于民主执政若干问题的思考》，《中国特色社会主义研究》2005年第3期。

[3] 秦立海：《论民主执政》，《长白学刊》2005年第3期。

[4] 郭小安：《网络民主的可能及限度》，中国社会科学出版社2011年版，第14页。

[5] 侯斌：《试析“网络民主”特征及其对民主政治发展的影响》，《云南省委党校学报》2005年第1期。

[6] 赵春丽：《网络民主发展研究》，经济科学出版社2011年版，第49—50页。

[7] 郭小安：《网络民主的可能及限度》，中国社会科学出版社2011年版，第130—137页。

络民主的有限性考察。[1]这类分析关注网络民主发生的局限性和束缚因素，其中的合理因素对于深入研究网络民主与中共民主执政问题有帮助。另一类是在科学分析的基础上，以乐观的精神和思路为特征，保持谨慎的肯定态度。这一类主要集中在理论探索范畴。如郑曙村指出，网络时代的民主将促进言论自由、社会平等和政治公开的发展，开辟新的民主形式，推进民主机制的完善，促进分权化，使得直接民主有了实现的可能性。[2]赵春丽认为：网络民主以其自由、平等、多元、交互特征，带给社会主义民主政治建设新气象，成为民主发展的建设性力量，成为社会主义民主推动国家民主的一种进程。[3]

3.关于网络民主实现路径的思考。网络民主实现路径的分析，围绕网络民主自身发展制约因素而展开，服务于我国的社会主义民主政治发展宗旨。这既是网络民主发展的实现路径，也是当前研究的一个显著特点。[4]如刘洋分析转型时期中国网络民主的可能出路：一是走制度化的网络民主之路，二是在综合平衡中避免网络时代民主的异化与失衡，三是培育积极稳健的网络政治文化。[5]刘国军认为，各级党委和政府及领导干部应当理性地对待网络民主，从实现社会主义民主政治目标的高度，因势利导地推进网络民主的健康发展，从而进一步提高地方政府的执政能力。[6]赵春丽对发展网络民主的基本思路和对策提出“积极借鉴国外网络民主的经验，推动社会主义民主政治进程”等三点构想。[7]

（三）网络民主与民主执政相结合的研究成果和现状

代表成果主要有王守光《加强网络环境下民主执政对策研究》、齐百健《民主执政视角内的网络政治参与问题及对策研究》等，为分析网络民主与中共民主执政的对策性建议提供支持。

上述作品主要成就在于：一是为开展本课题研究做基础准备，界定“科学执政、民主执政、依法执政”的内涵与外延、经验与启示、问题与展望等，界定网络民主基本范畴、现实功能与发展限度；二是为开展本课题研究提供研究方法，提供比较分析法、历史分析法以及多学科交叉研究方法的参照；三是为开展本课题研究做了初步分析，如网络民主与中共民主执政所依存的社会政治环境的诸多改变、中共与网络等媒

[1] 严小庆：《网络民主的有限性》，《长白学刊》2002年第2期。

[2] 郑曙村：《互联网给民主带来的机遇与挑战》，《政治学研究》2001年第2期。

[3] 赵春丽：《网络民主发展研究》，经济科学出版社2011年版，第191页。

[4] 朱国斌：《论表达自由的界限（下）》，《政法论丛》2011年第1期。

[5] 刘洋：《网络民主在转型期中国的困境与出路》，《理论参考》2009年第8期。

[6] 刘国军：《推进网络民主健康有序发展》，《领导科学》2009年第4期。

[7] 赵春丽：《网络民主发展研究》，经济科学出版社2011年版，第276—300页。

体的关系及应当对媒体采取的态度，等等。这样就超越对网络民主科技层面的分析，进入民主政治制度系统及中国共产党民主执政框架内观察，从而架起网络民主与中国共产党民主执政问题研究的桥梁。但网络民主给中国共产党民主执政创新带来的影响及中国共产党民主执政适应网络民主影响可以采取的对策，还有巨大的探讨空间。例如，王守光指出，互联网在一定意义上延伸了民主执政的新路。网络环境下的民主执政越来越受中央领导重视，网络环境下民主参政和网络监督的发展助推民主执政的实践，执政者利用互联网推进民主执政新气象。[1]该文对网络民主价值和意义的分析，直接架起网络民主与中国共产党民主执政的桥梁。再如，郭小安概述了网络民主在中国的特定发生逻辑和特殊意蕴，指出网络民主与代议民主的“相互竞争、相互取代又可能相互补充、相互融合”的关系，他提了以网络民主推动代议民主的三条新思路，丰富了网络民主环境下中国共产党民主执政的思想：一是监督功能的优化——网络监督与人大监督相结合；二是政治输入功能的更新——从“诉苦委员会”到“民意调查整合局”；三是参政模式的更新——让代表委员们和网民共同忙起来。[2]

总体来看，国内对网络民主和民主执政的研究已经积累了丰富材料和经验。尤其是对民主执政的研究，材料已非常丰富。在对网络民主的研究中，成果主要集中在最近几年，我国对网络民主的发展还存在不少分歧，网络民主研究还处于起步阶段。对于网络民主与中共民主执政的关联性研究，材料相对缺乏。

二、国外关于网络民主与中国共产党民主执政问题研究现状

国外从20世纪90年代开始研究网络民主的双面影响。［美］马克·斯劳卡《大冲击——赛博空间和高科技对现实的威胁》、［英］葛莱米·布朗宁和丹尼尔·魏兹纳《电子民主——运用互联网影响美国政治》、［美］凯斯·桑斯坦《网络共和国：网络社会中的民主问题》（*Republic.com*）、［英］罗莎·查葛若西诺《网络民主——技术、城市与市民网络》、［英］安德鲁·醒德威克《互联网政治学：国家、公民与新传播技术》、［英］布莱恩·娄德和巴里·黑格《数字民主：信息时代的交流与决策》、［美］布鲁斯·宾伯《信息与美国民主：技术在政治权力演化中的作用》、［美］托马斯·弗里德曼《世界是平的》、［美］凯斯·桑斯坦*Republic.com* 2.0等成果，其贡献和主要观点集中于以下四个方面。

一是揭示网络民主的基本范畴。在“网络民主”一词内涵的界定问题上，国外有

[1] 王守光：《加强网络环境下民主执政对策研究》，《理论学刊》2009年第2期。

[2] 郭小安：《以网络民主推动代议民主的新思路》，《电子政务》2010年第4期。

三种分析视角。第一，技术视角。“网络民主”一词最早在1995年由美国学者马克·斯劳卡提出，他在《大冲击——赛博空间和高科技对现实的威胁》中认为，网络民主可以理解为“以网络为媒介的民主，或者是在网络中渗入民主的成分”[1]。美国学者克里夫在*Democracy is Online*中，对网络民主从政治互动角度对网络民主进行了分析[2]。莫里斯在《网路民主》一书中以技术视角定义网络民主，直接展现的是网络民主兴起的核心因素[3]。第二，“关系学”视角。主要是从媒体与民主的关系视角入手对网络民主的定义分析。如马丁·哈根等观察网络民主从广播民主和电视民主的变迁发展经过后，指出“网络民主是电子民主发展的最新阶段，是对远程民主形式的修正和完善。通过电视、广播、通信卫星、电缆光纤等技术，推动了远程民主的发展，催生了电视民主和广播民主的兴起，媒介技术因而被认为是拓展了民主的空间，打破了传统民主形式的时空隔阂，带来民主的一场革命”[4]。这一论述的特点是认可网络民主是媒介和民主关系发展一脉相承的结果。第三，类型学视角。主要是与网络民主模糊使用的多个类似概念（有时也有学者在明确声明的前提下不加区分地使用），如电子民主、在线民主、远程民主、数字民主、虚拟民主、电子共和国等，这些概念经常被不加区分地与网络民主互相替代。

二是论述网络民主在民主政治发展和政党博弈中的价值与方式，以西方国家为中心探索网络民主在公民、社会、权力、民主、政党竞争中的影响。这方面研究主要集中在对“网络民主与代议制民主关系”的研究中。从对待二者关系尤其是对网络民主发展前景的预期上，可以将这一关系的研究区分为乐观主义姿态、折中主义姿态和悲观主义姿态三种，从而对二者关系可以界定为“重振代议民主、重塑代议民主、颠覆代议民主”三种形式。

三是对网络民主的影响保持适度谨慎态度。这种谨慎体现在国外学者对“网络民主与中间变量”关系的思考上。如网络增强还是削弱了社会资本的问题、网络民主是否可以造就理想的公共领域、网络民主导致的是更多参与还是更多控制等问题。

四是对网络民主与中国共产党执政方式变革之间关系的研究经历了一个发展变化的过程。对于网络民主与中国共产党民主执政之间的关系，国外研究者主要是关注互联网等信息技术的发展是否能够推进中国政治尤其是中国共产党执政方式的转型和变革。国外研究者的态度经历了一个“乐观（新的信息技术或网络媒体会给中国共产党

---

[1] 马克·斯劳卡：《大冲击——赛博空间和高科技对现实的威胁》，江西教育出版社1999年版，第71页。

[2] Steven Clift，“Democracy is Online”，*Internet Societ*，1996（3）.

[3] 莫里斯：《网路民主》，商周出版社2000年版，第110页。

[4] 郭小安、虞崇胜：《国外网络民主研究述评》，《新视野》2011年第5期。

执政带来挑战，威胁其执政合法性，从而促进中国共产党执政方式变革）—动摇（互联网在中国的发展及中国的互联网管制使网络民主并不能从根本上挑战中国共产党执政，从而在中国执政方式转型和变革中的作用受到限制）”的历程。

总之，国外对网络民主的研究体现出网络民主发展的不确定性。究竟网络民主能否充分发展，以及在多大程度上影响现实政治局面，都还是未知数。正如英国学者安德鲁·醒德威克在《互联网政治学：国家、公民与新传播技术》中所言：“互联网政治是一个快速发展的领域，其特征是充满不确定性以及悖论，我们有时会高估它，有时也会低估它。正是这些变化性使得互联网政治学成为一个非常吸引人的研究领域。当我们试图对其作些归纳总结时，也许我们最好能够理解这个领域中的高度偶然性，即使在未来，互联网这个特性也不太可能改变。”[1]

以上研究，围绕网络民主与民主执政提出诸多宝贵观点。总体上，国内外对网络民主与中国共产党民主执政的关注和研究，经历了一个由“质疑到将信将疑再到坚信不疑”的大致过程。这一过程既反映了理论界对问题的把握和分析程度的层层加深，又从本质上反映了网络技术迅速崛起引发的民意表达的膨胀与迸发。网络民主不断高涨所反映出来的对中国共产党民主执政建设的影响，正以越来越猛烈的方式表现出来。

三、网络民主与民主执政问题研究尚需破解的难题

关于网络民主和中国共产党民主执政问题研究已取得很大成就，但依然有需要重点破解的难题。

一是如何借力网络民主，真正实现“人民当家作主”已成为一个社会热点问题。在整个社会民主法治不足的氛围下，如何利用网络民主的特点和优势，唤醒和培育民主意识和公民意识，加速推进政治体制改革和政治民主化进程，成为全社会期盼的重大事情。对我国网络问政、网络民意、网络舆情等网络民主对民主执政创新的冲击及挑战，不仅是学界的研究热点，也是政界关注的焦点。

二是如何认知网络民主的功能和在民主执政中的定位，是目前学界仍没有破解的理论课题。尽管网络民主从世界的视角来看已不是什么新事物，西方发达国家对此的驾驭已轻车熟路，对我国来说则是刚刚兴起和迈步；尽管网络民主在我国许多重大社会问题的解决中起到越来越多的“揭盖子”作用，成为政党执政绕不过的一道民意之“坎”，如何认知网络民主的功能和在民主执政中的定位，不仅学界众说纷纭，分歧众

[1] 安德鲁·醒德威克：《互联网政治学：国家、公民与新传播技术》，华夏出版社2010年版，第443页。

多，而且实际工作者也是仁者见仁智者见智。网络民主的发展，到目前为止，只能算是初级阶段。在网络民主发展中，它对于传统民主或代议制民主的冲击和改变是显而易见的。如何在发挥网络民主正向功能的同时，避免其负向功能，推进中国民主政治进程，实现中国共产党民主执政方式的完善和健全，是网络民主与中国共产党民主执政问题研究中一个重要问题。

三是如何探寻网络民主与民主执政的“结合点”，培育民主执政的“生长点”，实现网络民主与民主执政的互动共赢，已经成为执政党亟须解决的重大现实问题。如何应对网络民主给民主执政创新提出的新课题，成为当前推进中国共产党执政方式现代化进程中一个迫在眉睫的重大课题。2001年初，江泽民同志号召“各地各部门的领导干部必须加紧学习网络化知识，党的建设等工作都要适应信息网络化的特点”。2008年6月20日，胡锦涛同志同网友在线交流时指出，我们强调以人为本、执政为民，因此做事情、做决策，都需要广泛听取人民群众的意见，集中人民群众的智慧。通过互联网来了解民情、汇聚民智，也是一个重要的渠道。这些都证明：网络民主对中国共产党民主执政的影响正日益成为中国共产党领导方式和执政方式变革的一个关键点。研究网络民主与中国共产党民主执政之间的关系，成为新时期加强党的领导和完善党的执政方式的一项重要内容。

总之，网络民主与中国共产党民主执政之间正以一种日益密切的关系互相影响着。党的十八大政治报告指出：“强调人民民主是社会主义的生命”，要“更加注重健全民主制度、丰富民主形式，保证人民依法实行民主选举、民主决策、民主管理、民主监督”，深入观察研究网络民主与中国共产党民主执政问题，对贯彻落实党的十八大报告重大部署，对规范网络空间民主行为、实践人民民主、推进民主执政，都有着深远的意义和价值。

原载于《山东社会科学》2013年第9期

政党—社会关系视角下的群众路线实践创新

吕　虹

摘　要： 政党与社会的关系是政党政治中的基本问题，合理定位这一关系是加强党的领导、巩固执政基础的前提。一方面，政党是社会发展到一定阶段的产物，代表特定社会群体的利益；另一方面，社会是政党发展的根本，更是执政的重要基础。近年来，随着经济、政治和社会的进一步发展，中国社会呈现诸多新特征，对党的执政和群众路线实践带来新挑战。为了应对这些挑战，巩固党执政的社会基础，切实贯彻落实群众路线，需要从理念、内容、方式和监督保障等方面对群众路线实践进行创新。

关键词： 政党—社会关系；中国共产党；社会新特征；群众路线实践创新

政党在现代政治生活中发挥着越来越重要的作用，成为推动各国政治体系运转的核心力量。一方面，政党在社会和国家之间搭建桥梁，将民众的意志反映到政府层面；另一方面，政党的生命取决于社会的认可和支持，在相关社会基础上获得发展。中国共产党自诞生以来一直十分重视社会基础和群众基础，执政后更加关注社会基础的巩固。经过改革开放30多年的发展，中国社会发生了巨大变迁，出现了一系列新特征。为此，中国共产党不断调整方针政策，实事求是地坚持群众路线，加强执政的社会基础。党的十八大提出开展群众教育实践的要求，中共中央政治局会议专门部署了深入开展群众路线教育实践活动的任务。本文拟采用政党与社会关系的逻辑框架，分析中国社会的新特点及其对党的执政和群众路线实践带来的机遇和挑战，并试图探讨群众路线教育实践的创新问题，以更好地应对新挑战。

一、中国语境中的政党—社会关系

在理论维度上，政党与社会之间的关系十分密切。从社会的角度看，社会与政党是决定与被决定的关系。一方面，如图1所示，政党产生于社会，是社会发展到一定阶段的产物，代表特定社会群体的利益。英国思想家埃德蒙·伯克指出，政党是人们联合起来，根据一些一致认同的特定原则，通过共同努力来促进国家利益的一种团体。[1]美国政治学家休·波恩认为，“当一群人们联合团结，经由选择秩序、略取政府之控制权，以期望图谋一种（公共）利益者，是即称之谓政党”[2]。实际上，“社会分化及各阶级、阶层和集团之间的矛盾冲突是政党产生的前提”[3]，马克思主义者进一步指明了政党的阶级属性和社会功能。中国共产党是工人阶级的先锋队，始终把工人阶级作为自己最坚实的阶级基础和依靠力量。另一方面，政党的发展离不开社会，其前途和命运取决于社会的认可与支持。现代政党产生于西方，“它们与相应的社会集团形成结盟关系”[4]，从特定社会阶级中获得选票支持和竞选资源，从而获得不断发展。中国共产党紧紧依靠工农联盟，密切团结各族人民，在社会革命中不断发展壮大。对于执政党而言，社会基础已经不再局限于特定阶级或阶层，需要争取更多社会阶层的认可与支持（见图2）。西方执政党通常以意识形态中间化的方式淡化阶级色彩，扩大执政基础。中国共产党在新中国成立后通过社会主义改造的方式消灭剥削阶级，扩大和巩固执政的阶级基础与社会基础。

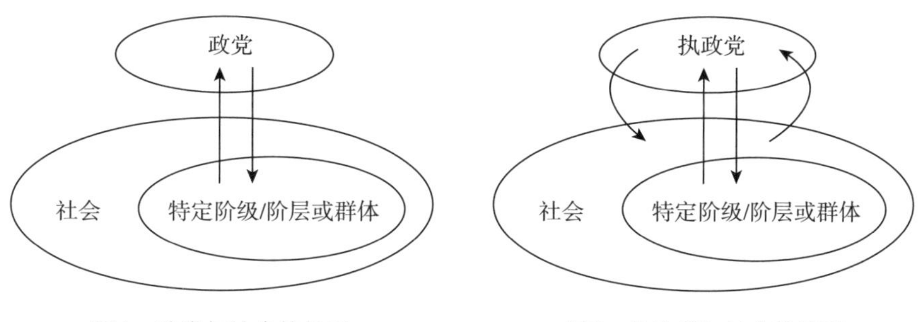

图1　政党与社会的关系　　图2　执政党与社会的关系

从政党的角度看，政党与社会是影响与被影响的关系。政党是现代政治中的核心力量，在政治和社会生活中发挥着至关重要的作用。英国学者戴维·海因认为，“几乎所有政党似乎都表现为两种功能的结合，即一方面，政党向社会做出反应；另一方面，由政党对社会施以控制”[5]。政党的社会影响主要体现为三个方面：一是利益表达与综合。利益表达指政党接受并反映所代表的阶级、阶层或社会集团的利益、愿望和要求

[1] Edmund Burke,“Thoughts on the Causes of the Present Dis-contents（1770）”, in Louis I.Bredvold and Ralph G. Ross（ed.）, *The Philosophy of Edmund Burke*.Ann Ar-bor：University of Michigan Press，1960.

[2] 赵晓呼：《政党论》，天津人民出版社2003年版，第13页。

[3] 王长江：《政党论》，人民出版社2009年版，第26页。

[4] Seymour Martin Lipset，Stein Rokkan，*Party System and Voter Alignments：Cross-National Perspectives*, New York：Free Press，1967.

[5] 王长江：《政党现代化论》，江苏人民出版社2004年版，第167—168页。

的过程。利益综合指政党把它们代表的那些社会群体的意见和要求加以综合，上升为党的政策主张，并以这种主张对政府运作施加影响。在革命和建设时期，中国共产党充分综合协调和整合各方愿望与利益，制定符合人民要求和社会现实的政治纲领，获得了社会各界的信任与支持。二是精英的录用与社会化。一方面，政党把社会上的政治精英吸收到党内，使之获得政治职位，增强政党的影响力；另一方面，政党把能够贯彻本党意图的积极分子推荐给民众，由民众把他们选举到权力机关中，提高政府的施政能力。中国共产党自成立以来，十分注重吸收社会精英充实自己的力量，同时也通过提供各种岗位锻炼和培养党内骨干。三是政治教育与动员。政党通过党员和民众进行政治教育和动员强化他们对政党的认同，这是对政党坚持的特定意识形态的宣传和灌输，旨在证明社会变革、创新与发展的必要性或现存制度和秩序的合理性。中国共产党毫不回避自己的阶级属性和立场，始终坚持共产主义理想信念，以马克思列宁主义、毛泽东思想、邓小平理论、“三个代表”重要思想和科学发展观作为自己的行动指南，重视对党员和社会各界的政治宣传教育。

在现实维度上，政党与社会的关系更为复杂。由于面临的政治经济结构、历史文化、政治信仰不同，政党处理它与社会关系的方式大相径庭，从而产生不同类型的政党—社会关系。一般来说，现实中的政党—社会关系可归纳为“弱政党—弱社会”、“强政党—弱社会”、“弱政党—强社会”和“强政党—强社会”四类。当政党力量强大时，常出现“政党主导型”社会模式。当社会力量强大时，政党影响力会相对减弱，政党与社会的关系趋于平衡。自成立以来，中国共产党与中国社会的关系经历了两次转变（见图3）。具体而言，从1921年建党至1949年新中国成立，中国社会内外交困、战乱不断，社会力量十分薄弱。同时，中国共产党作为一个在战争中诞生和不断成长的政党，对社会的反作用力或影响力也十分有限。因此，中国当时的政党—社会关系是典型的“弱政党—弱社会”类型。新中国成立后，党和社会的关系以1978年的改革开放为界大致分为两个时期：改革开放前，中国的政党—社会关系是“强政党—弱社会”类型；改革开放后，这一关系逐渐向“强政党—强社会”类型转变。

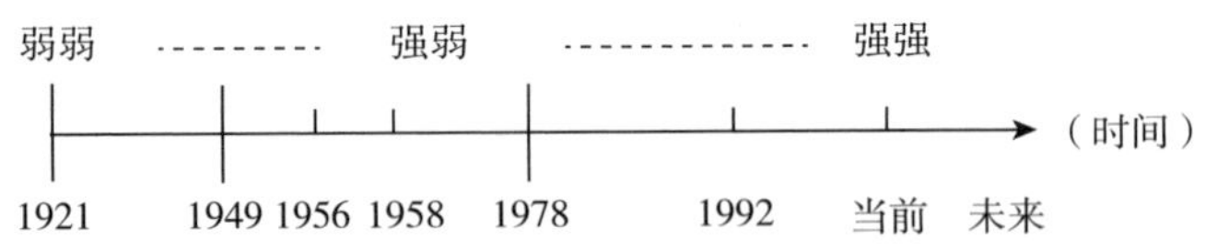

图3　中国共产党与社会关系的演变

需要说明的是，1949年和1978年只是中国共产党与社会关系演变过程中两个相对明显的标志，并不表示准确无误的时间节点。例如，1949年至1978年之间还有1956年和1958年两个重要的时间点。新中国成立后，中国社会力量依旧薄弱，而处于执政地位的中国共产党开始不断加强党的领导地位。在1956年完成社会主义改造之前，强化党的领导与巩固国家政权密切相关，此后强化党的领导则与计划经济体制和“大跃进”导致的现代化发展困难紧密相连。为了走出发展困境，党不断强化对经济和社会发展的全面领导，逐渐形成了“党通过国家或自身组织主导社会”[1]的局面，“强政党—弱社会”的类型最终形成。再如，改革开放以来，中国共产党与社会的关系也处于一个渐变的发展过程。在“强政党—弱社会”模式下，党的领导地位空前加强，但执政角色日渐模糊，执政能力受到严重削弱。1992年邓小平南方谈话之后，党的十四大确立了社会主义市场经济体制，党开始有意识地退出对社会的直接控制，社会力量不断增长，政党—社会关系逐步趋于相对均衡。随着我国经济社会的进一步发展和政治体制的深入改革，当前党和社会的关系已走向更合理的定位区间，将来可能演变为真正的“强政党—强社会”类型。

二、社会新特征对党的执政和实践群众路线的影响

改革开放30多年来，中国经济发生了翻天覆地的变化，同时也促进了政治和社会领域的变化。一方面，经济发展和科技进步总体上有利于社会进步。另一方面，经济改革与发展不断推进政治领域的改革与进步，进而影响社会领域的方方面面。在经济、政治和科技的影响下，中国社会呈现诸多新特征，主要体现为四点。一是多元化。在市场经济体制下，多种经济形式并存，经济成分日趋多元化；在社会阶层结构方面，原有的阶层日益分化，新阶层和群体不断出现，利益主体也逐渐分化；在思想领域，各种文化和社会思潮竞相激荡，价值观念更加多元；在信息来源方面，网络技术和各种新媒体的兴起，使信息交流更便捷，信息来源更多元。二是个性化。个性化是在多元化的基础上追求具有个体特性的需求和服务的一种表现，与价值观的分化密切相关。一方面，社会主导价值观是特定社会条件下人们所普遍接受并积极倡导的占主导地位的价值观念及其思想体系。另一方面，由于社会是由个人组成的，社会的主导价值观也反映社会个体的价值取向，并在此基础上进一步发展。当前，随着中国的经济成分、社会阶层、利益主体和思想领域多元化，人们的个性化需求和社会的个性化特征日益明显。三是法治化。法治化的目标是建立一个以法治为主导的社会，实现依法治国。一方面，随着市场经济制度的确立和相关社会立法进程的加快，中国法制现代化进一步发展，以法律为基础的国家治理结构初步形成。另一方面，经济发展和社会进步使普通民众的法制观念增强，依法守法成为一项社会公认的普通原则。四是流动性。市

[1] 林尚立：《当代中国政治形态研究》，天津人民出版社2000年版，第322页。

场经济拓展了国人的自由活动空间，整个社会呈现一种经济引导型流动。一方面，由于经济快速发展，社会各类人员的流动性大大加强；另一方面，随着对外开放的程度不断加深，中国公民出境和外国人入境的人数空前增加，中国社会的流动性大大增强。

中国社会的新特征对党的执政具有重要影响。积极方面的影响主要有：一是有利于加强党执政的物质基础。一方面，社会各阶层之间的人员流动加速，合理的人员流动有助于扩大社会各阶层之间的接触，有利于各阶层之间相互了解；另一方面，在人员流动过程中，劳动力的资源配置更趋优化，有利于提高经济效率，促进经济发展，为党的执政提供强有力的物质基础。二是有利于拓宽党的执政基础。由于社会阶层的多元化，这些新出现的社会阶层和群体拓宽了党与社会的接触面，成为党执政的新群众基础。三是有助于加快民主政治建设进程。经过长时期的浸染和适应，市场经济的竞争意识和效率原则已经深入人心，中国人逐渐形成合作、互利、诚信和自律的观念，培育了平等、独立、自由、民主、竞争和责任意识，这有利于国家政治生活民主化和法治化建设。消极方面的影响主要有：一是利益主体与思想观念多元化加大了利益综合和社会整合的难度。随着利益格局的调整和社会转型的深入，利益冲突和社会矛盾引发的各种群体性事件逐渐增多，群众信访和上访活动频繁。这些复杂的矛盾关系从经济领域扩展到社会思想和政治意识方面，加剧了社会矛盾和冲突，增加了党对社会各界利益综合与整合的难度。二是人员加速流动使党的基层组织建设面临更多新情况。由于经济性流动日益频繁，企业、农村和社区等基层党组织的正常活动受到严重影响，如何有效加强对流动党员的教育管理、扩大党组织的覆盖面、优化党组织结构等，都是党必须思考和解决的新问题。三是社会不公平现象频发影响党的社会教育和动员能力。近年来，中国社会的经济资源、组织资源和文化资源出现向上层积聚的趋势，贫富差距仍然较大。一方面，“穷者愈穷、富者愈富”的“马太效应”不断扩大；另一方面，有人通过偷税漏税、贪污受贿、坑蒙拐骗等非法手段实现暴富，这损害了人们对社会公平的认同，造成阶层或群体之间对立，不利于党对社会的政治教育和动员。

同时，中国社会的新特征也为实践群众路线带来了机遇与挑战。主要机遇包括：一是社会阶层分化为群众路线实践提供契机。阶层分化固然会带来更多社会问题，增加群众工作的难度，但从另一个角度看，社会阶层分化带来的新问题在很大程度上反映了当前社会的主要矛盾和群众关注的主要问题。因此，这些新问题为切实加强群众工作和实践群众路线提供了契机。二是民众法制意识增强有利于规范群众路线实践。群众的法制观念增强不仅有助于促进政治参与，而且有助于监督政府行为，规范群众路线实践活动。三是新媒体有助于更好地实践群众路线。一方面，以网络技术为支撑的新媒体极大地拓宽了党群沟通渠道，为践行群众路线创造了便利条件；另一方面，网络已经越来越成为民众表达诉求的重要场所，借助发达的新媒体技术，结合各级组织或者专门机构主动接纳群众参与，收集各种民意信息，通过各种舆论载体分析梳理热点舆情和相关政策反馈，有助于更好地实践群众路线。主要挑战包括：一是“社会断裂”的挑战。一方面，各类新兴社会阶层和中产阶层快速兴起，传统的执政基础即工农群众尤其是农民阶层在社会利益的新的分配格局中被弱势化；另一方面，党员干部在工作中的精英主义思维和官僚主义作风较为突出，腐败现象时有发生。这种情况造成了所谓的“社会断裂”，不利于人们对改革成果和党的执政成就的认同。如何扩大群众基础和巩固阶级基础，吸收和同化新生社会阶层，整合不同阶层利益，使党真正成为群众所信任依赖的利益代言人，是实践群众路线必须面对的一个严峻挑战。二是思想观念多元化与个性化的挑战。伴随着社会阶层的分化和利益主体的多元化，社会各界的价值观念、社会意识的差异也越来越大。一方面，日益多样化和个性化的思想观念和价值取向容易产生社会隔膜心态，导致人们从各自的利益出发考虑社会问题，诱使一些社会敏感问题引发巨大的观念冲突，不利于社会整合与群众路线的践行；另一方面，多元化和个性化的思想观念和价值取向不利于倡导社会主流价值观和意识形态，加大了实践群众路线的难度。三是信息技术的挑战。发达的媒体使人们获取信息更加便捷，信息网络技术的快速发展打破了对特定信息的垄断与控制，民众的独立性大大增强。在这种情况下，如何通过实践群众路线提高党组织的吸引力和影响力是一个需要认真研究的重大课题。

三、创新群众路线实践的基本路径

执政基础是党领导国家政权必备的自身优势和依赖的社会历史条件，是支撑党的执政地位的基石，社会基础是党执政的根本，因为人民群众是党全部工作的出发点和归宿，为人民谋利益是我们的立党之本和执政之基。我们党历来重视群众工作，群众路线是党对群众工作的经验总结和理论概括，是毛泽东思想活的灵魂的三个基本方面之一。面对新的社会特征带来的挑战，我们不仅要切实贯彻落实群众路线，还要根据政党与社会关系的理论指导，努力在理念、内容、方式和监督保障方面创新群众路线的实践。

首先，创新群众路线实践的理念，合理定位党与社会的关系。当前，开展群众路线教育实践活动着眼于加强党的廉洁建设和解决群众重点关注问题，具有很强的针对性和现实意义。此外，我们还应该进一步创新群众路线实践的理念。一是坚持党的领导地位的理念。中国共产党是中国革命和建设事业的领导者，这一点在历史和现实中得到充分说明。在实践群众路线时，所有党员干部不仅要坚持这个理念，还应该把它传递给工作和生活中的每一个人。二是坚持党的执政地位的理念。中国共产党不是一般的政党和一般的执政党，因为它代表的不是某些社会群体的利益，而是中国人民和中华民族的利益。中国共产党有责任为全体中国人民谋福祉，不仅要重视和解决群众反映突出的问题，也不能忽视其他问题，要从长期执政的角度对待社会中存在的各种问题。三是坚持党的“中介”地位的理念。尽管中国共产党处于领导地位和执政地位，但它不能脱离政党的性质，不应事无巨细地包揽一切事务，因为那样不仅不切实际，也将导致国家权力不能正常运转。党的“中介”地位体现在领导者和执政者两个方面：作为国家权力的领导者，党的定位应该高于政府和社会，并对它们进行方向性的宏观指导；作为政权的执政者，党需要连接和协调政府与社会的关系，既要防止政府“吞噬”社会，又要防止社会“绑架”政府，更不能“以党代政”或以党“控制”社会。

其次，创新群众路线实践的内容，切实提升社会对党的认同。群众路线是我们党的根本政治路线和组织路线，当前开展的群众路线教育实践活动以“为民务实清廉”为主要内容，抓住了当下中国社会最突出、群众最关注的问题，需要在今后的群众路线实践中继续大力坚持。此外，我们还可以从以下几点创新群众路线实践的内容。一是凝聚广大群众实现共同奋斗目标的信心。面对日益多样化的新现实，我们应当具有更博大的胸怀和更富有远见的胆识，以社会主义核心价值体系引领社会思潮，尊重差异、包容多样，使党所坚持倡导的思想、观念、理想、信念为社会大多数群众所接受，最大限度地形成社会思想共识，为党赢得更坚实而广泛的社会基础。二是增强党对全社会各个阶层的代表性。充分发挥党的基层组织的作用是党执政的组织基础，也是增强党对全社会各个阶层代表性的基础。因此，要与时俱进地看待和因地制宜地设置党的基层组织；要强化党的基层组织为社会各阶层服务的功能，关心不同阶层群众的利益诉求，尽量照顾到更大层面的群众的关切；要不断增强党组织在群众中的威信，提高党员干部的思想道德素质，增强他们为人民群众服务的能力，提高党在社会各个阶层的影响力。三是提高公共政策的针对性。完善各项公共政策对于巩固党的执政基础具有重要的意义。因此，要把深化改革、促进发展、调整结构和扩大就业结合起来，积极创建良好的就业环境；要加快建立公共医疗卫生体系，满足城乡居民的基本医疗卫生服务需求；要促进教育公平，推进教育基本公共服务均等化；要加快建设城乡居民社会保障体系，切实改善民生。

再次，创新群众路线实践的方式，提高实践的效果和效率。群众路线是党的基本领导方法和工作方法，但随着改革的不断深入，传统的群众工作机制和方法已经不适应新形势的要求，需要在实践群众路线的过程中不断加以改进和创新。一是完善制度机制。针对现存的社会基础问题，建立多样化的利益表达机制，开拓更多利益表达渠道；建立健全科学的利益分配机制，逐步遏制贫富差距扩大的趋势；不断完善利益调解机制，建立健全法律调解机制、行政调解机制、自我调解机制等，促使利益冲突方平等协商，消除利益纠纷。二是加强法律手段。一方面，保持党的先进性和纯洁性，需要不断加强党的自身建设，建立健全相关法律法规，加大对贪污腐败干部的法律惩处力度；另一方面，扩大社会政治参与是提高人民民主的根本途径，要加强政治生活方面的立法建设，将广大公民的政治参与纳入有法可依的轨道。三是充分利用新媒体平台。网络信息时代的各种沟通交流媒介和信息处理平台更加丰富，创新群众路线实践需要充分利用这些新平台。一方面，利用新媒介为碎片化的群众意见提供一个聚合的新平台，为密切党群联系提供一个互动平台，为群众路线实践提供一个检验平台。另一方面，利用网络媒介的开放性和平等性，对群众多元化的价值观进行引导，对群众集中关注的社会问题加以解释。

最后，创新群众路线实践的监督保障机制，保证实践的长效性和合理性。实践证明，群众路线是正确和行之有效的根本工作路线，对密切党群关系具有重要意义。针对当前群众路线实践面临的挑战，需要不断创新监督保障机制。一是完善党内运行管理机制。坚持“党要管党、从严治党”是在长期执政条件下保持党的纯洁性和增强党的凝聚力与战斗力的重要保证，也是确保群众路线顺利实施的前提条件。因此，要理顺全国党代会、中央委员会和中央政治局等党内重要机构的关系，要真正落实集体领导制，要切实贯彻民主集中制。二是完善领导干部党性修养和人文素养的提升机制。领导干部的党性修养和人文素养不仅关系到党的执政水平，也关涉到人民对党和政府的信心，贯彻落实群众路线首先要考虑提升领导干部党性修养和人文素养的制度保障，包括培训机制、考核机制、选拔机制和问责制度等[1]。三是完善对党的领导与执政的监督机制。党的领导和执政需要接受监督，这是实践群众路线的保障。具体而言，要加强党内民主，发挥基层组织和普通党员对上级组织和党内领导的监督；要通过监督是否违反宪法和法律的方式约束党的行为；要在多党合作和政治协商制度下加强民主党派对党的领导与执政的监督；要加强人民群众和社会舆论对党的领导的监督。此外，要综合使用各种监督手段，使之形成一个有机整体，使党的领导与执政的各环节和各权力主体都处在有效的监督之下。

原载于《理论学刊》2014年第10期

[1] 吕虹：《论提升领导干部人文素养与加强党的建设》，《理论学刊》2013年第1期。

党的执政方式的学理阐释与现实转向

方　雷　李　优

摘　要：从学理逻辑而言，政党执政方式指政党获取、运用和监督国家政权尤其是中央政权的基本方式；从实践逻辑而言，政党执政方式是执政主体、执政客体及二者的联结共同构成的有机体系，也是政党的执政本质、执政职能与执政环境等要素系统运动的必然结果。中共的执政方式的现实转向事关国家治理体系和治理能力现代化的推进，其执政理念逐渐聚焦到构建依宪执政的制度路径，民主与法治也日益成为党的执政方式改革的核心方向。

关键词：政党执政方式；学理阐释；执政实践

一、政党执政方式的学理阐释：三种释义

2001年，江泽民在庆祝建党八十周年大会上首次将“执政方式”引入党的政治语境。十余年间学界广泛展开“执政方式”的学理述议，迄今未艾，屡有创见，所呈现的观点略分为三类：一是以政党与权力的关系为内容的执政方式“权力论”。该类关于“执政方式”概念内涵的学理辨析，偏重于突出政党执政的权力属性，视“执政方式”为政治过程中政党运用权力的方式。其代表观点有两种：从狭义上将行政权作为政党政治权力形态的核心，“政党的执政方式，主要涉及政党与政府之间的关系，是指政党从政治共同体中获取和运用最高行政权力的过程、方法和形式。它大致包括权力的取得、运用及制约三个环节”[1]；从广义上将公共权力作为政党政治权力形态的全部，“所谓党的执政方式，指的就是政党控制公共权力的途径、手段和方法”[2]。上述两种观点虽在权力的表征上有狭义与广义的区别，但实质上均以政党执掌政权的统治性为要义。二是以政党与制度的关系为基点的执政方式“制度论”。此观点尤为强调“执政方式”的制度属性，将“执政方式”的内涵与外延归于政党政治运行中的程序规则，“执政方式是一定的政党制度条件下政党执掌或参与国家政权的制度性规定，或具有法律效力

[1]　林勋健：《西方政党是如何执政的》，中共中央党校出版社2001年版，第1页。

[2]　王长江：《现代政党执政方式比较研究》，上海人民出版社2002年版，第11页。

的习惯形式”[1]。与之相似的观点认为，“执政方式还包括政党控制公共权力的体制与机制，因为说到底，体制和机制是这些途径、手段和方法的系统化、稳定化”[2]。可见，以制度界定执政方式，其价值取向为政党与政权关系的稳定性，而二者之间发生联系的关键则在于现代政党执政规律的提炼与实践。三是以政党与宪法的关系为媒介的执政方式“法律论”。认为执政方式“系指执政的法定方式，即宪法和国家法律予以确认的方式，它是国家政党制度和国家国体模式”[3]。作为“法理正义”与“形式正义”在政党政治过程中的承载，执政方式的正当性建基于国家法律的正当性之上，其中，尤以执政方式与国家宪法的关系最为紧要。一般而言，宪法是规范现代国家共同体的最高尺度，通过限制政治权力的实施和保障政治权力的实现以张扬其精神与原则，而“宪法正是为在权力与权利之间进行恰当的划界，有效地防止国家权力对公民权利的侵害而产生、存在和发展的”[4]。由此，在政党政治的意义上，执政方式与国家宪法的关系之辩证在确认执政党执政权力的有限性。

前述从权力、制度和法律的维度论及政党执政方式的统治性、稳定性和有限性，二者立论不同，则结论必然不一，而学理逻辑也颇有差异。

我们认为，政党的执政方式既有无产阶级政党从作为掌握地方政权的执政党到作为统掌中央政权和地方政权的执政党的革命序列，也有资产阶级政党作为地方政权的执政党和作为中央政权的执政党共享国家政权的分权结构。因此，广义的政党执政方式泛指政党获取、运作和监督国家政权的基本方式，其中，国家政权涵盖中央政权与地方政权两类；狭义的政党执政方式专指政党获取、运作和监督中央政权的基本方式，一般意义上的政党执政方式即作此解。

二、党的执政方式的实践模式：结构与机理

当代政党执政模式存在社会主义执政模式和资本主义执政模式的分野：前者践行“执政党通过国家政权机关实施对政治生活的领导”的“体制内运行模式”，后者奉行“执政党决策、政府执行，国家政权机构成为执政党领导的机构”的“体制外运行模式”[5]。以下从实践内容和实践机理的角度分析中共执政方式的实践模式及其结构和

[1] 冯秋婷：《中国共产党执政方式探析》，中共中央党校出版社2001年版，第14页。

[2] 王长江：《现代政党执政方式比较研究》，上海人民出版社2002年版，第11页。

[3] 秦德君：《“执政方式”与“领导方式”：一种政治学的规范分析》，《云南行政学院学报》2003年第2期。

[4] 吴家清：《论宪法价值的本质、特征与形态》，《中国法学》1999年第2期。

[5] 闫东：《对中共执政方式研究的综述》，《探索》2003年第4期。

功能。

（一）从实践内容来说，党的执政方式是执政主体、执政客体及二者的联结共同构成的有机体系，呈现出特定的结构

第一，党的执政方式的主体是整体与部分相统一的执政党。以执政党成员是否进入正式的政治体系、因循法定的政治规则和兼具政府成员角色为参照，执政党的组织形态可分为“政权内政党组织”与“政权外政党组织”。党的执政方式既是政权内和政权外政党组织整体意志的统筹，又是政权内政党组织的一般成员与领袖意志的部分凸显。其一，执政党是政权内政党组织与政权外政党组织的统合，其执政方式凸显党的整体性。政权外政党组织是政权内党组织在社会领域的根基，遵循政党与社会的运行规则，通过党的中央组织与地方组织实现党的政治策略，增进党的社会认同，扩展党的社会基础；政权内政党组织是党在政治领域的延展，遵循政党政治的运行规则，通过承担正式政府成员角色的党员运用国家政权，履行执政职能，实现政党利益。因此，政权内政党组织与政权外政党组织在结构与功能上的统合构成整体的执政党，党在执政过程中提出执政纲领和政策，通过立法权将执政纲领和政策上升为国家法律，并借助行政权与司法权推行和保障。其二，政权内政党组织的一般成员与领袖是党的执政代表，其执政方式凸显党的部分性。政权内政党组织的一般成员与领袖之间的相互协作，主要体现在人大的政治过程中，坚持民主集中制的“个人服从组织”“少数服从多数”“下级服从上级”“全党服从中央”[1]，实质为民主制与集中制的有机统一。

第二，党的执政方式的客体是全面与重点相结合的政权。党的全面执政涵括党在地方层面和中央层面执政权的掌握与运用，尤其以执政党在中央层面的执政地位的确立为重点。党在中央层面的全面执政又分为对立法权、行政权和司法权的控制与支配，尤其以党在行政系统的执政地位的确立为重点。从党获取国家行政权的基本路径看，在议行合一的原则之下，人大具有形式上和事实上的最高性，代表国家和人民的最高意志，政府与司法都从人大中派生出来，受制于人大，党通过领导人大进而领导国家政权；从党控制国家行政权的主要渠道看，执政党深植于政府体系之中，不仅监督政府行政行为，而且通过建立党组和党管干部、党管决策等方式直接领导政府贯彻党的意志。

第三，主体与客体的联结之处是执政党与政权之间关系的调适。“执政是一个政党进入国家的政权机构并以该党为主体、以国家权力的名义从事对整个国家公共事务和社会事务的管理活动”[2]，而执政党介入和控制政权的执政行为实质上反映出执政党与政

[1] 《毛泽东选集》（第2卷），人民出版社1991年版，第528页。

[2] 石泰峰、张恒山：《论中国共产党依法执政》，《中国社会科学》2003年第1期。

权之间的关系。从执政党与政权之间执政关系的静态内涵来看，向内可细化为执政党与立法权、行政权和司法权的关系，向外又因政权的公共性与独占性，演化为执政党与其他政党、社会组织和公众之间的关系。执政党介入政权形成的执政关系基于各自要素与机制的集合表现为，党居于公共权力之内，实际上作为公共权力的一部分，推动并参与公共权力的运作。从执政党与政权之间执政关系的动态表现来看，具体可划分为党执政行为的不同类属。执政行为是执政关系的形式表达，执政关系是执政行为的本质核心，在执政党与政权的动态关系框架下，党的执政方式以执政行为为参照系，表现为党按照国家法律规定的活动方式与活动边界控制国家政权。

（二）从实践机理来说，党的执政方式是党执政本质、执政职能与执政环境等要素构成的政治系统，三者规定着党执政方式的方向、作用与特征

第一，党的执政本质是执政方式的目的规定性。从目的意义看，政党是“代表一定阶级、阶层或集团的利益，旨在执掌或参与国家政权以实现其政纲的政治组织”[1]。政党是具有特定利益诉求和利益结构的政治组织，由此规定着政党执政本质的基础；政党的执政本质是政党利益在政党执政过程中的中枢，集中解答政党执政方式的方向问题。首先，政党利益的最高目标在于实现政党所代表的阶级与社会的利益。政党政治是阶级性与社会性的双重耦合，政党既是统治阶级在政治上的组织形式，又以社会公众的代表介入和控制国家政权，所以，党的执政方式不仅要优先实现统治阶级的主要利益，而且须有效回应党置身其中的社会的一般利益，实现二者的统一。其次，政党利益的现实目标在于实现党的执政资格。党的执政资格是政党合法的执政身份的获得与存续，也是党区别于一般政治组织的核心特征，其关键为对国家政权的支配。国家政权是实质上的政治强制与形式上的政治机关的结合，统一此中介可有效实现党的利益诉求，因此成为政党利益结构的现实目标。最后，政党利益的合理目标在于实现党员利益。政党是党员之间相互联结的集合，而党员利益是具有党员属性的需要，直接协调离散的党员合为整体的统一行动。党员利益必然涵盖党员作为自然人生存与发展的需要，又以满足党员作为政治人参与党执政的需要为实现党员利益的充分条件。

第二，党的执政职能是执政方式的工具规定性。从工具意义看，政党是“民众参与政治的工具”、“沟通民众与政府联系的桥梁” 和 “人民控制政府之手的延伸”[2]。党介于社会与政府之间，既是社会在政治上的延伸，也是政治机体的组成，在执政过程中履行和发挥特定政治结构的职责与功能。党的执政职能是党执政本质在执政过程中的展开，由此规定着党执政职能的内容；党执政职能的内容在不同层面上的权重又有所

[1] 高放：《政治学与政治体制改革》，中国书籍出版社2002年版，第351页。

[2] 王长江：《现代政党执政规律研究》，上海人民出版社2002年版，第30—44页。

损益，具体引导党执政方式的作用路径。其一，增进民主是党执政的根本职能。“民主性是政党最主要的特性。”[1]从历史范畴来说，政党是现代民主政治的产物，“因民主的发展而产生，为民主的发展而存在，其最终也将因民主的发展而消亡”[2]；从理论视域而言，党是一定阶级与社会的利益在政治上的集中代表，必须统一以阶级利益为实、以社会利益为名的执政方式，汲取民意。其中，党增进民主的关键在于利益综合、利益表达、组织动员等方面，并与执政方式配套和衔接。其二，执掌政权是党执政的主要职能。执政党与一般团体、一般政党的区别正在于执政权的谋取及实现，而执掌政权也是党实现其执政资格的必由之路。党既是国家政治体系的幕后之手，主导政治过程，制定施政方针，又是社会政治参与的台前代言，监督政治运作，维持系统稳定。其三，政治录用与政治社会化是党执政的保障职能。党执政的保障职能与政府职能存在交叉与重叠，政治录用是党回应其党员利益的重要途径，“通过某种方式选用人员在政治结构中担当各种角色”[3]，从而兼具录用党员参与政权、维持政权新陈代谢的双重功能；政治社会化“是政治文化形成、维持和改变的过程”[4]，党的执政方式因联结政党、政府和公民，则或明显或潜在地影响政治文化关于国家、政府与政党的解读方式。

第三，党的执政环境是执政方式的客观规定性。执政环境是处于中心的执政党与相对独立的执政要素的位置之间客观关系构成的场域。场域之内，既存在基于执政党主体性的执政意志与执政行为，也涵括诸种执政要素的客观制约与有限边界，二者交互所形成的关系空间塑造了党执政方式的现代特征。一是宏观上以人的主体性为底蕴、以民主的恰适性为表征的时代精神构筑执政方式的民主内核。时代精神“在不同的时代具有完全不同的形式，同时具有完全不同的内容”[5]，民主作为今日时代精神之一端，是推进与衡量当代政治的价值之维，并延伸到党的执政行为中，构筑执政方式的民主内核。二是中观上以市场经济的内驱性为基础、以政治关系的法权化为提挈的社会转型凝聚执政方式的法治形态。市场经济的深刻意义在于引致社会成员强烈的利益动机与私属的利益范畴，促使其利益的实现空间深入政治领域，形成建立在“法律至上、权利平等、社会自治”[6]理念之上的法权化政治关系。三是微观上以保护权利为目标、以规范权力为路径的政治变迁引致执政方式的制衡倾向。当代政治变迁的实质是由关注权力何以扩大的“权力政治”转向关注权利何以保护的“权利政治”，而保护权利的

[1] 高放：《党内民主是党的生命——马恩是怎样按照民主制原则创建共产党的》，《学习时报》2004年7月19日。

[2] 王韶兴：《政党职能问题探讨》，《山东社会科学》2005年第3期。

[3] 阿尔蒙德、鲍威尔：《比较政治学：体系、过程和政策》，上海译文出版社1987年版，第128页。

[4] 阿尔蒙德、鲍威尔：《比较政治学：体系、过程和政策》，上海译文出版社1987年版，第91页。

[5] 《马克思恩格斯选集》（第4卷），人民出版社1995年版，第284页。

[6] 郑成良：《论法治理念与法律思维》，《吉林大学社会科学学报》2000年第4期。

应有之义即是对权力的规范，规范权力的可靠路径即权力之间的制约与平衡，从而映射出执政方式的制衡倾向。

三、党的执政方式的现实转向：理念、路径、关系、机制

改革开放以来，党的执政方式处于持续的发展之中，难免在理念与实践上困囿于传统政治惯性的牵掣和未来政治改革路径的抉择，但态势渐明，总体呈现进步的趋势。近年来，党从国家治理体系和治理能力现代化的战略高度，对党的执政方式的基本框架、价值取向和制度路径等作出了全局性、系统性和渐进性的计划和部署。因此，党的执政方式的现实转向可以从执政理念、执政路径、执政关系与执政机制等角度予以考察。

（一）执政理念层面明确科学执政、民主执政与依法执政的价值取向

党的十六届四中全会提出："必须坚持科学执政、民主执政、依法执政，不断完善党的领导方式和执政方式。"[1]从党的执政理念的理论进步来说，将科学执政、民主执政与依法执政"作为一个整体与执政联系起来，并且作为执政党建设的目标之一鲜明地提出来，这还是第一次"[2]。从党的执政理念的理论逻辑来说，在加强党的执政能力建设的总体框架下，科学执政、民主执政与依法执政是有机统一的整体。首先，科学执政、民主执政与依法执政是马克思主义政党执政成功的前提条件、本质要求与基本方式。科学执政强调党的执政的有效性，即"以科学的思想、科学的制度、科学的方式组织和带领人民共同建设中国特色社会主义"；民主执政强调党的执政的合法性，即"以民主的制度、民主的形式、民主的手段支持和保证人民当家作主"；依法执政强调党的执政的规范性，即"以法治的理念、法治的体制、法治的程序保证党领导人民有效治理国家"[3]。其次，"科学执政、民主执政、依法执政，核心是要为人民执好政、掌好权"[4]。在科学执政中体现为人民执好政、掌好权，就是不断探索和遵循共产党执政规律、社会主义建设规律、人类社会发展规律；在民主执政中体现为人民执好政、掌好权，就是坚持为人民执政、靠人民执政；在依法执政中体现为人民执好政、掌好权，就是坚

[1] 《中共中央关于加强党的执政能力建设的决定》，《人民日报》2004年9月27日。

[2] 曾庆红：《加强党的执政能力建设的纲领性文献》，《人民日报》2004年10月8日。

[3] 胡锦涛：《坚持科学执政、民主执政、依法执政，扎实加强执政能力建设和先进性建设》，《人民日报》2006年7月4日。

[4] 胡锦涛：《坚持科学执政、民主执政、依法执政，扎实加强执政能力建设和先进性建设》，《人民日报》2006年7月4日。

持依法治国、建设社会主义法治国家，领导立法，保证执法，支持司法，带头守法。

（二）执政路径层面构建依宪执政的制度架构

在全面推进依法治国，加快建设社会主义法治国家的目标要求下，依宪执政被层层嵌入党的执政方式改革进程之中。首先，规范依法执政与依法治国的关系，明确依法执政是依法治国的关键。胡锦涛指出："依法治国，前提是有法可依，基础是提高全社会的法律意识和法制观念，关键是依法执政、依法行政、依法办事、公正司法。"[1]其次，规范依宪执政与依法执政的关系，明确依宪执政是依法执政的切入。习近平在首都各界纪念现行宪法公布施行30周年大会上强调："依法治国，首先是依宪治国；依法执政，关键是依宪执政。"[2]2014年，习近平进一步指出："坚持依法治国首先要坚持依宪治国，坚持依法执政首先要坚持依宪执政。"[3]最后，构建依宪执政在党的执政方式改革中的制度路径。党的十八届四中全会对实现党的依宪治国与依宪执政的制度路径做出具体安排：一是在宪法实施和监督上，完善全国人大及其常委会宪法监督制度，健全宪法解释程序机制；二是在立法体制上，在加强党的领导下，横向上健全有立法权的人大主导立法工作的体制机制，纵向上依法赋予设区的市地方立法权；三是在立法程序上，深入推进科学立法、民主立法，完善立法项目制度，健全立法参与途径；四是在立法范围上，加强重点领域立法，完善法律制度，保护公民权利；五是在立法与改革的关系上，实现立法与改革决策相衔接。

（三）执政关系层面重点规范党政关系

政党执政关系的应然状态是执政党与政权机关在职能之间、权力之间和组织之间既界限分明，不致逾越，又以宪法为依归，和合依存，职能互无重合，权力互无僭越，组织互无替代，衔接紧密，配合默契。从实然状态来看，时至今日，在党的执政方式改革中民主化、法治化的内在取向逐渐稳固，党政关系出现了三次根本性突破。

第一，规范党政关系的基本框架。"中国的党政关系不是对等的权力主体之间的关系问题，而是党在国家治理格局中对政府权力的安排和规范方式问题"[4]，二者之间的调适是一个内在嬗变的适应性过程。首先，在根本否定"党政合一"的基础上，邓小平首倡"党政分开"。1986年，邓小平正式提出："党管政府怎么管法，也需要总结经验。

---

[1] 胡锦涛：《在首都各界纪念全国人民代表大会成立50周年大会上的讲话》，《人民日报》2004年9月17日。

[2] 习近平：《在首都各界纪念现行宪法公布施行30周年大会上的讲话》，《人民日报》2012年12月5日。

[3] 习近平：《在庆祝全国人民代表大会成立60周年大会上的讲话》，《人民日报》2014年9月6日。

[4] 刘杰：《党政关系的历史变迁与国家治理逻辑的变革》，《社会科学》2011年第12期。

党政分开，从十一届三中全会以后就提出了这个问题。”[1]党的十三大提出：党政分开即党政职能分开，党的领导是政治领导，实行政治领导的方式是使党的主张经过法定程序变成国家意志，通过党组织的活动和党员的模范作用带动广大人民群众，实现党的路线、方针、政策。其次，在深刻反思“党政分开”的基础上，党中央提出“建设有中国特色的社会主义民主政治”[2]。“建设有中国特色的社会主义民主政治”的核心是坚持中国共产党的领导。1989年，江泽民也曾具体提出：“党的领导作用只提政治领导不够，还应该有思想领导和组织领导。”[3]因此，“党政关系的前提是党对国家政权实行统一领导，在统一领导下国家政权各司其职”[4]。

第二，厘清党政职权。“中国共产党作为中国的执政党，在整个国家政治体系中，居于领导核心地位，起着政治主导作用。”[5]建设社会主义民主政治必须理顺党政关系，实现党政职能分开。以党政性质的殊异为起点，前者是无产阶级的先锋队和中华民族的先锋队，后者是国家机器组成部分，因而从党政性质衍生出来的党政职能不同。在党政职能上，前者为汲取民意，凝聚民心，领导人民当家作主，后者为构建国家法律制度，组织实施，具体管理，从党政职能引致出来的党政权力也不同；在党政权力上，前者为决策安排、价值引领和人事任命的权力，后者为立法权、行政权和司法权，这就要求党的组织运行需与其职能、权力相宜。党的十三大后，党政职权分开日渐明朗：其一，作为现代国家建构的主导力量，党代表和领导人民，通过人事任命、决策安排和价值引领等权力，将党和人民的意志输入现代国家建构的过程中，发挥党委对同级人大、政府、法院等各种组织的领导核心作用，发挥这些组织中党组的领导核心作用。其二，作为现代国家建构的主要形式，立法、行政、司法等政权机关依法独立行使职权，通过立法权、行政权和司法权的有序安排，建构议行合一的现代国家，各级人民代表大会是人民当家作主的权力机关和立法机关，决定和监督政府、法院、检察院等政权机关，政府、法院、检察院等政权机关向人大负责。其三，党从宏观上领导政权机关的制度中介是人大，通过领导人大将政党意志上升为国家意志，控制行政和司法；党从微观上领导政权机关的机制中介是党组，通过党委领导党组将各级人大、政府、法院等统一于党的领导之下。人大地位的上升，是党的执政方式民主化的重要体现。

第三，确定党政关系法治化。民主政治是法治国家的内核，建设社会主义法治国家是建设社会主义民主政治的必然延伸。法治的首义是宪治，即宪法之治。宪法是国

---

[1] 《邓小平文选》（第3卷），人民出版社1993年版，第163—164页。

[2] 《十四大以来重要文献选编（上）》，人民出版社2011年版，第21页。

[3] 《毛泽东、邓小平、江泽民论党的建设》，中共中央党校出版社1998年版，第523页。

[4] 陈红太：《从党政关系的历史变迁看中国政治体制变革的阶段特征》，《浙江学刊》2003年第6期。

[5] 谢庆奎：《当代中国政府》，辽宁人民出版社1991年版，第8页。

家法律体系的根本，建设社会主义法治国家必须坚持依宪治国、依宪执政，其政治意蕴之一就是党政关系的宪法化。其一，党的领导处于宪法的规范之中。总体而言，一切组织和个人均不得享有宪法之外的特权，党必须在宪法和法律范围内活动。具体来说，要“善于使党的主张通过法定程序成为国家意志，从制度上、法律上保证党的路线方针政策的贯彻实施”[1]。表现为党的决策必须依宪向人民代表大会提出；党以人大党组为中介促使党的主张转化为法律；党必须尊重宪法赋予人大及其常委会在重大问题上的决定权。其二，政权机关依法独立行使职权处于宪法的规范之中。在立法上，人大必须依宪立法，完善以宪法为核心的社会主义法律体系，监督宪法实施；在行政上，政府必须依宪行政，接受人大监督，向人大负责，建设法治政府，加强宪法实施；在司法上，法院、检察院必须依宪司法，独立行使司法权，不受其他组织和个人的干涉，保障宪法实施。其三，党政之间的协调处于宪法的规范之中。“党的领导是一种宏观上的最高层次的政治领导”[2]，政权机关则是具有明确宪法地位与宪法权力的政权载体，党的领导必须与国家的宪法程序相续接，以人大为接口，通过组织结构上的“一个党委，五个党组”和组织原则上的民主集中制，领导政权机关。宪法权威的凸显，是党的执政方式法治化的重要体现。

（四）执政机制层面注重改善党的权力实现方式

党的执政机制的基本内容是政党严格遵循国家政治制度和法律体系，依规介入和控制相应的国家政权机关，支持和保障国家政权机关依法独立履行职能与运作权力。在执政机制上，党的执政方式的民主性、法治性的外在特征逐渐鲜明。但是，党的执政机制尚未能彻底从传统与改革之间的张力中脱身而出，以至于新旧交互，渐次过渡。

第一，在党的权力授予机制中，民主的基础正不断巩固。“目前通行的是党政领导干部自上而下的选拔任用制度，它实际上是一种任命制。在干部任命体制下，权力授予主体是上级党委，党政领导干部保持党与人民群众血肉联系的内在动力严重不足。”[3]然而，党委委任的民主基础正不断得到夯实，逐渐通过党内民主和人民民主的联动将党的领导干部推荐并录入国家政权机关之中，领导政权机关的民主运作。其一，党内民主的扩大。这种扩大主要呈现在两个方面：一是在党的各级常委会内强调贯彻集体领导原则，促进“少数关键”的民主；二是在党组织内注重保障党员个体权利，带动“多数整体”的民主。“在党内民主与国家政权之间有一条十分重要的政治逻辑：人民民主需要中国共产党的领导和推动；党要有效领导人民民主，就必须充分发展党内民

[1] 《中共中央关于加强党的执政能力建设的决定》，《人民日报》2004年9月27日。

[2] 林怀艺：《论建构法治化的党政关系》，《中共福建省委党校学报》2002年第9期。

[3] 何增科：《关于推进党的执政方式改革的若干思考》，《马克思主义与现实》2004年第6期。

主，这是人民民主对党的领导和党的执政的内在要求。”[1]其二，人民民主的壮大。人民民主可真正赋予党的权力授予机制以最广泛的民意支持，是对党的领导合法性的最坚实的注脚。其壮大主要表现在三方面：一是人民代表大会是国家权力机关。政权机关的领导人的任免必须经同级人民代表大会予以确认。二是增加授权主体的代表性。人民代表大会代表的直接选举扩展到县级，县以上实行间接选举。三是增加授权程序的竞争性。差额选举引入政权机关领导人的选举中，逐渐成为促进未来政治发展的共识性举措。

第二，在党的权力运行机制中，法治的程序正不断完善。从总体上看，党的权力运行机制正不断向法治的轨道上靠拢，除前述扩大人民民主、提升人大地位的根本举措之外，还有两次有益尝试：一是适当扩大党政领导成员交叉任职。党的十六届四中全会提出：“规范党政机构设置，完善党委常委会的组成结构，适当扩大党政领导成员交叉任职，减少领导职数，切实解决分工重叠问题。”[2]交叉任职的重大突破在于弥合行政权在党政之间的分割，既将党委决策与政府行政相统一，也将简化党政机关领导职数的设置，有助于遏制党政二元权力体系固化的倾向，提高行政效率，规范行政程序。二是完善确保依法独立公正行使审判权和检察权的制度。“建立领导干部干预司法活动、插手具体案件处理的记录、通报和责任追究制度。任何党政机关和领导干部都不得让司法机关做违反法定职责、有碍司法公正的事情，任何司法机关都不得执行党政机关和领导干部违法干预司法活动的要求。对干预司法机关办案的，给予党纪政纪处分，造成冤假错案或者其他严重后果的，依法追究刑事责任。”[3]

至今，党的执政方式始终处于渐进的改革过程之中，中国共产党执政方式改革完全紧扣了党的执政本质，明确了党的执政职能，改善了党的执政机制，适应了党的执政环境，其前途不可谓不光明，意义不可谓不重大，任重而道远。

原载于《理论视野》2016年第6期

[1] 林尚立：《党内民主——中国共产党的理论与实践》，上海社会科学院出版社2002年版，第246页。

[2] 《中共中央关于加强党的执政能力建设的决定》，《人民日报》2004年9月27日。

[3] 《中共中央关于全面推进依法治国若干重大问题的决定》，《人民日报》2014年10月29日。

改革开放以来中国共产党意识形态领导权建设的经验及启示

张士海　史　璇

摘　要： 改革开放以来，中国共产党在意识形态领导权建设历史进程中积累了十分宝贵的经验，主要包括：明确意识形态领导权建设战略地位是前提条件，推进马克思主义理论创新是核心要求，发挥党员干部的模范带头作用是关键环节，重视运用大众传播媒介是应有之义，加强意识形态工作人才队伍建设是重要保障。探讨改革开放以来中国共产党意识形态领导权建设的基本经验，对于新时代中国共产党意识形态领导权建设具有重要的现实启示意义。

关键词： 中国共产党；改革开放；意识形态领导权

获取民众广泛“精神”认同、夯实政党合法性基础，这既是政党意识形态领导权建设的本质属性，又是政党意识形态领导权建设的基本功能，还是政党意识形态领导权建设的价值指向。在领导改革开放的伟大历史进程中，中国共产党对意识形态领导权建设问题进行了科学的理论阐释和广泛的实践探索，从而赢得了人民群众广泛的“精神”认同、夯实了执政合法性根基。经验表明，意识形态领导权建设既是改革开放以来中国共产党兴党、强党之道，也是中国共产党能够不断推进中国特色社会主义事业发展的条件支撑和关键所在。当前，中国特色社会主义进入新时代。伴随着世情、国情、党情的深刻变化，中国共产党意识形态领导权建设正面临着严峻的现实挑战与冲击。进一步加强马克思主义意识形态领导权建设，夯实执政的合法性基础，这是新时代中国共产党需要面对和解决的一项重大时代课题。在庆祝改革开放40周年之际，系统分析改革开放以来中国共产党意识形态领导权建设的基本经验，以期为新时代中国共产党意识形态领导权建设提供一定的理论支持和对策建议。

一、必须把意识形态领导权建设作为中国共产党一项重要的战略任务常抓不懈

作为政党领导权的重要组成部分，意识形态领导权对于增强党内团结一致、引领社会价值导向、夯实政党合法性基础具有十分重要的价值意义。明确意识形态领导权建设的战略地位，这是政党开展意识形态领导权建设的前提条件[1]。马克思、恩格斯指出："如果从观念上来考察，那么一定的社会意识的解体足以使整个时代覆灭。"列宁在领导苏俄革命、建设的伟大历史进程中，明确强调：意识形态领导权建设是达成无产阶级政党团结的核心要素，"没有革命理论，就不会有坚强的社会党"[2]。在毛泽东看来，意识形态领导权是政党领导权的重要内容和中心环节，获取马克思主义意识形态领导权是中国共产党完成一切政治任务的前提条件和关键所在。这在《新民主主义论》《在延安文艺座谈会上的讲话》《关于正确处理人民内部矛盾的问题》《在全国宣传工作会议上的讲话》等论著中有着非常明确的表达和阐释。这都为改单廾放以来中国共产党把意识形态领导权建设放在突出的战略位置，提供了重要的理论基础和实践根据。

1978年党的十一届三中全会以来，中国共产党人都历来高度重视意识形态领导权建设。邓小平指出："过去我们党无论怎样弱小，无论遇到什么困难，一直有强大的战斗力，因为我们有马克思主义和共产主义的信念……无论过去、现在和将来，这都是我们的真正优势。"[3]江泽民明确强调：要重视意识形态工作，真正掌握意识形态领导权，"毛泽东同志指出：'掌握思想领导是掌握一切领导的第一位'。邓小平同志强调：'我们说改善党的领导，其中最主要的，就是加强思想政治工作'。这些思想极为重要……党的这个优良传统和重要经验，任何时候都不能丢"[4]。胡锦涛指出："没有先进积极引领，没有人民精神世界的极大丰富……一个国家、一个民族不可能屹立于世界先进民族之林。"[5]正是中国共产党人重视意识形态领导权建设，形成了中国共产党意识形态领导权建设的自觉性和主动性，从而推动了中国改革开放事业的发展。改革开放以来，中国共产党意识形态领导权建设历史发展告诉我们，必须把意识形态领导权建设作为中国共产党一项重要的战略任务常抓不懈，这既是中国共产党开展意识形态领导权建设的前提条件，也是中国共产党意识形态领导权建设必须遵循的一条基本经验。目前，

[1] 《马克思恩格斯全集》(第46卷)，人民出版社1980年版，第35页。

[2] 《列宁全集》(第4卷)，人民出版社1984年版，第161页。

[3] 《邓小平文选》(第3卷)，人民出版社1993年版，第144页。

[4] 《江泽民文选》(第3卷)，人民出版社2006年版，第94页。

[5] 《十六大以来重要文献选编（下）》，中央文献出版社2008年版，第752页。

中国特色社会主义进入新时代。伴随着世情、国情、党情的深刻变化，中国共产党意识形态领导权建设正面临着严峻的现实挑战与冲击。对此，习近平强调，意识形态工作是党的一项极端重要的工作，“能否做好意识形态工作，事关党的前途命运，事关国家长治久安，事关民族凝聚力和向心力”[1]。这“三个事关”，深刻阐明了当前新时代中国共产党进一步加强马克思主义意识形态领导权建设的根本性、战略性和全局性的战略意义，充分反映了当前新时代中国共产党人对意识形态领导权建设价值意义的清醒认识以及进一步加强马克思主义意识形态领导权建设的政治自觉。

必须把意识形态领导权建设作为中国共产党一项重要的战略任务常抓不懈，这既是改革开放以来中国共产党的优良传统和政治优势，也是中国共产党能够永葆生机与活力的关键所在。“对于执政党而言，主流意识形态能否保持强大的吸引力和凝聚力，将直接关涉执政党执政地位的巩固、指导思想的认同，以及所领导事业建设的兴衰成败。”[2]只有把意识形态领导权放在突出的战略位置，才能增强中国共产党开展意识形态领导权建设的政治自觉，才能形成中国共产党开展意识形态领导权建设的积极性、主动性、创造性，夯实党执政的合法性根基，真正实现党和国家的兴旺发达、长治久安。

二、必须不断推进马克思主义在中国的理论创新

以马克思主义理论为指导，这既是无产阶级政党的特点所在，也是无产阶级政党的优点所在。要充分发挥马克思主义理论的作用，无产阶级政党必须结合本国具体实际进行理论创新。这是无产阶级政党意识形态领导权建设的关键环节。恩格斯指出：“我们党有个很大的优点，就是有一个新的科学的观点作为理论的基础。”[3]当然，“马克思的整个世界观不是教条，而是方法”，它提供的不是教条，“而是进一步研究的出发点和供这种研究使用的方法”[4]。在领导苏俄革命、建设的伟大历史进程中，列宁明确强调：“决不把马克思的理论看作某种一成不变的和神圣不可侵犯的东西……应当在各方面把这门科学推向前进。”[5]在毛泽东看来，运用马克思主义理论指导中国社会发展，必须推动马克思主义理论创新，使马克思主义理论具有中国特色、中国风格、中国气派，这是中国共产党开展意识形态领导权建设的理论前提。这在《反对本本主义》《实践论》《论十大关系》等论著中有着非常明确的表达和阐释。这都为改革开放以来中国共

[1] 《习近平总书记系列重要讲话读本》，学习出版社、人民出版社2016年版，第193页。

[2] 黄传新等：《社会主义意识形态的吸引力和凝聚力研究》，学习出版社2012年版，第1页。

[3] 《马克思恩格斯选集》（第2卷），人民出版社1995年版，第39页。

[4] 《马克思恩格斯全集》（第39卷），人民出版社1975年版，第406页。

[5] 《列宁全集》（第4卷），人民出版社1984年版，第161页。

产党在意识形态领导权建设中推进马克思主义理论创新，提供了重要的理论基础和实践根据。

1978年党的十一届三中全会以来，中国共产党人都历来高度重视推进马克思主义理论创新。以邓小平为代表的中国共产党人强调，必须结合中国建设具体实践来不断推进马克思主义理论创新。邓小平指出："只有结合中国实际的马克思主义，才是我们所需要的真正的马克思主义。"[1]江泽民明确强调："必须始终坚持马克思主义基本原理同中国具体实际相结合，坚持科学理论的指导，坚定不移地走自己的路。"[2]胡锦涛指出："着眼于马克思主义理论的运用，着眼于对实际问题的理论思考，着眼于新的实践和新的发展……不断赋予当代中国马克思主义鲜明的实践特色、民族特色、时代特色。"[3]正是中国共产党人在意识形态领导权建设中积极推进马克思主义理论创新，创立了邓小平理论、"三个代表"重要思想、科学发展观和习近平新时代中国特色社会主义思想。这都有力地推动了中国共产党意识形态领导权建设和中国改革开放事业的发展。改革开放以来，中国共产党意识形态领导权建设历史发展告诉我们，推进马克思主义理论创新，这既是中国共产党开展意识形态领导权建设的理论前提，也是中国共产党意识形态领导权建设必须遵循的一条基本经验。目前，中国特色社会主义进入新时代。中国共产党在开展意识形态领导权建设的进程中，必须运用习近平新时代中国特色社会主义思想这一马克思主义中国化的最新成果来武装全党、教育人民。当然，实践永无止境，创新永无止境。伴随新时代中国特色社会主义建设实践的全面发展，习近平新时代中国特色社会主义思想必将进一步发展、完善。对此，习近平在纪念马克思诞辰200周年大会上的讲话中明确指出："理论的生命力在于不断创新"，"我们要坚持用马克思主义观察时代、解读时代、引领时代，用鲜活丰富的当代中国实践来推动马克思主义发展……不断开辟当代中国马克思主义、21世纪马克思主义新境界！"[4]

要达成人民群众对于马克思主义理论广泛的精神"认同"和接受，就必须推进马克思主义理论创新，就必须使马克思主义理论具有中国特色、中国风格、中国气派。"理论研究与创新是社会主义意识形态的生命力所在。"[5]只有推进马克思主义在当代中国的理论创新，才能增强马克思主义理论的吸引力、感染力、凝聚力，才能展现马克思主义真理的光芒，才能使广大人民群众最终认同和接受中国共产党的意识形态，从

[1] 《邓小平文选》(第3卷)，人民出版社1993年版，第213页。

[2] 《江泽民文选》(第3卷)，人民出版社2006年版，第270页。

[3] 胡锦涛：《在纪念党的十一届三中全会召开30周年大会上的讲话》，人民出版社2008年版，第39页。

[4] 习近平：《在纪念马克思诞辰200周年大会上的讲话》，人民出版社2018年版，第27页。

[5] 郑永廷、任志锋：《社会主义意识形态领导权和主导权研究》，《教学与研究》2013年第7期。

而真正夯实中国共产党执政的合法性基础。

三、必须发挥党员干部在意识形态领导权建设中的模范带头作用

政党意识形态领导权的巩固与发展，既需要靠真理的伟大力量，也离不开人格的恒久魅力。对于人民群众认同与接受马克思主义而言，党员干部真学、真信、真懂、真用马克思主义，具有十分重要的示范效应。充分发挥广大党员干部的模范带头作用，这是无产阶级政党意识形态领导权建设的根本要求。马克思、恩格斯曾经指出："在实践方面，共产党人是各国工人政党中最坚决的、始终起推动作用的部分；在理论方面，他们胜过其余无产阶级群众的地方在于他们了解无产阶级运动的条件、进程和一般结果。"[1]列宁在领导苏俄革命、建设的伟大历史进程中，明确强调："我们应当努力把党员的称号和作用提高。"[2]在毛泽东看来，广大党员干部真正认同与接受马克思主义，这是中国共产党意识形态领导权建设的关键环节和核心要求。所谓领导权，不是高喊口号，也不是盛气凌人地要人家服从我们，"而是以党的正确政策和自己的模范工作，说服和教育党外人士，使他们愿意接受我们的建议"[3]。在《中国共产党在民族战争中的地位》《〈共产党人〉发刊词》《坚持艰苦奋斗，密切联系群众》等论著中，毛泽东都强调了广大党员干部身体力行、率先垂范在意识形态领导权建设中的重要作用。这都为改革开放以来中国共产党在意识形态领导权建设中充分发挥党员干部的模范带头作用，提供了十分重要的理论基础和实践根据。

1978年党的十一届三中全会以来，中国共产党人历来都高度重视发挥党员干部在意识形态领导权建设中的模范带头作用，要求广大党员干部在真学、真信、真懂、真用马克思主义方面要做出表率，真正起到示范的作用、带动的作用。邓小平指出："要搞好我们的党风、军风、民风，关键是要搞好党风"[4]，"坚持党的优良的传统作风，具有十分重要的意义，因为我们党是一个执政党"[5]。江泽民强调："党是整个社会的表率，党的各级领导同志又是全党的表率"，"各级领导同志必须以身作则"，"身教重于言教。越是改革开放，越要加强党内的教育，越要发扬党的高尚精神和优良传统"[6]。胡锦涛指出："各级干部都要自重、自省、自警、自励，讲党性、重品行、作表率，做到立身不

[1] 《马克思恩格斯选集》(第1卷)，人民出版社1995年版，第285页。

[2] 《列宁全集》(第7卷)，人民出版社1986年版，第272页。

[3] 《毛泽东选集》(第2卷)，人民出版社1991年版，第742页。

[4] 《邓小平文选》(第2卷)，人民出版社1994年版，第46页。

[5] 《邓小平文选》(第1卷)，人民出版社1994年版，第303页。

[6] 《江泽民文选》(第1卷)，人民出版社2006年版，第505页。

忘做人之本、为政不移公仆之心、用权不谋一己之私，永葆共产党人政治本色。”[1]正是中国共产党人在意识形态领导权建设中高度重视发挥党员干部的模范带头作用，这对于达成人民群众对于马克思主义的认同与接受、推动中国改革开放事业的发展发挥了重要作用。改革开放以来，中国共产党开展意识形态领导权建设的历史发展告诉我们，充分发挥广大党员干部在意识形态领导权建设方面的模范带头作用，这既是中国共产党开展意识形态领导权建设的根本要求，也是中国共产党意识形态领导权建设必须遵循的一条基本经验。目前，中国特色社会主义进入新时代。伴随着世情、国情、党情的深刻变化，中国共产党意识形态领导权建设正面临着严峻的现实考验与挑战。部分党员干部中存在的精神懈怠、能力不足、脱离群众、消极腐败的现象，对于发挥党员干部在意识形态领导权建设中的模范带头作用造成了严重制约。对此，习近平明确指出：“‘己不正，焉能正人’。我们要从中央政治局常委会、中央政治局、中央委员会抓起，从高级干部抓起……确保党始终同人民同呼吸、共命运、心连心。”[2]这就对新时代中国共产党在开展意识形态领导权建设中充分发挥广大党员干部的模范带头作用，提出了新的要求、新的期望。

能否充分发挥党员干部在真学、真信、真懂、真用马克思主义理论方面的模范带头作用，事关党的意识形态领导权建设的成功与否。推动马克思主义大众化，首先要用马克思主义理论武装全党，然后才能教育人民。对于人民群众而言，党员干部身体力行、率先垂范具有重要意义，因为人民群众对于党员干部总是要听其言、观其行的。党员干部的“素质、水平、经验和能力，甚至直接决定着一个政党在选民中有无威望、能否赢得大选、政党内部能否团结一致、政党政策是否科学正确、政党是否具有发展壮大的强劲动力等等”[3]。只有充分发挥广大党员干部在意识形态领导权建设中的模范带头作用，才能真正赢得人民群众对于马克思主义理论的广泛认同与接受，才能真正夯实党执政的合法性根基，才能真正推动新时代中国特色社会主义建设事业不断向前发展。

四、必须重视运用大众传播媒介开展马克思主义宣传教育活动

政党意识形态领导权的实践与实现，必须借助一定的大众传播媒介。通过大众传播媒介，政党意识形态才能得以广泛传播，才能得以影响人民群众。运用大众传播媒介，这是政党意识形态领导权建设的主要载体。马克思曾经指出：“当报刊出版物匿名

[1] 胡锦涛：《在庆祝中国共产党成立90周年大会上的讲话》，人民出版社2011年版，第16页。

[2] 习近平：《在庆祝中国共产党成立95周年大会上的讲话》，《人民日报》2016年7月2日。

[3] 王韶兴：《政党政治论》，山东人民出版社2011年版，第87—88页。

发表文章的时候，它是不可数的无名的舆论机关；它是国家中的第三种力量……报纸是作为舆论纸币流通的。”[1]列宁在领导苏俄革命、建设的伟大历史进程中，高度重视包括报纸在内的大众传播媒介在意识形态领导权建设中的重要作用。在列宁看来，人民报刊必须正确引导社会舆论，“用现实生活各个方面存在的生动具体的事例和典型来教育群众，而这正是报刊在从资本主义到共产主义的过渡时期的主要任务”[2]，“报刊应该成为社会主义建设的工具”[3]。在毛泽东看来，中国共产党意识形态要得到人民群众的认同与接受，必须重视报纸等传播媒介的广泛运用。在《〈共产党人〉发刊词》《对晋绥日报编辑人员的谈话》《要政治家办报》等论著中，毛泽东都强调了大众传播媒介在意识形态领导权建设中的重要作用。这都为改革开放以来中国共产党意识形态领导权建设中重视运用大众传播媒介，提供了重要的理论基础和实践根据。

1978年党的十一届三中全会以来，中国共产党人历来都高度重视运用大众传播媒介开展意识形态领导权建设。以邓小平为代表的中国共产党人明确强调：要高度重视大众传播媒介在马克思主义理论宣传教育中的价值意义。邓小平指出：“要使我们党的报刊成为全国安定团结的思想上的中心”，报刊、广播、电视的基本任务之一是，“促进安定团结，提高青年的社会主义觉悟”[4]。江泽民强调：“各地区各部门的领导干部，必须加紧学习信息网络化知识，高度重视网上斗争的问题。”[5]胡锦涛指出：“要高度重视网络文化建设，加强对互联网、手机短信等新兴媒体的应用和管理……努力使互联网成为传播社会主义先进文化的前沿阵地。”[6]正是中国共产党人高度重视大众传播媒介，充分发挥了大众传播媒介在马克思主义理论宣传教育活动中的作用。这都有力地推动了中国共产党意识形态领导权建设和中国改革开放事业的发展。改革开放以来，中国共产党意识形态领导权建设历史发展告诉我们，运用大众传播媒介，这既是中国共产党开展意识形态领导权建设的主要载体，也是中国共产党意识形态领导权建设必须遵循的一条基本经验。目前，中国特色社会主义进入新时代。中国共产党意识形态领导权建设正面临着现代网络传媒快速发展的现实境遇与强烈冲击。现代网络传媒建立在先进的互联网技术和多媒体技术相结合的基础之上，是继报刊、广播和电视之后的“第四媒体”，是当前大众传播媒介的主流与主导。互联网的迅猛发展，深刻改变着舆论生成方式和传播方式，改变着媒体格局和舆论生态。当前，互联网已经成为舆论

[1] 《马克思恩格斯全集》（第7卷），人民出版社1961年版，第523页。

[2] 《列宁选集》（第3卷），人民出版社1995年版，第573页。

[3] 《列宁选集》（第3卷），人民出版社1995年版，第493页。

[4] 《邓小平文选》（第2卷），人民出版社1994年版，第210页。

[5] 《江泽民文选》（第3卷），人民出版社2006年版，第300页。

[6] 中共中央宣传部、中共中央文献研究室：《论文化建设——重要论述摘编》，学习出版社、中央文献出版社2012年版，第86页。

斗争的主战场。习近平指出："要依法加强网络社会管理，加强网络新技术新应用的管理，确保互联网可管可控。"[1]这就深刻阐明了新时代中国共产党意识形态领导权建设在运用大众传播媒介方面的路径依赖与努力方向。

作为当前大众传播媒介的主要形式，现代网络传媒具有交互性、灵活性、时效性等特点，对于推动马克思主义理论宣传教育具有重要的价值意义。现代网络传媒"已经普遍渗透到社会生活的各个领域，成为人们日常交往、日常传播实践的空间化场所。新媒体不断以新的方式占有空间，不仅构造了一种新的传播方式和交往模式，而且深刻地改变了当代社会的生产模式和政治现实，成为形塑日常生活空间的重要力量。在新媒体传播时代，需要积极构建空间性思维、优化拟态环境、加强媒介素养教育及增强消费文化产品的传播功能等，切实增强社会主义意识形态的吸引力和竞争力"[2]。因此说，为了进一步巩固与发展马克思主义意识形态领导权，中国共产党要高度重视现代网络传媒的作用，要加强对现代网络传媒的监管与运用，要借助现代网络传媒进一步推动马克思主义大众化。

五、必须打造一支有战斗力的意识形态工作人才队伍

在政党意识形态领导权建设系统工程中，意识形态工作人才队伍起着基础性、战略性、决定性作用。培养和打造一支德才兼备、锐意创新、结构合理、规模宏大的意识形态工作人才队伍，这是政党意识形态领导权建设的条件支撑和重要保障。马克思、恩格斯曾经指出：无产阶级政党要重视意识形态工作人才队伍建设，"共产党一分钟也不忽略教育工人尽可能明确地意识到资产阶级和无产阶级的敌对的对立"[3]。列宁在领导苏俄革命、建设的伟大历史进程中，明确强调：作为无产阶级政党意识形态领导权建设的中坚力量，意识形态工作人才队伍在社会主义运动中"都是一向到处扮演政论家、演说家和政治领袖的角色的"[4]，他们直接或间接促进了"人民的革命教育"[5]。在毛泽东看来，中国共产党要团结人民、战胜敌人，必须有一支文化战线上的军队，必须有一支意识形态工作人才队伍，这是中国共产党开展意识形态领导权建设的条件支撑和骨干力量。这在《大量吸收知识分子》《在延安文艺座谈会上的讲话》《在全国宣传工作会议上的讲话》等论著中有着非常明确的表达和阐释。这都为改革开放以来中国共产

[1] 《习近平总书记系列重要讲话读本》，学习出版社、人民出版社2016年版，第204页。

[2] 揭晓、王永贵：《新媒体空间生产与社会主义意识形态大众传播》，《社会主义研究》2017年第4期。

[3] 《马克思恩格斯全集》（第21卷），人民出版社1965年版，第18页。

[4] 《列宁全集》（第9卷），人民出版社1987年版，第114页。

[5] 《列宁全集》（第28卷），人民出版社1990年版，第322页。

党培养和打造意识形态工作人才队伍，提供了重要的理论基础和实践根据。

1978年党的十一届三中全会以来，中国共产党人历来都高度重视意识形态工作人才队伍建设。以邓小平为代表的中国共产党人明确强调：要高度重视意识形态工作人才队伍建设，要建设一支有战斗力的意识形态工作人才队伍。邓小平指出："必须十分重视文艺人才的培养……我们不仅要从思想上，而且要从工作制度上创造有利于杰出人才涌现和成长的必要条件。"[1]江泽民强调："要努力培养和选拔一批政治坚定、作风正派、业务上有发展前途的比较年轻的同志，给他们压担子，使他们尽快成长起来，确保党的宣传文化事业后继有人。"[2]胡锦涛指出："要坚持党管人才原则，加强宣传思想战线专业人才队伍建设"，培养和造就一批"坚持正确方向、精通各自业务、做出突出成绩、受到人民欢迎的各门类专家和业务骨干"[3]。正是中国共产党人高度重视意识形态工作人才队伍建设，从而培养和打造了一支规模宏大且有战斗力的马克思主义意识形态工作人才队伍，为中国共产党意识形态领导权建设提供了条件支撑和重要保障。这都有力地推动了中国共产党意识形态领导权建设和中国改革开放事业的发展。改革开放以来，中国共产党意识形态领导权建设历史发展告诉我们，培养和打造一支德才兼备、锐意创新、结构合理、规模宏大的意识形态工作人才队伍，这既是中国共产党开展意识形态领导权建设的重要保障，也是中国共产党意识形态领导权建设必须遵循的一条基本经验。目前，中国特色社会主义进入新时代。中国共产党意识形态工作人才队伍的整体素质是在不断提升和发展的；同时，也必须指出，意识形态工作人才队伍脱离实际、观念陈旧、急功近利现象也是比较突出的。对此，习近平明确指出："各级宣传思想部门领导干部要加强学习、加强实践，真正成为在理论上、笔头上、口才上或其他专长上有'几把刷子'、让人信服的行家里手"[4]。这就为新时代中国共产党意识形态工作人才队伍建设提供了遵循，指明了方向。

人才队伍建设是基础、是关键、是保障。"造就和培育一大批有广泛社会影响与社会感召力的马克思主义理论家、文学家、艺术家、教育家、科学家、新闻出版工作者等，培养和造就一大批与社会主义事业、与党和人民群众同呼吸、共命运的知识分子精英，这是壮大党对意识形态工作领导权的基础。"[5]只有高度重视意识形态工作人才队伍建设，培养和打造一支德才兼备、锐意创新、结构合理、规模宏大的意识形态工作

[1] 《邓小平文选》（第2卷），人民出版社1994年版，第212页。

[2] 《十四大以来重要文献选编（中）》，人民出版社1997年版，第1681页。

[3] 中共中央宣传部、中共中央文献研究室：《论文化建设——重要论述摘编》，学习出版社、中央文献出版社2012年版，第119页。

[4] 《习近平总书记系列重要讲话读本》，学习出版社、人民出版社2016年版，第196页。

[5] 袁久红：《知识分子与意识形态领导权的巩固》，《红旗文稿》2014年第5期。

人才队伍，才能为巩固与发展中国共产党意识形态领导权这个关乎国家前途命运的重大工程提供人才队伍支撑，才能不断推动新时代中国共产党意识形态领导权建设的实践与实现。

原载于《南京政治学院学报》2018年第3期

党的领导与国家法治一致性的内在逻辑

宋　伟

摘　要：党的领导与国家法治一致性的内在逻辑体现在三个层次：首先，以人民为中心的民主制度是党的领导与国家法治一致性的根本前提。其次，党的领导为国家法治奠定基础条件。这包括党和国家领导体制改革所开辟的根本性的制度空间，“依法执政”理念形成的关键突破，党的组织体系所形成的重要功能结构，党的领导活动在国家法治初始阶段的支柱作用。最后，党领导和发展民主的能力是国家法治深化发展的必要条件。这有赖于党在执政层次与党内层次对若干重要环节的统筹优化。

关键词：民主；党的领导；国家法治；内在逻辑

党和法的关系是社会主义法治建设的核心问题。党的十八届四中全会通过的《中共中央关于全面推进依法治国若干重大问题的决定》明确提出，“党的领导和社会主义法治是一致的，社会主义法治必须坚持党的领导，党的领导必须依靠社会主义法治”。探讨党的领导与社会主义法治一致性的内在逻辑，理清两者一致性的前提与条件，既是重要的理论问题，也关乎党的全面领导下未来中国法治发展的重要实践基础和基本政治进路。

一、党的领导与国家法治一致性的根本前提

党的领导和国家法治的一致性，是指两者在共存状态下所具有的内在协调性，且两者的互动能够在国家治理中保持其有效性，实现共同职能。党的领导和国家法治的一致性关乎社会主义法治建设的核心问题，是必须实现的现代国家治理状态。而这种状态得以实现的前提则应当从党的领导以及国家法治的深刻内涵中探寻。从根本上讲，以人民为中心的民主制度是党的领导和国家法治一致性的前提。

现代政治世界中的民主，在价值层面上就是国家治理思想和政党执政理念上坚持人民立场，以人民为中心；在制度层面上就是建立和完善规范国家权力、保障公民权利、实现人民当家作主的制度体系，两者共同构成了现代民主形态。纵观世界民主史，

自欧洲重新启用民主概念至二战之前，民主的关键议程是解决扩大参与的问题，直至二战后，监督权力和保障权利才成为现代民主的核心议题。对后发现代化国家而言，民主思想实际上包含着扩大参与、监督权力、保障权利的三重意蕴。上述民主思想对现代国家治理形态的法治和政党领导构成了功能和发展方向上的限定。

（一）党的领导的民主内涵

政党政治的本质就是由政党来回应社会民主要求，领导国家民主政治建设。从应然上讲，党的领导与人民当家作主是统一的。自世界共产主义政党成立以来，民主就成为共产党的重要使命。“工人革命的第一步就是使无产阶级上升为统治阶级，争得民主。”[1]新文化运动之后，争取民主就成为中国共产党领导革命的重要目标。“民主和党的领导结合起来”[2]是中国共产党领导国家政治生活的恒久主题。在新的历史发展阶段，党的十九大将“以人民为中心”作为新时代中国特色社会主义的发展思想，在人民当家作主的制度化、体系化方面提出了新要求，强调人民是决定党和国家前途命运的根本力量，强调人民当家作主是社会主义民主政治的本质特征。基于历史，在认识和实践层面，党的领导受到民主在三个方面的限定。

第一，民主限定了党的领导的历史方位，党的领导地位表明党在民主政治结构中的功能位置。在君主专制社会，“地位”意味着一种等级序列，地位高则意味着能够在权力和资源分配中占据更大的份额，往往也因此享有支配、压迫他人的权力。在以政党政治为核心的民主政治时代，政党领导民主政治是一种通则与常态，但党的领导地位所体现的不是一种等级序列，而是与国家机构、社会民众（包括个人与组织）等民主政治主体相比，体现了党在政治系统中推动民主发展时所处的独特位置和所发挥的特殊功能。这种结构安排意味着，既不能否定党对民主政治的引领、示范和保障作用，也不能以党的这种领导作用取代其他民主载体的民主参与功能。

第二，民主提供评判政党活动的现实参照，要求党的领导是实现民主的行为。政党既是民主政治发展到一定程度的产物，又是民主政治进一步发展的工具。民主性是政党最重要的特性。[3]“既然政党是因民主的发展而发展，为民主的发展而存在，它最终也将因民主的发展而消亡，所以，民主是政党精神之所在，价值之所依，目标之所求。”[4]所以，民主是党的灵魂，是党的职能的“内核”与“原点”，也是党行使权力的根本依据之所在。而党的领导行为就是对具备民主精神的政党职能的充分展现，党的

[1] 《马克思恩格斯选集》（第1卷），人民出版社1995年版，第293页。

[2] 《邓小平文选》（第2卷），人民出版社1994年版，第176页。

[3] 高放：《党代表大会年会制、常任制的由来和意义（上）》，《中国党政干部论坛》2004年第2期。

[4] 王韶兴：《政党政治论》，山东人民出版社2011年版，第137页。

一系列行为必须因民主需要而生成，因民主的发展要求而转变，因落实民主的效果而经受检验。

第三，民主奠定政党的生存基础，党的领导的正当性的全部根据依赖于民主。“党的领导”体现为一种正当性，这意味着党的领导获得了群众的自觉服从。人民对党的领导的自觉服从是党在民主政治中的地位与党推进民主的行为共同作用的结果。中国共产党作为通过革命上台执政的党，往往被认为其领导的正当性来源于革命，这实际上并没有看到问题的本质。革命是在旧时代不能为民主创造条件时被迫采取的暴力手段，革命也是为了民主。只有革命的结果实现了为人民当家作主而革命的初衷，革命的意义才获得民众的认可，党的领导才从革命中获得了最初的正当性。也就是说，以革命取得政权后，党的领导的正当性来源于通过革命获得的比以往更好的民主基础。但一旦由革命党转变为执政党，那么党的领导的正当性则从根本上取决于通过国家政权建设巩固和发展这一民主基础。民主搞不好，党在革命后所建立起的领导的正当性就会被质疑。

（二）法治与民主的关系

法治之所以能够成为一种现代政治文明，就在于它将人民主权和法律的统治结合起来，没有民主就没有现代意义上的法治。民主活动的历史与当代实践共同构成了法律的统治力，民主既是国家法治的前提，又是国家法治的目的，民主建设贯穿于国家法治建设的始终。在民主政治时代，国家法治不仅要表现为国家具有完备的法律体系，更应体现为民主活动在立法、执法、司法过程中既不过载，也不失效。具体而言：

第一，国家法治的根本原则必须是人民主权原则。现代法治思想起源于古希腊，但其作为人类文明的成果不为西方所独享。为了防止“人治”条件下可能出现的暴政，古希腊人提出“法治”的观念，即由体现人民意志的法律作为最高的统治者，由法律来支配权力，使执政者成为“法律的公仆”[1]。时至今日，法治已被认为是现代国家的基本形态。尽管法治在不同国家的表现形式不一，但根本原则是一致的，即人民主权原则或称为人民当家作主原则。其要求立法权属于人民，并经由民意代表机关实现，并且体现人民意志的法律在国家中拥有至上地位，是治国理政的唯一依据。尽管理论与现实存在差距，但国家法治进步恰恰体现为国家法治与民主实现更高质量的结合，使“人民当家作主”得到从名义上到实质上的落实。

第二，国家法治的核心理念来自现代民主思想。国家法治的核心是保障公民权利和规范国家权力，这体现了现代民主思想对法治的深刻影响。从法治的时代性来看，

[1] 《柏拉图全集》（第4卷），人民出版社2003年版，第89页。

随着民主思想的演化和新的民主形式的出现，国家法治在许多关键内容上已今非昔比。同理，不同国家的民主认知和发展路径上的差异往往决定了法治的特殊性。这意味着一国的民主理念和实践水平决定了法治的真实面貌。

第三，国家法治实践的关键进程依赖民主制度的进步。一方面，如果将国家法治仅仅理解为使法律成为治国理政的手段，那么专制政体也可以拥有“法治”。显然，现代社会所接受的法治必然引入了其他关键要素，即民主。正是因为与民主的原则和制度紧密联系在一起，才使现代国家的法治显著地区别于专制政体的“法治”。另一方面，如果没有民主制度作保障，即便法律体现人民的意志，也会因为没有外在的推动力而停留在纸面上。此外，法治与人治的重要区别在于法治能为人们提供稳定的预期，但没有健全的民主制度，这种稳定性是没有保障的，因为统治者任意创制或废止法律的机会正来自民主机制的缺失。

基于上述认识，民主构成党的领导和国家法治一致性的先决条件。一方面，脱离以人民为中心的民主政治发展这一根本前提，党的领导就异化为失去社会主义本质的政党谋私现象，而国家法治也会变成与专制结合的法制。由此，两者也就难言一致性，即所谓“皮之不存，毛将焉附”。正如学者所言：“历史的经验表明，党的领导权与法治原则之间并不存在无条件的相互兼容性，在中国的改革开放之前的社会主义运动中，所有的社会主义国家都始终坚持着党的领导权，但是，所有的社会主义国家都把法治这种国家治理现代化的核心要素作为假想敌来看待。”[1]另一方面，民主是党的领导和国家法治的根本目的，并由此形成两者在根本发展方向和价值追求上的一致性，而是否实现民主政治的有效性决定了两者能否具备高度一致性。

由此，应把坚持人民立场，健全人民当家作主制度体系作为解决社会主义法治建设的核心问题的基本政治进路。以政党政治为核心的民主政治时代，党的领导活动在供给民主方面发挥着无可替代的作用。在国家法治建设的过程中，党的领导行为应时刻接受民主的规范，同时要求党承担起民主职能，提高民主能力，高质量地配套民主制度，肯于把“权力关进制度的笼子里”，使主权在民的原则处于更充分的状态。概言之，国家法治建设需要政党在领导自身、国家与社会的过程中形成全方位的民主状态提升。这显然是一个渐进的过程。但舍此而依靠法治先行、民主缓行，则是根本的路径选择错误。正如习近平强调的，“不能想象突然就搬来一座政治制度上的‘飞来峰’”[2]。割断民主的发展历史，在法治获得高度发展后，突然出现一座民主制度的“飞

[1] 郑成良：《党的领导权与法治原则相互兼容的可能性及其制度条件》，《法制与社会发展》2015年第5期。

[2] 习近平：《不能想象突然搬来一座政治制度上的“飞来峰”》，http：//politics.people.com.cn/n/2014/0905/c70731—25613927.html。

来峰”是不能想象的。

二、党的领导为国家法治奠定基础条件

建设社会主义法治国家是中国政治发展的重大转型，应充分体现对历史经验的尊重。党的领导为国家法治奠定基础条件，这一判断正是基于中国民主政治的发展经验，即近代以来的中国政党政治经验与中国共产党勇于自我革命的历史实践。

（一）大党治理是中国实现政治转型的基本经验

近代以来，在中国政治发展的关键时刻，强有力的政党领导起到决定性作用。以同盟会为中心的早期政党活动颠覆了清政府，开启了共和建制的历史进程。孙中山学习俄共（布）的组织经验，领导中国国民党改组成功，为实现国家形式统一提供了政党领导力。1949年以来的中国革命和建设经验更是无须赘述。另外，在政治发展关键期，中国社会也存在追求大党治理的心理和传统。民国初年，政党林立、国会党争不断，这使得毁党造党说、铸党说风行一时。

大党治理已成为中国国家治理和民主政治发展的重要历史经验，社会主义法治建设不是“另起炉灶”，应体现其历史继承性和民族特色。现代民主国家的制度机制不是按照某一项特殊的民主原则“制造”出来的，而是生成于本国的历史和传统当中。“世界上不存在完全相同的政治制度，也不存在适用于一切国家的政治制度模式。”[1]西方多党民主制所推动的政治转型可溯源于悠久的议会派别斗争传统。对中国而言，党的领导、人民当家作主有机统一的民主模式亦是深受传统儒家文化、西方民主政治、近代政治冲突的影响，是传统和历史的产物。经验表明，隔断历史传统、照搬他国经验的政治改革容易导致国家混乱。国家法治需要遵循政治发展的这一规律，坚持党的领导。

（二）党的自我革命成果为国家法治创造了重要的制度基础

第一，党和国家领导体制改革为国家法治开辟了根本性的制度空间。党的十一届三中全会后，党深刻反思了改革开放前破坏社会主义民主制度、党内民主集中制所造成的权力过分集中于党的现象，着手解决党政不分、以党代政的问题。自20世纪80年代以来的党政职能关系调整，使国家各组成部分的职能安排更加明确，自主性得以提高。由此势必导致国家必须从党的指令和党组织权力干预之外寻找自身职能的正当性来源，从而为依法治国开辟了根本性的制度空间。由此可见，国家法治是承继党和国

[1] 习近平：《设计和发展国家政治制度要从国情出发从实际出发——在庆祝全国人民代表大会成立60周年大会上的讲话》，《中国人大》2014年9月16日。

家领导体制改革而来，离开了党的这一主动变革，国家法治就无从探讨。

第二，“依法执政”成为推动国家法治的关键突破。在中国改革开放之前，各国共产党在执政过程中基本将国家只视为阶级斗争的工具，从而法律成为党的革命权力的附庸。这就造成了党的领导权、执政权长期保持与法律的对立状态。改革开放后，中国共产党在社会主义发展史上第一次使党和法律的关系从对立走向和谐：1982年，《中国共产党章程》首次确立“党必须在宪法和法律范围内活动”；2004年，党的十六届四中全会第一次提出了依法执政的思想。这标志着党与法律关系的根本性转变，成为国家法治的关键突破。离开了党对自身与法律关系的理性、科学认知，政党政治时代的国家法治就会因关键环节的缺失而陷入矛盾，产生党的领导权与国家法治的深刻对立。为此，有学者提出，“依法执政成为唯一能够与法治原则相互兼容的实现党的领导权的基本方式”[1]。

第三，党的组织体系是国家法治框架中的重要功能结构。立法、行政、司法部门之间的协调是国家法治顺利实现的重要条件。在政党政治时代，政党在各国法治进程中发挥着无可替代的作用。正是政党的存在使协调各权力部门关系成为可能：“政党组织是一种‘缔结组织’，它将政府中分立的机构包拢在一起，并使人民主权能够对这些机构行使一种统一的控制。……抵消了极端权力分立的分裂性后果。”[2]在法治中国建设过程中，党的这种作用主要是通过党组制度完成的。党组制度是中国共产党在无法消灭国家的情况下，为解决社会主义政党如何驾驭国家机器、以何种形式执政的问题而创造的制度。在这一主题之下，党组的组织形式和职能安排历经变迁，并获得了优化发展。党组是国家法治过程中联结执政党系统与国家政权系统的关键组织形式，是党发挥“总揽全局、协调各方”的领导作用的重要载体，是法治建设最重要的制度资源之一。从这个角度看，党的自身建设与国家法治紧密联系在一起。

第四，党的领导活动在国家法治的初始阶段发挥了支柱作用。对后发现代化国家来说，法治并非从传统社会自然生长起来的，而是依靠政党推动而表现出阶段式发展。从目前来看，中国的法治进程大致经历了前后相继、互有重叠的三个阶段。一是法治国家战略的提出与深化。经过20多年的思想论战，1997年党的十五大正式提出“依法治国，建设社会主义法治国家”的战略任务。“法治”概念替代“法制”，指明了民主法治协调互进的现代化目标。1999年，将建设社会主义法治国家写入宪法。经过10多年的持续发展，2014年全面推进依法治国战略的提出，标志着法治国家建设进入新阶段。二是逐步解决有法可依的问题。“截至2011年8月底，中国已制定现行宪法和有效

[1] 郑成良：《党的领导权与法治原则相互兼容的可能性及其制度条件》，《法制与社会发展》2015年第5期。

[2] M.J.C.维尔：《宪政与分权》，苏力译，三联书店1997年版，第266—267页。

法律共240部、行政法规706部、地方性法规8600多部。”[1]通过党的集中立法，形成了中国特色社会主义法律体系，解决了国家法治发展的前提和基础问题。三是正视执政党的关键责任，破除“人治”阻碍，确立全面依法治国。党的十八大以来，党更加深刻认识到国家法治的关键在党，因而注重全面依法治国与全面从严治党的统筹推进。由此可见，在国家法治的初始阶段，党的领导活动发挥着支柱作用。

可以预见，在走向民主法治和谐共融的高级阶段的过程中，党依然要发挥支柱作用。同时，改革开放40年，社会主义市场经济成就突出，社会发展空间逐步宽松，人民的权利意识不断强化，政治民主获得一定的发展。这就为推进国家法治建设创造了较为充分的文化、物质、人才资源以及较为顺畅的政党—国家—社会的沟通机制。今天，中国共产党提出有信心领导人民实现社会主义法治国家建设战略，正是因为已有的民主政治成果能为国家法治进步创造条件。这就要求，党必须正视社会民主要求，有效利用民主资源，提高党的民主能力。

三、党的民主能力是国家法治深化发展的必要条件

所谓党的民主能力即党有效履行民主职能的本领。党的民主能力是与党领导民主的实践活动紧密相连的概念，民主能力必须通过民主实践得以体现。党领导民主实践的有效性是检验民主能力的唯一标准。发展民主的主观愿望强烈并不代表民主能力高超，而民主发展不够则意味着民主能力不足。换句话说，民主能力的核心要义在于做了些什么、做得怎么样。党的民主能力的参照物是国家法治中的民主需求。民主需求指导着党将民主能力转化为主观见之于客观的创造性活动。党的民主能力越高，党领导的民主活动质量越高，也就与国家法治中的民主需求越契合。

在实践中，国家法治与民主密不可分，必须互融共进，需要民主从三个层面发挥支撑作用。一是参与层面。人民当家作主的本质决定了民主参与具有无可争议的正当性。离开了民主参与，则民主所要求的规范权力、保障权利就无法完成。可见，民主参与是民主、法治的必要前提。从形式来看，民主参与既包括直接参与，如全民公投、小范围的协商民主等；也包括间接参与，如代议制民主、政治协商等。间接民主是大国治理中民主参与的主要形式。从过程来看，包括对国家法治中立法、执法、司法等各个环节的参与。从主体来看，包括不同类型和性质的参与主体，其中人大代表是民主参与的少数关键群体，公民组织是民主参与的潜在重要群体，民主党派是民主参与的重要协商力量。这要求党的民主能力建设必须关注这三类群体的民主参与需求。同

[1] 《中国特色社会主义法律体系》白皮书，http：//www.gov.cn/jrzg/2011-10/27/content_1979498.htm。

时，人民当家作主隐含的另一价值则是民主要保持共同体的完整性，即“当家”之“家”的概念，因而要求民主参与奉行秩序原则，实现制度化的民主参与。所谓的“大民主”因为造成对共同体的破坏，显然不符合“人民当家作主”的本意。

二是权力层面。法治的关键作用之一就是凭借法治的权威性对民主规范权力的成果予以确认和保障。但如果没有民主建设来实现国家权力体系的合理化、正当化、民主化，那么以法治规范权力就是一句空话。民主科学地规范权力的过程包括有机联系的三部分，从而构成一个完整的“闭环”。首先，权力授予阶段，应按照主权在民原则，确保国家权力是由人民授予的。因此，必须确立人大授权的重要地位，完善人大授权的法定程序。而完善人大授权的前提则是人大代表的选举和履职必须充分代表民意，接受人民监督。其次，权力运行阶段，必须加强民主监督。在此，法律是监督的依据和手段，同时人民（现阶段主要通过人民的代表）有权根据新的实践要求，创制或修改法律来保障权力更加有效、规范地运行。最后，权力收回、调整阶段，人民有权根据政策效果以及权力运行情况收回或调整权力，这既包括对官员个人的弹劾或罢免，也包括对难以实现“权为民所用”的部门权力、职责中止或不当的部门权力进行收回或调整。

三是权利层面。权利是争取的。权利从自在的状态变为公民自觉的权利意识，再变为文本上的权利以及行使中的法律权利，这是民主推动的结果。一方面，需要通过规范化、制度化的民主活动来推动司法进程以保障和救济公民权利。另一方面，更为关键的是，需要民主制度建设来使司法部门与立法部门实现协调互动，从而使司法审判所实现的权利保障与救济能够进一步推动立法完善和权力规范。

可以发现，在既有条件下没有党的民主能力的持续提高，上述民主需求是难以有效满足的。党的民主能力建设可分为两个层次：执政层次与党内层次。党需要在这两个层次的若干重要环节深化改革，这个过程也是党的领导权调适与优化的过程。

（一）执政层次的民主能力建设

第一，实现制度化的民主参与的能力。制度化的民主不仅要求以制度确认民主，而且要求这种民主必须是审慎的、规范有序的民主，是基于历史传承的民主，避免套用西方民主模式来“制造”民主。在以扩大政治参与为核心议题的民主发展阶段，社会发展使欧洲国家范围内能够影响政治的人群越来越广泛，表现为左右政治的权力、从政治中分享利益的权力由君主依次向贵族、资产阶级、人民大众扩展的过程。这一过程持续生成民主观念，并传播到全世界。但西方民主实践的发展历程显然具有鲜明的继承性，其民主观念有赖于上述扩展过程中的具体实践。对于中国这样一个缺乏民主传统的国家而言，民主传统能为当代治国理政提供的制度资源、政治智慧和政治技巧少之又少。新中国成立前，战争导致没有积累民主发展经验的机会；改革开放前，民主要么停滞，要么呈现为无序的“大民主”；改革开放后是中国近代以来民主发展最好的时期。在党领导民主过程中，如果因民主传统匮乏而套用西方现有模式去“制造”民主，则是民主能力不足的表现。“政治精英对政治参与的态度可能是影响该社会政治参与性质的一个最具决定性的因素。”[1]党的政治精英不能逆历史潮流，也不能搞“渐而不进”，而是应该总结和继承改革开放40年的民主政治发展经验，使人民当家作主的制度渠道从形式走向实质，更加顺畅、有效。

第二，健全人民当家作主制度体系的能力。在此，有两个关键环节：首先，党在实现人大制度改革与促进协商民主发展时不可偏废其一。从中国民主历史来看，人大制度在曲折中发展形成了正反两方面的重要经验，协商民主亦有中国传统政治的若干重要参考可寻，因而都是健全人民当家作主制度体系的重要生长点。党应充分认识到，在党“总揽全局、协调各方”的原则下，改革完善人大制度是党的群众路线的深刻体现，更是国家治理体系和治理能力现代化的重中之重。人大制度改革的关键前提是党要切实搞好民主选举。只有让人民真正选出自己中意的代表，人民代表大会制度才具备体现人民民主本质的基础条件，并在形式上保障人大立法“合人民性”。同时，党只有切实保障各级人大代表的履职能力不受干扰，才能真正发挥人大作为国家最高权力机关在国家法治中主导立法、监督执法的作用，保障法治在实质上“合人民性”。建议在党的领导下重新修订《中华人民共和国全国人民代表大会组织法》，强化人大代表的质询权并完善组织实施程序。

在民主制度体系中，协商民主制度是人大制度的重要补充，但协商民主绝不是选举民主的替代。2015年2月，中央下发《关于加强社会主义协商民主建设的意见》，确立社会主义协商民主是政治体制改革的重要内容。党必须把协商民主作为推进国家法治的重要途径，使协商民主在国家层面上运行起来，发挥各类法定组织在立法协商中的作用。同时，党要坚决清理政策、法律中存在的“国家法治”与“协商民主”的矛盾之处，防止当法治约束权力时，以“协商”为权力开脱；当协商阻碍权力滥用时，以“政策”阻碍协商的情况发生。

其次，党应领导建立人大与司法机关的良性互动。立法机关与司法机关的良性互动是法治过程的重要环节，人大依法监督司法活动与司法机关依法独立行使职权两者并不矛盾。一方面，通过人大监督，有利于司法审判合理适用法律并缩小与立法本意的差距。另一方面，司法审判中对个别规则的运用、对特殊案件的审理，可能孕育着

[1] 塞缪尔·P.亨廷顿、琼·纳尔逊：《难以抉择——发展中国家的政治参与》，华夏出版社1989年版，第30页。

新的具有普遍性的法律规则，从而为立法机关制定或修正法律提供了契机。此外，通过两者的良性互动，人大也为司法机关依法独立行使职权提供了支持条件，有利于避免党的个别领导干部干预司法。

第三，党要实现从“权力本位”向“权利本位”的转变。从“权力本位”向“权利本位”的转变，这是党推动一系列民主制度落实而达成的自身领导能力的优化提升，意味着党的民主能力向更深层次发展。从根本上完成这一转变则意味着民主法治在核心层次的实现，是党的领导、国家法治与人民民主有机统一的最终实现。

在现阶段，政党政治依然拥有权力政治这一古老内核。如何看待和行使权力最能反映党的领导的本质。权力的特性容易激化党的领导与国家法治间的矛盾。党领导国家法治建设所面临的最大挑战就是如何规范党对国家权力的运用。一旦权力被滥用，其后果要么是不愿实施法治，要么是借助法治将法律变成保持权力滥用的工具，从而党的领导就会脱离与民主之间的应然联系，异化为操纵国家权力的政党谋私行为，根本无法导向“良法善治”。要防止这种可能性，只有两种路径：一是依靠强有力的政党领袖去实现政党自律；二是以社会权利为本位，以民主制度建设来规范各个阶段（包括权力授予、权力运行、权力收回调整）中党对国家权力的运用，实现整个权力过程中党、人大、社会共同参与、内外部监督相结合，从而改善党的领导。

（二）党内各层次的民主能力建设

第一，发展党内民主。党内民主是党的生命，是国家民主政治建设的重要组成部分，更是党领导法治的一系列能力的源泉。在政党政治时代，党内民主已经成为国家民主的一部分。党内民主不仅是社会民主的示范，更是破除现行民主障碍的关键环节，并能防止体制外民主激增所导致的动荡。建议围绕《中国共产党党内监督条例》探索建立完善的党内质询、问责制度。党内民主的重点是权利意识的提升。在长期法治缺位的情况下，不少党员干部养成了依赖权力、迷信权力的执政习惯，形成了以权力为本位的思想意识。这种执政习惯和思想意识是国家法治建设的极大阻力。对此，应在坚持人民立场，以人民为中心的发展思想指导下，在党内建立起“权利为本”的选拔任用导向，倒逼权利意识提升，让破坏党员权利、人民权利的行为成为选拔任用机制中的重要否决选项。使广大党员干部认识到，保障公民权利是国家法治的价值所在，是执政权力正当性的来源；国家法治作为新的国家政治蓝图，所保护的是公民权利，所规范的是国家权力，国家法治过程是政党权力、国家权力服务公民权利的过程；党的领导不是高高在上，而是民主职责所系。

第二，加强党的组织效能建设。“组织是最重要的武器。”在党领导国家法治建设过程中，这句基于革命环境的论断并不过时。应以履行党的民主职能为导向，充分利用党的组织体系，发挥组织效能，实现党内不同类型组织之间的有效沟通。对此，应进一步完善党组职能，依靠党组发挥党在国家法治中的领导和协调作用。同时，将党的基层组织建设成领导基层民主参与、服务基层法治诉求的坚强堡垒。党的基层组织不应只是党内权力的末梢，更应是党内反映民意的起点以及领导基层民主的组织力量。

综上所述，基于党的历史地位、宪法文本规定以及党无可替代的权威与能力，党领导法治具有必然性和基础性。但现有研究所强调的党的领导与国家法治之间无条件的兼容性导致两者关系简单化，这加重了法治建设中对民主的忽视。正如本文所指出的，实际上，党的领导与国家法治一致性的内在逻辑在三个层次展开，其中以人民为中心的民主制度体系这一根本前提尤其不能忽视。

在现有体制约束下，为防止体制外民主激增所造成的动荡，党必须切实承担起发展民主的职责，提高民主能力，回应国家法治对高质量民主的多方面要求。这一过程是党在执政层次与党内层次上对若干重要环节的深化改革，也是党的领导权的调适与优化。从根本上说，这一调适与优化的过程决定了中国未来法治发展的质量。

原载于《当代世界社会主义问题》2018年第1期

人民政协与党的领导的契合机制探讨

许忠明

摘　要： 人民政协是人民当家作主制度体系的重要一员。作为一种新型国家制度，人民政协可以直接嵌入党的领导制度体系之中。新中国成立70年来，人民政协在党的领导下创立和发展起来，形成了政协委员和政协机关两支队伍，显示出党的领导对象与党的领导方式的双重属性。从系统论的视角观察，人民政协与党的领导是一个有机整体，二者是一种双向互动关系，党对人民政协的领导强，人民政协的作用发挥就大；人民政协的作用发挥得好，党对人民政协的领导就会得到进一步加强。进入新时代，构建人民政协与党的领导之间的契合机制，推动人民当家作主制度体系和党的领导制度体系之间的互动，需要在协商民主、国家治理和党的建设三个场域中同步展开，从而构建起一个上下有序、纵横相连、左右相通的循环系统。

关键词： 党的领导；人民政协；契合机制；制度体系

作为富有中国特色的政治安排，人民政协与党的领导构成一个有机整体，共同处于中国特色社会主义的制度体系之内，成为国家治理的重要依靠。新中国成立70年来，人民政协不仅是党的领导对象，而且是党的重要领导方式。探索人民政协与党的领导之间的正向互动关系，实现二者在协商民主、国家治理和党的建设三个场域内的互动，是实现党的全面领导、推动人民政协事业大发展、建设社会主义现代化强国的需要。

一、党领导下人民政协的政治属性

从政党协商到人民协商，是近百年来中国民主政治的一个重要走向。1949年，中国共产党顺应时代潮流，召集中国人民政治协商会议赢得全国人民的广泛支持，通过人民政协实现对国家的领导。先有政协，后有新中国。虽然不能说人民政协建立了新中国，但是人民政协确确实实是新中国成立之前必须经过的一道程序，没有这道程序赋予的合法性，就不会有对新中国的广泛认可。人民政协在动员全国人民和争取国际认同方面具有不可替代的重要作用。

人民政协是在党的领导下建立和发展起来的。1948年4月30日，中共中央择机发出“五一口号”，主动邀请各民主党派、各人民团体及社会贤达召开政治协商会议，讨论并实现召集人民代表大会，成立民主联合政府。这一口号清晰规划出“以党的领导为开端，以党派、团体和社会贤达为主体，以政治协商会议为先导，以人民代表大会和民主联合政府为架构”的新中国成立路线图。“五一口号”如一道霞光划破长空，立即引发各方强烈反应。李济深、何香凝、沈钧儒等12位在港民主人士立即代表各自党派向国内外各报馆各团体和全国同胞发出联合通电，并联名致电中共中央主席毛泽东和解放区同胞，随后各民主党派又纷纷发表宣言和声明。民主党派、人民团体和海内外同胞共同表达出“愿在中共领导下，献其绵薄，共策进行”[1]的最大共识。

新中国成立之前，是选择人民代表大会的普选方式还是各党派的协商方式来建立国家政权存在争议。“协商方式建政的路径是自上而下地推进，先通过在国家最高层次进行政治协商建立中央政权，然后在中央集中统一领导下有序推进地方政权建设。这不仅简便易行，而且符合我国历史上形成的中央集权的政治文化传统，能够保证国家的团结统一。”[2]就是说，选择政治协商的方式建立政权更有利于实现党的领导，在当时的情况下是更合理、更有效的一种选择。1949年9月，中央城市工作部改为中央统一战线工作部，中共中央对统战工作的领导进入新阶段。中央统战部负责新政协的筹备工作，新政协筹备会设立以周恩来为书记的中共党组干事会。这种组织架构将党的领导贯穿在新政协创立的整个过程之中。

中国共产党不仅是人民政协的首要创建者，而且对人民政协的性质和属性有着清醒的把握。中国人民政治协商会议第一届全体会议通过的《中国人民政治协商会议组织法》开宗明义，明确规定中国人民政治协商会议“为全中国人民民主统一战线的组织”[3]。刘少奇代表中共中央在全体会议上发言指出，中国人民政治协商会议是人民民主统一战线的“组织形式”，是全国人民革命大团结的“最重要的具体方式”[4]，这就点出了人民政协的政治属性。内容决定形式，结构决定功能，正是党的领导这一内在结构和本质内容从根本上决定了人民政协的工具作用和团结统战功能。刘少奇在全体会议上公开提出为人民政协会议的最高威信而奋斗，从而彰显出党的领导与人民政协的密切关系。人民政协作为统一战线的重要表现形式，乃是中国共产党法宝中的“法宝”。党通过人民政协这个“宝中之宝”，实现和巩固了党对社会各界的领导。

人民政协与人民政府一起接受党的领导。1949年11月，中央政治局专门召开会议，

---

[1] 《人民政协重要文献选编（上）》，中央文献出版社、中国文史出版社2009年版，第6页。

[2] 张峰：《论人民政协制度的国家制度性质》，《统一战线学研究》2019年第5期。

[3] 《人民政协重要文献选编（上）》，中央文献出版社、中国文史出版社2009年版，第56页。

[4] 《人民政协重要文献选编（上）》，中央文献出版社、中国文史出版社2009年版，第47页。

决定中央人民政府委员会、全国政协委员会中负责的共产党员，直接受中央政治局领导。[1]后来，中共在人民政府内部和人民政协内部均开始设置党组。若站在党的领导的角度观察，人民政协与人民政府都在党的领导之下，二者之间并不存在上下级隶属关系。董必武曾经对此做出专门说明，中国人民政治协商会议全体会议虽然是中央人民政府委员会的选举者和产生者，但是中央人民政府委员会一经产生即为最高政权机关，中国人民政治协商会议全体会议闭会后即告结束，承接其后的中国人民政治协商会议全国委员会对政府仅提出建议案。[2]这就说明，当时的人民政协与政务院之间不存在上下级关系，更不存在隶属关系。政协会议组织机构和权限的这一安排实际上确保了党对人民政府和人民政协的最高领导。

党对人民政协的领导可以分为内外两个层次。在外部，把人民政协作为统一战线的重要构成看待，力求尊重和维护人民政协在国家和民族事业中的崇高地位和威信，通过人民政协实现党领导下的全国各种力量的大团结。周恩来曾经把政协当作一个独立的组织系统看待，明确提出政协系统是与党的系统和政权系统并列的重要系统，是联系、组织和团结各方面的力量，尤其是反映各方面意见、贯彻执行党的决议的重要方式。在内部，人民政协有学习座谈会的组织设施和制度规定，力求用党的指导思想去融化和改造各种非无产阶级思想。早期政协内部的党组虽然不具有后来政协党组的体制性地位，但在实际上一直是人民政协的直接领导者。周恩来曾经专门对全国委员会内部党组活动进行部署。党组要保证上下一致、内外一致，模范地执行中央的决议，党的领导要通过尊重党外人士的各种方式去实现和保证。

在党的领导中，如何规范全国政协和省级政协之间的关系同样是一个不可忽视的重要问题。毛泽东专门对此强调，政协组织的上下关系，不能界定为领导与被领导的关系。周恩来依据这一指示，把其界定为指导关系。[3]随后召开政协全国委员会第二次会议，则将这种关系规范为一种“协助”关系。这就说明，在外部，只有我们党才能对全国和地方政协系统实行领导，而在政协内部的领导则通过党组来实现。

党对人民政协的领导处于不断发展之中。第一届全国人民代表大会产生后，人民政协的地位和作用随之发生变化。有一种观点认为，全国人民代表大会是对中国人民政治协商会议的否定，但事实并非如此。根据当时的共识，新政协只是达到真正民选代表的过渡形式，政协全体会议结束之时，它选举产生的政协全国委员会就不具备人代会的权力，它只是作为一个协商机关而存在。全国人大产生并成为中华人民共和国

[1] 《毛泽东年谱（1949—1976）》（第1卷），中央文献出版社2013年版，第36页。

[2] 《人民政协重要文献选编（上）》，中央文献出版社、中国文史出版社2009年版，第78页。

[3] 中国人民政协理论研究会秘书处编：《中国人民政协理论研究会2011年度论文集（上）》，中国文史出版社2012年版，第570页。

的最高权力机关，改变了中央人民政府委员会的内部结构和权力配置，但并不是对人民政协的替代，而是改革和完善了当时的政治架构。事实上，毛泽东在组建人大之前就把即将成立的“人民代表大会制的政府”与“中国人民政治协商会议全体会议产生的中央政府委员会”相提并论，认为二者都是“全国各民族、各民主阶级、各民主党派和各人民团体统一战线的政府”。在人代会的组成中，各民族、各党派、各阶级的代表人物都有份。[1]就当时的情况看，人大成立后，政协内部成员的一部分人进入了人代会的政体之内，一部分仍然保留在政协这一与人大并列的政治组织之中。

我们党把政协工作和人大工作放在一起进行部署。毛泽东指出，人民政协既不是“国家权力机关”，也不是“国家行政机关”，而是统一战线组织，是党派性的。[2]政协有其独特的代表性，仍然有存在的必要性。人民政协可以协商国际问题、商量候选人名单、提意见、协调关系、学习马列主义，等等。可以看出，人民政协虽然不是国家权力机关，不是国家行政机关，但它履行的五项任务都事关国家层面。这说明，人民政协在党的领导下仍然存在和运转于国家层面。1959年4月召开的最高国务会议第十六次会议对即将召开的人大会和政协会的议程、主席团成员一起交换意见，一起讨论政协全国委员会领导人候选人名单和国家机构领导人候选人名单。从这一年开始，全国政协会议开始正式列席人大会议，“两会机制”正式确立并成为宪法惯例。自此开始，政协委员列席人大会议，听取和讨论“一府两院”的工作报告并提出各种提案，国家领导人下会听取委员意见和建议，深度参与国家政治生活，人民政协与人代会一起走进中国的政治进程之中。

改革开放以来，“两会机制”得到进一步完善和发展。在各级政协委员会的构成中，中共党员的比例一般是30%左右。作为政协构成的中国共产党是政协界别小组中特别有分量的小组，一般都是由组织和领导统战工作的党内人士组成。作为有突出作用的中共党员则散布在除民主党派和无党派人士之外的各个界别中。两会中还会根据情况需要召开由中共党员负责人参加的重要会议，或者各自召开党员会议以统一步调，协调行动，这些措施有力地保证了党对两会工作的领导。党通过人民代表大会行使国家权力，通过人民政协广泛协商、听取意见，有力地保证了决策的民主化和科学化。

进入新时代，党中央加强了对人民政协的领导，人民政协成为党的领导这一场域中更为重要和突出的政治安排，人民政协作为政治机关的属性得到加强。从2015年开始，中央政治局常委会、中央政治局每年都要听取人民政协党组的工作汇报，并将其列入党内政治生活规则和党中央集中统一领导的规定之中，这就从制度上确保党的政

[1] 逄先知、金冲及主编：《毛泽东传（1949—1976）（上）》，中央文献出版社2004年版，第310页。

[2] 《毛泽东文集》（第6卷），人民出版社1999年版，第384—385页。

治权威和集中统一领导更加深入人民政协内部，人民政协与党的领导更加紧密地融合在一起。

二、人民政协是实现党对国家进行领导的体制性安排

党的领导是一个不断摸索和优化的过程，“三大法宝论”实际上就是党实现领导的三种方式和手段。法宝就是方法，党的法宝就是党的领导方法。所谓统一战线法宝就是党用统一战线的方式凝聚和领导最广泛的社会阶层和海内外力量，特别是有代表性的社会人士。从现实上看，人民政协是统一战线进入国家体制的一次重大飞跃，是统一战线进入国家政治生活的一条重要渠道，是我们党在成立和建设新中国时作出的一个重要探索。70年前，我们党赶走国民党政权，召集不包括反动派参加的新政协，从而为领导新中国设立了新的体制平台。事实表明，人民政协是我们党实现对新中国进行全面领导的体制性安排。

新中国成立之前，党的领导主要在军队和社会范围内进行，但是夺取全国政权以后，党的领导迅速进入国家之内，这就要求党必须迅速建立对国家进行有效管理的政治机关和政治制度。中国共产党通过中国人民政治协商会议奠定了新中国的法理基础。新政协制定的具有宪法性质的《共同纲领》既是中华民族的大宪章，也是中华人民共和国的立国契约。新中国成立之后，中国共产党通过政协进行政治协商，共商国是，极大地促进了新中国的巩固和发展，有力地提升了新中国的国际地位和国际影响，从而进一步加强了党的领导。

构建一个统一战线性质的国家政权，通过统一战线的国家体制实现对国家和社会的全面领导，是中国共产党人的一个重要构想。在新民主主义革命过程中，统一战线事关党的前途命运，能不能处理好统一战线之中的关系，尤其是处理好与民族资产阶级的关系，是中国革命的一个关键问题。正因为这个原因，毛泽东曾经把“各革命阶级的联合专政”定义为国体。新中国成立后，统一战线作为一种党的领导方式仍然受到重视。统一战线的杰出领导人李维汉就把人民政协协商机关与人民政权机关放在统一战线中进行观察，认为这两者都是统一战线工作中的“中心环节”，中国共产党只有抓住这个中心环节，才能保证国家政策法令的制定和执行。[1]运用政权机关和政协机关，是当时中国政治的典型特色。在李维汉看来，与人民政权机关一样，人民政协作为统一战线的“总部”在实现党的领导方面具有同样的作用。

李维汉特别重视人民政协的重要作用。李维汉把人民政协视为“人民代表会议”

[1] 李维汉：《统一战线问题与民族问题》，中共党史出版社2016年版，第64—65页。

和“协商委员会”两个构成。一方面，“人民代表会议闭会后，协商委员会继续协助政府推行政策法令，协商并提出对政府工作的建议”；另一方面，“协商委员会又是各民主党派，各人民团体，各民族和各民主阶级以及各界民主人士共同的统一战线组织，可以而且需要它去进行一般的统一战线工作”[1]。这就是说，人民政协一方面是在国家政策法令领域协助人民政府发挥作用，它是国家层面的政治安排，是当时统一战线国体的重要表现形式；另一方面，人民政协作为团结各方面力量的统战组织，是体现和实现人民民主国体的重要方式和方法。

人大成立之后，政协不再是国家权力机关，但它也不是普通的人民团体，而是作为一种统一战线的组织与国家权力机关并存的政治存在，这种特殊的政治架构安排最终演化成一种新型国家政治制度，成为中国共产党领导的多党合作和政治协商制度的重要组成部分。按照中央当时的认识，人民政府是统一战线性质的，人民代表大会是统一战线性质的，人民政协也是统一战线性质的，这三种政治存在最终在统一战线范畴内找到了自己的共同本质。作为统一战线组织的人民政协虽然不再享有国家实质性的“硬权力”，但作为党领导下的统一战线仍然团结和带领着一大批党内和党外人士，作为党领导下的政治机构仍然拥有对国家和社会的广泛影响力。

改革开放后，政治协商、民主监督和参政议政逐渐演变成人民政协的三大职能。中国共产党历来强调履行职能的规范化、制度化和程序化，党的十五大报告明确提出要把政治协商、民主监督、参政议政这三项职能变成“党团结各界的重要渠道”[2]。事实上，政治协商、民主监督和参政议政都是社会主义民主的重要形式，它们在目的上相同，在本质上一致，在内容上互相渗透。不论是政治协商、民主监督，还是参政议政，它们都围绕着国家和地方的大政方针和政治、经济、文化、社会中的重要问题来进行，都围绕着党和政府的决策、实施以及人民群众普遍关心的重要问题来进行，都是实现党的领导的重要方式。

加强党对人民政协的领导与通过人民政协实现党的领导是一个问题的两个方面。改革开放以来，加强党对人民政协的领导可以从三个层面上得到体现：一是从党委的战略高度上进行领导；二是从党组核心上进行领导；三是从党员的个体作用上体现。党对人民政协的领导是从政治原则、政治方向、政治道路、大政方针上的领导。这里的领导随着时代形势的变化有了新的内容。如果说过去的领导侧重于说服和教育被领导者，那么现在的领导则是侧重于支持和帮助被领导者。党委要善于通过关心、支持和帮助政协开展工作来体现和实现党的全面领导。为了发挥人民政协的作用，要给各级人民政协配备强有力的党组班子。这个党组班子，是同级党委的派出机构，在同级

[1] 李维汉：《统一战线问题与民族问题》，中共党史出版社2016年版，第66页。

[2] 《江泽民文选》（第2卷），人民出版社2006年版，第30页。

党委领导下工作，在人民政协中起领导核心作用。在各级人民政协中的共产党员则要发挥先锋模范作用。不论是政协委员中的共产党员，还是在政协机关中的共产党员，都是受到党组织委派从事统战工作的，都应当模范地贯彻党的路线方针政策，努力把党外人士团结在党的周围。

站在党与非党的关系角度上，人民政协是党的领导的重要对象。但是，如果站在国家和社会的角度上，人民政协则不仅是党领导的重要对象，而且是党对国家和社会进行全面领导的重要实现方式。人民政协首先是一个政治机关，具有鲜明的政治属性，在政治上接受党的领导，在制度上体现党的领导，在国家治理上协助党的领导。新中国成立以来，党的领导与人民政协的关系可以从三个切口进行认识。第一个切口是新中国成立前后党对人民政协本身的领导，第二个切口是改革开放后通过加强党对人民政协的领导而提升和加强人民政协的职能和作用，第三个切口是人民政协被赋予协商民主重要渠道和专门协商机构的定位，提升了人民政协的政治高度，人民政协被纳入国家治理体系之内，并与党的领导体系产生深度关联，人民政协逐渐成为党的领导的重要实现形式。这三个历史时期，党的领导和人民政协之间的关系虽然各有侧重，但整体联系紧密，浑然一体。一方面，加强党对人民政协的领导实际上隐含着人民政协就是实现党的领导的一个重要方式的含义；另一方面，二者之间各有侧重，实际上包含着不同的内容。加强党对人民政协的领导，侧重于领导者与被领导者的角色划分，而把人民政协当作实现党的领导的重要方式则是侧重于领导方式和领导方法，是对上一个问题的深化和发展。

三、构建新时代人民政协与党的领导之间的双向契合机制

党的十九届四中全会要求从坚持和完善中国特色社会主义制度的立场出发，把党的领导贯彻到党和国家所有机构履行职责的全过程之中，协调行动，增强合力，以此推进国家治理体系和治理能力现代化。人民政协一直是中国特色社会主义制度中富有特色的政治制度和政治安排，与党的领导制度体系具有密切关系，是党和国家机构职能体系中的重要环节，在国家治理体系和治理能力现代化中发挥着不可替代的重要作用。无论从历史还是现实上看，人民政协都必须把自己牢牢嵌入中国特色社会主义制度之中，把党的领导与人民政协紧密联系在一起。党的领导与人民政协都是一个有机联系、互相支持的整体。人民政协作为政治机关，自始至终都是在党的领导下建立和发展起来的；党的领导借助于人民政协，有效实现了党对国家和社会的全面领导。进入新时代，党的领导与人民政协在协商民主、国家治理和党的建设的场域中正向互动，正在迎来更加广阔的天地。

首先，推动协商民主是实现新时代党的领导与人民政协双向契合的重要方法。协商民主是在党的领导下发展起来的，是社会主义民主政治的重要组成部分，人民政协则是协商民主的重要渠道，负有探索协商民主的重要使命。考察人民政协、党的领导、协商民主之间的关系，可以有力推动党的领导与人民政协的双向互动。在党的领导和人民政协之间，我们经历了不同的发展阶段。在第一个阶段，我们党领导人民，通过和各民主党派、无党派人士和社会贤达一起协商成立新中国，共同创造了人民政协这一富有中国特色的政治制度，党对人民政协本身的领导是人民政协成立之初的重心所在。在第二个阶段，人民政协在党的领导下，不断充实和丰富自己的工作职能，形成了以政治协商、民主监督、参政议政为主要支撑的完整工作制度。在第三个阶段，人民政协成为新型国家制度的重要一员。人民政协大力推进协商民主，有效提升了自己的政治功能，扩充了社会主义民主政治的内涵，优化了人民民主制度体系。党通过人民政协这一重要机构和制度安排，不断探索协商民主，有效实现了对社会各阶层、各党派的全面领导。当前，特别重要的是把党的领导与人民政协放置于协商民主的场域中，实现两者的进一步融合。执政党是社会主义协商民主的领导者、支持者和参与者，人民政协不仅是社会主义协商民主的制度平台，而也代表着社会主义协商民主的众多参与者，它们一起构成社会主义协商民主的重要主体。同时，社会主义协商民主的进一步发展也将党的领导与人民政协更好地融合在一起。

协商民主是联系党的领导与人民政协的重要桥梁和纽带。党的十九大报告指出："协商民主是实现党的领导的重要方式"，人民政协则被定位为社会主义协商民主的"重要渠道"和"专门协商机构"[1]。这一表述，显示出党的领导与人民政协之间的逻辑关系，二者通过协商民主有机结合在一起。站在协商民主的起点上，人民政协有了新的使命，它不仅是一个统一战线的组织，而且通过协商民主直接深入社会主义民主政治中来，成为国家治理体系的重要组成部分，成为推进国家治理能力现代化的重要推手。同样，党的领导、人民当家作主和依法治国作为中国特色社会主义的政治主线，必然要求推进协商民主，要求在协商民主中实现党的领导、人民当家作主和依法治国三者的有机统一。众所周知，选举民主作为西方民主政治的主要形式，曾经占据世界主流，但在发展中国家，这种选举民主也成为各种乱象的祸根。中国特色协商民主扎根于中国国情和现实之中，借鉴了选举民主的有益成分，将党的领导与人民民主有效融合在一起，丰富了世界民主政治的内容，贡献了独特的中国智慧和中国经验。自党的十八大以来，以习近平同志为核心的党中央不断探索协商民主，先后出台了加强社会主义协商民主、加强人民政协协商民主、加强人民政协民主监督、加强人民政协党

[1] 习近平：《在中国共产党第十九次全国代表大会上的报告》，人民出版社2017年版，第38页。

的建设的若干指导性文件，从而使得人民政协与党的领导之间呈现出新面貌和新状态。

协商民主是人民政协发挥作用的重要场域。协商民主是社会主义民主政治的重要内容，它存在于人民民主的层次上。对于人民政协来说，协商民主属于人民政协的政治功能，不同于人民政协的三大工作职能。可以说，协商民主是从更高层面上对三大职能的总结和提高。党的领导是为了实现人民当家作主的根本目的，因而与人民政协协商民主在价值目标上完全一致，所不同的只是：党的领导是在全面的、普遍的、覆盖全局和贯彻始终的人民民主层次上运转，而人民政协的协商民主则是对特定对象、特定界别、特定人群的具体服务，是对人民民主某一场域的丰富和发展。从人民政协协商民主进入人民民主，或者从人民民主深入人民政协协商民主，都只有在党的领导下才能进行。

其次，厘清党的领导、人民政协与国家治理的内在联系是推动党的领导与人民政协双向契合的现实需要。国家治理是党的领导与人民政协的共同任务。中国共产党是国家治理的主体，而人民政协是国家治理体系的重要组成部分，这就在逻辑上说明，党的领导与人民政协在国家治理场域存在着高度的一致性。人民政协的内在结构和功能符合党的领导的本质。人民政协在内部构成上十分独特，它不同于人大代表的地域制结构，而是界别性的安排。现有34个界别代表着不同行业的人士。如果说人民代表大会是一种以地域划分为特色的纵向构成，那么政协委员会则是一种以界别划分为特色的横向构成。这种纵向和横向相结合的网状构成方式，既照顾了多数，也兼顾了少数，体现了一致性与多样性的统一，最大限度地将中华民族的各个组成部分团结在一起，构成我国广阔和坚实的民意基础。这种典型的、富有特色的政协委员制安排是中国100多年来探索的历史经验，是世界民主潮流在中国的特殊表现，它最大限度地体现着精英与民众的结合，反映着人民民主的内在本质。

如果说人大在国家治理上显示出决定性的刚性色彩，那么政协在国家治理上表现出更多协商性的柔性色彩。人大与政协的联动表现出二者在国家治理上“刚柔并举”的鲜明中国特色，二者绝非互相对立、非此即彼，而是互为补充、相辅相成。无论是人大在国家政治生活中的最高权力还是政协在国家政治生活中的协商权利，都是人民民主的表现形式，二者在人民民主这一本质上交融在一起，不同的是人大在决定国家大事时强调少数服从多数，而政协则凸显多数与少数的交流沟通功能，从而在相当程度上能够防止多数忽视甚至无视少数利益和意见的倾向。人大与政协在国家治理体系中相得益彰，互相结合，有力地拓宽了社会主义民主的广度和深度。人大的国家权力属性彰显刚性的约束作用和决定性作用，能够防止议而不决、无限扯皮；政协则通过理性、周密、审慎的交流成为刚性权力的一种补充和完善。

最后，加强新时代人民政协党的建设是实现党的领导与人民政协正向契合的根本措施。人民政协的党建存在着三个重要的场域，这就是人民政协与所属党委的场域，人民政协内部的场域，人民政协与地方和基层的场域[1]。在第一个层面，党对人民政协进行领导的强弱决定着人民政协作用发挥的程度，党的领导越强，人民政协的作用就越大，这是中国政治的鲜明特点。人民政协党组应积极贯彻落实向同级所属党委的请示报告制度。在第二个层面，人民政协党组应该创造性地发挥党组的领导核心作用，充分发挥专委会党组的贯彻落实责任，探索构建专委会与界别之间党组织的工作协调机制和融合联动机制，构建一个完善、健全、高效的网状组织体系，确保中国共产党对政协的领导落到实处。在第三个层面，建立沟通协调机制，确保党员委员与所在单位党组织的联系和协调，保障党员委员能够有参加政协党组织活动的时间，保证党员委员履职尽职。

人民政协党的建设是将党的领导与人民政协融合在一起的关键所在。人民政协是政治机关，人民政协党的建设首先是政治建设，要确保人民政协服从党的领导，自觉维护和坚持党中央权威和集中统一领导。在思想建设上，要认真学习习近平新时代中国特色社会主义思想，建立健全学习制度，形成学习制度体系，推动理论学习常态化。要树牢"四个意识"、坚定"四个自信"、坚决做到"两个维护"，不断锤炼党性修养；在合作共事、协商民主、求真务实、廉洁奉公、联系群众中争当模范。从党员的先进性和统战的广泛性出发，善于同各方面人士打交道、交朋友，做好教育引导和团结联谊的各项工作。人民政协党的建设是一个广阔的领域，它在组织建设、作风建设、纪律建设等方面都有独特性，都要积极探索新的举措，努力打造一支"懂政协、会协商、善议政"和"守纪律、讲规矩、重品行"的政协人才队伍。

人民政协不仅是一个符合中国国情、具有伟大创造能力、符合未来发展需要的新型国家制度，而且在党的领导制度体系和人民当家作主制度体系中，具有特殊而重要的位置和作用。人民政协是中国共产党领导的多党合作和政治协商的重要机构，内含着党的领导、多党合作和政治协商三个要素，其中党的领导居于核心位置，多党合作构成外围框架，而政治协商则是贯通中共与多党合作的桥梁和纽带。这种结构安排蕴含着人民政协本身就是党实现领导的一种重要方式这一重要寓意，人民政协不仅接受党的领导，而且是把党的领导向社会各界扩展的一种方式。在协商民主、国家治理和党的建设三个场域内构建人民政协与党的领导的契合机制，有助于达成共识、凝聚人心、汇聚力量；有助于守住圆心，画好同心圆，最大限度地凝聚中华民族各方面的力量和智慧，加快实现中华民族伟大复兴的中国梦。

原载于《当代世界社会主义问题》2019年第4期

[1] 《以党建推进新时代人民政协的新发展》,《人民政协报》2018年 9 月19日。

党的领导是中国特色社会主义制度创新的基石

郑敬斌　任虹宇

摘　要： 中国特色社会主义制度的创新发展、成熟定型，离不开中国共产党的领导。中国共产党立足于领导制度创新的自强历史、显著优势与自我革命，淬炼出强大的主体能力；通过科学树立制度创新的目标方向、统筹规划制度建设的发展路径、破除制度创新的现实障碍，以鲜明的问题意识为制度创新提供强劲动力；在改革中为制度创新提供了正确方式；探明坚持党的领导与依靠群众、独立自主与借鉴学习、驳斥质疑与自觉自信相统一的科学规律，为制度创新提供经验借鉴。

关键词： 党的领导；制度；创新；中国特色社会主义制度

“创新是一个民族进步的灵魂，是一个国家兴旺发达的不竭动力。”[1]任何一种制度都不会一步到位，也不会一劳永逸，制度的生命力在于随着实践的深入而不断完善发展。习近平强调，中国特色社会主义制度是特色鲜明、富有效率的，但还不是尽善尽美、成熟定型的[2]。党政军民学，东西南北中，党的领导贯穿中国特色社会主义制度创新发展的始终。立足新时代，探析党的领导对制度创新的价值，对于加强党对制度建设的领导、实现党的十九届四中全会设定的新时代制度建设战略目标具有重要意义。

一、党的领导为制度创新提供强大的主体能力

马克思主义认为，制度创新主体包括民众、团体和政府。其中，民众大多对政治系统和制度运作过程认知较为有限且重实质正义而轻程序正义，政府在制度建设中倾向于要求更多授权。在中国政治实践中，作为领导核心的中国共产党可以弥补民众、政府制度输入过程中的偏向，创造性地实现三者在制度输入中的平衡。作为制度创新的关键主体，党的制度创新能力在很大程度上决定创新成效。在领导制度创新的自强

[1] 《江泽民文选》（第3卷），人民出版社2006年版，第103页。

[2] 《十八大以来重要文献选编（上）》，中央文献出版社2014年版，第75页。

历史、增强制度自信的显著优势、蓄力制度动能的自我革命中，中国共产党淬炼出强大制度创新能力，成为制度创新的重要基石。

（一）党的制度创新能力植根于领导制度创新的自强历史

马克思指出："人们自己创造自己的历史，但是他们并不是随心所欲地创造，并不是在他们自己选定的条件下创造，而是在直接碰到的、既定的、从过去继承下来的条件下创造。"[1]中国共产党的制度创新能力是在领导中国人民确立、完善、发展社会主义制度的历史进程中酝酿、积蓄的。

在近百年伟大社会革命中，中国共产党领导中国人民实现了对科学社会主义制度"模板"的超越。无产阶级的政治宣言书《共产党宣言》认为革命是推翻旧制度、确立新制度的唯一手段，而对以何种方式取得革命胜利则并未作出规定性解答。以毛泽东同志为核心的第一代中央领导集体成功开辟出农村包围城市、武装夺取政权的革命道路。新中国成立后，党中央立足于基本国情和具体实际，确立了人民民主专政的国体，建构起社会主义根本制度与基本制度的框架。以邓小平同志为核心的第二代中央领导集体及其后继者们在中国特色社会主义制度的确立完善进程中，创造性地构建并完善了中国特色社会主义基本经济制度与分配制度。

在七十余年新中国的制度探索中，中国共产党实现了对其他社会主义国家制度"再版"的超越。新中国成立后，中国共产党曾"以苏为师"，但随着苏联模式弊端的显露和照搬苏联模式遭遇挫折，中国共产党开始"走自己的路"。改革开放后，以邓小平同志为核心的第二代中央领导集体再次重申"走自己的道路，建设有中国特色的社会主义"[2]。东欧剧变、苏联解体更意味着我国社会主义制度建设的参考样本不复存在，中国共产党领导社会主义制度建设只能"走自己的路"。这项事业"马克思没有讲过，我们的前人没有做过，其他社会主义国家也没有干过"[3]，只能"摸着石头过河"。事实证明，这条道路越走越宽广，越南、老挝、古巴、朝鲜等社会主义国家改革更是纷纷参照中国经验。

在四十余年改革开放的接续奋斗中，中国共产党人实现了对其他现代化国家制度"翻版"的超越。中国特色社会主义制度与西方国家现代化制度存在本质差异，两者体系内容不同，建设目标方向不同，因而中国特色社会主义制度绝不是西方国家现代化的"翻版"。事实证明，照搬"西方模式"的发展中国家，有的丧失了自身独立性，有的深陷中等收入陷阱，有的政局不稳、社会动荡。而中国特色社会主义制度则创造出

---

[1] 《马克思恩格斯文集》（第2卷），人民出版社2009年版，第470—471页。

[2] 《邓小平文选》（第3卷），人民出版社1993年版，第3页。

[3] 《邓小平文选》（第3卷），人民出版社1993年版，第258页。

一个又一个举世瞩目的成就。

（二）党的制度创新能力得益于领导制度创新的显著优势

中国特色社会主义制度的最大优势是中国共产党领导[1]，这一论断并非空穴来风。

从领导的过程来看，中国共产党人的初心使命使其能够始终保持先进性，准确把握制度建设的实践要求和时代规律；中国共产党人的“四个意识”有助于在党内实现统筹全局、统一行动，进而带动社会各方面在党的领导下为制度创新添砖加瓦。中国共产党的集中统一领导是确保制度建设始终朝着社会主义正确方向前进、确保党的十九届四中全会作出的制度建设战略安排能够“一张蓝图干到底”的核心保障。同时，党的领导也有利于维护广大人民群众在制度创新中的主体地位，充分调动其参与制度创新的积极性和主动性，顺利将制度优势转化为国家治理效能。

从领导的结果来看，党领导的制度创新积累了广泛的群众认同。任何一种制度安排都有其内在价值取向，这种价值取向的是非、善恶、好坏是它能否赢得认同的核心。社会主义制度与资本主义制度均有其价值取向，“为了谁、服务谁、依靠谁”是两个社会制度的根本遵循。在这一本质问题上，资本主义制度为社会中占少数的资产阶级服务，以维护这一阶级对生产资料的私人占有和在国家中的统治地位为目的。所谓“民主”的面纱背后是由生产资料私人占有逐步极端化导致的社会贫富差距的加重，利益集团偏私，金钱政治操纵民主选举，普通民众难以真正参与国家权力运行。与资本主义制度相比，无产阶级运动是“为绝大多数人谋利益的独立的运动”[2]，建立在无产阶级革命运动基础之上的社会主义制度在价值立场上以人民为中心，维护绝大多数人的利益。这一套“行得通、有生命力、有效率”[3]的制度体系正是中国共产党自身显著优势的现实体现。

（三）党的制度创新能力蓄力于党的自我革命

“领导十三亿多人的社会主义大国，我们党既要政治过硬，也要本领高强。”[4]“中国之制”的创新发展要求作为领导主体的中国共产党不断淬炼本领、提升能力。我们党一贯重视自身建设，自我革命是党鲜明的政治品格。在创造性继承中华传统自省文化和遵循马克思主义革命性、实践性等内在品格的基础上，中国共产党在领导社会主义制度建设的实践中通过自我革命不断淬炼提升制度领导能力和制度创新能力。“中国之

---

[1] 《中国共产党第十九次全国代表大会文件汇编》，人民出版社2017年版，第16页。

[2] 《马克思恩格斯选集》（第1卷），人民出版社2012年版，第411页。

[3] 《习近平总书记系列重要讲话读本》，学习出版社、人民出版社2016年版，第169页。

[4] 《中国共产党第十九次全国代表大会文件汇编》，人民出版社2017年版，第54—55页。

制”的生命力得益于中国共产党通过自我革命而保持的先进性和纯洁性。

党的十八大以来，面对党内存在的问题，习近平明确要求“全党要以自我革命的政治勇气，着力解决党自身存在的突出问题”[1]。党中央以刀刃向内、刮骨疗毒的政治勇气，将全面从严治党作为治国理政的鲜明主题，把政治建设摆在首位，不断强化“两个维护”“四个意识”，以“不忘初心、牢记使命”等主题教育加强党内思想建设、严明党内组织纪律、治理党内腐败，使党风、政风焕然一新，党的政治领导力、思想引领力、群众组织力、社会号召力显著提升，9000多万名中国共产党党员紧紧团结在党中央周围，以忠诚、干净、担当的政治品格俯身于中国特色社会主义事业的实践沃土中，为“中国之制”的创新发展提供了坚强有力的领导核心和强大队伍。当然，党面临的“四大风险”“四大考验”尚未得到根本解决。在新的时代背景和时代要求下，我们需要根据党的建设总要求，将党的制度建设贯穿到党的其他建设中，推动思想强党与制度治党同向发力，进一步提升党的制度创新能力。

二、党的领导为制度创新提供强劲动力

问题是实践的起点，问题意识是激发创新行为、推动创新发展的重要动力。站在“两个一百年”奋斗目标历史交汇期的关键节点上，着力推动中国特色社会主义制度完善发展进而更加成熟定型，需要发挥党的领导作用，“以重大问题为导向，抓住关键问题进一步研究思考”[2]。

（一）科学树立制度创新的目标方向需要党的领导

制度创新是政党长期执政、国家兴旺发达的重要动力。历史经验表明，在制度创新的过程中，过高的制度目标容易造成“空想”、导致“跃进”，过低的制度目标则会限制制度潜能和制度实效的发挥。因此，科学合理的制度创新目标对于党和国家的发展至关重要。作为政治上层建筑，国家制度是由该国经济上占统治地位的阶级所决定的，制度创新也需以维护统治阶级利益为要。中国特色社会主义制度从根本上取决于人民群众，全心全意为人民服务是中国共产党的宗旨，中国共产党始终将实现好、维护好、发展好最广大人民的根本利益作为推进制度创新的首要标准，以维护人民群众在国家中的主体地位。

坚持和发展什么样的制度，是作为中国特色社会主义事业领导核心的中国共产党

[1] 《习近平谈治国理政》（第二卷），外文出版社2017年版，第43页。

[2] 习近平：《关于〈中共中央关于全面深化改革若干重大问题的决定〉的说明》，《人民日报》2013年11月16日。

必须回答的问题。1992年，邓小平在南方谈话中提出社会主义制度建设的“三十年设想”，即“恐怕再有三十年的时间，我们才会在各方面形成一整套更加成熟、更加定型的制度”[1]。其后，历届党和国家领导集体都在改革和完善制度方面做出了努力。尤其是党的十八大以来，党中央从形成更加成熟更加定型的制度角度，将中国特色社会主义制度建设历程划分为“前半程”与“后半程”两个分期，认为前半程已经走过，后半程的任务主要是“提供一整套更完备、更稳定、更管用的制度体系”[2]。党的十九届四中全会进一步对新时代制度建设和治理能力提升的目标进行了顶层设计[3]。基于相对稳定又与时俱进的战略目标，党中央针对各领域问题进行了诸多体制机制改革。

（二）统筹制度建设的发展路径需要党的领导

在一个人口众多、局势复杂的大国，积极进步的制度变迁需要强有力的领导核心作出合理规划，为制度变迁提供思想引领和行动指南。以习近平同志为核心的党中央明确指出，制度变革要“处理好顶层设计和分层对接的关系”[4]，为制度创新清晰地指明了发展路径和方向。就顶层设计而言，党的十八大报告首次提出“制度体系”概念，明确提出要“构建系统完备、科学规范、运行有效的制度体系”[5]。当前，制度体系建设不仅需要进一步推动社会主义制度“量”的发展，而且需要从“质”的层面提升各项制度体制的耦合衔接性。以习近平同志为核心的党中央明确意识到，“这些年来，从中央到地方搞了不少制度性规范……但有的相互脱节、彼此缺乏衔接和协调配合，形不成系统化的制度链条，产生不了综合效应”[6]。党的十九届四中全会再次强调制度体系的建设要求，并要求制度建设要“着力固根基、扬优势、补短板、强弱项”[7]。就分层对接而言，中国共产党就各项具体制度的完善路径作出明确规划。党的十九届四中全会通过重大决定，就中国特色社会主义制度谱系中根本制度体系、基本制度体系、重要制度体系等13项制度体系分别作出明确的工作安排和战略部署，为新时期各项制度体系指明了改革深化路径和重点工作任务。中国共产党所作的顶层设计与分层对接有效统

---

[1] 《邓小平文选》（第3卷），人民出版社1993年版，第372页。

[2] 《习近平关于全面深化改革论述摘编》，中央文献出版社2014年版，第27页。

[3] 习近平：《关于〈中共中央关于坚持和完善中国特色社会主义制度　推进国家治理体系和治理能力现代化若干重大问题的决定〉的说明》，《人民日报》2019年11月6日。

[4] 《习近平主持召开中央全面深化改革委员会第十次会议强调　加强改革系统集成协同高效　推动各方面制度更加成熟更加定型》，《人民日报》2019年9月10日。

[5] 《胡锦涛文选》（第3卷），人民出版社2016年版，第627页。

[6] 《习近平关于严明党的纪律和规矩论述摘编》，中央文献出版社、中国方正出版社2016年版，第64页。

[7] 《中共中央关于坚持和完善中国特色社会主义制度　推进国家治理体系和治理能力现代化若干重大问题的决定》，《人民日报》2019年11月6日。

筹的重大战略部署与发展路径规划，充分彰显了党的领导在增进制度建设系统协同中的重要意义。

（三）破除制度创新的现实障碍需要党的领导

制度创新是一个发现问题、解决问题的过程。清醒研判阻碍制度创新的现实要素与有效破除制度创新的现实障碍同等重要。制度创新的落脚点是执行，唯有严格执行，才能打破利益藩篱、革除体制机制弊端，将协同联动的制度体系转换为实践层面的治理效能。当前，在制度体系基本定型、制度建设系统协同化的进程中，执行缺位、弱化等现象损坏了制度应然效力的发挥：一些制度成为“糊在墙上的纸老虎”，仅存口号而没有实际约束力；一些制度被上纲上线机械地执行；一些制度“水过地皮湿”，被打折扣式地执行；等等。以习近平同志为核心的党中央清醒分析了制度执行监督不到位、制度执行人员能力缺失等制约因素，明确指出“制度执行力、治理能力已经成为影响我国社会主义制度优势发挥、党和国家事业顺利发展的重要因素”[1]。党的十九届四中全会明确提出要“健全权威高效的制度执行机制”[2]。各制度执行部门内部均设有党组织，党员是各制度执行部门的先锋模范和主体成员。党内激励机制与监督机制双管齐下，是矫正制度执行中的现存偏差、破除制度执行弱化打折等问题的关键所在。

三、党的领导为制度创新提供正确方式

制度变革应当采取何种方式？马克思认为有暴力革命与和平改革两种方式，前者以极端方式推翻原有政权建立新制度，后者在现有制度体系内改良调整。中国正式确立社会主义制度后，毛泽东认为社会主义社会的基本矛盾仍然存在，但这种矛盾不是对抗性的而是非对抗性的，因而不需要用政治革命的方式变更制度，而可以用改革的方式实现社会主义制度的自我完善和发展。这一科学论断延续至今，既保证了社会的长期稳定，又推动了制度的完善与生产力的解放。

（一）改革的目的和性质是社会主义制度的完善和发展

20世纪70年代，国际形势复杂难测，多种冲突竞争越发激烈，资本主义制度与社会主义制度仍呈现为竞争冲突之势。与此同时，社会主义制度优越性在国内也受到一些质疑。在革命与改革两种方式中，以邓小平同志为代表的中国共产党人及其后继者

---

[1] 《习近平关于全面深化改革论述摘编》，中央文献出版社2014年版，第29页。

[2] 《中共中央关于坚持和完善中国特色社会主义制度　推进国家治理体系和治理能力现代化若干重大问题的决定》，《人民日报》2019年11月6日。

们均选择或坚持了“改革”这个关键一招。改革开放之初，邓小平作出“改革是社会主义制度的自我完善”[1]的政治论断。20世纪八九十年代，东欧剧变、苏联解体给世界社会主义事业造成重创，但以江泽民同志为核心的党中央正确认识社会主义制度与改革的关系，揭示出社会主义制度自我完善和发展的实质“是一个体制创新的问题”[2]。胡锦涛在党的十七大上强调，改革开放“就是要推动我国社会主义制度自我完善和发展，赋予社会主义新的生机活力，建设和发展中国特色社会主义”[3]。中国特色社会主义进入新时代，“中国之制”在世界东方彰显出强大优势，开辟了一条发展中国家走向现代化的途径。虽然这尚未从根本上改变世界社会主义事业整体处于低潮的状况，但是，“在方向问题上，我们头脑必须十分清醒。我们的方向就是不断推动社会主义制度自我完善和发展，而不是对社会主义制度改弦易张”[4]。

（二）社会主义制度的自我完善和发展体现在具体制度的改革中

社会主义制度由根本制度、基本制度和具体制度三个层次构成。其中，根本制度、基本制度规定了社会主义的性质与方向，具有原则性和稳定性；社会主义具体制度需要随着社会主义事业不断发展而变革调整。改革开放之初，邓小平便意识到“党和国家现行的一些具体制度中，还存在不少的弊端，妨碍甚至严重妨碍社会主义优越性的发挥”[5]。中国特色社会主义迈入新时代，社会主义制度体系中的一些具体制度并非尽善尽美。与实现社会主义现代化的要求以及满足人民群众美好生活需要的要求相比，国家治理体系和治理能力仍有待提升。党的十八届三中全会以新时代出现的新情况、新问题及新要求为逻辑起点，作出“全面深化改革”的战略安排，并明确了全面深化改革的总目标与经济社会生活各领域深化改革的分目标。党的十九届四中全会进一步对包括党的领导制度体系、人民当家作主制度体系在内的13个制度体系作出具体部署。党中央在不改变社会主义性质的前提下，针对经济、政治、文化、社会、生态文明等领域的现存制度问题，推进诸多体制机制改革，健全国家治理体系。面对2020年新冠疫情大考提出的更高制度要求，党中央强调要“抓紧补短板、堵漏洞、强弱项”[6]。后疫情时代，单边主义、保护主义、极端民粹主义抬头，公共卫生安全等非传统安全挑战更加严峻，全球治理体系变革已是大势所趋。可以说，以稳健的改革方式克服制度建

[1] 《邓小平文选》（第3卷），人民出版社1993年版，第142页。

[2] 《江泽民文选》（第3卷），人民出版社2006年版，第120页。

[3] 《胡锦涛文选》（第2卷），人民出版社2016年版，第617页。

[4] 《习近平关于全面深化改革论述摘编》，中央文献出版社2014年版，第15页。

[5] 《邓小平文选》（第2卷），人民出版社1994年版，第327页。

[6] 《完善重大疫情防控体制机制　健全国家公共卫生应急管理体系》，《人民日报》2020年2月15日。

设前进路上的风险与障碍，推动社会主义制度体系内在发展与成熟定型，是新时代中国共产党人的重要使命。

四、党的领导为制度创新探明科学规律

规律不以人的意志为转移，无论客观世界还是主观世界，只要违背规律都会受到惩罚。制度创新是主观与客观、理论与实践的统一，同样应当遵循规律。因此，发现规律、总结规律便显得尤为重要。中国共产党在领导制度建设的历程中，植根中国大地、立足中国具体实际，形成了有关制度创新的规律性认识，为坚持和完善中国特色社会主义制度乃至建设社会主义现代化事业提供了重要经验借鉴。

（一）制度创新要坚持党的领导与依靠群众相统一

中国特色社会主义制度“凝结着党和人民的智慧”[1]，是依靠党和人民力量的必然结论。“中国之制”创新发展的历史是一部中国共产党领导的历史，党的领导是中国特色社会主义制度创新的最大优势。在百年未有之大变局与深化改革的国内外环境中，实现新时代中国特色社会主义制度建设的战略目标，需要中国共产党举旗定向，统筹国内国际两个大局，为制度创新清除障碍。同时，“中国之制”的创新也要依靠人民群众。人民群众是历史的创造者，中国特色社会主义伟大事业由人民缔造，党的建设伟大工程由人民拥护。作为中国工人阶级、中国人民和中华民族的先锋队，中国共产党代表最广大人民群众的根本利益，并在领导社会主义革命、建设与改革进程中，形成了“一切为了群众、一切依靠群众，从群众中来、到群众中去”的群众路线。中国共产党确立、完善、发展社会主义制度，根本出发点和落脚点都是不断维护和发展人民利益。中国特色社会主义制度的改革创新，也应当发挥广大人民群众的实践伟力，在广大人民群众的火热生活中展开。

（二）制度创新要坚持独立自主与借鉴学习相统一

“坚持独立自主，就是要坚持中国的事情必须由中国人民自己作主张、自己来处理。”[2]这意味着要从中国实际出发、以本国国情为一切工作的出发点和立足点。“中国之制”是经实践检验和中国人民认可的科学制度体系，任何时候都要根据中国实际、依靠中国共产党及中国人民自己的力量来完善发展。谋划和推进各项工作，必须深入

[1] 习近平：《坚持和完善中国特色社会主义制度　推进国家治理体系和治理能力现代化》，《求是》2020年第1期。

[2] 《十八大以来重要文献选编（上）》，中央文献出版社2014年版，第699页。

分析和准确判断当前世情国情党情，增强执政党决策的科学性、民主性及预见性。历史经验表明，只有坚持独立自主、立足国情，中国共产党才能够破除既有体制机制和条条框框的约束，破除传统思维方式、思想观念的束缚，为制度建设带来更多活力。当然，独立自主并不意味着僵化教条和孤立封闭。人类历史演进的过程也是各国人民根据本国实际创造制度文明的过程。各国制度皆有所长、也有所短，学习他国经验、借鉴人类一切制度文明成果，可以更好地服务于自身的探索与创新。善于学习的中国共产党会继续借鉴其他制度文明成果，为建设中国特色社会主义制度提供有益养分。

（三）制度创新要坚持驳斥质疑与自觉自信相统一

在资本主义与社会主义两种制度的较量中，中国共产党高举社会主义制度大旗，在世界范围内较为有力地扭转了社会主义制度的弱势局面。然而，国内外有些舆论质疑中国共产党领导的“中国之制”是“国家资本主义”“新官僚资本主义”。习近平对这些错误观点进行了有力驳斥，并斩钉截铁地指出“中国特色社会主义是社会主义而不是其他什么主义”[1]。中国特色社会主义制度是中国共产党根植中国历史传统与文化土壤，在遵循科学社会主义基本原则基础之上赋予制度创新以鲜明的中国特色，是“科学社会主义理论逻辑和中国社会发展历史逻辑的辩证统一”[2]，是历史和人民的选择。破立当并举。除驳斥质疑外，制度创新也当自觉自信。成功是自信的最大底气。以邓小平评价一个国家政治制度的三条标准[3]来审视“中国之制”可以看到，中国特色社会主义基本经济制度，极大地解放和发展生产力，也极大地改善了人民群众的生活，人民幸福感、获得感明显提升。各个子系统高度耦合的中国特色社会主义制度不断防范和化解重大风险，维护了社会的长期稳定。面对“世界怎么了、人类该怎么办”的时代之问，世界社会主义与资本主义两种制度分别给出了不同的应对答案。曾经带头构建全球化秩序的个别发达国家反过来带头反对全球化。中国则通过共建“一带一路”、筹建亚洲基础设施投资银行和设立丝路基金等方式，为全球经济发展和各国共同繁荣注入新活力。中国共产党领导的中国特色社会主义制度在其发展创新阶段，不仅为中国人民谋幸福，也为人类进步事业谋福祉。我们有充足的理由坚定制度自信，相信党的有力领导能够使社会主义制度更加成熟、彰显出更大的制度优越性。

原载于《当代世界社会主义问题》2020年第3期

[1] 习近平：《关于坚持和发展中国特色社会主义的几个问题》，《求是》2019年第7期。

[2] 《习近平谈治国理政》（第一卷），外文出版社2018年版，第21页。

[3] 《邓小平文选》（第3卷），人民出版社1993年版，第213页。

论党的全面领导与全面建成小康社会

王韶兴　靳　贺

摘　要：党的全面领导是全面建成小康社会的政治保证，全面建成小康社会是党的全面领导的价值体现，“以人民为中心”是党的全面领导与全面建成小康社会的价值统领。党领导人民全面建成小康社会作为实现中华民族伟大复兴的内在要求和生动实践，涉及理论逻辑、发展理路、价值内涵若干方面，包括“首要前提”“价值牵引”“底线目标”“关键支撑”“实践机制”多项要素，是一个内容极为丰富的理论表达体系和价值实现机制。它既集中体现了党领导人民全面建成小康社会的使命担当、战略定位与实践内容，也深刻蕴含着在第二个一百年党领导人民全面建设社会主义现代化国家的价值遵循与路径选择。党领导全面建成小康社会的伟大实践，极大地丰富了中华民族伟大复兴的深刻内涵，既为全面建设社会主义现代化国家奠定了坚实基础，也为人类文明进步作出了独具特色的中国贡献。

关键词：党的全面领导；全面建成小康社会；政治优势；实践效能；价值维度

全面建成小康社会，是实现中华民族伟大复兴中国梦的关键一步，是坚持“以人民为中心”价值理念的实践表达。“中国特色社会主义最本质的特征是中国共产党领导，中国特色社会主义制度的最大优势是中国共产党领导。坚持和完善党的领导，是党和国家的根本所在、命脉所在，是全国各族人民的利益所在、幸福所在。”[1]全面建成小康社会关键在党，关键在坚持和完善党的全面领导。正确认识党的全面领导与全面建成小康社会的关系，切实把党的领导优势转化为全面建成小康社会的实践效能，是加快推进社会主义现代化国家建设的内在要求。

一、党的全面领导与全面建成小康社会的理论逻辑

中国共产党作为马克思主义执政党，内在地决定了党的全面领导的政治职能和政

[1] 《十八大以来重要文献选编（下）》，中央文献出版社2018年版，第355页。

治使命。坚持党的全面领导不仅是无产阶级政党的本质要求，还是全面建成小康社会的根本保证。全面建成小康社会是实现中华民族伟大复兴的关键一步，是坚持党的全面领导的重要历史使命。

全面领导是马克思主义政党的本质要求与价值所在。马克思主义政党是以实现人的彻底解放和全面发展为奋斗目标的使命型政党。实现领导是马克思主义政党的根本政治职能，政治领导、思想领导、组织领导是马克思主义政党全面领导的基本内容。在政治领导方面，马克思、恩格斯指出：共产党人是由无产阶级先进分子所组成的、由先进理论所武装的、比其余无产阶级群众更“了解无产阶级运动的条件、进程和一般结果”[1]。在思想领导方面，马克思强调，“批判的武器当然不能代替武器的批判，物质力量只能用物质力量来摧毁；但是理论一经掌握群众，也会变成物质力量。理论只要说服人，就能掌握群众”[2]。在组织领导方面，马克思、恩格斯认为，无产阶级政党领导的有效性有赖于民主而严密的政党组织体系。

中国共产党是以马克思主义为指导的无产阶级政党。中国共产党领导中国革命、建设和改革的实践充分揭示了一个规律：没有中国共产党的领导，就不可能实现民族独立和人民解放，也不会实现中国特色社会主义事业的伟大发展。实现社会主义现代化和中华民族伟大复兴，必须坚持党的全面领导。“中国共产党是中国特色社会主义事业的领导核心，处在总揽全局、协调各方的地位。在当今中国，没有大于中国共产党的政治力量或其他什么力量。党政军民学，东西南北中，党是领导一切的，是最高的政治领导力量。”[3]全面建成小康社会作为实现中华民族伟大复兴的内在要求和生动实践，必须坚持党的全面领导，而且必须把党的全面领导体现在全面建成小康社会的全领域，覆盖到全面建成小康社会的全方位，贯穿于全面建成小康社会的全过程。

全面建成小康社会是中国共产党历史使命的实践表达。马克思主义政党的历史使命和终极价值是实现人的解放和自由全面发展。全面建成小康社会是主要围绕民生问题展开的为实现共同富裕作出的战略谋划，实现共同富裕是走向人的自由全面发展的必经阶段。这就从根本上决定了全面建成小康社会，促进共同富裕，是共产党人的天职，是中国共产党的历史使命。

“小康”内蕴着浓厚的民生色彩。民生问题是全面建成小康社会的根本问题，马克思主义政党把解决民生问题作为自己的重要任务和历史使命。马克思、恩格斯指出：“一切人类生存的第一个前提，也就是一切历史的第一个前提，这个前提是：人们为了能够‘创造历史’，必须能够生活。但是为了生活，首先就需要吃喝住穿以及其他一些

---

[1] 《马克思恩格斯选集》(第1卷)，人民出版社2012年版，第413页。

[2] 《马克思恩格斯选集》(第1卷)，人民出版社2012年版，第9—10页。

[3] 《习近平关于社会主义政治建设论述摘编》，中央文献出版社2017年版，第30—31页。

东西。”[1]马克思、恩格斯虽然没有明确提出“民生”二字，但是满足人民生活资料需求实质上就属于民生范畴。中国共产党强调：“消除贫困、改善民生、逐步实现共同富裕，是社会主义的本质要求，是我们党的重要使命。”[2]改善民生必须多谋民生之利、多解民生之忧，补齐民生短板，深入开展脱贫攻坚，提升人民的获得感、幸福感和安全感。“以人民为中心”是党的全面领导和全面建成小康社会的价值统领。坚持“以人民为中心”是中国共产党的宗旨，是中国共产党的鲜明品格和核心标识，是党的全面领导的核心驱动和显著优势。全面建成小康社会因“以人民为中心”的价值追求而产生，为实现“以人民为中心”的价值目标而展开。以“以人民为中心”的价值理念，为全面建成小康社会提供了强大的价值引领、真理力量和道义彰显。在党的领导下，全面建成小康社会，以解决社会主要矛盾为主要任务，以广大人民群众为主体力量，以实现国家富强、民族复兴、人民幸福为奋斗目标，以“人民是否真正得到了实惠，人民生活是否真正得到了改善，人民权益是否真正得到了保障”[3]作为检验党领导全面建成小康成效的根本指标。“不断提高人民生活质量和水平，是我们一切工作的出发点和落脚点，也是全面建成小康社会的根本目的。”[4]

进入中国特色社会主义新时代，坚持“以人民为中心”的发展思想和基本原则，要求牢记共产党人的初心和使命，把增进人民福祉、促进人的全面发展作为全面建成小康社会的根本立足点。坚持“以人民为中心”，体现了新时代条件下对党的性质宗旨的认识再深化、实践再拓展，彰显了我们党强烈的人民意识和高度的使命自觉。

二、党领导全面建成小康社会的实践理路

中国共产党是中国特色社会主义各项事业的领导核心，决定了它不仅能为领导全面建成小康社会确定发展方向、制定战略目标、统筹战略布局、安排战略部署，还能不断推进全面小康的建设进程、领导全面建成小康社会取得历史性成就。

一是系统认识全面建成小康社会的科学内涵和历史价值。在民主革命时期，毛泽东虽然没有明确提出“小康社会”的概念，但毛泽东思想中却蕴含着深厚的“小康”内涵。毛泽东认为革命的目的“在于建设一个中华民族的新社会和新国家。在这个新

[1] 《马克思恩格斯文集》(第1卷)，人民出版社2009年版，第531页。

[2] 《习近平谈治国理政》(第二卷)，外文出版社2017年版，第83页。

[3] 《习近平关于党的群众路线教育实践活动论述摘编》，党建读物出版社、中央文献出版社2014年版，第8页。

[4] 习近平：《在学习〈胡锦涛文选〉报告会上的讲话》，人民出版社2016年版，第12页。

社会和新国家中，不但有新政治、新经济，而且有新文化”[1]。这里所追求的新社会就是包含政治、经济、文化各项内容的“小康”社会。改革开放以来，邓小平首次提出了“小康”的概念，指出小康社会就是人民的生活“虽不富裕，但日子好过”[2]。党的十六大，第一次对“全面建设小康社会”进行了阐述，提出要全面建设“惠及十几亿人口的更高水平的小康社会”[3]。党的十八大明确提出了“为全面建成小康社会而奋斗”的命题。[4]2015年，习近平在党的十八届五中全会第二次全体会议上对全面建成小康社会的内涵作了系统阐述：全面建成小康社会的“‘小康’讲的是发展水平，‘全面’讲的是发展的平衡性、协调性、可持续性”[5]。相比小康社会，“全面”小康不仅在广度上和深度上有了更高要求，而且在速度和质量上也有了质的提升。“全面”小康，蕴含着推进国家政治、经济、社会、文化、生态全方位建设的主旨，是“五位一体”全面发展的小康，是推动城乡区域协调发展的共同小康，是全体人民的小康，还是指向人民的全面需求的小康。

全面建成小康社会关系着中国特色社会主义现代化进程的推进，影响着中华民族伟大复兴中国梦的实现。第一，党领导人民全面建成小康社会，凝聚着人民的憧憬和向往。全面建成小康社会体现了党为人民谋幸福的价值追求，彰显了人民群众的根本利益诉求，符合人民群众的深切期盼。第二，全面建成小康社会是中国特色社会主义现代化进程的重要战略组成部分和必要准备阶段。“从全面建成小康社会到基本实现现代化，再到全面建成社会主义现代化强国，是新时代中国特色社会主义发展的战略安排。”[6]第三，全面建成小康社会是实现中华民族伟大复兴的关键一步，是实现中华民族伟大复兴中国梦的基础工程。从实现温饱、基本小康、总体小康到全面小康，党领导全面建成小康社会所取得的成就与经验，为实现中华民族伟大复兴奠定了坚实的基础。

二是科学部署全面建成小康社会的实践步骤。伴随对小康社会内涵认识的不断深化，我们党在实践上也相应地作出了建设小康社会的科学部署。1982年，党的十二大提出到20世纪末的二十年，前十年主要是打好基础，后十年进入一个新的经济振兴期，力争使全国工农业的年总产值翻两番。[7]1987年，邓小平根据中国经济发展的实际情况，对小康社会目标作了调整之后，形成了“三步走”战略：“第一步，实现国民生产总值比一九八〇年翻一番，解决人民的温饱问题。这个任务已经基本实现。第二步，到本

[1] 《毛泽东选集》（第2卷），人民出版社1991年版，第663页。

[2] 《邓小平文选》（第3卷），人民出版社1993年版，第161页。

[3] 《十六大以来重要文献选编（上）》，中央文献出版社2011年版，第14页。

[4] 《十八大以来重要文献选编（上）》，中央文献出版社2014年版，第1页。

[5] 《习近平谈治国理政》（第二卷），外文出版社2017年版，第78页。

[6] 《十九大以来重要文献选编（上）》，中央文献出版社2019年版，第21页。

[7] 《十二大以来重要文献选编（上）》，中央文献出版社2011年版，第11—13页。

世纪末，使国民生产总值再增长一倍，人民生活达到小康水平。第三步，到下个世纪中叶，人均国民生产总值达到中等发达国家水平，人民生活比较富裕，基本实现现代化。”[1]1997年，党的十五大适时提出面向21世纪前五十年的“新三步走”战略：“展望下世纪，我们的目标是，第一个十年实现国民生产总值比二〇〇〇年翻一番，使人民的小康生活更加宽裕，形成比较完善的社会主义市场经济体制；再经过十年的努力，到建党一百年时，使国民经济更加发展，各项制度更加完善；到世纪中叶建国一百年时，基本实现现代化，建成富强民主文明的社会主义国家。”[2]到2000年，人民生活水平总体达到小康，但“总的来说，还是低水平的、不全面的、发展很不平衡的小康”[3]。由此，江泽民在党的十六大报告中宣布：“我国进入全面建设小康社会、加快推进社会主义现代化的新的发展阶段”[4]，从而实现了从小康社会到全面小康社会的重大转变。2012年，党的十八大报告明确指出：“坚定不移沿着中国特色社会主义道路前进，为全面建成小康社会而奋斗。”[5]党的十九大发出决胜全面建成小康社会，开启全面建设社会主义现代化国家新征程的动员令，提出了21世纪中叶建成富强民主文明和谐美丽的社会主义现代化强国，实现中华民族伟大复兴的“两步走”战略。

三是准确把握全面建成小康社会的关键环节。党的十八大以来，以习近平同志为核心的党中央把脱贫攻坚作为全面建成小康社会的底线任务、关键环节和标志性指标。在2020年3月中央召开的决战决胜脱贫攻坚座谈会上，习近平强调，现行标准下的农村贫困人口全部脱贫，是党中央向全国人民作出的郑重承诺。要求全党坚决克服新冠疫情影响，以更大决心、更强力度推进脱贫攻坚，夺取脱贫攻坚战全面胜利。正因为如此，习近平强调：“到2020年稳定实现农村贫困人口不愁吃、不愁穿，农村贫困人口义务教育、基本医疗、住房安全有保障；同时实现贫困地区农民人均可支配收入增长幅度高于全国平均水平、基本公共服务主要领域指标接近全国平均水平。”[6]脱贫攻坚要坚持“两不愁三保障”的脱贫标准；要坚持精准扶贫、精准脱贫的基本方略，即坚持扶贫对象精准、项目安排精准、资金使用精准、措施到户精准、因村派人精准、脱贫成效精准；要解决好“扶持谁”“谁来扶”“怎么扶”“如何退”四个问题。以建档立卡保障扶持对象的精准性，以第一书记和驻村干部明确帮扶主体力量，以“五个一批”工程确定脱贫方式的多样性，以“设定时间表、留出缓冲期、实行严格评估、实行逐户

[1] 《十三大以来重要文献选编（上）》，中央文献出版社2011年版，第14页。

[2] 《十五大以来重要文献选编（上）》，中央文献出版社2011年版，第4页。

[3] 《江泽民文选》（第3卷），人民出版社2006年版，第416页。

[4] 《江泽民文选》（第3卷），人民出版社2006年版，第528页。

[5] 《十八大以来重要文献选编（上）》，中央文献出版社2014年版，第1页。

[6] 《习近平谈治国理政》（第二卷），外文出版社2017年版，第84页。

销号”逐步完成脱贫任务。

如期全面建成小康社会，意味着我国实现了从大幅落后于时代到大踏步赶上时代的新跨越。2014年，全国832个贫困县名单公布，涉及22个省区市，完全没有贫困县的省份只有9个。七年来，我国每年减贫人口都在1000万人以上，贫困人口从2012年底的9899万人减至2019年底的551万人，贫困发生率从10.2%降至0.6%。贫困县农民人均可支配收入2019年增加到11567元。全国建档立卡贫困户人均纯收入2019年增加到9808元。截至2020年11月，贫困县全部脱贫摘帽。“十三五”时期是全面建成小康社会决胜阶段。党的十九届五中全会公报指出：“全面建成小康社会胜利在望，中华民族伟大复兴向前迈出了新的一大步，社会主义中国以更加雄伟的身姿屹立于世界东方。”[1]“今天，我们比历史上任何时期都更接近、更有信心和能力实现中华民族伟大复兴的目标。”[2]

三、党领导全面建成小康社会的价值维度

党领导人民全面建成小康社会作为实现中华民族伟大复兴的内在要求和生动实践，是马克思主义与中国实际相结合的伟大创造。由“首要前提”“价值牵引”“底线目标”“关键支撑”“实践机制”等要素构成的价值体系，既集中体现了党领导人民全面建成小康社会的战略定位与实践内容，也深刻蕴含着党领导人民全面建设社会主义现代化国家的价值遵循与策略选择。

“理论武装”是党领导全面建成小康社会的首要前提。指导思想是一个政党的精神旗帜。习近平新时代中国特色社会主义思想作为马克思主义中国化的最新成果，是中国特色社会主义理论体系的重要组成部分，是国家政治生活和社会生活的指导思想，是当代中国马克思主义。用习近平新时代中国特色社会主义思想武装全党，就是要深刻把握贯穿其中的马克思主义立场观点方法；就是要深刻把握新时代坚持和发展中国特色社会主义“八个明确”和“十四个坚持”；就是要通过坚持知行合一、学做结合，把这一新思想的精神实质、科学内涵和实践要求体现在全党的思想认识和整个实践之中。中国特色社会主义进入新时代以来，党紧扣全面建成小康社会、打赢脱贫攻坚战的工作主线，统筹推进“五位一体”总体布局，协调推进“四个全面”战略布局，提出创新、协调、绿色、开放、共享五大发展理念，使我国经济实力、科技实力、综合国力达到新的历史水平，使中华民族伟大复兴向前迈出新的一大步。其根本在于以习近平同志为核心的党中央的坚强领导，在于习近平新时代中国特色社会主义思想的科

[1] 《中共中央关于制定国民经济和社会发展第十四个五年规划和二〇三五年远景目标的建议》，人民出版社2020年版，第3页。

[2] 《十九大以来重要文献选编（上）》，中央文献出版社2019年版，第11页。

学指引。站在“两个一百年”奋斗目标的历史交汇点上，极为复杂的国内外环境和全面建设社会主义国家的繁重任务，要求我们更加自觉地坚持用习近平新时代中国特色社会主义思想武装头脑，更加自觉地把这一思想落实到改造客观世界和主观世界全过程，贯彻到社会主义现代化国家建设各领域。

“共同富裕”是党领导全面建成小康社会的价值牵引。党领导全面建成小康社会的基本目标，就是要实现全体人民的共同富裕。共同富裕是社会主义的本质要求和价值表达。社会主义是建立在资本主义社会化大生产基础之上、实现生产资料公有制和按劳分配的新的社会形态。其生产的目的主要是满足人民日益增长的物质文化需要，促进人的彻底解放与全面发展。这种社会物质基础、制度安排和生产目的，合乎逻辑的必然达致社会全体成员的共同富裕。可见，“社会主义的本质，就是解放生产力，发展生产力，消灭剥削，消除两极分化，最终达到共同富裕”[1]。中国共产党成立以来，始终把共同富裕作为我们党的根本价值取向。新中国成立初期，毛泽东首倡“共同富裕”，汇集群众力量，建设社会主义伟大事业；改革开放以来，邓小平指出共同富裕是社会主义的本质特征，江泽民强调要兼顾效率与公平，让广大人民共享改革发展的成果；胡锦涛则突出科学发展，以人为本，更加注重社会公平；习近平提出了共享发展的理念，进一步发展了共同富裕的科学内涵和实践要求。以全民共享为目标、全面共享为内容、共建共享为基础、渐进共享为途径的共享发展理念，揭示了“以人民为中心”的发展本质，彰显了公平正义的发展要求，体现了全面建成小康社会的根本目的。

“脱贫攻坚”是党领导全面建成小康社会的底线目标。“人民对美好生活的向往，就是我们的奋斗目标。”[2]要满足人民日益增长的美好生活需要，一方面要不断解放和发展社会生产力，为人民普遍的美好生活奠定物质根基；另一方面就是要更加合理地配置已经发展起来的物质基础，消除社会发展不平衡带来的财富分配不均。聚焦到新时代，就是要消除社会发展不平衡不充分的突出表现，即绝对贫困。生产力的发展是全面建成小康社会的基础，而脱贫攻坚则是新时代全面建成小康社会的起码要求。没有农村的小康，特别是没有贫困地区的小康，就没有全面建成小康社会。全面建成小康社会是建设社会主义现代化国家的必经之路，内嵌着深深的社会主义意识形态烙印。任何一种性质的政治体制，或多或少都会要求发展社会生产力，但只有马克思主义政党才具有历史性地消除绝对贫困进而解决相对贫困的使命和担当。

可见，“脱贫攻坚”既是重大的民生问题，也是关系战略全局的重大政治问题，是中国共产党对人民作出的庄严承诺。同时，“脱贫攻坚”并不是全面建成小康社会的终

[1] 《邓小平文选》（第3卷），人民出版社1993年版，第373页。

[2] 《十八大以来重要文献选编（上）》，中央文献出版社2014年版，第70页。

极目标，因为党的奋斗目标从来都是人民对美好生活的向往，而美好生活的概念总是随着社会条件的发展而升华的。“中国特色社会主义进入新时代，我国社会主要矛盾已经转化为人民日益增长的美好生活需要和不平衡不充分的发展之间的矛盾。”[1]社会主要矛盾的变化标志着在新时代，人民对美好生活的需要已经越来越转化为对共享社会发展成果的需要，对社会财富均衡分配的需要。在这个意义上讲，“脱贫攻坚”作为党领导全面建成小康社会的底线目标，只是人民共享社会发展成果的起点，它以“必要准备”的价值内涵赋予全面建设社会主义现代化国家以新的文明起点。

“群众主体”是党领导全面建成小康社会的关键支撑。人民群众是物质资料生产活动的主体，是先进生产力和先进文化的创造主体，也是实现自身利益的根本力量。“人民，只有人民，才是创造世界历史的动力。”[2]中国共产党强调，党的“根基在人民、血脉在人民、力量在人民”[3]；全心全意为人民服务是党的根本宗旨；群众路线是党的生命线和根本工作路线。中国共产党是在群众中诞生、成长和发展起来的，是在密切联系群众的政治生态中发挥作用的。党领导人民决胜全面建成小康社会、打赢脱贫攻坚战的根本原因，在于党坚守“人民对美好生活的向往，就是我们的奋斗目标”的庄严承诺[4]；坚持人民是党的工作的“最高裁决者和最终评判者”的实践标准[5]；厚植“我将无我，不负人民”的为民情怀[6]，“时刻把群众安危冷暖放在心上，及时准确了解群众所思、所盼、所忧、所急，把群众工作做实、做深、做细、做透”[7]。这深刻表明，党“只有始终与人民心连心、同呼吸、共命运，始终依靠人民推动历史前进”[8]，才能做到坚如磐石；党只有坚持群众主体，激发内生动力，才能充分调动广大人民群众建设小康社会的积极性、主动性和创造性。面向“第二个一百年”，党只有把人民群众放在中心位置，随时随地倾听人民呼声、回应人民期待，充分发挥党密切联系人民群众的最大政治优势，才能最大限度地凝聚起全面建设社会主义现代化国家的“中国力量”。

“制度化运行”是党领导全面建成小康社会的实践机制。党对全面建成小康社会的理论根据与实践条件、要素构成及相互关系、价值目标及绩效表达等内容的系统化思考和规范化、机制化表达，构成党领导全面建成小康社会的制度化形态，集中体现党以制度建设为核心内容领导全面建成小康社会的现代化水平。其主要包括以下几个方

[1] 《十九大以来重要文献选编（上）》，中央文献出版社2019年版，第8页。

[2] 《毛泽东选集》（第3卷），人民出版社1991年版，第1031页。

[3] 《十六大以来重要文献选编（下）》，中央文献出版社2008年版，第535页。

[4] 《十八大以来重要文献选编（上）》，中央文献出版社2014年版，第70页。

[5] 《十八大以来重要文献选编（上）》，中央文献出版社2014年版，第698页。

[6] 《习近平谈治国理政》（第三卷），外文出版社2020年版，第144页。

[7] 《论群众路线——重要论述摘编》，中央文献出版社、党建读物出版社2013年版，第117页。

[8] 《习近平谈治国理政》，外文出版社2014年版，第368页。

面：一是责任体系。即构建党中央集中统一领导下的各负其责、各司其职的责任体系，严格落实各级党委一把手负责制，省市县乡村五级书记一起抓，做到任务明确、职责清晰，为全面建成小康社会提供坚强政治保证。二是政策体系。根据全面建成小康社会的客观要求，完善“顶层设计”，即党中央要适时制定为实现全面建成小康社会的各种决议、方针，相关部门根据党中央的指示精神出台有关政策文件和实施方案，各地相继出台和完善“1+N”的全面建成小康社会的系列配套措施，形成上下联动、统一协调的政策体系。三是投入体系。充分发挥政府投入主体和主导作用，增加金融资金对全面建成小康社会的投放，吸引社会资金的广泛参与，同时加大各种资金的整合力度，加强对各种资金使用的监督管理，确保每一分钱都花在群众需要的地方。同时，根据客观需要，向贫困村选派第一书记和驻村工作队、加强一线扶贫力量，形成保障资金、强化人力的投入体系。四是社会动员体系。充分发挥坚持全国一盘棋、调动各方面积极性、集中力量办大事的显著制度优势，形成广泛参与、合力攻坚的社会动员体系。五是监督考核体系。把全面从严治党要求贯穿全面建成小康社会工作的全过程和各环节，依靠监督考核及时发现和解决问题，形成多渠道全方位的监督体系和最严格的考核评估体系，为全面建成小康社会提供坚强的政治保证和组织保障。

“以制度化运行”为显著特征的党领导全面建成小康社会的实践机制，作为国家治理体系和治理能力现代化的生动表达，为党顺利实现“第二个一百年”的奋斗目标提供了富有成效的价值基础和路径引导。

2020年10月29日，中国共产党第十九届中央委员会第五次全体会议公报发布，全会高度评价决胜全面建成小康社会取得的决定性成就，并深入分析了我国发展环境面临的深刻复杂变化，同时再次强调，“实现‘十四五’规划和二〇三五年远景目标，必须坚持党的全面领导，充分调动一切积极因素，广泛团结一切可以团结的力量，形成推动发展的强大合力”[1]，为实现中华民族伟大复兴的中国梦不懈奋斗。

原载于《马克思主义理论学科研究》2020年第6期

[1] 《中共中央关于制定国民经济和社会发展第十四个五年规划和二〇三五年远景目标的建议》，人民出版社2020年版，第40页。

确立权威高效的制度执行机制是加强党对制度建设领导的关键

臧秀玲　韩　慧

摘　要：制度的生命力在于执行。新时代，只有加强党对制度建设的领导，确立权威高效的制度执行机制，增强制度执行力，才能把中国特色社会主义制度优势更好转化为国家治理效能。从构成上看，权威高效的制度执行机制以自觉遵从制度为基本要素，以严格执行制度为关键要素，以坚决维护制度为保障要素，三者相互作用、缺一不可。制度执行关键在人，因此必须强化制度意识、健全执行机制、提高执行本领，进而保证党员领导干部成为制度执行的表率。

关键词：党的制度领导；制度执行机制；权威高效

习近平指出："一分部署还要九分落实。制度制定很重要，更重要的是抓落实，九分气力要花在这上面。"[1]制度构建是前提，制度执行是关键，离开权威高效的制度执行机制，中国特色社会主义制度就成了空中楼阁。因此，加强党对制度建设的领导，关键是要确立权威高效的制度执行机制，使我国制度体系从静态纸面上"动"起来、"活"起来，促使制度优势更好地转化和落实为国家治理效能，进而为实现中华民族伟大复兴提供有力保障。

一、增强制度执行力是把我国制度优势转化为国家治理效能的关键

中国特色社会主义制度是一套以中国共产党领导为前提，内含根本制度、基本制度、重要制度和具体体制机制的制度体系，是党和人民在长期实践探索中形成的科学制度体系。我国国家治理一切工作和活动都依照中国特色社会主义制度展开，我国国家治理体系和治理能力是中国特色社会主义制度及其执行能力的集中体现。中国特色

[1]　中共中央纪律检查委员会、中共中央文献研究室编：《习近平关于党风廉政建设和反腐败斗争论述摘编》，中央文献出版社、中国方正出版社2015年版，第129页。

社会主义制度优势转化为国家治理效能具有内在必然性，但要把这一应然意义上的制度优势更好转化为实然状态下的国家治理效能，关键是要增强制度执行力。

（一）制度执行力的强弱直接决定制度优势能否转化为国家治理效能

“制度执行能力的强弱决定制度效果的高低，直接影响制度优势能否转化为治理效能。”[1]制度执行力是执行主体将制度落实于国家治理实践的能力和效力展现，它体现了制度本身的内在规定性要求，是将制度优势更好转化为治理效能的桥梁与动力。

从制度的生成与演变来看，中国特色社会主义制度是人类制度文明史上的伟大创造，它遵循“历史实践—制度—现实实践”的生成逻辑和循环过程，来源于中国共产党领导中国人民进行的长期实践探索及其经验，也需要通过执行进一步落实于实践，才能彰显其存在意义。制度优势通过制度执行与制度落实来展现，制度执行力是制度生成与发展逻辑的内在要求，也是制度体系的重要构成。从某种意义上说，没有执行力的制度、离开实践的制度优势，犹如离开土壤的花朵，终将因缺乏根基和养分而枯萎和消逝。从制度的特性与功效来看，“制度是一个社会的游戏规则”[2]，是一套规范社会的交互行为和相互关系的结构框架，这套框架具有价值引领、行为规制、关系协调和秩序稳定等功能。依托这些功能，制度能够为国家治理提供目标方向与行为预期，能够降低国家治理的成本与风险。而这一治理功效完全依赖制度执行力的有无与强弱。“一种行为准则，即一种国家意志的表达，如果得不到执行，实际上就什么也不是，只是一纸空文。”[3]没有强大的制度执行力，脱离制度执行和制度落实，中国特色社会主义制度就会成为“稻草人”“纸老虎”，其显著优势也只能成为“墙上画”“水中月”，不可能落实为国家治理效能。简言之，“制度的效用取决于制度执行力”[4]。从关系角度看，制度执行力与制度优势向国家治理效能转化是一个问题的两个方面。一方面，制度执行力是工具与手段，是国家制度优势转化为国家治理效能的重要保证，它的水平主要通过制度优势向国家治理效能转化的效果来体现；另一方面，国家制度优势向国家治理效能转化是目标追求，是制度执行力的功能体现，它主要通过制度执行力来实现。因此，习近平强调：“制度的生命力在于执行。要强化制度执行力，加强制度执行的监督，切实把我国制度优势转化为治理效能。”[5]

---

[1] 杨开峰：《国家治理的制度逻辑：一个概念性框架》，《公共管理与政策评论》2020年第3期。

[2] 道格拉斯·诺斯：《制度、制度变迁与经济绩效》，刘守英译，上海三联书店1994年版，第3页。

[3] F. J.古德诺：《政治与行政》，王元译，华夏出版社1987年版，第14页。

[4] 《胡锦涛文选》（第3卷），人民出版社2016年版，第305页。

[5] 《习近平在中央政治局第十七次集体学习时强调　继续沿着党和人民开辟的正确道路前进　不断推进国家治理体系和治理能力现代化》，《新华每日电讯》2019年9月25日。

（二）注重制度建设、狠抓制度执行是党的优良传统

中国共产党近百年的历史经验表明：正是党重视制度建设，狠抓制度落实，才充分激发我国制度的治理效能，推动革命、建设与改革取得历史性成就。

新民主主义革命时期，党在领导革命和局部执政的复杂环境下，不仅因地制宜地制定了一套契合国情党情的党内法规制度，还为推进制度执行设立了党的中央监察委员会（1927年），颁布了《中央巡视条例》（1931年），并明确要求“从中央以至地方的领导机关，应制定一种党规，把它当作党的法纪之一部分。一经制定之后，就应不折不扣地实行起来”[1]。从1921—1949年党的制度建设与执行实践看，虽然形势不利，未能在全国范围内制定和执行国家制度，但党内制度基本健全，党内制度执行也可圈可点，这有效保证了革命的胜利和中国人民“站起来”夙愿的实现。新中国成立后，党一方面继续健全党内法规制度体系，另一方面在借鉴苏联经验的基础上，逐步确立了社会主义国家的国体、政体和基本制度，并明令全党同志，制度“决定了就要执行，要一致执行，这是一条纪律，也是我们党的传统”[2]。中国共产党积极推进党内制度完善，领导国家制度创建，不仅巩固了社会主义政权，而且保证了国家经济的恢复与发展，使中国人民开始走上了从站起来到富起来的逐梦之路。改革开放后，党在总结历史经验教训的基础上，开启了制度重建和完善的新征程，重新制定宪法，规范、调整和恢复国家制度，强调“执行是制度的生命”的原则，明确提出要“提高制度执行力，维护制度权威性”[3]，主张通过有效执行来确立制度权威，有效保障了改革开放进程的顺利展开和逐步深入。党的十八大以来，党中央高度重视制度执行，一方面指出，“制度执行力、治理能力已经成为影响我国社会主义制度优势充分发挥、党和国家事业顺利发展的重要因素”[4]，高度强调制度约束无例外、制度面前没特权的制度执行理念；另一方面以抓铁有痕、踏石留印的刚性执行能力，狠抓落实，多形式督促检查，使中华民族和中国人民迎来了从站起来、富起来到强起来的历史性飞跃。总之，通过增强制度执行力来更好地把我国制度优势转化为国家治理效能，是中国历史演进的经验总结，也是人类政治文明发展的成果展现。

（三）制度执行较之制度构建更显紧迫

制度贵在执行，也难在执行。“制度执行难”使制度在实践中面临更大的挑战和更

---

[1] 中央档案馆编：《中共中央文件选集》（第11册），中共中央党校出版社1991年版，第652页。

[2] 《建国以来重要文献选编》（第15册），中央文献出版社1997年版，第170页。

[3] 《中共中央关于加强和改进新形势下党的建设若干重大问题的决定》,《人民日报》2009年9月28日。

[4] 中共中央文献研究室编：《习近平关于全面深化改革论述摘编》，中央文献出版社2014年版，第29页。

多的问题，使我国制度优势向国家治理效能转化受到了更大的掣肘，这也是党在领导制度建设过程中更加强调和重视制度执行力的现实诉求与迫切要求。

古今中外的治国实践显示，立制不易，执行更难。制度执行不是存在于真空中的单线条过程，而是受多元复杂因素与环节影响的系统工程，任何一个环节和因素都可能影响执行过程与执行效果，进而影响制度优势向国家治理效能的转化。这些因素包括国家制度体系的科学完善程度、可操作性程度、执行监督与责任机制的健全程度，制度主体的认知与执行能力、利益诉求与选择向度、立场与态度是否端正，文化传统、历史习惯以及现实环境的复杂多变等。这些因素交叉共存，共同影响着制度执行的过程与效果，甚至可能导致制度难以执行。整体而言，我国大多数制度主体具有较强的制度意识、执行能力，稳定和谐、民主法治的制度执行环境正逐渐形成，这有力推进了我国制度执行与落实的实践，更好地促进了制度优势向国家治理效能的转化进程。但不可否认，我国仍存在一些不利于制度执行的因素和问题，它们的综合发酵加深了制度执行难的困境，使制度执行过程中出现了一些不尽如人意的情况。具体表现为：敷衍式执行甚至不执行的情况偶有存在，即制度制定出台后，对制度执行采取敷衍的态度，只做表面宣传、走形式和过场，甚至从一开始就将制度置于“休眠”状态，“挂在墙上、写在纸上、说在嘴上”，却根本不付诸执行，使制度成为“一纸空文”；选择性执行或打折式执行的情况明显，即制度执行主体从部门利益和个人利益出发，秉持合意的就执行、不合意的就不执行，容易的就执行、复杂的就不执行的原则，使制度效力大打折扣，甚至出现零效力和负效力；附加式执行和扩大化执行现象仍然存在，即根据自身需要对制度的外延进行扩大，甚至直接创制出一些违背制度本意的“土政策”，大行“你有政策、我有对策”的恶意规避，使制度产生了“破窗效应”；等等。这既破坏了制度的权威性，也阻碍了制度优势向国家治理效能的转化。总之，制度执行是一个较之制度构建而更显紧迫的问题。为此，习近平强调，“我们要下大气力建制度、立规矩，更要下大气力抓落实、抓执行，坚决纠正随意变通、恶意规避、无视制度等现象”[1]。

二、权威高效制度执行机制的要素体系

高质量的制度需要高质量的执行，高质量的执行需要权威高效制度执行机制的保障。从构成上看，权威高效的制度执行机制以自觉遵从制度为基本要素，以严格执行制度为关键要素，以坚决维护制度为保障要素，三者相互作用、缺一不可。国家制度要发

[1] 中共中央纪律检查委员会、中共中央文献研究室编：《习近平关于严明党的纪律和规矩论述摘编》，中央文献出版社、中国方正出版社2016年版，第89页。

挥约束规范作用，制度效能要充分发挥出来，关键依靠人对制度的自觉遵从、严格执行和坚决维护，抛开人的能动性而空谈制度，只能停留于苍白无力的“空头文件”。

（一）自觉遵从制度是权威高效制度执行机制的基本要素

权威高效的制度执行机制以自觉遵从制度为基本要求。自觉遵从制度意指一个国家的社会成员在对制度进行领会认知与认同的基础上，积极遵守和主动服从制度的过程，它具有遵守主体的广泛性、要求的基准性和落实的全面性等特征。制度只有得到遵守和服从，才能真正对社会成员的价值选择和行为导向发挥指引规范作用，才会对社会关系和社会秩序产生协调保障作用，否则就形同虚设。因此，当一项制度出台后，自觉遵从制度理所当然地成为制度执行中的首要问题和权威高效制度执行机制的基本要素。

建立在对制度全面认知、深度认同基础上的自觉遵从制度是遵从制度的最佳状态，也是权威高效制度执行机制的内在要求。然而，自觉遵从制度并不会自然而然地成为全体成员的必然选择。实践证明：“人们对一个制度的自觉遵从是建立在理解和认同的基础之上的，普遍的理解和认同能够显著地提升制度的效能。”[1]如果社会成员对制度不了解或一知半解，没有形成对制度的基本认同，那么自觉遵从制度就会成为不切实际的幻想。同样，遵从制度是一项典型的集体行动，它要经过人们深思熟虑的理性计算和利益考量。如果遵守和服从制度会给其带来行动限制和利益损失，则理性地寻求利益最大化的人们就“不会采取行动以增进他们的共同目标或集团目标”[2]，也就很难自觉遵从制度，从而使制度面临集体行动的困境。事实上，在每个社会和群体中，“都有不顾道德规范、一有可能便采取机会主义行为的人；也都存在这样的情况，其潜在收益是如此之高以至于极守信用的人也会违反规范”[3]。如果社会成员连国家制度都不遵从，就会有禁不止、有令不行，制度优势向国家治理效能的转化就无从谈起，国家和社会的和谐稳定也将难以保证。因此，要在新时代确保制度得到全面遵从，必须加强制度宣传，不断强化社会成员对制度的基本认知和深度认同。

（二）严格执行制度是权威高效制度执行机制的关键要素

权威高效的制度执行机制以严格执行制度为核心要件。严格执行制度意指制度执行主体遵循特定的执行规则和执行程序，运用一定的执行手段和工具，将制度精准施

---

[1] 蔡宇宏：《论我国新型政党制度的制度优势与治理效能》，《社会主义研究》2020年第2期。

[2] 曼瑟尔·奥尔森：《集体行动的逻辑》，陈郁等译，格致出版社、上海人民出版社2014年版，第2页。

[3] 埃莉诺·奥斯特罗姆：《公共事务的治理之道：集体行动制度的演进》，余逊达、陈旭东译，上海三联书店2000年版，第61页。

加于执行客体、严格落实于具体实践的过程。它具有执行主体的特定性、过程的程序性和要求的严格性等特征。制度如果得不到严格执行，甚至比没有制度影响更坏。严格执行制度作为制度建设的重要环节，是制度执行最直接、最本质的要求，也是权威高效的制度执行机制的关键要素。

制度执行的效果受到多种因素的影响，其中制度执行程序和执行主体的影响最为关键。首先，制度执行是围绕制度而开展的实践活动，制度本身是否具有权威性，制度执行程序是否科学、完整，势必影响制度执行效果。程序主要解决“如何做”的问题，是围绕制度执行的具体流程和措施而作出的具体规定，它既是制度的内在构成和重要体现，也是制度执行的运行理路和严格执行制度的重要保障。新时代，严格执行制度需要加强制度的程序化建设，形成科学、详细、完整的程序规则，细化执行标准，提升制度执行程序的可操作性和合理性，完善制度检查程序的约束性和及时性，强化程序在制度执行中的“刚性”。其次，制度执行过程是由执行主体来主导与推进的，执行主体的认识和能力直接影响制度执行的效果。在实践中，结合新时代特征和党的十九届四中全会要求，提高制度执行主体的制度执行意识，养成制度执行思维，提升制度执行能力，避免和杜绝虚假、盲目和生搬硬套地执行，鼓励与支持问题导向的创新性执行，成为严格执行制度的必要路径。

（三）坚决维护制度是权威高效制度执行机制的保障要素

权威高效的制度执行机制以坚决维护制度为保障条件。坚决维护制度意指社会成员尤其是党员干部以坚决维护制度的严肃性与权威性为己任，勇于和善于同一切破坏制度、违反制度的行为作斗争，以坚决维护制度的科学性与完整性为追求，与时俱进、因地制宜地完善和发展制度的过程。它具有维护动机的自觉性、过程的斗争性、功能的保障性和目标的长远性等特征。如果制度得不到坚决有力的维护，就会出现“破窗效应”，使制度执行流于形式。因此，坚决维护制度是权威高效制度执行机制的保障因素。

习近平强调：“制度一经形成，就要严格遵守，坚持制度面前人人平等、执行制度没有例外，坚决维护制度的严肃性和权威性，坚决纠正有令不行、有禁不止的各种行为，使制度真正成为党员、干部联系和服务群众的硬约束。”[1]首先，坚决维护制度需要制度信仰和制度自信来支撑。制度信仰和制度自信源于制度认知和制度认同，并通向制度自觉。只有当社会成员在对制度全面认知、深度认同的基础上形成至真至诚的制度信仰、至坚至固的制度自信，坚决维护制度才能内化为精神追求、外化为行为习

[1] 《习近平谈治国理政》（第一卷），外文出版社2018年版，第379页。

惯，制度维护主体才能自觉主动地同一切破坏和违反制度的行为作斗争，才能因地制宜、与时俱进地挖掘制度优势，不断推进制度完善发展、永葆生机活力。其次，坚决维护制度需要公民责任和主人翁精神来保障。只有培育公共精神和主人翁意识，强化政治参与意识和政治效能感，营造一种“制度面前、人人平等”“遵守制度、人人有责”“维护制度、人人尽责”的社会氛围，坚决维护制度才能真正具有可持续性。最后，坚决维护制度需要斗争精神和斗争本领。制度维护主体要发扬斗争精神，增强斗争本领，坚决维护制度的严肃性与权威性，坚决纠正有令不行、有禁不止的各种行为，做国家制度和国家治理体系的坚决维护者和坚定捍卫者。

三、加强党对制度建设的领导要发挥党员领导干部的表率作用

“制度的生命在于执行，执行制度关键在人。”[1]加强党对制度建设的领导，必须督促党员领导干部成为制度执行的表率。对此，习近平强调：“各级党委和政府以及领导干部要增强制度意识，善于在制度的轨道上推进各项事业。广大党员、干部要做制度执行的表率，引领全社会增强制度意识，自觉维护制度权威。”[2]

（一）强化制度意识，提高制度执行的自觉性

党的十九届四中全会明确要求各级党员领导干部“要切实强化制度意识，带头维护制度权威，做制度执行的表率，带动全党全社会自觉尊崇制度、严格执行制度、坚决维护制度”[3]。党员领导干部的制度意识，是指其对各项制度的内容的理解力、心理认知状态以及思想观念认同程度的总和。强化制度意识是党员领导干部自觉学习制度和执行制度的思想基础，是保证制度贯彻执行的重要条件。

新时代，党员领导干部必须维护制度权威，坚定制度自信，做自觉遵从制度、严格执行制度、坚决维护制度的垂范者和引领者，以上率下，在全党全国形成严格尊崇与执行制度的良好氛围。第一，通过系统的教育学习，使全体党员干部特别是高级领导干部充分认识中国特色社会主义制度体系的显著优势和本质特征，坚定制度自信。第二，作为制度建设的领导者、决策者和执行者，党员领导干部要在深刻领会制度本

---

[1] 武汉大学党内法规研究中心编：《中国共产党党内法规制度建设年度报告（2016）》，人民出版社2017年版，第130页。

[2] 习近平：《继续沿着党和人民开辟的正确道路前进　不断推进国家治理体系和治理能力现代化》，http：//www.12371.cn/2019/09/24/ARTI1569330531427696.shtml。

[3] 《中共中央关于坚持和完善中国特色社会主义制度　推进国家治理体系和治理能力现代化若干重大问题的决定》，《人民日报》2019年11月6日。

身内在的统一性、统率性、统领性和普适性基础上，自觉做到内化于心、外化于行，真正做到执行制度没有例外、遵守制度没有特权，知行合一，率先垂范，躬身示范，要求别人做到的自己先做到，要求别人遵守的自己先严格遵守，严防“灯下黑”；自觉做到制度面前如履薄冰、如临深渊，不越雷池一步，让制度权威得到充分显现，使制度真正成为人人尊崇、遵守和遵循的行动指南。第三，党员领导干部在事关制度的大是大非面前，一定要做到立场坚定、旗帜鲜明、毫不含糊，敢于善于同破坏制度、违反制度的行为作斗争，把捍卫和维护制度的严肃性和权威性当作一种责任来履行、当作一种原则来坚持，绝不妥协、绝不退让，不折不扣地把党和国家制定的各项制度精准落到实处。第四，党员领导干部在执行制度过程中要做到严肃、严厉、严格、严谨，准确理解和全面把握制度，精准严密和不折不扣执行制度，不徇私情和不谋私利遵守制度，让制度约束真正融于党治国理政的全过程、各环节、各领域、各方面，把制度之网越织越密，把权力关进制度的笼子，防止“牛栏关猫”和权力任性，真正做到立党为公、执政为民。

（二）健全执行机制，确保制度执行的严格性

提升制度执行力，维护制度权威，必须构建执行坚决、监督全面、责任到位、奖惩分明的制度执行机制，确保各项制度都能得到有效执行。制度执行是一个以过程与结果为导向的概念，它是一个以能力为依托进而达到预期执行效果的过程。要达到预期的制度执行效果，解决以往有“制度”而无“制度治理”和制度执行力差的问题，必须完善制度执行机制，倒逼广大党员领导干部提高执行意识与执行能力。

健全制度执行机制，关键是要建立健全监督检查机制、责任追究机制、奖惩考核制度，进而“把监督检查、目标考核、责任追究有机结合起来，形成法规制度执行强大推动力”[1]，最终让制度力量和制度优势更好更快地转化为国家治理效能。第一，把制度执行力作为干部考核的重要依据，纳入领导干部考核评价体系。把制度执行作为对所有领导干部的刚性约束，建立素质培养、知事识人、选拔任用、从严管理、正向激励的干部工作体系，通过选拔和任用制度执行力强的干部，打造一支政治过硬、制度执行能力强的干部队伍。第二，建立健全责任追究机制。“动员千遍，不如问责一遍。”构筑起以明确责任为中心，坚持自律与他律相结合，明晰责任对象、厘清岗位职责、划定责任归属的责任追究机制，达到有权必有责、用权受监督、违者必担责的制度执行效果，是科学设置制度执行责任追究和问责机制的目标所在。第三，建立健全监督检查机制，加强对党员领导干部行使权力的监督和约束。根据工作实际细化监督检查制

[1] 中共中央纪律检查委员会、中共中央文献研究室编：《习近平关于严明党的纪律和规矩论述摘编》，中央文献出版社、中国方正出版社2016年版，第125页。

度，增强其可行性和可操作性，把民主监督、专责监督、审计监督、社会监督、舆论监督有机结合，打造立体化、多层次、全方位的监督检查网络，着力加强对关键环节、重点领域、薄弱环节，特别是对“三重一大”等工作领域的监督检查。第四，建立健全奖惩考核制度。严格遵循“严、深、实、细、准”的考评原则，对于在检查考核中发现的渎职、违反制度和执行不力者，严格按照相关党纪国法予以严厉惩罚；对于严格遵照制定执行标准、遵守制度规则、创造性执行制度、维护制度权威者予以适当奖励，做到既要严肃惩处违反制度的行为和个人，又要注意保护干部谋事创业的积极性。

（三）提高执行本领，增强制度执行的实效性

狠抓制度落实，增强制度执行者的能力与本领是关键。对此，党的十九届四中全会指出，要“推动广大干部严格按照制度履行职责、行使权力、开展工作，提高推进‘五位一体’总体布局和‘四个全面’战略布局等各项工作能力和水平”[1]。

在实践中，要抓好执政骨干队伍建设，把党的各级领导班子和干部队伍建设好、建设强，不断提升其政治素质、理论素养、思想道德素质和专业能力，确保党对制度建设的领导真正落到实处，确保制度执行真正发挥实效。第一，大力提升党员领导干部的政治素养。党员领导干部要坚定执行党的政治路线，增强“四个意识”、坚定“四个自信”、做到“两个维护”，自觉在思想上政治上行动上与党中央保持高度一致，保持政治定力，严格遵守政治纪律和政治规矩，在政治立场、政治方向、政治原则、政治道路上同党中央保持一致，加强党性锻炼，不断提高政治觉悟和政治能力。第二，着力提升党员领导干部的理论水平。加强马克思主义特别是习近平新时代中国特色社会主义思想的理论武装，使广大党员特别是领导干部掌握马克思主义理论武器，提高马克思主义的理论水平和运用能力，真正做到学思用贯通、知信行统一，共同把党的理论创新转化为推进新时代中国特色社会主义伟大事业的实践力量。第三，注重提升党员领导干部的思想道德素质。树立远大的理想信念，弘扬忠诚老实、公道正派、实事求是、清正廉洁等价值观，“明大德”“严公德”“守私德”，严厉杜绝违法乱纪行为。第四，全力提升党员领导干部的专业素养。党员领导干部要过好业务关，技能突出，业务过硬，擅于本职工作，增强治理能力，推进改革创新，使各项工作更好体现时代性、把握规律性、富于创造性。

原载于《当代世界社会主义问题》2020年第3期

[1] 《中共中央关于坚持和完善中国特色社会主义制度　推进国家治理体系和治理能力现代化若干重大问题的决定》，《人民日报》2019年11月6日。

政党嵌入与主体塑造
——乡村振兴视域下农村基层治理的生成逻辑

龚　睿

摘　要： 农村基层治理是以政党权力为代表的国家权力与基于乡土社会的自治权力互动的过程。从历史逻辑来看，政党权力与自治权力间存在的结构性张力制约着乡村治理效能的提升。分析政党权力在农村基层治理中的作用及以自治权力为代表的传统治理资源对农村基层治理的影响，破解乡村治理困境所造成的乡村振兴战略实施梗阻是促进乡村现代化建设的重要维度。新时代，如何在党的领导下从传统乡村治理模式中汲取资源，推动乡村治理主体塑造，构建农村基层治理新格局，是促进乡村振兴战略实施的关键举措。

关键词： 农村基层治理；主体塑造；政党嵌入；现代性

一、问题的提出

农村基层治理现代化是影响现代国家建构的一个重要因素。近代以来，我国农村基层治理是不同权力主体相互博弈的结果。从权力运用的实质来看，既有基于血缘、业缘、地缘的自治权力的运用，也有国家权力的介入。中华人民共和国成立以来的70多年并未从根本上改变这一现状，及至今日，农村基层治理仍是各种权力主体互动的结果。

从实践层面进展来看，乡村振兴战略的实施离不开农村基层治理模式的创新，农村治理现代化是乡村振兴战略实施的题中应有之义。从世界范围来看，无论是早发现代化国家还是后发现代化国家，农村治理的现代化是大国崛起的重要内容。因为"在现代化政治中，农村扮演着关键性的'钟摆'角色"[1]。就国内情况而言，"中国的现代化过程是在一个农村居民占人口绝大多数的古老农业大国中进行的"[2]。农村基层治理问题检验中国现代化的成效。党的十八大以后，以习近平同志为核心的党中央提出"我

[1]　亨廷顿：《变化社会中的政治秩序》，上海世纪出版集团2008年版，第241页。

[2]　罗荣渠：《现代化新论》，北京大学出版社1993年版，第366页。

们比历史上任何时期都更接近中华民族伟大复兴的目标”[1]。实现中华民族的伟大复兴，农村治理现代化问题成为必须解决的时代命题。2018年，《中共中央国务院关于实施乡村振兴战略的意见》针对乡村治理体系和治理能力制约乡村战略实施的问题提出了“乡村振兴，治理有效是基础”[2]。如何从治理层面上改变农村现代化建设的薄弱环节成为当前实施乡村振兴战略的重点。因此，实现农村基层治理现代化将决定乡村振兴战略实施的成效。

从理论层面来看，近年学界不乏从农村基层治理角度研究乡村振兴问题的成果。从规范意义上讲，从“国家—社会”关系角度规范农村基层治理权力主体关系是研究农村基层治理问题的重要范式。农村基层治理具有相对特殊性，兼具国家治理和社会治理的双重属性。“现阶段我国乡村治理问题的性质是坚持和完善中国特色社会主义制度，落实实施乡村振兴战略的总要求。”[3]因此，必须从多维视角理解农村基层治理问题。近年立足中国当代政治发展与乡村传统文化的复兴，学界的争论点主要集中于何种治理主体应成为主导农村基层治理的主要力量。一种观点认为，国家政权应成为农村基层治理的主导性力量，以国家力量推动乡村振兴战略的实施。“村级治理半行政化则开启了乡村治理从内生性治理向外生性治理的‘村务执行’时代”[4]，甚至成为未来乡村治理的主导模式。新时代乡村治理是国家权力重新介入乡村社会的过程。另一种观点认为，社会权力应成为农村治理体系的主导力量，在农村基层治理中应突出村民自治权力。“村民自治是中国特色社会主义基本政治制度的重要组成部分，是乡村治理体系的核心内容。”[5]上述两种观点的争论点在于乡村治理过程中“国家—社会”关系如何处理。针对上述两种思路，在规范意义上，“面对这样的复杂性，我们应当力戒简单化的齐一思维，避免用一把尺子去衡量村庄治理结构的现代化程度”[6]。

当前，学界关注较多的是如何通过乡村治理主体的塑造推动乡村振兴战略实施。村级党组织涣散、乡村空心化等所导致的治理主体缺失是导致农村基层治理失范的主要原因，这严重阻碍了乡村振兴战略的实施。一方面，乡村振兴中的农村基层治理主体的重塑是增强基层治理主体活力的过程。部分学者认为，乡村振兴战略实施从实质上讲是公共权力再“嵌入”的农村基层治理的过程。但在现有模式下，公共权力的再

---

[1] 《习近平谈治国理政》（第一卷），外文出版社2014年版，第36页。

[2] 《中共中央国务院关于实施乡村振兴战略的意见》，《人民日报》2018年2月5日。

[3] 秦中春：《乡村振兴背景下农村治理的目标和现实途径》，《管理世界》2020年第2期。

[4] 王丽惠：《控制的自治：村级治理半行政化的形成机制与内在困境：以城乡一体化为背景的问题讨论》，《中国农村观察》2015年第2期。

[5] 季丽新：《“三治合一”乡村治理体系下的“富人治村”现象分析》，《行政论坛》2020年第1期。

[6] 景跃进：《中国农村基层治理的逻辑转换：国家与乡村社会关系的再思考》，《治理研究》2018年第1期。

"嵌入"并不能改变农村基层治理格局，也没有提升其治理能力。公权力主导重塑农村基层治理体系无法改变由基层政权"悬浮化"所导致的农村公共物品供给危机，因为"基层干部和基层组织考虑更多的是政府自上而下的供给偏好，而不是农民自下而上的需求偏好"[1]，这在一定程度上加剧了农村治理危机。另一方面，农村基层治理主体塑造中对公民权利的相对漠视加重了治理的无效性。村民自治是农村基层治理的重要途径，但在现有治理模式下，"长期忽视自下而上轨道的建设，漠视社区居民的村庄治理主体地位与作用发挥"[2]。基于上述判断，立足乡村振兴，学界对村级治理问题不再拘泥于传统认识中的政治治理或是以群众自治为核心的社会治理。乡村治理是一个综合性概念，它无法真正摆脱乡土社会而成为独立的政治治理，同时乡村治理也无法摆脱政治系统的影响而成为单纯的群众自治。"村级治理具有提供公共服务、培育现代公民和推进国家政权建设三层治理目标。"[3]因此，农村基层治理中的主体塑造应以多维视角加以展开。

当前的研究揭示了乡村振兴战略实施过程中农村基层治理的困境，从不同维度揭示了治理主体重塑对乡村治理现代化的意义，但鲜有研究从政党权力嵌入与农村基层治理的结构性张力角度对治理主体塑造问题进行研究。乡村振兴战略的实施应以政党权力嵌入农村基层治理体系，以农村基层党组织为中心，汲取乡村传统治理模式中的优质资源，重塑治理主体，这是推动新时代乡村治理的生成逻辑。

二、主体塑造的张力：政党权力与乡土社会间的冲突

从历史维度来看，农村基层治理主体的塑造、治理逻辑的演进不能脱离现代国家建构的历史叙事而独立观察。清末以来的乡村治理模式演进与现代国家建构相勾连主导了乡村治理主体的转换，而政党主导了现代国家建构的历史过程。不可否认，以政党为代表的公共权力介入乡村治理推动了乡村的现代化进程，但也加剧了其与乡土社会的冲突，构成了农村基层治理主体塑造的结构性张力。

（一）政党嵌入乡村治理中的历史困境

在农民占主体地位的近代中国是无法摆脱乡村社会这一关键性因素而完成现代国家建构的历史任务的。在制度建构方面，现代国家建构意味着乡村治理的现代化，因

[1] 田孟：《"合村并组"的政治逻辑与治理困境》，《华南农业大学学报（社会科学版）》2019年第3期。

[2] 郑卫东：《"双轨政治"转型与村治结构创新》，《复旦学报（社会科学版）》2013年第1期。

[3] 印子：《村级治理的"寡头定律"及其解释》，《华中农业大学学报（社会科学版）》2018年第2期。

为“国家构建是指建立新的政府制度以及加强现有制度”[1]。作为后发现代化国家，我们选择了“以党建国”的历史进路，现代国家制度体系的建构过程是政党权力嵌入政治系统的过程。在乡村治理层面上，伴随着现代国家建构，基于乡土社会的传统自治模式让位于以政党权力为代表的公共权力所主导的农村基层治理模式，政党权力形塑了乡村治理的权力样态。不能否认，“政党下乡”提升了农村基层治理的现代性因素，但同时也积累了一定的问题。

一是政党嵌入与乡村发展间的冲突。以政党力量形塑乡村治理主体，实际上建立了一种全能型治理模式，以政党权力为代表的公权力主导了乡村治理过程。这一治理模式作为国家制度的重要组成部分，其目标始终服务于现代国家建构的历史任务。就现代国家建构的历史任务而言，“由于中国的国家转型是通过以党建国、以党领国的方式进行的，农村社会的政党化就意味着通过政党组织寻求农民对国家的认同和支持”[2]，并以此巩固政权的合法性基础。

从其治理效能看，这一模式部分地完成了现代国家建构的历史任务。基于现代国家建构目标建构起来的农村基层治理系统，政党嵌入乡村治理系统，以政治动员为主要方式形塑了乡村治理的权力运行模式，“是一种政治动员或者说是政治教育的过程”[3]。农村基层治理的效能并不完全取决于治理绩效，而在很大程度上取决于公民对国家的政治认同，并通过政治动员完成农村基层所应担负的政治任务。这种模式在国家建构的初始阶段是有效的，改革开放之前的乡村治理印证了上述问题。但现代国家建构是一个历史的动态过程。随着国家现代化进程的推进，任何国家都可能面临政治衰败问题，“政治衰败的根源就是因为制度无法适应变化的情况”[4]。改革开放后，随着农村经济的发展所激发出来的公民政治参与热情及城乡发展的非均衡性加剧了农村公民的“相对剥夺感”，导致农村公民对现存治理体系的不满，这是促成乡村振兴战略提出的重要原因，而乡村振兴战略所指出的“组织振兴”直指农村基层治理现代化。如何使政党权力嵌入下的乡村治理体系服务于现代乡村社会发展，增强政治治理与经济发展的融合性，防止因农村基层治理无效所导致的政治衰败成为现代国家建构所亟待解决的重要问题。

二是制度供给有效性缺失。在传统计划经济时代，以政党嵌入乡村治理“能够通过大众参与式的群众动员方式，来增进经济和社会的转型，而农民的行为和福利问题

[1] 福山：《国家构建：21世纪的国家治理与世界秩序》，学林出版社2018年版，第7页。

[2] 徐勇：《“政党下乡”：现代国家对乡土的整合》，《学术研究》2007年第8期。

[3] 仕剑涛：《以党建国：政党国家的兴起、兴盛与走势》，《江苏行政学院学报》2014年第3期。

[4] 福山：《政治秩序与政治衰败：从工业革命到民主全球化》，广西师范大学出版社2015年版，第420页。

自然就成为中国国民经济发展中的基本组成部分”[1]。不可否认的是，这种体制是基于国家从乡村汲取资源促进社会发展的初衷设计的。随着国家发展任务的转变，党试图通过改革增强制度供给的有效性，提升农村治理的效度。诸如以项目制的方式改变乡村治理模式，“村级组织的工作重心逐渐转向与乡镇、县政府对接，并纳入项目制运作体制”[2]。但路径依赖等因素导致行政权力日趋介入农村基层治理，“自村民自治推行之日以来，始终存在着一股力量使之流于形式”[3]。乡镇政府已习惯于行政命令式的乡村治理模式，最终使改革成效不大，农村基层治理主体塑造成为空谈，甚至有学者认为，改革后的乡村治理模式为“行政式治理、施舍式治理和家长式治理”[4]的复归，“统治”以“治理”的形式出现。

（二）农村基层治理中传统治理要素的缺位

以政党权力嵌入农村基层治理本质上是以一种非人格化的权力重塑乡村治理权力样态。任何权力主体的介入、权力关系的形成都要受制于一定的制度环境，“制度环境（institution environment）即一个组织所处的法律制度、文化期待、观念制度等人们‘广为接受’（taken for granted）的社会事实”[5]。以政党嵌入重塑农村基层治理体系并不能从根本上改变乡土社会对治理的影响，传统因素依然影响着治理效能。

一是传统治理主体影响着政党嵌入效度。正如费孝通所言，中国传统政治具有“双轨特征”，基层治理依赖于以绅权为主导的自治权力的介入，“中国历史上一直有乡村自治的传统，家族是传统乡村自治的核心组织”[6]。从乡村治理现代化进路上看，农村基层治理现代化实际上是政党权力对以乡绅自治权力为代表的人格化权力的解构过程，“处于现代化之中的政治体系，其稳定取决于政党的力量”[7]，政党嵌入提升了乡村治理的有效性和现代性。但非人格化的政党权力往往由新的政党精英所垄断，传统人格化因素被带到治理体系中。

依据杜赞奇等人的观点，传统农村治理中存在着“营利性经纪”[8]，这一现象在非人

[1] 斯考切波：《国家与社会革命：对法国、俄国和中国的比较分析》，上海世纪出版集团2013年版，第329页。

[2] 朱政、徐铜柱：《村级治理的“行政化”与村级治理体系的重建》，《社会主义研究》2018年第1期。

[3] 吴理财：《中国农村社会治理40年：从“乡政村治”到“村社协同”》，《华中师范大学学报（人文社会科学版）》2018年第4期。

[4] 吴业苗：《村级治理的情境变化与转型路向：基于改善民生逻辑》，《学术界》2019年第11期。

[5] 周雪光：《组织社会学十讲》，社会科学文献出版社2003年版，第72页。

[6] 肖立辉：《基层群众自治的缘起与发展》，《科学社会主义》2008年第3期。

[7] 亨廷顿：《变化社会中的政治秩序》，上海世纪出版集团2008年版，第341页。

[8] 杜赞奇：《文化、权力与国家：1900—1942年的华北农村》，江苏人民出版社2010年版，第37页。

格化的政党权力介入农村治理后并未完全消失。现实中，政党嵌入乡村社会并未使基于血缘、业缘、地缘的人格化因素完全消解，甚至在市场经济发展及自治复归乡村治理系统后，部分基层治理主体，包括部分基层党组织异化为“营利性经纪”，“村两委角色定位不清、干群关系出现紧张、乡村干部小官巨贪等现象出现”[1]。因此，如何在农村基层治理现代化过程中，以政党嵌入消解传统治理中的劣质性，汲取传统治理中的优质资源，塑造良好的政治生态成为乡村治理的主体塑造、组织再造的关键性因素。

二是政党权力嵌入中的治理体系内卷化。“政党下乡”既要受到由乡土社会所支配的制度环境的制约；同时，政党嵌入改变着乡村治理环境，“政党下乡”推动着传统乡村治理的政治生态向现代转变，使乡土社会由熟人社会向半熟人社会转变。农村基层治理中形成了两种不同的治理权威：一种为由政党嵌入所形成的外发性治理权威；另一种为基于半熟人社会构成的制度环境中所形成的内生性治理权威。农村基层治理“善治”的实现是基于上述两种权威所形成的公权力与自治权力的互动，这亦构成了农村基层治理生成的实践逻辑。市场经济条件下两种权威可能形成潜在冲突，甚至产生农村基层治理的危机。在半熟人社会中，“村民对村庄的主体感逐步丧失，越来越难以仅靠内部力量来维持基本的生产生活秩序”[2]，同时，乡村新崛起的精英“为了确保获取利益的稳定性，推动村级权力运作的寡头化，便势在必行”[3]。作为外发性权威，政党的权威逐渐解构在半熟人社会中，政党权力与自治权力同构的治理模式下的农村治理效能逐渐弱化，呈现出治理体系的内卷化。而如何配置政党权力与自治权力，构建乡村治理共同体就成为破解这一问题的关键。

三、主体塑造的动力：治理目标与治理机制的更新

农村基层治理现代化是乡村振兴战略实施的重要内容。从宏观意义上讲，农村基层治理现代化是国家治理现代化的重要组成部分，是防止政治衰败的重要内容之一。从微观意义上讲，如何在半熟人社会中提升政党权力的有效性，塑造现代乡村治理模式是加强党对乡村振兴战略实施领导的重要内容。上述两个方面内容共同构成了乡村振兴战略实施中的农村基层治理生成逻辑。

[1] 殷民娥：《培育乡贤“内生型经纪”机制：从委托代理的角度探讨乡村治理新模式》，《江淮论坛》2018年第4期。

[2] 贺雪峰：《新乡土中国》，北京大学出版社2013年版，第9页。

[3] 印子：《村级治理的“寡头定律”及其解释》，《华中农业大学学报（社会科学版）》2018年第2期。

（一）推进国家治理现代化的必然选择

农村基层治理主体的重塑和组织再造是国家治理现代化在基层的实践。“国家治理实践与国家治理能力现代化的强耦合性是中国特色社会主义制度完善和发展的重要特征，两者在中国特色社会主义建设的过程中相互作用、相互促进。”[1]乡村振兴战略的实施对国家治理体系和治理能力建设提出了新要求，通过农村治理主体重塑，打造政党领导、多元参与的治理格局，提升基层治理的有效性是改变农村基层国家治理能力薄弱现状的应然之举。

随着社会发展，乡村社会在国家发展战略中由资源供给者转换为国家现代化成果的享有者，一元化治理体制不能有效地促进乡村治理和乡村现代化。如何改变一元化乡村治理体制，增加治理中现代性因素成为当前农村基层治理所必须解决的一个问题，因此，党提出以“德治、法治、自治”重塑乡村治理格局。这也与福山所主张的现代国家建构特征具有相似性。福山认为，国家建构的内容可以概括为三个方面：国家能力、法治、负责制政府。新时代乡村治理的制度创新正在进行相关探索，在乡村层面上推进国家治理现代化，推进国家建构的发展。

一方面，农村基层主体塑造依赖于政党权力嵌入，通过对农村基层治理的领导落实“社会治理是国家治理的重要方面”[2]的战略规划。“以基层党组织为核心重组乡村权威关系”[3]，推进农村基层治理权力样态的重塑，提升基层治理的有序性，防止对“政治秩序带来重大的破坏”[4]，这是防止政治衰败的重要内容。另一方面，如何在党的领导下培育农村基层治理主体，以法治手段推进多元化参与路径是乡村治理现代化的重要内容。乡村治理中的政党领导、公民自治、法治引领成为乡村治理模式的创新驱动。《中共中央国务院关于实施乡村振兴战略的意见》所提出的“建立健全党委领导、政府负责、社会协同、公众参与、法治保障的现代乡村社会治理体制，坚持自治、法治、德治相结合，确保乡村社会充满活力、和谐有序”[5]正是这一精神的体现。

（二）党领导乡村振兴战略实施的现实选择

乡村振兴是一个系统性战略，涉及产业、组织、生态、人才、文化等多方面。一

[1] 马华、马池春：《乡村振兴战略与国家治理能力现代化的耦合机理》，《江苏行政学院学报》2018年第6期。

[2] 《中共中央关于坚持和完善中国特色社会主义制度　推进国家治理体系和治理能力现代化若干重大问题的决定》，《人民日报》2019年11月6日。

[3] 周庆智：《重构乡村社会：国家视角或社会视角》，《甘肃社会科学》2020年第1期。

[4] 福山：《政治秩序与政治衰败：从工业革命到民主全球化》，广西师范大学出版社2015年版，第424页。

[5] 《中共中央国务院关于实施乡村振兴战略的意见》，《人民日报》2018年2月5日。

方面，乡村振兴战略的实施，要着力解决农村公共物品和公共服务供给不足的问题，使“城乡基本公共服务均等化基本实现，城乡融合发展体制机制更加完善”。另一方面，上述问题的解决有待于农村基层党组织建设的发展，提升农村基层党组织领导能力，实现基层治理的现代化。

一是如何重塑治理体系，从制度上破解乡村发展过程中的“公共池塘”问题。农业税取消以后，国家加大了对农村建设的投入，促进了乡村社会的发展，同时这一过程亦改变了乡村治理格局。在具体操作层面上，乡镇政府以“项目制”等形式推进乡村建设，但也产生了相应的问题。其一，造成基层政府“悬浮化”，增加了农村公共物品供给中的无效性。其二，治理体系加剧了农村公民对公共服务的不满。随着市场经济建设和社会流动性的增加，农村居民已不满足于仅从改善生活的方面改进自己的处境，其需求已由“生存型”向“发展型”转变，需求类型也更多。而公共物品供给的单一性则进一步加剧了治理的无效性。产生上述问题的原因在于，基于悬浮性政府的现状，公共物品的供给上更多的是基于自上而下的供给，对于农民的自下而上的需求考虑不足。近年，农村基层公共物品的供给趋向于单一化，尚不能满足农村居民的需要。而单向性的权力运行方向的治理模式加重了公共物品供给的无效性。产生这一现象的深层次原因为治理的一元化与需求的多元化之间的矛盾。农村的公共服务与公共物品的供给可以说都是“最后一公里”的问题。要解决上述问题“可能不是工程问题，而是组织问题”[1]。

当前，农村基层公共物品的供给是由乡镇政府与农村基层治理体系合作完成的，基层政府所面对的乡村治理主体包括农村党组织、村委会、经济合作组织。为了提升公共物品供给有效性，基层政府不断将村级治理主体纳入乡镇政权系统内，在一定程度上将其视为自身的组成部分，这加重了农村基层治理的行政化色彩，上述现象在村级党组织及自治组织中表现得都十分明显。此外，村级治理的行政化趋势挤压了自治的空间。而随着乡村社会的复兴、市场经济的发展，农民参与基层治理的需求在不断扩充，因为他们需要通过制度化的参与路径寻求公共物品。两者之间的结构性张力加剧了农村治理的危机，成为乡村振兴战略实施的一个重要梗阻。

二是如何创新政党嵌入形式，增强农村基层治理活力是亟待解决的另一个问题。“办好农村的事情，实现乡村振兴，关键在党，必须加强和改善党对‘三农’工作的领导。”[2]乡村振兴战略实施中应以党的权力嵌入村级治理系统，汲取传统治理资源的合理内核，吸引农村公民参与治理打造现代治理体系为导向。当下，农村基层党组织尚未

[1] 贺雪峰：《最后一公里村庄：新乡土中国的区域观察》，中信出版集团2018年版，第36页。

[2] 《中央农村工作会议在北京举行》，《人民日报》2017年12月30日。

有效承载这一历史任务。

第一，部分农村基层党组织出现了组织涣散问题，严重制约了党的权力在农村基层的行使。近年，随着人员流动性增强，部分地区出现了“空心村”问题。在党组织方面呈现出党员数量的急剧下降，农村党组织的萎缩已经引起了党中央的关注[1]。在组织能力上，部分基层党组织只能在形式上完成上级组织所要求的规定性动作，出现了党的领导和党的建设，“弱化、淡化、虚化、边缘化”的问题。组织能力的不足导致服务乡村建设、贯彻上级党组织关于乡村振兴的决策部署的能力不足。例如，“有的农村基层党组织在农村精准扶贫的背景下，只知道等着党和政府送钱送物，却不能主动提升自己的服务能力”[2]。而如何提升党组织领导能力，使农村基层党组织成为乡村治理中的领导核心，实现党组织引领不同治理主体提升治理效能是党中央提出从组织振兴维度推进乡村振兴的关键性因素。

第二，如何通过党的领导降低农村基层治理成本。乡村振兴战略实施中，通过增强党的领导，重塑乡村治理主体要重视半熟人社会的制度环境，以此降低治理成本。乡村振兴战略提出应以“文化振兴”“人才振兴”促进主体重构，构建新型乡村治理体系，这是对半熟人社会的重视。

一方面，党和政府试图从乡村治理的传统资源中汲取优势资源，重塑乡村治理主体，打破“乡政村治”的低效性，因而提出复兴乡村传统文化，增强乡村社会的凝聚力，形塑乡村治理结构。另一方面，我们必须认识到，农村治理主体的塑造离不开基于熟人社会所形成的“差序格局”的影响，“差序格局的制约性并未消失”[3]，甚至在特定时期与特定地域，宗族以特定形式成为乡村治理的主体，以致出现了“黑恶势力、宗族恶势力在乡村社会中的滋生与蔓延”[4]。农村基层治理中的自治权力为部分家族所垄断，农村基层党组织、自治组织沦为部分家族的私人组织，导致党的领导合法性、乡村自治的有效性丧失殆尽，农村基层治理缺乏法治基础。

农村基层治理主体的塑造实际上是乡村治理秩序的重塑过程。不可否认，借助传统资源可以重新吸引人才、资源回到乡村，恢复乡村治理共同体，解决乡村治理中的“空心化”问题，以期降低治理成本。但必须清醒地认识到，上述资源的运用必须以政党权力加以规制，真正形成传统与现代、政党权力与传统治理资源的有机融合，防止乡村治理沦为部分势力牟利的工具。

---

[1] 沈大伟：《中国共产党：收缩与调适》，中央编译出版社2012年版，第192—193页。

[2] 王同昌：《基层党组织组织力提升面临的挑战及路径选择》，《中州学刊》2018年第8期。

[3] 卜长莉：《“差序格局”的理论诠释及现代内涵》，《社会学研究》2003年第1期。

[4] 霍军亮、吴春梅：《乡村振兴战略下农村基层党组织建设的理与路》，《西北农林科技大学学报（社会科学版）》2019年第1期。

四、可能的路径：政党领导与传统治理资源的汲取

乡村振兴战略中农村基层治理主体塑造应坚持党的领导与多元主体参与，构建适应于半熟人社会的基层农村治理模式，增强治理的有效性，耦合政党嵌入与传统治理优势资源。

（一）政党嵌入的科学性

新时代，塑造农村基层治理新格局，党的领导至为关键。政党有效嵌入乡村治理是打造乡村治理体系的重要内容。政党嵌入既要立足于农村基层治理是国家治理的有机组成部分，以政治治理推动乡村治理发展，又要以政党嵌入增强治理活力，解决乡村治理体系的内卷化问题。

一是增强政党嵌入有效性，发挥农村基层治理的国家治理功能。乡村振兴中的政党嵌入要打破旧有权力自上而下的运行模式，这是破解农村基层治理体系无法有效服务乡村社会难题的重要措施。新时代，政党嵌入农村治理体系应坚持“总揽全局、协调各方”的定位，做到总揽而不包揽、领导而不操持。在领导内容上，发挥党组织在农村基层治理中的协调作用。农村党组织要在横向上协调多元治理主体关系，在纵向上协调乡村两级党组织、党政间关系，形成领导合力，依据党的十九届四中全会精神，“健全党组织领导的自治、法治、德治相结合的城乡基层治理体系”，融合农村基层治理中的政治治理与社会治理的功能。通过党领导下的农村基层治理使基层政府更能了解掌握乡村需求，破解基层政府的悬浮化问题，同时提升党的领导科学性，破解农村治理结构的内卷化问题。这也是推动国家治理能力和治理体系现代化，防止政治衰败问题发生的应有之义。

二是以人才振兴推动乡村涣散问题的解决，提升政党嵌入有效性。《中国共产党农村基层组织工作条例》提出“各级党委特别是县级党委应当坚持抓乡促村，持续加强基本队伍、基本活动、基本阵地、基本制度、基本保障建设，整顿软弱涣散村党组织”[1]。针对农村基层党组织由于人才队伍建设缺失所导致的领导能力低下的问题，一方面，应该以提升现有党员素质为工作重点，将有能力的党员选拔、吸纳到各类治理主体中，实现党组织通过党员队伍建设，增强党对乡村治理的领导能力。另一方面，基层党组织应因地制宜通过政策吸引高校毕业生，特别是生源地高校毕业生回乡（村）就业、创业，拓展乡村人才储备，通过吸收优秀人才入党，加强后备人才培养。同时

[1] 《中共中央印发〈中国共产党农村基层组织工作条例〉》，《人民日报》2019年1月11日。

吸收优秀年轻党员进入村级党组织，增强农村基层党组织的战斗力。

（二）建议

1.构建乡村共同体

增强农村基层治理有效性必须构建乡村共同体。应吸收中华传统文化的合理内核打造乡村共同体，塑造内生型治理权威。这是因为传统文化即治理系统生成的制度环境，又可以降低治理成本。具体而言，“一种思想催生一个阶层，构成社会政治的中坚”[1]，传统文化所催生出的绅士阶层、所孕育的德治与自治的精神都可以为今日乡村治理主体的重塑、为乡村治理的发展奠定文化基础。

一是从传统政治文化中寻求现代性因素，优化乡村治理环境。从传统乡村自治中寻找德治文化资源，增强村民乡村共同体意识。现代乡村共同体的建构必须超越以血缘为基础的宗族意识，构建基于村庄共同体意识的治理与文化共同体，将现代治理中的法治精神与传统乡村治理中的德治精神相结合，构建有利于乡村自治发展的制度环境。农村的基层治理并不是完全意义上的自治，而是一种基于政党嵌入与传统自治相结合的混合治理模式。因此，治理文化的塑造既要从传统文化中寻求自治与德治的资源，又要从乡土社会“差序格局”中的“公”的理念寻找法治精神，实现治理环境的现代化。在此基础上，拓展治理主体，实现党领导下的乡村治理现代化。

二是打造新乡贤群体，推动传统治理主体在现代的复归。推动以现代乡贤为中心的传统治理主体的复归。新乡贤的回归是推动城乡治理一体化发展，以传统资源促进乡村治理现代化的重要措施。推动老党员、退休老干部、老知识分子等回归乡土，为乡村治理提供有效智力支持。一方面，新乡贤可以将乡村振兴所需要的公共资源有效带入乡村，改进现有公共物品及公共服务不适应乡村社会发展的问题，促进解决“最后一公里”问题，以此增强乡村发展过程中的凝聚力。另一方面，新乡贤的回归可以有效抵御行政权力对于自治权力的侵蚀，增强农村基层治理中的自治性因素，通过人才回归重塑乡村治理的内生性权威，提升内生性权威与以政党为代表的外生性权威的互动，提高村民对乡村治理的认可，打造乡村治理共同体。

2.参与型治理机制的构建

政党嵌入的科学性、构建乡村共同体最终要落实到乡村治理的实践层面上。现代农村基层治理体系的构建应在基层党组织的领导下，保护农村治理主体的参与性，提高乡村治理的效能，这是农村治理主体培育的落脚点。

一是培育农村基层治理的参与制度。一方面，乡镇党组织要发挥领导作用，在广

[1] 葛荃：《追寻“现代士人精神”：“士以天下为己任”刍议》，《上海行政学院学报》2015年第1期。

泛吸取民意的基础上，协调党政机构合理规划本行政区域内的农村社会发展任务，克服政府悬浮化对乡村治理的消极影响。乡村党组织应在本村范围内制定科学的村务管理规定，实现党的领导与村民自治的法治化，借助村级治理体系中自治渠道与政治系统内的科层系统推进农村基层治理的发展，用乡村治理的民主性推进政策制定的科学性。另一方面，在村级党组织的领导下，探索建立包括村委会、村级经济组织等在内的议事机制，有机整合多元治理需求，在党组织的领导下协调村级治理主体关系，推动村级治理的有效性。

二是探索制度性机制与非制度性机制的协调发展，增强农村基层治理的有效性。立足乡村半熟人社会性质，汲取传统乡土社会优势资源，利用血缘、业缘等关系，发挥党员、新乡贤等群体作用，构建农村基层治理中的信息沟通机制，了解乡村社会不同群体的需要。将上述信息通过乡村治理中的制度化路径反馈到治理系统内，及时化解乡村社会中所存在的矛盾，提升农村基层治理的科学性，维护乡村社会的发展稳定大局，促进乡村振兴战略的实施。

原载于《河南社会科学》2020年第10期

从制度优势到治理效能

——基于国家治理三维场域的中国共产党执行力解析

方 雷 孟 燕

摘　要：如何把制度优势转化为治理效能是推进国家治理体系和治理能力现代化的重要课题。中国国家治理的独特之处在于“政党—政府—社会”的三维结构。作为国家治理领导性主体，中国共产党在三维场域的制度执行力决定制度优势所转化的实际治理效能。在政党治理场域中，党的制度执行力能够有效转化党的领导制度优势，打造国家治理体系；在政府治理场域中，党的制度执行力能够有效转化党的国家治理制度优势，提高国家治理能力；在社会治理场域中，党的制度执行力则能够有效落实党的国家治理制度优势，构建新型基层治理体系，夯实国家治理基础。

关键词：中国共产党执行力；政党治理场域；政府治理场域；社会治理场域

中国共产党十九届四中全会以根本制度、基本制度、重要制度为结构框架规定中国特色社会主义制度体系，并系统阐述我国国家制度和国家治理体系13个方面的显著优势。随着全面深化改革的不断推进，如何把制度优势更好转化为治理效能成为新时代中国共产党治国理政的重要课题。这不仅需要以坚持党的领导为根本，进一步完善党领导人民治理国家的良性制度供给，更需要把党的领导落实到国家治理各领域、各方面和各环节，并依赖党强大的执行力实现制度绩效，提高国家治理能力。制度提供国家治理规则，制度执行则反映国家治理主体通过实施制度解决治理问题、回应治理危机、建构治理秩序的过程。在此意义上，制度执行力在经验维度上决定制度优势所产生的实际治理效能。中国共产党的领导是中国特色社会主义制度的最大优势。因此，增强中国共产党执行力属于坚持和加强党的全面领导的重要范畴，对于推动实现国家治理体系和治理能力现代化具有战略意义。本文在解读中国共产党执行力概念内涵的基础上，以“政党—政府—社会”的国家治理三维场域为分析切入点，分别解析党执行力的生成与作用机理，为制度优势更好转化为治理效能提供思考。

一、制度优势转化治理效能的枢纽：党的执行力

一般意义上，执行是组织或个人通过可操作流程贯彻行动方案并试图实现特定目标的过程，而执行力则体现为执行主体将行动方案付诸实施的综合性能力，其决定行动方案的实际履行程度及其目标的实现程度。在中国国家治理范畴中，执行力具体表现为国家治理主体通过实施国家制度实现国家治理现代化的能力。

治理是多元主体共同参与解决公共问题或提供公共服务的过程。20世纪90年代以来，治理理论以其对政府与社会关系的重构来回应传统公共行政的挑战。形成于西方语境的治理概念强调政府不再作为唯一的权威，而是需要与社会协作完成公共政策过程。治理理论的舶来为中国服务型政府改革提供可行思路，但同时也遭遇西方生成路径与中国发展范式之间的差异。特别是地方治理的结构转型使治理关注点局限于政府与社会的场域协同关系，治理过程甚至被进一步阐释为政府场域中多元主体协商决策制定以及社会场域中多元主体参与决策执行。

随着中国发展进入改革攻坚期，深层次问题和矛盾浮现，需要通过全面深化改革提高改革的整体效应。这要求超越治理的地方化以及“没有政府的治理”逻辑，从系统性、整体性、协同性层面进行国家治理体系总体布局，并通过制度安排实现顶层设计。其中，国家治理体系“是在我国历史传承、文化传统、社会经济发展的基础上长期发展、渐进改进、内生性演化的结果”[1]，目的在于发展和完善中国特色社会主义。中国共产党的领导是中国特色社会主义最本质的特征，是实现中华民族伟大复兴的根本保证。这进一步规定了党在治国理政实践中的领导地位。此外，制度是一系列规范社会主体行为及其关系的正式与非正式规则，“在社会中具有更为基础性的作用”[2]。国家治理的制度供给体现为在党领导下治理国家的体制机制、法律法规安排，并形成了以根本制度、基本制度、重要制度为基本构成的中国特色社会主义制度体系。“一个国家的制度体系通常是在重大历史变动中形成、又经过长期的‘使用’（不断地调试和改革）而逐渐稳定，并通过宪法、法律、规章和管理等形式固定下来。”[3]在此意义上，国家治理则体现为在党的领导下治理主体将相对成熟定型的国家制度付诸实施并综合破解国家治理阻力的过程，这将从根本上解决政策治理的不稳定性难题。

将党作为领导性治理主体，中国国家治理体系超越传统地方治理中政府与社会协

---

[1] 《习近平在省部级主要领导干部学习贯彻十八届三中全会精神全面深化改革专题研讨班开班式上发表重要讲话》，http：//pic.people.com.cn/n/2014/0218/c1016—24387045.html。

[2] 道格拉斯·C.诺思：《制度、制度变迁与经济绩效》，杭行译，格致出版社2008年版，第147页。

[3] 燕继荣：《制度、政策与效能：国家治理探源——兼论中国制度优势及效能转化》，《政治学研究》2020年第2期。

同执行决策的狭隘逻辑，内蕴以“政党—政府—社会”为主体的三维结构。一方面，在国家治理实践中，形成以党的领导为核心的党、政府与社会三重关系。作为中国特色社会主义各项事业的领导核心，党的领导始终贯穿于党与政府以及党与社会关系的全过程。“当党作为政治力量被归结到国家范畴时，其通过确立于政府内部的权力组织网络实现对国家政治的领导；而作为组织力量与社会范畴发生联系时，则通过建立于党的组织网络基础上的社会权力组织网络实现党对社会的领导。”[1]另一方面，国家治理效能取决于国家制度绩效。国家制度包括党的领导和经济、政治、文化、社会、生态文明、军事、外事等各方面。国家制度绩效形成于有效制度供给与有力制度执行的共同作用。在中国的国家治理体系中，作为领导性治理主体，党具有制度供给主体和制度执行主体的双重领导特性。其一，党作为领导国家制度供给的主体，有责任为国家治理提供一套更完备、更稳定、更管用的制度体系，确保国家治理的正确方向；其二，党作为领导国家制度执行的主体，依赖其组织网络以及党政结构体系协同实施国家制度，以此优化国家治理结构、稳定国家治理秩序、提高国家治理能力。就前者而言，有效制度供给的根本条件在于党始终保持作为马克思主义政党的先进性和纯洁性，而这依赖于“坚持和完善党的领导制度体系”。该过程体现为构成政党本体的党组织和全体党员不断自我净化、自我完善、自我革新、自我提高，其实施绩效则体现为实现党的领导这一中国特色社会主义制度的最大优势。就后者而言，制度执行的根本保障在于将抽象的国家制度具象为可操作的国家治理政策，即在坚持和加强党全面领导的前提下，党的执政精英根据国家经济、政治、文化、社会、生态文明、军事、外事等各方面的制度要求，制定具体的国家治理政策，由各级政府和党的基层组织负责执行。

基于此，党的执行力体现为党在“政党—政府—社会”的国家治理三维场域中把国家制度优势转化为实际治理效能的综合能力。一是在政党治理场域，建立于党的建设逻辑之上，党的组织与全体党员在坚持和完善党的领导制度体系时表现出的综合能力。其治理效能体现为加强党的全面领导，打造国家治理体系、稳定国家治理秩序。二是在政府治理场域，建立于党政分工逻辑之上，进入政府的党员代表在党的组织领导下依法执行国家治理政策时表现出的综合能力。其治理效能体现为巩固党的长期执政，推进全面深化改革，提高国家治理能力。三是在社会治理场域，建立于党建引领基层治理逻辑之上，党的基层组织在落实国家治理政策“最后一公里”时表现出的综合能力。其治理效能则体现为在党的领导下构建新型基层治理体系，夯实国家治理基础。

[1] 林尚立：《集权与分权：党、国家与社会权力关系及其变化》，《复旦政治学评论》2002年第10期。

二、政党治理场域中党的执行力：党领导建构国家治理体系

在政党治理场域中，党的组织和全体党员根据党的领导制度体系中各项制度要求规范其行为，通过落实制度治党正本清源、拨正船头，使其始终走在时代前列；同时，通过尊重并实现人民主体地位，巩固党领导与执政的群众基础，以此引领国家治理方向，保持国家治理秩序稳定。

改革开放四十余年来，中国在政治、经济、社会等各个发展领域取得巨大成就，但同时也存在因改革的调适性特征导致诸多治理问题累积，对如何优化国家治理结构形成更高要求。在政治改革方面，党和国家面临如何更有效回应民主与法治的现实发展需求，以提高政治体制能力并化解政治风险的新挑战。这要求进一步深化党和国家机构改革，“在决策层面，优化中央决策议事协调机构及其决策辅助功能，健全党中央决策中枢对重大工作的领导体制机制。在执行层面，通过统筹党政机构设置，理顺党政职责关系，解决在政治管理职能领域的叠床架屋问题”[1]。在经济改革方面，党需要在保证经济建设正确方向的同时提升广大人民群众的获得感，即党应当系统思考如何进一步实现激发经济增长动力、创设经济可持续发展环境以及共享经济发展成果之间动态关系的平衡。在社会改革方面，如何更加合理消解政治权力运行与公共权利维护之间的张力以实现社会稳定，以及如何以人民为中心更加有效为人民谋幸福，成为党必须解决的社会建设问题。基于此，需要增强党的领导权威，使其作为总揽全局、协调各方的领导核心从顶层设计层面对国家治理进行战略性与系统性规划，建构新型国家治理秩序，提高改革的整体效应。在此，“如何促使中国共产党更好地实现其国家领导权，已经成为一个关乎国家治理现代化状态的核心问题”[2]。

建立健全并有力执行党的领导制度体系是更好实现党对国家治理的领导权并推进国家治理现代化的根本保证。党的领导制度体系内含对现代国家治理秩序的追求，其改变传统党治国家的权力结构，建立政治发展的责任秩序；破除市场经济竞争的隐形壁垒，建立经济发展的公平秩序；维护社会转型的分殊空间，建立社会参与的开放秩序。因此，要消解国家治理秩序面临的挑战，就需要将党的领导制度体系落于实处，充分发挥党领导制度优势，巩固其领导权威。

首先，党的领导制度强调以先进思想武装全党并不断推进理论创新，这决定了党能够突破过渡性国家治理结构的条框束缚，始终凭借其先进理论影响力和先进行为导

[1] 宋世明：《深化党和国家机构改革推进国家治理体系和治理能力现代化》，《行政管理改革》2018年第5期。

[2] 任剑涛：《现代化国家治理体系的建构：基于近期顶层设计的评述》，《中国人民大学学报》2015年第2期。

向力引领中国人民实现党对现代国家治理的顶层设计。在实践中，先进思想和理论的核心落脚于党的初心和使命，而不忘初心、牢记使命的制度安排与执行则实现党的先进性与人民对其认同性的统一。一方面，党必须始终代表并维护全体人民的共同利益，尊重人民主体地位，“人民的一体性，决定领导核心的唯一性；人民的认同性，决定核心的领导性”[1]。以人民为中心是党获取人民对党领导的价值认同的根本前提。另一方面，党的领导与执政必须能够聚焦全心全意为人民服务的使命实现过程，并以此作为党获取人民满意的经验准则。

其次，党的领导制度建立党的全面领导框架，以民主集中制为原则的党的组织形态嵌入国家政府体系，在政治决策层面突破传统科层制限制，在政府履责层面形成高效的行动方式。落实党的全面领导制度，使党的全面领导通过“作为权力轴心机制的‘党委（党组）领导’、作为全面控制机制的‘归口管理’、作为精英管理机制的‘党管干部’”[2]等融合至国家政府体系，以党的先进国家治理理念与系统国家治理规划影响国家政府体系的整体行动，实现党对治理价值的追求与政府治理技术的选择上的统一。而坚持和加强党的全面领导，则需要进一步完善并执行维护党中央权威和集中统一领导的各项制度，使全党做到“两个维护”。“两个维护”“体现在坚决贯彻党中央决策部署的行动上，体现在履职尽责、做好本职工作的时效上，体现在党员、干部的日常言行上”[3]。特别是向党中央请示报告规避了党的地方组织与党员基于地方利益甚至个体偏好对党中央决策进行选择性执行、象征性执行乃至抵抗式执行等自由裁量行为，在实践中实现了党中央的决策制定与决策落实的统一。

最后，党的领导制度塑造党为人民执政的行为方式，其因始终尊重人民主体地位而具有垂范性，在实践中不仅保证“政治所实现的价值与社会所追求的价值的内在一致性”，同时也实现了“政治实践的价值与社会对这种实践的认同之间的内在一致性”[4]。为人民执政是厚植党执政的群众基础并进一步加强党的领导的关键。这一方面要求党执行全面从严治党制度，依法依规管党治党，净化党内政治生态，使党的行为始终体现为民服务；另一方面则要求党践行服务宗旨，始终围绕“全心全意为人民服务”，担负国家治理责任，提高党的执政能力和领导水平。具体而言，执行党内法规制度，“形成以全党共同遵守党内法规制度为基础，以依据党内法规制度办事为重点，以

[1] 林尚立：《以人民为本位的社会主义国家建设理论：政治学对科学社会主义的发现》，《政治学研究》2014年第4期。

[2] 景跃进、陈明明、肖滨：《当代中国政府与政治》，中国人民大学出版社2019年版，第23页。

[3] 《习近平在中央和国家机关党的建设工作会议上的讲话》，http：//www.xinhuanet.com/politics/2019—11/01/c_1125180360.htm。

[4] 林尚立：《执政的逻辑：政党、国家与社会》，《复旦政治学评论》2005年第6期。

严格执行党的纪律为关键”[1]，实现党的能力建设与增强为民造福政治担当的统一。以党内法规制度的强制性、规范性、透明性与时效性解决党的建设中存在的思想滞后、责任虚置、监督不力、方式固化等诸多问题；通过党内监督问责检视党内法规制度是否落实到位，以强制性处分与惩戒进一步规范党的行为，消解党面临的政治变质、经济贪婪、道德堕落与生活腐化等短板效应，增强其政党能力并使其真正作为一元核心凝聚多元主体共识。有效执行党内法规制度的最终效能将体现于通过加强党的建设获取全体人民群众对党的自愿认同与自觉服从。该效能的生成机制包含两个方面：其一是全面从严治党提高党在人民群众中的正面形象。特别是在有效执行党内法规制度的过程中，党的干部能够形成坚定的政治信念与廉洁的政治作风，并且能够培养其通过人民群众积极协商对话解决与群众利益密切相关问题的工作意识，以此扭转人民群众对党的干部“官僚化”的传统认知。“有规必依，执规必严，违规必究”，也是增强人民群众信任资本的重要来源。其二是严格执行党内法规制度也是尊重并实现人民主体地位的过程。作为代表中国最广大人民群众根本利益以及全心全意为人民服务的政党，党内法规制度所蕴含的价值理念与人民主体地位具有内在一致性。其内蕴的逻辑为党的领导与人民当家作主的有机统一：人民主体地位意味着以人民为本，人民通过党的领导凝聚为整体力量并通过以党为领导核心的中国特色社会主义民主制度安排实现当家作主。

在政党治理场域中，建立健全并有力执行党的领导制度体系实现了党的先进性与人民对其认同性的统一、党的决策部署系统性与决策实施高效性的统一以及党的能力建设与增强为民造福政治担当的统一，以此为基础建构现代国家治理体系。在该体系中，党处于总揽全局、协调各方的领导核心地位，对国家治理过程中出现政治、经济与社会发展等一系列问题做总体布局；通过党的全面领导建立责任政治，推动党和国家机构协调行动。“责任政治一方面是社会公众对政府或执政者的一种期待，另一方面是政府或执政者对社会公众的一种承诺。”[2]在实践中，党和国家机构合力履责过程也是为民服务的承诺实现过程，这在团结群众并获取群众对党领导与执政的心理承认的同时，也进一步增加群众对党的信任资本，为激发群众参与国家治理、释放国家治理潜能奠定基础。

---

[1] 肖金明：《论党内法治体系的基本构成》，《中央党校学报》2016年第6期。

[2] 张贤明：《政治文明的基本形态：责任政治》，《吉林大学社会科学学报》2004年第6期。

三、政府治理场域中党的执行力：党领导提升国家治理能力

在党的领导下，国家治理效能取决于国家治理制度的供给与实施绩效。现代化国家治理是针对改革的系统性、整体性与协同性进行的顶层设计，其需要在经济、政治、文化、社会、生态文明、军事、外事等方面进行一系列国家治理制度安排，以规范国家治理主体的行为；而党作为领导性国家治理主体，在接受国家治理制度的规则约束之外，更需要根据相应领域的制度安排制定合理的国家治理政策，使抽象的国家治理制度落地并产生制度绩效。鉴于中国国家治理中存在的党政结构，党根据民主集中制建立党的组织体系，其层级结构与政府的科层化组织体系相对应，并通过设立党组、归口管理、党管干部、意识形态渗透等机制实现党对政府的领导，政府成为执行党的国家治理政策的主要机构。

在一般意义上，政府政策执行力通常与政府行政能力相联系。在单一制国家结构中，政府执行力的表现形式与主要载体为地方政府公共政策执行力，其通常受制于纵向政府间关系及其与社会的关系。一方面，地方政府公共政策执行力受纵向政府间以行政发包制为特征的关系影响。虽然行政发包制在一定程度降低上级政府的行政负担，但由于权力关系不对等以及科层信息不对称，下级政府在完成发包任务的过程中能够创设相当的自由裁量空间，通过取舍政策内容选择性执行或置换政策公共性目标象征性执行来实现本级政府利益最大化。当行政发包制与地方政府政策执行的政治激励与财政激励机制相结合时，地方政府的牟利性行动逻辑更加显著。另一方面，地方政府公共政策执行力受制于地方政府与社会关系。虽然在社会分殊发展背景下，地方政府已经探索有限性与服务性改革，通过协商治理机制吸纳社会公众参与政策过程，激活多元治理主体的合作治理效能。然而，鉴于强大的体制韧性，处于转型时期的地方政府仍体现出诸多全能型政府特征，特别是政策指令性执行惯性也削弱社会公众等治理主体的治理能动性，加大政策执行中公众对抗行为产生的可能性，政策目标无法实现，政策优势更无法转变为治理效能。

而在中国现代国家治理体系中，当把党的执政精英作为政府执行国家治理政策的关键主体时，党的执政精英对国家治理政策的执行则决定国家治理制度的实际绩效，这改变了将政府政策执行力局限于政府行政能力的狭隘国家治理理念。

在政府治理场域中，党的执政精英通过有力执行党的国家治理政策，实现推动民主法治、激发市场活力、建立文化自信、保持社会稳定、建设生态文明、深化国防和军队改革成果、巩固国家安全等国家治理目标，全面提高国家治理能力。

具体而言，将政府治理场域作为党执行国家治理决策的结构性空间，其执行力体

现为党的执政精英实现国家治理决策目标的综合能力。要理解政府治理场域中党的执行力，首先应当明确党作为领导党与执政党的区别。其中，作为领导党，党在国家治理体系中处于领导核心地位，而“共产党有没有资格领导，这决定于我们党自己……决定于我们党的思想和作用”[1]。这要求党必须通过党的建设以始终保持其作为先锋队的先进性与纯洁性，其最终体现为在政党治理场域中，党对党的领导制度体系的有力执行。党在近代国家建构与现代国家建设过程中累积的领导合法性为党在中国的一元执政地位奠定基础，而“中国共产党领导是中国特色社会主义最本质的特征”的宪法规定则为党在中国的长期执政提供合宪性依据。作为执政党，党的执政通过党员代表合法进入政府并实施公共管理而实现。党的执政过程体现为党的执政精英依据合法程序参与国家政治生活，即其“在合法地进入和掌控国家权力机构的前提下，以国家代表的名义行使国家权力、贯彻党的主张、处理全国的政治经济和社会事务、谋求和实现全国人民的利益”[2]。在此，党的执政主体是作为党员代表的政党精英，其具有党员和政府公职人员双重身份。鉴于中国共产党的全面领导地位以及民主集中制的组织原则，执政精英应首先作为党员，接受党组织的领导并服从党的组织，以党的领导制度体系中的各项制度要求规范其行为，保持其自身的先进性与纯洁性；其次作为政府公职人员完成政府工作职能，依法贯彻执行国家治理政策。在此意义上，政府成为依据党的意志并执行党的路线、方针、政策的机构。

首先，以党的执政精英作为政府政策执行的主体，政党治理场域中党的领导制度将发挥同步治理效应，党的领导制度执行力将作用于党在执行国家治理政策时的学习能力、规划能力和服从能力，以此增强国家治理政策的治理效能实现。其中，学习能力内蕴于党员认同并落实国家治理制度的过程中，即各级党委根据各方面国家治理制度安排并结合本地区治理现状制定地区性治理政策；而规划能力则得益于党的全面领导制度的实施。一方面，需要在考虑地方发展全局的前提下形成治理政策，并对相关政策的区域间合作协同持开放态度；另一方面，则需要主动激活其他治理主体的政策参与动力，在增强政策接受度的同时降低政策执行成本；此外，服从能力则与党的民主集中制组织原则相对应，以此规避政策执行过程中的自由裁量行为，避免政策执行畸变。作为党的根本组织原则和领导制度，民主集中制确立党的层级组织之间以及党的组织与党员之间的关系规范性，在维护党中央权威的同时保证党的地方组织、基层党组织以及全体党员强大的服从力。特别是全体党员在有力执行民主集中制的过程中，能够进一步规范其行为并增强其服从力，这从根源上降低了作为政府公职人员的党员

[1] 《共产党要接受监督》，http：//cpc.people.com.cn/GB/33839/34943/34944/34945/2616874.htm。

[2] 张恒山：《中国共产党的领导与执政辨析》，《中国社会科学》2004年第4期。

代表在上下级政府之间的政策执行阻力。

其次，在国家治理的党政统筹结构中，党的“组织机构、行动逻辑、意识形态、价值导向等深层‘基因’植入政府体系，从而实现对后者的深度改造，使其成为承载执政党初心使命的中国特色科层制”[1]。在实践中，上级政府以及中央政府的财政激励与政治激励通常是刺激地方政府政策执行的重要因素。其中，财政激励表现为财政分权下政府财政自主以及地方获取财政转移支付对其政策执行行为的刺激。财政分权下的地方财政自主造成地方政府对执行短期内产生强大经济效益的政策持积极态度，而财政转移支付制度则在一定程度上造成地方政府执行偏好建立于获取中央政府认同并以此取得财政资源回馈的现象，地方政府从“代理型政权经营者”异化为“谋利型政权经营者”[2]。此外，政治激励建立于以经济绩效考核为主要内容的政治晋升激励基础之上。经济发展再次成为地方政府执行偏好的形成依据，更造成某一区域内上下层级地方政府基于经济绩效共享形成政绩共同体，进一步扩大自由裁量空间，选择性理解并实施中央政府决策中有利于地区经济快速发展的部分，并以巩固地区政府共同体利益为目的拒绝区域间政府合作与协同治理，甚至对抗外部监督。在国家治理的党政统筹结构中，政府对国家治理政策的执行将依据党的意志，这能够在一定程度上改变政府的政策激励偏好，使其基于服务型政府定位执行国家治理政策，通过增强其在政策执行过程中的责任性与公共性使政策效能落实于为人民服务，提高治理的服务能力。

最后，以党对人民主体地位的尊重为基本要求，拓展政府执行国家治理政策过程中的群众参与渠道，在执行过程中及时回应群众诉求，使国家治理政策的治理效能真正惠及群众。在实践中，政府应创新政策执行方式，积极包容群众参与以提高政策认同度，降低政策执行阻力；同时转变传统行政主导思维，增强政策执行回应性和效度。一方面，通过贯彻党的群众路线，转变以权威控制或强制命令为特征的传统管理思维，发挥其作为“元治理”主体的作用，提供治理参与规则、建立治理参与平台并承担治理失灵责任等创造群众参与的可行条件。另一方面，通过落实党的服务群众机制，转变官僚主义思维，以尊重公共利益为前提包容多元主体协作。而作为最直接受治理政策影响主体，群众也应积极寻求危机治理参与途径，通过主动表达诉求并在制度化范围内与地方政府对话协商以维护利益；同时，自上而下监督政府治理行为，使其审慎选择治理工具，履行治理职责，实现治理目标，提升治理效能。

在政府治理场域中，以党政统筹结构中党的领导为切入点，将党的执政精英作为国家治理政策的执行主体，使党的领导制度体系在该场域中同时发挥治理效能，以此

---

[1] 王浦劬、汤彬：《当代中国治理的党政结构与功能机制分析》，《中国社会科学》2019年第9期。

[2] 杨善华、苏红：《从“代理型政权经营者”到“谋利型政权经营者”——向市场经济转型背景下的乡镇政权》，《社会学研究》2002年第1期。

降低政策执行阻力，化解政绩共同体困境，同时始终围绕为人民服务执行政策，使国家治理政策的效能切实体现群众利益，最终提高国家治理能力。

四、社会治理场域中党的执行力：党领导夯实国家治理基础

在社会治理场域中，党的基层组织通过贯彻执行党的领导制度体系，实现党引领基层治理发展；而通过宣传并执行党的国家治理政策，切实满足人民日益增长的美好生活需要，以此建构党的基层组织领导的新型基层治理体系，夯实国家治理基础。

改革开放以来，市场经济转型促使个人社会独立性地位生成，而单位制的瓦解进一步破除个人对单位组织的资源依附形态以及相对稳定的资源分配结构。“随着生产资料所有制的相对多元化，随着外部资本的进入，中国社会原有相对均衡的利益格局被打破，整个社会面临着前所未有的利益调节压力”[1]，导致基层治理困境。首先，在计划经济体制中，“国家和单位组织占有和控制了个人在社会、政治、经济和文化生活中所必需的资源，以及实现利益的机会”[2]，而市场经济体制转型则使得利益分配机制形成于竞争性环境，其加速社会阶层分化。与此同时，差异化的物质财富获取能力使得不同社会阶层间产生相对剥夺感，其对于政治地位与社会地位等各方面的期望与现实存在相对差距；而经济市场化所造成的价值观念差异则进一步加剧不同社会阶层之间的利益冲突。其次，流动的社会结构与相对独立社会空间的生成使得具有独立主体身份意识的“社会人”要求自主表达利益诉求。然而，一方面，社会组织的缺位往往造成公众利益诉求表达呈现原子化特征，增加利益实现成本；另一方面，在市场转型初期，垄断政治、经济和文化资本的总体性精英曾形成较为稳定的结盟关系且对社会生活产生重要影响[3]，使得政治参与能力相对匮乏的普通群众被排斥在政治过程之外，其虽有政治参与之权利却鲜有政治参与之渠道，导致基层治理陷入内卷化。

要破解基层治理困境，需要一个强有力的领导性治理主体，整合基层治理资源，创新基层群众利益表达路径，建立合理有效的基层利益调节机制。在实践中，作为党的组织体系的构成要素，党的基层组织理应承担领导基层治理的职责：一方面，通过发挥其身为政党组织的利益表达功能，增强基层群众组织表达合力，畅通群众与国家权力之间的沟通机制；另一方面，通过实现党的基层组织在基层社会的覆盖，深入群众、深入基层，密切联系群众，在有效解决群众面临问题维护群众利益的同时加强群众对党的工作监督。要实现党在基层治理的领导职责，则需要党的基层组织切实执行

[1] 何艳玲：《“回归社会”：中国社会建设与国家治理结构调适》，《开放时代》2013年第3期。

[2] 李路路、李汉林：《中国的单位组织资源、权力与交换》，三联书店2019年版，第42页。

[3] 孙立平、博弈：《断裂社会的利益冲突与和谐》，社会科学文献出版社2006年版，第7—8页。

党的领导制度体系，发挥制度优势以增强其领导权威；同时有力执行党的国家治理政策，打通基层“最后一公里”。“党的工作最坚实的力量支撑在基层，经济社会发展和民生最突出的矛盾和问题也在基层，必须把抓基层打基础作为长远之计和固本之策，丝毫不能放松。”[1]因此，将国家治理政策于基层落实，由群众评估治理效能，能够使治理成果真正惠及于民，从根本上巩固国家治理基础。

首先，党的基层组织有力执行党的领导制度体系中相关具体制度，将其治理效能同步于基层。在实践中，党的基层组织不仅要通过砥砺初心使命、坚决做到“两个维护”、依规依纪治党增强其领导权威，更需要将党的领导制度执行内蕴于基层党建创新过程中，进一步解决其弱化、虚化、边缘化问题，激活其在基层治理中的政治领导功能。一方面，通过在城市社区、农村、国企、两新组织、学校等基层不同领域建立并完善党的组织，规范其工作机制，实现党的领导组织体系全覆盖。改革开放前，依托单位进行党的基层组织建设是实现党的领导的重要方式，党员管理亦依赖于单位的组织管理。改革开放后，单位制的解体造成职业空间与社会空间的分离，而市场经济的发展则进一步加剧空间内部的多元化发展特征。因此，需要加强党的基层组织建设，全面覆盖职业空间和社会空间，同时创新党员管理方式，对流动党员、“口袋”党员与“隐形”党员进行有效管理。另一方面，通过创新基层党建形态建构党领导的基层社会治理新格局。其一，通过区域化党建整合基层治理资源，即整合区域内不同领域的党组织资源，发挥社区（村）、驻区单位、社会组织等基层党组织的协同治理优势，其利用党建联席会议、党员“双报到”“双联系”等工作机制予以推进；其二，通过网格化党建明确基层治理主体责任，即通过划分网格责任区，建立责任清单，将基层党组织和党员的责任细化到网格内，使其主动承担领导基层治理的职责；其三，通过枢纽型党建提高基层治理的组织化水平，即以基层党组织为枢纽，统筹基层社会中的经济组织与社会组织等并为其发展提供资源支持，以此增强基层党组织的向心力与凝聚力，增强其领导基层治理的能力，引领建立基层治理新秩序。

其次，党的基层组织有力执行党的国家治理政策，以人民满意作为评估政策治理效能的准则。作为党组织体系的末梢神经，党的基层组织直接对接基层群众，需要主动及时获取群众利益表达的同时，也必须快速有效回应其利益诉求，化解潜在的执政风险。此外，党的基层组织执行党的路线、方针、政策的结果将直接作用于基层群众，并成为影响基层群众对党信任和认同的主要因素。因此，转变基层党组织的“内向型组织”属性，强化其对群众的服务职能[2]尤为关键。这要求党的基层组织以服务群众为

---

[1] 《习近平对基层党组织的新要求》，http：//www.dangjian.com/djw2016sy/djw2016sytt/201711/t20171107_4478415.shtml。

[2] 吴晓林：《党如何链接社会：城市社区党建的主体补位与社会建构》，《学术月刊》2020年第5期。

价值准绳创新党的政策执行方式。其一，基层党组织根据基层治理现状合理调整其具体行为，更有效实现政策目标，即基层党组织需要根据所在区域内基层治理的客观环境、可利用资源、治理主体能力等多方面要素采取措施使党中央与上级党组织的治理政策执行更具操作化。如在面对公共卫生条件差异，物质资源、信息资源特别是医疗资源分配的非均衡性与非对称性，以及居民因政策认知能力差异导致对疫情现状及其发展趋势、防控措施及其依据等各方面存在不同程度的理解，城市社区与农村基层党组织在执行疫情防控政策时往往因地制宜调整其行为，以实现政策治理效能的最大化。其二，基层党组织建立党群服务中心，创新党联系群众、服务群众的制度化平台。规范化党群服务中心作为党向群众提供服务的平台，是基层党组织及时获取群众服务诉求并有效解决其诉求的主要实体性阵地。近年来，基层党组织也利用“互联网+”信息技术建设党群服务的虚拟化平台，其发挥融媒体党建机制优势，建立服务群众信息统计、反馈、传播、应用的实时性连续统一体，使其服务供给更加精准化。其三，基层党组织开放党群协商渠道，以党建引领基层自治。在城市社区与农村等基层自治区域，基层党组织创新党群协商议事工作机制，开发居民议事厅、议事会、协商恳谈会等多种协商议事形式，解决基层治理问题，缓解基层社会干群矛盾，稳定基层治理秩序。有效的党群协商有助于转变基层群众对基层党组织的行政化认知；同时，党群协商创设基层群众理性表达诉求的合理空间，而基层党组织对群众诉求的有效回应则进一步激发其政治参与效能感，并提高其对基层党组织的服务满意程度。

在社会治理场域中，党的基层组织有力执行党的领导制度体系，并通过创新基层党建形态进一步增强其领导权威；而通过以服务群众为价值要求创新基层党组织的政策执行方式，则能够更有效地实现政策目标，增强人民对其满意度，以此夯实国家治理基础，稳固现代化国家治理体系。

五、结语

实现现代化国家治理是一项系统工作，“国家治理体系和治理能力要想走向现代化，一个重要前提就是统筹和协调处理好涉及国家治理的各种重大关系”[1]，因此，需要坚持和加强党的全面领导，通过党的执行力提高党的领导权威，发挥总揽全局、协调各方的领导作用。把党作为领导性国家治理主体，中国国家治理形成以党的领导为核心的“政党—政府—社会”三维关系。其中，党的领导体现为领导国家制度供给与领导国家制度执行两个方面。制度执行是把国家制度优势转化为治理效能的关键环节，而党的

[1] 辛向阳：《推进国家治理体系和治理能力现代化的三大路径》，《江西社会科学》2014年第2期。

制度执行力则是决定实际治理效能的主要因素。在实践中，政党治理场域中党的执行力决定党的领导制度优势的治理效能转化程度，而在政府治理场域与社会治理场域中，党的执行力则决定国家治理制度的治理效能转化程度。作为现代化国家治理的三维场域，政党治理场域、政府治理场域与社会治理场域之间应当形成协同效应，通过有效链接并统筹党对党的领导制度体系和国家治理制度的执行，使制度优势更好地转化为治理效能。

原载于《山西大学学报（哲学社会科学版）》2021年第2期

新时代中国共产党践行初心和使命的价值意蕴与实践指向

房世刚　梁懿文

摘　要： 中国共产党的初心和使命是党的性质宗旨、理想信念和奋斗目标的集中体现，是激励中国共产党人不断前进的根本动力。中国共产党践行初心和使命的价值意蕴，根源于党的初心和使命的本质内涵，主要源于党的初心和使命的价值功能，集中体现在党的自身建设、治国理政和文化自信的丰富实践中。中国特色社会主义进入新时代，对中国共产党践行初心和使命提出了更高的要求，带来了前所未有的挑战。为此，需要坚持并加强马克思主义理论武装，传承发展党"不忘初心、牢记使命"的历史经验，不断加强制度建设，坚持多项措施协同推进，切实把党的初心和使命贯彻到党的发展中。

关键词： 中国共产党；初心和使命；价值意蕴；实践指向

中国共产党的初心和使命，是对党的性质、宗旨及目标的科学反映和深化认识。党的十九届四中全会《中共中央关于坚持和完善中国特色社会主义制度推进国家治理体系和治理能力现代化若干重大问题的决定》（以下简称《决定》）要求，"把不忘初心、牢记使命作为加强党的建设的永恒课题和全体党员、干部的终身课题"。[1]贯彻落实《决定》的要求，需要明确新时代中国共产党践行初心和使命的价值意蕴和现实境遇，系统建构推进党的初心使命这一战略工程的实践路径，为推动党的领导制度优势转化为强大的国家治理效能提供学理支撑和现实借鉴。

一、新时代中国共产党践行初心和使命的价值意蕴

新时代中国共产党践行初心和使命的价值意蕴，源于党的初心和使命的本质内涵与价值功能，集中体现在党的自身建设、治国理政和文化自信的丰富实践中。

[1]　《中共中央关于坚持和完善中国特色社会主义制度　推进国家治理体系和治理能力现代化若干重大问题的决定》，《人民日报》2019年11月6日。

首先，新时代中国共产党践行初心和使命的价值意蕴，根源于党的初心和使命的本质内涵。科学把握中国共产党初心和使命的本质内涵，必须以习近平关于“不忘初心、牢记使命”的重要论述为根本指南，注重加强学理层面的探究。中国共产党的初心，是党出发时经过深思熟虑确定的目标和誓言。中国共产党的使命，是党的历史担当和时代责任。就其逻辑关系而言，党的初心是党的使命本源，党的使命是党的初心延展，两者在某种程度上呈现出凝聚与承载的内在关联性。党的初心和使命的本质内涵是一致的，即以共产主义为终极目标，始终坚持为人民谋幸福、为民族谋复兴。因此，中国共产党的初心和使命是“激励中国共产党人不断前进的根本动力”[1]，是加强政党建设的永恒课题。可以说，一部中国共产党的历史，就是我们党围绕中国社会主要矛盾的变化不断践行初心和使命的发展史。

其次，新时代中国共产党践行初心和使命的价值意蕴，主要源于党的初心和使命的价值功能。从内向性视角来看，党的初心和使命的价值功能主要包括：它是实现政党理想的重要载体，是凝聚政党共识的精神纽带，是塑造政党品格的根本要求，是优化政党生态的深厚基础，是协调政党行动的价值准则，是实现政党目标的持久力量，是提升政党能力的强大支撑，是维护政党形象的重要保障等。从外向性视角来看，党的初心和使命的价值功能，集中体现在对所处时代的经济发展、政治发展、文化发展、社会发展及生态文明等所发挥的作用；对以最大公约数画出最大同心圆，进而巩固党的领导基础、执政基础和发展基础等所发挥的作用；对展示中华民族精神、提供中国方案等所发挥的作用。可见，就价值功能而言，中国共产党的初心和使命是对马克思主义政党本质属性的科学揭示，是对政党政治发展规律的深化认识。

最后，新时代中国共产党践行初心和使命的价值意蕴，集中体现在党的自身建设、治国理政和文化自信的丰富实践中。从推进党的建设新的伟大工程来看，中国共产党践行初心和使命，是永葆先进性和纯洁性的根本要求，是推进全面从严治党的治本之举，对于党的建设具有全面的引领作用。它能为加强党的各项建设提供有力抓手，从而为持续优化党群关系，进一步增强全党同志的组织纪律性，巩固发展制度治党的全新局面等提供强大的内在动力。从巩固党的执政地位来看，中国共产党践行初心和使命，是确保党长期执政的关键举措。它能通过强化党的政治领导力、思想引领力、群众组织力、社会号召力以提高党的执政能力，能够通过增强党内外对党的政治认同以巩固党的执政根基，能够通过保持党的先进性和纯洁性以优化党的执政形象，能够通过净化党内外政治生态以提升党的执政成效。从坚定文化自信来看，中国共产党践行

[1] 习近平：《决胜全面建成小康社会　夺取新时代中国特色社会主义伟大胜利——在中国共产党第十九次全国代表大会上的报告》，人民出版社2017年版，第1页。

初心和使命，是以政党自信坚定中国特色社会主义文化自信的核心动力。中国共产党在我国国家治理现代化中的特殊地位，决定了党的自信对坚定中国特色社会主义文化自信的根本性作用。关于政党自信，先进党内政治文化自信无疑是更基本、更深层、更持久的力量。作为先进党内政治文化的重要组成部分，党的初心和使命始终坚持为人民谋幸福、为民族谋复兴的根本价值取向，始终保持健康向上的主基调和正能量，从而为党赢得了强大的道义力量。就此而言，中国共产党践行初心和使命，能够从根本上保证党的文化自信，进而为坚定中国特色社会主义文化自信提供源源不竭的核心动力。

二、新时代中国共产党践行初心和使命的现实境遇

中国特色社会主义进入新时代，这个“新时代”并非传统意义上的史学概念，而是特指我国现实发展所处的新的历史方位。新时代中国共产党践行初心和使命的现实境遇，主要包括时代要求和时代挑战两方面。

首先，新时代对中国共产党践行初心和使命提出了更高的新要求。中国特色社会主义进入新时代，意味着中国共产党必须肩负起实现中华民族伟大复兴的历史使命，要求党的建设必须呈现出新气象新作为，需要党在践行初心和使命中充分发挥价值导向和凝聚引领作用。中国特色社会主义进入新时代，意味着中国共产党必须进一步夺取中国特色社会主义的伟大胜利，要求将习近平新时代中国特色社会主义思想体现到党的建设各方面各领域各环节，需要中国共产党在践行初心和使命中充分发挥政治教化和激励约束作用。中国特色社会主义进入新时代，意味着中国前所未有地接近世界舞台中央的大国地位，要求国家担负起为解决人类问题贡献中国智慧和中国方案的世界担当，需要中国共产党在践行初心和使命中充分发挥形象塑造和舆论引导作用。总之，新时代对中国共产党践行初心和使命提出了更加严格的要求，亟须全党同志紧密团结在以习近平同志为核心的党中央周围，持续夺取具有许多新的历史特点伟大斗争的新胜利，始终确保党的旺盛生命力和强大战斗力，不断增强中国特色社会主义的“四个自信”。

其次，新时代对中国共产党践行初心和使命带来了更大的新挑战。放眼全球，当今世界正处于急剧变革的大调整期，正面临着百年未有之大变局。当前，和平与发展的时代主题仍在继续保持，世界多极化、经济全球化、文化多样化和社会信息化的趋势仍在深入发展。但我们必须正视，“世界面临的不稳定性不确定性突出，世界经济增长动能不足，贫富分化日益严重，地区热点问题此起彼伏，恐怖主义、网络安全、重

大传染性疾病、气候变化等非传统安全威胁持续蔓延，人类面临许多共同挑战”[1]，中国共产党践行初心和使命面临的外部环境更加复杂多变。立足中国，当前国家在经济发展、生态环境保护、民生保障和改善、社会文明提升、意识形态斗争、国家安全维护等关键领域，仍然存在不少困难和挑战。“形势环境变化之快、改革发展稳定任务之重、矛盾风险挑战之多、对我们党治国理政考验之大前所未有。”[2]这无疑对中国共产党践行初心和使命带来了更加严峻的挑战。审视党内，在整体肯定党的建设主流的同时，应该看到，新时代党内仍然存有“政治纪律松弛、思想僵化和平庸化、脱离人民群众”[3]等严重问题，中国共产党依然长期面临着“四大考验”及“四种风险”的严峻挑战。习近平强调指出：“各种弱化党的先进性、损害党的纯洁性的因素无时不有，各种违背初心和使命、动摇党的根基的危险无处不在。”[4]这些严峻的问题，既源自部分党员、干部主体认知的价值困境，又受到中国传统文化中消极因素、西方异质政治文化以及党内不良亚文化的冲击和影响，亟须中国共产党严加防范和及时整治。总之，复杂多变的世情、前所未有的国情和长期严峻的党情，对中国共产党践行初心和使命带来了更加严峻的挑战。

以习近平同志为核心的党中央在对国际局势的深刻洞察中，在对国情党情的辩证把握中，积极回应新时代对中国共产党践行初心和使命的新要求与新挑战，把“不忘初心、牢记使命”由中国共产党人的朴素观念，提升为管党治党的永恒课题和中国共产党人的终身课题。

三、新时代中国共产党践行初心和使命的实践指向

中国共产党的初心和使命不仅体现在党的思想理论和行动纲领上，还贯穿党治国理政的奋斗实践中。针对新时代对中国共产党践行初心和使命的新要求与新挑战，整体推进党的初心使命这一战略任务，坚持多项措施协同推进。

首先，坚持并加强马克思主义理论武装。新时代中国共产党践行初心和使命，要牢牢把握以马克思主义为指导这一根本理论前提，坚持用马克思主义特别是马克思主义中国化最新理论成果——习近平新时代中国特色社会主义思想统一全党的思想意志和行动。中国共产党是以马克思主义为理论指南的无产阶级政党。中国共产党人在践

[1] 习近平：《决胜全面建成小康社会　夺取新时代中国特色社会主义伟大胜利——在中国共产党第十九次全国代表大会上的报告》，人民出版社2017年版，第58页。

[2] 习近平：《在“不忘初心、牢记使命”主题教育总结大会上的讲话》，《人民日报》2020年1月9日。

[3] 岳奎：《“不忘初心”与全面加强党的政治建设》，《思想理论教育导刊》2018年第11期。

[4] 习近平：《牢记初心使命，推进自我革命》，《求是》2019年第15期。

行党的初心和使命中，要恪守对马克思主义的信仰，坚定对共产主义远大理想和中国特色社会主义共同理想的信念，永远做到对党和人民绝对忠诚。在具体实践中，要把学习习近平新时代中国特色社会主义思想同学习党史、新中国史、改革开放史、社会主义发展史结合起来，同伟大斗争、伟大工程、伟大事业、伟大梦想的丰富实践紧密结合起来，并强化贯彻落实的自觉性。新时代中国共产党践行初心和使命，要牢牢把握以全心全意为人民服务为宗旨这一根本价值前提，在治党治国中始终坚持以人民为中心的价值遵循。中国共产党的性质，决定了党以人民为中心的价值理念和执政遵循。中国共产党人在践行党的初心和使命中，要牢牢坚持党的宗旨，贯彻落实党的群众路线，充分尊重人民群众的主体地位和首创精神，切实增强人民群众的获得感、幸福感和安全感。新时代中国共产党践行初心和使命，要牢牢把握以问题导向为特征这一根本方法前提，注重在解决时代问题中提升全党同志的政治立场和理论素养。“马克思主义是改变世界的理论，它以对现实世界的矛盾化、问题化理解为前提，以实现现实世界革命化即劳动人民的自我解放为目标。”[1]中国共产党人在践行党的初心和使命中，要坚持马克思主义鲜明的问题导向，以强烈的自我革命精神协同推进伟人工程和伟大事业，以顽强的斗争精神勇于担当作为，决不辜负人民的重托和历史的选择。

其次，承传并发展党“不忘初心、牢记使命”的历史经验。中国共产党的历史，从某种意义上来说就是党围绕中国社会主要矛盾的变化不断践行初心和使命的发展史。正如习近平在党史学习教育动员大会上的讲话中指出，“我们党的一百年，是矢志践行初心使命的一百年”[2]。党在“不忘初心、牢记使命”的奋斗历程中，积累了宝贵的历史经验。一要坚持加强党的集中统一领导和解决党内问题相统一。坚持党的集中统一领导是中国共产党管党治国的最大优势，广大党员干部特别是领导干部绝不能因党内存有某些问题而弱化甚至否定党的领导。新时代中国共产党践行初心和使命，要以壮士断腕、刮骨疗毒的勇气，坚决同一切弱化党的先进性和纯洁性的问题作斗争，坚决同一切损害党的领导地位和执政基础的问题作斗争，坚决同一切违背党的初心和使命的问题作斗争，积极拥护党中央的集中统一领导。二要坚持守正和创新相统一。新时代中国共产党践行初心和使命，既要“坚守党的性质宗旨、理想信念、初心使命不动摇”，又要“以新的理念、思路、办法、手段解决好党内存在的各种矛盾和问题”，[3]不断开创党内政治文化繁荣发展的新局面。三要坚持严管和厚爱相统一。新时代中国共产党践行初心和使命，要对全体党员、干部进行严格管理，特别是要在完善监督管理机制上下足功夫。与此同时，要最大限度防止部分党员、干部乱作为，最大限度汇聚

[1] 韩喜平：《坚持马克思主义的问题导向》，《光明日报》2016年8月1日。

[2] 习近平：《在党史学习教育动员大会上的讲话》，《求是》2021年第7期。

[3] 习近平：《牢记初心使命，推进自我革命》，《求是》2019年第15期。

广大党员、干部干事创业的磅礴力量，为践行党的初心和使命提供坚强的组织保证。四要坚持组织推动和个人主动相统一。新时代中国共产党践行初心和使命，既要充分发挥各级党组织的有效作用，对全体党员、干部进行严格要求，又要依靠广大党员、干部的自觉自为，以强烈的自我革命精神把守初心、担使命作为毕生的实践课题。正是由于承传并发展“不忘初心、牢记使命”的历史经验，中国共产党才能够在当前统筹做好新冠疫情防控和经济社会发展的大战大考中勇立潮头，沉着应对，一以贯之地践行初心和使命，如期实现决胜全面建成小康社会、决战脱贫攻坚目标任务。

最后，建立并执行“不忘初心、牢记使命”制度，注重发挥制度的规范、约束和引领作用。党的十九届四中全会《决定》着眼于健全党的领导制度体系，提出了建立“不忘初心、牢记使命”的制度。这一制度是对“不忘初心、牢记使命”主题教育的深化发展，是对全面从严治党向纵深发展的顶层设计，是对马克思主义中国化的制度创新，是对中国特色社会主义制度自信的集中彰显。建立“不忘初心、牢记使命”制度，对永葆党的先进性和纯洁性、提升党的治理能力和国家治理能力以及巩固党的领导地位和长期执政基础等均有深远的意义。根据《决定》,“不忘初心、牢记使命”制度,“是一个由理论学习、党性教育、激励担当、为民服务、廉洁自律等各项具体制度构成的党的自我提高和自我完善的价值认知体系和实践推进机制”。[1]系统建构这一制度，需要坚持系统思维、辩证思维和底线思维的有机统一，以“既坚持解决问题又坚持简便易行、既坚持目标导向又坚持立足实际、既坚持创新发展又坚持有机衔接”[2]为指导原则。在具体建构中，需要着重在以下方面发力：要把习近平新时代中国特色社会主义思想作为根本指南，充分发挥其重要作用；要把党章作为根本依据，充分发挥其指引作用；要把常态化的“不忘初心、牢记使命”主题教育作为实践基础，充分发挥其载体作用。与此同时，必须“强化制度意识，自觉尊崇制度，严格执行制度，坚决维护制度，健全权威高效的制度执行机制，加强对制度执行的监督”[3]，真正为中国共产党人始终践行党的初心和使命提供坚强的制度保障。

原载于《思想理论教育导刊》2021年第4期

[1] 王韶兴:《把党的领导落实到国家治理各领域各方面各环节》,《光明日报》2020年1月20日。

[2] 习近平:《在“不忘初心、牢记使命”主题教育总结大会上的讲话》,《人民日报》2020年1月9日。

[3] 习近平:《在“不忘初心、牢记使命”主题教育总结大会上的讲话》,《人民日报》2020年1月9日。

中国共产党坚持和加强党的领导的探索历程与现实启示

蒯正明

摘　要： 新民主主义革命时期，党在领导人民开展革命斗争的过程中，对如何实现党对军队、党对统一战线、党对根据地政权的领导进行了多方面的努力，初步确立了党领导体系的基本架构。新中国成立之后，党为确立和巩固自身在全国范围的领导地位进行了艰辛的探索。改革开放以来，中国共产党将坚持党的领导与改善党的领导结合起来，党的领导制度化、法治化逐步推进。党的十八大以来，党为坚持和加强党的全面领导进行了多方面的探索。中国共产党坚持和加强党的领导百年探索的历史表明，坚持和加强党的领导必须在思想上始终重视党的领导权，同时需要完善党的组织体系，建立健全党的领导体制和领导制度。

关键词： 中国共产党；领导；历史；启示

一、引言

建党百年来，中国共产党为坚持和加强党的领导进行了艰辛的探索，其间出现过失误，经历过曲折，但总的来说，中国共产党人对党的领导规律的认识不断深化，积累了许多宝贵的经验。梳理建党百年来中国共产党坚持和加强党的领导的探索历程，总结有益启示，无论对于我们认识和把握党的领导规律，还是对于当前加强党对社会主义现代化建设的全面领导、深化全面从严治党都具有重要的理论和实践意义。

二、在新民主主义革命实践中逐步掌握领导权（1921—1949）

建党初期，中国共产党对无产阶级领导权问题没有形成正确认识。大革命失败之后，中国共产党人深刻认识到不仅要将工人、农民发动起来开展革命斗争，更需要积极争夺党对革命的领导权。在这一期间，中国共产党人通过实行支部建在连上等一系列制度确立了党对军队的领导权，同时在统一战线和局部执政中对如何坚持和加强党的领导进行了多方面的探索。

（一）建党初期党对领导权的思考与实践（1921—1927）

中国共产党是以推动社会革命为使命的马克思主义政党。为了领导群众开展革命斗争，党在农村成立了农会，在城市成立了劳动组合书记部。为了联合革命力量，建立了广泛的统一战线，党的三大确立了国共合作的方针。

在第一次国共合作中，鉴于当时自身力量弱小，为了集中力量反对帝国主义和封建军阀，党主要强调保持自身的独立性，没有明确提出政党领导权的要求。随着国民革命的推进，以及国共两党之间矛盾的显现，党的四大明确提出了党的领导权问题。1925年4月，瞿秋白在其发表的《列宁主义概论》一文中也指出："党是无产阶级的阶级组织之最高形式……党应当是一个中心组织。"[1]不过总的看来，尽管瞿秋白等中国共产党人意识到掌握领导权的重要性，但由于党还处于幼年阶段，党的主要领导人在领导权问题上没有能够形成正确的思想认知，对于统一战线中领导权问题没能予以充分重视，这也是导致大革命失败的重要原因之一。

（二）在寻找中国革命道路中对坚持和加强党的领导的艰难探索（1927—1935）

这一阶段，中国共产党对如何实现党对军队、党对苏维埃政权，以及党对共产主义青年团、工会等群众团体的领导进行了初步的思考和探索。

1.建立党对军队的领导制度

秋收起义之后，面对军队中党组织不健全、官兵关系紧张等问题，毛泽东在带领部队上井冈山途中，实行了"三湾改编"。其主要措施就是将支部建在连上，为实现党对军队的领导提供了组织保证。之后，1929年古田会议决议进一步规定了党在红军中的组织原则等。"党对军队绝对领导的根本原则和制度定型于古田会议。"[2]

2.党对苏维埃政权领导的初步探索

这一时期，中国共产党在实现对苏维埃政权实行领导的同时，也注意到了尊重苏维埃政权自主性的问题。1932年，《中共湘鄂赣省第二次代表大会关于党在苏维埃政权中的领导问题决议案》一方面强调要"保障无产阶级在苏维埃政权的领导"[3]，"保障党在苏维埃和红军及地方武装与各群众团体中的绝对领导作用"[4]，另一方面也强调"党对苏维埃的正确关系是要经过党团的领导作用来实现党的决议"[5]。总之，这一时期中国共

[1] 《瞿秋白文集：政治理论篇》（第3卷），人民出版社2013年版，第44—45页。

[2] 欧阳淞：《党对军队绝对领导的历史回顾》，《党建研究》2017年第9期。

[3] 《湘鄂赣革命根据地文献资料（第2辑）》，人民出版社1985年版，第379页。

[4] 《湘鄂赣革命根据地文献资料（第2辑）》，人民出版社1985年版，第371页。

[5] 《湘鄂赣革命根据地文献资料（第2辑）》，人民出版社1985年版，第368页。

产党人在确立党对苏维埃领导关系的同时，开始注意到改善党的领导方式，处理好党与苏维埃政权的关系。

3.党对群众性团体领导的探索

其一是对共产主义青年团的领导。党的六大通过的《关于共产青年运动的决议案》要求："必须有系统地在党委员会上讨论C.Y问题，如果特别重要的问题，并须提到整个党的组织中去讨论。"[1]之后，1931年11月，中央苏区第一次代表大会通过的《党的建设问题决议案》进一步强调："党团应绝对服从所属党部的指示。"[2]其二是逐步推进党对工会的领导。为了加强党对工会的领导，1928年党的六大通过的《职工运动决议案》强调："党必须竭力巩固中国职工运动的领导机关，努力巩固及扩大其在工会所已争得的地位。"[3]当然，《决议案》也强调党要通过工会中的党团来实现，指出党"对工会的领导非经过党团不可"。[4]总的来说，这一时期中国共产党在探索加强党的领导途径的同时，开始注意到改善党的领导方式问题，尤其是注重通过"党团"来实现党的领导。不过，也应该看到，这一时期，党还不成熟，尤其是受"左"倾主义思想的影响，党对领导方式和领导制度的探索不可避免地会遇到一些问题，主要表现为：一是从领导方式来说，由于革命战争的具体环境和苏维埃自身能力弱等原因，党代替苏维埃政权机关，包办苏维埃事务的现象较为常见。正如毛泽东在《井冈山斗争》中指出的："由于许多事情为图省便，党在那里直接做了，政权机关搁置一边。"[5]二是党对军队领导制度遭到破坏。受"左"倾主义的影响，1932年的宁都会议作出了取消红军党委制的决议，这一决议不仅削弱了党对军队的领导，也加剧了"左"倾冒险主义在军队中的推行。三是党的集体领导遭到破坏。"左"倾主义不仅在军事上推行错误路线，还在党内压制不同意见，推行宗派主义，导致党的集体领导制度难以运行。

（三）新民主主义时期党的领导体系架构的基本形成（1935—1949）

这一时期，党逐步走向成熟，党在土地革命时期为坚持和加强党的领导的许多有益做法在这一阶段得到延续和发展，党的领导体系的架构在这一阶段基本形成。

1.坚持党对统一战线的领导权

毛泽东指出："所谓领导权……是以党的正确政策和自己的模范工作，说服和教育

[1] 《中共中央文件选集》(第4册)，中共中央党校出版社1989年版，第428页。
[2] 《中共中央文件选集》(第7册)，中共中央党校出版社1991年版，第480页。
[3] 《中共中央文件选集》(第7册)，中共中央党校出版社1991年版，第382页。
[4] 《中共中央文件选集》(第7册)，中共中央党校出版社1991年版，第383页。
[5] 《毛泽东选集》(第1卷)，人民出版社1991年版，第73页。

党外人士。”[1]在实践中，抗日战争时期，中国共产党以民族大义为重，高举抗日旗帜，取得各党派、各阶层人士的认同，延安也由此成为人们向往的革命圣地。在同民主党派的合作中，党在抗日根据地实行了“三三制”政权，努力从制度上保证党外人士发挥作用。在同国民党的合作中，党坚持独立自主的原则。抗战胜利后，党又提出建立联合政府的主张，进一步取得各党派、各阶层人士支持，扩大了人民民主统一战线。通过坚持党对统一战线的领导权，既保证了统一战线的正确方向，又为党赢得了政治上的主动权，得到了人民广泛的认同和支持，为新民主主义革命胜利提供了源源不断的力量支持。

2.在自身局部执政实践中建立党的一元化的领导体制

首先，抗战爆发之后，党领导的抗日斗争对全国抗战起到了积极的配合作用。随着抗战的深入推进，日寇加大对抗日根据地“扫荡”和封锁的力度，各根据地之间，党的上下级组织之间的联系变得非常困难。同时，党内也还存在着主观主义、宗派主义的残余。在这种情况下，组织和动员一切力量，打败日本军国主义，是全党领导工作的中心。其次，实施“三三制”政权后，党员在根据地政权中的数量减少了，可是党的领导的责任更大，也需要加强党的领导，保证党的政策的贯彻落实。最后，在各根据地内，党已发展成为一个群众性大党，党不仅要领导自身的建设工作，而且要领导根据地军事、经济、文化等各方面的事务，所有这些都要求党要进一步强化党的领导。基于此，1942年，中共中央政治局通过了《关于统一抗日根据地党的领导及调整各组织间关系的决定》。该《决定》基本确定了党在革命时期的一元化领导体制。在解放战争时期，为了进一步强化党的领导，党内请示报告制度逐步建立，进一步为党的一元化领导提供了制度支撑。

3.军队党委的恢复与发展

为了加强党对军队的领导，1941年中央革命军事委员会发布了《军政委员会条例》。军政委员会是具有类似党委会性质的机构，是抗日战争时期党领导军队的基本制度。之后，随着党的一元化领导体制确立，党进一步恢复了军队中的党委制。1947年7月，总政治部发布《中国人民解放军党委会条例（初稿）》。该《条例》是中国人民解放军第一个党委工作准则，大大推进了军队党委会规范化、制度化建设的步伐。

总之，这一时期党通过坚持统一战线领导权使党凝聚了各方革命力量；通过建立一元化的领导体制使党自身更加坚强有力，各根据地更加巩固；通过恢复军队党委会制度，进一步强化了党对军队的领导。上述三大方面相互支撑、相互呼应，构成了党领导体系的基本架构，为党夺取全国范围内的革命胜利提供了根本保证。

[1] 《毛泽东选集》（第2卷），人民出版社1991年版，第742页。

三、党在全国范围领导地位的确立、巩固及其曲折探索（1949—1978）

新中国成立初期，中国共产党通过建立健全党的组织体系等措施确立了党在全国范围内的领导地位，并对党的领导方式进行了初步的思考和探索。不过由于党执政的时期还比较短，后来由于“左”倾主义思想的影响，党对坚持和加强领导地位的探索遇到了较为严重的挫折。

（一）党的领导地位在全国范围内的确立和巩固（1949—1956）

新中国成立初期，党对国家的领导主要借助于党的组织体系的广泛设立，尤其向国家权力机关“嵌入”党的组织来确立和巩固党在全国范围的领导地位。

1.在国家政权中“嵌入”党的组织体系

主要包括两个方面：一是在政府机构内设立党委会；二是在中央人民政府所属的部委等部门设立党组。同时，为了强化党的领导，这一时期还实施了分口领导制度。1952年，中共中央发出《关于省级以上党委建立农村工作委员会的指示》后，中央到省级的党组织先后设立与政府职能部门相对应的机构，如农村工作部、文教工作部等。

2.建立广泛的党的基层组织

通过在企事业单位、农村、学校等单位中设立党的基层组织，建立健全党的组织网络，构建党对企事业单位、农村、学校等领导体系。对此，八大党章就对党的基层委员会、总支部、党支部的设置、领导组成、任务都作了明确的规定。

3.党的集体领导制度写入党章

八大党章明确规定：“党的各级组织实行集体领导和个人负责相结合的原则。”[1]这也是党的集体领导制度首次写入党章之中，表明执政条件下中国共产党更加注意决策的科学化、民主化。

总的来说，这一时期党以自身的组织体系为依托，初步构建起党对国家和社会的领导格局。这种格局一方面着眼于中国当时的经济基础和社会基础，便于有效地推动国民经济恢复，保证和促进了国家大规模经济建设的开展及社会主义改造的基本完成；另一方面也着眼于党的执政地位的巩固。在这个领导格局中，坚持党对国家社会的领导是前提，而党的领导方式则需要随着国家的发展与社会进步，不断探索与完善。

---

[1] 《中国共产党历次党章汇编（1921—2017）》，中国方正出版社2018年版，第240页。

（二）坚持和加强党的领导在社会主义制度建立后的曲折探索（1956—1978）

“三大改造”结束之后，中国共产党人在推进社会主义建设事业中进一步强调加强党的领导的重要性。1958年1月，针对党内分散主义，毛泽东在《工作方法六十条（草案）》中指出了党的领导原则，即“大权独揽，小权分散。党委决定，各方去办。办也有决，不离原则。工作检查，党委有责”。“大权独揽”是指主要权力应集中于各级党委。“各方去办”就是各方的事仍由各方去办。在这里，毛泽东实际上指明了党委履行责任的方法，即各级党委要切实履行领导责任，但是，加强党的一元化领导，不是什么工作都由党委亲自抓、直接做，而把其他组织搁置一边。党委要决定的是大事而非小事，工作方式也不是简单的命令，而是同各方面“接触、商量、研究”，形成共识后再由各方去执行，当然党委也有个对政策、决策执行情况进行监督检查的问题。1962年1月，在扩大的中央工作会议上，毛泽东进一步指出：“党是领导一切的。党要领导工业、农业、商业、文化教育、军队和政府。”[1]刘少奇在此次会议上也强调要反对分散主义的倾向，指出：“分散主义的最突出的表现是目前存在的许多各自为政的‘小天地’。”[2]为此，他强调：“党委领导一切是必须坚持的原则。”[3]但后来随着“左”倾主义的发展，尤其是60年代中期，党的领导体制越来越向集权化方向发展。“文化大革命”时期，九大删除了八大党章关于党的集体领导制度的规定。

四、在改革开放中加强和改善党的领导（1978—2012）

改革开放之后，中国共产党人针对改革开放前党的领导体制中存在的包办过多、党政不分等问题，将加强和改善党的领导结合起来，为加强和改善党的领导进行了一系列新思考和新探索，进一步深化了党对领导规律的认识。

（一）改革开放初期对加强和改善党的领导的思考和探索（1978—1989）

1.坚持党的领导地位不动摇

改革开放并不是否定党的领导，相反，越是改革开放越要加强党的领导，通过加强党的领导保证改革开放的正确方向，有效化解改革开放中的矛盾和问题。对此，邓小平明确指出：“改革党和国家的领导制度……而正是为了坚持和加强党的领导。”[4]坚持领导必须要注重维护中央权威，保证党的方针政策的贯彻落实。对此，邓小平强调：

[1] 《毛泽东文集》（第8卷），人民出版社1999年版，第305页。

[2] 《刘少奇选集》（下卷），人民出版社1985年版，第377页。

[3] 《刘少奇选集》（下卷），人民出版社1985年版，第408页。

[4] 《邓小平文选》（第2卷），人民出版社1994年版，第341页。

“中央要有权威。改革要成功，就必须有领导有秩序地进行。”[1]

2.改善党的领导，实现党政职能分开

改善党的领导就是通过改革党的领导方式，克服以党代政的情况，减少对经济等领域工作的干预等。为了改善党的领导，党的十二大将“党的领导主要是政治、思想和组织的领导”写入党章之中。党的政治领导、思想领导和组织领导是密切关联的有机体，其中政治领导是核心，是根本；思想领导是实现政治领导的基础和前提；组织领导是实现政治领导的保证。之后，党的十三大明确提出了“党政分开即党政职能分开”的改革思路。党政分开不是党政之间的绝然分离，更不是政权和行政组织脱离党的领导而独立存在，而是在党的政治领导的前提下进行的。它强调的是把党组织包揽的那部分行政的职能，归还行政组织。党组织则集中管理党的建设、执行政治领导的职能。

3.党的集体领导制度的恢复

在探索社会主义道路的过程中，党在坚持和加强党的领导方面所出现的一些问题在很大程度上与党的民主集中制遭到破坏、集体领导制度没有得到有效贯彻落实有很大关系。基于此，党的十二大党章明确规定：“党的各级委员会实行集体领导和个人分工负责相结合的制度。”[2]党的十二大党章的规定为改革开放条件下党的集体领导制度发展奠定了根本的制度保障。

（二）在深化改革开放中加强和改善党的领导（1989—2002）

这一时期是深化改革的重要阶段，也是社会主义市场经济加快发展阶段。中国共产党人为进一步加强和改善党的领导进行了新的探索，尤其是依法治国方略的提出，标志着中国共产党人对加强和改善党的领导的认识提高到了一个新的水平。

1.明确提出党的领导“总揽全局、协调各方”的原则

这一时期，中国共产党在加强和改善党的领导中就正确处理党与人大、政府、政协和企事业单位之间的关系进行了进一步的思考。党的十五大首次明确强调要“保证党始终发挥总揽全局、协调各方的领导核心作用”。[3]党的十六大进一步将“党必须按照总揽全局、协调各方的原则”[4]写入党章。自此之后，“总揽全局、协调各方”一直是中国共产党坚持和加强党的领导所坚持的原则。

[1] 《邓小平文选》（第23卷），人民出版社1993年版，第277页。

[2] 《中国共产党历次党章汇编（1921—2017）》，中国方正出版社2018年版，第336页。

[3] 《十五大以来重要文献选编（上）》，中央文献出版社2011年版，第27页。

[4] 《中国共产党历次党章汇编（1921—2017）》，中国方正出版社2018年版，第3449页。

2.依法治国的提出与党的领导方式的进一步完善

党的十一届三中全会之后，我国法制建设逐步恢复发展，在1982年宪法的基础上，各项立法工作全面展开。在此基础上，党的十五大第一次提出依法治国的基本方略。法治是现代政治文明的内容，党的十五大明确提出依法治国的基本方略是中国共产党执政方式的重大转变。对于中国特色社会主义政治文明建设，对于推进党的领导制度化法治化都具有深远的意义。

3.完善党的组织体系，强化党的领导

改革开放之后，党的十三大党章曾取消中央政府和地方各级政府党组的设置。1989年之后，为了强化党的领导，被取消的党组陆续恢复。党的十四大通过的党章，把党组列为一章，对党组的设置、任务、机构、批准权限、隶属关系作了明确规定。党的十六大党章还增加了在社区、社会团体、社会中介组织、非公经济组织中成立党的基层组织的规定。

（三）推动科学执政、民主执政和依法执政（2002—2012）

这一时期，党的十六届四中全会明确提出了科学执政、民主执政、依法执政的要求。之后，党的十七大正式将这一要求写入党章中，为加强和改善党的领导提供了根本制度保障。从具体的实践来说，这一时期的探索主要表现为以下几个方面的内容。

1.完善重大事项决策议事制度

改革开放之后，党在推动领导制度改革中就非常重视决策科学化的问题。党的十四大明确强调“决策的科学化、民主化是实行民主集中制的重要环节”。[1]党的十六大之后，中国共产党人在推进科学执政、民主执政的过程中，进一步强调完善决策机制的重要性。党的十六届四中全会强调党的决策要贯彻党的群众路线、发扬党内民主等。不仅如此，为推进决策科学化，这一时期还建立了决策失误责任制度，如2009年发布的《关于实行党政领导干部问责的暂行规定》等。

2.依法行政，建设法治政府

依法行政、建设法治政府是贯彻依法执政的重要内容。市场经济的发展要求对政府职能进行重新定位，实现从全能政府向有限政府的转变，同时要求党的领导干部要树立法治意识，提高运用法律维护市场秩序，解决社会问题。为了推进依法行政，2004年，国务院专门发布了《全面推进依法行政实施纲要》；2010年，国务院又发布了《关于加强法治政府建设的意见》。上述文件不仅有利于推进法治政府建设，对于促进党依法执政同样具有重要的意义。

---

[1] 《十四大以来重要文献选编（上）》，中央文献出版社2011年版，第25页。

3.丰富发展党的领导法规制度

这一时期发布的党内法规制度主要包括：

对司法机关的领导方面的《关于进一步加强人民法院、人民检察院工作的决定》（中共中央，2006年），对民主党派的领导方面的《关于人民政协工作的意见》（中共中央，2005年），对企事业单位领导方面的《关于加强和改进非公有制企业党建工作的意见（试行）》（中央办公厅，2012年），等等。

五、党的十八大以来坚持和加强党的全面领导（2012年至今）

党的十八大之后，中华民族的伟大复兴进入关键时期，国际格局深度调整，世界经历着百年未有之大变局，在这一关键性历史时期，更需要坚持和加强党的领导。在此背景下，以习近平同志为核心的党中央为坚持和加强党的领导进行了全方位的思考和探索。

（一）创新党的领导理论

2013年12月，习近平在中央经济工作会议上指出："中国特色社会主义有很多特点和特征，但最本质的特征是坚持中国共产党领导。"[1]在党的十九大报告中，他进一步指出："中国特色社会主义最本质的特征是中国共产党领导，中国特色社会主义制度的最大优势是中国共产党领导，党是最高政治领导力量。"[2]从提出"最本质特征"，到党的十九大提出"三最"，习近平关于党的领导的重要论述进一步揭示了党的政治属性、党的领导与中国特色社会主义、社会主义现代化的内在联系，进一步创新发展了党的领导理论。

（二）推动党的领导与全面从严治党更紧密结合

坚持党的全面领导不仅要求坚持党对国家和社会的领导，更要强化党对自身的领导，以强化党的集中统一领导推进从严治党。对此，习近平指出："全面从严治党，核心是加强党的领导。"[3]由此，加强党的领导与全面从严治党更加紧密地结合在一起，一方面通过加强党的全面领导，推动全面从严治党向纵深推进；另一方面通过全面从严治党使党自身更加坚强有力，为实现党的全面领导提供更有力的支撑。

[1] 习近平：《论坚持党对一切工作的领导》，中央文献出版社2019年版，第6页。

[2] 《十九大以来重要文献选编（上）》，中央文献出版社2019年版，第14页。

[3] 《习近平关于全面从严治党论述摘编》，中央文献出版社2016年版，第11页。

（三）建立健全党的领导的组织体系

党的力量来自组织，党的领导依赖于党的组织，加强党的全面领导必须建立健全党的组织体系。总的来看，党的十八大以来，党的组织体系建设的举措主要表现在：一是明确了各级党组织的领导权责，中共中央相继发布《中国共产党地方工作委员会条例》（2015年）、《中国共产党中央委员会工作条例》（2020年）等党内法规制度，明确各级党组织的领导权责，确保各级党组织履行好自身的领导职责，发挥自身的领导作用；二是进一步扩大基层党组织覆盖面，截至2019年底，全国“城市街道、乡镇、社区（居委会）、行政村党组织……覆盖率均超过99%”。“机关、事业单位、企业和社会组织党组织……基本实现应建尽建。”[1]

（四）进一步完善党的领导体制

党的十八大之后，为强化党的领导，以习近平同志为核心的党中央对党的领导体制进行了一系列创新性的探索，如通过党内法规制度进一步明确了“党组发挥领导核心作用”，通过成立中央全面深化改革领导小组等“领导小组”措施，健全党对重大工作领导体制机制等。之后，党的十九届三中全会通过的《中共中央关于深化党和国家机构改革的决定》对党政机构改革进行了系统部署，把完善党政机构布局同完善党的领导体制统一起来，从整体上推进党的领导体制改革，以确保党的决策部署得到有效落实。

（五）建立健全党的全面领导制度

党的十八大以来，党的领导制度建设进一步加快，发布了一系列关于党的领导方面的党内法规制度，既包括综合性的党内法规制度，如《中共中央关于加强党的政治建设的意见》（2019年），也包括某一领域具体性的党内法规制度。如政法工作方面的《中国共产党政法工作条例》（2019年）等。在此基础上，党的十九届四中全会第一次提出了健全党的领导制度体系的要求。从加快制度建设到提出健全党的领导制度体系的要求，表明中国共产党更加注重从整体上推进党的领导制度建设，这对于进一步深化党的领导制度建设无疑具有重要的意义。

六、总结与思考

建党百年来，中国共产党人为坚持和加强党的领导进行了积极的思考，在创新发

---

[1] 《2019年中国共产党党内统计公报》，《光明日报》2020年7月1日。

展马克思主义政党领导理论的同时，也对如何坚持和加强党的领导进行了许多有益的探索，给我们留下了有益的启示。

（一）坚持和加强党的领导必须首先在思想上重视领导权问题

建党初期，党的主要领导人由于对中国阶级关系缺乏正确认识，对党的领导权没有能够予以充分的重视，导致大革命失败。之后，中国共产党人在吸取经验教训的基础上，逐步探索出党对军队领导、党对根据地政权的领导、党对统一战线领导的有效途径，为新民主主义革命胜利提供了坚强保证。中国共产党执政之后，中国共产党人始终强调坚持党的领导的重要性，并为构建党对国家和社会领导体系付诸一系列努力。改革开放之后，中国共产党人将加强党的领导和改善党的领导结合起来，进一步丰富发展了党的领导理论。党的十八大以来，习近平结合党所处的历史方位和党要完成的历史使命，明确提出“坚持和加强党的全面领导”的要求，并做出了“三个最”的重要论断。中国共产党建党百年历史中，中国共产党人对党的领导权的重视不仅推动着党的领导理论的创新发展，也为深化完善党的领导体系的探索实践提供了有力的思想保证。

（二）坚持和加强党的领导必须注重建立健全党的组织体系

党的各级组织是党的领导的依托和支撑，党的领导有赖于党的各级组织加以完成。在新民主主义时期，“三湾改编”就通过把党的支部建在连上，确立了党对军队的领导。党在对苏维埃和群众性团体的领导中，也注重通过发挥党团作用来实现。新中国成立后，中国共产党通过将党组织“嵌入”国家机关和广泛设置党的基层组织等，为建立和巩固党在全国范围的领导地位提供了组织保证。之后，完善党的组织体系一直贯穿于坚持和加强党的领导探索实践之中。如社会主义市场经济条件下加强非公企业党建工作的一系列努力等。总之，坚持和加强党的领导必须注重完善党的组织体系，以党的组织为依托。

（三）坚持和加强党的领导必须注重完善党的领导体制

从党的建设历史来看，中国共产党早在苏区局部执政时期就党对苏维埃政权领导体制进行了初步探索，既注重坚持党的领导，又提出了“消灭党的包办制度”的要求。改革开放之后，党的十五大提出了党的领导“总揽全局、协调各方”的原则。党的十八大以来，习近平总书记在强调坚持党的全面领导的同时，多次强调坚持这一原则的重要性。“‘党的全面领导’‘党领导一切’既不是对党政分开的全盘否定，也不是完全回到党政合一的老路。”[1]总揽全局、协调各方是统一的整体。新时代完善党的领导体制同样需要我们坚持这一原则，既保证党对国家和社会生活的有效领导，实现党的领导的全覆盖，又充分调动各个方面的积极性，做到总揽而不包揽、协调不代替。

（四）坚持和加强党的领导必须不断建立健全党的领导制度

从建党百年历史来看，党的领导制度是一个逐步完善的过程。尤其是改革开放以来，党的集体领导不断走向制度化、规范化和程序化，党对民主党派、司法机关、企事业单位、军队等不同领域的领导制度相继建立，大大推动了党的领导规范化、制度化、法治化步伐。党的十八大之后，党的领导制度建设进一步加快。党的十九届四中全会明确提出了健全党的领导制度体系的新要求。新时代完善党的领导制度，需要按照党的十九届四中全会的部署，注重在体系上下功夫，通过填空白、补短板、强弱项，进一步完善党的领导制度体系，并在此基础上推动党的领导制度体系的贯彻落实，健全权威高效的制度执行机制，增强党的领导力，增强执行中国特色社会主义制度的效能。

原载于《北京社会科学》2021年第7期

[1] 郭定平、梁君思：《坚持和完善中国共产党领导制度体系的四重逻辑》，《探索》2020年第6期。

党的领导制度体系：生成逻辑、制度框架与时代价值

李超群　余　丹

摘　要： 党的十九届四中全会提出坚持和完善党的领导制度体系，提高党科学执政、民主执政、依法执政水平。党的领导制度体系以理念基础为起点，涵盖核心关键、内容指向、价值追求、执政本领与自身保证五个方面，形成了提升与保障党的领导的整体闭环的制度框架。坚持和完善党的领导制度体系的提出具有十分重要的意义，为党的领导提供了制度化运行的保证，进一步完善了中国特色社会主义制度体系，深化了对共产党执政规律的探索，为国际共运提供了中国方案与中国智慧。

关键词： 党的领导；制度体系；生成逻辑；制度框架；时代价值

党的十九届四中全会提出坚持和完善党的领导制度体系，提高党科学执政、民主执政、依法执政水平。这是对党的领导制度和中国特色社会主义制度的丰富和完善，是对共产党执政规律的深刻把握。构建和完善党的领导制度体系是新时代推进国家治理体系和治理能力现代化的必然选择，是对党的十八大以来党的领导理论构建与实践发展的深刻总结。

一、党的领导制度体系的生成逻辑

党的十九届四中全会提出坚持和完善党的领导制度体系，提高党科学执政、民主执政、依法执政水平。新时代提出坚持和完善党的领导制度体系是党的领导理论、历史与实践发展的形态跃升和价值必然。因此，考察党的领导制度体系的生成逻辑应以党的领导生成与发展为根本遵循和阐释基点，从党的领导理论、历史与现实逻辑中系统梳理和深刻考察。

（一）理论逻辑

党的领导并不是凭空产生的，而是在无产阶级的阶级特质、中国共产党自身特性

的基础上对国家治理现代化的深刻回应。早在19世纪40年代，马克思在仔细考量资产阶级社会的形式与发展规律的基础上，便深刻认识到在未来的社会发展中，无产阶级具有先进的阶级觉悟、严密的组织纪律性，是先进生产力的代表，是未来社会的主导力量。但是，无产阶级代替资产阶级成为社会主导力量的过程并不是一帆风顺的。马克思指出："社会主义不通过革命是不可能实现的。社会主义需要这种政治行为，因为它需要消灭和破坏旧的东西。"[1]在这波澜壮阔的社会革命过程中，无产阶级作为革命主体承担着宏伟的革命任务。但是，无产阶级由于人数众多且思想不统一，迫切需要一个先进组织来进行引导和动员。在这种情况下，共产党顺势而生，成为整个无产阶级革命的领导力量。马克思、恩格斯指出，无产阶级政党要成为"最坚决的、始终起推动作用的部分"[2]，就必须要夺取社会主义革命和建设的最高政权，确立自身的全面领导地位。列宁也明确指出，无产阶级政党只有旗帜鲜明地夺取党的全面领导权，才能赢得社会主义革命的最终胜利。共产党的领导是由其理论特质、组织特征所决定的。"他们没有任何同整个无产阶级的利益不同的利益"，"在无产阶级和资产阶级的斗争所经历的各个发展阶段上，共产党人始终代表整个运动的利益"[3]。同时，共产党是无产阶级中的先进分子在马克思主义指导下组成的朝气蓬勃的战斗集体。共产党具有严密的组织纪律性，强调无条件的集中和严格的铁的纪律。正是因为有着这些理论特质、组织特征，列宁才进一步指出："只有工人阶级的政党，即共产党，才能团结、教育和组织无产阶级和全体劳动群众的先锋队。"[4]

无产阶级的阶级特质、无产阶级政党的理论特质、组织特征为党的领导提供了最基本的理论前提。而制度特性、国家治理现代化的理论内涵则为党的领导制度体系建设提出了最新理论要求。"领导制度、组织制度问题更带有根本性、全局性、稳定性和长期性。"[5]制度是实践经验的凝结和升华，进一步强化和巩固党的领导地位，必须要靠制度来保障。同时，党的十九届四中全会提出要加强党对坚持和完善中国特色社会主义制度、推进国家治理现代化的领导。这一重大理论命题内在要求着以政党治理现代化来推进国家治理体系和治理能力现代化。在当前，推动政党治理现代化的一个重要因素与衡量标准便是制度化水平。"处于现代化之中的政治体系，其稳定取决于其政党的力量，而政党强大与否又要视其制度化群众支持的情况，其力量正好反映了这种支

[1] 《马克思恩格斯全集》(第1卷)，人民出版社1956年版，第488—489页。

[2] 《马克思恩格斯选集》(第1卷)，人民出版社1995年版，第285页。

[3] 《马克思恩格斯选集》(第1卷)，人民出版社1995年版，第285页。

[4] 《列宁全集》(第4卷)，人民出版社1972年版，第483页。

[5] 《邓小平文选》(第2卷)，人民出版社1993年版，第333页。

持的规模及制度化的程度。”[1]

因此，在当前国家治理现代化的背景下，进一步提升党的领导制度的制度化水平具有深刻的理论意义和实践价值，而这也是进一步丰富和提升政党治理能力乃至国家治理效能的必然要求。

（二）历史逻辑

推动党的领导制度体系的构建是中国共产党建党百年来历史实践的总结。首先，中国共产党的领导在革命、建设与改革的宏伟历史进程中取得了丰富的经验。中国共产党成立初期，党便充分认识到自身在整个民主革命进程中的历史重任与政治使命。通过土地革命及抗日战争的实践与探索，中国共产党进一步认识到党的领导的重要性。对此，1942年党中央提出："它应该领导一切其他组织，如军队、政府与民众表现在每个根据地有一个统一的领导一切的党的委员会。"[2]在中国共产党的领导下，各级党组织与广大党员团结带领广大人民群众取得了抗日战争的胜利、打倒了国民党反动派、建立了新中国。可以说，没有中国共产党，没有中国共产党的领导，就没有中国革命的胜利，就没有新中国的成立。新中国成立后，中国共产党在已有认知的基础上继续加强党的领导。1958年6月，党中央成立了财经、政法、外事、科学、文教五个领导小组。毛泽东指出："这些小组是党中央的，直隶中央政治局和书记处，向它们直接做报告。大政方针在政治局，具体部署在书记处。只有一个'政治设计院'，没有两个'政治设计院'。"[3]1962年1月，毛泽东在中央工作扩大会议上强调："工、农、商、学、兵、政、党这七个方面，党是领导一切的。"[4]在党的领导小组的领导下，中国共产党理顺了党和国家之间的关系，取得了一系列成就。纵观中国共产党百年发展史，党的领导是取得众多成就的根本经验。其次，党的领导实践方面出现的一些失误是推动党的领导制度体系完善的重要原因。"文化大革命"时期，"党领导一切逐渐泛化为党'管'一切，这带来了权力过分集中、以党代政等弊病，在一定程度上也压制了社会发展的活力和生气"[5]。改革开放后，在一段时期内存在过度纠正"文化大革命"的错误做法，过于强调党政分开，过于强调行政首脑、企业经理等行政部门的作用，造成党的领导弱化，影响了党的功能的发挥。因此，通过党的领导制度体系建设，进一步明确了党的

[1] 塞缪尔·P.亨廷顿：《变化社会中的政治秩序》，王冠华、刘为译，上海人民出版社2008年版，第341页。

[2] 中央档案馆：《中共中央文件选集》，中央党校出版社1986年版，第125页。

[3] 《建国以来毛泽东文稿》（第7卷），中央文献出版社1993年版，第268—269页。

[4] 《建国以来重要文献选编》（第15册），中央文献出版社1991年版，第131页。

[5] 张士海、骆乾：《坚持党对一切工作领导的理论内涵与实践路径》，《东岳论丛》2019年第12期。

领导的内涵与界限，避免党的领导的越位与缺位，在根本上巩固了党的领导地位。

（三）现实逻辑

坚持和完善党的领导制度体系是当前实践发展的迫切要求。首先，完善党的领导制度体系是解决一段时期以来党的领导弱化等相关问题的客观需要。中国共产党是中国特色社会主义事业的领导核心。没有中国共产党的领导，民族复兴的重任便无从谈起。习近平总书记曾经多次论述党的领导的重要作用，他指出："在国家治理体系的大棋局中，党中央是坐镇中军帐的'帅'，车马炮各展其长，一盘棋大局分明。"[1]党的领导至关重要，关系着中国共产党自身执政地位的巩固，关系着人民群众幸福生活的品质，更关系到中华民族伟大复兴中国梦的实现。但在实践中，仍存在着众多影响和弱化了党的领导的因素。例如，在各级纪委通报的案例中，有国企用党政联席会议替代党委会、长期不开党委会和党员大会的问题，有基层农村党组织领导作用发挥不够、组织力不够的情况，也有高校二级学院党组织功能弱化、长期不开展工作的现象。这些问题深刻影响着党的基层组织领导功能的发挥，从根本上影响和弱化了党的领导。因此，通过党的领导制度体系的建设，通过不同层级各项具体制度的建设，解决一系列影响和弱化党的领导的具体问题，为加强党的各级组织的领导提供了根本的制度保障。其次，推动党的领导制度体系建设是坚持和完善中国特色社会主义制度、推动国家治理体系和治理能力现代化的重要保障与关键一环。"中国特色社会主义制度是党和人民在长期实践探索中形成的科学制度体系，我国国家治理一切工作和活动都依照中国特色社会主义制度展开，我国国家治理体系和治理能力是中国特色社会主义制度及其执行能力的集中体现。"[2]中国特色社会主义制度体系由根本制度、重要制度、基本制度等一系列制度组成。在这些制度体系中，党的领导制度体系是重中之重。没有党的领导制度体系的构建，中国特色社会主义制度体系便如无本之木，国家治理体系和治理能力现代化更是无从谈起。因此，推动党的领导制度体系建设是当前坚持和完善中国特色社会主义、推动国家治理体系和治理能力现代化的现实要求。

综上，坚持和完善党的领导制度体系是理论、历史与实践逻辑相互作用的结果。中国共产党自身特质与制度化要求为其提供了最根本的理论要求，党的领导的成就与教训为党的领导制度体系建设提供了正反两方面经验。

---

[1] 中共中央宣传部：《习近平新时代中国特色社会主义思想三十讲》，学习出版社2018年版，第79页。

[2] 《中共中央关于坚持和完善中国特色社会主义制度　推进国家治理体系和治理能力现代化若干重大问题的决定》，《人民日报》2019年11月6日。

二、党的领导制度体系的制度框架

党的十九届四中全会提出坚持和完善党的领导制度体系，提高党科学执政、民主执政、依法执政水平。在党的领导制度体系中，涵盖着建立不忘初心、牢记使命的制度，完善坚定维护党中央权威和集中统一领导的各项制度，健全党的全面领导制度，健全为人民执政、靠人民执政各项制度，健全提高党的执政能力和领导水平制度，完善全面从严治党制度六项具体制度。这六项制度以理念基础为起点，涵盖着核心关键、内容指向、价值追求、执政本领与自身保证五个基本维度，形成了提升与保障党的领导的整体闭环的制度框架。

（一）夯实理念基础：建立不忘初心、牢记使命的制度

党的领导并不是凭空产生的，而是基于中国共产党先进的组织特征、理想信念生成和发展的。中国共产党正是因为有着马克思主义中国化的理论成果作为指导，正是因为有着坚定的理想信念，才能够承担起领导人民的重任。习近平总书记强调："一个人也好，一个政党也好，最难得的就是历经沧桑而初心不改、饱经风霜而本色依旧。党的初心和使命是党的性质宗旨、理想信念、奋斗目标的集中体现，激励着我们党永远坚守，砥砺着我们党坚毅前行。"[1]习近平总书记2016年在建党95周年庆祝大会上提出了"不忘初心、牢记使命"的时代命题。党的十九大进一步将"不忘初心、牢记使命"作为大会主题词。这充分体现了"不忘初心、牢记使命"的重要性。"不忘初心、牢记使命"是中国共产党对全体党员的价值要求和精神约束，是执政党对广大人民群众的政治宣示。"不忘初心、牢记使命"是中国共产党对全体党员的持久性要求，即无论中国共产党建党多久，都不能忘记"为人民谋幸福、为民族谋复兴"的初心与使命；无论中国共产党执政多久，都不能忘记"立党为公、执政为民"的执政初心与使命。

因此，要牢牢夯实党的领导的思想基础，就要"把不忘初心、牢记使命作为加强党的建设的永恒课题和全体党员、干部的终身课题"[2]。把"不忘初心、牢记使命"作为全体党员、干部的终身课题，就要把其建设成为党员教育、党员干部管理、党员干部选拔任用、党员监督、巡查督导等众多领域的综合性制度，进而形成协同治理的制度建设格局，从而在根本上解决党的领导的思想基础问题。

---

[1] 习近平：《在"不忘初心、牢记使命"主题教育总结大会上的讲话》，《人民日报》2020年1月9日。

[2] 《中共中央关于坚持和完善中国特色社会主义制度　推进国家治理体系和治理能力现代化若干重大问题的决定》，《人民日报》2019年11月6日。

（二）把握核心关键：完善坚定维护党中央权威和集中统一领导的各项制度

中国共产党是中国特色社会主义事业的领导核心。党中央的领导是最根本的领导力量。习近平总书记指出："这就像是'众星捧月'，这个'月'就是中国共产党。中央委员会、中央政治局、中央政治局常委会，这是党的领导决策核心。"[1]这充分说明了党中央的领导在整个国家治理体系、中国特色社会主义事业布局中的重要地位和作用。当前，我国正处于实现中华民族伟大复兴的关键时期，党面临着许多具有新的特点的风险和挑战。执政环境越复杂，执政考验越艰巨，越需要一个稳定的党中央来把舵定向，越需要一个坚强的领导核心来谋盘定局。如何实现党中央的领导，其关键途径便是维护党中央权威和集中统一领导。《关于新形势下党内政治生活的若干准则》强调："坚决维护党中央权威、保证全党令行禁止，是党和国家前途命运所系，是全国各族人民根本利益所在，也是加强和规范党内政治生活的重要目的。"[2]因此，坚定维护党中央权威和集中统一领导的各项制度的确立正是从制度层面明确党中央这一核心的重要地位。

（三）丰富内容指向：健全党的全面领导制度

健全党的全面领导制度进一步丰富和明确了党的领导的内容指向。第一，党要加强对各类组织的领导。人民团体、企事业单位、基层群众自治组织、社会组织在各自的工作范围内团结、领导群众，这就更需要党组织来把方向、汇力量。第二，党要加强对各项事业的领导。当前，无论是政治、经济、社会、文化、生态建设，还是全面建设社会主义现代化国家、全面深化改革、全面依法治国、全面从严治党战略布局的实现，都需要各部门、各单位在党中央的领导下形成建设合力。同时，在推动经济社会发展和实现中国梦的伟大征程中需要汇聚全国的力量。这就需要党中央设立专门领导机构协调各地区、各组织、各单位，共同完成一项又一项的宏伟事业。因此，党的十九届四中全会提出健全党的全面领导制度，进一步从制度层面明确了党对各类组织的领导，也明确了党对各项事业的领导，丰富了党的领导的内容指向。

（四）坚守价值追求：健全为人民执政、靠人民执政各项制度

党的领导不是无源之水，不仅需要现实条件作为基础，同时也应有崇高的价值追求。健全为人民执政、靠人民执政各项制度的提出从制度层面完善了党的领导的现实基础与价值追求。第一，为人民执政制度的建立从制度上实现了党的领导的目标追求。

[1] 中共中央宣传部：《习近平新时代中国特色社会主义思想三十讲》，学习出版社2018年版，第79页。

[2] 《关于新形势下党内政治生活的若干准则》，《人民日报》2016年11月3日。

中国共产党的初心和使命是为人民谋幸福、为民族谋复兴。立党为公、执政为民是中国共产党的执政理念。中国共产党的执政就是用人民赋予的权力为人民谋幸福。第二，靠人民执政制度巩固了党的现实基础。人民是历史的主体。毛泽东正是看到人民群众身上蕴含的巨大力量，才深知中国革命的成功要紧紧依靠群众，“与民众在一道，一刻也不脱离民众，中国革命就一定能够胜利”[1]。人民是整个社会变革、中国共产党革命与执政的重要依靠力量。“如果我们单单动员人民进行战争，一点别的工作也不做，能不能达到战胜敌人的目的呢？当然不能。我们要胜利，一定还要做很多的工作。”[2]这些工作从根本上而言，就是关心群众生活，积极为群众服务。“假如我们对这些问题注意了，解决了，满足了群众的需要，我们就真正成了群众生活的组织者，群众就会真正围绕在我们的周围，热烈地拥护我们。”[3]只有依靠人民、充分发挥人民群众的智慧，党的领导才能更加科学，党的领导才能有更加坚实的群众基础。因此，健全为人民执政、靠人民执政各项制度，明确了党的领导的目标导向与现实基础，明确了整个党的领导制度体系的价值导向与现实基础，成为党的领导制度体系的重要组成部分。

（五）增强执政本领：健全提高党的执政能力和领导水平制度

习近平总书记指出：“领导十三亿多人的社会主义大国，我们党既要政治过硬，也要本领高强。”[4]如果没有过硬的执政能力和高超的领导水平，党的领导便无法开展。党的十九届四中全会提出健全提高党的执政能力和领导水平制度则是从制度层面明确和完善党的领导的制度性依托。第一，坚持民主集中制。民主集中制作为党的根本领导制度和组织制度，是正确规范党内政治生活、处理党内关系的基本准则。只有坚持民主集中制，才能充分调动广大党员的积极性，汇集各方智慧，形成既有集中又有民主，既有自由又有纪律的生动活泼的政治局面。第二，健全决策机制。中国共产党的各级党组织在各地方、各部门、各领域承担着决策领导作用。因此，需要健全相关决策机制，加强重大决策的调查研究、科学论证、风险评估，强化决策执行、评估、监督，提升决策的科学性，进而提升党的领导水平和执政能力。第三，提升各级干部的执政本领。党的执政能力和领导水平最终体现在各级党组织和党员干部身上。因此，提升干部的执政本领是关键。党的十九大报告提出各级领导干部要增强学习本领、政治领导本领、改革创新本领、科学发展本领、依法执政本领、群众工作本领、狠抓落实本

[1] 中共中央文献研究室：《毛泽东著作专题摘编（上）》，中央文献出版社2003年版，第286页。

[2] 《毛泽东选集》（第1卷），人民出版社1991年版，第136页。

[3] 《毛泽东选集》（第1卷），人民出版社1991年版，第137页。

[4] 习近平：《决胜全面建成小康社会　夺取新时代中国特色社会主义伟大胜利》，《人民日报》2017年10月28日。

领、驾驭风险本领。各级领导干部首先要增强学习本领，不断提升学习欲望，增强学习能力，进而为提升其他本领打下坚实基础。坚持融会贯通、不断提升，为提升党的执政能力和领导水平打下坚实的基础。

（六）强化自身保障：完善全面从严治党制度

党的十九届四中全会进一步提出完善全面从严治党制度，通过制度化建设为党的领导提供坚强的自身保障。第一，坚持尊崇党章、依规治党。党章是全党的总章程，更是全党遵守的总规矩。党内法规是管党治党的重要依据。党章和党内法规在推动全面从严治党中具有重要的准绳意义。因此，要牢固树立党章意识，完善党内法规建设，增强党内法规执行力，为全面从严治党提供坚实的基础。第二，完善和落实全面从严治党责任制度。各级党组织是各地方、各行业、各领域的领导核心。如果自身问题处理不好，将严重影响党的领导能力的发挥。因此，各级党组织和党员干部要坚持守土有责、守土尽责的基本原则，本着对党负责、对人民负责的理念，毫不动摇地落实好党中央的各项决策部署。对组织内违法乱纪的问题毫不手软，对各种不正之风坚决制止，打造风清气正的政治风气，为加强党的领导提供有力保障。党的领导制度体系是中国特色社会主义制度体系的重要组成部分。

以上六种制度从党的领导的理念基础、核心关键、内容指向、价值追求、执政本领、自身保障六个方面完善了党的领导制度体系，为加强党的领导提供了系统的闭环的制度保障。

三、党的领导制度体系的时代价值

党的十九届四中全会提出的坚持和完善党的领导制度体系是在推动国家治理体系与治理能力现代化、实现中华民族伟大复兴中国梦征程中的重大决策。坚持和完善党的领导制度体系首先为党的领导提供了制度化运行的保障，完善了中国特色社会主义制度体系，深化了对共产党执政规律的探索，为国际共运提供了中国方案与中国智慧。

（一）为党的领导提供制度化运行的保障

中国共产党是中国特色社会主义事业的领导核心。中国共产党的领导是历史的选择、人民的选择。因此，明确党的领导的界限、确定党的领导的制度规范、保障党的领导至关重要。党的十九届四中全会提出坚持和完善党的领导制度体系是对党的领导的系统性总结、整体性建构。不忘初心、牢记使命夯实了党的领导的理念基础，为党的领导提供了源源不断的思想资源；坚定维护党中央权威和集中统一领导的制度增强了党的领导的核心力量，为党的领导提供了坚强保障；党的全面领导制度丰富了党的领导的内容指向，明确了党的领导的内容与方式；为人民执政、靠人民执政制度完善了党的领导的目标追求、现实基础，明确了为谁领导的问题；提高党的执政能力和领导水平制度完善了党的领导的能力依托；全面从严治党制度为党的领导提供了坚强的自身保障。

（二）完善并巩固中国特色社会主义制度体系

中国特色社会主义制度是党和人民在长期实践探索中形成的科学制度体系，我国国家治理一切工作和活动都围绕中国特色社会主义制度展开。中国特色社会主义制度在中国特色社会主义事业建设中展现出宏伟的力量。中国特色社会主义制度体系是由一系列根本制度、基本制度、重要制度组成的，由党的领导制度体系、人民当家作主制度体系、中国特色社会主义法治体系、中国特色社会主义行政体制、社会主义基本经济制度、繁荣发展社会主义先进文化的制度、统筹城乡的民生保障制度、共建共治共享的社会治理制度、生态文明制度体系、党对人民军队的绝对领导制度、“一国两制”制度体系、独立自主的和平外交政策、党和国家监督体系这一系列制度体系构成。党的十九大报告提出：“明确中国特色社会主义最本质的特征是中国共产党领导，中国特色社会主义制度的最大优势是中国共产党领导。”[1]这是对党的领导的正确认识，是对党的领导地位的深刻总结。党的十九届四中全会在坚持党的领导法定地位的基础上提出了坚持和完善党的领导制度体系，并作为中国特色社会主义制度体系的重要组成部分。由此明确了中国特色社会主义制度体系的核心，完善了中国特色社会主义制度体系的框架。同时，党的领导是保障和巩固中国特色社会主义制度体系运行的关键力量。没有中国共产党，就没有中国特色社会主义制度体系的建立；没有中国共产党的领导，就没有中国特色社会主义制度体系的良好运行。党的领导制度体系的建设，不仅为党的领导制度化运行提供了保障，更为中国特色社会主义制度体系的良好运行提供了坚强的领导力量。

（三）深化对共产党执政规律的探索

二战后，由于一些社会主义国家自身不能充分把握共产党执政规律，导致官僚终身制、计划经济体制僵化等问题出现。而这些问题也为共产党失去执政地位埋下了诱因。随着苏联解体、冷战结束，世界上一些大党、老党纷纷失去了执政地位。在这种情况下，进一步深化对共产党执政规律的认识对于巩固共产党执政地位具有十分重要

[1] 习近平：《决胜全面建成小康社会　夺取新时代中国特色社会主义伟大胜利》，《人民日报》2017年10月28日。

的意义。党的十九届四中全会提出的坚持和完善中国特色社会主义制度、推动国家治理体系和治理能力现代化是在新的条件下对共产党执政规律新的探索。党的十九届四中全会深刻总结了新中国成立70年来我国国家制度和国家治理体系多方面的显著优势。这些优势是在对共产党长期治国理政丰富实践的深刻探索中逐步形成的，而党的领导制度体系的提出与明确则是对共产党执政规律探索的一大贡献。通过对党的领导的价值基础、核心力量、领导内容与方式、自身保障、能力依托等诸多方面的深入探索，明确了共产党该如何提高领导水平、提升执政能力，明确了共产党该如何去执政、依靠什么去执政，明确了共产党该如何加强自身建设以及执政的目标导向，从而深化了对共产党执政规律的认识。

原载于《理论研究》2021年第6期

使命型政党与中国式现代化的理论和实践

陈华娟

摘　要：中国共产党是马克思主义性质的使命型政党。在中国式现代化探索和推进过程中，中国共产党发挥了“理论指引与理论创新”“制度建构与制度完善”“道路探索与战略规划”“党建引领与党建支撑”的功能。中国式现代化呈现出鲜明的政党主导、政党推动、政党形塑的特征。我们党在引领和推动中国式现代化的进程中，注重将党的建设与党的事业、中国式现代化相结合，即按照党承担的使命和中国式现代化建设的要求强化党的自身建设。中国共产党的性质和党引领推动中国式现代化的历史实践表明，中国共产党超越了西方政党理论关于“政党工具性”的理论假设和思维定式，也超越了西方政党理论的解释框架。对使命型政党的理解需要运用马克思主义政党理论加以阐释，需要结合中国式现代化的历史逻辑和实践逻辑加以把握。

关键词：中国共产党；伟大使命；中国式现代化；理论和实践

中国是在半殖民地半封建社会背景下开启现代化进程的。鸦片战争后，为了实现国家现代化，中国有识之士进行了一系列探索，但直至中国共产党成立，中国现代化才找到了正确方向。百年来，中国共产党领导中国人民披荆斩棘、赓续奋斗，持续推进中国式现代化进程。党的二十大报告指出：“中国式现代化，是中国共产党领导的社会主义现代化，既有各国现代化的共同特征，更有基于自己国情的中国特色。”[1]那么，应如何正确认识中国共产党与中国式现代化的关系？如何把握两者之间的内在逻辑？笔者认为，要准确把握两者之间的关系，必须从理论上深刻理解中国共产党作为使命型政党的特质，结合中国式现代化的发展历程分析中国共产党与中国式现代化的历史逻辑。

中国共产党是使命型政党，使命型政党的特质不仅内在决定了自身的先进性，同时内在决定了中国式现代化的实践样态。使命型政党通过“理论指引与理论创新”“制度建构与制度完善”“道路探索与战略规划”“党建引领与党建支撑”等举措引领推动中国式现代化进程，使中国式现代化呈现鲜明的政党引领、政党推动、政党形塑的特

[1]　习近平：《高举中国特色社会主义伟大旗帜　为全面建设社会主义现代化国家而团结奋斗——在中国共产党第二十次全国代表大会上的报告》，人民出版社2022年版，第22页。

征。准确把握中国共产党与中国式现代化的内在逻辑和实践样态，对于我们深化对中国式现代化特征的认识，对于突破西方政党政治的理论范式、思维定式和解释框架，以及对于接续走好新征程“赶考路”等都具有重要的理论和实践意义。

一、理论指引与理论创新：中国式现代化的理论支撑和思想保证

鸦片战争后，为拯救中华民族于水火，实现国家现代化，中国仁人志士进行了一系列艰辛探索。最早是以林则徐、魏源为代表的先进士大夫提出“师夷长技以制夷”的口号。后来，“洋务派”提出“中学为体、西学为用”的主张，他们企图在不改变封建政治体制的前提下实现国家富强，然而甲午战争的失败标志着洋务运动彻底破产。洋务运动失败后，以康有为、梁启超为代表的资产阶级维新派主张效仿英国、日本的政体，推动国家变革，然而戊戌变法也只经历了百天就以失败告终。戊戌变法失败后，以孙中山为代表的资产阶级革命派主张以暴力革命推翻清政府的统治。辛亥革命虽然结束了中国封建君主专制制度，促进了人们思想的解放，但它未能改变中国半封建半殖民地的社会性质。

中国现代化的发展方向究竟在何处？十月革命的胜利和马克思主义在中国的传播为处于彷徨中的中国人提供了新的方向。马克思主义在中国的传播和发展，孕育并催生了中国共产党。党自成立之日起就高举马克思主义大旗，确立了共产主义远大理想，肩负起实现国家独立和民族复兴的使命。

中国早期马克思主义者从一开始就将马克思主义作为改造中国社会的行动指南，注重把马克思主义基本原理与中国的具体实际相结合。然而，从意识到把马克思主义基本原理同中国具体实际相结合，到在中国革命的实践中真正实现两者的结合都绝非易事。党成立初期，由于理论准备不充分和对中国革命规律缺乏深入了解，曾犯过教条主义错误。大革命失败后，以毛泽东同志为主要代表的中国共产党人坚决反对本本主义和教条主义，主张用马克思主义的立场、观点和方法观察和分析中国社会，指导中国革命。遵义会议后，党在推动中国革命的实践中形成了毛泽东思想，实现了马克思主义在中国的第一次飞跃。新中国成立后，中国共产党人进一步将马克思主义基本原理同中国具体实际相结合，成功解决了社会主义改造的方针、政策和步骤等问题，走出了一条正确的符合中国国情的社会主义改造道路。改革开放之后，中国共产党人在总结社会主义建设正反经验的基础上，将马克思主义基本原理同中国国情结合起来，深入回答了中国特色社会主义的阶段、动力、本质等一系列问题，相继创立了邓小平理论、“三个代表”重要思想和科学发展观，形成了中国特色社会主义理论体系，实现了马克思主义在中国的第二次飞跃。党的十八大以来，以习近平同志为主要代表的中

国共产党人坚持把马克思主义基本原理同中国具体实际相结合、同中华优秀传统文化相结合，创立了习近平新时代中国特色社会主义思想，实现了马克思主义中国化的新飞跃。

百年来，中国共产党人始终注重把马克思主义基本原理同中国具体实际相结合、同中华优秀传统文化相结合，不断推动理论创新，以中国化的马克思主义理论成果回应中国革命、建设和改革进程中一系列重大理论和现实问题。马克思主义科学理论的指导是使命型政党的优势，也为中国式现代化提供了科学的理论指引和思想保证，主要体现为：一是坚持以马克思主义理论武装全党。注重思想建党、理论强党是使命型政党的显著特征，百年来，我们党始终注重通过党内思想教育坚定广大党员政治理想、政治立场。党的思想建设有利于提高全党凝聚力战斗力，有利于全体党员发扬斗争精神，提高斗争本领，把自身的精神信仰和追求转化为党的实际工作，推动中国式现代化进程。二是坚持马克思主义理论引领中国发展方向，保证中国式现代化沿着正确的方向前行。三是通过马克思主义理论引领人民的思想认知，凝聚中国革命、建设和改革力量。对此，党的二十大报告明确指出："实践告诉我们，中国共产党为什么能，中国特色社会主义为什么好，归根到底是马克思主义行，是中国化时代化的马克思主义行。"[1]

二、制度创建与完善：中国式现代化的政治前提与制度保障

一个国家、一个民族的命运，与其选择的社会制度和发展道路紧密相连。我们党成立伊始，就将推翻旧社会制度，建立社会主义制度作为自己的奋斗目标。在新民主主义革命时期，党在探索中国革命道路过程中对未来国家制度建设进行了思考和探索。如为了推动人民参与民主政治，保障人民的民主权利，我们党在根据地建设中就先后实行了工农兵苏维埃代表大会制度（土地革命时期）、参议会制度（抗日战争时期）以及人民代表会议制度（解放战争时期）。新中国成立前夕，中国人民政治协商会议第一届全体会议通过的《中国人民政治协商会议共同纲领》确定我国的国体是人民民主专政，即"工人阶级领导的，以工农联盟为基础的，团结各民主阶级和国内各民族的人民民主专政"[2]。与人民民主专政的国体相适应，《中国人民政治协商会议共同纲领》明确规定："人民行使国家政权的机关为各级人民代表大会和各级人民政府。"[3]1953年，党正式提出过渡时期总路线，通过"三大改造"和一系列制度创建，1956年我国正式

[1] 习近平：《高举中国特色社会主义伟大旗帜　为全面建设社会主义现代化国家而团结奋斗——在中国共产党第二十次全国代表大会上的报告》，人民出版社2022年版，第16页。

[2] 《建国以来重要文献选编》（第1册），中央文献出版社1992年版，第2页。

[3] 《建国以来重要文献选编》（第1册），中央文献出版社1992年版，第4页。

建立了社会主义制度，“实现了一穷二白、人口众多的东方大国大步迈进社会主义社会的伟大飞跃”[1]，为当代中国一切发展进步奠定了政治前提和制度基础。任何制度的完善都需要经历长期的过程，社会主义制度也不例外。社会主义制度建立后，以毛泽东同志为主要代表的中国共产党人对社会主义制度建设进行了初步的思考和探索，提出“现在要利用商品生产、商品交换和价值法则，作为有用的工具，为社会主义服务”[2]，“搞社会主义建设，很重要的一个问题是综合平衡”[3]等论断，大大深化了对社会主义制度建设规律的认识。但后来由于“左”的错误的影响，党对社会主义制度建设的探索遭遇了严重挫折。

改革开放后，中国共产党人在坚持社会主义基本制度的前提下，依据社会主义初级阶段的基本国情，积极推动经济、政治、文化和社会各领域改革。通过实践探索，我国社会主义市场体系不断健全，社会主义民主不断走上制度化、程序化轨道，文化建设开创新局面，社会管理体系逐步完善，中国特色社会主义制度日趋完善。党的十八大以来，以习近平同志为核心的党中央把完善中国特色社会主义制度摆到更加突出的位置，尤其是通过全面深化改革，推动国家治理体系和治理能力现代化，中国特色社会主义制度更加成熟、更加定型，构建了由根本制度、基本制度、重要制度组成的“三位一体”的制度体系。

中国特色社会主义制度坚持党的领导、人民当家作主和依法治国的有机统一。既坚持马克思主义的指导地位，又注重发展多样性文化，满足人民的文化需求；既坚持市场对资源配置的决定性作用，又注重更好发挥政府作用；既注重保障人民的民主权利，又注重集中力量办大事；既注重完善经济、政治、文化、社会、生态等各领域制度，又注重提高制度的执行力，提高国家治理效能。党引领推动中国式现代化的实践证明，中国特色社会主义制度是持续推动中国发展进步的制度，也是实现国家治理现代化的根本保障，在促进我国经济社会发展，推动国家和社会治理，应对各种风险挑战等方面都彰显出巨大的优势。如在新冠疫情防控中，全国人民在党的领导下，组成“抗疫共同体”，形成了全面动员、全面部署、全面加强疫情防控的格局，中国抗疫的成效充分彰显了中国特色社会主义制度的优势。

三、道路探索与战略规划：中国式现代化的道路开辟与发展保障

道路关乎党领导的革命、建设和改革事业的成败。党成立初期，由于对中国革命

[1] 《中共中央关于党的百年奋斗重大成就和历史经验的决议》，人民出版社2021年版，第14页。

[2] 《毛泽东文集》(第7卷)，人民出版社1999年版，第435页。

[3] 《毛泽东文集》(第8卷)，人民出版社1999年版，第73页。

规律缺乏认识，党没有认识到走自己道路的重要性。大革命失败后，以毛泽东同志为主要代表的中国共产党人开始对中国革命道路进行独立思考和探索，提出“中国革命斗争的胜利要靠中国同志了解中国情况”[1]的正确主张，并在之后的革命实践中探索出农村包围城市、武装夺取政权的正确道路，提出中国革命分“两步走”。1940年，毛泽东在《新民主主义论》中明确指出：中国革命“两个阶段必须衔接，不容横插一个资产阶级专政的阶段，这是正确的，这是马克思主义的革命发展论”[2]。新中国成立后，党团结带领人民自力更生、发愤图强，为实现社会主义现代化进行艰辛探索。1954年9月，周恩来在全国人大一届一次会议上首次提出“四个现代化”的目标。1964年12月，在全国人大三届一次会议上，周恩来又提出社会主义现代化“两步走”的战略步骤。后来由于“左”的错误思想影响，党对社会主义建设道路的探索遭遇了严重挫折。

党的十一届三中全会后，1979年12月，邓小平指出：“我们要实现的四个现代化，是中国式的四个现代化。”[3]党的十二大进一步提出“建设有中国特色社会主义”的命题，并首次把“翻两番”“实现小康”作为战略目标提出来。在现代化发展步骤上，1987年4月，邓小平在同西班牙政府副首相格拉的会谈中，第一次完整地描绘了“三步走”的发展战略。

以江泽民、胡锦涛同志为主要代表的中国共产党人在探索中国式现代化道路的过程中进一步创新发展了实现社会主义现代化的战略步骤。1997年，党的十五大将“三步走”发展战略的“第三步”进一步细化，提出了到2010年、建党一百年和新中国成立一百年的奋斗目标。党的十六大在20世纪末实现“总体小康”基础上，明确提出全面建设小康社会的目标。全面建设小康社会由此成为之后一个时期中国经济社会发展的主题，成为中国式现代化的阶段性目标。

党的十八大以来，以习近平同志为核心的党中央统筹推进“四个全面”战略布局和“五位一体”总体布局，进一步深化和拓展了对中国式现代化的实践探索和理论认识。在中国式现代化道路的探索中，以习近平同志为核心的党中央带领人民加大了全面建成小康社会的力度，尤其在脱贫攻坚上采取了一系列举措，保证全面小康社会的如期建成，全面建成小康社会是中国式现代化的关键一步。全面建成小康社会后中国式现代化如何推进？党的十九大提出新的“两步走”战略，即到2035年基本实现社会主义现代化和到2050年建成社会主义现代化强国。党的二十大在此基础上进一步细化了2035年基本实现社会主义现代化的目标要求，同时明确提出“到本世纪中叶，把我

---

[1] 《毛泽东选集》（第1卷），人民出版社1991年版，第115页。

[2] 《毛泽东选集》（第2卷），人民出版社1991年版，第685页。

[3] 《邓小平文选》（第2卷），人民出版社1994年版，第237页。

国建设成为综合国力和国际影响力领先的社会主义现代化强国”[1]的目标。

总之，使命型政党具有崇高的目标追求和使命担当，而要实现自己的目标和使命就必须坚定不移走自己的路。对此，党的二十大明确指出：“党的百年奋斗成功道路是党领导人民独立自主探索开辟出来的。”[2]百年来，党在引领推动中国式现代化实践中始终注重将长远目标与不同阶段的具体目标结合起来，制定完成使命的不同历史阶段的战略目标和战略步骤，稳步推进中国式现代化历史进程。

四、党建引领与党建支撑：中国式现代化的组织保证和力量支撑

中国共产党自建党伊始就用马克思主义理论武装自己，以先进性的标准要求自己，坚持从严治党，完善党的组织体系，贯彻落实党的群众路线。党的建设不仅有效增强了自身的凝聚力和战斗力，也为推进中国式现代化提供了强有力的组织保证和力量支撑。

第一，推动从严治党，以自我革命引领社会革命。从严治党不仅是党的优良传统，而且是党的事业不断取得胜利的保证。为了推动从严治党，党从成立之日起就制定了严格的纪律。党的二大通过的第一部党章就对纪律进行了专门规定。党在新民主主义革命时期逐步完善了纪律体系，并通过严格执行党的纪律，保持了党的凝聚力和战斗力。新中国成立后，党的干部大量担任国家公职，在此情况下，从严治党不仅关系到党的先进性，而且关系到国家公共权力的运行。基于此，党通过“开展整风整党，加强党内教育，整顿基层党组织，提高党员条件，反对官僚主义、命令主义和贪污浪费……积累了执政党建设的初步经验”[3]。改革开放后，我们党对市场经济条件下从严治党进行了多方面的探索，不仅逐步完善了党内法规制度，而且加大了党内监督力度，建立了党风廉政建设责任制，并对党内巡视工作进行了初步探索。党的十八大以来，以习近平同志为核心的党中央坚持全面从严治党，协同推进党内法规制度建设与法治国家建设，通过加大党内巡视力度，强化执纪问责，深化国家监察体制改革等措施，推动全面从严治党不断向纵深推进。在探索实践的基础上，党的二十大进一步提出“健全全面从严治党体系”[4]，进一步深化了对全面从严治党的认识。总之，中国共产

[1] 习近平：《高举中国特色社会主义伟大旗帜　为全面建设社会主义现代化国家而团结奋斗——在中国共产党第二十次全国代表大会上的报告》，人民出版社2022年版，第25页。

[2] 习近平：《高举中国特色社会主义伟大旗帜　为全面建设社会主义现代化国家而团结奋斗——在中国共产党第二十次全国代表大会上的报告》，人民出版社2022年版，第19页。

[3] 《中共中央关于党的百年奋斗重大成就和历史经验的决议》，人民出版社2021年版，第12页。

[4] 习近平：《高举中国特色社会主义伟大旗帜　为全面建设社会主义现代化国家而团结奋斗——在中国共产党第二十次全国代表大会上的报告》，人民出版社2022年版，第64页。

党成立百年来，一直注重从严管党治党，以党的自我革命推动社会革命，以党的建设引领中国式现代化进程，由此不但保持了党的先进性，保证了党在不同历史阶段的目标和任务的完成，而且对于规范国家公共权力运行，营造良好政治生态，提升国家治理效能都具有重要意义。因此，从严治党是使命型政党的优势，是中国式现代化不断向前推进的坚强保障和力量支撑。

第二，培养选拔使用干部，铸就中国式现代化建设的中坚力量。中国共产党是中国工人阶级的先锋队，同时是中国人民和中华民族的先锋队，是中国特色社会主义事业的领导核心，代表中国先进生产力的发展要求，代表中国先进文化的前进方向，代表中国最广大人民的根本利益。党的二大通过的《关于国民运动及国民党问题的议决案》就强调："须努力从各工人团体中，从国民党左派中，吸收真有阶级觉悟的革命分子。"[1]为了培养党的干部，建党初期党通过创办农民运动讲习所、安源党校等途径加强人才培养，同时对干部的选拔任用制度进行了探索。遵义会议后，党不仅确立了党管干部的原则，明确了领导干部德才兼备的标准，同时建立了干部交流、调剂等制度。新中国成立后，党依据执政条件下干部队伍建设的实际需要，大力培养选拔干部，同时建立了干部轮训制度、干部分级管理制度等，为社会主义革命和建设提供了人才支撑。改革开放后，我们党进一步构建了较为完善的干部教育、选拔任用、交流、考核等制度。党的十八大以来，党的干部队伍建设呈现新局面，主要表现为：一是在干部标准上，习近平总书记明确提出新时代好干部标准，即"信念坚定、为民服务、勤政务实、敢于担当、清正廉洁"，为新时代干部选拔任用工作提供了基本遵循。二是进一步完善了干部选拔任用制度。这一时期发布的干部制度包括《党政领导干部选拔任用工作条例》（2019年修订）、《党政领导干部考核工作条例》（2019年）、《推进领导干部能上能下若干规定》（2022年）等，为新时代干部选拔任用提供了制度保障。三是改进干部考核工作，通过提高考核评价的科学性、加强考核成果运用等措施助推干部成长和发展。四是建立健全干部容错机制，激励干部担当作为。在此基础上，党的二十大明确提出："全面建设社会主义现代化国家，必须有一支政治过硬、适应新时代要求、具备领导现代化建设能力的干部队伍。"[2]关于干部队伍建设的具体要求，党的二十大提出要树立选人用人正确导向、坚持把政治标准放在首位、完善干部考核评价体系、健全培养选拔优秀年轻干部常态化工作机制等，为在新征程上深化干部队伍建设指明了方向。

第三，践行群众路线，凝聚群众力量。人民群众是中国革命、建设、改革事业的

---

[1] 《建党以来重要文献选编》（第1册），中央文献出版社2011年版，第259页。

[2] 习近平：《高举中国特色社会主义伟大旗帜　为全面建设社会主义现代化国家而团结奋斗——在中国共产党第二十次全国代表大会上的报告》，人民出版社2022年版，第66页。

力量源泉。为了凝聚中国革命力量，党自成立之日起就深入工人、农民之中，宣传党的政策主张，教育引导群众。大革命失败后，中国共产党人深入农村，与农民群众同甘共苦，与群众建立了深厚情感和血肉联系。在探索实践的基础上，党的七大党章明确规定："中国共产党人必须具有全心全意为中国人民服务的精神，必须与工人群众、农民群众及其他革命人民建立广泛的联系。"[1]党的七大党章的这一规定标志着党的群众路线的正式形成。新中国成立以来，我们党始终坚持执政为民的理念，对执政条件下党的群众工作进行了积极探索。如为了畅通群众利益表达机制，新中国成立初期我们党就建立了人民信访制度。改革开放以来，党在贯彻落实群众路线方面进一步完善了党的群众工作制度，建立了包括群众利益表达制度、领导干部联系群众制度、群众参与重大决策制度、党政领导干部定期接访制度等。党的十八大以来，以习近平同志为核心的党中央通过开展群众路线教育实践活动、"三严三实"专题教育、"两学一做"学习教育、"不忘初心、牢记使命"主题教育，以及党史学习教育等，进一步增强全党的群众意识、使命意识。同时，结合新时代群众工作的新特点新要求进一步创新群众工作方法。例如，结合新时代信息化深入推进的新特点，我们党积极探索网上群众工作的新方法新规律，进一步畅通群众利益表达机制，及时解决群众提出的各种生产生活难题。网上群众工作在丰富群众工作手段的同时，进一步拉近了党与群众的距离，增强了各级党组织的凝聚力。总之，百年来，中国共产党始终坚持人民至上的价值追求，践行党的群众路线，通过加强和改进党的群众工作，密切了党与群众之间的血肉联系。就中国式现代化建设来说，党的群众工作对发展全过程人民民主、完善社会治理体系、凝聚现代化建设力量都具有重要意义。

五、对西方政党理论的反思与使命型政党的理论阐释

现代化是人类社会发展到一定历史阶段的产物。中国的现代化是在饱受资本主义列强欺凌侵略的大背景下启动的，属于外发型现代化。中国式现代化道路的探索经历了由被动走向主动、由简单模仿到主动探索的过程。

就政党与现代化之间的关系来说，现代意义上的政党是近代资本主义的产物，产生于资本主义生产关系形成之后。一般认为，英国是现代政党和政党政治的发源地。政党是适应现代社会发展的需要而产生的，同时政党的产生反过来进一步促进了现代民主政治的发展，成为国家治理和政治体系运作不可缺少的工具。关于政党的地位和

[1] 《中国共产党历次党章汇编（1921—1927）》，中国方正出版社2019年版，第113页。

作用，萨托利认为：“政党是参与提名候选人占据公共职位的任何政治集团。”[1]亨廷顿认为：“政党的功能是组织参与，聚合利益，充当社会势力与政府联系的纽带。”[2]戴维·杜鲁门认为：“政党被认为是一种机制，通过它可以在追求公职的人们中间挑选合适者。”[3]总的来说，在西方语境中，政党是为选举而建立起来的政治组织，其作用主要是一种“工具性”作用，即认为政党是国家与社会联系的桥梁，是国家治理的工具，具体包括表达和整合民众的利益诉求、争取政府职位、录用培训政治精英、挑选公职人员等。西方学界对政党功能和作用的分析对我们认识政党在现代国家政治体系中的作用具有一定参考价值。但西方政党理论往往忽视对政党性质、产生背景、政党主体意识等多种因素的分析，也不重视在不同的现代化语境中政党功能的差异性，因此西方政党理论不可能全面地正确地认识政党与现代化的关系，当然就更不可能科学阐释中国共产党及其与中国式现代化的关系。

中国共产党与西方资产阶级政党在政党理论基础、奋斗目标、承担的历史使命等方面都有着根本的区别，主要表现为：一是就政党性质来说，中国共产党是马克思主义武装起来的政党，我们党自成立以来，始终把为中国人民谋幸福、为中华民族谋复兴作为自己的初心使命，同时把实现共产主义作为自己的远大理想和最终奋斗目标；二是就中国共产党成立的社会历史条件来说，中国的现代化属于外发型现代化，中国共产党诞生在半殖民地半封建社会的旧中国，中国近代以来深刻的社会危机和民族危机是促使中国共产党成立的重要原因，同时也决定了中国共产党自成立之日起就承担起为人民求解放、为民族谋复兴，引领推动中国式现代化的历史使命和历史责任。这就是说，中国共产党承担着“为中华民族谋复兴”和“为人类谋解放”的“双重使命”，是一个用马克思主义武装起来的先进的使命型政党。结合百年来我们党引领推动中国式现代化的历史实践，笔者认为，使命型政党具有以下显著特质：一是坚持人民至上的价值宗旨。作为马克思主义性质的政党，代表中国人民的利益，为中国人民谋幸福、为中华民族谋复兴是中国共产党的初心和使命，也是党领导人民革命、建设和改革的着眼点和落脚点。二是使命型政党是坚持以马克思主义理论为指导并始终注重将科学理论运用于实践。坚持以马克思主义为指导，并把马克思主义基本原理同中国具体实际相结合、同中华优秀传统文化相结合，不断推进马克思主义中国化时代化，不仅有利于将党的活动和国家现代化建设建立在科学的理论基础之上，也有利于凝聚人们的思想共识和共同意志。三是使命型政党始终坚持党的领导。坚持党的领导是马

[1] G.萨托利：《政党与政党体制》，王明进译，商务印书馆2006年版，第96页。

[2] 塞缪尔·P.亨廷顿：《变革社会中的政治秩序》，李盛平等译，华夏出版社1988年版，第90页。

[3] 戴维·杜鲁门：《政治过程——政治利益与公共舆论》，陈尧译，天津人民出版社2005年版，第294—295页。

克思主义政党性质的内在要求，也是党引领社会发展，完成自身使命的根本保证。四是注重战略规划，将长远目标与阶段性目标结合起来。百年来，中国共产党在革命、建设、改革过程中，始终注重战略规划，即在坚持既定方向的基础上，通过不断制定并实现阶段性目标，接续奋斗，积小胜为大胜，久久为功，引领中国式现代化稳步推进。五是使命型政党具有勇于自我革命的优秀品质。百年来，中国共产党始终注重从严管党治党，以自我革命引领伟大社会革命，以党的先进性建设引领中国式现代化不断发展。

中国式现代化的发展历史表明，中国共产党超越了西方政党理论关于“政党工具论”的思维定式，也超越了西方政党理论的解释框架。“以政党为中心是新时代中国国家治理的鲜明特色。加强党的全面领导决定着国家治理与中央顶层设计善治方案的实施效果。”[1]党的十九届六中全会通过的《中共中央关于党的百年奋斗重大成就和历史经验的决议》指出：“党的百年奋斗锻造了走在时代前列的中国共产党。”[2]党在引领推进中国式现代化过程中既成功开辟了中国式现代化道路，同时又把自身锻造成为一个强大的马克思主义政党，创造了崭新的现代政党文明。

原载于《山东社会科学》2022年第12期

[1] 赵耀宏、王留群：《以政党为中心：中国特色国家治理范式的发展逻辑》，《理论探讨》2021年第7期。

[2] 《中共中央关于党的百年奋斗重大成就和历史经验的决议》，人民出版社2021年版，第64页。

强党建设引领强国建设的基本维度

祁建朋　于海青

摘　要： 作为中国特色社会主义事业的坚强领导核心，中国共产党在强大政党建设的过程中全方位引领着社会主义现代化强国建设。这种引领作用体现在理论、组织、制度、文化、能力五个基本维度，理论维度体现为以马克思主义的守正创新为现代化强国建设提供思想指引，组织维度体现为以强化党的组织建设为现代化强国建设提供坚强领导核心，制度维度体现为以党内法规制度体系建设完善中国特色社会主义法治体系，文化维度体现为以党内政治文化建设引领中国特色社会主义文化建设，能力维度体现为以长期执政能力建设推进国家治理能力现代化进程。这五个维度相辅相成，体现了坚持和加强党的全面领导的必然要求，构成了中国特色社会主义现代化建设的独特逻辑。

关键词： 强党建设；强国建设；领导核心；全面领导

党的十九届六中全会通过的《中共中央关于党的百年奋斗重大成就和历史经验的决议》（以下简称《决议》）将“坚持党的领导”作为党百年奋斗的首条历史经验，强调中华民族之所以能够扭转历史命运，取得一系列历史性成就，根本在于党的坚强领导。奋进新时代，踏上新征程，党领导人民全面建设社会主义现代化强国的伟大实践，既具有影响人类文明发展进程的深远意义，也面临诸多困难和挑战，因而更加需要我们坚持和加强党的领导，需要我们党坚定不移“搞好自身建设，真正成为世界上最强大的一个政党”[1]。办好中国的事情，关键在党，这是党总结近代以来中国历史得出的重要结论。在强大政党建设与现代化强国建设的互动关系中，强大政党建设具有关键性、基础性、战略性作用，从理论、组织、制度、文化、能力五个基本维度引领着现代化强国建设，为中华民族的伟大复兴提供了根本政治保证。

一、理论维度：以马克思主义的守正创新为现代化强国建设提供思想指引

思想建党、理论强党是我们党历经磨难却愈益强大的重要原因。党的十九届六中

[1] 《十八大以来重要文献选编（下）》，中央文献出版社2018年版，第177页。

全会通过的《决议》指出:“马克思主义是我们立党立国、兴党强国的根本指导思想。”[1]百余年来，中国共产党人坚持实事求是的思想路线，克服各种教条主义、经验主义的干扰，在总结中国鲜活政治实践的基础上创立了毛泽东思想、中国特色社会主义理论体系以及习近平新时代中国特色社会主义思想，围绕革命斗争环境下如何实施和推进党的建设伟大工程，改革开放环境下如何推进党的建设新的伟大工程以及在新的历史方位中如何继续推进新时代党的建设新的伟大工程，对建设长期执政的马克思主义强大政党提出了一系列独创性理论，持续推动着党的指导理论与时俱进、守正创新。指导理论的科学性、真理性、人民性、实践性、开放性与时代性赋予了党政治上的先进性，使党面对任何波澜壮阔的伟大斗争，在任何重大的历史转折关头都能做到政治立场坚定、政治方向正确、政治纪律严明，从而在领导中国特色社会主义事业过程中始终保持强大的政治领导力、思想引领力、群众组织力和社会号召力，具备强大的历史主动性和历史创造性。百年党史展现了马克思主义的强大生命力。马克思主义在中国的广泛传播和创新飞跃，指引党领导中国人民相继开创了新民主主义革命道路、社会主义革命道路、社会主义建设道路和中国特色社会主义道路，推动了近代中国人民和中华民族的觉醒，彻底改变了中国近代历史上国家蒙辱、人民蒙难、文明蒙尘的历史命运，并在及时回答时代之问、人民之问中继续指引着当代中国的伟大社会变革。

党对马克思主义的守正创新能够持续为国家现代化建设提供思想指引。一方面，通过“理论创新—写入党章—写入宪法”的途径，党能够将自身指导思想上升为国家指导思想。宪法是国家和人民意志的集中体现，党的理论创新成果先经过党的全国代表大会确立为全党的指导思想，写入党章，再经过全国人民代表大会以法定程序载入宪法，以国家根本大法的形式确立为指导全党全国的思想旗帜，从而充分彰显人民意志、党的主张、国家意志的高度统一。另一方面，通过“理论创新—党的主张—法律规定或文件要求”的途径，党能够将路线方针政策转化为国家发展的实践要求。具体来讲，这种转化方式分为两种：第一种是将党的主张经由国家立法机关依照法定程序确立为国家法律，从而将党的主张转化为具有普遍约束力的行动要求。第二种是依靠嵌入行政机关的党组将党的主张落实为发展规划、规章条例等具有行政效力的文件要求。通过将党的指导思想上升为国家指导思想，将党的路线方针政策转化为国家发展要求，推动了党和国家事业发展进步。在新时代的伟大社会变革中确保正确方向，应对风险挑战，更加需要科学理论的指引，需要以科学理论武装起来的党的坚强领导。习近平新时代中国特色社会主义思想是马克思主义中国化新的飞跃，是当代中国马克思主义和21世纪马克思主义。只有坚持和发展习近平新时代中国特色社会主义思想，

[1] 《中共中央关于党的百年奋斗重大成就和历史经验的决议》,《人民日报》2021年11月17日。

不断推动马克思主义理论的守正创新，才能为现代化强国建设提供科学的思想指引和理论指南。

推进理论的守正与创新，需要增强理论自信、提升学习能力、掌握创新方法。第一，增强理论自信。如果对马克思主义及其中国化理论成果缺乏信心，就根本谈不上守正与创新。增强理论自信，关键要讲透中国共产党为什么“能”、马克思主义为什么“行”、中国特色社会主义为什么“好”以及三者之间的内在关系。这种“讲透”在内容层面的要求是论证好马克思主义本身的科学性彻底性、马克思主义与中国实践的内在契合性及其推动中国发展的不可替代性；在形式层面的要求是建构起时代化的话语体系，通过将理论指导实践的成功经验进行学科化建设、学理化支撑、概念化表达、学术化论证，最终形成具有强大解释力和国际传播力的标识性话语及其表达体系。第二，提升学习能力。在学习方法上，坚持“两点论”与“重点论”的统一，既要完整系统地学习马克思主义经典著作，又要重点掌握马克思主义的立场、观点和方法。在学风建设上，要大力弘扬理论与实际相结合的马克思主义优良作风，这是克服经验主义与教条主义，永葆马克思主义生命力的必然要求。如果将马克思主义喻为“矢”，将新时代现代化强国建设实践喻为“的”，只有在用“矢”射“的”的过程中才能彰显“矢”的威力，才能对“矢”加以针对性地创新发展，“在各方面作出合乎中国需要的理论性的创造”[1]。第三，掌握创新方法。坚持“主观有能力”与“客观有需求”相结合，既要提高党员干部的理论素养和创新意识，也要坚持问题导向，准确抓住亟须解决的实际问题、时代任务；坚持“基本原理”、“基本经验”与“文化传统”相结合，使理论创新具有坚实的思想基础、现实基础与文化基础，确保创新成果兼具规律性、实践性与民族性；坚持“思想解放”“思想统一”“思想指引”相结合，所谓“思想解放”就是破除不合时宜的观念和教条式的理解，“思想统一”则是在新的维度上整合全党全国人民的愿景，用充满时代特色的理论统一最广大人民群众的思想意志与行动步调，而“思想指引”则指明了“思想解放”与“思想统一”的价值指向和现实意义，理论的守正与创新根本上是为实践发展提供科学的思想指引，只有以推进中国特色社会主义事业，反映最广大人民群众利益诉求为价值指向，马克思主义的守正创新才能获得正确方向和不竭动力。

二、组织维度：以加强党的组织建设为现代化强国建设提供坚强领导核心

组织建设是党的建设的重要基础，为党发挥强大组织力、行动力、战斗力提供了

[1] 《毛泽东选集》(第3卷)，人民出版社1991年版，第820页。

主体保障。重视组织建设是无产阶级政党发展的内在要求，早在组建共产主义者同盟与第一国际等无产阶级政党或团体时，马克思、恩格斯就十分重视制定和完善组织制度。列宁在总结布尔什维克党建设经验与教训时进一步明确强调，无产者的“全部力量，他的全部发展，他的一切希望和愿望，都来自组织，来自他和同志们的有计划的共同行动”[1]。独特而强大的组织优势也是党在百年奋进中不断取得胜利的重要凭借。党自成立以来就十分注重组织建设，党的第一个纲领就对接收新党员的程序、基本单位的组织层级等作了详细规定，党的二大决议案进一步强调党的内部“必须有适应于革命的组织与训练”[2]。正是有了铁的纪律，党才能逐渐发展成为拥有9600多万名党员的世界第一大执政党。“加强党的组织建设，根本目的是坚持和加强党的全面领导，为推进中国特色社会主义事业提供坚强保证。”[3]无产阶级政党的历史使命、全面深化改革的现实要求以及世界百年未有之大变局与中华民族伟大复兴战略全局历史交汇的时代背景，要求党的领导必须是全面的，必须贯穿到社会主义现代化建设的各领域各方面各环节，而组织建设则是坚持和加强党的全面领导的重要基础。

党通过自身的组织体系、领导干部队伍和人才队伍以及组织制度等对社会主义现代化强国建设实现全面领导。在组织体系方面，中央领导机构统一领导党和国家各项事业，发挥总揽全局、协调各方、举旗定向、掌舵领航的作用，保障了现代化强国建设的政治方向，增强了政治定力；地方党委统一领导本地区发展工作，发挥把方向、管大局、作决策、保落实的作用，保障了现代化强国建设的政策执行和推进程度；493.6万个基层党组织为实现党的全面领导和推进党的全部工作提供了重要载体，在广大基层发挥着组织、宣传、凝聚、服务群众的战斗堡垒作用，保障了现代化强国建设的共识凝聚和力量汇聚；在领导干部队伍和人才队伍方面，我国实行党管干部、党管人才的原则。党的干部管理工作实行党中央统一领导下分级分类管理体制，人才队伍建设工作由党中央设立的中央人才工作协调小组宏观指导、统筹协调，地方党委设立人才工作领导（协调）机构统筹本地区人才工作。通过对干部队伍和人才队伍的统一培养、选拔、任用、管理，党能够统筹抓好社会主义现代化强国的高素质队伍建设工作。在组织制度方面，健全和落实党对重大工作的领导体制机制，有助于实现党对事关社会主义现代化建设全局的重大事项进行集中统一领导；落实党的巡视制度有助于及时“发现问题、形成震慑，推动改革、促进发展”[4]，确保党组织始终成为坚强领导核心；完善执行重大事项请示报告制度和党员领导干部个人有关事项报告制度有助于全

[1] 《列宁全集》（第8卷），人民出版社2017年版，第323页。

[2] 《中共中央文件选集》（第1卷），中共中央党校出版社1989年版，第90页。

[3] 习近平：《贯彻落实新时代党的组织路线　不断把党建设得更加坚强有力》，《求是》2020年第15期。

[4] 《十八大以来重要文献选编（下）》，中央文献出版社2018年版，第771页。

面推进从严治党，实现党对“关键少数”的集中统一领导和从严监督管理。可见，通过加强党的组织建设，解决各领域各方面各环节出现的党的领导弱化、虚化、边缘化问题，建立上下贯通、执行有力的组织体系和高素质的党员干部人才队伍，能够有力加强党中央集中统一领导，实现党对一切工作的领导。

加强党的组织建设，可以从提升党组织执行力、发展党内民主以及加强领导干部队伍和人才队伍建设等方面推进。第一，提升党组织执行力。要理顺党的组织同其他组织的关系，强化党组织在同级组织中的领导地位；提高组织体系的贯通程度，消除“最初一公里”、“最后一公里”与“中间段”的梗阻现象；增强基层党组织的设置密度，确保党的领导实现全覆盖；加大组织纪律的执行力度，严格贯彻“四个服从”原则，增强党员组织观念，确保全党令行禁止，深刻领悟“两个确立”的决定性意义，切实做到“两个维护”。第二，发展党内民主，激发组织活力。保障广大党员群众的党内民主权利，完善党员代表大会制度、集体领导和集体决策制度以及基层党组织选举制度。其中，基层党组织选举制度发挥着基础性作用，有利于推动党内基层民主发展。我国基层广泛采用的“公推直选”与“两推一选”制度，能够将党内民主与群众自治有效贯通起来，使基层群众的意见在干部任用过程中得以充分表达，从而确保了党的领导、人民当家作主与依法治国的有机统一，推动党内民主与人民民主良性互动。第三，加强党员领导干部队伍和人才队伍建设。要坚决贯彻党管干部、党管人才的原则，坚持正确用人导向和新时代用人标准，做到不唯选票、分数、年龄、生产总值，不搞“海推”“海选”；坚持严管厚爱相结合，既严格执行法律法规，运用好“四种形态”，又要“善于做到‘三个区分开来’”[1]；注重党员干部队伍和人才队伍的教育工作，加强政治教育、能力教育以及理想信念教育；等等。通过将各方面优秀人才吸纳进党组织，聚集到党的周围，党组织对现代化强国建设的坚强领导核心作用得到充分凸显。

三、制度维度：以党内法规制度体系建设完善中国特色社会主义法治体系

要搞好自身建设，真正成为强大政党，必须坚持思想建党与制度治党同向发力，不仅注重理论的守正创新，更要推动制度的成熟定型。制度化程度的不断提升是党历经百年沧桑而愈益成熟强韧的根本保障和重要经验。新民主主义革命时期，党主要依靠各项决议、纪律和组织章程来规范党内关系，统一全党行动。社会主义革命和建设时期，党着重围绕防范权力腐败、保障组织运行、理顺党政关系等问题制定党规党纪，初步探索了执政条件下的管党治党问题。改革开放和社会主义现代化建设新时期，党

[1] 《习近平谈治国理政》（第三卷），外文出版社2020年版，第549页。

着力推动党和国家领导制度改革，从根本性、全局性、稳定性和长期性的高度认识制度问题，以党内法规制度建设的规范化和科学化改善和加强了党的领导。进入新时代，党中央明确强调党内法规制度体系建设“是全面从严治党的长远之策、根本之策”[1]，要求加快完善覆盖党的领导和党的建设各方面的党内法规制度体系。党内法规制度体系建设不仅有助于提升依规治党的自觉性有效性，而且有助于实现依法治国与依规治党有机统一。党内法规制度体系包括党的组织法规制度、党的领导法规制度、党的自身建设法规制度、党的监督保障法规制度四个方面的制度。这些制度的完善既在管党治党维度为党的自我革命提供了制度遵循，也在治国理政维度为党发挥总揽全局、协调各方的领导核心作用提供了制度保证，更在自我监督维度规范了党员干部的用权行为，极大提升了党的依法治国、依法执政水平。法治中国建设是社会主义强国建设的重要目标。党要成为法治中国建设的坚强领导核心，就必须具备牢固的法治意识和高超的法治水平，因此必须发挥好党内法规制度体系建设在推进全面从严治党，提高依法治国、依规治党水平方面的重要作用。

党内法规制度体系建设对完善中国特色社会主义法治体系具有重要意义。从宏观层面看，党法关系是事关党和国家兴衰的根本问题。习近平曾深刻指出，“党大还是法大”是个伪命题，党的领导与依法治国具有高度统一性，没有党的坚强领导，全面依法治国就无法顺利推进，中国特色社会主义法治体系也建立不起来，而党内法规制度体系建设以制度化、法治化的形式为提高党的领导能力提供了重要保障。从中观层面看，“权大”还是“法大”是个真命题，解决好这个命题，就必须以法治化的方式统一规制权力，提升各级党政组织和领导干部的依法执政水平。依法执政，不仅要求党员干部依法治国、依宪治国，“也要求党依据党内法规管党治党”[2]，需要以更严格的党规党纪规范党员领导干部的用权行为。因此，党的十八届四中全会将“完善的党内法规体系”纳入中国特色社会主义法治体系建设之中，通过与“完备的法律规范体系”并列衔接，为保障党依法治国、依法执政与依规治党提供制度抓手。从微观层面看，党内法规制度建设对中国特色社会主义法治体系的保障和完善作用存在两种实践机制：备案审查衔接联动机制以及党内规范性文件向国家法律转化机制。前一种机制通过对党内法规政治性、合法性、合规性、合理性等方面进行备案审查，特别是允许人大常委会、政府、军队等党外国家机关的备案审查工作机构对党内法规是否与法律条文冲突进行监督，有利于持续确保党内法规与国家法律的衔接互动。后一种机制则通过“转化前评估，转化中的申请、审查及审查结果的处理，转化后定期评价”[3]，将成熟有

[1] 习近平：《坚持依法治国与制度治党、依规治党统筹推进、一体建设》，《人民日报》2016年12月26日。

[2] 《十八大以来重要文献选编（中）》，中央文献出版社2016年版，第157—158页。

[3] 王婵、肖金明：《论党内规范性文件向国家法律的转化》，《理论导刊》2019年第10期。

效的党内法规内容或原则转化为国家法律，从而实现两者的协同发展。

加强党内法规制度体系建设，关键在于深刻把握其法治属性、运行逻辑及发展规律。第一，同国家法治的权利本位属性不同，党内法规视域下“党员义务是第一位的，党员权利是第二位的”[1]。这种特殊的权利和义务关系是马克思主义政党先进性的属性要求与责任性的政治要求，党员自愿加入共产党组织的过程，就是认可党内权利和义务关系的过程，即在享受基本民主权利的情况下自愿承担更多义务。明确了这一点，我们在建构党内法规、执行党内纪律时就会对共产党员提出更高要求，以更严格的立法执法标准实现纪严于法、纪在法前。第二，同“‘权’—‘法’—‘权’”的人治精神不同，法治精神体现的是“‘权’—‘法’—‘权’”的治理逻辑，通过将权力关进制度的笼子来维护法的权威、维护社会公正。在此逻辑下，党内法规制度的运行逻辑体现为以党员共同制定党规党纪为起点，对权力进行制约和规范，最终使党章赋予党员的各项民主权利得以实现，党规党纪权威得到维护。明确这一点，我们在制定党内法规时要时刻关注法规制度的周延性与有效性，关注党内法规是否具有权威、是否有利于执行、能否规制权力。第三，任何法治都具有独特的政治底色，遵循一定的政治逻辑，党内法规制度必须建基于中国特色社会主义的政治理论、政治传统与政治立场之上，必须符合中国特色社会主义道路发展的需要。明确了这一点，我们在建设党内法规制度时不能与中国特色社会主义制度体系和法律体系相脱离、相冲突，更不能削弱党的全面领导和人民当家作主的政治要求。

四、文化维度：以党内政治文化建设引领中国特色社会主义文化建设

文化是国家和民族的灵魂，是中国式现代化发展的深层动力和价值底色。历史地看，“‘五四’以后，中国产生了完全崭新的文化生力军，这就是中国共产党人所领导的共产主义的文化思想，即共产主义的宇宙观和社会革命论”[2]。以共产主义的文化思想为领导，通过积极扬弃中国传统文化，批判吸收国外优秀文化思想，党领导人民在伟大社会革命实践中相继发展了新民主主义性质的革命文化、社会主义先进文化和中国特色社会主义文化，不仅使濒临中断的中华文明得以赓续，而且创造了人类文明新形态。百余年来，中国共产党将传统文化资源、革命文化资源、社会主义先进文化资源转化为党内政治文化建设的现实基础，并在积极塑造文化新形态的过程中推动了中国特色社会主义文化创新发展。在这一过程中，中国共产党自身的政党文化品质和程度

[1] 肖金明：《关于党内法治概念的一般认识》，《山东社会科学》2016年第6期。

[2] 《毛泽东选集》（第2卷），人民出版社1991年版，第696—697页。

对于宣传和领导文化革命运动发挥了重要作用。“打铁还需自身硬。”发展中国特色社会主义文化，建设社会主义文化强国，需要高度发展的政党文化来指引文化强国建设的发展方向，辨别和抵御文化思想领域的风险挑战，牢牢掌握意识形态的领导权。在中国共产党政党文化系统中，党内政治文化是核心内容。其核心地位的确立，根本上是由政治建设在党的建设总体布局中的根本性、统领性地位决定的。政治建设决定了党的建设方向和效果，而党内政治文化“是政治生活的灵魂，对政治生态具有潜移默化的影响”[1]。党内良好政治生态和严肃政治生活的形成，离不开积极健康的政治文化浸润滋养，党员干部政治方向、政治立场、政治意识、政治信仰的确立和增强，也离不开正气充盈的政治文化培根铸魂。党内政治文化是共产主义文化思想的最集中展现，为党永葆马克思主义政党本色，塑造文明理性成熟的政党形象提供了最持久深沉的精神力量，因而成为中国共产党政党文化建设，进而成为中国特色社会主义文化建设的核心所在。

党内政治文化建设在中国特色社会主义文化建设中发挥着关键性的引领示范作用。党内政治文化从来不是一个独立于社会文化系统之外的闭合性文化系统，而是与社会文化系统相互影响的开放性文化系统。它不仅持久塑造着党员的精神风貌和政治行为，而且强烈渗透和感染着社会文化，特别是对政风、家风、社会公德、廉洁文化具有深刻影响。首先，习近平指出：“我们的党内政治文化是以马克思主义为指导、以中华优秀传统文化为基础、以革命文化为源头、以社会主义先进文化为主体、充分体现中国共产党党性的文化。”[2]中国特色社会主义文化则源于中华优秀传统文化，熔铸于革命文化和社会主义先进文化，植根于中国特色社会主义伟大实践。可见，两者在内容上具有共生性、在价值上具有契合性，党内政治文化属于中国特色社会主义文化的重要组成部分，其建设本身就体现着中国特色社会主义文化的发展状况。其次，作为超大型执政党，党员干部集体呈现的道德品质和精神风貌无疑对全社会的价值观念有着强大的示范引领和形塑作用。这种作用通过党内“政治文化—政党文化—政治文化—社会主义文化”的传递路径得以不断扩大，对国家整体文化品格的形成有着长期深刻的影响。最后，党是中国特色社会主义的领导核心，要推动中华文明实现创造性转化、创新性发展，建设以马克思主义为指导的具有强大凝聚力和引领力的社会主义意识形态，党自身的政治文化素质首先必须过硬。可以说，积极健康的党内政治文化是构筑中国精神、中国价值、中国力量的核心动力和首要前提。

基于党内政治文化对中国特色社会主义文化的引领作用，可以从以下三个方面着手加强党内政治文化建设：第一，发扬党的优良传统和作风。党在百年发展中形成了

[1] 《十八大以来重要文献选编（下）》，中央文献出版社2018年版，第458页。
[2] 《党的十九大报告辅导读本》，人民出版社2017年版，第431页。

许多优良传统和作风。开展党内政治文化建设，必须坚决革除党内文化痼疾，发扬优良传统作风，“将富有革命精神的红色基因融入血脉代代相传”[1]，持续涵养积极健康的党内政治文化。第二，开展党内教育活动，构建经常性教育和集中性教育相结合的机制，提高党员干部的政治素养、人文素养和精神境界。依托红色文化教育基地，通过阅读经典、瞻仰烈士、学习党史等活动弘扬“建党精神”，赓续红色血脉，并从以“建党精神”为源头的近百种精神谱系中感悟和弘扬以爱国主义为核心的民族精神和以改革创新为核心的时代精神，深刻领悟党的精神谱系与民族精神、时代精神的内在关联。第三，要提高党创造性转化和创新性发展中华优秀传统文化的能力，形成极具标志性和大众性的政党话语和文化理念。“作为指导政党行为、影响社会发展的现实形态的政党文化，要在社会中占据主流地位，其关键在于形成自己的话语体系。”[2]例如，党在革命时期的“艰苦奋斗”“实事求是”话语，建设时期的“独立自主”“自力更生”话语，改革时期的“解放思想”话语以及新时代的“不忘初心”“我将无我，不负人民”话语等一经提出，便迅速成为全社会高度认可并广泛传播的价值理念和文化概念。因此，有意识地凝练标识性话语，既是增强党内政治文化的价值凝聚力和思想传播力的重要方法，也是引领中国特色社会主义文化建设的重要途径。

五、能力维度：以长期执政能力建设推进国家治理能力现代化进程

能力是主体素质水平和本领强弱的最直接呈现，决定了既定目标的实现程度。要真正成为一个强大政党，党必须具备高超的执政能力。无产阶级政党的历史使命不是一蹴而就的，也不是一劳永逸的，而要在长期的历史实践中逐步实现。纵观中国共产党成立以来的历史，就党的执政时间而言，可以分为局部执政时期和全国执政时期。新中国的成立是党在全国进行执政的历史起点，党在经历了70多年的全国执政实践之后，已经是一个长期执政的马克思主义政党。长期执政“是中国共产党完成历史任务的前提，是一种使命性要求”[3]，因此不断提高党的长期执政能力，既是实现党的历史使命的必然要求，也是党的先进性的集中体现。早在延安时期，毛泽东就指出党员队伍中存在“本领恐慌”，要求党员干部要老老实实、认认真真地学习研究新事物。改革开放以后，党中央又及时提醒全党要警惕和防范“能力不足危险”。党的十八大以来，以习近平同志为核心的党中央提出了增强“四自能力”、拒腐防变和抵御风险能力、政治

[1] 张建宝、胡占君：《红色基因的丰富内涵与新时代传承》，《世界社会主义研究》2021年第12期。

[2] 吴波：《中国共产党政党文化建设的基本范式——以毛泽东〈纪念白求恩〉〈为人民服务〉〈愚公移山〉为例》，《党的文献》2019年第2期。

[3] 杨彬彬：《中国共产党长期执政话语演进的形态、历程与启示》，《世界社会主义研究》2021年第3期。

能力、斗争本领等一系列能力要求。历史和实践证明，党的长期执政能力是我们党领导人民取得历史性成就、实现历史性变革、创造“中国奇迹”、形成“中国之治”的重要基础，也是在全面深化改革中推进实现国家治理体系和治理能力现代化的重要支撑。

长期执政能力建设是推进国家治理能力现代化的关键所在。“现代政党的执政能力、领导水平等，集中而鲜明地体现在其领导现代化的能力和水平上。”[1]在当代中国，党的执政能力集中而鲜明地体现在党推进国家治理体系和治理能力现代化的水平上。从制度维度看，党的十九届四中全会审议通过的《中共中央关于坚持和完善中国特色社会主义制度，推进国家治理体系和治理能力现代化若干重大问题的决定》将“坚持和健全党的领导制度体系，提高党科学执政、民主执政、依法执政水平”[2]摆在推进国家治理体系和治理能力现代化的首要位置，并且将“健全提高党的执政能力和领导水平制度”[3]列为其中的重要着力点。从实践维度看，党员领导干部的执政能力直接体现为其在政党、社会、生态等各方面的治理绩效。如果将治理理解为处理复杂事务的活动，那么党员领导干部处理事务的过程是否发扬民主、手段是否遵循法治、结果是否科学高效，与其科学执政、民主执政、依法执政的水平密切相关。因此，习近平在深化党和国家机构改革总结会议上要求“把加强党的长期执政能力建设同提高国家治理水平有机统一起来”[4]。可见，党的长期执政能力建设与国家治理能力建设存在密切的互动关系，国家治理能力建设包含着党的长期执政能力建设的内容，并为其提供了实践框架。而党的长期执政能力建设是国家治理能力建设的关键内容和政治保障，体现并推动着国家治理能力现代化进程。

加强党的长期执政能力建设，需要以提升政治能力为统领，以明确能力建设内容、优化执政方式为重点系统推进。第一，提升党的政治能力。习近平指出，在领导干部干好工作、执好政所需的各种能力中，政治能力是第一位的。《中共中央关于加强党的政治建设的意见》分别从党组织的政治功能和作用以及党员领导干部的政治本领两重角度来理解政治能力。从党组织角度讲，提升政治能力应该着重加强党的组织体系建设，提升各级党组织贯彻执行党的路线方针政策的功能和作用，既要维护党中央在决策制定、解释和部署上“一锤定音”“定于一尊”的领导权威，也要明确各级各类党组织的职能定位，增强其履职尽责的自觉意识，完善失职失责的监督惩罚制度等。从党员领导干部角度讲，立足提高政治判断力、政治领悟力、政治执行力的要求，切实增强年轻干部的政治历练和实践锻炼，使其在政治立场、政治方向上始终与党中央保持

[1] 《中国共产党与中国式现代化新道路》，《人民日报》2021年10月28日。

[2] 《中国共产党第十九届中央委员会第四次全体会议文件汇编》，人民出版社2019年版，第23页。

[3] 《中国共产党第十九届中央委员会第四次全体会议文件汇编》，人民出版社2019年版，第26页。

[4] 《习近平谈治国理政》（第三卷），外文出版社2020年版，第106页。

高度一致；不断提升高级干部在政治上把握方向、把握大势、把握全局、辨别是非、保持定力、驾驭局面、防范风险的本领，确保党员领导干部在治国理政中成为政治上的“明白人”，人民群众的“贴心人”，干事创业的“实干家”。第二，明确能力建设内容。党的十六届四中全会提出了驾驭市场经济、发展民主政治、建设先进文化、构建和谐社会、应对国际局势和处理国际事务五种执政能力。党的十九大提出了学习、政治领导、改革创新、科学发展、依法执政、群众工作、狠抓落实、驾驭风险八个方面的执政本领。“五种能力”与“八种本领”从宏观到微观共同构成了长期执政能力的具体内涵，也揭示了能力建设的着力点和落脚点。新时代，要立足百年未有之大变局和中华民族伟大复兴战略全局，在把握历史主动中全面增强党的各方面能力。第三，优化执政方式。在科学执政方面，以马克思主义中国化最新成果为行动指南，用辩证唯物主义与历史唯物主义武装头脑，深化共产党执政规律、社会主义建设规律与人类社会发展规律的认识，在治国理政中提升系统观念，树立战略思维、历史思维、辩证思维、创新思维、底线思维、法治思维等思维方式；在民主执政方面，增强党员领导干部贯彻群众路线的自觉性，坚持党的领导、人民当家作主、依法治国有机统一，健全社会主义协商民主制度，提高党领导民主协商的能力，以党内民主建设带动全过程人民民主发展；在依法执政方面，运用法治手段规范党员领导干部用权行为，将依法治国与依规治党有机统一，在科学立法、严格执法、公正司法、全民守法中发挥党员领导干部的模范带头作用。

历史经验表明，中华民族从站起来到富起来再到强起来的历史跨越，新中国从建国到兴国再到强国的历史进程，始终是与中国共产党不断发展的实践历程密不可分的。“党和人民事业发展到什么阶段，党的建设就要推进到什么阶段”[1]。党的发展壮大为党和人民的事业提供了坚强领导核心，是实现历史性跨越、取得历史性成就、推进历史性变革的根本政治保障。踏上实现第二个百年奋斗目标的新时代“赶考之路”，党只有真正建设成为最强大的马克思主义执政党才能引领社会主义现代化强国建设进程不断走向深入。理论、组织、制度、文化、能力五个维度相互融通、多维互构，相辅相成，分别从思想引领、主体支撑、法治保障、精神滋养、执政能力等维度构成了强党建设对强国建设的整体性关键性引领逻辑，这种引领体现了伟大工程对伟大事业的决定性作用，体现了以伟大自我革命推动伟大社会革命的宝贵历史经验，构成了中国特色社会主义现代化建设的独特逻辑。

原载于《新疆社会科学》2022年第4期

[1] 《习近平谈治国理政》(第二卷)，外文出版社2017年版，第43页。

新时代中国共产党政党外交的创新发展及其启示

于海青　杨晓军

摘　要：党的十八大以来，中国共产党自觉肩负起构建人类命运共同体的时代使命，推动新时代政党外交取得重大理论创新与实践进展。理论上，提出了以利益攸关为基础的共生观，以责任共担为原则的共治观，以合作共赢为核心的共享观，以蓝图共绘为目标的共建观。实践上，主办或承办促进政党合作的主场外交，创新了实践方法；创设推进政党合作的新议题，拓展了实践内容；运用新媒体技术汇聚政党共识和政党力量，丰富了实践方式；统合公共外交与民间外交，完善了实践路径。持续推进中国共产党政党外交的开拓创新，必须以共同利益为基础，提出易于形成政党共识的外交思想；以主场外交为抓手，推进政党外交理念向实践的转化；以政党的外交功能为依托，助推全球治理体系变革；以“强国外交”战略为导向，强化政党外交服务于国家外交战略的功能。

关键词：新时代；政党外交；习近平外交思想；全球治理；人类命运共同体

党的二十大报告深入总结了新时代10年中国特色大国外交的伟大成就，指出“我们全面推进中国特色大国外交，推动构建人类命运共同体，坚定维护国际公平正义”，“我国国际影响力、感召力、塑造力显著提升”[1]。作为国家总体外交的重要组成部分，政党外交在中国特色大国外交中发挥着独特作用。党的十八大以来，以习近平同志为核心的党中央着力以胸怀天下的大党外交推动构建人类命运共同体等国家外交战略的实施，持续推进中国共产党政党外交在理论和实践上的创新，不仅形成了关于政党外交的前提、保证、关键、目的等新的理论认识，而且探索出关于政党外交的方法、内容、方式、路径等新的实践举措。深入总结新时代10年中国共产党政党外交的独特贡献和经验启示，对于进一步推进党的对外工作，不断开创中国特色大国外交新局面具有重要意义。

[1]　习近平：《高举中国特色社会主义伟大旗帜　为全面建设社会主义现代化国家而团结奋斗——在中国共产党第二十次全国代表大会上的报告》，人民出版社2022年版，第12—13页。

一、新时代中国共产党政党外交的理论创新

党的十八大以来，以习近平同志为核心的党中央秉持人类命运共同体理念，以政党合作推进全球治理，提出了以利益攸关为基础的共生观、以责任共担为原则的共治观、以合作共赢为核心的共享观、以蓝图共绘为目标的共建观，实现了中国共产党政党外交的理论创新。

（一）聚焦全球政党关系：提出共生观

在全球性问题持续涌现、催生更多国家间共同利益的情况下，各国政党为维护国家间的共同利益，彼此形成了互利共生关系，相互构成了利益攸关方[1]。然而，美西方一些政党无视国家间共同利益的存在，否认政党间的合作关系，挑起政党对立。比如将所谓“民主”“人权”当作干涉别国内政的工具，肆意挥舞“制裁大棒”，严重破坏了政党合作共生的国际政治生态；将新冠病毒溯源和新冠疫情政治化，干扰以政党合作推进国际疫情治理，违背了政党之间合作共存的客观规律。

合作共生的政党关系是政党维护国家间共同利益，促进共同发展的前提。针对全球政党关系赤字，习近平强调指出，国际社会已经成为一部有机一体的机器[2]，正日益形成利益交融的利益共同体[3]。而政党作为国际社会的行为主体之一，则成为推动构建利益共同体的重要力量。因此，塑造有利于推动构建利益共同体的政党关系，即全球政党伙伴关系势在必行，形成了中国共产党政党外交理论的共生观[4]。全球政党伙伴关系是全球政党为实现国家间共同利益而建立的一种相互依存、合作共赢的关系[5]。这是一种超越了对抗性思维而建立于合作性思维之上的关系模式，主张各国政党秉持合作思维，维护国家间共同利益、促进政党间的共生发展，从思想观念和目标选定上对政党交往提出了新要求。从思想观念上看，政党要保持思想自律和全局观念，自觉把自身发展同人类未来密切结合在一起[6]。即各国政党应本着求同存异原则，将人类共同利益寓于政党的理念与政策之中，充分发挥政党推动构建人类命运共同体的组织功能。从目标选定上看，政党“要锚定正确的前进方向，担起为人民谋幸福、为人类谋进步

[1] 胡键：《十八大以来中国外交理论与实践的重大创新》，《社会科学》2017年第8期。

[2] 《习近平在博鳌亚洲论坛2022年年会开幕式上发表主旨演讲》，《人民日报》2022年4月22日。

[3] 《习近平外交演讲集》（第1卷），中央文献出版社2022年版，第304页。

[4] 《纪念党的对外工作100年暨中联部建部70年大会在京举行　王沪宁出席并讲话》，http：//www.xinhuanet.com/politics/2021—01/18。

[5] 门洪华、刘笑阳：《中国伙伴关系战略评估与展望》，《世界经济与政治》2015年第2期。

[6] 习近平：《携手建设更加美好的世界——在中国共产党与世界政党高层对话会上的主旨讲话》，《人民日报》2017年12月2日。

的历史责任”[1]，自觉谋求共容利益，促进包容发展，合理平衡眼前利益与长远利益、短期目标与长期目标之间的辩证关系，推动实现合作共赢、共同发展。

（二）关注全球治理现实：提出共治观

当今世界处于百年未有之大变局，全球性问题的数量之多、规模之大、程度之深前所未有。从数量上看，核安全、网络安全、重大传染性疾病、气候变化、自然灾害等传统安全与非传统安全问题叠加交织，打造核安全命运共同体、构建网络空间命运共同体、构筑人类卫生健康共同体、建立人与自然生命共同体任重道远；从规模上看，某一国家或地区的经济、政治和社会动荡，往往以跨越国别或地区的态势呈现出来，最终演变成全球性危机和灾难；从程度上看，某一问题的负面后果常常会超出其所在领域，带来系列连锁反应。例如，2008年的国际金融危机不仅导致世界经济结构性低迷，还造成贫富差距进一步扩大，诱发极端民粹主义泛滥，加剧了逆全球化趋势等。全球化时代的全球性问题，最突出的特征就是跨国性和难以预测性，单个国家或政党凭一己之力根本无法解决。

平等、民主地参与全球治理是政党合作完善全球治理的原则保障。针对全球治理的困局，习近平强调指出，“人类是一个整体，地球是一个家园。任何人任何国家都无法独善其身”[2]。政党是“国家政策的源头”[3]，在国家政治生活中发挥着重要引领作用，因此应自觉肩负起完善全球治理的责任，推动“打造公正合理的治理模式”[4]。这实质上是从政党视角为全球治理提供了中国方案，形成了以政党为行为体的共治观。共治观集中回答了国际事务“谁来治理、怎样治理”的问题，有力提升了中国全球治理话语权：其一，就治理行为体而言，共治观将其界定为“全球政党”，主张全球政党共同参与全球治理。不同国家、各类政党不论大小和强弱，都平等享有参与全球治理的权利，承担全球治理的义务。其中，大国大党尤其要主动展现担当精神，更加积极地承担全球治理责任。“中国共产党是世界上最大的政党”，“大就要有大的样子”[5]，因此更要勇于承担全球治理责任，积极为全球治理贡献智慧和力量。其二，就治理方式而言，共治观主张“坚持多边主义，完善全球治理”。全球治理不是“一方独霸”或“几方共

---

[1] 习近平：《加强政党合作　共谋人民幸福——在中国共产党与世界政党领导人峰会上的主旨讲话》，《人民日报》2021年7月7日。

[2] 习近平：《加强政党合作　共谋人民幸福——在中国共产党与世界政党领导人峰会上的主旨讲话》，《人民日报》2021年7月7日。

[3] 《中国共产党与世界政党领导人峰会共同倡议》，《人民日报》2021年7月8日。

[4] 习近平：《习近平外交演讲集》（第2卷），中央文献出版社2022年版，第7页。

[5] 习近平：《携手建设更加美好的世界——在中国共产党与世界政党高层对话会上的主旨讲话》，《人民日报》2017年12月2日。

治"，全球性问题的解决不能依靠单边主义，只有共同坚持真正的多边主义，才能齐心协力完善全球治理[1]。其三，就治理方法而言，共治观主张各国政党在参与全球治理时要坚持规则导向。一方面，要坚持民主原则，即"国际上的事应该由大家商量着办"[2]，这是政党参与全球治理的前提和基础；另一方面，要以完善治理规则为抓手，即各国政党要致力于维护和完善"以联合国为核心的国际体系，以国际法为基础的国际秩序，以联合国宪章宗旨和原则为基础的国际关系基本准则"[3]，为各国政党共同解决全球性问题提供规则遵循，这是实现全球善治的关键。概而言之，共治观主张全球政党平等、民主地参与全球治理。

（三）秉持政党合作的价值遵循：提出共享观

党际交往理应秉持互利共赢理念，遵循求同存异、相互尊重、互学互鉴原则。然而，一些政党在对外交往中追求狭隘的国家利益或政党利益，不择手段地侵害他国，破坏了以共赢为核心的政党合作价值遵循。比如，从打压中国的目的出发，美国在挑起长达一年半的中美贸易争端之后，又给病毒溯源贴上政治标签，而美国执政党则顺势将这些别有用心的阴险手段应用到政党外交领域，严重背离了政党交往应当遵循的价值原则。

互利共赢是政党交往得以开展的关键。针对政党交往中的价值观扭曲问题，习近平指出，当今时代"开放包容、合作共赢是唯一正确的选择"[4]，处理对外党际关系应"找到利益的共同点和交汇点，坚持正确义利观"[5]。其中，"以义为先，义利相兼"为核心的发展观念、以公平公正为核心的权力观念、以公道正义为核心的安全观念、以交流互鉴为核心的文明观念，构成了新时代中国共产党政党外交理论的共享观。第一，共享观主张以"以义为先，义利相兼"为核心的发展观念。"义"反映的是中国共产党人的利益理念，中国希望世界各国共同发展，特别希望广大发展中国家加快发展；"利"就是要恪守互利共赢原则，不搞我输你赢，要实现双赢[6]。实现合作共赢、共同发

---

[1] 习近平：《把握时代潮流　加强团结合作　共创美好未来——在上海合作组织成员国元首理事会第二十二次会议上的讲话》，《人民日报》2022年9月17日。

[2] 中共中央宣传部、中华人民共和国外交部：《习近平外交思想学习纲要》，人民出版社2021年版，第148页。

[3] 《中国共产党与世界政党领导人峰会共同倡议》，《人民日报》2021年7月8日。

[4] 《习近平外交演讲集》（第2卷），中央文献出版社2022年版，第70页。

[5] 《为我国发展争取良好周边环境　推动我国发展更多惠及周边国家》，《人民日报》2013年10月26日。

[6] 王毅：《坚持正确义利观　积极发挥负责任大国作用》，《人民日报》2013年9月10日。

展，是中国共产党人心中最大的“义”与“利”[1]，将这拓展到党的对外工作中，则体现为中国共产党与他国政党关系中最大的“义”与“利”。但是，这种“义”与“利”的践行绝不以牺牲中国的国家利益为前提，正如习近平指出的：“中国决不会以牺牲别国利益为代价来发展自己，也决不放弃自己的正当权益，任何人不要幻想让中国吞下损害自身利益的苦果。”[2]中国共产党在对外工作中始终坚守国家利益底线，合理平衡本国发展与他国发展之间的张力，实现了对西方狭隘功利主义的批判和超越。第二，共享观倡导以公平公正为核心的权力观念，即反对霸权、霸凌、霸道，坚持各个国家及其政党共同维护普遍安全、共同分享发展成果、共同掌握人类命运的理念[3]。这一权力共享、权力平等的权力观，实现了对西方传统现实主义的批判和超越。第三，共享观秉持以公道正义为核心的安全观念，即共同、综合、合作、可持续的观念[4]。共同，是指各国政党在维护本国安全的同时，尊重他国安全；综合，是指各国政党应统筹传统安全与非传统安全；合作，是指各国政党应通过交流、对话、协商等和平方式，尤其是通过政党高层领导人对话的方式，促进各国在不同领域的安全合作；可持续，是指各国政党应致力于通过政党交流的机制化发展，为持久安全注入稳定性力量。其中，共同是基本前提，综合是必然要求，合作是重要方式，可持续是根本保障。这是一种立足全球视野的安全观，实现了对西方传统安全观的批判和超越。第四，以交流互鉴为核心的文明观念，即平等、互鉴、对话、包容的观念[5]。其核心要义是，各国政党在对外交流中，应以平等互尊为根本原则、以开放包容为基本态度、以互学互鉴为践行路径、以合作共赢为价值旨趣，共同促进文明的交流互鉴[6]。这一文明观实现了对“文明冲突论”“主导文明论”“文明优越论”等论调的批判和超越。

（四）观照人类未来发展：提出共建观

站在人类发展的十字路口，美西方一些政党“重拾冷战思维，挑动分裂对立，制造集团对抗”[7]，严重违背了时代潮流和人类前进方向。具体表现为：其一，个别西方政

[1] 罗建波：《正确义利观与中国对发展中国家外交》，《西亚非洲》2018年第5期。

[2] 习近平：《决胜全面建成小康社会　夺取新时代中国特色社会主义伟大胜利——在中国共产党第十九次全国代表大会上的报告》，《人民日报》2017年10月28日。

[3] 习近平：《在联合国成立75周年纪念峰会上的讲话》，《人民日报》2020年9月22日。

[4] 《习近平向2022年国际和平日纪念活动致贺信》，《人民日报》2022年9月22日。

[5] 《习近平谈治国理政》（第三卷），外文出版社2020年版，第441页。

[6] 万欣荣、陈鹏：《习近平关于文明交流互鉴重要论述的生成逻辑、主要意蕴及时代价值》，《思想教育研究》2021年第6期。

[7] 王毅：《秉持天下胸怀，践行为国为民——在2021年国际形势与中国外交研讨会上的演讲》，https：//www.fmprc.gov.cn/wjbzhd/202112/t20211220_10471837.shtml。

党口头上“不搞冷战”，行动上却复活冷战思维，对意识形态相异的国家及其政党进行战略遏制和战术打压，企图以意识形态“划线”“站队”、分裂世界，扰乱了以联合国为核心的国际体系。其二，某些西方政党标榜维护国际秩序，实际上却肆意制造地区冲突、煽动区域国家对立，为本国的霸权战略及所谓的“亚太再平衡”战略寻求支点，干扰了以国际法为基础的国际秩序。其三，少数西方政党宣称实行多边主义，行动上却搞“小圈子”和集团政治，将自己的“家规”强加给国际社会，搅乱了以《联合国宪章》宗旨和原则为基础的国际关系基本准则。之所以存在此类行为，根本原因在于个别西方政党忽视人类共同利益，企图从本国或本党利益出发左右世界的发展。

规则共制、未来共建是政党交往的最终目的。针对政党交往中的单边主义行为，以习近平同志为核心的党中央一再呼吁，全球政党要“共同维护以联合国为核心的国际体系，以国际法为基础的国际秩序，以《联合国宪章》宗旨和原则为基础的国际关系基本准则”[1]，共同推动构建人类命运共同体，创造人类文明新形态，形成了中国共产党政党外交理论的共建观。这一观点的核心要旨是，通过各国政党共同推动构建人类命运共同体，促进世界文明由一种抗衡、对立、冲突的消极性逻辑转换为一种共同发展、和谐发展、全面发展的积极建设性逻辑[2]。这种积极的建设性逻辑本质上反映了中国共产党对提升中国国际规则制定权的探索，但其并不以推翻现行机制为前提，而是对现行机制的改革与完善、创新与发展。其一，各国政党要共同维护主权平等、互相尊重、相互承认、互不干涉内政等国际体系核心价值，共同构建和平、稳定、公正、合理的国际新秩序，共同承担遵守国际规则这一“基础国际责任”，形成协同维护国际体系稳定性、捍卫国际秩序权威性、增强国际规则约束性的世界合力。其二，各国政党要在现行国际体系、秩序、规则的基础上创新国际机制。“新型政党关系是人类命运共同体构建的重要机制。”[3]因此，“不同国家的政党应该增进互信、加强沟通、密切协作，探索在新型国际关系的基础上建立求同存异、相互尊重、互学互鉴的新型政党关系”[4]，为政党合作推动构建人类命运共同体提供行稳致远的机制保障。其三，要以政党合作为动力。从政党视角推动构建人类命运共同体，就是要不同政党“发挥各自优势，加强合作”[5]，不断拓展合作增长点，注入更多确定性。

共生观、共治观、共享观、共建观作为中国共产党政党外交理论在新时代的创新

[1] 《中国共产党与世界政党领导人峰会共同倡议》，《人民日报》2021年7月8日。

[2] 丁立群、黄佳彤：《人类命运共同体、共同价值与人类文明新形态》，《理论探讨》2022年第3期。

[3] 郑长忠等：《人类命运共同体构建的政党逻辑与中国作用》，《新疆师范大学学报（哲学社会科学版）》2019年第5期。

[4] 习近平：《携手建设更加美好的世界——在中国共产党与世界政党高层对话会上的主旨讲话》，《人民日报》2017年12月2日。

[5] 《习近平总书记系列重要讲话读本》，人民出版社2016年版，第274页。

性发展，构成了相互联系、相辅相成的有机整体。其中，共生是前提，共治是原则，共享是关键，共建是目的。各类政党的合作共生能够为实现共治、共享、共建奠定组织基础；各国政党自觉践行问题共治，能够深化彼此的合作共生关系，为实现共赢共享、目标共建提供原则保障；政党之间坚持共赢共享，能够为实现合作共生、问题共治、目标共建提供持续性驱动；不同政党秉承目标共建，能够提升合作共生、问题共治、共赢共享的实践效益。

二、新时代中国共产党政党外交的实践发展

理论是实践的先导，实践是理论的归宿。新时代中国共产党坚持以创新理论指导实践，积极开展主场外交，引领政党合作新议题的设置，将新媒体技术融入于政党外交实践，以政党外交统合公共外交与民间外交，推动了构建人类命运共同体的共识达成与协同践履，这对提升中国国际规则制定权和全球治理话语权、构建中国特色对外传播话语体系、实现新时代中国特色大国外交战略具有重要作用。

（一）开展促进政党合作的主场外交，创新了实践方法

主场外交是在一国（境）内开展的，由东道主扮演重要角色，并能对维护和拓展该国国家利益发挥积极影响的各类重要外交活动。[1]其更易于促进政党双边或多边交流的开展，有效印证中国共产党倡导构建人类命运共同体的合条件性、合规律性、合目的性，这对促进国际秩序转型，尤其是对基于国际规则制定权转移的国际领导转型，从而提升中国国际规则制定权具有重要意义。[2]

依托“主场”平台，政党外交创新了推动构建人类命运共同体的实践方法：一方面，通过举办全球性、区域性和双边政党对话会，汇聚了共同推动构建人类命运共同体的政党力量。2017年12月1日，中国共产党开展了以自身为一方主体的多边政党外交活动，即中国共产党与世界政党高层对话会，为推动构建人类命运共同体搭建了全球性政党交流平台；2019年3月19日，中巴经济走廊政党共商机制第一次会议在北京举行，搭建了中巴政党共商的机制化平台，推动了中巴命运共同体的构建；2022年11月8日，第三届中国—阿拉伯国家政党对话会以线上线下相结合的方式举行，对打造面向新时代的中阿命运共同体产生了积极影响。通过举办全球性、区域性和双边政党对话会，中国共产党促进了政党多边或双边交流的开展，促进了以政党合作推动构建人类命运共同体。另一方面，中国共产党依托“一带一路”国际合作高峰论坛、G20峰会

[1] 陈东晓：《中国的“主场外交”：机遇、挑战和任务》,《国际问题研究》2014年第5期。

[2] 李慧明：《人类命运共同体与国际秩序转型》,《世界经济与政治》2021年第8期。

等主场外交，以专题形式将政党外交穿插其中，起到了很好的作用。例如，在“一带一路”国际合作高峰论坛期间，中国共产党组织了以“共建民心之桥，共促繁荣发展”为主题的平行会议；依托G20峰会，中国共产党在青岛举办了20国集团民间社会会议，为改善全球经济治理贡献了民间智慧。当前，构建人类命运共同体已经成为反映中国共产党国际秩序观的重要价值性原则，是中国提升国际规则制定权的重要尝试[1]。而政党外交依托“主场”平台推动构建人类命运共同体，则为中国重塑全球治理话语体系，获得创制国际规则的主动地位，进而提升国际规则制定权创造了有利条件。[2]

2015—2022年中国共产党的“主场外交”数量统计

年份	2015	2016	2017	2018	2019	2020	2021	2022
数量（场）	10	9	7	9	7	14	31	10

资料来源：中共中央对外联络部官网，表格为自制。

（二）创设促进政党合作的新议题，拓展了实践内容

议程设置的先导性是主场外交价值的重要体现[3]。主场外交中议程设置先导性的优势不仅体现在议事程序上，也体现在议题设置上。从某种意义上说，能否有效地对外传播本国政策的核心理念，能否激发国际社会对本国政策核心理念的共鸣，是衡量一场主场外交成功与否的关键[4]。因而，提出时代性、科学性、道义性的会议议题对政党外交推动构建人类命运共同体，进而提升中国国际话语权至关重要。

通过创设政党合作新议题，拓展实践内容，政党外交促进了推动构建人类命运共同体的理念共识与协同落实。一是围绕经济发展、全球安全、文明交流等方面设置政党合作新议题，推动人类命运共同体理念成为国际共识。2016年10月14—15日，以“全球经济治理创新：政党的主张和作为”为主题的第三届中国共产党与世界政党对话会在重庆召开，对话会以各国政党普遍关注的全球经济治理为主旨，促进了人类命运共同体理念的对外宣介；2022年6月27日，以“世界大变局下的中德、中欧关系”为主题的中国共产党与德国社民党第十五次外交与安全政策对话以视频方式举行，会议对双方共同应对气候变化等全球性挑战、维护世界和平稳定和多边主义国际秩序、推动构建人类命运共同体具有重要作用；2020年8月31日，以“超越意识形态差异，共建人类命运共同体”为主题的国际高端智库云论坛在北京举行，促进了构建人类命运共同

[1] 高婉妮：《全球秩序重塑与人类命运共同体的构建》，《南开学报（哲学社会科学版）》2022年第4期。

[2] 崔远航、刘小燕、赵蕓源：《人类命运共同体全球治理理念传播实践与中国国际规则话语权的提升》，《新闻春秋》2020年第3期。

[3] 凌胜利：《“主场外交”助力中国战略能力提升》，《当代世界》2017年第9期。

[4] 陈东晓：《中国的“主场外交”：机遇、挑战和任务》，《国际问题研究》2014年第5期。

体理念的跨文化传播。运用“主场”优势，立足全球治理赤字的现实，中国共产党从不同领域创新政党合作议题，推动了构建人类命运共同体理念“走出去”。二是围绕“一带一路”建设创新政党合作议题，推动构建人类命运共同体理念的协同落实。“一带一路”倡议“就是要实践人类命运共同体理念”[1]。中国共产党依托“一带一路”政党共商机制，积极主办政党专题会议、政党对话会等，推动构建人类命运共同体理念的落地生根。2015年10月14日，中国共产党主办了以“重塑丝绸之路，促进共同发展”为主题的亚洲政党丝绸之路专题会议；2020年11月26日，中国共产党同东南亚、南亚国家政党举行了以“加强政党合作，共谋经济发展”为主题的对话会。依托系列专题会议及对话会，中国共产党深化了同共建“一带一路”国家政党的合作，推动了构建人类命运共同体从愿景到现实的伟大实践。当前，推动构建人类命运共同体理念的外宣与落实对提升中国国际话语权具有重大战略意义[2]。新时代中国共产党通过创设政党合作议题，促进构建人类命运共同体理念的共识达成与协同践履，对提升中国国际话语权，尤其是全球治理话语权具有重要作用。

（三）运用新媒体技术汇聚政党共识和政党力量，丰富了实践方式

随着互联网技术的发展，政党外交也进入了“新媒体外交”的历史新阶段。这是以新媒体工具为其衍生形态作为信息传播渠道和政治沟通手段的外交新模式，其实质是以Web2.0技术为支撑、以他国政党或政党组织为主要沟通对象的数字外交形态[3]。这一历史新阶段的政党外交有机融合了新媒体技术的互动性好、时效性强、覆盖面广等优势，创新了政党外交推动构建人类命运共同体的方式方法，为构建中国特色对外传播话语体系提供了新路径。

新时代中国共产党顺应互联网技术发展趋势，将微信等新媒体平台和“云服务”等新技术应用于政党外交实践，创新了推动构建人类命运共同体的方式方法。一方面，充分运用新媒体技术，拓宽了政党外交对外传播人类命运共同体理念的方式。2019年3月，中共中央对外联络部开通了第一个官方新媒体账号——“中联部新闻办”微信公众号，随后又相继开通了抖音、快手、今日头条等多个新媒体官方账号；2020年初，中联部开设了“中共进行时（CPC WORKS）”英文微信公众号；2020年4月，中联部发言人开通了推特（Twitter）英文账号。依托这些新媒体平台，中联部通过推送图文、短视

[1] 习近平:《携手建设更加美好的世界——在中国共产党与世界政党高层对话会上的主旨讲话》,《人民日报》2017年12月2日。

[2] 何良:《人类命运共同体视域下提升新时代中国国际话语权研究》,《世界社会主义研究》2019年第2期。

[3] 董青岭、孙瑞蓬:《新媒体外交：一场新的外交革命？》,《国际观察》2012年第5期。

频等方式，促进了构建人类命运共同体理念在国际社会的系统传播。另一方面，依托"云服务"新技术，通过开展"云交流""云外交"等，中国共产党积极推动构建人类命运共同体从理念向实践的转化。2021年7月6日，中国共产党与世界政党领导人峰会以视频连线方式举行，会议旨在同各国政党共同应对世界百年未有之大变局和世纪疫情带来的挑战，推动了人类命运共同体的构建[1]；2022年7月28日，中国共产党以视频方式举办了中国共产党与世界马克思主义政党论坛，促进了世界马克思主义政党对构建人类命运共同体的理念认同与方案认可。当前，经由人类命运共同体理念的对外传播推动构建中国特色对外传播话语体系，不仅要考虑传播主体、传播客体、传播内容，还要考虑传播方式[2]。新时代中国共产党将新媒体技术广泛应用于政党外交，拓宽了对外传播人类命运共同体理念的方式方法，对构建中国特色对外传播话语体系具有重要意义。

（四）统合公共外交与民间外交，完善了实践路径

21世纪以来，在中共中央的直接领导下，政党外交形成了"三位一体"格局，即以政党外交为主体，辅以同政党外交有密切联系的民间外交和公共外交[3]。这种"三位一体"格局，能够缓解政府外交中"刚性"色彩的束缚，同时又能够规避民间外交中可能出现的不理智情绪和行为，是构建人类命运共同体等国家外交战略推进和实施的优质路径。

新时代中国共产党持续推进"三位一体"政党外交格局的发展，完善了推动构建人类命运共同体的实践路径。"万寿论坛"作为统合公共外交和民间外交的重要平台，为推动构建人类命运共同体理念形成国际共识，实现理念向实践的转化提供了依托[4]。"万寿论坛"由中共中央对外联络部于2016年初发起主办，旨在依托政党外交渠道，聚焦新型南南合作、全球治理、"两个主义"等重要议题，为各国政党政要、智库学者、民间组织代表等提供一个开放包容、深入交流、互学互鉴的国际对话平台，为构建人类命运共同体、建设更加美好世界作出贡献。截至2022年底，"万寿论坛"已经举办29届。其中，直接以构建人类命运共同体为主题的共有三届。2018年11月1—2日，第25届"万寿论坛"在北京举行，论坛以"推动金砖国家传统医药合作，共建人类命运共同体"为主题，促进了人类卫生健康共同体的构建；2018年11月18日，第26届"万寿

[1] 《汇聚推动人类进步事业强大力量——写在中国共产党与世界政党领导人峰会召开之际》，《人民日报》2021年7月6日。

[2] 沈雨敏：《新型主流媒体讲好中国故事的对外传播话语路径》，《传媒》2022年第15期。

[3] 吴兴唐：《中国政党外交的特色与优势刍议》，《当代世界》2014年第4期。

[4] 余科杰：《新时代中国特色政党外交的创新与发展》，《人民论坛》2021年第18期。

论坛”在广东举行，论坛以“金砖命运共同体建设与改革创新”为主题，推动了金砖命运共同体的构建；2019年2月28日，第27届“万寿论坛”在北京举行，论坛以“人类命运共同体构建与世界社会主义发展”为主题，促使人类命运共同体理念赢得了来自10个国家13个共产党的30余名领导人和代表的高度认同[1]。牵引连接公共外交与民间外交，发挥整体合力与效益，是政党外交在国家外交战略中的独特作用[2]。新时代中国共产党政党外交依托“万寿论坛”，有效统合公共外交与民间外交，实现了对官方、民间两种资源的统筹优化，完善了政党外交推动构建人类命运共同体的实践路径，提升了政党外交在中国特色大国外交中的服务效能。

三、新时代中国共产党政党外交创新发展的启示

党的十八大以来，以习近平同志为核心的党中央不断推进政党外交在理论与实践层面的创新性发展，开拓了新时代中国共产党政党外交新局面。总结概括其中的基本经验，准确把握其中的新理念、新机制、新方法，对于巩固政党外交已经取得的成就、持续开拓政党外交新局面具有重要启示。

（一）以共同利益为基础，提出易于形成政党共识的外交思想

共同利益是不同国家各类政党开展合作的先决条件。何谓共同利益？简言之，就是相互依赖状态下国家利益存在共性或趋同的部分，由共同收益和共同威胁构成，并在双边、多边和全球框架内形成国际合作的基础，是推动政党合作的重要驱动[3]。新时代中国共产党政党外交要善于发掘、运用共同利益，不断凝聚政党共识、促进政党合作。一方面，以利益“生产”为着力点，促进共同利益的拓展。利益“生产”是指对共同利益的整合与创造，前者是一个寻找合作机会的过程，后者是一种创造合作机会的过程[4]。循此逻辑，新时代中国共产党政党外交应立足全球治理赤字的现实基础，促进隔绝化、碎片化的共同利益的整合。此外，还应通过提供国际公共产品促进形成新的共同利益[5]。其中，主要是通过观念性公共产品的提供，推动新的共同利益的建构，

[1] 邹国煜：《人类命运共同体是世界的必然选择——第27届万寿论坛侧记》，《当代世界》2019年第4期。

[2] 王存刚：《论党的对外工作在中国特色大国外交中的独特作用》，《当代世界》2021年第3期。

[3] 刘笑阳：《中国共同利益论与国际战略思想创新（1989—2017）》，《中国战略报告》2018年第1期。

[4] 肖晞、宋国新：《共同利益、身份认同与国际合作：一个理论分析框架》，《社会科学研究》2020年第4期。

[5] 刘雪莲、夏海洋：《以共同利益推进人类命运共同体的构建》，《吉林大学社会科学学报》2022年第1期。

扩大共同利益的“增量”。另一方面，以利益“分配”为着力点，引导各国政党科学平衡本国利益与他国利益之间的张力，即各国政党在维护本国国家利益的同时，应兼顾他国合理的利益关切。

当前，中国共产党通过创新政党合作议题设置，为共同利益的整合与创造提供了便利条件。但政党合作议题主要集中在经济领域，这就限制了其他领域共同利益的拓展。积极创设道义性、时代性、多样性的政党合作议题，有利于促进共同利益的整合与创造，推动政党合作的开展。

（二）以主场外交为抓手，推进新时代中国共产党政党外交理念的外宣与践履

主场外交是促进政党交流与合作的优势平台。主场外交作为与客场外交相对的外交方式，凭借议程设置的先导性、理念输出的便利性、国际合作的规模性、媒体影响的引导性等优势，便于整合多方行为体，形成集成效应，同时有利于统筹国际配合与国内动员，形成协同效应[1]，推动一国外交理念向实践的转化，往往成为传播外交理念的优先举措[2]。因此，新时代中国共产党政党外交在以主场外交为抓手，促进以构建人类命运共同体为核心的政党外交理念“走出去”的同时，应更加积极推动理念向实践的转化。一要从“以受众为中心”的传播理念出发，依托政党外交搞好前瞻性调研，准确聚焦各国政党的共同关切，将各国政党的普遍需求融合到人类命运共同体理念的对外传播之中，提高理念“供给”与理念“需求”的契合度与适配性。二要注重增强政党外交理念的转化能力。它包含“理念转化”与“转化能力”两层含义，其中，促成“理念转化”的核心要义是提高理念转化的主动性与可行性，提升“转化能力”的关键是对相关经验的储备与运用。因此，在提升理念转化主动性与方案科学性的同时，还应注重积累理念转化的基本经验，积极借鉴他国政党外交理念转化的有益经验，并在实践中灵活运用。

（三）以政党的外交功能为依托，助推全球治理体系变革

依托政党的外交功能，打造政党之间的合作关系，促进政党国际合作，是完善全球治理的必然要求。因此，中国共产党政党外交应着力建设以“合作”为核心要义的国际政党关系，即全球政党伙伴关系，为政党合作推动全球治理提供组织支撑。一方面，要增强全球政党的合作意识，为全球政党伙伴关系的建立创造先决条件。现行国际体系以西方文明“分的哲学”[3]即竞争哲学为基础，本质上是以“非合作”博弈思维

---

[1] 陈拯：《国家治理、外交能力与中国主场外交的兴起》，《世界经济与政治》2021年第5期。

[2] 凌胜利：《“主场外交”助力中国战略能力提升》，《当代世界》2017年第9期。

[3] 王义桅：《人类命运共同体的中共逻辑》，《当代世界》2018年第3期。

为主导的国际体系。建设全球政党伙伴关系，就要引导各国政党超越这种思维，认同、践行中国共产党倡导的“求同存异、相互尊重、互学互鉴”[1]新型政党关系理念，实现向合作共赢思维的转换。另一方面，应加强全球政党交流的机制化建设，为全球政党伙伴关系的发展提供机制保障。政党交流的机制化建设关系到政党关系的长期性与稳定性，直接影响全球政党伙伴关系的发展态势[2]。因此，中国共产党应积极搭建促进全球政党合作的机制化平台，推进包括政党高层对话会、理论研讨会等在内的对话机制建设，为全球政党伙伴关系的建立与发展提供机制保障。

当前，中国共产党积极依托同他国政党的机制化交往，推动全球政党伙伴关系的构建与发展，促进政党合作完善全球治理。但是，机制化交往的范围和水平却影响政党合作的发展与深入。比如，中国共产党同发展中国家政党机制化交往范围有待拓展；同全球大国大党机制化交往虽已实现全覆盖，机制化交往水平却有待提升。不断探索促进机制化交往的新方式、新形式，扩大同发展中国家政党机制化交往范围；通过定期互访、合作举行理论研讨会、定向考察等多种机制化形式，提升同大国大党的机制化交往水平。

（四）以“强国外交”战略为导向，强化政党外交服务于国家外交战略的功能

政党外交要紧扣中国特色大国外交是“强国外交”的核心特征[3]，服务于国家的“强国外交”战略。“强国外交”是以大国意识和中国梦为出发点，以构建人类命运共同体和“世界梦”为目标，深度融合中国梦与“世界梦”的外交形态，其本质是维护国际秩序、建设世界和平、引领全球发展[4]。中国的“强国外交”是“中华民族迎来了从站起来、富起来到强起来的伟大飞跃”[5]在外交领域的体现。强大起来的中国“希望建设一个什么样的世界”就成为新时代中国外交的根本问题[6]。对此，党的二十大报告强调指出，新时代中国特色大国外交“始终坚持维护世界和平、促进共同发展的外交政策，致力于推动构建人类命运共同体”[7]，明确了中国“强国外交”的努力方向。科

---

[1] 习近平：《携手建设更加美好的世界——在中国共产党与世界政党高层对话会上的主旨讲话》，《人民日报》2017年12月2日。

[2] 于洪君：《中国特色政党外交》，社会科学文献出版社2017年版，第175页。

[3] 王帆：《中国特色大国外交：缘起、成就与发展》，《当代世界》2017年第7期。

[4] 贾烈英：《论中国特色大国外交思想的理论内涵及实现方式》，《陕西师范大学学报（哲学社会科学版）》2021年第1期。

[5] 习近平：《决胜全面建成小康社会　夺取新时代中国特色社会主义伟大胜利——在中国共产党第十九次全国代表大会上的报告》，《人民日报》2017年10月28日。

[6] 赵可金、赵丹阳：《中国特色大国外交的理论基础》，《世界经济与政治》2022年第1期。

[7] 习近平：《高举中国特色社会主义伟大旗帜　为全面建设社会主义现代化国家而团结奋斗——在中国共产党第二十次全国代表大会上的报告》，人民出版社2022年版，第60页。

学处理“中国梦”与“世界梦”的辩证关系也就成为中国“强国外交”的题中应有之义[1]。政党外交作为国家总体外交的重要组成部分，需要“紧扣服务民族复兴、促进人类进步这条主线”[2]。一方面，应持续推进构建人类命运共同体的理念共识与实践落实：一是着力推进政党高层领导人对构建人类命运共同体的国际共识；二是协同各国政党为构建人类命运共同体设计科学合理的实施方案；三是积极推动各国政党共同践行人类命运共同体理念。另一方面，要坚决维护中国的国家利益。“为民族谋复兴”是“为世界谋大同”的先决条件，一国政党只有立足于本民族的复兴事业，才有绘制世界发展蓝图的话语权和引领世界新型发展样态的领导权。因此，我们要以国际政党关系的和谐发展促进国家关系的平稳推进，为中国的发展营造稳定的国际环境。同时，要充分发挥政党外交的引领作用，积极推动构建自由开放的国际经济体系和全球发展命运共同体，增强中国的发展动力。简而言之，“为民族谋复兴”与“为世界谋大同”是相辅相成的关系，新时代中国特色政党外交要紧扣“一条主线”、统筹“两种利益”，在坚决维护中国核心利益的前提下促进两者协同发展。

当前，政党外交充分运用官方、民间两种资源，积极服务于构建人类命运共同体等国家外交战略的实施和推进。但民间资源在服务国家外交战略中的作用却有待激发。加大对政党外交中民间外交部分的资金援助、政策指导、技术支持，统筹优化官方、民间两种资源共同服务国家外交战略，具有迫切性和必要性。

结　语

新时代中国共产党基于对“百年未有之大变局”世界形势的科学判断，积极肩负起推动构建人类命运共同体的使命担当，以高度的理论自觉提出了共生观、共治观、共享观、共建观等重大理论观点，以高度的实践自觉创新了推动构建人类命运共同体的方法、内容、方式与路径，是新时代中国共产党政党外交的重大理论创新与实践创新。持续开拓新时代中国共产党政党外交新局面，要以发挥政党外交功能为依托，以建立政党外交主场平台为抓手，做大共同利益的“存量”、保持共同利益的“增量”，为构建人类命运共同体汇聚政党智慧和政党力量。

原载于《当代世界社会主义问题》2022年第4期

[1]　赵明昊：《中国的“强国外交”：方位、方向与方略》，《现代国际关系》2017年第8期。

[2]　《中共中央关于党的百年奋斗重大成就和历史经验的决议》，《人民日报》2021年11月17日。

论新时代中国共产党党际关系理论的六大转换

杨晓军　于海青

摘　要：党际关系四项原则作为中国共产党开展党际交往的基本原则，是一项开放包容而又与时俱进的准则。党的十八大以来，以习近平同志为核心的党中央在坚持党际关系四项原则的基础上，在对外党际交往的战略方针、战略思维、前提和基础、战略重心、交往对象和范围、对外传播等方面实现了党际关系理论时代内涵的六大转换，是新时代党际关系理论的重大发展和创新。新时代党的对外工作要以加强政党合作深入参与全球治理，积极推进构建新型政党关系，搭建对外党际交往的主场平台，不断扩大中国特色社会主义的国际影响力。

关键词：对外党际关系；政党外交；习近平外交思想；中国特色大国外交新型政党关系

"一部对外党际关系史，很大程度上就是对外党际关系四项原则的探索发展史。"[1]独立自主、完全平等、互相尊重、互不干涉内部事务，党际关系四项原则在历经确立、发展和深化之后，当前进入了升华阶段，其理论内涵更加丰富、实践指导意义更加重大，呈现出鲜明的继承性、时代性和创新性。立足于新的历史方位，准确认识和把握党际关系四项原则的发展与创新，对今后党的对外工作理论与实践具有重要现实意义。

一、问题的提出

从名词发生学的角度看，党际关系是指政党与政党之间的互动关系，反映了政党之间相互作用、相互影响的关联状态。从是否跨越国别的角度看，党际关系分为一国范围内政党之间的关系（国内党际关系），以及国内政党与国外政党之间的关系（国际党际关系或对外党际关系）。本文中的党际关系概念特指中国共产党与其他国家政党的相互关系，是中共对外党际关系的简称。

[1] 余科杰、杨胜刚：《坚持对外党际关系四项原则的历史经验》，《当代世界社会主义问题》2020年第1期。

理论创新是实践创新的先导。改革开放之初，以邓小平同志为核心的党的第二代中央领导集体“提出了以党际交往四项原则为核心的新时期中国共产党对外交往的指导思想和工作方针”[1]。1982年，党的十二大报告正式提出了处理党际关系的四项原则[2]，推动中国共产党对外党际交往实现了历史性转变。党的十八大以来，以习近平同志为核心的党中央提出：“探索在新型国际关系的基础上，建立求同存异、相互尊重、互学互鉴的新型政党关系。”[3]它继承、丰富和发展了党际关系四项原则，明确了以构建新型政党关系为核心的党际关系指导思想，推动中国共产党新时代的党际交往向着全方位、宽领域、多层次的新格局方向发展。

“建立新型政党关系”作为马克思主义党际关系理论的最新成果，不仅在实践上开拓了中国共产党对外党际交往新格局，而且得到了国内外思想理论界的高度关注和积极评价，成为新的学术增长点。具体说，当前国内外关于构建新型政党关系的研究，普遍认为新时代党际关系的指导思想有四个“新”。一是理论基础“新”。新时代党际关系指导思想以新的时代观、全球观、政党观以及中国共产党对新时代党的历史使命的精准定位为基础和前提。[4]二是政党功能定位“新”。立足于新的埋论基础，尤其是新的全球观的基础，新时代党际关系指导思想下的政党功能定位由国内走向世界。[5]三是关注点“新”。新时代党际关系指导思想的重心，着眼于内含“开放包容、合作共赢精神的互学互鉴”。[6]四是价值目标“新”。新时代党际关系指导思想蕴含着“构建人类命运共同体是新时代党的对外工作新使命”深刻内涵，明确了党的对外工作价值目标。[7]

总之，现有研究从理论基础、政党功能定位、关注点、价值目标等方面，探讨了新时代党际关系指导思想对党际关系四项原则的继承、丰富和发展，认为新时代党际关系指导思想是对党际关系四项原则的创造性转化和创新性发展，为相关研究提供了多元视角和思路借鉴。当然，目前的研究多是以某个单一的视角为切入点，仅就某个领域或某一范围进行分析和阐述，对于如何从整体上综合考察新时代党际关系指导思想与党际关系四项原则的延承关系，还存在较大的研究空间。鉴于此，笔者试从对外党际交往的战略方针、战略思维、前提和基础、战略重心、交往对象和范围、对外传

[1] 王家瑞：《中国共产党对外交往90年》，当代世界出版社2013年版，第101页。

[2] 胡耀邦：《全面开创社会主义现代化建设的新局面——在中国共产党第十二次全国代表大会上的报告》，《人民日报》1982年9月8日。

[3] 习近平：《携手建设更加美好的世界——在中国共产党与世界政党高层对话会上的主旨讲话》，《人民日报》2017年12月2日。

[4] 余科杰：《建立新型政党关系：新时代政党外交新境界》，《光明日报》2018年1月16日。

[5] 郑长忠：《推动构建人类命运共同体理念下的新型政党关系》，《当代世界》2018年第1期。

[6] 宋涛：《建立新型政党关系建设更加美好世界》，《当代世界》2018年第1期。

[7] 柴尚金：《新时代党的对外工作的新使命》，《当代世界》2021年第3期。

播六个方面的维度进行分析与阐释，以期为相关问题的深入研究提供参考。

二、新时代中国共产党党际关系理论时代内涵的六大转换

党的十八大以来，以习近平同志为核心的党中央在继承党际关系四项原则的基础上，顺应时代要求、勇担时代使命，从全球治理赤字、世界政党格局演变、中国不断提升国际影响力的现实出发，提出了一系列处理对外党际关系的新思想、新理念、新战略，实现了党际关系理论的六大转换。

（一）战略方针：从突出经济发展转向强调政治支持

从站起来到富起来再到强起来，中国社会主义发展战略目标导引着对外党际关系战略方针从突出经济发展转换到强调政治支持。1978年，党的十一届三中全会实现了拨乱反正，对我国国内发展战略进行了重大调整。此后，中国进入以经济建设为中心的改革开放和社会主义现代化建设新时期，中华民族踏上了从站起来到富起来的新征程。外交是内政的延伸，国内发展战略的重大调整带动了我国外交工作发生根本性转变。20世纪80年代末90年代初，立足当时社会主义国家政局动荡、西方“和平演变”战略加紧实施、西方对华进行制裁等国际情势，邓小平提出了“冷静观察，稳住阵脚，沉着应付，韬光养晦，善于守拙，决不当头，有所作为”的外交战略方针，着力为我国经济建设营造和平国际环境。这一时期，中国共产党坚持党际关系四项原则，持续扩大对外交往范围、丰富对外交往内容、创新对外交往形式。如恢复与一些国家共产党的关系、开展与亚非拉地区民族民主党的交流、启动与社会党及传统中右翼政党的接触、促进与苏联东欧地区新老政党的联系等。随着经济全球化的全面推进，我国的对外党际交往被注入经济因素，逐渐形成“政党搭台、经贸唱戏”的新局面。21世纪以来，国家间的政党高层交往成为促进经贸合作的重要驱动。[1]改革开放以后的党际关系理论与实践，助推中国实现了从站起来到富起来的飞跃。

党的十八大以来，中国特色社会主义进入新时代，我国也踏上“强起来”的新征程。“强起来”是中国从经济大国向政治强国转变的过程，主要体现为将经济实力转变为国际影响力。以“强起来”为目的导向，新时代中国共产党秉持国际道义原则处理对外党际关系。一方面，中国共产党积极倡导充满国际道义色彩的党际关系理念。从政党治理赤字的现实出发，习近平提出“探索在新型国际关系的基础上建立求同存异、

[1] 王家瑞：《中国共产党对外交往90年》，当代世界出版社2013年版，第242—243页。

相互尊重、互学互鉴的新型政党关系”[1]。这一新型政党关系继承了党际关系四项原则中“相互尊重”的思想内核，以互利共赢为核心要义，以正确义利观为价值指南，以构建人类命运共同体为目标导向，诠释着国际道义原则，为不同国家各类政党的对外交往提供了根本遵循。另一方面，中国共产党积极为新理念的传播和践行搭建有效平台。2017年11月30日—12月3日，中国共产党与世界政党高层对话会在北京召开，习近平发表了题为《携手建设更加美好的世界》的主旨讲话。2021年7月6日，中国共产党与世界政党领导人峰会以视频连线方式举行，习近平发表了题为《加强政党合作，共谋人民幸福》的主旨讲话。依托对话会、高端峰会等平台，中国共产党构建新型政党关系的主张在世界引起共鸣。此外，中联部发起主办的国际交流与对话平台“万寿论坛”等系列平台有效促进了中国共产党对外交往新理念向实践的转换。对此，国际社会普遍认为，通过搭建多种形式、多种层次的国际政党交流平台，中国共产党已然是一面旗帜，是呼吁世界整合发展的重要力量。[2]

从突出经济发展到强调政治支持的转换，是中国共产党从应然和实然视角出发，对动态发展的奋斗目标的精准判研。从应然角度看，伴随着中国经济实力增强的是，中国国际影响力相应扩大；从实然角度看，西方国家的“中国威胁论”“遏制论”等严重制约着中国国际地位的提升。新时代中国共产党对外党际交往战略方针的调整，是中国共产党探寻国家实力转化为国际影响力有效路径的新思路。

（二）战略思维：从融入世界转向塑造世界

党和国家从“韬光养晦”到“奋发有为”外交战略的调整，牵引着中国共产党发展对外党际关系的思维走向。20世纪80年代末，面对变幻莫测的国际环境，以邓小平同志为核心的党的第二代中央领导集体科学把握“和平与发展是当今时代的主题”，提出了“韬光养晦，有所作为”的外交战略。21世纪初，随着中国实力的增强和国际情势的变化，以胡锦涛同志为总书记的党中央将中国外交战略调整为“坚持韬光养晦，积极有所作为”。基于“韬光养晦”的基调，中国外交主要遵循“不扛旗”“不当头”“不树敌”“不对抗”等思维方式。其中，“不对抗”是指中国不与美国等西方大国发生正面冲突，即使发生斗争，也保持斗而不破。在这种战略思维指导下，中国对西方大国主导的国际政治经济秩序采取接受和遵从的立场和态度。循此逻辑，中国共产党秉持“独立自主、完全平等、互相尊重、互不干涉内部事务”的原则处理对外党际

---

[1] 习近平：《携手建设更加美好的世界——在中国共产党与世界政党高层对话会上的主旨讲话》，《人民日报》2017年12月2日。

[2] 《努力把这个星球建成和睦的大家庭——习近平总书记中国共产党与世界政党高层对话会主旨讲话引发国际社会热议》，《人民日报》2017年12月4日。

关系，独立自主地对国家和人民负责，独立自主地观察世界大事并进行自我决策，科学把握立足国内发展和参与国际事务之间的关系，在与自身直接利益关系并不太大的地方和事态上，在坚持原则的基础上适度超脱。[1]

党的十八大以后，以习近平同志为核心的党中央提出“更加奋发有为地推进周边外交”，中国外交进入了奋发有为的大国外交新阶段。2013年10月24日，习近平在周边外交工作座谈会上发表重要讲话，强调指出：“做好周边外交工作，是实现‘两个一百年’奋斗目标、实现中华民族伟大复兴的中国梦的需要，要更加奋发有为地推进周边外交，为我国发展争取良好的周边环境，使我国发展更多惠及周边国家，实现共同发展。”[2]所谓“奋发有为”，就是中国在处理与世界关系及参与全球治理时，将更加积极主动地进行外交塑造而非被动的外交适应。[3]从“韬光养晦”到“奋发有为”的外交战略转变，是中国从外交适应到外交塑造的转变，也是中国融入式外交向引领式外交的战略思维转变。遵循此思维导向，中国共产党在新时代对外交往中加强对国际社会的方向引领、理念引领、认知引领和责任引领。2013年3月23日，习近平在俄罗斯莫斯科国际关系学院的演讲中指出：“这个世界，各国相互联系、相互依存的程度空前加深，人类生活在同一个地球村里，生活在历史和现实交汇的同一个时空里，越来越成为你中有我、我中有你的命运共同体。”[4]首次提出了构建人类命运共同体的倡议。2014年7月4日，习近平在韩国国立首尔大学的演讲中指出：“当前，经济全球化、区域一体化快速发展，不同国家和地区结成了你中有我、我中有你、一荣俱荣、一损俱损的关系。这就决定了我们在处理国际关系时必须摒弃过时的零和思维，不能只追求你少我多、损人利己，更不能搞你输我赢、一家通吃。只有义利兼顾才能义利兼得，只有义利平衡才能义利共赢。”[5]强调当今国际关系中要践行正确义利观。2017年12月1日，习近平在中国共产党与世界政党高层对话会上的主旨讲话中指出：“世界格局在变，发展格局在变，各个政党都要顺应时代发展潮流、把握人类进步大势、顺应人民共同期待，把自身发展同国家、民族、人类的发展紧密结合在一起。”[6]强调构建新型政党关系。2021年7月6日，习近平在中国共产党与世界政党领导人峰会上的主旨讲话中指出：“人类是一个整体，地球是一个家园。面对共同挑战，任何人任何国家都无法独善其身，人类只

[1] 杨洁勉：《中国外交与和平发展》，人民出版社2019年版，第39页。

[2] 《为我国发展争取良好周边环境推动我国发展更多惠及周边国家》，《人民日报》2013年10月26日。

[3] 李志永：《中国“奋发有为”外交的根源、性质与挑战》，《国际展望》2018年第2期。

[4] 习近平：《顺应时代前进潮流促进世界和平发展——在莫斯科国际关系学院的演讲》，《人民日报》2013年3月24日。

[5] 习近平：《共创中韩合作未来同襄亚洲振兴繁荣》，《人民日报》2014年7月5日。

[6] 习近平：《携手建设更加美好的世界——在中国共产党与世界政党高层对话会上的主旨讲话》，《人民日报》2017年12月2日。

有和衷共济、和合共生这一条出路。政党作为推动人类进步的重要力量，要锚定正确的前进方向，担起为人民谋幸福、为人类谋进步的历史责任。”[1]呼吁各国政党共同承担时代赋予的历史责任。在奋发有为的战略指导下，中国共产党为开展方向引领、理念引领、认知引领和责任引领而提出的系列政党外交新理念，赢得了国际社会的广泛认可，为不同国家政党之间的交流与合作提供了有效理论参考。

从融入世界到塑造世界的转换，是中国共产党在调适对外交往目标中进行的思维性转变。中国共产党积极推进新型国际关系的构建、全球治理体系的变革，持续为全球性问题的解决贡献中国智慧和中国方案，获得了国际社会的广泛赞誉，提升了中国共产党的国际影响力，增强了中国外交的塑造力。

（三）前提和基础：从“和平共处五项原则”转向“新型国际关系”

世界局势的变化推动对外党际关系前提和基础的更新。新中国成立后，为了打破西方国家的遏制和封锁，营造和平的周边环境，中国提出了与西方国际法原则不同的国际法基本原则，即互相尊重主权和领土完整、互不侵犯、互不干涉内政、平等互利、和平共处。和平共处五项原则既是中国处理与其他国家关系的准则，也是中国共产党处理与其他国家政党关系的前提和基础。1974年，邓小平在联合国大会第六届特别会议上的发言中指出：“国家之间的政治和经济关系都应当建立在和平共处五项原则的基础之上。”[2]明确地肯定了和平共处五项原则在对外党际关系中的位置。随着中国外交政策的调整，以邓小平同志为核心的党的第二代中央领导集体系统总结对外党际关系中正反两方面的经验，在党的十二大上正式提出了以“独立自主、完全平等、互相尊重、互不干涉内部事务”为基本内涵的党际关系原则。此后，以江泽民同志为核心的党的第三代中央领导集体和以胡锦涛同志为总书记的党中央不断将上述原则运用到对外党际交往实践中，推动了党际关系四项原则的纵向拓展和横向延伸。

党的十八大以来，以习近平同志为核心的党中央统筹中华民族伟大复兴战略全局和世界百年未有之大变局，提出“推动建设相互尊重、公平正义、合作共赢的新型国际关系”。[3]其中，相互尊重是首要前提，公平正义是核心要义，合作共赢是基本取向，在“价值、理论、实践和目标四个方面实现了对传统国际关系的历史性超越”。[4]基于新

[1] 习近平：《加强政党合作　共谋人民幸福——在中国共产党与世界政党领导人峰会上的主旨讲话》，《人民日报》2021年7月7日。

[2] 《邓小平团长在联合国大会第六届特别会议上的发言》，人民出版社1974年版，第11页。

[3] 习近平：《决胜全面建成小康社会　夺取新时代中国特色社会主义伟大胜利——在中国共产党第十九次全国代表大会上的报告》，《人民日报》2017年10月18日。

[4] 胡键：《新型国际关系对传统国际关系的历史性超越》，《欧洲研究》2018年第2期。

型国际关系理念，习近平结合党情国情世情及时代要求，进一步提出了在新型国际关系基础上建立新型政党关系的主张。新型国际关系是建立新型政党关系的前提和基础，新型政党关系引领、促进新型国际关系的构建。新型政党关系的提出为化解因政党间不信任而导致的“囚徒困境”提供了中国智慧和中国方案，推动了不同国家各类政党之间的有效沟通、增信释疑、团结协作，为推进全球善治贡献了政党力量。当然，和平共处五项原则是我国外交工作的基础性原则之一，也是新型国际关系构建的重要前提条件，仍然对我国政党外交发挥着重要的影响作用。也就是说，理论前提的转换不是绝对的。

党际关系前提和基础从“和平共处五项原则”到“新型国际关系”的转换，是中国共产党在精准把脉世界局势、主动顺应时代潮流基础上，持续赋予中国对外关系准则新的时代内涵的过程。彰显了中国共产党“使命型”政党的特质，展现了中国共产党的大党担当和大党情怀。

（四）战略重心：从“互不干涉内部事务”转向“互学互鉴”

新时代中国“大国外交”从“针对大国”到“我是大国”的内涵调整，推进了对外党际关系重心的转移。随着中国与世界关系发生历史性的转变，“大国外交”逐渐转变为“有自己特色的大国外交”[1]，大国外交的内涵发生了深刻变化，由此催生对外党际关系重心的逐渐转移。

党的十一届三中全会以后，中国外交由半开放半封闭状态向全面开放转变，迈开了全面融入世界的新步伐。在“韬光养晦、有所作为”外交战略指导下，中国外交奉行“不当头、不结盟、中美关系是重中之重”的方针。[2]中国的大国外交表现为“针对大国”的外交[3]，主要是针对美国的外交，为中国经济发展谋取和平的国际环境。这一时期，中国共产党坚持以“独立自主、完全平等、互相尊重、互不干涉内部事务”原则发展对外党际关系，其中，独立自主是核心，完全平等是基础，互相尊重是关键，互不干涉内部事务是必要保证，而互不干涉内部事务是“独立自主、完全平等、互相尊重”的必然要求和集中体现，没有互不干涉内部事务，独立自主、完全平等和互相尊重便无从谈起。[4]由此可知，该时期中国共产党处理对外党际关系突出强调“互不干涉内部事务”。

---

[1] 中共中央宣传部、中华人民共和国外交部：《习近平外交思想学习纲要》，人民出版社2021年版，第34页。

[2] 阎学通：《从韬光养晦到奋发有为》，《国际政治科学》2014年第4期。

[3] 徐进：《中国外交进入“奋发有为”新常态》，《中国党政干部论坛》2014年第12期。

[4] 蔡金培：《论党际关系四项原则》，《岭南学刊》1997年第5期。

党的十八大以后，在“奋发有为”等外交战略方针的指导下，党中央提出构建人类命运共同体、构建新型国际关系、树立正确义利观等新理念，推进与周边国家之间、与主要大国之间、与发展中国家之间的关系稳步提升，开启了中国特色大国外交新局面，中国日益走近世界舞台的中央，释放出中国特色大国外交是“我是大国”的外交强烈信号。[1]与此同时，以习近平同志为核心的党中央积极顺应和平、发展、合作、共赢的时代潮流，在坚持党际关系四项原则基础上提出了“建立求同存异、相互尊重、互学互鉴的新型政党关系”。[2]求同存异是基础，相互尊重是关键，互学互鉴是目的。由此可见，互学互鉴是新时代中国共产党处理对外党际关系的重心。

从“互不干涉内部事务”到“互学互鉴”的转换，是中国共产党对参与国际事务的态度转变。“互学互鉴”强调的是，我们要在推动不同政党之间的交流对话、协同进步中发挥引领作用，反映了中国共产党积极参与国际事务、主动承担国际责任的立场，彰显了中国外交和党际交往的中国特色、中国风格、中国气派。

（五）对象和范围：由双边转向多边

新时代党际交往从“量的积累”向“质的提升”转变，推进了对外党际交往范围的调整。“文化大革命”严重冲击了党和国家的对外工作，到“文化大革命”结束时，在此前建立联系的89个共产党中，只有约10个“老党”与中国共产党尚有交往。[3]因此，与断绝联系的政党恢复关系，与未建立联系的政党建立关系便成为改革开放之初党的对外工作重中之重。

党的十一届三中全会召开不久，中国共产党就开始探索如何建立新的党际关系。党的十二大明确指出：“我们党坚持在马克思主义的基础上，按照独立自主、完全平等、互相尊重、互不干涉内部事务的原则，发展同各国共产党和其他工人阶级政党的关系。”[4]党的十三大将党的交往对象扩大到“外国共产党和其他政党”。[5]党的十四大明确指出，中国共产党“同各国政党建立和发展友好关系”。[6]党的十五大提出，“同一切愿

---

[1] 阎学通：《从韬光养晦到奋发有为》，《国际政治科学》2014年第4期。

[2] 习近平：《携手建设更加美好的世界——在中国共产党与世界政党高层对话会上的主旨讲话》，《人民日报》2017年12月1日。

[3] 全国党的建设研究会编：《光辉的历程　宝贵的经验——新中国成立60年来党的建设主要成就与经验研讨会论文集》，中共文献出版社2010年版，第509页。

[4] 《中国共产党第十二次全国代表大会文件汇编》，人民出版社1982年版，第60页。

[5] 《中国共产党第十三次全国代表大会文件汇编》，人民出版社1987年版，第70页。

[6] 《中国共产党第十四次全国代表大会文件汇编》，人民出版社1992年版，第44页。

与我党交往的各国政党发展新型的党际交流和合作关系”。[1]党的十六大进一步将党的交往对象扩大到“各国各地区政党和政治组织”[2]，政治组织也成为中国共产党对外交往的重要组成部分。这一时期，中国共产党坚持经济利益导向原则，在发展对外党际关系中突出解决了“中国共产党如何扩大交往对象”的问题，助推了中国经济的蓬勃发展。

党的十八大以来，习近平从全球治理赤字、政党治理赤字的现实出发，在坚持党际关系四项原则的基础上，提出了建立以“求同存异、相互尊重、互学互鉴”[3]为基本内涵的新型政党关系，为通过政党善治推动全球善治提供了中国共产党的方案。求同存异，就是在明了共同是基本、不同是特殊的基础上，找出共同点，保留不同点。这就要求不同国家各类政党在明晰责任、利益、挑战共通的基础上，承认并尊重彼此在意识形态、政治制度、发展阶段的差异，共同为推动构建人类命运共同体汇聚力量。相互尊重，就是在两相对待中采取平等的态度和言行。这就要求不同国家各类政党无论大小、无论执政与否，都要平等相待，尊重彼此的活动方式、利益关切和道路选择，秉持正确义利观处理彼此间的利益冲突。[4]互学互鉴，就是在尊重差异的基础上，互相学习、取长补短。这就要求不同国家各类政党要承认并尊重政党政治多样性，不利用党际交往干涉他党事务、输出自己的价值观念，采取开放的态度学习他党的治党治国经验。由此可见，以“求同存异、相互尊重、互学互鉴”为内涵的新型政党关系着重解决了“新时代发展什么样的党际交往，怎样发展党际交往”的问题，即解决了“不同国家各类政党如何进行关系维系”的问题。

多边党际关系是指超越了一国政党与他国政党双边范畴的政党关系。这种关系模式从命运与共的视角出发，在思考“本党与他党”关系发展问题的同时，统筹兼顾了“他党与他党”的关系发展问题。新时代中国共产党党际交往原则超越了中国共产党与其他政党的双边范畴，为所有政党交流与合作提供了“中国共产党方案”和公共产品，实现了适用范畴由“一对多”向“多对多”的转化。[5]

范畴调整从双边到多边的转换，是中国共产党在交往对象形成规模的基础上而进行的创新性转化和创造性发展，反映的是对外党际交往从“量的积累”到“质的提升”的转变。在“量的积累”过程中，主要体现的是中国共产党与其他国家政党之间的双边交往，“质的提升”则实现了对双边交往的超越，是“立己”与“达人”的同频共振。

[1] 江泽民：《高举邓小平理论伟大旗帜，把建设有中国特色社会主义伟大事业全面推向二十一世纪——在中国共产党第十五次全国代表大会上的报告》，《求是》1997年第18期。

[2] 江泽民：《全面建设小康社会，开创中国特色社会主义事业新局面》，《求是》2002年第22期。

[3] 习近平：《携手建设更加美好的世界——在中国共产党与世界政党高层对话会上的主旨讲话》，《人民日报》2017年12月2日。

[4] 宋涛：《建立新型政党关系　建设更加美好世界》，《当代世界》2018年第1期。

[5] 宋涛：《建立新型政党关系　建设更加美好世界》，《当代世界》2018年第1期。

（六）对外传播：从“联接中外”转向“融通中外”

中国共产党对外传播理念的发展推动党际交往原则对外传播形态的转变。对外传播理念作为对外传播实践的理论指导，对对外传播形态有重大影响。党的十一届三中全会以后，以邓小平同志为核心的党的第二代中央领导集体推动中国共产党的对外传播理念由“主动发声，让中国共产党的声音走出去”向“联接中外，沟通中国（共产党）与世界”转变，[1]实现了由“单向传播”向“双向沟通”的转变。邓小平在多个场合提出，“我们要向世界说明，我们现在制定的这些方针、政策、战略，谁也变不了”[2]，使“对外说明”[3]成为中国共产党对外传播的重要形态。中国共产党通过政党高层领导人会面、领导人出访、代表团互访、专题研讨会、经验交流会等方式开展的对外传播工作，在国际社会产生了良好影响，促进了中国共产党与世界其他政党的联络和沟通。[4]以江泽民同志为核心的党的第三代中央领导集体秉持“让世界更好地了解中国，也让中国更好地了解世界”[5]，凭借发言人制度，畅通了中国与世界的沟通。以胡锦涛同志为总书记的党中央从国家战略层面“加强对外宣传工作”，为联接中外提供了强有力的战略支撑。

党的十八大以来，以习近平同志为核心的党中央推动中国外交进入“奋发有为”新阶段，对新时代党的对外传播工作提出了新要求。习近平指出，“要精心做好对外宣传工作，创新对外宣传方式，着力打造融通中外的新概念新范畴新表述”。[6]党的对外宣传和传播向“融通中外”转换[7]，形成了多元主体、多样形式的对外传播新局面。一方面，对外传播主体更加多元化。习近平率先垂范，通过出访、会面等形式积极宣传我党党际交往新思想，中共中央对外联络部、中国人民对外友好协会等机构成为对外传播党际关系新理念的中坚力量，形成了中央和地方协同一致、官方和民间同频共振的传播格局。另一方面，对外传播形式越发多样化。中国共产党在既有平台的基础上，积极打造线上、线下对外传播新平台。2015年10月，举办了亚洲政党丝绸之路专题会议。依托既有平台，中国共产党向亚洲政党阐明了党的对外交往新主张。2017年12月，举办了中国共产党与世界政党高层对话会。通过搭建以中国共产党为一方主体的交流平台，中国共产党利用主场优势，推动了世界各国政党对我们党对外交往理念的认可。

[1] 刘小燕、赵甍源：《联通中外：中国共产党百年对外传播的基轴》，《现代传播》2021年第8期。

[2] 《邓小平文选》（第3卷），人民出版社1993年版，第83页。

[3] 刘小燕、赵甍源：《联通中外：中国共产党百年对外传播的基轴》，《现代传播》2021年第8期。

[4] 俞邃：《拓展党际关系的重大贡献》，《人民日报》2007年9月28日。

[5] 朱穆之：《风云激荡七十年》（上册），五洲传播出版社2007年版，第285页。

[6] 《讲好中国故事　传播好中国声音——深入学习贯彻习近平同志在全国宣传思想工作会议上的重要讲话精神》，《人民日报》2013年10月10日。

[7] 刘小燕、李静：《中国共产党百年对外传播思想源流考察》，《编辑之友》2021年第6期。

2021年7月，以视频连线的方式举办了中国共产党与世界政党领导人峰会，通过“云交流”的方式宣传和践行了中国共产党的党际交往原则。

党际交往的对外传播从“联接中外”到“融通中外”的转换，是中国共产党在科学审视中国与世界关系基础上进行的传播理念调整。“融通中外”是中国日趋走近世界舞台中央的局势下，中国共产党为缩小“自我”与“他者”之间的差距而谋求的“让世界认同”，主要是让世界认同中国道路、中国理论、中国制度、中国文化，充分彰显了中国的大国自信和中国共产党的大党自信。

三、新时代中国共产党党际关系理论时代内涵转变的驱动力分析

习近平指出：“当今世界正经历百年未有之大变局，新冠肺炎疫情加剧了大变局的演变，国际环境日趋复杂，经济全球化遭遇逆流，一些国家单边主义、保护主义盛行，我们必须在一个更加不稳定不确定的世界中谋求我国发展。”[1]习近平的这一重要论述，是对中国发展之“时”和世界发展之“势”的精准研判。新时代中国共产党对外党际关系的理论创新，正是基于世界百年变局、全球政党格局、中国发展时局的变化，经由中国共产党的对外交往实践，探求人类历史前进方向和政党政治基本规律的结晶。

（一）全球治理赤字呼唤政党外交功能发挥

当今世界政治多极化、经济全球化、社会信息化、文化多样化深入发展，各国相互依存程度日益加深，合作共赢是时代主旋律。然而，伴随着合作共赢主旋律的是，全球性问题的数量之多、规模之大、程度之深前所未有。“一超多强”的政治格局并未发生实质性改变，“西强东弱”“北强南弱”的国际力量格局仍将持续，霸权主义、强权政治等表现出新动向，边界领土争端、民族宗教矛盾等问题此起彼伏。受2008年世界金融危机的深层次影响，世界经济复苏乏力、动能不足、增长缓慢，呈现出结构性低迷的样态，一些国家内部的贫富差距加大，反全球化和“逆全球化”现象层出不穷，贸易保护主义趁机大做文章。金融危机、网络安全、气候变化、粮食与能源安全、自然灾害、重大传染性疾病等非传统安全问题不断涌现。面对上述不一而足的全球性问题，西方国家主导的全球治理法则并未给出科学合理的解决之道，反而导致全球性问题的进一步恶化及全球治理秩序的失序和失灵。为了有效解决这些问题，亟须革新西方国家主导的以民族国家为主体的全球治理体系，激发非国家行为体，尤其是作为国家政策源头的政党的作用，这就为新时代中国共产党党际关系理论时代内涵的转换提

[1] 习近平：《在基层代表座谈会上的讲话》，人民出版社2020年版，第5页。

供了现实基础。

（二）世界政党政治格局的演化催生新型政党关系

自2008年全球金融危机爆发以来，世界政党政治格局发生了重大调整。金融危机爆发以来，世界经济结构性低迷，全球经济发展动能不足，全球失业率攀升、人民收入持续下降，政治、经济等领域的问题相互交织，影响了世界政党政治的正常运转，推动世界政党政治格局发生深刻变化。其一，传统大党、老党发展式微。针对不一而足的发展问题，传统大党、老党执着于轮流执政，被选举绑架，只关心执政期间的短期政绩，忽视国家的整体发展和长远利益，民众对传统大党、老党的认同感每况愈下。比如，在2017年的选举中，作为原法国第一大党和执政党的法国社会党却遭受了历史性失败，得票率仅为个位数。纵观当今大党、老党，类似事件不胜枚举。其二，新兴政党，尤其是民粹主义政党加速崛起，重塑了多国政党格局。在近年的西方大选中，"黑天鹅"事件频现，曾经难入政治主流的民粹主义政党却势头强劲。一些欧美国家的民粹主义政党甚至登堂入室，进入国家权力的中心，直接改写了国家的政治版图。比如，在2017年的德国大选中，建党仅4年的民粹主义政党"德国另类选择党"凭借其激进主张成为第三大政党，冲击了社会党、联盟党长期把控的德国政治格局。其三，中国共产党的方向引领作用与日俱增。立足全球治理赤字的客观现实，习近平提出："中国共产党将履行大国大党责任，积极推动完善全球治理，为增进人类福祉作出新贡献。""为人类社会携手应对共同挑战作出新贡献。"[1]这一论述为中国共产党方向引领作用的发挥提供了基本遵循。中国共产党积极引领人类前进方向，与一些国家政党政治的乱象形成鲜明对比。党的十八大以来，习近平提出构建人类命运共同体的主张，为人类未来指明了前进方向。与此同时，习近平提出构建新型国际关系，为构建人类命运共同体提供了根本途径和基础[2]；积极推动"一带一路"建设，为构建人类命运共同体提供了重要实践平台[3]。中国共产党在回答"世界向何处去，怎么去"的问题中，充分展现了中国共产党的作用与担当。主动顺应世界政党政治格局的演变，是各国政党的职责所在，为新时代党际关系的转化提供了客观需要。

[1] 习近平：《加强政党合作　共谋人民幸福——在中国共产党与世界政党领导人峰会上的主旨讲话》，《人民日报》2021年7月7日。

[2] 左凤荣：《构建人类命运共同体彰显了新时代中国外交的责任担当》，《当代世界与社会主义》2018年第3期。

[3] 陈理：《深刻理解把握构建人类命运共同体提出的依据、内涵和实现路径》，《当代世界与社会主义》2022年第1期。

（三）中国实力向国际话语权的转化驱动党的党际关系理论时代内涵的发展

国家实力是一种综合力量，是衡量一个国家强弱的最具代表性的物质性资源。[1]国际话语权“作为国家综合国力的新表征，反映了主权国家在世界范围内维护其价值观念、利益主张和发展要求的话语影响力，本质上是主权国家影响力的话语表现”[2]。但是，一个国家实力的增强并不标定着该国国际话语权的同步提升，国际话语权与国家实力往往存在不匹配的问题。导致这一问题的重要原因之一是，国家在发展自身实力的过程中，出现“硬实力”与“软实力”发展的不协调问题，连带导致本国国际话语体系建设的不完备，从而影响了国家的国际话语权。党的十八大以来，中国共产党立足全球问题，积极推进国际话语体系建设。针对世界和平的问题，中国共产党提出了“新安全观”；针对全球发展的问题，中国共产党提出了“新发展观”。在这一过程中，中国逐渐摆脱了“拿来主义”的惯性思维，不再一味依赖西方概念和方法来分析问题、解决问题，实现了中国方案、中国经验与世界问题的有机融合。[3]但是，中国“目前在学术命题、学术思想、学术观点、学术标准、学术话语上的能力和水平”[4]还有待提升。因此，提出易于获得国际社会认可的创新理论是提高我国国际话语权的重要环节。立足当今全球治理现状，结合政党在全球治理中的特殊作用，从党际关系发展视角不断创新中国国际话语体系，推进“中国音量”与“中国体量”的地位对等，为新时代党际关系理论时代内涵的转换提供了内驱动力。

四、未来展望

立足于全球治理之“变”、政党格局之“变”、中国实力之“变”，新时代中国共产党的对外党际交往，要在习近平关于党的对外工作重要论述的指导下，持续开拓对外党际交往新局面。

第一，以政党国际合作推动全球治理。习近平指出：“面对共同挑战，任何人任何国家都无法独善其身，人类只有和衷共济、和合共生这一条出路。”[5]是以，政党作为参与全球治理的重要行为体，要“担负起加强合作的责任，携手应对全球性风险和挑

[1] 阎学通、阎梁：《国际关系分析》，北京大学出版社2008年版，第90—91页。

[2] 史珊珊、骆郁廷：《国际话语权的生成逻辑》，《马克思主义与现实》2017年第5期。

[3] 张一、李静：《中国国际话语权的影响因素与提升路径研究》，《思想教育研究》2021年第11期。

[4] 《习近平谈治国理政》（第二卷），外文出版社2017年版，第338页。

[5] 习近平：《加强政党合作　共谋人民幸福——在中国共产党与世界政党领导人峰会上的主旨讲话》，《人民日报》2021年7月7日。

战”。[1]以政党国际合作推动全球治理包含两方面问题。一是如何有效推动政党合作开展的问题，即遵循何种原则促成政党合作的问题；二是如何以政党合作推进全球治理的问题，即通过何种方式为全球善治汇聚政党力量的问题。因此，全球事务应由各国人民商量着办、由各国政党商量着办。[2]在政党合作中，一要坚决抵制“一方独霸”或“几方共治”的错误思维和做法，秉持民主、平等原则，为政党合作的达成提供先决条件；二要搭建政党沟通的机制化平台，为不同国家政党协同探寻全球善治的思路和举措提供有效支撑，为政党有效参与全球治理塑造依托。

第二，积极推进新型政党关系的建立。政策选择不同、价值取向各异的政党之间的相处问题影响了政党交流与合作。建立求同存异、相互尊重、互学互鉴的新型政党关系为化解此一问题指明了路径。[3]因此，立足于新的历史方位，开展对外党际交往。一方面，要注重治国理政经验的交流，秉持互学互鉴原则，加强治国理政经验，尤其是党的建设相关经验的交流；另一方面，将落脚点定位于增进政党之间的关系，最终达成互学互鉴、互利共赢的目的。

第三，以党的对外交往主场平台的搭建助推中国实力向国际话语权的转化。党的对外交往作为国家对外工作的重要组成部分，肩负着提升中国国际影响力的重任，推动国家实力向国际影响力的转化则构成了新时代党的对外工作的重要内容。战略能力是制约中国国家实力转化为国际影响力的关键因素，主场外交是提升战略能力的重要途径。[4]搭建以中国共产党为一方主体的对外交往平台则成为提升国家战略能力的应有之义。通过搭建以中国共产党为一方主体的对外交往平台，将党的对外工作的基础作用、战略作用、补充作用、桥梁作用、宣传作用、借鉴作用[5]与主场外交的议程设置的先导性、理念输出的便利性、国际合作的规模性、媒介影响的引导性等优势有机融合。[6]在交往、交流、交心中，积极引导国外政党政要对中国话语的认同、对中国形象的改观等，以潜移默化的方式促进国家实力向国际话语权有效转化。

原载于《国际观察》2022年第2期

[1] 习近平：《加强政党合作　共谋人民幸福——在中国共产党与世界政党领导人峰会上的主旨讲话》，《人民日报》2021年7月7日。

[2] 中共中央宣传部、中华人民共和国外交部：《习近平外交思想学习纲要》，人民出版社2021年版，第148页。

[3] 宋涛：《建立新型政党关系　建设更加美好世界》，《当代世界》2018年第1期。

[4] 凌胜利：《主场外交、战略能力与全球治理》，《外交评论》2019年第4期。

[5] 于洪君：《中国特色政党外交》，社会科学文献出版社2017年版，第36—41页。

[6] 凌胜利：《“主场外交”助力中国战略能力提升》，《当代世界》2017年第9期。

中国共产党领导国家建设的历史变革、政治效能与基本经验

方　雷　黄硕明　周　昊

摘　要：中国共产党作为中国式现代化的领导核心，在革命、建设与改革过程中，领导国家建设实现发展前途转换、发展道路转变、发展体制转轨和发展方式转变，成功走出一条以政党领导为特征的中国式现代化道路。这条道路超越了西方现代化理论对政党地位与功能的狭隘理解，充分展现了中国共产党领导国家建设的价值凝聚效能、权威塑造效能和组织动员效能。在党领导国家建设过程中，形成了坚持党的集中统一领导、坚持党的自觉组织变革、坚持党的自主理论创新、坚持党的政策创新试验等基本经验。这些经验有利于中国式现代化的理论发展，并为后发国家的现代化实践提供参考。

关键词：中国共产党；国家建设；现代化；政治效能

国家建设是国家现代化发展的重要组成部分，任何迈向现代化的社会，“都面临着建设和发展现代国家、使现代国家在现代化过程中得以有效成长的历史任务”[1]。与此同时，尽管现代化是各国发展所追求的共同目标，但是各国国家建设的历程、模式、机制却不尽相同。因此，国家建设本质上体现着各国现代化发展的内在逻辑及其独特性。就中国式现代化而言，中国共产党作为国家建设的领导主体，党的领导贯穿于国家建设始终，既决定着中国现代国家成长的实践进路，又塑造着以政党领导为特征的现代化发展新范式。“中国式现代化，是中国共产党领导的社会主义现代化，既有各国现代化的共同特征，更有基于自己国情的中国特色。”[2]在此意义上，要系统理解中国式现代化，就应从学理上把握政党领导与国家建设的内在关联，总结分析中国共产党领导国家建设的历史变革、政治效能与基本经验，从而推进中国式现代化的理论发展，并为后发国家的现代化探索提供参考。

[1]　林尚立：《国家建设：中国共产党的探索与实践》，《毛泽东邓小平理论研究》2008年第1期。

[2]　习近平：《高举中国特色社会主义伟大旗帜　为全面建设社会主义现代化国家而团结奋斗——在中国共产党第二十次全国代表大会上的报告》，《人民日报》2022年10月26日。

一、政党领导与国家建设

长期以来，社会中心主义和国家中心主义是西方现代国家建设的两条主流路径，“二者分别侧重社会和国家作为主导性力量来推动整体性现代化进程”[1]。然而，这两条路径虽然为西方先发国家的现代化作出了历史性贡献，并长期主导其政治发展研究，但二者却忽略了政党“作为一种跨越了国家与社会的整合性力量的重要作用”[2]，更未能对政党在国家建设中的主体地位具有充分认知。因此，当一些效仿西方道路的亚非拉国家遭遇现代化转型失败，而另外一些以中国为代表的依靠政党领导的后发国家成功实现现代化转型后，人们开始重新审视并反思政党在国家建设中的地位与功能。

首先，从政党在国家建设中的地位来看，后发国家的政党并不仅仅是“社会”与“国家”之外的制度补充力量，而是贯穿于国家建构与国家建设这一长期历史过程的关键领导主体。当代政治发展研究表明，“国家建构（state making/state construction）优先于国家建设（state building）：前者解决国家基本结构的搭建，后者优化国家诸要素的匹配方式”[3]。这意味着，研究现代国家建设须将研究视野扩延至国家建构这一前提阶段。在此基础上，比较各国现代化历史可以发现，政党在国家建设中实际上具有完全不同的地位和作用。一般而言，西方政党产生于民族国家诞生之后，作为联系国家与社会的中介组织，西方政党主要是在西方民主制度中代表、表达公民的利益要求以及组织政治参与。显然，这种国家建构中的“主体缺位”或民主框架下的“辅助性质”，都决定了西方政党无法获得与“国家”或“社会”相平行的结构性地位。相比之下，在诸多后发国家，政党的建立早于现代国家的形成。并且由于“传统的国家与软弱的社会力量难以承建国家建构的任务”[4]，后发国家的政党反而成为组织社会、重建国家的主导主体。即使在完成国家建构以后，后发国家的政党也继续担负领导国家建设、推进国家改革与发展的长期职责。由此可见，在后发国家的现代化进程中，政党往往是领导国家建设的关键主体。

其次，从政党在国家建设中的功能来看，区别于西方先发国家强调政党的代议、表达或选举功能，后发国家更侧重于政党在“启动、管理和巩固动态的政治变化和发展方面的潜在作用”[5]。对于后发国家而言，无论是传统政治秩序的变革重建（国家建

[1] 张伟：《作为主导现代化进程新范式的“政党中心主义”》，《社会主义研究》2021年第1期。

[2] 郭定平：《政党中心的国家治理：中国的经验》，《政治学研究》2019年第3期。

[3] 任剑涛：《国家建构、国家建设与行政国家》，《暨南学报（哲学社会科学版）》2019年第7期。

[4] 赵娟娟：《我国新型政党制度的理论导源、历史形成和现实意义》，《云南行政学院学报》2021年第2期。

[5] La Palombara J., Weiner M., *Political Parties and Political Development(SPD-6)*, Princeton: Princeton University Press, 1969, p.5.

构），还是现代政治秩序的改革调适（国家建设），剧烈的秩序变动必然伴随着矛盾与社会震荡。这无疑对领导国家建设的政党提出了极高要求：一方面，在现代政治秩序的建构阶段，政党需要在外部斗争中为国家争得独立的主权地位，在内部统治中建立稳定的政治秩序；另一方面，在政治秩序的调适与稳定阶段，政党则要担负起领导国家建设的长期职责，确保政治稳定与经济发展的动态平衡。前者规定了政党必须具备严密的组织性、强大的动员力和彻底的革命性，后者规定了政党必须具备超强的使命感和与时俱进的适应性。因此，根据一些后发国家的成功经验，一个强大的领导型政党实际上应具备价值凝聚、权威塑造和组织动员等功能。这些功能赋予政党以更高的权威性、适应性、内聚力和动员力，从而使其能够在创建政权、整合社会、组织政治参与等国家建设活动中，始终具有维持政治稳定、促进政治发展的领导能力。

综上所述，政党领导与国家建设之间存在深刻、复杂而紧密的理论和现实关联。相对于西方先发国家强调"国家"与"社会"对国家建设的主导推动作用，政党领导国家建设的现代化路径实际上更符合后发国家的现代化需求。只是仍需指出，任何国家的政治制度都有其特定的意义结构和发展变迁的适当性逻辑。各国"发展道路的选择和历史运动的轨迹取决于不同的历史—文化—社会生态条件的结构性制约"[1]，即使是相似的发展路径或发展模式也往往具有不同的前途命运。例如，从法国和中国的现代化历史来看，二者均是政党领导国家建设的典型代表，然而其发展结果截然不同。法国模式在发挥短暂的作用之后，雅各宾派就因"热月政变"被推翻，在"雾月政变"中回归到传统的专制主义[2]。与之相对照，中国共产党领导国家建设的实践道路，成功实现了国家的现代化转型。可见，规范而有效的现代化理论范式固然重要，但成功践行相应理论的现实经验更加难能可贵。基于此，本文以下部分将考察分析中国共产党领导国家建设的历史变革、政治效能，并总结其基本经验。

二、中国共产党领导国家建设的历史变革

近代以来，面对传统帝制的崩解和列强环伺的威胁，中国在整体性民族危机的形势下被迫开启现代化进程，试图以现代国家要素改造传统政治秩序，进而推动中国的现代国家建设，实现民族复兴。在此过程中，中国共产党领导人民历经革命、建设与改革发展各阶段，有力地推动国家建设实现了发展前途转换、发展道路转变、发展体

[1] 唐皇凤：《政党主导型现代国家建设：基于中国式现代化理论和历史逻辑的阐释》，《四川大学学报（哲学社会科学版）》2022年第6期。

[2] 张翔：《在自由民主主义与专制主义之间：政党中心主义的起源分析》，《社会主义研究》2015年第1期。

制转轨和发展方式转变，呈现出一幅党领导国家建设的中国式现代化图景。

（一）在新民主主义革命时期，党领导国家实现发展前途转换

1911年，辛亥革命推翻了统治中国几千年的君主专制制度，开启了以民主共和为取向的现代国家建设进程。然而，孙中山先生“以民族主义、民权主义和民生主义为核心的国家建设方略……并没能把中国带入现代国家”[1]。面对争取民族独立、人民解放、国家统一的历史任务，中国共产党应运而生。党通过领导人民取得新民主主义革命胜利、成立新中国，实现了中国现代国家建设的发展前途转换。

中国共产党自建党之日起，就将“建设一个中华民族的新社会和新国家”[2]作为自身的历史使命，致力于挽救民族危亡、解放劳苦大众、实现国家独立和民族复兴。为此，以毛泽东同志为主要代表的中国共产党人，在一系列艰难、残酷的革命斗争实践中，不断探索符合中国国情的革命理论与道路。基于对中国社会现实、各阶级状况和革命斗争形势的分析，党开创了农村包围城市、武装夺取政权的正确革命道路，创立了毛泽东思想，形成了统一战线、武装斗争和党的建设“三大法宝”。与此同时，党高度重视政党品质与政党组织体系建设。依托思想建党、群众路线、党内整风教育、自我批评等手段，保持了党的先进性与纯洁性；通过在党内实施民主集中制，有力强化了党组织的严密性与凝聚力。借助这一严密的组织体系，中国共产党将分散的国家建设力量迅速聚集起来，改变了旧中国一盘散沙的局面。中国人民最终取得了新民主主义革命的伟大胜利，“实现了中国从几千年封建专制政治向人民民主的伟大飞跃”[3]。按照毛泽东的论述，新民主主义革命“虽然按其社会性质，基本上依然还是资产阶级民主主义的，它的客观要求，是为资本主义的发展扫清道路”，但“这种革命又恰是为社会主义的发展扫清更广大的道路”[4]。在此意义上，新民主主义革命既在革命逻辑上为中国国家建设保持了社会主义指向，又在现代化逻辑上为其指明了社会主义现代化的发展前途。

（二）在社会主义革命和建设时期，党领导国家实现发展道路转变

新中国成立后，在新民主主义革命胜利的基础上，中国共产党领导人民进行社会主义革命，推进社会主义建设。面对新中国成立初期复杂严峻的社会政治形势以及百废待兴的经济生产形势，党通过对政治秩序的创设构建、社会秩序的整合再造、经济

---

[1] 张浩：《国家构建与政党转型：中国政治发展的行动逻辑》，《甘肃社会科学》2014年第4期。

[2] 《毛泽东选集》（第2卷），人民出版社1991年版，第663页。

[3] 《中共中央关于党的百年奋斗重大成就和历史经验的决议》，《人民日报》2021年11月17日。

[4] 《毛泽东选集》（第2卷），人民出版社1991年版，第668页。

生产的恢复发展，为现代国家建设奠定了根本政治前提和基本制度基础，实现了国家发展道路由新民主主义向社会主义的转变。

首先，在政治秩序创设方面，党建立和巩固了工人阶级领导的、以工农联盟为基础的人民民主专政的国家政权，以单一制国家结构形式为党和国家的统一治理，确立了正式的国家制度框架。在此框架基础上，党领导确立了人民代表大会制度、中国共产党领导的多党合作和政治协商制度、民族区域自治制度，进一步完善了社会主义政治制度体系。其次，在社会秩序重建方面，中国共产党从党内建设与党外建设两个层面出发，一方面，党着重提出执政条件下党的建设的重大课题，锻造提升全体党员干部的执政领导能力；另一方面，党不断拓展、延伸各级党组织网络，发动持续、广泛的社会政治动员，密切党同人民群众的联系，从而既有效“摧毁了社会各领域残存的同国家意志相抵触的各种旧的社会力量”[1]，又实现了社会秩序的整合、重建与再造。最后，在经济生产的恢复发展方面，党按照过渡时期的总路线，通过对农业、手工业和资本主义工商业进行社会主义改造，基本实现了生产资料公有制和按劳分配，建立起社会主义经济制度。党的八大在充分肯定社会主义改造成果的基础上，正确判断国内的主要矛盾不再是阶级矛盾，“而是人民对于经济文化迅速发展的需要同当前经济文化不能满足人民需要的状况之间的矛盾”[2]。基于此，建设一个具有现代农业、现代工业、现代国防和现代科学技术的社会主义强国，就成为党领导人民开展大规模社会主义建设的新目标。最终，在党的领导下，中国人民“完成社会主义革命，消灭一切剥削制度，实现了中华民族有史以来最为广泛而深刻的社会变革”[3]，中国的现代国家建设进而在社会主义发展道路上大步迈进。

（三）在改革开放和社会主义现代化建设新时期，党领导国家实现发展体制转轨

1978年，党的十一届三中全会作出把党和国家的工作重心转移到经济建设上来、实行改革开放的历史性决策。中国从此告别频繁的阶级斗争和政治运动时代，开启了改革开放和社会主义现代化建设新时期。党领导国家建设继续向社会主义现代化迈进，在解放和发展生产力、实现共同富裕的目标指引下，逐步实现了发展体制转轨。

在这一时期，党总结过去的经验与教训，正确评价了毛泽东思想，将马克思主义基本原理同新时期的中国实际相结合，创立了邓小平理论，形成了“三个代表”重要

[1] 何显明：《中国现代国家制度的建构及其治理效能——基于国家意志聚合与实现的视角》，《中国社会科学》2022年第9期。

[2] 《中共中央关于党的百年奋斗重大成就和历史经验的决议》，《人民日报》2021年11月17日。

[3] 《中共中央关于党的百年奋斗重大成就和历史经验的决议》，《人民日报》2021年11月17日。

思想和科学发展观。这一系列重大理论成果深刻揭示了社会主义的本质，科学回答了“什么是社会主义、怎样建设社会主义”“建设什么样的党、怎样建设党”“实现什么样的发展、怎样发展”等一系列重大问题。这不仅有效破除了“社会主义经济与市场是不相容的”这一错误看法，而且为建立和发展社会主义市场经济体制提供了明确的理论指导。在实践中，中国共产党不断加深对“计划”与“市场”关系的认识，探索符合中国国情的、二者相互结合的经济发展体制。党的十二大提出“关于正确贯彻计划经济为主、市场调节为辅原则的问题”[1]；党的十二届三中全会通过的《中共中央关于经济体制改革的决定》明确了社会主义经济是“在公有制基础上的有计划的商品经济”[2]；党的十三大高度评价“公有制基础上的有计划的商品经济”是“我们党对社会主义经济作出的科学概括”,“是我国经济体制改革的基本理论依据”[3]；党的十四大明确将建立社会主义市场经济体制作为我国经济体制改革的目标，并在党的十四届三中全会上针对该目标的具体实现，作出了全面战略部署，勾画了社会主义市场经济体制的基本框架；至党的十六大，社会主义市场经济体制初步建立。随后，党领导人民继续锐意进取，充分发挥社会主义市场经济的制度优势，推动中国经济快速发展，最终实现了国家发展体制“从高度集中的计划经济体制到充满活力的社会主义市场经济体制、从封闭半封闭到全方位开放的历史性转变”[4]。

（四）中国特色社会主义进入新时代，党领导国家实现发展方式转变

党的十八大以来，中国特色社会主义进入新时代。以习近平同志为主要代表的中国共产党人，正确判断在新时代“我国社会主要矛盾已经转化为人民日益增长的美好生活需要和不平衡不充分的发展之间的矛盾”，明确提出要“把我国建成富强民主文明和谐美丽的社会主义现代化强国”[5]，并强调“以中国式现代化全面推进中华民族伟大复兴”[6]。在此背景下，中国共产党作为中国式现代化的领导核心，应当以何种发展方式引领新时代的国家建设就成为一个内在议题。从历史来看，中国作为后发展国家，长期

[1] 胡耀邦：《全面开创社会主义现代化建设的新局面——在中国共产党第十二次全国代表大会上的报告》,《人民日报》1982年9月8日。

[2] 《中共中央关于经济体制改革的决定》,《人民日报》1984年10月21日。

[3] 《十一届三中全会以来党的历次全国代表大会中央全会重要文件选编（上）》，中央文献出版社1997年版，第461页。

[4] 《中共中央关于党的百年奋斗重大成就和历史经验的决议》,《人民日报》2021年11月17日。

[5] 习近平：《决胜全面建成小康社会　夺取新时代中国特色社会主义伟大胜利——在中国共产党第十九次全国代表大会上的报告》,《人民日报》2017年10月28日。

[6] 习近平：《高举中国特色社会主义伟大旗帜　为全面建设社会主义现代化国家而团结奋斗——在中国共产党第二十次全国代表大会上的报告》,《人民日报》2022年10月26日。

依靠大规模要素投入推动经济增长。这种粗放型的发展方式虽有其特定历史阶段的合理性，但随着现代化建设的持续推进，发展不平衡、不协调、不充分的问题日渐凸显，这迫切要求国家发展方式向更加注重全面性、系统性和协调性转变。

为此，进入新时代以来，中国共产党以加强党的全面领导和党的建设为先导，以发展理念创新为指引，以完善党和国家领导制度体系为保障，着力推动国家发展方式转变。首先，在党的领导和党的建设方面采取了一系列重大战略举措，坚持和加强党的全面领导，以全面从严治党推进党的全方位建设，有力确保了党中央权威和集中统一领导，强化了党对国家建设的领导权威和领导能力。其次，在发展理念创新方面，习近平总书记在党的十八届五中全会上提出了“创新、协调、绿色、开放、共享”[1]的新发展理念，致力于系统推进发展动力的创新、发展关系的协调、发展模式的绿色、发展空间的开放与发展成果的共享，为新时代国家建设架构起规范的价值理念体系。最后，在党和国家领导制度体系建设方面，党的十九届四中全会对实现国家治理体系和治理能力现代化，作出了科学的规划部署，着力“构建系统完备、科学规范、运行有效的制度体系”[2]，为国家发展方式转变提供了坚实的制度保障。党的二十大报告指出，“高质量发展是全面建设社会主义现代化国家的首要任务”[3]，随着党领导国家建设向实现高质量发展转化，社会主义现代化强国建设拥有了更加坚实的物质技术基础。

三、中国共产党领导国家建设的政治效能

回顾中国共产党领导国家建设的变革历程，党能够从边缘性政治力量成长为国家建设的领导主体，并成功领导中国实现现代化转型，究其原因，一方面，作为马克思主义政党，中国共产党自诞生起，就“承载着凝聚社会、组织秩序、建设国家的历史使命”[4]，使命型政党的性质使其领导能力和领导功能远超西方政党；另一方面，更为重要的是，中国共产党能够将自身的领导能力和领导功能有效转化为价值凝聚效能、权威塑造效能和组织动员效能，从而满足了国家建设对权威、秩序和广泛支持力量的需求。

---

[1] 《中共中央关于制定国民经济和社会发展第十三个五年规划的建议》,《人民日报》2015年11月4日。

[2] 《中共中央关于坚持和完善中国特色社会主义制度　推进国家治理体系和治理能力现代化若干重大问题的决定》,《人民日报》2019年11月6日。

[3] 习近平:《高举中国特色社会主义伟大旗帜　为全面建设社会主义现代化国家而团结奋斗——在中国共产党第二十次全国代表大会上的报告》,《人民日报》2022年10月26日。

[4] 曾毅:《党领导国家建设：中国特色政党理论的元命题》,《中国社会科学报》2022年4月27日。

（一）党领导国家建设的价值凝聚效能

价值凝聚是政党作为政治实践的组织者和行动者所具有的基本功能。但在现代国家建设过程中，政党的价值凝聚功能只有转化为价值凝聚效能，才能为国家现代化建设凝聚集体力量、组织集体行动。因此，这一效能转化过程内在地要求政党确立和宣扬具有高度共识性的价值理念。一方面，政党价值理念的确立能够加强政党的组织内聚力，团结党内成员，塑造严密的政党组织体系；另一方面，政党依靠价值理念的宣扬可以将分散的社会成员整合起来，形成民族、国家层面的共识认同。在此基础上，由政党扩散至阶级、民族和国家范围内的价值凝聚效能才得以最终形成。中国共产党作为国家建设的领导核心，在建党之初就高度重视党的价值理念的建构与宣扬。就价值理念的建构而言，中国共产党明确以马克思列宁主义为指导，以全心全意为人民服务为宗旨，把为中华民族谋复兴作为初心使命。这种“以人民为中心”的价值立场和“以民族复兴为使命”的价值指向，决定了党的价值理念体系具有远高于其他政党的共识凝聚力。就价值理念的宣扬而言，中国共产党注重将自身的价值纲领内化于党员内心之中，外化于各级党组织、党员个人的行动之上；强调以实际行动彰显、传递党的价值理念，进而获得了广大人民群众的衷心认同与拥护。在革命斗争中，中国共产党即通过高扬争取民族独立和人民解放的政治共识，团结一切可以团结的力量，取得了新民主主义革命的伟大胜利；新中国成立以后，党在领导国家建设的各个阶段，始终如一地坚持党的价值理念、宗旨原则，将党的根基立于广大人民群众的价值认同之中，充分展现了我们党强大的价值凝聚效能。

（二）党领导国家建设的权威塑造效能

当代政治发展理论与实践表明，权威与秩序是现代国家建设的基本前提，政党则是塑造权威与秩序的关键政治力量。“处于现代化之中的政治体系，其稳定取决于其政党的力量”，“那些在实际上已经达到或者可以被认为达到政治高度稳定的处于现代化之中的国家，至少拥有一个强大的政党”[1]。这意味着，在以政党为主导的现代国家建设进程中，国家公共权威与秩序的塑造应以政党自身权威的塑造为起点：第一步是组建强大的政党、塑造政党权威；第二步是由该政党主持构建代表公共权威的合法政权。而这一双重权威（政党权威与国家公共权威）的塑造过程，则体现着政党领导国家建设的权威塑造效能。在中国的现代国家建设进程中，中国共产党就自觉地将组建党的组织、树立党的权威摆在优先地位。通过建立严密的党组织体系、明确党的政策纲领、建立党的制度规则，中国共产党将自身打造成一个纪律严明、目标明确、具有强大权

[1] 塞缪尔·P.亨廷顿：《变化社会中的政治秩序》，王冠华等译，上海人民出版社2015年版，第341页。

威的使命型政党。在革命斗争中，党正是凭借自身强大的政党权威，将广大人民群众和各方力量团结在党的周围，形成万众一心、同仇敌忾的革命集体力量。随着领导革命斗争不断取得胜利，党的权威也在人民群众的认同与支持下不断巩固和强化。特别是新中国成立后，中国共产党领导人民建立了人民民主专政的现代国家政权，不仅为新国家塑造了合法的公共权威系统，而且使党从革命领导党转变成为执政党。在党的领导下，新中国的现代化发展始终拥有坚强的权威领导主体和稳定的政治发展秩序，这充分展现了党领导国家建设的权威塑造效能。

（三）党领导国家建设的组织动员效能

组织动员是政党的基本功能之一。不同的政党体制具有不同的组织动员能力，这进而决定了不同的政党在国家建设中会显示出差异极大的组织动员效能。一般而言，相较于组织松散、支持力量较弱的政党，一个拥有广泛支持力量和严密组织体系的政党，往往具有更为显著的组织动员效能。中国共产党在领导国家建设的百年历程中，就充分展现了强大的组织动员效能。自建党之日起，中国共产党就高度重视党的组织动员工作，善于整合党的组织力量，发挥党的组织凝聚力。“每一位党员都是一位战士，每一个支部都是一个坚强的战斗堡垒。以党员和党支部为中心向外辐射，动员更多的人加入其中，逐渐形成了一股巨大的合力”[1]，为国家建设提供支持力量。在革命斗争时期，党的组织动员功能与群众路线相互促进，通过以土地改革为内容的经济动员、以政治参与为手段的政治动员和以宣扬无产阶级革命思想为内容的文化动员，我们党成功发动广大人民群众参与争取民族独立、构建现代国家的革命斗争。新中国成立后，中国共产党继承并延续组织动员传统，通过在全国范围内迅速组建党的组织体系，将党组织体系的覆盖范围扩展到全国，不仅实现了国家与社会的坚固连接，而且让广大人民群众对党的组织动员能力形成了高度认同与支持。进入新时代以来，中国共产党将党的建设工作继续深入推进，不断健全党的各级组织体系，以提升组织力为重点，推动党的组织更加广泛地嵌入现代国家与社会的治理结构之中，塑造出更为系统、庞大的党组织动员网络。依靠这一网络，中国共产党不仅极大提升了自身的组织动员能力，而且重塑了基层治理体系，将党的组织动员效能进一步释放。

四、中国共产党领导国家建设的基本经验

基于对中国共产党领导国家建设的历史变革和政治效能的分析，党领导国家建设

[1] 陈松友：《百年来中国共产党组织动员能力建设的主要经验》，《国家治理》2022年第21期。

的基本经验主要包括：坚持党的集中统一领导、坚持党的自觉组织变革、坚持党的自主理论创新和坚持党的政策创新试验。这些经过实践检验的宝贵经验，对于中国而言，应是新时代中国现代国家建设的基本遵循；对于世界而言，则是广大发展中国家迈向现代化的有益参考。

（一）坚持党的集中统一领导，为国家建设维持稳定秩序

中国共产党是中国现代国家建设的领导核心，是中华人民共和国的缔造者，这一经验事实从根本上决定了党在国家建设中的领导主体地位。与此同时，在党领导国家建设的过程中，中国人民见证了党的建立与发展的伟大历程，见证了党为人民利益而奋斗的现实行动，切实感受到党与自身命运、党与国家命运的息息相关。这种由深厚的历史体验所塑造的认同感和信任感，使得坚持党的领导成为一种深植于人民内心的自觉原则。历史与现实均表明，坚持党的集中统一领导，是中国式现代化能够维持政治稳定、促进有序政治参与的根本原因。首先，党始终代表和维护着最广大人民群众的根本利益。无论是党的组织还是党员干部，从来不代表任何利益集团的特殊利益，而是始终将维护最广大人民群众的根本利益，作为全体党员干部必须遵循的根本宗旨和原则。在现代化进程中，中国共产党这种利益代表的广泛性和无私性，无疑能够有效疏导诸多团体的利益矛盾，避免政治参与无序化造成的混乱，从而维持政治稳定。其次，坚持党中央权威和集中统一领导，是我国政治体制具有高度韧性的关键因素。在该体制中，党员干部基本嵌入政府体制之内并直接掌握国家权力；党的组织和党员遍及社会各行各业，形成了庞大而系统的组织网络，整个社会被凝聚在党的周围。这种“政党—国家—社会”三位一体的协同治理结构，能够有效维持国家现代化发展的基本秩序。就此而言，在新时代坚持党中央权威和集中统一领导，既是中国式现代化的内在要求，也是党领导国家建设必须遵循的基本原则。只有全党和全国人民坚决维护党中央权威，才能充分发挥党的领导的政治优势，为中国式现代化建设和中华民族伟大复兴，提供秩序保障。

（二）坚持党的自觉组织变革，为国家建设巩固领导权威

在现代国家建设过程中，作为领导主体的政党往往面临政治、经济、社会发展所带来的权威弱化挑战。特别是对于使命型政党而言，一旦政党的先进性与纯洁性受到侵蚀，政党的权威就会受到严重影响。中国共产党应对这一挑战的基本经验是：在坚持党的集中统一领导的根本原则基础上，通过党的自觉组织变革进行自我革命，保持和发展党的先进性与纯洁性，推动党自身的现代化转型，进而有效巩固党的领导权威。从中国共产党领导国家建设的整个历史过程来看，中国的现代化建设离不开党与国家

这两个关键主体。国家发展是党领导人民致力追求的现代化目标，而对这一目标的追求也内在地要求党能够与时俱进，能够适应国家不同发展阶段的现实要求。在此意义上，中国共产党领导国家建设实际上内含着两个主体的现代化任务，即政党现代化与国家现代化。党的自觉组织变革正是党保持自身先进性、纯洁性，实现自身现代化并进而领导国家现代化的重要方式和手段。中国共产党作为马克思主义政党，自建党之日起，就高度重视党的建设，始终将先进性与纯洁性要求贯穿于党的性质、宗旨与组织建设之中，体现在各级党员干部的教育学习和实际行动上。这不仅有效巩固了党的领导权威，还使党的组织体系更具开放性和适应性，赋予党持久的生命力。随着中国式现代化的持续推进，党的自觉组织变革显得越来越重要。持续的自觉组织变革在赋予党自我革命勇气的同时，也以开放性和适应性的政党特质推动了党自身的现代化转型，使其能够面向世界，汲取任何一个国家或政党的优秀经验，针对国家建设的现实要求作出灵活性调整与应对。因此，在社会主义现代化强国建设的进程中，党必须坚持自觉组织变革，永葆党的生命力，永固党的领导权威。

（三）坚持党的自主理论创新，为国家建设提供思想指引

中国共产党在中国式现代化探索进程中从未放弃独立自主的理论创新精神，始终坚持“以我为主、会通中西、兼收并蓄”的基本立场，在尊重本国传统的基础上，借鉴他国的合理经验，创建符合中国国情的现代化发展理论。事实上，一个国家应当选择什么样的政治制度和国家治理体系，往往与该国的历史文化、国家规模、社会性质和生活方式等因素密切相关。各国的现代国家建设道路并没有一个完美的模板可以复制，这就要求领导国家建设的主体力量必须具备理论创新能力。中国共产党领导国家建设之所以取得成功，与党始终坚持独立自主的理论创新精神密切相关。作为马克思主义政党，中国共产党特别注重把马克思主义基本原理同中国具体实际相结合，同中华优秀传统文化相结合，从而实现马克思主义的中国化时代化。由此，党在百年发展历程中形成的一系列创新理论，具有鲜明的中国特色和独立自主的理论创新特质。进入新时代，以习近平同志为主要代表的中国共产党人继往开来，创立了习近平新时代中国特色社会主义思想，为中国式现代化的深入推进擘画了发展蓝图。这是我们党独立自主进行理论创新的又一成果证明，它体现了党在新时代对自主理论创新精神的传承与弘扬。

（四）坚持党的政策创新试验，为国家建设探索可行方案

新中国成立以后，中国的现代国家建设转向发展建设阶段，在经济、政治、社会、文化诸领域取得了重大成就，这不仅显示了党领导国家建设的理论创新和制度创新的

供给能力，同时也展现了我们党强大的政策供给能力。政策供给能力的基础是党的政策创新试验，这是党领导国家和治理国家所采用的一种独特的政策试点、创新与优化机制，该机制的历史根源可以追溯到党在革命时期进行的土地改革实践。有研究指出，“1949年以前，在共产党革命根据地土改试验的背景下形成了一种在中央指导下经过精心设计的地方政策实验的方法”[1]。这种方法主要采取由点及面的实验主义路径，首先在局部地区进行政策试点、总结经验，然后在全国层面推广。该机制的优点在于，可以充分适应中国的具体国情，为现代国家建设提供科学可行的政策实践方案。目前，在党的领导下，政策创新试验已经形成了以地方政府为主导的“自主探索”、以中央政府为主导的“设计实验”和介于二者之间的“请示授权”三种途径[2]。这三种途径既兼顾了中央顶层设计的宏观优势，又发挥了地方自主探索的政策创新优势，将党的思想理论与国家具体实际有机结合。在新时代，应继续坚持党的政策创新试验方法，为国家建设探索可行的政策方案。

五、结语

综合而言，中国共产党领导国家建设的百年变革之路，是以政党为中心、为主导的现代化发展新范式在现实中的成功实现。它既超越了西方“国家中心主义”和“社会中心主义”对政党功能的“狭隘理解”，让人们重新审视和反思“政党”在国家建设中的主体地位与功能作用，同时也揭示了现代化的目标普遍性、道路多样性以及各国国情的特殊性。西方先发国家基于自身经验而总结、抽象出的现代化发展范式，并不是一个放之四海而皆准的标准化模板。在此意义上，我们党领导国家建设的历史变革过程与政治效能转化机理，实际上代表着一个后发大国成功实现现代化的普遍性与特殊性相统一的一次经典示范。未来，随着党领导的中国式现代化的持续推进，中国式现代化理论将会不断发展，中国人民将倍加珍惜经过长期实践检验和积累的宝贵经验，始终坚持党的领导，在不输出现代化“标准模式”的前提下，为世界现代化的实践推进和理论发展贡献中国智慧与中国经验。

原载于《山东大学学报（哲学社会科学版）》2023年第3期

[1] 韩博天：《通过试验制定政策：中国独具特色的经验》，《当代中国史研究》2010年第3期。

[2] 郁建兴、黄飚：《当代中国地方政府创新的新进展——兼论纵向政府间关系的重构》，《政治学研究》2017年第5期。

以党的自我革命引领社会革命的理论依据、历史演进与实践路向

张士海　李自强

摘　要：以党的自我革命引领社会革命问题，这是当前学术界研究的一个重要视域。马克思主义关于“两个革命”的逻辑规定为党的自我革命引领社会革命提供了科学的理论支撑。中国共产党的百年奋斗历程清晰呈现了党的自我革命引领社会革命的历史脉络。在新时代新征程上，必须坚持人民至上的价值立场、持之以恒推进全面从严治党、推进国家治理体系和治理能力现代化、发扬彻底的革命精神，继续书写以党的自我革命引领新时代伟大社会革命的新篇章。

关键词：自我革命；社会革命；中国共产党；理论依据；历史演进；实践路向

2020年1月，习近平在十九届中央纪委四次全会上创造性提出“以伟大自我革命引领伟大社会革命”的重大论断，对“两个革命”的关系进行了深刻阐释。2021年11月，党的十九届六中全会通过的《中共中央关于党的百年奋斗重大成就和历史经验的决议》将“以伟大自我革命引领伟大社会革命”纳入“十个明确”的概括中，使之成为习近平新时代中国特色社会主义思想的重要内容。

2022年10月，党的二十大报告专门明确了“以党的自我革命引领社会革命”的要求，无疑再一次凸显了这一问题的重要性。可以说，“以党的自我革命引领社会革命”是经由历史检验，并通过党的重要文献确立的原则遵循，是新时代治党治国的重要战略部署。

当前，学界围绕这一论断积极展开研究，不仅产出了诸多有益成果，还形成了一系列科学认识，然而，学界相关研究大多以“党的自我革命”为核心叙事，重点在于剖析党的自我革命的关键性、根本性，以整体性视角阐释这一命题的成果稍显薄弱。因此，本文试对这一论断进行整体性研究与把握，归结其立论依据，梳理其历史沿革，并探讨相应的实践安排，以期进一步深化相关学理研究，为新时代新征程“以党的自我革命引领社会革命”提供理论支持与对策建议。

一、理论依据：马克思主义关于“两个革命”的逻辑规定

马克思主义认为，共产主义者的使命“都在于使现存世界革命化，实际地反对并改变现存的事物”[1]。革命性是马克思主义政党区别于其他政党的根本属性，而“在革命活动中，在改造环境的同时也改变着自己”[2]。因此，共产党同时承担着“对内”自我革命和“对外”社会革命的双向逻辑使命。当然，这两个革命并不是割裂开的，共产党在社会革命中居于领导地位，自我革命塑造了社会革命的实践主体，在一定意义上决定着社会革命的成效。可以说，马克思主义蕴含着两个革命共生共在、双向互动的逻辑关联，为中国共产党把握二者的内在关系确立了基本遵循，进而为党的自我革命引领社会革命提供了科学的理论依据。

第一，领导社会革命和进行自我革命是马克思主义政党的本质规定，二者构成了共产党革命属性的双重维度。

一是领导社会革命是共产党人肩负的历史使命。历史唯物主义认为，社会革命是生产力和生产关系矛盾运动的结果，当现存生产关系由生产力的发展形式变成生产力的桎梏，“社会革命的时代就到来了”[3]。也就是说，社会革命要建立适应生产力发展的新的生产关系、上层建筑和社会意识，必然会带来社会的全方位深度变革，推动人类社会向更高级的社会形态演变。在《共产党宣言》中，马克思、恩格斯明确指出，在当下人类历史方位的社会革命是同资本主义所有制关系“实行最彻底的决裂”[4]的共产主义革命，表现为无产阶级“废除自己的现存的占有方式，从而废除全部现存的占有方式”[5]的革命运动。在这一过程中，首先要通过政治革命建立无产阶级政权，“使新阶级占据统治地位”[6]，并在之后的革命进程中“按照自己的面貌来改造社会”[7]，其具体过程呈现出阶段性与连续性的有机统一。同时，他们专门强调，共产党肩负着领导这一运动的历史使命，指出“共产党人始终代表整个运动的利益”[8]，具有普通群众和其他工人阶级政党所不可比拟的优势。只有在马克思主义政党的领导下，无产阶级才能“不受统治阶级各派所组织的一切旧政党的支配”[9]，并彻底消灭资产阶级旧社会，建立一个

[1] 《马克思恩格斯文集》（第1卷），人民出版社2009年版，第527页。
[2] 《马克思恩格斯全集》（第3卷），人民出版社1960年版，第234页。
[3] 《马克思恩格斯文集》（第2卷），人民出版社2009年版，第592页。
[4] 《马克思恩格斯文集》（第2卷），人民出版社2009年版，第52页。
[5] 《马克思恩格斯文集》（第2卷），人民出版社2009年版，第42页。
[6] 《马克思恩格斯文集》（第3卷），人民出版社2009年版，第393页。
[7] 《马克思恩格斯文集》（第3卷），人民出版社2009年版，第393页。
[8] 《马克思恩格斯文集》（第2卷），人民出版社2009年版，第44页。
[9] 《马克思恩格斯选集》（第4卷），人民出版社2012年版，第271页。

人人自由而全面发展的联合体，取得社会革命的胜利。

二是进行自我革命是马克思主义政党建设的永恒课题。与面向“他者”的社会革命不同，自我革命是针对“本我”的革新与超越，是共产党人以其与生俱来的“批判的和革命的”辩证唯物主义精神进行自我扬弃的现实状态。在马克思主义经典作家看来，脱胎于资本主义社会的无产阶级往往会从旧社会中“沾染上某种肮脏的病症”，“这是不可避免的”[1]，这就要求共产党必须及时揭露自身的缺点和错误并加以消灭。可以说，进行自我革命是共产党发展壮大的必由之举，共产党人正是在不断自我批判、自我纠正中走向成熟强大的。要强调的是，相较于其他政党，共产党人的自我革命在政党建设上不仅具有关键的生存学价值，而且表现出鲜明的存在学意义，发挥着重要的身份识别功能。也就是说，敢于自我革命是马克思主义政党独有的品格，是区别于其他政党的重要标识。正如列宁所说，“公开承认错误”并对出现错误的原因、环境以及改正方法进行分析讨论，“是一个郑重的党的标志”[2]。共产党人的自我革命同非马克思主义政党进行的自我调适有着本质不同。其他政党由于自身性质及利益属性的束缚，其所谓的纠错与调整只能是勉强的改良式行动，而共产党人“没有任何同整个无产阶级的利益不同的利益”[3]。因而，只有共产党人的自我革新，才能超越利益固化的藩篱，上升到彻底的“自我革命”境界。

第二，以党的自我革命引领社会革命是马克思主义政党的必然选择，党的自我革命在社会革命的过程中发挥着纲举目张的作用。在谈及社会革命的实现问题时，马克思强调，无产阶级“只有在革命中才能抛掉自己身上的一切陈旧的肮脏东西，才能胜任重建社会的工作”[4]。社会革命作为无产阶级政党的目标导向，为党的自我革命提供价值指引；自我革命作为共产党自我建设的核心路向，为社会革命的实现提供强大驱动。“两个革命”相辅相成、互促互进，其中，党的自我革命占据主导地位，决定着社会革命的方向和效果，二者统一于党领导社会革命的进程之中。

一是党的自我革命为推进社会革命提供了根本政治保证。从革命领导权的角度来讲，相较于其他工人党，共产党因其理论与实践的双重先进性得以承担起领导无产阶级运动的重任，而其政治领导地位得以确立的根本依仗则在于其能够进行自我革命。换言之，党的领导在本质上是党的先进属性通过“组织结构联动、政治效能驱动、价值目标引领等方面”[5]作用于社会革命实现的，而先进性建设则是党的自我革命的核心

[1] 《列宁全集》（第23卷），人民出版社2017年版，第157页。

[2] 《列宁全集》（第39卷），人民出版社2017年版，第37页。

[3] 《马克思恩格斯文集》（第2卷），人民出版社2009年版，第44页。

[4] 《马克思恩格斯文集》（第1卷），人民出版社2009年版，第543页。

[5] 张灿：《以党的自我革命推进社会革命的四重维度》，《理论探索》2022年第5期。

要义。不进行自我革命，共产党人就容易信念涣散、组织涣散、纪律涣散、作风涣散，也就难以有效应对各种危害其先进性的考验挑战，更不可能承担起推进伟大社会革命的历史任务。从这个意义上讲，党的自我革命则是党领导社会革命的首要政治前提，实现党的领导必须进行党的自我革命。

二是党的自我革命为推进社会革命提供了有力的现实支撑。就艰巨程度而言，党领导的社会革命要实现解放全人类的崇高使命，不仅要完全脱离旧的社会关系，而且要整个覆盖人类生活地域，具有最为彻底的变革特征和最为宏大的世界意义。这注定是一个漫长且复杂的过程，必然对共产党的领导能力提出极高的标准和要求。列宁曾言，“我们的任务与其说是扩大党，不如说是加强内部工作，即提高我们全党”[1]。党的自我革命绝不是一种“保守治疗”，而是对于党自身存在的所有不健康因素，进行刮骨疗毒式的诊治与祛除，将从真正意义上提升党领导社会革命的能力和水平。换言之，共产党人只有通过自我革命不断解决自身问题，才能在领导社会革命的过程中迸发出越发强劲的力量，进而经得住革命运动中的风浪考验，战胜前进道路上的艰难险阻，最终实现共产主义的远大目标。

三是党的自我革命为社会革命提供了强大的精神动能。物质决定意识，意识反作用于物质实践。共产党人自我改造的实践活动在主客观交互中必然会孕育出相应的观念元素，进而内化政党的集体意识和精神属性。这种精神耦合着马克思主义政党的优秀品质和先进特质，表现为无产阶级政党敢于自我革命、善于自我革命的勇气与智慧，并在社会革命的进程中伴随着共产党发挥领导功能而在精神层面呈现出引领社会发展的进步意义。进一步讲，这种自我革命精神在“政党—国家”的作用机制下促进全社会形成彻底的革命氛围，进而为社会革命提供强大精神给养，推动社会革命不断前进。质言之，党的自我革命引领社会革命是共产党人的先进属性在社会发展中多维度、多层面展开的过程，是在时代背景和实践基础的动态演进中进行主客观改造的良性互动。

二、历史演进：中国共产党坚持以自我革命引领社会革命一以贯之

习近平指出，“在进行社会革命的同时不断进行自我革命”“是我们党不断从胜利走向新的胜利的关键所在”[2]。在一定意义上讲，百年党史就是一部党的自我革命引领社会革命的历史。建党前夕，《共产党》在第5号的《短言》中明确宣布：党担当着“改

[1] 《列宁全集》（第38卷），人民出版社2017年版，第319页。

[2] 《习近平关于“不忘初心、牢记使命”论述摘编》，党建读物出版社、中央文献出版社2019年版，第174页。

造政党、改造政治、改造中国”[1]的大责任。《中国共产党第一个纲领》明确提出党的“根本政治目的是实行社会革命”[2]。这意味着，中国共产党自诞生之日起，就树立起以自我革命引领社会革命、以社会革命促进自我革命的思想自觉和行动自觉。一百年来，中国共产党将社会革命的目标要求融入民族复兴的使命任务，通过自我革命的先进性塑造赋能社会革命的政治引领，扭转了近代以来中国社会发展颓势，实现了中华民族由弱向强的根本性转变。可以说，党的奋斗历程清晰呈现了“两个革命”互进互促、同向并进的历史脉络。

在新民主主义革命时期，面对“争取民族独立、人民解放”的社会革命任务，中国共产党认识到只有“全国范围的、广大群众性的、思想上政治上组织上完全巩固的”[3]马克思主义政党才能领导反帝反封建的政治革命取得胜利。在这一时期，党作为少数的新生力量，面临的是极为复杂的半殖民地半封建的特殊国情，加之一度盲目遵从共产国际的指示，在各种内部外部因素的作用下，党内不可避免地产生各种错误倾向。如何应对和消除这些错误倾向，实现党的独立和团结，成为这一阶段党成长壮大必须面对和解决的重大现实课题。在这一时期，中国共产党以强烈的自我革命勇气同党内错误倾向进行坚决斗争，“勇敢地揭发了这种错误，从错误中教育了自己，学习了如何更好地来领导革命战争到彻底的胜利”[4]，进而确立并捍卫了正确的路线、方针和政策，逐步褪去稚嫩走向成熟。同时，党明确将“党的建设”作为革命胜利的一个“主要的法宝”[5]，以思想建设为基础培养自我革命的主动意识，着力于从思想上建党，将思想教育作为“团结全党进行伟大政治斗争的中心环节”[6]，通过“整风”的形式肃清党内一切非无产阶级意识，使全党“像一个和睦的家庭”[7]，呈现出空前的凝聚力和战斗力，实现了党的团结统一。在这一时期，中国共产党人以反对党内错误倾向、加强思想建设为主要内容的自我革命引领社会革命，逐步承担起独立领导中国民主革命的重任，团结带领中国人民推翻了“三座大山”，彻底结束了中华民族长期积贫积弱的现实境遇，建立了人民当家作主的新中国，实现了“站起来”的伟大飞跃。

在社会主义革命和建设时期，面对进行社会主义革命、推进社会主义建设的社会革命任务，中国共产党深知“共产党员必须比过去具有更高的条件”[8]，才能担负“新的

[1] 《李达文集》(第1卷)，人民出版社1980年版，第747页。

[2] 《建党以来重要文献选编（一九二一——一九四九）》(第1册)，中央文献出版社2011年版，第1页。

[3] 《毛泽东选集》(第2卷)，人民出版社1991年版，第602页。

[4] 《红军长征档案史料选编》，学习出版社1996年版，第86页。

[5] 《毛泽东选集》(第2卷)，人民出版社1991年版，第606页。

[6] 《毛泽东选集》(第3卷)，人民出版社1991年版，第1094页。

[7] 《毛泽东选集》(第3卷)，人民出版社1991年版，第955页。

[8] 《建国以来重要文献选编》(第2册)，中央文献出版社1992年版，第221页。

更伟大更艰苦的革命任务”[1]。伴随着党由局部执政走向全国执政，建设“合格的执政党”成为这一时期党进行自我革命的核心命题。在这一时期，中国共产党将整党整风运动与党员干部队伍建设融通于自我革命的布局之中，高度警惕并着力防范党员干部腐化变质，坚决惩治腐败现象，同时注重发扬批评与自我批评的优良作风，积极营造党内良好的政治生态，有效解决了党内出现的组织不纯与思想不纯等问题，有力推动了由革命党到执政党的角色转型。在这一时期，中国共产党人通过夯实执政基础，主抓作风建设的自我革命引领社会革命，成功承担起领导国家建设的重任，不仅团结带领人民较快恢复了百废待兴的国民经济，逐步建立了社会主义基本制度架构，完成了新民主主义向社会主义的和平过渡，实现了中国历史上最深刻、最伟大的社会变革，而且在社会主义建设中取得了诸多独创性成果和巨大成就，为国家现代化事业的全面展开奠定了良好的物质基础，积累了宝贵经验。遗憾的是，党在领导社会主义建设的过程中出现失误，甚至酿成了“文化大革命”的惨痛教训，社会发展的步伐受到严重阻滞。其中，缘由复杂多样，一个重要原因就在于党没能坚持和贯彻自我革命的优良传统和正确经验，没能妥善处理好“两个革命”的互动关系，致使方向错误的路线没有得到及时纠正，脱离实际的政策没有得到适时调整，最终影响了社会主义事业的健康发展。

在改革开放和社会主义现代化建设时期，面对“解放和发展社会生产力，使人民摆脱贫困、尽快富裕起来”[2]的社会革命任务，同时要回应“继续探索中国建设社会主义的正确道路”的时代命题，怎样“以崭新的姿态，站在改革和现代化建设的前列”，成为党进行自我革命的主要方向。面对改革初期的经济变革要求，加之对“文化大革命”的反思总结，中国共产党深刻认识到，“要坚持党的领导，必须改善党的领导，改进党的作风”[3]。在这一时期，中国共产党以极大的政治勇气冲破思想僵化的牢笼，重新确立了实事求是的思想路线，明确了以经济建设为中心的政治路线，进一步明确了新时期的组织路线，实现了全方位的拨乱反正，焕发出全新的精神风貌。同时，党致力于提升党的建设科学化水平，着重加强党的制度建设，通过制定与改进党内法规制度来调适权力过分集中、规范党政关系、加强群众监督，进一步提升了党的领导的权力规范性。在这一时期，党以思想解放和制度建设为主要内容的自我革命引领社会革命，及时适应了新形势下现代化事业发展的新要求，以先行者的姿态突破了传统社会主义建设模式的误区，完成了向市场经济体制的转轨，奠定了中国社会快速发展进步的体制基础，进一步打破了生产力发展的桎梏，激发了经济发展活力，进而团结带领中国人民摆脱了长期贫困的落后面貌，实现了“富起来”的伟大飞跃。

---

[1] 《建国以来重要文献选编》（第2册），中央文献出版社1992年版，第221页。

[2] 《中共中央关于党的百年奋斗重大成就和历史经验的决议》，人民出版社2021年版，第86页。

[3] 《邓小平文选》（第2卷），人民出版社1994年版，第358页。

中国特色社会主义进入新时代，面对“实现第一个百年奋斗目标，开启实现第二个百年奋斗目标新征程”的社会革命任务，以习近平同志为主要代表的中国共产党人深知“打铁必须自身硬。办好中国的事情，关键在党”[1]，“必须以党的自我革命来推动党领导人民进行的伟大社会革命”[2]。在这一时期，中国共产党人创造性地提出“自我革命”的政治概念，明确将“自我革命”纳入新时代党的建设总要求中，“开辟了百年大党自我革命的新境界”[3]。一方面，通过强调政治建设稳固自我革命的前进方向，使之聚焦坚持党的领导的价值目标；另一方面，推动自我革命同全面从严治党战略进行逻辑交合，结合新的党建形势完善了自我革命的践行路径，逐步确立了“自我革命”概念在新时代党的建设布局中的核心统摄地位，使之“由最初的单一手段属性转变为兼备手段和目的双重属性”[4]，进一步提升了自我革命的主动引领性。同时，新时代的中国共产党人将“自我革命”置于传统中国政治发展的视域下加以考量，结合“长期执政”的大逻辑，将其摆在了跳出历史周期率“第二个答案”的高度加以阐释，由此更为科学地厘清了社会主义事业同马克思主义执政党的关系，映射出前所未有的自我革命自觉。在这一时期，中国共产党在政治建设统领下推进全面从严治党，在新时代的赶考之路上得到革命性锻造、全方位提升，党的领导得到显著增强，塑造了执政党建设和社会发展之间的良性关系和有序格局，开辟了现代化事业高质量发展新局面。实现中华民族伟大复兴伴随着新时代伟大社会革命不断推进，“进入了不可逆转的历史进程”[5]。

三、实践路向：书写以党的自我革命引领新时代伟大社会革命的新篇章

历史充分昭示，以党的自我革命引领社会革命是近代以来中国社会得以发展进步的核心密码，也是未来中国能够继续发展进步的必然选择，务必作为一项原则性部署加以贯彻落实。从本质上讲，以党的自我革命引领社会革命贯穿着“党的领导”的核心逻辑，内蕴党之治与国之治的双重要求：既要保证党能够居于核心引领地位，又要将党的领导优势嵌入国家治理的全过程。同时，以党的自我革命引领社会革命是一个长期发展、阶段上升的过程，具体工作总是在阶段目标与实践条件的交互演进中进行调适与完善。由此而言，在新时代新征程上，必须在“党的领导”的逻辑前提下，结

[1] 《习近平谈治国理政》（第三卷），外文出版社2020年版，第188页。

[2] 《习近平谈治国理政》（第三卷），外文出版社2020年版，第71页。

[3] 《习近平谈治国理政》（第四卷），外文出版社2022年版，第550页。

[4] 任晓伟、杨非非：《“自我革命”概念的理论生成及其在新时代党的建设布局中地位的演进》，《思想理论教育导刊》2022年第5期。

[5] 习近平：《高举中国特色社会主义伟大旗帜　为全面建设社会主义现代化国家而团结奋斗——在中国共产党第二十次全国代表大会上的报告》，人民出版社2022年版，第16页。

合新形势新要求书写好以党的自我革命引领新时代伟大社会革命的新篇章。

第一，牢牢坚持人民至上的价值理念，站稳党的自我革命引领社会革命的根本立场。立场标明了政党的价值旨趣和实践依靠。无论党自身的建设抑或党领导的事业，在立场问题上必须明确。共产党生根于人民，服务于人民，依靠于人民，人民是党的事业“必然获得胜利的根据”[1]。在新时代新征程上，只有坚守人民至上的价值立场，才能继续确保“两个革命”的前进方向一致，实现“两个革命”的发展动力不竭。一方面，要坚持从人民立场出发去解决社会主要矛盾，不断破解发展难题，在“两个革命”的良性互动中维护好、实现好人民群众的利益要求。既要坚决打击人民群众最为憎恶的腐败问题，健全完善为人民执政、为人民服务的制度规范，又要紧抓人民最期盼最需要的实际问题，不谋私利谋根本，扎实推动共同富裕，带领人民创造更多的现实幸福。另一方面，必须注重挖掘人民群众的主体力量，积极发展全过程人民民主，充分动员人民群众参与到“两个革命”交织互促的时代潮流中。既要不断疏通拓展党群互动机制，坚持人民监督与自我革命相统一，打赢应对党内顽瘴痼疾的人民战争；又要健全完善社会动员机制，做到人民创造与社会发展相一致，不断激发人民群众投身社会主义建设的积极性和主动性，“让人民始终成为中国共产党执政和中国特色社会主义事业发展的磅礴力量”[2]。

第二，持之以恒推进全面从严治党，不断增强党的自我革命引领社会革命的领导势能。坚持党的领导关键在于党的建设。党的建设质量在很大程度上决定了党的领导能力和水平。党的十八大以来，以习近平同志为核心的党中央坚持打铁必须自身硬，以全面从严治党战略安排提高党建质量水平，党经由革命性锻造更加坚强，继续发挥着中流砥柱的作用，为新时代社会革命的顺利推进提供了根本政治引领。历史充分证明，“全面从严治党是党永葆生机活力、走好新的赶考之路的必由之路”[3]。必须认识到，当前滋生腐败的土壤还未彻底铲除，各种歪风邪气仍有可能死灰复燃，巩固管党治党成果的任务十分艰巨，党的建设依然面临诸多挑战。那么，在新征程上继续推进新时代伟大社会革命，就必须推进全面从严治党向纵深发展，“必须把自我革命作为党自身建设的基石”[4]，从而继续增强党的政治担当，淬炼党的执政本领。一方面，要继续强化从严治党永远在路上的信念和毅力，使全党时刻保持解决大党独有难题的清醒和坚定。要推动管党治党活动常态化长效化，坚持“严”的主基调，在纠治党内不正之风、打造党内铁规正纪、坚持高压反腐斗争等方面持续发力。另一方面，要进一步厘清全面从严

[1] 《毛泽东文集》（第3卷），人民出版社1996年版，第47页。

[2] 《习近平谈治国理政》（第三卷），外文出版社2020年版，第547页。

[3] 《习近平谈治国理政》（第四卷），外文出版社2022年版，第35页。

[4] 刘兴平:《伟大建党精神重大意义的三维解读》,《河海大学学报（哲学社会科学版）》2022年第4期。

治党体系同党的领导制度体系的关系，以系统思维审思全面从严治党在新时代党建工作布局中的地位和作用。要坚持内部治理和外部监督双管齐下，以“监督—执纪—问责”落实权力运用和责任担当，不断提升全面从严治党工作的结构化、体系化、制度化水平。

第三，继续推进国家治理体系和治理能力现代化，提升党的自我革命引领社会革命的现实效能。作为党领导下管理国家的制度体系，国家治理体系既向上承接并吸收党的先进性领导势能，又向下对接并作用国家各环节各方面的具体工作，是党的自我革命引领社会革命的现实载体。只有不断推进国家治理体系和治理能力现代化，才能使党的执政优势有效地发挥。党的十八大以来，党中央以巨大的政治勇气全面深化改革，国家治理体系和治理能力现代化水平明显提高，然而，在世界百年未有之大变局下，社会结构和利益格局发生着深刻变革，加之全球性新冠疫情的冲击，我国国家社会治理体系和治理方式的薄弱环节越发显露。因此，在新时代新征程上，必须进一步推进国家治理体系和治理能力现代化，让党的领导优势在新的社会革命场域中得到更加充分的释放与呈现。一方面，必须不断巩固和强化党的领导地位，继续落实党在国家治理中的领导职能，防止步入西方化、资本主义化的迷途；另一方面，必须深化党和国家机构改革，围绕“系统完备、科学规范、运行高效”的整体目标继续优化党和国家机构职能体系和体制机制，让党的领导优势在更具动力和活力的治国理政体制中得到真实有效的释放，不断开创全面深化改革的新局面。

第四，发扬彻底的革命精神，强化党的自我革命引领社会革命的精神支撑。习近平强调，“发扬彻底的革命精神……以新时代党的自我革命引领新的伟大社会革命”[1]。发扬彻底的革命精神，既是中国共产党作为马克思主义革命党的内在规定，又是其实现社会革命目标的精神基础。发扬彻底的革命精神，不仅能够培育党进行自我革命的勇气与决心，激发党领导社会革命的气魄与信念，而且能塑造社会成员的不畏艰辛、英勇奋斗的精神风貌，提升全社会成员投身建设发展的主体能动性。要注意的是，党的革命精神“作为一种超越时空和全面反映精神世界的总概念”[2]，要实现其当代出场，就必须依托特定方式或载体使之具化与显现。在庆祝中国共产党成立100周年大会上，习近平首次提出“伟大建党精神”，并阐明了其作为“中国共产党的精神之源”的重大意义。这一原创性概念以“建党”的时间节点归结了党最为本真的精神样态，诠释了革命党人的本色担当，是中国共产党革命精神的集中凝练与概括。因此，在新时代新征程上发扬彻底的革命精神，就必须注重挖掘伟大建党精神以及党的精神谱系的时代价值，把弘扬伟大建党精神融入政党精神文化建设和社会主义精神文明建设的全过程，

[1] 习近平：《在党史学习教育动员大会上的讲话》，人民出版社2021年版，第11页。

[2] 王会民：《习近平关于中国共产党革命精神重要论述探析》，《思想理论教育导刊》2023年第1期。

将其中的先进素质内化为党员干部的政治准则和行为操守，为党进行自我革命提供恒久的内生动力，将其中的优秀品质转化为社会成员的价值理念和道德标准，为党领导社会革命注入强大的精神动能。

四、结语

习近平指出，当代中国发展变化背后“是我们党永不自满、永不懈怠的品格，是我们党不断自我净化、自我完善、自我革新、自我提高的精神”[1]。这表明新时代中国共产党对于党的自我革命和党领导的社会革命的统一性具有十分清晰的认识。如今，“以党的自我革命引领社会革命”对党的建设、党的领导和党的事业的内在关系进行了全新的规律性解读，进而在“两个革命”的视角下界定了党完成使命的根本方式。可以说，在中国式现代化的发展逻辑下，党的建设处于特殊的“优先”地位；在“两个革命”的规律叙事下，最为核心、最为关键的就是党的自我革命。中国共产党只有坚持进行自我革命才能承担起领导社会革命的重任，社会革命也只有在勇于自我革命、善于自我革命的党的领导下才能不断胜利。历史已经证明，党进行自我革命的基因不会随时代变迁而淡化，总是结合具体的实践背景并根据使命任务的推进而呈现出新的要求。党的二十大明确阐明了“党的中心任务”，将新阶段的社会发展目标包含于党的使命任务之中，实现了“两个革命”的价值聚合，进而以社会革命的目标规定了党进行自我革命的价值指向。这就意味着，中国共产党需要不断自我净化、自我革新、自我纠错，实现党的理论、党的组织、党的制度等全方位的优化提升，从而在国家治理的架构中继续居于先进性引领地位，最终实现政党价值与现代化价值的相融与互塑，继续开拓民族复兴事业的光明前景。那么，在新时代新征程上，必须坚持“治国必先治党”，明确党的自我革命的优先级，继续充实、调整、提高原有战略部署，以党的自我革命更好地引领新时代伟大社会革命。具体而言，首先，必须深刻领悟“两个确立”的决定性意义，坚决做到“两个维护”，学好悟好用好习近平新时代中国特色社会主义思想，坚守自我革命的政治方向；其次，要坚持制度治党、依规治党，注重提升制度运转功效，保障法规落实效能，强化自我革命的制度规范；再次，要增强党组织政治功能和组织功能，努力打造一支堪当民族复兴重任的高素质干部队伍，夯实自我革命的组织基础；最后，持续推进党风党纪建设与反腐败斗争，坚持党性党风党纪一起抓，永远吹响反腐冲锋号，不断落实自我革命的现实要求。

原载于《理论探讨》2023年第3期

[1] 习近平：《论坚持全面深化改革》，中央文献出版社2018年版，第327页。

政治韧性、结构优化与能力提升：党加强基层政治建设引领基层治理的发展逻辑

方　雷　孟　燕

摘　要： 基层政治建设是在坚持和加强党的领导的基础上，建构基层民主政治体系并维持稳定政治秩序的系统行为。在基层治理实践中，加强基层政治建设就是要增强党的领导政治韧性，明确党建构基层治理秩序的政治责任，坚定以人民为中心的政治立场，提高破解基层治理困境的政治优势，夯实基层治理的政治根基；优化基层党政结构，实现党政行为联动、价值同构与责任共担，创新基层治理党政统合机制、基层群众参与机制与公共服务供给机制；提高基层政治能力，引领提升社会再组织化程度，增强基层群众治理主体性，实现基层治理的实质性治理参与，建设基层治理共同体，推动基层治理体系和治理能力现代化。

关键词： 基层政治建设；基层治理；政治韧性；结构优化；能力提升

在中国政治发展中，基层政治建设涉及双重面向：一方面是党自身的基层政治建设。作为基层党建的“灵魂”与“根基”，党自身的基层政治建设以明确政治纲领、贯彻政治路线、坚守政治立场、实践政治目标、严明政治纪律为基本要求，以建立、规范并坚持党的领导为关键内核。加强基层政治建设使党始终保持政治上的先进性和纯洁性，是党明确其政治属性以区别于其他政治组织的根本路径。另一方面是党领导的基层政治建设。作为国家政治建设的基础领域，基层政治建设是现代国家建设的重要内容，以发展基层民主政治为价值取向，以规范基层政治主体间关系、建构稳定的政治体系为基本目标。党的领导是基层政治建设的根本前提，决定其根本方向与基本议程。在此意义上，党自身的基层政治建设为党领导的基层政治建设奠定基础。本文从党领导的基层政治建设的视角出发，考察党加强基层政治建设引领基层治理的发展逻辑，阐释其对于推动基层治理体系和治理能力现代化的政治价值。

一、党加强基层政治建设的基本意涵

基层政治建设是围绕基层党组织、基层政府、基层社会与基层群众等主体开展的系统建设行为，体现规范主体权力并规制主体行为进而使其关系合理化与制度化的过程。党加强基层政治建设，即在坚持和完善党的领导的前提下，创设基层民主空间，吸纳群众参与基层政治过程，从根基上增强政治系统的适应能力，以实现持续稳定的基层政治发展。具体而言，党加强基层政治建设的意涵体现在以下三个层面：

一是增强党的领导政治韧性。党的领导是基层政治建设的前提，而不断推进的基层政治建设也以进一步巩固党的领导为目的。一方面，加强基层政治建设落实党的领导制度，转化党的领导制度优势，发挥党的领导制度价值，夯实党的领导基础；另一方面，加强基层政治建设规范党在基层的领导行为，优化基层政治主体间关系，调节基层政治主体间互动，增强党的领导有效性，以此使党的领导体现超强政治韧性。

二是优化基层政治结构。基层政治结构是基层党组织、政府与群众等政治主体在互动过程中建构的。首先，坚持和加强党的领导构成该结构的政治基础，并决定政治结构建设的基本方向。其次，党政关系构成该结构的核心要素。中国共产党作为执政党，其组织与对应层级的政府形成嵌合式关系结构。其中，党的组织承担决策职能，基层政府则作为党的决策执行结构。最后，党群关系是该结构的保障性要素。广泛覆盖基层的党组织承担政治领导、组织动员与服务供给等职能，是基层群众进行组织化利益表达、有序政治参与以及平等享有公共服务的保证。

三是提升基层政治能力。基层政治建设以实现基层民主为目标，一方面要求党提高引领社会组织化发展的政治能力，“推动组织性社会力量的成长，以此来增强那些缺乏政治资源和政治影响渠道的社会群体的力量”[1]，将其包容进政治决策过程；另一方面要求党提高引领创设基层参与空间与吸纳基层群众政治参与的政治能力，实现群众的参与权利，提高基层民主发展效能。

在实践中，党加强基层政治建设对于推进基层治理现代化发挥引领性政治价值。基层治理是由基层党组织、政府、市场与社会组织、群众等治理主体形成的协作框架。现代化基层治理以坚持和加强党的领导为根本前提，以增进人民福祉为出发点和落脚点。因此，推进基层治理现代化，首先，有赖于加强基层政治建设增强党的领导政治韧性，发挥党的领导制度优势，在党的领导下建构并维持稳定的基层政治秩序，使基层治理始终以实现群众利益为旨归；其次，需要通过优化基层政治结构，实现党政行为协同、价值同构与责任共担，使基层治理始终以提高基层群众的获得感、幸福感、

[1]　黄冬娅:《组织化利益表达：理论假设与经验争论》,《中山大学学报（社会科学版）》2013年第1期。

安全感为目标；最后，需要提升党引领基层发展的政治能力，领导建构基层治理共同体，推动基层治理体系和治理能力现代化。

二、增强党的领导政治韧性，夯实基层治理的政治根基

坚持和加强党的领导是现代化基层治理的政治根基。政治韧性是政治系统在面临冲击和干扰时在本质上保持其功能、结构、反馈以及自我认同所具备的抗逆力和复原力[1]。中国共产党产生于革命情境，在极端战争条件下建立党的集中统一领导制度，确立党的领导权并夺取国家政权的过程使党形成高度政治韧性。新中国成立后，党的领导地位得到宪法和法律的确认，党也在领导国家建设过程中形成完善的领导制度体系，以此进一步巩固党的领导合法性基础，增强党的领导政治韧性。加强基层政治建设，一方面把党的领导制度贯彻至基层，确保党始终处于基层发展的领导核心，把党的领导落实到基层治理各领域各方面各环节；另一方面规范党在基层的领导行为，在发展基层民主的政治建设目标要求下，党在领导基层治理的过程中落实全心全意为人民服务的政治宗旨，以此规范政党权力及其治理行为，有效发挥基层党组织的治理引领作用与服务功能。在基层治理场域，坚持和加强党的领导是现代化基层治理的根本前提。通过加强基层政治建设，增强党领导基层治理的政治韧性，进一步明确领导建构基层治理秩序的政治责任，坚定以人民为中心推进基层治理现代化的政治立场，将领导基层治理的制度优势转化为破解基层治理困境的治理效能，夯实基层治理的政治根基。

（一）增强党的领导政治责任，建构稳定的基层治理秩序

始终坚持党对一切基层工作的政治领导是加强基层政治建设的核心要义。执行党的领导制度，发挥党的领导制度优势，是党在面临复杂、动态的基层治理环境时保持政治定力，贯彻落实建构基层治理秩序的正确路线、方针、政策的政治保障。

党领导建构基层治理秩序的探索始于新民主主义革命时期。彼时，肇始于清末民初的基层治理实践因西方入侵被迫中断进程，以基层政府吸纳社会名流介入公共事务治理、民族企业家创办公益基金会参与社会福利供给、商业协会和慈善组织等自治团体引领公共意见表达与传播为主要特征的基层治理秩序也随之被破坏[2]。在革命斗争中，党建立革命根据地并领导建构新的基层治理秩序。通过加强基层政治建设，党贯彻一元化领导制度，增强对革命根据地的政治领导力，以完成建构统一民族国家的政治使命为目标组织基层治理主体，重构基层治理秩序。一方面，党明确建立人民民主专政

[1] 韩博天、红天鹅：《中国独特的治理和制度创新》，中信出版社2019年版，第21—22页。

[2] 郁建兴：《中国地方治理的过去、现在与未来》，《治理研究》2018年第1期。

的目标，将实现人民当家作主作为党的领导的出发点和落脚点。在革命根据地，推行土地改革，推翻封建制度根基，回应基层群众的土地诉求从而实现有效动员。同时，领导成立农抗会、妇抗会与青救会等基层群众组织，对组织化基层治理进行初始探索；改造并吸纳地主、士绅、宗族等传统基层治理主体，扩大党建立民主政权的基础。另一方面，创造实施“三三制”，建立抗日民族统一战线。在革命政权中，吸纳共产党员、非党左派积极分子以及资产阶级和开明士绅的中间分子，实现基层治理主体间的良性互动，建构合作性基层治理新秩序。新中国成立后，党在基层贯彻落实党的领导制度，增强党领导基层治理的政治定力，并根据基层治理需求适时调整具体的领导行为，引领重塑基层治理组织化秩序。一是执行党的领导制度增强党的组织领导力，引领建构并维系稳定的基层治理秩序。稳定的基层治理秩序对于新兴国家至关重要，特别是“政治现代化的源泉在城市，而政治稳定的源泉却在农村”“一个政党如果想首先成为群众性的组织，进而成为政府的稳固基础，那它就必须把自己的组织扩展到农村地区”[1]。因此，中国共产党积极推行“政党下乡”，不仅以基层党组织为原点建构新的基层治理组织单元从而实现对农村基层群众的组织动员，更重要的是“党将具领导体制延伸到农村社会，从制度上沟通党和国家与农民之间的关系”[2]。民主集中制的贯彻落实增强基层党组织的制度执行力，使其以为人民服务的制度思想为其行为依据，从根本上实现对群众负责。二是在基层贯彻党的领导制度以规范领导行为，尊重基层群众作为政治主体的地位并包容其参与政治过程。党的领导是加强基层政治建设的根本前提，而贯彻落实党的领导制度也使党的领导得到进一步规范。党的领导建立在人民认同的基础上，一方面因为党的先进性和纯洁性；另一方面则因为党始终代表最广大人民群众的根本利益，坚持从群众中来，到群众中去。通过加强基层政治建设，党增强坚持和贯彻群众路线的政治定力，保证基层党组织在基层治理过程中落实全心全意为人民服务的政治宗旨，尊重基层群众的民主参与权利，实现基层群众的根本利益。

（二）坚定党的领导政治立场，明确基层治理的价值取向

“任何制度都是价值伦理与制度形式的有机统一，建构制度的目的本身所蕴含的价值诉求以及对制度进行伦理评价的标准都涉及价值问题”[3]。党的领导制度体系内蕴党以人民为中心的政治立场，体现全心全意为人民服务的政治宗旨。加强基层政治建设，贯彻执行党的领导制度，将在党领导基层治理的过程中进一步落实“人民至上”的制

[1] 塞缪尔·P.亨廷顿：《变化社会中的政治秩序》，王冠华等译，上海世纪出版集团2008年版，第361页。

[2] 徐勇：《“政党下乡”：现代国家对乡土的整合》，《学术月刊》2007年第8期。

[3] 吴桂韩：《关于深化党的建设制度改革的若干思考》，《中州学刊》2015年第3期。

度价值，明确基层治理的价值取向。

现代化基层治理是在党的领导下由基层党组织、基层政府、市场组织、社会组织以及群众等多元主体协作供给公共服务与解决公共事务的过程。基层治理所涉及公共问题通常关涉群众切身利益，治理效能因此直接影响群众对党的领导的认同程度。通过加强基层政治建设，贯彻落实党的领导制度体系，坚定党以人民为中心的政治立场，引领基层治理始终以实现群众诉求为其价值取向。此外，“中国共产党始终将党的领导建设定位在党与人民的关系之中，并创造性地提出了实现党与人民制度性统一的现代民主制度形式——人民民主”[1]。在基层，通过执行党领导人民民主的相关制度，将平等、法治、互惠与责任等民主发展共识植入基层治理，“以民主的体系和机制为治理提供合法性，把治理的绩效建立在民主的磐石上”，使公平和效率共同成为治理的突出价值[2]。在此，党作为基层治理的领导主体，将尊重基层群众作为积极治理主体的主动性和能动性，寻求开放基层治理参与的制度空间，创新并规范基层协商路径，通过包容基层群众参与治理决策制定、执行与评估的过程，提高决策合理性及其公众接受度，进一步夯实党的领导的群众根基。

（三）发挥党的领导政治优势，破解基层治理累积性困境

加强基层政治建设的重要目标即将党的领导制度优势最大限度转化为治理效能。“制度作为规范体系，本身是静态的，其内在价值只能在动态的治理实践中得以彰显，因此制度的优势需要通过国家治理及其效能来体现。”[3]在治理过程中，制度的优势将集中体现为促进公益事业与抑制公害事务两个层面[4]。这意味着党的领导制度在基层有效地执行将在保障党全面领导基层治理的基础上，增强党对基层治理发展变迁的政治适应力，以有效应对基层治理环境压力和潜在的风险考验。

新中国成立后，国家经历长时段全能主义政治时期，呈现出通过建立强有力的政党或政府机构以利用其政治力量、组织和方法深入和控制每一个阶层和领域的局面，基层治理因而具有权威主义特征。改革开放以来，党领导推进政治建设，在规范政党权力的同时也使得国家权力呈现后退状态，基层社会因而开始获取相对独立发展空间，整体性社会呈现解构趋势。“当经济与社会发展所带来的变化出现时，政党是不能

[1] 林尚立：《中国之理：党的先进性决定中国发展前途》，《江苏行政学院学报》2012年第6期。

[2] 佟德志：《治理吸纳民主——当代世界民主治理的困境、逻辑与趋势》，《政治学研究》2019年第2期。

[3] 胡洪彬：《制度优势转化为治理效能：内在机理与实现路径》，《探索》2020年第6期。

[4] 燕继荣：《制度、政策与效能：国家治理探源——兼论中国制度优势及效能转化》，《政治学研究》2020年第2期。

不作出必要反应的”，“在市场经济使竞争成为包括国家在内的各种政治单位和政治力量的共同生存方式的条件下”，“寻求不断的变革与发展应该是现代政党及其执政的重要政治方略”[1]，以回应基层发展环境变迁所带来的各种风险和考验。因此，加强基层政治建设的重要落脚点在于转化党的领导制度优势，以增强党的政治适应力，回应不断变化的基层治理环境。一方面，在基层执行党的领导制度着重强调党中央权威及其集中统一领导的重要性。党的领导制度执行以坚持党中央强有力的统一领导为根本政治前提，增强基层党组织把党中央的重大决策任务转化为基层具体工作的能力，更好地发挥党在基层治理中的领导核心作用。另一方面，基层治理充斥的风险考验对坚持和加强党的领导提出新的要求。基层公共服务不均衡、化解利益冲突机制不完善以及基层协商参与不规范等问题使得基层治理充斥诸多风险挑战，而传统以政治整合代替社会治理的行为惯性也使得基层治理面临主体性缺失、参与价值认知差异与治理权威认同弱化等困境。因此，必须对基层治理进行统筹性体系规划。作为中国唯一的执政党，中国共产党“掌握着国家的核心政治权力。没有党自身的改革，就不可能有国家的政治改革；没有党自身治理现代化，就不可能有国家治理的现代化”[2]。通过加强基层政治建设，从制度层面规范党的领导行为，改革党的领导方式，确保党始终把握基层治理发展大局，提高党对应基层治理困境的政治优势，是推进基层治理现代化的根本政治保障。

三、优化基层政治结构，创新基层治理的党政运行机制

“党委领导、政府负责”是支撑现代化基层治理运行的重要机制。改革党政体制，规范党政关系以建立完善的党政结构是党加强基层政治建设的重要目标。在基层治理过程中，党的基层组织及其对应层级的基层政府之间形成统筹嵌合体制，党的政治理念、政治价值与政治行为对基层政府的行政理念、行政价值与行政行为进行功能性嵌入与结构性耦合。如何协调党委领导与政府负责之间的关系成为基层治理的核心议题之一。在党政统筹嵌合体制中，党政关系并非“对等的权力主体之间的关系问题，而是党在国家治理格局中对政府权力的安排和规范方式问题，党在这一关系中处于绝对的主导地位”[3]。因此，加强基层政治建设应在坚持和完善党的领导的前提下，进一步规范党政关系，促进党政协同，以创新基层治理机制。

[1] 林尚立：《执政的逻辑：政党、国家与社会》，《复旦政治学评论》2005年第3期。

[2] 俞可平：《中国的治理改革（1978—2018）》，《武汉大学学报（哲学社会科学版）》2018年第3期。

[3] 刘杰：《党政关系的历史变迁与国家治理逻辑的变革》，《社会科学》2011年第12期。

（一）实现党政行为联动，创新基层治理党政统合机制

党政关系的实质体现为政治权力与行政权力的统合，在基层治理中以政治机制与行政机制的交互为特征。其中，政治机制“旨在打破传统科层制的束缚，依靠政治动员增加治理的灵活性，使组织或个人权威得以跨级跨界绕过既定规则设计而产生影响力”，行政机制则是基于“事本主义的，需遵循常规的、程序性的方式处理问题，以减少不确定性”[1]。基层治理中的党政统合机制建立在科学合理的党政关系基础之上，既能够利用党的政治整合与组织动员优势克服科层化治理在资源协调与执行效率等方面的弊端，也能够规避基层运动型治理的不稳定性，实现治理的有序性和规则性。

在实践中，优化基层政治结构的核心议题之一即为规范党政关系，创新基层治理中的党政统合机制。具体而言，一是形塑党政共治理念。在党的领导下优化基层政治结构，以党的先进政治理念、政治立场和政治宗旨等影响基层政府，增强行政过程的公共性、服务性与责任性。二是增强党政决策制定与执行的逻辑衔接。在党政统筹嵌合体制中，党组织居于领导地位，掌握决策权力。通过加强优化基层政治结构，确保基层政府服从党的领导并作为党执政的重要载体将党的决策转化为具体施政行为，实现预期目标。三是畅通党政协同治理路径。传统政府科层制结构“往往存在严重的层级矛盾、条条矛盾和条块矛盾问题”，政府内部机构与资源的不协调成为基层治理无效的“死结”[2]。通过优化基层政治结构，规范非常态的、政策性的“领导小组”“专门委员会”“临时指挥部”等项目制治理机构的运行过程，既在防范基层治理过程中出现党政关系不畅、政令运行阻滞等问题[3]，也在一定程度上突破政府科层制壁垒，实现党政机构职能协同，解决基层政府跨部门资源供给与整合困境，提高基层治理效能。

（二）推动党政价值同构，创新基层治理群众参与机制

实现党政价值同构即意味着把党以人民为中心、坚持人民主体地位的价值理念嵌入基层政府，引领加强政府公共性改革。党加强基层政治建设的价值归向即实现为民执政、靠民执政。这既是由马克思主义政党的根本性质决定的，也是使命型政党在面临国家治理任务时所进行的必然选择。党在利益诉求上的人民性、无私性和超越性既是使命型政党的基本特征，也是党始终保持先进性和纯洁性以赢得最广大人民群众的信任，成为国家建设与国家治理领导力量的根本保证[4]。

---

[1] 折晓叶：《县域政府治理模式的新变化》，《中国社会科学》2014年第1期。

[2] 叶敏：《政党组织社会：中国式社会治理创新之道》，《探索》2018年第4期。

[3] 王立峰：《中国特色党政复合体制的运作逻辑与治理效能》，《河南社会科学》2020年第10期。

[4] 唐皇凤：《使命型政党建设的理论基础与中国经验》，《武汉大学学报（哲学社会科学版）》2020年第2期。

优化基层政治结构，在党的领导下引领政府公共性改革，把党以人民为中心的政治价值植入基层政府，使其清楚认知其“产生、存在和发展的目的是为了公共利益、公共目标、公共服务”，并进一步明确基层政府的权力来自社会授权，以公民参与重建基层政府信任，重构公民与基层政府之间的合作关系，是公共性建构的基本路径[1]。由此，吸纳基层群众参与治理以实现其根本利益成为基层党政机构共同遵循的治理价值，并在基层治理实践中积极创新群众参与机制。一是创设基层群众协商参与的有效机制。基层党政机构应秉持“人民至上”的治理理念，以吸纳群众利益表达和决策参与为目的，主动搭建基层协商平台，同时开放基层群众参与“元协商”，即允许群众与党政机构共同制定协商参与规则，并享有将其利益诉求输入决策过程的平等机会。二是完善基层群众协商参与的代表选择机制。协商代表包括群众代表、人大代表与政协委员三个群体。一方面，利用分层随机抽样等科学选择机制决定参与协商的群众代表，同时利用“互联网+”技术推动协商参与过程数字化和智能化，降低基层群众参与成本，最大限度保证基层群众利益表达的广泛性和代表性。另一方面，落实基层选举制度，规范基层选举秩序，充分发挥基层人大的利益综合优势，提高人大代表的协商能力；同时，完善政协委员的提名推荐与协商确定等程序，提升其精准介入基层协商的能力，以更有效地将基层群众的利益诉求输入党政决策过程。三是规范基层群众协商参与的考核评估机制。注重对协商质量的考核，将基层协商参与者的信息获取性、话语公共性、推理互惠性与机会平等性等内容作为考核指标，把基层党政机构与群众的互动程度、采纳群众意见或建议的范围与程度等纳入考核体系，避免形式化协商或工具式协商等问题。同时，开放群众对基层党政部门的常规问责渠道，并将基层群众对协商结果的追踪与考察路径制度化。

（三）实行党政责任共担，创新基层治理服务供给机制

在基层治理中落实党政同责，提高公共服务供给的党政合力是回应基层治理结构性问题的有效方式。通过优化基层政治结构，将党的政治价值与理念更好嵌入基层政府，同时，辅之以制度规范基层政府权力行使边界，使其认同增强社会公平正义的基本职责，从而提升公共服务水平，着力解决人民群众关注的民生问题。

改革开放以来，基层经济持续高速增长。直至20世纪90年代中期，以经济效率为先、“只有经济政策，没有社会政策”的发展战略产生诸多社会问题[2]。一方面，社会物质差距与价值差异加剧，“市场化改革的思维逻辑向社会福利领域渗透过快，导致基

[1] 周庆智：《论中国基层政府治理现代化》，《武汉大学学报（哲学社会科学版）》2016年第3期。

[2] 王绍光：《从经济政策到社会政策：中国公共政策格局的历时性转变》，《中国公共政策评论》2007年第1期。

层群众对生活保障失去稳定预期”[1]，不完备的社会保障体系加剧收入分配不均衡并进一步拉大城乡差距；另一方面，在改革初期，政治与经济精英的联盟使得基层决策过程呈现“政治技术化”与“技术政治化”双重异化现象，对基层群众决策参与造成事实性排斥。封闭的决策过程导致社会抗争事件的发生。在此背景下，以党立足人民主体地位为根基，党加强基层政治建设的基本职责在于协调不同社会阶层之间的利益，改变“社会结构紧张状态”，促进社会公平正义[2]。一是以优化基层政治结构为引领，把党实现和维护社会公平正义的政治责任嵌入基层政府行政过程，落实党的政治路线和行动策略以改革收入分配制度，完善基层社会保障体系，创造公平有序的服务供给环境；二是在党的领导下优化党政协同供给基层公共服务的过程，将实现基层群众的实际诉求作为基层党政机构的共同职责，将吸纳基层群众协商参与作为协调公共服务资源有限性与群众需求多元化之间矛盾的关键引擎，将群众满意度作为公共服务绩效评估的决定性因子，切实改善基层公共服务供给质量。

四、提升基层政治能力，引领建设基层治理共同体

坚持共建共治共享，建设人人有责、人人尽责、人人享有的基层治理共同体既是党领导现代化基层治理的基本目标，也是破解基层治理难题以提高其整体绩效的基本路径。基层治理共同体建立于一定的基层治理制度化空间，其间互动的治理主体形成社会性联系，通过参与行为产生对该空间的情感联结，从而增强对该空间的归属感和认同感。坚持共建共治共享对党领导基层治理提出新的要求。其中，“共建”明确基层治理共同体的建构路径，意味着现代化基层治理不再以政党或政府等传统权威为中心，而是以人民为中心的治理方式；“共治”描绘基层治理共同体的基本形态，意味着所有治理主体均承担参与责任，共同创造基层治理价值；“共享”体现基层治理共同体的成果惠及范围，也是激励治理主体“共建”与“共治”的有效机制。坚持共建共治共享，需要党作为领导性治理主体引领、组织、动员人民群众维持良治秩序，以及在优化基层党政结构以创新基层治理机制的前提下，进一步提升领导基层发展的政治能力，引领提高社会再组织化程度，增强基层群众治理主体性，创建实质性治理参与渠道，实现人人有责、人人尽责、人人享有。

（一）引领推动社会再组织化，夯实基层治理共同体的组织基础

在现代化基层治理中，治理资源的稀缺性与互赖性决定基层治理主体必须建立协

[1] 李友梅：《当代中国社会治理转型的经验逻辑》，《中国社会科学》2018年第11期。

[2] 汪仕凯：《政治体制的能力、民主集中制与中国国家治理》，《探索》2018年第4期。

作关系，建构基层治理共同体。基层治理共同体是基层党组织、基层政府、基层市场组织、基层社会组织以及基层群众等治理主体协作建立的组织化网络。形塑基层治理共同体有赖于基层治理主体强烈的共同体认同意识，这需要强有力的领导主体将多元化治理主体组织起来，推动社会再组织化进程，凝聚多维社会阶层。基层党组织作为领导性基层治理主体，通过加强基层政治建设，拓展基层组织覆盖并增强其政治能力，将其治理理念嵌入其他治理主体，引领提高社会再组织化程度。一方面，通过提升基层政治能力，使“渗透于整个社会的基层党组织”“在各自范围内发挥着政治领导、组织动员和落实政策的作用”[1]。另一方面，通过提升基层政治能力，加强区域化党建的政治功能。区域化党建即基层党组织引领下，以党建联席会议、共治委员会、党员双报到等机制，吸纳驻区单位参与基层治理。在此过程中，基层党组织作为领导核心，发挥“总揽而不包揽，协调而不替代”的领导功能。在此基础上，通过嵌入基层市场组织与社会组织中党组织的有效联动促进基层治理多元主体合作，整合碎片化治理资源，形成基层治理主体集体行动愿景，生成基层治理公共性价值，从而以党建联合体引领建构基层治理共同体。

（二）引领增强基层群众的治理主体性，提高基层治理共同体的参与能力

增强基层群众的治理主体性，不仅需要基层党组织尊重群众在法律意义上的独立主体地位，更重要的是能够在稳定发展的基层治理场域中允许其通过主动的治理参与行为实现其利益诉求。其中，通过加强基层政治能力促使基层党组织更好落实领导性治理主体的基本责任。基层党组织位于中国共产党组织体系的末梢，全面覆盖城市社区、农村、企事业单位以及社会组织等基层治理场域。加强基层政治建设使基层党组织在始终坚持党中央权威和集中统一领导的前提下，贯彻落实党的基层治理路线、方针、政策，并增强领导基层治理的能动性。一方面，增强基层党组织的治理领导力，坚持正确的政治原则并使其明确总揽基层治理全局、协调基层治理各方的正确方向；通过有效执行党的领导制度规范其治理领导行为；坚定政治立场提高其深入群众、服务群众的政治意识，及时掌握基层群众利益诉求，抓住基层治理的关键问题。另一方面，增强基层党组织领导创新基层治理机制的能力，在坚持贯彻群众路线夯实党领导的群众根基，践行全心全意为人民服务的政治宗旨的基础上，与基层政府协同创设基层协商治理平台，实施与基层群众利益相容的激励机制，增强吸纳、组织和动员基层群众参与的动力，引导基层群众成长为实际性基层治理主体。此外，党提升基层政治能力也能进一步引领增强多元基层治理主体的参与积极性。特别是在加强基层政治建

[1] 景跃进：《将政党带进来——国家与社会关系范畴的反思与重构》，《探索与争鸣》2019年第8期。

设优化基层政治结构的基础上，引领基层服务型政府改革，增强基层政府的服务意识、责任意识和开放意识；在激活市场经济发展活力的同时，主动减少对社会组织的行政干预，允许社会组织保持较高的独立性和自主性，鼓励社会组织形成与基层群众快速对接的机制[1]，主动吸纳基层市场组织与社会组织、基层群众等主体共同参与公共服务供给过程。在此过程中，基层群众也将通过参与行为进一步增强其主体意识，主动与基层党组织和基层政府通过协商进行利益表达，实现其基本利益诉求。

（三）引领实现实质性治理参与，提高基层治理共同体的运行效能

基层治理的实质性参与意味着基层治理主体能够通过制度化协商参与制定治理决策，解决实际的治理问题。实质性参与通常意味着治理主体的参与行为与治理决策结果之间形成因果链接关系，即治理决策的制定是基于治理主体的话语表达与沟通形成的可被共同接受的集体方案，这将增强治理主体的参与效能感，提高基层治理共同体的运行效能。

改革开放以来，虽然党加强基层政治建设进一步约束基层政党权力，规范党对基层的领导行为，并通过优化基层政治结构促使党政行为协同、价值同构与责任共担，以此创新基层治理机制，拓宽基层治理空间，然而，计划经济时期全能主义政治的运行惯性仍然导致基层治理存在程序性参与弊端：一是象征性痕迹明显，基层群众参与代表性不足、话语表达公正性缺失；二是形式化特征显著，吸纳基层群众参与决策成为增强基层政府决策合法性的工具，决策过程仍呈现封闭性；三是应急性逻辑突出，群众参与成为基层政府应对维稳压力的“策略性被动反应”[2]。基层治理的程序性参与不仅无法有效解决基层治理问题，而且消耗基层群众的参与意愿，进而降低其对基层党组织与基层政府的信任程度。因此，全面深化改革以来，党持续加强基层政治能力建设，引领实现群众实质性参与基层治理。首先，增强基层党组织履行治理领导责任的政治能力。立足以人民为中心的政治立场，促使基层党组织并引领基层政府坚持人民至上的服务理念，创新为民服务方式，深入群众了解其真实利益诉求，并建立规范的诉求反映渠道，使群众享有与基层党政机构协商对话的实质性机会。其次，增强基层党政机构协同发现并回应基层治理问题的政治能力。党治国理政“要有强烈的问题意识，以重大问题为导向，抓住关键问题进一步研究思考，着力推动解决我国发展面临的一系列突出矛盾和问题”[3]。加强基层政治建设，提高基层党政机构敏于发现问题、敢

[1] 黄晓春、周黎安：《政府治理机制转型与社会组织发展》，《中国社会科学》2017年第11期。

[2] 张紧跟：《从反应式治理到参与式治理：地方政府危机治理转型的趋向》，《中国人民大学学报》2016年第5期。

[3] 《中国共产党第十八届中央委员会第三次全体会议文件汇编》，人民出版社2013年版，第90页。

于正视问题、善于解决问题的政治能力，搭建基层党政常态化回应平台，在吸纳群众意见的基础上制订解决基层治理问题的可行方案，避免其升级为抗争性冲突，增加基层治理成本。在此意义上，党加强基层政治建设，提升解决基层治理问题的政治能力，将基层治理建立在"解决问题驱动"的基础上，强调实现人民根本利益的政治目标，"以存在的问题为中心，将问题识别和建构作为组织决策和执行的起点，聚焦于解决问题的方案，突破既有管理阈限并寻求合法、现实的组织与资源运行方式，以求有效解决问题"[1]，并根据基层群众的评价反馈寻求改善解决问题的相关机制。最后，增强基层党政机构协同创设并规范基层协商参与平台的政治能力。基层政治建设不仅使基层党组织坚定以人民为中心的政治立场，使基层政府明确承担服务型政府的基本责任，由此创新基层协商治理渠道包容群众参与，更重要的是通过基层政治建设增强规范基层党组织的治理行为并约束基层政府行政行为的能力，使基层治理决策真正体现基层群众的协商结果，从而提高基层群众协商参与的有序性，进一步提升基层治理效能。

五、结语

基层治理是国家治理的基石。全面深化改革以来，党提出加强基层治理体系和治理能力现代化的目标，以回应基层政治发展、经济转型与社会变迁所引发的一系列问题。把党的领导贯穿基层治理全过程、各方面是推进基层治理体系和治理能力现代化的关键。加强基层政治建设能够从根基上增强党领导的政治韧性，引领改善基层治理主体间关系与互动过程。基层政治建设的核心目标体现为：首先，通过加强基层政治建设，提高党对基层治理的政治领导力，增强党的领导政治韧性，使基层党组织的政治行为坚持以人民为中心的政治立场，并以此作为党引领基层治理发展的根本价值取向。其次，通过加强基层政治建设优化党政结构，引领增强基层政府公共属性，使基层政府的行政行为落实为人民服务的根本宗旨，以此实现政治与行政在行为价值上的统一。由此，加强基层政治建设对于规范基层党政结构，推进基层治理现代化具有重要意义。建设基层治理共同体是基层治理现代化建设的基本目标。最后，通过加强基层政治建设，增强党引领建构基层治理共同体的政治能力，引领培育基层治理主体合作意识与协作机制，拓宽基层协商的制度化渠道，提高基层治理主体的参与意愿，引导基层治理主体从基层治理的消极参与者转变为解决基层问题的主动参与者，提高基层治理的整体效能，使基层治理成果惠及全体人民。

原载于《理论探讨》2023年第2期

[1] 孙柏瑛、张继颖：《解决问题驱动的基层政府治理改革逻辑——北京市"吹哨报到"机制观察》，《中国行政管理》2019年第4期。

新时代中国共产党执政话语创新的四维取向

刘　敏

摘　要：党的执政话语创新富有规律性，要遵循一定的原则取向。新时代新征程上党的执政话语创新应从中华优秀传统文化、马克思主义术语革命、百年话语建构经验中汲取智慧，厚植执政话语的历史底蕴；让人民说话、为人民说话、说人民的话，站稳执政话语的人民立场；以正在做的事情为中心、以正面临的时代之问为突破口、以正经历的时代变革为语境创制党的执政话语，彰显执政话语的时代特色；构建具有中国特色、中国风格、中国气派的话语体系，形成立体展示中国实践、中国故事、中国力量的叙事体系，打造融通中外的新概念、新范畴、新表述，拓宽执政话语的全球视野。

关键词：新时代；中国共产党；执政话语；话语创新

执政话语是政党执政的重要政治资源。100多年来，中国共产党无论是在局部执政时期还是在全面执掌政权之后，始终注重围绕中心任务创制执政话语，绘制了中国发展的话语卷轴。然而，政党的执政话语不是既成的而是生成的，需要在与时俱进的调适与更新中保持自身的生命力，否则就会丧失对社会现实的解释力。当前，世界百年未有之大变局加速演进，中华民族伟大复兴进入不可逆转的历史进程。面对西方话语的强势围剿，如何进行党的执政话语创新是一个重要的时代课题。

一、汲取历史智慧，厚植执政话语底蕴

“话语总是与之前已生成的其他话语相联系的，也是与那些同时期和此后生产的话语相联系的。”[1]党的执政话语是在特定历史时期内围绕着当时的历史任务所形成的解释框架。纵览党的执政话语体系创制的历程可以看出，党的执政话语创新不是毁灭式地推倒重来，而是固本培元式地守正创新。中国共产党是具有高度历史自觉的马克思主义政党，在新时代的执政话语创新中应当更具历史主动精神，充分挖掘执政话语创新

[1]　图恩·梵·迪克：《话语研究：多学科导论》，周翔译，重庆大学出版社2015年版，第335页。

的历史资源，深刻洞察执政话语创新的历史规律。

（一）中华优秀传统文化是党的执政话语创新的宝贵资源

在整个人类文明史上，没有任何一个民族能够像中华民族这样拥有独立贯通且兼收并蓄的文明历史。“中华优秀传统文化是中华文明的智慧结晶和精华所在，是中华民族的根和魂，是我们在世界文化激荡中站稳脚跟的根基。”[1]100多年来，中国共产党深刻体悟到中华优秀传统文化的巨大力量，坚持在对中华优秀传统文化创造性转化和创新性发展的基础上，推动马克思主义基本原理同中华优秀传统文化相结合，以此为基本遵循创制出中国共产党的执政话语体系。

一方面，中华优秀传统文化中有诸多治国理政的思想，为党的执政话语内容创新提供思想支撑。诚然，中华优秀传统文化中的传统政治思想与党的执政理念在出发点和落脚点上存在根本区别，但不可否认其中蕴含的施政智慧对党的执政话语创新具有重要的启示意义。比如，“坚持以人民为中心”这一话语是对民本思想的新时代注解，“人与自然和谐共生”话语中带着和合思想的印记，“共同富裕”话语是传统均贫富思想的当代延续，“人类命运共同体”话语充满着天下大同的情怀。在党的二十大报告中，习近平总书记深刻指出：“中华优秀传统文化源远流长、博大精深，是中华文明的智慧结晶，其中蕴含的天下为公、民为邦本、为政以德、革故鼎新、任人唯贤、天人合一、自强不息、厚德载物、讲信修睦、亲仁善邻等，是中国人民在长期生产生活中积累的宇宙观、天下观、社会观、道德观的重要体现，同科学社会主义价值观主张具有高度契合性。”[2]这从大方向上指明了中国共产党进行执政话语创新应当充分挖掘中华优秀传统文化思想资源。新时代进行党的执政话语创新要坚定历史自信与文化自信，找到中华优秀传统文化同党的执政话语之间的契合点，将中华优秀传统文化同人民群众日用而不觉的语言融通起来，用中华优秀传统文化中的思想资源滋养党的执政话语。

另一方面，中华优秀传统文化中也有诸多表达智慧，为党的执政话语表达创新提供语料来源。党的执政话语创新既要从话语内容层面借鉴中华优秀传统文化中的政治思想，也要从话语形式层面汲取中华优秀传统文化中的表达智慧。党善于引经据典，以中华优秀传统文化中的语词、典故等来表达党的执政主张。比如，“全面建成小康社会”的“小康”来自《诗经》中的“民亦劳止，汔可小康”，《礼记・大学》中的“苟日新，日日新，又日新”被用来论证党革故鼎新的精神，《道德经》中的“治大国若烹

[1] 《习近平在中共中央政治局第三十九次集体学习时强调　把中国文明历史研究引向深入　推动增强历史自觉坚定文化自信》，《人民日报》2022年5月29日。

[2] 习近平：《高举中国特色社会主义伟大旗帜　为全面建设社会主义现代化国家而团结奋斗——在中国共产党第二十次全国代表大会上的报告》，《人民日报》2022年10月26日。

小鲜”是新时代中国共产党治国理政思想的表达，党的二十大报告用《淮南子·氾论训》中的“治国有常，利民为本”来阐释中国共产党人民至上的坚定立场。新时代新征程上党的执政话语创新应充分利用中华优秀传统文化中的语用资源，使更多优秀传统文化表达成为新时代党执政话语创新的语料来源。具体来说，首先要加强中华优秀传统文化资源的挖掘、典籍文本的搜集和整理以及中华优秀传统文化语用维度的研究，在此基础上结合党的执政话语创新的现实要求，积极借鉴其中可利用的语料资源、表达方式、语用智慧等。既要以语境重构的方式激活中华优秀传统文化在新时代的话语生长点，又要赋予党的执政话语深厚的历史底蕴和文化气息。

（二）马克思主义术语革命是党的执政话语创新的优良传统

术语革命是马克思主义创立和阐释新世界观的重要方法。“一门科学提出的每一种新见解都包含这门科学的术语的革命。”[1]一部马克思主义发展史，也是一部马克思主义概念、范畴和表述等术语的演进史。作为马克思主义政党，党的执政话语创新要遵循马克思主义术语革命的立场、观点和方法，弘扬马克思主义术语革命的优良传统，在推进马克思主义中国化时代化中不断丰富党的执政话语体系。

第一，要坚持批判式创新。批判性是马克思主义鲜明的内在禀赋，正是在质疑和批判一切错误思想中马克思主义形成了自身的科学理论体系。这种批判性映射到术语革命中体现为马克思主义对旧的术语进行革命性的摒弃，用新的术语取而代之。例如，马克思主义用“经济基础”取代“市民社会”，用“生产关系”取代“交往形式”，尽可能消除概念中含有的资产阶级因素。新时代意识形态领域仍然复杂多变，网络民粹主义、历史虚无主义、泛娱乐主义等社会思潮以日趋隐蔽而复杂的话语运作方式在现实生活抑或是虚拟空间中不断俘获追随者。新时代党的执政话语创新不能对多元话语图景视而不见，相反，应坚持马克思主义术语革命的批判式创新手段，在对异质性话语陷阱进行揭露的前提下，创制出自身特有的概念、范畴与表述。

第二，要坚持改造式创新。马克思主义科学理论中的一些概念和范畴由前人的术语改造而来，这些概念有的是直接继承而来，有的只是表达相同而内涵不同，这种表达相同而内涵不同的术语革命便是马克思主义通过改造已有概念进行话语创新的一种方式。例如，马克思主义哲学中的核心范畴“实践”超越了黑格尔对客观实在性的忽视以及费尔巴哈对主观能动性的忽略，马克思主义政治经济学中的“资本”这一术语具有资产阶级经济学中的资本概念所不具有的揭示资本主义剥削秘密的显著特点，科学社会主义中的“无产阶级”概念也是完全不同于资产阶级话语的核心概念。作为长

[1]《马克思恩格斯文集》（第5卷），人民出版社2009年版，第32页。

期执政的马克思主义政党，中国共产党的执政话语具有一定的稳定性和延展性，其中的核心话语并未因领导人的改变而改变。新时代党的执政话语创新应坚持马克思主义术语革命中改造式创新的优良传统，既要最大限度地降低创新成本，又要有利于政治共识的凝聚和集体记忆的延续。

第三，要坚持开拓式创新。马克思主义之所以具有超越时空范围的重大影响力，重要原因之一在于这一思想体系具有真理的力量。真理的力量也通过该思想体系的一系列观点和主张体现出来，这些主张和观点的魅力背后便是话语的独创性。例如，马克思主义中"剩余价值"这一经济学领域的独创性概念，彰显出马克思主义的真理力量。新时代党的执政话语要发挥出更大的引领力，就应坚持开拓式创新。"紧跟时代步伐，顺应实践发展，以满腔热忱对待一切新生事物，不断拓展认识的广度和深度，敢于说前人没有说过的新话"[1]，提炼出具有独创性的执政话语，更好地表达党的执政理念、执政主张与执政追求。

（三）百年话语建构经验是党的执政话语创新的重要依据

当今世界政党数量众多，具有百年历史且长期执政的政党却屈指可数。在百年奋斗征程中，从最初的局部执政到后来的完全执政，党形成了一套完整的执政话语体系。在百年话语建构中，"党的历史是最生动、最有说服力的教科书"[2]。在建构执政话语体系的历史进程中，党积累了丰富的经验，这些经验是新时代党的执政话语创新的重要依据。作为存续百余年且已执政70多年的大党、老党，中国共产党必将以更加积极的历史担当精神，从百年党史中汲取话语创新的智慧。

纵览党的执政话语创新的历程，"变"与"不变"相统一是执政话语创新的历史经验之一。在党的执政话语创新中，作为话语内容的执政主张和执政理念是高度稳定的，决定着党的执政话语的性质和方向，标定了党的执政话语创新不可逾越的底线和红线。党的执政话语创新中主要的变化在于作为话语形式的语言符号系统以"说新话"的方式不断回答时代之问，即随着时代演变和任务需求不断形成新的表述和论断。以"社会主义"这一党的执政话语中的核心概念为例进行分析，改革开放以来，党中央在"社会主义"之前增加了"中国特色"这几个字，开启了现代化建设的中国样本探索。党的十八大之后，党中央庄严宣布"中国特色社会主义进入新时代"，将社会主义现代化建设推向了新的历史阶段。可以发现，在党的执政话语创新中，"社会主义"这一元话语是始终未变的，原因在于这一概念涉及政权性质和党的执政方向，而对这一概念

[1] 习近平：《高举中国特色社会主义伟大旗帜　为全面建设社会主义现代化国家而团结奋斗——在中国共产党第二十次全国代表大会上的报告》，《人民日报》2022年10月26日。

[2] 习近平：《在党史学习教育动员大会上的讲话》，人民出版社2021年版，第2页。

表述的完善从话语创新的角度来讲为社会主义事业指明了发展路向，也标定了历史方位，充分体现出党的执政话语创新“变”与“不变”相统一的辩证法原则。新时代党的执政话语创新应坚持创新之“变”与守正之“不变”的统一，“不变”的是方向和道路，由此才能不犯颠覆性错误；“变”的是理论和表达，由此才能实现以真理的精神追求真理。

回顾党的执政话语创新的历程，量的积累与质的飞跃相统一也是执政话语创新的重要历史经验。党的执政话语创新是一个不断追求、不断接近但又不可能完全实现的超越性活动。一方面，党的执政话语在长期性演化和渐进性变革之中，保持了执政话语体系本身的整体性和一致性，减少了新旧话语之间的矛盾和冲突。“革命”和“改革”这两个具有紧密联系的话语的演进和交替具有渐进性的特点。改革开放之后，在对“革命”话语进行批判性建构的基础上，“改革”话语逐渐形成，但是在“改革”话语形成之初，“革命”话语并没有迅速退出历史舞台，相反在党中央的诸多文件中呈现出“革命”话语与“改革”话语交织的现象，邓小平将“改革”视为“中国的第二次革命”就是最好的例证。另一方面，到了历史的关键节点，执政话语的创新累积到一定程度，突破性的话语创新便随之而来，伴随着一系列新思想、新观点和新论断的提出，形成了具有飞跃性意义的理论体系。这主要是指不同历史时期党的创新理论体系的形成，包括毛泽东思想、中国特色社会主义理论体系以及习近平新时代中国特色社会主义思想。新时代党的执政话语创新更要坚持渐进性和飞跃性的统一，持续完善党的执政话语体系。

二、坚持人民至上，站稳执政话语的立场

在中国共产党的执政话语体系中，人民无疑是高频词汇和核心概念，充分反映出中国共产党坚持人民至上的执政追求。“江山就是人民，人民就是江山。中国共产党领导人民打江山、守江山，守的是人民的心。”[1]党的根基在人民，血脉在人民，力量在人民，人民是党执政的最大底气。新时代党的执政话语创新的前提就在于坚持人民至上的价值取向，将以人民为中心的执政理念体现到执政话语体系的方方面面。在执政话语创新中，坚持人民至上的话语立场内在地蕴含着党的执政话语创新要让人民说话、为人民说话、说人民的话。

[1] 习近平：《高举中国特色社会主义伟大旗帜　为全面建设社会主义现代化国家而团结奋斗——在中国共产党第二十次全国代表大会上的报告》，《人民日报》2022年10月26日。

（一）让人民说话：发挥话语创新的人民力量

一般认为，政党的执政话语创新是一项政党自觉主动地对话语进行完善以更好地掌握群众的活动过程，由此便很容易形成政党是创新主体而群众是作用客体的二元对立认识偏差。实际上，对中国社会来讲，“中国共产党是中国的最高政治领导力量，民众则是中国社会发展的依靠力量和价值主体”[1]。在党的执政话语创新中，人民群众既是党的执政话语创新的指向，也是党的执政话语创新不可或缺的主体。新时代党的执政话语创新必须尊重人民群众的主体地位，发挥人民群众在话语创新中的主体作用。

100多年来，党紧紧依靠人民群众创造历史伟业，在执政话语创新中重视人民群众的主体地位，充分发挥人民群众创制执政话语的能动性。历史与事实充分证明，凭借自身的实践经验和表达智慧，人民群众在党的执政话语创新中充当着不可或缺的主体力量。一方面，话语与实践紧密相关，话语是社会实践的反映，社会实践塑造了话语。人民群众是社会实践的主体，人民群众的创造性实践是党的执政话语创新的不竭源泉。在提炼中国特色社会主义实践的执政话语创新过程中，人民群众自觉或不自觉地都充当着执政话语创新的主体。另一方面，党的执政话语体系是开放包容的体系，一切可资借鉴的语料资源都应该被合理取用。群众语言是人民群众生活实践的生动体现，其中一些约定俗成的俚语和谚语能够通俗易懂且生动活泼地阐释深奥的道理，这些人民群众在日常生活中积累的丰富的语料对党的执政话语创新具有借鉴作用。例如，党的执政话语体系中“摸着石头过河”“照镜子、正衣冠、洗洗澡、治治病”等都来自接地气的群众语言。

“全面建设社会主义现代化国家，必须充分发挥亿万人民的创造伟力。”[2]新时代新征程上，党的执政话语创新同样离不开人民群众的创造伟力。从执政话语内容出发，新时代充分发挥党的执政话语创新中的人民力量，关键在于彰显党的执政话语的人民性。因此，必须使党的执政话语深深植根于人民群众火热的社会实践之中，将人民群众在社会实践中创造的经验总结提炼为党的执政话语，使党的执政话语更好地反映和阐释人民群众的现实生活。而做到这一点，必须学习和运用群众语言，拜人民群众为师，向人民群众学习，善于将群众语言融入党的执政话语体系中，汲取人民群众的表达智慧。既要保持党的执政话语的权威性和准确性，又要凸显党的执政话语的亲和力和吸引力，实现“阳春白雪”和“下里巴人”的统一。

---

[1] 李海青：《从道义性契约到法理性契约：党与民众的双重契约》，《马克思主义与现实》2020年第1期。

[2] 习近平：《高举中国特色社会主义伟大旗帜　为全面建设社会主义现代化国家而团结奋斗——在中国共产党第二十次全国代表大会上的报告》，《人民日报》2022年10月26日。

（二）为人民说话：坚守话语创新的人民立场

政党是特定阶级利益的集中代表，有其特定的阶级立场。政党的阶级立场通常反映出政党究竟“为谁说话”这一根本性问题。不同于资产阶级政党对阶级立场的模糊处理，马克思主义政党毫不避讳并旗帜鲜明地表明自身的无产阶级立场。作为马克思主义政党，“中国共产党始终代表最广大人民根本利益，与人民休戚与共、生死相依，没有任何自己特殊的利益，从来不代表任何利益集团、任何权势团体、任何特权阶层的利益”[1]。为人民说话是党始终不变的立场，党的执政话语创新的人民取向就体现在为人民说话，坚守话语创新的人民立场上。

在百年征程中，各个历史阶段党的执政话语都贯穿着坚定的为民立场，流淌着真挚的为民情怀。新民主主义革命时期，人民群众迫切需要推翻压在头上的“三座大山”，早日成为国家和自己命运的主人。“从前是牛马，现在要做人”“打土豪，分田地”等革命话语契合了人民群众谋求独立和解放的诉求，激发了人民群众的革命斗志。新中国成立之后，人民群众希望改变一穷二白的落后面貌，巩固新生的人民政权。党团结带领人民进行社会主义革命和社会主义建设，“抗美援朝，保家卫国”“向现代科学进军”等党的执政话语激发了人民群众的革命和建设热情。改革开放和社会主义现代化建设新时期，人民群众渴望从过去的失误中摆脱出来，过上更加富足的生活。为实现这一诉求，党带领人民群众不断探索，书写了中国特色社会主义事业的新篇章。“共同富裕”“以人为本”等党的执政话语激发了人民群众干事创业的积极性。中国特色社会主义进入新时代，落后的社会生产成为历史，人民群众的物质文化需求得到更大程度的满足。与此同时，人民群众的主体意识显著增强，利益诉求呈现多样化的趋势，对建立一个公平正义的社会的要求也越发强烈。着眼于社会主要矛盾的变化，建构美好生活话语是新时代党的执政话语创新站稳人民立场的集中体现。

新时代新征程上，党要在建构美好生活话语中体现出坚定的为民立场，最根本的一点在于党要以人民群众的美好生活需求作为提升执政实绩的突破口，使内蕴党的执政主张的执政话语更好关涉人民群众的美好生活需求。简言之，人民群众关心什么、需要什么，党的执政话语就应该回应什么。从整体利益需求满足的角度讲，美好生活话语建构要体现党以人民为中心的发展理念，在话语建构中体现发展为了人民、发展依靠人民、发展成果由人民共享的总体思路。从集体意志表达的角度出发，美好生活话语建构要求党坚持发展全过程人民民主，畅通人民群众利益诉求表达的渠道，更多倾听人民的声音，在解决人民群众急难愁盼等问题的前提下建构党的执政话语。从各项权利诉求满足的角度出发，美好生活话语建构要求党增进民生福祉，着眼于人民群

[1] 习近平：《在庆祝中国共产党成立100周年大会上的讲话》，人民出版社2021年版，第11—12页。

众获得感、幸福感、安全感的提升，围绕扎实推动共同富裕建构党的执政话语。

（三）说人民的话：坚持话语创新的大众化

执政话语是一套内蕴政党思想主张的符号体系，是人们认识、了解和支持政党的窗口。作为党与人民群众之间沟通的桥梁，党的执政话语最基本的功能是为人民群众提供规范性的认知解释。人民群众正是在接触党的执政话语之后产生对党的最初印象。“一切脱离人民的理论都是苍白无力的，一切不为人民造福的理论都是没有生命力的。”[1]作为党的思想理论集中表达的党的执政话语同样如此。要发挥好党的执政话语联系群众的功能，让人民群众能够听得懂、愿意听、信得过党的执政话语。这要求党在执政话语表达方面坚持人民取向，在推动党的执政话语大众化中不断实现话语创新。

回首来时路，探索用人民群众喜闻乐见的话语对马克思主义基本原理进行阐释，是一代代中国共产党人的共同追求。“自己动手，丰衣足食”“一切反动派都是纸老虎”等话语是以毛泽东同志为主要代表的中国共产党人建构的。这些通俗易懂的革命话语展现了党的执政理念，为革命胜利后建构党的执政话语奠定了基调。“贫穷不是社会主义”“不管白猫黑猫，抓到老鼠就是好猫”等简洁明了的执政话语，是改革开放以来以邓小平同志为主要代表的中国共产党人为凝聚改革共识和推动中国特色社会主义事业发展而创制的。进入新时代，以习近平同志为主要代表的中国共产党人更加注重话语创新，创制了“拧紧理想的总开关”“扣好人生的第一粒扣子”“将权力关进制度的笼子里”等生动形象的执政话语，对新时代中国特色社会主义建设中遇到的一些现实问题进行解疑释惑。上述这些执政话语极大地拉近了党和人民群众的距离，为党的理论“飞入寻常百姓家”提供了话语支撑。

坚持说人民的话，打造人民群众喜闻乐见的执政话语，是新时代党的执政话语创新的重要遵循。具体来说，其一，人民群众喜闻乐见的执政话语首先是人民群众听得懂的话语。马克思曾深刻批判“唱高调、爱吹嘘的思想贩子”[2]，这对党的执政话语创新具有重要启发意义。党在执政话语创新中要努力探索使党的执政话语由繁杂冗长、生僻晦涩向简洁明了、通俗易懂转变，使党的执政话语更加契合人民群众的表达方式。其二，人民群众喜闻乐见的执政话语也应该是人民群众愿意听的话语。普通大众对党的执政话语一般都是通过生活经验来体悟，倘若党的执政话语仅仅“以概念判断、逻辑推论或理论体系表现自身时，其传播速度和辐射广度都是有很大局限的”[3]。因此，党

[1] 习近平：《高举中国特色社会主义伟大旗帜　为全面建设社会主义现代化国家而团结奋斗——在中国共产党第二十次全国代表大会上的报告》，《人民日报》2022年10月26日。

[2] 《马克思恩格斯选集》（第1卷），人民出版社2012年版，第176页。

[3] 刘少杰：《当代中国意识形态变迁》，中央编译出版社2012年版，第231页。

在执政话语创新中要兼顾宏大叙事与微小叙事，达到以小见大、见微知著的效果，使党的执政话语更加符合人民群众的思维逻辑。其三，人民群众喜闻乐见的执政话语还应该是人民群众信得过的话语。理论研究领域、新闻宣传领域、文艺创作领域、网络虚拟空间等是党的执政话语传播的重要阵地，也是人民群众了解党的执政话语的重要阵地，承担着对党的执政话语进行二次加工和转换的重要任务。因此，要加大对党的执政话语的理论阐释、科学研究和宣传普及力度，以便更好地实现党的执政话语掌握群众的使命。

三、把握时代大势，彰显执政话语特色

“话语不是既成的，而是生成的，是在特定历史语境中长期发展、渐进改进、内生性演化的结果。”[1]党的执政话语往往围绕着不同历史时期党的中心任务而建构，每一历史时期的执政话语都带着那个时代的鲜明特色。对时代大势的正确判断和科学把握是中国共产党在应对变局中开拓新局面的历史自觉的充分体现。党的十八大作出了中国特色社会主义进入新时代的科学判断，而党的执政话语创新面临的时和势都发生了一些变化。新征程上党的执政话语创新要勇立时代潮头，观察时代、把握时代、引领时代，从而发出时代最强音。

（一）以我们正在做的事情为中心建构党的执政话语

中国共产党始终坚持根据不同时期的中心任务和时代需求确立党的大政方针政策，相应地凝练出以“革命”“建设”“改革”为中心词的执政话语体系，为不同历史时期党和国家事业的发展提供了话语指导。进入新时代，党的执政话语创新仍要坚持围绕中心、服务大局的基本原则，紧紧围绕我们正在做的事情这个中心而开展。

社会主义现代化建设是新中国成立以来党始终不变的奋斗目标，围绕着这一奋斗目标我们形成了包括工业化、四个现代化、中国式现代化、基本实现社会主义现代化、全面建成社会主义现代化强国等在内的关于党的现代化总体目标话语体系，形成了包括三步走发展战略、“两个一百年”奋斗目标等在内的一系列党的现代化战略步骤话语，形成了富强民主文明和谐美丽等描绘现代化样态的一系列表述，为社会主义现代化建设提供了话语指导。经过多年的持续努力，我们已经打赢了脱贫攻坚战，全面建成了小康社会，实现了第一个百年奋斗目标。党的二十大报告明确指出：“从现在起，中国共产党的中心任务就是团结带领全国各族人民全面建成社会主义现代化强国、实现第

[1] 陈曙光、陈雪雪：《话语哲学引论》，《中共中央党校（国家行政学院）学报》2019年第2期。

二个百年奋斗目标，以中国式现代化全面推进中华民族伟大复兴。”[1]从现在起到21世纪中叶，全面建成社会主义现代化强国是我们的奋斗目标。这是一项伟大而艰巨的任务，前进道路上面临着诸多风险挑战。在全面建设社会主义现代化强国征程上，党的执政话语的创制应该紧扣社会主义现代化强国建设而展开，进一步回答和解决全面建成社会主义现代化强国征程上面临的诸多现实问题。围绕这些现实问题要不断提出社会主义现代化强国建设相关的概念、范畴与表述，进一步丰富党的执政话语体系。

（二）以我们正面临的时代之问为突破口建构党的执政话语

“问题就是公开的、无畏的、左右一切个人的时代声音。”[2]每个时代总有自己的问题，准确把握和解决这些问题，就能把人类社会推向前进。时代发展催生新的时代问题，新的时代问题的解决反过来又推动时代的发展。一个先进的政党总是能够在历史喧嚣面前把握住时代问题，这种政党的先进性和预见性同样体现在政党的执政话语创新中。政党的执政话语创新绝非纯粹的理论推演与逻辑架构，而是在深刻体察时代的基础上对解决重大现实问题能给出科学答案。抓住我们正面临的时代问题，以此为突破口建构党的执政话语是新时代党的执政话语创新的应然逻辑。

现实生活中的问题是纷繁复杂的，但并非任何问题都能上升到时代问题的高度。只有那些普遍存在的且关系党和国家事业发展前途命运的“大”问题和“深”问题才属于时代问题的范畴，才是党的执政话语创新应该聚焦的问题。具体来说，这些“大”问题和“深”问题包括：人类面对和平赤字、发展赤字、治理赤字、信任赤字、文明赤字等世界性难题，如何回应“世界怎么了，我们怎么办”；中华民族伟大复兴进入了不可逆转的历史进程，改革发展稳定、内政外交国防、治党治国治军等方面存在的深层次问题；中国特色社会主义进入新时代，人民群众在追求美好生活的过程中还存在一些急难愁盼的紧要问题。因此，新时代党的执政话语创新要坚持问题导向，抓住关键性和深层次的“大”问题与“深”问题，以此为突破口建构党的执政话语。

除了找准问题并围绕着问题进行执政话语创制之外，不断提出真正解决问题的新理念、新思路、新办法同样是党的执政话语创新的重要方面。发展是解决中国一切问题的基础和关键，新中国成立以来，一代代中国共产党人都将发展作为党治国理政的重要任务，并围绕着发展建构党的执政话语体系。从“发展是硬道理”“科学技术是第一生产力”到“发展是党执政兴国的第一要务”“始终代表先进生产力发展要求”，从“以人为本，全面协调可持续发展”到“新发展阶段、新发展理念、新发展格局”等，

[1] 习近平：《高举中国特色社会主义伟大旗帜　为全面建设社会主义现代化国家而团结奋斗——在中国共产党第二十次全国代表大会上的报告》，《人民日报》2022年10月26日。

[2] 《马克思恩格斯全集》（第40卷），人民出版社1982年版，第289页。

无不是中国共产党扭住发展问题所建构起来的执政话语。这些年来，在一系列有关发展的执政话语指导之下，我国跃升为世界第二大经济体，实现了从经济高速增长到高质量发展的转变。面对当前存在的发展不平衡不充分的社会主要矛盾，实现高质量发展是全面建设社会主义现代化国家的首要任务。新时代党的执政话语创新必须立足于发展不平衡不充分的现实状况，在高质量发展的总体框架下持续丰富以发展为核心的党的执政话语体系，不断找到解决时代之问的答案。

（三）以我们正经历的时代变革为语境建构党的执政话语

“对时代主题回应与否和回应的程度决定了一个国家、政党和个人在历史上的地位，也决定了其所拥有的话语权。”[1]中国共产党作为百年大党历经沧桑仍然风华正茂的密码在于把握时代发展大势，与时代同频共振，这种与时俱进的鲜明品格同样体现在党的执政话语创新中。时代变革是话语存在的社会历史条件，也是话语创新的现实语境，显示出话语的当下性。

当前，世界正处于新一轮科技革命与产业变革当中，以互联网、大数据、人工智能为代表的新一代信息技术日新月异。数字化、网络化、智能化是此次科技革命的显著特征和核心变化，这些重大变化重构了人们的生存方式、生活方式以及思维方式，成为党的执政话语创新不可忽视的现实语境。就党的执政话语创新而言，网络信息化变革既是机遇也是挑战。一方面，在网络信息技术加持之下，中国进入“人人都有麦克风”的全媒体时代，人民群众的语言创造活力充分涌流，这为党的执政话语创新提供了更多的语料来源。伴随着各种新媒体和网络平台的兴起，党的执政话语传播有了新的渠道、新的方式和新的载体，这为党的执政话语影响力的扩大创造了更多可能性。另一方面，数字化变革之下党的执政话语的生存境遇更加复杂，不同话语之间的阵地争夺更趋激烈，部分非主流话语不断冲击党的执政话语的主导地位，造成意识形态领域声音的嘈杂。除此之外，日趋碎片化、娱乐化的传播方式也不断消解党的执政话语的权威性。“网络空间是亿万民众共同的精神家园。”[2]老百姓在哪里，党的执政话语就应该传播到哪里。时代变革之下，党的执政话语创新要把握好网络信息化时代的新变化、新特点、新要求，在与时俱进中保持自身的生命力。具体来说，一是要从党的执政话语建构维度出发，说好“网言网语”，增强党的执政话语的吸引力。通俗性和娱乐性兼具的网络话语是人民群众表达自身利益诉求的重要语言工具。党的执政话语创新必须在宏大叙事的基础上充分吸纳可资借鉴的网络话语及其表达方式，更好地阐释中国共产党的治国理政思想。二是要从党的执政话语传播维度出发，掌握好“流量密

[1] 侯惠勤：《马克思的意识形态批判与当代中国》，中国社会科学出版社2010年版，第68页。

[2] 《习近平谈治国理政》（第二卷），外文出版社2017年版，第336页。

码”，增强党的执政话语的引领力。短视频热潮下媒体的传播生态有了新的变化，主流媒体传播党的执政话语要适应短视频时代“短”而“快”的特点，积极运用集成图像、动漫、文字、音频、直播等形式传播党的执政话语，使党的执政话语“活”起来。

四、坚持胸怀天下，拓宽执政话语视野

党的十八大以来，伴随着举世瞩目的伟大成就的取得，中国不断走向世界舞台中央，展示出负责任大国的形象。然而，在中西方的话语博弈中，中国故事被歪曲的现象屡见不鲜。在世界百年未有之大变局加速演进过程中，谁能够赢得国际话语权，谁就能够在国际社会看不见硝烟的舆论战场上占得先机。习近平总书记强调：“要加快构建中国话语和中国叙事体系，用中国理论阐释中国实践，用中国实践升华中国理论，打造融通中外的新概念、新范畴、新表述，更加充分、更加鲜明地展现中国故事及其背后的思想力量和精神力量。”[1]基于此，新时代党的执政话语创新应具有全球叙事的广阔视角，创造出更多具有原创性和引领意义的话语，为解决人类社会面临的共同问题提供更加丰富的话语选择。

（一）构建具有中国特色、中国风格、中国气派的话语体系

长期以来，西方国家在话语权争夺中占据主动地位，掌握着对世界的解释权。在西强我弱的国际话语格局下，党的执政话语在一定程度上还不能完全表达出我国的执政成就和制度优势。国际话语权的旁落对后发国家而言似乎不可避免，但是中国崛起已然成为有目共睹的历史事实。世纪疫情之下，世界之乱与中国之治形成鲜明对比，中西方不同执政话语体系孰优孰劣更是高下立见。在历史发展大势面前，中国共产党要提炼更多标识性话语，让世界聆听更多中国声音。

核心术语是中国话语体系的重要支撑。目前来看，中国共产党已经探索创制出一些具有全球引领性的核心术语。例如，“中国式民主”的提出充分证明了世界上没有定于一尊的民主，这种集选举民主和协商民主于一体的中国特色民主，超越了西方国家在选举过后便无人问津的民主赤字情况，驳斥了多年来西方国家针对我国人权问题的双标指责。中国共产党在追寻现代化之路上创造了有别于西方式现代化的新路，并将这种现代化模式称为“中国式现代化”，为那些世界上既想加快现代化步伐又不想走弱肉强食之路的国家提供了一种全新选择。基于中国式现代化道路的开拓，中国共产党领导中国人民创造了有别于西方文明的“人类文明新形态”。和平发展与合作共赢是整

[1] 《习近平在中共中央政治局第三十次集体学习时强调　加强和改进国际传播工作　展示真实立体全面的中国》，《人民日报》2021年6月2日。

个人类社会发展的大势，必将深刻拓展人类社会的文明格局。中国式民主、中国式现代化、人类文明新形态等这些标识性话语兼具中国特色和世界关怀，是站在整个人类前途命运的角度总结提炼中国成功经验而创制的，是中国共产党执政话语建构走向世界的伟大样本。

然而，彻底扭转国际话语权争夺的被动局面，赢得同我国综合国力和国际地位相匹配的话语权，必须打造更具中国特色、中国风格、中国气派的话语体系，以更具优越性、前瞻性、引领性的话语增强党的执政话语对世界秩序的主导能力。一方面，硬实力是前提。在全球经济复苏乏力的困境之下，中国应站在全人类前途命运的高度，基于中国的历史传统、价值取向、制度优势、经济复苏能力等为解决全球治理难题提供中国方案和中国智慧，进一步彰显国际舞台上负责任大国的形象，以更加积极主动的作为和更大的国际贡献为党的执政话语走向世界筑牢坚实基础。另一方面，软实力是保证。在国际话语场，谁的话语体系更具道义力量和真理力量，谁的话语体系就能产生更大的全球影响力。基于此，党应该摆脱西方话语体系的话语标准，主动将针对全球性问题而提出的中国方案和中国智慧提炼为具有中国特色、中国风格、中国气派的标识性话语，在全球范围内树立起新的话语旗帜，实现对全球话语的引领。

（二）形成立体展示中国实践、中国故事、中国力量的叙事体系

作为领导着14亿多人口的大国、具有重大全球影响力的世界最大执政党，中国共产党除了有为中国人民谋幸福、为中华民族谋复兴的初心与使命之外，还有为人类谋进步、为世界谋大同的责任与担当，积极回应各国人民普遍关切，持续为解决人类面临的共同问题作出贡献。然而，叙事体系的不完善使中国在国际社会的形象屡遭歪曲和抹黑。当前，中国共产党执政话语创新的全球逻辑在于打造立体展示中国实践、中国故事、中国力量的话语体系。任何一个政党执政话语体系的影响力归根结底都是由政党所执掌政权的硬实力所决定的。一般来说，国家发展水平越高，政党执政绩效越好，该政党的执政话语体系也会越具有说服力。然而，执政绩效是执政话语效力的主要影响因素，但不是全部影响因素，原因在于话语影响力的发挥还需要精心的话语表达设计来实现。实事求是地讲，党的十八大以来，中国正凭借着自身实力全方位大步走向世界舞台中央，但在国际舆论中对议题的主动设置方面，或是在议题解释权的争夺上，中国还时常处于较为被动的局面。事实证明，在党的执政话语体系建构中我国的发展优势还未完全转化为话语优势，还未形成一套既能体现中国特色又易于让外国人所接受的叙事体系来向世界解释中国。

国际话语权的争夺是一个积极主动的过程，而非单纯消极被动的应对之举。针对所面临的话语窘境，应该加快构建中国叙事体系，“讲好中国故事、传播好中国声音，

展现可信、可爱、可敬的中国形象”[1]。要充分挖掘党的执政话语体系背后的思想力量和精神力量，梳理出一系列中国故事，使党的叙事体系言之有物。具体来说，这些中国故事包括党勇担初心使命的故事、治国理政的故事、为人类谋求更加美好未来的故事等。在此基础上，还应该掌握国际舆论场中的叙事技巧，形成一整套完善和周密的解释框架，使党的叙事体系言之有理。在面对敌对势力的无端指责、恶意揣测和肆意抹黑时，我们的叙事体系能够积极作出回应，有理有利有节地打破西方国家炮制的话语圈套。此外，凭借所建构的叙事体系，在一些关涉中国形象的国际热点问题上要主动设置议题，积极引导国际舆论，解构西方话语霸权，向世界展示立体、全面、真实的中国。

（三）打造融通中外的新概念、新范畴、新表述

党的二十大报告明确指出，要“加强国际传播能力建设，全面提升国际传播效能，形成同我国综合国力和国际地位相匹配的国际话语权”[2]。从话语国际传播的逻辑出发，党的执政话语创新不能“自说自话”，除了要秉持中国气韵，还应该积极谋求走向世界，赢得世界范围内的话语认同。这就要求在党的执政话语创新中加强对外话语体系建设，打造融通中外的新概念、新范畴、新表述，寻求全球共识的“最大公约数”，尽可能减少党的执政话语国际传播的阻力，增强党的执政话语在整个世界范围内的辐射力。中外之间无法融通是话语国际传播的障碍之一，找到了这个主要症结就找到了执政话语创新的突破口。要抓住融通中外这一根本要求，推动对外话语体系创新。一方面，对外话语体系建设要寻找融通中外的价值内核，这是一个关系到对外“说什么”的问题。对外话语体系是党进行国际传播的重要语言工具，其背后承载着中国特色大国外交的理念和主张。在对外交往中，可说的故事和素材是丰富多彩的，但并非所有话语都能赢得国际社会的绝对高度认同。和平、发展、公平、正义、民主、自由这些共同价值是全人类的共同追求，党的执政话语体系的建构要想挣脱两种意识形态对立的桎梏，争得世界范围内更加广泛的认同，就必须以这些全人类共同价值为内核建构党的执政话语。另一方面，对外话语体系创新要采用融通中外的表达方式，这是一个关系到“怎么说”的问题。囿于语言差异和文化鸿沟，中西方话语之间的碰撞在所难免。为增强党的执政话语的世界影响力，对外话语体系中概念、范畴和表述的创制都应在保持民族特色的前提下尽可能符合国际惯例，符合不同国家和地区受众的语言习惯，采用国外受众所喜闻乐见的表达方式来实现。

原载于《理论学刊》2023年第2期

[1] 习近平：《高举中国特色社会主义伟大旗帜　为全面建设社会主义现代化国家而团结奋斗——在中国共产党第二十次全国代表大会上的报告》，《人民日报》2022年10月26日。

[2] 习近平：《高举中国特色社会主义伟大旗帜　为全面建设社会主义现代化国家而团结奋斗——在中国共产党第二十次全国代表大会上的报告》，《人民日报》2022年10月26日。

中国共产党制度领导力的价值意蕴、系统构成与实现机理

康　乐　臧秀玲

摘　要：中国共产党的制度领导力是指中国共产党作为领导行为主体，以制度为中国共产党发挥领导力作用的基本依据和非人格化手段，把党对一切工作的领导融入党的事业和国家治理的各领域各环节各方面，引领党的自身组织、各民主党派和社会团体、各国家机构合力推进国家治理体系和治理能力现代化的能力与效力。它不仅是深化马克思主义国家学说中国化时代化的行动自觉，也是把握中国特色社会主义制度体系规律性的历史主动，更是实现新时代新征程中国共产党使命任务的核心驱动。中国共产党制度领导力的实现机理遵循“控制—整合—扩散”的逻辑进路，依托价值性、理论性、组织性和技术性四位一体的制度资源实现党内制度领导力，依托统一战线及其运行机制巩固政党制度领导力，依托党政一体的治理结构和功能机制强化党外制度领导力，实现了党的制度领导力从自身组织到政党政治以及治国理政领域的全方位释放。

关键词：中国共产党；制度领导力；党的领导；制度体系

中国共产党成长壮大为具有重大全球影响力的世界第一大马克思主义执政党，彰显了中国共产党自身强大的领导力。有关中国共产党领导力的研究近年来逐渐成为学界关注的热点话题。根据已有的研究成果，有学者聚焦中国共产党的制度领导力，指出“制度视角下中国共产党的领导力是指把党的基本价值理念和战略目标根植于党内制度和党的治国理政制度，并通过党和政府的各级组织把这些制度予以落实，在实现党的战略目标中带领全国人民实现共同富裕和中华民族伟大复兴的能力”[1]。还有学者对中国共产党制度领导力的基本特征、发展历程、提升路径等展开了多维探讨。但现有研究多受限于循环论证的“结构—功能”范式，无法论证党的制度领导力的作用过程及其中介变量，这一研究不足导致当前党的制度领导力研究中制度主义、政党理论、学术话语等供给力和解释力有待进一步提高。

[1]　丁辉侠：《制度视角下中国共产党领导力的基本内涵与关键要素》，《学习论坛》2021年第1期。

结合以上研究，本文认为，中国共产党的制度领导力是指中国共产党作为领导行为主体，以制度为中国共产党发挥领导力作用的基本依据和非人格化手段，把党对一切工作的领导融入党的事业和国家治理的各领域各环节各方面，引领党的自身组织、各民主党派和社会团体、各国家机构合力推进国家治理体系和治理能力现代化的能力与效力。基于我国制度建设的政治逻辑，本文认为中国共产党的制度领导力分为党内制度领导力、政党制度领导力和党外制度领导力三大层级，以党内制度领导力为基础、以政党制度领导力为衔接、以党外制度领导力为统率，遵循“控制—整合—扩散”的逻辑进路，实现党的制度领导力从自身组织到政党政治再到国家治理的纵向嵌入、横向覆盖和全面激活。中国共产党自身组织的结构特点与资源禀赋、统一战线及其“中心—外围”组织的政治势能、党政一体的治理结构和功能机制则是党的制度领导力得以形成并不断成熟的关键要素。

一、中国共产党制度领导力的价值意蕴

中国共产党制度领导力把中国共产党这一最高政治领导力量以制度形式固定下来并落实到国家治理各领域各方面各环节，是引领中国式现代化、推进中华民族伟大复兴的必由之路。

（一）深化马克思主义国家学说中国化时代化的行动自觉

马克思主义认为，国家从控制阶级对立的需要中产生，是社会在一定发展阶段的产物。因此，在阶级冲突中产生的最强大的、在经济上占统治地位的阶级借助于国家，因而也在政治上成为占统治地位的阶级，并获得镇压和剥削被统治阶级的新手段。[1]马克思主义国家学说是中国共产党作为无产阶级政党批判和打碎旧社会的国家机器，建立无产阶级专政的新社会和社会主义的国家制度，承担建设国家、服务社会、发展民主等轴心功能的理论起点和思想源头。基于对无产阶级政党自身建设和社会主义国家治国理政经验教训的历史考察，中国共产党以全新的视角，思考作为组织国家建设的唯一主导力量应该以什么样的方式组织自己并治理国家，经过一系列自主探索，最终得出“没有党的领导也就不会有社会主义制度”[2]和“治理国家，制度是起根本性、全局性、长远性作用的”[3]等重要结论。中国共产党制度领导力是加强党的全面领导并以党领导制度建设的能力和效力为抓手，“着力从制度安排上发挥党的领导这个最大体制优

[1] 《马克思恩格斯选集》（第4卷），人民出版社2012年版，第188页。

[2] 《邓小平文选》（第2卷），人民出版社1994年版，第391页。

[3] 《习近平关于全面深化改革论述摘编》，中央文献出版社2014年版，第28页。

势”[1]的行动自觉，是确保党在治国理政各领域各方面各环节始终发挥锚定方向、总揽全局、协调各方作用的题中应有之义。

（二）把握中国特色社会主义制度体系规律性的历史主动

中国特色社会主义制度体系是一个内含根本制度、基本制度、重要制度与具体制度等多个层级的科学完整的制度体系，也是一个不断发展完善的制度体系，蕴含高度规律性，呈现出改革发展稳定、治党治国治军、内政外交国防的高度统筹性。中国共产党制度领导力是党深化中国特色社会主义制度“集中力量办大事、办难事、办急事”[2]的制度优越性的历史主动，也是党探索法治基础上政党与国家相互嵌入、以政党为中心领导国家但不取代国家的治国理政新模式的历史主动。中国共产党在创立中国特色社会主义制度体系的过程中，始终强调与历史发展规律站在一起，站在历史正确的一边。这种重视规律的哲学思维和大历史观是中国共产党能够承担使命、克服困难、创造辉煌的前提条件。以正确的历史观作为支撑使得中国共产党有能力“适时做出经得起时间检验的科学判断和决策，善于采取既有利于自身发展也有利于共同发展、既有益于自身安全也有益于共同安全的战略性举措”[3]，为不断夺取全面建设社会主义现代化国家新胜利提供一整套更加完备、稳定和管用的制度体系。

（三）践履新时代新征程中国共产党使命任务的核心驱动

中国共产党遵循党建国家机理，“探索出一条先创建无产阶级政党，再创立社会主义政权，最后主导国家现代化发展的文明发展之路”[4]，并取得了深刻影响国际政治经济格局的历史性胜利。然而，当前国际局势深刻调整，世界进入新的动荡变革期。面对“世界怎么了”“人类社会向何处去”“我们怎么办”的中国之问、世界之问、人民之问、时代之问，习近平总书记在党的第二十次全国代表大会上郑重宣示，“团结带领全国各族人民全面建成社会主义现代化强国、实现第二个百年奋斗目标，以中国式现代化全面推进中华民族伟大复兴”[5]是党在新时代新征程的使命任务。以习近平同志为核心的党中央在党的二十大报告这份纲领性文件中擘画了全面建成社会主义现代化强国的宏伟蓝图，强调了坚持和加强党的全面领导是以中国式现代化全面推进中华民族伟

[1] 《习近平谈治国理政》（第三卷），外文出版社2020年版，第90页。

[2] 《习近平谈治国理政》（第四卷），外文出版社2022年版，第102页。

[3] 孔新峰：《把握“站在历史正确的一边”的深刻内涵》，《人民论坛》2021年第36期。

[4] 臧秀玲、康乐：《中国新型政党制度的创造性、优越性及其时代意蕴》，《当代世界社会主义问题》2022年第2期。

[5] 习近平：《高举中国特色社会主义伟大旗帜　为全面建设社会主义现代化国家而团结奋斗——在中国共产党第二十次全国代表大会上的报告》，人民出版社2022年版，第21页。

大复兴的根本保障。党的十八大以来，中国共产党在经济、政治、文化、社会、生态、党的建设等各领域建章立制，确立了中国特色社会主义制度体系，形成了比较全面稳定的制度领导力。新时代全面建设社会主义现代化国家是一项伟大而艰巨的事业，只有不断提高中国共产党运用制度权威应对风险挑战冲击的领导能力，才能巩固中国式现代化的领导力量，确保党始终成为风雨来袭时全体人民最可靠的主心骨。

二、中国共产党制度领导力的系统构成

从层级和功能视角出发分析中国共产党制度领导力的系统构成是把握中国共产党制度领导力基本内涵的重要基础。以中国共产党组织整体作为领导行为主体，根据内容特性和功能属性可以将中国共产党制度领导力分为党内制度领导力、政党制度领导力和党外制度领导力三个层级。具体而言，党内制度领导力是建设政党制度领导力和党外制度领导力的前提，会带动政党制度领导力和党外制度领导力；政党制度领导力是衔接党内制度领导力和党外制度领导力的中介，既能巩固党内制度领导力建设，又能引领党外制度领导力建设；党外制度领导力是统筹党内制度领导力和政党制度领导力的目标，致力于建构党强国强的国家制度建设新格局，实现中国共产党整体性制度领导力的成熟和定型。

（一）中国共产党党内制度领导力

中国共产党党内制度领导力是指中国共产党依托领导权力和制度权威，以马克思主义政党的政治纲领、奋斗目标、愿景使命、政治纪律等嵌入组织价值观的党内法规制度，来规范和引导党的组织以及全体党员政治行为的能力和效力，在党的制度领导力逻辑系统中发挥着基础性、统领性作用。中国共产党经历百年奋斗，成功应对各种风险挑战、化危为机的一条重要经验就是坚持和加强党的全面领导，并以党内法规制度体系的形式对这一强大领导力进行确认和巩固，进而让客观存在的制度规范、组织文化、政治纪律等发挥严密性、稳定性、持久性和整体性领导力，确保组织不断发展壮大，引导全体党员强化党性修养和政治本领。党内法规制度体系成功将中国共产党的各种政治规矩、行为规范、组织规则等刚性的正式制度形态以及性质宗旨、价值使命、战略目标、理想信念等柔性的非正式制度形态建构成具有不同效力和范围的制度体系，是中国共产党领导党内制度建设的重要抓手。党的十八大以来，党内法规制度建设取得了突破性进展，不仅对中华人民共和国成立以来制定的党内法规和规范性文件进行了全面系统的集中清理，而且修订出台了一批符合时代和实践要求的具有标志性、关键性、引领性的党内法规，构建起以党章为核心，以党章之下的准则、条例、

规则、规定、办法、细则等为支撑，统筹立改废释等环节的静态约束与动态调适相协调的较为系统完备的党内法规制度体系，为新时代加强党内制度领导力、增强党的领导权威提供了直接来源与基本遵循。

（二）中国共产党政党制度领导力

在中国共产党制度领导力的内容体系中，中国共产党政党制度领导力发挥着中介性、衔接性作用。中国共产党政党制度领导力首先体现在对历史法则和发展趋势的判断与选择上。为争取新民主主义革命取得最终的胜利，中国共产党开始联合各民主党派和无党派人士，这种政党合作模式对传统政党关系做出重大创新，建立起以多党合作和政治协商为主要内容的新型政党制度。中国共产党政党制度领导力其次体现在新中国成立后推动多党合作和政治协商制度规范化和程序化方面的诸多努力上。中国共产党在党的八大上确立了与各民主党派长期共存、互相监督的基本方针。在世界第三波民主化、世界多党制浪潮到来之时，中国共产党将中国共产党领导的多党合作和政治协商制度确立为我国一项基本政治制度，并在1993年以国家根本大法的形式对这一制度的长期存在和发展予以确认和巩固。从新型政党制度动态变迁的过程来看，中国共产党依托超稳定的政党制度主体架构和国家政权配置结构，通过“有领导的阶级联合与团结”[1]完成社会统合和政治统一，不仅从实践上推动党的领导机制、多党合作机制、协商民主机制、民主监督机制等进一步发展，更从理论上创新中国政党制度的本土话语表达和国际话语传播，为强化中国共产党政党制度领导力提供了持续稳定的制度资源。

（三）中国共产党党外制度领导力

党的十九届六中全会通过的《中共中央关于党的百年奋斗重大成就和历史经验的决议》明确把坚持党的坚强领导作为中国共产党百年奋斗取得伟大成就的最根本原因，并将坚持党的领导置于中国共产党百年奋斗积累的十大历史经验之首。中国共产党是按照马克思主义建党原则建立起来的无产阶级政党，其先锋队性质使其合理且必然地成为领导无产阶级的强大组织力量，并通过话语上的建构即马克思主义意识形态的话语权和解释力以及事实上的成功即领导新民主主义革命取得胜利，完成了近代中国从封建专制政治向现代民主政体转型的艰辛探索，获得了广大人民群众的支持和拥护，掌握了历史和人民所赋予的领导正当性和政权合法性资源。但这只是解决了中国共产党领导人民建构国家和治理国家的权力与资格问题，真正关键的问题在于中国共产党

---

[1] 林尚立：《复合民主：人民民主在中国的实践形态》，《中共浙江省委党校学报》2011年第5期。

如何领导人民完成超大主权国家建构和超大规模国家治理的双重任务，以何种方式使马克思主义所强调的“国家政权的一切政治经济工作都由工人阶级觉悟的先锋队共产党领导”[1]这一根本原则付诸实践。中国共产党经过百年奋斗，探索出一套系统完备、科学规范、运行高效的中国特色社会主义制度集合，为党和国家事业发展提供根本性、全局性、长期性的制度保障，将党的领导这一根本保证、人民当家作主这一本质特征和依法治国这一基本方略统一于国家富强、民族复兴、人民幸福的现代化建设实践中，发挥积极影响力和正向凝聚力，确保党的坚强领导核心地位。

三、中国共产党制度领导力的实现机理

在中国共产党制度领导力内容体系中，中国共产党以党内制度领导力、政党制度领导力、党外制度领导力为三大对象，遵循“控制—整合—扩散”的逻辑进路，将党组织的结构特点与资源禀赋、“中心—外围”组织的政治势能、党政体制的制度优势转化为现实的领导绩效，实现党的制度领导力从自身组织到政党政治以及治国理政各领域的全方位释放。

（一）中国共产党依托价值性、理论性、组织性和技术性四位一体的制度资源实现党内制度领导力

价值性制度代表了组织成员共同认可的一套价值目标和政治理想，为政治权力的正当存在和合法行使规定了最基础的政治方向和政治道德。而增进全体人民的自由与福祉、维护政治共同体的团结、确保国家权力属于人民、全心全意为人民服务等基础性正当价值是中国共产党在意识形态和政治信仰范畴的制度规范，也是最能体现道统的制度规定。在这些集中抽象的政治价值之下，还需要一系列更加具体详细的理论性制度来规范政党自身实践的方向、原则、要求。马克思主义的基本原理、党的指导思想和行动纲领、中华优秀传统文化等指导性理论是中国共产党进行政治决策、采取政治行动进而巩固最高政治领导力量的理论参照系。民主集中制是马克思主义政党区别于其他政党的鲜明标志，其核心要义是将超大规模的党员组织团结在党中央集中统一领导的政治轨道上，有力推动党中央决策部署在基层落实落细。作为中国共产党根本组织原则和根本领导制度的民主集中制是中国共产党建构纵向到底、横向到边的严密组织体系、实行极严格的集中、健全党的领导制度体系的制度支撑。技术性制度是组织成员实现共同价值目标和政治理想的操作性、程序性制度安排，能够有效实现中国

[1] 《列宁选集》（第4卷），人民出版社1995年版，第624页。

共产党制度领导力建设过程中的信息传递、人事管理、决策执行、监督问责等具体环节的运转与衔接。常态化的党管干部制度体系、重大事项请示报告制度等一系列技术性制度为增强中国共产党党内制度领导力提供了经验遵循。抽象浓缩的价值性制度、科学规范的理论性制度、上下贯通的组织性制度、高效统筹的技术性制度成为党的自身制度领导力建设的关键内容和战略路径。

（二）中国共产党依托统一战线及其运行机制巩固政党制度领导力

中国共产党领导的多党合作和政治协商制度是马克思主义统一战线理论与中国具体实际相结合的制度创造。中国共产党在统一战线工作机制中始终保持思想上、政治上和组织上的独立性，并牢牢掌握对统一战线的领导权，使党领导下的统一战线始终成为中国共产党凝聚人心、汇聚力量的战略方针和重要法宝。人民政协是中国人民爱国统一战线的组织形式，也是开展多党合作和政治协商的制度机构和机制保障。在中国共产党的领导下，作为政治共同体和专门协商机构的人民政协建立起涵盖政协全国委员会和省、市（地级市）、县地方委员会等完整组织体系，形成了以宪法为根本，以中共中央法规、政协章程和具体工作条例为主干，以其他各项配套体制机制为支撑的法律法规制度体系，具有完备的组织和制度基础，不断彰显联系面广、代表性强的团结优势和“有事多商量、遇事多商量、做事多商量”的民主优势，实现人民政协与党委、人大、政府工作的有效衔接，形成我国政治制度架构中政协系统与党的系统、人大系统、政府的政治合力。作为我国政党制度重要构件的统一战线及其运行机制具有无限的延展性和巨大的核心性，在尊重差异、求同存异的基础上同化和吸纳现代化过程所产生出来的新生社会势力，因而最大限度地动员各种社会资源、聚合各种社会力量，使中国共产党“以自身为中心逐渐建立了由民主党派、社会团体共同组成的‘中心—外围’网络”[1]，巩固权力运行层面领导与合作的统一、执政与参政的统一、民主与团结的统一。从这个意义上说，作为社会整合机制的统一战线与作为沟通吸纳机制的政治协商俨然成为中国共产党实现并强化政党制度领导力的内在机理与关键资源。

（三）中国共产党依托党政一体的治理结构和功能机制强化党外制度领导力

政党在国家政治生活中通常扮演着决定性和创造性的角色。在当代中国政治语境与治理过程中，“政治”指的是中国共产党执掌国家政权、运行国家治权的特定形态，因中国共产党高度重视行动路线设计和推进的问题导向和绩效导向，这一形态在实践中通常落实为行动性治理的基本方式。“行政”则是指现代科层制政府以常规性治理的

[1] 林尚立：《中国共产党与国家建设》，天津人民出版社2017年版，第201—203页。

方式传递和执行中国共产党治国理政意志和要求的体系化过程。这一过程在实践中因纵横交织的条块网络而存在的缝隙中产生了许多治理短板和治理空白。中国共产党的先锋队性质和执政党地位从法理意义上高度统一了人民意志、国家意志与执政党意志，党领导下的组织嵌入和人事管理使得政党组织与其对应层级的政府体系融合而成党集中统一领导的党政结构，适应转型社会的高度复杂性和治国理政的现实紧迫性，把坚持党的全面领导与推动国家行政机关履行各自的职能有机统一起来，从而实现了对传统科层治理的超越。在中国特色的党政复合体制中，归口管理体制以及作为议事协调机构的各类领导小组、委员会、指挥部等的设置将国家治理的各个工作领域纳入党的战略规划与实施的行动轨道，不仅有效落实党对政府的集中统一领导，而且发挥最高政治权威自上而下的政治势能，有效克服科层政府基于自身利益考量选择性执行或变通执行政策的负功能与组织惰性。政治与行政统筹协同的党政一体治理结构和功能机制不仅是党的领导原则向现实领导绩效转化的内在理路，也是实现中国共产党对政府体系的全面领导、组织融入和功能整合的主要路径，更是统筹中国特色社会主义事业中战略与决策、政务与事务、领导与实施等协同管理进而达致结构性均衡与功能性均衡的政治基础和有效弥合国家与社会之间治理缝隙的有机纽带，成为超越政治与行政二元框架、合力提升中国共产党党外制度领导力及其治理绩效的整体方案。

应当指出，党的制度领导力的实现机理遵循“控制—整合—扩散”的逻辑进路，价值性、理论性、组织性和技术性四位一体的制度性资源让中国共产党发展了自己的组织形式和管理机构，并且获得相当多的治国经验和许多经验丰富的管理人员，保障了中国共产党党内制度领导力对组织成员的纵向控制。作为社会整合机制的统一战线以及作为沟通吸纳机制的政治协商能够稳定吸纳现代化过程中产生的新兴社会力量、及时回应现代化过程中日益扩大的政治参与诉求，是中国共产党完善代表民意、制定政策、动员群众等功能，实现并强化政党制度领导力的组织化形式和制度化渠道，保障了中国共产党政党制度领导力对社会力量的横向整合。归口管理运作机制和跨党政的领导小组等制度设置把党的领导嵌入政治与行政复合的党政一体治理结构和功能机制，构建系统完备、科学规范、运行高效的党和国家机构职能体系，切实把党的领导能力转化为政治体制能力，保障了中国共产党党外制度领导力在各个领域的全面扩散。“控制—整合—扩散”的逻辑进路既展示了党的制度领导力的内容体系，同时又诠释了党的制度领导力的作用机制。

原载于《领导科学》2023年第6期

动态视野中的政党制度

许忠明　陶传平

摘　要： 国家是从社会中分化出来的，政党又是在国家和社会中形成的，政党是连接国家和社会的桥梁和纽带。政党在国家和社会中具有主导功能和核心地位，政党制度对国家政治建设和社会建设既有促进作用，又有约束作用。政党和政党制度建设的困境主要源于政党、国家、社会之间的向量变化，解决这些问题的关键是促使三个向量的均衡发展。

关键词： 政党；政党制度；政党—国家；国家—社会；社会—政党

中国共产党领导的多党合作和政治协商制度是当代中国的政党制度。由于它是在中国革命和建设中作为统一战线的一部分形成和发展起来的，所以我们对政党和政党制度的认识往往局限在统一战线的视野中，更多地考虑它对统一战线的“工具性”作用。在发展社会主义民主政治、建设社会主义政治文明的新时期，我国政党和政党制度的政治功能理应实现历史性转变。今天，我们应当站在民主政治的立足点上，在“国家—政党—社会”的三维立体结构中审视中国政党和政党制度，观察“国家—社会、国家—政党”“政党—社会”这三个向量的变化，按照民主政治建设的要求来改革和完善我国的政党制度。

一、政党在国家和社会中的主导功能与核心地位

政党是近现代民主政治的产物。随着时代主题和客观形势的变化，政党的形式也在不断变化，从精英型政党、群众性政党、全方位性政党到卡特尔政党，政党在不断“变脸”，但与其他社会组织相比，其在国家和社会中的主导功能和核心地位一直是最强大的，并引起人们的强烈关注。

政党功能是怎样的？从不同的角度可以得到不同的回答。18世纪末期，政党的活动引起人们的普遍警惕，其中尤其以圣茹斯特的言辞最为激烈：

每个政党都是罪犯，……每个宗派因而也是罪犯。……所有的宗派都试图削弱人

民的主权，宗派在分裂一个民族时用凶险的党派意识取代了自由。[1]

1796年，华盛顿的告别演说也特别耐人寻味：

假如政府软弱得不能抵御宗派的野心，自由……的确不过是一个名字而已。……我以最严肃的态度警告你们警惕政党精神的影响。[2]

那个时期，人们多从政党的本质来看待政党，认为政党类似于宗派，争权夺利是其本质。但是本质上的“恶”不一定必然导致行动上的“恶”，政党功能在从“负责任的政府”到“反应型政府”的政治发展过程中出现了变化。著名学者萨托利精辟地论述道：

政党不是宗派。……政党的存在根本不会消除自私和无耻的动机。政客们寻找权力的动机仍然常在。所不同的是加在这些动机上的程序和约束。即使是政党政客完全为赤裸裸的私利所驱使，他的行为也要和他的动机相分离，如果体制的约束机制运作良好的话。因此（政党和宗派的）区别在于，政党是服务于集体的福祉的，是服务于不仅仅是竞争者个人的福利这一目的的。政党使人民和政府连接起来，而宗派做不到。政党能增强制度性的能力，宗派则做不到。简而言之，政党是功能性的机构——它们服务于目的并担当角色——而宗派则不是。[3]

政党是整体的部分。……如果无视部分和政党之间的联系是错误的，另一方面，如果认为政党是和整体无关的认识也是非常错误的。如果政党是一个不能为整体而执政（也就是考虑到普遍的利益）的部分，那么它就和宗派无异。尽管政党仅仅代表一部分，这个部分对整体必须采取非偏私的立场。[4]

政党是表达的渠道。这就是说，政党首先且最主要的是表达的手段：它们是工具，是代理机构，通过表达人民的要求而代表他们。在整个19世纪和20世纪很长的时间里，政党在发展，但它们的发展并不是向人民表达当权者的期望，而是向当权者表达人民的愿望。[5]

在这里，萨托利是从权利和公益的角度论述的，政党是整体的一部分，不同于宗派或利益集团，具有代表功能、民意表达功能。特别值得注意的是，法国著名政治学家让·布隆代尔与意大利政治学教授毛里齐奥·科塔特别提出了政党的政策制定、职务任命和政治恩赐功能，这在很大程度上进一步拓宽了对政党功能的认识。

美国著名政治社会学家西·马·利普塞特在《一致与冲突》中，把政党称作“冲

[1] G.萨托利：《政党与政党体制》，王明进译，商务印书馆2006年版，第26页。

[2] G.萨托利：《政党与政党体制》，王明进译，商务印书馆2006年版，第28页。

[3] G.萨托利：《政党与政党体制》，王明进译，商务印书馆2006年版，第52页。

[4] G.萨托利：《政党与政党体制》，王明进译，商务印书馆2006年版，第54页。

[5] G.萨托利：《政党与政党体制》，王明进译，商务印书馆2006年版，第56页。

突的力量和整合的工具”。从“冲突”与“整合”的角度看，政党既是一个国家和社会“冲突的力量”，又是“整合的工具”。是导致“冲突”，还是导致“整合”，这在很大程度上取决于政党自身的政治意识、社会结构、阶级状况、时代主题等各个方面的因素，在强调阶级斗争的时代，政党的冲突功能往往占据主导地位。而在强调社会和谐的时代，政党的整合功能便成为主要功能。

我国学者对政党地位和作用也进行了不懈探索，并取得了相当可观的成果。其中，王韶兴先生的观点引人注目，他比较早地使用了“政党职能”的概念，从政党职能的角度对政党的地位和作用进行了令人信服的阐明。

在本质特征上，政党职能所揭示的是政党应当具有的政治品质和政治技能，强调的是政党“应然”，即政党“应有”“应做”的问题；在概念功能上，政党职能是从理论方面回答政党做什么的必然性、必要性的基本内容及其本质特征问题；在实践形态上，政党职能所反映的是政党在承担政治义务或政治责任时应当拥有的政治权利，是政党义务和政党权利的有机统一。

政党职能是一个内容丰富的科学体系。民主是政党职能的“内核”和“原点”，高度发展的政党民主和社会民主是政党职能的根本指向和价值依归，组织动员、价值导向、桥梁中介、人才保障、利益协调和发展稳定是政党职能的基本表现[1]。

总的来说，在当今民主政治时代，政党是一个国家与社会的政治权力核心，是政治制度的实际操作者，也是现代民主政治的主导力量，具有明显的民主政治功能。对发展中国家而言，民主既是政党的目标之一，也是对民众的一种承诺。民众支持政党反对专制的一个很重要的原因在于政党答应要实现民主，因而政党执政后必须推行民主以获得人民群众的支持。

二、政党制度与国家政治建设、社会建设的内在逻辑关系

民主政治是一个系统工程，政党、国家政权与社会是现代政治系统的三大要素和三大主体力量。这三种力量相互作用，共同决定着一个国家的政治生活与民主政治发展。政党作用的发挥与一个国家的政党制度密切相关。它们之间的关系具体表现为：

首先，政党制度与一个国家的政治制度具有内在的逻辑关系。政治制度是一个综合的概念，是基本制度、体制和机制、具体制度的统一，其中，基本制度具有根本作用。而政党制度是一个国家基本的政治制度，集中反映了政党、国家、社会之间的复杂关系，在政治体制中具有事关全局的战略地位，在国家、社会各个领域中发挥着重

[1] 王韶兴:《政党职能探讨》,《山东社会科学》2005年第3期。

要作用。实际上，在现代民主国家，政党制度既规范着政党行为、制约着政党作用的发挥，又把一个国家的政党与政治制度紧密联系在一起，成为一个国家政治制度的关键点和连接点。政党制度与政治制度的这种关系在当代中国表现得更为明显，因为在我国，中国共产党是唯一的领导党和执政党，党的领导、人民民主、政治文明之间具有内在的统一性，我国的政治文明与政党文明不是一般的单向的要求，而是一种双向互动关系；不是简单、被动的双向互动，而是一种自觉的、政党主导的双向互动。在新的历史时期，发展社会主义民主、建设社会主义政治文明，必须加强政党制度建设，通过完善我国的政党制度来推动我国的政治文明建设和民主政治发展。

其次，政党制度与促进社会民主、实现社会和谐有着内在的逻辑关系。选举民主和协商民主是实现社会民主和社会和谐的基本途径。我国政党制度以坚持中国共产党的领导为首要前提，以坚持多党合作和政治协商为主要内容，这对扩大选举民主的范围、保证选举民主的真实性和有效性、支持人民当家作主具有根本意义。它以参政议政、政治协商、民主监督、合作共事为多党合作的四种实现途径，成为我国在体制内实行协商民主的重要表现。我国政党制度在实践中保证了人民通过选举、投票行使权力和人民内部各方面在重大决策之前进行充分协商，尽可能就共同性问题取得一致意见，有力地扩大了社会各界的有序政治参与，拓宽了利益表达渠道。我国的民主政治发展和政治文明建设，既离不开中国共产党的领导，也离不开各民主党派的政治参与。用党内民主带动社会民主，用政党民主促进社会民主，通过政党与政党制度建设来推动我国民主政治发展，应该是我国民主政治发展和政治文明建设最直接、最现实的切入点。

最后，政党制度是连接国家与社会的桥梁和纽带，是民主政治的“传送带”和“方向盘”。这是由政党与国家、社会的关系及其政治地位决定的。政党制度一端架在社会之上，另一端架在国家之上，它“形”在政权体制外，“魂”在政权体系内，不仅与权力相通，可通过权力与政治法律制度影响民主政治发展。还能通过政党的纲领、路线、方针、政策影响国家与社会的政治生活，通过政党组织与党员发动群众、组织和领导政治发展。如果说，政党制度、国家制度、社会三者之间组成了一个机器体系的话，社会就是“发动机”，国家制度就是“工具机”，而政党制度则是“传动带”，若缺少政党制度，国家与社会之间就缺少了必要的“调节器”和“联动带”，就难以产生有效的互动。而且，政党制度保证了政党作用的发挥。在现代社会，政党是最主要的政治参与形式，绝大多数与民主政治有关的活动都由政党发起、控制或主导，政党“将直接或间接地决定着整个政治发展的取向、路径与方式”[1]。因此，政党制度成为政

[1] 林尚立：《有序民主化：论政党在中国政治发展中的作用》，《吉林大学社会科学学报》2004年第6期。

治发展的“方向盘”。

三、中国政党制度的现实政治困境

政党和政党制度作为一个政治系统，总是处在不断变化之中，这种变化是在它与国家和社会的相互作用中实现的，涉及“国家—社会”“政党—国家”“政党—社会”三个向量的变化，分析这些变化，可以清晰地认识我国政党和政党制度的形成及其面临的困境。

首先，国家与社会关系的变化是影响政党和政党制度的第一个向量。任何一个政党的产生、存在，都受制于特定的国家、社会之内，而不是之外，政党制度必然要受到国家与社会关系的影响与制约。在现代西方国家，市民社会已经发育得比较成熟，国家与社会的分野比较明确，小政府大社会已成为西方社会的显著特点。在我国，从历史看，家与国、国家与社会之间存在密切联系，难以分开。从现实看，在市场经济全面发展的今天，与计划经济相适应的全能主义政府已经消退，但未完全退出。社会呈现多样化发展趋势，公民社会正在形成，虽然国家仍然主导着社会发展，威权型政党政府具有现实存在的正当性和合理性，但是其转变已经开始，并有加速趋势。

我国学者刘京西认为，国家与社会的关系是一种“历时性关系”[1]。历时性关系经过了三种形态：第一种是国家涵盖社会，社会与国家不相分离。也就是说，在国家的笼罩下，社会的发育极其幼稚，无力进行自我调节。社会即国家，国家即社会。第二种是社会与国家已经分离，但国家明显处于强势地位，社会处于弱势状态。第三种是社会与国家的发展处于均衡状态。面对社会自组织的发展与抗争，国家有意收缩其权力触角，以给社会的独立发展留出充足的自由空间。目前，我国正处于第二种状态和由第二种状态向第三种状态转变的过程之中。随着市场经济的不断发展，从第二种状态向第三种状态转变符合人类政治文明的走向，但我国政党制度在促成这一变化中明显不力。造成这一结果的主要原因是政党出于执政的需要，过于强化对于国家的控制而造成的。江泽民同志提出“全面建设小康社会”、胡锦涛同志提出建设“和谐社会”、党的十七大上把“群众自治制度”作为我国又一项基本政治制度，都是中国共产党人对于加强社会建设、调节国家与社会关系的一种努力，也是我国政党制度首先需要解决的问题。

其次，政党与国家关系的变化是影响政党和政党制度的第二个向量。我国学者刘红凛认为，“政党与政权关系，即通常所言的党政关系，是影响政党制度的关键性因素，

[1] 刘京西：《政治生态论》，山东大学出版社2007年版，第158页。

正是在争夺与执掌或参与政权的实践中才产生了实质性的政党关系、形成了政党制度，分析政党制度与政党关系必须通过党政关系这个桥梁来进行”[1]。从组织性质上看，政党虽然是与国家政权密切相关的政治组织，但本身并不是国家权力机关，而是社会的政治组织。在西方国家，一般政党与政府并没有直接关系，各自按照相关的法律法规活动，相互之间也没有领导和被领导的关系。只有当政党赢得了大选、上台执政时，政党和政府才产生直接联系。在三权分立的体制下，无论是执政党还是在野党，都不是国家的领导党。执政党的职责仅仅是被授权在有限的期限内管理国家事务，运转国家机器，而不是制造或改造国家机器。任何执政党的下台都无损于国家机器，甚至不影响国家机器的运转。而我国，“不论在历史逻辑上还是在政治逻辑上，政党都是国家的前提，即政党建立国家、并领导国家”[2]。就中国共产党而言，它不仅是中国唯一的领导党，也是唯一合法的执政党。与国家政权的关系，不仅是执政关系，还是政治上的领导与被领导的关系。不仅是现有国家政权的最初缔造者，也是现行国家机器的维护、改革者。就民主党派而言，八大民主党派是致力于中国特色社会主义事业的参政党，但不是联合执政、分享政权。

通过这种对比，可以发现中国政党与国家之间存在着比西方国家更加稳定的、密切的联系，国家与政党之间的向量变化幅度很小，对社会的反应不够敏感和积极，正如萨托利指出的：“政党和国家——面对普通的民众——是两个相互维持且相互强化的组织。”[3]这种党政关系既有有助于维护政治稳定的一面，也有不利于维护政治稳定的一面。贾庆国认为：“西方的政党制度允许政党轮替，一大好处是有助于社会不满情绪较为充分地释放。执政党的政策再好，社会上也会对其产生不满情绪；掌权就无法完全杜绝某些官员滥用公权的现象，就会引起非议；发展就会导致社会再分配，没有从中得到好处或得到好处较少的人就不满意；改革必然损害某些既得利益，从而招致某些人的反对。在一党执政的情况下，不满情绪发泄的渠道相对较少，随着时间的推移，这种情绪就会积少成多，变得非理性，不切实际地把希望寄托在改朝换代上，对政治稳定构成挑战。西方的政党制度有助于不满情绪的发泄，在野党对执政党的批评和抹黑、政党轮替为这种情绪的宣泄提供了重要渠道。同时，鉴于新的执政党也无法解决上述问题，最终有助于人们理性地看待上述问题，这种情况有助于实现政治的稳定。”[4]

---

[1] 金安平、陈忱主编：《民主协商与协商民主：当代中国政党的理论与实践——第二届北京大学政党研究论坛论文集》，中国文联出版社2007年版，第180页。

[2] 林尚立：《党、国家与社会：党实现领导核心作用的政治学思考》，《中共天津市委党校学报》2001年第1期。

[3] G.萨托利：《政党与政党体制》，王明进译，商务印书馆2006年版，第72页。

[4] 中央社会主义学院、北京社会主义学院编：《坚持走中国特色社会主义政治发展道路研究》，中央编译出版社2007年版，第151页。

如何解决我国政党和国家政权的关系，是我国政党制度面临的又一项世纪性难题。

最后，政党与社会关系的变化是影响政党制度的第三个向量。从政党与社会的关系看，在现代西方社会，政党虽然以控制国家政权为目的，与一般的政治组织或社会团体有所不同，但在本质上仍属于社会的政治组织，而且任何政党都不可能是社会的领导党，它们的主要功能是表达民意，对政府形成压力，“政党是把大众的偏好转变为公共政策的基本公共机构”[1]。但在我国，中国共产党是中国特色社会主义事业的领导核心，是国家和社会的领导党，主要通过各种党的路线、方针、政策、先进性示范作用等非权力领导方式（政治领导方式）来实现党的领导。另外，在执政条件下，还借助国家权力等间接的权力领导方式来实现对国家和社会的领导，党的领导方式是间接的权力领导方式与直接的权力领导方式的统一，中国政党制度因此而具有了更大的社会凝聚力。但是，在它具有优点的同时也出现了不利的倾向，即表达功能和领导功能的失衡，领导功能的强化往往导致了一些领导人对民意的操纵和扭曲，“教化”高踞于“表达”之上，政党的表达功能受到很大削弱。近年来，我国日趋频繁的群体性事件就很好地说明了这一点。

总之，“国家—社会”“政党—国家”“政党—社会”三个向量的变化，揭示了中西政党和政党制度形成的不同成因，决定了我国政党和政党制度在国家和社会生活中的地位和作用与西方有明显不同，突出了我国政党和政党制度面临的特殊困境。

四、完善中国政党与政党制度的具体思路

政党的价值定位对完善我国政党和政党制度指明了方向，“国家—社会”“政党—国家”“政党—社会”三个向量的变化为政党制度的完善提出了要求，政党、社会和国家之间的逻辑关系则为政党和政党制度的完善提供了条件。

第一，政党是在社会中形成和发展起来的，控制国家政权是其重要的目的，因此，关注国家和社会之间关系的向量变化，寻找社会发展的规律，是完善政党制度的首要前提。如前所述，国家与社会的理想关系是一种均衡关系，我国正处于从第二种状态向第三种状态转变的过程之中，如何促进实现这一转变是我们的重要任务。国家与社会之间存在一种“共时性关系”[2]，共时性关系是在同一时空状态下的国家与社会关系，不会只表现为一种单纯的关系状态，可能是多重关系状态的重叠交织。支持与索取、均衡与非均衡、冲突与融合等关系状态，共时性地存在于国家政治体系和社会体系之

[1] V.O.Key，Jr.，*Public Opinion and American Democracy*，Knopf，1961，p.443.

[2] 刘京西：《政治生态论》，山东大学出版社2007年版，第160页。

间。社会是国家政治体系的资源基础和环境基础，国家的运作和发展，有赖于社会体系的资源性支撑。社会给国家政治体系提供资源的方式有两种：一是国家政治体系主动索取，社会环境被动给予。二是社会环境主动给予，国家政治体系欣然接受。国家对社会实现从索取到支持的转变，是国家与社会良性互动的关键。社会与国家的发展经常是不平衡的，社会的发展需要国家政治体系不断做出调整来适应，社会组织和普通群众与国家政治体系都应该学会宽容、妥协，正确处理彼此之间的冲突，以达到更高层次的融合。在当前情况下，我国政治领导体制正处于从权威型政治领导人到技术官员型政治领导人的转变时期，体制转型引发的社会不满和政治压力激增，老百姓对经济起飞能给自己带来好处的预期的增长速度远远超过它们现实中能够得到好处的增长速度。因此，我国政党制度在协调、推动二者关系发展方面存在着挑战和机遇。

第二，政党与国家关系的正确处理是完善我国政党制度的重要方面。观念是行动的先导，首先，要从社会主义民主政治的角度来认识政党与政党制度的功能，实现政党观念的转变。在党的十七大上，胡锦涛指出："人民民主是社会主义的生命。发展社会主义民主政治是我们党始终不渝的奋斗目标。"[1]执政党在观念上首先要实现从革命时期"阶级斗争的政党"向建设时期"建设性的党"、从旧体制下的"反对党"向新体制下的"执政党"、从传统的阶级党向阶级性与人民性、民族性三者统一的全方位党转变，实现从"斗争哲学"向"和谐哲学"的转变。其次，处理党政关系要有正确的方向和道路，这就是要始终把党的领导、人民当家作主和依法治国统一起来，沿着中国特色社会主义道路不断前进。再次，制度是中国政治文明的核心问题，制度具有根本性、全局性、稳定性、长期性，处理党政关系必须依靠制度，坚持用制度管权、管事、管人。最后，正确处理各个方面的关系要有科学的方法，坚持科学执政、民主执政和依法执政。

第三，政党与社会关系的正确处理是政党制度完善的根本所在。政党与社会的关系其实质就是一个政党的合法性问题，我们党的执政地位不是与生俱来的，也不是一劳永逸的，只有不断获取合法性政治资源，才能不断巩固和发展。获取合法性资源，正确处理政党与社会关系，关键在于协调政党的"表达功能"和"引导功能"，把表达功能放到第一位。萨托利对此有精妙的论述：

人们也可以进一步提出反对意见，认为政党不仅表达、反映民意而且更是在塑造、甚至是操纵民意。……我仅承认，政党也形成和操纵民意。表达和操纵是一个硬币的两面，是难以同等对待的。假定政党是双向沟通的渠道，我们并不能得出结论说政党作为向下传送的渠道和作为向上传输的纽带是同等重要的。操纵、操纵，只要政党是

[1] 《十七大报告辅导读本》，人民出版社2007年版，第27页。

“部分”（复数），一个政党体系总是倾向于从下而上的表达而不是自上而下的操纵。[1]

若以“人民没有自己的观点或者他们的观点在很大程度上是由观点的制造者制造的”为由，不恰当地强调操纵功能而忽视表达功能，只能造成民主的式微。无论任何时候，表达总是“硬币的正面”，而操纵只能是“硬币的反面”。

总之，完善政党制度具有现实的迫切性和正当性。布隆代尔和科塔警告说：“……政党具有内在的转变为超国家组织的危险……这种情况可能阻碍或限制社会对政府和国家做出反馈，最终导致国家因内部压力过大而崩溃，或者导致各种反对意见聚集起来，直到找到一个可怕的宣泄口。”[2]国家如果篡夺了社会的权利，国家将无法生存。而政党如果篡夺了国家的资源，政党同样无法生存。苏联和大多数意大利政党的瓦解充分说明了这一点。

原载于《云南社会科学》2009年第2期

[1] G.萨托利：《政党与政党体制》，王明进译，商务印书馆2006年版，第59页。

[2] 让·布隆代尔、毛里齐奥·科塔编：《政党政府的性质》，曾森等译，北京大学出版社2006年版，第46页。

对称性与非对称性

——政党制度再审视

许忠明　王先山

摘　要：对称性与非对称性是政党制度的两种属性，世界上所有的政党制度都包含着这两种因素的互动。我国政党制度也不例外，在非对称性因素占据优势的情况下，仍然包含着诸多对称性因素，这既包括在世界范围内的对称性因素，也包括政党制度内部的对称性因素。非对称性与对称性二者之间互相补充和完善，从而使我国政党制度表现出相当程度的"韧性"和优势。随着我国生产力的不断发展和社会阶层的不断分化，我国政党制度的对称性因素和非对称性因素的发展变化也将更趋活跃。

关键词：政党制度；对称性；非对称性；政党政治

对政党制度进行对称性与非对称性分类，是我国政党制度研究过程中出现的一个重要动向。虞崇胜先生是比较早地注意和研究这一问题的学者，他认为："如果从不同政党在政治生活中的实际地位和作用来看，各国的政党制度可以分为对称性政党制度和非对称性政党制度两大类。所谓对称性政党制度是指一国内不同政党势均力敌，轮流执政，不同政党的作用和地位呈现出某种程度的对称性。所谓非对称性政党制度是指一国内不同政党并非势均力敌，也不是轮流执政，而是各安其位、各得其所、相互配合、相互合作，不同政党的地位和作用呈现出非对称性状态。"[1]这一观点为我们观察中国政党制度提供了一个新的分析工具，目前迫切需要在此基础上继续挖掘。

一、对称性与非对称性贯彻在世界政党和政党制度的发展过程之中

从对称性与非对称性入手解析政党制度，十分有助于进一步把握政党制度的本质属性，推进中国政党制度的健康发展。但是，我们注意到，世界上任何政党制度都包

[1]　虞崇胜：《非对称性政党制度视域下的参政党建设》，《北京行政学院学报》2011年第2期。

含着大量的非对称性因素，同时也包含着大量的对称性因素，两类因素之间相互作用、相互影响、相互支持，共同主导了政党制度的发展。世界上任何政党在其发展过程中，都有其由小到大、由弱变强的共性，而一个国家的政党制度则要包容这些政党要素，整合、协调这些政党要素之间的关系，发挥整体的功能和优势。一个国家的多个政党不可能完全平衡，其发展过程具有历时性和共时性的特点，它们在争夺国家政权的过程中总是此消彼长、此起彼伏的，不可能出现完全的对称性，但是它们又在不断地追求对称性，这种理想与现实的落差刺激了政党之间的竞争，提供了政党制度改进的动力。要理解这一点，我们就需要考察世界上多个政党和政党制度的发展历程。

英国政党和政党制度的出现和发展具有典型意义，它是一种原生态、内生性政党制度。英国在历史上长期存在着国王、教会、贵族之间的斗争，1215年英国《大宪章》的颁布意味着以国王为一方，教会和贵族为另一方的制衡局面出现。这种平衡维持到18世纪后，开始受到了中产阶级和下层人民的挑战。日益壮大的中产阶级和人数不断增长的无产阶级开始了政治上的觉醒，原有的政治框架则难以充分缓解贵族与平民之间的这种压力，阶级状况和政治诉求的变化迫切要求有一种新的表达形式出现。而政党由于自身的优点——能够打破身份、地域、血缘、阶级的限制——从而获得了重视和发展。18世纪上半叶，辉格党与托利党之间开始角逐，登上了当时英国的政治舞台，但是二者之间的发展一直处于摇摇摆摆的不稳定状态之中。18世纪六七十年代，以中产阶级为主体，争取政治改革的威尔克斯运动有力地刺激了贵族阶级政治意识的高涨，他们深切感受到其他阶层尤其是中下层人民对他们政治特权的威胁。为了防止权力过快地向中下层扩散，统治阶级也需要使自己内部权力的转移和不同政见的表达制度化。因为无规则的权力斗争会导致对大众的政治动员，使新的政治力量过快参与。贵族阶级内部不同政见斗争的自然趋势是两极化，于是原有的两党形式就被用来作为政治权力更替的制度化为形式了。这个历史过程，表明了英国政党制度从非对称性逐渐过渡到对称性的内在逻辑，英国政党制度的对称性保证了各个政党不断发展和变化，带来了英国社会的长期稳定和繁荣。

从美国政党的发展历史看，1792年杰斐逊创立了民主共和党，19世纪初该党发生分裂，一派自称国民共和党，后来改成辉格党，以杰克逊为代表的另一派于1828年建立民主党。在1829—1860年中，除了1841—1845年、1849—1853年两届总统由辉格党人出任外，其余23年内各界总统都属于民主党。在这期间，民主党控制参议院24年、众议院26年。19世纪50年代末，民主党发生分裂，部分北方民主党人参与组建反对奴隶制的共和党，并长期执政。在1861—1885年长达24年的时间内，共和党执政，民主党在野；1885—1933年的48年间，民主党只有16年执政，共和党32年在位。1933年1月，民主党人罗斯福连续4次当选总统。之后，民主党又于1961—1969年、1977—1981年执政；1992年后，民主党人克林顿连续8年执政；2008年，民主党人奥巴马再次当选美国总统。从短期看，民主党与共和党彼此互有短长，并非完全对称；而从长期看，基本平分秋色，显示出“对称性”的一面。这一史实说明美国政党和政党制度的发展基本是平衡的、对称的。

日本长期以来属于“一强多弱”的外生型政党制度，可以看作一个比较典型的非对称性政党制度。但是，考察日本政党制度的变化，可以看出其“非对称性”中一直蕴藏着一种“对称性”的追求，正是这种对“对称性”的追求不断改变着日本政党制度的内涵和形式。第二次世界大战后，日本有过一个政党林立的特殊时代，据学者统计，当时达到360多个。[1]经过10年的混乱和摸索后，1955年，日本确立了以自由民主党（以下简称“自民党”）和社会党两大政党互相抗衡为主要特点的“五五年体制”。在一段相当长的时间内，自民党与社会党共占据国会议席的97%，但是，社会党的议席只有自民党的1/2。也就是说，虽然社会党占有国会议席的1/3，但是与自民党相比力量仍然悬殊，无法取得轮流执政的资格和地位。在这种情况下，自民党得以长期执掌日本政权，这种格局被许多学者称为“准两大政党体制”掩盖下的一党执政。

由此可以看出，日本政党制度虽然是非对称性的，但是其中存在并发展着对称性因素，并且，日本自民党内部一直存在着严重的“派阀”现象，其政权基本上是通过派阀的相互交替而维持的，而这种派阀实际上就相当于大党内部的小党。政权从一个派阀转到另一个派阀的手中，可以起到“拟政权交替”的作用，从而修正政策倾向，平抑国民的不满，稳定政权。显然，这是自民党一党独大下的又一对称性因素，正是这种对称性因素的作用，使得一党独大的非对称性政党制度得以长期存在和发展。

2009年8月30日，日本举行了第45届国会众议院大选。随后揭晓的选举结果显示，反对党民主党获得众议院480个议席中的308席，成为远超半数的国会第一大党，其党首鸠山由纪夫由此在9月16日的两院议员大会中被选为日本新一届内阁首相。而执政半个多世纪的自民党在众议院的席次，也由选前的300席降为119席，沦为地道的在野党。民主党“教父”、现任党首代理、即将出任民主党干事长的小泽一郎，据传其一生梦寐以求的政治抱负，就是让日本实现美英式的两党制。经过此次历史性大选，日本的政党体制正由一党独大制加速进入两党制。这说明，日本政党制度正在由“隐形对称性”发展到“显性对称性”，而“显性的非对称性”正在逐渐向“隐形的非对称性”转化。

可见，非对称性和对称性都是现代政党制度发展的特点，一个阶段的非对称性将为另一个阶段的对称性埋下伏笔，而另一个阶段的对称性则为新的非对称性准备条件，二者此起彼伏，互为表里，共同构成政党制度发展的动力。政党制度的对称件与非对

[1] 周淑真：《政党和政党制度比较研究》，人民出版社2001年版，第225页。

称性不仅是现代社会多样化和变化性的客观要求，而且是政党制度自身对于这种变化的主动适应和必然反映。从世界各国政党制度发展变化的实践来看，不论是对称性政党制度还是非对称性政党制度，都曾经是实现现代民主政治较为适宜的政党制度形式，但永远不会是最为适宜的政党制度形式，原因很简单，这个世界上没有最好的，只有更为适合的。把任何一种政党制度形式无限拔高和夸大，必然导致这种政党制度的凝固化和生命力的衰减。

二、我国政党制度的对称性与非对称性分析

理解我国政党制度的对称性与非对称性因素，必须对我国政党制度形成的源头加以考察。中国共产党领导的多党合作制度是国民党“以党治国”和“一党专制”的对立物，是在国民党的军事独裁和政治高压下形成的产物。为了建立一个民主、自由、独立的新中国，共产党和各民主党派精诚合作，共同构筑了世界历史上不曾有过的新型政党制度——中国共产党领导的多党合作和政治协商制度。这一政党制度自建立后，经受了世界风云变幻和国内形势变化的严峻考验，取得了斐然成就，自身也获得了长足的进展。为什么这样一个非对称性政党制度能够一枝独秀?

其实，透过历史观察，我们不难了解个中原委。长期以来，中国政党制度的“对称性因素”不是来源于内部，而是来源于外部。新中国成立前后，这一政党制度的对称性来源于国民党，换句话说，共产党领导的多党合作是与国民党的独裁专制相伴而生、相生相克的，是一个矛盾的对立体。当国民党退居台湾，影响日趋式微之时，中国政党制度已经登上历史舞台，在国际大舞台上与苏联、美国、西欧等国际力量展开了合纵连横。中国长期处于占据优势的西方世界的围堵之中，其困难和危险在一个较长的历史时期内从未得到缓解。在此情况下，中国政党制度始终面临着维护和巩固民族独立与人民解放的时代任务，它的对称性因素在外而不在内。内部的统一和团结是为了实现外部的力量，保证外部的安全和稳定。

党的十一届三中全会后，中国外部威胁大大减弱，邓小平高瞻远瞩，提出和平与发展是时代的主题，中国开始历史大转型。在这一时期内，中国政党制度内部仍然保持了高度的统一性和协调性，或者说仍然是“非对称性”的。这是因为，虽然我们抛弃了“以阶级斗争为纲”的错误方针路线，但是我们仍然紧紧围绕“以经济建设为中心”这一新的任务而展开，我国政党制度是服从和服务于这一新时期的历史任务的，发展始终是中国政党制度的主旋律。或者说，最大限度地改变中国“人口多、底子薄”的现状，聚精会神搞建设，一心一意谋发展，成为中国政党制度的向心力和凝聚力来源，成为中国政党制度的黏合剂。应该说，这是我国政党制度在新的历史时期仍然保

持“非对称性”的客观原因和必然结果。

实际上，理解中国政党制度的“非对称性”与“对称性”，不仅需要世界眼光，也需要历史的眼光，如果仅仅从中国政党制度的现状出发，是很难得出一个正确结论的。中国政党制度刚刚确立之时，其内部的对称性因素是值得重视的。1949年，第一届全国政协中主席与副主席共有6个，非中共人士就占了4个，比例高达66.6%；1954年，第二届全国政协中主席与副主席共有17个，非中共人士占13个，比例更是高达76.4%；1959年，第三届全国政协主席与副主席共有15个，非中共人士占9个，比例是60%；1964年，第四届全国政协主席与副主席23个，非中共人士占10个，比例为43.4%。1954年，全国人大第一届委员长副委员长总数14个，非中共人士占9个，比例为64.2%；1959年，第二届全国人大委员长副委员长总数16个，非中共人士占9个，比例为56.2%；1965年，全国人大委员长副委员长总数19个，非中共人士占10个，比例为52.6%。[1]“文化大革命”开始后，人民政协被迫停止办公，民主党派组织受到极大破坏，成员遭到迫害，中国政党制度彻底失衡，对称性因素荡然无存。

改革开放以来，中国政党制度迎来了新的春天。继1989年12月颁发《中共中央关于坚持和完善中国共产党领导的多党合作和政治协商制度的意见》之后，2005年中共中央再次颁发《中共中央关于进一步加强中国共产党领导的多党合作和政治协商制度建设的意见》。这是我国政党制度改革和发展过程中的大事，标志着我国政党制度走上了新的历史台阶。两个《意见》除继续重申了共产党与各民主党派享有在宪法范围内的政治上自由、组织上独立、法律上平等的权利外，还明确规定了民主党派的参政议政、政治协商、民主监督、合作共事的职能和作用。最为重要的是政治协商被纳入决策程序，参政议政被规定得更加明确，操作性进一步增强，民主监督越来越“实”，干部队伍中党外人士的比例进一步增多。在党的十七大上，胡锦涛明确指出：“要贯彻长期共存、互相监督、肝胆相照、荣辱与共的方针，加强同民主党派合作共事，支持民主党派和无党派人士更好履行参政议政、民主监督职能，选拔和推荐更多优秀党外干部担任领导职务。”[2]从历史的角度来看这些变化，可以看到我国政党制度中一直存在着一种对称性趋势和因素，这是我国政党制度能够健康发展的重要原因之一。

正确理解我国政党制度的对称性与非对称性，不仅要从构成要素上分析执政党与参政党之间的不对称性，而且更应该从结构上、整体上分析其对称性与非对称性。众所周知，我国政党政治中有9个政党，居于核心地位的共产党和8个民主党派在数量上存在着巨大的差别：中国共产党拥有党员8000多万，而民主党派只有80多万；共产党

[1] 杨爱珍：《当代中国政党制度研究》，学林出版社2004年版，第117页。

[2] 《十七大报告辅导读本》，人民出版社2007年版，第30—31页。

掌握着国家的执政权，民主党派享有参政权。从这些方面看，二者是不对称的，不平衡的，但是一种制度的对称性并不能仅仅从它的组成要素数量上简单判断，也不能仅仅从它的不同功能上简单判断，更为科学的办法是从结构上、整体上加以分析。就像太阳系有一个恒星太阳和8个行星，恒星与行星的配合形成了物理学中的均衡与平衡，这是一种被科学家们广泛赞誉的“对称美”。所以说，单纯从民主党派与共产党的数量和功能上看出二者不对称，在哲学上属于“一叶障目不见森林”的片面性，其偏差的根本点在于没有从政党政治这一整体上认识我国政党制度的特点。

三、非对称性与对称性共同构成中国政党制度的制度优势

考察我国政党制度的对称性与非对称性因素，不仅要能够以现代世界政党制度为参考，正确认识我国政党制度内部执政党与参政党之间的对称性与非对称性，而且应该能够看到我国政党制度外部的对称性与非对称性。西方国家之所以大多形成了对称性政党制度，是因为这些国家率先实现了工业化和市场化，率先构建了现代民族国家，因而它们从未面临空前的民族危机和国家危机，它们面临的主要问题不是一个“赶超”其他国家和民族的问题，而是如何处理封建贵族和新兴市民阶级的矛盾，如何化解资产阶级内部的矛盾，如何对付日益觉醒的工人阶级和劳动大众的矛盾。两党制和多党制为处理这种矛盾提供了一个选择的路径和方法，因而得到了持续的发展和认同。

可以说，西方政党和政党制度是在民族国家的保护下，在民族国家的范围内建立和发展起来的，而中国政党和政党制度则没有这种幸运，它一开始就被迫进入国际大环境中参与角逐，这从中国国民党一开始就和日本、美国存在密切关系的事实中，从中国共产党一开始就作为共产国际一个支部的事实中，得到无可辩驳的证明。中国政党是在“亡国灭种”的强烈忧患意识下从西方引进的，它一开始就担负着“亟拯斯民于水火，切扶大厦之将倾”的历史重任。它面临的突出问题是凝聚各方面的力量，完成民族独立、人民解放，国家富强、人民幸福的历史任务。这就要求中国政党必须最大限度地团结起来形成合力，才能在较短的时间内完成历史赋予的责任。中国的非对称性政党制度本身具有的特点和优势可以更好地实现这一点，所以历史曾经选择了中国国民党，现在历史则选择了中国共产党和中国共产党领导的多党合作和政治协商制度。

如果说西方政党制度是一种“跷跷板”结构，那么中国政党制度则是一种卢瑟福“核式”结构。“跷跷板”结构是西方文化多元一体的产物，“跷跷板”两端的政党紧紧围绕着资产阶级的利益而不断运转，十分有利于调节资产阶级内部各阶层的利益，充分反映各个阶层的意志，从而保证资产阶级国家机器的正常运转。而“核式”结构则

与中国传统文化相适应，居于核心的中国共产党与外围层次的各民主党派形成了一个紧密的结构，这一结构有利于各民族、各阶层的团结与和谐，有利于围绕着“一个中心，两个基本点”展开工作，有利于民富国强的目标实现。

中共历代领导人对当代政党制度都有清醒和科学的认识。毛泽东在新民主主义革命时期就指出：“中国一切政党的政策及实践在中国人民中所表现的作用的好坏、大小，归根到底，看它对于中国人民的生产力的发展是否有帮助及其帮助之大小。”[1]邓小平则指出：“我们评价一个国家的政治体制、政治结构和政策是否正确，关键看三条：第一是看国家的政局是否稳定；第二是看能否增进人民的团结，改善人民的生活；第三是看生产力能否得到持续发展。”[2]江泽民也有类似的论述：“衡量中国的政治制度和政党制度，最根本的是要从中国的国情出发，从中国革命、建设和改革实践的效果着眼，一是看能否促进社会生产力的持续发展和社会全面进步；二是看能否实现和发展人民民主、增强党和国家的活力，保持和发挥社会主义制度的特点和优势；三是看能否保持国家政体的稳定和社会安定团结；四是看能否实现和维护最广大人民群众的根本利益。”[3]可以说，我国政党制度担负的历史责任远比西方政党制度更为艰巨和复杂，我国政党和政党制度的视野一开始就是定位于世界，定位于中国未来的。这才是我国政党制度充满活力，能够创造“中国崛起”的真正奥秘所在。

正确认识我国政党制度的对称性与非对称性，不仅应该分析中外政党制度的历史与现实，而且应该借鉴世界文明的积极成果。萨托利在《政党与政党体制》一书中，把世界上的政党分为“作为部分的政党”和“作为整体的政党”。他非常深刻地分析道：“在建立民族国家的过程中西方的政党体系并没有发挥作用，只是在合法性危机的问题解决之后——也就是在宪政统治被接受之后——才运作起来，这也许不是偶然的。也许政体必须首先存在，也许国家统一必须在政党‘分裂’之前，也许这就是使政党相容于统一而不是一个有害于统一的条件。大多数发展中社会努力构建国家身份和一体化的经历证明了这一点，这些国家很快诉诸一党制或军人统治。”[4]这说明，萨托利已经十分准确地认识到政党体制受制于这个国家本身的建设和任务。可以说，这也是理解我国政党制度的对称性与非对称性的一个重要切入点。

任何事物都处于不断发展变化之中。继中国崛起、人民富裕之后，科学发展与社会和谐越来越成为时代的共识。胡锦涛提出以人为本的科学发展观正是对这种时代变化的准确反映和体现。中国政党和政党制度必须适应这种变化，它不仅要有“刚性”，

[1] 中共中央统战部研究室：《全国统战工作会议精神学习问答》，华文出版社2001年版，第71页。

[2] 《邓小平文选》（第3卷），人民出版社1993年版，第213页。

[3] 《江泽民文选》（第3卷），人民出版社2006年版，第144页。

[4] G.萨托利：《政党与政党体制》，王明进译，商务印书馆2006年版，第37页。

而且要有“韧性”；不仅要有“硬度”，还要有“弹性”。这里的刚性和硬度是指中国各个政党的起码共识和底线不能突破，比如说，都必须在宪法和法律的范围内活动，共产党的领导必须长期坚持，等等，而韧性和弹性则是指政党制度不能仅仅具有一定的“非对称性”，而且要有一定的“对称性”，更为重要的是要具备“非对称性”与“对称性”之间的互换转移的能力。

可以预计，在下一个历史时期，我国政党制度将担负起从未有过的历史责任，各个政党将越来越多地起到代表社会各阶层、各社会团体、各个地方的不同利益诉求的责任，这必然要求政党制度内部将包含越来越多的“对称性”，越来越多的“非对称性”，越来越多的“对称性”与“非对称性”之间的互换。可以说，中国政党制度中的非对称性因素与对称性因素共同构成了我国政党制度的两个轮子，保证了我国政党制度的顺利发展和不断进步。如果片面强调和美化政党制度中的任何一个方面，那么政党制度的改革和完善就会逡巡不前，这与我国改革开放的国策是不相适应的，也是违背事物发展规律的，对此，我们应该有清醒的认识。

原载于《北京行政学院学报》2011年第4期

增强中国新型政党制度的理论自觉

檀培培

摘　要：中国新型政党制度是由成长逻辑、价值内涵、科学品质等若干价值要素构成的知识复合体和价值综合体。其“价值定位”的准确把握，“历史必然”的深刻认识，“制度自信”的关键支撑以及“实践效能”的持续发挥，有赖于对中国新型政党制度的理论自觉。中国新型政党制度的理论自觉是认识主体基于历史逻辑与实践逻辑的内在统一而对有关中国新型政党制度知识的整体性认识，是对中国新型政党制度的成长逻辑、价值内涵及其科学品质的结论性把握。增强中国新型政党制度理论自觉，目的是在秉持中国新型政党制度科学属性的基础上，坚持和发展既立足于中国实践、来自中国经验，又能让世界了解并理解的中国新型政党制度的知识认知体系和价值实现机制。

关键词：中国新型政党制度；成长逻辑；价值内涵；科学品质；理论自觉

中国新型政党制度的理论自觉是认识主体基于历史逻辑与实践逻辑的内在统一而对有关中国新型政党制度知识的整体性认识与结论性把握。它是人们在不断的反思过程中，以事实判断为中国新型政党制度实践提供规律性认识和理论指导，以价值判断为中国新型政党制度理论提供方向引导和价值定位，通过事实判断和价值判断的高度统一，实现中国新型政党制度由工具理性到价值理性的逻辑演进和品质跃升的思想总结与理论升华过程。

一、深刻认识中国新型政党制度的成长逻辑是增强其理论自觉的首要前提

纵观中国政党制度的发展史，中国新型政党制度是马克思主义民主政治理论、政党理论、统一战线理论同中国实际相结合的产物，是在中国长期的革命、建设、改革实践中形成和发展起来并经过实践检验证明是正确而有效的政党制度。它作为中国政治制度的重要组成部分，是近代以来中国政党政治发展的历史逻辑、理论逻辑和实践逻辑的必然结果，是社会主义民主政治中国化的实践形态和制度化表达。

1.近代中国社会发展的深刻危机以及现代化转型是中国新型政党制度生成的社会根源。历史场景是社会变迁的逻辑起点，历史主题是政治构建的核心支撑。鸦片战争后，近代中国的基本场景是民族丧失独立、国家积弱积贫、社会民不聊生，由此造成的历史主题是民族复兴、国强民富。深刻认识历史场景、准确把握历史主题以及所做出的革命性回应，是近代中国社会现代化转型的内生动力。这里的“认识”“把握”质量与“回应”水平，客观上取决于由民族危机和社会危机酿成的社会主要矛盾及其尖锐化程度，主观上取决于生产力发展与生产方式变革锻造的新生社会力量及其与先进知识分子的密切结合程度。历史地看，中国社会被殖民化的过程，也是锻造新的革命力量和社会中坚力量的过程。中国工人阶级是中国先进生产力的代表，以天下为己任的先进知识分子是社会变革的中坚力量。二者随着近代中国社会主要矛盾的日益凸显而相互改造并深度融合，以客观需求和主观供给的内在统一，构成了中国新型政党制度生成的内在机理。

2.辛亥革命的历史成就和西式政党政治在中国的失败是中国新型政党制度生成的历史契机。近代中国现代化引起的中国资本主义政党政治，经历了从1894年至1905年的资产阶级改良派和资产阶级革命派等政治学研究早期的政党萌动，到1905年至1912年早期政党的正式建立及其分化的历史演变。中国同盟会发动的辛亥革命以较为完全意义上的反帝反封建的民族民主革命，成就了20世纪中国的第一次历史性巨变，“打开了中国进步潮流的闸门，为中华民族发展进步探索了道路”。[1]袁世凯专制统治的确立，宣告了资产阶级多党竞争政治的彻底破产，表明“中国的社会既然是和欧美的不同，所以管理社会的政治自然也是和欧美不同”。[2]但也要看到，多党竞争政治的中国实验和“民权初步”的政治演练，使得多党政治理念深深地根植于中国社会的政治土壤之中，为多元政治主体发展腾出了一定空间。这在客观上为中国新型政党制度的生成提供了有利的历史条件。

3.世界社会主义政党政治的深化发展是中国新型政党制度生成的逻辑前提。1847年成立的“共产主义者同盟”，是世界社会主义政党政治的发端。1917年俄国十月革命的胜利，开启了社会主义政党政治在国家层面制度化运作的新时代。自此，世界上出现了资本主义国家政党政治与社会主义国家政党政治既对立又共处的大格局。由于“第一次帝国主义世界大战和第一次胜利的社会主义十月革命，改变了整个世界历史的方向，划分了整个世界历史的时代”[3]，使得中国新民主主义革命就其基本性质来说仍属民主主义革命的范畴，但“在革命的阵线上说来，则属于世界无产阶级社会主义革命的

[1] 《十七大以来重要文献选编（下）》，中央文献出版社2013年版，第524页。

[2] 《孙中山选集》（下册），人民出版社2011年版，第792页。

[3] 《毛泽东选集》（第2卷），人民出版社1991年版，第667页。

一部分了"[1]。五四运动后，共产国际对中国革命的重视和帮助，加速了中国新型政党制度关键因素——中国共产党的诞生。

4.马克思主义在中国的传播是中国新型政党制度生成的理论资源。"一个国家实行什么样的主义，关键要看这个主义能否解决这个国家面临的历史性课题。"[2]20世纪之初实行于中国的主义，必然是能够解决中国所面临的实现民族复兴、国强民富历史性课题的主义。"俄罗斯之革命是二十世纪初期之革命，是立于社会主义上之革命。"[3]它"帮助了全世界的也帮助了中国的先进分子，用无产阶级的宇宙观作为观察国家命运的工具，重新考虑自己的问题"[4]。此时，"社会主义底思潮在中国可以算得风起云涌了"[5]，"仿佛有'雄鸡一鸣天下晓'的情景"[6]。"救民族于危亡之中"的价值指向和"与劳工为伍"的实践生活，使马克思主义在中国获得了落地、成长的物质力量，也使中国工人运动获得了发展、壮大的精神力量。而早期马克思主义者同资产阶级改良主义者、无政府主义者的论争，使中国新型政党制度的核心要素在各种"思潮""主义"的比较和斗争中站稳立场，得以成长。

5.中国共产党以及各民主党派的产生发展是中国新型政党制度产生的组织基础。中国共产党的诞生是中国新型政党制度生成的核心驱动。民族国家危机和政党的产生密切相关。辛亥革命后，中国现代化仍处于危难之中的境况，迫切呼唤新型政党出场。中国共产党"在近代以后中国社会的剧烈运动中，在中国人民反抗封建统治和外来侵略的激烈斗争中，在马克思列宁主义同中国工人运动的结合过程中"[7]应运而生。中国共产党自成立之日起，就以马克思列宁主义为行动指南，以民族复兴、国家富强和人民幸福为历史使命，把实现共产主义作为党的最高理想和最终目标。自此，中国政治发展以其全新的价值体系和运行机制，"深刻改变了近代以后中华民族发展的方向和进程，深刻改变了中国人民和中华民族的前途和命运，深刻改变了世界发展的趋势和格局"[8]。全民抗战时期民主党派的先后建立以及中共提出"共产党员只有对党外人士实行民主合作的义务，而无排斥别人、垄断一切的权利"[9]的政治主张，使政党关系有了新

---

[1] 《毛泽东选集》(第2卷)，人民出版社1991年版，第667页。

[2] 《十八大以来重要文献选编（上）》，中央文献出版社2014年版，第109页。

[3] 《李大钊文集》(上册)，人民出版社1984年版，第573页。

[4] 《毛泽东选集》(第4卷)，人民出版社1991年版，第1471页。

[5] 潘公展：《近代社会主义及其批评》，《东方杂志（第8卷第4号）》1921年2月25日。

[6] 潘公展：《近代社会主义及其批评》，《东方杂志（第8卷第4号）》1921年2月25日。

[7] 习近平：《决胜全面建成小康社会　夺取新时代中国特色社会主义伟大胜利——在中国共产党第十九次全国代表大会上的报告》，人民出版社2017年版，第13页。

[8] 习近平：《在庆祝中国共产党成立95周年大会上的讲话》，《人民日报》2016年7月2日。

[9] 《毛泽东选集》(第3卷)，人民出版社1991年版，第809页。

的内涵。

6.社会主义国家政党政治在中国的确立及其所成就的世纪伟业是中国新型政党制度发展完善的政治基础和社会条件。1948年，中国共产党纪念“五一”劳动节口号的发布，标志着各民主党派、无党派民主人士公开自觉地选择了中国共产党的领导。1949年，中国人民政治协商会议第一届全体会议召开，标志着中国新型政党制度的确立。党的八大确立了中国共产党与各民主党派实行“长期共存，互相监督”的方针，标志着中国新型政党制度的初步发展。伴随中国共产党在探索中国社会主义建设道路过程中的失误，“新型”政党制度实践遭受严重曲折。改革开放以来，基于各民主党派“都已经成为各自所联系的一部分社会主义劳动者和一部分拥护社会主义的爱国者的政治联盟，都是在中国共产党领导下为社会主义服务的政治力量”[1]的事实，党的十二大把“长期共存、互相监督，肝胆相照、荣辱与共”确定为新时期中国共产党同各民主党派合作的基本方针。《中共中央关于坚持和完善中国共产党领导的多党合作和政治协商制度的意见》的颁布，八届人大一次会议把中国新型政党制度写入宪法以及《关于进一步加强中国共产党领导的多党合作和政治协商制度建设的意见》的颁布，标志中国政党关系进入制度化、规范化、程序化的发展阶段。“思想上同心同德、目标上同心同向、行动上同心同行”[2]成为中国新型政党制度的鲜明特质。中国特色社会主义进入新时代，中国共产党以政党协商的制度化建设[3]为重点，以“形成最大公约数”“画出最大同心圆”为指向，以增强“制度效能”为关键，以“形成更广泛、更有效的民主”[4]为目的，从而以崭新的政党制度模式、崭新的政党关系模式和崭新的执政方式，呈现了中国新型政党制度的明显优势。

总的来看，中国新型政党制度有一个漫长而艰难的要素孕育、形成确立和发展完善的过程。它是在中国民主政治的实践中经历酝酿生成、长期发展、逐渐改进、内生演化的政治成果，是历史和人民选择的结果。如果说，在20世纪之初中国人民的基本认识是“非政党政治不可挽救中国”，到20世纪中叶，中国人民的基本选择是“非共产党领导的多党合作不可发展中国”，那么，在中国社会主义政党政治经历了近100年、中国共产党领导新中国建设70年的今天，可以得出的历史结论是：只有坚持中国新型政党制度才能够强大中国。我们这样概括，一方面说明中国民主政治发展走共产党领

[1] 《邓小平文选》（第2卷），人民出版社1994年版，第186页。

[2] 《胡锦涛文选》（第3卷），人民出版社2016年版，第636页。

[3] 《中共中央关于加强社会主义协商民主建设的意见》（2015年2月）、《中国共产党统一战线工作条例（试行）》（2015年9月）、《关于加强政党协商的实施意见》（2015年12月）等系列重要文件先后出台。

[4] 习近平：《坚持多党合作发展社会主义民主政治　为决胜全面建成小康社会而团结奋斗》，《人民日报》2018年3月5日。

导的多党合作之路是历史的必然，在必然性面前人们只有服从的义务，而没有抗拒的权利；另一方面强调，人们在中国新型政党制度的必然性面前具有能动性，即人们关于中国新型政党制度成长逻辑的认识、把握水平，直接关系到中国新型政党制度的理论自觉所能到达的历史高度。

需要指出的是，各个国家的政党制度都是各国经济社会发展的民族特性与政治发展的现代性相结合的产物。这是政党制度产生的共性。但从实际情况来看，尽管政党制度最终都是在政党政治条件下，民主政治发展中的“经验积累”和“理念建构”共同作用的结果，但是，它们还是各有侧重，或者说，政党制度确立的逻辑起点是有所不同的。就中国新型政党制度而言，它在中华民族伟大复兴的历史主题牵引下，萌生于民主革命时期，定型于社会主义建设初期，而它真正地巩固、发展则是在改革开放和社会主义现代化建设的新时期。近40年来，随着改革开放的日渐深入，中国新型政党制度有了更多的民主实践和民主经验。可以这样讲，中国共产党不断经受长期执政、改革开放、市场经济、外部环境的历史性考验，其他各政党不断经受政治协商、民主监督、参政议政的历史性锻炼，以及社会公众广泛而深刻的利益诉求和政治参与的历史性进步，培育了中国新型政党制度的发展要素，激活了中国新型政党制度的发展动力，充实了中国新型政党制度的发展内容，创造了中国新型政党制度的发展经验，赢得了中国新型政党制度的发展成果。现实表明，中国新型政党制度正在获得越来越坚实的经验支撑，正在走向更加成熟定型的新阶段。

二、正确理解中国新型政党制度的价值内涵是增强理论自觉的关键所在

中国新型政党制度知识复合体的要义在于其科学内涵，中国新型政党制度价值综合体的关键在于其支撑要素，而“科学内涵”与“支撑要素”的意义合成在于揭示中国新型政党制度的价值指向。

1.广义上的政党制度由政党关系制度和政党自身制度构成，是关于政党结构、政党地位、政党作用及其活动规范的总称。它的作用在于保障政党结构常态化和政党内部生活、外部活动的规范化、有序化。狭义上的政党制度是从国家（政治学）的角度定义的政党制度，是政党执掌、参与或影响国家政权的制度体系和运行机制的总称。中国新型政党制度作为当代中国的一项基本政治制度，是国家意义上的政党制度。它是当代中国的政党结构、各政党在国家政治生活中的政治地位、政治作用及其行为规范的制度化表达。在内容结构上，中国新型政党制度是由逻辑体系、价值体系、运行机制和绩效体系等内容构成的价值系统。其中，逻辑体系涉及中国新型政党制度的“理论逻辑”“历史逻辑”“实践逻辑”等项内容，反映的是中国新型政党制度的理论支持、

历史基础与现实条件的内在统一性；价值体系涉及中国新型政党制度的“本质”“形态”“职能”等项内容，揭示的是中国新型政党制度各要素间的必然联系以及由此决定的固有矛盾和实践形态；运行机制涉及中国新型政党制度各项具体制度的建设、运行和保障问题，体现的是中国新型政党制度的体制机制问题；绩效体系反映的是中国新型政党制度运行中的“制度效能”问题，凸显的是以较少的资源占用获得较多的资源产出，是政党制度科学化水平的重要体现。

2.中国新型政党制度既不同于西方国家的两党或多党竞争制，也有别于有的国家实行的一党制。“这一制度在中国长期的革命、建设、改革实践中形成和发展起来，是适合中国国情的一项基本政治制度，是具有中国特色的社会主义政党制度，是中国社会主义民主政治的重要组成部分。”[1]以民族复兴、国家富强、人民幸福为价值指向，以马克思主义民主政治理论、政党理论和统一战线理论为理论基础，以中国共产党和其他各政党为政治主体，以中国共产党为领导力量，以多党合作与政治协商为机制保障，是中国新型政党制度较之于西方国家政党制度在价值指向、本质属性、主体要素以及运行机制上的根本区别。

第一，中国新型政党制度是从中国土壤里成长出来的政党制度形态，是世界政党制度发展史上的一项政治创造。它有三个关键词：“一是‘领导’，二是‘合作’，三是‘商量’，三者统一于中国特色社会主义民主政治建设的实践之中。”[2]其中，“领导”体现的是中国共产党在新型政党制度中的地位和作用，“合作”体现的是中国共产党和各民主党派在中国新型政党制度中的联系机制，“商量”体现的是中国新型政党制度实现价值追求的方式。从根本上讲，民主是中国各政党合作的初心和归宿，是“领导”“合作”“商量”的共同价值。

第二，始终坚持中国共产党领导是中国新型政党制度的本质特征，因而是中国新型政党制度的关键支撑。中国共产党是以马克思主义为指导，以深刻把握人类社会发展规律为前提，以实现人的全面发展为目标的使命型政党。这决定了它“是中国工人阶级的先锋队，同时是中国人民和中华民族的先锋队”[3]，进而决定了它在中国社会主义事业中天然地具有全面领导的价值诉求，是最高的政治领导力量。中国共产党的领导地位是历史和包括民主党派在内的中国人民的选择。

第三，各民主党派在中国共产党的领导下参政议政、民主监督和政治协商，是社会主义民主政治的重要体现，因而是中国新型政党制度的价值指向。社会主义民主政

---

[1] 中华人民共和国国务院新闻办公室：《中国的政党制度》，外文出版社2007年版，第1页。

[2] 王韶兴：《我国新型政党制度的独特优势在于人民民主》，http：//www.cssn.cn /sf /201803 / t20180318_3879262.Shtml。

[3] 《中国共产党章程》，人民出版社2017年版，第1页。

治的内在要求以及各民主党派在中国政治生活中的历史经历和实际作用，决定了民主党派是接受中国共产党领导、同中国共产党通力合作的亲密友党。在国家政治生活中，中国共产党就重大问题在决策前和决策执行中，同各民主党派、无党派人士进行政治协商，通过人民政协同社会各界人士广泛协商，“通过制度化、程序化、规范化的安排集中各种意见和建议、推动决策科学化民主化”[1]。这深刻表明，“坚持中国共产党的领导，不是不要民主了，而是要形成更广泛、更有效的民主”[2]。“人民民主是社会主义的生命”[3]内在地决定了发展社会主义民主政治是中国新型政党制度的价值指向。

3.中国新型政党制度作为中国民主政治的制度载体和实践机制，它的建设质量直接关系到中国民主政治的发展水平，中国新型政党制度的发展完善过程也是社会主义民主建设推进的过程。中国共产党在当代中国政党体系中处于领导地位，民主是中国共产党的价值目标和生命力所在。

第一，民主政治与政党制度是马克思主义政治科学中的两个重要范畴。从一般意义上讲，政党制度科学性与政治发展现代性的密切结合，是民主政治发展的共性。以政党制度的科学性推进政治发展的现代性，以政治发展的现代性提升政党制度的科学性，是民主政治发展的基本路径。从中国的实际情况看，中国新型政党制度既是中国民主政治发展的制度成果，也是其进一步发展的制度依托。中国新型政党制度作为中国民主政治的制度载体和实践机制，它的建设质量直接关系到中国民主政治的发展水平。习近平指出，“中国共产党历来高度重视多党合作。中国共产党领导的多党合作和政治协商制度，既强调中国共产党的领导，也强调发扬社会主义民主。政治协商、民主监督、参政议政，就是这种民主最基本的体现”[4]。党的十九大明确的“要体现人民意志、保障人民权益、激发人民创造活力，用制度体系保证人民当家作主”[5]的新时代民主政治发展的价值指向，内在地要求巩固发展新型政党制度的民主优势，把我国社会主义政党制度坚持好、发展好、完善好。中国特色社会主义进入新时代，中国共产党“应该不忘多党合作建立之初心”[6]，以政党协商的制度化建设为重点，以“形成最大公

---

[1] 习近平：《坚持多党合作发展社会主义民主政治　为决胜全面建成小康社会而团结奋斗》，《人民日报》2018年3月5日。

[2] 习近平：《坚持多党合作发展社会主义民主政治　为决胜全面建成小康社会而团结奋斗》，《人民日报》2018年3月5日。

[3] 习近平：《在庆祝全国人民代表大会成立60周年大会上的讲话》，《人民日报》2014年9月6日。

[4] 习近平：《坚持多党合作发展社会主义民主政治　为决胜全面建成小康社会而团结奋斗》，《人民日报》2018年3月5日。

[5] 习近平：《决胜全面建成小康社会　夺取新时代中国特色社会主义伟大胜利——在中国共产党第十九次全国代表大会上的报告》，人民出版社2017年版，第36页。

[6] 习近平：《坚持多党合作发展社会主义民主政治　为决胜全面建成小康社会而团结奋斗》，《人民日报》2018年3月5日。

约数”“画出最大同心圆”的更广泛、更有效的民主作为新型政党制度的价值指向，以政党制度的理论自觉提升新型政党制度的实践效能。由此，不断“推进社会主义民主政治制度化、规范化、程序化”[1]水平。通过广泛而又充分的党内民主，实现人民当家作主，既是中国新型政党制度的核心价值，也是中国新型政党制度的生命源泉。

第二，中国共产党的生命力在于民主。这涉及马克思主义政党的价值功能及其制度载体的问题。关于“政党是什么及其应当做什么”的问题，马克思主义经典作家及其继承、发展者都曾在特定的历史条件下做过深刻论述。西方学者也基于特定的事实对政党功能有过多种多样的描述。无论是马克思主义经典作家对政党本质的论述，还是西方学者对政党功能予以的说明，都涉及“政党与民主”这个重大命题。这揭示了一个深刻的社会历史现象：政党既是民主政治的产物，也是民主政治的工具。政党天然地同民主相联系，“政党的生命力就在于民主”。[2]但由于政党的本质属性和历史使命的不同，政党的民主理念、民主基础、民主性质、民主范围和民主方法也不相同。人类的彻底解放和全面发展是马克思主义政党的最高价值，“自由人的联合体”是马克思对未来社会设想的生动表达和本质揭示。这就规定了与资产阶级政党民主观的根本不同，马克思主义政党的民主是大多数人的民主，是人民当家作主，是实质性民主。“为人类的彻底解放和全面发展而战”是马克思主义政党的总品质和总职责，是马克思主义政党职能的总性质和总要求；人民当家作主是马克思主义政党的精神之所在、价值之所依、目标之所求，是马克思主义政党的“内核”与“原点”。中国共产党强调“没有民主就没有社会主义，就没有社会主义的现代化，就没有中华民族伟大复兴”[3]，“人民当家作主是社会主义民主政治的本质特征”[4]，“有事好商量，众人的事情由众人商量，是人民民主的真谛”[5]，“领导干部要把民主素养作为一种领导能力来培养，作为一门领导艺术来掌握”[6]等，就是基于“政党与民主”的深刻认识和经验总结而形成的规律性认识。

[1] 习近平：《决胜全面建成小康社会　夺取新时代中国特色社会主义伟大胜利——在中国共产党第十九次全国代表大会上的报告》，人民出版社2017年版，第36页。

[2] 荣敬本、高新军：《政党比较研究资料》，中央编译出版社2002年版，第7页。

[3] 习近平：《在庆祝全国人民代表大会成立60周年大会上的讲话》，《人民日报》2014年9月6日。

[4] 习近平：《决胜全面建成小康社会　夺取新时代中国特色社会主义伟大胜利——在中国共产党第十九次全国代表大会上的报告》，人民出版社2017年版，第36页。

[5] 习近平：《决胜全面建成小康社会　夺取新时代中国特色社会主义伟大胜利——在中国共产党第十九次全国代表大会上的报告》，人民出版社2017年版，第37—38页。

[6] 《中共中央政治局召开民主生活会　习近平主持会议并发表重要讲话》，http：//www.xinhuanet.com/politics/2018—12/26/c_1123909688.htm。

三、全面提升中国新型政党制度的科学品质是增强其理论自觉的价值归宿

从大的结构讲，中国新型政党制度的理论体系包括理论原理与策略原理两个方面，由逻辑体系、价值体系和运行体系三方面的内容构成。其中，逻辑体系涉及有关中国新型政党制度的“制度原理”“制度生态”“制度基础”“制度由来”等价值范畴，主要回答中国新型政党制度“怎样来”的问题；价值体系涉及有关中国新型政党制度的“制度本质”“制度系统”“制度功能”等价值范畴，主要回答中国新型政党制度“是什么样的”和应当“做什么”的问题；运行体系涉及有关中国新型政党制度的“制度建设”“制度运行”“制度保障”“制度评价”等价值范畴，主要回答中国新型政党制度“怎么做”和“做得怎么样”的问题。全面提升中国新型政党制度的科学品质，旨在通过对理论原理与策略原理的深刻认识，不断增强推动民主政治发展制度依托的自觉，不断增强不照搬西方竞争性政党制度模式的自觉，不断增强与民主政治发展相互促进的自觉。

1.深化中国新型政党制度理论原理的认识，一要深刻认识政党制度因政党政治关系的产生而形成，随着政党政治关系的变化而调整。政党政治关系是政党制度的本质内涵，政党制度是政党政治关系的存在方式；政党制度既是政党自身利益的实现机制，同时也是政党之间利益矛盾的制度根源。二要深刻认识政党制度的形成及其价值实现，是制度生态、制度基础、历史基础、理论基础和实践基础若干因素作用的结果。其中的核心内容是政党政治规律：政党政治的一般规律，社会主义政党政治的特殊规律，社会主义政党政治在中国的具体实践形态——具体规律。在内容结构上，包括政党建设规律、管党治党规律、政党合作规律、执掌政权规律、参政议政规律、领导社会规律以及政党外交规律等。三要深刻认识政党制度是政党政治何以可能的内生变量，也是政党政治目标的实现机制，还是政党政治力量的整合机制。政党制度作为国家政治制度的基本内容，必然影响公共政策的选择、公共政策的内容和公共政策的实施结果。四要深刻认识政党制度本质上是个历史范畴。政党制度变革的表现形式是自身要素或结构形式的变化，具体内容是政党体制和政党运行机制的变化。政党制度变革的基本特征是，合目的性与合规律性的统一，自然演进与理性构建的统一，民族性与世界性的统一。

2.深化中国新型政党制度策略原理的认识，一要深化政党制度分为基本制度和运行机制两个层次的认识。基本制度反映的是一国之内的党际关系及不同政党在国家政治生活中的地位、作用的问题。运行机制则是一个国家党政关系和党际关系的实践形式问题。任何一个国家政党制度的基本制度形成，都与这个国家的阶级结构状况、政治力量对比以及历史文化传统密切联系。基本制度一旦形成，就具有相对稳定性。与之

相对，运行机制则需要根据政治生态的变化而变化，以更好地实现基本制度的价值和功能，而且，其发展完善是一个长期的历史积累过程。[1]二要深刻认识政党制度运行过程，实质上是政党政治资源的合理开发和有效利用的过程。能否从规律层面正确认识和准确把握政党政治资源问题，既与政党建设能力有关，还与政党管理能力有关，更与政党制度能力有关。政党政治资源的合理开发和有效利用问题，从当前到长远、从宏观到微观以及从战略到策略，系统地构成了对政党制度能力的检验。三要深刻认识从宏观上讲，政党制度的根本保障，取决于政党政治的合理性。从中观上看，政党制度的保障体系涉及三个方面的内容：政党政治道路的正确性、政党政治理论的科学性、政党政治制度的有效性。从微观上说，政党制度运行的资源保障既涉及政党自身的理论资源、组织资源、制度资源以及历史资源等，还涉及政党外部经济资源、政治资源、文化资源以及国际资源等。

3.深化中国新型政党制度运行机制的认识，一要树立中国新型政党制度的规则意识。这就要深刻认识新型政党制度的发展轨迹、基本属性以及价值指向。二要完善中国新型政党制度的规则内容。中国新型政党制度规则是由主体不同、范围不同以及功能不同的规则要素构成的有机体系。三要强化中国新型政党制度的规则评价。政党制度规则的评价体系涉及评价目的、评价指标以及评价方法诸多内容。四要把中国共产党自身制度建设纳入新型政党制度整个体系中加以考量、予以完善。在中国新型政党制度这个大系统中，既可以更好地把握中国共产党自身制度建设的价值指向，也可以更好地把握中国共产党自身制度建设的基本内容和实践要求。就是说，要从中国共产党自身制度建设和多党合作制建设的相互促进、功能互补的角度，思考中国新型政党制度的发展完善问题。以中国共产党自身制度的发展，带动多党合作制度完善；以多党合作制度的发展要求，推动中国共产党自身制度完善，是中国新型政党制度价值优化的内在机理。

4.深化政党制度科学品质评价维度的认识，一要深刻把握政党制度的合理性。它关注的是政党制度的规律性问题，强调政党制度的形成、发展与国情及其发展变化的关系，政党制度的功能与政治发展目标的关系，以及政党制度的价值与世界政党文明发展的关系。二要深刻把握政党制度的正当性。它关注的是政党制度存在的理由问题，主要指政党制度在国家层面、社会层面的法理基础与价值基础。三要深刻把握政党制度的现实性。它关注的是政党制度的现实可操作性问题，主要指政党制度的自我维持、自我修复和自我发展完善的能力的问题。

原载于《山东社会科学》2019年第8期

[1] 王韶兴：《政党政治与政党制度论》，《政治学研究》2000年第4期。

中国新型政党制度优势有着深厚根基

崔桂田

不同的政党制度有不同的政党政治和政党行为，政党制度的优劣与政党治理及其国家治理效能的高低息息相关。习近平指出，中国共产党领导的多党合作和政治协商制度是从中国土壤中生长出来的新型政党制度。中国新型政党制度作为中国特色社会主义制度体系的重要组成部分，展现着巨大的制度优势、效能和生命力，是“中国之治”的重要支柱。关于中国新型政党制度优势及其生命力，从人类政治文明和科学社会主义政治追求的大逻辑、大视野出发，应结合人类制度文明发展史、社会主义国家百年制度史和治理史以及中国社会主义制度演进史的基本经验来理解。

从制度的政党认同上说，政党特质与人民属性决定了中国新型政党制度的优势有着深厚根基。中国新型政党制度以中国共产党的领导为核心，而中国共产党具有“为人民谋幸福，为民族谋复兴，为世界谋大同”的初心和胸怀，这决定了中国新型政党制度有着强大的政党力量和制度生命力，决定了中国新型政党制度的本质、优势及先进性，决定了中国共产党的领导和执政是中国新型政党制度的“顶梁柱”和特色优势所在。

从制度的价值认同上看，中华文明基因与中国共产党政党文化，滋养和培育了中国新型政党制度优势的深厚根基。中国新型政党制度是由中华优秀传统文化、革命文化和社会主义先进文化共同滋养和孕育出的中国化的马克思主义重要内容。中国新型政党制度特有的文明基因与价值认同体现出鲜明的民族特质和独到的优势。独特的政治文化和政党文化既为中国新型政党制度提供政治灵魂和价值导向，也为其凝心聚力、政治达成提供精神滋养。

从制度的道路选择上讲，中国近代以来政治发展的历史体验与道路选择，促成了中国新型政党制度优势的深厚根基。中国新型政党制度是在血与火的考验中凤凰涅槃的，是中国近代以来政党政治与政党制度多种试验的历史选择，有着深厚的历史根基和独特的道路与模式。这种新型政党制度既牢牢地扎根于中国大地，又以人类政治文明进步和世界政党文明发展为大逻辑，沿着中国特色社会主义政治发展道路，走在世界政党政治文明和政党制度文明的大道上，道路宽阔，前途光明。

从制度架构的合力上看，中国新型政党制度与其他制度协同共进，形成强大的合力，不断增强其优势的深厚根基。中国新型政党制度与中国社会主义根本政治制度和基本政治制度整体谋划，有着强大的制度体系依托。中国新型政党制度的设计及运行与党的领导制度相统一、与人民民主专政国体相适应、与人民代表大会制度相配套，并以民主集中制为原则、以人民政协为平台、以协商民主为机制，能够与其他制度关联互动，形成强大的制度合力。

原载于《党的文献》2020年第4期

中国新型政党制度优势转化为治理效能的意蕴

臧秀玲　刘华超

摘　要： 中国新型政党制度在利益代表上体现的"人民性"，在政党关系上体现的"合作性"，在决策功能上体现的"民主性"是其独有的"三大"优势。中国新型政党制度作为国家治理体系的重要组成部分，必须以提高党的执政能力为重点加强和改善党的领导，以完善协商民主机制为依托激发和吸纳各方共治，以坚持法治精神为引导巩固和维护依法治理格局。将新型政党制度优势充分转化为治理效能，需要立足三重维度、定向发力，不断增强党的人民利益代表性、巩固和发展和谐的政党关系、提高决策的科学化民主化。

关键词： 新型政党制度；制度优势；国家治理；治理效能

党的十九届四中全会指出，要"把我国制度优势更好转化为国家治理效能"[1]。中国新型政党制度作为我国的一项基本政治制度，生长于中国社会土壤之中，是中国共产党领导下的一项伟大政治创造，内蕴中国特色、富有独特优势。当前，要深刻认识和重点把握新型政党制度和国家治理现代化之间的内在关系，深入贯彻落实党的十九届四中全会精神，充分发挥和增强中国新型政党制度优势，并把制度优势充分转化为治理效能。

一、中国新型政党制度在国家治理进程中内蕴和体现的制度优势

国家治理就是要动员多元主体、凝聚社会共识、聚合各方力量，依法对国家社会相关事务进行共管共治共享的过程或状态。把国家管理定位在治理范畴之内，这就意味着要花大力气进行资源聚合，以及要尽力构建共管共治共享的制度机制。[2]从国家治理层面上来讲，中国新型政党制度从创立之日起就内蕴着独特优势。

[1]　本书编写组：《党的十九届四中全会〈决定〉学习辅导百问》，党建读物出版社、学习出版社2019年版，第4页。

[2]　张献生：《多党合作制度在中国国家治理中的基本作用》，《政治学研究》2017年第4期。

（一）在利益代表上体现着“人民性”

中国新型政党制度体现的“人民性”，实质上就是制度内蕴的最广大人民根本利益的代表性和实现其利益的真实性、广泛性与持久性。这就要求党的执政和国家机关施政，都必须紧紧依靠人民、服务人民，坚持以人民为中心。

第一，从中国共产党作为领导党和执政党的维度来讲，“在建国的正当性自证中，是以人民话语为前置条件的，在建国与治国的长期历程中，都是以人民的代表确证自己执政的地位”[1]。《中国共产党章程》规定：党除了工人阶级和最广大人民群众的利益，没有自己特殊的利益。[2]党对“立党为公、执政为民”的明确强调，对政党一己之私的漠视和摒弃，就是对“人民性”定位的最好表达。它有两层含义：一是执政党来自人民，这是党自身存在和获取不竭动力的前提与基础，这要求党必须要“在自己的工作中实行群众路线，坚持一切为了群众，一切依靠群众，从群众中来，到群众中去，把自己的正确主张变为群众的行动自觉”。[3]而这一切都是由中国共产党自身内蕴的“人民性”所决定的。任何一个执政党，如果仅仅代表政党本身或本阶级的利益，就必然会导致执政党阶级基础和社会基础的迅速萎缩，其后果可想而知。近些年来，许多大党老党，如苏联共产党、东欧国家共产党、墨西哥革命制度党以及西方国家一些长期执政的左翼和右翼政党，在实施国家治理中失去执政地位的历史事实无一不证明，作为执政党，治国理政的路线、方针、政策，国家的战略安排、规划部署，一定要真实、广泛、持久地代表着最广大人民的根本利益，体现“人民性”，否则必将为人民所抛弃。对此，习近平指出：“一个政党，一个政权，其前途命运最终取决于人心向背。中国共产党、中华人民共和国的全部发展历程都告诉我们，中国共产党、中华人民共和国之所以能够取得事业的成功，靠的是始终保持同人民群众的血肉联系、代表最广大人民根本利益。如果脱离群众、失去人民拥护和支持，最终也会走向失败。”[4]

第二，从作为参政党的各民主党派和无党派人士来讲，他们作为中国共产党的亲密友党、辅助中国共产党和国家机关有效实施国家治理，代表了各自所联系的各界别、阶层和群体人士的利益，是中国共产党利益代表真实性、广泛性和持久性的有益补充。执政党和参政党在中国新型政党制度的规范下，在推进国家治理进程中，基于共同的政治基础、有着共同的初心和使命，共同肩负着“坚持和完善推进中国特色社会主义

[1] 任剑涛：《现代化国家治理体系的建构：基于近期顶层设计的评述》，《中国人民大学学报》2015年第2期。

[2] 《中国共产党章程》，人民出版社2017年版，第10页。

[3] 习近平：《在庆祝中国人民政治协商会议成立65周年大会上的讲话》，《人民日报》2014年9月22日。

[4] 习近平：《在庆祝中国人民政治协商会议成立65周年大会上的讲话》，《人民日报》2014年9月22日。

制度，推进国家治理体系和治理能力现代化”[1]的职责。新中国成立70多年来，尤其是改革开放以来，在新型政党制度的规范和保障下，中国社会保持长期繁荣稳定，始终坚持在发展中保障和改善民生、增进人民福祉，“全面推进幼有所育、学有所教、劳有所得、病有所医、老有所养、住有所居、弱有所扶，让贫困人口累计减少7.4亿人，贫困发生率下降94.4个百分点，九年义务教育巩固率达93.8%，基本养老保险覆盖超过9亿人，医疗保险覆盖超过13亿人”[2]，等等，这都是对“人民性”的最好诠释。因此，新型政党制度“能够真实、广泛、持久代表和实现最广大人民根本利益、全国各族各界根本利益，有效避免了旧式政党制度代表少数人、少数利益集团的弊端”[3]，这一显著优势已经得到了实践的充分验证。

（二）在政党关系上体现着“合作性”

当今时代是政党政治时代，政党制度作为“政党地位、政党结构及政党活动规范的总称，所反映的是政党在国家政治生活中的地位、以及政党自身、政党与政党、政党与政权、政党与社会间的关系模式及其运行机制”[4]。不同政党制度规范下的政党关系，对国家治理的影响也迥然不同。一党制下通常是“支配性”的政党关系，两党制、多党制下是“竞争性”的政党关系，而中国新型政党制度创立的则是“合作性”的政党关系。在一党制下，执政党通常处于绝对支配地位和拥有绝对支配权，国内其他政党或被取缔，或被宣布为非法，或处于从属地位，根本没有任何话语权，不具任何影响力。在治国理政中，执政党由于缺乏有效的外部监督，政党权力常常异化为国家权力，超然于社会之上，并被无限制地滥用。所造成的后果是：政党权力变私有失去公共性、政党权力变权利丧失工具性、政党权力变权术吞噬科学性、政党权力变专制淹没民主性，以致政党特权思想盛行，贪污腐败横行，执政党逐渐丧失治国理政的能力。西方国家“竞争性”的政党关系，促使西方政党政治渐进地退化为选举政治，政党或政党联盟逐渐变成了组织竞选的工具。两党制下政党通过竞选总统或首相职位来标的政党的执政地位及其议会组阁权，多党制下政党联盟通过竞取议会多数议会席位来标的执政地位，未获得竞选成功的政党自然而然也就成为反对党（在野党）。按照惯例和政党制度规定，反对党（在野党）可以组成“影子内阁”，对执政党的权力进行监督和

[1] 本书编写组：《党的十九届四中全会〈决定〉学习辅导百问》，党建读物出版社、学习出版社2019年版，第1页。

[2] 习近平：《在庆祝改革开放40周年大会上的讲话》，《人民日报》2018年12月18日。

[3] 习近平：《坚持多党合作发展社会主义民主政治　为决胜全面建成小康社会而团结奋斗》，《人民日报》2018年3月5日。

[4] 王韶兴：《政党政治论》，山东人民出版社2011年版，第195页。

制约。由于在西方竞争型政党制度下，政党或政党联盟上台执政是其唯一的目标，于是处于反对党（在野党）地位的各政党，对执政党的监督和制约更多的则是为“反对而反对”，对执政党制定的政策策略往往推诿拖延、形成掣肘，这就直接导致了决策低效和国家治理能力的不足。同时，在执政党内部，当各政党或党派之间、总统与执掌的议会政党之间不能达成共识时，政府停摆便成正常现象。近年来，西方国家“左右”共治出现的国家治理乱象以及政府失效和市场失灵的状态，便是对西方政党制度下“竞争性”政党关系弊端的最好解释，也表明西方国家治理体系陷入了严重的危机和困境之中。

与此不同，“中国新型政党制度把领导核心的一元性与结构的多元性有机地统一起来，形成了共产党领导、党派合作，共产党执政、多党派参政的政治格局和基本特征，是合作型的政党制度模式”[1]。在中国新型政党制度下，中国共产党和各民主党派创造性地建构了“合作性”的新型政党关系。在国家治理进程中，中国共产党紧密团结各民主党派和无党派人士，凝聚共识、勠力同心，“解决了许多长期想解决而没有解决的难题，办成了许多想办成而没有办成的大事”[2]。共产党与各民主党派和衷共济、肝胆相照、相互依存、相互监督，为国家治理注入了持久合力和无限活力，实现了政治经济社会发展的长期和谐稳定。路易吉·甘巴尔代拉认为：“中国新型政党制度避免了无休无止的政党纷争，使整个国家更有凝聚力，也更有行动力。中国之所以成功，其中一个根本原因就是中国的制度优势。中国政治制度的突出优势在于，中国共产党能够团结其他政党，在共同协商的基础上制定出务实而长远的发展规划，并且一道为实现远大目标而奋斗。这在其他国家是很少见的。”[3]

（三）在决策功能上体现着“民主性”

在国家治理决策中，执政党和政府是主要的决策主体，各民主党派、各人民团体是决策参与和民主监督主体。在国家治理决策中坚持党的领导和政府主导，并不是不要民主了，而是为了要形成更广泛、更有效的民主。在新型政党制度框架下，发挥执政党在国家治理决策中总揽全局、协调各方的作用，发挥政府在国家治理决策中执法主体和行政中枢的作用，目的在于通过多党合作和政党协商这个民主形式和制度渠道，广泛凝聚共识、凝聚智慧、凝聚力量，寻求最大公约数、找到最大同心圆，推进决策的科学化民主化。发挥民主党派、人民团体和无党派人士作为参政议政和民主监督的

[1] 臧秀玲：《关键词“领导”“合作”“商量”》，《社会科学报》2019年12月26日。

[2] 习近平：《决胜全面建成小康社会　夺取新时代中国特色社会主义伟大胜利——在中国共产党第十九次全国代表大会上的报告》，人民出版社2017年版，第8页。

[3] 李贞：《中国新型政党制度：人类政治文明的重大贡献》，《人民日报海外版》2018年3月13日。

主体，目的在于通过制度化、程序化、规范化的政治协商、民主监督、参政议政的集中安排，结合他们各自所代表领域的治理问题开展真诚协商、务实协商，为国家治理决策积极建言献策和提供专业政策咨询，为优化落实治理决策积极开展民主监督，及时精准地纠偏纠错，以防止出现颠覆性、全局性的决策失误和错误。通常，在国家治理实践中，“政党制度的先进性和优越性最终要由制度来发挥和实践成效，尤其要靠政策制定与执行的有效性来判定”[1]。新型政党制度能够“通过制度化、程序化、规范化的安排集中各种意见和建议、推动决策科学化民主化”。[2]这就是中国新型政党制度决策功能的优势之所在，它决定了党和国家治国理政的一切活动，都要以人民民主为价值依归、以解决人民问题为根本导向，体现制度决策功能的“民主性”。按照中国新型政党制度在国家治理决策中的实际运作机制，这种决策功能“民主性”又概括为两个“三位一体”，即真实、广泛、多元三位一体的决策参与机制和协商、建言、监督三位一体的决策纠偏机制。具体体现为：

第一，作为执政的中国共产党、联同参政的各民主党派和无党派人士，仅从政党的利益代表聚合功能而言，新型政党制度可以把我国各阶层、各民族、各团体、各群体的治理诉求和意愿都涵盖进去。同时，在民主集中制原则的基础上，执政党和参政党成员来源的广泛性、多元性，不仅有利于集思广益、充分协商、上情下达、下情上达，把党和政府的治理决策付诸实施，把社情民意、愿望诉求及时反馈到决策部门，还有利于结合政策实施中遇见的问题和不足汇聚各方智慧进行优化调整，使治理决策真正满足广大人民群众的真实意愿。

第二，各民主党派和无党派人士每年可以定期参加各级人民代表大会和政治协商会议，通过政党协商、人大协商、政府协商和立法协商等途径，对国家政策和战略规划建言献策，通过与政府相关部门对口联系、针对相关问题开展双周协商座谈会、针对具体问题开展专题调研等方式，履行参政议政职能，可以为党和政府治理决策提供专业的决策咨询、决策帮助、决策建议。同时，根据参政议政、民主监督、政治协商的职能要求，还可以对治理决策的制定和执行开展民主监督，及时发现问题、提供优化方案，以保证决策的科学性民主性。

二、国家治理现代化对发展新型政党制度提出了新要求

“国家治理体系和治理能力是一个有机整体，相辅相成，有了好的国家治理体系才

[1] 朱昔群：《新型政党制度的优越性及其发展完善》，《人民论坛・学术前沿》2018年第4期（上）。

[2] 习近平：《坚持多党合作发展社会主义民主政治　为决胜全面建成小康社会而团结奋斗》，《人民日报》2018年3月5日。

能提高治理能力，提高治理能力才能充分发挥国家治理体系的效能。”[1]当前，我们正处在世界百年未有之大变局当中，国际竞争日趋激烈、人民期待更加多样、经济社会发展进入新常态，党面临的“四大考验”“四种危险”具有长期性和复杂性、尖锐性和严峻性，等等。这些都对完善和发展中国特色社会主义制度、推进国家治理体系和治理能力现代化提出了新要求。

（一）需要以提高党的执政能力为重点加强和改善党的领导

一个政党的执政能力是这个政党作为执政党安身立命和治国理政的根本依凭。“中国特色社会主义最本质的特征是中国共产党领导，中国特色社会主义制度的最大优势是中国共产党领导，党是最高政治领导力量。”[2]所以，党执政能力的强弱将会决定国家治理现代化能否顺利推进和中国特色社会主义事业的兴衰成败。因此，推进国家治理现代化，发展和完善中国新型政党制度，必须以提高党的执政能力为重点。具体而言，就是要提高党的政治领导能力，把党总揽全局、协调各方落到实处；提高党的改革创新能力，结合实际创造性地推进工作；提高党的科学发展能力，不断开创发展新局面；提高党的法治能力，把依规治党和依法执政有机结合；提高党的群众工作能力，以新的群众工作体制机制和方式方法提升党的向心力和凝聚力；提高党的狠抓落实能力，攻坚克难、久久为功做好做实做细各项工作；提高党的驾驭风险能力，处理各种复杂矛盾、战胜各种艰难险阻，牢牢把握工作主动权。[3]唯有如此，党的领导核心地位才能得到不断巩固强化，中国新型政党制度的治理效能才能充分发挥。党的十八届三中全会以来，历次涉及推进国家治理现代化与加强和改善党的领导之间关系的阐述显示，两者已然成为相伴而生、不能分割的两个构成面。这一方面说明，在当前中国的政治力量构成中，领导中国人民推进国家治理现代化，只能是也必须是中国共产党而非其他政治社会力量，党的领导核心地位已经得到各方认同；另一方面也说明，党必须要彻底摆脱革命党思维，彻底与革命时代形成的运动式的领导方式决裂。这就要求，在中国新型政党制度的内部组织构造中，作为执政的中国共产党必须要把全面从严治党不断向纵深推进，始终保持党的先进性和创新性，积极促进多党合作，完善政治协商方式，拓宽相互监督渠道，确保党始终站在改革开放前沿，引领时代社会发展。这是中国共产党作为使命型执政党的职责所在，也是党长期保持核心领导地位的必然要

[1] 《习近平谈治国理政》（第一卷），外文出版社2018年版，第91页。

[2] 习近平：《决胜全面建成小康社会　夺取新时代中国特色社会主义伟大胜利——在中国共产党第十九次全国代表大会上的报告》，人民出版社2017年版，第20页。

[3] 习近平：《决胜全面建成小康社会　夺取新时代中国特色社会主义伟大胜利——在中国共产党第十九次全国代表大会上的报告》，人民出版社2017年版，第68—69页。

求。加强和改善党的领导，其实质就是要把党的领导从偏重政治性的领导转变为法治化的领导，把党的领导真正制度化、程序化、规范化，让党的领导有制可依、有章可循、有规可遵。

（二）需要以完善协商民主机制为依托激发和吸纳各方共治

习近平强调："协商就是要真协商，真协商就是要协商于决策之前和决策之中，根据各方面的意见和建议来决定和调整我们的决策和工作，从制度上保障协商成果落地，使我们的决策和工作更好顺乎民意、合乎实际。"[1]在推进国家治理现代化进程中，"完善协商民主制度和工作机制，推进协商民主广泛多层制度化发展"[2]，就是指在"经济社会发展重大问题和涉及群众切身利益的实际问题"[3]上，要按照协商民主程序，在全社会开展广泛协商、充分协商，坚持协商于决策之前和决策实施之中。因为，"在人民内部各方面广泛商量的过程，就是发扬民主、集思广益的过程，就是统一思想、凝聚共识的过程，就是科学决策、民主决策的过程，就是实现人民当家作主的过程。这样做起来，国家治理和社会治理才能具有深厚基础，也才能凝聚起强大力量"[4]。由此可见，协商民主的过程，实质上就是激发和吸纳各方共治，广泛听取意见建议、接受批评监督、达成决策共识、畅通决策渠道、形成纠错机制，人民群众广泛参与各层次的管理和治理，凝聚全社会智慧和力量推进改革发展的过程。

中国新型政党制度中内蕴的协商共治的民主机制，其制度载体是中国人民政治协商会议这一制度机构和协商平台。众所周知，各级人民政治协商会议，就其代表成员构成来看，都是来自各行业各领域、各族各界的代表性人物。虽然他们每年都能够通过各级政治协商会议，周期性地表达自己的治理意愿、为执政党提供好的治国理政的意见建议。如从政协第十二届一次会议到五次会议，"全国政协高度重视各民主党派中央提案工作，充分发挥党派团体提案的示范引领作用，通过多种形式开展重点提案督办，积极搭建协商议政平台，取得较好的办理实效。5年间全国政协共收到提案2万多件，优秀提案240件，其中包括集体提案87件，各民主党派中央优秀集体提案48件"[5]。但如果认真分析全国政协收到的提案类型及提案关注的焦点，就会发现，事务性提案较多，而政治性提案较少。也即说，政协会议的事务协商要远远多于政治协商，其政

[1] 《习近平谈治国理政》（第二卷），外文出版社2017年版，第297页。

[2] 《习近平谈治国理政》（第二卷），外文出版社2017年版，第291页。

[3] 《习近平谈治国理政》（第二卷），外文出版社2017年版，第291页。

[4] 《习近平谈治国理政》（第二卷），外文出版社2017年版，第293页。

[5] 黄昌盛：《尽参政履职之责　聚兴国为民之力——五年来各民主党派中央提案工作综述》，《团结报》2018年3月5日。

治协商功能还有很大的提升空间。鉴于此，完善协商民主机制，充分发挥政党、人大、政府、政协、人民团体、基层和社会组织协商，特别是政党协商和政协协商的积极作用，促使政治协商会议回归固有的政治协商功能，吸纳社会各方通过各级政治协商会议积极、广泛、主动、真实、平等参与国家治理，真正发挥人民作为国家治理的主体功能作用，既是推进国家治理现代化的重要前提和保障，也是发展和完善中国新型政党制度的最新要求。

（三）需要以坚持法治精神为引导巩固和维护依法治理格局

中国几千年的政治发展一直缺乏法治精神，有"法律"而无"法治"是中国政治的基本形态。法律通常作为统治者的特权而存在，是统治者（统治阶级）实施国家官僚行政管理（管制）的工具，是传统法家思想的反复重现。近代以来，在西方法治文明的冲击之下，把中国建设成为一个法治国家，就成为一代代中国人的理想，但直到改革开放之后，建设法治国家的议程才真正被党提到最高议程上来，法治建设才成为中国政治改革的核心。[1]党的十五大正式把依法治国确定为国家建设的基本方略，把"法治"确定为国家政治改革的总体目标，提出依法治国战略，使法治国家建设进入一个新阶段。党的十八届四中全会把"建设中国特色社会主义法治体系，建设社会主义法治国家"作为全面推进依法治国总目标，即"在中国共产党领导下，坚持中国特色社会主义制度，贯彻中国特色社会主义法治理论，形成完备的法律规范体系、高效的法治实施体系、严密的法治监督体系、有力的法治保障体系，形成完善的党内法规体系，坚持依法治国、依法执政、依法行政共同推进，坚持法治国家、法治政府、法治社会一体建设，实现科学立法、严格执法、公正司法、全民守法，促进国家治理体系和治理能力现代化"[2]。这是推进国家治理法治化的又一个新阶段，是对坚持"有法可依，有法必依，执法必严，违法必究"法治精神的继承和创新。它要求，作为执政党带领人民制定宪法和法律，必须首先要做尊法奉法守法护法的典范，依宪行事、依法执政。它要求，作为参政党必须要在宪法和法律规定的范围内，充分利用人民政协这一统一战线组织，依托各党各派、各人民团体参政议政的重要机制和中国协商民主载体的职能作用，依法参政、依法议政、依法监督，在共同的政治基础上，及时纠正和补充执政党可能出现的缺陷和不足，联同执政党共同实现多党合作的初心和使命。它可以促使执政党不断提升法治化的领导能力和执政水平，遵从宪法和法律权威，科学执政、民主执政、依法执政，持续厚植执政之基，增强执政的合法性认同。因为，"对于一个政党来讲，它必须诉诸法治的领导方式来领导国家，才能建立起有效领导发展

[1] 郑永年：《民主，中国如何选择》，浙江人民出版社2017年版，第277—278页。

[2] 《中共中央关于全面推进依法治国若干重大问题的决定》，《人民日报》2014年10月29日。

的权威，并赢得公众的较高认同度”[1]。

科学执政、民主执政、依法执政，实质就是要遵从宪法和法律权威，其内涵要义在于“任何组织或者个人，都不得有超越宪法和法律的特权”[2]。在这个意义上来说，推进国家治理现代化就是要推进国家治理的法治化、制度化、规范化、程序化，也就是要坚持以法治精神为引导不断巩固和维护依法治国与依法执政的基本格局。

三、在推进国家治理现代化中发挥和增强新型政党制度的治理效能

“国家治理现代化，是一个由传统国家治理体系向现代国家治理体系的转型过程。制度化、民主化、法治、效率和协调是其五大基本要素。”[3]并且，“中国政治发展的历史经验证明，新型政党制度与国家治理现代化具有密切的内在联系，其创新与发展能增强国家治理现代化的能力，其制度效能也直接影响着国家治理现代化的进程”[4]。

（一）在加强和改善党的领导中不断增强党的人民利益代表性

办好中国的事情，关键在党。加强和改善党的领导就是要结合时代发展要求，不断推进党的领导制度改革，完善党的领导方式和领导体制，不断增强党总揽全局、协调各方的能力。邓小平曾指出：“领导制度、组织制度问题更带有根本性、全局性、稳定性和长期性。这种制度问题，关系到党和国家是否改变颜色，必须引起党的高度重视。”[5]党的十八大以来，推进党的领导制度改革，加强和改善党的领导已经成为我国政治体制改革的一大亮点。如党的十八届三中全会提出的“深化党的建设制度改革”“加强党的民主集中制建设”“完善党的领导方式和领导体制”等[6]，都属于党的领导制度改革范畴。加强和改善党的领导，一是为了解决权力过于集中（集中于一把手）、民主不足的问题，二是为了解决权力集中不够（令行不止）、权力分散的问题。“党的领导制度上出现的这些问题，破坏了党的民主集中制和政治规矩，不仅给一些人胡作非为搞腐败提供了可乘之机，而且严重削弱了党的执政能力，影响到了党的执政地位巩固。”[7]如党员领导干部特别是高级领导干部的腐败，不仅严重损害了党的形象，严重弱化了

[1] 任剑涛：《现代化国家治理体系的建构：基于近期顶层设计的评述》，《中国人民大学学报》2015年第2期。

[2] 《习近平谈治国理政》（第一卷），外文出版社2018年版，第138页。

[3] 俞可平：《走向善治——国家治理现代化的中国方案》，中国文史出版社2016年版，第82—83页。

[4] 吴伟、吴向伟：《新型政党制度推进国家治理现代化的优势与路径》，《党政研究》2020年第2期。

[5] 《邓小平文选》（第2卷），人民出版社1991年版，第333页。

[6] 《中共中央关于全面深化改革若干重大问题的决定》，《人民日报》2013年11月12日。

[7] 李君如：《办好中国的事情，关键在党》，中国人民大学出版社2017年版，第146—147页。

党的执政能力，而且对党的利益代表的“人民性”体现也产生了巨大冲击，它在一定程度上动摇了党的执政根基，产生的负面效应难以估量。

中国共产党作为中国特色社会主义事业的领导党和执政党，它来自人民，它的执政基础是人民。心中没有人民，必被人民抛弃。这也说明，党的领导地位、执政地位和先进性“不是一劳永逸的，也不是一成不变的；过去先进不等于现在先进，现在先进不等于永远先进；过去拥有不等于现在拥有，现在拥有不等于永远拥有”[1]。党的先进性一定要通过代表最广大人民利益和各族各界人民利益来体现，反映到领导和执政实践之中，就是要体现到国家治理的现代化上面来。它要求，一定要“防止政党权力变私有以捍卫其公共性，防止政党权力变权利以捍卫其工具性，防止政党权力变权术以捍卫其科学性，防止政党权力变专制以捍卫其民主性”[2]。这是确保中国共产党能够始终保持先进性、始终代表人民利益、服务人民治理诉求，领导实现共建共管共治国家和社会治理状态必须要选择坚持的途径和方向，也是破除米歇尔斯“寡头统治铁律”、防止“公仆”变主人的必然选择。党的十八大以来，特别是党的十九大报告提出要以党的政治建设为统领建构“5+2”的党建制度模式，就是加强和改善党的领导的最优顶层设计，也是党始终支持和保证人民当家作主，推进人民民主，不断扩大党的利益代表和利益聚合功能，扩大党的执政基础，巩固和维护党的长期执政地位，充分发挥和增强新型政党制度治理效能的根本保证。

（二）在健全协商民主制度中不断巩固和发展和谐政党关系

“中国共产党领导的多党合作与政治协商制度，是党的领导、多党合作和多方协商的三者有机统一，它的运行能够有效整合人民的不同利益诉求，从而为促进人民团结提供有效的制度基础和制度保障。”[3]协商民主是中国新型政党制度的真谛，也是促进人民民主的动力，它可以弥补选举民主的不足，可以最大限度地实现平等参与、利益代表和社会整合。具体而言，中国式政治协商主张平等，承认多元；注重协调，着眼合作；追求共识，强调沟通；求同存异，志在双赢。它无疑是最为有效的民主机制，是巩固和发展和谐政党关系的最有力武器。中国是一个超大规模的国家，改革开放以来，随着经济社会的不断发展，社会结构和社会形态日趋多元化、多样化。在国家现代化进程中，要有效推进国家治理现代化，中国共产党作为领导党和执政党，就需要凝聚和团结社会各方力量，特别是要加强与各民主党派在决策之前和决策实施之中的政治协商，共同推进国家治理。这也是在中国政治逻辑下，推进国家现代化强国战略、保

[1] 《中共中央关于加强和改进新形势下党的建设若干重大问题的决定》，《人民日报》2009年9月28日。

[2] 王韶兴：《现代化进程中的中国社会主义政党政治》，《中国社会科学》2019年第6期。

[3] 林尚立：《中国共产党与国家建设》，天津人民出版社2017年版，第138页。

持经济社会协调、快速、平稳发展、增强多元一体结构的关键所在。延伸而言，凝聚和团结社会各方力量共同治理，就是要不断健全协商民主制度，推进协商民主广泛多层制度化发展，不断巩固和发展和谐政党关系，充分发挥人民政治协商会议作为中国新型政党制度重要机构和统一战线组织的协调凝聚整合功能，推进国家治理现代化。

在推进国家治理中，中国政党制度以其独一无二的政治协商机构平台（政治协商会议），以人民民主为基础，可以充分凝聚人心、创造认同和共识，可以充分整合不同利益诉求、创造参与和协商。所以，“继续重点加强政党协商、政府协商、政协协商，积极开展人大协商、人民团体协商、基层协商，逐步探索社会组织协商”[1]，不断巩固和发展和谐政党关系，寻求社会最大公约数，画出最大同心圆，就是对新型政党制度优势的最好诠释，也是发挥和增强新型政党制度优势的重要保障。2015年2月中共中央印发的《关于加强社会主义协商民主建设的意见》，作为新时代指导我国社会主义协商民主建设的纲领性文件，对在新时代如何开展以政党协商为首的“七大”协商民主方式进行了全面安排部署。以此为指导，围绕中国人民政治协商会议这一重要政治制度安排和政治协商机构平台，不断完善政党协商制度、政府协商制度、人大协商制度、政协协商制度、人民团体协商制度、基层协商制度和社会协商制度，构建一个科学完善的社会主义协商民主制度体系，既是国家治理现代化的必然要求，也是加强多党合作，推进多党合作共事、巩固和发展和谐政党关系的必然选择。2015年12月，中共中央办公厅印发《关于加强政党协商的实施意见》，其中对有关政党协商的指导思想、意义、内容、形式、程序、保障机制，以及如何加强和完善党对政党协商的领导都作了详细的规定。党对政党协商和多党合作以及不断发展和完善和谐的政党关系一直都是非常重视的。它说明作为执政党的中国共产党，“我们不是一个自以为是的小宗派，我们一定要学会打开大门和党外人士实行民主合作的办法，我们一定要学会善于同别人商量问题”[2]。因为，“我们政府的性格”，“是跟人民商量办事的”，“可以叫它是个商量政府”[3]，“国家各方面的关系都要协商”[4]。

（三）在推进国家治理法治化中不断提高决策的科学化民主化

在中国共产党的领导下社会各方力量团结协作、凝聚共识、求同存异，最大限度实现国家治理决策的科学化民主化法治化就是当前中国政治运行的真实写照。在国家治理现代化中不断发挥和增强中国新型政党制度的治理效能，就需要依法增加和扩大

[1] 《中共中央关于加强社会主义协商民主建设的意见》，《人民日报》2015年2月10日。

[2] 《毛泽东选集》（第3卷），人民出版社1991年版，第810页。

[3] 《毛泽东文集》（第7卷），人民出版社1990年版，第178页。

[4] 《毛泽东文集》（第6卷），人民出版社1990年版，第386页。

公众参与国家治理决策的合法渠道、依法监督国家治理决策的进程、依法规范国家治理决策的政治参与，不断实现公众参与国家治理决策制度化、规范化、程序化。公众参与国家治理决策的“三化”要求党和国家必须要不断建构和完善各党派、各团体、各族各界和各种社会组织参与国家治理决策的法律制度体系，不断建立和拓宽他们合法参与国家治理决策的渠道。唯有如此，才能确保公众的政治参与合理有序、渠道畅通，才能有效避免因大规模公民制度外政治参与而导致的国家治理失序和国家治理危机，从而促进经济政治社会和平稳定、协调有序、平衡快速发展。所以，依此来看，“唯有法治才能既保证公民广泛的政治参与，又维护社会的公共秩序，最终达到官民共治的理想状态”[1]。共治就是多元治理主体在执政党的领导下，依据系统完备、科学规范、运行有效的法律和制度体系，依法规范治理行为、依法开展国家治理活动。它要求执政党要带动全社会崇尚宪法和法律权威，依宪执政、依法行事，带头维护制度权威，自觉尊崇制度、严格执行制度、坚决维护制度。它要求参政党和各族各界人士要依法参政议政，广泛多层制度化开展协商议事和民主监督。这也即说，国家治理现代化，其实质就是国家治理法治化，即要以严密科学的中国特色社会主义法制体系，依法规范人民的参与行为、参与方式、参与渠道，依法保障人民的利益诉求、利益表达、利益聚合，依法监督国家治理决策主体、决策过程、决策行为，促使执政党依法领导国家治理决策，使各民主党派、各人民团体、各族各界和各种社会组织依法参与国家治理决策，在决策之前和决策实施之中依托人民政协机制依法充分开展政治协商、参政议政、民主监督，围绕团结和民主两大主题，把国家治理决策全部纳入制度化、程序化和法治化过程，不断提升国家治理决策过程的民主性和决策成果的科学性。概言之，国家治理的法治化是中国新型政党制度优势转化为治理效能的重要保证。

四、结语

坚持和完善中国新型政党制度是坚持和完善人民当家作主制度体系、发展社会主义民主政治的重要构成和内在要求。彰显中国新型政党制度优势，并把制度优势及时转化为治理效能，是推进国家治理现代化的应有之义。它要求执政的中国共产党和参政的各民主党派必须把“长期共存、互相监督、肝胆相照、荣辱与共”的十六字方针真正体现与落实到互相监督，特别是执政党自觉接受监督、对重大决策部署实施专项监督上来；它要求必须完善各民主党派中央（参政党）向中共中央直接提出建议的制度、必须完善支持各参政党完善履职尽责的方法；它要求“必须构建程序合理、环节

[1] 俞可平：《走向善治——国家治理现代化的中国方案》，中国文史出版社2016年版，第85页。

完整的协商民主体系，完善协商于决策之前和决策实施之中的落实机制，丰富有事好商量、众人的事由众人商量的制度化实践，统筹推进政党协商、人大协商、政府协商、政协协商、人民团体协商、基层协商和社会组织协商”[1]，不断提高各民主党派开展政治协商、参政议政和民主监督能力和水平，进而更好地凝聚力量、凝聚共识、凝聚智慧，充分发挥社会主义协商民主的独特优势。在推进国家治理现代化的征程中，也只有不断增强和发挥新型政党制度优势，固根基、扬优势、补短板、强弱项，才能把新型政党制度优势充分转化为治理效能，不断推进中国特色社会主义民主政治向前发展。

原载于《科学社会主义（双月刊）》2020年第3期

[1] 本书编写组：《党的十九届四中全会〈决定〉学习辅导百问》，党建读物出版社、学习出版社2019年版，第9页。

试论中国新型政党制度的演进与发展

蒋 锐 杨 森

摘 要： 中国共产党领导的多党合作和政治协商制度是深深植根于中国土壤的新型政党制度，是马克思主义政党理论与中国政治发展相结合的伟大制度创造，是中国特色社会主义制度体系的重要组成部分，与西方国家的两党制、多党制和一些国家的一党制有着本质区别，为破解世界政党执政难题、创新民主实现形式、促进政党政治文明贡献了中国智慧和全新方案。中国新型政党制度的孕育、形成、演进与发展具有深厚的理论根基和文化根源，经历了确立、实践、规范和完善等历史阶段，具有鲜明的中国特色、中国风格和中国气派，在中国政治、经济、文化和社会发展中发挥了不可替代的重要作用，日益彰显出独特优势和强大魅力。在新时代坚持和完善中国新型政党制度，必须始终坚持将马克思主义原理与中国实践紧密结合，不断强化中国共产党的领导，扎实推进参政党建设，科学构建理论体系，健全完善运行机制，充分发展协商民主，为推进国家治理体系和治理能力现代化凝聚起多党合作的磅礴伟力。

关键词： 中国新型政党制度；演进发展；多党合作；协商民主

"中国新型政党制度"这一概念最初由习近平总书记提出，2018年3月4日，他在与参加全国政协十三届一次会议有关界别委员谈话时强调中国共产党领导的多党合作和政治协商制度是中国共产党、中国人民与各民主党派、无党派人士的伟大政治创造，是从中国土壤中生长出来的新型政党制度，并对新型政党制度的内涵、特征、优势和走向等作了深刻阐述。这在我国乃至世界政党发展史上都具有里程碑意义。在新时代，梳理分析中国新型政党制度的理论基础、文化根源、演进过程，探究其独特优势、运行规律及发展思路，对于进一步加强新型政党制度建设、不断丰富完善协商民主的内容与形式、全面开创多党合作事业新局面具有重要意义。

一、中国新型政党制度的理论基础

作为马克思主义政党理论中国化的最新成果，中国新型政党制度的孕育、形成、演进与发展具有深厚的理论基础，主要包括马克思主义统一战线理论、人民民主理论以及政党和政党关系理论。

首先是马克思主义统一战线理论。马克思和恩格斯在创建科学社会主义理论体系的过程中，深刻阐述了无产阶级统一战线的基本原理和原则，指出无产阶级只有加强自身的团结统一，并积极与其他参加革命的阶级、政党和社会力量结成同盟，才能取得革命的最终胜利。列宁在领导俄国革命的实践中，进一步发展完善了马克思主义统一战线思想，指出无产阶级应尽最大可能联合同盟军，牢牢把握统一战线的领导权，建立起各党派之间的政治联盟，并明确提出了“统一战线”的概念，指出“我们需要统一战线”[1]。中国共产党成功地将马克思主义统一战线战略和策略思想运用到中国革命、建设和改革的实践中，形成了一系列适应我国国情、具有中国特色的统一战线理论和政策，如提出建立以工农联盟为基础的、占全国人口绝大多数的广泛统一战线，始终坚持中国共产党对统一战线的领导，实行既联合又斗争的策略等，这些都进一步丰富和发展了马克思主义统一战线理论，为团结凝聚各民主党派和无党派人士、建立和完善中国新型政党制度夯实了思想和理论根基。

其次是马克思主义人民民主理论。马克思和恩格斯是人民民主思想的最早提出者，他们在总结巴黎公社经验和对《哥达纲领》进行批判时提出“‘民主的’这个词在德语里意思是‘人民当权的’”[2]，在《共产党宣言》中提出“工人革命的第一步就是使无产阶级上升为统治阶级，争得民主”[3]，并强调要通过无产阶级专政，建立起绝大多数人的民主制度。列宁在继承马克思主义民主理论的基础上，提出“民主也是国家”[4]的思想，强调民主同国家一样，也是有组织有系统地对人们使用暴力；社会主义民主是人类社会发展史上最高类型的民主；无产阶级专政是无产阶级与非无产阶级的劳动阶层结成的政治联盟，必须由无产阶级的先进组织共产党来领导，强调“党是直接执政的无产阶级先锋队，是领导者”[5]，“不通过共产党就不可能实现无产阶级专政”[6]。中国共产党根据中国的特殊国情，进一步发展了马克思主义无产阶级专政思想，提出人民民主专政是由工人阶级领导的国家政权，由其先锋队中国共产党实行领导、人民民主专政是人民当家作主的国家政权，是工人阶级及其他阶级联盟的、人民广泛参与的民主国家政权等理论，丰富和扩展了人民民主的内涵。人民民主专政理论揭示了我国政权的性

[1] 《列宁全集》（第43卷），人民出版社2017年版，第142页。

[2] 《马克思恩格斯选集》（第3卷），人民出版社2012年版，第371页。

[3] 《马克思恩格斯选集》（第1卷），人民出版社2012年版，第421页。

[4] 《列宁全集》（第31卷），人民出版社2017年版，第127页。

[5] 《列宁全集》（第40卷），人民出版社2017年版，第299页。

[6] 《列宁全集》（第41卷），人民出版社2017年版，第45页。

质和内容，并从本质上框定了我国政治制度和政党制度的核心价值、政治理念和制度要素。

最后是马克思主义政党和政党关系理论。马克思和恩格斯提出，无产阶级只有组建并依靠最有觉悟、最具战斗力的共产党，才能承担起领导革命胜利的历史重任；无产阶级政党必须紧密团结各民主党派，组成强大同盟军，才能最终取得胜利，达到其战略目的；无产阶级政党在同其阶级的政党联合的过程中，必须保持自己的独立性[1]。列宁首次提出了在无产阶级专政的国家实行多党合作的思想，并阐述了多党合作的阶级基础、政治基础和策略原则，强调必须依照各国国情来确立各政党之间的关系[2]。中国共产党在充分继承马克思主义政党和政党关系理论的基础上，紧密联系中国实际，创造性地发展了这一理论，提出把团结民主党派作为中国革命、建设和改革的一项基本战略，确立了中国共产党执政条件下与民主党派合作的战略思想，明确了“长期共存、互相监督、肝胆相照、荣辱与共”的基本方针，为新型政党制度的创建和发展提供了理论依据。

二、中国新型政党制度的文化根源

文化是制度之母，任何制度都建立在一定的文化基础之上。中国新型政党制度深深植根于中国土壤和中华文明，是中国悠久历史、文化传统和哲学思想的集中反映，其中饱含着中国自古传承的“贵和持中、和合共生”“求同存异、和而不同”等优秀传统文化的思想精髓，蕴藏着“热爱祖国、忧国忧民”“同舟共济、兴国安邦”等中国革命文化的价值元素，也汲取着“百花齐放、百家争鸣”“以人为本、人民至上”等社会主义先进文化的精神养分，具有厚重的文化根源和历史积淀。

中华优秀传统文化为新型政党制度的孕育、形成和发展夯实了文化根基。中国共产党成立以来，始终坚持把“为中国人民谋幸福，为中华民族谋复兴”作为根本宗旨和奋斗目标，团结带领全国各族人民及各党派、团体共同致力于伟大斗争、伟大事业和伟大梦想，这与中华民族自古以来所坚守的“先天下之忧而忧，后天下之乐而乐”“大道之行，天下为公”“修身齐家治国平天下”等思想理念一脉相承。新型政党制度所具有的开放性、包容性、兼顾性和内生性，也与中华优秀传统文化所秉持的“一体多元、和而不同”“中道和合、和合相与”“兼容并蓄、求同存异”等价值观念不谋而合。中国新型政党制度的形成及发展，充分体现了中华民族“兼容并蓄、和而不

[1] 《马克思恩格斯全集》（第10卷），人民出版社1998年版，第390—392页。

[2] 袁廷华、李金河：《中国多党合作制度概论》，学习出版社2018年版，第18—19页。

同”的优秀文化传统。

中国革命文化为新型政党制度的孕育、形成和发展融入了价值元素。自鸦片战争以来，中国人民和中华民族就不畏艰险，致力于反对帝国主义和封建主义、争取国家独立和民族解放的伟大斗争。在长期的斗争实践中，经历了旧民主主义革命和新民主主义革命两大历史时期，涵盖了辛亥革命、五四运动、土地革命、抗日战争、解放战争等诸多重大历史事件，其中不乏“八一”宣言、第二次国共合作、“三三制”政权、“历史周期率”之辩、“五一”口号发布等有关统一战线或多党合作的政治事件和历史故事；锤炼形成了“五四精神”“井冈山精神”“长征精神”“延安精神”“西柏坡精神”“沂蒙精神”一系列红色革命精神，其中所包括的热爱祖国、忧国忧民，善于团结、顾全大局，解放思想、实事求是，坚持党的绝对领导、密切联系人民群众等重要内容，为中国新型政党制度的孕育、形成和发展融入了革命文化的优秀基因和价值元素。

社会主义先进文化为新型政党制度的孕育、形成和发展注入了精神养分。社会主义先进文化是将马克思主义与中国革命、建设和改革实践紧密结合而产生的伟大创造成果，其本质是坚持社会主义制度，精髓是社会主义核心价值体系，内容是发展“三个面向”及民族、科学、大众的社会主义文化，要求则包括了“二为”方向、“双百”方针和“三贴近”原则等。这些都已经渗透于新型政党制度建设的方方面面，成为其核心价值和政治理念不可或缺的重要组成部分。比如，中国共产党与各民主党派、无党派人士都具有中国特色社会主义共同理想，均大力弘扬以爱国主义为核心的民族精神及以改革创新为核心的时代精神，皆积极倡导和践行社会主义核心价值观等，从而为中国新型政党制度的发展和完善提供了丰富的文化给养和精神食粮。

三、中国新型政党制度的演进过程

中国新型政党制度孕育于新民主主义革命时期，形成于新中国创建之时，发展于中国特色社会主义生动实践，是马克思主义理论与中国实践相结合的政治创造，是中国共产党与各民主党派、无党派人士长期探索总结的伟大成果，也是中国历史发展的必然选择。

（一）新型政党制度的形成背景和确立过程

自1840年鸦片战争以来，中国就面临着严重的内忧外患，人民生活在水深火热之中，建立一个独立、自由、民主、富强的新中国成为无数仁人志士的最大梦想，而政党制度是实现这一目标任务的重要载体和有效途径。中日甲午战争的惨败，使中国深刻认识到西方坚船利炮背后的政治因素，开始注重学习西方的政治制度，从而推进了中国政党和政党制度的发展。但在旧民主主义革命时期，不管是资产阶级维新派所积极倡导的君主立宪制，还是革命派所极力推行的民主共和制，乃至辛亥革命胜利后孙中山效仿西方国家实行的议会多党制，均因不适合中国国情而难逃失败厄运，也无法解救中国于苦难之中，更谈不上实现民主和富强的宏伟目标。对此，孙中山曾感叹，“中国的社会……不能完全仿效欧美”[1]。大革命失败后，蒋介石集团代表和维护大地主大资产阶级利益，压迫和剥削劳苦大众，逆中国民主政治发展潮流，最终被人民抛弃。实践证明，中国要完成救亡图存和反帝反封建的历史重任，必须有新的政治力量以新的思想理论开创中国革命的新道路。

十月革命一声炮响，给中国送来了马克思主义，“也帮助了中国的先进分子，用无产阶级的宇宙观作为观察国家命运的工具，重新考虑自己的问题”[2]。五四运动使中国工人阶级登上了历史舞台，并显示出伟大历史作用。1921年7月，作为中国工人阶级及中国人民和中华民族先锋队的中国共产党诞生，从此中国的政治格局发生根本转变，开启了中国民主政治和政党制度建设的新篇章。两次国共合作和通过建立抗日民族统一战线，加速了中国新民主主义革命的进程，也发展壮大了中国共产党的力量，促进了与各民主党派和无党派人士的团结合作。抗战胜利后，各民主党派和无党派人士同中国共产党一道，共同致力于反对国民党反动派的内战和独裁专制，为实现和平与民主作出了重要贡献，同时也为中国新型政党制度的创建奠定了坚实的政治、理论和实践基础。1948年4月，中国共产党“五一”口号的发布，得到了社会各界热烈响应，标志着各民主党派和无党派人士公开、自觉地接受中国共产党的领导，也寓意着中国的民主政治和政党制度建设揭开了新的一页。1949年9月，第一届全国政协会议召开，昭示着人民民主专政国家政权的建立，也标志着中国新型政党制度的确立。从此，我们开辟出一条与西方两党制、多党制和一些国家的一党制有着本质区别的全新政党制度建设之路。

（二）新型政党制度的实践探索和曲折发展

从1949年新中国成立至1978年中国共产党十一届三中全会召开，中国新型政党制度在社会主义改造、民主政治建设和经济社会发展中发挥了重要作用，展现出显著优越性和强劲生命力。具体可分为三个阶段：一是新民主主义新型政党制度的实践。从新中国成立至1956年社会主义改造基本完成，是新型政党制度的初步实践阶段，也是顺利发展时期。在此期间，召开了第一次全国统战工作会议，阐明了民主党派的性质、

[1] 《孙中山选集》(下卷)，人民出版社2011年版，第792页。

[2] 《毛泽东选集》(第4卷)，人民出版社1991年版，第1471页。

地位和作用，提出了多党合作的总方针和原则，制定了有关政策措施，推动了各民主党派稳步、健康发展。同时，各民主党派和无党派人士也积极投身革命和建设，为尽快恢复国民经济、巩固和发展统一战线，发挥了重要作用。二是社会主义新型政党制度的确立。社会主义改造基本完成之后，我国阶级关系发生深刻变化，在社会主义条件下多党合作制度有没有必要存在，成为社会关注的焦点。对此，毛泽东于1956年4月在《论十大关系》的报告中作了深刻回答，认为“长期共存、相互监督”应成为中国共产党处理与各民主党派之间关系的基本原则。同年9月，“长期共存、相互监督”被确定为中国共产党处理与各民主党派关系的“八字方针”。“八字方针”的提出，是对马克思列宁主义在社会主义时期政党关系学说的一个重大发展，将我国多党合作制度从新民主主义社会中带有阶段性、利益性和策略性的制度，发展成为具有长期性、根本性和战略性的社会主义政党制度，解决了共产党人在社会主义条件下实行多党合作的一个重大基础理论问题，同时也为开展政党间的良性互动、发扬社会主义民主提供了理论基础和制度支撑，在中国政党制度发展史上具有里程碑意义。三是中国新型政党制度的曲折发展。自1957年下半年反右派斗争严重扩大化起，由于受“左”倾错误影响，新型政党制度经历了曲折的发展历程，特别是在“文化大革命”十年动乱中，新型政党制度遭受严重破坏。但是在关键时刻，毛泽东、周恩来等老一辈革命家保护了一大批民主党派领导人，使多党合作虽经历浩劫但并未被摧毁。

（三）新型政党制度的恢复和逐步规范

从党的十一届三中全会至十八大这段时间里，中国新型政党制度得以迅速恢复，并逐步走向规范，为改革开放和社会主义现代化建设作出了突出贡献。这一时期可分成三个阶段：一是新型政党制度的恢复与发展。从中国共产党十一届三中全会召开至十三届四中全会召开，以邓小平同志为核心的党的第二代中央领导集体，拨乱反正，提出了一整套关于多党合作的理论与政策，恢复和发展了新型政党制度，开创了我国多党合作事业的新局面。1979年6月，邓小平在全国政协五届二次会议上，将民主党派明确为社会主义性质的政党，并第一次给多党合作以“制度”的明确定位，为新型政党制度的恢复与发展奠定了思想理论基础。党的十二大在“八字方针”基础上增加了“肝胆相照、荣辱与共”这一新内容，使其扩展为“十六字方针”。新时期中国共产党与各民主党派之间的关系从阶级关系发展成为同志式的亲密友党关系，对于坚持和发展新型政党制度具有重大的现实意义和深远的历史意义。1986年7月，中共中央批准《关于新时期党对民主党派工作的方针任务的报告》，明确指出中国共产党领导的多党合作制度是我国政治制度的特点和优势，它不同于苏联等国的一党制，也根本区别于欧美资本主义国家的多党制；各民主党派不是在野党，更不是反对党，而是与中共通力合作的亲密友党，进一步明确了新型政党制度的显著特征和各民主党派的性质定位。党的十三大首次提出“共产党领导下的多党合作和政治协商制度”概念。这一时期，各民主党派成员和组织得到迅速恢复与发展，并充分发挥优势作用，为经济社会发展作出了重要贡献。二是新型政党制度建设的新阶段。从1989年6月党的十三届四中全会召开至2002年11月党的十六大召开，以江泽民同志为核心的党的第三代中央领导集体着眼于新的环境、新的实践和新的发展，认真研究新情况、解决新问题、开创新领域，提出了一系列多党合作的新思想、新观点和新论断，推动新型政党制度步入制度化建设的新阶段。1989年12月，中共中央印发《关于坚持和完善中国共产党领导的多党合作和政治协商制度的意见》，第一次以中共中央文件的形式明确提出多党合作制是我国的一项基本政治制度，界定了新时期民主党派是致力于社会主义事业的参政党，明确了新时期多党合作的政治基础，确定了民主党派参政的基本点。这是对马克思主义政党理论的创造性发展，标志着我国新型政党制度步入制度化建设的轨道。党的十四大正式将新型政党制度纳入中国特色社会主义理论，写进了党章。八届人大一次会议把新型政党制度将长期存在与发展载入宪法，上升为国家意志。党的十五大将坚持和完善新型政党制度提高到建设有中国特色社会主义民主政治的高度，写入社会主义初级阶段的基本纲领。党的十六大又将坚持和完善新型政党制度写入今后必须长期坚持的十条基本经验。这些都充分表明中国共产党坚持和完善新型政党制度的决心，也表明这一制度已经成为全体国民的共同意志。三是新世纪新型政党制度的新发展。进入21世纪，以胡锦涛同志为总书记的党中央站在建设社会主义政治文明、发展社会主义民主的战略高度，不断推进多党合作制度化建设，充分发挥民主党派在国家政治和社会生活中的作用。2005年3月颁布的《关于进一步加强中国共产党领导的多党合作和政治协商制度建设的意见》，丰富完善了政治协商、参政议政和民主监督的政策措施，促进了多党合作的制度化、规范化和程序化建设。2006年2月颁布的《关于加强人民政协工作的意见》，阐明了人民政协的性质、地位、作用、历史任务、工作原则和履职程序等，强调人民政协是中国新型政党制度的重要政治形式和组织形式。党的十七大正式将新型政党制度纳入社会主义政治制度体系，进一步明确了其性质定位，标志着对新型政党制度建设的进一步加强。2007年印发的《中国的政党制度》白皮书，系统阐释了新型政党制度产生和发展历程，揭示了其发挥作用的途径和方式，从而进一步扩大了新型政党制度的国际话语权和影响力。

（四）新型政党制度的创新发展和日臻完善

党的十八大以来，以习近平同志为核心的党中央高瞻远瞩、与时俱进、开拓创新，从坚持和完善中国特色社会主义制度、推进国家治理体系和治理能力现代化、强化社会主义协商民主建设的战略高度出发，大力推进新型政党制度的创新与发展，开创了我国多党合作事业新局面。党的十八大将新型政党制度作为“中国一项基本政治制度”写进报告，并首次提出完善社会主义协商民主制度。2013年2月，习近平在迎春座谈会上提出，“各民主党派是同中共通力合作的中国特色社会主义参政党”[1]，首次将“民主党派”与“社会主义”相结合进行表述，不仅明确了各民主党派的性质、地位，也有助于统一思想、凝聚共识，促进各民主党派的建设与发展。2015年5月，中共中央印发《统一战线工作条例（试行）》，第一次以中共中央文件形式明确提出民主党派是中国特色社会主义参政党，并阐述了民主党派的基本职能和加强政党协商的新要求及其内容、形式，从而进一步完善了新型政党制度的政策规定。同年，中共中央颁发《关于加强社会主义协商民主建设的意见》，首次将中共同民主党派之间的政治协商概括为“政党协商”，并将其摆在了协商民主的突出位置，同时强调要发挥人民政协作为协商民主重要渠道和专门协商机构的作用，不断提高其工作的制度化、规范化、程序化水平。党的十九大立足新时代中国特色社会主义的新形势新任务，对健全人民当家作主制度体系、发展社会主义民主政治作出了新部署，为坚持和发展新型政党制度提供了有力指导。2018年3月4日，习近平在看望参加全国政协十三届一次会议的民盟、致公党、无党派人士、侨联界委员时，首次提出“新型政党制度”概念，并系统阐述了其内涵、特征、优势和作用，为我国政党制度发展开启了新纪元。同年，中共中央相继出台《关于加强中国特色社会主义参政党建设的意见》《民主党派代表人士队伍建设规划（2018—2027）》，充分体现出对参政党建设的高度重视和大力支持，也对民主党派加强自身建设、更好地履职尽责提出更高要求。党的十九届四中全会强调，要加强中国特色社会主义政党制度建设，展现我国新型政党制度优势等。《中共中央关于制定国民经济和社会发展第十四个五年规划和二〇三五年远景目标的建议》也明确提出要坚持和完善新型政党制度，发挥社会主义协商民主独特优势。中共中央颁发的《中国共产党统一战线工作条例》首次将新型政党制度、民主党派是中共的好参谋好帮手好同事、无党派人士是政治协商的重要组成部分等内容写入中央法规文件，并对政党协商、参政议政、民主监督等作了进一步规范，促进了新型政党制度的日臻完善。上述一系列重要思想和论断，为我国新型政党制度发展提供了根本遵循，对于全面开创我国多党合作事业新局面具有重大而深远的意义。

[1] 《习近平关于社会主义政治建设论述摘编》，中央文献出版社2017年版，第53页。

四、中国新型政党制度的独特优势

中国新型政党制度深深植根于中国土壤，经过70余载的演进与探索，逐步发展成熟、走向完善，形成了鲜明的中国特色、中国风格和中国气派，在中国政治、经济、文化和社会发展中发挥着不可替代的重要作用，日益彰显出独特优势和强大魅力。

（一）有利于实现和维护最广大人民的根本利益

一个政党存在和发展的前提，是它能够实现和维护其所代表群体的利益。中国新型政党制度始终扎根于人民、服务于人民，及时反映不同阶层和群体的利益。在这一制度中，中国共产党是执政党，始终代表最广大人民的根本利益；各民主党派是亲密友党，是各自所联系民众的政治联盟。中国共产党与各民主党派、无党派人士的团结合作，不仅能够代表和维护最广大人民的根本利益，而且能照顾到社会各个方面的利益，因此得到了广泛支持和坚决拥护，这也凸显出我国新型政党制度的巨大优越性，是其他政党制度无法比拟的。

（二）有利于增强社会凝聚力和向心力

政党制度具有整合社会力量的功能，能否有效凝聚社会共识、汇集社会力量，为促进国家繁荣富强和人民幸福安康而奋斗，是衡量某一政党制度优劣的重要标尺。中国新型政党制度是具有强大力量整合和凝聚功能的政党制度，能够有效协调各方面的利益关系，增强社会的凝聚力和向心力。一方面，“为人民谋幸福、为民族谋复兴”的使命担当，激励着中国共产党始终围绕人民所需所盼制定和践行各项政策措施；另一方面，尽管各民主党派和无党派人士分别代表着一部分社会群体的利益，但是他们在促进祖国统一、发展国民经济、改善民生福祉等方面的愿望与中国共产党是完全一致的。各政党追求目标和发展方向的一致性，使中共提出的施政纲领和政策措施，在与各民主党派和无党派人士沟通协商时容易达成共识，易于凝聚起强大合力。而在西方资本主义国家，由于各党派之间的利益不同，其政党制度不但很难有效整合和凝聚社会力量，而且很容易引发社会矛盾，增大社会分歧，造成社会撕裂。

（三）有利于促进政治与社会和谐稳定

一个国家或地区的政局是否稳固、社会是否安定，通常与其所实行的政党制度密不可分。在中国新型政党制度中，中国共产党是执政党，处于领导和执政地位，各民主党派是参政党，是中国共产党的“好参谋、好帮手、好同事”。这种团结和谐的政党关系，既有别于西方两党制或多党制的相互倾轧、明争暗斗，又不同于一党制的独断专横、专权跋扈，是一种全新的友好合作型的政党关系。这种新型政党制度，意味着不会出现政党纷争和轮流执政的局面，从而从根本上规避了政局不稳、政权频迭和执政政策不连续等现象，确保了国泰民安和人民幸福。相反，西方的政党制度追求集团利益至上，必然导致代表不同利益集团的政党之间的相互竞争和矛盾冲突，从而造成政治动荡、经济恶化、人心涣散和民生凋敝等现象。

（四）有利于提高决策和执行效率

中国新型政党制度是实现广泛民主与高度统一相融合的最佳制度，通过这一制度安排，不仅能够充分发扬民主、广泛凝聚共识，而且能够快速作出决断、及时予以执行，有利于提升国家决策执行的质量和效率。这种制度机制有效避免了决策的盲目性和决策失误，彰显了我国新型政党制度无与伦比的优越性。多年来，从实现西气东输、南水北调，到建成青藏铁路、三峡大坝；从"神舟"飞天、"嫦娥"探月、"蛟龙"入海，到"墨子"传信、"天眼"巡空、"北斗"组网；从推进西部大开发、振兴东北老工业基地，到打赢脱贫攻坚战、全面建成小康社会；从抗击"非典"、汶川抗震救灾，到抗击新冠疫情、抓"六稳"促"六保"等，都无不彰显着中国速度和中国效率，让世人赞叹和国人自豪，充分体现出中国新型政党制度能够集中力量办大事的显著优势。反观西方国家，由于各党派之间的纷争对立和相互牵制，经常出现凡执政党的议案在野党必反对之情形，以致许多有利于经济社会发展和改善民生的施政方案长期搁置，严重制约了国家发展和社会进步。

（五）有利于强化监督和减少腐败

中共与各民主党派长期共存、互相监督、肝胆相照、荣辱与共，有效避免了执政党缺乏监督的弊病。作为执政党，中国共产党始终高度重视内部监督与外部监督的紧密结合。《中国共产党党内监督条例》明确规定：各级党组织应积极创造条件，支持帮助民主党派和无党派人士履行监督职能，充分听取他们的意见建议，不断完善知情、沟通、反馈和落实等机制。党的十九大报告提出，要充分发挥人民政协的监督作用，紧紧围绕党委政府重大决策部署进行民主监督。党的十九届四中全会强调，要健全相互监督特别是中国共产党自觉接受监督、对重大决策部署贯彻落实情况实施专项监督等机制。《中国共产党统一战线工作条例（试行）》也明确提出，中国共产党应自觉接受民主监督，并支持民主党派和无党派人士进行民主监督。在我国新型政党制度中，中国共产党与各民主党派之间的互相监督，有利于促进中国共产党自查自纠、及时解决工作中出现的问题，也有利于中国共产党提高长期执政能力、永葆党的纯洁性和先进性。这种制度设计，为有效规避或减少腐败、确保权力的廉洁运行奠定了坚实的制度基础。

五、未来中国新型政党制度发展的着力点

虽然我国新型政党制度的发展日趋成熟，展现出巨大优越性和强劲生命力，是构建新型政党关系和发展社会主义民主政治不可或缺的制度模式，是推进国家治理体系和治理能力现代化的重要保证，但是必须清醒地看到，我国新型政党制度的发展是一个永无休止的过程，需要不断地进行探索创新和健全完善。未来，中国新型政党制度发展的着力点应包括以下几方面：

（一）始终坚持中国共产党的领导

中国共产党的领导是中国革命、建设和改革事业顺利推进的根本保证，这不仅是中国特色社会主义制度的最大优势，也是中国新型政党制度存在的基本前提和必然要求。把我国新型政党制度坚持好发展好完善好，最重要的就是要始终坚持中国共产党领导。实践证明，只有坚持中国共产党的领导，才能有效应对各种风险挑战，确保社会主义事业大踏步前进；才能持续推动祖国统一和人民幸福，为经济社会发展营造良好的社会环境；才能充分调动一切积极因素，团结凝聚社会各方面的力量，为夺取全面建设社会主义现代化国家新胜利而奋斗。新时代加强我国新型政党制度建设，必须始终坚持中国共产党领导，不断强化其政治优势和力量支撑，确保在坚持中国特色社会主义制度基础上，不断推动政党建设和民主发展；必须深入开展中共党史、新中国史、统一战线史等的学习教育，深化中国特色社会主义宣传，培育和践行社会主义核心价值观，不断夯实团结奋斗的共同思想政治基础；必须坚持党对国家重大方针政策的领导，形成社会各党派、团体、阶层和各界人士的强大合力，共同推进国家治理体系和治理能力现代化，为实现中华民族伟大复兴贡献力量。

（二）着力加强参政党能力建设

加强各民主党派自身建设，不断提高其履职能力，是发展中国新型政党制度的必然要求和重要举措。各民主党派是同中国共产党通力合作的中国特色社会主义参政党，无党派人士是我国政治生活中的一支重要力量。我们应当准确把握新时代对发展中国特色社会主义参政党的新要求，继承优良传统，把握时代规律，鼓励和支持各民主党派不断增强“四个意识”、坚定“四个自信”、做到“两个维护”，进一步扩大政治共识，提高对中国共产党和中国特色社会主义的政治认同、思想认同和情感认同；鼓励

和支持各民主党派不断加强政治、思想、组织和制度建设，真正成为政治坚定、理论清醒、组织巩固、机制健全、充满活力的中国特色社会主义参政党；鼓励和支持各民主党派不断提升参政议政、组织领导、合作共事及解决自身问题的能力，真正成为中国共产党的亲密友党和优秀伙伴。

（三）科学构建新型政党制度理论体系

中国新型政党制度经历70余载的建设与发展，取得了丰硕的理论和实践成果，形成了一系列制度设计，但是科学、规范和系统的政党制度理论体系还尚未完全建立，理论仍滞后于实践，许多问题还未能从理论中寻找到答案，因此必须从根本上加快对中国新型政党制度理论体系的构建。一要始终坚持以马克思主义为指导，充分发挥其源头和引领作用，为中国新型政党制度的发展追本溯源、理清脉络、夯实理论基础。二要系统构建从概念到范畴再到理论的一整套理论体系，深入研究、理解和把握中国新型政党制度的基本特征和运行规律，明确辨析其学理基础及历史、理论和实践逻辑，防止研究的表面化、碎片化和空洞化。三要充分认清中西方在政党理论和政党制度构建方面的本质差异，坚决摒弃那种不加甄别地复制、套用西方政党理论的做法，尤其要对西方政党理论和政党制度所固有的缺陷和不足敢于批评、勇于挑战。在对比分析中科学评判中外政党理论和政党制度的优劣异同，看清中国新型政党制度所蕴含的核心价值和政治理念，以充分的理论自信和制度自信，为世界政党制度发展贡献全新的、系统完备的“中国方案”。

（四）不断完善新型政党制度运行机制

规范有序的运行机制是促进新型政党制度健康发展的重要保证，也是推进国家治理体系和治理能力现代化的基本要求，但目前我国新型政党制度在运行机制方面仍存在一些薄弱环节，如重形式轻质效、重实体轻程序、重制度轻规范等，使许多很好的制度长期停留在理论和政策层面，未能得到有效落实。今后应进一步加强配套制度建设，围绕新型政党制度的贯彻落实，认真研究制定出一整套切实可行、务实管用、便于操作的规定和细则，确保各项政策落地落细；进一步强化规范体系建设，在研究制定有关制度措施时，综合分析研判其完整性、系统性和操作性，确保科学合理、规范有序；进一步健全制度落实监督机制，明确监督的主体、客体和职责权限，确保权责清晰、监督到位；进一步完善政治协商的规程，包括议题提出、意见收集、酝酿讨论、研究决定、结果反馈等，确保每一个环节都尽可能地细化量化具体化，便于操作执行。

（五）充分发展社会主义协商民主

社会主义协商民主是党领导人民有效治理国家、保证人民当家作主的伟大制度创造，是我国民主政治的特有形式和独特优势，有利于扩大公民有序政治参与，有利于促进科学民主决策，有利于保持党同人民群众的血肉联系。新时代加强新型政党制度建设，必须充分发展社会主义协商民主，切实发挥其最大效能。要坚持依法有序、积极稳妥，在宪法法律框架内不断完善社会主义协商民主制度，把协商民主纳入党委工作部署和议事日程，统一领导、规划、部署，确保各项协商活动有组织地开展、有步骤地实施、有计划地推进；坚持广泛参与、多元多层，凡是涉及群众切身利益的决策部署都应充分听取群众的意见，通过各种渠道和方式同群众协商，切实保证群众在政治生活中具有广泛、持续、深入参与的权利；坚持简便易行、民主集中，优化协商活动程序设计，完善协商议题提出、计划制定、人员确定、活动开展、成果采纳落实和反馈等工作机制，形成步步衔接、环环相扣的闭环流程；同时，坚持加强人民政协专门协商机构建设，在“专”出特色、“专”出质量、“专”出水平上下功夫，不断丰富协商内容、创新协商形式、健全协商规则、完善协商程序、提升协商能力，充分发挥在国家治理体系中的重要作用。

总之，中国新型政党制度的创建具有深厚的理论基础和文化根源，经历了逐步发展成熟的演进过程，与其他政党制度相比具有显著优势，对于促进我国经济社会发展发挥了不可替代的重要作用，为世界政党制度建设贡献了全新的中国方案。新时代，开启中国新型政党制度发展新征程、创造新辉煌，必须充分研究中国国情，深深植根中国土壤，将马克思主义政党理论与中国实际紧密结合，创造出更多更加鲜活的理论和实践经验，不断健全完善制度体系，发展社会主义民主政治，凝聚起多党合作的磅礴伟力，为推进国家治理体系和治理能力现代化、实现中华民族伟大复兴中国梦作出新的更大贡献。

原载于《理论学刊》2021年第3期

政治过程视角下中国新型政党制度的治理效能

方 雷 崔 哲

摘 要： 中国新型政党制度是以中国共产党的领导为前提、以团结合作为依托、以党际政治协商为平台、以相互监督为保障构建的一项国家基本政治制度，是中国特色社会主义制度和国家治理体系的重要组成部分。基于政治过程动态分析，可将新型政党制度的运作视为政治引领、政治整合与政治协商的联动过程，在价值理念、政党职能与政治参与上体现出“人民本位”的利益代表、多元互动的利益整合与有效参与的利益实现等制度优势与治理效能，深刻揭示了新型政党制度在发展中国特色社会主义民主政治与推动国家治理体系与治理能力现代化中的功能与价值。

关键词： 政治过程；中国新型政党制度；治理效能

一、问题的提出

从政治生活封闭的专制政治向政治生活开放的现代民主政治变迁的过程中，伴随着社会利益分化与社会关系的剧烈变动，也意味着多元并存的社会利益群体对扩大政治参与需求的日益高涨。与此相适应，在共同目标支持下，由多元主体参与的现代治理理念应运而生。政治过程研究的兴起和繁荣与现代政治生活的开放性密切相关，行为主义与自然科学的兴起与发展也为政治过程研究提供了理论借鉴和分析工具。政治过程或政府过程最先由美国学者本特利提出，他从政治集团的角度对美国政治作出了全景式分析，指出利益集团或压力集团与政府的内外互动作用构成政治过程。[1]此后，经由戴维·杜鲁门等学者的完善与发展，政府过程的实际行为与复杂构成得到了进一步阐发。[2]政府过程研究在很多情况下等同于政治过程研究，但后者所关注的研究对象不仅在于政府运作，还强调民众的政治参与。持政治过程研究视角的学者普遍认为，

[1] A.F.Bentley，*The Process of Government: A Study of Social Pressures*，Chicago：The University of Chicago Press，1908.

[2] D.B.Truman，*The Governmental Process: Political Interests and Public Opinion*，New York：Knopf，1971.

相较于“法律—制度研究范式”，聚焦于正式机构与政治制度的静态研究方式着眼于政治活动开放性的政治过程理论能够更加全面、动态地阐释政治运作的实际图景，也为揭示特定政党制度框架内政党国家治理行为的全过程及其治理效能提供了更加可行的切入点。

政治过程研究方法的动态与实证考察对观察某一时期内政治现象在时空上与环境的联系、政治参与主体的具体行为和政治功能发挥的实际效能具有突出优势，但任何政治制度与体系本身的运行都不是盲目的而是具有实现某种功能与目标的指向性。政治制度受制于社会历史发展阶段，一经形成便具有稳定性和价值导向性，对体制框架内的政治过程产生某种制约。然而，既定的政治制度在政治过程运行中也蕴含着新制度产生的窗口机会，塑造并改变着政治过程。因此，只有将政治过程研究与政治制度分析相结合，才能更好地揭示政治生活现象的本质。

在现实政治生活中，政党作为驱动民主政治运行的关键行为主体处于现代政府的中心，扮演着国家与社会之间的沟通桥梁以及国家治理的引领者与推动者角色。一方面，作为政治过程的政党政治必须体现民主政治的公共性，既要求其代表与实现民众利益，同时塑造着政治体制的合法性；另一方面，政党政治也内在蕴含着精英统治与治理合理性的特征。如何使政党的政治参与过程流畅运行，实现民众利益与持续性治理，成为检验政党制度治理效能的标准所在。在西方竞争型政党制度下，政党政治的运行过程是以权位的获得为目标，遵循票选交易的竞争程序来完成民主赋权与资源配置，使政党政治进入法律责任型政策活动与周期性治理阶段。而我国新型政党制度下的政党政治过程，则是以实现最广大人民的根本利益为目标，以民主集中的协商程序为秩序安排来完成民主赋权与资源配置，从而进入使命责任型与法律责任型相结合的常态化政策活动与持续性治理阶段。目前对中国共产党领导的多党合作和政治协商制度的研究以制度和历史的静态解析见长，而政党政治具有多主体互动与多环节联动的特征，只有将静态制度分析与动态过程研究相结合，才能更加全面地揭示特定政党制度在作用于国家治理过程中内在蕴含的价值理念、政党的职能发挥与政治参与取得的治理效能，并考察政党的组织行为、活动内容与政策结果是否与其价值理念相契合。

中国共产党领导的多党合作和政治协商制度作为中国民主政治的一项基本制度安排，是中国特色社会主义制度的组成部分，其政治过程的有效运作是推动中国特色社会主义制度优势转化为治理效能的重要保障。在坚持中国共产党的全面领导下塑造追求公共利益最大化的合作共治成为治理能力与治理体系现代化的内在要求，能够有效克服多元利益主体竞争引发的社会离散状态，维护与实现最广大人民的根本利益。在此基础上，中国新型政党制度的运行可被理解为政治引领过程、政治整合过程与政治协商过程，其在价值理念、政党职能与政治参与上表现为以代表和实现最广大人民的根本利益为治理目标，以执政党与参政党充分履行全面领导与参政议政的职能保障利益互动整合的治理能力，以及基于有序有效协商决策确保利益实现的治理绩效，唯此才能揭示新型政党制度在发展社会主义民主政治与推动国家治理体系与治理能力现代化中的制度价值与治理效能。

二、政治引领：在价值理念上实现治理目标

对政党所代表的阶级利益或集团利益的定性分析是政党政治过程研究的逻辑起点。“每一既定社会的经济关系首先表现为利益。”[1]“政治权力不过是用来实现经济利益的手段。”[2]因此，政党政治的首要命题就是政党表达其所代表阶级的政治诉求，并通过掌握政权来实现其阶级利益。政治要求的提出意味着政治过程就此展开，“这种提出要求的过程称为利益表达”[3]。一般来说，任何政党都会基于特定历史条件与社会现实，构建起一种反映其所代表阶级的价值取向和政治意愿的理论化价值理念和规范化政党纲领，并在政党政治的实际运作过程中起到政策目标指引、组织认同凝聚、政党行为约束和政治参与规导的作用。政党制度是在政治发展的过程中基于经济政治文化基础、社会利益分层与整合程度、政党间力量对比、政权获取路径以及法律制度的综合作用而逐渐形成的，内在蕴含并体现着特定价值理念。在西方国家，政党制度与资产阶级的壮大和资本主义制度的确立同生共进，与资产阶级的政治参与扩大密切相关，并在探索民主政治发展的过程中逐步完善。

因此，作为民主政治运行重要制度载体的西方政党制度与资本主义生产关系样态、市场经济规则以及资本主义文明同构、互证。首先，资本主义生产关系与生产力之间的矛盾决定着政党阶级利益代表的实质内容。生产资料与生产产品为资产阶级占有，导致社会资源集中于强势资本主义利益集团，社会底层民众在利益博弈格局中处于弱势地位，利益表达过程的实质内容被强势资本主义利益集团所掌控。其次，民主政治规则从市场经济中衍生而来，构成民选政治的运行形式。市场经济中的货币交易、契约精神与责任信托投射在政党为主体的民选政治运行上则具体表现为政策推销、票决竞争和权力委托，民选政治在技术层面的可操作性为政党自肥提供了政策推销、操控票选的灰色空间。再次，崇尚工具理性主义作为促进资本主义物质文明繁荣的思想动因，具有支配目的合理性行为的重要作用，这也促使西方执政党的国家治理策略往往

[1] 《马克思恩格斯文集》（第3卷），人民出版社2009年版，第320页。

[2] 《马克思恩格斯选集》（第4卷），人民出版社2012年版，第257页。

[3] 加布里埃尔·A.阿尔蒙德、小G.宾厄姆·鲍威尔：《比较政治学——体系、过程和政策》，曹沛霖等译，东方出版社2007年版，第179页。

带有明显的效率指向与法律责任型的特征。基于此，西方竞争型政党制度的价值理念表现为资本主义的合理性与民主价值发展间的失衡，利益表达过程存在形式与内容上的差异，而在政党政治进入国家治理层面时的政策目标则带有效率改进指向和反映选举更替周期性的特征。

中国共产党领导的多党合作与政治协商制度作为一种新型政党制度，是"中国共产党、中国人民和各民主党派、无党派人士的伟大政治创造，是从中国土壤中生长出来的新型政党制度"[1]。不同于西方政党诞生于联系公众与公权的民主政治的建立过程之中，中国共产党的诞生和发展是与组织民众力量争取民族共同体独立以及实现国家现代化转型时期的政治目标紧密相关的，国家政权的行使与民主政治的运行取决于人民对政党政治目标的认同程度，以及是否具有妥善处理现代化和政治参与扩大的制度性安排。从政权获取路径来看，中国共产党作为代表人民根本利益的马克思主义先进政党，承担了带领人民实现民族解放、建设现代国家这一历史使命，为行使国家权力与保障人民利益提供了强大的力量来源、有效的组织领导和科学的政策路线指引，以人民为中心的根本立场得到了实践的检验，其执政地位自然赢得了人民的认可与拥护，实现了人民的选择。此外，从抗日战争时期实行"三三制"团结各民主党派、无党派人士结成抗日民族统一战线，到解放战争时期结成人民民主统一战线反对国民党独裁统治，再到协商建国赋予新政权法律意义上的合法性，中国共产党同各民主党派间的关系经历了历史的考验，形成了一党执政与多党参政、政党间合作与监督的新型政党关系格局。

有别于西方竞争型政党制度下利益代表的局限性，是建立在以社会主义公有制为主体、多种所有制共同发展经济基础之上的新型政党制度，是与社会主义劳动者之间根本利益的一致性和具体利益的多元性特征相契合的政党制度。各政党都是代表最广大劳动人民利益的政党，力图表达广大人民群众的政治要求，并以巩固与发展中国特色社会主义为共同的政治目标。正如邓小平所指出："我国各民主党派在民主革命时期有过光荣历史，……现在它们都已经成为各自联系的一部分社会主义劳动者和一部分拥护社会主义的爱国者的政治联盟，都是在中国共产党领导下为社会主义服务的政治力量。"[2]由此可见，中国共产党领导的多党合作和政治协商制度内在蕴含着"人民本位"这一中国共产党执政目的的根本价值理念，"它是马克思主义政党理论同中国实际相结合的产物，能够真实、广泛、持久代表和实现广大人民根本利益、持久代表各族

---

[1] 《习近平在看望参加政协会议的民盟致公党无党派人士侨联界委员时强调：坚持多党合作发展社会主义民主政治 为决胜全面建成小康社会而团结奋斗》，《人民日报》2018年3月5日。

[2] 《邓小平文选》（第2卷），人民出版社1994年版，第186页。

各界根本利益”[1]。与此同时，新型政党制度作为中国民主政治运行的制度化安排，具有参政议政、政治协商、民主监督等多种制度化政治参与途径，从人民群众的主体性与参与性两方面体现了“人民当家作主”与“人民为中心”两大价值维度。前者牢牢把握住了人民群众在历史发展中的主体地位，是社会主义国家性质与中国共产党根本宗旨在新型政党制度价值层面的映射。而后者则是新型政党制度对中国共产党立党为公、执政为民价值追求的真实回应。因此，新型政党制度的“人民本位”价值理念与相应的制度安排，反映着执政党对社会发展及其规律的正确认识以及权力分配与运用目标的原则规定，凝聚成以实现最广大人民根本利益为治理目标的政治引领价值理念。

政党制度的价值理念与政治过程的相互作用塑造了政党政治的社会化与理性选择这两方面主要内容。因此，新型政党制度价值理念的规范与教化功能在政党政治层面与国家治理层面发挥着重要作用。首先，政党在国家治理中作为联系公共利益的转化中枢，服从公共利益是其应然。克服个体狭隘偏见，实现公共意志的有效表达有赖于充分发挥新型政党制度的价值理念在政策过程中的引领作用，即以体现“人民本位”的公共利益整合个人利益，以内含“人民当家作主”与“人民为中心”价值维度的制度安排确保现代化过程中产生的新兴社会群体团结在中国共产党的周围，而不至于成为挑战现行政治秩序的破坏势力。其次，从国家治理的宏观发展角度看，当下中国正处于向国家治理现代化转型的过渡期，面临着进一步明确发展目标的问题。高速经济发展与GDP数字标准下的财富积累曾是中国国家发展的优先目标，对工具理性的推崇导致社会分化等问题日益凸显。国家治理的目标应是在中国共产党领导下的政府与主要社会主体根据国情与人民诉求对公共生活进行合作治理所要达到的理想预设，是社会的共同目标，它不仅指向对社会利益冲突进行调节的当下结果，更应是对历史使命的回应和对善治的一种价值追求，其判断标准在于是否真正实现最广大人民的根本利益。而“两个一百年目标”的提出，就是体现时代诉求和具有善治价值追求的中国梦与人民对美好生活的向往相结合的产物，即让“生活在我们伟大祖国和伟大时代的中国人民，共同享有人生出彩的机会，共同享有梦想成真的机会，共同享有同祖国和伟大时代一起成长与进步的机会”[2]。归根结底，“人民对美好生活的向往，就是我们的奋斗目标”[3]。

总之，以坚持中国共产党的领导为政治前提的新型政党制度，超越了西方竞争型政党制度在价值理念上合理性与民主价值的失衡，在利益表达上形式与内容差异的局

---

[1] 《习近平在看望参加政协会议的民盟致公党无党派人士侨联界委员时强调：坚持多党合作发展社会主义民主政治　为决胜全面建成小康社会而团结奋斗》，《人民日报》2018年3月5日。

[2] 《十八大以来重要文献选编（上）》，中央文献出版社2014年版，第235页。

[3] 《十八大以来重要文献选编（上）》，中央文献出版社2014年版，第70页。

限性，实现了包含着不同社会力量的政治联盟能够在“人民本位”这一体现执政党执政目的的根本价值理念引领下达成并遵循共同的治理目标，从而进入使命责任与法律责任相结合的常态化政策活动与持续性治理阶段。此外，在注重政治活动开放性的政治过程视角下，对待价值理念的引领作用应始终持科学与民主的态度，即以开放发展的态度塑造正确反映社会历史规律的价值理念来避免党的政治引领陷入教条主义，以监督所致的制度安排确保价值理念付诸实践从而保证党的政治引领切实有效。

三、政治整合：在政党职能上体现治理能力

政党政治的利益综合过程实际上就是政党在大量政治资源支持下将各种政治要求转变成重大政策选择的政治过程。现代政党作为专业化利益综合结构，是把分散的社会政治要求和政治资源同权威性政策相连接的中间桥梁。政党间通过多种形式的互动将各种要求汇入政策选择并动员支持这些政策选择的资源构成了利益综合过程的主要内容，彰显出政党的利益综合这一基本职能。虽然大多数国家都存在某种类型的政党与政党制度，但不同政治环境与现代化发展需求下的政党组织结构和政党制度各不相同，具体的政党职能、政党关系结构和利益综合方式也有所区别。因此，不同政党制度下政党利益综合职能的履行效果相异，进而导致其在国家治理层面的实际作为不同。詹姆斯·G.马奇与约翰·奥尔森曾将政治过程进行了聚合性和整合性的类型区分。聚合性政治过程指人们基于追求理性个体利益的价值指向，通过竞争与交易实现各自利益和政治资源优化分配。整合性政治过程则假设存在共同社会价值，通过协商的方式表达人民意图，追求整合社会价值框架中的公共福利。

西方竞争型政党制度的利益综合过程通常在政党间、选民和决策机构之间交互进行，以获取权位为指向的各大政党经过党内派别竞争、政党间选举竞争以及政党在议会或行政部门中的交易与结盟完成利益综合，体现出聚合性政治过程的特征。此类利益综合过程使当选政党所代表的集团利益获得最大限度的政治资源支持，其政治要求转化为重大政策选择，进而影响最终决策的方向与内容。从政党利益综合职能的履行效果来看，选票优势作为区分执政党与非执政党的前提决定了政党政策必须对选民愿望作出反应，并在其政党政策中有所体现以求获取选民支持，民众利益在利益综合过程中得到了一定程度的确证。然而，资本主义逻辑下社会资源集中于强势资本主义利益集团的现实，选举竞争中以政策许诺获取资金支持的惯性，使得利益综合过程中存在利益确证垄断倾向。此外，政党间竞争对立的关系结构与交易结盟的利益综合方式导致政党间、政党与决策机构间的立场分歧通常作为政治斗争中讨价还价的资本，利益综合过程或成为矛盾集中爆发的驻地而难以实现其治理效能。

我国国家治理体系和治理能力是中国特色社会主义制度及其执行能力的集中体现，新型政党制度作为我国基本政治制度，其制度价值和功能的有效实现在于作为制度运行能动主体的中国共产党和各民主党派各司其职，充分履行其政党职能，其显著特征在于“共产党领导，多党派合作，共产党执政，多党派参政”。新型政党制度无论在政党关系上还是在运行方式上都不同于西方竞争型政党制度，“它把各个政党和无党派人士紧密团结起来，为着共同的目标而奋斗，有效避免了一党缺乏监督或多党轮流坐庄、恶性竞争的弊端”[1]。一方面，以坚持中国共产党的领导为政治前提的党际团结合作关系结构，为各民主政党充分发挥其联系社情民意并汇入建议与提案的职能塑造了良好的政治环境，确保重大政策选择符合“人民本位”的价值理念。另一方面，协商民主的利益综合方式为科学的政策选择奠定了充分的论证基础，新型政党制度的治理能力得以彰显。由此可见，我国新型政党制度的利益综合过程更加符合整合性政治过程的内涵与标准。

首先，在团结合作的党际关系结构下，中国共产党与各民主党派的履职行为表现为：执政党围绕公共权力运行不同层面的全面领导与主动回应，以及各参政党在发现问题、汲取信息、民主监督等方面发挥界别优势，共同确保人民利益表达整合入重大政策选择。不同于一党制下单一政党垄断政治过程，中国共产党作为执政党始终秉承“人民当家作主”的开放执政理念，在扩大组织边界、主动调适自身社会基础、联系与回应民意的同时，继续发展创新统一战线事业。2015年5月中央召开统战工作会议并正式实施《中国共产党统一战线工作条例（试行）》，明确规定了民主党派的职能为“参政议政、民主监督、参加中国共产党领导的政治协商”，进一步拓展了多党合作的广度与深度。对于社情民意的全面了解与正确把握是科学决策的重要起始点，“决定哪些问题将成为政策问题甚至比决定哪些成为解决方案还要重要”[2]。鉴于决策者无法一次性关注到所有问题，因此各民主党派的参政议政与民主监督职能在政治整合过程中承担着重要的桥梁作用，在发现问题与创建提案时可以弥补决策者“有限理性”的负面影响以及个别部门或基层组织对社会问题的隐瞒推诿，保障利益表达与整合渠道的真实与公开，克服一党制下权力垄断的弊端。区别于多党制或两党制下票选民主与政党斗争引发的政党政治资本化、利益表达与综合渠道狭隘化的倾向，我国执政党与各民主党派间的关系不是以政权为指向的票决竞争，而是以增进人民福祉为目标的团结合作。中国共产党与各民主党派团结合作的党际关系克服了恶性竞争带来的资本逻辑垄断政治过程的后果，在实际政治整合过程中表现为中国共产党作为执政党进行政治领导，

[1] 《习近平在看望参加政协会议的民盟致公党无党派人士侨联界委员时强调：坚持多党合作发展社会主义民主政治　为决胜全面建成小康社会而团结奋斗》，《人民日报》2018年3月5日。

[2] 托马斯·戴伊：《理解公共政策》，彭勃等译，华夏出版社2004年版，第32页。

确保政党政治运行处于社会主义民主轨道不偏航。各民主党派作为参政党，自觉接受中国共产党的领导，其在成员构成上由一部分社会主义劳动者、建设者和爱国者所组成，在价值取向上坚持中国特色社会主义道路、理论体系和制度，在目标追求上致力于中国特色社会主义。各民主党派“是与中国共产党通力合作的中国特色社会主义参政党，无党派人士是我国政治生活中的一支重要力量”[1]，有效避免了多党竞争引发的攻讦对立，减少政治内耗。因此，新型政党制度下的政治整合过程是将利益冲突视为审慎决策的资源而不是政治斗争的资本，贯穿其中的利益互动原则是团结合作而非竞争对立。

其次，协商民主的利益综合方式使政党所联系的社情民意能够得到充分论证，并通过拟制与议题相关的多种可供选择的方案来演释与推动不同阶层群众利益的有效整合，为接下来利益实现过程的决策阶段奠定共识基础。有别于西方政党制度下公民意志通过政治代理人与理性公民间的票选交易完成政治输入，继而得出少数服从多数的政策妥协结果，新型政党制度的党际协商民主是执政党与参政党以共同价值理念为指引，充分发挥中国共产党在利益代表与政治引领上的先进性，并结合各参政党超脱利益集团的独立性、信息汲取的广泛性、咨询建言的专业性与监督反馈的有效性等党派优势，对社情民意进行充分论证达致对公共利益的全面权衡与考量，针对政策议题拟制多种具有可行性的方案，从而得出多元利益民主互动与科学整合后的重大政策选择。2013年10月，全国政协将因“文革”中断的“双周座谈会”恢复并发展为“双周协商座谈会”，协商内容涉及多个党和国家重大课题，使协商民主向着更加广泛和包容的方向发展。习近平指出：“我国发展航船要抵达全面小康社会的彼岸，既需要中国共产党为这艘巨轮掌好舵，也需要中国共产党和广大统一战线成员一起划好桨。”[2]因而，由中国共产党领导与各民主党派进行的协商民主是一个能够相互理解的、具有集体意志与信任的利益整合方式，其追求协同转化，而不是交易妥协。

职能明确的团结合作关系结构与协同转化的协商民主运行方式确保新型政党制度治理能力的充分发挥，这主要体现在以下几个方面。首先，非权位指向的党际建设性监督与协商民主的利益互动方式，使议案提出与方案拟制阶段对共同目标的设定不至于过度膨胀而超出其界限，成为个别党派或少数利益群体的私利表达。这一广集民智的整合过程中蕴含着社会共治层面的意义，体现着人民群众的主体性。其次，各民主党派作为与政治系统内部权力机构的密切关联者，能够将不同社会群体和阶层的意见与要求输入政治体系，尤其是在政策过程层面推进新兴社会利益群体与公共利益的整

[1] 《习近平同党外人士共迎新春》，《人民日报》2013年2月8日。

[2] 《习近平同党外人士共迎新春》，《人民日报》2013年2月8日。

合，将社会主义建设力量最大限度地动员和组织起来为中国人民谋幸福、为中华民族谋复兴，而不至在利益分化与激化中使社会陷入无序状态。最后，畅通有效的利益表达与整合渠道使政治体系具备主动灵活的反应能力并时刻保持开放的进步状态，在广泛汲取真实信息的基础上协商论证形成。议案以及相关方案，为政治协商阶段的方案优选抉择提供科学论证依据。新时代多党合作的前景极为广阔，但中国共产党的全面领导与各民主党派的参政议政等职能的发挥在实践中也出现了一些问题，例如中国共产党作为执政党对民主党派的各项职能认识不足，协商民主的实质性还有待提高，民主党派的独立性尚未得到充分彰显等。因此，进一步完善新型政党制度的治理能力首要应加强执政党对待民主党派参政议政与民主监督职能的政治意识，将与民主党派的共商共建关系上升到科学民主决策与依法执政的高度，并扩大民主党派在政治过程初始与最终阶段的知情权与监督权，为民主党派的职能发挥提供广阔的制度空间。各民主党派也应进一步明确自身的政治面貌，而不应在盲目扩大组织边界过程中弱化其党派特征，致使社会利益整合的主体功能失调。

四、政治协商：在政治参与上显现治理绩效

政党制度基于一定的程序规则使政治参与从无序争论转向有序表达，社会利益诉求转化为政党主张，并通过政党掌握或影响国家政权进一步上升为国家政策。决策是政治过程的关键阶段，能否将作为重大政策选择的有效政治诉求转变为权威性政策并实施，决定着政党所代表的阶级利益与政治诉求是否能有效实现。传统政治体系中的决策通常是传统习俗缓慢积累增量的过程，或者是克里斯玛领袖发挥个人魅力推动政策变革的过程，其合法性来源于先知意志或与超自然力量的联系，民众往往被排除在决策过程之外。现代政治体系中的决策则是通过具体的审议程序以及相关机构来制定，群众政治与政党政治的发展使基于民众赋权合法性基础上的开放性决策过程应运而生。因此，当代社会中政党制度的治理能力在于其应对政治生态和社会结构变迁引发的政治参与扩大的组织动员能力和政策调整能力，决策是否有效促进政治发展、经济进步和民生改善是判断政党制度治理能力的绩效标准。在决策阶段，民众利益的实现程度既取决于决策前的利益代表与综合过程的运行效果，也受到决策规则的规导与制约。西方竞争型政党制度下的周期性选举与政府更迭，通常导致长期的发展项目与政策难以实施。即使选举轮换后的政府或国会提出了方向性政策，也往往表现为一个笼统的执政目标，或经妥协交易后基于共识出台针对具体领域的效率改进性方案，而相关政策在实施过程中常需多次修订，使得决策在具体实施中逐渐偏离既定目标。此外，量化指标的缺乏增加了衡量执行过程是否达标的难度。由于资本主义自由经济体强调对

政府干预的限制，加之执政党出于对自身利益的顾虑而尽力避免政绩量化的倾向，政治决策难以与明晰的检验方式相对照。即使具体的行政治理是严格按照法律规定进行的，但当法律规定由模糊不清的指标组成时，民众利益实现的有效性和治理的实际绩效则难以保障。

随着我国社会主义民主政治的发展，将执政党与参政党之间进行的政治协商纳入决策全过程，是满足政治参与诉求和提高政党制度治理能力的必然选择。2005年，《中共中央关于进一步加强中国共产党领导的多党合作和政治协商制度建设的意见》中首次明确提出“把政治协商纳入决策程序，就重大问题在决策前和决策执行中进行协商，这是政治协商的重要原则”。基于政治协商运行机制，新型政党制度“通过制度化、程序化、规范化的安排集中各种意见和建议、推动决策科学化和民主化，有效避免了旧式政党制度囿于党派利益、阶级利益、区域和集团利益施政导致社会撕裂的弊端”[1]。上承政治整合过程，各主要政党作为利益整合的主体在政治协商过程中继续充当重要角色，在此阶段政治参与的范围涉及政策抉择与政策执行。首先，与政治整合过程中有所区别的是，在政治协商过程中民主党派的作用不再仅限于咨询建议，而是扩展到政策抉择的范围。执政党与参政党在民主集中制的结构性安排下，通过民主分析评估和集体决定得出揭示事物发展客观规律的优选政策，继而通过与新型政党制度相配套的组织机制上升为具有目标规定性和明确政绩检验标准的公共政策并交由行政机关执行。公权力主体的外延提高了决策的民主性与科学性，传统单向的决策过程转变为“党委提出建议—政治协商论证—人大投票决定—政府执行决策—监督反馈修正”的民主决策过程。其次，在决策执行阶段，政治协商的作用主要体现在各民主党派对政策执行实际情况的监督、反馈和修正方面。相较于其他政党制度下决策过于倚重立法机构与行政机构的治理模式，新型政党制度框架中的决策过程在其运行中形成了一个灵活应对变化、不断解决矛盾、持续政策试验与及时反馈修正的治理模式，成为广大人民群众根本利益实现的重要保障。

从实际运行来看，政治协商通过内嵌于不同的组织机制来影响公共政策系统。政治协商制度和政协组织为民主党派建言献策、参与政治过程提供了制度基础和机构平台。活动方式与内容主要包括：各民主党派借助发言与提出议案的方式表达本党派意见与建议，以及政协委员通过视察、举报、参与调查等途径进行民主监督等活动。除参与人民政协这一协商过程之外，各民主党派及其成员还可参与以执政党为主导的高层协商，或者以民主党派为主体提出书面政策建议，也可约请中央负责人交谈等适用

[1] 《习近平在看望参加政协会议的民盟致公党无党派人士侨联界委员时强调：坚持多党合作发展社会主义民主政治　为决胜全面建成小康社会而团结奋斗》，《人民日报》2018年3月5日。

于中共地方党委和民主党派地方组织间的直接协商。从国家政权组成来看，民主党派成员与无党派人士按比例组成人大代表及其常委会成员可直接参与国家权力机关运行，对公共政策产生直接影响；也可通过担任县以上地方政府及其相关的领导职位参与公共政策制定，使事关经济、社会、文化等领域的公共政策制定向着更加专业化与科学化方向发展。执政党就重大问题与参政党集体讨论决定，既保留了党中央领袖集团在历史实践中集中党与人民智慧方面形成的历史优势，又以集体领导与民主监督的方式来避免个人崇拜和不透明决策增加行政权力自由裁量度等弊端，执政党在充分利用各民主党派联系不同阶层群众的组织条件与专业领域人才优势基础上进一步完善方案或政策，使之更加贴合人民群众的需要与实践的要求，令公共决策走向协调与统一，最终在中国共产党的领导下根据政治协商所集中的意见、建议、证据而作出的科学判断，能够更好更快地实现一个国家的治理目标是决策的重要合法性来源。鉴于市场经济与民主政治发展带来的决策风险性和不确定性的增强，政治协商的良序运行在加强法制建设明确政治参与的规则、程序与方式之外，还需进一步建立政治参与绩效考核机制，即对民主党派参与重大决策的情况进行合理评估，从而强化政治参与的有效性与责任性。

人民利益是否通过新型政党制度的政治协商过程得到有效实现，其关键在于考察政治决策在实践中的治理绩效，主要包括政治发展、经济进步与民生改善三个方面。一是社会主义民主政治的发展。新型政党制度下的政治协商过程为各民主党派的政治参与构建了制度化渠道，拓展了社会主义人民民主的社会基础，将多元社会力量纳入政治体制为国家治理凝心聚力，有效避免了西方竞争型政党制度因经济、民族、文化等多元分歧导致的利益实现过程的分裂，防止政党政治成为文化恐惧、民族主义情绪泛滥的政治工具。与此同时，通过政党联系国家与社会的枢纽职能，人民群众在通过制度化渠道有序参与社会治理的过程中，合作意识与社会责任意识不断增长而更倾向于把协商结果视为有效参与的结果。公共政策一旦制定实施，与之相伴的法律强制性将由外部约束性力量内化为与人民群众自身对善治的认同心理，因此自觉履行其责任与义务，从而上升为规范世俗社会的道德义务，继而巩固了国家政权合法性，有利于维护政治秩序稳定，使社会主义民主政治稳步发展。二是为改革开放凝聚坚定的政治共识，有利于促进经济稳步发展。中国国家治理现代化转型面临着打破传统社会主义治理模式与应对复杂国际环境的双重考验，改革开放作为国家治理现代化转型的关键选择，需要在最大限度上凝聚政治共识与建设力量，而新型政党制度为动员广大人民群众、团结社会各方提供了有序有效的政治参与渠道，为中国经济发展凝聚坚定的政治力量。进入新时代，在中国共产党领导下，全国坚定不移贯彻新发展理念，树立新发展观念，转变发展方式，经济发展质量和效益稳步提升。三是广泛、真实地实现人民群众的根本利益。政治协商过程中的民主参与和集体决策构建“多重集体决策模式”，使多元社会利益群体的政治要求进入政治过程，成为推动公共政策制定与实施的核心力量。此外，民主党派在政治过程中积极履行社情民意联系者与公权力运行监督者的职能，为决策提供更贴近人民实际需求的信息来源，并使各项方针政策的贯彻落实时刻处于具有社会权威性的监督之下。不断满足人民日益增长的美好生活需要成为当下执政党与参政党的关注重点，政治协商过程就是通过制度化程序把群众利益上升为相关公共政策，为推动经济高质量发展、区域与阶层平衡协调进步出谋划策，令人民群众共享改革开放成果。

原载于《南京师大学报（社会科学版）》2021年第3期

论中国新型政党制度的话语权建构

刘华超　臧秀玲

摘　要： 政党制度话语权不仅指对某种政党制度的发言权、表达权、解释权，更重要的是指阐释该政党制度的话语体系所拥有的影响力、引导力、说服力。中国新型政党制度历经实践检验，内蕴鲜明特色，深深根植于中国社会土壤之中。但由于新型政党制度建构成型较晚等原因，存在不能被完全理解和认同的情况，甚至还衍生了许多偏见和误解。必须树立世界眼光、扩大视域范围，把握“三大要点”、立足“四重维度”，科学建构富有中国特色、契合时代要求、具有世界意义的政党制度话语体系和话语权，不断增进世界对中国新型政党制度的认同度以及中国对世界的影响力。

关键词： 新型政党制度；话语权；影响力；国际认同

中国新型政党制度是一项伟大的政治创造。当前，作为实践形态的中国新型政党制度已经焕发出独具特色的制度优势和制度效能，但作为理论形态的新型政党制度话语体系发展却相对滞后。习近平指出：“在解读中国实践、构建中国理论上，我们应该最有发言权，但实际上我国哲学社会科学在国际上的声音还比较小，还处于有理说不出、说了传不开的境地。”[1]中国新型政党制度话语权也存在处于相对弱势地位的情况，进入中国特色社会主义新时代，我们进一步树立世界眼光，拓宽视域范围，科学建构富有中国特色、契合时代要求、具有世界意义的中国政党制度话语体系，积极回应国内外对中国新型政党制度的关切，就显得尤为迫切和重要。

一、亟待提升中国新型政党制度的话语权

“话语”原本是属于语言学范畴的一个词语，意指人们之间进行口头交流、沟通和对话等的表达方式，也可指通过书面语言，传达彼此思想和信息等内容的一种形式。但是随着时代的发展，“话语一词在很多情景中已成为不同政治力量进行对比、较量、

[1] 《习近平谈治国理政》（第二卷），外文出版社2017年版，第346页。

斗争的重要工具，也是用于分析、判断政治立场与偏向的重要手段。现实中，谁掌握了话语权，就意味着掌握了主动权，甚至可助力于占据政治道德的高地”[1]。因此，话语权就不仅是指一种发言权、表达权和解释权，更重要的则是指一种影响力、引导力、说服力。

与政治、经济、军事等作为现代国家所能立体展现出来的硬实力有所不同，话语权是一种潜在的文化软权力，并与诸多硬实力一起，能够集中体现出一个国家的综合实力。话语权不能凭空产生，不能许愿自封，更不能靠别人恩赐和授予，它是一个国家在对其所依存的政治理论、政治实践、政治制度、政治文化等方面通过系统、科学的学术、学科和话语体系建构，并在彰显其内在价值、主要特色和实践意义的基础上，进而从内心深处获得人们普遍认同、接受和支持的一种力量。那么，具体到政党制度话语权，就是指对某种政党制度在其理论支撑、实践理路、制度优势、文化底蕴等方面通过系统、科学的学术、学科和话语体系建构，在彰显其内在价值、主要特色、制度优势和实践意义等基础上，获得人们对该政党制度的普遍认同、接受和支持的一种力量，就是说，它所展现的是政党制度的影响力、引导力和说服力。所以，中国共产党领导的多党合作和政治协商制度作为一种新型政党制度，只有建构与其实践形态和中国国际地位、综合国力相匹配的话语体系和话语权，才能增进国内外对中国新型政党制度的认同、了解和支持，才能不断提高其在世界范围内的影响力、说服力和引导力。

20世纪的最后30年，在西方政党制度的强势话语影响下，世界上许多国家纷纷进行政治转向，主动或被动采用了西方的竞争性政党制度和政治模式，这在形式上造就了“民主化浪潮”的到来，“历史终结论”也因此甚嚣尘上。但引入西方政党制度和民主政治模式的这些国家，其政治运行所带来的实际效果往往是混乱大于稳定，结果令人大失所望。这已充分证明：“削足适履”是肯定行不通的。与此不同的是，中国共产党领导的多党合作和政治协商制度是“中国共产党、中国人民和各民主党派、无党派人士的伟大政治创造，是从中国土壤中生长出来的新型政党制度”[2]。“它是人民当家作主的重要实现形式，是广泛民主和高度集中的统一、根本利益一致性和具体利益多样性的统一、充满活力和富有效率的统一。”[3]这也就是中国新型政党制度在类型学意义上区别于一党制、两党制、多党制的根本内蕴之所在。这种区别主要是由西方政党和中

[1] 李岁科：《关于中国新型政党制度话语体系自觉构建的若干思考》，《上海社会主义学院学报》2019年第6期。

[2] 习近平：《坚持多党合作发展社会主义民主政治　为决胜全面建成小康社会而团结奋斗》，《人民日报》2018年3月5日。

[3] 孙信：《马克思主义多党合作理论中国化最新成果》，《人民论坛·学术前沿》2018年第7期。

国政党在国家转型、现代国家建构中面临的基础和任务的根本不同所造就的。西方国家政党面临的是如何使高度的分散性整合为一体化，中国政党面临的则是如何使传统的大一统国家在现代化转型中延续为一体化的现代国家，仅此一点，就足以决定中国的国家转型与现代制度建构的逻辑，无论如何不能基于来自西方的逻辑，而必须充分把握自己的逻辑，走自己的路。[1]因此，对于中国新型政党制度，从理论之维来看，它是对马克思主义政党理论的继承发展和持续创新，符合中国实际，适应时代需要；从实践之维来看，它具有清晰的历史发展理路、深厚的理论逻辑积淀和宽广的现实逻辑视域，是对国内外政党制度实践经验的系统借鉴和有效总结；从文化之维来看，它承载和弘扬了“天下为公”“兼容并蓄”“多元一体”“和谐共赢”等中华传统优秀文化精华；从利益代表之维来看，一党领导、多党合作的政治协商制度，能够广泛、真实、充分代表最广大人民的根本利益，体现出了新型政党制度鲜明的包容性和开放性；从功能之维来看，一党执政、多党参政能够有效避免一党缺乏监督或者多党恶性竞争和轮流坐庄的弊端，有利于预防社会撕裂、保持社会稳定；从效果之维来看，新型政党制度通过程序化、制度化、规范化的方式和路径，“有事多商量、遇事多商量、做事多商量”[2]，推动决策的科学化、民主化、法治化，有利于把制度优势转化为制度治理效能，可以集中力量办好事、办大事。但是，这并不是说中国政党制度已经完全成熟、定型了，相反，中国新型政党制度作为一种新的政治形态，还仍有许多地方需要进一步发展和完善。如参政党的自身能力建设问题、提升党际之间异体监督的效能和实效性问题、推进民主协商的程序和机制问题等，都需要在中国新型政党制度的不断发展和完善中来解决。

近年来，随着中国综合国力的不断提升，以及对外政治交往、媒体宣介、学术交流、国际合作等不断加强，中国新型政党制度已经得到了一些国外政党、政要和学者的理解、认同甚至赞赏，并越来越成为他们理解和揭示中国共产党领导创造执政奇迹的奥秘所在。如美利坚大学国际关系学院教授赵全胜认为：“中国新型政党制度一方面集思广益，广泛听取最广大人民意见，有助于保持社会安定；另一方面决策科学民主，在此基础上达成的共识有助于政策的落实。”[3]日本学者加茂具树认为：“随着信息化社会的深入发展，中国共产党的领导不仅没有崩溃，反而还呈现出了强势发展的势头。究其原因，在于中国共产党具有灵活性，依据中国国情不断发展马克思主义，发展统

[1] 林尚立：《中国共产党与国家建设》，天津人民出版社2017年版，第78页。

[2] 习近平：《在中央政协工作会议暨庆祝中国人民政治协商会议成立70周年大会上的讲话》，《中国政协》2019年第18期。

[3] 章念生等：《国际社会盛赞中国新型政党制度》，《人民日报海外版》2018年3月8日。

一战线理论并将其运用到实践中，用以不断完善中国政党制度。”[1]中欧数字协会主席路易吉·甘巴尔代拉认为：“中国新型政党制度避免了无休无止的政党纷争，使整个国家更有凝聚力，也更有行动力。中国之所以成功，其中一个根本原因就是中国的制度优势。”[2]英国社会学家阿尔布劳认为，西方对中国最大的误解是不了解中国的政党制度，中国应该更加理直气壮地向全世界介绍自己的政党制度。[3]等等。但我们也要清晰地认识到，这种理性的声音目前还不是世界尤其是西方主要国家看待中国政党制度的主流声音，它们由于对中国政党制度不了解或理解得不深不全不透，仍然对中国政党制度持有许多偏见和误解。原因当然是多方面的，但中国新型政党制度话语权的相对滞后性和所处的相对弱势地位则无疑是一个重要原因。

进入新时代，习近平提出了“新型政党制度”的崭新概念，充分展示了中国在世界政党制度方面的伟大创造，彰显了中国坚定的制度自信和制度自觉。然而，中国新型政党制度在理论支撑、产生条件、发展理路、制度旨趣、文化传统、运行规则以及制度效能等方面都与西方政党制度有很大不同。中国政党制度内蕴的一党领导、多党合作，一党执政、多党参政，长期共存、肝胆相照，政治协商、民主监督，凝心聚力、荣辱与共的制度价值、特色和优势，能否得到人们的广泛认同和普遍接受，是否符合现代政党制度发展要求，都需要从政党制度话语权角度加以说明和解释。当前，中国新型政党制度话语权滞后于制度实践成效的现状，已经成为制约中国政党制度发展，同时影响世界各国探索不同政党制度范式的重要问题。[4]

二、中国新型政党制度面对偏见与误解不能失语

迪韦尔热根据一国能够上台执政政党数量的多寡，把政党制度划分为一党制、两党制和多党制。萨托利结合一国内部政党碎片化的程度和政党意识形态的距离两个重要变量，把政党体制划分为一党制、霸权党制、主导党制、两党制、极端多党制和粉碎性多党制[5]，这一划分标准至今一直在中西方有着重要影响。一些人更把中国新型政党体制视为所谓的一党制，或一党制变形。当前，中国政党制度话语已经“实现了由力量配置的政治话语模式到特色优势的话语模式，再到本质规律的文明话语模式的三

[1] 加茂具树：《中国共产党的挑战》，《日本制度观察研究》2013年第3卷4号。

[2] 李贞：《中国新型政党制度：人类政治文明的重大贡献》，《人民日报海外版》2018年3月13日。

[3] 《中国新型政党制度是一项伟大的政治创造》，《光明日报》2018年10月19日。

[4] 虞崇胜：《亟待构建中国新型政党制度话语权》，《特区实践与理论》2018年第5期。

[5] G.萨托利：《政党与政党体制》，商务印书馆 2006年版，第178页。

次转换”[1]，但在很多情况下还是处于习近平所指出的“失语”状态。事实上，中国政党制度既非“一党制”，也非“一党制的亚类型”或“合作型多党制”。它是历经实践检验，内蕴鲜明特色，深深根植于中国社会土壤之中的新型政党制度。它内蕴的一党领导、多党合作，一党执政、多党参政，长期共存、互相监督的制度特色、价值和优势，都亟待上升到政党制度话语权的层面加以充分解释和说明，进而获得广泛支持和认同。

（一）中国新型政党制度并非所谓的“传统一党制”

在西方，把中国新型政党制度看作“传统社会主义国家一党制”（以下简称“一党制”）是有其深刻历史根源的。中国新型政党制度与“一党制”不同，它在坚持以马克思主义为指导之下，时刻根据本国国情变化而不断完善和发展，并日益彰显其制度优势与制度效能。西方学者之所以把中国新型政党制度看作“一党制”，除意识形态偏见和价值评判标准不同之外，最主要是因为他们并不了解中国新型政党制度产生发展的历史渊源、理论基础、实践理路和文化根基。中国政党制度是“中国共产党、中国人民和各民主党派、无党派人士的伟大政治创造，是从中国土壤中生长出来的新型政党制度”[2]。中国新型政党制度连同中国人民代表大会制度、民族区域自治制度和基层民主自治制度，共同构成了中国特色社会主义民主政治发展的制度载体和制度基石，体现了社会主义民主政治的本质要求。“它是人民当家作主的重要实现形式，是广泛民主和高度集中的统一、根本利益一致性和具体利益多样性的统一、充满活力和富有效率的统一。”[3]中国新型政党制度一方面可以“集思广益，广泛听取最广大人民意见，有助于保持社会安定，另一方面决策科学民主，在此基础上达成的共识有助于政策的落实”[4]；还可以避免“无休无止的政党纷争，使整个国家更有凝聚力，也更有行动力”[5]。在中国新型政党制度话语体系中只有执政党和参政党之分，而无执政党与在野党之别，执政党和参政党之间是亲密友党，参政党在执政党的领导下开展工作、参与国家治理。这种党际关系既能不断扩大执政党的执政基础，又能促进执政党和参政党之间相互监督、荣辱与共，更能发挥各参政党积极“参加国家政权，参与国家大政方针和国家领导人选的协商，参与国家事务的管理，参与国家方针、政策、法律的制定与执行”[6]的“一个

---

[1] 华正学：《中国新型政党制度话语体系的模式转换与经验启示》，《统一战线学研究》2019年第6期。

[2] 习近平：《坚持多党合作发展社会主义民主政治　为决胜全面建成小康社会而团结奋斗》，《人民日报》2018年3月5日。

[3] 孙信：《马克思主义多党合作理论中国化最新成果》，《人民论坛·学术前沿》2018年第7期。

[4] 章念生等：《国际社会盛赞中国新型政党制度》，《人民日报海外版》2018年3月8日。

[5] 李贞：《中国新型政党制度：人类政治文明的重大贡献》，《人民日报海外版》2018年3月13日。

[6] 《中共中央关于坚持和完善共产党领导的多党合作和政治协商制度的意见》，《人民日报》1990年2月8日。

参加、三个参与”的功能，进而得以全面提升执政党的执政能力和参政党的参政能力。由此看来，中国新型政党制度绝非某些西方学者所一贯坚持认为的“一党制”。

（二）中国新型政党制度也非“一党制的亚类型”或“合作型多党制”

在国内，由于受西方政治学强势话语权和话语体系的影响，某些人对我国的政党制度缺乏应有的自信，习惯以西方政党制度话语和政治学标准来评判、定位中国新型政党制度，把中国新型政党制度看作“一党制的亚类型”或“合作型多党制”。“一党制的亚类型”观点的持有者认为，一党执政和多党共存的结合，在本质上仍属于一党制范畴。[1]在他们看来，一党执政是中国政党制度的核心，多党共存最多只是中国政党制度的点缀。“合作型多党制”观点的持有者则认为，中国新型政党制度与西方资本主义多党制比较起来，只是意识形态上存在差异，实际上都是多党制，只不过中国政党制度可以冠之为社会主义多党制。[2]

中国新型政党制度与西方语境下的一党制、多党制完全不同。在中国新型制度中，一党领导下的多党合作制，它标识的党政关系是中国共产党一党长期执政、各参政党积极参政，根本不存在轮流执政或联合执政的问题；它标识的党际关系是中国共产党一党领导、各党派长期合作，根本不存在执政党与在野党的竞争关系。并且在中国新型政党制度运行实践中，中国共产党和各民主党派、无党派人士长期共生共存是进行多党合作和政党协商的基础，是发挥新型政党制度效能的前提，领导、合作、参与、协商是中国新型政党制度的实质与特色。“领导”突出的是执政党的核心地位与功能，“合作”反映的是执政党与参政党之间的亲密友党关系，“参与”体现了各民主党派影响国家政权的方式，“协商”强调的是执政党与参政党共同解决重大问题、重大决策和重要事项的途径。因此，把中国政党制度概括为一党制的亚类型，只不过是把中国政党制度从霸权一党制中分离和区别开来，并不能准确反映我国政党制度合作的性质和特色。[3]另外，中国确实存在着中国共产党和八大民主党派，但这与西方的多党制不同，多党共存并非就是多党制，多党制的核心要义在于多党竞争、联合执政。中国执政党和参政党并非竞争关系，而是“合作”关系。并且在新型政党制度中，中国共产党和各民主党派的分工非常明确，中国共产党执掌国家政权，各民主党派在中国共产党的

[1] 中国统一战线理论研究会政党理论北京研究基地：《我国合作型政党制度的理论与实践研究（第2辑）》，华文出版社2007年版，第278页。

[2] 中国统一战线理论研究会政党理论北京研究基地：《我国合作型政党制度的理论与实践研究（第2辑）》，华文出版社2007年版，第278页。

[3] 杜俊奇、张献生：《中国新型政党制度：人类政治文明的重大创制》，《统一战线研究》2018年第3期。

领导下参与国家政权，这是中国政党制度与西方政党制度的本质区别。

总而言之，中国新型政党制度既不是缺失民主的一党制、水火不容的多党竞争制，也不是什么“一党制的亚类型”和“合作型多党制”，而是一党领导下的多党合作与政治协商有机融合的新型政党制度。它的真谛在于“一党领导而不专制，多党合作而不竞争，互相监督而不反对”[1]。国内某些人之所以会产生偏见、误解和误读，原因仍旧是与中国新型制度的话语体系和话语权的不成熟、不定型以及相对“失语”状态有关。因此，针对当前某些人对中国新型政党制度的偏见与误解，我们应该理直气壮地向世界传播和阐释中国新型政党制度。这就要求我们要在不断“加深对自身文明和其他文明差异性认知，推动不同文明交流对话、和谐共生”的基础上，着力创新对内对外的宣传方式，精心构建话语体系，发挥好新兴媒体作用，增强中国新型政党制度话语的创造力、感召力、公信力，“讲好中国故事，传播好中国声音，阐释好中国特色”，继而才能持续增强和提升中国新型政党制度话语权。[2]

三、科学建构中国新型政党制度的话语权

建构中国新型政党制度话语权，就是要通过学术体系、学科体系和话语体系的不断强化，在中国新型政党制度的理论支撑、实践理路、制度优势和文化底蕴等方面作出有影响力、说服力和引导力的解释和阐释，进而有效掌握对外政治宣介、政治沟通和学术交流对话中的主动权，积极回应和驳斥对中国政党制度的偏见与误解，不断扩大中国新型政党制度的世界影响力和认同度。当然，建构中国新型政党制度话语体系，并不是要全盘否定西方政党制度的话语权，而是要在积极借鉴西方政党制度发展经验和文明成果，以及认真总结中国政党制度自身发展经验的基础上，科学凝练、建构一套在政党制度结构、功能、属性、运作、机制等方面彰显中国特色的新型政党话语体系。

（一）建构中国新型政党制度话语权要把握“三个要点”

一是要设计好中国新型政党制度的话语议题。好的话语议题，必定是人们关切、内容重要且对我国又十分有利的议题。因此，凡是有利于增强我国政党制度认同的议题，我们都要积极主动开启，并持续向广度、深度推进。如在中国新型政党制度运作中，中国共产党的角色定位、功能作用以及担当的历史责任是什么；中国共产党一党

---

[1] 罗振建：《从混合制话语体系看争取中国多党合作制度的国际话语权》，《广州社会主义学院学报》2016年第4期。

[2] 《习近平总书记系列重要讲话读本》，人民出版社2014年版，第104—105页。

长期执政为什么不是所谓的“一党制”；参政党为什么不是人们通常所认为的“花瓶”或“摆设”；传播中国新型政党制度是否就意味着要消灭或代替西方传统政党制度；等等。这些不仅是中国特色社会主义民主政治发展的核心议题，而且是国际社会普遍关注关心的焦点问题。探究这些议题，不仅有利于国际社会认知和了解中国，塑造良好的国际形象，而且有助于增强世界对中国的认同感以及中国对世界的影响力。

二是要把握好中国新型政党制度的话语导向。把握好中国新型政党制度的话语导向，首先就是要增强针对性，针对一些人对西方政党制度和选举民主的推崇，以及一些人对传统社会主义国家一党制的情结，必须要旗帜鲜明地指出，我们要始终坚持和发展中国共产党领导的多党合作和政治协商制度。其次，就是要正确引导社会舆论导向，积极回应和驳斥对中国新型政党制度的认知偏见与误解。对此，我们必须要始终坚持制度自信和制度自觉，既不走封闭僵化的老路（回归传统社会主义国家一党制），也不走改旗易帜的邪路（选择西方通行的并积极对外输出的竞争性政党制度）。因为，这完全背离了党和国家发展的根本利益和社会主义方向。换言之，如果话语导向偏了甚至反了，那么话语权的影响力、引导力、控制力越强，后果就越严重，危害就越巨大。[1]

三是要贴近中国新型政党制度话语的受众对象。只有结合实际，采用贴近不同国情、社情、民情的话语，才能满足人们不同的利益所求、情感所需，进而激发人们的关注兴奋点。只有增强传播和阐释中国新型政党制度话语的针对性，才能产生普遍影响和获得广泛认同。如果脱离实际、自说自话、自我欣赏，最终只能落个“对牛弹琴”的结果。毛泽东对此曾形象地讥讽：“‘对牛弹琴’这句话，含有讥笑对象的意思。如果我们除去这个意思，放进尊重对象的意思中去，那就只剩下讥笑弹琴者这个意思了。为什么不看对象乱弹一顿呢？”[2]因此，建构中国新型政党制度话语，一定要做到有的放矢、贴近话语对象。如果在建构话语体系时，根本不考虑和不了解话语对象的身份职业、政治阅历、知识结构、国籍国别、生长环境等，而是主观臆断地完全按照中国传统固有的表达方式和语言习惯自说自话，就会产生“有理说不出、说了传不开”的问题。这不仅会加深人们对中国新型政党制度的误解，更重要的是会损害中国的良好形象。

（二）建构中国新型政党制度话语权要立足“四重维度”

中国政党制度是适应于中国特色社会主义的新型政党制度。因此，只有把它放到中国特色社会主义道路（实践）、理论、制度、文化中来把握，才能真正理解中国新型

[1] 张国祚：《关于“话语权”的几点思考》，《求是》2009年第9期。

[2] 《毛泽东选集》（第3卷），人民出版社1991年版，第836页。

政党制度话语权建构的基本逻辑进路。[1]当前，我们要扩大中国新型政党制度的世界影响和国际认同，就必须立足实践、理论、制度和文化四重维度来建构中国新型政党制度的话语权。

1.立足实践之维阐释新型政党制度的发展之路

中国特色社会主义道路的伟大实践是中国新型政党制度得以形成和发展的根基和源泉。如果离开中国特色社会主义道路实践来空谈中国新型政党制度话语权的建构，是根本不切实际的，也是完全行不通的。因此，建构中国新型政党制度话语权，最重要的就是要始终坚持走中国特色社会主义民主政治发展道路。唯有在坚持中国特色社会主义民主政治这条发展道路上，才能把中国新型政党制度发生发展的理论渊源、历史理路、特色优势和现实地位等阐释清楚，才能形成科学完备的话语体系，增强中国新型政党制度在世界政党制度中的话语权。

2.立足理论之维建构新型政党制度理论体系

习近平强调："发挥我国哲学社会科学作用，要注意加强话语体系建设"，"要善于提炼标识性概念，打造易于为国际社会所理解和接受的新概念、新范畴、新表述，引导国际学术界展开研究和讨论。这项工作要从学科建设做起，每个学科都要构建成体系的学科理论和概念"[2]。中国新型政党制度形成70余年来，虽然理论研究已经取得了丰硕的成果，学科建设也取得了实质性进展，但作为理论形态的新型政党制度却仍然滞后于实践需要。这在一定程度上已经严重影响了中国新型政党制度在世界范围内的影响力、说服力、公信力和认同度。当前，作为实践形态的中国新型政党制度在推进国家治理体系和治理能力现代化的过程中，仍需从理论体系建构和完善的视角出发，积极回应中国政党制度在发展过程中产生的问题，不断推动制度和理论创新，逐步建构成为成熟和定型的中国新型政党制度理论体系，并以不断创新着的重大思想理论，科学系统地阐释和解读中国政党制度的鲜明特色和独特优势，持续推进制度实践创新，提升制度的影响力和认同度。

3.立足制度之维发挥新型政党制度的制度效能

中国政党制度的突出优势在于，在中国共产党领导下多党团结合作、充分协商，科学制定长远务实的发展规划，并为实现远大目标而共同奋斗。这种制度优势在其他国家是不多见的，虽然获得了一些国家政党、政要、学者的认同，但影响力相对有限。"领导""合作""参与""协商"是中国新型政党制度的主要内涵，是区分西方政党制度话语体系的重要标识，是一个相互融合、协同推进的有机整体。只有充分发挥党的

---

[1] 杨松禄：《中国新型政党制度话语权构建的四重维度》，《团结报》2018年12月4日。

[2] 《习近平谈治国理政》（第二卷），外文出版社2017年版，第346页。

领导、多党合作、参政议政、民主监督、政治协商的制度功能，在国家治理现代化中实现政党制度效能的最大化，才能更好地诠释中国新型政党制度的话语权。

4.立足文化之维寻求新型政党制度话语特色表述

制度认同从根本上说就是文化认同。世界上没有完全相同的政党制度，政党制度也不可以脱离特定的社会历史文化传统来进行抽象的评判。不同的国家，由于历史文化传统的差异，政治和社会制度选择也会迥然不同。中国新型政党制度的文化根基包含两大方面：首先是“中华民族一贯倡导的天下为公、兼收并蓄、求同存异等优秀传统文化”[1]，讲究“万物并育而不相害，道并行而不相悖”（《礼记·中庸》）；其次是中国共产党在领导革命、建设和改革过程中不断创造的以民主、团结和合作为核心的现代政治文化。这两大文化传统根基不仅在中国新型政党制度的实践运行中不断丰富其理论内涵，而且为新型政党制度的发展和完善提供着基本的价值导向。因此，建构中国新型政党制度话语体系和话语权，就是要在积极学习借鉴世界政治文明发展成果的基础上，结合中国实际和文化传统根基，不断发展和完善中国新型政党制度，进而形成富有中国特色、符合时代要求、具有世界意义，讲得通、听得懂、易接受的话语表述。

原载于《理论视野》2021年第期2期

[1] 习近平：《坚持多党合作发展社会主义民主政治　为决胜全面建成小康社会而团结奋斗》，《人民日报》2018年3月5日。

中国新型政党制度国际话语权的基本内涵与提升路径

臧秀玲

摘　要：提升中国新型政党制度国际话语权，是新时代中国特色社会主义政党政治发展的内在需求，是构建人类政党政治文明新形态的具体体现。基于中国新型政党制度发展的客观实际，需要从供给力、竞争力、吸引力、影响力四个维度，深刻理解中国新型政党制度国际话语权的基本内涵。应对世界百年未有之大变局，需要准确把握中国新型政党制度国际话语权所面临的机遇和挑战，立足于马克思主义中国化的理论成果、中华优秀传统文化、中国特色社会主义伟大事业和构建人类命运共同体的使命担当，从话语体系、话语主体、传播方式、话语环境等方面，探索提升中国新型政党制度国际话语权的实践路径。

关键词：政党制度；国际话语权；新时代；中国特色社会主义

中国新型政党制度以一种崭新的制度形态走上世界政党政治舞台，以强大的制度优势和显著的治理效能打破了“西方中心主义”的政党话语霸权，初步解决了中国政党制度的“失语”问题。当前学界关于中国新型政党制度国际话语权的研究主要集中在三个方面：一是从政党理论的维度，将中国新型政党制度国际话语权作为中国政党政治研究的理论延伸，探究其对政党制度类型和制度话语的突破[1]，分析中国政党理论的国际话语权[2]；二是从政党制度的维度，细化中国新型政党制度话语权的内在结构[3]，探讨中国多党合作制度的学术话语体系[4]以及话语体系建设[5]；三是从政党外交的维度，研究构建人类命运共同体背景下增强中国政党制度话语权的策略[6]，强调中国新型政党

[1]　孙林：《制度学习与变革：新型政党制度的话语突破》，《科学社会主义》2021年第6期。

[2]　郭道久：《增强中国政党理论国际话语权研究》，《统一战线学研究》2018年第1期。

[3]　张多：《中国新型政党制度话语权的结构分析》，《理论导刊》2021年第1期。

[4]　董树彬：《论中国多党合作制度的学术话语体系》，《学术论坛》2014年第9期。

[5]　林怀艺：《论新时代中国多党合作制度话语体系建设》，《社会科学辑刊》2018年第4期。

[6]　金丹：《中国—东盟命运共同体构想下增强中国政党制度话语权的策略研究——以政党外交为视角》，《广西社会科学》2016年第12期。

制度的世界意义[1]。在实现第二个百年奋斗目标的新征程上，需要用学术话语讲好中国新型政党制度故事，“加强国际传播能力建设，形成同我国综合国力和国际地位相匹配的国际话语权”[2]。提升中国新型政党制度国际话语权，不仅有助于重新审视中国新型政党制度的理论与实践，提升中国新型政党制度的国际影响力、感召力、塑造力，而且有助于增强中国制度自信、弘扬全人类共同价值，为实现中华民族伟大复兴创造舆论环境和话语基础。

一、中国新型政党制度国际话语权的基本内涵

深刻阐释中国新型政党制度国际话语权的基本内涵，解析制度话语体系和话语结构要素，是提升中国新型政党制度国际话语权的基础和前提。认识中国新型政党制度国际话语权，一是要理解“话语”的生成逻辑。马克思、恩格斯指出，“语言是一种实践的、既为别人存在因而也为我自身而存在的、现实的意识”[3]，强调话语具有实践性和现实性，是社会存在的反映，是物质实践的产物。列宁指出，话语是主观性和客观性的有机统一，不是虚幻的、空洞的存在，而是依托于现实的社会基础。列宁强调，“人的概念就其抽象性、分隔性来说是主观的，可是就整体、过程、总和、趋势、来源来说却是客观的”[4]。二是要认识国际话语权的基本属性。国际话语权作为国家文化软实力的组成部分，以国家综合国力为支撑，具有权利和权力的双重属性。“权利”指说话和发言的资格，强调国际社会中平等表达观点的权利；“权力”则是指作用于其他主体的能力，强调对国际社会产生的影响效应。就中国新型政党制度而言，其国际话语权就是指中国新型政党制度在国际社会中的传播能力和影响程度，以及国际社会对中国新型政党制度的了解程度和认同水平。因此，需要从话语供给力、话语竞争力、话语吸引力、话语影响力四个维度，科学阐释中国新型政党制度国际话语权的基本内涵。

1.话语供给力

话语供给力是构建国际话语权的基础，内生于中国新型政党制度的实践探索，主要表现为中国新型政党制度话语体系中的新概念、新理念、新理论、新思想。西方主要依据政党数量、政党间竞争关系、政治体制等因素来评判政党制度，信奉“没有竞争性选举，就没有民主”的政治教条，难以形成新的理论体系和实践创新。中国新型

[1] 吕楠：《新型政党制度对马克思主义多党合作思想的发展及其世界意义》，《当代世界与社会主义》2021年第6期。

[2] 《加强和改进国际传播工作　展示真实立体全面的中国》，《人民日报》2021年6月2日。

[3] 《马克思恩格斯选集》（第1卷），人民出版社2012年版，第161页。

[4] 《列宁全集》（第55卷），人民出版社2017年版，第178页。

政党制度区别于一党制、两党制、多党制的政党制度模式，从类型学意义上提供有别于西方政党制度分类标准的话语，构建了符合中国实践的政党制度分类标准，形成了符合人类利益的政党话语评价体系。在中国政党政治的历史实践中，从民国初期的议会多党制到国民党的一党专制，几乎尝试了世界上全部政党制度类型。中国新型政党制度是“在中国历史传承、文化传统、经济社会发展的基础上长期发展的结果”[1]。中国新型政党制度构建起了执政与参政、领导与合作的新型政党关系，是马克思主义基本原理与中国革命、建设和改革实践相结合过程中产生的制度性成果，充分体现了中国政党政治发展的理论逻辑和历史逻辑，极大地丰富了世界政党政治的内容体系。

2.话语竞争力

话语竞争力是构建国际话语权的前提，蕴含着中国新型政党制度的文化基因，主要表现为不同于西方经验、西方价值、西方思维方式的话语模式。当前，西方的民主模式和政党制度的运转失灵，使得标榜“民主”“自由”的资本主义政党政治文化受到普遍质疑，其政党制度话语的权威性也遭到极大削弱。中国新型政党制度话语根植于中国土壤和中国文化之中，与中国的政治传统、政治结构、政治理念相契合，彰显出强大生命力。中华民族一贯倡导的和而不同、兼容并蓄等中华优秀传统文化，为中国新型政党制度的发展提供了源源不断的文化滋养和精神支撑。构建中国新型政党制度国际话语权的基本立场就在于，能够客观认识政党制度与政治文化、制度文明之间的内在关联，坚持中国新型政党制度话语权的理论价值和文化属性，理性认知政党制度之间的文化差异。提升话语竞争力，不应该陷入西方“零和博弈”的话语逻辑之中，“不是以一种制度代替另一种制度，不是以一种文明代替另一种文明”，而应该坚持“利益共生、权利共享、责任共担”[2]的原则，融通古今中外各种资源，创新政党政治话语体系，为世界政党政治发展贡献“中国智慧”。

3.话语吸引力

话语吸引力是构建国际话语权的核心，凸显出中国新型政党制度的制度优势，主要表现为国际社会对中国新型政党制度的关注度，以及国外政党主动了解中国新型政党制度的意愿。在西方政党制度因恶性竞争、精英短视等内生性缺陷，导致政治失序、社会撕裂、治理失效等“政治衰败”之时，中国新型政党制度作为国家治理体系的重要组成部分，推动中国特色社会主义事业取得了历史性成就，为世界上发展中国家实现现代化提供了政党制度“新方案”。作为国家权力运行的基本政治制度，中国新型政党制度能够充分调动各方面的积极性，优化整合社会资源，化解社会矛盾冲突，合理

---

[1] 中华人民共和国国务院新闻办公室：《中国新型政党制度》，《人民日报》2021年6月26日。

[2] 习近平：《在中华人民共和国恢复联合国合法席位50周年纪念会议上的讲话》，人民出版社2021年版，第6页。

配置政治权力，发挥凝聚共识、汇聚人心的制度功能，能够实现政治决策的科学化、民主化、法治化。中国新型政党制度的话语体系，符合世界政党政治发展的客观规律，是对制度结构和功能优势的精准表达，是对制度优势转化为治理效能的集中阐释。在国际话语较量中，中国新型政党制度的话语体系需要切实做到守正创新、锐意进取，通过制度理论和制度实践来优化话语表达，提升话语吸引力和感召力。

4.话语影响力

话语影响力是构建国际话语权的关键，展现出中国新型政党制度的世界意义，主要表现为中国新型政党制度作用于其他国家政党制度以及改变世界政党制度话语体系的能力。中国新型政党制度话语体系不仅是对中国新型政党制度的话语阐释，也是向世界提供政治话语类表达的公共物品，是对人类政治文明发展的新创造。不同时代、时期的话语表达必须切合时代主题、符合时代要求，依托于国家的综合国力，必须建立在被其他国家所接受的基础之上，符合人类社会的共同价值。中国新型政党制度国际话语体系符合当今时代和平与发展的主题，对西方政党制度话语霸权和民主话语霸权形成了强大压力和外部挑战，推动了世界文明的交流互鉴和共同繁荣。提升中国新型政党制度的话语影响力，需要通过严密的内容结构、严谨的对外话语体系，转变话语传播风格和表达方式，充分利用新闻媒介和对外交流渠道，构建国际社会的“中国政党制度观”。在国际政党话语交流中要积极主动有为，有效开展对外舆论引导工作，让国际社会认识、了解、认同和支持中国政党制度，切实做到在形象上吸引人、在形式上打动人、在价值上感化人、在道理上说服人。

二、提升中国新型政党制度国际话语权面临的机遇与挑战

国际话语权的权利和权力属性，要求正确认识中国新型政党制度国际话语权的现状，使中国新型政党制度能够得到国际社会的支持和认可。准确把握提升中国新型政党制度国际话语权面临的机遇与挑战，是打破西方政党制度国际话语权垄断地位的迫切需要，是提升中国新型政党制度国际话语权的现实起点。

1.制度效能比较下提升中国新型政党制度国际话语权面临的现实机遇

一方面，西方政党制度发展陷入“制度瓶颈”。进入21世纪以来，全球性金融危机、新冠疫情等一系列突发事件，加重了西方国家的经济危机和政治衰退，进一步暴露了西方政党制度的弊端。西方国家政党政治和民主模式的运行受阻，并没有实现曾经预想的“历史终结论”，反而由于缺乏有效的自我调整能力和可行的应对措施，难以及时纠正政治体制运行中的系统性和结构性难题，陷入高度不稳定的制度性困境之中，引发人们对西方政治体制的反思与质疑。西方所宣扬的“竞争性”选举政治，本质上

以程序民主代替实质民主、以阶级利益取代人民利益，片面强调选举民主，无法保障人民民主和人民利益，更难以解决资本主义社会中的贫富两极分化问题，人民对政党政治的信任度和参与度普遍较低。西方所称赞的“三权分立”权力结构，实质上将人民所拥有的国家权力强行分割为立法权、行政权和司法权，并通过分权制衡的制度设计来限制公民参与政治生活，从而维护资产阶级的政治统治。西方政党轮替的制度安排催生出“否决型”的政党政治生态，并引发了宗教冲突、种族冲突、文化冲突、价值观冲突等危机，这不仅仅是片面迎合特定选民利益诉求的政治后果，更是资本主义社会阶级矛盾发展的必然结果。诚如毛泽东所言：“两党制不过是维护资产阶级专政的一种方法，它绝不能保障劳动人民的自由权利。”[1]邓小平也同样强调：“多党制是资产阶级互相倾轧的竞争状态所决定的，它们谁也不代表广大劳动人民的利益。”[2]

另一方面，中国新型政党制度具有显著的“制度优势”。中国新型政党制度坚持执政与参政、领导与合作、协商与监督的有机统一，能够“实现利益代表的广泛性”“体现奋斗目标的一致性”“促进决策施策的科学性”“保障国家治理的有效性”[3]，向世界展示了“中国之治”的制度密码，创造了世界政党政治文明新形态。作为中国特色社会主义民主的实现形式，中国新型政党制度超越了西方的“自由民主”范式，不仅为全过程人民民主提供了制度载体，而且通过执政党、参政党和人民政协等为全过程人民民主提供了组织载体。中国新型政党制度的参与主体，既包括作为社会整体的人民，又包含作为公民个体的人民，促进了人民群众的根本利益与不同阶层的具体利益的协调，以及国家利益、民族利益和人民利益的统一，真正实现了人民当家作主。作为中国特色社会主义的基本制度，中国新型政党制度与全国人民代表大会制度有效衔接，共同构建起了国家治理体系的有效机制，形成了以中国共产党为领导核心、各民主党派和无党派人士共同参与的综合治理平台。中国新型政党制度能够消解政党之间存在的政治利益、意识形态的对立，有助于达成思想共识、增强政治认同、实现行动统一，构建稳定有序、充满活力的政党政治生态。在党的全面领导下，中国新型政党制度能够充分发挥集中力量办大事的制度优势，在政治参与、利益表达、社会整合、民主监督、维护稳定等方面释放出强大的制度效能，推进国家治理体系和治理能力现代化。

2.话语权力竞争下提升中国新型政党制度国际话语权面临的重大挑战

一方面，“西方中心主义”政党话语仍旧处于强势和霸权地位。现代意义上的政党概念、政党制度、政党理论源自西方资本主义国家，并依据西方价值理念和资本主义意识形态，构建起系统而完备的政党制度理论体系和话语体系。国际话语权之争实质

[1] 《毛泽东文集》(第7卷)，人民出版社1999年版，第208页。

[2] 《邓小平文选》(第2卷)，人民出版社1994年版，第267页。

[3] 中华人民共和国国务院新闻办公室：《中国新型政党制度》，《人民日报》2021年6月26日。

上是国家利益和国际政治权力的竞争，伴随着西方主导的国际政治体系的确立，西方牢牢掌控着世界政党政治的话语权，世界政党制度话语的权力格局和力量对比呈现极不平衡的状况。中国“在学术命题、学术思想、学术观点、学术标准、学术话语上的能力和水平同我国综合国力和国际地位还不太相称”[1]。在“西方中心主义”话语霸权体系下，西方国家坚持冷战思维，推销西方政党政治的“普世价值”，严重挤压了中国新型政党制度的话语空间。西方国家操控着政党制度的话语体系和评价标准，片面强调多党竞争和轮流执政，将中国新型政党制度定义为“专制”，将中国的民主党派视为“花瓶”，而忽视了中国政党制度的阶级属性、实践历程和文化根基。西方利用其政治话语权的绝对优势和霸权地位，采取更加隐蔽的方式，借用“不自由”“不民主”等学术话语抹黑中国新型政党制度，使得“参政党”“多党合作”等政党制度话语难以被西方政党话语体系接受和认同，也造成不了解中国的国际社会对中国新型政党制度的误解和误读。然而，“没有多样性，就没有人类文明”[2]。任何政治制度“不可能脱离特定社会政治条件来抽象评判，不可能千篇一律、归于一尊”[3]。就我国民主党派的性质而言，周恩来曾明确指出，民主党派作为政党“都有一定的代表性。但不能用英、美政党的标准来衡量他们”[4]。

另一方面，中国新型政党制度的宣传模式难以满足实际需要。随着国家间政治、经济、文化等诸多领域的竞争日益激烈，中西之间的意识形态斗争始终没有停止，与制度优势和制度效能相比，中国新型政党制度的国际话语权处于相对缺失的境况。与西方国家相比，“对国际话语权的掌握和运用，我们总的是生手”[5]，尤其是“把握国际传播领域移动化、社交化、可视化的趋势”[6]，存在着“本领恐慌”的难题。就宣传方式而言，中国新型政党制度的对外宣传能力相对不足。中国新型政党制度的宣传主体往往以官方宣传为主，缺乏民间宣传的有效配合，对外宣传的组织化和专业化水平相对偏低。在国际话语传播中，存在宣传渠道单一、传播形式生硬、语言行文僵化等问题，导致话语的隐蔽传播能力不足。面对西方舆论界或学术界的贬低和诋毁，缺乏灵活的回应技巧，主动表达的意识不强，话语的针对性和引导性不足，难以获得良好的效果和反响。就宣传内容而言，中国新型政党制度的话语解释力相对不足。中国新型政党制度的理论成果往往以解释性成果为主，批判性和学理性的成果相对较少，存在学术

---

[1] 《习近平谈治国理政》(第二卷)，外文出版社2017年版，第338页。

[2] 习近平：《让多边主义的火炬照亮人类前行之路——在世界经济论坛“达沃斯议程”对话会上的特别致辞》，人民出版社2021年版，第3页。

[3] 《习近平谈治国理政》(第二卷)，外文出版社2017年版，第286页。

[4] 《建国以来重要文献选编》(第1册)，中央文献出版社1992年版，第183页。

[5] 《习近平关于社会主义文化建设论述摘编》，中央文献出版社2017年版，第203页。

[6] 《习近平谈治国理政》(第三卷)，外文出版社2020年版，第319—320页。

话语滞后于政治话语的问题，难以实现政治性和学术性的有机统一。部分学者沉迷于用西方理论解读中国政党制度实践，未能突破西方政党制度的思维定式和话语体系，难以有效观照中国新型政党制度的现实状况。中国新型政党制度的基础理论研究有待提升。当前，在解释中国新型政党制度方面缺乏具有普遍性和一般性的概念，这一现状不利于国际社会认识和理解中国新型政党制度，不利于提升中国新型政党制度的国际形象和国际声誉。

三、提升中国新型政党制度国际话语权的原则要求

要解决“挨骂”的问题，就不能按照西方资本主义的价值体系和评价标准来衡量中国新型政党制度，需要立足于科学的理论体系、深厚的文化根基、坚实的现实依据和深远的世界价值，提升中国新型政党制度国际话语权。

1.立足马克思主义中国化的理论成果，提升话语供给力

习近平强调：“坚持以马克思主义为指导，是当代中国哲学社会科学区别于其他哲学社会科学的根本标志，必须旗帜鲜明加以坚持。”[1]马克思主义中国化的理论成果是中国新型政党制度的理论基石，也是构建中国新型政党制度国际话语权的理论来源，推动着新型政党制度话语体系的“生产再创造”。相关理论成果主要包括三部分。一是马克思主义统一战线学说。马克思、恩格斯提出“共产党人到处都努力争取全世界民主政党之间的团结和协调”[2]，列宁则明确提出了无产阶级要掌握统一战线领导权的问题，指出“无产阶级专政是无产阶级对劳动群众（和整个社会）的领导”[3]。中国共产党先后建立了革命统一战线、抗日民族统一战线、人民民主统一战线、爱国主义统一战线等一系列极具理论创新和实践价值的统一战线，中国新型政党制度则是新时代统一战线理论的政治创造。二是马克思主义人民民主学说。马克思、恩格斯极力批判资产阶级民主的虚伪性，“以实现人的自由而全面的发展和全人类解放为己任”[4]，致力于建立“每个人的自由发展是一切人的自由发展的条件”的“联合体”[5]；列宁在无产阶级革命实践中形成无产阶级专政思想，提出建立“劳动人民自己的政权”[6]。中国共产党基于中国实践提出人民民主专政理论，实现了协商民主和选举民主的有机统一，发展了全过程人

[1] 习近平：《在哲学社会科学工作座谈会上的讲话》，人民出版社2016年版，第8页。

[2] 《马克思恩格斯选集》（第1卷），人民出版社2012年版，第435页。

[3] 《列宁全集》（第37卷），人民出版社2017年版，第436页。

[4] 《习近平关于社会主义文化建设论述摘编》，中央文献出版社2017年版，第73—74页。

[5] 《马克思恩格斯选集》（第1卷），人民出版社2012年版，第422页。

[6] 《列宁全集》（第37卷），人民出版社2017年版，第287页。

民民主，构建了保障人民当家作主的新型政党制度。三是马克思主义政党学说。马克思、恩格斯明确了无产阶级政党的历史使命和领导责任，即以全人类的解放实现无产阶级的解放；列宁提出了无产阶级政党领导多党合作的阶级基础和策略任务。中国共产党不仅构建起了新型政党关系，而且创造性地将民主党派定义为“中国特色社会主义参政党”[1]，共同致力于社会主义现代化建设。

2.立足中华优秀传统文化，提升话语竞争力

中国新型政党制度是从中国土壤中生长出来，是基于文化自觉、源于中国政党政治实践的政治创造，必须“把优秀传统文化中具有当代价值、世界意义的文化精髓提炼出来、展示出来”[2]，提升话语竞争力。首先，中华民族所延续的多元一体、兼容并蓄的政治架构，蕴含着中国新型政党制度的组织结构。大一统是维系中华民族和中华文明的历史传统，不仅强调中央集权的国家权威，而且尊重各地方、各民族的差异性，是实现家国天下、多元一体的有效路径。中国新型政党制度的组织原则与大一统的政治伦理具有内在的一致性，蕴含着不同政治力量之间开放包容、民主协商的政治文化，促进了政党联合和政党共同体的形成。其次，中华民族所倡导的天下为公、求同存异的政治文化，孕育着中国新型政党制度的价值理念。中国的政党坚守天下为公的理想信念，政党之间不存在根本利益的冲突，不会为了某一党派的私利而牺牲公共利益。中国传统的“民本”“民治”思想与多党合作、民主监督等政治理念高度契合。中华优秀传统文化作为推进社会和谐、民族融合、国家统一的文化根基，增强了人们对中国新型政党制度的政治认同。最后，要“坚持把马克思主义基本原理同中国具体实际相结合、同中华优秀传统文化相结合”[3]，构建符合中国政党政治实践和中华优秀传统文化的中国新型政党制度话语体系。在汲取中华传统文化资源时，要善于批判扬弃，勇于创造革新，祛除一切愚昧的、保守的文化因素。坚守政治现代化中的民族本色和文化底色，使中国新型政党制度既能够符合现代民主政治的基本要求，又能够维系中华民族的政治心理和政治情感，保持中华民族的凝聚力和向心力。

3.立足中国特色社会主义伟大事业，提升话语吸引力

构建中国新型政党制度话语权，必须基于中国新型政党制度的具体实践，不能脱离现实而进行抽象概括。正如马克思、恩格斯所指出的：“思想、观念、意识的生产最初是直接与人们的物质活动，与人们的物质交往，与现实生活的语言交织在一起的。”[4]中国新型政党制度国际话语权源自中国社会主义现代化的客观实践，并随着中国特色

[1] 《十八大以来重要文献选编（中）》，中央文献出版社2016年版，第544页。

[2] 《习近平谈治国理政》（第三卷），外文出版社2020年版，第314页。

[3] 习近平：《在庆祝中国共产党成立100周年大会上的讲话》，人民出版社2021年版，第13页。

[4] 《马克思恩格斯选集》（第1卷），人民出版社2012年版，第151页。

社会主义事业的伟大成就而不断提升。只有充分诠释中国新型政党制度的价值功能和制度优势，才能做到“讲好中国故事，传播好中国声音，阐释好中国特色”[1]，提升话语吸引力。首先，中国新型政党制度展现出强大的政治整合功能。在中国共产党的坚强领导之下，中国新型政党制度实现了与各民主党派、无党派人士的广泛合作，凝聚成强大的政党力量。在民主和团结两大主题之下，它能够有效地处理和协调各阶层、各方面的利益关系，促进了局部利益与整体利益、短期利益与长远利益、具体利益与根本利益的有机统一，实现了高度的政治认同。其次，中国新型政党制度实现了有序的政治参与功能。各民主党派和无党派人士充分发挥参政议政、政治协商、民主监督的政治功能，能够有效地吸纳并整合各方的利益诉求，反映民意、汇聚民智，提出具有建设性的意见建议，及时纠正政治决策中的失误和不足，起到了议政建言和监督反馈的积极作用，开辟了政党参与和政治表达的制度化渠道。最后，中国新型政党制度避免了政治力量的恶性竞争和政党内耗，能够兼容新的社会阶层和社会力量，保持同人民群众的血肉联系，适应社会结构变迁和社会稳定发展的现实需要，“努力寻求最大公约数、画出最大同心圆”[2]，为推进国家治理体系和治理能力现代化提供制度保障。

4.立足构建人类命运共同体的使命担当，提升话语影响力

中国新型政党制度是民族的，也是世界的，其本身就是东西方文化交流互鉴的制度性成果，正如马克思、恩格斯所言：“过去那种地方的和民族的自给自足和闭关自守状态，被各民族的各方面的互相往来和各方面的互相依赖所代替了。”[3]提升新型政党制度的话语影响力，必须坚持“胸怀天下”，秉持“怀柔远人、和谐万邦的天下观”[4]，具有世界眼光和全球视野，关注全人类的共同发展，占据国际道义制高点。首先，要深刻地认识到西方资本主义政党制度所面临的困境。尽管现代意义上的政党制度源于西方资本主义社会，但是当前西方政党制度始终难以抹去资本主义社会阶级矛盾的烙印，政党之间的恶性竞争、否决型的政党生态和扭曲的政党文化等引发的政党危机越发严重，难以找到变革政党制度的突破口。其次，要清晰地看到发展中国家对现代化政党制度的迫切需要。作为后发国家，广大发展中国家由于移植了西方的政党制度和政治体制，陷入“水土不服”“效能低下”的困境之中，急需推进政党政治变革，构建适合本国道路的现代政党制度，探寻实现兼顾经济发展和政治稳定的现代化方案。最后，要基于人类命运共同体的理念传播中国新型政党制度的“新模式”。中国新型政党制度不采取轮流执政，能够保障政治决策的长远性和连续性；杜绝金钱政治，能够维护最

[1] 《习近平关于社会主义文化建设论述摘编》，中央文献出版社2017年版，第203页。

[2] 《习近平谈治国理政》（第三卷），外文出版社2020年版，第293页。

[3] 《马克思恩格斯选集》（第1卷），人民出版社2012年版，第404页。

[4] 《习近平谈治国理政》（第三卷），外文出版社2020年版，第487页。

广大人民的根本利益；反对恶性竞争，能够最大限度地整合政党力量、凝聚政治共识，具有更加符合现代化需求的政党功能。在国家间政治文明和政党文明的交流中，中国强调“政党作为推动人类进步的重要力量”，应该坚持为人民谋幸福，主动承担起“引领方向”“凝聚共识”“促进发展”“加强合作”“完善治理”[1]的责任，重新阐释了符合人类共同价值的政党理论和政党话语，为世界政党制度发展传播了中国声音，贡献了中国方案。

四、提升中国新型政党制度国际话语权的实践路径

在从站起来、富起来到强起来的伟大飞跃中，中国日益走近世界舞台中央，必须准确把握国际传播的规律，细化对外宣传工作的实践，创新中国新型政党制度的话语体系，“向世界展现真实、立体、全面的中国”[2]，以获取与自身实力相匹配的国际话语权。

1.创新中国新型政党制度的国际话语体系

构建富有中国特色、契合时代要求、具有世界意义的新型政党制度话语体系，是提升中国新型政党制度国际话语权的基础性任务。马克思强调：“理论只要说服人，就能掌握群众；而理论只要彻底，就能说服人。”[3]因此，必须“善于提炼标识性概念，打造易于为国际社会所理解和接受的新概念、新范畴、新表述”[4]，准确说明新型政党制度何以为“新”。首先，要厘清新型政党制度话语体系的内部结构。话语是制度的外在表现形式，制度本身就是话语。中国新型政党制度话语体系包括制度类型的话语、制度优势的话语、制度渊源的话语、制度变迁的话语等内容，也会延伸出结构、功能、属性等许多分支，如制度类型的话语可以分解为分类标准的话语、政党关系模式的话语、民主模式的话语乃至现代化模式的话语等。这就需要我们明确新型政党制度的构成要素、内容体系，为进一步构建科学的新型政党制度话语体系提供方向性的参考。其次，要加强新型政党制度话语体系的理论构建。“话语的背后是思想、是‘道’。”[5]要明确中国新型政党制度的基本属性，运用马克思主义中国化的最新理论成果，尤其是习近平总书记关于统一战线和多党合作的重要论述，创新新型政党制度的理论体系。

[1] 习近平：《加强政党合作共谋人民幸福——在中国共产党与世界政党领导人峰会上的主旨讲话》，《人民日报》2021年7月7日。

[2] 《习近平谈治国理政》（第三卷），外文出版社2020年版，第312页。

[3] 《马克思恩格斯选集》（第1卷），人民出版社2012年版，第9—10页。

[4] 习近平：《在哲学社会科学工作座谈会上的讲话》，人民出版社2016年版，第24页。

[5] 《习近平关于社会主义文化建设论述摘编》，中央文献出版社2017年版，第213页。

要坚持民族性和世界性的有机统一，加强国家间政党政治理论的沟通交流，注意不同国家话语内容和叙事风格的差异性，尊重世界各国的文化传统和话语表述，加强政党制度的区域国别研究，丰富中国新型政党制度的话语结构和内容体系。要坚持学术话语和政治话语的有机结合，鼓励高等院校、科研院所立足中国、放眼世界，开展学术研究，系统衔接学术体系、学科体系和话语体系，综合提升中国新型政党制度的学术研究能力和理论水平。最后，要丰富新型政党制度话语体系的实践源泉。话语是人们对特定实践的认识，实践则是认识的来源和基础，是话语产生的源泉，必须“用中国理论阐释中国实践，用中国实践升华中国理论”[1]。中国的政党和政党制度产生于反帝反封建的民主革命实践中，经历了70多年多党合作的探索，凝聚着中国人民高度认同的理论基础、实践理路、制度优势和文化底蕴。在新时代，要不断丰富和拓展新型政党制度的实践，从而为新型政党制度话语体系的构建和赓续提供坚实的基础。

2.充分发挥多元话语主体的对外宣传功能

提升中国新型政党制度国际话语权，需要合理配置全球话语资源，加强不同话语主体之间的协调配合，提升官方与民间、国内与国际等不同场域的话语传播效率，实现对外宣传效能的最大化。中国新型政党制度是“中国共产党、中国人民和各民主党派、无党派人士的伟大政治创造”[2]，他们是新型政党制度的创建者，是新型政党制度实际运行的参与者，是新型政党制度国际话语权的代表者，在国际话语权构建中扮演着重要角色。首先，中国共产党要成为提升中国新型政党制度国际话语权的领导者。作为领导党和执政党的中国共产党在提升中国新型政党制度国际话语权中发挥政治引导、思想引领、组织规范的功能作用。要为构建和提升中国新型政党制度国际话语权“掌舵领航”，制定总的指导方针和战略传播规划体系，出台相关的政策文件，为构建新型政党制度国际话语权提供制度保障。要加大中国新型政党制度的对外宣传投入，建设好适应于新时代国际传播需要的专业化干部队伍、研究队伍和宣传队伍，为提升新型政党制度国际话语权提供充足的后备人才。其次，各民主党派和无党派人士要成为中国新型政党制度国际话语权的主动发言者。各民主党派和无党派人士作为中国共产党的好参谋、好帮手、好同事，要不断增强政治使命感和历史责任感，主动塑造中国新型政党制度的国际形象。要充分运用自身的政治优势，分享参政议政、政治协商、民主监督的政治实践和政治体验，用鲜活的话语阐述各民主党派和无党派人士在国家政治生活中的地位和作用。要充分发挥智力优势、与海外联系广泛的优势，在不同界别、不同阶层乃至海内外之间，拓展新型政党制度的国际传播渠道，用生动的故事阐释新

[1] 《加强和改进国际传播工作展示真实立体全面的中国》，《人民日报》2021年6月2日。

[2] 中华人民共和国国务院新闻办公室：《中国新型政党制度》，《人民日报》2021年6月26日。

型政党制度的独特优势。最后，中国人民都要成为中国新型政党制度国际话语权的坚定维护者。在国际社会的文化交流中，普通民众要增强对中国新型政党制度的政治认同和制度自信，主动宣传中国新型政党制度的知识、理念和价值，提升传播新型政党制度的思想自觉、行为自觉。在国际舆论传播中，媒体界、学术界和知识界就相关重大问题要勇于发声、敢于发声、善于发声，识破“西方话语陷阱”，有针对性地加强与不同海外群体的交流对话，提升国际传播的亲和力和实效性，尤其是“对学者参加国际学术会议、发表学术文章，要给予支持”[1]。

3.丰富中国新型政党制度的话语传播方式

国际话语权需要具有严密的逻辑、科学的论证和充分的事实等要素，依托灵活的话语传播方式，才能被不同文化、不同制度下的人们理解和接受。因此，必须大力推动国际传播守正创新，提高话语传播艺术，“让更多国外受众听得懂、听得进、听得明白，不断提升对外传播效果”[2]。首先，要严禁“居高临下”的话语姿态，避免“灌输式”的宣传模式。要清晰认识中国新型政党制度话语的演进历程，准确把握国际话语传播的内在规律，精心设计国际话语传播的方法和技巧。要充分尊重各地区各民族之间的文化特色和政治传统，避免功利主义倾向，用现实的政党政治实践阐释新话语。要秉持既开放自信又谦逊谦和的态度，摒弃冷战思维和意识形态的对立思维，做细做实阐释工作，做到以言传道、以身示范、以理服人。其次，要转变话语的叙事方式和宣传风格，拓展话语传播的渠道和平台。要勇于打破语言壁垒，善于用不同国家的语言对中国新型政党制度进行学理性诠释，向世界提供高水平的报纸、期刊和著作。要充分调动公共外交资源，掌握国际主流媒体的沟通技巧，利用参与国际会议的交流机会，有效运用国际舞台的发声渠道，树立良好的国际形象。要善于运用具有中国特色的思维符号，打造与中国文化、中国价值、中国利益相符合的政党文化品牌，提升话语宣传的个性化和精准化，消除国外民众的疑惑或误解，增强中国新型政党制度话语的感染力。最后，要适应互联网信息时代的舆论环境，增强网络空间的话语主导权。要高度重视网络安全领域的国际竞争，充分利用互联网、大数据等现代信息技术，善于预测、引导和疏解网络舆情发展态势，加强网络空间的综合治理能力建设，“加快提升我国对网络空间的国际话语权和规则制定权”[3]。要顺应媒体融合发展的大趋势，从单一的传统媒体向多元化的全媒体转变，打造传播中国新型政党制度的国际网络媒体平台。要适应网络话语表述方式，善于运用文字、图片、视频、动画等形式进行网络即

[1] 习近平：《在哲学社会科学工作座谈会上的讲话》，人民出版社2016年版，第24页。

[2] 《习近平谈治国理政》（第三卷），外文出版社2020年版，第320页。

[3] 中共中央宣传部、中华人民共和国外交部编：《习近平外交思想学习纲要》，人民出版社、学习出版社2021年版，第72—73页。

时传播，通过视听等感官体验增强新型政党制度话语的隐性传播，提供更多被世界网民接受的新型政党制度文化产品，开辟话语宣传的新领地，增强话语传播的实际效果。

4.主动创造中国新型政党制度的话语环境

传统与现代的冲击、民族与世界的交汇、不同文明的碰撞加剧了国际话语环境的复杂性。中国要在“继续积极借鉴和吸收人类政治文明的有益成果”[1]的基础之上，打破西方价值观主导的国际话语体系，增进国际社会对中国新型政党制度的价值认同，创造有助于传播中国声音的话语环境。首先，要苦练内功，努力破除西方话语遮蔽。要做好顶层设计，客观认识中国新型政党制度在国际话语中的地位，明确自己的优势和劣势，善于把握时机，做好长远规划和整体布局。要持续发挥中国新型政党制度的制度优势，用原创性话语阐释中国新型政党制度的具体实践，把实践优势转化为舆论优势，再把舆论优势转化为话语优势。针对西方的错误言论和污蔑性话语，要敢于亮剑，坚决反对国际话语霸凌，规避西方话语陷阱，要善于抓住西方话语漏洞和理论破绽，揭露西方歪曲中国新型政党制度的险恶目的。其次，要增强制度性话语权，掌握国际话语主导权。要积极变革不平等的国际话语权力结构，科学配置国际话语权力体系，不断提升中国新型政党制度的话语解释权、议题设定权、价值评价权、分歧仲裁权。中国要从国际规则的遵守者转变为制定者，积极参与国际组织的运行、国际规则的制定、国际议程的设置，立足于全球治理和全人类发展，创造政党制度的国际话语体系新秩序，“为发展中国家争取更多制度性权力和话语权”[2]。最后，要发展政党外交，不断提升中国国际影响力。“政党外交以其内容广泛、形式多样、机制灵活，在国家外交中发挥着基础性、战略性、推动性和补充性的作用。”[3]既要善于依托以联合国为代表的多边合作组织，又要主动创建促进国家间政党交流的组织载体，拓展供给中国话语的制度化渠道，增进世界各国对中国政党和政党制度的认识和理解。人民政协作为多党合作与政治协商的专门机构，要持续加强国家间的高层互访和交流对话，“把推动公共外交作为人民政协对外交往重要开拓方向”，“积极宣传我国的政治制度、政党制度和现代化建设成就”[4]。要充分利用网络信息化的技术条件，搭建便捷的政党交流平台，促进国家间政党密切交流，扩大知华友华的国际舆论朋友圈，将越来越多的政党纳入世界政党联合体之中，乃至形成国际政党统一战线。

---

[1] 中华人民共和国国务院新闻办公室：《中国新型政党制度》，《人民日报》2021年6月26日。

[2] 习近平：《弘扬传统友好　共谱合作新篇——在巴西国会的演讲》，人民出版社2014年版，第8页。

[3] 王韶兴主编：《政党政治论》，山东人民出版社2011年版，第528—529页。

[4] 《十八大以来重要文献选编（上）》，中央文献出版社2014年版，第161—160页。

参考文献

[1] 王韶兴:《现代化国家与强大政党建设逻辑》,《中国社会科学》2021 年第 3 期。

[2] 龚少情:《中国新型政党制度对西方政党制度的双重超越及其类型学意义》,《马克思主义研究》2019 年第 7 期。

[3] 尚同编著:《中国新型政党制度概论》, 上海人民出版社 2021 年版。

[4] 徐锋、高国升:《正谊明道: 中国新型政党制度何以为新》, 人民出版社 2021 年版。

[5] 周淑真:《论我国新型政党制度的独特优势——基于内涵要义、演进逻辑与结构关系的分析》,《人民论坛·学术前沿》2018 年第 7 期。

原载于《马克思主义研究》2022年第4期

中国新型政党制度的创造性、优越性及其时代意蕴

臧秀玲　康　乐

摘　要： 中国共产党领导的多党合作和政治协商制度作为我国一项基本政治制度，是马克思主义政党理论同中国具体实际和中华优秀传统文化相结合的产物，具有鲜明的创造性、显著的优越性和丰富的时代意蕴。中国新型政党制度创造性地构建了一种全新的政党政治模式，在政党与政权关系、政党与社会关系和政党与政党关系等方面实现了对西方政党制度的多重超越，在强化政党制度的整合能力、提升政党制度的民主质量、巩固政党制度的维稳功能三个维度具有显著的优越性。中国新型政党制度提供了现代民主政体治国理政经验，拓展了世界政党政治理论研究空间，开拓了人类政治文明的新形态，为促进世界民主政治发展、坚守和弘扬人类共同价值贡献了中国智慧和中国方案。

关键词： 中国新型政党制度；政党政治新模式；政治文明新形态

习近平强调，“中国共产党领导的多党合作和政治协商制度是我国的一项基本政治制度，是从中国土壤中生长出来的新型政党制度”[1]。《中国新型政党制度》白皮书指出，“中国新型政党制度是马克思主义政党理论与中国实际相结合的产物，是中国共产党、中国人民和各民主党派、无党派人士的伟大政治创造”[2]。以上论述深刻阐明了我国新型政党制度创造了一种新的政党政治模式，在国家政治生活和社会生活中发挥着不可替代的重要作用，成为发展全过程人民民主、推动国家治理现代化的重要制度安排，为探索和发展人类政治文明作出了重大贡献，具有重要的理论与现实意义。

一、中国新型政党制度的创造性

中国新型政党制度创造性地构建了一种全新的政党政治模式，是探索中国民主政

[1] 《习近平谈治国理政》（第三卷），外文出版社2020年版，第293页。

[2] 国务院新闻办公室：《中国新型政党制度》，《人民日报》2021年6月26日。

治发展规律的原创性制度设计，在政党与政权关系、政党与社会关系和政党与政党关系等方面实现了对西方政党制度的多重超越，深刻回应了政权运行方式、民主实现形式、政党关系模式等重大政治命题，成为推动人类政治文明发展进步的成功典范。

（一）创造了一种新的政权运行方式

从政党与政权的关系视角来看，政党制度意味着政党根据国家法律或者政治传统，执掌、参与或影响政权的活动方式，分配政治资源的规则程序等制度性规范。当今世界政党制度的主流是西方资本主义国家的竞争性政党制度模式，这一模式主要以英、美等国两党制和法、德等国多党制为代表，其内容是执政党或在朝党与反对党或在野党代表资产阶级进行利益关系调整，通过投票竞选机制、策略合作机制轮流执政或联合执政。西方竞争性政党制度的实质是在政党寻求执政合法性过程中根据竞争规则所形成的某种控制妥协和资源分配规则。

中国新型政党制度创造了共产党执政、多党派参政的政权运行方式。中国共产党牢牢占据国家政权结构的核心地位，既是执政党，也是领导党。各民主党派作为中国特色社会主义参政党，通过一系列的制度性安排，被吸纳进国家政治生活当中。一方面，共产党必须在宪法和法律允许的范围内执掌国家政权，必须经过法定程序才能将其政策和主张上升为国家的意志，同时接受各民主党派、无党派人士和社会各界别、各群体的民主监督，完善党的领导方式，提高党的执政水平，使“中国共产党的领导成为国家发展支柱、国家强大精神支柱的共同价值取向”[1]。另一方面，各民主党派不是西方轮流执政模式下所谓的在野党或联合执政党，而是在中国共产党的政治领导下，依法参加国家政权，参与国家大政方针和国家领导人选的协商，参与国家事务的管理，参与国家方针政策、法律法规制定和执行的中国共产党的好参谋、好帮手、好同事。执政党和参政党通过明确的职能定位确保我国新型政党制度的有效运行。这与只有单独或联合获得议会多数席位抑或赢得总统大选才能执掌国家政权的西方政党制度形成了鲜明对比，是我国新型政党制度的创造性价值之一。

（二）创造了一种新的民主实现形式

从政党与社会的关系视角看，政党作为“‘凝聚不同的社会利益’的组织机构”[2]，向上对接国家权力，向下联结社会力量，是联系国家和社会的纽带，是社会进入国家政治体系、影响和主导国家政治生活的中介。与此对应，政党制度深刻影响着国家政治体系和社会成员的政治活动方式，进而对政党与社会的关系构建起制度性规范。这

[1] 周淑真：《政党和政党制度比较研究》，人民出版社2001年版，第342页。

[2] 艾伦·韦尔：《政党与政党制度》，谢峰译，北京大学出版社2011年版，第11页。

一制度性规范在西方政党制度中通过票选民主的形式得以实现。学界普遍认为，西方政党制度的产生和发展得益于拓展“人民的统治”这一民主实践而发明的选举制度，“在自由的、竞争性的选举环境下，选举规则奖励那些能比竞争对手更有效动员大众选民的政党，这些政党通过在选举中脱颖而出控制政府，围绕这些选举规则，一种政党制度得以发展起来”[1]。西方政党制度按照简单多数原则或者比例代表原则完成民主赋权过程，这是西方民主政治的重要实现形式。然而，民主作为一种价值追求、作为一种国家制度，是一个历史范畴。中西方国家由于迥异的社会制度和文化传统，创造了不同的人民范围和制度安排，形成了不同的民主实现形式。

我国是人民民主专政的社会主义国家，人民民主是社会主义的生命，人民当家作主是社会主义的本质要求，也是我国民主政治的内在规定。人民民主专政的国家性质决定了中国新型政党制度通过“有领导的阶级联合与团结”[2]，最大限度地保障人民群众拥有最广泛、最真实、最管用的民主，有效解决了权力归属的核心问题。在此基础上，民主还要回答人民如何通过制度和程序来维护自己的利益、实现自己的统治这一问题。人民通过选举、投票行使个人民主权利和人民内部各方面在作出重大决策之前进行充分协商，尽可能取得一致意见，是社会主义民主的两种重要形式。“熊彼特所谓的竞争性选举不是民主的普遍标准，而只是作为民主亚类型的西式民主的标准。”[3]中国新型政党制度超越西方民主标准，实现过程民主和结果民主、程序民主和实质民主、直接民主和间接民主、人民民主和国家意志的有机统一，既支持人民群众通过选举和投票行使民主权利，又容纳各民主党派代表各自所联系的部分人民群众进行有序政治参与和充分沟通协商，创新了社会主义国家政党与社会关系的制度性规范，创造了一种新的民主实现形式。

（三）创造了一种新的政党关系模式

竞争—合作关系的不同模式，是考察世界政党政治实践中政党与政党关系的一个基本出发点，其中，竞争范式是考察西方政党制度规范政党关系的一个基本法则，因为政党组织“不仅是利益集团的工具，而且从某种意义上讲，与其他试图改变其行为模式的政党组织处于竞争状态，例如直接攻击其主张，或者是迫使其服从全国性的计划和纲领”[4]。尽管在西方竞争性政党制度中，政党为了自身利益有时也需要采取与其他政党合作的策略，但受制于各自力量的牵制和抵消，这种联合、合作往往是局部而脆

[1] 艾伦·韦尔：《政党与政党制度》，谢峰译，北京大学出版社2011年版，第232页。

[2] 林尚立：《复合民主：人民民主在中国的实践形态》，《中共浙江省委党校学报》2011年第5期。

[3] 景跃进：《民主理论的发展：超越与重构》，《政治学研究》2022年第1期。

[4] D.B.杜鲁门：《政治过程：政治利益与公共舆论》，陈尧译，天津人民出版社2005年版，第305页。

弱的，难以持久巩固，最终导致政局不稳、混乱不堪。一些国家如意大利政局长期不稳的一个很重要原因就是“政党之间竞争加剧而缺乏合作”[1]。

从政党与政党之间的关系视角来看，我国新型政党制度的创造性还体现在突破了西方政党制度对抗、博弈的思维定式，创造了与新型政党制度参与、合作、协商等基本精神相契合的新型政党关系模式。首先，“在中国共产党的领导下，实行多党派的合作，这是我国具体历史条件和现实条件所决定的”[2]。资本主义在近代中国的不充分发展使得民族资产阶级、小资产阶级力量弱小，难以完成新民主主义革命的任务，而肩负这一使命的无产阶级，也缺乏足够的组织力量，需要团结其他各民主力量。各民主党派和无党派人士积极响应“五一口号”，公开、自觉接受中国共产党的领导，团结在中国共产党周围，为中国民主政治发展汇聚强大合力，体现了中国新型政党关系的历史自觉。其次，马克思主义多党合作思想和中国古代政治思想中“贵和尚中”的文化传统，为新型政党关系的产生和完善提供了丰富的思想资源和深厚的文化基础，为发展通力合作又互相监督的新型政党关系积累了广泛的政治认同。最后，中国共产党与各民主党派、无党派人士在坚持中国特色社会主义道路、建设社会主义现代化强国、实现中华民族伟大复兴的伟大实践中同心同德、同向同行，始终遵循“长期共存、互相监督、肝胆相照、荣辱与共”的基本方针，筑牢团结和谐的政党关系，不断巩固多党合作政治格局。

二、中国新型政党制度的优越性

中国新型政党制度作为一种全新的政党制度模式，在对政权运行方式、民主实现形式、政党关系模式进行创造性发展的同时，也在规范政党与政权关系、政党与社会关系、政党与政党关系的功能绩效方面展示出迥异于西方政党制度的鲜明特色，表现出强化整合能力、提升民主质量、增进安定团结等显著优越性。

（一）强化整合能力

政党产生于社会多元结构导致的利益分化，而政党制度需要整合冲突的力量，明确政党在国家权力结构中的地位与作用，规范政治资源的分配规则，从而确保政治权力合法掌握在统治阶级手中，保障和实现统治阶级利益。因此，政党制度运行的过程实际上也是社会利益整合的过程，其结果是在确保统治阶级利益的同时吸纳或消弭利益冲突。在西方政党制度中，政党与政权关系的规范主要依靠竞选机制来实现，但因

[1] 张春满：《21世纪国外政党政治研究：理论、前沿与情势》，复旦大学出版社2019年版，第162页。

[2] 《邓小平文选》（第2卷），人民出版社1994年版，第205页。

各党派之间的恶意竞争和互相攻讦，这一机制实际上将利益冲突合法化、扩大化了。“毫无疑问，大多数经济上的弱势者，包括某些少数民族，在美国的利益群体政治中没有被充分代表。”[1]当前西方政党制度规范利益表达与社会整合的能力大为减弱，党派认同下降，社会阶层分化、政治碎片化现象严重，加剧了社会利益摩擦，引发民众不满。

中国新型政党制度作为一种使命型、目标驱动型、责任型的政党制度[2]，通过规范政权行使方式，在利益表达与整合方面独具优势。中国新型政党制度通过规范各政党主体与国家政权的关系，确立了共产党执政、民主党派参政的权力配置结构，确保国家权力结构顶端的制度性稳定。一方面，“共产主义者在渗透方面已经取得了巨大成功，他们的‘先锋组织’（front organization）也可以算作20世纪伟大的政治发明之一”[3]。共产党是走在整体前面的先锋党，共产党员都是具有共产主义觉悟的精英分子。因此，在国家政权中，处于执政地位的中国共产党“始终代表整个运动的利益”[4]，没有自己的任何特殊利益，展示了马克思主义无产阶级政党的先进性和纯洁性。另一方面，各民主党派在保持自身党派色彩的基础上经过历史演变和力量消长，最终成为拥有广泛社会联系、汇聚多方人才的中国特色社会主义参政党，其成员来源的广泛性、结构层次的多样性便于优化各种社会资源、平衡各种政治力量、整合各种社会利益。在中国新型政党制度结构下，作为主要政治角色的执政党和参政党不仅代表广泛的直接利益，更代表深刻的根本利益；不仅代表短期利益，更代表长期利益；不仅代表界别局部利益，更代表全国各族各界全局利益；不仅代表流动的民意，更代表稳固的民心[5]，进而强化了政党制度合法化、规范化表达利益与整合社会的能力。

（二）提升民主质量

政治参与是衡量现代民主政治发展的重要标准，参与的广度涉及参与者的数量问题，即被政策影响所涉及的社会成员实际或可能参与到政治决策所占的比例；参与的深度是指参与的有效性，即参与者是否能够持续、充分、有力地参与政治决策过程并产生实际影响。西方政党制度中公民的政治冷漠一直被视为民主政治的顽疾。“美国民主政治中的政治冷漠主要包括两个方面：一是公民投票率从20世纪70年代开始出现了大幅下降，二是公民对政府决策的具体意涵缺乏准确的理解，他们缺乏相应的知识、

[1] 利昂·D.爱泼斯坦：《西方民主国家的政党》，何文辉译，商务印书馆2014年版，第474页。

[2] 许忠明：《政治共同体视野下中国新型政党制度的机理分析》，《统一战线学研究》2019年第4期。

[3] 丹尼尔·贝尔：《意识形态的终结：50年代政治观念衰微之考察》，张国清译，中国社会科学出版社2013年版，第14页。

[4] 《马克思恩格斯选集》（第1卷），人民出版社2012年版，第413页。

[5] 孙林等：《新型政党制度是伟大的政治创造》，《学习时报》2018年6月18日。

兴趣、动机去了解政策的具体内容和实际影响。”[1]西方政党制度因人民在投票时被部分唤醒、投票后就进入整体休眠的阶段性政治参与，在很大程度上落入徒有其表的程序民主陷阱，因为“选举不制定政策，选举只决定由谁来制定政策。选举不能解决争端，它只决定由谁来解决争端”[2]。

中国新型政党制度以社会多元利益主体的“在场”和社会多元利益差异的协调，及时回应了政治现代化过程中的民主诉求，实现了对民主手段和民主目标增量赋权的双重超越。首先，中国新型政党制度扩大了民主参与范围。中国新型政党制度通过党群联系机制、参政议政机制等制度化的政治参与渠道规范政党与社会的关系，把各种社会力量纳入政治体系，既尊重多数人的公共意愿，又听取少数人的合理要求，实现了最广泛的政治参与，获得了高度的政治认同和社会支持，中国特色社会主义民主政治已经具备有效联结社会民众与国家政权的制度化表达渠道。其次，中国新型政党制度拓展了民主参与深度。中国新型政党制度蕴含着深度参与民主政治的规则程序和完整实践，确保了人民群众在民主选举之后的政策制定和执行过程中公共利益的最大化和公共服务的均等化，完成了“从输入式民主（容纳了多少人民的声音）向输出式民主（人民得到了多少利益）的转化”[3]，切实发展了高质量民主。最后，中国新型政党制度突破了民主二元框架。中国新型政党制度突破了程序民主与实质民主的二元对立，将民主选举、民主协商、民主决策、民主管理和民主监督五大环节串联起来，确保公民参与民主政治的内容全面性、过程连续性和时间持久性。

（三）增进安定团结

安定团结的政治局面是经济发展、社会进步的首要条件，政党制度通过对体制内政党与政党关系的制度性规范实现其政治稳定功能，凝聚国家发展合力，实现国家建设目标。“政治稳定的先决条件在于有一个能够同化现代化过程所产生出来的新兴社会势力的政党制度。”[4]西方政党制度下党派恶意竞争、相互拆台、轮替执政造成的政治认同下降、政权更迭频繁、资源浪费严重、社会动荡激烈等问题，使政府无法做出具有前瞻性和科学性的决策，进而加速政治分裂甚至社会崩溃，导致政党挟持国家利益，阻碍社会进步和人的全面发展。以美国为例，“美国是如此庞大和复杂，从来没有一个单一的政治领导人或单一的政党曾经有能力主导过它。并且毫无疑问，从来没有一个

[1] 汪仕凯：《不平等的民主：20世纪70年代以来美国政治的演变》，《世界经济与政治》2016年第5期。

[2] 乔万尼·萨托利：《民主新论》（上卷），冯克利、闫克文译，上海人民出版社2015年版，第175页。

[3] 乔万尼·萨托利：《民主新论》（下卷），冯克利、闫克文译，上海人民出版社2015年版，第651页。

[4] 塞缪尔·P.亨廷顿：《变化社会中的政治秩序》，王冠华等译，上海人民出版社2008年版，第350页。

单一的政治领导人或单一的政党有能力减弱这些分化”[1]。“自20世纪80年代以来，随着更加平衡更多竞争的政党体系出现，美国体制变成了通往僵局的灵丹妙药。”[2]

与西方政党制度近年来的政治内耗、治理僵局相比，中国新型政党制度以中国人民政治协商会议为组织形式，以社会主义协商民主为运行机制，以合作式参与、建设性监督为活动方式，实现政治稳定、社会有序、国家富强。中国新型政党制度因长期共存、合作和谐的政党关系展示出维护稳定与增进团结的鲜明制度优势，兼具稳定性与灵活性。一方面，团结合作的新型政党关系建立在政治信任的基础之上，能够有效规避政治风险、降低社会运转成本，最大限度地避免了国家资源浪费、社会权力分化，满足了国家现代化转型过程中对政治权威的迫切需要，成为国家政治稳定的重要因素。另一方面，中国新型政党制度赋予民主党派在坚持共产党领导的前提下参与国家政治生活的重要职能，为多党合作提供规范化的制度空间，为政治系统的运转提供内生动力，保持政治发展的弹性与活力，促进民主协商与科学决策协同发展，“既实现了‘最大同心圆’的目的，也显著提高了政治决策的效率与质量，构建起‘民意输入’和‘政策输出’的良性互动”[3]。

三、中国新型政党制度的时代意蕴

中国新型政党制度是在中国历史传承、文化传统、经济社会发展基础上长期演进的结果，提供了现代民主政体中的治国理政经验，拓展了世界政党政治理论研究空间，发展了更先进的人类政治文明形态。作为社会主义政治文明的重要制度形式，中国新型政党制度为当前那些独立自主探索政党政治发展道路的国家和民族提供了全新选择，具有重要的时代意蕴。

（一）提供了现代民主政体中的治国理政经验

政党制度作为国家制度的重要组成部分，规范着政党行为，使其协调和联动多元分化的社会利益，实现对国家的善治目标。作为中国特色社会主义制度体系的重要组成部分，中国新型政党制度为各国在民主政体中提升国家治理效能提供了中国经验。

---

[1] 丹尼尔·贝尔：《意识形态的终结：50年代政治观念衰微之考察》，张国清译，中国社会科学出版社2013年版，第105页。

[2] 弗朗西斯·福山：《政治秩序与政治衰败：从工业革命到民主全球化》，毛俊杰译，广西师范大学出版社2015年版，第450页。

[3] 臧秀玲、康乐：《充分发挥新型政党制度优势提高国家治理能力》，《山东省社会主义学院学报》2020年第5期。

首先，坚持问题导向，改善治理结构。“没有共同的利益，也就不会有统一的目的，更谈不上统一的行动。”[1]面对社会转型期集中出现的一系列社会矛盾及其造成的诸多不确定性挑战，国家治理尤其是公共事务的治理已经超越了政党或者政府这样单一行动主体的能力范畴。由政党、政府等权威主体实施的单向垂直、线性管控的传统治理模式已经不再适应现代社会多元治理主体的协同共治诉求，迫切需要转型。中国新型政党制度积极建构具有民主性、包容性和协调性的国家治理公权力主体，实现了政治体系主体力量和社会群体发展势力的调试与均衡，促进国家治理目标、相关公共政策更加贴合社会实际需要、符合民主程序要求，努力维持政局平衡，并且始终接受来自各参政党的民主监督以及广大人民的社会监督，推动治理结构向开放包容转型。

其次，坚持协商范式，优化治理方式。协商治理是中国新型政党制度优化国家治理方式的原创性发明，是基于协商建国到协商治国的历史传统与实践经验所形成，不仅包含了对民主理想的追求，还体现了政党制度求同存异、包容多元的政治智慧。八个民主党派和无党派人士是国家政治体系向社会、民众延伸的“输送带”“传感器”。依托民主党派完备的组织体系和120多万民主党派成员的履职实践，政治体系充分吸纳、反映、表达民众的意见建议，也为国家协商治理提供组织化、制度化平台。“有事好商量、众人的事情由众人商量”[2]的制度化实践，实现了政党制度在国家治理过程中权威主导与多元协商的良性互动，解决了新兴社会力量急切介入政治过程而现有政治体制难以回应多元诉求的强烈冲突，形成了规范政治参与行为、优化政党治理方式的叠加优势。

最后，坚持人民逻辑，提升治理绩效。“国家治理的本质不是治民，而是民治。”[3]中国新型政党制度是建立在生产资料公有制基础上的“人民本位”的社会主义政党制度安排，通过社会主义民主政治的约束、政党责任宗旨的履行，牢牢把握住人民群众在历史发展中的主体地位，防范国家治理过程的中断和国家政治决策的失误；通过利益整合、资源整合、意识形态整合等多种整合途径，建构起能够有效运转社会资本、综合配置政治资源的强大体系，增强了政党制度的内外凝聚力，扩大了政党制度的社会整合力；通过优化多元治理主体之间的关系样态和互动方式，确保治理过程的公开透明、精准高效，发挥出政党、国家和社会三个系统的最大功效，引领国家发展和社会进步，将“人民至上”的价值逻辑落到实处，从而提升国家治理绩效。中国新型政党制度的治理效能引发国际社会的关注和热议。俄罗斯科学院远东研究所首席研究员亚历山大·洛马诺夫认为：“对比西方社会的现状，中国的新型政党制度具有很强的现

[1] 《马克思恩格斯选集》（第1卷），人民出版社2012年版，第573页。

[2] 《习近平谈治国理政》（第三卷），外文出版社2020年版，第295页。

[3] 张献生：《多党合作制度在中国国家治理中的基本作用》，《政治学研究》2017年第4期。

实意义。”[1]希腊新民主党国际书记斯米尔利斯、左联党国际书记布尔诺斯等指出：“新型政党制度把中国共产党的领导与民主党派、无党派人士的合作紧密结合起来，能够有效凝聚共同意志，团结全体人民共同奋斗。”[2]

（二）拓展了世界政党政治理论研究空间

作为国内外政治学者长期探讨的重大理论课题，世界政党制度的类型学研究先后产生了几种具有代表性的关于政党制度分类的观点。首先是法国著名政治学家迪韦尔热在1951年出版的专著《政党》里提出的三分法，即按照政治体制内稳定执政的政党数量将政党制度分为了一党制、两党制和多党制。随后，意大利政治学家萨托利在1976年出版的《政党与政党体制》一书中进一步发展了政党制度的分类标准。他超越了仅以政党数量考察政党制度的方法，建构了以政党数目和意识形态距离为两大变量的分类模式，从而剖析出了以一党制和霸权党制为代表的非竞争性政党制度以及包含主导党制、两党制、温和多党制、碎片化多党制和极化多党制在内的竞争性政党制度两大类型。美国政治学者迈克尔·罗斯金在其代表作《政治学》中提出了以政党数量和力量对比关系为考察标准的五分法。以上观点具有各自的合理性，共同为世界政党制度研究提供了基本的分析框架。纵观全球，当今世界政党制度的主流仍是西方资本主义的竞争性政党制度。但是，政党和政党制度是随着政治实践的发展而不断变化的社会历史产物，政党政治理论研究也应随之发展进步。

中国新型政党制度是基于中国历史发展和现实国情而内生演化、逐步成熟的一种完全新型的社会主义政党制度，对于突破西方“中心主义”话语霸权下政党制度类型区分框架和效能评判标准、拓展世界政党政治理论研究空间有着重要价值。

第一，从制度结构来看，中国新型政党制度超越了西方政党制度的结构性反对和异体性监督原则，拓展了政党政治多维集中的理论研究空间。在西方政党制度叙事话语中，政党往往意味着“部分”，政治体系内的有效监督必须建立在异体监督之上，从而构建合法的结构性反对派力量，强化政党制度的选票竞争与监督制衡机制，具有多维分权的结构特点。中国新型政党制度的建构主体除了中国共产党，还包括八大民主党派以及无党派人士等非执政党力量，他们不是为了反对而反对的异体监督力量，而是整合社会、实现“整体”利益的建设性监督力量。中国共产党的执政与各民主党派、无党派人士的参政构成了中国新型政党制度主体中相互依存、相互促进的两个方面，在这三个重要参与主体之上形成了复合型结构，具有多维集中特征，开创了世界政党

---

[1] 韩秉宸等：《西方政党政治四大乱象》，《人民日报》2018年4月2日。

[2] 中共中央对外联络部研究室：《中国新型政党制度是一项伟大的政治创造——国际社会热议中国新型政党制度》，《光明日报》2018年10月19日。

政治实践中非执政党力量参与国家政权建设的先例。

第二，从关系范式来看，中国新型政党制度突破了西方政党制度的分时竞合定式，拓展了政党政治全时竞合的理论研究空间。竞合关系的形成与发展是政党理论中研究政党关系的基本出发点。“西方国家的政党关系是分时竞合关系的典型代表。各个政党之间在选举过程中是以竞争关系为主，选举结束之后就会寻求建立政党间的合作关系。”[1]同样以选举为节点考察中国新型政党制度中的政党关系，可以发现，不管是在选举之前的寻求执政合法性阶段还是选举之后的治国理政阶段，政党之间的竞合关系保持基本不变状态。执政党与参政党始终以团结合作为主线，各参政党之间在合作的同时，在吸纳和发展各党派成员、履职能力建设等方面存在一定程度的良性竞争，以激励自身建设更好地服务和巩固多党合作以及优化国家治理。中国新型政党制度对传统政党关系作出重大创新，“构建了以共产党为核心的高度一体化执政共同体”[2]，进而将中国共产党的初心和使命转化为政党制度中各民主党派、无党派人士的共同奋斗目标，彰显了全时竞合特征，以“合”为主，以“竞”为辅，“竞”服务于“合”。

第三，从组织基础来看，中国新型政党制度克服了西方政党制度的离心衰败态势，拓展了政党政治向心凝聚的理论研究空间。政党组织的凝聚力、影响力是政党制度有效运作的基础，早在20世纪70年代西方学者就曾断言西方国家“政党体制一直经受着一种缓慢的、现在又加速的分崩离析过程”[3]。因西方政党不同程度地陷于组织衰弱、功能退化、认同下降等困境，西方政党制度越来越难以发挥整合作用。中国新型政党制度通过强化执政党和参政党建设，增强政党制度主体协同互动能力，密切执政党与参政党的联系、党员干部与普通党员的联系，健全和发扬民主，进而借助政党组织的外部效应、党群联系机制推动政党与社会的联结，最大限度弥合社会张力，增强了制度抗压性和稳定性，展示出强大的向心凝聚特征，这是以离心衰败为趋势的西方政党制度所不可望其项背的。中国新型政党制度是从中国土壤“生长”出来的一种崭新的政党制度样态，以强大的制度优势和显著的治理效能打破了西方中心主义的政党制度话语霸权，在走向世界政党政治舞台的过程中，初步解决了“失语”问题，拓展了发展中国家探索政党政治发展的新路径。新时代，我们必须“立足于科学的理论体系、深厚的文化根基、坚定的现实依据和深远的世界价值，提升中国新型政党制度国际话语

---

[1] 张春满：《21世纪国外政党政治研究：理论、前沿与情势》，复旦大学出版社2019年版，第161页。

[2] 龚少情：《中国新型政党制度对西方政党制度的双重超越及其类型学意义》，《马克思主义研究》2019年第7期。

[3] 米歇尔·克罗齐、塞缪尔·P.亨廷顿、绵贯让治：《民主的危机》，马殿军等译，求实出版社1989年版，第81页。

权”[1]，增强国际影响力和感召力，为世界政党政治理论研究提供新的理论反思和价值启示。

（三）发展了更先进的人类政治文明形态

政治文明是人类在社会历史发展过程中所创造的、体现社会发展进步的政治成果，意味着一种得以产生并具有持续生命力的政治形态。根据马克思主义的社会发展规律，人类社会在原始社会之后经历了奴隶社会、封建社会、资本主义社会和社会主义社会四大阶段，并在其各自经济基础上形成了奴隶社会政治文明、封建社会政治文明、资本主义政治文明和社会主义政治文明四种形态。每一次的社会变革与文明更替都是客观自然的历史现象，推动着人类历史不断向前发展。

按照马克思主义的阶级斗争观点，西方经过资产阶级革命，逐渐完成了从封建社会政治文明到资本主义政治文明的转型。资产阶级按照自身意愿创造出来的世界被称为“旧社会”，“旧社会”里到处充斥着“自由竞争以及与自由竞争相适应的社会制度和政治制度、资产阶级的经济统治和政治统治”[2]。马克思、恩格斯深刻揭示了西方资本主义国家政权以人民的名义却没有真正代表人民意志的虚伪性和欺骗性，指明现代资本主义的“国家政权不过是管理整个资产阶级的共同事务的委员会罢了”[3]。列宁也深刻指出，“每隔几年决定一次由统治阶级中什么人在议会里镇压人民、压迫人民——这就是资产阶级议会制的真正本质”[4]。西方竞争性政党制度是与资本主义生产关系和生产力的矛盾运动、市场经济运行规则以及资本主义文化价值同构、互动的资本主义政治文明，生产资料私人占有的资本主义生产关系决定了资本主义政党制度只服务于资产阶级统治，无法掩饰资本主义政党制度追求统治阶级特殊利益的本质。无可否认，资本主义政治文明在克服封建社会政治文明弊端的基础上，创造了与此前相比更加先进的人类政治文明形态，带动了世界民主化浪潮，但也因其“人民的统治”“人民主权”等实质性理念被悉数剔除，民主被简单化为人民通过平等投票选出代表来行使权力而酿成民主劣质化的苦果，产生了一系列理论悖论和实践难题，难以逃脱被更先进的文明形态即社会主义政治文明代替的命运。

“资产阶级的灭亡和无产阶级的胜利是同样不可避免的。”[5]最具革命性和组织性的

[1] 臧秀玲：《中国新型政党制度国际话语权的基本内涵与提升路径》，《马克思主义研究》2022年第4期。

[2] 《马克思恩格斯选集》（第1卷），人民出版社2012年版，第405页。

[3] 《马克思恩格斯选集》（第1卷），人民出版社2012年版，第402页。

[4] 《列宁选集》（第3卷），人民出版社2012年版，第150页。

[5] 《马克思恩格斯选集》（第1卷），人民出版社2012年版，第413页。

无产阶级及其政党承担起资本主义制度掘墓人的使命，建立起无产阶级专政的“新社会”。中国共产党作为无产阶级的先锋队，高举马克思主义伟大旗帜，带领中国人民取得新民主主义革命的胜利，建立起人民民主专政的“新社会”，探索出一条先创建无产阶级政党，再创立社会主义政权，最后主导国家现代化发展的文明发展之路，并按照马克思、恩格斯对未来“新社会”的构想，承担起建设国家、服务社会、发展民主的政治轴心功能。在这个高于资本主义“旧社会”的“新社会”里，作为社会主义政治文明的重要制度产物，中国新型政党制度是坚持马克思主义政党理论同中国具体实际相结合、同中华优秀传统文化相结合（“两个结合”）的伟大政治创造。从实践角度强调马克思主义政党理论同中国具体实际相结合，其实质就是寻求正确的和有效的中国政党制度，以解决近代以来中国由传统封建王朝向现代民主政体转型过程中的首要关切，即民族独立、人民解放和国家富强、人民幸福，这是我国历史发展、政治进步的原动力。中国新型政党制度为政党引领国家现代化建设、发展人类政治文明新形态提供了强大主体力量，使中国共产党和各民主党派、无党派民主人士通过自觉履行使命、有效开展行动，充当起整合社会、表达利益和塑造政治共同体的主导角色，将几乎丧失自我凝聚与自我整合能力的社会重新运转起来，促进中国社会进步和人的全面发展。从观念角度强调马克思主义政党理论同中华优秀传统文化相结合，其实质就是运用马克思主义政党理论的立场、观点和方法对中华优秀传统文化进行创造性转化和创新性发展，使马克思主义在本质上所追求的人类解放、以人为本、共同富裕、社会和谐等目标要求与先贤传统政治智慧中“天下为公、执政为民”的民主思想，“多元共生、和而不同”的和合思想以及“兼收并蓄、求同存异”的包容思想高度契合，筑牢中华民族根基、赓续中国文化血脉，创新马克思主义政党理论的中国化话语表达，保障中国新型政党制度蕴含先进的执政理念、和谐的文化基因以及灵活的决策思维。基于“两个结合”的根本遵循，中国新型政党制度建立起一个能够调整新兴社会力量参与政治生活的有效政党体系，通过政党力量的统领、政治制度的革新完成超大主权国家建构和超大规模国家治理的双重任务，满足了后发国家对民主与效率的双重追求，具有广泛的启示意义。为建设更先进的社会主义“新社会”、实现新发展阶段“每个人自由而全面的发展”[1]，中国新型政党制度使国家权力第一次同最广大人民群众联系在一起，巩固了社会主义国家的政权基础，“践行以人民为中心的发展思想，发展全过程人民民主”[2]，强势书写社会主义政治文明的民主优势，积极回应人类政治文明的共同价值，彰显了社会主义政治文明的真理力量，推动了人类政治文明的发展进步，“用事实宣告了

[1] 《习近平谈治国理政》（第二卷），外文出版社2017年版，第214页。

[2] 习近平：《在庆祝中国共产党成立100周年大会上的讲话》，人民出版社2021年版，第12页。

‘历史终结论’的破产，宣告了各国最终都要以西方制度模式为归宿的单线式历史观的破产”[1]。

结 语

在中国共产党的正确领导下，中国共产党和各民主党派、无党派人士创造性地探索出一条显著区别于西方竞争性政党体制的新型政党制度发展之路，其创造性、优越性和时代意蕴在多党合作和政治协商的伟大事业中日益凸显。未来，在中国新型政党制度的发展过程中，我们需要坚定不移地坚持中国共产党的领导，进一步丰富理论内涵、完善运行机制、健全制度体系，促使这一政党制度在全面建设社会主义现代化国家、实现中华民族伟大复兴的征程中焕发更加旺盛的生机与活力。同时，需要坚定制度自信、加强交流互鉴，通过构建政党制度效能评价标准、创新政党制度话语表达方式、塑造新型政党制度文明形象，改变中国新型政党制度在国际话语权较量中“西强我弱”的处境，提升中国新型政党制度的国际话语权和影响力，坚守和弘扬全人类共同价值，为人类政治文明的发展进步贡献中国智慧和中国方案。

原载于《当代世界社会主义问题》2022年第2期

[1] 《习近平关于社会主义政治建设论述摘编》，中央文献出版社2017年版，第7页。

中国新型政党制度的理论意蕴

赵 婷 蒋 锐

摘 要：中国新型政党制度是马克思主义政党理论同中国实际相结合的产物，是中国共产党坚持把马克思主义基本原理同中国具体实际相结合、同中华优秀传统文化相结合的伟大成果。着力提升新型政党制度的吸引力、说服力、引导力，要进一步深化中国新型政党制度的理论阐释。中国新型政党制度理论创新的精髓要义在于其对政党理论的创新，本质要求体现在其对民主理论的创新上，而国家治理理论创新则是中国新型政党制度理论创新的题中之义。

关键词：中国新型政党制度；理论价值；民主；国家治理

中国新型政党制度是符合中国国情的伟大的政治创造，具有深厚的历史积淀、深远的文化基因和深刻的社会政治根源，不是凭空构想的"乌托邦"。在世界格局"东升西降"的态势下，西方政党政治造成政治极化、民粹主义等问题，引起严重的政治生态危机，而中国新型政党制度以高质量合作和协商推进"中国之治"，展现了政党政治全新图景。对中国新型政党制度理论价值的探讨，为论证其独特优势提供了有力理据，对增强制度自信、提升中国新型政党制度的国际话语权具有重要意义。

政党理论创新：中国新型政党制度理论创新的精髓要义

中国新型政党制度创造了合作型政党制度新模式，超越了传统政党制度的分类，拓展了政党理论研究空间，打破了西方政党政治理论话语壁垒。

深化了政党类型划分的理论认识。"中国特色社会主义参政党"概念的提出是我国政党理论的创举。参政党不同于西方政党体制中的在野党或反对党，是具有鲜明中国特色的独特政党类型。参政党的参政地位和参政权利受宪法和法律保护，可以通过多样化和规范化渠道进行广泛协商，通过提出意见、建议和批评的方式对共产党进行政治监督，并通过提案、建议案等形式进行参政议政。所以各民主党派并不是隔绝在政治体制之外的旁观者或局外人，而是中国特色社会主义事业的亲历者、实践者、维护者和捍卫者。“中国特色社会主义参政党”概念的提出并不是一蹴而就的，而是立足我国国情和我国发展实践的产物，经历了从“社会主义政党”到“致力于中国特色社会主义事业的参政党”，再到“中国特色社会主义参政党”的历史演进。各民主党派始终同中国共产党想在一起、站在一起、干在一起，是中国共产党的好参谋、好帮手、好同事。

为政党制度分类引入新的变量。西方政党理论中，迪维尔热（Maurice Duverger）根据政党数量和规模标准，将政党体制类型划分为一党制、两党制、多党制；萨托利（Giovanni Sartori）又加入意识形态因素，将政党制度划分为竞争性政党体制和非竞争性政党体制。这些被视为政党制度类型划分的理论范式，生搬硬套在中国新型政党制度上却失灵了。中国新型政党制度中，在国家政权问题上，中国共产党始终处于执政地位，在国家政权结构中始终处于总揽全局、协调各方的核心地位。各民主党派在充分尊重和接受党的领导的基础上享有广泛政治协商、民主监督和参政议政权力，这是历史和人民选择的结果。一方面，中国共产党与各民主党派之间坚持团结合作，而非竞争与对抗，能够有效避免两党制或多党制因恶性竞争造成的内耗和社会撕裂；另一方面，中国共产党与各民主党派相互监督，但区别于制衡和反对，避免了一党制因权力过度集中而造成的专制、腐败，甚至政治失序、国家解体。所以中国新型政党制度超越西方政党制度，新的分类变量开拓了政党制度理论研究新视野。

民主理论创新：中国新型政党制度理论创新的本质要求

中国共产党同各民主党派长期共存、互相监督、肝胆相照、荣辱与共，形成了“共产党领导、多党派合作，共产党执政、多党派参政”的政治格局，丰富了民主理论和民主形式。

扩充了民主意蕴。民主本意是“人民的统治”，在政治发展过程中引申出各种民主形式和民主理论，如精英民主理论、多元民主论、人民民主等。人民当家作主是社会主义民主政治的本质和核心。中国新型政党制度具有人民民主的价值追求。中国共产党始终代表最广大人民根本利益，各民主党派和无党派人士代表各自联系的不同阶层、不同社会群体的利益。由此，中国新型政党制度能够统筹兼顾整体利益和各阶层各方面的利益，能够真实、广泛、持久地代表和实现最广大人民的根本利益、全国各族各界根本利益。在精英民主理论下，国家权力掌握在政治精英手中，人民被异化为选举机器，民主被异化为投票选举；多元民主论是建立在资本主义市场规则的竞争性上的，在竞争中寻求平衡，这种理想状态的民主易被异化为利益集团相互倾轧的工具。因此，人民民主与精英民主理论、多元民主论相比存在本质区别。

丰富了民主形式。人民民主把选举民主与协商民主结合起来，扎实推进全过程人民民主，实现了过程民主与成果民主、程序民主与实质民主、直接民主和间接民主、人民民主和国家意志相统一，是对西方“选举民主”规则的超越。西方的票选民主是一种形式上的民主，通过所谓“一人一票”的自由选举，产生行使国家权力的代理人，人民只有在投票时被唤醒、投票后就进入“休眠期”，成为政治生活的旁观者，因此在这种程序民主中，选民投票的边际效用几乎可以忽略不计。中国积极推进社会主义协商民主广泛多层制度化发展，使人民既参与国家和社会事务管理，又参与经济和文化事业管理，让人民群众感受到更多公平正义、共享发展红利。

国家治理理论创新：中国新型政党制度理论创新的题中之义

实现中国新型政党制度优势向治理效能转化，是中国新型政党制度逻辑演进的价值前提。中国新型政党制度在推进国家治理体系和治理能力现代化中发挥着不可替代的作用，是“中国之制”向“中国之治”转变的重要内驱力。

扩展了嵌入式治理理论。政党关系的样态是影响国家治理探索的重要因素。我国目前的党政关系超越了传统的“党政合一”与“党政分开”，是一种新型的嵌入式融合模式。“党政合一”，即以党代政，党在具体事务上大包大揽，党政机构职责重叠，造成机构臃肿、效率低下等突出问题；“党政分开”，则严重削弱党的核心领导地位，动摇“坚持党的领导”这一根本原则，容易落入意识形态陷阱。另外，我国新型政党关系也不同于西方的三权分立。西方分权制衡模式是二元对立思维的鲜明体现，不仅存在各权力机关间扯皮推诿导致的议行相悖、治理效能低下等问题，而且因党派间恶性争斗而放大社会非理性情绪，民粹主义极端政党群体崛起，“黑天鹅”频现，致使政治生态和国家治理面临严峻危机。相较而言，我国党和国家机关共同掌握公共权力，党政之间并不存在分工，存在分工的是公共权力的三个部分，即决策、执行与监督[1]。中国新型政党制度中，中国共产党起着总揽全局、协调各方的领导核心作用，但党领导一切不等于包揽一切，而是把方向、谋大局、定政策、促改革，把党的领导具体贯彻到治国理政全过程和各方面。

丰富了协同治理内涵。推动国家治理现代化，不仅需要坚强的领导核心，而且要促进多元治理主体形成合力。中国新型政党制度既实现了中国共产党的集中统一领导，又保证了参政党贡献智慧和力量，使公民政治参与空间从政治领域扩大到社会生活领

[1] 张国军：《党政统筹下的三权分工：当代中国的国家治理结构及其调适》，《中南大学学报（社会科学版）》2022年第1期。

域。中国新型政党制度依托人民政协开展政治协商、民主监督与参政议政，通过统一战线的组织形式广泛凝聚共识、整合社会力量，有利于达成思想共识、目标认同和行动统一，有利于促进政治团结和有序参与，形成国家治理的强大合力。由此，中国新型政党制度推动各要素全面整合，构建党委领导、政府负责、社会协同、公众参与的社会治理长效机制，提高体制机制吸纳力和整合力，提升国家治理效能，提高综合国力和国际影响力。

中国新型政党制度孕育于中国土壤，具有典型的内生性特质，不套用模版，也不是国外的翻版，而是凸显中国特色、彰显中国智慧的“新版”。正如费正清（John King Fairbank）所说，“中国是不能仅仅用西方术语的转移来理解的……它的政治必须从它内部的发生和发展去理解”[1]。中国新型政党制度打破了西方政党政治理论话语窠臼，为世界政党政治话语体系注入新的内涵，不仅为局囿于西方政党制度模式的国家提供了成功借鉴，而且提高了中国新型政党制度在世界政党政治研究中的话语权。

原载于《人民论坛·学术前沿》2022年第20期

[1] 费正清、罗德里克·麦克法夸尔主编：《剑桥中华人民共和国史（1949—1965）》，王建朗等译，上海人民出版社1990年版，第14—15页。

中国新型政党制度国际话语权构建：现状、问题与路径

蒋　锐　华方正

摘　要： 中国共产党领导的多党合作和政治协商制度孕育发展于中国革命、建设和改革的伟大实践，完善于中国特色社会主义新时代，在中国政治经济发展、国家治理现代化、全过程人民民主等领域显示出强大生命力和独特政治优势，为人类政治文明进步贡献了中国智慧和中国方案。然而，中国新型政党制度的巨大优势尚未转化为与之相匹配的国际话语权。中国新型政党制度国际话语权作为一种"软实力"，必须以国家经济、科技、军事等"硬实力"为基础，以这一制度的发展完善为依据，不断增强其说服力、影响力和吸引力。应着眼于解决"说什么""由谁说""对谁说""怎么说"的问题，从话语本体、话语主体、话语客体、话语介体四个向度着手，全面推进诠释中国实践、讲述中国故事、展示中国特色的新型政党制度国际话语权构建。

关键词： 中国新型政党制度；国际话语权；话语本体；话语主体；话语客体；话语介体

习近平总书记在党的二十大报告中指出："增强中华文明传播力影响力。坚守中华文化立场，提炼展示中华文明的精神标识和文化精髓，加快构建中国话语和中国叙事体系，讲好中国故事、传播好中国声音，展现可信、可爱、可敬的中国形象。加强国际传播能力建设，全面提升国际传播效能，形成同我国综合国力和国际地位相匹配的国际话语权。"[1]当今时代，国际间的斗争通常都是以话语权争夺为前导，谁掌握了国际话语权，谁就掌握了对国际事务事件的评判权，拥有了国际关系规则、标准以及制度制定的主动权[2]。作用于国际场域的话语权就是国际话语权，它在本质上体现的是国际政治权力关系，标志着国家之间的实力差异和影响力强弱[3]。国际话语权通常可分为政

[1]　习近平：《高举中国特色社会主义伟大旗帜　为全面建设社会主义现代化国家而团结奋斗——在中国共产党第二十次全国代表大会上的报告》，《人民日报》2022年10月26日。

[2]　周亚东：《西方民主话语霸权及其式微》，《江淮论坛》2017年第2期。

[3]　周栋：《中国特色社会主义话语体系初探》，人民出版社2019年版，第190页。

治话语权、经济话语权、军事话语权、文化话语权等，其中政治话语权是核心[1]。

政党是现代国家民主政治生活中不可或缺的主体，现代国家政权基本上是围绕政党运行的，以政党为主角的现代政党政治已成为世界各国普遍的政治形式，政党制度成为一个国家政治制度的标志性内涵[2]。民主价值是人类的共同追求，如果消解了一国的政党制度话语权，也就等于变相否定了其政党制度的民主意涵和执政党的合法性。因此，政党制度国际话语权同其他政治话语权一样，成为国际话语权博弈和意识形态交锋的前沿阵地。本文中所探讨的中国新型政党制度国际话语权构建有两层含义：一是必须牢牢把握对中国新型政党制度的解释权和表述权；二是全面提升中国新型政党制度的国际认同度和影响力。在全面建设社会主义现代化国家、实现第二个百年奋斗目标、以中国式现代化全面推进中华民族伟大复兴的历史关键期，破除西方话语霸权对中国的“围剿”，回应国际社会对中国新型政党制度的质疑与关切，确立与我国新型政党制度优势相匹配的国际话语权，不仅有助于提升我国政治制度的国际影响力，而且对于我们坚定中国特色社会主义“四个自信”具有重要意义，对于激励广大发展中国家独立自主探索适合本国国情的政党制度具有重要启示。

一、西方对中国新型政党制度的误读

当今世界政党制度话语权的总体态势是西强东弱，以美国为首的西方国家掌控着政党制度的话语霸权，中国新型政党制度在国际上曾长期处于“失语”状态，尽管当前情况有所改善，但整体上仍处于弱势地位。中国新型政党制度在推进全过程人民民主、推动国家治理现代化、巩固发展最广泛爱国统一战线等方面彰显出巨大政治优势，但这种制度优势和效能尚未转化为与之相匹配的国际话语权。造成这种现象的一个重要原因，就在于其他国家特别是以美国为首的西方国家对我国政党制度的误读。这种误读要么是由于对中国新型政党制度缺乏了解而导致的误解，要么是出于政治、文化或意识形态偏见而故意抹黑和攻讦这一制度，但无论属于哪种情况，都要求我们认真面对，积极回应各种质疑、偏见或指责，努力构建中国新型政党制度国际话语权。

（一）“一党制”：西方对中国新型政党制度的最普遍误读

“二战”以后特别是冷战结束后，西方国家掌握着对世界民主话语、政治话语以及政党制度话语的定义权、阐释权和评判权。按照西方政党类型学划分标准，它们一

[1] 陈江生：《在推动形成新的世界格局中提升中国话语权》，《学习时报》2017年2月22日。

[2] 周淑真：《论我国新型政党制度的独特优势——基于内涵要义、演进逻辑与结构关系的分析》，《学术前沿》2018年第4期。

般将中国政党制度视为“一党制”或其变种。例如，有日本学者认为，1957年反右派斗争后，中国共产党采取了强制性的一党独裁政策，民主党派已完全丧失了力量，中国共产党领导的多党合作与政治协商制度已名存实亡[1]。法国学者菲利普·德拉朗德认为，中国政党制度总体而言仍属于“一党制”范畴，中共允许民主党派继续存在，仅仅因为这是其“一党制”继续存在的必要条件[2]。长期研究中国问题的美国政治学者丹尼尔·贝尔认为，中国模式是在“一党制”政府强调稳定高于一切的前提下建立自由市场资本主义的方法，是一个“经济自由”和“政治高压”的结合体[3]。也有学者虽然不否认政党制度是“中国经济成功的真正原因”，并高度肯定这一制度的巨大优势，但仍将其界定为“有效的一党制”[4]，如此等等。上述还只是学者们的见解，而充斥于西方主流媒体的则是对中国新型政党制度的肆意诋毁和攻击。

把中国新型政党制度视同“一党制”或其变种，这与西方的历史文化传统、政党制度理论以及对中国的政治偏见有关。西方对中国新型政党制度的诋毁和攻击，目的无非是坐实对中国共产党“一党独裁”的指控，这样就既消解了中国共产党领导地位、中国政党制度以及其他政治制度的合法性，又为西式自由民主思想对中国的渗透乃至和平演变提供了看似合理的法理基础。为应对西方的这种误读和攻讦，我们有必要首先详细考察其“误读”的深层原因，这是提升中国新型政党制度国际话语权的重要前提。

（二）西方误读中国新型政党制度的深层原因

就一般属性而言，中西方政党与政党制度都是现代民主政治发展到一定阶段的产物，而政党也都是从“传统派系”转变为“现代政党”的。从近现代政治发展来看，中西方政党都是各国社会一定阶级或阶层的代表，是政治体系的中枢，是民主政治不可或缺的工具。从生成基础来看，中西方政党制度都是特定政治规范的总和，是在特定的历史文化土壤中生成的。但中西方在历史文化传统、经济发展水平、现实政治环境等方面的差异，决定了中西方政党及政党制度的生成发展具有不同的路径，因而在诸多方面存在差异，这些差异是西方误读中国新型政党制度的重要原因。

首先，中西方政党“根性”不同。孟子曰：“物之不齐，物之情也。”由于中西方政党历史生成的逻辑起点不同，在国家建构和现代化转型中面临的任务不同，因而其

---

[1] 梁怡、李向前：《国外中共党史研究述评》，中共党史出版社2005年版，第326页。

[2] 吕增奎：《海外学者论中国共产党的建设》，中央编译出版社2011年版，第273页。

[3] 成龙：《国外中国模式研究评析》，人民出版社2018年版，第43页。

[4] 宋鲁郑：《中国的一党制何以优于西方的多党制？》，https：//www.guancha.cn/politics/2011__05__09__62867.shtml?XGYD，2011-05-09。

在国家与社会扮演的角色也存在一定差异。在西方一般是“政权催生政党”，政党是在政权的演进过程中出现的，因而其政党政治和政党制度从一开始就内生于议会民主体制；在中国则是“党建政权”，政党建立的首要目的是推翻旧政权，引领国家实现民主化和现代化。从发展过程看，西方发达国家的政党政治之所以比较成熟，主要是因为其具有较发达的经济、社会和文化生活基础，因而能够不断且有效地生产和再生产支撑民主政体运转的各种基础要素[1]。“二战”后获得独立的发展中国家，由于经济基础普遍薄弱、社会发育不健全，若强行移植以竞争选举为核心的西方式民主制度，必然会导致水土不服。20世纪70年代以来，西方强势的政党政治话语催生了发展中国家的“民主化浪潮”，这为那些引入了西方政党制度和民主模式的发展中国家带来极大政治混乱，结果令人大失所望。由于对中国新型政党制度生成的“根性”缺乏了解，一些人自然就会把这一制度视为“异端”，难以认同。事实上，西方仅从自身实践出发制定一系列所谓标准和模式，并用以剪裁和衡量发展中国家的制度和模式，这一做法已遭到越来越多的质疑和抵制。

其次，中西方政党理论不同。近代政党是资本主义发展到一定程度、资产阶级经济力量和政治影响日益提高的条件下产生的，西欧和北美是近代政党的发源地，相应地，政党理论也滥觞于西方并在后来传播到世界各地。关于政党制度的类型划分，目前西方有两种主流观点最具影响力。乔万尼·萨托利以“是否通过竞争选举以及政党与政府组成之间的相关性”为分类标准，将政党制度区分为竞争性和非竞争性，竞争性政党制度又可分为多党制、两党制和主导型的一党制，非竞争性政党制度包括独裁主义一党制、实用主义一党制和霸权一党制。莫瑞斯·迪维尔热根据一国内能够上台执政的政党数量多寡，把政党制度区分为一党制、两党制和多党制。在西方话语中，“一党制”通常蕴含着“一党独裁”之意。从上述理论出发，西方学者往往把中国政党制度视为一党制或其变种，否认中国民主党派的政党属性，认为它们不过是中国政党制度的“点缀”，例如亨廷顿曾明确将中国称为“一党制国家”，艾伦·韦尔也称“共产主义国家”是相对于“自由民主国家”的“一党制国家”。国内少数人对西方政党理论亦步亦趋，陷入西方政党制度话语，并以之来衡量中国的政治实践，得出的结论只能是“处处不如人”。在这种前提下，他们根本认识不到中国政党制度是生长于中国革命、建设和改革的土壤，既非一党制或其变种，也非多党制。相比于旧式政党制度，中国新型政党制度既坚持了马克思主义政党领导的底色、多党合作和政治协商的本色、发扬民主监督的特色，也体现着全过程人民民主的亮色，具有西方政党制度无可比拟的先进性和优越性。

---

[1]　徐锋：《比较政党政治的基本逻辑》，中共中央党校出版社2015年版，第87页。

最后，中西方意识形态不同。西方出于意识形态对立而刻意贬低、抹黑或否定中国政党制度，进而达到对中国进行“和平演变”的目的，乃是一个更为根本的原因。党的二十大报告强调，意识形态工作是事关“为国家立心、为民族立魂”的战略性问题，必须“牢牢掌握党对意识形态工作领导权”，“建设具有强大凝聚力和引领力的社会主义意识形态”[1]。习近平总书记反复强调：“西方国家策划‘颜色革命’，往往从所针对的国家的政治制度特别是政党制度开始发难，大造舆论，大肆渲染，把不同于他们的政治制度和政党制度打入另类，煽动民众搞街头政治。”[2]西方政党制度的话语霸权，在本质上就是葛兰西所说的“意识形态及文化领导权”，现代国家间的经济和政治利益冲突，往往是通过文化的、意识形态的冲突表现出来[3]。国际话语权冲突正是中西方经济、政治、科技、军事等领域博弈的观念形态反映。美国学者爱德华·萨义德也认为，所谓帝国主义，不仅是“领土的扩张”和“军事的侵略”，还暗含着“文化的改造”“社会的重建”“标准的统一”[4]。因此，西方建立起来并精心维系的国际话语霸权，正是一种“文化帝国主义”。从中西方意识形态的冲突与对抗来看，围绕政党制度国际话语权的博弈将是长期的，将随着两种不同制度和意识形态的竞争而消长。

（三）构建中国新型政党制度国际话语权的基本意蕴

“话语的背后是思想、是‘道’”。[5]支撑西方政党制度话语的“道”，就是西方中心论和西方优越论。西方把以竞争性选举为中心的政治制度和民主话语“定于一尊”，否定发展中国家探索适合本国国情的政治制度的必要性与合理性，表现出强烈的优越感和排他性。有学者指出，西方的话语霸权体系犹如一张大网，后发国家如果亦步亦趋地跟着这套话语体系走，其结果一定是走向零和博弈的争霸斗争[6]。西方政党制度话语霸权既不符合当今经济全球化和政治多元化的历史大势，也损害了其他国家尤其是发展中国家的政权稳定和国家利益。随着广大发展中国家尤其是中国的持续崛起，具有片面性和排他性的西方政党制度话语霸权必然遭到质疑并最终走向消解。但是，构建中国新型政党制度国际话语权不是为了取代西方政党制度话语霸权和建立新的话语霸权，“我们反对西方中心主义，不是为了走向东方中心主义；我们反对西方话语霸权，不会以

[1] 习近平：《高举中国特色社会主义伟大旗帜　为全面建设社会主义现代化国家而团结奋斗——在中国共产党第二十次全国代表大会上的报告》，《人民日报》2022年10月26日。

[2] 《习近平关于社会主义政治建设论述摘编》，中央文献出版社2017年版，第18页。

[3] 段忠桥：《当代国外社会思潮》，中国人民大学出版社2001年版，第160页。

[4] 陈曙光：《论国际舞台上的话语权力逻辑》，《马克思主义与现实》2021年第1期。

[5] 《习近平关于社会主义政治建设论述摘编》，中央文献出版社2017年版，第214页。

[6] 苏长和：《霸权话语体系的三个神话》，《东方早报》2011年7月27日。

东方霸权取而代之；我们反对西方文化殖民，不是为了将自己的文化殖民世界”[1]。

那么，我们要构建的新型政党制度话语权应是何种形态呢？概而言之，中国新型政党制度国际话语权作为一种“软实力”，必须以国家经济、科技、军事等“硬实力”为基础，以这一制度的发展完善为依据，超越西方中心论和西方政党制度话语霸权的狭隘性，以构建与我国综合实力和新型政党制度优势相匹配的国际话语权为目标，不断增强这一制度的说服力、影响力和吸引力，既服务于党的中心任务和外交战略，也服务于我国国际话语权的整体提升，并推动构建开放包容、合作共赢的人类命运共同体。具体而言，中国新型政党制度国际话语权构建包括四个向度——本体向度、主体向度、客体向度和介体向度，目标在于解决“说什么”“由谁说”“对谁说”“怎么说”的问题。

二、构建中国新型政党制度国际话语权的问题与挑战

习近平总书记指出：“国际舆论格局是西强我弱，西方主要媒体左右着世界舆论，我们往往有理说不出，或者说了传不开。”[2]面对这种现状和困境，构建我国国际话语体系和话语权，打破西方话语霸权，让世界倾听中国声音，就成为当务之急。就中国新型政党制度国际话语权的构建而言，本文将从话语生成、话语传播和现实政治三个维度，分析我们所面临的问题与挑战。

（一）话语生成之维

首先，西方国家凭借其由先发优势而取得的民主政治话语权，通过政界、理论学术界和舆论界向全世界强力输出其政党政治话语，借助这种“话语垄断”来挤压中国新型政党制度国际话语权的传播空间。这里所说的“话语垄断”，一是指西方垄断了对政党政治的定义权，将民主和政党政治的原义狭隘化[3]，限定在以竞争性选举为中心的民主政治范围内；二是垄断了对政党政治路径的阐释权，美化和神化西方式政党政治模式，打着“普世价值”“自由民主”的旗号将其奉为放之四海而皆准的真理；三是垄断了对政党政治发展状况的评判权，将非西方式政党制度贬为“异端”，极尽矮化、丑化和妖魔化。特别是针对中国，从近代为其侵略扩张开道的“黄祸论”，到唱衰新中国的“中国崩溃论”，再到合力遏制中国崛起的“中国威胁论”，西方国家对中国的污名化和妖魔化做法不仅由来已久，而且始终一贯，因而它们对中国新型政党制度极尽贬

[1] 陈曙光：《论国际舞台上的话语权力逻辑》，《马克思主义与现实》2021年第1期。

[2] 《习近平关于社会主义政治建设论述摘编》，中央文献出版社2017年版，第197页。

[3] 曾毅、杨光斌对此有精辟论述，详见曾毅、杨光斌：《西方如何建构民主话语权——自由主义民主的理论逻辑解析》，《国际政治研究》2016年第2期。

斥和妖魔化毫不奇怪，这是其反对共产主义中国的“应有之义”。正如习近平总书记所指出的：“‘谎言重复一千遍就会变成真理’。各种敌对势力就是想利用这个逻辑！他们就是要把我们党、我们国家说得一塌糊涂、一无是处，诱使人们跟着他们的魔笛起舞。”[1]因此，如何突破西方编织的国际话语体系，打破西方对政党制度的话语垄断，是构建中国新型政党制度国际话语权必须面对的首要问题和挑战。

其次，中国新型政党制度话语体系和话语权建设明显滞后。总体来看，西方在观察和评判中国道路、制度及其实践时，所运用的理论工具难脱西方中心主义的窠臼，更遑论它们还总是戴着意识形态的有色眼镜。在国际上，中国的整体形象与“真实的中国”相去甚远，大多属于由西方人自己所描述和定义的“想象的中国”，中国新型政党制度的国际形象也是如此。西方评判中国新型政党制度的尺度无非两个：一是西方政党政治理论，二是中国新型政党制度自身的话语表达。新型政党制度话语表达的前提是这一制度及其理论体系的发展完善。然而，当前我国新型政党制度的理论体系建设还处于发展中，还很不完备，还不能很好地从结构、功能、机制等方面，以及从生成演进的理论渊源、文化根基、历史理路等方面“讲好中国故事”，因而还不能很好地“传播中国声音”并说服别人。

最后，我国哲学社会科学话语对新型政党制度国际话语的理论供给不足。“国际话语权竞争虽然有时表现为媒体舆论的对阵，但根本上还是哲学社会科学水平的比拼。”[2]党的二十大报告提出，必须“深入实施马克思主义理论研究和建设工程，加快构建中国特色哲学社会科学学科体系、学术体系、话语体系，培育壮大哲学社会科学人才队伍”[3]。政党制度国际话语权的争夺，主要形式之一就是学术对话。有学者通过对比中美科研实力，发现中国学者在数学、计算机科学与工程、化学与材料科学等领域表现良好，在某些领域甚至领跑国际前沿，但在社会科学领域的影响较为有限[4]。不仅如此，中国学者在国际学术界能否有效传递自己的观点，当前来看不容乐观，引领国际学术议程和学术前沿的影响力亟待提升[5]。只有建立起具有中国特色、中国风格、中国气派的哲学社会科学话语体系，并不断扩大其学术影响力，才能改变西方话语体系“一手

---

[1] 《习近平关于社会主义文化建设论述摘编》，中央文献出版社2017年版，第208页。

[2] 毛莉：《把发展优势转化为话语优势——访北京外国语大学国际关系学院教授张志洲》，《中国社会科学报》2017年2月14日。

[3] 习近平：《高举中国特色社会主义伟大旗帜　为全面建设社会主义现代化国家而团结奋斗——在中国共产党第二十次全国代表大会上的报告》，《人民日报》2022年10月26日。

[4] 冷伏海、赵庆峰、周秋菊：《中美科研实力比较研究：基于〈2017研究前沿〉的分析》，《中国科学基金》2018年第2期。

[5] 孙吉胜：《中国国际话语权的塑造与提升路径——以党的十八大以来的中国外交实践为例》，《世界经济与政治》2019年第3期。

遮天”的局面，突破西方政党政治理论的话语垄断。为此，习近平总书记强调：“要构建中国理论、解读中国实践，打造易为国际社会所理解和接受的新概念、新范畴、新表述，引导国际学术界展开研究和讨论。”[1]

（二）话语传播之维

美国学者费正清认为：“中国是不能仅仅用西方术语的转移来理解的，它是一种与众不同的生灵。它的政治必须从它的内部和发展去理解。”[2]这一见解同样适用于中国的政党制度。中国新型政党制度话语的国际传播，或者说国际话语权的构建，首要的应致力于向其他国家和人民讲清楚“中国新型政党制度是什么”的问题，破解其当前所面临的“入耳”不易、“入心”更难的困境。

“入耳”之困主要表现在传播的平台与技术单一，话语缺乏穿透力。一方面，以美国为首的西方国家凭借其先发优势，牢牢掌控着国际话语生产和传播的渠道。例如，美国控制着全球超过90%的新闻节目和超过75%的视频节目制作，CNN、VOA、BBC等西方主流媒体裹挟着其意识形态在全球范围内无孔不入。在阿拉伯和西亚北非大动荡中，Facebook、Twitter等西方社交媒体在组织动员方面发挥了巨大作用[3]。在西方国家垄断国际传播的格局下，中国新型政党制度被它们人为地打上了“一党（独裁）制”的印记，并在国外精英乃至大众心目中产生了根深蒂固的影响。因此，西方主导的国际话语垄断是阻碍各国人民全面客观了解中国新型政党制度的现实障碍。另一方面，我国还缺乏强有力的对外传播平台和技术手段。无论是传统媒体还是市场化社交媒体，我们和西方国家都存在很大差距，我国媒体在发展中国家的落地率也远不如西方媒体。对外传播平台建设特别是新媒体技术开发应用的滞后，严重地影响着我国新型政党制度国际话语的表达，是我国对外宣传工作亟待弥补的短板。

“入心”之困主要表现在对受众的特点和需求把握不准，话语缺乏影响力。在中国新型政党制度国际话语的传播中，不仅要很好地解决“由谁说”和“说什么”的问题，还要很好地解决“对谁说”的问题。由于中外在历史文化、社会心理、思维方式等方面的差异，如果把握不准国外受众的特点和需求，固守旧的思维方式和传播模式，必然会导致话语传播的效果大打折扣，对受众缺少吸引力和影响力。此外，相对于CNN、VOA、BBC等西方主流媒体，中国媒体在国际社会往往会被贴上官方喉舌、意识形态机器的标签，这也在很大程度上削弱了其国际话语传播的效果。因此，如何加强自身

[1] 《习近平谈治国理政》（第二卷），外文出版社2017年版，第346页。

[2] 费正清、麦克法夸尔：《剑桥中华人民共和国史（1949—1965）》，谢亮生等译，中国社会科学出版社1990年版，第14—15页。

[3] 孟威：《构建全球视野下中国话语体系》，《光明日报》2014年9月24日。

形象建设，不断提升我国媒体在海外的影响力，也是一个迫切需要解决的问题。

（三）现实政治之维

当前，美国遏制中国持续发展的战略进攻态势是中国新型政党制度国际话语权构建所面临的一个现实挑战[1]，“西强东弱”的国际政治经济格局则是其根本制约因素。中国新型政党制度的国际话语权是以我国的综合实力和国际影响力为基础的，“软实力”归根结底是由“硬实力”决定的。有研究者指出，在苏联时期，“俄语之所以受欢迎，不仅仅是因为莫斯科的强迫，而是因为这是一个强大的帝国的语言。后者正是西方乃至全世界很多人都决定学习俄语的原因。但是苏联解体后，俄语在西方甚至在东欧国家都不再那么受欢迎，人们都开始学习英语，这是出于实际的需要，也是因为苏联大势已去”[2]。改革开放40多年来，我国的综合国力和国际影响力虽然显著提高，但在许多领域仍与美国等西方发达国家存在较大差距，因此要提升中国新型政党制度国际话语权这一“软实力”，我们还得继续在“硬实力”上下功夫。

总体而言，中国新型政党制度国际话语权构建所面临的外部政治环境依然严峻，而且在这一话语权竞争的背后是西方对我国的意识形态“围堵”，同时，以美国为首的西方国家所主导的“中心—边缘”关系和“霸权—依附”体系，依然持续地实现着对发展中国家的“剥夺性积累”[3]。虽然西方不遗余力地向广大发展中国家推广以竞争性选举为中心的政党制度，但“阿拉伯之春”以来的现实表明，相关阿拉伯国家的总体处境呈现出悲剧性演变的趋势：民主转型不仅导致了政治腐败，也使其经济发展每况愈下，并在西方大国的“选择性”干预下逐渐偏离正轨，更加依附于西方主导的国际体系[4]。在两种不同社会制度长期并存的情况下，中西意识形态对抗将是长期的，这也决定了中国新型政党制度国际话语权构建的长期性、艰巨性和复杂性。

三、全面提升新时代中国新型政党制度国际话语权

习近平总书记一贯重视讲好中国故事和塑造新时代中国的国际形象，多次指出：“世界那么大，问题那么多，国际社会期待听到中国声音、看到中国方案，中国不能缺

[1] 贾文山：《全面提升国际话语权的中国探索》，《人民论坛》2021年第29期。

[2] 《帝国衰弱与语言失势》，《参考消息》2004年12月4日。

[3] 刘海霞：《世界格局重构下发展中国家的角色转变、历史定位与模式调整》，《当代世界与社会主义》2013年第2期。

[4] 田文林：《衰朽与动荡：“阿拉伯之春”十周年反思》，《国际论坛》2021年第3期。

席。”[1]“客观地讲，国际舆论格局依然是西强我弱，但这个格局不是不可改变、不可扭转的，关键看我们如何做工作。我们国家发展成就那么大、发展势头那么好，我们国家在世界上做了那么多好事，这是做好国际舆论引导工作的最大本钱。我们有本事做好中国的事情，还没有本事讲好中国的故事？我们应该有这个信心！”[2]任何话语权都不是自然生成的，都需要努力争取、主动建构，“我们要主动发声，让人家了解我们希望人家了解的东西，让正确的声音先入为主”[3]。为此，我们应从话语本体、话语主体、话语客体、话语介体四个向度着手，全面推进诠释中国实践、讲述中国故事、展示中国特色的新型政党制度国际话语权构建。这里所说的本体，即中国新型政党制度的话语体系，是其国际话语权的内容支撑；主体，即中国新型政党制度话语及国际话语的生产者和传播者；客体，即中国新型政党制度国际话语所面向的受众；介体，即中国新型政党制度国际话语传播的渠道与方式。这四个方面，共同构成了中国新型政党制度国际话语权构建的基本内容与途径。

（一）提高话语本体质量，增强中国新型政党制度话语的说服力

中国新型政党制度的话语本体，包括文字、图像、音频、视频等多种形式，从根本上说，它们都源于两大实践，即中国特色社会主义实践和中国政党制度实践。要打造能够反映中国新型政党制度优势且富有说服力、感染力、影响力的高质量话语本体，需要在以下几个方面下功夫。

首先，要遵循话语生成的逻辑，提升话语本体的质量。中国新型政党制度的话语生成要遵循一般的话语逻辑，应在认真总结中国政党制度发展经验的基础上，经过反复论证、科学凝练和不断接受实践检验后逐步形成关于政党制度性质、结构、功能、规则、运作等的话语体系。这一话语体系既是思想、理论、知识（故事）的载体，彰显特定的立场、观点与态度，也是构建中国新型政党制度话语权的基础和支撑。任何话语体系都不是天然生成的，都需要进行精心打造。构建和打造中国新型政党制度话语体系的前提是加强我国哲学社会科学建设，弄清楚中国新型政党制度区别于西方政党制度的条件、机理、宗旨、内涵、规则、效能等基本理论问题，通过“提炼标识性概念，打造易于为国际社会所理解和接受的新概念、新范畴、新表述，引导国际学术界展开研究和讨论”[4]。哲学社会科学不仅能够为中国新型政党制度话语体系提供学理支撑，而且能够增强其说服力和认可度，不断提升我国在有关国际议题设置和国际规则

[1] 《党的十九大报告辅导读本》，人民出版社2017年版，第414页。

[2] 《习近平关于社会主义文化建设论述摘编》，中央文献出版社2017年版，第208—209页。

[3] 《习近平关于社会主义文化建设论述摘编》，中央文献出版社2017年版，第209页。

[4] 习近平：《在哲学社会科学工作座谈会上的讲话》，人民出版社2016年版，第24页。

制定中的影响力。

此外，中国新型政党制度话语体系的生成还须遵循以下原则：一是实事求是。中国新型政党制度话语必须能够真实反映这一制度的实际，而不应一味宣扬甚至夸大其积极面，对存在不足讳莫如深。二是与时俱进。中国新型政党制度话语源于这一制度的生动实践，并随着实践的发展而不断更新，这是确保其传播效果的前提。没有效果的话语传播就是无效话语传播，也就意味着没有话语权[1]。三是兼容并蓄。中国新型政党制度话语不仅反映着这一制度的生动实践，也是中华优秀传统文化的重要载体，体现着中华文化兼容并蓄的优良传统，在包容不同思想文化、历史传统和制度差异的基础上寻求最大公约数。四是公平正义。一种话语或话语体系能否被人接受，不仅在于其真实性和生动性，也在于其是否能够体现公平正义原则。中国新型政党制度话语在“讲好中国故事”的同时，还要充分体现人类的共同关切和共同价值，它所蕴含的价值理念和价值准则须经得起世人的评判。

其次，要讲好中国新型政党制度故事，增强话语本体的鲜活性。从叙事学的视角看，讲好中国新型政党制度故事是一个复杂的叙事，但这又是十分必要的，因为“国家本身就是叙事。叙事或者阻止他人叙事的形成，对文化和帝国主义的概念是非常重要的”[2]。波尔津霍恩认为，“人类存在嵌入在三个等级的现实结构中——物质、生命和意识，而叙事则涉及最高领域的意义运作”[3]。因此，叙事（即讲故事）在对外话语传播和国际话语权构建中具有特殊重要性，正如习近平总书记所说：“讲故事，是国际传播的最佳方式。要讲好中国特色社会主义的故事，讲好中国梦的故事，讲好中国人的故事，讲好中华优秀文化的故事，讲好中国和平发展的故事。讲故事就是讲事实、讲形象、讲情感、讲道理，讲事实才能说服人，讲形象才能打动人，讲情感才能感染人，讲道理才能影响人。要组织各种精彩、精炼的故事载体，把中国道路、中国理论、中国制度、中国精神、中国力量寓于其中，使人想听爱听，听有所思，听有所得。”[4]这为讲好中国新型政党制度故事、提升这一制度话语的影响力提供了根本遵循。

再次，要正本清源，破除西方自由民主话语的“神圣”光环。当今时代，西方国家对于中国崛起的焦虑不安愈益强烈，它们利用自身强大的话语优势、传播优势和技术优势，不断发起针对我国的宣传战和舆论战。国内少数民众受这种舆论攻势的影响，不自觉地沦为西方自由民主制度的吹鼓手和“颜色革命”的马前卒。因此，中国新型

[1] 周栋、储峰：《新时代提升中国国际话语权的三维视角》，《思想战线》2021年第3期。

[2] 爱德华·W.萨义德：《文化与帝国主义》，李琨译，三联书店2003年版，第3页。

[3] 陈先红、宋发枝：《“讲好中国故事”：国家立场、话语策略与传播战略》，《现代传播》2020年第1期。

[4] 《习近平关于社会主义文化建设论述摘编》，中央文献出版社2017年版，第212页。

政党制度话语生产必须通过提炼新概念、新范畴、新表述，提升话语本体的感召力和说服力，凸显我们对中国特色社会主义道路、理论、制度和文化的自信。习近平总书记强调："当今世界，要说哪个政党、哪个国家、哪个民族能够自信的话，那中国共产党、中华人民共和国、中华民族是最有理由自信的。"[1]中国特色社会主义和中国新型政党制度的成功实践是我们自信的底气，也是我们传播中国话语、打破西方话语垄断的底气。与此同时，还应通过贴近大众的话语，把西方自由民主和政党政治的起源、演化、实质、优点和缺陷等讲清楚，还原其本来面目，从而达到破除西方自由民主神话的目的。例如，在2021年美国召集所谓"民主峰会"期间，我国在互联网上发起了关于民主问题的大讨论，国家外交部和国务院新闻办相继发布《美国民主情况》和《中国的民主》，成功地阻击了美国的对华"政治攻势"。当然，破除西方自由民主神话也不宜"矫枉过正"，而应实事求是地肯定其合理成分，引导民众客观看待西方民主制度和政党制度的优缺点，客观看待中西方政党制度的差异。

最后，要明确话语建设重点，彰显中国新型政党制度的全过程人民民主意蕴。民主是全人类的共同追求，但中西方民主的表现形式和实现路径有显著不同，正如习近平主席在G20巴厘岛峰会期间与美国总统拜登会晤时所说："美国有美国式民主，中国有中国式民主，都符合各自的国情。中国全过程人民民主基于中国国情和历史文化，体现人民意愿，我们同样感到自豪。任何国家的民主制度都不可能至善至美，都需要不断发展完善。"[2]西方政治话语权首先涉及的是民主发展道路问题，因而中西方的政党制度话语权之争其实是民主话语权之争的延伸。中国新型政党制度"是人民当家作主的重要实现形式，是广泛民主和高度集中的统一、根本利益一致性和具体利益多样性的统一、充满活力和富有效率的统一"[3]，对实现最广泛的民主、推进全过程人民民主发挥着重要作用，对此，我们必须在相应的话语体系构建中作为重点讲清楚。

（二）加强话语主体协作，形成中国新型政党制度话语的聚合力

中国新型政党制度的话语主体包括话语的国内外生产者和传播者。国内主体如国家有关部门、学术界、媒体、民间组织和个人，是话语生产与传播的基本力量；外部主体如对华友好机构、媒体及个人，是话语生产与传播的支持力量。当前，我国对外宣传的工作机制不断健全、力量不断壮大，但就我国新型政党制度的对外宣传而言，各话语主体之间的配合仍较欠缺，且过于依赖国家有关部门，有必要在党的领导下进一步加强各主体间的协作，形成话语聚合力。

[1] 《习近平外交思想学习纲要》，人民出版社、学习出版社2021年版，第77页。

[2] 《习近平同美国总统拜登在巴厘岛举行会晤》，《人民日报》2022年11月15日。

[3] 孙信：《马克思主义多党合作理论中国化最新成果》，《人民论坛·学术前沿》2018年第7期。

首先，要加强顶层设计，增强内部各主体间的协同配合。中国新型政党制度话语从生产、翻译到传播，涉及众多部门、机构、领域和学科，需要各方面在统一领导下形成合力。为此，应由党的理论宣传部门牵头，整合各外宣机构如国务院新闻办、中国外文局、中国日报社、CGTN、中央广播电视总台、有关智库等力量，并联络学术界、新媒体、民间组织中的有关力量，进行协同作战，在话语生产与传播上形成产业化链条。

其次，要培养一支政治素质过硬、理论基础深厚、业务精湛熟练的专门工作队伍，重视和支持民间有关力量发挥作用。政治素质过硬，就是要具有坚定的马克思主义信仰和中国特色社会主义信念，熟悉党的基本路线和方针政策，在中国新型政党制度话语生产和传播中确保精准到位；理论基础深厚，就是要熟悉中国新型政党制度的历史、理论和现实实践，熟悉中西方历史文化传统，了解国外社情民情，在话语生产、翻译和传播中能够精准研判受众的特点；业务精湛熟练，就是要精通对外宣传理论和业务，思维清晰，视野开阔，使生产和输出的话语符合话语传播规律，能够深入人心。在对外宣传上，同样的话语由学者、民间组织、自媒体或其他个人来表达，其效果可能与官方宣传大为不同，所以有必要对其加强引导和支持，形成官民协同联动的工作局面。

最后，要加强对外交往交流合作，发展和培育外部话语主体，争取他们的配合与支持。习近平总书记强调："要鼓励哲学社会科学机构参与和设立国际性学术组织，支持和鼓励建立海外中国学术研究中心，支持国外学会、基金会研究中国问题，加强国内外智库交流，推动海外中国学研究。"[1]要争取广大海外华人华侨的支持，建立官方对官方、学者对学者、智库对智库、民间对民间的内外联动，壮大中国新型政党制度话语传播的力量。

（三）抓住话语客体特点，提高中国新型政党制度话语的感染力

中国新型政党制度话语的客体，就是这一话语的受众即作用对象。必须把握不同受众的不同特点，否则就会犯"对牛弹琴"的错误。毛泽东在《反对党八股》中批评了党内一些人在写文章时存在的"无的放矢，不看对象"的问题，他指出："共产党员如果真想做宣传，就要看对象，就要想一想自己的文章、演说、谈话、写字是给什么人看、给什么人听的，否则就等于下决心不要人看，不要人听。……做宣传工作的人，对于自己的宣传对象没有调查，没有研究，没有分析，乱讲一顿，是万万不行的。"[2]由于中国新型政党制度话语客体的国别、职业、文化传统、成长环境、经济地位、政治倾向、利益诉求、教育经历等各有不同，这就需要具体对象具体分析，否则会陷入自

[1] 《十八大以来重要文献选编（下）》，中央文献出版社2018年版，第329页。

[2] 《毛泽东选集》（第3卷），人民出版社1991年版，第836页。

说自话的尴尬境地，非但难以说服人，反而损害中国新型政党制度的形象。在此，有三个方面的问题需要注意：一是要分类施策，针对不同国家的不同历史文化传统和现实政治经济状况，或者针对不同阶级、阶层、群体的受众，在话语传播的策略上有所区别；二是要把握国际话语和国内话语的不同特点，“多用外国民众听得到、听得懂、听得进的途径和方式”[1]讲述中国新型政党制度故事，以利于引发共鸣；三是要建设具有广泛代表性和国际影响力的高端政治对话平台，推动中外政党制度的交流互鉴。

（四）创新话语介体技术手段，提升中国新型政党制度话语的穿透力

党的二十大报告指出，增强中华文明传播力影响力必须“加强国际传播能力建设，全面提升国际传播效能，形成同我国综合国力和国际地位相匹配的国际话语权”[2]。这为我们全面提升中国新型政党制度国际话语权指明了方向。话语传播是话语表达在程度和范围上的延伸，国际话语权的大小不仅取决于话语本体的说服力，也取决于话语主体对话语本体的传播能力，即话语介体的水平和能力。西方媒体的超强传播能力，也是其话语霸权的重要支撑。无论传统媒体还是新媒体领域，西方发达国家都占据绝对主导地位，世界上发行量较大、影响力较强的报纸杂志基本上都出自它们，可以说它们支配着全球的传播格局和秩序。

在当今新媒体遍地开花、融媒体方兴未艾的时代，以“互联网+”、大数据、万物互联为标志的信息化浪潮席卷全球，为了让中国新型政党制度话语有人听、有人信，我们必须加快建立健全国际传播网络，搭建国际传播平台。目前，中国新型政党制度话语权的构建一方面受制于我们的话语生产水平，另一方面也受制于我们的话语传播水平，其中技术手段滞后是一个很大的瓶颈。应进一步推动我国传统媒体“落户”海外，建立健全国际传播网络，不断提高话语介体的技术水平，使之在讲述中国新型政党制度故事、传播中国理念的过程中占据主动，改变以往中国形象通常由“他塑”而非“自塑”的局面。为此，我们必须紧紧围绕以互联网为核心的新媒体发展，不断提升中国新型政党制度国际话语传播的能力与水平。

原载于《理论学刊》2023年第1期

[1] 《习近平总书记系列重要讲话读本》，学习出版社、人民出版社2016年版，第210页。

[2] 习近平：《高举中国特色社会主义伟大旗帜　为全面建设社会主义现代化国家而团结奋斗——在中国共产党第二十次全国代表大会上的报告》，《人民日报》2022年10月26日。

新中国成立初期“党支部下乡”与农村政治整合

吕连仁

摘　要：从新中国成立到1956年，中国共产党开展了大规模的“党支部下乡”运动，基层党组织不断地向乡村延伸。乡村社会由此全面展开了政党化、政治化、组织化的进程。党政权力以党的组织网络为基础，重组了乡村权力结构、社会组织、社会力量和价值体系，实现了对农村空前的政治渗透和政治动员，把农民纳入国家政治体系中，彻底改变了旧中国农村一盘散沙的状况。这种以政党权威进行的政治整合，对农村政治以至各方面的发展产生了长远影响。

关键词：政党下乡；基层党组织建设；政治整合；乡村社会

近代以后的中国农村社会，组织松散，政治衰败，农民与国家政治关系处于游离状态。因此，对农村进行政治整合，重构乡村社会组织、政治力量和政治关系，就成为近现代中国政治发展的一个重要任务。清末和民国时期的统治者曾试图对乡村社会进行整合，但他们既没有这种能力，也没有找到有效的途径和方式。新中国成立后，中国共产党开展了大规模的以“党支部下乡”为标志的现代政党运动[1]，在乡村普遍建立党支部等基层组织。同时，以基层党组织为核心，重组乡村权力结构和社会力量。这种以政党权威进行的农村政治整合[2]，使党的组织和国家政权的统治力渗透到农村底层，乡村各种社会力量被整合到国家政治体系中。

[1] 本文所说的大规模的“党支部下乡”运动，是指1949—1956年中国共产党自上而下地在乡、村普遍建立基层组织的现代政党运动。这一时期，乡、村基层党组织的主要形式是党支部。村一级建立的党组织基本是党支部，乡一级的基层党组织多数是党支部，部分是党总支、党委。

[2] 政治整合与社会整合是紧密相关而又有区别的概念。社会整合强调的是社会范围内各子系统的协调和有序运行，作用对象是社会。政治整合更加侧重于处理政治与社会的关系，是一个双向互动关系。本文从“党支部下乡”与农村政治整合的关系视角，探讨中国共产党以政党权威进行的乡村政治整合问题，也涉及社会整合问题。

一、“党支部下乡”：乡村基层党组织的发展

世界近现代史表明：政党组织及政党运动在政治整合中起着其他组织不可替代的作用。而处于优势地位的执政党的政治整合包括了广泛的内容，执政党自身组织体系的构建、党员政治功能的准确定位等，既是其进行政治整合的基本条件，也是政治整合的重要内容。正如有学者所说：执政党的政治整合“包含了比社会整合更丰富的内容，即执政党除了要对异质的社会进行整合之外，还要对自身进行整合，即执政党为了提高对社会的整合效度，从成员角色、组织结构、文化价值等方面进行调整和变革”[1]。作为新中国的执政党、领导党的中国共产党在现代中国政治整合中起着核心作用，完善的组织体系和党员作用的发挥是它进行政治整合的基础。中国是一个农民国度，在广大农村建立和完善基层党组织，既是中国共产党完善组织体系和自身整合的需要，也是对乡村进行政治整合的必然要求。

早在民主革命时期，中国共产党就在乡村建立了自己的基层组织——党支部，吸纳农民党员，将政党力量延伸至其所控制的农村区域（根据地、解放区），促使乡村社会政治、经济和社会结构变迁。这被学者称为中国共产党的“政党下乡”运动[2]。截至新中国成立时，全国共有20万个党支部，其中地方支部16.9万个。而农村支部占地方支部的79.8%，大部分集中在老解放区和半老解放区。在326万名地方党员中，农民出身的党员占比达83%[3]。但是，革命时期的中共“党支部下乡”尚局限于局部农村，即使在局部农村建立党支部也并不普遍，建立的农村党支部也处于秘密状态。

新中国成立后，中国共产党开始了公开建党的进程，迅速建立起由中央到地方、到基层的全国组织体系，这就为党支部大规模下乡、普遍建立农村基层党组织准备了条件。不过，新中国成立最初几年，鉴于纯洁党的队伍的要求、增加党的工人成分等考虑，中共中央对于在农村吸纳新党员、新建乡村基层党组织，采取了极为慎重的态度，制定了限制发展甚至暂停发展农村党员的政策规定[4]。对农村工作特别是土改工作，党和政府采取由上而下派出由党员、干部组成工作队的方式来组织领导。因此，1951年至1953年间，农村党员和党支部发展缓慢，甚至1951年农村党员数量比上年还有所

[1] 王邦佐、罗峰：《从一元转向多元——关于中国执政党政治整合方式的对话》，《探索与争鸣》2004年第7期。

[2] 徐勇：《“政党下乡”：现代国家对乡土的整合》，《学术月刊》2007年第8期。

[3] 中共中央党史研究室：《中国共产党历史》（第2卷），中共党史出版社2011年版，第167页。

[4] 中共中央于1950年5月发出的《关于发展和巩固党的组织的指示》和1951年4月通过的《关于发展新党员的决议》，都明确做出了限制农民党员和农村基层党组织发展的规定。参见《建国以来重要文献选编》（第1册），中央文献出版社1992年版，第243—244页；《建国以来重要文献选编》（第2册），中央文献出版社1992年版，第213页。

下降。

随着新区土地改革的基本完成和农业合作化运动的开展，中国共产党关于领导农村的理念和方式发生了重大转变——由原来的主要依靠派工作队进行领导，变为主要依靠乡村基层党组织进行领导。这种领导方式更直接，容易被农民接受，因为乡、村基层党组织就在农民身边，党员也是农民所信任和熟悉的乡村新精英，农民把基层党组织视为自己身边的内生型组织。为此，中共中央调整了关于农村党员和农村基层党组织发展的方针——由限制发展变为大发展，强调要在乡、村普遍建立党支部。中共中央于1952年5月做出的《关于在“三反”运动的基础上进行整党建党工作的指示》和中央农村工作部于1954年5月通过的《关于第二次全国农村工作会议的报告》，对农村建党的步骤与方法做出了新的规定，提出今后要在农村大力发展党员，在没有党组织的12万个新区乡村、2万个老区乡村中建立党组织[1]。“第一步发展到每个乡10个党员左右，已满10人者应适当地再加发展。”[2]到1954年11月，在全国农村22万个乡中，已有17万个乡建立了党的基层组织（此时，乡级党组织绝大多数是党支部，少部分是党总支或党委）。农村党员数量由上一年的335.7万名快速发展到近400万名，占农村人口的0.8%[3]。

但中共中央认为，农村基层党组织和党员的发展还是太慢，还不适应农村工作特别是农业合作化工作的需要。为此，中央组织部于1954年11月至12月专门召开了第一次全国农村党的组织工作会议，要求1955年至1957年，再发展200万至300万名农村新党员，使农村党员总数达到600万至700万名。会议对农村基层党组织形式做了新的规定：在乡支部统一领导下，在农业生产合作社和手工业合作社中，可建立党小组，党员多的可建立党支部；党员超过50名的乡，可建立乡总支部，在合作社中建立分支部。乡党员虽不足50名的乡，也可以成立乡总支部[4]。

这是中共关于农村基层党组织和党员发展的重大改变，不但要求农村党员人数快速发展、乡一级要普遍建立基层党组织，而且要求行政村、合作社一级也要建立党支部或党小组。1956年9月，中共八大党章更做出明确规定：每一个企业，每一个乡和民族乡，每一个镇，每一个农业生产合作社，每一个机关、学校、街道、军队中的连队和其他各基层单位，凡是有正式党员3人以上的，都应当成立党的基层组织。“在企业、农村、学校、各部队中的党的基层组织，应当领导和监督本单位的行政机构和群众组

[1] 《建国以来重要文献选编》（第3册），中央文献出版社1992年版，第201页。

[2] 《建国以来重要文献选编》（第4册），中央文献出版社1992年版，第272页。

[3] 中央档案馆编：《中国共产党组织史资料（五）》，中共党史出版社2000年版，第11页。

[4] 中央档案馆编：《中国共产党组织史资料（五）》，中共党史出版社2000年版，第11页。

织。"[1]1957年1月，中央组织部又提出原则性建议：农村的基层组织的层次，一般以建立两层为好。在设立乡党委的地方，高级社一级建立党支部[2]。

正是由于这种"党支部大规模下乡"政策的贯彻实施，1954年至1956年间，农村党员和基层党组织获得了飞速发展。到1956年底，农村党员发展到670万人，与1953年相比，增长了近100%。98.1%的乡镇建立了党委或党总支、党支部[3]，绝大部分行政村（高级社）建立了党支部。这样，党的基层组织不但基本实现了在乡镇一级的全覆盖，而且一直延伸到行政村、生产单位（合作社），从而完善了党的农村组织体系。这个组织体系作为社会动员和政治整合的基本组织资源，构成了中国共产党执政的重要基础。

这种党组织大规模延伸、渗透到农村最底层的情况，中国其他任何党派都没能做到。国民党执掌全国政权时，也曾试图把它的基层组织往下延伸，但最多不过达到乡镇一级，而它在乡镇一级也未能普遍建立基层组织。而中国共产党在新中国成立后的短短几年中，就把触角延伸到中国乡村社会的最底层直至边陲地带，这就从组织上、制度化的渠道上，打通了它与农民的联系，其领导体制延伸到乡村社会末端，使它的指示精神能够畅通无阻地达于农村社会的神经末梢，它对农村的领导变得直接又高效。由此，党和国家实现了对乡村的实质性政治渗透，乡村社会开始了广泛的政党化、政治化的过程。正如有学者所说："'政党下乡'的过程，就是政党组织向乡村渗透，并将农村社会政党化的过程。由于中国的国家转型是通过以党建国、以党领国的方式进行的，农村社会的政党化就意味着通过政党组织寻求农民对国家的认同和支持"，而中国乡村整合"恰恰得力于政党向乡村社会的渗透，是政党而不是其他组织成为农村整合的主要力量"[4]。总之，共产党通过建立乡村党支部等基层组织以及吸纳农民党员而达到了进入乡村社会的政治意图，同时又把基层党组织和党员作为乡村整合的核心力量。

二、乡村政治整合：以基层党组织为核心，重建乡村组织和权力结构

"党支部大规模下乡"带来的乡、村基层党组织普遍建立和党员数量的大发展，为乡村整合提供了组织条件。正如有学者所指出的：组织网络的建设是中国共产党最有力的整合机制，而党的政治功能又主要是通过党员来完成的，一般情况下，"党员的规

[1] 《建国以来重要文献选编》（第9册），中央文献出版社1994年版，第334、337页。

[2] 《建国以来重要文献选编》（第10册），中央文献出版社1994年版，第21页。

[3] 中共中央组织部编：《中国共产党党内统计资料汇编（内部发行）》，党建读物出版社2011年版，第136、331页。

[4] 徐勇：《"政党下乡"：现代国家对乡土的整合》，《学术月刊》2007年第8期。

模和数量与中国共产党的整合能力是成正比例的”[1]。中国共产党正是以农村党的基层组织网络为基础，对乡村进行组织重建，对农村经济资源和社会权力进行重新分配，最终实现了对农村的政治整合。

（一）党支部下乡与基层政权建设相结合，乡镇实现了实质性的行政化

新中国成立后，在“党支部下乡”的同时，建立了农村基层政权（乡镇政府），并逐渐形成了“党政合一”的体制，改变了旧中国基层政权虚位和管理薄弱的情况。

传统中国的社会治理，一是靠自上而下的官治体系，借助于皇帝和官僚维持县以上正式行政系统的运转；二是靠乡村社会的自治体系，依托士绅实现乡村社会的自我运转。两套体系自成一体，保持一种“超稳定”结构和状态。一般情况下，官治系统很少进入自治系统，亦即“王权不下县”，乡村社会的管理体系基本未实现行政化。直到国民党统治时期才开启了乡镇行政化的历史。从1935年开始，国民政府在县以下设乡镇政府，同时国民党也把自己的组织和机构延伸到乡级。但此后的10多年间，无论国民党的乡级党组织还是乡镇政府，组织结构大多不完整，对农村的治理并没有起到有力的作用，政党、国家与乡村社会、农民关系仍处于松散状态。

中国共产党执政后，彻底地打破了传统的社会治理格局，建构了对乡村的新型整合方式，通过一系列的政治运动和制度化的举措，摧毁了乡村自治体制，建立了新的基层政权，使政权组织、机构和人员真正进入乡村社会。新中国成立后的最初几年，农村基层政权普遍实行区、乡两级体制，以乡镇政府为最基层政权机构，但乡的规模与以往相比大为缩小，与大的行政村规模相当。到1953年，全国农村有22万多个乡级政府。为了减少领导层次，加强乡级领导，从1955年底开始，开始了撤区并乡工作，到1957年初，全国约有10万多个乡[2]。这样，乡级建立了正式的行政机构，配备了相应的行政人员，由此国家权力及其制度体系实现了实质性下延，促使乡村走向行政化。同时，乡镇政权组织置于中共乡镇基层党组织的直接领导之下，形成了党的一元化领导体制。这既是农村权力组织整合的体现，也为农村其他各方面的整合与治理奠定了组织和制度基础。

（二）“党支部建在村上”是村庄整合的核心举措

如上所言，新中国成立后的几年间，中国共产党通过政党下乡运动，不但在乡一级普遍建立了党的基层组织，而且在村一级（行政村、合作化后期的高级社以及后来人民公社时期的生产大队）普遍建立了党支部。“党支部建在村上”就如同军队中“党

[1] 王邦佐、谢岳：《社会整合：21世纪中国共产党的政治使命》，《学术月刊》2001年第7期。

[2] 《建国以来重要文献选编》（第10册），中央文献出版社1994年版，第18页。

支部建在连上”一样，它的功能和作用不可低估，对于农村的政治渗透、社会整合和社会治理等至关重要。

一方面，“党支部建在村上”使政党力量对村庄实现了空前的政治渗透。以往没有任何党派能够把自己的组织和权力渗透进村庄社会。如前所述，20世纪30年代以后，国民党的组织和机构只是延伸到部分乡镇，在乡以下仍沿袭了明清保甲旧制，因而对村庄社会无法进一步渗透。中国共产党利用组织系统和新的国家机器，把自己的组织嵌入村庄社会，建立村党支部，执政党和国家对村庄社会的渗透达到空前程度，由此把村庄社会高度整合于国家政治体系中。

另一方面，“党支部建在村上”使党支部实际上起到了最基层政权组织的作用。新中国成立后，中国共产党对乡村的管控之所以比历史上任何一个时期都有效，一个重要原因是在乡镇政权之下又设置了行政村这一层次。随着计划经济体制的推行，国家建立了“以条统块、以块协条”的庞大行政系统，下级机构必须服从上级机构，执行上级机构的命令。在党的一元化领导体制作用下，各行政村的党支部既是执行上级命令的最低一层党组织，也是执行上级尤其是乡镇行政组织命令的一个机构。因此，“党支部建在村上”实际上使党支部起到了最基础一级政权的作用，行政村（生产大队）事实上起到了行政管理的作用。可以说，村党支部成为村级社会整合及村级治理的核心。正如有学者所指出的：“20世纪50年代以后，中国国家权力在基层村庄的延伸，并不仅仅是一种行政权力的下伸，党组织的设立以及由此形成的党的一元化权力结构才是导致村庄权力结构变化的真正原因。”[1]

（三）发动乡村经济改造运动，使农民成为单位制的集体一分子

对土地等经济资源和经济组织进行有效整合，既是乡村整合的一个重要内容，也是中国共产党能够实现农村政治整合的决定性因素之一。新中国成立后，中国共产党先后发动了土地改革、合作化两次大规模的乡村改造运动，摧毁原有的经济组织，对土地资源和社会权力进行重新分配，把分散的个体经济逐步改造成了合作社集体经济。到1956年底，全国96.3%的农户加入了农业生产合作社。其中，高级社农户占全部农户的87.8%[2]。由此改变了我国传统农村一直依靠家庭组织生产的格局，农民不再拥有属于自己的土地等生产资料，只能在合作社（人民公社时期的生产队）进行生产工作并获得生存资料。合作社（生产队）既是农村集体经济组织，也是村庄的基本单位制组织。这样就把农民和农村经济纳入了公有化轨道和计划经济体制之中，农民不再是分散的个体农民，而是单位制组织的一分子，离开集体单位也就失去了生存的保障。

[1] 吴毅：《村治变迁中的权威与秩序》，中国社会科学出版社2002年版，第87页。

[2] 中共中央党史研究室：《中国共产党历史》（第2卷），中共党史出版社2011年版，第334页。

同时，高级社（多数社相当于行政村的规模）大都建立了党支部，这样“党支部建在村上”就变为“党支部建在社上”，确保了党组织对合作社的领导。而村（社）党支部拥有足够的权威和村级资源的支配权，由此，乡村经济资源和单位制的集体组织就牢牢地被党和政府掌控。这样，通过土地改革、合作化运动等手段，党和国家掌控了农村经济资源的分配权，这是实现农村政治整合极其重要的因素。

（四）以党组织为核心重建乡村社会组织，农村居民被纳入各类群众组织中

毛泽东在新中国成立之时就指出：“我们应当将全中国绝大多数人组织在政治、军事、经济、文化及其他各种组织中，克服旧中国散漫无组织的状态。”[1]新中国成立后的头几年，党和政府组织农民的主要举措是广泛地组织农民协会。1950年，政务院制定的《农民协会组织通则》规定：农民协会既是农民自愿的群众组织，同时也是土地改革的合法执行机关；凡雇农、贫农、中农和农村手工业工人及农村中贫苦的革命知识分子，自愿入会者经农民协会委员会批准后，即可成为会员。自此，广大农民纷纷加入农民协会，逐步形成了“行政村、乡—区—县—专区—省—大行政区”的农民协会组织体系。这就将全国绝大多数农民初步组织在现代科层式的组织体系中，这是中国农村社会结构的重要变革。

在组织农民协会的同时，中国共产党还把建立和控制各类政治性的群众组织，作为党领导社会基层和贯彻其权威的重要手段。1950年4月，中共中央《关于加强青年团及其他群众团体工作的指示》要求：首先将青年团、工会、农会、妇联等群众团体发展起来，并依靠它们去完成各项社会改革任务，同时也为将来大量发展党员造成条件[2]。在党组织的领导和组织下，农村居民被广泛组织到青年团、妇联等各类型组织中。到1957年，农村青年团员达1640万名，团组织已普及到绝大多数村里。作为党的预备队，青年团组织及其团员协助党政组织和党员，在土改、互助合作、乡村治理等工作中发挥了重大作用。据1954年统计，在乡村担任基层干部的团员达到农村团员总数的70%左右[3]。乡村的妇女联合会把妇女组织起来，维护妇女权益，并组织妇女参加识字班等文化教育和思想教育活动等。因此可以看出，青年团和妇女联合会等群众组织在新中国成立初期社会的改造和整合中发挥着重要作用。

综上所述，从新中国成立到1956年底，中国共产党通过“党支部大规模下乡”的组织建设举措，建立起了以乡村党的基层组织为核心，以农村基层政权为依托，以政治化的各类社会组织为纽带，以公有化的、单位制的集体经济组织为基础的党和国家

[1] 《建国以来毛泽东文稿》（第1卷），中央文献出版社1992年版，第11—12页。

[2] 国家劳动总局政策研究室：《中国劳动立法汇编》，人民出版社1980年版，第251页。

[3] 詹姆斯·R.汤森：《中国政治》，江苏人民出版社1996年版，第284页。

全面主导农村的政治整合体制，实现了对乡村的全面领导和控制。社会成员的组织化和对农村经济资源、社会权力的重新分配等，是中国共产党整合农村的主要途径，而强大的组织网络是顺利进行这场政治整合的关键因素。中国共产党正是以基层党组织网络为基础，把农民整合进各类组织中，实现了对农村基层的全面组织化管理，进而达到农村政治整合的目标。正如有学者所指出的："党的领导一开始就全面直接介入国家建设和社会发展之中，并形成了以党的领导为核心进行国家建设和社会改造的局面，其最大特点是：党不仅成为国家建设和社会改造的领导力量，而且成为国家建设和社会改造的组织基础……社会的改造与重构直接以党的组织力量和组织网络为资源，从而构建起以党的组织为网络的新的社会组织体系。"[1]由此，中国乡村得到高度的政治整合，民众的凝聚力极大提高，彻底改变了旧中国农村"一盘散沙"的状况，乡村社会发生巨变。

三、政治效应：新中国成立初期以党组织为核心的农村政治整合的作用与影响

前述史实说明，中国共产党有着其他中国政党无法比拟的政治整合能力和政治权威。它已经不同于世界政治现象中的一般意义上的政党，它不仅是执政党，而且是领导党，直接掌控国家政治权力，国家权力就是党的权力。新中国成立后，在以党建国、以党领国的方式进行国家转型的进程中，中国共产党开展的"党支部大规模下乡"运动和以党组织为核心进行的乡村政治整合，对乡村政治、社会等各方面变迁发挥了重大作用，对农村政治发展和社会发展产生了长远影响。

首先，重建了乡村政治秩序，把农民纳入国家政治体系，有效地管控农村。传统的中国乡村社会存在三种权力支配系统，即政权系统、族权（家族）系统、神权（宗教）系统。自清末民初开始，国家权力就试图向农村渗透，但都因未能达到充分整合而失败。中国共产党以"党支部大规模下乡"而构建的基层党组织体系为核心，成功地实现了对乡村的改造与整合，破解了原有的权利支配系统，解除了族权、绅权、神权对农民的掣肘，使农村的权力结构和政治秩序发生了前所未有的变化。

这种变化表现在三个方面：一是基层党组织成为乡村权威的中心。新中国成立后，中国共产党拥有了至高无上的权威，这种权威通过组织网络从中央一直绵延到乡、村党组织。党在对乡村整合中，形成了一系列具体制度，保证了乡、村党组织成为乡村权威的中心，使乡村没有也不可能有其他组织和力量对党组织的权威形成挑战。二是

[1] 林尚立：《中国共产党执政方略》，上海社会科学院出版社2002年版，第45页。

中共党员成为乡村新的精英阶层，成为乡村社会的中坚力量。这些以贫下中农为骨干的乡村先进分子，取代了由族长、乡绅和地方名流等组成的旧的乡村“精英”。他们忠实地执行党和政府的意图，在国家政权和乡村底层社会之间起着一个纽带的作用，成为国家政治权力能够延伸到村庄社会的一支主要力量。三是农村各种社会力量都被纳入国家政治体系中。由此，中国共产党打通了国家政治中心与农村底层社会的联系，解决了近代以来统治者一直没有解决的政权组织和政党组织的下沉问题，改变了旧中国政治中心对乡村社会无法有效管控的局面。

其次，乡村社会组织结构发生巨变，乡村社会出现政治化的趋势，社会空间被压缩。新中国成立后，以政党权威进行的农村整合，使乡村社会组织发生根本性变化。第一个变化就是传统宗法组织被瓦解。传统的中国，发达的民间宗法组织一直在乡村占据主导地位，起着非正式的权力组织的作用。随着新中国成立初期的“党支部下乡”以及新社会组织的建立和社会改革的推进，宗族活动被禁止，宗族组织所拥有的寺庙、祠堂、族田等财产被没收。尤其是土改运动和合作化运动，使家族组织失去了赖以存在的经济条件和凝聚力，失去了控制其同族亲属的基础，乡村宗法组织基本瓦解。这对于具有几千年宗法传统的中国农村社会而言，不能不说是一次巨变。第二个根本性变化是农村社会组织化程度达到了前所未有的水平，绝大多数农村社会成员被组织到各类组织中，新建的各类社会组织都依赖于党组织和政权组织而存在。

同时，新中国成立初期的乡村政治整合，也使乡村社会出现政治化的趋势，甚至在某些方面出现了政治与社会重合的现象。这种情况造成了农村的社会空间被压缩，农民的自主性受到抑制。这表现在三个方面：一是农村新的各类组织，如青年团、妇女联合会、农民协会等组织，并非严格意义上的自组织、自治组织或社会组织，它们都是在党和政府直接领导、控制下的带有政治性的群众组织，即使是合作社这样的经济组织，首先追求的也是政治性目标，具有强烈的政治色彩。二是介于国家与家庭之间的民间组织彻底丧失了生存繁衍的条件，乡村社会也不再有合法的独立民间组织，本应由民间社会组织承担的职责为党和政府包揽，社会缺乏活力。三是农村社会生活包括农民教育、日常活动等，也带有越来越明显的政治化倾向。这体现在农民不断增强的阶级意识、政治性的思维方式甚至穿着打扮等方面。在1957年后的近20年间，乡村社会的政治化倾向不断强化，甚至出现了政治严重干预社会生活的现象。这导致党、政府和农民对农村社会领域问题的关注逐步弱化，严重影响了农村经济社会发展的进程。

再次，以党组织为核心的农村政治整合，形成了高度集中的乡村治理模式，这对乡村治理、政治动员和稳定发展产生了重大影响。在新中国成立后形成的党政一体化体制和实现乡村政治整合的条件下，农村基层党组织成为乡村治理、建设发展、政治动员和社会稳定的中枢机构。而新的乡村治理模式具有高度集中和高度政治化的特点，从调动各种资源和管控乡村社会的角度来看，这种模式是有效的。它能够集中农村的人力、物力和财力“办大事”，为中共在农村中进行政治动员、推行各种方针政策奠定了体制基础。例如，20世纪50年代中期以后的20年间，在生产工具极其落后的情况下，农村建成许多大型水利设施等基本建设项目；农村社会长期内保持了稳定，特别是后来“大跃进”运动造成的三年经济困难时期以及“文革”大动荡时期也基本保持了稳定等，正是得益于农村的高度政治整合和集中的治理模式。

但是，这种高度整合的乡村及其治理模式，也为党和国家在农村推行各种政治运动创造了条件，是“大跃进”运动和人民公社化运动、社教运动等“左”的运动能够开展起来的基本原因之一。同时，在高度整合和高度集中的条件下，国家向农村社会抽取资源的能力也大大加强，这是农民利益屡屡受损而又无力抗争的重要体制根源。例如，国家以极低的价格收购农副产品、人民公社化运动中的“一平二调三收款”和其他一些超经济的强制措施等，都是以这种高度整合的乡村体制来保证其实施的。

另外，新中国成立初期中国共产党的农村政治整合，还实现了对乡村价值体系的重建。中国共产党把自身的理想信念、价值观和国家意识形态，通过组织化渠道和思想灌输的方式，传递给农民。由此严重冲击了乡村原有的文化传统，形成了以集体主义、社会主义和共产主义为导向的新观念，构建了新的价值体系。新的价值体系价值目标明确，但也存在价值单一的问题。这种价值整合是农村民众实现对党和国家高度政治认同的重要因素。

综上所述，新中国成立初期以党组织为核心进行的农村政治整合，重建了乡村政治秩序，根本改变了以往乡村、农民与执政党、国家政权的关系，乡村社会开始步入整个国家现代化的进程之中。但这种整合也使党权、政权向社会延伸和扩张，很多本属于社会层面的权利集中于党政组织，造成农村的社会空间缩小，各地乡村社会出现同质化、政治化的趋势，权力结构单一，村庄自治功能弱化，这对中国农村的发展产生了长远的消极影响。而这些问题也是中共十一届三中全会后改革和发展所要解决的重要问题。

原载于《山东大学学报（哲学社会科学版）》2013年第5期

新中国成立初期农村基层党组织发展的政策变化及影响分析

吕连仁

摘　要： 新中国成立初期，中国共产党关于农村基层党组织发展的方针政策有一个变化的过程。1950年至1952年，采取了限制发展甚至暂停发展的方针。此后，改为大发展的方针。这种组织发展的方针政策变化是有多方面原因的，而前后不同的方针政策的实施，对农村工作具有不同的影响。在农村基层党组织大发展方针的指导下，“党支部下乡”全面展开。到1956年底，党的基层组织基本实现了在乡、村两级的全覆盖，这对于夯实党的组织基础和进行农村社会整合，都产生了重大作用。

关键词： 新中国成立初期；基层党组织建设；党员发展；农村

中国共产党自成立起就高度重视基层组织建设，并在后来的革命实践中成功地解决了在农村环境中建党的问题。到新中国成立时，全国共有20万个党支部，其中地方支部16.9万个，农村支部占地方支部总数的79.8%，大部分集中在老解放区和半老解放区[1]。新中国成立后，农村基层党组织具备了大发展的条件。不过，中共中央对于吸纳农民党员、发展乡村党组织的方针政策，经历了从限制、暂停发展到大发展的转变过程。

一、限制农村基层党组织发展的方针政策及其原因

新中国成立后，中国共产党的组织建设从过去长期处于地下秘密状态转为在全国范围内公开建党，农村基层党组织和党员的大发展具备了客观条件，而纷繁复杂的农村工作也需要有更加完善的乡村基层党组织来领导。但是，新中国成立后的最初几年（1950—1952年），中国共产党基于多种因素的考虑，对农村基层党组织和党员的发展采取了极为慎重的态度，制定了限制发展甚至暂停发展的方针政策。

[1]　中共中央党史研究室：《中国共产党历史》（第2卷），中共党史出版社2011年版，第166—167页。

1950年5月，中共中央发出了《关于发展和巩固党的组织的指示》（以下简称《指示》），明确作出了限制农民党员和农村基层党组织发展的规定：“今后对农民党员的发展，应加以限制”，“在新区农村中，目前暂不发展党的组织”，“今后三五年之内，农民党员以不超过人口的1%为标准”。[1]同年6月召开的中共七届三中全会决定：“在老解放区，一般地应停止在农村中吸收党员。在新解放区，在土地改革完成以前，一般地不应在农村中发展党的组织，以免投机分子乘机混入党内。”[2]1951年4月，第一次全国组织工作会议通过的《关于发展新党员的决议》再次强调，“老区和某些新区党的基层组织，必须暂时停止发展，加以整顿”，“在已经完成土地改革的新区农村……采取慎重的方针来发展党员”。[3]

分析中共中央文件和当时的具体情况，可以看出新中国成立后最初几年中国共产党对农村党组织和党员发展采取限制、暂停发展的方针政策，是有多方面原因的。

第一，为优化党员结构，改变党员分布极不平衡的状况，重点发展城市和工人党员，而限制农村党员发展。由于中国革命发展不平衡，党长期处于分散的农村环境，党的基层组织分布很不平衡，形成了农村党组织和农民出身的党员占主体的局面。1949年，在全国326万多名地方党员中，农民出身的党员占83%，工人出身的党员只占5. 87%[4]。革命胜利后，加强城市党组织建设，优化党员的构成，提高城市和工人成分的党员比例，既是党所处的地位、环境和所肩负任务的要求，也是夯实党的阶级基础的需要。中共中央多次指出“目前党的组织和党员的分布是很不平衡……农村党员数量很大，产业工人党员数量很小”的状况，需要加以改变[5]。为此，在1950年5月发出的《指示》中作出了大力发展工人党员、限制发展农民党员的规定：“为了保证无产阶级成分在党内有一定的比例，今后对农民党员的发展，应加以限制”，“今后发展党的重点，应放在城市中，首先是工人阶级上”。[6]

这种增加党的工人成分、限制农民党员政策思路的形成，也不能排除苏共及国际共运因素的影响。中共是中国无产阶级性质的政党，虽然革命时期一再强调党的性质主要决定于党的指导思想和路线，而不是党员成分，但这显然与列宁等人强调的无产阶级政党主要成分应该是工人的经典论断并不一致。长期以来，苏共的部分领导人指责中共是农民党或小资产阶级党。中共建政后，大力发展工人党员，限制农民党员发

[1] 《建国以来重要文献选编》（第1册），中央文献出版社1992年版，第243—244页。

[2] 《毛泽东文集》（第6卷），人民出版社1999年版，第72页。

[3] 《建国以来重要文献选编》（第2册），中央文献出版社1992年版，第213页。

[4] 中共中央党史研究室：《中国共产党历史》（第2卷），中共党史出版社2011年版，第167页。

[5] 《建国以来重要文献选编》（第2册），中央文献出版社1992年版，第213页。

[6] 《建国以来重要文献选编》（第1册），中央文献出版社1992年版，第243页。

展，既是党的现实需要，也是回应苏共和国际共运的一种必要选择。

第二，为纯洁党的组织、防止不合格的人混入党内，而限制、暂停发展老区农村新党员，把农村党建的重点放在整党和党员教育上。自1949年初中国革命取得决定性胜利后，老解放区的农村基层党组织和党员得到快速发展，到1950年上半年，“在老区，党的发展一般地已达到了人口的3%至5%，还有若干县份甚至到7%至10%”[1]。在此期间，有思想不纯的人甚至个别坏分子混入了党内。对此，刘少奇指出：在和平条件下，党员不像战争年代那样面临艰险，“客观的自然的限制没有了，如果我们又不在主观上加强限制”，那么不合格分子就会“混入到党内来。这对于我们党则是一种严重的危险”[2]。由此，中共中央形成了对基层党组织先进行清理整顿，再考虑其发展的政策思路，提出老区农村党建“今后的任务不是继续发展，而是如何巩固党的教育和调整党的组织问题”[3]。1951年4月，中共第一次全国组织工作会议作出《关于整顿党的基层组织的决议》，开始了新中国成立后的首次整党，重点是对农村党员和知识分子党员进行整顿，并规定在整党期间要限制以至停止农民党员的发展。1951年至1953年的三年整党期间，共有32. 8万名不符合标准的党员被清除出党或被劝退党[4]，其中多数是农村党员。

第三，考虑到土改和其他复杂情况，对新区农村党组织和党员的发展采取极为慎重的方针。新中国成立初期，新解放区农村党的组织基础薄弱，多数区、乡没有建立党支部，要建立基层组织，就需要一个发现、培养入党积极分子的准备过程。而自1950年冬至1953年上半年，党和政府在3. 1亿人口的新区进行了大规模的土地改革。土改的过程，也是划分农村阶级成分、利益调整和发现培养入党积极分子的过程。如果在阶级成分没确定、土改未完成前就大力发展党员，就为一些本属于剥削分子及其他不合格者入党提供了可能。因此，中共中央强调：“在新区农村中，目前暂不发展党的组织，应集中力量在各种斗争中组织和教育广大的农民，发现与培养真正的积极分子，俟土改完成后，再来进行发展党的工作。”[5]

正由于以上多种原因，新中国成立后的几年中，中国共产党制定了限制、暂停发展乡村党组织和党员的方针政策。这种方针政策的实施，导致1951年至1953年间农村基层组织和新党员的增长极为缓慢。与1950年党员数量相比，1953年农村党员仅增长8.7%。而同期，工矿企业中的党员增长了108%，学校教职员工和学生党员增加了

[1] 《建国以来重要文献选编》（第1册），中央文献出版社1992年版，第243页。

[2] 《刘少奇选集》（下卷），人民出版社1985年版，第68页。

[3] 《建国以来重要文献选编》（第1册），中央文献出版社1992年版，第243页。

[4] 中共中央党史研究室：《中国共产党历史》（第2卷），中共党史出版社2011年版，第172页。

[5] 《建国以来重要文献选编》（第1册），中央文献出版社1992年版，第243—244页。

30%[1]。农村党员数量占全国党员总数的百分比，也由1950年的54.07%下降到1953年的50.77%。而建立了基层党组织（党支部）的乡镇比例，在1951年至1953年间一直是60%多，基本没有增加[2]。其中，新区"约有40%到60%的乡村没有党的支部"[3]。

乡村党组织和党员发展缓慢甚至停滞，对改善党员构成、稳定和纯洁党的组织等有一定作用，但也在很大程度上影响了农村工作的开展。仅以新区土地改革运动为例，由于很多乡村的基层党组织没有及时地组建起来，土改工作缺少党的基层组织系统的有力支撑。为搞好土改的发动、组织和指导问题，上级党组织和各级政府土改委员会从党政机关和大中学校抽调了大批党员、干部、师生组成土改工作队，参加土改工作队的人员在土改三年中每年都在30万人以上。当然，派遣工作队指导农村工作，也是战争年代党在根据地、解放区的一贯做法。

由此也可以看出，中共在新中国成立最初的几年对农村的治理方式和治理思路，在很大程度上沿用了民主革命时期的经验。派工作队指导乡村工作的方法，实质上是用外部力量对农村基层进行治理。如果说这种方法在以往局部执政时是行之有效的，那党执政全国后，面对不同于革命时期的形势和任务，其效力会大打折扣。一是因为中国农村地域广大，仅依靠自上而下派遣干部下乡指导工作的做法，不足以应对纷繁复杂的农村工作。二是这种上级派来的工作队虽然有足够的权威，但不是乡村本土内生的，是一种外部力量，与农民群众有距离，缺乏亲和力。三是大规模的工作队下乡一般是临时性的短期行为，工作队撤离以后，农村基层治理的组织领导会很薄弱，在部分乡村，基层党的组织领导甚至会出现真空地带。另外，把大量干部下派到乡村，也会影响上级部门和城市工作的开展以及这些干部的本职工作。因此，这种做法是不可持续的，不是长久之计。培养大量合格的乡村党员，依靠嵌入乡村的基层党组织和基层政权的领导，才是解决农村问题的根本之道。

二、农村基层党组织大发展政策的提出和党支部的普遍建立

1952年以后，随着土地改革和整党、民主建政等工作顺利完成，农村面临新情况和新任务，这样在乡村进行大规模建党——吸纳新党员、广泛建立基层党组织，就显得极为迫切。一是因为城市工作和其他方面工作需要，农村不少优秀党员被调出，乡

[1] 中共中央党史研究室：《中国共产党历史》（第2卷），中共党史出版社2011年版，第172页。

[2] 中共中央组织部：《中国共产党党内统计资料汇编（内部发行）》，党建读物出版社2011年版，第331页。

[3]《建国以来重要文献选编》（第5册），中央文献出版社1992年版，第272页。

村党组织的“积极性大为减弱，必须吸收一些新的积极的成分，方能振作起来”[1]。二是合作化运动即将大规模开展，而要对涉及全国农村每家每户的这场运动进行具体有效的领导，需要健全的基层党组织，不可能再像新区农村的土改运动那样依靠工作队来指导。三是新中国成立后农村工作的实践表明，较之派工作队领导乡村的方式，党支部等基层党组织的领导更直接，更容易被农民接受。因为乡、村党支部就在农民身边，党员也是农民所信任和熟悉的乡村新精英。因此，中共中央调整了农村基层党组织和党员发展的方针政策——由限制发展变为大发展，强调要在全国乡、村普遍建立党支部等基层组织。党关于领导、治理农村的思路也由此发生了转变——由派工作队指导农村基层工作，变为依靠农村基层党组织和党员直接领导乡村。

1952年5月，中共中央发出《关于在“三反”运动的基础上进行整党建党工作的指示》，对整党建党的步骤与方法上开始做出改变，提出：老区农村在完成整党后，新区农村在完成土改复查、民主建政后，应接收符合条件的优秀分子入党。在一般新区农村乡一级，应有5个党员以上（一般不超过10人）的支部。全国有12万个新区乡、2万个老区乡没有党组织，应争取在今后一年内建立党的组织。如此，在农村要接收将近100万名党员[2]。1954年5月，中央农村工作部《关于第二次全国农村工作会议的报告》中强调：“没有支部的乡及党员过少的乡，均应在当前的社会主义改造运动中积极发展党员，建立支部，第一步发展到每个乡10个党员左右，已满10人者应适当地再加发展”，老区农村支部亦应“吸收一批新的年轻的积极分子入党”。[3]到1954年11月，在全国农村22万个乡中，已有17万个乡建立了党的基层组织——党支部（或党总支、党委）。农村党员数量由上一年的335.7万名快速发展到近400万名，占农村人口的0.8%[4]。

但中共中央认为，农村基层党组织和党员的发展还是太慢，还不适应农村工作特别是农业合作化的需要。为此，1954年11月至12月，中央组织部专门召开了第一次全国农村党的组织工作会议。会议要求：1955年至1957年，农村要发展200万至300万名党员，使农村党员总数达到600万至700万。会议对农村基层党组织形式作了新的规定：在乡支部统一领导下，在农业生产合作社和手工业合作社中，可建立党小组，党员多的可建立党支部；党员超过50名的乡，可建立乡总支部，但在合作社中建立分支部。乡党员虽不足50名的乡，也可以成立乡总支部[5]。这是中国共产党关于农村基层党组织建设和党员发展方针政策的重大改变，不但要求农村党员人数快速发展和乡一级要普

[1] 《建国以来重要文献选编》（第3册），中央文献出版社1992年版，第201页。

[2] 《建国以来重要文献选编》（第3册），中央文献出版社1992年版，第200—201页。

[3] 《建国以来重要文献选编》（第5册），中央文献出版社1992年版，第272页。

[4] 中央档案馆编：《中国共产党组织史资料（五）》，中共党史出版社2000年版，第11页。

[5] 中央档案馆编：《中国共产党组织史资料（五）》，中共党史出版社2000年版，第11页。

遍建立基层党组织，而且要求行政村、合作社一级也要建立党支部或党小组。1956年9月，八大党章进一步作出明确规定：“每一个乡和民族乡，每一个镇，每一个农业生产合作社”，“凡是有正式党员3人以上的，都应当成立党的基层组织”，党的基层组织“应当领导和监督本单位的行政机构和群众组织”。[1]1957年1月，中央组织部又提出原则性建议：“农村党的基层组织的层次，一般以建立两层为好”，在设立乡党委的地方，高级社一级建立党支部[2]。

乡村党组织大发展方针政策的实施，使1954年至1956年间农村党员和基层党组织数量迅速增加。到1956年底，农村党员发展到670万人，与1953年相比，增长了近100%，农村党员数量占全国党员总数的百分比由50.77%提高到了53.59%。98.1%的乡镇建立了党委或党总支、党支部，绝大部分行政村（高级社）建立了党支部或党小组[3]。在新中国成立后的几年中，乡村建立的基层党组织的主要形式是党支部，因此可以把这一时期中国共产党自上而下地在乡村普遍建立基层组织的现代政党运动称为“党支部大规模下乡运动”。通过党支部大规模下乡，党的基层组织不但基本实现了在乡镇一级的全覆盖，而且一直延伸到行政村、合作社，从而完善了党的农村组织体系。

三、农村基层党组织大发展的作用与影响

新中国成立初期特别是1954年至1956年间农村基层党组织和党员的大发展，对于中国共产党自身建设具有极为重要的地位和作用，对新中国农村发展产生了重大影响。

首先，通过农村基层党组织大发展方针政策的实施，中国共产党建立和完善了乡、村基层党的组织系统，夯实了党执政的组织基础。中国共产党要实现对国家和社会的领导，一个重要方面是要依靠完整有效的组织网络。党自身的组织网络，从纵向看是由中央、地方、基层组成的金字塔型的组织体系。其中，党的基层组织是组织体系中与广大民众联系最为直接和密切的部分，是党的根基。中国是一个农民国度，农村、农民问题始终是中国革命和建设的基本问题，农村基层党组织建设的状况如何，直接关系到党的执政基础和群众基础是否巩固。新中国成立初期，中国共产党通过党支部大规模下乡，实现了基层组织在乡、村两级的覆盖，从而完整地构建了党在农村的组织体系。特别是，在村一级（行政村、高级社）也普遍建立了党支部。“党支部建在村上”就如同军队中“党支部建在连上”，由此把党的组织嵌入乡村社会底层，从组织

[1] 《建国以来重要文献选编》（第9册），中央文献出版社1994年版，第334、337页。

[2] 《建国以来重要文献选编》（第10册），中央文献出版社1994年版，第21页。

[3] 中共中央组织部：《中国共产党党内统计资料汇编（内部发行）》，党建读物出版社2011年版，第331页。

上、制度上，密切了党与农民的联系，党的领导体制也延伸到乡村社会末端，从而使党和国家对农村社会底层——村庄实现了空前的政治渗透。因此，这个组织体系成为党领导乡村的基本组织资源，构成了党执政的重要基础。

其次，基层党组织和党员的大发展，改变了农村传统的权力结构、社会组织结构和政治生态，由此党和国家实现了对乡村社会的高度整合。传统的中国乡村社会存在三种权力支配系统，即政权系统、族权（家族）系统、神权（宗教）系统，乡村社会主要依托由族长、士绅等精英组成的自治体系来实现自我运转。但近代以后乡村社会的组织体系基本瓦解，基层处于溃败状态，可谓“一盘散沙”，一直没有得到有效重组。新中国成立后，乡村基层党组织和党员的大发展，使党和国家以基层党组织为核心实现了对乡村社会的有效整合，解除了族权、绅权、神权对农民的掣肘和影响，使农村政治、经济和社会都发生巨变。从权力结构上看，基层党组织成为乡村权威的中心，以贫下中农中的先进分子为骨干的中共党员取代了由族长、乡绅和地方名流等组成的旧乡村“精英”，成为乡村的领导者。同时，在党的统一领导下，摧毁了原有的乡村自治体制，建立了基层政权——乡镇政府，并形成了“党政合一”的体制，使政权组织、机构和人员真正进入乡村社会，改变了旧中国乡村基层政权虚位和管理薄弱的状况。从社会组织结构上看，在乡村党组织大发展的同时，党和国家直接以党的组织力量和组织网络为资源进行乡村社会的再造，构建起以党的基层组织为核心的新乡村社会组织体系，建立了青年团、农民协会、妇联等各类群众组织，把乡村社会成员都充分组织起来。在社会经济组织上，党和国家通过土地改革、合作化两次大规模的乡村改造运动，摧毁了原有的依靠家庭组织生产的格局，把分散的个体经济逐步改造成了集体经济，农民不再是分散的个体农民，而是受党和政权直接领导与控制的集体组织成员。由此，整个乡村社会以党的组织网络为基础实现了全面的组织化管理。

这样，中国共产党在农村基层党组织和党员发展的过程中，建立起了以乡村党的基层组织为核心，以乡镇政权为依托，以各类群众性组织为纽带，以集体经济为基础的党和国家全面主导农村社会的整合体制。由此，把5亿多农村人口整合到了国家政治体系中，彻底扭转了旧中国政治中心对乡村社会无法有效管控的局面，改变了乡村社会原有的政治生态。正如有学者所说：中国乡村社会整合“得力于政党向乡村社会的渗透，是政党而不是其他组织成为农村整合的主要力量”[1]。

最后，基层党组织和党员的大发展，为乡村治理提供了核心力量，为农村的稳定与发展奠定了组织条件。

中外近现代史表明，现代政党组织在社会治理和社会发展中起着其他组织不可替

[1] 徐勇：《“政党下乡”：现代国家对乡土的整合》，《学术月刊》2007年第8期。

代的作用。而中国共产党“无论从其结构上看还是功能上看，她已经不同于世界政治现象中的一般政党的意义，事实上构成了一种社会公共权力，相当于国家组织而又超越了国家组织”[1]。正是党的一元化领导体制和中国共产党超强的权威力及其向基层组织延伸，使通过党支部大发展而健全起来的农村基层党组织成为乡村治理的中枢机构，成为党在乡村社会基层组织中的战斗堡垒。而出身于本乡本土的农村党员是党和政府联系农民群众的桥梁和纽带，在农村工作中发挥先锋模范作用，成为乡村政治动员、建设发展、社会治理与社会稳定的核心力量。事实也表明这一点。例如，1953年至1956年合作化运动的快速推进，后来农村许多大型水利设施的建成等，都得益于健全的基层党组织的有力领导和党员先锋模范作用的发挥。就社会稳定而言，无论20世纪50年代中前期农村急剧的社会变革阶段，还是后来“大跃进”运动造成的三年困难时期以及“文革”大动荡时期，乡村基层党组织和党员都起到了稳定器的作用。因此，健全有力的基层党组织是农村各项建设事业发展的组织保证，是农村实现长治久安的关键。

原载于《理论探讨》2013年第3期

[1] 胡伟：《政府过程》，浙江人民出版社1998年版，第98页。

1953年后党对阶级关系认识变化影响因素探析

吴　磊　栾冰冰

摘　要： 新中国成立以后的八年间，党对国内阶级关系和阶级斗争问题的认识有一个逐渐变化的过程。以 1953 年为界，受国内外两个重要事件及其连锁反应的影响，阶级斗争逐步上升为国家的主要矛盾：在国内，“新税制”事件促使毛泽东和中共中央加快提出过渡时期总路线，致力于消灭资产阶级；国际上，斯大林去世引发的一系列连锁反应——特别是“匈牙利事件”使得毛泽东和中共中央重新思考国内阶级关系，最终将阶级斗争确定为国内主要矛盾。

关键词： 阶级关系；“新税制”事件；过渡时期总路线；匈牙利事件；阶级斗争

众所周知，1956年之后党对国内阶级关系的判断出现了偏差，特别是1957年党的八届三中全会改变了中共八大关于中国社会主要矛盾的论断，将资产阶级与无产阶级的矛盾确立为今后长期的主要矛盾，致使新中国的社会主义建设事业出现挫折。其原因或可追溯至1953年国内的“新税制”事件与国际上斯大林的去世，前者加速了党的过渡时期总路线的提出，标志着党的阶级政策的根本性改变；后者最终引发的“匈牙利事件”等重新唤起毛泽东与中共中央对阶级斗争的高度重视，并导致日后阶级斗争的扩大化。

“新税制”事件与过渡时期总路线

1952年12月31日，《人民日报》公布《关于税制若干修正及实行日期的通告》，并于1953年1月1日正式实施“新税制”。此次改革原本只是政府职能部门为改变“经济日益繁荣，税收相对下降”的局面对原有税收政策的调整。但是，它在一定程度上改变了新中国“公轻于私”的税收原则，被毛泽东斥责为向资本家投降的“右倾机会主义”错误，一场财政税收领域的改革遂演化为政治意味浓厚的“新税制”事件，加速党中央和毛泽东提出过渡时期总路线，标志着党对新中国阶级关系的认识发生实质性转变。

新中国成立后，国民经济逐年恢复，但税收在国家财政收入中的比重却呈逐年下降的趋势，1950年占75.1%，1951年为60.9%，1952年为53.2%，其中工商业税收更是下降到了33.5%[1]。到1952年，国家的税收工作未能完成既定任务，1953年的任务却又有所增加，时任中财委副主任和财政部部长的薄一波就此认为："一方面原定的税难以收上来，一方面税收任务还要增加……这诸多原因决定了税制必须修正。"[2]经研究，薄一波与时任财政部副部长吴波等主持此次税制修正的相关负责人认为：导致税收比重下降、任务难以完成的主要原因是原有的税收政策与公私经济成分的结构变化不相适应。按照党的七届二中全会和共同纲领所确定的"公轻于私"原则，新中国的税收政策对公营经济有诸多照顾。例如，1950年12月21日公布的《工商业税暂行条例实施细则》第八条规定：国营工商业总分支机构内部调拨货物"不视为营业行为，不课征营业税"[3]。1951年10月29日公布的《合作社缴纳工商业税暂行办法》第五条规定：合作社应纳的营业税"一律按税额减征百分之二十"；第七条规定：上下级合作社以原价相互拨货"免纳营业税"等[4]。显然，这些优惠措施在扶植公有制经济壮大的同时，也导致国家征收的营业税相对减少，正如财政部报告所说："国营贸易和合作社的比重增加很快……拨货、加工、代理（包括包销）的范围日益扩大，使商品中间周转的次数大大减少……比较过去每一商品要少征一次到或二次的营业税。"[5]对之，"新税制"采取"公私一律平等纳税"的原则，在具体政策上取消了对公营经济的诸多优惠：《通告》营业税部分第七条改"工商业总分支机构间相互拨货不征收营业税"为"工业的总分支机构从产制、批发到零售，缴纳三道营业税……商业的总分支机构从批发到零售，缴纳两道营业税"，第十条则"取消对合作社减征营业税百分之二十的优待规定"[6]。

"新税制"扩大了纳税对象与税源，按照财政部的估计1953年"完成并且超过全年任务是有把握的"[7]。但是，"新税制"改变了新中国"公轻于私"的税收原则，这令毛泽东十分不满，认为"这个新税制得到资本家叫好，是'右倾机会主义'的错误"。[8]更为重要的是，在此之前毛泽东及中共中央对国内阶级关系和资产阶级地位的看法已经在发生转变，1952年6月6日他在《对〈关于民主党派工作的决定（草稿）〉的批语》中

[1] 国家统计局：《中国统计年鉴1984》，中国统计出版社1984年版，第417页。

[2] 薄一波：《若干重大决策与事件的回顾》，中央党史出版社2008年版，第164页。

[3] 张培田：《新中国法治研究史料通鉴》（第6卷），中国政法大学出版社2003年版，第7197页。

[4] 《新华月报合订本》，1959年11月、12月号，第162—163页。

[5] 刘国光：《1953—1957中华人民共和国经济档案资料选编财政卷》，中国物价出版社2000年版，第389页。

[6] 刘国光：《1953—1957中华人民共和国经济档案资料选编财政卷》，中国物价出版社2000年版，第393—394页。

[7] 薄一波：《若干重大决策与事件的回顾》，中央党史出版社2008年版，第167—168页。

[8] 薄一波：《若干重大决策与事件的回顾》，中央党史出版社2008年版，第166页。

提出："在打倒地主阶级和官僚资产阶级后，中国内部的主要矛盾即工人阶级与民族资产阶级的矛盾，故不应再将民族资产阶级称为中间阶级。"[1]9月，毛泽东又提出用十到十五年的时间向社会主义过渡。

可见，毛泽东与中共中央此时对阶级关系的认识已经开始转变，但如何政策化还处于设想阶段，而"新税制"事件的刺激加快了党对如何实现过渡的思考。在1953年6月至8月召开的全国财经会议上，毛泽东一方面对"新税制"及其负责人薄一波等进行批判，一方面思考并制定过渡时期总路线，他曾说："总路线的问题，没有七、八月间的财经会议，许多同志是没有解决的。七、八月的财经会议，主要就是解决这个问题。"[2]6月15日，毛泽东第一次较完整地阐述了过渡时期总路线："党的任务是在十年至十五年或者更多一些时间内，基本完成国家工业化和社会主义的改造。"[3]8月，在审议周恩来在全国财经会议所作的结论时，他正式提出了党在过渡时期的总路线："从中华人民共和国成立，到社会主义改造基本完成，这是一个过渡时期。党在这个过渡时期的总路线和总任务，是要在一个相当长的时期内，基本上实现国家工业化和对农业、手工业、资本主义工商业的社会主义改造。"[4]

综上，"新税制"违背了新中国"公轻于私"的原则，与毛泽东等领导对阶级关系认识的转变背道而驰，由此引发的尖锐批判成为全国财经会议的主要内容。并且，以此次会议为基础，毛泽东完成了对过渡时期总路线的设计并正式提出。即说，"新税制"事件是促进党最终提出过渡时期总路线的重要因素，而过渡时期总路线的提出则标志着党对国内阶级关系认识的实质性转变。

斯大林去世与"匈牙利事件"

必须指出，虽然在"新税制"事件的影响下过渡时期总路线的提出标志着党对阶级关系的认识已有实质性转变，但是，这种转变并未直接将党的政策引向"以阶级斗争为纲"，属于随着社会发展阶段不同而出现的正常转变。党对阶级关系的认识"左转"，并在1956年以后将"阶级斗争"确立为国内主要矛盾，是受到来自国际层面的另一个重要因素的影响，即斯大林的去世及其引发的连锁反应——尤以"匈牙利事件"为甚。

作为苏联执政时间最长的最高领导人，斯大林同时也是国际共产主义运动的领袖，

[1] 《建国以来毛泽东文稿》（第3册），中央文献出版社1989年版，第458页。

[2] 《毛泽东文集》（第6卷），人民出版社1999年版，第304页。

[3] 《建国以来毛泽东文稿》（第4册），中央文献出版社1990年版，第251页。

[4] 《建国以来毛泽东文稿》（第4册），中央文献出版社1990年版，第301页。

而“斯大林模式”一度成为包括中国在内的几乎所有社会主义国家全盘模仿的发展模式。不可否认，“斯大林模式”有其独特优势，即能够快速实现国家的工业化。这种快速发展是社会主义阵营能够在与西方阵营的对抗中立于不败的基础。但是，“斯大林模式”也存在着相当严重的问题：首先，这种模式导致经济结构比例严重失调，不具有可持续性。以匈牙利为例，为追随“斯大林模式”将自己变成“钢铁的匈牙利”，这个农业国从1948年的第一个五年计划开始加大了对重工业的扶持力度，90%的工业投资都用于发展重工业。对之，人民生活水平却直线下降，工人1953年的人均工资下降了20%。农民1952年的收入更是不及1949年的三分之二。[1]其次，在这一模式之下，斯大林个人专权越发严重，苏共党内民主与社会主义法治遭到严重破坏，党和政府的自我批判机制荡然无存。周恩来曾问赫鲁晓夫等人为何对斯大林时期的专断与僵化不做批判和约束，得到的回答是：斯大林独断专行，不可能进言，要解决问题除非密谋将他抓起来，然而要真想如此，被抓的一定是密谋者自己。[2]因此，斯大林生前长期存在并无法解决的严重问题，只能在1953年3月其去世之后进行解决，然而赫鲁晓夫的“矫枉过正”却在东欧引发了更严重的问题。

为解决匈牙利国民经济比例严重失调的问题，苏共中央政治局在克林姆林宫召见匈牙利代表团，就匈领导人问题进行讨论。随后，匈牙利共产党召开党中央全体会议，批判当时的领导人拉科西全面照搬“斯大林模式”的严重错误，并决定由纳吉取而代之，后者于7月上台，之后即开始了“去斯大林化”的改革。之后，在斯大林去世后的三年里，以匈牙利为代表的东欧国家在政治、经济乃至思想文化领域逐渐革除着“斯大林模式”的种种弊端。在苏联和苏共内部，赫鲁晓夫则始终在不遗余力地祛除斯大林的影响，直至1956年2月，他在苏共二十大上做的“秘密报告”最终宣判了“斯大林模式”的死刑，同时也在整个社会主义阵营中扔下一颗炸乱了思想的重磅炸弹。本来赫鲁晓夫“去斯大林化”运动有利于革除“斯大林模式”的种种弊端，但是用布热津斯基的话说，这一运动不幸发生在东欧经济动荡时期，并且赫鲁晓夫的方式过于激烈和突然，这对苏东各国的意识形态与政权合法性造成了强烈的大冲击。还是以匈牙利为例，在纳吉的领导下，匈牙利民众已经呼吸到改革的新鲜空气，然而1955年拉科西重掌大权后迅速“复辟”各种旧制度，民众由期望到失望而产生的愤怒可想而知。在此背景下，赫鲁晓夫的报告无异于给匈牙利民众反对拉科西打了一针“强心剂”，1956年10月，“匈牙利事件”爆发，苏联在初期试图以和平方式解决问题，最终选择了军事镇压，以逮捕纳吉等人、扶持新政府的方式结束了此次事件。对此，南斯拉夫领导人

[1] 侯凤箐：《1956年匈牙利事件与东欧剧变》，《俄罗斯中亚东欧研究》2006年第5期。

[2] 袁南生：《斯大林、毛泽东与蒋介石》，湖南人民出版社2005年版，第545页。

铁托11月发表普拉演说批判苏联的军事干涉，西方阵营也趁机掀起反苏反共的高潮，加之稍早波兰“波兹南事件”的影响，无论赫鲁晓夫的本意如何，以及他所能接受的对“斯大林模式”的改变程度如何，事态的发展显然超出了他的预料。

以“匈牙利事件”为代表的苏东社会主义国家的震荡对毛泽东和中共在对阶级关系认识上的影响是明显的。1953年过渡时期总路线公布后，到1956年三大改造进展顺利，毛泽东据此预计再有三年时间社会主义革命就可以在全国范围内基本完成。[1]按照党的八大决议，党内的主流观点是中国目前还存在阶级与阶级斗争，但随着社会主义改造的胜利，资产阶级与无产阶级的矛盾已经基本解决，国家的主要矛盾是先进的社会主义制度同落后的社会生产力之间的矛盾。[2]应该说，党的八大决议的这个判断是符合实际情况与未来发展方向的，但是受“匈牙利事件”等的影响，毛泽东和党对国内阶级关系情况与阶级斗争的认识转变迅速而坚决。在1956年11月党的八届二中全会的讲话中，毛泽东指出：“东欧一些国家的基本问题就是阶级斗争没有搞好，那么多反革命没有搞掉，没有在阶级斗争中训练无产阶级，分清敌我……现在呢，自食其果，烧到自己头上来了。”是年12月29日，为反对铁托就“匈牙利事件”针对苏联的批判和攻击，经政治局讨论过的《再论无产阶级专政的历史经验》在《人民日报》上发表，文章强调斯大林的错误仍然属于共产主义内部的是非问题，而非阶级斗争中的敌我问题。相反，对斯大林抑或苏联模式的全盘否定与攻击，才是带有反共产主义性质的恶意攻击，目的是制造共产主义队伍的分裂和混乱，是阶级斗争性质的敌我矛盾。[3]在如何评价斯大林的问题上，中共虽然不想直接反对赫鲁晓夫全盘否定的做法，但仍然明确表达了自己的态度，并且始终强调阶级斗争的重要意义。

如果说1956年以毛泽东同志为主要代表的中共的表态关注的是国际层面的阶级斗争的话，进入1957年后，毛泽东和中共中央更加关注国内的阶级关系与阶级斗争问题，因为受“匈牙利事件”的影响，国内“有成千上万的人上街，去反对人民政府”。[4]1957年2月27日，毛泽东发表《如何正确处理人民内部的矛盾》的讲话，将国内的矛盾分为敌我矛盾和人民内部矛盾，而与资产阶级的矛盾属于人民内部矛盾。此时，党内对新中国阶级关系与阶级斗争的认识仍然是相对审慎的，因为在毛泽东和中共中央看来“匈牙利事件”对中国的影响不过是“风乍起，吹皱一池春水”，甚至认为匈牙利事件可以坏事变好事。但是，随着社会各界围绕《如何》而展开的讨论以及“百家争鸣，百花齐放”的日益高涨，一些尖锐的批评更像是对社会主义的攻击，毛泽东认为

[1] 《建国以来毛泽东文稿》(第6册)，中央文献出版社1992年版，第22页。

[2] 《建国以来重要文献选编》(第9册)，中央文献出版社1994年版，第241页。

[3] 《建国以来重要文献选编》(第9册)，中央文献出版社1994年版，第574—575页。

[4] 《建国以来毛泽东文稿》(第6册)，中央文献出版社1992年版，第320页。

这“暴露了一部分人的面貌”。[1]5月，毛泽东起草《事情正在起变化》一文，将党内整风运动扩展至党外，准备清除“右派毒草”。6月8日，毛泽东指出右派反动分子正向工人阶级和共产党猖狂进攻，要求组织力量坚决反击，否则有重演“匈牙利事件”的危险。[2]7月，毛泽东进一步指出与资产阶级右派的矛盾是敌我矛盾，而非人民内部矛盾。[3]至此，受“匈牙利事件”的影响，毛泽东和中共中央实质上已经将工作重心转向阶级斗争，并且逐渐混淆了人民内部矛盾与敌我矛盾的界限。最终，党的八届三中全会否定了八大关于社会主要矛盾的论断，认为无产阶级与资产阶级的矛盾是社会主要矛盾，为这一阶段党对国内阶级关系认识的转变盖棺定论，并对之后的新中国历史产生了深远影响。

总之，“新税制”事件与斯大林去世所引发的一系列连锁反应在很大程度上改变了党对国内阶级关系与阶级斗争问题的认识，致使新中国在社会主义建设过程中遭遇挫折，走了弯路。在坚持马列主义的正统地位方面，中共始终保持着清醒的头脑，如能在此基础上正确把握不同发展阶段的阶级关系与主要矛盾，新中国的建设事业将最大限度地避免挫折与弯路。

原载于《人民论坛》2015年第32期

[1] 《建国以来毛泽东文稿》（第6册），中央文献出版社1992年版，第455页。

[2] 《建国以来毛泽东文稿》（第6册），中央文献出版社1992年版，第496—497页。

[3] 《建国以来毛泽东文稿》（第6册），中央文献出版社1992年版，第543页。

中国共产党话语建构百年历程、结构特征及未来展望

——以建党话语为中心考察

郑　彬

摘　要： 百年大党，建党为要。围绕着建立一个什么样的党、建设一个什么样的党，中国共产党在百年奋斗历程中形成了极具中国气派的建党话语。在百年发展历程中，建党话语坚持了话语发展的一贯性、接续性、创新性，实现了话语来源上从“一元”到“多元”的跨越，形成了立场坚定、生动活泼、逻辑严密、学理丰富的话语内容，构建了相互衔接、系统完善的话语体系，越发显示出中国气派、中国风格、中国自信。

关键词： 建构历程；特征分析；话语阐释

话语是思想的载体，建党是党建的起点。在百年发展历程中，中国共产党创造了一套立足中国大地、指导中国实践的中国理论，走出了一条与众不同、成就斐然的中国道路，提出了一套和平发展、休戚与共的中国方案，创造了一系列举世瞩目、世界惊叹的中国奇迹，更形成了一整套深入人心、鼓气提神、内涵丰富的中国话语。梳理中国共产党百年话语发展历程，深刻总结百年话语发展经验，对推动中国共产党话语学理化体系化构建，加快中国特色哲学社会科学学科体系、学术体系、话语体系建设，坚定道路自信、理论自信、制度自信、文化自信具有深远意义。

一、党建理论体系起点与关键：建党目标与建党话语

党建理论体系、党建话语体系是中国哲学社会科学理论体系、话语体系的有机构成部分。党建理论依托党建话语展开。党建理论涵盖着党的建设、党的领导、党的执政、党的治理等众多方面。其中，党的建设是党的领导地位确定、党的执政活动开展的前提与基础。而党的建设的逻辑起点便是解决建立、建设一个什么样的党的问题，即建党目标。毫无疑问，中国共产党要建设成一个坚强有力的马克思主义政党。但在

不同历史阶段，有着不同的文本表述，呈现出由浅入深的理论发展趋势。基于此，可以将建党目标分解为长期性整体性目标、阶段性具体性目标。长期性整体性目标，是中国共产党在党的建设方面必须长期坚持的根本要求。如“中国特色社会主义事业的坚强领导核心”“两个先锋队”“三个代表”“坚强有力的马克思主义执政党”等要求，这都是整体性长期性目标。这些目标从政党领导地位、政党属性、政党前进方向、政党形态等不同方面规定了中国共产党建设的基本原则，从根本上解决了建立一个什么样的党的问题。阶段性具体性目标，是着眼于党的建设自身客观需求、治国理政对党的建设迫切需要所提出的目标，主要解决在一段时间内建设一个什么样的党的问题。如毛泽东同志在《〈共产党人〉发刊词》中提出的党的建设伟大工程目标，江泽民同志在党的十四届四中全会上提出的党的建设新的伟大工程目标，习近平总书记在党的十九大提出的新时代党的建设总要求和一些由此衍生出的具体建党要求，这都是阶段性具体性目标的典型代表。这些目标服从于党的任务、服务于党的建设客观需要，成为具体历史时期党的建设的指导。

话语是人类社会实践的结果，是人与人交流的工具，同时也是意识形态外化的物质载体。从话语的本质来看，话语特别是政治话语，是政治权力运作的外在化体现[1]。从话语的表现形式来看，“它涵盖了各种形式的正式和非正式的言语互动以及各种形式的书面文本”[2]。话语经过系统加工、复杂构建，便形成了话语体系。

笔者认为，所谓建党话语，是关于建立、建设一个什么样的党的话语表达的统称，是建党目标这一理论成果的话语载体。基于“建党目标—党的建设—党建理论”的逻辑理路，可以说建党话语亦是党建话语的起点。从话语形式来看，建党话语不仅包括以党代会报告、中央文件为主要载体的系统话语，还包括以口号、批示、讲话、宣传标语为载体的具体话语，两者共同构成话语内容体系。从话语层次来看，依托建党目标，可以将建党话语分为核心话语与重要话语。本文以建党话语为样本，从核心话语、重要话语分别流变、协同构建角度梳理中国共产党话语构建过程，分析中国共产党建党话语的结构特征，为当前中国共产党话语体系建构提供一定参考。

二、中国共产党建党话语建构历史梳理

建党百年，百年建党。自从中国共产党成立以后，党便立足“建设一个什么样的党、怎样建设党”这一根本主题，围绕马克思主义政党性质、政党领导权、政党执政

[1] 福柯：《福柯说权力与话语》，陈怡含译，华中科技大学出版社2017年版，第33—34页。

[2] 乔纳森·波特、玛格丽特·韦斯雷尔：《话语和社会心理学》，肖文明、吴新利译，中国人民大学出版社2006年版，第10页。

方位转变、政党建设等几个方面不断深化对建党目标的探索，形成了“一个领导党、两个先锋队、三个代表”和“坚强有力的马克思主义执政党”双元核心话语统领下以党的建设总目标话语为主线、其他建党话语围绕主线分布的话语格局。

（一）建党初期中国共产党建党话语的尝试与借鉴

党在成立初期，由于比较弱小、理论准备不充分，更多依靠共产国际的直接理论指导来开展革命活动，其话语的生成也自然受到共产国际相关指示要求的影响。由于共产国际对中国革命的片面指导以及党内“左”倾错误的出现，中国共产党建党话语一度偏离了正确的轨道。

第一，在对“建设一个什么样的党”的探索上，提出中国共产党是“先锋军”和党应掌握革命“领导权”。党的二大提出，中国共产党应是“所有阶级觉悟的无产阶级分子的组合，是无产阶级的先锋军”[1]。1925年1月，党的四大第一次提出党的领导权这一重大命题，提出“中国的民族革命运动，必须最革命的无产阶级有力的参加，并且取得领导的地位，才能够得到胜利”[2]。由于部分领导人认为无产阶级拥有“天然领导权”[3]，从而忽视、放弃对领导权的争夺，导致“领导党”建设目标的理论缺失和国民大革命的惨痛失败。

第二，在共产国际指导下，中国共产党提出“群众党”“布尔什维克党”的具体建党目标。1921年6月，共产国际三大指明，共产国际各个支部要“在斗争过程中建立强大的、革命的、群众性的共产党”[4]。党的二大积极响应共产国际要求，提出“要到群众中去，要组成一个大的‘群众党’”[5]。在“群众党”口号的指引下，中国共产党深入人民群众中，开展革命宣传、建设工会农会，组织工人罢工、农民运动，形成了第一个全国工人农民运动高潮。

1924年7月，共产国际五大提出各支部“布尔什维克化”建设的重要任务。1925年1月，党的四大表示完全同意共产国际五大的会议精神，并将正在进行的“群众党”建设与“布尔什维克党”建设目标相联系，强调“群众党”建设目标是中国共产党“布尔什维克化”建设的重要一环和关键内容[6]。国民大革命失败后，党内领导层出现“左”的倾向，“布尔什维克化”的内涵也随之改变。1927年11月9日，中国共产党召开临时

---

[1] 《建党以来重要文献选编》（第1册），中央文献出版社2011年版，第162页。

[2] 《建党以来重要文献选编》（第2册），中央文献出版社2011年版，第219页。

[3] 李永春、岳梅：《彭述之的无产阶级“天然领导权”思想再探》，《党史研究与教学》2013年第3期。

[4] 中共中央编译局：《国际共产主义运动历史文献》（第32卷），中央编译出版社2011年版，第378页。

[5] 《建党以来重要文献选编》（第4册），中央文献出版社2011年版，第162页。

[6] 袁红：《中国共产党的“布尔什维克化”建设目标研究》，华中师范大学出版社2014年版，第34页。

政治局扩大会议，会议指出："中国共产党组织之布尔塞维克化，以及无产阶级和农民群众的组织之革命化，都是当前最迫切最重要的问题。"[1]党的六大提出了"完成党的布尔塞维克化"的要求。党的六届四中全会后，王明"左"倾教条主义错误在党中央占据了统治地位。王明坚决落实共产国际关于两条路线的斗争的指示，提出"为中共更加布尔塞维克化而斗争"口号，将中国共产党毫不动摇、不折不扣地听从共产国际的指示作为"更加布尔塞维克化"的首要标准和重要内容。这种不打折扣、机械执行共产国际指示的教条主义行为给中国共产党、中国革命带来了严重灾难和沉痛后果。

总体来看，这一阶段由于中国共产党自身理论认识不清醒，建党话语处于零星设想状态，远远达不到成熟的标准。但这如同火花般的零星话语也蕴含着一些科学认知和朴素愿望，为毛泽东同志的建党目标话语构建提供了最基本的来源。

（二）革命时期中国共产党建党话语的创新与中国化建构

国民大革命失败后，以毛泽东同志为主要代表的中国共产党人开始了独自领导中国革命、探索中国革命道路的历程。毛泽东同志根据革命斗争经验与教训，认为"中国革命斗争的胜利要靠中国同志了解中国情况"[2]。遵义会议后，中国共产党开启了独立自主探索中国革命道路的伟大征程，建党话语也开始了创新性探索过程。

第一，尝试性提出"两个先锋队"的表述。1935年12月，中共中央在瓦窑堡召开政治局扩大会议。会议分析了中国社会各阶级、各阶层在新的民族革命条件下的新变化、新情况，并对党的性质做了新表述，即"中国共产党是中国无产阶级的先锋队……同时中国共产党又是全民族的先锋队"[3]。这个新表述将党的性质从"一个先锋军"发展为"两个先锋队"，实现了建党目标上的尝试性突破。虽然此时"两个先锋队"并不是系统性、连续性表述，也未在后来党的会议中频繁出现和上升为党代会报告内容、党章要求，但党所进行的各项活动无不体现了"两个先锋队"这一组织定位。这一尝试性话语表达为中国共产党转变工作思路、广泛发动群众提供了舆论支持、政策支持，也为之后"两个先锋队"重要论述的正式提出提供了话语基础。

第二，明确提出要建立一个"领导党"。毛泽东同志提出"中国共产党是在一个几万万人的大民族中领导伟大革命斗争的党"[4]。1939年至1940年，毛泽东同志对中国革命的历史经验进行全面总结，提出了新民主主义革命的纲领和目标，建立了新民主主义理论体系，深化了对党的领导的理论认知，强调了建设一个"领导党"的必要性。在

[1] 《建党以来重要文献选编》（第4册），中央文献出版社2011年版，第634页。

[2] 《毛泽东选集》（第1卷），人民出版社1991年版，第115页。

[3] 《建党以来重要文献选编》（第12册），中央文献出版社2011年版，第549页。

[4] 《毛泽东选集》（第2卷），人民出版社1991年版，第526页。

建设一个“领导党”目标指引下，党中央在处理根据地各团体关系中提出：“它应该领导一切其他组织，如军队、政府与民众团体。根据地领导的统一与一元化，应当表现在每个根据地有一个统一的领导一切的党的委员会。”[1]巩固“领导权”、建立“领导党”的话语已经成熟。

第三，提出了党的建设伟大工程与建设目标。在明确“领导党”地位和“先锋队”性质后，毛泽东同志分析了抗日战争中党的任务、党建现状后，提出党的建设“伟大的工程”，号召全党共同建设“一个全国范围的、广大群众性的、思想上政治上组织上完全巩固的、布尔什维克化的中国共产党”[2]。党的建设伟大工程目标中，既有对以往“群众党”“布尔什维克党”话语的经典继承，又有对思想建党这一核心精髓的着重强调，还有对“完全巩固”这一建党信念的凸显，更有“全国范围内”的整体要求。可以说，党的建设伟大工程目标实现了建党话语在坚持中发展、在发展中重构，标志着革命时期毛泽东建党话语的成熟。

在提出党的建设伟大工程后，毛泽东同志着力实现对中国共产党政治话语内涵的重构，进而巩固党的政治话语中国化的根本前进方向。1942年6月，《解放日报》刊登了由师哲重译的《斯大林论党的布尔什维克化》。师哲版强调的“马克思主义与革命实践是不可分离地联系着的”成了毛泽东思想指导下的“布尔什维克化”的标准[3]，也成了毛泽东同志对“布尔什维克化”内涵中国化建构的理论依据。1943年，共产国际执委会自觉难以承担起领导各国进行革命、推动各国“民族化”的重任，做出了解散的决定。中共中央表示完全同意共产国际的提议，并着重指出“中国共产党人必将继续根据自己的国情，灵活地运用和发挥马克思列宁主义，以服务于我民族的抗战建国事业”[4]。“灵活地运用和发挥马克思列宁主义”口号的提出，标志着马克思主义政党话语中国化建构已成为中国共产党建党话语发展的根本方向。

（三）建设时期中国共产党建党话语的创新与转折

中华人民共和国成立后，面对一穷二白的国家面貌，中国共产党不断深化对社会主义建设规律认识，提出了“马克思主义同中国实际的第二次结合”伟大口号，开始了社会主义建设的伟大征程。建党话语也随着党的中心任务转移、党的历史方位转变不断深化调整。但随着毛泽东同志对国内外形势的误判，把无产阶级和资产阶级的矛

[1] 中共中央文献研究室：《毛泽东年谱（1843—1949）》（中卷），中央文献出版社2013年版，第400—401页。

[2] 《毛泽东选集》（第2卷），人民出版社1991年版，第602页。

[3] 袁红：《中国共产党的“布尔什维克化”建设目标研究》，华中师范大学出版社2014年版，第115页。

[4] 《建党以来重要文献选编》（第20册），中央文献出版社2011年版，第318页。

盾确定为中国社会的主要矛盾，致使党的八大确定的中心任务发生转变，建党话语随之转向。

第一，针对历史任务转变，深化“领导党”表述。中华人民共和国成立后，在社会主义社会中“建设一个什么样的领导党、怎样开展党的领导”这一问题摆在了中国共产党人面前。毛泽东同志提出：“中国共产党是全中国人民的领导核心。没有这样一个核心，社会主义事业就不能胜利。”[1]延伸到具体工作中，毛泽东强调，“工、农、商、学、兵、政、党这七个方面，党是领导一切的”[2]。“文化大革命”期间，“领导我们的核心力量是中国共产党”的口号得到强化并广为传颂，但踢开党委闹革命、以个人领导代替集体领导等行为实际上已严重破坏了党的领导，“领导党”的话语内涵遭到扭曲。

第二，立足政党方位的转变，提出要建设一个紧密联系群众的“执政党”。邓小平同志在《关于修改党的章程的报告》中提出：“中国共产党已经是执政的党，已经在全部国家工作中居于领导地位。”[3]刘少奇同志强调：“我们党是掌握了全国政权的执政党，许多党员是国家政权的各级领导人。处于这种执政党的地位，很容易滋长命令主义和官僚主义的作风。”[4]为此，为应对“赶考”命题、建设一个紧密联系群众的执政党，中国共产党先后开展了“三反”“五反”等教育活动，成立了监察委员会，极大地巩固了党群关系、增强了执政党意识。此时，“执政党”“执政的党”话语虽未得到系统构建，但为之后执政话语的创新发展提供了文本基础、思想基础。

党的八届十中全会后，“文化大革命”的发生导致党的中心任务偏离，建党话语也发生了重大变化。1967年10月，毛泽东同志强调：“党组织应是无产阶级先进分子所组成，应能领导阶级和群众对于阶级敌人进行战斗的朝气蓬勃的先锋队组织。”[5]毛泽东同志对党组织的要求一改以往抓建设的中心任务定位，将进行阶级斗争作为党的中心任务，标志着建党话语发生了重大转向。

（四）改革开放时期中国共产党建党话语的重构

党的十一届三中全会上，党中央作出了改革开放和拨乱反正的重大决策，正式拉开了改革开放的时代大幕。面对改革开放的新环境，中国共产党在批判性继承革命建设时期话语、深化对社会主义认识基础上，形成了新时期建党话语表达。

[1] 《毛泽东文集》（第7卷），人民出版社1999年版，第303页。
[2] 《毛泽东文集》（第8卷），人民出版社1999年版，第305页。
[3] 《邓小平文选》（第1卷），人民出版社1994年版，第214页。
[4] 《刘少奇选集》（下卷），人民出版社1985年版，第401页。
[5] 中共中央文献研究室：《毛泽东年谱（1949—1976）》（第6卷），中央文献出版社2013年版，第136页。

第一，根据中心任务转移，“领导党”话语深入发展并定型。党的十一届三中全会后，以邓小平同志为主要代表的中国共产党人围绕着社会主义发展阶段、发展动力、发展前途、发展方式等方面不断深化对社会主义的认识，形成了马克思主义中国化第二大理论成果——邓小平理论。邓小平同志认为，在社会主义时期，执政党的历史任务是领导全国人民进行社会主义物质文明和精神文明建设，因此要“把我们党建设成为有战斗力的马克思主义政党，成为领导全国人民进行社会主义物质文明和精神文明建设的坚强核心”[1]。随着对社会主义认识的不断深化，“领导党”的话语表述也不断成熟定型。党的十四大提出，要“使我们这个久经考验的马克思主义的党，在建设有中国特色社会主义的伟大事业中更好地发挥领导核心作用”[2]。党的十六大提出，要让我们党“始终是中国特色社会主义事业的领导核心”[3]。党的十七大提出，要让我们党“始终成为中国特色社会主义事业的坚强领导核心”[4]。“中国特色社会主义事业的坚强领导核心”的话语表述自此定型。

第二，立足新的时代条件，深化对党自身性质的认识，完善建党核心话语。首先，深化对“先锋队”的认识，完善“先锋队”话语表达。党的十三届四中全会后，江泽民同志对“工人阶级先锋队”的表述不断深化，并在庆祝中国共产党成立80周年大会上正式提出“中国人民和中华民族先锋队”，形成“两个先锋队”的表述。其次，2000年2月，江泽民同志在广东省考察工作时提出“三个代表”重要论述，成为新世纪党的工作的根本指导。党的十六大将以上话语表达进一步整合，提出“通过锲而不舍的努力，保证我们党始终是中国工人阶级的先锋队，同时是中国人民和中华民族的先锋队，始终是中国特色社会主义事业的领导核心，始终代表中国先进生产力的发展要求，代表中国先进文化的前进方向，代表中国最广大人民的根本利益”[5]。自此，中国共产党立党性质“两个先锋队、一个领导党、三个代表”的建党核心话语得以形成。

第三，丰富“执政党”话语，建设马克思主义执政党。改革开放后，中国共产党执政党意识更加觉醒。邓小平同志强调：“一个真正的马克思主义政党在执政以后，一定要致力于发展生产力。”[6]江泽民同志在庆祝中国共产党成立80周年大会上做出了“两个转变”的重大判断，提出中国共产党已经“成为领导人民掌握全国政权并长期执政的党”[7]。“执政党”话语正式进入了党的建设话语体系。围绕着“执政党”这一话语

[1] 《邓小平文选》（第3卷），人民出版社1993年版，第39页。

[2] 《十四大以来重要文献选编（上）》，人民出版社1996年版，第39页。

[3] 《十六大以来重要文献选编（上）》，中央文献出版社2005年版，第138页。

[4] 《十七大以来重要文献选编（上）》，中央文献出版社2009年版，第38页。

[5] 《十六大以来重要文献选编（上）》，中央文献出版社2005年版，第38页。

[6] 《邓小平文选》（第3卷），人民出版社1993年版，第28页。

[7] 《十六大以来重要文献选编（上）》，中央文献出版社2005年版，第9页。

群，中国共产党不断丰富话语体系。在执政理念上，提出要坚持立党为公、执政为民；在执政方式上，提出要科学执政、民主执政、依法执政；在执政能力上，提出五大执政能力。同时，提出“我们党是执政的党，党的领导要通过执政来体现”[1]的理性判断和“提高党的领导水平和执政水平”“提高领导水平和执政能力”的重大课题，从而将“执政党”“领导党”话语相贯通、相衔接。

第四，依托党的建设新的伟大工程，提出面向新世纪党的建设总目标。1994年9月28日，党的十四届四中全会提出了“党的建设新的伟大工程”，并明确其目标为“把党建设成为用建设有中国特色社会主义理论武装起来，全心全意为人民服务，思想上政治上组织上完全巩固，能够经受住各种风险，始终走在时代前列的马克思主义政党”[2]。党的十五大将其作为面向新世纪的党的建设总目标，同时将“用建设有中国特色社会主义理论武装起来”表述修改为“用邓小平理论武装起来”，实现了话语表达的接续性发展。

第五，提高党的建设科学化水平、学习型政党、先进性纯洁性建设等新的建党话语的提出。党的十六大以后，党中央不断深化建党话语表达，增强建党话语的学理性。首先，在党的性质上，提出“先进性”“纯洁性”这两个承载中国共产党本质属性的概念。胡锦涛同志强调：“先进性是马克思主义政党的根本特征，也是马克思主义政党的生命所系、力量所在。”[3]党的十七大将执政能力建设与先进性建设作为党的建设主线。党的十八大则将“纯洁性”添加到党的建设主线中，形成了“执政能力和先进性、纯洁性建设”的党的建设主线格局。其次，党的十七届四中全会提出建设“学习型政党”，将“建设学习型、服务型、创新型的马克思主义执政党”[4]作为自身建设目标。最后，党的十七届四中全会还提出了“提高党的建设科学化水平”，并将其作为党的建设的重要目标、重要要求。这些话语的提出，意味着中国共产党在建党话语上开始将党建目标与探索执政党建设规律、政党政治普遍规律联系起来，开始了学理化的尝试探索。

（五）新时代中国共产党建党目标话语新发展

党的十八大以来，以习近平同志为核心的党中央立足中国特色社会主义进入新时代这一历史方位，把握中国越发走近世界舞台中央这一客观现实，着眼于增强道路自信、理论自信、制度自信、文化自信，遵从“强国必先强党”的基本逻辑，提出了一

[1] 《江泽民文选》（第1卷），人民出版社2006年版，第92页。

[2] 《十四大以来重要文献选编（中）》，中央文献出版社1997年版，第975页。

[3] 《胡锦涛文选》（第2卷），人民出版社2016年版，第263页。

[4] 《十八大以来重要文献选编（上）》，中央文献出版社2014年版，第39页。

系列新战略新思想新论述，不断增强建党话语时代性、学理性、通识性、体系性、世界性，形成了新时代建党话语新的发展局面。

第一，“领导党”与中国特色社会主义本质特征的阐述。党的十八大以来，习近平总书记立足“中国特色社会主义事业的坚强领导核心”这一核心话语阐述，不断思考党的领导同中国特色社会主义的关系，提出“中国特色社会主义最本质的特征是中国共产党领导”[1]这一重大论断。自此，建设“领导党”、坚持党的领导不仅是巩固人民民主专政的内在要求、党的建设迫切需求，更是中国特色社会主义最本质特征彰显的内在要求。

第二，立足“两个一百年”的关键节点，将“坚强有力的马克思主义执政党”作为党建要求的核心概括，将长期执政作为建党目标要求。“坚强有力的马克思主义执政党”这一话语宣示在习近平总书记的重要讲话、党的重要政治文件中多次出现，已成为当前中国共产党建党的目标指向。同时，立足于中华人民共和国成立70周年、中国共产党成立百年这一重要历史节点，习近平总书记提出“长期执政”这一重大建党要求，并将“坚强有力”作为长期执政的执政党状态要求。习近平总书记强调：“我们党要长期执政、永葆活力，团结带领全国各族人民沿着中国特色社会主义道路实现中华民族伟大复兴，最重要的是把党建设得更加坚强有力。”[2]

第三，提出新时代党的建设总要求及总目标。党的十九大上，习近平总书记提出了新时代党的建设总要求和总目标。同以往相比，新时代党的建设总目标有了两大话语创新点。首先，话语支撑更加坚实。新时代党的建设总目标依托党的建设总要求展开。新时代党的建设总要求涵盖党的建设的坚持原则、基本主线、统领、根基、着力点、布局、主要矛盾等众多方面，是党的建设推进的根本指导。总目标依托总要求展开，使实现目标的方法支撑更加坚实、路径选择更加明朗。其次，建党目标话语内容更加生动活泼、自信昂扬，要求“把党建设成为始终走在时代前列、人民衷心拥护、勇于自我革命、经得起各种风浪考验、朝气蓬勃的马克思主义执政党”[3]。

第四，强化建党话语与“四个伟大”之间的互动，构建以强党建设为核心的中国特色社会主义理论新话语。党的十八大以来，习近平总书记提出了自我革命社会革命协同论、“四个伟大”等相关重要论述，形成了以强党建设为核心的中国特色社会主义理论新话语。习近平总书记强调：“党要团结带领人民进行伟大斗争、推进伟大事业、

[1] 《习近平谈治国理政》（第三卷），外文出版社2020年版，第94页。

[2] 习近平：《贯彻落实新时代党的组织路线，不断把党建设得更加坚强有力》，《共产党员》2020年第17期。

[3] 习近平：《决胜全面建成小康社会　夺取新时代中国特色社会主义伟大胜利——在中国共产党第十九次全国代表大会上的报告》，《人民日报》2017年10月28日。

实现伟大梦想，必须毫不动摇坚持和完善党的领导，毫不动摇把党建设得更加坚强有力。”[1]新时代，以党的建设总目标统揽伟大斗争、伟大事业、伟大梦想，要求中国共产党在应对伟大斗争中屹立不倒、始终走在前列，在推进伟大事业中成为全国人民的主心骨，在实现伟大梦想中成为坚强领导核心。

第五，建党话语的世界性凸显。党的十八大以来，中国共产党与世界交往、联系愈加密切，建党话语的世界性越发凸显。在自身定位上，习近平总书记提出“我们党要搞好自身建设，真正成为世界上最强大的一个政党”[2]；在对世界责任上，习近平总书记提出“中国共产党所做的一切，就是为中国人民谋幸福、为中华民族谋复兴、为人类谋和平与发展”[3]。中国共产党在建党话语中不仅将自身同中国人民的命运紧密联系在一起，更与世界人民的福祉紧密关联，强调要为“为人类谋和平与发展”。

三、中国共产党建党话语结构与特征分析

话语作为思想理论的一种表达工具、承接载体，其发展受到理论创新、文本形式、语言环境、时代环境等众多因素影响。在百年发展过程中，中国共产党建党话语越发显示出中国气派、中国风格、中国自信。

（一）中国共产党建党话语内容层次分析

经过百年奋斗历程，中国共产党构建了博大的建党话语体系，形成了在“一个领导党、两个先锋队、三个代表”和“坚强有力的马克思主义执政党”双元核心话语统领下，以党的建设总目标话语为话语主线、其他建党话语正态分布的话语格局。

第一，“一个领导党、两个先锋队、三个代表”和“坚强有力的马克思主义执政党”双元核心话语。所谓建党核心话语是指对政党的立党宗旨、性质定位、目标追求、政党方位、伦理文化等方面的集中表达和高度凝练，是其他建党话语展开的根本依据、指导思路和文本基础。首先，“一个领导党、两个先锋队、三个代表”的话语是对党的性质的根本界定，突出强调政党性质、政党宗旨，管的是建党的根本性问题；其次，“坚强有力的马克思主义执政党”的话语则是在执政特别是长期执政条件下对党的执政形态的话语表达，突出强调执政方位、政党形态，管的是党的长期执政地位巩固、执政党建设的问题。两者是当前中国共产党在党建方面最核心的话语概括，统一于中国共产党治国理政实践，并通过“立党为公、执政为民”“提升领导水平和执政水平”等

[1] 《习近平谈治国理政》（第三卷），外文出版社2020年版，第47—48页。

[2] 《十八大以来重要文献选编（下）》，中央文献出版社2018年版，第177页。

[3] 《习近平谈治国理政》（第三卷），外文出版社2020年版，第436页。

话语实现衔接。

第二，以党的建设总目标话语为主线。建党总目标是一段时间内对中国共产党建党要求的总结性概括和前瞻性指导，是党的建设发展的主线。在百年奋斗历程中，中国共产党形成了三次建党总目标话语，分别是面向革命和新社会的党的建设伟大工程目标、面向改革和新世纪的党的建设新的伟大工程目标、面向全面深化改革和新时代党的建设总目标。新时代党的建设总目标是当前建党话语的主线。新时代党的建设总目标以“要求＋目标”形式展开，强调通过坚持基本原则、夯实理想根基、抓住基本着力点、强化政治统领、优化党建布局、推动反腐败斗争、提高党的建设质量等来建设一个坚强有力的马克思主义执政党。这是当前党建工作开展的根本指导，也是一般性党建话语展开的主线逻辑。

第三,一般性建党话语围绕党的建设总目标主线展开。围绕着党的建设总目标话语主线，我们党提出了众多一般性建党话语。例如，围绕执政党，提出建立“立党为公、执政为民”的党、提出“长期执政”的党；围绕先进性、纯洁性，提出建设“永远走在时代前列”“经得起各种风浪考验”的党；围绕党的建设科学化，提出建立学习型、服务型、创新型政党，提出提高党的建设质量，等等。

第四，对外建党话语成为党建话语布局新的领域。围绕着中国共产党的世界地位、世界作用，习近平总书记提出了“要建立世界上最大的党”“为人类谋和平与发展的党”等相关论述。

（二）中国共产党建党话语发展特征分析

历经百年，中国共产党话语表达初步形成中国气派、中国风格，表现出与众不同的话语发展特征。从话语来源来看，建党话语充分从时代背景、实践课题和传统文化中吸取话语元素；从话语发展来看，建党话语在话语继承中坚持话语表达一贯性，在话语发展中坚持话语表达的创新性，形成了稳定的话语表达、延续的话语风格、自主的话语内容；从话语内容来看，建党话语政治性、学理性、逻辑性、生动性逐步增强。

1.话语来源：时代性、实践性、传统性相结合

话语来源，是话语产生、话语构建的基础问题。建党初期，党虽主动提出不做“书斋里的马克思主义”，但并未提出契合自身的建党口号。“群众党”“布尔什维克党”均来自共产国际的一般性要求，没有体现中国情况、中国特色。经过艰辛努力，中国共产党破除“权威迷信”，实现了从“苏化”到“中国化”的转变，破除“书本迷信”，实现了“唯书”到“唯实”的跨越，实现了话语来源从“一元”到“多元”的转变。

首先，在立足时代需求、解决迫切问题中汲取话语原料。例如，为承担起领导全国的重任，中国共产党提出要建设一个“群众性的党”，要求努力扩大党的组织。在

组织扩大中，却出现了盲目扩张的问题。为此，1939年6月，毛泽东指出："党已在全国有了大数量的发展。现在的任务是巩固它。"[1]8月，中共中央召开政治局会议，指出"在思想上政治上组织上巩固党，成为我们今天极端严重的任务，成为完成党的政治任务的决定因素"[2]。随后，"思想上政治上组织上完全巩固"得到进一步阐发，成了党的建设伟大工程的目标要求。

其次，积极吸取传统文化资源中相关优秀话语养分。例如，面对部分党员干部贪污腐败的问题，建设一个没有腐败的党则成了中国共产党的迫切需求。党从中国传统文化中汲取养分，在党的十三大报告中提出要"建立公正廉洁"的党、在党的十七大深化为"建设清正廉洁"的党。又如，党的十三大为完成新老干部交接、选拔一大批优秀人才的迫切任务，提出要"建立选贤任能、卓有成效地为人民服务的党"[3]。

2.话语发展：一贯性、接续性、创新性

百年奋斗历程中，中国共产党经历了革命建设改革三大历史时期，实现了中心工作的顺利转移，创造了举世瞩目的中国奇迹。在中心任务转移、整体话语范式转换过程中，中国共产党建党话语坚持了话语转换中话语表达的接续性、话语继承中话语表达的一贯性、话语发展中话语表达的创新性，形成了稳定的话语表达、延续的话语风格、自主的话语内容。

首先，在话语转换中坚持话语表达的接续性。中国共产党实现了从"革命"到"建设"再到"改革"的任务接力，实现了整体话语转换中话语的接续表达。第一，"先锋队"的话语表达在百年中淬火坚守，并实现了从"一个先锋队"到"两个先锋队"的丰富与完善。第二，"领导党"话语愈加精练明确。根据党的中心任务的转换，"领导党"话语表述从"领导抗日战争的党"到"社会主义建设事业的核心"再到"领导全国人民进行社会主义物质文明和精神文明的坚强核心"，最终定型于"中国特色社会主义事业坚强领导核心"。第三，执政党话语表达在建设改革两大时期不断成熟。改革开放后，中国共产党统筹政党性质、政党方位、党建要求三大因素，提炼出"坚强有力马克思主义执政党"的执政定位、"长期执政"的执政要求、"立党为公、执政为民"的执政理念、"科学执政、民主执政、依法执政"的执政方式、五大执政能力和八大执政本领等一系列执政话语。

其次，在话语继承中坚持话语表达的一贯性，并与时俱进赋予其时代内涵。在建党话语发展过程中，党不断继承以往经典话语元素，并赋予其新内涵。以新时代党的建设总目标为例，"始终走在前列"发端于党的十三大报告"站在改革和现代化建设

[1] 中共中央文献研究室：《毛泽东文集》（第2卷），人民出版社1993年版，第232页。

[2] 《建党以来重要文献选编》（第16册），中央文献出版社2011年版，第579页。

[3] 《十三大以来重要文献选编（上）》，中央文献出版社1991年版，第55页。

的前列”这一历史方位的文本表述，并在党的十五大报告中转换为“始终走在时代前列”这一要求，在党的十九大得以继续坚持。而党的十九大报告所提及“走在时代前列”则更强调在百年未有之大变局中党要紧紧把握世界发展的脉搏，在世界政党政治、世界发展浪潮中处于领先地位。“经得起各种风浪考验”发端于党的十五大报告中“能够经受住各种风险”这一建党要求，在党的十六大、十七大、十八大报告中以“增强抵御风险能力”的文本内容呈现，在党的十九大报告中转变为当前表述。当前，开展具有许多新的历史特点的伟大斗争必然要求中国共产党要“经得起各种风浪考验”。同时，与以往话语表达相比，“经得起各种风浪考验”更加彰显大国底气、大党自信。“朝气蓬勃”这一要求发端于建设时期毛泽东同志提出的“朝气蓬勃的战斗组织”[1]，深化为改革开放初期邓小平同志针对干部年轻化提出的“党的最高领导层就能够实现新老合作和交替，成为更加朝气蓬勃的战斗指挥部”[2]，具化为党的十六大报告党的组织建设要求——“建设高素质的领导干部队伍，形成朝气蓬勃、奋发有为的领导层”[3]，最终在党的十九大报告中又回归到党的建设总目标中。而现在的“朝气蓬勃”更强调在承担中华民族伟大复兴这一千秋伟业中，更要毫不懈怠、继续前进、永葆朝气蓬勃。

最后，在话语发展中坚持话语表达的创新性。话语创新有原创性创新、借鉴性创新、集成性创新等创新形式。党的十八大以来，以习近平同志为核心的党中央在深刻把握时代脉搏的基础上进行原创性创新，系统总结以往经验的基础上积极将创新成果与以往优秀话语加以整合，形成新的话语内容。其中，新时代党的建设总目标是原创创新、集成创新的主要体现。具体而言，在立足党的十七大报告以执政能力为主线的表述基础上进一步创新表达为以长期执政能力为主线；针对管党治党宽松软提出“全面从严治党”“提升党的建设质量”；将党的十八大以来理论创新成果——“自我革命”纳入其中。

3.话语内容：政治性坚定、学理性增强、逻辑性严密、生动性表达、自信性凸显

有影响力的话语体系包含五个核心要素，即政治性意蕴、学理性支撑、哲学性思维、通识性表达、有效性传播，主要意指话语的立场、观点、方法、表达、传播[4]。经过百年发展，中国共产党建党话语政治性、学理性、逻辑性、生动性、自信性进一步增强。

首先，建党话语政治性更加明显。中国共产党自从成立后，便将马克思主义写在

[1] 中共中央文献研究室：《毛泽东年谱（1949—1976）》（第6卷），中央文献出版社2013年版，第136页。

[2] 《十二大以来重要文献选编（上）》，中央文献出版社1986年版，第1页。

[3] 《十六大以来重要文献选编（上）》，中央文献出版社2005年版，第40页。

[4] 韩庆祥：《话语体系建构的核心要义与内在逻辑》，《学习时报》2016年10月31日。

自己旗帜上。面对社会主义何去何从、马克思主义旗帜能打多久的疑问，党的十四届四中全会将建设“马克思主义政党”写入党的建设新的伟大工程目标中。在深化对共产党执政规律认识的基础上，党的十七大提出了“马克思主义执政党”这一建设目标。从“马克思主义政党”到“马克思主义执政党”，改变的是角色定位表述，但马克思主义的政治立场从未改变、历久弥新。

其次，建党话语学理性加强。经过百年发展，建党话语实现了从被动回应实践到主动探索规律、指导实践的转变，话语前瞻性学理性越发增强。如“先进性”“纯洁性”“提升党的建设科学化水平”“领导水平和执政能力”“长期执政能力”“提升党的建设质量”等一系列话语的提出，都是中国共产党主动深化对马克思主义政党本质的认识、积极探索共产党执政规律得出来的真知灼见。这些论断的提出，进一步从党的性质、党的建设发展趋势、长期执政问题、党的建设短板问题等众多角度，深化了对党自身建设的认识，体现了深刻的哲理性和丰厚的学理性。

再次，建党话语逻辑更加严密。从党章中对“党的建设”的基本要求来看，“党的建设基本要求”首次在党的十二大党章中出现。经过30余年的发展，“党的建设基本要求”形成了比较完善的话语表述，具有严密的逻辑体系[1]。党的十九大党章对“党的建设基本要求”提出了“五个坚持”。“五个坚持”从路线遵循、思想方法、价值指向、运行原则、自身保障五大方面形成了对党的建设整体规定，为新时代加强党的自身建设提供了严密的理论指导逻辑。

最后，建党话语表达更加生动、更加自信。党的十八大以来，以习近平同志为核心的党中央立足大党底气、大国自信，提出了一系列生动活泼、自信自强的话语表述，展现出昂首挺胸、阔步前进的政党形象。习近平总书记提出要“建设世界第一大党”，要求“大要有大的样子”，也坦然承认“大有大的难处”。在能否长期执政的问题上，习近平总书记自信地强调，共产党从事的是“千秋伟业”，百年大党恰是“风华正茂”。为走好新时代的长征路、巩固长期执政地位，中国共产党就要“始终走在时代前列”、要以“朝气蓬勃”的姿态一往无前。在前进道路上，只有加强自身建设，中国共产党才能“经得起各种风浪考验”，才能得到“人民衷心拥护”。这些话语，既阐明了目标，又承认了不足，更表达了坚定的自信。

四、结语

实践发展无终点，话语创新无止境。在推动中国共产党党建话语创新、话语体系

[1] 冯务中：《“党的建设基本要求”的演变过程与实践意蕴》，《科学社会主义》2020年第3期。

构建的大道上，不仅要遵从话语创新一般规律、理论创新一般原理、吸收以往优秀经验，还有几点需要我们深入思考、着力推动。第一，如何立足建设社会主义现代化强国乃至实现中华民族伟大复兴这一千秋伟业来构建党的话语体系。只有立足长远，才能保证话语的延续性、持久性。党建话语只有经得起时间考验、时间沉淀，才能真正融入中华文化基因、中国人民文化认同中。第二，如何推动党建话语学理性阐释、体系化构建。只有真理才能历久弥新，只有真理性话语才能引起共鸣。在推动马克思主义在21世纪不断发展的过程中，要协同推动党建理论学理化学术化发展，实现党建话语的学理性、体系化构建，实现政治话语、学术话语的真正结合。第三，如何增强党的话语国际传播力。中国共产党是世界政党的重要组成部分，是推动科学社会主义发展的领导力量，是实现世界和平与发展的重要力量。要真正成为国际社会治理的和平力量，就要先解决“挨骂”的问题。因此，要丰富话语传播内容、创新话语传播方式，让中国这头“和平的狮子”、中国共产党这个为世界谋和平与发展的党真正获得世界人民的衷心认可。

原载于《重庆社会科学》2020年第12期

中国共产党总结历史经验的几个维度

——基于两个《历史决议》的思考

黄广友

摘　要： 中国共产党在不同历史时期形成的两个《历史决议》，具有科学的理论逻辑、深厚的历史逻辑和鲜明的价值逻辑，深刻表明中国共产党善于总结自身历史经验。中国共产党总结历史经验的逻辑理路至少体现了以下三个维度：在理论上，始终坚持马克思主义历史观；在历史进程中，自觉探求对自身历史发展规律的认识；在实践上，以做好正在从事的伟大事业即不断探索、坚持和发展中国特色社会主义为价值旨归。研究这三个维度对于当前百年党史学习，把党的历史经验有机地融入开启全面建设社会主义现代化国家新征程的实践中，具有重大的理论和现实意义。

关键词： 中国共产党；历史决议；历史经验

中国共产党自创始之日起，即有着深厚的历史意识和高度的历史自觉，注重系统、具体、历史地分析中国社会运动及其发展规律，从历史中寻求使自己更加行稳致远的经验教训。习近平总书记在党史学习教育动员大会上强调："我们党一步步走过来，很重要的一条就是不断总结经验、提高本领"，"我们必须把党的历史学习好、总结好，把党的成功经验传承好、发扬好"。习近平总书记的重要讲话，深刻阐明了我们党总结历史经验的必要性，深刻揭示了开展党史学习教育的重要性。回顾百年历史，中国共产党在总结和评价自身历史的过程中，获得了前进的巨大动力，形成了《关于若干历史问题的决议》和《关于建国以来党的若干历史问题的决议》两个重要决议（以下简称两个《历史决议》），这是集中全党思想和智慧形成的对自身历史经验和教训的科学判断。虽然它们产生的历史背景、致力于解决的核心问题有所不同，但都是在重大历史时期对党的历史经验作出的科学总结，成为认识党史、学习党史，加强党史教育的基本准则，对推动党和国家事业的发展作出了巨大贡献。我们要深入研究"中国共产党如何总结历史经验"这一重要问题，必须对两个《历史决议》的理论逻辑、历史逻辑、价值旨归三者相统一问题作出思考，这对于当前百年党史学习，对于把党的历史经验有机地融入开启全面建设社会主义现代化国家新征程的实践，具有重大的理论和现实意义。

理论维度：始终坚持马克思主义历史观是我们党总结历史经验的理论要求

坚持辩证唯物主义和历史唯物主义是科学总结党的历史经验的根本的观点和方法，是两个《历史决议》之所以能够经受时间考验并具有恒久指导意义的关键所在。

首先，中国共产党坚持马克思主义，重视历史性批判，勇于推进自我革命。马克思主义注重“历史的启示”，是一门注重历史批判的科学理论，具有强烈的历史感召力。1843年，恩格斯在其著作中曾指出：“历史就是我们的一切，我们比其他任何一个先前的哲学学派，甚至比黑格尔，都更重视历史。”马克思、恩格斯正是在对资本主义历史性批判基础之上，才科学地说明了共产主义内在的原则性规定。中国共产党作为一脉相承的马克思主义政党注重对资本主义的历史性批判是题中应有之义，而我们党不仅重视对资本主义的历史性批判，而且开创性地总结评价自身的历史经验并形成重要决议。学习两个《历史决议》，可以发现我们党在推动政治革命和社会革命的同时，勇于推进自我革命，在这个意义上，两个《历史决议》之于唯物史观的创新和发展具有重大理论意义。中国共产党人自觉地坚持马克思主义历史观的指导，并指出：“一切政治路线、军事路线和组织路线之正确或错误，其思想根源都在于它们是否从马克思列宁主义的辩证唯物论和历史唯物论出发，是否从中国革命的客观实际和中国人民的客观需要出发。”并以科学的历史观来指导总结历史经验，运用的是“实事求是，就是从实际出发，理论联系实际”的科学方法，通过历史性批判认识经验问题。

其次，中国共产党坚持马克思主义历史观，以唯物辩证法总结历史经验。马克思主义不仅具有强烈的历史感召力，而且具有严密的逻辑力量。对待自身历史问题，采取“要么是、要么否”的态度，这是形而上学的表现，而辩证法的特征和本质是“作为联系环节、作为发展环节的否定，它保持着肯定的东西，即没有任何动摇、没有任何折中”。这一科学态度在中国共产党身上充分体现，即同时对自身历史成绩和错误都分析得充分、透彻。正如列宁所指出的，“公开承认错误，揭露犯错误的原因，分析产生错误的环境，仔细讨论改正错误的方法——这才是一个郑重的党的标志”。由此可见，一个郑重的马列主义政党总结历史经验，必须答复好错误出现的原因，并给予科学分析，两个《历史决议》所体现的正是这种科学态度。回顾百年党史，我们党在总结党史经验的时候，坚持实事求是，敢于正视问题。具体而言，就是着眼于历史发展各个阶段的联系，抵制历史虚无主义，既看到历史正确经验的统一性，又看到错误经验的对立性，统筹总结正反两面经验，从而正确认识事物发展的方向。正因为我们党有这样的理论清醒，才能促进全党的团结统一和政治坚定，进而不断从胜利走向胜利。

最后，中国共产党坚持马克思主义历史观，善于在现实中运用历史思维、把握历史规律。总结历史经验不是消极等待，而在于对现实的正确把握和积极改变。马克思主义历史观不仅具有本体论意义的分析职能，而且具有认识历史能力的导向作用。马克思主义政党作为一个具有强烈历史意识的使命型政党，其强烈的历史自觉、使命自觉、深邃的历史观照，要求自身在现实中运用历史思维、把握历史规律。学习两个《历史决议》可以发现，我们党在总结党史经验的时候，着眼事业长远。两个《历史决议》的形成，同时发挥了马克思主义历史本体论和认识论的双重职能，在不同历史时期，在对历史发展大势的把握中开启了“使中国革命达到彻底胜利”和“为建设社会主义现代化强国而奋斗”的新征程，在对历史的深入思考中走向未来。

尽管我们所处的时代同马克思所处的时代相比发生了巨大而深刻的变化，但习近平总书记强调，“我们依然处在马克思主义所指明的历史时代”。唯物史观是我们共产党人认识把握历史的根本方法，必须坚持辩证唯物主义和历史唯物主义世界观和方法论，正确处理改革发展稳定关系。马克思主义历史观为当下我们从历史的联系、变化、发展中考察事物的变化提供了根本方法。面对中国特色社会主义进入新时代的时代坐标，我们要坚持辩证唯物主义和历史唯物主义的科学态度，以正确的党史观武装自己，以党的两个《历史决议》为依托，坚持实事求是，正确看待党史上的一些重大问题，既不能因为成就而回避失误和曲折，也不能因为探索中的失误和曲折而否定成就。把握辩证唯物主义和历史唯物主义这一基本分析方法，既不能割断又不能虚无，把百年党史真正学习好、总结好。

实践维度：总结历史经验是中国共产党把握自身历史发展规律的历史自觉

在马克思主义中国化的发展过程中，中国共产党作为一个马克思主义政党特别重视总结历史经验。中国共产党人科学的历史观就发轫于一个马克思主义政党把握历史规律、总结历史经验的行动自觉。两个《历史决议》正是中国共产党自觉探求历史规律的鲜明体现。

在中国共产党“缺乏充分经验和充分自觉”的时期，我们党的马克思主义理论水平并不高，尤其对“马列主义的原理与方法及对于中国社会历史发展规律的统一把握”是不够的。可以说，处在“幼年”的中国共产党对中国国情和中国革命规律了解不多，缺乏处理复杂问题的经验，对自身历史经验的把握更是不足。尤其是在大革命失败后，面对一些迫切问题，我们党还不能都作出正确的分析并找出解决办法。比如，党的六届三中全会并没有彻底完全清除李立三“左”倾冒险主义的理论错误。在抗日战争时期，我们党虽然在军事、组织、政治路线等方面解决了“左”倾错误问题，但在思想路线上却未给予彻底的清算。比如，1940年王明再版了其著作《为中共更加布尔塞维克化而斗争》，这实际上就是党内长期存在的教条主义在党内路线上的反映，是对自身历史经验把握不足的体现。

随着革命形势的发展，我们党经历了诸多胜利和失败的教训，1940年后，我们党“在克服这些错误的斗争过程中而更加坚强起来”，对中国国情和中国革命的规律有了越发深刻的把握，同时也积累了一批对历史经验教训有着深刻理解的党员骨干，具备了用正确的理论教育党员干部的条件。在这一时期，我们党意识到只有彻底根除这些错误思想，才能避免前进道路上更大的挫折。1941年至1943年底，我们党通过一系列对思想、方法和作风的整顿活动，使得党内思想取得了一致，并于1943年12月至1944年5月进入了总结历史经验的阶段，在党的七大之前关于党史经验的讨论热烈开展，并于1945年4月党的六届七中全会通过了《关于若干历史问题的决议》。这一历史决议是中国共产党深刻总结中国革命规律和自身历史经验的重要文献。

《关于若干历史问题的决议》是我们党首次系统而深刻地总结历史经验，总结的是我们党从成立到抗日战争全面爆发，尤其是党的六届四中全会至遵义会议期间的这段历史。总结了这一时期以毛泽东为代表的正确路线的成功经验和以王明为代表的“左”倾错误路线及其深刻的社会根源。该决议以解决问题为目的，对党内“在政治上、军事上、组织上、思想上同正确路线相违抗的主要内容”进行了实事求是的评价并具体阐述了错误之改正办法。我们党通过总结党史经验，使得全党摆脱了教条主义的束缚，对中国革命问题的认识达到一致，为“达到既要弄清思想又要团结同志这样两个目的”奠定了坚实基础。为“获得抗日战争的彻底胜利和中国人民的完全解放”创造了政治上、思想上的充分条件，这也是全党对党的历史和理论由感性认识向理性认识发展过程中产生质的飞跃的关键一步。从此，毛泽东思想“实事求是”这一体现中国共产党历史自觉的“活的灵魂”，成为全党遵循的马克思主义思想路线。

新民主主义革命的彻底胜利得益于我们党对自身规律和经验的深刻总结，不注意总结经验、规律和教训，就容易犯急于求成的错误。在革命时期是这样，社会主义建设时期也是如此。新中国成立以后，我们党希望社会主义建设能够很快成功，在经济建设等方面也发生了一系列“左”倾错误，直到党的十一届三中全会扭转了这个局势。虽然指导思想已经拨乱反正，但是“文革”以及“文革”之前的“左”倾错误需要全面清理，认真总结。只有辨清是非曲直，才能将拨乱反正进行到底。1981年6月，党的十一届六中全会通过的《关于建国以来党的若干历史问题的决议》是统一全党认识，为建设社会主义现代化强国而奋斗的重要决策，是中国共产党把握社会主义现代化建设规律行动自觉的深刻体现。

《关于建国以来党的若干历史问题的决议》通过在对新民主主义革命胜利的四条基本经验和新中国成立以来正反两方面的经验特别是“文化大革命”教训的基本总结之上，勇于承认错误，揭示出了毛泽东思想的实质，回归到了其实事求是的思想精髓。《关于建国以来党的若干历史问题的决议》最后指出：“一九四五年党的六届七中全会所一致通过的《关于若干历史问题的决议》，曾经统一了全党的认识，加强了全党的团结，促进了人民革命事业的迅猛前进和伟大胜利。十一届六中全会相信，这次全会一致通过的《关于建国以来党的若干历史问题的决议》，必将起到同样的历史作用。”毛泽东思想的科学原理的恢复和发展，推动了党和国家各项工作的快速发展，并逐步确立了一条适合中国国情的社会主义现代化建设的正确道路，使得改革开放平稳推进。除此之外，党的十一届六中全会以后，全党全军和各族人民还开展了学习《关于建国以来党的若干历史问题的决议》的活动，经过广泛的学习和讨论，是非得以辨清、功过得以澄明，重大经验教训也得以明确。不仅我们党的威望得到提高，而且全党团结得到增强，并统一到自觉地推进社会主义现代化建设的目标上来。

中国特色社会主义进入新时代，习近平总书记围绕党的历史发表重要论述，这些重要论述是在坚持两个《历史决议》的基础上回顾历史、总结历史经验作出的新阐发。比如，“对历史人物的评价，应该放在其所处时代和社会的历史条件下去分析”，“正确认识改革开放前和改革开放后两个历史时期”，等等。从这些论述，尤其是习近平总书记作出“两个不能否定”的深刻总结论述，可以看出两个《历史决议》不是割裂的，深刻地体现了中国共产党的历史自觉。因此，新发展阶段更需要中国共产党在时代坐标中形塑自身经验和规律的历史自觉，在理论与历史、实践的互动中总结经验、推动创新。正如习近平总书记所说：“我们回顾历史，不是为了从成功中寻找慰藉，更不是为了躺在功劳簿上、为回避今天面临的困难和问题寻找借口，而是为了总结历史经验、把握历史规律，增强开拓前进的勇气和力量。”

历史和现实证明：一方面，历史经验和教训是很容易忘记的，提出几条基本教训深刻记取非常必要；另一方面，历史只能答复条件成熟的问题，因此还要不断学习，不断地总结经验。一个郑重的、成熟的马克思主义政党，有深刻历史自觉，善于通过总结党史经验来把握自身规律并解决现实问题，并着眼事业的长远发展。

价值维度：总结历史经验以探索、坚持和发展中国特色社会主义为价值旨归

对两个《历史决议》的理解，如果仅仅停留在逻辑与历史一致的水平上，并不能完全说明两个《历史决议》逻辑本身发展的特殊性。采用马克思主义历史观“从后思索”的方法可以帮助我们，在历史和现实的互动中理解两个《历史决议》的价值逻辑。

正如钱穆先生所说，“只有在当时成为时代意见的，所以到后来，才能成为历史意见。我们此刻重视这些历史意见，其意正如我们之重视我们自己的时代意见般”。

马克思指出：“对人类生活形式的思索，从而对这些形式的科学分析，总是采取同实际发展相反的道路。这种思索是从事后开始的，就是说，是从发展过程的完成的结果开始的。”马克思还指出：“前期历史的‘使命’‘目的’‘萌芽’‘观念’等词所表示的东西，终究不过是从后期历史中得出的抽象，不过是从前期历史对后期历史发生的积极影响中得出的抽象。”由此观之，只有从现实出发才能找到正确理解历史的“钥匙”。习近平总书记强调，中国特色社会主义不仅是在改革开放40多年的伟大实践中得来的，还与我们党领导人民进行伟大社会革命100年的实践相关联。因此，只有在中国特色社会主义发展逻辑中对两个《历史决议》进行历史和理论的审视，才能深刻认识总结党史经验的必要性，科学认知总结党史经验这一历史自觉的价值旨归。毛泽东同志曾指出：“今天的中国是历史的中国的一个发展；我们是马克思主义的历史主义者，我们不应当割断历史。”把两个《历史决议》放到百年党史中、放到中国特色社会主义道路的探索历程来统一考察，有利于深刻理解其价值旨归。

新民主主义革命时期，毛泽东同志强调：“如果不把党的历史搞清楚，不把党在历史上所走的路搞清楚，便不能把事情办得更好。”正是在这样的党史观指导之下，我们党通过整风运动加强思想教育，并对历史经验科学总结，在多重历史坐标中科学认知到中国特色的革命道路，“创造性地把马克思、恩格斯、列宁、斯大林的革命学说应用于中国条件的工作”，最终夺取新民主主义革命的全国性胜利。党的六届七中全会通过的《关于若干历史问题的决议》就是对这一时期中国共产党把握具有中国特色的革命规律这一历史自觉的理论载体。从宏观的角度看历史，如果仅仅是从思想路线、从选择根本方法和道路等角度，可以说明这也属于“中国特色”，当然并不能据此说明本意上“中国特色社会主义”的历史自觉贯穿这一时期。

进入改革开放新时期，邓小平同志指出：“历史上成功的经验是宝贵财富，错误的经验、失败的经验也是宝贵财富。这样来制定方针政策，就能统一全党思想，达到新的团结。”党的十一届三中全会重新确立了党的实事求是的思想路线，在该路线指导之下，正确的党史观得以再次树立。我们党通过结合改革开放实践建立了一系列党内思想教育制度，抓住了历史变革时机，实现了伟大历史转折，开创了中国特色社会主义。党的十一届六中全会通过的《关于建国以来党的若干历史问题的决议》是对这一时期全党认识的科学总结。

可以看出，《关于建国以来党的若干历史问题的决议》所提出的这条道路的要点已经把改革开放前、后两个阶段内在地、辩证地统一起来，这条道路的性质、方向和实质就是中国特色社会主义。正是在两个《历史决议》所体现的中国特色社会主义发展逻辑的指导下：跨入新世纪，我们党面对内外环境的变化，既强调解放思想，又注重党内思想教育的创新发展，推动全党更好地带领人民群众把中国特色社会主义事业全面推向21世纪；站上新起点，我们党“抓好党性教育这个核心，学习党的历史，深刻认识党的两个历史问题决议总结的经验教训，弘扬党的优良传统和作风”，结合改革开放的需要进一步拓展党内思想教育阵地，同时采取更加多样化的教育方式，在新的形势下坚持和发展中国特色社会主义；进入新时代，我们党强调：“新时代坚持和发展中国特色社会主义，更加需要系统研究中国历史和文化，更加需要深刻把握人类发展历史规律，在对历史的深入思考中汲取智慧、走向未来。”

不管是总结党史经验，还是回顾总结新中国史、改革开放史、社会主义发展史的历史经验，都是立志于中华民族千秋伟业，以马克思主义历史观总结提炼治国理政的实践特质，在学习“四史”共生与互动的内在规定中，深刻认识中国特色社会主义的规律所在和历史必然。“总结历史是为了开辟未来”，在历史的临界线上，通过回望来途，把学习党史同总结经验、观照现实、推动工作结合起来，同解决实际问题结合起来，这既是马克思主义开放性特质的时代表达，也是坚持发展中国特色社会主义的必修课。

总之，以马克思主义历史观为指导明确了我们党总结历史经验的理论要求；自觉探求对自身历史发展规律的认识明晰了我们党总结历史经验的历史逻辑；以探索、坚持和发展中国特色社会主义指明了我们党总结历史经验的价值旨归。这三者相统一的历史活动，也就是我们党总结历史经验的过程。在新的历史条件下，只有继续坚持马克思主义历史观的指导，才能实事求是地总结历史经验，进而用党的优良传统、历史经验启迪智慧、凝聚力量，在对历史的深入思考中开启新征程；只有继续自觉探求并把握历史规律，才能学习、总结和借鉴好这些弥足珍贵的成功经验，并转化为对党和历史交汇期的深刻认识；只有探索、坚持和发展中国特色社会主义的价值旨归，才能结合党的十八大以来党和国家事业取得历史性成就、发生历史性变革的进程，深化对中国特色社会主义建设规律性认识，“努力使中国特色社会主义展现更加强大、更有说服力的真理力量”。

参考文献

[1]《马克思恩格斯全集》(第3卷)，人民出版社2002年版。

[2] 习近平:《在党史学习教育动员大会上的讲话》，人民出版社2021年版。

[3]《建党以来重要文献选编(1921—1949)》(第18册、第22册)，中央文献出版社2011年版。

[4]《习近平谈治国理政》(第三卷),外文出版社2020年版。

[5]《列宁全集》(第55卷),人民出版社2017年版。

[6]《毛泽东选集》(第2卷),人民出版社1991年版。

[7]《邓小平文选》(第3卷),人民出版社1993年版。

[8] 杨耕:《马克思主义历史观研究》,北京大学出版社2017年版。

[9] 宋月红:《〈决议〉的核心要义和重大意义》,《光明日报》2021年3月25日。

[10] 钱穆:《中国历代政治得失》,九州出版社2012年版。

原载于《人民论坛》2021年第17期

新时代中国共产党人书信交往的重要创新
——《习近平书信选集》（第一卷）研究

黄广友

摘　要：书信往来是中国共产党领导人交流思想、指导工作、沟通感情的优良传统。《习近平书信选集》（第一卷）反映了习近平同志领导全党全国各族人民推进党和国家事业的实践活动，记录了习近平同志同各族各界干部群众、各国政党政要和各界人士的交往。这些书信，字里行间深深倾注了习近平总书记的治国理政思想、家国情怀、深厚感情和殷殷嘱托，是理解习近平新时代中国特色社会主义思想的重要内容，深刻体现了新时代中国共产党人书信交往的重要创新。

关键词：《习近平书信选集》（第一卷）；治国理政思想；党性修养；家国情怀；思想方法；工作方法

无论在革命战争年代还是在和平建设时期，书信往来一直是中国共产党领导人交流思想、指导工作、沟通感情的重要渠道。党和国家领导人给特定对象的贺信或回信，既有一般公务信函的公共属性，又有领袖与群众“见字如面”的个体属性，在沟通思想、指导工作、增进感情方面具有特殊作用。

党的十八大以来，习近平总书记常常使用书信的形式同各族各界群众、各国政党政要和各界人士进行互动交流。《习近平书信选集》（第一卷）选入习近平同志2013年5月至2021年12月期间的书信共239封。包括习近平总书记的主要贺信和回信，这些面向不同对象的书信，涉及新时代坚持和发展中国特色社会主义的各个领域各个方面，内容非常丰富，充分体现了习近平总书记的治国理政思想、家国情怀和深厚感情，是理解习近平新时代中国特色社会主义思想的重要方面。

书信交往在治国理政中的重要价值

第一，书信的重要特点决定其在交流思想和沟通感情等方面具有不可替代的作用。

书信区别于一般的公务文书，在交流思想、沟通感情、指导工作等方面能够发挥特殊作用。习近平把书信作为国际交往、政党外交、党群互动的沟通桥梁，成为领袖与群众、团体、个人联系的纽带，成为领袖对各界群众传递情感、鼓励工作、指明方向、提出希望的重要渠道，有利于增强党和国家领导人跟社会各界直接交流互动。

书信具有的对象性有利于领袖与社会各界群体进行点对点、点对面的直接沟通。书信的接受对象和内容是特定的或单一的，具有鲜明的对象性和明确的指向性。这种对象性特点有利于领袖与社会各界群众进行沟通交流，了解社会各界心声，民众也有了与领袖直接交流的渠道，实现双向互动。习近平总书记正是发挥了书信这种直接对象性优势，创造性地建立起以书信往来为载体和纽带的互动交流方式，习近平总书记在不同致信中，针对治国理政的各方面问题与社会各界群体沟通交流，对一些先进集体和个人提出表扬和鼓励。总书记的回信总会在社会各界引起强烈反响和广泛热议，极大促进了习近平新时代中国特色社会主义思想的宣传和贯彻。

书信具有的情感性有助于领袖对社会各界进行情感激励和共识凝聚。书信与官方文书最大的不同，就是有一种“见字如面”的亲切感。书信摆脱了官方文书那种严肃的政治话语，采用轻松、真切、亲和的话语，更易获得受众的情感认同，所以，书信也是进行思想交流、民主协商、凝聚共识的重要渠道。习近平总书记充分发挥书信情感性优势，以书信往来的方式参与社会问题讨论、关注行业发展变化，通过书信传递对人民的深厚情感，对社会各行业、各群体的关心和关怀，激励社会各界不忘初心，团结奋斗。同时，习近平也以书信的形式与一些国家、政党、团体和个人进行沟通与协商，在书信中表达宣传中国文化、中国道路、中国故事，阐释人类命运与共的理念，以书信特有的情感式话语传达同世界各国求同存异、合作共赢、维护世界和平与安宁的中国心声。

书信具有的官方和民间双重色彩有利于领袖对社会各界进行工作指导和价值引领。习近平作为党和国家的领导人，其书信既代表党和国家，也代表其个人名义。这种双重属性决定了其在价值功用上也具有双重优势：一方面，书信的官方色彩赋予了书信权威性，有利于进行工作指导和价值引领；另一方面，书信的民间色彩赋予了书信的共情性，有利于发挥领导人书信的亲和力作用，鼓舞士气，嘱托希望。因此，习近平以书信的形式对各行各业、各界群体进行工作指引、价值引领和激励鼓舞，是治国理政的一种特殊形式和方法，也是对书信特点和传统书信优势功能的一种创造性发挥。

第二，利用书信进行思想交流是马克思主义经典作家和政党领袖的优良传统。

马克思主义经典作家在利用书信进行思想交流方面就有着优良传统。马克思、恩格斯一生写下了大量书信，保留下来并翻译成中文的书信多收录在《马克思恩格斯全集》中，中文第一版涉及书信的卷册有第27—41卷和第50卷，占全集比例超过四分之一；在中文第二版中，专列了47、48、49书信卷。马克思和恩格斯运用书信主要是进行学术交往和思想交流，书信中反映了他们之间以及与其他人在政治、经济、哲学、历史、军事、民族、宗教、科学技术、文学艺术等各个方面的交流，成为我们研究马克思、恩格斯学说的重要内容。书信也是列宁同志晚年进行思想交流和政务沟通的主要方式，根据粗略统计，《列宁全集》第52卷专门收录了613封书信（包括电报），第43卷中收录的书信约有60封。

毛泽东等几代领导人也格外重视通过书信往来交流思想和沟通政务。毛泽东的书信往来有一个突出特点，即除政务沟通外，还特别善于通过书信与民主人士交往。《毛泽东书信选集》收录了372封书信，其中写给爱国民主人士、国民党、知识分子的信接近一半。书信交流最为频繁的年份是1936年和1950年，1936年有29封，主要是为了与民主党派协商建立抗日民族统一战线；1950年有32封，主要是针对新中国成立初期治国理政中政治、经济等各方面的问题，与民主党派进行讨论、协商。除毛泽东外，周恩来等老一辈革命家也都善于通过书信进行统战协商和政务沟通。邓小平、江泽民、胡锦涛等几代党和国家领导人继承了第一代中国共产党领导人这一优良传统，他们也经常利用书信进行政务往来和思想交流。

习近平总书记继承和发展了共产党人书信往来的优良传统。他注重用书信与各族各界干部群众、各国政党政要和各界人士进行互动交往，并创造性地赋予了书信往来新的功能：通过书信谈论新时代党的政治原则、理论观点、方针政策和党性修养等，潜移默化地将新时代中国特色社会主义思想贯穿于书信的字里行间。习近平的书信主要有贺信、慰问信、回信、复信和私信几种类型。其中，贺信主要发给国内外重要国际论坛、团体纪念活动、中外交流组织；慰问信主要是给特定群体的慰问和激励；回信、复信主要是与国内各行各业作出突出贡献的先进群体的互动，也有许多回信是对贫困地区乡亲们生活的关切之问；私信主要是发给各国政要和国内特殊个人。在各类书信中，习近平总书记都明确表达关切、提出希望，将治国理政思想倾注在对各界团体、各类群体的殷殷嘱托中。

习近平总书记在书信中倾注了深刻的治国理政思想、坚定的理想信念、深沉的家国情怀和对人民的深厚感情

党的十八大以来，全国各族人民在以习近平同志为核心的党中央坚强领导下砥砺前行、开拓创新，奋发有为推进党和国家各项事业，人民群众、党员干部以及各行各业各界人士常将取得的成绩、看到的变化向总书记汇报。为了鼓舞士气，引领各项事业继续前进，习近平总书记常常通过贺信、慰问信、回信等形式与他们交流互动，问

学习、聊工作、拉家常、话变化、谈感受、叙情谊。这些书信饱含总书记的殷殷嘱托，字里行间深深倾注了总书记的深刻的治国理政思想、坚定的理想信念、深沉的家国情怀和对人民的深厚感情，在与各国政要的信中表达对人类命运休戚与共的深切关怀。

要把中国特色社会主义道路和马克思主义指导地位坚持好、阐释好，不断推进理论创新。在给纪念马克思诞辰200周年专题研讨会的贺信中，习近平总书记指出："在人类思想史上，就科学性、真理性、影响力、传播面而言，没有一种思想理论能达到马克思主义的高度，也没有一种学说能像马克思主义那样对世界产生了如此巨大的影响。中国共产党人始终坚持以科学的态度对待科学，以真理的精神追求真理，锲而不舍推进马克思主义中国化、时代化、大众化，形成了系列理论创新成果，推动中国特色社会主义进入了新时代，彰显了科学社会主义在二十一世纪的强大生机活力。"这充分彰显了习近平总书记对马克思主义的信仰和对马克思主义在意识形态中的指导地位的坚定信念。这种信仰和信念化作实际行动，就是牢固树立马克思主义的指导地位，坚持马克思主义的立场、观点、方法，深入研究并回答国家发展和党执政面临的重大理论和实践问题，为坚持和发展中国特色社会主义作出贡献。

"一个民族要想站在科学的最高峰，就一刻也不能没有理论思维"，"一个没有繁荣的哲学社会科学的国家也不可能走在世界前列"。坚持马克思主义指导地位，不断推进马克思主义理论创新，必须加强中国特色哲学社会科学学科体系、学术体系和话语体系建设。在致中国社会科学院建院40周年的贺信中，习近平总书记充分肯定了其努力建设马克思主义理论阵地、为党和国家决策服务所发挥的思想库作用，并"希望中国社会科学院的同志们和广大哲学社会科学工作者，紧紧围绕坚持和发展中国特色社会主义，坚持马克思主义指导地位"，"努力为发展二十一世纪马克思主义、当代中国马克思主义，构建中国特色哲学社会科学学科体系、学术体系、话语体系，增强我国哲学社会科学国际影响力作出新的更大的贡献！"在祝《求是》暨《红旗》杂志创刊60周年的贺信中，习近平充分肯定了《求是》杂志作为重要思想理论阵地，及时宣传党的最新理论成果，用新时代中国特色社会主义思想武装全党、教育人民、指导实践所作出的重要作用，希望杂志"为巩固马克思主义在意识形态领域的指导地位、巩固全党全国各族人民团结奋斗的共同思想基础作出新的更大的贡献！"

党的十八大以来，党和国家不断制定政策、采取措施，大力推动哲学社会科学发展，为各级党政部门决策提供帮助，充分发挥了哲学社会科学在治国理政中的重要作用。习近平总书记的书信生动诠释了中国共产党重视发挥哲学社会科学在治国理政中的重要作用。

书信中饱含习近平"以人民为中心"的治国理政思想和爱民情怀。要坚持以人民为中心，坚持发展为了人民、发展依靠人民、发展成果由人民共享，全面贯彻新发展理念，坚定不移走共同富裕道路，促进各族群众共同富裕。凡是收到人民群众的来信，在回信中，习近平总书记总是特别关心人民群众的生活是否得到改善和提升，人民群众的困难是否得到解决。

在给人民群众的回信中，习近平总书记多次提出让全国广大农民、各族群众一起过上好日子，一直是他的心愿，也是大家共同的奋斗目标，深刻阐明了新时代中国共产党治国理政的根本目的是“一切造福人民”。在给自己曾经生活过的梁家河村（隶属于陕西省延安市延川县）村民的复信中，习近平说：“让村里乡亲们和全国广大农民一起早日过上小康生活，一直是我的心愿。今年，村里制定了发展计划。希望你们带领乡亲们脚踏实地、真抓实干，努力把日子过得越来越红火，把村子建得越来越美丽。”在给新疆尉犁县兴平乡达西村全体村民的回信中，习近平说：“兴疆稳疆，重在基层。希望村党支部充分发挥战斗堡垒作用，像吸铁石一样把乡亲们紧紧凝聚在一起，坚定跟党走的决心和信心，把党的好政策落实到每家每户，把生产搞得更好，把民族团结搞得更好，让乡亲们的日子一天比一天更好。”在给西藏隆子县玉麦乡牧民卓嘎、央宗姐妹的回信中，习近平说：“十九大刚刚召开，党将带领各族群众创造更加美好的生活。我相信，在大家的共同努力下，玉麦这个曾经的‘三人乡’，一定能建成幸福、美丽的小康乡，乡亲们的日子也一定会越过越红火！”

人民是中国共产党治国理政的最大底气，坚持人民至上、充分调动人民的积极性，是中国共产党执政兴国的强大根基。在习近平总书记的书信选集中，“一切为了人民，一切依靠人民”，与人民群众同呼吸、共命运的执政理念，跃然纸上、力透纸背。为广大人民群众的团结奋斗而鼓掌、为人民群众脱贫取得的成就而欢呼、为人民群众幸福感不断增强而欣慰，在习近平总书记的书信表达中不断出现，他的话语极大地调动了广大人民群众坚定信心、埋头苦干的积极性和主动性。

把中华优秀传统文化转化好、发展好，增强做中国人的骨气和底气。中华优秀传统文化是中华民族的精神命脉，是涵养社会主义核心价值观的重要源泉，也是我们在世界文化激荡中站稳脚跟的坚实根基。在习近平的书信中，有不少内容提出要把中华优秀传统文化总结好、传承好，不断进行创造性转化和创新性发展。在致中国社会科学院中国历史研究院成立的贺信中，习近平指出，“当代中国是历史中国的延续和发展。新时代坚持和发展中国特色社会主义，更加需要系统研究中国历史和文化，更加需要深刻把握人类发展历史规律，在对历史的深入思考中汲取智慧、走向未来”。在致中国中医科学院成立60周年的贺信中，习近平希望中医界要增强民族自信，“切实把中医药这一祖先留给我们的宝贵财富继承好、发展好、利用好”；在给《文史哲》编辑部全体编辑人员的回信中，他强调，要“增强做中国人的骨气和底气，让世界更好认识中国、了解中国，需要深入理解中华文明，从历史和现实、理论和实践相结合的角度深入阐释如何更好坚持中国道路、弘扬中国精神、凝聚中国力量。回答好这一重大课题，需要广大哲学社会科学工作者共同努力，在新的时代条件下推动中华优秀传统文化创造性转化、创新性发展”。

中华文化是中国现代化进程中创造文明新形态的内源性文明要素。在马克思主义中国化的历史进程中，中国化的马克思主义吸收了中华传统文化的精华，在承继传统和吸收外来中，自觉走出了现代化进程中传统的“中西之争”，中国传统文化展现出适应现代化进程的强大能力。进入新时代，习近平总书记强调，独特的文化传统，独特的历史命运，独特的基本国情，注定了我们必然要走适合自己特点的发展道路。迈入新征程，习近平总书记又提出了“两个结合”的新命题，其中，坚定不移地把马克思主义基本原理同中华优秀传统文化相结合，让中华优秀传统文化的历史智慧在新时代、新征程，发挥出创造人类文明新形态的内源性作用，意义重大。回答好这一重大课题，需要广大哲学社会科学工作者共同努力，在新的时代条件下推动中华优秀传统文化创造性转化、创新性发展，为增强国家文化软实力、建设社会主义文化强国作出新的更大的贡献。

人类命运休戚与共，要坚持和平、发展、合作、共赢，与世界各国一起推动构建人类命运共同体。习近平总书记的书信作为连接中国智慧和全球治理的桥梁，向世界各国传递出中国共产党人治国理政坚持胸怀天下的格局和担当，我们不仅致力于解决中国的发展问题，又积极参与推动全球治理，为世界发展提供中国智慧和方案。

习近平总书记同世界各国政党政要和各界人士的书信交往，充分彰显了中国共产党担负起不断为人类作出新的更大贡献的使命。在致二〇一三成都《财富》全球论坛的贺信中，习近平指出：“一个充满生机活力的中国，一个不断发展进步的中国，将给各国人民带来更多机遇和福祉。”在习近平的多封国际信函中，他都强调中国将为世界历史进步作出多方面的贡献：在政治领域，强调深化国际法治合作，营造良好法治环境；在经济领域，强调为国际减贫事业和世界繁荣发展作出积极贡献；在教育领域，强调推进国际教育信息化；在科技领域，强调共同推进大数据产业发展、共同推进人工智能造福人类，不断推进全球互联网治理体系的变革；在文化领域，强调各国媒体对话交流和合作，保护世界文化和自然遗产；等等。值得指出的是，在生态领域，习近平总书记在给世界大学气候变化联盟的学生代表回信中指出：“希望中国既加强自身生态文明建设，主动承担应对气候变化的国际责任，又同世界各国一道，努力呵护好全人类共同的地球家园。”这体现出新时代中国共产党在世界历史视野下致力于人和自然的和谐共生和共同保护全球生态环境的大国责任与担当。

习近平书信深刻体现了中国共产党人书信交往方式方法的重要创新和时代特点

在研判历史中总结经验，在肯定过去中指引未来。

不管是贺信还是回信，无论是面向国际论坛、多边会议或各类活动，还是针对机构团体、先进人士或党员群众，习近平在书信中总是会就过去取得的成就进行充分肯定和高度赞扬。这既是对取得成就的肯定与总结，又是其关注与关心之情的明确表达，更是其治国理政思想的重要诠释。这些对于过去成绩的充分肯定，对于国际交流合作而言，是我国进一步加强团结交流合作的肯定表达；对于机构组织而言，是再接再厉、再创佳绩的积极鼓励；对于老教授老党员老专家们而言，是对他们坚守初心、无私奉献的高度认可；对于各领域人民群众而言，是对他们锐意进取、接续奋斗的巨大鼓舞；对于青少年而言，是坚定信念、奋发有为的指导和勉励。肯定过去所取得的成绩往往与总结过去的经验一样，都是旨在更加坚定目标要旨、更加明确奋进方向、更加凝聚奋斗力量，为取得新的成绩奠定基础，这一方法深刻体现出习近平总书记的立场态度和思想伟力。

相较于肯定成绩而言，正确指引未来发展方向，则是习近平总书记致信中所体现出来的更重要的思想方法和深层用意。在一封封书信中，“我们倡导”“国际社会应该”“中国愿意”“中国始终”“中国将继续”“中国人民愿”“就是要”“旨在”等话语表达经常出现。这些话语表述既是习近平总书记对其自身或中国立场态度的再度重申，更是对不同对象的发展方向和前进道路的正确指引。这些科学引领和方法指导对于广大党员群众砥砺奋进、矢志奋斗，对于广大青年学子全面发展、成长成才，对于社会各界团体坚定信心、保持干劲，对于世界各国人民共同谱写人类文明新篇章，皆具有极高的思想指引和现实指导意义。

以英雄模范话精神，以学习标杆指方向。

长久以来，习近平总书记一直高度重视党员先锋、时代楷模、英雄榜样的标杆和模范作用，“精神”“榜样”“模范”等字眼更是贯穿《习近平书信选集》（第一卷）始终。在239封书信中，习近平总书记先后提到要学习和弘扬雷锋精神、奥林匹克精神、丝路精神、垦荒精神、科学精神、工合精神、延安精神、爱国奉献精神、爱国守边精神、企业家精神、命运共同体精神、中华体育精神等40多种精神品质，多次提到“英雄模范人物”“榜样”等概念，充分体现出习近平总书记坚持以英雄模范话精神、以学习标杆为导向的思想方法和工作方法。在这些书信中，习近平不止一次地积极号召并要求各级党委和政府，引导全社会各族人民群众了解英雄模范人物的先进事迹，树立学习标杆、弘扬英模精神，传承学习精神内容和切实弘扬精神品质，以此为努力奋进的标杆和榜样，从中汲取不懈奋进的精神力量和价值共识，并有机融入自身工作学习的实践之中，锤炼自身道德品格、培育奋斗精神，进一步明确努力方向和奋斗目标。

将努力方向和奋斗目标托付于书信寄语中，是习近平总书记依托书信载体倾注治国理政智慧的重要方式和内核要旨。针对全球论坛、世界会议、地区性峰会、纪念活动、各国政党政要等国际性致信对象，习近平会在书信中明确阐述中方立场和目标宗旨，提出同各国团结合作、交流互鉴，共同推动构建人类命运共同体、共同创造人类美好未来等目标；而对于国内院校、管会、机构组织的周年庆祝，以及各类全国大会、重大事项启动仪式、各界人士等致信对象，习近平会在书信中明确指出，要以为实现中华民族伟大复兴的中国梦不懈奋斗作为努力方向和根本目标。在习近平的239封书信中，“中华民族伟大复兴”、“中国梦”、“两个一百年”奋斗目标、“世界梦”、“人类命运共同体”成为高频词，这些奋斗目标的多次强调，是习近平总书记为人民谋幸福、为民族谋复兴、为世界谋大同的赤诚情怀与博大胸襟的充分彰显。

以殷切希望深切勉励，以深情嘱托明确任务。

倾注关怀、提出希望、嘱托使命，这些具有高度引领性、针对性和导向性的语义几乎蕴含在每一封书信中，是习近平以书信交流表达殷殷嘱托和殷切希望的重要方式。习近平特别强调理想信念、实干本领、服务奉献、责任担当等实践品格的重要性，针对不同致信群体特别是党员干部、青少年、志愿团队、广大科学工作者等，分别在一封封书信中明确提出了美好希望、责任要求与殷切嘱托。他希望少年儿童“珍惜时光，刻苦学习，健康成长”；希望广大青年“坚定理想信念，培育高尚品格，练就过硬本领，勇于创新创造，矢志艰苦奋斗”；希望战士官兵“牢记强军目标，传承红色基因，苦练打赢本领”；希望党员干部“不忘初心、牢记使命……再接再厉、苦干实干”；希望教师专家“学为人师，行为世范，做学生健康成长的指导者和引路人”；希望高校“紧扣立德树人根本任务”，推动“我国高等教育事业繁荣发展”；希望广大科学工作者“弘扬优良传统，坚定创新自信……勇于攀登科技高峰”；希望医务人员“牢记使命、再接再厉”“不惧风雨、勇挑重担”；等等。“希望”一词在这239封书信中出现了200多次，充分诠释了习近平总书记的深切勉励、深情嘱托与人民情怀。

习近平总书记的书信不仅是与各界组织群体交流互动、表达问候的重要方式，而且成为他传递治国理政思想和部署具体实践的重要载体。

每封书信的字里行间，都蕴含着习近平总书记心系人民、心念家国、胸怀天下的思想伟力、家国情怀和领袖风范。习近平新时代治国理政思想涉及经济、政治、文化、社会、生态等方方面面，总书记总会立足于致信对象和致信主题，结合过去成绩、未来发展等不同情形，将其治国理政思想与深厚情感倾注于其中。他在书信中深刻阐明“五位一体”总体布局的重要地位；文化强国、人才强国、农业强国、科技强国、体育强国、航天强国、海洋强国、教育强国的重大意义；青年青春奋斗的内核价值，加强国际抗疫合作的战略需要，构建人类命运共同体的时代要求等政治理念，也会针对不同事务和相关对象明确部署工作任务、指明具体实践路向。

习近平总书记的239封书信，每一封篇幅不长，但言简意赅、以小见大，饱含深情和殷殷嘱托，是人民领袖的亲切关怀和深情暖意。这些面向不同群体对象的书信互动与文字交流，是习近平治国理政思想和智慧的生动写照，也是我们学习和理解习近平新时代中国特色社会主义思想的重要参考。

参考文献

[1] 《习近平书信选集》(第一卷)，中央文献出版社2022年版。

[2] 《马克思恩格斯选集》(第3卷)，人民出版社2012年版。

[3] 《毛泽东书信选集》，人民出版社1983年版。

[4] 《习近平谈治国理政》，外文出版社2014年版。

[5] 习近平:《在哲学社会科学工作座谈会上的讲话》，人民出版社2016年版。

[6] 俞可平:《走向善治》，中国文史出版社2016年版。

原载于《人民论坛》2022年第8期

中国共产党认识自身历史的科学方法

——以三个历史决议为重点的分析

韩学亮　黄广友

摘　要：党的三个历史决议，都深刻贯穿和彰显着党认识自身历史的科学方法，具有重要的理论价值和现实意义。一是都注重坚持历史的连续性和历史的阶段性的辩证统一：第一个历史决议既阐明了新民主主义革命和社会主义革命的联系，又厘定了二者的阶段性区别；第二个历史决议既厘定了社会主义革命和社会主义建设的阶段性区别，又阐明了社会主义建设必须有步骤地实现现代化的目标；第三个历史决议既总结了各个历史时期的具体经验，又总结了党百年奋斗的普遍经验。二是都注重坚持全面总结和突出重点的辩证统一：第一个历史决议全面解决了党当时面对的历史问题，重点剖析了“左”倾路线的错误及其产生的根源；第二个历史决议全面总结了建党60年和新中国成立32年的历史经验，重点评价了毛泽东和毛泽东思想的历史地位；第三个历史决议全面回顾了党的百年奋斗历史，重点突出总结新时代的成就与经验。三是都注重坚持总结成就和分析失误的辩证统一：第一个历史决议既总结了成就，又分析了失误；第二个历史决议既明确了新中国成立以后党和国家取得的成就，又直面党在这一时期经历的曲折；第三个历史决议既聚焦总结百年奋斗重大成就和历史经验，又指出了党的历史上走过的弯路、经历的挫折，以及改革开放以后党和国家事业发展中遇到的各种矛盾与问题，强调要清醒地认识到新征程上可能遇到的风险与挑战。四是都注重坚持已有结论和最新认识的辩证统一：第一个历史决议使全党对建党以后的发展历程有了比较正确的认识；第二个历史决议在第一个历史决议的基础上，对毛泽东思想有了最新认识和发展；第三个历史决议在前两个历史决议等党的一系列重要文献的基本论述和结论的基础上，坚持守正创新，推进了马克思主义中国化时代化。

关键词：中国共产党；科学方法；历史决议；历史经验

中国共产党走过百年奋斗历程，不断在总结中提高，积累了宝贵的历史经验，形成了《关于若干历史问题的决议》《关于建国以来党的若干历史问题的决议》《中共中央关于党的百年奋斗重大成就和历史经验的决议》三个历史决议。用历史决议的形式总结历史经验，既是“我们党的建设的一个创举”[1]，又彰显了中国共产党人认识自身历史的科学方法。在起草第三个历史决议时，习近平提出明确要求，强调必须处理好“历史连续性和历史阶段性”“全面总结和突出重点”“总结成就和分析失误”“已有结论和最新认识”这“四大关系”。[2]纵观三个历史决议，虽然每个决议都有其特点，但不可否认的是，这三个历史决议都正确处理了上述四个方面的辩证关系。处理好这些关系，是中国共产党做到正确认识自身历史的前提和保证。那么，在三个历史决议中，我们党是如何通过处理这四对辩证关系以实现对自身历史的正确认识的？学界对此的研究尚不深入。本文尝试对这一问题作些研究。

一、坚持历史连续性和历史阶段性相统一

中国共产党通过明确自身历史方位和阶段性任务，坚持历史的连续性和阶段性相统一，不断推进革命、建设和改革，深化了对共产党执政规律、社会主义建设规律、人类社会发展规律的认识。这一点在三个历史决议中有着鲜明体现。

（一）第一个历史决议既阐明了新民主主义革命和社会主义革命的联系，又厘定了二者的阶段性区别

中国共产党自成立以来，始终把实现共产主义视为最高理想，并作为一个连续性的奋斗目标。对此，毛泽东指出，“一切共产主义者的最后目的，则是在于力争社会主义社会和共产主义社会的最后的完成”[3]。同时，中国共产党人也认识到，共产主义的实现需要经历不同的几个阶段，由于每个阶段所面临的时代境况不一样，需要不断提出衔接递进的奋斗目标。正如第一个历史决议开篇指出的：“我们党一成立，就展开了中国革命的新阶段——毛泽东同志所指出的新民主主义革命的阶段。”[4]

具体而言，中国共产党深刻认识到新民主主义革命是区别于旧民主主义革命的一个历史阶段，指出新民主主义革命“是国际无产阶级已在苏联胜利，中国无产阶级已有政治觉悟时代的民族民主革命”[5]，明确了新民主主义革命区别于旧民主主义革命的根本标志是无产阶级对革命的领导权。我们党在第一个历史决议里区分了“资产阶级民

[1] 《胡乔木回忆毛泽东》，人民出版社2014年版，第329页。

[2] 邬焕庆等：《牢记初心使命的政治宣言——〈中共中央关于党的百年奋斗重大成就和历史经验的决议〉诞生记》，《人民日报》2021年11月18日。

[3] 《建党以来重要文献选编》（第16册），中央文献出版社2011年版，第838页。

[4] 《建党以来重要文献选编》（第22册），中央文献出版社2011年版，第73页。

[5] 《建党以来重要文献选编》（第22册），中央文献出版社2011年版，第88页。

主主义性质的革命（新民主主义的革命）和无产阶级社会主义性质的革命、现在阶段的革命和将来阶段的革命”[1]，指出当时中国社会半殖民地半封建社会的阶段性质规定了党在这一阶段革命的性质，即既区别于旧民主主义又区别于社会主义的新民主主义的革命，由此概括和总结了新民主主义革命时期党面临的主要任务是反帝反封建。决议指明了中国革命要分两步走，才谈得上实行社会主义的前途。[2]其中，新民主主义革命是社会主义革命的必要准备，只有完成了新民主主义革命才有可能去完成社会主义革命。对这些重要问题的明确，推动全党对中国革命一系列基本问题的认识更加趋于一致，对不断夺取中国革命新的胜利起到了推动作用。

（二）第二个历史决议既厘定了社会主义革命和社会主义建设的阶段性区别，又阐明了社会主义建设必须有步骤、分阶段地实现现代化的目标

中国共产党是在过去承继下来的条件下创造自己的历史的，又在不断书写新的历史中持续向前迈进，以最终实现共产主义的最高理想和最终目标。第二个历史决议指出，不能割断历史，只有了解过去，我们才能更好地了解当前问题。[3]决议肯定了中国共产党是“以最终实现共产主义为历史使命的”这一根本目标，指出即使在“文化大革命”中，我们党的大多数党员“对社会主义、共产主义事业的信念”也从未动摇，而“我们现在为建设社会主义现代化国家而进行的斗争，正是这个伟大革命的一个阶段”。[4]

我们党认识到，社会主义革命和建设是连续性与阶段性相统一的过程。毛泽东在提出过渡时期总路线时曾指出，在完成建立新民主主义社会这一中国革命的第一阶段任务后，“中国革命第二阶段的任务，就是要在中国建立社会主义的社会”[5]。在过渡时期总路线的指导下，我国社会主义改造基本完成，社会主义革命迎来历史性胜利。但是，由于我们党缺乏领导经济建设的历史经验，对社会主义建设的长期性估计不足，在领导社会主义建设的过程中先后出现“大跃进”运动、人民公社化运动等错误。可见，对中国的社会主义建设所处的历史阶段的认识和判断，是关系党和国家事业全局的重要问题。这时毛泽东从理论上提出社会主义发展也是有阶段的，提出“第一个阶段是不发达的社会主义，第二个阶段是比较发达的社会主义”[6]的论断，成为我们党后来提出社会主义初级阶段理论的一个重要思想来源。在此基础上，第二个历史决议对

---

[1] 《建党以来重要文献选编》（第16册），中央文献出版社2011年版，第838页。

[2] 《建党以来重要文献选编》（第22册），中央文献出版社2011年版，第89页。

[3] 《改革开放三十年重要文献选编（上）》，中央文献出版社2008年版，第211页。

[4] 《改革开放三十年重要文献选编（上）》，中央文献出版社2008年版，第212、198—199、216页。

[5] 《中共中央文件选集》（第14册），人民出版社2013年版，第492页。

[6] 《毛泽东文集》（第8卷），人民出版社1999年版，第116页。

我国社会主义制度所处的历史阶段作出了“还是处于初级的阶段”[1]的判断。决议指出，“我国已经建立了社会主义制度，进入了社会主义社会，任何否认这个基本事实的观点都是错误的”，同时强调，“我们的社会主义制度由比较不完善到比较完善，必然要经历一个长久的过程”。[2]决议还指出，我们的任务是要在每一个阶段上创造出与生产力的发展要求相适应和便于继续前进的生产关系的具体形式。[3]以上这些论断都表明，我们党深刻认识到，在已经建立社会主义制度的条件下，还需要经历几个不同阶段才能把社会主义建设好，并最终实现共产主义，展现了中国共产党认识和把握社会主义建设规律的历史自觉。

（三）第三个历史决议将党的百年历史划分为四个时期，既深刻总结了各个历史时期的具体经验，又以系统完整、相互贯通的“十个坚持”总结了党百年奋斗的普遍经验

“正确认识党和人民事业所处的历史方位和发展阶段”[4]，是中国共产党不断取得胜利的一条重要经验。在中国共产党领导革命、建设和改革的历史进程中，关于“阶段”的提法非常丰富，这些都具体地展现在第三个历史决议对党百年历史的总结中。

比如，决议指出，遵义会议开启了党独立自主解决中国革命实际问题新阶段；党的十一届三中全会以后，我们党确立了社会主义初级阶段基本路线，科学回答了建设中国特色社会主义的一系列基本问题；当前，我们要对我国仍处于并将长期处于社会主义初级阶段的基本国情有清醒认知；等等。[5]第三个历史决议把党的百年历史划分为四个历史时期，紧紧围绕“中国共产党是什么、要干什么”这一根本问题，对每个时期的主要任务以及主要矛盾进行了概括，并重点指出了中国特色社会主义进入新时代后党面临的主要任务和我国社会主要矛盾。尽管我们党在各个历史时期和发展阶段有不同的历史任务，但却环环相扣，“是一个接续奋斗的历史过程，是一项救国、兴国、强国，进而实现中华民族伟大复兴的完整事业”[6]。这彰显了中国共产党接续奋斗的精神特质，体现了历史发展阶段性和连续性的统一。在革命、建设和改革中，中国共产党所进行的历次远景规划，也都坚持历史连续性和历史阶段性相统一，取得了一个又一个重大成就，不断把人民对美好生活的向往变成现实。

---

[1] 《改革开放三十年重要文献选编（上）》，中央文献出版社2008年版，第212页。

[2] 《改革开放三十年重要文献选编（上）》，中央文献出版社2008年版，第212页。

[3] 《改革开放三十年重要文献选编（上）》，中央文献出版社2008年版，第213页。

[4] 习近平：《论把握新发展阶段、贯彻新发展理念、构建新发展格局》，人民出版社2021年版，第470页。

[5] 《中共中央关于党的百年奋斗重大成就和历史经验的决议》，人民出版社2021年版，第6、15、72页。

[6] 习近平：《在纪念毛泽东同志诞辰120周年座谈会上的讲话》，人民出版社2013年版，第13页。

总之，党的三个历史决议都坚持历史连续性和阶段性相统一，深刻认识和阐述了党的历史分期和发展过程，使党对自身历史的认识愈加全面准确，为党根据不同历史阶段的形势任务制定正确的方针政策提供了依据。

二、坚持全面总结和突出重点相统一

毛泽东曾在《如何研究中共党史》一文中指出，中国共产党人要遵循“全面的历史的方法”[1]。后来，他又强调，总结经验“不能够罗列很多事情，而是要抓住重点”[2]。我们党在运用三个历史决议总结历史经验时，特别注重坚持全面总结与突出重点相统一，充分彰显了中国共产党人的思想智慧。

（一）第一个历史决议作为延安整风运动的理论成果，全面解决了党当时面对的历史问题，重点剖析了“左”倾路线的错误及其产生的社会根源和思想根源

进入全面抗战阶段以后，中国共产党虽然在军事、组织路线等方面不断对“左”倾路线的错误实施纠正，但在思想路线方面还未给予彻底清算，许多党员对什么是真正的马克思主义都缺乏清晰认识。直到延安整风时期，这一状况才有根本转变。正如毛泽东在《改造我们的学习》中指出的：“我党在幼年时期，我们对于马克思列宁主义的认识和对于中国革命的认识是何等肤浅，何等贫乏，则现在我们对于这些的认识是深刻得多，丰富得多了。”[3]

延安整风期间，随着学习逐步深入，党认识到了原来的一些观念的局限性，“许多高级干部回忆历史，使对党的历史问题的认识逐渐丰富起来”[4]。因此，在延安整风时期，中国共产党完成了一次全面而彻底的自我检视。这次全面而深刻地检视历史的理论成果比较集中地体现在第一个历史决议中。具体而言，决议将党成立以来的历史划分为大革命、土地革命、抗日战争三个阶段，系统回顾总结了前两个阶段的历史经验，全面地总结了党自成立以后革命斗争的历程和经验。正如任弼时在决议草案中所说，“这种总结是为着把党的历史问题在思想上完全弄清楚，以便使全党能够正确地了解党的历史经验”[5]。

我们党在起草第一个历史决议时，全面抗战尚在进行中，毛泽东提出，抗战时期

[1] 《毛泽东文集》（第2卷），人民出版社1993年版，第400页。

[2] 《毛泽东文集》（第7卷），人民出版社1999年版，第86页。

[3] 《毛泽东选集》（第3卷），人民出版社1991年版，第795—796页。

[4] 《胡乔木回忆毛泽东》，人民出版社2014年版，第66页。

[5] 《胡乔木回忆毛泽东》，人民出版社2014年版，第309页。

的问题“留待将来做结论”[1]，把决议的重点放在了对第三次“左”倾路线的错误的剖析上。在中国共产党“缺乏充分经验和充分自觉”[2]的时期，我们党对马克思主义基本原理和中国国情以及中国革命规律了解不够深入，比较缺乏处理复杂问题的经验，不可避免地走过一些弯路。尽管我们党历史上出现的各类错误有其时代因素，但不意味着要对它们不闻不问，必须分析其原因，归纳其教训。这对我们党领导人民夺取中国革命的最终胜利具有重大意义。因此，决议的第三、四、五部分以党内两条路线斗争为切口，批判了三次“左”倾路线的错误，并突出批判了“第三次统治全党的、以教条主义分子陈绍禹秦邦宪二同志为首的、错误的‘左’倾路线”[3]。对其中的原因，胡乔木曾指出：“对四中全会到遵义会议这一段，不但向来没有这么说，而且还曾多次肯定四中全会是正确的，所以决议要集中力量写这段。”[4]

为了了解各次尤其是第三次“左”倾路线的错误，决议着重论述了它们产生的思想根源和社会根源。首先，决议指出，第三次“左”倾路线的思想根源是主观主义和形式主义，在第三次“左”倾路线统治时期更特别突出地表现为教条主义，即从思想上违背了马克思列宁主义的辩证唯物论和历史唯物论，没有从中国革命的客观实际和中国人民的客观需要出发。[5]其次，决议指出，“半殖民地半封建的中国是小资产阶级极其广大的国家”，“‘左’倾路线反映的是中国小资产阶级民主派的思想”，“我们党内历次发生的思想上的主观主义，政治上的‘左’、右倾，组织上的宗派主义等项现象，无论其是否形成了路线，掌握了领导，显然都是小资产阶级思想之反马克思列宁主义、反无产阶级的表现”。[6]可见，第一个历史决议重点是消除“左”倾路线的错误，特别是“左”倾教条主义在党内的影响，通过把马克思主义中国化探索的成果形成正确的决议，在党内统一认识，并深化全党对毛泽东思想和中国革命正确道路的认识，从而指引和推进革命事业向前发展。

（二）第二个历史决议既全面地总结了建党60年和新中国成立32年的历史经验，又重点评价了毛泽东和毛泽东思想的历史地位，突出了中国共产党领导人民进行革命、建设的历史意义

决议将新中国成立以前28年的历史划分为北伐战争、土地革命战争、抗日战争和

[1] 《建党以来重要文献选编》（第22册），中央文献出版社2011年版，第88页。

[2] 《建党以来重要文献选编》（第22册），中央文献出版社2011年版，第111页。

[3] 《建党以来重要文献选编》（第22册），中央文献出版社2011年版，第86页。

[4] 《胡乔木回忆毛泽东》，人民出版社2014年版，第75页。

[5] 《建党以来重要文献选编》（第22册），中央文献出版社2011年版，第102页。

[6] 《建党以来重要文献选编》（第22册），中央文献出版社2011年版，第105、109页。

全国解放战争四个阶段，同时，又将新中国成立后的历史划分为基本完成社会主义改造的7年、开始全面建设社会主义的10年、“文化大革命”的10年和历史的伟大转折四个阶段，把新中国成立前后党的历史贯通起来。不仅对新中国成立后社会主义改造、“文化大革命”、党的十一届三中全会等重大历史事件作了总结评价，还在新的历史条件下，对建党以后60年的历史经验进行了全面总结。具体而言，决议总结了新民主主义革命胜利的原因和意义，概括了新中国成立后32年来取得的主要成就，对新中国成立后32年历史作出了基本评价，又指明了党的十一届三中全会以后逐步确立的适合我国情况的社会主义现代化建设的正确道路的主要内容，回顾和总结了建党60年的历史发展进程。

党的十一届三中全会后，随着拨乱反正的全面展开和深入进行，总结新中国成立以后的重大历史问题被提上议程，其中，对毛泽东和毛泽东思想的评价问题，“不只是个理论问题，尤其是个政治问题，是国际国内的很大的政治问题”[1]，也是第二个历史决议的核心议题。决议把重点放在了毛泽东思想是什么、毛泽东正确的东西是什么等方面。正如邓小平强调的：“要避免叙述性的写法，要写得集中一些。对重要问题要加以论断，论断性的语言要多些，当然要准确。”[2]因此，决议将核心问题确定为实事求是地评价和确立毛泽东的历史地位，坚持和发展毛泽东思想。对此，决议指出，要把经过长期历史考验形成为科学理论的毛泽东思想，同毛泽东同志晚年所犯的错误区别开来。[3]决议的形成，表明中国共产党对自己包括领袖人物的失误和错误采取郑重的态度[4]，既对多年来的“左”倾错误和毛泽东晚年的错误作了科学分析和深刻批评，又坚决维护了党在长期斗争中形成的优良传统，维护了毛泽东的历史地位和毛泽东思想的科学体系，从而分清了是非，统一了全党全国人民的思想[5]。决议的通过，标志着中国共产党在指导思想上完成了拨乱反正的历史任务，对推动党团结一致向前看、更好推进改革开放和社会主义现代化建设产生了深远影响。

（三）第三个历史决议在全面回顾党的百年奋斗历史，总结其成就的基础上，重点突出总结中国特色社会主义新时代的伟大成就和新鲜经验

决议归纳指出了我们党百年奋斗的5个方面的历史意义和10个方面的历史经验，不仅对百年奋斗历程中党不断推进马克思主义中国化时代化的历程作了全面总结，而且

[1] 《邓小平文选》（第2卷），人民出版社1994年版，第299页。

[2] 《邓小平文选》（第2卷），人民出版社1994年版，第291页。

[3] 《改革开放三十年重要文献选编（上）》，中央文献出版社2008年版，第211页。

[4] 《中国共产党简史》，人民出版社、中共党史出版社2021年版，第230页。

[5] 《中国共产党的一百年（改革开放和社会主义现代化建设新时期）》，中共党史出版社2022年版，第655页。

对党善于抓住社会主要矛盾和中心任务带动全局工作作了全面分析。另外，决议还对百年奋斗历程中党不断提出科学的战略策略、高度重视管党治党、不断推进自我革命、注重进行党史学习教育等问题作了全面总结。[1]决议既用凝练的语言和明确的论断对党的十八大之前的历史进行了概述，还在新的历史起点上，拓展了对党的十八大以来中国特色社会主义理论与实践的认识。

党的十八大以来，党和国家事业取得历史性成就、发生历史性变革。但对于其中的原创性思想、变革性实践、突破性进展和标志性成果，已有的总结和论述还不够全面系统。在第三个历史决议中，第四部分“开创中国特色社会主义新时代”占了全文篇幅的一半以上。这一部分阐明了新时代党面临的主要任务，阐述了中国特色社会主义新时代这一我国发展新的历史方位，概括了党的十八大以来党的理论创新和实践创新成果，深入分析了新时代党面临的形势、面对的风险挑战，从坚持党的全面领导、全面从严治党、经济建设、全面深化改革开放、政治建设、全面依法治国、文化建设、社会建设、生态文明建设、国防和军队建设、维护国家安全、坚持“一国两制”和推进祖国统一、外交工作共13个方面，分领域总结了新时代党和国家事业取得的历史性成就、发生的历史性变革，重点总结了新时代以来的原创性思想、变革性实践、突破性进展、标志性成果，强调这一时期党领导人民创造的伟大成就，为实现中华民族伟大复兴提供了更为完善的制度保证、更为坚实的物质基础、更为主动的精神力量。[2]总之，第三个历史决议与前两个历史决议一样，都秉持了全面总结和突出重点相统一的原则和要求，体现出鲜明的问题导向和强烈的现实关怀。

从前面的分析可以看出，党制定历史决议不是“修党史”，不是通过史料堆积一般性地叙述史实，而是着重分析和揭示党自身发展的主题和主线、主流和本质，在此基础上，坚持“聚焦我们正在做的事情”[3]，在整体推进中实现重点突破，以重点突破带动整体跃升。

三、坚持总结成就和分析失误相统一

毛泽东指出：“总结经验有两点，一是优点，一是缺点。”[4]党的三个历史决议，都

[1] 习近平：《更好把握和运用党的百年奋斗历史经验》，《求是》2022年第13期。

[2] 习近平：《关于〈中共中央关于党的百年奋斗重大成就和历史经验的决议〉的说明》，《人民日报》2021年11月17日。

[3] 习近平：《关于〈中共中央关于党的百年奋斗重大成就和历史经验的决议〉的说明》，《人民日报》2021年11月17日。

[4] 《毛泽东文集》（第7卷），人民出版社1999年版，第41页。

实事求是地总结了党的正反两方面历史经验，坚持总结成就和分析失误相统一，为借鉴经验、汲取教训，提供了光辉典范。

（一）第一个历史决议通过总结成就与分析失误，实现了全党团结一致，推动了中国革命事业的发展

如前文所言，中国共产党的“幼年时期”，不可避免地走过一些弯路。随着革命形势的发展，在经历了诸多胜利以及失败之后，我们党通过一段时间的学习讨论和对错误路线的深入批判，全党尤其是党的高级干部对党的历史特别是党史上的路线是非有了较为统一的认识。

第一个历史决议作为整风运动深入阶段的理论结晶，全面系统地分析总结了党在与“左”倾及右倾错误长期斗争过程中所取得的成就与产生的失误。其一，决议充分肯定了党领导中国人民进行了艰苦卓绝的革命斗争，“取得了伟大的成绩”[1]，突出强调“确立了毛泽东同志在中央和全党的领导”，“是中国共产党在这一时期的最大成就”[2]。其二，决议详细地阐述了党内曾经发生的“左”倾和右倾路线的错误，尤其是第三次“左”倾路线四个方面的错误及产生原因，同时也清晰地认识到要使党内思想完全统一，还需要一个长时期的斗争过程。[3]只有彻底根除这些错误思想，才能避免前进道路上更大的挫折。故而，党为了彻底地克服这些错误倾向，作出了加强马克思列宁主义思想教育的决定。[4]历史证明，正是通过对错误路线的深入彻底批判，并从中总结经验教训，才充分保障了新民主主义革命的胜利。其三，决议还辩证地分析了这些错误，指出“党在个别时期中所犯的‘左’、右倾错误”，在整个中国革命进程中“是一些部分的现象”。这些错误在党成立后的一段时间内“是难于完全避免的”，“党正是在克服这些错误的斗争过程中而更加坚强起来”。[5]在总结了我们党过去的历史经验后，决议强调，具有丰富革命斗争经验的中国共产党必将使中国革命达到彻底胜利。

总之，第一个历史决议通过明确评价和剖析一系列党的历史问题，推动全党“空前一致地认识了毛泽东同志路线的正确性，空前自觉地团结在毛泽东的旗帜下”[6]，为党领导中国革命不断前进提供了强大力量。

[1] 《建党以来重要文献选编》（第22册），中央文献出版社2011年版，第73页。

[2] 《建党以来重要文献选编》（第22册），中央文献出版社2011年版，第75页。

[3] 《建党以来重要文献选编》（第22册），中央文献出版社2011年版，第111页。

[4] 《建党以来重要文献选编》（第22册），中央文献出版社2011年版，第111页。

[5] 《建党以来重要文献选编》（第22册），中央文献出版社2011年版，第111页。

[6] 《建党以来重要文献选编》（第22册），中央文献出版社2011年版，第111页。

（二）第二个历史决议既明确指出了新中国成立以后党和国家取得的成就“是主要的”，又直面党在探索建设社会主义道路过程中所经历的曲折，从中汲取前进的智慧

第二个历史决议强调，忽视或否认我们的成就，忽视或否认取得这些成就的成功经验，是一种严重的错误。[1]决议肯定了新中国成立以后取得的主要成就，并指出成就只是初步的，由于我们党领导社会主义事业的经验不多，使得我们没有取得本来应该取得的更大成就。紧接着，决议指出，新中国成立“三十二年来我们取得的成就还是主要的”，“我们的成就和成功经验是党和人民创造性地运用马克思列宁主义的结果，是社会主义制度优越性的表现，是全党和全国各族人民继续前进的基础”。[2]决议认为，经过对新中国成立以后这段历史的思考和总结，中国共产党变得更有决心、更有能力，对社会主义革命和建设的认识程度也在不断提高。[3]

在此基础上，决议实事求是地分析和评价了新中国成立以后重大历史事件、历史人物的是非功过。比如，在第四部分分析了全面建设社会主义10年中的成就和“大跃进”运动等错误，在第七部分指出毛泽东的功绩是第一位的、错误是第二位的，等等。同时，决议在讲错误的时候，没有采取全盘否定的态度，而是强调要用历史的发展的观点看问题，指出“我们党的错误和挫折终究只是一时的现象”[4]。以上这些都深刻地体现了党牢牢秉持坚持真理、修正错误的辩证唯物主义的立场，坚持总结成就和分析失误相统一，以此加深对历史问题的理解。

总之，党通过总结成就和分析失误，厘清了重大历史问题的是非，对推动全党团结一致向前看、更好推进改革开放和社会主义现代化建设产生了重大影响。正如邓小平后来所指出的那样：“我们现在的路线、方针、政策是在总结了成功时期的经验、失败时期的经验和遭受挫折时期的经验后制定的。”[5]

（三）第三个历史决议既聚焦总结百年奋斗重大成就和历史经验以把握规律、坚定信心、鼓舞斗志，又指出了党的历史上走过的弯路、经历的挫折，以及改革开放以后党和国家事业发展中遇到的各种矛盾与问题，强调要清醒地认识到新征程上可能遇到的风险与挑战

第三个历史决议把着力点放在了总结党的百年奋斗重大成就和历史经验上。习近平

[1] 《改革开放三十年重要文献选编（上）》，中央文献出版社2008年版，第188页。

[2] 《改革开放三十年重要文献选编（上）》，中央文献出版社2008年版，第188页。

[3] 《改革开放三十年重要文献选编（上）》，中央文献出版社2008年版，第216页。

[4] 《改革开放三十年重要文献选编（上）》，中央文献出版社2008年版，第216页。

[5] 《邓小平文选》（第3卷），人民出版社1993年版，第234页。

对此指出："改革开放以来，尽管党的工作中也出现过一些问题，但总体上讲党和国家事业发展是顺利的，前进方向是正确的，取得的成就是举世瞩目的。"[1]特别是党的十八大以来，以习近平同志为核心的党中央领导全党全军全国各族人民砥砺前行，全面建成小康社会目标如期实现，党和国家事业取得历史性成就、发生历史性变革，彰显了中国特色社会主义的强大生机活力，党心军心民心空前凝聚振奋。中国共产党和中国人民以英勇顽强的奋斗向世界庄严宣告，中华民族迎来了从站起来、富起来到强起来的伟大飞跃，实现中华民族伟大复兴进入了不可逆转的历史进程。

与此同时，决议也没有回避党的历史上走过的弯路、经历的挫折，指出了改革开放以来党和国家事业发展中遇到的各种矛盾与问题、风险与挑战。决议指出，我国实行改革开放以后，党和国家事业取得重大成就，为新时代发展中国特色社会主义事业奠定了坚实基础、创造了有利条件，但是"外部环境变化带来许多新的风险挑战，国内改革发展稳定面临不少长期没有解决的深层次矛盾和问题以及新出现的一些矛盾和问题，管党治党一度宽松软带来党内消极腐败现象蔓延、政治生态出现严重问题，党群干群关系受到损害，党的创造力、凝聚力、战斗力受到削弱，党治国理政面临重大考验"；新时代虽然取得了伟大成就，但党必须清醒认识到，"中华民族伟大复兴绝不是轻轻松松、敲锣打鼓就能实现的"，"我国仍处于并将长期处于社会主义初级阶段，我国仍然是世界最大的发展中国家，社会主要矛盾是人民日益增长的美好生活需要和不平衡不充分的发展之间的矛盾"。[2]

这表明，中国共产党坚持运用辩证唯物主义和历史唯物主义，立足时代和实践提出的重大问题，在认识到矛盾和问题的同时，善于发扬党的光荣传统和优良作风，注重通过总结重大成就和正反两方面历史经验来把握规律、坚定信心、鼓舞斗志，以妥善应对和化解这些风险挑战。

综合来看，中国共产党领导人民进行革命、建设、改革的长期摸索是成败与得失的辩证有机统一。在总结历史经验时，中国共产党既善于总结成就，从中提炼带有规律性的认识指导新的实践，又敢于承认错误，并善于分析错误，坚决纠正错误，从而使错误教训同成功经验一起成为党继续前进的历史教科书。正是在自我反思、自我革新的基础上，我们党以及党领导人民进行的伟大事业，才能够行稳致远。

---

[1] 习近平：《关于〈中共中央关于党的百年奋斗重大成就和历史经验的决议〉的说明》，《人民日报》2021年11月17日。

[2] 《中共中央关于党的百年奋斗重大成就和历史经验的决议》，人民出版社2021年版，第26—27、72页。

四、坚持已有结论和最新认识相统一

中国共产党坚持已有结论和最新认识的辩证统一，通过强调一系列具有整体影响的已有结论，并加以扬弃、创新，形成更适合时代发展的最新认识，实现了历史进程与思想进程的统一。

（一）第一个历史决议以党的重要文献的形式开创了马克思主义基本原理与中国具体实际相结合的典范，使全党对建党以后的发展历程有了比较正确的认识

在中国共产党成立后的一段时期，党内关于马克思主义中国化的认识一直存在思想上的交锋。其中，以毛泽东同志为主要代表的中国共产党人坚持不断推进马克思主义中国化，“在理论上更具体地和更完满地给了中国革命的方向以马克思列宁主义的科学根据”[1]，在党内获得越来越多的认可，并在遵义会议上“纠正了当时具有决定意义的军事上和组织上的错误”，“开始了以毛泽东同志为首的中央的新的领导”[2]。但是，在延安整风运动前，党内还没有从全局和路线的高度认识和纠正“左”倾路线的错误。因此，经过延安整风运动后，1945年4月，党的六届七中全会通过了《关于若干历史问题的决议》，针对党的历史上的几次路线错误，形成了共识，对毛泽东已经提出的一系列思想理论观点作了科学概括和总结。

具体而言，在政治上，阐述了毛泽东关于中国现阶段革命的性质问题的观点，明确指出了在半殖民地半封建的国情下新民主主义革命发展的不平衡性和长期斗争的曲折性；在军事上，概括了毛泽东关于人民军队建设和人民战争的系列思想；在组织上，肯定了毛泽东关于正确的政治路线应该是“从群众中来，到群众中去”的观点；在思想方法上，指出毛泽东所秉持的思想方法是“着重于应用马克思列宁主义的普遍真理以从事于对中国社会实际情况的调查研究”[3]。决议最后明确提出“以毛泽东同志为代表的马克思列宁主义的思想”的科学命题，实际上就是我们党对马克思主义中国化理论创新成果的最新认识。决议还指出，“遵义会议后，党中央在毛泽东同志领导下的政治路线，是完全正确的”，“过去犯过‘左’、右倾错误的同志”，“和其他广大同志在一起，在共同的政治认识上互相团结起来了”。[4]全党通过这一历史决议，为党的七大系统概括毛泽东思想和将毛泽东思想确立为党的指导思想，作出了理论论证、创造了充分条件。

---

[1] 《建党以来重要文献选编》（第22册），中央文献出版社2011年版，第78页。

[2] 《建党以来重要文献选编》（第22册），中央文献出版社2011年版，第87页。

[3] 《建党以来重要文献选编》（第22册），中央文献出版社2011年版，第102页。

[4] 《建党以来重要文献选编》（第22册），中央文献出版社2011年版，第87—88页。

（二）第二个历史决议在第一个历史决议已有结论的基础上，对毛泽东思想的内容有了多方面的最新认识和发展

决议肯定了毛泽东思想是马克思列宁主义在中国的运用和发展，是被实践证明了的关于中国革命的正确的理论原则和经验总结。决议认为，在党和人民集体奋斗中产生的毛泽东思想被公认为党的指导思想，这是新中国成立后28年历史发展的必然结果。[1]决议对毛泽东思想活的灵魂——实事求是、群众路线、独立自主，作出了科学概括，同时总结了毛泽东思想关于新民主主义革命的理论、关于社会主义革命和社会主义建设的理论、关于革命军队的建设和军事战略的理论、关于政策和策略的理论、关于思想政治工作和文化工作的理论、关于党的建设的理论，等等。其中，决议将毛泽东关于社会主义革命和社会主义建设的重要思想作为独创性的理论予以总结和说明。例如，决议指出，毛泽东发表《论十大关系》的讲话，提出了探索适合我国国情的社会主义建设道路的任务，是对我国社会主义建设的经验的初步总结。[2]决议还指出，党的十一届三中全会以来，毛泽东思想的科学原理和党的正确政策在新的条件下得到了恢复和发展，强调我们党未来要以符合实际的新原理、新结论丰富和发展中国共产党的理论。[3]从这里可以看出，毛泽东思想作为中国化的马克思主义，经总结之后，其理论价值和指导作用更加突出，为我们党在改革开放和社会主义现代化建设新时期继续推进马克思主义中国化提供了重要的思想保障。

决议进一步指出，总结历史经验的根本目的，即要在坚持四项基本原则的基础上，努力建设社会主义现代化强国。[4]因此，决议从新中国成立以后的历史中，概括出十条经验作为理论结晶，为我们党继续领导人民开展社会主义现代化建设提供了指导。比如，在社会主义改造基本完成以后，我国所要解决的主要矛盾，是人民日益增长的物质文化需要同落后的社会生产之间的矛盾；社会主义经济建设必须从我国国情出发，量力而行，积极奋斗，有步骤分阶段地实现现代化的目标；社会主义生产关系的变革和完善必须适应于生产力的状况，有利于生产的发展；等等。[5]这既概括了中国的社会主义现代化建设正确道路的几个重要方面，也初步提出了在中国建设什么样的社会主义和怎样建设社会主义的问题[6]。这十条经验的总结表明，中国共产党既善于总结历史经验，又善于形成最新认识，坚持将已有结论和最新认识相结合。

[1]《改革开放三十年重要文献选编（上）》，中央文献出版社2008年版，第185页。

[2]《改革开放三十年重要文献选编（上）》，中央文献出版社2008年版，第190页。

[3]《改革开放三十年重要文献选编（上）》，中央文献出版社2008年版，第204、211页。

[4]《改革开放三十年重要文献选编（上）》，中央文献出版社2008年版，第211页。

[5]《改革开放三十年重要文献选编（上）》，中央文献出版社2008年版，第212—213页。

[6]《中国共产党简史》，人民出版社、中共党史出版社2021年版，第230页。

（三）第三个历史决议在前两个历史决议等党的一系列重要文献的基本论述和结论的基础上，坚持守正创新，勇于进行理论创新，形成了许多新认识新观点，推进了马克思主义中国化时代化

一方面，决议明确指出，前两个历史决议的基本论述和结论至今仍然适用。[1]这种历史结论的衔接在许多具体问题上有所体现。比如，第三个历史决议对遵义会议的重大意义，在前两个历史决议已有结论的基础上，有了最新认识，指出遵义会议开启了党独立自主解决中国革命实际问题新阶段，是基于百年党史视域对已有结论的深化；完善了第一个历史决议和第二个历史决议对新民主主义革命时期党的历史分期的表述；等等。

另一方面，第三个历史决议形成了许多最新认识，形成了许多标志性的理论创新成果。比如，将伟大建党精神写入决议，明确了中国共产党的精神之源；决议对党在四个历史时期的主要任务作出明确概括，进一步将党的百年奋斗重大成就概括为“四个伟大成就”，即党领导人民创造了新民主主义革命的伟大成就、社会主义革命和建设的伟大成就、改革开放和社会主义现代化建设的伟大成就、新时代中国特色社会主义的伟大成就；决议还用较大篇幅总结党的十八大以来形成和提出的原创性的思想理论观点，对习近平新时代中国特色社会主义思想的主要内容和历史地位作了进一步概括，即在“八个明确”“十四个坚持”的基础上，提出“十个明确”“十三个方面成就”；指出习近平新时代中国特色社会主义思想是当代中国马克思主义、二十一世纪马克思主义，是中华文化和中国精神的时代精华，实现了马克思主义中国化新的飞跃。这些都反映了我们党进行理论探索和创新的最新成果。

历史和实践证明，已有结论是构成最新认识的前提条件，最新认识是已有结论与时俱进的创新成果。在历史发展中，我们党形成了三个历史决议，深刻把握已有结论和最新认识的辩证统一关系，每一次对历史的系统回顾都让党更加成熟，每一次对经验的深刻总结都让党的创新理论更好地指导新的实践。

五、结语

中国共产党的三个历史决议，不断深化我们党对自身历史的认识。处理好“历史连续性和历史阶段性”“全面总结和突出重点”“总结成就和分析失误”“已有结论和最新认识”这“四大关系”，既是我们党自觉能动地认清历史方位、把握历史规律的成功经验，也是我们党总结和认识自身历史的科学方法，更是我们党走好新的赶考之路的

[1] 《中共中央关于党的百年奋斗重大成就和历史经验的决议》，人民出版社2021年版，第80页。

重要遵循。迈上新征程，更需要中国共产党在新的时代坐标中，准确把握党和人民事业所处的历史方位和发展阶段，以高度的历史自觉，在历史与现实、理论与实践的互动中总结经验、守正创新，坚定历史自信，把握历史主动，谱写新时代中国特色社会主义更加绚丽的华章。

原载于《党的文献》2023年第1期

中共话语体系中“同志”概念的历史流变

马明冲

摘　要：在中国共产党话语体系中，“同志”一词是使用频率极高的概念。从概念史的角度来考察“同志”一词，多为党内称谓，指向共同的政治追求和价值诉求。作为中国共产党话语体系中极为重要的词语，“同志”本身就彰显着马克思主义中国化的过程和意蕴。考察“同志”概念的历史流变，对于明晰中国共产党人寻求志同道合之士、厘清革命操守标准和凸显党内平等作风等有着启示性意义。

关键词：话语体系；同志；概念；政治追求；平等作风

一、“同志”概念的引入

“同志”一词，在中国古代话语里也有使用，但多指志向相同、志趣相合。如《国语·晋语四》中有“同德则同心，同心则同志”，《后汉书·刘陶传》中有“所与交友，必也同志”，《晋书·王羲之传》中有“尝与同志宴集于会稽山阴之兰亭”的论述。鲍照《代悲哉行》中“览物怀同志，如何复乖别”，“同志”则是指代夫妻。

在马克思主义话语体系中，“同志”概念具有鲜明的政治色彩。19世纪70年代后，马克思、恩格斯开始大量使用“同志”一词，并对其赋予鲜明的阶级立场，即代表无产阶级和广大工人阶级且思想一致的无产阶级政党内之成员。列宁也将政治主张相同者，将广大工人和普通劳动者称呼为“同志”。在布尔什维克党内，“同志”称谓指代具有共同革命情怀和政治色彩的党内成员。翻阅马克思主义经典著作，我们可以看到，“同志”是用以区分剥削阶级与被剥削阶级、资产阶级与无产阶级的重要语意表述，主要是在无产阶级政党成员之间使用的称呼，多用来指代有共同的阶级身份和共产主义理想追求的人。

我国近代以来使用的“同志”概念，与日本的话语影响有关。明治维新后，“同志”一词在日本流行起来，一些以“同志”命名的社团、党派、机构，如“同志会”“同志社”等，纷纷出现。党派人士之间也经常用“同志”互指，其政治色彩愈来愈浓。随着中国的一些志士仁人前往日本寻找救国真理，努力汲取各种新的科学知识，他们也逐渐接受并使用了“同志”的称呼。1893年，梁启超在《致王康年书》中就用“同志”来称呼立志于维新变法的同伴：“启超半年以来读书山中，每与同志纵论事变，逡匆虑而熟思之。”[1]1898年，他更是宣称：“吾国人不能舍身救国者，非以家累，即以身累。我辈以此相约：非破家不能救国，非杀身不能成仁，同此义者皆为同志。”[2]这时，“同志”一词已经具有了明确的革命含义。中国的资产阶级政党组织兴起后，也借用了这一概念。中国同盟会将该词引入组织内加以使用。后来，中国国民党内部成员间亦互称“同志”，孙中山在临终的政治嘱托中就有“革命尚未成功，同志仍须努力”[3]的著名表述。

在中国共产党的话语体系中，“同志”概念在不同时期的使用蕴含不同的意指。考察“同志”概念在中共话语体系中的历史流变，对于明晰中国共产党人寻求志同道合之士、厘清革命操守标准、凸显党内平等作风等有丰富启示意义。

二、“对比”用——中共话语体系中“同志”概念之形成

“同志”成为中共话语体系中经常使用的称谓，经历了一个比对选择的过程。与“同学”“同胞”相较，它内含着朋友情谊基础上的深入探寻、寻找志同道合者的意蕴；与“兄弟”“姊妹”相较，它内含着兄弟姐妹情谊之上的情感升华意蕴；与“先生”相较，它内含着尊称基础上的平等，内含着开展统一战线工作中恰如其分称谓的意蕴。

（一）“同志”与“同学”“同胞”之比较

在中国共产党成立初期，中共话语体系中“同志”是组织层面的代名词，“同学”“同胞”是社会层面的代名词。1922年，王尽美在京奉铁路山海关工人俱乐部为支援开滦矿工痛告全国同胞书中称：“全国各界同胞们”，“凡我全国工友们，父老兄弟姊妹们，大家还有良心吗？请一致起来为我们惨死的苦同胞们报仇啊！”[4]1923年9月26日，向警予在《告丝厂劳苦女同胞》一文中，用“同胞”来指代社会女工。[5]1925年5月29日，她又在《上海女界国民会议促成会为日人惨杀同胞宣言》中称：“同胞们！我们

[1] 陈书良选编：《梁启超文集》，燕山出版社1997年版，第605页。

[2] 梁启超：《饮冰室合集》（第1册），中华书局1989年版，第27页。

[3] 王天奖、刘望玲：《辛亥革命史》（下册），人民出版社1981年版，第557页。

[4] 《王尽美文集》，人民出版社2011年版，第60—61页。

[5] 《向警予文集》，人民出版社2011年版，第124页。

有一大部份被国家所弃的男女同胞是在日本帝国主义者的地狱里生存呵！”[1]1926年3月13日，向警予在《共产国际执行委员会第六次全会扩大会议上接受献旗时的讲话》中，用“同志们”代替“同胞们”“姊妹们”，并开始大量使用“同志”一词。[2]这里比较明显地表明，在社会层面彼此称呼用“同胞”，组织层面彼此称呼用“同志”。李达指出：“劳动者若真有自谋解放的决心，就要急起直追来干劳动立法运动。机会不可失，全国劳动同胞团结起来！”[3]在李达的文章中，同胞是与“外敌”“外侮”对比而经常使用的词语。“从历史上把帝国主义侵略中国的经过说明出来，藉以唤起同胞反抗外侮的勇气。”[4] 1923年11月，王尽美在山东国民运动和劳动运动发展情况中称党内人士为“同志”，其中指出：“党务：十一月十一日下午二时开第二次地方全体大会，同志十三人，又新介绍同志三人，共十六人。”[5] 1925年8月，王尽美在遗嘱中写道：“全体同志要好好工作，为无产阶级和全人类的解放和共产主义的彻底实现而奋斗到底！”[6]“同志”一词的意蕴更为丰富。

在革命年代，革故鼎新是社会发展之基本要求，也是革命之必然要求。从组织层面来看，这就要广泛争取和联合一切进步力量，在同胞中不断地寻找同志。1920年11月7日，邓中夏高呼，“我最亲爱的劳动同胞呀”，“我们更希望国内的劳动同胞与我们携手”。他希望劳动同胞能够信任“热心社会改革的人”，并能够将自己工作、生活和感想等情况随时告知他们，“以去求解决的方法”。[7]1921年9月1日，彭湃在《告同胞》一文中，希冀在“同胞”中寻找“同志”。“诸君！有志者事竟成！我们既承认现社会之种种罪恶，种种缺陷，有不得不实行社会革命之决心，我们就应当赶快觉悟”，同胞们觉悟后，“互相研究！互相团结！互相联络！互相扶助而为之”[8]，即可发展为“同志”。这种朴实的话语表述和实实在在的行动，充分地体现了“同胞”与“同志”之间的互动关系。

（二）“同志”与“兄弟”“姊妹”之比较

在中国共产党成立之前，党的早期领导人曾用“兄弟”代指具有志同道合的革命情怀的朋友和学会会员。在中共的话语体系中，“兄弟”“姊妹”是非组织事宜的沟通

[1] 《向警予文集》，人民出版社2011年版，第245页。
[2] 《向警予文集》，人民出版社2011年版，第253页。
[3] 《中共一大代表早期文稿选编（1917.11—1923.7）》（上册），上海人民出版社2011年版，第147页。
[4] 《中共一大代表早期文稿选编（1917.11—1923.7）》（上册），上海人民出版社2011年版，第184页。
[5] 《王尽美文集》，人民出版社2011年版，第68页。
[6] 《王尽美文集》，人民出版社2011年版，第88页。
[7] 《邓中夏文集》，人民出版社1983年版，第1、2页。
[8] 《彭湃文集》，人民出版社2013年版，第7页。

称呼，而“同志”是组织内严肃的称谓，突出了“同志”一词在党内使用时具有严肃性特点。

1917年12月22日，周恩来在写给陈颂言的信中说：“弟现预备日文，无大困难。”[1] 1918年，他在日记中记述：“下午送冠贤[2]至站。晚与山[3]兄食于中国饭店源顺号。”[4] 1920年8月，在蔡和森写给毛泽东的信中，以及同年12月毛泽东的回信中，都以“兄弟”之称代指为中国革命而奋斗的同盟者。毛泽东在1920年12月1日致蔡和森等信中，称“和森兄子昇兄”[5]。1921年1月21日，致蔡和森信中，称“和森兄”“弟泽东”[6]。1921年1月28日，致彭璜信中，称“荫柏兄”“弟泽东”[7]。1923年11月12日，邓恩铭在关于青岛拟设书社事致刘仁静信中，称呼“仁静兄”[8]。向警予曾多次用“姊妹们”这一称呼指代女权运动的社会基础。1924年4月9日，向警予撰写文章谈直隶第二女师学潮。她用姊妹来指称具有反抗精神、正义主张的革新女子。“姊妹们！我们底先锋已在前线进攻了！我们还是冷眼旁观呢？还是桴鼓助战呢？”[9]12月27日，她再次提到“姊妹们，女界先觉的姊妹们！寒假到了，我们赶快到妇女群众中去努力宣传”[10]。1925年4月13日，在论及应力争妇女团体参加国民会议时，向警予进一步指出：“姊妹们！国民会议条例第十四条的修正是不成问题的，现在我们要更进一步，力争妇女团体代表参加国民会议！姊妹们，不要忘记了，妇女团体参加国民会议是我们最初的主张，我们要坚持到底！”[11]

1923年9月24日，邓恩铭在关于青岛事致仲澥（邓中夏）信中，称呼“仲澥兄”，信的结尾又以同志相称，“祝你和诸位同志努力和健康”[12]。1923年，邓恩铭在关于青岛团支部成立情况及增寄刊物事致仁静信中，由之前的“仁静兄”改称“仁静同志”。同年11月21日，在关于青岛将于近期成立地方团组织及工人团体组织等情况致刘仁静信中，一直称“仁静同志”[13]。1924年4月1日，彭湃给刘仁静信中将“同志”作为党内称谓

---

[1] 《周恩来早期文集》（上卷），中央文献出版社、南开大学出版社1998年版，第304—305页。

[2] 冠贤即童冠贤，时为新中学会干事长，为周恩来加入该会的介绍人。

[3] 山即王朴山，1913年至1917年与周恩来同在南开中学读书。

[4] 王永祥、[日]高桥强：《留学日本时期的周恩来》，中央文献出版社2000年版，第99页。

[5] 《毛泽东书信选集》，人民出版社1983年版，第1页。

[6] 《毛泽东书信选集》，人民出版社1983年版，第15、16页。

[7] 《毛泽东书信选集》，人民出版社1983年版，第17、19页。

[8] 《邓恩铭文集》，人民出版社2013年版，第43页。

[9] 《向警予文集》，人民出版社2011年版，第188页。

[10] 《向警予文集》，人民出版社2011年版，第201页。

[11] 《向警予文集》，人民出版社2011年版，第225页。

[12] 《邓恩铭文集》，人民出版社2013年版，第29页。

[13] 《邓恩铭文集》，人民出版社2013年版，第47、52页。

来称呼，“祝诸同志安好！”[1]可见，若是严肃的问题称“同志”，其他非组织事宜的沟通称“兄弟”“姊妹”。

（三）“同志”与“先生”之比较

相互尊敬称呼“先生”。在中国共产党成立之前和成立之初，曾多用“先生”一词互相称谓。1919年12月20日，向警予在给陶毅（谈女子发展计划问题）的信中，用“先生”指代团体内部成员。“和森先生说陈启民、何叔衡两先生都可以从事鼓吹。萧子昇先生所教的楚怡高小学生，是极有担负极有训练的，这次很可以同去发动中学男女共学的要求。”[2]1920年6月2日，向警予在给彭璜、毛泽东的信中，称彭璜、泽东先生。“和森意欲泽东先生于湘事定后，顿湘两年，注意小学教育、劳动教育，为积极的根本的彻底的文化运动，此意我极赞成，不知泽东先生以为何如？”[3]李达在《陈独秀与新思想》中，曾四次称“陈独秀先生”[4]。1920年7月9日，毛泽东致胡适信中，称胡适为“适之先生”[5]。1921年9月29日，毛泽东在致杨钟健的信中，曾用“先生”指代革命的群体。[6]1923年11月24日，瞿秋白在《自由世界与必然世界》中用“先生”来称呼丁文江和胡适等，“今年春夏间，《努力周报》丁文江、胡适之先生等与张君劢先生辩论科学与人生观”[7]。在中国社会文化中，“先生”一词有着深厚的历史土壤，因其社会属性而广泛使用，用“先生”主要是表示尊敬。

志同道合称呼“同志”。中国共产党党内广泛使用“同志”一词始于1923年。中国共产党成立后，革命者之间称谓逐渐以“同志”取代了“先生”“同学”“兄弟”“姊妹”等词。在对敌斗争复杂艰难的条件下，一声“同志”让从未谋面的共产党人迅速找到认同感。在国共合作推动革命进展的背景下，1925年1月19日，赴法勤工俭学的李富春在柏林给中国国民党驻法总支部的一封信中曾用“同志”一词指代“革命党人”。信中说：“我现时东归，与诸同志暂别了。旅欧国民党在王京岐同志的领导下，支持已有两年。在这两年的奋斗中，我亦竭尽绵薄之力，随诸同志之后，扩大本党组织，宣传本党主张，使驻法总支部能在法、比、德、意各国中占一相当位置。”[8]1925年5月5日，《中共中央、共青团中央通告第三十号——关于加强对国民党的工作》中指称党内

[1] 《彭湃文集》，人民出版社2013年版，第62页。

[2] 《向警予文集》，人民出版社2011年版，第8—9页。

[3] 《向警予文集》，人民出版社2011年版，第23页。

[4] 李达：《陈独秀与新思想》，《民国日报》副刊《觉悟》1919年6月24日。

[5] 《中共一大代表早期文稿选编（1917.11—1923.7）》（上册），上海人民出版社2011年版，第887页。

[6] 《毛泽东书信选集》，人民出版社1983年版，第20页。

[7] 《瞿秋白选集》，人民出版社1985年版，第113页。

[8] 《李富春选集》，中国计划出版社1992年版，第4页。

成员为“同志”：“中山逝世后，国民党颇有发展的趋势，我们的各地同志即应趁此趋势活动起来……”[1]在这份行文简洁的文件中，“同志”指称明确，“各地同志”“我们的同志”合计使用了6次。同年，刘志丹在为陕西旅京学生进步社团共进社第二次代表大会的题词中写道：“共进！共进！同志引着被压迫民族，向帝国主义进攻！”[2]蔡和森大量使用“同志”一词，是在1926年。时任中共驻共产国际代表团团长的蔡和森，应莫斯科中山大学旅俄支部邀请作《中国共产党史的发展（提纲）——中国共产党的发展及其使命》的报告，在报告中他51次提到“同志”一词。[3]笔者认为，以蔡和森为代表的中共早期领导人此时已经初步形成了区别指称“同志”的思想，即站在革命战线尤其是党内共同信仰和政治追求的人之间互称同志。同年，王若飞在中国共产党第六次全国代表大会上作的政治报告发言中，也大量使用“同志”一词，仅发言记录稿第三问题A部分的节选就使用了13次。[4]

团结合作称呼“同志”。在第一次国共合作期间，中共亦曾以“同志”称呼国民党党员。赵世炎在《国民党过去的经验与今后的使命》中呼吁：“国民党的同志，现在应该十分明了帝国主义者侵略中国……国民党的同志现在应该排斥一切军阀之老政客与新闻记者妄用革命的名词……身为国民党员而是真实的中国民族革命分子，请你们在此千钧一发的时候，认清方向努力起来！”[5]他在《中山北来与帝国主义之压迫》一文中，更是多次用“同志”指称愿意团结合作革命的人，“国内革命的民众、社会各团体的分子，国民党的同志，乃至一切表同情于中山先生的人”，“此时更要觉悟”，“绝不当畏缩不前对于帝国主义之压迫软化”，“绝不要躲避对于帝国主义者之战斗”。[6]

分道扬镳后统战联合对象称呼“先生”。1927年，国共合作走向破裂，中国共产党人对国民党内同情革命、在统战工作中需要联合的人仍称呼“同志”，对反革命者则不再以“同志”相称。4月4日，在《我们目前的两个大斗争》中，董必武提出：“各位同志，目前革命形势的发展，引起了国际间的重大变化，同时因国民党内被封建势力把持，引起了国民革命的危机。我们怎样应付国际间的重大变化，我们怎样排除封建势力，这是我们每个同志应该注意的，而且是我们每个同志马上就要来工作的。”[7]4月12日、7月15日，蒋介石和汪精卫相继发动反革命政变。在中国革命的紧急关头，中共中央紧急会议在汉口举行（八七会议），与国民党划清了界限，国共两党党内互称“同

---

[1] 《张太雷文集》，人民出版社2013年版，第199页。

[2] 《刘志丹文集》，人民出版社2012年版，第14页。

[3] 《蔡和森文集（下）》，人民出版社2013年版，第785页。

[4] 《王若飞文集》，人民出版社2014年版，第99—101页。

[5] 《赵世炎文集》，人民出版社2013年版，第166—169页。

[6] 《赵世炎文集》，人民出版社2013年版，第174、176、177页。

[7] 《董必武选集》，人民出版社1985年版，第4页。

志”的称谓至此告终。蔡和森明确指出：“星期评论社，此社为戴季陶、沈玄庐、李汉俊所组织，他们以前都是我们的同志，但现在完全反对我们而成为国民党右派的首领或反革命派了。”[1]随着日本帝国主义的侵略加剧，团结国人，建立抗日民族统一战线以抵御外侮，成为时代的要求。在此背景下，中共对统战工作中需要联系的对象以“先生”相称。毛泽东在与国民党的要员进行通信时皆恢复为以“先生”[2]之称代。到20世纪30年代，毛泽东致杜斌丞的信中，称“斌丞先生”，将杨虎城称为“先生”，把我们党内的成员张文彬称为“同志”[3]，区别“同志”和“先生”使用的语境已然清晰。在《这个巡视员的领导方式好不好？》中，陈云提到，“农业工人工会有一个很努力工作的巡视员，他的工作优点是能够深入到支部中去，这是一个很好的同志”[4]。这表明中国共产党人使用“同志”“先生”等称谓的甄别标准已日渐形成。

三、“主义”用——中共话语体系中“同志”使用的成熟

中国共产党人在革命斗争中对“同志”称谓的使用，多体现的是这一概念的政治属性，而非一般意义上的社会话语。在具体的历史语境中，“同志”一词的使用表明了中国共产党人强烈的革命情怀和特定的“主义”追求。

（一）“革命的三民主义者”是“同志”

第一次国共合作期间，中国共产党把国民党和共产党内拥护革命的三民主义者统称为“同志”。1925年2月10日的报告中，彭湃用“同志”称呼革命之三民主义者。[5]1925年，孙中山逝世后，毛泽东曾指出：“我们的伟大领袖孙中山先生应乎中国被外力、军阀、买办、地主阶级重重压迫的客观环境，为我们定下了革命的三民主义。我们的伟大领袖虽死，革命的三民主义不死。怎样使革命的三民主义在广东实现，乃是广东同志的唯一工作。”[6]赵世炎说：“中山先生逝世以后惟一可贵的存在就是孙中山主义。中国革命的民众，特别是国民党的同志，从今以后，应把孙中山主义当作行动的口号，民族革命信仰的中心，在他的旗帜之下奋斗，在他的标帜四围，为民族革命

---

[1] 《蔡和森文集（下）》，人民出版社2013年版，第792页。

[2] 1936年5月25日，毛泽东致阎锡山信中，以百川先生称时任国民党政府军事委员会副委员长的阎锡山；1936年8月14日，毛泽东在致宋哲元的信中，以明轩主席先生称呼时任国民党冀察政务委员会委员长宋哲元。详见《毛泽东书信选集》，人民出版社1983年版，第34、40页。

[3] 《毛泽东书信选集》，人民出版社1983年版，第36、38页。

[4] 《陈云文集》（第1卷），人民出版社1984年版，第20页。

[5] 《彭湃文集》，人民出版社2013年版，第83页。

[6] 《毛泽东文集》（第1卷），人民出版社1993年版，第15页。

而工作。”[1]同年12月，赵世炎亦将革命的三民主义者与其他人区别出来。“老实说：共产党的真敌人，除帝国主义者、资本家、地主、军阀、官僚及其使用人外，有些时候右派还不一定是敌人，何况实践中山主义的同志呢！”[2]

1927年4月1日，蔡和森在国民党湖南省党部欢迎会上的演讲词中，将信奉三民主义之革命思想的人称为“同志”，“此次回湘所见所闻，较三年以前之湖南不同，现在的湖南已注意到社会革命基础，这是各位同志努力所致”，“要扶助农工，即须与共产党合作。且三民主义之民生主义，其结果即共产主义。如须包括资本主义，应为四民主义。如谓三民主义与共产主义不同，则须除去民生主义，应为二民主义。希望各同志拥护总理遗下三民主义，尤其是民生主义，以纠正右派理论”。[3]张太雷在《到底要不要国民党？》中更直白地指出：“中山先生改组国民党的目的是要把国民党变成一个全国革命分子的结合；党要成为一个革命分子的结合方能成为真正能领导国民革命的党”，因此，“革命同志”应该积极维护革命的“结合”，打破反动派的阴谋。[4]

第一次国共合作破裂之后，蔡和森强调，中国共产党与国民党“两党信仰既不相同”。革命的思想是“同志”共同的目标追求，“党的第五次全国大会的精神，即在指出目前的革命潮流，并非低落，全国工人农民须在目前加紧争斗为创造党的前途而奋斗，希望大会的团员同志，一致向此目标奋斗”。[5]1930年，蔡和森更是严厉指出，要从“同志”中剔除两面派和小团体主义者，“应当坚决的和两面派的手段斗争呵！这是我们的敌人呵！”[6]

（二）“马克思主义的信仰者”是“同志”

中国共产党的真正的“同志”要与各种非马克思主义划清界限，具有政治的坚定性和革命的斗争性。蔡和森指出，我们的“同志”要警惕无政府主义，“在上海仲甫同志发起组织党时，连沈仲九（沈玄庐、李汉俊等的朋友，与五四运动颇有关系）也拉进来，并且在当初有相当的作用和益处。马克思主义者在上海仍占多数；在北京开始组织党部时有五个人是无政府主义者，如黄凌霜等五人，而我们的同志则有李守常、罗章龙、张国焘三人；在广东的党部又为无政府党人占多数，尤其是青年团大部分为无政府主义者”[7]。尽管如此,“主义”改变后也将有机会成为我们真正的“同志”。后来，

---

[1] 《赵世炎文集》，人民出版社2013年版，第237页。

[2] 《赵世炎文集》，人民出版社2013年版，第343页。

[3] 蔡和森：《在国民党湖南省党部欢迎会上的演讲词》，《湖南民报》1927年4月2日。

[4] 《张太雷文集》，人民出版社2013年版，第300页。

[5] 《蔡和森文集（下）》，人民出版社2013年版，第813、867页。

[6] 《蔡和森文集（下）》，人民出版社2013年版，第1006页。

[7] 《蔡和森文集（下）》，人民出版社2013年版，第809页。

“有无数个无政府主义者，成为我们的同志了，或者抛弃无政府主义了”[1]。

李达认为，“无政府党是我们的朋友，不是我们的同志”，“无政府党要推倒资本主义，所以是我们的朋友。无政府党虽然要想绝灭资本主义，可是没有手段，而且反不免有姑息的地方，所以不是我们的同志”。[2]而真正的“同志”，是“马克思主义的信仰者”，“要干这种革命事业，必定要具有一种能够作战的新势力方能办到的。说到这里，我要推荐马克思主义了”。[3]联合进步力量，广泛地扩大“同志”组织的实力和基础。毛泽东指出，“我们的同志于组织工人组织学生组织中小商人许多工作以外，要有大批的同志，立刻下了决心，去做那组织农民的浩大的工作”。这里说的“同志”是指接受了马克思主义的坚定信仰者。“我一定同你及一切谋有利于党的团结和革命的前进的同志们，向一切有害的思想、习惯、制度奋斗。”[4]党内的同志，应该是有共同的“共产主义思想和行动”[5]的。

四、“平等”用——中共党内民主作风的规矩指向

党内互称同志是中共党内民主生活的一贯要求和政治规矩。1921年7月，中共一大党纲规定：“凡承认本党纲领和政策，并愿意成为忠实党员的人，经党员一人介绍，不分性别、国籍，均可接收为党员，成为我们的同志。”[6]

新中国成立后，毛泽东等党和国家领导人，在党内文件中仍以“同志”来称呼。毛泽东曾明确指出：“毫无疑义，上下级的关系应当密切，应当是一种同志的关系。”[7]当“大家有意见，有气，就应该打开窗户，让他们把气出完，把意见都说出来。只有这样，才能团结同志，统一意志，集中意志，形成高度的集中”[8]。为了确保形成平等的党内同志关系，1965年12月，中共中央专门就党内称呼问题发出《中共中央关于党内同志之间的称呼问题的通知》，要求“今后对担任党内职务的所有人员，一律互称同志”[9]。

1978年12月22日通过的《中国共产党第十一届中央委员会第三次全体会议公报》，明确指出：“全会重申了毛泽东同志的一贯主张，党内一律互称同志，不要叫官衔；任

[1]《蔡和森文集（下）》，人民出版社2013年版，第810页。

[2] 李达：《无政府主义之解剖》，《共产党》第4号1921年5月7日。

[3]《中共一大代表早期文稿选编（1917.11—1923.7）》（上册），上海人民出版社2011年版，第92页。

[4]《毛泽东文集》（第1卷），人民出版社1993年版，第39、64页。

[5]《毛泽东文集》（第1卷），人民出版社1993年版，第70页。

[6] 中央档案馆编：《中共中央文件选集（1921—1925）》，中共中央党校出版社1989年版，第3页。

[7]《毛泽东文集》（第7卷），人民出版社1999年版，第286页。

[8]《毛泽东文集》（第3卷），人民出版社1996年版，第400页。

[9]《中共中央文献选集（1949.1—1966.5）》（第49册），人民出版社2013年版，第406页。

何负责党员包括中央领导同志的个人意见，不要叫‘指示’。”[1]1980年2月，党的十一届五中全会通过的《关于党内政治生活的若干准则》明确规定：“所有的党员都是平等的同志和战友，党的领导干部要以平等的态度待人”[2]。邓小平说：“我们的组织原则中有一条，就是下级服从上级，说的是对于上级的决定、指示，下级必须执行，但是不能因此否定党内同志之间的平等关系。”[3]党的十八届六中全会审议通过的《关于新形势下党内政治生活的若干准则》中重申，要“坚持党内民主平等的同志关系，党内一律称同志”[4]。同时，我们要注意处理好党内组织之间、同志之间关系，“党内组织和组织、组织和个人、同志和同志、集体领导和个人分工负责等重要关系都要按照民主集中制原则来设定和处理，不能缺位错位、本末倒置”[5]。习近平指出：“对干部经常开展同志式的谈心谈话，既指出缺点不足，又给予鞭策鼓励，这是个好传统，要注意保持和发扬。”[6]

五、结语

特定历史境遇和社会条件的变迁、发展是某一概念演变的重要驱动力。任何一个概念语义的流变，都有着特定的话语背景和价值指向。纵观中共话语体系中“同志”概念的使用，我们可以发现，这一概念内涵的发展变动，彰显了从传统到现代、从阶级意识的确立到革命斗争的实践再到话语体系构建的一个动态演变过程。中国共产党成立以来，“同志”一词的内涵和外延都超越了“同心”“同德”，超越了纯粹语义上的“志同道合”，进而丰厚和深化了其语境意义。“同志”更加明确地指向了政党政治概念，并最终成为党员之间彼此称呼的正式用语。同时，“同志”一词的表述和使用集中地体现了我们党对党内平等作风的倡导、对马克思主义的价值尊崇以及对共产主义奋斗目标的永恒追求。总之，不论是烽火连天的革命年代，还是和平发展的建设岁月，“同志”概念都体现出了一种浓郁的政治色彩。

原载于《党的文献》2018年第2期

[1] 《三中全会以来重要文献选编（上）》，人民出版社1982年版，第13页。

[2] 《十一届三中全会以来重要文献选读（上）》，人民出版社1987年版，第163、180页。

[3] 《邓小平文选》（第2卷），人民出版社1994年版，第331页。

[4] 《关于新形势下党内政治生活的若干准则》，人民出版社2016年版，第26页。

[5] 习近平：《在党的群众路线教育实践活动总结大会上的讲话》，人民出版社2014年版，第20页。

[6] 《习近平谈治国理政》，外文出版社2014年版，第418页。

中国共产党历史书写中理论阐释的鲜明特点
——以《中共中央关于党的百年奋斗重大成就和历史经验的决议》为例

麻　磊　张士海

摘　要：中国共产党的历史书写离不开理论阐释。中国共产党百年历史叙事的革命性意义，只有借助理论阐释才能被科学地建构与呈现。党的第三个历史决议的书写就是运用科学理论对党史经验展开充分阐释的经典蓝本。准确把握中国共产党理论阐释的知识图景，重温党史书写的崇高历程，既要结合其文化境遇与政治动机，还要从其历史书写中所坚持的马克思主义唯物史观的根本阐释立场、引导树立正确党史价值观的主要阐释目的、内蕴党史姓党政治原则的鲜明阐释属性、以大历史观达致主题聚合的基本阐释方法，以及遵循实事求是与守正创新相结合的重要阐释原则入手，多维把握其理论阐释意义开显的深邃脉络。

关键词：百年党史；历史书写；理论阐释；历史决议；中国共产党

理论阐释作为历史书写的核心步骤，是历史意义得以建构和呈现的关键端口。回眸中国共产党的百年历史书写进程，我们不难发现，铺满崇高与伟大叙事的百年党史，正是因为科学理论阐释的充盈与浸润，方能在百年历史流变中呈现出五彩斑斓的历史样貌。伴随着《中共中央关于党的百年奋斗重大成就和历史经验的决议》（以下简称《决议》）的出场，中国共产党人运用科学的理论阐释在百年内作出了三个“历史决议”，这一区别于传统修史模式的历史书写，不仅是对党百年重大成就与历史经验的客观描画，还是我们党构建科学党史话语、形成科学历史价值观、赢得广泛认同的关键所在。新时代党史书写中的理论阐释，既要科学辨明阐释的前结构，在深入把握《决议》理论阐释意蕴的基础上消解阐释间距、达致视域融合，也要客观厘清事实阐释与价值阐释的事理逻辑，将习近平新时代中国特色社会主义思想宣传好、阐释好，继续把党史总结、学习、教育、宣传引向深入，进而更好地了解历史、借鉴历史，把握历史主动。

一、深刻彰显着马克思主义唯物史观的根本立场

阐释立场是理解、诠释历史史实的出发点和立足点，坚持马克思主义唯物史观是党史书写中理论阐释的根本立场。历史具有客观性、一次性，其还原与诠释较多地依靠书写者的主观认识和评价。恩格斯指出，马克思对于唯物史观的明确定义与自觉运用“在整个世界史观上实现了变革”[1]，“历史破天荒第一次被置于它的真正基础上”[2]。列宁将唯物主义历史观称为“唯一科学的历史观”[3]，指出只有历史唯物主义第一次使我们能够如自然科学一样，精准地研究人们的社会生活条件以及其变更，认为“马克思的历史唯物主义是科学思想中的最大成果”[4]，是一种极其完整严密的科学理论。因此，就历史书写而言，唯物史观的出场不仅为历史还原与诠释的随意性设限，还为历史书写中的理论阐释过程立法。

中国共产党是唯物史观的践行者，唯有以唯物史观为理论阐释圭臬，才能科学把握百年党史的主题主线、主流本质。“唯物史观是共产党人认识历史、把握历史的根本思想指南”[5]，以马克思主义唯物史观为历史书写圭臬的中国共产党的历史书写，也正因马克思主义唯物史观的理论指导而奠定了科学的阐释立场。毛泽东指出，“唯物史观是吾党哲学的根据”[6]。邓小平同样强调，“评价人物和历史，都要提倡全面的科学的观点”[7]。在主持起草《关于建国以来党的若干历史问题的决议》的过程中，邓小平先后作出17次重要谈话，充分运用唯物史观全面、科学、历史地总结了党史中的经验教训，确保党和国家事业始终沿着正确方向前进。正如习近平所说的：“我们党运用历史唯物主义，系统、具体、历史地分析中国社会运动及其发展规律，在认识世界和改造世界过程中不断把握规律、积极运用规律，推动党和人民事业取得了一个又一个胜利。”[8]

以唯物史观为根本立场的理论阐释，客观地贯穿于《决议》的书写之中，为党百年奋斗历史经验的总结提供了根本指导。《决议》说明中强调：“总结党的百年奋斗重大成就和历史经验，要坚持辩证唯物主义和历史唯物主义的方法论，用具体历史的、

[1] 《马克思恩格斯全集》（第25卷），人民出版社2001年版，第134页。

[2] 《马克思恩格斯全集》（第25卷），人民出版社2001年版，第136页。

[3] 《列宁全集》（第1卷），人民出版社2013年版，第112页。

[4] 《列宁选集》（第2卷），人民出版社2012年版，第311页。

[5] 王赟鹏：《中国共产党第三个历史决议叙事体系构建的内在逻辑》，《思想教育研究》2022年第2期。

[6] 《毛泽东文集》（第1卷），人民出版社1993年版，第4页。

[7] 《邓小平文选》（第2卷），人民出版社1994年版，第244页。

[8] 习近平：《坚持历史唯物主义不断开辟当代中国马克思主义发展新境界》，《求是》2020年第2期。

客观全面的、联系发展的观点来看待党的历史。”[1]这一重要论述着重呈现了理论阐释所遵循的基本准则。

一是具体历史地看待党的历史。《决议》将党的百年历程划分为四个时期，每一时期的阐述分别就当时的社会主要矛盾、关键历史事件、主要工作等，实事求是地进行了系统阐释，并用四个“伟大飞跃”升华概括了每一时期的重大成就。例如，在阐释新民主主义革命时期时，指出该时期的中国“国家蒙辱、人民蒙难、文明蒙尘”[2]，党所面临的主要任务是“反对帝国主义、封建主义、官僚资本主义，争取民族独立、人民解放，为实现中华民族伟大复兴创造根本社会条件”[3]。据此，中国共产党领导中国人民经过艰苦卓绝的伟大斗争，“实现了中国从几千年封建专制政治向人民民主的伟大飞跃”[4]。

二是客观全面地看待党的历史。唯物史观“第一次明确了历史客体的客观性和第一性”[5]。党史书写中理论阐释的显著特征，就是其始终以历史事实为根本依据，客观全面地诠释自己的历史。《决议》客观评价了党史中存在的“左”倾教条主义、“大跃进”运动以及“文化大革命”等曲折失误，直言“‘左’倾路线的错误给革命根据地和白区革命力量造成极大损失”[6]，“文化大革命”“使党、国家、人民遭到新中国成立以来最严重的挫折和损失”[7]，既没有回避，也没有一笔带过，使党的历史书写客观且深刻。

三是联系发展地看待党的历史。历史事件不会独立存在，历史的书写也必然不能孤立、片面和静止。习近平强调，要“把历史结论建立在翔实准确的史料支撑和深入细致的研究分析的基础之上”[8]。党史书写中的理论阐释就是联系与发展观点频繁显现的光辉典范。《决议》在阐释习近平新时代中国特色社会主义思想的历史地位时，将5000多年的中华民族发展史、500多年的社会主义运动史、180多年的中国近现代史、100多年的中国共产党史、70多年的新中国史以及40多年的改革开放史贯通结合，以宏大的历史视野与全球视野，深刻诠释了这一伟大理论成果的重要历史意义。

[1] 《中共中央关于党的百年奋斗重大成就和历史经验的决议》，人民出版社2021年版，第79页。

[2] 《中共中央关于党的百年奋斗重大成就和历史经验的决议》，人民出版社2021年版，第3页。

[3] 《中共中央关于党的百年奋斗重大成就和历史经验的决议》，人民出版社2021年版，第3页。

[4] 《中共中央关于党的百年奋斗重大成就和历史经验的决议》，人民出版社2021年版，第8页。

[5] 涂成林：《历史阐释中的历史事实和历史评价问题》，《中国社会科学》2017年第8期。

[6] 《中共中央关于党的百年奋斗重人成就和历史经验的决议》，人民出版社2021年版，第6页。

[7] 《中共中央关于党的百年奋斗重大成就和历史经验的决议》，人民出版社2021年版，第14页。

[8] 《习近平在中共中央政治局第二十五次集体学习时强调 让历史说话用史实发言 深入开展中国人民抗日战争研究》，《人民日报》2015年8月1日。

二、以引导树立正确的党史价值观为主要目的

阐释目的是凝结、升华历史意义的目标和结果，引导树立正确党史价值观是党史书写中理论阐释的主要目的。在马克思主义的理论视野中，历史书写与阐释的根本目的，就是揭示人类社会发展的基本规律，为人类的自由解放提供思想启迪。列宁认为历史研究的目的在于提高劳动者阶级的“自我认识和自我意识，用科学代替了幻想”[1]，增强其历史主动性。但无论基于何种意义层面，理论阐释都是历史书写目的到达的必由之路，因为这种历史感与现实感的贯通交融，并非对史实的简单再现，而是一种价值评述与意义灌输的理论交织过程。作为有着特定叙事构型的中国共产党的历史书写，其目的呈现必然离不开理论阐释的政治性介入。这一介入过程有着多重向度展开，其主要表现为客观的价值评述，理性的意义阐释以及深刻的思想启迪，三者合力而为，共同服务于中国共产党正确党史价值观的科学建构过程。

中国共产党是正确党史价值观的先行者，其百年党史革命性意义呈现的主要目的，就在于运用科学的理论阐释构建正确党史价值观。毛泽东指出，研究历史“须不凭主观想象，不凭一时的热情，不凭死的书本，而凭客观存在的事实，详细地占有材料，在马克思列宁主义一般原理的指导下，从这些材料中引出正确的结论”[2]，并且强调要“引出理论性的结论来”[3]。习近平强调：“我们党历来重视党史学习教育，注重用党的奋斗历程和伟大成就鼓舞斗志、明确方向，用党的光荣传统和优良作风坚定信念、凝聚力量，用党的实践创造和历史经验启迪智慧、砥砺品格。”[4]毛泽东指出的“正确的”“理论性”的结论与习近平所强调的“鼓舞斗志、明确方向”“坚定信念、凝聚力量”“启迪智慧、砥砺品格”，既是历史书写中理论阐释的内容要求，也是我们进行理论阐释的目的所在。以构建正确党史价值观为主要目的的理论阐释，明确地体现在《决议》的书写之中，为科学评价和客观总结党的百年成就与经验预设了目标方向。

一是以客观的价值评述阐释党的百年奋斗历程和重大成就，鼓舞斗志、明确方向。理论阐释的功用之一，就是“为叙事文本所应透露的历史价值与现实意义作出科学的解释”[5]。中国共产党的百年历史性实践，承载着无数崇高且庄重的伟大叙事，这些留存于历史记忆中伟大叙事的书写与呈现，必然离不开客观的价值评述赋予。《决议》在阐释遵义会议的历史价值时强调，遵义会议“在最危急关头挽救了党、挽救了红军、挽

[1] 《列宁选集》（第1卷），人民出版社2012年版，第89页。

[2] 《毛泽东选集》（第3卷），人民出版社1991年版，第801页。

[3] 《毛泽东选集》（第3卷），人民出版社1991年版，第815页。

[4] 习近平：《在党史学习教育动员大会上的讲话》，人民出版社2021年版，第2页。

[5] 郭若平：《百年党史书写：时间、记忆与阐释》，《近代史研究》2021年第3期。

救了中国革命”[1]，“在党的历史上是一个生死攸关的转折点”[2]。《决议》从四个方面评价了遵义会议的历史意义，正式引用了“三个挽救”，全面升华了遵义会议的历史意义，为我们更好地理解遵义会议的历史地位提供了重要遵循。

二是以理性的意义阐释呈现党的光荣传统和优良作风，坚定信念、凝聚力量。英国历史学家卡尔强调：“历史要求对过去的事实进行选择和整理，这必定包括解释的因素。没有这种因素……历史也就根本无从写起。”[3]历史是最好的教科书，其所蕴含的丰富意义只有在得到科学的理论阐释时，其导向性作用才能被真正释放出来。《决议》从中国人民、中华民族、马克思主义、人类事业和政党建设五个层面阐述了中国共产党百年奋斗的历史意义，实现了世界、人民、民族、政党与马克思主义的意义贯通，充分彰显了党勇担历史使命、把握历史主动的高贵品格，为我们坚定历史自信，走好“新的赶考之路”提供了不竭精神动能。

三是以深刻的思想启迪贯通党的实践创造和经验总结，启迪智慧、砥砺品格。习近平强调，要“继续把党史总结、学习、教育、宣传引向深入，更好把握和运用党的百年奋斗历史经验”[4]，这同样是新时代党史书写中理论阐释的期望与动机所在。《决议》将党的百年奋斗历程划分为四个时期，每一时期都对党所开展的党史学习教育实践进行了阐释总结。例如，改革开放和社会主义现代化建设新时期的“三讲”教育、保持共产党员先进性教育活动等集中性学习教育，新时代先后开展的党的群众路线教育实践活动、“三严三实”专题教育、“两学一做”学习教育等，都是我们党为更好把握和运用百年历史经验所作出的努力。阐释透彻才能理解透彻，理解透彻才能行动自觉，只有建立在充分阐释基础上的党史书写，才更能鼓舞人心、赋能历史自信，才能持之以恒地推进党史学习教育常态化、长效化。

三、体现着党史姓党的鲜明属性

阐释属性是刻画、规定历史叙事的本质和主线，秉承党史姓党的政治原则是党史书写中理论阐释内蕴的鲜明属性。就中国共产党历史这一域题而言，无论是历史书写还是理论阐释，其从来都不是单向度地指向狭义维度的历史本身，而是一个事关根本

[1] 《中共中央关于党的百年奋斗重大成就和历史经验的决议》，人民出版社2021年版，第6页。

[2] 《中共中央关于党的百年奋斗重大成就和历史经验的决议》，人民出版社2021年版，第6页。

[3] E. H. 卡尔：《历史是什么？》，陈恒译，商务印书馆2007年版，第59页。

[4] 《习近平在省部级主要领导干部学习贯彻党的十九届六中全会精神专题研讨班开班式上发表重要讲话强调　继续把党史总结学习教育宣传引向深入　更好把握和运用党的百年奋斗历史经验》，《人民日报》2022年1月12日。

的重大政治问题。正如恩格斯所说的："向工人的党鼓吹放弃政治，就是破坏国际。"[1]列宁同样认为："政治同经济相比不能不占首位。"[2]习近平反复强调，"政治问题，任何时候都是根本性的大问题"[3]。在政治问题上斩钉截铁，是我们党开展历史书写工作的根本所在。由此，在百年党史中展开理论阐释的首要前提，就是其所涉及的每个具体问题，都必须以"党中央有关精神为依据"[4]。

中国共产党是党史姓党原则的捍卫者，只有内蕴党史姓党政治属性的理论阐释，才能科学地呈现出百年党史的崇高叙事与史学意蕴。中国共产党"红色家谱"的撰修，目的非常明确，就是为党的革命合法性与执政合法性提供法理与学理支撑。在此规定下的理论阐释，也就必然呈现出鲜明的政治意图。党的十八大以来，以习近平同志为核心的党中央高度重视党史研究工作，其提出的关于"党史姓党"的科学论断，就是新时代开展党史研究工作的根本前提。我们知道，"历史研究的根本意义是把握历史大势、发现历史规律，为当下人的行动指明未来"[5]，因此，历史的书写与阐释不是单纯地描述与概括，而是从中寻求逻辑与规律。在百年党史书写的理论阐释中，正是因为我们始终坚定"党史姓党""党史为党""党史党管"，才得以在历史书写中把握党的执政规律、在风险挑战中总结社会主义建设规律、在理论探索中升华人类社会发展规律。

内蕴着党史姓党政治属性的理论阐释，鲜明地贯穿于《决议》的书写之中，为科学评价和客观总结党的成就与经验提供了基本准则。《决议》说明中强调："要按照总结历史、把握规律、坚定信心、走向未来的要求，把党走过的光辉历程总结好，把党团结带领人民取得的辉煌成就总结好，把党推进革命、建设、改革的宝贵经验总结好，把党的十八大以来党和国家事业砥砺奋进的理论和实践总结好。"[6]这同样是理论阐释科学展开的原则和要求。对此，《决议》着重从以下几个方面作了详尽的阐释解读。一是以中国共产党领导中国人民开展革命、建设、改革的百年历程为主线，系统阐释总结了党百年奋斗的重大历史成就；二是以中国共产党推动马克思主义中国化的百年历程为主线，系统阐释总结了党百年理论创新的重大理论成果；三是以中国共产党通过刀刃向内的自我革命推动伟大社会革命的百年历程为主线，系统阐释表明了党加强自身建设、全面从严治党永远在路上的鲜明政治品格；四是以中国共产党为中国人民谋

[1] 《马克思恩格斯全集》(第17卷)，人民出版社1963年版，第446页。

[2] 《列宁全集》(第40卷)，人民出版社2017年版，第282页。

[3] 习近平：《在第十八届中央纪律检查委员会第六次全体会议上的讲话》，人民出版社2016年版，第19页。

[4] 习近平：《在党史学习教育动员大会上的讲话》，人民出版社2021年版，第24页。

[5] 张江：《评"人人都是他自己的历史学家"——兼论相对主义的历史阐释》，《历史研究》2017年第1期。

[6] 《中共中央关于党的百年奋斗重大成就和历史经验的决议》，人民出版社2021年版，第78页。

幸福、依靠人民创造历史伟业的百年历程为主线，系统阐释总结了党始终坚持人民至上的为民情怀，诸多总结都是基于党史姓党原则上的历史事实阐释。《决议》还在秉承党史姓党原则的基础上，详尽分析了习近平新时代中国特色社会主义思想的战略地位和创新理念，将其总结为“中国特色社会主义建设规律认识深化和理论创新的重大成果”[1]，并在“新时代的中国共产党”[2]的展望章节，提出了“用马克思主义的立场、观点、方法观察时代、把握时代、引领时代，不断深化对共产党执政规律、社会主义建设规律、人类社会发展规律的认识”[3]的时代要求，充分彰显出党通过运用科学的理论阐释，正确处理历史规律性与历史主动性、书写历史事实与总结历史经验等关系时，所作出的守正与创新。

四、始终贯穿着运用大历史观达致主题聚合的基本方法

阐释方法是研究、解析历史演进的途径和方式，贯彻大历史观达致历史主题聚合是党史书写中理论阐释的基本方法。中国共产党的理论阐释方法，既具化承袭着马克思主义的科学叙述方法，又在其基础上实现了本土化的革新运用。在马克思看来，开展理论研究的必要前提就是“既不能用显微镜，也不能用化学试剂。二者都必须用抽象力来代替”[4]。这里的“抽象力”也就等同于我们对相关史实、材料的认识力、解释力与整合力，其释放需要以科学客观的理论阐释为端口。就此而言，叙述方法不会一成不变，其应当是“辩证的、高度灵活的，它取决于叙述者对被叙述的对象的性质的把握”[5]。由此，中国共产党的理论阐释，在其逐步成熟的百年悠悠岁月中，形成了独具中国风格的阐释方法，即通过大历史观的横纵整合，达致主题聚合，使百年党史中的具体史事可以在整体性框架中把握，使其叙事结构因时间序列的打破而得到多重安排，充分呈现出其丰富多彩的历史样貌。

中国共产党是大历史观的贯彻者，运用大历史观实现党史书写中的主题聚合，将党的历史纵置于历史长河中评价总结，是理论阐释的功用所在。历史书写的关键目的，就是将散落于历史隧道中的史事碎片，通过科学的理论阐释将其尽可能客观地重塑和呈现出来。但无论何种历史书写，都难以事无巨细地回溯每一种史事样态，同样，内蕴其中的理论阐释也就难以聚焦于单纯、线性的单调史料，此一状态下的历史财富撷

[1] 《中共中央关于党的百年奋斗重大成就和历史经验的决议》，人民出版社2021年版，第25页。

[2] 《中共中央关于党的百年奋斗重大成就和历史经验的决议》，人民出版社2021年版，第71页。

[3] 《中共中央关于党的百年奋斗重大成就和历史经验的决议》，人民出版社2021年版，第72—73页。

[4] 《马克思恩格斯文集》（第5卷），人民出版社2009年版，第8页。

[5] 俞吾金：《论马克思的研究方法和叙述方法之间的关系》，《马克思主义与现实》2000年第6期。

取无疑是单薄且无力的。因此，对于兼顾历史回溯、现实审思与未来启迪三重维度，秉持整体化历史思维的大历史观的运用与把握，就显得尤为重要。始终坚持和高扬唯物史观理论旗帜的中国共产党人深谙这一点，其展开理论阐释的鲜明特点就是通过大历史观基础上的主题聚合，将党的历史纵置于广阔的历史场域之中，在宏大的历史脉络中把握其价值与地位。

以整体性历史主题聚合为基本方法的理论阐释，清晰地贯通于《决议》之中，为科学评价和客观总结党的成就与经验提供了多维视野。在开展中国共产党百年奋斗的评述过程中，《决议》运用大历史观将其放置于中华民族发展史、中国近现代史、马克思主义发展史、世界社会主义发展史以及人类文明发展史五个维度之中，并将中国共产党百年奋斗的历史意义展开为“中华民族几千年历史上最恢宏的史诗”[1]，带领“中国人民从此站起来了”[2]，“展示了马克思主义的强大生命力”[3]，“使世界范围内社会主义和资本主义两种意识形态、两种社会制度的历史演进及其较量发生了有利于社会主义的重大转变”[4]，“走出中国式现代化道路，创造了人类文明新形态”[5]，诸多研判既体现了其理论阐释的宽广视野，也为我们理解和把握党百年奋斗的重大成就提供了广义且本质的科学依据。也正因如此，党对百年奋斗历程中各时期不同主题的提炼与聚合，才内蕴了更富科学与理性的价值意义。具体而言，《决议》开宗明义地强调了中国共产党百年奋斗的历史主题，分四个时期描绘了中国共产党的百年历史，阶段性地提炼出了每一时期的具体任务和目标。例如，新民主主义革命时期为中华民族伟大复兴创造根本社会条件，社会主义革命和建设时期为中华民族伟大复兴奠定根本政治前提和制度基础，等等。正因这种大历史观视野下时间叙事的多重整合与调适，百年党史才得以通过阶段性的历史主题聚合，整塑于整体性框架之中，为我们更好理解和把握这一史实的历史地位，提供更为丰富多样的客观维度。

五、始终坚持着实事求是与守正创新相结合的重要原则

阐释原则是观察、处理历史事件的标准和规则，遵循实事求是与守正创新相结合是历史书写中理论阐释展开的重要原则。实事求是是历史书写与阐释的灵魂，守正创新是实事求是的逻辑综合与超越，坚持实事求是基础上的守正创新是历史书写中理论

[1] 《中共中央关于党的百年奋斗重大成就和历史经验的决议》，人民出版社2021年版，第2页。

[2] 《中共中央关于党的百年奋斗重大成就和历史经验的决议》，人民出版社2021年版，第9页。

[3] 《中共中央关于党的百年奋斗重大成就和历史经验的决议》，人民出版社2021年版，第63页。

[4] 《中共中央关于党的百年奋斗重大成就和历史经验的决议》，人民出版社2021年版，第63—64页。

[5] 《中共中央关于党的百年奋斗重大成就和历史经验的决议》，人民出版社2021年版，第64页。

阐释的历史使命。在马克思看来，历史的诞生地“是地上的粗糙的物质生产”，而不是“天上的迷蒙的云兴雾聚之处”[1]，同时强调“研究必须充分地占有材料”[2]，只有完成材料发展形式、内在关系的研究之后，“现实的运动才能适当地叙述出来”[3]。列宁同样认为，“如果事实是零碎的和随意挑出来的，那么它们就只能是一种儿戏”[4]。这就要求我们在开展历史研究与理论阐释的过程中，既要实事求是地讲出历史的本然，也应守正创新地讲出历史的必然。

中国共产党是实事求是与守正创新的推动者，只有实现实事求是基础上的守正创新，才能客观展现出百年党史中的本然与必然。毛泽东客观厘定了实事求是的核心内涵，即“‘实事’就是客观存在着的一切事物，‘是’就是客观事物的内部联系，即规律性，‘求’就是我们去研究”[5]。邓小平指出：“彻底的唯物主义者，只能实事求是地肯定应当肯定的东西，否定应当否定的东西。”[6]进入新时代，中国共产党人的实事求是观呈现出新的形式与内容。习近平强调，我们要“坚持解放思想、实事求是、守正创新”[7]，以守正与创新应不变与万变，“续写马克思主义中国化时代化新篇章”[8]。这一重要论述将守正创新与解放思想、实事求是放置于同等重要的理论地位，既是新时代中国共产党人对实事求是的坚持与超越，也是新时代指引我们更好认识和掌握世界的方法论创新，同时也为理论阐释提供了基本遵循。

遵循实事求是与守正创新相结合的理论阐释，生动地体现在《决议》之中，为科学评价和客观总结党的成就与经验提供了基本遵循。《决议》中的理论阐释，就是彰显中国共产党人坚持实事求是与守正创新两者逻辑综合、一脉相承的经典范例。《决议》用“十个坚持”系统总结了党百年奋斗的历史经验，“十个坚持”逻辑缜密、相互贯通，彰显出鲜明的守正创新性。具体来看，就“守正”而言，“十个坚持”中每一坚持的内涵，在党的重要文献中都已有过论述；就“创新”而言，“十个坚持”中每一坚持的具

[1] 《马克思恩格斯文集》(第1卷)，人民出版社2009年版，第351页。

[2] 《马克思恩格斯文集》(第5卷)，人民出版社2009年版，第21页。

[3] 《马克思恩格斯文集》(第5卷)，人民出版社2009年版，第22页。

[4] 《列宁全集》(第28卷)，人民出版社2017年版，第364页。

[5] 《毛泽东选集》(第3卷)，人民出版社1991年版，第801页。

[6] 《邓小平文选》(第2卷)，人民出版社1994年版，第333—334页。

[7] 《习近平在省部级主要领导干部学习贯彻党的十九届六中全会精神专题研讨班开班式上发表重要讲话强调 继续把党史总结学习教育宣传引向深入 更好把握和运用党的百年奋斗历史经验》，《人民日报》2022年1月12日。

[8] 《习近平在省部级主要领导干部学习贯彻党的十九届六中全会精神专题研讨班开班式上发表重要讲话强调 继续把党史总结学习教育宣传引向深入 更好把握和运用党的百年奋斗历史经验》，《人民日报》2022年1月12日。

体内容都被赋予了新的内涵。例如，“坚持理论创新”[1]中的“坚持把马克思主义基本原理同中国具体实际相结合、同中华优秀传统文化相结合”[2]，就是我们党对马克思主义中国化历史命题的重大创新。再者，《决议》将“坚持自我革命”[3]作为党百年奋斗经验的第十个经验展开论述，着力彰显了自我革命的重要意义。这一创新表述有着实践与理论两个层面的逻辑支撑，其一方面凸显着党的十八大以来全面从严治党取得的重大实践成果，另一方面凸显着我们党管党治党方略的重大理论跃进。可以说，没有对实事求是“守正”的思想定力，就很难实现理论认识上的“创新”，我们的历史书写与阐释也就难以真正把握和总结社会发展的客观规律。

原载于《思想教育研究》2022年第8期

[1] 《中共中央关于党的百年奋斗重大成就和历史经验的决议》，人民出版社2021年版，第66页。

[2] 《中共中央关于党的百年奋斗重大成就和历史经验的决议》，人民出版社2021年版，第67页。

[3] 《中共中央关于党的百年奋斗重大成就和历史经验的决议》，人民出版社2021年版，第70页。